Mini dictionnaire

FRANÇAIS-ESPAGNOL
ESPAGNOL-FRANÇAIS

Guide de Conversation

Gérard Kahn et Pablo Couffignal

VOX

TABLE DES MATIÈRES

Maquette de couverture : Laurent Carré

ISBN 2-01-280544-2

www.hachette-education.com

Avant-propos

Cette nouvelle édition du dictionnaire bilingue Hachette-Vox, français-espagnol / espagnol-français s'adresse bien sûr aux élèves des collèges qui étudient et traduisent l'espagnol mais aussi aux touristes et aux femmes et hommes d'affaires qui, en voyage ou au travail, veulent s'exprimer ou traduire en espagnol.

Hachette et Vox ont veillé ensemble à l'actualité de la nomenclature et des expressions, et ont inclus le vocabulaire courant des nouvelles technologies, les abréviations et sigles usuels.

Le format de ce dictionnaire et la structure claire de ses articles en font un ouvrage maniable et pratique.

Comme l'exigent de plus en plus les enseignants, la transcription phonétique (API) accompagne les entrées espagnoles et françaises.

Dans les articles, les sens des mots sont classés du plus fréquent au moins fréquent et la traduction privilégiée est celle consacrée par l'usage courant. Des indications grammaticales ou lexicales (entre parenthèses) complètent les traductions. Le genre des substantifs est systématiquement indiqué en langue cible quand il n'est pas le même qu'en langue source. Des exemples mettent en évidence l'emploi des prépositions ou l'emploi des expressions.

Le dictionnaire bilingue Hachette-Vox, français-espagnol / espagnol-français est le compagnon indispensable de vos études et de vos voyages.

Les éditeurs

Abreviaturas usadas en este diccionario

abrév.	abréviation
abs.	absolument
abus.	abusivement
adj.	adjectif
adj. f.	adjectif féminin
adj.-f.	adjectif employé aussi comme substantif féminin
adj. m.	adjectif masculin
adj.-m.	adjectif employé aussi comme substantif masculin
adj.-s.	adjectif employé aussi comme substantif
adv.	adverbe
AÉR.	aéronautique
AGR.	agriculture
ANAT.	anatomie
ancienn.	anciennement
angl.	anglicisme
ARCHIT.	architecture
art.	article
ARTILL.	artillerie
ASTRON.	astronomie
augm.	augmentatif
AUTO.	automobile
auxil.	verbe auxiliaire
BIOL.	biologie
BX. ARTS	beaux arts
BLAS.	blason
BOT.	botanique
CHASS.	chasse
CHIM.	chimie
CHIR.	chirurgie
conj.	conjonction
COMM.	commerce
CONSTR.	construction
contr.	forme contractée
CUIS.	cuisine
déf.	défectif
dém.	démonstratif
dial.	dialectal
dim.	diminutif
DR.	droit
ECCLÉS.	ecclésiastique
ÉCON.	économie
ÉLECTR.	électricité
emp.	employé
ÉQUIT.	équitation
ESCR.	escrime
f.	substantif féminin
fam.	familier
FAUCON.	fauconnerie
fig.	figuré
FORT.	fortifications
gallic.	gallicisme
GÉOG.	géographie
GÉOL.	géologie
GÉOM.	géométrie
GRAM.	grammaire
impers.	impersonnel
IMPR.	imprimerie
indéf.	indéfini
INFORM.	informatique
inter.	interrogatif, interrogative
interj.	interjection
intr.	intransitif
invar.	invariable
iron.	ironique
LITT.	littérature
LITURG.	liturgie
Loc.	locution
loc. adj.	locution adjective
loc. adv.	locution adverbiale
loc. conj.	locution conjonctive
loc. interj.	locution interjective
loc. prép.	locution prépositive
LOG.	logique
m.	substantif masculin
m.-f.	genre ambigu
MAR.	marine
MATH.	mathématiques
MÉC.	mécanique
MÉD.	médecine
MENUIS.	menuiserie
MÉTAL.	métallurgie
MÉTR.	métrique

MIL.	militaire	*pron.*	pronom
MIN.	mines	prov.	proverbe
MINÉR.	minéralogie	*récipr.*	réciproque
MUS.	musique	*rel.*	relatif
MYTH.	mythologie	RELIG.	religion
n. pr.	nom propre	RHÉT.	rhétorique
NUMIS.	numismatique	*s.*	substantif
onom.	onomatopée	SCULPT.	sculpture
OPT.	optique	*sing.*	singulier
p. p.	participe passé	spécial.	spécialement
PEINT.	peinture	SPORTS	sports
péj.	péjoratif	TAUROM.	tauromachie
pers.	personnel	TECHN.	mot technique
PHARM.	pharmacie	THÉÂT.	théâtre
PHILOS.	philosophie	TISS.	tissage
PHOT.	photographie	*tr.*	verbe transitif
PHYS.	physique	*tr. ind.*	verbe transitif indirect
PHYSIOL.	physiologie	*tr.-intr.*	verbe transitif employé aussi comme intransitif
pl.	pluriel		
poét.	poétique	V.	voir
pop.	populaire	VÉN.	vénerie
poss.	possessif	VÉTÉR.	vétérinaire
pr.	verbe pronominal	vieil.	vieilli
prép.	préposition	ZOOL.	zoologie

Abreviaturas empleadas en la conjugación de los verbos

CONJUG.	conjugación	irreg.	irregular
CONJUG. IRREG.	conjugación irregular	PART. A.	participio activo
		PART. P.	participio pasivo
Fut.	futuro	POT.	potencial
GER.	gerundio	Pres.	presente
IMPER.	imperativo	Pret. indef.	pretérito indefinido
Imperf.	imperfecto	reg.	regular
INDIC.	indicativo	SUBJ.	subjuntivo
INFIN.	infinitivo		

AUTRES SIGNES

■ indique un changement de catégorie grammaticale à l'intérieur du mot considéré.

▲ précède certaines observations grammaticales.

~ remplace le mot ou l'infinitif du verbe traité dans les exemples ou les locutions.

Mode d'emploi du dictionnaire

Transcription phonétique selon API	**abbaye** [abei] *f.* Abadía.	Transcripción fonética según AFI
Prononciation alternative	**aiguiser** [eg(ɥ)ize] *tr.* **1** Aguzar (rendre pointu). **2** Amolar, afilar.	Pronunciación alternativa
Dérivation irregulière Commentaires grammaticaux	**celui, celle** [səlɥi, sɛl], **ceux, celles** [sø, sel] *pron. dém.* **1** El, la, los, las (suivi de *de, que, qui*). **2** Aquel, aquella, aquellos, aquellas (suivi de ***dont, avec, pour***, etc.).	Derivación irregular Comentarios gramaticales
Niveau de langue Conjugaison irregulière	**cueillir** [kœjiʀ] *tr.* **1** Coger (fruits, fleurs, plantes). **2** fam. Coger, atrapar, pillar (un voleur). ▲ CONJUG. IRREG. INDIC. Pres.: ***je cueille, tu cueilles, il cueille, nous cueillons, vous cueillez, ils cueillent.*** Imperf.: ***je cueillais***, etc. Pret. indef.: ***je cueillis***, etc. Fut. imperf.: ***je cueillerai***, etc. POT.: ***je cueillerais***, etc. SUBJ. Pres.: ***que je cueille***, etc. Imperf.: ***que je cueillise***, etc. IMPER.: ***cueille, cueillons, cueillez***. PART. A.: ***cueillant***. PART. P.: ***cuelli, cueillie***.	Nivel de lengua Conjugación irregular
Envoi au model de conjugaison	**recueillir** [ʀ(ə)kœjiʀ] *tr.* **1** Recoger. ■ **2** *pr.* Recogerse, concentrarse. ▲ CONJUG. como ***cueillir***.	Envío a modelo de conjugación
Changement de genre	**cep** [sɛp] *m.* Cepa *f.* (de vigne).	Cambio de género
Technicisme Locution Changement de nombre	**fonds** [fɔ̃] *m.* **1** DR. Heredad *f.*, fundo. **2** COMM. Comercio, establecimiento, Loc. ~ ***de commerce***, negocio, comercio. **3** Fondos *pl.*, capital. ■ **4** *pl.* Fondos: ~ ***publics***, fondos públicos.	Tecnicismo Locución Cambio de número
Abréviation	**CD-I** [sedei] *m.* (*abrév.* compact disc interactive) CD-I.	Abreviatura

Guía de uso de este diccionario

Entrada	**adivinación** [aðiβinaθjón] *f.* Divination.	Entrée
Categoría gramatical	**adivinar** [aðiβinár] *tr.* Deviner.	Catégorie grammaticale
Frase hecha	**campana** [kampána] *f.* **1** Cloche. Loc. ~ ***de buzo***, cloche à plongeur; ***echar las campanas al vuelo***, sonner à toute volée. **2** Hotte, manteau *m.* (de chimenea).	Expressions figées
Cambio categoría gramatical	**contra** [kóntra] *prep.* **1** Contre (expreşa oposición). ■ **2** *m.* Contre: ***el pro y el*** ~, le pour et le contre. ■ **3** *f.* Difficulté, inconvénient *m.*, opposition. Loc. ***Hacer, llevar la*** ~ ***a uno***, contredire quelqu'un, s'opposer aux desseins de quelqu'un.	Changement de catégorie grammaticale
Acepciones diferentes	**confluencia** [komɱflwénθja] *f.* **1** Confluence. **2** Confluent *m.* (de dos ríos). **3** Embranchement *m.* (de caminos). **4** MED. Confluence.	Acceptions différentes
Ejemplos de uso	**avecinarse** [aβeθinárse] *pr.* Approcher, être imminent, ente (una fecha, etc.): ***se avecina una subida del precio de la gasolina***, une augmentation du prix de l'essence est imminente.	Exemples d'usage
Comentarios gramaticales	**el** [el] *art. def.* Le, l' (delante de vocal o h muda): ~ ***gato***, le chat. ▲ El art. *el* debe traducirse a menudo por el adj. posesivo: ***se quitó*** ~ ***sombrero***, il ôta son chapeau.	Commentaires grammaticaux
Entradas dobles	**trompada** [trompáða] *f.*, **trompazo** [trompáθo] *m.* **1** Coup *m.* de poing (puñetazo).	Entrées doubles

Signos de la AFI empleados en la transcripción fonética

VOCALES

[j] como en español en *vida, tigre.*

[e] como en español en *queso, cabeza,* pero aún más cerrada.

[ɛ] como en español en *guerra, dejar,* pero aún más abierta.

[a] como en español en *calle, rebaño.*

[ɑ] como en español en *laurel, ahora,* pero enfatizada y alargada.

[ɔ] como en español en *roca, manojo,* pero aún más abierta.

[o] como en español en *moda, coche,* pero aún más cerrada.

[u] como en español en *aguja, disgusto.*

[y] sin equivalencia en español. Vocal cerrada, labializada y con articulación palatal. Como en alemán *Tür, über.*

[ø] sin equivalencia en español. Vocal semicerrada, labializada y con articulación palatal. Como en alemán *hören, König.*

[œ] sin equivalencia en español. Vocal semiabierta, labializada y con articulación palatal. Como en alemán *können, Wörter.*

[ə] sin equivalencia en español. Vocal semiabierta, no labializada y con articulación central. Parecida a la [ə] inglesa en *doctor, famous.*

[ɛ̃] sin equivalencia en español. Es la [ɛ] nasalizada.

[ɑ̃] sin equivalencia en español. Es la [ɑ] nasalizada.

[ɔ̃] sin equivalencia en español. Es la [ɔ] nasalizada.

[œ̃] sin equivalencia en español. Es la [œ] nasalizada.

SEMICONSONANTES

[j] como en español en *labio, radio.*

[w] como en español en *luego, huevo.*

[ɥ] sin equivalencia en español. Semiconsonante anterior labializada. Respecto a la pronunciación de [y], se atrasa ligeramente el punto de articulación y disminuye la abertura labial. Es la pronunciación característica del francés en palabras como *puits, huile.*

CONSONANTES

[p] como en español en *puerta, capa.*

[t] como en español en *todo, tienda.*

[k]	como en español en **c**_opa,_ **qu**_eso._
[b]	como en español en **b**_arco,_ **v**_ela._
[d]	como en español en **d**_ar,_ **d**_omingo._
[g]	como en español en **g**_uerra,_ **g**_ato._
[f]	como en español en **f**_uerza,_ **f**_uego._
[s]	como en español en **s**_aber,_ **s**_ilencio,_ pero como la [s] andaluza con la punta de la lengua detrás de los incisivos inferiores.
[ʃ]	sin equivalencia en español. Fricativa palato-alveolar sorda. Parecida a la pronunciación de **ch**_ico_ si se alarga la consonante y se redondean los labios.
[v]	sin equivalencia en español. Fricativa labiodental. Al pronunciarla los incisivos superiores tocan el labio inferior y hay vibración de las cuerdas vocales. Es la pronunciación del inglés en **v**_estige_ o del italiano en **v**_ida._
[z]	como en español en _mi_**s**_mo, a_**s**_no._
[ʒ]	sin equivalencia en español. Fricativa palato-alveolar sonora. Parecida a la pronunciación argentina de la _ll_ pero con proyección de los labios.
[l]	como en español en **l**_abio, co_**l**_a._
[ʀ]	diferente de la española. Es la llamada _r_ parisina, con articulación dorso velar.
[m]	como en español en **m**_adre, li_**m**_a._
[n]	como en español en **n**_oche,_ **n**_uez._
[ɲ]	como en español en _peque_**ñ**_o, a_**ñ**_o._
[h]	como en la pronunciación sudamericana o relajada de _ca_**j**_a, te_**j**_a._
[']	indica que no hay que hacer enlace.
[ŋ]	en palabras inglesas. Como en español en _cue_**n**_ca, á_**n**_gulo._
[x]	en palabras árabes y españolas. Como en _a_**j**_o, o_**j**_o._

FRANÇAIS-ESPAGNOL

AU LECTEUR

1) Quand un mot a plusieurs *sens*, ceux-ci sont numérotés, les sens propres précédant les sens figurés.
2) Les locutions, idiotismes, proverbes, etc., qui se rapportent à une acception sont placés immédiatement après cette acception.
3) Certaines *locutions grammaticales* courantes ont été mises en vedette: elles sont précédées de l'abréviation correspondante (*loc. adv.* pour locution adverbiale, par exemple) et sont parfois regroupées à la fin de l'article.
4) Les *indications entre parenthèses* apportent des éclaircissements de sens nécessaires au choix de la traduction la plus juste.
5) Le *genre* et le *nombre* des substantifs ne sont mentionnés dans la traduction que lorsqu'ils diffèrent d'une langue à l'autre.
6) Quant un verbe, ou un adjectif, est accompagné d'une *préposition* différente en français et en espagnol, celle-ci est citée soit dans un exemple, soit, par économie de place, entre parenthèses suivie de sa traduction.
7) Les principales *formes irrégulières des verbes* usuels sont données à leur place alphabétique avec un renvoi à l'infinitif.

A

a [ɑ] *m.* A *f.* Loc. ***De ~ à Z, depuis ~ jusqu'à Z,*** de cabo a rabo; ***prouver par ~ plus B,*** demostrar por A más B.

à [a] *prep.* À se contrae con los artículos ***le*** y ***les*** en ***au (à le):*** al, y en ***aux (à les):*** a los, a las.

1 A. a) complément indirect: ***j'écris ~ mon père,*** escribo a mi padre; b) direction, lieu: ***aller ~ Paris,*** ir a París; c) temps: ***recevoir de 3 ~ 4 heures,*** recibir de las tres a las cuatro; d) destination: ***donner de l'argent aux pauvres,*** dar dinero a los pobres; e) moyen, instrument: ***taper ~ la machine,*** escribir a máquina; f) manière: ***~ la nage,*** a nado; ***acheter ~ crédit,*** comprar a crédito; g) complément d'un verbe: ***manquer ~ sa parole,*** faltar a su palabra. **2** Con. a) moyen: ***pêcher ~ la ligne,*** pescar con caña; b) combinaison, mélange: ***café au lait,*** café con leche; ***lapin aux pommes de terre,*** conejo con patatas. **3** De. a) appartenance: ***ce livre est ~ Jean,*** este libro es de Juan; b) destination: ***tasse ~ thé,*** taza de té; c) prix: ***un timbre ~ un franc,*** un sello de un franco. **4** En (situation): ***être ~ Barcelone,*** estar en Barcelona. **5** Hasta (aboutissement): ***il court ~ perdre haleine,*** corre hasta perder el aliento. **6** Para (destination): ***bon ~ manger,*** bueno para comer. **7** Por. a) époque approximative: ***~ la Saint Jean,*** por San Juan; b) distribution: ***vendre ~ la douzaine,*** vender por docenas; ***cent km ~ l'heure,*** cien km por hora; c) destination: ***tout est ~ faire,*** todo está por hacer. **8** Parfois ***à*** ne se traduit pas; ***un ami ~ moi,*** un amigo mío; ***continuer ~ lire,*** seguir leyendo.

abaissement [abɛsmɑ̃] **1** *m.* Bajada *f.*, baja *f.*, descenso: ***~ de la température,*** descenso de la temperatura. **2** Vieil. Envilecimiento, humillación *f.*

abaisser [abese] *tr.* **1** Bajar. **2** Rebajar (rabaisser, humilier). **3** Bajar, reducir (les prix). **4** MATH. Trazar (une perpendiculaire). **5** MATH. Bajar (un chiffre dans une division). ■ **6** *pr.* Descender, inclinarse (terrain). **7** Rebajarse, humillarse (perdre sa dignité).

abandon [abɑ̃dɔ̃] *m.* **1** Abandono. **2** *loc. adj.* ***À l'~,*** abandonado, da, descuidado, da.

abandonner [abɑ̃dɔne] *tr.* **1** Abandonar. **2** Renunciar a. ■ **3** *pr.* Abandonarse. **4** Entregarse (se livrer). **5** Desahogarse (s'épancher).

abasourdir [abazuʀdiʀ] *tr.* **1** Ensordecer. **2** fig. Aturdir, asombrar, dejar estupefacto, ta.

abâtardir [abataʀdiʀ] *tr.* Degenerar.

abat-jour [abaʒuʀ] *m. invar.* Pantalla *f.*

abattage [abataʒ] *m.* **1** Corta *f.*, tala *f.* (d'arbres). **2** Matanza *f.* (d'animaux).

abattant [abatɑ̃] *m.* **1** Tablero movible. **2** Trampa *f.* (de comptoir).

abattement [abatmɑ̃] *m.* **1** Abatimiento. **2** Deducción *f.* (sur une somme).

abattis [abati] *m. pl.* **1** Menudillos (de volaille). **2** fam. Brazos y piernas.

abattoir [abatwaʀ] *m.* Matadero.

abattre [abatʀ(ə)] *tr.* **1** Derribar: ***~ une statue,*** derribar una estatua. **2** Matar (tuer). **3** Derribar, abatir (un avion). **4** ***~ son jeu,*** tenderse (au jeu de cartes); fig. poner las cartas boca arriba. **5** Debilitar (fatiguer). **6** Desmoralizar, deprimir. ■ **7** *pr.* Desplomarse (tomber). **8** Abatirse. ▲ CONJUG. como ***battre.***

abbaye [abei] *f.* Abadía.

abbé [abe] *m.* **1** Abad. **2** Padre: ***l'~ Louis,*** el padre Luis. **3** Cura.

abcès [apsɛ] *m.* Absceso.

abdiquer [abdike] *tr.-intr.* **1** Abdicar. ■ **2** *tr.* Renunciar a.

abdomen [abdɔmɛn] *m.* Abdomen.

abeille [abɛj] *f.* Abeja.

aberration [abɛʀasjɔ̃] *f.* Aberración.

abêtir [abɛtiʀ] *tr.* Atontar, embrutecer.

abhorrer [abɔʀe] *tr.* Detestar, aborrecer.

abîme [abim] *m.* Abismo.

abîmer [abime] *tr.* **1** Deteriorar, estropear. **2** pop. Lisiar, descalabrar (quelqu'un).

abject, ecte [abʒɛkt] *adj.* Abyecto, ta.

abjurer [abʒyʀe] *tr.* Abjurar.

ablatif [ablatif] *m.* GRAM. Ablativo.

abnégation [abnegasjɑ̃] *f.* Abnegación.

aboiement [abwamɑ̃] *m.* Ladrido.

abois [abwa] *pl.* **1** Ladrido *f. sing.* **2** ***Aux ~,*** acorralado (animal).

abominer [abɔmine] *tr.* Abominar, detestar.

abondance [abɔ̃dɑ̃s] *f.* **1** Abundancia: ***corne d'~,*** cuerno de la abundancia. **2** Opulencia, buena situación económica.

abonder [abɔ̃de] *intr.* Abundar.

abonné, -ée [abɔne] *adj.-s.* **1** Abonado, da (gaz, eau, etc.). **2** Suscriptor, ora (journal).

abonner [abɔne] *tr.* **1** Abonar (aux spectacles). **2** Suscribir (à un journal).

abord [abɔʀ] *m.* **1** Acceso: ***plage d'un ~ facile,*** playa de acceso fácil. **2** ***Au premier ~, de prime ~,*** a primera vista, desde el primer momento. **3** *loc. adv.* ***D'~, tout d'~,*** primero, en primer lugar. ■ **4** *m. pl.* Alrededores, inmediaciones *f.*

aborder [abɔʀde] *tr.* **1** MAR. Abordar. **2** Abordar, tratar, tocar (un sujet). **3** fig. Abordar (une personne). ■ **4** *intr.* Abordar, atacar.

aborigène [abɔʀiʒɛn] *adj.-m.* Aborigen.

aboucher [abuʃe] *tr.* **1** Poner en contacto a (deux personnes). ■ **2** *pr.* Abocarse, entrevistarse.

aboulique [abulik] *adj.-s.* Abúlico, ca.

aboutir [abutiʀ] *intr.* **1** Ir a parar, acabar en, llevar. **2** fig. Conducir a. **3** Dar resultado, tener éxito.

aboyer [abwaje] *intr.* **1** Ladrar. **2** fig. ***~ après, contre quelqu'un,*** increpar a alguien. ▲ CONJUG. como ***employer.***

abrasif, -ive [abʀazif, -iv] *adj.* **1** Abrasivo, va. ■ **2** *m.* Abrasivo.

abréger [abʀeʒe] *tr.* **1** Abreviar, acortar. **2** Resumir, compendiar (un texte). ▲ CONJUG. IRREG. Convierte en abierta la *e* cerrada del radical en las formas siguientes: INDIC. Pres.: ***j'abrège, tu abrèges, il abrège, ils abrègent.*** SUBJ. Pres.: ***que j'abrège, que tu abrèges, qu'il abrège, qu'ils abrègent.*** Toma una *e* muda después de *g* delante de *a* y de *o: j'abrégeais,* etc.

abreuver [abʀœve] *tr.* **1** Abrevar. **2** fig. Llenar, abrumar (d'injures). ■ **3** *pr.* Beber.

abreuvoir [abʀœvwaʀ] *m.* Abrevadero (bestiaux), bebedero (oiseaux).

abréviation [abʀevjasjɔ̃] *f.* **1** Abreviación. **2** Abreviatura (mot abrégé).

abri [abʀi] *m.* **1** Abrigo (lieu abrité). **2** Refugio. **3** Cobertizo (contre la pluie, le vent). **4** *loc. adv.* ***À l'~,*** al abrigo, a cubierto. **5** *loc. prép.* ***À l'~ de,*** al amparo de, a cubierto de.

abricot [abʀiko] *m.* Albaricoque.

abricotier [abʀikɔtje] *m.* Albaricoquero.

abriter [abRite] *tr.* **1** Abrigar (tenir à l'abri). **2** Albergar (héberger). ■ **3** *pr.* Resguardarse, protegerse.
abroger [abRɔʒe] *tr.* Abrogar. ▲ CONJUG. como ***engager.***
abrupt, -te [abRypt, -pt(ə)] *adj.* Abrupto, ta.
abrutir [abRytiR] *tr.* Embrutecer, atontar.
absence [apsɑ̃s] *f.* **1** Ausencia: ***en l'~ de,*** en ausencia de. **2** Carencia, falta (manque). **3** Fallo *m.* de memoria (de mémoire).
absenter (s') [apsɑ̃te] *pr.* Ausentarse.
absinthe [apsɛ̃t] *f.* Ajenjo *m.*
absolu, -ue [apsɔly] *adj.* **1** Absoluto, ta, total. ■ **2** *m.* Lo absoluto.
absolution [apsɔlysjɔ̃] *f.* Absolución.
absolutisme [apsɔlytism(ə)] *m.* Absolutismo.
absorbant, -ante [apsɔRbɑ̃, -ɑ̃t] *adj.-m.* Absorbente.
absorber [apsɔRbe] *tr.* **1** Absorber. **2** Tomar (boire, manger). ■ **3** *pr.* Ensimismarse, absorberse.
absoudre [apsudR(ə)] *tr.* Absolver. ▲ CONJUG. IRREG. INDIC. Pres.: ***j'absous, tu absous, il absout, nous absolvons, vous absolvez, ils absolvent.*** Imperf.: ***j'absolvais,*** etc. Pret. indef.: (no se usa). Fut. imperf.: ***j'absoudrai,*** etc. POT.: ***j'absoudrais,*** etc. SUBJ. Pres.: ***que j'absolve,*** etc. Imperf.: (no se usa). IMPER.: ***absous, absolvons, absolvez.*** PART. A.: ***absolvant.*** PART. P.: ***absous, absoute.***
abstention [apstɑ̃sjɔ̃] *f.* Abstención.
abstinence [apstinɑ̃s] *f.* Abstinencia.
abstrait, -aite [apstRɛ, -ɛt] *adj.* **1** Abstracto, ta: ***peinture abstraite,*** pintura abstracta. ■ **2** *m.* ***L'~,*** lo abstracto.
absurde [apsyRd(ə)] *adj.* **1** Absurdo, da. ■ **2** *m.* ***L'~,*** lo absurdo.
abuser [abyze] *tr.* **1** Abusar. **2** Engañar (tromper). ■ **3** *pr.* Equivocarse.
abyssinien, enne [abisinjɛ̃, -ɛn], **abyssin, -ine** [abisɛ̃, -in] *adj.-s.* Abisinio, nia.
acabit [akabi] *m.* **1** Índole *f.,* naturaleza *f.* **2** péj. Calaña *f.,* ralea *f.* (personnes).
académicien, -ienne [akademisjɛ̃, -jɛn] *s.* Académico, ca.
académique [akademik] *adj.* Académico, ca.
acajou [akaʒu] *m.* Caoba *f.*
acanthe [akɑ̃t] *f.* ARCHIT., BOT. Acanto *m.*
acariâtre [akaRjatR(ə)] *adj.* Adusto, ta, brusco, ca, malhumorado, da, desabrido, da.
accabler [akable] *tr.* **1** Abrumar, agobiar. **2** fig. Colmar, llenar.
accaparer [akapaRe] *tr.* Acaparar.
accéder [aksede] *intr.* **1** ***~ à,*** entrar en, tener acceso a: ***~ au grenier,*** entrar en el desván. **2** Advenir (au trône). **3** Acceder. ▲ CONJUG. como ***accélérer.***
accélérateur, -trice [akseleRatœR, -tris] *adj.* **1** Acelerador, ra. ■ **2** *m.* Acelerador.
accélérer [akseleRe] *tr.* **1** Acelerar. **2** fig. Activar. ■ **3** *intr.* Acelerar (un moteur). ▲ CONJUG. IRREG. Convierte en abierta la ***e*** cerrada (segunda del radical) en las formas siguientes: INDIC. Pres.: ***j'accélère, tu accélères, il accélère, ils accélèrent.*** SUBJ. Pres.: ***que j'accélère, que tu accélères, qu'il accélère, qu'ils accélèrent.*** IMPER.: ***accélère.***
accent [aksɑ̃] *m.* **1** Acento: ***~ espagnol,*** acento español; ***~ grave,*** acento grave. **2** ***Mettre l'~ sur,*** hacer hincapié en, subrayar.
accentuer [aksɑ̃tɥe] *tr.* Acentuar.
accepter [aksɛpte] *tr.* Aceptar.
acception [aksɛpsjɔ̃] *f.* Acepción.
accès [aksɛ] *m.* **1** Acceso: ***d'un ~ facile,*** de fácil acceso. **2** Acceso, entrada *f.* **3** Acceso, ataque (de fiè-

vre, de toux). **4** Arrebato (de colère, etc.).

accessible [aksesibl(ə)] *adj.* **1** Accesible. **2** Asequible (prix).

accessit [aksesit] *m.* Accésit.

accessoire [akseswaʀ] *adj.* **1** Accesorio, ria, secundario, ria. ■ **2** *m.* Accesorio.

accident [aksidɑ̃] *m.* **1** Accidente. **2** *Par ~,* por casualidad, casualmente.

accidenté, -ée [aksidɑ̃te] *adj.* **1** Accidentado, da, abrupto, ta, desigual (terrain). **2** Estropeado, da (véhicule). ■ **3** *adj.-s.* Accidentado, da (personne victime d'un accident).

acclamation [aklamasjɔ̃] *f.* Aclamación.

acclamer [aklame] *tr.* Aclamar.

acclimater [aklimate] *tr.* **1** Aclimatar. **2** Introducir (une idée, un usage). ■ **3** *pr.* Aclimatarse.

accoler [akɔle] *tr.* Enlazar, unir, juntar.

accommoder [akɔmɔde] *tr.* **1** Acomodar, adaptar. **2** CUIS. Condimentar, preparar. ■ **3** *pr.* Acomodarse, adaptarse.

accompagner [akɔ̃paɲe] *tr.* **1** Acompañar. **2** MUS. Acompañar: *~ **un chanteur au piano,*** acompañar a un cantante con el piano. ■ **3** *pr.* ***S'~ de,*** acompañarse de.

accomplir [akɔ̃pliʀ] *tr.* **1** Realizar: *~ **une mauvaise action,*** realizar una mala acción. **2** Cumplir: *~ **un ordre,*** cumplir una orden; *~ **son devoir,*** cumplir con su deber. ■ **3** *pr.* Cumplirse, realizarse.

accord [akɔʀ] *m.* **1** Acuerdo: ***un ~ général,*** un acuerdo general; ***se mettre d'~,*** ponerse de acuerdo; ***d'~,*** de acuerdo. **2** Acuerdo, convenio: *~ **commercial,*** acuerdo comercial. **3** Aprobación *f.*, conformidad *f.*: ***demander l'~ de son supérieur,*** pedir la aprobación de su superior. **4** GRAM., MUS. Concordancia *f.* **5** MUS. Acorde.

accordéon [akɔʀdeɔ̃] *m.* Acordeón.

accorder [akɔʀde] *tr.* **1** Conceder, otorgar: *~ **une grâce,*** conceder una gracia. **2** Reconocer, conceder (reconnaître). **3** Poner de acuerdo (mettre d'accord). **2** GRAM. Concordar, hacer concordar. **5** MUS. Afinar. ■ **6** *pr.* Ponerse de acuerdo.

accordeur [akɔʀdœʀ] *m.* MUS. Afinador.

accoster [akɔste] *tr.* **1** Abordar: *~ **quelqu'un,*** abordar a alguien. **2** MAR. Acercar, atracar.

accoter [akɔte] *tr.* **1** Recostar, apoyar.

accouchement [akuʃmɑ̃] *m.* Parto.

accoucher [akuʃe] *tr.-intr.* **1** Parir, dar a luz: *~ **d'une fille,*** dar a luz una niña. **2** pop. Desembuchar, cantar, soltar: ***accouche!,*** ¡desembucha! ■ **3** *tr.* Asistir al parto de (aider à accoucher).

accouder (s') [akude] *pr.* Acodarse.

accoudoir [akudwaʀ] *m.* **1** Recodadero, reclinatorio. **2** Antepecho (d'une fenêtre), barandal (d'un balcon). **3** Brazo (d'un fauteuil).

accoupler [akuple] *tr.* **1** Aparear, emparejar (mettre deux à deux). **2** Acoplar, aparear (les animaux).

accourir [akuʀiʀ] *intr.* Acudir. ▲ CONJUG. como ***courir.***

accoutrer [akutʀe] *tr.* Ataviar, vestir ridículamente.

accoutumer [akutyme] *tr.* **1** Acostumbrar. ■ **2** *pr.* Acostumbrarse.

accréditer [akʀedite] *tr.* **1** Acreditar: *~ **un ambassadeur,*** acreditar a un embajador. **2** Abonar: *~ **un bruit,*** abonar un rumor.

accro [akʀo] *adj.-s.* fam.. **1** Colgado, da (musique, sports): ***être ~ au jazz,*** estar colgado por el jazz. **2** Enganchado, da (drogue).

accrochage [akʀɔʃaʒ] *m.* **1** Colgamiento (action de suspendre à un crochet). **2** Enganche (de wagons). **3** Choque, colisión *f.* (entre deux voitures). **4** fam. Agarrada *f.*, disputa *f.*

accrocher [akrɔʃe] *tr.* **1** Enganchar. **2** Chocar, colisionar (deux voitures). **3** Colgar (suspendre): ~ ***son manteau à un clou,*** colgar el abrigo de un clavo. **4** Llamar la atención: ***un titre qui accroche,*** un título que llama la atención. ■ **5** *pr.* Agarrarse.

accroître [akrwatr(ə)] *tr.* Acrecentar, aumentar. ▲ CONJUG. como ***croître,*** pero la forma masculina del part. p. no lleva acento circunflejo.

accroupir (s') [akrupir] *pr.* Acurrucarse, agacharse, ponerse en cuclillas.

accueil [akœj] *m.* **1** Acogida *f.*, recibimiento. **2** ***Centre d'~,*** centro de acogida, de recepción (pour les étudiants, les voyageurs).

accueillir [akœjir] *tr.* **1** Acoger (quelqu'un, une nouvelle, etc.). **2** Recibir. ▲ CONJUG. comme ***cueillir.***

acculer [akyle] *tr.* Acorralar.

accumuler [akymyle] *tr.* Acumular.

accusatif [akyzatif] *m.* Acusativo.

accusé, ée [akyze] *s.* **1** Acusado, da, reo, ea. ■ **2** *m.* ~ ***de réception,*** acuse de recibo.

accuser [akyze] *tr.* **1** Acusar. **2** Hacer resaltar (faire ressortir). **3** ~ ***réception de,*** acusar recibo de. ■ **4** *pr.* Acusarse.

acerbe [asɛrb(ə)] *adj.* Acerbo, ba.

acéré, -ée [asere] *adj.* Acerado, da, afilado, da.

acétate [asetat] *m.* Acetato.

acétone [asetɔn] *f.* Acetona.

acétylène [asetilɛn] *m.* Acetileno.

acharné, -ée [aʃarne] *adj.* Encarnizado, da.

acharner (s') [aʃarne] *pr.* Encarnizarse (***sur,*** en).

achat [aʃa] *m.* Compra *f.*

acheminer [aʃmine] *tr.* **1** Encaminar. **2** Despachar (la correspondance).

acheter [aʃte] *tr.* **1** Comprar: ~ ***une maison,*** comprar una casa. **2** fig. Comprar, sobornar. ▲ CONJUG. IRREG. Convierte en abierta la ***e*** muda del radical en las formas siguientes: INDIC. Pres.: ***j'achète, tu achètes, il achète, ils achètent.*** Fut. imperf.: ***j'achèterai,*** etc. POT.: ***j'achèterais,*** etc. SUBJ. Pres.: ***que j'achète, que tu achètes, qu'il achète, qu'ils achètent.*** IMPER.: ***achète.***

achever [aʃve] *tr.* **1** Acabar, terminar: ~ ***de,*** acabar de. **2** Matar, rematar (un blessé). **3** Aniquilar, acabar. ▲ CONJUG. como ***acheter.***

achoppement [aʃɔpmɑ̃] *m.* **1** Tropiezo, obstáculo. **2** ***Pierre d'~,*** obstáculo *m.* imprevisto, escollo *m.*, ocasión de faltar.

acide [asid] *adj.* **1** Ácido, da: ***le vinaigre est ~,*** el vinagre es ácido. ■ **2** *m.* Ácido.

acidifier [asidifje] *tr.* Acidificar. ▲ CONJUG. como ***prier.***

acidité [asidite] *f.* **1** Acidez. **2** fig. Acritud.

acidulé, -ée [asidyle] *adj.* Acídulo, la.

acier [asje] *m.* **1** Acero: ~ ***inoxydable,*** acero inoxidable. **2** fig. Acero: ***des muscles d'~,*** músculos de acero.

acné [akne] *f.* Acné.

acolyte [akɔlit] *m.* **1** Acólito. **2** fig. Compinche.

acompte [akɔ̃t] *m.* Cantidad *f.* a cuenta.

acoquiner (s') [akɔkine] *pr.* Conchabarse.

à-coup [aku] *m.* Movimiento brusco, parada *f.* brusca.

acquérir [akerir] *tr.* **1** Adquirir: ~ ***une voiture,*** adquirir un coche. Prov. ***Bien mal acquis ne profite jamais,*** bienes mal adquiridos, a nadie han enriquecido. **2** Lograr, obtener: ~ ***la victoire,*** obtener la victoria. **3** Ganar: ~ ***l'affection de quelqu'un,*** ganar el afecto de alguien. ▲ CONJUG. IRREG. INDIC. Pres.:

j'acquiers, tu acquiers, il acquiert, nous acquérons, vous acquérez, ils acquièrent. Imperf.: *j'acquérais,* etc. Pret. indef.: *j'acquis,* etc. Fut. imperf.: *j'acquerrai,* etc. POT.: *j'acquerrais,* etc. IMPER.: *acquiers, acquérons, acquérez.* SUBJ. Pres.: *que j'acquière, que tu acquières, qu'il acquière, que nous acquérions, que vous acquériez, qu'ils acquièrent.* Imperf.: *que j'acquisse,* etc. PART. A.: *acquérant.* PART. P.: *acquis, acquise.*

acquiescer (à) [akjese] *tr. ind.* Consentir en, asentir a. ▲ CONJUG. como *lancer.*

acquis, -ise [aki, -iz] *adj.* 1 Adquirido, da. 2 ~ *à,* Adicto, ta. ■ 3 *m.* Experiencia *f.,* saber.

acquisition [akizisjɔ̃] *f.* Adquisición.

acquit [aki] *m.* Recibo (reçu). Loc. *Pour ~,* recibí; *par ~ de conscience,* en descargo de conciencia.

acquitter [akite] *tr.* 1 Pagar (ce qu'on doit). 2 Absolver: ~ *un accusé,* absolver a un reo. ■ 3 *pr. S'~ de,* pagar (une dette), cumplir (une obligation juridique ou morale).

âcre [ɑkʀ(ə)] *adj.* Acre (saveur, odeur).

âcreté [ɑkʀəte] *f.* Acritud.

acrimonie [akʀimɔni] *f.* Acrimonia.

acrobate [akʀɔbat] *s.* Acróbata.

acropole [akʀɔpɔl] *f.* ARCHÉOL. Acrópolis.

acrylique [akʀilik] *adj.* 1 Acrílico, ca. 2 *m.* Acrílico.

acte [akt(ə)] *m.* 1 Acta *f.,* escritura *f.* 2 Partida *f.*: ~ *de naissance, de mariage, de décès,* partida de nacimiento, de matrimonio, de defunción. 3 Acto: ~ *de terrorisme,* acto de terrorismo. 4 Acción *f.,* hecho, acto. 5 *Faire ~ de,* dar pruebas de. 6 THÉÂT. Acto. ■ 7 *pl.* Actos, hechos: *actes des Apôtres,* hechos de los Apóstoles. 8 Actas *f.* (d'un concile, etc.).

acteur, -trice [aktœʀ, -tʀis] *s.* 1 Actor, ra (d'une affaire). 2 Actor, actriz (d'un film, de théâtre).

actif, -ive [aktif, -iv] *adj.* 1 Activo, va. ■ 2 *m.* COMM. Activo (avoir). Loc. *Avoir à son ~,* tener en su haber, en su favor.

action [aksjɑ̃] *f.* 1 Acción: *une mauvaise ~,* una mala acción. 2 Acción: *un homme d'~,* un hombre de acción. 3 Acción (intrigue): *l'~ d'un film,* la acción de una película. 4 COMM. Acción (titre de propriété).

actionnaire [aksjɔnɛʀ] *s.* Accionista.

actionner [aksjɔne] *tr.* Mover, accionar (une machine).

activer [aktive] *tr.* 1 Activar, acelerar: ~ *un travail,* activar un trabajo. 2 Avivar: ~ *le feu,* avivar el fuego. ■ 3 *pr.* Apresurarse.

activité [aktivite] *f.* Actividad.

actualiser [aktɥalize] *tr.* 1 Actualizar. 2 *pr.* Actualizarse.

actualité [aktɥalite] *f.* 1 Actualidad. ■ 2 *pl.* Noticiario *m. sing.* (film).

acuité [akɥite] *f.* Agudeza, acuidad.

adage [adaʒ] *m.* Adagio.

adaptateur [adaptatœʀ] *m.* Adaptador.

adaptation [adaptɑsjɔ̃] *f.* Adaptación.

adapter [adapte] *tr.* Adaptar.

addition [adisjɔ̃] *f.* 1 MATH. Adición, suma. 2 Adición, adimento *m.* (texte ajouté). 3 Cuenta (au restaurant).

additionnel, -elle [adisjɔnɛl] *adj.* Adicional.

adepte [adɛpt(ə)] *s.* Adepto, ta.

adéquat, -ate [adekwa, -at] *adj.* Adecuado, da, apropiado, da.

adhérence [adeʀɑ̃s] *f.* 1 Adherencia. 2 Agarre *m.* (d'un pneu).

adhérent, -ente [adeʀɑ̃, -ɑ̃t] *adj.* 1 Adherente. ■ 2 *s.* Adherente, afiliado, da (membre).

adhésif, -ive [adezif, -iv] *adj.-m.* Adhesivo, va.

adhésion [adezjɔ̃] *f.* Adhesión.

adieu [adjø] *interj.* 1 ¡Adiós! ■ 2 *m.* Adiós, despedida *f.*
adipeux, -euse [adipø, -øz] *adj.* Adiposo, sa.
adjacent, -ente [adʒasɑ̃, -ɑ̃t] *adj.* Adyacente.
adjectif, -ive [adʒɛktif, -iv] *adj.* 1 GRAM. Adjetivo, va: ***locution adjective,*** locución adjetiva. ■ 2 *m.* GRAM. Adjetivo: ~ ***possessif,*** adjetivo posesivo.
adjoindre [adʒwɛ̃dʀ(ə)] *tr.* 1 Agregar, añadir. 2 Asociar como auxiliar. ■ 3 *pr.* Tomar, buscarse: ***il s'est adjoint un spécialiste,*** se ha buscado un especialista. ▲ CONJUG. como ***craindre.***
adjoint, -ointe [adʒwɛ̃, -wɛ̃t] *adj.-s.* Adjunto, ta, agregado, da, auxiliar.
adjudication [adʒydikɑsjɔ̃] *f.* 1 Adjudicación. 2 Subasta (vente aux enchères).
adjurer [adʒyʀe] *tr.* 1 Conjurar. 2 Suplicar, rogar encarecidamente (supplier).
adjuvant [adʒyvɑ̃] *m.* Adyuvante.
admettre [admɛtʀ(ə)] *tr.* 1 Admitir. 2 Aceptar (considérer comme acceptable). ▲ CONJUG. comme ***mettre.***
administrateur, -trice [administʀatœʀ, -tʀis] *s.* Administrador, ra.
administrer [administʀe] *tr.* 1 Administrar: ~ ***justice,*** administrar justicia. 2 fam. Propinar, dar (des coups).
admirable [admiʀabl(ə)] *adj.* Admirable.
admiration [admiʀɑsjɔ̃] *f.* Admiración.
admirer [admiʀe] *tr.* Admirar.
admission [admisjɔ̃] *f.* Admisión.
admonestation [admɔnɛstɑsjɔ̃] *f.* Amonestación.
ADN [adeɛn] *m.* (*abrév.* acide désoxyribonucléique) ADN.
adolescence [adɔlesɑ̃s] *f.* Adolescencia.
adonner (s') [adɔne] *pr.* 1 Entregarse, darse. 2 Dedicarse, consagrarse.
adopter [adɔpte] *tr.* 1 Adoptar. 2 Aprobar (approuver par un vote).
adoption [adɔpsjɔ̃] *f.* 1 Adopción. 2 *D'~,* adoptivo, va.
adorable [adɔʀabl(ə)] *adj.* Adorable, encantador, ora.
adoration [adɔʀɑsjɔ̃] *f.* 1 Adoración. 2 fam. ***Être en ~ devant quelqu'un,*** estar en perpetua adoración ante alguien.
adorer [adɔʀe] *tr.* 1 Adorar (religion). 2 Adorar (aimer avec passion). 3 fam. Adorar, encantar.
adosser [adose] *tr.* 1 Adosar. ■ 2 *pr.* Respaldarse.
adoucir [adusiʀ] *tr.* 1 Suavizar, dulcificar (le visage, la voix, les manières). 2 Calmar, ablandar (rendre moins rude, moins violent). ■ 3 *pr.* Suavizarse.
adoucissant [adusisɑ̃] *m.* Suavizante: ~ ***pour le linge,*** suavizante para la ropa.
adressage [adʀesaʒ] *m.* Buzoneo, angl. mailing.
adresse [adʀɛs] *f.* 1 Dirección, señas *pl.* (lettres). 2 ***À l'~ de,*** para. 3 Memorial *m.,* ruego *m.* (au souverain). 4 Destreza, habilidad. 5 Diplomacia.
adresser [adʀɛse] *tr.* 1 Dirigir: ~ ***la parole,*** dirigir la palabra. 2 Enviar: ~ ***un livre,*** enviar un libro. ■ 3 *pr.* Dirigirse.
adroit, -oite [adʀwa, -wat] *adj.* Diestro, tra, hábil.
aduler [adyle] *tr.* Adular.
adultère [adyltɛʀ] *adj.-s.* 1 Adúltero, ra. ■ 2 *m.* Adulterio.
advenir [advəniʀ] *intr.* Advenir, acaecer. ▲ CONJUG. como ***venir.*** Úsase sólo en las terceras pers. y en infinitivo.
adverbe [advɛʀb(ə)] *m.* GRAM. Adverbio.
adversaire [advɛʀsɛʀ] *s.* Adversario, ria.

adversité [advɛrsite] *f.* Adversidad.
aérer [aere] *tr.* 1 Airear, ventilar. ■ 2 *pr.* Airearse, tomar el aire. ▲ CONJUG. como ***accélérer.***
aérien, -ienne [aerjɛ̃, -jɛn] *adj.* Aéreo, rea.
aérodrome [aerɔdrom] *m.* Aeródromo.
aéronaute [aerɔnot] *m.* Aeronauta.
aéroplane [aerɔplan] *m.* Aeroplano.
aéroport [aerɔpɔr] *m.* Aeropuerto.
aérosol [aerɔsɔl] *m.* Aerosol.
aérostat [aerɔsta] *m.* Aeróstato.
affabilité [afabilite] *f.* Afabilidad.
affable [afabl(ə)] *adj.* Afable.
affadir [afadir] *tr.* Desazonar, hacer insípido, da (un mets).
affaiblir [afeblir] *tr.* Debilitar.
affaire [afɛr] *f.* 1 Ocupación, quehacer *m.* (chose à faire): ***aller à ses affaires,*** ir a sus ocupaciones. Loc. ***C'est mon ~,*** es cuenta mía; ***cela fait mon ~,*** esto me conviene. 2 fam. ***Faire son ~ à quelqu'un,*** ajustarle las cuentas a alguien (le tuer). 3 Asunto *m.,* cuestión. Loc. ***Une ~ d'honneur,*** un lance de honor, un duelo; ***se tirer d'~,*** salir de un mal paso. 4 DR. Proceso *m.* 5 Caso *m.*: ***l'~ Dreyfus,*** el caso Dreyfus. 6 Negocio *m.* Loc. ***Achète-le, c'est une ~,*** cómpralo, es una ganga; ***faire ~ avec quelqu'un,*** tratar, negociar con alguien. 7 ***Avoir ~ à,*** habérselas con. ■ 8 *pl.* Asuntos *m.*: ***les affaires d'État,*** los asuntos de Estado. 9 Negocios *m.*: ***un homme d'affaires,*** un hombre de negocios. 10 Cosas, trastos *m.*
affaisser (s') [afese] *pr.* 1 Hundirse (terrain). 2 Desplomarse.
affaler (s') [afale] *pr.* Desplomarse, dejarse caer.
affamer [afame] *tr.* Hambrear, matar de hambre, hacer padecer hambre.
affectation [afɛktasjɔ̃] *f.* 1 Aplicación, destinación, asignación. 2 Destino *m.* (à un poste, à une fonction). 3 Afectación, amaneramiento *m.* (manque de naturel).
affecter [afɛkte] *tr.* 1 Afectar, fingir, aparentar. ■ 2 Destinar, asignar. ■ 3 Afectar, afligir. ■ 4 *pr.* Sufrir.
affectif, -ive [afɛktif, -iv] *adj.* Afectivo, va.
affection [afɛksjɔ̃] *f.* 1 Afección. 2 Afecto *m.,* cariño *m.* 3 MÉD. Afección.
affectueux, -euse [afɛktɥø, -øz] *adj.* Afectuoso, sa, cariñoso, sa.
affermir [afɛrmir] *tr.* 1 Afirmar, fortalecer. ■ 2 *pr.* Afirmarse, consolidarse.
affiche [afiʃ] *f.* Cartel *m.,* anuncio *m.*
afficher [afiʃe] *tr.* 1 Fijar carteles. 2 fig. Ostentar, exhibir. ■ 3 *pr.* Hacerse notar, exhibirse.
affilée (d') [dafile] *loc. adv.* De un tirón.
affiler [afile] *tr.* Afilar.
affilier (s') [afilje] *pr.* Afiliarse. ▲ CONJUG. como ***prier.***
affiner [afine] *tr.* 1 Afinar, refinar. ■ 2 *pr.* Refinarse.
affinité [afinite] *f.* Afinidad.
affirmatif, -ive [afirmatif, -iv] *adj.* Afirmativo, va.
affirmer [afirme] *tr.* 1 Afirmar. ■ 2 *pr.* Confirmar, asentar.
affleurer [aflœre] *intr.* Aflorar.
affliction [afliksjɔ̃] *f.* Aflicción.
affliger [afliʒe] *tr.* 1 Afligir. ■ 2 *pr.* Afligirse. ▲ CONJUG. como ***engager.***
affluence [aflyɑ̃s] *f.* Afluencia.
afflux [afly] *m.* 1 Aflujo. 2 Afluencia *f.* (de personnes).
affoler [afɔle] *tr.* 1 Enloquecer. ■ 2 *pr.* Enloquecerse, volverse loco, ca.
affranchir [afrɑ̃ʃir] *tr.* 1 Manumitir (les esclaves). 2 Franquear (une lettre). ■ 3 *pr.* Libertarse, emanciparse.
affres [afr(ə)] *f. pl.* Ansias, congojas.
affréter [afrete] *tr.* Fletar. ▲ CONJUG. como ***accélérer.***

affreux, -euse [afʀø, -øz] *adj.* 1 Horroroso, sa. 2 fam. Horrible, horroroso, sa.
affriolant, -ante [afʀijɔlɑ̃, -ɑ̃t] *adj.* Tentador, ra, atractivo, va.
affronter [afʀɔ̃te] *tr.* 1 Afrontar, hacer frente a, arrostrar. ■ 2 *pr.* Enfrentarse, afrontarse.
affubler [afyble] *tr.* Vestir ridículamente.
affût [afy] *m.* 1 ARTILL. Cureña *f.* 2 Acecho: ***être à l'~,*** estar al acecho.
afghan, -ane [afgɑ̃, -an] *adj.-s.* Afgano, na.
afin de [afɛ̃d(ə)] *loc. prép.* A fin de.
afin que [afɛ̃k(ə)] *loc. conj.* A fin de que, con el fin de que.
africain, -aine [afʀikɛ̃, -ɛn] *adj.-s.* Africano, na.
agaçant, -ante [agasɑ̃, -ɑ̃t] *adj.* Molesto, ta, irritante.
agacer [agase] *tr.* Molestar, irritar. ▲ CONJUG. como ***lancer.***
agapes [agap] *f. pl.* Ágape *m. sing.*, festín *m. sing.*
agate [agat] *f.* Ágata.
âge [aʒ] *m.* 1 Edad *f.*: ***il est mort à l'~ de 58 ans,*** murió a la edad de 58 años. Loc. ***Le jeune ~,*** la infancia; ***le bel ~,*** la juventud. 2 Edad *f.*: ***le Moyen ~,*** la Edad Media.
agence [aʒɑ̃s] *f.* Agencia.
agencer [aʒɑ̃se] *tr.* Arreglar, disponer. ▲ CONJUG. como ***lancer.***
agenda [aʒɛ̃da] *m.* Agenda *f.*
agenouiller (s') [aʒnuje] *pr.* Arrodillarse.
agent [aʒɑ̃] *m.* 1 Agente: ***~ atmosphérique,*** agente atmosférico; ***~ d'assurances,*** agente de seguros. 2 ***~ de police,*** policía, guardia. 3 GRAM. ***Complément d'~,*** complemento agente.
agglomération [aglɔmeʀɑsjɔ̃] *f.* 1 Aglomeración. 2 Pueblo *m.*, poblado *m.* (ville, village).
agglutiner [aglytine] *tr.* Aglutinar.
aggraver [agʀave] *tr.* 1 Agravar. ■ 2 *pr.* Agravarse.
agilité [aʒilite] *f.* Agilidad.
agir [aʒiʀ] *intr.* 1 Obrar, actuar. ■ 2 *pr. impers.* Tratarse: ***il s'agit de son père,*** se trata de su padre.
agissant, -ante [aʒisɑ̃, -ɑ̃t] *adj.* Activo, va, eficaz.
agitateur, -trice [aʒitatœʀ, -tʀis] *s.* Agitador, ra.
agiter [aʒite] *tr.* 1 Agitar. 2 Excitar: ***~ les esprits,*** excitar los espíritus. 3 Discutir, debatir. ■ 4 *pr.* Agitarse. 5 Moverse, menearse.
agneau [aɲo] *m.* Cordero.
agonie [agɔni] *f.* Agonía.
agonisant, -ante [agɔnizɑ̃, -ɑ̃t] *adj.-s.* Agonizante, agónico, ca.
agrafer [agʀafe] *tr.* 1 Abrochar. 2 Unir con grapas (des papiers). 3 pop. Echar el guante a (un voleur).
agrafeuse [agʀaføz] *f.* Grapadora.
agraire [agʀɛʀ] *adj.* Agrario, ia.
agrandir [agʀɑ̃diʀ] *tr.* 1 Agrandar, ampliar: ***~ un local,*** ampliar un local. 2 Ensanchar (élargir). 3 Engrandecer. 4 PHOT. Ampliar. ■ 5 *pr.* Agrandarse. 6 Crecer, extenderse (une ville).
agréable [agʀeabl(ə)] *adj.* Agradable.
agréer [agʀee] *tr.* Aceptar, recibir con agrado.
agrégat [agʀega] *m.* Agregado, conglomerado.
agrégé, -ée [agʀeʒe] *s.* Catedrático, ca.
agréger [agʀeʒe] *tr.* 1 Admitir (dans un corps). 2 Agregar. ■ 3 *pr.* Agregarse. ▲ CONJUG. como ***accélérer.***
agrément [agʀemɑ̃] *m.* 1 Beneplácito, consentimiento. 2 Encanto, atractivo. 3 Placer, recreos.
agrémenter [agʀemɑ̃te] *tr.* Adornar (orner).
agresseur [agʀɛsœʀ] *m.* Agresor.
agressif, -ive [agʀɛsif, -iv] *adj.* Agresivo, va.
agression [agʀɛsjɔ̃] *f.* Agresión.
agricole [agʀikɔl] *adj.* Agrícola.
agriculture [agʀikyltyʀ] *f.* Agricultura.

agripper [agʀipe] *tr.* Agarrar, asir con avidez.
agronomie [agʀɔnɔmi] *f.* Agronomía.
aguerrir [ageʀiʀ] *tr.* 1 Aguerrir (exercer à la guerre). 2 Avezar (habituer). ■ 3 *pr.* Aguerrirse. 4 Avezarse (s'habituer).
aguets (aux) [ozagɛ] *loc. adv.* Al acecho.
aguichant, ante [agiʃɑ̃, -ɑ̃t] *adj.* Provocativo, va, incitante.
ah! [a] *interj.* ¡Ah!
ahuri, -ie [ayʀi] *adj.-s.* Aturdido, da, atontado, da, atónito, ta.
aide [ɛd] *f.* 1 Ayuda: ***demander de l'~,*** pedir ayuda. Loc. ***A l'~!,*** ¡socorro!; ***venir en ~ à,*** ayudar a. 2 *loc. prép.* ***A l'~ de,*** con ayuda de, por medio de.
aide [ɛd] *s.* Ayudante, ayuda: ***~ de laboratoire,*** ayudante de laboratorio.
aider [ede] *tr.* 1 Ayudar, auxiliar, socorrer. ■ 2 *pr.* Ayudarse. 3 Servirse, valerse de: ***s'~ d'un dictionnaire,*** valerse de un diccionario.
aïe! [aj] *interj.* ¡Ay!
aïeul, -le [ajœl] *s.* 1 Abuelo, la. ■ 2 *pl.* ***Aïeuls,*** abuelos (grands-parents). 3 ***Aïeux,*** antepasados (ancêtres).
aigle [ɛgl(ə)] *m.* 1 Águila *f.* 2 fig. Águila (inteligente). ■ 3 *f.* Águila (femelle de l'aigle). 4 Águila (étendard).
aiglon [ɛglɔ̃] *m.* Aguilucho.
aigre [ɛgʀ(ə)] *adj.* Agrio.
aigreur [ɛgʀœʀ] *f.* 1 Agrura, acritud. ■ 2 *pl.* MÉD. Acedia *sing.* (d'estomac).
aigrir [egʀiʀ] *tr.* Agriar.
aigu, -uë [egy] *adj.* 1 Agudo, da. 2 Vivo, va, agudo, da: ***douleur aiguë,*** dolor agudo.
aigue-marine [ɛgmaʀin] *f.* Aguamarina.
aiguille [egɥij] *f.* 1 Aguja: ***~ à tricoter,*** aguja de hacer media; ***~ aimantée,*** aguja magnética. 2 Aguja (chemin de fer). 3 Picacho *m.* (montagne).
aiguilleur [egɥijœʀ] *m.* Guardaagujas.
aiguillon [egɥijɔ̃] *m.* 1 Aguijón (d'insecte). 2 Aguijada *f.*
aiguiser [eg(ɥ)ize] *tr.* 1 Aguzar (rendre pointu). 2 Amolar, afilar.
ail [aj] *m.* Ajo.
aile [ɛl] *f.* 1 Ala (d'un oiseau). 2 Ala (d'avion). 3 Aspa (d'un moulin). 4 Aleta (du nez). 5 SPORTS Ala (d'une équipe).
aileron [ɛlʀɔ̃] *m.* 1 ZOOL. Alón. 2 Alerón (d'avion).
ailleurs [ajœʀ] *adv.* En otra parte. *loc. adv.* ***D'~,*** por otra parte.
aimable [ɛmabl(ə)] *adj.* Amable.
aimanter [ɛmɑ̃te] *tr.* Imantar.
aimer [eme] *tr.* 1 Amar (style soutenu), querer (éprouver de l'amour, de l'affection). 2 Gustar (trouver agréable, être friand de): ***j'aime la musique, lire,*** me gusta la música, leer. 3 ***~ mieux,*** preferir. ■ 4 *pr.* Quererse: ***ils s'aiment beaucoup,*** se quieren mucho. 5 Hacer el amor.
aine [ɛn] *f.* Ingle.
aîné, -ée [ene] *adj.-s.* 1 Primogénito, ta. 2 Mayor (plus âgé): ***il est mon ~ de trois ans,*** es tres años mayor que yo.
ainsi [ɛ̃si] *adv.* Así: ***~ que,*** así como; ***~ de suite,*** así sucesivamente; ***~ soit-il,*** así sea; ***pour ~ dire,*** por decirlo así.
air [ɛʀ] *m.* 1 Aire: ***courant d'~,*** corriente de aire; ***au grand ~, en plein ~,*** al aire libre; ***~ conditionné,*** aire acondicionado. 2 Aire (aspect): ***un ~ de famille,*** un aire de familia. 3 Semblante, cara *f.* (visage). 4 ***Avoir l'~,*** parecer; (avec ***de*** et l'inf.) ***il a l'~ de s'ennuyer,*** tiene aspecto de aburrirse. 5 ***N'avoir l'~ de rien,*** ser una mosca muerta (personne). 6 MUS. Aire: ***~ de danse,*** aire bailable.
aire [ɛʀ] *f.* 1 GÉOM. Área. 2 Nido *m.* (d'un rapace). 3 Zona, área.

aisance [ɛzɑ̃s] *f.* 1 Soltura (facilité, naturel). 2 Bienestar *m.*, desahogo *m.*, holgura. ■ 3 *pl.* ***Cabinets, lieux d'aisances,*** excusado *sing.*, retrete *sing.*

aise [ɛz] *adj.* 1 Contento, ta: ***je suis bien ~ de...,*** estoy muy contento de... ■ 2 *f.* Contento *m.*, gusto *m.* Loc. ***Être à l'~,*** estar cómodo, a, a gusto.

aisé, -ée [eze] *adj.* 1 Fácil, cómodo, da. 2 Acomodado, da.

aisselle [ɛsɛl] *f.* Sobaco *m.*, axila.

ajouré, -ée [aʒuʀe] *adj.* Calado, da.

ajourner [aʒuʀne] *tr.* Aplazar.

ajouter [aʒute] *tr.* 1 Añadir, agregar, aumentar. 2 ***~ foi à,*** creer, dar crédito a. ■ 3 *tr. ind.* ***~ à,*** aumentar.

ajustement [aʒystəmɑ̃] *m.* Ajuste, adaptación *f.*

ajuster [aʒyste] *tr.* 1 Ajustar (adapter). 2 Apuntar (viser). 3 MÉC. Ajustar: ***~ une pièce,*** ajustar una pieza.

alambic [alɑ̃bik] *m.* Alambique.

alarmant, -ante [alaʀmɑ̃, -ɑ̃t] *adj.* Alarmante.

alarme [alaʀm(ə)] *f.* 1 Alarma. 2 fig. Alarma, zozobra, inquietud.

albâtre [albatʀ(ə)] *m.* Alabastro.

albatros [albatʀos] *m.* Albatros.

albinos [albinos] *adj.-s.* Albino, na.

album [albɔm] *m.* Álbum.

alcalin, -ine [alkalɛ̃, -ın] *adj.* Alcalino, na.

alcool [alkɔl] *m.* 1 Alcohol. 2 Licor: ***prendre un ~,*** tomar un licor.

alcoolémie [alkɔlemi] *f.* Alcoholemia.

alcoolique [alkɔ(ɔ)lik] *adj.-s.* Alcohólico, ca.

alcootest, alcotest [alkɔtɛst] *m.* Prueba de alcoholemia *f.*

alcôve [alkov] *f.* 1 Fondo *m.* de una habitación en que está una cama y cerrado por una cortina o una puerta de dos hojas. 2 fig. Alcoba.

aléatoire [aleatwaʀ] *adj.* Aleatorio, ria, problemático, ca.

alentour [alɑ̃tuʀ] *adv.* En torno, alrededor.

alentours [alɑ̃tuʀ] *m. pl.* Alrededores.

alerte [alɛʀt(ə)] *adj.* 1 Vivo, va, despierto, ta. ■ 2 *f.* Alerta, alarma: ***donner l'~,*** dar la alarma. 3 *interj.* ¡Alerta!

alezan, -ane [alzɑ̃, -an] *adj.-s.* Alazán, ana.

alfa [alfa] *m.* Esparto.

algarade [algaʀad] *f.* 1 Andanada, salida brusca. 2 Agarrada (dispute).

algèbre [alʒɛbʀ(ə)] *f.* Álgebra.

algérien, -ienne [alʒeʀjɛ̃, jɛn] *adj.-s.* Argelino, -na.

algorithme [algɔʀitm] *f.* Algoritmo *m.*

algue [alg(ə)] *f.* Alga.

alibi [alibi] *m.* Coartada *f.*

aliéné, -ée [aljene] *s.* Alienado, da, loco, ca.

aliéner [aljene] *tr.* 1 Alienar, enajenar. 2 Enajenar (l'esprit). ■ 3 *pr.* Enajenarse. ▲ CONJUG. como ***accélérer.***

aligner [aliɲe] *tr.* 1 Alinear, poner en fila. ■ 2 *pr.* Alinearse.

alimentation [alimɑ̃tɑsjɔ̃] *f.* Alimentación.

alimenter [alimɑ̃te] *tr.* 1 Alimentar (nourrir). ■ 2 *pr.* Alimentarse, nutrirse.

aliter [alite] *tr.* 1 Acostar, hacer guardar cama. ■ 2 *pr.* Encamarse, guardar cama.

alizé [alize] *m.* Alisio (vent).

allaiter [alete] *tr.* Amamantar, criar.

allant [alɑ̃] *m.* Empuje, actividad *f.*, animación *f.*, brío.

alléchant, -ante [a(l)eʃɑ̃, -ɑ̃t] *adj.* 1 Apetitoso, sa. 2 fig. Atractivo, va, seductor, ra.

allée [ale] *f.* 1 Alameda (chemin bordé d'arbres). 2 Calle (passage dans un jardin). 3 ***~ et venue,*** ida y venida.

alléger [a(l)leze] *tr.* Aliviar, aligerar (rendre moins lourd, moins pénible). ▲ CONJUG. como ***abréger.***
allégorie [a(l)legɔRi] *f.* Alegoría.
allègre [a(l)lɛgR(ə)] *adj.* 1 Alegre. 2 Ágil, vivo, va, dispuesto, ta.
alléguer [a(l)lege] *tr.* Alegar. ▲ CONJUG. como ***accélérer.***
allemand, -ande [almɑ̃, -ɑ̃d] *adj.-s.* Alemán, ana.
aller [ale] *intr.* 1 Ir: ~ ***à pied, en voiture,*** ir a pie, en coche; ***nous irons en Italie,*** iremos a Italia; ***je vais sortir,*** voy a salir (toujours ***a*** devant l'inf.). Loc. ~ ***sur ses cinquante ans,*** ir para los cincuenta años; ***cela va de soi,*** esto cae de su peso. 2 Estar: ***le malade va mieux,*** el enfermo está mejor. 3 Sentar: ***ce costume lui va bien,*** este traje le sienta bien. 4 Convenir, interesar: ***ça me va,*** esto me conviene. ■ 5 *impers.* ***Y*** ~, ir, tratarse de: ***il y va de notre vie,*** se trata de nuestra vida. Loc. fig. ***Ne pas y ~ par quatre chemins,*** no andarse por las ramas. 6 ***Y ~ fort,*** exagerar. ■ 7 *pr.* ***S'en*** ~, irse, marcharse. 8 *interj.* ***Allons!, allez!,*** ¡vamos!, ¡vaya! Loc. ***Ça va!, ça va comme ça!,*** ¡basta! ▲ CONJUG. IRREG. INDIC. Pres.: ***je vais, tu vas, il va, nous allons, vous allez, ils vont.*** Imperf.: ***j'allais,*** etc. Pret. indef.: ***j'allai,*** etc. Fut. imperf.: ***j'irai, tu iras, il ira, nous irons, vous irez, ils iront.*** POT.: ***j'irais, tu irais, il irait, nous irions, vous iriez, ils iraient.*** IMPER.: ***va, allons, allez.*** SUBJ. Pres.: ***que j'aille, que tu ailles, qu'il aille, que nous allions, que vous alliez, qu'ils aillent.*** Imperf.: ***que j'allasse, qu'il allât,*** etc. PART. A.: ***allant.*** PART. P.: ***allé, ée.*** OBSERV. En imperativo se dice ***vas-y*** y no ***va-y.*** Se conjuga con el auxiliar ***être.***
aller [ale] *m.* 1 Ida *f.* 2 ***Au pis ~, en el peor de los casos.***
allergie [alɛRʒi] *f.* Alergia.
alliage [aljaʒ] *m.* Aleación *f.*, liga *f.* (de métaux).
alliance [aljɑ̃s] *f.* 1 Alianza (coalition, pacte). 2 Parentesco *m.* (parenté). 3 Anillo *m.* de boda (anneau).
allié, -ée [alje] *adj.-s.* Aliado, da.
allocation [a(l)lɔkasjɔ̃] *f.* Gratificación, asignación, subsidio *m.*
allocution [a(l)lɔkysjɔ̃] *f.* Alocución.
allonger [alɔ̃ʒe] *tr.* 1 Alargar (rendre plus long). 2 Aclarar (une sauce). 3 fam. Largar: ~ ***une gifle,*** largar una bofetada. 4 pop. ~ ***du fric,*** aflojar la mosca. 5 Alargar, extender (le bras, le pas). ■ 6 *intr.* Alargarse: ***les jours allongent,*** los días se alargan. ■ 7 *pr.* Alargarse. 8 Echarse (sur le lit). ▲ CONJUG. como ***engager.***
allouer [alwe] *tr.* Conceder, asignar (une somme d'argent, une indemnité).
allumer [alyme] *tr.* Encender.
allumette [alymɛt] *f.* Fósforo *m.*, cerilla.
allure [alyR] *f.* 1 Velocidad (vitesse de déplacement). Loc. ***À toute*** ~, a toda marcha, muy deprisa. 2 Andar *m.* (démarche). 3 Facha, garbo *m.*
alluré, -ee [alyRe] *adj.* De buen porte, garboso, sa.
allusion [a(l)lyzjɔ̃] *f.* Alusión.
alluvion [a(l)lyvjɔ̃] *f.* Aluvión *m.*
almanach [almana] *m.* Almanaque.
aloi [alwa] *m.* 1 Ley *f.* (métaux précieux). 2 Valor (d'une personne ou d'une chose).
alors [alɔR] *adv.* 1 Entonces. 2 En tal caso (dans ce cas). 3 *loc. conj.* ~ ***que,*** mientras que, cuando.
alourdir [aluRdiR] *tr.* 1 Hacer pesado. 2 fig. Sobrecargar, recargar.
alpaga [alpaga] *m.* Alpaca *f.* (tissu).
alpestre [alpɛstR(ə)] *adj.* Alpestre, alpino, na.
alphabétique [alfabetik] *adj.* Alfabético, ca.

alphanumérique [alfanymeʀik] *adj.* Alfanumérico, ca.
alpiniste [alpinist(ə)] *s.* Alpinista.
alsacien, -ienne [alzasjɛ̃, -ɛn] *adj.-s.* Alsaciano, na.
altération [alteʀɑsjɔ̃] *f.* Alteración.
alternatif, -ive [altɛʀnatif, -iv] *adj.* 1 Alternativo, va: ***mouvement*** **~,** movimiento alternativo.
alterner [altɛʀne] *intr.* Alternar.
altier, -ière [altje, -jɛʀ] *adj.* Altanero, ra, altivo, va.
altitude [altityd] *f.* Altitud.
altruiste [altʀɥist(ə)] *adj.-s.* Altruista.
aluminium [alyminjɔm] *m.* Aluminio.
amabilité [amabilite] *f.* Amabilidad.
amaigrir [amegʀiʀ] *tr.* Enflaquecer, adelgazar.
amalgamer [amalgame] *tr.* Amalgamar.
amande [amɑ̃d] *f.* Almendra.
amandier [amɑ̃dje] *m.* Almendro.
amant [amɑ̃] *m.* Amante, querido.
amarrer [amaʀe] *tr.* MAR. Amarrar.
amas [amɑ] *m.* Montón, pila *f.*
amasser [amɑse] *tr.* 1 Amontonar. 2 Atesorar (argent). ■ 3 *pr.* Amontonarse.
amateur [amatœʀ] *m.* 1 Aficionado: **~ *de musique,*** aficionado a la música. 2 fam. Persona *f.* dispuesta a comprar. ■ 3 *adj.* Aficionado, da: ***photographe*** **~,** fotógrafo aficionado.
ambages [ɑ̃baʒ] *f. pl.* Ambages *m.*
ambassadeur, -drice [ɑ̃basadœʀ, -dʀis] *s.* Embajador, ra.
ambiance [ɑ̃bjɑ̃s] *f.* Ambiente *m.*
ambiant, -ante [ɑ̃bjɑ̃, -ɑ̃t] *adj.* Ambiente.
ambigu, -uë [ɑ̃bigy] *adj.* Ambiguo, gua (ambivalent, équivoque).
ambitieux, -euse [ɑ̃bisjø, -øz] *adj.* Ambicioso, -sa.
ambitionner [ɑ̃bisjɔne] *tr.* Ambicionar.
ambre [ɑ̃bʀ(ə)] *m.* Ámbar.
ambulance [ɑ̃bylɑ̃s] *f.* Ambulancia.
ambulant, -ante [ɑ̃bylɑ̃, -ɑ̃t] *adj.* Ambulante.
âme [ɑm] *f.* 1 Alma (esprit). 2 Alma (habitant): ***une ville de 10.000 âmes,*** una ciudad de 10.000 almas.
améliorer [ameljɔʀe] *tr.* 1 Mejorar (perfectionner). ■ 2 *pr.* Mejorarse.
amen [amɛn] *adv.* Amén.
aménager [amenaʒe] *tr.* 1 Arreglar, disponer (agencer). 2 Instalar. ▲ CONJUG. como ***engager.***
amende [amɑ̃d] *f.* 1 Multa. 2 Loc. ***Faire*** **~ *honorable,*** excusarse, pedir perdón.
amender [amɑ̃de] *tr.* 1 Enmendar, mejorar. 2 AGR. Abonar. ■ 3 *pr.* Enmendarse.
amène [amɛn] *adj.* Ameno, na.
amener [amne] *tr.* 1 Traer. 2 Ocasionar, acarrear (occasionner). 3 Inducir (déterminer). 4 MAR. **~ *une voile,*** amainar una vela. ▲ CONJUG. como ***acheter.***
aménité [amenite] *f.* Amabilidad, afabilidad.
amenuiser [amənɥize] *tr.* 1 Adelgazar (amincir). ■ 2 *pr.* Disminuir (devenir plus petit).
amer, -ère [amɛʀ] *adj.* 1 Amargo, ga.
américain, -aine [ameʀikɛ̃, -ɛn] *adj.-s.* Americano, na.
amerrir [ameʀiʀ] *intr.* Amarar.
amertume [amɛʀtym] *f.* Amargura, amargor *m.*
améthyste [ametist(ə)] *f.* Amatista.
ameublement [amœbləmɑ̃] *m.* Moblaje, mobiliario.
ameuter [amøte] *tr.* 1 Amotinar, sublevar. ■ 2 *pr.* Amotinarse.
ami, -ie [ami] *adj.-s.* 1 Amigo, ga. ■ 2 *s.* Amante *m.*, querida.
amiante [amjɑ̃t] *m.* Amianto.
amical, -ale [amikal] *adj.* Amistoso, sa.
amidonner [amidɔne] *tr.* Almidonar.
amincir [amɛ̃siʀ] *tr.* 1 Adelgazar. ■ 2 *pr.* Adelgazarse.

amiral [amiʀal] *m.* Almirante.
amitié [amitje] *f.* 1 Amistad. 2 Favor *m.* 3 Atención, amabilidad. ■ 4 *pl.* Recuerdos *m.*: ***mes amitiés à,*** recuerdos a.
ammoniaque [amɔnjak] *f.* Amoniaco *m.*
amnésie [amnezi] *f.* Amnesia.
amnistie [amnisti] *f.* Amnistía.
amoindrir [amwɛ̃dʀiʀ] *tr.* Aminorar.
amollissant, -ante [amɔlisɑ̃, -ɑ̃t] *adj.* Debilitante, enervante.
amonceler [amɔ̃sle] *tr.* 1 Amontonar. ■ 2 *pr.* Amontonarse, acumularse. ▲ CONJUG. como ***appeler.***
amoral, -ale [amɔʀal] *adj.* Amoral.
amorcer [amɔʀse] *tr.* 1 Cebar (appâter). 2 Cebar, cargar (une arme). 3 Iniciar, comenzar (un travail, une affaire). ▲ CONJUG. como ***lancer.***
amorphe [amɔʀf(ə)] *adj.* Amorfo, fa.
amortir [amɔʀtiʀ] *tr.* 1 Amortiguar. 2 Amortizar.
amortissable [amɔʀtisabl(ə)] *adj.* Amortizable.
amortisseur [amɔʀtisœʀ] *m.* Amortiguador.
amour [amuʀ] *m.* 1 Amor: ***chagrin d'~,*** pena de amor; ***l'~ du prochain,*** el amor al prójimo. 2 Cariño, afecto (affection). 3 Pasión *f.*, amor: ***l'~ des voyages,*** la pasión por los viajes. 4 ***Faire l'~,*** hacer el amor (avoir des relations sexuelles). 5 fam. ***Un ~ de,*** un encanto de. 6 MYTH., PEINT. Amorcillo. ■ 7 *pl.* Aventura *f. sing.* amorosa.
amoureux, -euse [amuʀø, -øz] *adj.* 1 Amoroso, sa. ■ 2 *adj.-s.* Enamorado, da, amante.
amour-propre [amuʀpʀɔpʀ(ə)] *m.* Amor propio.
ampère [ɑ̃pɛʀ] *m.* Amperio.
amphi [ɑ̃fi] *m.* (*abrév.* amphithéâtre) fam. Aula.
amphibie [ɑ̃fibi] *adj.* Anfibio, bia.
amphithéâtre [ɑ̃fiteatʀ(ə)] *m.* 1 Anfiteatro. 2 Aula *f.* (université).
amphitryon [ɑ̃fitʀijɔ̃] *m.* Anfitrión.
ample [ɑ̃pl(ə)] *adj.* 1 Amplio, plia. 2 Holgado, da (vêtement).
amplification [ɑ̃plifikasjɔ̃] *f.* 1 Amplificación. 2 fig. Exageración.
amplitude [ɑ̃plityd] *f.* PHYS. Amplitud.
ampoule [ɑ̃pul] *f.* 1 Ampolla. 2 Bombilla (électrique). 3 MÉD. Ampolla.
amputer [ɑ̃pyte] *tr.* Amputar (couper).
amulette [amylɛt] *f.* Amuleto *m.*
amusant, -ante [amyzɑ̃, -ɑ̃t] *adj.* Divertido, da.
amuser [amyze] *tr.* 1 Divertir, entretener. ■ 2 *pr.* Entretenerse: ***s'~ à,*** entretenerse en. 3 Divertirse: ***enfants qui s'amusent,*** niños que se divierten.
amygdale [ami(g)dal] *f.* Amígdala.
an [ɑ̃] *m.* Año: ***il a dix ans,*** tiene diez años; ***il y a deux ans,*** hace dos años. Loc. ***Le jour de l'~,*** el día de Año Nuevo.
anachronisme [anakʀɔnism(ə)] *m.* Anacronismo.
anagramme [anagʀam] *f.* Anagrama *m.*
anal, -ale [anal] *adj.* Anal.
analgésique [analʒezik] *adj.-s.* Analgésico, ca.
analogique [analɔʒik] *adj.* Analógico, ca.
analogue [analɔg] *adj.* Análogo, ga.
analphabète [analfabɛt] *adj.-s.* Analfabeto, ta.
analphabétisme [analfabetism] *m.* Analfabetismo.
analyser [analize] *tr.* 1 Analizar. ■ 2 *pr.* Analizarse.
analyste [analist(ə)] *s.* Analista.
ananas [anana(s)] *m.* Ananás, piña *f.*
anar [anaʀ] *adj.-m.* (*abrév.* anarchiste) pop. Anarco.
anarchie [anaʀʃi] *f.* Anarquía.
anarchiste [anaʀʃist(ə)] *s.* Anarquista.
anatomie [anatɔmi] *f.* Anatomía.
ancestral [ɑ̃sɛstʀal] *adj.* Ancestral.

ancêtre [ãsɛtʀ(ə)] *m.* 1 Antepasado, ascendiente. 2 Precursor.
anchois [ãʃwa] *m.* Anchoa *f.*
ancien, -ienne [ãsjɛ̃, -jɛn] *adj.* 1 Antiguo, gua: ***un meuble ~,*** un mueble antiguo. 2 Viejo, ja. 3 Ex, antiguo, gua: ~ ***président,*** ex presidente; ~ ***élève,*** antiguo alumno. ■ 4 *s.* Antiguo, gua (de l'Antiquité, d'une école).
ancienneté [ãsjɛnte] *f.* Antigüedad.
ancrage [ãkʀaʒ] *m.* MAR. Ancladero.
ancrer [ãkʀe] *tr.* 1 Anclar. ■ 2 *pr.* Meterse, aferrarse (enraciner).
andalou, ouse [ãdalu, -uz] *adj.-s.* Andaluz, za.
andouille [ãduj] *f.* 1 Especie de embutido francés. 2 fam. Bobo *m.*, imbécil *m.*
âne [an] *m.* 1 Asno, burro, borrico. Loc. ***Têtu comme un ~,*** terco como una mula. 2 *loc. adv.* ***En dos d'~,*** formando lomo. 3 fig. Burro, bestia (bête, ignorant).
anéantir [aneãtiʀ] *tr.* 1 Aniquilar (exterminer). 2 fig. Anonadar (une nouvelle).
anecdote [anɛkdɔt] *f.* Anécdota.
anémique [anemik] *adj.* Anémico, ca.
anémone [anemɔn] *f.* Anémona.
ânerie [anʀi] *f.* Burrada, animalada, borricada.
ânesse [anɛs] *f.* Asna, burra.
anesthésier [anɛstezje] *tr.* Anestesiar. ▲ CONJUG. como ***prier.***
anfractuosité [ãfʀaktɥozite] *f.* 1 Anfractuosidad. 2 Cavidad, agujero *m.* (creux).
ange [ãʒ] *m.* 1 Ángel: ~ ***gardien,*** ángel de la guarda; ~ ***déchu,*** ángel caído. 2 Ángel (personne parfaite). 3 ***Être aux anges,*** estar en la gloria.
angélique [ãʒelik] *adj.* 1 Angélico, ca. 2 Angelical: ***sourire ~,*** sonrisa angelical.
angelus [ãʒelys] *m.* Ángelus (prière).
angine [ãʒin] *f.* Angina.
anglais, -aise [ãglɛ, -ɛz] *adj.-s.* 1 Inglés, esa. 2 ***Filer à l'anglaise,*** despedirse a la francesa. ■ 3 *m.* Inglés (langue). ■ 4 *f. pl.* Tirabuzones *m.* (coiffure).
angle [ãgl(ə)] *m.* Ángulo.
anglican, -ane [ãglikã, -an] *adj.-s.* Anglicano, na.
anglicisme [ãglisism(ə)] *m.* Anglicismo.
angoisser [ãgwase] *tr.* Angustiar, acongojar.
angora [ãgɔʀa] *adj.* Angora: ***chat ~,*** gato de angora.
anguille [ãgij] *f.* Anguila.
angulaire [ãgylɛʀ] *adj.* Angular.
anguleux, -euse [ãgylø, -øz] *adj.* Anguloso, sa.
animal, -ale [animal] *adj.* 1 Animal: ***règne ~,*** reino animal. 2 Animal (bestial). ■ 3 *m.* Animal (bête): ***animaux sauvages,*** animales salvajes.
animateur, -trice [animatœʀ, -tʀis] *s.* Animador, ora.
animation [animasjɔ̃] *f.* Animación.
animé, -ée [anime] *adj.* 1 Animado, da. 2 ***Dessins animés,*** dibujos animados.
animer [anime] *tr.* 1 Animar. 2 fig. Animar (aviver). ■ 3 *pr.* Animarse.
animosité [animozite] *f.* Animosidad.
anis [ani(s)] *m.* Anís (plante et boisson).
ankyloser [ãkiloze] *tr.* Anquilosar.
annales [anal] *f. pl.* Anales *m.*
Anne [ɑ(a)n] *n. pr. f.* Ana.
anneau [ano] *m.* 1 Anilla *f.* (de rideaux). 2 Anillo, sortija *f.* (bague). 3 Anillo (d'un ver, de Saturne). ■ 4 *pl.* Anillas *f.* (gymnastique).
année [ane] *f.* 1 Año *m.*: ***l'~ 1998,*** el año 1998. 2 ~ ***scolaire,*** año *m.* escolar, curso *m.* 3 ***Souhaiter la bonne ~,*** felicitar por Año Nuevo.
annexe [anɛks(ə)] *adj.* 1 Anexo, xa, secundario, ria (accessoire, secondaire). ■ 2 *f.* Anejo *m.*

anniversaire [aniversɛr] *m.* 1 Aniversario (d'un événement). 2 Cumpleaños.
annoncer [anɔ̃se] *tr.* 1 Anunciar. 2 Pronosticar, predecir. ■ 3 *pr.* Anunciarse. ▲ CONJUG. como ***lancer.***
annonceur [anɔ̃sœr] *m.* Anunciante.
annonciation [anɔ̃sjɑsjɔ̃] *f.* Anunciación.
annoter [anɔte] *tr.* Anotar.
annuel, -elle [anyɛl] *adj.* Anual, anuo, nua.
annuité [anɥite] *f.* Anualidad.
annulaire [anylɛr] *m.* Anular (doigt).
annuler [anyle] *tr.* 1 Anular. ■ 2 *pr.* Anularse (se neutraliser).
anoblir [anɔblir] *tr.* Ennoblecer.
anodin, -ine [anɔdɛ̃, -in] *adj.* Anodino, na.
anomal, -ale [anɔmal] *adj.* Anómalo, la.
ânon [ɑnɔ̃] *m.* Borriquillo (petit âne).
ânonner [ɑnɔne] *intr.* Leer, hablar con torpeza (bredouiller).
anonyme [anɔnim] *adj.* Anónimo, ma: ***société ~,*** sociedad anónima.
anormal, -ale [anɔrmal] *adj.-s.* Anormal.
anse [ɑ̃s] *f.* 1 Asa (partie recourbée): ***l'~ d'un panier,*** el asa de una cesta. 2 ***Faire danser l'~ du panier,*** sisar. 3 Ensenada, cala (baile).
antagoniste [ɑ̃tagɔnist(ə)] *adj.-s.* Antagonista.
antarctique [ɑ̃tarktik] *adj.* 1 Antártico, ca. ■ 2 *n. pr. m.* Antártico.
antécédent [ɑ̃tesedɑ̃] *m.* Antecedente.
antenne [ɑ̃tɛn] *f.* 1 Antena. 2 ZOOL. Antena. 3 Delegación.
antérieur, -eure [ɑ̃terjœr] *adj.* Anterior.
antériorité [ɑ̃terjɔrite] *f.* Anterioridad.
anthologie [ɑ̃tɔlɔʒi] *f.* Antología.
anthracite [ɑ̃trasit] *m.* Antracita *f.*
anthropologiste [ɑ̃trɔpɔlɔʒist(ə)], **anthropologue** [ɑ̃trɔpɔlɔg] *s.* Antropólogo, ga.
anthropophage [ɑ̃trɔpɔfaʒ] *adj.* 1 Antropófago, ga. ■ 2 *m.* Antropófago.
antibiotique [ɑ̃tibjɔtik] *m.* Antibiótico.
antibrouillard [ɑ̃tibrujar] *m.* Antiniebla.
antichambre [ɑ̃tiʃɑ̃br(ə)] *f.* Antecámara.
antichar [ɑ̃tiʃar] *adj.* Antitanque.
anticipation [ɑ̃tisipɑsjɔ̃] *f.* 1 Anticipación (previsión). 2 ***Par ~,*** por adelantado (d'avance). 3 ***Roman d'~,*** novela de ciencia ficción.
anticiper [ɑ̃tisipe] *tr.* 1 Anticipar. ■ 2 *intr.* ~ ***sur,*** contar con lo que aún no se tiene ni existe, hacer por anticipado, anticiparse: ~ ***sur les événements,*** anticiparse a los acontecimientos.
anticléricalisme [ɑ̃tiklerikalism] *m.* Anticlericalismo.
anticommunisme [ɑ̃tikkɔmynism] *m.* Anticomunismo.
anticonstitutionnel, -elle [ɑ̃tikɔ̃stitysjɔnɛl] *adj.* Anticonstitucional.
anticorps [ɑ̃tikɔr] *m.* Anticuerpo.
antidépresseur [ɑ̃tidepresœr] *m.* Antidepresor.
antidérapant, -te [ɑ̃tiderapɑ̃, -t] *adj.* Antideslizante: ***semelles antidérapantes,*** suelas antideslizantes.
antidote [ɑ̃tidɔt] *m.* Antídoto.
anti-inflammatoire [ɑ̃tiɛ̃flamatwar] *adj.-s.* Antiinflamatorio, a.
antilope [ɑ̃tilɔp] *f.* Antílope *m.*
antipathie [ɑ̃tipati] *f.* Antipatía.
antipathique [ɑ̃tipatik] *adj.* Antipático, ca.
antipelliculaire [ɑ̃tipelikylɛr] *adj.* Anticaspa.
antipode [ɑ̃tipɔd] *m.* Antípoda: ***aux antipodes de,*** en los antípodas de.
antiquaire [ɑ̃tikɛr] *s.* Anticuario *m.*

antique [ɑ̃tik] *adj.* 1 Antiguo, gua (ancien). 2 Anticuado, da (démodé). ■ 3 *m.* Lo antiguo (art, œuvres d'art antiques).
antiquité [ɑ̃tikite] *f.* 1 Antigüedad. ■ 2 *pl.* Antigüedades (objets).
antirouille [ɑ̃tiʀuj] *adj.-s.* Antioxidante.
antisémitisme [ɑ̃tisemitism] *m.* Antisemitismo.
antiseptique [ɑ̃tisɛptik] *adj.-m.* Antiséptico, ca.
antithèse [ɑ̃titɛz] *f.* Antítesis.
antivol [ɑ̃tivɔl] *m.* Antirrobo.
antre [ɑ̃tʀ(ə)] *m.* Antro.
anus [anys] *m.* Ano.
anxieux, -euse [ɑ̃ksø, -øz] *adj.* Ansioso, sa, inquieto, ta.
aorte [aɔʀt(ə)] *f.* ANAT. Aorta.
août [u] *m.* Agosto.
apaiser [apeze] *tr.* Apaciguar, sosegar.
apanage [apanaʒ] *m.* Patrimonio.
apathique [apatik] *adj.* Apático, ca.
apercevoir [apɛʀsəvwaʀ] *tr.* 1 Percibir, distinguir (discerner, distinguer). ■ 2 *pr.* Darse cuenta de, advertir, reparar (remarquer): *s'~ que,* darse cuenta de que.
aperçu [apɛʀsy] *m.* 1 Ojeada *f.* (coup d'œil). 2 Idea *f.*, idea *f.* general.
apéritif, -ive [apeʀitif, -iv] *adj.* 1 Aperitivo, va. ■ 2 *m.* Aperitivo.
à peu près, à-peu-près [apøpʀɛ] *m.* Aproximación *f.*
apeuré, -ée [apœʀe] *adj.* Asustado, da, acobardado, da, amedrentado, da.
aphone [afɔn] *adj.* Afónico, ca.
aphorisme [afɔʀism(ə)] *m.* Aforismo.
apiculture [apikyltyʀ] *f.* Apicultura.
apitoyer [apitwaje] *tr.* 1 Apiadar, dar lástima (attendrir). ■ 2 *pr.* ***S'~ sur,*** apiadarse de, compadecerse de. ▲ CONJUG. como ***employer.***
aplanir [aplaniʀ] *tr.* 1 Aplanar, allanar (rendre plat). 2 fig. Allanar.
aplatir [aplatiʀ] *tr.* 1 Aplastar, achatar. ■ 2 *pr.* fam. Extenderse, echarse (s'étaler).
aplomb [aplɔ̃] *m.* 1 Verticalidad *f.*, aplomo, equilibrio. 2 Desfachatez *f.*, descaro (toupet). 3 *loc. adv.* ***D'~,*** a plomo, verticalmente.
apocope [apɔkɔp] *f.* Apócope.
apogée [apɔʒe] *m.* Apogeo.
apologie [apɔlɔʒi] *f.* Apología.
apostolique [apɔstɔlik] *adj.* Apostólico, ca.
apostrophe [apɔstʀɔf] *f.* 1 Apóstrofe *m.* (en rhétorique, interpellation). 2 GRAM. Apóstrofo *m.*
apothéose [apɔteoz] *f.* Apoteosis.
apothicaire [apɔtikɛʀ] *m.* Boticario.
apparaître [apaʀɛtʀ(ə)] *intr.* 1 Aparecer (se montrer, paraître). 2 Aparecer, manifestarse (se dévoiler). ▲ CONJUG. como ***connaître.***
apparat [apaʀa] *m.* Aparato, pompa *f.* (pompe, éclat).
appareil [apaʀɛj] *m.* Aparato.
appareillage [apaʀɛjaʒ] *m.* 1 Equipo (ensemble d'appareils et accessoires). 2 MAR. Salida *f.* de un barco.
apparence [apaʀɑ̃s] *f.* Apariencia, aspecto *m.*
apparent, -ente [apaʀɑ̃, -ɑ̃t] *adj.* Aparente.
apparenter (s') [apaʀɑ̃te] *pr.* 1 Agruparse, unirse (élection). 2 ***S'~ à,*** parecerse a (ressembler).
apparition [apaʀisjɔ̃] *f.* 1 Aparición. 2 Aparición, fantasma *m.* (fantôme).
appartement [apaʀtəmɑ̃] *m.* Piso, apartamento.
appartenance [apaʀtənɑ̃s] *f.* Pertenencia, dependencia.
appartenir [apaʀtəniʀ] *intr.* 1 Pertenecer. ■ 2 *pr.* Ser dueño de sí mismo. ■ 3 *impers.* Incumbir, corresponder, tocar. ▲ CONJUG. como ***venir.***
appas [apɑ] *m. pl.* Atractivos, encantos.

appâter [apɑte] *tr.* 1 Cebar (attirer avec un appât). 2 fig. Seducir, atraer (attirer).
appauvrir [apovʀiʀ] *tr.* Empobrecer.
appeau [apo] *m.* Reclamo (pour les animaux).
appel [apɛl] *m.* 1 Llamada *f.*: *~ téléphonique,* llamada telefónica. 2 Llamamiento (exhortation). 3 *Faire un ~ de fonds,* solicitar fondos. 4 *Faire ~ à,* recurrir à, acudir a. 5 MILIT. Llamamiento. 6 DR. Apelación *f.*
appeler [aple] *tr.* 1 Llamar (interpeller). 2 Llamar, avisar. 3 Pedir (demander). 4 Llamar (nommer). 5 Requerir, exigir (réclamer). 6 *En ~ à,* recurrir a. ■ 7 *pr.* Llamarse. ▲ CONJUG. IRREG. Toma dos *l* delante de sílaba muda. INDIC. Pres.: *j'appelle, tu appelles, il appelle, ils appellent.* Fut. imperf.: *j'appellerai, tu appelleras, il appellera, nous appellerons, vous appellerez, ils appelleront.* POT.: *j'appellerais, tu appellerais, il appellerait, nous appellerions, vous appelleriez, ils appelleraient.* SUBJ. Pres.: *que j'appelle, que tu appelles, qu'il appelle, qu'ils appellent.* IMPER.: *appelle.*
appellation [ape(ɛl)lɑsjɔ̃] *f.* Denominación.
appendice [apɛ̃dɪs] *m.* Apéndice.
appendicite [apɛ̃dɪsit] *f.* MED. Apendicitis.
appentis [apɑ̃ti] *m.* Cobertizo, tejadillo.
appesantir (s') [apzɑ̃tiʀ] *pr.* 1 Hacerse más pesado, da. 2 *S'~ sur,* insistir en.
appétissant, -ante [apetisɑ̃, -ɑ̃t] *adj.* 1 Apetitoso, sa. 2 fam. Seductor, ra.
appétit [apeti] *m.* 1 Apetito. Loc. *Bon ~!,* ¡buen provecho!
applaudir [aplodiʀ] *intr.* 1 Aplaudir. ■ 2 *pr.* Felicitarse, congratularse.
applicable [aplikabl(ə)] *adj.* Aplicable.
applique [aplik] *f.* Aplique *m.*
appliquer [aplike] *tr.* 1 Aplicar. 2 Dar, asestar (un coup). ■ 3 *pr.* Aplicarse. 4 Adaptarse (s'adapter).
appoint [apwɛ̃] *m.* Saldo, pico (d'une somme). 2 Ayuda *f.,* complemento.
appointements [apwɛ̃tmɑ̃] *m. pl.* Sueldo *sing.,* haber *sing.* (salaire).
apport [apɔʀ] *m.* Aportación *f.*
apporter [apɔʀte] *tr.* 1 Traer. 2 Aportar (des biens, des preuves). 3 Ocasionar, producir (entraîner, produire). 4 *~ du soin à,* poner cuidado en, dedicar atención en.
apposer [apose] *tr.* 1 Fijar, colocar, poner. 2 *~ sa signature,* firmar.
apposition [apozisjɔ̃] *f.* GRAM. Aposición.
appréciable [apʀesjabl(ə)] *adj.* Apreciable (sensible, important).
appréciation [apʀesjɑsjɔ̃] *f.* Apreciación.
apprécier [apʀesje] *tr.* Apreciar. ▲ CONJUG. como *prier.*
appréhender [apʀeɑ̃de] *tr.* 1 Aprehender, prender. 2 Temer (craindre).
appréhension [apʀeɑ̃sjɔ̃] *f.* 1 PHILOS. Aprehensión. 2 Aprensión, temor *m.* (crainte).
apprendre [apʀɑ̃dʀ(ə)] *tr.* 1 Aprender. 2 Enterarse de, saber (être informé de quelque chose). 3 Enseñar (enseigner, expliquer). 4 Informar, hacer saber, enterar (faire savoir). ▲ CONJUG. como *prendre.*
apprenti, -ie [apʀɑ̃ti] *s.* Aprendiz, za.
apprentissage [apʀɑ̃tisaʒ] *m.* Aprendizaje.
apprêt [apʀɛ] *m.* 1 Apresto, aderezo (étoffes). 2 Afectación *f.*
apprêté, -ée [apʀete] *adj.* Afectado, -da.
apprêter [apʀete] *tr.* 1 Preparar, condimentar (la nourriture). 2 Aderezar, aprestar (étoffes).
apprivoiser [apʀivwaze] *tr.* 1 Domesticar, amansar.

approbation [apʀɔbasjɔ̃] *f.* 1 Aprobación. 2 Visto *m.* bueno, conforme *m.*
approchable [apʀɔʃabl(ə)] *adj.* Accesible, tratable.
approchant, -ante [apʀɔʃɑ̃, -ɑ̃t] *adj.* Semejante, casi igual, aproximado, da.
approche [apʀɔʃ] *f.* 1 Proximidad, cercanía. 2 Aproximación (action).
approcher [apʀɔʃe] *tr.* 1 Acercar, aproximar. 2 Ponerse en contacto con (côtoyer, fréquenter). ■ 3 *intr.* Aproximarse. ■ 4 *pr.* ***S'~ de,*** acercarse a.
approfondir [apʀɔfɔ̃diʀ] *tr.* Ahondar, profundizar.
approprier [apʀɔpʀije] *tr.* 1 Apropiar, acomodar. ■ 2 *pr.* Apropiarse (faire sien). ▲ CONJUG. como ***prier.***
approuver [apʀuve] *tr.* Aprobar.
approvisionner [apʀɔvizjɔne] *tr.* Proveer, abastecer.
approximatif, -ive [apʀɔksimatif, -iv] *adj.* Aproximativo, va, aproximado, da.
approximation [apʀɔksimɑsjɔ̃] *f.* Aproximación.
appui [apɥi] *m.* 1 Apoyo, sostén: ***point d'~,*** punto de apoyo. 2 Antepecho (de fenêtre).
appuyer [apɥije] *tr.* 1 Apoyar. ■ 2 *intr.* Apoyarse (reposer). 3 Apretar: ***~ sur la détente,*** apretar el gatillo. 4 Pisar (sur une pédale). 5 fig. Recalcar, acentuar. 6 Insistir, hacer hincapié en (insister). 7 Ceñirse. ■ 8 *pr.* ***S'~ sur,*** apoyarse en. 9 fig. Contar con (compter sur quelqu'un). 10 Apechugar. ▲ CONJUG. como ***employer.***
âpre [ɑpʀ(ə)] *adj.* 1 Áspero, ra. 2 Ávido, da: ***~ au gain,*** ávido de ganancias.
après [apʀɛ] *prép.* 1 Después de. 2 Tras, detrás de (derrière). 3 *loc. conj.* ***~ que,*** después que, luego que. 4 *loc. adv.* ***~ coup,*** después; ***~ tout,*** después de todo, en el fondo. 5 *loc. prép.* ***D'~,*** según. ■ 6 *adv.* Después, más tarde, luego.
après-demain [apʀɛdmɛ̃] *adv.* Pasado mañana.
après-guerre [apʀɛgɛʀ] *m.* Postguerra *f.*
après-midi [apʀe(ɛ)midi] *m.-f. invar.* Tarde *f.*: ***il est venu dans l'~, cet ~,*** vino por la tarde.
après-soleil [apʀɛsɔlej] *m.* Bálsamo, angl. aftersun.
âpreté [apʀəte] *f.* 1 Aspereza. 2 fig. Rigor *m.*, severidad. 3 ***~ au gain,*** codicia.
à-propos [apʀɔpo] *m.* Ocurrencia *f.*
apte [apt(ə)] *adj.* Apto, ta.
aptitude [aptityd] *f.* 1 Aptitud. 2 Capacidad.
aquarelle [akwaʀɛl] *f.* Acuarela.
aquarium [akwaʀjɔm] *m.* Acuario.
aquatique [akwatik] *adj.* Acuático, ca.
aqueduc [akdyk] *m.* Acueducto.
aqueux, -euse [akø, -øz] *adj.* Acuoso, sa, ácueo, ea.
arabe [aʀab] *adj.-s.* Árabe.
arabesque [aʀabɛsk(ə)] *f.* Arabesco *m.*
arable [aʀabl(ə)] *adj.* Arable.
arachide [aʀaʃid] *f.* Cacahuete *m.*
arachnides [aʀaknid] *m. pl.* ZOOL. Arácnidos.
araignée [aʀeɲe] *f.* Araña.
arbalète [aʀbalɛt] *f.* Ballesta.
arbitrage [aʀbitʀaʒ] *m.* Arbitraje.
arbitraire [aʀbitʀɛʀ] *adj.* 1 Arbitrario, ria. ■ 2 *m.* Arbitrariedad *f.*, despotismo.
arbitral, -ale [aʀbitʀal] *adj.* Arbitral.
arbitre [aʀbitʀ(ə)] *m.* 1 Árbitro (juge). 2 Arbitrio, albedrío: ***libre ~,*** libre albedrío.
arboriculture [aʀbɔʀikyltyʀ] *f.* Arboricultura.
arbre [aʀbʀ(ə)] *m.* Árbol.
arbuste [aʀbyst(ə)] *m.* Arbusto.
arc [aʀk] *m.* Arco (arme). Loc. ***Avoir plusieurs cordes à son ~,*** ser persona de muchos recursos.

arcade [arkad] *f.* 1 ARCHIT. Soportal *m.*, arcada. 2 ~ ***sourcilière,*** ceja.
arc-boutant [aʀkbutɑ̃] *m.* ARCHIT. Arbotante.
arceau [aʀso] *m.* Arco pequeño, aro.
arc-en-ciel [aʀkɑ̃sjɛl] *m.* Arco iris.
archaïque [aʀkaik] *adj.* Arcaico, ca.
archaïsme [aʀkaism(ə)] *m.* Arcaísmo.
archange [aʀkɑ̃ʒ] *m.* Arcángel.
arche [aʀʃ(ə)] *f.* 1 Arca *m.* (d'un pont).
archéologie [aʀkeɔlɔʒi] *f.* Arqueología.
archéologue [aʀkeɔlɔg] *s.* Arqueólogo, ga.
archer [aʀʃe] *m.* Arquero.
archevêque [aʀʃvɛk] *m.* Arzobispo.
archiduc [aʀʃidyk] *m.* Archiduque.
archipel [aʀʃipɛl] *m.* Archipiélago.
architecte [aʀʃitɛkt(ə)] *s.* Arquitecto, ta.
architecture [aʀʃitɛktyʀ] *f.* Arquitectura.
archivage [aʀʃivaʒ] *m.* Archivo.
archives [aʀʃiv] *f. pl.* Archivo *m. sing.*
archiviste [aʀʃivist(ə)] *s.* Archivero, ra, archivista.
arçon [aʀsɔ̃] *m.* 1 Arzón, fuste (selle). 2 ***Vider les arçons,*** caerse del caballo. 3 fig. ***Être ferme sur ses arçons,*** estar seguro, ra de sus opiniones.
arctique [aʀktik] *adj.* Ártico, ca.
ardent, -ente [aʀdɑ̃, -ɑ̃t] *adj.* 1 Ardiente. 2 Abrasador, ra (brûlant). 3 fig. Ardiente, apasionado, da (fougueux, passionné).
ardeur [aʀdœʀ] *f.* 1 Ardor *m.* 2 fig. Ardor *m.*, entusiasmo *m.* (énergie).
ardoise [aʀdwaz] *f.* 1 Pizarra (pierre). 2 fam. Deuda.
ardu, -ue [aʀdy] *adj.* Arduo, dua.
are [aʀ] *m.* Área *f.* (mesure).
arène [aʀɛn] *f.* 1 Arena, lugar *m.* del combate. 2 Redondel *m.*, ruedo *m.* (piste où ont lieu des courses de taureaux). ■ 3 *pl.* Anfiteatro *m. sing.* romano. 4 Plaza *sing.* de toros (pour les courses de taureaux).
arête [aʀɛt] *f.* 1 Espina, raspa (de poisson). 2 Arista (d'un cube). 3 Caballete *m.* (d'un toit). 4 Cresta (d'une chaîne de montagnes).
argent [aʀʒɑ̃] *m.* 1 Plata *f.* (metal). 2 Dinero (monnaie, richesse). 3 ***Vif ~,*** mercurio.
argenterie [aʀʒɑ̃tʀi] *f.* Vajilla, objetos *m. pl.* de plata.
argentin, -ine [aʀʒɑ̃tɛ̃, -in] *adj.* 1 Argentino, na (son). ■ 2 *adj.-s.* Argentino, na (de l'Argentine).
argile [aʀʒil] *f.* Arcilla.
argot [aʀgo] *m.* Argot, jerga *f.*
arguer [aʀgɥe] *tr.* 1 Inferir, deducir, sacar una consecuencia (déduire). 2 ~ ***de,*** alegar, pretextar.
argument [aʀgymɑ̃] *m.* Argumento.
argumenter [aʀgymɑ̃te] *intr.* Argumentar.
argutie [aʀgysi] *f.* Argucia.
aride [aʀid] *adj.* Árido, da.
aristocrate [aʀistɔkʀat] *s.* Aristócrata.
aristocratie [aʀistɔkʀasi] *f.* Aristocracia.
arithmétique [aʀitmetik] *adj.* 1 Aritmético, ca. ■ 2 *f.* Aritmética.
arlequin [aʀləkɛ̃] *m.* Arlequín.
armateur [aʀmatœʀ] *m.* MAR. Armador.
armature [aʀmatyʀ] *f.* 1 Armazón *m.* (carcasse). 2 MUS. Armadura.
arme [aʀm(ə)] *f.* 1 Arma: ~ ***blanche,*** arma blanca. 2 ESCR. ***Maître d'armes,*** maestro de esgrima. 3 fig. Arma, argumento *m.* (argument, moyen d'action). ■ 4 *pl.* Armas (métier militaire).
armée [aʀme] *f.* 1 Ejército *m.*: ~ ***de l'air,*** Ejército del aire. 2 ~ ***de mer,*** Armada.
armement [aʀməmɑ̃] *m.* 1 Armamento. 2 MAR. Equipo, tripulación *f.* de un barco.
armer [aʀme] *tr.* Armar (pourvoir d'armes).
armistice [aʀmistis] *m.* Armisticio.
armoire [aʀmwaʀ] *f.* Armario *m.*

armoiries [armwari] *f. pl.* BLAS. Armas, escudo *m. sing.* de armas.
armure [armyr] *f.* 1 MIL. Armadura. 2 TISS. Ligamento *m.*, textura.
armurerie [armyrri] *f.* 1 Armería. 2 Fábrica de armas.
aromatique [arɔmatik] *adj.* Aromático, ca.
aromatiser [arɔmatize] *tr.* Aromatizar.
arôme [arom] *m.* Aroma.
arpège [arpɛʒ] *m.* MUS. Arpegio.
arpentage [arpɑ̃taʒ] *m.* Agrimensura *f.*
arpenter [arpɑ̃te] *tr.* Recorrer a trancos.
arquebusier [arkəbyzje] *m.* Arcabucero.
arquer [arke] *tr.* Arquear.
arracher [araʃe] *tr.* 1 Arrancar: ~ ***un arbre, une dent,*** arrancar un árbol, una muela. 2 AGR. Cosechar. 3 Arrancar (prendre). 4 fig. Arrancar, sacar (extorquer). 5 ~ ***quelqu'un à un état,*** sacar a alguien de un estado. ■ 6 *pr.* Arrancarse.
arrangeant, -ante [arɑ̃ʒɑ̃, -ɑ̃t] *adj.* Tratable, que se aviene fácilmente.
arranger [arɑ̃ʒe] *tr.* 1 Arreglar. 2 ***Cela m'arrange,*** esto me conviene, me viene bien. 3 fam. ~ ***quelqu'un,*** maltratar a alguien. 4 *pr.* Arreglarse (s'habiller, se parer). 5 Arreglarse, avenirse (se mettre d'accord). 6 fam. Arreglárselas, apañárselas (se débrouiller). ▲ CONJUG. como ***engager.***
arrestation [arɛstasjɔ̃] *f.* Detención.
arrêt [arɛ] *m.* 1 Parada *f.* (d'un mouvement). Loc. ***Temps d'~,*** pausa *f.* 2 Interrupción *f.*, suspensión *f.* (d'une activité). 3 ***Sans ~,*** sin cesar, sin reposo. 4 Parada *f.* (endroit où s'arrête un véhicule). 5 ***Tomber en ~,*** quedarse pasmado, da. 6 ***Mandat d'~,*** orden de detención; ***maison d'~,*** cárcel. 7 DR. Fallo del tribunal. ■ 8 *pl.* MIL. Arresto *sing.*
arrêté [arete] *m.* 1 Decreto, decisión *f.* 2 Liquidación *f.* Loc. ~ ***de compte,*** estado de cuentas.
arrêté, -ée [arete] *adj.* Firme, decidido, da.
arrêter [arete] *tr.* 1 Detener, parar (un mouvement). 2 Detener (faire prisonnier). 3 Fijar: ~ ***le jour d'un rendez-vous,*** fijar un día para una cita.
arrhes [ar] *f. pl.* Arras (dans un contrat).
arrière [arjɛr] *m.* 1 Detrás (derrière). 2 SPORTS. Defensa. ■ 3 *pl.* MIL. Retaguardia *f. sing.* 4 SPORTS. Defensa *f. sing.* ■ 5 *adj. invar.* Trasero, ra: ***les roues ~,*** las ruedas traseras.
arriéré, -ée [arjere] *adj.* 1 Retrasado, da, atrasado, da. 2 Atrasado, da, retrógrado, da (démodé). ■ 3 *s.* Atrasado, da, retrasado, da mental.
arrière (en) [arjɛr] *loc. adv.* 1 Para atrás, hacia atrás. 2 ***Rester en ~,*** quedar atrás, a la zaga. 3 *loc. prép.* ***En ~ de,*** detrás de.
arrière-boutique [arjɛrbutik] *f.* 1 Trastienda. 2 Rebotica (de pharmacie).
arrière-garde [arjɛrgard(ə)] *f.* Retaguardia.
arrière-goût [arjɛrgu] *m.* Resabio, sabor de boca, gustillo.
arrière-grand-mère [arjɛrgrɑ̃mɛr] *f.* Bisabuela.
arrière-grand-père [arjɛrgrɑ̃pɛr] *m.* Bisabuelo.
arrière-pensée [arjɛrpɑ̃se] *f.* Segunda intención.
arrière-petite-fille [arjɛrpətitfij] *f.* Biznieta.
arrière-petit-fils [arjɛrpətifis] *m.* Biznieto.
arrière-plan [arjɛrplɑ̃] *m.* Segundo plano, segundo término.
arrière-saison [arjɛrsɛzɔ̃] *f.* Fin *m.* del otoño.
arrimer [arime] *tr.* Amarrar.
arrivage [arivaʒ] *m.* Arribada *f.*, arribo, llegada *f.* (de marchandises).

arrivée [arive] *f.* Llegada.
arriver [arive] *intr.* 1 Llegar. 2 ~ *à* (avec l'inf.), conseguir, lograr. 3 ~ *à ses fins,* salirse con la suya. 4 Suceder, pasar, ocurrir (avoir lieu, se produire): ***cela arrive parfois,*** eso sucede a veces. ■ 5 *impers.* ***Il est arrivé un paquet pour vous,*** ha llegado un paquete para usted. 6 ***Il est arrivé un accident,*** ha habido un accidente. ▲ Se conjuga con el auxiliar ***être.***
arriviste [arivist(ə)] *s.* Arribista.
arrogance [arɔgɑ̃s] *f.* Arrogancia.
arrogant, -ante [arɔgɑ̃, -ɑ̃t] *adj.* Arrogante, altanero, ra.
arroger (s') [arɔʒe] *pr.* Arrogarse (s'attribuer). ▲ CONJUG. como ***engager.***
arrondir [arɔ̃dir] *tr.* Redondear.
arrondissement [arɔ̃dismɑ̃] *m.* Distrito municipal.
arrosage [arozaʒ] *m.* Riego.
arroser [aroze] *tr.* Regar.
arrosoir [arozwar] *m.* Regadera *f.*
arsenic [arsənik] *m.* Arsénico.
art [ar] *m.* 1 Arte, habilidad *f.,* maña *f.* (habileté, adresse). 2 Arte (technique). 3 ***Les beaux-arts,*** las bellas artes.
artériel, -elle [arterjɛl] *adj.* Arterial.
artichaut [artiʃo] *m.* Alcachofa *f.*
article [artikl(ə)] *m.* 1 Artículo. 2 ***Faire l'~,*** ponderar una mercancía, hacer el artículo.
articulation [artikylasjɔ̃] *f.* Articulación.
articuler [artikyle] *tr.* 1 Articular, pronunciar. ■ 2 *pr.* Articularse.
artifice [artifis] *m.* 1 Artificio. 2 ***Feux d'~,*** fuegos artificiales. 3 Artimaña *f.,* astucia *f.* (ruse).
artificiel, -elle [artifisjɛl] *adj.* Artificial.
artillerie [artijri] *f.* Artillería.
artilleur [artijœr] *m.* Artillero.
artisan, -ane [artizɑ̃, -an] *s.* 1 Artesano, na. 2 fig. Artífice, autor, ra, causa *f.*
artiste [artist(ə)] *s.* Artista.
artistique [artistik] *adj.* Artístico, ca.
aryen, -ienne [arjɛ̃, -jɛn] *adj.* Ario, ia.
as [as] *m.* 1 As (cartes, dés). 2 fig. As, hacha, el número uno (champion).
ascendance [asɑ̃dɑ̃s] *f.* Ascendencia.
ascendant, -ante [asɑ̃dɑ̃, -ɑ̃t] *adj.* 1 Ascendente, ascendiente. ■ 2 *m.* Ascendiente, influencia. ■ 3 *m. pl.* Ascendientes, antepasados.
ascenseur [asɑ̃sœr] *m.* Ascensor.
ascension [asɑ̃sjɔ̃] *f.* Ascensión.
ascète [asɛt] *s.* Asceta.
ascétique [asetik] *adj.* Ascético, ca.
asepsie [asɛpsi] *f.* Asepsia.
aseptisé, -ée [asɛptize] *adj.* fig. Aséptico, ca.
asiatique [azjatik] *adj.-s.* Asiático, ca.
asile [azl] *m.* Asilo.
aspect [aspɛ] *m.* Aspecto.
asperge [aspɛrʒ(ə)] *f.* 1 Espárrago *m.*
asperger [aspɛrʒe] *tr.* Asperjar, rociar. ▲ CONJUG. como ***engager.***
aspérité [asperite] *f.* Aspereza.
asphalte [asfalt(ə)] *m.* Asfalto.
asphyxiant, ante [asfiksjɑ̃, -ɑ̃t] *adj.* Asfixiante.
asphyxie [asfiksi] *f.* Asfixia.
asphyxier [asfiksje] *tr.* 1 Asfixiar. ■ 2 *pr.* Asfixiarse. ▲ CONJUG. como ***prier.***
aspic [aspik] *m.* Áspid (vipère).
aspirateur [aspiratœr] *m.* Aspirador.
aspiration [aspirasjɔ̃] *f.* Aspiración.
aspirer [aspire] *tr.* Aspirar.
aspirine [aspirin] *f.* Aspirina.
assagir [asaʒir] *tr.* 1 Ajuiciar, hacer juicioso, sa. ■ 2 *pr.* Sentar la cabeza, formalizarse.
assaillir [asajir] *tr.* Asaltar, acometer. ▲ CONJUG. IRREG. INDIC. Pres.: ***j'assaille, il assaille, nous assaillons, ils assaillent.*** Imperf.: ***j'assaillais.*** Pret. indef.: ***j'assaillis.*** Fut. imperf.: ***j'assaillirai.*** SUBJ.

Pres.: ***que j'assaille,*** imperf.: ***que j'assaillisse.*** PART. P.: ***assailli, ie.***
assainir [aseniʀ] *tr.* Sanear.
assaisonner [asɛzɔne] *tr.* **1** Sazonar, condimentar (cuisine). **2** fig. reñir.
assassin, -ine [asasɛ̃, -ın] *adj.-m.* Asesino, na.
assassinat [asasina] *m.* Asesinato.
assassiner [asasine] *tr.* Asesinar.
assaut [aso] *m.* **1** Asalto, ataque. **2** ***Faire ~ de,*** rivalizar en.
assécher [aseʃe] *tr.* **1** Desecar, dejar en seco. **2** Desaguar (un réservoir). ▲ CONJUG. como ***accélérer.***
assemblée [asɑ̃ble] *f.* Asamblea.
assembler [asɑ̃ble] *tr.* **1** Reunir, juntar (choses, personnes). **2** Congregar (personnes). **3** MENUIS. Ensamblar.
assentiment [asɑ̃timɑ̃] *m.* Asentimiento, asenso.
asseoir [aswaʀ] *tr.* **1** Sentar, asentar. ■ **2** *pr.* Sentarse: ***s'~ sur une chaise,*** sentarse en una silla. **3** fig. Asentarse. ▲ CONJUG. IRREG. INDIC. Pres.: ***j'assieds, tu assieds, il assied, nous asseyons, vous asseyez, ils asseyent,*** o ***j'assois, tu assois,*** etc. Imperf.: ***j'asseyais, tu asseyais, il asseyait, nous asseyions, vous asseyiez, ils asseyaient,*** o ***j'assoyais, tu assoyais,*** etc. Pret. indef.: ***j'assis,*** etc. Fut. imperf.: ***j'assiérai, tu assiéras, il assiéra, nous assiérons, vous assiérez, ils assiéront,*** o ***j'asseyerai, tu asseyeras,*** etc., o ***j'assoirai,*** etc. POT.: ***j'assiérais, tu assiérais, il assiérait, nous assiérions, vous assiériez, ils assiéraient,*** o ***j'asseyerais,*** etc., o ***j'assoirais,*** etc. IMPER.: ***assieds, asseyons, asseyez,*** o ***assois,*** etc. SUBJ. Pres.: ***que j'asseye, que tu asseyes, qu'il asseye, que nous asseyions, que vous asseyiez, qu'ils asseyent,*** o ***que j'assoie,*** etc. Imperf.: ***que j'assisse,*** etc. PART. A.: ***asseyant*** o ***assoyant.*** PART. P.: ***assis, ise.***
assermenté, -ée [asɛʀmɑ̃te] *adj.* Juramentado, da, jurado, da.
assesseur [asesœʀ] *m.* Magistrado adjunto.
assez [ase] *adv.* **1** Bastante. **2** ***En avoir ~ d'une chose,*** estar harto de algo. **3** *interj.* ¡Basta!; ***en voilà ~!,*** ¡basta ya!
assiduité [asidɥite] *f.* Asiduidad.
assiégé, -ée [asjeʒe] *adj.-s.* Sitiado, da.
assiéger [asjeʒe] *tr.* **1** Sitiar, asediar. **2** fig. Asediar, importunar. ▲ CONJUG. como ***abréger.***
assiette [asjɛt] *f.* **1** Plato *m.* **2** Base: ***~ d'un impôt,*** base imponible.
assigner [asiɲe] *tr.* **1** Asignar. **2** Fijar, señalar (fixer). **3** DR. Citar, emplazar.
assimilation [asimilɑsjɔ̃] *f.* Asimilación.
assimiler [asimile] *tr.* **1** Asimilar. ■ **2** *pr.* Asimilarse.
assistance [asistɑ̃s] *f.* **1** Asistencia, auxilio *m.*, socorro *m.* (secours). **2** Asistencia, concurrencia (public, auditoire).
assistant, -ante [asistɑ̃, -ɑ̃t] *s.* **1** Asistente, ta (auditeur). **2** Ayudante, auxiliar adjunto (professeur).
assister [asiste] *tr. ind.* **1** ***~ à,*** asistir a, presenciar. ■ **2** *tr.* Asistir, socorrer.
association [asɔsjɑsjɔ̃] *f.* Asociación.
associé, -ée [asɔsje] *s.* Asociado, da, socio, cia.
associer [asɔsje] *tr.* Asociar. ▲ CONJUG. como ***prier.***
assoiffé, ée [aswafe] *adj.-s.* **1** Sediento, ta. **2** fig. Ávido, da, sediento, ta (avide).
assombrir [asɔ̃bʀiʀ] *tr.* Oscurecer, ensombrecer.
assommant, -ante [asɔmɑ̃, -ɑ̃t] *adj.* fam. Pesado, da, fastidioso, sa.

assommer [asɔme] *tr.* **1** Matar (d'un coup violent sur la tête). **2** Aporrear. **3** fam. Reventar, fastidiar (ennuyer).
assommoir [asɔmwaʀ] *m.* fam. Tabernucho, taberna *f.*
assomption [asɔ̃psjɔ̃] *f.* Asunción.
assortiment [asɔʀtimɑ̃] *m.* **1** Juego, combinación. **2** Surtido.
assortir [asɔʀtiʀ] *tr.* **1** Combinar, armonizar. **2** COMM. Surtir. ■ **3** *pr.* Combinar, combinarse (s'harmoniser).
assoupir [asupiʀ] *tr.* **1** Adormecer, amodorrar. ■ **2** *pr.* Adormecerse, adormilarse.
assouplir [asupliʀ] *tr.* **1** Dar flexibilidad, elasticidad, soltura a. **2** fig. Domar, suavizar (rendre plus malléable).
assouplissant [asuplisɑ̃] *m.* Suavizante.
assourdir [asuʀdiʀ] *tr.* **1** Asordar, ensordecer. **2** Amortiguar (rendre moins sonore).
assouvir [asuviʀ] *tr.* Saciar.
assujettir [asyzetiʀ] *tr.* **1** Sujetar, someter.
assumer [asyme] *tr.* Asumir.
assurance [asyʀɑ̃s] *f.* **1** Seguridad, confianza, certidumbre. **2** Seguridad, garantía, promesa (promesse). **3** COMM. Seguro *m.*: ~ ***contre les accidents, sur la vie,*** seguro contra accidentes, de vida.
assuré, -ée [asyʀe] *adj.* **1** Seguro, ra, asegurado, da (sûr). **2** Firme, decidido, da (sûr de soi). ■ **3** *s.* Asegurado, da.
assurément [asyʀemɑ̃] *adv.* Ciertamente.
assurer [asyʀe] *tr.* **1** Asegurar (garantir). **2** Asegurar (rendre sûr). **3** Asegurar, fijar (assujettir, fixer). **4** COMM. Garantizar, asegurar.
assureur [asyʀœʀ] *m.* COMM. Asegurador.
astérisque [asteʀisk(ə)] *m.* Asterisco.
astéroïde [asteʀɔid] *m.* Asteroide.
asthme [asm(ə)] *m.* MÉD. Asma *f.*
asticoter [astikɔte] *tr.* fam. Molestar, fastidiar, chinchar.
astiquer [astike] *tr.* Frotar, dar brillo a.
astre [astʀ(ə)] *m.* Astro.
astreindre [astʀɛ̃dʀ(ə)] *tr.* **1** Obligar, constreñir: ***être astreint à des obligations,*** estar sujeto a obligaciones. ■ **2** *pr.* Obligarse a, imponerse. ▲ CONJUG. como ***craindre.***
astreinte [astʀɛ̃t] *f.* Guardia localizable (personnel hospitalier, gendarmes).
astringent, -ente [astʀɛ̃ʒɑ̃, -ɑ̃t] *adj.-m.* Astringente.
astrologie [astʀɔlɔʒi] *f.* Astrología.
astrologue [astʀɔlɔg] *m.* Astrólogo.
astronaute [astʀɔnot] *s.* Astronauta.
astronome [astʀɔnɔm] *m.* Astrónomo.
astronomie [astʀɔnɔmi] *f.* Astronomía.
astuce [astys] *f.* Astucia.
astucieux, -euse [astysjø, -øz] *adj.* Astuto, ta.
asymétrique [asimetʀik] *adj.* Asimétrico, ca.
atavisme [atavism(ə)] *m.* Atavismo.
atelier [atəlje] *m.* **1** Taller, obrador. **2** Estudio (d'artiste).
atermoyer [ateʀmwaje] *intr.* Andar con dilaciones, aplazar. ▲ CONJUG. como ***employer.***
athée [ate] *adj.-s.* Ateo, ea.
athlète [atlɛt] *s.* Atleta.
athlétisme [atletism(ə)] *m.* Atletismo.
atlantique [atlɑ̃tik] *adj.* Atlántico, ca.
atlas [atlɑs] *m.* Atlas.
atmosphère [atmɔsfɛʀ] *f.* Atmósfera.
atmosphérique [atmɔsfeʀik] *adj.* Atmosférico, ca.
atoll [atɔl] *m.* Atolón.
atome [atom] *m.* Átomo.
atomique [atɔmik] *adj.* Atómico, ca.

atone [atɔn] *adj.* 1 Átono, na. 2 Sin vigor, amorfo, fa (amorphe).
atours [atuʀ] *m. pl.* Adornos, atavíos.
atout [atu] *m.* 1 Triunfo, baza *f.* 2 ***Jouer ~,*** arrastrar (au jeu de cartes).
âtre [ɑtʀ(ə)] *m.* Hogar (cheminée).
atroce [atʀɔs] *adj.* 1 Atroz. 2 fam. Atroz, espantoso, sa.
atrophier (s') [ɑtʀɔfje] *pr.* Atrofiarse. ▲ CONJUG. como ***prier.***
attabler (s') [atable] *pr.* Sentarse a la mesa.
attachant, -ante [ataʃɑ̃, -ɑ̃t] *adj.* Interesante, cautivador, ra.
attache [ataʃ] *f.* 1 Atadura, ligadura. 2 ***À l'~,*** encadenado, da, atado, da. 3 Grapa, clip *m.* (pour papiers). 4 ANAT. Punto *m.* de inserción (d'un muscle).
attaché, -ée [ataʃe] *adj.* 1 Atado, da, sujetado, da (fixé, lié). 2 ***~ à,*** adicto, ta (dévoué). ■ 4 *s.* Agregado: ***~ d'ambassade,*** agregado diplomático.
attachement [ataʃmɑ̃] *m.* Afecto, cariño, apego.
attacher [ataʃe] *tr.* 1 Atar, sujetar (fixer, lier). 2 Sujetar, prender (avec des épingles), abrochar (une ceinture). 3 Destinar, afectar (à un service). 4 Ligar, vincular (par des liens affectifs). 5 Atribuir, dar (accorder). 6 Apegarse, encariñarse, tomar cariño a. 7 Dedicarse, consagrarse (se consacrer), esforzarse (s'efforcer).
attaquant, -ante [atakɑ̃, -ɑ̃t] *s.* Atacante, agresor, ra.
attaque [atak] *f.* 1 Ataque *m.*, acometida. 2 MÉD. Ataque *m.*, acceso *m.*
attaquer [atake] *tr.* 1 Atacar, acometer. 2 Atacar, acusar (accuser, critiquer). 3 Atacar, abordar (aborder sans hésitation). 4 Atacar (entamer, commencer). 5 CHIM., SPORTS. Atacar. ■ 6 *pr.* Atacar (combattre, critiquer). 7 Acometer: ***s'~ à une tâche,*** acometer una labor.
attarder (s') [ataʀde] *pr.* 1 Retrasarse, retardarse. 2 ***S'~ sur une question,*** dar muchas vueltas a una cuestión.
atteindre [atɛ̃dʀ(ə)] *tr.* 1 Alcanzar (rejoindre, parvenir à toucher, à prendre). 2 Llegar a (arriver à). 3 fig. Alcanzar, lograr, conseguir. 4 Alcanzar, herir. ▲ CONJUG. como ***craindre.***
atteint, -einte [atɛ̃, -ɛ̃t] *adj.* Atacado, da, aquejado, da.
atteinte [atɛ̃t] *f.* 1 Perjuicio *m.*, daño *m.* 2 Ataque *m.* (d'une maladie). 3 ***Hors d'~,*** fuera de alcance; ***porter ~ à,*** perjudicar a (nuire), atentar: ***porter ~ à la dignité de,*** atentar a, contra la dignidad de.
attelage [atlaʒ] *m.* 1 Tiro, atelaje. 2 Yunta *f.* (de bœufs).
atteler [atle] *tr.* 1 Enganchar, atalajar. ■ 2 Uncir (bœufs). ■ 3 *pr.* Consagrarse, aplicarse (à un travail). ▲ CONJUG. como ***appeler.***
attendre [atɑ̃dʀ(ə)] *tr.* 1 Esperar, aguardar. 2 ***S'~ à ce que*** (et subj.), contar con. 3 ***Au moment où l'on s'y attend le moins,*** cuando menos se lo espera uno. 4 *loc. adv.* ***En attendant,*** entretanto, mientras tanto. 5 *loc. conj.* ***En attendant que,*** hasta que, mientras que. ▲ CONJUG. como ***rendre.***
attendrir [atɑ̃dʀiʀ] *tr.* 1 Ablandar (rendre plus tendre). 2 Enternecer (émouvoir).
attendrissant, -ante [atɑ̃dʀisɑ̃, -ɑ̃t] *adj.* Enternecedor, ora, conmovedor, ora.
attendu, -ue [atɑ̃dy] *adj.* 1 Esperado, da (qu'on attend). ■ 2 *prép.* En vista de, teniendo en cuenta. 3 *loc. conj.* ***~ que,*** visto que, considerando que. ■ 4 *m.* DR. Considerando.
attentat [atɑ̃ta] *m.* Atentado.
attente [atɑ̃t] *f.* 1 Espera: ***salle d'~,*** sala de espera.
attenter [atɑ̃te] *intr.* Atentar.

attentif, -ive [atɑ̃tif, -iv] *adj.* Atento, ta.
attention [atɑ̃sjɔ̃] *f.* **1** Atención. **2** Cuidado *m.*: ***faire ~ à,*** tener cuidado con.
atténuer [atenɥe] *tr.* Atenuar.
atterrissage [ateʀisaʒ] *m.* Aterrizaje.
attestation [atɛstɑsjɔ̃] *f.* **1** Atestación. **2** Certificado *m.*, atestado *m.* (certificat).
attester [atɛste] *tr.* Atestar, certificar.
attiédir [atjediʀ] *tr.* Entibiar.
attifer [atife] *tr.* Emperifollar, acicalar.
attique [a(t)tik] *adj.* Ático, ca.
attirail [atiʀaj] *m.* **1** Pertrechos *pl.* **2** fam. Trastos *pl.*, chismes *pl.*
attirant, -ante [atiʀɑ̃, -ɑ̃t] *adj.* **1** Atractivo, va (séduisant). **2** Atrayente (qui attire).
attirer [atiʀe] *tr.* **1** Atraer (faire venir à soi). **2** Llamar, captar: ~ ***l'attention,*** llamar la atención. **3** Atraer: ~ ***les regards, la sympathie,*** atraer las miradas, la simpatía. **4** Atraer, acarrear, ocasionar (causer): ~ ***des ennuis,*** acarrear disgustos. ■ **5** *pr.* Ganarse: ***s'~ une réprimande,*** ganarse una reprimenda. **6** Granjearse, atraerse (la sympathie, etc.).
attiser [atize] *tr.* Atizar.
attitré, -ée [atitʀe] *adj.* **1** Titular, titulado, da. **2** Habitual: ***fournisseur ~,*** proveedor habitual.
attitude [atityd] *f.* Actitud.
attraction [atʀaksjɔ̃] *f.* Atracción.
attrait [atʀɛ] *m.* **1** Atractivo, aliciente. **2** Inclinación *f.*, propensión *f.* (goût). ■ **3** *pl.* Encantos.
attrape [atʀap] *f.* **1** Broma. **2** Engañifa, engaño *m.*
attraper [atʀape] *tr.* **1** Coger (prendre). **2** Atrapar, sorprender (surprendre). **3** Engañar, embaucar (tromper par une ruse). Loc. ***Être bien attrapé,*** ir arreglado, quedarse a la una de Valencia. **4** Regañar (gronder). **5** Pillar, pescar; coger: ~ ***un rhume,*** pillar un resfriado; ~ ***l'autobus,*** coger el autobús. ■ **6** *pr.* Contagiarse.
attrayant, -ante [atʀɛjɑ̃, -ɑ̃t] *adj.* Atractivo, va, atrayente.
attribuer [atʀibɥe] *tr.* **1** Atribuir. **2** Achacar.
attribut [atʀiby] *m.* Atributo.
attribution [atʀibysjɔ̃] *f.* Atribución.
attrister [atʀiste] *tr.* Entristecer.
attrouper [atʀupe] *tr.* **1** Agrupar. ■ **2** *pr.* Agruparse, aglomerarse.
aubade [obad] *f.* Alborada.
aubaine [obɛn] *f.* Ganga, suerte inesperada.
aube [ob] *f.* **1** Alba. **2** fig. Comienzo *m.* **3** LITURG. Alba. **4** TECHN. Álabe *m.*, paleta.
aubépine [obepin] *f.* Espino *m.* albar.
auberge [obɛʀʒ(ə)] *f.* Posada, mesón *m.*
aubergine [obɛʀʒin] *f.* Berenjena.
aubergiste [obɛʀʒist(ə)] *s.* Posadero, ra.
aucun, -une [okœ̃, yn] *adj.-pron. indef.* **1** Ninguno, na. ■ **2** *adj.* Ningún (devant un *s. m. sing.*): ~ ***enfant,*** ningún niño. **3** Ninguno, na, ningún, alguno, na (négatif): ***n'avoir ~ intérêt,*** no tener ningún interés, interés alguno; ***sans ~ doute,*** sin duda alguna. ■ **4** *pron.* Nadie (personne). **5** ***D'aucuns,*** algunos.
aucunement [okynmɑ̃] *adv.* De ningún modo.
audace [odas] *f.* **1** Audacia. **2** Atrevimiento *m.*, osadía, audacia (insolence).
audacieux, -euse [odasjø, -øz] *adj.* Audaz.
audience [odjɑ̃s] *f.* **1** Audiencia (entretien). **2** Interés *m.* **3** DR. Audiencia, vista.
audiocassette [odjɔkasɛt] *f.* Casete *m.*, cassette.
audiovisuel, -elle [odjɔvisɥel] *adj.* Audiovisual.

auditeur, -trice [oditœʀ, tʀis] *s.* **1** Oyente. **2** Radioyente, radioescucha.
audition [odisjɔ̃] *f.* Audición.
auditoire [oditwaʀ] *m.* Auditorio.
augmentation [ɔ(o)gmɑ̃tɑsjɔ̃] *f.* **1** Aumento *m.*, incremento *m.* **2** Subida, aumento *m.* (des prix, du salaire).
augmenter [ɔ(o)gmɑ̃te] *tr.* Aumentar.
augure [ɔ(o)gyʀ] *m.* Augurio, agüero.
augurer [ɔ(o)gyʀe] *tr.* Augurar.
aujourd'hui [oʒuʀdɥi] *adv.* **1** Hoy. **2** Hoy día (à l'époque actuelle).
aumône [ɔ(o)mon] *f.* Limosna.
aumônier [ɔ(o)monje] *m.* Capellán.
auparavant [opaʀavɑ̃] *adv.* Antes, primero.
auprès de [opʀɛd(ə)] *loc. prép.* **1** Cerca de (à côté de). **2** Al lado de, comparado con (en comparaison de). **3** Para: ***il passe pour un impoli auprès d'elle,*** para ella es un maleducado. **4** Cerca de (en parlant d'un ambassadeur).
auréole [ɔ(o)ʀeɔl] *f.* Aureola.
auriculaire [ɔ(o)ʀikylɛʀ] *adj.* **1** Auricular. ■ **2** *m.* Auricular, meñique (doigt).
aurore [ɔ(o)ʀɔʀ] *f.* Aurora.
auspice [ɔ(o)spis] *m.* Auspicio.
aussi [osi] *adv.* **1** También. **2** *~... que,* tan... como. **3** Tan (si). **4** También, además (encore, en outre). ■ **5** *conj.* Por esto, por eso, por lo que: ***il était fatigué, ~ s'est-il couché,*** estaba cansado, por eso se fue a acostar. **6** *loc. adv.* ***~ bien,*** además. **7** *loc. conj.* ***~ bien que,*** tanto como, tan bien como.
aussitôt [osito] *adv.* **1** En seguida, al punto. **2** ***~ après,*** inmediatamente después. **3** Loc. ***~ dit, ~ fait,*** dicho y hecho. **4** *loc. conj.* ***~ que,*** tan pronto como, al mismo tiempo que.
austérité [ɔ(o)steʀite] *f.* Austeridad.
autant [otɑ̃] *adv.* **1** Tanto. **2** Lo mismo, otro tanto (avec ***en***): **3** Es preferible, más vale (avec l'inf.). **4** *~ ... ~,* tanto como... tanto. **5** ***~ de,*** tanto, ta, tantos, tas: ***~ de chaises que de personnes,*** tantas sillas como personas. **6** ***~ que,*** tanto como. **7** *loc. adv.* ***D'~,*** otro tanto; ***d'~ plus!,*** ¡precisamente por eso! **9** *loc. conj.* ***D'~ que,*** visto que; ***d'~ moins que,*** menos aún cuando.
autarcie [otaʀsi] *f.* Autarquía.
autel [ɔ(o)tɛl] *m.* Altar.
auteur [otœʀ] *m.* Autor.
authenticité [ɔ(o)tɑ̃tisite] *f.* Autenticidad.
authentique [ɔ(o)tɑ̃tik] *adj.* Auténtico, ca.
auto [ɔ(o)to] *f.* Auto *m.*, coche *m.*
autobus [ɔ(o)tɔbys] *m.* Autobús.
autochtone [ɔ(o)tɔktɔn] *adj.-s.* Autóctono, na.
autocrate [ɔ(o)tɔkʀat] *m.* Autócrata.
autodafé [ɔ(o)tɔdafe] *m.* Auto de fe.
autodéfense [ɔ(o)todefɑ̃s] *f.* Autodefensa.
autodétermination [ɔ(o)todetɛʀminasjɔ̃] *f.* Autodeterminación.
autodrome [ɔ(o)tɔdʀom] *m.* Autódromo.
auto-école [ɔ(o)toekɔl] *f.* Autoescuela.
autographe [ɔ(o)tɔgʀaf] *adj.-m.* Autógrafo, fa.
automate [ɔ(o)tɔmat] *m.* Autómata.
automatique [ɔ(o)tɔmatik] *adj.* Automático, ca.
automatisation [ɔ(o)tomatizasjɔ̃] *f.* Automatización.
automnal, -ale [ɔ(o)tɔ(m)nal] *adj.* Otoñal.
automne [ɔ(o)tɔn] *m.* Otoño.
automobile [ɔ(o)tɔmɔbil] *adj.* **1** Automóvil. ■ **2** *f.* Automóvil *m.*
automobiliste [ɔ(o)tɔmɔbilist(ə)] *s.* Automovilista.
autonome [ɔ(o)tɔnɔm] *adj.* Autónomo, ma.
autonomie [ɔ(o)tɔnɔmi] *f.* Autonomía.
autopsie [ɔ(o)tɔpsi] *f.* Autopsia.

autorail [ɔ(o)tɔʀɑj] *m.* Autovía *f.*
autoréversible [ɔ(o)toʀevɛʀsibl] *m.* angl. Autoreverse.
autorisation [ɔ(o)tɔʀizɑsjɔ̃] *f.* Autorización.
autoriser [ɔ(o)tɔʀize] *tr.* Autorizar.
autoritaire [ɔ(o)tɔʀitɛʀ] *adj.* Autoritario, ria.
autorité [ɔ(o)tɔʀite] *f.* 1 Autoridad. 2 *Faire ~,* imponerse.
autoroute [ɔ(o)tɔʀut] *f.* Autopista.
auto-stop [ɔ(o)tostɔp] *m.* Autoestop, autostop: ***faire de l'~,*** hacer autostop; fam. viajar a dedo.
autour [otuʀ] *adv.* 1 Alrededor. 2 ***Tout ~,*** por todos lados.
autre [otʀ(ə)] *adj.* 1 Otro, tra: ***il a une ~ maison,*** tiene otra casa (pas d'art. indéf. en espagnol). 2 ***~ chose,*** otra cosa. 3 Otro, tra: ***il est devenu ~,*** se ha convertido en otro. ■ 4 *pron.* Otro, tra: ***l'un mange, l'~ parle,*** uno come, el otro habla. 5 ***Les autres,*** los demás; los otros. 6 ***L'un... l'~,*** uno... el otro. 7 ***Rien d'~,*** nada más. 8 *loc. adv.* ***D'~ part,*** por otra parte, por otro lado.
autrefois [otʀəfwa] *adv.* En otro tiempo.
autrement [otʀəmɑ̃] *adv.* 1 De otro modo (d'une manière différente). 2 Si no, de lo contrario (sinon). 3 ***Pas ~,*** no mucho (guère). 4 Muchos más (beaucoup).
autrichien, -enne [otʀiʃjɛ̃, -ɛn] *adj.-s.* Austríaco, ca.
autruche [otʀyʃ] *f.* Avestruz.
autrui [otʀɥi] *pron.* 1 El prójimo. 2 ***D'~,*** ajeno, na.
auvent [ovɑ̃] *m.* Colgadizo, tejadillo.
auxiliaire [ɔ(o)ksiljɛʀ] *adj.-s.* Auxiliar.
avachi, -ie [avaʃi] *adj.* Deformado, da.
aval [aval] *m.* 1 Río abajo. 2 COMM. Aval (garantie). 3 *loc. prép.* ***En ~ de,*** más abajo de, río abajo de.
avalanche [avalɑ̃ʃ] *f.* Alud *m.*, avalancha.
avaler [avale] *tr.* 1 Tragar, engullir. 2 fam. Tragarse, creer.
avaliser [avalize] *tr.* COMM. Avalar.
avance [avɑ̃s] *f.* 1 Adelanto *m.* 2 Adelanto *m.* ventaja (d'un coureur). 3 Anticipo *m.* (acompte). 4 *loc. adv.* ***À l'~,*** de antemano. 5 ***D'~,*** por adelantado, con anticipación. 6 ***En ~,*** con anticipación (arriver); ***être en ~,*** estar adelantado, da. 7 ***Par ~,*** de antemano. ■ 8 *pl.* ***Faire des avances,*** dar los primeros pasos.
avancement [avɑ̃smɑ̃] *m.* 1 Adelanto, avance. 2 Ascenso (promotion).
avancer [avɑ̃se] *tr.* 1 Avanzar. 2 Acercar (approcher). 3 Adelantar. 4 Exponer, afirmar (affirmer). ■ 5 *intr.* Avanzar: ***~ rapidement,*** avanzar rápidamente. 6 Adelantar: ***ta montre avance,*** tu reloj adelanta. 7 Adelantar, progresar. 8 *pr.* Adelantarse, adelantar. 9 Acercarse, aproximarse (approcher). ▲ CONJUG. como ***lancer.***
avant [avɑ̃] *prep.* 1 Antes de. 2 Antes que. 3 ***~ de*** (avec l'inf.), antes de. 4 ***~ que*** (avec le subj.), antes de que, antes que: ***~ qu'il n'arrive,*** antes de que llegue. 5 ***~ tout,*** ante todo, antes que nada. ■ 6 *adv.* Antes (plus tôt, auparavant). 7 Antes, delante (en tête): ***~ centre,*** delantero centro. 8 Dentro, adentro, profundamente (profondément): ***plus ~,*** más adentro. 9 ***En ~!*** ¡Adelante!
avant [avɑ̃] *m.* 1 Delantera *f.*, parte *f.* delantera (partie antérieure). 2 SPORTS. Delantero (football). ■ 3 *adj. invar.* Delantero, ra: ***roues ~,*** ruedas delanteras.
avantage [avɑ̃taʒ] *m.* 1 Ventaja *f.* 2 ***A l'~ de,*** en provecho de. 3 ***Être à son ~,*** estar con ventaja. 4 ***Tirer ~ de,*** sacar provecho, partido de.

avantager [avɑ̃taʒe] *tr.* 1 Aventajar. 2 Agraciar, favorecer (embellir). ▲ CONJUG. como ***engager.***
avantageux, -euse [avɑ̃taʒø, -øz] *adj.* 1 Ventajoso, sa. 2 fam. Presuntuoso, sa, presumido, da (fat).
avant-bras [avɑ̃bʀa] *m. invar.* Antebrazo.
avant-dernier, -ère [avɑ̃dɛʀnje, -ɛʀ] *adj.-s.* Penúltimo, ma.
avant-garde [avɑ̃gaʀd(ə)] *f.* Vanguardia.
avant-goût [avɑ̃gu] *m.* Gusto anticipado.
avant-hier [avɑ̃tjɛʀ] *adv.* Anteayer.
avant-propos [avɑ̃pʀɔpo] *m. invar.* Prefacio, introducción *f.*
avant-scène [avɑ̃sɛn] *f.* 1 Proscenio *m.* 2 Palco *m.* de proscenio (loge).
avare [avaʀ] *adj.-s.* 1 Avaro, ra. 2 Parco, ca: ~ ***de,*** parco en.
avarice [avaʀis] *f.* Avaricia.
avaricieux, -euse [avaʀisjø, -øz] *adj.* Avariento, ta, avaricioso, sa.
avarie [avaʀi] *f.* Avería.
avatar [avataʀ] *m.* 1 Avatar, transformación *f.* 2 Malandanza *f.*, contratiempo.
ave [ave] *m.* Avemaría (prière).
avec [avɛk] *prép.* 1 Con. 2 A pesar de, sin embargo (malgré).
avenant, -ante [avnɑ̃, -ɑ̃t] *adj.* Agradable, afable.
avenir [avniʀ] *m.* 1 Porvenir, futuro. 2 loc. adv. ***À l'~,*** en el porvenir.
aventure [avɑ̃tyʀ] *f.* 1 Aventura. 2 *loc. adv.* ***À l'~,*** a la ventura, a la buena de Dios. 3 ***D'~, par ~,*** por ventura, por casualidad, casualmente.
aventurer [avɑ̃tyʀe] *tr.* Aventurar.
aventureux, -euse [avɑ̃tyʀø, -øz] *adj.* 1 Aventurado, da, arriesgado, da. 2 Aventurero, ra, azaroso, sa.
aventurier, -ière [avɑ̃tyʀje, -jɛʀ] *s.* Aventurero, ra.
avenue [avny] *f.* Avenida.
averse [avɛʀs(ə)] *f.* Aguacero *m.*, chaparrón *m.*
aversion [avɛʀsjɔ̃] *f.* Aversión.
avertir [avɛɛʀtismɑ̃] *m.* Aviso, advertencia *f.*
avertisseur, -euse [avɛʀtisœʀ, -øz] *adj.* 1 Avisador, -ra. ■ 2 *m.* Bocina *f.*
aveu [avø] *m.* 1 Confesión *f.* (confession). 2 Declaración *f.* 3 ***De l'~ de,*** según opinión de, según testimonio de.
aveuglant, -ante [avœglɑ̃, -ɑ̃t] *adj.* Cegador, ra.
aveugle [avœgl(ə)] *adj.-s.* 1 Ciego, ga. 2 *loc. adv.* ***En ~,*** a ciegas, a tontas y a locas.
aveuglément [avœglemɑ̃] *adv.* Ciegamente.
aveugler [avœgle] *tr.* 1 Cegar. 2 fig. Deslumbrar (éblouir). 3 Ofuscar.
aveuglette (à l') [alavœglɛt] *loc. adv.* A ciegas, a tientas.
aviateur, -trice [avjatœʀ, tʀis] *s.* Aviador, ra.
aviculture [avikyltyʀ] *f.* Avicultura.
avide [avid] *adj.* Ávido, da, ansioso, sa.
avidité [avidite] *f.* 1 Avidez, ansia. 2 fig. Codicia.
avilir [aviliʀ] *tr.* Envilecer, degradar.
avion [avjɔ̃] *m.* Avión.
aviron [aviʀɔ̃] *m.* MAR. Remo.
avis [avi] *m.* 1 Parecer, opinión *f.* 2 Aviso, advertencia *f.*
avisé, -ée [avize] *adj.* Avisado, da, prudente.
aviser [avize] *tr.* 1 Avisar (informer). 2 Divisar, ver (apercevoir). ■ 3 *intr.* ~ ***à,*** reflexionar en, pensar en. ■ 4 *pr.* Ocurrirse: ***il s'avisa de,*** se le ocurrió. 5 Atreverse.
aviver [avive] *tr.* Avivar.
avocat, -ate [avɔka, -at] *s.* Abogado, da.
avocat [avɔka] *m.* Aguacate (fruit).
avoine [avwan] *f.* Avena.
avoir [avwaʀ] *tr.* 1 Tener (posséder): ***j'ai une maison,*** tengo una casa; ***nous avons le temps,*** tenemos tiempo; ***il a de beaux yeux,*** tiene unos ojos preciosos. Loc. ***En ~ pour,*** haber pagado, haber costa-

do: ***il en a eu pour dix francs,*** le ha costado diez francos; tardar: ***j'en ai pour une heure,*** tardaré una hora; ***en ~ pour son argent,*** comprar por buen precio. **2** Obtener, tener, conseguir (obtenir). **3** fam. Vencer (vaincre), engañar (tromper). **4** Tener: ***~ soif,*** tener sed. **5** Pasar, suceder, ocurrir: ***qu'as-tu?,*** ¿qué te pasa? **6** fam. ***En ~ contre quelqu'un,*** estar resentido contra alguien. ■ **7** *auxil.* Haber: ***j'ai bu,*** he bebido. ■ **8** *impers.* ***Il y a,*** hay (quantité): ***il y a beaucoup de travail,*** hay mucho trabajo; ***il n'y a pas de quoi,*** no hay de qué. **9** Hacer (temps): ***il y a une semaine,*** hace una semana.

avoir [avwaʀ] *m.* **1** Haber. **2** Hacienda *f.*, caudal (fortune).

avoisinant, -ante [avwazinɑ̃, -ɑ̃t] *adj.* Vecino, na, cercano, na.

avoisiner [avwazine] *tr.* Estar próximo, ma a, lindar con.

avortement [avɔʀtəmɑ̃] *m.* Aborto.

avorter [avɔʀte] *intr.* Abortar.

avorton [avɔʀtɔ̃] *m.* **1** Abortón (animal). **2** Aborto, feto, engendro (homme mal fait).

avoué [avwe] *m.* Procurador judicial.

avouer [avwe] *tr.* Confesar, reconocer.

avril [avʀil] *m.* Abril.

avènement [avɛnmɑ̃] *m.* Advenimiento.

axe [aks(ə)] *m.* Eje.

axiome [aksjom] *m.* Axioma.

azalée [azale] *f.* Azalea.

azimut [azimyt] *m.* Acimut, azimut.

azote [azɔt] *m.* Ázoe, nitrógeno.

aztèque [aztɛk] *adj.-s.* Azteca.

azur [azyʀ] *m.* **1** Azul. **2** fig. ***L'~,*** el cielo.

azuré, -ée [azyʀe] *adj.* Azul, azulado, da.

azyme [azim] *adj.* Ácimo, ma.

B

b [be] *m.* B *f.*

b.a., ba [beaba] *f.* (*abrév.* bonne action) B.O., buena obra (scout).

baba [baba] *m.* **1** Bizcocho borracho. ■ **2** *adj. inv.* fam. Patidifuso, -sa: ***rester ~,*** quedarse de piedra.

babillage [babijaʒ] *m.* Cháchara *f.*, charla *f.*

babiller [babije] *intr.* Charlar, parlotear.

babines [babin] *f. pl.* Belfos *m. pl.*

babiole [babjɔl] *f.* Baratija, fruslería.

bâbord [babɔʀ] *m.* Babor.

babouche [babuʃ] *f.* Babucha.

bac [bak] *m.* **1** Pontón. **2** Balde, tina *f.* **2** Cubeta *f.* **3** fam. Bachillerato (baccalauréat).

baccalauréat [bakalɔʀea] *m.* Bachillerato.

baccara [bakaʀa] *m.* Bacará (jeu).

bâche [baʃ] *f.* **1** Baca (de diligence, etc.). **2** Toldo *m.*

bachelier, -ière [baʃəlje, -jɛʀ] *s.* Bachiller.

bachot [baʃo] *m.* fam. Bachillerato.

bacille [basil] *m.* Bacilo.

bâcler [bɑkle] *tr.* Frangollar, chapucear.

bactérie [bakteʀi] *f.* Bacteria.

bactériologie [bakteʀjɔlɔʒi] *f.* Bacteriología.

badaud, -aude [bado, -od] *adj.-s.* Mirón, ona, papanatas *invar.*

baderne [badɛʀn(ə)] *f.* fam. ***Vieille ~,*** viejo estúpido *m.*, vejestorio *m.*

badge [badʒ] *m.* Chapa.

badigeonner [badiʒɔne] *tr.* Plastecer.

badinage [badinaʒ] *m.* **1** Jugueteo, discreteo, broma *f.* **2** Gracejo.

badiner [badine] *intr.* Juguetear, bromear.

bafouer [bafwe] *tr.* Ridiculizar, escarnecer.

bafouiller [bafuje] *intr.* **1** Farfullar. **2** Fallar (moteur).

bâfrer [bafʀe] *tr.* **1** pop. Engullir, zamparse. ■ **2** *intr.* Atracarse, atiborrarse.
bagage [bagaʒ] *m.* **1** Equipaje (voyage). Loc. ***Plier*** **~,** liar los bártulos, largarse. **2** fig. Bagaje: ~ ***scientifique,*** bagaje científico. ▲ Generalmente en pl. en la 1.ª acepción.
bagagiste [bagaʒist] *s.* Mozo.
bagarre [bagaʀ] *f.* **1** Riña, pelea. **2** Alboroto *m.*
bagatelle [bagatɛl] *f.* Bagatela, fruslería.
bagnard [baɲaʀ] *m.* Presidiario.
bagnole [baɲɔl] *f.* pop. Coche *m.*, pote *m.*
bagou, bagout [bagu] *m.* Facundia *f.*, labia *f.*: ***avoir du*** **~,** tener labia.
bague [bag] *f.* Sortija, anillo *m.*
baguette [bagɛt] *f.* **1** Bastoncillo *m.*, junquillo *m.* **2** Baqueta (de fusil). **3** Varita. **4** Batuta. **5** Barra (pain). **6** ARCHIT. Junquillo *m.*, baqueta. **7** ÉLECTR. Cajetín *m.* **8** MENUIS. Listón *m.*, filete *m.* ■ **9** *pl.* Palillos *m.* (de tambour).
bahut [bay] *m.* **1** Arcón, cofre. **2** Hucha *f.* (de paysan). **3** Armario rústico bajo. **4** pop. Colegio.
baie [bɛ] *f.* **1** Bahía. **2** ARCHIT. Hueco *m.*, abertura. **3** BOT. Baya.
baigner [beɲe] *tr.* **1** Bañar. ■ **2** *intr.* Estar cubierto, ta, sumergido, da: ~ ***dans son sang,*** estar cubierto de sangre. ■ **3** *pr.* Bañarse.
baigneur, -euse [bɛɲœʀ, -øz] *s.* **1** Bañista. ■ **2** *m.* Muñeca *f.* de celuloide (poupée).
baignoire [bɛɲwaʀ] *f.* **1** Bañera, baño. **2** Palco *m.* de platea.
bail [bai] *m.* Arrendamiento, alquiler (contrat).
bâillement [bajmɑ̃] *m.* Bostezo.
bâiller [baje] *intr.* **1** Bostezar. **2** Estar entreabierto, ta (volet, porte, etc.).
bailleur, -euse [bajœʀ, -ʀɛs] *s.* **1** Arrendador, -ra. **2** ~ ***de fonds,*** socio capitalista.
bâillonner [bajɔne] *tr.* Amordazar.
bain [bɛ̃] *m.* Baño.
baïonnette [bajɔnɛt] *f.* Bayoneta.
baiser [beze] *tr.* Besar.
baiser [beze] *m.* Beso.
baisse [bɛs] *f.* **1** Baja (prix, cote). **2** Descenso *m.* (température).
baisser [bese] *tr.* **1** Bajar. **2** Bajar, inclinar: ~ ***les yeux,*** bajar los ojos; ~ ***la tête,*** inclinar la cabeza. **3** Bajar, rebajar (hauteur, prix, intensité). ■ **4** *intr.* Bajar (niveau, intensité). **5** Menguar, disminuir. **6** Decaer, desfallecer (les personnes). **7** Bajar, disminuir (les prix). ■ **8** *pr.* Bajarse, agacharse.
bajoue [baʒu] *f.* **1** Carrillada. **2** Carrillo *m.* colgante, moflete *m.* (de personne).
bal [bal] *m.* Baile (fête, lieu).
balader [balade] *tr.* fam. Pasear, llevar de paseo, sacar a paseo.
baladeuse [baladøz] *f.* **1** Remolque de tranvía. **2** Lámpara eléctrica móvil. **3** Carrito *m.* de vendedor ambulante.
balafre [bala(ɑ)fʀ(ə)] *tr.* Señalar, herir, hacer un chirlo.
balai [balɛ] *m.* **1** Escoba *f.* Loc. ***Donner un coup de*** **~,** dar un barrido; fig. ***coup de*** **~,** despido del personal. **2** Barredora *f.*: ~ ***mécanique,*** barredora mecánica. **3** ÉLECTR. Escobilla *f.* **4** fam. taco, año.
balance [balɑ̃s] *f.* **1** Balanza. **2** Retel *m.*, red para pescar cangrejos (à écrevisses). **3** COMM. Balance *m.* (bilan). **4** COMM. Balanza: ~ ***des paiements,*** balanza de pagos. ■ **5** *n. pl.* ASTROL. Libra.
balancement [balɑ̃smɑ̃] *m.* **1** Balanceo. **2** fig. Vacilación *f.*
balancer [balɑ̃se] *tr.* **1** Balancear, mecer. **2** fig. fam. Tirar, echar: ~ ***quelque chose par la fenêtre,*** tirar algo por la ventana; ~ ***sa secrétaire,*** echar a la secretaria. **3** Balancear, contrapesar, equilibrar (équilibrer). **4** Medir, pesar, examinar: ~ ***le pour et le contre,*** medir el pro y el contra. ■ **6** *pr.* Balancearse, columpiarse. **7** pop. ***Je***

m'en balance, me importa un bledo. ▲ CONJUG. como *lancer.*
balancier [balɑ̃sje] *m.* 1 Péndulo: *le ~ de la pendule,* el péndulo del reloj. 2 Balancín (d'un danseur de corde). 3 MÉC. Balancín.
balançoire [balɑ̃swaʀ] *f.* Columpio *m.*
balayer [baleje] *tr.* Barrer.
balayeur, -euse [balɛjœʀ, -øz] *s.* 1 Barrendero, ra. ■ 2 *f.* Barredora (machine).
balbutier [balbysje] *intr.* 1 Balbucear, balbucir. ■ 2 *tr.* Mascullar. ▲ CONJUG. como *prier.*
balcon [balkɔ̃] *m.* 1 Balcón. 2 Barandilla *f.,* baranda *f.* (balustrade). 3 THÉÂT. Anfiteatro.
baleine [balɛn] *f.* 1 Ballena. 2 Varilla.
baleineau [balɛno] *m.* Ballenato.
baleinier, -ière [balenje, -jɛʀ] *adj.-m.* 1 Ballenero, -ra. ■ 2 *f.* Lancha ballenera (embarcation).
balise [baliz] *f.* Baliza, boya.
baliser [balize] *tr.* Abalizar.
balistique [balistik] *adj.* 1 Balístico, ca. ■ 2 *f.* Balística.
baliverne [balivɛʀn(ə)] *f.* Pamplina, tontería, sandez.
ballade [balad] *f.* Balada.
ballant, -ante [balɑ̃, -ɑ̃t] *adj.* 1 Colgante. ■ 2 *m.* Oscilación, balanceo *f.*
balle [bal] *f.* 1 Pelota (jeu). 2 Bala: *~ de revolver,* bala de revólver. 3 pop. Franco *m.* (ancien franc). 4 COMM. Bala (de marchandises).
ballerine [balʀin] *f.* Bailarina.
ballet [balɛ] *m.* Ballet.
ballon [balɔ̃] *m.* 1 Balón, pelota *f.* (de football, etc.). 2 Globo (jouet en baudruche, caoutchouc). 3 Globo (aérostat). 4 Matraz (récipient). 5 *~ d'oxygène,* balón de oxígeno.
ballonner [balɔne] *tr.* 1 Hinchar. ■ 2 *pr.* Hincharse.
ballot [balo] *m.* 1 Fardo, bulto. 2 fam. Bobo (idiot).
ballottage [balɔtaʒ] *m.* Necesidad *f.* de efectuar una segunda elección al no haber obtenido mayoría suficiente ningún candidato.
ballotter [balɔte] *tr.* 1 Sacudir, bambolear, zarandear.
balnéaire [balneɛʀ] *adj.* Balneario, ria.
balourd, -ourde [baluʀ, -uʀd] *adj.-s.* Palurdo, da, torpe, tosco, ca.
balustrade [balystʀad] *f.* 1 Barandilla, balaustrada. 2 Pretil *m.* (d'un pont).
bambou [bɑ̃bu] *m.* Bambú.
ban [bɑ̃] *m.* 1 Bando (édit). 2 Redoble de tambor (de tambour). 3 Ovación *f.,* aplauso. 4 ancienn. Los vasallos convocados por el rey. Loc. fig. *Le ~ et l'arrière-ban,* todo el mundo. ■ 5 *pl.* Amonestaciones *f.* (de mariage).
banal, -ale [banal] *adj.* Banal, común, vulgar.
banalité [banalite] *f.* Banalidad, vulgaridad, trivialidad.
banane [banan] *f.* Plátano *m.*
bananier [bananje] *m.* Plátano, banano (arbre).
banc [bɑ̃] *m.* Banco.
bancal, -ale [bɑ̃kal] *adj.* 1 Patituerto, ta. 2 Cojo, ja (meubles).
bandage [bɑ̃daʒ] *m.* 1 Venda *f.,* vendaje. 2 *~ herniaire,* braguero para hernia. 3 Calce, llanta *f.* (de roue).
bande [bɑ̃d] *f.* 1 Cinta: *~ magnétique,* cinta magnetofónica. 2 tira (de papier, tissu). 3 Faja (pour entourer, de journal). 4 Venda. 5 Película, cinta (film). 6 *~ dessinée,* tira dibujada. 7 Lista, raya (rayure). 8 Carril *m.* (partie d'une route). 9 Banda (billard). 10 Banda, grupo *m.* (de personnes). 11 péj. Partida (de malfaiteurs). 12 Bandada, manada (d'animaux): *une ~ de loups.* 13 MAR. Escora.

bandeau [bãdo] *m.* 1 Cinta *f.* 2 Venda *f.* (pour les yeux). ■ 3 *pl.* Mechones de cabello que cubren las sienes en un peinado femenino.
bander [bãde] *tr.* 1 Vendar, fajar (entourer d'une bande). 2 Poner tirante (tendre). 3 Armar (arc).
banderole [bãdʀɔl] *f.* Banderola.
bandit [bãdi] *m.* 1 Bandido. 2 Timador, pirata, bandido (filou).
bandoulière [bãduljɛʀ] *f.* Bandolera. *loc. adv.* ***En*** *~*, en bandolera.
banlieue [bãljø] *f.* 1 Alrededores *m. pl.*, afueras *pl.*, cercanías *pl.* 2 ***proche*** *~*, extrarradio *m.*
banne [ban] *f.* 1 Volquete *m.* de transporte (tombereau). 2 Banasta (manne d'osier). 3 Toldo *m.* (toile).
bannière [baniʀ] *tr.* 1 Desterrar, exiliar (exiler). 2 Expulsar, apartar, alejar.
banque [bãk] *f.* 1 Banco *m.* 2 Banca (commerce de l'argent). 3 Banca (jeu). 4 MÉD. Banco: ~ ***des yeux, du sang,*** banco de ojos, de sangre.
banqueroute [bãkʀut] *f.* Bancarrota, quiebra. Loc. ***Faire*** *~*, quebrar.
banquet [bãkɛ] *m.* Banquete (repas).
banquette [bãkɛt] *f.* 1 Asiento *m.*, banco *m.* 2 FORT. Banqueta.
banquier, -ière [bãkje, -jɛʀ] *s.* Banquero, ra.
banquise [bãkiz] *f.* Banco *m.* de hielo.
baobab [baɔbab] *m.* Baobab.
baptême [batɛm] *m.* 1 Bautismo. 2 Bautizo (cérémonie).
baptiser [batize] *tr.* Bautizar.
baptismal, -ale [batismal] *adj.* Bautismal.
baptistère [batistɛʀ] *m.* Baptistero, bautisterio.
baquet [bakɛ] *m.* Tina *f.*, cubeta *f.*
bar [baʀ] *m.* 1 Bar (établissement). 2 Lubina *f.*, róbalo (poisson). 3 PHYS. Bar.
baragouiner [baʀagwine] *tr.* 1 Chapurrear (une langue). ■ 2 *intr.* Farfullar.
baraque [baʀak] *f.* 1 Barraca, caseta. 2 Chabola, casucha (taudis). 3 péj. Casucha.
baratte [baʀat] *f.* Mantequera.
barbare [baʀbaʀ] *adj.-s.* Bárbaro, ra.
barbarie [baʀbaʀi] *f.* Barbarie, crueldad, fiereza (sauvagerie).
barbarisme [baʀbaʀism(ə)] *m.* Barbarismo.
barbe [baʀb(ə)] *f.* 1 Barba, barbas *pl.* 2 ~ ***à papa,*** algodón *m.* 3 Barba (plume, papier). 4 Raspa (d'un épi). 5 MÉTAL. Rebaba.
barbeau [baʀbo] *m.* 1 Barbo. 2 pop. Chulo.
barbelé, -ée [baʀbəle] *adj.* 1 Arpado, da, provisto de dientes, de púas. 2 ***Fil de fer*** *~*, alambre espinoso, de espino.
barbet [baʀbɛ] *m.* Perro de aguas.
barbiche [baʀbiʃ] *f.* Perilla (barbe).
barbier [baʀbje] *m.* Barbero.
barbillon [baʀbijɔ̃] *m.* 1 Barbo pequeño (poisson). 2 Barbilla *f.* (des poissons). 3 Gancho, lengüeta *f.* (d'un hameçon).
barbiturique [baʀbityʀik] *adj.-s.* Barbitúrico, -ca.
barbon [baʀbɔ̃] *m.* Vejete, vejestorio, vejancón.
barboter [baʀbɔte] *intr.* 1 Chapotear. 2 Burbujear, borbollar (un gaz). ■ 3 *tr.* fam. Birlar, pispar (voler).
barbouillage [baʀbujaʒ] *m.* 1 Embadurnamiento (couleurs). 2 Pintarrajo, mamarracho (peinture). 3 Garabatos *pl.* (écriture).
barbouiller [baʀbuje] *tr.* 1 Embadurnar, ensuciar (salir). 2 Pintarrajear (peindre grossièrement). 3 Emborronar: ~ ***du papier,*** emborronar papel.
barbu, -ue [baʀby] *adj.-m.* Barbudo, da.
barde [baʀd(ə)] *f.* Albardilla (tranche de lard).
barder [baʀde] *tr.* 1 Revestir con coraza, acorazar. 2 ~ ***de décorations,*** revestir de condecoraciones. 3

CUIS. Emborrazar, enalbardar. ■ 4 *impers.* pop. ***Ça barde,*** la cosa está que arde.

barème [barɛm] *m.* Baremo.

baril [baʀi(l)] *m.* Barril.

barillet [baʀijɛ, baʀilɛ] *m.* Barrilete.

barioler [baʀjɔle] *tr.* Abigarrar.

baromètre [baʀɔmɛtʀ(ə)] *m.* Barómetro.

baron, -onne [baʀɔ̃, -ɔn] *s.* Barón, onesa.

baroque [baʀɔk] *adj.* **1** Barroco, ca. **2** fig. Estrambótico, ca, extravagante.

barque [baʀk(ə)] *f.* Barca.

barrage [ba(ɑ)ʀaʒ] *m.* **1** Barrera *f.* (barrière, obstacle). **2** Dique, presa *f.*

barre [ba(ɑ)ʀ] *f.* **1** Barra. Loc. fam. ***Avoir le coup de ~,*** estar agotado, da, reventado, da. **2** Barra, lingote *m.* **3** Barra (gymnastique). **4** BLAS. Barra. **5** DR. Baranda que separa el tribunal en una sala de audiencia. **6** GÉOG. Barra. **7** MAR. Caña (du gouvernail). ■ **8** *pl.* Asientos *m.* (du cheval). **9** Marro *m. sing.*: ***jeu de barres,*** juego del marro.

barreau [ba(ɑ)ʀo] *m.* **1** Barrote. **2** DR. Tribuna *f.* para los abogados (aux assises). **3** Foro, abogacía *f.* (profession des avocats). **4** Colegio de abogados: ***inscrit au ~,*** inscrito en el colegio de abogados.

barrer [ba(ɑ)ʀe] *tr.* **1** Cerrar el paso, obstruir, atrancar. **2** Tachar, borrar: ***~ un mot mal écrit,*** tachar una palabra mal escrita. **3** Cruzar, barrar: ***~ un chèque,*** barrar un cheque. **4** MAR. Gobernar (une embarcation). ■ **5** *pr.* pop. Largarse, pirárselas.

barrette [baʀɛt] *f.* **1** Bonete *m.,* birreta (coiffure d'ecclésiastique). **2** Broche *m.* alargado (bijou). **3** Pasador *m.* (pour les cheveux).

barricade [baʀikad] *f.* Barricada.

barrière [ba(ɑ)ʀjɛʀ] *f.* **1** Barrera: ***la ~ d'un passage à niveau,*** la barrera de un paso a nivel. **2** Puerta, entrada (d'une ville).

barrique [baʀik] *f.* Barrica.

barrir [baʀiʀ] *intr.* Barritar, bramar.

baryton [baʀitɔ̃] *m.* Barítono.

bas, basse [bɑ, bɑs] *adj.* **1** Bajo, ja. **2** Corto, ta. **3** Gacho, cha, inclinado, da hacia abajo. **4** ***Faire main basse sur,*** pillar, saquear. **5** Nublado, da, encapotado, da. **6** Bajo, ja, de poco nivel. **7** Bajo, ja. **8** Bajo, ja (son). **9** Bajo, ja (évaluation). **10** Inferior. **11** Vil, infame. ■ **12** *adv.* Bajo. **13** ***En ~,*** abajo; ***plus ~,*** más abajo. **14** ***Mettre ~,*** parir. **15** ***Parler tout ~,*** hablar en voz baja. **16** *interj.* ***À ~!,*** ¡abajo!

bas [bɑ] *m.* **1** Bajo, parte *f.* baja: ***le ~ du visage,*** la parte baja de la cara. **2** Bajos *pl.* (d'un vêtement). **3** Pie (d'une page).

basaner [bazane] *tr.* Atezar, broncear, curtir.

bas-bleu [bɑblø] *m.* Marisabidilla *f.*

bascule [baskyl] *f.* **1** Báscula. **2** Columpio *m.* (balançoire).

basculer [baskyle] *intr.* **1** Oscilar, bascular. **2** Voltear (culbuter).

base [bɑz] *f.* **1** Base: ***~ de données,*** base de datos. **2** ARCHIT. Basa.

baser[baze] *tr.* **1** Destacar: ***être basé,*** estar destacado. **2** *pr.* Basarse.

bas-fond [bɑfɔ̃] *m.* **1** Hondonada *f.* **2** Sitio de aguas poco profundas, bajo (mer, fleuve). ■ **3** *pl.* Bajos fondos (de la société).

basilic [bazilik] *m.* **1** Basilisco (lézard). **2** Albahaca *f.* (plante).

basilique [bazilik] *f.* Basílica.

basique [bazik] *adj.* CHIM. Básico, ca.

basket-ball [baskɛtbol] *m.* Baloncesto.

basque [bask(ə)] *adj.-s.* **1** Vasco, ca, vascongado, da. ■ **2** *m.* Vascuence (langue). ■ **3** *f.* Faldón *m.* (de redingote).

bas-relief [bɑʀəljɛf] *m.* Bajorrelieve.

basse [bas] *f.* 1 MAR. Bajo *m.*, bajío *m.* 2 MUS. Bajo *m.*: ~ ***continue,*** bajo continuo; ***voix de*** ~, voz de bajo. 3 Contrabajo *m.*
basse-cour [baskuʀ] *f.* Corral *m.*
basse-fosse [basfos] *f.* Mazmorra, calabozo *m.*
bassesse [basɛs] *f.* 1 Bajeza, vileza, indignidad. 2 fig. Humildad, servilismo *m.*
bassin [basɛ̃] *m.* 1 Palangana *f.*, jofaina *f.* (cuvette). 2 Orinal de cama, chata *f.* (urinal). 3 Bacineta *f.* (pour mendier). 4 Pilón (d'une fontaine). 5 Pileta *f.* (d'une piscine). 6 Estanque, alberca *f.* (étang). 7 Dársena *f.* (port). 8 ~ ***de radoub,*** dique. 9 ANAT. Pelvis *f.*, bacinete. 10 GÉOG. Cuenca *f.*: ***le*** ~ ***de l'Ebre,*** la cuenca del Ebro.
bassine [basin] *f.* Lebrillo *m.*
bassiner [basine] *tr.* 1 Calentar (le lit). 2 Humedecer, rociar (plantes). 3 pop. Fastidiar, dar la lata (ennuyer).
bastonnade [bastɔnad] *f.* Paliza, tunda, apaleamiento *m.*
bât [ba] *m.* Albarda *f.*, enjalma *f.*
bataclan [bataklɑ̃] *m.* pop. Bártulos *pl.*, cachivaches *pl.*
bataille [bataj] *f.* 1 Batalla. 2 Pelea, riña (bagarre).
batailler [bataje] *intr.* Batallar, luchar.
bataillon [batajɔ̃] *m.* Batallón.
bâtard, -arde [bataʀ, -aʀd(ə)] *adj.-s.* 1 Bastardo, da. 2 fig. Ambiguo, gua. 3 ***Pain*** ~, barra de pan. ■ 4 *f.* Bastardilla (écriture).
bateau [bato] *m.* 1 Barco. 2 fig. fam. ***Monter un*** ~ ***à quelqu'un,*** engañar a alguien con cuentos. ■ 3 *adj. inv.* fam. Trillado.
bateleur, -euse [batlœʀ, -øz] *s.* Saltimbanqui, titiritero, ra.
batelier, -ière [batəlje, -jɛʀ] *s.* Barquero, ra, batelero, ra.
bâter [bate] *tr.* 1 Albardar. 2 fig. ***Âne bâté,*** estúpido, ignorante.
bâti [bati] *m.* 1 Armazón, armadura *f.* 2 Bastidor (d'une machine). 3 Hilván (couture).
batifoler [batifole] *intr.* vieil. Juguetear, retozar.
bâtiment [batimɑ̃] *m.* 1 Construcción *f.* 2 Edificio. 3 MAR. Buque, bastimento.
bâtir [batiʀ] *tr.* 1 Edificar, construir. Loc. fig. ~ ***des châteaux en Espagne,*** construir castillos en el aire. 3 fig. Construir: ~ ***une théorie,*** construir una teoría. 4 Hilvanar, montar (couture).
bâtisseur, -euse [batisœʀ, -øz] *s.* Constructor, ra, edificador, ra.
bâton [batɔ̃] *m.* 1 Palo, garrote. 2 ***Coup de*** ~, palo. 3 Vara *f.*, bastón: ~ ***de maréchal,*** vara de mariscal. 4 Báculo. 5 Porra *f.* (d'agent de police). 6 Barrita *f.*, barra *f.*: ~ ***de cire à cacheter,*** barrita de lacre. 7 Palote (écriture). 8 ***loc. adv. À bâtons rompus,*** sin continuidad, sin orden.
bâtonner [batɔne] *tr.* Apalear.
battage [bataʒ] *m.* 1 Trilla *f.* (blé). 2 fig. fam. Propaganda *f.* a bombo y platillo. 3 MÉTAL. Batido.
battant [batɑ̃] *m.* 1 Hoja *f.* de puerta, de ventana. 2 Badajo (de cloche).
battant, -ante [batɑ̃, -ɑ̃t] *adj.* 1 Batiente, que bate, que late. 2 fig. ***Mener tambour*** ~, tratar sin miramientos, llevar a la baqueta.
batte [bat] *f.* 1 Maza (à broyer), pisón *m.* (à tasser la terre). 2 Tabla de lavar (blanchissage). 3 Paleta para mazar la mantequilla (à beurre). 4 SPORTS. Pala.
battement [batmɑ̃] *m.* 1 Golpeo. Loc. ~ ***d'ailes,*** aleteo, golpeo de alas; ~ ***de mains,*** palmada *f.*, palmoteo; ~ ***de paupières,*** parpadeo. 2 Latido, palpitación *f.* (du cœur).
batterie [batʀi] *f.* 1 ARTILL. Batería: ~ ***de canons,*** batería de cañones. 2 Batería: ~ ***de cuisine,*** batería de cocina. 3 ÉLECTR. Batería. 4 MUS.

Batería: ***tenir la** ~*, llevar la batería.
batteur [batœʀ] *m.* **1** Batidor: ~ ***à œufs,*** batidor de huevos. **2** MUS. Batería: ***le ~ d'une formation,*** el batería de un conjunto. **3** SPORTS Bateador.
battoir [batwɑʀ] *m.* **1** Moza *f.*, pala de lavandera *f.* (de lavandière).
battre [batʀ(ə)] *tr.* **1** Pegar, golpear, batir. **2** Sacudir: ~ ***un tapis,*** sacudir una alfombra. **3** Revolver, batir (les œufs). **4** Mazar (le lait). **5** Barajar (les cartes). **6** Batir, derrotar, vencer (vaincre). **7** Recorrer, batir: ~ ***la forêt,*** recorrer el bosque. **8** Golpear: ~ ***la semelle,*** golpear el suelo con los pies para calentarlos. **9** Tocar: ~ ***le tambour,*** tocar el tambor. **10** Azotar, golpear: ***le vent bat les branches,*** el viento azota las ramas. **11** AGR. Trillar (le blé). **12** Varear (les arbres). **13** MAR. ~ ***pavillon,*** navegar bajo un pabellón. **14** MÉTAL. Batir: ~ ***le fer,*** batir el hierro. **15** MUS. ~ ***la mesure,*** llevar el compás. **16** SPORTS ~ ***un record,*** batir un récord. ■ **17** *intr.* Chocar, golpear: ***une porte qui bat,*** una puerta que golpea. Loc. ~ ***des ailes,*** aletear (les oiseaux); ~ ***des mains,*** palmotear, tocar palmas, aplaudir. **18** Sonar, redoblar (le tambour). **19** Latir (le cœur); tener pulsaciones (le pouls). **20** MIL. ~ ***en retraite,*** batirse en retirada. ■ **21** *pr.* Batirse, pelear, pegarse. ▲ CONJUG. IRREG. INDIC. Pres.: ***je bats, tu bats, il bat, nous battons, vous battez, ils battent.*** Imperf.: ***je battais,*** etc. Pret. indef.: ***je battis,*** etc. Fut. imperf.: ***je battrai,*** etc..POT.: ***je battrais,*** etc. IMPER.: ***bats, battons, battez.*** SUBJ. Pres.: ***que je batte,*** etc. Imperf.: ***que je battisse,*** etc. PART. A.: ***battant.*** PART. P.: ***battu, ue.***
battu, -ue [baty] *adj.* **1** v. ***battre.*** **2** Pisado, da, trillado, da (sol, chemin). **3** fig. Trillado: ***sentiers battus,*** caminos trillados. **4** ***Yeux battus,*** ojos cansados, con ojeras. ■ **5** *m.* Vencido. ■ **6** *f.* Batida (chasse).
baudet [bodɛ] *m.* Borrico, burro.
baudroie [bodʀwa] *f.* Rape *m.*, pejesapo *m.*
bauge [boʒ] *f.* **1** Porquera (du sanglier). **2** fig. Pocilga.
baume [bom] *m.* Bálsamo.
bavard, -arde [bavaʀ, -aʀd(ə)] *adj.-s.* Charlatán, ana, hablador, ra, parlanchín, ina.
bavardage [bavaʀdaʒ] *m.* **1** Charla *f.* **2** Habladuría *f.*, comadreo (cancan).
bave [bav] *f.* Baba.
baver [bave] *intr.* **1** Babear, babosear. **2** fig. ~ ***sur quelqu'un,*** injuriar a alguien.
bavette [bavɛt] *f.* **1** Babero *m.* **2** Cadera (viande).
baveux, -euse [bavø, -øz] *adj.* Baboso, sa.
bavure [bavyʀ] *f.* **1** Rebaba.
bazar [bazaʀ] *m.* **1** Bazar. **2** Desorden, desarreglo. **3** fam. Bártulos *pl.*
bcbg [besebeʒe] *adj.* (*abrév.* bon chic bon genre): ***être** ~*, ser de una elegancia clásica, de buen tono.
béant, -ante [beɑ̃, -ɑ̃t] *adj.* Abierto, ta: ***bouche béante,*** con la boca abierta; fig. boquiabierto.
béat, -ate [bea, -at] *adj.* **1** Plácido, da: ***une vie béate,*** una vida plácida. ■ **2** *s.* Beato, ta.
béatification [beatifikɑsjɔ̃] *f.* Beatificación.
béatitude [beatityd] *f.* **1** Beatitud. **2** Felicidad, placidez. ■ **3** *pl.* Bienaventuranzas.
beau (antes de vocal o *h* muda, **bel**), **belle** [bo, bɛl] *adj.* **1** Hermoso, sa, bello, lla, guapo, pa. **2** Bueno, na (qualité ou état). **3** Bonito, ta, lindo, da. **4** ***Le ~ monde,*** la buena sociedad. **5** iron. Bueno, na, lindo, da: ***la belle affaire!,*** ¡bonito negocio! **6** Bueno, na, generoso, sa: ***une belle action,*** una buena acción, una acción generosa. **7** Bueno, na, ventajoso, sa: ***une belle***

occasion, una buena ocasión, una ocasión ventajosa. **8** Conveniente, decoroso, sa, bien: ***cela n'est pas ~,*** eso no está bien. **9** Superior: ***un ~ talent,*** un talento superior. **10** Agradable: ***on a passé une belle journée,*** hemos pasado un día agradable. **11** Bueno (temps). **12** Grande, considerable: ***un ~ chahut,*** un gran alboroto. **13** Loc. ***Avoir ~,*** por más que: ***il a ~ faire,*** por más que haga. **14** *loc. adv.* ***Bel et bien,*** completamente; ***de plus belle,*** a más y mejor; ***tout ~,*** despacito. ■ **15** *m.* Lo bello, lo hermoso. ■ **16** *f.* Amada (amie). **17** Partido *m.* de desempate (au jeu). **18** Loc. ***En faire, en dire de belles,*** hacer, decir tonterías; ***j'en apprends de belles,*** me entero de unas cosas...

beaucoup [boku] *adv.* **1** Mucho: ***il a ~ travaillé,*** ha trabajado mucho. **2** *adj.* Mucho, cha, chos, chas ***~ de bruit,*** mucho ruido. ■ **3** *pron.* Muchos, chas: ***Combien en avez-vous? ~,*** ¿cuántos tiene usted? muchos.

beau-fils [bofis] *m.* Yerno, hijo político. **2** Hijastro (fils de l'autre conjoint).

beau-frère [bofʀɛʀ] *m.* **1** Cuñado, hermano político. **2** Hermanastro (demi-frère).

beau-père [bopɛʀ] *m.* **1** Suegro, padre político. **2** Padrastro.

beauté [bote] *f.* Belleza, hermosura.

beaux-arts [bozaʀ] *m. pl.* Bellas artes *f.*

bébé [bebe] *m.* **1** Nene, na, bebé. **2** Muñeco (poupon). **3** fam. y pop. ***se repasser le ~,*** pasar el marrón.

bec [bɛk] *m.* **1** Pico (d'oiseau). **2** fam. Labia *f.*, facundia *f.*, pico, boca *f.*: ***ferme ton ~,*** calla, cierra el pico. Loc. ***Une prise de ~*** una disputa; ***clouer le ~ à quelqu'un,*** hacer callar a uno; ***un ~ fin,*** un gastrónomo refinado. **3** ***~ de gaz,*** luz de gas, farol. Loc. fig. ***Tomber sur un ~,*** llevarse un chasco. **4** Punta *f.* (d'une plume). **5** Pitorro (d'une cruche). **6** MUS. Boquilla *f.*

bécasse [bekas] *f.* **1** Chocha, becada. **2** fam. Tonta (femme).

bécassine [bekasin] *f.* **1** Becasina, agachadiza. **2** fam. Tontita (jeune fille).

bec-de-cane [bekdəkan] *m.* Picaporte.

bec-de-lièvre [bekdəljɛvʀ(ə)] *m.* Labio leporino.

bécot [beko] *m.* fam. Besito.

becqueter, béqueter [bɛkte] *tr.* **1** Picotear. ■ **2** *intr.* pop. Comer, picar. ▲ CONJUG. como ***acheter.***

bedaine [bədɛn] *f.* fam. Panza, barriga, vientre *m.*

bedon [bədɔ̃] *m.* fam. Panza *f.*

bédouin, -ine [bedwɛ̃, -in] *adj.-s.* Beduino, na.

bée [be] *adj.* ***Bouche ~,*** con la boca abierta.

beffroi [befʀwa] *m.* Campanario, atalaya *f.*

bégaiement, bégayement [begɛmɑ̃] *m.* **1** Tartamudeo. **2** Balbuceo (des enfants).

bégayer [begeje] *intr.* **1** Tartamudear. ■ **2** *tr.-intr.* Balbucear, balbucir (balbutier).

bègue [bɛg] *adj.-s.* Tartamudo, da.

bégueule [begœl] *f.* **1** Gazmoña, mojigata. ■ **2** *adj.* Mojigato, ta.

béguin [begɛ̃] *m.* **1** Gorro de bebé. **2** Toca (de religieuse). **3** fam. Capricho amoroso.

béguine [begin] *f.* Beguina.

beignet [bɛɲɛ] *m.* Buñuelo.

bêlement [bɛlmɑ̃] *m.* Balido.

bêler [bele] *intr.* Balar.

belette [bəlɛt] *f.* Comadreja.

belge [bɛlʒ(ə)] *adj.-s.* Belga.

bélier [belje] *m.* **1** Morueco. **2** Ariete (machine de guerre). **3** TECHN. Ariete. ■ **4** *n. pr. m.* ASTROL. Aries.

bellâtre [bɛlɑtʀ(ə)] *m.* Hombre guapo y presumido.

belle-de-jour [bɛldəʒuʀ] *f.* Dondiego *m.* de día.

belle-de-nuit [bɛldənɥi] *f.* Dondiego *m.* de noche.
belle-fille [bɛlfij] *f.* 1 Nuera, hija política. 2 Hijastra.
belle-mère [bɛlmɛʀ] *f.* 1 Suegra, madre política. 2 Madrastra.
belle-sœur [bɛlsœʀ] *f.* 1 Cuñada, hermana política. 2 Hermanastra.
belligérant, -ante [be(ɛl)iʒeʀɑ̃, -ɑ̃t] *adj.-s.* Beligerante.
belliqueux, -euse [be(ɛ)likø, -øz] *adj.* 1 Belicoso, sa, guerrero, ra. 2 Agresivo, va.
belote [bəlɔt] *f.* Juego *m.* de naipes.
bémol [bemɔl] *m.* 1 MUS. Bemol. 2 Loc. fam.: ***mettre un ~,*** atenuar, suavizar (pensée, paroles).
bénédictin, -ine [benediktɛ̃, -in] *adj.-s.* Benedictino, na.
bénédiction [benediksjɔ̃] *f.* Bendición.
bénéfice [benefis] *m.* Beneficio.
bénéficiaire [benefisjɛʀ] *adj.-s.* 1 Beneficiario, ria. ■ 2 *s.* Beneficiado, da.
bénéficier [benefisje] *intr.* Beneficiarse, aprovecharse. ▲ CONJUG. como ***prier.***
benêt [bənɛ] *adj.-m.* 1 Bobo, ba. 2 *fam.* Bendito, ta, inocente.
bénévole [benevɔl] *adj.* 1 Voluntario, ria, desinteresado, da, gratuito, ta.
béni, -ie [beni] 1 *p. p.* de **bénir.** 2 *adj.* Bendecido, da.
bénignité [beniɲite] *f.* Benignidad.
bénin, -igne [benɛ̃, -iɲ] *adj.* Benigno, na.
bénir [beniʀ] *tr.* 1 Bendecir. ▲ CONJUG. Este verbo tiene dos participios: ***béni, ie,*** bendecido, da; ***bénit, ite,*** bendito, ta. Con el auxiliar ***avoir,*** úsase siempre ***béni,*** excepto en la forma pasiva.
bénit, -ite [beni, -it] *adj.* Bendito, ta.
bénitier [benitje] *m.* 1 Pila *f.* de agua bendita *f.* 2 Acetre (portatif).
benne [bɛn] *f.* 1 Vagoneta. 2 Cajón *m.* de volquete (camion). 3 Cuchara de grúa (de grue). 4 MIN. Jaula.
béquille [bekij] *f.* 1 Muleta (de boiteux). 2 Soporte (de moto).
berbère [bɛʀbɛʀ] *adj.-s.* Bereber.
bercail [bɛʀkaj] *m.* 1 Redil.
berceau [bɛʀso] *m.* 1 Cuna *f.* 2 Glorieta *f.* (jardin).
bercer [bɛʀse] *tr.* 1 Acunar, mecer. 2 Arrullar (par un chant, une musique). ■ 3 *pr.* Mecerse, balancearse. ▲ CONJUG. como ***lancer.***
berceuse [bɛʀsøz] *f.* Canción de cuna.
béret [beʀe] *m.* Boina *f.*
bergamote [bɛʀgamɔt] *f.* Bergamota.
berge [bɛʀʒ(ə)] *f.* Ribera, ribazo *m.*
berger, -ère [bɛʀʒe, -ɛʀ] *s.* 1 Pastor, ra. Loc. ***Étoile du ~,*** lucero del alba; ***heure du ~,*** hora propicia para los enamorados. ■ 2 *f.* Poltrona (fauteuil).
bergerie [bɛʀʒəʀi] *f.* Redil *m.*, aprisco *m.*
berk! [bɛʀk] *interj.* ¡Puaj!
berline [bɛʀlin] *f.* Berlina.
berlinois, -oise [bɛʀlinwa, -waz] *adj.-s.* Berlinés, -esa.
berne [bɛʀn(ə)] *f.* 1 Burla, engaño *m.* 2 MAR. ***Pavillon en ~,*** pabellón amorronado. 3 ***En ~,*** a media asta (drapeau).
berner [bɛʀne] *tr.* Burlarse de, poner en ridículo a.
besace [bəzas] *f.* Alforja.
besogne [bəzɔɲ] *f.* Tarea, trabajo *m.*
besoin [bəzwɛ̃] *m.* 1 Necesidad *f.*, menester: ***~ pressant,*** una necesidad urgente; ***éprouver le ~ de,*** sentir la necesidad de. 2 Necesidad *f.*, indigencia *f.* Loc. ***Être dans le ~,*** estar necesitado. 3 ***Avoir ~ de,*** necesitar; necesitar de. 4 *loc. adv.* ***Au ~,*** en caso de necesidad. ■ 5 *pl.* Necesidades (du corps): ***faire ses petits besoins,*** hacer sus necesidades.
bestiaux [bɛstjo] *m. pl.* Ganado *sing.*, reses *f.*
bestiole [bɛstjɔl] *f.* Bicho *m.*, bichito *m.*, bestezuela.

bêta, bêtasse [beta, betas] *adj.-s.* Bobo, ba, tontorrón, ona.

bétail [betaj] *m.* Ganado.

bête [bɛt] *f.* 1 Animal *m.*, bestia: *~ de somme,* bestia de carga; *~ de trait,* animal de tiro; *~ féroce,* animal feroz; *la ~ humaine,* la bestia humana. 2 Bicho *m.*: *une méchante ~,* un mal bicho. Loc. *Regarder quelqu'un comme une ~ curieuse,* mirar a alguien como un bicho raro. 3 fig. *Bonne ~,* infeliz, persona sin malicia; *être la ~ noire de,* ser la persona odiada por, la pesadilla de. 4 *Faire la ~,* hacer el tonto, hacerse el tonto. ■ 5 *adj.* Tonto, ta, estúpido, da. 7 *Que c'est ~!,* ¡qué lástima!

bêtise [betiz] *f.* Tontería, necedad.

béton [betɔ̃] *m.* 1 Hormigón. ■ 2 *adj. inv.* fam. Sólido, -da: *une argumentation ~,* un argumento sólido.

bétonner [betɔne] *intr.* fam. Obstruir, dificultar.

betterave [bɛtʀav] *f.* Remolacha.

beuglement [bøgləmɑ̃] *m.* 1 Mugido (bovins). 2 fam. Berrido.

beur, -rette [bœʀ, ʀɛt] *s.* Joven de origen magrebí nacido, -da en Francia.

beurre [bœʀ] *m.* Mantequilla *f.* Loc. fig. fam. *Œil au ~ noir,* ojo a la funerala; *faire son ~,* hacer su agosto.

beurrée [bœʀe] *f.* Tostada de pan con mantequilla.

beurrier, -ière [bœʀje, -jɛʀ] *adj.-s.* 1 Mantequero, ra (personne). ■ 2 *m.* Mantequera *f.* (récipient).

bévue [bevy] *f.* Plancha, coladura, pifia.

biais [bjɛ] *m.* 1 Sesgo, biés (gallic): *tailler un tissu dans le ~,* cortar una tela al biés. 2 fig. Lado, aspecto: *abordons le sujet par ce ~,* abordemos el asunto por ese aspecto. 3 fig. Rodeo, giro indirecto (détour). 4 ARCHIT. Esviaje.

bibelot [biblo] *m.* Bibelot, chuchería *f.*, figurilla *f.*

biberon [bibʀɔ̃] *m.* Biberón.

bibliographie [biblijɔgʀafi] *f.* Bibliografía.

bibliophile [biblijɔfil] *s.* Bibliófilo, la.

bibliothécaire [biblijɔtekɛʀ] *s.* Bibliotecario, ria.

bibliothèque [biblijɔtɛk] *f.* Biblioteca.

biblique [biblik] *adj.* Bíblico, ca.

biche [biʃ] *f.* Cierva.

bicoque [bikɔk] *f.* fam. Casita, casucha (maison).

bicyclette [bisiklɛt] *f.* Bicicleta.

bidet [bidɛ] *m.* 1 Bidé. 2 Jaca *f.* (petit cheval).

bidon [bidɔ̃] *m.* Bidón.

bidouillage [bidujaʒ] *m.* fam.. 1 Bricolage. 2 Chapuza.

bidouiller [biduje] *tr.* fam. Hacer bricolage, hacer chapuzas.

bief [bjɛf] *m.* 1 Tramo (de canal). 2 Saetín, caz (de moulin).

bielle [bjɛl] *f.* Biela.

bien [bjɛ̃] *adv.* 1 Bien: *se porter ~,* estar bien de salud. Loc. *Vouloir ~,* servirse, dignarse, querer, aceptar. 2 Muy (très): *~ content,* muy contento. 3 Mucho (beaucoup): *~ mieux,* mucho mejor; *~ plus,* mucho más. 4 Ya: *nous verrons ~,* ya veremos. 5 *loc. conj.* *~ que,* aunque; *si ~ que,* de suerte que. 6 *loc. interj.* *Eh ~!,* ¡bueno! ■ 7 *adj.* A gusto (à l'aise). 8 *~du, ~de l', ~de la, ~des,* mucho, cha, chos, chas: *~ des fois,* muchas veces. ■ 9 *m.* Bien: *biens meubles et immeubles,* bienes muebles e inmuebles.

bien-aimé, -ée [bjɛ̃neme] *adj.-s.* Amado, da.

bien-être [bjɛ̃nɛtʀ(ə)] *m.* Bienestar.

bienfaisance [bjɛ̃fəzɑ̃s] *f.* Beneficencia.

bienfaisant, -ante [bjɛ̃fəzɑ̃, ɑ̃t] *adj.* 1 Benéfico, ca (personnes). 2 Beneficioso, sa (choses).

bienfaiteur, -trice [bjɛ̃fɛtœʀ, -tʀis] *s.* Bienhechor, ra, benefactor, ra.
bienheureux, -euse [bjɛ̃nœʀø, -øz] *adj.-s.* 1 Bienaventurado, da. ■ 2 adj. Dichoso, sa, feliz.
biennal, ale [bjenal] *adj.* 1 Bienal, bisanual. ■ 2 *f.* Bienal.
bienséance [bjɛ̃seɑ̃s] *f.* 1 Decencia, decoro *m.* 2 Urbanidad, convivencia.
bientôt [bjɛ̃to] *adv.* 1 Pronto, dentro de poco: ***à ~,*** hasta pronto. 2 Pronto, de prisa, rápidamente: ***cela est ~ dit,*** eso está dicho pronto.
bienveillance [bjɛ̃vɛjɑ̃s] *f.* Benevolencia.
bienveillant, -ante [bjɛ̃vɛjɑ̃, -ɑ̃t] *adj.* Benévolo, la, indulgente.
bienvenu, -ue [bjɛ̃vny] *adj.-s.* 1 Bien venido, da. ■ 2 *f.* Bienvenida.
bière [bjɛʀ] *f.* 1 Cerveza. 2 Ataúd *m.* (cercueil).
biffer [bife] *tr.* Borrar, tachar.
bifurcation [bifyʀkasjɔ̃] *f.* Bifurcación.
bigame [bigam] *adj.-s.* Bígamo, ma.
bigarré, -ée [bigaʀe] *adj.* Abigarrado, da.
bigarreau [bigaʀo] *m.* Cereza *f.* gordal.
bigarrer [bigaʀe] *tr.* Abigarrar.
bigle [bigl(ə)] *adj.-s.* Bizco, ca.
bigot, -ote [bigo, -ɔt] *adj.-s.* Santurrón, ona.
bigoterie [bigɔtʀi] *f.* Santurronería, beatería.
bijou [biʒu] *m.* Alhaja *f.*, joya *f.*
bijouterie [biʒutʀi] *f.* 1 Joyería. 2 ***~ de fantaisie,*** bisutería.
bilan [bilɑ̃] *m.* Balance. Loc. ***Déposer son ~,*** declararse en quiebra.
bilboquet [bilbɔkɛ] *m.* Boliche.
bile [bil] *f.* 1 Bilis. 2 fig. ***Se faire de la ~,*** apurarse, inquietarse.
billard [bijaʀ] *m.* Billar.
bille [bij] *f.* 1 Bola (de billard). 2 Canica (des jeux d'enfants). 3 pop. Cara, rostro *m.* (visage). 4 MÉC. Bola.
billet [bijɛ] *m.* 1 Billete. 2 Esquela *f.*, cartija *f.* 3 COMM. ***~ au porteur,*** efecto al portador; ***~ à ordre,*** pagaré.
billevesée [bij(e)vəze] *f.* Simpleza, pamplina.
billion [biljɔ̃] *m.* Billón.
billot [bijo] *m.* 1 Tajo (de cuisine, d'échafaud). 2 Banquillo (de cordonnier). 3 Cepo (de l'enclume).
binaire [binɛʀ] *adj.* Binario, ria.
biner [bine] *tr.* AGR. Binar.
binette [binɛt] *f.* 1 pop. Cara ridícula. 2 AGR. Binadera, azadilla.
biniou [binju] *m.* Gaita *f.* bretona.
binocle [binɔkl(ə)] *m.* vieil. Binóculo, impertinentes *pl.*
binôme [binom] *m.* Binomio.
biodégradable [bjodegʀadabl] *adj.* Biodegradable.
biographie [bjɔgʀafi] *f.* Biografía.
biologie [bjɔlɔʒi] *f.* Biología.
biologique [bjɔlɔʒik] *adj.* Biológico, ca: ***produit ~,*** producto biológico, producto ecológico.
bipède [bipɛd] *adj.-s.* Bípedo, da.
biplan [biplɑ̃] *m.* Biplano.
bique [bik] *f.* fam. Cabra.
biquet, -ette [bike, -ɛt] *s.* fam. Cabrito, ta.
bis, bise [bi, biz] *adj.* Bazo, za, moreno, na: ***pain ~,*** pan moreno.
bisaïeul, -eule [bizajœl] *s.* Bisabuelo, la.
bisannuel, -elle [bizanɥɛl] *adj.* Bisanual, bienal.
bisbille [bisbij] *f.* fam. Pelotera, pique *m.*
biscaïen, -enne [biskajɛ̃, -ɛn] *adj.-s.* Vizcaíno, na.
biscornu, -ue [biskɔʀny] *adj.* 1 Irregular. 2 fam. Estrambótico, ca, extravagante.
biscotte [biskɔt] *f.* Tostada.
biscuit [biskɥi] *m.* 1 Galleta *f.*, pasta *f.* 2 Bizcocho: ***~ à la cuiller,*** bizcocho ligero. 3 Bizcocho, biscuit, porcelana *f.* mate: ***~ de Saxe,*** biscuit de Sajonia.
bise [biz] *f.* Cierzo *m.*, viento *m.* frío.

biseau [bizo] *m.* Bisel.
biseauter [bizote] *tr.* **1** Biselar. **2** Marcar (les cartes à jouer).
bison [bizɔ̃] *m.* Bisonte.
bisquer [biske] *intr.* pop. Fastidiarse, rabiar.
bissac [bisak] *m.* Alforjas *f. pl.*
bisser [bise] *tr.* THÉÂT. Hacer repetir, repetir.
bissextile [bisɛkstil] *adj.-f.* Bisiesto.
bistouri [bistuʀi] *m.* Bisturí.
bistre [bistʀ(ə)] *m.* Bistre.
bistro, bistrot [bistʀo] *m.* **1** fam. Tasca *f.*, taberna *f.* **2** Tabernero (cabaretier).
bitume [bitym] *m.* Asfalto.
bivouac [bivwak] *m.* MIL., SPORTS. Vivac, vivaque.
bivouaquer [bivwake] *intr.* Vivaquear.
bizarre [bizaʀ] *adj.* Raro, ra, extraño, ña.
bizarrerie [bizaʀʀi] *f.* Rareza, singularidad.
blafard, -arde [blafaʀ, -aʀd(ə)] *adj.* Descolorido, da, pálido, da.
blague [blag] *f.* **1** Petaca (à tabac). **2** Broma, chanza. **3** Bola, mentira, embuste *m.* **4** *interj.* ***Sans ~!,*** ¡en serio!
blaguer [blage] *intr.* fam. Bromear. ■ tr. Burlarse de, pinchar.
blaireau [blɛʀo] *m.* **1** Tejón. **2** Brocha *f.* de afeitar (pour la barbe).
blâmable [blɑmabl(ə)] *adj.* Reprobable, censurable.
blanc, blanche [blɑ̃, -ɑ̃ʃ] *adj.* **1** Blanco, ca: ***arme, race blanche,*** arma, raza blanca. **2** Cano, na, blanco, ca (cheveux). **3** ***examen ~,*** ensayo de examen. ■ **4** *m.* Blanco (couleur, matière colorante). **5** ***~ d'Espagne,*** blanco de España, yeso mate. **6** ***~ de poulet,*** pechuga *f.*; ***~ d'œuf,*** clara *f.* de huevo. **7** Blanco: ***remplissez votre formulaire et n'y laissez aucun ~,*** llene usted el formulario y no deje ningún blanco. **8** Lencería *f.* (linge). **9** fig. Momento de silencio: ***il y eu un ~ dans la conversation,*** la conversación se interrumpió durante un momento.
blanc-bec [blɑ̃bɛk] *m.* Joven inexperto.
blanchâtre [blɑ̃ʃɑtʀ(ə)] *adj.* Blanquecino, na.
blancheur [blɑ̃ʃœʀ] *f.* Blancura.
blanchir [blɑ̃ʃiʀ] *tr.* **1** Blanquear. **2** Lavar. **3** CUIS. Sancochar. **4** MÉTAL. Blanquecer. ■ **5** *intr.* Encanecer (les cheveux). **6** fig. Envejecer. ■ **7** *pr.* Exculparse.
blanchissage [blɑ̃ʃisaʒ] *m.* Lavado de ropa.
blanchisserie [blɑ̃ʃisʀi] *f.* Lavadero *m.*, lavandería.
blanc-seing [blɑ̃sɛ̃] *m.* Firma *f.* en blanco.
blanquette [blɑ̃kɛt] *f.* **1** Guisado *m.* de carne blanca, con salsa de yema. **2** Vino *m.* blanco.
blasé, -ée [blaze] *adj.* Hastiado, da de todo.
blaser [blaze] *tr.* Hastiar.
blasphème [blasfɛm] *m.* Blasfemia *f.*
blasphémer [blasfeme] *tr.-intr.* Blasfemar. ▲ CONJUG. como ***accélérer.***
blatte [blat] *f.* Cucaracha.
blé [ble] *m.* **1** Trigo. **2** ***~ noir,*** alforjón.
blême [blɛm] *adj.* Muy pálido, da.
blêmir [blemiʀ] *intr.* Palidecer.
blessant, -ante [blesɑ̃, -ɑ̃t] *adj.* Ofensivo, va, mortificante.
blesser [blese] *tr.* **1** Herir. **2** Hacer daño. **3** fig. Ofender, agraviar. **4** fig. Infringir, quebrantar (enfreindre).
blessure [blesyʀ] *f.* **1** Herida. **2** fig. Ofensa, agravio *m.*
blet, blette [blɛ, blɛt] *adj.* Pasado, da: ***une poire blette,*** una pera pasada.
bleu, eue [blø] *adj.* **1** Azul: ***zone bleue,*** zona azul. **2** ***Bifteck ~,*** bistec a la plancha casi crudo. ■ **3** *m.* Azul: ***~ ciel, marine,*** azul celeste, marino. **4** Añil, azulete. **5** Cardenal, hematoma. **6** Quinto (soldat).

7 Novato (nouvel élève). **8** Mono: ***un ~ de mécanicien,*** un mono de mecánico. **9** Telegrama. **10** Ciertas variedades de queso parecidas al roquefort.
bleuâtre [bløɑtʀ(ə)] *adj.* Azulado, da.
bleuet [bløɛ] *m.* Anciano.
bleuir [bløiʀ] *tr.* Azular.
blinder [blɛ̃de] *tr.* Blindar.
bloc [blɔk] *m.* **1** Bloque. **2** Taco, bloc (de feuillets). **3** Agrupación *f.* de partidos, coalición *f.* política. **5** ~ ***moteur,*** conjunto del motor. **6** Loc. fam. ***Mettre au ~,*** meter en chirona.
blockhaus [blɔkos] *m.* Blocao.
blocus [blɔkys] *m.* Bloqueo.
blond, -onde [blɔ̃, -ɔ̃d] *adj.-s.* **1** Rubio, bia. **2** ***Bière blonde,*** cerveza dorada. ■ **3** *f.* Blonda (dentelle).
blondir [blɔ̃diʀ] *intr.* **1** Enrubiarse, volverse rubio, bia. **2** Dorarse (les moissons).
bloquer [blɔke] *tr.* **1** Bloquear. **2** Frenar a fondo. **3** Inmovilizar, trabar. **4** SPORTS. Parar, bloquear (football).
blottir (se) [blɔtiʀ] *pr.* Acurrucarse, agazaparse.
blouse [bluz] *f.* **1** Bata. **2** Blusa, blusón *m.*
blouser [bluze] *tr.* fam. Engañar.
bluff [blœf] *m.* angl. Bluff, infundio.
bluter [blyte] *tr.* Cerner.
bobard [bobaʀ] *m.* Bulo.
bobèche [bɔbɛʃ] *f.* Arandela.
bobine [bɔbin] *f.* **1** Bobina, carrete *m.*, canilla (pour machine à coudre ou à tisser). **2** PHOT. Carrete *m.*
bobiner [bɔbine] *tr.* **1** Bobinar. **2** Encanillar.
bobinette [bɔbinɛt] *f.* Aldabilla.
bobo [bobo] *m.* fam. Pupa *f.*
bocage [bɔkaʒ] *m.* Boscaje, soto.
bocal [bɔkal] *m.* Tarro.
boche [bɔʃ] *adj.-s.* péj. Alemán, ana.
bœuf [bœf] *m.* **1** Buey. **2** Vaca *f.* (boucherie).
bogue [bɔg] *m.* INFORM. Error.
bohémien, -enne [bɔemjɛ̃, -ɛn] *adj.-s.* **1** Bohemio, ia, cíngaro, ra, gitano, na. **2** Bohemio, ia, natural de Bohemia.
boire [bwaʀ] *tr.-intr.* **1** Beber. **2** Embeber, absorber (papier, etc.). ▲ CONJUG. INDIC. Pres.: ***je bois, tu bois, il boit, nous buvons, vous buvez, ils boivent.*** Imperf.: ***je buvais,*** etc. Pret. indef.: ***je bus,*** etc. Fut. imperf.: ***je boirai,*** etc. POT.: ***je boirais,*** etc. IMPER.: ***bois, buvons, buvez.*** SUBJ. Pres.: ***que je boive,*** etc., ***que nous buvions, que vous buviez, qu'ils boivent.*** Imperf.: ***que je busse,*** etc. PART. A.: ***buvant.*** PART. P.: ***bu, bue.***
bois [bwa] *m.* **1** Bosque. **2** Madera *f.* **3** Leña *f.* **4** Asta *f.*, cuerna *f.*, cornamenta *f.* (du cerf, etc.).
boisée, -ée [bwaze] *adj.* Poblado, da de árboles.
boiser [bwaze] *tr.* Poblar de árboles.
boiserie [bwazʀi] *f.* **1** Revestimiento *m.* de madera. ■ **2** *pl.* Carpintería *sing.* de una casa.
boisson [bwasɔ̃] *f.* Bebida.
boîte [bwat] *f.* **1** Caja (récipient). **2** Lata (conserves). **3** Bote *m.* (généralement cylindrique). **4** ~ ***de nuit,*** sala de baile, de fiestas. **5** ANAT. ~ ***crânienne,*** cavidad craneana. **6** AUTO. ~ ***de vitesses,*** caja de cambio de marchas.
boiter [bwate] *intr.* Cojear.
boiteux, -euse [bwatø, -øz] *adj.-s.* Cojo, ja.
boîtier [bwatje] *m.* Caja *f.*: ~ ***de montre, de lampe de poche,*** caja de reloj, de linterna de bolsillo.
bol [bɔl] *m.* **1** Bol, tazón. **2** Loc. fig. fam. ***En avoir ras le ~,*** estar hasta la coronilla. **3** PHYSIOL. Bolo.
bolet [bɔlɛ] *m.* Seta *f.*, boleta *f.*
bolide [bɔlid] *m.* Bólido.
bombance [bɔ̃bɑ̃s] *f.* Comilona, francachela.
bombardement [bɔ̃baʀd(ə)mɑ̃] *m.* Bombardeo.

bombarder [bɔ̃baʀde] *tr.* 1 Bombardear. 2 fam. Nombrar bruscamente, ascender inesperadamente.
bombe [bɔ̃b] *m.* Bomba.
bomber [bɔ̃be] *tr.* Combar, abombar.
bon, -onne [bɔ̃, bɔn] *adj.* 1 Bueno, buen (devant un *m.*) *buena. Loc.* ~ ***pour le service,*** apto para el servicio; ***à quoi*** ~***?,*** ¿para qué?; ~ ***à rien,*** inútil, que no sirve para nada; ***elle est bien bonne!,*** ¡buena es ésa! ■ 2 *m.* Bono. 3 Vale.
bon [bɔ̃] *adv.* 1 Bien: ***trouver*** ~, encontrar bien, aprobar; ***sentir*** ~, oler bien. 2 *loc. adv.* ***Pour de*** ~, de veras, en serio. 3 *interj.* ¡Bueno!, ¡bien!
bonace [bɔnas] *m.* Bonanza *f.*
bonasse [bɔnas] *adj.* Bonachón, ona.
bonbon [bɔ̃bɔ̃] *m.* Caramelo.
bonbonnière [bɔ̃bɔnjɛʀ] *f.* 1 Bombonera. 2 fig. Casita elegante.
bond [bɔ̃] *m.* Bote, salto.
bonde [bɔ̃d] *f.* 1 Compuerta (d'un étang). 2 Tapón *m.* (bouchon). 3 Desagüe *m.* (ouverture pour l'écoulement). 4 Agujero *m.* (trou).
bondé, -ée [bɔ̃de] *adj.* Abarrotado, da.
bondir [bɔ̃diʀ] *intr.* Botar, saltar, brincar.
bonheur [bɔnœʀ] *m.* 1 Felicidad *f.*, dicha *f.* 2 Suerte *f.*, fortuna *f.* 3 *loc. adv.* ***Par*** ~, por suerte, por fortuna.
bonhomie [bɔnɔmi] *f.* Bondad, hombría de bien.
bonhomme [bɔnɔm] *m.* 1 Hombre, tío: ***quel drôle de*** ~***!,*** ¡qué tío más raro! 2 ***Petit*** ~, pequeñuelo. 3 Monigote, muñeco.
bonifier [bɔnifje] *tr.* 1 Mejorar, beneficiar. ■ 2 *tr.* Mejorarse, beneficiarse. ▲ CONJUG. como ***prier.***
boniment [bɔnimɑ̃] *m.* Charla *f.* engañosa *f.*, soflama *f.*, perorata *f.*
bonjour [bɔ̃ʒuʀ] *m.* Buenos días *pl.*
bonne [bɔn] *f.* Criada, empleada de hogar.
bonne-maman [bɔnmamɑ̃] *f.* Abuelita.
bonnet [bɔnɛ] *m.* 1 Gorro: ~ ***de bain, de nuit,*** gorro de baño, de dormir. 2 Gorra *f.*: ~ ***de police,*** gorra de cuartel. 3 Birreta *f.*, birrete (universitaires, magistrats, etc.). Loc. ***Prendre le*** ~, doctorarse. 4 fam. ***Gros*** ~, personaje. 5 Bonete (ecclésiastiques).
bon-papa [bɔ̃papa] *m.* Abuelito.
bonsoir [bɔ̃swaʀ] *m.* 1 Buenas noches *f. pl.* 2 Buenas tardes *f. pl.*
bonté [bɔ̃te] *f.* 1 Bondad. 2 Atención, merced, favor *m.*
bonus [bɔnys] *m.* 1 Exceso de lo previsto sobre lo gastado, superávit. 2 Prima *f.*, beneficio.
bord [bɔʀ] *m.* 1 Borde: ***plein jusqu'au*** ~, lleno hasta el borde. 2 Orilla *f.* 3 Confín. 4 Orla *f.*, ribete (vêtements). 5 Ala *f.* (chapeaux). 6 fig. ***Être du*** ~ ***de,*** ser el partido de, tener la misma opinión que. 7 MAR. Bordo. 8 MAR. Borda *f.*
bordée [bɔʀde] *f.* 1 ARTILL. Descarga, andanada. 2 fig. ***Une*** ~ ***d'injures,*** una sarta de insultos. 3 MAR. Bordada. Loc. fig. ***Courir une*** ~, ir de juerga, ir de taberna en taberna.
bordelais, -aise [bɔʀdəlɛ, -ɛz] *adj.-s.* Bordelés, esa.
border [bɔʀde] *tr.* 1 Bordear, circundar. 2 Ribetear, orlar (un vêtement). 3 ~ ***le lit,*** remeter la ropa de la cama. 4 MAR. Costear.
bordure [bɔʀdyʀ] *f.* 1 Orla, orilla. 2 Ribete *m.* (d'un vêtement). 3 Cenefa (d'un rideau, etc.). 4 Marco *m.*, orla (d'un tableau). 5 Lindero *m.* (d'un bois). 6 Bordillo *m.*, encintado *m.* (d'un trottoir).
borgne [bɔʀɲ(ə)] *adj.-s.* 1 Tuerto, ta. 2 fig. Sórdido, da, de mala fama.
borique [bɔʀik] *adj.* Bórico.
borne [bɔʀn(ə)] *f.* 1 Hito, mojón *m.* 2 ELÉCTR. Borne *m.*

borné, -ée [bɔRne] *adj.* 1 Limitado, da. 2 De pocos alcances (esprit).
borner [bɔRne] *tr.* 1 Limitar. 2 Amojonar.
bosse [bɔs] *f.* 1 Giba, joroba. 2 Chichón *m.* (enflure). 3 Abolladura. 4 Relieve *m.*, adorno en relieve *m.* (relief). 5 Protuberancia (du crâne). 6 fig. Don *m.*, disposición natural.
bosseler [bɔsle] *tr.* 1 Abollar. 2 Repujar (orfèvrerie). ▲ CONJUG. como ***appeler.***
bossu, -ue [bɔsy] *adj.-s.* Jorobado, da.
botanique [bɔtanik] *adj.* 1 Botánico, ca. ■ 2 *f.* Botánica.
botte [bɔt] *f.* 1 Bota (chaussure). 2 Haz *m.*, gavilla, manojo *m.* 3 ESCR. Estocada, botonazo *m.*
botter [bɔte] *tr.* 1 Calzar con botas (chausser). 2 Dar un puntapié, una patada. 3 SPORTS Tirar (le ballon). ■ 4 *intr.* fam. Convenir: ***ça me botte,*** me conviene, me va. 5 SPORTS Chutar. ■ 6 *pr.* Calzarse.
bottier [bɔtje] *m.* Zapatero de lujo, zapatero de artesanía.
bottine [bɔtin] *f.* Bota, botina.
bouc [buk] *m.* Macho cabrío. 2 fig. ~ ***émissaire,*** cabeza de turco.
boucan [bukɑ̃] *m.* pop. Alboroto, jaleo.
boucaner [bukane] *intr.* Ahumar, acecinar.
bouche [buʃ] *f.* 1 Boca. Loc. ~ ***cousue!,*** ¡punto en boca!; ***faire la fine*** ~, hacer remilgos; ***une fine*** ~, un gastrónomo. 2 Boca, desembocadura (d'un fleuve).
bouchée [buʃe] *f.* 1 Bocado *m.* Loc. fig. ***Pour une*** ~ ***de pain,*** por una bicoca. 2 Pastelillo *m.* 3 Bombón *m.*
boucher [buʃe] *tr.* Tapar, obstruir (une ouverture). 2 Tapar, taponar (une bouteille).
boucher, -ère [buʃe, -ɛR] *s.* Carnicero, ra.
boucherie [buʃRi] *f.* 1 Carnicería. 2 fig. Matanza, carnicería (carnage).
bouchon [buʃɔ̃] *m.* 1 Tapón. 2 Corcho (en liège). 3 ~ ***de paille,*** estropajo. 4 Chito, tángano (jeu). 5 Flotador, corcho (de ligne de pêche). 6 Embotellamiento, tapón, atasco (circulation): ***les bouchons du week-end,*** los atascos de los fines de semana.
boucle [bukl(ə)] *f.* 1 Hebilla. 2 ~ ***d'oreille,*** pendiente *m.*, zarcillo *m.* 3 Lazada, lazo *m.* 4 Rizo *m.*, bucle *m.* (de cheveux). 5 Curva (d'un fleuve).
boucler [bukle] *tr.* 1 Abrochar, cerrar. Loc. fam. ***boucle-la!*** cierra la boca, cállate. 2 Encerrar (emprisonner). 3 Completar (un circuit). 4 Acordonar (entourer par des forces de police). 5 AÉR. ~ ***la boucle,*** rizar el rizo. ■ 6 *intr.* Rizarse (les cheveux).
bouclier [buklje] *m.* Escudo, broquel.
bouddhisme [budism(ə)] *m.* Budismo.
bouder [bude] *intr.-tr.* 1 Estar enfurruñado, da, poner mala cara. 2 Rechazar, apartarse de (quelque chose).
bouderie [budRi] *f.* Enojo *m.*, mohína, enfado *m.*
boudin [budɛ̃] *m.* 1 Morcilla *f.* 2 ***Ressort à*** ~, muelle en espiral.
boudoir [budwaR] *m.* Camarín, gabinete de señora.
boue [bu] *f.* Barro *m.*, lodo *m.*
bouée [bwe] *f.* MAR. Boya.
boueur [bwœR], **boueux** [bwø] *m.* Basurero.
bouffant, -ante [bufɑ̃, -ɑ̃t] *adj.* 1 Hueco, ca, ahuecado, da: ***cheveux bouffants,*** cabello hueco.
bouffe [buf] *adj.* Bufo, fa: ***opéra*** ~, ópera bufa. ■ 2 *f.* pop. Comida, manduca.
bouffée [bufe] *f.* 1 Bocanada. 2 Chupada. 3 Arranque *m.*: acceso *m.*, ataque *m.* 4 MÉD. ~ ***de chaleur,*** bochorno *m.*

bouffer [bufe] *intr.* **1** Ahuecarse, estar ahuecado, da. ■ **2** *tr.-intr.* pop. Comer, tragar (manger).
bouffi, -ie [bufi] *adj.* **1** Hinchado, da: **2** fig. péj. Engreído, da, hinchado, da.
bouffissure [bufisyʀ] *f.* Hinchazón.
bouffon, -onne [bufɔ̃, -ɔn] *adj.* **1** Bufón, ona. ■ **2** *m.* Bufón. **3** THÉÂT. Gracioso.
bouffonnerie [bufɔnʀi] *f.* Bufonada.
bouge [buʒ] *m.* Tabuco, tugurio.
bougeoir [buʒwaʀ] *m.* Palmatoria *f.*
bouger [buʒe] *intr.* **1** Menearse, moverse. **2** fig. Rebelarse, agitarse. **3** fam. Variar, cambiar (changer). ■ **4** *tr.* fam. Mover. **5** Menear (remuer). ▲ CONJUG. como ***engager.***
bougie [buʒi] *f.* **1** Bujía, vela. **2** ÉLECTR., MÉC. Bujía. **3** CHIR. Candelilla, sonda.
bougonner [bugɔne] *intr.* fam. Gruñir, refunfuñar.
bougre, -esse [bugʀ(ə), -ɛs] *s.* **1** pop. Sujeto, individuo, persona *f.* tío. **2** péj. So: ~ ***d'imbécile!***, ¡so imbécil! **3** *interj.* ¡Caramba!
bougrement [bugʀəmɑ̃] *adv.* Extremadamente.
bouillabaise [bujabɛs] *f.* Sopa de pescado.
bouillant, -ante [bujɑ̃, -ɑ̃t] *adj.* **1** Hirviente, que hierve. **2** fig. Fogoso, sa, ardiente.
bouilleur [bujœʀ] *m.* **1** Destilador. **2** Caldera *f.* (de machine).
bouillie [buji] *f.* **1** Papilla (pour les bébés). **2** Gachas *pl.*, papilla.
bouillir [bujiʀ] *intr.* **1** Hervir. **2** fig. Arder: ~ ***d'impatience,*** arder de impaciencia. ▲ CONJUG. IRREG. INDIC. Pres.: ***je bous, tu bous, il bout, nous bouillons, vous bouillez, ils bouillent.*** Imperf.: ***je bouillais,*** etc. Pret. indef.: ***je bouillis,*** etc. Fut. imperf.: ***je bouillirai,*** etc. POT.: ***je bouillirais,*** etc. SUBJ. Pres.: ***que je bouille,*** etc. Imperf.: ***que je bouillisse,*** etc. IMPER.: ***bous, bouillons, bouillez.*** PART. A.: ***bouillant.*** PART. P.: ***bouilli, ie.***
bouilloire [bujwaʀ] *f.* Hervidor *m.*
bouillon [bujɔ̃] *m.* **1** Caldo. **2** Borbotón, burbuja *f.*
bouillonner [bujɔne] *intr.* **1** Borbotear. **2** fig. Hervir, agitarse.
bouillotte [bujɔt] *m.* Calentador *m.*
boulanger, -ère [bulɑ̃ʒe, -ɛʀ] *s.* Panadero, ra.
boulangerie [bulɑ̃ʒʀi] *f.* Panadería, tahona.
boule [bul] *f.* **1** Bola. **2** Bocha (pour jouer). **3** pop. Cabeza: ***perdre la*** ~, perder la cabeza.
bouleau [bulo] *m.* Abedul.
boulet [bulɛ] *m.* **1** Bala *f.* (de canon). **2** Bola *f.* (de bagnard).
boulette [bulɛt] *f.* **1** Bolita. **2** fam. Plancha, coladura (bévue). **3** CUIS. Albóndiga.
bouleversement [bulvɛʀs(ə)mɑ̃] *m.* Trastorno.
bouleverser [bulvɛʀse] *tr.* Trastornar.
boulon [bulɔ̃] *m.* Perno.
boulot, -otte [bulo, -ɔt] *adj.-s.* **1** Gordinflón, ona, regordete, ta, cachigordo, da. ■ **2** *m.* fam. Trabajo: ***au*** ~***!,*** ¡a trabajar! **3** fam.: ***petit*** ~, trabajillo.
boulotter [bulɔte] *tr. intr.* pop. Comer, manducar.
bouquet [bukɛ] *m.* **1** Ramo, ramillete. **2** Manojo. **3** ~ ***d'arbres,*** bosquecillo. **4** Aroma, buqué (vin, liqueurs).
bouquin [bukɛ̃] *m.* fam. Libro.
bouquiniste [bukinist(ə)] *s.* Librero, ra de viejo.
bourbe [buʀb(ə)] *f.* Fango *m.*, cieno *m.*
bourbeux, -euse [buʀbø, -øz] *adj.* Cenagoso, *sa.*
bourde [buʀd(ə)] *f.* Sandez *m.*
bourdon [buʀdɔ̃] *m.* **1** Abejorro. **2** *Faux* ~, zángano, abejón. **3** Campana *f.* mayor (cloche). **4** MUS. Bordón.

bourdonnement [buʀdɔnmɑ̃] *m.* 1 Zumbido. 2 Rumor, murmullo (de voix).
bourdonner [buʀdɔne] *intr.* Zumbar.
bourg [buʀ] *m.* Burgo, villa *f.*
bourgeois, -oise [buʀʒwa, -waz] *adj.-s.* 1 Burgués, esa. Loc. adv. ***En ~,*** de paisano. ■ 2 *m.* Amo, patrón.
bourgeoisie [burʒwazi] *f.* Burguesía.
bourgeonner [buʀʒɔne] *intr.* 1 BOT. Brotar. 2 MÉD. Llenarse de granos.
bourguignon, -onne [burgiɲɔ̃, -ɔn] *adj.-s.* Borgoñón, ona.
bourrade [buʀad] *f.* Golpe *m.*, empujón *m.*
bourrage [buʀaʒ] *m.* 1 Relleno (coussin). 2 INFORM.: ***~ papier,*** atasco de papel (imprimante).
bourrasque [buʀask(ə)] *f.* Borrasca.
bourre [buʀ] *f.* 1 Borra. 2 Taco *m.* (d'une arme). 3 BOT. Pelusa.
bourré, -ée [buʀe] *adj.* 1 Atiborrado, da. ■ 2 *f.* Danza de Auvernia.
bourreau [buʀo] *m.* Verdugo.
bourrelet [buʀlɛ] *m.* 1 Burlete. 2 ***~ de graisse,*** rosco, rollo, michelín.
bourrelier [buʀəlje] *m.* Guarnicionero.
bourrer [buʀe] *tr.* 1 Emborrar. 2 Henchir, atestar (remplir). 3 Cargar (une pipe). ■ 4 *pr.* fam. Atracarse.
bourrique [buʀik] *f.* 1 Borrica. 2 fig. Borrico *m.* (ignorant).
bourru, -ue [buʀy] *adj.* Brusco, ca, adusto, ta, áspero, ra.
bourse [buʀs(ə)] *f.* 1 Bolsa. 2 Beca (d'études). 3 COMM., ÉCON. Bolsa.
boursier, -ière [buʀsje, -jɛʀ] *adj.-s.* 1 Becario, ria (étudiant). ■ 2 *adj.* COMM., ÉCON. Bursátil. ■ 3 *m.* Bolsista.
boursouflé, -ée [buʀsufle] *adj.* 1 Hinchado, da. 2 fig. Ampuloso, sa.
boursouflure [bouʀsuflyʀ] *f.* 1 Hinchazón. 2 fig. Ampulosidad.
bousculade [buskylad] *f.* 1 Empujón *m.*, atropello *m.* 2 Remolino *m.* (d'une foule).
bousculer [buskyle] *tr.* 1 Empujar, atropellar. 2 Apresurar, meter prisa.
bousiller [buzije] *tr.* 1 fam. Chapucear, frangollar. 2 Echar a perder, estropear (détériorer). 3 pop. Matar (tuer).
boussole [busɔl] *f.* Brújula.
bout [bu] *m.* 1 Cabo, punta *f.*, extremo, fin: Loc. ***Être à ~,*** estar rendido; ***à ~ de souffle,*** sin aliento; ***manger du ~ des dents,*** comer sin apetito; ***rire du ~ des lèvres,*** reír sin ganas; ***pousser à ~,*** exasperar; ***savoir sur le ~ du doigt,*** saber al dedillo; ***tenir le haut ~,*** predominar. 2 *loc. adv.* ***À ~ portant,*** a quemarropa; ***au ~ du compte,*** después de todo; ***d'un ~ à l'autre,*** de cabo a rabo. 3 Trozo, pedacito, cabo. 4 Contera *f.*, regatón (de canne, de parapluie).
boutade [butad] *f.* Ocurrencia mordaz, salida de tono, exabrupto *m.*
bouteille [butɛj] *f.* Botella.
bouton [butɔ̃] *m.* 1 Botón: ***~ nacré,*** botón nacarado. 2 ***Bouton-pression,*** automático. 3 ***~ de manchette,*** gemelo de puños. 4 Tirador (d'une porte). 5 BOT. Yema. 6 MÉD. Grano.
boutonner [butɔne] *tr.* 1 Abotonar, abrochar (vêtements). ■ 2 *intr.* BOT. Abotonar. ■ 3 *pr.* Abotonarse, abrocharse.
boutonnière [butɔnjɛʀ] *f.* Ojal *m.*
bouvier, -ière [buvje, -jɛʀ] *s.* Boyero, ra, vaquero, ra.
bouvreuil [buvʀœj] *m.* Pardillo.
bovin, -ine [bɔvɛ̃, -ın] *adj.* 1 Bovino, na. ■ 2 *m. pl.* Bovinos.
boxe [bɔks(ə)] *f.* Boxeo *m.*
boxer [bɔkse] *intr.* Boxear.
boyau [bwajo] *f.* 1 Tripa *f.*: ***corde de ~,*** cuerda de tripa. 2 fig. Pasaje largo y angosto. 3 Tubular (bicyclette).

boycottage [bɔjkɔtaʒ] *m.* Boicoteo.
bracelet [bʀaslɛ] *m.* 1 Pulsera *f.,* brazalete. 2 ~ ***montre,*** reloj de pulsera.
braconnier, -ière [bʀakɔnje, -jɛʀ] *s.* Cazador, ra furtivo, va (chasse), pescador, ra furtivo, va (pêche).
brahmane [bʀɑman] *m.* Bracmán, brahmán.
brai [bʀɛ] *m.* Brea *f.*
braillard, -arde [bʀɑjaʀ, -aʀd(ə)] *adj.-s.* Vocinglero, ra, gritón, ona.
brailler [bʀɑje] *intr.* Gritar, vociferar.
braire [bʀɛʀ] *intr.* Rebuznar. ▲ CONJUG. IRREG. INDIC. Pres.: ***il brait, ils braient.*** Imperf.: ***il brayait, ils brayaient.*** Fut. imperf.: ***il braira, ils brairont.*** POT.: ***il brairait, ils brairaient.*** PART. A.: ***brayant.***
braise [bʀɛz] *f.* Brasa, ascua.
braiser [bʀeze] *tr.* Asar a fuego lento.
bramer [bʀame] *intr.* Bramar.
brancard [bʀɑ̃kaʀ] *m.* 1 Camilla *f.,* parihuelas *f. pl.,* andas *f. pl.* (civière). 2 Vara *f.* (de charrette).
brancardier [bʀɑ̃kaʀdje] *m.* Camillero.
branchage [bʀɑ̃ʃaʒ] *m.* Ramaje.
branche [bʀɑ̃ʃ] *f.* 1 Rama. 2 Brazo *m.* (d'un chandelier). 3 Pierna (d'un compas). 4 Rama, ramo *m.*: ***la statistique est une ~ des mathématiques,*** la estadística es una rama de las matemáticas.
branchement [bʀɑ̃ʃmɑ̃] *m.* 1 Empalme, acometida *f.* 2 Ramificación *f.*
branchie [bʀɑ̃ʃi] *f.* Branquia.
brandade [bʀɑ̃dad] *f.* Bacalao *m.* a la provenzal.
brandir [bʀɑ̃diʀ] *tr.* Blandir, enarbolar.
brandon [bʀɑ̃dɔ̃] *m.* 1 Hachón, tea *f.* 2 Pavesa *f.* (d'un incendie).
branle [bʀɑ̃l] *m.* 1 Oscilación *f.,* vaivén. 2 ***Mettre en ~,*** poner en movimiento.
branle-bas [bʀɑ̃lba] *m. invar.* 1 Zafarrancho. 2 fig. Tumulto, agitación *f.*
branler [bʀɑ̃le] *tr.* 1 Menear, hacer bambolear. ■ 2 *intr.* Tambalearse.
braque [bʀak] *m.* 1 Braco, perro perdiguero. ■ 2 *adj.* fam. Atolondrado, da.
braquer [bʀake] *tr.* 1 Apuntar (une arme), enfocar (une longue-vue, etc.). 2 Dirigir (le regard).
bras [bʀa] *m.* 1 Brazo. 2 *loc. adv.* ***À ~ ouverts,*** con los brazos abiertos; ***à ~ tendus,*** a pulso; ***à tour de ~,*** con todas sus fuerzas; ***~ dessus, ~ dessous,*** del brazo, cogidos del brazo; ***en ~ de chemise,*** en mangas de camisa. 3 Brazo (d'un fauteuil, d'un levier, etc.). 4 MAR. Braza. 5 ***~ de fer,*** pulso.
brasier [bʀɑzje] *m.* 1 Montón de brasas, hoguera *f.* 2 fig. Fuego, ardor.
brassée [bʀase] *f.* Brazado *m.,* brazada.
brasser [bʀase] *tr.* 1 Mezclar removiendo. 2 ***~ la bière,*** fabricar la cerveza. 3 fig. Apalear (de l'argent), manejar (des affaires). 4 MAR. Bracear.
brasserie [bʀasʀi] *f.* Cervecería.
bravache [bʀavaʃ] *adj.-s.* Bravucón, ona, baladrón, ona.
bravade [bʀavad] *f.* Bravata.
brave [bʀav] *adj.* 1 Valiente, bravo, va. 2 Bueno, na: ***un ~ garçon,*** un buen chico.
braver [bʀave] *intr.* Desafiar, retar.
bravo [bʀavo] *interj.* ¡Bravo!
bravoure [bʀavuʀ] *f.* Bravura, valentía.
brebis [bʀəbi] *f.* Oveja.
brèche [bʀɛʃ] *f.* 1 Brecha. 2 Mella (à un couteau). 3 Desportilladura (à une assiette).
brèche-dent [bʀɛʃdɑ̃] *adj.-s.* Mellado, da.
bredouille [bʀəduj] *adj.* Fracasado en la caza o la pesca, o en un intento.

bredouiller [bʀəduje] *intr.* Farfullar.
bref, brève [bʀɛf, ɛv] *adj.* 1 Breve. 2 Brusco, ca, imperativo, va ■ 3 *m.* Breve (du pape). ■ 4 *f.* Breve (note, syllabe).
breloque [bʀəlɔk] *f.* Dije *m.* Loc. fig. *Battre la ~,* estar chiflado, da.
brésilien, -enne [bʀeziljɛ̃, -ɛn] *adj.-s.* Brasileño, ña.
bretelle [bʀətɛl] *f.* 1 Correa (courroie). 2 Agujas *pl.* (chemin de fer). 3 Carretera de enlace. ■ 4 *pl.* Tirantes *m.*
breton, -onne [bʀətɔ̃, -ɔn] *adj.-s.* Bretón, ona.
breuvage [bʀœvaʒ] *m.* Brebaje.
brevet [bʀəvɛ] *m.* 1 Patente *f.* 2 Diploma (d'études). 3 Título (professionnel).
breveter [bʀəvte] *tr.* Patentar. ▲ CONJUG. como ***acheter.***
bréviaire [bʀevjɛʀ] *m.* Breviario.
bribe [bʀib] *f.* 1 Migaja, cantidad pequeña. ■ 2 *pl.* Restos *m.,* sobras, migajas.
bric-à-brac [bʀikabʀak] *m. invar.* 1 Baratillo. 2 ***Marchand de ~,*** baratillero.
bricolage [bʀikɔlaʒ] *m.* Bricolaje.
bricoler [bʀikɔle] *intr.* 1 Hacer chapuzas. ■ 2 *tr.* Arreglar, reparar provisionalmente. 3 Hacer bricolaje.
bride [bʀid] *f.* 1 Brida. Loc. ***À ~ abattue, à toute ~,*** a rienda suelta. 2 fig. ***Laisser la ~ sur le cou à quelqu'un,*** dar rienda suelta a alguien; ***tenir en ~,*** sujetar; ***tourner ~,*** volver grupa. 3 Cinta (d'un chapeau). 4 TECHN. Abrazadera.
brider [bʀide] *tr.* 1 Embridar (un cheval). 2 Atar (une volaille). 3 fig. Reprimir.
brièveté [bʀijɛvte] *f.* 1 Brevedad. 2 Concisión (style).
brigade [bʀigad] *f.* 1 Brigada. 2 Destacamento *m.,* escuadra.
brigand [bʀigɑ̃] *m.* Bandido.
brigandage [bʀigɑ̃daʒ] *m.* Bandidaje.
brigantin [bʀigɑ̃tɛ̃] *m.* Bergantín.
brigue [bʀig] *f.* Intriga, maniobra.
briguer [bʀige] *tr.* Solicitar, pretender, ambicionar.
brillant, -ante [bʀijɑ̃, -ɑ̃t] *adj.* 1 Brillante. ■ 2 *m.* Brillo, lustre. 3 Brillante (diamant).
briller [bʀije] *intr.* Brillar.
brimade [bʀimad] *f.* Novatada.
brimbaler [bʀɛ̃bale] *intr.* Bambolearse.
brin [bʀɛ̃] *m.* 1 Tallito. 2 Brizna *f.* 3 Hebra *f.* (d'une corde). 4 Pizca *f.,* poquito.
brioche [bʀijɔʃ] *f.* 1 Bollo *m.* 2 fam. Panza (ventre).
brique [bʀik] *f.* Ladrillo *m.*
briquet [bʀikɛ] *m.* Mechero, encendedor.
briquette [bʀikɛt] *f.* Aglomerado *m.* de carbón.
bris [bʀi] *m.* Fractura *f.,* rotura *f.*
brisant [bʀizɑ̃] *m.* Rompiente, escollo.
brise [bʀiz] *f.* Brisa, airecillo *m.*
brise-glace [bʀizglas] *m. invar.* Rompehielos.
brise-lames [bʀizlam] *m. invar.* Rompeolas.
briser [bʀize] *tr.* 1 Romper, quebrar. 2 Quebrantar. 3 Destrozar. 4 fig. Moler, rendir, extenuar (de fatigue). ■ 5 *intr.* Romper: ~ ***avec quelqu'un,*** romper con alguien. 6 ***Brisons là,*** acabemos, no hablemos más. 7 Romper (les vagues).
brisure [bʀizyʀ] *f.* Rotura, fractura.
brocanteur, -euse [bʀɔkɑ̃tœʀ, -øz] *s.* Chamarilero, ra.
brochage [bʀɔʃaʒ] *m.* Encuadernación *f.* en rústica.
broche [bʀɔʃ] *f.* 1 Asador *m.,* espetón *m.* (pour faire rôtir). 2 Alfiler *m.,* broche *m.* (bijou). 3 TISS. Huso *m.*
brochet [bʀɔʃe] *m.* Lucio.
brochette [bʀɔʃɛt] *f.* Broqueta.
brochure [bʀɔʃyʀ] *f.* 1 Encuadernación en rústica. 2 Folleto *m.* (petit livre). 3 Recamado *m.* (sur tissus).
brodequin [bʀɔdkɛ̃] *m.* Borceguí.

broder [brɔde] *tr.* **1** Bordar. ■ **2** *intr.* Exagerar, inventar.
broderie [brɔdri] *f.* Bordado *m.*
broncher [brɔ̃ʃe] *intr.* **1** Tropezar. **2** Moverse (bouger). **3** Fallar (rater). **4** Chistar: ***sans*** **~,** sin chistar.
bronchite [brɔ̃ʃit] *f.* Bronquitis *f. invar.*
bronzant, -te [brɔ̃zɑ̃, t] *adj.* Bronceador, ra.
bronze [brɔ̃z] *m.* Bronce.
bronzer [brɔ̃ze] *tr.* **1** Broncear. **2** Curtir, broncear, atezar (le teint). ■ **3** *intr.-pr.* Broncearse.
bronzette [brɔ̃zɛt] *f.* fam. Tostado *m.*
bronzeur [brɔ̃zœr] *m.* MÉTAL. Broncista.
brosse [brɔs] *f.* **1** Cepillo *m.* **2** Brocha (pinceau).
brosser [brɔse] *tr.* **1** Cepillar. **2** Pintar con brocha (peindre). **3** fig. Describir, pintar.
brou [bru] *m.* **1** Ruezno, cáscara *f.* verde. **2** **~ *de noix,*** nogalina *f.*
brouette [bruɛt] *f.* Carretilla.
brouhaha [bruaa] *m.* Batahola *f.*, ruido confuso y tumultuoso.
brouillard [brujar] *m.* **1** Niebla *f.* **2** COMM. Libro borrador.
brouille [bruj] *f.* Desunión *m,* desavenencia.
brouiller [bruje] *tr.* **1** Revolver, mezclar (mêler). **2** Perturbar (une émission de radio). **3** Enturbiar (rendre trouble). **4** Confundir. **5** Malquistar, enemistar (désunir). ■ **6** *pr.* Nublarse (le ciel). **8** Enturbiarse (un liquide). **9** Turbarse (devenir trouble). **10** Enemistarse, desavenirse, reñir.
brouillon, -onne [brujɔ̃, -ɔn] *adj.* **1** Embrollón, ona, chismoso, sa. ■ **2** *m.* Borrador.
broussaille [brusaj] *f.* **1** Maleza, broza. **2** ***En*** **~,** enmarañado, da.
brousse [brus] *f.* Matorral *m.* extenso.
brouter [brute] **1** *tr.* Ramonear, pacer. ■ **2** *intr.* Vibrar (mécanisme).
broutille [brutij] *f.* Fruslería.
broyer [brwaje] *tr.* **1** Moler, triturar. Loc. fig. **~ *du noir,*** entregarse a la melancolía. **2** Agramar (chanvre, lin). ▲ CONJUG. como ***employer.***
bru [bry] *f.* Nuera.
bruiner [brɥine] *impers.* Lloviznar, cerner.
bruire [brɥir] *intr.* Susurrar, murmurar. ▲ CONJUG. INDIC. Pres.: ***il bruit.*** Imperf.: ***il bruissait, ils bruissaient.***
bruissant, -ante [brɥisɑ̃, -ɑ̃t] *adj.* Susurrante.
bruit [brɥi] *m.* **1** Ruido. **2** Rumor, voz *f.*
brûlage [brylaz] *m.* Quema *f.*
brûlant, -ante [brylɑ̃, -ɑ̃t] *adj.* Ardiente, abrasador, ra.
brûle-pourpoint (à) [abrylpurpwɛ̃] *loc. adv.* A quema ropa, a quemarropa.
brûler [bryle] *tr.* **1** Quemar. Loc. fig. **~ *ses vaisseaux,*** quemar las naves. **2** Tostar (café). **3** Pasar de largo, quemar: **~ *les étapes,*** quemar etapas. Loc. fig. **~ *le pavé,*** ir a escape; **~ *la politesse à quelqu'un,*** dejar plantado a alguien. ■ **4** *intr.* Arder, quemarse: ***le bois brûle,*** la leña arde. **5** Quemar, estar muy caliente. **6** Arder en deseos, desear vivamente. **7** ***Tu brûles!,*** ¡que te quemas! (jeux).
brûlerie [brylri] *f.* **1** Destilería (eau-de-vie). **2** Tostadero *m.* (café).
brûleur [brylœr] *m.* Mechero, quemador (à gaz, mazout).
brûloir [brylwar] *m.* Tostador de café.
brûlure [brylyr] *f.* Quemadura.
brume [brym] *f.* Bruma.
brumeux, -euse [brymø, -øz] *adj.* Brumoso, sa.
brun, -une [brœ̃, -yn] *adj.-m.* **1** Pardo, da (couleur). **2** ■ *adj.-s.* Moreno, na (teint, cheveux, personne).
brune [bryn] *f.* **1** Atardecer *m.* **2** ***À la*** **~,** al atardecer.

brunir [brynir] *tr.* 1 Tostar, atezar, broncear (le teint). 2 MÉTAL. Bruñir.
brusque [brysk(ə)] *adj.* Brusco, ca.
brusquer [bryske] *tr.* 1 Tratar con dureza. 2 Precipitar, apresurar.
brusquerie [brysk(ə)ri] *f.* Brusquedad.
brut, -ute [bryt] *adj.* 1 En bruto. 2 Bruto, ta. 3 Tosco, ca.
brutal, -ale [brytal] *adj.* Brutal.
brutalité [brytalite] *f.* Brutalidad.
brute [bryt] *f.* 1 Bruto *m.* 2 Bruto, bestia *f.* (animal).
bruyant, ante [brɥjɑ̃, -ɑ̃t] *adj.* Ruidoso, sa.
bruyère [bry(ɥi)jɛr] *f.* 1 Brezo *m.* (plante). 2 Brezal *m.* (lieu).
buanderie [bɥ(y)ɑ̃dri] *f.* Lavadero *m.*
buccal, -ale [bykal] *adj.* Bucal.
bûche [byʃ] *f.* 1 Leño *m.* 2 ~ ***de Noël,*** pastel *m.* de Navidad en forma de tronco. 3 fig. Zoquete, estúpido, da. 4 pop. Caída (chute).
bûcher [byʃe] *m.* 1 Leñera *f.* 2 Hoguera *f.*, pira *f.*
bûcher [byʃe] *tr.* 1 Desbastar (dégrossir). 2 fam. Machacar, estudiar (étudier). ■ 3 *intr.* fam. Trabajar con ardor, afanosamente, empollar.
bûcheron [byʃrɔ̃] *m.* Leñador.
bucolique [bykɔlik] *adj.* Bucólico, ca.
budget [bydʒɛ] *m.* Presupuesto
buée [bɥe] *f.* Vaho *m.*, vapor *m.*
buffet [byfɛ] *m.* 1 Aparador (meuble). 2 Armario (de cuisine). 3 Ambigú (table garnie de rafraîchissements, etc.). 4 Fonda *f.* 5 pop. Estómago, tripa *f.* (estomac). 6 MUS. Caja *f.*
buffle, bufflone [byfl(ə), byflɔn] *s.* Búfalo, la.
buffleterie [byflə(ɛ)tri] *f.* Correaje *m.*
bugle [bygl(ə)] *m.* MUS. Bugle, cornetín de llaves.
buisson [bɥisɔ̃] *m.* Matorral, zarzal.
buissonnier, -ière [bɥisɔnje, -jɛr] *adj.* 1 Montaraz. 2 Loc. ***Faire l'école buissonnière,*** hacer novillos.
bulbe [bylb(ə)] *m.* ANAT., BOT. Bulbo.
bulgare [bylgar] *adj.-s.* Búlgaro, ra.
bulldozer [byldozœr] *m.* Excavadora *f.*
bulle [byl] *f.* 1 Burbuja (d'air). 2 Pompa: ~ ***de savon,*** pompa de jabón. 3 RELIG. Bula. ■ 4 *adj.* ***Papier ~,*** papel de estraza.
bulletin [byltɛ̃] *m.* 1 Boletín. 2 Parte: ~ ***météorologique, de santé,*** parte meteorológico, facultativo. 3 Talón: ~ ***de bagages,*** talón de equipajes. 4 Papeleta *f.*: ~ ***de vote,*** papeleta de voto.
bure [byr] *f.* 1 Paño *m.* buriel. 2 Sayal *m.* (de religieux).
bureau [byro] *m.* 1 Escritorio, mesa *f.* de despacho (table). 2 Despacho, oficina *f.*: ~ ***ministériel,*** despacho ministerial. 3 Agencia *f.* 4 ~ ***de poste,*** oficina *f.* de correos; ~ ***de tabac,*** estanco. 5 Mesa *f.* (d'une assemblée).
bureaucratie [byrokrasi] *f.* Burocracia.
bureautique [byrotik] *f.* Ofimática.
burette [byrɛt] *f.* 1 Alcuza, vinagrera. 2 LITURG. Vinajera.
burin [byrɛ̃] *m.* Buril.
buriner [byrine] *tr.* Burilar, grabar.
burlesque [byrlɛsk(ə)] *adj.* Burlesco, ca.
burnous [byrnu(s)] *m.* Albornoz.
buse [byz] *f.* 1 Saetín *m.* (de moulin). 2 MIN. Tubo *m.* de ventilación. 3 Cernícalo *m.* (oiseau). 4 fig. Estúpido, da.
busqué, -ée [byske] *adj.* Arqueado, da, corvo, va: ***nez ~,*** nariz corva.
buste [byst(ə)] *m.* Busto.
but [byt] *m.* 1 Blanco, hito: ***frapper au ~,*** dar en el blanco. 2 Objeto, fin, mira *f.* 3 SPORTS Meta *f.*, portería *f.* (football). 4 Tanto conseguido: ***gagner par quatre buts à zéro,*** ganar por cuatro a cero. 5 *loc.*

adv. ***De ~ en blanc,*** de golpe y porrazo.

butane [bytan] *m.* Butano: ***bouteille de ~,*** bombona de butano.

buté, -ée [byte] *adj.* Obstinado, da, emperrado, da.

buter [byte] *intr.* **1** Tropezar. ■ **2** *tr.* Apuntalar (étayer). **3** pop. Matar. ■ **4** *pr.* Topar, chocar con: ***se ~ à des difficultés,*** topar con dificultades. **5** Obstinarse, emperrarse (s'entêter).

butin [bytɛ̃] *m.* Botín.

butiner [bytine] *tr.-intr.* Libar.

butoir [bytwaʀ] *m.* Tope.

butte [byt] *f.* Loma, cerro *m.*

buvable [byvabl(ə)] *adj.* Bebible.

buvard [byvaʀ] *adj.* **1** ***Papier ~,*** papel secante. **2** Carpeta *f.* (sous-main).

buvette [byvɛt] *f.* Cantina, quiosco *m.* de bebidas, aguaducho *m.*

buveur, -euse [byvœʀ, -øz] *s.* Bebedor, ra.

byzantin, -ine [bizɑ̃tɛ̃, -ɪn] *adj.-s.* Bizantino, na.

C

c [se] *m.* C *f.*

ça [sa] *pron. dém. (contr.* fam. de ***cela***). Esto, eso, aquello: ***c'est ~,*** eso es. Loc. ***Comme ci, comme ~,*** así así; ***~ y est,*** ya está; ***rien que ~,*** nada más; ***il ne manquait plus que ~,*** sólo faltaba eso.

çà [sa] *adv.* **1** Aquí, acá. **2** ***Cà et là,*** aquí y allá.

cabale [kabal] *f.* **1** Cábala. **2** Camarilla.

cabalistique [kabalistik] *adj.* Cabalístico, ca.

cabane [kaban] *f.* Cabaña, choza.

cabanon [kabanɔ̃] *m.* **1** Chozuela *f.* **2** Loquera *f.* (pour aliénés).

cabaret [kabaʀɛ] *m.* **1** Cabaret, cabaré. **2** Taberna *f.*

cabaretier, -ière [kabaʀtje, -jɛʀ] *s.* Tabernero, ra.

cabas [kabɑ] *m.* Capacho, capazo.

cabestan [kabɛstɑ̃] *m.* Cabrestante.

cabine [kabin] *f.* **1** Camarote *m.* (d'un navire). **2** Cabina (de téléphone, d'ascenseur, d'interprète). **3** Caseta de baño.

cabinet [kabinɛ] *m.* **1** *m.* Cuarto: ***~ de toilette*** cuarto de aseo. **2** Gestoría *f.* (d'affaires). **3** Consulta *f.*, consultorio: ***~ du médecin*** consultorio del médico. **4** Bufete: ***~ d'avocats*** bufete de abogados. **5** Notaría *f.*: ***~ de notaire,*** notaría. **6** Bargueño (meuble). **7** Secretaría *f.* (d'un ministre). **8** *pl.* Retrete *sing.*: ***aller aux cabinets*** ir al retrete. **9** Bargueño (meuble).

câblé, -ée [kable] *adj.* Equipado con televisión por cable.

câble [kabl(ə)] *m.* Cable.

câbler [kɑble] *tr.* **1** Cablegrafiar. **2** Cablear.

câblogramme [kɑblɔgʀam] *m.* Cablegrama.

cabochard, -arde [kabɔʃaʀ, -aʀd(ə)] *adj.-s.* fam. Testarudo, da, cabezón, ona.

cabotin, -ine [kabɔtɛ̃, -ɪn] *s.* **1** Comicastro. **2** fig. Comediante, farolón.

cabrer (se) [kabʀe] *pr.* **1** Encabritarse. **2** fig. Irritarse, indignarse.

cabri [kabʀi] *m.* Cabrito.

cabriole [kabʀijɔl] *f.* Voltereta, cabriola.

cabriolet [kabʀijɔlɛ] *m.* Cabriolé (voiture).

cacaber [kakabe] *intr.* Cuchichiar.

cacaoyer [kakaɔje], **cacaotier** [kakaɔtje] *m.* Cacao (arbre).

cacatoès [kakatɔɛs] *m.* Cacatúa *f.*

cachalot [kaʃalo] *m.* Cachalote.

cache [kaʃ] *f.* **1** Escondrijo *m.* ■ **2** *m.* PHOT. Ocultador.

cache-cache [kaʃkaʃ] *m. invar.* Escondite (jeu).

cache-nez [kaʃne] *m. invar.* Bufanda *f.*

cacher [kaʃe] *tr.* **1** Esconder, ocultar, cubrir. **2** Disimular (un sentiment).
cachet [kaʃɛ] *m.* **1** Sello, timbre. **2** Matasellos (marque de la poste). **3** fig. Sello, originalidad *f.* **4** PHARM. Sello, comprimido. **5** Retribución *f.* de un artista.
cacheter [kaʃte] *tr.* **1** Sellar. **2** Lacrar (à la cire). ▲ CONJUG. como ***jeter.***
cachette [kaʃɛt] *f.* Escondrijo *m.*, escondite *m. loc. adv.* ***En ~,*** a escondidas.
cachot [kaʃo] *m.* Calabozo.
cachotterie [kaʃɔtʀi] *f.* Tapujo *m.*, secreto *m.*
cacophonie [kakɔfɔni] *f.* Cacofonía.
cactus [kaktys] *m.* Cacto.
cadastre [kadastʀ(ə)] *m.* Catastro.
cadavre [kadɑvʀ(ə)] *m.* Cadáver.
cadeau [kado] *m.* Regalo, obsequio.
cadenas [kadna] *m.* Candado.
cadenasser [kadnase] *tr.* Cerrar con candado.
cadence [kadɑ̃s] *f.* **1** Cadencia. **2** Compás *m.*, ritmo *m.*: ***en ~,*** a compás.
cadencer [kadɑ̃se] *tr.* Dar ritmo, cadencia a. ▲ CONJUG. como ***lancer.***
cadet, -ette [kadɛ, -ɛt] *adj.* **1** Menor: ***fils ~,*** hijo menor. ■ **2** *s.* Benjamín, hijo, hija menor, hermano, hermana menor. **3** ***Il est mon ~ d'un an,*** es un año menor que yo.
cadran [kadʀɑ̃] *m.* **1** Esfera *f.* (d'une montre). **2** ***~ solaire,*** cuadrante, reloj de sol.
cadre [kadʀ(ə)] *m.* **1** Marco (d'un tableau, d'une porte). **2** Cuadro (d'une bicyclette). **3** Chasis, bastidor (châssis). **4** fig. Marco, ambiente. **5** Cuadro: ***les cadres d'une armée,*** los cuadros de un ejército. **6** ***Les cadres d'une entreprise,*** los dirigentes de una empresa, los ejecutivos.
cadrer [kadʀe] *intr.* **1** Cuadrar, ajustarse, encajar. ■ **2** *tr.* Encuadrar.
caduc, -uque [kadyk] *adj.* Caduco, ca.
caducité [kadysite] *f.* Caducidad.
cafard, -arde [kafaʀ, -aʀd(ə)] *adj.-s.* **1** Gazmoño, ña (bigot). **2** Hipócrita. ■ **3** *m.* Soplón. **4** Morriña *f.* **5** Cucaracha *f.* (insecte).
cafarder [kafaʀde] *intr.* Chivarse, soplonear.
café-concert [kafekɔ̃sɛʀ] *m.* Café cantante.
cafetier [kaftje] *m.* Cafetero.
cafetière [kaftjɛʀ] *f.* Cafetera (appareil).
cage [kaʒ] *f.* **1** Jaula. **2** Caja (d'un escalier, d'un ascenseur). **3** ANAT. ***~ thoracique,*** caja torácica.
cagneux, -euse [kaɲø, -øz] *adj.* Patizambo, ba.
cagnotte [kaɲɔt] *f.* Banca, monte *m.* (aux cartes).
cagoule [kagul] *f.* **1** Cogulla. **2** Capirote *m.* (de pénitent). **3** Verdugo *m.* (d'enfant).
cahier [kaje] *m.* Cuaderno: ***~ des charges,*** pliego de condiciones; ***~ des doléances,*** libro de reclamaciones.
cahin-caha [kaɛ̃kaa] *m. adv.* Así así, tal cual.
cahot [kao] *m.* Tumbo, traqueteo (d'un véhicule).
cahoter [kaɔte] *tr.* **1** Traquetear, agitar. ■ **2** *intr.* Traquetear, dar tumbos.
cahute [kayt] *f.* Choza, chabola.
caille [kɑj] *f.* Codorniz.
caillé [kaje] *m.* Cuajada *f.*, requesón.
cailler [kaje] *tr.* **1** Cuajar, coagular. ■ **2** *intr.* pop. Helarse (avoir froid).
caillot [kajo] *m.* Coágulo, cuajarón.
caillou [kaju] *m.* **1** Guijarro, guija *f.*, china *f.*, piedra *f.* **2** fam. Chola *f.* (tête).
caisse [kɛs] *f.* **1** Caja (emballage, son contenu). **2** COMM. Caja. Loc. ***Faire sa ~,*** hacer arqueo. **3** Caja (institution): ***~ d'épargne,*** caja de ahorros. **4** Caja (d'une voiture, d'une montre, du tympan). **5** Caja, tambor *m.* **6** ***Grosse ~,*** bombo *m.*, tambora.

caissier, -ière [kesje, -jɛʀ] *s.* Cajero, ra.
cajolerie [kaʒɔlʀi] *f.* Mimo *m.*, zalamería.
cal [kal] *m.* Callosidad *f.*, callo.
calamine [kalamin] *f.* 1 MINÉR. Calamina. 2 Carbonilla (résidu).
calamité [kalamite] *f.* Calamidad.
calamiteux, -euse [kalamitø, -øz] *adj.* Calamitoso, sa.
calandre [kalɑ̃dʀ(ə)] *f.* 1 TECHN. Calandria (pour lisser et glacer). 2 AUTO. Rejilla del radiador. 3 Calandria (oiseau).
calcaire [kalkɛʀ] *adj.* 1 Calcáreo, rea. ■ 2 *m.* Caliza *f.*
calciner [kalsine] *tr.* Calcinar.
calcium [kalsjɔm] *m.* Calcio.
calcul [kalkyl] *m.* Cálculo.
calculateur, -trice [kalkylatœʀ, -tʀis] *adj.-s.* Calculador, ra.
calculer [kalkyle] *tr.* Calcular.
cale [kal] *f.* 1 Calce *m.*, cuña. 2 MAR. Bodega, cala (d'un navire). 3 MAR. ~ ***sèche,*** dique *m.* seco.
calé, -ée [kale] *adj.* fig. fam. Empollado, da, instruido, da.
calebasse [kalbɑs] *f.* 1 Calabaza (fruit). 2 Calbacino *m.* (récipient).
calèche [kalɛʃ] *f.* Calesa, carretela.
caleçon [kalsɔ̃] *m.* Calzoncillos *pl.*
calembour [kalɑ̃buʀ] *m.* Juego de palabras, retruécano.
calendes [kalɑ̃d] *f. pl.* Calendas.
calendrier [kalɑ̃dʀije] *m.* Calendario.
calepin [kalpɛ̃] *m.* Carné, agenda *f.*
caler [kale] *tr.* 1 Calzar, acuñar (une roue, un meuble), apear (un véhicule). 2 ÉLECTR. Calar. 3 MAR. Calar (une voie). ■ 4 *intr.* Pararse, calarse: ***le moteur a calé,*** el motor se ha calado.
calfater [kalfate] *tr.* MAR. Calafatear.
calfeutrer [kalføtʀe] *tr.* 1 Tapar las rendijas de. ■ 2 *pr.* Encerrarse.
calice [kalis] *m.* Cáliz.
califat [kalifa] *m.* Califato.
califourchon (à) [akalifuʀʃɔ̃] *loc. adv.* A horcajadas.
câlin, -ine [kɑlɛ̃, -in] *adj.-s.* Mimoso, sa.
câlinerie [kɑlinʀi] *f.* Mimo *m.*
calleux, -euse [kalø, -øz] *adj.* Calloso, sa.
calligraphie [ka(l)igʀafi] *f.* Caligrafía.
callosité [kalozite] *f.* Callosidad.
calmant, -ante [kalmɑ̃, -ɑ̃t] *adj.-m.* Calmante, sedante.
calmar [kalmaʀ] *m.* Calamar.
calme [kalm(ə)] *adj.* 1 Tranquilo, la. ■ 2 *m.* Calma *f.*, sosiego.
calomnie [kalɔmni] *f.* Calumnia.
calomnier [kalɔmnie] *tr.* Calumniar. ▲ CONJUG. como ***prier.***
calorie [kalɔʀi] *f.* Caloría.
calorifique [kalɔʀifik] *adj.* Calorífico, ca.
calotter [kalɔte] *tr.* fam. Pegar un tortazo a.
calquer [kalke] *tr.* Calcar.
calumet [kalymɛ] *m.* Pipa *f.* de los indios norteamericanos.
calvaire [kalvɛʀ] *m.* Calvario.
calvinisme [kalvinism(ə)] *m.* Calvinismo.
calvitie [kalvisi] *f.* Calvicie.
camaïeu [kamajø] *m.* Camafeo.
camail [kamaj] *m.* 1 Muceta *f.* (d'ecclésiastique). 2 Almofar (armure).
camarade [kamaʀad] *s.* Camarada, compañero, ra.
camard, -arde [kamaʀ, -aʀd(ə)] *adj.-s.* 1 Chato, ta. ■ 2 *f.* ***La Camarde,*** la muerte.
cambouis [kɑ̃bwi] *m.* Grasa *f.* sucia.
cambrer [kɑ̃bʀe] *tr.* 1 Arquear, encorvar. ■ 2 *pr.* Echar el busto hacia atrás.
cambrioler [kɑ̃bʀijɔle] *tr.* Robar, desvalijar.
cambrioleur, -euse [kɑ̃bʀijɔlœʀ, -øz] *s.* Ladrón, ona, desvalijador, ra, caco.
cambuse [kɑ̃byz] *f.* 1 MAR. Pañol *m.*, despensa. 2 fam. Buhardilla.
camée [kame] *m.* Camafeo.
caméléon [kameleɔ̃] *m.* Camaleón.
camelot [kamlo] *m.* Vendedor callejero.

camelote [kamlɔt] *f.* 1 Baratijas *pl.*, géneros *m. pl.* de pacotilla. 2 Chapucería.
caméra [kameʀa] *f.* Cámara.
caméscope [kameskɔp] *f.* Videocámara.
camion [kamjɔ̃] *m.* Camión.
camionnette [kamjɔnɛt] *f.* Furgoneta.
camionneur [kamjɔnœʀ] *m.* Camionero.
camisole [kamizɔl] *f.* ~ ***de force,*** camisa de fuerza.
camomille [kamɔmij] *f.* Manzanilla.
camouflage [kamuflaʒ] *m.* 1 Enmascaramiento. 2 MIL. Camuflaje.
camp [kɑ̃] *m.* Campamento, campo. Loc. ***Lever le ~,*** levantar el campo; fam. ***ficher le ~,*** largarse.
campagnard, -arde [kɑ̃paɲaʀ, -aʀd(ə)] *adj.-s.* Campesino, na.
campagne [kɑ̃paɲ] *f.* 1 Campo *m.*, campiña. 2 Campaña (militaire, électorale, etc.).
campé, -ée [kɑ̃pe] *adj.* fig. Plantado, da: ***gaillard bien ~*** mozo bien plantado.
campement [kɑ̃pmɑ̃] *m.* Campamento.
camper [kɑ̃pe] *intr.* 1 Acampar, hacer camping. ■ 2 *tr.* Plantar, poner, colocar. 3 Componer, construir, instalar. ■ 4 *pr.* ***Se ~ devant quelqu'un,*** plantarse ante uno.
camphre [kɑ̃fʀ(ə)] *m.* Alcanfor.
camping [kɑ̃piŋ] *m.* Camping.
camus, -use [kamy, -yz] *adj.* Chato, ta, romo, ma.
canadien, -ienne [kanadjɛ̃, -jɛn] *adj.-s.* Canadiense.
canaille [kanɑj] *f.* 1 Canalla *m.* ■ 2 *adj.* Canallesco, ca.
canal [kanal] *m.* 1 GÉOGR., AGR., ANAT. Canal. 2 ARCHIT. Canal, estría *f.* 3 fig. Conducto.
canaliser [kanalize] *tr.* Canalizar.
canard [kanaʀ] *m.* 1 Pato, ánade. 2 fam. Bulo, pajarota *f.* (fausse nouvelle). 3 péj. Periódico (journal). 4 Terrón de azúcar mojado en café o aguardiente.
canarder [kanaʀde] *tr.* 1 Disparar. ■ 2 *intr.* MUS. Pifiar.
canari [kanaʀi] *m.* Canario.
cancan [kɑ̃kɑ̃] *m.* 1 Chisme, enredo. 2 Cancán (danse).
cancanier, -ière [kɑ̃kanje, -jɛʀ] *adj.-s.* Chismoso, sa.
cancer [kɑ̃sɛʀ] *m.* 1 Cáncer: ***être du Cancer,*** ser cáncer;. 2 Cáncer: ***~ du sein,*** cáncer de mama.
cancéreux, -euse [kɑ̃seʀø, -øz] *adj.-s.* Canceroso, sa.
cancre [kɑ̃kʀ(ə)] *m.* fig. fam. Mal estudiante.
cancrelat [kɑ̃kʀəla] *m.* Cucaracha *f.*
candélabre [kɑ̃delabʀ(ə)] *m.* Candelabro.
candeur [kɑ̃dœʀ] *f.* Candor *m.*
candi [kɑ̃di] *adj.-s.* 1 Cande, candi: ***sucre ~,*** azúcar candi. 2 Escarchado, da: ***des fruits candis,*** fruta escarchada.
candidat, -ate [kɑ̃dida, -at] *s.* Candidato, ta.
candidature [kɑ̃didatyʀ] *f.* Candidatura.
candide [kɑ̃did] *adj.* Cándido, da.
cane [kan] *f.* Pata.
caneton [kantɔ̃] *m.* Anadón.
canette [kanɛt] *f.* 1 Anadina. 2 Canilla (bobine). 3 Botellín de cerveza.
canevas [kanva] *m.* 1 Cañamazo (toile). 2 Bosquejo, plan (d'un ouvrage).
canicule [kanikyl] *f.* Canícula.
canif [kanif] *m.* Cortaplumas, navaja *f.*
canin, -ine [kanɛ̃, -in] *adj.* 1 Canino, na. ■ 2 *f.* Canino *m.*, colmillo *m.* (dent).
caniveau [kanivo] *m.* Arroyo, canalillo (d'une rue).
canne [kan] *f.* 1 Bastón *m.* (pour s'appuyer). 2 BOT. Caña: ***~ à sucre,*** caña de azúcar. 3 ***~ à pêche,*** caña de pescar.

cannelure [kanlyʀ] *f.* Acanaladura, estría.
cannibalisme [kanibalism(ə)] *m.* Canibalismo.
canoë [kanɔe] *m.* Canoa *f.*
canon [kanɔ̃] *m.* **1** ARTILL. Cañón. **2** Cañón (d'une arme à feu). **3** Caña *f.* (du cheval). **4** DR., LITURG., MUS., BX. ARTS. Canon. **5** pop. Chato (verre de vin).
canonique [kanɔnik] *adj.* Canónico, ca.
canoniser [kanɔnize] *tr.* Canonizar.
canonnier [kanɔnje] *m.* Artillero.
canonnière [kanɔnjɛʀ] *f.* **1** Cañonera, tronera (meurtrière). **2** MAR. Cañonero *m.*, lancha cañonera. **3** Tirabala, taco *m.* (jouet).
canot [kano] *m.* Bote, lancha *f.*, canoa *f.*
canotage [kanɔtaʒ] *m.* Remo (sport).
canoter [kanɔte] *intr.* Remar, pasearse en bote.
cantate [kɑ̃tat] *f.* Cantata.
cantine [kɑ̃tin] *f.* **1** Cantina, refectorio *m.* **2** Cofre *m.* de viaje, baúl *m.* (malle).
cantinier, -ière [kɑ̃tinje, jɛʀ] *s.* Cantinero, ra.
cantique [kɑ̃tik] *m.* Cántico.
canton [kɑ̃tɔ̃] *m.* Cantón.
cantonnement [kɑ̃tɔnmɑ̃] *m.* Acantonamiento.
cantonner [kɑ̃tɔne] *tr.* **1** Acantonar. ■ **2** *intr.* Acantonarse (troupes). ■ **3** *pr.* fig. Aislarse, encerrarse. **4** Limitarse.
cantonnier [kɑ̃tɔnje] *m.* Peón caminero.
caoutchouc [kautʃu] *m.* Caucho.
cap [kap] *m.* **1** GÉOG. Cabo. Loc. fig. ***Dépasser le ~ de la cinquantaine,*** pasar de los cincuenta. **2** Rumbo (direction): ***mettre le ~ sur,*** hacer rumbo a. **3** Loc. ***De pieds en ~,*** de pies a cabeza.
capable [kapabl(ə)] *adj.* Capaz.
capacité [kapasite] *f.* Capacidad.
caparaçon [kaparasɔ̃] *m.* Caparazón (d'un cheval).
cape [kap] *f.* **1** Capa. **2** MAR. Capa: ***être à la ~,*** estar a la capa.
capeline [kaplin] *f.* Capellina.
capillaire [kapi(l)ɛʀ] *adj.* fig. **1** Capillar. ■ **2** *m.* Culantrillo (fougère).
capitaine [kapitɛn] *m.* Capitán.
capital, -ale [kapital] *adj.* **1** Capital. ■ **2** *m.* Capital (argent). ■ **3** *f.* Capital (ville). **4** IMPR. Versal, mayúscula: ***en capitales,*** en mayúsculas.
capitaliser [kapitalize] *tr.* Capitalizar.
capitaliste [kapitalist(ə)] *adj.-s.* Capitalista.
capitonner [kapitɔne] *tr.* Acolchar.
capitulation [kapitylɑsjɔ̃] *f.* Capitulación.
capituler [kapityle] *intr.* Capitular.
caporal [kapɔʀal] *m.* **1** MIL. Cabo. **2** Tabaco común.
capote [kapɔt] *f.* **1** Capote *m.* (manteau). **2** Capota (de voiture). **3** ~ ***anglaise,*** condón *m.*
capoter [kapɔte] *intr.* Volcar, dar vuelta sobre sí mismo (une voiture, un avion).
câpre [kɑpʀ(ə)] *f.* Alcaparra, tápara.
capricieux, -euse [kaprisjø, -øz] *adj.-s.* Caprichoso, sa.
caprin, -ine [kapʀɛ̃, -ın] *adj.* Cabruno, na, cabrío, ía.
capsule [kapsyl] *f.* Cápsula.
capter [kapte] *tr.* Captar.
captif, -ive [kaptif, -iv] *adj.-s.* Cautivo, va.
captivant, -ante [kaptivɑ̃, -ɑ̃t] *adj.* Cautivador, ra.
captivité [kaptivite] *f.* Cautividad.
capturer [kaptyʀe] *tr.* Capturar.
capuce [kapys] *m.* Capilla *f.* (de moine).
capuchon [kapyʃɔ̃] *m.* **1** Capilla *f.*, capucho. **2** Capa *f.* con capucho. **3** Sombrerete (de cheminée). **4** Capuchón (d'un stylo).
capucin, -ine [kapysɛ̃, -in] *s.* Capuchino, na.
capucine [kapysin] *f.* Capuchina (plante, fleur).
caque [kak] *f.* Casco *m.*, barril *m.*

caquet [kakɛ] *m.* 1 Cacareo (de la poule). 2 Charla *f.*, habladuría *f.*
caquetage [kaktaʒ] *m.* 1 Cacareo. 2 Parloteo (bavardage).
caqueter [kakte] *intr.* 1 Cacarear (la poule). 2 Crotorar (la cigogne).
car [kaʀ] *conj.* Porque, pues (causal).
carabine [kaʀabin] *f.* Carabina.
caracoler [kaʀakɔle] *intr.* Caracolear.
caractère [kaʀaktɛʀ] *m.* 1 Carácter. 2 Carácter, genio. 3 IMPR. ***Caractères d'imprimerie,*** letras *f.* de molde. 4 Originalidad *f.*
caractériser [kaʀakteʀize] *tr.* Caracterizar.
caractéristique [kaʀakteʀistik] *adj.* 1 Característico, ca. ■ 2 *f.* Característica.
carafe [kaʀaf] *f.* Garrafa.
caraïbe [kaʀaib] *adj.-s.* Caribe.
carambolage [kaʀɑ̃bɔlaz] *m.* 1 Carambola *f.* (billard). 2 Serie *f.* de colisiones (de véhicules).
caramel [kaʀamɛl] *m.* Caramelo.
carapace [kaʀapas] *f.* Caparazón *m.*, carapacho *m.*
carat [kaʀa] *m.* Quilate.
caravane [kaʀavan] *f.* Caravana.
caravelle [kaʀavɛl] *f.* Carabela.
carbonate [kaʀbɔnat] *m.* CHIM. Carbonato.
carbone [kaʀbɔn] *m.* 1 CHIM. Carbono. 2 ***Papier*** ~, papel carbón.
carbonique [kaʀbɔnik] *adj.* CHIM. Carbónico, ca: ***gaz*** ~, gas carbónico.
carboniser [kaʀbɔnize] *tr.* Carbonizar.
carburant [kaʀbyʀɑ̃] *m.* Carburante.
carburateur [kaʀbyʀatœʀ] *m.* Carburador.
carcan [kaʀkɑ̃] *m.* 1 Argolla *f.* de la picota. 2 fig. Sujeción *f.*
carcasse [kaʀkas] *f.* 1 Osamenta, esqueleto *m.* 2 fam. Cuerpo *m.* humano: ***sauver sa*** ~, salvar el pellejo. 3 Caparazón *m.* (d'un oiseau). 4 TECHN. Armazón *m.*
cardage [kaʀdaʒ] *m.* Carda *f.*, cardadura *f.*
carde [kaʀd(ə)] *f.* Penca del cardo.
carder [kaʀde] *tr.* Cardar.
cardiaque [kaʀdjak] *adj.-s.* Cardíaco, ca.
cardinal, -ale [kardinal] *adj.* 1 Cardinal. ■ 2 *m.* Cardenal (prélat).
cardinalice [kaʀdinalis] *adj.* Cardenalicio, cia.
cardiologue [kaʀdjɔlɔg] *s.* Cardiólogo, ga.
cardon [kaʀdɔ̃] *m.* Cardo comestible.
carême [kaʀɛm] *m.* Cuaresma *f.*
carence [kaʀɑ̃s] *f.* 1 DR. Carencia de recursos. 2 MÉD. Carencia.
caréner [kaʀene] *tr.* Carenar. ▲ CONJUG. como ***accélérer.***
caresse [kaʀɛs] *f.* Caricia.
caresser [kaʀese] *tr.* Acariciar.
cargaison [kaʀgɛzɔ̃] *f.* 1 Cargamento *m.*, cargazón *m.* 2 MAR. Carga.
carguer [kaʀge] *tr.* MAR. Cargar.
cariatide [kaʀjatid] *f.* Cariátide.
caricature [kaʀikatyʀ] *f.* Caricatura.
carier [kaʀje] *tr.* 1 Cariar. ■ 2 *pr.* Cariarse. ▲ CONJUG. como ***prier.***
carillon [kaʀijɔ̃] *m.* 1 Carillon. 2 Campanilleo (sonnerie).
carlingue [kaʀlɛ̃g] *f.* AÉR. Carlinga.
carmagnole [kaʀmaɲɔl] *f.* Carmañola.
carme [kaʀm(ə)] *m.* Carmelita (religieux).
carmélite [kaʀmelit] *f.* Carmelita.
carmin [kaʀmɛ̃] *m.* Carmín.
carnage [kaʀnaʒ] *m.* Carnicería *f.*, matanza.
carnassier, -ière [kaʀnasje, -jɛʀ] *adj.-m.* 1 ZOOL. Carnicero, ra. ■ 2 *f.* Morral *m.* (de chasseur).
carne [kaʀn(ə)] *f.* pop. Carne mala.
carné, -ée [kaʀne] *adj.* 1 Encarnado, da, de color carne (couleur). 2 A base de carne (nourriture).
carnivore [kaʀnivɔʀ] *adj.-m.* Carnívoro, ra.
carotide [kaʀɔtid] *adj.-f.* ANAT. Carótida.

carotte [karɔt] *f.* Zanahoria.
carotteur, -euse [karɔtœr, -øz] *s.* fam. Timador, ra, sablista.
caroube [karub] *f.* Algarroba.
caroubier [karubje] *m.* Algarrobo.
carpe [karp(ə)] *f.* 1 Carpa (poisson). ■ 2 *m.* ANAT. Carpo.
carquois [karkwa] *m.* Carcaj, aljaba *f.*
carre [ka(ɑ)r] *f.* Canto *m.* (de ski).
carré, -ée [ka(ɑ)re] *adj.* 1 Cuadrado, da. 2 fig. Franco, ca, categórico, ca: ***réponse carrée,*** respuesta categórica. 3 GÉOM., MATH. Cuadrado, da: ***racine carrée,*** raíz cuadrada; ***un mètre*** ~, un metro cuadrado. ■ 4 *m.* GÉOM. Cuadrado (quadrilatère). 5 Rellano, descansillo (d'un escalier). 6 MIL. Cuadro: ***un ~ d'infanterie,*** una formación en cuadro de infantería. 7 AGR. Bancal.
carreau [ka(ɑ)ro] *m.* 1 Baldosa *f.*, ladrillo. 2 ~ ***de faïence,*** azulejo. 3 Cristal de una ventana (d'une fenêtre). 4 Cuadro: ***jupe à carreaux,*** falda de cuadros. 5 Diamante, carreau (jeu de cartes).
carrefour [karfur] *m.* Encrucijada *f.*
carrelage [ka(ɑ)rlaʒ] *m.* Embaldosado.
carrelet [ka(ɑ)rlɛ] *m.* 1 Platija *f.*, acedia *f.* (poisson). 2 Red *f.* cuadrada (filet).
carreleur [ka(ɑ)rlœr] *m.* Enladrillador.
carrément [ka(ɑ)remɑ̃] *adv.* Rotundamente, francamente.
carrer [ka(ɑ)re] *tr.* 1 Cuadrar. ■ 2 *pr.* Arrellanarse.
carrier [ka(ɑ)rje] *m.* Cantero, pedrero.
carrière [ka(ɑ)rjɛr] *f.* 1 Cantera (de pierre). 2 Carrera (profession). Loc. fig. ***Donner ~ à,*** dar rienda suelta a.
carriole [ka(ɑ)rjɔl] *f.* 1 Carruco *m.* 2 péj. Carricoche *m.*
carrossable [ka(ɑ)rɔsabl(ə)] *adj.* Transitable, carretero.
carrosserie [ka(ɑ)rɔsri] *f.* Carrocería.
carrousel [karuzel] *m.* Torneo de ejercicios a caballo.
carrure [ka(ɑ)ryr] *f.* Anchura de espaldas.
cartable [kartabl(ə)] *m.* Cartapacio, cartera *f.*
carte [kart(ə)] *f.* 1 Tarjeta: ~ ***de Noël,*** crismas *m.* 2 INFORM. : ~ ***à puce,*** tarjeta inteligente. 3 Cédula, carné *m.* 4 Minuta, lista, menú *m.* 5 Mapa *m.* 6 Carta (marine). 7 Naipe *m.*, carta (à jouer).
cartel [kartɛl] *m.* 1 Cartel (défi). 2 Cartel (association). 3 Reloj de pared (pendule).
carter [kartɛr] *m.* 1 Cubrecadena (de bicyclette). 2 MÉC. Carter.
cartilage [kartilaʒ] *m.* ANAT. Cartílago.
cartographie [kartɔgrafi] *f.* Cartografía.
cartomancie [kartɔmɑ̃si] *f.* Cartomancia.
carton [kartɔ̃] *m.* 1 Cartón. 2 Cartera *f.*, carpeta *f.* (d'écolier). 3 ~ ***à dessin,*** cartapacio de dibujo. 4 Caja *f.* de cartón (boîte). 5 ~ ***à chapeau,*** sombrerera *f.* 6 fam. ***Faire un*** ~, tirar al blanco; fig. sacar buen resultado.
cartonner [kartɔne] *intr.* fam. 1 Sacar buena nota. 2 pop. Criticar, machacar: ***il s'est fait ~ en réunion plénière,*** en la reunión plenaria le machacaron.
cartouche [kartuʃ] *f.* 1 Cartucho *m.* (d'une arme). 2 Cartón *m.* (de cigarettes). 3 Recambio *m.*, carga (stylo, briquet). ■ 4 *m.* ARCHIT. Tarjeta *f.*
cartouchière [kartuʃjɛr] *f.* 1 MIL. Cartuchera. 2 Canana (chasse).
cas [ka] *m.* Caso: ~ ***de conscience,*** caso de conciencia. *loc. adv.* ***Le ~ échéant,*** llegado el caso.
casanier, -ière [kazanje, -jɛr] *adj.-s.* Casero, ra.
casaque [kazak] *f.* Casaca.

cascadeur, -euse [kaskadœʀ, -øz] *s.* 1 Acróbata. 2 Doble (au cinéma).
case [kaz] *f.* 1 Choza, cabaña. 2 Casilla.
casemate [kazmat] *f.* Casamata.
caser [kaze] *tr.* 1 Colocar. ■ 2 *pr.* Acomodarse.
caserne [kazɛʀn(ə)] *f.* Cuartel *m.*
caserner [kazɛʀne] *tr.* Acuartelar.
casier [kazje] *m.* Casillero.
casque [kask(ə)] *m.* Casco: ~ ***audio,*** auriculares, fam. cascos; ~ ***intégral,*** casco integral.
casquette [kaskɛt] *f.* Gorra.
cassant, -ante [kasɑ̃, -ɑ̃t] *adj.* 1 Quebradizo, za. 2 fig. Terminante, imperativo, va, tajante, duro, ra.
cassation [kasɑsjɔ̃] *f.* 1 Casación. 2 MIL. Degradación.
casse [kɑs] *f.* 1 Rotura (action et effet). 2 Objetos *m. pl.* rotos, lo roto *m.*: ***payer la*** ~, pagar lo roto. 3 Desguace *m.* (de voitures). 4 IMPR. Caja: ***haut de*** ~, caja alta; ***bas de*** ~, caja baja.
cassé, -ée [kɑse] *adj.* 1 Roto, ta. 2 Cascado, da (fêlé).
casse-cou [kɑsku] *m. invar.* 1 Resbaladero, tropezadero (lieu). 2 Atolondrado, temerario (personne).
casse-croûte [kɑskʀut] *m. invar.* Refrigerio, bocadillo.
casse-noisettes [kɑsnwazɛt] *m. invar.* Cascanueces.
casser [kɑse] *tr.* 1 Romper (briser, endommager). 2 Cascar, partir, quebrantar (en fendant): 3 DR. Casar. 4 MIL. Degradar. 5 Loc. fam. ***À tout*** ~, a lo más (au maximum); ***ça ne casse rien,*** no es ninguna cosa del otro jueves.
casserole [kasʀɔl] *f.* Cazo *m.*, cacerola.
casse-tête [kastɛt] *m. invar.* 1 Rompecabezas, quebradero de cabeza. 2 ***Casse-tête chinois,*** rompecabezas (jeu).
cassette [kasɛt] *f.* 1 Cassette *m.* (magnétophone): ~ ***vidéo,*** vídeocasete. 2 Cofrecillo (coffret).
casseur, -euse [kasœʀ, -øz] *s.* 1 Rompedor, ora. 2 ~ ***d'assiettes,*** camorrista.
cassis [kasis] *m.* 1 Casis. 2 Licor de casis.
cassolette [kasɔlɛt] *f.* 1 Pebetero *m.* 2 Perfumador *m.*
cassoulet [kasulɛ] *m.* Guiso de alubias con carne, especie de fabada *f.*
cassure [kɑsyʀ] *f.* 1 Rotura. 2 Fractura.
castagnettes [kastaɲɛt] *f. pl.* Castañuelas.
caste [kast(ə)] *f.* Casta.
castillan, -ane [kastijɑ̃, -an] *adj.-s.* Castellano, na.
castration [kastʀɑsjɔ̃] *f.* Castración, capadura.
castrer [kastʀe] *tr.* Castrar, capar.
casuel, -elle [kazɥɛl] *adj.* 1 Casual, eventual. ■ 2 *m.* Emolumentos *pl.* variables.
cataclysme [kataklism(ə)] *m.* Cataclismo, desastre.
catacombes [katakɔ̃b] *f. pl.* Catacumbas.
catalan, -ane [katalɑ̃, -an] *adj.-s.* Catalán, ana.
catalepsie [katalɛpsi] *f.* MÉD. Catalepsia.
catalogue [katalɔg] *m.* Catálogo.
cataplasme [kataplasm(ə)] *m.* Cataplasma *f.*
cataracte [kataʀakt(ə)] *f.* Catarata.
catarrhe [kataʀ] *m.* Catarro.
catastrophe [katastʀɔf] *f.* Catástrofe. *loc. adv.* ***En*** ~, a la desesperada.
catéchisme [kateʃism(ə)] *m.* Catecismo.
catéchiste [kateʃist(ə)] *s.* Catequista.
catégorie [kategɔʀi] *f.* Categoría.
catégorique [kategɔʀik] *adj.* Categórico, ca.
cathédrale [katedʀal] *f.* Catedral.

catholicisme [katɔlisism(ə)] *m.* Catolicismo.
catholique [katɔlik] *adj.-s.* Católico, ca.
cauchemar [kɔʃmaʀ] *m.* Pesadilla *f.*
causal, -ale [kozal] *adj.* Causal.
cause [koz] *f.* 1 Causa, motivo *m.*, razón. Loc. ***À ~ de,*** a causa de, con motivo de; ***et pour ~,*** y con razón. 2 DR. Causa. 3 Causa: ***épouser une ~,*** abrazar una causa.
causer [koze] *tr.* 1 Causar. ■ 2 *intr.* Conversar, hablar.
causerie [kozʀi] *f.* Charla.
causeur, -euse [kozœʀ, -øz] *adj.-s.* 1 Conversador, ra. ■ 2 *f.* Confidente *m.* (meuble).
caustique [kostik] *adj.* 1 Cáustico, ca. 2 fig. Cáustico, ca, mordaz.
cautérisation [kɔ(o)teʀizɑsjɔ̃] *f.* Cauterización.
cautériser [kɔ(o)teʀize] *tr.* Cauterizar.
caution [kosjɔ̃] *f.* 1 Caución, fianza. 2 Garantía, aval *m.* 3 Loc. ***Être sujet à ~,*** ser sospechoso, no inspirar confianza.
cautionner [kosjɔne] *tr.* Garantizar, salir fiador de.
cavalcade [kavalkad] *f.* Cabalgata.
cavalerie [kavalʀi] *f.* MIL. Caballería.
cavalier, -ière [kavalje, -jɛʀ] *adj.* 1 Desenvuelto, ta (désinvolte), altanero, ra (hautain), impertinente, insolente. ■ 2 *f.* Amazona (femme qui monte à cheval). 3 Pareja (danse).
cave [kav] *adj.* 1 Cóncavo, va, hundido, da: ***joues caves,*** mejillas hundidas. 2 ANAT. ***Veine ~,*** vena cava. ■ 3 *f.* Bodega (à vin). 4 Cueva, sótano *m.* (sous-sol).
caveau [kavo] *m.* 1 Pequeña bodega *f.* 2 Tumba *f.*, panteón (sépulture).
caverne [kavɛʀn(ə)] *f.* Caverna.
caverneux, -euse [kavɛʀnø, -øz] *adj.* Cavernoso, sa.
cavité [kavite] *f.* Cavidad.
CD [sede] *m.* (*abrév.* compact disc) CD.
CD-I [sedei] *m.* (*abrév.* compact disc interactive) CD-I.
CD-ROM [sedeʀɔm] *m.* (*abrév.* compact disc read-only memory) CD-ROM.
ce, c' [s(ə)] *pron. dém.* Lo (devant un relatif): ***~ que je veux,*** lo que quiero; ***~ dont je vous parle,*** de lo que le estoy hablando; fam. ***~ qu'il est drôle!,*** ¡lo gracioso que es! 2 (avec le verbe être): ***c'est moi,*** soy yo; ***ce sont mes livres,*** son mis libros. 3 Loc. ***Qui est-ce qui...?,*** ¿quién es el que...?; ***qu'est ce qui...?,*** ¿quién es el que...? ***c'est à moi de,*** a mí me toca; ***c'est pourquoi,*** por esto; ***c'en est fait,*** se acabó; ***pour ~ qui est de:*** por lo que se refiere a; ***~ disant,*** diciendo esto; ***sur ~,*** en esto.
ce [s(ə)] (delante de vocal **cet** [sɛt]) **cette** [sɛt], **ces** [se] *adj. dém.* Este, ese, aquel; esta, esa, aquella; estos, esos, aquellos; estas, esas, aquellas. (***Este,*** etc. désigne ce qui est près, ***ese,*** etc. ce qui est plus loin, ***aquel,*** etc. ce qui est très éloigné dans l'espace ou dans le temps). 2 Con la partícula ***ci*** o la partícula ***là*** agregada al substantivo determinado, equivale en el primer caso, a este, esta, estos y, en el segundo, a ese, esa, esos, esas o aquel, aquella, aquellos, aquellas: ***~ crayon-ci,*** este lápiz; ***cet arbre-là,*** ese, aquel árbol.
céans [seɑ̃] *adv.* Aquí, en esta casa.
ceci [səsi] *pron. dém.* Esto.
cécité [sesite] *f.* Ceguedad, ceguera.
céder [sede] *tr.* 1 Ceder. 2 Traspasar. ▲ CONJUG. como ***accélérer.***
cédille [sedij] *f.* Cedilla.
cédrat [sedʀa] *m.* 1 Cidro. 2 Cidra *f.*
cèdre [sɛdʀ(ə)] *m.* Cedro.
cédule [sedyl] *f.* Cédula, pagaré *m.*
CEE [seəə] *f.* (*abrév.* Communauté économique Européenne) CEE.
ceindre [sɛ̃dʀ(ə)] *tr.* Ceñir. ▲ CONJUG. como ***craindre.***

ceinture [sɛ̃tyʀ] *f.* 1 Cinturón *m.* 2 Faja. 3 Cintura (du corps, de murailles). 4 Circunvalación, cinturón *m.*
ceinturer [sɛ̃tyʀe] *tr.* 1 Ceñir. 2 Rodear.
ceinturon [sɛ̃tyʀɔ̃] *m.* MIL. Cinturón.
cela [s(ə)la] *pron. dém.* Eso, esto, aquello ***(aquello*** désigne ce qui est le plus éloigné); ***prends ~,*** toma eso.
célébration [selebʀasjɔ̃] *f.* Celebración.
célèbre [selɛbʀ(ə)] *adj.* Célebre.
célébrité [selebʀite] *f.* Celebridad.
celer [s(ə)le] *tr.* Celar, encubrir, ocultar, callar. ▲ CONJUG. como ***acheter.***
céleri [sɛlʀi] *m.* Apio.
célérité [seleʀite] *f.* Celeridad.
célibataire [selibatɛʀ] *adj.-s.* Soltero, ra, célibe.
cellier [selje] *m.* Bodega *f.*
cellulaire [selylɛʀ] *adj.* Celular.
cellule [selyl] *f.* 1 Celda. 2 Célula. 3 Celdilla (des abeilles).
cellulite [selylit] *f.* Celulitis.
cellulose [selyloz] *f.* Celulosa.
celte [sɛlt(ə)] *s.* Celta.
celui, celle [səlɥi, sɛl], **ceux, celles** [sø, sel] *pron. dém.* 1 El, la, los, las (suivi de ***de, que, qui).*** 2 Aquel, aquella, aquellos, aquellas (suivi de ***dont, avec, pour,*** etc.).
celui-ci, celle-ci [səlɥisi, sɛlsi], **ceux-ci, celles-ci** [søsi, sɛlsi] *pron. dém.* Éste, ésta, éstos, éstas.
celui-là, celle-là [səlɥila, sɛla], **ceux-là, celles-là** [søla, sɛ(l)a] *pron. dém.* Aquél, aquélla, aquéllos, aquéllas.
cément [semɑ̃] *m.* 1 Cemento, argamasa. 2 ANAT. Cemento.
cendre [sɑ̃dʀ(ə)] *f.* Ceniza.
cendrier [sɑ̃dʀije] *m.* Cenicero.
cens [sɑ̃s] *m.* Censo.
censé, -ée [sɑ̃se] *adj.* Considerado, da como, supuesto, ta.
censeur [sɑ̃sœʀ] *m.* Censor.
censure [sɑ̃syʀ] *f.* Censura.
censurer [sɑ̃syʀe] *tr.* Censurar.
cent [sɑ̃] *adj.* 1 Ciento, cien. ■ 2 *m.* Ciento. 3 Centenar (centaine).
centaine [sɑ̃tɛn] *f.* 1 Centena. 2 Centenar *m.*
centenaire [sɑ̃tnɛʀ] *adj.-s.* 1 Centenario, ria. ■ 2 *m.* Centenario (anniversaire).
centésimal, -ale [sɑ̃tezimal] *adj.* Centesimal.
centième [sɑ̃tjɛm] *adj.-s.* Centésimo, ma.
centigrade [sɑ̃tigʀad] *adj.-m.* Centígrado.
centigramme [sɑ̃tigʀam] *m.* Centigramo.
centilitre [sɑ̃tilitʀ(ə)] *m.* Centilitro.
centime [sɑ̃tim] *m.* Céntimo.
centimètre [sɑ̃timɛtʀ(ə)] *m.* Centímetro.
central, -ale [sɑ̃tʀal] *adj.* 1 Central. 2 Céntrico, ca (dans une ville). ■ 3 *m.* Central *f.*: ***un ~ téléphonique,*** una central telefónica. ■ 4 *f.* Central (usine).
centraliser [sɑ̃tʀalize] *tr.* Centralizar.
centre [sɑ̃tʀ(ə)] *m.* Centro.
centrifuge [sɑ̃tʀifyʒ] *adj.* Centrífugo, ga.
centuple [sɑ̃typl(ə)] *adj.-m.* Céntuplo, pla.
cep [sɛp] *m.* Cepa *f.* (de vigne).
cèpe [sɛp] *m.* Seta *f.* de otoño, boleto comestible.
cependant [s(ə)pɑ̃dɑ̃] *conj.* 1 Sin embargo (toutefois). ■ 2 *adv.* Entretanto, mientras tanto.
céramique [seʀamik] *f.* Cerámica.
céramiste [seʀamist(ə)] *adj.-s.* Ceramista.
cerbère [sɛʀbɛʀ] *m.* Cancerbero.
cerceau [sɛʀso] *m.* 1 Cerco, aro (de tonneau). 2 Aro (jouet).
cercle [sɛʀkl(ə)] *m.* 1 Círculo. 2 Cerco, aro (de tonneau). 3 Círculo (d'amis, etc.).
cercueil [sɛʀkœj] *m.* Ataúd, féretro.
céréale [seʀeal] *f.* Cereal *m.*

cérémonie [seremɔni] *f.* 1 Ceremonia, acto *m.* ■ 2 *pl.* Cumplidos *m.*
cérémonieux, -euse [seremɔnjø, -øz] *adj.* Ceremonioso, sa.
cerf [sɛʀ] *m.* Ciervo, venado.
cerf-volant [sɛʀvɔlɑ̃] *m.* 1 Ciervo volante. 2 Cometa *f.* (jouet).
cerise [s(ə)ʀiz] *f.* Cereza.
cerisier [s(ə)ʀizje] *m.* Cerezo.
cerne [sɛʀn(ə)] *m.* 1 Cerco (d'une tache). 2 Ojeras *f. pl.* (des yeux).
cerné, -ée [sɛʀne] *adj.* 1 Rodeado, da, cercado, da. 2 ***Yeux cernés,*** ojos con ojeras.
cerner [sɛʀne] *tr.* 1 Cercar, rodear. 2 *pr.* Hacer ojeras (yeux).
certain, -aine [sɛʀtɛ̃, -ɛn] *adj.* 1 Cierto, ta, seguro, ra. 2 ***Un ~, une certaine,*** cierto, ta (l'article, devant ***certain,*** ne se traduit pas). ■ 3 *pron.* (en *pl.*). Algunos, nas.
certes [sɛʀt(ə)] *adv.* Ciertamente.
certificat [sɛʀtifika] *m.* Certificado.
certification [sɛʀtifikɑsjɔ̃] *f.* Certificación.
certifier [sɛʀtifje] *tr.* Garantizar, responder. ▲ CONJUG. como ***prier.***
certitude [sɛʀtityd] *f.* Certeza, certidumbre.
cerveau [sɛʀvo] *m.* 1 Cerebro. 2 ***Un ~ brûlé,*** un exaltado, una cabeza loca.
cervelet [sɛʀvəlɛ] *m.* Cerebelo.
cervelle [sɛʀvɛl] *f.* Sesos *m. pl.*
cessant, -ante [sɛsɑ̃, -ɑ̃t] *adj.* Cesante. Loc. ***Toute affaire cessante,*** dejando a un lado todo lo demás.
cessation [sɛsɑsjɔ̃] *f.* Cesación, suspensión.
cesse [sɛs] *f.* Tregua, interrupción. Loc. ***Sans ~,*** sin tregua, sin cesar.
cesser [sese] *intr.* 1 Cesar. ■ 2 *tr.* Interrumpir, suspender.
cession [sɛsjɔ̃] *f.* 1 Cesión. 2 Traspaso *m.*
c'est-à-dire [sɛ(e)tadiʀ] *loc. conj.* Es decir.
césure [sezyʀ] *f.* Cesura.
chacun, -une [ʃakœ̃, -yn] *pron. indéf.* 1 Cada uno, cada una. 2 Cada cual, todos.
chafouin, -ine [ʃafwɛ̃, -in] *adj.-s.* Taimado, da, socarrón, ona.
chagrin, -ine [ʃagʀɛ̃, -in] *adj.* 1 Triste, malhumorado, da. ■ 2 *m.* Pena *f.*, pesar, disgusto. 3 ***Peau de ~,*** piel de zapa.
chahut [ʃay] *m.* fam. Alboroto, escándalo, jaleo: ***faire du ~,*** armar jaleo.
chai [ʃɛ] *m.* Bodega *f.*
chaîne [ʃɛn] *f.* 1 Cadena: ***~ d'arpenteur,*** cadena de agrimensor. 2 ***~ de montagnes,*** cordillera. 3 Urdimbre (tissu). 4 Cadena, canal *m.* (télévision).
chaînon [ʃɛnɔ̃] *m.* 1 Eslabón (d'une chaîne). 2 Ramal (montagne).
chair [ʃɛʀ] *f.* Carne.
chaise [ʃɛz] *f.* 1 Silla. 2 ***~ longue,*** meridiana, tumbona.
chaland, -ande [ʃalɑ̃, -ɑ̃d] *s.* 1 Comprador, ra, parroquiano, na. ■ 2 *m.* Chalana *f.*
châle [ʃɑl] *m.* Mantón, chal.
chaleur [ʃalœʀ] *f.* 1 Calor *m.* 2 fig. Calor *m.*, ardor *m.*
chaleureux, -euse [ʃalœʀø, -øz] *adj.* Caluroso, sa, ardiente, efusivo, va.
chaloupe [ʃalup] *f.* Chalupa, lancha.
chalumeau [ʃalymo] *m.* 1 Caña *f.* (paille). 2 TECHN. Soplete. 3 MUS. Caramillo.
chalut [ʃaly] *m.* Traína *f.*, red *f.* barredera.
chamade [ʃamad] *f.* Loc. ***Son cœur battait la ~,*** el corazón se le salía del pecho.
chamailler (se) [ʃamɑje] *pr.* Reñir, disputar.
chamarrer [ʃamaʀe] *tr.* 1 Galonear. 2 Recargar de adornos.
chambarder [ʃɑ̃baʀde] *tr.* fam. Alborotar, trastornar.
chambellan [ʃɑ̃be(ɛl)lɑ̃] *m.* Chambelán.

chambre [ʃɑ̃bʀ(ə)] *f.* 1 Cuarto *m.*, aposento *m.*, habitación. 2 Cámara: ~ ***des députés,*** cámara, congreso *m.* de diputados. 3 Sala (d'un tribunal). 4 Cámara: ~ ***à air,*** cámara de aire; ~ ***à gaz,*** cámara de gas.
chameau [ʃamo] *m.* Camello.
chamois [ʃamwa] *m.* Gamuza *f.*
champ [ʃɑ̃] *m.* 1 Campo. 2 ***Battre aux champs,*** batir llamada; ***prendre du*** ~, tomar carrera. 3 *loc. adv.* ***À travers champs,*** a campo traviesa.
champagne [ʃɑ̃paɲ] *m.* Champán, champaña.
champêtre [ʃɑ̃pɛtʀ(ə)] *adj.* Campesino, na, campestre, rural.
champignon [ʃɑ̃piɲɔ̃] *m.* 1 Hongo, seta *f.*, champiñón. 2 fam. Acelerador.
championnat [ʃɑ̃pjɔna] *m.* Campeonato.
chance [ʃɑ̃s] *f.* 1 Suerte, fortuna. 2 Posibilidad, oportunidad.
chancelant, -ante [ʃɑ̃slɑ̃, -ɑ̃t] *adj.* Vacilante, tambaleante.
chancelier [ʃɑ̃səlje] *m.* Canciller.
chancellerie [ʃɑ̃sɛlʀi] *f.* Cancillería.
chanceux, -euse [ʃɑ̃sø, -øz] *adj.* Afortunado, da.
chancre [ʃɑ̃kʀ(ə)] *m.* 1 BOT. Cancro. 2 MÉD. Chancro.
chandail [ʃɑ̃daj] *m.* Jersey.
chandeleur [ʃɑ̃dlœʀ] *f.* Candelaria.
chandelier [ʃɑ̃dəlje] *m.* Candelero, candelabro.
chandelle [ʃɑ̃dɛl] *f.* Vela, candela.
chanfrein [ʃɑ̃fʀɛ̃] *m.* 1 Testera *f.*, testuz *f.* (d'un cheval). 2 TECHN. Chaflán.
change [ʃɑ̃ʒ] *m.* Cambio: ***bureau, lettre de*** ~, casa, letra de cambio. Loc. fig. ***Donner le*** ~, engañar.
changeant, -ante [ʃɑ̃ʒɑ̃, -ɑ̃t] *adj.* 1 Cambiante. 2 Tornadizo, za, mudable.
changement [ʃɑ̃ʒmɑ̃] *m.* 1 Cambio. 2 TECHN. ~ ***de vitesse,*** cambio de velocidades.
changer [ʃɑ̃ʒe] *tr.* 1 Cambiar. 2 Convertir. 3 Mudar. ■ 4 *intr.* Cambiar: ~ ***de place,*** cambiar de sitio. ■ 5 *pr.* Cambiarse, mudarse de ropa. ▲ CONJUG. como ***engager.***
chanoine [ʃanwan] *m.* Canónigo.
chanson [ʃɑ̃sɔ̃] *f.* 1 Canción, copla. 2 Cantar *m.* ■ 3 *pl.* Tonterías, cuentos *m.*
chansonnier [ʃɑ̃sɔnje] *s.* 1 Cancionista. ■ 2 *m.* Cancionero (recueil).
chant [ʃɑ̃] *m.* 1 MUS., LITT. Canto: ***plain-***~, canto llano. 2 Cante: ~ ***flamenco,*** cante flamenco.
chanter [ʃɑ̃te] *tr.-intr.* 1 Cantar. 2 fam. Contar. 3 fig. ***Faire*** ~ ***quelqu'un,*** hacerle a uno objeto de un chantaje, hacer cantar a uno.
chanterelle [ʃɑ̃tʀɛl] *f.* 1 Reclamo *m.* (oiseau). 2 MUS. Prima, cantarela.
chanteur, -euse [ʃɑ̃tœʀ, -øz] *s.* 1 Cantor, ra, cantante. ■ 2 *adj.* Cantor, ra.
chantier [ʃɑ̃tje] *m.* 1 Obra *f.* de construcción. 2 Taller al aire libre. 3 MAR. Astillero. 4 Depósito de madera o carbón. 5 fam. Revoltijo.
chantre [ʃɑ̃tʀ(ə)] *m.* 1 Chantre. 2 fig. Cantor.
chanvre [ʃɑ̃vʀ(ə)] *m.* Cáñamo.
chaos [kao] *m.* Caos.
chaotique [kaɔtik] *adj.* Caótico, ca.
chape [ʃap] *f.* 1 Capa, capa pluvial. 2 ECCLÉS. Manto *m.* de cardenal.
chapeau [ʃapo] *m.* 1 Sombrero: ~ ***haut de forme,*** sombrero de copa; ~ ***melon,*** sombrero hongo. 2 Sombrero, sombrerete (de champignon). 3 MUS. ~ ***chinois,*** chinesco. 5 *interj.* ¡Muy bien!, ¡bravo!
chapelain [ʃaplɛ̃] *m.* Capellán.
chapelet [ʃaplɛ] *m.* 1 Rosario. 2 Ristra *f.* (d'oignons, etc.). 3 fig. Sarta *f.*, ristra *f.*, serie *f.*
chapelier, -ière [ʃapəlje, -jɛʀ] *s.* 1 Sombrerero. ■ 2 *f.* Sombrerera (boîte).
chapelle [ʃapɛl] *f.* Capilla.
chapelure [ʃaplyʀ] *f.* Pan *m.* rallado.

chaperon [ʃapʀɔ̃] *m.* 1 Capirote, caperuza *f.* Loc. ***Le Petit ~ rouge,*** Caperucita roja. 2 ARCHIT. Albardilla *f.* (d'un mur). 3 fam. Carabina *f.* (personne qui accompagne).
chapiteau [ʃapito] *m.* 1 ARCHIT. Capitel. 2 Toldo, carpa *f.* (de cirque).
chapitre [ʃapitʀ(ə)] *m.* 1 Capítulo. 2 ECCLÉS. Capítulo, cabildo. 3 Materia *f.*, tema.
chapon [ʃapɔ̃] *m.* Capón.
chaque [ʃak] *adj. indéf.* Cada.
char [ʃaʀ] *m.* 1 Carro: ~ ***de combat,*** carro blindado. 2 Carroza *f.* (de carnaval). 3 ~ ***funèbre,*** coche fúnebre.
charabia [ʃaʀabja] *m.* Algarabía *f.*, jerigonza *f.*
charade [ʃaʀad] *f.* Charada.
charançon [ʃaʀɑ̃sɔ̃] *m.* Gorgojo.
charbon [ʃaʀbɔ̃] *m.* 1 Carbón. 2 MÉD. Carbuco. 3 AGR. Carbón, tizón.
charbonnier, -ière [ʃaʀbɔnje, -jɛʀ] *adj.-s.* Carbonero, ra.
charcuterie [ʃaʀkytʀi] *f.* 1 Salchichería, tocinería (industrie, boutique). 2 Carne, embutidos *m. pl.*, etc. de cerdo (produits).
charcutier, -ière [ʃaʀkytje, -jɛʀ] *s.* Salchichero, ra.
chardon [ʃaʀdɔ̃] *m.* 1 Cardo. 2 ~ ***à foulon,*** cardencha *f.*
chardonneret [ʃaʀdɔnʀɛ] *m.* Jilguero.
charge [ʃaʀʒ(ə)] *f.* 1 Carga. 2 Cargo *m.* (emploi, responsabilité). 3 Caricatura, burla (caricature). 4 DR. Cargo *m.*: ***témoin à ~,*** testigo de cargo.
chargé, -ée [ʃaʀʒe] *adj.* 1 Cargado, da. 2 ***Lettre chargée,*** certificado *m.* de valores declarados. ■ 2 *m.* Encargado: ~ ***d'affaires,*** encargado de negocios.
chargement [ʃaʀʒəmɑ̃] *m.* 1 Cargamento. 2 Carga *f.* (d'une arme, etc.).
charger [ʃaʀʒe] *tr.* 1 Cargar. 2 Exagerar, recargar. 3 Caricaturizar, ridiculizar, poner en ridículo. 4 DR. Declarar contra, acusar. 5 Encargar. ■ 6 *pr.* Cargarse. 7 Encargarse (s'occuper de). ▲ CONJUG. como ***engager.***
chargeur [ʃaʀʒœʀ] *m.* Cargador.
chariot [ʃaʀjo] *m.* 1 Carro, carreta *f.* 2 MÉC. Carro (de machine à écrire, etc.). 3 Castillejo, pollera *f.* (pour enfant).
charitable [ʃaʀitabl(ə)] *adj.* Caritativo, va.
charité [ʃaʀite] *f.* Caridad.
charivari [ʃaʀivaʀi] *m.* 1 Cencerrada *f.* 2 Alboroto, ruido (grand bruit).
charmant, -ante [ʃaʀmɑ̃, -ɑ̃t] *adj.* Encantador, ra.
charme [ʃaʀm(ə)] *m.* 1 Encanto, hechizo. 2 Carpe, ojaranzo (arbre). ■ 3 *pl.* Encantos (d'une femme).
charmer [ʃaʀme] *tr.* Encantar.
charnel, -elle [ʃaʀnɛl] *adj.* Carnal.
charnier [ʃaʀnje] *m.* Osario.
charnière [ʃaʀnjɛʀ] *f.* 1 Charnela, bisagra. 2 fig. Eje *m.*, unión, nexo *m.*
charnu, -ue [ʃaʀny] *adj.* Carnudo, da, carnoso, sa.
charogne [ʃaʀɔɲ] *f.* Carroña.
charpente [ʃaʀpɑ̃t] *f.* 1 Armazón. 2 fig. Armazón.
charpenterie [ʃaʀpɑ̃tʀi] *f.* Carpintería.
charpentier [ʃaʀpɑ̃tje] *m.* Carpintero.
charrette [ʃaʀɛt] *f.* Carro *m.*, carreta.
charrier [ʃaʀje] *tr.* 1 Carretear, acarrear. ▲ CONJUG. como ***prier.***
charrue [ʃaʀy] *f.* Arado *m.*
charte [ʃaʀt(ə)] *f.* Carta: ***Grande Charte,*** Carta Magna.
charter [ʃaʀtɛʀ] *m.* Chárter: ***vols charters,*** vuelos chárters.
chartreuse [ʃaʀtʀøz] *f.* Cartuja.
chartreux [ʃaʀtʀø] *m.* Cartujo.
chas [ʃa] *m.* Ojo.
chasse [ʃas] *f.* 1 Caza, cacería. Loc. ~ ***à courre,*** caza a caballo, montería; ~ ***réservée,*** vedado *m.* 2 Coto *m.* de caza, cazadero *m.* (lieu). 3 MIL. ***Avion de ~,*** avión de caza.

châsse [ʃas] *f.* Arqueta para reliquias, relicario *m.*
chassé-croisé [ʃasekʀwaze] *m.* **1** Paso de danza. **2** fig. Cambios *pl.* de sitio, de empleo, etc., idas y venidas *f. pl.*
chasse-mouches [ʃasmuʃ] *m. invar.* **1** Espantamoscas. **2** Mosqueador (éventail).
chasse-neige [ʃasnɛʒ] *m. invar.* **1** Barrenieves, quitanieves.
chasser [ʃase] *tr.* **1** Cazar. **2** Arrojar, echar, expulsar. **3** Desechar, alejar, ahuyentar. **4** Disipar (odeur, brouillard). ■ **5** *intr.* Cazar. **6** MAR. No agarrar (l'ancre).
chasseur, -euse [ʃasœʀ, -øz] *adj.-s.* **1** Cazador, ra. ■ **2** *m.* Botones (domestique). **3** MIL. Caza, avión de caza.
chassieux, -euse [ʃasjø, -øz] *adj.* Legañoso, sa.
châssis [ʃasi] *m.* **1** Bastidor (de tableau, de fenêtre). **2** AUTO., PHOT. Chasis. **3** TECHN. Armazón *f.*
chaste [ʃast(ə)] *adj.* Casto, ta.
chasuble [ʃazybl(ə)] *f.* Casulla.
chat, chatte [ʃa, ʃat] *s.* Gato, ta. Loc. ***À bon ~ bon rat,*** donde las dan, las toman.
châtaigne [ʃatɛɲ] *f.* Castaña.
châtaignier [ʃateɲe] *m.* Castaño.
châtain, -aine [ʃatɛ̃, -ɛn] *adj.-m.* Castaño, ña (couleur).
château [ʃato] *m.* **1** FORT. Castillo. **2** Palacio. **3** Mansión señorial en el campo. **4** ~ ***d'eau,*** arca *f.* de agua.
chateaubriand [ʃatobʀijɑ̃] *m.* Solomillo de buey a la parrilla.
châtelain, -aine [ʃatlɛ̃, -ɛn] *s.* **1** Castellano, na (d'un château-fort). **2** Dueño, ña de una mansión señorial en el campo. ■ **3** *f.* Cadena con dijes.
châtier [ʃatje] *tr.* **1** Castigar. **2** fig. Pulir, limar: ~ ***son style,*** pulir el estilo. ▲ CONJUG. como ***prier.***
châtiment [ʃatimɑ̃] *m.* Castigo.
chatouiller [ʃatuje] *tr.* **1** Hacer cosquillas. **2** fig. Halagar, lisonjear.
chatoyant, -ante [ʃatwajɑ̃, -ɑ̃t] *adj.* Cambiante, tornasolado, da.
châtrer [ʃatʀe] *tr.* Castrar, capar.
chatterie [ʃatʀi] *f.* **1** Gatería, zalamería (câlinerie). **2** Golosina (friandise).
chaud, chaude [ʃo, ʃod] *adj.* **1** Caliente. **2** Cálido, da, caluroso, sa. **3** Vivo, va, animado, da, acalorado, da (discussion, etc.). **4** Fresco, ca, reciente. **5** Caliente, cálido, da (coloris). ■ **6** *m.* Calor. ■ **7** *adv.* Caliente: ***boire ~,*** beber caliente.
chaudière [ʃodjɛʀ] *f.* Caldera.
chaudron [ʃodʀɔ̃] *m.* Caldero.
chauffage [ʃofaʒ] *m.* Calefacción *f.*
chauffe [ʃof] *f.* Calentamiento *m.,* caldeo *m.,* calefacción.
chauffer [ʃofe] *tr.* **1** Calentar, caldear. **2** fig. Activar, animar. ■ **3** *intr.* Calentarse: ***le café chauffe,*** se calienta el café; ***faire ~ de l'eau,*** calentar agua. ■ **4** *pr.* Calentarse: ***se ~ au soleil,*** calentarse al sol.
chaufferette [ʃofʀɛt] *f.* Estufilla, calientapiés *m.*
chauffeur [ʃofœʀ] *m.* **1** Fogonero. **2** Chófer.
chaumière [ʃomjɛʀ] *f.* Choza, casita.
chaussée [ʃose] *f.* **1** Calzada. **2** Carretera (route). **3** Terraplén *m.* que sirve de camino (talus). **4** Dique *m.* (digue).
chausse-pied [ʃospje] *m.* Calzador.
chausser [ʃose] *tr.* Calzar.
chausse-trape [ʃostʀap] *f.* **1** Trampa para alimañas. **2** fig. Trampa, ardid *m.* **3** MIL. Abrojo *m.*
chaussette [ʃosɛt] *f.* Calcetín *m.*
chausson [ʃosɔ̃] *m.* **1** Zapatilla *f.* **2** Empanadilla *f.* (pâtisserie).
chaussure [ʃosyʀ] *f.* **1** Calzado *m.* **2** Zapato *m.*
chauve [ʃov] *adj.-s.* Calvo, va.
chauvinisme [ʃovinism(ə)] *m.* **1** Patriotería *f.* **2** Chauvinismo, chovinismo.
chaux [ʃo] *f.* Cal.

chavirer [ʃaviʀe] *intr.* 1 Zozobrar (un bateau), volcar (un véhicule). ■ 2 *tr.* Volcar.
chef [ʃɛf] *m.* 1 Jefe. 2 ~ *d'orchestre,* director de orquesta. 3 Caudillo (militaire). 4 ~ *d'accusation,* cargo de acusación. 5 BLAS. Jefe.
chef-d'œuvre [ʃɛdœvʀ(ə)] *m.* Obra *f.* maestra.
chef-lieu [ʃɛfljø] *m.* 1 Capital *f.* (d'un département, d'une province). 2 Cabeza *f.*: ~ *de canton,* cabeza de partido.
cheik [ʃɛk] *m.* Jeque.
chemin [ʃ(ə)mɛ̃] *m.* 1 Camino. 2 ~ *de fer,* ferrocarril. 3 ~ *de croix,* Vía crucis. 4 *loc. adv. Chemin faisant,* por el camino, de paso.
cheminée [ʃ(ə)mine] *f.* Chimenea.
cheminer [ʃ(ə)mine] *intr.* Caminar.
cheminot [ʃ(ə)mino] *m.* Ferroviario.
chemise [ʃ(ə)miz] *f.* 1 Camisa. 2 Carpeta.
chemiserie [ʃ(ə)mizʀi] *f.* Camisería.
chemisier [ʃ(ə)mizje] *s.* 1 Camisero, ra. ■ 2 *m.* Blusa *f.*
chenal [ʃənal] *m.* 1 Canal. 2 Caz (d'un moulin).
chenapan [ʃ(ə)napɑ̃] *m.* Pillo, bribón.
chêne [ʃɛn] *m.* 1 Roble: ~ *rouvre,* roble. 2 ~ *vert,* encina *f.*, carrasca *f.*
chéneau [ʃeno] *m.* ARCHIT. Canalón.
chenil [ʃ(ə)ni(l)] *m.* Perrera *f.*
chenille [ʃ(ə)nij] *f.* 1 Oruga (larve, de véhicule). 2 Felpilla (passementerie).
chenu, -ue [ʃəny] *adj.* 1 Cano, na. 2 fig. Blanco, ca.
cheptel [ʃɛptɛl] *m.* 1 Aparcería *f.* en ganado. 2 Ganado dado en aparcería (bétail).
chèque [ʃɛk] *m.* COMM. Cheque.
cher, chère [ʃɛʀ] *adj.* 1 Caro, ra, costoso, sa (coûteux). 2 Caro, ra, querido, da: ~ *ami,* querido amigo. ■ 3 *adv.* Caro: *coûter* ~, costar caro.
chercher [ʃɛʀʃe] *tr.* 1 Buscar. 2 *Envoyer* ~, enviar por, mandar por. 3 ~ *à,* procurar, intentar.
chercheur, -euse [ʃɛʀʃœʀ, -øz] *adj.-s.* 1 Buscador, ra. 2 Investigador, ra.
chère [ʃɛʀ] *f.* Comida.
chèrement [ʃɛʀmɑ̃] *adv.* 1 Costosamente, caro. 2 Cariñosamente, tiernamente.
chéri, -ie [ʃeʀi] *adj.* 1 Querido, da. 2 fam. Pichoncito, ta.
chérir [ʃeʀiʀ] *tr.* 1 Amar tiernamente. 2 Venerar.
cherté [ʃɛʀte] *f.* Carestía *f.*
chétif, -ive [ʃetif, -iv] *adj.* 1 Enclenque, débil, enfermizo, za, raquítico, ca. 2 fig. Pobre, mezquino, na.
cheval [ʃ(ə)val] *m.* 1 Caballo. Loc. fig. ~ *de retour,* delincuente habitual: *chevaux de bois,* tiovivo. 2 *Fer à* ~, herradura *f.* 3 *loc. adv.* À ~, a caballo, a horcajadas.
chevalerie [ʃ(ə)valʀi] *f.* Caballería.
chevalet [ʃ(ə)vale] *m.* 1 Caballete, asnilla *f.* (de scieur). 2 Caballete (de peintre). 3 MUS. Puente.
chevalier [ʃ(ə)valje] *m.* 1 Caballero: ~ *errant,* caballero andante.
chevalière [ʃ(ə)valjɛʀ] *f.* Anillo *m.* (con escudo grabado).
chevauchée [ʃ(ə)voʃe] *f.* 1 Paseo *m.* a caballo. 2 Cabalgada.
chevaucher [ʃ(ə)voʃe] *intr.* 1 Cabalgar. 2 TECHN. Encabalgar, encaballar.
chevelure [ʃəvlyʀ] *f.* Caballería.
chevet [ʃ(ə)vɛ] *m.* 1 Cabecera *f.* (du lit). 2 ARCHIT. Ábside.
cheveu [ʃ(ə)vø] *m.* Cabello, pelo.
cheville [ʃ(ə)vij] *f.* 1 Clavija. 2 ANAT. Tobillo *m.* 3 Ripio *m.* (en versification).
cheviller [ʃ(ə)vijɛ] *tr.* Enclavijar, empernar.
chèvre [ʃɛvʀ(ə)] *f.* 1 Cabra. 2 MÉC. Cabria.
chevreau [ʃəvʀo] *m.* 1 Cabrito. 2 Cabritilla *f.* (peau).
chèvrefeuille [ʃɛvʀəfœj] *m.* Madreselva *f.*

chevrier, -ière [ʃəvʀije, -ijɛʀ] *s.* Cabrero, ra.
chevrotement [ʃəvʀɔtmɑ̃] *m.* Temblor de voz.
chewing-gum [ʃwiŋgɔm] *m.* Chicle.
chez [ʃe] *prép.* **1** En casa de (sans mouvement): ~ ***mon frère,*** en casa de mi hermano; ~ ***moi,*** en mi casa; a casa de (avec mouvement): ***j'irai*** ~ ***toi,*** iré a tu casa. **2** A, al: ***aller*** ~ ***le médecin,*** ir al médico. **3** Entre: ~ ***les Romains,*** entre los romanos. **4** En: ***c'est*** ~***lui une manie,*** es una manía en él.
chic [ʃik] *m.* **1** Habilidad *f.* **2** Elegancia *f.*, buen gusto. ■ **3** *adj.* Elegante, de buen gusto. **4** Simpático, ca, estupendo, da. **5** Generoso, sa. **6** *interj.* fam. ¡Estupendo!, ¡qué bien!
chicaner [ʃikane] *intr.* **1** Usar de argucias. **2** Buscar disputas, pleitos. ■ **3** *tr.* Buscar camorra a.
chicaneur, -euse [ʃikanœʀ, -øz] *s.* **1** Quisquilloso, sa, lioso, sa. **2** Pletista (dans un procès).
chiche [ʃiʃ] *adj.* **1** Parco, ca, mezquino, na. **2** Tacaño, ña (avare). **3** ***Pois*** ~, garbanzo.
chicorée [ʃikɔʀe] *f.* Achicoria.
chicotin [ʃikɔtɛ̃] *m.* Acíbar.
chien, -ienne [ʃjɛ̃, -ʃjɛn] *s.* **1** Perro, perra. **2** Loc. ***Entre*** ~ ***et loup,*** al anochecer; ***avoir un mal de*** ~, tener muchas dificultades. ■ **3** *m.* Gatillo (de fusil). Loc. fig. ***Couché en*** ~ ***de fusil,*** acurrucado en la cama. **4** fig. Atractivo, gancho: ***avoir du*** ~, tener gancho. ■ **5** *n. pr. m.* ASTRON. ***Grand Chien,*** Can mayor; ***Petit Chien,*** Can menor.
chier [ʃje] *intr.* pop. Cagar.
chiffon [ʃifɔ̃] *m.* **1** Trapo, andrajo. **2** ~ ***de papier,*** papel mojado.
chiffonnier, -ière [ʃifɔnje, -jɛʀ] *s.* Trapero, ra.
chiffre [ʃifʀ(ə)] *m.* **1** Cifra *f.* **2** Importe total, suma *f.* (montant).
chiffrer [ʃifʀe] *intr.* **1** Calcular. ■ **2** *tr.* Numerar. **3** Cifrar: ***message chiffré,*** mensaje en cifra, cifrado.
chignon [ʃiɲɔ̃] *m.* Moño.
chimérique [ʃimeʀik] *adj.* Quimérico, ca.
chimie [ʃimi] *f.* Química.
chimique [ʃimik] *adj.* Químico, ca.
chimiste [ʃimist(ə)] *s.* Químico, ca.
chiner [ʃine] *tr.* fam. Burlarse de, tomar el pelo a.
chinois, -oise [ʃinwa, -waz] *adj.-s.* Chino, na.
chiper [ʃipe] *tr.* fam. Quitar, hurtar, birlar.
chipolata [ʃipɔlata] *f.* Salchicha pequeña y delgada.
chiquenaude [ʃiknod] *f.* Capirotazo *m.*
chiquer [ʃike] *tr.* **1** Mascar ■ **2** *intr.* Mascar tabaco.
chiromancie [ʃiʀɔmɑ̃si] *f.* Quiromancia.
chirurgie [ʃiʀyʀʒi] *f.* Cirugía.
chistera [(t)ʃistera] *f.* Cesta de peloteros.
chlore [klɔʀ] *m.* Cloro.
chloroforme [klɔʀɔfɔʀm(ə)] *m.* Cloroformo.
chlorophylle [klɔʀɔfil] *f.* Clorofila.
chlorure [klɔʀyʀ] *m.* Cloruro.
choc [ʃɔk] *m.* **1** Choque. **2** MIL. Encuentro. **3** fig. Conflicto, contienda *f.* **4** Golpe (émotion). **5** MÉD. ~ ***opératoire,*** choque.
chocolat [ʃɔkɔla] *m.* Chocolate.
chocolatier [ʃɔkɔlatje, -jɛʀ] *adj. -s.* **1** Chocolatero, ra. ■ **2** *f.* Chocolatera (récipient).
chœur [kœʀ] *m.* **1** Coro. **2** ARCHIT. Coro.
choir [ʃwaʀ] *intr.* **1** Caer. **2** fam. ***Laisser*** ~, abandonar. ▲ CONJUG. como ***échoir.***
choisir [ʃwaziʀ] *tr.* Escoger, elegir.
choix [ʃwa] *m.* **1** Elección *f.* **2** Opción *f.*, alternativa. **3** Surtido. **4** Selección *f.* **5** *loc. adv.* ***Au*** ~, a elegir.
cholestérol [kolɛstɛʀɔl] *m.* Colesterol.
chômage [ʃomaʒ] *m.* Paro forzoso, desempleo.

chômeur, -euse [ʃomœʀ, -øz] *s.* Parado, da.
chope [ʃɔp] *f.* Pichel *m.* (d'étain), jarra (de verre).
choquant, -ante [ʃɔkɑ̃, -ɑ̃t] *adj.* Chocante.
choquer [ʃɔke] *tr.* **1** Chocar con. **2** fig. Ofender, chocar, disgustar.
choral, -ale [kɔʀal] *adj.* MÚS. Coral.
chorégraphie [kɔʀegʀafi] *f.* Coreografía.
choriste [kɔʀist(ə)] *s.* Corista.
chose [ʃoz] *f.* **1** Cosa. Loc. ***Quelque ~,*** algo; ***pas grand ~,*** poca cosa, poco. **2** fam. ***Être tout ~,*** estar indispuesto, sentirse raro.
chou [ʃu] *m.* **1** Col *f.*, berza *f.* **2** ***~ de Bruxelles,*** col de Bruselas; ***~ pommé,*** repollo. **3** Loc. fam. ***Aller planter ses choux,*** retirarse al campo; ***mon ~, mon petit ~,*** queridito mío. **4** ***~ à la crème,*** pastelillo.
chouette [ʃwɛt] *f.* **1** Lechuza. ■ **2** *adj.* pop. Mágico, ca, superior, de primera. **3** *interj.* fam. ¡Estupendo!
chou-fleur [ʃuflœʀ] *m.* Coliflor *f.*
choyer [ʃwaje] *tr.* Mimar, cuidar con ternura. ▲ CONJUG. como ***employer.***
chrétien, -ienne [kʀetjɛ̃, -jɛn] *adj.-s.* Cristiano, na.
christianisme [kʀistjanism(ə)] *m.* Cristianismo.
chromatique [kʀɔmatik] *adj.* Cromático, ca.
chrome [kʀom] *m.* CHIM. Cromo.
chronique [kʀɔnik] *adj.* **1** Crónico, ca. ■ **2** *f.* Crónica.
chroniqueur [kʀɔnikœʀ] *m.* Cronista.
chronologie [kʀɔnɔlɔʒi] *f.* Cronología.
chronomètre [kʀɔnɔmɛtʀ(ə)] *m.* Cronómetro.
chronométrer [kʀɔnɔmetʀe] *tr.* Cronometrar.
chrysanthème [kʀizɑ̃tɛm] *m.* Crisantemo.
chuchotement [ʃyʃɔtmɑ̃] *m.* Cuchicheo, murmullo.
chuchoter [ʃyʃɔte] *intr.* Cuchichear, murmurar.
chute [ʃyt] *f.* **1** Caída. **2** ***~ d'eau,*** salto *m.* de agua.
chuter [ʃyte] *intr.* **1** fam. Caer. **2** THÉÂT. Fracasar.
ci [si] *adv.* **1** Aquí: ***ci-gît,*** aquí yace. *loc. adv.* et *adj.* ***Ci-après,*** a continuación; ***ci-contre,*** al lado, en la página de enfrente; ***ci-dessous,*** más abajo, a continuación; ***ci-dessus,*** más arriba, susodicho; ***ci-inclus,*** incluso; ***ci-joint,*** adjunto; ***de-ci de-là, par-ci par-là,*** de aquí y allá; aquí y allí; ***ci-devant,*** anteriormente, antes. **2** ***Un ci-devant,*** un ex noble, una persona adicta al antiguo régimen, en el lenguaje de la Revolución francesa.
cible [sibl(ə)] *f.* **1** Blanco *m.* **2** fig. Fin *m.*, objeto *m.*
ciboire [sibwaʀ] *m.* Copón.
ciboulette [sibulɛt] *f.* Cebollino *m.*, cebollana.
cicatrice [sikatʀis] *f.* Cicatriz.
cicatriser [sikatʀize] *tr.* **1** Cicatrizar. ■ **2** *pr.* Cicatrizarse.
cidre [sidʀ(ə)] *m.* Sidra *f.*
ciel [sjɛl] *m.* Cielo.
cierge [sjɛʀʒ] *m.* Cirio.
cigale [sigal] *f.* Cigarra.
cigare [sigaʀ] *m.* Cigarro puro.
cigarette [sigaʀɛt] *f.* Cigarrillo *m.*
cigogne [sigɔɲ] *f.* Cigüeña.
ciguë [sigy] *f.* Cicuta.
cil [sil] *m.* Pestaña *f.*
cime [sim] *f.* Cima, cumbre, cúspide.
ciment [simɑ̃] *m.* Cemento.
cimenter [simɑ̃te] *tr.* **1** Unir con cemento. **2** fig. Consolidar, afirmar.
cimeterre [simtɛʀ] *m.* Cimitarra *f.*
cimetière [simtjɛʀ] *m.* Cementerio.
cimier [simje] *m.* Cimera *f.*
cinéma [sinema] *m.* Cine.
cinématographe [sinematɔgʀaf] *m.* Cinematógrafo.
cinéraire [sineʀɛʀ] *adj.* **1** Cinerario, ria. ■ **2** *f.* Cineraria (plante).

cinglant, -ante [sɛ̃glɑ̃, -ɑ̃t] *adj.* fig. Hiriente, duro, ra, agresivo, va, acerbo, ba.
cingler [sɛ̃gle] *intr.* 1 MAR. Singlar. ■ 2 *tr.* Fustigar, azotar. 3 Cimbrar.
cinq [sɛ̃k] *adj.-m.* 1 Cinco. 2 ~ ***cents,*** quinientos, tas. ■ 3 *m.*: *loc. adv.* fam. ***recevoir quelqu'un ~ sur ~,*** agasajar, recibir a alguien perfectamente.
cinquantaine [sɛ̃kɑ̃tɛn] *f.* Cincuentena.
cinquante [sɛ̃kɑ̃t] *adj.-m.* Cincuenta.
cinquantième [sɛ̃kɑ̃tjɛm] *adj.-s.* Quincuagésimo, ma.
cinquième [sɛ̃kjɛm] *adj.-s.* Quinto, ta.
cintre [sɛ̃tʀ(ə)] *m.* 1 ARCHIT. Cimbra *f.*, cintra *f.* Loc. ***Plein ~,*** medio punto. 2 Cimbra *f.* (échafaudage). 3 THÉÂT. Telar.
cirage [siʀaʒ] *m.* 1 Acción *f.* de lustrar (souliers), de dar cera (parquets, etc.). 2 Betún, lustre (produit).
circoncision [siʀkɔ̃sizjɔ̃] *f.* Circuncisión.
circonférence [siʀkɔ̃feʀɑ̃s] *f.* Circunferencia.
circonflexe [siʀkɔ̃flɛks(ə)] *adj.* ***Accent ~,*** acento circunflejo.
circonscription [siʀkɔ̃skʀipsjɔ̃] *f.* Circunscripción.
circonspection [siʀkɔ̃spɛksjɔ̃] *f.* Circunspección.
circonstance [siʀkɔ̃stɑ̃s] *f.* Circunstancia.
circonstanciel, -elle [siʀkɔ̃stɑ̃sjɛl] *adj.* Circunstancial.
circonvolution [siʀkɔ̃vɔlysjɔ̃] *f.* Circunvolución.
circuit [siʀkɥi] *m.* Circuito.
circulaire [siʀkylɛʀ] *adj.* 1 Circular. ■ 2 *f.* Carta circular.
circulation [siʀkylɑsjɔ̃] *f.* 1 Circulación. 2 Circulación, tráfico *m.* (des véhicules).
circulatoire [siʀkylatwaʀ] *adj.* Circulatorio, ria.
circuler [siʀkyle] *intr.* Circular.
cire [siʀe] *f.* 1 Cera: ~ ***molle,*** cera blanda. 2 ~ ***à cacheter,*** lacre *m.*
cirer [siʀe] *tr.* 1 Encerar (le parquet). 2 Lustrar, dar brillo a (les souliers).
cirque [siʀk(ə)] *m.* Circo.
cisalpin, -ine [sizalpɛ̃, -in] *adj.* Cisalpino, na.
ciseau [sizo] *m.* 1 Cincel. 2 MENUIS. Formón. ■ 3 *pl.* Tijeras *f.*
ciseler [sizle] *tr.* Cincelar. ▲ CONJUG. como ***appeler.***
citadelle [sitadɛl] *f.* Ciudadela.
citadin, -ine [sitadɛ̃, -in] *s.* Ciudadano, na.
citation [sitɑsjɔ̃] *f.* 1 Cita (d'un auteur). 2 DR. Citación.
cité [site] *f.* 1 Ciudad (ville). 2 Parte antigua de una ciudad.
citer [site] *tr.* 1 Citar. 2 Nombrar, mencionar. 3 DR. Citar.
citerne [sitɛʀn(ə)] *f.* Cisterna.
cithare [sitaʀ] *f.* Cítara.
citoyen, -enne [sitwajɛ̃, -jɛn] *s.* Ciudadano, na.
citrique [sitʀik] *adj.* Cítrico, ca.
citron [sitʀɔ̃] *m.* Limón, citrón.
citronnier [sitʀɔnje] *m.* Limonero.
citrouille [sitʀuj] *f.* Calabaza, calabacera.
civet [sivɛ] *m.* Guisado de liebre (lièvre), de conejo (lapin).
civette [sivɛt] *f.* 1 Civeta, gato *m.* de algallia. 2 Cebollino *m.* (plante).
civil, -ile [sivil] *adj.* 1 Civil. ■ 2 *m.* Paisano: ***en ~,*** de paisano.
civilisation [sivilizɑsjɔ̃] *f.* Civilización.
civiliser [sivilize] *tr.* Civilizar.
civique [sivik] *adj.* Cívico, ca.
civisme [sivism(ə)] *m.* Civismo.
clabauder [klabode] *intr.* 1 Ladrar a destiempo. 2 fig. Regañar sin motivo.
clair, -aire [klɛʀ] *adj.* 1 Claro, ra. 2 Huero (œuf). ■ 3 *m.* Claro: ~ ***de lune,*** claro de luna.
claire [klɛʀ] *f.* Criadero *m.* de ostras.
clairet [klɛʀɛ] *adj.* Clarete.

claire-voie [klɛRvwa] *f.* Enrejado *m.*, rejilla (treillage).
clairière [klɛRjɛR] *f.* Claro *m.* (dans un bois).
clairon [klɛRɔ̃] *m.* **1** Clarín. **2** MIL. Corneta *f.*
clairsemé, -ée [klɛRsəme] *adj.* Claro, ra, ralo, la: ***cheveux clairsemés,*** cabello ralo.
clairvoyance [klɛRvwajɑ̃s] *f.* Clarividencia, perspicacia.
clamer [kla(ɑ)me] *tr.* Clamar.
clameur [kla(ɑ)mœR] *f.* Clamor *m.*, clamoreo *m.*
clandestin, -ine [klɑ̃dɛstɛ̃, -in] *adj.* Clandestino, na.
clapet [klapɛ] *m.* MÉC. Válvula *f.*
clapier [klapje] *m.* Conejera *f.*, conejar.
clapoter [klapɔte] *intr.* Chapotear, agitarse ligeramente el mar.
clapper [klape] *intr.* Hacer chascar la lengua.
claque [klak] *f.* **1** Palmada, manotada, torta (gifle). **2** THÉÂT. ***La ~,*** la claque, los alabarderos.
claquer [klake] *intr.* **1** Castañetear (doigts). **2** ***~ des dents,*** castañetear. **3** Chasquear (langue). **4** Chasquear, restallar (fouet). **5** Golpear (volet, etc.). ■ **6** *tr.* Abofetear (gifler). **7** fam. Fatigar, reventar (fatiguer). **8** pop. Despilfarrar (son argent). **9** ***~ la porte,*** dar un portazo.
claquette [klakɛt] *f.* **1** Claquetas *pl.* **2** Matraca, carraca (crécelle).
clarifier [klaRifje] *tr.* **1** Clarificar. **2** fig. Aclarar. ▲ CONJUG. como ***prier.***
clarinette [klaRinɛt] *f.* Clarinete *m.*
clarté [klaRte] *f.* Claridad.
classe [klɑs] *f.* **1** Clase: ***la ~ ouvrière,*** la clase obrera. **2** Clase, curso *m.* (scolaire). **3** MIL. Quinta, reemplazo *m.*
classer [klɑse] *tr.* Clasificar.
classeur [klɑsœR] *m.* **1** Carpeta *f.* (chemise). **2** Papelera *f.*, clasificador.
classifier [kla(ɑ)sifje] *tr.* Clasificar. ▲ CONJUG. como ***prier.***
classique [klasik] *adj.-m.* Clásico, ca.
claudication [klodikɑsjɔ̃] *f.* Claudicación.
clause [kloz] *f.* Cláusula.
claustrophobie [klostRɔfɔbi] *f.* Claustrofobia.
clavecin [klavsɛ̃] *m.* Clavicordio.
clavicule [klavikyl] *f.* Clavícula.
clavier [klavje] *m.* Teclado.
clé, clef [kle] *f.* **1** Llave. **2** ARCHIT., MUS. Clave. **3** fig. Clave (explicación).
clématite [klematit] *f.* Clemátide.
clément, -ente [klemɑ̃, -ɑ̃t] *adj.* Clemente.
cleptomanie [klɛptɔmani] *f.* Cleptomanía.
clerc [klɛR] *m.* **1** Clérigo. **2** Sabio, intelectual. **3** Pasante, escribiente.
clergé [klɛRʒe] *m.* Clero.
client, -ente [klijɑ̃, -ɑ̃t] *s.* Cliente.
cligner [kliɲe] *tr.* **1** Entornar bruscamente. ■ **2** *intr.* ***~ de l'œil,*** guiñar el ojo.
clignotant [kliɲɔtɑ̃] *m.* Intermitente.
clignoter [kliɲɔte] **1** *intr.* Parpadear, pestañear. **2** Vacilar (une lumière).
climat [klima] *m.* Clima.
climatiser [klimatize] *tr.* Climatizar.
clin d'œil [klɛ̃dœj] *m.* Guiño, pestañeo.
clinique [klinik] *adj.* **1** Clínico, ca. ■ **2** *f.* Clínica.
clinquant, -ante [klɛ̃kɑ̃, -ɑ̃t] *adj.* **1** Brillante. ■ **2** *m.* Oropel. **3** fig. Oropel, relumbrón.
clique [klik] *f.* **1** Pandilla. **2** MIL. Banda de tambores y trompetas.
cliquer [klike] *intr.* Hacer un clic, pulsar.
cliqueter [klikte] *intr.* Sonar entrechocándose. ▲ CONJUG. como ***jeter.***
cliquetis [klikti] *m.* **1** Ruido de armas o cosas que se entrechocan. **2** Tintineo.
clitoris [klitɔRis] *m.* Clítoris.

cloaque [klɔak] *m.* 1 Cloaca *f.* 2 Charca *f.*
clochard [klɔʃaʀ] *m.* Vagabundo.
cloche [klɔʃ] *f.* 1 Campana. Loc. ~ ***à fromage,*** quesera. 2 Sombrero *m.* de alas caídas (chapeau).
cloche-pied (à) [aklɔʃpje] *loc. adv.* A la pata coja.
clocher [klɔʃe] *m.* Campanario.
clocher [klɔʃe] *intr.* Cojear.
clochette [klɔʃɛt] *f.* Campanilla.
cloisonner [klwazɔne] *tr.* Tabicar, dividir con tabiques.
cloître [klwatʀ(ə)] *m.* Claustro.
clone [klon] *m.* Clon.
clopin-clopant [klɔpɛ̃klɔpɑ̃] *loc. adv.* Cojeando, renqueando.
clopiner [klɔpine] *intr.* Cojear, renquear.
cloporte [klɔpɔʀt(ə)] *m.* Cochinilla *f.*
clore [klɔʀ] *tr.* 1 Cerrar, tapar. 2 Cercar, rodear. 3 fig. Cerrar, terminar, clausurar. ▲ CONJUG. IRREG. INDIC. Pres.: ***je clos, tu clos, il clôt, ils closent.*** Fut. imperf.: ***je clorai,*** etc. POT.: ***je clorais,*** etc. IMPER.: ***clos.*** SUBJ. Pres.: ***que je close, que nous closions.*** PART. A.: ***closant.*** PART. P.: ***clos, close.*** Verbo defectivo.
clos, close [ko, kloz] *adj.* 1 Cerrado, da: ***bouche close,*** boca cerrada. 2 Cercado, da (entouré). ■ 3 *m.* Cercado, finca *f.*
clôturer [klotyʀe] *tr.* 1 Cercar, amurallar. 2 Cerrar (bourse). 3 Clausurar, terminar (séance, etc.).
clou [klu] *m.* 1 Clavo. 2 MÉD. Divieso. 3 ~ ***de girofle,*** clavo.
clouer [klue] *tr.* Clavar.
clouter [klute] *tr.* Clavetear.
clovisse [klɔvis] *f.* Almeja.
coaguler [kɔagyle] *tr.* Coagular.
coalition [kɔalisjɔ̃] *f.* Coalición.
coasser [kɔase] *intr.* Croar.
cobalt [kɔbalt] *m.* Cobalto.
cobaye [kɔbaj] *m.* Cobayo, conejillo de Indias.
cocagne [kɔkaɲ] *f.* 1 ***Pays de*** ~, Jauja. 2 ***Mât de*** ~, cucaña *f.*
cocaïne [kɔkain] *f.* Cocaína.
cocarde [kɔkaʀd(ə)] *f.* Escarapela.
cocasse [kɔkas] *adj.* Chusco, ca, cómico, ca.
coccinelle [kɔksinɛl] *f.* Mariquita, vaca de san Antón.
coche [kɔʃ] *m.* 1 Diligencia *f.* ■ 2 *f.* Cerda, marrana (truie). 3 Muesca (marque).
cochenille [kɔʃnij] *f.* Cochinilla.
cocher [kɔʃe] *m.* Cochero.
cochère [kɔʃɛʀ] *adj. f.* ***Porte*** ~, puerta cochera.
cochon [kɔʃɔ̃] *m.* 1 Cerdo, cochino, puerco. 2 ~ ***d'Inde,*** conejillo de Indias. 3 ~ ***de mer,*** marsopla *f.*
cochon, -onne [kɔʃɔ̃, -ɔn] *adj.-s.* Puerto, ca, cochino, na, marrano, na.
cochonnerie [kɔʃɔnʀi] *f.* fam. Porquería, cochinada.
cochonnet [kɔʃɔnɛ] *m.* 1 Lechoncillo. 2 Boliche (de jeu de boules).
coco [kɔ(o)ko] *m.* 1 Coco (fruit). 2 Bebida *f.* preparada con regaliz. 3 péj. Individuo: ***un fameux*** ~, un pájaro de cuenta. 4 ***Mon*** ~, queridito. ■ 5 *f.* pop. Cocaína.
cocon [kɔkɔ̃] *m.* Capullo.
cocotier [kɔkɔtje] *m.* Cocotero.
cocotte [kɔkɔt] *f.* 1 Cazuela, cacerola, olla (marmite). 2 Pajarita (en papier). 3 Gallina (dans le langage enfantin). 4 ***Ma*** ~, queridita. 5 Mujer galante.
cocu [kɔky] *adj.* fam. Cornudo.
code [kɔd] *m.* Código.
codifier [kɔdifje] *tr.* Codificar. ▲ CONJUG. como ***prier.***
coefficient [kɔefisjɑ̃] *m.* Coeficiente.
coercitif, -ive [kɔɛʀsitif, -iv] *adj.* Coercitivo, -va.
cœur [kœʀ] *m.* 1 Corazón. Loc. ***Aller au*** ~, conmover; ***avoir le*** ~ ***gros,*** estar apesadumbrado, da; ***si le*** ~ ***vous en dit,*** si le gusta, si le apetece; ***soulever le*** ~, revolver el estómago. 2 Pecho: ***serrer quelqu'un contre son*** ~, estrechar a alguien contra el pecho. 3 Ánimo, valor (courage). 4 Cogollo (de laitue). 5

loc. adv. ***À ~ ouvert,*** francamente; ***à contre ~,*** de mala gana, por fuerza; ***par ~,*** de memoria.
coexister [kɔɛgziste] *intr.* Coexistir.
coffre [kɔfʀ(ə)] *m.* **1** Cofre, baúl, arca *f.* **2** Caja *f.* de caudales (coffre-fort).
coffrer [kɔfʀe] *tr.* **1** Encofrar. **2** fam. Encarcelar (emprisonner).
cognassier [kɔɲasje] *m.* Membrillo.
cognée [kɔɲe] *f.* Hacha, segur *m.*
cogner [kɔɲe] *tr.* **1** Golpear, pegar. ■ **2** *intr.* ~ ***à la porte,*** llamar a la puerta. **3** MÉC. Picar (un moteur). ■ **4** *pr.* Darse un golpe, chocar. **5** pop. Pelearse.
cohérence [kɔeʀɑ̃s] *f.* Coherencia.
cohésion [kɔezjɔ̃] *f.* Cohesión.
cohue [kɔy] *f.* **1** Muchedumbre, gentío *m.* (foule). **2** Barullo *m.*, barahúnda.
coi, coite [kwa, kwat] *adj.* Quieto, ta, callado, da.
coiffe [kwaf] *f.* **1** Cofia, toca. **2** Forro *m.*
coiffer [kwafe] *tr.* **1** Tocar, peinar (peigner). **2** Cubrir la cabeza de. **3** Sentar, ir. ■ **4** *pr.* Peinarse. **5** Ponerse: ***se ~ d'un béret,*** ponerse una boina.
coiffeur, -euse [kwafœʀ, -øz] *s.* **1** Peluquero, ra. ■ **2** *f.* Peinadora (femme). **3** Tocador *m.* (meuble).
coiffure [kwafyʀ] *f.* **1** Peinado *m.*, tocado *m.* **2** Lo que cubre la cabeza, sombrero *m.*
coin [kwɛ̃] *m.* **1** Esquina *f.* Loc. ***Au ~ du feu,*** al amor de la lumbre. **2** Rincón (rentrant). **3** Pico (d'un meuble). **4** ~ ***de la bouche,*** comisura *f.* de los labios; ~ ***de l'œil,*** rabillo del ojo. **5** Rincón, lugar. **6** Cuña *f.* (pour fendre le bois). **7** Cuño, troquel (poinçon). **8** Cantonera *f.* (reliure).
coincer [kwɛ̃se] *tr.* **1** Acuñar (avec un coin). **2** MÉC. Atascar. **3** fam. Sujetar, coger. ▲ CONJUG. como ***lancer.***
coïncidence [kɔɛ̃sidɑ̃s] *f.* Coincidencia.
coing [kwɛ̃] *m.* Membrillo (fruit).
col [kɔl] *m.* **1** Cuello. **2** GÉOG. Puerto, paso.
colère [kɔlɛʀ] *f.* Cólera, ira. Loc. ***Être en ~,*** estar furioso, sa.
colifichet [kɔlifiʃɛ] *m.* **1** Chuchería *f.* **2** Perifollo (de parure).
colimaçon [kolimasɔ̃] *m.* Caracol.
colin [kɔlɛ̃] *m.* Merluza *f.*
colin-maillard [kɔlɛ̃majaʀ] *m.* Gallina *f.* ciega.
colique [kɔlik] *f.* MÉD. Cólico *m.*
colis [kɔli] *m.* Paquete, bulto.
collaborateur, -trice [kɔ(l)labɔʀatœʀ, -tʀis] *s.* Colaborador, ra.
collaboration [kɔ(l)labɔʀɑsjɔ̃] *f.* Colaboración.
collage [kɔlaʒ] *m.* **1** Pega *f.*, pegadura *f.* **2** Encolamiento (papier).
collant, -ante [kɔlɑ̃, -ɑ̃t] *adj.* **1** Pegajoso, sa. **2** Ceñido, da (ajusté). **3** fam. Pesado, da (ennuyeux). ■ **4** *m.* Panty.
collation [kɔ(l)lɑsjɔ̃] *f.* Colación.
colle [kɔl] *f.* **1** Cola, pegamento *m.* **2** ~ ***de pâte,*** engrudo *m.*; ~ ***forte,*** cola de carpintero. **3** fig. fam. Pega (question difficile).
collecte [kɔ(l)lɛkt(ə)] *f.* Colecta.
collectif, -ive [kɔl(l)ɛktif, -iv] *adj.* Colectivo, va.
collection [kɔ(l)lɛksjɔ̃] *f.* Colección.
collectionneur, -euse [kɔ(l)lɛksjɔnœʀ, -øz] *s.* Coleccionista, coleccionador, ra.
collectivité [kɔ(l)lɛktivite] *f.* Colectividad.
collège [kɔlɛʒ] *m.* Colegio.
collégial, -ale [kɔleʒjal] *adj.* **1** Colegial. ■ **2** *f.* Colegiata.
collégien, -ienne [kɔleʒjɛ̃, -jɛn] *s.* Colegial (élève).
collègue [kɔ(l)ɛg] *s.* Colega.
coller [kɔle] *tr.* **1** Encolar, pegar. **2** Suspender (dans un examen). **3** Largar: ***il lui a collé une gifle,*** le largó una bofetada. ■ **4** *intr.* Pegarse,

adherir, adherirse. 5 Ceñirse, ajustarse (un vêtement).
collet [kɔlɛ] *m.* 1 Cuello (d'un habit). Loc. ***Prendre au ~,*** coger por el cuello, detener; ~ ***monté,*** pedante. 2 Esclavina *f.* (pèlerine). 3 Lazo (pour chasser).
colleter [kɔlte] *tr.* 1 Coger por el cuello. ■ 2 *récipr.* Agarrarse, pelearse. ▲ CONJUG. como ***jeter.***
colleur, -euse [kɔlœʀ, -øz] *s.* 1 Empapelador, ra. 2 ~ ***d'affiches,*** fijador de carteles.
collier [kɔlje] *m.* 1 Collar. 2 Collera *f.*
colline [kɔlin] *f.* Colina.
collision [kɔ(l)lizjɔ̃] *f.* Colisión, choque *m.*
colloque [kɔ(l)lɔk] *m.* Coloquio.
collusion [kɔ(l)lyzjɔ̃] *f.* Colusión.
colombe [kɔlɔ̃b] *f.* poét. Paloma.
colombier [kɔlɔ̃bje] *m.* Palomar.
colon [kɔlɔ̃] *m.* Colono.
côlon [kolɔ̃] *m.* ANAT. Colon.
colonel [kɔlɔnɛl] *m.* MIL. Coronel.
colonie [kɔlɔni] *f.* Colonia.
coloniser [kɔlɔnize] *tr.* Colonizar.
colonne [kɔlɔn] *f.* Columna.
colorant, -ante [kɔlɔʀɑ̃, -ɑ̃t] *adj.-m.* Colorante.
coloration [kɔlɔʀɑsjɔ̃] *f.* Coloración.
colorer [kɔlɔʀe] *tr.* 1 Colorar, colorear. ■ 2 *pr.* Colorarse.
colorier [kɔlɔʀje] *tr.* Iluminar. ▲ CONJUG. como ***prier.***
coloris [kɔlɔʀi] *m.* Colorido, brillo.
colporteur, -euse [kɔlpɔʀtœʀ, -øz] *s.* 1 Buhonero, ra. 2 fig. Propagador, ra (de nouvelles).
coltiner [kɔltine] *tr.* Acarrear a cuestas.
combat [kɔ̃ba] *m.* Combate.
combatif, -ive [kɔ̃batif, -iv] *adj.* Agresivo, va, luchador, ra.
combattant, -ante [kɔ̃batɑ̃, -ɑ̃t] *adj.-m.* Combatiente.
combe [kɔ̃b] *f.* GÉOG. Depresión, valle *m.*
combien [kɔ̃bjɛ̃] *adv.* 1 Cuánto. 2 Cuán, lo que. 3 ~ ***de, en*** cuánto, cuánta, cuántos, cuántas. ■ 4 *m.* ***Le ~ sommes nous?,*** ¿a cuántos estamos?
combinaison [kɔ̃binɛzɔ̃] *f.* 1 Combinación. 2 Mono *m.* (de travail).
combiner [kɔ̃bine] *tr.* Combinar.
comble [kɔ̃bl(ə)] *m.* 1 Colmo: ***c'est un ~,*** es el colmo. 2 ARCHIT. Cubierta *f.*, armazón *f.* del tejado. 3 Sobrado, desván. ■ 4 *adj.* Colmado, da, atestado, da (plein).
combler [kɔ̃ble] *tr.* 1 Colmar. 2 Rellenar (un puits). 3 fig. Colmar.
comédie [kɔmedi] *f.* Comedia.
comédien, -ienne [kɔmedjɛ̃, -jɛn] *s.* Cómico, ca, comediante, ta.
comète [kɔmɛt] *f.* ASTRON. Cometa *m.*
comices [kɔmis] *f. pl.* Comicios.
comique [kɔmik] *adj.* 1 Cómico, ca. ■ 2 *m.* Lo cómico. 3 Actor cómico (acteur).
commandant, -ante [kɔmɑ̃dɑ̃, -ɑ̃t] *s.* Comandante.
commande [kɔmɑ̃d] *f.* 1 Pedido *m.*, encargo *m.* 2 MÉC. Órgano *m.* de dirección, transmisión.
commandement [kɔmɑ̃dmɑ̃] *m.* 1 Mando (ordre). 2 Mando, dominio, poder (pouvoir). 3 ECCLÉS. Mandamiento.
commander [kɔmɑ̃de] *tr.* 1 Mandar, ordenar. 2 Pedir, encargar. 3 fig. Imponer (le respect, etc.). 4 MÉC. Accionar, hacer funcionar. ■ 5 *tr. ind.* Dominar: ~ ***à ses passions,*** dominar sus pasiones. ■ 6 *intr.* Mandar. ■ 7 *pr.* Dominarse.
commanditaire [kɔmɑ̃ditɛʀ] *s.* Patrocinador, -ra.
commandite [kɔmɑ̃dit] *f.* Comandita.
comme [kɔm] *adv.* 1 Como. *loc. adv.* ~ ***il faut,*** correcto, como se debe. 2 Cuán, qué (admiratif): ■ 3 *conj.* Como (cause): ~ ***il me l'avait demandé, je l'ai attendu,*** como me lo había pedido, lo he esperado. 4

Cuando: ***j'allais sortir ~ il arriva,*** iba a salir cuando llegó.
commémorer [kɔm(m)emɔʀe] *tr.* Conmemorar.
commencement [kɔmɑ̃smɑ̃] *m.* Comienzo, principio.
commencer [kɔmɑ̃se] *tr.-intr.* Empezar, comenzar.
comment [kɔmɑ̃] *adv.* **1** Cómo. **2** *interj.* ¡Cómo! **3** fam. ***Et ~!,*** ¡ya lo creo!
commentaire [kɔm(m)ɑ̃tɛʀ] *m.* Comentario.
commenter [kɔm(m)ɑ̃te] *tr.* Comentar.
commerçant, -ante [kɔmɛʀsɑ̃, -ɑ̃t] *adj.-s.* Comerciante.
commerce [kɔmɛʀs(ə)] *m.* **1** Comercio. **2** Trato (fréquentation).
commercialisation [kɔmɛʀsjalizasjɔ̃] *f.* Comercialización.
commère [kɔmɛʀ] *f.* **1** Comadre. **2** Chismosa, parlanchina (bavarde).
commettre [kɔmɛtʀ(ə)] *tr.* **1** Cometer. **2** Comisionar, designar (désigner). **3** Comprometer. ▲ CONJUG. como ***mettre.***
comminatoire [kɔm(m)inatwaʀ] *adj.* Conminatorio, ria.
commis [kɔmi] *m.* **1** Dependiente (de magasin). **2** *~ **voyageur,*** viajante. **3** Empleado (de bureau).
commisération [kɔm(m)izeʀɑsjɔ̃] *f.* Conmiseración.
commissaire [kɔmisɛʀ] *m.* Comisario.
commission [kɔmisjɔ̃] *f.* **1** Encargo *m.,* mandado *m.* (commande). **2** Recado *m.* (message). **3** Comisión.
commissionnaire [kɔmisjɔnɛʀ] *m.* **1** COMM. Comisionista. **2** Recadero.
commissionner [kɔmisjɔne] *tr.* Comisionar.
commissure [kɔm(m)isyʀ] *f.* Comisura.
commode [kɔmɔd] *adj.* **1** Cómodo, da. **2** *f.* Cómoda (meuble).
commodité [kɔmɔdite] *f.* Comodidad.
commotion [kɔm(m)osjɔ̃] *f.* Conmoción.
commuer [kɔm(m)ɥe] *tr.* Conmutar.
commun, -une [kɔmœ̃, -yn] *adj.* **1** Común: ***des intérêts communs,*** intereses comunes. ■ **2** *m.* Común: ***le ~ des mortels,*** el común de los mortales. **3** ***Le ~;*** el vulgo.
communal, -ale [kɔmynal] *adj.* **1** Municipal, comunal, concejil.
communauté [kɔmynote] *f.* **1** Comunidad. **2** fig. Identidad (de goûts, etc.).
commune [kɔmyn] *f.* **1** Municipio *m.,* ayuntamiento *m.*
communicatif, -ive [kɔmynikatif, -ive] *adj.* Comunicativo, va.
communication [kɔmynikɑsjɔ̃] *f.* Comunicación.
communion [kɔmynjɔ̃] *f.* Comunión.
communiqué [kɔmynike] *m.* Parte oficial, comunicado.
communiquer [kɔmynike] *tr.* **1** Comunicar. ■ **2** *intr.* Comunicar, comunicarse.
communisme [kɔmynism(ə)] *m.* Comunismo.
commutateur [kɔmytatœʀ] *m.* Conmutador.
commuter [kɔmyte] *tr.* Conmutar.
compact, -acte [kɔ̃pakt, akt(ə)] *adj.-m.* Compacto, ta: ***disque ~,*** compact.
compactage [kɔ̃paktaʒ] *m.* Compactado.
compagne [kɔ̃paɲ] *f.* Compañera.
compagnie [kɔ̃paɲi] *f.* **1** Compañía. **2** Bandada (d'oiseaux).
compagnon [kɔ̃paɲɔ̃] *m.* Compañero.
comparaison [kɔ̃paʀɛzɔ̃] *f.* Comparación.
comparaître [kɔ̃paʀɛtʀ(ə)] *intr.* Comparecer. ▲ CONJUG. como ***connaître.***
comparatif, -ive [kɔ̃paʀatif, -iv] *adj.-m.* Comparativo, va.
comparer [kɔ̃paʀe] *tr.* Comparar.

comparse [kɔ̃paʀs(ə)] *s.* Comparsa, figurante.
compartiment [kɔ̃paʀtimɑ̃] *m.* 1 Compartimiento (d'un tiroir, etc.). 2 Departamento, compartimiento (d'un wagon). 3 Casilla *f.* (jeu d'échecs, etc.).
compassé, -ée [kɔ̃pɑ(a)se] *adj.* Tieso, sa, afectado, da.
compassion [kɔ̃pɑ(a)sjɔ̃] *f.* Compasión.
compatible [kɔ̃patibl(ə)] *adj.* Compatible.
compatir [kɔ̃patiʀ] *tr. ind.* Compadecerse: ~ *à,* compadecerse de.
compatriote [kɔ̃patʀjɔt] *s.* Compatriota.
compensation [kɔpɑ̃sɑsjɔ̃] *f.* Compensación.
compenser [kɔ̃pɑ̃se] *tr.* 1 Compensar. ■ 2 *pr.* Compensarse.
compère [kɔ̃pɛʀ] *m.* 1 Compadre, compinche, amigote. 2 Cómplice.
compétence [kɔ̃petɑ̃s] *f.* 1 Pericia, competencia. 2 DR. Competencia.
compétent, -ente [kɔ̃petɑ̃, -ɑ̃t] *adj.* Competente.
compétition [kɔ̃petisjɔ̃] *f.* Competición.
compiler [kɔ̃pile] *tr.* Compilar.
complainte [kɔ̃plɛ̃t] *f.* Endecha (chanson triste).
complaisance [kɔ̃plɛzɑ̃s] *f.* 1 Complacencia. 2 Amabilidad.
complaisant, -ante [kɔ̃plɛzɑ̃, -ɑ̃t] *adj.* Complaciente.
complément [kɔ̃plemɑ̃] *m.* Complemento.
complet, -ète [kɔ̃plɛ, -ɛt] *adj.* 1 Completo, ta. ■ 2 *m.* Terno (costume).
compléter [kɔ̃plete] *tr.* 1 Completar. 2 Complementar. ▲ CONJUG. como ***accélérer.***
complexe [kɔ̃plɛks(ə)] *adj.* 1 Complejo, ja. ■ 2 *m.* Complejo (industriel).
complexion [kɔ̃plɛksjɔ̃] *f.* 1 Complexión. 2 Temperamento *m.*, carácter *m.*
complexité [kɔ̃plɛksite] *f.* Complejidad.
complication [kɔ̃plikɑsjɔ̃] *f.* Complicación.
complice [kɔ̃plis] *adj.-s.* Cómplice.
compliment [kɔ̃plimɑ̃] *m.* 1 Cumplimiento, cumplido. ■ 2 *pl.* Enhorabuena *f. sing.*, felicitaciones *f.* 3 Elogios. 4 Recuerdos, saludos.
complimenter [kɔ̃plimɑ̃te] *tr.* 1 Cumplimentar. 2 Felicitar.
compliquer [kɔ̃plike] *tr.* Complicar, embrollar.
comploter [kɔ̃plɔte] *tr.* 1 Tramar, maquinar. ■ 2 *intr.* Conspirar.
comportement [kɔ̃pɔʀtəmɑ̃] *m.* Comportamiento.
comporter [kɔ̃pɔʀte] *tr.* 1 Incluir, comportar (inclure). 2 Constar de (comprendre). 3 Sufrir, admitir (admettre). ■ 4 *pr.* Portarse, comportarse.
composé, -ée [kɔ̃poze] *adj.-m.* 1 Compuesto, ta. ■ 2 *f. pl.* BOT. Compuestas.
composer [kɔ̃poze] *tr.* 1 Componer. ■ 2 *intr.* Transigir (transiger).
compositeur, -trice [kɔ̃pozitœʀ, -tʀis] *s.* 1 Compositor, ra. 2 IMPR. Tipógrafo. 3 DR. ***Amiable*** ~, amigable componedor.
composition [kɔ̃pozisjɔ̃] *f.* Composición.
composter [kɔ̃poste] *tr.* 1 Cancelar (titres de transport). 2 AGR. Compostar.
composteur [kɔ̃postœʀ] *m.* (machine) Canceladora *f.*
compote [kɔ̃pɔt] *f.* Compota.
compotier [kɔ̃pɔtje] *m.* Compotera *f.*
compréhensible [kɔ̃pʀeɑ̃sibl(ə)] *adj.* Comprensible.
compréhension [kɔ̃pʀeɑ̃sjɔ̃] *f.* Comprensión.
comprendre [kɔ̃pʀɑ̃dʀ(ə)] *tr.* 1 Comprender. 2 Incluir (inclure). 3 Comprender, entender. ▲ CONJUG. como ***prendre.***

compresse [kɔ̃pʀɛs] *f.* MÉD. Compresa.
compression [kɔ̃pʀɛsjɔ̃] *f.* Compresión.
comprimer [kɔ̃pʀime] *tr.* Comprimir.
compris, -ise [kɔ̃pʀi, -iz] **1** *p. p.* de *comprendre.* ■ **2** *adj.* Comprendido, da. **3** *loc. prép. invar. Y compris,* incluso, sa, comprendido, da, incluido, da.
compromettant, -ante [kɔ̃pʀɔmɛtɑ̃, -ɑ̃t] *adj.* Comprometedor, ra.
compromettre [kɔ̃pʀɔmɛtʀ(ə)] *tr.* Comprometer. ▲ CONJUG. como *mettre.*
compromis [kɔ̃pʀɔmi] *m.* **1** DR. Compromiso. **2** Convenio, avenencia *f.*
comptabilité [kɔ̃tabilite] *f.* Contabilidad.
comptable [kɔ̃tabl(ə)] *adj.* **1** COMM. Que puede anotarse en cuenta. **2** ~ *de,* responsable de. ■ **3** *m.* COMM. Tenedor de libros, contable, contador.
comptant [kɔ̃tɑ̃] *adj.* **1** Contante, efectivo, va. **2** *loc. adv. Vendre au* ~, vender al contado.
compte [kɔ̃t] *m.* **1** Cuenta *f.*: ~ *courant,* cuenta corriente; *comptes d'apothicaire,* cuentas del Gran Capitán. Loc. *Laisser pour* ~, dejar de cuenta; *rendre ses comptes,* rendir cuentas. *loc. adv. À bon* ~, barato; *à ce* ~, según eso. **2** Interés, ventaja *f.*, cuenta *f.*: *Pour le* ~ *de,* por cuenta de. **3** *Tenir* ~ *de,* tener en cuenta; *rendre* ~, dar cuenta. **4** ~ *rendu,* acta (d'une séance, etc.), informe (rapport), reseña *f.* (critique). **5** *Se rendre* ~, darse cuenta.
compte-gouttes [kɔ̃tgut] *m. invar.* Cuentagotas.
compter [kɔ̃te] *tr.* **1** Contar. **2** Pagar, dar (payer). ■ **3** *intr.* Contar: *savoir* ~, saber contar. **4** ~ *avec,* tener en cuenta. **5** ~ *sur,* contar con. **6** Tener valor. **7** Pensar, proponer. **8** *loc. prép. À* ~ *de,* a partir de.
compteur, -euse [kɔ̃tœʀ, -øz] *s.* **1** Contador, ra. ■ **2** *m.* Contador.
comptoir [kɔ̃twaʀ] *m.* **1** Mostrador (d'un magasin). **2** Barra *f.* (d'un débit de boisson). **3** Factoría *f.*, agencia *f.* comercial.
comte [kɔ̃t] *m.* Conde.
comté [kɔ̃te] *m.* Condado.
comtesse [kɔ̃tɛs] *f.* Condesa.
con, conne [kɔ̃, kɔn] *adj.-s.* pop. Gilipollas *invar.*
concave [kɔ̃kav] *adj.* Cóncavo, va.
concéder [kɔ̃sede] *tr.* Conceder. ▲ CONJUG. como *accélérer.*
concentrer [kɔ̃sɑ̃tʀe] *tr.* **1** Concentrar. ■ **2** *pr.* Concentrarse, reflexionar.
concentrique [kɔ̃sɑ̃tʀik] *adj.* Concéntrico, ca.
concept [kɔ̃sɛpt] *m.* PHILOS. Concepto.
conception [kɔ̃sɛpsjɔ̃] *f.* Concepción.
concerner [kɔ̃sɛʀne] *tr.* Concernir.
concert [kɔ̃sɛʀ] *m.* Concierto.
concerter [kɔ̃sɛʀte] *tr.* **1** Concertar, ajustar, adecuar. ■ **2** *pr.* Concertarse.
concession [kɔ̃sesjɔ̃] *f.* Concesión.
concessionnaire [kɔ̃sesjɔnɛʀ] *adj.-s.* Concesionario, ria.
concevable [kɔ̃svabl(ə)] *adj.* Concebible.
concierge [kɔ̃sjɛʀʒ(ə)] *s.* **1** Portero, ra. **2** Conserje (d'un édifice public).
concile [kɔ̃sil] *m.* Concilio.
conciliabule [kɔ̃siljabyl] *m.* Conciliábulo.
conciliation [kɔ̃siljɑsjɔ̃] *f.* Conciliación.
concis, -ise [kɔ̃si, -iz] *adj.* Conciso, sa.
conclave [kɔ̃klav] *m.* Cónclave.
concluant, ante [kɔ̃klyɑ̃, -ɑ̃t] *adj.* Concluyente.

conclure [kɔ̃klyʀ] *tr.* 1 Concluir, terminar, resolver. 2 Concertar (un accord, une affaire). 3 Cerrar (un marché). 4 Concluir, deducir, inferir. ■ 5 *intr.* Concluir, terminar, acabar. 6 ~ *à,* pronunciarse por. ▲ CONJUG. IRREG. INDIC. Pres.: ***je conclus, tu conclus, il conclut, nous concluons, vous concluez, ils concluent.*** Imperf.: ***je concluais,*** etc.; ***nous concluions,*** etc. Pret. Indef.: ***je conclus,*** etc. Fut. imperf.: ***je conclurai,*** etc. POT.: ***je conclurais,*** etc. IMPER.: ***conclus, concluons, concluez.*** SUBJ. Pres.: ***que je conclue,*** etc. Imperf.: ***que je conclusse,*** etc. PART. A.: ***concluant.*** PART. P.: ***conclu, ue.***

concombre [kɔ̃kɔ̃bʀ(ə)] *m.* Pepino, cohombro.

concomitant, -ante [kɔ̃kɔmitɑ̃, -ɑ̃t] *adj.* Concomitante.

concordant, -ante [kɔ̃kɔʀdɑ̃, -ɑ̃t] *adj.* Concordante.

concordat [kɔ̃kɔʀda] *m.* 1 ECCLÉS. Concordato. 2 COMM. Convenio.

concorde [kɔ̃kɔʀd(ə)] *f.* Concordia.

concourir [kɔ̃kuʀiʀ] *tr. ind.* 1 ~ *à,* concurrir a. ■ 2 *intr.* Competir. 3 Hacer oposiciones (passer un concours). ▲ CONJUG. como ***courir.***

concours [kɔ̃kuʀ] *m.* 1 Concurso (épreuve). 2 Oposición *f.,* oposiciones *f. pl.* (pour un emploi, etc.). 3 Concurso, ayuda *f.* 4 Concurrencia *f.* (de personnes).

concret, -ète [kɔ̃kʀɛ, -ɛt] *adj.* Concreto, ta.

concrétion [kɔ̃kʀesjɔ̃] *f.* Concreción.

concubine [kɔ̃kybin] *f.* Concubina.

concupiscence [kɔ̃kypisɑ̃s] *f.* Concupiscencia.

concurremment [kɔ̃kyʀamɑ̃] *adv.* 1 Conjuntamente (conjointement). 2 En competencia.

concurrence [kɔ̃kyʀɑ̃s] *f.* 1 Competencia. 2 *loc. prép.* ***Jusqu'à ~ de,*** hasta la suma, la cantidad de.

concurrent, -ente [kɔ̃kyʀɑ̃, -ɑ̃t] *adj.-s.* Competidor, ra.

concussion [kɔ̃kysjɔ̃] *f.* Concusión.

condamnation [kɔ̃dɑ(a)nɑsjɔ̃] *f.* 1 Condena (peine). 2 Condenación, reprobación (blâme).

condamner [kɔ̃dɑ(a)ne] *tr.* 1 Condenar (un coupable, une porte). 2 Desahuciar (un malade).

condensateur [kɔ̃dɑ̃satœʀ] *m.* PHYS., ÉLECTR. Condensador.

condenser [kɔ̃dɑ̃se] *tr.* Condensar.

condescendance [kɔ̃desɑ̃dɑ̃s] *f.* Condescendencia.

condescendre [kɔ̃desɑ̃dʀ(ə)] *intr.* Condescender. ▲ CONJUG. como ***rendre.***

condiment [kɔ̃dimɑ̃] *m.* Condimento.

condisciple [kɔ̃disipl(ə)] *m.* Condiscípulo.

condition [kɔ̃kisjɔ̃] *f.* 1 Condición. 2 *loc. prép.* ***À ~ de,*** con la condición de. 3 *loc. conj.* ***À ~ que,*** con tal que.

conditionnel, -elle [kɔ̃disjɔnɛl] *adj.* 1 Condicional. ■ 2 *m.* GRAM. Potencial, condicional.

conditionner [kɔ̃disjɔne] *tr.* 1 Condicionar. 2 Acondicionar (l'air, des produits).

condoléances [kɔ̃dɔleɑ̃s] *f. pl.* Pésame *m. sing.*

conducteur, -trice [kɔ̃dyktœʀ, -tʀis] *adj.-s.* 1 Conductor, ra. ■ 2 *m.* Capataz, sobrestante (de travaux).

conduire [kɔ̃dɥiʀ] *tr.* 1 Conducir, acompañar, llevar, guiar (accompagner). 2 Conducir: ~ ***une voiture,*** conducir un coche. 3 Llevar: ***rue qui conduit à la place,*** calle que lleva a la plaza. 4 Dirigir, conducir (commander). ■ 5 *pr.* Conducirse. ▲ CONJUG. IRREG. INDIC. Pres.: ***je conduis, tu conduis, il conduit, nous conduisons, vous conduisez, ils conduisent.*** Imperf.: ***je conduisais,*** etc. Pret. indef.: ***je conduisis,*** etc. Fut. imperf.: ***je conduirai,*** etc. POT.: ***je conduirais,*** etc. IMPER.: ***conduis, conduisons, conduisez.*** SUBJ. Pres.: ***que je conduise,*** etc. Imperf.: ***que je condui-***

sisse, etc. PART. A.: ***conduisant.*** PART. P.: ***conduit, duite.***
conduit [kɔ̃dɥi] *m.* Conducto.
conduite [kɔ̃dɥit] *f.* **1** Conducta, comportamiento *m.* **2** Conducción (d'une voiture, etc.). **3** Dirección, mando *m.* (direction).
cône [kon] *m.* GÉOM., BOT. Cono.
confection [kɔ̃fɛksjɔ̃] *f.* **1** Confección. **2** Ropa hecha (vêtement).
confectionner [kɔ̃fɛksjɔne] *tr.* Confeccionar, fabricar.
confédération [kɔ̃federasjɔ̃] *f.* Confederación.
conférence [kɔ̃ferɑ̃s] *f.* **1** Conferencia.
conférencier, ière [kɔ̃ferɑ̃sje, -jɛr] *s.* Conferenciante.
conférer [kɔ̃fere] *tr.* **1** Conferir, otorgar. **2** Cotejar (comparer). ■ **3** *intr.* Conferenciar. ▲ CONJUG. como ***accélérer.***
confesser [kɔ̃fese] *tr.* **1** Confesar. ■ **2** *pr.* Confesarse.
confesseur [kɔ̃fesœr] *m.* Confesor.
confessionnel, -elle [kɔ̃fɛsjɔnɛl] *adj.* Confesional.
confiance [kɔ̃fjɑ̃s] *f.* Confianza: ***de ~,*** de confianza.
confidence [kɔ̃fidɑ̃s] *f.* Confidencia.
confident, -ente [kɔ̃fidɑ̃, -ɑ̃t] *s.* Confidente.
confidentiel, -elle [kɔ̃fidɑ̃sjɛl] *adj.* Confidencial.
confier [kɔ̃fje] *tr.* **1** Confiar. ■ **2** *pr.* Confiarse. ▲ CONJUG. como ***prier.***
confinement [kɔ̃finmɑ̃] *m.* Confinamiento, reclusión *f.*
confins [kɔ̃fɛ̃] *m. pl.* Confines: ***aux ~ de,*** en los confines de.
confirmation [kɔ̃firmasjɔ̃] *f.* Confirmación.
confirmer [kɔ̃firme] *tr.* Confirmar.
confiserie [kɔ̃fizri] *f.* **1** Confitería. **2** Dulce *f.* (friandise).
confisquer [kɔ̃fiske] *tr.* Confiscar.
confit, -ite [kɔ̃fi, -it] *adj.* **1** Confitado, da (dans du sucre). **2** Encurtido, da (dans du vinaigre). **3** Conservado, da en manteca (dans de la graisse). ■ **4** *m.* Carne *f.* conservada en manteca.
confiture [kɔ̃fityr] *f.* Confitura, mermelada.
conflagration [kɔ̃flagrasjɔ̃] *f.* Conflagración.
conflit [kɔ̃fli] *m.* Conflicto.
confluent [kɔ̃flyɑ̃] *m.* Confluencia *f.*
confondre [kɔ̃fɔ̃dr(ə)] *tr.* **1** Confundir. ■ **2** *pr.* Confundirse. ▲ CONJUG. como ***rendre.***
conformation [kɔ̃fɔrmasjɔ̃] *f.* Conformación.
conforme [kɔ̃fɔrm(ə)] *adj.* Conforme.
conformer [kɔ̃fɔrme] *tr.* **1** Conformar, ajustar (adapter). ■ **2** *pr.* Conformarse, acomodarse.
conformité [kɔ̃fɔrmite] *f.* Conformidad.
confrère [kɔ̃frɛr] *m.* **1** Cofrade (d'une confrérie). **2** Colega (collègue).
confronter [kɔ̃frɔ̃te] *tr.* **1** Confrontar, cotejar. **2** DR. Confrontar, carear.
confus, -use [kɔ̃fy, -yz] *adj.* Confuso, sa.
congé [kɔ̃ʒe] *m.* **1** Permiso de ausentarse, licencia *f.* **2** Asueto (très court). **3** Vacaciones *f. pl.* **4** MIL. Licencia *f.* **5** Despido (renvoi). **6** ***Je prends ~ de vous,*** me despido de Ud.
congédier [kɔ̃ʒedje] *tr.* **1** Despedir, despachar. **2** MIL. Licenciar. ▲ CONJUG. como ***prier.***
congélateur [kɔ̃ʒelatœr] *m.* Congelador.
congélation [kɔ̃ʒelasjɔ̃] *f.* Congelación.
congeler [kɔ̃ʒle] *tr.* Congelar. ▲ CONJUG. como ***acheter.***
congénital, -ale [kɔ̃ʒenital] *adj.* Congénito, ta.
congestionner [kɔ̃ʒɛstjɔne] *tr.* Congestionar.
conglomérat [kɔ̃glɔmera] *m.* Conglomerado.

congratulation [kɔ̃gratylɑsjɔ̃] *f.* Congratulación.
congrégation [kɔ̃gregɑsjɔ̃] *f.* Congregación.
congrès [kɔ̃grɛ] *m.* Congreso.
congressiste [kɔ̃gry] *s.* Congresista.
congru, -ue [kɔ̃gry] *adj.* Congruente, congruo, ua.
conique [kɔnik] *adj.* Cónico, ca.
conjecturer [kɔ̃ʒɛktyre] *tr.* Conjeturar.
conjoint, -ointe [kɔ̃ʒwɛ̃, -wɛ̃t] *adj.* 1 Conjunto, -ta, unido, da. ■ 2 *s.* Cónyuge.
conjonctif, -ive [kɔ̃ʒɔ̃ktif, -iv] *adv.* Conjuntivo, va.
conjonction [kɔ̃ʒɔ̃ksjɔ̃] *f.* Conjunción.
conjoncture [kɔ̃ʒɔ̃ktyr] *f.* Coyuntura, ocasión, oportunidad.
conjugaison [kɔ̃ʒygɛzɔ̃] *f.* Conjugación.
conjugal, -ale [kɔ̃ʒygal] *adj.* Conyugal.
conjuguer [kɔ̃ʒyge] *tr.* Conjugar.
conjuration [kɔ̃ʒyrɑsjɔ̃] *f.* Conjuración, conjura.
conjurer [kɔ̃ʒyre] *tr.* 1 Conjurar. 2 Suplicar (implorer).
connaissance [kɔnɛsɑ̃s] *f.* 1 Conocimiento *m.* 2 Conocido *m.*, persona conocida.
connaisseur, -euse [kɔnɛsœr, -øz] *adj.-s.* Conocedor, ra, entendido, da.
connaître [kɔnɛtr(ə)] *tr.* 1 Conocer: *se faire* ~, darse a conocer. ■ 2 *intr.* DR. Conocer, entender. ■ 3 *pr.* Conocerse. 4 *S'y* ~, *se* ~ *en,* conocer, entender. ▲ CONJUG. IRREG. INDIC. Pres.: ***je connais, tu connais, il connaît, nous connaissons, vous connaissez, ils connaissent.*** Imperf.: ***je connaissais,*** etc. Pret. Indef.: ***je connus, nous connûmes,*** etc. Fut. imperf.: ***je connaîtrai,*** etc. POT.: ***je connaîtrais,*** etc. SUBJ. Pres.: ***que je connaisse,*** etc. Imperf.: ***que je connusse, qu'il connût; que nous connussions,*** etc. IMPER.: ***connais, connaissons, connaissez.*** PART. A.: ***connaissant.*** PART. P.: ***connu, connue.***
connecter [kɔn(n)ɛkte] *tr.* Conectar.
connexe [kɔn(n)ɛks(ə)] *adj.* Conexo, xa.
connexion [kɔn(n)ɛksjɔ̃] *f.* Conexión.
connivence [kɔn(n)ivɑ̃s] *f.* Connivencia.
connu, -ue [kɔny] 1 *p. p.* de ***connaître.*** ■ 2 *adj.* Conocido, da. 3 Sabido, da.
conquérant, -ante [kɔ̃kerɑ̃, -ɑ̃t] *adj.-s.* Conquistador, ra.
conquête [kɔ̃kɛt] *f.* Conquista.
conquis, -ise [kɔ̃ki, -iz] *adj.* Conquistado, da.
consacrer [kɔ̃sakre] *tr.* Consagrar.
consanguin, -ine [kɔ̃sɑ̃gɛ̃, -in] *adj.* Consanguíneo, nea.
conscience [kɔ̃sjɑ̃s] *f.* Conciencia.
consciencieux, -euse [kɔ̃sjɑ̃sjø, -øz] *adj.* Concienzudo, da.
conscient, -ente [kɔ̃sjɑ̃, -ɑ̃t] *adj.* Consciente.
conscription [kɔ̃skripsjɔ̃] *f.* MIL. Reclutamiento *m.*
consécration [kɔ̃sekrɑsjɔ̃] *f.* Consagración.
consécutif, -ive [kɔ̃sekytif, -iv] *adj.* Consecutivo, va.
conseil [kɔ̃sɛl] *m.* 1 Consejo. 2 ~ ***municipal,*** concejo, ayuntamiento.
conseiller [kɔ̃seje] *tr.* Aconsejar.
conseiller, -ère [kɔ̃seje, -jɛr] *s.* 1 Consejero, ra. 2 ~ ***municipal,*** concejal.
consentir [kɔ̃sɑ̃tir] *intr.* 1 Consentir. 2 Otorgar, conceder (accorder). ▲ CONJUG. como ***mentir.***
conséquence [kɔ̃sekɑ̃s] *f.* Consecuencia. *loc. adv.* ***En*** ~, en consecuencia.
conséquent, -ente [kɔ̃sekɑ̃, -ɑ̃t] *adj.* Consecuente *loc. adv.* ***Par*** ~, por consiguiente.
conservateur, -trice [kɔ̃sɛrvatœr, -tris] *adj.-s.* Conservador, ra.

conservation [kɔsɛʀvasjɔ̃] *f.* Conservación.
conservatoire [kɔ̃sɛʀvatwaʀ] *m.* Conservatorio.
conserve [kɔsɛʀv(ə)] *f.* Conserva.
conserver [kɔ̃sɛʀve] *tr.* Conservar.
considération [kɔ̃sideʀasjɔ̃] *f.* Consideración.
considérer [kɔ̃sideʀe] *tr.* Considerar. ▲ CONJUG. como ***accélérer.***
consignation [kɔ̃siɲasjɔ̃] *f.* Consignación.
consigner [kɔ̃siɲe] *tr.* **1** Consignar (noter). **2** Dejar en un depósito de equipajes. **3** Castigar (un élève). **4** Facturar (un emballage). **5** MIL. Arrestar, no dejar salir (un militaire); acuartelar (des troupes).
consistance [kɔ̃sistɑ̃s] *f.* Consistencia.
consistant, -ante [kɔ̃sistɑ̃, -ɑ̃t] *adj.* Consistente.
consolateur, -trice [kɔ̃sɔlatœʀ, -tʀis] *adj.-s.* Consolador, ra.
consolation [kɔ̃sɔlasjɔ̃] *f.* **1** Consuelo *m.* **2** Consolación.
console [kɔ̃sɔl] *f.* **1** Cónsola. **2** ARCHIT. Ménsula, repisa.
consoler [kɔ̃sɔle] *tr.* Consolar.
consolider [kɔ̃sɔlide] *tr.* Consolidar.
consommation [kɔ̃sɔmasjɔ̃] *f.* **1** Consumo *m.* (d'aliments, de combustible, etc.). **2** Consumición (dans un café, etc.). **3** Consumación.
consommé, -ée [kɔ̃sɔme] *adj.* **1** Consumido, da. **2** Consumado, da, perfecto, ta (accompli). ■ **3** *m.* Caldo, consomé.
consommer [kɔ̃sɔme] *tr.* **1** Consumir. **2** Consumar, acabar, llevar a cabo.
consonance [kɔ̃sɔnɑ̃s] *f.* Consonancia.
consonne [kɔ̃sɔn] *f.* GRAM. Consonante.
consort [kɔ̃sɔʀ] *adj.* **1** ***Prince*** ~, príncipe consorte. ■ **2** *m. pl.* Consorcios, compinches.
conspiration [kɔ̃spiʀasjɔ̃] *f.* Conspiración.
conspuer [kɔpɥe] *tr.* Abuchear, escarnecer públicamente.
constant, -ante [kɔ̃stɑ̃, -ɑ̃t] *adj.* -*f.* Constante.
constante [kɔ̃stɑ̃s] *f.* Constancia.
constatation [kɔ̃statasjɔ̃] *f.* **1** Comprobación. **2** Acción de hacer constar.
constater [kɔ̃state] *tr.* **1** Comprobar (vérifier). **2** Reconocer, advertir (observer). **3** Hacer constar (par écrit).
consternation [kɔ̃stɛʀnasjɔ̃] *f.* Consternación.
consterner [kɔ̃stɛʀne] *tr.* Consternar.
constiper [kɔ̃stipe] *tr.* Estreñir.
constituant, -ante [kɔ̃stitɥɑ̃, -ɑ̃t] *adj.* Constituyente.
constituer [kɔstitɥe] *tr.* **1** Constituir. **2** DR. Designar (un avoué). ■ **3** *pr.* Constituirse.
constitution [kɔ̃stitysjɔ̃] *f.* Constitución.
constitutionnel, -elle [kɔ̃stitysjɔnɛl] *adj.* Constitucional.
constriction [kɔ̃stʀiksjɔ̃] *f.* Constricción.
constructeur, -trice [kɔ̃stʀyktœʀ, -tʀis] *adj.-s.* Constructor, -ra.
construction [kɔ̃stʀyksjɔ̃] *f.* Construcción.
construire [kɔ̃stʀɥiʀ] *tr.* Construir. ▲ CONJUG. como ***conduire.***
consulaire [kɔ̃sylɛʀ] *adj.* Consular.
consulat [kɔ̃syla] *m.* Consulado.
consultant, -ante [kɔ̃syltɑ̃, -ɑ̃t] *adj.-s.* **1** Consultante. **2** Consultor, ra.
consultatif, -ive [kɔ̃syltatif, -iv] *adj.* Consultativo, va.
consulter [kɔ̃sylte] *tr.* **1** Consultar: ~ ***un avocat,*** consultar a un abogado. ■ **2** *intr.* Consultar.
consumer [kɔ̃syme] *tr.* Consumir.
contact [kɔ̃takt] *m.* Contacto.
contagieux, -euse [kɔ̃tazjø, -øz] *adj.* Contagioso, sa.
container [kɔ̃tenɛʀ] *m.* Contenedor.

contamination [kɔ̃taminasjɔ̃] *f.* Contaminación.
contaminer [kɔ̃tamine] *tr.* Contaminar.
conte [kɔ̃t] *m.* Cuento.
contemplatif, -ive [kɔ̃tɑ̃platif, -iv] *adj.-s.* Contemplativo, va.
contempler [kɔ̃tɑ̃ple] *tr.* Contemplar.
contemporain, -aine [kɔ̃tɑ̃pɔʀɛ̃, -ɛn] *adj.-s.* Contemporáneo, ea.
contenance [kɔ̃tnɑ̃s] *f.* 1 Cabida, capacidad, contenido *m.* (capacité). 2 Actitud, continente *m.* (attitude).
contenant [kɔ̃tnɑ̃] *m.* Continente.
conteneur [kɔtənœʀ] *m.* Contenedor.
contenir [kɔ̃tniʀ] *tr.* 1 Contener. ■ 2 *pr.* Contenerse. ▲ CONJUG. como ***tenir.***
content, -ente [kɔ̃tɑ̃, -ɑ̃t] *adj.* Contento, ta: ~ ***de,*** contento con.
contentement [kɔ̃tɑ̃tmɑ̃] *m.* Contento, satisfacción *f.*
contenter [kɔ̃tɑ̃te] *tr.* 1 Contentar. ■ 2 *pr.* Contentarse.
contenu [kɔ̃tny] *m.* Contenido.
conter [kɔ̃te] *tr.* Contar.
contestation [kɔ̃tɛstasjɔ̃] *f.* 1 Disputa, controversia, contestación. 2 DR. Discusión, impugnación, contestación.
contester [kɔ̃tɛste] *tr.* 1 Negar, impugnar, discutir. ■ 2 *intr.* Disputar.
conteur, -euse [kɔ̃tœʀ, -øz] *s.* 1 Contador, ra, narrador, ra. 2 Cuentista.
contexte [kɔ̃tɛkst(ə)] *m.* Contexto.
contigüité [kɔ̃tigɥite] *f.* Contigüidad.
continence [kɔ̃tinɑ̃s] *f.* Continencia.
continent, -ente [kɔ̃tinɑ̃, -ɑ̃t] *adj.* 1 Continente. ■ 2 *m.* GÉOG. Continente.
contingence [kɔ̃tɛ̃ʒɑ̃s] *f.* Contingencia.
continuation [kɔ̃tinɥasjɔ̃] *f.* Continuación.
continuel, -elle [kɔ̃tinɥɛl] *adj.* Continuo, ua.
continuer [kɔ̃tinɥe] *tr.-intr.* 1 Continuar, seguir. 2 Proseguir.
continuité [kɔ̃tinɥite] *f.* Continuidad.
contondant, -ante [kɔ̃tɔ̃dɑ̃, -ɑ̃t] *adj.* Contundente.
contour [kɔ̃tuʀ] *m.* Contorno, perímetro.
contourner [kɔ̃tuʀne] *tr.* 1 Contornear. 2 Torcer, deformar (déformer).
contraceptif [kɔtʀaseptif] *m.* Anticonceptivo.
contraception [kɔtʀasɛpjɔ̃] *f.* Contracepción, anticoncepción.
contracté, -ée [kɔ̃tʀakte] *adj.* 1 Contraído, da. 2 GRAM. Contracto, ta.
contracter [kɔ̃tʀakte] *tr.* 1 Contraer. ■ 2 *pr.* Contraerse.
contraction [kɔ̃tʀaksjɔ̃] *f.* Contracción.
contradiction [kɔ̃tʀadiksjɔ̃] *f.* Contradicción.
contradictoire [kɔ̃tʀadiktwaʀ] *adj.* Contradictorio, ria.
contraindre [kɔ̃tʀɛ̃dʀ(ə)] *tr.* 1 Constreñir, forzar, violentar. 2 DR. Apremiar. ▲ CONJUG. como ***craindre.***
contraint, -ante [kɔ̃tʀɛ̃, -ɛ̃t] *adj.* 1 Molesto, ta, violento, ta, forzado, da. ■ 2 *f.* Constreñimiento *m.*, coacción. 3 DR. Apremio *m.* 4 Embarazo *m.*, violencia.
contraire [kɔ̃tʀɛʀ] *adj.* 1 Contrario, ria. 2 Perjudicial (nuisible). ■ 3 *m.* Lo contrario *loc. adv.* ***Au*** ~, al contrario.
contrarier [kɔ̃tʀaʀje] *tr.* 1 Contrariar. 2 Contraponer (couleurs). ▲ CONJUG. como ***prier.***
contrariété [kɔ̃tʀaʀjete] *f.* Contrariedad.
contraster [kɔ̃tʀaste] *intr.* 1 Contrastar. ■ 2 *tr.* Hacer contrastar.
contrat [kɔ̃tʀa] *m.* Contrato.

contre [kɔ̃tʀ(ə)] *prép.* 1 Contra. 2 Junto a. 3 Por. ■ 4 *adv.* En contra. *loc. adv.* ***Par ~,*** en cambio. ■ 5 *m.* Contra: ***le pour et le ~,*** el pro y el contra.
contre-amiral [kɔ̃tʀamiʀal] *m.* Contralmirante.
contre-attaque [kɔ̃tʀatak] *f.* Contraataque *m.*
contrebalancer [kɔ̃tʀəbalɑ̃se] *tr.* Contrabalancear, contrapesar. ▲ CONJUG. como ***lancer.***
contrebandier, -ière [kɔ̃tʀəbɑ̃dje, -jɛʀ] *adj.-s.* Contrabandista.
contrebasse [kɔ̃tʀəbɑs] *f.* MUS. Contrabajo *m.*, bombardón *m.*
contrecarrer [kɔ̃tʀəka(ɑ)ʀe] *tr.* Contrarrestar.
contrecœur [kɔ̃tʀəkœʀ] *m.* 1 Trashoguero, testero (de cheminée). 2 *loc. adv.* ***À ~,*** de mala gana.
contrecoup [kɔ̃tʀəku] *m.* 1 Rechazo, rebote. 2 fig. Repercusión *f.* 3 Contragolpe.
contredire [kɔ̃tʀədiʀ] *tr.* Contradecir. ▲ CONJUG. como ***dire,*** excepto en la segunda persona del pl. del pres. de Indic.: ***contredisez.***
contredit (sans) [sɔ̃kɔ̃tʀədi] *loc. adv.* Sin disputa.
contrée [kɔ̃tʀe] *f.* Comarca, región.
contrefacteur [kɔ̃tʀəfaktœʀ] *m.* Falsificador, contrahacedor.
contrefaire [kɔ̃tʀəfɛʀ] *tr.* 1 Contrahacer, remedar (imiter). 2 Fingir (feindre). 3 Falsificar (une monnaie, une signature). ▲ CONJUG. como ***faire.***
contrefait, -aite [kɔ̃tʀəfɛ, -ɛt] *adj.* Contrahecho, cha.
contrefort [kɔ̃tʀəfɔʀ] *m.* 1 ARCHIT. Contrafuerte. 2 GÉOGR. Estribación *f.*
contre-jour [kɔ̃tʀəʒuʀ] *m.* Contraluz.
contremaître, -esse [kɔ̃tʀəmɛtʀ(ə), -ɛs] *s.* Capataz, encargado, da.
contremarque [kɔ̃tʀəmaʀk(ə)] *f.* 1 Contramarca. 2 THÉÂTR. Contraseña de salida.
contrepartie [kɔ̃tʀəpaʀti] *f.* 1 Opinión contraria. 2 COMM. Registro *m.* doble, contrapartida.
contre-pied [kɔ̃tʀəpje] *m.* Lo contrario.
contre-plaqué [kɔ̃tʀəplake] *m.* Contrachapado, contrachapeado.
contrepoids [kɔ̃tʀəpwa(ɑ)] *m.* Contrapeso. Loc. ***Faire ~,*** compensar.
contre-poil (à) [akɔ̃tʀəpwal] *loc. adv.* 1 A contrapelo. 2 fig. Al revés.
contrepoint [kɔ̃tʀəpwɛ̃] *m.* MUS. Contrapunto.
contresens [kɔ̃tʀəsɑ̃s] *m.* 1 Contrasentido. 2 *loc. adv.* ***À ~,*** al revés.
contretemps [kɔ̃tʀətɑ̃] *m.* 1 Contratiempo. 2 *loc. adv.* ***À ~,*** a destiempo.
contrevenant, -ante [kɔ̃tʀəvnɑ̃, -ɑ̃t] *s.* Contraventor, ra.
contrevent [kɔ̃tʀəvɑ̃] *m.* Contraventana *f.*, postigo.
contribuer [kɔ̃tʀibɥe] *intr.* Contribuir.
contribution [kɔ̃tʀibysjɔ̃] *f.* Contribución.
contrit, -ite [kɔ̃tʀi, -it] *adj.* Contrito, ta.
contrition [kɔ̃tʀisjɔ̃] *f.* Contrición.
contrôle [kɔ̃tʀol] *m.* Control: ***~ antidopage,*** control antidopaje; ***~ des naissances,*** control de natalidad; ***tour de ~,*** torre de control, torre de mandos.
contrôler [kɔ̃tʀole] *tr.* 1 Controlar, comprobar, verificar (vérifier). 2 Inspeccionar, controlar. 3 Revisar (les billets). 4 Controlar, vigilar (surveiller). 5 Dominar, controlar: ***~ ses nerfs,*** dominar sus nervios. 6 Sellar, marcar (métaux précieux).
contrôleur, -euse [kɔ̃tʀolœʀ, -øz] *s.* 1 Inspector, ra, verificador, ra, interventor, ra. 2 Revisor, ra, inspector, ra (chemin de fer, autobus).

contrordre [kɔ̃tʀɔʀdʀ(ə)] *m.* Contraorden *f.*
controverse [kɔ̃tʀɔvɛʀs(ə)] *f.* Controversia.
contumace [kɔ̃tymas] *f.* **1** DR. Rebeldía, contumacia. ■ **2** *adj.-s.* DR. Rebelde, contumaz.
contusion [kɔ̃tyzjɔ̃] *f.* Contusión.
convaincre [kɔ̃vɛ̃kʀ(ə)] *tr.* Convencer. ▲ CONJUG. como ***vaincre.***
convaincu, -ue [kɔ̃vɛ̃ky] *adj.* Convencido, da.
convalescence [kɔ̃valesɑ̃s] *f.* Convalecencia.
convenable [kɔ̃vnabl(ə)] *adj.* **1** Conveniente. **2** Decente, correcto, ta.
convenant, -ante [kɔ̃vnɑ̃, -ɑ̃t] *adj.* **1** Conveniente, adecuado, da. **2** Decente, decoroso, sa.
convenir [kɔ̃vniʀ] *intr.* **1** Convenir. **2** Acordar. **3** Confesar, reconocer. ■ **4** *impers.* ***Il convient de,*** es conveniente de, conviene. ▲ CONJUG. como ***venir.***
convention [kɔ̃vɑ̃sjɔ̃] *f.* **1** Convención, convenio *m.* ■ **2** *pl.* Formalidades.
conventionnel, -elle [kɔ̃vɑ̃sjɔnɛl] *adj.-m.* Convencional.
convergent, -ente [kɔ̃vɛʀʒɑ̃, -ɑ̃t] *adj.* Convergente.
conversation [kɔvɛʀsɑsjɔ̃] *f.* Conversación.
conversion [kɔ̃vɛʀsjɔ̃] *f.* Conversión.
convexe [kɔ̃vɛks(ə)] *adj.* Convexo, xa.
conviction [kɔ̃viksjɔ̃] *f.* Convicción.
convier [kɔ̃vje] *tr.* Convidar. ▲ CONJUG. como ***prier.***
convocation [kɔ̃vɔkɑsjɔ̃] *f.* **1** Convocación. **2** Convocatoria (avis, lettre). **3** MIL. Llamamiento *m.*
convoi [kɔ̃wa] *m.* **1** Cortejo, séquito. **2** Tren (train). **3** MIL., MAR. Convoy. **4** ~ ***funèbre,*** entierro, séquito fúnebre.
convoiter [kɔ̃vwate] *tr.* Codiciar.
convoitise [kɔ̃vwatiz] *f.* Codicia.
convoquer [kɔ̃vɔke] *tr.* Convocar.
convoyer [kɔ̃vwaje] *tr.* Convoyar. ▲ CONJUG. como ***employer.***
coopératif, -ive [kɔɔpeʀatif, -iv] *adj.* **1** Cooperativo, va. ■ **2** *f.* Cooperativa.
coopérer [kɔɔpeʀe] *intr.* Cooperar. ▲ CONJUG. como ***accélérer.***
coordination [kɔɔʀdinɑsjɔ̃] *f.* Coordinación.
coordonné, -ée [kɔɔʀdɔne] *adj.* **1** Coordinado, da. ■ **2** *f.* GÉOM. Coordenada.
coordonner [kɔɔʀdɔne] *tr.* Coordinar.
copain [kɔpɛ̃] *m.* fam. Camarada, compinche.
copeau [kɔpo] *m.* Viruta *f.*
copie [kɔpi] *f.* **1** Copia. **2** IMPR. Original *m.* **3** Hoja, cuartilla (d'écolier).
copier [kɔpje] *tr.* Copiar. ▲ CONJUG. como ***prier.***
copieux, -euse [kɔpjø, -øz] *adj.* Copioso, sa.
copiste [kɔpist(ə)] *s.* Copista.
coprocesseur [kopʀɔsesœʀ] *m.* Coprocesador.
copropriété [kopʀɔpʀijete] *f.* **1** Copropiedad. **2** Comunidad: ***appartements en*** ~, pisos en régimen de comunidad.
copule [kɔpyl] *f.* LOG. Cópula.
coq [kɔk] *m.* **1** Gallo. **2** ~ ***de bruyère,*** urogallo; ~ ***d'Inde,*** pavo. **3** Cocinero (cuisinier dans un navire).
coq-à-l'âne [kɔkalɑn] *m. invar.* Despropósito.
coque [kɔk] *f.* **1** Cascarón *m.* (de l'œuf). **2** Cáscara (de noix, noisette, etc.). **3** Nudo *m.,* lacito *m.* (de ruban). **4** Coca (de cheveux). **5** MAR. Casco *m.* **6** Berberecho *m.* (coquillage comestible).
coquelicot [kɔkliko] *m.* Amapola *f.*
coqueluche [kɔklyʃ] *f.* Tos ferina.
coquet, -ette [kɔkɛ, -ɛt] *adj.-s.* **1** Coquetón, na, lindo, da. ■ **2** *adj.-f.* Coqueta.
coquetier [kɔktje] *m.* Huevera *f.*
coquetterie [kɔkɛtʀi] *f.* Coquetería.

coquillage [kɔkijaʒ] *m.* **1** Marisco. **2** Concha *f.* (coquille).
coquille [kɔkij] *f.* **1** Concha (de mollusque). **2** ~ ***Saint-Jacques,*** venera, concha de peregrino. **3** Cáscara, cascarón *m.*
coquin, -ine [kɔkɛ̃, -in] *s.* **1** Bellaco, ca, pillo, lla. **2** fam. Picaruelo, la.
cor [kɔʀ] *m.* **1** MUS. Trompa *f.*: ~ ***de chasse,*** trompa de caza. **2** ~ ***anglais,*** corno inglés. **3** MÉD. Callo.
corail [kɔʀaj] *m.* Coral.
corbeau [kɔʀbo] *m.* Cuervo.
corbeille [kɔʀbɛj] *f.* Cesto *m.*, canastillo *m.*, canastilla.
corbillard [kɔʀbijaʀ] *m.* Coche fúnebre.
cordage [kɔʀdaʒ] *m.* MAR. Cabo, cuerda *f.*
corde [kɔʀd(ə)] *f.* **1** Cuerda, soga (de chanvre). **2** Dogal *m.* (de potence). **3** Comba (pour sauter). **4** Trama, hilaza (d'un tissu). **5** GÉOM., MUS. Cuerda. **6** Medida para madera (mesure).
cordeau [kɔʀdo] *m.* **1** Cordel. **2** Tendel.
cordelier [kɔʀdəlje] *m.* Franciscano.
cordelière [kɔʀdəljɛʀ] *f.* **1** Franciscana (religieuse). **2** Cordón *m.* (ceinture).
corder [kɔʀde] *tr.* **1** TECH. Torcer en forma de cuerda. **2** Encordar, atar con cuerda (lier). **3** Poner cuerdas a (une raquette).
cordialité [kɔʀdjalite] *f.* Cordialidad.
cordon [kɔʀdɔ̃] *m.* **1** Cordón (petite corde). **2** Cinta *f.*, banda *f.* (décoration). Loc. fig. ~ ***bleu,*** buen cocinero.
cordonnerie [kɔʀdɔnʀi] *f.* Zapatería.
cordonnier, -ière [kɔʀdɔnje, -jɛʀ] *s.* Zapatero, ra.
coriace [kɔʀjas] *adj.* **1** Coriáceo, ea, correoso, sa. **2** fig. Terco, ca, tacaño, ña.
coricide [kɔʀisid] *m.* Callicida.
corne [kɔʀn(ə)] *f.* **1** Cuerno *m.* **2** Pico *m.* (d'un chapeau, d'une page de livre, etc.). **3** Asta, cuerno *m.* (matière). **4** ~ ***à chaussures,*** calzador *m.* **5** MUS. Cuerno *m.*
corné, -ée [kɔʀne] *adj.* **1** Córneo, ea. ■ **2** *f.* ANAT. Córnea.
cornéen, -enne [kɔʀneɛ̃, -ɛn] *adj.* De la córnea.
corneille [kɔʀnɛj] *f.* Corneja.
corner [kɔʀne] *intr.* **1** Tocar la bocina (une auto). **2** Zumbar (les oreilles). ■ **3** *tr.* Doblar el pico (d'une carte de visite, etc.). **4** Cacarear (une nouvelle).
cornet [kɔʀnɛ] *m.* **1** MUS. Corneta *f.* **2** ~ ***à pistons,*** cornetín. **3** ~ ***acoustique,*** trompetilla *f.* **4** Cucurucho (de papier, de glace). **5** ANAT. Cornete.
cornette [kɔʀnɛt] *f.* **1** Papalina, cofia (coiffe). **2** Toca (de religieuse). **3** MAR. Corneta.
corniche [kɔʀniʃ] *f.* Cornisa.
cornichon [kɔʀniʃɔ̃] *m.* **1** Pepinillo. **2** fig. Tonto.
cornu, -ue [kɔʀny] *adj.* **1** Cornudo, da. ■ **2** *f.* Retorta.
corollaire [kɔʀɔ(l)ɛʀ] *m.* Corolario.
corolle [kɔʀɔl] *f.* BOT. Corola.
corporation [kɔʀpɔʀɑsjɔ̃] *f.* Corporación.
corporel, -elle [kɔʀpɔʀɛl] *adj.* Corporal, corpóreo, ea.
corps [kɔʀ] *m.* **1** Cuerpo. **2** *loc. adv.* ***À son*** ~ ***défendant,*** a pesar suyo.
corpulent, -ente [kɔʀpylɑ̃, -ɑ̃t] *adj.* Corpulento, ta.
corpuscule [kɔʀpyskyl] *m.* Corpúsculo.
correct, -ecte [kɔʀɛkt, -ɛkt(ə)] *adj.* Correcto, ta.
correcteur, -trice [kɔʀɛktœʀ, -tʀis] *adj.-s.* Corrector, -ra: ~ ***orthographique*** corrector ortográfico.
correction [kɔʀɛksjɔ̃] *f.* Corrección.
corrélatif, -ive [kɔʀelatif, -iv] *adj.* Correlativo, va.

correspondance [kɔʀɛspɔ̃dɑ̃s] *f.* 1 Correspondencia. 2 Empalme *m.*, enlace *m.*
correspondant, -ante [kɔʀɛspɔ̃dɑ̃, -ɑ̃t] *adj.* 1 Correspondiente. ■ 2 *s.* Corresponsal (d'un journal). 3 Comunicante (par lettres). 4 Correspondiente (d'une académie, etc.).
corridor [kɔʀidɔʀ] *m.* Corredor, pasillo.
corriger [kɔʀiʒe] *tr.* Corregir. ▲ CONJUG. como ***rompre.***
corrosif, -ive [kɔʀ(ʀ)ozif, -iv] *adj.* 1 Corrosivo, va. ■ 2 *m.* Corrosivo.
corrosion [kɔʀ(ʀ)ozjɔ̃] *f.* Corrosión.
corrupteur, -trice [kɔʀyptœʀ, -tʀis] *adj.-s.* Corruptor, ra.
corruption [kɔʀypsjɔ̃] *f.* Corrupción.
corsage [kɔʀsaʒ] *m.* Blusa *f.*, corpiño *m.*
corsé, -ée [kɔʀse] *adj.* Fuerte, recio, cia.
corser [kɔʀse] *tr.* 1 Dar fuerza, cuerpo, realce, viveza. ■ 2 *pr.* Complicarse.
cortège [kɔʀtɛʒ] *m.* Cortejo, séquito, comitiva *f.*
corvée [kɔʀve] *f.* 1 Prestación personal. 2 MIL. Faena, servicio *m.* de cuartel. 3 Trabajo *m.* fatigoso.
cosaque [kɔzak] *m.* Cosaco.
cosmétique [kɔsmetik] *m.* 1 Cosmético. ■ 2 *adj.* Cosmético, ca. 3 fig. Superficial, anodino, na: ***des réformes cosmétiques,*** reformas superficiales.
cosmétique [kɔsmetik] *f.* Cosmética.
cosmique [kɔsmik] *adj.* Cósmico, ca.
cosmographie [kɔsmɔgʀafi] *f.* Cosmografía.
cosmopolite [kɔsmɔpɔlit] *adj.-s.* Cosmopolita.
cosse [kɔs] *f.* 1 BOT. Vaina (de légumes). 2 pop. Pereza, galbana.
cossu, -ue [kɔsy] *adj.* Rico, ca, acaudalado, da, acomodado, da (personne).
costume [kɔstym] *m.* Traje, vestido.
cote [kɔt] *f.* 1 Cuota (quote-part). 2 Cota (niveau). 3 Signatura (dans une bibliothèque). 4 Cotización (en Bourse). 5 ~ ***mal taillé,*** corte de cuentas.
côte [kot] *f.* 1 ANAT., BOT. Costilla. 2 Chuleta (boucherie). 3 Cuesta, pendiente (pente). 4 GÉOG. Costa (rivage).
côté [kote] *m.* 1 Costado. 2 Lado. Loc. ***Laisser de ~,*** dejar a un lado, abandonar; ***mettre de ~,*** apartar, guardar. 3 *loc. adv.* ***À ~,*** al lado, cerca; ***de mon ~,*** por mi parte.
coteau [kɔto] *m.* 1 Loma *f.*, otero. 2 Ribazo, ladera *f.* (versant).
côtelette [ko(ɔ)tlɛt] *f.* Chuleta.
coter [kɔte] *tr.* 1 COMM. Cotizar. 2 fig. Apreciar, estimar, cotizar. 3 Numerar (numéroter). 4 Acotar (topographie).
coterie [kɔtʀi] *f.* Corrillo *m.*, camarilla.
côtier, -ière [kotje, -jɛʀ] *adj.* Costero, ra, costanero, ra.
cotisation [kɔtizɑsjɔ̃] *f.* Cuota, escote *m.*
coton [kɔtɔ̃] *m.* Algodón.
cotonnier, -ière [kɔtɔnje, -jɛʀ] *adj.* 1 Algodonero, ra. ■ 2 *m.* Algodonero (arbrisseau).
côtoyer [kotwaje] *tr.* 1 Bordear, costear. 2 fig. Bordear, frisar. ▲ CONJUG. como ***employer.***
cotre [kɔtʀ(ə)] *m.* Cúter, balandro.
cotte [kɔt] *f.* 1 Saya, zagalejo *m.* 2 ~ ***de mailles,*** cota de mallas.
cou [ku] *m.* Cuello. Loc. fig. ***Se casser le ~,*** romperse la crisma.
couard, -arde [kwaʀ, -aʀd(ə)] *adj.* Cobarde.
couchant, -ante [kuʃɑ̃, -ɑ̃t] *adj.* 1 Que se acuesta. 2 ***Chien ~,*** perro de muestra. 3 ***Soleil ~,*** sol poniente. ■ 4 *m.* ***Le ~,*** el poniente, el ocaso.
couche [kuʃ] *f.* 1 Cama, lecho *m.* 2 Metedor *m.* pañal *m.* (pour les bébés). 3 Capa (de peinture, etc.). 4 Capa, lecho *m.*, estrato *m.* (géolo-

gique). **5** Capa (atmosphérique, sociale). ■ **6** *pl.* Parto *m. sing.*
coucher [kuʃe] *m.* **1** Acción *f.* de acostarse. **2** Cama *f.* (lit). **3** Ocaso, puesta *f.*: ***le ~ du soleil,*** la puesta de sol.
coucher [kuʃe] *tr.* **1** Acostar (dans un lit). **2** Tender, tumbar (sur le sol). **3** Inclinar (pencher). **4** Asentar, inscribir. ■ **5** *intr.* Dormir, pernoctar. ■ **6** *pr.* Acostarse, echarse.
couchette [kuʃɛt] *f.* Litera.
couci-couça [kusikusa] *loc. adv.* fam. Así, así; tal cual.
coude [kud] *m.* **1** Codo. **2** Recodo.
coudée [kude] *f.* Codo *m.* (mesure).
cou-de-pied [kudpje] *m.* Garganta *f.* del pie.
coudoyer [kudwaje] *tr.* Codearse con. ▲ CONJUG. como ***employer.***
coudre [kudʀ(ə)] *tr.* Coser. ▲ CONJUG. IRREG. INDIC. Pres.: ***je couds, tu couds, il coud, nous cousons, vous cousez, ils cousent.*** Imperf.: ***je cousais,*** etc. Pret. indef.: ***je cousis,*** etc. Fut. imperf.: ***je coudrai,*** etc. POT.: ***je coudrais,*** etc. IMPER.: ***couds, cousons, cousez,*** SUBJ. Pres.: ***que je cousisse,*** etc. PART. A.: ***cousant.*** PART. P.: ***cousu, ue.***
coudrier [kudʀije] *m.* Avellano.
couette [kwet] *f.* **1** Colchón *m* de pluma. **2** Coleta (de cheveux).
couille [kuj] *f.* fam. Cojón.
coulage [kulaʒ] *m.* **1** Derrame (d'un liquide). **2** Colada *f.* (lessive). **3** TECHN. Vaciado (métaux). **4** fig. Despilfarro.
coulant, -ante [kulɑ̃, -ɑ̃t] *adj.* **1** Que fluye, fluyente. **2** ***Nœud ~,*** nudo corredizo. **3** fig. ***Style ~,*** estilo fluido, natural. ■ **4** *m.* Anillo, pasador.
coulée [kule] *f.* **1** TECHN. Vaciado *m.* (métaux). **2** Corriente: ***~ de lave,*** corriente de lava.
couler [kule] *intr.* **1** Fluir, correr (liquides). **2** Salirse (un récipient). **3** Volar, huir, transcurrir. **4** MAR. Hundirse, irse a pique. ■ **5** *tr.* TECHN. Vaciar. **6** Colar (lessive).
couleur [kulœʀ] *f.* **1** Color *m.* **2** Palo *m.* (cartes).
couleuvre [kulœvʀ(ə)] *f.* Culebra.
coulis [kuli] *m.* Jugo de una sustancia cocida y pasada por un colador.
coulisse [kulis] *f.* **1** Corredera, ranura. **2** THÉÂT. Bastidor *m.* **3** Jareta (en couture). **4** Bolsín *m.* (de la Bourse).
couloir [kulwaʀ] *m.* Corredor, pasillo.
coup [ku] *m.* **1** Golpe. Loc. ***~ de balai,*** escobazo; ***d'épée,*** estocada *f.*; ***~ de fouet,*** latigazo; ***~ de griffe,*** arañazo, zarpazo; ***~ d'œil,*** ojeada *f.*, vistazo; ***~ de pied,*** puntapié, patada *f.*; ***~ de poing,*** puñetazo; ***~ de vent,*** ráfaga *f.*; ***~ de folie,*** arranque de locura; ***~ de foudre,*** flechazo, enamoramiento súbito; ***~ de tête,*** calaverada *f.*, acción *f.* desesperada; ***~ de chance,*** chiripa *f.*, suerte *f.*; ***~ d'État,*** golpe de Estado; ***donner un ~ de main,*** echar una mano; ***faire d'une pierre deux coups,*** matar dos pájaros de un tiro; ***manquer son ~,*** errar el golpe. **2** Herida *f.* (blessure). **3** Disparo, tiro. **4** Trago, sorbo. **5** Jugada *f.* (jeu). **6** Vez *f.* (fois). **7** MÉC. ***~ de piston,*** embolada *f.* **8** *loc. adv.* ***À ~ sûr,*** sobre seguro; ***sur le ~,*** en el acto; ***tout d'un ~, tout à ~,*** de repente.
coupable [kupabl(ə)] *adj.-s.* Culpable.
coupage [kupaʒ] *m.* Mezcla *f.* de vinos.
coupant, -ante [kupɑ̃, -ɑ̃t] *adj.* **1** Cortante. **2** fig. Tajante, autoritario, ria. ■ **3** *m.* Filo, corte.
coupe [kup] *f.* **1** Copa (verre à boire, trophée). **2** Taza; pila, pilón *m.* (vasque). **3** LITURG. Cáliz *m.* **4** Corte *m.* (action, manière de couper). **5** Corte *m.*, sección (dessin). **6** Tala

(d'arbres). 7 Siega (de céréales). 8 Corte *m.*, alza (aux cartes).
coupé [kupe] *m.* Cupé (voiture).
coupe-circuit [kupsiʀkɥi] *m. invar.* Fusible.
coupe-file [kupfil] *m. invar.* Pase, permiso de circulación.
coupe-gorge [kupgɔʀʒ(ə)] *m. invar.* 1 Lugar poco seguro. 2 fig. Ladronera *f.*
coupe-ongles [kupɔ̃gl] *m. invar.* cortaúñas.
coupe-papier [kuppapje] *m. invar.* Plegadera *f.*
couper [kupe] *tr.* 1 Cortar. 2 Talar (arbres). 3 Segar (céréales). 4 Fallar (cartes). 5 Aguar (un liquide). ■ 6 *intr.* Cortar. 7 Cortar, alzar (cartes). 8 Atajar (par le plus court chemin). ■ 9 *pr.* Cortarse.
couperet [kupʀɛ] *m.* Cuchilla *f.*
couple [kupl(ə)] 1 *m.* Pareja *f.* (de personnes, d'animaux). ■ *f.* 2 Traílla (de chiens). 3 MAR. Cuaderna *f.* 4 PHYS., MÉC. Par.
couplet [kuplɛ] *m.* 1 Copla *f.*, tonadilla *f.* 2 Estrofa *f.* (d'une chanson).
coupole [kupɔl] *f.* Cúpula.
coupon [kupɔ̃] *m.* 1 Retal (de tissu). 2 COMM. Cupón: ***coupon-réponse,*** cupón de respuesta.
coupure [kupyʀ] *f.* 1 Corte *m.*, cortadura. 2 Billete *m.* de banco fraccionario. 3 Corte *f.* (dans un texte, un film; d'électricité, etc.).
cour [kuʀ] *f.* 1 Patio *m.* (d'une maison). 2 Corral *m.* (d'une ferme). 3 Corte (d'un souverain). 4 Corte, galanteo *m.* 5 Tribunal *m.* 6 THÉÂT. ***Côté ~,*** lado del escenario de la derecha del espectador.
courage [kuʀaʒ] *m.* Valor ánimo.
courageux, -euse [kuʀaʒø, -øz] *adj.* Valeroso, sa, animoso, sa.
couramment [kuʀamɑ̃] *adv.* 1 De corrido (parler). 2 Corrientemente.
courant, -ante [kuʀɑ̃, -ɑ̃t] *adj.* 1 Corriente. 2 Corriente (mois, année). 3 Corredor: ***chien ~,*** perro corredor. ■ 4 *m.* Transcurso. 5 Corriente *f.* (eau, etc.). 6 ***Être au ~,*** estar al corriente. ■ 7 *f.* Letra inglesa, cursiva. 8 pop. Diarrea *f.*
courbature [kuʀbatyʀ] *f.* Agujetas *pl.*
courber [kuʀbe] *tr.* 1 Encorvar. 2 Doblar, bajar, inclinar (les genoux, la tête, etc.). ■ 3 *intr.* Doblarse. ■ 4 *pr.* Encorvarse. 5 fig. Doblegarse, humillarse.
courbure [kuʀbyʀ] *f.* Curvatura.
coureur, -euse [kuʀœʀ, -øz] *adj.-s.* 1 Corredor, ra. 2 ***~ de cafés,*** frecuentador de cafés; ***~ de dots,*** cazador de dotes. ■ 3 *f.* Buscona.
courge [kuʀʒ(ə)] *f.* Calabaza.
courir [kuʀiʀ] *intr.* 1 Correr. 2 Vagabundear. ■ 3 *tr.* Correr: ***~ le cerf,*** correr el ciervo. 4 Perseguir. 5 Recorrer. 6 Frecuentar (fréquenter). ▲ CONJUG. IRREG. INDIC. Pres.: ***je cours, tu cours, il court, nous courons, vous courez, ils courent.*** Imperf.: ***je courais,*** etc. Pret. indef.: ***je courus,*** etc. Fut. imperf.: ***je courrai,*** etc. POT.: ***je courrais,*** etc. SUBJ. Pres.: ***que je coure,*** etc. Imperf. ***que je courusse,*** etc. IMPER.: ***cours, courons, courez.*** PART. A.: ***courant.*** PART. P.: ***couru, ue.***
couronne [kuʀɔn] *f.* Corona.
couronner [kuʀɔne] *tr.* Coronar.
courrier [kuʀje] *m.* Correo.
courroie [kuʀwɑ(a)] *f.* Correa.
courroux [kuʀu] *m.* Cólera *f.*, furor.
cours [kuʀ] *m.* 1 Curso. Loc. ***~ d'eau,*** río; fig. ***donner libre ~ à,*** dar curso a, dar rienda suelta a. 2 Transcurso. ***L'année en ~,*** en el año en curso. 3 Precio, cotización *f.* (prix). 4 Curso: ***~ de physique,*** curso de física. 5 Clase *f.*: ***cours particuliers,*** clases particulares. 6 Academia *f.* (établissement). 7 Paseo, alameda *f.* (promenade).
course [kuʀs(ə)] *f.* 1 Carrera (action de courir, compétition). 2 ***~ de taureaux,*** corrida. 3 Trayecto *m.*,

recorrido *m.* (trajet); curso *m.* (des astres).
court, courte [kuR, kuRt(ə)] *adj.* **1** Corto, ta. **2** Cortado, da, turbado, da. ■ **3** *adv.* Corto. **4** Secamente, bruscamente, súbitamente. *loc. adv.* ***Tout ~,*** simplemente, a secas.
courtage [kuRtaʒ] *m.* Corretaje.
courtaud, -aude [kuRto, -od] *adj.-s.* Rechoncho, cha.
court-circuit [kuRsiRkɥi] *m.* Corto circuito.
courtier, -ière [kuRtje, -jɛR] *s.* Corredor, ra, comisionista.
courtisan [kuRtizɑ̃] *m.* Cortesano.
courtiser [kuRtize] *tr.* Cortejar.
courtois, -oise [kuRtwa, -waz] *adj.* Cortés, esa.
cousin, -ine [kuzɛ̃, -in] *s.* **1** Primo, ma. ■ **2** *m.* Mosquito (moustique).
coussin [kusɛ̃] *m.* **1** Cojín. **2** MÉC. Almohadilla *f.*
coussinet [kusinɛ] *m.* **1** Cojincillo. **2** MÉC. Cojinete.
cousu, -ue [kuzy] *adj.* **1** Cosido, da. **2** fig. ~ ***d'or,*** muy rico.
coût [ku] *m.* Coste, costo.
couteau [kuto] *m.* **1** Cuchillo (de table, etc.), navaja *f.* (pliant). **2** Navaja *f.* (coquillage).
coutelas [kutlɑ̃] *m.* Machete, cuchilla *f.*
coutellerie [kutɛlRi] *f.* Cuchillería.
coûter [kute] *intr.* Costar.
coûteux, -euse [kutø, -øz] *adj.* Costoso, sa.
coutume [kutym] *f.* **1** Costumbre, uso *m.* **2** ***Avoir ~ de,*** tener la costumbre de.
coutumier, -ière [kutymje, -jɛR] *adj.* **1** Que tiene costumbre de. **2** DR. Consuetudinario, ria.
couture [kutyR] *f.* **1** Costura. **2** Costurón *m.*, cicatriz.
couturier [kutyRje] *m.* Modista, sastre de señoras.
couturière [kutyRjɛR] *f.* Modista, costurera.
couvée [kuve] *f.* **1** Pollazón, nidada, pollada. **2** fig. Prole.
couvent [kuvɑ̃] *m.* Convento.
couver [kuve] *tr.* **1** Empollar, incubar. **2** fig. Tramar, urdir, abrigar. **3** fam. ~ ***quelqu'un,*** mimar a alguien. ■ **4** *intr.* fig. Estar latente.
couvercle [kuvɛRkl(ə)] *m.* Tapa *f.*, tapadera *f.*
couvert, -erte [kuvɛR, -ɛRt(ə)] *adj.* **1** Cubierto, ta. **2** Vestido, da, abrigado, da. **3** Tapado, da, encubierto, ta: ***mots couverts,*** palabras encubiertas. **4** Cubierto, ta, nublado, da (ciel). ■ **5** *m.* Cubierto (ustensiles de table). **6** Comida *f.* (nourriture). **7** Albergue, hospitalidad. *loc. adv.* ***À ~,*** bajo techado, al abrigo, a cubierto.
couverture [kuvɛRtyR] *f.* **1** Cubierta (pour couvrir). **2** Cobertor *m.*, manta (de lit). **3** Forro *m.*, tapas *pl.* (d'un livre). **4** COMM. Cobertura, garantía.
couveuse [kuvøz] *f.* **1** Clueca (poule). **2** Incubadora (appareil).
couvre-feu [kuvRəfø] *m.* Queda *f.*
couvre-lit [kuvRəli] *m.* Cubrecama.
couvrir [kuvRiR] *tr.* **1** Cubrir. **2** Tapar (avec un couvercle). **3** Arropar, abrigar (avec un vêtement). **4** Forrar (un livre). **5** Cubrir, recorrer (parcourir). ■ **6** *pr.* Cubrirse. **7** Nublarse, encapotarse. ▲ CONJUG. como ***offrir.***
crabe [kRɑ(a)b] *m.* Cangrejo de mar.
cracher [kRaʃe] *tr.-intr.* Escupir.
crachoir [kRaʃwaR] *m.* Escupidera *f.*
craie [kRɛ] *f.* **1** Creta, yeso *m.* **2** Tiza.
craindre [kRɛ̃dR(ə)] *tr.* **1** Temer. **2** Sufrir con, ser perjudicado, da por. ▲ CONJUG. IRREG. INDIC. Pres.: ***je crains, tu crains, il craint, nous craignons, vous craignez, ils craignent.*** Imperf.: ***je craignais,*** etc. Pret. indef.: ***je craignis,*** etc. Fut. imperf.: ***je craindrai,*** etc. POT.: ***je craindrais,*** etc. SUBJ. Pres.: ***que je craigne,*** etc. Imperf.: ***que je craignisse,*** etc. IMPER.: ***crains, craignons, craignez.*** PART. A.: ***craignant.*** PART. P.: ***craint, crainte.***

crainte [kʀɛ̃t] *f.* Temor *m.*
craintif, -ive [kʀɛ̃tif, -iv] *adj.* Temeroso, sa, medroso, sa.
cramoisi, -ie [kʀamwazi] *adj.* Carmesí.
crampe [kʀɑ̃p] *f.* MÉD. Calambre *m.*
cramponner [kʀɑ̃pɔne] *tr.* 1 Lañar, engrapar. 2 fig. fam. Fastidiar. ■ 3 *pr.* Agarrarse (à une personne ou à une chose).
cran [kʀɑ̃] *m.* 1 Muesca *f.* 2 MÉC. ~ ***d'arrêt,*** seguro (arme), muelle (couteau). 3 Punto (d'une ceinture). 4 fig. Grado. 5 fam. ***Avoir du ~,*** tener arrojo.
crâne [kʀɑn] *m.* 1 ANAT. Cráneo. ■ 2 *adj.* Arrogante, valentón, ona.
crapaud [kʀapo] *m.* 1 Sapo. 2 Sillón muy bajo (fauteuil). 3 VÉTÉR. Galápago.
crapule [kʀapyl] *f.* 1 Crápula. 2 Gente crapulosa. 3 Pillo *m.,* bribón *m.*
craque [kʀak] *f.* pop. Bola, embuste *m.*
craqueler [kʀakle] *tr.* Agrietar, resquebrajar. ▲ CONJUG. como ***appeler.***
craquer [kʀake] *intr.* 1 Chasquear, crujir. 2 fig. Tambalearse, desmoronarse.
craqueter [kʀakte] *intr.* Chisporrotear, castañetear. ▲ CONJUG. como ***appeler.***
crasse [kʀɑs] *f.* 1 Mugre. 2 fam. Charranada, mala jugada (vilain tour). ■ 3 *adj.* Craso, sa.
crasseux, -euse [kʀasø, -øz] *adj.* Mugriento, ta.
cratère [kʀatɛʀ] *m.* 1 Cráter (de volcan). 2 Crátera *f.* (coupe).
cravache [kʀavaʃ] *f.* Fusta.
cravate [kʀavat] *f.* Corbata.
crayon [kʀɛjɔ̃] *m.* 1 Lápiz. 2 Dibujo al lápiz (dessin).
crayonner [kʀɛjɔne] *tr.* 1 Dibujar al lápiz. 2 Bosquejar.
créancier, -ière [kʀeɑ̃sje, -jɛʀ] *s.* Acreedor, ra.
créateur, -trice [kʀeatœʀ, -tʀis] *adj.-s.* Creador, ra.
créature [kʀeatyʀ] *f.* Criatura.
crèche [kʀɛʃ] *f.* 1 Pesebre *m.* (mangeoire). 2 Casa cuna (pour enfants). 3 Nacimiento *m.,* belén *m.* (de Noël).
crédit [kʀedi] *m.* 1 Crédito. 2 Haber (d'un compte).
créditer [kʀedite] *tr.* Acreditar, abonar.
créditeur, -trice [kʀeditœʀ, -tʀis] *adj.-s.* COMM. Acreedor, ra.
crédulité [kʀedylite] *f.* Credulidad.
créer [kʀee] *tr.* Crear.
crémaillère [kʀemajɛʀ] *f.* 1 Llares *pl.* Loc. ***Pendre la ~,*** estrenar la casa. 2 MÉC. Cremallera.
crématoire [kʀematwaʀ] *adj.* Crematorio, ria.
crématorium [kʀɛmatɔʀjɔm] *m.* crematorio.
crème [kʀɛm] *f.* 1 Nata. 2 Crema, natillas *pl.* 3 Licor *m.* 4 fig. ***La ~,*** la flor y nata. 5 Crema: ~ ***à raser,*** crema de afeitar. ■ 6 *adj.* Crema.
crémerie [kʀɛmʀi] *f.* Lechería, mantequería.
crémeux, -euse [kʀemø, -øz] *adj.* Mantecoso, sa, con mucha nata.
créneau [kʀeno] *m.* Almena: Loc. fam. ***faire un ~,*** aparcar; ***monter au ~,*** tomar cartas en el asunto.
créneler [kʀɛ(e)nle] *tr.* 1 Almenar. 2 Dentar (denteler). 3 Acordonar (monnaies). ▲ CONJUG. como ***appeler.***
créole [kʀeɔl] *adj.-s.* Criollo, lla.
crêpe [kʀɛp] *m.* 1 Crespón, crep. 2 Gasa *f.* (de deuil). 3 Crepé (caoutchouc). ■ 4 *f.* Hojuela (galette).
crêper [kʀepe] *tr.* 1 Encrespar. 2 Cardar (les cheveux).
crépi [kʀepi] *m.* Enlucido.
crépitation [kʀepitɑsjɔ̃] *f.,* **crépitement** [kʀepitmɑ̃] *m.* 1 Chisporroteo *m.,* crepitación *f.* 2 MÉD. Crepitación *f.*
crépon [kʀepɔ̃] *m.* Crespón.
crépu, -ue [kʀepy] *adj.* Crespo, pa.

crépuscule [kʀepyskyl] *m.* Crepúsculo.
cresson [kʀesɔ̃] *m.* Berro.
crétacé, -ée [kʀetase] *adj.-m.* GÉOL. Cretáceo, cea.
crête [kʀɛt] *f.* Cresta.
crête-de-coq [kʀɛtdəkɔk] *f.* Moco *m.* de pavo.
crétin, -ine [kʀetɛ̃, -ɪn] *adj.-s.* Cretino, na.
cretonne [kʀətɔn] *f.* Cretona.
creuser [kʀøze] *tr.* **1** Cavar, excavar. **2** Abrir (un sillon). ■ **3** *pr.* fig. ***Se ~ la cervelle,*** devanarse los sesos.
creuset [kʀøzɛ] *m.* Crisol.
creux, -euse [kʀø, -øz] *adj.* **1** Hueco, ca, vacío, ía. **2** Hondo, da. **3** Hundido, da. **4** Hueco, ca. ■ **5** *m.* Hueco.
crevaison [kʀəvɛzɔ̃] *f.* Pinchazo *m.*
crevasse [kʀəvas] *f.* Grieta.
crevé, -ée [kʀəve] *adj.* pop. Reventado, da (fatigué).
crève-cœur [kʀɛvkœʀ] *m. invar.* Disgusto, pesar, despecho.
crever [kʀəve] *tr.* **1** Reventar: *~* ***les yeux,*** reventar los ojos. ■ **2** *intr.* Reventar, reventarse: *~* ***d'orgueil,*** reventar de orgullo. **3** fam. Morirse: *~* ***de faim, de soif,*** morirse de hambre, de sed. **4** Pinchar (un pneu). ■ **5** *pr.* fam. Reventarse, matarse. ▲ CONJUG. como ***acheter.***
crevette [kʀəvɛt] *f.* Camarón *m.,* quisquilla (grise), gamba (rose et grosse).
cri [kʀi] *m.* **1** Grito. **2** Chillido (aigu, perçant). **3** Clamor (de protestation). **4** Voz *f.* (des animaux). **5** Pregón (d'un marchand). **6** Chirrido (grincement).
criaillerie [kʀi(j)ɑjʀi] *f.* Gritos *m. pl.,* quejas *pl.* importunas.
criant, -ante [kʀijɑ̃, -ɑ̃t] *adj.* fig. Irritante, indignante, escandaloso, sa (choquant).
criard, -arde [kʀijaʀ, -aʀd(ə)] *adj.-s.* **1** Gritón, ona, regañón, ona. ■ **2** *adj.* Chillón, ona.
crible [kʀibl(ə)] *m.* Criba *f.*
cribler [kʀible] *tr.* **1** Cribar, ahechar. **2** fig. Acribillar: *~* ***de balles,*** acribillar a balazos.
cricri [kʀikʀi] *m.* Grillo.
criée [kʀije] *f.* Almoneda.
crier [kʀije] *intr.* **1** Gritar, vocear, chillar. **2** Clamar. **3** Chirriar, rechinar (grincer). ■ **4** *tr.* Gritar. **5** Proclamar, clamar. **6** Pregonar (rendre public). ▲ CONJUG. como ***prier.***
crime [kʀim] *m.* Crimen.
criminel, -elle [kʀiminɛl] *adj.-s.* Criminal.
crin [kʀɛ̃] *m.* Crin *f.,* cerda *f.*
crinière [kʀinjɛʀ] *f.* **1** Crines *pl.* (du cheval). **2** Melena.
crique [kʀik] *f.* Cala.
criquet [kʀikɛ] *m.* Langosta *f.,* saltamontes.
crise [kʀiz] *f.* Crisis.
crisper [kʀispe] *tr.* **1** Crispar. **2** Irritar.
crisser [kʀise] *intr.* **1** Crujir (soie, sable). **2** Rechinar (dents).
cristallerie [kʀistalʀi] *f.* Cristalería.
cristalliser [kʀistalize] *tr.-intr.* Cristalizar.
critère [kʀitɛʀ], **critérium** [kʀiteʀjɔm] *m.* Criterio.
critique [kʀitik] *adj.* **1** Crítico, ca. ■ **2** *m.* Crítico. ■ **3** *f.* Crítica.
critiquer [kʀitike] *tr.* Criticar.
croassement [kʀɔasmɑ̃] *m.* Graznido.
croc [kʀo] *m.* **1** Garfio (crochet). **2** MAR. Bichero. **3** Colmillo puntiagudo (dent).
croche [kʀɔʃ] *f.* MÚS. Corchea.
crochet [kʀɔʃɛ] *m.* **1** Gancho, garfio. **2** Ganzúa *f.* (pour serrures). **3** Ganchillo (aiguille), crochet, labor de punto (travail au crochet). **4** Rodeo (détour). **5** IMPR. Corchete. **6** SPORTS Gancho (boxe).
crochu, -ue [kʀɔʃy] *adj.* Ganchudo, da.
crocodile [kʀɔkɔdil] *m.* Cocodrilo.
croire [kʀwa(ɑ)ʀ] *tr.-intr.* **1** Creer. **2** Parecerle a uno. ■ **3** *pr.* Creerse. ▲ CONJUG. IRREG. INDIC. Pres.: ***je crois,***

tu crois, il croit, nous croyons, vous croyez, ils croient. Imperf.: *je croyais,* etc. Pret. indef.: *je crus,* etc. Fut. imperf.: *je croirai,* etc. POT.: *je croirais,* etc. SUBJ. Pres.: *que je croie, que tu croies, qu'il croie, que nous croyions, que vous croyiez, qu'ils croient.* Imperf.: *que je crusse,* etc. IMPER.: *crois, croyons, croyez.* PART. A.: *croyant.* PART. P.: *cru, crue.*

croisade [kRwazad] *f.* Cruzada.

croisée [kRwaze] *f.* 1 Ventana. 2 Encrucijada (des chemins).

croisement [kRwazmɑ̃] *m.* 1 Cruce. 2 Cruzamiento (de races).

croiser [kRwaze] *tr.* 1 Cruzar: ~ ***les doigts,*** cruzar los dedos. 2 Cruzarse. ■ 3 *intr.* MAR. Cruzar. ■ 4 *pr.* Cruzarse: ***se ~ les bras,*** cruzarse de brazos.

croiseur [kRwazœR] *m.* MAR. Crucero.

croisière [kRwazjɛR] *f.* Crucero *m.*

croissance [kRwasɑ̃s] *f.* Crecimiento *m.*

croissant, -ante [kRwasɑ̃, -ɑ̃t] *adj.* 1 Creciente. ■ 2 *m.* Media luna *f.* (lune). 3 Croissant, panecillo de hojaldre.

croissanterie [kRwasɑ̃tRi] *m.* Croissantería.

croître [kRwatR(ə)] *intr.* Crecer. ▲ CONJUG. IRREG. INDIC. Pres.: *je crois, tu crois, il croît, nous croissons, vous croissez, ils croissent.* Imperf. *je croissais,* etc. Pret. indef.: *je crûs,* etc. Fut. imperf.: *je croîtrai,* etc. POT.: *je croîtrais,* etc. SUBJ. Pres.: *que je croisse,* etc. Imperf.: *que je crûsse,* etc. IMPER.: *crois, croissons, croissez.* PART. A.: *croissant.* PART. P.: *crû, crue.*

croix [kRwa] *f.* Cruz: ***le signe de la ~,*** la señal de la cruz.

croquant, -ante [kRɔkɑ̃, -ɑ̃t] *adj.* 1 Crujiente (qui croque sous la dent). ■ 2 *s.* péj. Paleto, ta (paysan).

croque-mitaine [kRɔkmitɛn] *m.* Coco, bu.

croque-mort [kRɔkmɔR] *m.* fam. Empleado de funeraria.

croquer [kRɔke] *intr.* 1 Crujir. ■ 2 *tr.* Chascar, ronzar, comer (manger). 3 PEINT. Bosquejar.

croquette [kRɔkɛt] *f.* Croqueta.

crosse [kRɔs] *f.* 1 ECCLÉS. Báculo *m.* pastoral, cayado *m.* 2 Cayado *m.* (bâton). 3 MIL. Culata

crotale [kRɔtal] *m.* Crótalo.

crotte [kRɔt] *f.* 1 Cagajón *m.,* cagarruta. 2 Barro *m.,* cazcarria (boue). 3 Bombón *m.* de chocolate.

crottin [kRɔtɛ̃] *m.* 1 Estiércol de caballo. 2 : ~ ***de chèvre,*** queso de cabra.

crouler [kRule] *intr.* Hundirse, desplomarse.

croupe [kRup] *f.* Grupa, ancas *pl.*

croupetons (à) [akRuptɔ̃] *loc. adv.* En cuclillas.

croupion [kRupjɔ̃] *m.* Rabadilla *f.*

croupir [kRupiR] *intr.* 1 Estancarse, corromperse (les eaux). 2 fig. Estar sumido, da en.

croupissant, -ante [kRupisɑ̃, -ɑ̃t] *adj.* Estancado, da, corrompido, da.

croustillant, -ante [kRustijɑ̃, -ɑ̃t] *adj.* 1 Que cruje al ser mascado. 2 fig. Picante, libre, picaresco, ca (amusant).

croûte [kRut] *f.* 1 Corteza (du pain, du fromage). 2 Empanada. 3 ~ ***terrestre,*** corteza terrestre. 4 MÉD. Costra, postilla.

croûton [kRutɔ̃] *m.* 1 Cuscurro (de pain). 2 Pedacito de pan frito.

croyable [kRwajabl(ə)] *adj.* Creíble.

croyance [kRwajɑ̃s] *f.* Creencia, fe.

cru [kRy] *m.* AGR. Viñedo (vignoble), terruño, tierra *f.,* país (terroir): ***vin du ~,*** vino del país; ***les gens du ~,*** las gentes del lugar.

cru, crue [kRy] *adj.* Crudo, da.

cruauté [kRyote] *f.* Crueldad.

cruche [kryʃ] *f.* **1** Botijo *m.* (à bec). **2** Cántaro *m.* **3** fam. Mentecato, ta, cernícalo, la.
crucifier [krysifje] *tr.* Crucificar. ▲ CONJUG., como ***prier.***
crudité [krydite] *f.* **1** Crudeza. ■ **2** *pl.* Alimentos *m.* crudos.
crue [kry] *f.* Crecida (d'un cours d'eau).
cruel, -elle [kryɛl] *adj.* Cruel.
crustacé [krystase] *m.* Crustáceo.
crypte [kript(ə)] *f.* Cripta.
cube [kyb] *m.* **1** GÉOM., MATH . Cubo. ■ **2** *adj.* Cúbico, ca.
cubique [kybik] *adj.* GÉOM. Cúbico, ca: ***racine* ~,** raíz cúbica.
cubisme [kybism(ə)] *m.* BX. ARTS. Cubismo.
cueillir [kœjir] *tr.* **1** Coger (fruits, fleurs, plantes). **2** fam. Coger, atrapar, pillar (un voleur). ▲ CONJUG. IRREG. INDIC. Pres.: ***je cueille, tu cueilles, il cueille, nous cueillons, vous cueillez, ils cueillent.*** Imperf.: ***je cueillais,*** etc. Pret. indef.: ***je cueillis,*** etc. Fut. imperf.: ***je cueillerai,*** etc. POT .: ***je cueillerais,*** etc. SUBJ. Pres.: ***que je cueille,*** etc. Imperf.: ***que je cueillise,*** etc. IMPER. : ***cueille, cueillons, cueillez.*** PART. A. : ***cueillant.*** PART. P. : ***cueilli, cueillie.***
cuiller, cuillère [kɥijɛr] *f.* Cuchara.
cuillerée [kɥi(e)re] *f.* Cucharada.
cuir [kɥir] *m.* **1** Cuero. **2** Piel *f.* (peau tannée). **3** fig. fam. Error de pronunciación.
cuirassé, -ée [kɥirase] *adj.* **1** Acorazado, da. ■ **2** *m.* Acorazado (navire).
cuirassier [kɥirasje] *m.* MIL. Coracero.
cuire [kɥir] *tr.* **1** Cocer (dans un liquide). **2** Asar (au four). **3** Freír (frire). **4** Cocer (porcelaine, briques, etc.). ■ **5** *intr.* Cocerse. **6** Escocer (douleur). ▲ CONJUG. como ***conduire.***
cuisant, -ante [kɥizɑ̃, -ɑ̃t] *adj.* **1** Agudo, da, punzante (douleur, etc.). **2** Acerbo, ba, hiriente (blessant).
cuisine [kɥizin] *f.* Cocina.
cuisiner [kɥizine] *intr.-tr.* Cocinar, guisar.
cuisinier, -ière [kɥisinje, -jɛr] *s.* **1** Cocinero, ra. ■ **2** *f.* Cocina (aparato).
cuisse [kɥis] *f.* **1** Muslo *m.* **2** Pierna (boucherie), muslo *m.* (volaille).
cuisson [kɥisɔ̃] *f.* **1** Cocción, cochura. **2** Escozor *m.* (douleur).
cuistre [kɥistr(ə)] *m.* fam. Pedante.
cuit, cuite [kɥi, kɥit] *adj.* **1** Cocido, da. ■ **2** *f.* TECHN. Cocción. **3** fam. Borrachera, curda (ivresse).
cuivre [kɥivr(ə)] *m.* Cobre.
cul [kyl] *m.* pop. Culo.
culasse [kylas] *f.* Culata.
culbute [kylbyt] *f.* **1** Voltereta (cabriole). **2** Caída (chute).
culbuter [kylbyte] *tr.* **1** Tumbar, derribar. **2** MIL. Derrotar. ■ **3** *intr.* Rodar por el suelo, caer. **4** Volcar.
culinaire [kylinɛr] *adj.* Culinario, ria.
culminant, -ante [kylminɑ̃, -ɑ̃t] *adj.* Culminante.
culot [kylo] *m.* **1** Casquillo (d'ampoule, de cartouche). **2** Residuo de metal en un criso, de tabaco en una pipa. **3** pop. Frescura f., aplomo, tupé, caradura f.
culotte [kylɔt] *f.* **1** Calzón *m.,* pantalón *m.* **2** Bragas *pl.* (de femme).
culotter [kylɔte] *tr.* **1** Poner los calzones. **2** Ennegrecer una pipa fumando, curar: ***pipe culottée,*** pipa curada.
culpabilité [kylpabilite] *f.* Culpabilidad.
culte [kylt(ə)] *m.* Culto.
cultivateur, trice [kyltivatœr, -tris] *adj.-s.* Labrador, ra, cultivador, ra.
cultivé, -ée [kyltive] *adj.* **1** Cultivado, da. **2** Culto, ta (une personne).
culture [kyltyr] *f.* **1** AGR. Cultivo *m.* **2** Cultura, instrucción (de l'esprit).

culturel, -elle [kyltyrɛl] *adj.* Cultural.
cumin [kymɛ̃] *m.* Comino.
cumul [kymyl] *m.* 1 Acumulación *f.*, cúmulo. 2 ~ ***d'emplois,*** pluriempleo.
cumuler [kymyle] *tr.* Acumular.
cupide [kypid] *adj.* Codicioso, sa, ávido, da.
curatif, -ive [kyʀatif, -iv] *adj.* Curativo, va.
cure [kyʀ] *f.* 1 MÉD. Cura, curación. 2 Curato *m.* (fonction de curé). 3 Casa del cura (presbytère).
curé [kyʀe] *m.* Cura párroco.
cure-dent [kyʀdɑ̃] *m.* Mondadientes.
curée [kyʀe] *f.* Encarne *m.*
cure-ongle [kyʀɔ̃gl(ə)] *m.* Limpiauñas.
curer [kyʀe] *tr.* Limpiar.
curieux, -euse [kyʀjø, -øz] *adj.-s.* 1 Curioso, sa. ■ 2 *adj.* Extraño, ña, raro, ra.
curiosité [kyʀjozite] *f.* Curiosidad.
cursif, -ive [kyʀsif, -iv] *adj.* Cursivo, va.
cutané, -ée [kytane] *adj.* Cutáneo, ea.
cuve [kyv] *f.* 1 Tina, tinaja. 2 Cuba.
cuver [kyve] *intr.* 1 Cocer (moût). 2 Fermentar (vin).
cuvette [kyvɛt] *f.* 1 Jofaina, palangana (de toilette). 2 Cubeta (de baromètre). 3 GÉOGR. Hondonada.
cyclamen [siklamɛn] *m.* Ciclamino, ciclamen.
cycle [sikl(ə)] *m.* Ciclo.
cyclisme [siklism(ə)] *m.* Ciclismo.
cycliste [siklist] *adj.-s.* Ciclista.
cyclone [siklon] *m.* Ciclón.
cygne [siɲ] *m.* Cisne.
cylindre [silɛ̃dʀ(ə)] *m.* Cilindro.
cymbale [sɛ̃bal] *f.* Címbalo *m.*
cynique [sinik] *adj.-s.* Cínico, ca.
cynisme [sinism(ə)] *m.* Cinismo.
cyprès [sipʀɛ] *m.* Ciprés.

D

d [de] *m.* 1 D *f.* 2 pop. ***Système D,*** despachaderas *f. pl.*
dactylographie [daktilɔgʀafi] *f.* Dactilografía, mecanografía.
dada [dada] *m.* 1 Caballo (lenguaje infantil). 2 fam. Manía *f.*, tema.
dadais [dadɛ] *m.* Bobo, necio.
dague [dag] *f.* 1 Daga (arme). 2 Mogote *m.* (de cerf).
daigner [deɲe] *tr.* Dignarse, servirse, tener a bien.
daim [dɛ̃] *m.* 1 Gamo. 2 Ante.
dais [dɛ] *m.* 1 Dosel, palio. 2 ARCHIT. Doselete.
dalle [dal] *f.* Losa.
daller [dale] *tr.* Enlosar.
daltonisme [daltɔnism(ə)] *m.* Daltonismo.
dam [dɑ̃] *m.* Daño, perjuicio.
damas [dama] *m.* 1 Damasco (toile). 2 Sable damasquino (arme).
damasser [damase] *tr.* Adamascar, damasquinar.
dame [dam] *f.* 1 Señora, dama. Loc. ***Faire la ~,*** dárselas de señora. 2 Reina, dama (jeu d'échecs, de dames, de cartes). Loc. ***Jeu de dames,*** juego de damas, damas. 3 ***Notre-Dame,*** Nuestra Señora. 4 *interj.* fam. ~!, ¡toma!, ¡vaya!
dame-jeanne [damʒɑn] *f.* Damajuana.
damer [dame] *tr.* 1 ~ ***le pion à quelqu'un,*** ganarle a uno por la mano. 2 TECHN. Apisonar.
damier [damje] *m.* Tablero (du jeu de dames).
damnable [dɑnabl(ə)] *adj.* Condenable.
damné, -ée [dɑne] *adj.-s.* Condenado, da, réprobo, ba.
damner [dɑne] *tr.* Condenar.
dandiner (se) [dɑ̃dine] *pr.* Contonearse, balancearse.
danger [dɑ̃ʒe] *m.* Peligro, riesgo.

dangereux, -euse [dɑ̃ʒrø, -øz] *adj.* Peligroso, sa.
danois, -oise [danwa, -waz] *adj.-s.* Danés, esa, dinamarqués, esa.
dans [dɑ̃] *prép.* **1** En (lieu sans mouvement): ***il y a une boucherie ~ la rue voisine,*** hay una carnicería en la próxima calle. **2** A (avec mouvement): ***il va d'une pièce ~ une autre,*** va de una habitación a otra. **3** Por (avec mouvement): ***se promener ~ un parc,*** pasearse por un parque. **4** Dentro de (délai): ***~ une semaine,*** dentro de una semana. **5** En (moment, époque): ***je pourrai réaliser ce projet ~ l'année,*** podré realizar este proyecto en el año. Loc. ***~ le temps,*** en otra época. **6** Por: ***arriver ~ l'après-midi,*** llegar por la tarde. **7** Entre: ***la maison s'écroula ~ les flammes,*** la casa se derrumbó entre llamas. **8** De acuerdo con: ***il agit ~ les règles,*** actúa de acuerdo con las reglas. **9** En (situation): ***il vit ~ l'oisiveté,*** vive en el ocio. **10** En: ***avoir confiance ~ la nation,*** tener confianza en la nación. **11** Alrededor, unos, unas (évaluation approximative): ***ce livre coûte ~ les vingt francs,*** este libro cuesta alrededor de los veinte francos.
dansant, -ante [dɑ̃sɑ̃, -ɑ̃t] *adj.* **1** Bailador, ra (qui danse). **2** Bailable (musique). **3** ***Thé, souper ~,*** té, cena con baile.
danse [dɑ̃s] *f.* **1** Danza, baile *m.* **2** MÉD. ***Danse de Saint-Guy,*** baile de San Vito.
danser [dɑ̃se] *intr.-tr.* Bailar, danzar.
danseur, -euse [dɑ̃sœʀ, -øz] *s.* **1** Bailador, ra. **2** Bailarín, ina (professionnel). **3** ***~ de corde,*** volatinero. **4** Pareja *f.* (cavalier, cavalière).
dard [daʀ] *m.* Aguijón (d'insectes), résped (du serpent).
darder [daʀde] *tr.* **1** Lanzar, arrojar (lancer). **2** fig. Irradiar (soleil). **3** Clavar, lanzar (un regard).
darse [daʀs(ə)] *f.* MAR. Dársena (bassin).
date [dat] *f.* Fecha. Loc. ***De longue ~,*** de muy antiguo; ***faire ~,*** hacer época.
dater [date] *tr.* **1** Fechar. ■ **2** *intr.* Datar: ***palais qui date de la Renaissance,*** palacio que data del Renacimiento. **3** Hacer época (faire date).
datif, -ive [datif, -iv] *adj.* **1** DR. Dativo, va. ■ **2** *m.* GRAM. Dativo.
datte [dat] *f.* Dátil *m.*
dattier [datje] *m.* Datilera *f.*
daube [dob] *f.* **1** CUIS. Adobo *m.* (préparation). **2** Adobado *m.*, estofado *m.*
dauphin [dofɛ̃] *m.* Delfín.
daurade [dɔʀad] *f.* Dorada.
davantage [davɑ̃taʒ] *adv.* **1** Más. **2** Más tiempo.
de [d(ə)] *prép.* **1** De (lieu d'où l'on vient, origine) ***il vient ~ la campagne,*** viene del campo. **2** De (temps): ***il est arrivé ~ nuit,*** llegó de noche en; ***il n'a rien de fait ~ la semaine,*** no ha hecho nada en toda la semana. **3** Por (rapport distributif, approximation, évaluation): ***gagner tant ~ l'heure,*** ganar tanto por hora. **4** De (appartenance): ***le livre ~ Paul,*** el libro de Pablo. **5** De (attribution ou provenance): ***je n'ai rien reçu ~ lui,*** no recibí nada de él. **6** De: ***il jouit du repos,*** goza del descanso; a: ***l'amour ~ la patrie,*** el amor a la patria; con: ***il rêve ~ ses vacances,*** sueña con las vacaciones. **7** (moyen) Con: ***frapper ~ la main,*** pegar con la mano; de: ***il vit ~ fruits,*** vive de frutas. **8** (cause, agent) De: ***pleurer ~ joie,*** llorar de alegría; por: ***être aimé ~ ses parents,*** ser querido por sus padres. **9** (manière) Con: ***manger ~ bon appétit,*** comer con buen apetito; de: ***il est photographié ~ profil,*** está retratado de perfil. **10** De (caractérisation, matière, contenu, qualité):

une barre ~ fer, una barra de hierro. **11** De (nom en apposition): ***la ville ~ Paris,*** la ciudad de París. **12** De (destination): ***à quelle heure passe le train ~ Paris?,*** ¿a qué hora pasa el tren de París? **13** De (nom attribut): ***traiter quelqu'un ~ lâche,*** tratar a uno de cobarde. **14** Devant un infinitif sujet ou complément direct, ne se traduit pas: ***il est facile ~ le dire,*** es fácil decirlo. **15** ***De ... à,*** desde... hasta; ***de... en,*** de... en.

dé [de] *m.* **1** Dedal (à coudre). **2** Dado.

déambuler [deɑ̃byle] *intr.* Deambular.

débâcle [debɑkl(ə)] *f.* **1** Deshielo *m.* (dégel). **2** fig. Desastre *m.,* derrota (défaite).

déballer [debale] *tr.* **1** Desembalar, desempacar. **2** fig. fam. Soltar (avouer).

débandade [debɑ̃dad] *f.* Desbandada.

débander [debɑ̃de] *tr.* **1** Desvendar (les yeux). ■ **2** Aflojar.

débarbouiller [debaʀbuje] *tr.* **1** Lavar la cara. ■ **2** *pr.* Lavarse la cara.

débarcadère [debaʀkadɛʀ] *m.* **1** Desembarcadero. **2** Muelle, descargadero (chemin de fer).

débarquer [debaʀke] *tr.* **1** Desembarcar (un bateau). ■ **2** *intr.* Desembarcar. **3** fam. Plantarse, llegar de improviso.

débarras [debaʀa] *m.* **1** Alivio, liberación *f.* **2** Trasera *f.* (cabinet).

débarrasser [debaʀase] *tr.* **1** Vaciar (une pièce). ■ **2** *pr.* Deshacerse, desembarazarse.

débat [deba] *m.* Debate.

débattre [debatʀ(ə)] *tr.* **1** Debatir, discutir. ■ pr. **2** Forcejear, bregar, resistir. ▲ CONJUG. como ***battre.***

débauché, -ée [deboʃe] *adj.* **1** Libertino, na, vicioso, sa. ■ **2** *s.* Perdido, da, juerguista. ■ **3** *f.* Mujer de la vida.

débaucher [deboʃe] *tr.* **1** Despedir (renvoyer). **2** Hacer abandonar el trabajo (détourner d'un travail). **3** Corromper, pervertir. ■ **4** *pr.* Entregarse al libertinaje.

débile [debil] *adj.* **1** Débil, endeble, delicado, da. ■ **2** *s.* ***Un ~ mental,*** un atrasado mental.

débiliter [debilite] *tr.* Debilitar.

débiner [debine] *tr.* pop. **1** Denigrar, criticar. ■ **2** *pr.* pop. Largarse, pirárselas.

débit [debi] *m.* **1** Despacho, venta *f.* (vente). **2** Tienda *f.* (établissement). **3** Elocución *f.,* palabra *f.,* habla *f.* (d'un orateur). **4** Corte (du bois). **5** Caudal (d'un fleuve, d'une source, etc.). **6** COMM. Debe, débito (compte), salida *f.* de caja.

débiter [debite] *tr.* **1** Vender, despachar. **2** fig. Soltar, decir: ~ ***des mensonges,*** soltar mentiras. **3** Recitar, declamar. **4** Destazar, cortar en trozos (le bois). **5** Suministrar (une quantité de fluide). **6** COMM. Adeudar, cargar en cuenta.

débiteur, -trice [debitœʀ, -tʀis] *adj.-s.* Deudor, ra.

déblai [deblɛ] *m.* **1** Desmonte, escombra *f.* ■ **2** *pl.* Tierra *f. sing.,* escombros *m.*

déblatérer [deblateʀe] *intr.* fam. Despotricar. ▲ CONJUG. como ***accélérer.***

déblayer [debleje] *tr.* Escombrar, despejar.

déblocage [deblɔkaʒ] *m.* COMM. Desbloqueo, liberación *f.*

déboguer [debɔge] *tr.* INFORM. Suprimir los errores de un programa.

déboire [debwaʀ] *m.* Desengaño.

déboisement [debwazmɑ̃] *m.* Despoblación forestal *f.,* deforestación *f.,* desmonte.

déboiser [debwaze] *tr.* Desmontar, talar.

déboîter [debwate] *tr.* **1** Dislocar, desencajar (épaule). ■ **2** *intr.* Salirse de la fila (une voiture). ■ **3** *pr.* Desencajarse, dislocarse.

débonnaire [debɔnɛʀ] *adj.* **1** Bonachón, ona, buenazo, za. **2** fam. ***Père*** *~,* padrazo.
débordant, -ante [debɔʀdɑ̃, -ɑ̃t] *adj.* Desbordante, rebosante.
déborder [dbɔʀde] *intr.* **1** Desbordar, desbordarse. **2** Rebosar (un récipient). **3** fig. Rebosar: *~* ***de joie,*** rebosar de alegría. ■ **4** *tr.* Exceder, sobrepasar (un bord ou limite). **5** Destapar (le lit). ■ **6** *pr.* Desarroparse (en dormant).
débotter [debɔte] *tr.* Descalzar.
débouchage [debuʃaʒ] *m.* **1** Destapadura *f.*, descorche (des bouteilles). **2** Desobstrucción *f.*
déboucher [debuʃe] *tr.* **1** Destapar, destaponar, descorchar (une bouteille), desobstruir (un conduit). ■ **2** *intr.* Salir, surgir. **3** Desembocar (*sur,* en).
débouler [debule] *intr.* **1** Caer, rodar cuesta abajo (dans un escalier). ■ **2** *tr.* Rodar abajo.
déboursement [debuʀsmɑ̃] *m.* Desembolso.
débourser [debuʀse] *tr.* Desembolsar.
debout [dəbu] *adv.* **1** En pie, de pie. **2** Levantado, da. **3** MAR. ***Vent*** *~,* viento contrario. **4** *interj.* ¡Arriba!
déboutonner [debutɔne] *tr.* **1** Desabotonar, desabrochar. ■ **2** *pr.* Desabrocharse.
débrailler (se) [debʀɑje] *pr.* Despechugarse.
débrayer [debʀeje] *tr.* TECHN. Desembragar.
débrider [debʀide] *tr.* **1** Desembridar. **2** MÉD. Desbridar (une hernie).
débris [debʀi] *m.* **1** Pedazos *pl.* (d'une chose brisée). **2** Sobras *f. pl.,* despojos *pl.* (de la table). **3** Restos *pl.,* ruinas *f.*
débrouillard, -arde [debʀujaʀ, -aʀd(ə)] *adj.-s.* Listo, ta, despabilado, da.
débrouiller [debʀuje] *tr.* **1** Desenredar, desembrollar, desenmarañar. **2** fig. Esclarecer, aclarar (une affaire, etc.). ■ **3** *pr.* fig. fam. Arreglárselas, defenderse. **4** Despabilarse.
débroussailler [debʀusɑje] *tr.* Desbrozar.
début [deby] **1** *m.* Principio, comienzo: ***au*** *~,* al principio. **2** Salida *f.* (jeux). ■ **3** *pl.* THÉÂTR. Presentación *f. sing.* (d'un artiste), debut *sing.* (gallic, très employé).
débutant, -ante [debytɑ̃, -ɑ̃t] *adj.-s.* **1** Principiante. **2** THÉÂT. Debutante (gallic).
deçà [dəsa] *adv.* **1** De este lado, del lado de acá. *loc. adv.:* *~* ***et delà,*** de uno y de otro lado. **2** *loc. prép.* ***En*** *~* ***de,*** de este lado de (de ce côté-ci).
déca [deka] *m.* (*abrév.* décaféiné) fam. Descafeinado.
décacheter [dekaʃte] *tr.* Desellar, abrir. ▲ CONJUG. como ***jeter.***
décade [dekad] *f.* Década.
décadent, -ente [dekadɑ̃, -ɑ̃t] *adj.* Decadente.
décaféiné [dekafeine] *adj.-m.* Descafeinado.
décalage [dekalaʒ] *m.* **1** Descalce (des cales). **2** Diferencia *f.:* ***le*** *~* ***horaire,*** la diferencia horaria. **3** fig. Desfase.
décalcomanie [dekalkɔmani] *f.* Calcomanía.
décaler [dekale] *tr.* **1** Descalzar (ôter une cale). **2** Correr de sitio (déplacer). **3** Adelantar (avancer), retrasar (retarder).
décalquer [dekalke] *tr.* Calcar.
décamper [dekɑ̃pe] *intr.* **1** MIL. Decampar (lever le camp). **2** fam. Largarse.
décanter [dekɑ̃te] *tr.* Decantar.
décapiter [dekapite] *tr.* **1** Decapitar. **2** Desmochar (la tête d'un arbre).
décasyllabe [dekasi(l)ab] *adj.-m.* Decasílabo, ba.
décavé, -ée [dekave] *adj.-s.* **1** Desbancado, da (au jeu). **2** fam. Arruinado, da.

décéder [desede] *intr.* Fallecer. ▲ CONJUG. como ***accélérer.***
déceler [de(ɛ)sle] *tr.* 1 Descubrir. 2 Revelar. ▲ CONJUG. como ***acheter.***
décembre [desɑ̃bʀ(ə)] *m.* Diciembre.
décemment [desamɑ̃] *adv.* Decentemente.
décence [desɑ̃s] *f.* Decencia, decoro *m.*
décent, -ente [desɑ̃, -ɑ̃t] *adj.* Decente, decoroso, sa.
décentralisation [desɑ̃tʀalizasjɔ̃] *f.* Descentralización.
décentraliser [desɑ̃tʀalize] *tr.* Descentralizar.
décentrer [desɑ̃tʀe] *tr.* Descentrar.
déception [desɛpsjɔ̃] *f.* 1 Decepción. 2 Desengaño *m.* (désenchantement).
décerner [desɛʀne] *tr.* Otorgar, conceder: ~ ***un prix,*** otorgar un premio.
décès [desɛ] *m.* Fallecimiento.
décevoir [dɛswaʀ] *tr.* 1 Decepcionar. 2 Burlar, defraudar (la confiance, l'attente, les espérances de quelqu'un). 3 Engañar (tromper). ▲ CONJUG. como ***voir.***
déchaîner [deʃene] *tr.* 1 Desencadenar. ■ 2 *pr.* Desencadenarse, desenfrenarse.
déchanter [deʃɑ̃te] *intr.* fam. Bajar el tono, reducir sus pretensiones.
décharge [deʃaʀʒ(ə)] *f.* 1 Descargue *m.,* descarga. 2 Descarga (d'une arme, électrique). 3 Desagüadero *m.* (canal d'écoulement). 4 Liberación (d'une dette, d'une obligation). 5 ~ ***publique,*** vertedero *m.,* escombrera. 6 DR. Descargo *m.:* ***témoin à*** ~, testigo de descargo.
déchargement [deʃaʀʒəmɑ̃] *m.* Descarga *f.* (de marchandises).
décharger [deʃaʀʒe] *tr.* 1 Descargar. ■ 2 *pr.* Descargarse. ▲ CONJUG. como ***engager.***
décharné, -ée [deʃaʀne] *adj.* Descarnado, da, demacrado, da.
déchausser [deʃose] *tr.* 1 Descalzar (quelqu'un, un arbre). ■ 2 *pr.* Descalzarse. 3 Descarnarse (une dent).
dèche [dɛʃ] *f.* pop. Miseria, indigencia.
déchéance [deʃeɑ̃s] *f.* 1 Decadencia (morale), caída, decaimiento *m.* (physique). 2 Deposición, destronamiento *m.* (d'un roi). 3 Pérdida, caducidad (d'un droit).
déchet [deʃɛ] *m.* 1 Desperdicio. 2 fig. Deshecho (personne).
déchiffrer [deʃifʀe] *tr.* 1 Descifrar. 2 MUS. Repentizar.
déchiqueter [deʃikte] *tr.* 1 Desmenuzar. 2 Desgarrar. ▲ CONJUG. como ***jeter.***
déchirant, -ante [deʃiʀɑ̃, -ɑ̃t] *adj.* Desgarrador, ra.
déchirer [deʃiʀe] *tr.-intr.* Desgarrar, rasgar, romper (étoffe, papier, etc.), destrozar (mettre en morceaux). 2 Desollar, despedazar (quelqu'un).
déchoir [deʃwaʀ] Decaer, caer, descaecer, venir a menos. ▲ CONJUG. IRREG. INDIC. Pres.: ***je déchois, tu déchois, il déchoit, nous déchoyons, vous déchoyez, ils déchoient.*** Pret. indef.: ***je déchus,*** etc. Fut. imperf.: ***je décherrai,*** etc. POT.: ***je décherrais,*** etc. SUBJ. Pres.: ***que je déchoie,*** etc. SUBJ. Imperf.: ***que je déchusse,*** etc. PART. P.: ***déchu, ue.*** No se usa en los demás tiempos.
déchu, -ue [deʃy] *adj.* 1 Decaído, da, caído, da. 2 Desposeído, da.
décidé, -ée [deside] *adj.* Decidido, da, resuelto, ta (résolu).
décimal, -ale [desimal] *adj.* Decimal.
décimer [desime] *tr.* Diezmar.
décisif, -ive [desizif, -iv] *adj.* Decisivo, va.
décision [desizjɔ̃] *f.* Decisión.
déclamation [deklamɑsjɔ̃] *f.* Declamación.
déclamer [dekla(ɑ)me] *tr.-intr.* Declamar.

déclaration [deklaʀɑsjɔ̃] *f.* Declaración, manifestación.
déclarer [deklaʀe] *tr.* 1 Declarar. ■ 2 *pr.* Declararse.
déclassé, -ée [deklɑse] *adj.-s.* Sacado, da de su esfera, de su clase social.
déclasser [deklɑse] *tr.* 1 Desarreglar, desordenar, desclasificar. 2 fig. Sacar de su clase social. 3 Rebajar (rabaisser).
déclencher [deklɑ̃ʃe] *tr.* 1 MÉC. Soltar (un ressort). 2 fig. Poner en marcha, desencadenar (provoquer).
déclic [deklik] *m.* Disparador (d'une arme, d'un mécanisme).
déclin [deklɛ̃] *m.* Caída *f.,* ocaso, decadencia.
déclinaison [deklinɛzɔ̃] *f.* 1 ASTR., GRAM. Declinación. 2 COMM. Variedad de oferta de un mismo producto.
décliner [dekline] *intr.* 1 Debilitarse, decaer. 2 ASTR. Declinar. ■ 3 *tr.* GRAM. Declinar. 4 Rechazar, rehusar. 5 Presentar un mismo producto en diferentes versiones: ***la Twingo se décline en plusieurs couleurs,*** el Twingo se presenta en diversos colores.
déclouer [deklue] *tr.* Desclavar.
décocher [dekɔʃe] *tr.* 1 Disparar (une flèche). 2 Soltar (un coup de poing). 3 fig. Espetar (une remarque). 4 Lanzar (un regard).
décodeur [dekɔdœʀ] *m.* Descodificador.
décoiffer [dekwafe] *tr.* Despeinar.
décollage [dekɔlaʒ] *m.* Despegue.
décoller [dekɔle] *tr.* 1 Despegar, desencolar. ■ 2 *intr.* Despegar (un avion).
décolleté, -ée [dekɔlte] *adj.* 1 Escotado, da. ■ 2 *m.* Escote (d'une robe).
décolorer [dekɔlɔʀe] *tr.* 1 Descolorir (diminuer l'intensité de la couleur), descolorar (ôter la couleur). 2 Decolorar (les cheveux).
décombres [dekɔ̃bʀ(ə)] *m. pl.* 1 Escombros. 2 fig. Ruinas *f.*
décommander [dekɔmɑ̃de] *tr.* 1 Desencargar. 2 Anular, cancelar (une commande, une invitation).
décomposé, -ée [dekɔ̃poze] *adj.* Descompuesto, ta.
décomposer [dekɔ̃poze] *tr.* 1 Descomponer. ■ 2 *pr.* Descomponerse.
décomposition [dekɔ̃pozisjɔ̃] *f.* Descomposición.
décompter [dekɔ̃te] *tr.* 1 Descontar. 2 Detallar (un compte).
déconcerter [dekɔ̃sɛʀte] 1 *tr.* Desconcertar. ■ 2 *pr.* Turbarse.
déconfiture [dekɔ̃fityʀ] *f.* 1 Derrota, fracaso *m.* 2 fig. fam. Derrota, hundimiento *m.* (d'une équipe, d'un parti).
décongeler [dekɔ̃ʒle] *tr.* Descongelar, deshelar.
déconseiller [dekɔ̃seje] *tr.* Desaconsejar.
déconsidérer [dekɔ̃sideʀe] *tr.* Desacreditar, desprestigiar. ▲ CONJUG. como ***accélérer.***
décontenancer [dekɔ̃tnɑ̃se] *tr.* Turbar, desconcertar. ▲ CONJUG. como ***lancer.***
déconvenue [dekɔ̃vyn] *f.* Chasco *m.,* fracaso *m.,* contrariedad.
décor [dekɔʀ] *m.* 1 Decoración *f.,* adorno. 2 Ambiente, marco (cadre). 3 THÉÂT. Decorado.
décorateur, -trice [dekɔʀatœʀ, -tʀis] *s.* Decorador, ra.
décoration [dekɔʀɑsjɔ̃] *f.* 1 Decoración, adorno *m.* 2 Condecoración (insigne).
décorer [dekɔʀe] *tr.* 1 Decorar, adornar (orner). 2 Condecorar.
décorner [dekɔʀne] *tr.* 1 Descornar. 2 Deshacer el doblez de (carte de visite, etc.).
décortiquer [dekɔʀtike] *tr.* Descortezar (les arbres), descascarillar (une noix, une amande).
découcher [dekuʃe] *intr.* Dormir fuera de casa.

découdre [dekudʀ(ə)] *tr.* Descoser. ▲ CONJUG. como *coudre.*
découler [dekule] *intr.* **1** Chorrear, manar, fluir (couler peu à peu). **2** fig. Resultar, derivarse, desprenderse.
découpage [dekupaʒ] *m.* **1** Recorte, recortado (action de découper). **2** Trinchado (viande).
découper [dekupe] *tr.* **1** Trinchar (viande). **2** Recortar (des images, dans un journal, etc.).
découplé, -ée [dekuple] *adj. Bien ~,* airoso, bien plantado.
décourageant, -ante [dekuʀaʒɑ̃, -ɑ̃t] *adj.* Desalentador, ra.
décourager [dekuʀaʒe] *tr.* **1** Desalentar. ■ **2** *pr.* Desanimarse. ▲ CONJUG. como *engager.*
décousu, -ue [dekuzy] *adj.* **1** Descosido, da. **2** Deshilvanado, da (sans liaison).
découvert, -erte [dekuvɛʀ, -ɛʀt(ə)] *adj.* **1** Descubierto, ta. ■ **2** *m.* COMM. Descubierto. **3** *loc. adv. À ~,* al descubierto.
découverte [dekuvɛʀt(ə)] *f.* **1** Descubrimiento *m.* **2** Hallazgo *m.*
découvrir [dekuvʀiʀ] *tr.* **1** Descubrir. **2** Averiguar (après des recherches). **3** Destapar (ôter un couvercle). **4** Revelar, descubrir (faire connaître). ■ **5** *pr.* Descubrirse (pour saluer). **6** Despejarse (le ciel). ▲ CONJUG. como *offrir.*
décrasser [dekʀase] *tr.* **1** Limpiar, lavar a fondo, quitar la mugre de. **2** fig. Desbastar, desasnar, afinar (une personne).
décrépir [dekʀepiʀ] *tr.* **1** Quitar el enlucido de (un mur).
décrépitude [dekʀepityd] *f.* Decrepitud.
décréter [dekʀete] *tr.* **1** Decretar, ordenar. **2** Decidir, declarar. ▲ CONJUG. como *accélérer.*
décrier [dekʀije] *tr.* **1** Desacreditar, calumniar, criticar. **2** Depreciar. ▲ CONJUG. como *prier.*
décriminaliser [dekʀiminalize] *tr.* Descriminalizar.
décrire [dekʀiʀ] *tr.* Describir. ▲ CONJUG. como *prier.*
décrocher [dekʀɔʃe] *tr.* **1** Descolgar. **2** Desenganchar.
décroiser [dekʀwaze] *tr.* Descruzar.
décroître [dekʀwa(ɑ)tʀ(ə)] *intr.* **1** Decrecer, disminuir. **2** Menguar (la lune). ▲ CONJUG. como *croître,* excepto el part. p. que no toma acento.
décrotteur [dekʀɔtœʀ] *m.* Limpiabotas *invar.,* betunero.
décrue [dekʀy] *f.* Descenso *m.* (des eaux).
déçu, -ue [desy] *adj.* **1** Decepcionado, da. **2** Frustrado, da, defraudado, da.
décupler [dekyple] *tr.* **1** Decuplicar (augmenter dix fois). **2** fig. Centuplicar.
dédaigner [dedeɲe] *tr.* Desdeñar.
dédaigneux, -euse [dedɛɲø, -øz] *adj.* Desdeñoso, sa.
dedans [d(ə)dɑ̃] *adv.* **1** Dentro. *loc. adv. En ~,* adentro, dentro; *là ~,* allí dentro. **2** fam. *Mettre ~,* embaucar, engañar. ■ **3** *m.* Interior (d'une chose). *loc. adv. Au-dedans,* dentro, en el interior.
dédier [dedje] *tr.* **1** LITURG. Dedicar, consagrar. **2** Dedicar (une œuvre). ▲ CONJUG. como *prier.*
dédire [dediʀ] *tr.* **1** Desautorizar, desmentir. ■ **2** *pr.* Despedirse, retractarse. ▲ CONJUG. como *dire,* excepto las segundas personas del pres. de indic. y del imperativo que hacen *dédisez.*
dédit [dedi] *m.* **1** Revocación *f.* de la palabra dada, retractación *f.* **2** Suma *f.* que pierde el que no cumple un pacto.
dédommager [dedɔmaʒe] *tr.* **1** Indemnizar. **2** Resarcir (une perte). ■ **3** *pr.* Resarcirse. ▲ CONJUG. como *engager.*
dédoubler [deduble] *tr.* **1** Desdoblar. **2** Desaforrar (un vêtement).

déduction [dedyksjɔ̃] *f.* Deducción.
déduire [dedɥiʀ] *tr.* **1** Deducir. **2** Deducir, rebajar, descontar (d'une somme). ▲ CONJUG. como ***conduire.***
déesse [deɛs] *f.* Diosa.
défaillance [defajɑ̃s] *f.* **1** Desfallecimiento *m.*, desmayo *m.* **2** Falta, extinción (d'une chose). **3** DR. Incumplimiento *m.* **4** Debilidad, flaqueza (faiblesse).
défaillir [defajiʀ] *intr.* **1** Desfallecer, desmayarse. **2** Faltar (manquer). **3** Fallar (forces, etc.). **4** fig. Desanimarse (se décourager). ▲ CONJUG. como ***assaillir.*** Es def. y sólo se usa en los tiempos compuestos y en los siguientes: INDIC. Pres.: ***nous défaillons, vous défaillez, ils défaillent.*** Imperf.: ***je defaillais,*** etc. Pret. indef.: ***je défaillis,*** etc. PART. A.: defaillant. PART. P.: ***défailli.***
défaire [defɛʀ] *tr.* **1** Deshacer. ■ **2** pr. Deshacerse. **3** Deshacerse de (se débarraser de). ▲ CONJUG. como ***faire.***
défaite [defɛt] *f.* **1** MIL. Derrota. **2** Derrota, fracaso *m.* (échec).
défalquer [defalke] *tr.* Deducir, rebajar, descontar.
défaut [defo] *m.* **1** Falta *f.* (manque). **2** Defecto, tacha *f.*, falta *f.* (imperfection physique, morale). **3** *loc. prep.* ***À ~ de,*** a falta de.
défaveur [defavœʀ] *f.* **1** Desfavor *m.* **2** ***Être en ~,*** estar en desgracia.
défavorable [defavɔʀabl(ə)] *adj.* Desfavorable.
défectif, -ive [defɛktif, -iv] *adj.* GRAM. Defectivo, va.
défection [defɛksjɔ̃] *f.* Defección.
défendre [defɑ̃dʀ(ə)] *tr.* **1** Defender. **2** Prohibir. **3** Proteger, preservar (du froid). ■ **4** *pr.* Defenderse. **5** Negar (d'avoir fait quelque chose). **6** Contenerse, reprimirse. ▲ CONJUG. como ***rendre.***
défense [defɑ̃s] *f.* **1** Defensa. **2** Prohibición (interdiction). ■ **3** *pl.* Defensas (fortifications).
défenseur [defɑ̃sœʀ] *m.* Defensor, ra.
défensif, -ive [defɑ̃sif, -iv] *adj.* **1** Defensivo, va. ■ **2** *f.* Defensiva.
déféquer [defeke] *intr.* Defecar. ▲ CONJUG. como ***accélérer.***
déférence [defeʀɑ̃s] *f.* Deferencia, consideración.
déférent, -ente [defeʀɑ̃, -ɑ̃t] *adj.* Deferente.
défi [defi] *m.* Reto, desafío.
défiance [defjɑ̃s] *f.* Desconfianza.
défiant, -ante [defjɑ̃, -ɑ̃t] *adj.* Desconfiado, da, receloso, sa.
déficeler [defisle] *tr.* Desatar. ▲ CONJUG. como ***appeler.***
déficient, -ente [defisjɑ̃, -ɑ̃t] *adj.* Deficiente.
défier [defje] *tr.* **1** Desafiar, retar. ■ **2** *pr.* Desconfiar. ▲ CONJUG. como ***prier.***
défigurer [defigyʀe] *tr.* Desfigurar.
défilé [defile] *m.* **1** Desfiladero. **2** Desfile.
défiler [defile] *tr.* **1** Desensartar (des perles). ■ **2** *intr.* Desfilar (des troupes, etc.). **3** Sucederse.
défini, -ie [defini] *adj.* **1** Definido, da. **2** ***Article ~,*** artículo determinado, definido. **3** ***Passé ~,*** pretérito indefinido.
définir [definiʀ] *tr.* Definir, precisar.
définitif, -ive [definitif, -iv] *adj.* Definitivo, va.
déflagration [deflagʀɑsjɔ̃] *m.* Deflagración.
déflation [deflɑsjɔ̃] *f.* Deflación.
déflorer [deflɔʀe] *tr.* Desflorar.
défoncer [defɔ̃se] *tr.* **1** Desfondar (ôter le fond de). **2** Hundir (un toit, etc.). **3** Romper, llenar de baches. **4** MIL. Aplastar, arrollar (l'ennemi). ▲ CONJUG. como ***lancer.***
déformer [defɔʀme] *tr.* Deformar, desformar.
défraîchir [defʀeʃiʀ] *tr.* Ajar, deslucir.
défrayer [defʀeje] *tr.* Pagar el gasto, costear.
défricher [defʀiʃe] *tr.* Roturar.

défriper [defʀipe] *tr.* Desarrugar, alisar.
défriser [defʀize] *tr.* Desrizar, estirar.
défroncer [defʀɔ̃se] *tr.* Desfruncir. ▲ CONJUG. como ***lancer.***
défroqué, -ée [defʀɔke] *adj.* **1** Que ha colgado los hábitos. ■ **2** *m.* Religioso, monje que ha colgado los hábitos.
défunt, -unte [defœ̃, œ̃t] *adj.-s.* Difunto, ta.
dégagé, -ée [degaʒe] *adj.* **1** Libre. **2** fig. Despejado, da, desenvuelto, ta (air, allure). **3** Despejado, da (ciel, front). **4** Suelto, ta (style).
dégager [degaʒe] *tr.* **1** Desempeñar (un gage). **2** Soltar, sacar (main, doigt). **3** Dejar libre, despejar (un passage, une voie). **4** Desprender (odeur, gaz). **5** Retirar (sa parole). **6** Poner de relieve, de manifiesto. ■ **7** *pr.* Librarse (de ce qui gêne, d'un engagement). **8** Desprenderse (émaner). **9** fig. Ponerse en evidencia, desprenderse (se manifester). **10** Despejarse, desencapotarse (le ciel). ▲ CONJUG. como ***engager.***
dégarnir [degaʀniʀ] *tr.* **1** Desguarnecer. **2** Desamueblar. **3** AGR. Podar (un arbre). ■ **4** *pr.* Despoblarse (les cheveux).
dégât [degɑ] *m.* Estrago, daño, desperfecto.
dégauchir [degoʃiʀ] *tr.* **1** Desbastar, alisar (bois, pierre). **2** Desalabear.
dégeler [de(ɛ)ʒle] *tr.* **1** Deshelar. **2** fig. Desbloquear, descongelar (des crédits). **3** Alegrar, animar (quelqu'un). ■ **4** *intr.* Deshelarse. ▲ CONJUG. como ***accélérer.***
dégénérer [deʒeneʀe] *intr.* Degenerar. ▲ CONJUG. como ***accélérer.***
dégivrer [deʒivʀe] *tr.* Descongelar.
déglacer [deglase] *tr.* **1** Deshelar. **2** Deslustrar (du papier). ▲ CONJUG. como ***lancer.***
déglutition [deglytisjɔ̃] *f.* Deglución.
dégonfler [degɔ̃fle] *tr.* **1** Deshinchar. ■ **2** *pr.* Desinflarse.
dégorger [degɔʀʒe] *tr.* **1** Vomitar, devolver. **2** Desatascar (un tuyau). **3** Lavar (la laine). ■ **4** *intr.* Desbordarse, desaguar. ▲ CONJUG. como ***engager.***
dégourdir [deguʀdiʀ] *tr.* **1** Desentumecerse, desentorpearse. **2** fig. Despabilar, avispar. **3** Templar, entibiar (l'eau). ■ **4** *pr.* Desentumecerse. **5** fig. Despabilarse.
dégoût [degu] *m.* **1** Desgana *f.* **2** Asco, repugnancia *f.*
dégoûter [degute] *tr.* **1** Desganar (ôter l'appétit). **2** Repugnar, dar asco, asquear. ■ **3** *pr.* Hastiarse. **4** Desaficionarse.
dégradant, -ante [degʀadɑ̃, -ɑ̃t] *adj.* Degradante.
dégrader [degʀade] *tr.* **1** Degradar. **2** Deteriorar. ■ **3** *pr.* Degradarse, envilecerse. **4** Empeorarse (la situation).
dégrafer [degʀafe] *tr.* Desabrochar.
dégraisser [degʀese] *tr.* **1** Desengrasar. **2** Desgrasar (la laine). **3** Limpiar, quitar manchas (un vêtement).
degré [degʀe] *m.* **1** Grado. **2** Peldaño.
dégrever [degʀəve] *tr.* Desgravar. ▲ CONJUG. como ***acheter.***
dégringoler [degʀɛ̃gɔle] *intr.* **1** fam. Caer rodando. **2** fig. Venirse abajo.
dégrossir [degʀosiʀ] *tr.* Desbastar.
déguenillé, -ée [degnije] *adj.-s.* Andrajoso, sa, harapiento, ta.
déguerpir [degɛʀpiʀ] *intr.* Irse precipitadamente, largarse, salir pitando, huir.
déguiser [degize] *tr.* **1** Disfrazar. **2** fig. Desfigurar, cambiar (sa voix). **3** Encubrir.
dégustation [degystasjɔ̃] *f.* Degustación.
déguster [degyste] *tr.* **1** Catar, gustar, probar. **2** Saborear, paladear (savourer).

déhanchement [deɑ̃ʃmɑ̃] *m.* **1** Dislocación *f.* de caderas. **2** fig. Contoneo.
dehors [deɔʀ] *adv.* **1** Fuera, afuera: *loc. adv.* ***De, du*** *~,* de fuera, desde fuera. *loc. prép.* ***En*** *~* ***de ceci,*** fuera de esto, esto aparte. ■ **2** *m.* Exterior. *loc. adv.* ***Au*** *~,* afuera, en el exterior. ■ **3** *m. pl.* Apariencias *f.*
déifier [deifje] *tr.* **1** Deificar. **2** fig. Divinizar, endiosar. ▲ CONJUG. como ***prier.***
déité [deite] *f.* Deidad, divinidad.
déjà [deʒa] *adv.* Ya.
déjection [deʒɛksjɔ̃] *f.* Deyección.
déjeuner [deʒœne] *m.* **1** Almuerzo, comida *f.* (de midi). **2** Desayuno (du matin). **3** ***Petit*** *~,* desayuno.
déjeuner [deʒœne] *intr.* **1** Desayunar (prendre le petit déjeuner). **2** Almorzar, comer (à midi).
déjouer [deʒwe] *tr.* Desbaratar, frustrar, hacer fracasar (une intrigue).
déjuger (se) [deʒyʒe] *pr.* Rectificar un juicio, una decisión, volver atrás. ▲ CONJUG. como ***engager.***
delà [dəla] *prép.* **1** Allende, más allá de (generalmente precedido de las prep. ***au, en, par***). *loc. adv.* et *prép.* ***Au*** *~,* allende, más allá; ***en*** *~,* ***par*** *~* ***de,*** más allá, al otro lado de, más lejos que. **2** ***L'au-delà,*** el más allá, la otra vida.
délabrement [delɑ(a)bʀəmɑ̃] *m.* **1** Deterioro, ruina *f.*
délacer [dela(ɑ)se] *tr.* Desatar (les chaussures, etc.). ▲ CONJUG. como ***lancer.***
délai [delɛ] *m.* **1** Plazo, término. **2** Demora *f.*, dilación *f.*
délaissement [delɛsmɑ̃] *m.* Abandono.
délaisser [delese] *tr.* Abandonar.
délasser [delɑse] *tr.* **1** Descansar, solazar. ■ **2** *pr.* Descansar, solazarse.
délateur, -trice [delatœʀ, -tʀis] *adj.-s.* Delator, ra.
délayer [deleje] *tr.* Desleír, diluir.
délectable [delɛktabl(ə)] *adj.* Deleitoso, sa, deleitable.
délecter (se) [delɛkte] *pr.* Deleitarse, delectarse.
délégué, -ée [delege] *adj.-s.* Delegado, da, comisionado, da.
déléguer [delege] *tr.* Delegar. ▲ CONJUG. como ***accélérer.***
délester [delɛste] *tr.* Delastrar.
délétère [deletɛʀ] *adj.* Deletéreo, rea.
délibération [delibeʀɑsjɔ̃] *f.* Deliberación.
délibéré, -ée [delibeʀe] *adj.* **1** Deliberado. **2** Resuelto, ta, decidido, da (air).
délibérer [delibeʀe] *intr.* Deliberar. ▲ CONJUG. como ***accélérer.***
délicat, -ate [delika, -at] *adj.* **1** Delicado, da, frágil, sensible.
délicatesse [delikatɛs] *f.* **1** Delicadeza.
délicieux, -euse [delisjø, -øz] *adj.* Delicioso, sa.
délictueux, -euse [deliktɥø, -øz] *adj.* Delictuoso, sa, delictivo, va.
délié, -ée [delje] *adj.* **1** Fino, na, delgado, da, esbelto, ta. **2** fig. Sutil, penetrante. **3** Suelto, ta (style).
délier [delje] *tr.* **1** Desatar. **2** fig. Desligar (d'un serment). ▲ CONJUG. como ***prier.***
délimitation [delimitɑsjɔ̃] *f.* Delimitación.
délimiter [delimite] *tr.* Delimitar.
délinquant, -ante [delɛ̃kɑ̃, -ɑ̃t] *adj.-s.* Delincuente.
déliquescent, -ente [delikesɑ̃, -ɑ̃t] *adj.* **1** Delicuescente. **2** fig. Decadente.
délirant, -ante [deliʀɑ̃, -ɑ̃t] *adj.* Delirante.
délire [deliʀ] *m.* Delirio.
délirer [deliʀe] *intr.* Delirar, desvariar.
délit [deli] *m.* Delito.
délivrance [delivʀɑ̃s] *f.* **1** Liberación (d'un prisonnier, d'un pays). **2** fig. Alivio *m.* **3** Expedición (d'un document). **4** Entrega, concesión

(d'un permis). **5** Alumbramiento *m.* (accouchement).
délivrer [delivʀe] *tr.* **1** Liberar, libertar (un prisonnier, un pays). **2** Librar (du danger, du mal). **3** Expedir (un passeport, un certificat, etc.). **4** Entregar (une commande). ■ **5** *pr.* Librarse, liberarse.
déloger [delɔʒe] *tr.* Desalojar.
déloyal, -ale [delwajal] *adj.* Desleal.
déluge [delyʒ] *m.* Diluvio.
déluré, -ée [delyʀe] *adj.* Vivo, va, despierto, despabilado, da.
démagogue [demagɔg] *m.* Demagogo.
démailloter [demajɔte] *tr.* Quitar los pañales a.
demain [d(ə)mɛ̃] *adv.-m.* Mañana: ~ ***matin,*** mañana por la mañana. Loc. ~ ***il fera jour,*** mañana será otro día.
demande [d(ə)mɑ̃d] *f.* **1** Petición, ruego *m.* **2** Pregunta (question). **3** COMM. Pedido *m.,* encargo *m.* (commande); demanda. **4** DR. Demanda.
demander [d(ə)mɑ̃de] *tr.* **1** Preguntar (questionner). **2** Pedir. **3** Desear, querer (désirer). **4** Requerir, necesitar. **5** Llamar, preguntar por. **6** DR. Demandar. ■ **7** *pr.* Preguntarse.
démangeaison [demɑ̃ʒɛzɔ̃] *f.* **1** Comezón, picazón. **2** fig. Gana, prurito *m.*
démanteler [demɑ̃tle] *tr.* Desmantelar. ▲ CONJUG. como ***acheter.***
démantibuler [demɑ̃tibyle] *tr.* fam. Romper, dislocar, descomponer.
démarcation [demaʀkasjɔ̃] *f.* **1** Demarcación. **2** fig. Límite *m.,* separación.
démarche [demaʀʃ(ə)] *f.* **1** Paso *m.,* andares *m. pl.,* modo *m.* de andar (allure). **2** fig. Diligencia, gestión, trámite *m.*
démarrer [demaʀe] *tr.* **1** MAR. Desamarrar. ■ **2** *intr.* Arrancar (un véhicule).
démasquer [demaske] *tr.* **1** Desenmascarar. **2** MIL. Descubrir (une batterie).
démêlé [demele] *m.* Altercado, debate.
démêler [demele] *tr.* **1** Desenredar, desenmarañar (les cheveux). **2** Carmenar (la laine). **3** fig. Aclarar, desembrollar. **4** Discernir (distinguer). ■ **5** *pr.* Peinarse.
démembrer [demɑ̃bʀe] *tr.* Desmembrar.
déménager [demenaʒe] *tr.* **1** Trasladar (les meubles). ■ **2** *intr.* Mudarse (de domicile). ▲ CONJUG. como ***engager.***
démence [demɑ̃s] *f.* Demencia.
démener [dɛmne] *pr.* **1** Agitarse, forcejear. **2** fig. Menearse, ajetrearse. ▲ CONJUG. como ***acheter.***
dément, -ente [demɑ̃, -ɑ̃t] *adj.-s.* Demente.
démenti [demɑ̃ti] *m.* Mentís.
démentir [demɑ̃tiʀ] *tr.* Desmentir, contradecir. ▲ CONJUG. como ***mentir.***
démériter [demeʀite] *intr.* Desmerecer.
démesuré, -ée [deməzyʀe] *adj.* Desmesurado, da, desmedido, da.
démettre [demɛtʀ(ə)] *tr.* **1** Dislocar (un os). **2** Destituir (de ses fonctions). **3** DR. Desestimar. ■ **4** *pr.* Dislocarse (un os). **5** Dimitir. ▲ CONJUG. como ***mettre.***
demeure [dəmœʀ] *f.* **1** Morada, residencia (domicile), mansión, vivienda, alojamiento *m.* (logement). *loc. adv.* ***À*** ~, para siempre, de una manera estable. **2** DR. Demora. Loc. ***Mise en*** ~, intimación, requerimiento *m.*
demeurer [dəmœʀe] *intr.* **1** Residir, morar, vivir (habiter). **2** Quedar, permanecer (dans un endroit, dans un état). **3** Quedar (continuer à être).
demi, -ie [d(ə)mi] *adj.* **1** Medio, dia. ▲ Es invariable delante del sustantivo; varía después de él. *loc. adv.*

À ~, a medias, medio. ■ **2** *m.* Medio (une moitié). **3** Caña *f.* (verre de bière). ■ **4** *f.* Media unidad. **5** Media (heure).
demi-cercle [d(ə)misɛʀkl(ə)] *m.* Semicírculo.
demi-jour [d(ə)miʒuʀ] *m. invar.* Luz crepuscular *f.*, media luz *f.*
démilitariser [demilitaʀize] *tr.* Desmilitarizar.
demi-mesure [d(ə)mimzyʀ] *f.* **1** Media medida. **2** fig. Término *m.* medio.
demi-mondaine [d(ə)mimɔ̃dɛn] *f.* Mujer galante.
demi-mot (à) [admimo] *m. loc. adv.* A medias palabras.
démis, -ise [demi, -iz] *adj.* **1** Dislocado, da (os). **2** Destituido, da (d'un emploi).
demi-saison [d(ə)misɛzɔ̃] *f.* Entretiempo *m.*
démissionnaire [demisjɔnɛʀ] *adj.-s.* Dimisionario, ria.
demi-teinte [d(ə)mitɛ̃t] *f.* Media tinta, medio tono *m.*
demi-ton [d(ə)mitɔ̃] *m.* MUS. Semitono.
demi-tour [d(ə)mituʀ] *m.* Media *f.* vuelta: ***faire ~***, dar media vuelta.
démobiliser [demɔbilize] *tr.* Desmovilizar.
démocratie [demɔkʀasi] *f.* Democracia.
démodé, -ée [demɔde] *adj.* Pasado, da, de moda, anticuado, da.
démographique [demɔgʀafik] *adj.* Demográfico, ca.
demoiselle [d(ə)mwazɛl] *f.* **1** Señorita. **2** Soltera (célibataire).
démolir [demɔliʀ] *tr.* **1** Derribar, echar abajo (abattre). **2** Hacer pedazos, destrozar (mettre en pièces). **3** pop. Moler a palos (battre). **4** fig. Echar por tierra, arruinar (une réputation, une théorie). **5** Destrozar (la santé).
démon [demɔ̃] *m.* Demonio.
démoniaque [demɔnjak] *adj.-s.* Demoníaco, ca, endemoniado, da.
démonstratif, -ive [demɔ̃tʀatif, -iv] *adj.* Demostrativo, va.
démonstration [demɔ̃stʀɑsjɔ̃] *f.* Demostración.
démonter [demɔ̃te] *tr.* **1** Desmontar (une machine, une couture, etc.). **2** Desengastar (un bijou). **3** fig. Desconcertar, turbar, desorientar (déconcerter). **4** ***Mer démontée,*** mar muy agitado. ■ **5** *pr.* fig. Turbarse, desconcertarse.
démontrer [demɔ̃tʀe] *tr.* Demostrar, probar.
démoraliser [demɔʀalize] *tr.* Desmoralizar (décourager).
démordre [demɔʀdʀ(ə)] *intr.* fig. Desistir, cejar. ▲ CONJUG. como ***rendre.***
démunir [demyniʀ] *tr.* **1** Desproveer. ■ **2** *pr.* Desprenderse. **3** Despojarse.
denaturé, -ée [denatyʀe] *adj.* Desnaturalizado, da.
dénaturer [denatyʀe] *tr.* Desnaturalizar.
dénégation [denegɑsjɔ̃] *f.* Denegación, negación.
déni [deni] *m.* Negativa *f.*
déniaiser [denjeze] *tr.* Avispar, despabilar.
dénicher [deniʃe] *tr.* **1** Sacar del nido. **2** fig. fam. Hacer salir, desalojar (quelqu'un d'un endroit). **3** Hallar, encontrar, dar con (trouver).
dénier [denje] *tr.* Negar, denegar. ▲ CONJUG. como ***prier.***
dénigrer [denigʀe] *tr.* Denigrar.
déniveler [denivle] *tr.* Desnivelar. ▲ CONJUG. como ***appeler.***
dénombrer [denɔ̃bʀe] *tr.* **1** Enumerar, contar. **2** Hacer el censo, el padrón de (recenser).
dénominateur [denɔminatœʀ] *m.* MATH. Denominador.
dénomination [denɔminɑsjɔ̃] *f.* Denominación.
dénoncer [denɔ̃se] *tr.* **1** Denunciar. **2** Revelar, indicar, denotar. ▲ CONJUG. como ***lancer.***

dénoter [denɔte] *tr.* Denotar.
dénouement [denumɑ̃] *m.* Desenlace.
dénouer [denwe] *tr.* Desanudar, desatar.
denrée [dɑ̃ʀe] *f.* COMM. Género *m.*, artículo *m.*, producto *m.*
densité [dɑ̃site] *f.* Densidad.
dent [dɑ̃] *f.* **1** ANAT. Diente *m.* **2** Muela (molaire). **3** Colmillo *m.* (d'animal). **4** Diente *m.* (d'une roue, d'une scie, d'une montagne, d'une feuille, etc.).
dental, -ale [dɑ̃tʀl] *adj.-f.* Dental.
denté, -ée [dɑ̃te] *adj.* Dentado, da.
dentelé, -ée [dɑ̃tle] *adj.* Dentado, da, dentellado, da.
dentelle [dɑ̃tɛl] *f.* Encaje *m.*, blonda, puntilla.
dentelure [dɑ̃tlyʀ] *f.* Festón *m.*, borde *m.* dentado.
dentier [dɑ̃tje] *m.* Dentadura *f.* postiza.
dentifrice [dɑ̃tifʀis] *m.* **1** Dentífrico. ■ **2** *adj.* Dentífrico, ca.
dentiste [dɑ̃tist(ə)] *s.* Dentista.
denture [dɑ̃tyʀ] *f.* **1** Dentadura (d'une personne). **2** Dientes *m. pl.* (d'une roue).
dénuder [denyde] *tr.* **1** Desnudar. ■ **2** *pr.* Desnudarse.
dénué, -ée [denɥe] *tr.* Desprovisto, ta, falto, ta.
dénuement, dénûment [denymɑ̃] *m.* Miseria *f.*, indigencia *f.*
dénutrition [denytʀisjɔ̃] *f.* Desnutrición.
dépanner [depane] *tr.* Reparar, arreglar (réparer).
dépareiller [depaʀeje] *tr.* Descalabar, desparejar.
départ [depaʀ] *m.* Salida *f.*, partida *f.*, marcha *f.*
départager [depaʀtaʒe] *tr.* Desempatar (vote). ▲ CONJUG. como ***engager.***
départamental, -ale [depaʀtəmɑ̃tal] *adj.* Departamental, de provincia.
département [depaʀtəmɑ̃] *m.* **1** Departamento. **2** Jurisdicción *f.*
départir [depaʀtiʀ] *tr.* **1** Conceder, deparar. ■ **2** *pr.* Desistir, abandonar. ▲ CONJUG. como ***mentir.***
dépasser [depɑse] *tr.* **1** Adelantar, dejar atrás. **2** Rebasar, exceder, ir más allá de (une limite, une quantité). **3** Ser más alto que (en hauteur). **4** Aventajar, sobrepujar (surpasser quelqu'un). **5** Superar.
dépaver [depave] *tr.* Desempedrar.
dépayser [depeize] *tr.* Desorientar, desconcertar, despistar.
dépecer [depəse] *tr.* Despedazar, trinchar. ▲ Reúne las irregularidades de ***acheter*** y ***lancer.***
dépêche [depɛʃe] *f.* **1** Despacho *m.*, parte *m.* (diplomatique). **2** Telegrama *m.*
dépêcher [depeʃe] *tr.* **1** Enviar, despachar (envoyer). ■ **2** *pr.* Apresurarse.
dépeigner [depeɲe] *tr.* Despeinar.
dépeindre [depɛ̃dʀ(ə)] *tr.* Pintar, describir. ▲ CONJUG. como ***craindre.***
dépendance [depɑ̃dɑ̃s] *f.* **1** Dependencia. ■ **2** *pl.* Accesorias, dependencias.
dépendant, -ante [depɑ̃dɑ̃, -ɑ̃t] *adj.* Dependiente.
dépendre [depɑ̃dʀ(ə)] *intr.* **1** Depender. ■ **2** *impers.* ***Il dépend de vous que,*** de usted depende que. ■ **3** *tr.* Descolgar (ce qui est pendu). ▲ CONJUG. como ***rendre.***
dépens [depɑ̃] *m. pl.* **1** DR. Costas *f.* **2** Expensas *f.*
dépense [depɑ̃s] *f.* **1** Gasto *m.* **2** Despensa (pour les provisions).
dépenser [depɑ̃se] *tr.* **1** Gastar. ■ **2** *pr.* Desvivirse, deshacerse.
dépensier, -ière [depɑ̃sje, -jɛʀ] *adj.-s.* Gastador, ra, derrochador, ra.
dépérir [depeʀiʀ] *intr.* **1** Debilitarse, desmedrar, marchitarse. **2** Arruinarse, deteriorarse (péricliter).
dépersonnaliser [depɛʀsɔnalize] *tr.* Despersonalizar.

dépêtrer [depetʀe] *tr.* **1** Destrabar (les pieds). **2** fig. Librar, desembarazar. ■ **3** *pr.* Librarse. **4** fig. Salir del atolladero.
dépeupler [depœple] *tr.* Despoblar.
déphasé, -ée [defaze] *adj.* Desfasado, da.
dépilatoire [depilatwaʀ] *adj.-m.* Depilatorio, ria.
dépister [depiste] *tr.* **1** Rastrear (le gibier). **2** Descubrir la pista de.
dépit [depi] *m.* Despecho. *loc. prép. En ~ de,* a despecho de, a pesar de, pese a.
dépité, -ée [depite] *adj.* Disgustado, da.
dépiter [depite] *tr.* Despechar.
déplacement [deplasmɑ̃] *m.* **1** Desplazamiento, cambio de sitio. **2** Traslado (d'un fonctionnaire). **3** Viaje corto.
déplacer [deplase] *tr.* **1** Desplazar, trasladar (une chose, un fonctionnaire). **2** fig. Desviar (un problème, la conversation). **3** MAR. Desplazar. ■ **4** *pr.* Desplazarse, trasladarse. ▲ CONJUG. como ***lancer.***
déplaire [deplɛʀ] *intr.* **1** Desagradar, disgustar. ■ **2** *pr.* No estar a gusto. ▲ CONJUG. como ***plaire.***
déplaisant, -ante [deplɛzɑ̃, -ɑ̃t] *adj.* Desagradable, molesto, ta.
déplier [deplije] *tr.* Desplegar, desdoblar. ▲ CONJUG. como ***prier.***
déplisser [deplise] *tr.* Desfruncir.
déplorer [deplɔʀe] *tr.* Deplorar.
déployer [deplwaje] *tr.* Desplegar. ▲ CONJUG. como ***employer.***
déplumer [deplyme] *tr.* Desplumar.
dépoitraillé, -ée [depwatʀɑje] *adj.* fam. Despechugado, da, descamisado, da.
dépopulation [depɔpylɑsjɔ̃] *f.* Despoblación.
déporter [depɔʀte] *tr.* Deportar.
déposer [depoze] *tr.* **1** Depositar (mettre en dépôt). **2** Dejar (mettre, laisser dans un endroit). **3** Presentar: *~ **une plainte,*** presentar una denuncia. **4** Deponer (les armes). **5** Depositar (des sédiments). ■ **6** *intr.* Formar poso (un liquide). **7** DR. Deponer, declarar. ■ **8** *pr.* Depositarse (poussière, etc.).
dépositaire [depozitɛʀ] *s.* Depositario, ria.
déposition [depozisjɔ̃] *f.* **1** DR. Deposición, declaración. **2** Deposición (destitution).
déposséder [depɔsede] *tr.* Desposeer. ▲ CONJUG. como ***accélérer.***
dépôt [depo] *m.* **1** Consignación *f.,* depósito (d'une somme, etc.). **2** Almacén (magasin). **3** Depósito (d'autobus). **4** Prisión *f.* preventiva. **5** Poso, sedimento.
dépouille [depuj] *f.* **1** Despojos *m. pl.,* restos *m. pl.* mortales (cadavre). **2** Despojos *m. pl.,* botín *m.* (de l'ennemi).
dépouiller [depuje] *tr.* **1** Despojar. **2** Desollar (animaux). **3** Examinar (un compte), vaciar (un livre). **4** *~ **le scrutin,*** hacer el escrutinio, escrutar los votos.
dépourvu, -ue [depuʀvy] *adj.* **1** Desprovisto, ta, privado, da, carente. **2** ***Au ~,*** improvisto, desprevenido, da.
dépravation [depʀavɑsjɔ̃] *f.* Depravación.
dépravé, -ée [depʀave] *adj.-s.* Depravado, da.
déprécier [depʀesje] *tr.* Depreciar, desvalorizar. ▲ CONJUG. como ***prier.***
déprédation [depʀedɑsjɔ̃] *f.* Depredación.
dépressif, -ive [depʀesif, -iv] *adj.-s* Depresivo, -va.
dépression [depʀɛsjɔ̃] *f.* Depresión.
déprimer [depʀime] *tr.* Deprimir.
depuis [dəpɥi] *prép.* **1** Desde. **2** Desde hace (temps). ■ **3** *adv.* Después.
dépurer [depyʀe] *tr.* Depurar, purificar.
députation [depytɑsjɔ̃] *f.* Diputación.
député [depyte] *m.* Diputado.

déraciner [deʀasine] *tr.* 1 Desarraigar. 2 fig. Extirpar, eliminar (une erreur).
déraillement [deʀɑjmɑ̃] *m.* Descarrilamiento.
déraisonnable [deʀɛzɔnabl(ə)] *adj.* Poco razonable.
dérangement [deʀɑ̃ʒmɑ̃] *m.* 1 Desarreglo, desorden (dérèglement). 2 Molestia *f.*, trastorno (gêne).
déranger [deʀɑ̃ʒe] *tr.* 1 Desarreglar, desordenar, descomponer. 2 Alterar (la santé, l'estomac). 3 Molestar, estorbar (gêner). ■ 4 *pr.* Molestarse. ▲ CONJUG. como ***engager.***
déraper [deʀape] *intr.* AUTO. Patinar, derrapar.
dérégler [deʀegle] *tr.* 1 Desarreglar, descomponer (mécanisme). 2 Desarreglar, desordenar (vie, etc.). 3 Alterar (le pouls). ■ 4 *pr.* Desarreglarse, descomponerse. ▲ CONJUG. como ***accélérer.***
dérider [deʀide] *tr.* 1 Desarrugar. 2 fig. Alegrar, hacer menos severo, ra. ■ 3 *pr.* Alegrarse, sonreír.
dérisoire [deʀizwaʀ] *adj.* Irrisorio, ia.
dérivation [deʀivɑsjɔ̃] *f.* Derivación.
dérive [deʀiv] *f.* 1 Deriva: ***une ~ des coûts de production,*** un aumento incontrolado de los costes de producción.
dériver [deʀive] *intr.* 1 Derivar, desviarse del rumbo (bateau, avion). 2 fig. ~ ***de,*** derivarse de, provenir de. ■ 3 *tr.* Desviar (un cours d'eau).
dermatologie [dɛʀmatɔlɔʒi] *f.* Dermatología.
dermatologue [dɛʀmatɔlɔg] *s.* Dermatólogo, ga.
dernier, -ière [dɛʀnje, -jɛʀ] *adj.* 1 Último, ma. 2 Pasado, da (année, semaine, etc.). 3 Extremo, ma (extrême).
dérobé, -ée [deʀɔbe] *adj.* 1 Secreto, ta, excusado, da, falso, sa: ***porte dérobée,*** puerta falsa. ■ 2 *loc. adv.* ***À la dérobée,*** a escondidas.
dérober [deʀɔbe] *tr.* 1 Hurtar, robar. ■ 2 *pr.* Ocultarse, sustraerse a. 3 Flaquecer (les genoux). 4 Hundirse (la terre). 5 Dar una espantada, hacer un extraño (un cheval). 6 Esquivar, eludir.
dérogation [deʀɔgɑsjɔ̃] *f.* Derogación.
dérouiller [deʀuje] *tr.* Desherrumbrar.
dérouler [deʀule] *tr.* 1 Desarrollar (une bobine, etc.). 2 Mostrar, desplegar (étaler).
déroute [deʀut] *f.* 1 Derrota, desbandada, fuga desordenada. 2 fig. Ruina, desorden *m.*
derrière [dɛʀjɛʀ] *prép.* 1 Tras, detrás de. ■ 2 *adv.* Detrás. ■ 3 *m.* Trasera *f.*, parte *f.* posterior (l'arrière). 4 ***De ~,*** trasero, ra. 7 fam. Trasero, asentaderas *f. pl.* (d'une personne).
des [de] (contracción de ***de*** y ***les***). ■ 1 De los, de las. ■ 2 *art. partitif* (no se traduce): ***manger des pommes,*** comer manzanas. ■ 3 *art. indéf. pl.* Unos, as, algunos, as.
dès [dɛ] *prép.* 1 Desde. 2 *loc. adv.* ~ ***lors,*** desde entonces. 3 *loc. conj.* ~ ***que,*** tan pronto como, en cuanto.
désabuser [dezabyze] *tr.* Desengañar.
désaccord [dezakɔʀ] *m.* Desacuerdo.
désaccorder [dezakɔʀde] *tr.* 1 MUS. Desacordar, desafinar. 2 fig. Desunir, desavenir.
désaccoutumer [dezakutyme] *tr.* Desacostumbrar.
désaffection [dezafɛksjɔ̃] *f.* Desafecto *m.*, desafección.
désagréable [dezagʀeabl(ə)] *adj.* Desagradable.
désagréger [dezagʀeʒe] *tr.* Disgregar. ▲ CONJUG. como ***abréger.***

désagrément [dezagʀemɑ̃] *m.* Disgusto.
désaltérer [dezalteʀe] *tr.* 1 Apagar la sed a. ■ 2 *pr.* Beber. ▲ CONJUG. como ***accélérer.***
désappointement [dezapwɛ̃tmɑ̃] *m.* Decepción *f.*, contrariedad *f.*
désapprobation [dezapʀɔbɑsjɔ̃] *f.* Desaprobación.
désapprouver [dezapʀuve] *tr.* Desaprobar.
désarmement [dezaʀməmɑ̃] *m.* Desarme.
désarmer [dezaʀme] *tr.* Desarmar.
désarroi [dezaʀwa(ɑ)] *m.* Desasosiego, desconcierto.
désarticuler [dezaʀtikyle] *tr.* Desarticular.
désassortir [dezasɔʀtiʀ] *tr.* 1 Desemparejar, desparejar, deshermanar. 2 COMM. Desproveer, dejar sin surtido.
désastreux, -euse [dezastʀø, -øz] *adj.* Desastroso, sa.
désavantage [desavɑ̃taʒ] *m.* Desventaja *f.*
désavantager [dezavɑ̃taʒe] *tr.* Perjudicar, desfavorecer. ▲ CONJUG. como ***engager.***
désavouer [dezavwe] *tr.* 1 Negar, desconocer. 2 Desautorizar, condenar, desaprobar (condamner). 3 Retractar.
desceller [desele] *tr.* 1 Desellar. 2 Desempotrar (ce qui est fixé dans la pierre).
descendance [desɑ̃dɑ̃s] *f.* Descendencia.
descendre [desɑ̃dʀ(ə)] *intr.* 1 Bajar, descender. 2 Parar: ~ ***à l'hôtel,*** parar en el hotel. 3 Personarse (un juge, la police, sur les lieux). 4 Descender (d'une lignée). ■ 5 *tr.* Bajar, descender: ~ ***l'escalier,*** bajar la escalera. ▲ CONJUG. como ***rendre.***
descente [desɑ̃t] *f.* 1 Descenso *m.*, bajada (action). 2 ~ ***de croix,*** descendimiento *m.* 3 MIL. Desembarco *m.* 4 Irrupción (de la police). 5 ~ ***de justice,*** visita del juzgado. 6 Bajada, pendiente (pente).
descriptif, -ive [dɛskʀiptif, -iv] *adj.* Descriptivo, va.
description [deɛskʀipsjɔ̃] *f.* Descripción.
désemparer [dezɑ̃paʀe] *intr.* fig. ***Sans*** ~, sin parar, sin interrupción.
désenchanter [dezɑ̃ʃɑ̃te] *tr.* 1 Desencantar. ■ 2 fig. Desilusionar, desengañar.
désenfiler [dezɑ̃file] *tr.* Desenhebrar.
désenfler [dezɑ̃fle] *intr.* Deshinchar, desinflar.
désenvelopper [dezɑ̃vlɔpe] *tr.* Desenvolver, desempaquetar.
déséquilibrer [dezekilibʀe] *tr.* Desequilibrar.
désert, -erte [dezɛʀ, -ɛʀt(ə)] *adj.* 1 Desierto, ta. ■ 2 *m.* Desierto.
déserter [dezɛʀte] *tr.* 1 Dejar, abandonar. ■ 2 *fig.* Abandonar, traicionar (une cause). ■ 3 *intr.* MIL. Desertar.
déserteur [dezɛʀtœʀ] *m.* MIL. Desertor.
désertique [dezɛʀtik] *adj.* Desértico, -ca.
désespérer [dezɛspeʀe] *tr.-intr.* 1 Desesperar. ■ 2 *pr.* Desesperarse. ▲ CONJUG. como ***accélérer.***
désespoir [dezɛspwaʀ] *m.* Desesperanza *f.*, desesperación *f.*
déshabituer [dezabitɥe] *tr.* Desacostumbrar, deshabituar.
déshériter [dezeʀite] *tr.* Desheredar.
déshonnête [dezɔnɛt] *adj.* Deshonesto, ta.
déshonneur [dezɔnœʀ] *m.* Deshonor, deshonra *f.*
désignation [deziɲɑsjɔ̃] *f.* Designación, nombramiento *m.*
désigner [deziɲe] *tr.* Designar.
désillusionner [dezil(l)yzjɔne] *tr.* Desilusionar.
désinence [dezinɑ̃s] *f.* Desinencia.

désinfectant, -ante [dezɛ̃fɛktɑ̃, -ɑ̃t] *adj.-m.* Desinfectante.
désinfection [dezɛ̃fɛkskjɔ̃] *f.* Desinfección.
désinformation [dezɛ̃fɔʀmasjɔ̃] *f.* Desinformación.
désintégrer [dezɛ̃tegʀe] *tr.* **1** Desintegrar. ■ **2** *pr.* Desintegrarse. ▲ CONJUG. como ***accélérer.***
désintéresser [dezɛ̃teʀese] *tr.* **1** Indemnizar, resarcir. ■ **2** *pr.* Desinteresarse, no ocuparse de.
désinvolture [dezɛ̃vɔltyʀ] *f.* Desenvoltura.
désir [deziʀ] *m.* **1** Deseo. **2** Anhelo.
désirable [deziʀabl(ə)] *adj.* Deseable.
désirer [deziʀe] *tr.* Desear.
désister (se) [deziste] *pr.* Desistir.
désobéir [dezɔbeiʀ] *intr.* Desobedecer.
désobéissant, -ante [dezɔbeisɑ̃, -ɑ̃t] *adj.* Desobediente.
désobligeant, -ante [dezɔbliʒɑ̃,-ɑ̃t] *adj.* Descortés, desatento, ta.
désobliger [dezɔbliʒe] *tr.* Disgustar, ofender. ▲ CONJUG. como ***engager.***
désœuvré, -ée [dezœvʀe] *adj.-s.* Desocupado, da, ocioso, sa.
désolant, -ante [dezɔlɑ̃, -ɑ̃t] *adj.* **1** Desolador, ra, triste. **2** Enojoso, sa (fâcheux).
désoler [dezɔle] *tr.* **1** Afligir, desconsolar. ■ **2** *pr.* Afligirse, desconsolarse.
désordonné, -ée [dezɔʀdɔne] *adj.* Desordenado, da.
désordre [dezɔʀdʀ(ə)] *m.* Desorden.
désorganiser [dezɔʀganize] *tr.* Desorganizar.
désorienter [dezɔʀjɑ̃te] *tr.* Desorientar.
désormais [dezɔʀmɛ] *adv.* En adelante, en lo sucesivo.
désosser [dezɔse] *tr.* Desosar, deshuesar.
despote [dɛspɔt] *m.* Déspota.
despotisme [dɛspɔtism(ə)] *m.* Despotismo.
dessaisir [deseziʀ] *tr.* **1** DR. Inhibir. ■ **2** *pr.* Desprenderse, desposeerse.
dessaler [desale] *tr.* **1** Desalar, quitar la sal. **2** fig. fam. Avispar (une personne).
dessécher [deseʃe] *tr.* **1** Desecar, secar. ■ **2** *pr.* Secarse, resecarse. ▲ CONJUG. como ***accélérer.***
dessein [desɛ̃] *m.* Designio, propósito. *loc. adv.* ***À ~,*** a propósito.
desserrer [deseʀe] *tr.* Desapretar, aflojar.
dessert [desɛʀ] *m.* Postre, postres *pl.*
desserte [desɛʀt(ə)] *f.* **1** Trinchero *m.* (meuble). **2** Servicio *m.* de comunicación (transports, marchandises, etc.).
dessertir [desɛʀtiʀ] *tr.* Desengastar.
desservir [desɛʀviʀ] *tr.* **1** Quitar: ~ ***la table,*** quitar la mesa. **2** Hacer el servicio de comunicación (train, autocar, etc.). **3** Servir (un prêtre). **4** fig. Perjudicar. ▲ CONJUG. como ***mentir.***
dessinateur, -trice [desinatœʀ, -tʀis] *s.* Dibujante.
dessiner [desine] *tr.* **1** Dibujar, diseñar. **2** Destacar, resaltar (faire ressortir). ■ **3** *pr.* Dibujarse.
dessoûler [desule] *tr.* **1** Desemborrachar. ■ **2** *intr.* Desemborracharse.
dessous [d(ə)su] *adv.* **1** Debajo, abajo. **2** *loc. adv.* ***Par-dessous,*** por debajo; ***en dessous,*** debajo, por debajo. **3** ***Ci-dessous,*** a continuación. **4** ***Là-dessous,*** allá debajo. ■ **5** *m.* El fondo, la parte *f.* inferior. **6** Revés (d'un tissu). **7** fig. Secreto, intríngulis (ce qui est secret). **8** THÉÂT. Foso. ■ **9** *pl.* Ropa *f. sing.* interior (lingerie).
dessus [d(ə)sy] *adv.* **1** Encima, arriba. **2** *loc. adv.* ***En ~,*** sobre, encima. *loc. prép.* ***Au ~ de,*** por encima de; ***par ~ tout,*** por encima de todo. ■ **3** *m.* La parte de arriba. **4** Loc. ***Avoir le ~,*** llevar la ventaja. **5** MUS. Alto, tiple. **6** THÉÂT. Telar.

destin [dɛstɛ̃] *m.* Destino, hado, sino.
destinataire [dɛstinatɛʀ] *s.* Destinatario, ria.
destination [dɛstinɑsjɔ̃] *f.* Destino *m.*, destinación.
destinée [dɛstine] *f.* Destino *m.*, hado *m.*, suerte.
destiner [dɛstine] *tr.* **1** Destinar. ■ **2** *pr.* Destinarse, pensar dedicarse.
destituer [dɛstitɥe] *tr.* Destituir.
destructeur, -trice [dɛstʀyktœʀ, -tʀis] *adj.-s.* Destructor, -ra.
destruction [dɛstʀyksjɔ̃] *f.* Destrucción.
désuétude [desɥetyd] *f.* Desuso *m.*
détacher [detaʃe] *tr.* **1** Limpiar (ôter les taches). **2** Soltar, desatar (un chien, un lion, etc.). **3** Despegar (décoller). **4** Separar, alejar (éloigner). **5** MIL., PEINT. Destacar. ■ **6** *pr.* fig. Desprenderse, desinteresarse (se désintéresser). **7** Desapegarse, perder el apego a (perdre l'affection). **8** Destacarse (ressortir).
détail [detaj] *m.* **1** Detalle, pormenor. *loc. adv.* ***En ~,*** detalladamente. **2** COMM. Detall, menudeo, venta *f.* al por menor.
détailler [detaje] *tr.* **1** COMM. Vender al por menor, detallar. ■ **2** fig. Pormenorizar, detallar (raconter en détail).
détaler [detale] *intr.* fig. fam. Tomar el portante, huir.
détecteur, -trice [detɛktœʀ, -tʀis] *adj.-m.* Detector, ra.
déteindre [detɛ̃dʀ(ə)] *tr.* **1** Desteñir. ■ **2** *intr.* Desteñirse (perdre sa couleur). **3** fig. Influir, contagiar: ~ ***sur quelqu'un,*** contagiar a uno, influir en uno. ▲ CONJUG. como ***craindre.***
dételer [dɛ(e)tle] *tr.* **1** Desenganchar (des chevaux), desuncir (des bœufs). ■ **2** *intr.* Parar, descansar. ▲ CONJUG. como ***appeler.***
détendre [detɑ̃dʀ(ə)] *tr.* **1** Aflojar (ce qui est tendu). **2** Descomprimir, reducir la presión de (un gaz, etc.). **3** fig. Distraer, cambiar los ánimos (distraire). **4** Descansar, calmar, sosegar (calmer). ■ **5** *pr.* Aflojarse. **6** Relajarse. **7** Divertirse, distraerse (se distraire). ▲ CONJUG. como ***rendre.***
détente [detɑ̃t] *f.* **1** Disparador *m.*, gatillo *m.* (d'une *arme)*. **2** Resorte *m.* (sports). **3** Expansión (d'un gaz). **4** fig. Descanso *m.*, tregua alivio *m.* (délassement). **5** Distensión (en politique).
détention [detɑ̃sjɔ̃] *f.* **1** Detención, prisión (emprisonnement). **2** ~ ***d'armes,*** tenencia de armas. **3** DR. Detentación.
détenu, -ue [detny] *adj.-s.* Detenido, da, preso, sa.
détériorer [deteʀjɔʀe] *tr.* **1** Deteriorar, estropear. ■ **2** *pr.* Deteriorarse, estropearse. **3** Empeorar (une situation).
détermination [detɛʀminɛsjɔ̃] *f.* Determinación.
déterrer [deteʀe] *tr.* Desenterrar.
détester [detɛste] *tr.* Detestar, odiar, aborrecer.
détonant, -ante [detɔnɑ̃, -ɑ̃t] *adj.* Detonante.
détonation [detɔnɑsjɔ̃] *f.* Detonación.
détoner [detɔne] *intr.* Detonar.
détonner [detɔne] *intr.* MUS. Desentonar.
détour [detuʀ] *m.* **1** Rodeo. **2** Recodo, recoveco, vuelta *f.* (d'un chemin, etc.).
détourner [detuʀne] *tr.* **1** Desviar (un cours d'eau, la conversation). **2** Alejar, apartar de sí (des soupçons). **3** Apartar. **4** Volver: ~ ***la tête,*** volver la cabeza. **5** Desfalcar (des fonds). **6** Secuestrar (un avion). **7** Corromper, pervertir (un mineur). **8** fig. Disuadir, quitar de la cabeza. ■ **9** *pr.* Apartar la vista. **10** ***Se ~ de,*** abandonar (une idée, un projet, etc.).
détracteur, -trice [detʀaktœʀ, -tʀis] *adj.-s.* Detractor, ra.

détraqué, -ée [detʀake] *adj.-s.* 1 Desequilibrado, da, chiflado, da (personne). ■ 2 *adj.* Trastornado, da (estomac, nerfs).
détresse [detʀɛs] *f.* 1 Angustia, desamparo *m.* (angoisse). 2 Apuro *m.*, miseria. 3 Peligro *m.*
détriment [detʀimɑ̃] *m.* Detrimento: ***au ~ de,*** en detrimento de.
détroit [detʀwa] *m.* GÉOG. Estrecho.
détromper [detʀɔ̃pe] *tr.* Desengañar.
détrousseur, -euse [detʀusœʀ, -øz] *adj.-m.* Salteador, ra.
détruire [detʀɥiʀ] *tr.* Destruir. ▲ CONJUG. como ***conduire.***
dette [dɛt] *f.* Deuda.
deuil [dœj] *m.* 1 Duelo. 2 Luto.
deux [dø] *adj.-m.* 1 Dos: ***tous les ~, tous ~,*** los dos, ambos. *loc. adv.* ***À ~,*** entre dos; ***~ à ~,*** de dos en dos. 2 Segundo.
deuxième [døzjɛm] *adj.-s.* 1 Segundo, da. ■ 2 *m.* El segundo piso (étage).
dévaler [devale] *tr.* 1 Bajar (une pente). ■ 2 *intr.* Bajar rápidamente, ir cuesta abajo.
dévaliser [devalize] *tr.* Desvalijar.
dévaloriser [devalɔʀize] *tr.* Desvalorizar.
dévaluer [devalɥe] *tr.* Devaluar.
devancer [dəvɑ̃se] *tr.* 1 Preceder. 2 Adelantarse. 3 Aventajar (surpasser). ▲ CONJUG. como ***lancer.***
devant [d(ə)vɑ̃] *prép.* 1 Delante de; ante (en présence de). ■ 2 *adv.* Delante. ■ 3 *m.* Delantera *f.* (partie antérieure).
devanture [d(ə)vɑ̃tyʀ] *f.* Escaparate *m.*
dévastation [devastɑsjɔ̃] *f.* Devastación.
développer [devlɔpe] *tr.* 1 Desarrollar. 2 Desenvolver (ce qui est enveloppé). 3 PHOT. Revelar.
devenir [dvniʀ] *intr.* 1 Llegar a ser, hacerse, volverse, ponerse. 2 Ser de. 3 Parar. ■ 4 *m.* Futuro, destino. ▲ CONJUG. como ***venir.***
dévergondé, -ée [devɛʀgɔ̃de] *adj.-s.* Desvergonzado, da.
déverser [devɛʀse] *tr.* 1 Verter, derramar (répandre). ■ 2 *pr.* Verterse, derramarse.
dévêtir [devetiʀ] *tr.* 1 Desvestir, desnudar. ■ 2 *pr.* Desnudarse.
déviation [devjɑsjɔ̃] *f.* Desviación.
dévier [devje] *intr.* 1 Desviarse. ■ 2 *tr.* Desviar. ▲ CONJUG. como ***prier.***
deviner [d(ə)vine] *tr.* Adivinar.
devinette [d(ə)vinɛt] *f.* Adivinanza.
devis [d(ə)vi] *m.* Presupuesto (des travaux).
dévisager [devizaʒe] *tr.* Mirar de hito en hito. ▲ CONJUG. como ***engager.***
devise [d(ə)viz] *f.* 1 Divisa, lema *m.* 2 Divisa (monnaie).
deviser [dəvize] *intr.* Platicar.
dévisser [devise] *tr.* Desatornillar, destornillar.
dévoiler [devwale] *tr.* 1 Quitar el velo de, descubrir. 2 fig. Descubrir, revelar (un secret). 3 Enderezar (une roue).
devoir [d(ə)vwaʀ] *tr.* 1 Deber (de l'argent, le respect). 2 Deber, tener que, haber de (obligation). 3 Deber de (supposition). 4 ***Dussé-je,*** aunque debiera; ***on doit,*** hay que. ■ 5 *pr.* Deberse a (la patrie). ▲ CONJUG. IRREG. INDIC. Pres.: ***je dois, tu dois, il doit, nous devons, vous devez, ils doivent.*** Imperf.: ***je devais,*** etc. Pret. indef.: ***je dus,*** etc. Fut. imperf.: ***je devrai,*** etc. POT.: ***je devrais,*** etc. IMPER.: ***dois, devons, devez,*** SUBJ. Pres.: ***que je doive, que nous devions,*** etc. Imperf.: ***que je dusse,*** etc. PART. A.: ***devant.*** PART. P.: ***dû, due.***
devoir [d(ə)vwaʀ] *m.* 1 Deber. 2 Tarea *f.* (d'un écolier). 3 ***~ conjugal,*** obligación *f.* matrimonial. ■ 4 *pl.* Respetos, atenciones *f. pl.*
dévorer [devɔʀe] *tr.* 1 Devorar. 2 Consumir, devorar (feu, etc.). 3 Devorar, leer con avidez (un livre).

4 ~ *des yeux,* devorar, comerse con los ojos.
dévotion [devosjɔ̃] *f.* Devoción.
dévouement [devumɑ̃] *m.* **1** Abnegación *f.*, sacrificio. **2** Afecto, adhesión *f.* **3** Consagración *f.*, dedicación *f.*
dévouer (se) [devwe] *pr.* **1** Dedicarse, consagrarse. **2** Sacrificarse.
dévoyer [devwaje] *tr.* **1** Descarriar, extraviar. **2** TECHN. Desviar. ▲ CONJUG. como ***employer.***
dextérité [dɛksteʀite] *f.* Destreza.
diabète [djabɛt] *m.* MÉD. Diabetes *f.*
diable [djɑbl(ə)] *m.* **1** Diablo, demonio. **2** Carretilla *f.* (petit chariot).
diablerie [djɑ(a)bləʀi] *f.* **1** Diablura. **2** Maleficio *m.*, brujería.
diabolique [djɑ(a)bɔlik] *adj.* Diabólico, ca.
diacre [djakʀ(ə)] *m.* Diácono.
diadème [djadɛm] *m.* Diadema *f.*
diagnostiquer [djagnɔstike] *tr.* Diagnosticar.
diagonal, -ale [djagɔnal] *adj.-f.* Diagonal.
diagramme [djagʀam] *m.* Diagrama.
dialecte [djalɛkt(ə)] *m.* Dialecto.
dialectique [djalɛktik] *adj.* **1** Dialéctico, ca. ■ **2** *f.* Dialéctica.
dialogue [djalɔg] *m.* Diálogo.
dialoguer [djalɔge] *intr.-tr.* Dialogar.
diamant [djamɑ̃] *m.* Diamante.
diamantin, -ine [djamɑ̃tɛ̃, -in] *adj.* Diamantino, na.
diamétral, -ale [djametʀal] *adj.* Diametral.
diamètre [djamɛtʀ(ə)] *m.* Diámetro.
diaphane [djafan] *adj.* Diáfano, na.
diaphragme [djafʀagm(ə)] *m.* **1** ANAT. Diafragma. **2** PHOT. Diafragma.
diapositive [djapozitiv] *f.* Diapositiva.
diarrhée [djaʀe] *f.* MÉD. Diarrea.
diatribe [djatʀib] *f.* Diatriba.
dictaphone [diktafɔn] *m.* Dictáfono.
dictateur [diktatœʀ] *m.* Dictador.
dictature [diktatyʀ] *f.* Dictadura.
dictée [dikte] *f.* **1** Dictado *m.* **2** *Écrire sous la* ~, escribir al dictado.
dicter [dikte] *tr.* Dictar.
diction [diksjɔ̃] *f.* Dicción.
dictionnaire [diksjɔnɛʀ] *m.* Diccionario.
dicton [diktɔ̃] *m.* Refrán, dicho.
didacticiel [didaktisjɛl] *m.* INFORM. Programa de funciones pedagógicas.
didactique [didaktik] *adj.* Didáctico, ca.
diérèse [djeʀɛz] *f.* GRAM. Diéresis.
diesel [djezɛl] *m.* Diesel.
diète [djɛt] *f.* **1** MÉD. Dieta: ***à la*** ~, a dieta. **2** Dieta (assemblée).
diététique [djetetik]. **1** *adj.* Dietético, ca. ■ **2** *f.* Dietética.
diffamateur, -trice [difa(ɑ)matœʀ, -tʀis] *adj.-s.* Difamador, ra.
diffamation [difa(ɑ)mɑsjɔ̃] *f.* Difamación.
différence [difeʀɑ̃s] *f.* **1** Diferencia. **2** *À la ~ de,* a diferencia de.
différencier [difeʀɑ̃sje] *tr.* Diferenciar. ▲ CONJUG. como ***prier.***
différend [difeʀɑ̃] *m.* Diferencia *f.* (litige, désaccord).
différent, -ente [difeʀɑ̃, -ɑ̃t] *adj.* Diferente.
différer [difeʀe] *intr.-tr.* Diferir. ▲ CONJUG. como ***accélérer.***
difficile [difisil] *adj.* Difícil.
difficulté [difikylte] *f.* Dificultad.
difformité [difɔʀmite] *f.* Deformidad.
diffus, -use [dify, -yz] *adj.* Difuso, sa.
diffuser [difyze] *tr.* **1** Difundir. **2** Radiar, difundir (par radio).
diffusion [difyzjɔ̃] *f.* Difusión.
digérer [diʒeʀe] *tr.* Digerir. ▲ CONJUG. como ***accélérer.***
digestif, -ive [diʒɛstif, -iv] *adj.* **1** Digestivo, va. ■ **2** *m.* Licor.
digestion [diʒɛstjɔ̃] *f.* Digestión.
digital, -ale [diʒital] *adj.* **1** Digital. ■ **2** *f.* Digital, dedalera (plante).

digne [diɲ] *adj.* Digno, na.
dignitaire [diɲitɛʀ] *m.* Dignatario.
dignité [diɲite] *f.* Dignidad.
digression [digʀesjɔ̃] *f.* Digresión.
digue [dig] *f.* Dique *m.*
dilapider [dilapide] *tr.* Dilapidar.
dilatation [dilatɑsjɔ̃] *f.* Dilatación.
dilater [dilate] *tr.* **1** Dilatar. ■ **2** *pr.* Dilatarse.
dilemme [dilɛm] *m.* Dilema.
diligence [diliʒɑ̃s] *f.* **1** Diligencia (zèle, promptitude). **2** Diligencia (voiture).
diligent, -ente [diliʒɑ̃, -ɑ̃t] *adj.* Diligente.
diluer [dilɥe] *tr.* Diluir.
diluvien, -ienne [dilyvjɛ̃, -jɛn] *adj.* Diluviano, na.
dimanche [dimɑ̃ʃ] *m.* Domingo.
dimension [dimɑ̃sjɔ̃] *f.* Dimensión.
diminuer [diminɥe] *tr.* **1** Disminuir. ■ **2** *intr.* Disminuir, menguar.
diminutif, -ive [diminytif, -iv] *adj.-m.* Diminutivo, va.
diminution [diminysjɔ̃] *f.* **1** Disminución. **2** Rebaja (sur un prix).
dinde [dɛ̃d] *f.* Pava.
dindon [dɛ̃dɔ̃] *m.* **1** Pavo. **2** fig. Hazmerreír, víctima *f.*
dîner [dine] *intr.* Cenar.
diocèse [djɔsɛz] *m.* Diócesis *f.*
dioptrie [djɔptʀi] *f.* PHYS. Dioptría.
diphtérie [difteʀi] *f.* MÉD. Difteria.
diphtongue [diftɔ̃g] *f.* Diptongo *m.*
diplomatie [diplɔmasi] *f.* Diplomacia.
diplomatique [diplɔmatik] *adj.* **1** Diplomático, ca. ■ **2** *f.* Diplomática.
diplôme [diplom] *m.* Diploma, título.
diplômé, -ée [diplome] *adj.-s.* Titulado, da.
diptère [diptɛʀ] *adj.-m.* ARCHIT., ZOOL. Díptero, ra.
dire [diʀ] *tr.* **1** Decir. Loc. ***Cela va sans ~,*** ni que decir tiene; ***c'est tout ~,*** con lo dicho basta. **2** Gustar, apetecer (plaire). ■ **3** *pr.* Decirse, hacerse pasar por. ▲ CONJUG. IRREG. INDIC. Pres.: ***je dis, tu dis, il dit, nous disons, vous dites, ils disent.*** Imperf.: ***je disais,*** etc. Pret. indef.: ***je dis,*** etc. Fut. imperf.: ***je dirai,*** etc. POT.: ***je dirais,*** etc. SUBJ. Pres.: ***que je disse,*** etc. Imperf.: ***que je disse,*** etc. IMPER.: ***dis, disons, dites.*** PART. A.: ***disant.*** PART. P.: ***dit, dite.***
dire [diʀ] *m.* Decir, parecer.
direct, -ecte [diʀɛkt, -ɛkt(ə)] *adj.-m.* Directo, ta.
directeur, -trice [diʀɛktœʀ, -tʀis] *adj.-s.* **1** Director, ra. ■ **2** *f.* GÉOM. Directriz.
direction [diʀɛksjɔ̃] *f.* **1** Dirección. **2** Dirección, rumbo *m.* (orientation).
directoire [diʀɛktwaʀ] *m.* Directorio.
dirigeable [diʀiʒabl(ə)] *adj.-m.* Dirigible.
dirigeant, -ante [diʀiʒɑ̃, -ɑ̃t] *adj.-s.* Dirigente.
diriger [diʀiʒe] *tr.* Dirigir. ▲ CONJUG. como ***engager.***
discernement [disɛʀnəmɑ̃] *m.* Discernimiento.
disciple [disipl(ə)] *m.* Discípulo.
discipline [disiplin] *f.* Disciplina.
discontinu, -ue [diskɔ̃tiny] *adj.* Discontinuo, nua.
disconvenir [diskɔ̃vniʀ] *intr.* Disentir, negar. ▲ CONJUG. como ***venir.***
discordant, -ante [diskɔʀdɑ̃, -ɑ̃t] *adj.* Discordante.
discorde [diskɔʀd(ə)] *f.* Discordia.
discothèque [diskɔtɛk] *f.* Discoteca.
discourir [diskuʀiʀ] *intr.* Discurrir, hablar, charlar. ▲ CONJUG. como ***courir.***
discours [diskuʀ] *m.* Discurso.
discourtois, -oise [diskuʀtwa, -waz] *adj.* Descortés.
discrédit [diskʀedi] *m.* Descrédito.
discret, -ète [diskʀɛ, -ɛt] *adj.* Discreto, ta.
discrétion [diskʀesjɔ̃] *f.* Discreción (retenue).
discriminer [diskʀimine] *tr.* Discriminar, distinguir.

disculper [diskylpe] *tr.* Disculpar.
discussion [diskysjɔ̃] *f.* Discusión.
discuter [diskyte] *tr.-intr.* Discutir.
disette [dizɛt] *f.* **1** Carestía, penuria. **2** Hambre (famine).
diseur, -euse [dizœʀ, -øz] *s.* Narrador, ra, recitador, ra.
disgrâce [disgʀɑs] *f.* Desgracia.
disgracier [disgʀasje] *tr.* Privar del favor. ▲ CONJUG. como ***prier.***
disjoindre [disʒwɛ̃dʀ(ə)] *tr.* Desjuntar, desunir. ▲ CONJUG. como ***craindre.***
disjonctif, -ive [disʒɔ̃ktif, -iv] *adj.* Disyuntivo, va.
dislocation [dislɔkasjɔ̃] *f.* **1** Dislocación. **2** fig. Desmembramiento *m.* (d'un empire, etc.).
disloquer [dislɔke] *tr.* **1** Dislocar. **2** fig. Desmembrar. ■ **3** *pr.* Dislocarse.
disparaître [dispaʀɛtʀ(ə)] *intr.* Desaparecer. ▲ CONJUG. como ***connaître.***
disparité [dispaʀite] *f.* Disparidad.
disparition [dispaʀisjɔ̃] *f.* Desaparición.
dispendieux, -euse [dispɑ̃djø, -øz] *adj.* Dispendioso, sa.
dispensaire [dispɑ̃sɛʀ] *m.* Dispensario.
dispenser [dispɑ̃se] *tr.* Dispensar.
disperser [dispɛʀse] *tr.* **1** Dispersar. **2** Dispersar, disolver (une foule). ■ **3** *pr.* Dispersarse.
disponibilité [dispɔnibilite] *f.* **1** Disponibilidad. **2** *En* ~, disponible, excedente (un fonctionnaire), de reemplazo, disponible (un militaire).
dispos, -ose [dispo, -oz] *adj.* Dispuesto, ta, despierto, ta, ágil.
disposer [dispoze] *tr.-intr.* **1** Disponer. ■ **2** *pr.* Disponerse.
dispositif [dispozitif] *m.* Dispositivo.
disposition [dispozisjɔ̃] *f.* Disposición.
dispute [dispyt] *f.* Disputa.
disputer [dispyte] *tr.* **1** Disputar (quelque chose à quelqu'un). ■ **2** *intr.* Disputar, discutir. **3** ~ ***de,*** rivalizar en. ■ **4** *pr.* Reñir.
disqualifier [diskalifje] *tr.* Descalificar. ▲ CONJUG. como ***prier.***
disque [disk(ə)] *m.* Disco.
disquette [diskɛt] *f.* Disquete *m.*
dissemblable [disɑ̃blabl(ə)] *adj.* Desemejante, diferente.
disséminer [disemine] *tr.* **1** Diseminar. ■ **2** *pr.* Diseminarse.
disséquer [diseke] *tr.* Disecar.
disserter [disɛʀte] *intr.* Disertar.
dissident, -ente [disidɑ̃, -ɑ̃t] *adj.-s.* Disidente.
dissimilation [disimilasjɔ̃] *f.* Disimilación.
dissimuler [disimyle] *tr.* Disimular.
dissipation [disipasjɔ̃] *f.* Disipación.
dissocier [disɔsje] *tr.* Disociar. ▲ CONJUG. como ***prier.***
dissolu, -ue [disɔly] *adj.* **1** Disoluto, ta. **2** fig. Licencioso, sa.
dissolution [disɔlysjɔ̃] *f.* **1** Disolución. **2** fig. Corrupción, relajación.
dissolvant, -ante [disɔlvɑ̃, -ɑ̃t] *adj.-m.* Disolvente.
dissoudre [disudʀ(ə)] *tr.* Disolver. ▲ CONJUG. como ***absoudre.***
dissuasion [disɥazjɔ̃] *f.* Disuasión.
distance [distɑ̃s] *f.* Distancia.
distancer [distɑ̃se] *tr.* Adelantar, dejar atrás. ▲ CONJUG. como ***lancer.***
distant, -ante [distɑ̃, -ɑ̃t] *adj.* Distante.
distendre [distɑ̃dʀ(ə)] *tr.* **1** Distender. ■ **2** *pr.* Aflojarse, relajarse. ▲ CONJUG. como ***rendre.***
distillerie [distilʀi] *f.* Destilería.
distinct, -incte [distɛ̃(kt), -ɛ̃kt(ə)] *adj.* Distinto, ta.
distinction [distɛ̃ksjɔ̃] *f.* Distinción.
distinguer [distɛ̃ge] *tr.* **1** Distinguir. ■ **2** *pr.* Distinguirse.
distraction [distʀaksjɔ̃] *f.* Distracción.
distraire [distʀɛʀ] *tr.* **1** Distraer. **2** *pr.* Distraerse. ▲ CONJUG. como ***traire.***

distrait, -aite [distrɛ, -ɛt] *adj.* Distraído, da.
distribuer [distribɥe] *tr.* Distribuir, repartir.
distributeur, -trice [distʀibytœʀ, -tʀis] *adj.-s.* Distribuidor, ra.
distribution [distʀibysjɔ̃] *f.* Distribución, reparto *m.*
dit, dite [di, dit] *adj.* **1** Dicho, cha: ***autrement*** **~,** dicho de otro modo. **2** Llamado, da, apellidado, da, apodado, da. **3** Fijado, da, señalado, da.
diurne [djyʀn(ə)] *adj.* Diurno, na.
divagation [divagɑsjɔ̃] *f.* Divagación.
divaguer [divage] *intr.* **1** Divagar, desatinar (déraisonner). **2** Vagar, errar (errer).
divergence [divɛʀʒɑ̃s] *f.* **1** Divergencia. **2** fig. Discrepancia (d'idées).
divers, -erse [divɛʀ, -ɛʀs(ə)] *adj.* Diverso, sa.
diversité [divɛʀsite] *f.* Diversidad.
divertir [divɛʀtiʀ] *tr.* **1** Divertir, distraer. ■ **2** *pr.* Divertirse, distraerse.
divertissement [divɛʀtismɑ̃] *m.* **1** Diversión *f.*, recreo. **2** DR. Distracción *f.* (de fonds).
dividende [dividɑ̃d] *m.* Dividendo.
divin, -ine [divɛ̃, -in] *adj.* Divino, na.
divinateur, -trice [divinatœʀ, -tʀis] *adj.-s.* Adivinador, ra.
diviniser [divinize] *tr.* Divinizar.
divinité [divinite] *f.* Divinidad.
diviser [divize] *tr.* Dividir.
divisionnaire [divizjɔnɛʀ] *adj.* Divisionario, -ria.
divorce [divɔʀs(ə)] *m.* Divorcio.
divulguer [divylge] *tr.* Divulgar.
dix [dis] *adj.-m.* **1** Diez. ■ **2** *adj.* Décimo.
dix-huit [dizɥit] *adj.-m.* Dieciocho.
dix-huitième [dizɥitjɛm] *adj.-s.* Decimoctavo, va. ■ **2** *adj.-m.* Dieciochavo, va.
dixième [dizjɛm] *adj.-m.* Décimo, ma.
dix-neuf [diznœf] *adj.-m.* Diecinueve.
dix-neuvième [disnœvjɔm] *adj.-s.* **1** Decimonono, na. ■ **2** *adj.-m.* Diecinueveavo, va.
dix-sept [disɛt, disset] *adj.-m.* Diecisiete.
dix-septième [dis(s)ɛtjɛm] *adj.-s.* **1** Decimoséptimo, ma. ■ **2** *adj.-m.* Diecisieteavo, va.
dizaine [dizɛ̃] *f.* **1** Decena. **2** Decena (chapelet).
docilité [dɔsilite] *f.* Docilidad.
docte [dɔkt(ə)] *adj.* Docto, ta.
docteur [dɔktœʀ] *m.* Doctor.
doctrinaire [dɔktʀinɛʀ] *adj.-m.* Doctrinario, ria.
document [dɔkymɑ̃] *m.* Documento.
documenter [dɔkymɑ̃te] *tr.* Documentar.
dodeliner [dɔdline] *tr.* Mecer, balancear.
dodo [dɔdo] *m.* fam. Cama *f.* (lenguaje infantil): ***aller au*** **~,** irse a la cama. Loc. ***faire*** **~,** dormir.
dodu, -ue [dɔdy] *adj.* Gordo, da, rollizo, za, regordete, ta.
doge [dɔz] *m.* Dux.
dogmatique [dɔgmatik] *adj.-s.* **1** Dogmático, ca. ■ **2** *f.* Dogmática.
dogme [dɔgm(ə)] *m.* Dogma.
doigt [dwa] *m.* Dedo. Loc. fig. ***Montrer du*** **~,** señalar con el dedo; ***mettre le*** **~** ***dessus,*** dar en el clavo; ***se mettre le*** **~** ***dans l'œil,*** equivocarse; fig. ***se mordre les doigts,*** arrepentirse.
doit [dwa] *m.* COMM. Debe.
doléances [dɔleɑ̃s] *f. pl.* Quejas, reclamaciones.
dolent, -ente [dɔlɑ̃, -ɑ̃t] *adj.* Doliente, quejumbroso, sa.
dollar [dɔlaʀ] *m.* Dólar.
domaine [dɔmɛn] *m.* **1** Hacienda *f.*, propiedad *f.* (agricole). **2** Dominio, campo (d'un art, d'une science, etc.). **3** Competencia *f.*
dôme [dom] *m.* **1** Cúpula *f.*, domo. **2** fig. Bóveda. *f.*
domestication [dɔmɛstikɑsjɔ̃] *f.* Domesticación.

domestique [domɛstik] *adj.* **1** Doméstico, ca. ■ **2** *s.* Criado, da, doméstico, ca.
domestiquer [dɔmɛstike] *tr.* Domesticar.
domicilier [dɔmislje] *tr.* **1** Domiciliar. **2** *Domicilié à Dijon,* residente en Dijon ▲ CONJUG. como *prier.*
dominant, -ante [dɔminɑ̃, -ɑ̃t] *adj.* **1** Dominante. ■ **2** *f.* MUS. Dominante.
domination [dɔminɑsjɔ̃] *f.* **1** Dominación. **2** fig. Dominio *m.*
dominer [dɔmine] *intr.-tr.* **1** Dominar. ■ **2** *pr.* Dominarse.
dommage [dɔmaʒ] *m.* **1** Daño, perjuicio, desperfecto. **2** fig. Lástima *f.*: *quel ~!,* ¡qué lástima! *c'est ~,* es una lástima.
dompter [dɔ̃te] *tr.* **1** Domar. **2** fig. Domeñar (ses instincts).
dompteur, -euse [dɔtœʀ, -øz] *s.* Domador, ra.
don [dɔ̃] *m.* **1** Don. **2** Dádiva *f.*, donativo. **3** DR. Donación *f.*
donateur, -trice [dɔnatœʀ, -tʀis] *s.* Donante.
donation [dɔnasjɔ̃] *f.* Donación.
donc [dɔ̃k, -dɔ̃] *conj.* **1** Luego, pues. **2** Expresa sorpresa, incredulidad: *allons ~,* ¡bah! **3** Refuerza una pregunta, orden o ruego: *qu'as-tu ~?,* ¿qué te pasa?
donjon [dɔ̃ʒɔ̃] *m.* **1** Torreón, torre *f.* del homenaje. **2** MAR. Torreta *f.* (d'un cuirassé).
donne [dɔn] *f.* Reparto *m.*, distribución: *une nouvelle ~ politique,* una situación política nueva, un nuevo reparto de fuerzas.
donnée [dɔne] *f.* Dato *m.*, antecedente *m.*
donner [dɔne] *tr.* **1** Dar. **2** Echar, dar. ■ **3** *intr.* Dar, darse (se cogner). **4** Dar (avoir vue sur): **5** MIL. Cargar, entrar en acción. **6** Otros sentidos: *~ du cor,* tocar la trompa; *~ dans un piège, dans l'erreur,* caer en un lazo, en el error. **7** *loc. prép. Étant donné,* dado, dada, etc. **8** *loc. conj. Étant donné que,* dado que. ■ **9** *pr.* Darse.
donneur, -euse [dɔnœʀ, -øz] *adj.-s.* Donante: *~ de sang,* donante de sangre.
don-quichottisme [dɔ̃kiʃɔtism(ə)] *m.* Quijotismo.
dont [dɔ̃, dɔ̃t] *pron. relat.* **1** Cuyo, cuya, cuyos, cuyas. **2** Del cual, de la cual, de los cuales, de las cuales, del que, etc., de que (choses); de quien, de quienes (personnes). **3** De donde. **4** *Ce ~,* de lo que.
dopage [dɔpaʒ] *m.* Dopaje.
doping [dɔpiŋ] *m.* Doping, dopaje.
dorade [dɔʀad] *f.* Dorada.
doré, -ée [dɔʀe] *adj.* Dorado, da.
dorénavant [dɔʀenavɑ̃] *adv.* Desde ahora, en adelante, en lo sucesivo.
dorer [dɔʀe] *tr.* Dorar.
dorloter [dɔʀlɔte] *tr.* Mimar.
dormant, -ante [dɔʀmɑ̃, -ɑ̃t] *adj.* **1** Durmiente. **2** Estancado, da (eau). **3** Fijo, ja.
dormeur, -euse [dɔʀmœʀ, -øz] *adj.-s.* **1** Durmiente (qui dort). **2** Dormilón, ona (qui aime dormir). ■ **3** *f.* Dormilona *f.* (boucle d'oreille, chaise longue).
dormir [dɔʀmiʀ] *intr.* Dormir. ▲ CONJUG. IRREG. INDIC. Pres.: *je dors, tu dors, il dort, nous dormons, vous dormez, ils dorment.* Imperf.: *je dormais,* etc. Pret. indef.: *je dormis,* etc. Fut. imperf.: *je dormirai,* etc. POT.: *je dormirais,* etc. SUBJ. Pres.: *que je dorme, que nous dormions,* etc. Imperf.: *que je dormisse,* etc. IMPER.: *dors, dormons, dormez.* PART. A.: *dormant.* PART. P.: *dormi, ie.*
dortoir [dɔʀtwaʀ] *m.* Dormitorio común.
dos [do] *m.* **1** Espalda *f.*, espaldas *f. pl.* (de l'homme). Loc. *Avoir bon ~,* tener aguante, tener buenas espaldas. *loc. adv. Sur le ~,* boca arriba. **2** Lomo (d'un animal, d'un livre, etc.). Loc. *À ~ de,* montado en. **3** Dorso (de la main, d'une page,

etc.). 4 Canto, lomo (d'un couteau). 5 Respaldo (d'une chaise).
dose [doz] *f.* Dosis.
doser [doze] *tr.* Dosificar.
dossier [dosje] *m.* 1 Respaldo (d'un siège). 2 Expediente (documents), legajo (ensemble de papiers). 3 DR. Autos *pl.*
dot [dɔt] *f.* Dote *m.* et *f.*
dotation [dɔtasjɔ̃] *f.* Dotación.
doter [dɔte] *tr.* Dotar.
douane [dwan] *f.* Aduana.
doublage [dublaʒ] *m.* 1 Forro (d'un navire). 2 Doblaje (d'un film).
double [dubl(ə)] *adj.* 1 Doble. 2 *m.* Doble, duplo. 3 Duplicado, copia *f.* (duplicata). *loc. adv.* ***En ~,*** por duplicado. ■ 4 *adv.* Doble: ***voir ~,*** ver doble.
doubler [duble] *tr.* 1 Duplicar, doblar (porter au double). 2 ***~ le pas,*** acelerar el paso. 3 Doblar (plier). 4 Forrar (un vêtement). 5 Doblar, franquear (un cap). 6 Pasar, adelantar. 7 Sustituir, reemplazar (un acteur). 8 Doblar (un film). ■ 9 *intr.* Doblar, duplicarse (devenir double).
douceâtre [dusɑtʀ(ə)] *adj.* Dulzón, ona.
doucement [dusmɑ̃] *adv.* 1 Dulcemente, suavemente. 2 Lentamente. 3 Bajo, bajito: ***parlez ~,*** hablad bajito.
douceur [dusœʀ] *f.* 1 Dulzura, dulzor *m.* 2 Suavidad. *loc. adv.* ***En ~,*** despacio, con calma. ■ 3 *pl.* Golosinas (friandises).
douche [duʃ] *f.* 1 Ducha. 2 fam. Chasco *m.* (déception).
douer [dwe] *tr.* Dotar.
douleur [dulœʀ] *f.* Dolor *m.*
douloureux, -euse [duluʀø, -øz] *adj.* Doloroso, sa.
doute [dut] *m.* Duda.
douter [dute] *intr.* 1 Dudar. Loc. ***Ne ~ de rien,*** no temer nada. 2 No fiarse de (se méfier de). ■ 3 *pr.* Sospechar, figurarse.
douteux, -euse [dutø, -øz] *adj.* 1 Dudoso, sa. 2 Equívoco, ca. 3 Ambiguo, gua, incierto, ta.
doux, douce [du, dus] *adj.* 1 Dulce. 2 Suave (peau, vent, caresse, etc.). 3 fig. Afable, dócil, manso, sa, dulce. 4 Tierno, na, amoroso, sa. 5 Templado, da, benigno, na (climat, temps). 6 *loc. adv.* ***En douce,*** a la chita callando.
douzaine [duzɛn] *f.* Docena.
douze [duz] *adj.-m.* Doce.
douzième [duzjɛm] *adj.-s.* Duodécimo, ma. ■ 2 *adj.-m.* Dozavo, va.
doyen, -enne [dwajɛ̃, -ɛn] *s.* 1 Decano, na. ■ 2 *m.* ECCLÉS. Deán (d'un chapitre).
Dr. (*abrév.* docteur) Dr., Dra. *f.*
dragage [dʀagaʒ] *m.* Dragado.
dragée [dʀaʒe] *f.* 1 Peladilla (bonbon). 2 Gragea (pilule). 3 Mostacilla (de chasse).
draguer [dʀage] *tr.* 1 Dragar. 2 fam. Ligar.
drainage [dʀɛnaʒ] *m.* 1 Avenamiento. 2 CHIR. Drenaje.
drainer [dʀene] *tr.* 1 Avenar (un terrain). 2 fig. Chupar, atraer. 3 CHIR. Drenar.
dramatique [dʀamatik] *adj.* Dramático, ca.
dramaturge [dʀamatyʀʒ(ə)] *m.* Dramaturgo.
drame [dʀam] *m.* Drama.
drap [dʀa] *m.* 1 Paño (tissu). 2 Sábana *f.*
drapeau [dʀapo] *m.* Bandera *f.*
draper [dʀape] *tr.* 1 Colgar (de draperies). 2 Revestir, cubrir con un paño (un objet). 3 PEINT., SCULPT. Disponer el ropaje de.
draperie [dʀapʀi] *f.* 1 Pañería (boutique). 2 Colgadura (tenture). 3 PEINT., SCULPT. Ropaje *m.*, plieguería.
dressage [dʀɛsaʒ] *m.* 1 Amaestramiento, doma *f.* (d'un animal, d'un cheval). 2 Enderezamiento (fil métallique).

dresser [dʀese] *tr.* 1 Enderezar, levantar, poner derecho, cha. 2 Erigir, levantar (statue). 3 Disponer, poner: ~ ***la table,*** poner la mesa. 4 Armar (lit, tente, etc.). 5 Establecer, formar (une liste, un rapport); trazar, formular, redactar (plans, projets, documents). 6 Aplanar (des surfaces). 7 Adiestrar, amaestrar (animaux). 8 Corregir (un enfant). ■ 9 *pr.* fig. Levantarse, sublevarse (contre quelqu'un ou quelque chose). 10 Erizarse.
dressoir [dʀɛswaʀ] *m.* Aparador, trinchero.
drille [dʀij] *m.* ***Joyeux ~,*** gracioso.
drogue [dʀɔg] *f.* Droga.
drogué, -ée [dʀɔge]. 1 *adj.* Drogado, da. 2 *s.* Drogadicto, ta, fam. drogata *m.-f.*
droguer [dʀɔge] *tr.* 1 Drogar. ■ 2 *pr.* Drogarse.
droit, droite [dʀwa, dʀwat] *adj.* 1 Derecho, cha, recto, ta. 2 Derecho, cha (vertical). 3 ASTRON., GÉOM. Recto, ta. 4 Derecho, cha, diestro, tra. ■ 5 *m.* Derecho; ~ ***canon, commercial,*** derecho canónico, mercantil. ■ 6 *f.* Derecha, diestra. *loc. adv.* ***À droite,*** a la derecha, a mano derecha. ■ 7 *adv.* ***Droit, tout droit,*** derecho, todo seguido.
droitier, -ière [dʀwatje, -jɛʀ] *adj.-s.* 1 Diestro, tra. ■ 2 *m.* Derechista (en politique).
droiture [dʀwatyʀ] *f.* Rectitud, equidad.
drôle [dʀol] *adj.* 1 Chusco, ca, gracioso, sa. 2 Raro, ra, extraño, ña (bizarre). Loc. ***Un ~ de,*** raro, ra. ■ 3 *m.* Bribón.
drôlerie [dʀolʀi] *f.* Chuscada, bufonada.
drôlesse [dʀolɛs] *f.* Bribona, mujerzuela.
dru, -ue [dʀy] *adj.* 1 Espeso, sa, tupido, da (épais). 2 Fuerte, recio, cia: ***pluie drue,*** lluvia fuerte. ■ 3 *adv.* Copiosamente.
du [dy] *art. contr.* 1 Del. 2 *art. part.* (no se traduce).
dû, due [dy] *adj.* 1 Debido, da. ■ 2 *m.* Lo que se debe a uno. 3 fig. Merecido: ***il a eu son ~,*** ha llevado su merecido.
dubitatif, -ive [dybitatif, -iv] *adj.* Dubitativo, va.
duc [dyk] *m.* 1 Duque. 2 Búho (oiseau).
ducat [dyka] *m.* Ducado.
duché [dyʃe] *m.* Ducado.
duchesse [dyʃɛs] *f.* 1 Duquesa. 2 Pera de agua (poire).
duel [dyɛl] *m.* 1 Duelo, desafío. 2 GRAM. Dual.
dûment [dymɑ̃] *adv.* Debidamente.
dune [dyn] *f.* Duna.
duper [dype] *tr.* Engañar, embaucar.
duperie [dypʀi] *f.* Engaño *m.*
duplex [dyplɛks] *m.* Dúplex.
duplicité [dyplisite] *f.* Duplicidad, doblez.
duquel [dykɛl] *pron. relat.* Del cual.
dur, dure [dyʀ] *adj.* 1 Duro, ra. Loc. ***Être ~ d'oreille,*** ser duro de oído. 2 fig. Difícil. ■ 3 *adv.* Duro, esforzadamente, de firme. ■ 4 *f.* ***Coucher sur la ~,*** dormir en el suelo.
durant [dyʀɑ̃] *prép.* Durante.
durcir [dyʀsiʀ] *tr.* 1 Endurecer. ■ 2 *pr.* Endurecerse.
durcissement [dyʀsismɑ̃] *m.* Endurecimiento.
durée [dyʀe] *f.* Duración.
durer [dyʀe] *intr.* 1 Durar. 2 ***Le temps me dure,*** el tiempo se me hace largo; ***il lui dure de,*** está impaciente por.
dureté [dyʀte] *f.* Dureza.
durillon [dyʀijɔ̃] *m.* Callo.
duvet, [dyvɛ] *m.* 1 Plumón, flojel (des oiseaux). 2 Bozo, vello (poils). 3 Pelusilla *f.* (des fruits). 4 Saco de dormir.
dynamique [dinamik] *adj.* 1 Dinámico, ca. ■ 2 *f.* Dinámica.
dynamite [dinamit] *f.* Dinamita.
dynastie [dinasti] *f.* Dinastía.

dysenterie [disɑ̃tʀi] *f.* MÉD. Disentería.
dyspepsie [dispɛpsi] *f.* MÉD. Dispepsia.

E

e [ə] *m.* E. *f.*
eau [o] *f.* **1** Agua. Loc. ~ ***de javel,*** lejía. **2** Aguas *pl.*: ***l'~ d'une perle,*** las aguas de una perla. Loc. fig. ***De la plus belle ~,*** de lo mejorcito.
eau-de-vie [odvi] *f.* Aguardiente *m.*
eau-forte [ofɔʀt(ə)] *f.* Aguafuerte.
ébahir [ebaiʀ] *tr.* **1** Plasmar, asombrar. ■ **2** *pr.* Pasmarse, asombrarse.
ébahissement [ebaismɑ̃] *m.* Pasmo, asombro.
ébattre (s') [ebatʀ(ə)] *pr.* Retozar, juguetear. ▲ CONJUG. como ***battre.***
ébaubi, -ie [ebobi] *adj.* Pasmado, da, embobado, da.
ébaucher [eboʃe] *tr.* **1** Bosquejar, esbozar. **2** TECHN. Desbastar.
ébénier [ebenje] *m.* Ébano (arbre).
ébénisterie [ebenist(ə)ʀi] *f.* Ebanistería.
éblouir [ebluiʀ] *tr.* Deslumbrar, cegar.
éblouissant, -ante [ebluisɑ̃, -ɑ̃t] *adj.* Deslumbrador, ra, cegador, ra.
éblouissement [ebluismɑ̃] *m.* **1** Deslumbramiento. **2** Pasmo, asombro (émerveillement).
ébouillanter [ebujɑ̃te] *tr.* **1** Escaldar. ■ **2** *pr.* Escaldarse.
ébouler (s') [ebule] *pr.* Desplomarse, derrumbarse, desprenderse.
ébouriffer [ebuʀife] *tr.* **1** Desgreñar. **2** fig. fam. Pasmar, sorprender.
ébrancher [ebʀɑ̃ʃe] *tr.* Desramar.
ébranlement [ebʀɑ̃lmɑ̃] *m.* **1** Tambaleo, sacudida *f.*, estremecimiento. **2** fig. Trastorno, sacudida *f.*, emoción *f.*
ébranler [ebʀɑ̃le] *tr.* **1** Sacudir, estremecer. **2** Quebrantar, socavar, debilitar (le moral, les convictions de quelqu'un, etc.). ■ **3** *pr.* Ponerse en movimiento.
ébrécher [ebʀeʃe] *tr.* **1** Mellar, desportillar. **2** fig. Menoscabar, mermar (diminuer). ▲ CONJUG. como ***accélérer.***
ébriété [eʀijete] *f.* Embriaguez.
ébrouer (s') [ebʀue] *pr.* **1** Resoplar (le cheval). **2** Sacudirse (s'agiter).
ébullition [ebylisjɔ̃] *f.* Ebullición.
écaille [ekaj] *f.* **1** ZOOL., BOT. Escama. **2** Concha, carey *m.*
écailler [ekaje] *tr.* **1** Escamar (un poisson). **2** Abrir, desbullar (des huîtres). ■ **3** *pr.* Desconcharse, descascarillarse.
écailleux, -euse [ekajø, -øz] *adj.* Escamoso, sa.
écaler [ekale] *tr.* Descascarar (des noix, des amandes).
écart [ekaʀ] *m.* **1** Distancia *f.*, intervalo, separación *f.* **2** Diferencia *f.* **3** Desviación *f.* **4** Esguince, quiebro (du corps). **5** ~ ***de langage,*** incorrección *f.*; ~ ***de conduite,*** descarrío, extravío. **6** Descarte (jeu). **7** *loc. adv.* ***À l'~,*** aparte, a un lado. **8** *loc. prép.* ***À l'~ de,*** apartado, da, de.
écarté, -ée [ekaʀte] *adj.* **1** Apartado, da. ■ **2** *m.* Ecarté (jeu).
écarteler [ekaʀtəle] *tr.* Descuartizar. ▲ CONJUG. como ***acheter.***
écarter [ekaʀte] *tr.* **1** Separar, apartar, desviar, alejar. **2** Abrir, separar (les jambes). ■ **3** *pr.* Apartarse, desviarse.
ecclésiastique [eklezjastik] *adj.* **1** Eclesiástico, ca. ■ **2** *m.* Eclesiástico.
écervelé, -ée [esɛʀvəle] *adj.-s.* Ligero, ra de cascos, atolondrado, da.
échafaud [eʃafo] *m.* **1** Cadalso, patíbulo. **2** Pena *f.* de muerte.
échafaudage [eʃafodaʒ] *m.* **1** Andamiaje. **2** Andamio. **3** Pila *f.*, montón (amoncellement).

échalote [eʃalɔt] *f.* Escalonia, chalote *m.*
échancrure [eʃɑ̃kʀyʀ] *f.* 1 Escote *m.*, escotadura, sisa (d'un corsage, d'une robe). 2 Seno *m.* (d'une côte).
échange [eʃɑ̃ʒ] *m.* 1 Cambio, canje, trueque (de biens, de personnes). 2 Intercambio, cambio. 3 *loc. adv.* ***En ~,*** en cambio. 4 *loc. prép.* ***En ~ de,*** a cambio de.
échanger [eʃɑ̃ʒe] *tr.* 1 Cambiar, trocar: ***~ des timbres, des impressions,*** cambiar sellos, impresiones; ***~ contre,*** cambiar por. 2 Canjear (prisonniers, documents, etc.). 3 Intercambiar, cambiar. ▲ CONJUG. como ***engager.***
échantillon [eʃɑ̃tijɔ̃] *m.* Muestra *f.*
échappatoire [eʃapatwaʀ] *f.* Escapatoria, efugio *m.*
échappée [eʃape] *f.* 1 SPORTS. Escapada. 2 Espacio *m.* libre, vista.
échapper [eʃape] *intr.* 1 Escapar, escaparse. 2 Olvidarse: ***votre nom m'échappe,*** se me ha olvidado su apellido. ■ 3 *tr.* Evitar. Loc. ***L'~ belle,*** escapar, salvarse de milagro, librarse de una buena. ■ 4 *pr.* Escaparse, evadirse. 5 Escaparse, salirse (un liquide, un gaz).
écharde [eʃaʀd(ə)] *f.* Rancajo *m.*, astilla.
écharpe [eʃaʀp(ə)] *f.* 1 Faja, banda. 2 Cabestrillo *m.* (bandage). 3 Echarpe *m.*, chal *m.* (foulard).
écharper [eʃaʀpe] *tr.* Acuchillar, destrozar.
échasse [eʃɑ(a)ʃ] *f.* 1 Zanco *m.* 2 Zancudo *m. (oiseau).*
échauder [eʃode] *tr.* Escaldar.
échauffer [eʃofe] *tr.* 1 Calentar, caldear. 2 fig. Acalorar, irritar. ■ 3 *pr.* Acalorarse, enardecerse (en parlant).
échauffourée [eʃofuʀe] *f.* Escaramuza, refriega.
échéancier [eʃeɑ̃sje] *m.* Conjunto de plazos obligatorios.
échéant, -ante [eʃeɑ̃, -ɑ̃t] *adj.* 1 Que vence. 2 *loc. adv.* ***Le cas ~,*** si se presenta el caso.
échec [eʃɛk] *m.* 1 Fracaso, revés. 2 Jaque.
échelle [eʃɛl] *f.* 1 Escala, escalera de mano. Loc. ***Faire la courte ~,*** aupar; fig. ***monter à l'~,*** picarse, tomarse en serio una broma. 2 Escala (graduation). 3 ***À l'~,*** a escala.
échelon [eʃlɔ̃] *m.* Escalón, peldaño.
échelonner [eʃlɔne] *tr.* Escalonar.
écheveau [ɛʃvo] *m.* Madeja *f.*
écheveler [ɛʃəvle] *tr.* Desgreñar. ▲ CONJUG. como ***appeler.***
échine [eʃin] *f.* Espinazo *m.*
échiner (s') [eʃine] *pr.* Deslomarse.
échiquier [eʃikje] *m.* Tablero, damero.
écho [eko] *m.* Eco.
échographie [ekogʀafi] *m.* Ecografía.
échoir [eʃwaʀ] *intr.* 1 Tocar, caer, corresponder. 2 Vencer (un délai). ▲ CONJUG. IRREG. Úsase sólo en las formas siguientes: INDIC. Pres.: ***il échoit, ils échoient.*** Pret. indef.: ***il échut, ils échutent.*** Fut. Imperf.: ***il échoira, ils échoiront.*** POT.: ***il échoirait, ils échoiraient.*** SUBJ. Pres.: ***qu'il échoie.*** Imperf.: ***qu'il échût.*** PART. A.: ***échéant.*** PART. P.: ***échu, échue,*** y en las terceras pers. de los tiempos compuestos. Auxiliar: ÊTRE.
échoppe [eʃɔp] *f.* Tenderete *m.*, puesto *m.* (petite boutique).
échouer [eʃwe] *intr.* 1 MAR. Encallar, varar. 2 fig. Fracasar.
éclabousser [eklabuse] *tr.* 1 Salpicar. 2 fig. Manchar, mancillar.
éclair [eklɛʀ] *m.* 1 Relámpago. 2 fig. Destello, chispa *f.* (de génie, etc.). 3 Pastelillo de crema (gâteau). ■ 4 *adj.* Relámpago: ***guerre ~,*** guerra relámpago.
éclairage [eklɛʀaʒ] *m.* 1 Alumbrado. 2 fig. Enfoque, punto de vista.
éclaircir [eklɛʀsiʀ] *tr.* 1 Aclarar. ■ 2 *pr.* Despejarse, aclararse (le temps).

éclairer [eklere] *tr.* **1** Alumbrar, iluminar. **2** fig. Ilustrar, instruir. **3** Aclarar (expliquer). ■ **4** *intr.* Alumbrar. **5** Centellear, brillar. ■ **6** *pr.* Alumbrarse.

éclat [ekla] *m.* **1** Casco, pedazo. **2** Estampido, estallido (bruit violent). Loc. ~ ***de rire,*** carcajada *f.*; ~ ***de voix,*** grito; ***rire aux éclats,*** reir a carcajadas. **3** Destello, resplandor, brillo (vive lumière). **4** Esplendor, magnificencia *f.* **5** fig. Escándalo.

éclatant, -ante [eklatɑ̃, -ɑ̃t] *adj.* **1** Brillante, esplendoroso, sa. **2** Estrepitoso, sa (son, etc.). **3** Clamoroso, sa (succès).

éclater [eklate] *intr.* **1** Estallar, reventar (obus, pneu, etc.). **2** Prorrumpir, estallar.

éclectique [eklɛktik] *adj.* Ecléctico, ca.

éclipser [eklipse] *tr.* **1** Eclipsar. ■ **2** *pr.* fam. Eclipsarse, escabullirse.

éclosion [eklozjɔ̃] *f.* **1** Nacimiento *m.*, salida del huevo. **2** Abertura (d'une fleur). **3** fig. Aparición, manifestación.

écluse [eklyz] *f.* Esclusa.

écœurant, -ante [ekœʀɑ̃, -ɑ̃t] *adj.* Repugnante, asqueroso, sa.

école [ekɔl] *f.* **1** Escuela. Loc. ***Faire l'~ buisonnière,*** hacer novillos. **2** Academia (privée).

écolier, -ière [ekɔlje, -jɛʀ] *s.* Escolar, alumno, na.

écologie [ekɔlɔʒi] *f.* Ecología.

écologiste [ekɔlɔʒist] *s.* Ecologista.

éconduire [ekɔ̃dɥiʀ] *tr.* **1** Despedir, echar. **2** Rechazar (un solliciteur). ▲ CONJUG. como ***conduire.***

économat [ekɔnɔmat] *m.* Economato.

économie [ekɔnɔmi] *f.* **1** Economía. ■ **2** *pl.* Ahorros *m.*

économique [ekɔnɔmik] *adj.* Económico, ca.

économiste [ekɔnɔmist(ə)] *m.* Economista.

écoproduit [ekɔpʀɔdɥi] *m.* Ecoproducto, producto ecológico.

écorce [ekɔʀs(ə)] *f.* **1** Corteza (d'un arbre). **2** Corteza, piel, cáscara (fruits). **3** ~ ***terrestre,*** corteza terrestre.

écorcer [ekɔʀse] *tr.* Descortezar, descorchar (des arbres). ▲ CONJUG. como ***lancer.***

écorcher [ekɔʀʃe] *tr.* **1** Desollar, despellejar.

écorner [ekɔʀne] *tr.* **1** Descornar. **2** Descantillar, descantonar (un objet).

écot [eko] *m.* Escote, cuota *f.*, parte *f.*: ***payer son ~,*** pagar su parte.

écouler [ekule] *tr.* **1** Despachar, vender (des marchandises). ■ **2** *pr.* Derramarse, correr, fluir (liquides). **3** Irse, retirarse (personnes). **4** Transcurrir (le temps).

écourter [ekuʀte] *tr.* Acortar.

écoute [ekut] *f.* **1** MAR. Escota. **2** Escucha.

écouter [ekute] *tr.* **1** Escuchar. ■ **2** *pr.* Escucharse.

écouteur, -euse [ekutœʀ, -øz] *s.* **1** Escuchador, ra. ■ **2** *m.* Auricular (téléphone).

écoutille [ekutij] *f.* MAR. Escotilla.

écrabouiller [ekʀabuje] *tr.* pop. Aplastar.

écrasant, -ante [ekʀazɑ̃, -ɑ̃t] *adj.* **1** Aplastante. **2** fig. Abrumador, ra.

écraser [ekʀaze] *tr.* **1** Aplastar (quelque chose, une armée, etc.). **2** Atropellar (un véhicule). **3** pop. ***En ~,*** dormir como un tronco. ■ **5** *pr.* Estrellarse. **6** Estrujarse, apiñarse (s'entasser).

écrémer [ekʀeme] *tr.* Desnatar, descremar: ***lait écrémé,*** leche desnatada, leche descremada. ▲ CONJUG. como ***accélérer.***

écrevisse [ekʀəvis] *f.* Cangrejo *m.* de río.

écrier (s') [ekʀije] *pr.* Exclamar. ▲ CONJUG. como ***prier.***

écrire [ekʀiʀ] *tr.* Escribir. ▲ CONJUG. IRREG. INDIC. Pres.: ***j'écris, tu écris, il écrit, nous écrivons, vous écrivez, ils écrivent.*** Imperf.: ***j'écrivais,*** etc. Pret. Indef.: ***j'écrivis,*** etc. Fut. Imperf.: ***j'écrirai,*** etc. POT.: ***j'écrirais,*** etc. SUBJ. Pres.: ***que j'écrive,*** etc. Imperf.: ***que j'écrivisse.*** IMPER.: ***écris, écrivons, écrivez.*** PART. A.: ***écrivant.*** PART. P.: ***écrit, écrite.***
écrit [ekʀi] *m.* Escrito.
écriteau [ekʀito] *m.* Letrero.
écritoire [ekʀitwaʀ] *f.* Escribanía.
écriture [ekʀityʀ] *f.* **1** Escritura, grafía. **2** Letra (façon d'écrire). ■ **3** *pl.* COMM. Loc. ***Tenir les écritures,*** llevar los libros, la contabilidad.
écrivain [ekʀivɛ̃] *m.* **1** Escritor, ra. **2** ~ ***public,*** memorialista.
écrouelles [ekʀuɛl] *f. pl.* Escrófulas, lamparones *m.*
écrouer [ekʀue] *tr.* **1** Inscribir en el registro de la cárcel. **2** Encarcelar.
écrouler (s') [ekʀule] *pr.* Hundirse, derrumbarse, desplomarse.
écru, -ue [ekʀy] *adj.* Crudo, da (fil, soie).
écu [eky] *m.* Escudo, broquel.
ECU [eky] *m.* (*abrév.* European currency unit) ECU, ecu.
écueil [ekœj] *m.* Escollo.
écuelle [ekɥɛl] *f.* Escudilla.
écume [ekym] *f.* **1** Espuma. **2** Escoria (des métaux). **3** ~ ***de mer,*** espuma de mar, magnesita.
écumeux, -euse [ekymø, -øz] *adj.* Espumoso, sa.
écumoire [ekymwaʀ] *f.* Espumadera.
écurie [ekyʀi] *f.* **1** Cuadra, caballeriza. **2** Escudería (chevaux, voitures).
écusson [ekysɔ̃] *m.* **1** Escudo pequeño. **2** MIL. Rombo, emblema. **3** AGR. Escudete.
écuyer [ekɥije] *m.* **1** Escudero (servant). **2** Jinete (cavalier). **3** Caballista (de cirque).
écuyère [ekɥijeʀ] *f.* Amazona.
édenté, -ée [edɑ̃te] *adj.-s.* **1** Desdentado, da. ■ **2** *m. pl.* ZOOL. Desdentados.
édifice [edifis] *m.* Edificio.
édifier [edifje] *tr.* **1** Edificar. **2** fig. Edificar, dar buen ejemplo. ▲ CONJUG. como ***prier.***
édile [edil] *m.* Edil.
édit [edi] *m.* Edicto.
éditeur, -trice [editœʀ, -tʀis] *s.* Editor, ra.
édition [edisjɔ̃] *f.* Edición.
édito [edito] *m.* (*abrév.* éditorial) fam. Editorial (dans un journal).
éditorial [editɔʀjal] *m.* editorial (dans un journal).
éducateur, -trice [edykatœʀ, -tʀis] *s.* Educador, ra.
éducatif, -ive [edykatif, -iv] *adj.* Educativo, va.
éducation [edykasjɔ̃] *f.* Educación.
effacer [efase] *tr.* **1** Borrar (faire disparaître, faire oublier). **2** fig. Eclipsar, obscurecer. ■ **3** *pr.* Borrarse. **4** Ladearse, echarse a un lado (pour laisser passer). **5** Mantenerse apartado, da, eclipsarse. ▲ CONJUG. como ***lancer.***
effarer [efaʀe] *tr.* Azorar, asustar.
effaroucher [efaʀuʃe] *tr.* **1** Espantar, ahuyentar (mettre en fuite). **2** Asustar. ■ **3** *pr.* Asustarse.
effectif, -ive [efɛktif, -iv] *adj.* **1** Efectivo, va. ■ **2** *m. pl.* MIL. Efectivos.
effectuer [efɛktɥe] *tr.* **1** Efectuar. ■ **2** *pr.* Efectuarse.
efféminé, -ée [efemine] *adj.-s.* Afeminado, da.
effervescent, -ente [efɛʀvesɑ̃, -ɑ̃t] *adj.* Efervescente.
effet [efɛ] *m.* Efecto.
effeuiller [efœje] *tr.* Deshojar.
efficace [efikas] *adj.* Eficaz.
efficient, -ente [efisjɑ̃, -ɑ̃t] *adj.* Eficiente.
effilé, -ée [efile] *adj.* **1** Afilado, da, fino, na (doigt, etc.). ■ **2** *m.* Fleco (d'une étoffe).

effiler [efile] *tr.* 1 Deshilar, deshilachar. ■ 2 *pr.* Deshilarse, deshilacharse.
effilocher [efilɔʃe] *tr.* Deshilachar.
efflanqué, -ée [eflɑ̃ke] *adj.* Trasijado, da, flaco, ca, enjuto, ta.
effleurer [eflœʀe] *tr.* Rozar, tocar ligeramente.
efflorescence [eflɔʀesɑ̃s] *f.* CHIM. Eflorescencia.
effluve [eflyv] *m.* Efluvio.
effondrer [efɔ̃dʀe] *tr.* 1 Hundir, derrumbar. ■ 2 *pr.* Hundirse, derrumbarse.
efforcer (s') [efɔʀse] *pr.* Esforzarse. ▲ CONJUG. como ***lancer.***
effort [efɔʀ] *m.* Esfuerzo.
effraction [efʀaksjɔ̃] *f.* DR. Fractura.
effrayant, -ante [efʀejɑ̃, -ɑ̃t] *adj.* Espantoso, sa.
effrayer [efʀeje] *tr.* 1 Espantar, asustar. ■ 2 *pr.* Espantarse, asustarse. ▲ CONJUG. como ***employer.***
effréné, -ée [efʀene] *adj.* Desenfrenado, da, desmesurado, da.
effriter [efʀite] *tr.* 1 Volver friable, pulverizar. ■ 2 *pr.* Desmenuzarse, pulverizarse.
effroi [efʀwɑ(a)] *m.* Terror, espanto.
effronté, -ée [efʀɔ̃te] *adj.-s.* Descarado, da, desvergonzado, da.
effroyable [efʀwajabl(ə)] *adj.* Espantoso, sa, horrible.
égal, -ale [egal] *adj.* 1 Igual, idéntico, ca, equivalente. 2 Igual, constante, uniforme. ■ 3 *adj.-s.* Igual. Loc.: ***Traiter d'~ à ~,*** tratar de igual a igual. 4 ***Ça m'est (bien) ~,*** me da igual, me da lo mismo.
égaler [egale] *tr.* 1 Igualar. 2 Equiparar.
égaliser [egalize] *tr.* 1 Igualar, unificar. 2 Igualar, allanar (aplanir). ■ 3 *intr.* Empatar.
égalité [egalite] *f.* 1 Igualdad. 2 SPORTS ***Être à ~,*** estar empatados, as.
égard [egaʀ] *m.* 1 Consideración *f.*, respeto. Loc. ***Avoir ~ à,*** tener en consideración; ***en ~ à,*** teniendo en cuenta, teniendo en consideración; ***à l'~ de,*** con respecto a, respecto de; ***à tous égards,*** por todos conceptos.
égarer [egaʀe] *tr.* 1 Extraviar, perder (quelque chose). 2 Extraviar, descarriar (une personne). 3 fig. Desorientar, perturbar. ■ 4 *pr.* Perderse, extraviarse, desorientarse.
égayer [egeje] *tr.* 1 Alegrar, regocijar. 2 Alegrar, hermosear.
égide [eʒid] *f.* Egida, égida.
églantier [eglɑ̃tje] *m.* Agavanzo, escaramujo.
églantine [eglɑ̃tin] *f.* Gavanza.
église [egliz] *f.* Iglesia.
égoïste [egɔist(ə)] *adj.-s.* Egoísta.
égorger [egɔʀʒe] *tr.* Degollar. ▲ CONJUG. como ***engager.***
égosiller (s') [egozije] *pr.* Desgañitarse.
égout [egu] *m.* 1 Alcantarilla *f.*, cloaca *f.*, albañal. 2 ***Bouche d'~,*** sumidero *m.*
égoutter [egute] *tr.* 1 Escurrir. 2 Secar (sécher). ■ 3 *pr.* Escurrirse, gotear.
égratigner [egʀatiɲe] *tr.* 1 Arañar, rasguñar. 2 fig. Zaherir.
égrener [egʀəne] *tr.* 1 Desgranar. 2 ***~ un chapelet,*** pasar las cuentas de un rosario. ▲ CONJUG. como ***acheter.***
égyptien, -ienne [eʒipsjɛ̃, -jɛn] *adj.-s.* Egipcio, cia.
éhonté, -ée [eɔ̃te] *adj.* Desvergonzado, da.
éjaculer [eʒakyle] *tr.* Eyacular.
élaboration [elabɔʀɑsjɔ̃] *f.* Elaboración.
élaborer [elabɔʀe] *tr.* Elaborar.
élan [elɑ̃] *m.* Impulso, arranque.
élancé, -ée [elɑ̃se] *adj.* Esbelto, ta.
élancement [elɑ̃smɑ̃] *m.* Punzada *f.* (douleur).
élancer [elɑ̃se] *intr.* 1 Punzar (la douleur). ■ 2 *pr.* Lanzarse, arrojarse. ▲ CONJUG. como ***lancer.***

élargir [elaRziR] *tr.* **1** Ensanchar, hacer más ancho, cha. **2** fig. Ampliar, extender, generalizar. ■ **3** *pr.* Ensancharse.
élasticité [elastisite] *f.* Elasticidad.
élastique [elastik] *adj.* **1** Elástico, ca. ■ **2** *m.* Elástico (tissu). **3** Goma *f.* (ruban, bracelet en caoutchouc).
élection [elɛksjɔ̃] *f.* Elección.
électorat [elɛktɔRa] *m.* Electorado.
électricité [elɛktRisite] *f.* Electricidad.
électrifier [elɛktRifje] *tr.* Electrificar. ▲ CONJUG. como ***prier.***
électrique [elɛktRik] *adj.* Eléctrico, ca.
électriser [elɛtRize] *tr.* Electrizar.
électrocuter [elɛktRɔkyte] *tr.* Electrocutar.
électrode [elɛktRɔd] *f.* Electrodo *m.*
électrogène [elɛktRɔʒɛn] *adj.* Electrógeno, na.
électromoteur, -trice [elɛktRɔmɔtœR, -tRis] *adj.* **1** Electromotor, triz. ■ **2** *m.* Electromotor.
élégance [elegɑ̃s] *f.* Elegancia.
élégant, -ante [elegɑ̃, -ɑ̃t] *adj.-s.* Elegante.
élégie [eleʒi] *f.* Elegía.
élément [elemɑ̃] *m.* **1** Elemento. **2** Elemento (milieu).
élémentaire [elemɑ̃tɛR] *adj.* Elemental.
éléphant [elefɑ̃] *m.* Elefante.
élevage [ɛlvaʒ] *m.* **1** Cría *f.*: ***l'~ du bétail,*** la cría de ganado. **2** Ganadería *f.*: ***un ~ de taureaux,*** una ganadería de toros.
élévateur, -trice [elevatœR, -tRis] *adj.* **1** Elevador, ra: ***muscles élévateurs,*** músculos elevadores. ■ **2** *adj.-m.* Elevador (appareil).
élévation [elevasjɔ̃] *f.* **1** Elevación. **2** ASTRON. Altura. **3** ARCHIT. Alzado *m.*
élève [elɛv] *s.* **1** Discípulo, la, alumno, na. **2** Alumno, na (écolier, collégien).
élevé, -ée [ɛlve] *adj.* **1** Elevado, da. **2** Criado, da, educado, da.
élever [ɛlve] *tr.* **1** Elevar. **2** Levantar, erigir (un monument, etc.). **3** Alzar (la voix, le ton). **4** Oponer, suscitar (des objections, etc.). **5** Criar, educar (un enfant). **6** Criar (des animaux). ■ **7** *pr.* Elevarse. **8** Subir (la température). **9** Ascender: ***la facture s'élève à mille francs,*** la factura asciende a mil francos. **10** ***S'~ contre,*** alzarse contra. ▲ CONJUG. como ***acheter.***
éleveur, -euse [ɛlvœR, -øz] *s.* Criador, ra, ganadero, ra.
élider [elide] *tr.* Elidir.
éligible [eliʒibl(ə)] *adj.* Elegible.
éliminer [elimine] *tr.* Eliminar.
élire [eliR] *tr.* **1** Elegir. **2** ***~ domicile,*** fijar domicilio. ▲ CONJUG. como ***lire.***
élision [elizjɔ̃] *f.* Elisión.
élixir [eliksiR] *m.* Elixir.
elle [ɛl] *pron.* Ella.
ellipse [elips(ə)] *f.* **1** GÉOM. Elipse. **2** GRAM. Elipsis.
elliptique [eliptik] *adj.* Elíptico, ca.
élocution [elɔkysjɔ̃] *f.* Elocución.
élogieux, -euse [elɔʒjø, -øz] *adj.* Laudatorio, ria, elogioso, sa.
éloigné, -ée [elwaɲe] *adj.* **1** Alejado, da, lejano, na, distante. **2** Remoto, ta, lejano, na (dans le temps).
éloigner [elwaɲe] *tr.* **1** Alejar, apartar. **2** Diferir, retardar. ■ **3** *pr.* Alejarse, apartarse.
éloquence [elɔkɑ̃s] *f.* Elocuencia.
éloquent, -ente [elɔkɑ̃, -ɑ̃t] *adj.* Elocuente.
élu, -ue [ely] *adj.-s.* **1** Elegido, da. **2** Electo, ta (mais qui n'a pas encore exercé sa charge).
élucider [elyside] *tr.* Elucidar.
éluder [elyde] *tr.* Eludir.
émacié, -ée [emasje] *adj.* Demacrado, da, emaciado, da.
émail [emaj] *m.* Esmalte.
émanation [emanɑsjɔ̃] *f.* Emanación.
émancipation [emɑ̃sipɑsjɔ̃] *f.* Emancipación.

émanciper [emɑ̃sipe] *tr.* **1** Emancipar. ■ **2** *pr.* Emanciparse.
émaner [emane] *intr.* Emanar.
émarger [emaʀʒe] *tr.* **1** Reducir, recortar el margen de (couper). **2** Marginar, firmar en el margen de (signer). ■ **3** *intr.* Cobrar (percevoir le traitement d'un emploi). ▲ CONJUG. como ***engager.***
emballage [ɑ̃balaʒ] *m.* **1** Embalaje. **2** Envase (surtout pour liquides).
emballer [ɑ̃bale] *tr.* **1** Embalar, empacar. **2** ~ ***un moteur,*** embalar un motor. **3** fam. Encantar, seducir, entusiasmar. ■ **4** *pr.* fam. Entusiasmarse, arrebatarse. **5** Embalarse (un moteur).
emballeur, -euse [ɑ̃balœʀ, -øz] *s.* Embalador, ra, empacador, ra.
embarcadère [ɑ̃baʀkadɛʀ] *m.* Embarcadero.
embardée [ɑ̃baʀde] *f.* **1** Guiñada (d'un navire). **2** Bandazo *m.* (d'une voiture).
embargo [ɑ̃baʀgo] *m.* DR., MAR. Embargo.
embarquer [ɑ̃baʀke] *tr.* **1** Embarcar. **2** fig. Embarcar, liar (dans une affaire). **3** fam. Detener (arrêter). ■ **4** *pr.* Embarcarse.
embarras [ɑ̃baʀa] *m.* **1** Obstáculo, dificultad *f.*, embarazo. **2** Apuro, penuria *f.*, estrechez: ***être dans l'~,*** estar en un apuro; ***tirer d'~,*** sacar de apuro. **3** Incertidumbre *f.*, duda *f.* Loc. ***Avoir l'~ du choix,*** tener de sobra dónde escoger. **4** Confusión *f.*, embarazo (gêne). **5** Atasco (embouteillage).
embarrassant, -ante [ɑ̃baʀasɑ̃, -ɑ̃t] *adj.* Embarazoso, sa, enojoso, sa, molesto, ta.
embarrasser [ɑ̃baʀase] *tr.* **1** Embarazar, estorbar, molestar (gêner). **2** Obstruir (obstruer), atestar (encombrer). **3** Turbar, confundir, poner en un apuro (troubler). ■ **4** *pr.* Embarazarse. **5** Apurarse: ***ne s'~ de rien,*** no apurarse por nada.
embaucher [ɑ̃boʃe] *tr.* Contratar, ajustar (des ouvriers).
embauchoir [ɑ̃boʃwaʀ] *m.* Horma *f.*
embaumer [ɑ̃bome] *tr.* Embalsamar.
embellir [ɑ̃beliʀ] *tr.* **1** Embellecer. ■ **2** *intr.* Volverse más hermoso, sa.
embêtant, -ante [ɑ̃bɛtɑ̃, -ɑ̃t] *adj.* fam. Fastidioso, sa, cargante.
embêter [ɑ̃bete] *tr.* **1** fam. Fastidiar. ■ **2** *pr.* Aburrirse (s'ennuyer).
emblée (d') [dɑ̃ble] *loc. adv.* De golpe, de rondón.
emblème [ɑ̃blɛm] *m.* Emblema.
embobeliner [ɑ̃bɔbline], **embobiner** [ɑ̃bobine] *tr.* fam. Embaucar.
emboîter [ɑ̃bwate] *tr.* **1** Encajar, ajustar. **2** ~ ***le pas à quelqu'un,*** ir pisando los talones de alguien; fig. seguir las pisadas de alguien.
embolie [ɑ̃bɔli] *f.* Embolia.
embonpoint [ɑ̃bɔ̃pwɛ̃] *m.* Gordura *f.*
embouché, -ée (mal) [ɑ̃buʃe] *adj.* Malhablado, a.
embouchure [ɑ̃buʃyʀ] *f.* **1** Desembocadura (d'un fleuve). **2** MUS. Embocadura, boquilla.
embourber [ɑ̃buʀbe] *tr.* **1** Meter en un cenagal, un atolladero. ■ **2** *pr.* Atollarse, atascarse, encenagarse.
embouteillage [ɑ̃butɛjaʒ] *m.* **1** Embotellado (action). **2** Embotellamiento, atasco (de véhicules).
emboutir [ɑ̃butiʀ] *tr.* **1** Repujar, estampar (des métaux). **2** Abollar, hundir (une voiture).
embranchement [ɑ̃bʀɑ̃ʃmɑ̃] *m.* **1** Ramificación *f.* (des voies, des canalisations). **2** Cruce, encrucijada *f.* (croisement). **3** Rama *f.*, división *f.* (du monde animal ou végétal).
embrasement [ɑ̃bʀɑzmɑ̃] *m.* **1** Incendio. **2** Iluminación *f.*
embraser [ɑ̃bʀɑze] *tr.* **1** Abrasar, incendiar. **2** Iluminar. **3** fig. Inflamar, abrasar (d'une passion).
embrassade [ɑ̃bʀasad] *f.* Beso *m.*, abrazo *m.*

embrasser [ɑ̃bʀase] *tr.* 1 Besar (donner un baiser). 2 Abrazar (serrer dans ses bras). 3 Abarcar. ■ 4 *pr.* Besarse: ***s'~ sur la bouche,*** besarse en la boca. 5 Abrazarse.
embrasure [ɑ̃bʀazyʀ] *f.* 1 Hueco *m.*, alféizar *m.* (portes, fenêtres). 2 FORT. Tronera, cañonera.
embrayer [ɑ̃bʀeje] *tr.-intr.* MÉC. Embragar.
embrocher [ɑ̃bʀɔʃe] *tr.* Espetar, ensartar.
embrouiller [ɑ̃bʀuje] *tr.* 1 Embrollar, enmarañar (des fils, etc.). 2 fig. Confundir, trastornar. ■ 3 *pr.* Embrollarse.
embrumer [ɑ̃bʀyme] *tr.* 1 Aneblar. 2 fig. Ensombrecer, entristecer.
embruns [ɑ̃bʀœ̃] *m. pl.* Rocíon *sing.* de las olas.
embryonnaire [ɑ̃bʀijɔnɛʀ] *adj.* Embrionario, ria.
embûche [ɑ̃byʃ] *f.* 1 Trampa, lazo *m.*, asechanza. 2 Emboscada.
embuscade [ɑ̃byskad] *f.* Emboscada.
éméché, -ée [emeʃe] *adj.* fam. Achispado, da.
émeraude [ɛmʀod] *f.* Esmeralda.
émerger [emɛʀʒe] *intr.* 1 Emerger. 2 fam. Despertar. ▲ CONJUG. como ***engager.***
émeri [ɛmʀi] *m.* Esmeril.
émérite [emeʀit] *adj.* 1 Emérito, ta. 2 fig. Consumado, da.
émerveiller [emɛʀveje] *tr.* 1 Maravillar. ■ 2 *pr.* Maravillarse.
émettre [emɛtʀ(ə)] *tr.* Emitir. ▲ CONJUG. como ***mettre.***
émeute [emøt] *f.* Revuelta, motín *m.*
émigrant, -ante [emigʀɑ̃, -ɑ̃t] *s.* Emigrante.
émigré, -ée [emigʀe] *adj.-s.* Emigrado, da.
émigrer [emigʀe] *intr.* Emigrar.
émincer [emɛ̃se] *tr.* Rebanar. ▲ CONJUG. como ***lancer.***
éminence [eminɑ̃s] *f.* Eminencia.
éminent, -ente [eminɑ̃, -ɑ̃t] *adj.* Eminente.
émissaire [emisɛʀ] *m.* 1 Emisario. ■ 2 *adj.* ***Bouc ~,*** cabeza de turco, testaferro.
émission [emisjɔ̃] *f.* Emisión.
emmagasiner [ɑ̃magazine] *tr.* Almacenar.
emmailloter [ɑ̃majɔte] *tr.* Fajar, envolver en pañales.
emmancher [ɑ̃mɑ̃ʃe] *tr.* 1 Enmangar, enastar. 2 fam. Poner en marcha.
emmêler [ɑ̃mele] *tr.* Enmarañar.
emménager [ɑ̃menaʒe] *intr.* Instalarse en un nuevo piso, mudarse. ▲ CONJUG. como ***engager.***
emmener [ɑ̃mne] *tr.* Llevar, conducir, llevarse. ▲ CONJUG. como ***acheter.***
emmitoufler [ɑ̃mitufle] *tr.* 1 Abrigar, arropar. ■ 2 *pr.* Abrigarse de pies a cabeza.
emmurer [ɑ̃myʀe] *tr.* Emparedar.
émoi [emwa] *m.* 1 Emoción *f.* 2 ***En ~,*** con sobresalto, sobresaltado, da.
émoluments [emɔlymɑ̃] *m. pl.* Emolumentos.
émonder [emɔ̃de] *tr.* Escamondar, mondar.
émotif, -ive [emɔtif, -iv] *adj.-s.* Emotivo, va.
émotion [emosjɔ̃] *f.* Emoción.
émoulu, -ue [emuly] *adj.* Amolado, da.
émousser [emuse] *tr.* Embotar, desafilar, despuntar.
émoustiller [emustije] *tr.* fam. Animar, alegrar.
émouvant, -ante [emuvɑ̃, -ɑ̃t] *adj.* Emocionante, conmovedor, ra.
émouvoir [emuvwaʀ] *tr.* 1 Emocionar, conmover. ■ 2 *pr.* Emocionarse. ▲ CONJUG. como ***mouvoir.***
empailler [ɑ̃paje] *tr.* 1 Disecar. 2 fam. ***Avoir l'air empaillé,*** ser torpe de aspecto.
empaler [ɑ̃pale] *tr.* Empalar.
empan [ɑ̃pɑ̃] *m.* Palmo.
empanacher [ɑ̃panaʃe] *tr.* Empenachar.

empaqueter [ɑ̃pakte] *tr.* Empaquetar. ▲ CONJUG. como ***jeter.***
emparer (s') [ɑ̃paʀe] *pr.* Apoderarse, adueñarse.
empâter [ɑ̃pɑte] *tr.* **1** Empastar. ■ **2** *pr.* Engrosarse, engordar, hincharse.
empêcher [ɑ̃pɛʃe] *tr.* **1** Impedir. ■ **2** *m. pers.* ***N'empêche que, il n'empêche que,*** esto no impide que. ■ **3** *pr.* Contenerse, evitar: ***nous ne pouvions nous ~ de crier,*** no podíamos contenernos de gritar.
empeigne [ɑ̃pɛɲ] *f.* Empeine *m.*
empeser [ɑ̃pəze] *tr.* Almidonar. ▲ CONJUG. como ***acheter.***
empester [ɑ̃pɛste] *tr.-intr.* Apestar.
empêtrer [ɑ̃pɛtʀe] *tr.* **1** Trabar, enredar. **2** fig. Enredar, atar: ***je suis empêtré dans un tas de problèmes,*** estoy atado por una serie de problemas. ■ **3** *pr.* Atarse, liarse, enredarse.
emphatique [ɑ̃fatik] *adj.* Enfático, ca.
empiéter [ɑ̃pjete] *intr.* **1** Usurpar. **2** ~ ***sur,*** entrar injustificadamente en, ocupar injustificadamente (un terrain, etc.). **3** Invadir. ▲ CONJUG. como ***accélérer.***
empiffrer (s') [ɑ̃pifʀe] *pr.* fam. Atracarse.
empiler [ɑ̃pile] *tr.* **1** Apilar. **2** fam. Estafar (duper). ■ **3** *pr.* Amontonarse.
empire [ɑ̃piʀ] *m.* Imperio.
empirer [ɑ̃piʀe] *tr.-intr.* Empeorar.
empirisme [ɑ̃pirism(ə)] *m.* Empirismo.
emplacement [ɑ̃plasmɑ̃] *m.* Sitio, emplazamiento.
emplâtre [ɑ̃platʀ(ə)] *m.* Emplasto.
emplir [ɑ̃pliʀ] *tr.* Llenar.
emploi [ɑ̃plwa] *m.* **1** Empleo, uso, utilización *f.* **2** Empleo, plaza *f.*, destino (situation). **3** THÉÂT. Papel.
employer [ɑ̃plwaje] *tr.* Emplear, usar, utilizar. ▲ CONJUG. IRREG. INDIC. Pres.: ***j'emploie, tu emploies, il emploie, nous employons, vous employez, ils emploient.*** Imperf.: ***j'employais,*** etc., ***nous employions,*** etc. Pret. indef.: ***j'employai,*** etc. Fut. imperf.: ***j'emploierai,*** etc. POT.: ***j'emploierais,*** etc. SUBJ. Pres.: ***que j'emploie,*** etc., ***que nous employions,*** etc. Imperf.: ***que j'employasse,*** etc. IMP.: ***emploie, employons, employez.*** PART. A.: ***employant.*** PART. P.: ***employé, ée.***
employeur, -euse [ɑ̃plwajœʀ, -øz] *s.* Patrono, na, empresario, ria.
empocher [ɑ̃pɔʃe] *tr.* Embolsar.
empoigner [ɑ̃pwaɲe] *tr.* **1** Empuñar, agarrar. **2** Conmover (émouvoir).
empois [ɑ̃pwa] *m.* **1** Engrudo. **2** Almidón desleído (pour le linge).
empoisonner [ɑ̃pwazɔne] *tr.* **1** Envenenar. **2** Apestar (odeur). **3** Amargar: ***un remords qui empoisonne la vie,*** un remordimiento que amarga la vida. **4** fam. Fastidiar (ennuyer).
emportement [ɑ̃pɔʀtəmɑ̃] *m.* **1** Arrebato, vehemencia. *f.* **2** Cólera *f.*, ira *f.* (colère).
emporte-pièce [ɑ̃pɔʀtəpjɛs] *m. invar.* **1** Sacabocado. **2** ***À l'~,*** mordaz, incisivo, va, punzante.
emporter [ɑ̃pɔʀte] *tr.* **1** Llevarse: ~ ***son argent,*** llevarse el dinero. **2** Conseguir, obtener, llevarse. **3** Llevar, arrancar: ***un boulet lui emporta le bras,*** una bala le llevó el brazo. **4** Arrastrar (la passion, etc.). **5** ***L'~ sur,*** triunfar, superar, aventajar. **6** MIL. Tomar. ■ **7** *pr.* Arrebatarse, encolerizarse. **8** Desbocarse (un cheval).
empoté, -ée [ɑ̃pɔte] *adj.-s.* fam. Torpe, atontado, da.
empoter [ɑ̃pɔte] *tr.* Poner en tiestos.
empourprer [ɑ̃puʀpʀe] *tr.* **1** Teñir de púrpura, enrojecer. ■ **2** *pr.* Enrojecer, ruborizarse.
empreinte [ɑ̃pʀɛ̃t] *f.* **1** Huella: ***empreintes digitales,*** huellas digitales, dactilares. **2** fig. Impronta, sello *m.* distintivo.

empressé, -ée [ɑ̃pʀese] *adj.-s.* 1 Afanoso, sa. 2 Solícito, ta, oficioso, sa, atento, ta.
empressement [ɑ̃pʀɛsmɑ̃] *m.* Diligencia *f.*, solicitud *f.*, ardor.
empresser (s') [ɑ̃pʀese] *pr.* 1 Desvivirse, mostrarse solícito, ta, obsequioso, sa. 2 Apresurarse (se hâter).
emprise [ɑ̃pʀiz] *f.* Influencia, dominio *m.*
emprisonnement [ɑ̃pʀizɔnmɑ̃] *m.* Encarcelamiento.
emprunt [ɑ̃pʀœ̃] *m.* 1 Préstamo (privé), empréstito (public). 2 Copia *f.* 3 *D'~*, falso, sa, fingido, da.
emprunter [ɑ̃pʀœ̃te] *tr.* 1 Pedir, tomar prestado. 2 fig. Sacar, tomar: ***beaucoup de mots français sont empruntés à l'anglais,*** muchas palabras francesas están tomadas, sacadas del inglés. 3 Tomar: ***nous allons ~ la route nationale,*** vamos a tomar la carretera nacional.
empuantir [ɑ̃pɥɑ̃tiʀ] *tr.* Apestar.
ému, -ue [emy] *adj.* Emocionado, da, conmovido, da.
émulation [emylɑsjɔ̃] *f.* Emulación.
émulsionner [emylsjɔne] *tr.* Emulsionar.
en [ɑ̃] *prép.* 1 En (lieu, temps, manière, moyen, spécialité, état, situation). 2 A (lieu, en indiquant déplacement). 3 De (matière, tenue). 4 Como (avant un terme ayant fonction d'attribut). 5 Con (avant un nom à sens abstrait). 6 Al (précédant un participe présent). 7 Sans traduction dans le sens de gérondif: ***~ travaillant,*** trabajando.
en [ɑ̃] *pron.* 1 De él, de ella, de ellos, de ellas, de ello (souvent sans traduction): ***que pensez-vous de cet accident?, ne m'~ parlez pas,*** ¿qué piensa usted de ese accidente?, no me hable de ello. 2 Comme partitif, ne se traduit pas ou se traduit par ***lo, la, los, las*** ou bien par une expression de nombre ou de quantité: ***as-tu des crayons?, j'~ ai,*** ¿tienes lápices?, tengo *ou* tengo algunos. 3 Sobre ello, por ello. 4 Loc. ***C'~ est assez,*** ya es bastante; ***c'~ est fait,*** se acabó; ***s'~ aller,*** marcharse; ***s'~ prendre à quelqu'un,*** tomarla con alguien. ■ 5 *adv.* De allí, de ahí (souvent sans traduction): ***j'~ viens,*** de allí vengo.
encadrement [ɑ̃kɑdʀəmɑ̃] *m.* 1 Acción *f.* de encuadrar. 2 Marco (d'un tableau). 3 Cerco (d'une fenêtre, etc.). 4 Encuadramiento (des troupes).
encadrer [ɑ̃kɑdʀe] *tr.* 1 Encuadrar. 2 Enmarcar. 3 Escoltar, custodiar. 4 Proveer de mandos (troupes, un personnel).
encaisse [ɑ̃kɛs] *f.* COMM. Existencia, fondos *m. pl.* valores *m. pl.* en caja, encaje *m.*: ***~ métallique,*** encaje metálico, fondos en metálico.
encaisser [ɑ̃kese] *tr.* 1 Encajonar. 2 COMM. Cobrar, ingresar en caja. 3 fam. Recibir, encajar (un coup, etc.), tragar, aguantar (remontrance, etc.).
encaisseur [ɑ̃kɛsœʀ] *m.* Cobrador.
encan [ɑ̃kɑ̃] *m.* 1 Encante, almoneda *f.* 2 ***À l'~,*** en pública subasta, al mejor postor (au plus offrant).
en-cas, encas [ɑ̃kɑ] *m. invar.* Tentempié, piscolabis.
encastrer [ɑ̃kastʀe] *tr.* Encajar, empotrar.
enceinte [ɑ̃sɛ̃t] *f.* 1 Cerco *m.*, recinto *m.* ■ 2 *adj. f.* Embarazada, encinta (femme).
encenser [ɑ̃sɑ̃se] *tr.* Incensar.
encercler [ɑ̃sɛʀkle] *tr.* Cercar, circundar.
enchaînement [ɑ̃ʃɛnmɑ̃] *m.* Encadenamiento.
enchaîner [ɑ̃ʃene] *tr.* Encadenar.
enchanté, -ée [ɑ̃ʃɑ̃te] *adj.* 1 Encantado, da, mágico, ca, hechizado, da. 2 fig. ***~ de faire votre connaissance,*** encantado de conocerle.

enchantement [ɑ̃ʃɑ̃tmɑ̃] *m.* **1** Encantamiento, encanto, ensalmo. Loc. ***Comme par ~,*** como por encanto. **2** fig. Contento, placer.
enchâsser [ɑ̃ʃɑse] *tr.* **1** Engastar (sertir). **2** Incrustar (incruster), insertar (insérer).
enchère [ɑ̃ʃɛʀ] *f.* **1** Puja. **2** Subasta. Loc. ***Mettre aux enchères,*** sacar a subasta.
enchérir [ɑ̃ʃeʀiʀ] *intr.* **1** Pujar (aux enchères). **2** Encarecer (devenir plus cher). **3** ~ ***sur,*** sobrepujar (aux enchères); fig. ir más allá.
enchevêtrer [ɑ̃ʃ(ə)vetʀe] *tr.* **1** Enredar, embrollar. ■ **2** *pr.* Embrollarse, enredarse.
enclave [ɑ̃klav] *f.* Enclave *m.*
enclaver [ɑ̃klave] *tr.* **1** Encerrar, contener (terrain). **2** Encajar, empotrar, enclavar (pièces).
enclin, -ine [ɑ̃klɛ̃, -in] *adj.* Inclinado, da, propenso, sa.
enclos [ɑ̃klo] *m.* Cercado.
enclume [ɑ̃klym] *f.* Yunque *m.*
encoche [ɑ̃kɔʃ] *f.* Muesca.
encodeur [ɑ̃kɔdœʀ] *m.* Codificador.
encoignure [ɑ̃kɔɲyʀ] *f.* **1** Rincón *m.,* esconce *m.* **2** Rinconera (meuble).
encoller [ɑ̃kɔle] *tr.* Encolar, engomar (un tissu).
encolure [ɑ̃kɔlyʀ] *f.* **1** Cuello *m.* (du cheval). **2** Medida del cuello (mesure). **3** Abertura, escote *m.* (d'un vêtement).
encombrant, -ante [ɑ̃kɔ̃bʀɑ̃, -ɑ̃t] *adj.* Embarazoso, sa, que estorba.
encombrer [ɑ̃kɔ̃bʀe] *tr.* **1** Estorbar, obstruir, embarazar. ■ **2** *pr.* Embarazarse.
encontre (à l') [ɑ̃kɔ̃tʀ(ə)] *loc. adv.* En contra: ***il va toujours à l'~,*** él siempre va en contra.
encore [ɑ̃kɔʀ] *adv.* **1** Aún, todavía: ***pas ~,*** todavía no. **2** Más: ~ ***un peu de potage?,*** ¿un poco más de sopa? **3** *loc. conj.* ~ ***que,*** aunque, aun cuando. **4** ***Si ~,*** si al menos. **5** *interj.* ¡Otra vez!
encorner [ɑ̃kɔʀne] *tr.* Cornear, empitonar.
encourager [ɑ̃kuʀaʒe] *tr.* **1** Alentar, animar. **2** Fomentar, estimular (arts, commerce, production, etc.). ▲ CONJUG. como ***engager.***
encourir [ɑ̃kuʀiʀ] *tr.* Incurrir en. ▲ CONJUG. como ***courir.***
encrasser [ɑ̃kʀase] *tr.* **1** Enmugrecer, ensuciar de grasa (de graisse), de hollín (de suie), de pringue (de saleté). ■ **2** *pr.* Enmugrecerse, ensuciarse.
encre [ɑ̃kʀ(ə)] *f.* Tinta.
encrier [ɑ̃kʀje] *m.* Tintero.
encroûter [ɑ̃kʀute] *tr.* **1** Encostrar. ■ **2** *pr.* Cubrirse de una costra. **3** fig. Volverse rutinario, ria.
encyclopédie [ɑ̃siklɔpedi] *f.* Enciclopedia.
endetter [ɑ̃dete] *tr.* **1** Cargar de deudas. ■ **2** *pr.* Entramparse, contraer deudas, cargarse de deudas.
endeuiller [ɑ̃dœje] *tr.* Enlutar.
endiablé, -ée [ɑ̃djable] *adj.* Endemoniado, da, endiablado, da.
endiguer [ɑ̃dige] *tr.* Poner un dique a, contener con diques, encauzar.
endimancher [ɑ̃dimɑ̃ʃe] *tr.* **1** Endomingar. ■ **2** *pr.* Endomingarse, emperejilarse.
endive [ɑ̃div] *f.* Endibia.
endoctriner [ɑ̃dɔktʀine] *tr.* Aleccionar.
endolorir [ɑ̃dɔlɔʀiʀ] *tr.* Lastimar, causar dolor.
endommager [ɑ̃dɔmaʒe] *tr.* Estropear, deteriorar, dañar (abîmer). ▲ CONJUG. como ***engager.***
endormir [ɑ̃dɔʀmiʀ] *tr.* **1** Dormir, adormecer. **2** Aburrir, dar sueño (ennuyer). **3** fig. Adormecer, acallar (une douleur, etc.). **4** Distraer, entretener (la vigilance). **5** Apagar (étouffer). ■ **6** *pr.* Dormirse, adormecerse. ▲ CONJUG. como ***dormir.***
endosser [ɑ̃dose] *tr.* COMM. Endosar.
endroit [ɑ̃dʀwa] *m.* **1** Sitio, lugar: ***un ~ perdu,*** un lugar perdido. **2** Punto, lado (côté). **3** Haz *f.,* derecho

(d'un tissu). **4** Cara *f.* (d'une monnaie). **5** *loc. adv.* ***Par endroits,*** en algunas partes, acá y allá. **6** *loc. prép.* ***À l'~ de,*** para con.
enduire [ãdɥiʀ] *tr.* Untar, embadurnar. ▲ CONJUG. como ***conduire.***
endurance [ãdyʀãs] *f.* Resistencia.
endurant, -ante [ãdyʀã, -ãt] *adj.* Sufrido, da, paciente, resistente.
endurcir [ãdyʀsiʀ] *tr.* **1** Endurecer. **2** fig. Empedernir. ■ **3** *pr.* Endurecerse, empedernirse.
endurer [ãdyʀe] *tr.* Soportar, sufrir, aguantar.
énergie [ãnɛʀʒi] *f.* Energía.
énergique [enɛʀʒik] *adj.* Enérgico, ca.
énergivore [enɛʀʒivɔʀ] *adj.* fam. Gran consumidor de energía.
énervant, -ante [enɛʀvã, -ãt] *adj.* Irritante, que pone nervioso, sa.
énerver [enɛʀve] *tr.* **1** Poner nervioso, sa, irritar. **2** ancienn. Enervar. ■ **3** *pr.* Ponerse nervioso, sa.
enfance [ãfãs] *f.* Infancia. Loc. ***Tomber en*** ~, chochear.
enfant [ãfã] *s.* **1** Niño, ña: ~ ***gâté,*** niño mimado; ~ ***terrible,*** niño indiscreto. **2** Hijo, ja: ***les enfants d'Adam,*** los hijos de Adán. ■ **3** *pl.* ***Petits-enfants,*** nietos. ■ **4** *adj.* ***Bon*** ~, bonachón, ona.
enfanter [ãfãte] *tr.* **1** Alumbrar, dar a luz, parir. **2** fig. Crear, dar a luz, producir.
enfantin, -ine [ãfãtɛ̃, -in] *adj.* **1** Infantil, pueril. **2** Aniñado, da.
enfariné, -ée [ãfaʀine] *adj.* Enharinado, da, empolvado, da.
enfer [ãfɛʀ] *m.* Infierno.
enfermer [ãfɛʀme] *tr.* Encerrar.
enferrer [ãfɛʀe] *tr.* **1** Atravesar. ■ **2** *pr.* Arrojarse sobre la espada. **3** fig. Embrollarse (s'embrouiller).
enfiévrer [ãfjevʀe] *tr.* **1** Dar fiebre. **2** fig. Apasionar, excitar. ▲ CONJUG. como ***accélérer.***
enfiler [ãfile] *tr.* **1** Enhebrar, ensartar (une aiguille, des perles, des grains). **2** Ensartar (une épée). **3** Tomar (une rue, un chemin, etc.). **4** Ponerse: ~ ***son pantalon,*** ponerse el pantalón.
enfin [ãfɛ̃] *adv.* **1** En fin. **2** Al fin, por último. **3** Bueno: ***ce sera ennuyeux,*** ~, ***pas tellement intéressant,*** será aburrido, bueno, no muy interesante.
enflammer [ãflame] *tr.* **1** Inflamar. ■ **2** *pr.* Exaltarse.
enfler [ãfle] *tr.* **1** Hinchar, inflar (un ballon). **2** Ahuecar (la voix).
enfoncement [ãfɔ̃smã] *m.* **1** Hundimiento. **2** Fractura *f.*, rompimiento, derribo (d'une porte, etc.). **3** Hueco (creux), concavidad *f.* (concavité). **4** Hondonada *f.* (terrain bas).
enfoncer [ãfɔ̃se] *tr.* **1** Hundir. **2** Clavar (faire pénétrer). **3** Encasquetar (chapeau, idée). **4** Derribar, romper (porte, mur, etc.). **5** MIL. Derrotar. ■ **6** *intr.* Hundirse. ■ **7** *pr.* Hundirse. **8** Internarse, penetrar. **9** Engolfarse. ▲ CONJUG. como ***lancer.***
enfouir [ãfwiʀ] *tr.* **1** Enterrar. **2** Esconder, ocultar (cacher). ■ **3** *pr.* Meterse (se mettre), enterrarse (se tapir), hundirse (s'enfoncer).
enfourcher [ãfuʀʃe] *tr.* **1** Montar: ***il enfourcha sa bicyclette,*** montó en su bicicleta. **2** fam. ~ ***son dada,*** volver a su tema. **3** Ensartar con una horca.
enfourner [fuʀne] *tr.* **1** Enhornar, meter en el horno. **2** fam. Meter. ■ **3** *pr.* Meterse: ***s'~ dans un cinéma,*** meterse en un cine.
enfreindre [ãfʀɛ̃dʀ(ə)] *tr.* Infringir. ▲ CONJUG. como ***craindre.***
enfuir (s') [ãfɥiʀ] *pr.* Huir. ▲ CONJUG. como ***fuir.***
enfumer [ãfyme] *tr.* Ahumar.
engageant, -ante [ãgaʒã, -ãt] *adj.* **1** Atractivo, va (attrayant). **2** Halagüeño, ña (séduisant). **3** Prometedor, ra.

engager [ɑ̃gaʒe] *tr.* **1** Empeñar (un objet, la parole). **2** Meter (quelqu'un dans une affaire). **3** Exhortar, impulsar (à faire quelque chose). **4** Contratar (des ouvriers, etc.). **5** Alistar (des soldats). **6** Encajar, meter, introducir (une chose dans une autre). **7** Entablar (un combat, un débat, etc.). **8** Comprometer (créer une obligation). ■ **9** *pr.* Comprometerse (par une promesse, etc.). **10** Entrar, penetrar, internarse. **11** Meterse, participar (dans un combat, une discussion, une affaire). **12** Tomar partido (en matière politique, sociale ou littéraire). **13** Alistarse (dans l'armée). ▲ CONJUG. IRREG. Toma una *e* después de *g* delante de *a* y *o: nous engageons, j'engageais,* etc.

engelure [ɑ̃ʒlyʀ] *s.* Sabañón *m.*

engendrer [ɑ̃ʒɑ̃dʀe] *tr.* Engendrar.

engin [ɑ̃ʒɛ̃] *m.* **1** Artefacto, instrumento, máquina *f.* ■ **2** *pl.* Avíos, utensilios (chasse et pêche). **3** MIL. Material *sing.* de guerra. **4** Proyectiles, cohetes (missiles).

englober [ɑ̃glɔbe] *tr.* Englobar.

engloutir [ɑ̃glutiʀ] *tr.* **1** Engullir (avaler). **2** Tragar, tragarse (absorber, faire disparaître).

engoncer [ɑ̃gɔ̃se] *tr.* Envarar. ▲ CONJUG. como ***lancer.***

engorgement [ɑ̃gɔʀʒəmɑ̃] *m.* **1** Atasco, obstrucción *f.* **2** MÉD. Infarto.

engouement [ɑ̃gumɑ̃] *m.* fig. Apasionamiento, admiración *f.* exagerada.

engouer (s') [ɑ̃gwe] *pr.* fig. Encapricharse, apasionarse.

engouffrer [ɑ̃gufʀe] *tr.* **1** Tragar, tragarse. ■ **2** *pr.* Abismarse (s'enfoncer). **3** Precipitarse (eaux, vent, personnes).

engourdissement [ɑ̃guʀdismɑ̃] *m.* **1** Entumecimiento (des membres, du corps). **2** fig. Entorpecimiento, embotamiento (des facultés).

engrais [ɑ̃gʀɛ] *m.* **1** Abono, fertilizante. **2** Pasto (pâture), cebo (pâtée).

engraisser [ɑ̃gʀɛse] *tr.* **1** Engordar, cebar. **2** AGR. Abonar, fertilizar. ■ **3** *intr.* Engordar.

engrener [ɑ̃gʀəne] *tr.* **1** Engranar, engargantar. ■ **2** *pr.* Engranarse. ▲ CONJUG. como ***acheter.***

engueuler [ɑ̃gœle] *tr.* pop. Echar una bronca.

enhardir [ɑ̃aʀdiʀ] *tr.* **1** Animar, envalentonar. ■ **2** *pr.* Atreverse, enardecerse, envalentonarse.

énigmatique [enigmatik] *adj.* Enigmático, ca.

énigme [enigm(ə)] *f.* Enigma *m.*

enivrant, -ante [ɑ̃nivʀɑ̃, -ɑ̃t] *adj.* Embriagador, ra.

enivrer [ɑ̃nivʀe] *tr.* **1** Embriagar. ■ **2** *pr.* Embriagarse.

enjambée [ɑ̃ʒɑ̃be] *f.* Zancada, tranco *m.,* trancada.

enjamber [ɑ̃ʒɑ̃be] *tr.* **1** Saltar, atravesar, salvar. **2** Atravesar, pasar por encima. ■ **3** *intr.* CONSTR. Encaballar (une poutre).

enjeu [ɑ̃ʒø] *m.* **1** Puesta *f.,* cantidad *f.* que pone el jugador. **2** Lo que se juega, lo que está en juego (dans une entreprise, etc.).

enjoindre [ɑ̃ʒwɛ̃dʀ(ə)] *tr.* Ordenar, mandar. ▲ CONJUG. como ***craindre.***

enjôler [ɑ̃ʒole] *tr.* Engatusar, embaucar.

enjoliver [ɑ̃ʒɔlive] *tr.* Adornar, embellecer.

enjouement [ɑ̃ʒumɑ̃] *m.* Jovialidad *f.,* buen humor.

enlacer [ɑ̃lɑse] *tr.* **1** Enlazar. **2** Abrazar (étreindre). ■ **3** *pr.* Enlazarse, abrazarse. ▲ CONJUG. como ***lancer.***

enlaidir [ɑ̃lediʀ] *tr.* **1** Afear, hacer feo, fea. ■ **2** *intr.* Afearse, volverse feo, fea.

enlèvement [ɑ̃lɛvmɑ̃] *m.* **1** Acción *f.* de quitar, retirada *f.* **2** Recogida *f.* (ramassage). **3** Limpia *f.* (débarras). **4** Levantamiento (levée). **5**

Rapto (rapt), secuestro. **6** MIL. Toma *f.*
enlever [ɑ̃lve] *tr.* **1** Quitar (ôter). **2** Quitarse (un vêtement). **3** Arrebatar (ravir), llevarse (emporter). **4** Levantar (soulever). **5** Raptar, secuestrar (kidnapper). **6** MIL. Tomar. ▲ CONJUG. como ***acheter.***
enliser [ɑ̃lize] *tr.* **1** Hundir en la arena. ■ **2** *pr.* Atascarse.
enluminer [ɑ̃lymine] *tr.* **1** Iluminar, dar color. **2** fig. Enrojecer, colorear (le teint).
enluminure [ɑ̃lyminyʀ] *f.* **1** Iluminación (art). **2** Estampa iluminada, miniatura.
ennemi, -ie [ɛnmi] *adj.-s.* Enemigo, ga.
ennoblir [ɑ̃nɔbliʀ] *tr.* Ennoblecer.
ennui [ɑ̃nɥi] *m.* **1** Aburrimiento, fastidio, tedio. **2** Disgusto: ***avoir des ennuis,*** tener disgustos. **3** Preocupación *f.* (souci).
ennuyant, -ante [ɑ̃nɥijɑ̃, -ɑ̃t] *adj.* Fastidioso, sa.
ennuyer [ɑ̃ɥije] *tr.* **1** Fastidiar (importuner). **2** Disgustar, preocupar, contrariar (contrarier). ■ **3** *pr.* Aburrirse. ▲ CONJUG. como ***employer.***
ennuyeux, -euse [ɑ̃nɥijø, -øz] *adj.* **1** Fastidioso, sa, molesto, ta, pesado, da (agaçant). **2** Aburrido, da, pesado, da.
énoncer [enɔ̃se] *tr.* Enunciar. ▲ CONJUG. como ***lancer.***
enorgueillir [ɑ̃nɔʀgœjiʀ] *tr.* **1** Enorgullecer. ■ **2** *pr.* Engreírse, enorgullecerse.
énorme [enɔʀm(ə)] *adj.* Enorme.
énormité [enɔʀmite] *f.* Enormidad.
enquérir (s') [ɑ̃keʀiʀ] *pr.* Informarse, inquirir, averiguar, preguntar. ▲ CONJUG. como ***acquérir.***
enquête [ɑ̃kɛt] *f.* **1** Encuesta (sondage). **2** Información, investigación (de police). **3** DR. Sumario *m.*
enraciner [ɑ̃ʀasine] *tr.* **1** Arraigar. ■ **2** *pr.* Arraigarse, echar raíces.
enragé, -ée [ɑ̃ʀaʒe] *adj.* **1** Rabioso, sa. ■ **2** *adj.-s.* Fanático, ca, entusiasta.
enrayer [ɑ̃ʀeje] *tr.* **1** fig. Detener, contener. ■ **2** *pr.* Pararse, calarse, bloquearse. **3** Encasquillarse (arme à feu).
enrégimenter [ɑ̃ʀeʒimɑ̃te] *tr.* Enrolar, alistar, incorporar.
enregistrer [ɑ̃ʀʒistʀe] *tr.* **1** Registrar, inscribir (documents, etc.). **2** Facturar (bagages). **3** Grabar (disques, etc.). **4** Retener (la mémoire).
enrhumer [ɑ̃ʀyme] *tr.* **1** Resfriar, constipar: ***être enrhumé,*** estar resfriado. ■ **2** *pr.* Resfriarse, constiparse.
enrichir [ɑ̃ʀiʃiʀ] *tr.* Enriquecer.
enrober [ɑ̃ʀɔbe] *tr.* **1** Envolver, recubrir. **2** CUIS. Rebozar.
enrôler [ɑ̃ʀɔle] *tr.* **1** Alistar, reclutar. ■ **2** *pr.* Alistarse.
enrouer [ɑ̃ʀwe] *tr.* Enronquecer.
enrouler [ɑ̃ʀule] *tr.* **1** Enrollar, arrollar. ■ **2** *pr.* Enroscarse. **3** Envolverse (s'envelopper).
ensanglanter [ɑ̃sɑ̃glɑ̃te] *tr.* Ensangrentar.
enseigne [ɑ̃sɛɲ] *f.* **1** Rótulo *m.*, letrero. **2** MIL. Enseña, estandarte *m.* ■ **3** *m.* MAR. Alférez.
enseignement [ɑ̃sɛɲmɑ̃] *m.* Enseñanza *f.*
enseigner [ɑ̃seɲe] *tr.* Enseñar.
ensemble [ɑ̃sɑ̃bl(ə)] *adv.* **1** Conjuntamente, juntos, as. **2** A la vez (en même temps). Loc. ***Tout ~,*** a un tiempo. ■ **3** *m.* Conjunto.
ensemencer [ɑ̃smɑ̃se] *tr.* Sembrar. ▲ CONJUG. como ***lancer.***
enserrer [ɑ̃seʀe] *tr.* **1** Encerrar, contener. **2** Apretar fuertemente (serrer de près).
ensevelir [ɑ̃səvliʀ] *tr.* **1** Amortajar (dans un linceul). **2** Enterrar, sepultar. ■ **3** *pr.* Enterrarse.
ensoleiller [ɑ̃sɔleje] *tr.* **1** Solear. **2** fig. Iluminar, alegrar.

ensorceler [ɑ̃sɔʀsəle] *tr.* 1 Hechizar. 2 fig. Fascinar, seducir. ▲ CONJUG. como *appeler.*

ensorcellement [ɑ̃sɔʀsɛlmɑ̃] *m.* Hechizo.

ensuite [ɑ̃sɥit] *adv.* 1 Después, luego, a continuación. 2 Además, en segundo lugar (d'ailleurs).

ensuivre (s') [ɑ̃sɥivʀ(ə)] *pr.* Resultar. ▲ CONJUG. como *suivre.*

entacher [ɑ̃taʃe] *tr.* Mancillar.

entailler [ɑ̃tɑje] *tr.* Cortar, entallar.

entamer [ɑ̃tame] *tr.* 1 Empezar. 2 Cortar (couper). 3 Atacar, penetrar. 4 fig. Entablar, iniciar, principiar. 5 Empañar (l'honneur).

entasser [ɑ̃tase] *tr.* Amontonar.

entendement [ɑ̃tɑ̃dmɑ̃] *m.* Entendimiento, juicio.

entendre [ɑ̃tɑ̃dʀ(ə)] *tr.* 1 Oír. 2 Escuchar, atender. Loc. ***À l'~,*** si se le diera crédito. 3 Entender, comprender. ■ 4 Desear, querer. ■ 5 *intr.* Oír. ■ 6 *pr.* Entenderse. 7 ***S'y ~,*** entender de. ▲ CONJUG. como *rendre.*

entendu, -ue [ɑ̃tɑ̃dy] *adj.* 1 Oído, da. 2 Entendido, da (compris). 3 *loc. adv.* ***Bien ~,*** ciertamente, por supuesto.

entente [ɑ̃tɑ̃t] *f.* 1 Acuerdo *m.*, inteligencia. 2 Alianza, convenio *m.* (entre États). 3 Interpretación, sentido *m.*

enterrement [ɑ̃tɛʀmɑ̃] *m.* Entierro.

enterrer [ɑ̃teʀe] *tr.* Enterrar.

en-tête [ɑ̃tɛt] *m.* Membrete. 2 Encabezamiento (d'un écrit).

entêté, -ée [ɑ̃tete] *adj.-s.* Testarudo, da, terco, ca, obstinado, da.

entêter [ɑ̃tete] *tr.* 1 Marear, atacar a la cabeza. ■ 2 *pr.* Obstinarse, empeñarse, obcecarse (*à,* en).

enthousiasme [ɑ̃tuzjasm(ə)] *m.* Entusiasmo.

enticher (s') [ɑ̃tiʃe] *pr.* Chiflarse, apasionarse (*de,* por).

entier, -ière [ɑ̃tje, -jɛʀ] *adj.-m.* Entero, ra.

entité [ɑ̃tite] *f.* Entidad.

entoiler [ɑ̃twale] *tr.* Montar sobre tela.

entonner [ɑ̃tɔne] *tr.* MUS. Entonar.

entonnoir [ɑ̃tonwaʀ] *m.* Embudo.

entorse [ɑ̃tɔʀs(ə)] *f.* 1 Esguince *m.* 2 fig. Infracción: ***faire une ~ à,*** infringir.

entortiller [ɑ̃tɔʀtije] *tr.* 1 Arrollar, enroscar, envolver torciendo. 2 Enredar, embrollar (le style). 3 fam. Embaucar (tromper).

entourage [ɑ̃tuʀaʒ] *m.* 1 Contorno, cerco, lo que rodea. 2 Allegados *m. pl.*, familiares *m. pl.*

entourer [ɑ̃tuʀe] *tr.* 1 Rodear, cercar. ■ 2 *pr.* ***S' ~ de,*** rodearse de.

entournure [ɑ̃tuʀnyʀ] *f.* Sisa, sesgadura de manga.

entracte [ɑ̃tʀakt(ə)] *m.* Entreacto.

entraider (s') [ɑ̃tʀede] *pr.* Ayudarse mutuamente.

entrailles [ɑ̃tʀɑj] *f. pl.* Entrañas.

entrain [ɑ̃tʀɛ̃] *m.* 1 Viveza *f.*, brío. 2 Animación *f.*

entraînant, -ante [ɑ̃tʀɛnɑ̃, -ɑ̃t] *adj.* 1 fig. Arrebatador, ra, que arrastra. 2 Animador, ra (personne).

entraîner [ɑ̃tʀene] *tr.* 1 SPORTS Entrenar. 2 Ejercitar. 3 Originar, acarrear: ***ce qui entraîne des conséquences,*** lo que acarrea consecuencias. 4 Arrastrar: ***se laisser ~,*** dejarse llevar. 5 Adiestrar (habituer). 6 MÉC. Poner en movimiento.

entraîneur [ɑ̃tʀɛnœʀ] *m.* 1 Entrenador. 2 ÉQUIT. Picador.

entraver [ɑ̃tʀave] *tr.* 1 Trabar, atar, sujetar. 2 fig. Poner trabas a, dificultar. 3 pop. Entender (comprendre).

entre [ɑ̃tʀ(ə)] *prép.* Entre.

entrebâiller [ɑ̃tʀəbɑje] *tr.* Entornar, entreabrir.

entrechat [ɑ̃tʀəʃa] *m.* Salto, brinco.

entrecôte [ɑ̃tʀəkɔt] *f.* Solomillo *m.* de vaca.

entrecouper [ɑ̃tʀəkupe] *tr.* Entrecortar.

entre-deux [ɑ̃tʀədø] *m. invar.* 1 Hueco, espacio. 2 Entredós (de dentelle, meuble).
entrée [ɑ̃tʀe] *f.* 1 Entrada. 2 Recibidor *m.*, vestíbulo *m.* (d'un appartement). 3 Ingreso *m.* 4 Primer plato (d'un menu). 5 THÉÂT. Salida a escena.
entrefaites (sur ces) [syʀsezɑ̃tʀəfɛt] *loc. adv.* En esto.
entrefilet [ɑ̃tʀ(ə)filɛ] *m.* Suelto.
entregent [ɑ̃tʀəʒɑ̃] *m.* Don de gentes.
entrelacer [ɑ̃tʀəlase] *tr.* Entrelazar. ▲ CONJUG. como ***lancer.***
entrelarder [ɑ̃tʀəlaʀde] *tr.* 1 Mechar. 2 fig. Entreverar (de citations, etc.).
entremets [ɑ̃tʀəmɛ] *m.* Postre de cocina.
entremettre (s') [ɑ̃tʀ(ə)mɛtʀ(ʀ)] *pr.* 1 Entremeterse, meterse, mezclarse. 2 Terciar, mediar (faire l'intermédiaire). ▲ CONJUG. como ***mettre.***
entremise [ɑ̃tʀəmiz] *f.* Mediación.
entreposer [ɑ̃tʀəpoze] *tr.* Almacenar, depositar.
entrepôt [ɑ̃tʀapo] *m.* Depósito, almacén.
entreprendre [ɑ̃tʀəpʀɑ̃dʀ(ə)] *tr.* 1 Emprender. 2 Encargarse. ▲ CONJUG. como ***prendre.***
entrepreneur, -euse [ɑ̃tʀəpʀənœʀ, -øz] *s.* 1 Encargado, da. 2 Empresario, ria. ■ 3 *m.* CONSTR. Contratista.
entreprise [ɑ̃tʀəpʀiz] *f.* Empresa.
entrer [ɑ̃tʀe] *intr.* 1 Entrar. 2 THÉÂT. Salir a escena. 3 *interj.* ***Entrez!,*** ¡adelante! ■ 4 *tr.* Entrar, introducir.
entresol [ɑ̃tʀəsɔl] *m.* Entresuelo.
entre-temps [ɑ̃tʀətɑ̃] *m.* 1 Intervalo, intermedio. ■ 2 *adv.* Entretanto, mientras tanto.
entretenir [ɑ̃tʀətniʀ] *tr.* 1 Mantener, sostener. 2 Mantener, cuidar, conservar. 3 Hablar a alguien: ***nous allons l'~ de cette affaire,*** le vamos a hablar de este asunto. ■ 4 *pr.* Conversar, tener una conversación. ▲ CONJUG. como ***venir.***
entretien [ɑ̃tʀətjɛ̃] *m.* 1 Mantenimiento, manutención *f.* 2 Conservación *f.*, entretenimiento. 3 Limpieza *f.* 4 Conservación *f.* 5 Audiencia *f.*
entrevoir [ɑ̃tʀəvwaʀ] *tr.* Entrever. ▲ CONJUG. como ***voir.***
entrevue [ɑ̃tʀəvy] *f.* Entrevista.
entrouvrir [ɑ̃tʀuvʀiʀ] *tr.* Entreabrir. ▲ CONJUG. como ***offrir.***
énumérer [enymeʀe] *tr.* Enumerar. ▲ CONJUG. como ***accélérer.***
envahir [ɑ̃vaiʀ] *tr.* Invadir.
envahisseur [ɑ̃vaisœʀ] *m.* Invasor.
enveloppe [ɑ̃vlɔp] *f.* 1 Envoltura, cubierta. 2 Sobre *m.* (d'une lettre).
envelopper [ɑ̃vlɔpe] *tr.* 1 Envolver. 2 Rodear (entourer). ■ 3 *pr.* Envolverse, cubrirse, embozarse.
envenimer [ɑ̃vnime] *tr.* 1 Envenenar. 2 Enconar (une blessure).
envergure [ɑ̃vɛʀgyʀ] *f.* Envergadura.
envers [ɑ̃vɛʀ] *m.* 1 Revés, envés, vuelta *f.*, reverso. 2 *loc. adv.* ***À l'~,*** al revés. ■ 3 *prép.* Para con, hacia, respecto a (à l'égard de).
envi (à l') [alɑ̃vi] *loc. adv.* A porfía, a cual mejor.
enviable [ɑ̃vjabl(ə)] *adj.* Envidiable.
envie [ɑ̃vi] *f.* 1 Envidia. 2 Gana, ganas *pl.*, deseo *m.* 3 Antojo *m.* (de femme enceinte, tache sur la peau). 4 Respigón *m.*, padrastro *m.* (au doigt).
envier [ɑ̃vje] *tr.* 1 Envidiar. 2 Ambicionar (convoiter). ▲ CONJUG. como ***prier.***
environ [ɑ̃viʀɔ̃] *adv.* Aproximadamente, alrededor de, unos, unas.
environner [ɑ̃viʀɔne] *tr.* Circundar, rodear.
envisager [ɑ̃vizaʒe] *tr.* 1 Considerar, examinar. 2 Tomar en consideración, tener presente (prendre en considération). 3 Enfocar. 4 Pensar. ▲ CONJUG. como ***engager.***

envoi [ɑ̃vwa] *m.* **1** Envío, remesa *f.* **2** RHÉT. Estrofa *f.* final de una balada. **3** SPORTS ***Coup d'~,*** saque.
envoler (s') [ɑ̃vɔle] *pr.* **1** Alzar el vuelo, volarse. **2** Despegar (un avion). **3** fam. Desaparecer. **4** Volar, huir, correr (le temps, etc.).
envoûter [ɑ̃vute] *tr.* Maleficiar, hechizar, embrujar.
envoyer [ɑ̃vwaje] *tr.* **1** Enviar, mandar. **2** Arrojar, tirar, lanzar. **3** Dar, arrimar, arrear (un coup). ■ **4** *pr.* fam. Echarse al coleto (avaler), cargarse (un travail, etc.). ▲ CONJUG. como ***employer*** excepto en el futuro: ***j'enverrai,*** etc. y en el condicional: ***j'enverrais,*** etc.
épagneul, -eule [epaɲœl] *s.* Podenco, ca.
épais, -aisse [epɛ, -ɛs] *adj.* **1** Grueso, sa. **2** Tupido. **3** Espeso, sa, ancho, cha. **4** Espeso, sa (liquide). **5** Espeso, sa, denso, sa. **6** fig. Rudo, da, basto, ta. **7** ***Langue épaisse,*** lengua pastosa. ■ **8** *adv.* Apretadamente.
épaisseur [epɛsœʀ] *f.* **1** Espesor *m.* (d'un mur, etc.). **2** Espesura (d'un feuillage, etc.).
épanchement [epɑ̃ʃmɑ̃] *m.* **1** Derramamiento. **2** MÉD. Derrame. **3** fig. Expansión *f.*, efusión *f.*
épancher [epɑ̃ʃe] *tr.* **1** Derramar. **2** fig. Desahogar, expansionar. ■ **3** *pr.* MÉD. Derramarse. **4** fig. Desahogarse, explayarse.
épandre [epɑ̃dʀ(ə)] *tr.* Esparcir, desparramar. ▲ CONJUG. como ***rendre.***
épanouir [epanwiʀ] *tr.* **1** Abrir (les fleurs). **2** Dilatar (l'esprit, etc.). **3** Alegrar (la mine): ***visage épanoui,*** cara alegre.
épargner [epaʀɲe] *tr.* **1** Ahorrar, economizar. **2** Escatimar. **3** Ahorrarse (temps, peine). **4** Perdonar, exceptuar.
éparpiller [epaʀpije] *tr.* Esparcir, dispersar.
épars, -arse [epaʀ, -aʀs(ə)] *adj.* Esparcido, da, disperso, sa.
épatant, -ante [epatɑ̃, -ɑ̃t] *adj.* fam. Estupendo, da.
épaté, -ée [epate] *adj.* **1** Aplastado, da. **2** fam. Estupefacto, ta, patidifuso, sa.
épater [epate] *tr.* fam. Pasmar, dejar patidifuso, sa.
épaule [epol] *f.* **1** Hombro *m.* **2** Codillo *m.* (d'un quadrupède).
épaulement [epolmɑ̃] *m.* Espaldón, parapeto.
épauler [epole] *tr.* **1** Apoyar en el hombro (un fusil). **2** fig. Apoyar, ayudar, favorecer (quelqu'un). **3** CONSTR. Apuntalar, sostener.
épaulette [epolɛt] *f.* **1** Tirante *m.* (lingerie féminine). **2** Hombrera (rembourrage). **3** MIL. Charretera.
épave [epav] *f.* **1** Pecio *m.* **2** Restos *m. pl.* (d'un naufrage, après une ruine, etc.). **3** fig. Persona abatida, miserable.
épée [epe] *f.* Espada.
épeler [ɛple] *tr.* Deletrear. ▲ CONJUG. como ***appeler.***
éperdu, -ue [epɛʀdy] *adj.* **1** Loco, ca, desatinado, da: ~ ***de joie,*** loco de alegría. **2** Violento, ta, loco, ca (violent).
éperon [epʀɔ̃] *m.* **1** Espuela *f.* **2** Espolón (du coq, du chien). **3** FORT. Esperonte. **4** MAR. Espolón, esperón, tajamar.
éperonner [epʀɔne] *tr.* **1** Espolear. **2** fig. Estimular.
épervier [epɛʀvje] *m.* **1** Esparavel (filet). **2** Gavilán (oiseau).
éphémère [efemɛʀ] *adj.* **1** Efímero, ra. ■ **2** *m.* Efímera *f.*, cachipolla *f.* (insecte).
éphéméride [efemeʀid] *f.* Efemérides *pl.*
épi [epi] *m.* **1** Espiga *f.* (du blé, etc.), mazorca *f.*, panoja *f.* (du maïs). **2** Remolino (de cheveux). **3** Espigón (d'une jetée).
épice [epis] *f.* Especia.
épicerie [episʀi] *f.* Tienda de comestibles, de ultramarinos, abacería.

épicier, -ière [episje, -jɛʀ] *s.* Tendero, ra de comestibles, de ultramarinos, abacero, ra.
épidémie [epidemi] *f.* Epidemia.
épier [epje] *tr.* Espiar, acechar. ▲ CONJUG. como ***prier.***
épieu [epjø] *m.* Venablo, chuzo.
épigramme [epigʀam] *f.* Epigrama *m.*
épigraphe [epigʀaf] *f.* Epígrafe *m.*
épilation [epilɑsjɔ̃] *f.* Depilación.
épilepsie [epilɛpsi] *f.* Epilepsia.
épilogue [epilɔg] *m.* **1** Epílogo. **2** fig. Desenlace, conclusión *f.*
épinard [epinaʀ] *m.* Espinaca *f.*
épine [epin] *f.* **1** Espina. **2** ANAT. ~ ***dorsale,*** espina dorsal, espinazo *m.* **3** ~ ***du nez,*** caballete *m.* de la nariz.
épineux, -euse [epinø, -øz] *adj.* **1** Espinoso, sa. **2** fig. Peliagudo, da.
épingle [epɛ̃gl(ə)] *f.* **1** Alfiler *m.* **2** ~ ***de sûreté, de nourrice,*** imperdible *m.*; ~ ***à cheveux,*** horquilla.
épinière [epinjɛʀ] *adj.* ***Moelle*** ~, médula espinal.
épiphanie [epifani] *f.* Epifanía, día *m.* de Reyes.
épiscopal, -ale [episkɔpal] *adj.* Episcopal.
épisode [epizɔd] *m.* Episodio.
épisodique [epizɔdik] *adj.* Episódico, ca.
épistolaire [epistɔlɛʀ] *adj.* Epistolar.
épitaphe [epitaf] *f.* Epitafio *m.*
épithète [epitɛt] *f.* Epíteto *m.*
épître [epitʀ(ə)] *f.* Epístola.
éploré, -ée [eplɔʀe] *adj.* Hecho, cha un mar de lágrimas, desconsolado, da.
éplucher [eplyʃe] *tr.* **1** Mondar, limpiar (légumes). **2** fig. Espulgar, examinar minuciosamente.
épluchure [eplyʃyʀ] *f.* Mondadura, despojo *m.*
épointer [epwɛ̃te] *tr.* Despuntar.
éponge [epɔ̃ʒ] *f.* Esponja.
éponger [epɔ̃ʒe] *tr.* **1** Secar con esponja. **2** Enjugar, enjugarse. **3** fig. Enjugar, absorber. ■ **4** *pr.* Enjugarse (visage, front). ▲ CONJUG. como ***engager.***
épopée [epɔpe] *f.* Epopeya.
époque [epɔk] *f.* Época.
épouiller [epuje] *tr.* Despiojar.
épouse [epuz] *f.* Esposa.
épouser [epuze] *tr.* **1** Casarse con. **2** fig. Abrazar, adoptar (idées, doctrines, etc.). **3** Adaptarse a, ajustarse a, amoldarse a (une forme).
épousseter [epuste] *tr.* Desempolvar, limpiar el polvo, sacudir el polvo de. ▲ CONJUG. como ***acheter.***
épouvantable [epuvɑ̃tabl(ə)] *adj.* Espantoso, sa.
épouvantail [epuvɑ̃taj] *m.* **1** Espantapájaros, espantajo. **2** fam. Esperpento (personne laide). **3** Fantasma.
époux [epu] *m.* Esposo.
éprendre (s') [epʀɑ̃dʀ(ə)] *pr.* Prendarse, enamorarse. ▲ CONJUG. como ***prendre.***
épreuve [epʀœv] *f.* **1** Prueba, ensayo *m.* (essai, expérience). **2** Aflicción, pena, desgracia. **3** Examen *m.* **4** IMPR., MATH., PHOT., SPORTS Prueba.
épris, -ise [epʀi, -iz] *adj.* Enamorado, da, prendado, da.
éprouver [epʀuve] *tr.* **1** Probar, ensayar, poner a prueba. **2** Sufrir (subir). **3** Experimentar, sentir (ressentir). **4** Castigar (frapper).
éprouvette [epʀuvɛt] *f.* Tubo *m.* de ensayo, probeta.
épuisant, -ante [epɥizɑ̃, -ɑ̃t] *adj.* Agotador, ra.
épuiser [epɥize] *tr.* **1** Agotar. ■ **2** *pr.* Agotarse. **3** fig. Extenuarse.
épurer [epyʀe] *tr.* **1** Depurar, purificar. **2** Mejorar, refinar (goût, langage, etc.).
équateur [ekwatœʀ] *m.* Ecuador.
équation [ekwasjɔ̃] *f.* Ecuación.
équatorial, -ale [ekwatɔʀjal] *adj.* **1** Ecuatorial. ■ **2** *m.* ASTRON. Ecuatorial.
équerre [ekɛʀ] *f.* Escuadra, cartabón *m.*

équestre [ekɛstʀ(ə)] *adj.* Ecuestre.
équidistant, -ante [ekidistɑ̃, -ɑ̃t] *adj.* Equidistante.
équilatéral, -ale [ekilateʀal] *adj.* Equilátero, ra.
équilibre [ekilibʀ(ə)] *m.* Equilibrio.
équilibriste [ekilibʀist(ə)] *s.* Equilibrista.
équinoxe [ekinɔks(ə)] *m.* Equinoccio.
équipage [ekipaʒ] *m.* 1 Tripulación *f.* (d'un bateau, d'un avion). 2 MIL. Impedimenta *f.*, bagaje: ***train des équipages,*** tren de campaña.
équipe [ekip] *f.* 1 Equipo *m.* 2 Cuadrilla, brigada (d'ouvriers).
équipée [ekipe] *f.* Escapada (escapade), calaverada (fredaine).
équipement [ekipmɑ̃] *m.* 1 Equipo, suministro (action d'équiper). 2 Equipo (matériel, vêtements).
équiper [ekipe] *tr.* 1 Equipar. 2 MAR. Armar.
équitation [ekitasjɔ̃] *f.* Equitación.
équité [ekite] *f.* Equidad.
équivalence [ekivalɑ̃s] *f.* Equivalencia.
équivalent, -ente [ekivalɑ̃, -ɑ̃t] *adj.* Equivalente.
équivoque [ekivɔk] *adj.* 1 Equívoco, ca. ■ 2 *f.* Equívoco *m.*
érable [eʀabl(ə)] *m.* Arce.
éradication [eʀadikasjɔ̃] *f.* Erradicación.
érafler [eʀɑfle] *tr.* Rasguñar, rozar, arañar.
érailler [eʀɑje] *tr.* 1 Rasgar, abrir (un tissu). ■ 2 *pr.* Enronquecerse (la voix).
ère [ɛʀ] *f.* Era: ~ ***chrétienne,*** era cristiana.
érection [eʀɛksjɔ̃] *f.* Erección.
éreintant, -ante [eʀɛ̃tɑ̃, -ɑ̃t] *adj.* Extenuante.
éreinter [eʀɛ̃te] *tr.* 1 Derrengar, deslomar. 2 fig. Reventar de cansancio (fatiguer). 3 Desacreditar, echar por tierra, despellejar (critiquer). ■ 4 *pr.* Derrengarse, deslomarse.
ergonomique [ɛʀgonɔmik] *adj.* Ergonómico.
ergot [ɛʀgo] *m.* 1 Espolón. 2 Cornezuelo (des céréales).
ergoter [ɛʀgɔte] *intr.* Tergiversar, discutir naderías.
ériger [eʀize] *tr.* 1 Erigir. ■ 2 *pr.* Erigirse. ▲ CONJUG. como ***engager.***
ermitage [ɛʀmitaʒ] *m.* 1 Ermita *f.* 2 fig. Casita *f.* de campo apartada y solitaria.
ermite [ɛʀmit] *m.* Ermitaño, eremita.
érosion [eʀozjɔ̃] *f.* Erosión.
érotique [eʀɔtik] *adj.* Erótico, ca.
érotisme [eʀɔtism] *m.* Erotismo.
errant, -ante [ɛʀɑ̃, -ɑ̃t] *adj.* Errante.
erratique [ɛʀatik] *adj.* Errático, ca.
errements [ɛʀmɑ̃] *m. pl.* Procedimientos habituales, hábitos.
errer [ɛʀe] *intr.* Andar errante, vagabundear.
erreur [ɛʀœʀ] *f.* 1 Error *m.* 2 Yerro *m.* (dans la conduite).
erroné, -ée [ɛʀɔne] *adj.* Erróneo, ea.
éructer [eʀykte] *intr.* Eructar, erutar.
érudition [eʀydisjɔ̃] *f.* Erudición.
éruption [eʀypsjɔ̃] *f.* Erupción.
esbroufeur, -euse [ɛsbʀufœʀ, -øz] *s.* Escuderón, fachendoso, sa.
escabeau [ɛskabo] *m.* Escabel.
escadre [ɛskadʀ(ə)] *f.* MAR. Escuadra.
escadrille [ɛskadʀij] *f.* Escuadrilla.
escadron [ɛskadʀɔ̃] *m.* Escuadrón.
escalade [ɛskalad] *f.* Escalada, escalo *m.*
escalader [ɛskalade] *tr.* Escalar.
escale [ɛskal] *f.* Escala.
escalier [ɛskalje] *m.* Escalera *f.*
escalope [ɛskalɔp] *f.* Lonja, tajada fina.
escamoter [ɛskamɔte] *tr.* Escamotear.
escapade [ɛskapad] *f.* 1 Escapatoria, escapada (fuite, évasion). 2 Calaverada (équipée).
escarbille [ɛskaʀbij] *f.* Carbonilla.
escarcelle [ɛskaʀsɛl] *f.* Escarcela.
escargot [ɛskaʀgo] *m.* Caracol.

escarmouche [ɛskaʀmuʃ] *f.* Escaramuza.
escarpé, -ée [ɛskaʀpe] *adj.* Escarpado, da.
escarpin [ɛskaʀpɛ̃] *m.* Escarpín.
escarpolette [ɛskaʀpɔlɛt] *f.* Columpio *m.*
escient [ɛsjɑ̃] *loc. adv.* ***À bon ~,*** a sabiendas, con entero conocimiento.
esclaffer (s') [ɛsklafe] *pr.* Soltar la carcajada.
esclandre [ɛsklɑ̃dʀ(ə)] *m.* Escándalo.
esclavage [ɛsklavaʒ] *m.* Esclavitud *f.*
esclave [ɛskla(ɑ)v] *adj.-s.* Esclavo, va.
escompte [ɛskɔ̃t] *m.* COMM. Descuento.
escorter [ɛskɔʀte] *tr.* Escoltar.
escouade [ɛskwad] *f.* **1** Cuadrilla. **2** MIL. Escuadra.
escrime [ɛskʀim] *f.* Esgrima.
escrimer (s') [ɛskʀime] *pr.* **1** Esforzarse, desalmarse, afanarse (*à,* en).**2** Pelearse, bregar, batirse.
escrimeur, -euse [ɛskʀimœʀ, -øz] *s.* Esgrimidor, ra.
escroc [ɛskʀo] *m.* Estafador, timador.
escroquerie [ɛskʀɔkʀi] *f.* Estafa, timo *m.*
espace [ɛspas] *m.* Espacio.
espacer [ɛspase] *tr.* Espaciar. ▲ CONJUG. como ***lancer.***
espadon [ɛspadɔ̃] *m.* Pez espada.
espadrille [ɛspadʀij] *f.* Alpargata.
espagnol, -ole [ɛspaɲɔl] *adj.-s.* Español, la.
espagnolette [ɛspaɲɔlɛt] *f.* Falleba.
espèce [ɛspɛs] *f.* **1** Especie, clase. **2** *loc. adj.* fam. ~ ***de,*** pedazo de, so. ■ **3** *pl.* Metálico *m. sing.,* dinero *m. sing.*
espérance [ɛsperɑ̃s] *f.* Esperanza.
espérer [ɛspere] *tr.* Esperar: ***j'espère vous revoir bientôt,*** espero volver a veros pronto. ▲ CONJUG. como ***accélérer.***
espièglerie [ɛspjɛgləʀi] *f.* Travesura.
espionnage [ɛspjɔnaʒ] *m.* Espionaje.
esplanade [ɛsplanad] *f.* Explanada.
espoir [ɛspwaʀ] *m.* Esperanza *f.*
esprit [ɛspʀi] *m.* **1** Espíritu. **2** Mente *f.,* pensamiento. **3** Juicio, razón *f.* **4** Ánimo, intención *f.* **5** Agudeza *f.,* ingenio (vivacité). **6** Carácter. **7** ***Bel ~,*** hombre culto, o que pretende serlo. **8** Aparecido, fantasma: ***croire aux esprits,*** creer en fantasmas.
esquif [ɛskif] *m.* Esquife.
esquille [ɛskij] *f.* Esquirla.
esquimau, -aude [ɛskimo, od] *adj.-s.* **1** Esquimal. ■ **2** *m.* Polo (glace).
esquintant, -ante [ɛskɛ̃tɑ̃, ɑ̃t] *adj.* Fatigoso, sa, pesado, da.
esquinter [ɛskɛ̃te] *tr.* fam. **1** Escacharrar (appareil). **2** Poner de vuelta y media. **3** Dejar molido, da. ■ **4** *pr.* fam. Matarse: ***s'esquinter à faire quelque chose,*** matarse haciendo algo.
esquisser [ɛskise] *tr.* **1** Esbozar, bosquejar. **2** Esbozar (un geste, etc.).
essai [ɛsɛ] *m.* **1** Ensayo, prueba *f.* **2** LITT., SPORTS Ensayo.
essaim [esɛ̃] *m.* Enjambre.
essayage [esejaʒ] *m.* Prueba *f.:* ***un bon tailleur fait plusieurs essayages,*** un buen sastre hace varias pruebas.
essayer [eseje] *tr.* **1** Probar, ensayar: ~ ***une robe,*** probar un vestido; ~ ***un nouveau procédé,*** ensayar un nuevo procedimiento. ■ **2** *intr.* Intentar, tratar de (tâcher).
essayiste [esejist(ə)] *m.* Ensayista, autor de ensayos.
essence [esɑ̃s] *f.* **1** Gasolina. **2** Esencia: ~ ***de lavande,*** esencia de espliego. **3** Extracto (extrait). **4** PHILOS. Esencia. **5** BOT. Especie (d'un arbre).
essentiel, -elle [esɑ̃sjɛl] *adj.* **1** Esencial. ■ **2** *m:* ***l'~,*** lo esencial, la mayor parte *f.*
esseulé, -ée [esœle] *adj.* Solo, la, solitario, ria.

essieu [esjø] *m.* Eje.
essor [esɔʀ] *m.* **1** Impulso. **2** fig. Elevación *f.*, vuelo (de l'esprit, etc.). **3** Desarrollo (développement).
essorer [esɔʀe] *tr.* Escurrir.
essouffler [esufle] *tr.* **1** Ahogar, sofocar, quitar la respiración. ■ **2** *pr.* Ahogarse. **3** fig. Perder facultades, perder la inspiración.
essuie-main, essuie-mains [esɥimɛ̃] *m. invar.* Toalla.
essuyer [esɥije] *tr.* **1** Enjugar, secar. **2** Limpiar. **3** fig. Sufrir, soportar, aguantar. ■ **4** *pr.* Secarse, limpiarse. ▲ CONJUG. como ***employer.***
est [ɛst] *m.* Este.
estacade [ɛstakad] *f.* Estacada.
estafette [ɛstafɛt] *f.* Estafeta.
estafilade [ɛstafilad] *f.* Cuchillada, chirlo *m.*
estaminet [ɛstaminɛ] *m.* Cafetín.
estampe [ɛstɑ̃p] *f.* Estampa.
estamper [ɛstɑ̃pe] *tr.* **1** Estampar. **2** fam. Estafar.
estampiller [ɛstɑ̃pije] *tr.* Sellar, estampillar.
esthète [ɛstɛt] *s.* Esteta.
esthéticien, -enne [ɛstetisjɛ̃, ɛn] *s.* esteticista.
esthétique [ɛstetik] *adj.* **1** Estético, ca. ■ **2** *f.* Estética.
estimation [ɛstimɑsjɔ̃] *f.* Estimación, evaluación.
estime [ɛstim] *f.* Estima.
estival, -ale [ɛstival] *adj.* Estival.
estoc [ɛstɔk] *m.* Estoque.
estocade [ɛstɔkad] *f.* Estocada.
estomac [ɛstɔma] *m.* **1** Estómago. **2** fam. ***Avoir de l'~,*** tener agallas.
estomaquer [ɛstɔmake] *tr.* fam. Sorprender desagradablemente, dejar estupefacto, ta.
estomper [ɛstɔ̃pe] *tr.* Esfuminar.
estrade [ɛstʀad] *f.* **1** Estrado *m.*, tarima. **2** SPORTS Cuadrilátero *m.* (boxe).
estragon [ɛstʀagɔ̃] *m.* Estragón.
estropié, -ée [ɛstʀɔpje] *adj.-s.* Lisiado, da.
estuaire [ɛstɥɛʀ] *m.* Estuario.
esturgeon [ɛstyʀʒɔ̃] *m.* Esturión.
et [e] *conj.* **1** Y. **2** E (langue écrite, devant les mots commençant par ***i*** ou ***hi***).
étable [etabl(ə)] *f.* Establo *m.*
établi [etabli] *m.* Banco: ~ ***de menuisier,*** banco de carpintero.
établir [etabliʀ] *tr.* **1** Establecer (installer, instaurer). **2** Instituir: ~ ***un tribunal,*** instituir un tribunal. **3** Colocar (dans un emploi), casar (marier). **4** Probar, demostrar (démontrer). ■ **5** *pr.* Establecerse.
établissement [etablismɑ̃] *m.* Establecimiento.
étage [etaʒ] *m.* **1** Piso. **2** Plano, capa *f.* (d'un terrain). **3** Cuerpo (d'une fusée).
étager [etaʒe] *tr.* Escalonar. ▲ CONJUG. como ***engager.***
étagère [etaʒɛʀ] *f.* Estante *m.*, anaquel *m.* (tablette), estante *m.* (meuble).
étai [etɛ] *m.* **1** Puntal. **2** fig. Apoyo, sostén. **3** MAR. Estay.
étain [etɛ̃] *m.* Estaño.
étalage [etalaʒ] *m.* **1** Escaparate (vitrine). **2** Exposición *f.*
étaler [etale] *tr.* **1** Exponer (exposer). **2** Desplegar, extender (déplier). **3** Escalonar (échelonner). **4** fig. Ostentar, hacer alarde de (luxe, etc.). ■ **5** *pr.* fam. Caerse.
étalon [etalɔ̃] *m.* **1** Marco, patrón de pesas y medidas. **2** Talón, patrón monetario (monnaie): ~ ***or,*** patrón oro. **3** Semental (cheval). **4** Garañón (âne).
étamer [etame] *tr.* **1** Estañar. **2** Azogar (les miroirs).
étamine [etamin] *f.* **1** Estameña (tissu). **2** BOT. Estambre *m.*
étanche [etɑ̃ʃ] *adj.* **1** Hermético, ca, impermeable. **2** MAR. Estanco, ca.
étancher [etɑ̃ʃe] *tr.* **1** Restañar, contener (le sang). **2** ~ ***la soif,*** apagar la sed. **3** Enjugar (les larmes). **4** Estancar (les eaux).
étançon [etɑ̃sɔ̃] *m.* Puntal.

étang [etɑ̃] *m.* 1 Estanque (artificiel). 2 Laguna *f.* (naturel). 3 ~ ***salé,*** albufera *f.*
étape [etap] *f.* Etapa.
état [eta] *m.* 1 Estado: ~ ***d'âme,*** estado de ánimo; ~ ***de santé,*** estado de salud. 2 Oficio, profesión *f.* 3 ~ ***civil,*** registro civil. 4 Estado, escrito, relación *f.* (écrit). 5 Estado: ***coup d'~,*** golpe de Estado. 6 *loc. adv.* ***En ~,*** en buen orden, en buen estado. 7 *loc. prép.* ***Hors d'~ de,*** imposibilitado, da para.
état-major [etamaʒɔʀ] *m.* 1 Estado mayor. 2 Plana *f.* mayor (comité de direction).
étau [eto] *m.* Tornillo de banco.
étayer [eteje] *tr.* 1 Apuntalar. 2 fig. Apoyar, sostener.
etc. [ɛtseteʀa] (*abrév.* et cætera) etc.
été [ete] *m.* 1 Verano, estío. ■ 2 *p. p.* de ***être.***
éteignoir [eteɲwaʀ] *m.* Apagador, apagavelas.
éteindre [etɛ̃dʀ(ə)] *tr.* 1 Apagar, extinguir. 2 fig. Apagar: ***couleur éteinte,*** color apagado. 3 *pr.* Apagarse. 4 Morir, apagarse (mourir). ▲ CONJUG. como ***craindre.***
étendard [etɑ̃daʀ] *m.* Estandarte.
étendre [etɑ̃dʀ(ə)] *tr.* 1 Extender. 2 Esparcir: ~ ***les cartes sur la table,*** esparcir los naipes en la mesa. 3 Tender: ~ ***du linge,*** tender ropa. 4 Extender, alargar, estirar: ~ ***les jambes,*** alargar las piernas. 5 Tender, acostar, tumbar. 6 Ampliar. ■ 7 *pr.* Tenderse, tumbarse. ▲ CONJUG. como ***rendre.***
étendue [etɑ̃dy] *f.* 1 Extensión, superficie. 2 Alcance *m.* (de la vue, de la voix).
éternel, -elle [etɛʀnɛl] *adj.* 1 Eterno, na. 2 Perpetuo, tua.
éternité [etɛʀnite] *f.* Eternidad.
éternuement [etɛʀnymɑ̃] *m.* Estornudo.
éthéré, -ée [eteʀe] *adj.* Etéreo, rea.
éthique [etik] *adj.* 1 Ético, ca. ■ 2 *f.* Ética.
ethnique [ɛtnik] *adj.* Étnico, ca.
ethnographie [ɛtnɔgʀafi] *f.* Etnografía.
étiage [etjaʒ] *m.* Estiaje.
étincelant, -ante [etɛ̃slɑ̃, -ɑ̃t] *adj.* Centelleante, relumbrante.
étincelle [etɛ̃sɛl] *f.* 1 Chispa, centella. 2 fig. Destello *m.,* chispa.
étioler [etjɔle] *tr.* 1 Delimitar, empobrecer: ***la maladie l'a étiolé,*** la enfermedad lo ha debilitado. 2 AGR. Ahilar. ■ 3 *pr.* AGR. Ahilarse.
étique [etik] *adj.* Descarnado, da, seco, ca, esquelético, ca.
étiqueter [etikte] *tr.* Etiquetar, rotular. ▲ CONJUG. como ***acheter.***
étiquette [etikɛt] *f.* Etiqueta.
étirer [etiʀe] *tr.* 1 Estirar, alargar. 2 MÉTAL. Estirar. ■ 3 *pr.* Estirarse, desperezarse.
étoffe [etɔf] *f.* 1 Tela, tejido *m.* 2 fig. Dotes *f. pl.,* valer *m.,* calidad. 3 fig. ***Avoir l'~ d'un chef,*** tener madera de jefe.
étoffer [etɔfe] *tr.* 1 Nutrir, llenar, enriquecer (un récit, etc.). ■ 2 *pr.* Tomar cuerpo.
étoile [etwal] *f.* 1 Estrella: ~ ***filante,*** estrella fugaz. Loc. fam. ***Coucher à la belle ~,*** dormir al raso. 2 ~ ***de mer,*** estrella de mar.
étole [etɔl] *f.* Estola.
étonnant, -ante [etɔnɑ̃, -ɑ̃t] *adj.* Asombroso, sa.
étonner [etɔne] *tr.* 1 Asombrar, sorprender, extrañar. ■ 2 *pr.* Asombrarse: ***ne s'~ de rien,*** no asombrarse por nada.
étouffée (à l') [aletufe] *loc. adv.* CUIS. Al vapor, en vasija tapada, estofado, da.
étouffer [etufe] *tr.* 1 Ahogar, sofocar. 2 Amortiguar (un son). 3 Echar tierra a (une affaire, un scandale). 4 Ahogar (un soupir, etc.). ■ 5 *intr.* Ahogarse, respirar con dificultad. 6 ~ ***de rire,*** reventar de risa.
étoupe [etup] *f.* Estofa.

étourdi, -ie [eturdi] *adj.-s.* Atolondrado, da.
étourdir [eturdir] *tr.* Atolondrar, aturdir.
étourdissant, -ante [eturdisɑ̃, -ɑ̃t] *adj.* 1 Atolondrador, ra, que aturde. 2 fig. Sorprendente, extraordinario, ria.
étourneau [eturno] *m.* Estornino.
étrange [etrɑ̃ʒ] *adj.* Extraño, ña, raro, ra.
étranger, -ère [etrɑ̃ʒe, -ɛr] *adj.-s.* 1 Extranjero, ra. 2 Forastero, ra (d'une autre ville). 3 Extraño, ña (qui n'est pas de la même famille, etc.). ■ 4 *adj.* Ajeno, na (à quelque chose). ■ 5 *m.* Extranjero: ***voyager à l'~,*** viajar al extranjero.
étrangeté [etrɑ̃ʒte] *f.* Extrañeza, rareza.
étrangler [etrɑ̃gle] *tr.* 1 Estrangular. 2 fig. Ahogar: ~ ***la liberté,*** ahogar la libertad. ■ 3 *intr.-pr.* Ahogarse (de colère, etc.). ■ 4 *pr.* Atragantarse.
être [ɛtr(ə)] *intr.* 1 Ser: ***tu es bon,*** tú eres bueno; ***cela est en bois,*** esto es de madera. Loc. ***Cela étant,*** siendo así; ***comme si de rien n'était,*** como quien no quiere la cosa. 2 ***C'est, ce sera, ce sont,*** etc., es, será, son: ***ce sont mes amis,*** son mis amigos. 3 Estar: ~ ***malade,*** estar enfermo, ~ ***à Madrid,*** estar en Madrid. Loc. ~ ***à même de,*** estar en condiciones de; ***si j'étais toi,*** yo de ti, si yo estuviera en tu lugar. 4 ~ ***à*** (et infinitif), estar por: ***tout est à refaire,*** todo está por rehacer. 5 Existir. 6 ***Y ~,*** acertar, caer (comprendre): ***vous n'y êtes pas,*** no acierta usted. Loc. ***N'y ~ pour rien,*** no tener nada que ver en esto. 7 ***En ~,*** andar, estar: ***où en es-tu de ton roman?,*** ¿por dónde andas de tu novela? ■ 8 *impers.* Ser: ***il est une heure,*** es la una. Loc. ***Il est à,*** es de: ***il est à desirer,*** es de desear. 9 Haber: ***il n'est pire sourd que celui qui ne veut pas entendre,*** no hay peor sordo que el que no quiere oír. 10 Ocurrir, suceder: ***il en est de,*** ocurre, sucede. ■ 11 *auxil.* Ser (voix passive), haber (dans les temps composés): ***nous sommes allés,*** hemos ido. ▲ En général, on traduit ***être*** par ***ser:*** a) dans la voix passive; b) lorsque l'attribut du sujet est un substantif ou qu'il désigne une qualité permanente, un nombre, la matière ou la possession. On le traduit par ***estar*** quand il s'agit d'un lieu, d'un état ou d'une qualité transitoire.
être [ɛtr(ə)] *m.* 1 Ser, ente: ***l'Être suprême,*** el Ser supremo. 2 Ser: ***êtres vivants,*** seres vivos. 3 Alma *f.*
étreindre [etrɛ̃dr(ə)] *tr.* 1 Abrazar, estrechar (serrer). 2 Oprimir (oppresser). ▲ CONJUG. como ***craindre.***
étrenne [etrɛn] *f.* 1 Aguinaldo *m.* 2 ***Avoir l'~ de,*** estrenar.
étrenner [etrene] *tr.* 1 Estrenar. ■ 2 *intr.* Ser el primero en recibir.
étrier [etrje] *m.* 1 Estribo (de la selle). 2 ANAT. Estribo.
étriller [etrije] *tr.* 1 Almohazar. 2 fig. Zurrar (battre). 3 Desollar, desplumar (faire payer trop cher).
étriper [etripe] *tr.* Destripar.
étriqué, -ée [etrike] *adj.* 1 Estrecho, cha, exiguo, gua. 2 fig. Estrecho, cha, mezquino, na.
étroit, -oite [etrwa, -wat] *adj.* 1 Estrecho, cha. 2 *loc. adv.* ***À l'~,*** con estrechez (vivre, etc.).
étude [etyd] *f.* 1 Estudio *m.* 2 Bufete *m.* (de notaire, d'avocat, etc.). ■ 3 *pl.* Carrera *sing.*: ***faire ses études d'ingénieur,*** estudiar la carrera de ingeniero.
étudiant, -ante [etydjɑ̃, -ɑ̃t] *adj.-s.* Estudiante.
étudier [etydje] *tr.* Estudiar. ▲ CONJUG. como ***prier.***
étui [etɥi] *m.* 1 Estuche. 2 Funda *f.* (à violon, etc.).
étuve [etyv] *f.* Estufa.

étuvée (à l') [aletyve] *loc. adv.* CUIS. Al vapor, en vasija tapada, estofado, da.
étuver [etyve] *tr.* 1 Desinfectar en estufa, esterilizar. 2 CUIS. Estofar.
étymologie [etimɔlɔʒi] *f.* Etimología.
eucalyptus [økaliptys] *m.* Eucalipto.
eunuque [ønyk] *m.* Eunuco.
euphémisme [øfemism(ə)] *m.* Eufemismo.
euphonie [øfɔni] *f.* Eufonía.
euphorie [øfɔʀi] *f.* Euforia.
eurochèque [øʀoʃɛk] *m.* Eurocheque.
eurocrate [øʀokʀat] *s.* Eurócrata.
européen, -enne [øʀɔpeɛ̃, -ɛn] *adj.-s.* Europeo, pea.
eux [ø] *pron. pers.* Ellos.
évacuation [evakɥɑsjɔ̃] *f.* Evacuación.
évacuer [evakɥe] *tr.* Evacuar.
évader (s') [evade] *pr.* Evadirse.
évaluer [evalɥe] *tr.* Evaluar, valorar (*à,* en).
évanescent, -ente [evanesɑ̃, -ɑ̃t] *adj.* Evanescente.
évangélique [evɑ̃ʒelik] *adj.* Evangélico, ca.
évangile [evɑ̃ʒil] *m.* Evangelio.
évanouir (s') [evanwiʀ] *pr.* 1 Desvanecerse. 2 Desmayarse (une personne).
évanouissement [evanwismɑ̃] *m.* Desvanecimiento, desmayo.
évaporation [evapɔʀɑsjɔ̃] *f.* Evaporación.
évaporer [evapɔʀe] *tr.* 1 Evaporar. ■ 2 *pr.* fig. fam. Eclipsarse.
évasif, -ive [evazif, -iv] *adj.* Evasivo, va.
évasion [eva(ɑ)zjɔ̃] *f.* Evasión.
évêché [eveʃe] *m.* Obispado.
éveil [evɛj] *m.* 1 Despertar. 2 fig. Alerta *f.* (alerte): ***donner l'~,*** dar el alerta.
éveillé, -ée [eveje] *adj.* 1 Despierto, ta. 2 fig. Listo, ta, vivo, va, despierto, ta (vif).
éveiller [eveje] *tr.* Despertar.
événement [evɛnmɑ̃] *m.* Acontecimiento.
éventail [evɑ̃taj] *m.* Abanico.
éventer [evɑ̃te] *tr.* 1 Aventar, airear, orear. 2 Abanicar (avec un éventail). 3 fig. Descubrir, divulgar. Loc. fig. ~ ***la mèche,*** descubrir el pastel. ■ 4 *pr.* Abanicarse. 5 Echarse a perder (vin, etc.).
éventrer [evɑ̃tʀe] *tr.* Destripar, despanzurrar.
éventuel, -elle [evɑ̃tɥɛl] *adj.* Eventual.
évêque [evɛk] *m.* Obispo.
évertuer (s') [evɛʀtɥe] *pr.* Esforzarse, afanarse (*à,* en).
évidement [evidmɑ̃] *m.* 1 Vaciado. 2 Hueco (creux), escotadura *f.* (échancrure).
évidemment [evidamɑ̃] *adv.* Evidentemente, desde luego.
évider [evide] *tr.* Vaciar.
évier [evje] *m.* Fregadero.
évincer [evɛ̃se] *tr.* 1 Desposeer. 2 Apartar, eliminar. ▲ CONJUG. como ***lancer.***
éviter [evite] *tr.* 1 Evitar. 2 Esquivar.
évocation [evɔkɑsjɔ̃] *f.* Evocación.
évoluer [evɔlɥe] *intr.* Evolucionar.
évolution [evɔlysjɔ̃] *f.* Evolución.
évoquer [evɔke] *tr.* 1 Evocar. 2 DR. Avocar.
exacerber [ɛgzasɛʀbe] *tr.* Exacerbar.
exact, -acte [ɛgza(kt), akt(ə)] *adj.* Exacto, ta.
exactitude [ɛgzaktityd] *f.* Exactitud.
exagération [ɛgzaʒeʀɑsjɔ̃] *f.* Exageración.
exagérer [ɛgzaʒeʀe] *tr.* 1 Exagerar. ■ 2 *intr.* fam. Tomarse demasiadas confianzas. ▲ CONJUG. como ***accélérer.***
exalté, -ée [ɛgzalte] *adj.-s.* Exaltado, da.
exalter [ɛgzalte] *tr.* 1 Exaltar, ensalzar. ■ 2 *pr.* Entusiasmarse, exaltarse.
examen [ɛgzamɛ̃] *m.* 1 Examen. 2 Reconocimiento: ~ ***médical,*** reconocimiento médico.

examiner [ɛgzamine] *tr.* **1** Examinar. **2** Reconocer (un médecin).
exaspération [ɛgzaspeʀɑsjɔ̃] *f.* Exasperación.
exaspérer [ɛgzaspeʀe] *tr.* Exasperar. ▲ CONJUG. como ***accélérer.***
excavation [ɛkskavɑsjɔ̃] *f.* Excavación.
excédant, -ante [ɛksedɑ̃, -ɑ̃t] *adj.* **1** Excedente, sobrante, excesivo, va. **2** *fig.* Molesto, ta, cargante (irritant).
excédent [ɛksedɑ̃] *m.* Superávit (d'un budget), exceso, sobrante (de poids, etc.).
excéder [ɛksede] *tr.* **1** Exceder, sobrepasar. **2** Ir más allá, pasar, excederse: ~ ***son pouvoir,*** excederse en el poder. **3** Exasperar, crispar (exaspérer). ▲ CONJUG. como ***accélérer.***
excellence [ɛksɛlɑ̃s] *f.* Excelencia: ***par*** ~, por excelencia; ***Votre*** ~, Vuestra Excelencia.
excellent, -ente [ɛksɛlɑ̃, -ɑ̃t] *adj.* Excelente.
exceller [ɛksele] *intr.* Sobresalir, descollar, distinguirse.
excentricité [ɛksɑ̃tʀisite] *f.* Excentricidad.
excepter [ɛksɛpte] *tr.* Exceptuar.
exception [ɛksɛpjsɔ̃] *f.* Excepción. *loc. prép.* ***À l'~ de,*** con, a excepción de.
excès [ɛksɛ] *m.* **1** Exceso. **2** *loc. adv.* ***À l'~,*** con exceso.
excitant, -ante [ɛksitɑ̃, -ɑ̃t] *adj.* **1** Excitante. ■ **2** *m.* Excitante, estimulante.
exciter [ɛksite] *tr.* **1** Excitar, provocar, estimular. ■ **2** *pr.* Excitarse.
exclamation [ɛksklamɑsjɔ̃] *f.* **1** Exclamación. **2** ***Point d'~,*** signo de admiración.
exclamer (s') [ɛksklame] *pr.* Exclamar, prorrumpir en exclamaciones.
exclure [ɛksklyʀ] *tr.* Excluir. ▲ CONJUG. como ***conclure.***
exclusif, -ive [ɛksklyzif, -iv] *adj.* **1** Exclusivo, va. ■ **2** *f.* Exclusiva.
excommunier [ɛkskɔmynje] *tr.* Excomulgar. ■ como ***prier.***
excrément [ɛkskʀmɑ̃] *m.* Excremento.
excrétion [ɛkskʀesjɔ̃] *f.* Excreción.
excroissance [ɛkskʀwasɑ̃s] *f.* Excrecencia.
excursion [ɛkskyʀsjɔ̃] *f.* Excursión.
excuse [ɛkskyz] *f.* Excusa, disculpa. Loc. ***Faire des excuses,*** disculparse.
excuser [ɛkskyze] *tr.* **1** Disculpar, excusar, perdonar, dispensar: ***excusez-moi,*** perdóneme usted, dispénseme. ■ **2** *pr.* Disculparse, excusarse.
exécrable [ɛgzekʀabl(ə)] *adj.* Execrable.
exécrer [ɛgzekʀe, -ɛks-] *tr.* Execrar. ▲ CONJUG. como ***accélérer.***
exécuter [ɛgzekyte] *tr.* **1** Ejecutar. ■ **2** *pr.* Decidirse, resolverse.
exécutif, -ive [ɛgzekytif, -iv] *adj.-m.* Ejecutivo, va.
exécution [ɛgzekysjɔ̃] *f.* Ejecución.
exemplaire [ɛgzɑ̃plɛʀ] *adj.-m.* Ejemplar.
exemple [ɛgzɑ̃pl(ə)] *m.* **1** Ejemplo. **2** *loc. adv.* ***Par*** ~, por ejemplo. **3** *loc. interj.* ***Par*** ~***!,*** ¡vaya!, ¡anda!
exempt, -empte [ɛgzɑ̃, -ɑ̃t] *adj.* Exento, ta.
exempté, -ée [ɛgzɑ̃te] *adj.-s* Exento, ta.
exemption [ɛgzɑ̃psjɔ̃] *f.* Exención.
exercer [ɛgzɛʀse] *tr.* **1** Adiestrar, instruir. **2** Cultivar: ~ ***sa mémoire,*** cultivar la memoria. **3** Practicar, ejercer. **4** Poner a prueba. **5** Poner en acción: ~ ***son influence,*** poner en acción la influencia. ■ **6** *pr.* Ejercitarse, entrenarse. **7** Manifestarse (contre quelqu'un). ▲ CONJUG. como ***lancer.***
exercice [ɛgɛʀsis] *m.* Ejercicio.

exhaler [ɛgzale] *tr.* **1** Exhalar (odeur, soupir, etc.). **2** fig. Desahogar (douleur, colère, etc.). ■ **3** *pr.* Desprenderse (odeur).
exhibition [ɛgzibisjɔ̃] *f.* Exhibición.
exhortation [ɛgzɔʀtasjɔ̃] *f.* Exhortación.
exhorter [ɛgzɔʀte] *tr.* Exhortar.
exhumer [ɛgzyme] *tr.* Exhumar.
exigence [ɛgziʒɑ̃s] *f.* Exigencia.
exiger [ɛgzize] *tr.* Exigir. ▲ CONJUG. como ***engager***.
exigu, -üe [ɛgzigy] *adj.* Exiguo, gua.
exil [ɛgzil] *m.* Exilio, destierro.
exiler [ɛgzile] *tr.* **1** Desterrar, exilar. ■ **2** *pr.* Expatriarse.
existant, -ante [ɛgzistɑ̃, -ɑ̃t] *adj.* Existente.
existence [ɛgzistɑ̃s] *f.* Existencia.
exister [ɛgsiste] *intr.* Existir.
exode [ɛgzɔd] *m.* Éxodo.
exonérer [ɛgzɔneʀe] *tr.* Exonerar. ▲ CONJUG. como ***accélérer***.
exorbitant, -ante [ɛgzɔʀbitɑ̃, -ɑ̃t] *adj.* Exorbitante.
exorcisme [ɛgzɔʀsism(ə)] *m.* Exorcismo.
exorde [ɛgzɔʀd(ə)] *m.* RHET. Exordio.
exotique [ɛgzɔtik] *adj.* Exótico, ca.
expansif, -ive [ɛkspɑ̃sif, -iv] *adj.* Expansivo, va.
expansion [ɛkspɑ̃sjɔ̃] *f.* Expansión.
expatrier [ɛkspatʀije] *tr.* Expatriar. ▲ CONJUG. como ***prier***.
expectation [ɛkspɛktɑsjɔ̃] *f.* Expectación.
expectorer [ɛkspɛktɔʀe] *tr.-intr.* Expectorar.
expédient, -ente [ɛkspedjɑ̃, -ɑ̃t] *adj.* **1** Conveniente, oportuno, na. ■ **2** *m.* Recurso, remedio, solución *f.*
expédier [ɛkspedje] *tr.* **1** Expedir, remitir (envoyer). **2** fig. fam. Despachar (faire rapidement, tuer). **3** Despachar, quitarse de encima (se débarrasser de quelqu'un). ▲ CONJUG. como ***prier***.
expéditif, -ive [ɛkspeditif, -iv] *adj.* Expeditivo, va.
expédition [ɛkspedisjɔ̃] *f.* Expedición.
expérience [ɛkspeʀjɑ̃s] *f.* **1** Experiencia. **2** Experimento *m.* (de physique, etc.).
expérimental, -ale [ɛkspeʀimɑ̃tal] *adj.* Experimental.
expérimenter [ɛkspeʀimɑ̃te] *tr.* Experimentar.
expert, -erte [ɛkspɛʀ, -ɛʀt(ə)] *adj.* **1** Experto, ta. ■ **2** *m.* Perito.
expertiser [ɛkspɛʀtize] *tr.* Hacer la peritación de, examinar pericialmente.
expier [ɛkspje] *tr.* Expiar. ▲ CONJUG. como ***prier***.
expiration [ɛkspiʀɑsjɔ̃] *f.* **1** Expiración. **2** Vencimiento *m.* (d'un délai, etc.).
expirer [ɛkspiʀe] *tr.* **1** Espirar (de l'air). ■ **2** *intr.* Expirar (mourir). **3** Vencer (un délai, un contrat, etc.).
explétif, -ive [ɛkspletif, -iv] *adj.* Expletivo, va.
explication [ɛksplikɑsjɔ̃] *f.* Explicación.
explicite [ɛksplisit] *adj.* Explícito, ta.
expliquer [ɛksplike] *tr.* Explicar.
exploit [ɛksplwa] *m.* **1** Hazaña *f.*, proeza *f.* **2** DR. Notificación *f.*
exploiter [ɛksplwate] *tr.* **1** Explotar. **2** Sacar provecho de (tirer profit).
explorateur, -trice [ɛksplɔʀatœʀ, -tʀis] *s.* Explorador, ra.
explorer [ɛksplɔʀe] *tr.* Explorar.
explosif, -ive [ɛksplozif, -iv] *adj.* **1** Explosivo, va. ■ **2** *m.* Explosivo.
explosion [ɛksplozjɔ̃] *f.* Explosión.
exportation [ɛkspɔʀtɑsjɔ̃] *f.* Exportación.
exporter [ɛkspɔʀte] *tr.* Exportar.
exposant, -ante [ɛkspozɑ̃, -ɑ̃t] *s.* **1** Expositor, ra. ■ **2** *m.* MATH. Exponente.
exposé [ɛkspoze] *m.* **1** Informe (rapport). **2** Relato circunstanciado (récit). **3** Memoria *f.* (dissertation). **4** Exposición *f.* (description).

exposer [ɛkspoze] *tr.* 1 Exponer (un tableau, une raison, sa vie). 2 Orientar (dans une direction). 3 PHOT. Exponer. ■ 4 *pr.* Exponerse.
exposition [ɛkspozisjɔ̃] *f.* 1 Exposición. 2 Orientación.
exprès, -esse [ɛkspʀɛs] *adj.* 1 Expreso, sa, terminante (ordre, etc.). 2 Urgente: ***lettre ~,*** carta urgente. ■ 3 *m.* Propio, mensajero. ■ 4 [ɛkspʀɛ] *adv.* Adrede, aposta, expresamente: ***fait ~,*** hecho adrede.
express [ɛkspʀɛs] *adj.-s.* Tren expreso, exprés.
expressif, -ive [ɛkspʀesif, -iv] *adj.* Expresivo, va.
expression [ɛkspʀesjɔ̃] *f.* Expresión.
exprimer [ɛkspʀime] *tr.* 1 Expresar. 2 Exprimir, extraer (le jus). ■ 3 *pr.* Expresarse.
exproprier [ɛkspʀɔpʀije] *tr.* Expropiar. ▲ CONJUG. como ***prier.***
expulsion [ɛkspylsjɔ̃] *f.* Expulsión.
expurger [ɛkspyʀʒe] *tr.* Expurgar. ▲ CONJUG. como ***engager.***
exquis, -ise [ɛkski, -iz] *adj.* Exquisito, ta.
extase [ɛkstɑz] *f.* Éxtasis *m.*
extasier (s') [ɛkstɑzje] *pr.* Extasiarse. ▲ CONJUG. como ***prier.***
extatique [ɛkstatik] *adj.* Extático, ca.
extensif, -ive [ɛkstɑ̃sif, -iv] *adj.* Extensivo, va.
extension [ɛkstɑ̃sjɔ̃] *f.* Extensión.
exténuer [ɛkstenɥe] *tr.* Extenuar.
extérieur, -eure [ɛksteʀjœʀ] *adj.-m.* Exterior.
extérioriser [ɛksteʀjɔʀize] *tr.* Exteriorizar.
exterminer [ɛkstɛʀmine] *tr.* Exterminar.
externe [ɛkstɛʀn(ə)] *adj.-s.* Externo, na.
extincteur [ɛkstɛ̃ktœʀ] *m.* Extintor.
extinction [ɛkstɛ̃ksjɔ̃] *f.* 1 Extinción. 2 ***~ de voix,*** afonía.
extirper [ɛkstiʀpe] *tr.* Extirpar.
extorsion [ɛkstɔʀsjɔ̃] *f.* Extorsión.
extra [ɛkstʀa] *adj.* 1 fam. Extra, superior. ■ 2 *m.* Suplemento, extraordinario (dans un restaurant, etc.). 3 Persona *f.* contratada para servicio accidental.
extraction [ɛkstʀaksjɔ̃] *f.* Extracción.
extradition [ɛkstʀadisjɔ̃] *f.* Extradición.
extraire [ɛkstʀɛʀ] *tr.* Extraer. ▲ CONJUG. como ***traire.***
extrait [ɛkstʀɛ] *m.* 1 Extracto, esencia *f.* (d'une substance). 2 Resumen, compendio, extracto (d'un livre, etc.). 3 Partida *f.*, fe *f.*: ***~ de naissance,*** partida de nacimiento; ***~ de baptême,*** fe de bautismo.
extraordinaire [ɛkstʀaɔʀdinɛʀ] *adj.* Extraordinario, ria.
extravagance [ɛkstʀavagɑ̃s] *f.* Extravagancia.
extravagant, -ante [ɛkstʀavagɑ̃, -ɑ̃t] *adj.-s.* Extravagante.
extrême [ɛkstʀɛm] *adj.* 1 Extremo, ma, extremado, da. ■ 2 *m.* Extremo.
extrême-onction [ɛkstʀɛmɔ̃ksjɔ̃] *f.* Extremaunción.
extrémité [ɛkstʀemite] *f.* 1 Extremidad, extremo *m.* 2 ***Être à la dernière ~,*** estar en la agonía, en las últimas. ■ 3 *pl.* Extremidades (pieds, mains). 4 Actos *m.* de violencia.
exubérance [ɛgzybeʀɑ̃s] *f.* Exuberancia.
exubérant, -ante [ɛgzybeʀɑ̃, -ɑ̃t] *adj.* Exuberante.
exulter [ɛgzylte] *intr.* Exultar, regocijarse.

F

f [ɛf] *m.* F *f.*
fa [fa(a)] *m.* MUS. Fa.
fable [fɑbl(ə)] *f.* Fábula.
fabricant [fabʀikɑ̃] *m.* Fabricante.
fabrique [fabʀik] *f.* Fábrica.
fabriquer [fabʀike] *tr.* Fabricar.

fabuleux, -euse [fabylø, -øz] *adj.* Fabuloso, sa.
façade [fasad] *f.* Fachada.
face [fas] *f.* 1 Cara, rostro *m.*, faz. Loc. ***À la ~ de,*** a los ojos de, en presencia de; ***de ~,*** de frente; ***en ~ de,*** enfrente de, frente a; ***~ à ~,*** cara a cara; ***faire ~ à,*** estar enfrente de; fig. hacer frente a. 2 Anverso *m.* (d'une monnaie). 3 Cara, lado *m.* (côté). 4 GÉOM. Cara. 5 fig. Faceta, aspecto *m.*, cariz *m.*
facétieux, -euse [fasesjø, -øz] *adj.* Bromista, chancero, ra.
facette [fasɛt] *f.* Faceta.
fâcher [faʃe] *tr.* 1 Disgustar, enojar, enfadar (mécontenter). ■ 2 *pr.* Enfadarse.
fâcheux, -euse [faʃø, -øz] *adj.* 1 Enojoso, sa, enfadoso, sa. 2 Inoportuno, na. ■ 3 *m.* Importuno.
facial, -ale [fasjal] *adj.* Facial.
facile [fasil] *adj.* Fácil: ***~ à, de,*** fácil de.
facilité [fasilite] *f.* Facilidad.
façon [fasɔ̃] *f.* 1 Manera, modo *m.* 2 Hechura (exécution, forme). 3 AGR. Labor. 4 Estilo *m.* ■ 5 *pl.* Maneras, modales *m.* (manières). 6 Remilgos *m.* 7 *loc. adv.* ***De toute ~,*** de todos modos.
faconde [fakɔ̃d] *f.* Facundia.
façonner [fasɔne] *tr.* 1 Dar forma a. 2 TECHN. Tornear, trabajar. 3 AGR. Labrar.
fac-similé [faksimile] *m.* Facsímil.
facteur [faktœʀ] *m.* 1 Cartero. 2 MUS. Fabricante de instrumentos. 3 fig. Factor: ***le ~ temps,*** el factor tiempo. 4 MATH. Factor.
facture [faktyʀ] *f.* Factura.
facturer [faktyʀe] *tr.* Facturar.
facultatif, -ive [fakyltatif, -iv] *adj.* Facultativo, va.
faculté [fakylte] *f.* Facultad.
fadaise [fadɛz] *f.* Tontería, simpleza, sandez.
fade [fad] *adj.* Soso, sa, insípido, da.
fagot [fago] *m.* Haz de leña.
faible [fɛbl(ə)] *adj.* 1 Débil. 2 Escaso, sa (peu important). 3 Flojo, ja: ***vin ~,*** vino flojo; ***étudiant ~,*** estudiante flojo. ■ 4 *m.* Débil. Loc. ***~ d'esprit,*** débil mental. 5 Flaco, punto flaco (point faible). 6 Debilidad *f.*, flaco (penchant).
faiblesse [fɛblɛs] *f.* 1 Debilidad. 2 Desmayo *m.* (évanouissement). 3 Flaqueza (défaut).
faiblir [febliʀ] *intr.* 1 Decaer, debilitarse. 2 Flaquear (le courage, etc.). 3 Amainar (le vent).
faïence [fajɑ̃s] *f.* Loza. 2 ***Carreau de ~,*** azulejo.
faillir [fajiʀ] *intr.* 1 Estar a punto de, faltar poco para: ***il a failli manquer le train,*** ha estado a punto de perder el tren. 2 Fallar (la mémoire). 3 Faltar: ***~ à sa promesse,*** faltar a su promesa. ▲ CONJUG. IRREG. Usado sólo en infinitivo y en los tiempos siguientes: INDIC. Pret. indéf.: ***je faillis,*** etc. Fut. imperf.: ***je faudrai*** o ***je faillirai,*** etc. Pret. perf.: ***j'ai failli,*** etc., y los demás tiempos compuestos. POT.: ***je faudrais*** o ***je faillirais,*** etc. PART. A.: ***faillant.*** PART. P.: ***failli, ie.*** Existe una forma de 3.ª pers. de pres. de indic.: ***faut,*** que sólo se usa en ciertas frases hechas.
faillite [fajit] *f.* 1 COMM. Quiebra. 2 fig. Quiebra.
faim [fɛ] *f.* Hambre.
fainéant, -ante [fɛneɑ̃, -ɑ̃t] *adj.-s.* Holgazán, ana.
faire [fɛʀ] *tr.* 1 Hacer. Loc. ***~ la paix,*** hacer las paces; ***~ fortune,*** hacer fortuna; ***~ savoir,*** hacer saber, participar; ***~ ses dents,*** echar los dientes; ***~ du tennis,*** jugar al tenis; ***~ du piano,*** tocar el piano; ***se laisser ~,*** no oponer resistencia; ***il ne fait que crier,*** no hace más que gritar; ***bonne à tout ~,*** criada para todo. 2 Hacerse, echarlas de: ***~ le généreux,*** echarlas de generoso. 3 Proveerse de (s'approvisionner): ***~ de l'essence,*** proveerse de gasoli-

na. 4 Estudiar: ~ ***sa médecine,*** estudiar para médico. 5 Cometer (une erreur, etc.). 6 Decir, responder: ***«et alors?» fis-je,*** «¿y qué?», dije yo. 7 Dar: ~ ***un pas, une promenade, pitié,*** dar un paso, un paseo, lástima. 8 Tener, contraer (une maladie). 9 THÉÂT. Interpretar el papel de. ■ 10 *intr.* Hacer: ~ ***pour le mieux,*** hacer lo posible. 11 Obrar: ***en ~ à sa tête,*** obrar a su capricho. 12 ~ ***bien,*** quedar bien; ~ ***bien avec,*** ir bien, armonizar con. ■ 13 *impers.* Hacer: ***il fait froid,*** hace frío. ■ 14 *pr.* Hacerse: ***se ~ avocat,*** hacerse abogado. 15 Suceder: ***il pourrait se ~,*** podría suceder. 16 ***Se ~ à,*** hacerse a, acostumbrarse a. 17 ***S'en ~,*** preocuparse, inquietarse por. ▲ CONJUG. IRREG. INDIC. Pres.: ***je fais, tu fais, il fait, nous faisons, vous faites, ils font.*** Imperf.: ***je faisais,*** etc. Pret. indef.: ***je fis,*** etc. Fut. imperf.: ***je ferai,*** etc. POT.: ***je ferais,*** etc. IMPER.: ***fais, faisons, faites.*** SUBJ. Pres.: ***que je fasse,*** etc. Imperf.: ***que je fisse,*** etc. PART. A.: ***faisant.*** PART. P.: ***fait, faite.***

faire-part [fɛʀpaʀ] *m.* 1 Participación *f.* de boda (de mariage). 2 Esquela *f.* de defunción (de décès).

faisan [fəzɑ̃] *m.* Faisán.

faisander [fəzɑ̃de] *tr.* Manir (viandes).

faisceau [fɛso] *m.* 1 Haz, manojo. 2 MIL. Pabellón.

faiseur, -euse [fəzœʀ, -øz] *s.* 1 Hacedor, ra. 2 Artífice. ■ 3 *m.* Embaucador.

fait [fɛ] *m.* 1 Hecho. Loc. ***Le ~ accompli,*** el hecho consumado. 2 *loc. adv.* ***Au ~,*** a propósito; ***par le ~, de ~, en ~,*** realmente, en realidad; ***tout à ~,*** por completo. *loc. prép.* ***En ~ de,*** en materia de. *loc. conj.* ***Du ~ que,*** por el hecho de que.

fait, faite [fɛ, fɛt] *adj.* 1 Hecho, cha: ***bien ~,*** bien hecho; ~ ***pour,*** hecho para. 2 Loc. ***Tout ~,*** confeccionado, da (vêtements).

falaise [falɛz] *f.* Acantilado *m.*

fallacieux, -euse [fa(l)lasjø, -øz] *adj.* Falaz.

falloir [falwaʀ] *impers.* 1 Ser necesario, preciso, menester, haber que (suivi d'un verbe), hacer falta, necesitar (suivi d'un nom): ***il faut le faire,*** es necesario hacerlo; ***il le faut,*** es necesario; ***il lui faut du repos,*** necesita descanso. 2 Tener que (obligation personnelle): ***il faut que tu viennes,*** tienes que venir. 3 ***Une personne comme il faut,*** una persona como es debido. ▲ CONJUG. IRREG. Usado sólo en: INDIC. Pres.: ***il faut.*** Imperf.: ***il fallait.*** Pret. indef.: ***il fallut.*** Pret. perf.: ***il a fallu*** y los demás tiempos compuestos. Fut. imperf.: ***il faudra.*** POT.: ***il faudrait.*** SUBJ. Pres.: ***qu'il faille.*** Imperf.: ***qu'il fallût.*** PART. P.: ***fallu.***

falot, -ote [falo, ɔt] *adj.* Insulso, sa, insignificante.

falsification [falsifikasjɔ̃] *f.* Falsificación.

famé, -ée [fame] *adj.* ***Mal ~,*** de mala fama.

famélique [famelik] *adj.* Famélico, ca.

fameux, -euse [famø, -øz] *adj.* Famoso, sa.

familier, -ière [familje, -jɛʀ] *adj.-m.* 1 Familiar. ■ 2 *m.* Íntimo, ma. 3 Asiduo, ua (habitué).

famille [famij] *f.* Familia.

famine [famin] *f.* Hambre.

fanal [fanal] *m.* 1 MAR. Fanal. 2 Farola *f.* (d'un port).

fanatique [fanatik] *adj.-s.* Fanático, ca.

fanatisme [fanatism] *m.* Fanatismo.

fane [fan] *f.* 1 Hoja (de plantes potagères). 2 Hoja seca (sèche).

faner [fane] *tr.* 1 Marchitar (flétrir). ■ 2 *pr.* Marchitarse.

fanfare [fɑ̃faʀ] *f.* 1 MUS. Marcha militar. 2 Charanga (musiciens).
fanfaron, -onne [fɑ̃faʀɔ̃, -ɔn] *adj.-s.* Fanfarrón, ona, jactancioso, sa.
fange [fɑ̃ʒ] *f.* Fango *m.*
fanon [fanɔ̃] *m.* 1 Papada *f.* (de bœuf). 2 Cerneja *f.* (des chevaux). 3 Barba *f.* (de baleine).
fantaisie [fɑ̃tezi] *f.* 1 Fantasía. 2 Capricho *m.*, antojo *m.* (caprice).
fantasque [fɑ̃task(ə)] *adj.* Antojadizo, za, caprichoso, sa.
fantastique [fɑtastik] *adj.* Fantástico, ca.
fantoche [fɑ̃tɔʃ] *m.* Fantoche, títere.
fantôme [fɑ̃tom] *m.* Fantasma.
faon [fɑ̃] *m.* 1 Cervato (petit cerf). 2 Gamezno (petit daim). 3 Corcino (petit chevreuil).
farandole [faʀɑ̃dɔl] *f.* Farándula.
farce [faʀs(ə)] *f.* 1 CUIS. Relleno *m.* 2 THÉÂT. Farsa. 3 Bufonada, broma (plaisanterie).
farceur, -euse [faʀsœʀ, -øz] *s.* Bromista.
farcir [faʀsiʀ] *tr.* 1 CUIS. Rellenar. 2 PÉJ. Atiborrar.
fard [faʀ] *m.* Pintura *f.*, afeite.
fardeau [faʀdo] *m.* Carga *f.*, peso.
farder [faʀde] *tr.* 1 Maquillar. 2 fig. Disfrazar, encubrir. ■ 3 *pr.* Maquillarse.
farfadet [faʀfadɛ] *m.* Duendecillo.
farfouiller [faʀfuje] *intr.* fam. Revolver.
faribole [faʀibɔl] *f.* Paparrucha.
farine [faʀin] *f.* Harina.
farouche [faʀuʃ] *adj.* 1 Salvaje (animal). 2 Arisco, ca, huraño, ña (personne). 3 Feroz (acharné).
fascinant, -ante [fasinɑ̃, -ɑ̃t] *adj.* Fascinante.
fasciner [fasine] *tr.* Fascinar.
fascisme [fas(ʃ)ism(ə)] *m.* Fascismo.
faste [fast(ə)] *m.* 1 Fausto, magnificencia. *f.* ■ 2 *adj.* Fasto, ta: ***jour ~,*** día fasto.
fastidieux, -euse [fastidjø, -øz] *adj.* Fastidioso, sa, aburrido, da.
fastueux, -euse [fastɥø, -øz] *adj.* Fastuoso, sa.
fat, fate [fa(t)] *adj.-s.* Fatuo, ua.
fatal, -ale [fatal] *adj.* Fatal.
fatalité [fatalite] *f.* Fatalidad.
fatidique [faditik] *adj.* Fatídico, ca.
fatigant, -ante [fatigɑ̃, -ɑ̃t] *adj.* Fatigoso, sa, cansado, da.
fatiguer [fatige] *tr.* 1 Fatigar, cansar: ***je suis fatigué,*** estoy cansado. ■ 2 *pr.* Fatigarse, cansarse (***de,*** de).
fatras [fatʀa] *m.* Fárrago.
fatuité [fatɥite] *f.* Fatuidad.
faubourg [fobuʀ] *m.* Arrabal, suburbio.
faucher [foʃe] *tr.* 1 AGR. Guadañar. 2 fig. Segar. 3 fam. Birlar (volver).
faucille [fosij] *f.* Hoz.
faucon [fokɔ̃] *m.* Halcón.
faufiler [fofile] *tr.* 1 Hilvanar. ■ 2 *pr.* Colarse, deslizarse.
fausser [fose] *tr.* 1 Falsear (altérer, dénaturer). 2 Doblar, torcer (forcer, tordre).
fausset [fosɛ] *m.* Falsete.
fausseté [foste] *f.* Falsedad.
faute [fot] *f.* 1 Falta. *loc. prép.* ***~ de,*** a falta de; ***~ de mieux,*** a falta de otra cosa; por no (seguido de un infinitivo). *loc. adv.* ***Sans ~,*** sin falta. 2 Culpa: ***c'est de ma ~, c'est ma ~,*** es culpa mía.
fautif, -ive [fotif, -iv] *adj.* 1 Culpable. 2 Erróneo, ea, equivocado, da (erroné).
fauve [fov] *adj.* 1 Feroz, salvaje (animaux). 2 Leonado, da (couleur). ■ 3 *m.* Fiera *f.*
fauvette [fovɛt] *f.* Curruca.
faux [fo] *f.* Guadaña.
faux, fausse [fo, fos] *adj.* 1 Falso, sa. Loc. ***~ jeton,*** hipócrita; ***~ titre,*** anteportada *f.* 2 ***Porter à ~,*** estar en falso (construction), no estar bien fundado (un argument). 3 Postizo, za; ***~ col,*** cuello postizo; ***~ cheveux,*** cabellos postizos. ■ 4 *m.* Lo falso. 5 Falsificación *f.* ■ 6 *adv.* MUS. ***Chanter, jouer ~,*** desafinar.

faux-fuyant [fofɥijɑ̃] *m.* Escapatoria *f.*, evasiva *f.*
faveur [favœʀ] *f.* Favor *m. loc. prép.* ***À la ~ de,*** a favor de; ***en ~ de,*** en favor de.
favoriser [favɔʀize] *tr.* Favorecer.
favoritisme [favɔʀitism(ə)] *m.* Favoritismo.
fébrile [febʀil] *adj.* Febril.
fécal, -ale [fekal] *adj.* Fecal.
fèces [fɛs] *f. pl.* Heces.
fécond, -onde [fekɔ̃, -ɔ̃d] *adj.* Fecundo, da.
fécondité [fekɔ̃dite] *f.* Fecundidad.
fécule [fekyl] *f.* Fécula.
fédéral, -ale [fedeʀal] *adj.* Federal.
fédération [fedeʀɑsjɔ̃] *f.* Federación.
fée [fe] *f.* Hada.
féerique [fe(e)ʀik] *adj.* **1** Mágico, ca. **2** Maravilloso, sa.
feindre [fɛ̃dʀ(ə)] *tr.* **1** Fingir, simular. **2** *~ **de,*** hacer como que: ***il feint de ne pas entendre,*** hace como que no oye. ▲ CONJUG. como ***craindre.***
feint, feinte [fɛ̃, fɛ̃t] *adj.* **1** Fingido, da. ■ **2** *f.* Fingimiento *m.* **3** SPORTS Finta. **4** fam. Trampa.
fêler [fele] *tr.* **1** Cascar, rajar. ■ **2** *pr.* Rajarse.
félicitation [felisitɑsjɔ̃] *f.* Felicitación.
félicité [felisite] *f.* Felicidad.
féliciter [felisite] *tr.* **1** Felicitar. ■ **2** *pr.* Felicitarse.
félin, -ine [felɛ̃, -in] *adj.-s.* Felino, na.
félonie [flɔni] *f.* Felonía.
fêlure [felyʀ] *f.* Cascadura, raja.
femelle [fəmɛl] *adj.-f.* Hembra.
féminin, -ine [feminɛ̃, -in] *adj.-m.* Femenino, na.
féminisme [feminism(ə)] *m.* Feminismo.
femme [fam] *f.* **1** Mujer. **2** *~ **de chambre,*** doncella. **3** *~ **de ménage,*** asistenta. **4** Esposa, mujer.
fenaison [fənɛzɔ̃] *f.* AGR. Siega del heno.
fendiller [fɑ̃dije] *tr.* Resquebrajar.
fendre [fɑ̃dʀ(ə)] *tr.* **1** Rajar, hender. **2** Partir. Loc. fig. *~ **le cœur,*** partir el corazón. **3** Abrirse paso en (la foule). **4** Hender, surcar (l'air, l'eau). ■ **5** *pr.* Henderse, rajarse. **6** fam. ***Se ~ de,*** desprenderse de, soltar. ▲ CONJUG. como ***rendre.***
fenêtre [f(ə)nɛtʀ(ə)] *f.* **1** Ventana. **2** INFORM. Ventana.
fenil [fəni(l)] *m.* Henil.
fenouil [fnuj] *m.* Hinojo.
fente [fɑ̃t] *f.* Hendedura, rendidura, raja, grieta.
féodalisme [feɔdalism(ə)] *m.* Feudalismo.
fer [fɛʀ] *m.* **1** Hierro. **2** *~ **à repasser,*** plancha *f.* **3** *~ **à friser,*** tenacillas *f. pl.* para el pelo. **4** fig. Arma *f.* blanca, acero. ■ **5** *pl.* Grilletes, cadenas *f.* **6** MÉD. Fórceps *sing.*
ferblantier [fɛʀblɑ̃tje] *m.* Hojalatero.
férié, -ée [feʀje] *adj.* Feriado, da.
férir [feʀiʀ] *tr.* ***Sans coup ~,*** sin llegar a las manos; sin dificultad, sin problemas.
ferme [fɛʀm(ə)] *f.* **1** Granja, alquería. **2** Arrendamiento *m.*, arriendo *m.* (louage).
ferme [fɛʀm(ə)] *adj.* **1** Firme. Loc. ***De pied ~,*** a pie firme. **2** Seguro, ra (assuré). **3** Enérgico, ca. ■ **4** *adv.* Con fuerza. **5** Mucho: ***travailler ~,*** trabajar mucho. **6** COMM. En firme.
fermentation [fɛʀmɑ̃tɑsjɔ̃] *f.* Fermentación.
fermer [fɛʀme] *tr.* **1** Cerrar: ***ferme la fenêtre!,*** ¡cierra la ventana! **2** Correr: *~ **les rideaux,*** correr las cortinas. ■ **3** *intr.* Cerrarse, cerrar: ***magasin qui ferme le lundi,*** almacén que está cerrado el lunes. ■ **4** *pr.* Cerrarse.
fermeté [fɛʀməte] *f.* Firmeza.
fermeture [fɛʀmətyʀ] *f.* **1** Cierre *m.* **2** *~ **à glissière,*** cremallera. **3** Veda (chasse, pêche).
fermier, -ière [fɛʀmje, -jɛʀ] *s.* **1** Granjero, ra, colono. **2** Arrendatario, ria (locataire).

fermoir [fɛrmwaʀ] *m.* Cierre.
féroce [feʀɔs] *adj.* Feroz.
ferraille [fɛʀɑj] *f.* Chatarra.
ferré, -ée [fɛʀe] *adj.* 1 Herrado, da (cheval). 2 *Voie ferrée,* vía férrea. 3 fam. *Être ~ en mathématiques,* estar muy empollado en matemáticas.
ferrer [fɛʀe] *tr.* Herrar (un animal).
ferronnerie [fɛʀɔnʀi] *f.* Ferretería (objets en fer).
ferroviaire [fɛʀɔvjɛʀ] *adj.* Ferroviario, ria.
ferrure [fɛʀyʀ] *f.* Herraje *m.* (d'une porte).
ferry-boat [fɛʀibot] *m.* Transbordador, ferry.
fertilisant, -te [fɛʀtilizɑ̃, t] *adj.* Fertilizante.
fertiliser [fɛʀtilize] *tr.* Fertilizar.
féru, -ue [feʀy] *adj.* Apasionado, da.
ferveur [fɛʀvœʀ] *f.* Fervor *m.*
fesse [fɛs] *f.* Nalga.
fesser [fese] *tr.* Azotar, zurrar.
festin [fɛstɛ̃] *m.* Festín.
festival [fɛstival] *m.* Festival.
feston [fɛstɔ̃] *m.* Festón.
festoyer [fɛstwaje] *intr.* Festejarse, banquetear. ▲ CONJUG. como *employer.*
fête [fɛt] *f.* 1 Fiesta. Loc. *Faire ~ à,* festejar a; *troubler la ~,* aguar la fiesta. 2 *~ des mères, des morts,* día de la madre, de los difuntos. 3 Santo *m.,* onomástica.
fêter [fete] *tr.* 1 Festejar, agasajar (quelqu'un). 2 Celebrar (quelque chose).
fétiche [fetiʃ] *m.* Fetiche.
fétichisme [fetiʃism] *m.* Fetichismo.
fétide [fetid] *adj.* Fétido, da.
feu [fø] *m.* 1 Fuego. Loc. *~ de joie,* fogata *f.,* hoguera *f.; ~ d'artifice,* fuegos artificiales; fig. *~ de paille,* fuego de paja; *faire ~ de tout bois,* emplear todos los medios. *loc. adv. À petit ~,* a fuego lento; *entre deux feux,* entre dos fuegos. 2 Lumbre *f.: demander du ~,* pedir lumbre. 3 Luz *f.* (signal): *~ vert,* luz verde. 4 *Feux de signalisation,* semáforo. 5 AUTO. *~ arrière, rouge,* piloto; *~ de position,* piloto de situación; *~ clignotant,* intermitente. 6 THÉÂT. *Feux de la rampe,* candilejas *f.* 7 fig. Ardor, exaltación *f.*
feu, -eue [fø] *adj.* Difunto, ta.
feuillage [fœjaʒ] *m.* Follaje.
feuille [fœj] *f.* Hoja (de papier, d'arbre, de métal). Loc. *~ de route,* hoja de ruta; fam. *~ de chou,* periodiquillo *m.*
feuillet [fœjɛ] *m.* 1 Hoja *f.* (page). 2 ZOOL. Libro (de l'estomac des ruminants).
feuilleter [fœjte] *tr.* 1 Hojear. 2 Hojaldrar (pâtisserie). ▲ CONJUG. como *jeter.*
feuilleton [fœjtɔ̃] *m.* Folletín.
feuillu, -ue [fœjy] *adj.* Frondoso, sa.
feutre [føtʀ(ə)] *m.* 1 Fieltro. 2 Rotulador (stylo).
feve [fɛv] *f.* Haba.
février [fevʀije] *m.* Febrero.
fi [fi] *interj.* 1 ¡Quita!, ¡quita allá! 2 *Faire ~ de,* despreciar, desdeñar.
fiacre [fjakʀ(ə)] *m.* Simón.
fiançailles [fjɑ̃sɑj] *f. pl.* 1 Petición *sing.* de mano, esponsales *m.* (promesse). 2 Noviazgo *m. sing.* (temps).
fiancé, -ée [fjɑ̃se] *s.* Novio, via.
fiancer [fjɑ̃se] *tr.* 1 Prometer en matrimonio. ■ 2 *pr.* Prometerse. ▲ CONJUG. como *lancer.*
fibreux, -euse [fibʀø, -øz] *adj.* Fibroso, sa.
ficeler [fisle] *tr.* Encordelar, atar. ▲ CONJUG. como *appeler.*
ficelle [fisɛl] *f.* 1 Bramante *m.,* cuerda fina. 2 fig. Triquiñuela (d'un métier).
fiche [fiʃ] *f.* 1 Ficha. 2 Piquete *m.* (d'arpenteur). 3 Fija (maçonnerie).
ficher [fiʃe] *tr.* 1 Hincar, clavar. 2 fam. Reemplaza a los verbos hacer, dar, poner, etc. en ciertas expresiones familiares. En este caso, el infinitivo puede tomar la forma *fiche* y el p. p. la forma *fichu: ne*

rien fiche, no hacer nada; ***je n'ai rien fichu,*** no hice nada; ~ ***une gifle,*** largar una bofetada; ~ ***à la porte,*** echar a la calle; ~ ***le camp,*** largarse; ***fiche moi la paix!,*** ¡déjame en paz! **3** *tr.* Fichar (mettre sur fiche). ■ **4** *pr.* fam. ***Se*** ~ ***de,*** burlarse, reírse de (se moquer). Loc. ***Je m'en fiche,*** me importa un comino; ***se*** ~ ***par terre,*** caerse.

fichier [fiʃje] *m.* Fichero.

fichtre [fiʃtʀ(ə)] *interj.* fam. ¡Caramba!

fichu, -ue [fiʃy] *f.* **1** *p. p.* de ***ficher.*** ■ **2** *adj.* fam. Maldito, ta, endemoniado, da: ***il a un*** ~ ***caractère,*** tiene un carácter endemoniado. **3** fam. Perdido, da (perdu). **4** fam. ***Mal*** ~, malucho, cha (un peu malade); mal hecho, cha (mal fait). **5** ~ ***de,*** capaz de. ■ **6** *m.* Toquilla *f.*, pañoleta *f.*

fiction [fiksjɔ̃] *f.* Ficción.

fidèle [fidɛl] *adj.-s.* Fiel.

fidélité *f.* Fidelidad: ***haute*** ~, alta fidelidad.

fielleux, -euse [fjɛlø, -øz] *adj.* Amargo, ga, de hiel.

fiente [fjɑ̃t] *f.* Excremento *m.*

fier, fière [fjɛʀ] *adj.* **1** Altivo, va, arrogante. **2** Orgulloso, sa. **3** ~ ***de,*** orgulloso de. **4** fam. Tremendo, da, enorme.

fier (se) [fje] *pr.* Fiarse: ***se*** ~ ***à,*** fiarse de, contar con. ▲ CONJUG. como ***prier.***

fierté [fjɛʀte] *f.* Orgullo *m.*, altivez, arrogancia.

fièvre [fjɛvʀ(ə)] *f.* Fiebre.

fifre [fifʀ(ə)] *m.* Pífano.

figer [fiʒe] *tr.* **1** Coagular, cuajar. **2** fig. Paralizar. ■ **3** *pr.* Cuajarse, coagularse. ▲ CONJUG. como ***engager.***

figue [fig] *f.* Higo *m.*: ~ ***de Barbarie,*** higo chumbo.

figuier [figje] *m.* Higuera *f.*

figure [figyʀ] *f.* **1** Figura. **2** Cara, rostro *m.* (visage).

figuré, -ée [figyʀe] *adj.* Figurado, da.

figurer [figyʀe] *tr.-intr.* **1** Figurar. ■ **2** *pr.* Figurarse, imaginarse.

fil [fil] *m.* **1** Hilo, hebra *f.* Loc. ***Donner un coup de*** ~, telefonear; ***donner du*** ~ ***à retordre,*** dar que hacer. **2** Alambre (de métal): ~ ***de fer,*** alambre. **3** ~ ***à plomb,*** plomada *f.* **4** Filo (tranchant). **5** fig. Curso, hilo (d'un discours, etc.). **6** Curso, corriente (d'une rivière).

filament [filamɑ̃] *m.* Filamento.

filant, -ante [filɑ̃, -ɑ̃t] *adj.* **1** ***Étoile filante,*** estrella fugaz. **2** Fluente.

filasse [filas] *f.* Estopa, hilaza.

filature [filatyʀ] *f.* **1** Fábrica de hilados, hilandería. **2** Hilado *m.* (action de filer). **3** Acción de seguir la pista de alguien.

file [fil] *f.* Fila: ***à la*** ~, en fila.

filer [file] *tr.* **1** Hilar. **2** Tejer (une araignée). **3** MAR. Largar, soltar. **4** Seguir los pasos, la pista de (suivre). **5** pop. Pasar (donner). **6** ~ ***doux,*** mostrarse más blando que una breva. ■ **7** *intr.* Fluir (lentement). **8** Formar hilos, hebras (une matière visqueuse). **9** Correrse un punto (bas). **10** Ir, marchar deprisa (aller vite). **11** fam. Largarse (déguerpir). **12** fam. Irse de las manos (argent).

filet [filɛ] *m.* **1** Red *f.* (pêche ou chasse). **2** Red *f.*, redecilla *f.* (à cheveux). **3** Red *f.*, rejilla *f.* (dans le train). **4** Hilillo (de voix). **5** Chorrillo (d'un liquide). **6** ARCHIT. Filete, moldura *f.* **7** IMPR. Filete. **8** Filete, solomillo (de bœuf, veau), lomo (de porc). **9** Filete (de poisson).

fileur, -euse [filœʀ, -øz] *adj.-s.* Hilador, ra.

filial, -ale [filjal] *adj.-f.* Filial.

filialiser [filjalize] *tr.* Dividir una empresa en filiales.

filiation [filjɑsjɔ̃] *f.* Filiación.

filière [filjɛʀ] *f.* Trámite *m.*

fille [fij] *f.* **1** Hija: ~ ***adoptive,*** hija adoptiva. **2** Muchacha, chica. **3** ***Petite*** ~, niña; ***jeune*** ~, joven, mu-

chacha; ***vieille*** ~, solterona. Loc. ***Rester*** ~, quedarse soltera. 4 ~ ***d'auberge,*** moza de mesón, criada.
fillette [fijɛt] *f.* Niña, chiquilla.
filleul, -eule [fijœl] *s.* Ahijado, da.
film [film] *m.* Film, filme, película *f.*
filon [filɔ̃] *m.* Filón.
filouter [filute] *tr.* Hurtar con habilidad.
fils [fis] *m.* Hijo.
filtre [filtʀ(ə)] *m.* Filtro.
filtrer [filtʀe] *tr.* 1 Filtrar. ■ 2 *intr.* Filtrarse.
fin [fɛ̃] *f.* 1 Fin *m.*, final *m.*, término *m. loc. adv.* ***À la*** ~, al fin. 2 Fin *m.* (but): ***à cette*** ~, con este fin.
fin, fine [fɛ̃, -in] *adj.* 1 Fino, na. Loc. ***Avoir le nez fin,*** tener olfato.
final, -ale [final] *adj.-f.* Final.
finance [finɑ̃s] *f.* 1 Mundo *m.* financiero. 2 Hacienda: ***ministère des Finances,*** ministerio de Hacienda.
financement [finɑ̃smɑ̃] *m.* Financiación *f.*
financier, -ière [finɑ̃sje, -jɛʀ] *adj.* 1 Financiero, ra. ■ 2 *m.* Financiero, hacendista.
finasser [finase] *intr.* Usar subterfugios.
finaud, -aude [fino, -od] *adj.* Taimado, da, astuto, ta.
fine [fin] *f.* Aguardiente *m.* de calidad.
finesse [finɛs] *f.* 1 Finura, delgadez. 2 fig. Sutileza, agudeza (d'esprit). 3 Sutileza: ***les finesses d'une langue,*** las sutilezas de un idioma.
finir [finiʀ] *tr.* 1 Terminar, acabar. ■ 2 *intr.* Acabar. 3 Morir. 4 ***En*** ~, acabar de una vez.
finissage [finisaʒ] *m.* Última mano *f.*, acabado.
finlandais, -aise [fɛ̃lɑ̃dɛ, -ɛz] *adj.-s.* Finlandés, esa.
fiole [fjɔl] *f.* Frasquito *m.*
fiord [fjɔʀ(d)] *m.* Fiordo.
firmament [fiʀmamɑ̃] *m.* Firmamento.
firme [fiʀm(ə)] *f.* Firma (entreprise).
fiscal, -ale [fiskal] *adj.* Fiscal.
fissure [fisyʀ] *f.* Fisura.
fixation [fiksɑ̃sjɔ̃] *f.* Fijación.
fixe [fiks(ə)] *adj.* 1 Fijo, ja. 2 *interj.* MIL. ¡Firmes!
fixer [fikse] *tr.* 1 Fijar. 2 ~ ***quelqu'un,*** mirar fijamente a alguien. 3 Fijar, establecer: ~ ***un prix,*** establecer un precio. ■ 4 *pr.* Establecerse, fijarse (s'installer).
flacon [flakɔ̃] *m.* Frasco.
flageller [flaʒe(ɛl)le] *tr.* Flagelar.
flageolet [flaʒɔlɛ] *m.* 1 MUS. Chirimía *f.*, flautín. 2 Frijol (haricot).
flagorneur, -euse [flagɔʀnœʀ, -øz] *s.* Adulón, ona.
flagrant, -ante [flagʀɑ̃, -ɑ̃t] *adj.* Flagrante.
flairer [fleʀe] *tr.* 1 Olfatear, husmear. 2 fig. Oler, presentir (pressentir).
flamant [flamɑ̃] *m.* Flamenco.
flambant, -ante [flɑ̃bɑ̃, -ɑ̃t] *adj.* 1 Flamante. 2 ~ ***neuf,*** flamante.
flambard, flambart [flɑ̃baʀ] *m.* fam. Fanfarrón, ona.
flambeau [flɑ̃bo] *m.* 1 Antorcha *f.* 2 Candelero, candelabro.
flambée [flɑ̃be] *f.* 1 Fogata. 2 fig. Llamarada.
flamber [flɑ̃be] *tr.* 1 Chamuscar. 2 MÉD. Flamear (pour stériliser). ■ 3 *intr.* Arder, llamear. 4 fam. Aumentar en gran medida: ***le chômage a flambé en juin,*** el paro subió mucho en junio.
flamboyant, -ante [flɑ̃bwajɑ̃, -ɑ̃t] *adj.* 1 Llameante. 2 Resplandeciente. 3 ARCHIT. Flamígero, ra, florido, da.
flamme [fla(ɑ)m] *f.* 1 Llama. 2 fig. Ardor *m.*, pasión. 3 Banderín *m.*, gallardete *m.* (drapeau).
flan [flɑ̃] *m.* Flan (gâteau).
flanc [flɑ̃] *m.* 1 Costado (du corps). 2 Flanco, costado (d'une chose). 3 Ladera *f.*, falda *f.* (d'une montagne). 4 MIL. Flanco.
flanelle [flanɛl] *f.* Franela.

flâner [flɑne] *intr.* Callejear, barzonear.
flanquer [flɑ̃ke] *tr.* **1** Flanquear. **2** fam. Asestar, dar, soltar. **3** fam. Poner, echar: ~ ***à la porte,*** echar a la calle.
flaque [flak] *f.* Charco *m.*
flasque [flask(ə)] *adj.* **1** Fofo, fa, flojo, ja, lacio, cia. ■ **2** *m.* AUTO. Tapacubos.
flatter [flate] *tr.* **1** Halagar, adular (louer). **2** Acariciar (caresser). **3** Agradar, deleitar, causar satisfacción a. **4** Favorecer, embellecer (avantager). ■ **5** *pr.* Jactarse, preciarse.
flatteur, -euse [flatœR, -øz] *adj.* **1** Adulador, ra, lisonjero, ra, halagüeño, ña. ■ **2** *s.* Adulador, ra.
flatulence [flatylɑ̃s] *f.* MÉD. Flatulencia.
fléau [fleo] *m.* **1** AGR. Mayal. **2** Astil (d'une balance). **3** fig. Azote, calamidad *f.*, plaga *f.*
flèche [flɛʃ] *f.* **1** Flecha, saeta. **2** Flecha (signe représentant une flèche). **3** Aguja (d'un clocher).
fléchir [fleʃiR] *tr.* **1** Doblar, doblegar: ~ ***le genou,*** doblar la rodilla. **2** fig. Ablandar (faire céder). ■ **3** *intr.* Doblarse, doblegarse. **4** Ceder, flaquear. **5** Bajar, descender, disminuir (diminuer).
flegmatique [flɛgmatik] *adj.* Flemático, ca.
flemme [flɛm] *f.* Pereza, galbana.
flétrir [fletRiR] *tr.* **1** Marchitar, ajar (une plante). **2** Ajar (le teint). **3** fig. Mancillar, manchar (la réputation). ■ **4** *pr.* Marchitarse.
fleur [flœR] *f.* **1** Flor. **2** fig. ***La fine ~,*** la elite, la flor y nata. **3** Loc. fam. ***Comme une ~,*** muy fácilmente; ***faire une ~ à quelqu'un,*** hacer un favor a alguien. **4** *loc. prép.* ***À ~ de,*** a flor de.
fleurer [flœRe] *intr.* Oler, despedir olor a.
fleuret [flœRe] *m.* Florete.
fleurir [flœRiR] *intr.* **1** Florecer. ■ **2** *tr.* Adornar con flores.
fleuriste [flœRist(ə)] *s.* **1** Florista. **2** Floricultor, ra.
fleuve [flœv] *m.* Río.
flexible [flɛksibl(ə)] *adj.* Flexible.
flexion [flɛksjɔ̃] *f.* Flexión.
flibustier [flibystje] *m.* **1** Filibustero (pirate). **2** fig. Ladrón, estafador.
flic [flik] *m.* pop. Policía; ***les flics,*** la poli.
flirt [flœRt] *m.* Coqueteo, galanteo, flirt.
flirter [flœRte] *intr.* Flirtear.
flocon [flɔkɔ̃] *m.* Copo: ~ ***de neige, de coton, d'avoine,*** copo de nieve, de algodón, de avena.
floraison [flɔRɛzɔ̃] *f.* BOT. Floración, florescencia.
florissant, -ante [flɔRisɑ̃, -ɑ̃t] *adj.* Floreciente, próspero, ra.
flot [flo] *m.* **1** Ola *f.*, oleada *f.*: ***les flots,*** las olas del mar, el mar. **2** Marea *f.* ascendente. **3** fig. Cantidad *f.* grande, chorro, torrente. **4** *loc. adv.* ***À flots, à grands flots,*** a mares, a torrentes. **5** *loc. adj.* ***À ~,*** a flote: ***remettre à ~,*** sacar a flote.
flotte [flɔt] *f.* **1** Flota. **2** MAR. Flota, armada. **3** fam. Agua (eau), lluvia (pluie).
flotter [flɔte] *intr.* **1** Flotar. **2** Ondear (ondoyer). **3** fig. Fluctuar, vacilar. ■ **4** *tr.* ~ ***du bois,*** transportar madera flotante. ■ **5** *impers.* fam. Llover.
flotteur [flɔtœR] *m.* Flotador (en liège, d'hydravion, etc.).
flottille [flɔtij] *f.* Flotilla.
flou, -e [flu] *adj.* **1** Borroso, sa, vago, ga (peinture). **2** Desenfocado, da, movido, da (photographie). **3** Vaporoso, sa (couture). **4** Confuso, sa, impreciso, sa, vago, ga (idée).
flouer [flue] *tr.* fam. Estafar, engañar.
fluctuation [flyktɥasjɔ̃] *f.* Fluctuación.

fluet, -ette [flyɛ, -ɛt] *adj.* Delgado, da, fino, na, endeble.
fluide [flɥid] *adj.* **1** Fluido, da. ■ **2** *m.* Fluido.
flûte [flyt] *f.* **1** Flauta. Loc. ***Petite ~,*** flautín *m.* **2** Barra larga de pan (de pain). **3** Copa (verre). ■ **4** *pl.* Piernas. Loc. fam. ***Jouer des flûtes,*** correr. **5** *interj.* ¡Caramba!, ¡caracoles!, ¡mecachis!
fluvial, -ale [flyvjal] *adj.* Fluvial.
flux [fly] *m.* Flujo.
FM [ɛfm] *f.* (*abrév.* frequency modulation) FM.
focal, -ale [fɔkal] *adj.* Focal.
fœtus [fetys] *m.* Feto.
foi [fwa] *f.* **1** Fe. Loc. ***Ajouter ~ à,*** dar crédito a. **2** RELIG. Fe. Loc. ***N'avoir ni ~ ni loi,*** no tener ni religión ni moral. **3** ***Ma ~,*** a fe mía.
foie [fwa] *m.* Hígado.
foin [fwɛ̃] *m.* Heno. Loc. ***Rhume des foins,*** coriza *f.*, rinitis *f.*
foire [fwaʀ] *f.* **1** Feria. **2** fam. Tumulto *m.*, confusión.
fois [fwa] *f.* **1** Vez. **2** ***Il était une ~,*** ...érase una vez..., había una vez... **3** *loc. adv.* ***À la ~,*** a la vez, al mismo tiempo. **4** *loc. conj.* ***Une ~ que,*** en cuanto, desde el momento en que.
foison (à) [fwazɔ̃] *loc. adv.* En abundancia, a porrillo.
folâtre [fɔlɑtʀ(ə)] *adj.* Juguetón, ona, retozón, ona.
folichon, -onne [fɔliʃɔ̃, -ɔn] *adj.* **1** fam. Retozón, ona, alegre. **2** ***Pas ~,*** nada divertido.
folie [fɔli] *f.* **1** Locura. Loc. ***~ des grandeurs,*** manía de grandezas. **2** *loc. adv.* ***À la ~,*** con locura.
folklore [fɔlklɔʀ] *m.* Folklore.
follet, -ette [fɔlɛ, -ɛt] *adj.* **1** ***Feu ~,*** fuego fatuo. **2** ***Poil ~,*** bozo, vello.
fomenter [fɔmɑ̃te] *tr.* Fomentar.
foncé, -ée [fɔ̃se] *adj.* Oscuro, ra.
foncer [fɔ̃se] *tr.* **1** Oscurecer (une couleur). ■ **2** *intr.* Oscurecer, sombrear (devenir foncé). **3** ***~ sur,*** arremeter contra, abalanzarse sobre. **4** Correr, marchar (aller très vite). ▲ CONJUG. como ***lancer.***
foncier, -ière [fɔ̃sje, -jɛʀ] *adj.* **1** Relativo, va a los bienes raíces. Loc. ***Propriétaire ~,*** hacendado; ***crédit ~,*** crédito hipotecario. **2** fig. Innato, ta, básico, ca, fundamental.
fonction [fɔ̃ksjɔ̃] *f.* **1** Función, empleo *m.*, cargo *m.* **2** MATH., CHIM. Función. **3** ***Être ~ de,*** depender de. **4** *loc. prép.* ***En ~ de,*** con arreglo a.
fonctionnalités [fɔ̃ksjɔnalite] *f. pl.* INFORM. Funcionalidades, funciones, potencial *m.*
fonctionnel, -elle [fɔ̃ksjɔnɛl] *adj.* Funcional.
fonctionner [fɔ̃ksjɔne] *intr.* Funcionar.
fond [fɔ̃] *m.* **1** Fondo: ***au fin ~ de,*** en lo más recóndito. **2** Fondo, culo (d'une bouteille). **3** Profundidad *f.* (hauteur d'eau). **4** Fondillos *pl.* (d'un pantalon). **5** *loc. adj.* ***De ~,*** fundamental, esencial. **6** *loc. adv.* ***Au ~, dans le ~,*** en el fondo.
fondamental, ale [fɔ̃damɑ̃tal] *adj.* Fundamental.
fondant, -ante [fɔ̃dɑ̃, -ɑ̃t] *adj.* **1** Que se funde, que se deshace. **2** Que se derrite en la boca.
fondation [fɔ̃dɑsjɔ̃] *f.* **1** Fundación. ■ **2** *pl.* ARCHIT. Cimientos *m.*
fondé de pouvoir [fɔ̃dedpuvwaʀ] *m.* Apoderado.
fondement [fɔ̃dmɑ̃] *m.* **1** Fundamento. **2** fam. Ano. ■ **3** *pl.* Cimientos (bases).
fonder [fɔ̃de] *tr.* **1** Fundar. **2** ***Être fondé à dire,*** estar autorizado para decir. ■ **3** *pr.* ***Se ~ sur,*** fundarse, basarse en.
fondre [fɔ̃dʀ(ə)] *tr.* **1** Fundir (un métal, etc.). **2** Derretir (la neige, etc.). **3** Fundir, vaciar (dans un moule). **4** Fundir, mezclar (amalgamer). ■ **5** *intr.* Derretirse, deshacerse. Loc. ***~ en pleurs, en larmes,*** prorrumpir en llanto, en lágrimas. ■ **6** *pr.* Fundirse, mezclarse (fusionner). ▲ CONJUG. como ***rendre.***

fonds [fɔ̃] *m.* 1 DR. Heredad *f.*, fundo. 2 COMM. Comercio, establecimiento. Loc. ~ ***de commerce,*** negocio, comercio. 3 Fondos *pl.*, capital. ■ 4 *pl.* Fondos: ~ ***publics,*** fondos públicos.
fontaine [fɔ̃tɛn] *f.* 1 Fuente.
fontanelle [fɔ̃tanɛl] *f.* Fontanela.
fonte [fɔ̃t] *f.* 1 Fundición (fusion). 2 Derretimiento *m.* (d'un métal, etc.). 3 Deshielo *m.* (des glaces). 4 Vaciado *m.* fundición (d'une cloche, d'une statue). 5 Fundición, hierro *m.* colado (alliage fer et carbone). 6 Pistolera (de l'arçon d'une selle).
fonts [fɔ̃] *m. pl.* ~ ***baptismaux,*** fuente *f. sing.* bautismal, pila *f. sing.* bautismal.
foot [fut] *m.* Fútbol: ***baby*** ~, futbolín.
for [fɔʀ] *m.* Fuero: ***dans mon*** ~ ***intérieur,*** en mi fuero interno.
forage [fɔʀaʒ] *m.* Perforación *f.*, horadamiento.
forain, -aine [fɔʀɛ̃, -ɛn] *adj.* 1 De la feria. 2 ***Fête foraine,*** feria, verbena; ***marchand*** ~, feriante. ■ 3 *m.* Feriante.
forçat [fɔʀsa] *m.* Forzado, presidiario.
force [fɔʀs(ə)] *f.* 1 Fuerza. Loc. ~ ***majeure,*** fuerza mayor. 2 Fuerza, valor *m.*, energía: ~ ***morale,*** fuerza moral. 3 Fuerza, resistencia, solidez. 4 ÉLECTR. Fuerza. 5 *loc. prép.* ***À*** ~ ***de,*** a fuerza de. 6 *loc. adv.* ***De*** ~, a la fuerza; ***de vive*** ~, a viva fuerza; ***de gré ou de*** ~, por las buenas o por las malas. ■ 7 *adv.* Mucho, cha: ~ ***moqueries,*** muchas burlas.
forcé, -ée [fɔʀse] *adj.* 1 Forzado, da: ***un rire*** ~, una risa forzada. 2 Forzoso, sa (inévitable, obligatoire).
forcené, -ée [fɔʀsəne] *adj.-s.* 1 Furioso, sa. 2 Loco, ca (fou).
forcer [fɔʀse] *tr.* 1 Forzar (faire céder). 2 Forzar, obligar: ***forcé à, de,*** obligado a. 3 Fatigar (un animal). 4 Forzar (la voix). 5 Aumentar, exagerar. 6 Falsear (une serrure). ■ 7 *intr.* Hacer un gran esfuerzo. ■ 8 *pr.* Esforzarse. ▲ CONJUG. como ***lancer.***
forer [fɔʀe] *tr.* Horadar, taladrar.
forestier, -ière [fɔʀɛstje, -jɛʀ] *adj.* 1 Forestal. ■ 2 *m.* Guardabosque.
foret [fɔʀɛ] *m.* Barrena *f.*, taladro.
forêt [fɔʀɛ] *f.* 1 Bosque *m.* 2 Selva.
forfait [fɔʀfɛ] *m.* 1 Crimen, fechoría *f.* 2 Destajo, tanto alzado: ***travailler à*** ~, trabajar a destajo.
forfanterie [fɔʀfɑ̃tʀi] *f.* Fanfarronada, baladronada.
forge [fɔʀʒ(ə)] *f.* 1 Herrería, forja. 2 Fragua (fourneau).
forger [fɔʀʒe] *tr.* 1 Forjar, fraguar: ***fer forgé,*** hierro forjado. 2 fig. Forjar, inventar. ▲ CONJUG. como ***engager.***
forgeron [fɔʀʒəʀɔ̃] *m.* Herrero.
formalisme [fɔʀmalism(ə)] *m.* Formalismo.
formalité [fɔʀmalite] *f.* Formalidad, requisito *m.*, trámite *m.*
format [fɔʀma] *m.* Formato, tamaño.
formatage [fɔʀmataʒ] *m.* Formateado.
formation [fɔʀmɑsjɔ̃] *f.* 1 Formación. 2 SPORTS. Alineación.
forme [fɔʀm(ə)] *f.* 1 Forma. 2 Horma (pour les chaussures, chapeaux). 3 Encella (pour le fromage). 4 *loc. adv.* ***En bonne*** ~, ***en bonne et due*** ~, en debida forma; ***pour la*** ~, por fórmula.
formel, -elle [fɔʀmɛl] *adj.* Formal.
former [fɔʀme] *tr.* 1 Formar. 2 Instruir, formar, cultivar. 3 Formar, constituir, componer (composer). 4 ~ ***des vœux pour,*** hacer, formular votos por. ■ 5 *pr.* Formarse. 6 MIL. Formarse. 7 Formarse, instruirse, cultivarse.
formidable [fɔʀmidabl(ə)] *adj.* Formidable.
formulaire [fɔʀmylɛʀ] *m.* Formulario.
formuler [fɔʀmyle] *tr.* Formular.

forniquer [fɔʀnike] *intr.* Fornicar.
fort [fɔʀ] *m.* 1 Fuerte. 2 MIL. Fuerte (forteresse).
fort, forte [fɔʀ, fɔʀt(ə)] *adj.* 1 Fuerte, robusto. 2 Grueso, sa, corpulento, ta. 3 Versado, entendido, da. Loc. *Être ~ en,* saber mucho de, estar empollado en. 4 Fuerte: *~ en mathématiques,* fuerte en matemáticas. 5 Fuerte, fortificado, da: *une place forte,* una plaza fuerte. 6 Fuerte: *lumière forte,* luz fuerte. 7 Excesivo, va, exagerado, da. 8 Poderoso, sa, influyente.
fort [fɔʀ] *adv.* 1 Muy, mucho: *~ joli,* muy bonito; *~ à faire,* mucho que hacer. 2 Fuerte, fuertemente; *parler ~,* hablar fuerte. 3 fam. *Y aller ~,* exagerar.
forteresse [fɔʀtəʀɛs] *f.* MIL. Fortaleza.
fortifier [fɔʀtifje] *tr.* 1 Fortificar. 2 Fortalecer. ▲ CONJUG. como *prier.*
fortuit, -ite [fɔʀtɥi, -ɥit] *adj.* Fortuito, ta.
fortune [fɔʀtyn] *f.* 1 Fortuna, caudal *m.*, capital *m.* 2 Fortuna, suerte: *tenter ~,* probar fortuna.
fosse [fos] *f.* 1 Hoyo *m.*, fosa. Loc. *~ d'aisances,* letrina. 2 Fosa, hoyo *m.* (sépulture): *~ commune,* fosa común.
fossé [fose] *m.* 1 FORT. Foso, zanja *f.* 2 Cuneta *f.* (au bord d'une route).
fossile [fo(ɔ)sil] *adj.-m.* Fósil.
fossoyeur [fo(ɔ)swajœʀ] *m.* Sepulturero.
fou (ou **fol**), **folle** [fu, fɔl] *adj.* 1 Loco, ca. 2 *Être ~ de,* estar loco por. 3 TECHN. Loco, ca (machine, poulie, etc.). 4 Enorme, extraordinario, ria. Loc. *Dépenser un argent ~,* gastar una locura; *un monde ~,* un montón de gente. ■ 5 *s.* Loco, ca. Loc. *La folle du logis,* la imaginación; *faire le ~,* hacer locuras. ■ 6 *m.* Bufón. 7 Alfil (jeu d'échecs). 8 Planga *f.* (oiseau). ▲ *Fol* se emplea cuando precede un sustantivo singular que comienza por vocal o *h* muda: *fol espoir.*
foudre [fudʀ(ə)] *f.* 1 Rayo *m.* 2 *Coup de ~,* flechazo *m.* (amour soudain). ■ 3 *m.* Tonel grande, cuba *f.* (tonneau).
foudroyant, -ante [fudʀwajɑ̃, -ɑ̃t] *adj.* Fulminante.
fouet [fwɛ] *m.* 1 Látigo. Loc. *Donner le ~,* azotar. 2 *Coup de ~,* latigazo. 3 CUIS. Batidor.
fouetter [fwete] *tr.* 1 Azotar. 2 CUIS. Batir (la crème, les œufs). 3 fig. Excitar, fustigar.
fougère [fuʒɛʀ] *f.* Helecho *m.*
fougueux, -euse [fugø, -øz] *adj.* Fogoso, sa.
fouiller [fuje] *tr.* 1 Excavar, hacer excavaciones en (un terrain). 2 Registrar, cachear (une personne). 3 Detallar. ■ 4 *intr.* Registrar, rebuscar (chercher). 5 Escudriñar, indagar.
fouillis [fuji] *m.* Desbarajuste, confusión *f.*, revoltijo.
fouinard, -arde [fwinaʀ, -aʀd(ə)] *adj.-s.* fam. Fisgón, ona.
fouir [fwiʀ] *tr.* Escarbar, cavar.
foulard [fulaʀ] *m.* 1 Pañuelo para el cuello. 2 Fular (étoffe).
foule [ful] *f.* 1 Muchedumbre, gentío *m.*, multitud. 2 Vulgo *m.*, masa, plebe (la masse). 3 *Une ~ de,* una gran cantidad de, una infinidad de, la mar de. 4 *En ~,* en masa, en tropel. 5 *bain de ~,* baño de masas.
foulée [fule] *f.* Pisada. Loc. *faire quelque chose dans la ~,* hacer algo de camino, de paso.
fouler [fule] *tr.* 1 Pisar, hollar. Loc. *~ aux pieds,* hollar, pisotear. 2 TECHN. Enfurtir (le drap). 3 Pisar (le raisin). ■ 4 *pr. Se ~ la cheville,* torcerse el tobillo, hacerse un esguince.
foulure [fulyʀ] *f.* Torcedura, esguince *m.*

four [fuʀ] *m.* 1 Horno: ~ ***de boulanger,*** horno de panadero; ~ ***à micro-ondes,*** microondas. 2 Fracaso, fiasco (échec). 3 ***Petits fours,*** pastas *f.*
fourberie [fuʀbəʀi] *f.* Bribonada, picardía.
fourbi [fuʀbi] *m.* 1 fam. Trastos *pl.* 2 Chisme (objet).
fourbir [fuʀbiʀ] *tr.* Acicalar, bruñir.
fourbu, -ue [fuʀby] *adj.* Rendido, da, extenuado, da (personnes).
fourche [fuʀʃ(ə)] *f.* 1 Horca. 2 Horquilla (bicyclette).
fourcher [fuʀʃe] *intr.* ***La langue lui a fourché,*** se le ha trabado la lengua.
fourchette [fuʀʃɛt] *f.* 1 Tenedor *m.* 2 MÉCH. Horquilla. 3 Espoleta (d'oiseau).
fourchu, -ue [fuʀʃy] *adj.* Hendido, da.
fourgon [fuʀgɔ̃] *m.* Furgón.
fourgonnette [fuʀgɔnɛt] *f.* Furgoneta.
fourmi [fuʀmi] *f.* 1 Hormiga. 2 ***Avoir des fourmis,*** tener hormigueo.
fourmiller [fuʀmije] *intr.* 1 Hormiguear. 2 Abundar. 3 ~ ***de,*** abundar en, estar lleno, na de.
fourneau [fuʀno] *m.* 1 Horno: ***haut*** ~, alto horno. 2 Hornillo, fogón (de cuisine). 3 Cazoleta *f.* (de la pipe).
fourni, ie [fuʀni] *adj.* 1 Provisto, ta. 2 Espeso, sa, tupido, da.
fournil [fuʀni] *m.* Amasadero, horno.
fournir [fuʀniʀ] *tr.* 1 Abastecer, proveer, suministrar (approvisionner). 2 Proporcionar (procurer), facilitar, dar. 3 ~ ***un effort,*** hacer un esfuerzo. ■ 4 *intr.* Abastecer. ■ 5 *pr.* Proveerse.
fourniture [fuʀnityʀ] *f.* 1 Provisión, suministro *m.* 2 Accesorio *m.*
fourrage [fuʀaʒ] *m.* Forraje.
fourrager [fuʀaʒe] *intr.* Hurgar. ▲ CONJUG. como ***engager.***
fourragère [fuʀaʒɛʀ] *f.* 1 Campo *m.* de forraje. 2 Carro *m.* de forraje (charrette). 3 MIL. Forrajera.
fourré, -ée [fuʀe] *adj.* 1 Relleno, na (gâteau, bonbon). ■ 2 *m.* Maleza *f.,* espesura *f.*
fourreau [fuʀo] *m.* 1 Vaina *f.* (d'une épée). 2 Funda *f.* (d'un parapluie).
fourrer [fuʀe] *tr.* 1 Forrar (de fourrure). 2 fam. Meter, introducir (introduire), meter (mettre). ■ 3 *pr.* Meterse.
fourreur [fuʀœʀ] *m.* Peletero.
fourrière [fuʀjɛʀ] *f.* 1 Depósito *m.* (pour les animaux, véhicules). 2 Perrera.
fourrure [fuʀyʀ] *f.* 1 Piel: ***manteau de*** ~, abrigo de pieles. 2 Forro *m.* de piel (doublure). 3 Pelaje *m.* (pelage).
foyer [fwaje] *m.* 1 Hogar. 2 GÉOM., OPT. Foco. 3 Hogar (maison, centre). 4 THÉÂT. Sala *f.* de descanso.
fracas [fʀaka] *m.* Estrépito.
fracasser [fʀakase] *tr.* Romper con estrépito.
fractionner [fʀaksjɔne] *tr.* Fraccionar.
fracturer [fʀaktyʀe] *tr.* Fracturar.
fragile [fʀaʒil] *adj.* Frágil.
fragment [fʀagmɑ̃] *m.* Fragmento.
fragmenter [fʀagmɑ̃te] *tr.* Fragmentar.
frai [fʀɛ] *m.* Freza *f.,* desove.
fraîcheur [fʀɛʃœʀ] *f.* 1 Frescura, frescor *m.* 2 Frescura, lozanía (de ce qui respire la santé).
fraîchir [fʀɛʃiʀ] *intr.* Refrescar.
frais [fʀɛ] *m. pl.* 1 Gastos. 2 Loc. ***À grands*** ~, costosamente, con grandes gastos; ***au*** ~ ***de quelqu'un,*** a expensas de, a costa de alguien, ***en être pour ses*** ~, haber perdido el tiempo; ***faux*** ~, gastos imprevistos.
frais, fraîche [fʀɛ, fʀɛʃ] *adj.* 1 Fresco, ca. 2 Frío, a (accueil). 3 Reciente, fresco, ca (récent). 4 Fresco, ca (poisson, œufs). 5 Tierno, na, reciente (pain). 6 Fresco, ca, lozano,

na (teint, etc.). 7 fam. ***Nous voilà ~!***, ¡estamos frescos! ■ 8 *m.* Fresco: ***prendre le ~***, tomar el fresco. ■ 9 *adv.* Recién: ***fleur fraîche cueillie***, flor recién cogida. 10 ***Il fait ~***, hace fresco.

fraise [fRɛz] *f.* 1 Fresa. 2 Fresón *m.* (de grosse taille). 3 Gorguera (collerette). 4 TECHN. Fresa, avellanador *m.* 5 Fresa (de dentiste). ■ 6 *adj.* Fresa (couleur).

fraiseuse [fRɛzøz] *f.* Fresadora.

fraisier [fRezje] *m.* Fresa *f.*, fresera *f.*

framboise [fRɑ̃bwaz] *f.* Frambuesa.

franc [fRɑ̃] *m.* Cranco (monnaie).

franc, franque [fRɑ̃, fRɑ̃k] *adj.-s.* Franco, ca.

franc, franche [fRɑ̃, fRɑ̃ʃ] *adj.* 1 Franco, ca. 2 Franco, ca: ***~ de port***, franco de porte. 3 Sincero, ra, leal. 4 Verdadero, ra, completo, ta. ■ 5 *adv.* Francamente.

français, -aise [fRɑ̃sɛ, -ɛz] *adj.-s.* Francés, esa: ***les Français***, los franceses.

franchir [fRɑ̃ʃiR] *tr.* 1 Atravesar, pasar, cruzar. 2 Salvar (un obstacle). 3 fig. Salvar, vencer, superar (une difficulté).

franchise [fRɑ̃ʃiz] *f.* 1 Franqueza. 2 COMM. Franquicia: ***~ postale***, franquicia postal.

franciscain, -aine [fRɑ̃siskɛ̃, -ɛn] *s.* Franciscano, na.

franc-maçonnerie [fRɑ̃masɔnRi] *f.* Francmasonería, masonería.

franc-tireur [fRɑ̃tiRœR] *m.* Guerrillero, francotirador.

frange [fRɑ̃ʒ] *f.* 1 Franja, fleco *m.* 2 Flequillo *m.* (coiffure).

franquette [fRɑ̃kɛt] *f.* ***À la bonne ~***, a la pata la llana, sencillamente.

frappant, -ante [fRapɑ̃, -ɑ̃t] *adj.* 1 Sorprendente. 2 Evidente.

frappe [fRap] *f.* 1 Acuñación (d'une monnaie). 2 Tecleo *m.* (dactylographie). 3 ***Force de ~***, poder *m.* disuasivo.

frapper [fRape] *tr.* 1 Golpear. 2 Golpear, pegar (battre). 3 Acuñar (monnaie). 4 Enfriar, helar (le champagne). 5 Alcanzar, llegar (atteindre). 6 Impresionar, sorprender. 7 Llamar la atención. ■ 8 *intr.* Llamar (à une porte). ■ 9 *pr.* fig. Inquietarse, preocuparse.

frasque [fRask(ə)] *f.* Travesura, calaverada.

fraternel, -elle [fRatɛRnɛl] *adj.* Fraternal.

fraternité [fRatɛRnite] *f.* Fraternidad.

fratricide [fRatRisid] *adj.-s.* 1 Fratricida. ■ 2 *m.* Fratricidio.

frauder [fRode] *tr.* 1 Defraudar. ■ 2 *intr.* Cometer fraudes.

frauduleux, -euse [fRodylø, -øz] *adj.* Fraudulento, ta.

frayer [fReje] *tr.* 1 Abrir (un chemin). ■ 2 *intr.* Mantener buenas relaciones, tratar. ■ 3 *pr.* ***Se ~ un chemin***, abrirse paso, camino.

frayeur [fRɛjœR] *f.* Pavor *m.*, espanto *m.*, terror *m.*

fredonner [fRədɔne] *tr.* Canturrear, tararear.

frégate [fRegat] *f.* 1 Fragata. 2 Rabihorcado *m.*, fragata (oiseau).

frein [fRɛ̃] *m.* 1 Freno. 2 ANAT. Frenillo.

freiner [fRene] *intr.-tr.* Frenar.

frelater [fRəlate] *tr.* Adulterar, alterar.

frêle [fRɛl] *adj.* Frágil, endeble.

frelon [fRəlɔ̃] *m.* Avispón.

frémir [fRemiR] *intr.* Estremecerse, temblar.

frémissant, -ante [fRemisɑ̃, -ɑ̃t] *adj.* Trémulo, la, tembloroso, sa.

frêne [fRɛn] *m.* Fresno.

frénésie [fRenezi] *f.* Frenesí *m.*

frénétique [fRenetik] *adj.* Frenético, ca.

fréquent, -ente [fRekɑ̃, -ɑ̃t] *adj.* Frecuente.

fréquenter [fRkɑ̃te] *tr.* 1 Frecuentar. 2 Tratar, relacionarse con (quelqu'un).

frère [fʀɛʀ] *m.* **1** Hermano. **2** Hermano religioso, fraile.
fresque [fʀɛsk(ə)] *f.* PEINT. Fresco *m.*
fressure [fʀesyʀ] *f.* Asadura.
fréter [fʀete] *tr.* **1** Fletar. **2** Alquilar (un véhicule). ▲ CONJUG. como ***abréger.***
frétillant, -ante [fʀetijɑ̃, -ɑ̃t] *adj.* Bullicioso, sa, vivaracho, cha.
fretin [fʀətɛ̃] *m.* Morralla *f.*
freux [fʀø] *m.* Grajo.
friable [fʀijabl(ə)] *adj.* Friable.
friand, -ande [fʀijɑ̃, -ɑ̃d] *adj.* ***Être ~ de,*** ser muy aficionado, da a.
friandise [fʀijɑ̃diz] *f.* Golosina.
fricassée [fʀikase] *f.* Fricasé *m.*, pepitoria (volaille).
friche [fʀiʃ] *f.* **1** Erial *m.* **2** *loc. adv.* ***En ~,*** sin cultivo, yermo, ma.
fricot [fʀiko] *m.* fam. Guisado, guiso.
fricoter [fʀikɔte] *tr.* **1** fam. Tramar. ■ **2** *intr.* fam. Trapichear, andar en trapicheos, en tejemanejes.
frictionner [fʀiksjɔne] *tr.* Friccionar.
frigide [fʀiʒid] *adj.* Frígido, da.
frigorifique [fʀigɔʀifik] *adj.* Frigorífico, ca.
frileux, -euse [fʀilø, -øz] *adj.* Friolero, ra.
frimas [fʀimɑ] *m.* Escarcha *f.*
frime [fʀim] *f.* fam. Apariencia, pamema.
frimousse [fʀimus] *f.* fam. Carita, cara.
fringant, -ante [fʀɛ̃gɑ̃, -ɑ̃t] *adj.* **1** Vivaracho, cha. **2** Fogoso, sa, vivo, va (cheval).
friper [fʀipe] *tr.* **1** Arrugar, ajar (un vêtement). **2** Arrugar (rider).
friperie [fʀipʀi] *f.* **1** Prendería, trapería, ropavejería. **2** Trapos *m. pl.* viejos (vieux habits).
fripon, -onne [fʀipɔ̃, -ɔn] *adj.-s.* Bribón, *ona, pillo, lla.*
fripouille [fʀipuj] *f.* pop. Canalla *m.*, granuja *m.*
frire [fʀiʀ] *tr.* **1** Freír. ■ **2** *intr. pr.* Freírse. ▲ CONJUG. IRREG. Ús. sólo en las formas siguientes: INDIC. Pres.: ***je fris, tu fris, il frit.*** Fut. imperf.: ***je frirai,*** etc. POT.: ***je frirais,*** etc. IMPER.: ***fris.*** PART. P.: ***frit, frite.*** Los tiempos restantes se expresan mediante una oración de verbo ***faire*** o una perífrasis: ***il faisait ~ le poisson,*** él freía el pescado; ***le poisson était en train de frire,*** el pescado se freía.
frise [fʀiz] *f.* **1** ARCHIT. Friso *m.* **2** Frisa (tissu). ■ **3** *m.* ***Cheval de ~,*** caballo de frisa.
friser [fʀize] *tr.* **1** Rizar (boucler). **2** Rozar, rasar (effleurer). **3** Frisar en, rayar en, acercarse a: ***il frise la quarantaine,*** se acerca a los cuarenta años. ■ **4** *intr.* Rizarse.
frisson [fʀisɔ̃] *m.* Escalofrío, estremecimiento.
frissonnement [fʀisɔnmɑ̃] *m.* Estremecimiento, temblor.
frit, -ite [fʀi, fʀit] *adj.* Frito, ta.
frivolité [fʀivɔlite] *f.* Frivolidad.
froc [fʀɔk] *m.* **1** pop. Pantalón. **2** ***Jeter le ~ aux orties,*** colgar los hábitos.
froid, froide [fʀwa, fʀwad] *adj.* **1** Frío, a. **2** *loc. adv.* ***À ~,*** en frío. ■ **3** *m.* Frío: ***il fait très ~,*** hace mucho frío. **4** Frialdad *f.*, indiferencia.
froideur [fʀwadœʀ] *f.* Frialdad.
froisser [fʀwase] *tr.* **1** Arrugar, chafar. **2** Magullar, lastimar (meurtrir). **3** fig. Herir, ofender. ■ **4** *pr.* Arrugarse, chafarse. **5** fig. Ofenderse.
frôler [fʀole] *tr.* Rozar ligeramente.
fromage [fʀɔmaʒ] *m.* Queso.
fromagerie [fʀɔmaʒʀi] *f.* Quesería.
froment [fʀɔmɑ̃] *m.* Trigo candeal.
froncer [fʀɔ̃se] *tr.* Fruncir. ▲ CONJUG. como ***lancer.***
frondaisons [fʀɔ̃dɛzɔ̃] *f. pl.* Frondosidad *sing.*, fronda *sing.*
fronde [fʀɔ̃d] *f.* Honda (arme).
fronder [fʀɔ̃de] *tr.* Criticar, censurar.
front [fʀɔ̃] *m.* **1** Frente *f.* (partie du visage). **2** ***Avoir le ~ de,*** tener el descaro de. **3** Frente, fachada *f.* Loc. ***Faire ~,*** hacer frente, arros-

trar. **4** *loc. adv.* ***De ~,*** de frente, a la vez, al mismo tiempo.
frontière [fʀɔ̃tjɛʀ] *f.* **1** Frontera. ■ **2** *adj.* Fronterizo, za.
frontispice [fʀɔ̃tispis] *m.* Frontispicio.
fronton [fʀɔ̃tɔ̃] *m.* Frontón.
frottement [fʀɔtmɑ̃] *m.* **1** Frotamiento, frote. **2** Roce. **3** MÉC. Rozamiento. **4** fig. Fricción *f.*
frotter [fʀɔte] *tr.* **1** Frotar, restregar. **2** Encerar, lustrar (le parquet). **3** ***~ ses yeux,*** restregarse los ojos. ■ **4** *intr.* Rozar. ■ **5** *pr.* Frotarse.
frousse [fʀus] *f.* pop. Canguelo *m.*, mieditis.
fructifier [fʀyktifje] *intr.* Fructificar. ▲ CONJUG. como ***prier.***
frugal, -ale [fʀygal] *adj.* Frugal.
fruit [fʀɥi] *m.* **1** Fruto: ***les fruits de la terre,*** los frutos de la tierra. Loc. ***Fruits de mer,*** mariscos. **2** Fruta *f.*: ***la prune est un ~,*** la ciruela es una fruta. **3** ***Le ~ défendu,*** el fruto prohibido. **4** fig. Fruto: ***le ~ d'une union,*** el fruto de una unión; ***travailler avec ~,*** trabajar con fruto. ■ **5** *pl.* Frutos, rentas *f.*
fruiterie [fʀɥitʀi] *f.* Frutería.
fruitier, -ière [fʀɥitje, -jɛʀ] *adj.* **1** Frutal: ***arbres fruitiers,*** árboles frutales. ■ **2** *s.* Frutero, ra (marchand). ■ **3** *m.* Frutero.
frusques [fʀysk(ə)] *f. pl.* pop. Rosa *sing.* vieja, pingos *m.*
fruste [fʀyst(ə)] *adj.* **1** Gastado, da, usado, da (médaille, sculpture). **2** Zafio, ia (grossier).
frustration [fʀystʀɑsjɔ̃] *f.* Frustración, defraudación.
frustré, -ée [fʀystʀe] *adj.-s* Frustrado, -da.
fuchsia [fyʃja] *m.* Fucsia *f.*
fugace [fygas] *adj.* Fugaz.
fugitif, -ive [fyʒitif, -iv] *adj.-s.* Fugitivo, va.
fugue [fyg] *f.* **1** Fuga, escapada. **2** MUS. Fuga.
fuir [fɥiʀ] *intr.* **1** Huir. **2** Salirse (un récipient). ■ **3** *tr.* Huir, evitar, esquivar, rehuir: ***il fuit les importuns,*** rehúye a los importunos. ▲ CONJUG. IRREG. INDIC. Pres.: ***je fuis, tu fuis, il fuit, nous fuyons, vous fuyez, ils fuient.*** Imperf.: ***je fuyais,*** etc. Pret. indef.: ***je fuis, tu fuis, il fuit, nous fuîmes, vous fuîtes, ils fuirent.*** Fut. imperf.: ***je fuirai,*** etc. POT.: ***je fuirais,*** etc. SUBJ. Pres.: ***que je fuie,*** etc., ***que nous fuyions,*** etc. Imperf.: ***que je fuisse,*** etc., ***que nous fuissions,*** etc. IMPER.: ***fuis, fuyons, fuyez.*** PART. A.: ***fuyant.*** PART. A..: ***fui, fuie.***
fuite [fɥit] *f.* **1** Huida, fuga. **2** Escape *m.* (d'un gaz, d'un liquide). **3** Agujero *m.* (trou), hendedura (fissure).
fulgurant, -ante [fylgyʀɑ̃, -ɑ̃t] *adj.* Fulgurante.
fulgurer [fylgyʀe] *intr.* Fulgurar.
fulminant, -ante [fylminɑ̃, -ɑ̃t] *adj.* Fulminante.
fulminer [fylmine] *intr.* **1** CHIM. Estallar. **2** Prorrumpir en amenazas. ■ **3** *tr.* Fulminar.
fumant, -ante [fymɑ̃, -ɑ̃t] *dj.* **1** Humeante. **2** fam. Sensacional.
fume-cigare [fymsigaʀ], **fume-cigarette** [fymsigaʀɛt] *m. invar.* Boquilla *f.*
fumée [fyme] *f.* **1** Humo *m.* ■ **2** *pl.* Vapores *m.* (du vin).
fumer [fyme] *intr.* **1** Humear, echar humo. **2** Fumar: ***défense de ~,*** prohibido fumar. ■ **3** *tr.* Fumar: ***~ une cigarette,*** fumar un cigarrillo. **4** Ahumar (les aliments). **5** AGR. Abonar, estercolar.
fumerolle [fymʀɔl] *f.* Fumarola.
fumet [fymɛ] *m.* **1** Olorcillo (des viandes). **2** Aroma (du vin). **3** Olor (du gibier).
fumeux, -euse [fymø, -øz] *adj.* **1** Humoso, sa. **2** fig. Nebuloso, sa, confuso, sa.
fumier [fymje] *m.* **1** Estiércol. **2** pop. Canalla, sinvergüenza.
funèbre [fynɛbʀ(ə)] *adj.* Fúnebre.

funérailles [fyneʀɑj] *f. pl.* Funeral *m. sing.*, funerales *m.*
funéraire [fyneʀɛʀ] *adj.* Funerario, ria, mortuorio, ria.
funeste [fynɛst(ə)] *adj.* Funesto, ta.
funiculaire [fynikylɛʀ] *m.* Funicular.
fur [fyʀ] *m.* ***Au ~ et à mesure,*** sucesivamente, inmediatamente después; ***au ~ et à mesure que,*** a medida que, conforme.
furet [fyʀɛ] *m.* 1 Hurón. 2 Anillo, sortija *f.* (jeu).
fureter [fyʀte] *intr.* 1 Huronear. 2 fig. Huronear, fisgonear, husmear. ▲ CONJUG. como ***jeter.***
fureur [fyʀœʀ] *f.* 1 Furor *m.* 2 Afición desmedida, pasión.
furibond, -onde [fyʀibɔ̃, -ɔ̃d] *adj.* Furibundo, da.
furieux, -euse [fyʀjø, -øz] *adj.* Furioso, sa.
furoncle [fyʀɔ̃kl(ə)] *m.* Furúnculo.
furtif, -ive [fyʀtif, -iv] *adj.* Furtivo, va.
fusain [fyzɛ̃] *m.* 1 Bonetero (arbrisseau). 2 Carboncillo (pour dessiner). 3 Dibujo al carbón (dessin).
fuseau [fyzo] *m.* 1 Huso. 2 Bolillo (pour dentelle).
fusée [fyze] *f.* 1 Cohete *m.*: ***~ spatiale,*** cohete espacial. 2 MIL. Espoleta (d'obus).
fuselage [fyzlaʒ] *m.* Fuselaje.
fuselé, -ée [fyzle] *adj.* Ahusado, da.
fuser [fyze] *intr.* 1 Derretirse (une bougie). 2 Brotar, surgir (jaillir).
fusible [fyzibl(ə)] *adj.-m.* Fusible.
fusil [fyzi] *m.* 1 Fusil. 2 Escopeta *f.* (pour la chasse). 3 Chaira *f.*, afilón (pour aiguiser).
fusillade [fyzijad] *f.* 1 Tiroteo *m.* 2 Fusilamiento *m.* (pour exécuter).
fusiller [fyzije] *tr.* Fusilar.
fusionner [fyzjɔne] *tr.* Fusionar.
fustiger [fystiʒe] *tr.* Fustigar. ▲ CONJUG. como ***engager.***
fût [fy] *m.* 1 Tronco (d'arbre). 2 ARCHIT. Fuste, caña *f.* 3 Caja *f.* (d'une arme à feu). 4 Tonel (tonneau).
futaie [fytɛ] *f.* Oquedal *m.*, monte *m.* alto.
futaille [fytɑj] *f.* Tonel *m.*, barrica.
futé, -ée [fyte] *adj.* fam. Listo, ta, astuto, ta.
futon [fytɔ̃] *m.* Futón.
futur, -ure [fytyʀ] *adj.* 1 Futuro, ra. ■ 2 *m.* Futuro. 3 GRAM. Futuro.
fuyant, -ante [fɥijɑ̃, -ɑ̃t] *adj.* 1 Que huye, huidizo, za. 2 ***Front ~,*** frente deprimida.
fuyard, -arde [fɥijaʀ, -aʀd(ə)] *s.* Fugitivo, va, soldado que huye ante el enemigo.

G

g [ʒe] *m.* G *f.*
gabardine [gabaʀdin] *f.* Gabardina.
gâcher [gɑʃe] *tr.* 1 CONSTR. Argamasar. 2 fig. Malgastar, echar a perder, estropear. 3 fig. Malograr.
gâchette [gɑ(a)ʃɛt] *f.* 1 Gacheta (de la serrure). 2 Gatillo *m.* (arme à feu).
gâcheur, -euse [gɑʃœʀ, -øz] *s.* 1 Chapucero, ra, chafallón, ona. ■ 2 *m.* CONSTR. Amasador.
gaffe [gaf] *f.* 1 fam. Plancha, coladura, metedura de pata. ■ 2 MAR. Bichero *m.*
gaffer [gafe] *intr.* fam. Meter la pata, tirarse una plancha.
gaga [gaga] *adj.* fam. Chocho, cha.
gage [gaʒ] *m.* 1 Prenda *f.* Loc. ***Laisser en ~,*** dejar en prenda; ***mettre en ~,*** empeñar; ***prêter sur gages,*** prestar con fianza. 2 Prueba *f.* (preuve). ■ 3 *pl.* Salario *sing.*, sueldo *sing.*: ***être aux gages de,*** estar a sueldo de.
gager [gaʒe] *tr.* Apostar: ***je gage que,*** apuesto que. ▲ CONJUG. como ***engager.***
gagnant, -ante [gaɲɑ̃, -ɑ̃t] *adj.-s.* 1 Ganador, ra, ganancioso, sa (au jeu). 2 Agraciado, da, premiado, da (à la loterie).

gagne-pain [gaɲpɛ̃] *m. invar.* Sostén, medio de subsistencia.
gagner [gaɲe] *tr.* **1** Ganar: ~ ***au jeu,*** ganar en el juego. **2** Ganarse: ~ ***son pain,*** ganarse el pan. **3** Alcanzar: ~ ***la côte en nageant,*** alcanzar la costa nadando. **4** Dirigirse: ***bateau qui gagne le port,*** barco que se dirige hacia el puerto. **5** Merecerse, granjearse (la sympathie, etc.). ■ intr. **6** Extenderse, propagarse (se propager).
gai, gaie [ge] *adj.* Alegre.
gaieté [gete] *f.* Alegría. *loc. adv.* ***De ~ de cœur,*** de propósito, a sabiendas.
gaillardise [gajaʀdiz] *f.* **1** Gallardía, desenfado *m.* **2** Desvergüenza, chocarrería (propos).
gain [gɛ̃] *m.* **1** Ganancia *f.* **2** ***Avoir ~ de cause,*** tener el pleito ganado (procès), salirse con la suya (dans une discussion).
gaine [gɛn] *f.* **1** Vaina, funda. **2** Faja (sous-vêtement). **3** BOT. Vaina.
gala [gala] *m.* **1** Gala *f.*: ***habit de ~,*** traje de gala. **2** ***Soirée de ~,*** fiesta de etiqueta.
galant, -ante [galɑ̃, ɑ̃t] *adj.* **1** Galante. **2** Correcto, ta, caballeroso, sa. ■ **3** *m.* Galán. **4** ***Un vert ~,*** un viejo verde.
galanterie [galɑ̃tʀi] *f.* **1** Galantería. **2** Galanteo *m.* **3** Finura, cortesía (courtoisie). **4** Requiebro *m.* (propos galant).
galaxie [galaksi] *f.* ASTRON. Galaxia.
galbe [galb(ə)] *m.* Silueta *f.*, contorno.
gale [gal] *f.* Sarna, roña.
galéjade [galeʒad] *f.* Broma.
galère [galɛʀ] *f.* MAR. Galera.
galerie [galʀi] *f.* **1** Galería. **2** fam. Galería, público *m.*: ***parler pour la ~,*** hablar para la galería. **3** Baca, portaequipajes *m.* (d'une auto).
galet [galɛ] *m.* **1** Guijarro, guija *f.* **2** MÉC. Rodillo.
galetas [galtɑ] *m.* **1** Buhardilla *f.* (mansarde). **2** Tugurio, cuchitril (taudis).
galette [galɛt] *f.* **1** Torta. **2** ~ ***des Rois,*** roscón *m.* de Reyes. **3** MAR. Galleta. **4** fam. Guita, parné *m.* (argent).
galeux, -euse [galø, -øz] *adj.-s.* Sarnoso, sa.
galimatias [galimatja] *m.* Galimatías.
galion [galjɔ̃] *m.* Galeón.
galle [gal] *f.* BOT. Agalla.
gallicisme [gal(l)isism(ə)] *m.* Galicismo.
galoche [galɔʃ] *f.* Galocha, zueco *m.*
galon [galɔ̃] *m.* Galón.
galonner [galɔne] *tr.* Galonear, ribetear.
galop [galo] *m.* **1** Galope: ***au ~,*** a galope. **2** Galop (danse). **3** Loc. ~ ***d'essai,*** prueba de entrenamiento *f.*
galoper [galɔpe] *intr.* Galopar.
galopin [galɔpɛ̃] *m.* Galopín, pilluelo.
galvaniser [galvanize] *tr.* Galvanizar.
galvauder [galvode] *tr.* **1** Mancillar, deshonrar (déshonorer). **2** Estropear, echar a perder (gâcher).
gambade [gɑ̃bad] *f.* Brinco *m.*, cabriola.
gambader [gɑ̃bade] *intr.* Brincar.
gamelle [gamɛl] *f.* Fiambrera, tartera.
gamin, -ine [gamɛ, in] *s.* **1** Golfillo, lla. **2** Chiquillo, lla (enfant). ■ **3** *adj.* Travieso, sa.
gamme [gam] *f.* Gama, escala.
gammée [game] *adj. f.* ***Croix ~,*** cruz gamada.
ganache [ganaʃ] *f.* **1** Barbada (du cheval). **2** fam. Zoquete *m.*, estúpido *m.*
gandin [gɑ̃dɛ̃] *m.* Pisaverde, gomoso.
ganglion [gɑ̃glijɔ̃] *m.* Ganglio.
gangrène [gɑ̃gʀɛn] *f.* Gangrena.

ganse [gɑ̃s] *f.* Cordón *m.*, trencilla, presilla.
gant [gɑ̃] *m.* 1 Guante. 2 ~ ***de toilette,*** manopla *f.*
gantelet [gɑtlɛ] *m.* Guantelete, manopla *f.*
ganter [gɑ̃te] *tr.* 1 Enguantar. ■ 2 *pr.* Ponerse los guantes.
garage [garaʒ] *m.* 1 Garaje. 2 ***Voie de*** ~, apartadero *m.*, vía muerta (chemin de fer).
garance [garɑ̃s] *f.* 1 Granza, rubia (plante). ■ 2 *adj.* Grancé.
garant, -ante [garɑ̃, -ɑ̃t] *adj.-s.* 1 Fiador, ra: ***se porter*** ~, salir fiador. ■ 2 *m.* Garantía *f.*
garantir [garɑ̃tiʀ] *tr.* 1 Garantizar. 2 Preservar, resguardar. ■ 3 *pr.* Protegerse.
garce [gaʀs(ə)] *f.* 1 pop. Mujerzuela. 2 fam. Perra, maldita: ~ ***de fièvre!,*** ¡maldita fiebre!
garçon [gaʀsɔ̃] *m.* 1 Muchacho, chico, niño. Loc. ***Beau*** ~, buen mozo; ~ ***d'honneur,*** joven que acompaña al novio en una boda; ***petit*** ~, niño. 2 Hijo varón (fils). 3 Soltero (célibataire). Loc. fam. ***Vieux*** ~, solterón. 4 Mozo: ~ ***d'hôtel,*** mozo de hotel. Loc. ~ ***de café,*** camarero; ~ ***épicier,*** dependiente de una tienda de comestibles; ~ ***de courses,*** recadero, mandadero; ~ ***de recette,*** cobrador.
garçonnière [gaʀsɔnjɛʀ] *f.* Piso *m.* de soltero.
garde [gaʀd(ə)] *f.* 1 Guardia, vigilancia, custodia, cuidado *m.*, protección. Loc. ***Prendre*** ~, tener cuidado; ***être de*** ~, estar de guardia; ***être sur ses gardes,*** recelar, desconfiar; ***n'avoir*** ~ ***de,*** guardarse bien de, abstenerse. 2 ESCR., MIL. Guardia: ~ ***montante,*** guardia entrante; ~ ***descendante,*** guardia saliente. 3 MIL. ***Être au*** ~ ***à vous,*** estar cuadrado; ***se mettre au*** ~ ***à vous,*** cuadrarse. 4 Guarda (d'un livre, d'une serrure). 5 Guarda, guarnición (d'une épée). ■ 6 *m.* Guarda, guardia. Loc. ~ ***champêtre,*** guarda rural.
garder [gaʀde] *tr.* 1 Guardar: ~ ***un secret,*** guardar un secreto; ~ ***le lit, le silence,*** guardar cama, silencio. 2 Cuidar (un malade, un enfant). ■ 3 *pr.* ***Se*** ~ ***de,*** guardarse de, abstenerse de. 4 Conservarse.
garderie [gaʀdəʀi] *f.* Guardería.
garde-robe [gaʀdəʀɔb] *f.* 1 Guardarropa *m.* (armoire). 2 Vestuario *m.* (vêtements).
gardien, -ienne [gaʀdjɛ̃, -jɛn] *s.* 1 Guardián, ana. 2 Guarda (de jardin public, etc.). 3 Portero, ra (concierge). 4 ~ ***de la paix,*** guardia municipal de París. 5 SPORTS ~ ***de but,*** guardameta, portero.
gare [ga(ɑ)ʀ] *f.* 1 Estación (chemin de fer). 2 Atracadero *m.* (fluviale). 3 *interj.* ¡Atención! ¡Cuidado!
garer [gaʀe] *tr.* 1 Llevar a una vía muerta (un train). 2 Aparcar (dans la rue). 3 Dejar en un garaje. 4 Poner a cubierto (mettre à l'abri). ■ 5 *pr.* Apartarse, guarecerse, ponerse a cubierto (se protéger). 6 ***Je me suis garé près de l'hôtel,*** he aparcado cerca del hotel.
gargarisme [gaʀgaʀism(ə)] *m.* 1 Gargarismo (médicament). 2 Gárgaras *f. pl.* (action).
gargote [gaʀgɔt] *f.* Figón *m.*, tasca.
gargouille [gaʀguj] *f.* 1 Gárgola (sculptée). 2 Canalón *m.*
gargouiller [gaʀguje] *intr.* Hacer gorgoteos.
garnement [gaʀnəmɑ̃] *m.* Pillo, granuja.
garni [gaʀni] *m.* Habitación *f.* amueblada.
garnir [gaʀniʀ] *tr.* 1 Guarnecer. 2 Adornar (orner). 3 Proveer (munir). 4 Alhajar, amueblar (meubler). 5 CUIS. Guarnecer: ***plat garni de légumes,*** plato con guarnición de verduras. 6 Rellenar (un fauteuil). 7 Llenar, ocupar (un espace).

garnison [garnizɔ̃] *f.* MIL. Guarnición.
garniture [garnityr] *f.* **1** Adorno *m.*, aderezo *m.* guarnición. **2** Juego *m.*: ~ ***de boutons,*** juego de botones. **3** CUIS. Guarnición (légumes). **4** IMPR. Imposición.
garrot [garo] *m.* **1** Garrote (supplice). **2** MÉD. Torniquete. **3** Cruz *f.* (partie du corps des quadrupèdes).
garroter [garɔte] *tr.* Agarrotar.
gars [gɑ] *m.* Mozo, muchacho.
gas-oil [gazɔl] *m.* Gasóleo.
gaspiller [gaspije] *tr.* Despilfarrar, desperdiciar.
gastrique [gastrik] *adj.* Gástrico, ca.
gastronomie [gastrɔnɔmi] *f.* Gastronomía.
gâteau [gɑto] *m.* **1** Pastel. **2** ***Petit*** ~, pastelillo; ~ ***sec,*** galleta *f.* **3** Panal (ruche).
gâter [gɑte] *tr.* **1** Dañar, estropear, echar a perder. **2** Picar (fruit, dent). **3** fig. Estropear. **4** Mimar, consentir (un enfant).
gâterie [gɑtri] *f.* **1** Mimo *m.* **2** Golosina (friandise).
gâte-sauce [gɑtsos] *m.* Pinche.
gâteux, -euse [gɑtø, -øz] *adj.-s.* Chocho, cha, lelo, la, bobo, ba.
gauche [goʃ] *adj.* **1** Izquierdo, da. **2** Torcido, da (de travers). **3** Torpe, desmañado, da (maladroit). **4** *loc. adv.* ***À*** ~, a la izquierda. ■ **5** *f.* Izquierda.
gaucher, -ère [goʃe, -ɛr] *adj.-s.* Zurdo, da.
gaucherie [goʃri] *f.* Torpeza, desmaña.
gaudriole [godrijɔl] *f.* Chiste *m.*, picante.
gaufre [gofr(ə)] *f.* Barquillo *m.* (pâtisserie).
gaufrer [gofre] *tr.* Estampar, gofrar.
gaufrette [gofrɛt] *f.* Especie de barquillo plano (pâtisserie).
gauloiserie [golwazri] *f.* Dicho *m.*, picaresco, dicho *m.* verde.
gausser (se) [gose] *pr.* Burlarse, reírse.
gave [gav] *m.* Torrente.
gaver [gave] *tr.* **1** Embuchar la comida a, cebar (les animaux). ■ **2** *pr.* Atiborrarse.
gaz [gɑz] *m.* Gas: ***bec de*** ~, farol de gas.
gaze [gɑz] *f.* Gasa.
gazéifier [gazeifje] *tr.* Gasificar. ▲ CONJUG. como ***prier.***
gazelle [gazɛl] *f.* Gacela.
gazer [gɑze] *tr.* **1** Someter a la acción de los gases asfixiantes. ■ **2** *intr.* fam. Ir de prisa. **3** fam. Ir bien: ***ça gaze!,*** ¡va bien!
gazette [gazɛt] *f.* Gaceta (journal).
gazon [gazɔ̃] *m.* Césped.
gazouillement [gazujmɑ̃] *m.* **1** Gorjeo (d'oiseau). **2** Murmureo, susurro.
geai [ʒɛ] *m.* Arrendajo.
géant, -ante [ʒeɑ̃, -ɑ̃t] *adj.-m.* **1** Gigante. ■ **2** *f.* Giganta.
geindre [ʒɛ̃dr(ə)] *intr.* Gimotear, quejarse. ▲ CONJUG. como ***craindre.***
gel [ʒɛl] *m.* **1** Helada *f.* **2** Época *f.* de los hielos. **3** CHIM. Gel.
gélatine [ʒelatin] *f.* Gelatina.
gelé, -ée [ʒ(ə)le] *adj.* **1** Helado, da, congelado, da. ■ **2** *f.* Helada. **3** ***Gelée blanche,*** escarcha. **4** Jalea (de fruits). **5** CUIS. Gelatina (de viande).
geler [ʒ(ə)le] *tr.* **1** Helar, congelar. ■ **2** *impers.* Helar: ***il gèle,*** hiela. **3** ~ ***blanc,*** escarchar. ■ **4** *intr.-pr.* Helarse. ▲ CONJUG. como ***acheter.***
gélinotte [ʒelinɔt] *f.* **1** Ganga. **2** ~ ***des bois,*** ortega.
gémir [ʒemir] *intr.* Gemir.
gémissement [ʒemismɑ̃] *m.* Gemido.
gemme [ʒɛm] *f.* **1** MINÉR. Gema. **2** Resina de pino. ■ **3** *adj.* ***Sel*** ~, sal gema.
gênant, -ante [ʒɛnɑ̃, -ɑ̃t] *adj.* Molesto, ta, embarazoso, sa.
gencive [ʒɑ̃siv] *f.* Encía.

gendarme [ʒɑ̃daʀm(ə)] *m.* **1** Guardia, gendarme. **2** Roca *f.* (dans la montagne).
gendarmerie [ʒɑ̃daʀməʀi] *f.* Gendarmería (en France), guardia civil (en Espagne).
gendre [ʒɑ̃dʀ(ə)] *m.* Yerno.
gêne [ʒɛn] *f.* **1** Molestia, incomodidad. **2** Encogimiento *m.*, embarazo *m.* **3** Estrechez, apuro *m.*
gène [ʒɛn] *m.* Gen, gene.
généalogie [ʒenealɔʒi] *f.* Genealogía.
gêner [ʒene] **1** Molestar: ***si cela ne vous gêne pas,*** si no le es molestia. **2** Dificultar, estorbar. **3** Embarazar, turbar (troubler). **4** Poner en un apuro (pécuniairement). ■ **5** *pr.* Molestarse, violentarse. **6** ***Ne vous gênez pas,*** no tenga usted reparo. **7** iron. ***Ne pas se ~,*** tener frescura.
général, -ale [ʒeneʀal] *adj.-m.* **1** General: ***officiers généraux,*** oficiales generales. ■ **2** *f.* Generala.
généraliser [ʒeneʀalize] *tr.* Generalizar.
généralité [ʒeneʀalite] *f.* Generalidad.
générateur, -trice [ʒeneʀatœʀ, -tʀis] *adj.* **1** Generador, ra. ■ **2** *m.* Generador. ■ **3** *f.* GÉOM. Generatriz.
génération [ʒeneʀɑsjɔ̃] *f.* Generación.
généreux, -euse [ʒeneʀø, -øz] *adj.* Generoso, sa.
générique [ʒeneʀik] *adj.* **1** Genérico, ca. ■ **2** *m.* Ficha *f.* técnica (cinéma).
générosité [ʒeneʀozite] *f.* Generosidad.
genèse [ʒənɛz] *f.* **1** Génesis. ■ **2** *n. pr. f.* Génesis *m.*
genêt [ʒ(ə)nɛ] *m.* **1** Retama *f.* **2** ***~ d'Espagne,*** gayomba *f.*
genette [ʒ(ə)nɛt] *f.* Gineta.
genévrier [ʒənevʀije] *m.* Enebro.
génial, -ale [ʒenjal] *adj.* Genial.
génie [ʒeni] *m.* **1** Carácter, índole *f.*, idiosincrasia *f.* **2** Disposición *f.*, aptitud *f.*, don. **3** Genio. **4** MIL. ***~ militaire,*** cuerpo de ingenieros. **5** MYTH. Genio.
genièvre [ʒənjɛvʀ(ə)] *m.* **1** Enebro. **2** Enebrina *f.* (baie). **3** Ginebra *f.* (alcool).
génisse [ʒenis] *f.* Becerra.
génitif [ʒenitif] *m.* Genitivo.
genou [ʒ(ə)nu] *m.* **1** ANAT. Rodilla *f.* **2** MÉC. Articulación *f.* **3** MAR. Genol.
genouillère [ʒ(ə)nujɛʀ] *f.* Rodillera.
genre [ʒɑ̃ʀ] *m.* **1** Género: ***~ humain,*** género humano. **2** Especie *f.*, clase *f.*, tipo (sorte). **3** ***Tableau de ~,*** cuadro de costumbres.
gens [ʒɑ̃] *s. pl.* Gente *f. sing.*, personas *f.* Loc. ***Les jeunes ~,*** la gente joven, los jóvenes. ***~ de lettres,*** gente de letras; ***~ de robe,*** togados; ***droit des ~,*** derecho de gentes. ▲ ***Gens*** se considera en gral. como masculino. No obstante, si un adjetivo le precede inmediatamente, tanto este adjetivo como los que pueden precederle se ponen en femenino; a no ser que el primero tenga su forma masculina terminada en *e* muda, en cuyo caso se sigue la regla general: ***de bonnes gens, des vieilles gens; tous les jeunes gens.***
gentiane [ʒɑ̃sjan] *f.* Genciana.
gentil, -ille [ʒɑ̃ti, -ij] *adj.* **1** Gentil, gracioso, sa (gracieux). **2** Mono, na (mignon). **3** Amable, bueno, na, delicado, da. **4** Importante: ***il m'a donné une gentille somme,*** me dio una importante suma. ■ **5** *m.* Gentil (païen).
gentilhomme [ʒɑ̃tijɔm] *m.* **1** Hidalgo. **2** Gentilhombre.
gentillesse [ʒɑ̃tijɛs] *f.* **1** Amabilidad, gentileza. **2** Atención, amabilidad.
gentiment [ʒɑ̃timɑ̃] *adv.* Gentilmente, lindamente.
génuflexion [ʒenyflɛksjɔ̃] *f.* Genuflexión.
géographie [ʒeɔgʀafi] *f.* Geografía.
geôle [ʒol] *f.* Cárcel, prisión.

géologie [ʒeɔlɔʒi] *f.* Geología.
géométrie [ʒeɔmetʀi] *f.* Geometría.
gérance [ʒeʀɑ̃s] *f.* Gerencia.
géranium [ʒeʀanjɔm] *m.* Geranio.
gérant, -ante [ʒeʀɑ̃, -ɑ̃t] *s.* Gerente.
gerbe [ʒɛʀb(ə)] *f.* **1** Gavilla, haz *m.* **2** Ramo *m.* (de fleurs).
gercer [ʒɛʀse] *tr.* **1** Agrietar. ■ **2** *pr.* Agrietarse. ▲ CONJUG. como ***lancer.***
gérer [ʒeʀe] *tr.* Administrar, regir. ▲ CONJUG. como ***accélérer.***
germe [ʒɛʀm(ə)] *m.* **1** Germen. **2** Galladura *f.* (de l'œuf). **3** BOT. Germen, grillo.
germination [ʒɛʀminɑsjɔ̃] *f.* Germinación.
gérondif [ʒeʀɔ̃dif] *m.* Gerundio.
gésier [ʒezje] *m.* Molleja *f.*
gésir [ʒeziʀ] *intr.* Yacer: ***ci-gît,*** aquí yace. ▲ CONJUG. IRREG. Usado sólo en: INDIC. Pres.: ***je gis, tu gis, il gît, nous gisons, vous gisez, ils gisent.*** Imperf.: ***je gisais,*** etc. PART. A.: ***gisant.***
gestation [ʒɛstɑsjɔ̃] *f.* Gestación.
gesticuler [ʒɛstikyle] *intr.* Gesticular, hacer ademanes.
gestion [ʒɛstjɔ̃] *f.* Gestión.
gestionnaire [ʒɛstjɔnɛʀ] *adj.-m.* **1** Gestor, ra, gerente. **2** *m.* INFORM. Gestor de ficheros.
geyser [ʒɛzɛʀ] *m.* Geiser.
gibecière [ʒibsjɛʀ] *f.* **1** Morral *m.,* zurrón *m.* **2** Cartapacio *m.,* cartera (d'écolier).
gibet [ʒibɛ] *m.* **1** Horca *f.* **2** Patíbulo (échafaud).
gibier [ʒibje] *m.* Caza *f.*: ***gros*** ~, caza mayor; ***menu*** ~, caza menor.
giboulée [ʒibule] *f.* Aguacero *m.,* chubasco *m.*
gicler [ʒikle] *intr.* Salpicar, rociar.
gifle [ʒifl(ə)] *f.* Bofetada.
gifler [ʒifle] *tr.* Abofetear.
gigantesque [ʒigɑ̃tɛsk(ə)] *adj.* Gigantesco, ca.
gigogne [ʒigɔɲ] *adj.* ***Lits*** ~, camas nido; ***table*** ~, mesas nido.
gigot [ʒigo] *m.* Pierna *f.* de cordero.
gigue [ʒig] *f.* **1** fam. Pierna zanca. **2** Giga (danse).
gilet [ʒilɛ] *m.* **1** Chaleco. **2** Camiseta *f.* (sous-vêtement).
gingembre [ʒɛ̃ʒɑ̃bʀ(ə)] *m.* Jengibre.
girafe [ʒiʀaf] *f.* Jirafa.
giratoire [ʒiʀatwaʀ] *adj.* Giratorio, ria.
girofle [ʒiʀɔfl(ə)] *m.* Clavo de olor.
giroflée [ʒiʀɔfle] *f.* Alhelí *m.*
giron [ʒiʀɔ̃] *m.* **1** Regazo. **2** fig. Seno, regazo.
girouette [ʒiʀwɛt] *f.* Veleta, giralda.
gisant, -ante [ʒizɑ̃, -ɑ̃t] *adj.* Yacente.
gisement [ʒizmɑ̃] *m.* Yacimiento.
gîte [ʒit] *m.* **1** Morada *f.,* albergue, alojamiento. **2** Madriguera *f.* (du gibier). **3** MIN. Yacimiento. **4** CUIS. ~ ***à la noix,*** codillo de vaca.
givre [ʒivʀ(ə)] *m.* Escarcha *f.*
glabre [glɑbʀ(ə)] *adj.* Glabro, bra, lampiño, ña.
glace [glas] *f.* **1** Hielo *m.* **2** Helado *m.* (crème glacée). **3** Luna: ***armoire à*** ~, armario de luna. **4** Espejo *m.* (miroir). **5** Cristal *m.* (de fenêtre).
glacer [glase] *tr.* **1** Helar, congelar. **2** fig. Dejar helado, da: ***cette phrase me glace,*** esta frase me deja helado. **3** TECHN. Glasear. **4** Alcorzar (une pâtisserie). ▲ CONJUG. como ***lancer.***
glacier [glasje] *m.* **1** Helero, ventisquero. **2** Heladero (qui vend des glaces). **3** Heladería *f.* (boutique).
glacière [glasjɛʀ] *f.* Nevera.
glaçon [glasɔ̃] *m.* **1** Témpano, carámbano. **2** Cubito de hielo (pour les boissons).
glaïeul [glajœl] *m.* Estoque.
glaire [glɛʀ] *f.* **1** Clara de huevo. **2** MÉD. Flema.
glaise [glɛz] *f.* Arcilla, greda.
glaive [glɛv] *m.* Espada *f.*
gland [glɑ̃] *m.* **1** Borla *f.* (pompon). **2** BOT. Bellota *f.* **3** ANAT. Bálano.
glande [glɑ̃d] *f.* Glándula.
glaner [glane] *tr.* **1** Espigar. **2** fig. Rebuscar.

glapir [glapiʀ] *intr.* **1** Gañir (chiens), chillar (renards). **2** fig. Chillar, gritar (personnes).
glas [glɑ] *m.* Toque de ánimas, de agonía, de muerto. Loc. ***Sonner le ~,*** doblar las campanas, tocar a muerto.
glauque [glok] *adj.* Glauco, ca.
glèbe [flɛb] *f.* **1** Gleba. **2** Tierra de labor.
glissant, -ante [glisɑ̃, -ɑ̃t] *adj.* Resbaladizo, za.
glisser [glise] *intr.* **1** Resbalar, deslizarse. **2** Escurrirse (des mains). **3** fig. Pasar de largo (ne pas approfondir). ■ **4** *tr.* Introducir, hacer deslizarse. **5** fig. Insinuar. ■ **6** *pr.* Colarse, introducirse, deslizarse en. **7** Insinuarse.
glissière [glisjɛʀ] *f.* **1** TECHN. Corredera. **2** ***Fermeture à ~,*** cremallera.
glissoire [gliswaʀ] *f.* Patinadero *m.* (patinoire).
globe [glɔb] *m.* **1** Globo: ~ ***terrestre,*** globo terráqueo; ~ ***de l'œil,*** globo del ojo. **2** Globo, bomba *f.* (de lampe). **3** Fanal ***mettre sous ~,*** meter bajo fanal.
globule [glɔbyl] *m.* Glóbulo.
gloire [glwaʀ] *f.* **1** Gloria. **2** ***Se faire ~ de,*** vanagloriarse de.
gloriette [glɔʀjɛt] *f.* Glorieta, cenador *m.*
glorieux, -euse [glɔʀjø, -øz] *adj.* **1** Glorioso, sa. **2** Ufano, na, orgulloso, sa (vaniteux).
glorifier [glɔʀifje] *tr.* **1** Glorificar. ■ **2** *pr.* Gloriarse, ufanarse. ▲ CONJUG. como ***prier.***
gloser [gloze] *intr.* **1** Glosar. **2** Criticar.
glossaire [glɔsɛʀ] *m.* Glosario.
glotte [glɔt] *f.* Glotis.
glousser [gluse] *intr.* Cloquear.
gloutonnerie [glutɔnʀi] *f.* Glotonería.
glu [gly] *f.* Liga.
gluant, -ante [glyɑ̃, -ɑ̃t] *adj.* Viscoso, sa, pegajoso, sa.
glucose [glykoz] *m.* Glucosa *f.*
gluten [glytɛn] *m.* Gluten.
glycérine [gliseʀin] *f.* Glicerina.
glycine [glisin] *f.* Glicina.
gnome [gnom] *m.* Gnomo.
go (tout de) [tudgo] *loc. adv.* fam. De sopetón, de buenas a primeras.
gobelet [gɔblɛt] *m.* Cubilete.
gober [gɔbe] *tr.* **1** Engullir, sorber: ~ ***un œuf,*** sorber un huevo. **2** fig. Tragarse (croire): ***il gobe tout ce que je lui dis,*** se traga todo lo que le digo. **3** fig. Tragar: ***ne pas ~ quelqu'un,*** no tragar a alguien.
goberger (se) [gɔbɛʀʒe] *pr.* Regodearse, repantigarse. ▲ CONJUG. como ***engager.***
goder [gɔdɛ] *intr.* Abolsarse, arrugarse, hacer pliegues.
godet [gɔdɛ] *m.* **1** Cubilete, cortadillo (à boire). **2** Cangilón (de noria, drague). **3** Salserilla *f.* (de peintre). **4** Pliegue (pli).
godiche [gɔdiʃ] *adj.-s.* fam. Necio, cia, torpe, desmañado, da.
goéland [gɔelɑ̃] *m.* Gaviota *f.* grande.
goélette [gɔelɛt] *f.* MAR. Goleta.
gogo [gɔgo] *m.* **1** fam. Primo, inocente. **2** *loc. adv.* ***À ~,*** a pedir de boca, con abundancia.
goguenard, -arde [gɔgnaʀ, -aʀd(ə)] *adj.* Guasón, ona, burlón, ona.
goguette [gɔgɛt] *f.* fam. ***En ~,*** achispado, da (un peu ivre), de buen humor.
goinfre [gwɛ̃fʀ(ə)] *m.* Glotón, tragón.
goitre [gwatʀ(ə)] *m.* Bocio, papera *f.*
golfe [gɔlf(ə)] *m.* GÉOG. Golfo.
gomme [gɔm] *f.* **1** BOT. Goma. **2** Goma *(pour effacer).*
gond [gɔ̃d] *m.* Gozne.
gondoler [gɔ̃dɔle] *intr.* **1** Alabearse, abarquillarse. ■ **2** *pr.* fam. Desternillarse de risa.
gondolier, -ière [gɔ̃dɔlje, -jɛʀ] *s.* Gondolero, ra.
gonfler [gɔ̃fle] *tr.* **1** Inflar, hinchar. **2** fam. ***Être gonflé,*** ser atrevido, tener cara.
goret [gɔʀɛ] *m.* Gorrino, lechón.

gorge [gɔʀʒ(ə)] *f.* 1 Garganta. 2 Cuello *m.* (cou). 3 Pecho *m.*, escote (poitrine). 4 Loc. fig. ***Faire des gorges chaudes,*** burlarse de; ***rendre*** ~, restituir lo robado. 5 TECHN. Garganta. 6 GÉOG. Garganta, desfiladero *m.* 7 FORT. Gola. 8 ARCHIT. Mediacaña.

gorgée [gɔʀʒe] *f.* Trago *m.*, sorbo *m.*

gorger [gɔʀʒe] *tr.* 1 Cebar. ■ 2 *pr.* Hartarse, atracarse. ▲ CONJUG. como ***engager.***

gorille [gɔʀij] *m.* 1 Gorila. 2 fam. Guardaespaldas.

gosier [gozje] *m.* Garganta *f.*, tragadero, garguero, gaznate.

gosse [gɔs] *s.* pop. Chiquillo, lla, chaval, la.

gothique [gɔtik] *adj.-m.* Gótico, ca.

gouache [gwaʃ] *f.* PEINT. Aguada.

gouaillerie [gwɑjʀi] *f.* fam. Burla, guasa.

goudron [gudʀɔ̃] *m.* Alquitrán, brea *f.*

gouffre [gufʀ(ə)] *m.* 1 Abismo, sima *f.* 2 Vorágine *f.*, remolino (tourbillon en mer). 3 fig. Abismo. 4 fig. Pozo sin fondo.

gouge [guʒ] *f.* Gubia.

goujon [guʒɔ̃] *m.* 1 Gobio. 2 TECHN. Clavija *f.*, pasador.

goulet [gulɛ] *m.* 1 Boca *f.* estrecha, bocana *f.* (d'un port). 2 Paseo estrecho (passage).

goulu, -ue [guly] *adj.-s.* Tragón, ona, glotón, ona.

goupille [gupij] *f.* Clavijita, pasador *m.*

gourance, gourante [guʀɑ̃s, guʀɑ̃t] *f.* pop. Error, cagada.

gourd, gourde [guʀ, guʀd(ə)] *adj.* 1 Entumecido, da (mains, doigts). ■ 2 *f.* BOT. Calabaza (courge). 3 Cantimplora (bouteille). ■ 4 *adj.-f.* Necio, cia.

gourdin [guʀdɛ̃] *m.* Garrote corto.

gourer [guʀe] *pr.* pop. Equivocarse, cagarla.

gourmand, -ande [guʀmɑ, -ɑ̃d] *adj.-s.* 1 Goloso, sa. ■ 2 *m.* AGR. Chupón.

gourmander [guʀmɑ̃de] *tr.* Reprender, reñir, tratar con dureza.

gourmandise [guʀmɑ̃diz] *f.* 1 Gula (défaut). 2 Golosina (friandise).

gourmet [guʀmɛ] *m.* Gastrónomo.

gousse [gus] *f.* 1 BOT. Vaina. 2 ~ ***d'ail,*** diente *m.* de ajo.

goût [gu] *m.* 1 Gusto. 2 Gusto, sabor. 3 Afición *f.* 4 ***Reprendre ~ à la vie,*** recuperar las ganas de vivir. 5 ***Dans le ~,*** al estilo de.

goûter [gute] *m.* Merienda *f.*

goûter [gute] *tr.* 1 Probar, catar (un mets, une boisson). 2 Saborear (savourer). 3 Apreciar, gustar de. ■ 4 *intr.* Merendar.

goutte [gut] *f.* 1 Gota. 2 fam. Copita de aguardiente: ***boire la ~,*** tomar una copita. 3 MÉD. Gota. ■ 4 *adv.* Nada, ni gota: ***n'entendre ~,*** no oír nada.

goutter [gute] *intr.* Dejar caer gotas.

gouttière [gutjɛʀ] *f.* 1 Canal *m.* (de toit). 2 MÉD. Entablillado *m.* 3 Gotera (écoulement au plafond).

gouvernail [guvɛʀnaj] *m.* Timón.

gouvernant, -ante [guvɛʀnɑ̃, -ɑ̃t] *adj.* 1 Gobernante. ■ 2 *f.* Gobernadora. 3 Ama de llaves. 4 Aya (d'un enfant). ■ 5 *m. pl.* Gobernantes.

gouverne [guvɛʀn(ə)] *f.* 1 Gobierno *m.*: ***je vous le dis pour votre ~,*** se lo digo para su gobierno.

gouvernement [guvɛʀnəmɑ̃] *m.* Gobierno.

gouverner [guvɛʀne] *tr.* 1 Gobernar. 2 GRAM. Regir. ■ 3 *intr.* MAR. Gobernar.

gouverneur [guvɛʀnœʀ] *m.* Gobernador.

goyave [gɔjav] *f.* Guayaba.

grabat [gʀaba] *m.* Camastro.

grabuge [gʀabyʒ] *m.* pop. Gresca *f.*, riña *f.*, follón.

grâce [gʀɑs] *f.* 1 Gracia, encanto *m.* 2 Favor *m.* 3 Gana: ***de bonne ~,*** de buena gana. 4 Indulto *m.* (pardon d'un condamné, etc.). 5 *interj.* ¡Pie-

dad!; ***de ~!,*** ¡por favor!, ¡se lo ruego! **6** *loc. prép.* ~ ***à,*** gracias a.
gracier [gʀasje] *tr.* Indultar. ▲ CONJUG. como ***prier.***
gracieux, -euse [gʀasjø, -øz] *adj.* **1** Gracioso, sa. **2** Afable, amable. **3** Gracioso, sa, gratuito, ta.
gracile [gʀasil] *adj.* Grácil.
gradation [gʀadɑsjɔ̃] *f.* Gradación.
grade [gʀad] *m.* Grado.
gradin [gʀadɛ̃] *m.* **1** Grada *f.* ■ **2** *pl.* Graderías *f.*
graduation [gʀadɥɑsjɔ̃] *f.* Graduación.
graduel, -elle [gʀadɥɛl] *adj.-m.* Gradual.
graduer [gʀadɥe] *tr.* Graduar.
graffiti [gʀafiti] *m.* Pintada *f.*
graillon [gʀɑjɔ̃] *m.* **1** Sobras *f. pl.* de grasa quemada. **2** Olor a grasa quemada.
grain [gʀɛ̃] *m.* **1** Grano: ~ ***de blé,*** grano de trigo. **2** fig. Pizca *f.*, un poco: ***pas un ~ de dignité,*** ni pizca de dignidad. **3** Cuenta *f.* (de chapelet). **4** ~ ***de beauté,*** lunar. **5** Aguacero, turbión (averse).
graine [gʀɛn] *f.* BOT. Semilla, simiente. Loc. ***Monter en ~,*** espigarse.
graineterie [gʀɛnt(ə)ʀi, gʀɛnɛtʀi] *f.* Comercio *m.* de granos.
graissage [gʀɛsaʒ] *m.* Engrase, engrasado.
graisse [gʀɛs] *f.* Grasa.
graisser [gʀese] *tr.* **1** Engrasar. **2** Manchar de grasa (salir).
graisseux, -euse [gʀɛsø, -øz] *adj.* Grasiento, ta.
grammaire [gʀa(m)mɛʀ] *f.* Gramática.
grammatical, -ale [gʀam(m)atikal] *adj.* Gramatical.
gramme [gʀam] *m.* Gramo.
grand, -ande [gʀɑ̃, -ɑ̃d] *adj.* **1** Grande: ***grande chambre,*** habitación grande; gran (devant un substantif sing.): ~ ***peintre,*** gran pintor. **2** Alto, ta (taille). **3** Mayor (dignité). **4** ***Plus ~,*** mayor, más alto; ***moins ~,*** menor. **5** Loc. ***Au ~ air,*** al aire libre; ***au ~ jour,*** a la luz del día; ***de ~ cœur,*** con mucho gusto; ~ ***âge,*** edad avanzada; ~ ***livre,*** libro mayor. **6** Mayor, adulto, ta. ■ **7** *m.* Grande, magnate. ■ **8** *adv.* ***Voir ~,*** ver en grande; ~ ***ouvert,*** abierto de par en par.
grandesse [gʀɑ̃dɛs] *f.* Grandeza.
grandeur [gʀɑ̃dœʀ] *f.* **1** Magnitud (importance). **2** Tamaño *m.*, grandor *m.* *(taille):* ~ ***nature,*** tamaño natural. **3** fig. Grandeza (morale). **4** ***Sa ~,*** Su Ilustrísima (évêques, archevêques). **5** ASTRON. Magnitud. ■ **6** *pl.* Dignidades, honores.
grandiose [gʀɑ̃djoz] *adj.* **1** Grandioso, sa. ■ **2** *m.* Grandiosidad *f.*
grandir [gʀɑ̃diʀ] *intr.* **1** Crecer. ■ **2** *tr.* Ampliar, exagerar. **3** fig. Engrandecer.
grand-maman [gʀɑ̃mamɑ̃] *f.* fam. Abuelita.
grand-mère [gʀɑ̃mɛʀ] *f.* Abuela.
grand-messe [gʀɑ̃mɛs] *f.* Misa mayor.
grand-papa [gʀɑ̃papa] *m.* fam. Abuelito.
grand-père [gʀɑ̃pɛʀ] *m.* Abuelo.
grands-parents [gʀɑ̃paʀɑ̃] *m. pl.* Abuelos.
grange [gʀɑ̃ʒ] *f.* Granero *m.*, hórreo *m.*, troje *m.*
granit, granite [gʀanit] *m.* Granito.
granulé, -ée [gʀanyle] *adj.* Granulado, da. ■ m. Gránulo.
graphique [gʀafik] *adj.* **1** Gráfico, ca. ■ **2** *m.* Gráfico, gráfica *f.*
graphologie [gʀafɔlɔʒi] *f.* Grafología.
grappe [gʀap] *f.* Racimo *m.*
grappiller [gʀapije] *intr.* **1** Racimar, rebuscar. ■ **2** *tr.* Rebuscar.
gras, grasse [gʀɑ, gʀɑs] *adj.* **1** Graso, sa, pingüe. **2** Grasiento, ta, pringoso, sa (graisseux). **3** Gordo, da (gros). **4** Grueso, sa (trait d'écriture). **5** IMPR. ***Caractère ~,*** negrita *f.*, negrilla *f.* **6** BOT. ***Plante grasse,*** planta carnosa. **7** Feraz (fertile). **8** Loc. ***Bouillon ~,*** caldo de carne;

jour ~, día de carne; ***terre grasse,*** tierra arcillosa; ***vaches grasses,*** vacas gordas.
gras-double [gRadubl(ə)] *m.* CUIS. Callos *pl.*
grasseyer [gRaseje] *intr.* Pronunciar guturalmente la ***r.*** ▲ CONJUG. Conserva la *y* en todas sus formas.
grassouillet, -ette [gRasujɛ, -ɛt] *adj.* Regordete, ta.
gratifier [gRatifje] *tr.* Gratificar, recompensar. ▲ CONJUG. como ***prier.***
gratin [gRatɛ̃] *m.* **1** Resto de un manjar que se pega a la sartén. **2** CUIS. Gratén.
gratiner [gRatine] *tr.* CUIS. Tostar por encima.
gratis [gRatis] *adv.* Gratis, de balde.
gratitude [gRatityd] *f.* Gratitud.
gratte [gRat] *f.* fam. Sisa: ***faire de la ~***, sisar.
gratte-ciel [gRatsjɛl] *m. invar.* Rascacielos.
gratter [gRate] *tr.* **1** Rascar. **2** Raspar (racler, effacer). **3** Escarbar (le sol). **4** fam. Picar (démanger). **5** fam. Adelantar (dépasser).
grattoir [gRatwaR] *m.* **1** Raspador (de bureau). **2** Rascador (outil).
gratuit, -ite [gRatɥi, -ɥit] *adj.* Gratuito, ta.
gravats [gRavɑ] *m. pl.* Cascotes, escombros.
grave [gRav] *adj.-m.* Grave.
graveleux, -euse [gRavlø, -øz] *adj.* fig. Picante, escabroso, sa.
gravelle [gRavɛl] *f.* Mal *m.* de piedra.
graver [gRave] *tr.* Grabar (***sur,*** en).
graveur [gRavœR] *m.* Grabador.
gravier [gRavje] *m.* Grava *f.*, guijo.
gravir [gRaviR] *tr.* **1** Trepar, escalar (montagne). **2** Subir (côte).
gravitation [gRavitasjɔ̃] *f.* Gravitación.
gravité [gRavite] *f.* Gravedad.
graviter [gRavite] *intr.* Gravitar.
gravure [gRavyR] *f.* Grabado *m.*
gré [gRe] *m.* **1** Grado, voluntad *f.*, gusto, capricho: ***agir à son ~***, obrar a su capricho. **2** ***Savoir ~ de,*** estar agradecido, da por. **3** *loc. prép.* ***Au ~ de,*** a merced de, al capricho de. **4** *loc. adv.* ***Contre mon ~***, mal de mi grado.
grec, grecque [gRɛk] *adj.-s.* Griego, ga.
gredin, -ine [gRədɛ̃, -in] *s.* Miserable, canalla, bribón, ona.
gréer [gRee] *tr.* MAR. Aparejar.
greffé, -ée [gRefe] *s.* Transplantado, da.
greffe [gRɛf] *m.* **1** DR. Escribanía *f.*, archivo de un tribunal. ■ **2** *f.* Injerto *m.*
greffer [gRefe] *tr.* Injertar.
greffon [gRɛfɔ̃] *m.* Injerto.
grégaire [gRegɛR] *adj.* Gregario, ria.
grêle [gRɛl] *adj.* **1** Delgado, da, endeble. **2** ***Voix ~***, voz tenue y aguda, ahilada. ■ **3** *f.* Granizo *m.*, pedrisco *m.* **4** fig. Granizada, chaparrón *m.* (de choses).
grêler [gRele] *impers.* Granizar.
grêlon [gRɛlɔ̃] *m.* Piedra *f.* de granizo, granizo.
grelot [gRəlo] *m.* Cascabel.
grelotter [gRəlɔte] *intr.* Tiritar.
grenache [gRənaʃ] *m.* Garnacha *f.*
grenade [gRənad] *f.* **1** Granada (fruit). **2** MIL. Granada.
grenadier [gRənadje] *m.* **1** Granado (arbuste). **2** MIL. Granadero.
grenat [gRəna] *m.* Granate.
grener [gRəne] *intr.* **1** Granar. ■ **2** *tr.* TECHN. Granear. ▲ CONJUG. como ***lever.***
grenier [gRənje] *m.* **1** Granero (à grains). **2** Desván (sous les combles).
grenouille [gRənuj] *f.* Rana.
grès [gRɛ] *m.* **1** Asperón, arenisca *f.* **2** Gres (poterie).
grésiller [gRezije] *impers.* **1** Granizar. ■ **2** *intr.* Chisporrotear.
grève [gRɛv] *f.* **1** Playa, arenal *m.* **2** Huelga.
grever [gRəve] *tr.* Gravar. ▲ CONJUG. como ***acheter.***
gréviste [gRevist(ə)] *adj.-s.* Huelguista.

gribouillage [gʀibujaʒ] *m.* 1 fam. Garabateo, garabato, garrapato (écriture). 2 Mamarracho (peinture).
gribouiller [gʀibuje] *intr.* 1 fam. Garrapatear, escarabajear. ■ 2 *tr.* Pintorrear (peindre), garabatear, garrapatear (écrire).
grief [gʀijɛf] *m.* Queja *f.*: ***exposer ses griefs,*** exponer sus quejas.
griffe [gʀif] *f.* 1 Garfa, garra, zarpa, uña (d'un animal). 2 ***Coup de ~,*** zarpazo. 3 Firma, rúbrica (signature), estampilla (cachet).
griffé, -ée [gʀife] *adj.* De marca.
griffer [gʀife] *tr.* Arañar.
griffonner [gʀifɔne] *tr.* Garrapatear, borronear.
grignoter [gʀiɲɔte] *tr.* Roer.
grigou [gʀigu] *m.* fam. Tacaño.
gril [gʀi(l)] *m.* 1 Parrilla *f.* 2 fig. ***Être sur le ~,*** estar en ascuas.
grillade [gʀijad] *f.* Carne asada a la parrilla.
grillage [gʀijaʒ] *m.* Alambrera *f.*, reja *f.*
grille [gʀij] *f.* 1 Verja, rejado *m.* (clôture). 2 Cancela (porte). 3 Reja (fenêtre). 4 Rejilla (d'un fourneau, etc.).
griller [gʀije] *tr.* 1 Asar, emparrillar (viande, poisson), tostar (café, etc.). 2 Quemar: ***~ une résistance électrique,*** quemar una resistencia eléctrica. 3 Abrasar: ***le soleil grillait les récoltes,*** el sol abrasaba la cosecha. ■ 4 *intr.* Asarse, tostarse, achicharrarse. 5 fig. Arder: ***je grille d'envie de te voir,*** ardo en deseos de verte.
grillon [gʀijɔ̃] *m.* Grillo.
grimace [gʀimas] *f.* 1 Mueca, gesto *m.*, visaje *m.*: ***faire des grimaces,*** hacer visajes. 2 Pliegue *m.*, arruga (faux pli).
grimer [gʀime] *tr.* 1 Maquillar. ■ 2 *pr.* Maquillarse.
grimoire [gʀimwaʀ] *m.* Libro enrevesado, escrito ilegible.
grimper [gʀɛ̃pe] *intr.-tr.* 1 Trepar, subir: ***~ à un arbre,*** trepar a un árbol. 2 Subirse: ***~ sur une chaise,*** subirse a una silla. ■ 3 *tr.* Subir (un escalier, etc.). 4 Escalar (montagne).
grincement [gʀɛ̃smɑ̃] *m.* Rechinamiento, chirrido.
grincer [gʀɛ̃se] *intr.* 1 Rechinar, chirriar. 2 ***~ des dents,*** rechinar los dientes. ▲ CONJUG. como ***lancer.***
grincheux, -euse [gʀɛ̃ʃø, -øz] *adj.-s.* Gruñón, ona, refunfuñador, ra, quejoso, sa.
gringalet [gʀɛ̃galɛ] *m.* Alfeñique, hombrecillo.
grippe [gʀip] *f.* 1 Gripe. 2 fig. Tirria: ***prendre en ~,*** tomar tirria a.
gripper [gʀipe] *intr.* 1 Adherirse, agarrotar (se coincer). 2 Arrugarse, encogerse (un tissu). ■ 3 *pr.* Agarrotarse (un moteur).
grippe-sou [gʀipsu] *m.* Avaro, roñoso.
gris, -ise [gʀi, -iz] *adj.* 1 Gris, pardo, da: ***des tons ~,*** tonos grises. Loc. ***Papier ~,*** papel de embalaje; ***cheval ~ pommelé,*** caballo tordo con manchas; ***faire grise mine,*** poner mala cara. 2 Cubierto, ta (temps). 3 fig. Chispo, pa, achispado, da (ivre). ■ 4 *m.* Color gris, gris: ***peint en ~,*** pintado de gris.
grisaille [gʀizɑj] *f.* Grisalla.
grisâtre [gʀizɑtʀ(ə)] *adj.* Grisáceo, cea.
griser [gʀize] *tr.* 1 Achispar. 2 fig. Exaltar, embriagar. ■ 3 *pr.* Achisparse.
griserie [gʀizʀi] *f.* Embriaguez.
grisonner [gʀizɔne] *intr.* Encanecer.
grisou [gʀizu] *m.* Grisú.
grive [gʀiv] *f.* Tordo *m.*
grivois, -oise [gʀivwa, -waz] *adj.-s.* Picaresco, ca, licencioso, sa, verde.
grog [gʀɔg] *m.* Ponche, grog.
grogner [gʀɔɲe] *intr.* Gruñir.
grognon, -onne [gʀɔɲɔ̃, -ɔn] *adj.-s.* Gruñón, ona, regañón, ona.
groin [gʀwɛ̃] *m.* Hocico.

grommeler [gRɔmle] *intr.* 1 Refunfuñar, rezongar. ■ 2 *tr.* Mascullar. ▲ CONJUG. como ***appeler.***
gronder [gRɔ̃de] *intr.* 1 Gruñir. 2 fig. Retumbar, tronar. ■ 3 *tr.* Regañar, reñir, reprender (réprimander).
gros, grosse [gRo, gRos] *adj.* 1 Grueso, sa, gordo, da. Loc. ~ ***lot,*** premio gordo; ***femme grosse,*** mujer encinta; fig. ***avoir le cœur ~,*** tener el corazón encogido. 2 Grande, gran. 3 Abultado, da (volumineux). 4 Importante. 5 Fuerte: ***grosse voix, fièvre,*** voz, calentura fuerte. 6 ***Grosse mer,*** mar agitado; ~ ***temps,*** temporal. 7 Grosero, ra, tosco, ca (grossier). 8 ~ ***mot,*** palabrota *f.* ■ 9 *m.* Grueso: ***le ~ de l'armée,*** el grueso del ejército. 10 COMM. Comercio al por mayor. ■ 11 *adv.* Mucho: ***gagner ~,*** ganar mucho. 12 Fuerte: ***jouer ~,*** jugar fuerte. 13 *loc. adv.* ***En ~,*** al por mayor (commerce), en líneas generales, a grandes rasgos (sans entrer dans les détails).
groseille [gRozɛj] *f.* Grosella.
grosse [gRos] *f.* 1 v. ***gros.*** 2 COMM. Gruesa (douze douzaines). 3 Copia, traslado *m.* ejecutorio (copie).
grossesse [gRosɛs] *f.* Preñez, embarazo *m.*
grosseur [gRosœR] *f.* 1 Grosor *m.*, gordura, corpulencia. 2 Tumor *m.* (tumeur), bulto *m.* (bosse).
grossier, -ière [gRosje, -jɛR] *adj.* 1 Grosero, ra. 2 Tosco, ca (rudimentaire, rustique).
grossir [gRosiR] *tr.* 1 Engrosar, abultar, engordar. 2 Aumentar, amplificar (avec une loupe, etc.). 3 fig. Abultar, exagerar. ■ 4 *intr.* Engordar, engrosar. 5 fig. Crecer, aumentar.
grossissant, -ante [gRosisɑ̃, -ɑ̃t] *adj.* 1 Creciente. 2 ***Verres grossissants,*** lentes de aumento.
grotesque [gRɔtɛsk(ə)] *adj.* Grotesco, ca.
grotte [gRɔt] *f.* Gruta, caverna.
grouiller [gRuje] *intr.* Hormiguear, bullir.
groupe [gRup] *m.* Grupo.
groupement [gRupmɑ̃] *m.* Agrupación *f.*
grouper [gRupe] *tr.* Agrupar.
gruau [gRyo] *m.* 1 Farro. 2 Harina *f.* de cebada o avena secada al horno. 3 Flor de harina: ***pain de ~,*** pan de flor.
grue [gRy] *f.* 1 Grulla (oiseau). 2 pop. Buscona (femme vénale). 3 MÉC. Grúa.
gruger [gRyʒe] *tr.* fig. Timar, embaucar. ▲ CONJUG. como ***engager.***
grumeau [gRymo] *m.* Grumo.
grumeler (se) [gRymele] *pr.* Agrumarse. ▲ CONJUG. como ***appeler.***
gué [ge] *m.* Vado.
guelte [gɛlt(ə)] *f.* Comisión sobre la venta.
guenille [gənij] *f.* 1 Harapo *m.*, andrajo *m.* 2 ***En guenilles,*** harapiento, ta.
guenon [gənɔ̃] *f.* Mona.
guépard [gepaR] *m.* Onza *f.*, guepardo
guêpe [gɛp] *f.* Avispa.
guère [gɛR] *adv.* Poco, no mucho, apenas: ***il n'y a ~ longtemps,*** no hace mucho.
guéridon [geRidɔ̃] *m.* Velador.
guérir [geRiR] *tr.* 1 Curar. ■ 2 *intr.* Sanar, curarse.
guérison [geRizɔ̃] *f.* Curación, cura.
guérisseur, -euse [geRisœR, -øz] *s.* Curandero, ra.
guérite [geRit] *f.* Garita.
guerre [gɛR] *f.* 1 Guerra. 2 ***De ~ lasse,*** cansado, da de resistir, de luchar.
guérrillero *m.* Guerrillero.
guerroyer [gɛRwaje] *intr.* Guerrear. ▲ CONJUG. como ***employer.***
guet [gɛ] *m.* Acecho, vigilancia *f.*: ***faire le ~,*** estar al acecho.
guet-apens [gɛtapɑ̃] *m.* 1 Emboscada *f.* 2 Asechanza *f.*
guetter [gete] *tr.* 1 Acechar. 2 Aguardar, esperar (attendre).

gueulard, -arde [gœlaʀ, -aʀd(ə)] *adj.-s.* 1 pop. Vocinglero, ra. 2 pop. Goloso, sa (gourmand). ■ 3 *m.* Boca *f.* (du foyer d'une chaudière).
gueule [gœl] *f.* 1 Hocico *m.*, boca (animaux). 2 MIL. Boca (du canon). 3 fam. Cara, jeta (visage), pinta (aspect). 4 pop. Boca (bouche). Loc. ~ ***de bois,*** resaca; ***une fine*** ~, un gastrónomo; pop. ***ta*** ~***!,*** ¡cállate!
gueuler [gœle] *intr.* fam. Gritar, vociferar.
gueux, -euse [gø, -øz] *adj.-s.* 1 Pordiosero, ra (mendiant). 2 Pícaro, ra, bribón, ona.
gui [gi] *m.* 1 Muérdago, visco. 2 MAR. Botavara *f.*
guichet [giʃɛ] *m.* Ventanilla *f.*, taquilla *f.*
guide [gid] *m.* 1 MIL., MÉC. Guía. 2 Lazarillo (d'aveugle). 3 Guía *f.* (livre). ■ 4 *f. pl.* Riendas.
guider [gide] *tr.* 1 Guiar, dirigir. ■ 2 *pr.* Guiarse.
guidon [gidɔ̃] *m.* 1 Manillar (bicyclette). 2 MIL. Punto de mira. 3 MAR. Gallardete.
guigne [giɲ] *f.* 1 Guinda (cerise). 2 fam. Mala suerte. Loc. ***Porter la*** ~, ser gafe.
guigner [giɲe] *intr.-tr.* 1 Mirar de soslayo, con disimulo, de reojo. ■ 2 *tr.* fig. fam. Codiciar.
guignol [giɲɔl] *m.* 1 Polichinela. 2 Teatro de polichinelas, guiñol (théâtre).
guilis [gili] *f.pl.* fam. Carantoñas.
guillemet [gijmɛ] *m.* Comilla *f.*
guillocher [gijɔʃe] *tr.* Grabar con rayas que se entrecruzan.
guillotine [gijɔtin] *f.* Guillotina.
guimauve [gimov] *f.* 1 Malvavisco *m.* 2 Melcocha (pâte).
guimpe [gɛ̃p] *f.* 1 Toca (de religieuse). 2 Camisolín *m.* (plastron de femme).
guindé, -ée [gɛ̃de] *adj.* 1 Afectado, da, tieso, sa, estirado, da. 2 Ampuloso, sa.
guinguette [gɛ̃gɛt] *f.* Ventorrillo *m.*, merendero *m.*
guipure [gipyʀ] *f.* Guipur *m.*
guirlande [giʀlɑ̃d] *f.* Guirnalda.
guise [giz] *f.* Guisa, manera, antojo *m.*: ***à sa*** ~, a su antojo.
guitare [gitaʀ] *f.* Guitarra.
gymkhana [ʒimkana] *m.* Gymkhana, gincana.
gymnase [ʒimnɑz] *m.* Gimnasio.
gymnaste [ʒimnast] *s.* Gimnasta.
gymnastique [ʒimnastik] *adj.* 1 Gimnástico, ca. ■ 2 *f.* Gimnasia.
gynécologue [ʒinekɔlɔg] *s.* Ginecólogo, ga.
gypse [ʒips(ə)] *m.* Yeso.
gyrostat [ʒiʀɔsta] *m.* Girostato.

H

h [aʃ] *m.-f.* H *f.*
ha! ['a, ha] *interj.* 1 ¡Ah! 2 ***Ha, ha!,*** ¡ja, ja!
habile [abil] *adj.* Hábil.
habileté [abilte] *f.* Habilidad.
habiller [abije] *intr.* 1 Vestir. 2 Disfrazar. 3 Sentar, ir: ***cette robe t'habille bien,*** este vestido te sienta bien. 4 Cubrir (couvrir). 5 CUIS. Preparar. ■ 6 *pr.* Vestirse.
habit [abi] *m.* 1 Vestido, traje: ~ ***de ville,*** traje de calle. 2 Frac. 3 Hábito (de religieux). ■ 4 *pl.* Ropa *f. sing.*: ***ôter ses habits,*** quitarse la ropa.
habitable [abitabl(ə)] *adj.* Habitable.
habitacle [abitakl(ə)] *m.* 1 Cabina *f.* (d'un avion). 2 MAR. Bitácora *f.*
habitant, -ante [abitɑ̃, -ɑ̃t] *s.* Habitante.
habitation [abitɑsjɔ̃] *f.* Vivienda.
habiter [abite] *tr.-intr.* Vivir, habitar.
habitude [abityd] *f.* Hábito *m.*, costumbre.

habitué, -ée [abitɥe] *adj.* **1** Habituado, da, acostumbrado, da. ■ **2** *s.* Concurrente, asiduo, dua.
habituer [abitɥe] *tr.* **1** Habituar. ■ **2** *pr.* Habituarse, acostumbrarse.
hache ['aʃ] *f.* Hacha, segur.
hacher ['aʃe] *tr.* **1** Picar (en petits morceaux). **2** fig. ***Se faire ~,*** dejarse matar. **3** Destrozar (récoltes). **4** Plumear (un dessin).
hachette ['aʃɛt] *f.* Destral *m.*, hacha pequeña, hacheta.
hachis ['aʃi] *m.* CUIS. Picadillo de carne, de pescado.
hachoir ['aʃwaʀ] *m.* **1** CUIS. Picador, tajo (planche). **2** CUIS. Tajadera *f.* (couteau).
hachure ['aʃyʀ] *f.* Plumeado *m.*, raya.
hagard, -arde ['agaʀ, -aʀd(ə)] *adj.* **1** Despavorido, da, azorado, da. **2** Extraviado, da (yeux).
haie ['ɛ] *f.* **1** Seto *m.*: ~ ***vive,*** seto vivo. **2** Fila, cordón *m.* (de personnes, soldats).
haillon ['ɑjɔ̃] *m.* Harapo, andrajo.
haine ['ɛn] *f.* Odio *m.*
haineux, -euse ['ɛnø, -øz] *adj.* Rencoroso, sa.
haïr ['aiʀ] *tr.* Odiar, aborrecer. ▲ CONJUG. IRREG.: se escriben sin diéresis: ***je hais, tu hais, il hait*** y el imperativo sing. ***hais*** (que se pronuncian [ɛ]).
haïssable ['aisabl(ə)] *adj.* Odioso, sa, detestable, aborrecible.
hâlé, -ée ['ɑle] *adj.* Bronceado, da, tostado, da, curtido, da (peau).
haleine [ɑlɛn] *f.* **1** Aliento *m.*: ***mauvaise ~,*** mal aliento. Loc. ***Hors d'~,*** jadeando. **2** *loc. adv.* ***Tout d'une ~, d'une seule ~,*** sin tomar aliento, de un tirón. **3** *f.*: : Loc. ***de longue ~,*** preparado, da cuidadosamente con mucha anterioridad.
haler ['a(ɑ)le] *tr.* **1** MAR. Halar. **2** Sirgar (une péniche).
hâler ['ɑle] *tr.* **1** Broncear, curtir (la peau). **2** Secar (les plantes).
haletant, -ante ['atɑ̃, -ɑ̃t] *adj.* **1** Jadeante. **2** fig. Anhelante.
haleter ['alte] *intr.* Jadear. ▲ CONJUG. como ***appeler.***
halle ['al] *f.* Mercado *m.*
hallebarde ['albaʀd(ə)] *f.* Alabarda.
hallucination [al(l)ysinɑsjɔ̃] *f.* Alucinación.
halo ['alo] *m.* Halo.
halogène [alɔʒɛn] *adj.* Halógeno, na.
halte ['alt(ə)] *f.* **1** Alto *m.*, parada. **2** Apeadero *m.* (chemin de fer). **3** *interj.* ¡Alto! **4** ***Halte-là!,*** ¡alto ahí!
haltérophilie [altɛʀɔfili] *f.* Halterofilia.
hamac ['amak] *m.* **1** Hamaca *f.* **2** MAR. Coy.
hamburger ['ɑ̃buʀgeʀ] *m.* Hamburguesa *f.*
hameau ['amo] *m.* Caserío, aldea *f.*
hameçon [amsɔ̃] *m.* Anzuelo.
hampe ['ɑ̃p] *f.* **1** Asta (de drapeau). **2** Mango *m.* (de pinceau). **3** BOT. Bohordo *m.*
hanche ['ɑ̃ʃ] *f.* Cadera.
handball ['ɑ̃dbal, 'ɑ̃dbol] *m.* Balonmano.
hangar ['ɑ̃gaʀ] *m.* **1** Hangar (avions). **2** Cobertizo (agricole).
hanneton ['antɔ̃] *m.* Abejorro.
hanter ['ɑ̃te] *tr.* **1** Frecuentar. **2** Tratar, andar con. **3** fig. Obsesionar, perseguir. **4** ***Maison hantée,*** casa encantada.
hantise ['ɑ̃tiz] *f.* Obsesión.
happer ['ape] *tr.* **1** Atrapar. **2** Atrapar de un bocado (animaux).
harangue ['aʀɑ̃g] *f.* Arenga.
haras ['aʀɑ] *m.* **1** MIL. Remonta *f.* **2** Acaballadero.
harasser ['aʀase] *tr.* Cansar, agobiar, agotar.
harceler ['aʀsəle] *tr.* Hostigar, acosar. ▲ CONJUG. como ***acheter.***
harde ['aʀd(ə)] *f.* **1** Manada (d'animaux sauvages). **2** Traílla (de chiens). ■ **3** *pl.* péj. Vestidos *m.*, ropas.

hardi, -ie ['ardi] *adj.* **1** Atrevido, da, osado, da. **2** Descarado, da (effronté). **3** *interj.* ¡Ánimo!
hardiesse ['ardjɛs] *f.* **1** Atrevimiento *m.*, osadía. **2** Descaro *m.* (effronterie).
harem ['arɛm] *m.* Harén, harem.
hareng ['arɑ̃] *m.* Arenque.
hargneux, -euse ['arɲø, -øz] *adj.* Huraño, ña, arisco, ca, rabioso, sa, malhumorado, da.
haricot ['ariko] *m.* **1** Judía *f.*, alubia *f.*: ~ ***vert,*** judía tierna. **2** CUIS. ~ ***de mouton,*** guiso de carnero con patatas y nabos.
harmonica [armɔnika] *m.* Armónica *f.*, harmónica *f.*
harmonieux, -euse [armɔnjø, -øz] *adj.* Armonioso, sa.
harmonique [armɔnik] *adj.* Armónico, ca.
harnacher ['arnaʃe] *tr.* **1** Enjaezar. **2** fig. Ataviar ridículamente.
harnais ['arnɛ] *m.* Arneses *pl.*, arreos *pl.*
haro ['aro] *m.* Loc. fig. ***Crier ~ sur quelqu'un,*** alzarse con indignación contra uno.
harpe ['arp(ə)] *f.* **1** MUS. Arpa, harpa. **2** CONSTR. Adaraja.
harpie ['arpi] *f.* Arpía, harpía.
harpiste ['arpist(ə)] *s.* Arpista.
harpon ['arpɔ̃] *m.* Arpón.
hasard ['azar] *m.* **1** Azar, acaso, casualidad *f.*, suerte *f.* **2** Riesgo.
hasardeux, -euse ['azardø, -øz] *adj.* Arriesgado, da, temerario, ria, aventurado, da.
haschisch ['aʃiʃ] *m.* Hachís.
hâte ['ɑt] *f.* **1** Prisa: ***avoir ~ de,*** tener prisa por. **2** *loc. adv.* ***À la ~, en ~,*** de prisa, precipitadamente.
hâter ['ɑte] *tr.* **1** Acelerar, apresurar: ~ ***le pas,*** apretar el paso. **2** Adelantar, estimular (activer). ■ **3** *pr.* Apresurarse, darse prisa: ***hâtez-vous,*** dése prisa.
hâtif, -ive ['ɑtif, -iv] *adj.* **1** Apresurado, da, hecho, cha de prisa. **2** Precoz.
hausse ['os] *f.* **1** Alza (des prix). **2** IMPR. Alza. **3** TECHN. Pieza para alzar. **4** Subida (des eaux).
hausser ['ose] *tr.* **1** Alzar, levantar. **2** Subir, elevar (les prix). **3** Aumentar. ■ **4** *intr.* Crecer, aumentar. **5** Encarecer (prix). ■ **6** *pr.* Alzarse.
haut ['o] *adv.* **1** Alto: ***voler ~,*** volar alto. **2** Fuerte: ***parler ~,*** hablar fuerte. **3** *loc. adv.* ***De ~ en bas,*** de arriba abajo. **4** *interj.* ~ ***les mains!,*** ¡manos arriba!
haut, haute ['o, 'ot] *adj.* **1** Alto, ta. Loc. ***Marcher le front ~,*** ir con la frente alta; ***le Très-Haut,*** el Altísimo; ~ ***en couleur,*** subido de color; ***la haute antiquité,*** la remota antigüedad. ■ **2** *m.* Alto, altura *f.* **3** Lo alto, la parte alta: ***du ~ de,*** desde lo alto de. Loc. fig. ***Tomber de son ~,*** quedarse estupefacto, ta. **4** Clima *f.* (d'un arbre).
hautain, -aine ['otɛ̃, -ɛn] *adj.* Altivo, va.
hautbois ['obwɑ] *m.* Oboe.
hauteur ['otœr] *f.* **1** Altura. **2** fig. Altura, alteza (noblesse). **3** Altanería, altivez (arrogance). **4** Grado *m.* de agudeza (d'un son). **5** Altura, colina, eminencia (lieu élevé).
haut-fond ['ofɔ̃] *m.* MAR. Bajo, bajo fondo.
haut-le-cœur ['olkœr] *m. invar.* Náusea *f.*
haut-parleur ['oparlœr] *m.* Altavoz.
haut-relief ['orəljɛf] *m.* Alto relieve.
havane ['avan] *m.* **1** Habano (cigare). ■ **2** *adj.* Habano, na (couleur).
hâve ['ɑv] *adj.* Pálido, da, macilento, ta.
hebdomadaire [ɛbdɔmadɛr] *adj.* **1** Semanal, hebdomadario, ria. ■ **2** *m.* Semanario (journal, revue).
héberger [ebɛrʒe] *tr.* Albergar. ▲ CONJUG. como ***engager.***
hébéter [ebete] *tr.* Embrutecer, atontar. ▲ CONJUG. como ***accélérer.***
hécatombe [ekatɔ̃b] *f.* Hecatombe.
hectare [ɛktar] *m.* Hectárea *f.*

hectogramme [ɛktɔgʀam] *m.* Hectogramo.
hectolitre [ɛktɔlitʀ(ə)] *m.* Hectolitro.
hectomètre [ɛktɔmɛtʀ(ə)] *m.* Hectómetro.
hégémonie [ezemɔni] *f.* Hegemonía.
hein! ['ɛ̃, hɛ̃] *interj.* ¡Eh!, ¿eh?
hélas! ['elɑs] *interj.* ¡Ay!
héler ['ele] *tr.* Llamar. ▲ CONJUG. como ***accélérer.***
hélice [elis] *f.* GÉOM., MÉC. Hélice.
hélicoptère [elikɔptɛʀ] *m.* Helicóptero.
hem! ['ɛm, hɛm] *interj.* ¡Eh!, ¡ejem, ejem!
hématome [ematom] *m.* Hematoma.
hémicycle [emisikl(ə)] *m.* Hemiciclo.
hémiplégie [emipleʒi] *f.* Hemiplejía.
hémisphère [emisfɛʀ] *m.* Hemisferio.
hémorragie [emɔʀaʒi] *f.* Hemorragia.
hémorroïdes [emɔʀɔid] *f. pl.* Hemorroides.
henné ['ene] *m.* Henné.
hennir ['eniʀ] *intr.* Relinchar.
hépatique [epatik] *adj.* **1** Hepático, ca. ■ **2** *f. pl.* BOT. Hepáticas.
hépatite [epatit] *f.* Hepatitis.
héraldique [eʀaldik] *adj.* Heráldico, ca.
herbage [ɛʀbaʒ] *m.* **1** Herbaje (herbe). **2** Pasto, herbazal, pasturaje (prairie).
herbe [ɛʀb(ə)] *f.* **1** Hierba, yerba. **2** Césped *m.* (gazon). **3** *loc. adv.* ***En ~,*** no maduro, ra (encore).
herbeux, -euse [ɛʀbø, -øz] *adj.* Herboso, sa.
herbier [ɛʀbje] *m.* Herbario (collection).
herbivore [ɛʀbivɔʀ] *adj.-m.* Herbívoro, ra.
herboristerie [ɛʀbɔʀist(ə)ʀi] *f.* Tienda de herbolario.
hère ['ɛʀ] *m.* **1** Cervato. **2** fam. ***Un pauvre ~,*** un pobre diablo.
hérédité [eʀedite] *f.* Herencia.
hérésie [eʀezi] *f.* Herejía.
hérétique [eʀetik] *adj.* **1** Herético, ca. ■ **2** *s.* Hereje.
hérisser ['eʀise] *tr.* **1** Erizar. ■ **2** *pr.* Erizarse. **3** fam. Enfadarse, irritarse.
hérisson ['eʀisɔ̃] *m.* **1** Erizo. **2** fig. Erizo.
héritage [eʀitaʒ] *m.* **1** Herencia *f.* **2** vieil. Heredad *f.* (domaine).
hériter [eʀite] *ind.* Heredar.
héritier, -ière [eʀitje, -jɛʀ] *s.* Heredero, ra.
hermétique [ɛʀmetik] *adj.* Hermético, ca.
hermine [ɛʀmin] *f.* Armiño *m.*
hernie ['ɛʀni] *f.* Hernia.
héroïque [eʀɔik] *adj.* Heroico, ca.
héroïsme [eʀɔism(ə)] *m.* Heroísmo.
héron ['eʀɔ̃] *m.* Garza *f.*
herse ['ɛʀs(ə)] *f.* **1** AGR. Grada, rastra. **2** FORT. Rastrillo *m.* **3** THÉÂT. Luces *pl.* en el telar.
hésitant, -ante [ezitɑ̃, -ɑ̃t] *adj.* Vacilante, indeciso, sa.
hésiter [ezite] *intr.* Vacilar, titubear: ***~ à, sur,*** vacilar en.
hétérogène [eteʀɔʒɛn] *adj.* Heterogéneo, ea.
hêtre ['ɛtʀ(ə)] *m.* Haya *f.*
heu! ['ø] *interj.* ¡Oh!, ¡eh!
heur [œʀ] *m.* Suerte *f.,* fortuna *f.* dicha *f.*
heure [œʀ] *f.* **1** Hora. Loc. ***À six heures,*** a las seis; ***quelle ~ est-il?,*** ¿qué hora es?, ***l'~ du berger,*** la hora de los enamorados; *loc. adv.* ***À la bonne ~,*** sea, en hora buena, gracias a Dios; ***de bonne ~,*** temprano; ***tout à l'~,*** pronto, dentro de poco (bientôt), hace poco (il n'y a pas longtemps). ■ **2** *pl.* LITURG. Horas: ***livre d'heures,*** libro de horas. **3** *f.*: Loc. fig. ***remettre à l'~,*** adaptar a una situación nueva.

heureux, -euse [œʀø, -øz] *adj.* 1 Dichoso, sa, afortunado, da, feliz. Loc. ***Avoir la main heureuse,*** tener acierto en las empresas. 2 Acertado, da: ***une idée heureuse,*** una idea acertada.
heurter ['œʀte] *tr.* 1 Chocar, topar con, tropezar con. 2 fig. Contrariar, herir, chocar (sentiments). ■ 3 *intr.* Chocar, tropezar, dar. ■ 4 *pr.* Chocarse, toparse: ***se ~ à un poteau,*** chocar contra un poste. 5 Enfrentarse (s'affronter).
heurtoir ['œʀtwaʀ] *m.* 1 Llamador, aldabón. 2 Tope (butoir).
hexagone [ɛgzagɔn] *m.* Hexágono.
hiatus ['jatys, jatys] *m.* Hiato.
hiberner [ibɛʀne] *intr.* Pasar el invierno en letargo.
hibou ['ibu] *m.* Búho.
hic ['ik] *m.* fam. Quid, busilis: ***voilà le ~,*** ahí está el quid.
hideux, -euse ['idø, -øz] *adj.* 1 Horroroso, sa. 2 Horrible, repulsivo, va (répugnant).
hie ['i] *f.* Pisón *m.*
hier [jɛʀ] *adv.* 1 Ayer: ***~ matin,*** ayer por la mañana. 2 ***~ soir,*** anoche.
hiérarchie ['jeʀaʀʃi] *f.* Jerarquía.
hiéroglyphe [jeʀɔglif] *m.* Jeroglífico.
hilarant, -ante [ilaʀɑ̃, -ɑ̃t] *adj.* Hilarante.
hilarité [ilaʀite] *f.* Hilaridad.
hindou, -oue [ɛ̃du] *adj.-s.* Hindú.
hippique [ipik] *adj.* Hípico, ca.
hippodrome [ipɔdʀɔm] *m.* Hipódromo.
hippopotame [ipɔpɔtam] *m.* Hipopótamo.
hirondelle [irɔ̃dɛl] *f.* Golondrina.
hirsute [iʀsyt] *adj.* Hirsuto, ta.
hispanique [ispanik] *adj.* Hispánico, ca.
hisser ['ise] *tr.* 1 Izar. ■ 2 *pr.* Subirse, alzarse, auparse.
histoire [istwaʀ] *f.* 1 Historia. 2 fig. Cuento *m.*, mentira (mensonge). 3 Cuento *m.*: ***c'est toute une ~,*** es un cuento largo. 4 Enredo *m.*, lío *m.*, cuestión (ennuis, querelle). Loc. ***Faire des histoires,*** poner dificultades. 5 fam. ***~ de,*** con objeto de; ***~ de rire,*** en plan de broma.
historien, -ienne [istɔʀjɛ̃, -jɛn] *s.* Historiador, ra.
historier [istɔʀje] *tr.* Historiar. ▲ CONJUG. como ***prier.***
historiette [istɔʀjɛt] *f.* Historieta.
historique [istɔʀik] *adj.* 1 Histórico, ca. ■ 2 *m.* Historial, exposición *f.*
histrion [istʀijɔ̃] *m.* Histrión.
hiver [ivɛʀ] *m.* Invierno.
hiverner [ivɛʀne] *intr.* Invernar.
hobereau ['ɔbʀo] *m.* Hidalgo campesino.
hochequeue ['ɔʃkø] *m.* Aguzanieves *f.*
hocher ['ɔʃe] *tr.* Sacudir, menear: ***~ la tête,*** menear la cabeza.
hochet ['ɔʃɛ] *m.* Sonajero.
hockey ['ɔkɛ] *m.* Hockey: ***~ sur gazon,*** hockey sobre hierba.
holà ['ɔla, hɔla] *interj.* ¡Hola!, ¡eh!
hollandais, -aise ['ɔl(l)ɑ̃dɛ, -ɛz] *adj.-s.* Holandés, esa.
holocauste [ɔlɔkost(ə)] *m.* Holocausto.
homard ['ɔmaʀ] *m.* Bogavante.
homéopathie [ɔmeɔpati] *f.* Homeopatía.
homéopathique [ɔmeɔpatik] *adj.* 1 Homeopático, ca. 2 fig. fam. De poca importancia, insignificante.
homicide [ɔmisid] *adj.-s.* 1 Homicida. ■ 2 *m.* Homicidio.
hommage [ɔmaʒ] *m.* 1 Homenaje. 2 Ofrenda *f.*, obsequio (don). Loc. ***Faire ~ d'un livre,*** regalar, dedicar un libro. ■ 3 *pl.* Respetos: ***présenter ses hommages,*** ofrecer sus respetos.
hommasse [ɔmas] *adj.* péj. Hombruno, na.
homme [ɔm] *m.* 1 Hombre. Loc. ***Jeune ~,*** joven; ***brave ~,*** buen hombre; ***un ~ brave,*** un hombre valiente; ***~ de lettres,*** literato; ***~ de paille,*** testaferro; ***~ d'état,*** estadista; ***galant ~,*** caballero; ***être ~***

à, ser capaz de. **2** ***Homme des bois,*** orangután.

homogène [ɔmɔʒɛn] *adj.* Homogéneo, ea.

homologuer [ɔmɔloge] *tr.* Homologar.

homonyme [ɔmɔnim] *adj.-s.* Homónimo, ma.

homosexualité [omɔseksɥalite] *f.* Homosexualidad.

homosexuel, -elle [omɔseksɥɛl] *adj.-s.* Homosexual.

hongrois, -oise ['ɔ̃gʀwa, -waz] *adj.-s.* Húngaro, ra.

honnête [ɔnɛt] *adj.* **1** Honrado, da, probo, ba. **2** Honesto, ta, decente: ***une femme ~,*** una mujer decente. **3** Razonable: ***un prix ~,*** un precio razonable.

honnêteté [ɔnɛtte] *f.* **1** Honradez (probité). **2** Honestidad, decencia.

honneur [ɔnœʀ] *m.* **1** Honor, honra *f.* Loc. ***Affaire d'~,*** lance de honor; ***point d'~,*** pundonor, punto de honra; ***faire ~ à,*** hacer honor a. ■ **2** *pl.* Honores, dignidades *f.* **3** Honores: ***rendre les honneurs,*** rendir los honores. **4** ***Honneurs funèbres,*** honras fúnebres. **5** Triunfos (jeux de cartes).

honnir ['ɔnir] *tr.* Deshonrar, deshonorar, avergonzar.

honorable [ɔnɔʀabl(ə)] *adj.* Honorable.

honoraire [ɔnɔʀɛʀ] *adj.* **1** Honorario, ria. ■ **2** *pl.* Honorarios.

honorer [ɔnɔʀe] *tr.* **1** Honrar, honorar. **2** ***Votre honorée du 15 juillet,*** su atenta del 15 de julio (lettre). **3** Pagar, satisfacer una deuda. ■ **4** *pr.* Honrarse, enorgullecerse.

honorifique [ɔnɔʀifik] *adj.* Honorífico, ca.

honte ['ɔ̃t] *f.* Vergüenza. Loc. ***Avoir ~,*** avergonzarse, darse vergüenza; ***faire ~,*** avergonzar, abochornar.

honteux, -euse ['ɔ̃tø, -øz] *adj.* **1** Avergonzado, da (confus). **2** Vergonzoso, sa (déshonorant, timide). Loc. ***C'est ~!,*** ¡es una vergüenza!

hôpital [ɔ(o)pital] *m.* Hospital.

hoqueter ['ɔkte] *intr.* Hipar, tener hipo. ▲ CONJUG. como ***jeter.***

horaire [ɔʀɛʀ] *adj.-m.* Horario, ia.

horde ['ɔʀd(ə)] *f.* Horda.

horion ['ɔʀjɔ̃] *m.* Golpe, porrazo.

horizon [ɔʀizɔ̃] *m.* Horizonte.

horloge [ɔʀlɔʒ] *f.* Reloj *m.*

horlogerie [ɔʀlɔʒʀi] *f.* Relojería.

hormis ['ɔʀmi] *prép.* Excepto, salvo.

hormone [ɔʀmɔn] *f.* Hormona.

horoscope [ɔʀɔskɔp] *m.* Horóscopo.

horreur [ɔʀœʀ] *f.* Horror *m.* Loc. ***Avoir en ~,*** tener horror a.

horrible [ɔʀibl(ə)] *adj.* Horrible.

horrifier [ɔʀifje] *tr.* Horrorizar, horripilar. ▲ CONJUG. como ***prier.***

horripilant, -ante [ɔʀipilɑ̃, -ɑ̃t] *adj.* Horripilante.

hors ['ɔʀ] *prép.* **1** Excepto, menos: ***tous ~ moi,*** todos menos yo. **2** Fuera, fuera de: ***~ d'affaire,*** fuera de cuidado; ***~ de doute,*** fuera de duda; ***~ de combat,*** fuera de combate; ***~ de soi,*** fuera de sí. **3** ***~ de prix,*** muy caro, ra; ***~ ligne,*** excepcional. **4** *interj.* ***Hors d'ici!,*** ¡fuera de aquí!

hors-bord ['ɔʀbɔʀ] *m.* Fueraborda.

hors-d'œuvre ['ɔʀdœvʀ(ə)] *m. invar.* CUIS. Entremeses *pl.*

hortensia [ɔʀtɑ̃sja] *m.* Hortensia *f.*

horticulteur [ɔʀtikyltœʀ] *m.* Horticultor.

horticulture [ɔʀtikyltyʀ] *f.* Horticultura.

hospice [ɔspis] *m.* Hospicio.

hospitalier, -ière [ɔspitalje, -jɛʀ] *adj.* Hospitalario, ria.

hospitalité [ɔspitalite] *f.* Hospitalidad.

hostie [ɔsti] *f.* LITURG. Hostia.

hostilité [ɔstilite] *f.* Hostilidad.

hôte, hôtesse [ot, otɛs] *s.* **1** Huésped, huéspeda. **2** *f.* Azafata.

hôtel [o(ɔ)tɛl] *m.* Hotel. Loc. ***~ de***

ville, ayuntamiento; ~ ***particulier,*** palacete; ***maître d'~,*** jefe de comedor.
hôtelier, ière [o(ɔ)təlje, -jɛʀ] *adj.-s.* Hotelero, ra.
hotte ['ɔt] *f.* **1** Cuévano *m.* **2** Campana (d'une cheminée).
hou! ['u, hu] *interj.* **1** ¡Hale! **2** ¡Gua!
houblon ['ublɔ̃] *m.* Lúpulo.
houe ['u] *f.* Azada, azadón *m.*
houille ['uj] *f.* Hulla.
houle ['ul] *f.* MAR. Marejada.
houlette ['ulɛt] *f.* Cayado *m.* de pastor.
houleux, -euse ['ulø, -øz] *adj.* Agitado, da, movido, da.
houppe ['up] *f.* **1** Borla. **2** Penacho *m.*, moño *m.* (d'un oiseau). **3** Hopo *m.* (de cheveux).
hourra! ['uʀa] *interj.* ¡Hurra!
houspiller ['uspije] *tr.* **1** Sacudir, zamarrear (malmener). **2** Reprender (morigéner).
housse ['us] *f.* **1** Funda. **2** Gualdrapa (de cheval).
houx ['u] *m.* Acebo.
hublot ['yblo] *m.* **1** MAR. Portilla *f.* **2** Ventanilla *f.* (d'avion).
huche ['yʃ] *f.* **1** Amasadera (pétrin). **2** Arcón *m.* (pour garder le pain).
hue! ['y, hy] *interj.* **1** ¡Arre! **2** *loc. adv.* ***À ~ et à dia,*** a un lado y a otro.
huer ['ɥe] *tr.* **1** Abuchear: ~ ***un orateur,*** abuchear a un orador. ■ **2** *intr.* Silbar (hibou).
huile [ɥil] *f.* **1** Aceite *m.* Loc. fig. ***Jeter, verser de l'~ sur le feu,*** echar leña al fuego. **2** Óleo *m.* **3** fam. Pez *m.* gordo, personaje *m.* importante: ***les huiles,*** los peces gordos. ■ **4** *pl.* ***Les saintes huiles,*** los santos óleos.
huiler [ɥile] *tr.* Aceitar.
huilier [ɥilje] *m.* Angarillas *f. pl.*, vinagreras *f. pl.* (ustensile).
huis [ɥi] *m.* **1** ancienn. Puerta *f.* **2** ***À ~ clos,*** a puerta cerrada.
huissier [ɥisje] *m.* **1** Ujier (palais, tribunaux). **2** Ordenanza (ministères). **3** Funcionario público auxiliar de la justicia.
huit ['ɥi(t)] *adj.-s.* Ocho.
huitaine ['ɥitɛn] *f.* Unos ocho, unas ocho: ***une ~ d'hommes,*** unos ocho hombres.
huitième ['ɥtjɛm] *adj.-s.* Octavo, va.
huître [ɥitʀ(ə)] *f.* Ostra.
hulotte ['ɥlɔt] *f.* Autillo *m.*
humain, -aine [ymɛ̃, -ɛn] *adj.* Humano, na.
humanisme [ymanism(ə)] *m.* Humanismo.
humanitaire [ymanitɛʀ] *adj.* Humanitario, ria.
humanité [ymanite] *f.* Humanidad.
humble [œ̃bl(ə)] *adj.* Humilde.
humecter [ymɛkte] *tr.* Humedecer, humectar.
humer ['yme] *tr.* **1** Aspirar (l'air, etc.). **2** Oler (sentir). **3** Sorber (un œuf).
humeur [ymœʀ] *f.* **1** Humor *m.*: ***de bonne, de mauvaise ~,*** de buen, de mal humor. Loc. ***Ne pas être d'~ à,*** no estar para. **2** Acrimonia. **3** ANAT. Humor *m.*
humide [ymid] *adj.* Húmedo, da.
humidité [ymidite] *f.* Humedad.
humilier [ymilje] *tr.* **1** Humillar. ■ **2** *pr.* Humillarse. ▲ CONJUG. como ***prier.***
humilité [ymilite] *f.* Humildad.
humoristique [ymɔʀistik] *adj.* Humorístico, ca.
humour [ymuʀ] *m.* Humor, humorismo: ***sens de l'~,*** sentido del humor.
huppé, -ée ['ype] *adj.* **1** Moñudo, da (oiseau). **2** fig. Encopetado, da.
hurler ['yʀle] *intr.* **1** Aullar (animal). **2** Dar alaridos, gritar (personne). **3** Bramar, rugir (vent, etc.). ■ **4** *tr.* Gritar: ***il hurlait des injures,*** gritaba insultos.
hurluberlu [yʀlybɛʀly] *m.* Atolondrado.
hybride [ibʀid] *adj.-m.* Híbrido, da.

hydratant, -te [idʀatɑ̃, t] *adj.* Hidratante.
hydrater [idʀate] *tr.* Hidratar.
hydraulique [idʀolik] *adj.* **1** Hidráulico, ca. ■ **2** *f.* Hidráulica.
hydravion [idʀavjɔ̃] *m.* Hidroavión.
hydrogène [idʀɔʒɛn] *m.* Hidrógeno.
hydrographie [idʀɔgʀafi] *f.* Hidrografía.
hydrolyse [idʀɔliz] *f.* Hidrólisis.
hydromel [idʀɔmɛl] *m.* Hidromel, aguamiel *f.*
hydrophile [idʀɔfil] *adj.* Hidrófilo, la.
hyène [jɛn] *f.* Hiena.
hygiène [iʒjɛn] *f.* Higiene.
hygiénique [iʒjenik] *adj.* Higiénico, ca.
hymen [imɛn] *m.* **1** Himeneo. **2** ANAT. Himen.
hymne [imn(ə)] *m.* **1** Himno. ■ **2** *f.* LITURG. Himno *m.*
hypermarché [ipɛʀmaʀʃe] *m.* Hipermercado.
hypertension [ipɛʀtɑ̃sjɔ̃] *f.* Hipertensión.
hypertexte [ipɛʀtɛkst] *m.* INFORM. Hipertexto.
hypertrophie [ipɛʀtʀɔfi] *f.* Hipertrofia.
hypnotique [ipnɔtik] *adj.-m.* Hipnótico, ca.
hypnotiser [ipnɔtize] *tr.* Hipnotizar.
hypocondrie [ipɔkɔ̃dʀi] *f.* Hipocondría.
hypocrisie [ipɔkʀizi] *f.* Hipocresía.
hypocrite [ipɔkʀit] *adj.-s.* Hipócrita.
hypodermique [ipɔdɛʀmik] *adj.* Hipodérmico, ca.
hypoténuse [ipɔtenyz] *f.* Hipotenusa.
hypothèque [ipɔtɛk] *f.* Hipoteca.
hypothèse [ipɔtɛz] *f.* Hipótesis.
hystérique [isteʀik] *adj.-s.* Histérico, ca.

I

i [i] *m.* I *f.* Loc. ***Droit comme un i,*** derecho como un huso.
ici [isi] *adv.* **1** Aquí, acá. Loc. ***Par ~,*** por aquí; ~ ***bas,*** en este bajo mundo; ~ ***et là,*** aquí y allá. **2** Aquí (temps): ***d'~ demain,*** de aquí a mañana.
icône [ikon] *f.* Icono *m.*
iconoclaste [ikɔnɔklast(ə)] *adj.-s.* Iconoclasta.
idéal, -ale [ideal] *adj.-m.* Ideal.
idéalisme [idealism(ə)] *m.* Idealismo.
idée [ide] *f.* **1** Idea. **2** Opinión. **3** *loc. adv.* ***À son ~,*** a su antojo (à sa guise).
identifier [idɑ̃tifje] *tr.* **1** Identificar. ■ **2** *pr.* Identificarse. ▲ CONJUG. como ***prier.***
identique [idɑ̃tik] *adj.* Idéntico, ca.
identité [idɑ̃tite] *f.* Identidad.
idéologique [ideɔlɔʒik] *adj.* Ideológico, ca.
ides [id] *f. pl.* Idus *m.*
idiome [idjom] *m.* Idioma.
idiot, -ote [idjo, -ɔt] *adj.-s.* **1** Idiota. **2** Tonto, ta: ***faire l'~,*** hacer el tonto.
idolâtrer [idɔlɑtʀe] *tr.* Idolatrar.
idole [idɔl] *f.* Ídolo *m.*
idylle [idil] *f.* Idilio *m.*
igname [iɲ(gn)am] *f.* Ñame *m.*
ignition [ignisjɔ̃] *f.* Ignición.
ignoble [iɲɔbl(ə)] *adj.* Innoble.
ignominie [iɲɔmini] *f.* Ignominia.
ignorance [iɲɔʀɑ̃s] *f.* Ignorancia.
ignorant, -ante [iɲɔʀɑ̃, -ɑ̃t] *adj.-s.* Ignorante.
ignorer [iɲɔʀe] *tr.* Ignorar.
iguane [igwan] *m.* Iguana *f.*
il, ils [il] *pron. pers. m.* **1** Él, ellos (généralement omis, servent à insister): ~ ***est malade,*** está enfermo. ■ **2** *pron. impers.:* ***il pleut,*** llueve (ne se traduit pas).
île [il] *f.* Isla.
illégal, -ale [i(l)legal] *adj.* Ilegal.

illégitime [i(l)leʒitim] *adj.* Ilegítimo, ma.
illettré, -ée [i(l)letʀe] *adj.-s.* Iletrado, da, analfabeto, ta.
illicite [i(l)lisit] *adj.* Ilícito, ta.
illico [i(l)liko] *adv.* fam. En el acto, al punto, inmediatamente.
illimité, -ée [i(l)limite] *adj.* Ilimitado, da.
illisible [i(l)lizibl(ə)] *adj.* Ilegible.
illogique [i(l)lɔʒik] *adj.* Ilógico, ca.
illumination [i(l)lyminɑsjɔ̃] *f.* Iluminación.
illuminer [i(l)lymine] *tr.* Iluminar.
illusion [i(l)lyzjɔ̃] *f.* Ilusión.
illusionner [i(l)lyzjɔne] *tr.* **1** Ilusionar, engañar. ■ **3** *pr.* Hacerse, forjarse ilusiones, ilusionarse.
illusionniste [i(l)lyzjɔnist(ə)] *m.* Ilusionista, prestidigitador.
illusoire [i(l)lyzwaʀ] *adj.* Ilusorio, ria.
illustration [i(l)lystʀɑsjɔ̃] *f.* Ilustración.
illustre [i(l)lystʀ(ə)] *adj.* Ilustre.
illustrer [i(l)lystʀe] **1** *tr.* Ilustrar. ■ **2** *pr.* Ilustrarse.
illustrissime [i(l)lystʀisim] *adj.* Ilustrísimo, ma.
îlot [ilo] *m.* **1** Islote. **2** Manzana *f.* (de maisons).
image [imaʒ] *f.* **1** Imagen. **2** Estampa, estampita (petite estampe).
imager [imaʒe] *tr.* Enriquecer de imágenes. ▲ CONJUG. como ***engager.***
imagerie [imaʒʀi] *f.* Estampería.
imaginaire [imaʒinɛʀ] *adj.* Imaginario, ria.
imagination [imaʒinɑsjɔ̃] *f.* Imaginación.
imaginer [imaʒine] *tr.* **1** Imaginar. ■ **2** *pr.* Imaginarse, figurarse.
imbattable [ɛ̃batabl(ə)] *adj.* Invencible.
imbécile [ɛ̃besil] *adj.-s.* Imbécil.
imberbe [ɛ̃bɛʀb(ə)] *adj.* Imberbe.
imbiber [ɛ̃bibe] *tr.* **1** Embeber, empapar. ■ **2** *pr.* Embeberse, empaparse.
imbrication [ɛ̃bʀikɑsjɔ̃] *f.* Imbricación.
imbroglio [ɛ̃bʀɔljo] *m.* Embrollo, enredo, lío.
imbu, -ue [ɛ̃by] *adj.* Imbuido, da.
imitation [imitɑsjɔ̃] *f.* **1** Imitación. **2** *loc. prép.* ***À l'~ de,*** a imitación de.
imiter [imite] *tr.* Imitar.
immaculé, -ée [i(m)makyle] *adj.* Inmaculado, da.
immanent, -ente [im(m)anɑ̃, -ɑ̃t] *adj.* Inmanente.
immangeable [ɛ̃mɑ̃ʒabl(ə)] *adj.* Incomible.
immanquable [ɛ̃mɑ̃kabl(ə)] *adj.* Infalible, indefectible.
immatériel, -elle [im(m)ateʀjɛl] *adj.* Inmaterial.
immatriculer [im(m)atʀikyle] *tr.* Matricular.
immédiat, -ate [im(m)edja, -at] *adj.* Inmediato, ta.
immense [im(m)ɑ̃s] *adj.* Inmenso, sa.
immensité [im(m)ɑ̃site] *f.* Inmensidad.
immérité, -ée [im(m)eʀite] *adj.* Inmerecido, da.
immersion [im(m)ɛʀsjɔ̃] *f.* Inmersión.
immeuble [im(m)œbl(ə)] *adj.-m.* **1** DR. Inmueble. ■ **2** *m.* Casa *f.* (maison).
immigrant, -ante [im(m)igʀɑ̃, -ɑ̃t] *adj.-s.* Inmigrante.
immigrer [im(m)igʀe] *intr.* Inmigrar.
imminent, -ente [im(m)inɑ̃, -ɑ̃t] *adj.* Inminente.
immobile [im(m)ɔbil] *adj.* Inmóvil.
immobilier, -ière [im(m)ɔbilje, -jɛʀ] *adj.* Inmobiliario, ria.
immobiliser [im(m)ɔbilize] *tr.* Inmovilizar.
immodéré, -ée [im(m)ɔdeʀe] *adj.* Inmoderado, da.
immodeste [im(m)ɔdɛst(ə)] *adj.* Inmodesto, ta.
immoler [im(m)ɔle] *tr.* **1** Inmolar. ■ **2** *pr.* Inmolarse.

immondice [im(m)ɔ̃dis] *f.* Inmundicia.
immoralité [im(m)ɔʀalite] *f.* Inmoralidad.
immortalité [im(m)ɔʀtalite] *f.* Inmortalidad.
immortel, -elle [im(m)ɔʀtɛl] *adj.* 1 Inmortal. ■ 2 *m.* fam. Miembro de la Academia francesa. ■ 3 *f.* Siempreviva (plante).
immuable [im(m)ɥabl(ə)] *adj.* Inmutable.
immuniser [im(m)ynize] *tr.* Inmunizar.
immunité [im(m)ynite] *f.* Inmunidad.
impact [ɛ̃pakt] *m.* Impacto.
impair, -aire [ɛ̃pɛʀ] *adj.* 1 Impar. ■ 2 *m.* fig. Plancha *f.*, desacierto: *commettre un* ~, hacer una plancha, meter la pata.
impalpable [ɛ̃palpabl(ə)] *adj.* Impalpable.
impardonnable [ɛ̃paʀdɔnabl(ə)] *adj.* Imperdonable.
imparfait, -aite [ɛ̃paʀfɛ, -ɛt] *adj.* 1 Imperfecto, ta. ■ 2 *m.* GRAM. Pretérito imperfecto.
impartial, -ale [ɛ̃paʀsjal] *adj.* Imparcial.
impasse [ɛ̃pɑs] *f.* 1 Callejón *m.* sin salida. 2 fig. Atolladero *m.*, punto *m.* muerto.
impassible [ɛ̃pasibl(ə)] *adj.* Impasible.
impatience [ɛ̃pasjɑ̃s] *f.* Impaciencia.
impatient, -ente [ɛ̃pasjɑ̃, -ɑ̃t] *adj.* 1 Impaciente. ■ 2 *f.* BOT. Balsamina, hierba de Santa Catalina.
impayable [ɛ̃pɛjabl(ə)] *adj.* 1 Impagable. 2 Inapreciable. 3 fig. Muy divertido, da, gracioso, sa, la monda.
impayé, -ée [ɛ̃peje] *adj.* No pagado, da.
impeccable [ɛ̃pekabl(ə)] *adj.* Impecable.
impénétrable [ɛ̃penetʀabl(ə)] *adj.* Impenetrable.
impératif, -ive [ɛ̃peʀatif, -iv] *adj.-m.* Imperativo, va.
impératrice [ɛ̃peʀatʀis] *f.* Emperatriz.
imperceptible [ɛ̃pɛʀsɛptibl(ə)] *adj.* Imperceptible.
imperfection [ɛ̃pɛʀfɛksjɔ̃] *f.* Imperfección.
impérial, -ale [ɛ̃peʀjal] *adj.* 1 Imperial. ■ 2 *f.* Imperial (d'un véhicule). 3 Perilla (barbe).
impérialisme [ɛ̃peʀjalism(ə)] *m.* Imperialismo.
impérieux, -euse [ɛ̃peʀjø, -øz] *adj.* Imperioso, sa.
impérissable [ɛ̃peʀisabl(ə)] *adj.* Imperecedero, ra.
imperméable [ɛ̃pɛʀmeabl(ə)] *adj.-m.* Impermeable.
impersonnel, -elle [ɛ̃pɛʀsɔnɛl] *adj.* Impersonal.
impertinent, -ente [ɛ̃pɛʀtinɑ̃, -ɑ̃t] *adj.-s.* Impertinente.
imperturbable [ɛ̃pɛʀtyʀbabl(ə)] *adj.* Imperturbable.
impétueux, -euse [ɛ̃petɥø, -øz] *adj.* Impetuoso, sa.
impiété [ɛ̃pjete] *f.* Impiedad.
impitoyable [ɛ̃pitwajabl(ə)] *adj.* Despiadado, da.
implacable [ɛ̃plakabl(ə)] *adj.* Implacable.
implanter [ɛ̃plɑ̃te] *tr.* 1 Implantar. ■ 2 *pr.* Implantarse.
implicite [ɛ̃plisit] *adj.* Implícito, ta.
impliquer [ɛ̃plike] *tr.* Implicar.
implorer [ɛ̃plɔʀe] *tr.* Implorar.
impolitesse [ɛ̃pɔlitɛs] *f.* Descortesía, falta de educación.
impondérable [ɛ̃pɔ̃deʀabl(ə)] *adj.* 1 Imponderable. ■ 2 *m. pl.* Imponderables.
impopulaire [ɛ̃pɔpylɛʀ] *adj.* Impopular.
importance [ɛ̃pɔʀtɑ̃s] *f.* Importancia.
important, -ante [ɛ̃pɔʀtɑ̃, -ɑ̃t] *adj.* Importante.
importateur, -trice [ɛ̃pɔʀtatœʀ, -tʀis] *adj.-s.* Importador, ra.

importer [ɛ̃pɔʀte] *tr.* 1 Importar: ~ ***des matières premières,*** importar materias primas. ■ 2 *intr.* Importar, tener importancia: ***la seule chose qui importe,*** la única cosa que importa. Loc. ***N'importe qui,*** cualquiera; ***n'importe quoi,*** cualquier cosa.
importun, -une [ɛ̃pɔʀtœ̃, yn] *adj.-s.* Importuno, na.
importuner [ɛ̃pɔʀtyne] *tr.* Importunar.
imposable [ɛ̃pozabl(ə)] *adj.* Imponible.
imposant, -ante [ɛ̃pozɑ̃, -ɑ̃t] *adj.* Imponente.
imposé, -ée [ɛ̃poze] *adj.* 1 Impuesto, ta. ■ 2 *s.* Contribuyente.
imposer [ɛ̃poze] *tr.* 1 Gravar con un impuesto (taxer). 2 Imponer: ~ ***un travail à quelqu'un,*** imponer un trabajo a alguien. 3 ***En*** ~, impresionar. ■ 4 *pr.* Imponerse.
imposition [ɛ̃pozisjɔ̃] *f.* Imposición.
impossibilité [ɛ̃pɔsibilite] *f.* Imposibilidad.
imposteur [ɛ̃pɔstœʀ] *m.* Impostor, ra.
impôt [ɛ̃po] *m.* 1 Impuesto. 2 Contribución *f.*
impotent, -ente [ɛ̃pɔtɑ̃, -ɑ̃t] *adj.-s.* Tullido, da, baldado, da.
impraticable [ɛ̃pʀatikabl(ə)] *adj.* Impracticable.
imprécation [ɛ̃pʀekɑsjɔ̃] *f.* Imprecación.
imprécis, -ise [ɛ̃pʀesi, -iz] *adj.* Impreciso, sa.
imprégner [ɛ̃pʀeɲe] *tr.* 1 Impregnar. 2 fig. Imbuir. ▲ CONJUG. como ***accélérer.***
imprenable [ɛ̃pʀənabl(ə)] *adj.* Inexpugnable, inconquistable.
impresario [ɛ̃pʀes(z)aʀjo] *m.* Empresario.
impression [ɛ̃pʀesjɔ̃] *f.* 1 Impresión. 2 PEINT. Imprimación.
impressionner [ɛ̃pʀesjɔne] *tr.* 1 Impresionar. ■ 2 *pr.* Impresionarse.
imprévoyant, -ante [ɛ̃pʀevwajɑ̃, -ɑ̃t] *adj.-s.* Imprevisor, ra.
imprévu, -ue [ɛ̃pʀevy] *adj.* Imprevisto, ta.
imprimante [ɛ̃pʀimɑ̃t] *f.* Impresora.
imprimé [ɛ̃pʀime] *m.* 1 Impreso (journal, etc.). 2 Estampado (tissu).
imprimer [ɛ̃pʀime] *tr.* 1 Imprimir. 2 ***Se faire*** ~, hacerse editar. 3 Estampar (tissu). 4 PEINT. Imprimar. 5 fig. Infundir: ~ ***la crainte,*** infundir el temor.
imprimerie [ɛ̃pʀimʀi] *f.* Imprenta.
improbable [ɛ̃pʀɔbabl(ə)] *adj.* Improbable.
improductif, -ive [ɛ̃pʀɔdyktif, -iv] *adj.* Improductivo, va.
impromptu, -ue [ɛ̃pʀɔ̃pty] *adj.* 1 Improvisado, da. ■ 2 *adv.* Improvisadamente, sin preparación. ■ 3 *m.* LITT., MUS. Improvisación *f.*
impropre [ɛ̃pʀɔpʀ(ə)] *adj.* Impropio, ia.
impropriété [ɛ̃pʀɔpʀijete] *f.* Impropiedad.
improviser [ɛ̃pʀɔvize] *tr.-intr.* Improvisar.
improviste (à l') [alɛ̃pʀɔvist(ə)] *loc. adv.* De improviso, al improviso.
imprudence [ɛ̃pʀydɑ̃s] *f.* Imprudencia.
imprudent, -ente [ɛ̃pʀydɑ̃, -ɑ̃t] *adj.-s.* Imprudente.
impudent, -ente [ɛ̃pydɑ̃, -ɑ̃t] *adj.-s.* Impudente.
impudique [ɛ̃pydik] *adj.-s.* Impúdico, ca.
impuissant, -ante [ɛ̃pɥisɑ̃, -ɑ̃t] *adj.* 1 Impotente (*à,* para). ■ 2 *adj.-s.* Impotente.
impulsif, -ive [ɛ̃pylsif, -iv] *adj.-s.* Impulsivo, va.
impunité [ɛ̃pynite] *f.* Impunidad.
impur, -ure [ɛ̃pyʀ] *adj.* Impuro, ra.
impureté [ɛ̃pyʀte] *f.* Impureza.
imputation [ɛ̃pytɑsjɔ̃] *f.* Imputación.
inacceptable [inaksɛptabl(ə)] *adj.* Inaceptable.

inaccessible [inaksesibl(ə)] *adj.* **1** Inaccesible. **2** Inasequible.
inaccoutumé, -ée [inakutyme] *adj.* Desacostumbrado, da, insólito, ta, inacostumbrado, da.
inachevé, -ée [inaʃve] *adj.* No acabado, da, incompleto, ta, sin acabar, inconcluso, sa.
inactif, -ive [inaktif, -iv] *adj.* Inactivo, va.
inaction [inaksjɔ̃] *f.* Inacción.
inadmissible [inadmisibl(ə)] *adj.* Inadmisible.
inadvertance [inadvɛʀtɑ̃s] *f.* Inadvertencia: ***par*** *~,* por inadvertencia.
inaliénable [inaljenabl(ə)] *adj.* Inalienable.
inaltérable [inalteʀabl(ə)] *adj.* Inalterable.
inamical, -ale [inamikal] *adj.* Hostil, poco amistoso, sa.
inamovible [inamɔvibl(ə)] *adj.* Inamovible.
inanimé, -ée [inanime] *adj.* Inanimado, da.
inanition [inanisjɔ̃] *f.* Inanición.
inaperçu, -ue [inapɛʀsy] *adj.* Inadvertido, da, desapercibido, da: ***passer*** *~,* pasar inadvertido.
inappliqué, -ée [inaplike] *adj.* **1** Desaplicado, da (élève). **2** Inaplicado, da (pas mis en pratique).
inappréciable [inapʀesjabl(ə)] *adj.* Inapreciable.
inapte [inapt(ə)] *adj.* No apto, ta, incapaz, inepto, ta (*à,* para).
inarticulé, -ée [inaʀtikyle] *adj.* Inarticulado, da.
inassouvi, -ie [inasuvi] *adj.* No saciado, da, insatisfecho, cha.
inattendu, -ue [inatɑ̃dy] *adj.* Inesperado, da.
inattentif, -ive [inatɑ̃tif, -iv] *adj.* Desatento, ta, distraído, da.
inauguration [inɔ(o)gyʀɑsjɔ̃] *f.* Inauguración.
inaugurer [inɔ(o)gyʀe] *tr.* Inaugurar.
inavouable [inavwabl(ə)] *adj.* Inconfesable.
incandescence [ɛkɑ̃desɑ̃s] *f.* Incandescencia.
incantation [ɛ̃kɑ̃tɑsjɔ̃] *f.* Encantación, encantamento *m.,* encantamiento *m.*
incapable [ɛ̃kapabl(ə)] *adj.-s.* Incapaz.
incapacité [ɛ̃kapasite] *f.* Incapacidad.
incarcérer [ɛ̃kaʀseʀe] *tr.* Encarcelar. ▲ CONJUG. como ***accélérer.***
incarner [ɛ̃kaʀne] *tr.* **1** Encarnar: ***il est le diable incarné,*** es el demonio encarnado. ■ **2** *pr.* Encarnarse.
incassable [ɛ̃kɑsabl(ə)] *adj.* Irrompible.
incendier [ɛ̃sɑ̃dje] *tr.* Incendiar. ▲ CONJUG. como ***prier.***
incertain, -aine [ɛ̃sɛʀtɛ̃, -ɛn] *adj.* **1** Incierto, da, dudoso, sa, inseguro, ra. **2** Indeciso, sa. **3** Variable (temps).
incertitude [ɛ̃sɛʀtityd] *f.* **1** Incertidumbre. **2** Inseguridad. **3** Indecisión.
incessant, -ante [ɛ̃sesɑ̃, -ɑ̃t] *adj.* Incesante.
incestueux, -euse [ɛ̃sɛstɥø, -øz] *adj.-s.* Incestuoso, sa.
incidence [ɛ̃sidɑ̃s] *f.* **1** GÉOM. Incidencia. **2** fig. Repercusión.
incident, -ente [ɛ̃sidɑ̃, -ɑ̃t] *adj.* **1** Incidente (rayon). **2** Incidental (remarque, proposition). ■ **3** *m.* Incidente.
incinérer [ɛ̃sineʀe] *tr.* Incinerar. ▲ CONJUG. como ***accélérer.***
incise [ɛ̃siz] *f.* Inciso *m.*
incisif, -ive [ɛ̃sizif, -iv] *adj.* **1** Incisivo, va. ■ **2** *f.* Incisivo *m.*
incision [ɛ̃sizjɔ̃] *f.* Incisión.
inciter [ɛ̃site] *tr.* Incitar.
inclinaison [ɛ̃klinɛzɔ̃] *f.* **1** Inclinación. **2** ASTROL., PHYS., GÉOM. Inclinación.
inclination [ɛ̃klinɑsjɔ̃] *f.* Inclinación.
incliner [ɛ̃kline] *tr.* **1** Inclinar. ■ **2** *intr.* *~* ***à,*** inclinarse a, por. ■ **3** *pr.* Inclinarse.

inclure [ɛ̃klyʀ] *tr.* Incluir. ▲ CONJUG. como *conclure,* excepto en el part. pas. que es *inclus.*
inclus, -use [ɛ̃kly, -yz] *adj.* Incluso, sa. Loc. *Ci-inclus, use,* adjunto, ta.
incoercible [ɛ̃kɔɛʀsibl(ə)] *adj.* Incoercible.
incohérence [ɛ̃kɔeʀɑ̃s] *f.* Incoherencia.
incohérent, -ente [ɛ̃kɔeʀɑ̃, -ɑ̃t] *adj.* Incoherente.
incolore [ɛ̃kɔlɔʀ] *adj.* Incoloro, ra.
incombustible [ɛ̃kɔ̃bystibl(ə)] *adj.* Incombustible.
incommensurable [ɛ̃kɔmɑ̃syʀabl(ə)] *adj.* Incommensurable.
incommoder [ɛ̃kɔmɔde] *tr.* **1** Incomodar, molestar. **2** Indisponer: *être incommodé,* estar indispuesto.
incommodité [ɛ̃kɔmɔdite] *f.* Incomodidad, molestia.
incomparable [ɛ̃kɔ̃paʀabl(ə)] *adj.* Incomparable.
incompatible [ɛ̃kɔ̃patibl(ə)] *adj.* Incompatible.
incompétence [ɛ̃kɔ̃petɑ̃s] *f.* Incompetencia.
incomplet, -ète [ɛ̃kɔ̃plɛ, -ɛt] *adj.* Incompleto, ta.
incompréhensible [ɛ̃kɔ̃pʀeɑ̃sibl(ə)] *adj.* Incomprensible.
incompréhensif, -ive [ɛ̃kɔ̃pʀeɑ̃sif, -iv] *adj.* No comprensivo, va.
incompris, -ise [ɛ̃kɔ̃pʀi, -iz] *adj.-s.* Incomprendido, da.
inconcevable [ɛ̃kɔ̃svabl(ə)] *adj.* Inconcebible.
incongru, -ue [ɛ̃kɔ̃gʀy] *adj.* Incongruente.
inconnu, -ue [ɛ̃kɔny] *adj.-s.* **1** Desconocido, da. ■ **2** *f.* MAT. Incógnita.
inconscient, -ente [ɛ̃kɔ̃sjɑ̃, -ɑ̃t] *adj.-s.* Inconsciente.
inconséquent, -ente [ɛ̃kɔ̃sekɑ̃, -ɑ̃t] *adj.* Inconsecuente.
inconsistant, -ante [ɛ̃kɔ̃sistɑ̃, -ɑ̃t] *adj.* Inconsistente.
inconsolable [ɛ̃kɔ̃sɔlabl(ə)] *adj.* Inconsolable.
inconstance [ɛ̃kɔ̃stɑ̃s] *f.* Inconstancia.
incontestable [ɛ̃kɔ̃tɛstabl(ə)] *adj.* Incontestable.
incontinence [ɛ̃kɔ̃tinɑ̃s] *f.* Incontinencia.
inconvenant, -ante [ɛ̃kɔ̃vnɑ̃, -ɑ̃t] *adj.* Inconveniente.
inconvénient [ɛ̃kɔ̃venjɑ̃] *m.* Inconveniente.
incorporer [ɛ̃kɔʀpɔʀe] *tr.* **1** Incorporar. ■ **2** *pr.* Incorporarse.
incorrect, -ecte [ɛ̃kɔʀɛkt, -ɛkt(ə)] *adj.* Incorrecto, ta.
incorrigible [ɛ̃kɔʀiʒibl(ə)] *adj.* Incorregible.
incorruptible [ɛ̃kɔʀyptibl(ə)] *adj.* Incorruptible.
incrédulité [ɛ̃kʀedylite] *f.* Incredulidad.
incriminer [ɛ̃kʀimine] *tr.* Incriminar.
incroyable [ɛ̃kʀwajabl(ə)] *adj.* Increíble.
incroyant, -ante [ɛkʀwajɑ̃, -ɑ̃t] *adj.-s.* Incrédulo, la, descreído, da.
incrustation [ɛ̃kʀystasjɔ̃] *f.* Incrustación.
incruster [ɛ̃kʀyste] *tr.* **1** Incrustar. ■ **2** *pr.* Incrustarse.
inculper [ɛ̃kylpe] *tr.* Inculpar.
inculquer [ɛ̃kylke] *tr.* Inculcar.
inculte [ɛ̃kylt(ə)] *adj.* Inculto, ta.
incurable [ɛ̃kyʀabl(ə)] *adj.-s.* Incurable.
incursion [ɛ̃kyʀsjɔ̃] *f.* Incursión, raid *m.,* correría.
indécent, -ente [ɛ̃desɑ̃, -ɑ̃t] *adj.* Indecente.
indéchiffrable [ɛ̃deʃifʀabl(ə)] *adj.* Indescifrable.
indéchirable [ɛ̃deʃiʀabl(ə)] *adj.* Que no se puede rasgar.
indécision [ɛ̃desizjɔ̃] *f.* Indecisión.
indéclinable [ɛ̃deklinabl(ə)] *adj.* Indeclinable.
indéfectible [ɛ̃defɛktibl(ə)] *adj.* Indefectible.

indéfini, -ie [ɛ̃defini] *adj.* 1 Indefinido, da, indeciso, sa. 2 GRAM. ***Passé ~***, pretérito perfecto; ***adjectif ~***, adjetivo indefinido.
indéfinissable [ɛ̃definisabl(ə)] *adj.* Indefinible.
indéfrisable [ɛ̃defʀizabl(ə)] *f.* Permanente.
indélébile [ɛ̃delebil] *adj.* Indeleble.
indélicatesse [ɛ̃delikatɛs] *f.* Falta de corrección, de delicadeza.
indemne [ɛ̃dɛmn(ə)] *adj.* Indemne.
indemniser [ɛ̃dɛmnize] *tr.* Indemnizar.
indemnité [ɛ̃dɛmnite] *f.* 1 Indemnidad, indemnización. 2 Dieta, subsidio *m.*, dietas *pl.*
indéniable [ɛ̃denjabl(ə)] *adj.* Innegable.
indépendance [ɛ̃depɑ̃dɑ̃s] *f.* Independencia.
indépendant, -ante [ɛ̃depɑ̃dɑ̃, -ɑ̃t] *adj.* Independiente.
indescriptible [ɛ̃dɛskʀiptibl(ə)] *adj.* Indescriptible.
indésirable [ɛ̃deziʀabl(ə)] *adj.-s.* Indeseable.
indestructible [ɛ̃dɛstʀyktibl(ə)] *adj.* Indestructible.
indéterminé, -ée [ɛ̃detɛʀmine] *adj.* Indeterminado, da.
index [ɛ̃dɛks] *m.* 1 Índice (doigt). 2 Índice (liste, catalogue). *f.* 3 RELIG. Índice. 4 Aguja *f.* Indicadora (aiguille).
indicateur, -trice [ɛ̃dikatœʀ, -tʀis] *adj.* 1 Indicador, ra. ■ 2 *m.* Guía *f.* (de chemin de fer). 4 Confidente, soplón (de la police).
indicatif, -ive [ɛ̃dikatif, -iv] *adj.-m.* Indicativo, va.
indication [ɛ̃dikɑsjɔ̃] *f.* 1 Indicación. 2 Indicio *m.*
indice [ɛdis] *m.* 1 Indicio. 2 MATH., PHYS. Índice.
indicible [ɛ̃disibl(ə)] *adj.* Indecible.
indifférence [ɛ̃difeʀɑ̃s] *f.* Indiferencia.
indifférent, -ente [ɛ̃difeʀɑ̃, -ɑ̃t] *adj.-s.* Indiferente.
indigence [ɛ̃diʒɑ̃s] *f.* Indigencia.
indigène [ɛ̃diʒɛn] *adj.-s.* Indígena.
indigent, -ente [ɛ̃diʒɑ̃, -ɑ̃t] *adj.-s.* Indigente.
indigestion [ɛ̃diʒɛstjɔ̃] *f.* Indigestión.
indignation [ɛ̃diɲɑsjɔ̃] *f.* Indignación.
indigne [ɛ̃diɲ] *adj.* Indigno, na.
indigner [ɛ̃diɲe] *tr.* 1 Indignar. ■ 2 *pr.* Indignarse.
indiquer [ɛ̃dike] *tr.* Indicar.
indirect, -ecte [ɛ̃diʀɛkt, -ɛkt(ə)] *adj.* Indirecto, ta.
indiscipliné, -ée [ɛ̃disipline] *adj.* Indisciplinado, da.
indiscret, -ète [ɛ̃diskʀɛ, -ɛt] *adj.-s.* Indiscreto, ta.
indiscrétion [ɛ̃diskʀesjɔ̃] *f.* Indiscreción.
indiscutable [ɛ̃diskytabl(ə)] *adj.* Indiscutible.
indispensable [ɛ̃dispɑ̃sabl(ə)] *adj.* Indispensable.
indisposer [ɛ̃dispoze] *tr.* 1 Indisponer: ***la chaleur l'a indisposé,*** el calor le ha indispuesto. 2 Enojar, enemistarse con, indisponer (mécontenter).
indistinct, -incte [ɛ̃distɛ̃(kt), -ɛ̃kt(ə)] *adj.* Indistinto, ta.
individu [ɛ̃dividy] *m.* Individuo.
individuel, -elle [ɛ̃dividɥɛl] *adj.* Individual.
indivis, -ise [ɛ̃divi, -iz] *adj.* Indiviso, sa.
indivisible [ɛ̃divizibl(ə)] *adj.* Indivisible.
indocile [ɛ̃dɔsil] *adj.* Indócil.
indolence [ɛ̃dɔlɑ̃s] *f.* Indolencia.
indolore [ɛ̃dɔlɔʀ] *adj.* Indoloro, ra.
indomptable [ɛ̃dɔ̃tabl(ə)] *adj.* Indomable.
indu, -ue [ɛ̃dy] *adj.* Indebido, da.
indubitable [ɛ̃dybitabl(ə)] *adj.* Indudable.
inducteur, -trice [ɛ̃dyktœʀ, -tʀis] *adj.-m.* Inductor, ra.
induction [ɛ̃dyksjɔ̃] *f.* Inducción.

induire [ɛ̃dɥiʀ] *tr.* 1 Inducir. Loc. ~ ***en erreur,*** inducir en error. 2 Inducir, deducir, inferir (déduire). 3 Comportar. ▲ CONJUG. como ***conduire.***
indulgence [ɛ̃dylzɑ̃s] *f.* Indulgencia.
indulgent, -ente [ɛ̃dylʒɑ̃, -ɑ̃t] *adj.* Indulgente.
industrialiser [ɛ̃dystʀijalize] *tr.* Industrializar.
industriel, -elle [ɛ̃dystʀijɛl] *adj.-m.* Industrial.
inébranlable [inebʀɑ̃labl(ə)] *adj.* Inconmovible, inquebrantable.
inédit, -ite [inedi, -it] *adj.* Inédito, ta.
ineffable [inefabl(ə)] *adj.* Inefable.
ineffaçable [inefasabl(ə)] *adj.* Imborrable, indeleble.
inefficace [inefikas] *adj.* Ineficaz.
inégalité [inegalite] *f.* Desigualdad.
inéluctable [inelyktabl(ə)] *adj.* Ineluctable.
inénarrable [inenaʀabl(ə)] *adj.* Inenarrable.
inepte [inɛpt(ə)] *adj.* Inepto, ta, necio, cia.
inépuisable [inepɥizabl(ə)] *adj.* Inagotable, inexhausto, ta.
inerte [inɛʀt(ə)] *adj.* Inerte.
inertie [inɛʀsi] *f.* Inercia.
inespéré, -ée [inɛspeʀe] *adj.* Inesperado, da.
inestimable [inɛstimabl(ə)] *adj.* Inestimable.
inévitable [inevitabl(ə)] *adj.* Inevitable.
inexactitude [inɛgzaktityd] *f.* Inexactitud.
inexcusable [inɛkskyzabl(ə)] *adj.* Inexcusable.
inexistant, -ante [inɛgzistɑ̃, -ɑ̃t] *adj.* Inexistente.
inexorable [inɛgzɔʀabl(ə)] *adj.* Inexorable.
inexpérimenté, -ée [inɛkspeʀimɑ̃te] *adj.* 1 Inexperto, ta (personne). 2 No experimentado, da (chose).
inexpiable [inɛkspjabl(ə)] *adj.* Inexpiable.
inexplicable [inɛksplikabl(ə)] *adj.* Inexplicable.
inexploré, -ée [inɛksplɔʀe] *adj.* Inexplorado, da.
inexpressif, -ive [inɛkspresif, -iv] *adj.* Inexpresivo, va.
inexprimable [inɛkspʀimabl(ə)] *adj.* Indecible, indescriptible.
inexpugnable [inɛkspygnabl(ə)] *adj.* Inexpugnable.
inextricable [inɛkstʀikabl(ə)] *adj.* Inextricable.
infaillible [ɛ̃fajibl(ə)] *adj.* Infalible.
infamant, -ante [ɛ̃famɑ̃, -ɑ̃t] *adj.* Infamante.
infâme [ɛ̃fɑm] *adj.-s.* Infame.
infamie [ɛ̃fami] *f.* Infamia.
infanterie [ɛ̃fɑ̃tʀi] *f.* Infantería.
infanticide [ɛ̃fɑ̃tisid] *m.* 1 Infanticidio. ■ 2 *adj.-s.* Infanticida (meurtrier).
infantile [ɛ̃fɑ̃til] *adj.* Infantil.
infatigable [ɛ̃fatigabl(ə)] *adj.* Infatigable.
infatuer [ɛ̃fatɥe] *tr.* 1 Infatuar. ■ 2 *pr.* Infatuarse, engreírse.
infécond, -onde [ɛ̃fekɔ̃, -ɔ̃d] *adj.* Infecundo, da.
infecter [ɛ̃fɛkte] *tr.* 1 Infectar, inficionar. ■ 2 *pr.* Infectarse, inficionarse.
infection [ɛ̃fɛksjɔ̃] *f.* 1 Infección. 2 Hedor *m.* grande (puanteur).
inférer [ɛ̃feʀe] *tr.* Inferir, inducir. ▲ CONJUG. como ***accélérer.***
inférieur, -eure [ɛ̃feʀjœʀ] *adj.-s.* Inferior.
infériorité [ɛ̃feʀjɔʀite] *f.* Inferioridad.
infernal, -ale [ɛ̃fɛʀnal] *adj.* Infernal.
infester [ɛ̃fɛste] *tr.* Infestar.
infidélité [ɛ̃fidelite] *f.* Infidelidad.
infiltrer (s') [ɛ̃filtʀe] *pr.* Infiltrarse.
infime [ɛ̃fim] *adj.* Ínfimo, ma.
infini, -ie [ɛ̃fini] *adj.-m.* 1 Infinito, ta. 2 *loc. adv.* ***À l'~,*** indefinidamente (indéfiniment), hasta lo infinito (dans l'espace).
infinité [ɛ̃finite] *f.* Infinidad.
infinitif, -ive [ɛ̃finitif, -iv] *adj.-m.* Infinitivo, va.

infirme [ɛ̃fiʀm(ə)] *adj.-s.* 1 Impedido, da, baldado, da, lisiado, da. ■ 2 *adj.* Achacoso, sa, imposibilitado, da.
infirmerie [ɛ̃fiʀməʀi] *f.* Enfermería.
infirmier, -ière [ɛ̃fiʀmje, -jɛʀ] *s.* Enfermero, ra.
infirmité [ɛ̃firmite] *f.* Dolencia habitual, achaque *m.*, defecto *m.* físico.
inflammation [ɛ̃flamɑsjɔ̃] *f.* Inflamación.
inflation [ɛ̃flɑsjɔ̃] *f.* Inflación.
infléchir [ɛ̃fleʃiʀ] *tr.* 1 Doblar, encorvar. ■ 2 *pr.* Doblarse, encorvarse.
inflexible [ɛ̃flɛksibl(ə)] *adj.* Inflexible.
infliger [ɛ̃fliʒe] *tr.* Infligir. ▲ CONJUG. como ***engager.***
inflorescence [ɛ̃flɔʀesɑ̃s] *f.* Inflorescencia.
influencer [ɛ̃flyɑ̃se] *tr.* Influir (*sur,* en). ▲ CONJUG. como ***lancer.***
influent, -ente [ɛ̃flyɑ̃, -ɑ̃t] *adj.* Influyente.
influer [ɛ̃flye] *intr.* Influir (*sur,* en).
informaticien, -enne [ɛ̃fɔʀmatisjɛ̃, -ɛ̃n] *s.* Informático, ca.
information [ɛ̃fɔʀmɑsjɔ̃] *f.* 1 Información. ■ 2 *pl.* Informes *m.*
informatique [ɛ̃foʀmatik] *adj.-f.* Informático, ca.
informatiser [ɛ̃foʀmatize] *tr.* Informatizar.
informe [ɛ̃fɔʀm(ə)] *adj.* Informe.
informer [ɛ̃fɔʀme] *tr.* 1 Informar. ■ 2 *pr.* Informarse.
infortuné, -ée [ɛ̃fɔʀtyne] *adj.-s.* Infortunado, da.
infraction [ɛ̃fʀaksjɔ̃] *f.* Infracción.
infranchissable [ɛ̃fʀɑ̃ʃisabl(ə)] *adj.* Infranqueable.
infructueux, -euse [ɛ̃fʀyktyø, -øz] *adj.* Infructuoso, sa.
infusion [ɛ̃fyzjɔ̃] *f.* Infusión.
ingénier (s') [ɛ̃ʒenje] *pr.* Ingeniarse (*à,* para, a). ▲ CONJUG. como ***prier.***
ingénierie [ɛ̃ʒeniʀi] *f.* Ingeniería.
ingénieur [ɛ̃ʒenjœʀ] *s.* Ingeniero.
ingénieux, -euse [ɛ̃ʒenjø, -øz] *adj.* Ingenioso, sa.
ingénuité [ɛ̃ʒenɥite] *f.* Ingenuidad.
ingérence [ɛ̃ʒeʀɑ̃s] *f.* Ingerencia.
ingérer [ɛ̃ʒeʀe] *tr.* 1 Ingerir. ■ 2 *pr.* Ingerirse. ▲ CONJUG. como ***accélérer.***
ingestion [ɛ̃ʒɛstjɔ̃] *f.* Ingestión.
ingrat, -ate [ɛ̃gʀa, -at] *adj.-s.* Ingrato, ta.
ingratitude [ɛ̃gʀatityd] *f.* Ingratitud.
ingrédient [ɛ̃gʀedjɑ̃] *m.* Ingrediente.
inhabile [inabil] *adj.* 1 Inhábil. 2 DR. Incapaz.
inhabité, -ée [inabite] *adj.* Deshabitado, da, inhabitado, da.
inhalation [inalɑsjɔ̃] *f.* Inhalación.
inhaler [inale] *tr.* Inhalar.
inhérent, -ente [inerɑ̃, -ɑ̃t] *adj.* Inherente.
inhibition [inibisjɔ̃] *f.* Inhibición.
inhospitalier, -ière [inɔspitalje, -jɛʀ] *adj.* Inhospitalario, ia.
inhumain, -aine [inymɛ̃, -ɛn] *adj.* Inhumano, na.
inhumation [inymɑsjɔ̃] *f.* Inhumación.
inhumer [inyme] *tr.* Inhumar.
inimitable [inimitabl(ə)] *adj.* Inimitable.
inimitié [inimitje] *f.* Enemistad.
inintelligible [inɛ̃te(ɛl)liʒibl(ə)] *adj.* Ininteligible.
ininterrompu, -ue [inɛ̃teʀɔ̃py] *adj.* Ininterrumpido, da.
iniquité [inikite] *f.* Iniquidad.
initial, -ale [inisjal] *adj.-f.* Inicial.
initialisation [inisjalizasjɔ̃] *f.* Inicialización.
initialiser [inisjalize] *tr.* Inicializar.
initiative [inisjativ] *f.* Iniciativa.
initier [inisje] *tr.* Iniciar. ▲ CONJUG. como ***prier.***
injecter [ɛ̃ʒɛkte] *tr.* 1 Inyectar. ■ 2 *pr.* Inyectarse.
injonction [ɛ̃ʒɔ̃ksjɔ̃] *f.* Orden, mandato *m.*
injurier [ɛ̃ʒyʀje] *tr.* Injuriar. ▲ CONJUG. como ***prier.***
injustice [ɛ̃ʒystis] *f.* Injusticia.

injustifié, -ée [ɛ̃ʒystifje] *adj.* Injustificado, da.
inlassable [ɛ̃lɑsabl(ə)] *adj.* Incansable.
inné, -ée [in(n)e] *adj.* Innato, ta.
innocence [inɔsɑ̃s] *f.* Inocencia.
innocent, -ente [inɔsɑ̃, -ɑ̃t] *adj.-s.* Inocente.
innocuité [in(n)ɔkɥite] *f.* Inocuidad.
innombrable [in(n)ɔ̃bʀabl(ə)] *adj.* Innumerable.
innovation [in(n)vɔvɑsjɔ̃] *f.* Innovación.
inoccupé, -ée [inɔkype] *adj.* Desocupado, da.
inoculation [inɔkylɑsjɔ̃] *f.* Inoculación.
inoculer [inɔkyle] *tr.* Inocular.
inodore [inɔdɔʀ] *adj.* Inodoro, ra.
inoffensif, -ive [inɔfɑ̃sif, -iv] *adj.* Inofensivo, va.
inondation [inɔ̃dɑsjɔ̃] *f.* Inundación.
inopérant, -ante [inɔpeʀɑ̃, -ɑ̃t] *adj.* Inoperante.
inopiné, -ée [inɔpine] *adj.* Inopinado, da.
inopportun, -une [inɔpɔʀtœ̃, -yn] *adj.* Inoportuno, na.
inoubliable [inublijabl(ə)] *adj.* Inolvidable.
inouï, -ïe [inwi] *adj.* Inaudito, ta.
inqualifiable [ɛ̃kalıfjabl(ə)] *adj.* Incalificable.
inquiet, -ète [ɛ̃kjɛ, -ɛt] *adj.* Inquieto, ta.
inquiéter [ɛ̃kjete] *tr.* **1** Inquietar, desasosegar, intranquilizar. ■ **2** *pr.* Inquietarse. **3** Preocuparse: ***ne vous inquiétez pas,*** no se preocupe. ▲ CONJUG. como ***accélérer.***
inquisiteur, -trice [ɛ̃kizitœʀ, -tʀis] *adj.-s.* **1** Inquiridor, ra, inquisidor, ra. ■ **2** *m.* Inquisidor (juge).
insaisissable [ɛ̃sezısabl(ə)] *adj.* **1** Que no se puede coger. **2** Imperceptible. **3** DR. Inembargable.
insalubre [ɛ̃salybʀ(ə)] *adj.* Insalubre.
insanité [ɛ̃sanıte] *f.* **1** Insania, locura. **2** Insensatez, necedad (ineptie).
insatiable [ɛ̃sasjabl(ə)] *adj.* Insaciable.
inscription [ɛ̃skʀipsjɔ̃] *f.* **1** Inscripción. **2** Matrícula (à l'université, maritime). **3** DR. Registro *m.* (d'une hypothèque).
inscrire [ɛ̃skʀiʀ] *tr.* **1** Inscribir. ■ **2** *pr.* Inscribirse. **3** Matricularse (à l'université). **4** DR. ***S'inscrire en faux,*** negar, impugnar como falso. ▲ CONJUG. como ***écrire.***
insecte [ɛ̃sɛkt(ə)] *m.* Insecto.
insecticide [ɛ̃sɛktisid] *adj.-m.* Insecticida.
insécurité [ɛ̃sekyʀite] *f.* Inseguridad.
insensé, -ée [ɛ̃sɑ̃se] *adj.-s.* Insensato, ta.
insensible [ɛ̃sɑ̃sibl(ə)] *adj.* Insensible.
inséparable [ɛ̃sepaʀabl(ə)] *adj.* Inseparable.
insertion [ɛ̃sɛʀsjɔ̃] *f.* Inserción.
insidieux, -euse [ɛ̃sıdjø, -øz] *adj.* Insidioso, sa.
insigne [ɛ̃sıɲ] *adj.* **1** Insigne. ■ **2** *m.* Insignia *f.*
insignifiant, -ante [ɛ̃sıɲifjɑ̃, -ɑ̃t] *adj.* Insignificante.
insinuer [ɛ̃sınɥe] *tr.* **1** Insinuar. ■ **2** *pr.* Insinuarse.
insipide [ɛ̃sıpid] *adj.* Insípido, da.
insistance [ɛ̃sıstɑ̃s] *f.* Insistencia.
insister [ɛ̃sıste] *intr.* Insistir (*sur,* en).
insociable [ɛ̃sɔsjabl(ə)] *adj.* Insociable.
insolation [ɛ̃sɔlɑsjɔ̃] *f.* Insolación.
insolent, -ente [ɛ̃sɔlɑ̃, -ɑ̃t] *adj.-s.* Insolente.
insolite [ɛ̃sɔlit] *adj.* Insólito, ta.
insoluble [ɛ̃sɔlybl(ə)] *adj.* Insoluble.
insolvable [ɛ̃sɔlvabl(ə)] *adj.* Insolvente.
insomnie [ɛ̃sɔmni] *f.* Insomnio *m.*
insouciance [ɛ̃susjɑ̃s] *f.* Despreocupación, descuido *m.*
insoumis, -ise [ɛ̃sumı, -iz] *adj.* **1** Insumiso, sa. ■ **2** *adj.-m.* MIL. Prófugo, insumiso.
inspecteur, -trice [ɛ̃spɛtœʀ, -tʀis] *s.* Inspector, ra.

inspection [ɛ̃spɛksjɔ̃] *f.* Inspección.
inspiration [ɛ̃spiʀɑsjɔ̃] *f.* Inspiración.
inspirer [ɛ̃spiʀe] *tr.* 1 Inspirar. 2 Inspirar, infundir: ~ ***le respect,*** infudir respeto. ■ 3 *pr.* Inspirarse: ***s'~ d'un poème,*** inspirarse en un poema.
instable [ɛ̃stabl(ə)] *adj.* Inestable.
installation [ɛ̃stalɑsjɔ̃] *f.* Instalación.
installer [ɛ̃stale] *tr.* 1 Instalar. ■ 2 *pr.* Instalarse.
instance [ɛ̃stɑ̃s] *f.* 1 Instancia. 2 Ahínco *m.,* insistencia (insistance). 3 DR. Instancia. Loc. ***En ~,*** pendiente. 4 Autoridad.
instant, -ante [ɛ̃stɑ̃, -ɑ̃t] *adj.* 1 Urgente, insistente. ■ 2 *m.* Instante.
instantané, -ée [ɛ̃stɑ̃tane] *adj.* 1 Instantáneo, ea. ■ 2 *m.* Instantánea *f.* (photo).
instaurer [ɛ̃stɔʀe] *tr.* Instaurar.
instigateur, -trice [ɛ̃stigatœʀ, -tʀis] *s.* Instigador, ra.
instiller [ɛ̃stile] *tr.* Instilar.
instinct [ɛ̃stɛ̃] *m.* Instinto.
instinctif, -ive [ɛ̃stɛ̃ktif, -iv] *adj.* Instintivo, va.
instituer [ɛ̃stitɥe] *tr.* Instituir.
instituteur, -trice [ɛ̃stitytœʀ, -tʀis] *s.* 1 Maestro, tra. ■ 2 *f.* Institutriz *f.* (à domicile).
institution [ɛ̃stitysjɔ̃] *f.* Institución.
instructeur [ɛ̃stʀyktœʀ] *adj.-m.* Instructor.
instruire [ɛ̃stʀɥiʀ] *tr.* 1 Instruir. ■ 2 *pr.* Instruirse. ▲ CONJUG. como ***conduire.***
instrument [ɛ̃stʀymɑ̃] *m.* Instrumento.
instrumentiste [ɛ̃stʀymɑ̃tist(ə)] *s.* Instrumentista.
insubordination [ɛ̃sybɔʀdinɑsjɔ̃] *f.* Insubordinación.
insu de (à l') [ɛ̃sy] *loc. prép.* Sin que se sepa, sin saberlo: ***à l'~ de la famille,*** sin que lo sepa la familia.
insuffisant, -ante [ɛ̃syfizɑ̃, -ɑ̃t] *adj.* Insuficiente.
insuffler [ɛ̃syfle] *tr.* Insuflar.
insulaire [ɛ̃sylɛʀ] *adj.-s.* Insular, isleño, ña.
insulter [ɛ̃sylte] *tr.* Insultar.
insupportable [ɛ̃sypɔʀtabl(ə)] *adj.* Insoportable.
insurger (s') [ɛ̃syʀʒe] *pr.* Insurreccionarse, sublevarse. ▲ CONJUG. como ***engager.***
insurmontable [ɛ̃syʀmɔ̃tabl(ə)] *adj.* Insuperable, invencible.
insurrection [ɛ̃syʀɛksjɔ̃] *f.* Insurrección.
intact, -acte [ɛ̃takt, -akt(ə)] *adj.* Intacto, ta.
intarissable [ɛ̃taʀisabl(ə)] *adj.* Inagotable.
intégral, -ale [ɛ̃tegʀal] *adj.* 1 Integral. 2 Íntegro, gra (entier). ■ 3 *f.* MATH. Integral.
intègre [ɛ̃tɛgʀ(ə)] *adj.* Íntegro, gra.
intégrer [ɛ̃tegʀe] *tr.* 1 MATH. Integrar. 2 Incluir. ▲ CONJUG. como ***accélérer.***
intégrité [ɛ̃tegʀite] *f.* Integridad.
intellectuel, -elle [ɛ̃te(ɛ)lɛktɥɛl] *adj.-s.* Intelectual.
intelligence [ɛ̃teliʒɑ̃s] *f.* Inteligencia.
intelligent, -ente [ɛ̃teliʒɑ̃, -ɑ̃t] *adj.* Inteligente.
intelligible [ɛ̃te(ɛl)liʒibl(ə)] *adj.* Inteligible.
intempérance [ɛ̃tɑ̃peʀɑ̃s] *f.* Intemperancia.
intempérie [ɛ̃tɑ̃peʀi] *f.* Intemperie.
intempestif, -ive [ɛ̃tɑ̃pɛstif, -iv] *adj.* Intempestivo, va.
intenable [ɛ̃tnabl(ə)] *adj.* Insostenible.
intendance [ɛ̃tɑ̃dɑ̃s] *f.* Intendencia.
intense [ɛ̃tɑ̃s] *adj.* Intenso, sa.
intensifier [ɛ̃tɑ̃sifje] *tr.* Intensificar. ▲ CONJUG. como ***prier.***
intention [ɛ̃tɑ̃sjɔ̃] *f.* Intención.
intercaler [ɛ̃tɛʀkale] *tr.* Intercalar.
intercéder [ɛ̃tɛʀsede] *intr.* Interceder. ▲ CONJUG. como ***accélérer.***
intercepter [ɛ̃tɛʀsɛpte] *tr.* Interceptar.

intercession [ɛ̃tɛʀsesjɔ̃] *f.* Intercesión.
interchangeable [ɛ̃tɛʀʃɑ̃ʒabl(ə)] *adj.* Intercambiable.
interdiction [ɛ̃tɛʀdiksjɔ̃] *f.* **1** Interdicción, prohibición. **2** DR. Incapacitación. **3** Suspensión (ecclésiastique ou fonctionnaire).
interdire [ɛ̃tɛʀdiʀ] *tr.* **1** Prohibir. **2** Impedir (empêcher). **3** Suspender (ecclésiastique ou fonctionnaire). **4** DR. Incapacitar. **5** Desconcertar, turbar (troubler). ▲ CONJUG. como ***dire*** excepto en la 2.ª persona del plural del presente de indicativo y del imperativo, cuya forma común es ***interdisez.***
interdit, -ite [ɛ̃tɛʀdi, -it] *adj.* **1** Prohibido, da. **2** DR. Incapacitado, da. **3** fig. Desconcertado, da, cortado, da. ■ **4** *m.* REL. Entredicho.
intéressant, -ante [ɛ̃teʀɛsɑ̃, -ɑ̃t] *adj.* Interesante.
intéresser [ɛ̃teʀese] *tr.* **1** Interesar. ■ **2** *pr.* ***S'~ à,*** interesarse por.
intérêt [ɛ̃teʀɛ] *m.* Interés.
interface [ɛ̃tɛʀfas] *f.* Interfaz.
interférence [ɛ̃tɛʀfeʀɑ̃s] *f.* PHYS. Interferencia.
intérieur, -eure [ɛ̃terjœʀ] *adj.-m* Interior.
intérim [ɛ̃teʀim] *m.* **1** Interinidad *f.*, interín. **2** *loc. adv.* ***Par ~,*** interinamente; ***président par ~,*** presidente interino, accidental.
interjection [ɛ̃tɛʀʒɛksjɔ̃] *f.* Interjección.
interligne [ɛ̃tɛʀliɲ] *m.* **1** Interlínea *f.*, entrerrenglonadura *f.* **2** MUS. Espacio. ■ **3** *f.* IMPR. Regleta.
interlocuteur, -trice [ɛ̃tɛʀlɔkytœʀ, -tʀis] *s.* Interlocutor, ra.
intermède [ɛ̃tɛʀmɛd] *m.* **1** Intermedio. **2** THÉÂT. Entreacto, entremés.
intermédiaire [ɛ̃tɛʀmedjɛʀ] *adj.* **1** Intermediario, ria, intermedio, dia. ■ **2** *s.* Intermediario, ria. **3** ***Par l'~ de,*** por medio, por conducto de.
interminable [ɛ̃tɛʀminabl(ə)] *adj.* Interminable.
intermittent, -ente [ɛ̃tɛʀmitɑ̃, -ɑ̃t] *adj.* Intermitente.
internat [ɛ̃tɛʀna] *m.* Internado.
international, -ale [ɛ̃tɛʀnasjɔnal] *adj.* Internacional.
interne [ɛ̃tɛʀn(ə)] *adj.-s.* Interno, na.
interner [ɛ̃tɛʀne] *tr.* Internar, recluir.
interpellation [ɛ̃tɛʀpelasjɔ̃] *f.* Interpelación.
interpolation [ɛ̃tɛʀpɔlasjɔ̃] *f.* Interpolación.
interposer [ɛ̃tɛʀpoze] *tr.* **1** Interponer. ■ **2** *pr.* Interponerse.
interposition [ɛ̃tɛʀpozisjɔ̃] *f.* Interposición.
interprétation [ɛ̃tɛʀpʀetasjɔ̃] *f.* Interpretación.
interprète [ɛ̃tɛʀpʀɛt] *s.* Intérprete.
interrègne [ɛ̃tɛʀʀɛɲ] *m.* Interregno.
interrogation [ɛ̃te(ɛ)ʀɔgasjɔ̃] *f.* **1** Interrogación. **2** ***Point d'~,*** signo de interrogación, punto interrogante.
interrogatoire [ɛ̃te(ɛ)ʀɔgatwaʀ] *m.* Interrogatorio.
interroger [ɛ̃te(ɛ)ʀɔʒe] *tr.* Interrogar, preguntar: ~ ***quelqu'un sur,*** interrogar a alguien sobre. ▲ CONJUG. como ***engager.***
interrompre [ɛ̃te(ɛ)ʀɔ̃pʀ(ə)] *tr.* **1** Interrumpir. ■ **2** *pr.* Interrumpirse. ▲ CONJUG. como ***rendre.***
interrupteur [ɛ̃te(ɛ)ʀyptœʀ] *m.* Interruptor.
intersection [ɛ̃tɛʀsɛksjɔ̃] *f.* Intersección.
interstice [ɛ̃tɛʀstis] *m.* Intersticio.
intervalle [ɛ̃tɛʀval] *m.* **1** Intervalo. **2** *loc. adv.* ***Par intervalles,*** de vez en cuando.
intervenir [ɛ̃tɛʀvəniʀ] *intr.* Intervenir. ▲ CONJUG. como ***venir.***
intervention [ɛ̃tɛʀvɑ̃sjɔ̃] *f.* Intervención.
intervertir [ɛ̃tɛʀvɛʀtiʀ] *tr.* Invertir.
interview [ɛ̃tɛʀvju] *f.* Interviú *m.-f.*
interviewer [ɛ̃tɛʀvjuve] *tr.* Entrevistarse con, intervievar a.
intestin, -ine [ɛ̃tɛstɛ̃, -in] *adj.* **1** Intestino, na. ■ **2** *m.* ANAT. Intestino.
intestinal [ɛ̃tɛstinal] *adj.* Intestinal.

intimation [ɛ̃tɪmasjɔ̃] *f.* 1 Intimación. 2 DR. Notificación, citación en justicia.
intimer [ɛ̃tɪme] *tr.* 1 Intimar. 2 DR. Notificar, citar en apelación.
intimider [ɛ̃tɪmide] *tr.* Intimidar.
intimité [ɛ̃tɪmite] *f.* Intimidad.
intituler [ɛ̃tɪtyle] *tr.* 1 Intitular. ■ 2 *pr.* Intitularse, titularse.
intolérable [ɛ̃tɔleʀabl(ə)] *adj.* Intolerable.
intolérance [ɛ̃tɔleʀɑ̃s] *f.* Intolerancia.
intonation [ɛ̃tɔnasjɔ̃] *f.* Entonación.
intoxiquer [ɛ̃tɔksike] *tr.* 1 Intoxicar. ■ 2 *pr.* Intoxicarse.
intraitable [ɛ̃tʀɛtabl(ə)] *adj.* Intratable.
intransigeance [ɛ̃tʀɑ̃ziʒɑ̃s] *f.* Intransigencia.
intransitif, -ive [ɛ̃tʀɑ̃zitif, -iv] *adj.-m.* Intransitivo, va.
intrépide [ɛ̃tʀepid] *adj.* Intrépido, da.
intrigant, -ante [ɛ̃tʀigɑ̃, -ɑ̃t] *adj.-s.* Intrigante.
intrigue [ɛ̃tʀig] *f.* 1 Intriga. 2 Aventura galante (amoureuse).
introduction [ɛ̃tʀɔdyksjɔ̃] *f.* Introducción.
introduire [ɛ̃tʀɔdɥiʀ] *tr.* 1 Introducir. ■ 2 *pr.* Introducirse. ▲ CONJUG. como ***conduire.***
introniser [ɛ̃tʀɔnize] *tr.* Entronizar.
intrus, -use [ɛ̃tʀy, -yz] *adj.-s.* Intruso, sa.
intrusion [ɛ̃tʀyzjɔ̃] *f.* Intrusión.
intuitif, -ive [ɛ̃tɥitif, -iv] *adj.* Intuitivo, va.
intuition [ɛ̃tɥisjɔ̃] *f.* Intuición.
inusité, -ée [inyzite] *adj.* Inusitado, da.
inutile [inytil] *adj.-s.* Inútil.
inutilité [inytilite] *f.* Inutilidad.
invaincu, -ue [ɛ̃vɛ̃ky] *adj.* Invicto, ta.
invalide [ɛ̃valɪd] *adj.-s.* Inválido, da.
invalider [ɛ̃valɪde] *tr.* Invalidar.
invariable [ɛ̃vaʀjabl(ə)] *adj.* Invariable.
invasion [ɛ̃vazjɔ̃] *f.* Invasión.
invective [ɛ̃vɛktiv] *f.* Invectiva.
invendu, -ue [ɛ̃vɑ̃dy] *adj.* 1 Sin vender. ■ 2 *m.* Artículo sin vender.
inventaire [ɛ̃vɑ̃tɛʀ] *m.* Inventario.
inventeur, -trice [ɛ̃vɑ̃tœʀ, -tʀis] *s.* 1 Inventor, ra. 2 Descubridor, ra.
invention [ɛ̃vɑ̃sjɔ̃] *f.* 1 Invención. 2 Invento *m.* (chose inventée).
inventorier [ɛ̃vɑ̃tɔʀje] *tr.* Hacer el inventario de. ▲ CONJUG. como ***prier.***
inverse [ɛ̃vɛʀs(ə)] *adj.* 1 Inverso, sa. ■ 2 *m.* *L'~*, lo contrario.
inversion [ɛ̃vɛʀsjɔ̃] *f.* Inversión.
invertébré, -ée [ɛ̃vɛʀtebʀe] *adj.-s.* Invertebrado, da.
invertir [ɛ̃vɛʀtiʀ] *tr.* Invertir.
investigation [ɛ̃vɛstigasjɔ̃] *f.* Investigación.
investir [ɛ̃vɛstiʀ] *tr.* 1 Investir. 2 MIL. Cercar, asediar. 3 Invertir, colocar (de l'argent).
invétéré, -ée [ɛ̃veteʀe] *adj.* Inveterado, da.
invincible [ɛ̃vɛsibl(ə)] *adj.* Invencible.
inviolable [ɛ̃vjɔlabl(ə)] *adj.* Inviolable.
invisible [ɛ̃vɪzibl(ə)] *adj.* Invisible.
invitation [ɛ̃vɪtasjɔ̃] *f.* Invitación.
inviter [ɛ̃vɪte] *tr.* 1 Invitar. ■ 2 *pr.* Invitarse.
invocation [ɛ̃vɔkasjɔ̃] *f.* Invocación.
involontaire [ɛ̃vɔlɔ̃tɛʀ] *adj.* Involuntario, ria.
invoquer [ɛ̃vɔke] *tr.* Invocar.
invraisemblable [ɛ̃vʀɛsɑ̃blabl(ə)] *adj.* Inverosímil.
invulnérable [ɛ̃vylneʀabl(ə)] *adj.* Invulnerable.
iota [jɔta] *m.* Iota *f.* (lettre grecque). Loc. fig. ***Il n'y manque pas un ~***, no falta un ápice.
iranien, -ienne [iʀanjɛ̃, -jɛn] *adj.-s.* Iraní.
irascible [iʀasibl(ə)] *adj.* Irascible.
ire [iʀ] *f.* poét. Ira.
iris [iʀis] *m.* 1 ANAT. Iris. 2 Lirio (plante).

iriser [iRize] *tr.* **1** Producir irisación, irisar. ■ **2** *pr.* Irisar.
irlandais, -aise [iRlɑ̃dɛ, -ɛz] *adj.-s.* Irlandés, esa.
ironie [iRɔni] *f.* Ironía.
ironique [iRɔnik] *adj.* Irónico, ca.
irradier [iR(R)adje] *intr.-tr.* Irradiar. ▲ CONJUG. como ***prier.***
irraisonné, -ée [iR(R)ɛzɔne] *adj.* **1** No razonado, da. **2** Inmotivado, da, infundado, da.
irrationnel, -elle [iR(R)asjɔnɛl] *adj.* **1** Irracional. **2** MATH. Irracional.
irréalité [iR(R)ealite] *f.* Irrealidad.
irréconciliable [iR(R)ekɔ̃siljabl(ə)] *adj.* Irreconciliable.
irrécouvrable [iR(R)ekuvRabl(ə)] *adj.* Incobrable.
irrécusable [iR(R)ekyzabl(ə)] *adj.* Irrecusable.
irréductible [iR(R)edyktibl(ə)] *adj.* Irreductible, irreducible.
irréfléchi, -ie [iR(R)efleʃi] *adj.* Irreflexivo, va.
irréfutable [iR(R)efytabl(ə)] *adj.* Irrefutable.
irrégularité [iR(R)egylaRite] *f.* Irregularidad.
irrégulier, -ière [iR(R)egylje, -jɛR] *adj.* Irregular.
irrémédiable [iR(R)emedjabl(ə)] *adj.* Irremediable.
irréparable [iR(R)epaRabl(ə)] *adj.* Irreparable.
irréprochable [iR(R)epRɔʃabl(ə)] *adj.* Irreprochable.
irrésistible [iR(R)ezistibl(ə)] *adj.* Irresistible.
irrésolu, -ue [iR(R)ezɔly] *adj.* Irresoluto, ta.
irrespectueux, -euse [iR(R)ɛspɛktɥø, -øz] *adj.* Irrespetuoso, sa.
irrespirable [iR(R)ɛspiRabl(ə)] *adj.* Irrespirable.
irresponsable [iR(R)ɛspɔ̃sabl(e)] *adj.-s.* Irresponsable.
irrévérence [iR(R)eveRɑ̃s] *f.* Irreverencia.
irrévocable [iR(R)evɔkabl(ə)] *adj.* Irrevocable.
irrigation [iR(R)igasjɔ̃] *f.* Irrigación.
irritant, -ante [iRitɑ̃, -ɑ̃t] *adj.-m.* Irritante.
irriter [iR(R)ite] *tr.* **1** Irritar. ■ **2** *pr.* Irritarse.
irruption [iR(R)ypsjɔ̃] *f.* Irrupción.
islamisme [islamism(ə)] *m.* Islamismo.
isocèle, isoscèle [izɔsɛl] *adj.* GÉOM. ***Triangle*** ~, triángulo isósceles.
isolant, -ante [izɔlɑ̃, -ɑ̃t] *adj.-m.* Aislante.
isoler [izɔle] *tr.* **1** Aislar. ■ **2** *pr.* Aislarse.
israélite [isRaelit] *adj.-s.* Israelita.
issu, -ue [isy] *adj.* **1** Descendiente, salido, da, nacido, da de. ■ **2** *f.* Salida (sortie). Loc. fig. ***Se ménager une issue,*** buscar una salida, una solución. **3** Resultado *m.*, desenlace *m.*, fin *m.* **4** *loc. prép.* ***À l'~ de,*** al final de. ■ **5** *pl.* Afrecho *m. sing.*, salvado *m. sing.* (son). **6** Despojos *m.* (boucherie).
isthme [ism(ə)] *m.* Istmo.
italien, -enne [italjɛ̃, -ɛn] *adj.-s.* Italiano, na.
italique [italik] *adj.-s.* **1** Itálico, ca. ■ **2** *adj.-f.* Cursiva, itálica, bastardilla (lettre).
itinéraire [itineRɛR] *adj.-m.* Itinerario, ia.
ivoire [ivwaR] *m.* **1** Marfil. **2** Objeto de marfil.
ivraie [ivRɛ] *f.* Cizaña.
ivre [ivR(ə)] *adj.* Ebrio, ia, borracho, cha: ~ ***mort,*** borracho perdido.
ivresse [ivRɛs] *f.* Embriaguez, borrachera.
ivrogne [ivRɔɲ] *adj.-m.* Borracho, cha, borrachín, ina.
ivrognerie [ivRɔɲRi] *f.* Hábito *m.* de beber.

J

j [ʒi] *m.* J *f.*
jabot [ʒabo] *m.* **1** Buche, papo (des

oiseaux). **2** Chorrera *f.* (de chemise).
jaboter [ʒabɔte] *intr.* fam. Charlar, charlatanear.
jacasser [ʒakase] *intr.* **1** Chirriar (la pie). **2** Charlar, cotorrear.
jachère [ʒaʃɛʀ] *f.* Barbecho *m.*
jacinthe [ʒasɛ̃t] *f.* Jacinto *m.*
jacquet [ʒakɛ] *m.* Chaquete (jeu).
jactance [ʒaktɑ̃s] *f.* Jactancia.
jade [ʒad] *m.* MINÉR. Jade.
jadis [ʒa(ɑ)dis] *adv.* **1** Antiguamente, antaño. ■ **2** *adj.* ***Au temps ~,*** en otro tiempo, en tiempos lejanos.
jaillir [ʒajiʀ] *intr.* **1** Brotar, surgir, salir (fluide). **2** Surgir (apparaître brusquement).
jais [ʒɛ] *m.* MINÉR. Azabache.
jalon [ʒalɔ̃] *m.* **1** Jalón (topographique). **2** Señal *f.*, marca *f.*
jalonner [ʒalɔne] *intr.-tr.* Jalonar.
jalousie [ʒaluzi] *f.* **1** Envidia. **2** Celos *m. pl.* (en amour). **3** Celosía, persiana (persienne).
jaloux, -ouse [ʒalu, -uz] *adj.-s.* **1** Envidioso, sa (envieux). **2** Celoso, sa (en amour).
jamais [ʒamɛ] *adv.* **1** Nunca, jamás: ***je ne l'ai ~ vu,*** nunca lo he visto. **2** ***Si ~,*** si alguna vez, si por casualidad. **3** *loc. adv.* ***À ~,*** para siempre, eternamente.
jambe [ʒɑ̃b] *f.* **1** Pierna. **2** Pata (d'un animal). **3** fig. fam. ***Tenir la ~ à quelqu'un,*** dar la lata a alguien; ***traiter quelqu'un par dessous la ~,*** mirar a alguien por encima del hombro. **4** *loc. adv.* ***À toutes jambes,*** a todo correr. **5** Pernil *m.* (de pantalon).
jambon [ʒɑ̃bɔ̃] *m.* Jamón.
jambonneau [ʒɑ̃bɔno] *m.* Lacón, codillo de jamón.
jante [ʒɑ̃t] *f.* Llanta.
janvier [ʒɑ̃vje] *m.* Enero: ***le 1.er janvier,*** el día primero de enero.
japonais, -aise [ʒapɔnɛ, -ɛz] *adj.-s.* Japonés, esa.
japper [ʒape] *intr.* Ladrar.
jaquette [ʒakɛt] *f.* **1** Chaqué *m.* (d'homme). **2** Chaqueta (de femme). **3** Sobrecubierta (de livre).
jardin [ʒaʀdɛ̃] *m.* **1** Jardín (à fleurs). Loc. ***~ d'agrément,*** jardín; ***~ des plantes,*** jardín botánico. **2** Huerto (potager). **3** ***~ d'hiver,*** invernadero.
jardinier, -ière [ʒaʀdinje, -jɛʀ] *s.* **1** Jardinero, ra (fleuriste). **2** Hortelano, na (maraîcher).
jargon [ʒaʀgɔ̃] *m.* **1** Jerga *f.*, jerigonza *f.* **2** Argot.
jarre [ʒaʀ] *f.* Jarra, tinaja.
jarret [ʒaʀɛ] *m.* **1** Corva *f.*, jarrete (de l'homme). **2** Corvejón, jarrete (de l'animal).
jarretelle [ʒaʀtɛl] *f.* Liga.
jarretière [ʒaʀtjɛʀ] *f.* Jarretera, liga.
jars [ʒaʀ] *m.* Ganso macho.
jaser [ʒɑze] *intr.* **1** Charlar, parlotear. **2** Cotillear (médire).
jasmin [ʒasmɛ̃] *m.* Jazmín.
jaspe [ʒasp(ə)] *m.* Jaspe.
jatte [ʒat] *f.* Cuenco *m.*
jauge [ʒoʒ] *f.* **1** Cabida (capacité). **2** MAR. Arqueo *m.* **3** Medida (mesure). **4** Varilla graduada (baguette graduée). **5** Indicador *m.* de nivel.
jauger [ʒoʒe] *tr.* **1** Aforar. **2** MAR. Arquear. **3** fig. Calibrar, juzgar. ▲ CONJUG. como ***engager.***
jaunâtre [ʒonɑtʀ(ə)] *adj.* Amarillento, ta.
jaune [ʒon] *adj.* **1** Amarillo, lla. ■ **2** *m.* Amarillo (couleur). **3** ***~ d'œuf,*** yema *f.* (de huevo). **4** fig. Obrero que no quiere participar en una huelga, esquirol (ouvrier). ■ **5** *adv.* ***Rire ~,*** reír de dientes para afuera.
jaunir [ʒoniʀ] *tr.* **1** Teñir de amarillo, poner amarillo, lla. ■ **2** *intr.* Amarillear, ponerse amarillo, lla.
javel (eau de) [(od)ʒavɛl] *f.* Lejía.
javelot [ʒavlo] *m.* **1** Venablo (arme). **2** SPORTS Jabalina *f.*
je [ʒ(ə)] *pron. pers.* Yo (souvent omis, sert à insister): ***~ suis malade,*** estoy enfermo.

jeanerie [ʒinʀi] *f.* Tienda de ropa vaquera, de tejanos.
jersey [ʒɛʀzɛ] *m.* **1** Tejido de punto (tissu). **2** Jersey (vêtement).
jet [ʒɛ] *m.* **1** Tiro, lanzamiento (action). **2** Chorro (d'un fluide). **3** ***Armes de ~,*** armas arrojadizas. **4** ***Premier ~,*** bosquejo. **5** ***~ d'eau,*** surtidor.
jetée [ʒ(ə)te] *f.* Escollera, malecón *m.*
jeter [ʒ(ə)te] *tr.* **1** Echar: ***~ l'ancre,*** echar el ancla; ***~ les fondements,*** echar los cimientos. **2** Tirar, lanzar: ***~ une pierre,*** tirar una piedra. **3** Echar, poner: ***~ une lettre à la boîte,*** poner una carta en el buzón. **4** Construir, tender (un pont). **5** ***~ un cri,*** dar un grito. **6** Emitir, lanzar (une lumière, un son). **7** ***~ un regard,*** echar una mirada. **8** Tirar (se débarrasser). **9** Meter: ***~ en prison,*** meter en la cárcel. ■ **10** *pr.* Tirarse, arrojarse, echarse, abalanzarse. **11** Desembocar (un fleuve). ▲ CONJUG. IRREG. Toma dos *t* delante de sílaba muda. Ejemplos: ***je jette, tu jetteras.***
jeton [ʒ(ə)tɔ̃] *m.* **1** Ficha *f.* (jeux). **2** Ficha *f.* (du téléphone). **3** ***~ de présence,*** ficha *f.* de asistencia. **4** pop. ***Avoir les jetons,*** tener canguelo.
jeu [ʒø] *m.* **1** Juego (divertissement). **2** Juego: ***le ~ d'échecs,*** el juego de ajedrez; ***~ vidéo,*** videojuego. **3** ***Un ~ de cartes,*** una baraja *f.*, un juego de naipes. **4** Apuesta *f.*: ***faites vos jeux,*** hagan sus apuestas. **5** Juego, surtido completo: ***un ~ de clefs,*** un juego de llaves. **6** MUS. Manera *f.* de tocar, ejecución *f.* **7** THÉÂT. Interpretación *f.*, actuación *f.*, modo de representar. **8** Juego (de lumière). **9** Loc. ***~ de mots,*** juego de palabras; ***c'est un ~ d'enfant,*** es un juego de niños, es muy fácil; ***ce n'est pas de ~,*** esto no está permitido. **10** Funcionamiento (fonctionnement). **11** MÉC. Juego, huelgo, holgura *f.* **12** *loc. adv.* ***Par ~,*** por juego, para divertirse; ***d'entrée de ~,*** desde el principio. **13** Loc. ***calmer le ~,*** intentar atenuar las tensiones.
jeudi [ʒødi] *m.* Jueves.
jeun (à) [(a)ʒœ̃] *loc. adv.* En ayunas.
jeune [ʒœn] *adj.* **1** Joven: ***être ~,*** ser joven. **2** Pequeño, ña: ***son ~ frère,*** su hermano pequeño. **3** Juvenil (qui convient à la jeunesse). **4** ***~ fille,*** chica, muchacha. **5** ***~ homme,*** chico, muchacho. **6** ***Jeunes mariés,*** recién casados. **7** fam. ***C'est un peu ~!,*** ¡es poco!, ¡es insuficiente! ■ **8** *s.* Joven (personne jeune): ***les jeunes,*** los jóvenes.
jeûner [ʒøne] *intr.* Ayunar.
jeunesse [ʒœnɛs] *f.* Juventud.
joaillerie [ʒɔajʀi] *f.* Joyería.
jobard, -arde [ʒɔbaʀ, -aʀd(ə)] *adj.-s.* Bobo, ba, pánfilo, la.
joie [ʒwa] *f.* **1** Gozo *m.*, alegría: ***être fou de ~,*** estar loco de alegría. **2** Júbilo *m.* (très vive). **3** ***Se faire une ~ de,*** alegrarse de. ■ **4** *pl.* Placeres *m.*, deleites *m.*, alegrías.
joindre [ʒwɛ̃dʀ(ə)] *tr.* **1** Juntar, unir: ***il joignit les mains,*** juntó las manos. **2** Unir, poner en comunicación. **3** ***~ à,*** añadir. **4** Dar con, entrar en contacto con: ***je n'arrive pas à le ~,*** no consigo dar con él. **5** *intr.* Ajustar, encajar. ■ **6** *pr.* Unirse, reunirse: ***se ~ à un groupe,*** unirse a un grupo. **7** Añadirse. ▲ CONJUG. como ***craindre.***
joint, jointe [ʒwɛ̃, ʒwɛ̃t] *adj.* **1** Junto, ta. **2** ***Ci-joint,*** adjunto.
jointure [ʒwɛ̃tyʀ] *f.* **1** Juntura. **2** ANAT. Coyuntura (des os).
joli, -ie [ʒɔli] *adj.* Bonito, ta, lindo, da.
jonc [ʒɔ̃] *m.* **1** Junco. **2** Anillo (bague).
jonchée [ʒɔ̃ʃe] *f.* Capa, alfombra de ramos o flores.
joncher [ʒɔ̃ʃe] *tr.* Sembrar, cubrir, tapizar.
jonction [ʒɔ̃ksjɔ̃] *f.* Unión, reunión.
jongler [ʒɔ̃gle] *intr.* Hacer juegos malabares, de manos.

jongleur, -euse [ʒɔ̃glœʀ, -øz] *s.* **1** ancienn. Juglar (ménestrel). **2** Malabarista (au cirque, etc.).
jonque [ʒɔ̃k] *f.* Junco *m.*
jonquille [ʒɔ̃kij] *f.* Junquillo *m.*
jouable [ʒwabl(ə)] *adj.* **1** Representable. **2** THÉÂT. Ejecutable.
joue [ʒu] *f.* **1** Mejilla, carrillo *m.* **2** ***Mettre en ~,*** apuntar con el fusil. **3** ***En ~!,*** ¡apunten!, ¡armas!
jouer [ʒwe] *intr.* **1** Jugar. **2** Intervenir, entrar en juego (intervenir). **3** THÉÂT. Actuar, trabajar. **4** MUS. Tocar: ~ ***du piano,*** tocar el piano. **5** MÉC. Funcionar. **6** Tener huelgo (avoir du jeu). **7** Loc. ~ ***des coudes,*** abrirse paso con los codos; ~ ***de malchance,*** tenir mala suerte. ■ **8** *tr.* Jugar (mettre au jeu). **9** Jugarse (risquer au jeu). **10** Burlar, engañar (duper). **11** MUS. Tocar, interpretar. **12** THÉÂT. Representar, interpretar. **13** Loc. ~ ***un rôle,*** desempeñar un papel. ■ **14** *pr.* Jugarse. **15** Burlarse, reírse (se moquer): ***se ~ des difficultés,*** reírse de las dificultades.
jouet [ʒwɛ] *m.* Juguete.
joueur, -euse [ʒwœʀ, -øz] *s.* **1** Jugador, ra (jeux). **2** Tocador, ora (d'un instrument). ■ **3** *adj.* Juguetón, ona.
joufflu, -ue [ʒufly] *adj.* Mofletudo, da.
joug [ʒu] *m.* Yugo.
jouir [ʒwiʀ] *intr.* Gozar.
jouissance [ʒwisɑ̃s] *f.* Goce *m.*, disfrute *m.*
joujou [ʒuʒu] *m.* **1** fam. Juguete. **2** ***Faire ~,*** jugar.
jour [ʒuʀ] *m.* **1** Día: ~ ***férié,*** día feriado. Loc. ***Se mettre à ~,*** ponerse al día. **2** *loc. adv.* ***Au petit ~,*** al amanecer; ***un beau ~,*** un buen día, cierto día; ***de nos jours,*** en nuestros días; ***de ~ en ~,*** de día en día. **3** Luz *f.* Loc. ***Faux ~,*** mala iluminación *f.*; ***faire ~,*** ser de día; ***le ~ se lève,*** sale el sol; fig. ***donner le ~,*** dar a luz. **4** *loc. adv.* ***Au grand ~,*** en plena luz. **5** Aspecto: ***présenter sous un ~ favorable,*** presentar bajo un aspecto favorable. **6** Hueco (ouverture). **7** Calado (broderie). ■ **8** *pl.* Días (vie).
journal [ʒuʀnal] *m.* **1** Diario. **2** Periódico.
journalier, -ière [ʒuʀnalje, -jɛʀ] *adj.* **1** Diario, ria. ■ **2** *m.* Jornalero (ouvrier).
journaliste [ʒuʀnalist(ə)] *s.* Periodista.
journée [ʒuʀne] *f.* **1** Día *m.*: ***toute la ~,*** todo el día. **2** ~ ***de travail,*** jornada de trabajo.
joute [ʒut] *f.* Justa.
jovial, -ale [ʒɔvjal] *adj.* Jovial.
jovialité [ʒɔvjalite] *f.* Jovialidad.
joyau [ʒwajo] *m.* Joya *f.*, alhaja *f.*
joyeux, -euse [ʒwajø, -øz] *adj.* **1** Alegre. **2** Feliz (heureux): ~ ***Noël!,*** ¡felices Pascuas!, ¡feliz Navidad!
jubé [ʒybe] *m.* ARCHIT. Galería *f.* elevada entre la nave y el presbiterio de una iglesia.
jubilation [ʒybilɑsjɔ̃] *f.* fam. Júbilo *m.*, alborozo *m.*
jubiler [ʒybile] *intr.* fam. Regocijarse.
jucher [ʒyʃe] *tr.* **1** Encaramar. ■ **2** *pr.* Encaramarse.
judaïsme [ʒydaism(ə)] *m.* Judaísmo.
judas [ʒyda] *m.* **1** Judas, traidor (traître). **2** Mirilla *f.* (de porte).
judiciaire [ʒydisjɛʀ] *adj.* Judicial.
juge [ʒyʒ] *m.* Juez.
jugement [ʒyʒmɑ̃] *m.* **1** DR. Juicio. Loc. ***Le ~ dernier,*** el juicio final. **2** Sentencia *f.*, decisión *f.* (sentence). **3** Juicio, opinión *f.* **4** Juicio, cordura *f.* (raison, bon sens).
jugeote [ʒyʒɔt] *f.* fam. Juicio *m.*, caletre *m.*, sentido *m.* común.
juger [ʒyʒe] *tr.* **1** Juzgar: ~ ***un accusé,*** juzgar a un reo. **2** Juzgar, enjuiciar. Loc. ***À en ~ d'après,*** a juzgar por; ***au ~,*** a bulto. **3** Decidir (prendre position sur). **4** Considerar, encontrar (considérer comme). **5** Imaginarse, figurarse (ima-

giner): ***jugez de ma déception,*** imagínese mi desengaño. ■ **6** *pr.* Considerarse, verse. ■ como ***engager.***
jugulaire [ʒygylɛʀ] *adj.* **1** ***Veines jugulaires,*** venas yugulares. ■ **2** *f.* Carrillera (du casque), barboquejo *m.* (d'une casquette, etc.).
juif, -ive [ʒɥif, -iv] *adj.-s.* Judío, ía.
juillet [ʒɥijɛ] *m.* Julio.
juin [ʒɥɛ̃] *m.* Junio.
jumeau, -melle [ʒymo, -mɛl] *adj.-s.* Gemelo, la, mellizo, za.
jumelles [ʒymɛl] *f. pl.* Gemelos *m.*
jument [ʒymɑ̃] *f.* Yegua.
jungle [ʒœ̃gl(ə)] *f.* Selva virgen de la India, jungla.
jupe [ʒyp] *f.* Falda.
jupon [ʒypɔ̃] *m.* Enaguas *f. pl.,* refajo.
juré, -ée [ʒyʀe] *m.* Jurado (membre d'un jury).
jurer [ʒyʀe] *tr.* **1** Jurar: ~ ***fidélité,*** jurar fidelidad. **2** Jurar, asegurar (assurer). ■ **3** *intr.* Jurar (faire un serment). **4** Jurar, blasfemar (dire des jurons). **5** No ir, chocar (aller mal ensemble).
juridiction [ʒyʀidiksjɔ̃] *f.* Jurisdicción.
juridique [ʒyʀidik] *adj.* Jurídico, ca.
jurisprudence [ʒyʀispʀydɑ̃s] *f.* Jurisprudencia.
juriste [ʒyʀist(ə)] *s.* Jurista.
juron [ʒyʀɔ̃] *m.* Juramento, taco.
jury [ʒyʀi] *m.* **1** Jurado (justice). **2** Tribunal (examens).
jus [ʒy] *m.* **1** Jugo. **2** Zumo.
jusque [ʒysk(ə)] *prép.* Hasta: ***jusqu'à présent,*** hasta ahora.
juste [ʒyst(ə)] *adj.* **1** Justo, ta (équitable, légitime). **2** Certero, ra, acertado, da (exact). **3** Justo, estrecho, cha (étroit, petit). **4** Justo, ta (qui suffit à peine). **5** MUS. Afinado, da. ■ **6** *m.* Justo. ■ **7** *adv.* Justamente, justo. **8** Exactamente, precisamente. Loc. ***Frapper*** ~, dar en el blanco. **9** *loc. adv.* ***Au*** ~, exactamente.
justesse [ʒystɛs] *f.* Exactitud, precisión.
justice [ʒystis] *f.* Justicia.
justicier, -ière [ʒystisje, -jɛʀ] *adj.-s.* Justiciero, ra.
justification [ʒystifikɑsjɔ̃] *f.* Justificación.
justifier [ʒystifje] *tr.* **1** Justiciar. ■ **2** *pr.* Justificarse. ▲ CONJUG. como ***prier.***
jute [ʒyt] *m.* Yute (plante et fibre).
juteux, -euse [ʒytø, -øz] *adj.* Jugoso, sa.
juvénile [ʒyvenil] *adj.* Juvenil.
juxtaposition [ʒykstapozisjɔ̃] *f.* Yuxtaposición.

K

k [kɑ] *m.* K *f.*
kabyle [kabil] *adj.-s.* Cabila.
kaki [kaki] *adj. invar.* **1** Caqui (couleur). ■ **2** *m.* Caqui (fruit).
kaléidoscope [kaleidɔskɔp] *m.* Calidoscopio.
kangourou [kɑ̃guʀu] *m.* Canguro.
kapok [kapɔk] *m.* Miraguano.
képi [kepi] *m.* Quepis.
kermesse [kɛʀmɛs] *f.* Kermese.
khan [kɑ̃] *m.* Kan (prince).
khôl [kol], **kohol** [kɔɔl] *m.* Alcohol.
kilogramme [kilɔgʀam] *m.* Kilogramo, quilogramo.
kilomètre [kilɔmɛtʀ(ə)] *m.* Kilómetro, quilómetro.
kilowatt [kilɔwat] *m.* Kilovatio.
kimono [kimɔno] *m.* Kimono, quimono.
kiosque [kjɔsk(ə)] *m.* Quiosco.
kola [kɔla] *m.* Cola.
krach [kʀak] *m.* Quiebra *f.,* crac.
kyrielle [kiʀjɛl] *f.* Letanía, sarta, retahíla.
kyste [kist(ə)] *f.* MÉD. Quiste.

L

l [ɛl] *m.-f.* L *f.*
la [la] *art.-pron. pers.* La.
la [la] *m.* MUS. La.
là [la] *adv.* **1** Allà (loin, indéterminé), allí (loin), ahí (près): ***restez ~***, quédese ahí; ***c'est ~ qu'il s'est marié***, allí se casó. **2** Esto, ello: ***en venir ~***, venir a parar a esto; ***restons-en ~***, quedemos en esto, no hablemos más; ***il faut en passer par ~***, hay que pasar por ello. **3** Se une al demostrativo por medio de guión para darle el sentido de aquél, lla: ***celui-là***, aquél; ***cet homme-là***, aquel hombre; ***celle-là***, aquélla. **4** *loc. adv.* ***là-bas***, allá, allá lejos; ***là-haut***, allá arriba; ***là-dedans***, allí dentro; ***là-dessus***, encima de aquello, de esto; sobre esto, dicho esto (sur ce); ***de ~***, de allí; ***par ~***, por allí, por este medio. **5** *interj.* ***Hé ~!***, ¡vamos! **6** ***Oh ~, ~!***, ¡oh!
label [labɛl] *m.* Etiqueta *f.*, marca *f.*
labeur [labœʀ] *m.* Trabajo.
labial, -ale [labjal] *adj.* Labial.
laboratoire [labɔʀatwaʀ] *m.* Laboratorio.
laborieux, -euse [labɔʀjø, -øz] *adj.* Laborioso, sa, trabajador, ra.
labour [labuʀ] *m.* Labranza *f.*
labourage [labuʀaʒ] *m.* Laboreo, labranza *f.*
labourer [labuʀe] *tr.* **1** Labrar, arar. **2** fig. Surcar.
labyrinthe [labiʀɛ̃t] *m.* Laberinto.
lac [lak] *m.* Lago.
lacer [lɑse] *tr.* Atar, lazar. ▲ CONJUG. como ***lancer***.
lacérer [laseʀe] *tr.* Lacerar, desgarrar, lastimar. ▲ CONJUG. como ***accélérer***.
lacet [lɑsɛ] *m.* **1** Cordón (de chaussures). **2** Zigzag: ***route en lacets***, carretera en zigzag. **3** CHASS. Lazo, percha *f.*
lâche [lɑʃ] *adj.* **1** Flojo, ja, suelto, ta (pas serré). **2** Vil (action). ■ **3** *adj.-s.* Cobarde.
lâcher [lɑʃe] *tr.* **1** Aflojar: ***~ la bride***, aflojar las riendas. **2** Soltar: ***~ prise***, soltar la presa; ***~ un juron***, soltar un taco. Loc. fig. ***~ pied***, ceder terreno, retroceder. **3** fam. Plantar (un ami). ■ **4** *intr.* Soltarse: ***une poutre qui a lâché***, una viga que se ha soltado.
lâcher [lɑʃe] *m.* Suelta *f.*
lâcheté [lɑʃte] *f.* **1** Cobardía. **2** Villanía, bajeza (action).
lacis [lɑsi] *m.* Entrelazamiento, red *f.*
laconique [lakɔnik] *adj.* Lacónico, ca.
lacrymal, -ale [lakʀimal] *adj.* Lagrimal.
lacs [lɑ] *m.* **1** Lazada *f.*, lazo. **2** CHASS. Lazo.
lacté, -ée [lakte] *adj.* **1** Lácteo, ea. **2** Lacteado, da: ***farine lactée***, harina lacteada.
lactique [laktik] *adj.* Láctico, ca.
lacune [lakyn] *f.* Laguna, omisión.
lacustre [lakystʀ(ə)] *adj.* Lacustre.
ladre [ladʀ(ə)] *adj.-s.* Avaro, ra, roñoso, sa, tacaño, ña.
ladrerie [ladʀəʀi] *f.* Avaricia sórdida.
lagune [lagyn] *f.* Albufera, laguna.
lai, laie [lɛ] *adj.-s.* **1** Lego, ga. ■ **2** *m.* RHÉT. Lay.
laïcisme [laisism(ə)] *m.* Laicismo.
laid, laide [lɛ, lɛd] *adj.* Feo, a.
laideron [lɛdʀɔ̃] *m.* Mujer *f.* fea.
laideur [lɛdœʀ] *f.* Fealdad.
laie [lɛ] *f.* **1** Jabalina (femelle du sanglier). **2** Sendero *m.*, senda (sentier).
lainage [lɛnaʒ] *m.* **1** Tejido de lana. **2** Prenda *f.* de lana (vêtement).
laine [lɛn] *f.* Lana.
lainier, -ière [lɛnje, -jɛʀ] *adj.-s.* Lanero, ra.
laisse [lɛs] *f.* Traílla, correa: ***chien en ~***, perro atado. Loc. fig. ***Mener quelqu'un en ~***, dominar a uno, manejar a alguien.

laisser [lese] *tr.* 1 Dejar: ~ ***faire,*** dejar hacer; ***laissez-moi tranquille,*** déjeme en paz. 2 Dar: ~ ***à penser,*** dar que pensar. ■ 3 *pr.* Dejarse: ***se ~ voler,*** dejarse robar. 4 ***Se ~ faire,*** no oponer resistencia, dejarse llevar; ***se ~ aller,*** abandonarse.
laissez-passer [lesepɑse] *m. invar.* Pase, permiso de circulación.
lait [lɛ] *m.* 1 Leche *f.*: ~ ***caillé,*** leche cuajada. 2 ~ ***de chaux,*** lechada *f.* de *cal.*
laiterie [lɛtʀi] *f.* Lechería.
laiteux, -euse [lɛtø, -øz] *adj.* Lechoso, sa.
laitier, -ière [lɛtje, -jɛʀ] *adj.-s.* 1 Lechero, ra. ■ 2 *m.* MÉTAL. Escoria *f.*
laiton [lɛtɔ̃] *m.* Latón.
laitue [lety] *f.* Lechuga.
lama [lama] *m.* 1 RELIG. Lama. 2 Llama *f.* (animal).
lambeau [lɑ̃bo] *m.* 1 Jirón: ***en lambeaux,*** hecho jirones. 2 Fragmento: ***des lambeaux de conversation,*** fragmentos de conversación.
lambiner [lɑ̃bine] *intr.* Remolonear, entretenerse.
lambris [lɑ̃bʀi] *m.* 1 Revestimiento decorativo (d'un mur). 2 Artesonado (de plafond).
lame [lam] *f.* 1 Lámina (métal). 2 Hoja (d'instrument coupant): ~ ***de rasoir,*** hoja de afeitar. 3 Loc. fig. ***Fine ~,*** buen espadachín *m.* 4 Tabla (de parquet). 5 Ola (vague).
lamé, -ée [lame] *adj.* 1 Laminado, da. ■ 2 *m.* Lamé: ***robe de ~,*** vestido de lamé.
lamentable [lamɑ̃tabl(ə)] *adj.* Lamentable.
lamenter (se) [lamɑ̃te] *pr.* Lamentarse.
laminage [laminaʒ] *m.* Laminado.
laminer [lamine] *tr.* MÉTAL. Laminar.
lampadaire [lɑ̃padɛʀ] *m.* 1 Farol, farola *f.* (de rue). 2 Lámpara *f.* de pie (d'intérieur).
lampe [lɑ̃p(ə)] *f.* Lámpara.
lampée [lɑ̃pe] *f.* fam. Buen trago *m.*
lamper [lɑ̃pe] *tr.* Beber a grandes tragos, beber ávidamente.
lampion [lɑ̃pjɔ̃] *m.* 1 Candelilla *f.*, mariposa *f.* 2 Farolillo veneciano (en papier).
lampiste [lɑ̃pist(ə)] *m.* 1 Lamparero, lamparista. 2 fam. Pagano.
lamproie [lɑ̃pʀwa(ɑ)] *f.* Lamprea.
lance [lɑ̃s] *f.* Lanza, pica.
lancement [lɑ̃smɑ̃] *m.* 1 Lanzamiento. 2 MAR. Botadura *f.*
lancer [lɑ̃se] *tr.* 1 Lanzar, arrojar. 2 Emitir, publicar, poner en circulación. 3 Lanzar, dar a conocer, poner de moda. 4 Soltar (un coup, etc.): ~ ***des injures,*** soltar injurias. 5 Lanzar, echar (regard). 6 MAR. Botar (un navire). ■ 7 *pr.* Lanzarse. ▲ CONJUG. Toma una cedilla delante de *a* y *o*: ***il lança, nous lançons.***
lance-torpilles [lɑ̃stɔʀpij] *m. invar.* Lanzatorpedos.
lancette [lɑ̃sɛt] *f.* Lanceta.
lancier [lɑ̃sje] *m.* 1 MIL. Lancero. ■ 2 *pl.* Lanceros (danse).
landau [lɑ̃do] *m.* Landó.
lande [lɑ̃d] *f.* Landa, páramo *m.*, erial *m.*
langage [lɑ̃gaʒ] *m.* Lenguaje.
lange [lɑ̃ʒ] *m.* Pañal, mantilla *f.*
langoureux, -euse [lɑ̃guʀø, -øz] *adj.* Lánguido, da.
langouste [lɑ̃gust(ə)] *f.* Langosta.
langoustine [lɑ̃gustin] *f.* Cigala.
langue [lɑ̃g] *f.* 1 Lengua: Loc. fig. ***Avaler sa ~,*** tragarse la lengua, callarse; ***avoir la ~ bien pendue,*** hablar por los codos. 2 Lengua, idioma *m.*, lenguaje *m.*: ~ ***vivante, morte,*** lengua viva, muerta. 3 Lengua: ~ ***de feu,*** lengua de fuego.
languette [lɑ̃gɛt] *f.* Lengüeta.
langueur [lɑ̃gœʀ] *f.* Languidez.
languir [lɑ̃giʀ] *intr.* 1 Languidecer. 2 Consumirse (une personne). 3 Alargarse, durar (une affaire).
lanterne [lɑ̃tɛʀn(ə)] *f.* Linterna, farol *m.*

lanterner [lɑ̃tɛʀne] *intr.* **1** Bobear, perder el tiempo en tonterías. ■ **2** *tr.* ***Faire ~,*** entretener, dar largas.
lapalissade [lapalisad] *f.* Perogrullada.
laper [lape] *tr.-intr.* Beber a lengüetadas.
lapereau [lapʀo] *m.* Gazapo, conejito.
lapidaire [lapidɛʀ] *adj.-s.* Lapidario, ria.
lapider [lapide] *tr.* Lapidar.
lapin, -ine [lapɛ̃, -ın] *s.* **1** Conejo, ja. **2** Loc. fig. fam. ***Un chaud ~,*** un tío cachondo. **3** fam. ***Poser un ~,*** dar un plantón.
laps [laps] *m.* ***~ de temps,*** lapso de tiempo.
lapsus [lapsys] *m.* Lapsus, lapso.
laquais [lakɛ] *m.* Lacayo.
laquer [lake] *tr.* Barnizar con laca.
larcin [laʀsɛ̃] *m.* Hurto.
lard [laʀ] *m.* **1** Tocino, lardo. **2** fam. Grasa *f.* (d'une personne).
larder [laʀde] *tr.* **1** CUIS. Mechar. **2** fig. Acribillar: ***~ de coups de poignard,*** acribillar a puñaladas. **3** fig. Recargar, rellenar (un texte de citations, etc.).
lardon [laʀdɔ̃] *m.* CUIS. Mecha *f.*
lare [laʀ] *m.* **1** MYTH. Lar. ■ **2** *pl.* fig. Lares.
large [laʀʒ(ə)] *adj.* **1** Ancho, cha, amplio, ia: ***un ~ trottoir,*** una acera ancha. **2** Holgado, da (vêtements): ***un manteau de voyage très ~,*** un abrigo de viaje muy holgado. **3** Extenso, sa, dilatado, da, vasto, ta. **4** Amplio, ia: ***une ~ diffusion,*** una amplia difusión. **5** Considerable, importante, grande. **6** Liberal, generoso, sa (généreux). **7** ***Vie ~,*** vida desahogada, fácil. **8** Tolerante: ***~ d'esprit,*** de manga ancha. ■ **9** *m.* Anchura *f.*, ancho: ***un mètre de ~,*** un metro de ancho. **10** Alta mar *f.*: ***prendre le ~,*** hacerse a la mar; fig. fam. largarse. ■ **11** *adv.* Con holgura. **12** *loc. adv.* ***En long et en ~,*** en todos sentidos; ***de long en ~,*** de un lado para otro; ***au ~,*** a sus anchas, con comodidad (à l'aise).
largesse [laʀʒɛs] *f.* Largueza, liberalidad.
largeur [laʀʒœʀ] *f.* **1** Anchura. **2** fig. Amplitud (d'esprit, etc.).
larme [laʀm(ə)] *f.* Lágrima. Loc. ***Pleurer à chaudes larmes,*** llorar a lágrima viva.
larmoyant, -ante [laʀmwajɑ̃, -ɑ̃t] *adj.* **1** Lacrimoso, sa, lloroso, sa. **2** fig. Sensiblero, ra (personnes).
larmoyer [laʀmwaje] *intr.* Lagrimear. ▲ CONJUG. como ***employer.***
larron [laʀɔ̃] *m.* vieil. Ladrón, prov. ***L'occasion fait le ~,*** la ocasión hace al ladrón.
larve [laʀv(ə)] *f.* **1** Larva. **2** péj. Baldrazas *m.*
larynx [laʀɛ̃ks] *m.* Laringe *f.*
las, lasse [lɑ, lɑs] *adj.* **1** Cansado, da. **2** fig. ***~ de,*** cansado, harto de.
lascif, -ive [lasif, -iv] *adj.* Lascivo, va.
lascivité [lasivite] *f.* Lascivia.
laser [lazɛʀ] *m.* Láser.
lassitude [lasityd] *f.* **1** Cansancio *m.* **2** Aburrimiento *m.* (ennui).
lasso [laso] *m.* Lazo.
latent, -ente [latɑ̃, -ɑ̃t] *adj.* Latente.
latéral, -ale [lateʀal] *adj.* Lateral.
latin, -ine [latɛ̃, -ın] *adj.-s.* **1** Latino, na. ■ **2** *m.* Latín: ***bas ~,*** latín vulgar.
latitude [latityd] *f.* Latitud.
latrines [latʀin] *f. pl.* Letrina *sing.*
latter [late] *tr.* Enlistonar.
laudanum [lodanɔm] *m.* Láudano.
laudatif, -ive [lodatif, -iv] *adj.* Laudatorio, ria.
lauréat, -ate [lɔʀea, -at] *adj.-s.* Laureado, da, galardonado, da.
laurier [lɔʀje] *m.* **1** Laurel: ***~ sauce,*** laurel común; ***~ cerise,*** laurel real. **2** ***~ rose,*** adelfa *f.*; ***~ tulipier,*** magnolia *f.*
lavable [lavabl(ə)] *adj.* Lavable.
lavabo [lavabo] *m.* **1** Lavabo. **2** LITURG. Lavatorio.
lavage [lavaʒ] *m.* Lavado, lavadura *f.*

lavallière [lavaljɛʀ] *f.* Chalina.
lavande [lavɑ̃d] *f.* Espliego *m.*
lavandière [lavɑ̃djɛʀ] *f.* 1 Lavandera. 2 Aguzanieves (oiseau).
lave [lav] *f.* Lava.
lave-linge [lavlɛ̃ʒ] *m.* Lavadora *f.*
lavement [lavmɑ̃] *m.* MÉD. Lavativa *f.*, ayuda *f.*
laver [lave] *tr.* 1 Lavar. 2 Fregar: ~ ***la vaisselle,*** fregar los platos. ■ 3 *pr.* Lavarse: ***se ~ les mains,*** lavarse las manos.
laverie [lavʀi] *f.* Lavadero *m.* : ~ ***automatique*** lavandería.
lavette [lavɛt] *f.* 1 Estropajo *m.* 2 fam. Bragazas *m.*, calzonazos *m.*
lave-vaisselle [lavvesɛl] *m.* Lavavajillas.
lavis [lavi] *m.* PEINT. Aguada *f.*
lavoir [lavwaʀ] *m.* Lavadero.
laxatif, -ive [laksatif, -iv] *adj.-m.* Laxante.
layette [lɛjɛt] *f.* Canastilla de recién nacido.
lazaret [lazaʀɛ] *m.* Lazareto.
le, la [l(ə), la] *art.* 1 El, la: ***l'oiseau,*** el pájaro (*l'* delante de vocal o h muda). ■ 2 *pron. pers.* Lo, le, la: ***je le sais,*** ya lo sé; ***je l'ai vu,*** lo, le he visto; ***je l'ai vue,*** la he visto. ■ 3 *pl.* Los, las.
lèchefrite [lɛʃfʀit] *f.* Grasera.
lècher [leʃe] *tr.* 1 Lamer. 2 Loc. fig. fam. ~ ***les bottes de,*** hacer la pelotilla a. ■ 3 *pr.* Chuparse, relamerse. ▲ CONJUG. como ***accélérer.***
lècheur, -euse [leʃœʀ, -øz] *s.* 1 fam. Pelotillero, ra, cobista (flatteur). 2 fam. Besucón, ona (qui embrasse). 3 fam. Lamerón, ona, laminero, ra, goloso, sa (gourmand).
leçon [l(ə)sɔ̃] *f.* 1 Lección. 2 fig. Lección, advertencia: ***faire la ~ à quelqu'un,*** aleccionar a alguien.
lecteur, -trice [lɛktœʀ, -tʀis] *s.* Lector, ra.
lecture [lɛktyʀ] *f.* Lectura.
légal, -ale [legal] *adj.* Legal.
légaliser [legalize] *tr.* Legalizar.
légalité [legalite] *f.* Legalidad.
légat [lega] *m.* Legado.
légation [legɑsjɔ̃] *f.* 1 Legacía (charge, territoire). 2 Legación (bureaux, résidence).
légendaire [leʒɑ̃dɛʀ] *adj.* Legendario, ia.
légende [leʒɑ̃d] *f.* 1 Leyenda. 2 Pie *m.* (d'une illustration, photo). 3 Inscripción (monnaie, médaille).
léger, -ère [leʒe, -ɛʀ] *adj.* 1 Ligero, ra. 2 Ligero, ra, leve (peu grave, peu important). 3 *loc. adv.* ***À la légère,*** a la ligera, brevemente.
légèreté [leʒɛʀte] *f.* Ligereza.
légiférer [leʒifeʀe] *intr.* Legislar. ▲ CONJUG. como ***accélérer.***
légion [leʒjɔ̃] *f.* Legión: ~ ***d'honneur,*** Legión de Honor.
légionnaire [leʒjɔnɛʀ] *m.* 1 Legionario. 2 Miembro de la Legión de Honor.
législateur, -trice [leʒislatœʀ, -tʀis] *adj.-s.* Legislador, ra.
législation [leʒislɑsjɔ̃] *f.* Legislación.
légiste [leʒist(ə)] *m.* 1 Legista. ■ 2 *adj.* ***Médecin ~,*** médico forense.
légitime [leʒitim] *adj.* Legítimo, ma.
légitimer [leʒitime] *tr.* 1 Legitimar. 2 Justificar (justifier).
legs [lɛ, lɛg] *m.* Legado, manda *f.*
léguer [lege] *tr.* Legar. ▲ CONJUG. como ***accélérer.***
légume [legym] *m.* 1 Verdura *f.*: ***bouillon de légumes,*** caldo de verduras; ***soupe aux légumes,*** sopa de verduras. 2 ***Légumes secs,*** legumbres *f.*
légumineux, -euse [legyminø, -øz] *adj.* 1 Leguminoso, sa. ■ 2 *f. pl.* BOT. Leguminosas.
lendemain [lɑ̃dmɛ̃] *m.* El día siguiente: ***il arriva le ~,*** llegó al día siguiente. *loc. adv.* ***Du jour au ~,*** de la noche a la mañana.
lénitif, -ive [lenitif, -iv] *adj.-s.* Lenitivo, va.
lent, lente [lɑ̃, lɑ̃t] *adj.* Lento, ta.
lenteur [lɑ̃tœʀ] *f.* Lentitud.

lentille [lɑ̃tij] *f.* **1** Lenteja: ~ ***d'eau,*** lenteja de agua. **2** OPT. Lente. **3** *f.* : ~ ***de contact,*** lentilla de contacto.
léonin, -ine [leɔnɛ̃, -in] *adj.* Leonino, na.
léopard [leɔpaʀ] *m.* Leopardo.
lépreux, -euse [lepʀø, -øz] *adj.-s.* Leproso, sa.
lequel, laquelle [ləkɛl, lakɛl] *pron. rel.* **1** El cual, la cual *pl.* ***lesquels, lesquelles,*** los cuales, las cuales. ■ **2** *pron. inter.* Cuál: ~ ***prenez-vous?,*** ¿cuál toma usted?; ***lesquels voulez-vous?,*** ¿cuáles quiere usted? **3** Con las prep. ***à*** y ***de*** forma los compuestos: ***auquel, auxquels, auxquelles, duquel, desquels, desquelles.***
les [le] *art.-pron. pers. pl.* Los *m.*, las *f.*
lesbienne [lezbjɛn] *adj.-f.* Lesbiana.
léser [leze] *tr.* Perjudicar, dañar, damnificar. ▲ CONJUG. como ***accélérer.***
lésinerie [lezinʀi] *f.* Tacañería, cicatería, roñería.
lésion [lezjɔ̃] *f.* Lesión.
lessive [lesiv] *f.* **1** Lejía. **2** Detergente *m.* en polvo (poudre). **3** Colada, lavado *m.* **4** Ropa (linge): ***rincer la*** ~, aclarar la ropa.
lessiveuse [lesivøz] *f.* Cubo *m.* para la colada.
lest [lɛst] *m.* Lastre.
leste [lɛst(ə)] *adj.* **1** Ligero, ra, vivo, va, pronto, ta. **2** fig. Libre, atrevido, da, licencioso, sa.
lester [lɛste] *tr.* **1** Lastrar. ■ **2** *pr.* fam. Alimentarse.
léthargique [letaʀʒik] *adj.* Letárgico, ca.
lettré, -ée [letʀe] *adj.* **1** Culto, ta. ■ **2** *s.* Erudito, ta.
lettre [lɛtʀ(ə)] *f.* **1** Letra: ~ ***moulée,*** letra de molde; ***lettres majuscules, minuscules,*** letras mayúsculas, minúsculas. **2** Carta: ~ ***de condoléances,*** carta de pésame; ~ ***chargée,*** carta con valores declarados. **3** COMM. Letra, carta: ~ ***de change,*** letra de cambio. ■ **4** *pl.* Letras: ***les belles-lettres,*** las bellas letras.
leucémie [løsemi] *f.* Leucemia.
leur [lœʀ] *adj. poss.* **1** Su: ***ils viendront dans*** ~ ***voiture,*** ellos vendrán en su coche *pl.* ***leurs,*** sus. ■ **2** *pron. poss.* Suyo, ya: ***nous prenons nos billets et ils prennent les leurs,*** nosotros tomamos nuestros billetes y ellos toman los suyos. ■ **3** *pron. pers.* Les: ***je*** ~ ***raconte cette histoire,*** les cuento esta historia; se (quand il y a un autre pron. à la 3.ᵉ personne): ***je la*** ~ ***raconte,*** se la cuento; ***raconte-la***~, cuéntasela.
leurrer [lœʀe] *tr.* **1** Embaucar (abuser). ■ **2** *pr.* Hacerse ilusiones.
levain [ləvɛ̃] *m.* Levadura *f.*
levant [ləvɑ̃] *adj.* **1** ***Soleil*** ~, sol naciente. ■ **2** *m.* Levante.
levantin, -ine [ləvɑ̃tɛ̃, -in] *adj.-s.* Levantino, na.
levé, -ée [l(ə)ve] *adj.* **1** Levantado, da, alzado, da, erguido, da, alto, ta. Loc. ***Au pied*** ~, sin preparación. ■ **2** *m.* Levantamiento (d'un plan).
levée [ləve] *f.* **1** Levantamiento *m.* **2** Recogida (du courrier). **3** Recaudación, percepción (des impôts). **4** Baza (au jeu de cartes). **5** Terraplén *m.*, dique *m.*, malecón *m.* (digue). **6** AGR. Recolección. **7** MIL. Leva (de troupes). **8** ~ ***de boucliers,*** protesta general.
lever [l(ə)ve] *tr.* **1** Levantar: ~ ***le bras,*** levantar el brazo. **2** Levantar, alzar: ~ ***les yeux au ciel,*** alzar los ojos al cielo. Loc. ~ ***les épaules,*** encogerse de hombros. **3** Levantar, quitar (enlever). **4** Levantar: ~ ***la séance, le siège, une excommunication,*** levantar la sesión, el sitio, una excomunión. **5** Levantar, trazar: ~ ***un plan,*** levantar un plano. **6** Levar, reclutar (des soldats). **7** Recoger (le courrier). **8** Percibir (des impôts). **9** CHASS. Levantar (le gibier). ■ **10** *intr.* Nacer (les plantes). **11** Leudarse (la pâte).

■ 12 *pr.* Levantarse. 13 Salir, nacer (le jour). 14 Despejarse (le temps). ▲ CONJUG. como ***acheter.***
lever [l(ə)ve] *m.* 1 Momento de levantarse de la cama: ***à son ~,*** al levantarse de la cama. 2 Orto, salida *f.* (d'un astre). 3 Nacimiento (du jour). 4 THÉÂT. ***Le ~ du rideau,*** la subida del telón.
levier [ləvje] *m.* Palanca *f.*
levis [l(ə)vi] *adj.* ***Pont ~,*** puente levadizo.
levraut [ləvʀo] *m.* Lebrato.
lèvre [lɛvʀ(ə)] *f.* Labio *m.*
lévrier [levʀije] *m.* Galgo, lebrel.
levure [l(ə)vyʀ] *f.* Levadura.
lexique [lɛksik] *m.* Léxico.
lézard [lezaʀ] *m.* Lagarto.
lézarde [lezaʀd(ə)] *f.* Grieta.
lézarder [lezaʀde] *tr.* 1 Agrietar. ■ 2 *intr.* fam. Gandulear, holgazanear. ■ 3 *pr.* Agrietarse, rajarse.
liaison [ljɛzɔ̃] *f.* 1 Enlace *m.,* unión: ***agent de ~,*** agente de enlace. 2 Enlace *m.* (dans la prononciation). 3 Unión, relación: ***~ d'affaires,*** relación de negocios. 4 Conexión (téléphonique). 5 Unión ilícita, aventura: ***avoir une ~,*** tener relaciones ilícitas. 6 MUS. Ligado *m.*
liane [ljan] *f.* Bejuco *m.*
liant, -ante [ljɑ̃, -ɑ̃t] *adj.* 1 Flexible, maleable. 2 fig. Afable, sociable: ***caractère ~,*** carácter sociable. ■ 3 *m.* Flexibilidad *f.* 4 fig. Afabilidad *f.*
liard [ljaʀ] *m.* Cuarto, ochavo.
liasse [ljas] *f.* 1 Legajo *m.* (papiers). 2 Fajo *m.* (billets).
libellule [libe(ɛl)lyl] *f.* Libélula.
libéral, -ale [libeʀal] *adj.-s.* Liberal.
libéralisme [libeʀalism(ə)] *m.* Liberalismo.
libération [libeʀɑsjɔ̃] *f.* 1 Liberación. 2 DR. Libertad: ***~ conditionnelle,*** libertad condicional. 3 MIL. Licenciamiento *m.*
libérer [libeʀe] *tr.* 1 Libertar, poner en libertad (un prisonnier). 2 Eximir, liberar, exonerar (d'une charge, d'un service). 3 Descargar (la conscience). 4 MIL. Licenciar (un soldat). 5 PHYS. Liberar (de l'énergie, etc.). ▲ CONJUG. como ***accélérer.***
liberté [libɛʀte] *f.* Libertad.
libertinage [libɛʀtinaʒ] *m.* Libertinaje.
libidineux, -euse [libidinø, -øz] *adj.* Libidinoso, sa.
librairie [libʀeʀi] *f.* Librería.
libre [libʀ(ə)] *adj.* 1 Libre: ***un homme ~,*** un hombre libre; ***~ arbitre,*** libre albedrío. Loc. ***~ penseur,*** librepensador. 2 Libre, licencioso, sa, atrevido, da. 3 Suelto, ta: ***une longue chevelure ~,*** una larga cabellera suelta. 4 Libre, desocupado, da: ***êtes-vous ~ ce soir?,*** ¿está usted libre esta noche? 5 Libre, dueño, ña: ***il est ~ d'agir à son gré,*** él es dueño de elegir a su gusto.
libre-échange [libʀeʃɑ̃ʒ] *m.* Librecambio.
librettiste [libʀe(ɛt)ist(ə)] *m.* Libretista.
lice [lis] *f.* Liza, palestra.
licence [lisɑ̃s] *f.* 1 Licencia. 2 Licenciatura (grade universitaire).
licencié, -ée [lisɑ̃sje] *s.* Licenciado, da.
licencier [lisɑ̃sje] *tr.* Licenciar, despedir. ▲ CONJUG. como ***prier.***
licencieux, -euse [lisɑ̃sjø, -øz] *adj.* Licencioso, sa.
lichen [likɛn] *m.* Liquen.
licite [lisit] *adj.* Lícito, ta.
licol [likɔl], **licou** [liku] *m.* Cabestro, ronzal.
licorne [likɔʀn(ə)] *f.* MYTH. Unicornio *m.*
lie [li] *f.* Hez: ***boire le calice jusqu'à la ~,*** apurar el cáliz hasta las heces; ***la ~ du peuple,*** la hez del pueblo.
liège [ljɛʒ] *m.* Corcho.
lien [ljɛ̃] *m.* 1 Ligadura *f.,* atadura (attache). *f.* 2 fig. Lazo, vínculo.

lier [lje] *tr.* **1** Atar, ligar: ~ ***des gerbes,*** atar gavillas. **2** Unir, enlazar: ~ ***les mots, les idées,*** enlazar las palabras, las ideas. **3** Trabar, espesar: ~ ***une sauce,*** espesar una salsa. **4** Trabar, entablar (amitié, conversation). ■ **5** *pr.* Ligarse, obligarse. ▲ CONJUG. como ***prier.***
lierre [ljɛʀ] *m.* Hiedra *f.*, yedra *f.*
liesse [ljɛs] *f.* Alborozo *m.*, regocijo *m.*
lieu [ljø] *m.* **1** Lugar: ***un ~ sûr,*** un lugar seguro. Loc. ~ ***commun,*** lugar común, tópico; ***sans feu ni ~,*** sin causa ni hogar; ***il y a ~ de,*** conviene; ***tenir ~ de,*** servir de, hacer las veces de; ***vider les lieux,*** desocupar el local. **2** *loc. adv.* ***En haut ~,*** en las altas esferas. **3** *loc. prép.* ***Au ~ de,*** en lugar de. **4** *loc. adv.* ***Au ~ que,*** mientras que. ■ **5** *pl.* Lugares: ***les Lieux saints,*** los Santos Lugares; ***lieux d'aisances,*** retrete *sing.*
lieue [ljø] *f.* Legua.
lièvre [ljɛvʀ(ə)] *m.* Liebre *f.*
ligament [ligamɑ̃] *m.* ANAT. Ligamento.
ligature [ligatyʀ] *f.* **1** Ligadura, atadura. **2** CHIR. Ligadura.
lige [liʒ] *adj.* ***Homme ~,*** afecto, adicto.
lignage [liɲaʒ] *m.* Linaje.
ligne [liɲ] *f.* **1** Línea: ~ ***droite,*** línea recta; ~ ***de partage des eaux,*** línea divisoria. Loc. ***Passage de la ~,*** paso del Ecuador. **2** Línea, renglón *m.* (d'écriture): ***point à la ~,*** punto y aparte. **3** Raya (de la main). **4** Línea (silhouette): ***garder la ~,*** guardar la línea. **5** Sedal *m.* (pour la pêche). **6** Cordel *m.*, tendel *m.* (de maçon). **7** Línea (aérienne, téléphonique, etc.). **8** Fila: ***en ~ pour le départ!,*** ¡en fila para la salida! **9** ***Hors*** ~ fuera de serie. **10** ***Entrer en ~ de compte,*** entrar en cuenta. **11** *loc. adv.*: ***sur toute la ~,*** por completo, completamente.
lignée [liɲe] *f.* Descendencia, prole, familia.
ligoter [ligɔte] *tr.* Atar de pies y manos.
ligue [lig] *f.* Liga.
lilas [lila] *m.* **1** Lila *f.* ■ **2** *adj. invar.* Lila (couleur).
limace [limas] *f.* Babosa, limaza.
limaçon [limasɔ̃] *m.* ANAT., ZOOL. Caracol.
limaille [limɑj] *f.* Limaduras *pl.*
limande [limɑ̃d] *f.* Platija.
limbes [lɛ̃b] *m. pl.* Limbo *sing.*
lime [lim] *f.* Lima.
limer [lime] *tr.* Limar, pulir.
limier [limje] *m.* Sabueso.
limitation [limitɑsjɔ̃] *f.* Limitación.
limite [limit] *f.* **1** Límite *m.* ■ **2** *adj.* Extremo, ma.
limité, -ée [limite] *adj.* Limitado, da, poco inteligente.
limiter [limite] *tr.* Limitar.
limitrophe [limitʀɔf] *adj.* Limítrofe.
limoger [limɔʒe] *tr.* fam. Destituir, separar de un cargo. ▲ CONJUG. como ***engager.***
limon [limɔ̃] *m.* **1** Limo, légamo, lodo, cieno (alluvion). **2** Limonera *f.* (de charrette). **3** ARCHIT. Zanca *f.* **4** Limón (citron).
limonade [limɔnad] *f.* Gaseosa.
limpidité [lɛ̃pidite] *f.* Limpidez.
lin [lɛ̃] *m.* **1** Lino. **2** ***Huile de ~,*** aceite de linaza.
linceul [lɛ̃sœl] *m.* **1** Sudario. **2** fig. Capa *f.*, manto (de neige, etc.).
linéaire [lineɛʀ] *adj.* Lineal: ***dessin ~,*** dibujo lineal.
linge [lɛ̃ʒ] *m.* **1** Ropa *f.*, ropa *f.* blanca. **2** Trapo, paño.
lingerie [lɛ̃ʒʀi] *f.* Lencería.
lingot [lɛ̃go] *m.* Lingote.
linguiste [lɛ̃gɥist(ə)] *s.* Lingüista.
liniment [linimɑ̃] *m.* Linimento.
linoleum, linoléum [linɔleɔm] *m.* Linóleo.
linon [linɔ̃] *m.* Linón.
linotte [linɔt] *f.* Pardillo *m.*, pardilla. Loc. fig. ***Tête de ~,*** cabeza de chorlito.

linotype [linɔtip] *f.* Linotipia (machine).
linteau [lɛ̃to] *m.* Dintel.
lion, lionne [ljɔ̃, ljɔn] *s.* **1** León, leona. **2** fig. León, hombre valiente. **3** Leo (zodiaque).
lippe [lip] *f.* Bezo *m.*
lippu, -ue [lipy] *adj.* Bezudo, da, hocicudo, da, morrudo, da.
liquéfier [likefje] *tr.* Licuar, liquidar, licuefacer. ▲ CONJUG. como ***prier.***
liqueur [likœʀ] *f.* Licor *m.*
liquidation [likidɑsjɔ̃] *f.* Liquidación.
liquide [likid] *adj.* **1** Líquido, da: ***une sauce trop*** ~, una salsa demasiado líquida. **2** Contante, en metálico, en efectivo: ***argent*** ~, dinero contante, en efectivo. ■ **3** *adj. f.* ***Consonne*** ~, consonante líquida. ■ **4** *m.* Líquido.
liquider [likide] *tr.* COMM. Liquidar.
lire [liʀ] *tr.* Leer: ~ ***à haute voix,*** leer en voz alta. ▲ CONJUG. IRREG. INDIC. Pres.: ***je lis, tu lis, il lit, nous lisons, vous lisez, ils lisent.*** Imperf.: ***je lisais,*** etc. Pret. indef.: ***je lus,*** etc. Fut. imperf.: ***je lirai,*** etc. POT.: ***je lirais,*** etc. SUBJ.: ***que je lise,*** etc. Imperf.: ***que je lusse,*** etc. IMPER.: ***lis, lisons, lisez.*** PART. A.: ***lisant.*** PART. P.: ***lu, lue.***
lire [liʀ] *f.* Lira (monnaie).
lis, lys [lis] *m.* **1** Lis, azucena *f.* **2** BLAS. ***Fleur de*** ~, flor de lis.
lisérer [lizeʀe] *tr.* Ribetear. ▲ CONJUG. como ***accélérer.***
liseron [lizʀɔ̃] *m.* Enredadera *f.*
liseur, -euse [lizœʀ, -øz] *s.* Aficionado, da a la lectura, lector, ra.
lisible [lizibl(ə)] *adj.* Legible.
lisière [lizjɛʀ] *f.* **1** Orilla (d'un tissu). **2** Orillo *m.* (du drap). **3** Lindero *m.*, linde (d'un bois). ■ **4** *pl.* Andadores. **5** *fig.* Límite.
lissage [lisaʒ] *m.* Alisadura *f.*
lisser [lise] *tr.* **1** Alisar: ~ ***sa moustache,*** alisarse el bigote. **2** Lustrar, bruñir.
liste [list(ə)] *f.* Lista: ~ ***alphabétique,*** lista por orden alfabético; ~ ***civile,*** lista civil.
lit [li] *m.* **1** Cama *f.*, lecho: ~ ***à deux places,*** cama de matrimonio. **2** fig. Matrimonio: ***enfants du premier*** ~, hijos del primer matrimonio. **3** Lecho, madre *f.* (d'un fleuve). **4** Estrato, capa *f.* lecho (couche).
litanie [litani] *f.* **1** Letanía, retahíla. ■ **2** *pl.* Letanía *sing.* (prière).
lithographie [litɔgʀafi] *f.* Litografía.
litière [litjɛʀ] *f.* **1** Cama de establo, de cuadra. **2** Litera (véhicule).
litige [litiʒ] *m.* Litigio.
litre [litʀ(ə)] *m.* Litro.
littéraire [liteʀɛʀ] *adj.* **1** Literario, ria. ■ **2** *s.* Literato, ta.
littéral, -ale [liteʀal] *adj.* Literal.
littérature [liteʀatyʀ] *f.* Literatura.
littoral, -ale [litɔʀal] *adj.-m.* Litoral.
liturgique [lityʀʒik] *adj.* Litúrgico, ca.
livide [livid] *adj.* Lívido, da.
livraison [livʀɛzɔ̃] *f.* Entrega, remesa.
livre [livʀ(ə)] *m.* **1** Libro: ***grand*** ~, libro mayor. **2** *loc. adv.* ***À*** ~ ***ouvert,*** a libro abierto, sin preparación. ■ **3** *f.* Libra (monnaie, poids).
livrée [livʀe] *f.* Librea.
livrer [livʀe] *tr.* **1** Entregar: ~ ***une marchandise,*** entregar una mercancía; ~ ***à la police,*** entregar a la policía. **2** Dar, librar, entablar (une bataille). Loc. ~ ***bataille,*** batallar. **3** Abandonar (abandonner). **4** Revelar (un secret). ■ **5** *pr.* Entregarse, abandonarse. **6** Entregarse, consagrarse, dedicarse (s'adonner).
livret [livʀɛ] *m.* **1** Libro (petit livre). **2** Cartilla *f.*: ~ ***militaire, de caisse d'épargne,*** cartilla militar, de caja de ahorros. **3** Libro: ~ ***de famille,*** libro de familia. **4** Libreto (opéra, etc.).
livreur, -euse [livʀœʀ, -øz] *adj.-s.* Repartidor, ra, mozo.
lobe [lɔb] *m.* Lóbulo.

local, -ale [lɔkal] *adj.* **1** Local: ***la couleur locale,*** el color local. ■ **2** *m.* Local.
localiser [lɔkalize] *tr.* Localizar.
localité [lɔkalite] *f.* Localidad.
locataire [lɔkatɛʀ] *s.* Inquilino, na, arrendatario, ria.
location [lɔkɑsjɔ̃] *f.* **1** Alquiler *m.* (maison, automobile, etc.). **2** Arrendamiento (terres). **3** THÉÂT. ***Bureau de ~,*** contaduría *f.*: ***~ d'une place,*** reserva de una localidad.
locomotion [lɔkɔmosjɔ̃] *f.* Locomoción.
locomotive [lɔkɔmɔtiv] *f.* Locomotora.
locution [lɔkysjɔ̃] *f.* Locución.
logarithme [lɔgaʀitm(ə)] *m.* Logaritmo.
loge [lɔʒ] *f.* **1** Portería (de concierge). **2** Celda (pour les fous, les candidats dans un concours). **3** THÉÂT. Palco *m.* (pour les spectateurs). **4** Camarín *m.*, cuarto *m.* (pour les acteurs). **5** Compartimiento *m.* (compartiment). **6** Logia (francs-maçons).
logement [lɔʒmɑ̃] *m.* **1** Alojamiento: ***donner le ~ à,*** dar alojamiento a. **2** Vivienda *f.*, piso.
loger [lɔʒe] *intr.* **1** Vivir, habitar: ***~ en garni,*** vivir en un piso amueblado. **2** Hospedarse, aposentarse: ***il va ~ au meilleur hôtel,*** va a hospedarse en el mejor hotel. ■ **3** *tr.* Albergar, alojar, hospedar. **4** Alojar, meter, colocar: ***~ une balle dans le cœur de l'ennemi,*** meter una bala en el corazón del enemigo. ■ **5** *pr.* Alojarse. ▲ CONJUG. como ***engager.***
logeur, -euse [lɔʒœʀ, -øz] *s.* Alquilador, ra de habitaciones amuebladas.
logiciel [lɔʒisjɛl] *m.* INFORM. Programa.
logicien, -ienne [lɔʒisjɛ̃, -jɛn] *s.* Lógico, ca.
logique [lɔʒik] *adj.* **1** Lógico, ca. ■ **2** *f.* Lógica (science).
logis [lɔʒi] *m.* Morada *f.*, vivienda *f.*, alojamiento, casa *f.*
logistique [lɔʒistik] *f.* Logística.
loi [lwa] *f.* Ley: ***faire la ~,*** dictar, imponer la ley.
loin [lwɛ̃] *adv.* **1** Lejos. Loc. fig. ***Aller ~,*** prosperar, progresar, llegar lejos. **2** *loc. adv.* ***Au ~,*** a lo lejos; ***de ~,*** desde lejos; ***de ~ en ~,*** de cuando en cuando, a intervalos.
lointain, -aine [lwɛ̃tɛ̃, -ɛn] *adj.* **1** Lejano, na. ■ **2** *m.* Lontananza *f.*
loir [lwaʀ] *m.* Lirón.
loisible [lwazibl(ə)] *adj.* Lícito, ta, permitido, da.
loisir [lwaziʀ] *m.* **1** Tiempo libre, disponible, ocio. **2** *loc. adv.* ***À ~,*** sin prisas, holgadamente, a su comodidad.
lombaire [lɔ̃bɛʀ] *adj.* ANAT. Lumbar.
lombric [lɔ̃bʀik] *m.* Lombriz *f.*
long, longue [lɔ̃, lɔ̃g] *adj.* **1** Largo, ga: ***un ~ voyage,*** un largo viaje. **2** Lejano, na (temps): ***de longue date,*** de fecha lejana. **3** Lento, ta, tardo, da: ***~ à venir,*** tardo en llegar. ■ **4** *m.* Largo, longitud *f.*: ***d'un kilomètre de ~, ~ d'un kilomètre,*** de un kilómetro de largo. Loc. ***Tomber de tout son ~,*** caer de plano, cuan largo se es. **5** *loc. adv.* ***À la longue,*** a la larga; ***de ~ en large,*** de un lado a otro. **6** *loc. prép.* ***Le ~ de, au ~ de,*** a lo largo de.
longe [lɔ̃ʒ] *f.* **1** Ronzal *m.* (courroie). **2** Mitad de un lomo de ternera (boucherie).
longer [lɔ̃ʒe] *tr.* **1** Bordear. **2** MAR. Costear. ▲ CONJUG. como ***engager.***
longévité [lɔ̃ʒevite] *f.* Longevidad.
longitude [lɔ̃ʒityd] *f.* Longitud.
longtemps [lɔ̃tɑ̃] *adv.* Mucho tiempo: ***depuis ~,*** desde hace mucho tiempo.
longueur [lɔ̃gœʀ] *f.* **1** Longitud, largo *m.*: ***~ d'onde,*** longitud de onda; ***la largeur et la longueur d'un terrain,*** el ancho y el largo de un terreno. **2** Duración, lentitud (durée). Loc. ***Tirer en ~,*** hacer durar,

dar largas a; ***traîner en ~,*** durar mucho. **3** *loc. prép.* ***À ~ de,*** durante; ***à ~ d'année,*** a lo largo del año.
longue-vue [lɔ̃gvy] *f.* Anteojo *m.* de larga vista, catalejo *m.*
lopin [lɔpɛ̃] *m.* Parcela *f.*
loquace [lɔkas] *adj.* Locuaz.
loque [lɔk] *f.* Pingajo *m.*, andrajo *m.*, jirón *m.*
loquet [lɔkɛ] *m.* Pestillo, picaporte.
loqueteau [lɔkto] *m.* Pestillo de golpe.
loqueteux, -euse [lɔktø, -øz] *adj.-s.* Harapiento, ta, andrajoso, sa.
lorgner [lɔʀɲe] *tr.* **1** Mirar de soslayo. **2** Desear, codiciar, echar el ojo a (convoiter).
lorgnette [lɔʀɲɛt] *f.* **1** Anteojo *m.* **2** Gemelos *m. pl.* (jumelle).
lorgnon [lɔʀɲɔ̃] *m.* Lentes *f.pl.*, anteojos *m. pl.*, quevedos *m. pl.*
lors [lɔʀ] *adv.* **1** vieil. Entonces. *loc. adv.* ***Dès ~, depuis ~,*** desde entonces. **2** *loc. prép.* ***~ de,*** cuando: ***~ de son dernier voyage,*** cuando su último viaje. **3** *loc. conj.* ***~ même que,*** aun cuando.
lorsque [lɔʀsk(ə)] *conj.* Cuando.
losange [lɔzɑ̃ʒ] *m.* **1** Rombo. **2** BLAS. Losanje.
lot [lo] *m.* **1** Lote. **2** Premio: ***le gros ~,*** el premio gordo.
loterie [lɔtʀi] *f.* Lotería.
loti, -ie [lɔti] *adj.* ***Bien ~,*** favorecido en un reparto, favorecido por la suerte.
lotion [losjɔ̃] *f.* Loción.
lotir [lɔtiʀ] *tr.* **1** Dividir en lotes. **2** Adjudicar por lotes (adjuger).
lotissement [lɔtismɑ̃] *m.* Urbanización *f.*
loto [lɔto] *m.* Juego de la lotería.
lotus [lɔtys] *m.* Loto.
louable [lwabl(ə)] *adj.* **1** Loable, laudable. **2** Susceptible de alquilarse (qu'on peut prendre en location).
louage [lwaʒ] *m.* Alquiler.
louange [lwɑ̃ʒ] *f.* Alabanza.
louche [luʃ] *adj.* **1** Bizco, ca (qui louche). **2** fig. Turbio, bia, sospechoso, sa: ***affaire ~,*** asunto turbio. ■ **3** *f.* Cucharón *m.*, cazo *m.*
louer [lwe] *tr.* **1** Alquilar (maison, automobile, etc.): ***à ~,*** se alquila. **2** Reservar (place de train, etc.). **3** Alabar (complimenter, glorifier). ***Dieu soit loué!,*** ¡alabado sea Dios! ■ **4** *pr.* ***Se ~ de,*** mostrarse satisfecho, cha de.
loup [lu] *m.* **1** Lobo. Loc. ***Froid de ~,*** frío que pela. Prov. ***Quand on parle du ~, on en voit la queue,*** en nombrando al ruin de Roma, por la puerta asoma. **2** Antifaz (masque). **3** Falta *f.*, error. **4** ***~ de mer,*** róbalo (poisson), lobo marino (phoque), lobo de mar (vieux marin). **5** *loc. adv.* ***Entre chien et ~,*** a boca de noche, a la caída de la tarde.
loupe [lup] *f.* **1** OPT. Lupa, lente. **2** MÉD. Lupia, lobanillo *m.* **3** BOT. Nudo *m.* (des arbres).
loup-garou [lugaʀu] *m.* Duende, coco.
lourd, lourde [luʀ, luʀd(ə)] *adj.* **1** Pesado, da: ***une valise lourde,*** una maleta pesada. **2** Pesado, da, bochornoso, sa (temps). **3** Pleno, na, lleno, na, repleto, ta, cuajado da: ***un regard ~ de rancune,*** una mirada llena de rencor. **4** Tardo, da, torpe, lento, ta (de compréhension). **5** Macizo, za, amazacotado, da (à la vue). **6** Garrafal: ***une lourde faute,*** una falta garrafal. ■ **7** *adv.* Mucho: ***peser ~,*** pesar mucho. **8** fam. ***Il n'en sait pas ~,*** no sabe mucho.
lourdaud, -aude [luʀdo, -od] *adj.-s.* Torpe, zopenco, ca.
lourdeur [luʀdœʀ] *f.* **1** Pesadez. **2** Torpeza (gaucherie). **3** Lentitud (lenteur).
loustic [lustik] *m.* fam. Bromista, chocarrero.
loutre [lutʀ(ə)] *f.* Nutria.
loyal, -ale [lwajal] *adj.* Leal.
loyauté [lwajote] *f.* Lealtad.

loyer [lwaje] *m.* **1** Alquiler. **2** Interés: *le ~ de l'argent,* el tanto por ciento de interés.
lubie [lybi] *f.* Capricho *m.*, antojo *m.*
lubrifier [lybʀifje] *tr.* Lubricar. ▲ CONJUG. como *prier.*
lubrique [lybʀik] *adj.* Lúbrico, ca.
lucarne [lykaʀn(ə)] *f.* **1** Tragaluz *m.* **2** Buharda, buhardilla (dans le toit).
lucidité [lysidite] *f.* Lucidez.
lucratif, -ive [lykʀatif, -iv] *adj.* Lucrativo, va.
lucre [lykʀ(ə)] *m.* Lucro.
lueur [lɥœʀ] *f.* **1** Luz tenue. **2** Fulgor *m.*, resplandor *m.*: *la ~ d'un éclair,* el fulgor de un relámpago. **3** Brillo *m.*, destello (du regard). **4** fig. Vislumbre (d'espoir, etc.).
lugubre [lygybʀ(ə)] *adj.* Lúgubre.
lui [lɥi] *pron. pers.* **1** Él: *c'est ~ qui le dit,* es él quien lo dice. **2** Sí (réfléchi): *il parle toujours de ~,* siempre habla de sí mismo. Loc. *À ~,* suyo, ya, de él; *à ~ seul, à ~ tout seul,* por sí solo. **3** Le: *elle ~ parle,* ella le habla. **4** Se (avec un autre pron.): *je le ~ dirai,* yo se lo diré.
luire [lɥiʀ] *intr.* Lucir, brillar, resplandecer. ▲ CONJUG. como *conduire,* excepto en el part. pas. que hace *lui,* sin forma femenina. Carece de pret. indef. y de pret. imperf. de subjuntivo.
luisant, -ante [lɥizɑ̃, -ɑ̃t] *adj.* **1** Brillante. **2** *Ver ~,* gusano de luz. ■ **3** *m.* Lustre, brillo (d'une étoffe).
lumbago [lɔ̃bago] *m.* Lumbago.
lumière [lymjɛʀ] *f.* **1** Luz. Loc. fig.: *Faire la ~ sur,* aclarar; *mettre en ~,* sacar a la luz, poner de relieve, en evidencia. **2** Lumbrera, luminar *m.* (personne de grande intelligence). **3** fam. *Ce n'est pas une ~,* tiene pocas luces.
lumignon [lymiɲɔ̃] *m.* **1** Cabo de vela encendida (bout d'une bougie). **2** Pábilo (mèche). **3** Lamparilla *f.* (lampe).
luminaire [lyminɛʀ] *m.* **1** Luminaria *f.* (cierges). **2** Alumbrado (éclairage).
lumineux, -euse [lyminø, -øz] *adj.* Luminoso, sa.
lunaire [lynɛʀ] *adj.* Lunar.
lunatique [lynatik] *adj.-s.* Lunático, ca.
lundi [lœ̃di] *m.* Lunes.
lune [lyn] *f.* Luna: *pleine ~,* luna llena. Loc. *Être dans la ~,* estar en la luna; *vouloir prendre la ~ avec ses dents,* intentar lo imposible.
lunette [lynɛt] *f.* **1** Anteojo *m.*: *~ d'approche,* anteojo de larga vista. **2** Agujero *m.*, abertura circular: *~ des cabinets,* apertura de water closet. **3** *~ arrière,* ventanilla posterior (d'une voiture). ■ **4** *pl.* Gafas, lentes.
lupin [lypɛ̃] *m.* Altramuz.
lurette [lyʀɛt] *f.* Loc. *Il y a belle ~,* hace mucho tiempo, mucho tiempo ha.
luron, -onne [lyʀɔ̃, -ɔn] *s. C'est un joyeux ~,* es un viva la virgen.
lustre [lystʀ(ə)] *m.* **1** Lustre, brillo. **2** Araña *f.* (lampe). **3** Lustro (cinq ans).
lustrer [lystʀe] *tr.* Lustrar, enlustrecer.
luth [lyt] *m.* Laúd.
luthier [lytje] *m.* Fabricante de instrumentos de cuerda.
lutin [lytɛ̃] *m.* **1** Duendecillo. **2** Diablillo (enfant).
lutte [lyt] *f.* Lucha.
lutter [lyte] *intr.* Luchar.
luxation [lyksɑsjɔ̃] *f.* Luxación.
luxe [lyks(ə)] *m.* Lujo.
luxueux, -euse [lyksɥø, -øz] *adj.* Lujoso, sa.
luxuriant, -ante [lyksyʀjɑ̃, -ɑ̃t] *adj.* Lujuriante.
luzerne [lyzɛʀn(ə)] *f.* Alfalfa.
lycée [lise] *m.* Instituto de enseñanza media.
lycéen, -enne [liseɛ̃, -ɛn] *s.* Alumno, na, de Instituto.

lymphatique [lɛ̃fatık] *adj.* Linfático, ca.
lyncher [lɛ̃ʃe] *tr.* Linchar.
lynx [lɛ̃ks] *m.* Lince.
lyre [liʀ] *f.* MUS. Lira.
lyrique [liʀik] *adj.* 1 Lírico, ca. ■ 2 *m.* Lírico, poeta. ■ 3 *f.* Lírica.
lyrisme [liʀism(ə)] *m.* Lirismo.

M

m [ɛm] *m.* 1 M *f.* 2 *M.,* Sr.: ***M. Dupuis,*** Sr. Dupuis.
ma [ma] *adj.* Mi.
maboul, -oule [mabul] *adj.-s.* pop. Chiflado, da.
macabre [makɑbʀ(ə)] *adj.* Macabro, bra.
macaque [makak] *m.* Macaco.
macaron [makaʀɔ̃] *m.* Macarrón, mostachón (gâteau).
macération [maseʀɑsjɔ̃] *f.* 1 Maceración. 2 Mortificación física.
macérer [maseʀe] *tr.* 1 Macerar. ■ 2 *pr.* Macerarse. ▲ CONJUG. como ***accélérer.***
mâche [maʃ] *f.* Hierba de los canónigos.
mâchefer [maʃfɛʀ] *m.* Cagafierro.
mâcher [mɑʃe] *tr.* Masticar. Loc. ***Ne pas ~ ses mots,*** no morderse la lengua, no tener pelos en la lengua.
machiavélisme [makjavelism(ə)] *m.* Maquiavelismo.
machin [maʃɛ̃] *m.* 1 fam. Fulano (personne). 2 Chisme (objet).
machination [maʃinɑsjɔ̃] *f.* Maquinación.
machine [maʃin] *f.* 1 Máquina: ***~ à vapeur, à coudre,*** máquina de vapor, de coser. 2 ***~ à laver,*** lavadora. 3 Locomotora (locomotive). 4 THÉÂT. Tramoya.
machiner [maʃine] *tr.* Maquinar.
machinerie [maʃinʀi] *f.* Maquinaria.
machiniste [maʃinist(ə)] *m.* 1 Maquinista. 2 THÉÂT. Tramoyista.
mâchoire [mɑʃwaʀ] *f.* 1 Mandíbula, quijada. 2 TECHN. Mordaza.
mâchonner [mɑʃɔne] *tr.* 1 Mascujar. 2 fig. Mascullar (armonner).
maçon [masɔ̃] *m.* 1 Albañil. 2 Masón (franc-maçon).
maçonnerie [masɔnʀi] *f.* Albañilería.
maçonnique [masɔnik] *adj.* Masónico, ca.
macreuse [makʀøz] *f.* 1 Espaldilla (viande). 2 Negreta (oiseau).
madame [madam] *f.* 1 Señora, la señora: ***bonjour ~,*** buenos días, señora; ***~ Récamier,*** la señora Récamier; ***~ n'est pas là,*** la señora no está. 2 Señora doña (devant un prénom). 3 ***Chère ~,*** muy señora mía (en tête d'une lettre).
mademoiselle [madmwazɛl] *f.* Señorita.
madrague [madʀag] *f.* Almadraba.
madré, -ée [ma(ɑ)dʀe] *adj.-s.* Astuto, ta, ladino, na, taimado, da.
madrier [madʀije] *m.* Madero.
madrilène [madʀilɛn] *adj.-s.* Madrileño, ña.
magasin [magazɛ̃] *m.* 1 Almacén, depósito (entrepôt). 2 Almacén, tienda *f.* 3 Recámara *f.* (d'une arme à feu).
magazine [magazin] *m.* Revista *f.* ilustrada.
mage [maʒ] *m.* Mago.
magicien, -ienne [maʒisjɛ̃, -jɛn] *s.* Mago, ga.
magie [maʒi] *f.* Magia.
magique [maʒik] *adj.* Mágico, ca.
magistère [maʒistɛʀ] *m.* 1 Magisterio. 2 Maestrazgo (d'un ordre militaire).
magistral, -ale [maʒistʀal] *adj.* Magistral.
magistrature [maʒistʀatyʀ] *f.* 1 Magistratura. 2 ***~ assise,*** los jueces. 3 ***~ debout,*** los fiscales.
magnanimité [maɲanimite] *f.* Magnanimidad.
magnat [magna] *m.* Magnate.

magnétique [maɲetik] *adj.* Magnético, ca.
magnétiser [maɲetize] *tr.* Magnetizar.
magnétisme [maɲetism(ə)] *m.* Magnetismo.
magnéto [maɲeto] *f.* Magneto.
magnétophone [maɲetɔfɔn] *m.* Magnetófono.
magnétoscope [maɲetoskɔp] *m.* Videocasete *s.*
magnifier [magnifje] *tr.* Magnificar. ▲ CONJUG. como ***prier.***
magnifique [maɲifik] *adj.* Magnífico, ca.
magnolia [maɲ(gn)ɔlja] *m.* Magnolia *f.*
magnolier [maɲɔlje] *m.* Magnolio, magnolia *f.*
magot [mago] *m.* **1** Hucha *f.*, ahorros *p.*, gato (argent caché). **2** Monigote, figura *f.* grotesca. **3** fig. fam. Hombre feo, mamarracho, macaco (homme laid). **4** Mona *f.* de Gibraltar, magote, mona *f.* de Berbería (singe).
mai [mɛ] *m.* Mayo: ***le 2 ~,*** el 2 de Mayo.
maigre [mɛgʀ(ə)] *adj.* **1** Delgado, da, flaco, ca. Loc. ***Être ~ comme un clou,*** estar hecho un fideo, un espárrago. **2** Magro (sans graisse): ***viande ~,*** carne magra. Loc. ***Jours maigres,*** días de abstinencia. **3** fig. Escaso, sa, insuficiente, pobre: ***~ salaire,*** escaso sueldo. **4** AGR. Árido, da, seco, ca (terrain). ■ **5** *m.* Carne *f.* magra, lo magro.
maigreur [mɛgʀœʀ] *f.* **1** Delgadez, flacura. **2** fig. Pobreza, escasez. **3** AGR. Aridez, sequedad.
maigrir [megʀiʀ] *intr.* **1** Adelgazar, enflaquecer. ■ **2** *tr.* Adelgazar.
mail [maj] *m.* **1** Mallo (jeu). **2** Mazo (maillet). **3** Paseo público (promenade).
maille [maj] *f.* **1** Malla (d'un gilet). **2** Punto *m.* (tricot, crochet). **3** NUMIS. Blanca, cuarto *m.* Loc. ***N'avoir ni sou ni ~,*** no tener ni un real, ni una blanca; ***avoir ~ à partir avec quelqu'un,*** disputarse con alguien.
maillet [majɛ] *m.* Mazo.
mailloche [majɔʃ] *f.* **1** Mazo *m.*, machote *m.* **2** MUS. Maza de bombo.
maillot [majo] *m.* **1** Pañales *m. pl.*, mantillas *f. pl.* (d'enfant). **2** Traje de malla (de danseuse). **3** ~, ***~ de bain,*** traje de baño. **4** ***~ de corps,*** camiseta *f.* **5** SPORTS. Camiseta *f.*
main [mɛ̃] *f.* **1** Mano: ***~ droite, gauche,*** mano derecha, izquierda. Loc. ***Homme de ~,*** pistolero; ***sac à ~,*** bolso; ***avoir la ~ leste,*** tener la mano larga; ***avoir des mains de beurre,*** ser un manazas; ***donner un coup de ~,*** echar una mano; ***faire ~ basse sur,*** apoderarse de; ***forcer la ~ à,*** obligar a, forzar a; ***mettre la dernière ~,*** dar el último toque; ***ne pas y aller de ~ morte,*** no andarse con chiquitas; ***passer la ~ dans le dos,*** dar coba, halagar; ***prendre la ~ dans le sac,*** coger con las manos en la masa; ***prendre en ~,*** encargarse de; ***savoir de bonne ~,*** saber de buena tinta. **2** Mano (au jet de cartes): ***avoir la ~,*** ser mano. **3** ***~ courante,*** pasamano *m.* (escalier). **4** ***Petite ~,*** aprendiza de costura; ***première ~,*** primera oficiala de costura. **5** *loc. adv.* ***À la ~,*** a mano; ***à deux mains,*** con ambas manos; ***à pleines mains,*** a manos llenas; ***de ~ en ~,*** de mano en mano; ***de longue ~,*** desde hace mucho; ***de ~ de maître,*** con mano maestra; ***en sous ~,*** bajo mano, encubiertamente; ***en un tour de ~,*** en un periquete, en un santiamén. **6** *interj.* ***Haut les mains!,*** ¡manos arriba!
mainmise [mɛ̃miz] *f.* **1** Embargo *m.*, confiscación. **2** Dominio *m.* (domination).
maint, mainte [mɛ̃, mɛ̃t] *adj.* Más de uno, una.
maintenance [mɛ̃tnɑ̃s] *f.* Mantenimiento *m.*
maintenant [mɛ̃tnɑ̃] *adv.* Ahora.

maintenir [mɛ̃tnir] *tr.* **1** Mantener, aguantar (soutenir). **2** Mantener, afirmar (assurer). **3** Mantener, conservar (garder). ■ **4** *pr.* Mantenerse. ▲ CONJUG. como ***venir.***

maire [mɛr] *m.* Alcalde.

mairie [meri] *f.* Alcaldía, ayuntamiento *m.*

mais [mɛ] *conj.* **1** Pero, mas. Loc. ~ ***non,*** claro que no; ~ ***oui,*** claro que sí; ***non*** ~, pero bueno; ~ ***bien sûr,*** pero seguro. **2** Sino (après une négation): ***ce n'est pas de la neige ~ de la grêle,*** no es nieve sino granizo. Loc. ***Non seulement... ~ encore,*** no sólo... sino que. ■ **3** *m.* Pero, objeción *f.* ■ **4** *adv.* ***N'en pouvoir*** ~, no poder más.

maïs [mais] *m.* Maíz.

maison [mɛzɔ̃] *f.* **1** Casa. Loc. ~ ***de retraite,*** asilo *m.* de ancianos; ~ ***de santé,*** clínica; ~ ***de rapport,*** casa de vecindad. **2** Casa, hogar *m.* (foyer): ***être à la*** ~, estar en casa. **3** Casa, firma (entreprise): ~ ***mère,*** casa madre. **4** Casa, familia: ***un ami de la*** ~, un amigo de la familia. **5** Casa: ***la*** ~ ***d'Autriche,*** la casa de Austria. ■ **6** *adj. invar.* fam. Casero, ra: ***un gâteau*** ~, un pastel casero.

maître, maîtresse [mɛtr(ə), mɛtrɛs] *s.* **1** Amo, ma, señor, ra, patrón, ona. prov. ***Tel*** ~ ***tel valet,*** cual el dueño, tal el perro. Dueño, ña, propietario, ria. Loc. ***Être ~ de,*** ser dueño de. **2** Maestro, tra (instituteur): ~ ***d'école,*** maestro de escuela. **3** Profesor, ra (musique, danse, etc.). ■ **4** *m.* Título que se da en Francia a los abogados, procuradores y notarios. **5** Maestre, maestro (titre d'un ordre militaire). **6** ~ ***d'hôtel,*** jefe de comedor; ~ ***d'œuvres,*** responsable, coordinador, ra. **7** MAR. ~ ***d'équipage,*** contramaestre. ■ **8** *adj.* Cabal, capaz. Loc. ***Une maîtresse femme,*** una mujer enérgica. **9** Principal, mayor. Loc. ***Maîtresse poutre,*** viga maestra. **10** Grande, consumado, da, redomado, da: ***un*** ~ ***fripon,*** un pillo redomado. ■ **11** *f.* Querida, amante (concubine).

maître-autel [mɛtrotɛl] *m.* Altar mayor.

maîtrise [metriz] *f.* **1** Dominio *m.* (contrôle). **2** Maestría (habileté). **3** Magisterio *m.* (dignité de maître). **4** ***Agents de*** ~, encargados *m. pl.,* capataces *m. pl.,* contramaestres *m. pl.* (dans une entreprise). **5** Escolanía (dans une église).

majestueux, -euse [maʒɛstɥø, -øz] *adj.* Majestuoso, sa.

majeur, -eure [maʒœr] *adj.* **1** Mayor: ***la majeure partie,*** la mayor parte. **2** Primordial, capital. **3** Mayor de edad: ***une fille majeure,*** una chica mayor de edad. ■ **4** *m.* Dedo medio, del corazón (doigt).

majolique [maʒɔlik] *f.* Mayólica.

major [maʒɔr] *adj.* **1** MIL. Mayor. ■ **2** *m.* Sargento mayor.

majordome [maʒɔrdɔm] *m.* Mayordomo.

majorité [maʒɔrite] *f.* **1** Mayoría: ~ ***absolue,*** mayoría absoluta; ***élu à la*** ~, elegido por mayoría de votos. **2** Mayoría de edad (âge).

majuscule [maʒyskyl] *adj.-f.* Mayúsculo, la.

mal [mal] *adj. invar.* **1** Malo. Loc. ***Bon an,*** ~ ***an,*** un año con otro; ***bon gré,*** ~ ***gré,*** de grado o por fuerza. **2** ***Pas*** ~, bastante bien.

mal [mal] *m.* **1** Daño. Loc. ***Se faire*** ~, hacerse daño. **2** Dolor: ***avoir ~ à la tête,*** tener dolor de cabeza. **3** Enfermedad *f.* (maladie). Loc. ~ ***de mer,*** mareo; ~ ***du pays,*** morriña *f.;* ~ ***blanc,*** panadizo; ***haut*** ~, epilepsia *f.* fam. ***avoir ~ aux cheveux,*** tener resaca. **4** Mal: ***dire du*** ~ ***de,*** hablar mal de. Loc. ***Penser à*** ~, tener mala intención. **5** Dificultad *f.,* trabajo. Loc. ***J'ai eu du ~ à obtenir ceci,*** me ha costado trabajo obtener esto. **6** RELIG. Mal. ■ **7** *adv.* Mal, malamente. Loc. ***Ça tombe*** ~, la cosa se pone fea; ***de ~ en pis,*** de mal en peor; ***tant bien que ~,*** mal que bien; ***pas ~ de,*** mucho, cha; ***pas ~ de choses,*** muchas cosas; fam. un rato de, un montón de; ***pas ~ de monde,*** un montón de gente.

malade [malad] *adj.-s.* Enfermo, ma. Loc. ***Tomber ~,*** ponerse enfermo, ma, enfermar.

maladie [maladi] *f.* Enfermedad.

maladresse [maladʀɛs] *f.* Torpeza, desmaña.

maladroit, -oite [maladʀwa, -wat] *adj.-s.* Torpe, desmañado, da, inhábil.

malaise [malɛz] *m.* Malestar.

malaisé, -ée [maleze] *adj.* Dificultoso, sa, penoso, sa.

malappris, -ise [malapʀi, -iz] *adj.-s.* Grosero, ra, malcriado, da.

malaria [malaʀja] *f.* Malaria.

malavisé, -ée [malavize] *adj.-s.* Imprudente, indiscreto, ta.

malchance [malʃɑ̃s] *f.* Desgracia, mala suerte.

mâle [mal] *m.* **1** Macho (animaux). **2** Varón (hommes). ■ **3** *adj.* Varonil, viril, masculino, na: ***~ courage,*** valor viril.

malédiction [malediksjɔ̃] *f.* Maldición.

maléfice [malefis] *m.* Maleficio.

malentendu [malɑ̃tɑ̃dy] *m.* Equívoco, malentendido.

malfaçon [malfasɔ̃] *f.* Defecto *m.* de fabricación.

malfaiteur, -trice [malfɛtœʀ, -tʀis] *s.* Malhechor, ra.

mal-famé, -ée [malfame] *adj.* De mala fama.

malgré [malgʀe] *prép.* A pesar de, pese a: ***~ lui,*** a pesar suyo.

malhabile [malabil] *adj.* Inhábil, torpe.

malheur [malœʀ] *m.* **1** Desgracia *f.*, desdicha *f.* **2** *interj.* ***~!,*** ¡maldición!; ***~ à, sur!,*** ¡ay de!

malheureux, -euse [malœʀø, -øz] *adj.-s.* Desgraciado, da, infeliz, desdichado, da. ■ **2** *adj.* Aciago, ga, infausto, ta (funeste). **3** Pobre, triste, miserable (insignifiant).

malhonnête [malɔnɛt] *adj.* **1** Ímprobo, ba, falto, ta de honradez. **2** Incivil, descortés. **3** Deshonesto, ta (indécent).

malice [malis] *f.* **1** Malicia. **2** Travesura, picardía (espièglerie).

malicieux, -euse [malisjø, -øz] *adj.-s.* Malicioso, sa, travieso, sa.

malin, -igne [malɛ̃, iɲ] *adj.* **1** Maligno, na. **2** Astuto, ta, ladino, na (rusé). **3** Listo, ta, avispado, da. Loc. ***Être ~ comme un singe,*** ser más listo que Cardona. **4** Difícil: ***ce n'est pas ~,*** no es muy difícil.

malingre [malɛ̃gʀ(ə)] *adj.* Enclenque.

malintentionné, -ée [malɛ̃tɑ̃sjɔne] *adj.-s.* Malintencionado, da.

malle [mal] *f.* **1** Baúl *m.* mundo. **2** Mala (poste).

malléable [maleabl(ə)] *adj.* Maleable.

malmener [malmәne] *tr.* Maltratar, dejar maltrecho, cha. ▲ CONJUG. como ***acheter.***

malotru, -ue [malɔtʀy] *adj.-s.* Grosero, ra, patán.

malpropre [malpʀɔpʀ(ə)] *adj.-s.* **1** Sucio, cia, desaseado, da. **2** fig. Indecente.

malsain, -aine [malsɛ̃, -ɛn] *adj.* Malsano, na.

malséant, -ante [malseɑ̃, -ɑ̃t] *adj.* Inconveniente, impropio, pia, indecoroso, sa.

malsonnant, -ante [malsɔnɑ̃, -ɑ̃t] *adj.* Malsonante.

malt [malt] *m.* Malta *f.*

maltraiter [maltʀete] *tr.* Maltratar.

malveillance [malvɛjɑ̃s] *f.* Malevolencia.

malveillant, -ante [malvɛjɑ̃, -ɑ̃t] *adj.-s.* Malévolo, la.

malversation [malvɛʀsɑsjɔ̃] *f.* Malversación.

maman [mamɑ̃] *f.* Mamá.

mamelle [mamɛl] *f.* 1 Mama, teta. 2 Ubre (de la vache). 3 Seno *m.* (sein).
mamelon [mamlɔ̃] *m.* 1 Pezón (bout de sein). 2 GÉOG. Mamelón.
mammifère [mam(m)ifɛʀ] *adj.-m.* Mamífero.
mammouth [mamut] *m.* Mamut.
m'amours, mamours [mamuʀ] *m. pl.* Arrumacos, carantoñas *f.*: ***faire des ~ à,*** hacer carantoñas a.
manche [mɑ̃ʃ] *f.* 1 Manga: ***robe sans manches,*** vestido sin mangas. 2 Mano, partida (au jeu). 3 GÉOG. Canal *m.*, brazo *m.* de mar. 4 TECHN. Manga, manguera: ***~ à air,*** manga de aire. ■ 5 *m.* Mango (d'un couteau, etc.). 6 fam. Zopenco (maladroit). 7 MUS. Mango, mástil.
manchette [mɑ̃ʃɛt] *f.* 1 Puño *m.* (d'une chemise). 2 Manguito *m.* (fausse manche). 3 Titular *m.* (d'un journal).
manchon [mɑ̃ʃɔ̃] *m.* Manguito.
manchot, -ote [mɑ̃ʃo, -ɔt] *adj.-s.* 1 Manco, ca. ■ 2 *m.* Pájaro bobo (oiseau).
mandarin [mɑ̃daʀɛ̃] *m.* Mandarín.
mandarine [mɑ̃daʀin] *f.* Mandarina.
mandat [mɑ̃da] *m.* 1 Mandato, procuración *f.* (pouvoir). 2 Giro: ***~ postal, télégraphique,*** giro postal, telegráfico. 3 DR. Auto, orden *f.*: ***~ de comparution,*** auto de comparecencia.
mandataire [mɑ̃datɛʀ] *s.* Mandatario, ria.
mander [mɑ̃de] *tr.* 1 Ordenar, mandar. 2 Llamar (appeler). 3 Hacer saber (par lettre).
mandibule [mɑ̃dibyl] *f.* Mandíbula.
mandoline [mɑ̃dɔlin] *f.* Mandolina.
mandrill [mɑ̃dʀil] *m.* Mandril.
mandrin [mɑ̃dʀɛ̃] *m.* 1 fam. Malandrín. 2 TECHN. Mandril. 3 TECHN. Broca *f.*, taladro (foret).
manège [manɛʒ] *m.* 1 Picadero (lieu où l'on monte les chevaux). 2 Ejercicios *pl.* de equitación. 3 ***~ de chevaux de bois,*** caballitos *pl.*, tiovivo. 4 fig. Manejo, tejemaneje (intrigue).
mangeable [mɑ̃ʒabl(ə)] *adj.* Comible, comestible.
mangeaille [mɑ̃ʒɑj] *f.* fam. Manduca, pitanza.
mangeoire [mɑ̃ʒwaʀ] *f.* Pesebre *m.*, comedero *m.*
manger [mɑ̃ʒe] *m.* Comida.
manger [mɑ̃ʒe] *tr.* 1 Comer. Loc. ***~ à sa faim,*** comer hasta hartarse; ***~ du bout des dents,*** comer con desgana. 2 Carcomer, roer (ronger). 3 Consumir, gastar (dépenser). ▲ CONJUG. como ***engager.***
mange-tout [mɑ̃ʒtu] *s. invar.* Derrochador, ra. ■ *m. invar.* Tirabeque, guisante mollar (pois).
mangouste [mɑ̃gust(ə)] *f.* Mangosta.
mangue [mɑ̃g] *f.* Mango *m.* (fruit).
manguier [mɑ̃gje] *m.* Mango (arbre).
maniable [manjabl(ə)] *adj.* 1 Manejable, manuable. 2 fig. Flexible, dúctil.
maniaque [manjak] *adj.-s.* Maníaco, ca, maniático, ca.
maniaque [manjak] *adj.* 1 Manejable, manuable. 2 fig. Flexible, dúctil.
manichéen, -enne [manikeɛ̃, -ɛn] *adj.-s.* Maniqueo, quea.
manie [mani] *f.* Manía.
manier [manje] *tr.* 1 Manejar. 2 Palpar, manosear. ■ 3 *pr.* pop. ***Se ~,*** apurarse, aligerar, menearse. ▲ CONJUG. como ***prier.***
manière [manjɛʀ] *f.* 1 Manera, modo *m.*, forma. *loc. adv.* ***De cette ~,*** así, de este modo; *loc. prép.* ***À la ~ de,*** como, igual que, al estilo de. *loc. conj.* ***De ~ que, de ~ à ce que,*** de manera que. 2 Especie de: ***son respect est une ~ d'admiration,*** su respeto es una especie de admiración. ■ 3 *pl.* Modales *m.*, maneras, modos *m.* 4 fam. Melindres *m.*, remilgos *m.*, cumplidos *m.*

maniéré, -ée [manjeʀe] *adj.* Amanerado, da.
manifestation [manifɛstɑsjɔ̃] *f.* Manifestación.
manifester [manifɛste] *tr.* 1 Manifestar, declarar. ■ 2 *intr.* Tomar parte en una manifestación. ■ 3 *pr.* Manifestarse, mostrarse.
manipulation [manipylɑsjɔ̃] *f.* Manipulación.
manipuler [manipyle] *tr.* Manipular.
manivelle [manivɛl] *f.* TECHN. Manivela, manubrio *m.*
mannequin [mankɛ̃] *m.* 1 Maniquí: ***des mannequins d'osier,*** maniquíes de mimbre. 2 Modelo, maniquí (jeune femme).
manœuvrer [manœvʀe] *tr.-intr.* 1 Maniobrar. ■ 2 *tr.* Manejar, manipular (manier). 3 fig. Manejar, dominar.
manoir [manwaʀ] *m.* Casa *f.* solariega.
manomètre [manɔmɛtʀ(ə)] *m.* TECHN. Manómetro.
manqué, -ée [mɑ̃ke] *adj.* Fracasado, da, malogrado, da.
manque [mɑ̃k] *m.* 1 Falta *f.*, carencia *f.* Loc. ~ ***de,*** por falta de; ~ ***de chance,*** mala suerte *f.*; fam. ~ ***de pot,*** mala pata *f.* 2 ~ ***à gagner,*** beneficio no obtenido. 3 *loc. adj.* fam. ***À la*** ~, de tres al cuarto.
manquer [mɑ̃ke] *intr.* 1 Faltar (faire défaut). 2 Faltar, estar ausente (être absent). 3 Fallar, fracasar (rater). ■ 4 *impers.* Faltar: ***il manque deux pages,*** faltan dos páginas. ■ 5 *tr. ind.* Faltar: ~ ***à son devoir,*** faltar a su deber. 6 Fallar: ***le pied lui a manqué,*** le ha fallado, se le ha ido el pie. 7 ***Vous me manquez beaucoup,*** lo echo mucho de menos. 8 Carecer: ~ ***d'argent,*** carecer de dinero. Loc. ***Ne pas*** ~ ***de,*** no dejar de. 9 Faltar poco, estar a punto de: ***il a manqué de se tuer,*** estuvo a punto de matarse. ■ 10 *tr. dir.* Errar, marrar: ~ ***la cible, son coup,*** errar el blanco, el golpe. 11 Fallar (ne pas réussir). 12 No ver, no encontrar (ne pas rencontrer). 13 Perder, dejar escapar (une occasion). 14 ~ ***le train,*** perder el tren. 15 No acudir, faltar a: ~ ***un rendez-vous,*** faltar a una cita.
mansarde [mɑ̃saʀd(ə)] *f.* Buhardilla.
mansuétude [mɑ̃sɥetyd] *f.* Mansedumbre.
mante [mɑ̃t] *f.* 1 Manto *m.*, capa (de femme). 2 ~ ***religieuse,*** santateresa.
manteau [mɑ̃to] *m.* 1 Abrigo (pour femmes, pour hommes), gabán (pour hommes). Loc. fig. ***Sous le*** ~, solapadamente, clandestinamente. 2 ~ ***de cheminée,*** campana *f.* de chimenea.
mantille [mɑ̃tij] *f.* Mantilla.
manucure [manykyʀ] *s.* Manicuro, ra.
manuel, -elle [manɥɛl] *adj.-m.* Manual.
manufacture [manyfaktyʀ] *f.* 1 Manufactura. 2 Fábrica, manufactura (usine).
manuscrit, -ite [manyskʀi, -it] *adj.* 1 Manuscrito, ta. ■ 2 *m.* Manuscrito.
manutention [manytɑ̃sjɔ̃] *adj.* Manipulado *m.*, manipulación, manutención.
mappemonde [mapmɔ̃d] *f.* Mapamundi *m.*
maquereau [makʀo] *m.* 1 Caballa *f.*, sarda *f.* 2 pop. Chulo.
maquette [makɛt] *f.* Maqueta.
maquignon [makiɲɔ̃] *m.* Chalán.
maquillage [makijaʒ] *m.* Maquillaje.
maquiller [makije] *tr.* 1 Maquillar. 2 fig. Maquillar, falsificar (truquer). ■ 3 *pr.* Maquillarse.
maquis [maki] *m.* 1 GÉOG. Maquis. 2 Resistencia *f.* francesa contra los alemanes, guerrilla *f.* Loc. ***Prendre le*** ~, irse al monte. 3 fig. Embrollo, enredo.
marabout [maʀabu] *m.* 1 Morabito (ermite). 2 Marabú (oiseau).

marais [maʀɛ] *m.* **1** Marisma *f.* (en bordure de mer). **2** Zona *f.* pantanosa. **3** ~ ***salant,*** salina *f.* **4** Huerta *f.* (jardín). **5** ***Gaz des ~,*** metano, gas de los pantanos. ■ **6** *n. pr. m.* ***Le Marais,*** El Marais (quartier ancien de Paris).
marasme [maʀasm(ə)] *m.* Marasmo.
marâtre [maʀɑtʀ(ə)] *f.* Madrastra.
maraudage [maʀodaʒ], **maraude** [maʀod] *f.* Merodeo *m.*
marauder [maʀode] *intr.* Merodear.
marbre [maʀbʀ(ə)] *m.* Mármol.
marbrer [maʀbʀe] *tr.* **1** Jaspear. **2** Poner amoratado, da (la peau).
marbrure [maʀbʀyʀ] *f.* **1** Jaspeado. **2** Mancha de la piel amoratada (sur la peau).
marc [maʀ] *m.* **1** Orujo, bagazo: ~ ***de raisin,*** brisa *f.*, orujo; ~ ***d'olive,*** borujo; ~ ***de café,*** poso, zurrapa *f.* **2** Aguardiente (eau-de-vie). **3** Loc. ***Au ~ le franc,*** a prorrata. **4** NUMIS. Marco.
marchand, -ande [marʃɑ̃, -ɑ̃d] *s.* **1** Vendedor, ra, comerciante. Loc. ~ ***ambulant,*** vendedor ambulante, buhonero; ***marchande des quatre-saisons,*** verdulera. ■ **2** *adj.* Comercial: ***valeur marchande,*** valor comercial. **3** Mercantil, mercante.
marchander [marʃɑ̃de] *tr.* Regatear.
marchandise [marʃɑ̃diz] *f.* Mercancía, mercadería.
marche [marʃ(ə)] *f.* **1** Marcha, andar *m.* Loc. ***Hâter la ~,*** apretar el paso; ~ ***à suivre,*** proceder *m.*, manera de actuar. **2** Paso *m.*, transcurso *m.*: ***la ~ du temps,*** el transcurso del tiempo. **3** Funcionamiento *m.* *loc. adv.* ***En ~,*** en marcha, en funcionamiento. **4** Movimiento *m.* **5** Escalón *m.*, peldaño *m.* (d'un escalier). **6** MIL., MUS. Marcha. **7** Marca (région d'un État).
marché [marʃe] *m.* **1** Mercado, plaza *f.* Loc. ~ ***noir,*** mercado negro, estraperlo; ***bon ~,*** barato, ta. **2** Trato, ajuste, operación *f.*: ~ ***à terme,*** operación a plazos. Loc. ***Par-dessus le ~,*** además, por añadidura. **3** ~ ***aux puces,*** Rastro (à Madrid), Encantes (à Barcelone).
marchepied [marʃəpje] *m.* **1** Estribo (d'une voiture). **2** Grada *f.*, peldaño. **3** Escabel, taburete (escabeau).
marcher [marʃe] *intr.* **1** Andar, marchar, caminar, ir. Loc. ~ ***à quatre pattes,*** andar a gatas; ~ ***sans but,*** callejear, deambular. **2** ~ ***sur,*** pisar: Loc. fig. ***Ne pas se laisser ~ sur les pieds,*** no dejarse pisar. **3** Funcionar, marchar, andar (fonctionner). **4** Aceptar (accepter). **5** fig. Marchar, desarrollarse: ***affaire qui marche bien,*** asunto que marcha bien. Loc. ***Ça marche?,*** ¿todo va bien?, ¿cómo va eso?
mardi [mardi] *m.* Martes: ~ ***gras,*** martes de Carnaval.
mare [mar] *f.* **1** Charca (d'eau). **2** Charco *m.* (de sang).
marécage [marekaʒ] *m.* Ciénaga *f.*, marjal.
maréchal [mareʃal] *m.* **1** MIL. Mariscal. **2** ~ ***des logis,*** sargento de caballería. **3** Herrador, herrero (maréchal-ferrant).
marée [mare] *f.* **1** Marea. Loc. ~ ***montante,*** flujo *m.*; ~ ***descendante,*** reflujo *m.*; ~ ***haute,*** pleamar; ~ ***basse,*** bajamar. **2** Pescado *m.* fresco (poisson). **3** fig. Oleada.
marelle [marɛl] *f.* Rayuela (jeu).
mareyeur, -euse [marɛjœr, -øz] *s.* Pescadero, ra, al por mayor.
margarine [margarin] *f.* Margarina.
marge [marʒ(ə)] *f.* **1** Margen *m.*: ***la ~ d'une lettre,*** el margen de una carta. **2** Margen (rive). **3** Tiempo *m.* **4** *loc. prép.* ***En ~ de,*** al margen de.
margelle [marʒɛl] *f.* Brocal *m.* (d'un puits).
marginal, -ale [marʒinal] *adj.* **1** Marginal. **2** *adj.* Marginal *s.* Marginado, da.
marginer [marʒine] *tr.* Marginar, apostillar.
mari [mari] *m.* Marido.

mariage [marjaʒ] *m.* **1** Matrimonio (sacrement). Loc. ***Demande en ~,*** petición de mano; ***bans de ~,*** amonestaciones *f.* **2** Casamiento, boda *f.* (noce). **3** Tute (jeu de cartes). **4** fig. Unión *f.,* maridaje.
marié, -ée [marje] *s.* **1** Casado, da. **2** Novio, via: ***la mariée,*** la novia.
marier [marje] *tr.* **1** Casar. ■ **2** *pr.* Casarse. ▲ CONJUG. como ***prier.***
marin, -ine [marɛ̃, -ın] *adj.* **1** Marino, na. ■ **2** *m.* Marino, marinero. ■ **3** *f.* Marina: ~ ***marchande,*** marina mercante.
marinade [marinad] *f.* **1** CUIS. Escabeche *m.:* ~ ***de thon,*** atún en escabeche. **2** CUIS. Adobo (viande).
marinier [marinje] *m.* Barquero, lanchero.
marinière [marinjɛr] *f.* **1** Marinera (corsage). **2** CUIS. ***À la ~,*** a la marinera.
marionnette [marjɔnɛt] *f.* Marioneta, títere *m.*
maritime [maritim] *adj.* Marítimo, ma.
marivauder [marivode] *intr.* Discretear, galantear.
marjolaine [marʒɔlɛn] *f.* Mejorana.
marmaille [marmɑj] *f.* Chiquillería.
marmelade [marməlad] *f.* Mermelada.
marmite [marmit] *f.* Olla, marmita.
marmiton [marmitɔ̃] *m.* Marmitón, pinche, galopillo.
marmot [marmo] *m.* fam. Crío, chaval.
marmotte [marmɔt] *f.* Marmota.
marmotter [marmɔte] *tr.* Barbotar, bisbisar, mascullar, refunfuñar.
marne [marn(ə)] *f.* Marga.
marocain, -aine [marɔkɛ̃, -ɛn] *adj.-s.* Marroquí.
maroquinerie [marɔkinri] *f.* Tafiletería, marroquinería.
marotte [marɔt] *f.* **1** Cetro *m.* de bufón. **2** fig. Manía, monomanía, tema *m.*
maroufle [marufl(ə)] *f.* Cola para pegar (colle).
marquant, -ante [markɑ̃, -ɑ̃t] *adj.* Notable, destacado, da.
marque [mark(ə)] *f.* **1** Marca: ~ ***de fabrique, déposée,*** marca de fábrica, registrada. Loc. ***De ~,*** notable, relevante. **2** Señal (signe). **3** Sello *m.,* timbre *m.* (timbre). **4** Señal, huella (trace). **5** fig. Prueba, demostración, testimonio *m.* (preuve).
marquer [marke] *tr.* **1** Marcar, señalar (distinguer au moyen d'une marque). Loc. ~ ***le coup,*** acusar el golpe. **2** Indicar, señalar: ***la pendule marque midi,*** el reloj señala las doce. **3** Acentuar, subrayar. **4** fig. Indicar, revelar (dénoter). **5** Mostrar (manifester). **6** SPORTS Marcar: ~ ***un point,*** marcar un tanto. ■ **7** *intr.* Señalarse, distinguirse. **8** Dejar huella (laisser une trace). **9** fam. ~ ***mal,*** dar una mala impresión, tener malapinta.
marqueterie [markə(ɛ)tri] *f.* Marquetería, taracea.
marqueur [markœr] *m.* PHYS. Marcador.
marquis [marki] *m.* Marqués.
marquise [markiz] *f.* **1** Marquesa. **2** ARCHIT. Marquesina.
marraine [marɛn] *f.* Madrina.
marron [marɔ̃] *m.* **1** Castaña *f.:* ~ ***glacé,*** castaña confitada. ■ **2** *adj. invar.-m.* Marrón (couleur).
marronnier [marɔnje] *m.* Castaño: ~ ***d'Inde,*** castaño de Indias.
marsouin [marswɛ̃] *m.* Marsopa *f.,* marsopla *f.*
marsupial, -ale [marsypjal] *adj.-s.* ZOOL. Marsupial.
marteau [marto] *m.* **1** Martillo. **2** Aldaba *f.* (heurtoir). **3** ANAT., SPORTS. Martillo.
marteler [martəle] *tr.* **1** Martillar, martillear. **2** Articular, recalcar (syllabes, etc.). ▲ CONJUG. como ***acheter.***
martial, -ale [marsjal] *adj.* Marcial.
martien, -ienne [marsjɛ̃, -jɛn] *adj.-s.* Marciano, na.

martinet [martinɛ] *m.* 1 TECHN. Martinete. 2 Vencejo (oiseau). 3 Disciplinas *f. pl.* (pour fouetter).
martingale [martɛ̃gal] *f.* 1 Gamarra (courroie du cheval). 2 Martingala (au jeu). 3 Martingala, trabilla (d'étoffe).
martre [martʀ(ə)] *f.* Marta: ~ *zibeline,* marta cebellina.
martyr, -tyre [martiʀ] *s.* Mártir.
martyriser [martiʀize] *tr.* Martirizar.
mascarade [maskaʀad] *f.* Mascarada.
mascotte [maskɔt] *f.* Mascota.
masculin, -ine [maskylɛ̃, -in] *adj.-m.* Masculino, na.
masochisme [mazɔʃism] *m.* Masoquismo.
masque [mask(ə)] *m.* 1 Máscara *f.*, careta *f.*: ~ *à gaz,* máscara antigás. 2 Antifaz (loup). 3 Máscara *f.* (personne masquée). 4 Mascarilla *f.*: ~ *mortuaire,* mascarilla funeraria. 5 Fisonomía *f.*, rostro. 6 Máscara *f.*, capa *f.* (apparence).
massacre [masakʀ(ə)] *m.* 1 Matanza *f.*, carnicería *f.* (tuerie). 2 Chapucería *f.*, mala ejecución *f.* (gâchis).
massacrer [masakʀe] *tr.* 1 Hacer una matanza de, matar. 2 Degollar (égorger). 3 fig. Destrozar.
massage [masaʒ] *m.* Masaje.
masse [mas] *f.* 1 Masa, montón *m.* (amas). 2 Masa, bulto *m.*, mole (volume). 3 Masa, multitud (foule). Loc. *En* ~, en masa. 4 PHYS. Masa. 5 Maza (d'armes, de cérémonie). 6 Almádena, almádana (de casseur de pierres).
massepain [maspɛ̃] *m.* Mazapán.
masser [mase] *tr.* 1 Dar masaje. 2 Agrupar, concentrar (réunir). 3 Amontonar (assembler). ■ 4 *pr.* Congregarse.
masseur, -euse [masœʀ, -øz] *s.* Masajista.
massif, -ive [masif, -iv] *adj.* 1 Macizo, za (plein): *or* ~, oro macizo. 2 Masivo, va: *dose massive,* dosis masiva. 3 Macizo, za, sólido, da (lourd). ■ 4 *m.* Macizo.
massue [masy] *f.* Porra, cachiporra, maza. Loc. *Coup de* ~, mazazo.
mastic [mastik] *m.* 1 Almáciga *f.* (résine). 2 Masilla *f.* (pour boucher les trous, etc.). 3 IMPR. Empastelamiento.
mastiquer [mastike] *tr.* 1 Masticar. 2 Enmasillar (avec du mastic).
mastoc [mastɔk] *adj. invar.* pop. Pesado, da, tosco, ca.
mastodonte [mastɔdɔ̃t] *m.* Mastodonte.
masure [mɑzyʀ] *f.* 1 Casucha, chabola (cabane). 2 Casa en ruinas.
mat, -e [mat] *adj.* 1 Mate (sans éclat). 2 Sordo, da, apagado, da (son, bruit).
mat [mat] *m.* Mate: *faire échec et* ~, dar jaque mate.
mât [mɑ] *m.* Mástil, palo. Loc. *Grand* ~, palo mayor; ~ *d'artimon,* mesana *f.*; ~ *de misaine,* trinquete.
maté [mate] *m.* Mate.
matelas [matla] *m.* Colchón.
matelasser [matlase] *tr.* Acolchar.
matelot [matlo] *m.* Marinero.
matelote [matlɔt] *f.* CUIS. Caldereta.
mater [mate] *tr.* 1 Dar mate (au jeu d'échecs). 2 fig. Domar, domeñar.
matérialisme [mateʀjalism(ə)] *m.* Materialismo.
matériau [mateʀjo] *m.* 1 Material (de construction). ■ 2 *pl.* Materiales.
matériel, -ielle [mateʀjɛl] *adj.* 1 Material. Loc. *Le temps* ~, el tiempo material, necesario. ■ 2 *m.* Material.
maternel, -elle [matɛʀnɛl] *adj.* 1 Maternal, materno, na. ■ 2 *f.* Escuela de párvulos.
maternité [matɛʀnite] *f.* Maternidad.
mathématique [matematik] *adj.* 1 Matemático, ca. ■ 2 *f. pl.* Matemáticas.

matière [matjɛʀ] *f.* 1 Materia: ~ ***première,*** materia prima. 2 Tema *m.*, asunto *m.* (sujet). 3 Asignatura (d'enseignement). 4 Causa, motivo *m.*: ***il n'y a pas ~ à rire,*** no hay motivo para reírse.
matin [matɛ̃] *m.* 1 Mañana *f.* Loc. ***De bon, de grand ~,*** muy de mañana, de madrugada. 2 *adv.* Temprano: ***se lever ~,*** levantarse temprano. 3 Por la mañana: ***demain ~,*** mañana por la mañana.
mâtin, -ine [mɑtɛ̃, -in] *adj.-s.* 1 fam. Tunante, ta, bribón, ona. ■ 2 *m.* Mastín (chien).
mâtiné, -ée [mɑtine] *adj.* Cruzado, da (chien).
matinée [matine] *f.* 1 Mañana. 2 Función de tarde (spectacle).
matines [matin] *f. pl.* Maitines.
matraque [matʀak] *f.* Porra, cachiporra.
matrice [matʀis] *f.* 1 Matriz, molde *m.* (moule). 2 Matriz, registro *m.* 3 ANAT. Matriz, útero *m.* 4 MATH., IMPR. Matriz.
matricule [matʀikyl] *f.* 1 Matrícula, registro *m.* 2 Matrícula, inscripción. ■ 3 *m.* Número de registro.
matrimonial, -ale [matʀimɔnjal] *adj.* Matrimonial.
maturation [matyʀɑsjɔ̃] *f.* Maduración.
maturité [matyʀite] *f.* Madurez.
maudire [modiʀ] *tr.* Maldecir. ▲ CONJUG. IRREG. INDIC. Pres.: ***je maudis, tu maudis, il maudit, nous maudissons, vous maudissez, ils maudissent.*** Imperf.: ***je maudissais,*** etc. Pret. indef.: ***je maudis,*** etc. Fut. imperf.: ***je maudirai,*** etc. POT. ***je maudirais,*** etc. SUBJ. Pres.: ***que je maudisse,*** etc. IMPER.: ***maudis, maudissons, maudissez.*** PART. A.: ***maudissant,*** PART. P.: ***maudit, ite.***
maudit, -ite [modi, -it] *adj.-s.* Maldito, ta, condenado, da.
maure, more [mɔʀ] *adj.-m.* Moro, ra.
mauresque, moresque [mɔʀɛsk(ə)] *adj.-s.* Morisco, ca, moruno, na.
mausolée [mozɔle] *m.* Mausoleo.
maussade [mosad] *adj.* 1 Huraño, ña, hosco, ca (revêche). 2 Desapacible, desabrido, da, desagradable.
mauvais, -aise [mɔ(o)vɛ, -ɛz] *adj.* 1 Malo, la, mal (devant *m.*): ***mauvaise mémoire,*** mala memoria; ~ ***caractère,*** mal carácter. Loc. ~ ***esprit,*** mal pensado; ~ ***sujet,*** individuo de cuidado. ■ 2 *adv.* Mal. Loc. ***Sentir ~,*** oler mal.
mauve [mov] *f.* 1 Malva (plante). ■ 2 *adj.-m.* Malva (couleur).
mauviette [movjɛt] *f.* 1 Alondra. 2 fig. Persona enclenque, alfeñique *m.*
maxillaire [maksi(l)ɛʀ] *adj.-m.* ANAT. Maxilar.
maximum [maksimɔm] *m.* 1 Máximo, máxima. 2 *loc. adv.* ***Au ~,*** como máximo. ■ 3 *adj.* Máximo, ma.
mayonnaise [majɔnɛz] *f.* Mayonesa.
mazout [mazut] *m.* Fuel-oil, mazut.
me [m(ə)] *pron. pers.* 1 Me. 2 ~ ***voici,*** heme aquí, aquí estoy yo.
mécanicien, -ienne [mekanisjɛ̃, -jɛn] *s.* 1 Mecánico, ca. ■ 2 *m.* Maquinista (d'une locomotive).
mécanique [mekanik] *adj.* 1 Mecánico, ca. ■ 2 *f.* Mecánica.
mécanographie [mekanɔgʀafi] *f.* Mecanografía.
mécène [mesɛn] *m.* Mecenas.
méchanceté [meʃɑ̃ste] *f.* 1 Maldad. 2 Mala intención.
méchant, -ante [meʃɑ̃, -ɑ̃t] *adj.* 1 Malo, la, malvado, da; ***être ~,*** ser malo. 2 Peligroso, sa (dangereux). 3 Revoltoso, sa, travieso, sa (enfant). 4 Malintencionado, da (malveillant). 5 Avieso, sa (intention, etc.). 6 ***Être de méchante humeur,*** estar de mal humor. ■ 7 *s.* Malo, la, malvado, da.
mèche [mɛʃ] *f.* 1 Mecha. Loc. fam. ***Éventer, découvrir la ~,*** descubrir el pastel; ***vendre la ~,*** irse de la

lengua; pop. ***il n'y a pas ~,*** no hay tu tía. 2 ~ ***de bougie,*** pabilo *m.*, torcida. 3 Mechón *m.* (cheveux). 4 TECHN. Taladro *m.*, broca (de vilebrequin). 5 Tralla (de fouet).

mécompte [mekɔ̃t] *m.* 1 Trabacuenta *f.*, error de cálculo. 2 fig. Chasco, desengaño.

méconnaître [mekɔnɛtʀ(ə)] *tr.* 1 Desconocer. 2 No apreciar en su justo valor (mésestimer). ▲ CONJUG. como ***connaître.***

mécontent, -ente [mekɔ̃tɑ̃, -ɑ̃t] *adj.-s.* Descontento, ta, malcontento, ta.

mécontenter [mekɔ̃tɑ̃te] *tr.* Descontentar, disgustar.

mécréant, -ante [mekʀeɑ̃, -ɑ̃t] *adj.-s.* 1 Incrédulo, la, descreído, da. 2 Infiel.

médaille [medaj] *f.* Medalla.

médaillon [medajɔ̃] *m.* Medallón.

médecin [mɛdsɛ̃] *m.* Médico.

médecine [mɛdsin] *f.* Medicina.

médian, -ane [medjɑ̃, -an] *adj.* 1 Que está en el medio. ■ 2 *f.* GÉOM. Mediana.

médiateur, -trice [medjatœʀ, -tʀis] *adj.-s.* Mediador, ra.

médiatique [medjatik] *adj.* Popular.

médicament [medikamɑ̃] *m.* Medicamento.

médicinal, -ale [medisinal] *adj.* Medicinal.

médiéval, -ale [medjeval] *adj.* Medieval.

médiocre [medjɔkʀ(ə)] *adj.* Mediocre.

médire [mediʀ] *intr.* Maldecir, murmurar, hablar mal (*de,* de). ▲ CONJUG. como ***dire,*** excepto en la 2.ª pers. del pl. del pres. de indic. y del imper. que hacen ***médisez.***

médisance [medizɑ̃s] *f.* Maledicencia, murmuración.

méditation [meditɑsjɔ̃] *f.* Meditación.

méditer [medite] *tr.-intr.* Meditar.

méditerrané, -ée [meditɛʀane] *adj.* 1 Mediterráneo, ea. ■ 2 *n. pr. f.* ***La Méditerranée,*** el Mediterráneo *m.*

méditerranéen, -éenne [meditɛʀaneɛ̃, -ɛen] *adj.* Mediterráneo, ea.

médium [medjɔm] *m.* 1 Médium. 2 MUS. Registro intermedio de la voz.

médius [medijys] *m.* Dedo medio.

méduser [medyze] *tr.* fam. Dejar patidifuso, sa, petrificado, da.

meeting [mitiŋ] *m.* Mitín.

méfait [mefɛ] *m.* Fechoría *f.*, mala acción *f.*

méfier (se) [mefje] *pr.* Desconfiar, no fiarse. Loc. ***Méfiez-vous des voleurs!,*** ¡cuidado con los ladrones! ▲ CONJUG. como ***prier.***

mégaoctet [megaɔktɛ] *m.* INFORM. Megabyte.

mégarde [megaʀd(ə)] *f.* Inadvertencia, descuido *m.* Loc. ***Par ~,*** por descuido.

mégère [meʒɛʀ] *f.* fam. Arpía, furia.

mégot [mego] *m.* Colilla *f.*

méhari [meaʀi] *m.* Meharí.

meilleur, -eure [mɛjœʀ] *adj.* 1 Mejor: ***les meilleures poésies,*** las mejores poesías. Loc. ***Bien ~,*** mucho mejor; ***de meilleure heure,*** más temprano; ***devenir ~,*** mejorar. ■ 2 *adv.* ***Il fait ~,*** hace mejor tiempo. ■ 3 *s.* Mejor. Loc. ***Pour le ~ et pour le pire,*** en el bien y en el mal.

mélancolie [melɑ̃kɔli] *f.* Melancolía.

mélanger [melɑ̃ʒe] *tr.* Mezclar. ▲ CONJUG. como ***engager.***

mêlée [mele] *f.* 1 Refriega. 2 Pelea, disputa. 3 SPORTS. Melée (rugby).

mêler [mele] *tr.* 1 Mezclar. 2 Barajar (les cartes). 3 Implicar, meter (faire participer quelqu'un à). ■ 4 *pr.* Mezclarse: ***se ~ à une discussion,*** mezclarse en una discusión. Loc. fig. ***Se ~ de,*** meterse en.

méli-mélo [melimelo] *m.* fam. Baturrillo, batiburrillo, mezcolanza *f.*

mélisse [melis] *f.* Melisa.

mélodie [melɔdi] *f.* Melodía.

mélodieux, -euse [melɔdjø, -øz] *adj.* Melodioso, sa.

mélodrame [melɔdʀam] *m.* Melodrama.

melon [m(ə)lɔ̃] *m.* **1** Melón. **2** ~ ***d'eau,*** sandía *f.* **3** ***Chapeau*** ~, sombrero hongo.
membrane [mɑ̃bʀan] *f.* Membrana.
membre [mɑ̃bʀ(ə)] *m.* **1** Miembro. **2** Socio (d'une société, d'un club). **3** Vocal, componente (d'une commission, etc.).
même [mɛm] *adj.* **1** Mismo, ma. Loc. ***De lui-même, de soi-même,*** por sí mismo, por sí solo; ***en*** ~ ***temps,*** al mismo tiempo; ***la*** ~ ***chose,*** lo mismo. ■ **2** *pron. indéf.* Mismo. Loc. ***C'est du pareil au*** ~, es exactamente igual. ■ **3** *adv.* Incluso, hasta, aún: ~ ***les enfants,*** hasta los niños. Loc. ***À*** ~, directamente: ***boire à*** ~ ***la bouteille,*** beber directamente de la botella; ***tout de*** ~, ***quand*** ~, sin embargo. **5** *loc. prép.* ***À*** ~ ***de,*** en condiciones de. **6** *loc. conj.* ***De*** ~ ***que,*** como, así como; ~ ***que,*** y además.
mémento [memɛ̃to] *m.* **1** Agenda *f.* **2** Compendio (résumé). **3** LITURG. Memento.
mémoire [memwaʀ] *f.* **1** Memoria. Loc. ***De*** ~, de memoria. **2** Recuerdo *m.* (souvenir). ■ **3** *m.* Memoria *f.*, informe (rapport). **4** COMM. Estado de deudas *f. pl.*
mémorable [memɔʀabl(ə)] *adj.* Memorable.
menacer [mənase] *tr.* Amenazar. ▲ CONJUG. como ***lancer.***
ménage [menaʒ] *m.* **1** Menaje, ajuar (ustensiles). **2** Gobierno y quehaceres de la casa. Loc. ***Faire le*** ~, hacer la limpieza; ***femme de*** ~, asistenta. **3** Casa *f.*, familia *f.* (famille). **4** Matrimonio (couple). Loc. ***Faire bon*** ~, llevarse bien. **5** Loc. fig.: ***faire le*** ~, reorganizar.
ménagement [menaʒmɑ̃] *m.* Miramiento, consideración *f.*
ménager [menaʒe] *tr.* **1** Preparar, arreglar, facilitar (arranger): ~ ***une surprise,*** preparar una sorpresa. **2** Instalar, disponer. **3** Reservar. **4** Ahorrar, economizar (épargner). **5** Cuidar, velar por: ~ ***sa santé,*** cuidar de su salud. **6** No abusar de (ses forces). **7** Mesurar, medir (ses paroles, etc.). **8** Tratar con consideración (quelqu'un). ■ **9** *pr.* Cuidarse. ▲ CONJUG. como ***engager.***
mendiant, -ante [mɑ̃djɑ̃, -ɑ̃t] *adj.-s.* **1** Mendigo, ga, pordiosero, ra. **2** fig. ***Les quatre mendiants,*** higos secos, pasas, almendras y nueces.
mendicité [mɑ̃disite] *f.* Mendicidad.
mener [məne] *tr.* **1** Llevar, conducir: ~ ***sa fille à l'école,*** llevar a su hija a la escuela. Loc. fig. ~ ***loin,*** llevar lejos. **2** Presidir (le deuil). **3** Llevar, dirigir (gérer). Loc. ~ ***à bien,*** llevar a cabo. **4** Transportar. **5** fig. Llevar: ~ ***une vie austère,*** llevar una vida austera. Loc. ~ ***grand train,*** vivir a todo tren. **6** GÉOM. Trazar. **7** SPORTS ~ ***par 4 à 3,*** ganar por 4 a 3. ▲ CONJUG. como ***acheter.***
ménestrel [menɛstʀɛl] *m.* Trovador.
meneur, -euse [mənœʀ, -øz] *s.* Cabecilla, jefe (chef).
méninge [menɛ̃ʒ] *f.* ANAT. Meninge.
ménisque [menisk(ə)] *m.* ANAT., opt. Menisco.
menotte [mənɔt] *f.* **1** fam. Manecita (petite main). ■ **2** *pl.* Esposas.
mensonge [mɑ̃sɔ̃ʒ] *m.* Mentira *f.*
mensualité [mɑ̃sɥalite] *f.* Mensualidad.
mensuel, -elle [mɑ̃sɥɛl] *adj.* Mensual.
mental, -ale [mɑ̃tal] *adj.* Mental.
mentalité [mɑ̃talite] *f.* Mentalidad.
menteur, -euse [mɑ̃tœʀ, -øz] *adj.-s.* Mentiroso, sa, embustero, ra.
menthe [mɑ̃t] *f.* Menta.
mention [mɑ̃sjɔ̃] *f.* **1** Mención. **2** ~ ***honorable,*** mención honorífica; ~ ***passable,*** aprobado *m.*
mentionner [mɑ̃sjɔne] *tr.* Mencionar.
mentir [mɑ̃tiʀ] *intr.* Mentir. ▲ CONJUG. IRREG. INDIC. Pres.: ***je mens, tu mens, il ment, nous mentons, vous mentez, ils mentent.*** Imperf.: ***je mentais,*** etc. Pret. indef.: ***je men-***

tis, etc. Fut. imperf.: ***je mentirai,*** etc. POT.: ***je mentirais,*** etc. SUBJ. Pres.: ***que je mente,*** etc. Imperf.: ***que je mentisse,*** etc. IMPER.: ***mens, mentons, mentez.*** PART. A.: ***mentant.*** PART. P.: ***menti, ie.***

menton [mɑ̃tɔ̃] *m.* Barbilla *f.*, mentón.

menu, -ue [məny] *adj.* **1** Menudo, da. Loc. ***Menue monnaie,*** calderilla *f.*: ***le ~ peuple,*** la plebe. ■ **2** *m.* Minuta *f.*, menú. **3** Cubierto (menu dont le prix est déterminé). **4** *loc. adv.* ***Par le ~,*** detalladamente. ■ **5** *adv.* ***Hacher ~,*** picar.

menuet [mənɥɛ] *m.* Minué.

menuisier [mənɥizje] *m.* Carpintero.

méprendre (se) [mepʀɑ̃dʀ(ə)] *pr.* Equivocarse, confundirse. *loc. adv.* ***À s'y ~,*** hasta el punto de confundirse. ▲ CONJUG. como ***prendre.***

mépris [mepʀi] *m.* Desprecio, menosprecio.

méprisable [mepʀizabl(ə)] *adj.* Despreciable.

méprise [mepʀiz] *f.* Error *m.*, confusión.

mépriser [mepʀize] *tr.* Despreciar, menospreciar.

mer [mɛʀ] *f.* Mar *m.* et *f.*: ***la ~ Noire,*** el Mar Negro. ▲ Le plus souvent au masculin. Loc. ***Basse ~,*** bajamar *f.*; ***haute, pleine ~,*** pleamar *f.*

mercantile [mɛʀkɑ̃til] *adj.* Mercantil.

mercenaire [mɛʀsənɛʀ] *adj.-m.* Mercenario, ria.

mercerie [mɛʀsəʀi] *f.* Mercería.

merci [mɛʀsi] *m.* **1** Gracias *f. pl.* Loc. ***Dire ~,*** dar las gracias; ***~ bien, beaucoup,*** muchas gracias; ***grand ~,*** mil gracias. ■ **2** *f.* Merced, gracia, favor *m.* *loc. prép.* ***À la ~ de,*** a la merced de. *loc. adv.* ***Dieu ~,*** a Dios gracias.

mercier, -ière [mɛʀsje, -jɛʀ] *s.* Mercero, ra.

mercredi [mɛʀkʀədi] *m.* Miércoles.

mère [mɛʀ] *f.* **1** Madre. Loc. ***~ patrie,*** madre patria. **2** Madre, causa, origen *m.* **3** fam. Tía, seña (pour une femme d'un certain âge): ***la ~ Jeanne,*** la tía Juana.

méridien, -ienne [meʀidjɛ̃, -ɛn] *adj.* **1** Meridiano, na. ■ **2** *m.* ASTRON. Meridiano. ■ **3** *f.* ASTRON., GÉOM. Meridiana. **4** Siesta. **5** Tumbona (canapé).

méridional, -ale [meʀidjɔnal] *adj.* Meridional.

meringue [mərɛ̃g] *f.* Merengue *m.*

mérinos [meʀinos] *m.* Merino.

merise [məʀiz] *f.* Cereza silvestre.

mérite [meʀit] *m.* Mérito.

mériter [meʀite] *tr.* Merecer.

merlan [mɛʀlɑ̃] *m.* Pescadilla *f.*

merle [mɛʀl(ə)] *m.* Mirlo.

merluche [mɛʀlyʃ] *f.* Merluza.

merveille [mɛʀvɛj] *f.* Maravilla.

merveilleux, -euse [mɛʀvɛjø, -øz] *adj.* Maravilloso, sa.

mésalliance [mezaljɑ̃s] *f.* Casamiento *m.* desigual.

mésange [mezɑ̃ʒ] *f.* Paro *m.*: ***~ charbonnière,*** paro carbonero.

mésaventure [mezvɑ̃tyʀ] *f.* Contratiempo *m.*

mésestimer [mezɛstime] *tr.* Desestimar, menospreciar.

mesquin, -ine [mɛskɛ̃, -in] *adj.* Mezquino, na.

message [mesaʒ] *m.* Mensaje.

messager, -ère [mesaʒe, -ɛʀ] *s.* **1** Mensajero, ra. ■ **2** *m.* Ordinario, cosario (commissionnaire).

messagerie [mesaʒʀi] *f.* Mensajería.

messe [mɛs] *f.* Misa.

messieurs [mesjø] *m. pl.* **1** Pl. de ***monsieur.*** Señores, caballeros. **2** Muy señores míos, señores (en tête d'une lettre).

mesurable [məzyʀabl(ə)] *adj.* Mensurable.

mesure [m(ə)zyʀ] *f.* **1** Medida. Loc. ***Sur ~,*** a la medida; ***dans la ~ de,*** en la medida de; ***outre ~,*** excesivamente; ***à ~ que, au fur et à ~***

que, a medida que. **2** fig. ***Donner sa ~,*** mostrar de lo que uno es capaz; ***dépasser la ~,*** pasarse de la raya. **3** Dosis, ración. **4** Moderación, mesura (retenue). **5** ***Être en ~ de,*** estar en condiciones de. **6** MUS. Compás *m.*: ***battre la ~,*** llevar el compás; ***~ à quatre temps,*** compás menor, compasillo *m.*

mesurer [məzyʀe] *tr.* **1** Medir. ■ **2** *pr.* ***Se ~ avec quelqu'un,*** medirse, luchar, rivalizar con uno.

métal [metal] *m.* Metal: ***métaux précieux,*** metales preciosos.

métallique [metal(l)ik] *adj.* Metálico, ca.

métalliser [metal(l)ize] *tr.* Metalizar.

métallurgie [metal(l)yʀʒi] *f.* Metalurgia.

métamorphose [metamɔʀfoz] *f.* Metamorfosis.

métaphore [metafɔʀ] *f.* Metáfora.

métaphysique [metafizik] *adj.* **1** Metafísico, ca. ■ **2** *f.* Metafísica.

métayage [metɛjaʒ] *m.* Aparcería *f.*

métayer, -yère [metaje, -jɛʀ] *s.* Aparcero, ra, colono, na.

météore [meteɔʀ] *m.* Meteoro.

météorologie [meteɔʀɔlɔʒi] *f.* Meteorología.

métèque [metɛk] *m.* **1** Meteco. **2** péj. Extranjero.

méthode [metɔd] *f.* Método *m.*

méticuleux, -euse [metikylø, -øz] *adj.* Meticuloso, sa.

métier [metje] *m.* **1** Oficio, profesión *f.*: ***~ manuel,*** oficio manual. Loc. ***Chacun son ~,*** zapatero a tus zapatos. **2** Bastidor (pour broder). **3** ***~ à tisser,*** telar.

métis, -isse [metis] *adj.-s.* Mestizo, za.

mètre [mɛtʀ(ə)] *m.* Metro: ***~ carré,*** metro cuadrado; ***~ cube,*** metro cúbico.

métro [metʀo] *m.* fam. Metro.

métropolitain, -aine [metʀɔpɔlitɛ̃, -ɛn] *adj.-m.* Metropolitano, na.

mets [mɛ] *m.* Plato, manjar.

metteur [mɛtœʀ] *m.* **1** ***~ en œuvre,*** engastador de piedras preciosas. **2** ***~ en ondes,*** director de emisión. **3** ***~ en scène,*** escenógrafo (théâtre), realizador (cinéma). **4** IMPR. ***~ en pages,*** compaginador.

mettre [mɛtʀ(ə)] *tr.* **1** Poner, colocar (placer). Loc. ***~ au point,*** poner a punto; ***~ bas,*** parir. **2** Meter (introduire). **3** Echar: ***~ une lettre à la poste,*** echar una carta al correo. **4** Poner, instalar (installer). **5** Poner, ponerse (vêtement). **6** Poner, tardar: ***~ une heure à,*** tardar una hora en. **7** Gastar (dépenser). **8** Poner, suponer: ***mettons que cela soit vrai,*** pongamos que esto sea verdad. ■ **9** *pr.* Ponerse: ***se ~ au travail,*** ponerse a trabajar. Loc. ***Se ~ à la fenêtre,*** asomarse a la ventana; ***se ~ en colère,*** encolerizarse. **10** Vestirse, ponerse: ***être bien mis,*** ir bien vestido. ■ **11** *recipr.* Vapulearse (se donner des coups). ▲ CONJUG. IRREG. INDIC. Pres.: ***je mets, tu mets, il met, nous mettons, vous mettez, ils mettent.*** Imperf.: ***je mettais,*** etc. Pret. indef.: ***je mis,*** etc. Fut. imperf.: ***je mettrai,*** etc. POT.: ***je mettrais,*** etc. SUBJ. Pres.: ***que je mette,*** etc. Imperf.: ***que je misse,*** etc. IMPER.: ***mets, mettons, mettez,*** PART. A.: ***mettant.*** PART. P.: ***mis, mise.***

meuble [mœbl(ə)] *adj.* **1** DR. ***Biens meubles,*** bienes muebles. **2** AGR. ***Terre ~,*** tierra blanda. ■ **3** *m.* Mueble.

meubler [mœble] *tr.* **1** Amueblar. **2** fig. Llenar (remplir). ■ **3** *pr.* Comprarse muebles.

meugler [møgle] *intr.* Mugir.

meule [møl] *f.* **1** Muela, rueda (de moulin). **2** Muela (pour aiguiser). **3** Almiar *m.* (de foin, paille).

meunier, -ière [mønje, -jɛʀ] *s.* Molinero, ra.

meurtre [mœʀtʀ(ə)] *m.* Homicidio, asesinato.

meurtrier, -ière [mœRtRije, -ijɛR] *s.* 1 Asesino, na, homicida. ■ 2 *adj.* Mortal. 3 fig. Sangriento, ta.
meurtrir [mœRtRiR] *tr.* 1 Magullar. 2 Machucar (les fruits).
meute [møt] *f.* Jauría.
mexicain, -aine [mɛksikɛ̃, ɛn] *adj.-s.* Mejicano, na, mexicano, na (au Mexique, s'écrit toujours avec *x*).
mi [mi] *adj. invar.-adv.* Medio, mitad: ***la mi-août,*** la mitad de agosto. *loc. adv.* ***À*** ~ (suivi d'un nom) a media: ***à*** ~ ***hauteur,*** a media altura.
mi [mi] *m.* MUS. Mi.
miasme [mjasm(ə)] *m.* Miasma.
miaulement [mjolmɑ̃] *m.* Maullido.
mi-carême [mikaRɛm] *f.* Jueves *m.* de la tercera semana de cuaresma.
miche [miʃ] *f.* Pan *m.* grande y redondo.
micmac [mikmak] *m.* fam. Tejemaneje, chanchullo.
microbe [mikRɔb] *m.* Microbio.
microcassette [mikRokasɛt] *f.* Microcasete *m.*
micro-cravate [mikRokRavat] *m.* Micrófono (pour s'accrocher aux vêtements).
microfilm [mikRofilm] *m.* Microfilm.
microphone [mikRɔfɔn] *m.* Micrófono.
microprocesseur [mikRopRɔsɛsœR] *m.* INFORM. Microprocesador.
microscope [mikRɔskop] *m.* Microscopio.
midi [midi] *m.* 1 Mediodía. Loc. ***Chercher*** ~ ***à quatorze heures,*** buscar tres pies al gato. 2 Las doce: ***il est*** ~, son las doce; ~ ***et demi,*** las doce y media. 3 ***Le*** ~ ***de la France,*** el Mediodía, el Sur de Francia.
midinette [midinɛt] *f.* Modistilla.
mie [mi] *f.* Miga (du pain).
miel [mjɛl] *m.* Miel *f.*
mielleux, -euse [mjɛlø, -øz] *adj.* Meloso, sa.
mien, mienne [mjɛ̃, -mjɛn] *adj.-pron. poss.* Mío, mía. ■ m. pl. Los míos, mi familia *f.*
miette [mjɛt] *f.* Migaja.
mieux [mjø] *adv.* 1 Mejor: ***un peu*** ~, un poco mejor; ***beaucoup, bien*** ~, mucho mejor. Loc. ***Aimer*** ~, preferir; ***aller*** ~, encontrarse, ir mejor; ***je ne demande pas*** ~, no pido otra cosa. 2 *loc. adv.* ***À qui*** ~, a cual mejor; ***d'autant*** ~, con mayor razón; ***tant*** ~, tanto mejor. ■ 3 *m.* Lomejor. Loc. ***De*** ~ ***en*** ~, cada vez mejor; ***faire de son*** ~, hacer todo lo que se pueda. ■ 4 *adj.* Mejor. Loc. ***Être*** ~, estar mejor; ***rien de*** ~, nada mejor.
mièvre [mjɛvR(ə)] *adj.* 1 Almibarado, da, empalagoso, sa. 2 Endeble, enclenque (chétif).
mignardise [miɲaRdiz] *f.* Melindres *m. pl.,* remilgos *m. pl.*
mignon, -onne [miɲɔ̃, -ɔn] *adj.* 1 Mono, na, lindo, da. 2 Amable (gentil). 3 fig. ***Péché*** ~, punto *m.* flaco. ■ 4 *s.* ***Mon*** ~, ***ma mignonne,*** rico, rica.
migraine [migRɛn] *f.* Jaqueca, dolor *m.* de cabeza, migraña.
mijoter [miʒɔte] *tr.-intr.* 1 CUIS. Cocer a fuego lento. ■ 2 *tr.* fam. Tramar, maquinar.
mil [mil] *adj. num.* 1 Mil. ■ 2 *m.* Mijo (millet).
milicien [milisjɛ̃] *m.* Miliciano.
milieu [miljø] *m.* 1 Medio, centro. Loc. ***Au*** ~ ***de,*** en medio de; ***au beau*** ~ ***de, en plein*** ~ ***de,*** justo en medio de, en pleno centro de. 2 Mitad *f.* (moitié). 3 Término medio. 4 Medio: ***adaptation au*** ~, adaptación al medio. 5 ***Le*** ~, el hampa (la pègre). 6 SPORTS. ~ ***de terrain,*** medio.
militaire [militɛR] *adj.-m.* Militar.
militant, -ante [militɑ̃, -ɑ̃t] *adj.-s.* Militante.
militarisme [militaRism(ə)] *m.* Militarismo.
militer [milite] *intr.* Militar.

mille [mil] *adj. num. invar.* **1** Mil. ■ **2** *m.* Millar. **3** Milla *f.* (mesure de longueur).
millénaire [mi(l)lenɛʀ] *adj.* **1** Milenario, ria. ■ **2** *m.* Milenario, milenio.
mille-pattes [milpat] *m. invar.* Ciempiés.
millet [mijɛ] *m.* Mijo.
milliard [miljaʀ] *m.* Mil millones.
milliardaire [miljaʀdɛʀ] *adj.-s.* Multimillonario, ria.
millième [miljɛm] *adj.-s.* Milésimo, ma.
millier [milje] *m.* Millar.
million [miljɔ̃] *m.* Millón.
millionnaire [miljɔnɛʀ] *adj.-s.* Millonario, ria.
mime [mim] *m.* Mimo (acteur et pièce).
mimosa [mimoza] *m.* Mimosa *f.*
minable [minabl(ə)] *adj.* Lamentable, calamitoso, sa.
minauderie [minodʀi] *f.* Monería, melindre *m.*
mince [mɛ̃s] *adj.* **1** Delgado, da, fino, na. **2** fig. Pobre, escaso, sa, insignificante.
mine [min] *m.* **1** Aspecto *m.*, apariencia (aspect extérieur). Loc. ***Ne pas payer de ~,*** tener mal aspecto; ***faire ~ de,*** hacer como si, aparentar. **2** Cara, rostro *m.* (aspect du visage). **3** Mina (de crayon). **4** Mina (gisement, engin explosif).
minerai [minʀɛ] *m.* Mineral.
minéral, -ale [mineral] *adj.-m.* Mineral.
minéralogie [mineralɔʒi] *f.* Mineralogía.
minet, -ette [minɛ, -ɛt] *s.* fam. Minino, na (petit chat).
mineur [minœʀ] *adj.-m.* **1** Minero (ouvrier). **2** MIL. Zapador.
miniature [minjatyʀ] *f.* Miniatura.
minime [minim] *adj.* **1** Mínimo, ma. ■ **2** *adj.-s.* SPORTS Infantil. ■ **3** *m.* Mínimo (religieux).
ministère [ministɛʀ] *m.* Ministerio: ***~ de l'intérieur, des Finances,*** ministerio de la Gobernación, de Hacienda.
ministre [ministʀ(ə)] *m.* Ministro.
Minitel [minitɛl] *m.* INFORM. Terminal videotex para la consulta de bases de datos.
minorité [minɔʀite] *f.* **1** Minoría. **2** Minoría de edad (âge).
minoterie [minɔtʀi] *f.* Fábrica, comercio *m.* de harinas.
minuit [minɥi] *m.* Medianoche *f.*
minuscule [minyskyl] *adj.* **1** Minúsculo, la. ■ **2** *f.* Minúscula (lettre).
minute [minyt] *f.* **1** Minuto *m.* (temps, angle). **2** *interj.* ¡Espere!, ¡un momento!
minutie [minysi] *f.* **1** Minucia (bagatelle). **2** Minuciosidad (soin).
mirabelle [miʀabɛl] *f.* Ciruela mirabel.
miracle [miʀɑkl(ə)] *m.* Milagro.
mirage [miʀaʒ] *m.* Espejismo.
mire [miʀ] *f.* Mira: ***ligne de ~,*** línea de mira; ***point de ~,*** punto de mira, blanco.
mirer [miʀe] *tr.* **1** Mirar al trasluz (un œuf). **2** Reflejar. ■ **3** *pr.* Mirarse, contemplarse.
miroir [miʀwaʀ] *m.* Espejo.
miroiter [miʀwate] *intr.* Espejear, reverberar.
mis, mise [mi, miz] **1** *p.p.* de ***mettre.*** ■ **2** *adj.* Puesto, ta.
misanthrope [mizɑ̃tʀɔp] *adj.-s.* Misántropo *m.*
mise [miz] *f.* **1** Puesta, colocación. Loc. ***~ en place,*** colocación; enfoque *m.* (en photographie); ***~ à la retraite,*** jubilación; ***~ en liberté,*** liberación. **2** Apuesta, puesta (action de miser). **3** Vestimenta, arreglo *m.* personal (habillement, tenue). **4** ***~ en scène,*** escenificación, escenografía. **5** COMM. ***~ de fonds,*** inversión de fondos.
miser [mize] *tr.* **1** Hacer una puesta, apostar. **2** ***~ sur,*** contar con.

misérable [mizeRabl(ə)] *adj.-s.* Miserable.
misère [mizɛR] *f.* 1 Miseria. 2 Desgracia, calamidad (malheur). Loc. fam. ***Faire des misères à quelqu'un,*** hacer rabiar, fastidiar a alguien.
miséricorde [mizeRikɔRd(ə)] *f.* Misericordia.
missel [misɛl] *m.* Misal.
mission [misjɔ̃] *f.* Misión.
missive [misiv] *f.* Misiva.
mistral [mistRal] *m.* Mistral (vent).
mitaine [mitɛn] *f.* Mitón *m.*
mite [mit] *f.* Polilla.
mitiger [mitiʒe] *tr.* Mitigar. ▲ CONJUG. como ***engager.***
mitonner [mitɔne] *tr.-intr.* 1 CUIS. Cocer a fuego lento. ■ 2 *tr.* Preparar.
mitoyen, -enne [mitwajɛ̃, -ɛn] *adj.* Medianero, ra: ***mur*** ~, pared medianera.
mitrailler [mitRɑje] *tr.* Ametrallar.
mitrailleuse [mitRɑjøz] *f.* Ametralladora.
mixte [mikst(ə)] *adj.* Mixto, ta.
mixture [mikstyR] *f.* Mixtura.
Mlle. (*abrév.* mademoiselle) Srta.
MM. (*abrév.* messieurs) Sres.
Mme. (*abrév.* madame) Sra.
mobile [mɔbil] *adj.* 1 Móvil, movible. ■ 2 *m.* Móvil.
mobilier, -ière [mɔbilje, -jɛR] *adj.* 1 Mobiliario, ria. ■ 2 *m.* Mobiliario.
mobiliser [mɔbilize] *tr.* Movilizar.
moche [mɔʃ] *adj.* 1 fam. Feo, fea, feúcho, cha (laid). 2 fam. Desagradable.
modalité [mɔdalite] *f.* Modalidad.
mode [mɔd] *m.* 1 GRAM., MUS. Modo. 2 Modo (manière). ■ 3 *f.* Moda. Loc. ***À la*** ~, de moda, a la moda.
modèle [mɔdɛl] *adj.-s.* Modelo.
modeler [mɔdle] *tr.* 1 Modelar. ■ 2 *pr.* Amoldarse, ajustarse. ▲ CONJUG. como ***acheter.***
modérateur, -trice [mɔdeRatœR,-tRis] *adj.-s.* 1 Moderador, ra. ■ 2 *m.* TECHN. Regulador.
modération [mɔdeRɑ̃sjɔ̃] *f.* Moderación.
modérer [mɔdeRe] *tr.* 1 Moderar. ■ 2 *pr.* Moderarse. ▲ CONJUG. como ***accélérer.***
moderniser [mɔdɛRnize] *tr.* 1 Modernizar. ■ 2 *pr.* Modernizarse.
modestie [mɔdɛsti] *f.* Modestia.
modifier [mɔdifje] *tr.* 1 Modificar. ■ 2 *pr.* Modificarse. ▲ CONJUG. como ***prier.***
modique [mɔdik] *adj.* Módico, ca.
modiste [mɔdist(ə)] *f.* Sombrerera.
modulation [mɔdylɑ̃sjɔ̃] *f.* 1 Modulación. 2 ~ ***de fréquence,*** frecuencia modulada.
moelle [mwal] *f.* 1 ANAT., BOT. Médula: ~ ***épinière,*** médula espinal. 2 Tuétano *m.* (substance comestible). 3 fig. Meollo *m.*
mœurs [mœR(s)] *f. pl.* Costumbres, hábitos *m.*
moi [mwa] *pron. pers.* 1 Yo. Loc. ***Moi-même,*** yo mismo; ~ ***seul,*** yo solo; ~ ***non plus,*** yo tampoco. 2 Mí (complément); ***pour*** ~, para mí; ***avec*** ~, conmigo. 3 Me (avec l'impératif): ***dis*** ~, dime; ***dites-le-***~, dígamelo. ■ 4 *m. invar.* ***Le*** ~, el yo.
moignon [mwaɲɔ̃] *m.* 1 Muñón. 2 Garrón (d'un arbre).
moindre [mwɛ̃dR(ə)] *adj.* 1 Menor: ***le*** ~ ***doute,*** la menor duda. 2 ***Le*** ~ ***effort,*** el mínimo esfuerzo.
moine [mwan] *m.* Monje, fraile.
moineau [mwano] *m.* Gorrión.
moins [mwɛ̃] 1 *adv.* Menos: ***dix francs de*** ~, diez francos menos. Loc. ***À*** ~, por menos; ***au*** ~, ***pour le*** ~, al menos (au minimum); ***de*** ~ ***en*** ~, cada vez menos; ***plus ou*** ~, más o menos. 2 *loc. prép.* ***À*** ~ ***de,*** a menos de; ***en*** ~ ***de rien, en*** ~ ***de deux,*** en un santiamén, en menos que canta un gallo. 3 *loc. conj.* ***À*** ~ ***que,*** a menos que, a no ser que. ■ 4 *prép.* Menos: ***dix heures*** ~ ***cinq,*** las diez menos cinco. ■ 5

m. invar. Lo menos. **6** MATH. Menos, signo menos.
moire [mwaʀ] *f.* **1** Muaré *m.* (tissu). **2** Aguas *pl.,* visos *m. pl.* (reflets).
moiré [mwaʀe] *adj.* Tornasolado, da.
mois [mwa] *m.* Mes: ***2 ~,*** 2 meses.
moisir [mwaziʀ] *intr.* **1** Enmohecerse. **2** fam. Criar moho (languir). ■ **3** *tr.* Enmohecer.
moisissure [mwazisyʀ] *f.* Moho *m.*
moisson [mwasɔ̃] *f.* **1** Siega. Loc. ***Faire la ~,*** cosechar (récolter). **2** fig. Cosecha.
moissonner [mwasɔne] *tr.* **1** Segar (faucher), cosechar (récolter). **2** fig. Cosechar.
moite [mwat] *adj.* Húmedo, da.
moitié [mwatje] *f.* **1** Mitad. Loc. ***À ~,*** a la mitad; medio (avec un adj.): ***~ mort,*** medio muerto; ***à ~ prix,*** a mitad de precio; ***à ~ chemin,*** a la mitad de camino; ***être, se mettre de ~ avec quelqu'un,*** ir a medias con alguien; ***moitié-moitié,*** a medias, regular. **2** fam. Costilla, cara, mitad, media naranja (épouse).
molaire [mɔlɛʀ] *f.* Molar *m.,* muela (dent).
môle [mol] *m.* **1** MAR. Rompeolas. **2** MAR. Malecón (digue).
molécule [mɔlekyl] *f.* Molécula.
molester [mɔlɛste] *tr.* Atropellar, maltratar.
mollasse [mɔlas] *adj.* **1** Blanducho, cha, fofo, fa. **2** Flojo, ja, apático, ca (apathique).
mollesse [mɔlɛs] *f.* **1** Blandura. **2** Flojera, apatía (indolence).
mollet, -ette [mɔlɛ, -ɛt] *adj.* **1** Blando, da. **2** ***Œuf ~,*** huevo pasado por agua. ■ **3** *m.* Pantorrilla *f.*
molleton [mɔltɔ̃] *m.* Muletón.
mollusque [mɔlysk(ə)] *m.* Molusco.
moment [mɔmɑ̃] *m.* **1** Momento, rato. **2** *loc. prép.* ***Au ~ de,*** en el momento de. **3** *loc. conj.* ***Du ~ que,*** puesto que.
momifier [mɔmifje] *tr.* Momificar. ▲ CONJUG. como ***prier.***
mon [mɔ̃], **ma** [ma], *pl.* **mes** [me] *adj. poss.* Mi, mis: ***mon père, ma mère, mes enfants,*** mi padre, mi madre, mis hijos. Loc. ***~ Dieu!,*** ¡Dios mío!
monacal, -ale [mɔnakal] *adj.* Monacal.
monarchie [mɔnaʀʃi] *f.* Monarquía.
monastère [mɔnastɛʀ] *m.* Monasterio.
monceau [mɔ̃so] *m.* Montón.
mondain, -aine [mɔdɛ̃, -ɛn] *adj.-s.* Mundano, na.
monde [mɔ̃d] *m.* **1** Mundo. **2** Mundo, sociedad *f.* Loc. ***Le beau ~,*** la buena sociedad. **3** Gente *f.,* gentío (foule): ***il y a beaucoup de ~,*** hay mucha gente.
mondial, -ale [mɔ̃djal] *adj.* Mundial.
monétaire [mɔnetɛʀ] *adj.* Monetario, ria.
mongol, -ole [mɔ̃gol] *adj.-s.* Mongol, mongólico, ca.
moniteur, -trice [mɔnitœʀ, -tʀis] *s.* Monitor, ra.
monnaie [mɔnɛ] *f.* **1** Moneda. **2** Dinero *m.* suelto, suelto *m.* (pièces): ***avez-vous de la ~?,*** ¿tiene usted suelto? **3** Cambio *m.,* vuelta: ***la ~ de cent francs,*** el cambio de cien francos.
monocle [mɔnɔkl(ə)] *m.* Monóculo.
monogamie [mɔnɔgami] *f.* Monogamia.
monographie [mɔnɔgʀafi] *f.* Monografía.
monologue [mɔnɔlɔg] *m.* Monólogo.
monopoliser [mɔnɔpɔlize] *tr.* Monopolizar.
monosyllabe [mɔnɔsil(l)ab] *adj.-m.* Monosílabo, ba.
monotonie [mɔnɔtɔni] *f.* Monotonía.
monseigneur [mɔ̃sɛɲœʀ] *m.* Monseñor.
monsieur [məsjø] *m.* **1** Señor, el señor: ***bonjour ~,*** buenos días, señor; ***~ est sorti,*** el señor ha salido.

2 Señor don (devant un prénom). 3 *Cher* ~, muy señor mío (en tête d'une lettre). 4 Monseñor (titre donné aux princes de la famille royale).
monstre [mɔ̃stʀ(ə)] *m.* Monstruo.
mont [mɔ̃] *m.* Monte. Loc. ***Promettre monts et merveilles,*** prometer el oro y el moro.
montage [mɔ̃taʒ] *m.* Montaje.
montagnard, -arde [mɔ̃taɲaʀ, -aʀd(ə)] *adj.-s.* Montañés, esa.
montagne [mɔ̃taɲ] *f.* Montaña.
montant, -ante [mɔ̃tɑ̃, -ɑ̃t] *adj.* **1** Ascendente. **2** MIL. ***Garde montante,*** guardia entrante. ■ **3** *m.* Total, importe (somme): ***le ~ des dépenses,*** el importe de los gastos. **4** CONSTR., TECHN. Larguero, montante.
mont-de-piété [mɔ̃dpjete] *m.* Monte de piedad.
monte [mɔ̃t] *f.* Monta.
monte-charge [mɔ̃tʃaʀʒ(ə)] *m. invar.* Montacargas.
monter [mɔ̃te] *intr.* **1** Subir: ***~ au grenier, en voiture,*** subir al desván, al coche. **2** Montar: ***~ à cheval, à bicyclette,*** montar a caballo, en bicicleta. **3** Ascender, subir (s'élever). Loc. ***~ en grande,*** ascender; ***~ à la tête,*** emborrachar. **4** Crecer (un fleuve, la mer). **5** Subir, aumentar (augmenter). **6** Elevarse, ascender: ***la facture monte à mille pesetas,*** la factura asciende a mil pesetas. ■ **7** *tr.* Subir (gravir): ***~ une côte,*** subir una cuesta. **8** Montar: ***~ un cheval,*** montar un caballo. **9** Montar, instalar (aménager). **10** Engastar (pierre précieuse). **11** Urdir, tramar (combiner). **12** THÉÂT. Montar. ■ **13** *pr.* Abastecerse, proveerse: ***se ~ en draps,*** proveerse de sábanas. **14** fam. Encolerizarse, irritarse.
monticule [mɔ̃tikyl] *m.* Montículo.
montre [mɔ̃tʀ(ə)] *f.* **1** Reloj *m.*: ***montre-bracelet,*** reloj de pulsera. **2** Muestra (action de montrer). Loc. ***Faire ~ de,*** hacer alarde de. **3** Escaparate *m.* (étalage). **4** *f.*: Loc. ***~ en main,*** reloj en mano.
montrer [mɔ̃tʀe] *tr.* **1** Mostrar, enseñar (faire voir). **2** Indicar, señalar (désigner): ***~ du doigt,*** señalar con el dedo. ■ **3** *pr.* Mostrarse: ***se ~ prudent,*** mostrarse prudente. **4** Exhibirse.
monture [mɔ̃tyʀ] *f.* **1** Montura, cabalgadura (cheval, etc.). **2** TECHN. Montura.
monument [mɔnymɑ̃] *m.* Monumento.
moquer (se) [mɔke] *pr.* Burlarse, reírse.
moquette [mɔkɛt] *f.* Moqueta.
moqueur, -euse [mɔkœʀ, -øz] *adj.-s.* **1** Burlón, ona. ■ **2** *m.* Sinsonte (oiseau).
moral, -ale [mɔʀal] *adj.* **1** Moral. ■ **2** *m.* Moral *f.*, ánimo: ***relever le ~,*** levantar el ánimo.
moraliser [mɔʀalize] *tr.-intr.* Moralizar.
moralité [mɔʀalite] *f.* **1** Moralidad. **2** Moraleja (d'une fable).
morbide [mɔʀbid] *adj.* Mórbido, da.
morbidité [mɔʀbidite] *f.* Morbosidad.
morceau [mɔʀso] *m.* **1** Pedazo, trozo. **2** Tajada *f.* (tranche). **3** Trozo, fragmento (littéraire, musical).
morceler [mɔʀsəle] *tr.* **1** Dividir. **2** Parcelar (terrain). ▲ CONJUG. como ***appeler.***
mordant, -ante [mɔʀdɑ̃, -ɑ̃t] *adj.* **1** Mordiente, que muerde. **2** Mordaz (incisif). ■ **3** *m.* TECHN. Mordiente. **4** MUS. Mordente. **5** fig. Mordacidad *f.* (agressivité).
mordre [mɔʀdʀ(ə)] *tr.* **1** Morder. **2** Picar (poisson, insecte): ***ça mord?,*** ¿pican? ■ **3** *intr.* Morder: ***chien qui mord,*** perro que muerde. **4** Morder (eau-forte). **5** fam. Picar (se laisser prendre). ■ **6** *pr.* Morderse. ▲ CONJUG. como ***rendre.***

morfondre (se) [mɔʀfɔ̃dʀ(ə)] *pr.* Consumirse esperando. ▲ CONJUG. como *fondre.*
moribond, -onde [mɔʀibɔ̃, -ɔ̃d] *adj.-s.* Moribundo, da.
moricaud, -aude [mɔʀiko, -od] *adj.-s.* Morenillo, lla.
morne [mɔʀn(ə)] *adj.* 1 Taciturno, na, sombrío, ía. 2 Apagado, da (couleur). 3 Tétrico, ca (lúgubre). ■ 4 *m.* Morro (petite montagne).
mors [mɔʀ] *m.* Bocado, freno (du cheval).
morse [mɔʀs(ə)] *m.* 1 Morsa *f.* (animal). 2 Morse (alphabet).
mort [mɔʀ] *f.* Muerte.
mortaise [mɔʀtɛz] *f.* TECHN. Mortaja, muesca.
mortalité [mɔʀtalite] *f.* Mortalidad.
mortel, -elle [mɔʀtɛl] *adj.-s.* Mortal.
mortier [mɔʀtje] *m.* 1 Mortero, almirez (récipient à broyer). 2 MIL. Mortero. 2 CONSTR. Mortero, argamasa *f.*
mortifier [mɔʀtifje] *tr.* 1 Mortificar. ■ 2 *pr.* Mortificarse. ▲ CONJUG. como *prier.*
mortuaire [mɔʀtɥɛʀ] *adj.* Mortuorio, ria.
morue [mɔʀy] *f.* Bacalao *m.*
mosaïque [mɔzaik] *adj.* 1 Mosaico, ca. ■ 2 *f.* Mosaico *m.*
mosquée [mɔske] *f.* Mezquita.
mot [mo] *m.* 1 Palabra *f.*, vocablo. Loc. *Bon ~, ~ d'esprit,* chiste, agudeza *f.*: *gros ~,* palabrota *f.*, taco; *~ d'ordre, de passe,* consigna *f.*, santo y seña; *~ savant,* cultismo. 2 *pl. loc. adv. À demi ~, à mots couverts,* con palabras encubiertas, con medias palabras. 3 Frase *f.*, sentencia *f.*, máxima *f.* (phrase). 4 Líneas *f. pl.*, letras *f. pl.*: *écrire un ~ à quelqu'un,* escribir unas líneas a alguien. 5: INFORM. *~ de passe,* password, código de acceso.
moteur, -trice [mɔtœʀ, -tʀis] *adj.* 1 Motor, triz. ■ 2 *m.* Motor.
motif [mɔtif] *m.* Motivo.
motion [mosjɔ̃] *f.* Moción.
motocyclette [mɔtɔsiklɛt] *f.* Motocicleta.
motoriser [mɔtɔʀize] *tr.* Motorizar.
motte [mɔt] *f.* 1 Terrón *m.* (de terre). 2 Pella (de beurre).
motus! [mɔtys] *interj.* fam. ¡Chitón!, ¡silencio!
mou [mu], **mol, molle** [mɔl] *adj.* 1 Blando, da (tendre). 2 Suave (doux). 3 Fofo, fa (flasque). 4 Bochornoso, sa. 5 Fojo, ja (sans vigueur). 6 Muelle (vie). ■ 7 *adv.* pop. Suavemente. ■ 8 *m.* fam. Blandengue (faible). ▲ Delante de sustantivos que empiecen por vocal o *h* muda se usa *mol* en lugar de *mou.*
moucharder [muʃaʀde] *tr.* fam. Chivar, dar el chivatazo.
mouche [muʃ] *f.* 1 Mosca. Loc. *~ à miel,* abeja; fig. *fine ~,* persona astuta, lince *m.*; *pattes de ~,* escritura *sing.* ilegible, garabatos *m.*; *prendre la ~,* picarse, amoscarse; *faire la ~ du coche,* meterse en camisa de once varas. 2 Mosca, perilla (barbe). 3 Lunar *m.* postizo (sur la peau). 4 Zapatilla (à la pointe d'un fleuret). 5 Diana (d'une cible).
moucher [muʃe] *tr.* 1 Limpiar las narices de. 2 fig. Dar una lección, corregir (réprimander). ■ 3 *pr.* Sonarse, limpiarse las narices.
moucheture [muʃtyʀ] *f.* Pinta, mota.
mouchoir [muʃwaʀ] *m.* Pañuelo.
moudre [mudʀ(ə)] *tr.* Moler. ▲ CONJUG. IRREG. IND. Pres.: *je mouds, tu mouds, il mout, nos moulons, vous moulez, ils moulent.* Imperf.: *je moulais,* etc. Pret. indef.: *je moulus,* etc. Fut. imperf.: *je moudrai,* etc. POT.: *je moudrais,* etc. SUBJ. Pres.: *que je moule,* etc. Imperf.: *que je moulusse,* etc. IMPER. *mouds, moulons, moulez.* PART. A.: *moulant.* PART. P.: *moulu, ue.*
moue [mu] *f.* Mohín *m.*

mouette [mwɛt] *f.* Gaviota.
mouflon [muflɔ̃] *m.* Carnero salvaje.
mouillage [mujaʒ] *m.* **1** Remojo (action de tremper). **2** MAR. Fondeo (action). **3** MAR. Fondeadero, ancladero (lieu). **4** Acción *f.* de aguar (vin, etc.).
mouiller [muje] *tr.* **1** Mojar. **2** Aguar (le vin, etc.). **3** MAR. Fondear. **4** Palatalizar (une consonne). ■ **5** *pr.* Mojarse. **6** fam. Comprometerse, complicarse.
moule [mul] *m.* **1** Molde. **2** Hormilla *f.* (pour les boutons). ■ **3** *f.* Mejillón *m.* (mollusque). **4** fig. fam. Zoquete *m.*
moulin [mulɛ̃] *m.* **1** Molino. **2** Molinillo: ~ ***à café,*** molinillo de café. **3** ~ ***à prières,*** molino de plegarias. **4** AUTO. fam. Motor.
moulinet [mulinɛ] *m.* **1** Molinete. **2** Carrete (de pêche). **3** TECHN. Torniquete.
moulu, -ue [muly] **1** *p. p.* de ***moudre.*** ■ **2** *adj.* Molido, da.
moulure [mulyʀ] *f.* ARCHIT. Moldura.
mourant, -ante [muʀɑ̃, -ɑ̃t] *adj.s.* **1** Moribundo, da. ■ **2** *adj.* Lánguido, da.
mourir [muʀiʀ] *intr.* **1** Morir, morirse. ■ **2** *pr.* Morirse. ▲ CONJUG. IRREG. INDIC. Pres.: ***je meurs, tu meurs, il meurt, nous mourons, vous mourez, ils meurent.*** Imperf.: ***je mourais,*** etc. Pret. indef.: ***je mourus,*** etc. Fut. imperf.: ***je mourrai,*** etc. POT.: ***je mourrais,*** etc. SUBJ. Pres.: ***que je meure,*** etc. Imperf.: ***que je mourusse,*** etc. IMPER.: ***meurs, mourons, mourez.*** PART. A.: ***mourant.*** PART. P.: ***mort, morte.*** Conjúgase con ***être.***
mousse [mus] *adj.* **1** Romo, ma, embotado, da (émoussé). ■ **2** *f.* Espuma (écume). **3** Musgo *m.* (plante). **4** CUIS. Crema batida: ~ ***au chocolat,*** crema de chocolate. **5** ~ ***à raser,*** espuma de afeitar. ■ **6** *m.* MAR. Grumete.
mousseline [muslin] *f.* Muselina.
mousson [musɔ̃] *f.* Monzón *m.*
moussu, -ue [musy] *adj.* Musgoso, sa.
moustache [mustaʃ] *f.* Bigote *m.*
moustique [mustik] *m.* Mosquito.
moût [mu] *m.* Mosto.
moutard [mutaʀ] *m.* pop. Chaval, chavea.
moutarde [mutaʀd(ə)] *f.* Mostaza.
mouton [mutɔ̃] *m.* **1** Carnero, borrego. Loc. ***Revenons à nos moutons,*** volvamos a nuestro asunto. **2** Cordero. **3** TECHN. Martinete. ■ **4** *pl.* MAR. Cabrillas *f.,* borregos (petites vagues).
moutonner [mutɔne] *intr.* **1** MAR. Cabrillear (les vagues). **2** Aborregarse (le ciel).
mouvant, -ante [muvɑ̃, -ɑ̃t] *adj.* **1** Motor, ra. **2** Movedizo, za.
mouvement [muvmɑ̃] *m.* Movimiento.
mouvoir [muvwaʀ] *tr.* **1** Mover. ■ **2** *pr.* Moverse. ▲ CONJUG. IRREG. INDIC. Pres.: ***je meus, tu meus, il meut, nous mouvons, vous mouvez, ils meuvent.*** Imperf.: ***je mouvais,*** etc. Pret. indef.: ***je mus,*** etc. Fut. imperf.: ***je mouvrai,*** etc. POT.: ***je mouvrais,*** etc. SUBJ. Pres.: ***que je meuve,*** etc. Imperf.: ***que je musse,*** etc. IMPER.: ***meus, mouvons, mouvez.*** PART. A.: ***mouvant.*** PART. P.: ***mû, mue.***
moyen, -enne [mwajɛ̃, -ɛn] *adj.* **1** Medio, dia: ~ ***terme,*** término medio. **2** Mediano, na, mediocre. **3** Común, ordinario, ria. ■ **4** *m.* Medio. Loc. ***Il n'y a pas ~ de,*** no hay forma de, manera de. *loc. prép.* ***Au ~ de,*** por medio de, con la ayuda de; ***par le ~ de,*** mediante.
moyenâgeux, -euse [mwajɛnɑʒø, -øz] *adj.* Medieval.
moyennant [mwajɛnɑ̃] *prép.* **1** Mediante. **2** ~ ***quoi,*** gracias a lo cual.
moyeu [mwajø] *m.* Cubo (de roue).
mucosité [mykozite] *f.* Mucosidad.

mue [my] *f.* 1 Muda (des animaux, de la voix). 2 AGR. Caponera (cage). 3 fig. Transformación.
muer [mɥe] *intr.* 1 Mudar, cambiar. ■ 2 *pr.* Cambiarse, transformarse.
muet, -ette [mɥɛ, -ɛt] *adj.-s.* Mudo, da.
mufle [myfl(ə)] *m.* 1 Morro, hocico (des animaux). 2 fam. Patán (malotru).
mugir [myʒiʀ] *intr.* Mugir.
muguet [mygɛ] *m.* 1 Muguete. 2 fam. Joven lechuguino.
mulâtre, -tresse [mylɑtʀ(ə), -tʀɛs] *adj.-s.* Mulato, ta.
mule [myl] *f.* 1 Mula. 2 Chinela (pantoufle). 3 Mula (du pape).
mulet [mylɛ] *m.* 1 Mulo. 2 Mújol (poisson).
mulot [mylo] *m.* Ratón campesino.
multicolore [myltikɔlɔʀ] *adj.* Multicolor.
multiple [myltipl(ə)] *adj.* 1 Múltiple. ■ 2 *adj.-m.* MATH. Múltiplo, pla.
multiplication [myltiplikɑsjɔ̃] *f.* Multiplicación.
multiplier [myltiplije] *tr.* 1 Multiplicar. ■ 2 *pr.* Multiplicarse. ▲ CONJUG. como ***prier***.
multitude [myltityd] *f.* Multitud.
municipal, -ale [mynisipal] *adj.* Municipal.
munir [myniʀ] *tr.* 1 Proveer, abastecer (de vivres). 2 Proveer, dotar: ***voiture munie de phares antibrouillards,*** coche provisto de faros antiniebla. ■ 3 *pr.* Proveerse.
munition [mynisjɔ̃] *f.* Munición.
mur [myʀ] *m.* 1 Muro, pared *f.* (d'une maison, etc.). Loc. ***Gros ~,*** pared maestra; ~ ***mitoyen,*** medianería *f.,* pared medianera. 2 Muro, muralla *f.* (d'une ville, etc.). 3 Tapia *f.* (de clôture). 4 fig. Barrera *f.,* obstáculo.
mûr, mûre [myʀ] *adj.* Maduro, ra.
muraille [myʀɑj] *f.* Muralla.
mural, -ale [myʀal] *adj.* Mural.
mûre [myʀ] *f.* 1 Mora (fruit). 2 ~ ***sauvage,*** zarzamora.
murer [myʀe] *tr.* 1 Muralla, amurallar. 2 Tapiar (une porte, etc.). 3 Emparedar (une personne). ■ 4 *pr.* Aislarse.
mûrier [myʀje] *m.* Morera *f.*
mûrir [myʀiʀ] *tr.-intr.* Madurar.
murmure [myʀmyʀ] *m.* Murmullo, susurro.
murmurer [myʀmyʀe] *intr.-tr.* Murmurar, murmullar.
musc [mysk] *m.* 1 Almizcle (substance). 2 Almizclero (animal).
muscade [myskad] *adj.-f.* Moscada: ***noix ~,*** nuez moscada.
muscat [myska] *adj.-m.* Moscatel.
muscle [myskl(ə)] *m.* Músculo.
musclé, -ée [muskle] *adj.* 1 Musculoso, sa. 2 Brutal, enérgico, ca (intervención).
muscler [muskle] *tr.* fig. Reforzar: ***il faut ~ la gestion de cet organisme,*** hay que reforzar la gestión de este organismo.
musculaire [myskylɛʀ] *adj.* Muscular.
muse [myz] *f.* Musa.
museau [myzo] *m.* Hocico.
musée [myze] *m.* Museo.
muselière [myzəljɛʀ] *f.* Bozal *m.*
muser [myze] *intr.* Vagar, barzonear.
musette [myzɛt] *f.* 1 Morral *m.* (sac). 2 MUS. Gaita.
musicien, -ienne [myzisjɛ̃, -jɛn] *adj.-s.* Músico, ca.
musique [myzik] *f.* 1 Música. Loc. fig. ***Connaître la ~,*** conocer el paño. 2 Banda (fanfare).
musulman, -ane [myzylmɑ̃, -an] *adj.-s.* Musulmán, ana.
mutation [mytɑsjɔ̃] *f.* Mutación.
mutiler [mytile] *tr.* Mutilar.
mutiner (se) [mytine] *pr.* Amotinarse, rebelarse.
mutinerie [mytinʀi] *f.* Motín *m.,* sublevación.
mutisme [mytism(ə)] *m.* Mutismo.
mutuel, -elle [mytɥɛl] *adj.* 1 Mutuo, ua. ■ 2 *f.* Mutualidad.
myopie [mjɔpi] *f.* Miopía.

myosotis [mjozɔtis] *m.* Miosota *f.*, raspilla *f.*
myriade [miʀjad] *f.* Miríada.
myrrhe [miʀ] *f.* Mirra.
myrte [miʀt(ə)] *m.* Mirto, arrayán.
mystère [mistɛʀ] *m.* Misterio.
mystérieux, -euse [misteʀjø, -øz] *adj.* Misterioso, sa.
mysticisme [mistisism(ə)] *m.* Misticismo.
mystifier [mistifje] *tr.* 1 Mistificar. 2 Embaucar, engañar (leurrer). ▲ CONJUG. como *prier.*
mystique [mistik] *adj.-s.* 1 Místico, ca. ■ 2 *f.* Mística.
mythe [mit] *m.* Mito.
mythologie [mitɔlɔʒi] *f.* Mitología.

N

n [ɛn] *m.* N. *f.*
nabot, -ote [nabo, -ɔt] *s.* Enano, na, retaco *m.*, tapón *m.*
nacre [nakʀ(ə)] *f.* Nácar *m.*
nage [naʒ] *f.* 1 Natación. *loc. adv.* ***À la*** ~, a nado. 2 loc. fig. ***Être tout en*** ~, estar bañado en sudor. 3 MAR. Boga (action).
nageoire [naʒwaʀ] *f.* Aleta.
nager [naʒe] *intr.* 1 Nadar. 2 fig. fam. No comprender, no saber qué hacer. 3 MAR. Remar, bogar. ■ 4 *tr.* Nadar. ▲ CONJUG. como *engager.*
nageur, -euse [naʒœʀ, -øz] *s.* Nadador, ra.
naguère [nagɛʀ] *adv.* No hace mucho, hace poco.
naïf, -ive [naif, -iv] *adj.-s.* Inocente, ingenuo, a, cándido, da.
nain, naine [nɛ̃, nɛn] *adj.-s.* Enano, na.
naissance [nɛsɑ̃s] *f.* 1 Nacimiento *m.* 2 Linaje *m.*, cuna, origen *m.* (extraction). 3 Origen *m.*: ***donner*** ~ ***à,*** dar origen a.
naître [nɛtʀ(ə)] *intr.* Nacer: ***il est né,*** ha nacido. ▲ CONJUG. como ***connaître,*** excepto en el pret. indef. (***je naquis,*** etc.) y en el part. p. (***né, née***). Se conjuga con ***être.***
naïveté [naivte] *f.* Ingenuidad, inocencia, candidez.
naja [naʒa] *m.* Cobra *f.*
nantir [nɑ̃tiʀ] *tr.* 1 Proveer (pourvoir). ■ 2 *pr.* Proveerse.
nantissement [nɑ̃tismɑ̃] *m.* Fianza *f.*, prenda *f.*
naphtaline [naftalin] *f.* Naftalina.
nappe [nap] *f.* 1 Mantel *m.* 2 ~ ***d'autel,*** mantel *m.*, sabanilla de altar. 3 Capa: ~ ***d'eau,*** capa de agua.
narcotique [narkɔtik] *adj.-m.* Narcótico, ca.
nard [naʀ] *m.* Nardo.
narine [naʀin] *f.* Ventana de la nariz.
narquois, -oise [naʀkwa, -waz] *adj.* Socarrón, ona, burlón, ona.
narration [naʀɑsjɔ̃] *f.* Narración.
narrer [naʀe] *tr.* Narrar.
nasal, -ale [nazal] *adj.* 1 Nasal. ■ 2 *f.* Nasal (consonne).
naseau [nazo] *m.* Ollar.
nasillard, -arde [nazijaʀ, -ard(ə)] *adj.* Gangoso, sa.
nasse [nas] *f.* 1 Nasa. 2 fig. Trampa.
natal, -ale [natal] *adj.* Natal.
natalité [natalite] *f.* Natalidad.
natif, -ive [natif, -iv] *adj.-s.* Nativo, va.
nation [nɑsjɔ̃] *f.* Nación.
nationaliser [nasjɔnalize] *tr.* Nacionalizar.
nationalisme [nasjɔnalism(ə)] *m.* Nacionalismo.
nationalité [nasjɔnalite] *f.* Nacionalidad.
nativité [nativite] *f.* 1 Natividad. 2 Navidad (Noël).
natte [nat] *f.* 1 Trenza (de cheveux). 2 Estera (tapis). 3 Pleita (tresse de sparte).
naturaliser [natyʀalize] *tr.* 1 Naturalizar: ***se faire*** ~, naturalizarse. 2 Aclimatar. 3 Disecar (empailler).

naturalisme [natyʀalism(ə)] *m.* Naturalismo.
naturaliste [natyʀalist(ə)] *adj.-s.* Naturalista.
nature [natyʀ] *f.* **1** Naturaleza. **2** Natural *m.*, índole, carácter *m.* **3** *loc. adv.* ***D'après ~,*** del natural. ■ **4** *adj. invar.* Natural: ***un homme très ~,*** un hombre muy natural.
naturel, -elle [natyʀɛl] *adj.* **1** Natural. ■ **2** *m.* Natural, índole *f.*, carácter. **3** Naturalidad *f.* (simplicité). **4** *loc. adv.* ***Au ~,*** al natural.
naufrage [nofʀaʒ] *m.* Naufragio.
naufrager [nofʀaʒe] *intr.* Naufragar. ▲ CONJUG. como ***engager.***
nauséabond, -onde [nozeabɔ̃, -ɔ̃d] *adj.* Nauseabundo, da.
nausée [noze] *f.* Náusea.
nautique [notik] *adj.* Náutico, ca.
naval, -ale [naval] *adj.* Naval: ***combats navals,*** combates navales.
navet [navɛ] *m.* **1** Nabo. **2** fam. Mamarracho, churro.
navette [navɛt] *f.* **1** Lanzadera (de métier à tisser). Loc. ***Faire la ~,*** ir y venir. **2** Canilla (de machine à coudre). **3** LITURG. Naveta. **4** Tren *m.*, autocar *m.* que va y viene de un punto a otro.
navigation [navigɑsjɔ̃] *f.* Navegación: ***~ au long cours,*** navegación de altura.
naviguer [navige] *intr.* Navegar.
navire [naviʀ] *m.* Navío, buque, nave *f.*
navrant, -ante [navʀɑ̃, -ɑ̃t] *adj.* **1** Aflictivo, va, desconsolador, ra, doloroso, sa. **2** Lamentable.
navrer [navʀe] *tr.* Afligir, desconsolar. Loc. ***J'en suis navré,*** lo siento en el alma.
ne [n(ə)] *adv.* **1** No: ***je ~ sais pas,*** yo no sé; ***il ~ rit jamais,*** no se ríe nunca. **2** ***~ que,*** no... sino: ***elle ~ boit que de l'eau,*** no bebe sino agua; no... más que: ***il ~ dit que des bêtises,*** no dice más que tonterías.
né, née [ne] **1** v. ***naître.*** ■ **2** *adj.* Nacido, da. **3** Precede al apellido de soltera de la mujer casada: ***madame Leblanc, née Laroche,*** señora Laroche de Leblanc. **4** Nato, ta, de nacimiento: ***criminel ~,*** criminal nato.
néanmoins [neɑ̃mwɛ̃] *adv.* Sin embargo, no obstante.
néant [neɑ̃] *m.* Nada *f.*
nébuleux, -euse [nebylø, -øz] *adj.* Nebuloso, sa.
nécessaire [nesesɛʀ] *adj.* **1** Necesario, ia. ■ **2** *m.* ***Le ~,*** lo necesario: ***faire le ~,*** hacer lo necesario. **3** Neceser: ***~ de voyage,*** neceser.
nécessité [nesesite] *f.* Necesidad.
nécessiter [nesesite] *tr.* **1** Necesitar. **2** Requerir.
nécrologie [nekʀɔlɔʒi] *f.* Necrología.
nécromancie [nekʀɔmɑ̃si] *f.* Nigromancia.
nectar [nɛktaʀ] *m.* Néctar.
nef [nɛf] *f.* **1** ARCHIT. Nave. **2** vieil. Nave, nao (navire).
néfaste [nefast(ə)] *adj.* Nefasto, ta, funesto, ta.
nèfle [nɛfl(ə)] *f.* Níspero *m.* (fruit).
néflier [neflije] *m.* Níspero.
négatif, -ive [negatif, -iv] *adj.* **1** Negativo, va. ■ **2** *m.* PHOT. Negativo. ■ **3** *f.* Negativa.
négation [negɑsjɔ̃] *f.* Negación.
négligé, -ée [negliʒe] *adj.* **1** Descuidado, da. ■ **2** *m.* Descuido. **3** Vestido casero, bata *f.*: ***être en ~,*** estar de trapillo.
négligence [negliʒɑ̃s] *f.* Negligencia, descuido *m.*
négligent, -ente [negliʒɑ̃, -ɑ̃t] *adj.-s.* Negligente, descuidado, da.
négoce [negɔs] *m.* Negocio, comercio.
négociant, -ante [negɔsjɑ̃, -ɑ̃t] *s.* Negociante.
négociation [negɔsjɑsjɔ̃] *f.* Negociación.
négocier [negɔsje] *intr.-tr.* Negociar. ▲ CONJUG. como ***prier.***

nègre, négresse [negʀ(ə), negʀɛs] *adj.-s.* péj. Negro, gra.
négrier [negʀije] *adj.-m.* Negrero.
neige [nɛʒ] *f.* 1 Nieve. 2 ~ ***fondue,*** aguanieve.
neiger [neʒe] *impers.* Nevar. ▲ CONJUG. como ***engager.***
nénuphar [nenyfaʀ] *m.* Nenúfar
néologisme [neɔlɔʒism(ə)] *m.* Neologismo.
néon [neɔ̃] *m.* Neón.
néophyte [neɔfit] *s.* Neófito, ta.
népotisme [nepɔtism(ə)] *m.* Nepotismo.
nerf [nɛʀ] *m.* 1 ANAT. Nervio Loc. ~ ***de bœuf,*** vergajo; fig. ***avoir les nerfs en pelote,*** estar nervioso, sa; ***porter, taper sur les nerfs,*** poner nervioso, sa. 2 fig. Nervio, fuerza *f.,* energía *f.* 3 TECHN. Nervio.
nerveux, -euse [nɛʀvø, -øz] *adj.-s.* Nervioso, sa: ***rendre*** ~, poner nervioso.
nervosité [nɛʀvozite] *f.* Nerviosidad, nervosidad.
nervure [nɛʀvyʀ] *f.* 1 BOT. Nervio *m.* 2 ARCHIT. Nervadura. 3 Nervura (reliure).
net, nette [nɛt] *adj.* 1 Nítido, da, limpio, ia, puro, ra: ***voix nette,*** voz pura. Loc. ***Mettre au*** ~, poner en limpio; fig. ***en avoir le cœur*** ~, asegurarse de la verdad de una cosa. 2 Neto, ta: ***poids*** ~, peso neto. 3 Claro, ra, categórico, ca: ***idées nettes,*** ideas claras. ■ 4 *adv.* De repente, en seco: ***s'arrêter*** ~, pararse en seco. 5 Categóricamente, rotundamente: ***refuser*** ~, ***tout*** ~, negarse rotundamente. 6 En limpio: ***mille francs*** ~, mil francos en limpio.
netteté [nɛtte] *f.* Limpieza, nitidez, claridad.
nettoyer [nɛtwaje] *tr.* Limpiar. ▲ CONJUG. como ***employer.***
neuf [nœf] *adj.-m.* 1 Nueve: ***il est*** ~ ***heures,*** son las nueve. 2 ***Charles IX,*** Carlos noveno.
neuf, neuve [nœf, -nœv] *adj.* 1 Nuevo, va. ■ 2 *m. invar.* Nuevo. Loc. ***Remettre à*** ~, arreglar, poner como nuevo.
neurasthénie [nøʀasteni] *f.* MÉD. Neurastenia.
neutralité [nøtʀalite] *f.* Neutralidad.
neutre [nøtʀ(ə)] *adj.* 1 Neutro, tra. 2 Neutral (pays).
neuvaine [nœvɛn] *f.* Novena, novenario *m.*
neuvième [nœvjɛm] *adj.-s.* Noveno, na.
neveu [n(ə)vø] *m.* Sobrino.
névralgie [nevʀalʒi] *f.* MÉD. Neuralgia.
névrose [nevʀoz] *f.* Neurosis.
nez [ne] *m.* 1 Nariz *f.* 2 Olfato: ***avoir du*** ~, ***le*** ~ ***fin,*** tener buen olfato. 3 Loc. ***Faire un pied de*** ~ ***à,*** burlarse de; ***parler du*** ~, ganguear; ***rire au*** ~ ***de,*** reírse en las barbas de. 4 MAR. Proa *f.* 5 Morro (d'un avion).
ni [ni] *conj.* Ni.
niais, -aise [njɛ, njɛz] *adj.-s.* Necio, ia, bobo, ba, tonto, ta, simple.
niche [niʃ] *f.* 1 Nicho *m.* 2 Casilla (à chien). 3 Broma, travesura (farce).
nicher [niʃe] *intr.* 1 Anidar. 2 fam. Vivir. ■ 3 *pr.* Anidar (les oiseaux). 4 Meterse, esconderse (se cacher).
nickel [nikɛl] *m.* Níquel.
nicotine [nikɔtin] *f.* Nicotina.
nid [ni] *m.* Nido. Loc. ***Nids d'abeilles,*** frunce (broderie).
nidifier [nidifje] *intr.* Nidificar. ▲ CONJUG. como ***prier.***
nièce [njɛs] *f.* Sobrina.
nier [nje] *tr.* Negar: ***il nie la vérité,*** niega la verdad. ▲ CONJUG. como ***prier.***
nigaud, -aude [nigo, -od] *adj.-s.* Bobo, ba.
nihilisme [niilism(ə)] *m.* Nihilismo.
nimbe [nɛ̃b] *m.* Nimbo, aureola *f.*
nipper [nipe] *tr.* 1 fam. Vestir, ataviar. ■ 2 *pr.* fam. Vestirse, ataviarse.

nippon, -one [nipɔ̃, -ɔn] *adj.* Nipón, ona.
nique [nik] *f.* Loc. ***Faire la ~ à,*** burlarse de.
nitouche (sainte) [sɛ̃tnituʃ] *f.* Mosquita muerta.
nitrate [nitʀat] *m.* Nitrato.
niveau [nivo] *m.* Nivel.
niveler [nivle] *tr.* Nivelar. ▲ CONJUG. como ***appeler.***
noble [nɔbl(ə)] *adj.-s.* Noble.
noblesse [nɔblɛs] *f.* Nobleza.
noce [nɔs] *f.* **1** Boda. Loc. fig. ***Faire la ~,*** ir de juerga, ir de picos pardos. ■ **2** *pl.* Bodas, nupcias.
noceur, -euse [nɔsœʀ, -øz] *adj.-s.* Juerguista.
nocif, -ive [nɔsif, -iv] *adj.* Nocivo, va.
noctambule [nɔktɑ̃byl] *adj.-s.* Noctámbulo, la, trasnochador, ra.
nocturne [nɔktyʀn(ə)] *adj.* **1** Nocturno, na. ■ **2** *m.* MUS. Nocturno. ■ **3** *f.* Partido *m.* nocturno.
nodule [nɔdyl] *m.* Nódulo.
nœud [nø] *m.* **1** Nudo: ***~ coulant,*** nudo corredizo; ***~ gordien,*** nudo gordiano. **2** MAR. Nudo (unité de vitesse). **3** ASTRON. Nodo.
noir, noire [nwaʀ] *adj.* **1** Negro, gra. **2** Oscuro, ra: ***il fait ~,*** está oscuro. **3** pop. Borracho, cha, trompa (ivre). **4** fig. Triste, negro, gra: ***des idées noires,*** ideas tristes; ***humeur noire,*** humor negro. ■ **5** *m.* Negro (couleur). ■ **6** *adj.-s.* Negro, gra (de race noire).
noirâtre [nwaʀɑtʀ(ə)] *adj.* Negruzco, ca.
noiraud, -aude [nwaʀo, -od] *adj.-s.* fam. Moreno, na.
noircir [nwaʀsiʀ] *tr.* **1** Ennegrecer, ensombrecer. **2** fig. Calumniar, infamar, manchar. ■ **3** *intr.-pr.* Ennegrecerse, ensombrecerse.
noise [nwaz] *f.* Loc. ***Chercher ~ à quelqu'un,*** buscar camorra a alguien.
noisetier [nwaztje] *m.* Avellano.
noisette [nwazɛt] *f.* Avellana.
noix [nwa(ɑ)] *f.* **1** Nuez: ***des ~,*** nueces. **2** ***~ de coco,*** coco, nuez de coco; ***~ muscade,*** nuez moscada; ***~ de galle,*** agalla. **3** Loc. fam. ***À la ~,*** de tres al cuarto.
nom [nɔ̃] *m.* **1** Nombre: ***~ de baptême, petit ~,*** nombre de pila. Loc. ***~ de famille,*** apellido; ***avoir ~,*** llamarse; ***au ~ de,*** en nombre de. **2** Apellido (de famille). **3** GRAM. Sustantivo, nombre: ***~ commun,*** nombre común.
nomade [nɔmad] *adj.-s.* Nómada.
nombre [nɔ̃bʀ(ə)] *m.* **1** Número: ***~ abstrait, entier,*** número abstracto, entero. **2** *loc. prép.* ***Au ~ de,*** entre, en el número de.
nombreux, -euse [nɔ̃bʀø, -øz] *adj.* Numeroso, sa: ***de ~ cas,*** numerosos casos.
nombril [nɔ̃bʀi] *m.* Ombligo.
nominal, -ale [nɔminal] *adj.* Nominal.
nominatif, -ive [nɔminatif, -iv] *adj.* **1** Nominal: ***état ~,*** relación nominal. ■ **2** *adj.-m.* GRAM. Nominativo.
nomination [nɔminɑsjɔ̃] *f.* Nombramiento *m.*
nominer [nɔmine] *tr.* Nominar.
nommé, -ée [nɔme] *adj.* **1** Nombrado, da, llamado, da, apodado, da. **2** *loc. adv.* ***À point ~,*** a punto, en el momento preciso.
nommer [nɔme] *tr.* **1** Llamar, poner de nombre: ***ses parents l'ont nommé Jean,*** sus padres le pusieron de nombre Juan. **2** Mencionar, nombrar (citer). **3** Nombrar: ***on l'a nommé directeur,*** le nombraron director. ■ **4** *pr.* Nombrarse, llamarse.
non [nɔ̃] *adv.* **1** No: ***oui ou ~,*** ¿sí o no?; ***~ certes,*** no es cierto. **2** *loc. adv.* ***~ plus,*** tampoco. **3** *loc. conj.* ***~ que, ~ pas que,*** no es que; ***~ plus que,*** no más que. ■ **4** *m.* No: ***un ~ catégorique,*** un no rotundo.
nonagénaire [nɔnaʒenɛʀ] *adj.-s.* Nonagenario, ria.
nonchalance [nɔ̃ʃalɑ̃s] *f.* Indolencia, flojedad, abandono *m.*

nonciature [nɔ̃sjatyʀ] *f.* Nunciatura.
nonne [nɔn] *f.* Monja.
nonobstant [nɔnɔpstɑ̃] *prép.* 1 A pesar de. ■ 2 *adv.* No obstante.
non-sens [nɔ̃sɑ̃s] *m. invar.* 1 Falta de sentido. 2 Absurdo, disparate (absurdité).
nord [nɔʀ] *m.* 1 Norte. Loc. fam. ***Perdre le ~,*** perder la chaveta. ■ 2 *adj. invar.* ***Pôle ~,*** polo norte.
nord-est [nɔʀɛst] *adj.-m.* Nordeste.
nord-ouest [nɔʀwɛst] *adj.-m.* Noroeste.
normal, -ale [nɔʀmal] *adj.* 1 Normal: ***École normale,*** Escuela Normal. ■ 2 *f.* ***La ~,*** lo normal, la normalidad.
norme [nɔʀm(ə)] *f.* Norma, pauta.
norvégien, -ienne [nɔʀveʒjɛ̃, -jɛn] *adj.-s.* Noruego, ga.
nos [no] *adj. poss.* Nuestros, nuestras.
nostalgie [nɔstalʒi] *f.* Nostalgia.
nota [nɔta] *m. invar.* 1 Nota *f.* 2 ***Nota bene, nota,*** nota bene *f.*, nota *f.*
notable [nɔtabl(ə)] *adj.-m.* Notable.
notaire [nɔtɛʀ] *m.* 1 Notario. 2 ***Étude de ~,*** notaría.
notarial, -ale [nɔtaʀjal] *adj.* Notarial.
notarié, -ée [nɔtaʀje] *adj.* 1 Notarial (fait devant notaire). 2 Notariado, da.
notation [nɔtɑsjɔ̃] *f.* Notación.
note [nɔt] *f.* 1 Nota: ***prendre ~ de,*** tomar nota de. 2 Cuenta, factura (addition). 3 Apunte *m.*: ***prendre des notes,*** tomar apuntes.
noter [nɔte] *tr.* 1 Notar (remarquer). 2 Anotar, apuntar (inscrire).
notice [nɔtis] *f.* Nota, reseña, folleto *m.*
notifier [nɔtifje] *tr.* Notificar. ▲ CONJUG. como ***prier.***
notion [nosjɔ̃] *f.* Noción.
notoriété [nɔtɔʀjete] *f.* Notoriedad.
notre [nɔtʀ(ə)] *adj. poss.* Nuestro, tra.
nôtre [notʀ(ə)] *pron. poss.* Nuestro, tra. ■ 2 *m.* ***Les nôtres,*** los nuestros.
noué, -ée [nwe] *adj.* Anudado, da.
nouer [nwe] *tr.* 1 Anudar, atar. 2 fig. Trabar: ~ ***une amitié,*** trabar una amistad. 3 Urdir: ~ ***une intrigue,*** urdir una intriga. ■ 4 *pr.* Anudarse, atarse.
nougat [nuga] *m.* Almendrado, turrón.
nouille [nuj] *f.* 1 Tallarín *m.*: ***nouilles au gratin,*** tallarines al graten. 2 fam. Ganso, sa, bobalicón, ona.
nourri, -ie [nuʀi] *adj.* 1 Nutrido, da. 2 Alimentado, da, cebado, da.
nourrice [nuʀis] *f.* Nodriza.
nourrir [nuʀiʀ] *tr.* 1 Nutrir. 2 Alimentar, mantener. 3 Criar, amamantar (allaiter). 4 fig. Abrigar (espoir, etc.). ■ 5 *pr.* Alimentarse, nutrirse.
nourrisson [nuʀisɔ̃] *m.* Niño de pecho.
nourriture [nuʀityʀ] *f.* Alimento *m.*, sustento *m.*, comida *f.*
nous [nu] *pron. pers. pl.* 1 Nosotros (sujet): ~ ***sommes,*** somos (se traduit rarement, sauf pour insister); ~ ***autres Français,*** nosotros los franceses; ***c'est ~ qui,*** somos nosotros, nosotras quienes. 2 Nos (complément): ***il ~ parle,*** él nos habla. 3 ***À ~,*** nuestro, tra: ***cette maison est à ~,*** esta casa es nuestra. 4 Nos (pluriel de majesté).
nouveau [nuvo] (delante de vocal o *h* muda ***nouvel***), **nouvelle** [nuvɛl] *adj.* 1 Nuevo, va: ~ ***riche,*** nuevo rico. 2 *loc. adv.* ***À ~,*** de nuevo; ***de ~,*** de nuevo, una vez más. ■ 3 *s.* Nuevo, va, novato, ta (élève, recrue). ■ 4 *m.* ***Du nouveau,*** algo nuevo. ■ 5 *adv.* Recién: ***nouveaux mariés,*** recién casados.
nouveau-né, ée [nuvone] *adj.-s.* Recién nacido, da.
nouveauté [nuvote] *f.* 1 Novedad. ■ 2 *pl.* COMM. Novedades.
nouvelle [nuvɛl] *f.* 1 Noticia, nueva: ***dernières nouvelles,*** últimas noticias. Loc. ***Aller aux nouvelles,*** ir en busca de noticias. 2 Novela corta

(récit): ***romans et nouvelles,*** novelas y novelas cortas.
nouvelliste [nuvelist(ə)] *m.* 1 Periodista (journaliste). 2 Autor de novelas cortas.
novembre [nɔvɑ̃bʀ(ə)] *m.* Noviembre.
novice [nɔvis] *adj.-s.* 1 Novicio, cia (religieux). 2 Novato, ta (débutant).
noyau [nwajo] *m.* 1 BOT. Hueso, cuesco. 2 BIOL., PHYS. Núcleo. 3 fig. Núcleo. 4: *~ dur,* "los duros".
noyer [nwaje] *tr.* 1 Ahogar. 2 Anegar (un terrain). 3 fig. ***~ son chagrin,*** ahogar sus penas. 4 Anegar, inundar. 5 Diluir, desvanecer (couleurs, etc.). ■ 6 *pr.* Ahogarse. ▲ CONJUG. como ***employer.***
noyer [nwaje] *m.* Nogal.
nu, -nue [ny] *adj.* 1 Desnudo, da. ▲ Delante del nombre, es invariable y se une a él con un guión; después del nombre, concuerda con él y no lleva guión: ***nu-pieds, pieds nus,*** descalzo, za. 2 DR. Nudo, da: ***nu-propriétaire,*** nudo propietario. ■ 3 *m.* PEINT., SCULPT. Desnudo.
nuage [nɥaʒ] *m.* 1 Nube *f.* 2 ***Gros ~,*** nubarrón.
nuageux, -euse [nɥaʒø, -øz] *adj.* 1 Nublado, da. 2 fig. Nebuloso, sa.
nuance [nɥɑ̃s] *f.* Matiz *m.,* gradación.
nubile [nybil] *adj.* Núbil.
nucléaire [nykleɛʀ] *adj.* Nuclear.
nudité [nydite] *f.* Desnudez.
nue [ny] *f.* Nube.
nuée [nɥe] *f.* 1 Nubarrón *m.,* nublado *m.* 2 fig. Nube, multitud.
nuire [nɥiʀ] *intr.* 1 Dañar, perjudicar: *~* ***à la réputation,*** dañar la reputación. ■ 2 *pr.* Dañarse, perjudicarse. ▲ CONJUG. como ***conduire,*** excepto en el part. p. que no lleva *t* final.
nuisible [nɥizibl(ə)] *adj.* Dañoso, sa, perjudicial.
nuit [nɥi] *f.* 1 Noche: ***il fait ~,*** es de noche. 2 *loc. adv.* ***La ~,*** por la noche, de noche; ***à la ~ tombante,*** al anochecer.
nul [nyl] *pron. indéf.* Nadie.
nul, nulle [nyl] *adj.* 1 Nulo, la. ■ 2 *adj. indéf.* Ningún, ninguno, na.
nullité [nyl(l)ite] *f.* Nulidad.
numéraire [nymerɛʀ] *adj.-m.* Numerario, ia.
numéral, -ale [nymeʀal] *adj.* Numeral: ***adjectifs numéraux,*** adjetivos numerales.
numération [nymeʀɑsjɔ̃] *f.* Numeración.
numérique [nymɛʀik] *adj.* 1 Numérico, ca. 2 INFORM. Digital.
numérisation [nymɛʀizasjɔ̃] *f.* INFORM. Digitalización.
numériser [numɛʀize] *tr.* INFORM. Digitalizar.
numéro [nymeʀo] *m.* 1 Número (chiffre de loterie, spectacle). 2 Matrícula *f.* (de voiture). 3 fam. ***Un drôle de ~,*** un tipo raro.
numéroter [nymeʀɔte] *tr.* Numerar.
numismatique [nymismatik] *adj.* 1 Numismático, ca. ■ 2 *f.* Numismática.
nuptial, -ale [nypsijal] *adj.* Nupcial.
nuque [nyk] *f.* Nuca.
nutritif, -ive [nytʀitif, -iv] *adj.* Nutritivo, va.
nutrition [nytʀisjɔ̃] *f.* Nutrición.
nymphe [nɛ̃f] *f.* Ninfa.

O

o [o] *m.* O *f.*
ô! [o] *interj.* ¡Oh!
oasis [ɔazis] *f.* Oasis *m.*
obéir [ɔbeiʀ] *tr.-intr.* Obedecer.
obéissance [ɔbeisɑ̃s] *f.* Obediencia.
obéissant, -ante [ɔbeisɑ̃, -ɑ̃t] *adj.* Obediente.
obélisque [ɔbelisk(ə)] *m.* Obelisco.
obésité [ɔbezite] *f.* Obesidad.
objecter [ɔbʒɛkte] *tr.* Objetar.

objection [ɔbʒɛksjɔ̃] *f.* Objeción.
objectivité [ɔbʒɛktivite] *f.* Objetividad.
objet [ɔbʒɛ] *m.* Objeto.
obligation [ɔbligɑsjɔ̃] *f.* Obligación.
obligatoire [ɔbligatwaʀ] *adj.* Obligatorio, ria.
obligé, -ée [ɔbliʒe] *adj.* **1** Obligado, da. ■ **2** *adj.-s.* Agradecido, da.
obligeant, -ante [ɔbliʒɑ̃, -ɑ̃t] *adj.* Complaciente, amable, servicial, cortés.
obliger [ɔbliʒe] *tr.* **1** Obligar. **2** Servir, complacer: ***vous m'obligeriez si...,*** le estaría muy agradecido si... ■ **3** *pr.* Obligarse, comprometerse. ▲ CONJUG. como ***engager.***
oblique [ɔblik] *adj.* Oblicuo, cua.
oblitérer [ɔbliteʀe] *tr.* **1** Borrar (effacer). **2** Inutilizar, matar (avec oblitérateur): ~ ***un timbre,*** matar un sello. **3** MÉD. Obliterar. ▲ CONJUG. como ***accélérer.***
oblong, -ongue [ɔblɔ̃, -ɔ̃g] *adj.* Oblongo, ga.
obnubiler [ɔbnybile] *tr.* Obnubilar, obsesionar.
obole [ɔbɔl] *f.* Óbolo *m.*
obscénité [ɔpsenite] *f.* Obscenidad.
obscur, -ure [ɔpskyʀ] *adj.* Obscuro, ra, oscuro, ra.
obscurcir [ɔpskyʀsiʀ] *tr.* **1** Obscurecer. ■ **2** *pr.* Obscurecerse.
obscurité [ɔpskyʀite] *f.* Obscuridad.
obséder [ɔpsede] *tr.* Obsesionar, atormentar. ▲ CONJUG. como ***accélérer.***
obsèques [ɔpsɛk] *f. pl.* Exequias, funerales *m.*
obséquieux, -euse [ɔpsekjø, -øz] *adj.* Obsequioso, sa.
observance [ɔpsɛʀvɑ̃s] *f.* Observancia.
observateur, -trice [ɔpsɛʀvatœʀ, -tʀis] *adj.-s.* Observador, ra.
observation [ɔpsɛʀvɑsjɔ̃] *f.* Observación.
observer [ɔpsɛʀve] *tr.* Observar.
obsession [ɔpsesjɔ̃] *f.* Obsesión.
obstacle [ɔpstakl(ə)] *m.* Obstáculo: ***faire ~ à,*** poner obstáculos a.
obstination [ɔpstinɑsjɔ̃] *f.* Obstinación.
obstiner (s') [ɔpstine] *pr.* Obstinarse (*à,* en).
obstruction [ɔpstʀyksjɔ̃] *f.* Obstrucción.
obstruer [ɔpstʀye] *tr.* Obstruir.
obtenir [ɔptəniʀ] *tr.* Obtener: ***il a obtenu le prix Nobel,*** obtuvo el premio Nobel. ▲ CONJUG. como ***venir.***
obtention [ɔptɑ̃sjɔ̃] *f.* Obtención.
obturer [ɔptyʀe] *tr.* Obturar.
obtus, -use [ɔpty, -yz] *adj.* Obtuso, sa.
obus [ɔby] *m.* Obús.
occase [okaz] *f.* fam. Ocasión: ***une bonne ~,*** una buena oportunidad.
occasion [ɔkɑ(a)zjɔ̃] *f.* **1** Ocasión, oportunidad: ***profiter d'une ~,*** aprovechar una oportunidad. **2** Ocasión. Loc. ***D'~,*** de ocasión; ***livres d'~,*** libros de ocasión, de segunda mano. **3** Motivo *m.,* causa.
occasionner [ɔkazjɔne] *tr.* Ocasionar.
occident [ɔksidɑ̃] *m.* Occidente.
occidental, -ale [ɔksidɑ̃tal] *adj.-s.* Occidental.
occulte [ɔkylt(ə)] *adj.* Oculto, ta.
occultisme [ɔkyltism(ə)] *m.* Ocultismo.
occupation [ɔkypɑsjɔ̃] *f.* Ocupación.
occuper [ɔkype] *tr.* **1** Ocupar. ■ **2** *pr.* Ocuparse.
occurrence [ɔkyʀɑ̃s] *f.* Ocurrencia.
océan [ɔseɑ̃] *m.* Océano.
ocelot [ɔslo] *m.* Ocelote.
ocre [ɔkʀ(ə)] *adj.-f.* Ocre *m.*
octet [ɔktɛ] *m.* INFORM. Octeto, byte.
octobre [ɔktɔbʀ(ə)] *m.* Octubre.
octogénaire [ɔktɔʒenɛʀ] *adj.-s.* Octogenario, ria.
octroi [ɔktʀwa] *m.* **1** Otorgamiento, concesión *f.* (d'un privilège, etc.). **2** Consumos *pl.* (droits, impôts). **3** Fielato (bureau).
oculaire [ɔkylɛʀ] *adj.-m.* Ocular.

oculiste [ɔkylist(ə)] *adj.-s.* Oculista.
odalisque [ɔdalisk(ə)] *f.* Odalisca.
ode [ɔd] *f.* Oda.
odéon [ɔdeɔ̃] *m.* Odeón.
odeur [ɔdœʀ] *f.* Olor *m.*
odieux, -euse [ɔdjø, -øz] *adj.* Odioso, sa.
odorant, -ante [ɔdɔʀɑ̃, -ɑ̃t] *adj.* Oloroso, sa, fragante.
odorat [ɔdɔʀa] *m.* Olfato.
odyssée [ɔdise] *f.* Odisea.
œcuménique [ekymenik] *adj.* Ecuménico, ca.
œil [œj] *pl.* **yeux** [jø] *m.* **1** Ojo. Loc. ***Avoir l'~ à, sur,*** tener ojo a, vigilar; ***avoir l'~ à tout,*** estar en todo; ***être tout yeux,*** ser todo ojos; ***faire de l'~ à quelqu'un,*** guiñar el ojo a alguien; ***il n'est pour voir que l'~ du maître,*** el ojo del amo engorda el caballo. *loc. adv.* ***À l'~,*** de balde (gratis); ***à l'~ nu,*** a simple vista; ***à vue d'~,*** a ojo de buen cubero, a ojos vistas. **2** *interj.* fam. ***Mon ~!,*** ni hablar! **3** Ojo (d'une aiguille, du pain, du fromage, du bouillon). **4** BOT. Yema *f.*, botón.
œil-de-bœuf [œjdəbœf] *m.* Ojo de buey.
œil-de-perdrix [œjdəpɛʀdʀi] *m.* Ojo de gallo.
œillade [œjad] *f.* Guiño *m.*, guiñada.
œillère [œjɛʀ] *f.* Anteojera (de cheval).
œillet [œjɛ] *m.* **1** Clavel. **2** ~ ***d'Inde,*** clavelón. **3** Ojete (de chaussure).
œsophage [ezɔfaʒ] *m.* Esófago.
œuf [œf], *pl.* **œufs** [ø] *m.* Huevo.
œuvre [œuvʀ(ə)] *f.* **1** Obra, labor, trabajo. Loc. ***Mettre en ~,*** utilizar, poner en acción, en práctica. **2** Obra: ***bonnes œuvres,*** buenas obras. **3** Obra: ~ ***d'art,*** obra de arte. ■ **4** *m.* Obra *f.* (d'un artiste). **5** CONSTR. ***Le gros ~,*** los cimientos y las paredes.
offense [ɔfɑ̃s] *f.* Ofensa.
offenser [ɔfɑ̃se] *tr.* **1** Ofender. ■ **2** *pr.* Ofenderse.
offensif, -ive [ɔfɑ̃sif, -iv] *adj.* **1** Ofensivo, va. ■ **2** *f.* Ofensiva.
office [ɔfis] *m.* **1** Oficio, cargo, función *f.* Loc. ***Faire ~ de,*** hacer las veces de. *loc. adv.* ***D'~,*** de oficio. **2** Oficio (faveur): ***bons offices,*** buenos oficios. **3** LITURG. Oficio: ***petit ~,*** oficio parvo. **4** Despacho, agencia *f.* (bureau). ■ **5** *m.* ou *f.* Antecocina *f.*
officiel, -elle [ɔfisjɛl] *adj.* Oficial.
officier [ɔfisje] *intr.* LITURG. Celebrar. ▲ CONJUG. como ***prier.***
officier [ɔfisje] *m.* Oficial.
officieux, -euse [ɔfisjø, -øz] *adj.* Oficioso, sa.
officine [ɔifisin] *f.* Oficina, laboratorio *m.*
offrande [ɔfʀɑ̃d] *f.* Ofrenda.
offre [ɔfʀ(ə)] *f.* Oferta.
offrir [ɔfʀiʀ] *tr.* **1** Ofrecer. **2** Regalar, ofrecer (un cadeau). ▲ CONJUG. IRREG. INDIC. Pres.: ***j'offre, tu offres, il offre, nous offrons, vous offrez, ils offrent.*** Imperf.: ***j'offrais,*** etc. Pret. indef.: ***j'offris,*** etc. Fut. imperf.: ***j'offrirai,*** etc. POT.: ***j'offrirais,*** etc. SUBJ. Pres.: ***que j'offre,*** etc. Imperf.: ***que j'offrise,*** etc. IMPER.: ***offre, offrons, offrez.*** PART. A.: ***offrant.*** PART. P.: ***offert, erte.***
offusquer [ɔfyske] *tr.* **1** Chocar, ofender. **2** Ofuscar (éblouir). ■ **3** *pr.* Ofenderse.
ogival, -ale [ɔʒival] *adj.* ARCHIT. Ojival.
ogre, ogresse [ɔgʀ(ə), ɔgʀɛs] *s.* Ogro.
oh! [o] *interj.* ¡Oh!
ohé! [ɔe] *interj.* ¡Eh!, ¡Hola!
oie [wa] *f.* **1** Oca, ganso *m.*, ánsar *m.* **2** fig. Tonto, ta.
oignon [ɔɲɔ̃] *m.* **1** Cebolla *f.* **2** Bulbo (de tulipe, etc.). **3** Juanete (aux pieds).
oindre [wɛ̃dʀ(ə)] *tr.* **1** Untar. **2** RELIG. Ungir. ▲ CONJUG. IRREG. INDIC. Pres.: ***j'oins, tu oins, il oint, nous oignons, vous oignez, ils oignent.*** Imperf.: ***j'oignais,*** etc. Pret. indef.: ***j'oignis,*** etc. Fut. imperf.: ***j'oin-***

drai, etc. POT.: ***j'oindrais,*** etc. SUBJ. Pres.: ***que j'oigne,*** etc. Imperf.: ***que j'oignisse,*** etc. IMPER.: ***oins, oignons, oignez.*** PART. A.: ***oignant.*** PART. P.: ***oint, ointe.***
oiseau [wazo] *m.* **1** Ave *f.* (grand), pájaro (petit). Loc. ~ ***de passage,*** ave de paso; fig. ***vilain*** ~, pajarraco. **2** *loc. adv.* ***À vol d'~,*** en línea recta.
oiseux, -euse [wazø, -øz] *adj.* Vano, na, inútil.
oisif, -ive [wazif, -iv] *adj.-s.* Ocioso, sa.
oisiveté [wazivte] *f.* Ociosidad.
OIT [oite] *f.* (*abrév.* Organisation International du Travail) OIT.
oléagineux, -euse [ɔleaʒinø, -øz] *adj.-m.* Oleaginoso, sa.
olivaie [ɔlivɛ] *f.* Olivar *m.*
olivâtre [ɔlivɑtʀ(ə)] *adj.* Aceitunado, da.
olive [ɔliv] *f.* **1** Aceituna, oliva. ■ **2** *adj.* De color verde oliva.
olympiade [ɔlɛ̃pjad] *f.* Olimpiada.
olympique [ɔlɛ̃pik] *adj.* Olímpico, ca.
ombelle [ɔ̃bɛl] *f.* BOT. Umbela.
ombrage [ɔ̃bʀaʒ] *m.* **1** Enramada *f.*, follaje que da sombra. **2** Sombra *f.* (ombre). **3** fig. Sospecha *f.*, recelo. Loc. ***Prendre*** ~ ***de quelque chose,*** disgustarse de algo.
ombrager [ɔ̃bʀaʒe] *tr.* Sombrear. ▲ CONJUG. como ***engager.***
ombrageux, -euse [ɔ̃bʀaʒø, -øz] *adj.* **1** Desconfiado, da, receloso, sa. **2** Asombradizo, za, espantadizo, za (cheval).
ombre [ɔ̃bʀ(ə)] *f.* **1** Sombra: ***faire de l'~,*** hacer, dar sombra. Loc. ~ ***portée,*** esbatimento *m.*; ***sans l'~ d'un doute,*** sin sombra de duda; ***vivre dans l'~,*** vivir apartado, da; fam. ***mettre à l'~,*** poner a la sombra, meter en chirona. **2** ***Terre d'~,*** tierra de Siena.
ombrelle [ɔ̃bʀɛl] *f.* Sombrilla.
omelette [ɔmlɛt] *f.* Tortilla: ~ ***au jambon, nature,*** tortilla de jamón, a la francesa.
omettre [ɔmɛtʀ(ə)] *tr.* Omitir. ▲ CONJUG. como ***mettre.***
omission [ɔmisjɔ̃] *f.* Omisión.
omnibus [ɔmnibys] *m.* Ómnibus.
omnipotent, -ente [ɔmnipɔtɑ̃, -ɑ̃t] *adj.* Omnipotente.
omniscience [ɔminisjɑ̃s] *f.* Omnisciencia.
omnivoire [ɔmnivɔʀ] *adj.* Omnívoro, ra.
omoplate [ɔmɔplat] *f.* ANAT. Omóplato *m.*
OMS [oɛmɛs] *f.* (*abrév.* Organisation Mondiale de la Santé) OMS.
on [ɔ̃] *pron. indéf.* **1** Se, 3.ª pers. del pl.: ~ ***dit qu'il est mort,*** se dice, dicen que ha muerto. **2** Uno, una: ~ ***croirait,*** uno, una creería. **3** fam. Sens de ***nous:*** ~ ***a bien mangé,*** hemos comido bien. **4** fam. Sens de ***je*** : ~ ***vient!,*** ¡ya voy! **5** ***Le qu'en dira-t-~,*** el qué dirán; ***les*** ~ ***-dit,*** v. ***on-dit.*** ▲ Por eufonía se usa ***l'on*** después de ***et, ou, où, que, si.*** Esta forma no se usa delante de una voz que empiece con *l.*
once [ɔ̃s] *f.* **1** Onza (poids). **2** Onza (panthère).
oncle [ɔ̃kl(ə)] *m.* Tío.
onction [ɔ̃ksjɔ̃] *f.* Unción.
onctueux, -euse [ɔ̃ktɥø, -øz] *adj.* **1** Untuoso, sa. **2** fig. Que tiene unción.
onde [ɔ̃d] *f.* Onda.
ondée [ɔ̃de] *f.* Aguacero *m.*
on-dit [ɔ̃di] *m. invar.* Rumores *pl.*, hablillas *f. pl.*
ondoyer [ɔ̃dwaje] *intr.* Ondear, ondular. ▲ CONJUG. como ***employer.***
ondulation [ɔ̃dylasjɔ̃] *f.* Ondulación.
onduler [ɔ̃dyle] *intr.* **1** Ondear, ondular. ■ **2** *tr.* Ondular (les cheveux).
onduleux, -euse [ɔ̃dylø, -øz] *adj.* Undoso, sa, sinuoso, sa.
onéreux, -euse [ɔneʀø, -øz] *adj.* Oneroso, sa.

ongle [ɔ̃gl(ə)] *m.* 1 ANAT. Uña *f.*: ***se ronger les ongles,*** morderse las uñas. 2 Uña *f.*, garra *f.* (des animaux). 3 ***Coup d'~,*** zarpazo, arañazo.

onglet [ɔ̃glɛ] *m.* 1 Uña *f.* (d'un canif). 2 Cartivana *f.* (reliure). 3 Inglete (angle).

onomatopée [ɔnɔmatɔpe] *f.* Onomatopeya.

ONU, onu [ony] *f.* (*abrév.* Organisation des Nations Unies) ONU.

onyx [ɔniks] *m.* Ónice.

onze [ɔ̃z] *adj. num.-m.* Once.

onzième [ɔ̃zjɛm] *adj.* Onceno, na, undécimo, ma.

opacité [ɔpasite] *f.* Opacidad.

opalin, -ine [ɔpalɛ̃, -in] *adj.-f.* Opalino, na.

opaque [ɔpak] *adj.* Opaco, ca.

opéra [ɔpeʀa] *m.* Ópera *f.*

opérateur, -trice [ɔpeʀatœʀ,-tʀis] *m.* Operador.

opération [ɔpeʀɑsjɔ̃] *f.* 1 Operación. 2 MIL. ***Opérations militaires,*** operaciones militares. 3 ***Salle d'~,*** quirófano *m.*

opercule [ɔpɛʀkyl] *m.* Opérculo.

opérer [ɔpeʀe] *tr.* 1 Operar: ***se faire ~ de l'appendicite,*** operarse de apendicitis. ■ 2 *intr.* Obrar. ■ 3 *pr.* Operarse, producirse. ▲ CONJUG. como ***accélérer.***

opérette [ɔpeʀɛt] *f.* Opereta.

ophtalmie [ɔftalmi] *f.* Oftalmía.

ophtalmologiste [ɔftalmɔlɔʒist] *s.* Oftalmólogo, ga.

opiner [ɔpine] *intr.* Opinar. Loc. ***~ du bonnet,*** estar de acuerdo.

opiniâtre [ɔpinjɑtʀ(ə)] *adj.* Terco, ca, porfiado, da, pertinaz.

opinion [ɔpinjɔ̃] *f.* Opinión.

opium [ɔpjɔm] *m.* Opio.

opossum [ɔpɔsɔm] *m.* Zarigüeya *f.*, oposum.

opportunisme [ɔpɔʀtynism(ə)] *m.* Oportunismo.

opportunité [ɔpɔʀtynite] *f.* Oportunidad.

opposant, -ante [ɔpozɑ̃, -ɑ̃t] *adj.-s.* 1 Opositor, ra. 2 Oposicionista (membre de l'opposition).

opposé, -ée [ɔpoze] *adj.* 1 Opuesto, ta. ■ 2 *m.* Lo contrario, lo opuesto. 3 *loc. adv.* ***À l'~,*** en el lado opuesto. 4 *loc. prép.* ***À l'~ de,*** en oposición a, al contrario de.

opposer [ɔpoze] *tr.* 1 Oponer. ■ 2 *pr.* Oponerse.

opposition [ɔpozisjɔ̃] *f.* Oposición.

oppresseur [ɔpʀesœʀ] *adj.-m.* Opresor, ra.

oppression [ɔpʀesjɔ̃] *f.* Opresión.

opprimer [ɔpʀime] *tr.* Oprimir.

opprobre [ɔpʀɔbʀ(ə)] *m.* Oprobio.

opter [ɔpte] *intr.* Optar.

optimisme [ɔptimism(ə)] *m.* Optimismo.

option [ɔpsjɔ̃] *f.* Opción.

optique [ɔptik] *adj.* 1 Óptico, ca. ■ 2 *f.* Óptica.

opulence [ɔpylɑ̃s] *f.* Opulencia.

opulent, -ente [ɔpylɑ̃, -ɑ̃t] *adj.* Opulento, ta.

or [ɔʀ] *m.* Oro.

or [ɔʀ] *conj.* Ahora bien, pues, por lo tanto.

oracle [ɔʀɑkl(ə)] *m.* Oráculo.

orage [ɔʀɑʒ] *m.* Tempestad *f.*, tormenta *f.*, borrasca *f.*

orageux, -euse [ɔʀɑʒø, -øz] *adj.* Tempestuoso, sa, borrascoso, sa.

oraison [ɔʀɛzɔ̃] *f.* Oración.

oral, -ale [ɔʀal] *adj.* 1 Oral. ■ 2 *m.* Examen oral.

orangé, -ée [ɔʀɑ̃ʒe] *adj.-m.* Anaranjado, da.

orange [ɔʀɑ̃ʒ] *f.* 1 Naranja. ■ 2 *adj.-m.* Color naranja, anaranjado, da.

orangeade [ɔʀɑ̃ʒad] *f.* Naranjada.

oranger [ɔʀɑ̃ʒe] *m.* 1 Naranjo. 2 ***Fleur d'~,*** azahar *m.*

orateur, -trice [ɔʀatœʀ, -tʀis] *m.* Orador, ra.

oratoire [ɔʀatwaʀ] *adj.* 1 Oratorio, ia. 2 ***Art ~,*** oratoria *f.* ■ 3 *m.* Oratorio.

orchestre [ɔʀkɛstʀ(ə)] *m.* Orquesta *f.*

orchidée [ɔʀkide] *f.* Orquídea.

ordinaire [ɔʀdinɛʀ] *adj.* 1 Ordinario, ia, corriente. 2 Ordinario, ia (médiocre). ■ 3 *m.* Lo usual, lo ordinario, lo común.
ordinal, -ale [ɔʀdinal] *adj.* Ordinal.
ordinateur [ɔʀdinatœʀ] *m.* Ordenador.
ordonnance [ɔʀdɔnɑ̃s] *f.* 1 Ordenación, orden *m.*, disposición (arrangement). 2 Ordenanzas *pl.* (règlement). 3 DR. Decreto, mandamiento. 4 MÉD. Receta, prescripción (du médecin). 5 MIL. Ordenanza *m.*, asistente *m.*
ordonner [ɔʀdɔne] *tr.* 1 Ordenar (mettre en ordre). 2 Ordenar, mandar: ***je vous ordonne de vous taire,*** le mando que se calle. 3 MÉD. Recetar, prescribir. 4 ECCLÉS. Ordenar: ~ ***prêtre,*** ordenar de sacerdote.
ordre [ɔʀdʀ(ə)] *m.* 1 Orden: ~ ***chronologique,*** orden cronológico. 2 Orden *f.* Loc. ***Donner ~,*** dar orden; ~ ***du jour,*** orden del día; ***jusqu'à nouvel ~,*** hasta nuevo aviso. 3 ARCHIT., ZOOL. Orden: ~ ***dorique,*** orden dórico. 4 COMM. Orden *f.*, pedido. Loc. ***Payer à l'~ de,*** páguese a la orden de. 5 Colegio (d'avocats, médecins).
ordure [ɔʀdyʀ] *f.* 1 Suciedad. 2 Basura. 3 fig. Porquería, indecencia.
orée [ɔʀe] *f.* Orilla, linde, lindero *m.*: ***à l'~ du bois,*** en el lindero del bosque.
oreille [ɔʀɛj] *f.* 1 Oreja (pavillon), oído *m.* (ouïe, organe). Loc. ***Avoir de l'~,*** tener oído; ***avoir l'~ dure,*** ser duro de oído; ***faire la sourde ~,*** hacer oídos de mercader. *loc. adv.* ***À l'~,*** al oído. 2 Orejera (de fauteuil). 3 Oreja (anse).
oreiller [ɔʀeje] *m.* Almohada *f.*
oreillons [ɔʀɛjɔ̃] *m. pl.* MÉD. Paperas *f.*
ores [ɔʀ] *loc. adv.* ***D'ores et déjà,*** desde ahora.
orfèvre [ɔʀfɛvʀ(ə)] *m.* Orfebre.
orfèvrerie [ɔʀfɛvʀəʀi] *f.* Orfebrería.
organe [ɔʀgan] *m.* 1 Órgano. 2 Voz *f.* (voix).
organigramme [ɔʀganigʀam] *m.* Organigrama.
organique [ɔʀganik] *adj.* Orgánico, ca.
organisation [ɔʀganizɑsjɔ̃] *f.* Organización.
organiser [ɔʀganize] *tr.* 1 Organizar. ■ 2 *pr.* Organizarse.
organisme [ɔʀganism(ə)] *m.* Organismo.
organiste [ɔʀganist(ə)] *s.* Organista.
orge [ɔʀʒ(ə)] *f.* Cebada. Ús. como masculino en las expresiones ~ ***mondé,*** ~ ***perlé,*** cebada mondada, perlada.
orgeat [ɔʀʒa] *m.* Horchata *f.*
orgelet [ɔʀʒəlɛ] *m.* Orzuelo.
orgie [ɔʀʒi] *f.* Orgía.
orgue [ɔʀg(ə)] *m.* en sing., *f.* en plural. MUS. Órgano. Loc. ~ ***de Barbarie,*** organillo; ***point d'~,*** calderón.
orgueil [ɔʀgœj] *m.* Orgullo.
orgueilleux, -euse [ɔʀgœjø, -øz] *adj.-s.* Orgulloso, sa.
oriental, -ale [ɔʀjɑ̃tal] *adj.-s.* Oriental.
orientation [ɔʀjɑ̃tɑsjɔ̃] *f.* Orientación.
orienter [ɔʀjɑ̃te] *tr.* 1 Orientar. ■ 2 *pr.* Orientarse.
orifice [ɔʀifis] *m.* Orificio.
origan [ɔʀigɑ̃] *m.* Orégano.
originaire [ɔʀiʒinɛʀ] *adj.* Originario, ria, oriundo, da.
originalité [ɔʀiʒinalite] *f.* Originalidad.
origine [ɔʀiʒin] *f.* Origen *m.*
originel, -elle [ɔʀiʒinɛl] *adj.* Original.
oripeau [ɔʀipo] *m.* Oropel.
orme [ɔʀm(ə)] *m.* Olmo.
ornement [ɔʀnəmɑ̃] *m.* Ornamento.
ornemental, -ale [ɔʀnəmɑ̃tal] *adj.* Ornamental.
ornementer [ɔʀnəmɑ̃te] *tr.* Ornamentar.
orner [ɔʀne] *tr.* Ornar, adornar.

ornière [ɔʀnjɛʀ] *f.* **1** Carril *m.*, rodada, rodera. **2** fig. Vieja costumbre, rutina.
ornithologie [ɔʀnitɔlɔʒi] *f.* Ornitología.
oronge [ɔʀɔ̃ʒ] *f.* Oronja.
orphelin, -ine [ɔʀfəlɛ̃, -in] *adj.-s.* Huérfano, na.
orteil [ɔʀtɛj] *m.* Dedo del pie.
orthodoxe [ɔʀtɔdɔks(ə)] *adj.-s.* Ortodoxo, xa.
orthographe [ɔʀtɔgʀaf] *f.* GRAM. Ortografía.
orthographique [ɔʀtɔgʀafik] *adj.* Ortográfico, ca.
orthopédique [ɔʀtɔpedik] *adj.* Ortopédico, ca.
ortie [ɔʀti] *f.* Ortiga.
ortolan [ɔʀtɔlɑ̃] *m.* Hortelano.
os [ɔs, pl. o] *m.* Hueso.
oscillation [ɔsilɑsjɔ̃] *f.* Oscilación.
osciller [ɔsile] *intr.* Oscilar.
osé, -ée [oze] *adj.* Osado, da, atrevido, da.
oseille [ozɛj] *f.* Acedera.
oser [oze] *intr.* Osar, atreverse a.
osier [ozje] *m.* Mimbre, mimbrera *f.*
ossature [ɔsatyʀ] *f.* **1** Osamenta, esqueleto *m.* **2** TECHN. Armazón *m.*
ossements [ɔsmɑ̃] *m. pl.* Osamenta *f. sing.*
osseux, -euse [ɔsø, -øz] *adj.* **1** Óseo, ea (tissu, cellule). **2** Huesudo, da.
ossifier [ɔsifje] *tr.* Osificar. ▲ CONJUG. como ***prier.***
ostensible [ɔstɑ̃sibl(ə)] *adj.* Ostensible.
ostensoir [ɔstɑ̃swaʀ] *m.* Custodia *f.*
ostentation [ɔstɑ̃tɑsjɔ̃] *f.* Ostentación.
ostracisme [ɔstʀasism(ə)] *m.* Ostracismo.
otage [ɔtaʒ] *m.* Rehén.
otarie [ɔtaʀi] *f.* Otaria, león *m.* marino.
ôter [ote] *tr.* **1** Quitar, sacar (enlever). **2** Quitarse (vêtement): ~ ***son chapeau,*** quitarse el sombrero. **3** Quitar, restar, (soustraire): ***5 ôté de 10 égale 5,*** 5 restado de 10 quedan 5. **4** Suprimir. ■ **5** *pr.* Quitarse, retirarse.
ou [u] *conj.* O, u (*u* devant un mot qui commence par *o* ou ***ho: deux ~ huit,*** dos u ocho).
où [u] *adv.* **1** Donde, en donde: ***la ville ~ je suis né,*** la ciudad donde nací; ***d'~,*** de donde; ***par ~,*** por donde. **2** Adonde (avec mouvement): ***il ne sait pas ~ aller,*** no sabe adonde ir. **3** Dónde, adónde (interrogatif): ~ ***vas-tu?,*** ¿adónde vas? **4** En que (temps): ***l'année ~ il s'est marié,*** el año en que se casó. **5** A que, en que: ***le danger ~ tu nous exposes,*** el peligro a que nos expones. **6** ~ ***que,*** dondequiera que.
ouais [wɛ] *interj.* fam. Sí.
ouate [wat] *f.* Guata, algodón *m.* en rama.
oubli [ubli] *m.* Olvido.
oublie [ubli] *f.* Barquillo *m.*
oublier [ublije] *tr.* **1** Olvidar, olvidarse. ■ **2** *pr.* Olvidarse de uno mismo. ▲ CONJUG. como ***prier.***
oubliette [ublijɛt] *f.* Mazmorra.
ouest [wɛst] *m.* Oeste.
ouf! [uf] *interj.* ¡Uf!
oui [wi] *adj.* **1** Sí: ~ ***ou non?,*** ¿sí o no? *loc. adv.* ***Mais ~,*** claro que sí, si tal; ***oui-da,*** sí por cierto. ■ **2** *m.* Sí. Loc. ***Dire le grand ~,*** casarse.
ouï-dire [widiʀ] *loc. adv.* ***Par ~,*** de oídas.
ouïe [wi] **1** Oído *m.* ■ **2** *pl.* Agallas (de poisson). **3** Eses *m.* (de violon).
ouïr [wiʀ] *tr.* Oír. Ús. esp. en su acepción forense: ~ ***les témoins,*** oír a los testigos. ▲ CONJUG. Úsase sólo en el Pres. de indic., en el part. p. *(ouï, e)* y en los tiempos compuestos.
ouragan [uʀagɑ̃] *m.* Huracán.
ourdir [uʀdiʀ] *tr.* Urdir.
ourler [uʀle] *tr.* Dobladillar, repulgar.
ours [uʀs] *m.* Oso.
ourse [uʀs(ə)] *f.* Osa.

oursin [ursɛ̃] *m.* Erizo de mar.
ourson [ursɔ̃] *m.* Osezno.
outil [uti] *m.* Herramienta *f.*, útil.
outillage [utijaʒ] *m.* 1 Herramientas *f. pl.* 2 Maquinaria *f.*
outrage [utraʒ] *m.* 1 Ultraje, injuria *f.* 2 Ofensa *f.*
outrager [utraʒe] *tr.* Ultrajar. ▲ CONJUG. como *engager.*
outrageux, -euse [utraʒø, -øz] *adj.* Ultrajoso, sa, injurioso, sa.
outrance [utrɑ̃s] *f.* 1 Exageración, exceso *m.* 2 *loc. adv.* ***À ~,*** a ultranza.
outre [utr(ə)] *prép.* 1 Además de. *loc. adv.* ***En ~,*** además. *loc. prép.* ***~ que,*** además de que. ■ 2 *adv.* Allende, más allá de (au delà de): ***~ Rhin,*** allende el Rin. 3 ***Passer ~,*** ir más allá; ***passer ~ à,*** pasar por encima de, no hacer caso de. *loc. adv.* ***~ mesure,*** desmesuradamente.
outré, -ée [utre] *adj.* 1 Extremado, da, exagerado, da. 2 Irritado, da, indignado, da (indigné).
outre [utr(ə)] *f.* Odre *m.*, pellejo *m.*
outrecuidant, -ante [utrəkɥidɑ̃,-ɑ̃t] *adj.* Presuntuoso, sa, petulante.
outre-mer [utrəmɛr] *adv.* Ultramar, en ultramar.
outremer [utrəmɛr] *m.* 1 Lapislázuli. 2 Azul de ultramar (couleur). ■ 3 *adj.* ***Bleu ~,*** azul de ultramar.
outrer [utre] *tr.* 1 Extremar, exagerar. 2 Indignar, escandalizar (scandaliser).
outre-tombe [utrətɔ̃b] *adv.* Ultratumba.
ouvert, -erte [uvɛr, -ɛrt(ə)] 1 v. ***ouvrir.*** ■ 2 *adj.* Abierto, ta; ***ville ouverte,*** ciudad abierta; ***grand, large ~,*** abierto de par en par.
ouverture [uvɛrtyr] *f.* 1 Abertura. 2 Apertura (d'une exposition, etc.). Loc. ***~ de la chasse, de la pêche,*** levantamiento *m.* de la veda. 3 ***~ d'esprit,*** anchura de miras. 4 MUS. Obertura. ■ 5 *pl.* Proposiciones (en vue de pourparlers).
ouvrable [uvrabl(ə)] *adj.* Laborable, hábil: ***jour ~,*** día laborable.
ouvrage [uvraʒ] *m.* Obra *f.*, labor *f.*, trabajo.
ouvrier, -ière [uvrije, -ijɛr] *adj.-s.* Obrero, ra.
ouvrir [uvrir] *tr.* 1 Abrir: ***j'ai ouvert la porte,*** he abierto la puerta. Loc. ***~ la marche, le feu,*** romper la marcha, el fuego. ■ 2 *intr.* Abrir, abrirse. ■ 3 *intr.-pr.* Dar a: ***la porte ouvre, s'ouvre sur un jardin,*** la puerta da a un jardín. ■ 4 *pr.* fig. Abrirse: ***s'~ à un ami,*** abrirse con un amigo; ***s'~ un passage,*** abrirse paso. ▲ CONJUG. como ***offrir.***
ovaire [ɔvɛr] *m.* Ovario.
ovale [ɔval] *adj.* 1 Oval, ovalado, da. ■ 2 *m.* Óvalo.
ovation [ɔvɑsjɔ̃] *f.* Ovación.
ove [ɔv] *m.* ARCHIT. Óvolo.
ovin, -ine [ɔvɛ̃, -in] *adj.* Ovino, na.
ovipare [ɔvipar] *adj.-s.* Ovíparo, ra.
ovule [ɔvyl] *m.* Óvulo.
oxydation [ɔksidɑsjɔ̃] *f.* Oxidación.
oxyde [ɔksid] *m.* Óxido.
oxygène [ɔksiʒɛn] *m.* Oxígeno.

P

p [pe] *m.* P *f.*
pacage [pakaʒ] *m.* Pasto: ***droit de ~,*** derecho de pasto.
pachyderme [paʃ(k)idɛrm(ə)] *m.* Paquidermo.
pacificateur, -trice [pasifikatœr, -tris] *adj.s.* Pacificador, ra.
pacifier [pasifje] *tr.* Pacificar. ▲ CONJUG. como ***prier.***
pacifique [pasifik] *adj.* Pacífico, ca.
pacotille [pakɔtij] *f.* Pacotilla.
pacte [pakt(ə)] *m.* Pacto.
pactiser [paktise] *intr.* 1 Pactar. 2 fig. Transigir.
pagaie [pagɛ] *f.* Pagaya, zagual *m.*

pagaïe, pagaille, pagaye [pagaj] *f.* Desorden *m.*: ***tout est en*** ~, todo está en desorden; ***quelle*** **~!**, ¡qué jaleo!
paganisme [paganism(ə)] *m.* Paganismo.
page [paʒ] *f.* **1** Página, plana. **2** IMPR. ***Mettre en pages,*** compaginar. ■ **3** *m.* Paje, doncel.
pagel [paʒɛl] *m.* Pagel.
paginer [paʒine] *tr.* Paginar, numerar las páginas de.
pagne [paɲ] *m.* Taparrabo.
pagode [pagɔd] *f.* Pagoda.
paiement ou **payement** *m.* Pago.
païen, -ïenne [pajɛ̃, -jɛn] *adj.-s.* Pagano, na.
paillasse [pajas] *f.* **1** Jergón *m.* ■ **2** *m.* Payaso.
paillasson [pɑ(a)jasɔ̃] *m.* **1** Felpudo, ruedo, esterilla *f.* **2** AGR. Pajote.
paille [pɑj] *f.* **1** Paja. Loc. ***Tirer à la courte*** ~, echar pajas. **2** ~ ***de fer,*** estropajo *m.* de metal. **3** Pelo *m.*, hoja (dans un métal). **4** Pelo *m.* (dans une pierre précieuse, dans le verre). **5** fam. Nimiedad, miseria: ***ça m'a couté une*** ~, me ha costado una miseria. **6** Loc. fig. ***Être sur la*** ~, estar en la miseria. **7** ***Homme de*** ~, testaferro. ■ **8** *adj. invar.* Pajizo, za (couleur).
pailleter [pajte] *tr.* Adornar con lentejuelas. ▲ CONJUG. como ***jeter.***
pain [pɛ̃] *m.* **1** Pan: ~ ***bis,*** pan moreno; ~ ***de mie,*** pan inglés; ~ ***grillé,*** pan tostado; ~ ***d'épice,*** pan dulce hecho con harina de centeno, miel, etc.; ***petit*** ~, panecillo, bollo. **2** Pastilla *f.*: ~ ***de savon,*** pastilla de jabón. **3** ~ ***de sucre,*** pilón de azúcar.
pair, paire [pɛʀ] *adj.* **1** Par: ***nombre*** ~, número par. ■ **2** *m.* Igual: ***être jugé par ses pairs,*** ser juzgado por sus iguales. **3** Par (titre). **4** COMM. Par *f.*: ***change au*** ~, cambio a la par. **5** *loc. adv.* ***Au*** ~, con la sola retribución de comida y alojamiento.
paisible [pezibl(ə)] *adj.* **1** Apacible. **2** Tranquilo, la, agradable.
paître [pɛtʀ(ə)] *tr.-intr.* Pastar. Loc. fig. fam. ***Envoyer*** ~, mandar a paseo. ▲ CONJUG. como ***connaître.*** No se usa en el pret. indef. ni en el imperf. de subj. ni en el part. p.
paix [pɛ] *f.* **1** Paz: ***faire la*** ~, hacer las paces. Loc. fam. ***Fichez-moi la*** ~, déjeme en paz. **2** *interj.* ¡Chitón!, ¡silencio!
pal [pal] *m.* **1** Estaca *f.* **2** Palo (pour empaler). **3** BLAS. Palo.
palabre [palabʀ(ə)] *f.* Discusión inútil: ***assez de palabres!,*** ¡basta de discusiones!
palais [palɛ] *m.* **1** Palacio. **2** ~ ***de justice,*** palacio de justicia, audiencia *f.* **3** Curia *f.* (avocats, juges): ***gens du*** ~, gente de curia. **4** ANAT. Paladar.
palan [palɑ̃] *m.* Polipasto, polispasto.
pale [pal] *f.* **1** Pala (de rame). **2** Paleta (de roue, d'hélice). **3** LITURG. Palia, hijuela.
pâle [pɑl] *adj.* Pálido, da.
paléolithique [paleɔlitik] *m.* Paleolítico.
paléontologie [paleɔ̃tɔlɔʒi] *f.* Paleontología.
paleron [palʀɔ̃] *m.* Espaldilla *f.* (en boucherie).
palet [palɛ] *m.* Tejo.
paletot [palto] *m.* Paletó, gabán.
palette [palɛt] *f.* **1** Paleta. **2** PEINT. Paleta. **3** SPORTS Pala, raqueta.
palétuvier [paletyvje] *m.* Mangle.
pâleur [palœʀ] *f.* Palidez.
palier [palje] *m.* **1** Rellano, descansillo (d'escalier). **2** Trecho llano de un camino. **3** MÉC. Soporte de un árbol de transmisión, palier.
pâlir [pɑliʀ] *intr.* **1** Palidecer. ■ **2** *tr.* Poner pálido, da, descolorar.
palissade [palisad] *m.* Empalizada, vallado *m.*
palissandre [palisɑ̃dʀ(ə)] *m.* Palisandro, palosanto.
palliatif [paljatif] *m.* Paliativo.

pallier [palje] *tr.* 1 Paliar. 2 MÉD. Mitigar. ▲ CONJUG. como ***prier.***
palmarès [palmarɛs] *m.* Lista *f.* de alumnos, deportistas, etc. premiados.
palme [palm(ə)] *f.* 1 Palma (feuille). Loc. fig. ***Remporter la ~,*** llevarse la palma. 2 SPORTS Aleta (de nageur).
palmier [palmje] *m.* Palmera *f.*
palombe [palɔ̃b] *f.* Paloma torcaz.
pâlot, -otte [pɑlo, -ɔt] *adj.* Paliducho, cha.
palpable [palpabl(ə)] *adj.* Palpable.
palper [palpe] *tr.* 1 Palpar. 2 fig. fam. Cobrar, recibir dinero.
palpiter [palpite] *intr.* Palpitar.
paludisme [palydism(ə)] *m.* Paludismo.
pâmer (se) [pɑme] *pr.* 1 Desfallecer, desvanecerse, desmayarse (s'évanouir). 2 Quedar encandilado, da, encantado, da.
pâmoison [pɑmwazɔ̃] *f.* Pasmo *m.*
pamphlet [pɑ̃flɛ] *m.* Libelo.
pamplemousse [pɑ̃pləmus] *m.* Pomelo (fruit).
pampre [pɑ̃pʀ(ə)] *m.* Pámpano.
pan [pɑ̃] *m.* 1 Lienzo: ~ ***de mur,*** lienzo de pared. 2 Faldón: ***les pans d'un habit,*** los faldones de un frac. 3 ~ ***coupé,*** ángulo cortado, chaflán. 4 *interj.* ¡Pum!
panacée [panase] *f.* Panacea.
panache [panaʃ] *m.* 1 Penacho. Loc. fig. ***Faire ~,*** apearse del caballo por las orejas, volcar. 2 fig. Pompa *f.,* brillo, ostentación *f.*
panacher [panaʃe] *tr.* 1 Empenachar. 2 Matizar, entremezclar elementos diversos en una lista electoral.
panade [panad] *f.* Sopa de pan y mantequilla.
pancarte [pɑ̃kaʀt(ə)] *f.* Cartelón *m.,* pancarta.
pancréas [pɑ̃kʀeɑs] *m.* ANAT. Páncreas.
pané, -ée [pane] *adj.* Empanado, da, rebozado, da.
panégyrique [paneʒiʀik] *m.* Panegírico.
panier [panje] *m.* 1 Cesto, cesta *f.,* canasta *f.,* canastilla *f.* 2 fig. ***Le dessus du ~,*** la flor y nata; ***le fond du ~,*** el desecho, lo peor. 3 Tontillo, faldellín (vêtement). 4 SPORTS Cesto (basketball).
panifier [panifje] *tr.* Panificar. ▲ CONJUG. como ***prier.***
panique [panik] *f.* 1 Pánico *m.* ■ 2 *adj.* Cerval: ***peur ~,*** miedo cerval.
panne [pan] *f.* 1 Avería. 2 Pana (sorte de velours). 3 Cola: ***la ~ du marteau,*** la cola del martillo. 4 Grasa de cerdo (graisse). 5 MAR. ***En ~,*** al pairo.
panneau [pano] *m.* 1 Panel. 2 Cuarterón (de porte). 3 Tablero (pour annonces ou inscriptions). 4 Pieza *f.* (d'une jupe). 5 CHASS. Lazo, trampa *f.* 6 MAR. Puerta *f.* de escotilla. 7 PEINT. Lienzo.
panoplie [panɔpli] *f.* Panoplia.
panorama [panɔʀama] *m.* Panorama.
panse [pɑ̃s] *f.* Panza.
pansement [pɑ̃smɑ̃] *m.* 1 Cura *f.* 2 Apósito.
panser [pɑ̃se] *tr.* 1 Curar: ~ ***un blessé,*** curar a un herido. 2 Almohazar (un cheval).
pansu, -ue [pɑ̃sy] *adj.* Panzudo, da.
pantalon [pɑ̃talɔ̃] *m.* Pantalón.
pantalonnade [pɑ̃talɔnad] *f.* 1 Payasada, bufonada. 2 Farsa, engaño *m.*
pantelant, -ante [pɑ̃tlɑ̃, -ɑ̃t] *adj.* 1 Jadeante (haletant). 2 Palpitante.
panthéon [pɑ̃teɔ̃] *m.* Panteón.
panthère [pɑ̃tɛʀ] *f.* Pantera.
pantin [pɑ̃tɛ̃] *m.* 1 Títere, muñeco. 2 fig. Veleta *f.* (girouette).
pantois, -oise [pɑ̃twa, -waz] *adj.* Atónito, ta, estupefacto, ta.
pantomime [pɑ̃tɔmimi] *f.* Pantomima.
pantoufle [pɑ̃tufl(ə)] *f.* Zapatilla.
paon [pɑ̃] *m.* 1 Pavo real. 2 fig. Hombre vano.

papa [papa] *m.* 1 Papá. 2 *Bon ~,* abuelo. 3 fig. fam. *De ~,* anticuado, da. 4 *loc. adv.* *À la ~,* tranquilamente, sin problemas.
papauté [papote] *f.* Papado *m.*
pape [pap] *m.* Papa.
papelard, -arde [paplaʀ, -aʀd(ə)] *adj.-s.* 1 Camandulero, ra, hipócrita, mojigato, ta. 2 Gazmoño, ña, santurrón, ona (bigot). ■ 3 *m.* fam. Papel, papelucho.
paperassier, -ière [papʀasje, -jɛʀ] *adj.-s.* Aficionado, da al papeleo.
papeterie [papɛtʀiʀ paptʀi] *f.* Papelería.
papetier, -ière [paptje, -jɛʀ] *adj.-s.* Papelero, ra.
papier [papje] *m.* 1 Papel: *~ à cigarettes,* papel de fumar; *~ à lettres,* papel de cartas; *~ buvard,* papel secante; *~ carbone,* papel carbón; *~ de verre,* papel de lija; *~ gris,* papel de estraza; *~ libre,* papel común, sin sellar; *~ peint,* papel pintado; *~ timbré,* papel sellado. 2 *Papier mâché,* cartón piedra. 3 Escrito: *mettre sur le ~,* poner por escrito.
papillon [papijɔ̃] *m.* Mariposa *f.*
papillote [papijɔt] *f.* 1 Torcida, papelillo *m.* para rizar el pelo, papillote *m.* 2 Papel *m.* engrasado para asar ciertas carnes: *côtelette en ~,* chuleta envuelta y asada.
papyrus [papiʀys] *m.* Papiro.
pâque [pɑk] *f.* Pascua judaica.
paquebot [pakbo] *m.* Paquebote, buque.
pâquerette [pakʀɛt] *f.* Margarita silvestre.
paquet [pakɛ] *m.* Paquete.
par [paʀ] *prép.* 1 Por (exprimant cause, agent, auteur, moyen, lieu, distribution): *hâlé ~ le soleil,* tostado por el sol; *~ écrit,* por escrito. Loc. *De ~,* por orden de; *~ devant,* ante; *~ suite de,* a consecuencia de. 2 A (distribution dans le temps): *~ an,* al año. 3 Con (temps atmosphérique): *~ un temps de pluie,* con un tiempo de lluvia. 4 En (pendant): *~ un beau jour de printemps,* en un hermoso día de primavera. 5 En: *terminé ~ «ir»,* terminado en «ir». *loc. adv.* *~ là,* por allí (direction), por esto, por este medio (ainsi); *~ trop,* demasiado; *~ contre,* en cambio.
parabole [paʀabɔl] *f.* Parábola.
parachever [paʀaʃve] *tr.* Rematar, concluir, perfeccionar. ▲ CONJUG. como *acheter.*
parachute [paʀaʃyt] *m.* Paracaídas.
parade [paʀad] *f.* 1 Alarde *m.*, ostentación, boato *m.* Loc. *Faire ~ de,* hacer alarde de; *habit de ~,* traje de gala. 2 ÉQUIT. Parada. 3 ESCR. Parada, quite *m.* 4 MIL. Parada, desfile *m.*, revista.
paradis [paʀadi] *m.* Paraíso.
paradisiaque [paʀadizjak] *adj.* Paradisíaco, ca.
paradisier [paʀadizje] *m.* Ave del Paraíso.
paradoxal, -ale [paʀadɔksal] *adj.* Paradójico, ca.
paraffine [paʀafin] *f.* Parafina.
parages [paʀaʒ] *m. pl.* Parajes (endroit).
paragraphe [paʀagʀaf] *m.* Párrafo, parágrafo.
paraître [paʀɛtʀ(ə)] *intr.* 1 Aparecer, mostrarse (apparaître). 2 Publicarse (être mis en vente). 3 Aparecer, presentarse (comparaître). 4 Parecer, aparentar (sembler). 5 Lucir, hacerse ver (briller). ■ 6 *impers.* Parecer: *il paraît que,* parece que, parece ser que. ▲ CONJUG. como *connaître.*
parallèle [paʀa(l)lɛl] *adj.* 1 Paralelo, la. ■ 2 *m.* Paralelo. ■ 2 *f.* Paralela (ligne).
parallélisme [paʀa(l)elism(ə)] *m.* Paralelismo.
paralyser [paʀalize] *tr.* Paralizar.
paralytique [paʀalitik] *adj.-s.* Paralítico, ca.
parapet [paʀapɛ] *m.* Parapeto.
paraphe [paʀaf] *m.* Rúbrica *f.*

paraphraser [paʀafʀɑze] *tr.* Parafrasear.
parapluie [paʀaplɥi] *m.* Paraguas.
parasite [paʀazit] *adj.-s.* Parásito, ta.
parasol [paʀasɔl] *m.* Quitasol.
paratonnerre [paʀatɔnɛʀ] *m.* Pararrayos.
paravent [paʀavɑ̃] *m.* Biombo.
parbleu! [paʀblø] *interj.* vieil. ¡Pardiez!
parc [paʀk] *m.* 1 Parque. 2 Aprisco, apero, majada *f.* (à moutons, etc.). 3 Aparcamiento, estacionamiento (parking). 4 Vivero, criadero: ~ ***à huîtres,*** criadero de ostras.
parcelle [paʀsɛl] *f.* Parcela.
parce que [paʀsk(ə)] *loc. conj.* Porque.
parchemin [paʀʃəmɛ̃] *m.* Pergamino.
parcimonieux, -euse [paʀsimɔnjø, -øz] *adj.* Parsimonioso, sa.
parcmètre [paʀkmɛtʀ] *m.* Parquímetro.
parcourir [paʀkuʀiʀ] *tr.* Recorrer. ▲ CONJUG. como ***courir.***
parcours [paʀkuʀ] *m.* Recorrido, trayecto; ***incident, accident de ~,*** dificultad imprevista; ~ ***du combattant,*** empresa llena de dificultades.
pardessus [paʀdəsy] *m.* Abrigo, gabán, sobretodo.
pardi! [paʀdi], **pardieu!** [paʀdjø] *interj.* ¡Pues claro!, ¡claro!, ¡naturalmente!
pardon [paʀdɔ̃] *m.* 1 Perdón. 2 *interj.* ~ ***!, je vous demande ~,*** ¡dispense usted!, ¡disculpe!, ¡perdón!
pardonner [paʀdɔne] *tr.-intr.* 1 Perdonar. 2 Perdonar, dispensar: ***pardonnez-moi,*** dispénseme.
pare-brise [paʀbʀiz] *m. invar.* Parabrisas.
pare-chocs [paʀʃɔk] *m. invar.* Parachoques.
pareil, -eille [paʀɛj] *adj.* 1 Igual, semejante. Loc. ***C'est toujours ~,*** siempre igual; ***ce n'est pas ~,*** no es lo mismo. ■ 2 *s.* Igual, semejante. Loc. ***Sans ~, sans pareille,*** sin igual; ***rendre la pareille,*** pagar con la misma moneda.
parement [paʀmɑ̃] *m.* 1 Vuelta *f.*, vista *f.* (revers sur le col, les manches). 2 ARCHIT. Paramento.
parent, -ente [paʀɑ̃, -ɑ̃t] *s.* 1 Pariente, ta (famille). ■ 2 *pl.* Padres (le père et la mère): ***nos premiers parents,*** nuestros primeros padres.
parenté [paʀɑ̃te] *f.* 1 Parentesco *m.* 2 Parentela, parientes *m. pl.* (ensemble des parents).
parenthèse [paʀɑ̃tɛz] *f.* Paréntesis *m.*
parer [paʀe] *tr.* 1 Engalanar, adornar (orner). 2 Evitar, esquivar (détourner). 3 CUIS. Preparar (la viande). ■ 4 *tr. ind.* ~ ***à,*** precaverse, prevenirse contra. ■ 5 *pr.* Engalanarse.
paresse [paʀɛs] *f.* Pereza.
paresseux, -euse [paʀɛsø, -øz] *adj.-s.* Perezoso, sa.
parfaire [paʀfɛʀ] *tr.* Acabar, completar. ▲ CONJUG. como ***faire.***
parfait, -aite [paʀfɛ, -ɛt] *adj.-m.* Perfecto, ta.
parfois [paʀfwa] *adv.* A veces.
parfum [paʀfœ̃] *m.* Perfume.
parfumer [paʀfyme] *tr.* Perfumar.
pari [paʀi] *m.* Apuesta *f.*
paria [paʀja] *m.* Paria.
parier [paʀje] *tr.* Apostar: ***je parie que...,*** apuesto a que... ▲ CONJUG. como ***prier.***
parité [paʀite] *f.* Paridad.
parjure [paʀʒyʀ] *m.* 1 Perjurio. ■ 2 *adj.-s.* Perjuro, ra.
parking [paʀkiŋ] *m.* Aparcamiento (de véhicules).
parlant, -ante [paʀlɑ̃, -ɑ̃t] *adj.* 1 Parlante. 2 ***Cinéma ~,*** cine sonoro. 3 Expresivo, va (vivant).
parlement [paʀləmɑ̃] *m.* Parlamento.
parlementaire [paʀləmɑ̃tɛʀ] *adj.-s.* Parlamentario, ria.
parler [paʀle] *intr.* 1 Hablar. Loc. ~ ***à mots couverts,*** hablar a medias palabras; ~ ***à bâtons rompus,*** ha-

blar sin orden ni concierto; fam. ***tu parles!***, ¡que te crees tú eso!, ¡qué va! ■ **2** *tr. dir.* Hablar: ~ ***l'espagnol,*** hablar el español. **3** Hablar de, tratar de: ~ ***d'affaires,*** hablar de negocios. **4** *tr. ind.* Hablar de. Loc. ~ ***de la pluie et du beau temps,*** hablar de nimiedades. ■ **5** *pr.* Hablarse.

parleur, -euse [paʀlœʀ, -øz] *adj.-s.* Parlanchín, -ina.

parloir [paʀlwaʀ] *m.* Locutorio.

parmi [paʀmi] *prép.* Entre, en medio de.

parodier [paʀɔdje] *tr.* Parodiar. ▲ CONJUG. comme ***prier.***

paroi [paʀwa] *f.* **1** Pared. **2** Tabique *m.* (cloison).

paroisse [paʀwas] *f.* Parroquia.

paroissien, -ienne [paʀwasjɛ̃, -jɛn] *s.* **1** Feligrés, esa. ■ **2** *m.* Devocionario (livre).

parole [paʀɔl] *f.* **1** Palabra. Loc. ~ ***d'honneur,*** palabra de honor; ***peser ses paroles,*** sopesar las palabras; ***tenir sa*** ~, cumplir su palabra. **2** Frase, dicho *m.* (sentence). **3** Palabra, habla (langage). Loc. ***Avoir la*** ~ ***facile,*** tener la lengua suelta. **4** *interj.* ~***!, ma*** ~***!,*** ¡palabra! ■ **5** *pl.* Letra *sing.* (d'une chanson).

paroxysme [paʀɔksism(ə)] *m.* Paroxismo: ***au*** ~ ***de,*** en el paroxismo de.

parquer [paʀke] *tr.* **1** Aparcar (une voiture). **2** Acorralar, encerrar (les animaux).

parquet [paʀkɛ] *m.* **1** Entarimado, parqué. **2** DR. Fiscalía *f.*

parrain [pa(ɑ)ʀɛ̃] *m.* Padrino.

parricide [paʀisid] *m.* **1** Parricidio. ■ **2** *adj.-s.* Parricida.

parsemer [paʀsəme] *tr.* Sembrar, esparcir. ▲ CONJUG. como ***acheter.***

part [paʀ] *f.* **1** Parte, porción. Loc. ***Prendre*** ~ ***à,*** tomar parte en; ***faire*** ~ ***de quelque chose à quelqu'un,*** notificar algo a alguien. **2** Parte (lieu). *loc. adv.* ***D'une*** ~***... d'autre*** ~, por una parte... por otra; ***de*** ~ ***en*** ~, de parte a parte; ***nulle*** ~, en ninguna parte; ***quelque*** ~, en alguna parte. *loc. prép.* ***À*** ~, aparte, excepto (excepté).

partage [paʀtaʒ] *m.* **1** Partición *f.*, reparto. Loc. ***Sans*** ~, exclusivamente; ***avoir en*** ~, tocar en suerte en un reparto. **2** ***Ligne de*** ~ ***des eaux,*** línea divisoria *f. de las aguas.*

partager [paʀtaʒe] *tr.* **1** Partir, repartir, dividir (diviser). **2** Compartir: ~ ***l'opinion de quelqu'un,*** compartir la opinión de alguien. **3** Dividir (couper). ■ **4** *pr.* Partirse, repartirse.

partance [paʀtɑ̃s] *f.* MAR. **1** Partida, leva. **2** *loc. adv.* ***En*** ~, a punto de partir.

partant [paʀtɑ̃] *conj.* Por lo tanto, por consiguiente.

partant [paʀtɑ̃] *m.* **1** El que parte. **2** Participante (dans une course).

partenaire [paʀtənɛʀ] *s.* **1** Compañero, ra, pareja *f.* (jeu). **2** Pareja *f.* (danse).

parti [paʀti] *m.* **1** Partido, decisión *f.* Loc. ***Prendre le*** ~ ***de,*** decidirse por; ***prendre son*** ~ ***de,*** resignarse a; ***tirer*** ~ ***de,*** sacar partido de. **2** ~ ***pris,*** prejuicio; ***être de*** ~ ***pris,*** no ser objetivo. **3** Partido: ~ ***politique,*** partido político. **4** MIL. Destacamento de soldados.

partial, -ale [paʀsjal] *adj.* Parcial.

participant, -ante [paʀtisipɑ̃, -ɑ̃t] *adj.-s.* Partícipe, participante.

participation [paʀtisipɑsjɔ̃] *f.* Participación.

participe [paʀtisip] *m.* GRAM. ~ ***présent,*** participio de presente, activo; ~ ***passé,*** participio de pretérito, pasivo.

participer [paʀtisipe] *intr.* Participar: ~ ***à,*** participar en; ~ ***de,*** participar de.

particularité [paʀtikylaʀite] *f.* Particularidad.

particulier, -ière [paʀtikylje, -jɛʀ] *adj.* **1** Particular. ■ **2** *m.* Particular. **3** fam. Individuo.

partie [parti] *f.* 1 Parte. Loc. ***En ~,*** en parte; ***faire ~ de,*** formar parte de. 2 Partida (jeux, chasse). Loc. ***~ de campagne,*** excursión. 3 Rama, ramo *m.* (domaine). 4 DR. Parte: ***la ~ adverse,*** la parte contraria. Loc. ***Avoir affaire à forte ~,*** habérselas con un enemigo temible; ***prendre quelqu'un à ~,*** tomarla con uno. 5 COMM. Partida: ***~ simple, double,*** partida simple, doble. 6 MUS. Parte.

partiel, -elle [parsjɛl] *adj.* Parcial.

partir [partir] *intr.* 1 Marcharse, partir (s'en aller). 2 Salir (prendre le départ). Loc. ***~ comme une flèche,*** salir disparado, da. 3 Arrancar, ponerse en marcha (démarrer). 4 Empezar (commencer). 5 Dispararse (projectile). 6 Ponerse, empezar (se mettre). 7 Desaparecer (s'effacer, s'enlever). 8 *loc. prép.* ***À ~ de,*** a partir de. ▲ CONJUG. como ***mentir.***

partisan [partizɑ̃] *adj.-s.* 1 Partidario, ria (adepte). ■ 2 *m.* Guerrillero.

partitif, -ive [partitif, -iv] *adj.-m.* GRAM. Partitivo, va.

partout [partu] *adv.* En todas partes, por todas partes.

parure [paryr] *f.* 1 Adorno *m.* 2 Aderezo *m.* (bijoux).

parvenir [parvənir] *intr.* 1 Llegar (arriver). 2 Alcanzar, conseguir, lograr (réussir à). ▲ CONJUG. como ***venir.***

parvenu, -ue [parvəny] *s.* Advenedizo, za.

parvis [parvi] *m.* Plaza *f.* delante de una iglesia.

pas [pɑ] *adv.* No. Ne se traduit généralement pas: ***je ne crois ~,*** no creo; ***je n'aime pas ça,*** no me gusta esto. Loc. ***~ beaucoup,*** no mucho; ***presque ~,*** casi nada; ***~ du tout,*** en absoluto; ***~ mal,*** regular; ***~ vrai,*** no es cierto; ***~ un, ~ une,*** ni uno, ni una; ***même ~,*** ni siquiera.

pas [pɑ] *m.* 1 Paso: ***faire un ~ en avant,*** dar un paso adelante. Loc. ***À ~ de loup,*** sigilosamente; ***d'un bon ~,*** a buen paso; fig. ***mettre quelqu'un au ~,*** meter a uno por vereda. 2 GÉOG. Paso. 3 MUS. Marcha *f.* 4 ***Le ~ de la porte,*** el umbral. 5 ***~ de vis,*** paso de rosca. 6 COM. ***~ de porte,*** traspaso.

pascal, -ale [paskal] *adj.* Pascual.

passable [pɑsabl(ə)] *adj.* Pasadero, ra, pasable, mediano, na.

passade [pɑsad] *f.* Capricho *m.* pasajero, antojo *m.*

passage [pɑsaʒ] *m.* 1 Paso: ***le ~ de la procession,*** el paso de la procesión. Loc. ***Prendre au ~,*** coger al paso; ***de ~,*** de paso; ***~ à niveau,*** paso a nivel; ***~ clouté,*** paso de peatones; ***~ interdit,*** prohibido el paso. 2 Pasaje (voie, rue). 3 MAR. Travesía *f.* 4 Pasaje (d'un livre, d'un discours).

passager, -ère [pɑ(a)saʒe, -ɛr] *adj.-s.* 1 Pasajero, ra. 2 ***~ clandestin,*** polizón.

passant, -ante [pɑsɑ̃, -ɑ̃t] *adj.* 1 Concurrido, da (fréquenté). ■ 2 *s.* Transeúnte.

passe [pɑs] *f.* 1 Paso *m.,* pasa (des oiseaux). 2 Pase *m.* (de magnétiseur, de basket-ball, etc.). 3 ***Mot de ~,*** contraseña *f.;* ***maison de ~,*** casa de citas. 4 GEOG. Paso *m.*

passé, -ée [pɑse] *adj.* 1 Pasado, da, pretérito, ta. 2 Descolorido, da (décoloré). ■ 3 *m.* GRAM. Pasado, pretérito. ■ 4 *prép.* Después de (après).

passe-lacet [pɑslasɛ] *m.* Pasador, pasacintas (aiguille).

passementerie [pɑsmɑ̃tri] *f.* Pasamanería.

passe-partout [pɑspartu] *m. invar.* 1 Llave *f.* maestra (clef). ■ 2 *adj. invar.* Que sirve para todo, socorrido, da.

passe-passe [pɑspɑs] *m. invar.* ***Tour de ~,*** juego de manos, pasapasa.

passeport [paspɔʀ] *m.* Pasaporte.
passer [pase] *intr.* 1 Pasar: ***l'autobus est passé,*** el autobús ha pasado. Loc. ~ ***outre,*** hacer caso omiso de; ~ ***pour,*** pasar por; ~ ***sur,*** pasar por alto; ***en passant,*** de paso. 2 Representarse (une pièce). 3 Proyectarse, echarse (un film). 4 Pasar, transcurrir (s'écouler). 5 Aprobarse, adoptarse (être accepté). 6 Ascender a, pasar. 7 Marchitarse (se faner). 8 Pasar, desaparecer (disparaître). 9 Comerse, irse (pâlir une couleur). ■ 10 *tr.* Pasar: ~ ***une rivière,*** pasar un río; ~ ***son temps à lire,*** pasar, pasarse el tiempo leyendo. 11 Pasar, extender (étendre). 12 Pasar, colar (filtrer). 13 Representar (une pièce). 14 Ponerse (un vêtement). 15 ~ ***un examen,*** examinarse, sufrir un examen. ■ 16 *pr.* Pasar, transcurrir (s'écouler). 17 Pasar, acontecer, ocurrir (se produire): ***que se passe-t-il?,*** ¿qué pasa? 18 ***Se ~ de,*** prescindir de.
passereau [pasʀo] *m.* Pájaro.
passerelle [pasʀɛl] *f.* Pasarela.
passe-temps [pastɑ̃] *m. invar.* Pasatiempo.
passible [pasibl(ə)] *adj.* ~ ***de,*** merecedor, ra de, que incurre en.
passif, -ive [pasif, -iv] *adj.-m.* Pasivo, va.
passionné, -ée [pɑ(a)sjɔne] *adj.-s.* Apasionado, da.
passionnel, -elle [pɑ(a)sjɔnɛl] *adj.* Pasional.
passionner [pɑ(a)sjɔne] *tr.* 1 Apasionar. ■ 2 *pr.* Apasionarse.
passivité [pasivite] *f.* Pasividad.
passoire [paswaʀ] *f.* Pasador *m.,* colador *m.*
pastel [pastɛl] *m.* Pastel: ***portrait au~,*** retrato al pastel.
pastèque [pastɛk] *f.* Sandía.
pasteur [pastœʀ] *m.* Pastor.
pastiche [pastiʃ] *m.* Imitación *f.,* remedo *m.*
pastille [pastij] *f.* Pastilla.
pastoral, -ale [pastɔʀal] *adj.-f.* Pastoral.
patate [patat] *f.* 1 ~ ***douce,*** batata, boniato *m.* 2 fam. Patata (pomme de terre). 3 pop. Mentecato, ta, cernícalo, la (personne stupide).
pataud, -aude [pato, -od] *adj.-s.* Torpe.
patchouli [patʃuli] *m.* Pachulí (parfum, plante).
pâte [pɑt] *f.* 1 Masa, pasta. Loc. ~ ***à pain,*** masa, fig. ***mettre la main à la*** ~, ponerse a trabajar; ***une bonne*** ~, una buena persona. 2 Pasta: ~ ***dentifrice,*** pasta dentífrica. 3 ***Pâtes, pâtes alimentaires,*** pastas alimenticias.
pâté [pɑte] *m.* 1 Pasta *f.* de hígado, foie gras. 2 CUIS. Pastel (de viande ou de poisson). 3 ~ ***de maisons,*** manzana *f.*
pâtée [pɑte] *f.* 1 Cebo *m.* (pour engraisser la volaille, les porcs). 2 Comida para los animales.
patent, -ente [patɑ̃, -ɑ̃t] *adj.* 1 Patente, evidente. ■ 2 *f.* Patente.
patenté, -ée [patɑ̃te] *adj.* Patentado, da.
patère [patɛʀ] *f.* Percha, colgador *m.*
paternel, -elle [patɛʀnɛl] *adj.* 1 Paternal, paterno, na. ■ 2 *m.* pop. Padre.
paternité [patɛʀnite] *f.* Paternidad.
pâteux, -euse [pɑtø, -øz] *adj.* Pastoso, sa.
pathétique [patetik] *adj.* Patético, ca.
pathologie [patɔlɔʒi] *f.* Patología.
patibulaire [patibylɛʀ] *adj.* Patibulario, ria.
patience [pasjɑ̃s] *f.* 1 Paciencia. 2 Solitario *m.* (jeu de cartes).
patinage [patinaʒ] *m.* Patinaje.
patine [patin] *f.* Pátina.
patiner [patine] *intr.* 1 Patinar. ■ 2 *tr.* TECHN. Dar pátina a.
patineur, -euse [patinœʀ, -øz] *s.* Patinador, ra.
pâtir [pɑtiʀ] *intr.* Padecer, sufrir.

pâtisserie [pɑ(a)tisʀi] *f.* 1 Pastelería. 2 Pastel *m.* (gâteau).
patois [patwa] *m.* Habla *f.* regional y popular.
patraque [patʀak] *adj.* fam. Pachucho, cha.
pâtre [pɑtʀ(ə)] *m.* Pastor.
patriarcal, -ale [patʀjaʀkal] *adj.* Patriarcal.
patrie [patʀi] *f.* Patria.
patrimoine [patʀimwan] *m.* Patrimonio.
patriote [patʀijɔt] *adj.-s.* Patriota.
patron, -onne [patʀɔ̃, -ɔn] *s.* 1 Patrono, na (saint). 2 Patrón, ona, amo, ama, dueño, ña (maître). 3 Patrono, na (employeur). ■ 4 *m.* Patrón (modèle).
patronage [patʀɔnaʒ] *m.* 1 Patrocinio, protección *f.* 2 Patronato (société).
patronal, -ale [patʀɔnal] *adj.* Patronal.
patronat [patʀɔna] *m.* Empresariado.
patrouille [patʀuj] *f.* Patrulla.
patte [pat] *f.* 1 Pata (animaux). 2 fam. Remo *m.*, pata, pierna (jambe). Loc. ***Avoir une ~ folle,*** tener una pata jalana. 3 fam. Mano. Loc. fig. ***Graisser la ~ à quelqu'un,*** untar la mano a alguien; ***faire ~ de velours,*** esconder las uñas. 4 Cartera, pata (de poche). 5 Lengüeta (de portefeuille). 6 Patilla (favori).
patte-d'oie [patdwa] *f.* 1 Pata de gallo (ride). 2 Encrucijada (carrefour).
pâturage [pɑtyʀaʒ] *m.* Pasto.
paume [pom] *f.* 1 Palma (de la main). 2 Pelota (jeu). 3 ***Jeu de ~,*** cancha *f.* (terrain).
paupière [popjɛʀ] *f.* Párpado *m.*
pause [poz] *f.* 1 Pausa. 2 MUS. Pausa, silencio *m.*
pauvre [povʀ(ə)] *adj.* 1 Pobre. Loc. fam. ***~ d'esprit,*** pobre de espíritu, simple. 2 Escaso, sa: ***végétation ~,*** vegetación escasa. ■ 3 *s.* Pobre, mendigo, ga.
pauvreté [povʀəte] *f.* Pobreza.
pavane [pavan] *f.* Pavana (danse).
pavaner (se) [pavane] *pr.* Pavonearse.
pavé [pave] *m.* 1 Pavimento, adoquinado (pavage). 2 Calle *f.* (rue). Loc. fig. ***Brûler le ~,*** ir a escape; ***tenir le haut du ~,*** estar en primera línea; ***être sur le ~,*** estar sin trabajo. 3 Adoquín (bloc de pierre). 4 ***~ de bois,*** tarugo.
paver [pave] *tr.* 1 Adoquinar, pavimentar con adoquines (de pavés). 2 Entarugar (en bois). 3 Empedrar (empierrer).
pavillon [pavijɔ̃] *m.* 1 ARCHIT. Pabellón. 2 Hotelito, chalet (villa). 3 Pabellón (tube évasé). 4 ANAT. Pabellón (de l'oreille). 5 MAR. Pabellón (drapeau). Loc. ***Amener, baisser le ~,*** arriar bandera.
pavois [pavwa] *m.* 1 Pavés (bouclier). 2 MAR. Empavesada *f.*
pavoiser [pavwaze] *tr.* Engalanar, poner colgaduras en.
pavot [pavo] *m.* Adormidera *f.*
payant, -ante [pɛjɑ̃, -ɑ̃t] *adj.* 1 Que paga. 2 De pago (spectacle). 3 Provechoso, sa, rentable (rentable).
paye [pɛj] *f.* Paga.
payement ou **paiement** [pɛjmɑ̃] *m.* Pago.
payer [peje] *tr.* 1 Pagar. Loc. ***~ rubis sur l'ongle,*** pagar a toca teja; ***~ quelqu'un de retour,*** pagar con la misma moneda. 2 fam. Ofrecer (offrir). ■ 3 *pr.* Pagarse. 4 Ofrecerse, obsequiarse (s'offrir).
pays [pei] *m.* 1 País: ***des ~ lointains,*** países lejanos. Loc. ***Le mal du ~,*** la morriña, la nostalgia. 2 Región *f.*, comarca *f.* Loc. ***Voir du ~,*** correr mundo; ***~ de cocagne,*** jauja *f.*
paysagiste [peizaʒist(ə)] *adj.-m.* Paisajista.
paysan, -anne [peizɑ̃, -ɑn] *s.* Campesino, na.
PC [pese] *m.* INFORM. (*abrév.* personal computer) PC.

peau [po] *f.* 1 Piel (de personne, de fruit). 2 Cutis *m.* (du visage). 3 fam. Pellejo. Loc. fam. ***Jouer, risquer sa ~,*** jugarse el pellejo. 4 ***~ de chagrin,*** piel de zapa. 5 Nata (du lait).
péché [peʃe] *m.* Pecado.
pêche [pɛʃ] *f.* 1 Melocotón *m.* (fruit). 2 Pesca: ***~ à la ligne,*** pesca con caña.
pécher [peʃe] *intr.* Pecar. ▲ CONJUG. como ***accélérer.***
pêcher [peʃe] *tr.* Pescar.
pêcher [peʃe] *m.* Melocotonero (arbre).
pêcheur, -euse [peʃœʀ, -øz] *s.* 1 Pescador, ra. ■ 2 *adj.* Pesquero, ra: ***bateau ~,*** barco pesquero.
pécheur, -eresse [peʃœʀ, -ʀɛs] *s.* Pecador, ra.
pécore [pekɔʀ] *f.* Estúpida, mema.
pécuniaire [pekynjɛʀ] *adj.* Pecuniario, ria.
pédagogie [pedagɔʒi] *f.* Pedagogía.
pédale [pedal] *f.* Pedal *m.*
pédaler [pedale] *intr.* Pedalear.
pédalier [pedalje] *m.* 1 Pedal (de l'orgue). 2 Plato (bicyclette).
pédant, -ante [pedɑ̃, -ɑ̃t] *adj.-s.* Pedante.
pédestre [pedɛstʀ(ə)] *adj.* Pedestre.
pédiatrie [pedjatʀi] *f.* Pediatría.
pédicure [pedikyʀ] *s.* Pedicuro, ra.
pègre [pɛgʀ(ə)] *f.* Hampa.
peigne [pɛɲ] *m.* 1 Peine: ***se donner un coup de ~,*** pasarse el peine. 2 TISS. Carda *f.* (pour la laine). 3 Peine, venera *f.* (mollusque).
peigner [peɲe] *tr.* 1 Peinar. 2 TISS. Cardar, peinar. ■ 3 *pr.* Peinarse.
peignoir [pɛɲwaʀ] *m.* 1 Albornoz (sortie de bain). 2 Bata *f.* (robe de chambre).
peindre [pɛ̃dʀ(ə)] *tr.* 1 Pintar. 2 Pintar, describir (décrire). ▲ CONJUG. como ***craindre.***
peine [pɛn] *f.* 1 Pena, castigo *m.* 2 Pena, pesar *m.*, pesadumbre. Loc. ***Faire de la ~ à quelqu'un,*** afligir a alguien. 3 Esfuerzo *m.*, trabajo *m.* Loc. ***Homme de ~,*** mozo de cuerda; ***valoir la ~,*** valer la pena. 4 Dificultad. *loc. adv.* ***Sans ~,*** fácilmente.
peiner [pene] *intr.* 1 Penar, padecer. ■ 2 *tr.* Afligir, apenar.
peintre [pɛ̃tʀ(ə)] *m.* 1 Pintor. 2 ***~ en bâtiment,*** pintor de brocha gorda.
peinture [pɛ̃tyʀ] *f.* Pintura.
peinturlurer [pɛ̃tyʀlyʀe] *tr.* fam. Pintarrajear.
péjoratif, -ive [peʒɔʀatif, -iv] *adj.* Peyorativo, va, despectivo, va.
pelage [pəlaʒ] *m.* Pelaje.
pêle-mêle [pɛlmɛl] *adv.* En desorden, en un revoltijo.
peler [pəle] *tr.* 1 Pelar (ôter le poil). 2 Pelar, mondar (éplucher). ■ 3 *intr.* Caerse la piel, descamarse. ▲ CONJUG. como ***acheter.***
pèlerinage [pɛlʀinaʒ] *m.* Peregrinación.
pélican [pelikɑ̃] *m.* Pelícano.
pelle [pɛl] *f.* Pala. Loc. fam. ***À la ~,*** a patadas, a porrillo.
pelletée [pɛlte] *f.* Palada.
pelleterie [pɛl(ɛ)tʀi] *f.* Peletería.
pellicule [pe(ɛl)likyl] *f.* 1 Película (film). 2 Caspa (du cuir chevelu). 3 Hollejo *m.* (du raisin).
pelote [p(ə)lɔt] *f.* 1 Ovillo *m.* (de fil, de laine). 2 Pelota, bola (boule). Loc. ***~ basque,*** pelota vasca. 3 fig. fam. ***Faire sa ~,*** hacer su agosto. 4 Acerico *m.*, almohadilla (pour piquer les épingles).
peloter [p(ə)lɔte] *tr.* 1 Ovillar (laine). 2 fam. Sobar, manosear (caresser). 3 fam. Dar coba, hacer la pelotilla a (aduler).
peloton [p(ə)lɔtɔ̃] *m.* Pelotón.
pelotonner [p(ə)lɔtɔne] *tr.* 1 Devanar, ovillar. ■ 2 *pr.* Acurrucarse, arrebujarse (se blottir).
pelouse [p(ə)luz] *f.* Césped *m.*
peluche [p(ə)lyʃ] *f.* Felpa (étoffe).
pelure [p(ə)lyʀ] *f.* 1 Monda, mondadura. 2 ***Papier ~,*** papel cebolla.
pénal, -ale [penal] *adj.* Penal.
pénalité [penalite] *f.* Penalidad, pena.

penaud, -aude [pəno, -od] *adj.* Corrido, da, avergonzado, da.
penchant [pɑ̃ʃɑ̃] *m.* fig. Inclinación *f.*, propensión *f.*
pencher [pɑ̃ʃe] *tr.* 1 Inclinar. ■ 2 *intr.* Inclinarse, ladearse. ■ 3 *pr.* Inclinarse. 4 ***Se ~ sur,*** estudiar, examinar.
pendable [pɑ̃dabl(ə)] *adj.* Condenable.
pendaison [pɑ̃dɛzɔ̃] *f.* 1 Horca. 2 ~ ***de crémaillère,*** inauguración de una casa.
pendant [pɑ̃dɑ̃] *prép.* 1 Durante. 2 ~ ***ce temps,*** mientras tanto, entretanto. 3 Loc. *conj.* ~ ***que,*** mientras, mientras que.
pendard, -arde [pɑ̃daʀ, -aʀd(ə)] *s.* fam. Bribón, ona, pillo, lla.
pendeloque [pɑ̃dlɔk] *f.* 1 Colgante *m.* (de boucle d'oreilles). 2 Almendra (d'un lustre).
pendentif [pɑ̃dɑ̃tif] *m.* 1 ARCHIT. Pechina *f.* 2 Dije, colgante (bijou).
pendiller [pɑ̃dije] *intr.* Balancearse.
pendre [pɑ̃dʀ(ə)] *intr.* 1 Colgar, pender: ***une lampe pend au plafond,*** una lámpara cuelga del techo. ■ 2 *tr.* Colgar, suspender (suspendre). 3 Ahorcar, colgar (un condamné). ■ 4 *pr.* Colgarse (se suspendre). 5 Ahorcarse (se suicider). ▲ CONJUG. como ***rendre.***
pendu, -ue [pɑ̃dy] *s.* Ahorcado, da.
pendule [pɑ̃dyl] *m.* 1 Péndulo, péndola *f.* ■ 2 *f.* Reloj *m.* de pared, de chimenea.
pêne [pɛn] *m.* Pestillo.
pénétrant, -ante [penetʀɑ̃, -ɑ̃t] *adj.* Penetrante.
pénétrer [penetʀe] *intr.-tr.* Penetrar. ■ 2 *tr.* fig. Calar, entrar (percevoir). ■ 3 *pr.* ***Se ~ de,*** convencerse de. ▲ CONJUG. como ***accélérer.***
pénible [penibl(ə)] *adj.* 1 Penoso, sa. 2 fam. Pesado, da (ennuyeux).
péniche [peniʃ] *f.* Chalana.
péninsule [penɛ̃syl] *f.* Península.
pénitence [penitɑ̃s] *f.* Penitencia.
pénitencier [penitɑ̃sje] *m.* 1 Penitenciario. 2 Penitenciaría *f.*, penal (prison).
pénombre [penɔ̃bʀ(ə)] *f.* Penumbra.
pensée [pɑ̃se] *f.* 1 Pensamiento *m.* 2 Trinitaria, pensamiento *m.* (plante).
penser [pɑ̃se] *intr.-tr.* 1 Pensar. 2 *loc. adv.* ***Sans ~ à mal,*** sin mala intención.
penseur, -euse [pɑ̃sœʀ, -øz] *s.* Pensador, ra.
pension [pɑ̃sjɔ̃] *f.* 1 Pensión (allocation). 2 Pensión, pensionado *m.*, colegio *m.* de internos (pensionnat). 3 Pensión. Loc. ~ ***de famille,*** casa de huéspedes; ***prendre ~,*** hospedarse.
pensionnaire [pɑ̃sjɔnɛʀ] *s.* 1 Pensionista (interne). 2 Huésped, da (chez un particulier, dans un hôtel).
pensum [pɛ̃sɔm] *m.* 1 Trabajo escolar impuesto como castigo. 2 Trabajo pesado (travail ennuyeux).
pentagone [pɛ̃tagɔn] *adj.-m.* GÉOM. Pentágono.
pente [pɑ̃t] *f.* Pendiente, cuesta.
pentecôte [pɑ̃tkot] *f.* Pentecostés *m.*
pénultième [penyltjɛm] *adj.-f.* Penúltimo, ma.
pénurie [penyʀi] *f.* Penuria, escasez.
pépier [pepje] *intr.* Piar, pipiar. ▲ CONJUG. como ***prier.***
pépin [pepɛ̃] *m.* 1 Pipa *f.*, pepita *f.* (des fruits). 2 fam. Paraguas (parapluie).
pépinière [pepinjɛʀ] *f.* 1 AGR. Vivero *m.*, semillero *m.* 2 fig. Cantera, vivero *m.*
pépiniériste [pepinjeʀist(ə)] *adj.-s.* Arbolista.
pépite [pepit] *f.* MINÉR. Pepita.
percale [pɛʀkal] *f.* Percal *m.*
perçant, -ante [pɛʀsɑ̃, -ɑ̃t] *adj.* 1 Que horada (outil). 2 fig. Agudo, da (voix, douleur, vue). 3 fig. Perspicaz (esprit).

percée [pERSe] *f.* 1 Abertura, boquete *m.* (ouverture). 2 Paso *m.* (chemin). 3 MIL. Brecha, ruptura de un frente.
perce-neige [pERSənɛʒ] *m. invar.* Narciso de las nieves.
perce-oreille [pERSɔRɛj] *m.* Cortapicos, tijereta *f.* (insecte).
percepteur, -trice [pERSɛptœR, -tRis] *adj.* 1 Perceptor, ra. ■ 2 *m.* Recaudador de contribuciones (d'impôts).
perceptible [pERSɛptibl(ə)] *adj.* Perceptible.
perception [pERSɛpsjɔ̃] *f.* Percepción.
percer [pERSe] *tr.* 1 Agujerear, perforar (trouer). 2 Calar, atravesar (un liquide). 3 Atravesar, traspasar (traverser). 4 Abrir: ~ ***une rue,*** abrir una calle. 5 fig. Calar, descifrar. ■ 6 *intr.* Abrirse paso (se frayer un passage). 7 Reventarse (un abcès). 8 Manifestarse (se déceler). 9 fig. Destacarse, abrirse camino: ***auteur qui commence à ~,*** autor que empieza a destacarse. ▲ CONJUG. como ***lancer.***
percevoir [pERSəvwaR] *tr.* 1 Percibir (discerner). 2 Cobrar, recaudar (de l'argent). ▲ CONJUG. como ***recevoir.***
perche [pERʃ(ə)] *f.* 1 Perca (poisson). 2 Pértiga. Loc. fig. ***Tendre la ~ à quelqu'un,*** echar un cable a alguien. 3 fig. Varal *m.,* espingarda (personne grande et maigre).
percher [pERʃe] *intr.* 1 Posarse. 2 fam. Alojarse, vivir (loger). ■ 3 *pr.* Encaramarse.
perclus, -cluse [pERkly, -klyz] *adj.* Baldado, da.
percussion [pERkysjɔ̃] *f.* Percusión.
perdant, -ante [pERdɑ̃, -ɑ̃t] *adj.-s.* Perdedor, ra.
perdition [pERdisjɔ̃] *f.* Perdición.
perdre [pERdR(ə)] *tr.* 1 Perder. Loc. fig. ~ ***la tête, la boule,*** perder la chaveta; ~ ***courage,*** desanimarse. 2 Salirse (fuir). ■ 3 *pr.* Perderse: ***nous nous sommes perdus,*** nos hemos perdido. 4 ***Je m'y perds,*** no comprendo nada.
perdreau [pERdRo] *m.* Perdigón.
perdrix [pERdRi] *f.* Perdiz.
perdu, -ue [pERdy] *adj.* 1 Perdido, da. 2 *loc. adv.* ***À corps ~,*** impetuosamente.
père [pER] *m.* 1 Padre. Loc. ***Tel ~, tel fils,*** de tal palo tal astilla. 2 fam. Tío: ***le ~ Jacques,*** el tío Jaime. 3 fig. Padre, autor. 4 THÉÂT. ~ ***noble,*** barba, característico. ■ 5 *pl.* Padres, antepasados.
pérégrination [peRegRinɑsjɔ̃] *f.* Peregrinación.
péremptoire [peRɑ̃ptwaR] *adj.* Perentorio, ria.
perfection [pERfɛksjɔ̃] *f.* Perfeción.
perfectionner [pERfɛksjɔne] *tr.* Perfeccionar.
perfide [pERfid] *adj.* Pérfido, da.
perforation [pERfɔRɑsjɔ̃] *f.* Perforación.
perforer [pERfɔRe] *tr.* Perforar.
péricliter [peRiklite] *intr.* Periclitar, decaer.
péril [peRil] *m.* Peligro, riesgo. Loc. ***Au ~ de sa vie,*** con riesgo de su vida.
périmer [peRime] *pr.* 1 Caducar. 2 DR. Prescribir.
périmètre [peRimɛtR(ə)] *m.* Perímetro.
période [peRjɔd] *f.* Período *m.*
périodicité [peRjɔdisite] *f.* Periodicidad.
périodique [peRjɔdik] *adj.* 1 Periódico, ca. ■ 2 *m.* Publicación *f.* periódica.
péripétie [peRipesi] *f.* Peripecia.
périphérique [peRifeRik] *adj.* 1 Periférico, ca. ■ 2 *m.* Ronda *f,* cinturón (dans une ville).
périphrase [peRifRɑz] *f.* Perífrasis.
périple [peRipl(ə)] *m.* Periplo.
périr [peRiR] *intr.* 1 Perecer (mourir). 2 Perecer, desaparecer (finir). 3 MAR. Naufragar.
périscope [peRiskɔp] *m.* Periscopio.

perle [pɛʀl(ə)] *f.* 1 Perla. 2 Cuenta: ***perles d'un chapelet,*** cuentas de un rosario. 3 fig. Perla, alhaja (personne, chose de grande valeur). 4 Gazapo *m.* (erreur).

perlé, -ée [pɛʀle] *adj.* ***Grève perlée,*** huelga intermitente.

perler [pɛʀle] *tr.* 1 Ejecutar con primor, bordar. ■ 2 *intr.* Caer en forma de gotas.

permanence [pɛʀmanɑ̃s] *f.* 1 Permanencia. Loc. ***En ~,*** permanentemente. 2 Estudio *m.* (salle d'un lycée).

permanent, -ente [pɛʀmanɑ̃, -ɑ̃t] *adj.* 1 Permanente. 2 Continuo, nua (spectacle): ***~ à partir de 10 h.,*** continua desde las 10. ■ 3 *f.* Permanente (cheveux).

perméable [pɛʀmeabl(ə)] *adj.* Permeable.

permettre [pɛʀmɛtʀ(ə)] *tr.* 1 Permitir. ■ 2 *pr.* Permitirse: ***je me suis permis de,*** me he permitido de. ▲ CONJUG. como ***mettre.***

permis [pɛʀmi] *m.* Permiso, licencia *f.*: ***~ de conduire,*** permiso de conducir.

permission [pɛʀmisjɔ̃] *f.* 1 Permiso *m.*, autorización: ***demander la ~ de,*** pedir permiso para. 2 MIL. Permiso *m.*: ***en ~,*** con permiso.

permuter [pɛʀmyte] *tr.-intr.* Permutar.

pernicieux, -euse [pɛʀnisjø, -øz] *adj.* Pernicioso, sa.

pérorer [peʀɔʀe] *intr.* Perorar.

perpendiculaire [pɛʀpɑ̃dikylɛʀ] *adj.-f.* Perpendicular.

perpétrer [pɛʀpetʀe] *tr.* Perpetrar. ▲ CONJUG. como ***accélérer.***

perpétuel, -elle [pɛʀpetɥɛl] *adj.* Perpetuo, tua.

perpétuité [pɛʀpetɥite] *f.* 1 Perpetuidad. 2 *loc. adv.* ***À ~,*** para siempre.

perplexité [pɛʀplɛksite] *f.* Perplejidad.

perquisitionner [pɛʀkizisjɔne] *tr.* Registrar, hacer pesquisas en.

perron [pɛʀɔ̃] *m.* Escalinata *f.*

perroquet [pɛʀɔkɛ] *m.* 1 Loro, papagayo. 2 MAR. Juanete.

perruche [pe(ɛ)ʀyʃ] *f.* 1 Cotorra. 2 MAR. Perico *m.*

perruque [pe(ɛ)ʀyk] *f.* Peluca.

persan, -ane [pɛʀsɑ̃, -an] *adj.-s.* Persa.

persécuter [pɛʀsekyte] *tr.* Perseguir.

persécution [pɛʀsekysjɔ̃] *f.* Persecución.

persévérance [pɛʀseveʀɑ̃s] *f.* Perseverancia.

persévérer [pɛʀseveʀe] *intr.* Perseverar. ▲ CONJUG. como ***accélérer.***

persienne [pɛʀsjɛn] *f.* Persiana.

persifler [pɛʀsifle] *tr.* Guasearse de.

persil [pɛʀsil] *m.* Perejil.

persistance [pɛʀsistɑ̃s] *f.* Persistencia.

persister [pɛʀsiste] *intr.* Persistir.

personnage [pɛʀsɔnaʒ] *m.* Personaje.

personnalité [pɛʀsɔnalite] *f.* Personalidad.

personne [pɛʀsɔn] *f.* 1 Persona. 2 ***Grande ~,*** persona mayor.

personne [pɛʀsɔn] *pron. indéf.* Nadie: ***~ ne le sait,*** nadie lo sabe.

personnel, -elle [pɛʀsɔnɛl] *adj.* 1 Personal. 2 Egoísta. ■ 3 *m.* Personal (ensemble d'employés).

personnifier [pɛʀsɔnifje] *tr.* Personificar. ▲ CONJUG. como ***prier.***

perspective [pɛʀspɛktiv] *f.* Perspectiva.

perspicacité [pɛʀspikasite] *f.* Perspicacia.

persuader [pɛʀsɥade] *tr.* Persuadir.

persuasion [pɛʀsɥazjɔ̃] *f.* Persuasión.

perte [pɛʀt(ə)] *f.* 1 Pérdida. Loc. ***À ~ de vue,*** hasta perderse de vista; ***en pure ~,*** para nada. 2 fig. Perdición, ruina. 3 ***Profits et pertes,*** pérdidas y ganancias. ■ 4 *pl.* MIL. Bajas.

pertinent, -ente [pɛʀtinɑ̃, -ɑ̃t] *adj.* Pertinente.

perturbation [pɛʀtyʀbasjɔ̃] *f.* Perturbación.

perturber [pɛRtyRbe] *tr.* Perturbar.
péruvien, -ienne [peRyvjɛ̃, -jɛn] *adj.-s.* Peruano, na.
perversion [pɛRvɛRsjɔ̃] *f.* Perversión.
perversité [pɛRvɛRsite] *f.* Perversidad.
pervertir [pɛRvɛRtiR] *tr.* **1** Pervertir. ■ **2** *pr.* Pervertirse.
pesage [pəzaʒ] *m.* Peso, pesaje (gallic.).
pesant, -ante [pəzɑ̃, -ɑ̃t] *adj.* **1** Pesado, da. ■ **2** *m.* Loc. ***Valoir son ~ d'or,*** valer su peso en oro.
pesanteur [pəzɑ̃tœR] *f.* **1** Pesadez, peso *m.* **2** fig. Torpeza (d'esprit). **3** PHYS. Gravedad.
pesée [pəze] *f.* **1** Pesada. **2** Empuje *m.* (poussée).
peser [pəze] *tr.-intr.* **1** Pesar. Loc. ***~ le pour et le contre,*** pesar el pro y el contra. **2** ***~ sur, contre,*** apoyar, hacer fuerza sobre, contra. ▲ CONJUG. como ***acheter.***
pessimisme [pesimism(ə)] *m.* Pesimismo.
peste [pɛst(ə)] *f.* **1** Peste. Loc. ***Fuir, craindre quelqu'un comme la ~,*** huir de, temer a alguien como si fuera la peste. **2** fig. Peste, demonio *m.* **3** *interj.* ¡Cuerno!, ¡caray!
pestiféré, -ée [pɛstifeRe] *adj.-s.* Apestado, da.
pestilence [pɛstilɑ̃s] *f.* Pestilencia.
pétale [petal] *m.* BOT. Pétalo.
pétarade [petaRad] *f.* Detonaciones *pl.*
pétard [petaR] *m.* **1** Petardo (explosif). **2** fam. Tremolina *f.* (tapage). **3** fam. Revólver, pistolón. **4** pop. Trasero, asentaderas *f. pl.* (derrière)
pétaudière [petodjɛR] *f.* Olla de grillos, casa de tócame Roque.
péter [pete] *intr.* **1** pop. Peer, ventosear. Loc. fam. ***~ du feu, des flammes,*** estar desbordante de vitalidad, de energías. **3** fam. Estallar (exploser). **4** fam. Reventar (crever). ▲ CONJUG. como ***accélérer.***
pétiller [petije] *intr.* **1** Burbujear (le vin). **2** Crepitar, chisporrotear (crépiter). **3** fig. Brillar, chispear.
petit, -ite [p(ə)ti, -it] *adj.* **1** Pequeño, ña. Se traduit fréquemment par un diminutif: ***~ chat,*** gatito; ***petite table,*** mesita; ***un ~ peu,*** un poquito. **2** Bajo, ja (de taille). **3** Insignificante, mezquino, na (faible). **4** Humilde. ■ **5** *s.* Pequeño, ña, crío, cría. ■ **6** *m.* Cría *f.* (d'animal). **7** Cachorro, cría *f.* (de chien, tigre, lion). **8** *loc. adv.* ***~ à ~,*** poco a poco.
petit-beurre [p(ə)tibœR] *m.* Galleta *f.*
petite-fille [p(ə)titfij] *f.* Nieta.
petit-fils [p(ə)titfis] *m.* Nieto.
petit-gris [p(ə)tigRi] *m.* Gris, petigris.
pétition [petisjɔ̃] *f.* **1** Petición, solicitud. **2** ***~ de principe,*** petición de principio.
pétitionnaire [petisjɔnɛR] *s.* Peticionario, ria, solicitante.
petit-lait [p(ə)tilɛ] *m.* Suero.
petits-enfants [p(ə)tizɑ̃fɑ̃] *m. pl.* Nietos.
peton [pətɔ̃] *m.* fam. Piececito.
pétrifier [petRifje] *tr.* Petrificar. ▲ CONJUG. como ***prier.***
pétrin [petRɛ̃] *m.* **1** Artesa *f.*, amasadera *f.* **2** fam. Atolladero, apuro, aprieto.
pétrir [petRiR] *tr.* **1** Amasar (une pâte). **2** fig. Formar, modelar (façonner). **3** ***Être pétri de,*** estar lleno de.
pétrole [petRɔl] *m.* Petróleo.
pétroleur, -euse [petRɔlœR, øz] *s.* Petrolero, ra.
pétrolier, -ière [petRɔlje, -jɛR] *adj.* **1** Petrolero, ra. ■ **2** *m.* Petrolero (bateau).
pétulance [petylɑ̃s] *f.* Impetuosidad.
peu [pø] *adv.* **1** Poco: ***un ~ de,*** un poco de. **2** ***~ de,*** poco, poca, pocos, pocas: ***~ de travail,*** poco trabajo; ***~ de livres,*** pocos libros. **3** *loc. adv.* ***À ~ près,*** poco más o me-

nos; ~ *à* ~, poco a poco; *dans* ~, *sous* ~, dentro de poco. 4 *loc. conj. Pour* ~ *que,* a poco que; *si* ~ *que ce soit,* por muy poco que sea.
peuplade [pœplad] *f.* Tribu, pueblo *m.* primitivo.
peuple [pœpl(ə)] *m.* 1 Pueblo. Loc. *Le bas* ~, el vulgo, la plebe. 2 Muchedumbre *f.* (foule). Loc. fam. *Il y a du* ~, hay mucha gente. ■ 3 *adj. invar.* Populachero, ra.
peuplier [pøplije] *m.* Álamo.
peur [pœʀ] *f.* 1 Miedo *m.* Loc. ~ *bleue,* miedo cerval; *j'ai* ~ *que,* me temo que; *faire* ~, asustar, dar miedo. 2 *loc. prép. De* ~ *de,* por miedo a. 3 *loc. conj. De* ~ *que,* por miedo de que.
peut-être [pøtɛtʀ(ə)] *adv.* Acaso, quizá, quizás, tal vez, puede ser: ~ *viendra-t-il,* puede ser que venga.
phalange [falɑ̃ʒ] *f.* Falange.
pharaon [faʀaɔ̃] *m.* Faraón.
phare [faʀ] *m.* Faro.
pharmacie [faʀmasi] *f.* 1 Farmacia. 2 Botiquín *m.* (armoire).
pharmacien, -ienne [faʀmasjɛ̃, -ɛn] *s.* Farmacéutico, ca.
pharmacopée [faʀmakɔpe] *f.* Farmacopea.
pharyngite [faʀɛ̃ʒit] *f.* MÉD. Faringitis.
phase [fɑz] *f.* Fase.
phénomène [fenɔmɛn] *m.* Fenómeno.
philanthropie [filɑ̃tʀɔpi] *f.* Filantropía.
philatélie [filateli] *f.* Filatelia.
philosophe [filɔzɔf] *s.* Filósofo, fa.
philosophie [filɔzɔfi] *f.* Filosofía.
philtre [filtʀ(ə)] *m.* Filtro, bebedizo.
phlegmon [flɛgmɔ̃] *m.* MÉD. Flemón.
phobie [fɔbi] *f.* MÉD. Fobia.
phonétique [fɔnetik] *adj.* 1 Fonético, ca. ■ 2 *f.* Fonética.
phonographe [fɔnɔgʀaf] *m.* Fonógrafo.
phoque [fɔk] *m.* Foca *f.*
phosphate [fɔsfat] *m.* CHIM. Fosfato.
phosphore [fɔsfɔʀ] *m.* CHIM. Fósforo.
phosphorescence [fɔsfɔʀesɑ̃s] *f.* Fosforescencia.
photocomposer [fɔtokɔ̃poze] *tr.* Fotocomponer.
photocopie [fɔtɔkɔpi] *f.* Fotocopia.
photocopieuse [fɔtokɔ̃pjøz] *f.* Fotocopiadora.
photographe [fɔtɔgʀaf] *s.* Fotógrafo, fa.
photographie [fɔtɔgʀafi] *f.* Fotografía.
photographier [fɔtɔgʀafje] *tr.* Fotografiar. ▲ CONJUG. como *prier.*
photoreportage [fɔtoʀ(ə)pɔʀtaʒ] *m.* Reportaje fotográfico.
phrase [fʀɑz] *f.* Frase.
physicien, -ienne [fizisjɛ̃, -jɛn] *s.* Físico, ca.
physiologie [fizjɔlɔʒi] *f.* Fisiología.
physionomie [fizjɔnɔmi] *f.* Fisonomía.
physique [fizik] *adj.* 1 Físico, ca. ■ 2 *f.* Física. ■ 3 *m.* Físico.
piaffer [pjafe] *intr.* Piafar (cheval).
piailler [pjɑje] *intr.* 1 fam. Pipiar, piar (oiseaux). 2 fam. Chillar (crier).
pianiste [pjanist(ə)] *s.* Pianista.
piano [pjano] *m.* Piano.
pianoter [pjanɔte] *intr.* 1 Aporrear el piano. 2 fam. Teclear (ordinateur).
piastre [pjastʀ(ə)] *f.* Piastra.
piaulement [pjolmɑ̃] *m.* 1 Piada *f.* (oiseaux). 2 Griterío (enfants).
PIB [peibe] *m.* (*abrév.* produit intérieur brut) PIB.
pic [pik] *m.* 1 Pico, pájaro carpintero (oiseau). 2 Pico (outil). 3 Pico, picacho (montagne). 4 *loc. adv. À* ~, vertical.
picaresque [pikaʀɛsk(ə)] *adj.* LITT. Picaresco, ca.
pichet [piʃɛ] *m.* Jarrito.
picorer [pikɔʀe] *intr.* 1 Buscar comida con el pico. ■ 2 *tr.* Picotear, picar.
picoter [pikɔte] *tr.* 1 Picar, causar picazón (démanger). 2 Picotear (becqueter).

pictural, -ale [piktyʀal] *adj.* Pictórico, ca.

pie [pi] *f.* Urraca. Loc. fam. ***Jaser comme une ~,*** hablar como una cotorra.

pièce [pjɛs] *f.* **1** Pieza: ***pièces de rechange,*** piezas de recambio. Loc. ***Travailler à la ~,*** trabajar a destajo. **2** Trozo *m.,* pedazo *m.* (morceau). Loc. ***Mettre en pièces,*** hacer añicos, destrozar. **3** Pieza (chasse, pêche). **4** Documento *m.*: ~ ***justificative,*** documento justificativo. **5** Pieza, habitación: ***un appartement de cinq pièces,*** un piso de cinco habitaciones. **6** Pieza, remiendo *m.* (raccommodage). Loc. fig. ***Être tout d'une ~,*** ser cantaclaro, francote. **7** ~ ***d'eau,*** estanque *m.* **8** CUIS. ~ ***de résistance,*** plato *m.* fuerte. **9** Obra: ~ ***de théâtre,*** obra, pieza teatral. **10** MUS. Pieza, composición. **11** Pieza, moneda (monnaie).

pied [pje] *m.* **1** Pie. Loc. ***À ~,*** a pie, andando; ***à pieds joints,*** a pie juntillas; ***à ~ sec,*** a pie enjunto; ***coup de ~,*** puntapié; ***de ~ en cap,*** de pies a cabeza; ***en ~,*** de cuerpo entero; ***lâcher ~,*** ceder terreno, cejar; fig. ***lever le ~,*** poner los pies en polvorosa, largarse. **2** Pie, mano *f.* (des animaux). Loc. fig. ***Faire le ~ de grue,*** estar de plantón. **3** Pie, pata *f.*: ***les pieds d'un lit,*** las patas de una cama. **4** Pie (mesure, en poésie). **5** BOT. Pie, tallo. **6** ~ ***de vigne,*** cepo. **7** *loc. adv.* ***À ~ d'œuvre,*** al pie del cañón; ***au ~ levé,*** sin preparación, sin demora.

pied-à-terre [pjetatɛʀ] *m. invar.* Apeadero, vivienda *f.* (de paso).

pied-de-biche [pjedbiʃ] *m.* **1** Arrancaclavos (outil). **2** Pinzas *f. pl.* de dentista. **3** Pie prensatelas (dans une machine à coudre).

piédestal [pjedɛstal] *m.* Pedestal.

piège [pjɛʒ] *m.* Trampa *f.,* cepo.

pierraille [pjɛʀɑj] *f.* Cascajo *m.,* guijo *m.*

pierre [pjɛʀ] *f.* **1** Piedra. Loc. ***Faire d'une ~ deux coups,*** matar dos pájaros de un tiro. **2** ~ ***à aiguiser,*** piedra de amolar; ~ ***à fusil,*** piedra de chispa; ~ ***d'attente,*** adaraja; ~ ***d'autel,*** ara; ~ ***de touche,*** piedra de toque; ~ ***tombale,*** lápida sepulcral.

pierreries [pjɛʀʀi] *f. pl.* Piedras preciosas.

piété [pjete] *f.* Piedad.

piétiner [pjetine] *tr.* **1** Pisotear. ■ **2** *intr.* Patalear. **3** fig. Estancarse (ne faire aucun progrès).

piéton [pjetɔ̃] *m.* Peatón, transeúnte.

piétonnier, -ière [pjetɔnje, -jɛʀ] *adj.* Peatonal.

piètre [pjɛtʀ(ə)] *adj.* Mezquino, na, pobre, ruin.

pieu [pjø] *m.* **1** Estaca *f.* **2** pop. Piltra *f.,* catre (lit).

pieuvre [pjœvʀ(ə)] *f.* **1** Pulpo *m.* **2** fig. Persona insaciable.

pieux, -euse [pjø, -øz] *adj.* Piadoso, sa.

pigeon [piʒɔ̃] *m.* **1** Palomo, paloma *f.*: ~ ***ramier,*** paloma torcaz; ~ ***voyageur,*** paloma mensajera. **2** fig. Primo (dupe).

pigeonneau [piʒɔno] *m.* Pichón.

pigeonnier [piʒɔnje] *m.* Palomar.

pigment [pigmɑ̃] *m.* Pigmento.

pignon [piɲɔ̃] *m.* **1** ARCHIT. Aguilón. Loc. fig. ***Avoir ~ sur rue,*** tener casa propia. **2** TECHN. Piñón. **3** BOT. Pinón. **4** ***Pin ~,*** pino piñonero.

pilastre [pilastʀ(ə)] *m.* Pilastra *f.*

pile [pil] **1** ARCHIT. Pila, macho *m.* **2** Pila, rimero *m.* (tas). **3** ÉLECTR., PHYS. Pila. **4** Cruz (d'une monnaie): ~ ***ou face,*** cara o cruz. **5** fam. Paliza, tunda (volée de coups).

piler [pile] *tr.* **1** Majar, machacar. **2** fam. Moler a palos (battre).

pilier [pilje] *m.* **1** ARCHIT. Pilar. **2** fig. Sostén, soporte (soutien). **3** péj. Asiduo, a. **4** SPORTS Pilar (rugby).

pillage [pijaʒ] *m.* **1** Pillaje, saqueo. **2** ***Livrer au ~,*** saquear.

pillard, -arde [pijaʀ, -aʀd(ə)] *adj.s.* **1** Saqueador, ra. **2** Ladrón, ona (voleur).
pilon [pilɔ̃] *m.* **1** Mano *f.* de mortero. **2** Pata *f.* de palo (jambe de bois). **3** Muslo, pata *f.* (de volaille).
pilori [pilɔʀi] *m.* Picota *f.*
pilotage [pilɔtaʒ] *m.* Pilotaje.
pilote [pilɔt] *m.* **1** Piloto. ■ **2** *adj. invar.* Modelo: ***usine*** ~, fábrica modelo.
piloter [pilɔte] *tr.* **1** Pilotar. **2** fig. Guiar (quelqu'un).
pilotis [pilɔti] *m.* CONSTR. Pilote.
pilule [pilyl] *f.* Píldora.
pimbêche [pɛ̃bɛʃ] *f.* fam. Marisabidilla.
piment [pimɑ̃] *m.* Pimiento, guindilla *f.*
pimenter [pimɑ̃te] *tr.* **1** Sazonar con pimiento. **2** fig. Salpimentar.
pin [pɛ̃] *m.* Pino.
pince [pɛ̃s] *f.* **1** Pinzas *pl.* (instrument). **2** ~ ***à sucre,*** tenacillas *pl.* **3** Pinza (couture). **4** pop. ***La*** ~, la mano. **5** ZOOL. Pinza, tenaza. **6** TECHN. Alicates *m. pl.*: ~ ***coupante,*** alicates de corte. **7** TECHN. Palanca (levier).
pincé, -ée [pɛ̃se] *adj.* **1** Estirado, da, altivo, va (prétentieux). **2** Apretado, da: ***bouche pincée,*** boca apretada.
pinceau [pɛ̃so] *m.* **1** Pincel. **2** ~ ***lumineux,*** pequeño haz luminoso.
pincée [pɛ̃se] *f.* Pulgada, pizca.
pince-nez [pɛ̃sne] *m. invar.* Lentes *pl.*, quevedos *pl.*
pincer [pɛ̃se] *tr.* **1** Pellizcar. **2** Apretar, oprimir (les lèvres). **3** Ajustar, ceñir (couture). **4** fam. Picar (le froid). **5** fam. Pillar (prendre, arrêter). **6** fam. Pescar, sorprender (surprendre). **7** AGR. Podar. ■ **8** *pr.* Pellizcarse. ▲ CONJUG. como ***lancer.***
pinçon [pɛ̃sɔ̃] *m.* Cardenal.
pingouin [pɛ̃gwɛ̃] *m.* Pingüino.
pingre [pɛ̃gʀ(ə)] *adj.-s.* fam. Agarrado, da.
pinson [pɛ̃sɔ̃] *m.* Pinzón.
pintade [pɛ̃tad] *f.* Pintada, gallina de Guinea.
pinte [pɛ̃t] *f.* Pinta (mesure).
pinter [pɛ̃te] *intr.* pop. Empinar el codo, trincar.
pioche [pjɔʃ] *f.* Zapapico *m.*, pico *m.*
piocher [pjɔʃe] *tr.* **1** Cavar. **2** fig. fam. Empollar (étudier).
piolet [pjɔlɛ] *m.* Bastón de alpinista.
pion [pjɔ̃] *m.* **1** Peón (aux échecs). **2** Ficha *f.* (jeu de dames).
pionnier [pjɔnje] *m.* **1** MIL. Gastador. **2** Colonizador. **3** fig. Pionero.
pipe [pip] *f.* **1** Pipa. Loc. fam. ***Par tête de*** ~, por barba; ***casser sa*** ~, hincar el pico (mourir); ***se fendre la*** ~, soltar el trapo. **2** pop. Cigarrillo *m.*
piper [pipe] *tr.* **1** ~ ***des dés, des cartes,*** hacer fullerías con los dados, con las cartas. **2** fam. ***Ne pas*** ~, no decir ni pío.
pipette [pipɛt] *f.* Pipeta.
pipi [pipi] *m.* Pipi: ***Faire*** ~, hacer pipí, hacer pis.
piquant, -ante [pikɑ̃, -ɑ̃t] *adj.* **1** Punzante (qui pique). **2** Picante (sauce). **3** Agudo, da, vivo, va: ***froid*** ~, frío agudo. **4** fig. Picante, mordaz (caustique). ■ **5** *m.* Pincho, púa *f.*
pique [pik] *f.* **1** Pica (arme). **2** Indirecta: ***envoyer, lancer des piques à quelqu'un,*** tirar indirectas a alguien. ■ **3** *m.* Piques *pl.* (cartes).
piqué, -ée [pike] *adj.* **1** Cosido, da a máquina (cousu). **2** Picado, da (marqué de petites taches). **3** Picado, da, echado, da a perder (boisson). **4** Apolillado, da, carcomido, da (vermoulu). **5** fam. Chiflado, da (fou). ■ **5** *m.* Piqué (tissu). **7** AÉR. Picado.
piquer [pike] *tr.* **1** Picar, pinchar. **2** MÉD. Poner, dar, una inyección (faire une piqûre). **3** Picar (insecte). **4** Clavar (fixer avec une pointe). **5** Coser a máquina (coudre). **6** Apolillar (le bois). **7** Llenar de manchas (parsemer de taches). **8** Picar, pro-

ducir picazón (démanger). **9** fig. Picar: ~ ***l'amour propre,*** picar el amor propio. **10** ~ ***une tête,*** echarse al agua de cabeza; ~ ***une crise,*** coger una rabieta. **11** MUS. ~ ***une note,*** picar una nota. **12** CUIS. Mechar. **13** pop. Afanar, apañar (voler). **14** Echar el guante a, pillar (arrêter). ■ **15** *intr.* Pinchar. **16** AÉR. Descender en picado. ■ **17** *pr.* Pincharse. **18** Darse una inyección. **19** Picarse (vin, tissu, papier). **20** fig. Picarse, resentirse (se vexer). **21** ***Se*** ~ ***de,*** jactarse de, presumir.

piquet [pikɛ] *m.* **1** Piquete. Loc. ***Mettre un élève au*** ~, castigar a un alumno a permanecer en pie. **2** Piquete (de soldats, de grève). **3** Juego de los cientos (jeu de cartes).

piquette [pikɛt] *f.* **1** Aguapié. **2** Vino *m.* peleón, vinucho *m.* (vin). **3** pop. Paliza, derrota (défaite).

piqûre [pikyʀ] *f.* **1** Pinchazo *m.* **2** Picada, picadura (d'insecte). **3** Pespunte *m.* (couture). **4** MÉD. Inyección: ***faire une*** ~ ***à,*** poner, dar una inyección a.

pirate [piʀat] *m.* Pirata.

pirater [piʀate] *tr.* Piratear.

pire [piʀ] *adj.* **1** Peor: ***rien de*** ~ ***que,*** nada peor que. ■ **2** *m.* ***Le*** ~, lo peor.

pirogue [piʀɔg] *f.* Piragua.

pirouette [piʀwɛt] *f.* Pirueta.

pis [pi] *m.* Ubre *f.*, teta *f.* (mamelle).

pis [pi] *adv.-adj.* **1** Peor. *loc. adv.* ***Tant*** ~, tanto peor; ***aller de mal en*** ~, ***de*** ~ ***en*** ~, ir de mal en peor; ***qui*** ~ ***est,*** lo que es peor. ■ **2** *m.* Peor. *loc. adv.* ***Au*** ~ ***aller,*** en el peor de los casos.

pisciculture [pisikyltyʀ] *f.* Piscicultura.

piscine [pisin] *f.* Piscina.

pissenlit [pisɑ̃li] *m.* Diente de león.

pisser [pise] *intr.-tr.* pop. Mear.

pistache [pistaʃ] *f.* Alfóncigo *m.*, pistacho *m.*

piste [pist(ə)] *f.* Pista.

pistolet [pistɔlɛ] *m.* **1** Pistola *f.* (arme). ■ **2** TECHN. Pistola *f.*, aerógrafo (pour peindre). **3** Plantilla *f.* (de dessinateur).

piston [pistɔ̃] *m.* **1** TECHN. Pistón, émbolo. **2** MUS. Pistón. **3** fam. Enchufe: ***avoir du*** ~, tener enchufe.

pistonner [pistɔne] *tr.* **1** fam. Enchufar. **2** fam. ***Se faire*** ~, tener un enchufe.

pitance [pitɑ̃s] *f.* péj. Pitanza.

pitié [pitje] *f.* Piedad, lástima, compasión: ***faire*** ~, dar lástima.

pitoyable [pitwajabl(ə)] *adj.* **1** Lastimoso, sa, lamentable (digne de pitié). **2** Piadoso, sa, compasivo, va (humain).

pitre [pitʀ(ə)] *m.* Payaso.

pittoresque [pitɔʀɛsk(ə)] *adj.* Pintoresco, ca.

pivert [pivɛʀ] *m.* Picamaderos.

pivoine [pivwan] *f.* Peonía.

pivot [pivo] *m.* **1** MÉC. Gorrón, pivote. **2** fig. Eje, base *f.* **3** BOT. Nabo, raíz *f.* vertical.

pivoter [pivɔte] *intr.* Girar sobre su eje.

placage [plakaʒ] *m.* Chapeado, enchapado.

placard [plakaʀ] *m.* **1** Armario empotrado. **2** Cartel (affiche).

place [plas] *f.* **1** Plaza: ***la*** ~ ***Vendôme,*** la plaza Vendôme. **2** Plaza, lugar *m.*, sitio *m.* (endroit). Loc. ***À la*** ~ ***de,*** en lugar de; ***sur*** ~, en el mismo lugar; ~ ***d'honneur,*** lugar, sitio de preferencia. **3** Plaza, asiento *m.*: ***voiture à deux places,*** coche de dos plazas. **4** Localidad, entrada (dans un théâtre, un cinéma). **5** Plaza, empleo *m.* (emploi). Loc. ***Être en*** ~, tener un empleo importante. **6** Espacio *m.*, sitio *m.*: ***prendre beaucoup de*** ~, ocupar mucho sitio. **7** MIL. ~ ***forte,*** plaza fuerte. **8** *interj.* ¡Paso!

placement [plasmɑ̃] *m.* **1** Colocación *f.*: ***bureau de*** ~, agencia de colocaciones. **2** Inversión *f.* (investissement).

placer [plase] *tr.* **1** Colocar, instalar (installer). **2** Acomodar (dans une salle de spectacle). **3** Colocar, poner (mettre). **4** Colocar, proporcionar un empleo a. **5** Colocar, invertir (investir). ■ **6** *pr.* Colocarse, instalarse, acomodarse (s'installer). **7** Colocarse (prendre une place, un emploi). ▲ CONJUG. como ***lancer.***

placer [plasɛʀ] *m.* MINÉR. Placer (gisement d'or).

placidité [plasidite] *f.* Placidez.

placier, -ière [plasje, -jɛʀ] *s.* Corredor, ra.

plafond [plafɔ̃] *m.* **1** Techo. Loc. fam. ***Avoir une araignée au ~,*** faltarle a alguien un tornillo. **2** fig. Tope, límite: ***prix ~,*** precio tope. **3** AÉR. Altura *f.* máxima. **4** AUTO. Velocidad *f.* máxima.

plafonnier [plafɔnje] *m.* Lámpara *f.* de aplique colocada en el techo.

plage [plaʒ] *f.* Playa.

plagier [plaʒje] *tr.* Plagiar. ▲ CONJUG. como ***prier.***

plaid [plɛd] *m.* Manta *f.* de viaje.

plaider [plede] *intr.* **1** Litigar, pleitear. **2** Abogar: ***~ pour, en faveur de,*** abogar por, en favor de. ■ **3** *tr.* Defender.

plaideur, -euse [plɛdœʀ, -øz] *s.* Litigante.

plaidoirie [plɛdwaʀi] *f.* **1** DR. Alegato *m.,* defensa. **2** Abogacía (art de plaider).

plaie [plɛ] *f.* **1** Llaga, herida. **2** Plaga (fléau). **3** fam. ***Quelle ~!,*** ¡vaya lata!

plaignant, -ante [plɛɲɑ̃, -ɑ̃t] *s.* Querellante, demandante.

plain [plɛ̃] *adj.* **1** Llano, plano. **2** ***De plain-pied,*** al mismo nivel.

plaindre [plɛ̃dʀ(ə)] *tr.* **1** Compadecer, sentir lástima por. ■ **2** *pr.* Quejarse, lamentarse (se lamenter). **3** Protestar (protester). **4** DR. Querellarse. ▲ CONJUG. como ***craindre.***

plaine [plɛn] *f.* Llanura, llano *m.*

plainte [plɛ̃t] *f.* **1** Queja. **2** Gemido *m.,* lamento *m.* **3** DR. Demanda, denuncia.

plaintif, -ive [plɛ̃tif, -iv] *adj.* Lastimero, ra.

plaire [plɛʀ] *tr. ind.* **1** Gustar, agradar: ***~ à quelqu'un,*** gustar a alguien; ***cela me plaît,*** esto me gusta. ■ **2** *impers.* Gustar, placer: ***comme il vous plaira,*** como le plazca. Loc. ***Plaise à Dieu,*** quiera Dios, ojalá; ***s'il vous plaît,*** por favor; ***plaît-il?,*** ¿cómo?, ¿decía usted? ■ **3** *pr.* Hallarse bien, estar a gusto. **4** ***Se ~ à,*** complacerse en. ▲ CONJUG. IRREG. INDIC. Pres.: ***je plais, tu plais, il plait, nous plaisons, vous plaisez, ils plaisent.*** Imperf.: ***je plaisais,*** etc. Pret. indef.: ***je plus,*** etc. Fut. imperf.: ***je plairai,*** etc. POT.: ***je plairais,*** etc. SUBJ. Pres.: ***que je plaise,*** etc. Imperf.: ***que je plusse,*** etc. IMPER.: ***plais, plaisons, plaisez.*** PART. A.: ***plaisant.*** PART. P.: ***plu, plue.***

plaisance (de) [plɛzɑ̃s] *loc. adj.* De recreo; ***maison ~,*** casa de recreo.

plaisant, -ante [plɛzɑ̃, -ɑ̃t] *adj.* **1** Agradable (agréable). **2** Divertido, da (drôle). ■ **3** *m.* ***Le ~,*** lo gracioso, lo chistoso. **4** ***Mauvais ~,*** bromista pesado.

plaisanter [plɛzɑ̃te] *intr.* **1** Bromear, chancearse. Loc. ***Je ne plaisante pas,*** hablo en serio. ■ **2** *tr.* Burlarse de, tomar el pelo a (railler légèrement).

plaisanterie [plɛzɑ̃tʀi] *f.* Broma, chanza.

plaisir [pleziʀ] *m.* **1** Placer, deleite. **2** Placer, gusto, agrado. Loc. ***Avec ~,*** con gusto; ***par ~,*** por gusto; ***faire ~,*** dar gusto, complacer; ***faites-moi le ~ de,*** hágame el favor de. **3** Placer, goce sexual. **4** Diversión *f.* **5** *loc. adv.* ***À ~,*** a capricho, sin motivo, porque sí.

plan, plane [plɑ̃, plan] *adj.* **1** Plano, na. ■ **2** *m.* Plano (surface plane). **3** Plano (photographie): ***gros ~,*** primer plano. **4** PEINT. Plano, término. Loc. ***Au premier*** ~, en primer término. **5** ARCHIT. Plano. **6** fig. Plan (projet).

planche [plɑ̃ʃ] *f.* **1** Tabla, tablón *m.* (de bois). Loc. ~ ***à dessin,*** tablero *m.* de dibujo; fig. ~ ***de salut,*** tabla de salvación; ***faire la*** ~, hacer la plancha. **2** Lámina (gravure). **3** fam. Esquí *m.* **4** AGR. Tabla. ■ **5** *pl.* THÉÂT. Tablas.

plancher [plɑ̃ʃe] *m.* Piso, suelo.

planer [plane] *intr.* **1** Cernerse (les oiseaux). **2** Planear (un avion). **3** Dominar (du regard, par la pensée). **4** fig. Cernerse, pesar: ***une menace plane sur nous,*** una amenaza se cierne sobre nosotros.

planétaire [planetɛʀ] *adj.* Planetario, ria.

planète [planɛt] *f.* Planeta *m.*

planisphère [planisfɛʀ] *m.* Planisferio.

plant [plɑ̃] *m.* **1** AGR. Plantón. **2** AGR. Plantel, plantío (terrain).

plantation [plɑ̃tɑsjɔ̃] *f.* Plantación.

plante [plɑ̃t] *f.* Planta.

planter [plɑ̃te] *tr.* **1** AGR. Plantar. **2** Clavar, hincar (enfoncer). **3** Montar, instalar. **4** fam. ~ ***là quelqu'un,*** dejar plantado a alguien. ■ pr. Plantarse.

planton [plɑ̃tɔ̃] *m.* MIL. Ordenanza.

plantureux, -euse [plɑ̃tyʀø, -øz] *adj.* **1** Copioso, sa, abundante (copieux). **2** Fértil, feraz (sol). **3** Corpulento, ta, rollizo, za (une personne).

plaque [plak] *f.* **1** Placa: ~ ***d'immatriculation,*** placa de matrícula. Loc. ~ ***tournante,*** placa giratoria; fig. centro *m.*, eje *m.* **2** Plancha: ~ ***de blindage,*** plancha de blindaje. **3** PHOT. Placa.

plaqué [plake] *m.* Plaqué.

plaquer [plake] *tr.* **1** Pegar, adherir (coller). **2** SPORTS Hacer un placaje (rugby). **3** TECHN. Chapar, enchapar. **4** pop. Plantar, dejar plantado, da (abandonner).

plaquette [plakɛt] *f.* **1** Librito *m.*, folleto (petit livre). **2** Plaquita. **3** Plaqueta (sanguine).

plastique [plastik] *adj.* **1** Plástico, ca. ■ **2** *f.* Plástica. ■ **3** *m.* Materia *f.* plástica, plástico: ***sac en*** ~, bolso de plástico.

plastron [plastʀɔ̃] *m.* **1** Peto (d'une cuirasse). **2** Pechera *f.* (de chemise).

plat, plate [pla, plat] *adj.* **1** Llano, na, plano, na: ***pays*** ~, país llano. Loc. ***À*** ~, horizontalmente; ***pneu à*** ~, neumático desinflado; fig. fam. ***être à*** ~, estar deprimido, da (une personne). **2** Aplastado, da (aplati). **3** Delgado, da (mince). **4** fig. Mediocre. **5** Soso, sa, insulso, sa (fade). **6** ***Eau plate,*** agua sin gas. **7** *loc. adv.* ***À*** ~ ***ventre,*** de bruces. ■ **8** *m.* Lo plano. Loc. fam. ***Faire du*** ~ ***à quelqu'un,*** dar coba a alguien. **9** Fuente *f.* (pièce de vaisselle). **10** ~ ***à barbe,*** bacía *f.* **11** Plato (repas): ~ ***garni,*** plato con guarnición. Loc. ~ ***cuisiné,*** guiso.

platane [platan] *m.* Plátano (arbre).

plateau [plato] *m.* **1** Bandeja *f.* (pour le service). **2** Platillo (d'une balance). **3** Plato (d'un tourne-disque). **4** GÉOG. Meseta *f.* **5** Escena *f.*, escenario, plató (cinéma, théâtre).

plate-bande [platbɑ̃d] *f.* **1** AGR. Arriate *m.* **2** ARCHIT. Platabanda (moulure).

plate-forme [platfɔʀm(ə)] *f.* Plataforma.

platine [platin] *m.* **1** Platino (métal). ■ **2** *f.* TECHN. Platina. **3** Plato *m.* (d'un tourne-disque).

platitude [platityd] *f.* **1** Banalidad, trivialidad (banalité). **2** Bajeza (bassesse).

plâtrage [plɑtʀaʒ] *m.* **1** Enyesado. **2** CHIR. Escayolado.

plâtrer [plɑtʀe] *tr.* **1** Enyesar. **2** CHIR. Escayolar (un membre fracturé).

plausible [plozibl(ə)] *adj.* Plausible.

plèbe [plɛb] *f.* Plebe.

pléiade [plejad] *f.* Pléyade.

plein, pleine [plɛ̃, plɛn] *adj.* **1** Lleno, na. Loc. ***À pleines mains,*** a manos llenas: ~ ***de soi,*** engreído; fam. ***être ~ aux as,*** tener bien cubierto el riñón. *loc. adv.* ***En ~,*** en pleno. **2** Macizo, za (massif). **3** Preñada (femelle d'animal). **4** Completo, ta, entero, ra (entier): ***un mois ~,*** un mes entero. **5** Pleno, na (total): ***pleins pouvoirs,*** plenos poderes. **6** Redondo, da, relleno, na (dodu). ■ **7** *m.* Lo lleno. Loc. ***Battre son ~,*** estar en pleno apogeo. **8** Máximo (le maximum). **9** Trazo grueso (écriture). ■ **10** *prép.* ***Avoir de l'argent ~ les poches,*** tener mucho dinero. Loc. fam. ***En avoir ~ le dos,*** estar hasta la corinilla; ***en avoir ~ les bottes,*** estar molido de tanto andar. *loc. prép.* ~ ***de,*** mucho, cha, chos, chas; ***il y avait ~ de monde,*** había mucha gente.

plénier, -ière [plenje, -jɛʀ] *adj.* Plenario, ia.

plénipotentiaire [plenipɔtɑ̃sjɛʀ] *adj.-m.* Plenipotenciario, ia.

plénitude [plenityd] *f.* Plenitud.

pléonasme [pleɔnasm(ə)] *m.* Pleonasmo.

pléthore [pletɔʀ] *f.* Plétora.

pleur [plœʀ] *m.* **1** Llanto, lloro. ■ **2** *pl.* Lágrimas *f.*

pleurer [plœʀe] *intr.-tr.* Llorar.

pleurésie [plœʀezi] *f.* MÉD. Pleuresía.

pleureur, -euse [plœʀœʀ, -øz] *adj.* **1** Llorón, ona. ■ **2** *f.* Plañidera.

pleurnicher [plœʀniʃe] *intr.* fam. Lloriquear.

pleuvoir [pløvwaʀ] *impers.-intr.* Llover. ▲ CONJUG. IRREG. IND. Pres.: ***il pleut.*** Imperf.: ***il pleuvait.*** Pret. indef.: ***il plut.*** Fut. imperf.: ***il pleuvra.*** POT.: ***il pleuvrait.*** SUBJ. PRES.: ***qu'il pleuve.*** Imperf.: ***qu'il plût.*** PART. A.: ***pleuvant.*** PART. P.: ***plu.***

plèvre [plɛvʀ(ə)] *f.* ANAT. Pleura.

plexus [plɛksys] *m.* ANAT. Plexo.

pli [pli] *m.* **1** Pliegue, doblez. **2** Tabla *f.*: ***jupe à plis,*** falda de tablas. **3** Raya *f.*: ***le ~ du pantalon,*** la raya del pantalón. **4** Arruga *f.* (d'un tissu chiffonné, du visage). Loc. ***Faux ~,*** arruga *f.* **5** fig. Hábito, costumbre *f.* (habitude). Loc. ***Prendre un mauvais ~,*** coger una mala costumbre. **6** Sobre (enveloppe). **7** Sinuosidad *f.* (de terrain). **8** ***Mise en plis,*** marcado *m.*

pliage [plijaʒ] *m.* Doblado, plegado.

pliant, -ante [plijɑ̃, -ɑ̃t] *adj.* **1** Plegable (qui peut être plié). ■ **2** *m.* Silla *f.* de tijera.

plie [pli] *f.* Platija.

plier [plije] *tr.* **1** Plegar, doblar. Loc. fig. ~ ***bagage,*** liar el petate. **2** Doblar (courber). **3** fig. Doblegar, someter (soumettre). ■ **4** *intr.* Doblarse, plegarse (fléchir). **5** fig. Ceder, debilitarse. ■ **6** *pr.* Doblarse, doblegarse (se soumettre). ▲ CONJUG. como ***prier.***

plissement [plismɑ̃] *m.* **1** GÉOL. Pliegue. **2** Fruncimiento (froncement).

plisser [plise] *tr.* **1** Plegar. **2** Fruncir, arrugar (froncer).

plomb [plɔ̃] *m.* **1** Plomo (métal). **2** Plomada *f.* (pêche). **3** Perdigón (de chasse). **4** Marchamo (sceau de plomb). **5** ÉLECTR. Plomos, fusible.

plombier [plɔ̃bje] *m.* Fontanero.

plongeant, -ante [plɔ̃ʒɑ̃, -ɑ̃t] *adj.* **1** Que se sumerge. **2** ***Vue plongeante sur,*** vista que se extiende por.

plongée [plɔ̃ʒe] *f.* Inmersión, sumersión.

plongeon [plɔ̃ʒɔ̃] *m.* **1** Zambullida *f.* **2** fam. Saludo, reverencia *f.* **3** SPORTS Estirada *f.*, lanzamiento del portero (football).

plonger [plɔ̃ʒe] *tr.* **1** Sumergir, hundir (submerger). **2** Clavar, hundir (un poignard). **3** Hundir, introducir (enfoncer). **4** fig. Abismar, sumir (dans la tristesse, etc.). ■ **5** *intr.* Zambullirse (dans l'eau). **6** Dominar (regarder de haut en bas). **7** Bucear (travailler sous l'eau). ■ **8**

pr. Sumirse, hundirse. ▲ CONJUG. como *engager*.
ploutocrate [plutɔkʀat] *m.* Plutócrata.
ployer [plwaje] *tr.* **1** Plegar, doblar (courber). ■ **2** *intr.* Doblegarse, ceder bajo el peso. ▲ CONJUG. como *employer*.
pluie [plɥi] *f.* Lluvia.
plumage [plymaʒ] *m.* Plumaje.
plume [plym] *f.* **1** Pluma. **2** Pluma, plumilla (pour écrire, dessiner): ***dessin à la ~,*** dibujo a la pluma.
plumeau [plymo] *m.* Plumero.
plumer [plyme] *tr.* **1** Desplumar (un oiseau). **2** fig. fam. Desplumar, plumar (voler).
plumier [plymje] *m.* Plumero, plumier (gallic.).
plupart (la) [laplypaʀ] *f.* La mayor parte, la mayoría.
pluriel, -elle [plyʀjɛl] *adj.-m.* GRAM. Plural: ***mettre au ~,*** poner en plural.
plus [ply, plys, plyz] *adv.* **1** Más: ***il est ~ jeune que moi,*** es más joven que yo; ***rien de ~,*** nada más; ***une plaisanterie des ~ drôles,*** una broma de lo más divertida. Loc. ***Au ~, tout au ~,*** a lo más, a lo sumo, cuando más; ***de ~ en ~,*** cada vez más; ***de ~, en ~,*** además (en outre); ***encore ~,*** todavía más; ***non ~,*** tampoco. **2** ***Ne... ~,*** ya no, no... más: ***il n'existe ~,*** ya no existe; ***je n'ai ~ soif,*** ya no tengo sed. ■ **3** *m.* ***Le ~,*** lo más. **4** MATH. Más (signo). ▲ ***Plus*** se pronuncia [ply] en las comparaciones o cuando refuerza una negación. En los demás casos se pronuncia [plys] (o [plyz] delante de una vocal).
plusieurs [plyzjœʀ] *adj.-pron.* **1** Varios, ias. **2** Algunos, nas (quelques).
plus-que-parfait [plyskəpaʀfɛ] *m.* GRAM. Pluscuamperfecto.
plutôt [plyto] *adv.* **1** Antes, primero: ***~ mourir que de se soumettre,*** antes morir que someterse. **2** Más bien: ***~ jolie,*** más bien bonita. **3** ***Ou ~,*** o mejor dicho; ***mais ~,*** sino más bien. **4** fam. Muy (très).
pluvieux, -euse [plyvjø, -øz] *adj.* Lluvioso, sa.
pneumatique [pnømatik] *adj.* **1** Neumático, ca. ■ **2** *m.* Neumático (de roue).
pneumonie [pnømɔni] *f.* MÉD. Neumonía, pulmonía.
pochade [pɔʃad] *f.* Boceto *m.,* bosquejo *m.*
pochard, -arde [pɔʃaʀ, -aʀd(ə)] *s.* fam. Empinador, ra, borrachín, ina.
poche [pɔʃ] *f.* **1** Bolsillo *m.:* ***de ~,*** de bolsillo. Loc. fam. ***Connaître comme sa ~,*** conocer al dedillo. **2** Bolsa (faux pli). **3** Bolsa: ***avoir des poches sous les yeux,*** tener bolsas bajo los ojos. **4** GÉOL., MÉD. Bolsa. **5** Costal *m.,* talego *m.* (sac). **6** Bolsa (sac en papier ou en matière plastique).
pocher [pɔʃe] *tr.* **1** CUIS. Escalfar (œufs). **2** ***~ un œil à quelqu'un,*** poner a alguien un ojo a la funerala.
pochette [pɔʃɛt] *f.* **1** Bolsillito *m.* (petite poche). **2** Pañuelo *m.* para el bolsillo superior de la chaqueta (mouchoir). **3** Carterilla, librillo *m.* (petite enveloppe). **4** Bolso *m.* (en cuir).
podium [pɔdjɔm] *m.* Podio.
poêle [pwɑl] *m.* **1** Estufa *f.* (de chauffage). **2** Paño mortuorio (du cercueil). ■ **3** *f.* Sartén.
poêlon [pwɑlɔ̃] *m.* Cazo.
poème [pɔɛm] *m.* Poema.
poésie [pɔezi] *f.* Poesía.
poète [pɔɛt] *adj.-m.* Poeta.
poétesse [pɔetɛs] *f.* Poetisa.
poids [pwa(ɑ)] *m.* **1** Peso. Loc. fig. ***Ne pas faire le ~,*** no tener talla. **2** ***Prendre, perdre du ~,*** engordar, adelgazar. **3** Pesa *f.* (pour peser, d'horloge). **4** ***~ lourd,*** camión.
poignant, -ante [pwaɲɑ̃, -ɑ̃t] *adj.* Desgarrador, ra, punzante.
poignard [pwaɲaʀ] *m.* **1** Puñal. **2** ***Coup de ~,*** puñalada *f.*

poignarder [pwaɲaʀde] *tr.* Apuñalar.
poigne [pwaɲ] *f.* Fuerza en las manos, en los puños.
poignée [pwaɲe] *f.* 1 Puñado *m.* 2 ~ *de main,* apretón de manos. 3 Puño *m.*, empuñadura (d'une arme, d'une canne). 4 Mango *m.* (manche). 5 Tirador *m.* (de porte).
poignet [pwaɲɛ] *m.* 1 ANAT. Muñeca *f.* 2 Puño (d'une chemise).
poil [pwal] *m.* Pelo. Loc. fam. *À ~,* en cueros; *avoir un ~ dans la main,* ser un manta, un vago; *au ~!,* ¡macanudo!
poilu, -ue [pwaly] *adj.* Peludo, da, velludo, da.
poinçonner [pwɛ̃sɔne] *tr.* 1 Contrastar (l'or, l'argent). 2 Taladrar, perforar. 3 Picar (un billet de métro, de chemin de fer).
poindre [pwɛ̃dʀ(ə)] *intr.* 1 Apuntar, despuntar, asomar, rayar. 2 Brotar (les plantes). ▲ CONJUG. como *craindre.*
poing [pwɛ̃] *m.* Puño. Loc. *Coup de ~,* puñetazo.
point [pwɛ̃] *m.* 1 Punto: *~ à la ligne,* punto y aparte; *points de suspension,* puntos suspensivos. Loc. *~ d'honneur,* pundonor; *bon ~,* vale; *faire le ~,* hacer el balance; *mettre au ~,* dar el último toque a; enfocar (appareil de photo). 2 *~ du jour,* amanecer. 3 *~ de côté,* punzada *f.* en el costado. 4 MUS. Puntillo, punto. Loc. *~ d'orgue,* calderón. 5 Punto, puntada *f.* (couture). 6 *loc. prép. Sur le ~ de,* a punto de.
point [pwɛ̃] *adv.* 1 No: *je ne sais ~,* no sé. Loc. *~ du tout,* en absoluto. ■ 2 *m. ~ mort,* nivel mínimo de producción (entreprise).
pointe [pwɛ̃t] *f.* 1 Punta (extrémité). Loc. *À la ~ de l'épée,* a viva fuerza. *loc. adv. En ~,* en punta; *sur la ~ des pieds,* de puntillas. 2 Punta, clavo *m.* (clou). 3 Punzón *m.* (poinçon). 4 *Une ~ de,* una pizca de. Loc. *Pousser une ~ jusqu'à,* llegar hasta.
pointer [pwɛ̃te] *tr.* 1 Puntear, apuntar (sur une liste). 2 Dirigir (diriger). 3 Apuntar (avec une arme). 4 Enderezar, erguir (dresser). 5 *~ les oreilles,* aguzar las orejas. 6 Fichar (dans une usine, une entreprise). ■ 7 *intr.* Despuntar, rayar (le jour). 8 Apuntar, empezar a salir (commencer à pousser). 9 Alzarse, elevarse (s'élever). ■ 10 *pr.* fam. Presentarse, llegar (arriver).
pointilleux, -euse [pwɛ̃tijø, -øz] *adj.* Quisquilloso, sa, puntilloso, sa.
pointu, -ue [pwɛ̃ty] *adj.* Puntiagudo, da.
pointure [pwɛ̃tyʀ] *f.* 1 IMPR. Puntura. 2 Número *m.*, medida (des chaussures, des gants, etc.).
poire [pwaʀ] *f.* 1 Pera: *~ fondante,* pera de agua. 2 *~ électrique,* pera, perilla. 3 pop. Jeta, rostro *m.* (figure). 4 fam. Primo *m.* (naïf): *quelle ~!,* ¡vaya primo!
poireau [pwaʀo] *m.* Puerro.
poirier [pwaʀje] *m.* Peral.
pois [pwa(ɑ)] *m.* 1 Guisante: *petit ~,* guisante común; *~ de senteur,* guisante de olor. 2 *Pois chiche,* garbanzo.
poison [pwazɔ̃] *m.* Veneno, ponzoña *f.*
poissard, -arde [pwasaʀ, -aʀd(ə)] *adj.* 1 Ordinario, ria, populachero, ra. ■ 2 *f.* Pescadera, verdulera.
poisseux, -euse [pwasø, -øz] *adj.* 1 Pegajoso, sa (collant). 2 Pringoso, sa (graisseux).
poisson [pwasɔ̃] *m.* 1 Pez (vivant): *poissons rouges,* peces de colores. Loc. *Poisson d'avril,* inocentada *f.*; *engueuler quelqu'un comme du ~ pourri,* poner a alguien como un trapo. 2 Pescado (comestible, une fois pêché). 3 *Les Poissons,* Piscis.
poissonnerie [pwasɔnʀi] *f.* Pescadería.

poitrail [pwatʀaj] *m.* 1 Pecho (du cheval). 2 Antepecho (harnais).
poitrinaire [pwatʀinɛʀ] *adj.-s.* Tísico, ca.
poitrine [pwatʀin] *f.* Pecho *m.*
poivre [pwavʀ(ə)] *m.* Pimienta *f.*
poivrier [pwavʀije] *m.* Pimentero.
poivrière [pwavʀijɛʀ] *f.* 1 Pimental *m.* (plantation). 2 Pimentero *m.* (boîte à poivre).
poivron [pwavʀɔ̃] *m.* Pimiento.
poix [pwa(ɑ)] *f.* Pez.
polaire [pɔlɛʀ] *adj.* Polar.
polar [pɔlaʀ] *m.* fam. Novela negra, policíaca *f.*
polariser [pɔlaʀize] *tr.* 1 Polarizar. ■ 2 *pr.* Polarizarse.
pôle [pol] *m.* Polo.
polémique [pɔlemik] *adj.* 1 Polémico, ca. ■ 2 *f.* Polémica.
polémiste [pɔlemist(ə)] *s.* Polemista.
poli, -ie [pɔli] *adj.* 1 Pulido, da, liso, sa. 2 Educado, da, cortés (courtois). ■ 3 *m.* Pulimento, curtido.
police [pɔlis] *f.* 1 Policía. 2 Póliza: ~ ***d'assurance,*** póliza de seguro.
polichinelle [pɔliʃinɛl] *m.* Polichinela.
policier, -ière [pɔlisje, -jɛʀ] *adj.* 1 Policíaco, ca. ■ 2 *m.* Policía.
polir [pɔliʀ] *tr.* 1 Pulir, bruñir, pulimentar. 2 fig. Pulir (parfaire).
polisson, -onne [pɔlisɔ̃, -ɔn] *s.* 1 Bribonzuelo, la, buena pieza. ■ 2 *adj.* Verde, licencioso, sa (égrillard). 3 Pícaro, ra, malicioso, sa (fripon).
politesse [pɔlitɛs] *f.* 1 Cortesía, urbanidad (courtoisie). 2 Fineza, delicadeza, cumplido *m.*
politique [pɔlitik] *adj.-m.* 1 Político, ca. ■ 2 *f.* Política.
pollen [pɔl(l)ɛn] *m.* BOT. Polen.
pollution [pɔl(l)ysjɔ̃] *f.* Polución, contaminación.
polonais, -aise [pɔlɔnɛ, -ɛz] *adj.-s.* 1 Polaco, ca, polonés, esa. ■ 2 *f.* MUS. Polonesa.
poltronnerie [pɔltʀɔnʀi] *f.* Cobardía.
polychrome [pɔlikʀom] *adj.* Policromo, ma.
polygamie [pɔligami] *f.* Poligamia.
polyglotte [pɔliglɔt] *adj.-s.* Poligloto, ta, polígloto, ta.
polygone [pɔligɔn] *m.* GÉOM. Polígono.
polynôme [pɔlinom] *m.* MATH. Polinomio.
polyphonie [pɔlifɔni] *f.* MUS. Polifonía.
polytechnique [pɔlitɛknik] *adj.* Politécnico, ca.
pommade [pɔmad] *f.* Pomada.
pomme [pɔm] *f.* 1 Manzana (fruit). Loc. fam. ***Elle est tombée dans les pommes,*** le ha dado un soponcio. 2 ~ ***de terre,*** patata. 3 ~ ***de pin,*** piña. 4 ~ ***d'Adam,*** nuez. 5 Repollo *m.* (de chou ou salade). 6 Pera, perilla (ornement). 7 ~ ***d'arrosoir,*** alcachofa de regadera.
pommé, -ée [pɔme] *adj.* BOT. Repolludo, da.
pommeau [pɔmo] *m.* 1 Pomo, empuñadura *f.* (d'une épée, d'un sabre). 2 Perilla *f.* (de la selle).
pommelé, -ée [pɔmle] *adj.* 1 Aborregado, da (ciel). 2 Tordo, da (cheval).
pommette [pɔmɛt] *f.* Pómulo *m.*
pommier [pɔmje] *m.* Manzano.
pompe [pɔ̃p] *f.* 1 Pompa, fausto *m.* (apparat). 2 Bomba (machine): ~ ***foulante,*** bomba impelente. 3 ~ ***à essence,*** surtidor *m.* de gasolina.
pomper [pɔ̃pe] *tr.* 1 Aspirar mediante una bomba (puiser). 2 pop. Dejar molido, da (fatiguer): ***être pompé,*** estar molido. 3 pop. Pimplar, trasegar (boire).
pompeux, -euse [pɔ̃pø, -øz] *adj.* Pomposo, sa.
pompier [pɔ̃pje] *m.* 1 Bombero. ■ 2 *adj.* fam. Académico, ca.
pompon [pɔ̃pɔ̃] *m.* Borla *f.*
ponce [pɔ̃s] *adj.-f.* ***Pierre ~,*** piedra pómez.
ponceau [pɔ̃so] *adj. invar.* Punzó.
ponceuse [pɔ̃søz] *f.* Lijadora.
poncif [pɔ̃sif] *m.* Tópico, vulgaridad *f.*
ponction [pɔ̃ksjɔ̃] *f.* MÉD. Punción.

ponctualité [pɔ̃ktɥalite] *f.* Puntualidad.
ponctuation [pɔ̃ktɥasjɔ̃] *f.* Puntuación.
pondération [pɔ̃deʀasjɔ̃] *f.* Ponderación, equilibrio *m.*
pondérer [pɔ̃deʀe] *tr.* Ponderar, equilibrar. ▲ CONJUG. como ***accélérer.***
pondre [pɔ̃dʀ(ə)] *tr.* **1** Poner (oiseaux). **2** fam. péj. Parir, producir. ▲ CONJUG. como ***rendre.***
pont [pɔ̃] *m.* **1** Puente: ~ ***suspendu, tournant,*** puente colgante, giratorio. **2** ***Ponts et chaussées,*** puentes y caminos. **3** MAR. Puente, cubierta *f.*
ponte [pɔ̃t] *f.* **1** Postura, puesta (action de pondre). ■ **2** *m.* Punto (jeu). **3** fam. Mandamás (personnage important).
ponter [pɔ̃te] *intr.* Hacer una puesta (jeux).
pontife [pɔ̃tif] *m.* Pontífice.
pontifical, -ale [pɔ̃tifikal] *adj.-m.* Pontifical.
ponton [pɔ̃tɔ̃] *m.* MAR. Pontón.
popote [pɔpɔt] *f.* **1** fam. Pitanza, comida. ■ **2** *adj.* fam. Casero, ra (casanier).
populaire [pɔpylɛʀ] *adj.* Popular.
population [pɔpylasjɔ̃] *f.* Población.
porc [pɔʀ] *m.* **1** Puerco, cerdo (cochon). **2** Cerdo (viande).
porcelaine [pɔʀsəlɛn] *f.* Porcelana.
porcelet [pɔʀsəlɛ] *m.* Cochinillo, lechón.
porc-épic [pɔʀkepik] *m.* Puerco espín.
porcher, -ère [pɔʀʃe, -ɛʀ] *s.* Porquero, ra, porquerizo, za.
porcin, -ine [pɔʀsɛ̃, -in] *adj.* Porcino, na.
pore [pɔʀ] *m.* Poro.
poreux, -euse [pɔʀø, -øz] *adj.* Poroso, sa.
port [pɔʀ] *m.* **1** Puerto. **2** fig. Puerto, refugio. **3** Porte (action de porter). Loc. ~ ***d'armes prohibé,*** tenencia *f.* ilícita de armas. **3** Porte (prix du transport). **4** Porte, aire, aspecto (allure).
portage [pɔʀtaʒ] *m.* Porte, transporte.
portail [pɔʀtaj] *m.* Pórtico.
portant, -ante [pɔʀtɑ̃, -ɑ̃t] *adj.* **1** ARCHIT. Sustentador, ra. **2** ***Être bien, mal*** ~, encontrarse bien, mal de salud. ■ **3** *m.* THÉÂT. Montante de bastidor.
portatif, -ive [pɔʀtatif, -iv] *adj.* Portátil.
porte [pɔʀt(ə)] *f.* **1** Puerta: ~ ***dérobée,*** puerta excusada. Loc. fig. ***Fermer la ~ au nez,*** dar con la puerta en las narices; ***mettre, flanquer quelqu'un à la*** ~, poner a alguien de patitas en la calle. **2** ~ ***d'agrafe,*** corcheta.
porté, -ée [pɔʀte] *adj.* ~ ***à,*** inclinado, da, propenso, sa a.
porte-avions [pɔʀtavjɔ̃] *m. invar.* Portaaviones.
porte-bagages [pɔʀtbagaʒ] *m. invar.* Portaequipajes.
porte-bonheur [pɔʀtbɔnœʀ] *m. invar.* Amuleto.
porte-cigarettes [pɔʀtsigaʀɛt] *m. invar.* Pitillera *f.*
porte-clefs [pɔʀtəkle] *m. invar.* Llavero.
porte-drapeau [pɔʀtdʀapo] *m.* Abanderado.
portée [pɔʀte] *f.* **1** Camada, cama (d'animaux). **2** Alcance *m.* Loc. ***À la ~ de,*** al alcance de. **3** MUS. Pentagrama *m.* **4** CONSTR. Luz, distancia libre entre apoyos.
portefeuille [pɔʀtəfœj] *m.* **1** Cartera *f.* (de poche). **2** fig. Cartera *f.* (ministère).
portemanteau [pɔʀmɑ̃to] *m.* Percha *f.*, perchero.
porter [pɔʀte] *tr.* **1** Llevar. **2** Llevar, gastar (sur soi): ***elle porte une robe noire, des lunettes,*** lleva un vestido negro, gafas; ~ ***la moustache,*** gastar bigote. **3** Dirigir (ses regards, ses pas). **4** Dar, producir: ***argent qui porte interêt,*** dinero

que produce interés. 5 Inscribir (inscrire). Loc. ***Se faire ~ malade,*** declararse enfermo. 6 Dar, traer: ***~ chance,*** dar, traer suerte. 7 Tener, sentir (éprouver). 8 Dar, asestar (un coup). 9 ***Être porté sur quelque chose,*** ser aficionado a, gustar de algo. ■ 10 *intr.* Alcanzar (armes). 11 Dar en el blanco (toucher le but). 12 ***~ sur,*** descansar en, estribar en (une charge), referirse a, tratar de (avoir trait à). ■ 13 *pr.* Encontrarse, estar: ***comment vous portez-vous?,*** ¿cómo se encuentra usted? 14 Llevarse (un vêtement, une parure). Loc. fig. ***Il n'est pas bien porté de,*** no es de buen tono. 15 ***Se ~ candidat,*** presentarse como candidato.

porte-serviettes [pɔʀtsɛʀvjɛt] *m. invar.* Toallero.

porteur, -euse [pɔʀtœʀ, -øz] *s.* 1 Portador, ra. ■ 2 *m.* Mozo de equipajes.

portier, -ière [pɔʀtje, -jɛʀ] *s.* Portero, ra.

portière [pɔʀtjɛʀ] *f.* 1 Portezuela, puerta (de voiture). 2 Antepuerta, portier *m.* (rideau).

portillon [pɔʀtijɔ̃] *m.* 1 Portillo. 2 ***~ automatique,*** puerta *f.* automática.

portion [pɔʀsjɔ̃] *f.* 1 Porción (partie). 2 Ración (au restaurant).

portique [pɔʀtik] *m.* 1 Pórtico. 2: ***~ de securité,*** detector de metales (aéroports); sistema antirrobo (magasins).

portrait [pɔʀtʀɛ] *m.* Retrato.

portuaire [pɔʀtɥɛʀ] *adj.* Portuario, ria.

portugais, -aise [pɔʀtygɛ, -ɛz] *adj.-s.* Portugués, esa.

pose [poz] *f.* 1 Colocación. 2 Postura, posición (attitude). 3 fig. Afectación. 4 PHOT. Exposición: ***temps de ~,*** tiempo de exposición.

posé, -ée [poze] *adj.* 1 Sosegado, da, reposado, da. 2 ***Voix posée,*** voz segura.

poser [poze] *tr.* 1 Poner, colocar (mettre). 2 Poner, instalar (installer). 3 Poner, escribir: ***je pose 5 et je retiens 2,*** pongo 5 y llevo 2. 4 Formular, enunciar. Loc. ***~ une question à quelqu'un,*** hacer una pregunta a alguien; ***~ un problème,*** plantear un problema. 5 ***~ les armes,*** deponer las armas. 6 ***~ sa candidature,*** presentar su candidatura. 7 fig. Dar categoría, notoriedad, importancia. ■ 8 *intr.* ***~ sur,*** descansar en, apoyarse en. 9 PEINT., SCULPT. Posar, servir de modelo. 10 PHOT. Posar. 11 fig. Presumir, darse postín (se donner des airs). ■ 12 *pr.* Ponerse, posarse (oiseau). 13 Posarse (avion).

poseur, -euse [pozœʀ, -œz] *adj.* Presumido, da, vanidoso, sa.

positif, -ive [pozitif, -iv] *adj.* 1 Positivo, va. ■ 2 *m.* PHOT. Positiva *f.*

positivisme [pozitivism(ə)] *m.* Positivismo.

possédé, -ée [pɔsede] *adj.-s.* Poseído, da, poseso, sa, endemoniado, da.

posséder [pɔsede] *tr.* 1 Poseer. ■ 2 *pr.* Dominarse, ser dueño de sí mismo. ▲ CONJUG. como ***accélérer.***

possessif [pɔsesif] *adj.-m.* GRAM. Posesivo.

possession [pɔsesjɔ̃] *f.* Posesión.

possibilité [pɔsibilite] *f.* Posibilidad.

possible [pɔsibl(ə)] *adj.* 1 Posible. Loc. ***Autant que ~,*** dentro de lo posible, a ser posible; ***pas ~!,*** ¡no es posible! ■ 2 *m.* Lo posible.

postal, -ale [pɔstal] *adj.* Postal.

poste [pɔst(ə)] *f.* 1 Correo *m.*, correos *m. pl.*, oficina de correos. ■ 2 *m.* Puesto (lieu, emploi). 3 Aparato: ***~ de radio, de télévision,*** aparato de radio, de televisión. 4 ***~ d'essence,*** surtidor de gasolina. 5 ***~ de police,*** puesto de policía, prevención *f.* 6 MIL. Puesto. 7 ***~ de pilotage,*** cabina *f.* de mando.

poster [pɔste] *tr.* **1** Apostar, poner (placer). **2** Echar al correo (une lettre). ■ **3** *pr.* Apostarse (se placer).
postérieur, -eure [pɔsteʀjœʀ] *adj.* **1** Posterior. ■ **2** *m.* fam. Trasero.
postérité [pɔsteʀite] *f.* Posteridad.
postiche [pɔstiʃ] *adj.* **1** Postizo, za, artificial. ■ **2** *m.* Postizo.
postillon [pɔstijɔ̃] *m.* **1** Postillón (conducteur). **2** Cura, gota *f.* de saliva que se despide al hablar (salive).
post-scriptum [pɔstkʀiptɔm] *m. invar.* Postdata *f.*
postuler [pɔstyle] *tr.* Postular.
posture [pɔstyʀ] *f.* Postura.
pot [po] *m.* **1** Vasija *f.* **2** Bote, tarro, envase: ~ ***à moutarde,*** bote para la mostaza. **3** Jarro, jarra *f.* **4** ~ ***à, de fleurs,*** tiesto, maceta *f.* **5** ~ ***de chambre,*** orinal. **6** Olla *f.* (marmite). **7** loc. fig. ***Découvrir le*** ~ ***aux roses,*** descubrir el pastel; fam. ***payer les pots cassés,*** pagar los vidrios rotos. **8** fam. ***Prendre un*** ~, tomar una copa. **9** fam. Chamba *f.*, chiripa *f.* (chance): ***avoir du*** ~, tener potra. **10** TECHN. ~ ***d'échappement,*** silencioso.
potable [pɔtabl(ə)] *adj.* Potable.
potage [pɔtaʒ] *m.* Sopa *f.*
potager, -ère [pɔtaʒe, -ɛʀ] *adj.* **1** Hortelano, na. **2** ***Jardin*** ~, huerto. **3** ***Plantes potagères,*** hortalizas. ■ **4** *m.* Huerto, huerta *f.*
potassium [pɔtasjɔm] *m.* Potasio.
pot-au-feu [pɔtofø] *m. invar.* Cocido, puchero.
poteau [pɔto] *m.* Poste. Loc. ***Au*** ~, al paredón.
potence [pɔtɑ̃s] *f.* **1** Horca (supplice). **2** CONSTR. Pescante *m.*
potentat [pɔtɑ̃ta] *m.* Potentado.
potentiel, -ielle [pɔtɑ̃sjɛl] *adj.-m.* Potencial.
poterie [pɔtʀi] *f.* **1** Alfarería (fabrication, art). **2** Vasija de barro (objet).
potin [pɔtɛ̃] *m.* **1** fam. Jaleo: ***faire du*** ~, armar jaleo. ■ **2** *pl.* Chismes, habladurías *f.*
potion [posjɔ̃] *f.* Poción.
potiron [pɔtiʀɔ̃] *m.* Calabaza *f.*
pot-pourri [popuʀi] *m.* MUS. Popurri.
pou [pu] *m.* Piojo. Loc. ***Être laid comme un*** ~, ser más feo que Picio; ***chercher des poux à quelqu'un,*** buscarle a alguien las cosquillas.
pouah! [pwa] *interj.* fam. ¡Puf!
poubelle [pubɛl] *f.* Cubo *m.* de la basura.
pouce [pus] *m.* **1** Pulgar (de la main), dedo gordo (du pied). **2** Pulgada *f.*, pulgarada *f.* (mesure). **3** *interj.* ¡Me retiro!
poudre [pudʀ(ə)] *f.* **1** Polvo *m.* Loc. ***En*** ~, en polvo; ***réduire en*** ~, reducir a polvo, pulverizar. **2** Polvos *m. pl.* de tocador (fard). **3** Pólvora (explosif).
poudrier [pudʀije] *m.* Polvera *f.*
poudrière [pudʀijɛʀ] *f.* Polvorín *m.*
pouffer [pufe] *intr.* Reventar de risa.
pouilleux, -euse [pujø, -øz] *adj.-s.* Piojoso, sa.
poulailler [pulaje] *m.* **1** Gallinero. **2** THÉÂT. fam. Gallinero, paraíso.
poulain [pulɛ̃] *m.* **1** Potro (cheval). **2** fig. Pupilo.
poularde [pulaʀd(ə)] *f.* Gallina cebada.
poule [pul] *f.* **1** Gallina. **2** ~ ***d'eau,*** polla de agua. **3** fam. Zorra (prostituée).
poulet [pulɛ] *m.* **1** Pollo. **2** fam. Billete amoroso. **3** fam. Poli, madero (policier).
poulpe [pulp(ə)] *m.* Pulpo.
pouls [pu] *m.* PHYSIOL. Pulso.
poumon [pumɔ̃] *m.* Pulmón: ~ ***d'acier,*** pulmón de acero.
poupe [pup] *f.* MAR. Popa. Loc. fig. ***Avoir le vent en*** ~, ir viento en popa.
poupée [pupe] *f.* **1** Muñeca. **2** pop. Gachí.
poupon, -onne [pupɔ̃, -ɔn] *m.* Rorro.
pouponnière [pupɔnjɛʀ] *f.* Guardería infantil.

pour [puʀ] *prép.* 1 Para (but, destination, temps, durée, imminence de l'action, comparaison): ***lire ~ s'instruire,*** leer para instruirse; ***partir ~ Madrid,*** salir para Madrid; ***laissons cela ~ demain,*** dejemos eso para mañana; ***j'en ai ~ un an,*** tengo para un año; ***il était ~ partir,*** estaba para salir; ***cet enfant est grand ~ son âge,*** este niño es alto para la edad que tiene. 2 Para con: ***bon ~ ses inférieurs,*** bueno para con sus inferiores. 3 Para, contra: ***remède ~ le rhume,*** remedio contra el resfriado. 4 Por (à cause de, en faveur de, équivalence, prix, proportion): ***puni ~ sa paresse,*** castigado por su pereza; ***lutter ~ la patrie,*** luchar por la patria; ***il est tenu ~ honnête,*** se le tiene por honrado; ***laisser ~ mort,*** dejar por muerto; ***prendre ~ épouse,*** tomar por esposa. 5 En cuanto a, por lo que se refiere a (quant à). 6 *loc. adv.* ***Pour lors,*** para entonces; ***~ de bon,*** de veras. 7 *loc. conj.* ***Pour que,*** para que, a fin de que. ■ 8 *m.* Pro: ***le ~ et le contre,*** el pro y el contra.

pourboire [puʀbwaʀ] *m.* Propina *f.*

pourceau [puʀso] *m.* Cerdo.

pourcentage [puʀsɑ̃taʒ] *m.* Porcentaje.

pourchasser [puʀʃase] *tr.* Perseguir.

pourlécher [puʀleʃe] *tr.* 1 Relamer. ■ 2 *pr.* Relamerse. ▲ CONJUG. como ***accélérer.***

pourparler [puʀpaʀle] *m.* Negociación *f.*, trato, conferencia *f.*

pourpre [puʀpʀ(ə)] *f.* Púrpura.

pourquoi [puʀkwa] *conj.-adv.* 1 Porque. Loc. ***C'est ~,*** es por eso; ***~ faire?,*** ¿para qué? ■ 2 *m. invar.* Porqué *m.* (cause, motif, raison).

pourrir [puʀiʀ] *tr.* 1 Pudrir, podrir. ■ 2 *intr.* Pudrirse, podrirse.

pourriture [puʀityʀ] *f.* Podredura, podredumbre.

poursuite [puʀsɥit] *f.* 1 Persecución, perseguimiento *m.* 2 DR. Demanda.

poursuivre [puʀsɥivʀ(ə)] *tr.* 1 Perseguir. 2 DR. Demandar. 3 Proseguir (continuer). 4 ***Poursuivez!,*** ¡Siga! ▲ CONJUG. como ***suivre.***

pourtant [puʀtɑ̃] *adv.* No obstante, sin embargo, con todo.

pourtour [puʀtuʀ] *m.* Perímetro, contorno.

pourvoi [puʀvwa] *m.* DR. Apelación *f.*, recurso.

pourvoir [puʀvwaʀ] *tr. ind.* 1 ***~ à,*** proveer a, subvenir a (subvenir). 2 ***~ à un emploi,*** colocar a alguien en una plaza vacante. ■ 3 *tr.* Proveer, abastecer. 4 fig. Dotar (de dons naturels). ■ 5 *pr.* Proveerse. 6 DR. Apelar, recurrir. ▲ CONJUG. IRREG. INDIC. Pres.: ***je pourvois, tu pourvois, il pourvoit, nous pourvoyons, vous pourvoyez; ils pourvoient.*** Imperf.: ***je pourvoyais,*** etc. Pret. indef.: ***je pourvus,*** etc. Fut. imperf.: ***je pourvoierai,*** etc. POT.: ***je pourvoierais,*** etc. SUBJ. Pres.: ***que je pourvoie,*** etc. Imperf.: ***que je pourvusse,*** etc. IMPER.: ***pourvois, pourvoyons, pourvoyez.*** PART. A.: ***pourvoyant.*** PART. P.: ***pourvu, pourvue.***

pourvu que [puʀvyk(ə)] *loc. conj.* 1 Con tal que, siempre que. 2 Ojalá (souhait): ***~ nous arrivions à temps!,*** ¡ojalá lleguemos a tiempo!

pousse [pus] *f.* 1 BOT. Brote *m.*, retoño *m.* 2 Salida, crecimiento *m.* (des dents, etc.).

pousser [puse] *tr.* 1 Empujar. 2 Hacer avanzar (faire avancer). 3 fig. Favorecer, ayudar, apoyar (un protégé, etc.). 4 fig. Llevar ***~ jusqu'à certaines limites,*** llevar hasta ciertos límites. 5 Dar (cri, soupir). 6 BOT. Echar, producir. ■ 7 *intr.* Empujar, impulsar. 8 Crecer (cheveux, dents). 9 fig. Desarrollarse (s'accroître). 10 BOT. Brotar, crecer. ■ 11 *pr.* Empujarse (les uns les

autres). 12 Apartarse, echarse a un lado (s'écarter).
poussière [pusjɛʀ] *f.* Polvo *m.*
poussif, -ive [pusif, -iv] *adj.* 1 Asmático, ca. 2 Jadeante (haletant).
poussin [pusɛ̃] *m.* Polluelo.
poutre [putʀ(ə)] *f.* Viga.
pouvoir [puvwaʀ] *tr.* 1 Poder: ***je n'aurais pas pu,*** no hubiera podido. Loc. ***N'en ~ plus,*** no poder más. ■ 2 *impers.* ***Il peut se faire que,*** puede ser que. ■ 3 *pr.-impers.* ***Il se peut qu'il pleuve,*** puede ser, es posible que llueva. Loc. fam. ***Ça se peut,*** puede, quizás. ▲ CONJUG. IRREG. INDIC. Pres.: ***je peux,*** o ***je puis, tu peux, il peut, nous pouvons, vous pouvez, ils peuvent.*** Imperf.: ***je pouvais,*** etc. Pret. indef.: ***je pus,*** etc. Fut. imperf.: ***je pourrai,*** etc. POT.: ***je pourrais,*** etc. SUBJ. Pres.: ***que je puisse,*** etc. Imperf.: ***que je pusse,*** etc. PART. A.: ***pouvant.*** PART. P.: ***pu.***
pouvoir [puvwaʀ] *m.* 1 Poder. ■ 2 *pl.* Poderes: ***pleins pouvoirs,*** plenos poderes; ***~ d'achat,*** poder adquisitivo.
prairie [pʀeʀi] *f.* Prado *m.*, pradera.
praline [pʀalin] *f.* Almendra garrapiñada.
praticable [pʀatikabl(ə)] *adj.* 1 Practicable (réalisable). 2 Transitable (chemin).
pratiquant, -ante [pʀatikɑ̃, -ɑ̃t] *s.* Practicante (d'une religion).
pratique [pʀatik] *f.* 1 Práctica. 2 Costumbre, uso *m.* (usage). ■ 3 *pl.* Prácticas (religieuses).
pratiquer [pʀatike] *tr.* 1 Practicar (observer). 2 Tratar, frecuentar (fréquenter). 3 Practicar, ejecutar (opérer).
pré [pʀe] *m.* Prado.
préalable [pʀelabl(ə)] *adj.* 1 Previo, ia. 2 *loc. adv.* ***Au ~,*** previamente. ■ 3 *m.* Condición *f.* previa.
préambule [pʀeɑ̃byl] *m.* Preámbulo.
précaire [pʀekɛʀ] *adj.* Precario, ria.
précaution [pʀekosjɔ̃] *f.* Precaución.
précédent, -ente [pʀesedɑ̃, -ɑ̃t] *adj.-m.* Precedente.
précéder [pʀesede] *tr.* Preceder. ▲ CONJUG. como ***accélérer.***
précepte [pʀesɛpt(ə)] *m.* Precepto.
précepteur, -trice [pʀesɛptœʀ, -tʀis] *s.* Preceptor, ra.
prêcher [pʀeʃe] *tr.* Predicar.
précieux, -euse [pʀesjø, -øz] *adj.* 1 Precioso, sa. 2 Afectado, da, amanerado, da (style, etc.).
préciosité [pʀesjozite] *f.* 1 Afectación, amaneramiento *m.* 2 LITT. Preciosismo *m.*, culteranismo *m.*
précipice [pʀesipis] *m.* Precipicio.
précipitation [pʀesipitasjɔ̃] *f.* Precipitación.
précipiter [pʀesipite] *tr.* 1 Precipitar. ■ 2 *pr.* Precipitarse.
précis, -ise [pʀesi, -iz] *adj.* 1 Preciso, sa. 2 En punto (heure): ***à six heures précises,*** a las seis en punto. ■ 3 *m.* Compendio (livre).
préciser [pʀesize] *tr.* Precisar, fijar.
précision [pʀesizjɔ̃] *f.* Precisión.
précoce [pʀekɔs] *adj.* Precoz: ***fruits précoces,*** frutos precoces.
préconçu, -ue [pʀekɔ̃sy] *adj.* Preconcebido, da.
préconiser [pʀekɔnize] *tr.* Preconizar.
prédécesseur [pʀedesesœʀ] *m.* Precedesor.
prédestiner [pʀedɛstine] *tr.* Predestinar.
prédilection [pʀedilɛksjɔ̃] *f.* Predilección.
prédire [pʀediʀ] *tr.* Predecir. ▲ CONJUG. como ***dire.***
prédisposer [pʀedispoze] *tr.* Predisponer.
prédominance [pʀedɔminɑ̃s] *f.* Predominio *m.*
prédominer [pʀedɔmine] *intr.* Predominar.
préexistant, -ante [pʀeɛgzistɑ̃, -ɑ̃t] *adj.* Preexistente.
préface [pʀefas] *f.* Prefacio *m.*

préfecture [pʀefɛktyʀ] *f.* 1 Prefectura. 2 ~ ***de police,*** jefatura de policía.

préférence [pʀefeʀɑ̃s] *f.* Preferencia.

préférer [pʀefeʀe] *tr.* Preferir: ***je préfère rester,*** prefiero quedarme. ▲ CONJUG. como ***accélérer.***

préfet [pʀefɛ] *m.* Prefecto, gobernador civil.

préfixe [pʀefiks(ə)] *m.* Prefijo.

préhensile [pʀeɑ̃sil] *adj.* Prensil.

préhistoire [pʀeistwaʀ] *f.* Prehistoria.

préjudice [pʀeʒydis] *m.* Prejuicio.

préjudiciable [pʀeʒydisjabl(ə)] *adj.* Perjudicial.

préjuger [pʀeʒyʒe] *tr.* Prejuzgar. ▲ CONJUG. como ***engager.***

prélasser (se) [pʀelɑ(a)se] *pr.* Descansar cómodamente, repantigarse.

prélat [pʀela] *m.* Prelado.

prélever [pʀelve] *tr.* 1 Deducir, descontar (déduire). 2 Tomar, sacar (enlever). ▲ CONJUG. como ***acheter.***

préliminaire [pʀeliminɛʀ] *adj.-m.* Preliminar.

prélude [pʀelyd] *m.* Preludio.

prématuré, -ée [pʀematyʀe] *adj.* 1 Prematuro, ra. ■ 2 *s.* Prematuro.

préméditation [pʀemeditɑsjɔ̃] *f.* Premeditación.

prémices [pʀemis] *f. pl.* Primicias.

premier, -ière [pʀəmje, -jɛʀ] *adj.* 1 Primero, ra (primer devant un subst. m.). 2 MATH. ***Nombre*** ~, número primo. ■ 3 *m.* Primero: ***le ~ de l'an,*** el día primero del año. 4 Primer piso (étage). 5 THÉÂT. ***Jeune*** ~, galán joven. ■ 6 *f.* THÉÂT. Estreno *m.* 7 IMPR. Galerada. 8 Primera (chemin de fer).

premier-né [pʀəmjene], **première-née** [pʀəmjɛʀne] *adj.-s.* Primogénito, ta.

prémisse [pʀemis] *f.* Premisa.

prémunir [pʀemyniʀ] *tr.* 1 Prevenir, precaver. ■ 2 *pr.* Prevenirse, precaverse.

prenant, -ante [pʀənɑ̃, -ɑ̃t] *adj.* 1 Apasionante (qui captive). 2 Prensil (queue). 3 DR. Que recibe.

prendre [pʀɑ̃dʀ(ə)] *tr.* 1 Tomar, coger (saisir). 2 Tomar (aliment, médicament, une ville, un bain, un moyen de transport, etc.). 3 Llevar (emporter). 4 Sacar, tomar (photo, notes, billet). 5 ~ ***quelque chose à quelqu'un,*** quitar, robar algo a alguien. 6 Prender, coger, detener (un voleur). 7 Coger. Loc. ~ ***quelqu'un au mot,*** coger la palabra a uno; ~ ***froid,*** coger frío, 8 Sorprender (surprendre). 9 ***J'irai vous ~ à la sortie du bureau,*** iré a buscarle a la salida de la oficina. 10 Cobrar (faire payer): ***combien vous a-t-il pris?,*** ¿cuánto le ha cobrado? 11 Requerir, tomar: ***cela prend du temps,*** esto requiere tiempo. 12 Comer (dames, échecs). 13 fam. Recibir (gifle, etc.). 14 fam. ***Qu'est-ce qui te prend?,*** ¿qué te pasa? 15 *loc. adv.* ***À tout*** ~, bien mirado, mirándolo bien. ■ 16 *intr.* Prender, arraigar (plante). 17 Tomar consistencia, espesarse (épaissir). 18 Cuajarse (un liquide). 19 Helarse (glace, fleuve). 20 Pegarse (coller). 21 Prender (le feu). 22 fig. Cuajar (réussir). 23 Coger, tomar: ~ ***à droite,*** coger a la derecha. 24 fam. ***Son excuse n'a pas pris,*** su excusa no pasó; ***ça ne prend pas,*** esto no pasa. ■ 25 *pr.* Tomarse (médicament). 26 Engancharse (s'accrocher). 27 ***Se ~ pour,*** tomarse por. 28 ***S'en ~ à quelqu'un,*** echar la culpa a alguien. 29 ***S'y*** ~, proceder. ▲ CONJUG. IRREG. INDIC. Pres.: ***je prends, tu prends, il prend, nous prenons, vous prenez, ils prennent.*** Imperf.: ***je prenais,*** etc. Pret. indef.: ***je pris,*** etc. Fut. imperf.: ***je prendrai,*** etc. POT.: ***je prendrais,*** etc. SUBJ. Pres.: ***que je prenne,*** etc. Imperf.: ***que je prisse,*** etc. IMPER.: ***prends, prenons, prenez.***

PART. A.: ***prenant.*** PART. P.: ***pris, prise.***

preneur, -euse [pʀənœʀ, -øz] *adj.-s.* **1** Tomador, ra. **2** Arrendador, ra (à bail). **3** Comprador, ra (acheteur).

prénom [pʀenɔ̃] *m.* Nombre de pila.

préoccupation [pʀeɔkypɑsjɔ̃] *f.* Preocupación.

préoccuper [pʀeɔkype] *tr.* **1** Preocupar. ■ **2** *pr.* Preocuparse.

préparatifs [pʀepaʀatif] *m. pl.* Preparativos.

préparation [pʀepaʀɑsjɔ̃] *f.* Preparación.

préparer [pʀepaʀe] *tr.* **1** Preparar. ■ **2** *pr.* Prepararse.

prépondérant, -ante [pʀepɔ̃deʀɑ̃, -ɑ̃t] *adj.* Preponderante.

préposer [pʀepoze] *tr.* Encargar: ~ ***quelqu'un à,*** encargar a alguien de.

préposition [pʀepozisjɔ̃] *f.* GRAM. Preposición.

prérogative [pʀeʀɔgativ] *f.* Prerrogativa.

près [pʀɛ] *adv.* **1** Cerca: ***tout ~,*** muy cerca. *loc. adv.* ***De ~,*** de cerca; ***à peu de chose ~,*** poco más o menos, aproximadamente; ***à cela ~,*** excepto eso. *loc. prép.* ***~ de,*** cerca de. Loc. fam. ***Être ~ de son argent, de ses sous,*** ser agarrado, da. **2** ***Ne pas y regarder de si ~, de trop ~,*** no ser exigente. ■ **3** *prép.* Cerca de.

présage [pʀezaʒ] *m.* Presagio.

presbytère [pʀɛsbitɛʀ] *m.* Rectoral *f.*, casa *f.* del cura.

prescrire [pʀɛskʀiʀ] *tr.* **1** Prescribir. **2** MÉD. Recetar. ▲ CONJUG. como ***écrire.***

présence [pʀezɑ̃s] *f.* **1** Presencia. **2** *loc. adv.* ***En ~,*** en presencia.

présent, -ente [pʀezɑ̃, -ɑ̃t] *adj.* **1** Presente. ■ **2** *m.* Presente. **3** *loc. adv.* ***À ~,*** ahora. **4** *loc. conj.* ***À ~ que,*** ahora que. **5** ***D'à ~,*** actual.

présentation [pʀezɑ̃tɑsjɔ̃] *f.* Presentación.

présenter [pʀezɑ̃te] *tr.* **1** Presentar. ■ **2** *pr.* Presentarse.

préservatif [pʀezɛʀvatif] *m.* Preservativo.

préserver [pʀezɛʀve] *tr.* Preservar.

président [pʀezidɑ̃] *m.* Presidente.

présidentiel, -elle [pʀezidɑ̃sjɛl] *adj.* Presidencial.

présider [pʀezide] *tr.* **1** Presidir. ■ **2** *intr.* Dirigir.

présomption [pʀezɔ̃psjɔ̃] *f.* Presunción.

présomptueux, -euse [pʀezɔ̃ptɥø, -øz] *adj.* Presuntuoso, sa.

presque [pʀɛsk(ə)] *adv.* **1** Casi. **2** ***~ pas,*** apenas.

presqu'île [pʀɛskil] *f.* GÉOG. Península.

pressant, -ante [pʀɛsɑ̃, -ɑ̃t] *adj.* **1** Urgente, acuciante. **2** Perentorio, ria.

presse [pʀɛs] *f.* **1** Prensa. **2** Tropel *m.*, gentío *m.* (foule). **3** Prisa, urgencia.

pressé, -ée [pʀese] *adj.* **1** Presuroso, sa (qui montre de la hâte). Loc. ***Je suis ~,*** tengo prisa. **2** Urgente (urgent). ■ **3** *m.* ***Aller au plus ~,*** acudir a lo más urgente.

pressentir [pʀesɑ̃tiʀ] *tr.* **1** Presentir. **2** Tantear, sondear (sonder quelqu'un). ▲ CONJUG. como ***mentir.***

presse-papiers [pʀɛspapje] *m. invar.* Pisapapeles.

presser [pʀese] *tr.* **1** Exprimir, estrujar (un fruit). **2** Estrechar (serrer). **3** Apretar, pulsar (un bouton). **4** Acuciar, apurar (harceler). **5** Acelerar (accélérer). Loc. ***~ le pas,*** apretar el paso. ■ **6** *intr.* Urgir, correr prisa. ■ **7** *pr.* Darse prisa: ***presse-toi,*** date prisa. **8** Apretujarse (s'entasser).

pression [pʀɛsjɔ̃] *f.* Presión.

pressoir [pʀɛswaʀ] *m.* **1** Prensa *f.* (machine). **2** Lagar (endroit).

prestance [pʀɛstɑ̃s] *f.* Buena presencia.

prestataire [pʀɛstatɛʀ] *s.* Suministrador, ra.

preste [pʀɛst(ə)] *adj.* Pronto, ta, ágil.

prestidigitateur [pʀɛstidiʒitatœʀ] *m.* Prestidigitador.
prestige [pʀɛstiʒ] *m.* Prestigio.
présumer [pʀezyme] *tr.-intr.* Presumir.
présure [pʀezyʀ] *f.* Cuajo *m.*
prêt [pʀɛ] *m.* **1** Préstamo. **2** MIL. Pre, prest.
prêt, prête [pʀɛ, pʀɛt] *adj.* Presto, ta, listo, ta, dispuesto, ta: ***tout est ~,*** todo está listo; ***~ à partir,*** dispuesto a, para salir.
prétendant, -ante [pʀetɑ̃dɑ̃,-ɑ̃t] *s.* Pretendiente.
prétendre [pʀetɑ̃dʀ(ə)] *tr.* **1** Pretender. **2** Afirmar, suponer. ■ **3** *intr.* Aspirar a, pretender. ▲ CONJUG. como ***rendre.***
prétendu, -ue [pʀetɑ̃dy] *adj.* Presunto, ta, supuesto, ta.
prête-nom [pʀɛtnɔ̃] *m.* Testaferro.
prétention [pʀetɑ̃sjɔ̃] *f.* Pretensión.
prêter [pʀete] *tr.* **1** Prestar. Loc. ***~ la main,*** echar una mano; ***~ l'oreille,*** prestar oídos; ***~ serment,*** prestar juramento. ■ **2** *intr.* Prestar, dar de sí (tissu, etc.). ■ **3** *tr. ind.* ***~ à,*** dar motivo a, prestarse: ***cela prête à confusion,*** esto se presta a confusiones. ■ **4** *pr.* Prestarse, consentir.
prêteur, -euse [pʀɛtœʀ, -øz] *s.* **1** Prestador, ra. **2** Prestamista (professionnel).
prétexter [pʀetɛkste] *tr.* Pretextar.
prêtre [pʀɛtʀ(ə)] *m.* Sacerdote.
prêtresse [pʀɛtʀɛs] *f.* Sacerdotisa.
preuve [pʀœv] *f.* Prueba. Loc. ***Preuves à l'appui,*** pruebas al canto; ***faire ~ de,*** dar pruebas de.
preux [pʀø] *adj.-m.* Valiente, esforzado.
prévaloir [pʀevalwaʀ] *intr.* **1** Prevalecer. ■ **2** *pr.* Prevalerse. ▲ CONJUG. como ***valoir,*** excepto en el pres. de subj.: ***que je prévale,*** etc.
prévenance [pʀɛvnɑ̃s] *f.* Atención, obsequio *m.*
prévenir [pʀɛvniʀ] *tr.* **1** Avisar (avertir). **2** Anticiparse a (un désir, un besoin). **3** Prevenir, precaver. Loc. ***Mieux vaut ~ que guérir,*** más vale prevenir que curar. ▲ CONJUG. como ***venir.***
prévenu, -ue [pʀɛvny] *adj.-s.* DR. **1** Acusado, da. ■ **2** *adj.* Prevenido, da, (en faveur de, contre). **3** Avisado, da, informado, da.
prévision [pʀevizjɔ̃] *f.* Previsión.
prévoir [pʀevwaʀ] *tr.* Prever. ▲ CONJUG. como ***voir,*** excepto el fut.: ***prévoirai*** y el POT.: ***prévoirais.***
prévôt [pʀevo] *m.* **1** Preboste. **2** ***~ d'armes,*** ayudante de un maestro de esgrima.
prévoyant, -ante [pʀevwajɑ̃, -ɑ̃t] *adj.* Previsor, ra.
prier [pʀije] *tr.-intr.* **1** Rezar, orar. ■ **2** *tr.* Rogar, suplicar (supplier). Loc. ***Se faire ~,*** hacerse rogar; ***je vous prie de bien vouloir,*** le ruego tenga la amabilidad de. ▲ CONJUG. Toma dos íes seguidas en la 1.ª y en la 2.ª persona del plural del Imperf. de indicativo y del Pres. de subjuntivo.
prière [pʀijɛʀ] *f.* **1** RELIG. Oración. **2** Ruego *m.,* súplica.
prieuré [pʀijœʀe] *m.* Priorato.
primaire [pʀimɛʀ] *adj.-m.* Primario, ria.
primat [pʀima] *m.* Primado.
primauté [pʀimote] *f.* Primacía, preeminencia.
prime [pʀim] *f.* **1** Prima. Loc. ***En ~,*** además. Loc. fig. ***Faire ~,*** tener gran aceptación. ■ **2** *adj.* Primo, ma, primero, ra. Loc. ***De ~ abord,*** en el primer momento. **3** MATH. Prima: ***A ~,*** a prima.
primer [pʀime] *intr.* **1** Dominar (l'emporter). **2** Tener prelación. ■ **3** *tr.* Superar a (l'emporter sur). **4** Premiar (récompenser).
primeur [pʀimœʀ] *f.* **1** Primicia. ■ **2** *f. pl.* AGR. Frutas, hortalizas tempranas.
primevère [pʀimvɛʀ] *f.* Primavera.

primitif, -ive [pRimitif, -iv] *adj.-s.* Primitivo, va.
primo [pRimo] *adv.* Primeramente, en primer lugar.
primordial, -ale [pRimɔRdjal] *adj.* Primordial.
prince [pRɛ̃s] *m.* Príncipe.
princesse [pRɛ̃sɛs] *f.* Princesa.
principal [pRɛ̃sipal] *m.* **1** Lo principal. **2** Director de un colegio. **3** DR. Importe básico de un impuesto.
principal, -ale [pRɛ̃sipal] *adj.* Principal.
principe [pRɛ̃sip] *m.* Principio.
printanier, -ière [pRɛ̃tanje, -jɛR] *adj.* Primaveral.
printemps [pRɛ̃tɑ̃] *m.* Primavera *f.*
priorité [pRijɔRite] *f.* **1** Prioridad. **2** Preferencia de paso, prioridad (sur la route).
pris, -ise [pRi, -iz] **1** *p. p.* de ***prendre.*** ■ **2** *adj.* Ocupado, da. **3** Bien proporcionado. **4** Cuajado, da (durci, coagulé). **5** Atacado, da (d'une maladie).
prise [pRiz] *f.* **1** Agarradero *m.*, asidero *m.* (pour saisir). Loc. ***Donner ~ à,*** dar pábulo a. **2** Toma, conquista. **3** Presa (chose prise). **4** Toma (de tabac). **5** MÉD. ***~ de sang,*** toma de sangre. **6** ÉLECTR. ***~ de courant,*** enchufe *m.* **7** ***~ d'eau,*** toma de agua. **8** TECHN. ***~ de son,*** registro *m.* de sonido. **9** Presa, llave (dans la lutte). **10** Solidificación.
priser [pRize] *tr.* **1** Apreciar, estimar. **2** Tomar (tabac à priser). **3** abs. Tomar rapé.
prisme [pRism(ə)] *m.* Prisma.
prison [pRizɔ̃] *f.* Prisión, cárcel.
prisonnier, -ière [pRizɔnje, -jɛR] *adj.-s.* Preso, sa, prisionero, ra.
privation [pRivɑsjɔ̃] *f.* Privación.
privé, -ée [pRive] *adj.* **1** Privado, da, íntimo, ma. **2** Particular: ***propriété privée,*** propiedad particular.
privilège [pRivilɛʒ] *m.* Privilegio.
prix [pRi] *m.* **1** Precio. Loc. ***Hors de ~,*** carísimo, ma; ***à tout ~,*** cueste lo que cueste; ***~ T.T.C. (toutes taxes comprises),*** precio de venta al público, PVP. **2** Premio (récompense).
probabilité [pRɔbabilite] *f.* Probabilidad.
probable [pRɔbabl(ə)] *adj.* Probable.
probité [pRɔbite] *f.* Probidad.
problématique [pRɔblematik] *adj.* Problemático, ca.
problème [pRɔblɛm] *m.* Problema.
procédé [pRɔsede] *m.* **1** Procedimiento (méthode employée). **2** Proceder (comportement).
procéder [pRɔsede] *tr.-intr.* Proceder. ▲ CONJUG. como ***accélérer.***
procès [pRɔsɛ] *m.* **1** DR. Proceso, pleito. **2** ANAT. Proceso: ***~ ciliaire,*** proceso ciliar.
processeur [pRɔses)R] *m.* Procesador.
procession [pRɔsesjɔ̃] *f.* Procesión.
processus [pRɔsesys] *m.* Proceso.
prochain, -aine [pRɔʃɛ̃, -ɛn] *adj.* **1** Próximo, ma. **2** Próximo, ma, que viene (date): ***l'année prochaine,*** el año que viene. ■ **3** *m.* Prójimo.
proche [pRɔʃ] *adj.* **1** Cercano, na, próximo, ma. **2** Cerca (près): ***tout ~,*** muy cerca. ■ **3** *m. pl.* Parientes, allegados.
proclamer [pRɔklame] *tr.* Proclamar.
procréer [pRɔkRee] *tr.* Procrear.
procuration [pRɔkyRɑsjɔ̃] *f.* Procuración, poder *m.*
procurer [pRɔkyRe] *tr.* **1** Proporcionar, procurar. **2** Causar (occasionner).
procureur [pRɔkyRœR] *m.* Procurador.
prodigalité [pRɔdigalite] *f.* Prodigalidad.
prodige [pRɔdiʒ] *m.* Prodigio.
prodigieux, -euse [pRɔdiʒjø, -øz] *adj.* Prodigioso, sa.
prodiguer [pRɔdige] *tr.* **1** Prodigar. ■ **2** *pr.* Prodigarse.
producteur, -trice [pRɔdyktœR, -tRis] *adj.-s.* Productor, ra.
production [pRɔdyksjɔ̃] *f.* Producción.

produire [pʀɔdɥiʀ] *tr.* 1 Producir. 2 Exhibir, enseñar, presentar (montrer). ■ 3 *pr.* Producirse (survenir). 4 Presentarse al público. ▲ CONJUG. como *conduire.*
produit [pʀɔdɥi] *m.* Producto.
profane [pʀɔfan] *adj.-s.* Profano, na.
profaner [pʀɔfane] *tr.* Profanar.
proférer [pʀɔfeʀe] *tr.* Proferir. ▲ CONJUG. como *accélérer.*
professer [pʀɔfese] *tr.* 1 Profesar. ■ 2 *intr.* Ser profesor, ra.
professeur [pʀɔfɛsœʀ] *m.* Profesor, ra: *Mme la professeur X,* la profesora X.
profession [pʀɔfɛsjɔ̃] *f.* Profesión.
professionnel, -elle [pʀɔfɛsjɔnɛl] *adj.* Profesional.
profil [pʀɔfil] *m.* Perfil.
profiler [pʀɔfile] *tr.* 1 Perfilar. ■ 2 *pr.* Perfilarse.
profit [pʀɔfi] *m.* 1 Provecho. 2 Beneficio, ganancia *f.* Loc. *Tirer ~ de quelque chose,* sacar provecho de algo. 3 *loc. prép. Au ~ de,* en beneficio de.
profiter [pʀɔfite] *tr. ind.* 1 *~ de,* aprovechar, sacar provecho de. 2 *~ à quelqu'un,* ser provechoso, útil a alguien. 3 *~ à quelqu'un* (aliments), hacer provecho a alguien. ■ 4 *intr.* fam. Crecer (grandir), engordar (grossir). 5 fam. Dar resultado, ser ventajoso, sa.
profond, -onde [pʀɔfɔ̃, ɔ̃d] adj. Profundo, da.
profusion [pʀɔfyzjɔ̃] *f.* Profusión.
progéniture [pʀɔʒenityʀ] *f.* Prole, descendencia.
programmation [pʀɔgʀamasjɔ̃] *f.* Programación.
programme [pʀɔgʀam] *m.* Programa.
progrès [pʀɔgʀɛ] *m.* Progreso.
progresser [pʀɔgʀese] *intr.* Progresar.
progressif, -ive [pʀɔgʀesif, -iv] *adj.* Progresivo, va.
prohiber [pʀɔibe] *tr.* Prohibir.
prohibition [pʀɔibisjɔ̃] *f.* Prohibición.
proie [pʀwa(ɑ)] *f.* 1 Presa. Loc. *Oiseau de ~,* ave de rapiña. 2 *Être la ~ de,* ser presa, ser víctima de. 3 fig. Botín *m.*
projectile [pʀɔʒɛktil] *m.* Proyectil.
projection [pʀɔʒɛksjɔ̃] *f.* Proyección.
projet [pʀɔʒɛ] *m.* Proyecto.
projeter [pʀɔʒte] *tr.* Proyectar. ▲ CONJUG. como *jeter.*
prolétariat [pʀɔletaʀja] *m.* Proletariado.
prolifique [pʀɔlifik] *adj.* Prolífico, ca.
prolixe [pʀɔliks(ə)] *adj.* Prolijo, ja.
prologue [pʀɔlɔg] *m.* Prólogo.
prolongation [pʀɔlɔ̃gɑsjɔ̃] *f.* 1 Prolongación. 2 Prórroga (match).
prolonger [pʀɔlɔ̃ʒe] *tr.* 1 Prolongar. 2 Prorrogar. ▲ CONJUG. como *engager.*
promenade [pʀɔmnad] *f.* 1 Paseo *m.*: *faire une ~,* dar un paseo. 2 Paseo *m.* (lieu).
promener [pʀɔmne] *tr.* 1 Pasear. Loc. fam. *Envoyer ~ quelqu'un,* mandar a alguien a paseo. ■ 2 *pr.* Pasearse. ▲ CONJUG. como *acheter.*
promenoir [pʀɔm(ə)nwaʀ] *m.* 1 Paseo cubierto. 2 THÉÂT. Pasillo.
promesse [pʀɔmɛs] *f.* Promesa.
promettre [pʀɔmɛtʀ(ə)] *tr.-intr.* 1 Prometer. ■ 2 *pr.* Prometerse. ▲ CONJUG. como *mettre.*
promis, -ise [pʀɔmi, -iz] *adj.-s.* Prometido, da.
promontoire [pʀɔmɔtwaʀ] *m.* Promontorio.
promotion [pʀɔmosjɔ̃] *f.* Promoción.
promouvoir [pʀɔmuvwaʀ] *tr.* 1 Promover. 2 Elevar (à une dignité, un grade). ▲ CONJUG. como *mouvoir.* PART P.: *promu.*
prompt, prompte [pʀɔ̃, pʀɔ̃t] *adj.* 1 Pronto, ta: *~ à se fâcher,* pronto a enfadarse. 2 Rápido, da.
promulguer [pʀɔmylge] *tr.* Promulgar.
prôner [pʀone] *tr.* 1 Predicar (prêcher). 2 Preconizar (préconiser).

pronom [pʀɔnɔ̃] *m.* GRAM. Pronombre.
prononcer [pʀɔnɔ̃se] *tr.* **1** Pronunciar. ■ **2** *pr.* Pronunciarse (*pour,* por). ▲ CONJUG. como ***lancer.***
prononciation [pʀɔnɔ̃sjasjɔ̃] *f.* Pronunciación.
pronostiquer [pʀnɔstike] *tr.* Pronosticar.
propagande [pʀɔpagɑ̃d] *f.* Propaganda.
propagation [pʀɔpagasjɔ̃] *f.* Propagación.
propager [pʀɔpaʒe] *tr.* **1** Propagar (communiquer). **2** Propalar (divulguer). ■ **3** *pr.* Propagarse. ▲ CONJUG. como ***engager.***
propension [pʀɔpɑ̃sjɔ̃] *f.* Propensión.
prophète [pʀɔfɛt] *m.* Profeta.
prophylaxie [pʀɔfilaksi] *f.* MÉD. Profilaxis.
propice [pʀɔpis] *adj.* Propicio, cia.
proportionnel, -elle [pʀɔpɔʀsjɔnɛl] *adj.* Proporcional.
proportionner [pʀɔpɔʀsjɔne] *tr.* Proporcionar.
propos [pʀɔpo] *m.* **1** Propósito, intención *f.* Loc. ***Ferme ~,*** firme propósito. **2** Loc. ***À ~,*** a propósito; ***à tout ~,*** a cada momento; ***mal à ~,*** inoportunamente. **3** Tema, asunto (sujet). ■ **4** *pl.* Palabras *f.*
proposer [pʀɔpoze] *tr.* **1** Proponer. ■ **2** *pr.* Proponerse (se fixer un but). **3** Ofrecerse, brindarse (offrir ses services).
proposition [pʀɔpozisjɔ̃] *f.* Proposición, propuesta *f.*
propre [pʀɔpʀ(ə)] *adj.* **1** Propio, ia: ***nom ~,*** nombre propio. **2** Propio, ia, mismo, ma (même). **3** Propio, ia, adecuado, da (approprié). **4** Limpio, ia (net). **5** Honrado, da.
propreté [pʀɔpʀəte] *f.* Limpieza.
propriétaire [pʀɔpʀijetɛʀ] *s.* **1** Propietario, ria. **2** Casero, ra, propietario, ria (d'une maison).
propriété [pʀɔpʀijete] *f.* **1** Propiedad. **2** Casa de campo (maison).
propulsion [pʀɔpylsjɔ̃] *f.* Propulsión.
proroger [pʀɔʀɔʒe] *tr.* Prorrogar. ▲ CONJUG. como ***engager.***
proscrire [pʀɔskʀiʀ] *tr.* Proscribir. ▲ CONJUG. como ***écrire.***
prose [pʀoz] *f.* Prosa.
prosélytisme [pʀɔzelitism(ə)] *m.* Proselitismo.
prospecter [pʀɔspɛkte] *tr.* **1** MINÉR. Hacer una prospección en. **2** Buscar clientes en.
prospérer [pʀɔspeʀe] *intr.* Prosperar. ▲ CONJUG. como ***accélérer.***
prospérité [pʀɔspeʀite] *f.* Prosperidad.
prosterner (se) [pʀɔstɛʀne] *pr.* **1** Prosternarse. **2** fig. ***Se ~ devant quelqu'un,*** rebajarse ante alguien.
prostituer [pʀɔstitɥe] *tr.* **1** Prostituir. ■ **2** *pr.* Prostituirse.
prostration [pʀɔstʀasjɔ̃] *f.* Postración.
protagoniste [pʀɔtagɔnist(ə)] *m.* Protagonista.
protecteur, -trice [pʀɔtɛktœʀ, -tʀis] *adj.-s.* Protector, ra.
protectorat [pʀɔtɛktɔʀa] *m.* Protectorado.
protéger [pʀɔteʒe] *tr.* Proteger. ▲ CONJUG. como ***engager.***
protestantisme [pʀɔtɛstɑ̃tism(ə)] *m.* Protestantismo.
protestataire [pʀɔtɛstatɛʀ] *adj.-s.* Protestón, ona, contestatario, ia.
protester [pʀɔtɛste] *tr.-intr.* Protestar.
protocole [pʀɔtɔkɔl] *m.* Protocolo.
protubérance [pʀɔtybeʀɑ̃s] *f.* Protuberancia.
prou [pʀu] *adv.* Mucho *loc. adv.* ***Ni peu ni ~,*** ni poco ni mucho.
proue [pʀu] *f.* MAR. Proa.
prouesse [pʀuɛs] *f.* Proeza.
prouver [pʀuve] *tr.* Probar.
provenance [pʀɔvnɑ̃s] *f.* Procedencia, origen *m.*
provenir [pʀɔvniʀ] *intr.* Provenir, proceder. ▲ CONJUG. como ***venir.***
proverbe [pʀɔvɛʀb(ə)] *m.* Proverbio, refrán.

providence [prɔvidɑ̃s] *f.* Providencia.

providentiel, -elle [prɔvidɑ̃sjɛl] *adj.* Providencial.

province [prɔvɛ̃s] *f.* Provincia, región.

provincial, -ale [prɔvɛ̃sjal] *adj.* **1** Provincial. ■ **2** *s.* Provinciano, na.

provision [prɔvizjɔ̃] *f.* **1** Provisión, abastecimiento *m.* **2** COMM. Provisión de fondos. Loc. ***Chèque sans ~,*** cheque sin fondos. ■ **3** *pl.* Compra *sing.*: ***aller faire ses provisions,*** ir a la compra.

provisionnel, -elle [prɔvizjɔnɛ] *adj.* Provisional.

provisoire [prɔvizwaʀ] *adj.* Provisional.

provocation [prɔvɔkasjɔ̃] *f.* Provocación.

provoquer [prɔvɔke] *tr.* Provocar.

prudence [pʀydɑ̃s] *f.* Prudencia.

prudent, -ente [pʀydɑ̃, -ɑ̃t] *adj.* Prudente.

pruderie [pʀydʀi] *f.* Gazmoñería.

prune [pʀyn] *f.* Ciruela.

pruneau [pʀyno] *m.* **1** Ciruela *f.* pasa. **2** pop. Bala *f.* (de fusil).

prunelle [pʀynɛl] *f.* **1** Endrina (fruit). **2** ANAT. Pupila, niña (de l'œil).

prunier [pʀynje] *m.* Ciruelo.

psaume [psom] *m.* Salmo.

pseudonyme [psødɔnim] *m.* Seudónimo.

psychanalyse [psikanaliz] *f.* Psicoanálisis *m.*

psychiatrie [psikjatʀi] *f.* Psiquiatría.

psychique [psiʃik] *adj.* Psíquico, ca.

psychologie [psikɔlɔʒi] *f.* Psicología.

psychose [psikoz] *f.* Psicosis.

puanteur [pɥɑ̃tœʀ] *f.* Hediondez, hedor, peste *m.*

puberté [pybɛʀte] *f.* Pubertad.

pubis [pybis] *m.* Pubis.

public, -ique [pyblik] *adj.-m.* **1** Público, ca. **2** *m.*: Loc. ***être bon ~,*** ser buen público.

publication [pyblikasjɔ̃] *f.* Publicación.

publicité [pyblisite] *f.* Publicidad.

publier [pyblije] *tr.* Publicar. ▲ CONJUG. como ***prier.***

publiphone [pyblifɔn] *m.* Teléfono público, cabitel.

publipostage [pyblipɔstaʒ] *m.* Buzoneo, angl. mailing.

puce [pys] *f.* **1** Pulga. ■ **2** *adj.* De color pardo. ■ **3** *f.* INFORM. Chip.

puceron [pysʀɔ̃] *m.* Pulgón.

pudeur [pydœʀ] *f.* Pudor *m.*

pudibond, -onde [pydibɔ̃, -ɔ̃d] *adj.* Pudibundo, da.

pudique [pydik] *adj.* Púdico, ca.

puer [pɥe] *intr.-tr.* Heder, apestar.

puéril, -ile [pɥeʀil] *adj.* Pueril.

pugilat [pyzila] *m.* Pugilato.

puis [pɥi] *adv.* **1** Después, luego. **2** ***Et ~,*** además, y además (en plus). **3** ***Et ~ alors?,*** ¿y qué?

puisard [pɥizaʀ] *m.* Pozo negro.

puiser [pɥize] *tr.* Sacar, extraer.

puisque [pɥisk(ə)] *conj.* Puesto que, ya que.

puissance [pɥisɑ̃s] *f.* **1** Potestad: ***~ paternelle,*** patria potestad. **2** Poder *m.*, poderío *m.* (pouvoir). **3** Fuerza (force). **4** MATH., PHYS. Potencia. **5** Potencia: ***les grandes puissances,*** las grandes potencias. ■ **6** *pl.* RELIG. Potestades.

puissant, -ante [pɥisɑ̃, -ɑ̃t] *adj.* **1** Potente (machine, moteur). **2** Poderoso, sa.

puits [pɥi] *m.* Pozo.

pulluler [pylyle] *intr.* Pulular.

pulmonaire [pylmɔnɛʀ] *adj.* Pulmonar.

pulpe [pylp(ə)] *f.* Pulpa.

pulsation [pylsasjɔ̃] *f.* Pulsación.

pulvériser [pylveʀize] *tr.* Pulverizar.

punaise [pynɛz] *f.* **1** Chinche *m.* (insecte). **2** Chincheta (petit clou).

punch [pɔ̃ʃ] *m.* Ponche.

punir [pyniʀ] *tr.* Castigar, penar.

punition [pynisjɔ̃] *f.* Punición, castigo *m.*

pupille [pypil] *s.* **1** DR. Pupilo, la. ■ **2** *f.* Pupila, niña (de l'œil).

pupitre [pypitʀ(ə)] *m.* 1 Pupitre. ■ 2 MUS. Atril.
pupitreur, -euse [pypitʀ)ʀ, -øz] *s.* fam. Operador, ra de ordenador.
pur, pure [pyʀ] *adj.* Puro, ra. Loc. *En pure perte,* en balde.
purée [pyʀe] *f.* 1 Puré *m.* 2 fig. pop. Miseria, estrechez. Loc. ***Être dans la ~,*** no tener donde caerse muerto.
pureté [pyʀte] *f.* Pureza.
purgatif, -ive [pyʀgatif, -iv] *adj.* 1 Purgativo, va. ■ 2 *m.* Purga *f.*, purgante.
purgatoire [pyʀgatwaʀ] *m.* Purgatorio.
purge [pyʀʒ(ə)] *f.* Purga.
purification [pyʀifikɑsjɔ̃] *f.* Purificación.
purifier [pyʀifje] *tr.* Purificar. ▲ CONJUG. como ***prier.***
puriste [pyʀist(ə)] *adj.-s.* Purista.
puritanisme [pyʀitanism(ə)] *m.* Puritanismo.
purulent, -ente [pyʀylɑ̃, -ɑ̃t] *adj.* Purulento, ta.
pus [py] *m.* Pus.
pusillanime [pyzi(l)lanim] *adj.* Pusilánime.
pustule [pystyl] *f.* Pústula.
putois [pytwa] *m.* Turón.
putréfaction [pytʀefaksjɔ̃] *f.* Putrefacción.
putréfier [pytʀefje] *tr.* Pudrir. ▲ CONJUG. como ***prier.***
putride [pytʀid] *adj.* Pútrido, da.
puy [pɥi] *m.* Monte, montaña *f.*
pygmée [pigme] *m.* Pigmeo.
pyjama [piʒama] *m.* Pijama.
pyramide [piʀamid] *f.* Pirámide.
pyromane [pirɔman] *s.* Pirómano, na.
pyrotechnie [piʀɔtɛkni] *f.* Pirotecnia.
pythaghorique [pitagɔʀik] *adj.* Pitagórico, ca.
python [pitɔ̃] *m.* Pitón.

Q

q [ky] *m.* 1 Q *f.* 2 Abreviatura de ***quintal.***
quadragénaire [kwadʀazenɛʀ] *adj.-s.* Cuadragenario, cuarentón, ona.
quadrant [k(w)adʀɑ̃] *m.* Cuadrante.
quadrature [kwadʀatyʀ] *f.* Cuadratura.
quadrilatère [k(w)adʀilatɛʀ] *adj.-s.* Cuadrilátero, ra.
quadrillage [kadʀijaʒ] *m.* Cuadrícula *f.*
quadrille [kadʀij] *m.* Cuadrilla *f.*, lanceros *pl.*
quadriller [kadʀije] *tr.* Cuadricular.
quadrupède [k(w)adʀypɛd] *adj.-s.* Cuadrúpedo.
quadrupler [k(w)adʀyple] *tr.* Cuadruplicar.
quai [ke] *m.* 1 Muelle: ~ ***d'embarquement,*** muelle de embarque. 2 Andén (de gare): ***billet de ~,*** billete de andén. 3 Vía *f.* pública, avenida *f.* a lo largo de un río o de un canal.
qualificatif, -ive [kalifikativ, -iv] *adj.* 1 Calficativo, va. ■ 2 *m.* Calificativo.
qualifier [kalifje] *tr.* 1 Calificar. ■ 2 *pr.* SPORTS Clasificarse. ▲ CONJUG. como ***prier.***
qualitatif, -ive [kalitatif, -iv] *adj.-m.* Cualitativo, va.
qualité [kalite] *f.* 1 Calidad. 2 Cualidad. 3 *loc. prép.* ***En ~ de,*** en calidad de, a título de.
quand [kɑ̃] *adv.* 1 Cuándo: ~ ***partez-vous?,*** ¿cuándo se marcha usted? 2 *loc. adv.* ~ ***même,*** sin embargo, a pesar de todo: ***il y sera ~ même,*** él estará allí, a pesar de todo. ■ 3 *conj.* Cuando (au moment où): ***faites-moi signe ~ vous serez arrivé,*** avíseme usted cuando haya llegado. 4 Aunque, aun cuando: ~ ***cela serait,*** *aunque así*

fuese. **5** *loc. conj.* ~ ***même,*** ~ ***bien même,*** aun cuando.

quant à [kɑ̃ta] *loc. prép.* En cuanto a, por lo que se refiere a, con respecto a.

quantitatif, -ive [kɑ̃titatif, -iv] *adj.* Cuantitativo, va.

quantité [kɑ̃tite] *f.* **1** Cantidad. ■ **2** *adj. invar.* Mucho, cha: ~ ***de gens,*** mucha gente.

quantum [kwɑ̃tɔm] *m.* **1** Tanto, cuantía (somme stipulée). **2** PHYS. Cuanto.

quarantaine [kaʀɑ̃tɛn] *f.* Cuarentena. Loc. ***Mettre en*** ~, poner en cuarentena.

quarante [kaʀɑ̃t] *adj.-s.* Cuarenta.

quarantième [kaʀɑ̃tjɛm] *adj.* **1** Cuadragésimo, ma. ■ **2** *adj.-s.* Cuarentavo, va.

quart [kaʀ] *m.* **1** Cuarto: ~ ***d'heure,*** cuarto de hora; ***midi et*** ~, las doce y cuarto. **2** Cuarto de litro. **3** Cuarto de libra. **4** Cuarta parte *f.* **5** MAR. Guardia *f.*

quarte [kart(ə)] *f.* ESCR., MUS. Cuarta.

quartier [kaʀtje] *m.* **1** Barrio (d'une ville). **2** Gajo: ***un*** ~ ***d'orange,*** un gajo de naranja. **3** Trozo: ***un*** ~ ***de bœuf,*** un trozo de buey. **4** ASTRON. Cuarto. **5** BLAS. Cuartel. **6** MIL. Cuartel.

quasi [kazi] *adv.* Casi.

quatorze [katɔʀz(ə)] *adj.-m. invar.* Catorce.

quatrain [katʀɛ̃] *m.* LITT. Redondilla *f.*, cuarteta *f.*, cuarteto.

quatre [katʀ(ə)] *adj.-m. invar.* **1** Cuatro: ~ ***fois*** ~ ***font seize,*** cuatro por cuatro son dieciséis. Loc. fig. ***Se mettre en*** ~, desvivirse. **2** Cuarto. ■ **3** *m. invar.* Cuatro.

quatre-vingts, quatre-vingt [katʀəvɛ̃] *adj.-s.* Ochenta.

quatrième [katʀijɛm] *adj.* Cuarto, ta. ■ *f.* Cuarta (jeu de cartes).

que [k(ə)] *conj.* **1** Que: ***j'espère*** ~ ***vous serez heureux,*** espero que seréis felices. **2** De que: ***soyez sûr*** ~, esté usted seguro de que. **3** Para que: ***approche-toi,*** ~ ***je te voie,*** acércate, para que yo te vea. **4** Cuando: ***on allait partir*** ~ ***l'orage a éclaté,*** íbamos a marcharnos, cuando estalló la tormenta. **5** En remplacement de comme, quand, si, etc. dans une coordonnée, ne se traduit pas: ***comme ils étaient jeunes et*** ~ ***rien ne les contraignait,*** como eran jóvenes y nada les ataba. **6** Porque: ***je vous crois, non*** ~ ***vous ayez toujours raison...*** le creo, no porque siempre tenga razón. **7** Ne se traduit pas: ***c'est idiot*** ~ ***d'agir ainsi,*** es tonto obrar así. **8** ***Aussi, autant...***~, tan, tanto... como. **9** ***Ne*** ***...***~, no... más que, sólo. ■ **10** *adv.* Por qué: ~ ***ne vient-il pas?,*** ¿por qué no viene él? **11** Qué: ~ ***vous êtes bon!,*** ¡qué bueno es usted! **12** ~ ***de,*** cuánto, ta: ~ ***de monde!,*** ¡cuánta gente! ■ **13** *pron. rel.* Que: ***fais ce*** ~ ***tu voudras,*** haz lo que quieras. **14** A quien, a quienes (pour les personnes). ■ **15** *pron. inter.* ¿Qué?: ~ ***se passe-t-il?,*** ¿qué pasa? **16** ***Qu'est-ce que?,*** ¿qué?: ***qu'est-ce que tu dis?,*** ¿qué dices?

quel, quelle [kɛl] *adj.* **1** Qué (devant nom), cuál (devant verbe): ***quelle heure est-il?,*** ¿qué hora es?; ~ ***homme!,*** ¡qué hombre!; ~ ***sera mon sort?,*** ¿cuál será mi destino?; ***quelle ne fut pas ma surprise!,*** ¡cuál fue mi sorpresa! **2** Quién: ~ ***est-ce garçon?,*** ¿quién es este chico? **3** Cualquiera: ~ ***que, quelle, que,*** cualquiera que. ■ **4** *pron.* Cuál: ***de ces livres,*** ~ ***sera le plus intéressant?,*** de estos libros, ¿cuál será el más interesante?

quelconque [kɛlkɔ̃k] *adj.* **1** Cualquiera, cualquier: ***un homme*** ~, un hombre cualquiera, cualquier hombre. **2** Corriente, mediocre: ***un spectacle très*** ~, un espectáculo muy corriente.

quelque [kɛlk(ə)] *adj. indéf.* 1 Algún, una: ~ ***enfant,*** algún niño. ■ 2 *pl.* Pocos, cas, unos cuantos, unas cuantas: ***les quelques amis que j'avais sont morts,*** los pocos amigos que tenía murieron. 3 Loc. fam. ***Et quelques,*** y pico. 4 Por muchos, chas: ***quelques remarques que vous fassiez,*** por muchas observaciones que presentéis. ■ 5 *adv.* Por muy: ~ ***riche qu'il soit,*** por muy rico que sea. 6 Aproximadamente, alrededor de, cerca de, unos, unas: ***cela vous coûtera ~ cent francs,*** esto os costará cien francos aproximadamente. 7 *loc. adv.* ~ ***peu,*** un poco, algo, algún tanto.
quelquefois [kɛlkəfwa] *adv.* Algunas veces, a veces.
quelqu'un, -une [kɛlkœ̃, -yn] *pron. indéf.* 1 Alguien. *Loc.* ***Se croire ~,*** creerse alguien. 2 Alguno, na.
quémandeur, -euse [kemɑ̃dœʀ, -øz] *s.* Pedigüeño, -ña.
quenelle [kənɛl] *f.* Albondiguilla.
quenotte [kənɔt] *f.* Dientecillo *m.*
quereller [keʀele] *tr.* 1 Reñir. ■ 2 *pr.* Pelearse, reñir, disputar.
quérir [keʀiʀ] *tr.* Buscar: ***aller ~ le médecin,*** ir a buscar al médico. ▲ CONJUG. Se emplea sólo el INFIN.
question [kɛstjɔ̃] *f.* 1 Pregunta. 2 Cuestión. 3 Tortura: ***soumettre quelqu'un à la ~,*** someter a alguien a tortura.
questionner [kɛstjɔne] *tr.* Interrogar.
quêter [kete] *tr.* 1 Buscar, solicitar. ■ 2 *intr.* Pedir, hacer cuestación: ~ ***pour les œuvres de bienfaisance,*** hacer cuestación para las obras de beneficencia. 3 CHASS. Ventear.
queue [kø] *f.* 1 Cola, rabo *m.* 2 Cola, coleta (cheveux). 3 Cola (de comète, de vêtements, etc.). 4 Mango *m.* (manche). 5 Cola, fila: ***faire la ~,*** hacer cola. 7 Taco *m.* (billard). 8 BOT. Rabillo *m.,* pezón *m.* 9 *loc. adv.* ***À la ~ leu, leu,*** en fila, uno detrás de otro.
qui [ki] *pron. rel.* 1 Que, quien, quienes: ***les choses ~ m'intéressent,*** las cosas que me interesan; ***ce ~,*** lo que; ***celui à ~je parle,*** aquel a quien hablo; ***ceux à ~ je parle,*** aquéllos a quienes hablo. Loc. ~ ***que ce soit,*** quienquiera que sea. ■ 2 *pron. inter.* Quién, quiénes: ~ ***est-ce?,*** ¿quién es?; ~ ***sont ces personnes?,*** ¿quiénes son estas personas? 3 A quién (complément): ~ ***as-tu vu?,*** ¿a quién has visto?
quiconque [kikɔ̃k] *pron. indéf.* Cualquiera que, quienquiera que.
quiétude [k(ɥi)jetyd] *f.* 1 Quietud. 2 RELIG. Sosiego *m.* del alma.
quille [kij] *f.* 1 Bolo *m.* (jeu). 2 MAR. Quilla.
quinine [kinin] *f.* Quinina.
quinquagénaire [k(ɥ)ɛ̃k(w)aʒenɛʀ] *adj.-s.* Quincuagenario, ia, cincuentón, ona (fam.).
quinquina [kɛ̃kına] *m.* 1 Vino quinado. 2 Quino (arbre). 3 Quina *f.* (écorce).
quint [kɛ̃] *adj.* Quinto: ***Charles-Quint,*** Carlos quinto; ***Sixte-Quint,*** Sixto quinto.
quintal [kɛ̃tal] *m.* Quintal.
quintessence [kɛ̃tesɑ̃s] *f.* Quintaesencia.
quintette [k(ɥ)tɛ̃t] *m.* MUS. Quinteto.
quintuple [kɛ̃typl(ə)] *adj.-s.* Quíntuplo, pla.
quinzaine [kɛ̃zɛn] *f.* Quincena.
quinze [kɛ̃z] *adj.-m. invar.* Quince.
quinzième [kɛ̃zjɛm] *adj.-s.* 1 Quinceno, na, decimoquinto, ta. 2 Quinzavo, va (fraction).
quittance [kitɑ̃s] *f.* Recibo *m.*
quitte [kit] *adj.* 1 Libre de deuda, en paz: ***je vous ai tout payé, nous sommes quittes,*** os lo he pagado todo, estamos en paz. 2 Quito, ta, exento, ta, libre. 3 *loc. adv.* ~ ***à,*** a riesgo de.

quitter [kite] *tr.* **1** Dejar, abandonar, ausentarse de: ~ ***la ville,*** dejar la ciudad. **2** Separarse: ~ ***ses amis,*** separarse de los amigos. Loc. ***Ne quittez pas!,*** ¡no se retire! (téléphone). **3** Quitarse: ***il ne quitte jamais sa casquette,*** no se quita nunca la gorra. ■ **4** *pr.* Despedirse, separarse: ***ils se sont quittés à regret,*** se han separado con pena.
qui-vive? [kiviv] *interj.* **1** ¿Quién vive? **2** Loc. ***Être sur le*** ~, estar alerta.
quoi [kwa] *pron. rel.* **1** Lo que, lo cual. **2** Qué. ■ **2** *pron. inter.* Qué: ***à ~ pensez-vous?,*** ¿en qué piensa usted? ■ **4** *pron. indef.* ~ ***que,*** cualquier cosa que; ~ ***qu'il en soit,*** como quiera que sea. **5** *interj.* ¡Qué!, ¡cómo!
quoique [kwak(ə)] *conj.* Aunque, aun cuando.
quote-part [kɔtpaʀ] *f.* Parte alícuota, cuota.
quotidien, -ienne [kɔtidjɛ̃, -jɛn] *adj.* **1** Diario, ia, cotidiano, na. ■ **2** *m.* Diario, periódico (journal).
quotient [kɔsjɑ̃] *m.* Cociente.

R

r [ɛʀ] *m.* R *f.*
rabâcher [Rabɑʃe] *tr.* **1** Machacar. ■ **2** *intr.* Repetirse.
rabaisser [Rabese] *tr.* **1** Rebajar. ■ **2** *pr.* Rebajarse.
rabat [Raba] *m.* **1** Alzacuello, collarín (des religieux). **2** Golilla *f.* (des magistrats). **3** Carterilla *f.* (d'une poche).
rabat-joie [Rabaʒwa] *adj.-m. invar.* Aguafiestas.
rabatteur [RabatœR] *m.* Ojeador (chasse).
rabattre [RabatR(ə)] *tr.* **1** Descontar, rebajar (déduire). **2** Abatir (faire tomber). **3** Bajar (mettre à plat). **4** Doblar, plegar (replier). **5** Ojear (chasse). ■ **6** *pr.* ***Se ~ sur, vers,*** volverse bruscamente hacia. ▲ CONJUG. como ***battre.***
rabbi [Rabi], **rabbin** [Rabɛ̃] *m.* Rabino.
râble [Rɑbl(ə)] *m.* Lomo.
rabot [Rabo] *m.* TECHN. Cepillo.
raboteux, -euse [Rabɔtø, -øz] *adj.* Desigual.
rabougri, -ie [RabugRi] *adj.* Esmirriado, da, canijo, ja.
racaille [Rakɑj] *f.* Chusma, canalla.
raccommodage [Rakɔmɔdaʒ] *m.* **1** Remiendo (pièce). **2** Compostura *f.* (action).
raccommoder [Rakɔmɔde] *tr.* **1** Componer, arreglar. **2** Remendar (rapiécer). **3** Reconciliar. ■ **4** *pr.* Reconciliarse.
raccorder [RakɔRde] *tr.* **1** Empalmar, enlazar. **2** ÉLECTR. Conectar.
raccourci, -ie [RakuRsi] *adj.* **1** Acortado, da. **2** Abreviado, da. ■ **3** *m.* Atajo (chemin). **3** Escorzo (peinture).
raccroc [RakRo] *m.* **1** Chiripa *f.*, chamba *f.* **2** *loc. adv.* ***Par ~,*** por chiripa.
raccrocher [RakRɔʃe] *tr.* **1** Volver a colgar (tableau, etc.). **2** Volver a enganchar (wagon, etc.). **3** Colgar (le téléphone). **4** Echar el gancho a, pescar (racoler). ■ **5** *pr.* Aferrarse.
race [Ras] *f.* Raza.
racheter [Raʃte] *tr.* **1** Rescatar, redimir. **2** Volver a comprar. ▲ CONJUG. como ***acheter.***
rachitisme [Raʃitism(ə)] *m.* Raquitismo.
racine [Rasin] *f.* Raíz.
raclée [Rɑkle] *f.* pop. Paliza, tunda.
racler [Rɑkle] *tr.* **1** Raspar, rascar. **2** fam. Rascar (un instrument à cordes). ■ **3** *pr.* ***Se ~ la gorge,*** carraspear.
racolage [Rakɔlaʒ] *m.* MIL. Enganche, reclutamiento.
raconter [Rakɔ̃te] *tr.* Contar, narrar.

racornir [RakɔRniR] *tr.* 1 Endurecer. ■ 2 *pr.* Endurecerse, resecarse.
radar [RadaR] *m.* Radar.
rade [Rad] *f.* MAR. Rada.
radeau [Rado] *m.* 1 Balsa *f.* 2 Almadía *f.* (train de bois).
radiateur [RadjatœR] *m.* Radiador.
radical, -ale [Radikal] *adj.-m.* Radical.
radier [Radje] *tr.* 1 Tachar, borrar (d'une liste). 2 Excluir. ▲ CONJUG. como ***prier.***
radieux, -euse [Radjø, -øz] *adj.* Radiante.
radioactif, -ive [Radjɔaktif, -iv] *adj.* Radiactivo, va.
radiodiffusion [Radjɔdifyzjɔ̃] *f.* Radiodifusión.
radiographie [RadjɔgRafi] *f.* Radiografía.
radiologue [Radjɔlɔg] *s.* Radiólogo, ga.
radiomessagerie [RadjɔmɛsaʒRi] *f.* Radiomensajería.
radiophonique [Radjɔfɔnik] *adj.* Radiofónico, ca.
radiothérapie [RadjɔteRapi] *f.* Radioterapia.
radis [Radi] *m.* Rábano.
radoter [Radɔte] *intr.* 1 Chochear, desatinar (divaguer). 2 Repetirse (rabâcher).
radoteur, -euse [RadɔtœR, -øz] *adj.-s.* Chocho, cha.
radoucir [RadusiR] *tr.* 1 Suavizar, templar (le temps). 2 Aplacar, moderar. ■ 3 *pr.* Templarse (le temps). 4 Aplacarse.
rafale [Rafal] *f.* Ráfaga, racha.
raffermir [RafɛRmiR] *tr.* 1 Fortalecer (durcir). 2 Consolidar, afianzar (fortifier).
raffinement [Rafinmɑ̃] *m.* Refinamiento.
raffiner [Rafine] *tr.* Refinar.
raffinerie [RafinRi] *f.* Refinería.
raffoler [Rafɔle] *tr. ind.* ~ ***de,*** estar loco, ca por, pirrarse por.
rafistoler [Rafistɔle] *tr.* fam. Componer, remendar.
rafle [Rɑfl(ə)] *f.* Batida, redada (de la police).
rafler [Rɑfle] *tr.* fam. Saquear, llevárselo.
rafraîchir [RafReʃiR] *tr.* 1 Refrescar. 2 Poner como nuevo, retocar. ■ 3 *intr.* Refrescar, enfriarse. ■ 4 *pr.* fam. Tomar un refresco (boire un rafraîchissement).
rafraîchissement [RafReʃismɑ̃] *m.* 1 Enfriamiento. 2 Refresco (boisson).
ragaillardir [RagajaRdiR] *tr.* fam. Remozar, vigorizar.
rage [Raʒ] *f.* 1 Rabia. Loc. ***Faire ~,*** causar estragos. 2 Pasión, deseo *m.* violento. 3 ~ ***de dents,*** dolor *m.* de muelas.
rager [Raʒe] *intr.* fam. Rabiar. ▲ CONJUG. como ***engager.***
rageur, -euse [RaʒœR, -øz] *adj.-s.* Rabioso, sa, iracundo, da.
ragoût [Ragu] *m.* CUIS. Guisado, guiso.
ragoûtant, -ante [Ragutɑ̃, -ɑ̃t] *adj.* 1 Apetitoso, sa. 2 Grato, ta.
rai [Rɛ] *m.* Rayo.
raid [Rɛd] *m.* 1 Correría *f.,* incursión. 2 SPORTS. Prueba *f.* de resistencia. 3 Expedición *f.* aérea.
raideur [RɛdœR] *f.* 1 Rigidez, tiesura, tirantez. 2 fig. Inflexibilidad.
raidillon [Rɛdijɔ̃] *m.* Repecho, costanilla *f.*
raidir [RediR] *tr.* 1 Atiesar, poner rígido, da. ■ 2 *pr.* Resistir, mantenerse firme.
raie [Rɛ] *f.* 1 Raya. 2 Raya (poisson).
rail [Rɑj] *m.* Riel.
railler [Rɑje] *tr.* 1 Burlarse de. ■ 2 *intr.* Bromear.
railleur, -euse [RɑjœR, -øz] *adj.-s.* Burlón, ona.
rainette [Rɛnɛt] *f.* Rana de San Antonio.
rainure [RenyR] *f.* Ranura.
raisin [Rezɛ̃] *m.* 1 Uva *f.: **le ~,*** la uva. 2 ~ ***sec,*** pasa *f.*

raison [rɛzɔ̃] *f.* 1 Razón. Loc. ***Perdre la*** ~, perder el juicio; ***avoir*** ~, tener razón. 2 Razón, motivo *m.* 3 *loc. adv.* ***À plus forte*** ~, con mayor razón, con mayor motivo. 4 *loc. prép.* ***À*** ~ ***de,*** a razón de; ***en*** ~ ***de,*** a causa de.

raisonnable [rɛzɔnabl(ə)] *adj.* 1 Razonable. 2 Racional (doué de raison).

raisonnement [rɛzɔnmɑ̃] *m.* 1 Raciocinio. 2 Razonamiento.

raisonner [rɛzɔne] *intr.-tr.* Razonar, raciocinar.

rajeunir [raʒœniʀ] *tr.* 1 Rejuvenecer. ■ 2 *pr.* Rejuvenecerse.

rajuster [raʒyste] *tr.* 1 Reajustar. 2 Componer, arreglar (arranger).

râle [rɑl], **râlement** [rɑlmɑ̃] *m.* Estertor.

ralenti, -ie [ralɑ̃ti] *adj.* 1 Retardado, da. ■ 2 *m.* Ralentí, marcha *f.* lenta: ***au*** ~, en marcha lenta; a ritmo lento (travail).

ralentir [ralɑ̃tiʀ] *tr.* 1 Aminorar, disminuir. ■ 2 *intr.* Ir más despacio, aminorar la marcha.

râler [rɑle] *intr.* 1 Tener estertor. 2 fam. Gruñir, refunfuñar (rouspéter).

rallier [ralje] *tr.* 1 Reunir (rassembler). 2 Sumar, ganar, captar (pour une cause). 3 Volver a (rejoindre): ~ ***son poste,*** volver a su puesto. ■ 4 *pr.* Reunirse, agruparse. 5 Adherirse (à une opinion). ▲ CONJUG. como ***prier.***

rallumer [ralyme] *tr.* 1 Encender de nuevo. 2 fig. Reanimar, avivar (ranimer).

RAM [ram] *f.* (*abrév.* random access memory) RAM.

ramadan [ramadɑ̃] *m.* Ramadán.

ramage [ramaʒ] *m.* 1 Ramaje. 2 Gorjeo (des oiseaux).

ramasser [ramɑse] *tr.* 1 Recoger. 2 Reunir, amontonar. 3 pop. Ganarse, atrapar: ~ ***une gifle,*** ganarse una bofetada. ■ 4 *pr.* Encogerse, acurrucarse.

ramassis [ramɑsi] *m.* 1 péj. Revoltillo, revoltijo (de choses). 2 Hato (de personnes).

rame [ram] *f.* 1 Remo *m.* (aviron). 2 Resma (de papier). 3 AGR. Rodrigón *m.* 4 Tren *m.* (de chemin de fer, métro).

rameau [ramo] *m.* 1 Ramo (petite branche). ■ 2 *pl.* ***Les Rameaux,*** el domingo de Ramos.

ramée [rame] *f.* Ramaje *m.*

ramener [ramne] *tr.* 1 Traer de nuevo, hacer volver. 2 Hacer volver (faire revenir). 3 Traer consigo. 4 Restablecer (la paix, etc.). 5 ~ ***à la vie,*** reanimar. ■ 6 *pr.* ***Se*** ~ ***à,*** reducirse a. ■ 7 *tr.* : fam. ***la*** ~, chupar cámara, ponerse en primer plano. ▲ CONJUG. como ***acheter.***

ramer [rame] *intr.* Remar.

ramier [ramje] *m.* 1 Paloma *f.* torcaz. ■ 2 *adj.* ***Pigeon*** ~, paloma torcaz.

ramification [ramifikɑsjɔ̃] *f.* Ramificación.

ramifier [ramifje] *tr.* 1 Ramificar. ■ 2 *pr.* Ramificarse. ▲ CONJUG. como ***prier.***

ramollir [ramɔliʀ] *tr.* 1 Reblandecer, ablandar. ■ 2 *pr.* Reblandecerse, ablandarse.

ramoneur [ramɔnœʀ] *m.* Deshollinador.

rampant, -ante [rɑ̃pɑ̃, -ɑ̃t] *adj.* 1 Rastrero, ra (plantes, animaux). 2 fig. Rastrero, ra, servil.

rampe [rɑ̃p] *f.* 1 Rampa, pendiente (plan incliné). 2 Barandilla, baranda (d'escalier).

ramper [rɑ̃pe] *intr.* 1 Reptar. 2 fig. Arrastrarse. 3 Trepar (plantes).

ramure [ramyʀ] *f.* 1 Ramaje *m.* (branchage). 2 Cornamenta (des cervidés).

rancart [rɑ̃kaʀ] *m.* Loc. fam. ***Mettre au*** ~, arrinconar, arrumbar.

ranch [rɑ̃tʃ] *m.* Rancho.

rancir [rɑ̃siʀ] *intr.* Enranciarse.

rancœur [rɑ̃kœʀ] *f.* Rencor *m.*

rançon [Rɑ̃sɔ̃] *f.* 1 Rescate *m.* 2 fig. Precio *m.*, pago *m.* (contrepartie).
rancune [Rɑ̃kyn] *f.* Rencor *m.*
randonnée [Rɑ̃dɔne] *f.* Caminata.
rang [Rɑ̃] *m.* 1 Fila *f.* Loc. ***En ~***, en fila; ***être, se mettre sur les rangs***, ponerse entre los candidatos. 2 Categoría *f.*, clase *f.* (social). 3 Puesto, lugar (place).
ranger [Rɑ̃ʒe] *tr.* 1 Ordenar, arreglar (avec ordre). 2 Colocar (mettre). 3 Alinear. 4 Aparcar (une voiture). ■ 5 *pr.* Colocarse. Loc. ***Se ~ du côté de quelqu'un***, tomar el partido de alguien. 6 Ponerse en fila. 7 fam. Sentar la cabeza (adopter un genre de vie régulier). ▲ CONJUG. como ***engager***.
ranimer [Ranime] *tr.* Reanimar.
rapace [Rapas] *adj.-m.* Rapaz.
rapatrier [RapatRije] *tr.* Repatriar. ▲ CONJUG. como ***prier***.
râpe [Rɑp] *f.* 1 CUIS. Rallador *m.*, rallo *m.* 2 MENUIS. Escofina, lima.
râper [Rɑpe] *tr.* 1 CUIS. Rallar. 2 Raspar. 3 Raer, gastar (user).
rapetasser [Raptase] *tr.* fam. Remendar (raccommoder).
rapetisser [Raptise] *tr.* 1 Achicar, empequeñecer. ■ 2 *intr.* Achicarse, acortarse.
raphia [Rafja] *m.* Rafia *f.*
rapide [Rapid] *adj.* 1 Rápido, da. 2 Escarpado, da. ■ 3 *m.* Rápido (train, fleuve).
rapidité [Rapidite] *f.* Rapidez.
rapiécer [Rapjese] *tr.* Remendar. ▲ CONJUG. como ***lancer***.
rapine [Rapin] *f.* Rapiña.
rappel [Rapɛl] *m.* 1 Llamada *f.* 2 TECHN. Retroceso. 3 Pago de atrasos (paiement). 4 Recuerdo, evocación *f.*
rappeler [Raple] *tr.* 1 Llamar de nuevo. 2 Llamar: ***~ à l'ordre***, llamar al orden. 3 ***~ à la vie***, reanimar (évanouissement). 4 Recordar: ***cette maison me rappelle ma jeunesse***, esta casa me recuerda mi juventud. 5 Parecer, recordar (ressembler): ***il me rappelle son oncle***, se parece a su tío. ■ 6 *pr.* Acordarse de: ***je ne me rappelle plus de rien***, no me acuerdo de nada. ▲ CONJUG. como ***appeler***.
rapport [RapɔR] *m.* 1 Renta *f.*, rendimiento (revenu). 2 Informe (compte rendu). 3 Relación *f.* 4 Similitud *f.* 5 Contacto sexual. 6 MATH. Razón *f.* 7 *loc. prép.* ***En ~ avec***, en relación con; ***par ~ à***, con relación a, respecto a.
rapporter [RapɔRte] *tr.* 1 Traer de nuevo. 2 Traer (d'un voyage). 3 Añadir (ajouter). 4 Producir, rendir. 5 Referir, relatar (une histoire, des faits). 6 fam. Soplar, chivarse (moucharder). 7 Anular, revocar (loi, décret). ■ 8 *pr.* Corresponder, referirse. Loc. ***S'en ~ à***, remitirse de.
rapporteur, -euse [RapɔRtœR, -øz] *s.* 1 Soplón, ona, chivato, ta. ■ 2 *m.* DR. Relator, ponente.
rapprocher [RapRɔʃe] *tr.* 1 Acercar más. 2 Acortar, disminuir (les distances). 3 fig. Reconciliar. 4 Comparar. ■ 5 *pr.* Acercarse (*de*, a). 6 Parecerse.
rapt [Rapt] *m.* Rapto.
raquette [Rakɛt] *f.* Raqueta.
rare [Ra(ɑ)R] *adj.* 1 Raro, ra. 2 Ralo, la (cheveux, barbe).
raréfier [Ra(ɑ)Refje] *tr.* Rarefacer, rarificar. ▲ CONJUG. como ***prier***.
rareté [Ra(ɑ)Rte] *f.* 1 Rareza. 2 Escasez (pénurie).
ras, rase [Rɑ, -Rɑz] *adj.* 1 Corto, ta. 2 Raso, sa.
rasade [Rɑzad] *f.* Vaso *m.* lleno, copa llena.
raser [Rɑze] *tr.* 1 Afeitar, rapar. 2 TECHN. Tundir. 3 Arrasar (démolir). 4 Rozar (frôler). 5 fam. Dar la lata (ennuyer). ■ 6 *pr.* Afeitarse. 7 fam. Aburrirse.
rasoir [RɑzwaR] *m.* 1 Navaja *f.* de afeitar. 2 Maquinilla *f.* de afeitar (mécanique, électrique). ■ 3 *adj. invar.* fam. Latoso, sa.

rassasier [rasazje] *tr.* **1** Saciar, hartar. ■ **2** *pr.* Saciarse, hartarse. ▲ CONJUG. como ***prier***.
rassembler [rasɑ̃ble] *tr.* **1** Reunir, juntar, congregar. ■ **2** *pr.* Reunirse.
rasseoir [raswar] *tr.* **1** Sentar de nuevo. ■ **2** *pr.* Sentarse de nuevo. ▲ CONJUG. como ***asseoir***.
rasséréner [raserene] *tr.* Serenar. ▲ CONJUG. como ***accélérer***.
rassurer [rasyre] *tr.* **1** Tranquilizar. ■ **2** Tranquilizarse.
rat [ra] *m.* **1** Rata *f.* ■ **2** *adj.* Tacaño, ña.
ratatiner [ratatine] *tr.* **1** fam. Hacer añicos. ■ **2** *pr.* Arrugarse, apergaminarse.
ratatouille [ratatuj] *f.* **1** fam. Guisote *m.*, rancho *m.* **2** ~ ***niçoise***, pisto *m.*
rate [rat] *f.* **1** ANAT. Bazo *m.* **2** Rata (rat femelle).
raté, -ée [rate] *s.* **1** Fracasado, da. ■ **2** *m.* Fallo (de moteur).
râteau [rɑto] *m.* AGR. Rastro, rastrillo.
râtelier [rɑtəlje] *m.* **1** Pesebre. **2** fam. Dentadura *f.* postiza (dentier).
rater [rate] *intr.* **1** Fallar, errar (une arme). **2** Fracasar (échouer). ■ **3** *tr.* Fallar, errar, marrar. **4** Perder: ~ ***son train,*** perder el tren. **5** Malograr (ne pas réussir).
ratifier [ratifje] *tr.* Ratificar. ▲ CONJUG. como ***prier***.
ration [ra(a)sjɔ̃] *f.* Ración.
rationalisme [rasjɔnalism(ə)] *m.* Racionalismo.
rationnel, -elle [ra(ɑ)sjɔnɛl] *adj.* Racional.
ratisser [ratise] *tr.* **1** Rastrillar (avec un râteau). **2** fam. Pelar, limpiar (rafler). **3** Registrar, rastrear (police, armée).
raton [ratɔ̃] *m.* **1** Ratoncillo. **2** ~ ***laveur,*** mapache.
rattacher [rataʃe] *tr.* **1** Reatar. **2** Incorporar, unir: ~ ***une province à un état,*** incorporar una provincia a un estado. **3** Relacionar. ■ **4** *pr.* ***Se ~ à,*** depender de, relacionarse con.
rattraper [ratrape] *tr.* **1** Volver a atrapar. **2** Recuperar. **3** Alcanzar: ***je hâtai le pas pour le ~***, apresuré el paso para alcanzarle. ■ **4** *pr.* Agarrarse (se raccrocher). **5** Recuperarse, recobrarse.
rature [ratyr] *f.* Tachadura.
rauque [rok] *adj.* Ronco, ca.
ravager [ravaʒe] *tr.* Asolar, devastar. ▲ CONJUG. como ***engager***.
ravaler [ravale] *tr.* **1** Volver a tragar. **2** Revocar (une façade). **3** Rebajar (le mérite, etc.). ■ **4** *pr.* Rebajarse.
ravaudage [ravodaʒ] *m.* **1** Remiendo (raccommodage). **2** Zurcido (reprise).
rave [rav] *f.* Naba.
ravi, -ie [ravi] *adj.* Encantado, da (très content).
ravin [ravɛ̃] *m.* Barranco.
ravine [ravin] *f.* **1** Torrente *m.* (cours d'eau). **2** Torrentera.
ravir [ravir] *tr.* **1** Encantar, embelesar (charmer). **2** Raptar (enlever de force). **3** *loc. adv.* ***À ~***, maravillosamente.
raviser (se) [ravize] *pr.* Cambiar de parecer.
ravissant, -ante [ravisɑ̃, -ɑ̃t] *adj.* Encantador, ra.
ravitailler [ravitɑje] *tr.* Abastecer.
raviver [ravive] *tr.* Reanimar, avivar.
rayé, -ée [reje] *adj.* Rayado, da.
rayer [reje] *tr.* **1** Rayar. **2** Tachar, borrar (éffacer).
rayon [rɛjɔ̃] *m.* **1** Rayo (de lumière, du soleil). **2** Rayo, radio (de roue). **3** GÉOM. Radio. **4** AGR. Surco. **5** Estante, anaquel (étagère). **6** Sección *f.*, departamento (d'un magasin). **7** Panal (de miel).
rayonne [rɛjɔn] *f.* Rayón *m.*, seda artificial.
rayonnement [rɛjɔnmɑ̃] *m.* **1** Irradiación *f.* **2** fig. Resplandor.

rayonner [ʀɛjɔne] *intr.* **1** Radiar, irradiar. **2** fig. Resplandecer, estar radiante.
rayure [ʀejyʀ] *f.* **1** Lista, raya: ***étoffe à rayures,*** tela a rayas. **2** Rayado *m.*
réaction [ʀeaksjɔ̃] *f.* Reacción.
réactionnaire [ʀeajsɔnɛʀ] *adj.-s.* Reaccionario, ia.
réagir [ʀeaʒiʀ] *intr.* Reaccionar.
réaliser [ʀealize] *tr.* Realizar.
réalisme [ʀealism(ə)] *m.* Realismo.
réalité [ʀealite] *f.* Realidad.
réapparaître [ʀeapaʀɛtʀ(ə)] *intr.* Reaparecer. ▲ CONJUG. como ***connaître.***
rébarbatif, -ive [ʀebaʀbatif, -iv] *adj.* Repelente, ingrato, ta (ingrat).
rebâtir [ʀ(ə)bɑtiʀ] *tr.* Reedificar.
rebattre [ʀ(ə)bɑtʀ(ə)] *tr.* Repetir, machacar: ~ ***les oreilles à quelqu'un de quelque chose,*** remachar, machacar algo a alguien. ▲ CONJUG. como ***battre.***
rebattu, -ue [ʀ(ə)baty] *adj.* Trillado, da, sobado, da.
rebeller (se) [ʀ(ə)be(ɛl)le] *pr.* Rebelarse.
rébellion [ʀebeljɔ̃] *f.* Rebelión.
rebiffer (se) [ʀ(ə)bife] *pr.* fam. Rebelarse.
reboiser [ʀ(ə)bwaze] *tr.* Repoblar con árboles.
rebondi, -ie [ʀ(ə)bɔ̃di] *adj.* Rollizo, za.
rebondir [ʀ(ə)bɔ̃diʀ] *intr.* **1** Rebotar. **2** Volver a cobrar actualidad (une affaire). **3** Reanudarse.
rebord [ʀ(ə)bɔʀ] *m.* Reborde.
rebours (à) [aʀ(ə)buʀ] *loc. adv.* Al revés. Loc. ***Compte à ~,*** cuenta atrás.
rebrousser [ʀ(ə)bʀuse] *tr.* **1** Levantar a contrapelo (les cheveux, le poil). **2** ~ ***chemin,*** volver sobre sus pasos, hacer marcha atrás.
rebuffade [ʀ(ə)byfad] *f.* Desaire *m.*, feo *m.*
rebut [ʀəby] *m.* Desecho, desperdicio.
rebuter [ʀ(ə)byte] *tr.* **1** Repugnar, repeler (dégoûter). **2** Desanimar (décourager).
récalcitrant, -ante [ʀekalsitʀɑ̃, -ɑ̃t] *adj.-s.* Recalcitrante.
récapituler [ʀekapityle] *tr.* Recapitular.
receler [ʀəs(ə)le; ʀsəle] **1** DR. Receptar, encubrir. **2** Encerrar, contener. ▲ CONJUG. como ***acheter.***
recenser [ʀ(ə)sɑ̃se] *tr.* **1** Empadronar, hacer el censo de. **2** Recontar, enumerar.
récent, -ente [ʀesɑ̃, -ɑ̃t] *adj.* Reciente.
réceptacle [ʀesɛptakl(ə)] *m.* Receptáculo.
réception [ʀesɛpsjɔ̃] *f.* Recepción.
recette [ʀ(ə)sɛt] *f.* **1** Ingreso *m.*, entrada (rentrée d'argent). **2** Recaudación (impôts, spectacle, etc.). **3** Oficina de recaudación (bureau). **4** CUIS. Receta. **5** Fórmula, receta (procédé).
receveur, -euse [ʀəsvœʀ, -øz; ʀsəvœʀ, -øz] *s.* **1** Recaudador, ra. **2** Cobrador, ra (dans un transport public).
recevoir [ʀəswaʀ, ʀsəvwaʀ] *tr.* **1** Recibir. **2** Aprobar (à un examen). ■ **3** *intr.* Recibir, tener visitas.
rechange [ʀ(ə)ʃɑ̃z] *m.* Recambio.
recharger [ʀ(ə)ʃaʀze] *tr.* **1** Recargar. **2** Cargar (appareil, photo, briquet). ▲ CONJUG. como ***engager.***
réchaud [ʀeʃo] *m.* **1** Infiernillo (à alcool). **2** Hornillo (à gaz, électrique).
réchauffer [ʀeʃofe] *tr.* **1** Recalentar. **2** fig. Reanimar, reavivar. ■ **3** *pr.* Calentarse.
rêche [ʀɛʃ] *adj.* Áspero, ra.
recherche [ʀ(ə)ʃɛʀʃ(ə)] *f.* **1** Búsqueda, busca. Loc. ***À la ~ de,*** en busca de. **2** Investigación. **3** Refinamiento *m.* (raffinement). **4** Rebuscamiento *m.*, afectación.

rechercher [R(ə)ʃɛRʃe] *tr.* 1 Buscar, rebuscar. 2 Investigar (une cause, etc.). 3 Buscar (la compagnie, l'amitié de, etc.).
rechigner [R(ə)ʃiɲe] *intr.* Refunfuñar, rezongar.
rechute [R(ə)ʃyt] *f.* Recaída.
récidiver [Residive] *intr.* 1 Reincidir. 2 MÉD. Recaer.
récif [Resif] *m.* Arrecife.
récipient [Resipjɑ̃] *m.* Recipiente.
réciprocité [ResipRɔsite] *f.* Reciprocidad.
réciproque [ResipRɔk] *adj.-f.* Recíproco, ca.
récit [Resi] *m.* Relato, narración *f.*
récital [Resital] *m.* Recital.
réciter [Resite] *tr.* Recitar.
réclamation [Rekla(ɑ)masjɔ̃] *f.* Reclamación.
réclame [Rekla(ɑ)m] *f.* 1 Reclamo *m.*, propaganda. 2 ***Produits en ~***, gangas *f.*, oportunidades *f.*
réclamer [Rekla(ɑ)me] *tr.* 1 Reclamar. 2 Exigir (exiger). ■ 3 *pr.* ***Se ~ de,*** apelar a.
réclusion [Reklyzjɔ̃] *f.* Reclusión.
recoin [Rekwɛ̃] *m.* 1 Rincón (coin caché). 2 fig. Lo más íntimo.
recoller [R(ə)kɔle] *tr.* Pegar de nuevo.
récolter [Rekɔlte] *tr.* Cosechar, recolectar.
recommander [R(ə)kɔmɑ̃de] *tr.* 1 Recomendar: ***je vous recommande d'être prudent,*** le recomiendo que sea prudente. 2 Certificar (une lettre). ■ 3 *pr.* ***Se ~ à,*** encomendarse a. 4 ***Se ~ de,*** valerse de.
recommencer [R(ə)kɔmɑ̃se] *tr.* 1 Recomenzar, reanudar. ■ 2 *tr. ind.* ***~ à,*** volver a: ***il recommença à pleurer,*** volvió a llorar. ■ 3 *intr.* Volver a empezar. ▲ CONJUG. como ***lancer.***
récompenser [Rekɔ̃pɑ̃se] *tr.* Recompensar.
réconciliation [Rekɔ̃siljɑsjɔ̃] *f.* Reconciliación.
réconcilier [Rekɔ̃silje] *tr.* 1 Reconciliar. ■ 2 *pr.* Reconciliarse. ▲ CONJUG. como ***prier.***
reconduire [R(ə)kɔ̃dɥiR] *tr.* 1 Acompañar. 2 Despedir, acompañar a la salida (un visiteur). ▲ CONJUG. como ***conduire.***
réconforter [Rekɔ̃fɔRte] *tr.* Reconfortar, confortar.
reconnaissance [R(ə)kɔnɛsɑ̃s] *f.* 1 Reconocimiento *m.* 2 Agradecimiento *m.* (gratitude). 3 Resguardo *m.*, recibo *m.* (reçu).
reconnaître [R(ə)kɔnɛtR(ə)] *tr.* 1 Reconocer: ***je ne reconnais pas sa voix,*** no reconozco su voz. ■ 2 *pr.* Reconocerse. 3 Orientarse. ▲ CONJUG. como ***connaître.***
reconquérir [R(ə)kɔ̃keRiR] *tr.* Reconquistar. ▲ CONJUG. como ***acquérir.***
reconstituant, -ante [R(ə)kɔ̃stitɥɑ̃, -ɑ̃t] *adj.-m.* Reconstituyente.
reconstruire [R(ə)kɔ̃stRɥiR] *tr.* Reconstruir. ▲ CONJUG. como ***conduire.***
record [R(ə)kɔR] *m.* Récord, marca *f.*
recoupement [R(ə)kupmɑ̃] *m.* Comprobación *f.* de un hecho.
recourber [R(ə)kuRbe] *tr.* Encorvar, doblar.
recourir [R(ə)kuRiR] *tr. ind.* ***~ à,*** recurrir, apelar a. ▲ CONJUG. como ***courir.***
recours [R(ə)kuR] *m.* 1 Recurso. Loc. ***Avoir ~ à,*** recurrir a. 2 DR. Recurso.
recouvrer [R(ə)kuvRe] *tr.* 1 Recobrar. 2 Cobrar, recaudar (une somme).
recouvrir [R(ə)kuvRiR] *tr.* 1 Recubrir. 2 fig. Ocultar, encubrir. ▲ CONJUG. como ***offrir.***
récréatif, -ive [RekReatif, -iv] *adj.* Recreativo, va.
récréation [RekReɑsjɔ̃] *f.* Recreo *m.*
récrier (se) [RekRrije] *pr.* Exclamar. ▲ CONJUG. como ***prier.***
récriminer [RekRimine] *intr.* Recriminar.
recru, -ue [R(ə)kRy] *adj.* Molido, da, reventado, da (éreinté).

recruter [R(ə)kRyte] *tr.* Reclutar.
rectangle [Rɛktɑ̃gl(ə)] *adj.-m.* Rectángulo.
recteur, -trice [RɛktœR, -tRis] *adj.-m.* Rector, ra.
rectifier [Rɛktifje] *tr.* Rectificar. ▲ CONJUG. como ***prier.***
rectiligne [Rɛktiliɲ] *adj.* Rectilíneo, nea.
rectitude [Rɛktityd] *f.* Rectitud.
recto [Rɛkto] *m.* Anverso.
reçu, -ue [R(ə)sy] *adj.* **1** v. ***recevoir.*** ■ **2** *m.* Recibo (quittance).
recueil [R(ə)kœj] *m.* Compilación *f.*, colección *f.*
recueillir [R(ə)kœjiR] *tr.* **1** Recoger. ■ **2** *pr.* Recogerse, concentrarse. ▲ CONJUG. como ***cueillir.***
recul [R(ə)kyl] *m.* **1** Retroceso (d'un canon, etc.). **2** Alejamiento (pour mieux voir). **3** Perspectiva *f.* (dans le temps).
reculé, -ée [R(ə)kyle] *adj.* **1** Apartado, da. **2** Remoto, ta (temps).
reculer [R(ə)kyle] *tr.* **1** Apartar, retirar hacia atrás (repousser). **2** Aplazar (ajourner). ■ **3** *intr.* Retroceder. **4** Vacilar (hésiter). **5** Echarse atrás (renoncer).
reculons (à) [aRkylɔ̃] *loc. adv.* Andando hacia atrás.
récupérer [RekypeRe] *tr.* **1** Recuperar. ■ **2** *pr.* Resarcirse. ▲ CONJUG. como ***accélérer.***
récurer [RekyRe] *tr.* Fregar.
récuser [Rekyze] *tr.* **1** Recusar. ■ **2** *pr.* Declararse incompetente.
recycler [R(ə)sikle] *tr.* Reciclar.
rédacteur, -trice [RedaktœR, -tRis] *s.* Redactor, ra.
rédaction [Redaksjɔ̃] *f.* Redacción.
reddition [Red(d)isjɔ̃] *f.* Rendición.
rédemption [Redɑ̃psjɔ̃] *f.* Redención.
redevable [Rədvabl(ə); Rdəvabl(ə)] *adj.* Deudor, ra.
redevance [Rədvɑ̃s; Rdəvɑ̃s] *f.* Canon *m.*, censo *m.*
redevenir [RədvəniR; RdəvniR] *intr.* Volver a ser. ▲ CONJUG. como ***venir.***
rédiger [Rediʒe] *tr.* Redactar. ▲ CONJUG. como ***engager.***
redingote [R(ə)dɛ̃gɔt] *f.* Levita.
redire [R(ə)diR] *tr.* Repetir. ▲ CONJUG. como ***dire.***
redondance [R(ə)dɔ̃dɑ̃s] *f.* Redundancia.
redoubler [R(ə)duble] *tr.* **1** Redoblar. **2** ~ ***une classe,*** repetir curso. ■ **3** *tr. ind.* ~ *de,* redoblar: ~ ***d'efforts,*** redoblar sus esfuerzos. ■ **4** *intr.* Arreciar (pluie, vent). **5** Redoblar.
redoutable [R(ə)dutabl(ə)] *adj.* Temible.
redresser [R(ə)dRese] *tr.* **1** Enderezar. **2** fig. Enderezar, restablecer. ■ **3** *pr.* Enderezarse.
réduction [Redyksjɔ̃] *f.* Reducción.
réduire [RedɥiR] *tr.* **1** Reducir. ■ **2** *pr.* Reducirse. ▲ CONJUG. como ***conduire.***
réduit, -ite [Redɥi, -it] *adj.* **1** Reducido, da. ■ **2** *m.* Cuchitril, cuartucho, tabuco. **3** MIL. Reducto.
réel, -elle [Reɛl] *adj.* Real.
réélection [Reelɛksjɔ̃] *f.* Reelección.
réexpédier [Reɛkspedje] *tr.* Reexpedir. ▲ CONJUG. como ***prier.***
refaire [R(ə)fɛR] *tr.* **1** Rehacer. **2** fam. Pegársela a (duper). ■ **3** *pr.* Rehacerse, reponerse. ▲ CONJUG. como ***faire.***
réfectoire [Refɛktwar] *m.* Refectorio.
référence [Referɑ̃s] *f.* **1** Referencia. ■ **2** *pl.* Referencias, informes *m.*
référer [RefeRe] *tr.* **1** Referir. ■ **2** *intr.* Informar. ■ **3** *pr.* Referirse. ▲ CONJUG. como ***accélérer.***
refermer [R(ə)fɛRme] *tr.* Volver a cerrar.
réfléchir [RefleʃiR] *tr.* **1** Reflejar. ■ **2** *intr.* Reflexionar, pensar. ■ **3** *pr.* Reflejarse.
réflecteur [ReflɛktœR] *m.* Reflector.
refléter [R(ə)flete] *tr.* Reflejar. ▲ CONJUG. como ***accélérer.***

réflexion [ʀeflɛksjɔ̃] *f.* 1 Reflexión. 2 ~ *faite, à la* ~, considerándolo bien.
refluer [ʀ(ə)flye] *intr.* Refluir.
reflux [ʀəfly] *m.* Reflujo.
réforme [ʀefɔʀm(ə)] *f.* 1 Reforma. 2 MIL. Licencia *f.* total.
réformer [ʀ(ə)fɔʀme] *tr.* 1 Reformar. 2 MIL. Licenciar, dar de baja por inútil. ■ 3 *pr.* Reformarse, corregirse.
refouler [ʀ(ə)fule] *tr.* 1 Rechazar, hacer retroceder. 2 Reprimir, contener (passion, instinct, etc.).
réfractaire [ʀefʀaktɛʀ] *adj.* Refractario, ia.
réfracter [ʀefʀakte] *tr.* Refractar.
refrain [ʀ(ə)fʀɛ̃] *m.* Estribillo.
refréner [ʀ(ə)fʀene] *tr.* Refrenar. ▲ CONJUG. como ***accélérer.***
réfrigérateur [ʀefʀiʒeʀatœʀ] *m.* Frigorífico.
réfrigérer [ʀefʀiʒeʀe] *tr.* Refrigerar. ▲ CONJUG. como ***accélérer.***
refroidir [ʀ(ə)fʀwadiʀ] *tr.* 1 Enfriar. ■ 2 *intr.* Enfriarse.
refuge [ʀ(ə)fyʒ] *m.* Refugio.
réfugier (se) [ʀefyʒje] *pr.* Refugiarse. ▲ CONJUG. como ***prier.***
refuser [ʀ(ə)fyze] *tr.* 1 Rehusar. 2 Denegar, negar. 3 Suspender (à un examen). ■ 4 *pr.* Negarse. 5 Privarse.
réfuter [ʀefyte] *tr.* Refutar.
regagner [ʀ(ə)gaɲe] *tr.* 1 Recuperar, recobrar. 2 Volver, regresar a.
régal [ʀegal] *m.* 1 Regalo, placer, delicia *f.* 2 Manjar delicioso (mets).
régalade [ʀegalad] *f.* ***Boire à la*** ~, beber a chorro.
régaler [ʀegale] *tr.* 1 Invitar a comer o a beber. ■ 2 *pr.* Disfrutar, gozar.
regard [ʀ(ə)gaʀ] *m.* 1 Mirada *f.* 2 *loc. prép.* ***Au ~ de,*** respecto a; ***en ~ de,*** en comparación de, a. 3 *loc. adv.* ***En*** ~, en frente.
regarder [ʀ(ə)gaʀde] *tr.* 1 Mirar. 2 Concernir, atañer (concerner). Loc. ***Ça te regarde?,*** ¿y a ti qué te importa? ■ 3 *tr.* ind. ~ ***à quelque chose,*** reparar en: ~ ***à la dépense,*** reparar en gastos. ■ 4 *pr.* Mirarse.
régate [ʀegat] *f.* MAR. Regata.
régence [ʀeʒɑ̃s] *f.* Regencia.
régénérer [ʀeʒeneʀe] *tr.* Regenerar. ▲ CONJUG. como ***accélérer.***
régenter [ʀeʒɑ̃te] *tr.* Regentar.
régicide [ʀeʒisid] *f.* 1 Regicidio. ■ 2 *s.* Regicida.
régie [ʀeʒi] *f.* 1 Administración de rentas estancadas. 2 Administración por el Estado, empresa nacional. 3 Administración.
régime [ʀeʒim] *m.* MED. 1 Régimen, dieta *f.* 2 Régimen: ***régimes politiques,*** regímenes políticos. 3 Racimo (de bananes, de dattes).
régiment [ʀeʒimɑ̃] *m.* MIL. Regimiento.
région [ʀeʒjɔ̃] *f.* Región.
régional, -ale [ʀeʒjɔnal] *adj.* Regional.
régir [ʀeʒiʀ] *tr.* Regir.
régisseur [ʀeʒisœʀ] *m.* 1 Administrador, regidor. 2 THÉÂT. Traspunte.
registre [ʀ(ə)ʒistʀ(ə)] *m.* Registro.
réglage [ʀeglaʒ] *m.* Regulación *f.*, ajuste.
règle [ʀɛgl(ə)] *f.* Regla.
règlement [ʀɛgləmɑ̃] *m.* 1 Reglamento. 2 Arreglo, solución *f.* 3 Pago (paiement).
réglementer [ʀɛgləmɑ̃te] *tr.* Reglamentar.
régler [ʀegle] *tr.* 1 Rayar, pautar (papier). 2 Arreglar, ordenar. 3 Pagar (payer). 4 Liquidar, abonar (un compte). 5 Ajustar, graduar (un dispositif, un mécanisme, etc.). ▲ CONJUG. como ***accélérer.***
réglisse [ʀeglis] *f.* Regaliz *m.*
règne [ʀɛɲ] *m.* 1 Reinado. 2 Reino (animal, végétal, etc.).
régner [ʀeɲe] *intr.* Reinar. ▲ CONJUG. como ***accélérer.***
regorger [ʀ(ə)gɔʀʒe] *intr.* Rebosar. ▲ CONJUG. como ***engager.***
régression [ʀegʀesjɔ̃] *f.* Regresión.

regret [R(ə)gRɛ] *m.* **1** Pesar, sentimiento. **2** *loc. adv.* *À* ~, con pesar, de mala gana.
regretter [R(ə)gRete] *tr.* **1** Lamentar, sentir, deplorar. **2** Echar de menos (personne ou chose qu'on n'a plus).
régulariser [Regylarize] *tr.* Regularizar.
régularité [Regylarite] *f.* Regularidad.
régulier, -ière [Regylje, -jɛR] *adj.* Regular.
réhabiliter [Reabilite] *tr.* **1** Rehabilitar. ■ **2** *pr.* Rehabilitarse.
rehausser [Rəose] *tr.* Realzar.
réimpression [Reɛ̃pRɛsjɔ̃] *f.* Reimpresión.
rein [Rɛ̃] *m.* Riñón.
reine [Rɛn] *f.* Reina.
reinette [Rɛnɛt] *f.* Reineta (pomme).
réintégrer [Reɛ̃tegRe] *tr.* **1** Reintegrar. **2** Volver a (revenir). **3** Rehabilitar (un fonctionnaire). ▲ CONJUG. como ***accélérer.***
réitérer [ReiteRe] *tr.* Reiterar. ▲ CONJUG. como ***accélérer.***
rejaillir [R(ə)ʒajiR] *intr.* **1** Brotar, salir con ímpetu (un liquide). **2** ~ ***sur,*** recaer sobre.
rejeter [Rəʒte; Rʒəte] *tr.* **1** Volver a echar. **2** Arrojar (rendre). **3** Rechazar, desechar (repousser). ▲ CONJUG. como ***jeter.***
rejeton [Rəʒtɔ̃; Rʒətɔ̃] *m.* **1** BOT. Retoño. **2** fam. Retoño, vástago.
rejoindre [R(ə)ʒwɛ̃dR(ə)] *tr.* **1** Reunir, juntar. **2** Reunirse con, juntarse con. **3** Alcanzar, coger (rattraper). **4** Parecerse. ■ **5** *pr.* Reunirse. ▲ CONJUG. como ***craindre.***
réjouir [ReʒwiR] *tr.* **1** Regocijar, alegrar. ■ **2** *pr.* Regocijarse.
réjouissant, -ante [Reʒwisɑ̃, -ɑ̃t] *adj.* Divertido, da, alegre.
relâche [R(ə)lɑʃ] *m.-f.* **1** Descanso *m.* (répit). **2** THÉÂT. Día *m.* de descanso.
relâchement [R(ə)lɑʃmɑ̃] *m.* Relajamiento, relajación *f.*
relâcher [R(ə)lɑʃe] *tr.* **1** Relajar. **2** Soltar, libertar (libérer). ■ **3** *intr.* MAR. Hacer escala. ■ **4** *pr.* Relajarse, aflojar.
relais [R(ə)lɛ] *m.* **1** Parada *f.*, posta *f.* **2** Albergue (auberge). **3** Relevo (dans une course). **4** ÉLECTR. Relé.
relancer [R(ə)lɑ̃se] *tr.* **1** Volver a lanzar. **2** Reenvidar (au poker). **3** Acosar, perseguir (pour obtenir quelque chose). **4** Reactivar, dar nuevo impulso a. ▲ CONJUG. como ***lancer.***
relater [R(ə)late] *tr.* Relatar.
relatif, -ive [R(ə)latif, -iv] *adj.* Relativo, va.
relation [R(ə)lɑsjɔ̃] *f.* **1** Relación. ■ **2** *pl.* Relaciones: ***relations amicales,*** relaciones amistosas.
relaxer [R(ə)lakse] *tr.* **1** Poner en libertad. ■ **2** *pr.* Relajarse.
relayer [R(ə)leje] *tr.* **1** Relevar, sustituir. ■ **2** *pr.* Turnarse, relevarse.
reléguer [R(ə)lege] *tr.* Relegar. ▲ CONJUG. como ***accélérer.***
relent [R(ə)lɑ̃] *m.* **1** Mal olor, tufo (odeur). **2** Resabio (goût).
relève [R(ə)lɛv] *f.* Relevo *m.*
relevé, -ée [Rəlve; Rləve] *adj.* **1** v. ***relever*** **2** fig. Noble, elevado, da (style, etc.). **3** CUIS. Picante, fuerte. ■ **4** *m.* Extracto, estado (d'un compte).
relever [Rəlve; Rləve] *tr.* **1** Levantar, alzar. **2** Recoger (du sol). **3** Poner a flote. **4** Reedificar. **5** Remangarse, arremangarse (manches, etc.). **6** Realzar (rehausser). **7** CUIS. Dar un gusto picante a (épicer). **8** Señalar, hacer notar (faire remarquer). **9** Apuntar, anotar (noter). **10** MAR. Marcar. **11** Relevar (une sentinelle, quelqu'un de ses fonctions, etc.). ■ **12** *intr.* ~ ***de,*** depender (dépendre de). ■ **13** *pr.* Levantarse. **14** Restablecerse, recuperarse. ▲ CONJUG. como ***acheter.***
relief [Rəljɛf] *m.* **1** Relieve. ■ **2** *pl.* Sobras *f.* de comida (d'un repas).

relier [ʀəlje] *tr.* **1** Unir, enlazar (joindre, raccorder). **2** Encuadernar (un livre). ▲ CONJUG. como ***prier.***
religion [ʀ(ə)liʒjɔ̃] *f.* Religión.
relique [ʀ(ə)lik] *f.* Reliquia.
relire [ʀ(ə)liʀ] *tr.* Releer. ▲ CONJUG. como ***lire.***
reliure [ʀəljyʀ] *f.* Encuadernación.
reluire [ʀəlɥiʀ] *intr.* Relucir. ▲ CONJUG. como ***luire.***
remâcher [ʀ(ə)mɑʃe] *tr.* Rumiar.
remanier [ʀ(ə)manje] *tr.* **1** Arreglar, modificar. **2** Retocar, rehacer. ▲ CONJUG. como ***prier.***
remarquable [ʀ(ə)maʀkabl(ə)] *adj.* Notable.
remarquer [ʀ(ə)maʀke] *tr.* **1** Observar, notar. **2** Señalar. ■ **3** *pr.* Notarse.
rembarrer [ʀɑ̃ba(ɑ)ʀe] *tr.* fam. Echar una bronca a.
remblai [ʀɑ̃blɛ] *m.* Terraplén.
rembourrer [ʀɑ̃buʀe] *tr.* Rellenar.
remboursement [ʀɑ̃buʀsəmɑ̃] *m.* Reembolso.
rembrunir [ʀɑ̃bʀyniʀ] *tr.* **1** Oscurecer. ■ **2** *pr.* Entristecerse.
remède [ʀ(ə)mɛd] *m.* Remedio.
remédier [ʀ(ə)medje] *intr.* Remediar. ▲ CONJUG. como ***prier.***
remémorer [ʀ(ə)memɔʀe] *tr.* **1** Rememorar. ■ **2** *pr.* Acordarse de.
remercier [ʀ(ə)mɛʀsje] *tr.* **1** Dar las gracias, agradecer. **2** Rehusar cortesmente (refuser). **3** Despedir, destituir (renvoyer). ▲ CONJUG. como ***prier.***
remettre [ʀ(ə)mɛtʀ(ə)] *tr.* **1** Volver a poner, volver a meter. **2** Volver a poner (un vêtement). **3** Restablecer (rétablir). **4** Dar, entregar (donner). **5** Remitir, aplazar (ajourner). **6** fam. ~ ***quelqu'un,*** reconocer a alguien. **7** ~ ***les péchés,*** remitir los pecados. ■ **8** *pr.* Volver a empezar. **9** Restablecerse, recuperarse (d'une maladie). **10** Tranquilizarse, sosegarse. **11** ***S'en*** ~ ***à,*** remitirse a. ▲ CONJUG. como ***mettre.***
réminiscence [ʀeminisɑ̃s] *f.* Reminiscencia.
remise [ʀ(ə)miz] *f.* **1** Reposición. **2** Entrega (livraison). **3** Rebaja (rabais). **4** Remesa, envío *m.* (envoi). **5** Cancelación (d'une dette). **6** Cochera (de voitures).
rémission [ʀɑ̃misjɔ̃] *f.* Remisión.
remonter [ʀ(ə)mɔ̃te] *intr.* **1** Volver a subir. **2** Subir (s'élever). **3** Navegar contra la corriente. **4** Remontarse (dater): ~ ***au XVe siècle,*** remontarse al siglo XV. ■ **5** *tr.* Volver a subir. **6** Subirse (relever). **7** Volver a armar, a montar (un mécanisme). **8** ~ ***une montre,*** dar cuerda a un reloj. **9** Animar, estimular (réconforter). **10** Reponer, renovar (pourvoir à nouveau).
remontrer [ʀ(ə)mɔ̃tʀe] *tr.* **1** Mostrar de nuevo. ■ **2** *intr.* ***En*** ~ ***à quelqu'un,*** dar una lección a alguien.
remords [ʀ(ə)mɔʀ] *m.* Remordimiento.
remorquer [ʀ(ə)mɔʀke] *tr.* Remolcar.
rémouleur [ʀemulœʀ] *m.* Amollador, afilador.
remous [ʀ(ə)mu] *m.* Remolino.
rempart [ʀɑ̃paʀ] *m.* FORT. Muralla *f.*
remplaçant, -ante [ʀɑ̃plasɑ̃, -ɑ̃t] *s.* Sustituto, ta, reemplazante.
remplacer [ʀɑ̃plase] *tr.* Reemplazar, sustituir. ▲ CONJUG. como ***lancer.***
remplir [ʀɑ̃pliʀ] *tr.* **1** Llenar (emplir). **2** Rellenar: ~ ***un formulaire,*** rellenar un formulario. **3** Ocupar (occuper). **4** Desempeñar, ejercer (une fonction).
remporter [ʀɑ̃pɔʀte] *tr.* **1** Llevarse (emporter). **2** Llevarse, obtener, conseguir (un prix).
remuant, -ante [ʀəmɥɑ̃, -ɑ̃t] *adj.* **1** Travieso, sa, bullicioso, sa. **2** Activo, va.
remuer [ʀ(ə)mɥe] *tr.* **1** Mover, trasladar (bouger, déplacer). **2** Remover (retourner). **3** Conmover (émouvoir). ■ **4** *intr.* Moverse (bouger). ■ **5** *pr.* Moverse (se mou-

voir). **6** Moverse, menearse (se démener). **7** fam. ***Remue-toi!,*** ¡aligera!

rémunération [Remyneʀɑsjɔ̃] *f.* Remuneración.

rémunérer [Remyneʀe] *tr.* Remunerar. ▲ CONJUG. como ***accélérer.***

renâcler [ʀ(ə)nɑkle] *intr.* Refunfuñar, rezongar.

renaissance [ʀ(ə)nɛsɑ̃s] *f.* Renacimiento *m.*

renaître [ʀ(ə)nɛtʀ(ə)] *intr.* Renacer. ▲ CONJUG. como ***naître.***

renard [ʀ(ə)naʀ] *m.* Zorro.

rencontre [ʀɑ̃kɔ̃tʀ(ə)] *f.* **1** Encuentro *m.* Loc. ***Aller à la ~ de quelqu'un,*** ir al encuentro de alguien. **2** Entrevista (entrevue). **3** Encuentro *m.,* partido *m.* (match).

rencontrer [ʀɑ̃kɔ̃tʀe] *tr.* **1** Encontrar, hallar. ■ **2** *pr.* Encontrarse.

rendement [ʀɑ̃dmɑ̃] *m.* Rendimiento.

rendez-vous [ʀɑ̃devu] *m.* **1** Cita *f.* Loc. ***Se donner ~,*** citarse. **2** ***Sur ~,*** a horas convenidas.

rendormir [ʀɑ̃dɔʀmiʀ] *tr.* **1** Hacer dormir. ■ **2** *pr.* Dormirse de nuevo. ▲ CONJUG. como ***dormir.***

rendre [ʀɑ̃dʀ(ə)] *tr.* **1** Devolver, restituir. **2** Vomitar, arrojar (vomir). **3** Rendir, entregar (céder, livrer). **4** Volver (faire devenir). **5** Hacer: ***~ heureux,*** hacer feliz. **6** Prestar, hacer (un service, une faveur). **7** Producir, emitir (un son). **8** Traducir. **9** Reproducir. ■ **10** *intr.* Rendir, producir. ■ **11** *pr.* Rendirse, someterse (se soumettre). **12** Ir, trasladarse (aller). **13** Ponerse, volverse (devenir). **14** Hacerse: ***se ~ agréable,*** hacerse agradable. ▲ CONJUG. IRREG. INDIC. Pres.: ***je rends, tu rends, il rend, nous rendons, vous rendez, ils rendent.*** Imperf.: ***je rendais,*** etc. Pret. indef.: ***je rendis,*** etc. Fut. imperf.: ***je rendrai,*** etc. POT.: ***je rendrais,*** etc. SUBJ. Pres.: ***que je rende,*** etc. Imperf.: ***que je rendisse,*** etc. IMPER.: ***rends, rendons, rendez.*** PART. A.: ***rendant.*** PART. P.: ***rendu, ue.***

rendu, -ue [ʀɑ̃dy] *adj.* **1** v. ***rendre.*** **2** Llegado, da: ***nous voilà rendus,*** hemos llegado. **3** Rendido, da, fatigado, da (très fatigué). ■ **4** *m.* Objeto devuelto.

rêne [ʀɛn] *f.* Rienda.

renégat, -ate [ʀənega, -at] *adj.-s.* Renegado, da.

renfermer [ʀɑ̃fɛʀme] *tr.* **1** Volver a encerrar. **2** Encerrar. **3** Ocultar (cacher). ■ **4** *pr.* Encerrarse.

renfler [ʀɑ̃fle] *tr.* Abultar, hinchar.

renforcer [ʀɑ̃fɔʀse] *tr.* Reforzar (fortifier). ▲ CONJUG. como ***lancer.***

renfort [ʀɑ̃fɔʀ] *m.* Refuerzo.

renfrogner (se) [ʀɑ̃fʀɔɲe] *pr.* Ponerse ceñudo, da.

rengager [ʀɑ̃gaʒe] *tr.* **1** MIL. Reenganchar. ■ **2** *pr.* MIL. Reengancharse. ▲ CONJUG. como ***engager.***

rengorger (se) [ʀɑ̃gɔʀʒe] *pr.* Pavonearse, darse importancia.

renier [ʀənje] *tr.* **1** Negar (nier). **2** Renegar de, abjurar. ▲ CONJUG. como ***prier.***

renifler [ʀ(ə)nifle] *intr.-tr.* **1** Aspirar por la nariz. ■ **2** *tr.* Oler, husmear (flairer).

renne [ʀɛn] *m.* Reno.

renommé, -ée [ʀ(ə)nɔme] *adj.* **1** Renombrado, da, célebre. ■ **2** *f.* Fama. **3** Voz pública.

renoncer [ʀ(ə)nɔ̃se] *intr.* Renunciar. ▲ CONJUG. como ***lancer.***

renouer [ʀənwe] *tr.* **1** Volver a anudar, volver a atar (nouer de nouveau). **2** Reanudar (reprendre).

renouveau [ʀ(ə)nuvo] *m.* **1** Primavera *f.* (printemps). **2** Resurgimiento, retorno (renaissance).

renouveler [ʀ(ə)nuvle] *tr.* **1** Renovar. ■ **2** *pr.* Renovarse. **3** Repetirse. ▲ CONJUG. como ***appeler.***

rénovateur, -trice [ʀenɔvatœʀ, -tʀis] *adj.-s.* Renovador, ra.

rénover [ʀenɔve] *tr.* Renovar.

renseignement [rɑ̃sɛɲmɑ̃] *m.* **1** Información *f.*: ***à titre de ~,*** a título de información. **2** Informe: ***donner un ~,*** dar un informe.

renseigner [rɑ̃seɲe] *tr.* **1** Informar, instruir (informer, instruire). ■ **2** *pr.* Informarse.

rente [rɑ̃t] *f.* Renta.

rentrée [rɑ̃tre] *f.* **1** Reapertura, apertura (des tribunaux, etc.). **2** Vuelta, regreso *m.* (retour). **3** THÉÂT. Reaparición (d'un acteur). **4** ***~ d'argent,*** recaudación (recette).

rentrer [rɑ̃tre] *intr.* **1** Volver a entrar (entrer de nouveau). **2** Volver, regresar (revenir). **3** Reanudar las clases (élèves). **4** Reanudar las sesiones (un tribunal). **5** Encajar, entrar (s'emboîter). **6** Entrar (être compris dans). **7** Recobrar, recuperarse: ***~ dans ses droits,*** recuperar los derechos. ■ **8** *tr.* Meter hacia dentro. **9** Guardar, poner al abrigo. **10** Reprimir (refouler).

renversant, -ante [rɑ̃vɛrsɑ̃, -ɑ̃t] *adj.* Asombroso, sa.

renverser [rɑ̃vɛrse] *tr.* **1** Invertir (inverser). **2** Volcar (faire tomber). **3** Derramar (un liquide). **4** Derribar, echar abajo (abattre). **5** Echar para atrás (incliner en arrière). **6** Atropellar, arrollar. **7** Dejar estupefacto, ta (étonner). ■ **8** *pr.* Caerse. **9** Derramarse (liquide). **10** Tumbarse.

renvoyer [rɑ̃vwaje] *tr.* **1** Devolver (rendre). **2** Despedir (congédier). **3** Destituir. **4** Reflejar (la lumière, le son). **5** DR. Remitir (à un tribunal, etc.). **6** Remitir (à un autre chapitre, etc.). **7** Aplazar (ajourner). ▲ CONJUG. como ***envoyer.***

réorganiser [reɔrganize] *tr.* Reorganizar.

réouverture [reuvɛrtyr] *f.* Reapertura.

repaire [r(ə)pɛr] *m.* Guarida *f.*

repaître [rəpɛtr(ə)] **1** *tr.* Alimentar. ■ **2** *pr.* Saciarse. ▲ CONJUG. como ***paître.*** Tiene, además, el pret. indef. ***(je repus,*** etc.), el imperf. de subj. ***(que je repusse,*** etc.), el part. p. ***(repu)*** y los tiempos compuestos.

répandre [repɑ̃dr(ə)] *tr.* **1** Verter, derramar (renverser). **2** Difundir (diffuser). **3** Exhalar (exhaler). **4** Difundir, propagar (propager). **5** Dar, proporcionar (semer). ■ **6** *pr.* Esparcirse (s'étaler). **7** Propagarse (se propager). **8** ***Se ~ en,*** prorrumpir en: ***se ~ en menaces,*** prorrumpir en amenazas. **9** Llevar una vida muy mundana. ▲ CONJUG. como ***rendre.***

reparaître [r(ə)parɛtr(ə)] *intr.* Reaparecer. ▲ CONJUG. como ***connaître.***

réparation [reparɑsjɔ̃] *f.* Reparación.

réparer [repare] *tr.* **1** Reparar, arreglar. **2** fig Reparar, expiar.

repartir [r(ə)partir] *tr.* **1** Replicar. ■ **2** *intr.* Partir, marchar de nuevo.

répartir [repartir] *tr.* Repartir, distribuir.

répartition [repartisjɔ̃] *f.* Reparto *m.*, repartición.

repas [r(ə)pɑ] *m.* Comida *f.*

repasser [r(ə)pɑse] *intr.-tr.* **1** Repasar (passer de nouveau). ■ **2** *tr.* Afilar, amolar (aiguiser). **3** Repasar (relire). **4** Planchar (le linge). **5** Dejar, dar (laisser).

repentir [r(ə)pɑ̃tir] *m.* Arrepentimiento.

repentir (se) [r(ə)pɑ̃tir] *pr.* Arrepentirse. ▲ CONJUG. como ***mentir.***

répercussion [repɛrkysjɔ̃] *f.* Repercusión.

répercuter [repɛrkyte] *tr.* **1** Repercutir. ■ **2** *pr.* Reflejarse.

repère [r(ə)pɛr] *m.* Señal *f.*, marca *f.*

repérer [r(ə)pere] *tr.* **1** Descubrir, localizar. ■ **2** *pr.* Orientarse (reconnaître où l'on est). ▲ CONJUG. como ***accélérer.***

répertoire [repɛrtwar] *m.* Repertorio.

répéter [Repete] *tr.* 1 Repetir. 2 THÉÂT., MUS. Ensayar. ■ 3 *pr.* Repetirse: ***le bruit se répète,*** el ruido se repite. ▲ CONJUG. como ***accélérer.***
répétition [Repetisjɔ̃] *f.* 1 Repetición. 2 THÉÂT., MUS. Ensayo *m.* 3 Clase particular.
repiquer [R(ə)pike] *tr.* 1 Picar de nuevo. 2 AGR. Trasplantar.
répit [Repi] *m.* Descanso, tregua *f.*
replacer [R(ə)plase] *tr.* Reponer, colocar de nuevo. ▲ CONJUG. como ***lancer.***
replâtrer [R(ə)plɑtRe] *tr.* Revocar con yeso.
replet, -ète [Rəplɛ, -ɛt] *adj.* Rechoncho, cha.
repli [R(ə)pli] *m.* 1 Doblez *f.*, pliegue. 2 MIL. Repliegue.
replier [R(ə)plije] *tr.* 1 Doblar. 2 Replegar. ■ 3 *pr.* MIL. Replegarse. ▲ CONJUG. como ***prier.***
répliquer [Replike] *tr.* Replicar.
répondant [Repɔ̃dɑ̃] *m.* Fiador, garante.
répondeur [Repɔ̃dœR] *m.* Contestador automático (téléphone).
répondre [Repɔ̃dR(ə)] *tr.-intr.* 1 Contestar, responder. ■ 2 *intr.* Corresponder, responder de, por salir fiador de. 3 Garantizar (garantir). ▲ CONJUG. como ***rendre.***
réponse [Repɔ̃s] *f.* Respuesta, contestación.
report [R(ə)pɔR] *m.* 1 COMM. Suma *f.* anterior, saldo. 2 Aplazamiento (ajournement). 3 Reporte (lithographie).
reportage [R(ə)pɔRtaʒ] *m.* Reportaje.
reporter [R(ə)pɔRte] *tr.* 1 Volver a llevar. 2 Aplazar (remettre). 3 COMM. Llevar a otra columna. 4 Trasladar (transcrire). 5 Reportar (lithographie). ■ 6 *pr.* Referirse, remitirse.
repos [R(ə)po] *m.* 1 Reposo, descanso: ***maison de ~,*** casa de reposo. 2 Tranquilidad *f.*, sosiego. Loc. ***De tout ~,*** seguro, ra. 3 Pausa *f.* (dans une mélodie, un texte).
reposer [R(ə)poze] *tr.* 1 Volver a poner. 2 Descansar (appuyer). 3 Sosegar, calmar (l'esprit, etc.). ■ 4 *intr.* Reposar, descansar. 5 Reposarse (un liquide). 6 fig. ~ ***sur,*** fundarse en, basarse en. ■ 7 *pr.* Descansar, reposar. 8 ***Se ~ sur quelqu'un,*** fiarse de alguien.
repoussant, -ante [R(ə)pusɑ̃, -ɑ̃t] *adj.* Repelente, repugnante.
repousser [R(ə)puse] *tr.* 1 Rechazar (écarter). 2 Repeler, repugnar (répugner). 3 Empujar (pousser en arrière). 4 Rechazar, rehusar (refuser). 5 Aplazar (différer). ■ 6 *intr.* Volver a creer.
répréhensible [RepReɑ̃sibl(ə)] *adj.* Reprensible.
reprendre [R(ə)pRɑ̃dR(ə)] *tr.* 1 Volver a tomar, coger de nuevo. 2 Comprar de nuevo (racheter). 3 Reanudar (une activité). 4 THÉÂT. Reponer (une pièce). 5 Corregir (corriger). 6 Reparar, rehacer (refaire). 7 Recobrar: ~ ***des forces,*** recobrar las fuerzas. ■ 8 *intr.* Reactivarse, recuperarse. 9 Reanudarse (recommencer). 10 Proseguir: ***oui, reprit-il,*** sí, prosiguió él. ■ 11 *pr.* Volver a empezar (recommencer). ▲ CONJUG. como ***prendre.***
représailles [R(ə)pRezaj] *f. pl.* Represalias.
représentant [R(ə)pRezɑ̃tɑ̃] *m.* Representante.
représentation [R(ə)pRezɑ̃tɑsjɔ̃] *f.* Representación.
représenter [R(ə)pRezɑ̃te] *tr.-intr.* 1 Representar. ■ 2 *pr.* Representarse, figurarse: ***représentez-vous mon étonnement,*** figúrese usted mi asombro. 3 Volver a presentarse (un candidat).
répression [RepResjɔ̃] *f.* Represión.
réprimande [RepRimɑ̃d] *f.* Reprimenda.
réprimer [RepRime] *tr.* Reprimir.
reprise [R(ə)pRiz] *f.* 1 Reanudación. 2 Asalto *m.* (match de boxe, assaut d'escrime, etc.). 3 Reestreno *m.*,

reposición (cinéma, théâtre). **4** AUTO. Aumento *m.* de velocidad. **5** Traspaso *m.* (d'un appartement). **6** Zurcido *m.* (d'un tissu).

réprobation [ʀepʀɔbasjɔ̃] *f.* Reprobación, repulsa.

reprocher [ʀ(ə)pʀɔʃe] *tr.* **1** Reprochar. ■ **2** *pr.* Reprocharse.

reproduction [ʀ(ə)pʀɔdyksjɔ̃] *f.* Reproducción.

reproduire [ʀ(ə)pʀɔdɥiʀ] *tr.* **1** Reproducir. ■ **2** *pr.* Reproducirse. ▲ CONJUG. como ***conduire.***

réprouver [ʀepʀuve] *tr.* Reprobar.

reptile [ʀɛptil] *m.* Reptil.

république [ʀepyblik] *f.* República.

repudier [ʀepydje] *tr.* Repudiar. ▲ CONJUG. como ***prier.***

répugnance [ʀepyɲɑ̃s] *f.* Repugnancia.

répugner [ʀepyɲe] *intr.* Repugnar.

répulsion [ʀepylsjɔ̃] *f.* Repulsión.

réputation [ʀepytasjɔ̃] *f.* Reputación.

requérir [ʀəkeʀiʀ] *tr.* Requerir. ▲ CONJUG. como ***acquérir.***

requête [ʀəkɛt] *f.* DR. Requerimiento *m.*, demanda.

requiem [ʀekɥijɛm] *m.* Réquiem.

requin [ʀ(ə)kɛ̃] *m.* Tiburón.

réquisition [ʀekizisjɔ̃] *f.* DR. Requerimiento *m.* demanda.

réquisitionner [ʀekizisjɔne] *tr.* Requisar.

requisitoire [ʀekizitwaʀ] *m.* DR. Informe del fiscal.

rescapé, -ée [ʀɛskape] *s.* Superviviente.

rescousse [ʀɛskus] *f.* **1** Socorro *m.*, auxilio *m.* **2** *loc. adv.* ***À la ~,*** en auxilio.

réseau [ʀezo] *m.* **1** Red *f.* (de mailles, etc.). **2** Red *f.*: ~ ***téléphonique, d'espionnage, etc.***, red telefónica, de espionaje, etc. **3** Redecilla *f.* (des ruminants).

réserve [ʀezɛʀv(ə)] *f.* **1** Reserva (chose réservée). Loc. ***En ~,*** de reserva; ***sous toute ~,*** sin garantía; ***sans ~,*** sin reserva. **2** Reserva, discreción. Loc. ***Se tenir sur la ~,*** estar sobre aviso. **3** Coto *m.*, vedado *m.* (de chasse, pêche).

réserver [ʀezɛʀve] *tr.* **1** Reservar. ■ **2** *pr.* Reservarse.

réserviste [ʀezɛʀvist(ə)] *m.* Reservista.

réservoir [ʀezɛʀvwaʀ] *m.* **1** Depósito (d'essence, d'eau, etc.). **2** Vivero (pour les poissons). **3** Alberca *f.* (d'eau). **4** Cantera *f.* (d'hommes, etc.).

résidence [ʀezidɑ̃s] *f.* Residencia.

résider [ʀezide] *intr.* Residir.

résidu [ʀezidy] *m.* Residuo.

résignation [ʀeziɲasjɔ̃] *f.* Resignación.

résigner [ʀeziɲe] *tr.* **1** Resignar. ■ **2** *pr.* Resignarse.

résilier [ʀezilje] *tr.* Rescindir, anular. ▲ CONJUG. como ***prier.***

résille [ʀezij] *f.* Redecilla (pour les cheveux).

résine [ʀezin] *f.* Resina.

résistant, -ante [ʀezistɑ̃, -ɑ̃t] *adj.-s.* Resistente.

résister [ʀeziste] *intr.* Resistir.

résolu, -ue [ʀezɔly] **1** *p. p.* de ***résoudre.*** ■ **2** *adj.* Resuelto, ta, decidido, da.

résolution [ʀezɔlysjɔ̃] *f.* Resolución.

résonance [ʀezɔnɑ̃s] *f.* Resonancia.

résonner [ʀezɔne] *intr.* Resonar.

résoudre [ʀezudʀ(ə)] *tr.* **1** Resolver (découvrir la solution). **2** Decidir (décider). ■ **3** *pr.* ***Se ~ à,*** decidirse a. ▲ CONJUG. como ***absoudre,*** pero el pret. indef. es ***je résolus,*** etc. y el part. p. ***résolu, ue;*** referido a una solución química su part. p. es ***résous,*** sin fem.

respect [ʀɛspɛ] *m.* Respeto.

respectable [ʀɛspɛktabl(ə)] *adj.* Respetable.

respectif, -ive [ʀɛspɛktif, -iv] *adj.* Respectivo, va.

respectueux, -euse [ʀɛspɛktɥø, -øz] *adj.* Respetuoso, sa.

respiration [ʀɛspiʀasjɔ̃] *f.* Respiración.

respirer [ʀɛspiʀe] *intr.-tr.* **1** Respirar. ■ **2** *tr.* Respirar, rebosar: ***il respire la santé,*** rebosa salud.
resplendissant, -ante [ʀɛsplɑ̃disɑ̃, -ɑ̃t] *adj.* Resplandeciente.
responsabilité [ʀɛspɔ̃sabilite] *f.* Responsabilidad.
responsable [ʀɛspɔ̃sabl(ə)] *adj.* Responsable.
ressac [ʀəsak] *m.* Resaca *f.* (des vagues).
ressaisir [ʀ(ə)seziʀ] *tr.* **1** Coger de nuevo. **2** Recobrar. ■ **3** *pr.* fig. Serenarse, rehacerse.
ressembler [ʀ(ə)sɑ̃ble] *tr. ind.* **1** ~ ***à,*** semejarse, parecerse a. ■ **2** *pr.* Parecerse. Loc. ***Qui se ressemble s'assemble,*** Dios los cría y ellos se juntan.
ressemeler [ʀ(ə)səmle] *tr.* Echar medias suelas a. ▲ CONJUG. como ***appeler.***
ressentiment [ʀ(ə)sɑ̃timɑ̃] *m.* Resentimiento.
ressentir [ʀ(ə)sɑ̃tiʀ] *tr.* **1** Sentir, experimentar. ■ **2** *pr.* Resentirse. ▲ CONJUG. como ***mentir.***
resserrer [ʀ(ə)seʀe] *tr.* **1** Apretar, volver a apretar (boulon, lien, etc.). **2** Cerrar (fermer). **3** Estrechar (un lien d'amitié, etc.). ■ **4** *pr.* Estrecharse.
ressort [ʀ(ə)sɔʀ] *m.* **1** TECHN. Resorte, muelle. **2** fig. Energía *f.,* fuerza *f.* **3** DR. Instancia *f.* **4** Incumbencia *f.,* competencia *f.*
ressortir [ʀ(ə)sɔʀtiʀ] *intr.* **1** Salir de nuevo. **2** Resaltar. **3** Resultar, deducirse, desprenderse. ■ **4** *tr. ind.* ~ ***à,*** ser de la jurisdicción, depender de.
ressortissant, -ante [ʀ(ə)sɔʀtisɑ̃, -ɑ̃t] *s.* Natural, súbdito, ta (d'un pays étranger).
ressource [ʀ(ə)suʀs(ə)] *f.* **1** Recurso *m.* **2** *loc. adv.* ***Sans*** ~, sin remedio.
ressusciter [ʀesysite] *tr.-intr.* Resucitar.
restant, -ante [ʀɛstɑ̃, -ɑ̃t] *adj.* **1** Restante. **2** ***Poste restante,*** lista de correos. ■ **3** *m.* Resto.
restaurateur, -trice [ʀɛstɔʀatœʀ, -tʀis] *adj.* **1** Restaurador, ra. ■ **2** *m.* Encargado o dueño de un restaurante.
restaurer [ʀɛstɔʀe] *tr.* Restaurar.
reste [ʀɛst(ə)] *m.* **1** Resto. **2** MATH. Resta *f.,* diferencia *f.* **3** *loc. adv.* ***De*** ~, de sobra; ***au*** ~, por lo demás. ■ **4** *pl.* Restos. **5** Sobras *f.* de comida (d'un repas).
rester [ʀɛste] *intr.* **1** Quedar, quedarse (demeurer): ~ ***au lit,*** quedarse en cama. Loc. ***En*** ~ ***là,*** no ir más allá. **2** Quedar, sobrar. ■ **3** *impers.* ***Il reste,*** queda, quedan.
restitution [ʀɛstitysjɔ̃] *f.* Restitución.
restreindre [ʀɛstʀɛ̃dʀ(ə)] *tr.* **1** Restringir. ■ **2** *pr.* Limitarse. ▲ CONJUG. como ***craindre.***
restriction [ʀɛstʀiksjɔ̃] *f.* Restricción.
résultat [ʀezylta] *m.* Resultado.
résulter [ʀezylte] *intr.* Resultar.
résumé [ʀezyme] *m.* Resumen.
résumer [ʀezyme] *tr.* **1** Resumir. ■ **2** *pr.* Resumirse.
résurrection [ʀezyʀɛksjɔ̃] *f.* Resurrección.
retable [ʀətabl(ə)] *m.* Retablo.
rétablir [ʀetabliʀ] *tr.* **1** Restablecer. ■ **2** *pr.* Restablecerse.
retaper [ʀ(ə)tape] *tr.* **1** Arreglar, reparar. ■ **2** *pr.* fam. Reponerse, remontar la pendiente.
retard [ʀ(ə)taʀ] *m.* Retraso.
retardataire [ʀ(ə)taʀdatɛʀ] *adj.-s.* Retrasado, da.
retarder [ʀ(ə)tarde] *tr.* **1** Retardar, demorar (attarder). **2** Aplazar, demorar (ajourner). ■ **3** *tr.-intr.* Atrasar (horloge). ■ **4** *intr.* fam. No estar al tanto, no estar al corriente.
retenir [ʀətniʀ; ʀtəniʀ] *tr.* **1** Retener (garder). **2** Retener, deducir (déduire). **3** Reservar (faire réserver). **4** Recordar (se souvenir). **5** MATH. Llevar: ***je pose cinq et je retiens***

deux, escribo cinco y llevo dos. **6** Sujetar (attacher). **7** Contener, reprimir: ~ ***sa respiration,*** contener la respiración. **8** Retener, detener (arrêter). ■ **9** *pr.* Agarrarse (s'accrocher). **10** Retenerse (se contenir). ▲ CONJUG. como ***venir.***

rétention [Retɑ̃sjɔ̃] *f.* Retención.

retentissement [R(ə)tɑ̃tismɑ̃] *m.* Resonancia *f.*

retenue [Rətny; Rtəny] *f.* **1** Moderación, comedimiento *m.* (mesure). **2** Castigo *m.* escolar (punition). **3** MATH. Cantidad que se lleva. **4** Descuento *m.,* deducción. **5** ~ ***d'eau,*** embalse *m.*

réticence [Retisɑ̃s] *f.* Reticencia.

rétif, -ive [Retif, -iv] *adj.* **1** Repropio, pia (cheval). **2** Reacio, cia, rebelde.

rétine [R(ə)tin] *f.* ANAT. Retina.

retirer [R(ə)tiRe] *tr.* **1** Quitarse, sacarse (ôter). **2** Sacar (faire sortir). **3** Retirar. **4** Obtener, sacar (un bénéfice, etc.). ■ **5** *pr.* Retirarse, irse. **6** Recogerse (pour se reposer). **7** Volver a su cauce (cours d'eau).

retomber [R(ə)tɔ̃be] *intr.* **1** Recaer, volver a caer. **2** Caer (pendre).

retordre [R(ə)tɔRdR(ə)] *tr.* Retorcer. ▲ CONJUG. como ***rendre.***

rétorquer [Retɔrke] *tr.* ~ ***que,*** contestar, replicar que.

retors, -orse [RətɔR, -ɔRs(ə)] *adj.* Retorcido, *da.*

retoucher [R(ə)tuʃe] *tr.* Retocar.

retour [R(ə)tuR] *m.* **1** Vuelta *f.,* regreso, retorno. Loc. ***Par*** ~ ***du courrier,*** a vuelta de correo; ***aller et*** ~, ida y vuelta. **2** ~ ***d'âge,*** menopausia *f.* **3** ~ ***sur soi-même,*** examen de conciencia. **4** Vuelta *f.,* devolución *f.* (d'un paquet, etc.).

retourner [R(ə)tuRne] *tr.* **1** Volver: ~ ***sur le dos,*** volver boca arriba. **2** Revolver, remover (remuer). **3** Devolver (rendre). **4** Reexpedir (une lettre). **5** Conmover (émouvoir). ■ **6** *intr.* Volver (revenir). ■ **7** *impers.* ***De quoi retourne-t-il?,*** ¿de qué se trata? ■ **8** *pr.* Volverse. **9** ***S'en*** ~, regresar, irse.

retracer [R(ə)tRase] *tr.* Referir, contar. ▲ CONJUG. como ***lancer.***

rétracter [RetRakte] *tr.* **1** Retraer. **2** fig. Retractar (ce qu'on avait dit). ■ **3** *pr.* Retractarse.

retraite [R(ə)tRεt] *f.* **1** Retiro *m.* (asile, refuge). **2** MIL. Retirada. **3** Retiro *m.* jubilación.

retrancher [R(ə)tRɑ̃ʃe] *tr.* **1** Suprimir (enlever, ôter). **2** Restar, substraer (déduire). ■ **3** *pr.* Parapetarse (***derrière,*** tras).

rétrécir [RetResiR] *tr.* **1** Estrechar. ■ **2** *intr.* Estrecharse, encogerse. ■ **3** *pr.* Estrecharse.

rétribuer [RetRibɥe] *tr.* Retribuir.

rétribution [RetRibysjɔ̃] *f.* Retribución.

rétrograde [RetRɔgrad] *adj.* Retrógrado, da.

rétrospectif, -ive [RetRɔspεktif, -iv] *adj.* Retrospectivo, va.

retroussé, -ée [R(ə)tRuse] *adj.* **1** Arremangado, da (manches). **2** *Nez* ~, nariz respingona.

retrousser [R(ə)tRuse] *tr.* **1** Remangar, arremangar, arremangarse (manches, etc.). **2** Levantar, alzar. ■ **3** *pr.* Arremangarse, recogerse.

retrouver [R(ə)tRuve] *tr.* **1** Encontrar. **2** Volver a encontrar. **3** Reunirse (rejoindre). **4** Reconocer (reconnaître). ■ **5** *pr.* Encontrarse. **6** Reunirse. **7** Volver a encontrar el camino, orientarse. **8** fam. ***S'y*** ~, sacar provecho (tirer profit).

réunion [Reynjɔ̃] *f.* Reunión.

réunir [ReyniR] *tr.* **1** Reunir. ■ **2** *pr.* Reunirse.

réussir [ReysiR] *intr.* **1** Conseguir, lograr. **2** Tener éxito. **3** Salir bien. ■ **4** *tr.* Acertar, hacer bien.

réussite [Reysit] *f.* **1** Éxito *m.* **2** Solitario *m.* (jeu de cartes).

revanche [R(ə)vɑ̃ʃ] *f.* **1** Desquite *m.* **2** *loc. adv.* ***En*** ~, en cambio.

rêvasser [Rεvase] *intr.* Soñar despierto, ta.

rêve [rɛv] *m.* **1** Sueño. **2** Fantasía *f.*, quimera *f.*, ensueño.
revêche [rəvɛʃ] *adj.* Arisco, ca, áspero, ra.
réveil [revɛj] *m.* **1** Despertar. **2** Despertador (pendule). **3** MIL. Diana *f.*
réveille-matin [revɛjmatɛ̃] *m. invar.* Despertador (pendule).
réveiller [reveje] *tr.* **1** Despertar. ■ **2** *pr.* Despertarse.
réveillon [revɛjɔ̃] *m.* Cena *f.* de Nochebuena (Noël), de Nochevieja (Saint-Sylvestre).
révéler [revele] *tr.* **1** Revelar. ■ **2** *pr.* Revelarse. ▲ CONJUG. como *accélérer.*
revenant, -ante [rəvnɑ̃, -ɑ̃t] *s.* Aparecido, espectro.
revendiquer [r(ə)vɑ̃dike] *tr.* Reivindicar.
revenir [rəvnir] *intr.* **1** Volver, regresar (rentrer). **2** Volver: ***je reviens tout de suite,*** vuelvo en seguida. **3** Retractarse (se dédire). **4** Acordarse de, recordar (se souvenir): ***ça me revient!,*** ¡me acuerdo! **5** Recobrar. Loc. ~ ***à soi,*** recobrar el sentido. **6** Gustar, agradar (plaire). **7** Ser equivalente. **8** Salir, resultar (coûter au total): ***à combien cela t'est-il revenu?,*** ¿a cuánto te ha salido esto? **9** CUIS. ***Faire*** ~, dorar. **10** ~ ***sur,*** volver a hablar de. **11** Corresponder, pertenecer (échoir): ***c'est à toi qu'il revient de...,*** a ti te corresponde... **12** ***Il est revenu de tout,*** está de vuelta de todo. **13** ***Je n'en reviens pas,*** no salgo de mi asombro, aun no me lo creo. ▲ CONJUG. como ***venir.***
revenu [rəvny; r(ə)vəny] *m.* Renta *f.* (profit, rapport).
rêver [reve] *intr.-tr.* **1** Soñar. ■ **2** *intr.* Fantasear. ■ **3** *tr. ind.* ~ ***de,*** soñar con.
réverbère [revɛrbɛr] *m.* **1** Reverbero. **2** Farol (lampadaire).
révérence [reverɑ̃s] *f.* Reverencia.
rêverie [rɛvri] *f.* Ensueño *m.*
revers [r(ə)vɛr] *m.* **1** Revés (envers, au tennis). **2** Reverso (d'une médaille, d'une monnaie). **3** Dorso (main). **4** Solapa *f.* (d'une veste). **5** Revés, contratiempo.
revêtir [r(ə)vetir] *tr.* **1** Revestir. **2** Ponerse, vestirse (un vêtement). **3** Cubrir (recouvrir). **4** Asumir (un caractère, un aspect).
rêveur, -euse [rɛvœr, -øz] *adj.-s.* Soñador, ra.
revient [rəvjɛ̃] *m.* ***Prix de*** ~, precio de coste.
réviser [revize] *tr.* Revisar.
révision [revizjɔ̃] *f.* Revisión.
révocation [revɔkasjɔ̃] *f.* **1** Revocación. **2** Destitución.
revoir [r(ə)vwar] *tr.* **1** Volver a ver. **2** Rever, revisar. Loc. ***Un au revoir,*** un adiós; ***se dire au*** ~, despedirse. *loc. interj.* ***Au*** ~!, ¡hasta la vista!, ¡adiós! ▲ CONJUG. como ***voir.***
révoltant, -ante [revɔltɑ̃, -ɑ̃t] *adj.* Indignante.
révolte [revɔlt(ə)] *f.* Rebelión.
révolter [revɔlte] *tr.* **1** Sublevar. ■ **2** *pr.* Sublevarse.
révolution [revɔlysjɔ̃] *f.* Revolución.
révolutionnaire [revɔlysjɔnɛr] *adj.-s.* Revolucionario, ria.
revolver [revɔlvɛr] *m.* Revólver.
révoquer [revɔke] *tr.* **1** Revocar (annuler). **2** Destituir (destituer).
revue [r(ə)vy] *f.* Revista.
révulsif, -ive [revylsif, -iv] *adj.-m.* MÉD. Revulsivo.
rez-de-chaussée [redʃose] *m. invar.* Planta *f.* baja: ***au*** ~, en la planta baja.
rhétorique [retɔrik] *f.* Retórica.
rhinocéros [rinɔserɔs] *m.* Rinoceronte.
rhubarbe [rybarb(ə)] *f.* Ruibarbo *m.*
rhum [rɔm] *m.* Ron.
rhumatisme [rymatism(ə)] *m.* Reuma, reumatismo.
rhum-coca [rɔmkɔka] *m.* Cuba-libre.
rhume [rym] *m.* Resfriado, catarro.

riant, -ante [ʀjɑ̃, -ɑ̃t; ʀijɑ̃, -ɑ̃t] *adj.* Riente, risueño, ña.
ribambelle [ʀibɑ̃bɛl] *f.* Sarta, retahíla.
ricaner [ʀikane] *intr.* Reír burlonamente, sarcásticamente.
richard, -arde [ʀiʃaʀ, -aʀd(ə)] *s.* fam. péj. Ricacho, cha, ricachón, ona.
riche [ʀiʃ] *adj.-s.* Rico, ca.
richesse [ʀiʃɛs] *f.* Riqueza.
ricochet [ʀikɔʃɛ] *m.* **1** Rebote. **2** *loc. adv.* ***Par*** **~**, de rechazo.
ride [ʀid] *f.* **1** Arruga. **2** Onda, pliegue *m.*
rideau [ʀido] *m.* **1** Cortina *f.* (en tissu épais, de fumée). **2** Visillo, cortinilla *f.* (transparent). **3** THÉÂT. Telón.
rider [ʀide] *tr.* **1** Arrugar. **2** MAR. Rizar (l'eau). **3** MAR. Acollar.
ridicule [ʀidikyl] *adj.* **1** Ridículo, la. ■ **2** *m.* Ridículo.
ridiculiser [ʀidikylize] *tr.* Ridiculizar.
rien [ʀjɛ̃] *pron. indéf.* **1** Nada. Loc. ***Pour*** **~**, por nada; **~** ***du tout,*** absolutamente nada; ***ça ne fait*** **~**, no importa; **~** ***que d'y penser,*** sólo con pensarlo. ■ **2** *m.* Pequeñez *f.*, nadería *f.* ■ **3** *adv.* pop. Un rato, muy (rudement). **4** *loc. adv.* ***En moins de*** **~**, en un santiamén.
rigidité [ʀiʒidite] *f.* Rigidez.
rigole [ʀigɔl] *f.* **1** Reguero *m.*, reguera. **2** Arroyuelo *m.* (ruisseau).
rigoler [ʀigɔle] *intr.* fam. Reírse (rire), bromear (plaisanter), pasarlo en grande (se divertir).
rigolo, -ote [ʀigɔlo, -ɔt] *adj.* fam. Chusco, ca, gracioso, sa.
rigoureux, -euse [ʀiguʀø, -øz] *adj.* Riguroso, sa.
rigueur [ʀigœʀ] *f.* Rigor *m.* Loc. ***À la*** **~**, como máximo.
rime [ʀim] *f.* Rima.
rimer [ʀime] *intr.* **1** Rimar. ■ **2** *tr.* Poner en verso.
rinçage [ʀɛ̃saʒ] *m.* **1** Enjuague. **2** Aclarado (du linge).
rincer [ʀɛ̃se] *tr.* **1** Enjuagar. **2** Aclarar (le linge). **3** pop. ***Se*** **~** ***l'œil,*** regodearse. ▲ CONJUG. como ***lancer.***
ringard, -de [ʀɛ̃gaʀ, -d] *adj.* fam. Hortera.
ripaille [ʀipɑj] *f.* fam. Cuchipanda, francachela.
riposter [ʀipɔste] *intr.* Replicar.
rire [ʀiʀ] *m.* Risa *f.*
rire [ʀiʀ] *intr.* **1** Reír, reírse. Loc. **~** ***aux éclats,*** reír a carcajadas; **~** ***à gorge déployée,*** reírse a mandíbula batiente. **2** **~** ***de,*** burlarse de. ■ **3** *pr.* Reírse. ▲ CONJUG. IRREG. INDIC. Pres.: ***je ris, tu ris, il rit, nous rions, vous riez, ils rient.*** Imperf.: ***je riais,*** etc. Pret. indef.: ***je ris,*** etc. Fut. Imperf.: ***je rirai,*** etc. POT.: ***je rirais,*** etc. SUBJ. Pres.: ***que je rie, que tu ries, qu'il rie, que nous riions, que vous riiez, qu'ils rient.*** Imperf.: ***que je risse,*** etc. IMPER.: ***ris, rions, riez.*** PART. A.: ***riant.*** PART. P.: ***ri.***
ris [ʀi] *m.* **~** ***de veau,*** molleja *f.* de ternera.
risée [ʀize] *f.* Burla, mofa (moquerie): ***objet de*** **~**, objeto de burla.
risible [ʀizibl(ə)] *adj.* Risible.
risque [ʀisk(ə)] *m.* Riesgo.
risquer [ʀiske] *tr.* **1** Arriesgar. **2** **~** ***de,*** correr el riesgo de.
rissoler [ʀisɔle] *tr.* CUIS. Dorar.
ristourne [ʀistuʀn(ə)] *f.* **1** Comisión. **2** Rebaja, descuento *m.* (réduction).
rite [ʀit] *m.* Rito.
rituel, -elle [ʀitɥɛl] *adj.-m.* Ritual.
rivage [ʀivaʒ] *m.* Ribera *f.*, orilla *f.*
rival, -ale [ʀival] *adj.-s.* Rival.
rivaliser [ʀivalize] *intr.* Rivalizar.
rive [ʀiv] *f.* Orilla.
river [ʀive] *tr.* **1** Remachar, roblar. **2** Unir sólidamente.
riverain, -aine [ʀivʀɛ̃, -ɛn] *adj.-s.* Ribereño, ña.
riveter [ʀivte] *tr.* Remachar, roblar. ▲ CONJUG. como ***jeter.***
rivière [ʀivjɛʀ] *f.* **1** Río *m.* **2** **~** ***de diamants,*** collar *m.* de diamantes.
rixe [ʀiks(ə)] *f.* Riña, pelea.

riz [ʀi] *m.* Arroz.
robe [ʀɔb] *f.* 1 Vestido *m.* (de femme). 2 Toga (gens de loi). 3 Pelo *m.*, pelaje *m.* (d'un animal). 4 Capa (du cheval). 5 ~ ***de chambre,*** bata.
robinet [ʀɔbinɛ] *m.* Grifo.
robot [ʀɔbo] *m.* Robot.
robuste [ʀɔbyst(ə)] *adj.* Robusto, ta.
roc [ʀɔk] *m.* Roca *f.*, peña *f.*
rocaille [ʀɔkɑj] *f.* Rocalla.
roche [ʀɔʃ] *f.* Roca.
rocher [ʀɔʃe] *m.* 1 Peñasco, peña *f.*, peñón. 2 ANAT. Peñasco.
rôder [ʀode] *intr.* 1 Vagabundear. 2 Merodear.
rogne [ʀɔɲ] *f.* Rabia, berrinche *m.*
rogner [ʀɔɲe] *tr.* 1 Recortar. 2 AGR. Cercenar. 3 IMPR. Refilar.
rognon [ʀɔɲɔ̃] *m.* CUIS. Riñón.
rognure [ʀɔɲyʀ] *f.* Recortes *m. pl.*
roi [ʀwa(ɑ)] *m.* Rey: ***jour des Rois,*** día de Reyes.
roitelet [ʀwatlɛ] *m.* 1 Reyezuelo. 2 Abadejo (oiseau).
rôle [ʀol] *m.* 1 Papel (d'un acteur et conduite sociale de quelqu'un). 2 Función *f.*, cometido. 3 DR. Registro de pleitos y causas. 4 DR. Registro de contribuyentes (liste des contribuables). 5 MIL. Lista *f.* de reclutas. 6 *loc. adv.* ***À tour de ~,*** por turno.
ROM [ʀɔm] *f.* (*abrév.* read-only memory) ROM.
romain, -aine [ʀɔmɛ̃, -ɛn] *adj.-s.* 1 Romano, na. ■ 2 *m.* IMPR. Letra *f.* redonda. ■ 3 *f.* Lechuga romana (laitue).
roman, -ane [ʀɔmɑ̃, -an] *adj.* 1 Romance (langue). 2 Románico, ca (art). ■ 3 *m.* Novela *f.*: ~ ***policier,*** novela policíaca; ~ ***fleuve,*** novelón.
romancier, ière [ʀɔmɑ̃sje, jɛʀ] *s.* Novelista.
romantique [ʀɔmɑ̃tik] *adj.-s.* Romántico, ca.
romantisme [ʀɔmɑ̃tism(ə)] *m.* Romanticismo.
romarin [ʀɔmaʀɛ̃] *m.* Romero.
rompre [ʀɔ̃pʀ(ə)] *tr.* 1 Romper, quebrar (casser). 2 Interrumpir, romper (interrompre). 3 MIL. ***Rompez les rangs!, rompez!,*** ¡rompan filas! ■ 4 *intr.* Romperse. 5 Romper, reñir: ***ces fiancés ont rompu,*** estos novios han roto. ■ 6 *pr.* Romperse, quebrarse (se casser).
rompu, -ue [ʀɔ̃py] *adj.* 1 Roto, ta (cassé). 2 Molido, da (fourbu). 3 ~ ***à,*** avezado, da a.
ronce [ʀɔ̃s] *f.* Zarza, espino *m.*
rond, ronde [ʀɔ̃, ʀɔ̃d] *adj.* 1 Redondo, da. 2 Franco, ca, claro, ra. 3 Rechoncho, cha, regordete (gros). 4 pop. Trompa (ivre). ■ 5 *m.* Círculo, redondel. 6 Rodaja *f.* (rondelle). Loc. ~ ***de serviette,*** servilletero. 7 fam. Perra *f.*, blanca *f.* (argent). ■ 8 *adv.* ***Tourner*** ~, marchar bien.
ronde [ʀɔ̃d] *f.* 1 MIL. Ronda. 2 Danza en corro. 3 Letra redondilla. 4 Loc. ***À la ~,*** a la redonda (alentour), por turno (tour à tour).
rondelet, -ette [ʀɔ̃dlɛ, -ɛt] *adj.* Regordete, ta.
rondelle [ʀɔ̃dɛl] *f.* 1 Arandela. 2 Rodaja (tranche).
rondement [ʀɔ̃dmɑ̃] *adv.* 1 Sin rodeos (franchement). 2 Prontamente (vite).
rondeur [ʀɔ̃dœʀ] *f.* 1 Redondez. 2 fig. Franqueza, lealtad.
rond-point [ʀɔ̃pwɛ̃] *m.* Glorieta *f.*
ronflement [ʀɔ̃fləmɑ̃] *m.* Ronquido.
ronfler [ʀɔ̃fle] *intr.* 1 Roncar. 2 Zumbar (un moteur, une toupie, etc.).
ronger [ʀɔ̃ʒe] *tr.* 1 Roer. 2 Carcomer (les vers, etc.). 3 Consumir, atormentar (torturer). ■ 4 *pr.* Atormentarse. ▲ CONJUG. como ***engager.***
rongeur, -euse [ʀɔ̃ʒœʀ, -øz] *adj.-m.* 1 Roedor, ra. ■ 2 *m. pl.* ZOOL. Roedores.
ronron [ʀɔ̃ʀɔ̃], **ronronnement** [ʀɔ̃ʀɔnmɑ̃] *m.* fam. Ronroneo.
roquette [ʀokɛt] *f.* Cohete *m.*
rosace [ʀozas] *f.* Rosetón *m.*

rosaire [ROZɛR] *m.* Rosario de quince decenas.
rose [ROZ] *f.* **1** Rosa. Loc. fam.: ***Envoyer quelqu'un sur les roses,*** enviar a alguien a paseo. **2** ~ ***trémière,*** malvarrosa. ■ **3** *adj.-m.* Color de rosa: ***voir tout en*** ~, verlo todo color de rosa. ■ **4** *n. pr. f.* Rosa.
roseau [ROZO] *m.* Caña *f.*
rosée [ROZe] *f.* Rocío *m.*
roseraie [ROZRɛ] *f.* Rosaleda.
rosier [ROZje] *m.* Rosal.
rosse [RɔS] *f.* **1** Rocín *m.*, matalón *m.* (mauvais cheval). **2** Mala persona. ■ **3** *adj.* Malvado, da.
rosser [Rɔse] *tr.* fam. Zurrar, apalear.
rossignol [Rɔsiɲɔl] *m.* **1** Ruiseñor. **2** Ganzúa *f.* (pour ouvrir les serrures). **3** Mercancía *f.* que queda invendible.
rotatif, -ive [Rɔtatif, -iv] *adj.-f.* Rotativo, va.
rôti [Roti] *m.* Asado.
rotin [Rɔtɛ̃] *m.* **1** Rota *f.* **2** Bastón de caña.
rôtir [Ro(ɔ)tiR] *tr.* **1** Asar. ■ **2** *intr.* Asarse. ■ **3** *pr.* fam. Tostarse al sol (personne).
rôtisserie [Ro(ɔ)tisRi] *f.* Restaurante *m.* donde se sirven asados.
rôtissoire [Ro(ɔ)tiswaR] *f.* Asador *m.*
rotonde [Rɔtɔ̃d] *f.* Rotonda.
rotule [Rɔtyl] *f.* ANAT. Rótula.
rouage [Rwaz] *m.* **1** Rueda *f.* **2** fig. Mecanismo.
roublardise [RublaRdiz] *f.* Tunantería, astucia.
roucouler [Rukule] *intr.* Arrullar.
roue [Ru] *f.* Rueda.
roué, -ée [Rwe] *s.* **1** Persona sin principios. ■ **2** *adj.* Astuto, ta, pillo, lla.
rouelle [Rwɛl] *f.* Rueda, tajada (de veau).
rouer [Rwe] *tr.* ~ ***quelqu'un de coups,*** apalear a alguien.
rouet [Rwe] *m.* Torno.
rouge [Ruʒ] *adj.* **1** Rojo, ja, encarnado, da, colorado, da. **2** Candente (fer). **3** ***Vin*** ~, vino tinto. ■ **4** *m.* Rojo, encarnado, colorado (couleur). **5** Rubor (du visage). **6** Rojo de labios, carmín (à lèvres). **7** Colorete (fard). **8** Vino tinto (vin). ■ **9** *adv.* ***Se fâcher tout*** ~, sulfurarse.
rouge-gorge [Ruʒgɔʀʒ(ə)] *m.* Petirrojo.
rougeole [Ruʒɔl] *f.* Sarampión *m.*
rouget [Ruʒɛ] *m.* Salmonete.
rougeur [RuʒœR] *f.* **1** Rubor *m.* ■ **2** *pl.* Manchas rojas (sur la peau).
rougir [RuʒiR] *tr.* **1** Enrojecer. ■ **2** *intr.* Enrojecer, ponerse rojo, ja. **3** Ruborizarse (de honte, etc.).
rouiller [Ruje] *tr.* **1** Enmohecer, oxidar. **2** fig. Embotar.
roulant, -ante [Rulɑ̃, -ɑ̃t] *adj.* **1** Que rueda. **2** ***Escalier*** ~, escalera mecánica.
rouleau [Rulo] *m.* **1** Rollo (de papier, etc.). **2** Cartucho (de pièces de monnaie). **3** AGR., CUIS. Rodillo. **4** Rulo (coiffure).
roulement [Rulmɑ̃] *m.* **1** Rodadura *f.* **2** Circulación *f.* (d'argent). **3** Redoble (de tambour). **4** ~ ***de tonnerre,*** trueno. **5** Turno. **6** MÉC. ~ ***à billes,*** rodamiento de bolas.
rouler [Rule] *tr.* **1** Hacer rodar, rodar. **2** Enrollar (mettre en rouleau). **3** ~ ***une cigarette,*** liar un cigarrillo. **4** ~ ***les r,*** pronunciar fuerte las erres. **5** fig. Dar vueltas a (dans l'esprit). **6** fam. Pegársela a (duper). ■ **7** *intr.* Rodar (une boule, etc.). **8** Caerse rodando (tomber). **9** Rodar, ir, marchar (un véhicule). **10** Rodar, correr: ~ ***par le monde,*** rodar por el mundo, correr mundo. **11** Circular (argent). **12** ~ ***sur,*** tratar de (avoir pour sujet). ■ **13** *pr.* Revolverse.
rouspéter [Ruspete] *intr.* pop. Refunfuñar. ▲ CONJUG. como ***accélérer.***
roussette [Rusɛt] *f.* **1** Lija (poisson). **2** Bermejizo *m.* (chauve-souris).
rousseur [RusœR] *f.* **1** Color *m.* rojo, rubicundez. **2** ***Tache de*** ~, peca.
roussi [Rusi] *m.* Olor a chamuscado.

roussir [rusir] *tr.* 1 Chamuscar, socarrar. ■ 2 *intr.* Chamuscarse, socarrarse.
route [rut] *f.* 1 Carretera: ~ ***nationale, départementale,*** carretera nacional, comarcal. 2 Camino *m.*, senda, ruta (itinéraire). 3 Marcha, camino *m.* Loc. ***Se mettre en ~,*** ponerse en marcha; ***en ~!,*** ¡en marcha! 4 MAR. Derrotero *m.*, rumbo *m.*
routier, -ière [rutje, -jɛr] *adj.* 1 De carretera. ■ 2 *m.* Camionero.
routine [rutin] *f.* 1 Rutina. 2 *f.* INFORM. Rutina.
roux, -rousse [ru, rus] *adj.* 1 Rojizo, za. 2 ***Lune rousse,*** luna de abril. ■ 3 *adj.-s.* Pelirrojo, ja (cheveux). ■ 4 *m.* CUIS. Salsa *f.* de harina.
royal, -ale [rwajal] *adj.* Real.
royaume [rwajom] *m.* Reino.
ruade [ryad] *f.* Coz.
ruban [rybɑ̃] *m.* Cinta *f.*
rubis [rybi] *m.* Rubí.
rubrique [rybrik] *f.* Rúbrica.
ruche [ryʃ] *f.* Colmena.
rude [ryd] *adj.* 1 Rudo, da. 2 Temible (redoutable). 3 Severo, ra. 4 Riguroso, sa (rigoureux). 5 Penoso, sa, fatigoso, sa, duro, ra.
rudesse [rydɛs] *f.* Rudeza, aspereza.
rudimentaire [rydimɑ̃tɛr] *adj.* Rudimentario, ria.
rudoyer [rydwaje] *tr.* Maltratar. ▲ CONJUG. como ***employer.***
rue [ry] *f.* Calle: ***grand ~,*** calle mayor.
ruée [rɥe] *f.* Avalancha, riada.
ruelle [rɥɛl] *f.* 1 Callejuela. 2 Espacio *m.* entre la cama y la pared.
ruer [rɥe] *intr.* 1 Cocear (le cheval). ■ 2 *pr.* Abalanzarse, precipitarse.
rugir [ryʒir] *intr.* Rugir.
rugissement [ryʒismɑ̃] *m.* Rugido.
rugueux, -euse [rygø, -øz] *adj.* Rugoso, sa.
ruine [rɥin] *f.* Ruina.
ruiner [rɥine] *tr.* 1 Arruinar. ■ 2 *pr.* Arruinarse.
ruisseau [rɥiso] *m.* Arroyo.
ruisseler [rɥisle] *intr.* Chorrear. ▲ CONJUG. como ***appeler.***
rumeur [rymœr] *f.* Rumor *m.*
ruminer [rymine] *tr.-intr.* Rumiar.
rupture [ryptyr] *f.* 1 Rotura. 2 fig. Ruptura.
rural, -ale [ryral] *adj.* 1 Rural. ■ 2 *m. pl.* ***Les ruraux,*** los campesinos.
ruse [ryz] *f.* Ardid *m.*, artimaña.
ruser [ryze] *intr.* Obrar con astucia.
rustique [rystik] *adj.* Rústico, ca.
rustre [rystr(ə)] *adj.-m.* Rústico, ca, patán.
rut [ryt] *m.* Celo (des animaux).
rythme [ritm(ə)] *m.* Ritmo.

S

s [ɛs] *m.* S *f.*
sa [sa] *adj. poss. f.* Su.
SA [ɛsa] *f.* (*abrév.* société anonyme) SA.
sabbat [saba] *m.* 1 RELIG. Sábado (jour de repos pour les Juifs). 2 Aquelarre (des sorcières).
sable [sɑbl(ə)] *m.* 1 Arena *f.* 2 fig. ***Avoir du ~ dans les yeux,*** tener los ojos cargados de sueño. ■ 3 *adj. invar.* Beige muy claro.
saborder [sabɔrde] *tr.* Barrenar, dar barreno a (un navire).
sabot [sabo] *m.* 1 Zueco, almadreña *f.* 2 Casco (chevaux), pezuña *f.* (ruminants). 3 TECHN. Zapata *f.* (de frein). 4 Cacharro, trasto (mauvais instrument). 5 ***Baignoire ~,*** media bañera.
sabotage [sabɔtaʒ] *m.* Sabotaje.
saboter [sabɔte] *tr.* 1 Frangollar, chapucear (bâcler). 2 Sabotear (train, avion, etc.).
sabre [sɑbr(ə)] *m.* 1 Sable. 2 ***~ d'abattis,*** machete.
sac [sak] *m.* 1 Saco (pour marchandises), costal (à grains), talego (en toile). Loc. ~ ***de voyage,*** bolsa *f.* de viaje; ~ ***de couchage,*** saco de dor-

mir; ***prendre quelqu'un la main dans le ~,*** coger a alguien con las manos en la masa. **2** Bolsa *f.* (en papier). **3** Bolso (sac à main). **4** ~ ***à dos,*** mochila *f.* **5** Saqueo, saco (pillage).

saccadé, -ée [sakade] *adj.* **1** Brusco, ca. **2** Entrecortado, da (voix, ton). **3** Cortado, da (style).

saccade [sakad] *f.* **1** Sacudida (secousse). **2** Tirón *m.* **3** Sofrenada (chevaux).

saccager [sakaʒe] *tr.* **1** Saquear (mettre à sac). **2** fam. Revolver, trastornar. ▲ CONJUG. como ***engager.***

saccharine [sakaʀin] *f.* Sacarina.

sachet [saʃɛ] *m.* **1** Saquito, bolsita *f.* **2** Sobre (soupe).

sacré, -ée [sakʀe] *adj.* **1** Sagrado, da: ***les livres sacrés,*** los libros sagrados. **2** fam. Maldito, ta: ~ ***menteur!,*** ¡maldito embustero!

sacrement [sakʀəmɑ̃] *m.* Sacramento.

sacrer [sakʀe] *tr.* **1** Consagrar (consacrer). **2** Coronar (un souverain).

sacrifier [sakʀifje] *tr.* **1** Sacrificar. ■ **2** *intr.* Ofrecer un sacrificio. ■ **3** *pr.* Sacrificarse. ▲ CONJUG. como ***prier.***

sacrilège [sakʀilɛʒ] *m.* **1** Sacrilegio. ■ **2** *adj.-s.* Sacrílego, ga.

sacristie [sakʀisti] *f.* Sacristía.

safran [safʀɑ̃] *m.* Azafrán.

sagacité [sagasite] *f.* Sagacidad.

sage [saʒ] *adj.* **1** Prudente, cuerdo, da, sensato, ta. **2** Moderado, da. **3** Tranquilo, la, bueno, na (enfant). ■ **4** *m.* Sabio.

sage-femme [saʒfam] *f.* Comadrona.

sagesse [saʒɛs] *f.* **1** Sabiduría, cordura. **2** Docilidad, obediencia, buena conducta (d'un enfant). **3** Sensatez (bon sens). **4** ***Dent de ~,*** muela del juicio.

saignant, -ante [sɛɲɑ̃, -ɑ̃t] *adj.* **1** Sangriento, ta, sangrante. **2** ***Viande saignante,*** carne poco hecha.

saignée [seɲe] *f.* **1** MÉD. Sangría. **2** fig. Sangría (grande perte).

saigner [seɲe] *tr.* **1** Sangrar (un malade, etc.). **2** Desangrar: ~ ***un agneau,*** desangrar un cordero. **3** fig. Chupar la sangre a, sacar el dinero a (quelqu'un). ■ **4** *intr.* Sangrar, echar sangre; ~ ***du nez,*** echar sangre por la nariz. ■ **5** *pr.* ***Se ~ aux quatre veines,*** quitarse el pan de la boca.

saillie [saji] *f.* **1** ARCHIT. Vuelo *m.*, saliente *m.*, saledizo *m.* **2** ZOOL. Monta, cubrición (accouplement). **3** Agudeza, ocurrencia (trait d'esprit).

saillir [sajiʀ] *intr.* **1** Saltar, manar (jaillir). **2** Sobresalir. ■ **3** *tr.* ZOOL. Cubrir, montar. ▲ CONJUG. como ***assaillir*** en *1* y *2*, como ***finir*** en 3.

sain, saine [sɛ̃, sɛn] *adj.* Sano, na.

saindoux [sɛ̃du] *m.* Manteca *f.* de cerdo.

saint, sainte [sɛ̃, sɛ̃t] *adj.* **1** Santo, ta. **2** San (devant un nom de saint, sauf Domingo, Tomás, Tomé, Toribio): ~ ***Joseph,*** San José. **3** Sagrado, da (sacré). Loc. ***La Sainte Famille,*** la Sagrada Familia. ■ **4** *s.* Santo, ta. Loc. ***Prêcher pour son ~,*** alabar a su santo.

sainteté [sɛ̃tte] *f.* **1** Santidad. **2** ***Sa ~,*** su Santidad.

saisie [sezi] *f.* **1** DR. Embargo *m.*, incautación. **2** Recogida, secuestro *m.*, retirada de la circulación (d'un journal). **3** INFORM. Grabación, mecanografía.

saisir [seziʀ] *tr.* **1** Asir, agarrar, coger. **2** Aprovechar. **3** Captar, comprender, entender (une idée, une pensée). **4** Sorprender, pasmar (surprendre). **5** Soasar (exposer à feu vif). **6** DR. Embargar. ■ **7** *pr.* Apoderarse. **8** DR. Hacerse cargo de.

saisissant, -ante [sezisɑ̃, -ɑ̃t] *adj.* Sorprendente, conmovedor, ra, pasmoso, sa.

saison [sɛzɔ̃] *f.* 1 Estación. 2 Tiempo *m.*, época. 3 Temporada (de théâtre, sportive, dans une station thermale).
salade [salad] *f.* 1 Ensalada. 2 Ensaladilla. 3 Lechuga (laitue), escarola (scarole). 4 fig. fam. Follón *m.*, lío *m.* (mélange confus).
saladier [saladje] *m.* Ensaladera *f.*
salaire [salɛʀ] *m.* Salario, jornal, sueldo.
salaison [salɛzɔ̃] *f.* Salazón.
salant [salɑ̃] *adj.* 1 Salino, na. 2 ***Marais ~,*** salina *f.*
salarié, -ée [salaʀje] *adj.-s.* Asalariado, da.
salaud [salo] *m.* pop. Sinvergüenza, canalla.
sale [sal] *adj.* 1 Sucio, cia. 2 Malo, la: ***un ~ type,*** una mala persona. 3 Feo, ea, desagradable: ***une ~ affaire,*** un asunto feo.
salé, -ée [sale] *adj.* 1 Salado, da. 2 fig. Picante, libre. 3 fig. Excesivo, va: ***prix ~,*** precio excesivo. ■ 4 *m.* Carne *f.* de cerdo salada. Loc. ***Petit ~,*** tocino saladillo.
saler [sale] *tr.* 1 Salar. 2 fig. fam. Castigar severamente.
saleté [salte] *f.* 1 Suciedad. 2 fam. Porquería, cochinada.
salière [saljɛʀ] *f.* Salero *m.*
saligaud [saligo] *m.* pop. Sinvergüenza, canalla.
salir [saliʀ] *tr.* 1 Ensuciar, manchar. 2 fig. Mancillar, manchar. ■ 3 *pr.* Mancharse, ensuciarse.
salive [saliv] *f.* Saliva.
salle [sal] *f.* 1 Sala. Loc. ***~ à manger,*** comedor *m.*: ***~ de bains,*** cuarto *m.* de baño; ***~ d'eau,*** aseo *m.*; ***~ de séjour,*** cuarto *m.* de estar; ***~ de classe,*** aula. 2 Público *m.*, sala.
salon [salɔ̃] *m.* 1 Salón *f.* 2 Exposición *f.*
saloperie [salɔpʀi] *f.* pop. Porquería.
salopette [salɔpɛt] *f.* 1 Mono *m.* 2 Pantalón *m.* con peto.
salpêtre [salpɛtʀ(ə)] *m.* Salitre.
saltimbanque [saltɛ̃bɑ̃k] *m.* Saltimbanqui.
saluer [salɥe] *tr.* 1 Saludar. 2 fig. Aclamar, proclamar.
salut [saly] *m.* 1 Salvación *f.* 2 RELIG. Salvación *f.* del alma. 3 Saludo. 4 *interj.* fam. ¡Hola!, ¡Adiós!
salutation [salytasjɔ̃] *f.* Salutación, saludo *m.*
salve [salv(ə)] *f.* Salva.
samaritain, -aine [samaʀitɛ̃, -ɛn] *adj.-s.* Samaritano, na.
samedi [samdi] *m.* Sábado.
sanctifier [sɑ̃ktifje] *tr.* Santificar. ▲ CONJUG. como ***prier.***
sanction [sɑ̃ksjɔ̃] *f.* Sanción.
sanctuaire [sɑ̃ktɥɛʀ] *m.* Santuario.
sandale [sɑ̃dal] *f.* Sandalia.
sang [sɑ̃] *m.* Sangre *f.* Loc. ***Mon ~ n'a fait qu'un tour,*** se me heló la sangre en las venas; ***coup de ~,*** hemorragia *f.* cerebral; fam. ***avoir du ~ de navet,*** tener sangre de horchata; ***se faire du mauvais ~,*** preocuparse, inquietarse; ***verser, faire couler le ~,*** matar.
sanglant, -ante [sɑ̃glɑ̃, -ɑ̃t] *adj.* Sangriento, ta.
sangle [sɑ̃gl(ə)] *f.* 1 Faja, francalete *m.* Loc. ***Lit de ~,*** catre. 2 Cincha (harnais).
sangler [sɑ̃gle] *tr.* 1 Cinchar. 2 Ceñir, apretar.
sanglier [sɑ̃glije] *m.* Jabalí.
sanglot [sɑ̃glo] *m.* Sollozo.
sangloter [sɑ̃glɔte] *intr.* Sollozar.
sangsue [sɑ̃sy] *f.* Sanguijuela.
sanguin, -ine [sɑ̃gɛ̃, -in] *adj.* Sanguíneo, ea.
sanguinaire [sɑ̃ginɛʀ] *adj.* Sanguinario, ria.
sanitaire [sanitɛʀ] *adj.* Sanitario, ria.
sans [sɑ̃] *prép.* 1 Sin: ***~ cesse,*** sin cesar. 2 *loc. conj.* ***~ que,*** sin que.
sanscrit, -ite [sɑ̃skʀi, -it] *adj.* 1 Sánscrito, ta. ■ 2 *m.* Sánscrito.
sans-culotte [sɑ̃kylɔt] *m.* Revolucionario francés de 1792.
sans-façon [sɑ̃fasɔ̃] *m.* Llaneza *f.*, ausencia *f.* de cumplidos.

sans-gêne [sɑ̃ʒɛn] *adj.* 1 Fresco, ca, descarado, da. ■ 2 *m.* Desparpajo, frescura *f.*
sansonnet [sɑ̃sɔnɛ] *m.* Estornino.
sans-souci [sɑ̃susi] *adj. invar.* Indiferente, despreocupado, da.
santal [sɑ̃tal] *m.* Sándalo (arbre).
santé [sɑ̃te] *f.* 1 Salud. 2 Sanidad.
santon [sɑ̃tɔ̃] *m.* Santón.
sape [sap] *f.* Zapa (tranchée). Loc. ***Travail de** ~*, labor de zapa.
saper [sape] *tr.* 1 Zapar, minar. ■ 2 *pr.* pop. Vestirse.
saphir [safiʀ] *m.* Zafiro.
sapin [sapɛ̃] *m.* Abeto.
sapristi! [sapʀisti] *interj.* ¡Caramba!
sarabande [saʀabɑ̃d] *f.* 1 Zarabanda. 2 fam. Jaleo *m.*, zarabanda.
sarbacane [saʀbakan] *f.* Cerbatana.
sarcasme [saʀkasm(ə)] *m.* Sarcasmo.
sarcastique [saʀkastik] *adj.* Sarcástico, ca.
sarcelle [saʀsɛl] *f.* Cerceta.
sarcler [saʀkle] *tr.* Escardar, sachar.
sarcophage [saʀkɔfaʒ] *m.* Sarcófago.
sardine [saʀdin] *f.* Sardina.
sardonique [saʀdɔnik] *adj.* Sardónico, ca.
SARL, sarl [ɛsaɛʀɛl] *f.* (*abrév.* société à responsabilité limitée) SL.
sarment [saʀmɑ̃] *m.* Sarmiento.
sarrasin, -ine [saʀazɛ̃, -in] *adj.-s.* 1 Sarraceno, na. ■ 2 *m.* Alforfón, trigo sarraceno.
satanique [satanik] *adj.* Satánico, ca.
satellite [sate(ɛ)lit] *m.* 1 Satélite. ■ 2 *adj.* Satélite.
satiété [sasjete] *f.* Saciedad.
satin [satɛ̃] *m.* Satén, raso.
satirique [satiʀik] *adj.* Satírico, ca.
satisfaction [satisfaksjɔ̃] *f.* Satisfacción.
satisfaire [satisfɛʀ] *tr.* 1 Satisfacer. ■ 2 *tr. ind.* ~ ***à,*** cumplir con, satisfacer: ~ ***à ses devoirs,*** cumplir con su deber. ▲ CONJUG. como ***faire.***
satisfait, -aite [satisfɛ, -ɛt] *adj.* 1 Satisfecho, cha. 2 ~ ***de,*** contento de.
saturer [satyʀe] *tr.* Saturar.
satyre [satiʀ] *m.* Sátiro.
sauce [sos] *f.* Salsa.
saucière [sosjɛʀ] *f.* Salsera.
saucisse [sosis] *f.* Salchicha, longaniza.
saucisson [sosisɔ̃] *m.* Salchichón.
saucissonner [sosisɔne] *tr.* fam. Trocear.
sauf [sof] *prép.* 1 Salvo, excepto. 2 ~ ***à,*** a reserva de. 3 ~ ***le respect que je vous dois,*** con perdón de usted.
sauf, sauve [sof, sov] *adj.* Salvo, va, ileso, sa.
sauf-conduit [sofkɔ̃dɥi] *m.* Salvoconducto.
sauge [soʒ] *f.* Salvia.
saule [sol] *m.* Sauce.
saumâtre [somɑtʀ(ə)] *adj.* 1 Salobre. 2 fig. Desagradable, molesto, ta.
saumon [somɔ̃] *m.* 1 Salmón. ■ 2 *adj. invar.* Color salmón, asalmonado, da.
saumure [somyʀ] *f.* Salmuera.
saupoudrer [sopudʀe] *tr.* Espolvorear.
saur [sɔʀ] *adj.-m.* Ahumado, da: ***hareng** ~*, arenque ahumado.
saut [so] *m.* 1 Salto, brinco. ~ ***périlleux,*** salto mortal. Loc. ***Faire le** ~*, pasar el Rubicón; ***faire un** ~ **chez quelqu'un,*** volar a casa de alguien. 2 fig. Salto, cambio brusco.
sauté, -ée [sote] *adj.* 1 CUIS. Salteado, da. ■ 2 *m.* CUIS. Salteado.
sauter [sote] *intr.* 1 Saltar. 2 Pasar, saltar: ~ ***d'une idée à l'autre,*** saltar de una idea a otra. 3 Loc. fam. ***Et que ça saute!,*** ¡y volando! 4 Estallar (exploser). Loc. fam. ***Le directeur risque de** ~*, el director arriesga su empleo. 5 CUIS. ***Faire** ~*, saltear. ■ 6 *tr.* Saltar, salvar, franquear (franchir par un saut). Loc. ~ ***le pas,*** decidirse. 7 Saltarse, pasarse, omitir (ne pas lire, dire, faire).

sauterelle [sótrɛl] *f.* Saltamontes *m.*
sauteur, -euse [sotœʀ, -øz] *s.* **1** Saltador, ra, saltarín, ina. **2** fig. Veleta.
sauvage [sovaʒ] *adj.* **1** Salvaje. **2** BOT. Silvestre.
sauvageon, -onne [sovaʒɔ̃, -ɔn] *s.* **1** Salvaje (enfant). ■ **2** *m.* Arbolillo silvestre.
sauvagerie [sɔvaʒʀi] *f.* **1** Salvajismo *m.* **2** Crueldad.
sauvegarder [sovgaʀde] *tr.* **1** Salvaguardar. **2** INFORM. Salvar.
sauver [sove] *tr.* **1** Salvar, librar. **2** RELIG. Salvar. ■ **3** *pr.* Escarparse, largarse. **4** Salirse (liquide).
sauvetage [sovtaʒ] *m.* Salvamento.
sauveteur [sovtœʀ] *m.* Salvador.
sauveur [sovœʀ] *m.* Salvador.
savamment [savamɑ̃] *adv.* Sabiamente.
savane [savan] *f.* GÉOG. Sabana.
savant, -ante [savɑ̃, -ɑ̃t] *adj.* **1** Sabio, bia, docto, ta, hábil. ■ **2** *s.* Sabio, bia.
savate [savat] *f.* **1** Chancla (soulier usagé). **2** Chancleta (pantoufle). **3** fam. Torpe *m.* **4** SPORTS Boxeo *m.* francés.
saveur [savœʀ] *f.* Sabor *m.*
savoir [savwaʀ] *m.* Saber, sabiduría *f.*
savoir [savwaʀ] *tr.* **1** Saber. Loc. ***À ~,*** a saber; ***~ gré,*** agradecer; ***~ par cœur,*** saber de memoria. **2** Poder (au conditionnel): ***rien ne saurait m'en empêcher,*** nada podría impedírmelo. ■ **3** *pr.* Saberse. ▲ CONJUG. IRREG. INDIC. Pres.: ***je sais, tu sais, il sait, nous savons, vous savez, ils savent.*** Imperf.: ***je savais,*** etc. Pret. indef.: ***je sus,*** etc. SUBJ. Pres.: ***que je sache,*** etc. Imperf.: ***que je susse,*** etc. IMPER.: ***sache, sachons, sachez.*** PART. A.: ***sachant.*** PART. P.: ***su, sue.***
savon [savɔ̃] *m.* Jabón.
savonner [savɔne] *tr.* **1** Enjabonar, jabonar. **2** fam. ***~ la tête de quelqu'un,*** echar una bronca a alguien.
savonnette [savɔnɛt] *f.* Pastilla de jabón.
savourer [savuʀe] *tr.* Saborear.
savoureux, -euse [savuʀø, -øz] *adj.* Sabroso, sa.
saxophone [saksɔfɔn] *m.* MUS. Saxofón, saxófono.
sbire [sbiʀ] *m.* Esbirro.
scabreux, -euse [skabʀø, -øz] *adj.* Escabroso, sa.
scandale [skɑ̃dal] *m.* Escándalo.
scandaliser [skɑ̃dalize] *tr.* **1** Escandalizar. ■ **2** *pr.* Escandalizarse.
scaphandre [skafɑ̃dʀ(ə)] *m.* Escafandra *f.*
scarabée [skaʀabe] *m.* Escarabajo.
scarlatine [skaʀlatin] *f.* Escarlatina.
sceau [so] *m.* Sello (cachet officiel). Loc. ***Sous le ~ du secret,*** bajo secreto.
scélérat, -ate [seleʀa, -at] *adj.-s.* Perverso, sa, desalmado, da.
scellé [sele] *m.* Sello, precinto sellado.
sceller [sele] *tr.* **1** Sellar. **2** Empotrar (fixer). **3** fig. Sellar, consolidar.
scène [sɛn] *f.* **1** Escena: ***entrer en ~,*** salir a escena; ***sortir de ~,*** hacer mutis. **2** Escándalo *m.*, altercado *m.*
scepticisme [sɛptisism(ə)] *m.* Escepticismo.
sceptre [sɛptʀ(ə)] *m.* Cetro.
schématique [ʃematik] *adj.* Esquemático, ca.
schisme [ʃism(ə)] *m.* Cisma.
sciatique [sjatik] *adj.* **1** Ciático, ca. ■ **2** *f.* Ciática.
scie [si] *f.* **1** Sierra. **2** Pez *m.* sierra (poisson). **3** Lata, tabarra (chose ennuyeuse). **4** Tostón *m.*, latoso *m.* (personne ennuyeuse).
sciemment [sjamɑ̃] *adv.* A sabiendas.
science [sjɑ̃s] *f.* Ciencia.
scientifique [sjɑ̃tifik] *adj.-s.* Científico, ca.
scier [sje] *tr.* **1** Aserrar. **2** vieil. Dar la lata (ennuyer). ▲ CONJUG. como *prier.*
scierie [siʀi] *f.* Aserradero *m.*

scinder [sɛ̃de] *tr.* **1** Dividir, fraccionar. ■ **2** *pr.* Dividirse, fraccionarse.
scintiller [sɛ̃tije] *intr.* Destellar, centellear.
scission [sisjɔ̃] *f.* Escisión.
sciure [sjyʀ] *f.* Aserrín *m.*, serrín *m.*
sclérose [skleʀoz] *f.* MÉD. Esclerosis.
scolaire [skɔlɛʀ] *adj.* Escolar.
scolastique [skɔlastik] *adj.* **1** Escolástico, ca. ■ **2** *f.* Escolástica (enseignement). ■ **3** *m.* Escolástico (celui qui enseignait la scolastique).
scolopendre [skɔlɔpɑ̃dʀ(ə)] *f.* **1** Escolopendra, cientopiés *m.*, ciempiés *m.* **2** Lengua de ciervo (fougère).
scorbut [skɔʀbyt] *m.* Escorbuto.
scories [skɔʀi] *f. pl.* Escorias.
scorpion [skɔʀpjɔ̃] *m.* Escorpión, alacrán.
scribe [skʀib] *m.* Escriba.
scrupule [skʀypyl] *m.* Escrúpulo.
scruter [skʀyte] *tr.* Escrutar, escudriñar.
scrutin [skʀytɛ̃] *m.* **1** Votación *f.* por medio de urna. **2** Escrutinio.
sculpteur [skyltœʀ] *m.* Escultor.
sculpture [skyltyʀ] *f.* Escultura.
se [s(ə)] *pron. pers.* Se: ***il ~ lave,*** se lava; ***~ laver,*** lavarse.
séance [seɑ̃s] *f.* **1** Sesión: ***ouvrir, lever la ~,*** abrir, levantar la sesión. **2** Jornada (de travail). **3** *loc. adv.* ***~ tenante,*** en el acto, acto seguido.
seau [so] *m.* Cubo. Loc. fam. ***Il pleut à seaux,*** llueve a cántaros.
sec, sèche [sɛk, sɛʃ] *adj.* **1** Seco, ca. **2** Enjuto, ta (maigre). **3** Seco, ca (qui manque de douceur): ***vin ~,*** vino seco. **4** Seco, paso, sa (fruit): ***raisins secs,*** pasas *f.* ■ **5** *m.* Seco, lo seco: ***tenir au ~,*** guárdese en sitio seco. ■ **6** *adv.* Secamente, ásperamente. **7** ***À ~,*** vacío, ía, sin agua (vide); en seco: ***nettoyage à ~,*** limpieza en seco; fam. pelado, da (sans argent).
sécateur [sekatœʀ] *m.* Podadera *f.*
sécession [sesesjɔ̃] *f.* Secesión.
séchage [seʃaʒ] *m.* Secamiento, secado.
sécher [seʃe] *tr.* **1** Secar. **2** fam. Fumarse: ***~ la classe,*** fumarse la clase. ■ **3** *intr.* Secar. **4** fam. Estar pez (un candidat, un élève). **5** ***~ sur pied,*** consumirse de tristeza. ■ **6** *pr.* Secarse. ▲ CONJUG. como ***accélérer.***
sécheresse [sɛ(e)ʃʀɛs] *f.* **1** Sequedad. **2** Sequía (du temps).
second, -onde [s(ə)gɔ̃, -ɔ̃d] *adj.* **1** Segundo, da: ***billet de seconde classe,*** billete de segunda clase. ■ **2** *m.* Segundo (dans une hiérarchie). **3** Segundo piso (étage). **4** Colaborador, segundo.
secondaire [s(ə)gɔ̃dɛʀ] *adj.* Secundario, ria.
seconde [s(ə)gɔ̃d] *f.* **1** Segundo *m.* (temps et angle). **2** fig. Segundo *m.*, instante *m.*
seconder [s(ə)gɔ̃de] *tr.* Secundar.
secouer [s(ə)kwe] *tr.* **1** Sacudir. Loc. fig. ***~ le joug,*** sacudir el yugo. **2** Zarandear (agiter rapidement). **3** Menear (remuer). **4** Trastornar (ébranler). ■ **5** *pr.* fam. Reaccionar.
secourir [s(ə)kuʀiʀ] *tr.* Socorrer. ▲ CONJUG. como ***courir.***
secours [s(ə)kuʀ] *m.* **1** Socorro. **2** *interj.* ***Au ~!,*** ¡Socorro!
secousse [s(ə)kus] *f.* **1** Sacudida. **2** fig. Sacudida.
secret, -ète [səkʀɛ, -ɛt] *adj.* **1** Secreto, ta. ■ **2** *m.* Secreto: ***un ~ de Polichinelle,*** un secreto a voces. **3** ***Au ~,*** en un lugar escondido. Loc. ***Mettre au ~,*** incomunicar. **4** *loc. adv.* ***En ~,*** en secreto.
secrétaire [s(ə)kʀetɛʀ] *s.* **1** Secretario, ria. ■ **2** *m.* Escritorio (mueble).
secrétariat [s(ə)kʀetaʀja] *m.* **1** Secretaría *f.* **2** Secretariado (emploi).
sécrétion [sekʀesjɔ̃] *f.* Secreción.
secte [sɛkt(ə)] *f.* Secta.
secteur [sɛktœʀ] *m.* Sector.
section [sɛksjɔ̃] *f.* Sección.
séculaire [sekylɛʀ] *adj.* Secular.

séculier, -ière [sekylje, -jɛʀ] *adj.* Secular, laico, ca.
sécuriser [sekyʀize] *tr.* Tranquilizar, dar seguridad.
securité [sekyʀite] *f.* 1 Seguridad. 2 ~ ***sociale,*** Seguridad Social.
sédatif [sedatif] *m.* Sedante.
sédentaire [sedɑ̃tɛʀ] *adj.* Sedentario, ria.
sédiment [sedimɑ̃] *m.* Sedimento.
sédition [sedisjɔ̃] *f.* Sedición.
séduction [sedyksjɔ̃] *f.* Seducción.
séduire [sedɥiʀ] *tr.* 1 Seducir. 2 Sobornar (suborner). ▲ CONJUG. como ***conduire.***
séduisant, -ante [sedɥizɑ̃, -ɑ̃t] *adj.* Seductor, ra, atractivo, va.
segment [sɛgmɑ̃] *m.* Segmento.
seiche [sɛʃ] *f.* Sepia, jibia.
seigneur [sɛɲœʀ] *m.* Señor.
seigneurie [sɛɲœʀi] *f.* 1 Señorío *m.* (pouvoir, terre). 2 Señoría: ***sa ~,*** su señoría.
sein [sɛ̃] *m.* 1 ANAT. Seno. 2 Pecho (poitrine). 3 Seno, centro. Loc. ***Au ~ de,*** dentro de, en el seno de.
seing [sɛ̃] DR. Firma *f.*: ***blanc-seing,*** firma en blanco; ~ ***privé,*** firma no legalizada.
séisme [seism(ə)] *m.* Seísmo, sismo, terremoto.
seize [sɛz] *adj. num.* Diez y seis, dieciséis.
seizième [sɛzjɛm] *adj.-s.* 1 Decimosexto, ta. ■ 2 *m.* Dieciseisavo, va.
séjour [seʒuʀ] *m.* 1 Permanencia *f.*, estancia *f.* (dans un lieu). 2 Mansión *f.*, morada *f.* (demeure).
séjourner [seʒuʀne] *intr.* Vivir, permanecer.
sel [sɛl] *m.* Sal *f.*: ~ ***attique,*** sal ática.
sélectif, -ive [selɛktif, -iv] *adj.* Selectivo, va.
sélectionner [selɛksjɔne] *tr.* Seleccionar.
self-service [sɛlfsɛʀvis] *m.* Autoservicio.
selle [sɛl] *f.* 1 Silla, silla de montar. 2 Sillín *m.* (de bicyclette, moto). 3 Cuarto *m.* trasero (viande). 4 ***Aller à la ~,*** ir al retrete, hacer sus necesidades. ■ 5 *pl.* Heces.
seller [sele] *tr.* Ensillar.
sellette [sɛlɛt] *f.* 1 Banquillo *m.* (des accusés). 2 Asiento *m.* suspendido (maçons).
selon [s(ə)lɔ̃] *prép.* 1 Según. 2 Loc. ~ ***moi,*** a mi modo de ver. 3 fam. ***C'est ~,*** según, depende.
semailles [s(ə)mɑj] *f. pl.* Siembra *sing.*
semaine [s(ə)mɛn] *f.* 1 Semana. 2 Salario *m.* semanal.
semblable [sɑ̃blabl(ə)] *adj.* 1 Parecido, da. ■ 2 *s.* Semejante: ***toi et tes semblables,*** tú y tus semejantes.
semblant [sɑ̃blɑ̃] *m.* Apariencia *f.* Loc. ***Un ~ de...,*** algo de...; ***faire ~ de,*** fingir, simular.
sembler [sɑ̃ble] *intr.* 1 Parecer. ■ 2 *impers.* ***Il semble que...,*** parece que... Loc. ***Ce me semble, me semble-t-il,*** a mi parecer; ***quand bon vous semblera,*** cuando le apetezca.
semelle [s(ə)mɛl] *f.* 1 Suela (de la chaussure). 2 Plantilla (à l'intérieur d'une chaussure). 3 Soleta (d'un bas).
semer [s(ə)me] *tr.* 1 Sembrar. 2 fam. Dejar muy atrás a (à la course). ▲ CONJUG. como ***acheter.***
semestre [s(ə)mɛstʀ(ə)] *m.* Semestre.
semeur, -euse [s(ə)mœʀ, -øz] *s.* Sembrador, ra.
sémillant, -ante [semijɑ̃, -ɑ̃t] *adj.* Bullicioso, sa, vivaracho, cha.
séminariste [seminaʀist(ə)] *m.* Seminarista.
semis [s(ə)mi] *m.* 1 Siembra *f.* 2 Sembrado (terrain).
sémite [semit] *s.* Semita.
semonce [səmɔ̃s] *f.* Sermón *m.*, represión.
semoule [s(ə)mul] *f.* Sémola.
sénat [sena] *m.* Senado.
séné [sene] *m.* Sena *f.*, sen.

sénilité [senilite] *f.* Senilidad, decrepitud, vejez.
sens [sɑ̃s] *m.* 1 Sentido: ***les cinq ~,*** los cinco sentidos; ~ ***commun,*** sentido común. 2 ***Bon ~,*** sensatez *f.,* buen sentido. 3 Sentido, significado, significación *f.* (d'un mot, etc.). 4 Sentido, dirección *f.*: ***à double ~,*** de doble dirección (rue). 5 ~ ***dessus dessous,*** en desorden, patas arriba, de arriba abajo; trastornado, da (moralement).
sensation [sɑ̃sasjɔ̃] *f.* Sensación.
sensationnel, -elle [sɑ̃sasjɔnɛl] *adj.* Sensacional.
sensé, -ée [sɑ̃se] *adj.* Sensato, ta.
sensibilité [sɑ̃sibilite] *f.* Sensibilidad.
sensible [sɑ̃sibl(ə)] *adj.* 1 Sensible. 2 Apreciable, notable, sensible.
sensiblerie [sɑ̃sibləʀi] *f.* Sensiblería.
sensitif, -ive [sɑ̃sitif, -iv] *adj.* 1 Sensitivo, va. ■ 2 *s.* Persona *f.* excesivamente susceptible.
sensualité [sɑ̃sɥalite] *f.* Sensualidad.
sentence [sɑ̃tɑ̃s] *f.* Sentencia.
senteur [sɑ̃tœʀ] *f.* Olor *m.,* perfume *m.*
sentier [sɑ̃tje] *f.* Sendero, senda *f.*
sentiment [sɑ̃timɑ̃] *m.* 1 Sentimiento. 2 Sentir, opinión *f.* Loc. ***J'ai le ~ que,*** me parece que.
sentimental, -ale [sɑ̃timɑ̃tal] *adj.* Sentimental.
sentinelle [sɑ̃tinɛl] *f.* Centinela *m.*
sentir [sɑ̃tiʀ] *tr.* 1 Sentir (percevoir). 2 Presentir, sentir (pressentir, deviner). 3 Apreciar: ~ ***la beauté de,*** apreciar la belleza de. 4 ***Faire ~,*** hacer notar. 5 Oler (par l'odorat). 6 Oler a (exhaler une odeur): ***ce savon sent le jasmin,*** este jabón huele a jazmín. 7 Saber a (avoir le goût de). ■ 8 *pr.* Sentirse: ***se ~ mal,*** sentirse mal, indispuesto, ta. ▲ CONJUG. como ***mentir.***
seoir [swaʀ] *intr.* 1 Sentar, ir bien (convenir, aller). ■ 2 *impers.* Convenir. ▲ CONJUG. Usado generalmente como impersonal y en las formas siguientes: ***il sied, il seyait, il siéra,*** PART. P.: ***séant*** o ***seyant.***
sépale [sepal] *m.* BOT. Sépalo.
séparable [sepaʀabl(ə)] *adj.* Separable.
séparation [sepaʀɑsjɔ̃] *f.* Separación.
séparer [sepaʀe] *tr.* 1 Separar. 2 Separar, diferenciar, distinguir. ■ 3 *pr.* Separarse.
sépia [sepja] *f.* 1 Sepia (couleur) *m.* 2 Dibujo *m.* hecho con sepia (dessin).
sept [sɛt] *adj. num.-s.* Siete.
septembre [sɛptɑ̃bʀ(ə)] *m.* Septiembre.
septentrional, -ale [sɛptɑ̃tʀijɔnal] *adj.* Septentrional.
septième [sɛtjɛm] *adj.* 1 Séptimo, ma. ■ 2 *s.* Séptimo, la séptima parte.
septuagénaire [sɛptɥaʒenɛʀ] *adj.* Septuagenario, ria.
sépulcre [sepylkʀ(ə)] *m.* Sepulcro.
sépulture [sepyltyʀ] *f.* Sepultura.
séquelle [sekɛl] *f.* MÉD. Secuela.
séquence [sekɑ̃s] *f.* 1 Escalera (jeux). 2 Secuencia, escena (cinéma).
séquestre [sekɛstʀ(ə)] *m.* Secuestro, embargo.
séquestrer [sekɛstʀe] *tr.* 1 Secuestrar, embargar. 2 Secuestrar, recluir (isoler quelqu'un).
sérail [seʀaj] *m.* Serrallo.
séraphin [seʀafɛ̃] *m.* Serafín.
serein, -eine [səʀɛ̃, -ɛn] *adj.* 1 Sereno, na (ciel, temps). 2 Sereno, na, tranquilo, la, apacible. ■ 3 *m.* Sereno (humidité nocturne).
sérénade [seʀenad] *f.* Serenata.
sérénité [seʀenite] *f.* Serenidad.
serf [sɛʀ(f)] *m.* Siervo.
serge [sɛʀʒ(ə)] *f.* Sarga (tissu).
sergent [sɛʀʒɑ̃] *m.* Sargento.
série [seʀi] *f.* Serie: ***en ~,*** en serie.
sérieux, -euse [seʀjø, -øz] *adj.* 1 Serio, ia. 2 Serio, ia, formal (sage). 3 Importante. 4 Grave: ***une rechute***

sérieuse, una recaída grave. ■ **5** *m.* Seriedad *f.*
serin [s(ə)ʀɛ̃] *m.* **1** Canario. **2** fam. Bobo, tonto.
seringa [s(ə)ʀɛ̃ga] *m.* Jeringuilla *f.*
seringue [s(ə)ʀɛ̃g] *f.* Jeringa.
serment [sɛʀmɑ̃] *m.* Juramento.
sermon [sɛʀmɔ̃] *m.* Sermón.
serpe [sɛʀp(ə)] *f.* Podadera.
serpent [sɛʀpɑ̃] *m.* Serpiente *f.*
serpenter [sɛʀpɑ̃te] *intr.* Serpentear.
serpentin [sɛʀpɑ̃tɛ] *m.* **1** Serpentín (d'alambic). **2** Serpentina *f.* (rouleau de papier).
serpette [sɛʀpɛt] *f.* Podadera.
serpillière [sɛʀpijɛʀ] *f.* **1** Bayeta (nettoyage). **2** Harpillera (grosse toile).
serrage [sɛʀaʒ] *m.* Presión *f.*, apretadura *f.*
serre [sɛʀ] *f.* **1** Estufa, invernáculo *m.*, invernadero *m.* (pour plantes). ■ **2** *pl.* Garras (d'oiseau).
serré, -ée [se(ɛ)ʀe] *adj.* **1** Ceñido, da, ajustado, da (vêtement). **2** Apretado, da, compacto, ta, denso, sa (compact).
serrement [sɛʀmɑ̃] *m.* **1** Estrechamiento, apretón. **2** ~ ***de cœur,*** angustia *f.*, congoja *f.*
serrer [se(ɛ)ʀe] *tr.* **1** Apretar, estrechar, cerrar: ~ ***les dents,*** apretar los dientes. Loc. fig. ~ ***quelqu'un de près,*** acosar a uno; ~ ***la vis à quelqu'un,*** apretar las clavijas a alguien. **2** Dar (la main), estrechar (embrasser). **3** Oprimir: ***cela me serre le cœur,*** esto me oprime el corazón. **4** Cerrar, estrechar: ~ ***les rangs,*** apretar las filas. **5** Estar estrecho, cha, apretar (vêtement): ***ces chaussures me serrent,*** me aprietan estos zapatos. **6** Ceñirse, pegarse: ***serrez à droite,*** cíñase a la derecha. ■ **7** *pr.* Estrecharse, apretarse.
serrure [seʀyʀ] *f.* Cerradura.
serrurerie [seʀyʀʀi] *f.* Cerrajería.
serrurier [seʀyʀje] *m.* Cerrajero.
sertir [sɛʀtiʀ] *tr.* Engastar.
sertissure [sɛʀtisyʀ] *f.* Engaste *m.* (d'une pierre).
sérum [seʀɔm] *m.* Suero.
servage [sɛʀvaʒ] *m.* Servidumbre *f.*, sujeción *f.*
servant [sɛʀvɑ̃] *m.* **1** MIL. Sirviente (d'une arme). **2** ***Chevalier*** ~, galán. **3** Persona *f.* que ayuda al sacerdote durante la misa.
servante [sɛʀvɑ̃t] *f.* **1** Sirvienta. **2** Sierva: ~ ***de Dieu,*** sierva de Dios.
serveur, -euse [sɛʀvœʀ, -øz] *s.* **1** Camarero, ra (restaurant). ■ **2** *m.* Saque, sacador (jeux).
serviable [sɛʀvjabl(ə)] *adj.* Servicial.
service [sɛʀvis] *m.* **1** Servicio (public, domestique). **2** ~ ***militaire,*** servicio militar. **3** RELIG. Oficio, ceremonia *f.* Loc. ~ ***funèbre,*** funeral. **4** Turno, servicio: ***médecin de*** ~, médico de turno. **5** Propina *f.* (au restaurant, au café, etc.). **6** Favor, servicio. Loc. ***Rendre*** ~ ***à quelqu'un,*** prestar un servicio a alguien, hacer un favor; fam. ***ça peut toujours rendre*** ~, esto puede servir. **7** ***Je suis à votre*** ~, estoy a su disposición; fam. ***qu'y a-t-il pour votre*** ~?, ¿en qué puedo servirle? **8** SPORTS Saque. **9** ***Être hors*** ~, estar fuera de uso. **10** Juego, servicio: ~ ***à café, à thé,*** juego de café, de té. **11** Servicio, vajilla *f.* (vaisselle). **12** Mantelería *f.* (linge de table).
serviette [sɛʀvjɛt] *f.* **1** Servilleta (de table). **2** Toalla (de toilette). **3** Cartera (pour documents). **4** ~ ***hygiénique,*** compresa.
servile [sɛʀvil] *adj.* Servil.
servir [sɛʀviʀ] *tr.* **1** Servir: ~ ***le dessert,*** servir el postre. **2** Atender (un client). **3** Ayudar: ~ ***la messe,*** ayudar a misa. ■ **4** *tr.-ind.* ~ ***à,*** servir para; ***à quoi ça sert?,*** ¿para qué sirve eso? Loc. ***Pourquoi se lamenter?, cela ne sert à rien,*** ¿a qué lamentarse?, no sirve de nada. **5** Servir, hacer de (tenir lieu de). ■ **6** *pr.* Servirse (prendre ce dont on a besoin). **7** ***Se*** ~ ***de,*** utilizar, usar,

servirse (utiliser). Loc. ***Se ~ de quelqu'un,*** aprovecharse de alguien. ▲ CONJUG. como ***mentir.***
serviteur [sɛʀvitœʀ] *m.* Servidor.
servitude [sɛʀvityd] *f.* **1** Servidumbre, esclavitud. **2** DR. Servidumbre.
ses [se] *adj. poss.* Sus.
sésame [sezam] *m.* Sésamo, ajonjolí (plante).
session [sesjɔ̃] *f.* **1** Período *m.* de sesiones. **2** Exámenes *m. pl.* **3** Sesión (d'un concile).
seuil [sœj] *m.* **1** Umbral. **2** Puertas *f. pl.*, umbrales *pl.*: ***au ~ de la mort,*** a las puertas, en los umbrales de la muerte.
seul, seule [sœl] *adj.* **1** Solo, la. Loc. ***~ à ~, tout ~,*** a solas; ***cela va tout ~,*** eso marcha solo. **2** Único, ca: ***le ~ danger,*** el único peligro. **3** Sólo (valeur adverbiale). ■ **4** *s.* ***Le ~, la seule,*** el único, la única. **5** ***Un ~, une seule,*** uno, una.
seulement [sœlmɑ̃] *adv.* **1** Solamente, sólo, únicamente: ***non ~,*** no sólo; ***pas ~,*** ni siquiera, ni tan solo. **2** Al menos: ***si ~...*** si al menos... **3** Sólo, justo: ***il vient ~ d'arriver,*** acaba justo de llegar. **4** Pero, solo que (mais).
seulet, -ette [sœlɛ, -ɛt] *adj.* Solito, ta.
sève [sɛv] *f.* Savia.
sévère [sevɛʀ] *adj.* Severo, ra.
sévérité [severite] *f.* Severidad.
sévir [seviʀ] *intr.* **1** Castigar con rigor. **2** fig. Reinar, hacer estragos (épidémie, etc.).
sevrer [səvʀe] *tr.* **1** Destetar. **2** Privar de. ▲ CONJUG. como ***acheter.***
sexagénaire [sɛgz(ks)aʒenɛʀ] *adj.-s.* Sexagenario, ia.
sexe [sɛks(ə)] *m.* Sexo.
sextant [sɛkstɑ̃] *m.* Sextante.
sextuple [sɛkstypl(ə)] *adj.* Séxtuplo, pla.
sexuel, -elle [sɛksɥɛl] *adj.* Sexual.
shako [ʃako] *m.* Chacó.
si [si] *conj.* **1** Si: ***~ tu viens nous sortirons ensemble,*** si vienes saldremos juntos. **2** ***~ ce n'est,*** sino; ***~ ce n'est que...,*** salvo que, excepto que. **3** ***~ seulement,*** si por lo menos. **4** Loc. ***~ bien que,*** de manera que, así que. ■ **5** *adv.* Sí (affirmation après une négation): ***mais ~,*** claro que sí. **6** Tan (tellement): ***c'est une fille ~ charmante!,*** ¡es una chica tan encantadora! **7** ***~ ... que...,*** por... que... ■ **8** *m. invar.* MUS. Si.
siamois, -oise [sjamwa, -waz] *adj.-s.* Siamés, esa: ***frères ~,*** hermanos siameses.
sibyllin, -ine [sibil(l)ɛ̃, -in] *adj.* Sibilino, na.
sida, SIDA [sida] *m.* (*abrév.* syndrome immuno-déficitaire acquis) sida, SIDA.
sidérer [sideʀe] *tr.* fam. Asombrar, dejar estupefacto, ta. ▲ CONJUG. como ***accélérer.***
sidérurgie [sideʀyʀʒi] *f.* Siderurgia.
siècle [sjɛkl(ə)] *m.* Siglo.
siège [sjɛʒ] *m.* **1** Sede *f.*, oficina *f.* central (d'une administration). **2** Domicilio (d'une société). **3** Asiento (pour s'asseoir). **4** Escaño, puesto (dans une assemblée). **5** Centro, foco (d'une maladie, d'un phénomène). **6** MIL. Sitio, cerco: ***état de ~,*** estado de sitio.
siéger [sjeʒe] *intr.* **1** Residir, tener su sede, radicar. **2** Ocupar una sede. **3** Celebrar sesión, reunirse. ▲ CONJUG. como ***abréger.***
sien, sienne [sjɛ̃, sjɛn] *adj.-pron. poss.* **1** Suyo, ya. ■ **2** *s.* Lo suyo. ■ **3** *pl.* ***Les siens,*** los suyos (ses parents).
sieste [sjɛst(ə)] *f.* Siesta.
sieur [sjœʀ] *m.* **1** DR. Señor. **2** Tal: ***le ~ X,*** un tal X.
sifflement [sifləmɑ̃] *m.* Silbido, silbo.
siffler [sifle] *intr.-tr.* **1** Silbar. **2** Pitar (avec un sifflet). ■ **3** *tr.* Silbar, pitar, abuchear.
sifflet [siflɛ] *m.* Silbato, pito.

sigle [sigl(ə)] *m.* Sigla *f.*
signal [siɲal] *m.* Señal *f.*
signalement [siɲalmɑ̃] *m.* Filiación *f.*, señas *f. pl.*
signaler [siɲale] *tr.* **1** Señalar. **2** Indicar, hacer notar. Loc. ***Rien à ~,*** sin novedad. ■ **3** *pr.* Distinguirse, señalarse.
signalétique [siɲaletik] *f.* Señalización.
signataire [siɲatɛʀ] *s.* Signatario, ria, firmante.
signature [siɲatyʀ] *f.* Firma.
signe [siɲ] *m.* **1** Signo: ~ ***de ponctuation,*** signo de puntuación. **2** Señal *f.*, seña *f.*: ***c'est bon ~,*** es una buena señal. **3** Signo (symbole, zodiaque).
signer [siɲe] *tr.* **1** Firmar. ■ **2** *pr.* Santiguarse.
signet [siɲɛ] *m.* Registro.
significatif, -ive [siɲifikatif, -iv] *adj.* Significativo, va.
signifier [siɲifje] *tr.* **1** Significar. **2** DR. Notificar. ▲ CONJUG. como ***prier.***
silence [silɑ̃s] *m.* Silencio.
silencieux, -euse [silɑ̃sjø, -øz] *adj.* **1** Silencioso, sa. ■ **2** *m.* Silenciador (automobiles, armes à feu).
silex [silɛks] *m.* Sílex.
silhouette [silwɛt] *f.* Silueta.
silice [silis] *f.* Sílice.
sillage [sijaʒ] *m.* MAR. Estela *f.*
sillon [sijɔ̃] *m.* **1** Surco. ■ **2** *pl.* poét. Arrugas *f.* (rides).
sillonner [sijɔne] *tr.* Surcar.
silo [silo] *m.* Silo.
similaire [similɛʀ] *adj.* Similar.
similitude [similityd] *f.* Similitud.
simple [sɛ̃pl(ə)] *adj.* **1** Simple (pur). **2** Sencillo, lla, llano, na (sans façon). **3** Simple, crédulo, la (crédule). Loc. ~ ***d'esprit,*** inocente. **4** Simple (seul). **5** Sencillo, lla, fácil. **6** Sencillo, lla (qui a peu d'ornements). ■ **7** *f.* Simple *m.* (plante). ■ **8** *m.* Simple (tennis).
simplet, -ette [sɛ̃plɛ, -ɛt] *adj.* Simplón, ona.
simplicité [sɛ̃plisite] *f.* **1** Simplicidad, sencillez. **2** Simpleza (naïveté).
simplifier [sɛ̃plifje] *tr.* Simplificar. ▲ CONJUG. como ***prier.***
simulation [simylɑsjɔ̃] *f.* Simulación.
simuler [simyle] *tr.* Simular.
simultané, -ée [simyltane] *adj.* Simultáneo, *ea.*
sincérité [sɛ̃seʀite] *f.* Sinceridad.
singe [sɛ̃ʒ] *m.* **1** Mono, mona *f.* **2** fig. Imitador, mono (imitateur). **3** pop. Patrón, patrono.
singerie [sɛ̃ʒʀi] *f.* Mueca, gesto *m.*
singulariser [sɛ̃gylaʀize] *tr.* **1** Singularizar. ■ **2** *pr.* Distinguirse, singularizarse.
singularité [sɛ̃gylaʀite] *f.* Singularidad.
singulier, -ière [sɛ̃gylje, -jɛʀ] *adj.-m.* Singular.
sinistré, -ée [sinistʀe] *adj.-s.* Siniestrado, da, damnificado, da.
sinistre [sinistʀ(ə)] *adj.* **1** Siniestro, tra. **2** Siniestro, tra, triste, aburrido, da (ennuyeux). ■ **3** *m.* Siniestro.
sinon [sinɔ̃] *conj.* **1** Si no (autrement): ***dépêche-toi, ~ tu vas rater ton train,*** date prisa, si no vas a perder el tren. **2** Sino (excepté).
sinuosité [sinɥozite] *f.* Sinuosidad.
sionisme [sjɔnism(ə)] *m.* Sionismo.
siphon [sifɔ̃] *m.* Sifón.
siphonné, ée [sifɔne] *adj.-fam.* Chiflado, da, guillado, da.
sire [siʀ] *m.* **1** Señor (titre). **2** Majestad *f.* (roi).
sirène [siʀɛn] *f.* **1** MYTH. Sirena. **2** Sirena (d'alarme, etc.).
sirop [siʀo] *m.* **1** Jarabe (médicamenteux). **2** Almíbar.
siroter [siʀɔte] *tr.* fam. Beber a sorbos y paladeando.
sis, sise [si, siz] *adj.* Sito, ta, situado, da.
sismique [sismik] *adj.* Sísmico, ca.
site [sit] *m.* Sitio, paisaje.

sitôt [sito] *adv.* Tan pronto como. Loc. ~ *dit,* ~ *fait,* dicho y hecho; *pas de* ~, no tan pronto. *loc. conj.* ~ *que,* tan pronto como, luego que, al instante que.
situation [sitɥasjɔ̃] *f.* Situación.
situer [sitɥe] *tr.* Situar.
six [sis-iz] *adj. num.-m.* **1** Seis. **2** Sexto, ta. ▲ Solo o en final de frase se pronuncia *sis.*
sixième [sizjɛm] *adj. num.-s.* **1** Sexto, ta. ■ **2** *m.* Sexto piso (étage). ■ **3** *f.* Primer curso *m.* de bachillerato francés.
ski [ski] *m.* Esquí.
skieur, -euse [skjœʀ, -øz] *s.* Esquiador, ra.
snobisme [snɔbism(ə)] *m.* Esnobismo.
sobre [sɔbʀ(ə)] *adj.* Sobrio, bria.
sobriété [sɔbʀijete] *f.* Sobriedad.
sobriquet [sɔbʀikɛ] *m.* Apodo, mote.
soc [sɔk] *m.* Reja *f.* (de la charrue).
sociable [sɔsjabl(ə)] *adj.* Sociable.
social, -ale [sɔsjal] *adj.* Social.
socialisme [sɔsjalism(ə)] *m.* Socialismo.
sociétaire [sɔsjetɛʀ] *adj.-s.* Socio, cia.
société [sɔsjete] *f.* Sociedad.
sociologie [sɔsjɔlɔʒi] *f.* Sociología.
socle [sɔkl(ə)] *m.* Zócalo.
soda [sɔda] *m.* Soda *f.*
sodium [sɔdjɔm] *m.* Sodio.
sœur [sœʀ] *f.* Hermana.
sofa [sɔfa] *m.* Sofá.
soi [swa] *pron. pers.* Sí, sí mismo, ma. Loc. ***Avec*** ~, consigo; ***soi-même,*** sí mismo, uno mismo; ***chez*** ~, en su propia casa, en su país; ***en*** ~, de sí, suyo; ***à part*** ~, para sí, en su fuero interno; ***cela va de*** ~, ni que decir tiene, esto cae de su propio peso; ***revenir à*** ~, volver en sí.
soi-disant [swadizɑ] *adj. invar.* **1** Sedicente, supuesto, ta. **2** *loc. adv.* Según dicen, aparentemente (semble-t-il).
soie [swa] *f.* **1** Seda. **2** Seta, cerda (poil).
soif [swaf] *f.* Sed.
soigner [swaɲe] *tr.* **1** Cuidar: ~ ***un travail,*** cuidar un trabajo. **2** Atender a, asistir a: ~ ***un malade,*** asistir, cuidar a un enfermo. Loc. fam. ***Il faut te faire*** ~***!,*** ¡estás chalado, da! **3** Tratar, curar: ~ ***une maladie aux antibiotiques,*** tratar una enfermedad con antibióticos. **4** Esperar, pulir (parfaire). ■ **5** *pr.* Cuidarse.
soigneux, -euse [swaɲø, -øz] *adj.* **1** Cuidadoso, sa. **2** Esmerado, da.
soin [swɛ̃] *m.* **1** Cuidado. Loc. ***Avoir*** ~ ***de,*** ocuparse de; ***prendre*** ~ ***de,*** ocuparse en, esforzarse en. **2** Esmero (grand soin). ■ **3** *pl.* Cuidados.
soir [swaʀ] *m.* **1** Tarde *f.* **2** Noche *f.* (après le coucher du soleil).
soit [swa] **1** v. ***être.*** ■ **2** *conj.* Sea, supongamos (supposition). **3** O sea, es decir (c'est-à-dire). **4** ***Soit... soit,*** ya... ya... o... o...; sea... sea... ■ **5** *adv.* [swat] Sea, de acuerdo, bueno.
soixantaine [swasɑ̃tɛn] *f.* **1** Unos *m. pl.* sesenta. **2** ***La*** ~, los *m. pl.* sesenta (âge).
soixante [swasɑ̃t] *adj. num.-s. invar.* Sesenta.
soixantième [swasɑ̃tjɛm] *adj.-s.* **1** Sexagésimo, ma. ■ **2** *m.* Sesentavo.
soja [sɔʒa] *m.* Soja *f.*
sol [sɔl] *m.* **1** Suelo. **2** Terreno. **3** MUS. Sol (note).
solaire [sɔlɛʀ] *adj.* Solar.
soldat [sɔlda] *m.* Soldado: *simple* ~, soldado raso.
solde [sɔld(ə)] *f.* **1** Sueldo *m.* Loc. ***Être à la*** ~ ***de,*** estar a sueldo de. ■ **2** *m.* Saldo (d'un compte). ■ **3** *m. pl.* Rebajas *f.*, liquidación *f. sing.*
solder [sɔlde] *tr.* **1** COMM. Saldar. ■ **2** *pr.* ***Se*** ~ ***par,*** resultar.
sole [sɔl] *f.* Lenguado *m.* (poisson).

soleil [sɔlɛj] *m.* 1 Sol: ~ ***levant, couchant,*** sol naciente, poniente. 2 Girasol (fleur). 3 fam. ***Piquer un*** ~, ruborizarse, ponerse colorado, da. 4 Girándula *f.*, rueda *f.* (feu d'artifice).
solennel, -elle [sɔlanɛl] *adj.* Solemne.
solennité [sɔlanite] *f.* Solemnidad.
solfège [sɔlfɛʒ] *m.* Solfeo.
solidaire [sɔlidɛʀ] *adj.* Solidario, ria.
solidarité [sɔlidaʀite] *f.* Solidaridad.
solide [sɔlid] *adj.* 1 Sólido, da. Loc. ***Un ~ gaillard,*** un mocetón. 2 fam. Gran, buen: ***un ~ appétit,*** un buen apetito. 3 Resistente (matériel). ■ 4 *m.* Sólido.
solidifier [sɔlidifje] *tr.* Solidificar. ▲ CONJUG. como ***prier.***
solidité [sɔlidite] *f.* Solidez.
soliste [sɔlist(ə)] *s.* Solista.
solitaire [sɔlitɛʀ] *adj.-s.* Solitario, ia.
solitude [sɔlityd] *f.* Soledad.
solive [sɔliv] *f.* Viga (poutre).
solliciter [sɔ(l)lisite] *tr.* Solicitar, pedir.
sollicitude [sɔ(l)lisityd] *f.* Solicitud.
solo [sɔlo] *m.* MUS. Solo.
solstice [sɔlstis] *m.* Solsticio.
soluble [sɔlybl(ə)] *adj.* Soluble.
solution [sɔlysjɔ̃] *f.* 1 Solución. 2 ***Solutions de continuité,*** soluciones de continuidad.
sombre [sɔ̃bʀ(ə)] *adj.* 1 Sombrío, ia, oscuro, ra (couleur): ***il fait ~,*** está oscuro. 2 Melancólico, ca, taciturno, na.
sombrer [sɔ̃bʀe] *intr.* MAR. Zozobrar, hundirse, irse a pique.
sommaire [sɔ(m)mɛʀ] *adj.* 1 Sumario, ria, sucinto, ta. ■ 2 *m.* Sumario, resumen.
somme [sɔm] *f.* 1 Suma (addition): ***faire la ~,*** sumar, hacer la suma. 2 Cantidad, suma (d'argent). 3 ***Bête de ~,*** bestia de carga. 4 *loc. adv.* ***En ~, ~ toute,*** en resumen, en resumidas cuentas. ■ 5 *m.* Sueño.
sommeil [sɔmɛj] *m.* Sueño.
sommelier [sɔməlje] *m.* Bodeguero, botillero (dans un restaurant).
sommer [sɔme] *tr.* Intimar, conminar, requerir.
sommet [sɔmɛ] *m.* 1 Cumbre *f.*, cima *f.*, cúspide *f.* 2 GÉOM. Vértice.
sommier [sɔmje] *m.* 1 Somier (de lit). 2 Fichero (gros registre ou dossier). 3 Yugo (d'une cloche). 4 Secreto (d'un orgue). 5 ARCHIT. Sotabanco.
sommité [sɔm(m)ite] *f.* Eminencia, notabilidad, lumbrera (personnage).
somnambulisme [sɔmnɑ̃bylism(ə)] *m.* Sonambulismo.
somnifère [sɔmnifɛʀ] *m.* Somnífero, soporífero.
somnolence [sɔmnɔlɑ̃s] *f.* Somnolencia.
somptueux, -euse [sɔ̃ptɥø, -øz] *adj.* Suntuoso, sa.
son [sɔ̃] *m.* 1 Sonido, son. 2 Salvado, afrecho (des céréales). 3 Loc. fam. ***Tache de ~,*** peca.
son [sɔ̃], **sa** [sa], **ses** [se] *adj. poss.* Su, sus: ***son frère,*** su hermano; ***sa valise,*** su maleta; ***ses livres,*** sus libros.
sonate [sɔnat] *f.* MUS. Sonata.
sondage [sɔ̃daʒ] *m.* Sondeo.
sonde [sɔ̃d] *f.* 1 MAR., MÉD. Sonda. 2 TECHN. Sonda, barrena.
songe [sɔ̃ʒ] *m.* Sueño, ensueño.
songer [sɔ̃ʒe] *intr.* 1 Soñar (rêver). 2 Pensar. Loc. ***Songez-y bien!,*** ¡piénselo bien!; ***n'y songez pas!,*** ¡ni lo sueñe!, ¡ni lo piense! 3 ~ ***que,*** considerar que. ▲ CONJUG. como ***engager.***
songeur, euse [sɔ̃ʒœʀ, øz] *adj.* 1 Pensativo, va. ■ 2 *s.* Soñador, ra.
sonnaille [sɔnɑj] *f.* Cencerro *m.*
sonnant, -ante [sɔnɑ̃, -ɑ̃t] *adj.* 1 En punto: ***à six heures sonnantes,*** a las seis en punto. 2 ***Espèces sonnantes et trébuchantes,*** moneda contante y sonante.

sonner [sɔne] *intr.* **1** Sonar (rendre un son). **2** Tañer (les cloches). **3** Dar: ***midi sonne,*** dan las doce. **4** Tocar el timbre, llamar (à la porte). ■ **5** *tr. ind.* ~ ***de,*** tocar: ~ ***de la trompette,*** tocar la trompeta. ■ **6** *tr.* Tocar, tañer (faire résonner): ~ ***le glas,*** tocar a difunto. **7** Llamar (par une sonnette). **8** Sonar, dar: ***la pendule a sonné six heures,*** el reloj ha dado las seis. **9** Dar un palizón, sacudir (frapper).

sonnerie [sɔnʀi] *f.* **1** Timbre *m.* (du téléphone, du réveil). **2** Campaneo *m.*, repique *m.* (cloches). **3** Toque *m.* (de clairon).

sonnet [sɔnɛ] *m.* Soneto.

sonnette [sɔnɛt] *f.* **1** Campanilla. **2** Timbre *m.*

sonore [sɔnɔʀ] *adj.* Sonoro, ra.

sonorité [sɔnɔʀite] *f.* Sonoridad.

sophisme [sɔfism(ə)] *m.* Sofisma.

sophistiquer [sɔfistike] *tr.* Adulterar.

sorbet [sɔʀbɛ] *m.* Sorbete.

sorcier, -ière [sɔʀsje, -jɛʀ] *s.* Brujo, ja, hechicero, ra.

sordide [sɔʀdid] *adj.* Sórdido, da.

sort [sɔʀ] *m.* **1** Suerte *f.* Loc. ***Tirage au*** ~, sorteo; ***tirer au*** ~, sortear. **2** Sortilegio, aojo: ***jeter un*** ~ ***à quelqu'un,*** hechizar, aojar a alguien. **3** Destino, fortuna *f.*

sortant, -ante [sɔʀtɑ̃, -ɑ̃t] *adj.* Saliente, que sale.

sorte [sɔʀt(ə)] *f.* **1** Clase, tipo *m.*, especie (espèce): ***une*** ~ ***de...,*** una especie de... **2** Modo *m.*, manera: ***de la*** ~, de este modo, así: ***en quelque*** ~, en cierto modo, por decirlo así. **3** ***Faire en*** ~ ***que,*** procurar que. **4** *loc. conj.* ***De (telle)*** ~ ***que...,*** de tal modo que...

sortie [sɔʀti] *f.* Salida.

sortilège [sɔʀtilɛʒ] *m.* Sortilegio, hechizo, maleficio.

sortir [sɔʀtiʀ] *intr.* **1** Salir (partir). **2** Salirse. **3** fam. Acabar de. **4** Salir (numéro de loterie). **5** Salir, proceder. ■ **6** *tr.* Sacar (extraire, accompagner quelqu'un). **7** Publicar (un livre). ■ **8** *pr.* ***S'en*** ~, arreglárselas, conseguir salir del apuro. ▲ CONJUG. como ***mentir.***

sosie [sozi] *m.* Sosia.

sot, sotte [so, sɔt] *adj.-s.* Tonto, ta, necio, cia, bobo, ba.

sottise [sɔtiz] *f.* Tontería, necedad.

sou [su] *m.* **1** Perra *f.* chica. ■ **2** *pl.* fam. Cuartos, dineros.

soubresaut [subʀəso] *m.* Sobresalto, estremecimiento.

soubrette [subʀɛt] *f.* Doncella, sirvienta.

souche [suʃ] *f.* **1** Cepa, tocón *m.* (d'un arbre). **2** Tronco *m.*, origen *m.* (d'une famille). **3** Matriz (d'un document).

souchet [suʃɛ] *m.* **1** Juncia *f.* **2** ~ ***comestible,*** chufa *f.*

souci [susi] *m.* **1** Preocupación *f.*, cuidado. Loc. ***Se faire du*** ~, preocuparse, inquietarse. **2** Deseo, ansia *f.* **3** Maravilla *f.* (plante).

soucier (se) [susje] *pr.* Inquietarse, preocuparse por, cuidar de. ▲ CONJUG. como ***prier.***

soucieux, -euse [susjø, -øz] *adj.* Inquieto, ta, preocupado, da.

soucoupe [sukup] *f.* **1** Platillo *m.* **2** ~ ***volante,*** platillo volante.

soudain [sudɛ̃] *adv.* De repente, súbitamente.

soudain, -aine [sudɛ̃, -ɛn] *adj.* Súbito, ta.

soude [sud] *f.* Sosa: ~ ***caustique,*** sosa cáustica.

souder [sude] *tr.* Soldar.

soudoyer [sudwaje] *tr.* **1** Asoldar, pagar. **2** Sobornar. ▲ CONJUG. como ***employer.***

soudure [sudyʀ] *f.* Soldadura.

soufflage [suflaʒ] *m.* Sopladura *f.*

souffle [sufl(ə)] *m.* **1** Soplo (de l'air). **2** Aliento (respiration). **3** Inspiración *f.* **4** MÉD. Soplo (cardiaque).

soufflé, -ée [sufle] *adj.* **1** Inflado, da, hinchado, da. ■ **2** *m.* CUIS. «Soufflé».

souffler [sufle] *intr.* **1** Soplar: ***le vent souffle,*** el viento sopla. **2** Resoplar. ■ **3** *tr.* Soplar, aventar (le feu). **4** Apagar: ~ ***une bougie,*** apagar una vela. **5** Coger, soplar (jeu de dames). **6** Volar (par une explosion). **7** Soplar (le verre). **8** Susurrar, decir en voz baja. Loc. ***Ne pas ~ mot,*** no decir ni pío, no chistar. **9** fam. Dejar patitieso, sa (stupéfier). **10** Soplar, birlar: ~ ***un emploi à,*** birlar un empleo a.
soufflet [suflɛ] *m.* **1** Fuelle (pour souffler, entre deux wagons, etc.). **2** Bofetón, bofetada *f.* (gifle).
souffleur [suflœʀ] *m.* **1** Soplador (de verre). **2** THÉÂT. Apuntador.
souffrance [sufʀɑ̃s] *f.* **1** Sufrimiento *m.*, padecimiento *m.* **2** ***En ~,*** en suspenso, detenido, da.
souffrant, -ante [sufʀɑ̃, -ɑ̃t] *adj.* Indispuesto, ta, enfermo, ma.
souffrir [sufʀiʀ] *intr.* **1** Padecer, sufrir. **2** ~ ***de,*** pasar, sentir: ***nous avons souffert du froid,*** hemos pasado frío. ■ **3** *tr.* Soportar, tolerar, aguantar. **4** Permitir: ***souffrez que...*** (avec subj.) permita que... **5** Admitir: ***cela ne souffre aucun retard,*** esto no admite retraso. ▲ CONJUG. como ***offrir.***
soufre [sufʀ(ə)] *m.* Azufre.
souhait [swɛ] *m.* **1** Deseo, anhelo. Loc. ***À vos souhaits!*** ¡Jesús! (à une personne qui éternue). **2** *loc. adv.* ***À ~,*** a pedir de boca. ■ **3** *pl.* Felicitaciones *f.*
souhaiter [swete] *tr.* Desear. Loc. ~ ***le bonjour,*** dar los buenos días.
souiller [suje] *tr.* **1** Manchar, ensuciar (salir). **2** fig. Mancillar.
souillon [sujɔ̃] *f.* Criada sucia.
soûl, soûle [su, sul] *adj.* **1** fam. Borracho, cha (ivre). **2** Harto, ta. **3** *loc. adv.* ***Tout mon ~,*** hasta saciarme, tanto como quiera: ***tout son ~,*** hasta hartarse.
soulager [sulaʒe] *tr.* **1** Aliviar, aligerar, descargar. **2** fig. Aliviar (peine, etc.). ■ **3** *pr.* fam. Satisfacer una necesidad corporal. ▲ CONJUG. como ***engager.***
soûler [sule] *tr.* **1** fam. Emborrachar, embriagar. **2** Saciar, llenar (de compliments). **3** fam. Cansar, aburrir (fatiguer). ■ **4** *pr.* Emborracharse, embriagarse.
soulèvement [sulɛvmɑ̃] *m.* **1** Levantamiento. **2** Levantamiento, sublevación *f.* (révolte).
soulever [sulve] *tr.* **1** Levantar (un poids, un rideau, de la poussière, etc.). Loc. fig. ~ ***le cœur,*** revolver el estómago. **2** Levantar, alzar, sublevar (exciter à la révolte). **3** Provocar, ocasionar. **4** Plantear (une question, un problème). ■ **5** *pr.* Sublevarse, alzarse, rebelarse. ▲ CONJUG. como ***acheter.***
soulier [sulje] *m.* Zapato.
souligner [suliɲe] *tr.* **1** Subrayar. **2** fig. Recalcar, hacer hincapié en.
soumettre [sumɛtʀ(ə)] *tr.* **1** Someter. ■ **2** *pr.* Someterse, conformarse. ▲ CONJUG. como ***mettre.***
soumission [sumisjɔ̃] *f.* **1** Sumisión. **2** COMM. Licitación, oferta.
soupape [supap] *f.* TECHN. Válvula: ~ ***de sûreté,*** válvula de seguridad.
soupçon [supsɔ̃] *m.* **1** Sospecha *f.* **2** fig. Pizca *f.*, un poquito: ***un ~ de sel,*** una pizca de sal.
soupe [sup] *f.* **1** Sopa. Loc. ***Il est ~ au lait,*** es muy irascible. **2** MIL. Rancho *m.* **3** ~ ***populaire,*** comedor *m.* de beneficencia.
souper [supe] *intr.* **1** Cenar. **2** fam. ***J'en ai soupé,*** estoy hasta la coronilla.
souper [supe] *m.* Cena *f.*
soupeser [supəze] *tr.* Sopesar. ▲ CONJUG. como ***acheter.***
soupière [supjɛʀ] *f.* Sopera.
soupir [supiʀ] *m.* Suspiro: ***pousser un ~,*** dar un suspiro.
soupirail [supiʀaj] *m.* Respiradero, lumbrera *f.*, tragaluz.
soupirant [supiʀɑ̃] *m.* Pretendiente enamorado.

soupirer [supiʀe] *intr.* Suspirar: ~ ***pour, après,*** suspirar por.
souple [supl(ə)] *adj.* **1** Flexible. **2** Ágil. **3** fig. Flexible, acomodadicio, ia, acomodaticio, ia (accommodant).
souplesse [suplɛs] *f.* **1** Flexibilidad, elasticidad. **2** Agilidad, soltura.
source [suʀs(ə)] *f.* **1** Fuente, manantial *m.* **2** fig. Fuente, origen *m.*
sourcil [suʀsi] *m.* Ceja *f.*
sourciller [suʀsije] *intr.* ***Sans ~,*** sin pestañear, sin inmutarse. Ús. solamente en frase negativa.
sourd, sourde [sur, suʀd(ə)] *adj.* **1** Sordo, da. Loc. ~ ***comme un pot,*** sordo como una tapia. **2** fig. Sordo, da, insensible. ■ **3** *s.* Sordo, da. Loc. ***Crier comme un ~,*** gritar como un loco, muy fuerte; ***frapper comme un ~,*** golpear muy fuerte.
sourdine [suʀdin] *f.* MUS. Sordina. Loc. ***En ~,*** con sordina.
sourd-muet, sourde-muette [suʀmyɛ, suʀdmyɛt] *adj.-s.* Sordomudo, da.
sourdre [suʀdʀ(ə)] *intr.* Brotar, surgir. ▲ CONJUG. Ús. sólo en inf. y en las terceras pers. del Pres. de Indic.: ***il sourd, ils sourdent.***
souriant, -ante [suʀjɑ̃, -ɑ̃t] *adj.* Risueño, ña, sonriente.
souricière [suʀisjɛʀ] *f.* Ratonera (piège).
sourire [suʀiʀ] *intr.* Sonreír, sonreírse. ▲ CONJUG. como ***rire.***
sourire [suʀiʀ] *m.* Sonrisa *f.*
souris [suʀi] *f.* **1** Ratón *m.* **2** fam. Muchacha (fille).
sournois, -oise [suʀnwa, waz] *adj.-s.* Disimulado, da, solapado, da, socarrón, ona, hipócrita.
sous [su] *prép.* **1** Debajo de, bajo: ~ ***la table,*** bajo la mesa. **2** Bajo: ~ ***sa direction,*** bajo su dirección. **3** Durante el reinado de. **4** Dentro de: ***je vous répondrai ~ huitaine,*** le responderé dentro de ocho días; ~ ***peu,*** dentro de poco. **5** A: ~ ***les ordres de,*** a las órdenes de. **6** ~ ***les yeux de tout le monde,*** ante los ojos de todos. **7** So: ~ ***peine de,*** so pena de; ~ ***prétexte,*** so pretexto.
sous-bois [subwa(ɑ)] *m.* Monte bajo, maleza *f.*
sous-chef [suʃɛf] *m.* Subjefe.
souscription [suskʀipsjɔ̃] *f.* Suscripción.
souscrire [suskʀiʀ] *tr.* **1** Suscribir. ■ **2** *tr. ind.* ~ ***à,*** consentir en, convenir en. **3** Suscribirse: ~ ***à une revue,*** suscribirse a una revista. ▲ CONJUG. como ***écrire.***
sous-cutané, -ée [sukytane] *adj.* Subcutáneo, ea.
sous-développé, -ée [sudevlɔpe] *adj.* Subdesarrollado, da.
sous-directeur, -trice [sudiʀɛktœʀ, -tʀis] *s.* Subdirector, ra.
sous-entendre [suzɑ̃tɑ̃dʀ(ə)] *tr.* Sobrentender. ▲ CONJUG. como ***rendre.***
sous-locataire [sulɔkatɛʀ] *s.* Subarrendatario, ria.
sous-louer [sulwe] *tr.* Subarrendar, realquilar.
sous-main [sumɛ̃] *m. invar.* **1** Carpeta *f.* **2** *loc. adv.* ***En ~,*** en secreto.
sous-marin, -ine [sumaʀɛ̃, -in] *adj.* **1** Submarino, na. ■ **2** *m.* Submarino.
sous-officier [suzɔfisje] *m.* MIL. Suboficial.
sous-ordre [suzɔʀdʀ(ə)] *m.* Subalterno, subordinado.
sous-préfet [supʀefɛ] *m.* Subprefecto.
sous-secrétaire [sus(ə)kʀetɛʀ] *m.* Subsecretario.
soussigné, -ée [susiɲe] *adj.-s.* Infrascrito, ta, abajo firmante: ***je ~,*** el abajo firmante.
sous-sol [susɔl] *m.* Subsuelo.
sous-titre [sutitʀ(ə)] *m.* Subtítulo.
soustraction [sustʀaksjɔ̃] *f.* Sustracción.
soustraire [sustʀɛʀ] *tr.* **1** Sustraer, robar. **2** MATH. Sustraer, restar. ■ **3** *pr.* Sustraerse. ▲ CONJUG. como ***traire.***

soutane [sutan] *f.* Sotana.
soute [sut] *f.* 1 MAR. Pañol *m.* 2 Compartimiento *m.* de equipajes (dans un avion).
soutenable [sutnabl(ə)] *adj.* Defendible.
soutenance [sutnɑ̃s] *f.* Defensa de una tesis.
soutènement [sutɛnmɑ̃] *m.* Contención *f.*: ***mur de ~,*** muro de contención.
souteneur [sutnœʀ] *m.* Rufián, chulo.
soutenir [sutniʀ] *tr.* 1 Sostener. 2 Sostener, ayudar, animar (aider). 3 Apoyar. 4 Defender (une thèse). 5 Afirmar: ***je soutiens que...,*** afirmo que... 6 Mantener, sustentar, sostener. 7 MIL. Aguantar, resistir. ▲ CONJUG. como ***venir.***
soutenu, -ue [sutny] *adj.* 1 Elevado, da, noble (style). 2 Constante, persistente.
souterrain, -aine [sutɛʀɛ̃, -ɛn] *adj.* 1 Subterráneo, nea. ■ 2 *m.* Subterráneo.
soutien [sutjɛ̃] *m.* Sostén, apoyo.
soutien-gorge [sutjɛ̃gɔʀʒ] *m.* Sujetador, sostén.
soutirer [sutiʀe] *tr.* 1 Trasegar (un liquide). 2 fig. Sonsacar, sacar con maña: ***~ de l'argent à quelqu'un,*** sacar dinero a alguien.
souvenir [suvniʀ] *m.* Recuerdo.
souvenir (se) [suvniʀ] *pr.* 1 Acordarse, recordar. ■ 2 *impers.* ***Il me souvient,*** creo recordar, creo. ▲ CONJUG. como ***venir.***
souvent [suvɑ̃] *adv.* A menudo, frecuentemente, muchas veces.
souverain, -aine [suvʀɛ̃, -ɛn] *adj.s.* 1 Soberano, na. 2 ***Le ~ pontife,*** el sumo pontífice. ■ 3 *m.* Soberano (monnaie).
soviétique [sɔvjetik] *adj.-s.* Soviético, ca.
soyeux, -euse [swajø, -øz] *adj.* Sedoso, sa.
spacieux, -euse [spasjø, -øz] *adj.* Espacioso, sa.
sparadrap [spaʀadʀa] *m.* Esparadrapo.
spartiate [spaʀsjat] *adj.-s.* 1 Espartano, na. ■ 2 *f. pl.* Sandalias.
spasmodique [spasmɔdik] *adj.* Espasmódico, ca.
spatule [spatyl] *f.* Espátula.
spécial, -ale [spesjal] *adj.* Especial.
spécialiste [spesjalist(ə)] *s.* Especialista.
spécialité [spesjalite] *f.* Especialidad.
spécieux, -euse [spesjø, -øz] *adj.* Especioso, sa.
spécifier [spesifje] *tr.* Especificar. ▲ CONJUG. como ***prier.***
spécifique [spesifik] *adj.-m.* Específico, ca.
spécimen [spesimɛn] *m.* Espécimen, muestra *f.*: ***des spécimens,*** unos especímenes.
spectacle [spɛktakl(ə)] *m.* Espectáculo.
spectaculaire [spɛktakylɛʀ] *adj.* Espectacular.
spectateur, -trice [spɛktatœʀ, -tʀis] *s.* Espectador, ra.
spéculateur, -trice [spekylatœʀ, -tʀis] *s.* Especulador, ra.
spéculation [spekylɑsjɔ̃] *f.* Especulación.
spéculer [spekyle] *intr.* Especular.
spéléologie [speleɔlɔʒi] *f.* Espeleología.
sperme [spɛʀm(ə)] *m.* Esperma *f,* semen.
sphère [sfɛʀ] *f.* 1 GÉOM., ASTRON. Esfera. 2 Esfera, campo *m.* (milieu).
sphinx [sfɛ̃ks] *m. invar.* Esfinge *f.*
spinal, -ale [spinal] *adj.* ANAT. Espinal.
spirale [spiʀal] *f.* Espiral.
spiritisme [spiʀitism(ə)] *m.* Espiritismo.
spiritualité [spiʀitɥalite] *f.* Espiritualidad.
spirituel, -elle [spiʀitɥɛl] *adj.* 1 Espiritual. 2 Discreto, ta, agudo, da, ingenioso, sa (drôle).

spiritueux, -euse [spiʀitɥø, -øz] *adj.* 1 Espirituoso, sa. ■ 2 *m.* Bebida *f.* espirituosa.
spleen [splin] *m.* Esplín.
splendeur [splɑ̃dœʀ] *f.* Esplendor *m.*
splendide [splɑ̃did] *adj.* Espléndido, da.
spolier [spɔlje] *tr.* Expoliar. ▲ CONJUG. como ***prier.***
spongieux, -euse [spɔ̃ʒjø, -øz] *adj.* Esponjoso, sa.
spontanéité [spɔ̃taneite] *f.* Espontaneidad.
sporadique [spɔʀadik] *adj.* Esporádico, ca.
sport [spɔʀ] *m.* 1 Deporte: ***faire du ~,*** practicar los deportes. ■ 2 *adj.* ***De ~,*** de deporte, deportivo, va, de sport: ***voiture de ~,*** coche deportivo.
sportif, -ive [spɔʀtif, -iv] *adj.-s.* Deportivo, va. ■ *s.* Deportista.
sprinter, -euse [spʀintœʀ, -øz] *s.* Velocista.
square [skwaʀ] *m.* Plaza *f.* con jardín público.
squatter [skwatœʀ] *m.* pop. Okupa.
squelette [skəlɛt] *m.* 1 Esqueleto. 2 fig. Armazón *f.*
stabiliser [stabilize] *tr.* Estabilizar.
stabilité [stabilite] *f.* Estabilidad.
stable [stabl(ə)] *adj.* Estable.
stade [stad] *m.* 1 Estadio. 2 Fase *f.*, estadio (phase).
stage [staʒ] *m.* 1 Pasantía *f.* (avocat). 2 Período de estudios prácticos, prácticas *f. pl.* 3 Cursillo.
stagiaire [staʒjɛʀ] *adj.-s.* Que está de prueba, de prácticas.
stagnant, -ante [stagnɑ̃, -ɑ̃t] *adj.* Estancado, da.
stalactite [stalaktit] *f.* Estalactita.
stalagmite [stalagmit] *f.* Estalagmita.
stalle [stal] *f.* 1 Silla de coro (église). 2 Compartimiento *m.* para un caballo (dans une écurie).
stance [stɑ̃s] *f.* Estancia.
stand [stɑ̃d] *m.* 1 Barraca *f.* de tiro al blanco (de tir). 2 Stand, caseta *f.* (dans une exposition). 3 Puesto de avituallamiento (d'un coureur sur piste).
standard [stɑ̃daʀ] *adj. invar.* 1 Estándar, standard. ■ 2 *m.* Modelo, tipo, estándar. Loc. ***~ de vie,*** estándar de vida. 3 Centralita *f.* (téléphonique).
station [stɑ(a)sjɔ̃] *f.* 1 Pausa, parada (arrêt). 2 Posición, postura: ***rester en ~ verticale,*** quedar en posición vertical. 3 RELIG. Estación. 4 Estación (de métro). 5 Parada (d'autobus, taxis). 6 Estación (météorologique, éméttrice). 7 ***~ thermale,*** balneario *m.*
stationnaire [stasjɔnɛʀ] *adj.* Estacionario, ria.
stationnement [stasjɔnmɑ̃] *m.* Estacionamiento.
stationner [stasjɔne] *intr.* Estacionarse, aparcar (un véhicule), estacionarse (une personne).
statique [statik] *adj.* Estático, ca.
statistique [statistik] *adj.* 1 Estadístico, ca. ■ 2 *f.* Estadística.
statue [staty] *f.* Estatua.
statuer [statɥe] *intr.* Estatuir, resolver, decidir.
stature [statyʀ] *f.* Estatura.
statut [staty] *m.* Estatuto.
stèle [stɛl] *f.* Estela.
stellaire [ste(ɛ)lɛʀ] *adj.* Estelar, sidéreo, rea.
stentor [stɑ̃tɔʀ] *m.* ***Voix de ~,*** voz estentórea.
steppe [stɛp] *f.* Estepa.
stère [stɛʀ] *m.* Estéreo.
stéréophonie [steʀeɔfɔni] *f.* Estereofonía.
stérile [steʀil] *adj.* Estéril.
stériliser [steʀilize] *tr.* Esterilizar.
stérilité [steʀilite] *f.* Esterilidad.
sterling [stɛʀliŋ] *adj. invar.* ***Livre ~,*** libra esterlina.
stigmatiser [stigmatize] *tr.* Estigmatizar.
stimuler [stimyle] *tr.* Estimular.

stipulation [stipylasjɔ̃] *f.* Estipulación.
stipuler [stipyle] *tr.* Estipular.
stock [stɔk] *m.* **1** Existencias *f. pl.,* provisión *f.,* reservas *f. pl.* **2** fam. Depósito.
stoïque [stɔik] *adj.-s.* Estoico, ca.
stomacal, -ale [stɔmakal] *adj.* Estomacal.
stoppage [stɔpaʒ] *m.* Zurcido.
stopper [stɔpe] *tr.* **1** Zurcir (un vêtement). **2** Parar, detener. ■ **3** *intr.* Pararse, detenerse (s'arrêter).
store [stɔʀ] *m.* **1** Persiana *f.:* ~ ***vénitien,*** persiana veneciana. **2** Toldo (de magasin).
strabisme [stʀabism(ə)] *m.* Estrabismo.
strangulation [stʀɑ̃gylasjɔ̃] *f.* Estrangulación.
stratagème [stʀataʒɛm] *m.* Estratagema *f.*
strate [stʀat] *f.* GÉOL. Estrato *m.*
stratégie [stʀateʒi] *f.* Estrategia.
stratifier [stʀatifje] *tr.* Estratificar. ▲ CONJUG. como ***prier.***
stratosphère [stʀatɔsfɛʀ] *f.* Estratosfera.
stratus [stʀatys] *m.* Estrato (nuage).
strict, stricte [stʀikt(ə)] *adj.* Estricto, ta.
strident, -ente [stʀidɑ̃, -ɑ̃t] *adj.* Estridente.
strie [stʀi] *f.* Estría.
strier [stʀije] *tr.* Estriar. ▲ CONJUG. como ***prier.***
strophe [stʀɔf] *f.* Estrofa.
structure [stʀyktyʀ] *f.* Estructura.
strychnine [stʀiknin] *f.* Estricnina.
stuc [styk] *m.* Estuco.
studieux, -euse [stydjø, -øz] *adj.* Estudioso, sa.
studio [stydjo] *m.* Estudio (d'artiste, cinématographique).
stupéfaction [stypefaksjɔ̃] *f.* Estupefacción.
stupéfiant, -ante [stypefjɑ̃, -ɑ̃t] *adj.* **1** Estupefactivo, va, estupefaciente. ■ **2** *m.* Estupefaciente (narcotique).
stupeur [stypœʀ] *f.* Estupor *m.*
stupidité [stypidite] *f.* Estupidez.
stupre [stypʀ(ə)] *m.* Estupro.
style [stil] *m.* **1** Estilo. **2** BOT. Estilo.
stylet [stilɛ] *m.* Estilete.
styliser [stilize] *tr.* Estilizar.
stylo [stilo] *m.* **1** Estilográfica *f.* **2** ~ ***à bille,*** bolígrafo.
su (au su de) [osyd] *loc. prép.* Con conocimiento de.
suaire [sɥɛʀ] *m.* Sudario.
suant, -ante [sɥɑ̃, -ɑ̃t] *adj.* fam. Aburrido, da (ennuyeux).
suavité [sɥavite] *f.* Suavidad.
subalterne [sybaltɛʀn(ə)] *adj.-s.* Subalterno, na.
subconscient, -ente [sypkɔ̃sjɑ̃, -ɑ̃t] *adj.-m.* Subconsciente.
subdiviser [sydivize] *tr.* Subdividir.
subir [sybiʀ] *tr.* Sufrir, experimentar: ~ ***un changement,*** experimentar un cambio.
subit, -ite [sybi, -it] *adj.* Súbito, ta.
subjectif, -ive [sybʒɛktif, -iv] *adj.* Subjetivo, va.
subjonctif [sybʒɔ̃ktif] *m.* GRAM. Subjuntivo.
subjuguer [sybʒyge] *tr.* Subyugar, sojuzgar.
sublime [syblim] *adj.* Sublime.
submerger [sybmɛʀʒe] *tr.* Sumergir. ▲ CONJUG. como ***engager.***
submersible [sybmɛʀsibl(ə)] *adj.-m.* Sumergible.
subordonné, -ée [sybɔʀdɔne] *adj.-s.* Subordinado, da.
subordonner [sybɔʀdɔne] *tr.* Subordinar.
subornation [sybɔʀnasjɔ̃] *f.* Soborno *m.,* sobornación.
subside [sypsid] *m.* Subsidio.
subsidiaire [sypsidjɛʀ; sybzidjɛʀ] *adj.* Subsidiario, ria.
subsistance [sybzistɑ̃s] *f.* **1** Subsistencia. ■ **2** *pl.* Sustento *m. sing.*
subsister [sybziste] *intr.* Subsistir.
substance [sypstɑ̃s] *f.* **1** Sustancia, substancia. **2** ***En*** ~, en sustancia, en resumen.

substantiel, -elle [sypstɑ̃sjɛl] *adj.* Substancial.
substantif [sypstɑ̃tif] *m.* GRAM. Sustantivo, substantivo.
substituer [sypstitɥe] *tr.* Substituir.
substitut [sypstity] *m.* Substituto.
subterfuge [syptɛʀfyz] *m.* Subterfugio.
subtil, -ile [syptil] *adj.* Sutil.
subtilité [syptilite] *f.* Sutileza.
suburbain, -aine [sybyʀbɛ̃, -ɛn] *adj.* Suburbano, na.
subvenir [sybvəniʀ] *intr.* Subvenir, atender, satisfacer. ▲ CONJUG. como ***tenir.***
subvention [sybvɑ̃sjɔ̃] *f.* Subvención.
subversif, -ive [sybvɛʀsif, -iv] *adj.* Subversivo, va.
suc [syk] *m.* Jugo: ~ ***gastrique,*** jugo gástrico.
succédané [syksedane] *m.* Sucedáneo.
succéder [syksede] *tr.-ind.* **1** ~ ***à,*** suceder a: ***le fils a succédé à son père,*** el hijo ha sucedido a su padre. **2** Suceder a, seguir, reemplazar. ■ **3** *pr.* Sucederse. ▲ CONJUG. como ***accélérer.***
succès [syksɛ] *m.* Éxito: ***un ~ fou,*** un éxito clamoroso, un exitazo: ***avoir du ~,*** tener éxito.
successeur [syksesœʀ] *m.* Sucesor.
successif, -ive [syksesif, -iv] *adj.* Sucesivo, va.
succession [syksesjɔ̃] *f.* **1** Sucesión. **2** DR. Sucesión, herencia.
succinct, -incte [syksɛ̃, -ɛ̃t, syksɛ̃kt, -ɛ̃kt(ə)] *adj.* Sucinto, ta, breve, conciso, sa.
succion [syksjɔ̃] *f.* Succión.
succomber [sykɔ̃be] *intr.* Sucumbir.
succulent, -ente [sykylɑ̃, -ɑ̃t] *adj.* Suculento, *ta.*
succursale [sykyʀsal] *f.* Sucursal.
sucer [syse] *tr.* **1** Chupar (avec les lèvres). **2** Chuparse (un doigt). ▲ CONJUG. como ***lancer.***
suçoter [sysɔte] *tr.* Chupetear.
sucre [sykʀ(ə)] *m.* **1** Azúcar: ~ ***de canne,*** azúcar de caña; ~ ***roux,*** azúcar moreno; ~ ***raffiné,*** azúcar blanco, refinado; ***un morceau de ~, un ~,*** un terrón de azúcar. **2** ~ ***d'orge,*** pirulí, caramelo largo en forma de palito.
sucrer [sykʀe] *tr.* **1** Azucarar, echar azúcar en. ■ **2** *pr.* fam. Ponerse azúcar.
sucrier, -ière [sykʀije, -ijɛʀ] *adj.* **1** Azucarero, ra: ***l'industrie sucrière,*** la industria azucarera. ■ **2** *m.* Azucarero (récipient).
sud [syd] *m.* **1** Sur (point cardinal): ***Afrique du ~,*** África del Sur. ■ **2** *adj. invar.* Sur, meridional.
sudation [sydɑsjɔ̃] *f.* Sudación.
sud-est [sydɛst] *m.* Sudeste.
sud-ouest [sydwɛst] *m.* Sudoeste.
suédois, -oise [sɥedwa, -waz] *adj.-s.* Sueco, ca.
suer [sɥe] *intr.* **1** Sudar (transpirer): ~ ***à grosses gouttes,*** sudar la gota gorda. **2** fam. ***Faire ~,*** fastidiar, jorobar. **3** Rezumar (suinter). ■ **4** *tr.* Sudar. Loc. ~ ***sang et eau,*** sudar tinta china. **5** fig. Rezumar: ~ ***l'ennui,*** rezumar aburrimiento.
sueur [sɥœʀ] *f.* Sudor *m.*
suffire [syfiʀ] *intr.* **1** Bastar, ser suficiente. **2** *interj.* fam. ***Ça suffit!, suffit!,*** ¡basta! ■ **3** *impers.* ***Il suffit de,*** basta con. ■ **4** *pr.* Bastarse (à soi-même). ▲ CONJUG. IRREG. INDIC. Pres.: ***je suffis, tu suffis, il suffit, nous suffisons, vous suffisez, ils suffisent.*** Imperf.: ***je suffisais,*** etc. Pret. indef.: ***je suffis,*** etc. Fut. imperf.: ***je suffirai,*** etc. POT.: ***je suffirais,*** etc. SUBJ. Pres.: ***que je suffise,*** etc. IMPER.: ***suffis, suffisons, suffisez.*** PART. A.: ***suffisant.*** PART. P.: ***suffi.***
suffisant, -ante [syfizɑ̃, -ɑ̃t] *adj.* **1** Suficiente. **2** Presuntuoso, sa, engreído, da (vaniteux).
suffixe [syfiks(ə)] *m.* Sufijo.
suffocant, -ante [syfɔkɑ̃, -ɑ̃t] *adj.* Sofocante.

suffoquer [syfɔke] *tr.* **1** Sofocar. **2** *fig.* Sofocar (stupéfier). ■ **3** *intr.* Ahogarse (étouffer).
suffrage [syfʀaʒ] *m.* Sufragio: ~ ***universel,*** sufragio universal.
suffragette [syfʀaʒɛt] *f.* Sufragista.
suggérer [sygʒeʀe] *tr.* Sugerir: ***je vous suggère d'aller le voir,*** le sugiero que vaya a verle. ▲ CONJUG. como ***accélérer.***
suggestion [sygʒɛstjɔ̃] *f.* Sugestión.
suicide [sɥisid] *m.* Suicidio.
suie [sɥi] *f.* Hollín *m.*
suif [sɥif] *m.* Sebo.
suinter [sɥɛ̃te] *intr.* Rezumar, rezumarse, resudar.
suisse [sɥis] *adj.-s.* **1** Suizo, za. ■ **2** *m.* Pertiguero (d'église). **3** ***Manger, boire en*** ~, comer, beber solo, sin invitar a nadie.
suite [sɥit] *f.* **1** Séquito *m.*, cortejo *m.*, comitiva (escorte). **2** Continuación: ***la*** ~ ***d'un roman,*** la continuación de una novela. Loc. ***Faire*** ~ ***à,*** ser continuación de. **3** Consecuencia, resultado *m.* Loc. ~ ***à votre lettre du...,*** en respuesta a su carta del...; ***donner*** ~ ***à,*** dar curso a, cursar. **4** Serie, sucesión (série). **5** Orden *m.*, ilación. Loc. ***Des mots sans*** ~, palabras incoherentes; ***esprit de*** ~, perseverancia. **6** MUS. Suite. **7** «Suite», apartamento *m.* (dans un hôtel). **8** *loc. adv.* ***De*** ~, sin interrupción,seguido, da; ***et ainsi de*** ~, y así sucesivamente; ***par la*** ~, más tarde, luego; ***tout de*** ~, en seguida. **9** *loc. prép.* ***À la*** ~ ***de,*** después de, a continuación de; ***par*** ~ ***de,*** en consecuencia de, a causa de.
suivant, -ante [sɥivɑ̃, -ɑ̃t] *adj.* **1** Siguiente. ■ **2** *s.* ***Au*** ~***!,*** ¡el siguiente!
suivi, -ie [sɥivi] *adj.* **1** Seguido, da. **2** Ordenado, da, coherente.
suivre [sɥivʀ(ə)] *tr.* **1** Seguir. **2** Perseguir (poursuivre). **3** Acompañar. **4** Imitar, seguir. **5** Seguir, escuchar. **6** Comprender. **7** Seguir (un cours). ■ **8** *intr.* Seguir. **9** ***Faire*** ~, remítase a las nuevas señas (sur l'enveloppe d'une lettre). **10** ***À*** ~, continuará (article de journal). ■ **11** *impers.* ***Il suit de là que,*** de ello se desprende que, esto implica que. ■ **12** *pr.* Seguirse. **13** Sucederse, seguirse (jours, heures). ▲ CONJUG. IRREG. INDIC. Pres.: ***je suis, tu suis, il suit, nous suivons, vous suivez, ils suivent.*** Imperf.: ***je suivais,*** etc. Pret. indef.: ***je suivis,*** etc. Fut. imperf.: ***je suivrai,*** etc. POT.: ***je suivrais,*** etc. SUBJ. Pres.: ***que je suive,*** etc. Imperf.: ***que je suivisse,*** etc. IMPER.: ***suis, suivons, suivez.*** PART. A.: ***suivant.*** PART. P.: ***suivi, suivie.***
sujet [syʒɛ] *m.* **1** Asunto, tema. Loc. ***Au*** ~ ***de...,*** a propósito de... con respecto a. **2** Motivo, causa *f.*: ~ ***de joie,*** motivo de alegría. **3** GRAM., PHILOS. Sujeto. **4** Sujeto, persona *f.*, tipo: ***mauvais*** ~, mala persona. **5** MÉD. Paciente, enfermo.
sujet, -ette [syʒɛ, -ɛt] *adj.* **1** Sujeto, ta, sometido, da, expuesto, ta. ■ **2** *s.* Súbdito, ta (d'un souverain).
sujétion [syʒesjɔ̃] *f.* Sujeción.
sultan [syltɑ̃] *m.* Sultán.
superbe [sypɛʀb(ə)] *adj.* **1** Soberbio, ia, magnífico, ca. ■ **2** *f.* Soberbia, orgullo *m.*
supercherie [sypɛʀʃəʀi] *f.* Superchería.
superficie [sypɛʀfisi] *f.* Superficie.
superficiel, -elle [sypɛʀfisjɛl] *adj.* Superficial.
superflu, -ue [sypɛʀfly] *adj.* **1** Superfluo, ua. ■ **2** *m.* ***Le*** ~, lo superfluo.
supérieur, -eure [sypeʀjœʀ] *adj.* **1** Superior. ■ **2** *s.* Superior, ra.
supériorité [sypeʀjɔʀite] *f.* Superioridad.
superlatif, -ive [sypɛʀlatif, -iv] *adj.* **1** Superlativo, va. ■ **2** *m.* GRAM. Superlativo.
supermarché [sypɛʀmaʀʃe] *m.* Supermercado.

superposer [sypɛʀpoze] *tr.* Superponer, sobreponer.
superstition [sypɛʀstisjɔ̃] *f.* Superstición.
supplanter [syplɑ̃te] *tr.* Suplantar.
suppléant, -ante [sypleɑ̃, -ɑ̃t] *adj.-s.* Suplente, substituto, ta.
suppléer [syplee] *tr.* **1** Suplir, reemplazar. **2** Suplir, substituir. ■ **3** *tr. ind.* ~ **à,** suplir, compensar.
supplémentaire [syplemɑ̃tɛʀ] *adj.* **1** Suplementario, ria. **2** ***Heures supplémentaires,*** horas extraordinarias.
suppliant, -ante [syplijɑ̃, -ɑ̃t] *adj.-s.* Suplicante.
supplice [syplis] *m.* **1** Suplicio. **2** ***Être au*** ~, pasar las de Caín.
supplier [syplije] *tr.* Suplicar. ▲ CONJUG. como ***prier.***
supplique [syplik] *f.* Súplica, memorial *m.*
support [sypɔʀ] *m.* **1** Soporte. **2** fig. Sostén, apoyo.
supporter [sypɔʀte] *tr.* **1** Soportar. **2** Sostener, apoyar.
supposé, -ée [sypoze] *adj.* **1** Supuesto, ta. **2** *loc. conj.* ~ ***que,*** suponiendo que, en el supuesto de que.
supposer [sypoze] *tr.* Suponer: ***supposons que...,*** supongamos que...
supposition [sypozisjɔ̃] *f.* Suposición.
suppositoire [sypozitwaʀ] *m.* Supositorio.
suppôt [sypo] *m.* **1** Agente. **2** Secuaz. Loc. ~ ***de Satan,*** mala persona.
suppression [sypʀesjɔ̃] *f.* Supresión.
supprimer [sypʀime] *tr.* Suprimir.
suprématie [sypʀemasi] *f.* Supremacía.
suprême [sypʀɛm] *adj.* **1** Supremo, ma: ***l'autorité*** ~, la autoridad suprema. **2** Gran, grande, superior: ***une*** ~ ***habileté,*** una gran habilidad. **3** Sumo, ma: ***au*** ~ ***degré,*** en sumo grado.
sur [syʀ] *prép.* **1** Sobre: ~ ***la table,*** sobre la mesa; ***flotter*** ~ ***l'eau,*** flotar sobre el agua. **2** En: ***écrire*** ~ ***un papier,*** escribir en un papel; ***baiser*** ~ ***le front,*** besar en la frente; ~ ***le trottoir,*** en la acera; ***s'asseoir*** ~ ***un banc,*** sentarse en un banco. **3** Sobre, encima de (au-dessus de): ***le chat est*** ~ ***l'armoire,*** el gato está encima del armario. **4** A, hacia (direction): ~ ***votre gauche,*** a su izquierda; ***sortir*** ~ ***le balcon,*** salir al balcón. **5** Por (dispersión, mouvement): ***se répandre*** ~ ***le sol,*** derramarse por el suelo. **6** Sobre: ***essai*** ~ ***...,*** ensayo sobre... **7** Hacia, sobre: ~ ***les cinq heures,*** sobre las cinco. **8** De cada: ***un jour*** ~ ***deux,*** un día de cada dos. **9** De, entre: ***deux ou trois cas*** ~ ***cent,*** dos o tres casos entre cien. **10** Por: ***deux mètres*** ~ ***quatre,*** dos metros por cuatro; ~ ***mon honneur,*** por mi honor. **11** Tras: ***recevoir visite*** ~ ***visite,*** recibir visita tras visita. **12** Bajo: ~ ***parole,*** bajo palabra. **13** ~ ***soi,*** encima: ***je n'ai pas d'argent*** ~ ***moi,*** no llevo dinero encima. **14** *loc. adv.* ~ ***ce,*** ~ ***ces entrefaites,*** en esto.
sur, sure [syʀ] *adj.* Ácido, da, acedo, da.
sûr, sûre [syʀ] *adj.* **1** Seguro, ra. Loc. ***Le plus*** ~ ***est de...,*** lo mejor es...; ***à coup*** ~, con toda seguridad, seguro. **2** *loc. adv.* ***Bien*** ~***!,*** ¡claro!, ¡desde luego! **3** fam. ***Pour*** ~, seguro, de cierto, ciertamente.
suranné, -ée [syʀane] *adj.* Anticuado, da.
surcharger [syʀʃaʀʒe] *tr.* **1** Sobrecargar. **2** Recargar, cargar excesivamente. **3** Agobiar, abrumar (travail). ▲ CONJUG. como ***engager.***
surchauffer [syʀʃofe] *tr.* Calentar demasiado.
surcroît [syʀkʀwa(ɑ)] *m.* **1** Aumento, acrecentamiento. **2** *loc. adv.* ***De*** ~, ***par*** ~, además, por añadidura.
surdité [syʀdte] *f.* Sordera.

surdose [syRdoz] *f.* Sobredosis.
sureau [syRo] *m.* Saúco.
surélever [syRɛlve] *tr.* Sobrealzar, dar mayor altura a. ▲ CONJUG. como *acheter.*
sûrement [syRmɑ̃] *adv.* Seguramente.
surenchérir [syRɑ̃ʃeRiR] *intr.* Sobrepujar.
sûreté [syRte] *f.* **1** Seguridad: *de ~,* de seguridad. Loc. *En ~,* a salvo, en seguridad. **2** *La Sûreté,* la policía de seguridad. **3** DR. Garantía, seguridad.
surexciter [syRɛksite] *tr.* Sobreexcitar.
surface [syRfas] *f.* **1** Superficie. **2** GÉOM. Superficie, área.
surfiler [syRfile] *tr.* Sobrehilar.
surgir [syRʒiR] *intr.* Surgir.
surhumain, -aine [syRymɛ̃, -ɛn] *adj.* Sobrehumano, na.
surintendant [syRɛ̃tɑ̃dɑ̃] *m.* Superintendente.
surlendemain [syRlɑ̃dmɛ̃] *m.* *Le ~,* dos días *pl.* después.
surmenage [syRmənaʒ] *m.* Agotamiento por exceso de trabajo, «surmenaje» (gallic.).
surmener [syRməne] *tr.* Agotar de fatiga. ▲ CONJUG. como *acheter.*
surmonter [syRmɔ̃te] *tr.* **1** Coronar, dominar (être situé au-dessus de). **2** Superar, vencer (une difficulté).
surnager [syRnaʒe] *intr.* **1** Sobrenadar, flotar. **2** fig. Sobrevivir, subsistir. ▲ CONJUG. como *engager.*
surnaturel, -elle [syRnatyRɛl] *adj.* Sobrenatural.
surnom [syRnɔ̃] *m.* Sobrenombre, apodo.
surnommer [syRnɔme] *tr.* Apellidar, apodar.
surnuméraire [syRnymeRɛR] *adj.* Supernumerario, ria.
surpasser [syRpɑse] *tr.* **1** Superar, aventajar. ■ **2** *pr.* Superarse.
surplis [syRpli] *m.* Sobrepelliz *f.*
surplomber [syRplɔ̃be] *intr.* **1** Estar desaplomado, da. ■ **2** *tr.* Estar suspendido, da sobre. **3** Dominar.
surplus [syRply] *m.* **1** Exceso, excedente. **2** *Au ~,* por lo demás.
surprenant, -ante [syRpRənɑ̃, -ɑ̃t] *adj.* Sorprendente.
surprendre [syRpRɑ̃dR(ə)] *tr.* **1** Sorprender. **2** Obtener por sorpresa o engaño. ■ **3** *pr.* Sorprenderse. ▲ CONJUG. como *prendre.*
surprise [syRpRiz] *f.* Sorpresa.
surréalisme [syRrealism(ə)] *m.* Surrealismo.
sursaut [syRso] *m.* **1** Sobresalto, repullo. Loc. *Se réveiller en ~,* despertarse sobresaltado, da. **2** Arranque (d'énergie).
surseoir [syRswaR] *intr.* Suspender, diferir, sobreseer. ▲ CONJUG. IRREG. INDIC. Pres.: ***je sursois, tu sursois, il sursoit, nous sursoyons, vous sursoyez, ils sursoient.*** Imperf.: ***je sursoyais,*** etc. Pret. indef.: ***je sursis,*** etc. Fut. imperf.: ***je surseoirai,*** etc. POT.: ***je surseoirais,*** etc. SUBJ. Pres.: ***que je sursoie,*** etc. Imperf.: ***que je sursisse,*** etc. IMPER.: ***sursois, sursoyons, sursoyez.*** PART. A.: ***sursoyant.*** PART. P.: ***sursis.***
sursis [syRsi] *m.* **1** Plazo, prórroga *f.* **2** MIL. *~ d'incorporation,* prórroga *f.*
surtout [syRtu] *adv.* **1** Sobre todo. **2** Principalmente, especialmente. ■ **3** *m.* Centro de mesa (vaisselle). **4** Sobretodo (pardessus).
surveillant, -ante [syRvɛjɑ̃, -ɑ̃t] *s.* **1** Vigilante, celador, ra. **2** *~ d'études,* jefe de estudios.
surveiller [syRveje] *tr.* Vigilar.
survenir [syRvəniR] *intr.* Sobrevenir. ▲ CONJUG. como *venir.*
survêtement [syRvɛtmɑ̃] *m.* Chándal.
survivant, -ante [syRvivɑ̃, -ɑ̃t] *s.* Superviviente.
survivre [syRvivR(ə)] *intr.* Sobrevivir. ▲ CONJUG. como *vivre.*

survoler [syʀvɔle] *tr.* Volar por encima de.
sus [sy(s)] *adv.* 1 Sobre: ***courir ~ à,*** echarse sobre uno, atacar a alguien. 2 *loc. prép.* ***En ~ de...,*** además de... 3 *interj.* ¡Sas!, ¡a ellos!
susceptible [sysɛptibl(ə)] *adj.* Susceptible.
suscription [syskʀipsjɔ̃] *f.* Sobrescripto *m.*, sobrescrito *m.*
susdit, -dite [sysdi, -dit] *adj.-s.* Susodicho, cha.
suspect, -ecte [syspɛ(kt), -ɛkt(ə)] *adj.-s.* Sospechoso, sa.
suspendre [syspɑ̃dʀ(ə)] *tr.* 1 Suspender, colgar: ***~ à un clou,*** colgar de un clavo. 2 Suspender, interrumpir. 3 Suspender (un journal). ▲ CONJUG. como ***rendre.***
suspendu, -ue [syspɑ̃dy] *adj.* 1 Suspendido, da, colgado, da. 2 AUTO. Suspendido, da. 3 ***Pont ~,*** puente colgante.
suspens (en) [syspɑ̃] *loc. adv.* En suspenso.
suspension [syspɑ̃sjɔ̃] *f.* 1 Suspensión. 2 Lámpara colgante (lustre). 3 ***Points de ~,*** puntos suspensivos.
sustenter (se) [systɑ̃te] *pr.* Sustentarse, alimentarse.
susurrer [sysyʀe] *intr.* Susurrar.
suture [sytyʀ] *f.* ANAT., CHIR. Sutura.
suzerain, -aine [syzʀɛ̃, -ɛn] *s.* 1 Soberano, na. ■ 2 *m.* Señor feudal de quien otros eran vasallos.
sveltesse [svɛltɛs] *f.* Esbeltez.
sybarite [sibaʀit] *s.* Sibarita.
sycomore [sikɔmɔʀ] *m.* Sicómoro.
syllabe [si(l)lab] *f.* Sílaba.
syllogisme [si(l)lɔʒism(ə)] *m.* Silogismo.
sylphide [silfid] *f.* Sílfide.
sylviculture [silvikyltyʀ] *f.* Silvicultura.
symbole [sɛ̃bɔl] *m.* Símbolo.
symboliser [sɛ̃bɔlize] *tr.* Simbolizar.
symbolisme [sɛ̃bɔlism(ə)] *m.* Simbolismo.
symétrie [simetʀi] *f.* Simetría.
sympa [sɛ̃pa] *adj.* fam. Majo, ja.
sympathie [sɛ̃pati] *f.* Simpatía.
sympathiser [sɛ̃patize] *intr.* Simpatizar, congeniar.
symphonie [sɛ̃fɔni] *f.* Sinfonía.
symptomatique [sɛ̃ptɔmatik] *adj.* Sintomático, ca.
synagogue [sinagɔg] *f.* Sinagoga.
synchrone [sɛ̃kʀɔn] *adj.* Sincrónico, ca.
synchroniser [sɛ̃kʀɔnize] *tr.* Sincronizar.
syncope [sɛ̃kɔp] *f.* 1 Síncope *m.*: ***avoir une ~,*** padecer un síncope. 2 MUS. Síncopa.
syndic [sɛ̃dik] *m.* Síndico.
syndical, -ale [sɛ̃dikal] *adj.* Sindical.
syndicat [sɛ̃dika] *m.* 1 Sindicato. 2 ***~ d'initiative,*** oficina *f.* de turismo.
synonyme [sinɔnim] *adj.-m.* Sinónimo, ma.
synoptique [sinɔptik] *adj.* Sinóptico, ca.
syntaxe [sɛ̃taks(ə)] *f.* Sintaxis.
synthèse [sɛ̃tɛz] *f.* Síntesis.
synthétiser [sɛ̃tetize] *tr.* Sintetizar.
syrien, -ienne [siʀjɛ̃, -jɛn] *adj.-s.* Sirio, ria.
systématiser [sistematize] *tr.* Sistematizar.
système [sistɛm] *m.* 1 Sistema. Loc. ***Par ~,*** por sistema, de propósito. 2 fam. ***Taper sur le ~,*** excitar los nervios, poner nervioso, sa.

T

t [te] *m.* T *f.*
tabac [taba] *m.* 1 Tabaco: ***~ à priser,*** tabaco en polvo; ***~ à chiquer,*** tabaco de mascar. Loc. fam. ***C'est toujours le même ~,*** siempre es lo mismo; ***passer quelqu'un à ~,*** doblar a palos, zurrar la badana a alguien. 2 ***Bureau de ~,*** estanco, expendeduría *f.* de tabaco.
tabasser [tabase] *tr.* pop. Zurrar.

tabatière [tabatjɛʀ] *f.* 1 Tabaquera. 2 Tragaluz *m.* (lucarne).
tabernacle [tabɛʀnakl(ə)] *m.* Tabernáculo.
table [tabl(ə)] *f.* 1 Mesa (meuble): ***service de*** ~, servicio de mesa. Loc. ~ ***de nuit,*** mesita de noche; ~ ***roulante,*** carrito *m.*; ***se mettre à*** ~, sentarse a la mesa; ***à*** ~***!,*** ¡a comer!, ¡a la mesa! Loc. fam. ***Se mettre à*** ~, confesar, cantar de plano. Loc. fig. ***Jouer cartes sur*** ~, poner las cartas sobre la mesa. 2 ~ ***ronde,*** mesa redonda. 3 ***La sainte*** ~, el altar. 4 ~ ***des matières,*** índice *m.* 5 Tabla: ~ ***à repasser,*** tabla de planchar. 6 MATH. Tabla: ~ ***de multiplication,*** tabla de multiplicar.
tableau [tablo] *m.* 1 Cuadro (peinture). 2 Escena *f.* 3 fig. Cuadro, descripción *f.* 4 Tablón, tablero: ~ ***d'affichage,*** tablón de anuncios. 5 Lista *f.* (liste): ~ ***d'avancement,*** escalafón. 6 Cuadro, tabla *f.* (historique, chronologique). 7 THÉÂT. Cuadro. 8 ~ ***noir,*** pizarra *f.*, encerado. 9 ~ ***de bord,*** tablero de mandos. 10 ~ ***vivant,*** cuadro viviente, vivo. 11 ~ ***de chasse,*** piezas *f. pl.* cobradas.
tablée [table] *f.* Conjunto *m.* de comensales.
tabler [table] *intr.* ~ ***sur quelque chose,*** basar sus cálculos sobre, contar con algo.
tablier [tablije] *m.* 1 Delantal, mandil. Loc. ***Rendre son*** ~, despedirse. 2 Piso (d'un pont). 3 Tablero (d'échecs, de dames).
tabou [tabu] *m.* 1 Tabú. ■ 2 *adj.* Tabú, prohibido, da.
tabouret [tabuʀɛ] *m.* Taburete.
tac [tak] *m.* 1 Ruido seco, tac. 2 Loc. ***Répondre, riposter du*** ~ ***au*** ~, replicar vivamente, devolver la pelota.
tache [taʃ] *f.* 1 Mancha. Loc. ***Faire*** ~, desentonar, contrastar. 2 fig. Tacha, defecto *m.* 3 ~ ***de rousseur,*** peca.
tâche [tɑʃ] *f.* Tarea, labor, faena. Loc. ***Travailler à la*** ~, trabajar a destajo; ***prendre à*** ~ ***de,*** poner empeño en.
tacher [taʃe] *tr.* 1 Manchar. ■ 2 *pr.* Mancharse.
tâcher [tɑʃe] *intr.* Procurar, tratar de, esforzarse en.
tâcheron [tɑʃʀɔ̃] *m.* Destajista.
tacheter [taʃte] *tr.* Manchar, salpicar, motear. ▲ CONJUG. como ***jeter.***
tacite [tasit] *adj.* Tácito, ta.
taciturne [tasityʀn(ə)] *adj.* Taciturno, na.
tact [takt] *m.* 1 Tacto. 2 fig. Tacto, discreción *f.*: ***manque de*** ~, falta de tacto.
tactile [taktil] *adj.* Táctil.
tactique [taktik] *adj.* 1 Táctico, ca. ■ 2 *f.* Táctica.
taffetas [tafta] *m.* Tafetán.
taie [tɛ] *f.* 1 Funda de almohada. 2 MÉD. Nube (sur l'œil).
taillader [tɑ(a)jade] *tr.* 1 Tajar, cortar. 2 Acuchillar.
taille [tɑj] *f.* 1 Talla, estatura (stature): ***par rang de*** ~, por orden de estatura. Loc. ***Être de*** ~ ***à,*** ser capaz de. 2 Tamaño *m.* (grandeur). 3 Dimensión, extensión (étendue). Loc. fam. ***De*** ~, importante. 4 Talle *m.*, cintura: ~ ***fine, svelte,*** talle esbelto. Loc. ~ ***de guêpe,*** cintura de avispa. 5 ***Sortir en*** ~, salir a cuerpo. 6 Tallado *m.*, talla, labra (d'une pierre). Loc. ***Pierre de*** ~, sillar *m.* 7 Poda, tala (des arbres). 8 Filo *m.*, tajo *m.* (tranchant de l'épée). 9 ancienn. Pecho *m.* (impôt).
taille-crayon [tajkʀɛjɔ̃] *m.* Sacapuntas.
tailler [tɑje] *tr.* 1 Cortar (en donnant une forme determinée). 2 Podar, talar (les arbres). 3 Tallar, labrar (pierre). 4 Afilar, sacar punta a (crayon). ■ 5 *pr.* pop. Largarse, pirárselas. 6 ***Se*** ~ ***un beau succès,*** tener éxito.

tailleur [tajœʀ] *m.* 1 Sastre. 2 Vestido sastre (costume de femme). 3 ~ *de pierres,* cantero.
taillis [taji] *m.* Monte bajo, raña *f.*
tain [tɛ̃] *m.* Azogue, amalgama *f.* para espejos.
taire [tɛʀ] *tr.* 1 Callar. 2 *Faire* ~, mandar callar, acallar. ■ 3 *pr.* Callarse: *tais-toi!,* ¡cállate!; *taisez-vous!,* ¡cállese!, ¡cállense! ▲ CONJUG. como *plaire.*
talc [talk] *m.* Talco.
talent [talɑ̃] *m.* Talento (aptitude, monnaie, poids).
talisman [talismɑ̃] *m.* Talismán.
taloche [talɔʃ] *f.* Pescozón *m.*
talon [talɔ̃] *m.* 1 Talón (du pied, d'un bas). 2 Tacón (d'une chaussure). 3 Canto (d'un pain). 4 Matriz *f.* (d'un carnet).
talonner [talɔne] *tr.* 1 Seguir de cerca, apremiar, acosar, pisar los talones a. 2 fig. Acosar, hostigar. 3 SPORTS. Talonar (frapper du talon).
talonnette [talɔnɛt] *f.* 1 Talonera. 2 Refuerzo *m.* en el bajo de un pantalón.
talus [taly] *m.* Talud, declive.
tamarin [tamaʀɛ̃] *m.* Tamarindo.
tamaris [tamaris] *m.* Tamarisco, taray.
tambour [tɑ̃buʀ] *m.* 1 Tambor. 2 ~ *de basque,* pandero, pandereta *f.* 3 Tambor, bastidor (pour broder). 4 ARCHIT. Tambor. 5 TECHN. Tambor (de frein, machine à laver).
tambouriner [tɑ̃buʀine] *intr.* 1 Repiquetear, golpear, tabalear. ■ 2 *tr.* Tocar con el tambor.
tamis [tami] *m.* Tamiz, cedazo.
tamiser [tamize] *tr.* Tamizar, cerner.
tampon [tɑ̃pɔ̃] *m.* 1 Tapón (bouchon). 2 Taco (cheville). 3 Tampón. 4 Muñeca *f.,* muñequilla *f.* (pour frotter ou imprégner). 5 Tampón, sello (cachet). 6 Matasellos (oblitération). 7 Tope (de wagon, locomotive). Loc. *Coup de* ~, topetazo, topetada *f.* ■ 8 *adj.* *État* ~, Estado tapón.
tamponner [tɑ̃pɔne] *tr.* 1 Taponar (boucher). 2 Sellar (timbrer). 3 Topar, chocar (trains). ■ 4 *pr.* Chocar.
tam-tam [tamtam] *m.* 1 Batintín, gong. 2 Tam-tam, tantán (en Afrique). 3 fam. Publicidad *f.* ruidosa, bombo.
tancer [tɑ̃se] *tr.* Reprender. ▲ CONJUG. como *lancer.*
tandem [tɑ̃dɛm] *m.* Tándem.
tandis que [tɑ̃dik(ə)] *loc. conj.* Mientras, mientras que.
tangent, -ente [tɑ̃ʒɑ̃, -ɑ̃t] *adj.* 1 Tangente. ■ 2 *f.* Tangente. Loc. *Prendre la* ~, salirse por la tangente.
tango [tɑ̃go] *m.* 1 Tango (danse). ■ 2 *adj. invar.* Color anaranjado.
tanière [tanjɛʀ] *f.* Guarida, cubil *m.,* madriguera.
tanin [tanɛ̃] *m.* Tanino.
tank [tɑ̃k] *m.* 1 Tanque, carro de asalto. 2 Depósito, cisterna *f.* (citerne).
tanné, -ée [tane] *adj.* 1 Curtido, da (cuirs). 2 Bronceado, da, tostado, da (visage, etc.).
tanner [tane] *tr.* 1 Curtir (les cuirs). 2 fig. fam. Fastidiar, dar la lata (ennuyer).
tant [tɑ̃] *adv.* 1 Tanto (tellement): *il a ~ plu que...,* ha llovido tanto que... Loc. ~ *bien que mal,* más o menos bien, mal que bien; ~ *et plus,* mucho; ~ *il est vrai,* tan cierto es; ~ *mieux!,* ¡mejor que mejor!; ~ *pis!,* ¡tanto peor!, ¡qué le vamos a hacer!; ~ *pis pour lui!,* ¡peor para él!; ~ *qu'à faire,* puesto que debemos hacerlo; ~ *soit peu,* por poco que sea; ~ *s'en faut,* ni mucho menos. 2 ~ *de,* tanto, ta, tos, tas; ~ *de livres,* tantos libros; ~ *de monde,* tanta gente. 3 ~ *que,* mientras, mientras que: ~ *que je vivrai,* mientras viva. 4 *loc. conj. En* ~ *que,* en calidad de, como; *si* ~ *est que,* suponiendo que. ■ 5 *s.* Tanto: *payer à* ~ *la page,* pagar a

tanto la página. Loc. ~ ***pour cent,*** tanto por ciento; ***un ~ soit peu,*** un poquito.

tante [tɑ̃t] *f.* 1 Tía. 2 fig. pop. ***Ma ~,*** la casa de empeños.

tantôt [tɑ̃to] *adv.* 1 Esta tarde, por la tarde (l'après-midi). 2 Luego, dentro de poco. 3 ***Tantôt... tantôt,*** unas veces... otras veces; ya... ya.

taon [tɑ̃] *m.* Tábano.

tapage [tapaʒ] *m.* Ruido, alboroto, escándalo. Loc. ***Faire du ~,*** alborotar.

tapageur, -euse [tapaʒœʀ, -øz] *adj.* 1 Alborotador, ra, escandaloso, sa. 2 Ostentoso, sa, llamativo, va (voyant).

tape [tap] *f.* Cachete *m.*, sopapo *m.*, palmada.

tapé, -ée [tape] *adj.* fam. Loco, ca, chiflado, da (fou).

taper [tape] *tr.* 1 Pegar, dar un cachete a (frapper). Loc. ~ ***un tapis,*** sacudir una alfombra. 2 Dar: ~ ***plusieurs coups à la porte,*** dar varios golpes a la puerta. 3 Mecanografiar, escribir a máquina (dactylographier). 4 fam. Dar un sablazo, pedir dinero prestado a (emprunter de l'argent). ■ 5 *intr.* Pegar, dar golpes con. Loc. ~ ***du pied,*** dar patadas en el suelo. 6 Escribir a máquina. 7 Pegar: ***le soleil tape dur,*** el sol pega fuerte. 8 fam. ~ ***dans,*** servirse de, coger de (se servir de). ■ 9 *pr.* pop. Tragarse, zamparse (manger, boire).

tapette [tapɛt] *f.* 1 Pala para sacudir alfombras. 2 Pala matamoscas. 3 fam. Lengua (langue).

tapeur, -euse [tapœʀ, -øz] *s.* Sablista *m.* (emprunteur).

tapinois (en) [ɑ̃tapinwa] *loc. adv.* Callandito, a la chita callando, a escondidas.

tapir (se) [tapiʀ] *pr.* Agazaparse, esconderse.

tapis [tapi] *m.* 1 Alfombra *f.* (sur le sol, de fleurs, etc.). 2 Estera *f.*, suelo: ~ ***de sparterie,*** estera de espartería. Loc. ***Tapis-brosse,*** felpudo, limpiabarros. 3 Tapete (de table). 4 ***Tapis-roulant,*** transportador de cinta.

tapisser [tapise] *tr.* 1 Tapizar, entapizar. 2 Empapelar (mettre du papier sur les murs). 3 Cubrir, revestir (recouvrir).

tapisserie [tapisʀi] *f.* 1 Tapiz *m.* (pour parer les murs). 2 Tapicería (art).

tapoter [tapɔte] *tr.* 1 Dar golpecitos. 2 Aporrear (le piano).

taquet [takɛ] *m.* 1 Taco, cuña *f.* 2 Pestillo, aldabilla *f.* (loquet).

taquiner [takine] *tr.* 1 Hacer rabiar, incordiar, contrariar. 2 fig. Inquietar, preocupar. 3 Loc. fam. ~ ***le goujon,*** pescar con caña.

taquinerie [takinʀi] *f.* 1 Broma, guasa (action, parole). 2 Incordio *m.* (caractère).

tarabuster [taʀabyste] *tr.* fam. Molestar, importunar.

tard [taʀ] *adv.* 1 Tarde: ***se lever ~,*** levantarse tarde; ***tôt ou ~,*** tarde o temprano. Loc. ***Au plus ~,*** lo más tarde, a más tardar. ■ 2 *m.* ***Sur le ~,*** en el ocaso de la vida.

tarder [taʀde] *intr.* 1 Tardar. ■ 2 *impers.* ***Il me tarde de,*** estoy impaciente por, estoy deseando de.

tardif, -ive [taʀdif, -iv] *adj.* Tardío, -ía.

tare [taʀ] *f.* 1 COMM. Tara. 2 fig. Defecto *m.*, vicio *m.*

tarentule [taʀɑ̃tyl] *f.* Tarántula.

tarer [taʀe] *tr.* COMM. Destarar.

targette [taʀʒɛt] *f.* Pestillo *m.*, pasador *m.*

targuer (se) [taʀge] *pr.* Jactarse, pavonearse.

tarière [taʀjɛʀ] *f.* 1 Taladro *m.* 2 ZOOL. Oviscapto *m.*

tarif [taʀif] *m.* Tarifa *f.*

tarir [taʀiʀ] *tr.* 1 Secar, agotar (assécher, épuiser). ■ 2 *intr.* Secarse, agotarse. ■ 3 *pr.* Agotarse. 4 ***Ne pas ~,*** no cesar de hablar.

tarots [taro] *m. pl.* Naipes de una baraja de setenta y ocho, con figuras distintas de las de los naipes ordinarios.

tarte [taʀt(ə)] *f.* **1** Tarta (pâtisserie). **2** pop. Tortazo *m.*, torta (gifle). ■ **3** *adj.* fam. Tonto, ta, memo, ma.

tartine [taʀtin] *f.* **1** Rebanada de pan con mantequilla, miel, etc. **2** fam. Rollo *m.*, escrito *m.*, discurso *m.* largo y pesado.

tartre [taʀtʀ(ə)] *m.* **1** Tártaro (dépôt que laisse le vin). **2** Sarro (des dents). **3** Sedimento, incrustación *f.* (des chaudières, bouilloires).

tartufe, tartuffe [taʀtyf] *m.* Hipócrita, falso, farsante.

tartuferie, tartufferie [taʀtyfʀi] *f.* Hipocresía, gazmoñería.

tas [tɑ] *m.* **1** Montón, pila *f.* **2** ***Un ~ de,*** la mar *f.*, un montón de (grand nombre). **3** ***Des ~ de...,*** mucho, cha: ***des ~ de gens,*** mucha gente. **4** fam. Pandilla *f.*, banda *f.* **5** Loc. ***Sur le ~,*** en el lugar de trabajo. **6** ***Grève sur le ~,*** huelga de brazos caídos.

tasse [tɑs] *f.* **1** Taza. **2** fam. ***Boire une ~, la ~,*** tragar agua (en se baignant).

tasser [tɑse] *tr.* **1** Comprimir, apretar (bourrer). **2** Apretujar, apiñar (des personnes). **3** fam. ***Bien tassé,*** bien cargado, da, bien servido, da. ■ **4** *pr.* Hundirse (s'affaisser). **5** Achaparrarse (personnes). **6** fam. Arreglarse, solucionarse (s'arranger).

tâter [tɑte] *tr.* **1** Tentar, palpar, tocar. Loc. ***~ le pouls,*** tomar el pulso. **2** Tantear, sondear (sonder). **3** ***~ de,*** probar. **4** pop. ***Y ~,*** ser conocedor de. ■ **5** *pr.* Reflexionar, pensarlo bien.

tâtonner [tɑtɔne] *intr.* **1** Buscar, andar a tientas. **2** fig. Proceder con vacilación, titubear.

tâtons (à) [atɑtɔ̃] *loc. adv.* A tientas, a ciegas.

tatou [tatu] *m.* Armadillo, tatú.

tatouage [tatwaʒ] *m.* Tatuaje.

taudis [todi] *m.* Cuchitril, tugurio.

taupe [top] *f.* Topo *m.*

taupinière [topinjɛʀ] *f.* **1** Topera, topinera. **2** Montículo *m.*

taureau [tɔʀo] *m.* **1** Toro: ~ ***de combat,*** toro de lidia. **2** Tauro (constellation).

taurillon [tɔʀijɔ̃] *m.* Novillo.

tauromachie [tɔʀɔmaʃi] *f.* Tauromaquia.

taux [to] *m.* **1** Nivel, precio (prix). Loc. ***~ de change,*** cambio. **2** Porcentaje, proporción *f.* **3** Índice, coeficiente, tasa *f.* (de natalité, d'augmentation).

tavelure [tavlyʀ] *f.* Mancha.

taxe [taks(ə)] *f.* **1** Tasa, tarifa. **2** Impuesto *m.*, contribución.

taxer [takse] *tr.* **1** Tasar (les prix). **2** Gravar, poner un impuesto a. **3** ***~ quelqu'un de,*** tachar, acusar a alguien de.

taxi [taksi] *m.* **1** Taxi. **2** ***Chauffeur de ~,*** taxista.

taximètre [taksimɛtʀ(ə)] *m.* Taxímetro.

tchèque [tʃɛk] *m.* **1** Checo (langue). ■ **2** *adj.-s.* Checo, ca.

te [t(ə)] *pron. pers.* Te.

té [te] *m.* Regla *f.* en forma de escuadra.

technicien, -ienne [tɛknisjɛ̃, -jɛn] *s.* **1** Técnico *m.* **2** Especialista.

technique [tɛknik] *adj.-f.* Técnico, ca.

technocrate [tɛknɔkʀat] *m.* Tecnócrata.

teck, tek [tɛk] *m.* Teca *f.*

tégument [tegymɑ̃] *m.* Tegumento.

teigne [tɛɲ] *f.* **1** Polilla, mariposilla. **2** MÉD. Tiña.

teigneux, -euse [tɛɲœ, -øz] *adj.* Tiñoso, sa.

teindre [tɛ̃dʀ(ə)] *tr.* **1** Teñir. ■ **2** *pr.* Teñirse: ***elle se teint les cheveux en blond,*** se tiñe el pelo de rubio. ▲ CONJUG. como ***craindre.***

teinte [tɛ̃t] *f.* 1 Tinte *m.*, color *m.* 2 fig. Matiz *m.*, tono *m.*, un poco *m.*: ***une ~ d'ironie,*** un poco de ironía.
teinture [tɛ̃tyʀ] *f.* Tintura, tinte *m.*
teinturerie [tɛ̃tyʀʀi] *f.* 1 Tintorería. 2 Tinte *m.*
tel, telle [tɛl] *adj. indéf.* 1 Tal, semejante: ***une telle attitude est inadmissible,*** tal actitud es inadmisible. Loc. ***~ père, ~ fils,*** de tal palo, tal astilla. 2 Tal, tan grande: ***je ne peux faire face à de telles dépenses,*** no puedo asumir tales gastos. 3 ***~ que,*** tal como, tal cual. 4 ***~ quel,*** tal cual. 5 Tal: ***~ jour, à telle heure,*** tal día, a tal hora. ■ 6 *pron.* Alguien, quien. 7 ***Rien de ~,*** nada como. 8 ***Un ~, une telle,*** fulano, fulana.
téléachat [teleaʃa] *m.* Telecompra *f.*
télécabine [telekabin] *f.* Telecabina.
télécarte [telekaʀt] *f.* Tarjeta telefónica.
télécopie [telekɔpi] *f.* Fax *m.*
télécopier [telekɔpje] *tr.* Enviar por fax.
téléfilm [telefilm] *m.* Telefilm.
télégramme [telegʀam] *m.* Telegrama.
télégraphe [telegʀaf] *m.* Telégrafo.
télégraphie [telegʀafi] *f.* Telegrafía.
télégraphiste [telegʀafist(ə)] *s.* Telegrafista.
télépathie [telepati] *f.* Telepatía.
téléphérique [telefeʀik] *m.* Teleférico.
téléphone [telefɔn] *m.* Teléfono: ***appeler au ~,*** llamar por teléfono. Loc. ***Coup de ~,*** llamada telefónica, telefonazo.
téléphoner [telefɔne] *intr.-tr.* Telefonear.
télescope [telɛskɔp] *m.* Telescopio.
télescoper [telɛskɔpe] *tr.* Chocar de frente.
télésiège [telesjɛʒ] *m.* Telesilla.
téléski [teleski] *m.* Telesquí.
téléspectateur, -trice [telespektatœʀ, -tʀis] *s.* Telespectador, ra, televidente.
télévisé, -ée [televize] *adj.* Televisado, da.
téléviser [televize] *tr.* Televisar.
téléviseur [televizœʀ] *m.* Televisor (poste de télévision).
télévision [televizjɔ̃] *f.* Televisión.
tellement [tɛlmɑ̃] *adv.* 1 Tan (devant un adj.): ***je suis ~ fatigué que je n'ai pas envie de sortir,*** estoy tan cansado que no tengo ganas de salir. Loc. ***~ que,*** de tal modo... que; ***pas ~,*** no mucho. 2 Tanto, ta (tant): ***j'ai ~ de soucis,*** tengo tantos problemas.
téméraire [temeʀɛʀ] *adj.* Temerario, ria.
témérité [temeʀite] *f.* Temeridad.
témoigner [temwaɲe] *tr.* 1 Testimoniar, atestiguar. 2 Demostrar, manifestar. ■ 3 *intr.* Declarar como testigo: ***~ pour, contre,*** declarar a favor, en contra.
témoin [temwɛ̃] *m.* 1 Testigo: ***prendre à ~,*** tomar por testigo; ***~ à charge,*** testigo de cargo. 2 Padrino, madrina *f.* (dans un mariage). 3 Testigo (dans une course de relais). 4 Prueba *f.*, testimonio (preuve).
tempe [tɑ̃p] *f.* Sien: ***les tempes,*** las sienes.
tempérament [tɑ̃peʀamɑ̃] *m.* 1 Temperamento. 2 MUS. Temperamento. 3 ***Vente à ~,*** venta a plazos.
tempérance [tɑ̃peʀɑ̃s] *f.* Templanza.
tempérant, -ante [tɑ̃peʀɑ̃, -ɑ̃t] *adj.* 1 Temperante. 2 Moderado, da, mesurado, da.
température [tɑ̃peʀatyʀ] *f.* Temperatura.
tempérer [tɑ̃peʀe] *tr.* Templar, temperar, moderar. ▲ CONJUG. como ***accélérer.***
tempête [tɑ̃pɛt] *f.* 1 Tempestad, temporal *m.* (en mer), tormenta (sur terre). 2 fig. Torrente *m.* (d'injures). 3 fig. Tempestad (d'applaudissements).

tempétueux, -euse [tɑ̃petyø, -øz] *adj.* Tempestuoso, sa.
temple [tɑ̃pl(ə)] *m.* **1** Templo. **2** Temple (ordre du temple).
temporaire [tɑ̃pɔʀɛʀ] *adj.* Temporal, temporario, ria.
temporel, -elle [tɑ̃pɔʀɛl] *adj.* Temporal.
temporiser [tɑ̃pɔʀize] *intr.* Diferir algo en espera de mejor ocasión.
temps [tɑ̃] *m.* **1** Tiempo (durée). Loc. ***Avoir le ~ de,*** tener tiempo para; ***avoir fait son ~,*** estar fuera de uso (une chose), haber cumplido el tiempo de su servicio (un soldat). **2** Tiempo (atmosphère); ***beau ~,*** buen tiempo. Loc. ***Gros ~,*** temporal. **3** Tiempo, época *f.* Loc. ***Depuis ce ~-là,*** desde entonces; ***être de son ~,*** ser de su época, de su tiempo. **4** GRAM., MUS., SPORTS Tiempo. **5** *loc. adv.* ***À ~,*** a tiempo, con tiempo; ***à plein ~,*** con plena dedicación; ***à mi- ~,*** media jornada; ***au ~ jadis, dans le ~,*** antiguamente, antaño; ***de ~ en ~, de ~ à autres,*** de cuando en cuando; ***de tout ~,*** de siempre, de toda la vida; ***en même ~,*** al mismo tiempo; ***en tout ~,*** siempre; ***entre-temps,*** entre tanto; ***la plupart du ~,*** la mayoría de las veces; fam. ***en deux ~, trois mouvements,*** en un dos por tres. **6** *loc. conj.* ***Depuis le ~ que, voilà beau ~ que,*** hace mucho tiempo que; ***du ~ que,*** cuando.
tenable [t(ə)nabl(ə)] *adj.* Sostenible, defendible.
ténacité [tenasite] *f.* **1** Tenacidad. **2** fig. Testarudez.
tenaille, tenailles [t(ə)nɑj] *f.-f. pl.* Tenazas *pl.*
tenailler [tənɑje] *tr.* Atormentar, hacer sufrir.
tenancier, -ière [tənɑ̃sje, -jɛʀ] *s.* Gerente, encargado, da (d'un hôtel, d'une maison de jeu).
tenant, -ante [tənɑ̃, -ɑ̃t] *adj.* ***Séance tenante,*** en el acto.
tendance [tɑ̃dɑ̃s] *f.* Tendencia.
tendancieux, -euse [tɑ̃dɑ̃sjø, -øz] *adj.* Tendencioso, sa.
tendeur [tɑ̃dœʀ] *m.* Tensor.
tendon [tɑ̃dɔ̃] *m.* Tendón.
tendre [tɑ̃dʀ(ə)] *adj.* **1** Tierno, na, blando, da. **2** Tierno, na, sensible: ***cœur ~,*** corazón sensible. **3** Suave, delicado, da (couleur).
tendre [tɑ̃dʀ(ə)] *tr.* **1** Tender. **2** Estirar, atirantar, tensar. **3** Armar (arc, piège). **4** Alargar: ***~ le bras,*** alargar el brazo. **5** Tapizar, empapelar (un mur). ■ **6** *tr. ind.* ***~ à, vers,*** tender a, encaminarse a. ■ **7** *pr.* Tensarse (rapports, liens). ▲ CONJUG. como ***rendre.***
tendresse [tɑ̃dʀɛs] *f.* **1** Ternura, cariño *m.* ■ **2** *pl.* Caricias, manifestaciones de afecto.
tendron [tɑ̃dʀɔ̃] *m.* **1** Ternecilla *f.*, cartílago. **2** fam. Jovencita *f.*, pollita *f.* (jeune fille).
tendu, -ue [tɑ̃dy] *adj.* **1** Tenso, sa, tirante: ***corde tendue,*** cuerda tensa. **2** Tenso, sa, tirante, difícil (qui menace de se rompre): ***situation tendue,*** situación tensa.
ténèbres [tenɛbʀ(ə)] *f. pl.* Tinieblas.
teneur [tənœʀ] *f.* **1** Contenido *m.*, texto *m.* (d'un écrit). **2** Proporción, cantidad.
ténia, tænia [tenja] *m.* Tenia *f.*, solitaria *f.*
tenir [t(ə)niʀ] *tr.* **1** Tener, tener cogido, da (dans les bras, par la main). **2** Sujetar, aguantar (retenir). **3** Mantener: ***il tint les yeux fermés,*** mantuvo los ojos cerrados. **4** Coger (s'emparer de). **5** fam. Agarrar. **6** ***~ le vin,*** aguantar mucho bebiendo. **7** Ocupar, coger (de la place). **8** Contener: ***cette bouteille tient un litre,*** esta botella contiene un litro. **9** Llevar, estar encargado, da de (diriger, gérer). **10** ***~ un rôle,*** desempeñar un papel. **11** ***~ des propos agréables,*** decir cosas agradables. **12** Saber: ***je le tiens de mon frère,*** lo sé por mi hermano. **13** ***~ pour,*** conside-

rar como, creer. **14** Cumplir: ~ ***sa parole,*** cumplir (con) su palabra. **15** Tener, celebrar (une réunion). **16** ***Tiens!, tenez!,*** ¡hombre!, ¡vaya! ■ **17** *intr.* Estar unido, da, sujeto, ta: ***la branche tient encore à l'arbre,*** la rama está todavía unida al árbol. **18** Resistir, aguantar (résister). **19** Caber (dans un espace): ***on tient à dix à cette table,*** caben diez personas en esta mesa. **20** ~ ***à,*** querer (vouloir absolument): ***j'ai tenu à les inviter,*** he querido invitarlos. Loc. ***Ne ~ à rien,*** no importarle a uno nada. **21** ~ ***à,*** provenir, deberse a (résulter). **22** ~ ***de,*** tener algo de, parecerse: ***il tenait de son père,*** tenía algo de su padre. ■ **23** *impers.* ***Il ne tient qu'à moi,*** sólo depende de mí. Loc. ***Qu'à cela ne tienne,*** que no quede por eso. ■ **24** *pr.* Agarrarse, cogerse: ***tenez-vous à la main courante,*** agárrese al pasamanos. **25** Quedarse, permanecer: ***se ~ debout,*** quedarse de pie; ***tiens-toi droit!,*** ¡ponte derecho! **26** Estar (être quelque part). **27** Comportarse, portarse: ***il sait se ~ en société,*** sabe comportarse en sociedad. **28** Estarse (être et rester): ***se ~ tranquille,*** estarse tranquilo. **29** ***Ne pouvoir se ~ de,*** no poder aguantarse de. **30** ***Savoir à quoi s'en ~,*** saber a qué atenerse. **31** Estar íntimamente relacionado, da (choses): ***dans cette affaire, tout se tient,*** en este asunto todo está íntimamente relacionado. ▲ CONJUG. como ***venir.***

tennis [tenis] *m.* **1** Tenis. **2** ~ ***de table,*** ping-pong. **3** ***Court de ~,*** pista *f.* de tenis.

tenon [tənɔ̃] *m.* TECHN. Espiga *f.*

ténor [tenɔʀ] *adj.-s.* MUS. Tenor.

tension [tɑ̃sjɔ̃] *f.* **1** Tensión. **2** fig. Tensión, tirantez. **3** ~ ***d'esprit,*** esfuerzo *m.* mental, concentración.

tentacule [tɑ̃takyl] *m.* Tentáculo.

tentant, -ante [tɑ̃tɑ̃, -ɑ̃t] *adj.* Tentador, ra.

tentateur, -trice [tɑ̃tatœʀ, -tʀis] *adj.-s.* Tentador, ra.

tentative [tɑ̃tativ] *f.* Tentativa.

tente [tɑ̃t] *f.* **1** Tienda de campaña (de camping). **2** Toldo *m.* (de cirque).

tenter [tɑ̃te] *tr.* **1** Intentar (essayer). **2** Tentar (séduire). **3** ~ ***de,*** tratar de, intentar, procurar.

tenture [tɑ̃tyʀ] *f.* **1** Colgadura (d'étoffe, de tapisserie). **2** Papel *m.* pintado.

tenu, -ue [t(ə)ny] *adj.* **1** ***Être ~ à,*** estar obligado, da a. **2** ***Bien ~,*** bien cuidado, da, bien atendido, da. **3** ***Mal ~,*** descuidado, da.

ténu, -ue [teny] *adj.* Tenue.

tenue [t(ə)ny] *f.* **1** Modales *m. pl.*, porte *m.*, compostura (comportement): ***manquer de ~,*** no tener buenos modales. **2** Aspecto *m.*, porte *m.*, manera de vestirse. **3** Traje *m.* (civil), uniforme *m.* (militaire). Loc. ***En ~,*** de uniforme; ***grande ~,*** uniforme de gala; ~ ***de soirée,*** traje de etiqueta; fam. ***être en petite ~,*** ir en paños menores. **4** Cuidado *m.*, orden *m.*, mantenimiento *m.* (d'une maison, etc.). **5** ~ ***de route,*** adherencia a la carretera.

tercet [tɛʀsɛ] *m.* Terceto (vers).

térébenthine [teʀebɑ̃tin] *f.* Trementina.

tergiverser [tɛʀʒivɛʀse] *intr.* Andar con rodeos, buscar subterfugios, vacilar.

terme [tɛʀm(ə)] *m.* **1** Término, plazo (délai): ***à court ~,*** a corto plazo. Loc. ***Vente à ~,*** venta a plazos; ***accoucher à ~,*** parir a los nueve meses. **2** Alquiler (loyer). **3** Término, fin. **4** Término, vocablo, palabra *f.* (mot). ■ **5** *pl.* Términos (d'un contrat).

terminaison [tɛʀminɛzɔ̃] *f.* Terminación.

terminal, -ale [tɛʀminal] *adj.* 1 Terminal. 2 ***Les classes terminales,*** el último curso del bachillerato. ■ 3 *m.* angl. Terminal *f.* (aérogare). 4 INFORM. Terminal.

terminer [tɛʀmine] *tr.* 1 Terminar, acabar. ■ 2 *pr.* Terminarse, acabarse.

terminologie [tɛʀminɔlɔʒi] *f.* Terminología.

terminus [tɛʀminys] *m.* Término, final de línea.

termite [tɛʀmit] *f.* Termes, comején.

terne [tɛʀn(ə)] *adj.* 1 Apagado, da, sin brillo. 2 fig. Aburrido, da (fade).

ternir [tɛʀniʀ] *tr.* 1 Empañar. 2 fig. Empañar (l'honneur, la réputation).

terrain [tɛʀɛ̃] *m.* 1 Terreno: ***un ~ fertile,*** un terreno fértil. Loc. ***~ vague,*** solar. 2 ***Voiture tout ~,*** coche todo terreno. 3 Terreno (zone): ***sur le ~,*** sobre el mismo terreno. Loc. ***Gagner du ~,*** avanzar; ***être sur son ~,*** estar en su elemento; ***préparer, sonder, tâter le ~,*** preparar, sondear, tantear el terreno. 4 Campo (de sport, d'aviation).

terrasse [tɛʀas] *f.* 1 Terraza, bancal (levée de terre). 2 Azotea (d'une maison). 3 Terraza (d'un café).

terrassement [tɛʀasmɑ̃] *m.* 1 Excavación y transporte de tierras. 2 Desmonte, nivelación *f.* (d'un terrain).

terrassier [tɛʀasje] *m.* Peón zapador.

terre [tɛʀ] *f.* 1 Tierra, suelo *m.*: ***à ~, par ~,*** en el suelo, al suelo, por tierra; ***jeter par ~,*** tirar al suelo. 2 Tierra, mundo *m.*: ***la ~,*** la tierra; ***Terre sainte,*** Tierra Santa. Loc. ***Être sur ~,*** vivir; ***quitter la ~,*** morir. 3 Barro *m.*: ***~ cuite,*** barro cocido. Loc. ***Une ~ cuite,*** una terracota. 4 TECHN. Tierra: ***~ de Sienne, ~ d'ombre,*** tierra de Siena.

terreau [tɛʀo] *m.* Mantillo.

terre-neuve [tɛʀnœv] *m. invar.* Perro de Terranova.

terre-plein [tɛʀplɛ̃] *m.* Terraplén.

terrer (se) [tɛʀe] *pr.* 1 Meterse en una madriguera (un animal). 2 Esconderse (une personne).

terrestre [tɛʀɛstʀ(ə)] *adj.* 1 Terrestre. 2 Terrenal (opposé à céleste).

terreur [tɛʀœʀ] *f.* Terror *m.*

terreux, -euse [tɛʀø, -øz] *adj.* Terroso, sa.

terrible [tɛʀibl(ə)] *adj.* Terrible.

terrien, -ienne [tɛʀjɛ̃, -jɛn] *adj.* 1 Rural (qui possède des terres). Loc. ***Propriétaire ~,*** terrateniente. ■ 2 *s.* Terrícola.

terrier [tɛʀje] *m.* 1 Madriguera *f.* 2 Variedad *f.* de perro: ***fox-terrier,*** foxterrier.

terrifier [tɛ(ʀ)ʀifje] *tr.* Aterrar, aterrorizar. ▲ CONJUG. como ***prier.***

terrine [tɛʀin] *f.* 1 Lebrillo *m.*, cuenco *m.* 2 Cacerola de barro.

territoire [tɛʀitwaʀ] *m.* Territorio.

territorial, -ale [tɛʀitɔʀjal] *adj.* Territorial.

terroir [tɛʀwaʀ] *m.* Terruño, patria *f.* chica.

terroriser [tɛʀɔʀize] *tr.* 1 Aterrorizar. 2 Someter a un régimen de terror.

terrorisme [tɛʀɔʀism(ə)] *m.* Terrorismo.

tertiaire [tɛʀsjɛʀ] *adj.* Terciario, ia.

tertre [tɛʀtʀ(ə)] *m.* Montículo, cerro.

tes [te] *adj. poss. pl.* Tus.

tesson [tesɔ̃] *m.* Tiesto, casco.

test [tɛst] *m.* Test, prueba *f.*

testament [tɛstamɑ̃] *m.* Testamento.

testateur, -trice [tɛstatœʀ, -tʀis] *s.* Testador, ra.

tétanos [tetanos] *m.* Tétanos.

têtard [tɛtaʀ] *m.* Renacuajo.

tête [tɛt] *f.* 1 Cabeza: ***animal sans ~,*** animal sin cabeza; ***mal de ~,*** dolor de cabeza; ***~ de linotte, ~ d'oiseau,*** cabeza de chorlito. 2 Cara, faz, rostro *m.* (visage): ***une ~ sympathique,*** una cara simpática;

faire une ~ *de six pieds de long,* poner cara larga. Loc. *Faire la* ~, poner mala cara, estar de morros; *tenir* ~ *à,* plantar cara a. **3** Cabeza (partie supérieure d'une chose, partie antérieure): ~ *d'ail, d'épingle,* cabeza de ajo, de alfiler; *wagon de* ~, vagón de cabeza. Loc. ~ *d'affiche,* cabecera del reparto; ~ *de ligne,* origen *m.* de línea; ~ *de chapitre,* encabezamiento *m.* de un capítulo. **4** *Être à la* ~ *de,* estar al frente de. Loc. *La* ~ *d'une classe,* los mejores alumnos. **5** SPORTS *Faire une* ~, dar un cabezazo.

tête-à-tête [tɛtatɛt] *loc. adv.* **1** Solos. ■ **2** *m. invar.* Entrevista *f.*, conversación *f.* a solas.

tête-bêche [tɛtbɛʃ] *loc. adv.* Pies contra cabeza.

tête-de-loup [tɛtdəlu] *f.* Deshollinadera, deshollinador *m.*

téter [tete] *tr.* Mamar. ▲ CONJUG. como *jeter.*

tétine [tetin] *f.* **1** Teta, mama (mamelle). **2** Tetina (d'un biberon).

téton [tetɔ̃] *m.* fam. Teta *f.*, pecho.

têtu, -ue [tety] *adj.* Testarudo, da, terco, ca.

texte [tɛkst(ə)] *m.* Texto.

textile [tɛkstil] *adj.-m.* Textil.

textuel, -elle [tɛkstɥɛl] *adj.* Textual.

texture [tɛkstyʀ] *f.* Textura.

TGV [teʒeve] (*abrév.* train à grande vitesse) *m.* Tren francés de alta velocidad.

thé [te] *m.* Té (arbuste et boisson).

théâtre [teɑtʀ(ə)] *m.* **1** Teatro. Loc. *Pièce de* ~, obra teatral, de teatro; *faire du* ~, trabajar en el teatro. **2** *coup de* ~, sorpresa *f.*, hecho imprevisto.

théière [tejɛʀ] *f.* Tetera.

thème [tɛm] *m.* **1** Tema (sujet). **2** Traducción *f.* inversa. Loc. fam. *Un fort en* ~, un empollón (étudiant). **3** MUS. Tema.

théologie [teɔlɔzi] *f.* Teología.

théorème [teɔʀɛm] *m.* Teorema.

théoricien, -ienne [teɔʀisjɛ̃, -jɛn] *s.* Teórico, ca.

théorie [teɔʀi] *f.* Teoría.

théorique [teɔʀik] *adj.* Teórico, ca.

thérapeutique [teʀapøtik] *adj.* **1** Terapéutico, ca. ■ **2** *f.* Terapéutica.

thermes [tɛʀm(ə)] *m. pl.* Termas *f.*

thermique [tɛʀmik] *adj.* Térmico, ca.

thermomètre [tɛʀmɔmɛtʀ(ə)] *m.* Termómetro.

thésauriser [tezɔʀize] *intr.* Atesorar dinero.

thèse [tɛz] *f.* Tesis.

thon [tɔ̃] *m.* Atún.

thoracique [tɔʀasik] *adj.* Torácico, ca: *cage* ~, cavidad torácica.

thorax [tɔʀaks] *m.* Tórax.

thuya [tyja] *m.* Tuya *f.*

thym [tɛ̃] *m.* Tomillo.

thyroïde [tiʀɔid] *adj.* **1** Tiroideo, a. ■ **2** *f.* Tiroides *m.*

tiare [tjaʀ] *f.* Tiara.

tic [tik] *m.* **1** Tic (geste automatique). **2** fig. Tic, manía *f.*

ticket [tikɛ] *m.* Billete (d'autobus, chemin de fer).

ticket-restaurant [tikeʀɛstɔʀɑ̃] *m.* Tíquet restaurante.

tiède [tjɛd] *adj.* Tibio, ia.

tiédeur [tjedœʀ] *f.* Tibieza.

tiédir [tjediʀ] *intr.* **1** Entibiarse. ■ **2** *tr.* Entibiar.

tien, tienne [tjɛ̃, tjɛn] *adj.-pron. poss.* **1** Tuyo, ya: *un ami* ~, un amigo tuyo; *le* ~, *la tienne,* el tuyo, la tuya. ■ **2** *m. pl. Les tiens,* los tuyos (parents, amis, partisans).

tiers, tierce [tjɛʀ, tjɛʀs(ə)] *adj.* **1** Tercer, ra. Loc. *Une tierce personne,* una tercera persona. **2** ~ *monde,* tercer mundo. ■ **3** *m.* Tercero, tercera *f.* persona (personne étrangère). **4** Tercio, tercera *f.* parte: *les deux* ~, las dos terceras partes.

tige [tiʒ] *f.* **1** Tallo *m.* (d'une plante). **2** Caña (d'une botte, d'une colonne). **3** Caña: *une* ~ *de bambou,* una caña de bambú. **4** Barra, varilla. **5** MÉC. Vástago *m.*

tignasse [tiɲas] *f.* Greña, pelambrera.

tigre, tigresse [tigʀ(ə), tigʀɛs] *s.* **1** Tigre. ■ **2** *f.* fig. Mujer muy celosa, fiera.

tilleul [tijœl] *m.* **1** Tilo, tila *f.* (arbre). **2** Tila *f.* (fleur, infusion).

timbale [tɛ̃bal] *f.* **1** MÚS. Timbal *m.* **2** Molde *m.* de cocina (moule). **3** CUIS. Timbal *m.* **4** Cubilete *m.* vaso *m.* metálico (pour boire). Loc. fam. ***Décrocher la ~,*** ganar el premio, llevarse la palma.

timbre [tɛ̃bʀ(ə)] *m.* **1** Timbre, campanilla *f.* (sonnerie). **2** Timbre, sonido (sonorité). **3** Sello (timbre-poste). **4** Timbre (fiscal). **5** Sello (cachet). **6** Sello, tampón (instrument qui sert à apposer des marques).

timbrer [tɛ̃bʀe] *tr.* Timbrar, sellar.

timidité [timidite] *f.* Timidez.

timon [timɔ̃] *m.* **1** Lanza *f.*, pértigo (d'une voiture). **2** MAR. Caña *f.* del timón. **3** fig. Timón, dirección *f.*

timonier [timɔnje] *m.* Timonel.

timoré, -ée [timɔʀe] *adj.* Timorato, ta, indeciso, sa.

tintamarre [tɛ̃tamaʀ] *m.* Estruendo, alboroto.

tintement [tɛ̃tmɑ̃] *m.* **1** Tañido, campaneo, tintineo. **2** Zumbido (d'oreilles).

tintouin [tɛ̃twɛ̃] *m.* **1** fam. Jaleo, estrépito (bruit). **2** fam. Preocupación *f.*, mareo, inquietud *f.* (souci).

tique [tik] *f.* Garrapata.

tir [tiʀ] *m.* **1** Tiro: ~ ***à blanc,*** tiro de fogueo; ***à la cible,*** tiro al blanco. **2** ~ ***au but,*** tiro a gol, remate (football). **3** ~ ***au pigeon,*** tiro de pichón.

tirade [tiʀad] *f.* **1** Tirada (de vers). **2** Parlamento *m.*, monólogo *m.* (théâtre).

tirage [tiʀaʒ] *m.* **1** Tiro (d'une cheminée). **2** Devanado (de la soie). **3** IMPR. Tirada *f.* Loc. ***Second ~,*** segunda edición. **4** PHOT. Prueba *f.*, tiraje. **5** Sorteo (loterie). Loc. ~ ***au sort,*** sorteo.

tiraillement [tiʀɑjmɑ̃] *m.* **1** Tirón, estirón. **2** Retortijón.

tirailler [tiʀaje] *tr.* **1** Dar tirones. **2** fig. Importunar, molestar. ■ **3** *intr.* Tirotear.

tirailleur [tiʀɑjœʀ] *m.* MIL. Tirador, cazador.

tire-bouchon [tiʀbuʃɔ̃] *m.* **1** Sacacorchos. **2** Tirabuzón (cheveux).

tire-d'aile (à) [atiʀdɛl] *loc. adv.* Con vuelo rápido, a todo vuelo.

tire-ligne [tiʀliɲ] *m.* Tiralíneas.

tirelire [tiʀliʀ] *f.* Hucha, alcancía.

tirer [tiʀe] *tr.* **1** Tirar, estirar (allonger, étirer). Loc. fig. ~ ***les ficelles,*** llevar la batuta, llevar las riendas. **2** Sacar: ~ ***l'épée,*** sacar la espada. **3** Tirar de (amener vers soi): ~ ***une charrette, les cheveux,*** tirar de un carro, del pelo. **4** Correr: ~ ***les rideaux,*** correr las cortinas. **5** Arrastrar, tirar (traîner). **6** Llamar (l'attention), atraer (le regard). **7** Trazar (une ligne, un plan), **8** Imprimir, tirar (un livre). Loc. ***Bon à ~,*** listo para imprimir. **9** Tirar, disparar: ~ ***un coup de fusil,*** tirar un escopetazo. **10** ***Se faire ~ le portrait,*** hacerse un retrato. **11** ~ ***un chèque,*** extender un cheque. **12** Sacar, extraer (faire sortir). Loc. ~ ***les larmes à quelqu'un,*** hacer llorar a alguien. ■ **13** *intr.* ~ ***sur,*** tirar de: ~ ***sur une corde,*** tirar de una cuerda. Loc. fig. ~ ***sur la ficelle,*** exagerar, ir demasiado lejos. **14** ~ ***sur,*** tirar a: ~ ***sur le bleu,*** tirar a azul. **15** Loc. fam. ~ ***au flanc,*** remolonear, hacerse el remolón, la remolona. **16** Tirar, disparar: ~ ***à l'arc,*** tirar con arco; ~ ***en l'air,*** disparar al aire (tir). **17** ~ ***à sa fin,*** tocar a su fin, acabarse. **18** ***Cela ne tire pas à conséquence,*** esto no tiene importancia. ■ **19** *pr.* pop. Largarse, pirarse (s'en aller). **20** ***Se*** ~

de, librarse, zafarse, salir de. **21** ***S'en*** ~, salirse, salir bien.
tiret [tiʀɛ] *m.* **1** Raya *f.* **2** Guión (trait d'union).
tireur, -euse [tiʀœʀ, -øz] *s.* **1** Tirador, ra. ■ **2** *m.* COMM. Girador, librador. ■ **3** *f.* ***Tireuse de cartes,*** echadora de cartas.
tiroir [tiʀwaʀ] *m.* **1** Cajón (d'un meuble). **2** ***Fond de*** ~, cosa *f.* sin valor que se olvida en un cajón.
tisane [tizan] *f.* Tisana.
tison [tizɔ̃] *m.* Tizón, ascua *f.*
tisonner [tizɔne] *tr.* Atizar (le feu).
tissage [tisaʒ] *m.* **1** Tejido (action et ouvrage). **2** Fábrica *f.* de tejidos.
tisser [tise] *tr.* Tejer.
tisserand, -ande [tisʀɑ̃, -ɑ̃d] *s.* Tejedor, ra.
tisseur, -euse [tisœʀ, -øz] *s.* Tejedor, ra.
tissu [tisy] *m.* **1** Tejido, tela *f.* **2** ANAT. Tejido. **3** fig. Sarta *f.*
titan [titɑ̃] *m.* Titán, gigante.
titiller [titi(l)e; titije] *tr.* Cosquillear.
titre [titʀ(ə)] *m.* **1** Título (dignité, grade, fonction). Loc. ***En*** ~, titular; ***professeur en*** ~, profesor titular. **2** COMM., DR. Título (de propriété, etc.). Loc. ~ ***de transport,*** billete. **3** Ley *f.* (d'un métal). **4** CHIM. Grado, graduación *f.* **5** IMPR. Título. Loc. ***Page de*** ~, portada; ***faux titre,*** anteportada *f.* **6** *loc. adv.* ***À juste*** ~, con toda la razón; ***à ce*** ~, por esta razón. **7** *loc. prép.* ***À*** ~ ***de,*** como, en concepto de, en calidad de. **8** *loc. conj.* ***Au même*** ~ ***que,*** de la misma manera que, lo mismo que.
tituber [titybe] *intr.* Titubear.
titulaire [titylɛʀ] *adj.-s.* Titular.
toast [tost] *m.* **1** Brindis. Loc. ***Porter un*** ~, brindar. **2** Tostada *f.* (rôtie).
toboggan [tɔbɔgɑ̃] *m.* Tobogán.
tocsin [tɔksɛ̃] *m.* Toque a rebato: ***sonner le*** ~, tocar a rebato.
toge [tɔʒ] *f.* Toga.
tohu-bohu [tɔybɔy] *m.* Barullo, confusión *f.*
toi [twa] *pron. pers.* **1** Tú (sujet), te (complément direct), ti (complément indirect). **2** ***Avec*** ~, contigo.
toile [twal] *f.* **1** Tela. Loc. ~ ***cirée,*** hule *m.* **2** Lienzo *m.* (peinture). **3** ~ ***de fond,*** telón de foro (au théâtre).
toilette [twalɛt] *f.* **1** Aseo *m.*, limpieza personal. Loc. ***Faire sa*** ~, lavarse, arreglarse; ***faire un brin de*** ~, lavarse a lo gato; ***trousse de*** ~, estuche *m.* de aseo. **2** ***Cabinet de*** ~, cuarto de aseo. **3** Tocado *m.*, arreglo *m.* personal. Loc. ***Avoir le goût de la*** ~, ser coqueta. **4** Traje *m.*, vestido *m.* (vêtement). Loc. ***Être en grande*** ~, ir con traje de gala. **5** Tocador *m.* Loc. ***Produits de*** ~, productos de belleza o de tocador. ■ **6** *pl.* Retrete *m. sing.*, lavabo *m. sing.*, aseo *m. sing.*
toiser [twaze] *tr.* **1** Medir, tallar. **2** Mirar de arriba abajo (regarder).
toison [twazɔ̃] *f.* **1** Vellón *m.* (d'un animal). **2** fig. Cabellera, melena (chevelure).
toit [twa] *m.* **1** Tejado, techo. **2** fig. Techo, hogar (maison).
toiture [twatyʀ] *f.* Techumbre, techado *m.*
tôle [tol] *f.* **1** Palastro *m.*, chapa: ~ ***ondulée,*** chapa ondulada. **2** pop. Chirona, cárcel (prison).
tolérable [tɔleʀabl(ə)] *adj.* Tolerable.
tolérer [tɔleʀe] *tr.* Tolerar, consentir. ▲ CONJUG. como ***accélérer.***
tomate [tɔmat] *f.* **1** Tomate. *m.* **2** Tomatera (plante).
tombe [tɔ̃b] *f.* Tumba, sepultura.
tombeau [tɔ̃bo] *m.* **1** Tumba, sepulcro. **2** ***À*** ~ ***ouvert,*** a toda velocidad, a todo correr.
tombée [tɔ̃be] *f.* **1** Caída. **2** ***À la*** ~ ***de la nuit, du jour,*** al atardecer, a la caída de la tarde.
tomber [tɔ̃be] *intr.* **1** Caer, caerse: ~ ***de fatigue, de sommeil,*** caerse de cansancio, de sueño. Loc. fig. ~ ***de haut, des nues,*** quedarse atónito, ta. **2** fig. Caer: ***des milliers de sol-***

dats tombèrent glorieusement, miles de soldados cayeron gloriosamente. **3** Caer (un gouvernement, etc.). **4** Caer (le jour, la nuit). **5** Decaer (décliner). **6** Bajar (prix, fièvre). **7** Caer: ***une robe qui tombe bien,*** un vestido que cae bien. **8** ~ ***en, dans,*** caer en; ~ ***dans le ridicule,*** caer en ridículo. **9** fig. ***Laisse ~,*** déjalo. **10** ~ ***sur,*** caer, atacar. Loc. ~ ***sur quelqu'un,*** encontrarse a, con alguien (rencontrer par hasard), emprenderla con alguien (critiquer). **11** ~ ***sous la main de,*** llegar a las manos de. **12** Ponerse, caer: ~ ***malade,*** caer enfermo. Loc. ~ ***amoureux,*** enamorarse; ~ ***d'accord,*** ponerse de acuerdo. **13** ~ ***bien, mal,*** venir bien, mal, llegar en buen, mal momento. **14** Caer (une fête). ■ **15** *impers.* ***Il tombe de la pluie,*** llueve. ■ **16** *tr.* Tumbar, derribar. **17** ~ ***une femme,*** seducir a una mujer. **18** fam. ~ ***la veste,*** quitarse la chaqueta.

tombereau [tɔ̃bʀo] *m.* Volquete.

tombola [tɔ̃bɔla] *f.* Tómbola.

tome [tɔm] *m.* Tomo.

ton [tɔ̃] *m.* Tono (de la voix, d'un instrument, d'une couleur).

ton [tɔ̃], **ta** [ta], **tes** [te] *adj. poss.* Tu, tus.

tonalité [tɔnalite] *f.* Tonalidad.

tondre [tɔ̃dʀ(ə)] *tr.* **1** Esquilar (les animaux). **2** Rapar, cortar (les cheveux). **3** Cortar, igualar (le gazon). **4** fam. Pelar, desplumar (dépouiller). ▲ CONJUG. como ***rendre.***

tonifier [tɔnifje] *tr.* Tonificar. ▲ CONJUG. como ***prier.***

tonique [tɔnik] *adj.* **1** Tónico, ca. **2** GRAM. Tónico, ca: ***accent ~,*** acento tónico. ■ **3** *m.* Tónico, reconstituyente. ■ **4** *f.* MUS. Tónica.

tonnage [tɔnaʒ] *m.* MAR. Tonelaje, arqueo.

tonnant, -ante [tɔnɑ̃, -ɑ̃t] *adj.* Estruendoso, sa. Loc. ***Voix tonnante,*** voz de trueno.

tonne [tɔn] *f.* **1** Tonel *m.* grande (tonneau). **2** Tonelada (unité de poids).

tonneau [tɔno] *m.* **1** Tonel. **2** MAR. Tonelada *f.* **3** Vuelta de campana: ***faire un ~,*** dar una vuelta de campana (voiture).

tonnelier [tɔnəlje] *m.* Tonelero.

tonnelle [tɔnɛl] *f.* Glorieta, cenador *m.*

tonner [tɔne] *impers.* **1** Tronar: ***il tonne,*** truena. ■ **2** *intr.* Retumbar, tronar. **3** fig. ~ ***contre,*** echar pestes contra.

tonnerre [tɔnɛʀ] *m.* **1** Trueno. **2** ***Coup de ~,*** trueno; fig. acontecimiento fatal, imprevisto. **3** Salva *f.* (d'applaudissements). **4** fam. ***Du ~,*** bárbaro, ra, macanudo, da.

tonsurer [tɔ̃syʀe] *tr.* ECCLÉS. Tonsurar.

tonte [tɔ̃t] *f.* **1** Esquileo *m.* **2** Corte *m.* (du gazon).

topaze [tɔpɑz] *f.* Topacio *m.*

toper [tɔpe] *intr.* **1** Darse la mano, chocarla. **2** fam. ***Tope là,*** chócala, vengan esos cinco.

topique [tɔpik] *adj.-s.* Tópico, ca.

top-niveau [tɔpnivɔ] *m.* Primer rango, nivel más alto.

topographie [tɔpɔgʀafi] *f.* Topografía.

toquade [tɔkad] *f.* Manía, chifladura.

toque [tɔk] *f.* **1** Bonete *m.* (de magistrat). **2** Gorro *m.* (de cuisinier).

toquer (se) [tɔke] *pr.* fam. ***Se ~ de,*** chiflarse por, encapricharse de.

torche [tɔʀʃ(ə)] *f.* Tea, antorcha.

torcher [tɔʀʃe] *tr.* **1** Limpiar, enjugar. **2** pop. Frangollar, hacer de prisa (bâcler).

torchère [tɔʀʃɛʀ] *f.* Tedero *m.,* hachero *m.*

torchis [tɔʀʃi] *m.* Adobe.

torchon [tɔʀʃɔ̃] *m.* **1** Trapo, paño de cocina. Loc. ***Le ~ brûle,*** la cosa está que arde. **2** fam. Porquería *f.*

tordre [tɔʀdʀ(ə)] *tr.* **1** Torcer. Loc. ~ ***le cou,*** retorcer el pescuezo. **2** Doblar, torcer (plier). ■ **3** *pr.* Torcer-

se, retorcerse: ***je me suis tordu un pied,*** me torcí un pie. **4** fam. ***Se ~ de rire,*** desternillarse de risa. ▲ CONJUG. como ***rendre.***
tore [tɔʀ] *m.* ARCHIT. Toro, bocel.
toréador [tɔʀeadɔʀ] *m.* Torero.
tornade [tɔʀnad] *f.* Tornado *m.*
torpédo [tɔʀpedo] *f.* Torpedo *m.*
torpeur [tɔʀpœʀ] *f.* Entorpecimiento *m.*, torpor *m.*
torpillage [tɔʀpijaʒ] *m.* Torpedeamiento.
torpille [tɔʀpij] *f.* Torpedo *m.*
torpilleur [tɔʀpijœʀ] *m.* Torpedero.
torréfier [tɔʀ(ʀ)efje] *tr.* Tostar. ▲ CONJUG. como ***prier.***
torrent [tɔʀɑ̃] *m.* Torrente. Loc. ***À torrents,*** a cántaros.
torrentiel, -elle [tɔʀɑ̃sjɛl] *adj.* Torrencial.
torride [tɔʀid] *adj.* Tórrido, da.
tors, torse [tɔʀ, tɔʀs(ə)] *adj.* **1** Torcido, da. **2** ***Colonne torse,*** columna salomónica. **3** ***Jambes torses,*** piernas arqueadas.
torsade [tɔʀsad] *f.* **1** Franja o cordón *m.* torcido en forma de hélice. **2** TECHN. Empalme *m.*
torse [tɔʀs(ə)] *m.* Torso.
torsion [tɔʀsjɔ̃] *f.* Torsión.
tort [tɔʀ] *m.* **1** Daño, perjuicio. Loc. ***Faire du ~ à,*** perjudicar a; ***à ~,*** injustamente, sin ningún motivo; ***à ~ ou à raison,*** con razón o sin ella; ***à ~ et à travers,*** a tontas y a locas. **2** Error, culpa *f.*: ***reconnaître son ~,*** confesar su culpa. Loc. ***Avoir ~,*** no tener razón, estar equivocado, da (se tromper); ***avoir ~ de,*** hacer mal en.
torticolis [tɔʀtikɔli] *m.* Tortícolis.
tortiller [tɔʀtije] *tr.* **1** Retorcer, torcer. ■ **2** *intr.* ***~ des hanches,*** contonearse, andar moviendo las caderas. **3** Loc. fam. ***Il n'y a pas à ~,*** no hay que darle vueltas. ■ **4** *pr.* Retorcerse, enroscarse.
tortionnaire [tɔʀsjɔnɛʀ] *m.* Verdugo.
tortue [tɔʀty] *f.* Tortuga.
tortueux, -euse [tɔʀtɥœ, -øz] *adj.* Tortuoso, sa.
torturer [tɔʀtyʀe] *tr.* Torturar, atormentar.
tôt [to] *adv.* **1** Temprano, pronto: ***se lever ~,*** levantarse temprano; ***il est encore trop ~ pour dire,*** aún es pronto para decir. **2** ***Plus ~,*** antes. **3** ***Le, au plus ~,*** lo más pronto, cuanto antes; ***le plus ~ sera le mieux,*** cuanto antes mejor. **4** ***Avoir ~ fait de,*** no tardar nada en.
total, -ale [tɔtal] *adj.-m.* Total. Loc. ***Au ~,*** en total (en tout), en resumen, total (en somme).
totalité [tɔtalite] *f.* Totalidad.
totem [tɔtɛm] *m.* Tótem.
toucan [tukɑ̃] *m.* Tucán.
touchant [tuʃɑ̃] *prép.* Tocante a, concerniente a.
touche [tuʃ] *f.* **1** Mordida, picada (pêche). Loc. fam. ***Faire une ~,*** ligar. **2** Pincelada (peinture). **3** fam. Facha, pinta (aspect). **4** Nota: ***mettre une ~ de gaîté,*** poner una nota de alegría. **5** Tecla (d'un piano, d'une machine à écrire). **6** Traste *m.* (d'une guitare). **7** SPORTS ***Ligne de ~,*** línea de banda. **8** ***Pierre de ~,*** piedra de toque.
toucher [tuʃe] *tr.* **1** Tocar: ***~ un objet,*** tocar un objeto. **2** Alcanzar (atteindre): ***~ le but,*** dar en el blanco. **3** Localizar, encontrar, tomar contacto con: ***où peut-on vous ~?,*** ¿dónde se le puede localizar? **4** Cobrar (recevoir): ***~ de l'argent,*** cobrar dinero. **5** Conmover, impresionar (émouvoir). **6** Tocar, estar a la vera de (être proche de). **7** Atañer, concernir (concerner). **8** MAR. Tocar, hacer escala en. **9** ***~ un mot de...,*** decir dos palabras sobre...; ***je lui en toucherai un mot,*** le hablaré de ello. ■ **10** *tr. ind.* ***~ à,*** tocar: ***ne touche pas à cette bouteille,*** no toques esta botella. **11** Tocar, abordar (s'occuper de quelque chose). **12** Llegar (arriver à). Loc. ***~ à sa fin,*** ir acabándose, to-

car a su fin. **13** Lindar con, estar junto a (être contigu). ■ **14** *pr.* Tocarse.

toucher [tuʃe] *m.* **1** Tacto (sens). **2** MÉD. Palpación *f.* **3** MUS. Ejecución *f.*

touffe [tuf] *f.* **1** Mata (d'herbe). **2** Mechón *m.* (de cheveux). **3** Manojo *m.* (de fleurs).

touffu, ue [tufy] *adj.* **1** Espeso, sa, apretado, da. **2** Frondoso, sa (arbre).

toujours [tuʒuʀ] *adv.* **1** Siempre. **2** Todavía, aún: ***travaillez-vous ~ là?,*** ¿trabaja todavía allí? **3** fam. ***Il peut ~ courir, se fouiller,*** ya puede correr, haga lo que haga. **4** ***~ est-il que...,*** en todo caso..., lo cierto es que...

toupet [tupɛ] *m.* **1** Tupé. **2** fam. Cara *f.*, caradura *f.*, tupé.

toupie [tupi] *f.* Trompo *m.*, peonza.

tour [tuʀ] *f.* **1** Torre: ***~ de contrôle,*** torre de control. **2** Torre (aux échecs). **3** ***~ d'ivoire,*** torre de marfil.

tour [tuʀ] *m.* **1** Torno (machine-outil, de potier, dans un couvent, etc.). **2** Perímetro, circunferencia *f.* **3** Anchura *f.* (de hanches, etc.). **4** Vuelta *f.* Loc. ***Faire le ~ du monde,*** dar la vuelta al mundo; ***le ~ de France,*** la vuelta ciclista a Francia. Loc. ***~ de cou,*** cuello (pièce d'habillement). **5** Vuelta, paseo *m.* (promenade): ***faire un ~,*** dar una vuelta, un paseo. **6** Revolución *f.*, rotación *f.* **7** ***~ de reins,*** lumbago. **8** Número: ***faire un ~ d'équilibre,*** hacer un número de equilibrio. Loc. ***~ de force,*** proeza *f.*, hazaña *f.* **9** Faena *f.*, jugada *f.*, pasada *f.*: ***jouer un mauvais ~,*** hacer una mala pasada. **10** Carácter, aspecto, cariz (aspect). **11** ***~ de phrase,*** giro de una frase. **12** Vez *f.*, turno. Loc. ***C'est mon ~,*** me toca a mí, es mi turno. **13** ***~ de chant,*** actuación *f.* (d'un chanteur). **14** *loc. adv.* ***À ~ de bras,*** con todas las fuerzas; ***à ~ de rôle,*** por turno, en su orden; ***en un ~ de main,*** en un santiamén, en un abrir y cerrar de ojos; ***~ à ~,*** por turno, alternativamente.

tourbe [tuʀb(ə)] *f.* Turba.

tourbillon [tuʀbijɔ̃] *m.* **1** Torbellino (d'air), remolino (d'eau). **2** fig. Torbellino.

tourbillonnement [tuʀbijɔnmɑ̃] *m.* **1** Movimiento en remolino. **2** fig. Agitación *m.*, torbellino.

tourisme [tuʀism(ə)] *m.* Turismo.

touriste [tuʀist(ə)] *s.* Turista.

tourmente [tuʀmɑ̃t] *f.* Tormenta.

tourmenter [tuʀmɑ̃te] *tr.* **1** Atormentar, hacer sufrir. ■ **2** *pr.* Atormentarse, inquietarse.

tournant [tuʀnɑ̃] *m.* **1** Vuelta *f.*, recodo. Loc. fam. ***Je t'attends au ~!,*** ¡te espero en la esquina! **2** fig. Momento crucial, viraje decisivo.

tournant, -ante [tuʀnɑ̃, -ɑ̃t] *adj.* **1** Giratorio, ria. **2** Sinuoso, sa, que da vueltas. Loc. ***Un escalier ~,*** una escalera de caracol.

tournebroche [tuʀnəbʀɔʃ] *m.* Mecanismo que da vueltas al asador.

tournée [tuʀne] *f.* **1** Gira, viaje *m.* (d'inspection, etc.). **2** ***La ~ du facteur,*** la ronda del cartero. **3** fam. Ronda, convidada (à boire). **4** pop. Paliza (raclée).

tournemain (en un) [ɑ̃nœ̃tuʀnəmɛ̃] *loc. adv.* En un santiamén.

tourner [tuʀne] *tr.* **1** Girar, dar vueltas. Loc. ***Cette fille lui a tourné la tête,*** esta muchacha lo ha vuelto loco, lo ha trastornado. **2** Pasar (les pages d'un livre). **3** Volver (la tête, le dos), girar (une rue, la tête). **4** Rodar (un film). **5** Tornear, labrar (façonner au tour). **6** ***~ en dérision, en ridicule,*** ridiculizar, burlarse de. ■ **7** *intr.* Girar, dar vueltas: ***~ autour,*** dar vueltas alrededor, girar alrededor. **8** Girar (changer de direction). Loc. ***La chance a tourné,*** la suerte ha cambiado. **9** ***~ à ..., en ...,*** ponerse, volverse, tornarse: ***le temps tourne au froid,*** el tiempo se pone frío.

10 ~ ***bien,*** salir bien, tomar buen rumbo; ~ ***mal,*** echarse a perder. 11 Estropearse, ponerse rancio, ia (s'abîmer), cortarse (le lait), agriarse (le vin). ■ 12 *pr.* Volverse, girarse: ***se ~ contre quelqu'un,*** volverse contra alguien.

tournesol [tuʀnəsɔl] *m.* 1 Tornasol (colorant). 2 Girasol (plante).

tourneur [tuʀnœʀ] *m.* Tornero, torneador.

tournevis [tuʀnəvis] *m.* Destornillador.

tourniquet [tuʀnikɛ] *m.* Torniquete.

tournoiement [tuʀnwamɑ̃] *m.* Remolino.

tournoyer [tuʀnwaje] *intr.* 1 Remolinar, dar vueltas. 2 Revolotear. ▲ CONJUG. como ***employer.***

tournure [tuʀnyʀ] *f.* 1 Giro *m.*, sesgo *m.*, cariz *m.* 2 Giro *m.* (d'une phrase). 3 ~ ***d'esprit,*** manera de ver las cosas.

tourte [tuʀt(ə)] *f.* 1 Torta, tortada. 2 pop. Mantecado *m.*, zoquete *m.*

tourterelle [tuʀtəʀɛl] *f.* Tórtola.

tousser [tuse] *intr.* Toser.

tout [tu], **toute** [tut], **tous** [tu; tus], **toutes** [tut] *adj.* 1 Todo, da, dos, das: ***toute la journée,*** todo el día; ~ ***le monde,*** todo el mundo. Loc. ~ ***le temps,*** siempre; ~ ***le reste,*** lo demás, lo restante; ~ ***seul,*** solo; ***tous les deux,*** los dos, ambos; ***toutes les fois que,*** cada vez que; ***tous les dix mois,*** cada diez meses; fam. ***tous les trente six du mois,*** nunca; ***le Tout-Paris,*** el todo París, lo mejor de París. 2 Único, ca. 3 ~ ***ce qu'il y a de...,*** todo lo que hay de... Loc. fam. ~ ***ce qu'il y a de plus,*** de lo más. 4 ***De toute beauté,*** de gran belleza. 5 Todo, da, cualquiera. ■ 6 *pron.* Todo, da, dos, das: ***tous sont venus,*** han venido todos; ***tous ensemble,*** todos juntos. Loc. ***Après ~,*** después de todo, al fin y al cabo; ***à ~ prendre,*** mirándolo bien, considerándolo todo; ***c'est ~,*** nada más, esto es todo; ***en ~ et pour ~,*** en total; fam. ***ce n'est pas ~ de s'amuser,*** no basta con divertirse. 7 fam. ***Avoir ~ de,*** parecerse mucho a, tener todas las características de. ■ 8 *adv.* Todo, da, completamente, enteramente: ***je suis ~ à vous,*** estoy enteramente a su disposición. Loc. ~ ***à coup,*** de repente, de pronto; ~ ***à l'heure,*** hace un momento, hace un rato; ***à ~ à l'heure,*** hasta luego, hasta ahora; ~ ***au plus,*** a lo sumo, todo lo más. 9 Muy (avec un sens diminutif devant quelques adjectifs, participes et adv.): ***il est ~ jeune,*** es muy joven. Loc. ~ ***bas,*** bajito, en voz baja. 10 ~ ***autre,*** otro, otra; ***c'est une ~ autre affaire,*** es otro asunto. 11 ~ ***... que...,*** aunque...; ~ ***... que...*** (et subj.), por muy... que, por más que...: ~ ***fort qu'il soit,*** por muy fuerte que sea. 12 ~ ***à fait,*** del todo, completamente, exactamente. 13 ~ ***en...*** (suivi d'un participe présent), mientras: ***il chante ~ en travaillant,*** canta mientras trabaja. ■ 14 *m.* Todo, el todo. Loc. ***Risquer le ~ pour le ~,*** jugarse el todo por el todo. 15 ***Le ~,*** lo importante. 16 *loc. adv.* ***Pas du ~,*** de ningún modo, de ninguna manera, en absoluto.

toutefois [tutfwa] *adv.* Sin embargo, no obstante.

tout-puissant, toute-puissante [tupɥisɑ̃, tutpɥisɑ̃t] *adj.* 1 Todopoderoso, sa, omnipotente. ■ 2 *s.* ***Le Tout-Puissant,*** el Todopoderoso.

toux [tu] *f.* Tos.

toxicomaniaque [tɔksikɔmanjak] *adj.* Toxicomaníaco, ca.

toxique [tɔksik] *adj.-m.* Tóxico, ca.

trac [tʀak] *m.* fam. Nerviosismo, miedo, canguelo.

traçant, -ante [tʀasɑ̃, -ɑ̃t] *adj.* 1 BOT. Horizontal, rastrero, ra (racine). 2 ***Balle traçante,*** bala trazadora.

tracas [tʀaka] *m.* Preocupación *f.*, inquietud *f.*

tracasser [tʀakase] *tr.* **1** Molestar, inquietar. ■ **2** *pr.* Inquietarse.

trace [tʀas] *f.* **1** Rastro *m.*, huella, señal: ***suivre les traces,*** seguir las huellas. **2** Indicio *m.*

trachée [tʀaʃe] *f.* Tráquea.

tractation [tʀaktɑsjɔ̃] *f.* Manejos *m. pl.* turbios.

tracteur [tʀaktœʀ] *m.* Tractor.

traction [tʀaksjɔ̃] *f.* Tracción.

tradition [tʀadisjɔ̃] *f.* Tradición.

traduction [tʀadyksjɔ̃] *f.* Traducción.

traduire [tʀadɥiʀ] *tr.* **1** Traducir: ~ ***du français en espagnol,*** traducir del francés al español. **2** DR. Citar ante la justicia, hacer comparecer. ▲ CONJUG. como ***conduire.***

trafic [tʀafik] *m.* **1** Tráfico, comercio. **2** Tráfico, circulación *f.*: ~ ***de drogue,*** narcotráfico.

trafiquant, -ante [tʀafikɑ̃, -ɑ̃t] *s.* Traficante.

tragédie [tʀaʒedi] *f.* Tragedia.

tragique [tʀaʒik] *adj.* **1** Trágico, ca. ■ **2** *m.* Lo trágico: ***prendre au ~,*** tomar por lo trágico.

trahir [tʀaiʀ] *tr.* **1** Traicionar. **2** Revelar, mostrar, descubrir: ~ ***un secret,*** descubrir un secreto. ■ **3** *pr.* Descubrirse. **4** Manifestarse, revelarse.

train [tʀɛ̃] *m.* **1** Tren: ~ ***de marchandises,*** tren de mercancías. **2** MIL. ~ ***des équipages,*** tren de equipajes. **3** AUTO. ~ ***avant, arrière,*** tren delantero, trasero. **4** ~ ***d'atterrissage,*** tren de aterrizaje. **5** ~ ***d'avant, de derrière,*** cuarto delantero, trasero (d'un cheval). **6** pop. Trasero. **7** ~ ***de pneus,*** juego de neumáticos. **8** ~ ***de vie,*** tren de vida, modo de vivir. **9** Paso, marcha *f.* (allure). Loc. ***Aller à fond de ~,*** ir a todo correr, a toda marcha; ***aller bon ~,*** ir de prisa. **10** *loc. adv.* ***En ~,*** en forma, animado, da: ***je ne suis pas en ~,*** no estoy en forma; ***mettre en ~,*** empezar (commencer). **11** *loc. prép.* ***En ~ de...*** se traduit en espagnol par le gérondif du verbe correspondant: ***il est en ~ de manger,*** está comiendo.

traînard, -arde [tʀɛnaʀ, -ard(ə)] *s.* **1** Rezagado, da. **2** fig. Persona *f.* lenta.

traîneau [tʀɛno] *m.* Trineo.

traînée [tʀene] *f.* **1** Reguero *m.* (trace). **2** pop. Prostituta.

traîner [tʀene] *tr.* **1** Tirar de, arrastrar. Loc. ~ ***les pieds,*** arrastrar los pies. **2** fig. Arrastrar, llevar: ~ ***une terrible maladie,*** arrastrar una penosa enfermedad. **3** ~ ***une affaire en longueur,*** hacer durar, dar largas a un asunto. ■ **4** *intr.* Arrastrar, colgar. **5** Andar rodando, no estar en su sitio, andar (chose). **6** ~ ***en longueur,*** no acabar nunca, ir para largo. **7** Quedarse atrás, rezagarse (s'attarder). **8** Callejear, vagabundear, andar (errer). ■ **9** *pr.* Arrastrarse (à plat ventre), andar a gatas (à genoux). **10** Andar con dificultad (par maladie, fatigue). **11** Hacerse largo, no acabarse nunca (dans le temps).

traîneur, -euse [tʀɛnœʀ, -øz] *s.* Vagabundo, da.

train-train [tʀɛ̃tʀɛ̃] *m.* Marcha *f.* habitual, rutinaria, rutina *f.*

traire [tʀɛʀ] *tr.* Ordeñar. ▲ CONJUG. IRREG. INDIC. Pres.: ***je trais, tu trais, il trait, nous trayons, vous trayez, ils traient.*** Imperf.: ***je trayais,*** etc. Fut. imperf.: ***je trairai,*** etc. POT.: ***je trairais,*** etc. SUBJ. Pres.: ***que je traie,*** etc. IMPER.: ***trais, trayons, trayez.*** PART. A.: ***trayant.*** PART. P.: ***trait, traite.***

trait [tʀɛ] *m.* **1** Rasgo, característica *f.* Loc. ~ ***d'esprit,*** agudeza *f.*; ~ ***de génie,*** rasgo de ingenio; ***avoir ~ à,*** referirse a, tener relación con. **2** Raya *f.*, trazo (ligne). Loc. ~ ***d'union,*** guión; fig. lazo, vínculo. **3** Flecha *f.*, saeta *f.* (flèche). Loc. ***Partir comme un ~,*** salir como una flecha, salir disparado. **4** fig. Pulla *f.* (parole malveillante). **5**

Boire d'un ~, beber de un trago. 6 *Animal de ~,* animal de tiro. ■ 7 *pl.* Rasgos, facciones *f.* (du visage). 8 *loc. adv. À grands traits,* a grandes rasgos.

traitable [tʀɛtabl(ə)] *adj.* Tratable.

traite [tʀɛt] *f.* 1 Tirada, tirón *m.* 2 *D'une (seule) ~,* de una tirada, de un tirón. 3 Ordeño *m.* (des vaches). 4 COMM. Letra de cambio. 5 *~ des Nègres,* trata de negros; *~ des blanches,* trata de blancas.

traité [tʀete] *m.* Tratado.

traitement [tʀɛtmɑ̃] *m.* Tratamiento: *~ de textes* tratamiento de textos.

traiter [tʀete] *tr.* 1 Tratar. 2 Asistir (un malade). 3 *~ quelqu'un de,* tratar a alguien de..., calificar a alguien de... ■ 4 *intr.* *~ de,* hablar de, tratar de. 5 Negociar.

traître, -esse [tʀɛtʀ(ə), ɛs] *adj.-s.* 1 Traidor, ra. 2 *En ~,* a traición, traidoramente. 3 *Pas un ~ mot,* ni una palabra.

trajectoire [tʀaʒɛktwaʀ] *f.* Trayectoria.

trajet [tʀaʒɛ] *m.* Trayecto.

tramer [tʀame] *tr.* Tramar.

tramontane [tʀamɔ̃tan] *f.* Tramontana.

tramway [tʀamwɛ] *m.* Tranvía.

tranchant, -ante [tʀɑ̃ʃɑ̃, -ɑ̃t] *adj.* 1 Cortante. 2 fig. Tajante, decisivo, va. ■ 3 *m.* Corte, filo: *épée à deux tranchants,* espada de dos filos.

tranche [tʀɑ̃ʃ] *f.* 1 Tajada, lonja (de jambon), rodaja, raja (de saucisson), rebanada (de pain). 2 Canto *m.* (d'un livre). 3 Grupo *m.* (de chiffres). 4 Sorteo *m.* (de loterie). 5 *~ de vie,* episodio *m.* de la vida real. 6 Loc. fam. *S'en payer une ~,* divertirse mucho, pasarlo en grande.

trancher [tʀɑ̃ʃe] *tr.* 1 Cortar. Loc. *~ la gorge,* degollar. 2 fig. Zanjar, resolver: *~ une difficulté,* zanjar una dificultad. ■ 3 *intr.* Decidir, resolver. Loc. *~ dans le vif,* cortar por lo sano. 4 Resaltar, contrastar (les couleurs).

tranquille [tʀɑ̃kil] *adj.* Tranquilo, la.

tranquilliser [tʀɑ̃kilize] *tr.* 1 Tranquilizar. ■ 2 *pr.* Tranquilizarse.

tranquillité [tʀɑ̃kilite] *f.* Tranquilidad.

transaction [tʀɑ̃zaksjɔ̃] *f.* Transacción.

transatlantique [tʀɑ̃zatlɑ̃tik] *adj.* 1 Transatlántico, ca. ■ 2 *m.* Transatlántico (paquebot). 3 Tumbona *f.* (chaise longue).

transborder [tʀɑ̃sbɔʀde] *tr.* Transbordar.

transcendance [tʀɑ̃sɑ̃dɑ̃s] *f.* Trascendencia.

transcription [tʀɑ̃skʀipsjɔ̃] *f.* Transcripción.

transcrire [tʀɑ̃skʀiʀ] *tr.* Transcribir. ▲ CONJUG. como *écrire.*

transe [tʀɑ̃s] *f.* 1 Temor *m.,* inquietud, ansia. 2 *En ~,* en trance (état d'hypnose).

transept [tʀɑ̃sɛpt] *m.* Crucero.

transférer [tʀɑ̃sfeʀe] *tr.* Transferir, traspasar, trasladar. ▲ CONJUG. como *accélérer.*

transfert [tʀɑ̃sfɛʀ] *m.* 1 Transferencia *f.* (de fonds). 2 Traspaso. 3 Traslado (transport).

transfigurer [tʀɑ̃sfigyʀe] *tr.* Transfigurar.

transformation [tʀɑ̃sfɔʀmɑsjɔ̃] *f.* Transformación.

transformer [tʀɑ̃sfɔʀme] *tr.* 1 Transformar. ■ 2 *pr.* Transformarse.

transfuge [tʀɑ̃sfyʒ] *m.* Tránsfuga.

transfusion [tʀɑ̃sfyzjɔ̃] *f.* Transfusión.

transgresser [tʀɑ̃sgʀese] *tr.* Transgredir, quebrantar.

transi, -ie [tʀɑ̃zi] *adj.* Transido, da, aterido, da, pasmado, da.

transiger [tʀɑ̃ziʒe] *intr.* Transigir. ▲ CONJUG. como *engager.*

transir [tʀɑ̃siʀ; tʀɑ̃ziʀ] *tr.* Helar, pasmar (de froid, de peur).

transit [tʀɑ̃zit] *m.* Tránsito: *en ~,* en tránsito.

transitif, -ive [tʀɑ̃zitif, -iv] *adj.* GRAM. Transitivo, va.
transition [tʀɑ̃zisjɔ̃] *f.* Transición.
transitoire [tʀɑ̃zitwaʀ] *adj.* Transitorio, ria.
transmettre [tʀɑ̃smɛtʀ(ə)] *tr.* Transmitir. ▲ CONJUG. como ***mettre.***
transmission [tʀɑ̃smisjɔ̃] *f.* Transmisión.
transparence [tʀɑ̃spaʀɑ̃s] *f.* Transparencia.
transparent, -ente [tʀɑ̃spaʀɑ̃s] *adj.* Transparente.
transpercer [tʀɑ̃spɛʀse] *tr.* Traspasar, atravesar. ▲ CONJUG. como ***lancer.***
transpiration [tʀɑ̃spiʀɑsjɔ̃] *f.* Transpiración.
transpirer [tʀɑ̃spiʀe] *intr.* Transpirar.
transplanter [tʀɑ̃splɑ̃te] *tr.* Trasplantar.
transport [tʀɑ̃spɔʀ] *m.* **1** Transporte: ***transports en commun,*** transportes colectivos. **2** fig. Transporte, arrebato. **3** ~ ***au cerveau,*** congestión *f.* cerebral, delirio.
transporter [tʀɑ̃spɔʀte] *tr.* **1** Transportar, trasladar. **2** Transmitir. **3** fig. Arrebatar, poner fuera de sí, sacar de quicio. ■ **4** *pr.* Trasladarse.
transvaser [tʀɑ̃svɑze] *tr.* Transvasar, trasegar.
transversal, -ale [tʀɑ̃svɛʀsal] *adj.* Transversal.
trapèze [tʀapɛz] *m.* Trapecio.
trappe [tʀap] *f.* **1** Trampa, trampilla (porte au niveau du sol). **2** Trampa (piège). **3** Trapa (ordre religieux).
trappiste [tʀapist(ə)] *m.* Trapense.
trapu, -ue [tʀapy] *adj.* Rechoncho, cha.
traquenard [tʀaknaʀ] *m.* Trampa *f.*
traquer [tʀake] *tr.* **1** Acosar, acorralar (le gibier). **2** fig. Acosar.
traumatisme [tʀomatism(ə)] *m.* Traumatismo.
travail [tʀavaj] *m.* **1** Trabajo: ~ ***manuel,*** trabajo manual. Loc. ~ ***à la chaîne,*** producción en cadena; ~ ***saisonnier,*** trabajo estacional, de temporero; ***un*** ~ ***de Romains,*** una obra de romanos. **2** ***Une femme en*** ~, una mujer que va de parto. ■ **3** *pl.* Faenas *f.*: ***les travaux des champs,*** las faenas del campo. **4** Obras *f.*
travailler [tʀavaje] *tr.* **1** Trabajar, pulir, labrar (façonner). **2** Atormentar (faire souffrir). **3** Preocupar (inquiéter). ■ **4** *intr.* Trabajar: ~ ***à la tâche,*** trabajar a destajo. **5** Estudiar. **6** Fermentar (le vin). **7** Alabearse (le bois). **8** Loc. fam. ***Il travaille du chapeau,*** está chiflado, loco.
travailleur, -euse [tʀavajœʀ, -øz] *adj.* **1** Trabajador, ra. ■ **2** *s.* Trabajador, ra. **3** Obrero, ra.
travers [tʀavɛʀ] *m.* **1** Defecto (défaut). **2** ***En*** ~, de través. Loc. ***Se mettre en*** ~, ponerse atravesado. **3** ***À*** ~, a través; ***à*** ~ ***les carreaux,*** a través de los cristales. Loc. ***Passer à*** ~ ***champs,*** pasar a campo traviesa. **4** ***Au*** ~, por en medio. Loc. fig. ***Passer au*** ~, librarse. **5** ***De*** ~, de través. **6** ***À tort et à*** ~, a tontas y a locas.
traverse [tʀavɛʀs(ə)] *f.* **1** Travesaño *m.*, larguero *m.* (pièce de bois). **2** Traviesa (chemin de fer).
traverser [tʀavɛʀse] *tr.* **1** Atravesar, cruzar (un pays, une rue). **2** Traspasar, calar (transpercer). **3** fig. Atravesar, pasar.
traversin [tʀavɛʀsɛ̃] *m.* Travesaño, almohada *f.* larga.
travesti, -ie [tʀavɛsti] *adj.* **1** Disfrazado, da. Loc. ***Bal*** ~, baile de disfraces. ■ **2** *m.* Disfraz. ■ **3** *s.* Persona que se disfraza para parecer del otro sexo. **4** *m.* Travestido.
travestir [tʀavɛstiʀ] *tr.* **1** Disfrazar. ■ **2** *pr.* Disfrazarse.
traviole (de) [d(ə)tʀavjɔl] *adv.* De través.

trébucher [tʀebyʃe] *intr.* Tropezar, dar un traspié.
trébuchet [tʀebyʃɛ] *m.* **1** Pesillo (petite balance). **2** Trampa *f.* para pajaritos.
trèfle [tʀɛfl(ə)] *m.* **1** Trébol. **2** Uno de los palos de la baraja francesa.
tréfonds [tʀefɔ̃] *m.* Lo más íntimo, lo más recóndito.
treillage [tʀɛjaʒ] *m.* Enrejado, reja *f.*
treille [tʀɛj] *f.* **1** Parra. **2** Emparrado *m.*
treize [tʀɛz] *adj. num. m.* Trece.
treizième [tʀɛzjɛm] *adj. num.* Decimotercio, cia.
tréma [tʀema] *m.* Crema *f.*, diéresis *f.* Se usa sobre la *e*, la *i* o la *u*, para indicar que no forman diptongo con otra vocal: aiguë, naïf, Saül.
tremble [tʀɑ̃bl(ə)] *m.* Tiemblo, álamo temblón.
tremblement [tʀɑ̃bləmɑ̃] *m.* **1** Temblor. Loc. ~ ***de terre,*** temblor de tierra, terremoto. **2** Temblor, estremecimiento (frémissement). **3** fam. ***Et tout le*** ~, y toda la pesca.
trembler [tʀɑ̃ble] *intr.* **1** Temblar. **2** Tiritar, temblar (de froid, de fièvre). Loc. ~ ***comme une feuille,*** temblar como un azogado. **3** Temblar, temer, estremecerse (avoir peur).
trembloter [tʀɑ̃blɔte] *intr.* Temblar ligeramente, temblequear.
trémie [tʀemi] *f.* Tolva de molino.
trémière [tʀemjɛʀ] *adj. f.* ***Rose*** ~, malvarrosa.
trémoussement [tʀemusmɑ̃] *m.* Zarandeo.
tremper [tʀɑ̃pe] *tr.* **1** Mojar, bañar, meter en un líquido. **2** Empapar, remojar (imbiber). Loc. ***Être trempé,*** estar hecho una sopa. **3** TECHN. Templar (l'acier). **4** fig. Templar, dar temple. ■ **5** *intr.* Estar en remojo, remojarse. **6** fig. ~ ***dans,*** participar en, estar pringado en. ■ **7** *pr.* Remojarse (prendre un bain rapide).
tremplin [tʀɑ̃plɛ̃] *m.* Trampolín.
trentaine [tʀɑ̃tɛn] *f.* Treintena, unos *m. pl.* treinta.
trente [tʀɑ̃t] *adj. num.-m.* **1** Treinta. **2** ***Se mettre sur son*** ~ ***et un,*** ponerse de punta en blanco.
trentième [tʀɑ̃tjɛm] *adj. num.* **1** Trigésimo, ma. ■ **2** *s.* Treintavo, va. ■ **3** *m.* ***Le*** ~, la trigésima *f.* parte.
trépas [tʀepɑ] *m.* Muerte *f.*, óbito. Loc. ***Passer de vie à*** ~, morir.
trépasser [tʀepɑse] *intr.* Fallecer, morir.
trépidant, -ante [tʀepidɑ̃, -ɑ̃t] *adj.* Trepidante.
trépied [tʀepje] *m.* Trípode.
trépigner [tʀepiɲe] *intr.* Patalear.
très [tʀɛ] *adv.* **1** Muy: ~ ***aimable,*** muy amable; ~ ***petit,*** muy pequeño, pequeñito. **2** Mucho, cha: ***il fait*** ~ ***froid,*** hace mucho frío; ***j'ai*** ~ ***soif,*** tengo mucha sed.
trésor [tʀezɔʀ] *m.* Tesoro.
trésorerie [tʀezɔʀʀi] *f.* Tesorería.
tressaillir [tʀesajiʀ] *intr.* Estremecerse. ▲ CONJUG. como ***assaillir.***
tressauter [tʀesote] *intr.* Sobresaltarse, estremecerse.
tresser [tʀese] *tr.* Trenzar.
tréteau [tʀeto] *m.* **1** Caballete, asnilla *f.* ■ **2** *pl.* Tablas *f.* Loc. ***Monter sur les tréteaux,*** hacerse cómico.
treuil [tʀœj] *m.* Torno de mano.
trêve [tʀɛv] *f.* **1** Tregua. **2** ***Sans*** ~, sin tregua, sin interrupción.
tri [tʀi] *m.* Selección *f.*, clasificación *f.*
triage [tʀijaʒ] *m.* Tría *f.*, selección *f.*
triangle [tʀijɑ̃gl(ə)] *m.* Triángulo.
tribord [tʀibɔʀ] *m.* MAR. Estribor.
tribu [tʀiby] *f.* Tribu.
tribulation [tʀibylɑsjɔ̃] *f.* Tribulación.
tribunal [tʀibynal] *m.* Tribunal: ***comparaître devant les tribunaux,*** comparecer ante los tribunales.
tribune [tʀibyn] *f.* Tribuna.
tribut [tʀiby] *m.* Tributo.
tricher [tʀiʃe] *intr.* Hacer trampas.
tricheur, -euse [tʀiʃœʀ, -øz] *s.* Fullero, ra, tramposo, sa.
tricolore [tʀikɔlɔʀ] *adj.* Tricolor.

tricorne [trikɔrn(ə)] *m.* Tricornio.
tricot [triko] *m.* 1 Labor *f.*, tejido de punto. 2 Jersey (chandail).
tricoter [trikɔte] *tr.* 1 Hacer punto: *elle tricote un chandail,* hace un suéter de punto. ■ 2 *intr.* Hacer punto. 3 pop. ~ *des jambes,* correr mucho.
trictrac [triktrak] *m.* Chaqueta (jeu).
tricycle [trisikl(ə)] *m.* Triciclo.
trident [tridɑ̃] *m.* 1 Tridente. 2 Fisga *f.* (pour pêcher).
trier [trije] *tr.* Triar, escoger. ▲ CONJUG. como *prier.*
trieur, -euse [trijœr, -øz] *s.* 1 Escogedor, ra. ■ 2 *f.* Clasificadora.
trigonométrie [trigɔnɔmetri] *f.* Trigonometría.
trille [trij] *m.* MUS. Trino.
trillion [triljɔ̃] *m.* Trillón.
trilogie [trilɔʒi] *f.* Trilogía.
trimestriel, -elle [trimɛstrijɛl] *adj.* Trimestral.
tringle [trɛ̃gl(ə)] *f.* Varilla, barra: ~ *à rideaux,* varilla de cortina.
trinité [trinite] *f.* Trinidad.
trinquer [trɛ̃ke] *intr.* 1 Hacer chocar los vasos al brindar. 2 fam. Beber. 3 pop. Pagar el pato (subir un dommage).
trio [trijo] *m.* Trío, terceto.
triomphe [trijɔ̃f] *m.* Triunfo: *arc de* ~, arco de triunfo. Loc. *Porter quelqu'un en* ~, aclamar triunfalmente.
triompher [trijɔ̃fe] *intr.* 1 Triunfar. 2 ~ *de...,* triunfar sobre. 3 Sobresalir, distinguirse.
tripe [trip] *f.* 1 Tripa (boyau). 2 fam. Tripa (de l'homme). Loc. *Rendre tripes et boyaux,* echar las tripas, vomitar. ■ 3 *pl.* CUIS. Callos *m.*
triple [tripl(ə)] *adj.* Triple.
triporteur [tripɔrtœr] *m.* Triciclo para transporte.
tripot [tripo] *m.* Garito, timba *f.*
tripotage [tripɔtaʒ] *m.* Chanchullo, tejemaneje.
tripotée [tripɔte] *f.* 1 fam. Paliza, tunda (volée). 2 fam. Caterva, montón *f.* (tas).
triptyque [triptik] *m.* Tríptico.
trique [trik] *f.* Garrote *m.*
trisaïeul, -eule [trizajœl] *s.* Tatarabuelo, la.
triste [trist(ə)] *adj.* Triste.
tristesse [tristɛs] *f.* Tristeza.
triton [tritɔ̃] *m.* ZOOL., MYTH. Tritón.
triturer [trityre] *tr.* Triturar.
triumvirat [trijɔmvira] *m.* Triunvirato.
trivial, -ale [trivjal] *adj.* 1 Trivial. 2 Bajo, ja, grosero, ra.
trivialité [trivjalite] *f.* Trivialidad.
troc [trɔk] *m.* Trueque, cambalache.
troglodyte [trɔglɔdit] *adj.-s.* Troglodita.
trogne [trɔɲ] *f.* Cara gorda y colorada.
trois [trwɑ] *adj. num.-m.* Tres.
troisième [trwazjɛm] *adj. num.-s.* Tercero, ra.
trois-mâts [trwamɑ] *m.* Barco de tres palos.
trolley [trɔlɛ] *m.* Trole.
trombe [trɔ̃b] *f.* 1 Tromba, manga (d'eau). 2 *En* ~, *comme une* ~, a toda velocidad.
tromblon [trɔ̃blɔ̃] *m.* 1 Trabuco naranjero. 2 pop. Chistera *f.* (chapeau).
trombone [trɔ̃bɔn] *m.* 1 Trombón. 2 Clip (agrafe).
trompe [trɔ̃p] *f.* Trompa.
trompe-l'œil [trɔ̃plœj] *m. invar.* Engañifa *f.*, apariencia *f.* engañosa. Loc. *En* ~, de candilejas.
tromper [trɔ̃pe] *tr.* 1 Engañar. 2 Ser infiel a, engañar a (son mari, sa femme). 3 Burlar (échapper). 4 Matar: ~ *la soif,* matar la sed. ■ 5 *pr.* Equivocarse. Loc. *Si je ne me trompe,* si no me equivoco.
trompette [trɔ̃pɛt] *f.* 1 Trompeta (instrument). 2 *Nez en* ~, nariz respingona. ■ 3 *m.* Trompeta (musicien).

trompeur, -euse [tʀɔ̃pœʀ, -øz] *adj.* Engañador, ra, engañoso, sa.
tronc [tʀɔ̃] *m.* 1 Tronco. 2 Cepillo (dans une église).
tronçonner [tʀɔ̃sɔne] *tr.* Cortar en trozos.
trône [tʀon] *m.* Trono.
tronquer [tʀɔ̃ke] *tr.* Truncar.
trop [tʀo] *adv.* 1 Demasiado: ~ ***cher,*** demasiado caro; ~ ... ***pour,*** demasiado... para. Loc. ***De ~ en ~,*** de más, de sobra: ***c'en est ~,*** es demasiado, esto pasa de la raya. 2 Muy: ~ ***peu,*** muy poco. 3 ~ ***de,*** demasiado, da, dos, das; ~ ***de choses,*** demasiadas cosas. ■ 4 *m.* Exceso.
trophée [tʀɔfe] *m.* Trofeo.
tropical, -ale [tʀɔpikal] *adj.* Tropical: ***pays tropicaux,*** países tropicales.
tropique [tʀɔpik] *m.* 1 Trópico. 2 ***Les tropiques,*** los trópicos.
troquer [tʀɔke] *tr.* Trocar, cambiar.
trot [tʀo] *m.* 1 Trote. 2 ***Au ~,*** al trote, a trote.
trotter [tʀɔte] *intr.* 1 Trotar, ir al trote (cheval). 2 Corretear, callejear (marcher beaucoup). 3 ~ ***par la tête,*** dar vueltas en la cabeza. ■ 4 *pr.* pop. Largarse (se sauver).
trottoir [tʀɔtwaʀ] *m.* 1 Acera *f.* (de rue). Loc. ***Faire le ~,*** dedicarse a la prostitución. 2 ~ ***roulant,*** plataforma *f.* móvil.
trou [tʀu] *m.* 1 Agujero, orificio. Loc. ~ ***d'air,*** bache (avion). 2 Ojo (de la serrure). 3 Madriguera *f.* (des animaux), ratonera *f.* (de souris). Loc. fig. ***Faire son ~,*** establecerse, colocarse bien. 4 ~ ***du souffleur,*** concha *f.* del apuntador. 5 Poblacho, villorrio, aldea (petit village). 6 Fallo (de mémoire). 7 pop. ***Être au ~,*** estar en chirona, en la cárcel. 8 SPORTS Hoyo (golf).
troubadour [tʀubaduʀ] *m.* Trovador.
trouble [tʀubl(ə)] *adj.* 1 Turbio, bia. 2 Confuso, sa. ■ 3 *m.* Disturbio, desorden, confusión *f.* 4 Turbación *f.*, emoción *f.* ■ 5 *m. pl.* Disturbios, revueltas *f.* (rébellion). 6 Trastornos (de la santé): ***troubles psychiques,*** trastornos psíquicos.
trouble-fête [tʀubləfɛt] *m. invar.* Aguafiestas.
troubler [tʀuble] *tr.* 1 Enturbiar (rendre trouble). 2 Turbar, agitar (agiter). 3 Perturbar, trastornar (dérégler). 4 Inquietar, impresionar. ■ 5 *pr.* Turbarse, perder la serenidad.
trouer [tʀue] *tr.* Horadar, agujerear.
troupe [tʀup] *f.* 1 Tropa, pandilla. 2 Bandada, vuelo *m.* (d'oiseaux). 3 MIL. Tropa. 4 Compañía (de comédiens, etc.).
troupeau [tʀupo] *m.* 1 Rebaño, manada *f.* (d'animaux). 2 Multitud *f.*, rebaño (de personnes).
trousse [tʀus] *f.* 1 Estuche *m.*: ~ ***de toilette,*** estuche de aseo.
trousseau [tʀuso] *m.* 1 Manojo (de clés). 2 Ajuar, equipo, ropa *f.* (d'une fiancée, d'un collégien).
trousser [tʀuse] *tr.* 1 Arremangar, levantar, recoger (les vêtements). 2 CUIS. ~ ***une volaille,*** atar un ave para asarla. 3 Hacer rápido y hábilmente, despachar de prisa (faire rapidement).
trouvaille [tʀuvɑj] *f.* Hallazgo *m.*
trouver [tʀuve] *tr.* 1 Encontrar, hallar, dar con: ***je ne trouve pas mes lunettes,*** no encuentro mis gafas. 2 Sentir, experimentar (éprouver). 3 Ver, encontrar: ~ ***bon, mauvais,*** encontrar bien, mal; ***aller ~ quelqu'un,*** ir a ver a alguien. Loc. ***Vous trouvez?,*** ¿usted cree? (croire). ■ 4 *pr.* Encontrarse, hallarse. 5 Sentirse, encontrarse: ***je me trouve bien ici,*** me siento a gusto aquí. ■ 6 *impers.* ***Il se trouve que,*** sucede que, ocurre que. 7 ***Il se trouve toujours des personnes qui...,*** hay siempre personas que...

trouvère [tʀuvɛʀ] *m.* Trovero.
truand, -ande [tʀyɑ̃, -ɑ̃d] *s.* Truhán, ana, pícaro, ra.
truc [tʀyk] *m.* **1** Truco. **2** fam. Chisme, cosa *f.*, cacharro (chose quelconque). **3** Sistema, mecanismo.
trucage [tʀykaʒ] *m.* **1** Falsificación *f.* **2** Trampa *f.* **3** Efectos especiales, trucaje (au cinéma).
truculent, -ente [tʀykylɑ̃, -ɑ̃t] *adj.* Truculento, ta.
truelle [tʀyɛl] *f.* **1** Palustre *m.*, llana (de maçon). **2** Paleta (pour servir).
truffe [tʀyf] *f.* Trufa.
truie [tʀɥi] *f.* Marrana, cerda.
truite [tʀɥit] *f.* Trucha.
truquer [tʀyke] *tr.* Falsificar.
tu [ty] *pron. pers.* Tú.
tuant, -ante [tɥɑ̃, -ɑ̃t] *adj.* fam. Penoso, sa, fatigante, agobiante.
tube [tyb] *m.* **1** Tubo: ~ ***à essai,*** tubo de ensayo. **2** ANAT. Tubo. **3** fam. Canción *f.* de éxito.
tubercule [tybɛʀkyl] *m.* Tubérculo.
tuberculeux, -euse [tybɛʀkylœ, -øz] *adj.-s.* Tuberculoso, sa.
tuer [tɥe] *tr.* **1** Matar. **2** ~ ***le temps,*** matar el tiempo. ■ **3** *pr.* Matarse: ***se ~ au travail,*** matarse trabajando. **4** Suicidarse.
tuerie [tyʀi] *f.* Matanza, carnicería.
tue-tête (à) [atytɛt] *loc. adv.* A grito pelado, a voz en grito.
tueur, -euse [tɥœʀ, -øz] *s.* **1** Matador, ra, asesino, na. ■ **2** *m.* Matarife (dans un abattoir).
tuile [tɥil] *f.* **1** Teja. **2** fam. Accidente *m.*, sorpresa desagradable.
tulipe [tylip] *f.* Tulipán *m.*
tulle [tyl] *m.* Tul.
tuméfier [tymefje] *tr.* Causar tumefacción, hinchar. ▲ CONJUG. como ***prier.***
tumeur [tymœʀ] *f.* Tumor *m.*
tumulte [tymylt(ə)] *m.* Tumulto.
tumultueux, -euse [tymyltɥœ, -øz] *adj.* Tumultuoso, sa.
tunique [tynik] *f.* **1** Túnica. **2** ANAT., BOT. Túnica.
tunnel [tynɛl] *m.* Túnel.
turban [tyʀbɑ̃] *m.* Turbante.
turbine [tyʀbin] *f.* Turbina.
turbulence [tyʀbylɑ̃s] *f.* Turbulencia.
turbulent, -ente [tyʀbylɑ̃, -ɑ̃t] *adj.* Turbulento, ta.
turc, turque [tyʀk, -k(ə)] *adj.-s.* Turco, ca.
turpitude [tyʀpityd] *f.* Torpeza, vileza.
turquoise [tyʀkwaz] *f.* **1** Turquesa (pierre). ■ **2** *adj. invar.* Color turquesa.
tutélaire [tytelɛʀ] *adj.* Tutelar.
tutelle [tytɛl] *f.* Tutela.
tuteur, -trice [tytœʀ, -tʀis] *s.* **1** Tutor, ra. ■ **2** *m.* AGR. Tutor, rodrigón.
tutoyer [tytwaje] *tr.* Tutear, tratar de tú. ▲ CONJUG. como ***employer.***
tutu [tyty] *m.* Tonelete (des danseuses).
tuyau [tɥijo] *m.* **1** Tubo. Loc. ~ ***d'arrosage,*** manga *f.*, manguera *f.* de riego; ~ ***d'échappement,*** tubo de escape. **2** Cañón (d'une plume d'oiseau, d'une cheminée, d'orgue). **3** Pliegue en forma de tubo. **4** fam. Informe, noticia *f.* confidencial (renseignement).
tuyauterie [tɥijotʀi] *f.* **1** Tubería (ensemble de tuyaux). **2** Cañería.
TVA [tevea] *f.* (*abrév.* taxe sur la valeur ajoutée) IVA *m.*
tympan [tɛ̃pɑ̃] *m.* ANAT., ARCHIT. Tímpano.
tympanon [tɛ̃panɔ̃] *m.* MUS. Tímpano.
type [tip] *m.* **1** Tipo (modèle). **2** fig. Tipo (personnage original). **3** fam. Tipo, tío (homme quelconque): ***pauvre ~,*** pobre tipo; ***un chic ~,*** un tío estupendo.
typhoïde [tifɔid] *adj.-f.* Tifoidea (fièvre).
typhon [tifɔ̃] *m.* Tifón.
typhus [tifys] *m.* Tifus.
typique [tipik] *adj.* Típico, ca.
typographie [tipɔgʀafi] *f.* Tipografía.

tyran [tiʀɑ̃] *m.* Tirano.
tyrannie [tiʀani] *f.* Tiranía.

U

u [y] *m.* U *f.*
ubiquité [ybikɥite] *f.* Ubicuidad.
UE *f.* (*abrév.* Union Européenne) UE.
ulcérer [ylseʀe] *tr.* **1** Ulcerar. **2** fig. Herir, lastimar moralmente. ▲ CONJUG. como ***accélérer.***
ULM [yɛlɛm] *m.* (*abrév.* ultraléger motorisé) Ultraligero.
ultérieur, -eure [ylteʀjœʀ] *adj.* Ulterior.
ultimatum [yltimatɔm] *m.* Ultimátum.
ultra [yltʀa] *adj.-s.* Extremista, ultra.
ululer [ylyle] *intr.* Ulular.
un, une [œ̃, yn] *adj. num. indéf.* **1** Uno, una. Loc. ***Pas ~,*** ni uno, ninguno; ***ne faire qu'~,*** no ser más que uno, ser una misma persona; ***c'est tout ~,*** es lo mismo, es todo uno; ***~ à ~,*** uno por uno. ■ **2** *adj. ordin.* Primero, ra: ***livre ~,*** libro primero. Loc. fam. ***Ne faire ni une ni deux,*** no pararse en barras. ■ **3** *adj.* Uno, una (indivisible). ■ **4** *art. indéf.* Un, una: ***~ de mes amis,*** un amigo mío. ■ **5** *pron. indéf.* Un, una, unos, unas: ***l'~ d'eux,*** uno de ellos. Loc. ***Ni l'~ ni l'autre,*** ni uno ni otro, ninguno de los dos; ***l'~ et l'autre,*** uno y otro, ambos, los dos. ■ **6** *m.* Uno (une unité). ■ **7** *f.* Primera plana (d'un journal): ***à la une,*** en primera plana.
unanimité [ynanimite] *f.* Unanimidad: ***à l'~,*** por unanimidad.
Unesco [ynɛskɔ] *f.* (*abrév.* United Nations Educational, Scientific and Cultural Organization) Unesco.
uni, -ie [yni] *adj.* **1** Unido, da: ***unis contre quelqu'un,*** unidos contra alguien. **2** Llano, na, liso, sa (une surface). **3** Liso, sa: ***couleurs unies,*** colores lisos; ***chemisier ~,*** blusa lisa.
Unicef [ynisɛf] *f.* (*abrév.* United Nations International Children's Emergency Fund) Unicef.
unifier [ynifje] *tr.* Unificar. ▲ CONJUG. como ***prier.***
uniforme [ynifɔʀm(ə)] *adj.-m.* Uniforme.
uniformiser [ynifɔʀmize] *tr.* Uniformar, uniformizar (rendre uniforme).
unilatéral, -ale [ynilateʀal] *adj.* Unilateral: ***contrats unilatéraux,*** contratos unilaterales.
union [ynjɔ̃] *f.* Unión.
unique [ynik] *adj.* Único, ca.
unir [yniʀ] *tr.* **1** Unir (annexer, assembler). ■ **2** *pr.* Unirse (s'associer). **3** Casarse (se marier).
unisson [ynisɔ̃] *m.* **1** Unisón, unísono. **2** ***À l'~,*** al unísono.
unitaire [yniteʀ] *adj.* Unitario, ria.
unité [ynite] *f.* Unidad.
univers [ynivɛʀ] *m.* Universo.
universalité [ynivɛʀsalite] *f.* Universalidad.
universel, -elle [ynivɛʀsɛl] *adj.* Universal.
universitaire [ynivɛʀsitɛʀ] *adj.* **1** Universitario, ia. ■ **2** *s.* Profesor, ra de la Universidad.
université [ynivɛʀsite] *f.* Universidad.
uranium [yʀanjɔm] *m.* Uranio.
urbain, -aine [yʀbɛ̃, -ɛn] *adj.* Urbano, na.
urbaniser [yʀbanize] *tr.* Urbanizar.
urbanité [yʀbanite] *f.* Urbanidad.
urée [yʀe] *f.* Urea.
urémie [yʀemi] *f.* Uremia.
urgence [yʀʒɑ̃s] *f.* **1** Urgencia. **2** ***D'~,*** con urgencia, urgentemente.
urgent, -ente [yʀʒɑ̃, -ɑ̃t] *adj.* **1** Urgente. **2** ***Être ~,*** ser urgente, urgir.
urinaire [yʀinɛʀ] *adj.* Urinario, ia.
urinal [yʀinal] *m.* Orinal (pour malades).
urine [yʀin] *f.* Orina.
urinoir [yʀinwaʀ] *m.* Urinario.

urne [yʀn(ə)] *f.* Urna. Loc. ***Aller aux urnes,*** ir a votar.
urticaire [yʀtikɛʀ] *f.* Urticaria.
us [ys] *m. pl.* Usos: ***les ~ et coutumes,*** los usos y costumbres.
usage [ysaʒ] *m.* **1** Uso, empleo (utilisation). Loc. ***Faire ~ de,*** emplear, hacer uso de; ***à l'~,*** con el uso; ***à l'~ de,*** para uso de; ***en ~,*** en uso; ***hors d'~,*** fuera de uso, desusado, da; fam. ***faire de l'~,*** durar. **2** Uso, costumbre *f.* (coutume). Loc. ***D'~,*** usual, de costumbre. **3** Educación *f.*, buenas costumbres *f. pl.* **4** Usufructo.
usagé, -ée [yzaʒe] *adj.* Usado, da: ***vêtements usagés,*** vestidos usados.
usager [yzaʒe] *m.* Usuario.
usé, -ée [yze] *adj.* **1** Gastado, da, usado, da. **2** Desgastado, da, gastado, da (affaibli). **3** Trillado, da, común (banal).
user [yze] *intr.* **1** Usar, emplear, hacer uso de, valerse de: ***~ d'un privilège,*** hacer uso de un privilegio. **2** ***En ~ avec quelqu'un,*** comportarse, obrar, portarse con alguien. ■ **3** *tr.* Gastar, consumir. **4** Gastar, desgastar (détériorer). Loc. ***~ ses fonds de culottes sur les bancs de l'école,*** ir a la escuela. **5** Debilitar, minar, gastar (santé, forces). ■ **6** *pr.* Gastarse.
usine [yzin] *f.* Fábrica.
usité, -ée [yzite] *adj.* Usado, da, en uso, empleado, da.
ustensile [ystɑ̃sil] *m.* Utensilio.
usuel, -elle [yzɥɛl] *adj.* Usual.
usufruit [yzyfʀɥi] *m.* Usufructo.
usure [yzyʀ] *f.* **1** Usura (intérêt). **2** Desgaste *m.* Deterioro *m.* (détérioration).
usurier, -ière [yzyʀje, -jɛʀ] *s.* Usurero, ra.
usurpateur, -trice [yzyʀpatœʀ, -tʀis] *s.* Usurpador, ra.
usurper [yzyʀpe] *tr.* Usurpar.
ut [yt] *m.* MUS. Do.
utérin, -ine [yteʀɛ̃, -in] *adj.* Uterino, na.
utile [ytil] *adj.* **1** Útil. **2** ***En temps ~,*** en su debido tiempo. ■ **3** *m.* Lo útil, lo que es útil.
utilisateur, -trice [ytilizatœʀ, -tʀis] *s.* INFORM. Usuario, a.
utiliser [ytilize] *tr.* Utilizar.
utilitaire [ytilitɛʀ] *adj.* **1** Utilitario, ia. ■ **2** *m.* Utilitario.
utilité [ytilite] *f.* **1** Utilidad. **2** THÉÂT. Empleo *m.* subalterno de actor.
utopie [ytɔpi] *f.* Utopía.

V

v [ve] *m.* V *f.*
va [va] **1** v. **aller**: ***qui ~ là?,*** ¿quién va?; ***va-t-en,*** vete. **2** ***~ pour,*** sea, vaya por: ***~ pour dix francs,*** vaya por diez francos. **3** *interj.* ¡anda!, ¡venga!, ¡vamos!
vacance [vakɑ̃s] *f.* **1** Vacante (poste, chaire). ■ **2** *pl.* Vacaciones: ***être en vacances,*** estar de vacaciones; ***grandes vacances,*** vacaciones de verano.
vacant, -ante [vakɑ̃, -ɑ̃t] *adj.* **1** Vacante. **2** Desocupado, da, libre (siège, logement, etc.).
vacarme [vakaʀm(ə)] *m.* Alboroto, estrépito.
vaccin [vaksɛ̃] *m.* Vacuna *f.*
vacciner [vaksine] *tr.* Vacunar.
vache [vaʃ] *f.* **1** Vaca. Loc. fam. ***Manger de la ~ enragée,*** pasar las de Caín. **2** Vaqueta, vaca (cuir). **3** fig. fam. Mala bestia, mal bicho *m.*, hueso *m.* (personne). ■ **4** *adj.* fam. Mal intencionado, da.
vacherie [vaʃʀi] *f.* **1** Vaquería. **2** *pop.* Mala jugada, cochinada.
vacillation [vasijɑsjɔ̃, vasilɑsjɔ̃] *f.* Vacilación.
vaciller [vasije; vasile] *intr.* Vacilar.

va-et-vient [vaevjɛ̃] *m. invar.* **1** Vaivén. **2** MAR. Andarivel, estacha *f.* (cordage).
vagabond, -onde [vagabɔ̃, -ɔ̃d] *adj.-m.* Vagabundo, da.
vagabonder [vagabɔ̃de] *intr.* Vagabundear, vagar, errar.
vagin [vaʒɛ̃] *m.* Vagina *f.*
vagir [vaʒiʀ] *intr.* **1** Llorar (nouveau-né). **2** Chillar (lièvre).
vagissement [vaʒismɑ̃] *m.* Vagido.
vague [vag] *adj.* **1** Vago, ga, indeciso, sa. **2** ***Terrain*** ~, baldío, solar. ■ **3** *m.* Vaguedad *f.* Loc. ~ ***à l'âme,*** morriña *f.,* melancolía *f.:* ***rester dans le*** ~, ser impreciso, sa. ■ **4** *f.* Ola (de la mer, etc.). **5** ~ ***de chaleur,*** ola de calor. **6** fig. Oleada, ola.
vaguement [vagmɑ̃] *adv.* Apenas, poco, más o menos.
vaguer [vage] *intr.* Vagar, errar.
vaillance [vajɑ̃s] *f.* Valentía, valor *m.*
vaillant, -ante [vajɑ̃, -ɑ̃t] *adj.* Valiente, intrépido, da, animoso, sa. Loc. ***Pas un sou*** ~, ni un cuarto.
vain, vaine [vɛ̃, vɛn] *adj.* **1** Vano, na. ■ **2** *loc. adv.* ***En*** ~, en vano.
vaincre [vɛ̃kʀ(ə)] *tr.* **1** Vencer. ■ **2** *pr.* Vencerse, dominarse. ▲ CONJUG. IRREG. INDIC. Pres.: ***je vaincs, tu vaincs, il vainc, nous vainquons, vous vainquez, ils vainquent.*** Imperf.: ***je vainquais,*** etc. Pret. indef.: ***je vainquis,*** etc. Fut. imperf.: ***je vaincrai,*** etc. POT.: ***je vaincrais,*** etc. SUBJ. Pres.: ***que je vainque,*** etc. Imperf.: ***que je vainquisse,*** etc. IMPER.: ***vaincs, vainquons, vainquez.*** PART. A.: ***vainquant.*** PART. P.: ***vaincu, ue.***
vaincu, -ue [vɛ̃ky] *adj.-s.* Vencido, da: ***s'avouer*** ~, darse por vencido.
vainqueur [vɛ̃kœʀ] *m.* **1** Vencedor. ■ **2** *adj.* Victorioso, sa, vencedor, ra, triunfante.
vaisseau [vɛso] *m.* **1** MAR. Buque, nave *f.,* navío: ***capitaine de*** ~, capitán de navío; ~ ***école,*** buque escuela; ~ ***spatial,*** nave espacial. Loc. fig. ***Brûler ses vaisseaux,*** quemar sus naves. **2** ARCHIT. Nave *f.* **3** ANAT., BOT. Vaso.
vaisselle [vɛsɛl] *f.* Vajilla. Loc. ***Faire la*** ~, lavar los platos, fregar.
val [val] *m.* Valle. Loc. ***Par monts et par vaux,*** por todas partes.
valable [valabl(ə)] *adj.* Válido, da, valedero, ra.
valériane [valeʀjan] *f.* Valeriana.
valet [valɛ] *m.* **1** Lacayo, criado, mozo. Loc. ~ ***de pied,*** lacayo; ~ ***de chambre,*** ayuda de cámara; ~ ***de ferme,*** gañán; ~ ***d'écurie,*** mozo de cuadra. **2** Sota (jeux de cartes). **3** TECHN. Barrilete, siete.
valeur [valœʀ] *f.* **1** Valor *m.:* ***objet de*** ~, objeto de valor. Loc. ***Attacher de la*** ~ ***à,*** dar importancia a; ***mettre en*** ~, dar valor a, beneficiar (une terre), destacar, hacer resaltar (mettre en évidence). **2** COMM. Valor *m.:* ***valeurs à lots,*** valores amortizables. **3** Valía: ***un homme de*** ~, un hombre de valía. **4** MUS., PEINT. Valor *m.*
valeureux, -euse [valœʀø, -øz] *adj.* Valeroso, sa.
validation [validasjɔ̃] *f.* Validación.
valide [valid] *adj.* Válido, da.
valider [valide] *tr.* Validar.
validité [validite] *f.* Validez.
valise [valiz] *f.* **1** Maleta, valija. **2** ~ ***diplomatique,*** valija diplomática.
vallée [vale] *f.* Valle *m.*
vallon [valɔ̃] *m.* Vallecito, cañada *f.*
valoir [valwaʀ] *intr.* **1** Valer (coûter). Loc. ***Faire*** ~, beneficiar (une terre), destacar, hacer resaltar (mettre quelque chose en évidence), hacer valer, acreditar, (quelqu'un); ***se faire*** ~, darse importancia, sostener sus derechos; ***autant vaut,*** tanto monta; ***il vaut mieux,*** vale más, es preferible; ***rien qui vaille,*** nada bueno *loc. adv.* ***À*** ~, a cuenta; ***vaille que vaille,*** mal que bien. **2** Valer, equivaler. **3** Valer, merecer: ~ ***la peine de,*** valer la pena de. ■ **4** *tr.* Valer, procurar. ■ **5** *pr.* Ser equi-

valentes. ▲ CONJUG. IRREG. INDIC. Pres.: *je vaux, tu vaux, il vaut, nous valons, vous valez, ils valent.* Imperf.: *je valais,* etc. Pret. indef.: *je valus,* etc. Fut. Imperf.: *je vaudrai,* etc. POT.: *je vaudrais,* etc. SUBJ. Pres.: *que je vaille, que tu vailles, qu'il vaille, que nous valions, que vous valiez, qu'ils vaillent.* Imperf.: *que je valusse,* etc. IMPER.: *vaux, valons, valez.* PART. A.: *valant.* PART. P.: *valu, ue.*

valoriser [valɔrize] *tr.* Valorizar.

valse [vals(ə)] *f.* Vals *m.*

valve [valv(ə)] *f.* **1** Valva (mollusques). **2** ÉLECTR., TECHN. Válvula.

valvule [valvyl] *f.* ANAT. Válvula.

vampire [vɑ̃piʀ] *m.* Vampiro.

van [vɑ̃] *m.* Harnero de mimbre.

vandale [vɑ̃dal] *m.* Vándalo.

vandalisme [vɑ̃dalism(ə)] *m.* Vandalismo.

vanille [vanij] *f.* Vainilla: *glace à la ~,* helado de vainilla.

vanillier [vanije] *m.* Vainilla (plante).

vanité [vanite] *f.* Vanidad. Loc. *Tirer ~ de,* enorgullecerse de. *loc. adv. Sans ~,* sin jactancia.

vaniteux, -euse [vanitø, -øz] *adj.-s.* Vanidoso, sa.

vanne [van] *f.* Compuerta, alza (d'une écluse).

vanneau [vano] *m.* Avefría *f.*

vanner [vane] *tr.* **1** Ahechar. **2** fam. Fatigar, agotar (fatiguer).

vantail [vɑ̃taj] *m.* Hoja *f.,* batiente *f.*: *les vantaux d'une fenêtre,* las hojas de una ventana.

vantard, -arde [vɑ̃taʀ, -aʀd(ə)] *adj.-s.* Jactancioso, sa, alabancioso, sa.

vanter [vɑ̃te] *tr.* **1** Alabar, celebrar, ensalzar. ■ **2** *pr.* Alabarse, jactarse.

vapeur [vapœʀ] *f.* **1** Vapor *m.,* vaho *m. loc. adv. À la ~,* al vapor; *à toute ~,* a todo vapor. ■ **2** *pl.* Vapores: *les vapeurs de l'ivresse,* los vapores del vino. ■ **3** *m.* Vapor (bateau).

vaporeux, -euse [vapɔʀø, -øz] *adj.* **1** Vaporoso, sa (aérien). **2** Cargado, da de nubes o vapores. **3** fig. Nebuloso, sa, obscuro, ra.

vaporiser [vapɔʀize] *tr.* **1** Vaporizar. ■ **2** *pr.* Vaporizarse.

varech [vaʀɛk] *m.* Fuco.

vareuse [vaʀøz] *f.* **1** Marinera, chaqueta. **2** MIL. Guerrera, chaquetón *m.*

variable [vaʀjabl(ə)] *adj.-f.* Variable.

variant, -ante [vaʀjɑ̃, -ɑ̃t] *adj.-f.* Variante.

variation [vaʀijɑsjɔ̃] *f.* Variación.

varice [vaʀis] *f.* Variz, varice.

varier [vaʀje] *tr.* **1** Variar. ■ **2** *intr.* Variar. **3** Diferir. ▲ CONJUG. como *prier.*

variété [vaʀjete] *f.* **1** Variedad. ■ **2** *pl.* Variedades (spectacle).

variole [vaʀjɔl] *f.* Viruela.

varlope [vaʀlɔp] *f.* Garlopa.

vasculaire [vaskylɛʀ] *adj.* Vascular.

vase [vɑz] *m.* **1** Vaso, vasija *f.* Loc. *Vases communiquants,* vasos comunicantes; *~ de nuit,* orinal. **2** Jarrón, florero (à fleurs). ■ **3** *f.* Cieno *m.,* légamo *m.*

vaseline [vazlin] *f.* Vaselina.

vaseux, -euse [vɑzø, -øz] *adj.* **1** Cenagoso, sa, limoso, sa. **2** fam. Pachucho, cha, malucho, cha (fatigué). **3** fam. Obscuro, ra, poco inteligible (peu clair).

vasistas [vazistɑs] *m.* Cuarterón móvil, tragaluz.

vasque [vask(ə)] *f.* Pilón *m.*

vaste [vast(ə)] *adj.* Vasto, ta, extenso, sa, amplio, a.

va-tout [vatu] *m. invar.* Envite del resto. Loc. *Jouer son ~,* arriesgar el todo por el todo.

vaudeville [vodvil] *m.* Vodevil.

vaurien, -ienne [voʀjɛ̃, jɛn] *adj.-s.* Granuja, golfo, fa.

vautour [votuʀ] *m.* Buitre.

vautrer (se) [votʀe] *pr.* Revolcarse, repanchigarse.

veau [vo] *m.* **1** Ternero, becerro. Loc. ***Pleurer comme un ~,*** berrear; ***tuer le ~ gras,*** echar la casa por la ventana. **2** Ternera *f.* (viande). **3** Becerro (cuir). **4** ~ ***marin,*** becerro marino.

vecteur [vɛktœʀ] *m.* Vector.

vedette [vədɛt] *f.* **1** Pequeño barco *m.* de guerra (bateau militaire). **2** Lancha motora rápida (canot rapide). **3** Estrella, primera figura (artiste). **4** Divo *m.*, diva (d'opéra). Loc. ***Mettre en ~,*** destacar, poner en primer plano. **5** ancienn. Centinela *m.* (soldat).

végétal, -ale [veʒetal] *adj.-m.* Vegetal: ***médicaments végétaux,*** medicamentos vegetales.

végétarien, -ienne [veʒetaʀjɛ̃, -jɛn] *adj.-s.* Vegetariano, na.

végétation [veʒetasjɔ̃] *f.* **1** Vegetación. ■ **2** *pl.* MÉD. Vegetaciones.

végéter [veʒete] *intr.* Vegetar. ▲ CONJUG. como ***accélérer.***

véhémence [veemɑ̃s] *f.* Vehemencia.

véhicule [veikyl] *m.* Vehículo.

veille [vɛj] *f.* **1** Vigilia, vela. **2** Víspera (jour précédent): ***être à la ~ de,*** estar en vísperas de. **3** Vigilia (d'une fête religieuse). ■ **4** *pl.* Desvelos *m.*

veillée [veje] *f.* **1** Velada. **2** ~ ***funèbre,*** velatorio *m.*, velorio *m.*

veiller [veje] *intr.* **1** Velar (rester sans dormir). **2** Velar, vigilar. Loc. ~ ***à,*** ~ ***sur,*** velar por, tener cuidado de; ~ ***à ce que,*** procurar de. ■ **3** *tr.* Velar (un malade, un mort).

veilleur, -euse [vɛjœʀ, øz] *s.* Velador, ra, vigilante. Loc. ~ ***de nuit, vigilante nocturno, sereno.***

veilleuse [vɛjøz] *f.* Mariposa, lamparilla de noche (lampe), llama piloto (d'un chauffe-eau). Loc. ***Mettre en ~,*** poner a media luz (une lumière), limitar (une activité).

veinard, -arde [vɛnaʀ, -aʀd(ə)] *adj.-s.* fam. Potroso, sa.

veine [vɛn] *f.* **1** Vena. **2** MIN. Vena, veta. **3** fig. Vena: ~ ***poétique,*** vena poética. **4** fam. Potra, suerte. Loc. ***Pas de ~!,*** ¡qué mala pata!; ***être en ~,*** estar de suerte.

veineux, -euse [vɛnø, -øz] *adj.* **1** Venoso, sa. **2** Veteado, da (bois, etc.).

vêler [vele] *intr.* Parir (vache).

vélin [velɛ̃] *m.* Vitela *f.*: ***papier ~,*** papel vitela.

velléité [ve(ɛl)leite] *f.* Veleidad.

vélo [velo] *m.* fam. Bici *f.*

vélocité [velɔsite] *f.* Velocidad, rapidez.

vélodrome [velɔdʀɔm] *m.* Velódromo.

velours [v(ə)luʀ] *m.* **1** Terciopelo. **2** ***côtelé,*** pana *f.* Loc. ***Faire patte de ~,*** esconder las uñas; ***jouer sur le ~,*** jugar sobre seguro.

velu, -ue [vəly] *adj.* Velludo, da, velloso, sa.

vélum [velɔm] *m.* Toldo.

venaison [vənɛzɔ̃] *f.* Carne de venado.

vénal, -ale [venal] *adj.* **1** Venal. **2** ***Valeur vénale,*** valor comercial.

venant, -ante [v(ə)nɑ̃, -ɑ̃t] *adj.-s.* Viniente, que llega. Loc. ***À tout ~,*** al primer llegado, a todo el mundo.

vendable [vɑ̃dabl(ə)] *adj.* Vendible.

vendange [vɑ̃dɑ̃ʒ] *f.* Vendimia.

vendangeur, -euse [vɑ̃dɑ̃ʒœʀ, -øz] *s.* Vendimiador, ra.

vendémiaire [vɑ̃demjɛʀ] *m.* Vendimiario (primer mes del año republicano francés).

vendeur, -euse [vɑ̃dœʀ, -øz] *s.* **1** COMM. Vendedor, ra. **2** Dependiente, ta (employé).

vendre [vɑ̃dʀ(ə)] *tr.* **1** Vender: ~ ***à terme,*** vender a plazos: ~ ***aux enchères,*** vender en pública subasta; ***à ~,*** en venta. **2** ~ ***la mèche,*** revelar un secreto. ■ **3** *pr.* Venderse. ▲ CONJUG. como ***rendre.***

vendredi [vɑ̃dʀədi] *m.* Viernes.

venelle [vənɛl] *f.* Callejón *m.*, callejuela.

vénéneux, -euse [venenø, -øz] *adj.* Venenoso, sa.
vénération [veneRasjɔ̃] *f.* Veneración.
vénérer [veneRe] *tr.* Venerar. ▲ CONJUG. como ***accélérer.***
vénerie [vɛnRi] *f.* Montería.
vengeance [vɑ̃ʒɑ̃s] *f.* Venganza. Loc. ***Tirer ~ de,*** vengarse de.
venger [vɑ̃ʒe] *tr.* 1 Vengar. ■ 2 *pr.* Vengarse. ▲ CONJUG. como ***engager.***
véniel, -elle [venjɛl] *adj.* Venial.
venimeux, -euse [vənimø, -øz] *adj.* Venenoso, sa, ponzoñoso, sa.
venin [vənɛ̃] *m.* 1 Veneno, ponzoña *f.* Loc. ***Jeter tout son ~,*** desahogar la cólera; ***morte la bête, mort le ~,*** muerto el perro se acabó la rabia.
venir [v(ə)niR] *intr.* 1 Venir: ***il est venu hier,*** vino ayer; ***dites-lui de ~,*** dígale que venga; ***ces oranges viennent de Valence,*** estas naranjas vienen de Valencia. Loc. ***~ à l'esprit,*** venir al pensamiento, ocurrirse; ***laisser ~, voir ~,*** ver venir, esperar sin prisas; ***le temps à ~,*** el tiempo venidero. 2 Ir (aller). 3 Llegar, venir, ocurrir: ***un malheur ne vient jamais seul,*** una desgracia nunca llega sola. 4 Formarse, aparecer. 5 Crecer, desarrollarse: ***cet arbre vient bien,*** este árbol crece bien. 6 ***~ de,*** acabar de: ***il vient d'arriver, de partir,*** acaba de llegar, de salir. 7 ***~ à bout d'une chose,*** llevar a cabo una cosa; ***~ à bout de quelqu'un,*** vencer, hacer ceder a uno; ***en ~ à, jusqu'à,*** llegar a, verse reducido a; ***en ~ aux mains,*** venir a las manos, reñir; ***faire ~ quelqu'un,*** llamar a alguien; ***vouloir en ~,*** querer ir a parar. ▲ CONJUG. IRREG. INDIC. Pres.: ***je viens, tu viens, il vient, nous venons, vous venez, ils viennent.*** Imperf.: ***je venais,*** etc. Pret. indef.: ***je vins,*** etc. Fut. imperf.: ***je viendrai,*** etc. POT.: ***je viendrais,*** etc. SUBJ. Pres.: ***que je vienne,*** etc. Imperf.: ***que je vinsse,*** etc. IMPERS.: ***viens, venons, venez.*** PART. A.: ***venant.*** PART. P.: ***venu, ue.***
vénitien, -ienne [venisjɛ̃, jɛn] *adj.s.* Veneciano, na.
vent [vɑ̃] *m.* 1 Viento. 2 Aire (air). 3 Viento (odeur du gibier). Loc. ***Avoir ~ de,*** barruntar, tener noticia de. 4 Viento, ventosidad *f.* (gaz intestinal).
vente [vɑ̃t] *f.* 1 Venta: ***~ au comptant, à tempérament,*** venta al contado, a plazos. 2 ***~ aux enchères,*** subasta, almoneda.
venter [vɑ̃te] *impers.* Ventear: ***il vente,*** ventea.
venteux, -euse [vɑ̃tø, -øz] *adj.* Ventoso, sa.
ventilateur [vɑ̃tilatœR] *m.* Ventilador.
ventilation [vɑ̃tilɑsjɔ̃] *f.* Ventilación.
ventiler [vɑ̃tile] *tr.* 1 Ventilar. 2 COMM. Desglosar, repartir.
ventosité [vɑ̃tozite] *f.* Ventosidad.
ventouse [vɑ̃tuz] *f.* Ventosa.
ventre [vɑ̃tR(ə)] *m.* 1 Vientre, prov. ***~ affamé n'a point d'oreilles,*** el hambre no admite razones. 2 fam. Barriga *f.*, panza *f.* 3 *loc. adv.* ***À plat ~, sur le ~,*** de bruces, boca abajo; ***à ~ déboutonné,*** como un descosido; ***~ à terre,*** a galope tendido.
ventricule [vɑ̃tRikyl] *m.* ANAT. Ventrículo.
ventrière [vɑ̃tRijɛR] *f.* Ventrera.
ventriloque [vɑ̃tRilɔk] *adj.-s.* Ventrílocuo, ua.
ventru, -ue [vɑ̃tRy] *adj.* Ventrudo, da, barrigudo, da.
venu, -ue [v(ə)ny] *adj.-s.* 1 Venido, da, llegado, da: ***le premier ~,*** el primero que llegue, cualquiera; ***nouveau ~,*** recién llegado. 2 Ejecutado, da, logrado, da: ***dessin bien ~,*** dibujo bien ejecutado.
vêpres [vɛpR(ə)] *f. pl.* LITURG. Vísperas.

ver [vɛʀ] *m.* Gusano: ~ ***à soie,*** gusano de seda. Loc. ~ ***luisant,*** luciérnaga *f.*; ~ ***solitaire,*** solitaria *f.*
véracité [veʀasite] *f.* Veracidad.
véranda [veʀɑ̃da] *f.* 1 Veranda, galería cubierta. 2 Mirador *m.*
verbal, -ale [vɛʀbal] *adj.* Verbal: ***adjectifs verbaux,*** adjetivos verbales.
verbe [vɛʀb(ə)] *m.* 1 GRAM. Verbo. 2 Palabra *f.*, voz *f.* Loc. ***Avoir le ~ haut,*** tener la voz fuerte; fig. hablar con arrogancia. 3 RELIG. Verbo (de Dieu).
verbiage [vɛʀbjaʒ] *m.* Cháchara *f.*, palabrería *f.*
verbosité [vɛʀbozite] *f.* Verbosidad.
verdâtre [vɛʀdɑtʀ(ə)] *adj.* Verdoso, sa.
verdelet, -ette [vɛʀdəlɛ, -ɛt] *adj.* Agrete (vin).
verdeur [vɛʀdœʀ] *f.* 1 Estado *m.* de la leña o la fruta verde. 2 Aspereza (du vin). 3 Verdor *m.*, lozanía (d'une personne). 4 Licencia, libertad (du langage).
verdict [vɛʀdik(t)] *m.* Veredicto: ~ ***d'acquittement,*** veredicto de inculpabilidad.
verdier [vɛʀdje] *m.* Verderón.
verdir [vɛʀdiʀ] *tr.* 1 Colorear, pintar de verde. ■ 2 *intr.* Tomar color verde. 3 Verdecer, verdear (les champs, etc.).
verdoyer [vɛʀdwaje] *intr.* Verdear. ▲ CONJUG. como ***employer.***
verdure [vɛʀdyʀ] *f.* 1 Verde *m.*, verdor *m.*, verdura. 2 Vegetación. 3 Hierba, césped *m.*: ***se coucher sur la ~,*** tenderse en la hierba.
véreux, -euse [veʀø, -øz] *adj.* 1 Agusanado, da. 2 fig. Malhonesto, ta, sospechoso, sa.
verge [vɛʀʒ(ə)] *f.* 1 Vara, varilla. 2 Azote *m.* (pour frapper). 3 MAR. Caña. 4 ANAT. Miembro viril.
verger [vɛʀʒe] *m.* Vergel.
verglas [vɛʀgla] *m.* Hielo.
vergne [vɛʀɲ(ə)] *m.* Aliso.
vergogne (sans) [vɛʀgɔɲ] *loc. adv.* Sin vergüenza.
véridique [veʀidik] *adj.* Verídico, ca.
vérification [veʀifikɑsjɔ̃] *f.* Verificación, comprobación.
vérifier [veʀifje] *tr.* Verificar, comprobar. ▲ CONJUG. como ***prier.***
vérin [veʀɛ̃] *m.* MÉC. Gato, cric.
véritable [veʀitabl(ə)] *adj.* Verdadero, ra.
vérité [veʀite] *f.* Verdad: ***la ~ vraie,*** la pura verdad; ***dire à quelqu'un ses quatre ~,*** decir a uno cuatro verdades, *loc. adv.* ***À la ~,*** a la verdad; ***en ~,*** en verdad.
vermeil, -eille [vɛʀmɛj] *adj.* 1 Bermejo, ja, encarnado, da. ■ 2 *m.* Plata *f.* sobredorada (métal).
vermicelle [vɛʀmisɛl] *m.* Fideo.
vermifuge [vɛʀmifyʒ] *adj.-m.* MÉD. Vermífugo, ga, vermicida.
vermillon [vɛʀmijɔ̃] *m.* 1 Bermellón. 2 fig. Carmín.
vermine [vɛʀmin] *f.* 1 Miseria. 2 fig. Canalla, gentuza.
vermoulu, -ue [vɛʀmuly] *adj.* Carcomido, da.
verni, -ie [vɛʀni] *adj.* fig. fam. Afortunado, da. Loc. ***Être ~,*** tener potra.
vernir [vɛʀniʀ] *tr.* 1 Barnizar. 2 Charolar (le cuir).
vernissage [vɛʀnisaʒ] *m.* 1 Barnizado. 2 Inauguración *f.* (d'une exposition).
vernisser [vɛʀnise] *tr.* Vidriar.
vérole [veʀɔl] *f.* 1 MÉD. Sífilis. 2 ***Petite ~,*** viruelas *pl.*
verrat [vɛʀa] *m.* Verraco.
verre [vɛʀ] *m.* 1 Vidrio: ~ ***double,*** vidrio grueso. Loc. ~ ***de lampe,*** tubo de lámpara; ***cloche de ~,*** fanal, campana *f.* de vidrio; ***papier de ~,*** papel de lija. 2 Cristal (de lunettes, montre). 3 Vaso, copa *f.* (à boire): ***un ~ d'eau,*** un vaso de agua; ~ ***à pied,*** copa *f.*; ***petit ~,*** copita *f.* Loc. ***Prendre un ~,*** tomar una copa. ■ 4 *pl.* Lentes, gafas *f.* (lunettes).
verrerie [vɛʀʀi] *f.* 1 Vidriería. 2 Objetos *m. pl.* de vidrio.
verrière [vɛʀjɛʀ] *f.* Vidriera.

verroterie [vɛʀɔtʀi] *f.* Abalorios *m. pl.*
verrou [vɛʀu] *m.* Cerrojo. Loc. ***Être sous les verrous,*** estar preso, sa.
verrue [vɛʀy] *f.* Verruga.
verruqueux, -euse [vɛʀykø, -øz] *adj.* Verrugoso, sa.
vers [vɛʀ] *m.* **1** Verso. ■ **2** *prép.* Hacia (direction). **3** Hacia, a eso de: ~ ***six heures,*** hacia las seis, a eso de las seis.
versant [vɛʀsɑ̃] *m.* Vertiente *f.* (d'une montagne).
versatile [vɛʀsatil] *adj.* Versátil.
verse (à) [vɛʀs(ə)] *loc. adv.* A cántaros: ***il pleut à ~,*** llueve a cántaros.
versé, -ée [vɛʀse] *adj.* Versado, da.
versement [vɛʀsəmɑ̃] *m.* **1** Entrega *f.,* ingreso (fonds). **2** Pago: ***en plusieurs versements,*** en varios pagos.
verser [vɛʀse] *tr.* **1** Echar, verter, derramar: ~ ***à boire,*** echar de beber, llenar el vaso; ~ ***du sang, des larmes,*** derramar sangre, lágrimas. **2** Entregar, ingresar, abonar (fonds): ~ ***au compte de,*** abonar en cuenta de. ■ **3** *intr.* Volcar (un véhicule). **4** Encamarse (céréales). **5** fig. ~ ***dans,*** caer en.
verset [vɛʀsɛ] *m.* Versículo.
verseuse [vɛʀsøz] *f.* Cafetera de mango recto.
versification [vɛʀsifikɑsjɔ̃] *f.* Versificación.
version [vɛʀsjɔ̃] *f.* **1** Versión. **2** Traducción directa.
verso [vɛʀso] *m.* Vuelta *f.,* verso, dorso (d'un feuillet).
vert, verte [vɛʀ, -vɛʀt(ə)] *adj.* **1** Verde. Loc. ***Légumes verts,*** verduras *f.*: ***vin*** ~, vino agraz; ***haricot*** ~, judía *f.* verde; fig. ***verte réprimande,*** reprensión agria. **2** Sin curtir (cuir). **3** Vigoroso, sa, lozano, na (en parlant des gens âgés). **4** Verde (licencieux). ■ **5** *m.* Verde (couleur): ~ ***de mer,*** verdemar. **6** Forraje verde. Loc. fig. ***Se mettre au*** ~, irse al campo a descansar.
vert-de-gris [vɛʀdəgʀi] *m. invar.* Verdete, cardenillo.
vertébral, -ale [vɛʀtebʀal] *adj.* Vertebral.
vertébré, -ée [vɛʀtebʀe] *adj.* **1** Vertebrado, da. ■ **2** *m.* Vertebrado.
vertement [vɛʀtəmɑ̃] *adv.* Ásperamente, vivamente.
vertigineux, -euse [vɛʀtiʒinø, -øz] *adj.* Vertiginoso, sa.
vertu [vɛʀty] *f.* Virtud. *loc. prép.* ***En ~ de,*** en virtud de.
vertueux, -euse [vɛʀtɥø, -øz] *adj.* Virtuoso, sa.
verve [vɛʀv(ə)] *f.* **1** Inspiración, vena. **2** Locuacidad. Loc. ***Être en ~,*** estar locuaz.
verveine [vɛʀvɛn] *f.* Verbena.
vesce [vɛs] *f.* Arveja.
vésicule [vezikyl] *f.* Vesícula.
vespéral, -ale [vɛspeʀal] *adj.* **1** Vespertino, na. ■ **2** *m.* Vesperal.
vesse [vɛs] *f.* Follón *m.,* zullón *m.*
vessie [vesi] *f.* Vejiga.
vestale [vɛstal] *f.* Vestal.
veste [vɛst(ə)] *f.* Chaqueta, americana.
vestiaire [vɛstjɛʀ] *m.* Guardarropa.
vestibule [vɛstibyl] *m.* Vestíbulo.
vestige [vɛstiʒ] *m.* Vestigio, huella *f.*
veston [vɛstɔ̃] *m.* Chaqueta *f.,* americana *f.*
vêtement [vɛtmɑ̃] *m.* **1** Vestido, ropa *f.*: ***vêtements usagés,*** vestidos usados, ropa usada. **2** Traje: ~ ***militaire,*** traje militar.
vétéran [veteʀɑ̃] *m.* Veterano.
vétérinaire [veteʀinɛʀ] *adj.-s.* Veterinario, ria.
vêtir [vetiʀ] *tr.* **1** Vestir. ■ **2** *pr.* Vestirse.
veto [veto] *m.* Veto.
veuf, veuve [vœf, vœv] *adj.-s.* Viudo, da.
veule [vøl] *adj.* Flojo, ja, débil, sin voluntad.
veuvage [vœvaz] *m.* Viudez *f.*
vexation [vɛksɑsjɔ̃] *f.* Vejación.

vexer [vɛkse] *tr.* 1 Vejar. 2 Molestar, fastidiar. ■ 3 *pr.* Molestarse, picarse.
viabilité [vjabilite] *f.* 1 Viabilidad. 2 Calidad de transitable (chemin).
viaduc [vjadyk] *m.* Viaducto.
viager, -ère [vjaʒe, -ɛʀ] *adj.* 1 Vitalicio, cia. ■ 2 *m.* Renta *f.* vitalicia.
viande [vjɑ̃d] *f.* Carne.
vibrant, -ante [vibʀɑ̃, -ɑ̃t] *adj.* Vibrante.
vibration [vibʀɑsjɔ̃] *f.* Vibración.
vibrer [vibʀe] *intr.* Vibrar.
vicaire [vikɛʀ] *m.* Vicario.
vice [vis] *m.* Vicio.
vice [vis] *particule invar.* Vice: ***vice-amiral,*** vicealmirante; ***vice-consul,*** vicecónsul.
vice-roi [visʀwa] *m.* Virrey.
vice versa [visevɛʀsa; visvɛʀsa] *loc. adv.* Viceversa.
vicier [visje] *tr.* 1 Viciar. ■ 2 *pr.* Viciarse. ▲ CONJUG. como ***prier.***
vicieux, -euse [visjø, -øz] *adj.* 1 Vicioso, sa. 2 Resabiado, da (chevaux).
vicinal, -ale [visinal] *adj.* Vecinal.
vicissitude [visisityd] *f.* Vicisitud.
vicomte [vikɔ̃t] *m.* Vizconde.
vicomtesse [vikɔ̃tɛs] *f.* Vizcondesa.
victime [viktim] *f.* Víctima.
victoire [viktwaʀ] *f.* Victoria, triunfo *m.*
victorieux, -euse [viktɔʀjø, -øz] *adj.* Victorioso, sa.
victuailles [viktɥɑi] *f. pl.* Vituallas.
vidanger [vidɑ̃ʒe] *tr.* 1 Vaciar (bouteilles). 2 Limpiar (fosse d'aisances). 3 Cambiar el aceite (d'une voiture). ▲ CONJUG. como ***engager.***
vide [vid] *adj.* 1 Vacío, ía. 2 ~ ***de,*** desprovisto de. 3 *loc. adv.* ***À*** ~, de vacío (sans rien dedans). ■ 4 *m.* Vacío. 5 ARCHIT. Hueco. 4 fig. Vanidad *f.,* vacuidad *f.*
vidéaste [videast] *s.* Realizador de vídeo profesional.
vidéo [video] *f.* Vídeo *m.*
vidéo-clip [videoklip] *m.* Videoclip.
vidéoclub [videoklœb] *m.* Videoclub.
vidéodisque [videodisk] *m.* Videodisco.
vidéotex [videotɛks] *m.* Videotexto, videotex.
vider [vide] *tr.* 1 Vaciar. Loc. ~ ***les arçons,*** caer del caballo; fig. ~ ***son sac,*** desembuchar; ~ ***les lieux,*** desocupar una vivienda. 2 Limpiar (un poisson, une volaille). 3 Resolver, dirimir (une question). 4 fam. Echar (expulser). 5 fam. Agotar (épuiser). ■ 6 *pr.* Vaciarse.
vie [vi] *f.* Vida: ***aimer la*** ~, tener apego a la vida; ***plein de*** ~, lleno de vida. Loc. ***Avoir la*** ~ ***dure,*** tener siete vidas como los gatos; ***faire la*** ~, entregarse a los placeres; ***redonner, rendre la*** ~, reanimar; ***gens de mauvaise*** ~, gente de mal vivir. *loc. adv.-adj.* ***À la*** ~, ***pour la*** ~, para siempre; ***de la*** ~, ***de ma*** ~, ***de ta*** ~, etc., en la vida, en mi vida, en tu vida, etc.; ***jamais de la*** ~, nunca, jamás; ***la*** ~ ***durant,*** durante toda la vida.
vieil [vjɛj] *adj.* Forma de ***vieux*** que se emplea delante de vocal o *h* muda: ***un*** ~ ***homme,*** un hombre viejo.
vieillard [vjɛjaʀ] *m.* Viejo, anciano.
vieillesse [vjɛjɛs] *f.* Vejez.
vieillir [vjejiʀ] *intr.* 1 Envejecer. 2 Avejentarse. 3 fig. Anticuarse (se démoder). ■ 4 *tr.* Envejecer, hacer parecer viejo, ja. ■ 5 *pr.* Hacerse parecer viejo, ja, hacerse pasar por viejo.
vieillissement [vjejismɑ̃] *m.* Envejecimiento.
vieillot, -otte [vjɛjo, -ɔt] *adj.* Anticuado, da.
vielle [vjɛl] *f.* Zanfonía.
vierge [vjɛʀʒ(ə)] *adj.* 1 Virgen: ***cire*** ~, cera virgen; ***terre*** ~, tierra virgen. ■ 2 *f.* Virgen, doncella. 3 ***La sainte Vierge,*** la Virgen María. 4 ASTRON. Virgo *m.*

vieux [vjø] (antes de vocal o *h* muda **vieil**), **vieille** [vjɛl] *adj.* **1** Viejo, ja. Loc. ~ ***garçon, vieille fille,*** solterón, solterona; ***faire de vieux os,*** llegar a viejo; ***goût de ~,*** sabor rancio. **2** Antiguo, gua: ***un vieil usage,*** una costumbre antigua. ■ **3** *s.* Viejo, ja (personne): ***petit ~, petite vieille,*** viejecito, viejecita. ■ **4** *m.* Lo viejo.

vif, vive [vif, viv] *adj.* **1** Vivo, va: ***eau vive,*** agua viva; ***chaux vive,*** cal viva; ***vive arête,*** arista viva. *loc. adv.* ***De vive force,*** a viva fuerza; ***de vive voix,*** de viva voz. **2** Intenso, sa: ***froid ~,*** frío intenso. ■ **3** *m.* DR. Vivo: ***entre vifs,*** entre vivos. **4** Lo importante, meollo. Loc. ***Piquer au ~,*** herir en lo vivo; ***prendre sur le ~,*** reproducir del natural; ***trancher dans le ~,*** cortar por lo sano. **5** ***À ~,*** en carne viva.

vif-argent [vifaʀʒɑ̃] *m.* Azogue, mercurio.

vigie [viʒi] *f.* Vigía *m.*

vigilance [viʒilɑ̃s] *f.* Vigilancia.

vigne [viɲ] *f.* **1** Vid (plante). **2** ***Pied de ~,*** cepa *f.* **3** ~ ***vierge,*** cepa virgen. **4** Viña (vignoble). Loc. ***Être dans les vignes du Seigneur,*** estar embriagado, da.

vigneron, -onne [viɲʀɔ̃, -ɔn] *s.* Viñador, ra, viticultor, ra.

vignette [viɲɛt] *f.* **1** Viñeta. **2** Sello *m.*, timbre *m.*

vignoble [viɲɔbl(ə)] *m.* **1** Viñedo, viña *f.* ■ **2** *adj.* Vinícola.

vigogne [vigɔɲ] *f.* Vicuña.

vigoureux, -euse [viguʀø, -øz] *adj.* Vigoroso, sa.

vigueur [vigœʀ] *f.* Vigor *m.*

vil, vile [vil] *adj.* Vil.

vilain, -aine [vilɛ̃, -ɛn] *adj.-s.* **1** Villano, na (non noble). ■ **2** *adj.* Feo, a (laid). **3** Malo, la, desagradable. **4** Ruin, deshonroso, sa (vil). ■ **5** *m.* ***Il va y avoir du ~,*** se va a armar la gorda.

vilebrequin [vilbʀəkɛ̃] *m.* **1** Berbiquí. **2** Cigüeñal (moteur).

vilenie [vilni] *f.* Villanía.

vilipender [vilipɑ̃de] *tr.* Vilipendiar.

villa [villa] *f.* Villa, quinta.

village [vilaʒ] *m.* Pueblo, lugar, villorrio, aldea *f.*: ***petit ~,*** pueblecito.

villageois, -oise [vilaʒwa, -waz] *adj.-s.* Lugareño, ña, aldeano, na.

ville [vil] *f.* Ciudad. Loc. ~ ***forte,*** plaza fuerte; ***habit de ~,*** traje de calle; ***aller en ~,*** ir de compras, de paseo, de visita; ***dîner en ~,*** comer fuera de casa.

villégiature [vi(l)leʒjatyʀ] *f.* Veraneo *m.*, temporada en el campo.

villosité [vi(l)lozite] *f.* Vellosidad.

vin [vɛ̃] *m.* Vino. Loc. fig. ***Cuver son ~,*** dormir la mona; ***être entre deux vins,*** estar entre Pinto y Valdemoro; ***mettre de l'eau dans son ~,*** moderarse.

vinaigre [vinɛgʀ(ə)] *m.* **1** Vinagre. **2** Tocino (au saut à la corde).

vinaigrette [vinɛgʀɛt] *f.* **1** Vinagreta. **2** ancienn. Silla de manos con dos ruedas.

vinaigrier [vinɛgʀije] *m.* **1** Vinagrero (fabricant). **2** Vinagrera *f.* (récipient).

vinasse [vinas] *f.* Vinaza.

vineux, -euse [vinø, -øz] *adj.* Vinoso, sa.

vingt [vɛ̃] *adj.-m.* Veinte.

vingtaine [vɛ̃tɛn] *f.* Veintena, unos veinte.

vingtième [vɛ̃tjɛm] *adj.-s.* Veinteavo, va, vigésimo, ma.

vinicole [vinikɔl] *adj.* Vinícola, vitivinícola.

viol [vjɔl] *m.* Violación *f.*

violacé, -cée [vjɔlase] *adj.* Violáceo, ea.

violation [vjɔlɑsjɔ̃] *f.* Violación.

viole [vjɔl] *f.* MUS. Viola.

violence [vjɔlɑ̃s] *f.* Violencia.

violenter [vjɔlɑ̃te] *tr.* Violentar.

violer [vjɔle] *tr.* Violar.

violet, -ette [vjɔlɛ, -ɛt] *adj.-m.* **1** Violeta, violado, da, morado, da. ■ **2** *f.* Violeta (fleur).

violon [vjɔlɔ̃] *m.* 1 MUS. Violín. Loc. fig. ~ ***d'Ingres,*** pasatiempo artístico favorito: ***la peinture est son ~ d'Ingres,*** la pintura es su pasatiempo favorito. 2 fam. Calabozo (prison).
violoncelle [vjɔlɔ̃sɛl] *s.* Violoncelo.
vipère [vipɛʀ] *f.* 1 Víbora. 2 fig. ***Langue de ~,*** lengua viperina. 3 fig. Víbora, persona muy mala.
virage [viʀaʒ] *m.* 1 Viraje, virada *f.* (action). 2 Curva *f.*: ~ ***dangereux,*** curva peligrosa. 3 fig. Giro, sesgo. 4 PHOT. Viraje.
virement [viʀmɑ̃] *m.* 1 Virada *f.* (d'un bateau). 2 COMM. Traspaso, transferencia *f.*, giro: ~ ***postal,*** giro postal.
virer [viʀe] *intr.* 1 Virar, girar. 2 MAR. Virar: ~ ***de bord,*** virar en redondo. 3 PHOT. Virar. 4 COMM. Hacer una transferencia.
virevolte [viʀvɔlt(ə)] *f.* 1 Caracol *m.* (d'un cheval). 2 Vuelta rápida.
virginité [viʀʒinite] *f.* Virginidad.
virgule [viʀgyl] *f.* Coma.
virilité [viʀilite] *f.* Virilidad.
virtuel, -elle [viʀtɥɛl] *adj.* Virtual.
virtuose [viʀtɥoz] *s.* Virtuoso, sa.
virulence [viʀylɑ̃s] *f.* Virulencia.
virus [viʀys] *m.* Virus.
vis [vis] *f.* 1 Tornillo *m.* Loc. ~ ***d'Archimède,*** tornillo, rosca de Arquímedes; ***escalier à ~,*** escalera de caracol; ***pas de ~,*** paso de rosca. 2 ***Serrer la ~ à quelqu'un,*** sujetar, apretar las clavijas a alguien.
visa [viza] *m.* 1 Visado (sur passeport). 2 Visto bueno.
visage [vizaʒ] *m.* Rostro, cara *f.*, semblante. Loc. ***Changer de ~,*** demudarse. *loc. adv.* ***À ~ découvert,*** a cara descubierta.
vis-à-vis [vizavi] *adv.* 1 Uno frente a otro. 2 *loc. prép.* ~ ***de,*** en frente de, frente a (en face de), respecto de (à l'égard de). ■ 3 *m.* Persona que se halla frente a otra. 4 Confidente, canapé.
viscère [visɛʀ] *m.* Víscera *f.*
viscosité [viskozite] *f.* Viscosidad.
visée [vize] *f.* 1 Puntería. 2 fig. Mira, intención. Loc. ***Avoir de hautes visées,*** picar muy alto.
viser [vize] *tr.* 1 Apuntar a. 2 fig. Poner la mira en, ambicionar. 3 Atañer a, afectar (concerner). Loc. ***Se sentir visé,*** darse por aludido. 4 Visar, refrendar (un document). ■ 5 *intr.* Apuntar. ■ 6 *tr. ind.* ~ ***à,*** dirigir el golpe hacia; fig. tender a.
viseur [vizœʀ] *m.* Visor.
visibilité [vizibilite] *f.* Visibilidad.
visible [vizibl(ə)] *adj.* Visible.
visière [vizjɛʀ] *f.* Visera. Loc. ***Rompre en ~,*** reñir, atacar, desmentir con rudeza.
vision [vizjɔ̃] *f.* Visión.
visionnaire [visjɔnɛʀ] *adj.-s.* Visionario, ia.
visite [vizit] *f.* Visita: ~ ***de politesse, de condoléances,*** visita de cumplido, de pésame; ~ ***pastorale,*** visita pastoral; ~ ***médicale,*** visita médica; ***la ~ du château,*** la visita al castillo; ***carte de ~,*** tarjeta de visita. Loc. ***Rendre ~,*** visitar; ***rendre à quelqu'un sa ~,*** devolver a alguien la visita.
visiteur, -euse [vizitœʀ, -øz] *s.* 1 Visitante, visita; ***les visiteurs d'un musée,*** los visitantes de un museo. 2 Visitador, ra.
vison [vizɔ̃] *m.* Visón.
visqueux, -euse [viskø, -øz] *adj.* Viscoso, sa.
visser [vise] *tr.* Atornillar.
visuel, -elle [vizɥɛl] *adj.* Visual.
vital, -ale [vital] *adj.* Vital.
vitalité [vitalite] *f.* Vitalidad.
vitamine [vitamin] *f.* Vitamina.
vite [vit] *adj.* 1 Rápido, da, ligero, ra. ■ 2 *adv.* De prisa: ***aller ~,*** ir de prisa. Loc. ***Au plus ~,*** lo más pronto posible; ***faire ~,*** apresurarse. 3 Pronto: ***c'est ~ dit,*** pronto está dicho.
vitesse [vitɛs] *f.* 1 Velocidad. Loc. ***Gagner quelqu'un de ~,*** adelantarse a uno, ganar por la mano a alguien; ***être en perte de ~,*** perder

velocidad. *loc. adv.* fam. ***En*** ~, muy de prisa, rápido. **2** AUTO. Velocidad: ***boîte de vitesses,*** caja de velocidades.
viticulteur [vitikyltœʀ] *m.* Viticultor.
vitrage [vitʀaʒ] *m.* **1** Acción *f.* de poner vidrios. **2** Conjunto de cristales. **3** Vidriera *f.* (châssis). **4** Visillo (rideau).
vitrail [vitʀaj] *m.* Vidriera *f.*: ***les vitraux d'une cathédrale,*** las vidrieras de una catedral.
vitre [vitʀ(ə)] *f.* **1** Cristal *m.*, vidrio *m.*, Loc. fam. ***Ça ne casse pas les vitres,*** no vale gran cosa. **2** Ventanilla (train, automobile).
vitré, -ée [vitʀe] *adj.* **1** ANAT. Vítreo, a. **2** ***Porte vitrée,*** puerta de cristales, puerta vidriera.
vitreux, -euse [vitʀø, -øz] *adj.* **1** Vítreo, a. **2** Vidrioso, sa (œil).
vitrifier [vitʀifje] *tr.* **1** Vitrificar. ■ **2** *pr.* Vitrificarse. ▲ CONJUG. como ***prier.***
vitrine [vitʀin] *f.* **1** Vitrina. **2** Escaparate *m.* (d'un magasin).
vitriol [vitʀijɔl] *m.* Vitriolo.
vitupérer [vitypeʀe] *tr.* Vituperar. ▲ CONJUG. como ***accélérer.***
vivace [vivas] *adj.* Vivaz: ***plantes vivaces,*** plantas vivaces.
vivacité [vivasite] *f.* Vivacidad.
vivant, -ante [vivɑ̃, -ɑ̃t] *adj.* **1** Vivo, va, viviente: ***langues vivantes,*** lenguas vivientes; ***êtres vivants,*** seres vivientes. Loc. ***Moi*** ~, mientras yo viva. **2** Lleno, na de vida, vivo, va (plein de vie): ***le*** ~ ***portrait de,*** el vivo retrato de. **3** Animado, da (lieu). ■ **4** *m.* Vivo, viviente: ***les vivants,*** los vivos. Loc. ***Un bon*** ~, un hombre regalón. **5** ***De son*** ~, en vida; ***du*** ~ ***de,*** en vida de.
vivat [viva] *interj.* **1** ¡Viva! ■ **2** *m.* Viva, vítor, aclamación *f.*
vive [viv] *f.* **1** Araña, peje *m.* araña (poisson). **2** *interj.* ¡Viva!
viveur [vivœʀ] *m.* Epicúreo.
vivier [vivje] *m.* Vivero.
vivifier [vivifje] *tr.* Vivificar. ▲ CONJUG. como ***prier.***
vivre [vivʀ(ə)] *intr.* **1** Vivir. Loc. ~ ***au jour le jour,*** vivir al día; ~ ***d'amour et d'eau fraîche,*** mantenerse del aire; ***âme qui vive,*** alma viviente; ***savoir*** ~, saber conducirse en sociedad; ***qui vive?,*** ¿quién vive? ■ **2** *tr.* ~ ***sa vie,*** hacer vida independiente. ▲ CONJUG. IRREG. INDIC. Pres.: ***je vis, tu vis, il vit, nous vivons, vous vivez, ils vivent.*** Imperf.: ***je vivais,*** etc. Pret. indef.: ***je vécus,*** etc. Fut. imperf.: ***je vivrai,*** etc. POT.: ***je vivrais,*** etc. SUBJ. Pres.: ***que je vive,*** etc. Imperf.: ***que je vécusse,*** etc. IMPER.: ***vis, vivons, vivez.*** PART. A.: ***vivant.*** PART. P.: ***vécu, ue.***
vivre [vivʀ(ə)] *m.* **1** Alimento: ***avoir le*** ~ ***et le couvert,*** tener casa y comida. ■ **2** *pl.* Víveres.
vocable [vɔkabl(ə)] *m.* **1** Vocablo. **2** Advocación *f.* (d'une église).
vocabulaire [vɔkabylɛʀ] *m.* Vocabulario.
vocal, -ale [vɔkal] *adj.* Vocal.
vocaliser [vɔkalize] *intr.* Vocalizar.
vocatif [vɔkatif] *m.* Vocativo.
vocation [vɔkasjɔ̃] *f.* Vocación.
vociférer [vɔsifeʀe] *intr.-tr.* Vociferar. ▲ CONJUG. como ***accélérer.***
vœu [vø] *m.* **1** Voto: ***faire*** ~ ***de,*** hacer voto de, prometer; ***faire des vœux pour,*** hacer votos por.
vogue [vɔg] *f.* Boga. Loc. ***Être en*** ~, estar de moda.
voguer [vɔge] *intr.* Navegar. Loc. ~ ***à pleines voiles,*** ir viento en popa; ***vogue la galère!,*** ¡ruede la bola!
voici [vwasi] *prép.* **1** He aquí: ***le*** ~, hele aquí. **2** ***L'homme que*** ~, este hombre; ~ ***l'hiver,*** he aquí el invierno; ***nous*** ~ ***arrivés,*** ya hemos llegado. **3** Úsase para indicar lo que se va a decir: ~ ***les faits,*** he aquí los hechos.
voie [vwa] *f.* **1** Vía: ~ ***ferrée,*** vía férrea; ~ ***publique,*** vía pública; ~ ***d'eau,*** vía de agua; ~ ***de garage,***

vía muerta; ***voies de fait,*** vías de hecho. Loc. ***Mettre sur la ~,*** encaminar, encauzar; ***être en ~ de,*** estar en vías de. 2 Rastro *m.* (du gibier). 3 Pista (d'autoroute). 4 ***Donner de la ~ à une scie,*** triscar una sierra.

voilà [vwala] *prép.* 1 He allí, ahí: ***le ~,*** hele allí, ahí. 2 ***L'homme que ~,*** aquel hombre; ***le ~ qui vient,*** ahí viene; ***le ~ qui court,*** míralo como corre; ***en ~ assez,*** basta, se acabó; ***~ qui est bien,*** está bien, basta; ***ne ~-t-il pas que...!,*** ¡querrá usted creer que...! 3 Úsase con referencia a lo que se acaba de decir: ***~ tout,*** eso es todo. 4 Hace (il y a): ***~ un mois qu'il est parti,*** hace un mes que se marchó.

voile [vwal] *m.* 1 Velo. Loc. ***Prendre le ~,*** tomar el velo, profesar; ***les voiles de la nuit,*** las tinieblas; ***avoir un ~ devant les yeux,*** tener una venda en los ojos. 2 ANAT. ***~ du palais,*** velo del paladar. 3 PHOT. Veladura *f.* ■ 4 *f.* MAR. Vela. Loc. ***Faire ~ sur,*** hacer rumbo a; ***mettre à la ~,*** hacerse a la vela.

voiler [vwale] *tr.* 1 Velar, cubrir con un velo. 2 Ocultar (cacher). 3 PHOT. Velar. 4 Torcer, alabear (gauchir). ■ 5 *pr.* Cubrirse con un velo. 6 Empañarse (se ternir). 7 Volverse opaca (la voix).

voilier [vwalje] *m.* MAR. Velero.

voilure [vwalyʀ] *f.* 1 Velamen *m.* 2 Alas *pl.* (d'un avion). 3 TECHN. Alabeo *m.* (gauchissement).

voir [vwaʀ] *tr.-intr.* 1 Ver: ***je ne l'avais jamais vu,*** nunca lo había visto. Loc. ***Faire ~,*** mostrar, enseñar; ***se faire ~,*** dejarse ver; ***c'est à ~,*** está por ver, es digno de verse; ***nous allons ~,*** vamos a ver, veamos; ***on verra ça,*** ya veremos; ***y ~ clair,*** ver claro; ***~ d'un bon, d'un mauvais œil,*** ver con buenos, con malos ojos; ***voyez-vous?,*** ¿ve usted?, ¿comprende usted?; ***~ au microscope,*** mirar al microscopio; ***voyez, voir page 10,*** véase pág. 10. ■ 2 *intr.* ***~ à ce que,*** cuidar de que. 3 ***Voyons!,*** ¡vamos!, ¡venga!, ¡a ver!; ***vois!, voyez!,*** ¡mira!, ¡miren! ▲ CONJUG. IRREG. INDIC. Pres.: ***je vois, tu vois, il voit, nous voyons, vous voyez, ils voient.*** Imperf.: ***je voyais,*** etc. Pret. indef.: ***je vis,*** etc. Fut. imperf.: ***je verrai,*** etc. POT.: ***je verrais,*** etc. SUBJ. Pres.: ***que je voie,*** etc. Imperf.: ***que je visse,*** etc. IMPER.: ***vois, voyons, voyez.*** PART. A.: ***voyant.*** PART. P.: ***vu, ue.***

voire [vwaʀ] *adv.* Hasta, aún: ***il peut le faire en un jour, ~ en une heure,*** puede hacerlo en un día, y hasta en una hora.

voirie [vwaʀi] *f.* 1 Red de comunicaciones (ensemble des voies de communication). 2 Vialidad, servicios *m. pl.* municipales de limpieza (entretien). 3 Muladar *m.* (lieu).

voisin, -ine [vwazɛ̃, -in] *adj.-s.* Vecino, na.

voisinage [vwazinaʒ] *m.* 1 Vecindad *f.* (proximité). 2 Vecindario (les voisins).

voiture [vwatyʀ] *f.* 1 Carruaje *m.*, carro *m.* Loc. ***~ à bras,*** carrito de mano. 2 Coche *m.*: ***~ à cheval,*** coche de caballo; ***~ d'enfant,*** cochecito de niño. 3 Coche *m.* (automobile): ***~ de course, de sport,*** coche de carreras, deportivo. Loc. ***~ de tourisme,*** turismo *m.*, coche de turismo. 4 Coche *m.* (de train). Loc. ***En ~!,*** ¡al tren!

voix [vwa(ɑ)] *f.* 1 Voz: ***des voix aigües,*** voces agudas; ***parler d'une ~ caverneuse,*** hablar con voz cavernosa. Loc. ***Avoir ~ au chapitre,*** tener voz y voto en un asunto. *loc. adv.* ***À haute ~,*** en voz alta; ***à ~ basse,*** en voz baja; ***de vive ~,*** de viva voz. 2 Voto *m.*, sufragio *m.* (vote): ***~ délibérative,*** voto, derecho de voto en una asamblea. Loc. ***Mettre aux ~,*** poner a votación.

vol [vɔl] *m.* 1 Vuelo (action de se déplacer dans l'air). Loc. ***Prendre son ~***, alzar el vuelo. *loc. adv.* ***À ~ d'oiseau,*** en línea recta, a vuelo de pájaro; ***au ~***, al vuelo. 2 Bandada *f.* (d'oiseaux ou d'insectes). 3 Robo, hurto: ***~ qualifié,*** robo con circunstancias agravantes. Loc. ***~ à main armée,*** atraco.

volage [vɔlaʒ] *adj.* Voluble, veleidoso, sa.

volaille [vɔlɑj] *f.* 1 Aves *pl.* de corral (ensemble des oiseaux de bassecour). 2 Ave (un seul oiseau): ***blanc de ~***, pechuga de ave.

volailler [vɔlɑje] *m.* Vendedor de aves, pollero.

volant, -ante [vɔlɑ̃, -ɑ̃t] *adj.* 1 Volador, ra, volante: ***poisson ~***, pez volador. Loc. ***Fusée volante,*** cohete *m.*; ***feuille volante,*** hoja suelta. ■ 2 *m.* Volante (jeu, d'une robe). 3 Volante (d'une auto, machine): ***être au ~***, estar al volante.

volatiliser [vɔlatilize] *tr.* Volatilizar.

vol-au-vent [vɔlovɑ̃] *m. invar.* Pastel *m.* relleno de carne o pescado.

volcan [vɔlkɑ̃] *m.* Volcán.

volée [vɔle] *f.* 1 Vuelo *m.*, volada (d'un oiseau): ***prendre sa ~***, alzar el vuelo. *loc. adv.* ***À la ~***, al vuelo, en el aire. 2 Bandada (d'oiseaux). 3 Rango *m.*, calidad: ***dame de haute ~***, dama de alto copete. 4 Paliza (de coups). 5 Descarga (de projectiles). 6 Repique *m.*, campanada: ***sonner à toute ~***, echar la campanada. 7 AGR. Voleo: ***semer à la ~***, sembrar a voleo. 8 ARCHIT. Tramo *m.* (d'escalier). 9 SPORTS Volea (tennis).

voler [vɔle] *intr.* 1 Volar: ***l'aigle vole très haut,*** el águila vuela muy alto. ■ 2 *tr.* Robar, hurtar.

volet [vɔlɛ] *m.* 1 Contraventana *f.*, postigo. 2 Tabla *f.* (pour fermer un magasin). 3 Hoja *f.* (d'un triptyque). ■ 4 Loc. ***Trier sur le ~***, escoger con cuidado.

voleter [vɔlte] *intr.* Revolotear. ▲ CONJUG. como ***jeter.***

voleur, -euse [vɔlœʀ, -øz] *adj.-s.* 1 Ladrón, ona. 2 ***~ à la tire,*** carterista. 3 *interj.* ***Au ~!***, ¡ladrones!

volière [vɔljɛʀ] *f.* Pajarera.

volley-ball [vɔlɛbɔl] *m.* Balonvolea.

volontaire [vɔlɔ̃tɛʀ] *adj.* 1 Voluntario, ria. 2 Voluntarioso, sa (opiniâtre). ■ 3 *m.* Voluntario (soldat).

volonté [vɔlɔ̃te] *f.* Voluntad: ***dernières volontés,*** últimas voluntades. Loc. ***Faire ses quatre volontés,*** hacer su santa voluntad. *loc. adv.* ***À ~***, a voluntad, a discreción; ***feu à ~***, fuego a discreción.

volontiers [vɔlɔ̃tje] *adv.* De buena gana, con mucho gusto.

volt [vɔlt] *m.* Voltio.

voltage [vɔltaʒ] *m.* Voltaje.

voltiger [vɔltiʒe] *intr.* 1 Revolotear. 2 Mariposear (papillonner). ▲ CONJUG. como ***engager.***

volubile [vɔlybil] *adj.* 1 BOT. Voluble. 2 Que habla mucho y de prisa, locuaz.

volubilité [vɔlybilite] *f.* Locuacidad, elocución fácil y rápida.

volume [vɔlym] *m.* 1 Volumen. 2 Caudal (débit d'eau). 3 Volumen (livre): ***dictionnaire en deux volumes,*** diccionario en dos volúmenes.

volumineux, -euse [vɔlyminø, -øz] *adj.* Voluminoso, sa.

volupté [vɔlypte] *f.* Voluptuosidad.

voluptueux, -euse [vɔlyptɥø, -øz] *adj.-s.* Voluptuoso, sa.

volute [vɔlyt] *f.* Voluta.

vomir [vɔmiʀ] *tr.-intr.* 1 Vomitar. 2 ***Faire ~***, dar náuseas.

vomissement [vɔmismɑ̃] *m.* Vómito.

vorace [vɔʀas] *adj.* Voraz: ***des animaux voraces,*** animales voraces.

voracité [vɔʀasite] *f.* Voracidad.

vos [vo] *adj. poss. pl.* 1 Vuestros, vuestras. 2 Sus, de usted, de ustedes (avec vouvoiement).

votant, -ante [vɔtɑ̃, -ɑ̃t] *adj.-s.* Votante.

vote [vɔt] *m.* **1** Voto, sufragio. **2** Votación *f.*: ~ ***secret,*** votación secreta.

voter [vɔte] *intr.* Votar.

votif, -ive [vɔtif, -iv] *adj.* Votivo, va.

votre [vɔtʀ(ə)] *adj. poss.* **1** Vuestro, vuestra. **2** Su (avec vouvoiement): ~ ***Majesté,*** Su Majestad.

vôtre [votʀ(ə)] *pron. poss.* **1** Vuestro, vuestra (avec tutoiement), suyo, suya (avec vouvoiement): ***mon livre et le*** ~, mi libro y el vuestro (tutoiement), el suyo (vouvoiement). ■ **2** *m.* Lo vuestro, lo suyo: ***vous y mettez du*** ~, usted pondrá algo de su parte. ■ **3** *pl.* ***Les vôtres,*** los vuestros, las vuestras, los suyos, las suyas. Loc. ***Vous en faites des vôtres,*** usted hace de las suyas.

vouer [vwe] *tr.* **1** Consagrar, dedicar: ~ ***à Dieu,*** consagrar a Dios. **2** Destinar: ***voué à l'échec,*** destinado a fracasar. ■ **3** *pr.* Consagrarse, dedicarse: ***se*** ~ ***à l'étude,*** consagrarse al estudio.

vouloir [vulwaʀ] *m.* Voluntad *f.*: ***bon*** ~, buena voluntad; ***mauvais*** ~, malquerencia *f.* ▲ CONJUG. IRREG. INDIC. Pres.: ***je veux, tu veux, il veut, nous voulons, vous voulez, ils veulent.*** Imperf.: ***je voulais,*** etc. Pret. indef.: ***je voulus,*** etc. Fut. imperf.: ***je voudrai,*** etc. POT.: ***je voudrais,*** etc. SUBJ. Pres.: ***que je veuille*** etc. Imperf.: ***que je voulusse,*** etc. IMPER.: ***veux, voulons, voulez,*** o ***veuille, veuillons, veuillez.*** PART. A.: ***voulant.*** PART. P.: ***voulu, ue.***

vouloir [vulwaʀ] *tr.-intr.* **1** Querer: ***veux-tu m'accompagner?,*** ¿quieres acompañarme? ■ **2** *tr.* Pedir, exigir, requerir (exiger): ***cela veut de la patience,*** esto requiere paciencia.

voulu, -ue [vuly] *adj.* Querido, da, deseado, da: ***en temps*** ~, en el momento deseado.

vous [vu] *pron. pers.* **1** Vosotros, tras (sujet, avec tutoiement), usted (sujet sing., avec vouvoiement): ***avez-*** ~ ***votre passeport?,*** ¿tiene usted su pasaporte?; ustedes (sujet pl., avec vouvoiement). **2** Vos (pour s'adresser à Dieu, à un saint, à un roi). **3** Os (complément, avec tutoiement), le, la (complément sing., avec vouvoiement): ***monsieur, je*** ~ ***invite à dîner,*** señor, le invito a cenar; les, las (complément pl., avec vouvoiement).

voûte [vut] *f.* **1** Bóveda: ~ ***d'arête,*** bóveda por arista o de ajibe; ~ ***en berceau,*** bóveda en cañón; ~ ***du palais*** o ***palatine,*** bóveda palatina; ~ ***du ciel,*** bóveda celeste. **2** MAR. Bovedilla.

voûté, -ée [vute] *adj.* **1** Abovedado, da. **2** fig. Encorvado, da (une personne).

voyage [vwajaʒ] *m.* Viaje: ***partir en*** ~, ir de viaje; ~ ***au long cours,*** largo viaje; ~ ***de noces,*** viaje de bodas; ***bon*** ~***!,*** ¡buen viaje!

voyager [vwajaʒe] *intr.* Viajar. ▲ CONJUG. como ***engager.***

voyageur, -euse [vwajaʒœʀ, -øz] *s.* **1** Viajero, ra. ■ **2** *adj.-m.* ***Commis*** ~, ~ ***de commerce,*** viajante de comercio. ■ **3** *adj.* ***Pigeon*** ~, paloma mensajera.

voyant, -ante [vwajɑ̃, -ɑ̃t] *s.* **1** Vidente. ■ **2** *adj.* Vistoso, sa, llamativo, va (qui attire la vue). ■ **3** *m.* Señal *f.* de boya o baliza (d'une bouée, balise). **4** Piloto (signal électrique).

voyelle [vwajɛl] *f.* GRAM. Vocal.

voyou [vwaju] *m.* Golfo, bribón, granuja.

vrac (en) [ɑ̃vʀak] *loc. adv.* Sin embalar.

vrai, vraie [vʀɛ] *adj.* **1** Verdadero, ra. **2** Cierto, ta; ***il n'est que trop*** ~, es muy cierto. ■ **3** *m.* Verdad *f.*, lo cierto; ***être dans le*** ~, estar en lo cierto. *loc. adv.* ***À*** ~ ***dire,*** a decir

verdad; ***pour de ~***, de veras; fam. ***pas ~?***, ¿no es verdad?, ¿verdad?
vraiment [vʀεmɑ̃] *adv.* **1** Verdaderamente. **2** ***Vraiment?***, ¿de verdad?
vraisemblable [vʀεsɑ̃blabl(ə)] *adj.* Verosímil.
vrille [vʀij] *f.* **1** Barrena (outil). **2** BOT. Zarcillo *m.* **3** ***Descendre en ~***, entrar en barrena (avion).
vrombir [vʀɔ̃biʀ] *intr.* Zumbar.
vu, vue [vy] **1** *p. p.* de ***voir.*** ■ **2** *adj.* Visto, ta. **3** Considerado, da. Loc. fig. ***Être mal ~***, ser mal visto. ■ **4** *prép.* En vista de, atendido, en consideración a: ***~ la difficulté***, en vista de la dificultad; ***~ que***, en vista de que. ■ **5** *m.* ***Au ~ de tout le monde***, a la vista de todo el mundo.
vulgaire [vylgεʀ] *adj.* **1** Vulgar. ■ **2** *m.* Vulgo. **3** Vulgaridad *f.*: ***donner dans le ~***, caer en la vulgaridad, adocenarse.
vulgarité [vylgaʀite] *f.* Vulgaridad.
vulnérable [vylneʀabl(ə)] *adj.* Vulnerable.
vulnéraire [vylneʀεʀ] *adj.-m.* **1** MÉD. Vulnerario, ria. ■ **2** *f.* Vulneraria (plante).
vulve [vylv(ə)] *f.* Vulva.

W

w [dubləve] *m.* W *f.*
wagnérien, -enne [vagneʀjɛ̃, -εn] *adj.-s.* Wagneriano, na.
wagon [vagɔ̃] *m.* Vagón, coche.
wagonnet [vagɔnε] *m.* Vagoneta *f.*
walkyrie [valkiʀi] *f.* Valquiria.
wallon, -onne [walɔ̃, -ɔn] *adj.-s.* Valón, ona.
watt [wat] *m.* Vatio.
WC *m.* (*abrév.* water closet) WC.
wolfram [vɔlfʀam] *m.* Wolframio.

X

x [iks] *m.* **1** X *f.* **2** Equis: ***monsieur X***, el señor equis; ***en un temps X***, en equis tiempo; ***classé ~***, pornográfico, ca.
xénophile [ksenɔfil] *adj.-s.* Xenófilo, la.
xénophobe [ksenɔfɔb] *adj.-s.* Xenófobo, ba.
xérès [kseʀεs] *m.* Jerez.
xylophone [ksilɔfɔn] *m.* Xilófono.

Y

y [igʀεk] *m.* Y *f.*
y [i] *adv.* **1** Ahí, allí, allá: ***allez- ~ à pied***, vaya usted allí andando; ***~ est-il?***, ¿está él allí? Loc. ***Ah! j'~ suis***, ¡ah!, ¡ya caigo! ■ **2** *pron.* En él, ella, ellos, ellas, ello, eso, a él, ella, etc., de él, ella, etc.: ***j'~ pense***, pienso en ello; ***il ne faut pas s'~ fier***, no hay que fiarse de él, de ello. **3** Es expletivo en las formas impersonales de ***avoir: il n'~ a rien***, no hay nada; ***il ~ a deux mois***, hace dos meses.
yacht [jɔt; jak] *m.* Yate.
yankee [jɑ̃ki] *adj.* Yanqui.
yard [jaʀd] *m.* Yarda *f.*
yen [jεn] *m.* Yen.
yeuse [jøz] *f.* Encina.
yeux [jø] *m. pl.* Ojos.
yogourt [jɔguʀ(t)] *m.* Yogur.
yole [jɔl] *f.* Yola.
yougoslave [jugɔslav] *adj.-s.* Yugoslavo, va.
youyou [juju] *m.* Canoa *f.*, bote pequeño.

Z

z [zεd] *m.* Z *f.*
zapper [zape] *intr.* Hacer zapping.

zapping [zapiŋ] *m.* Zapping.
zèbre [zɛbʀ(ə)] *m.* 1 Cebra *f.* 2 fam. Individuo, elemento.
zébrer [zebʀe] *tr.* Rayar. ▲ CONJUG. como *accélérer.*
zébu [zeby] *m.* Cebú.
zélateur, -trice [zelatœʀ, -tʀis] *s.* 1 Defensor, ra. 2 Celador, ra.
zèle [zɛl] *m.* 1 Celo, interés. 2 *Faire du ~,* ostentar gran celo.
zélé, -ée [zele] *adj.-s.* Celoso, sa, afanoso, sa (dévoué).
zénith [zenit] *m.* Cenit.
zéphyr [zefiʀ] *m.* Céfiro.
zéro [zeʀo] *m.* 1 Cero. ■ 2 *adj.* Ninguno, na: *~ faute,* ninguna falta.
zeste [zɛst(ə)] *m.* Cáscara *f.* (d'orange, de citron).
zézayer [zezeje] *intr.* Cecear.
zibeline [ziblin] *f.* Marta cibelina, marta cebellina.
zigzag [zigzag] *m.* Zigzag.
zigzaguer [zigzage] *intr.* Zigzaguear.
zinc [zɛ̃g] *m.* 1 Cinc (métal). 2 fam. Mostrador de taberna, barra *f.*: *sur le ~,* en el mostrador.
zingueur [zɛ̃gœʀ] *adj.-m.* Cinquero.
zippé, -ée [zipe] *adj.* (pantalon, jupe, etc.) Con cremallera.
zircon [ziʀkɔ̃] *m.* Circón.
zizanie [zizani] *f.* 1 Cizaña. 2 fig. Cizaña, discordia.
zodiaque [zɔdjak] *m.* Zodíaco.
zone [zon] *f.* 1 Zona: *~ frontière,* zona fronteriza. 2 *La ~,* los suburbios (d'une grande ville).
zoo [zoo] *m.* Zoo, parque zoológico.
zoologie [zɔɔlɔʒi] *f.* Zoología.
zoologique [zɔɔlɔʒik] *adj.* Zoológico, ca.
zouave [zwav] *m.* 1 Zuavo. 2 fam. *Faire le ~,* hacer el bobo.
zut [zyt] *interj.* fam. ¡Cáscaras!, ¡caramba!

ESPAGNOL-FRANÇAIS

Abréviations employées dans ce dictionnaire

abrev.	abreviatura
abs.	absoluto
abus.	abusivamente
adj.	adjetivo
adj. f.	adjetivo femenino
adj.-f.	adjetivo usado también como substantivo femenino
adj. m.	adjetivo masculino
adj.-m.	adjetivo usado también como substantivo masculino
adj.-s.	adjetivo usado también como substantivo
adv.	adverbio
AGR.	agricultura
ALBAÑ.	albañilería
amer.	americanismo
ANAT.	anatomía
angl.	anglicismo
ant.	antiguo, ua; antiguamente
ARQ.	arquitectura
art.	artículo
ARTILL.	artillería
ASTR.	astronomía
aum.	aumentativo
AUT.	automóvil, automovilismo
auxil.	auxiliar
AVIAC.	aviación
B. ART.	bellas artes
BIOL.	biología
BLAS.	blasón
BOT.	botánica
CARP.	carpintería
CETR.	cetrería
CIN.	cinematografía
CIR.	cirugía
COC.	cocina
COM.	comercio
conj.	conjunción
CONSTR.	construcción
contr.	contracción
def.	defectivo
dem.	demostrativo
DEP.	deporte
DER.	derecho
desp.	despectivo
dim.	diminutivo
ECLES.	eclesiástico
ELECT.	electricidad
emp.	empléase
EQUIT.	equitación
ESC.	escultura
ESGR.	esgrima
esp.	especialmente
exclamat.	exclamativo
f.	nombre femenino
fam.	familiar
FARM.	farmacia
fig.	figurado
FIL.	filosofía
FÍS.	física
FISIOL.	fisiología
FORT.	fortificación
FOT.	fotografía
gal.	galicismo
GEOG.	geografía
GEOL.	geología
GEOM.	geometría
GRAM.	gramática
HIST.	historia
impers.	impersonal
IMPR.	imprenta
indef.	indefinido
INFORM.	informática
interr.	interrogativo
interj.	interjección
intr.	intransitivo
invar.	invariable
irón.	irónico
LIT.	literatura
LITURG.	liturgia
Loc.	locución
loc. adj.	locución adjetiva
loc. adv.	locución adverbial
loc. conj.	locución conjuntiva

loc. prep.	locución prepositiva
LÓG.	lógica
m.	nombre masculino
m.-f.	género ambiguo
MAR.	marina
MAT.	matemáticas
MEC.	mecánica
MED.	medicina
METAL.	metalurgia
METEOR.	meteorología
MÉTR.	métrica
MIL.	militar
MIN.	minería
MINER.	mineralogía
MIT.	mitología
MONT.	montería
MÚS.	música
n. pr.	nombre propio
num.	numeral
NUMISM.	numismática
onomat.	onomatopeya
ÓPT.	óptica
p. p.	participio pasivo
pers.	personal
PINT.	pintura
pl.	plural
poét.	poético
pop.	popular
pos.	posesivo
pr.	pronominal
prep.	preposición
pron.	pronombre
prov.	proverbio
QUÍM.	química
RAD.	radio
rec.	recíproco
rel.	relativo
REL.	religión
RET.	retórica
s.	nombre masculino y femenino
sing.	singular
TAUROM.	tauromaquia
TEAT.	teatro
TÉCN.	técnica
TEJ.	tejido
TEOL.	teología
tr.	transitivo
tr.-intr.	verbo transitivo que se usa también como intransitivo
v.	véase
var.	variable
VET.	veterinaria
ZOOL.	zoología

Abréviations employées dans la conjugaison des verbes

COND.	conditionnel
CONJUG.	conjugaison
CONJUG. IRRÉG.	conjugaison irrégulière
Fut.	futur
GÉR.	gérondif
Imparf.	imparfait
INDIC.	indicatif
INFIN.	infinitif
IMPÉR.	impératif
irrég.	irrégulier
PART. PAS.	participe passé
PART. PRÉS.	participe présent
Pas. simple	passé simple
Prés.	présent
rég.	régulier
SUBJ.	subjonctif

OTROS SIGNOS

■ indica que la palabra considerada tiene un valor gramatical diferente del precedente.

▲ precede a algunas observaciones gramaticales.

~ sustituye, en los ejemplos y locuciones, a la palabra traducida o al infinitivo del verbo considerado.

Signes de l'API employés dans la transcription phonétique

VOYELLES

[i] comme en français dans *pipe, habit.*
[e] comme en français dans *porter, dé.*
[a] comme en français dans *là, part.*
[o] comme en français dans *peau, pot.*
[u] comme en français dans *poule, loup.*

SEMI-CONSONNES

[j] comme en français dans *bien, avion.*
[w] comme en français dans *oui, toi.*

CONSONNES

[p] comme en français dans **p**ère, **p**omme.
[b] comme en français dans **b**allon, **b**ouger.
[t] comme en français dans **t**enir, **t**ante.
[d] comme en français dans **d**ire, **d**onner.
[k] comme en français dans **c**afé, **c**omplet.
[g] comme en français dans **g**are, **g**âcher.
[β] sans équivalence en français. Consonne fricative. On la prononce avec la seule intervention des lèvres sans jamais arriver à les fermer complètement, comme dans *débito* en portugais.
[ð] sans équivalence en français. Sorte de *d*, mais fricative. On la prononce en appuyant légèrement la pointe de la langue entre les incisives supérieures et inférieures ou contre le dos des supérieures. Semblable à la prononciation anglaise de *fa***th***er*.
[ɣ] sans équivalence en français. À la différence de la prononciation du *g*, le dos de la langue n'arrive pas à toucher le voile du palais. Comme dans *La***g***e* en allemand.
[f] comme en français dans **f**eu, **ph**oto.
[θ] sans équivalence en français. Quand on la prononce, la pointe de la langue s'introduit entre les incisives supérieures et inférieures. Semblable à la prononciation anglaise de **th***in*, mais en appuyant fortement la langue contre les dents.

[s]	comme en français dans **s**avoir, **s**ervir.
[z]	comme en français dans mai**s**on, ro**s**e.
[j]	la langue touche le palais. Semblable à la prononciation anglaise de **y**es, mais légèrement plus fermée et tendue.
[x]	sans équivalence en français. Pour la prononcer, la partie postérieure du dos de la langue doit s'approcher du voile du palais. Semblable à la prononciation canadienne de **ch**er**ch**er et à celle de l'allemand dans ma**ch**en.
[tʃ]	sans équivalence en français. Pour la prononcer, le dos de la langue touche la région prépalatale en faisant une occlusion et une frication. Semblable à la prononciation italienne de **ci**elo.
[dʒ]	sans équivalence en français. Même articulation que [tʃ], mais prononcée avec vibration des cordes vocales. Semblable à la prononciation italienne de **g**elo.
[m]	comme en français dans **m**aison, **m**ordre.
[ɱ]	prononciation du *n*, mais avec une articulation labio-dentale. Semblable à la prononciation italienne de i**n**fame.
[n]	comme en français dans **n**ous, a**n**imal.
[ŋ]	c'est la prononciation du *n*, mais avec une articulation vélaire. Semblable à la prononciation anglaise de dop**ing**.
[ɲ]	comme en français dans monta**gn**e, vi**gn**e.
[ʎ]	sans équivalence en français. La pointe de la langue touche les alvéoles supérieures et les bords de la langue les gencives supérieures en même temps que la partie centrale de la langue touche le palais. Son semblable à la prononciation italienne de fi**gl**io.
[l]	comme en français dans **l**à, so**l**.
[r]	c'est un **r** roulé. La pointe de la langue produit une légère occlusion contre les alvéoles. Semblable au *r* du français méridional.
[r̄]	c'est un **r** très roulé. Même articulation que le [r] mais avec plusieurs occlusions.
´	placé sur une voyelle marque l'accent tonique.
˘	placé sur [i] et [u] indique qu'il s'agit de voyelles asyllabiques.
[ʃ]	mots empruntés à l'anglais et à l'allemand. Comme en français dans **ch**at, va**ch**e.
[ʒ]	mots empruntés au français comme dans bei**g**e.

A

a [a] *f.* A *m.*

a [a] *prep.* 1 À, marquant: a) complément d'attribution: ***doy un libro ~ mi hijo,*** je donne un livre à mon fils; b) orientation, propension, tendance: ***de cara al Norte,*** face au Nord; ***eso tiende ~ mejorar,*** cela tend à s'améliorer. 2 À, en, dans, par, vers (avec un verbe de mouvement): ***ir ~ París,*** aller à Paris; ***ir ~ España,*** aller en Espagne; ***caer al agua,*** tomber dans l'eau; ***caer al suelo,*** tomber à terre, par terre; ***dirigirse al Sur,*** se diriger vers le Sud. 3 Pour, de (marquant l'affection, un sentiment): ***el amor ~ sus hijos,*** l'amour pour ses enfants; ***el amor ~ la patria,*** l'amour de la patrie. 4 À, en, avec, par (marquant la manière, le moyen, etc.): ***~ tientas,*** à tâtons; ***~ lo grande,*** en grand seigneur; ***al óleo,*** à l'huile; ***~ máquina,*** à la machine; ***reducir ~ polvo,*** réduire en poudre; ***quien ~ hierro mata, ~ hierro muere,*** qui tue par le fer, périra par le fer. 5 Sur: ***dar ~ la calle,*** donner sur la rue. 6 Auprès, près, à (marquant la proximité): ***~ la lumbre,*** auprès du feu; ***al rayar el alba,*** à l'aube. 7 (Avec un infinitif, ***a*** prend parfois un sens impératif): ***¡A callar!,*** taisez-vous!; ***¡a comer!,*** à table!; ***¡a trabajar!,*** au travail! 8 Ne se traduit pas: a) quand il précède un complément d'objet direct se rapportant à une personne ou à une chose personnifiée: ***Cesar venció ~ Pompeyo,*** César vainquit Pompée; ***no conozco ~ nadie aquí,*** je ne connais personne ici; b) devant l'infinitif complément d'un verbe de mouvement: ***ir ~ pasear,*** aller se promener; c) dans certaines expressions: ***~ fe de hombre honrado,*** foi d'honnête homme; ***aguardo ~ que venga,*** j'attends qu'il vienne; ***~ que se cae,*** je parie qu'il va tomber; ***¿~ qué?,*** à quoi ça rime?, à quoi bon? ▲ Avec l'article masculin singulier, ***a*** se contracte en ***al.***

ábaco [áβako] *m.* 1 Boulier (tablero contador). 2 ARQ. Abaque.

abad [aβáð] *m.* Abbé (de un monasterio): ***~ mitrado,*** abbé crossé et mitré.

abadesa [aβaðesa] *f.* Abbesse.

abadía [aβaðia] *f.* Abbaye.

abajo [aβáxo] *adv.* 1 En bas: ***está ~,*** il est en bas. Loc. ***Echar ~,*** jeter à bas, démolir. 2 Au-dessous de: ***cien para ~,*** au-dessous de cent. 3 Vers le bas, en descendant: ***río ~,*** en descendant le courant, en aval. 4 *loc. adv.* ***De arriba ~,*** de haut en bas; de fond en comble; ***más ~,*** plus bas, ci-dessous (en un escrito). 5 *interj.* À bas!, ***¡~ el dictador!,*** à bas le dictateur!

abanderado [aβanderáðo] *m.* Porte-drapeau *invar.*

abandonado, -da [aβandonádo, -ða] *adj.* 1 Négligent, ente. 2 Négligé, ée, malpropre (persona). 3 À l'abandon (cosa).

abandonar [aβandonár] *tr.* 1 Abandonner. ■ 2 *pr.* S'abandonner, se laisser aller.

abanicar [aβanikár] *tr.* 1 Éventer. ■ 2 *pr.* S'éventer.

abanico [aβaniko] *m.* 1 Éventail. 2 *loc. adv.* ***En ~,*** en éventail.

abaratar [aβaratár] *tr.* 1 Baisser le prix de. ■ 2 *intr.-pr.* Baisser, diminuer de prix.

abarcar [aβarkár] *tr.* 1 Embrasser. Loc. ***Quien mucho abarca, poco aprieta,*** qui trop embrasse, mal étreint. 2 Comprendre (contener algo dentro de sí).
abarrancar [aβar̄aŋkár] *tr.* 1 Raviner. ■ 2 *intr.-pr.* MAR. Échouer. ■ 3 *pr.* S'embourber.
abarrotar [aβar̄otár] *tr.* 1 Bourrer (atiborrar). 2 Bonder, remplir: ***tren abarrotado,*** train bondé.
abastecer [aβasteθér] *tr.* Approvisionner, ravitailler ***(de,*** en). ▲ CONJUG. comme ***agradecer.***
abatir [aβatír] *tr.* 1 Abattre (tumbar, derribar). 2 Incliner, coucher (lo que estaba vertical). 3 fig. Abattre (desanimar). 4 fig. Humilier. ■ 5 *intr.* MAR. Abattre. ■ 6 *pr.* S'abattre. 7 fig. Se soumettre, céder. 8 S'humilier, s'abaisser.
abdicar [aβðikár] *tr.* 1 Abdiquer: ~ ***la corona en,*** abdiquer la couronne en faveur de. ■ 2 *intr.* Abdiquer. 3 ~ ***de,*** renoncer à, abandonner.
abdomen [aβðómen] *m.* Abdomen.
abecé [aβeθé] *m.* A. b. c.
abecedario [aβeθeðárjo] *m.* 1 Abécédaire, a. b. c. 2 Alphabet.
abedul [aβeðúl] *m.* Bouleau.
abeja [aβéxa] *f.* Abeille: ~ ***machiega, maestra, reina,*** reine.
abejón [aβexón] *m.* 1 Faux-bourdon (zángano). 2 Bourdon (himenóptero).
abejorro [aβexór̄o] *m.* 1 Bourdon (himenóptero). 2 Hanneton (coleóptero).
aberración [aβer̄aθjón] *f.* Aberration.
aberrante [aβer̄ánte] *adj.* Aberrant, e.
abertura [aβertúra] *f.* Ouverture.
abeto [aβéto] *m.* Sapin.
abierto, ta [aβjérto, -ta] *adj.* Ouvert, erte.
abismal [aβizmál] *adj.* Abyssal, ale.
abismo [aβízmo] *m.* Abîme.
abjurar [aβxurár] *tr.-intr.* Abjurer: ~ ***de su religión,*** abjurer sa religion.
ablandamiento [aβlandamjénto] *m.* Amollissement, ramollissement.
ablandar [aβlandár] *tr.* 1 Amollir, ramollir. 2 fig. Adoucir (moderar).
ablución [aβluθjón] *f.* Ablution.
abnegación [aβneɣaθjón] *f.* Abnégation, dévouement *m.*
abnegado, da [aβneɣáðo, ða] *adj.* Dévoué, ée.
abocar [aβokár] *tr.* 1 Verser (verter). 2 Approcher (acercar). Loc. ***Estar abocado a la ruina,*** être proche de la ruine.
abocetar [aβoθetár] *tr.* PINT. Ébaucher, esquisser.
abochornado, da [aβotʃornáðo, -ða] *adj.* 1 Suffoqué, ée (por el calor). 2 fig. Honteux, euse (avergonzado).
abochornar [aβotʃornár] *tr.* Échauffer, suffoquer (hablando del calor).
abofetear [aβofeteár] *tr.* Souffleter, gifler.
abogacía [aβoɣaθía] *f.* Barreau *m.*, profession d'avocat.
abogada [aβoɣáða] *f.* Avocate.
abogado [aβoɣáðo] *m.* Avocat.
abogar [aβoɣár] *intr.* 1 DER. Plaider. 2 fig. Intercéder.
abolengo [aβoléŋgo] *m.* Ascendance *f.*
abolición [aβoliθjón] *f.* Abolition.
abolir [aβolír] *tr.* Abolir. ▲ CONJUG. IRRÉG. Il ne s'emploie qu'aux pers. dont la terminaison commence par *i.* INDIC. Prés.: ***abolimos, abolís.*** Imparf.: ***abolía,*** etc. P. simple: ***abolí,*** etc. Fut.: ***aboliré,*** etc. SUBJ. Imparf.: ***aboliera,*** etc. ou ***aboliese,*** etc. Fut.: ***aboliere,*** etc. PART. PAS.: ***abolido.*** GÉR.: ***aboliendo.***
abollar [aβoʎár] *tr.* Bosseler, cabosser.
abominar [aβominár] *tr.* 1 Abominer, avoir en abomination. ■ *intr.* Maudire.
abonado, -da [aβonáðo, -ða] *adj.* 1 Payé, -ée: ***cantidad abonada,*** somme payée. 2 Abonné, -ée. 3 Sûr, -e qui mérite un crédit: ***persona abonada,*** personne sûre. 4

Credité, -ée: ***cuenta abonada,*** compte crédité. **5** Qui a reçu de l'engrais.

abonar [aβonàr] *tr.* **1** AGR. Amender, fumer, engraisser. **2** COM. Créditer (asentar en una cuenta). **3** Payer, verser (una suma): ~ ***al contado, en metálico,*** payer comptant, en espèces; ~ ***en cuenta de,*** verser au compte de. **4** Cautionner, répondre de, garantir. **5** Accréditer: ~ ***un rumor,*** accréditer un bruit. **6** Abonner (inscribir). ■ **7** *pr.* S'abonner (suscribirse).

abono [aβóno] *m.* **1** COM. Inscription *f.* au crédit. **2** Paiement, versement (pago). **3** AGR. Engrais, fumier. **4** Abonnement (suscripción): ***sacar un*** ~ prendre un abonnement.

abordar [aβorðàr] *tr.-intr.* Aborder.

aborrecer [aβor̄eθèr] *tr.* **1** Détester, abhorrer, haïr. **2** Ennuyer, agacer (fastidiar). **3** Abandonner (el nido, a sus crías). ▲ CONJUG. comme ***agradecer.***

abortar [aβortàr] *intr.* **1** Avorter. **2** Faire une fausse couche (involuntariamente). **3** fig. Avorter.

aborto [aβórto] *m.* **1** Avortement. **2** Fausse couche *f.* (involuntario). **3** fig. Avorton, monstre.

abrasar [aβrasàr] *tr.* **1** Embraser, brûler. **2** fig. Brûler, enflammer, consumer (una pasión). **3** AGR. Griller (las plantas). ■ **4** *intr.* Brûler, être brûlant, ante. ■ **5** *pr.* Brûler, avoir très chaud.

abrazar [aβraθàr] *tr.* **1** Serrer dans ses bras, serrer, étreindre, enlacer: ***abrazó a su pareja,*** il enlaça sa cavalière. ■ **2** *pr.* Serrer dans ses bras, étreindre: ***me abracé a ella,*** je la serrai dans mes bras.

abrazo [aβràθo] *m.* **1** Embrassade *f.*, accolade *f.* **2** Étreinte *f.* (muy cariñoso).

abrelatas [aβrelàtas] *m. invar.* Ouvre-boîtes.

abreviar [aβreβjàr] *tr.* Abréger. ▲ CONJUG. comme ***cambiar.***

abrigar [aβriɣàr] *tr.* **1** Abriter. **2** Couvrir chaudement (tapar). **3** Tenir chaud, garantir du froid. ■ **4** *pr.* S'abriter. **5** Se couvrir (con ropa).

abrigo [aβríɣo] *m.* **1** Manteau (para ambos sexos), pardessus (de hombre): ~ ***de pieles,*** manteau de fourrure. Loc. ***De*** ~, chaud, chaude (prendas); fig. fieffé, ée.

abril [aβril] *m.* Avril.

abrillantar [aβriʎantàr] *tr.* **1** Brillanter, faceter. **2** Brunir, polir (pulir). **3** fig. Donner de l'éclat à.

abrir [aβrir] *tr.* **1** Ouvrir. **2** Couper: ~ ***un libro,*** couper les pages d'un livre. **3** Graver, sculpter (una lámina, etc.). ■ **4** *intr.* Ouvrir, s'ouvrir (una puerta, etc.). ■ **5** *pr.* S'ouvrir: ***el paracaídas se ha abierto,*** le parachute s'est ouvert. PART. PAS. irrég.: ***abierto.***

abrochar [aβrotʃàr] *tr.* Boutonner (con botones), agrafer (con broche), attacher: ***abróchense los cinturones,*** attachez vos ceintures.

abrumar [aβrumàr] *tr.* **1** Accabler, écraser. ■ **2** *pr.* Devenir brumeux, euse (tiempo).

abrupto, -ta [aβrúβto, -ta] *adj.* Abrupt, te, escarpé, ée.

absceso [aβsθèso] *m.* Abcès.

absoluto, -ta [aβsolùto, -ta] *adj.* **1** Absolu, ue. **2** *loc. adv.* ***En*** ~, absolument (completamente), pas du tout, aucunement (de ninguna manera).

absolver [aβsolβèr] *tr.* **1** Absoudre (a un penitente). **2** Acquitter (a un reo). ▲ CONJUG. comme ***mover.*** PART. PAS.: ***absuelto, ta.***

absorber [aβsorβèr] *tr.* Absorber.

absorto, -ta [aβsórto, -ta] **1** *p. p.* de ***absorber.*** ■ **2** *adj.* Étonné, ée, médusé, ée, ébahi, ie (extrañado).

abstemio, -ia [aβstèmjo, -ja] *adj.-s.* Abstème.

abstención [aβstenθjòn] *f.* Abstention.

abstenerse [aβstenèrse] *pr.* S'abstenir: ***me abstuve de contestar,*** je me suis abstenu de répondre. ▲ CONJUG. comme ***tener.***
abstinencia [aβstinènθja] *f.* Abstinence.
abstracto, -ta [aβstràɣto, -ta] *adj.* Abstrait, aite.
abstraer [aβstraèr] *tr.* Abstraire. ▲ Ce verbe a deux p. p.: ***abstracto,*** irrég., y ***abstraído.***
absurdo, -da [aβsùrðo, -ða] *adj.* **1** Absurde. ■ **2** *m.* Absurdité *f.*
abuchear [aβutʃeàr] *tr.* Huer, conspuer, siffler: ~ ***a un orador,*** siffler un orateur.
abuela [aβwèla] *f.* Grand-mère, aïeule.
abuelo [aβwèlo] *m.* Grand-père, aïeul.
abulia [aβùlja] *f.* Aboulie.
abultar [aβultàr] *tr.* **1** Grossir. **2** fig. Exagérer, grossir. ■ **3** *intr.* Être gros, grosse, faire du volume. **4** Prendre de la place: ***esta cama plegable casi no abulta,*** ce lit pliant ne prend presque pas de place.
abundancia [aβundànθja] *f.* Abondance.
abundante [aβundànte] *adj.* Abondant, ante.
¡abur! [aβùr] *interj.* fam. Au revoir!, salut!
aburrido, -da [aβurriðo, -ða] *adj.* **1** Ennuyeux, euse (que aburre). **2** Qui s'ennuie. **3** ***Estar*** ~, s'ennuyer. **4** Las, lasse, dégoûté, ée: ***un aire*** ~, un air las.
aburrir [aβurir] *tr.* **1** Ennuyer. ■ **2** *pr.* S'ennuyer: ***me aburro,*** je m'ennuie.
abusar [aβusàr] *intr.* Abuser.
abuso [aβùso] *m.* Abus: ~ ***de autoridad,*** abus de pouvoir.
abyección [aβjeɣθjòn] *f.* Abjection.
acá [akà] *adv.* **1** Ici, là, près: ***ven*** ~, viens ici; ~ ***en la tierra,*** ici-bas (***acá*** est moins précis que ***aquí*** et admet des degrés de comparaison): ***más*** ~, plus près; ***muy*** ~, tout près; ***no tan*** ~, pas si près, moins près. **2** *loc. adv.* ~ ***y allá,*** ~ ***y acullá,*** çà et là; ***de*** ~ ***para allá,*** de ci de là; ***más*** ~ ***de,*** en deçà de.
acabado, -da [akaβàðo, -ða] *adj.* **1** Fini, ie, accompli, ie, achevé, ée, parfait, aite. **2** Fini, ie, usé, ée (persona).
acabar [akaβàr] *tr.* **1** Achever, finir, terminer. **2** Épuiser, consommer. ■ **3** *intr.* Finir, se terminer. Loc. ***Es cosa de nunca*** ~, c'est à n'en plus finir: ***¡acabáramos!,*** enfin! **4** Mourir. **5** ~ ***con,*** venir à bout de. **6** ~ ***de*** (con inf.) venir de: ***acaba de llegar,*** il vient d'arriver; ~ ***por,*** finir par. ■ **7** *pr.* Finir, prendre fin.
acacia [akàθja] *f.* Acacia *m.*
academia [akaðèmja] *f.* **1** Académie. **2** École (establecimiento privado). **3** ESC., PINT. Académie.
académico, -ca [akaðèmiko, -ka] *adj.* **1** Académique. ■ **2** *s.* Académicien, ienne.
acaecer [akaeθèr] *intr.* Arriver, avoir lieu. ▲ CONJUG. comme ***agradecer.***
acallar [akaʎàr] *tr.* **1** Faire taire. **2** Apaiser, calmer.
acalorar [akaloràr] *tr.* **1** S'échauffer (dar calor, excitar). ■ **2** *pr.* fig. S'echauffer, s'enflammer, prendre feu (apasionarse).
acampada [akampàða] *f.* Camping *m.* campement *m.* : ***ir de*** ~, faire du camping, camper.
acampar [akampàr] *intr.-tr.* **1** Camper. ■ **2** *pr.* Camper.
acantilado, -da [akantilàðo, -ða] *adj.* **1** À pic, escarpé, ée (costa). ■ **2** *m.* Falaise *f.*
acaparar [akaparàr] *tr.* Accaparer.
acaramelado, -da [akaramelàðo, -ða] *adj.* **1** Caramélisé, ée. **2** fig. Doucereux, euse, mielleux, euse. Loc. ***Estar*** ~, être tout sucre tout miel.
acariciar [akariθjàr] *tr.* **1** Caresser. **2** fig. Caresser (un proyecto). ▲ CONJUG. comme ***cambiar.***

acarrear [akar̄eàr] *tr.* 1 Transporter. 2 Charroyer (en carro). 3 fig. Amener, occasionner, entraîner.
acartonarse [akartonàrse] *pr.* 1 Maigrir, se ratatiner, se dessécher. 2 Se durcir comme du carton.
acaso [akàso] *m.* 1 Hasard. ■ 2 *adv.* Par hasard (por casualidad). 3 Peut-être (dubitativo): ~ ***lo sepas,*** peut-être le sais-tu. 4 ***¿Acaso...?,*** est-ce que par hasard...? 5 *loc. adv.* ***Por si ~,*** au cas où, en cas que, pour le cas où.
acatar [akatàr] *tr.* 1 Respecter. 2 Obéir à, se soumettre à: ~ ***una ley,*** se soumettre à une loi.
acatarrarse [akatar̄àrse] *pr.* S'enrhumer.
acaudalado, -da [akaŭðalàðo, -ða] *adj.* Riche, fortuné, ée.
acaudillar [akaŭðiʎàr] *tr.* Commander, diriger (tropas, un partido).
acceder [aɣθeðèr] *intr.* 1 Accéder *(a,* à). 2 Acquiescer (asentir). 3 Accepter, consentir: ***accedió a acompañarme,*** il accepta de, consentit à m'accompagner.
accésit [aɣθèsit] *m.* Accesit.
acceso [aɣθèso] *m.* 1 Accès. 2 MED. Accès, poussée *f.* (fiebre).
accesorio, -ia [aɣθesòrjo, -ja] *adj.-m.* 1 Accessoire. 2 ***Gastos accesorios,*** faux frais.
accidentado, -da [aɣθiðentàðo, -ða] *adj.* 1 Accidenté, ée. 2 Mouvementé, ée, agité, ée (vida).
accidente [aɣθiðènte] *m.* Accident: ~ ***de carretera,*** accident de la route, ~ ***laboral,*** accident du travail.
acción [aɣθjòn] *f.* Action. Loc. ***En ~,*** en action.
accionista [aɣθjonista] *s.* Actionnaire.
acecho [aθètʃo] *m.* 1 Guet. 2 *loc. adv.* ***Al ~, en ~,*** aux aguets, a l'affût.
acéfalo, -la [aθèfalo, -la] *adj.* Acéphale.
aceite [aθèĭte] *m.* Huile *f.*
aceitera [aθeĭtèra] *f.* 1 Burette. ■ 2 *pl.* Huilier *m. sing.* (vinagreras).
aceituna [aθeĭtùna] *f.* Olive: ~ ***rellena,*** olive farcie.
acelerar [aθeleràr] *tr.* 1 Accélérer. 2 ~ ***el paso,*** hâter le pas.
acelga [aθèlɣa] *f.* Bette, blète, poirée.
acendrado, -da [aθendràðo, -ða] *adj.* Pur, pure, sans tache.
acento [aθènto] *m.* Accent.
acepción [aθeβθjòn] *f.* Acception.
aceptación [aθeβtaθjòn] *f.* 1 Acceptation. 2 Approbation. 3 Succès *m.* (éxito).
acequia [aθèkja] *f.* Petit canal *m.* d'irrigation.
acera [aθèra] *f.* Trottoir *m.*
acerca de [aθèrka de] *loc. prep.* Au sujet de, sur.
acercar [aθerkàr] *tr.* 1 Approcher. 2 fig. Rapprocher. ■ 3 *pr.* S'approcher: ***acercarse a,*** s'approcher de. 4 Approcher: ***se acercan las fiestas,*** les fêtes approchent.
acero [aθèro] *m.* 1 Acier. 2 fig. Arme *f.* blanche, fer (espada, etc.).
acérrimo, -ma [aθèr̄imo, -ma] *adj.* Très fort, forte, très tenace.
acertar [aθertàr] *tr.* 1 Atteindre, toucher (el blanco). ■ 2 *tr.-intr.* Trouver, deviner (adivinar). 3 Voir juste (atinar). ■ 4 *intr.* ~ ***a,*** arriver à: ***no acierto a comprender,*** je n'arrive pas à comprendre. 5 ~ ***con,*** trouver ▲ CONJUG. IRRÉG. INDIC. Prés.: ***acierto, aciertas, acierta, aciertan.*** SUBJ. Prés.: ***acierte, aciertes, acierte, acierten.*** IMPÉR.: ***acierta, acierte, acierten.*** Les autres formes sont régulières.
acertijo [aθertixo] *m.* Devinette *f.*
acervo [aθèrβo] *m.* 1 Tas, amas (montón). 2 Biens *pl.* communs.
acetileno [aθetilèno] *m.* QUÍM. Acétylène.
acetona [aθetòna] *f.* QUÍM. Acétone.
acezar [aθeθàr] *intr.* Haleter.
achacar [atʃakàr] *tr.* Imputer, attribuer.

achacoso, -sa [atʃakòso, -sa] *adj.* Malade, maladif, ive, souffrant, ante.

achaflanar [atʃaflanàr] *tr.* Chanfreiner.

achaparrado, -da [atʃapar̄àðo, -ða] *adj.* 1 AGR. Bas et touffu (árbol). 2 Trapu, ue.

achaque [atʃàke] *m.* 1 Infirmité *f.* 2 Indisposition *f.* (malestar). 3 fig. Vice, défaut. 4 fig. Excuse *f.*, prétexte.

achatar [atʃatàr] *tr.* Aplatir.

achicar [atʃikàr] *tr.* 1 Diminuer, rapetisser. 2 fig. Intimider, humilier. 3 MIN., MAR. Écoper. ■ 4 *pr.* Céder, se dégonfler.

achicharrar [atʃitʃar̄àr] *tr.* 1 Brûler, griller, rôtir. 2 fig. Agacer, embêter, crisper (fastidiar).

achicoria [atʃikòria] *f.* Chicorée.

achispado, -da [atʃispàðo, -ða] *adj.* Gris, grise, éméché, ée.

achuchar [atʃutʃàr] *tr.* 1 Écraser, aplatir. 2 Bousculer, pousser (empujar).

aciago, -ga [aθjàγo, -γa] *adj.* Funeste, de mauvais augure.

acíbar [aθiβar] *m.* 1 Aloès, chicotin. 2 fig. Amertume *f.*, fiel.

acicalar [aθikalàr] *tr.* 1 Fourbir (armas). 2 Orner, parer (una persona). ■ 3 *pr.* Se pomponner.

acicate [aθikàte] *m.* 1 Éperon à broche. 2 fig. Aiguillon, stimulant.

acierto [aθjèrto] *m.* 1 Succès, réussite *f.* 2 Adresse *f.*, habileté *f.*, talent. 3 Hasard (casualidad).

ácimo [àθimo] *adj.* Azyme: ***pan ~***, pain azyme.

aclamar [aklamàr] *tr.* 1 Acclamer. 2 Proclamer, nommer.

aclarar [aklaràr] *tr.* 1 Éclaircir. 2 Rincer (la ropa). 3 Rendre moins obscur, ure. 4 fig. Élucider, tirer au clair. 5 fig. Dissiper (una duda). ■ 6 *intr.* S'éclaircir (el tiempo). ■ 7 *pr.* S'éclaircir.

aclimatar [aklimatàr] *tr.* Acclimater.

acobardar [akoβarðàr] *tr.* 1 Faire peur, effrayer, intimider. ■ 2 *pr.* Avoir peur, être intimidé, ée.

acodar [akoðàr] *tr.* 1 Appuyer sur le coude. 2 AGR. Marcotter. 3 CONSTR. Étrésillonner. ■ 4 *pr.* S'accouder (*en*, à, sur).

acoger [akoxèr] *tr.* 1 Accueillir. 2 Recevoir. 3 Secourir, protéger. ■ 4 *pr.* Se réfugier.

acogida [akoxiða] *f.* Accueil *m.*: ***una ~ calurosa,*** un accueil chaleureux.

acogotar [akoγotàr] *tr.* Assommer (de un golpe en la nuca).

acolchado, -da [akoltʃàðo, -ða] *adj.* 1 Matelassé, -ée: ***chaqueta acolchada,*** veste matelassée. 2 *m.* amer. Dessus-de-lit.

acólito [akòlito] *m.* Acolyte.

acometer [akometèr] *tr.* 1 Assaillir. 2 Entreprendre, attaquer. 3 Saisir, prendre (el sueño, etc.). 4 MIN., CONSTR. Déboucher dans. 5 ***~ a,*** entreprendre, se mettre à. 6 ***~ contra,*** foncer sur.

acomodación [akomoðaθjòn] *f.* Accommodation.

acomodado, -da [akomoðàðo, -ða] *adj.* 1 Approprié, ée, accommodé, ée. 2 Riche, aisé, ée, à l'aise (en buena posición económica). 3 Modéré, ée (precio).

acomodador, -ra [akomoðaðòr, -ra] *adj.* 1 Qui place, qui adapte. 2 Conciliateur, trice. ■ 3 *m.* Placeur (de espectadores). ■ 4 *f.* Ouvreuse (cine, teatro).

acomodar [akomoðàr] *tr.* 1 Accommoder, ajuster. 2 Placer, installer (poner en sitio conveniente). 3 Adapter. 4 Concilier. 5 Placer (proporcionar empleo).

acompañar [akompaɲàr] *tr.* 1 Accompagner. 2 Raccompagner, reconduire (despedir). 3 Tenir compagnie (hacer compañía). 4 Joindre, inclure. 5 Participer à, partager: ***le acompaño en su sentimiento,*** je partage votre chagrin.

acompasar [akompasàr] *tr.* Rythmer, régler selon une cadence.
acondicionado, -da [akondiθjonàðo, -ða] *adj.* 1 Climatisé, -ée, conditionné, -ée. 2 Aménagé, -ée, installé, -ée, arrangé, -ée: *casa bien acondicionada,* maison bien aménagée.
acondicionar [akondiθjonàr] *tr.* 1 Conditionner (mercancías). 2 Aménager (un local).
acongojar [akoŋgoxàr] *tr.* Affliger, angoisser.
aconsejar [akonsexàr] *tr.* 1 Conseiller. ■ 2 *pr.* Prendre conseil: *aconsejarse con,* prendre conseil de.
acontecer [akonteθèr] *intr.* Arriver, avoir lieu. ▲ CONJUG. comme *agradecer.*
acoplar [akoplàr] *tr.* 1 Accoupler (piezas, motores, etc.). 2 Ajuster (ajustar). 3 Accoupler (animales). ■ 4 *pr.* Se lier d'amitié.
acoquinar [akokinàr] *tr.* 1 Intimider, faire peur. 2 Décourager (desanimar). ■ 3 *pr.* Prendre peur.
acorazar [akoraθàr] *tr.* Cuirasser, blinder.
acordar [akorðàr] *tr.* 1 Décider de, se mettre d'accord pour. 2 Rappeler (recordar). 3 MÚS. Accorder. 4 PINT. Harmoniser. 5 Accorder, concilier. ■ 6 *intr.* Concorder, convenir. ■ 7 *pr.* Se mettre d'accord. 8 Se souvenir, se rappeler. ▲ CONJUG. comme *contar.*
acorde [akòrðe] *adj.* 1 D'accord: *quedar acordes,* tomber d'accord. 2 *m.* MÚS. Accord.
acordeón [akorðeòn] *m.* Accordéon.
acordonar [akorðonàr] *tr.* 1 Attacher avec un cordon. 2 Lacer (zapatos).
acorralar [akor̄alàr] *tr.* 1 Parquer, enfermer (el ganado). 2 Acculer (arrinconar).
acortar [akortàr] *tr.-intr.* 1 Raccourcir, écourter. 2 Réduire, diminuer (una cantidad) ■ 3 *pr.* Raccourcir.
acosar [akosàr] *tr.* 1 Traquer, serrer de près, harceler. 2 fig. Harceler, presser.
acostar [akostàr] *tr.* 1 Coucher. 2 MAR. Accoster. ■ 2 *intr.* MAR. Arriver à la côte. ▲ CONJUG. comme *contar.*
acostumbrar [akostumbràr] *tr.* 1 Accoutumer, habituer. ■ 2 *intr.* Avoir l'habitude de, avoir coutume de. ■ 3 *pr.* S'habituer.
acotación [akotaθjòn] *f.* 1 Note marginale. 2 TEAT. Note de mise en scène. 3 Cote (topografía).
acotar [akotàr] *tr.* 1 Borner, marquer, fixer. 2 Coter (topografía).
acracia [akràθja] *f.* Anarchie.
acre [àkre] *adj.* 1 Âcre. 2 fig. Aigre (tono).
acrecentar [akreθentàr] *tr.* Accroître. ▲ CONJUG. comme *acertar.*
acrecer [akreθèr] *tr.-intr.* Accroître. ▲ CONJUG. comme *agradecer.*
acreditar [akreðitàr] *tr.* 1 Accréditer. 2 COM. Créditer, porter au crédit. 3 Prouver, montrer. ■ 4 *pr.* S'accréditer.
acreedor [akreeðòr, -ra] *adj.-s.* 1 Créancier, ière, créditeur, trice. 2 ~ *a,* digne de.
acribillar [akriβiʎàr] *tr.* 1 Cribler, percer: ~ *a balazos,* cribler de balles. 2 fig. Assaillir: ~ *a preguntas,* assaillir de questions.
acrílico, -ca [akriliko, -ka] *adj.* 1 Acrylique. ■ 2 *m.* Acrylique.
acrisolar [akrisolàr] *tr.* Affiner, purifier, épurer.
acróbata [akròβata] *s.* Acrobate.
acrópolis [akròpolis] *f.* Acropole.
acta [àγta] *f.* Compte rendu *m.,* procès-verbal *m.* (de una reunión, sesión, etc.): *levantar* ~, dresser procès-verbal, rédiger un compte-rendu.
actitud [aγtitùð] *f.* Attitude.
activar [aγtiβàr] *tr.* Activer.
actividad [aγtiβiðàð] *f.* Activité.

acto [áγto] *m.* 1 Acte (acción, hecho). 2 Action *f.* 3 FIL., REL., TEAT. Acte. 4 Cérémonie *f.*, séance *f.*: ***el ~ de inauguración,*** la cérémonie d'inauguration.
actor [aγtór] *m.* 1 Acteur. 2 DER. Demandeur.
actriz [aγtríθ] *f.* Actrice.
actuación [aγtwaθjón] *f.* 1 Conduite (acción de actuar). 2 Rôle *m.* (papel). 3 Jeu *m.* (de un actor, de un deportista).
actualidad [aγtwaliðáð] *f.* 1 Actualité. 2 *loc. adv.* ***En la ~,*** actuellement, à l'heure actuelle.
actualizar [aγtwaliθár] *tr.* Actualiser, mettre à jour.
actuar [aγtwár] *intr.* 1 Exercer ses fonctions. 2 Agir (un medicamento, una fuerza, etc.). 3 Jouer (un actor).
actuario [aγtwárjo] *m.* DER. Greffier.
acuarela [akwaréla] *f.* Aquarelle.
acuario [akwárjo] *m.* 1 Aquarium. ■ 2 *n. pr. m.* ASTR. Verseau.
acuartelar [akwartelár] *tr.* 1 Caserner (la tropa). 2 Consigner (la tropa en previsión de algún disturbio).
acuático, -ca [akwátiko, -ka] *adj.* Aquatique.
acuchillar [akutʃiʎár] *tr.* Poignarder, donner des coups de couteau, d'épée.
acuciar [akuθjár] *tr.* 1 Presser. 2 Désirer violemment (anhelar). ▲ CONJUG. comme ***cambiar.***
acudir [akuðír] *intr.* 1 Aller, se rendre: ***~ a la oficina,*** se rendre au bureau. 2 Accourir (con prisa). 3 Venir en aide (auxiliar).
acueducto [akweðúγto] *m.* Aqueduc.
acuerdo [akwérðo] *m.* 1 Accord: ***ponerse de ~,*** se mettre d'accord. 2 Accord, convention *f.* 3 Décision *f.* 4 Réflexion *f.* Loc. ***Estar uno en su ~,*** jouir de sa raison.
acumular [akumulár] *tr.* 1 Accumuler. 2 Cumuler (cargos, empleos).
acunar [akunár] *tr.* Bercer (a un niño).
acuñar [akuɲár] *tr.* 1 Frapper (monedas, medallas). 2 Serrer avec des coins.
acuoso, -sa [akwóso, -sa] *adj.* Aqueux, euse.
acurrucarse [akur̄ukárse] *pr.* Se pelotonner, se blottir, s'accroupir.
acusar [akusár] *tr.* 1 Accuser. 2 Dénoncer (delatar). 3 Annoncer (juegos).
acusativo [akusatiβo] *m.* Accusatif.
acuse [akúse] *m.* 1 Annonce *f.* (juegos). 2 ***~ de recibo,*** accusé de réception.
acústico, -ca [akústiko, -ka] *adj.-f.* Acoustique.
adagio [aðáxjo] *m.* 1 Adage. 2 MÚS. Adagio.
adalid [aðalíð] *m.* 1 Chef. 2 fig. Champion.
adaptador [aðaptaðór] *m.* Adaptateur.
adarga [aðárγa] *f.* Targe.
adecuar [aðekwár] *tr.* Approprier, adapter.
adefesio [aðefésjo] *m.* 1 Sottise *f.*, extravagance. *f.* 2 Épouvantail (persona de aspecto ridículo).
adelantado, -da [aðelantáðo, -ða] *adj.* 1 Précoce, hâtif, ive.
adelantar [aðelantár] *tr.* 1 Avancer. 2 ***~ un coche,*** dépasser, doubler une voiture; ***prohibido ~,*** défense de doubler. 3 ***¿Qué adelantas con...?,*** à quoi cela t'avance de...? ■ 4 *intr.* Avancer, faire des progrès.
adelante [aðelánte] *adv.* Avant, en avant. Loc. ***Seguir ~,*** continuer; ***pasar ~,*** passer outre; ***sacar ~,*** mener à bon terme.
adelanto [aðelánto] *m.* 1 Avancement, progrès. 2 Avance *f.* (del reloj, etc.). 3 Avance *f.* (de dinero).
adelgazar [aðelγaθár] *intr.* 1 Maigrir. ■ 2 *tr.* Faire maigrir (a una persona).

ademán [aðemán] *m.* 1 Geste, attitude *f.* Loc. ***Hacer ~ de,*** faire mine de. 2 Manières *f.,* façons *f.* (modales).
además [aðemás] *adv.* 1 En outre, en plus. 2 D'ailleurs.
adentro [aðéntro] *adv.* Dans l'intérieur, vers l'intérieur, au dedans. Loc. ***Tierra ~,*** vers l'intérieur, à l'intérieur du pays.
adepto, -ta [aðéβto, -ta] *adj.-s.* Adepte.
adeudar [aðeŭðár] *tr.* 1 Devoir (dinero). 2 Être soumis, ise au paiement d'un impôt. 3 COM. ***~ en una cuenta...,*** débiter un compte de..., porter au débit d'un compte.
adherir [aðerir] *intr.* 1 Adhérer. ■ 2 *pr.* Adhérer: ***no se adhiere a ningún partido,*** il n'adhère à aucun parti. ▲ CONJUG. comme ***hervir.***
adición [aðiθjón] *f.* 1 Addition. 2 DER. Addition (de la herencia).
adicto, -ta [aðiγto, -ta] *adj.* 1 Attaché, ée, dévoué, ée, fidèle. ■ 2 *m.* Partisan.
adiestrar [aðjestrár] *tr.* 1 Dresser. 2 Exercer, instruire (a una persona).
adinerado, -da [aðineráðo, -ða] *adj.* Riche, fortuné, ée.
adiós [aðjós] *interj.* 1 Adieu. 2 Au revoir (hasta luego). Loc. fig. ***¡Adiós mi dinero!,*** c'en est fait!; ***decir ~ a algo,*** dire adieu à quelque chose.
adiposo, -sa [aðipóso, -sa] *adj.* Adipeux, euse.
aditamento [aðitaménto] *m.* 1 Addition *f.* 2 Complément.
adivinación [aðiβinaθjón] *f.* Divination.
adivinar [aðiβinár] *tr.* Deviner.
adivino, -na [aðiβino, -na] *s.* Devin, devineresse.
adjetivo, -va [aðxetiβo, -βa] *adj.* 1 Adjectif, ive. ■ 2 *m.* GRAM. Adjectif.
adjudicar [aðxuðikár] *tr.* Adjuger.
adjunto, -ta [aðxúnto, -ta] *adj.* 1 Ci-joint, te, ci-inclus, se: ***la copia adjunta,*** la copie ci-jointe, ci-incluse; ***adjunto le remito,*** je vous envoie ci-joint. ■ 2 *adj.-s.* Adjoint, ointe.
administrador, -ra [aðministraðór, -ra] *adj.-s.* Administrateur, -trice.
administrar [aðministrár] *tr.* Administrer.
admiración [aðmiraθjón] *f.* 1 Admiration. 2 GRAM. Point *m.* d'exclamation.
admirador, -ra [aðmiraðór, -ra] *adj.-s.* Admirateur, trice.
admirar [aðmirár] *tr.* 1 Admirer (ver con admiración). 2 Étonner, émerveiller (asombrar): ***me admira que,*** je m'étonne que. ■ 3 *pr.* S'étonner (asombrarse): ***me admiro de que,*** je m'étonne que.
admitir [aðmitir] *tr.* Admettre: ***no se admiten propinas,*** les pourboires ne sont pas admis.
ADN [aðeéne] *m.* (*abrev.* ácido desoxirribonucleico) ADN.
adobar [aðoβár] *tr.* 1 Apprêter, accommoder. 2 COC. Mettre à mariner (las carnes). 3 Apprêter (pieles).
adobe [aðóβe] *m.* Brique *f.* crue.
adolecer [aðoleθér] *intr.* 1 Tomber malade, être souffrant, ante. 2 Être sujet, ette à (un vicio, una pasión); avoir, souffrir de (un defecto). ▲ CONJUG. comme ***agradecer.***
adolescencia [aðolesθénθja] *f.* Adolescence.
adolescente [aðolesθénte] *adj.-s.* Adolescent, ente.
adonde [aðónde] *adv.* Où.
adoptar [aðoβtár] *tr.* Adopter.
adoptivo, -va [aðoβtiβo, -βa] *adj.* Adoptif, ive: ***hijo ~,*** fils adoptif.
adoquín [aðokin] *m.* 1 Pavé (piedra). 2 fig. Sot, sotte, bûche *f.,* ballot.
adoquinar [aðokinár] *tr.* Paver.
adoración [aðoraθjón] *f.* 1 Adoration. 2 ***~ de los Reyes,*** adoration des Mages, épiphanie.
adorar [aðorár] *tr.* Adorer.

adormecer [aðormeθèr] *tr.* **1** Endormir, assoupir. **2** Calmer, apaiser (un dolor, etc.) ■ **3** *pr.* S'endormir, s'assoupir. **4** S'engourdir (un miembro). ▲ CONJUG. comme ***agradecer.***
adormilarse [aðormilàrse] *pr.* S'endormir à moitié, s'assoupir.
adornar [aðornàr] *tr.* **1** Orner, décorer, enjoliver: ~ ***con flores,*** orner de fleurs. **2** fig. Parer, orner (cualidades, virtud, etc.). **3** fig. Embellir, broder (una historia).
adosar [aðosàr] *tr.* Adosser.
adquirir [aðkirìr] *tr.* Acquérir. ▲ CONJUG. IRRÉG. INDIC. Prés.: ***adquiero, adquieres, adquiere, adquieren.*** SUBJ. Prés.: ***adquiera, adquieras, adquiera, adquieran.*** IMPÉR.: ***adquiere, adquiera, adquieran.*** Les autres formes sont régulières.
adquisición [aðkisiθjòn] *f.* Acquisition.
adquisitivo, -va [aðkisitìβo, -βa] *adj.* Acquisitif, -ive: ***poder*** ~, pouvoir d'achat.
adrede [aðrèðe] *adv.* Exprès, à dessein.
adscribir [aðskriβìr] *tr.* **1** Attacher, attribuer. **2** Affecter, attacher (a un empleo). ▲ PART. PAS. irrég.: ***adscrito, ta.***
aduana [aðwàna] *f.* Douane.
aduanero, -ra [aðwanèro, -ra] *adj.-m.* Douanier, ière.
aducir [aðuθìr] *tr.* Alléguer. ▲ CONJUG. comme ***conducir.***
adueñarse [aðweɲàrse] *pr.* S'emparer, se rendre maître.
adular [aðulàr] *tr.* Aduler, flatter.
adulón, -ona [aðulòn, -òna] *adj.-s.* fam. Flagorneur, euse, lècheur, euse.
adulterar [aðulteràr] *intr.* **1** Commettre un adultère. ■ **2** *tr.* Falsifier, frelater, adultérer: ~ ***un vino,*** frelater un vin.
adulterio [aðultèrjo] *m.* Adultère.
adúltero, -ra [aðùltero, -ra] *adj.* Adultère.
adulto, -ta [aðùlto, -ta] *adj.-s.* Adulte.
adusto, -ta [aðùsto, -ta] *adj.* **1** Sévère, austère, bourru, ue. **2** Brûlé, ée (quemado), torride (muy cálido).
advenedizo, -za [aðβeneðìθo, -θa] *adj.-s.* **1** Étranger, ère (forastero). **2** Parvenu, ue.
advenir [aðβenìr] *intr.* Advenir, arriver. ▲ CONJUG. comme ***venir.***
adverbio [aðβèrβjo] *m.* Adverbe.
adversario, -ia [aðβersàrjo, -ja] *s.* Adversaire.
adversativo, -va [aðβersatìβo, -βa] *adj.* GRAM. Adversatif, ive.
adverso, -sa [aðβèrso, -sa] *adj.* Adverse.
advertir [aðβertìr] *tr.* **1** Avertir (avisar). **2** Signaler (indicar). **3** Conseiller (recomendar). **3** Remarquer, observer (notar).
adyacente [aðjaθènte] *adj.* Adjacent, ente.
aéreo, -ea [aèreo, -ea] *adj.* Aérien, ienne.
aerodinámico, -ca [aeroðinàmiko, -ka] *adj.-f.* Aérodynamique.
aeródromo [aeròðromo] *m.* Aérodrome.
aerolito [aerolìto] *m.* Aérolithe.
aeronauta [aeronàŭta] *m.* Aéronaute.
aeronáutico, -ca [aeronàŭtiko, -ka] *adj.-f.* Aéronautique.
aeropuerto [aeropwèrto] *m.* Aéroport.
aerosol [aerosòl] *m.* Aérosol.
aeróstato [aeròstato] *m.* Aérostat (globo).
afable [afàβle] *adj.* Affable.
afamado, -da [afamàðo, -ða] *adj.* Renommé, ée, fameux, euse.
afán [afàn] *m.* **1** Ardeur *f.,* empressement. **2** Désir véhément, soif *f.* (anhelo): ***tiene mucho ~ por aprender,*** il a un grand désir d'apprendre; ***un ~ de riquezas,*** une soif de richesses. **3** Effort (esfuer-

zo). ■ 4 *pl.* Tourments, souffrances *f.*, soucis (penalidades).
afear [afeàr] *tr.* **1** Enlaidir. **2** fig. Reprocher, blâmer.
afectado, -da [afeɣtàðo, -ða] *adj.* **1** Affecté, ée, aprêté, ée (amanerado). **2** Feint, feinte (fingido).
afectar [afeɣtàr] *tr.* **1** Affecter, feindre (fingir). **2** Affecter (emocionar). **3** Toucher, affecter (concernir). **4** MED. Affecter. ■ **5** *pr.* S'affecter.
afecto, -ta [afeɣto, -ta] *adj.* **1** Attaché, ée, dévoué, ée (adicto). **2** Affecté, ée (destinado). ■ **3** *m.* Affection *f.*, attachement (cariño). **4** MED. Affection *f.*
afeitar [afeitàr] *tr.* **1** Raser. Loc. ***Maquinilla de ~,*** rasoir *m.* **2** Farder (poner afeites). **3** Orner. **4** TAUROM. Épointer (les cornes). ■ **5** *pr.* Se raser.
afeminado, -da [afeminàðo, -ða] *adj.* Efféminé, ée.
aféresis [afèresis] *f.* GRAM. Aphérèse.
aferrar [afer̄àr] *tr.* **1** Accrocher, saisir (agarrar). **2** MAR. Gaffer. **3** MAR. Ferler (velas). **4** MAR. Assujettir avec des ancres. ■ **5** *intr.* MAR. Mordre (el ancla). ■ **6** *pr.* S'accrocher, se cramponner.
afgano, -na [afɣàno, -na] *adj.-s.* Afghan, ane.
afianzar [afianθàr] *tr.* **1** Cautionner, garantir (garantizar). **2** Étayer, soutenir, fixer (con puntales, etc.). **3** Affermir, consolider. ■ **4** *pr.* Se soutenir, se cramponner.
afición [afiθjòn] *f.* **1** Penchant *m.*, goût *m.* Loc. ***Tener ~ a,*** aimer, avoir le goût de, s'intéresser à. **2** ***La ~,*** les amateurs *m. pl.* (conjunto de aficionados).
aficionado, -da [afiθjonàðo, -ða] *adj.-s.* Amateur de, passionné, ée de: ***~ a la foto,*** amateur de photo.
afilador, -ra [afilaðòr, -ra] *adj.* **1** Qui affile. ■ **2** *m.* Affileur, rémouleur. **3** Cuir à rasoir (correa).
afilar [afilàr] *tr.* **1** Aiguiser, aflûter, affiler (una navaja, etc.), tailler (un lápiz). ■ **2** *pr.* fig. S'effiler, amincir (cara, etc.).
afiliar [afiljàr] *tr.* Affilier.
afín [afin] *adj.* **1** Proche, contigu, uë. **2** Analogue (semejante). **3** Connexe. **4** ***Ideas afines,*** idées voisines, analogies.
afinador [afinaðòr] *m.* **1** MÚS. Accordeur (persona). **2** MÚS. Accordoir (instrumento).
afinar [afinàr] *tr.* **1** Perfectionner, mettre la dernière main à (una cosa). **2** fig. Affiner. **3** MÚS. Accorder, ajuster. ■ **4** *tr.-intr.* MÚS. Chanter, jouer juste.
afinidad [afiniðàð] *f.* **1** Affinité. **2** Alliance (parentesco).
afirmación [afirmaθjòn] *f.* **1** Affirmation (palabra). **2** Affermissement *m.*, consolidation.
afirmar [afirmàr] *tr.* **1** Affermir. **2** Affirmer (aseverar). ■ **3** *pr.* S'appuyer, se bien tenir sur. **4** Maintenir (lo dicho).
aflicción [afliкθjòn] *f.* Affliction.
afligir [aflixìr] *tr.* Affliger.
aflojar [afloxàr] *tr.* **1** Relâcher, lâcher (soltar). **2** Détendre (un muelle). **3** Desserrer (un tornillo, un nudo). Loc. ~ ***las riendas,*** lâcher la bride; fam. ~ ***la mosca,*** lâcher du fric. **4** Relâcher, rendre moins rigoureux, euse.
aflorar [afloràr] *intr.* Affleurer.
afluir [aflwìr] *intr.* **1** Affluer. **2** Confluer: ***río que afluye a,*** rivière qui conflue avec. **3** Aboutir (calle).
afónico, -ca [afòniko, -ka] *adj.* Aphone.
afortunado, -da [afortunàðo, -ða] *adj.* **1** Heureux, euse (feliz). **2** Chanceux, euse (con suerte).
afrecho [afrètʃo] *m.* Son (du blé).
afrentar [afrentàr] *tr.* **1** Faire affront à. ■ **2** *pr.* Avoir honte.
africano, -na [afrikàno, -na] *adj.-s.* Africain, aine.

afrontar [afrontàr] *tr.* 1 Affronter. 2 Confronter (dos personas).
afta [àfta] *f.* MED. Aphte *m.*
afuera [afwèra] *adv.* 1 Dehors, au dehors. ■ 2 *f. pl.* Alentours *m.*, environs *m.* 3 *interj.* Hors d'ici!
agachar [aγatʃàr] *tr.* 1 Baisser, courber (la cabeza, el cuerpo). ■ 2 *pr.* Se baisser, s'accroupir.
agalla [aγàʎa] *f.* 1 BOT. Galle, noix de galle. 2 Pomme (de ciprés). 3 ANAT. Amygdale. 4 Côté *m.* de la tête d'un oiseau.
ágape [àγape] *m.* Agape *f.*
agarrada [aγar̄àða] *f.* Empoignade.
agarradero [aγar̄aðèro] *m.* Manche, poignée *f.* (mango), anse *f.* (asa).
agarrar [aγar̄àr] *tr.* 1 Empoigner, saisir, attraper: ~ ***del brazo,*** saisir par le bras. 2 fig. Attraper, ramasser (enfermedad, etc.). 3 fig. fam. Décrocher (obtener), saisir (oportunidad). ■ 4 *pr.* Tenir: ***agárrese al pasamanos,*** tenez la main courante.
agasajar [aγasaxàr] *tr.* Fêter, accueillir chaleureusement.
agazaparse [aγaθapàrse] *pr.* Se blottir, se tapir.
agencia [axènθja] *f.* 1 Agence: ~ ***de viajes,*** agence de voyages. 2 Bureau *m.* (despacho). 3 Démarche (trámite).
agenciar [axenθjàr] *tr.* 1 Faire des démarches pour obtenir (una cosa). ■ 2 *pr.* Se procurer, obtenir (procurarse).
agenda [axènda] *f.* Agenda *m.*
agente [axènte] *adj.* 1 Qui agit. 2 GRAM. ***Complemento*** ~, complément d'agent. ■ 3 *m.* Agent: ~ ***de seguros,*** agent d'assurances.
ágil [àxil] *adj.* 1 Agile. 2 Vif, vive, alerte: ***estilo*** ~, style alerte.
agio [àxjo] *m.* COM. Agio.
agitación [axitaθjòn] *f.* Agitation.
agitar [axitàr] *tr.* Agiter.
aglomeración [aγlomeraθjòn] *f.* 1 Agglomération. 2 Attroupement *m.* (de personas). 3 Encombrement *m.*, embouteillage *m.* (de vehículos).
aglutinante [aγlutinànte] *adj.-m.* Agglutinant, ante.
aglutinar [aγlutinàr] *tr.* Agglutiner.
agobiar [aγoβjàr] *tr.* 1 Courber (doblar). 2 Faire plier sous un poids. 3 fig. Accabler (los quehaceres, etc.). 3 Abattre (desanimar). ▲ CONJUG. comme ***cambiar.***
agolparse [aγolpàrse] *pr.* 1 Se rassembler, affluer (personas), s'entasser (cosas). 2 Venir tout d'un coup (ocurrir).
agonía [aγonìa] *f.* 1 Agonie. 2 Désir *m.* violent (deseo).
agonizar [aγoniθàr] *intr.* 1 Agoniser. 2 fig. ~ ***por,*** mourir d'envie de.
agosto [aγòsto] *m.* 1 Août. 2 Moisson *f.* (cosecha). Loc. fig. fam. ***Hacer uno su*** ~, faire son beurre.
agotar [aγotàr] *tr.* 1 Épuiser: ~ ***una cisterna, las existencias,*** épuiser une citerne, les stocks. 2 fig. Épuiser (cansar).
agraciar [aγraθjàr] *tr.* 1 Rendre gracieux, euse. 2 Favoriser. 3 Gratifier: ~ ***con una merced,*** gratifier d'une faveur.
agradable [aγraðàβle] *adj.* Agréable.
agradecer [aγraðeθèr] *tr.* 1 Être reconnaissant, ante (estar agradecido): ***le agradecería me facilite su dirección,*** je vous serais reconnaissant de me donner votre adresse. 2 Remercier de: ***le agradezco su carta,*** je vous remercie de votre lettre; ~ ***con una sonrisa,*** remercier d'un sourire. ▲ CONJUG. IRRÉG. INDIC. Prés.: ***agradezco, agradeces,*** etc. SUBJ. Prés.: ***agradezca, agradezcas, agradezca, agradezcamos, agradezcáis, agradezcan.*** IMPÉR.: ***agradece, agradezca, agradezcamos, agradezcan.*** Les autres formes sont régulières.
agrado [aγràðo] *m.* 1 Plaisir (gusto). 2 Plaisir, gré: ***haga usted lo que sea de su*** ~, faites à votre gré: ***ser del*** ~ ***de uno,*** être agréable à quel-

qu'un. 3 Complaisance *f.*, amabilité *f.*
agrandar [aɣrandàr] *tr.* 1 Agrandir. 2 Grossir, amplifier. ■ 3 *pr.* Augmenter.
agrario, -ia [aɣràrjo, -ja] *adj.* 1 Agraire. 2 Agrarien, ienne.
agravar [aɣraβàr] *tr.* Aggraver.
agraviar [aɣràβjàr] *tr.* 1 Offenser. 2 Léser, faire tort (perjudicar). ■ 3 *pr.* S'offenser. ▲ CONJUG. comme ***cambiar.***
agredir [aɣreðìr] *tr.* Attaquer, assaillir. ▲ CONJUG. comme ***aguerrir.***
agregar [aɣreɣàr] *tr.* 1 FÍS. Agréger. 2 Ajouter, joindre, adjoindre.
agresión [aɣresjòn] *f.* Agression.
agresor, -ra [aɣresòr, -ra] *adj.-s.* Agresseur.
agreste [aɣrèste] *adj.* Agreste.
agriar [aɣrjàr] *tr.* 1 Aigrir. ■ 2 *pr.* Aigrir. 3 fig. S'aigrir.
agricultor, -ra [aɣrikultòr, -ra] *s.* Agriculteur, trice.
agricultura [aɣrikultùra] *f.* Agriculture.
agridulce [aɣriðùlθe] *adj.* Aigre-doux, douce.
agrietar [aɣrjetàr] *tr.* Crevasser, lézarder.
agrimensor [aɣrimensòr] *m.* Arpenteur.
agrio, -ia [àɣrjo, -ja] *adj.* 1 Aigre. 2 Accidenté, ée, raboteux, euse (terreno). ■ 3 *m. pl.* Agrumes (naranjas, limones, etc.).
agronomía [aɣronomìa] *f.* Agronomie.
agropecuario, -ria [aɣropekuàrio, -ria] *adj.* Agricole: ***exportaciones agropecuarias,*** exportations agricoles.
agrupar [aɣrupàr] *tr.* Grouper.
agua [àɣwa] *f.* 1 Eau (líquido). Loc. ~ ***viva,*** eau vive; ~ ***llovediza, de lluvia,*** eau de pluie; fig. ***ahogarse en un vaso de ~,*** se noyer dans un verre d'eau; ***se me hace la boca ~,*** l'eau m'en vient à la bouche; ***volverse en ~ de cerrajas,*** tourner en eau de boudin. 2 Eau (licor artificial); ~ ***de azahar,*** eau de naffe, de fleurs d'oranger; ~ ***fuerte,*** eau forte; ~ ***regia,*** eau régale. 3 Pente (de un tejado). ■ 4 *pl.* Moiré *m. sing.*, moirures (de un tejido). ■ 5 Eau *sing.* (de una piedra preciosa). 6 ***Hacer aguas menores,*** uriner; ***hacer aguas mayores,*** aller à la selle.
aguacate [aɣwakàte] *m.* 1 Avocatier (árbol). 2 Avocat (fruto).
aguacero [aɣwaθèro] *m.* Averse *f.*
aguada [aɣwàða] *f.* 1 MIN. Inondation. 2 PINT. Gouache.
aguafiestas [aɣwafjèstas] *s. invar.* Trouble-fête, rabat-joie.
aguafuerte [aɣwafwèrte] *f.* Eau-forte.
aguamarina [aɣwamarina] *f.* MINER. Aigue-marine.
aguanieve [aɣwanjèβe] *f.* Pluie mêlée de neige, neige fondue.
aguantar [aɣwantàr] *tr.* 1 Supporter, endurer (sufrir). 2 Soutenir (sostener). 3 Tenir (sujetar). 4 Réprimer, contenir. 5 TAUROM. Attendre sans bouger (el toro). ■ 6 *intr.* Tenir bon.
aguante [aɣwànte] *m.* 1 Endurance *f.*, résistance *f.* 2 Patience *f.*
aguar [aɣwàr] *tr.* 1 Couper, mouiller, étendre d'eau (vino, leche). 2 fig. Troubler, gâter: ~ ***una fiesta,*** troubler une fête.
aguardar [aɣwarðàr] *tr.-intr.* 1 Attendre: ***aguardo a que venga,*** j'attends qu'il vienne. ■ 2 *pr.* Attendre.
aguardiente [aɣwarðjènte] *m.* Eau-de-vie *f.*
aguarrás [aɣwar̄às] *m.* Essence *f.* de térébenthine.
agudizar [aɣuðiθàr] *tr.* 1 Rendre plus aigu, uë. ■ 2 *pr.* Devenir plus aigu, uë. 3 S'aggraver (una enfermedad).
agudo, -da [aɣùðo, -ða] *adj.* 1 Aigu, uë. 2 Pointu, ue (afilado). 3 fig. Fin, fine, subtil, ile, perspicace: ~ ***de***

ingenio, d'esprit subtil. 4 Spirituel, elle (gracioso). Loc. ***Dicho ~,*** bon mot.
aguerrir [aγeř̄ir] *tr.* Aguerrir. ▲ CONJUG. comme ***abolir.***
aguijón [aγixòn] *m.* Aiguillon.
águila [àγila] *f.* Aigle *m.*
aguileño, -ña [aγilèɲo, -ɲa] *adj.*: ***Nariz aguileña,*** nez aquilin.
aguinaldo [aγinàldo] *m.* Étrennes *f. pl.*
aguja [aγùxa] *f.* 1 Aiguille. Loc. ***~ magnética,*** aiguille aimantée; ***~ de marear,*** boussole; ***~ de hacer media,*** aiguille à tricoter; ***~ mechera,*** lardoire; fig. ***buscar una ~ en un pajar,*** chercher une aiguille dans une botte de foin. ■ 2 *pl.* Côtes antérieures d'un animal.
agujero [aγuxèro] *m.* Trou.
agujeta [aγuxèta] *f.* 1 Aiguillette (cinta). ■ 2 *pl.* Courbatures (dolores).
aguzar [aγuθàr] 1 Aiguiser. 2 fig. Stimuler, rendre plus vif, vive, aiguiser.
¡ah! [a] *interj.* Ah!
ahí [aì] *adv.* Là (en este lugar, en un lugar cercano): ***~ está, he ~,*** voilà; ***~ viene, hele ~,*** le voilà. Loc. ***~ me las den todas,*** ça m'est égal; ***por ~ se dice,*** on dit, le bruit court.
ahínco [aìŋko] *m.* 1 Empressement, ardeur *f.*, acharnement. 2 Insistance *f.*
ahitar [aĭtàr] *tr.-intr.* 1 Causer une indigestion. ■ 2 *pr.* Se bourrer à en être malade, se gaver.
ahogar [aoγàr] *tr.* 1 Noyer (en agua). 2 Étouffer: ***~ sus sollozos,*** étouffer ses sanglots. 3 fig. Accabler, oppresser. 4 Étrangler (estrangular). ■ 5 *pr.* Se noyer (en agua). 6 Étouffer (respirar con dificultad).
ahogo [aòγo] *m.* Oppression *f.*, étouffement, suffocation.
ahondar [aondàr] *tr.* 1 Approfondir. ■ 2 *intr.* Creuser, pénétrer. 3 fig. Approfondir: ***~ en una cuestión,*** approfondir une question. ■ 4 *pr.* S'enfoncer.
ahora [aòra] *adv.* 1 Maintenant, à présent. 2 *loc. adv.* ***~ bien,*** or; ***~ mismo,*** à l'instant même (poco antes); immédiatement, tout de suite; tout à l'heure, dans un instant (después); ***de ~ en adelante,*** dorénavant, désormais; ***por ~,*** pour le moment.
ahorcar [aorkàr] *tr.* Prendre. Loc. fig. ***~ los hábitos,*** jeter le froc aux orties.
ahorrar [aoř̄àr] *tr.* 1 Épargner, économiser: ***caja de ahorros,*** caisse d'épargne. 2 Économie *f.* (lo que se ahorra).
ahorro [aòř̄o] *m.* Épargne *f.*: ***caja de ahorros,*** caisse d'épargne.
ahuecar [a(γ)wekàr] *tr.* 1 Rendre creux, euse. 2 Faire bouffer, faire gonfler. 3 Ameublir, rendre moins compact, acte (la tierra).
ahumar [aŭmàr] *tr.* 1 Fumer, saurer. 2 Enfumer (llenar de humo).
ahuyentar [aŭjentàr] *tr.* Chasser, éloigner.
airar [aĭràr] *tr.* Irriter, mettre en colère.
aire [àĭre] *m.* 1 Air (fluido, atmósfera, viento). Loc. ***~ colado,*** vent coulis; ***al ~ libre,*** au grand air, en plein air; fig. ***beber los aires por,*** désirer ardemment; ***mudar de aires,*** changer d'air; ***ofenderse del ~,*** être très susceptible. 2 Air (aspecto, semejanza); ***un ~ de familia,*** un air de famille; ***darse uno un ~ a otro,*** avoir un air de ressemblance avec.
airear [aireàr] *tr.* 1 Aérer, ventiler. ■ 2 *pr.* Prendre l'air.
airoso, -sa [aĭròso, -sa] *adj.* 1 Gracieux, euse, dégagé, ée, élégant, ante. 2 Qui réussit. Loc. ***Quedar, salir ~,*** réussir, s'en tirer brillamment.
aislado, -da [aizlàðo, -ða] *adj.* Isolé, ée.
aislar [aizlàr] *tr.* Isoler.

ajar [axár] *tr.* 1 Flétrir, faner (una planta, la tez). 2 Friper, froisser, chiffonner (arrugar). 3 fig. Flétrir, humilier.

ajedrez [axeðréθ] *m.* Échecs *pl.*: ***jugar al ~,*** jouer aux échecs.

ajenjo [axèŋxo] *m.* Absinthe *f.*

ajeno, -na [axéno, -na] *adj.* 1 D'autrui: ***la opinión ajena,*** l'opinion d'autrui. 2 Étranger, ère, contraire: ***~ a su carácter,*** contraire à son caractère. 3 Ignorant, ante. 4 Libre, exempt, empte: ***~ de cuidados,*** libre de soucis.

ajetreo [axetréo] *m.* 1 Agitation *f.* 2 Animation *f.* 3 Tracas, fatigue *f.* (cansancio).

ajo [áxo] *m.* 1 Ail. Loc. ***Cabeza de ~, de ajos,*** tête d'ail: ***diente de ~,*** gousse *f.* d'ail; fig. ***harto de ajos,*** rustre, mal élevé. Loc. ***Andar metido en el ~, estar en el ~,*** être dans le coup.

ajuar [axwár] *m.* 1 Mobilier (muebles). 2 Trousseau (de novia).

ajustar [axustár] *tr.* 1 Ajuster, adapter. 2 MEC. Ajuster (dos piezas), régler (un mecanismo). 3 Régler, liquider (una cuenta). 4 Convenir: ***~ un precio,*** convenir d'un prix. 5 Conclure (la paz, etc.). 6 IMPR. Mettre en pages. 7 Embaucher, engager (contratar). 8 Faire cadrer (adaptar). 9 Accommoder, conformer.

ajusticiar [axustiθjár] *tr.* Supplicier, exécuter.

al [al] *contr.* 1 (Contraction de la prép. ***a*** et de l'article ***el***). Au, à (devant un masculin); chez (en casa de). 2 Devant un infinitif, il donne à celui-ci la valeur d'un gérondif français: ***~ llegar,*** en arrivant.

ala [ála] *f.* 1 Aile. Loc. fam. ***Ahuecar el ~,*** mettre les voiles; ***caérsele a uno las alas del corazón,*** se décourager; ***cortar las alas,*** couper, rogner les ailes. 2 Bord *m.* (de un sombrero). 3 Auvent *m.* (alero).

alabanza [alaβánθa] *f.* 1 Louange, éloge *m.* 2 Vantardise (jactancia).

alabar [alaβár] *tr.* Louer, vanter.

alabastro [alaβástro] *m.* Albâtre.

alacena [alaθéna] *f.* Placard *m.*

alacrán [alakrán] *m.* 1 Scorpion (arácnido). 2 Crochet (gancho).

alado, -da [aláðo, -ða] *adj.* 1 Ailé, ée. 2 fig. Léger, ère, rapide.

alamar [alamár] *m.* 1 Brandebourg (adorno). 2 Frange *f.* (fleco).

alambique [alambíke] *m.* Alambic.

alambrar [alambrár] *tr.* Clôturer avec des fils de fer.

alambre [alámbre] *m.* Fil de fer: ***~ de púas,*** fil de fer barbelé.

alameda [alaméða] *f.* 1 Peupleraie. 2 Allée (de árboles), promenade (paseo).

álamo [álamo] *m.* 1 Peuplier. 2 ***~ temblón,*** tremble.

alarde [alárðe] *m.* 1 Parade *f.*, ostentation *f.*, étalage. Loc. ***Hacer ~ de,*** faire étalage de, faire montre de, se vanter de. 2 Démonstration *f.*, manifestation *f.*: ***un ~ de buen humor,*** une manifestation de bonne humeur.

alargar [alarɣár] *tr.* 1 Allonger. 2 Étendre, étirer (un miembro). 3 Laisser filer (una cuerda). 4 Passer, tendre (dar). 5 Augmenter (el sueldo, una ración, etc.). 6 Prolonger: ***~ su estancia,*** prolonger son séjour.

alarido [alariðo] *m.* Cri, hurlement.

alarma [alárma] *f.* 1 Alarme. 2 ***Aparato de ~,*** avertisseur. 3 Alerte: ***estado de ~,*** état d'alerte. 4 Tocsin *m.*

alarmista [alarmísta] *adj.-s.* Alarmiste.

alazán, -ana [alaθán, -ána], **alazano, -na** [alaθáno, -na] *adj.-s.* Alezan, ane.

alba [álβa] *f.* 1 Aube, point *m.* du jour. 2 LITURG. Aube.

albacea [alβaθéa] *m.* DER. Exécuteur testamentaire.

albahaca [alβaáka] *f.* Basilic *m.*

albañil [alβaɲil] *m.* Maçon.
albañilería [alβaɲileria] *m.* Maçonnerie.
albarán [alβarán] *m.* Bon de livraison.
albaricoque [alβarikòke] *m.* 1 Abricot. 2 Abricotier (árbol).
albatros [alβátros] *m.* Albatros.
albedrío [alβeðrio] *m.* 1 Arbitre: ***libre*** **~**, libre arbitre. 2 Volonté *f.*, caprice: ***obrar a su*** **~**, agir à sa volonté, à sa guise.
albergar [alβerɣár] *tr.* 1 Héberger, loger. 2 fig. Nourrir (un sentimiento). ■ 3 *pr.* Loger.
albergue [alβèrɣe] *m.* 1 Auberge *f.*, logis. Loc. ***Dar*** **~**, héberger. 2 Abri, asile (cobijo).
albino, -na [alβino, -na] *adj.-s.* Albinos.
albóndiga [alβòndiɣa], **albondiguilla** [alβondiɣiʎa] *f.* COC. Boulette.
albor [alβór] *m.* 1 Blancheur *f.* 2 Aube *f.* (alba). 3 fig. Aube *f.*, début, seuil. Loc. ***Los albores de la vida,*** l'enfance, la jeunesse, le printemps de la vie.
albornoz [alβornòθ] *m.* 1 Burnous. 2 Peignoir de bain: **~ *de felpa,*** peignoir en tissu éponge.
alborotar [alβorotár] *tr.* 1 Troubler, agiter (perturbar). 2 Ameuter (amotinar). ■ 3 *intr.* Faire du tapage. ■ 4 *pr.* Se troubler, s'affoler. 5 S'emporter (encolerizarse).
alborozo [alβoròθo] *m.* Grande joie *f.*
albricias [alβriθjas] *f. pl.* 1 Cadeau *m. sing.* fait au porteur d'une bonne nouvelle. 2 *interj.* Victoire!, chic!
albufera [alβufèra] *f.* Étang *m.* salé, lagune.
álbum [álβum] *m.* Album.
albúmina [alβúmina] *f.* Albumine.
alcachofa [alkatʃòfa] *f.* 1 Artichaut *m.* 2 Pomme (de ducha, regadera). 3 Crapaudine, crépine (de tubo).
alcahuete, -ta [alka(ɣ)wète, -ta] *s.* 1 Entremetteur, euse. 2 Personne qui couvre les actions d'une autre. ■ 3 *m.* TEAT. Rideau d'entracte.
alcalde [alkàlde] *m.* Maire.
alcaldesa [alkaldèsa] *f.* Mairesse.
alcaldía [alkaldia] *f.* 1 Mairie (edificio). 2 Charge de maire.
alcance [alkánθe] *m.* 1 Poursuite *f.* (persecución). Loc. ***Dar*** **~** ***a uno,*** rattraper, rejoindre quelqu'un; ***ir al*** **~*, ir a, en los alcances de,*** être sur le point d'atteindre, poursuivre. 2 Portée *f.* (de la mano, de un arma, etc.): ***al*** **~** ***de la mano,*** à portée de la main. 3 Portée *f.*, importance *f.* (importancia): ***decisión de mucho*** **~**, décision d'une grande portée.
alcanfor [alkaŋfòr] *m.* Camphre.
alcantarilla [alkantariʎa] *f.* 1 Égout *m.* (canal). 2 Bouche d'égout (hueco). 3 Ponceau *m.* (puentecillo).
alcanzar [alkanθár] *tr.* 1 Atteindre. 2 Rattraper (al que va delante). 3 Saisir (alargando el brazo). 4 Saisir, comprendre. 5 Obtenir. ■ 6 *intr.* Atteindre, arriver (llegar). 7 ***No alcanzo a comprender,*** je ne comprends pas.
alcaparra [alkapára] *f.* 1 Câpre. 2 Câprier *m.* (arbusto).
alcázar [alkáθar] *m.* 1 Château fort. 2 Palais royal. 3 MAR. Gaillard d'arrière.
alcoba [alkòβa] *f.* 1 Chambre à coucher (dormitorio). 2 Alcôve (gabinete). 3 Châsse (de balanza).
alcohol [alkoòl] *m.* 1 Alcool. 2 Khôl, kohol (afeite).
alcoholemia [alkoolèmja] *f.* Alcoolémie: ***prueba de*** **~**, alcootest *m.*
alcohólico, -ca [alkoòliko, -ka] *adj.-s.* Alcoolique.
alcornoque [alkornòke] *m.* 1 Chêne-liège. 2 fig. Buse *f.* (ignorante).
alcurnia [alkùrnja] *f.* Lignage *m.*, ascendance. Loc. ***De*** **~**, noble.
alcuza [alkùθa] *f.* Huilier *m.*

aldaba [aldáβa] *f.* Heurtoir *m.*, marteau *m.* de porte. Loc. fig. ***Tener buenas aldabas,*** avoir de hautes protections, des relations.
aldea [aldèa] *f.* **1** Village *m.* **2** Hameau *m.* (caserío).
alderredor [alderеðòr] *adv.* Autour (alrededor).
aleatorio, -ria [aleatòrjo, -rja] *adj.* Aléatoire.
aledaño, -ña [aleðàɲo, -ɲa] *adj.* **1** Limitrophe, voisin, ine. ■ **2** *m. pl.* Limites *f.* **3** Alentours (alrededores).
alegar [aleàr] *tr.* Alléguer.
alegato [aleγàto] *m.* Allégation.
alegoría [aleγoria] *f.* Allégorie.
alegrar [aleγràr] *tr.* **1** Réjouir, égayer. **2** Égayer, embellir (hermosear). **3** TAUROM. Exciter (al toro). ■ **4** *pr.* Se réjouir: ***alegrarse de, con, por,*** se réjouir de. **5** Être heureux, euse, ravi, ie: ***me alegro de verle,*** je suis heureux de vous voir. **6** fam. Se griser (bebiendo).
alegría [aleγria] *f.* **1** Joie, allégresse: ***loco de*** ~, fou de joie; ~ ***de vivir,*** joie de vivre. **2** Gaieté: ***se le ha acabado la*** ~, il a perdu sa gaieté. **3** Sésame *m.* (plante).
alegrón [aleγròn] *m.* **1** Joie *f.* vive.
alejar [alexàr] *tr.* **1** Éloigner. **2** Écarter. ■ **3** *pr.* S'éloigner.
alelar [alelàr] *tr.* Hébéter.
alelí [aleli] *m.* Giroflée *f.*
aleluya [alelùja] *m.-f.* **1** Alléluia *m.* (canto religioso). ■ **2** *m.* Temps de Pâques.
alentar [alentàr] *intr.* **1** Respirer. **2** Encourager, animer. ■ **3** *pr.* Reprendre courage (reponerse). ▲ CONJUG. comme ***acertar.***
alergia [alèrxja] *f.* Allergie.
alero [alèro] *m.* Avant-toit.
alerta [alèrta] *adv.* **1** En éveil, sur ses gardes, sur le qui-vive. Loc. ***Estar ojo*** ~, avoir l'œil aux aguets, être sur le quivive; ***estar*** ~, se tenir en éveil. ■ **2** *m.* Alerte *f.*, alarme *f.* **3** *interj.* Alerte!
aleta [alèta] *f.* **1** Ailette (de torpedo). **2** Nageoire (de pez). **3** Aile (de nariz, de coche). **4** Palme (para nadar).
aletargar [aletarγàr] *tr.* **1** Faire tomber en léthargie. ■ **2** *pr.* Tomber en léthargie.
aletear [aleteàr] *intr.* **1** Battre des ailes (ave). **2** Agiter les nageoires (pez).
alevosía [aleβosia] *f.* **1** Perfidie, traîtrise. **2** *loc. adv.* ***Con*** ~, traîtreusement.
alfa [àlfa] *f.* Alpha *m.* (letra griega).
alfabeto [alfaβèto] *m.* Alphabet.
alfalfa [alfàlfa] *f.* Luzerne.
alfanumérico, -ca [alfanumèriko, -ka] *adj.* Alphanumérique.
alfarería [alfareria] *f.* Poterie.
alférez [alfèrez] *m.* **1** MIL. Sous-lieutenant. **2** MAR. Enseigne (oficial).
alfil [alfil] *m.* Fou (ajedrez).
alfiler [alfilèr] *m.* **1** Épingle *f.* Loc. ***Ir de veinticinco alfileres,*** être tiré, ée à quatre épingles. **2** ~ ***de París,*** pointe *f.*, long clou.
alfombra [alfómbra] *f.* **1** Tapis *m.* **2** fig. Tapis *m.* (de flores, etc.).
alga [àlγa] *f.* Algue.
álgebra [àlxeβra] *f.* **1** Algèbre. **2** ant. Art *m.* de remboîter les os.
álgido, -da [àlxiðo, -ða] *adj.* Algide.
algo [àlγo] *pron. indef.* **1** Quelque chose. **2** Un peu (un poco). **3** Loc. ~ ***así como,*** quelque chose comme; ***por*** ~ ***será,*** il y a certainement une raison. ■ **4** *adv.* Un peu, quelque peu.
algodón [alγodòn] *m.* **1** Coton: ~ ***hidrófilo,*** coton hydrophile. Loc. fig. ***Criado entre algodones,*** élevé dans du coton. **2** Cotonnier (arbusto). **3** Barbe *f.* à papa (golosina).
algoritmo [alγoritmo] *m.* Algorithme.
alguacil [alγwaθil] *m.* **1** Alguazil. **2** Huissier à verge.
alguien [àlγien] *pron. indef.* Quelqu'un.

algún [alɣún] *adj.* 1 Forme apocopée de *alguno.* Ne s'emploie que devant un substantif m. sing. ~ *día,* un jour; ~ *tiempo,* quelque temps. ■ 2 *loc. adv.* ~ *tanto,* un peu, quelque peu.
alguno, -na [alɣúno, -na] *adj.* 1 Quelque: *algunas personas,* quelques personnes; un peu de (un poco de). 2 *loc. adj.* ~ *que otro,* quelques, un petit nombre. 3 Placé après le nom, il prend un sens négatif: *No...* ~, ne... aucun (ninguno); *en parte alguna,* nulle part; *sin valor* ~, sans aucune valeur. ■ 4 *pron. indef.* Quelqu'un (alguien).
alhaja [aláxa] *f.* 1 Bijou *m.* (joya). 2 Meuble *m.,* objet *m.* précieux. 3 fig. Joyau *m.* (objeto), perle (persona).
alhelí [aleli] *m.* Giroflée *f.*
alianza [aljánθa] *f.* Alliance.
aliar [aliár] *tr.* Allier, liguer. ▲ CONJUG. comme *desviar.*
alias [áljas] *adv.* Alias, surnommé, ée, dit.
alicatado, -da [alicatáðo, -ða] *adj.* Carrelé, -ée: *cuarto de baño* ~, salle de bains carrelée.
alicates [alikátes] *m. pl.* Pince *f. sing.*
aliciente [aliθjénte] *m.* 1 Attrait, intérêt. 2 Stimulant.
alienación [alienaθjón] *f.* Aliénation.
aliento [aljénto] *m.* 1 Haleine *f.*: *mal* ~, mauvaise haleine. 2 Souffle, respiration *f.*: *el último* ~, le dernier souffle. 3 fig. Courage, énergie *f.,* vigueur *f.*
aligerar [alixerár] *tr.* 1 Alléger (hacer más ligero). 2 Accélérer, hâter: ~ *el paso,* accélérer le pas. ■ 3 *intr.-pr.* Se dépêcher (darse prisa). ■ 4 *pr. Aligerarse de ropa,* s'habiller plus légèrement.
alijo [alixo] *m.* 1 MAR. Déchargement. 2 Contrebande *f.,* marchandises *f. pl.* de contrebande.
alimaña [alimáɲa] *f.* 1 Animal *m.,* bête. 2 Bête nuisible.
alimentación [alimentaθjón] *f.* Alimentation.
alimentar [alimentár] *tr.* 1 Alimenter. ■ 2 *pr.* S'alimenter, se nourrir *(de, con,* de).
alimento [aliménto] *m.* Aliment, nourriture *f.*
alindar [alindár] *tr.* 1 Borner (un terreno). 2 Embellir. ■ 3 *intr. Alindar con,* être contigu, uë à.
alinear [alineár] *tr.* Aligner.
aliñar [aliɲár] *tr.* 1 Apprêter, orner (adornar), arranger (componer). 2 COC. Assaisonner.
alisar [alisár] *tr.* 1 Lisser (pulir). 2 Peigner légèrement (el pelo).
alisios [alisjos] *adj.-pl. Vientos* ~, vents alizés.
alistar [alistár] *tr.* 1 Recruter, enrôler (soldados, etc.). 2 Inscrire sur une liste. 3 Embrigader (para algún fin). 4 Préparer, disposer (disponer). ■ 5 *pr.* S'enrôler.
aliviar [aliβjár] *tr.* 1 Alléger, soulager (de un peso). 2 fig. Soulager. 3 fig. Adoucir, calmer. ■ 4 *pr.* Se soulager. 5 Aller mieux (un enfermo). ▲ CONJUG. comme *cambiar.*
aljibe [alxiβe] *m.* Citerne *f.*
allá [aʎá] *adv.* Là, là-bas (lugar). Loc. ~ *se las haya,* qu'il s'arrange comme il pourra; ~ *tú,* c'est ton affaire, tant pis pour toi.
allanar [aʎanár] *tr.* 1 Aplanir (terreno, dificultad). 2 Pacifier, soumettre. 3 Violer (un domicilio). ■ 4 *pr.* Se soumettre, se plier.
allegado, -da [aʎeɣáðo, -ða] *adj.* 1 Voisin, ine. ■ 2 *adj.-s.* Parent, ente, proche. 3 Partisan (partidario).
allí [aʎí] *adv.* 1 Là (par opposition à ici); *aquí y* ~, ici et là; y: *voy* ~, j'y vais. 2 Alors (entonces). Loc. ~ *fue Troya,* alors les choses se sont gâtées.

alma [álma] *f.* 1 Âme. Loc. fig. ~ ***de cántaro,*** brute; ~ ***de Dios,*** brave homme; ~ ***en pena,*** âme en peine; ~ ***viviente,*** âme qui vive; ***caérsele a uno el ~ a los pies,*** se décourager; ***llegar al ~,*** aller droit au cœur; 2 Âme: ***el ~ de la rebelión,*** l'âme du soulèvement. 3 *loc. adv.* ***Con toda el ~, con el ~ y la vida,*** de tout cœur, de grand cœur.
almacén [almaθén] *m.* Magasin.
almacenar [almaθenár] *tr.* Emmagasiner.
almadraba [almaðráβa] *f.* 1 Pêche aux thons. 2 Madrague (red).
almanaque [almanáke] *m.* Almanach.
almazara [almaθára] *f.* Moulin *m.* à huile.
almeja [alméxa] *f.* Clovisse.
almenar [almenár] *tr.* ARQ. Créneler.
almendra [alméndra] *f.* 1 Amande. 2 ~ ***garrapiñada,*** praline.
almendro [alméndro] *m.* Amandier.
almíbar [almíβar] *m.* Sirop: ***melocotones en ~,*** pêches au sirop.
almidón [almiðón] *m.* Amidon.
almidonar [almiðonár] *tr.* Amidonner.
almirante [almiránte] *m.* Amiral.
almirez [almiréθ] *m.* Mortier.
almizcle [almíθkle] *m.* Musc.
almohada [alomáða] *f.* 1 Oreiller *m.* (de cama). Loc. ***Consultar con la ~,*** réfléchir longuement avant de prendre une décision. 2 Taie d'oreiller (funda). 3 Coussin *m.* (cojín).
almohadilla [almoaðiʎa] *f.* 1 Coussinet *m.* (de costura). 2 Panneau *m.* (de arreos). 3 Tampon *m.* encreur. 4 ARQ. Bossage *m.*
almoneda [almonéða] *f.* 1 Encan *m.*, vente aux enchères (subasta). 2 Soldes *m. pl.*
almorranas [almor̄ánas] *f. pl.* Hémorroïdes.
almorzar [almorθár] *intr.* 1 Déjeuner. ■ 2 *tr.* Manger au déjeuner, déjeuner de. ▲ CONJUG. comme ***contar.***
almuerzo [almwérθo] *m.* Déjeuner.
alocado, -da [alokáðo, -ða] *adj.* 1 Étourdi, ie. 2 Irréfléchi, ie (acción).
alocución [alokuθjón] *f.* Allocution.
alojar [aloxár] *tr.* 1 Loger, héberger. 2 Loger (meter). ■ 3 *intr.-pr.* Loger, se loger.
alondra [alóndra] *f.* Alouette.
alpaca [alpáka] *f.* 1 Alpaga *m.* (animal). 2 Maillechort *m.*, métal *m.* blanc.
alpargata [alparɣáta] *f.* Espadrille.
alpinismo [alpinízmo] *m.* Alpinisme.
alpino, -na [alpíno, -na] *adj.* Alpin, ine.
alpiste [alpíste] *m.* Alpiste (planta).
alquería [alkeria] *f.* Ferme, métairie.
alquilar [alkilár] *tr.* Louer: ***piso por ~,*** appartement à louer; ***se alquila,*** à louer.
alquiler [alkilér] 1 Location *f.* (piso, etc.): ***coche de ~,*** voiture en location. 2 Loyer (precio).
alrededor [alr̄eðeðór] *adv.* 1 Autour: ***a nuestro ~,*** autour de nous. 2 ~ ***de,*** autour de, environ, à peu près: ~ ***de un millón,*** autour d'un million. ■ 3 *m. pl.* Alentours, environs: ***los alrededores de Bilbao,*** les environs de Bilbao.
alta [álta] *f.* 1 ant. Danse. 2 Déclaration de guérison, bulletin *m.* de sortie (de un enfermo): ***dar de ~ a,*** donner son bulletin de sortie à. 3 Incorporation, réincorporation (de un militar).
altar [altár] *m.* Autel: ~ ***mayor,*** maître-autel.
altavoz [altaβóθ] *m.* Haut-parleur.
alterar [alterár] *tr.* 1 Altérer. 2 Troubler, émouvoir (emocionar). 3 Perturber (trastornar). 4 Mettre en colère, irriter (enojar).
altercar [alterkár] *intr.* Se disputer.

alternar [alternár] *tr.* 1 Faire alterner. 2 AGR. Alterner (los cultivos). ■ 3 *intr.* Alterner. 4 Fréquenter, avoir des relations: ~ ***con sus vecinos,*** fréquenter ses voisins. ■ 5 *pr.* Se relayer.
alternativo, -va [alternatiβo, -βa] *adj.* 1 Alternatif, -ive. ■ 2 *f.* Alternative.
alteza [altéθa] *f.* 1 Élevation, hauteur, sublimité. 2 Altesse (título).
altillo [altiʎo] *m.* 1 Tertre, coteau. 2 Galetas, grenier (desván), entresol (entresuelo).
altitud [altitúð] *f.* Altitude.
altivo, -va [altiβo, -βa] *adj.* Altier, ière, hautain, aine.
alto, -ta [álto, -ta] *adj.* 1 Haut, haute, élevé, ée. Loc. ***Pasar por ~,*** passer sur, omettre, taire; ***esto me había pasado por ~,*** cela m'avait échappé. 2 Grand, grande (de gran estatura). 3 Avancé, ée; ***a altas horas de la noche,*** à une heure avancée de la nuit. ■ 4 *adv.* Haut: ***hablar ~,*** parler haut. ■ 5 *m.* Haut, hauteur *f.* (dimensión). 6 Étage élevé (piso). 7 *interj.* Halte!: ***¡Alto ahí!,*** Halte-là!
altruismo [altrwizmo] *m.* Altruisme.
altura [altúra] *f.* Hauteur (dimensión, elevación moral).
alubia [alúβia] *f.* Haricot *m.*
alucinación [aluθinaθjón] *f.* Hallucination.
alucinógeno, -na [aluθinóxeno, -na] *adj.* Hallucinogène.
alud [alúð] *m.* Avalanche *f.*
aludir [aluðir] *tr.* 1 Faire allusion. 2 Faire mention de (en un discurso).
alumbrar [alumbrár] *intr.* 1 Éclairer (dar luz). 2 Accoucher, enfanter (parir). 3 *tr.* Éclairer. ■ 4 *pr.* fam. Se griser, s'enivrer.
aluminio [aluminjo] *m.* Aluminium.
alumno, -na [alúmno, -na] *s.* Élève.
alusión [alusjón] *f.* Allusion.
aluvión [aluβjón] *m.* 1 Alluvion. 2 fig. Avalanche (de personas o cosas).
alza [álθa] *f.* 1 Hausse (de los precios, de un arma de fuego). 2 Vanne (de esclusa, etc.).
alzar [alθár] *tr.* 1 Lever, élever. Loc. ~ ***la mano a uno,*** lever la main sur quelqu'un; ~ ***el vuelo,*** prendre son vol. 2 Soulever: ***el viento alzaba remolinos de polvo,*** le vent soulevait des tourbillons de poussière. 3 Relever (poner de pie). 4 Hausser (la voz, los precios). 5 IMPR. Assembler. 6 Soulever, ameuter (sublevar). ■ 7 *tr.-intr.* LITURG. Élever (la hostia, el cáliz): ***al ~,*** à l'élévation.
ama [áma] *f.* 1 Maîtresse de maison. 2 Gouvernante (de un soltero). Loc. ~ ***de llaves,*** femme de charge. 3 Nourrice (nodriza).
amable [amáβle] *adj.* Aimable ***(a, con, para,*** avec).
amado, -da [amáðo, -ða] *adj.-s.* Bien-aimé, ée.
amadrinar [amaðrinár] *tr.* 1 Accoupler par le mors (dos caballos). 2 Être la marraine de.
amaestrar [amaestrár] *tr.* 1 Exercer, instruire. 2 Dresser (animales).
amagar [amaγár] *tr.* 1 Faire le geste, faire mine de (de ejecutar alguna cosa). 2 Esquisser (saludo, sonrisa). 3 Menacer (amenazar). ■ 4 *intr.* Être imminent.
amainar [amaĭnár] *tr.* 1 MAR. Amener (una vela). ■ 2 *intr.* Mollir, faiblir (el viento). 3 fig. Se calmer, se modérer.
amalgama [amalγáma] *f.* Amalgame *m.*
amamantar [amamantár] *tr.* Allaiter.
amanecer [amaneθér] *impers.* 1 Commencer à faire jour. ■ 2 *intr.* Arriver au lever du jour, être à l'aube: ***amanecimos en el Escorial,*** nous arrivâmes à l'Escurial au lever du jour. 3 Se réveiller le matin (despertar). ■ *m.* Lever du jour. ▲ CONJUG. como ***agradecer.***

amanerado, -da [amaneràðo, -ða] *adj.* Maniéré, ée.
amansar [amansàr] *tr.* **1** Apprivoiser (animal). **2** fig. Calmer.
amante [amànte] *adj.* **1** Aimant, ante. **2** Ami, amie (de algo); *~ de las artes,* ami des arts. ■ **3** *s.* Amant, ante. ■ **4** *f.* Maîtresse, amie.
amañar [amaɲàr] *tr.* **1** Arranger adroitement, truquer. ■ **2** *pr.* S'arranger, se débrouiller.
amapola [amapòla] *f.* Coquelicot *m.*
amar [amàr] *tr.* Aimer. S'emploie essentiellement dans le style relevé et dans un sens généralement abstrait: *~ a Dios, a la patria,* aimer Dieu, sa patrie.
amargar [amarɣàr] *intr.* **1** Avoir un goût amer. ■ **2** *tr.* Donner un goût amer. **3** fig. Rendre amer, ère, aigrir. **4** Attrister, peiner (afligir).
amargo, ga [amàrɣo, -ɣa] *adj.* **1** Amer, ère. ■ **2** *m.* Amer (licor).
amarillo, -lla [amariʎo, -ʎa] *adj.-m.* Jaune (color).
amarrar [amar̄àr] *tr.* **1** Amarrer. **2** Attacher (atar).
amasar [amasàr] *tr.* **1** Pétrir. **2** Gâcher (mortero, etc.). **3** Masser (dar masajes). **4** Amasser (dinero).
amasijo [amasixo] *m.* **1** Pâte *f.* (de harina).
amatista [amatista] *f.* MINER. Améthyste.
ámbar [àmbar] *m.* Ambre.
ambición [ambiθjòn] *f.* Ambition.
ambicionar [ambiθjonàr] *tr.* Ambitionner.
ambiente [ambjènte] *adj.* **1** Ambiant, ante. ■ **2** *m.* Ambiance *f.,* atmosphère *f.,* climat. **3** Air ambiant. **4** Milieu (medio); *en los ambientes intelectuales,* dans les milieux intellectuels.
ambiguo, -ua [ambiɣwo, -wa] *adj.* Ambigu, uë.
ámbito [àmbito] *m.* **1** Contour (de un espacio). **2** Étendue *f.* (extensión). **3** fig. Cadre (campo).
ambivalencia [ambiβalènθja] *f.* Ambivalence.
ambos, -as [àmbos, -as] *adj. pl.* **1** Les deux. ■ **2** *pron. pl.* Tous deux, toutes deux, tous les deux, toutes les deux.
ambulancia [ambulànθja] *f.* **1** Ambulance. **2** Bureau *m.* ambulant (correo).
ambulatorio [ambulatòrjo] *m.* Dispensaire, centre de soin de la Sécurité sociale.
amedrantar [ameðrantàr], **amedrentar** [ameðrentàr] *tr.* Effrayer, intimider.
amén [amèn] *adv.* **1** Amen. **2** *loc. adv.* ***En un decir ~,*** en un clin d'œil. **3** *loc. prep.* *~ **de,*** excepté, en plus de, outre (además).
amenaza [amenàθa] *f.* Menace.
amenazar [amenaθàr] *tr.-intr.* Menacer (*con,* de).
ameno, -na [amèno, -na] *adj.* **1** Amène, agréable (lugar). **2** Agréable.
americano, -na [amerikàno, -na] *adj.-s.* Américain, aine. ■ **2** *f.* Veston *m.*
ametralladora [ametraʎaðòra] *f.* Mitrailleuse.
ametrallar [ametraʎàr] *tr.* Mitrailler.
amianto [amjànto] *m.* Amiante.
amiga [amiɣa] *f.* **1** Amie. **2** École de filles.
amigo, -ga [amiɣo, -ɣa] *adj.-s.* **1** Ami, ie. Loc. *~ **del alma,*** ami très cher; ***cara de pocos amigos,*** mine rébarbative. ■ **2** *adj.* Porté, ée à, qui aime à, amateur de.
aminorar [aminoràr] *tr.* **1** Diminuer, amoindrir. **2** *~ **la marcha,*** ralentir.
amistad [amistàð] *f.* **1** Amitié (afecto). ■ **2** *pl.* Personnes amies, relations, amis *m.*
amistoso, -sa [amistòso, -sa] *adj.* Amical, ale.
amnistía [amnistia] *f.* Amnistie.

amo [ámo] *m.* 1 Maître: *el ~ de la casa,* le maître de maison. 2 Propriétaire (propietario). 3 Patron (de obreros, empleados).
amodorrarse [amoðor̄árse] *pr.* S'assoupir.
amojonar [amoxonár] *tr.* Borner.
amolar [amolár] *tr.* 1 Aiguiser, émoudre. 2 fam. Embêter. ▲ CONJUG. comme *contar.*
amoldar [amoldár] *tr.* 1 Ajuster à un moule, mouler. 2 Adapter, conformer.
amonedar [amoneðár] *tr.* Monnayer.
amonestar [amonestár] *tr.* 1 Admonester. 2 Publier les bans (de boda).
amoníaco, -ca [amoniako, -ka] *adj.* Ammoniac, que: *sal amoníaca,* sel ammoniac. ■ 2 *m.* Ammoniaque.
amontillado [amontiʎáðo] *adj.-m.* Sorte de xérès très sec (vino).
amontonar [amontonár] *tr.* 1 Entasser, amonceler. ■ 2 *pr.* S'entasser, se masser (muchedumbre). 3 fig. fam. Se mettre en colère.
amor [amór] *m.* 1 Amour: *el ~ a la patria, al prójimo,* l'amour de la patrie, du prochain. Loc. *~ propio,* amour-propre. 2 *Por ~ de,* pour l'amour de, à cause de, par égard à.
amoral [amorál] *adj.* Amoral, ale.
amordazar [amorðaθár] *tr.* 1 Bâillonner. 2 fig. Museler (hacer callar).
amorfo, -fa [amórfo, -fa] *adj.* Amorphe.
amoroso, -sa [amoróso, -sa] *adj.* 1 Amoureux, euse. 2 Affectueux, euse, tendre (cariñoso). 3 fig. Facile à travailler (tierra).
amortajar [amortaxár] *tr.* Ensevelir, mettre dans un linceul.
amortiguador, -ra [amortiɣwaðór, -ra] *adj.* 1 Qui amortit. ■ 2 *m.* MEC. Amortisseur.
amortizar [amortiθár] *tr.* Amortir: *~ una deuda,* amortir une dette.
amotinar [amotinár] *tr.* 1 Ameuter. ■ 2 *pr.* Se soulever, se mutiner.
amparar [amparár] *tr.* 1 Protéger, défendre. 2 *pr.* S'appuyer sur la faveur, la protection de. 3 Se réfugier, s'abriter: *ampararse en una ley,* s'abriter derrière une loi.
amperio [ampérjo] *m.* FÍS. Ampère.
ampliar [ampliár] *tr.* 1 Élargir (ensanchar), agrandir (un local, una foto). 2 Augmenter (un número). 3 Développer (un negocio, una explicación).
amplificar [amplifikár] *tr.* Amplifier (el sonido), agrandir (ampliar).
amplio, -ia [ámpljo, -ja] *adj.* 1 Ample (prenda de vestir). 2 Vaste, étendu, ue (extenso). 3 fig. Large (espíritu, etc.): *en el sentido más ~ de la palabra,* au sens le plus large du mot.
ampolla [ampóʎa] *f.* 1 Ampoule (en la piel). 2 Ampoule (vasija). 3 Bulle d'air (burbuja).
ampuloso, -sa [ampulóso, -sa] *adj.* 1 Ampoulé, ée. 2 Emphatique (orador, escritor).
amputar [amputár] *tr.* Amputer.
amueblar [amweβlár] *tr.* Meubler.
amuleto [amuléto] *m.* Amulette *f.*
amurallar [amuraʎár] *tr.* Entourer de murailles.
anacrónico, -ca [anakróniko, -ka] *adj.* Anachronique.
anagrama [anaɣráma] *m.* Anagramme *f.*
anal [anál] *adj.* Anal, ale.
anales [análes] *m. pl.* Annales *f.*
analfabetismo [analfaβetizmo] *m.* Analphabétisme.
analfabeto, -ta [analfaβéto, -ta] *adj.-s.* Analphabète, illettré, ée.
analgesia [analxésja] *f.* MED. Analgésie, analgie.
analgésico, -ca [analxésiko, -ka] *adj.* Analgésique.
análisis [análisis] *m.* Analyse *f.*
analista [analista] *m.* 1 Analyste. 2 Annaliste (autor de anales).
analizar [analiθár] *tr.* Analyser.

analogía [analoxia] *f.* Analogie.
análogo, -ga [anàloɣo, -ɣa] *adj.* Analogue.
anaquel [anakèl] *m.* Rayon, étagère *f.*
anaranjado, -da [anaraŋxàðo, -ða] *adj.-m.* 1 Orangé, ée. ■ 2 *m.* Orange, orangé.
anarco, -ca [anarko, -ka] *adj.* pop. Anar.
anarquía [anarkia] *f.* Anarchie.
anarquismo [anarkizmo] *m.* Anarchisme.
anarquista [anarkista] *s.* Anarchiste.
anatema [anatèma] *m.-f.* Anathème *m.*
anca [àŋka] *f.* 1 Croupe (del caballo): ***llevar a ancas,*** porter en croupe. 2 Fesse (nalga).
ancho, -cha [àntʃo, -tʃa] *adj.* 1 Large. Loc. fig. ***Venirle ~ a uno un cargo, etc.,*** ne pas être de taille à remplir les devoirs d'une charge, etc. 2 *loc. adv.* ***A mis, a tus, a sus anchas,*** à mon, à ton, à son aise ■ 3 *m.* Largeur *f.*
anchoa [antʃòa] *f.* Anchois *m.*: ***filetes de ~,*** filets d'anchois.
anciano, -na [anθjàno, -na] *adj.* 1 Âgé, ée, vieux, vieille. ■ 2 *m.* Vieillard, vieil homme. ■ 3 *f.* Vieille femme (mujer).
ancla [àŋkla] *f.* MAR. Ancre.
anclaje [anklàxe] *m.* Ancrage, mouillage, droit de mouillage.
anclar [aŋklàr] *intr.* MAR. Ancrer, mouiller l'ancre.
andaluz, -za [andalùθ, -θa] *adj.-s.* Andalou, ouse.
andamiaje [andamjàxe] *m.* Échafaudage.
andamio [andàmjo] *m.* 1 CONSTR. Échafaudage. 2 Estrade *f.* (tablado).
andanada [andanàða] *f.* 1 MAR. Bordée (descarga). 2 fig. Verte réprimande: ***soltar a uno una ~,*** réprimander quelqu'un sévèrement. 3 TAUROM. Série de gradins couverts.
andante [andànte] *adv.-m.* 1 MÚS. Andante. ■ 2 *adj.* ***Caballero ~,*** chevalier errant.
andanza [andànθa] *f.* 1 Aventure. 2 ***Buena, mala ~,*** bonne, mauvaise fortune.
andar [andàr] *intr.* 1 Marcher (moverse, funcionar). 2 S'écouler (el tiempo). 3 Être (estar); ***~ bien vestido,*** être bien habillé; ***anda muy atareado,*** il est très affairé; ***los pareceres andaban muy divididos,*** les avis étaient très partagés. 4 S'occuper de, avoir, être en: ***~ en negocios,*** s'occuper d'affaires; ***~ en tratos,*** être en pourparlers. 5 Se battre (a puñetazos, etc.). 6 Fouiller, manier: ***~ en un cajón,*** fouiller dans un tiroir. Loc. ***~ con pólvora,*** jouer avec la poudre. 7 Être en train de (con el gerundio): ***anda escribiendo una novela,*** il est en train d'écrire un roman, il écrit un roman (ne se traduit souvent pas: ***~ buscando,*** chercher). 8 Hanter, fréquenter: ***dime con quién andas y te diré quién eres,*** dis-moi qui tu hantes et je te dirai qui tu es. 9 Aller: ***~ por los treinta años,*** aller sur ses trente ans. 10 Aller, se porter: ***¿qué tal anda el enfermo?,*** comment va le malade? ■ 11 *tr.* Parcourir (recorrer). ■ 12 *pr.* ***Andarse con,*** user de, employer, faire: ***andarse con ceremonias,*** faire des cérémonies. Loc. ***No andarse con rodeos,*** ne pas y aller par quatre chemins. 13 *interj.* ***¡Anda!,*** va!, allons! (para animar), allons donc! (incredulidad). 14 ***¡Andando!,*** en avant! ▲ CONJUG. IRRÉG. INDIC. Prés.: ***ando, andas, anda, andamos, andáis, andan.*** Imparf.: ***andaba, andabas,*** etc. Pas. simple: ***anduve, anduviste, anduvo, anduvimos, anduvisteis, anduvieron.*** Fut.: ***andaré, andarás,*** etc. COND.: ***andaría, andarías,*** etc. SUBJ. Prés.: ***ande, andes,*** etc. Imparf.: ***anduviera, anduvieras, anduviera, an-***

duviéramos, anduvierais, anduvieran; ou *anduviese, anduvieses,* etc. Fut.: *anduviere, anduvieres,* etc. IMPÉR.: *anda, ande, andemos, andad, anden.* PART. PAS.: *andado.* GÉR.: *andando.*

andar [andàr] *m.* 1 Marche *f.* (acción). 2 Démarche *f.* (modo de andar).

andarín, -ina [andarìn, -ìna] *adj.-s.* Bon marcheur, bonne marcheuse.

andén [andèn] *m.* 1 Quai (en una estación). 2 Trottoir (acera). 3 Parapet.

andino, -na [andìno, -na] *adj.* Des Andes.

andrajoso, -sa [andraxòso, -sa] *adj.* Déguenillé, ée, loqueteux, euse.

anécdota [anèɣðota] *f.* Anecdote.

anegar [aneɣàr] *tr.* 1 Inonder (un terreno). 2 Noyer (ahogar). ■ 3 *pr.* Se noyer. Loc. fig. *Anegarse en llanto,* fondre en larmes.

anejo, -ja [anèxo, -xa] *adj.* 1 Annexe. ■ 2 *m.* Annexe *f.*

anemia [anèmja] *f.* Anémie.

anestesia [anestèsja] *f.* Anesthésie.

anestesiar [anestesjàr] *tr.* Anesthésier. ▲ CONJUG. comme *cambiar.*

anexión [aneɣsjòn] *f.* Annexion.

anexo, -xa [anè(ɣ)so, (ɣ)sa] *adj.* 1 Annexe. ■ 2 *m.* Annexe *f.*

anfibio [aɱfìβjo] *adj.* 1 Amphibie. ■ 2 *m. pl.* ZOOL. Amphibiens.

anfiteatro [aɱfiteàtro] *m.* Amphithéâtre.

anfitrión [aɱfitrjòn] *m.* Amphitryon.

ánfora [àɱfora] *f.* Amphore.

ángel [àŋxel] *m.* Ange: ~ *caído,* ange déchu; ~ *custodio, de la guarda,* ange gardien. Loc. fam. *Tener* ~, avoir du charme, être sympathique.

angelical [aŋxelikàl], **angélico, -ca** [aŋxèliko, -ka] *adj.* Angélique.

angina [aŋxìna] *f.* Angine.

anglicano, -na [aŋglikàno, -na] *adj.-s.* Anglican, ane.

anglicismo [aŋgliθìzmo] *m.* Anglicisme.

anglosajón, -ona [aŋglosaxòn, -òna] *adj.-s.* Anglo-saxon, onne.

angosto, -ta [aŋgòsto, -ta] *adj.* Étroit, oite.

anguila [aŋgìla] *f.* 1 Anguille. 2 MAR. *Anguila de cabo,* fouet *m.*

angula [aŋgùla] *f.* Civelle.

ángulo [àŋgulo] *m.* Angle.

angustiar [aŋgustjàr] *tr.* Angoisser, affliger. ▲ CONJUG. comme *cambiar.*

anhelar [anelàr] *intr.* 1 Haleter (jadear). 2 fig. Aspirer à, désirer avec ardeur.

anidar [aniðàr] *intr.* 1 Nicher, faire son nid. ■ 2 *pr.* Se nicher.

anilina [anilìna] *f.* QUÍM. Aniline.

anilla [anìʎa] *f.* 1 Anneau *m.* ■ 2 *pl.* Anneaux *m.* (de gimnasia).

anillo [anìʎo] *m.* 1 Anneau, bague *f.* (sortija). Loc. *Esto viene como* ~ *al dedo,* cela convient à merveille, tombe à pic. 2 ~ *de boda,* alliance *f.* 3 ~ *de Saturno,* anneau de Saturne.

ánima [ànima] *f.* 1 Âme (humana). 2 Âme (del Purgatorio): *toque de ánimas,* glas des âmes du Purgatoire. 3 Âme (de un cañón).

animación [animaθjòn] *f.* Animation.

animadversión [animaðβersjòn] *f.* Animadversion.

animal [animàl] *adj.-m.* 1 Animal, ale. ■ 2 *m.* Animal, bête *f.*: *animales domésticos,* animaux domestiques. 3 fig. Bête *f.*, brute *f.*

animar [animàr] *tr.* 1 Animer. 2 *pr.* Prendre courage. 3 Se décider: *animarse a salir,* se décider à sortir; *¡anímate!,* allez!, décide-toi!

aniquilar [anikilàr] *tr.* Annihiler, anéantir.

anís [anìs] *m.* 1 Anis. 2 Anisette *f.* (licor).

aniversario, -ia [aniβersàrjo, -ja] *adj.* Anniversaire.

ano [àno] *m.* Anus.

anoche [anòtʃe] *adv.* Hier soir.
anochecer [anotʃeθèr] *impers.* Commencer à faire nuit. ▲ CONJUG. comme ***agradecer.***
anochecer [anotʃeθèr] *m.,* **anochecida** [anotʃeθiða] *f.* 1 Crépuscule *m.,* tombée *f.* de la nuit. 2 *loc. adv.* ***Al anochecer,*** à la nuit tombante. ▲ CONJUG. comme ***agradecer.***
anodino, -na [anoðino, -na] *adj.* Anodin, ine.
anomalía [anomalia] *f.* Anomalie.
anonadar [anonaðàr] *tr.* Anéantir.
anónimo, -ma [anònimo, -ma] *adj.-m.* 1 Anonyme. ■ 2 *m.* Lettre *f.* anonyme (carta). 3 Anonymat: ***guardar el ~,*** garder l'anonymat.
anormal [anormàl] *adj.-s.* Anormal, ale.
anotación [anotaθjòn] *f.* Annotation, note.
anotar [anotàr] *tr.* 1 Annoter. 2 Noter, prendre note (apuntar). 3 Inscrire.
anquilosar [aŋkilòsar] *tr.* 1 Ankyloser. ■ 2 *pr.* S'ankyloser.
ansia [ànsja] *f.* 1 Angoisse, anxiété (angustia). 2 Affliction. 3 Désir *m.* ardent, soif (anhelo): ***~ de libertad,*** soif de liberté.
ansiar [ansjàr] *tr.* Convoiter, désirer ardemment.
ansiedad [ansjeðàð] *f.* 1 Anxiété. 2 MED. Angoisse.
antagonismo [antaγonizmo] *m.* Antagonisme.
antaño [antàɲo] *adv.* Autrefois, jadis, antan.
antártico, -ca [antàrtiko, -ka] *adj.* Antarctique.
ante [ànte] *prép.* 1 Devant: ***~ la casa,*** devant la maison. Loc. ***~ todo,*** avant tout. 2 Par-devant: ***~ notario,*** par-devant notaire.
ante [ànte] *m.* 1 Élan. 2 Bubale. 3 Daim (piel).
anteanoche [anteanòtʃe] *adv.* Avant-hier au soir.
anteayer [anteayèr] *adv.* Avant-hier.
antebrazo [anteβràθo] *m.* Avant-bras.
antecedente [anteθeðènte] *adj.-m.* Antécédent, ente.
antecesor [anteθesòr] *adj.-s.* Prédécesseur.
antedicho, -cha [anteðitʃo, -tʃa] *adj.* Qui a été dit auparavant.
antelación [antelaθjòn] *f.* Anticipation: ***con ~,*** à l'avance, par anticipation.
antemano (de) [(de)antemàno] *loc. adv.* D'avance.
antena [antèna] *f.* Antenne.
anteojo [anteòxo] *m.* 1 ÓPT. Lunette *f.* 2 ***~ de larga vista,*** longue-vue *f.* ■ 3 *pl.* Lunettes *f.* (lentes). 4 Jumelles *f.* (prismáticos).
antepasado [antepasàdo] *m.* 1 Ancêtre. ■ 2 *pl.* Aïeux, ancêtres.
antepenúltimo, -ma [antepenùltimo, -ma] *adj.* Antépénultième.
anteponer [anteponèr] *tr.* 1 Mettre devant. 2 fig. Préférer. ▲ CONJUG. comme ***poner.***
anteproyecto [anteprojèγto] *m.* Avant-projet.
anterior [anterjòr] *adj.* Antérieur, -e, précédent, -e.
anterioridad [anterjoriðàð] *f.* 1 Antériorité. 2 *loc. adv.* ***Con ~,*** précédemment, antérieurement.
antes [àntes] *adv.* 1 Avant (marquant priorité de temps, lieu, etc.): ***el día ~,*** le jour d'avant; ***~ de poco,*** avant peu; ***~ que llegue,*** avant qu'il n'arrive; ***mucho ~ que él,*** bien avant lui. 2 Auparavant, autrefois. 3 *loc. adv.* ***Antes con ~, cuanto ~, lo ~ posible,*** au plus tôt, le plus tôt possible; ***de mucho ~,*** depuis longtemps. ■ 4 *conj.* Plutôt: ***~ morir que pecar,*** plutôt mourir que pécher.
antesala [antesàla] *f.* Antichambre.
antibala [antiβàla] *adj.* Pare-balles: ***chaleco ~,*** gilet pare-balles.
antibiótico [antiβjòtiko] *m.* Antibiotique.

anticaspa [antikàspa] *adj.* Antipelliculaire.
anticiclón [antiθiklòn] *m.* Anticyclone.
anticipación [antiθipaθjòn] *f.* Anticipation: ***con ~,*** d'avance, par anticipation.
anticipar [antiθipàr] *tr.* **1** Anticiper, avancer la date de (fecha, plazo). **2** Avancer (dinero). ■ **3** *pr.* Anticiper, devancer, prévenir.
anticipo [antiθipo] *m.* Avance *f.*, acompte: ***dar un ~,*** faire une avance.
anticlericalismo [antiklerikalizmo] *m.* Anticléricalisme.
anticomunismo [antikomunizmo] *m.* Anticommunisme.
anticonceptivo, -va [antikonθeβtiβo, -βa] *adj.* **1** Contraceptif, -ive. ■ **2** *m.* Contraceptif.
anticonstitucional [antikonstituθjonàl] *adj.* Anticonstitutionnel, -elle.
anticuado, -da [antikwàðo, -ða] *adj.* **1** Vieilli, ie. **2** Démodé, ée (pasado de moda).
anticuario [antikwàrjo] *m.* Antiquaire.
anticuerpo [antikwèrpo] *m.* Anticorps.
antidepresor [antiðepresòr] *m.* Antidépresseur.
antideslizante [antideslizante] *adj.* Antidérapant, -e.
antídoto [antiðoto] *m.* Antidote.
antiéstetico, -ca [antiestètiko, -ka] *adj.* Inesthétique.
antifaz [antifàθ] *m.* **1** Masque (máscara). **2** Loup (sólo para la frente y los ojos).
antigás [antiγàs] *adj.* À gaz: ***máscara ~,*** masque à gaz.
antigualla [antiγwàʎa] *f.* Antiquaille, objet démodé *m.*, vieillerie.
antigüedad [antiγweðàð] *f.* **1** Ancienneté (en un empleo, un cuerpo). **2** Antiquité. ■ **3** *pl.* Antiquités.
antiguo, -ua [antiγwo, -wa] *adj.* **1** Ancien, ienne, vieux, vieille. **2** Antique (de la Antigüedad). ■ **3** *m.* Ancien (alumno). **4** *loc. adv.* ***A lo ~,*** à l'antique; ***de ~,*** depuis longtemps. ■ **5** *m. pl.* Anciens.
antiinflamatorio, -ria [antimflamatòrio, -ria] *adj.* **1** Anti-inflammatoire. ■ **2** *m.* Anti-inflammatoire.
antílope [antilope] *m.* Antilope *f.*
antiniebla [antinjèβla] *adj.* Antibrouillard: ***luces ~,*** phares antibrouillard.
antioxidante [antjoγsidànte] *adj.* Antirouille.
antipatía [antipatia] *f.* Antipathie. Loc. ***Coger ~ a,*** prendre en grippe.
antipático, -ca [antipàtiko, -ka] *adj.* Antipathique.
antiquísimo, -ma [antikisimo, -ma] *adj.* Très ancien, ienne.
antirrobo [antir̄obo] *m.* Antivol.
antisemitismo [antisemitizmo] *m.* Antisémitisme.
antiséptico, -ca [antisèβtiko, -ka] *adj.-m.* MED. Antiseptique.
antitanque [antitàŋque] *m.* Antichar.
antítesis [antitesis] *f.* Antithèse.
antojadizo, -za [antoxaðiθo, -θa] *adj.* Capricieux, -euse.
antojarse [antoxàrse] *pr.* **1** Avoir envie: ***se le antojó salir,*** l'envie lui a pris, il a eu envie de sortir. **2** Paraître, sembler avoir dans l'idée: ***se me antoja que va a llover,*** il me semble qu'il va pleuvoir.
antojo [antòxo] *m.* **1** Désir passager, caprice. Loc. ***A su ~,*** à sa guise. **2** Envie (de mujer embarazada, mancha).
antología [antoloxia] *f.* Anthologie.
antorcha [antòrtʃa] *f.* Torche, flambeau *m.*
antro [àntro] *m.* Antre.
antropofagia [antropofàxia] *f.* Anthropophagie.
antropología [antropoloxia] *f.* Anthropologie.

antropólogo, -ga [antropóloɣo, -ɣa] *s.* Anthropologiste, anthropologue.
anual [anwál] *adj.* Annuel, elle.
anualidad [anwaliðáð] *f.* Annualité, annuité.
anuario [anwárjo] *m.* Annuaire.
anublar [anuβlár] *tr.* 1 Couvrir, obscurcir (el cielo). 2 fig. Obscurcir, ternir. ■ 3 *pr.* Se couvrir (el cielo). 4 Se dessécher, se faner (plantas).
anudar [anuðár] *tr.* 1 Nouer. 2 fig. Renouer (una cosa interrumpida).
anulación [anulaθjón] *f.* Annulation.
anular [anulár] *tr.* Annuler.
anunciante [anunθjánte] *m.* Annonceur.
anunciar [anunθjár] *tr.* 1 Annoncer. 2 Faire de la publicité pour. ▲ CONJUG. comme ***cambiar.***
anuncio [anúnθjo] *m.* 1 Annonce *f.* 2 Affiche *f.*, (cartel).
anverso [ambérso] *m.* 1 Avers (de una moneda, una medalla). 2 IMPR. Recto.
anzuelo [anθwélo] *m.* 1 Hameçon. 2 fig. Attrait, appât: ***picar en el ~,*** mordre à l'hameçon.
añadido [aɲaðiðo] *m.* 1 Cheveux *pl.* postiches, postiche. 2 Ajout (añadidura).
añadir [aɲaðir] *tr.* Ajouter.
añejo, -ja [aɲéxo, -xa] *adj.* Vieux, vieille.
añicos [aɲikos] *m. pl.* Petits morceaux, miettes *f.*: ***hacer ~,*** réduire en miettes.
año [aɲo] *m.* 1 Année *f.*: ***~ civil, escolar,*** année civile, scolaire. 2 An: ***tiene diez años,*** il a dix ans. Loc. ***~ nuevo,*** nouvel an, nouvelle année, ***día de Año Nuevo,*** le jour de l'an; ***feliz ~ nuevo,*** bonne année; ***cabo de ~,*** anniversaire, bout de l'an. ■ 3 *pl.* Années *f.*: ***por los años 1600,*** dans les années 1600, vers 1600. 3 Âge *sing.*: ***a mis años,*** à mon âge. Loc. ***Entrado en años,*** d'un âge avancé, très âgé.
añorar [aɲorár] *tr.* Regretter.
aorta [aórta] *f.* NAT. Aorte.
apabullar [apaβuʎár] *tr.* 1 fam. Aplatir, écraser. 2 fig. Sidérer, laisser baba.
apacentar [apaθentár] *tr.* 1 Paître, faire paître. 2 fig. Repaître, nourrir (el espíritu, etc.). ■ 3 *pr.* Paître (el ganado). ▲ CONJUG. comme ***acertar.***
apadrinar [apaðrinár] *tr.* 1 Servir de parrain. 2 Servir de témoin (en una boda, un duelo).
apagado, -da [apaɣáðo, -ða] *adj.* 1 Morne, faible, sans éclat, éteint, einte. 2 Étouffé, ée (ruido).
apagar [apaɣár] *tr.* 1 Éteindre (el fuego, la luz, la cal). 2 fig. Apaiser, calmer (pasiones). 3 Étancher (la sed). 4 PINT. Éteindre, amortir (los colores). ■ 5 *pr.* S'éteindre: ***se apagó la luz,*** la lumière s'éteignit.
apaisado, -da [apaisáðo, -ða] *adj.* Plus large que haut, à l'italienne.
apalear [apaleár] *tr.* 1 Bâtonner, battre. 2 AGR. Gauler (las ramas de los árboles). 3 Pelleter (el grano).
apañar [apaɲár] *tr.* 1 Saisir, prendre (coger). 2 Voler, barboter (hurtar). 3 Arranger (arreglar). 3 Raccommoder (remendar). ■ 5 *pr.* S'arranger, se débrouiller.
aparador [aparaðór] *m.* 1 Buffet, dressoir. 2 Vitrine *f.* (escaparate).
aparato [aparáto] *m.* 1 Appareil (instrumento). 2 Apparat (ostentación). 3 Appareil (conjunto de órganos).
aparatoso, -sa [aparatóso, -sa] *adj.* 1 Pompeux, euse. 2 Spectaculaire, théâtral, ale.
aparcamiento [aparkamjénto] *m.* 1 Stationnement. 2 Parking, place de stationnement *f.*
aparcar [aparkár] *tr.* 1 Garer: ***~ la moto,*** garer la moto. ■ 2 *intr.* Se garer, stationner: ***prohibido ~,*** défense de stationner.
aparcero, -ra [aparθéro, -ra] *s.* Métayer, ère.

aparear [apareàr] *tr.* 1 Appareiller, apparier, accoupler. ■ 2 *pr.* S'accoupler.
aparecer [apareθèr] *intr.* 1 Apparaître, paraître, se montrer. ■ 2 *pr.* Apparaître. ▲ CONJUG. comme *agradecer.*
aparejador [aparexaðòr] *adj.* 1 Préparateur. ■ 2 *m.* Aide d'un architecte.
aparejo [aparèxo] *m.* 1 Préparation *f.*, apprêt. 2 MAR. Gréement, agrès. 3 MEC. Moufle *f.*, palan.
aparentar [aparentàr] *tr.* 1 Feindre, simuller, faire semblant de. 2 Faire: ***aparenta unos cincuenta años,*** il fait dans les cinquante ans.
apariencia [aparjènθja] *f.* Apparence.
apartado, -da [apartàðo, -ða] *adj.* 1 Écarté, ée, retiré, ée, éloigné, ée. ■ 2 *m.* Boîte *f.* postale (de correos). 3 Paragraphe, alinéa (párrafo).
apartamento [apartamènto] *m.* Petit apartement, apartement.
apartar [apartàr] *tr.* 1 Écarter, éloigner (alejar). 2 Détourner, dissuader. 3 Trier (la lana, etc.). ■ 4 *pr.* S'écarter, s'éloigner. 5 Se détourner.
aparte [apàrte] *adv.* 1 À part, de côté, séparément, à l'écart: ***dejar ~,*** laisser de côté. ■ 2 Alinéa, paragraphe. 3 ***Punto y ~,*** point à la ligne.
apasionar [apasjonàr] *tr.* 1 Passionner. ■ 2 *pr.* Se passionner.
apatía [apatìa] *f.* Apathie.
apear [apeàr] *tr.* 1 Faire descendre, descendre (d'un cheval, d'une voiture). 2 Entraver (un caballo). ■ 3 *pr.* Descendre. Loc. fig. ***Apearse del burro,*** reconnaître son erreur.
apechugar [apetʃuγàr] *intr.* fam. Assumer.
apego [apèγo] *m.* Attachement, affection *f.* (cariño). Loc. ***Tenía mucho ~ a su casa,*** il était très attaché à sa maison.
apelación [apelaθjòn] *f.* DER. Appel *m.*
apellido [apeʎìðo] *m.* 1 Nom, nom de famille: ***el nombre y el ~,*** le prénom et le nom. 2 Surnom (apodo).
apelmazar [apelmaθàr] *tr.* 1 Tasser, rendre dur, dure, compact, acte. 2 Feutrer (la lana).
apenas [apènas] *adv.* 1 À peine. 2 ***~ ... cuando,*** à peine... que. 3 ***~ si...,*** c'est à peine si...
apéndice [apèndiθe] *m.* Appendice.
apercibir [aperθiβìr] *tr.* 1 Apprêter, préparer, disposer. 2 Admonester (advertir). 3 DER. Sommer, avertir. ■ 4 *pr.* Se préparer.
aperitivo, -va [aperitiβo, -βa] *adj.-m.* Apéritif, ive.
apero [apèro] *m.* 1 Bêtes *f. pl.* de labeur d'une ferme. ■ 2 *pl.* Outils, machines *f.* (para la agricultura).
apertura [apertùra] *f.* 1 Ouverture (acción). 2 Percement *m.* (de una calle). 3 ***~ de curso,*** rentrée des classes.
apesadumbrar [apesaðumbràr], **apesarar** [apesaràr] *tr.* Chagriner, attrister.
apestar [apestàr] *tr.* 1 Empester. 2 Ennuyer, assommer (fastidiar). ■ 3 *intr.* Puer, empester.
apetecer [apeteθèr] *tr.* 1 Désirer, convoiter. ■ 2 *intr.* Plaire, faire envie, avoir envie: ***no me apetece salir esta noche,*** ça ne me fait pas envie, je n'ai pas envie de sortir ce soir. ▲ CONJUG. como ***agradecer.***
apetito [apetìto] *m.* Appétit.
apiadar [apjaðàr] *tr.* 1 Apitoyer. ■ 2 *pr.* Avoir pitié: ***apiádate de nosotros,*** aie pitié de nous.
ápice [àpiθe] *m.* 1 Extrémité *f.*, pointe *f.* 2 Partie *f.* très petite, rien: ***no falta un ~,*** il n'y manque rien.
apicultor, -ra [apikultòr, -ra] *s.* Apiculteur, trice.
apicultura [apikultùra] *f.* Apiculture.
apilar [apilàr], **apilonar** [apilonàr] *tr.* Empiler.
apiñado, -da [apiɲàðo, -ða] *adj.* Entassé, ée, serré, ée.
apio [àpjo] *m.* Céleri.

apisonar [apisonár] *tr.* Tasser, damer (el suelo).
aplacar [aplakár] *tr.* Calmer, apaiser.
aplanar [aplanár] *tr.* **1** Aplanir. **2** fig. fam. Abattre, accabler.
aplastar [aplastár] *tr.* **1** Aplatir. **2** fig. Écraser (vencer). **3** fig. Confondre, anéantir (abatir).
aplauso [apláŭso] *m.* **1** Applaudissement. **2** Approbation *f.*, éloge.
aplazar [aplaθár] *tr.* Ajourner, différer.
aplicar [aplikár] *tr.* **1** Appliquer. **2** Destiner, affecter (a un uso). ■ **3** *pr.* S'appliquer. **4** Être destiné, ée.
aplique [aplike] *f.* Applique.
aplomo [aplómo] *m.* **1** Aplomb. **2** Gravité *f.*, circonspection *f.*, sérieux.
apocalipsis [apokaliβsis] *m.* Apocalypse *f.*
apocar [apokár] *tr.* **1** Diminuer, amoindrir. ■ **2** *pr.* S'humilier. **3** S'effrayer.
apócope [apókope] *f.* Apocope.
apodar [apodár] *tr.* Donner un sobriquet à, surnommer.
apoderado, -da [apoderáðo, -ða] *s.* Fondé, ée de pouvoirs.
apoderar [apoðerár] *tr.* **1** Charger de pouvoirs. ■ **2** *pr.* S'emparer, se saisir, se rendre maître.
apogeo [apoxéo] *m.* **1** Apogée. **2** fig. Apogée. *loc. prep.* ***En el ~ de,*** à l'apogée de.
apolillar [apoliʎár] *tr.* **1** Manger, piquer (hablando de la polilla). ■ **2** *pr.* Être mangé, ée par les mites (la ropa).
apología [apoloxía] *f.* Apologie.
apoplejía [apoplexía] *f.* MED. Apoplexie.
aporrear [aporeár] *tr.* **1** Frapper, donner des coups à, cogner. **2** Assommer, ennuyer. ■ **3** *pr.* Se fatiguer, travailler beaucoup.
aportar [aportár] *intr.* **1** MAR. Aborder. ■ **2** *tr.* Apporter (bienes, fondos). **3** Fournir (proporcionar).
aposento [aposénto] *m.* **1** Logement, hébergement (hospedaje). **2** Chambre *f.*, pièce *f.* (habitación).
aposición [aposiθjón] *f.* GRAM. Apposition.
apósito [apósito] *m.* Pansement.
apostar [apostár] *tr.* **1** Parier, gager: ***apuesto a que,*** je parie que. **2** Poster (colocar a una o más personas). ■ **3** *pr.* Parier: ***¿qué te apuestas a que...?,*** qu'est-ce que tu paries que...? ▲ CONJUG. comme ***contar.***
apostilla [apostíʎa] *f.* Apostille.
apóstol [apóstol] *m.* Apôtre.
apostolado [apostoláðo] *m.* Apostolat.
apóstrofe [apóstrofe] *m.* Apostrophe *f.*
apóstrofo [apóstrofo] *m.* GRAM. Apostrophe *f.*
apoteosis [apoteósis] *f.* Apothéose.
apoyar [apoyár] *tr.* **1** Appuyer. ■ **2** *pr.* S'appuyer, reposer (en, sur).
apreciación [apreθjaθjón] *f.* Appréciation.
apreciar [apreθjár] *tr.* Apprécier. ▲ CONJUG. comme ***cambiar.***
aprehender [apreendér] *tr.* **1** Appréhender, saisir. **2** Saisir par l'esprit.
apremiar [apremjár] *tr.* **1** Presser, contraindre. ■ **2** *intr.* Presser (urgir).
aprender [aprendér] *tr.* Apprendre: ***aprendió el inglés en Londres,*** il a appris l'anglais à Londres.
aprendiz, -za [aprendiθ, -θa] *s.* Apprenti, ie.
aprendizaje [aprendiθáxe] *m.* Apprentissage.
aprensión [aprensjón] *f.* **1** Appréhension (miedo). **2** Scrupule *m.*
apresar [apresár] *tr.* Saisir, prendre, capturer.
apresurar [apresurár] *tr.* **1** Hâter, presser. ■ **2** *pr.* Se hâter, s'empresser: ***apresurarse a,*** se hâter de.
apretar [apretár] *tr.* **1** Serrer: ***~ los dientes,*** serrer les dents. **2** Étreindre, serrer: ***~ contra el pecho,*** serrer contre sa poitrine. **3**

Presser (comprimir). Loc. fig. ~ ***los tornillos a uno,*** serrer la vis à quelqu'un. **4** fig. Presser, harceler (acosar). **5** Appuyer sur (un botón, el gatillo, etc.). ■ **6** *intr.* Redoubler (hablando de la lluvia, etc.). ■ **7** *pr.* Se serrer. **8** *interj.* ***¡Aprieta!,*** allons donc!

apretón [apretón] *m.* **1** Étreinte *f.*, serrement. Loc. ***Un ~ de manos,*** une poignée *f.* de main. **2** Effort violent.

apretujar [apretuxár] *tr.* Presser, serrer fortement.

aprieto [aprjèto] *m.* Embarras, situation *f.* difficile, gêne *f.* Loc. ***Salir de ~,*** se tirer d'embarras, d'affaire.

aprisa [aprisa] *adv.* Vite.

aprisionar [aprisjonár] *tr.* **1** Emprisonner. **2** Mettre les fers (poner grillos). **3** fig. Enchaîner, retenir.

aprobar [aproβár] *tr.* **1** Approuver. **2** Recevoir, admettre (en un examen). **3** Passer avec succès (un examen).

aprontar [aprontár] *tr.* **1** Disposer promptement. **2** Verser, payer aussitôt (dinero).

apropiar [apropjár] *tr.* **1** Approprier, adapter. ■ **2** *pr.* S'approprier. ▲ CONJUG. comme ***cambiar.***

aprovechar [aproβetʃár] *tr.* **1** Utiliser, bien employer, profiter de: ~ ***la ocasión,*** profiter de l'occasion. ■ **2** *intr.* Profiter, être utile, servir. Loc. ***¡Que aproveche!,*** bon appétit! ■ **3** *intr.-pr.* En profiter. ■ **4** *pr.* Tirer parti, profiter.

aproximar [apro(ɣ)simár] *tr.* **1** Approcher. ■ **2** *pr.* Approcher: ***se aproximan las fiestas,*** les fêtes approchent. **3** ***Aproximarse a,*** s'approcher de.

apto, -ta [áβto, -ta] *adj.* **1** Apte (***para,*** à). **2** Propre à. **3** ~ ***para el servicio militar,*** bon pour le service militaire.

apuesta [apwèsta] *f.* Pari *m.*

apuntalar [apuntalár] *tr.* Étayer, étançonner.

apuntar [apuntár] *tr.* **1** Pointer, braquer. **2** Viser: ~ ***el blanco,*** viser le but. **3** Montrer du doigt, indiquer (señalar). **4** Noter, prendre note (anotar). **5** Marquer d'un point. **6** PINT. Esquisser. **7** Indiquer en peu de mots, faire remarquer. **8** Souffler (a un actor, un alumno, etc.). ■ **9** *intr.* Poindre (el día). **10** Commencer à pousser (la barba). ■ **11** *pr.* S'inscrire (en una lista).

apunte [apúnte] *m.* **1** Note *f.*: ***tomar apuntes,*** prendre des notes.

apuñalar [apuɲalár] *tr.* Poignarder.

apurar [apurár] *tr.* **1** Épurer, purifier. **2** Épuiser. Loc. ~ ***la paciencia,*** faire perdre patience. **3** Pousser à bout. **4** Inquiéter, affliger. ■ **5** *pr.* S'inquiéter, s'en faire: ***no se apura por nada,*** il ne s'en fait pas du tout. **8** amer. Se dépêcher (darse prisa).

aquel [akèl], **aquella** [akèʎa], **aquellos** [akèʎos], **aquellas** [akèʎas] *adj. dem.* Ce, cet... là (delante de un substantivo masculino que empiece por vocal o *h* muda), cette... là, ces... là: ***aquel libro,*** ce livre là; ***aquellas casas,*** ces maisons là.

aquél [akèl], **aquélla** [akèʎa], **aquéllos** [akèʎos], **aquéllas** [akèʎas] *pron. dem.* Celui-là, celle-là, ceux-là, celles-là.

aquello [akèʎo] *pron. dem.* Cela (en parlant d'une chose éloignée).

aquí [aki] *adv.* **1** Ici: ~ ***cerca,*** près d'ici. **2** Là: ~ ***y allá,*** ça et là. **3** Ci: ~ ***yace,*** ci-gît. **4** ***He ~,*** voici; ~ ***estoy,*** me voilà. **5** Maintenant, à présent. **6** *loc. adv.* ***de ~ en adelante,*** dorénavant, désormais.

aquietar [akjetár] *tr.* Apaiser, tranquilliser.

ara [ára] *f.* **1** Autel *m.* **2** Pierre d'autel. **3** *loc. prep.* ***En aras de,*** au nom de.

árabe [áraβe] *adj.-s.* Arabe.

arabesco, -ca [araβèsko, -ka] *adj.* **1** Arabesque. ■ **2** *m.* Arabesque *f.*

arábigo, -ga [aráβiɣo, -ɣa] *adj.* **1** Arabique (goma). **2** ***Cifras arábigas,*** chiffres arabes. ■ **3** *m.* Arabe (idioma).
arado [aráðo] *m.* **1** Charrue *f.* **2** Labour à la charrue (labor).
aragonés, -esa [araɣonés, -ésa] *adj.-s.* Aragonais, aise.
arancel [aranθél] *m.* Tarif douanier.
arandela [arandéla] *f.* **1** Bobêche. **2** MEC. Rondelle.
araña [aráɲa] *f.* **1** Araignée. **2** Lustre *m.* (lámpara).
arañar [araɲár] *tr.* Griffer (con las uñas).
arañazo [araɲáθo] *m.* **1** Coup de griffe. **2** Égratignure *f.* (herida).
arar [arár] *tr.* AGR. Labourer.
arbitral [arβitrál] *adj.* Arbitral, ale.
arbitrar [arβitrár] *tr.* Arbitrer.
arbitrariedad [arβitrarjeðáð] *f.* Procédé *m.* Arbitraire.
arbitrario, -ria [arβitrárjo, -rja] *adj.* Arbitraire.
árbitro, -tra [árβitro, -tra] *s.* Arbitre.
árbol [árβol] *m.* **1** Arbre: ~ ***frutal, genealógico,*** arbre fruitier, généalogique. **2** MAR. Mât. **3** MEC. Arbre.
arbolado, -da [arβoláðo, -ða] *adj.* **1** Boisé, ée (terreno). ■ **2** *m.* Ensemble d'arbres.
arboleda [arβoléða] *f.* Bois *m.*
arboricultura [arβorikultúra] *f.* Arboriculture.
arbusto [arβústo] *m.* Arbuste.
arca [árka] *f.* **1** Coffre *m.* Loc. fig. ~ ***del cuerpo,*** tronc du corps humain. **2** Coffre-fort *m.* Loc. ***Las arcas nacionales,*** le trésor public, les coffres de l'État.
arcada [arkáða] *f.* **1** Arcade. **2** Arche (de puente). ■ **3** *pl.* Nausées.
arcaico, -ca [arkáĭko, -ka] *adj.* Archaïque.
arcángel [arkáŋxel] *m.* Archange.
arce [árθe] *m.* Érable.
archiduque [artʃidúke] *m.* Archiduc.
archipiélago [artʃipjélaɣo] *m.* Archipel.
archivar [artʃiβár] *tr.* **1** Garder, classer aux archives. **2** fig. Classer.
archivo [artʃiβo] *m.* **1** Archives *f. pl.* **2** Archivage.
arcilla [arθiʎa] *f.* Argile, glaise.
arco [árko] *m.* **1** GEOM., ARQ. Arc: ~ ***de medio punto,*** arc en plein cintre; ~ ***de triunfo,*** arc de triomphe. **2** Arche *f.* (de un puente). **3** Arc (arma). **4** Arc (voltaico). **5** Archet (de violín, etc.). **6** Cercle (de tonel).
arder [arðér] *intr.* **1** Brûler: ***la casa arde,*** la maison brûle. **2** fig. ~ ***en deseos,*** brûler d'envie; fam. ***La cosa está que arde,*** ça barde, ça chauffe, le torchon brûle.
ardid [arðið] *m.* Ruse *f.*, stratagème.
ardiente [arðjénte] *adj.* Ardent, ente.
ardilla [arðiʎa] *f.* Écureuil *m.*
ardor [arðór] *m.* Ardeur *f.*
arduo, -ua [árðwo, -wa] *adj.* Ardue, ue, difficile.
área [área] *f.* **1** Are *m.* (medida). **2** GEOM. Aire. **3** Zone.
arena [aréna] *f.* **1** Sable *m.* **2** Arène (redondel). ■ **3** *pl.* MED. Calculs *m.*
arengar [areŋgár] *tr.* Haranguer.
arenoso, -sa [arenóso, -sa] *adj.* Sablonneux, euse.
arete [aréte] *m.* **1** Petit anneau. **2** Boucle *f.* d'oreille (pendiente).
argamasa [arɣamása] *f.* CONSTR. Mortier *m.*
argelino, -na [arxelino, -na] *adj.-s.* Algérien, enne (de Argelia).
argentino, -na [arxentino, -na] *adj.* **1** Argentin, ine (voz, etc.). ■ **2** *adj.-s.* Argentin, ine (de Argentina).
argolla [arɣóʎa] *f.* **1** Anneau *m.* (de metal). **2** Carcan *m.* (castigo).
argot [arɣót] *m.* Argot.
argüir [arɣwir] *tr.* **1** Arguer. **2** Démontrer, prouver. ■ **3** *intr.* Argumenter. ▲ CONJUG. comme ***huir.***
argumentar [arɣumentár] *tr.* Argumenter.
argumento [arɣuménto] *m.* **1** Argument. **2** Scénario (de película).
aria [árja] *f.* MÚS. Aria.

árido, -da [àriðo, -ða] *adj.* 1 Aride. ■ 2 *m. pl.* Matières *f.* sèches, grains.
arista [arista] *f.* 1 BOT. Barbe, arête. 2 GÉOM. Arête.
aristocracia [aristokràθja] *f.* Aristocratie.
aritmética [ariðmètika] *f.* Arithmétique.
arlequín [arlekin] *m.* 1 Arlequin. 2 Guignol (persona ridícula).
arma [àrma] *f.* 1 Arme: ~ ***arrojadiza, blanca, de fuego,*** arme de jet, blanche, à feu. Loc. ***Rendir las armas,*** rendre les armes. ■ 2 *pl.* Armées (de un país). 3 BLAS. Armes, armoiries.
armada [armàða] *f.* Flotte, escadre.
armadura [armaðùra] *f.* 1 Armure. 2 Armature (armazón). 3 ARQ. Ferme.
armamentismo [armamentizmo] *m.* Course à l'armement *f.*
armamento [armamènto] *m.* Armement.
armar [armàr] *tr.* 1 Armer (dar armas). 2 Monter (un mueble, una máquina, etc.). 3 Dresser (una tienda de campaña). 4 Bander (un arco). 5 fig. Préparer, tramer, susciter. Loc. ~ ***una trampa,*** tendre un piège; faire: ~ ***jaleo, un escándalo,*** faire du tapage, un scandale. ■ 6 *pr.* S'armer.
armario [armàrjo] *m.* 1 Armoire *f.* 2 ~ ***empotrado,*** placard.
armazón [armaθòn] *f.* 1 CONSTR. Armature, charpente. 2 Montage *m.* (acción). 3 Châssis *m.* (bastidor).
armiño [armiɲo] *m.* Hermine *f.*
armisticio [armistiθjo] *m.* Armistice.
armonía [armonia] *f.* Harmonie.
armonizar [armoniθàr] *tr.* 1 Harmoniser. ■ 2 *intr.* S'harmoniser, être en harmonie.
aro [àro] *m.* 1 Cercle, cerceau. Loc. fig. ***Entrar por el*** ~, s'incliner, se soumettre. 2 Cerceau (juguete). 3 Bague *f.* (sortija). 4 Arum, gouet (planta).
aroma [aròma] *m.* Arôme, parfum.
aromatizar [aromatiθàr] *tr.* Aromatiser.
arpa [àrpa] *f.* MÚS. Harpe.
arpegio [arpèxjo] *m.* MÚS. Arpège.
arpillera [arpiʎèra] *f.* Serpillière.
arpón [arpòn] *m.* Harpon.
arquear [arkeàr] *tr.* 1 Arquer, courber. 2 Jauger (un barco).
arqueología [arkeoloxia] *f.* Archéologie.
arqueólogo, -ga [arkeòloɣo, -ɣa] *s.* Archéologue.
arquero [arkèro] *m.* Archer.
arquilla [arkiʎa] *f.* Coffret *m.*
arquitecto [arkitèɣto] *m.* Architecte.
arquitectónico, -ca [arkiteɣtòniko, -ka] *adj.* Architectonique, architectural, ale.
arquitectura [arkiteɣtùra] *f.* Architecture.
arrabal [ar̄aβàl] *m.* Faubourg.
arraigar [ar̄aĭɣàr] *intr.-pr.* 1 S'enraciner, prendre racine. ■ 2 *tr.* Enraciner. ■ 3 *pr.* Se fixer (establecerse).
arrancar [ar̄aŋkàr] *tr.* 1 Arracher. Loc. ~ ***de raíz, de cuajo,*** déraciner, extirper. ■ 2 *intr.* Démarrer, partir: ***el coche arrancó,*** la voiture démarra. 3 S'élancer. 4 Partir brusquement, se mettre à courir. ■ 5 *pr.* S'arracher. 6 ***Arrancarse a,*** se mettre à.
arranque [ar̄àŋke] *m.* 1 Arrachement. 2 Démarrage (de un vehículo, motor). 3 Mouvement subit, accès (de ira, etc.). 4 Élan (de generosidad, etc.). 5 Saillie. *f* (ocurrencia).
arrasar [ar̄asàr] *tr.* 1 Aplanir, niveler (allanar). 2 Raser, détruire. 3 Dévaster, ravager. 4 Rader (una medida). 5 Remplir jusqu'au bord (llenar). ■ 6 *intr.-pr.* S'éclaircir (el cielo).

arrastrado, -da [arastráðo, -ða] *adj.* Pénible, misérable: ***una vida ~,*** une vie misérable.

arrastrar [arastrár] *tr.* **1** Traîner: ***~ los pies,*** traîner les pieds. **2** Entraîner (llevar tras sí, acarrear): ***~ en su caída,*** entraîner dans sa chute. ■ **3** *intr.* Traîner (pender hasta el suelo). **4** Jouer atout (naipes). ■ **5** *pr.* Se traîner: ***arrastrarse por el suelo,*** se traîner par terre, ramper (reptar).

arrebatar [areβatár] *tr.* **1** Enlever, arracher. **2** fig. Entraîner, enflammer. **3** fig. Transporter, ravir. ■ **4** *pr.* S'emporter.

arrebato [areβáto] *m.* **1** Emportement. **2** Accès (de cólera). **3** Extase *f.*, transport.

arreciar [areθjár] *intr.-pr.* Redoubler (de force, de violence): ***arrecia el temporal,*** la tempête redouble. ▲ CONJUG. comme ***cambiar.***

arrecife [areθife] *m.* Récif.

arreglado, -da [areγláðo, -ða] *adj.* **1** Conforme à. **2** fig. Réglé, ée, ordonné, ée, modéré, ée.

arreglar [areγlár] *tr.* **1** Arranger, ranger (ordenar). **2** Arranger (concertar). **3** Régler (cuentas, diferencias). **4** Arranger, réparer (componer). ■ **5** *pr.* Régler sa vie. **6** S'habiller (vestirse). **7** S'arranger (ataviarse). **8** S'arranger, se mettre d'accord. **9** ***Arreglárselas,*** s'arranger, s'y prendre.

arremangar [aremaŋgár] *tr.* **1** Trousser, retrousser. ■ **2** *pr.* Retrousser, se trousser: ***se arremangó las faldas,*** elle retroussa ses jupes.

arremeter [aremetér] *intr.* Attaquer, se jeter sur, foncer sur: ***~ contra el enemigo,*** foncer sur l'ennemi.

arrendamiento [arendamjénto] *m.* **1** Affermage. **2** Bail (contrato). **3** Loyer, fermage (precio).

arreo [aréo] *m.* **1** Parure. ■ **2** *pl.* Harnais (de las caballerías). **3** Accessoires, attirail *sing.*

arrepentido, -da [arepentiðo, -ða] *adj.* Repenti, -ie: ***terrorista ~,*** terroriste repenti.

arrepentirse [arepentirse] *pr.* Se repentir. ▲ CONJUG. comme ***hervir.***

arrestar [arestár] *tr.* Arrêter, mettre aux arrêts, consigner.

arriar [arjár] *tr.* **1** Amener, baisser (una vela, una bandera, etc.). **2** Filer, lâcher (un cable).

arriba [ariβa] *adv.* **1** En haut, vers le haut. **2** Au-dessus: ***de mil pesetas ~,*** au-dessus de mille pesetas. **3** Ci-dessus: ***lo ~ dicho,*** ce qui est dit ci-dessus. **4** *loc. adv.* ***De ~,*** d'en haut; ***de ~ abajo,*** de haut en bas; ***~ de todo,*** tout en haut; ***más ~,*** plus haut; ***por ~,*** par en haut; ***ir río ~,*** remonter le fleuve. **5** *interj.* Debout!, courage! (ánimo); ***¡manos ~!,*** haut les mains!

arribo [ariβo] *m.* **1** Arrivée *f.* (llegada). **2** Arrivage (de mercancías).

arriero [arjéro] *m.* Muletier.

arriesgar [arjezγár] *tr.* **1** Risquer, hasarder. ■ **2** *pr.* Se risquer.

arrimar [arimár] *tr.* **1** Approcher (acercar): ***~ a,*** approcher de. **2** Appuyer (apoyar). Loc. fig. ***~ el hombro,*** donner un coup de main (ayudar), travailler dur. **3** *pr.* S'approcher: ***arrimarse al fuego,*** s'approcher du feu. **4** S'appuyer, s'adosser: ***arrimarse a la pared,*** s'adosser au mur. **5** fig. ***Arrimarse a,*** se mettre sous la protection de.

arrinconar [ariŋkonár] *tr.* **1** Mettre dans un coin. **2** Laisser de côté, abandonner. ■ **3** *pr.* fig. Se renfermer.

arrocero, -ra [aroθéro, -ra] *adj.* **1** Ricole. ■ **2** *m.* Riziculteur.

arrodillarse [aroðiʎárse] *pr.* S'agenouiller, se mettre à genoux.

arrogante [aroγánte] *adj.* **1** Arrogant, ante. **2** Fort, forte, vigoureux, euse.

arrojar [aroxár] *tr.* **1** Jeter, lancer. Loc. fig. ***~ a la calle,*** mettre à la porte, jeter dans la rue; ***~ de sí a***

uno, repousser quelqu'un. 2 Rejeter (fuera de sí). 3 Vomir. 4 Donner comme résultat, totaliser, atteindre (una cifra), faire apparaître (un resultado): ■ 5 *pr.* Se lancer.
arrojo [ar̄òxo] *m.* Audace *f.*, intrépidité *f.*
arrollar [ar̄oʎàr] *tr.* 1 Rouler, enrouler (enrollar). 2 Écraser, renverser: ***el ciclista fue arrollado en el cruce,*** le cycliste a été renversé au croisement. 3 fig. Culbuter, vaincre (al enemigo). 4 Confondre (dejar sin poder replicar).
arropar [ar̄opàr] *tr.* Couvrir.
arroyo [ar̄òjo] *m.* Ruisseau.
arroz [ar̄òθ] *m.* Riz.
arrugar [ar̄uɣàr] *tr.* 1 Rider (la piel). Loc. ~ ***el entrecejo,*** froncer les sourcils. 2 Chiffonner, froisser, friper (ropa, papel).
arruinar [ar̄winàr] *tr.* Ruiner.
arrullar [ar̄uʎàr] *intr.* 1 Roucouler. ■ 2 *tr.* Roucouler auprès de (cortejar).
arrumaco [ar̄umàko] *m.* fam. Câlinerie *f.*, cajolerie *f.*
arrumbar [ar̄umbàr] *tr.* Mettre au rebut.
arsenal [arsenàl] *m.* Arsenal.
arsénico [arsèniko] *m.* QUÍM. Arsenic.
arte [àrte] *m.-f.* 1 Art *m.* Loc. fig. ***No tener ~ ni parte en algo,*** n'y être pour rien. 2 Habilité *f.*, ruse *f.*, artifice: ***malas artes,*** moyens malhonnêtes. 3 Engin (de pesca). ■ 4 *f. pl.* Arts *m.*: ***las bellas artes,*** les beaux-arts.
artefacto [artefàyto] *m.* 1 Machine *f.*, engin, dispositif. 2 Engin: ~ ***explosivo,*** engin explosif.
arteria [artèrja] *f.* ANAT. Artère.
artesano, -na [artesàno, -na] *s.* Artisan, ane.
ártico, -ca [àrtiko, -ka] *adj.* Arctique.
articulado, -da [artikulàðo, -ða] *adj.* 1 Articulé, ée. ■ 2 *m.* Ensemble des articles (de una ley, etc.). ■ 3 *m. pl.* ZOOL. Articulés.
articular [artikulàr] *tr.* Articuler.
artículo [artikulo] *m.* 1 Article. 2 ~ ***de fondo,*** éditorial.
artífice [artifiθe] *m.* 1 Artiste, ouvrier d'art. 2 fig. Auteur, artisan.
artificial [artifiθjàl] *adj.* Artificiel, elle.
artificio [artifiθjo] *m.* 1 Artifice. 2 Engin, appareil (aparato).
artificioso, -sa [artifiθjòso, -sa] *adj.* 1 Fait, faite, avec art. 2 Artificieux, euse (cauteloso).
artillería [artiʎeria] *f.* Artillerie.
artimaña [artimàɲa] *f.* 1 Piège *m.* (trampa). 2 fig. Ruse (ardid).
artista [artista] *adj.-s.* Artiste.
artrosis [artròsis] *f.* Arthrose.
arzobispo [arθoβispo] *m.* Archevêque.
as [as] *m.* As.
asa [àsa] *f.* Anse (de una vasija, cesta, etc.), poignée (de maleta).
asado [asàðo] *m.* Rôti.
asalariado, -da [asalariado, -da] *s.* Salarié, ée.
asalariar [asalarjàr] *tr.* Salarier.
asalto [asàlto] *m.* 1 Assaut: ***tomar por*** ~, prendre d'assaut. 2 Attaque *f.*, agression *f.*: ~ ***a mano armada,*** attaque à main armée. 3 Round (boxeo).
asamblea [asamblèa] *f.* 1 Assemblée. 2 MIL. Rassemblement *m.*
asar [asàr] *tr.* 1 Rôtir (en un horno), griller (en una parrilla). ■ 2 *pr.* Rôtir.
ascender [asθendèr] *intr.* 1 Monter (subir). 2 S'élever, monter (a cierta cantidad): ***los daños ascienden a un millón,*** les dégats s'élèvent à un million. 3 *tr.* Faire monter en grade, promouvoir, donner de l'avançement. 4 ~ ***al trono,*** élever, placer sur le trône. ▲ CONJUG. comme ***entender.***
ascendiente [asθendjènte] *adj.* 1 Ascendant, ante. ■ 2 *m.* Ascendant (antepasado). 3 Ascendant (autoridad).
ascensor [asθensòr] *m.* Ascenseur.

asceta [asθèta] *s.* Ascète.
asco [àsko] *m.* **1** Dégoût. Loc. ***Dar ~,*** inspirer du dégoût, dégoûter; ***da ~,*** c'est dégoûtant; ***hacer ascos a,*** faire le dégouté devant; ***¡qué ~!,*** quelle horreur! **2** Chose *f.* dégoûtante. Loc. ***Estar hecho un ~,*** être très sale.
ascua [àskwa] *f.* Charbon *m.* ardent. Loc. fig. ***Estar en ascuas,*** être sur des charbons ardents.
asear [aseàr] *tr.* Nettoyer (limpiar), arranger (componer).
asechar [asetʃàr] *tr.* Tendre des pièges, des embûches.
asediar [aseðjàr] *tr.* Assiéger. ▲ CONJUG. comme ***cambiar.***
asegurado, -da [aseɣuràðo, -ða] *adj.-s.* COM. Assuré, ée: ~ ***contra incendios, robo,*** assuré contre l'incendie, le vol.
asegurar [aseɣuràr] *tr.* **1** Assurer. **2** Affermir. **3** COM. Assurer. ■ **4** *pr.* S'assurer.
asentador [asentaðòr] *m.* Fournisseur (en un mercado).
asentar [asentàr] *tr.* **1** Asseoir. **2** Asséner (un golpe). **3** Aplatir (una costura). **4** Tasser (el suelo). **5** Conclure (un acuerdo). **6** Porter, inscrire (en un libro). ■ **7** *pr.* Se fixer. **8** Déposer (un líquido). **9** Être situé, ée (estar situado). ▲ CONJUG. comme ***acertar.***
asentir [asentìr] *intr.* **1** Acquiescer, donner son assentiment. **2** Accepter. ▲ CONJUG. comme ***hervir.***
aseo [asèo] *m.* **1** Propreté *f.* (limpieza). **2** Toilette *f.*: ***cuarto de ~,*** cabinet de toilette.
asepsia [asèβsja] *f.* Asepsie.
aséptico, -ca [asèβtiko, -ka] *adj.* Aseptisé, ée.
asequible [asekiβle] *adj.* Accessible.
aserradero [aser̄aðèro] *m.* Scierie *f.*
aserrar [aser̄àr] *tr.* Scier. ▲ CONJUG. comme ***acertar.***
aserrín [aser̄ìn] *m.* Sciure *f.*
asesinar [asesinàr] *tr.* Assassiner.
asesino, -na [asesino, -na] *adj.* **1** Assassin, ine. ■ **2** *s.* Assassin *m.*
asesor, -ra [asesòr, -ra] *adj.-s.* Conseiller, ère.
aseveración [aseβeraθjòn] *f.* Affirmation.
asfalto [asfàlto] *m.* Asphalte.
asfixia [asfi(ɣ)sja] *f.* Asphyxie.
asfixiar [asfi(ɣ)sjar] *tr.* **1** Asphyxier, fig. étouffer. **2** *pr.* S'asphyxier, étouffer: ***nos asfixiamos de calor,*** nous étouffons de chaleur.
así [asì] *adv.* **1** Ainsi, de cette manière, comme ça. Loc. ~ ***es,*** c'est comme ça: ~ ***sea,*** qu'il en soit ainsi. **2** Tant, de même: ~ ***los unos como los otros,*** tant les uns que les autres. Loc. ~ ***como,*** de même que. **3** Si, tellement: ~ ***estaba desfigurado que...,*** il était tellement défiguré que... **4** Alors (denota extrañeza): ***¿~ me abandonas?,*** alors tu me quittes? **5** *loc. adv.* ***Así ~,*** comme ci, comme ça; ~ ***como ~,*** de toutes façons; ***¿cómo ~?,*** pourquoi donc cela? ■ **6** *conj.* Même si, quand bien même. **7** ~ ***pues,*** ainsi donc. ■ **8** *adj.* Pareil, eille, de la sorte, comme celui-là, comme celle-là: ***un caso ~,*** un cas pareil.
asiático, -ca [asjàtiko, -ka] *adj.-s.* Asiatique.
asiduo, -ua [asiðwo, -wa] *adj.* Assidu, ue.
asiento [asjènto] *m.* **1** Siège (para sentarse), place *f.* (sitio). Loc. ***Tomar ~,*** s'asseoir, prendre un siège; ***baño de ~,*** bain de siège. **2** Siège, base *f.*, fondement (base). **3** COM. Inscription *f.* (en un libro de contabilidad), note.
asignar [asiɣnàr] *tr.* **1** Assigner. **2** Affecter (destinar).
asignatura [asiɣnatùra] *f.* Matière d'enseignement, matière.
asilo [asilo] *m.* Asile.
asimilar [asimilàr] *tr.* **1** Assimiler. ■ **2** *pr.* Se ressembler.

asir [asir] *tr.* 1 Saisir, prendre: ~ ***de la mano,*** prendre par la main. ■ 2 *pr.* S'accrocher, se cramponner (agarrarse): ***asirse a, de,*** s'accrocher à. 3 ***Iban asidos del brazo,*** ils allaient, bras dessus, bras dessous. ▲ CONJUG. IRRÉG. INDIC. Prés.: ***asgo, ases,*** etc. Imparf.: ***asía,*** etc. Pas. simple: ***así,*** etc. Fut.: ***asiré,*** etc. COND.: ***asiría,*** etc. SUBJ. Prés.: ***asga, asgas, asga, asgamos, asgáis, asgan.*** Imparf.: ***asiera,*** ou ***asiese,*** etc. IMPÉR.: ***ase, asga, asgamos, asid, asgan.*** PART. PAS.: ***asido.*** GÉR.: ***asiendo.***

asistenta [asistènta] *f.* Femme de ménage.

asistir [asistir] *tr.* 1 Assister. Loc. fig. ***Me asiste la razón,*** j'ai la raison pour moi. 2 Soigner: ~ ***a un herido,*** soigner un blessé. ■ 3 *intr.* Assister (estar presente).

asma [àzma] *f.* Asthme *m.*

asno [àzno] *m.* Âne, baudet.

asociar [asoθjàr] *tr.* 1 Associer. ■ 2 *pr.* S'associer. ▲ CONJUG. comme ***cambiar.***

asolar [asolàr] *tr.* 1 Dévaster. ■ 2 *pr.* Déposer (un líquido). ▲ CONJUG. comme ***contar.***

asolear [asoleàr] *tr.* 1 Exposer au soleil.

asomar [asomàr] *intr.* 1 Apparaître, se montrer: ***asomó el sol,*** le soleil apparut. 2 *pr.* Se pencher: ***asomarse a la ventana,*** se pencher à la fenêtre. 3 Se montrer (mostrarse).

asombrar [asombràr] *tr.* 1 Effrayer (asustar). 2 Étonner, stupéfier (sorprender). 3 ***Quedarse asombrado,*** être stupéfait.

asomo [asòmo] *m.* 1 Indice, signe, soupçon. 2 *loc. adv.* ***Ni por*** ~, en aucune manière, pas le moins du monde.

asonante [asonànte] *adj.* 1 Assonant, ante. ■ 2 *m.* Mot assonant.

aspa [àspa] *f.* 1 Croix en forme d'X: ~ ***de San Andrés,*** croix de Saint-André. 2 Dévidoir *m.* en forme d'X. 3 Aile (de un molino). 4 BLAS. Sautoir *m.*

aspaviento [aspaβjènto] *m.* Manifestation *f.* exagérée de crainte, d'étonnement, etc., simagrées *f. pl.*

aspecto [aspèɣto] *m.* 1 Aspect. 2 Air. 3 Mine *f.* (semblante). 4 Allure *f.* (presencia). 5 *loc. adv.* ***A, al primer*** ~, à première vue.

áspero, -ra [àspero, -ra] *adj.* 1 Âpre (al gusto). 2 Rude, revêche (adusto). 3 Raboteux, euse (terreno). 4 Criard, arde (voz, sonido).

aspersión [aspersjòn] *f.* Aspersion.

aspirar [aspiràr] *tr.-intr.* Aspirer.

aspirina [aspirina] *f.* Aspirine.

asqueroso, -sa [askeròso, -sa] *adj.* Sale, dégoûtant, ante.

asta [àsta] *f.* 1 Bois *m.* (de lanza, etc.). 2 Hampe (de bandera). 3 Manche *m.* (de un pincel). 4 Corne (de un animal). 5 *loc. adv.* ***A media*** ~, en berne.

asterisco [asterisko] *m.* Astérisque.

asteroide [asteròiðe] *m.* ASTR. Astéroïde.

astilla [astiʎa] *f.* Éclat *m.* de bois, de pierre, etc. Loc. ***Hacer astillas,*** briser en éclats.

astillero [astiʎèro] *m.* Chantier naval.

astracán [astrakàn] *m.* Astracan, astrakan.

astringir [astriŋxir] *tr.* 1 Resserrer, contracter (los tejidos orgánicos). 2 fig. Astreindre.

astro [àstro] *m.* Astre.

astrología [astroloxia] *f.* Astrologie.

astronauta [astronàwta] *s.* Astronaute.

astronomía [astronomia] *f.* Astronomie.

astucia [astùθja] *f.* 1 Astuce. 2 Ruse.

asueto [aswèto] *m.* Congé (de un día o unas horas).

asumir [asumir] *tr.* Assumer.

asunto [asùnto] *m.* 1 Sujet, matière *f.*, thème. 2 Affaire *f.* (negocio, incumbencia).
asustar [asustàr] *tr.* Effrayer, épouvanter, faire peur.
atacar [atakàr] *tr.* Attaquer.
atajar [ataxàr] *intr.* 1 Prendre un raccourci. ■ 2 *tr.* Barrer, couper le chemin à (uno). 3 Arrêter (el curso de): ~ ***el fuego,*** couper le feu. 4 Enrayer (una epidemia).
atajo [atàxo] *m.* Raccourci (camino). Loc. fig. ***Echar por el ~,*** prendre le chemin le plus court, abréger.
atalaya [atalàǰa] *f.* 1 Tour de guet. 2 Hauteur, éminence (lugar elevado).
atañer [ataɲèr] *intr.* 1 Appartenir, toucher, regarder, concerner. 2 Incomber (incumbir). ▲ CONJUG. comme ***tañer.***
ataque [atàke] *m.* 1 Attaque *f.* 2 Crise *f.* (de nervios, cardíaco). 3 ~ ***de risa,*** fou rire, crise de fou rire.
atar [atàr] *tr.* 1 Attacher, lier (sujetar). Loc. fig. ~ ***corto a,*** tenir la bride à; ~ ***de pies y manos a uno,*** lier les mains de quelqu'un; ~ ***la lengua,*** lier la langue. ■ 2 *pr.* Attacher, nouer, lacer: ***se ató los cordones de los zapatos,*** il laça ses chaussures.
atardecer [atarðeθèr] *impers.* Être à la tombée du jour. ▲ CONJUG. comme ***agradecer.***
atareado, -da [atareàðo, -ða] *adj.* Occupé, ée, affairé, ée.
atascar [ataskàr] *tr.* 1 Étouper. 2 fig. Arrêter, embarrasser (un asunto). 3 Engorger (una cañería). ■ 4 *pr.* S'embourber. 5 fig. Être arrêté, ée (por un obstáculo).
atasco [atàsko] *m.* 1 Bouchon, embouteillage: ***los atascos del fin de semana,*** les bouchons du week-end. 2 Engorgement: ~ ***de una cañería,*** engorgement d'une canalisation. 3 INFORM. Bourrage: ~ ***de papel,*** bourrage papier.
ataúd [ataùd] *m.* Cercueil, bière *f.*
ataviar [ataβjàr] *tr.* 1 Orner, parer. ■ 2 *pr.* Se parer.
ateísmo [ateìzmo] *m.* Athéisme.
atemorizar [atemoriθàr] *tr.* Effrayer, intimider.
atención [atenθjòn] *f.* 1 Attention: ***llamar la ~,*** attirer l'attention; ***prestar ~,*** faire attention. 2 Courtoisie, politesse. 3 Considération, égard *m.* (demostración de respeto). 4 ~ ***médica,*** assistance médicale, soins *m. pl.*
atender [atendèr] *tr.* 1 Écouter, accueillir favorablement, satisfaire (petición, queja, etc.). 2 Prendre soin, s'occuper de. 3 S'occuper de, servir (a un cliente). 4 Soigner (a un enfermo). 5 Tenir compte de: ***atendiendo a las circunstancias,*** compte tenu des circonstances. ▲ CONJUG. comme ***entender.***
ateneo [atenèo] *m.* Athénée (sociedad literaria o científica).
atenerse [atenèrse] *pr.* S'en tenir: ***me atengo a tus instrucciones,*** je m'en tiens à tes instructions. ▲ CONJUG. comme ***tener.***
atentar [atentàr] *tr.* Attenter: ~ ***contra la vida de,*** attenter à la vie de. ▲ CONJUG. comme ***acertar.***
atento, -ta [atènto, -ta] *adj.* 1 Attentif, ive. 2 Attentionné, ée, prévenant, ante (cortés). 3 ***Su atenta,*** votre honorée (carta).
atenuante [atenwànte] *adj.* Atténuant, -e: ***circunstancias atenuantes,*** circonstances atténuantes.
atenuar [atenwàr] *tr.* Atténuer.
ateo, -ea [atèo, -èa] *adj.-s.* Athée.
aterrar [ateȓàr] *tr.* 1 Renverser, jeter à terre. 2 Terrifier, effrayer (aterrorizar). 3 Atterrer. ■ 4 *intr.* MAR. Aborder. 5 AVIAC. Atterrir. ▲ CONJUG. comme ***acertar.*** Dans les acceptions 2 et 3 il est régulier.
aterrizar [ateȓiθàr] *intr.* Atterrir.
atesorar [atesoràr] *tr.* Thésauriser, amasser.
atestiguar [atestiɣwàr] *tr.* Attester, témoigner.

atiborrar [atiβor̄ár] *tr.* 1 Bourrer, remplir. 2 Bourrer (hartar). ■ 3 *pr.* Se bourrer, se gaver (de alimentos).
ático, -ca [átiko, -ka] *adj.* 1 Attique. ■ 2 *m.* ARQ. Attique.
atinar [atinár] *intr.* 1 Trouver (encontrar): ~ ***con algo,*** trouver quelque chose. 2 Trouver, deviner (acertar). 3 Frapper au but, viser juste (dar en el blanco). 4 Arriver, réussir (lograr).
atirantar [atirantár] *tr.* 1 Tendre, raidir. 2 CONSTR. Entretoiser.
atisbo [atízβo] *m.* 1 Action *f.* de guetter, d'épier. 2 fig. Indice, soupçon.
atizador [atiθaðór] *m.* Tisonnier.
atizar [atiθár] *tr.* 1 Attiser. 2 Moucher (una vela). 3 fig. Flanquer (un golpe), allonger (un puntapié).
atlántico, -ca [aðlántiko, -ka] *adj.-n. pr. m.* Atlantique.
atlas [áðlas] *m.* Atlas.
atleta [aðléta] *s.* Athlète.
atlético, -ca [aðlétiko, -ka] *adj.* Athlétique.
atletismo [aðletizmo] *m.* Athlétisme.
atmósfera [aðmósfera] *f.* Atmosphère.
atolondrado, -da [atolondráðo, -ða] *adj.* Étourdi, ie.
atómico, -ca [atómiko, -ka] *adj.* Atomique.
átomo [átomo] *m.* Atome.
atónito, -ta [atónito, -ta] *adj.* Étonné, ée, stupéfait, aite, abasourdi, ie.
átono, -na [átono, -na] *adj.* Atone.
atontar [atontár] *tr.* 1 Étourdir (aturdir). 2 Hébéter, abrutir (embrutecer).
atormentar [atormentár] *tr.* Tourmenter.
atornillar [atorniʎár] *tr.* Visser.
atosigar [atosiɣár] *tr.* 1 Empoisonner (envenenar). 2 fig. Harceler, importuner. ■ 3 *pr.* Se hâter, se donner de la peine.
atracar [atrakár] *tr.-intr.* 1 MAR. Accoster. ■ 2 *tr.* Attaquer (saltear para robar). 3 Dévaliser (robar). 4 Bourrer, rassasier. ■ 5 *pr.* Se bourrer, se gaver.
atracción [atraɣθjón] *f.* Attraction.
atraco [atráko] *m.* Vol à main armée, hold-up.
atractivo, -va [atraɣtiβo, -βa] *adj.* 1 Attractif, ive, attirant, ante. ■ 2 *m.* Attrait. ■ 3 *pl.* Attraits, appas.
atrancar [atraŋkár] *tr.* 1 Barrer (una puerta). 2 Boucher, obstruer (un conducto). ■ 3 *intr.* Marcher à grands pas. ■ 4 *pr.* Se boucher, s'obstruer.
atrapar [atrapár] *tr.* 1 Attraper (coger). 2 fam. Décrocher (un empleo, un premio, etc.).
atrás [atrás] *adv.* 1 Arrière, en arrière: ***la parte de ~,*** la partie arrière; Loc. fig. ***Volverse ~,*** se dédire. 2 Derrière: ***dejar ~,*** laisser derrière, en arrière. 3 Puede tener un sentido temporal: ***días ~,*** il y a quelques jours, quelques jours plus tôt. 4 *interj.* Arrière!
atrasado, -da [atrasáðo, -ða] *adj.* 1 Arriéré, ée. 2 ***Llegar ~,*** arriver en retard. 3 Endetté, ée (con deudas).
atravesar [atraβesár] *tr.* 1 Mettre en travers, de travers. 2 Traverser (cruzar). ■ 3 *pr.* Se mettre en travers. 4 S'interposer. 5 MAR. Mettre à la cape. ▲ CONJUG. comme ***acertar.***
atreverse [atreβérse] *pr.* Oser: ***~ a decir,*** oser dire; ***no me atrevo,*** je n'ose pas. Loc. ***~ con uno,*** se montrer insolent, ente, oser se mesurer avec quelqu'un.
atrevido, -da [atreβiðo, -ða] *adj.* 1 Hardi, ie. 2 Hasardeux, euse. 3 Osé, ée (indecoroso). ■ 4 *adj.-s.* Audacieux, euse. 5 Insolent, ente.
atrevimiento [atreβimjénto] *m.* Audace *f.*, insolence *f.*
atribuir [atriβwir] *tr.* Attribuer. ▲ CONJUG. comme ***huir.***
atributo [atriβúto] *m.* Attribut.

atril [atril] *m.* 1 Pupitre (para un libro). 2 Lutrin (facistol).
atrincherar [atrintʃerár] *tr.* MIL. Retrancher.
atrocidad [atroθiðáð] *f.* 1 Atrocité. 2 fam. Énormité.
atrofia [atròfja] *f.* Atrophie.
atronar [atronár] *tr.* 1 Assourdir (con gritos, ruido). 2 Assommer (una res).
atropellado, -da [atropeʎáðo, -ða] *adj.* 1 Précipité, ée. 2 Qui parle ou agit avec précipitation.
atropello [atropèʎo] *m.* 1 Accident (debido a un vehículo). 2 Bousculade *f.* (empujón). 3 fig. Outrage, abus de pouvoir, de force. 4 Précipitation *f.*
atroz [atròθ] *adj.* 1 Atroce. 2 fig. Atroce, épouvantable.
ATS [ateèse] *s.* (*abrev.* ayudante técnico sanitario) Infirmier, ère.
atuendo [atwèndo] *m.* 1 Ostentation *f.*, apparat. 2 Habillement, habits *pl.*, toilette *f.* (atavío).
atún [atún] *m.* Thon.
aturdir [aturðir] *tr.* Étourdir, abasourdir.
audaz [aŭðàθ] *adj.* Audacieux, euse.
audición [aŭðiθjòn] *f.* Audition.
audiencia [aŭðjènθja] *f.* 1 Audience. 2 Cour, palais *m.* de justice: *~ **provincial,*** cour d'assises; *~ **territorial,*** cour d'appel.
audiovisual [aŭdjoviswàl] *adj.* Audiovisuel, elle.
auditivo, -va [aŭðitiβo, -βa] *adj.* Auditif, ive.
auge [àŭxe] *m.* 1 Apogée: ***en el ~ de su gloria,*** à l'apogée de sa gloire. 2 Essor: ***en pleno ~,*** en plein essor.
augurio [aŭɣúrjo] *m.* Augure, présage.
aula [àŭla] *f.* 1 Salle, classe (de colegio o de universidad). 2 *~ **magna,*** grand amphithéâtre. 3 Amphithéâtre, fam. amphi.
aullido [aŭʎiðo] *m.* Hurlement: ***dar aullidos,*** pousser des hurlements, hurler.
aumentar [aŭmentár] *tr.* 1 Augmenter. 2 Grossir (lente). ■ 3 *intr.* Augmenter.
aun [aùn] *adv.* 1 Même: ***te darán dos y ~ tres,*** on t'en donnera deux et même troix; ***ni ~,*** pas même. 2 *loc. conj. ~ **cuando,*** même si, quand bien même.
aún [aùn] *adj.* Encore: ***~ no ha llegado,*** il n'est pas encore arrivé; ***~ no,*** pas encore.
aunque [àŭŋke] *conj.* Quoique, encore que, bien que, quand bien même (con el subjuntivo en francés): ***~ es rico, no tiene coche,*** bien qu'il soit riche, il n'a pas de voiture.
aureola [aŭreòla], **auréola** [aŭrèola] *f.* Auréole.
auricular [aŭrikulár] *adj.-m.* 1 Auriculaire. ■ 2 *m.* Écouteur (de teléfono).
aurora [aŭròra] *f.* 1 Aurore. 2 *loc. adv.* ***Al despuntar la ~,*** à la pointe du jour, au point du jour.
ausencia [aŭsènθja] *f.* 1 Absence. 2 *loc. prep.* ***En ~ de,*** en l'absence de.
auspicio [aŭspiθjo] *m.* Auspice.
austeridad [aŭsteriðáð] *f.* Austérité.
australiano, -na [aŭstraljáno, -na] *adj.-s.* Australien, ienne.
austríaco, -ca [aŭstriako, -ka] *adj.-s.* Autrichien, ienne.
autenticidad [aŭtentiθiðáð] *f.* Authenticité.
auténtico, -ca [aŭtèntiko, -ka] *adj.* 1 Authentique. 2 Véritable, vrai, vraie: ***perlas auténticas,*** perles véritables.
auto [àŭto] *m.* 1 DER. Arrêt d'un juge (sentencia). 2 Auto *f.*, automobile *f.* 3 ***~ de fe,*** autodafé. 4 TEAT. Mystère: ***~ sacramental,*** auto.
autobiografía [autobiografia] *f.* Autobiographie.
autobús [aŭtoβús] *m.* Autobus.
autocar [aŭtokár] *m.* Autocar.
autóctono, -na [aŭtòɣtono, -na] *adj.-s.* Autochtone.

autodefensa [aŭtoðefènsa] *f.* Autodéfense.
autodeterminación [aŭtoðeterminaθjòn] *f.* Autodétermination.
autodidacto, -a [aŭtoðiðàγto, -ta] *adj.-s* Autodidacte.
autoescuela [aŭtoescwèla] *f.* Auto-école.
autogestión [aŭtoxestjòn] *f.* Autogestion.
autógrafo, -fa [aŭtòγrafo, -fa] *adj.-m.* Autographe.
automación [aŭtomacjòn] *f.* Automation.
autómata [aŭtòmata] *m.* Automate.
automático, -ca [aŭtomàtiko, -ka] *adj.* 1 Automatique. ■ 2 *m.* Bouton-pression.
automatismo [aŭtomatizmo] *m.* Automatisme.
automatización [aŭtomatiθaθjòn] *f.* Automatisation.
automóvil [aŭtomòβil] *adj.* 1 Automobile. ■ 2 *m.* Automobile *f.*
automovilismo [aŭtomoβilizmo] *m.* Automobilisme.
automovilista [aŭtomoβilista] *s.* Automobiliste.
autonomía [aŭtonomìa] *f.* Autonomie.
autonómico, -ca [aŭtonòmiko, -ka] *adj.* Autonome: ***gobierno ~,*** gouvernement autonome.
autónomo, -ma [aŭtònomo, -ma] *adj.* Autonome.
autopista [aŭtopista] *f.* Autoroute: ***~ de peaje,*** autoroute à péage.
autopsia [aŭtòβsja] *f.* Autopsie.
autor, -ra [aŭtòr, -ra] *s.* Auteur. ▲ Sin femenino en francés.
autoridad [aŭtoriðàð] *f.* Autorité.
autorizar [aŭtoriθàr] *tr.* 1 Autoriser. 2 DER. Authentifier, légaliser.
autoservicio [aŭtoserβiθjo] *m.* Libre-service, self-service.
auto-stop [aŭtostòp] *m.* Auto-stop.
autovía [aŭtoβìa] *f.* 1 Route à quatre voies, voie rapide. 2 Autorail *m.*
auxiliar [aŭ(γ)siljàr] *adj.-s.* 1 Auxiliaire. ■ 2 *s.* Assistant, ante (en una facultad). ■ 3 *m.* Employé subalterne.
aval [aβàl] *m.* Aval, garantie *f.*
avance [aβànθe] *m.* 1 Avancement (acción). 2 Progrès. 3 Avance *f.* (de dinero). 4 Sélection *f.* (de los programas de radio, televisión).
avanzada [aβanθàða] *f.* MIL. Avancée.
avanzar [aβanθàr] *tr.* 1 Avancer. ■ 2 *intr. pr.* Avancer: ***~ diez metros,*** avancer de dix mètres.
avaricia [aβariθja] *f.* Avarice.
avaro, -ra [aβàro, -ra] *adj.-s.* Avare.
avasallar [aβasaʎàr] *tr.* Asservir, subjuguer.
ave [àβe] *f.* 1 Oiseau *m.*: ***~ de paso, de rapiña,*** oiseau de passage, de proie; ***~ del Paraíso,*** oiseau de paradis; ***~ lira,*** oiseau-lyre. 2 ***Aves de corral,*** oiseaux de basse-cour, volailles.
AVE [àβe] *m.* (*abrev.* alta velocidad española) Train espagnol à grande vitesse.
avecinarse [aβeθinàrse] *pr.* Approcher, être imminent, ente (una fecha, etc.): ***se avecina una subida del precio de la gasolina,*** une augmentation du prix de l'essence est imminente.
avellana [aβeʎàna] *f.* Noisette, aveline.
avellano [aβeʎàno] *m.* Noisetier, coudrier.
avena [aβèna] *f.* Avoine: ***~ loca,*** folle avoine.
avenida [aβeniða] *f.* 1 Crue (de un río). 2 Avenue (calle).
avenir [aβenir] *tr.* 1 Concilier, mettre d'accord. ■ 2 *pr.* S'accorder, s'entendre (personas). 3 Se résigner, consentir à. ▲ CONJUG. comme ***venir.***
aventajado, -da [aβentaxàðo, -ða] *adj.* Remarquable (notable).
aventura [aβentùra] *f.* Aventure.
aventurero, -ra [aβenturèro, -ra] *adj.-s.* Aventurier, ière.

avergonzar [aβerγonθàr] *tr.* 1 Faire honte. ■ 2 *pr.* Avoir honte. ▲ CONJUG. comme *contar.*
avería [aβeria] *f.* 1 Avarie. 2 Panne (de un vehículo, motor, electricidad).
averiguar [aβeriγwàr] *tr.* 1 S'enquérir de, se renseigner sur, rechercher: ~ *las causas de un siniestro,* rechercher les causes d'un sinistre.
aversión [aβersjòn] *f.* Aversion: *coger* ~ *a,* prendre en aversion.
avestruz [aβestrúθ] *m.* Autruche *f.*
aviación [aβjaθjòn] *f.* Aviation.
aviador, -ra [aβjaðòr, -ra] *adj.-s.* Aviateur, trice.
aviar [aβjàr] *tr.* 1 Arranger, préparer, disposer. Loc. *Estar uno aviado,* être dans de beaux draps. 2 Équiper, pourvoir. ■ 3 *intr.-pr.* fam. Se dépêcher, se grouiller (apresurarse). ▲ CONJUG. comme *desviar.*
avicultura [aβikultùra] *f.* Aviculture.
avidez [aβiðèθ] *f.* Avidité.
avinagrado, -da [aβinaγràðo, -ða] *adj.* fam. Aigre, acariâtre.
avío [aβio] *m.* 1 Préparatifs *pl.,* apprêts *pl.* Loc. *¡Al avío!,* dépêchez-vous!, au travail!; *hacer* ~, rendre service. ■ 2 *pl.* Ustensiles, attirail *sing.*
avión [aβjòn] *m.* 1 Avion: ~ *de reacción,* avion à réaction. 2 Oiseau voisin du martinet (ave).
avioneta [aβĭonèta] *f.* Avion de tourisme *m.*
aviso [aβiso] *m.* 1 Avis (noticia, escrito). 2 Avertissement (advertencia). Loc. *Estar sobre* ~, être sur ses gardes; *sin previo* ~, sans préavis. 3 MAR. Aviso.
avispa [aβispa] *f.* Guêpe.
avispar [aβispàr] *tr.* 1 Dégourdir, déniaiser. ■ 2 *pr.* Se dégourdir.
avispón [aβispòn] *m.* Frelon.
avistar [aβistàr] *tr.* 1 Apercevoir. ■ 2 *pr.* Avoir une entrevue.
avivar [aβiβàr] *tr.* 1 Aviver, raviver. Loc. fig. ~ *el paso,* presser le pas. 2 Exciter, animer. ■ 3 *intr.-pr.* Reprendre des forces, reprendre vigueur.
axila [a(γ)sila] *f.* Aisselle.
axioma [a(γ)sjòma] *m.* Axiome.
¡ay! [aĭ] *interj.* 1 Aïe! (dolor). 2 Hélas (aflicción). Loc. ~ *de...,* malheur à...; *¡Ay de mí!,* malheureux que je suis. ■ 3 *m.* Soupir, plainte *f.,* gémissement.
ayer [ajèr] *adv.* 1 Hier: ~ *noche,* hier soir; *antes de* ~, avant-hier. 2 *loc. adv. De* ~ *acá, de* ~ *a hoy,* en peu de temps, depuis peu. ■ 3 *m. El* ~, le passé.
ayuda [aĵúða] *f.* 1 Aide, assistance. Loc. ~ *de costa,* gratification. 2 MED. Lavement *m.,* clystère *m.* 3 *loc. prep. Con* ~ *de,* à l'aide de.
ayudante [aĵuðànte] *m.* Assistant, adjoint: ~ *de cámara,* opérateur adjoint, ~ *de dirección,* assistant metteur en scène.
ayudar [aĵuðàr] *tr.* 1 Aider. 2 ~ *a misa,* servir la messe. ■ 3 *pr.* S'aider. 4 S'entraider (mutuamente)
ayunar [aĵunàr] *intr.* Jeûner.
ayuno, -na [aĵúno, -na] *adj.* 1 À jeun. 2 Qui est dans l'ignorance d'une chose. 3 Loc. *Estar en ayunas, en ayuno,* être à jeun; fig. ne rien comprendre, ne pas être au courant. ■ 4 *m.* Jeûne.
ayuntamiento [aĵuntamjènto] *m.* 1 Conseil municipal, municipalité *f.* 2 Hôtel de ville, mairie *f.* (edificio). 3 Accouplement (cópula).
azabache [aθaβàtʃe] *m.* 1 Jais. 2 Mésange *f.* noire, petite charbonnière *f.* (pájaro).
azada [aθàða] *f.* Houe.
azafata [aθafàta] *f.* 1 Hôtesse de l'air (avión). 2 ant. Dame d'atour.
azafrán [aθafràn] *m.* Safran.
azahar [aθaàr] *m.* Fleur *f.* d'oranger.
azalea [aθalèa] *f.* Azalée.
azar [aθàr] *m.* 1 Hasard. 2 Malheur, accident (desgracia). 3 *loc. adv. Al* ~, au hasard.

azaroso, -sa [aθaròso, -sa] *adj.* 1 Malheureux, euse. 2 Agité, ée.
azogue [aθòɣe] *m.* Mercure, vif-argent (metal).
azorar [aθoràr] *tr.* 1 Troubler, effarer. 2 Effrayer (asustar).
azotaina [aθotàïna] *f.* Volée, raclée.
azotar [aθotàr] *tr.* 1 Fouetter, cingler (con azote; dicho del viento). 2 Frapper, battre (golpear). Loc. fig. ~ ***calles,*** battre le pavé; ~ ***el aire,*** battre l'air. ■ 4 *pr.* Se flageller.
azote [aθòte] *m.* 1 Fouet, coup de fouet. 2 fig. Fléau: ***el ~ de la droga,*** le fléau de la drogue.
azotea [aθotèa] *f.* Terrasse.
azteca [aθtèka] *adj.-s.* Aztèque.
azúcar [aθúkar] *m.-f.* Sucre *m.*: ~ ***cande,*** sucre candi; ~ ***moreno, negro,*** sucre roux; ***pan, pilón de ~,*** pain de sucre; ***terrón de ~,*** morceau de sucre.
azucarado, -da [aθukaràðo, -ða] *adj.* Sucré, ée.
azucarera [aθukarèra] *f.* 1 Sucrier *m.* (vasija). 2 Sucrerie (fábrica).
azucena [aθuθèna] *f.* Lis *m.*
azufre [aθúfre] *m.* Soufre.
azul [aθúl] *adj.* 1 Bleu, eue. 2 ***Costa ~,*** Côte d'Azur. ■ 3 *m.* Bleu.
azulado, -da [aθulàðo, -ða] *adj.* Bleu, eue, bleuâtre.
azulejo, -ja [aθulèxo, -xa] *adj.* 1 Bleuâtre. ■ 2 *m.* Carreau de faïence, azulejo.
azuzar [aθuθàr] *tr.* 1 Exciter (a los perros). 2 fig. Irriter, exciter.

B

b [be] *f.* B *m.*
baba [bàβa] *f.* Bave. Loc. fig. ***Caérsele a uno la ~,*** être aux anges.
babear [baβeàr] *intr.* Baver.
babero [baβèro] *m.* Bavette *f.*, bavoir.
babieca [baβjèka] *adj.-s.* Nigaud, aude.
babor [baβòr] *m.* MAR. Bâbord.
babosa [baβòsa] *f.* Limace.
babucha [baβùtʃa] *f.* Babouche.
bacalao [bakalào] *m.* Morue *f.* Loc. fig. ***Cortar el ~,*** être le maître, faire la pluie et le beau temps.
bache [bàtʃe] *m.* 1 Trou, nid de poule (en una carretera, etc.). 2 Trou d'air (en avión).
bachiller, -ra [batʃiʎèr, -ra] *s.* 1 Bachelier, ière. ■ 2 *adj.-s.* Bavard, arde.
bachillerato [batʃiʎeràto] *m.* 1 Baccalauréat, bac (examen). 2 Études *f. pl.* secondaires.
bacilo [baθìlo] *m.* Bacille.
bacteria [baɣtèrja] *f.* Bactérie.
báculo [bákulo] *m.* 1 Bâton recourbé. Loc. ~ ***pastoral,*** crosse *f.* épiscopale. 2 fig. Appui, soutien.
badajo [baðàxo] *m.* Battant (de campana).
badén [baðèn] *m.* 1 Caniveau, rigole *f.* (zanja). 2 Cassis (en una carretera).
bagaje [baɣàxe] *m.* 1 MIL. Bagage. 2 fig. Bagage (intelectual, etc.).
bagatela [baɣatèla] *f.* Bagatelle.
¡bah! [ba] *interj.* Bah!
bahía [baia] *f.* GEOG. Baie.
bailar [baïlàr] *intr.-tr.* Danser. Loc. ~ ***al son que tocan,*** s'accommoder aux circonstances, hurler avec les loups.
bailarín, -ina [baïlarìn, -ina] *adj.* 1 Qui danse. ■ 2 *m.* Danseur. ■ 3 *f.* Danseuse, ballerine.
baile [bàïle] *m.* 1 Danse. 2 Bal: ~ ***de máscaras,*** bal masqué. 3 TEAT. Ballet.
bailotear [baïloteàr] *intr.* Dansotter.
baja [bàxa] *f.* 1 Baisse (de los precios,

etc.). 2 MIL. Perte. 3 Arrêt *m.* de travail, congé *m.* (de un empleado). Loc. ***Dar de*** ~, donner congé (por enfermedad, etc.), congédier, licencier (despedir).

bajada [baxáða] *f.* 1 Descente (acción, camino). 2 Baisser *m.* (del telón).

bajamar [baxamár] *f.* Basse mer.

bajar [baxár] *tr.* 1 Baisser, abaisser (el brazo, el tono, los párpados, etc.). Loc. ~ ***el orgullo a uno,*** rabaisser, rabattre l'orgueil à quelqu'un. 2 Descendre (una escalera, etc.). 3 *intr.* Descendre (ir de arriba abajo).

bajel [βaxél] *m.* Bateau.

bajeza [baxéθa] *f.* Bassesse.

bajo, -ja [báxo, -xa] *adj.* 1 Bas, basse (de poca altura, etc.). 2 Baissé, ée: ***con los ojos bajos,*** les yeux baissés. 3 Loc. ***A*** ~ ***precio,*** à vil prix.

bajo [báxo] *adv.* 1 Bas: ***hablar*** ~, parler bas. *loc. adv.* ***Por lo*** ~, tout bas (en voz baja); ~ ***cero,*** au-dessous de zéro (temperatura). ■ 2 *prep.* Sous. *loc. prep.* ~ ***pena de,*** sous peine de. ■ 3 *m.* Terrain bas. 4 MAR. Bas-fond. 5 MÚS. Basse *f.*: ~ ***cantante,*** basse-taille. ■ 6 *m. pl.* Bas *sing.* (de una falda, etc.).

bajón [baxón] *m.* 1 MÚS. Basson (instrumento). 2 Bassoniste. 3 fig. Baisse *f.* subite, chute *f.* Loc. ***Dar un*** ~, baisser.

bajorrelieve [baxor̄eljéβe] *m.* Bas-relief.

bala [bála] *f.* 1 Balle. Loc. ~ ***perdida,*** balle perdue. 2 Boulet *m.* (de cañón).

balada [baláða] *f.* Ballade.

baladí [balaðí] *adj.* Futile, insignifiant, ante.

balance [balánθe] *m.* 1 Balancement. 2 MAR. Roulis. 3 COM. Balance *f.*, bilan.

balancear [balanθeár] *intr.* 1 Se balancer. 2 MAR. Rouler. 3 fig. Balancer, hésiter. ■ 4 *tr.* Balancer, compenser.

balancín [balanθín] *m.* 1 Palonnier. 2 Balancier (de volatinero). 3 Rocking-chair (mecedora).

balanza [balánθa] *f.* 1 Balance (para pesar). 2 fig. Balance (comparación). 3 COM. Balance.

balar [balár] *intr.* Bêler.

balazo [baláθo] *m.* 1 Blessure *f.* de balle (herida). 2 Coup de feu, balle *f.*: ***recibió un*** ~ ***en el pecho,*** il reçut une balle dans la poitrine.

balbucir [balβuθír] *intr.* Balbutier. ▲ CONJUG. Ce verbe ne s'emploie qu'à l'inf. et aux formes qui ont un *i* dans la terminaison: ***balbucía, balbucieron,*** etc.

balcón [balkón] *m.* Balcon.

balde [bálde] *m.* 1 Baille *f.*, seau en bois. 2 *loc. adv.* ***De*** ~, gratis; ***en*** ~, en vain.

baldío, -ía [baldío, -ía] *adj.* 1 Vague, inculte (terreno). 2 Vain, vaine (inútil). 3 Vagabond, onde. ■ 4 *m.* Terrain inculte.

baldosa [baldósa] *f.* 1 Carreau *m.* 2 Dalle (de tamaño mayor).

balido [baliðo] *m.* Bêlement.

balín [balín] *m.* Balle *f.* de petit calibre.

balística [balístika] *f.* Balistique.

baliza [balíθa] *f.* MAR., AVIAC. Balise.

ballena [baʎéna] *f.* 1 Baleine. 2 ***Esperma de*** ~, blanc de baleine.

ballesta [baʎésta] *f.* 1 Arbalète. 2 Ressort *m.* à lames (de coche).

ballet [baʎét] *m.* Ballet.

balneario, -ia [balneárjo, -ja] *adj.* 1 Balnéaire. ■ 2 *m.* Station *f.* balnéaire (en el mar).

balón [balón] *m.* 1 Ballon (para jugar). 2 Ballon (de oxígeno, etc.).

baloncesto [balonθésto] *m.* Basket-ball.

balonmano [balonmáno] *m.* Hand-ball.

balonvolea [balombolėa] *m.* Volley-ball.
balsa [bálsa] *f.* 1 Mare (charca). Loc. fig. ***Como una ~ de aceite,*** très calme. 2 Radeau *m.* (embarcación). 3 Bac *m.* (para pasar un río).
bálsamo [bálsamo] *m.* Baume.
báltico, -ca [báltiko, -ka] *adj.* Balte.
baluarte [balwárte] *m.* 1 Bastion. 2 fig. Rempart, défense *f.*
bamba [bámba] *f.* Raccroc *m.* (billar).
bambalina [bambalina] *f.* TEAT. Frise.
banca [báŋka] *f.* 1 Banc *m.* sans dossier, banquette. 2 Banque (comercio, juego): ***operaciones de ~,*** opérations de banque.
bancario, -ia [baŋkárjo, -ja] *adj.* Bancaire.
banco [báŋko] *m.* 1 Banc. Loc. fig. ***Razón de pie de ~,*** raisonnement absurde. 2 Établi (de carpintero). 3 Banque *f.* (establecimiento): ***billete de ~,*** billet de banque.
banda [bánda] *f.* 1 Bande. 2 Écharpe, grand cordon *m.* (condecoración). 3 Côté *m.* (lado), rive (orilla). Loc. fig. ***Cerrarse a la ~,*** ne rien vouloir entendre. 4 Fanfare, musique (conjunto de músicos).
bandada [bandáða] *f.* Bande (de pájaros).
bandeja [bandéxa] *f.* Plateau *m.* (para servir).
bandera [bandéra] *f.* 1 Drapeau *m.*: ***la ~ francesa, blanca,*** le drapeau français, blanc. 2 Bannière (de una asociación, etc.). 3 Pavillon *m.* (de un barco). Loc. ***Arriar ~,*** amener pavillon.
banderilla [banderiʎa] *f.* TAUROM. Banderille.
banderillero [banderiʎéro] *m.* TAUROM. Banderillero, torero qui plante des banderilles.
banderola [banderóla] *f.* Banderole, flamme.
bandido [bandiðo] *m.* Bandit.
bando [bándo] *m.* 1 Ban, ordonnance *f.*, édit (de la autoridad). 2 Parti, faction *f.* 3 Bande *f.* (bandada).
bandolera [bandoléra] *f.* 1 Bandoulière, *loc. adv.* ***En ~,*** en bandoulière. 2 Femme d'un bandit.
bandurria [bandúrja] *f.* MÚS. Sorte de petite guitare à douze cordes, mandore.
banquero [baŋkéro] *m.* Banquier.
banquete [baŋkéte] *m.* Banquet (comida).
banquillo [baŋkiʎo] *m.* 1 Petit banc. 2 Sellette *f.*, banc des accusés (en el tribunal).
bañador, -ra [baɲaðór, -ra] *adj.-s.* 1 Qui baigne. ■ 2 *m.* Maillot de bain.
bañar [baɲár] *tr.* 1 Baigner. 2 fig. Baigner, tremper. 3 Enrober, glacer (con azúcar), couvrir. ■ 4 *pr.* Se baigner.
bañera [baɲéra] *f.* Baignoire.
baño [báɲo] *m.* 1 Baignade *f.*, bain (acción): ***~ de masas,*** bain de foule. 2 ***~ de María,*** bain-marie. 3 Couche *f.*, enduit (capa).
baobab [baoβáβ] *m.* Baobab.
bar [bar] *m.* 1 Bar. 2 FÍS. Bar.
baraja [baráxa] *f.* Jeu *m.* de cartes. Loc. fig. ***Jugar con dos barajas,*** jouer double jeu.
barajar [baraxár] *tr.* 1 Battre (los naipes). 2 fig. Mêler, brouiller.
baranda [baránda] *f.* 1 v. ***barandilla.*** 2 Bande (de billar).
barandilla [barandiʎa] *f.* 1 Balustrade (de balcón). 2 Rampe d'escalier (de escalera). 3 Garde-fou *m.* (de puente).
baratija [baratixa] *f.* 1 Babiole, bagatelle, bricole. 2 Camelote (joya sin valor).
barato, -ta [baráto, -ta] *adj.-adv.* 1 Bon marché *invar.*: ***salir ~,*** revenir bon marché; ***más ~,*** meilleur marché. ■ 2 *m.* Vente *f.* au rabais, liquidation.

barba [bárβa] *f.* 1 Barbe (pelo). Loc. ~ *cerrada,* barbe fournie; *tanto por* ~, tant par tête. 2 Menton *m.* (parte de la cara). 3 Caroncules *pl.* (del gallo). 4 *m.* TEAT. Père noble.
barbacana [barβakána] *f.* Barbacane.
barbacoa [barβakóa] *f.* Barbecue.
barbado, -da [barβáðo, -ða] *adj.* Barbu, ue.
barbaridad [barβariðáð] *f.* 1 Énormité, bêtise: *decir barbaridades,* sortir des énormités. 2 *interj.* *¡Qué ~!,* c'est incroyable! (asombro).
barbarie [barβárje] *f.* Barbarie.
barbarismo [barβarízmo] *m.* Barbarisme.
bárbaro, -ra [bárβaro, -ra] *adj.-s.* 1 Barbare. ■ 2 *adj.* fam. Formidable. 3 fam. Terrible (tremendo). 4 fam. Énorme.
barbecho [barβétʃo] *m.* Jachère *f.*
barbería [barβería] *f.* Boutique du barbier, du coiffeur.
barbilampiño, -ña [barβilampíɲo, -ɲa] *adj.* Imberbe, qui a peu de barbe.
barbilla [barβíʎa] *f.* 1 Menton *m.,* bout *m.* du menton. 2 Barbillon *m.* (de pez).
barbitúrico [barβitúriko] *m.* Barbiturique.
barbo [bárβo] *m.* Barbeau.
barbotar [barβotár], **barbotear** [barβoteár] *intr.* Marmotter.
barbudo, -da [barβúðo, -ða] *adj.* Barbu, ue.
barca [bárka] *f.* Barque.
barcaza [barkáθa] *f.* 1 MAR. Allège. 2 Péniche (de desembarco).
barcelonés, -esa [barθelonés, -ésa] *adj.-s.* Barcelonais, aise.
barco [bárko] *m.* MAR. Bateau: ~ *de vapor, de velas,* bateau à vapeur, à voiles.
baremo [barémo] *m.* Barème.
bargueño [barɣéɲo] *m.* Cabinet espagnol (mueble).
barítono [barítono] *m.* Baryton.
barlovento [barloβénto] *m.* 1 MAR. Dessus du vent. ■ 2 *n. pr.* *Islas de Barlovento,* Îles du Vent.
barnizar [barniθár] *tr.* Vernir (madera, etc.), vernisser (loza).
barómetro [barómetro] *m.* Baromètre.
barón [barón] *m.* Baron.
barquillo [barkíʎo] *m.* 1 Petit bateau. 2 Oublie *f.,* plaisir, gaufre *f.* (golosina).
barquinazo [barkináθo] *m.* Cahot.
barra [bár̄a] *f.* 1 Barre (de madera, de metal, etc.). 2 Barre, lingot *m.* (de oro). 3 Bâton *m.* (de lacre, de carmín). 4 *No pararse en barras,* ne pas y aller par quatre chemins.
barraca [bar̄áka] *f.* 1 Baraque. 2 Chaumière (en Valencia).
barranca [bar̄áŋka] *f.* Ravin *m.,* fondrière.
barrenar [bar̄enár] *tr.* 1 Forer, percer. 2 MAR. Saborder.
barrendero, -ra [bar̄endéro, -ra] *s.* Balayeur, euse.
barrer [bar̄ér] *tr.* Balayer.
barrera [bar̄éra] *f.* 1 Barrière (valla, obstáculo). Loc. ~ *del sonido,* mur *m.* du son. 2 Glasière (de donde se saca el barro).
barretina [bar̄etína] *f.* Bonnet *m.* catalan.
barriada [bar̄jáða] *f.* Quartier *m.,* faubourg *m.*
barricada [bar̄ikáða] *f.* Barricade.
barriga [bar̄íɣa] *f.* Ventre *m.* (vientre), panse (panza).
barril [bar̄íl] *m.* Baril.
barrio [bár̄jo] *m.* Quartier. Loc. *Barrios bajos,* bas quartiers; fig. *irse al otro* ~, mourir, passer l'arme à gauche, casser sa pipe.
barro [bár̄o] *m.* 1 Boue *f.* (lodo). 2 Terre *f.* glaise (que utilizan los alfareros). 3 Point noir (en la cara).
barroco, -ca [bar̄óko, -ka] *adj.-m.* B. ART. Baroque.
barrote [bar̄óte] *m.* Barreau.

bartola (a la) [(ala)bartòla] *loc. adv.* Sans souci. Loc. ***Tumbarse a la ~,*** se coucher sur le dos, s'étendre tout à son aise (echarse).
barullo [barùʎo] *m.* **1** Tohu-bohu (agitación), raffut (ruido). **2** Cohue *f.* (muchedumbre).
basar [basàr] *tr.* **1** Baser. ■ **2** *pr.* ***Basarse en,*** se fonder sur, se baser sur.
báscula [bàskula] *f.* Bascule.
base [bàse] *f.* **1** Base. **2** Loc. ***Partiendo de la ~ de que,*** en admettant que. **3** INFORM. ***~ de datos,*** base de données.
basílica [basìlika] *f.* Basilique.
¡basta! [bàsta] *interj.* **1** Assez!, ça suffit!; ***¡~ ya!,*** en voilà assez! **2** *loc. prep.* ***~ de,*** trève de.
bastante [bastànte] *adj.* **1** Suffisant, ante, assez de: ***esto no es ~,*** cela n'est pas suffisant. ■ **2** *adv.* Assez: ***¿habéis comido ~?,*** avez-vous assez mangé?
bastar [bastàr] *intr.* **1** Suffire: ***basta la intención,*** l'intention suffit. **2** ***~ de habladurías...,*** assez de bavardages.
bastardilla [bastarðìʎa] *adj.-f.* IMPR. Italique.
bastardo, -da [bastàrðo, -ða] *adj.-s.* **1** Bâtard, arde. **2** Vil, vile, indigne.
bastidor [bastiðòr] *m.* **1** Châssis. **2** Métier (para bordar). ■ **3** *pl.* TEAT. Coulisses *f.* Loc. fig. ***Entre bastidores,*** dans les coulisses.
basto, -ta [bàsto, -ta] *adj.* **1** Grossier, ière. ■ **2** *m.* Bât (albarda). ■ **3** *pl.* Une des couleurs des cartes espagnoles.
bastón [bastòn] *m.* **1** Canne *f.* **2** Bâton (insignia, de esquí).
basura [basùra] *f.* Ordures *pl.*: ***prohibido arrojar ~,*** défense de déposer des ordures.
basurero [basurèro] *m.* **1** Éboueur, boueur, boueux. **2** Dépôt d'ordures, décharge *f.* (sitio).
bata [bàta] *f.* **1** Robe de chambre, peignoir *m.*
batalla [batàʎa] *f.* **1** Bataille: ***~ campal,*** bataille rangée.
batallón [bataʎòn] *m.* Bataillon.
batata [batàta] *f.* Patate douce.
batea [batèa] *f.* **1** Plateau *m.* (bandeja). **2** Bateau *m.* plat, acon *m.* (barco). **3** Plateforme, plateau *m.* (vagón).
batería [bateria] *f.* **1** ARTILL., ELECT., MÚS. Batterie. **2** Batterie (de aparatos, utensilios). **3** TEAT. Rampe.
batida [batiða] *f.* **1** Battue. **2** fig. Rafle (de la policía).
batido, -da [batiðo, -ða] *adj.* **1** Battu, ue (camino, tierra). ■ **2** *m.* Oeufs *pl.* battus en neige. **3** Milk-shake (bebida). **4** Batte *f.* (del oro).
batín [batin] *m.* Veste *f.* d'intérieur.
batir [batir] *tr.* **1** Battre (golpear). **2** Battre (la lluvia, el viento, etc.). **3** Battre (vencer): ***nuestro equipo fue batido en la final,*** notre équipe a été battue en finale. **4** Battre (un récord). ■ **5** *pr.* Se battre: ***batirse en duelo,*** se battre en duel.
batista [batista] *f.* Batiste (tela).
batracios [batraθjos] *m. pl.* ZOOL. Batraciens.
baturrillo [baturīʎo] *m.* Méli-mélo, brouillamini, fatras.
baturro, -rra [batùr̄o, -r̄a] *adj.-s.* Paysan aragonais, paysanne aragonaise.
batuta [batùta] *f.* Baguette de chef d'orchestre. Loc. ***Llevar la ~,*** diriger l'orchestre; fig. mener la danse.
baúl [baùl] *m.* Malle *f.*: ***~ mundo,*** grande malle.
bautismo [baŭtizmo] *m.* Baptême. Loc. ***~ del aire, de fuego,*** baptême de l'air, du feu.
bautizo [baŭtiθo] *m.* Baptême.
bayeta [bajèta] *f.* **1** Flanelle. **2** Serpillière.
bayo, ya [bàjo, -ja] *adj.-s.* Bai, baie.
bayoneta [bajonèta] *f.* Baïonnette.
baza [bàθa] *f.* Levée, pli *m.* (en el juego de naipes). Loc fig. ***Meter ~,*** dire son mot.
bazar [baθàr] *m.* Bazar.

bazofia [baθòfja] *f.* Graillons *m.*, restes *m. pl.* (desechos).
beatificar [beatifikàr] *tr.* Béatifier.
beato, -ta [beàto, -ta] *adj.* 1 Bienheureux, euse. ■ 2 *adj.-s.* Dévot, ote (muy piadoso). 3 fam. Bigot, ote.
bebé [beβè] *m.* Bébé, poupon.
bebedero, -ra [beβeðèro, -ra] *adj.* 1 Buvable. ■ 2 *m.* Abreuvoir.
bebedor, -ra [beβeðòr, -ra] *adj.-s.* Buveur, euse.
beber [beβèr] *intr.-tr.* 1 Boire. Loc. fig. ~ ***en buenas fuentes,*** puiser à de bonnes sources. ■ 2 *pr.* Boire: ***se bebió tres cervezas una tras otra,*** il but trois bières l'une après l'autre.
bebida [beβiða] *f.* Boisson: ***darse a la*** ~, s'adonner à la boisson.
beca [bèka] *f.* Bourse (de estudio).
becario, -ia [bekàrjo, -ja] *s.* Boursier, ière.
becerra [beθèr̄a] *f.* Génisse.
becerro [beθèr̄o] *m.* 1 Veau. 2 ~ ***marino,*** veau marin. 3 Cartulaire (libro).
bedel [beðèl] *m.* Appariteur.
beduino, -na [beðwino, -na] *adj.* 1 Bédouin, ine. 2 fig. Homme grossier.
begonia [beɣònja] *m.* Bégonia.
belga [bèlɣa] *adj.-s.* Belge.
bélico, -ca [bèliko, -ka] *adj.* Martial, ale, belliqueux, euse.
beligerante [belixerànte] *adj.-s.* Belligérant, ante.
bello, -lla [bèʎo, -ʎa] *adj.* 1 Beau, bel (delante de un masc. sing. que empieza por vocal o *h* aspirada), belle: ***el*** ~ ***sexo,*** le beau sexe; ***las bellas artes,*** les beaux-arts. ■ 2 *f.* Belle (mujer).
bellota [beʎòta] *f.* 1 BOT. Gland *m.* 2 ~ ***de mar,*** gland de mer.
bendecir [bendeθir] *tr.* Bénir: ***¡Dios le bendiga!,*** Dieu vous bénisse! ▲ CONJUG. comme ***decir,*** sauf aux formes suivantes: INDIC. Fut.: ***bendeciré,*** etc. COND.: bendeciría, etc. IMPÉR.: ***bendice.*** PART. PAS.: ***bendecido, bendito.*** Le part irrég. ***bendito*** n'est employé que comme adjectif ou dans les prières et invocations.
bendición [bendiθjòn] *f.* Bénédiction; ***echar la*** ~, donner sa bénédiction.
bendito, -ta [bendito, -ta] 1 *p. p.* de ***bendecir.*** ■ 2 *adj.* Béni, ie, bénit, ite: ***agua bendita,*** eau bénite; ***¡Bendito sea Dios!,*** Dieu soit béni!
benedictino, -na [beneðiɣtino, -na] *adj.-s.* 1 Bénédictin, ine. ■ 2 *m.* Bénédictine *f.* (licor).
beneficencia [benefiθènθja] *f.* 1 Bienfaisance. 2 ~ ***pública,*** assistance publique.
beneficiar [benefiθjàr] *tr.* 1 Faire du bien. 2 Améliorer, exploiter (un terreno), bénéficier (una mina), traiter (el mineral). ■ 3 *intr.-pr.* Bénéficier de. ▲ CONJUG. comme ***cambiar.***
beneficio [benefiθjo] *m.* 1 Bénéfice. 2 Bienfait (bien). 3 AGR. Culture *f.* 4 Exploitation *f.* (de minas, etc.).
benéfico, -ca [benèfiko, -ka] *adj.* Bienfaisant, ante.
benemérito, -ta [benemèrito, -ta] *adj.* Digne d'honneur, de récompense: ~ ***de la patria,*** qui a bien mérité de la patrie.
benévolo, -la [benèβolo, -la] *adj.* Bienveillant, ante (indulgente).
benigno, -na [beniɣno, -na] *adj.* 1 Bénin, igne. 2 Doux, douce (clima, etc.).
berenjena [bereŋxèna] *f.* Aubergine.
berlina [berlina] *f.* 1 Berline (coche). 2 Coupé *m.* (de diligencia). 3 ***Poner en*** ~, tourner en ridicule.
berlinés, -esa [berlinès, -èsa] *adj.-s.* Berlinois, oise.
bermellón [bermeʎòn] *m.* Vermillon.
berrear [ber̄eàr] *intr.* 1 Beugler (hablando del becerro). 2 fig. Beugler, brailler.

berrinche [beřintʃe] *m.* fam. Accès de colère, rogne *f.* (enfado): ***coger un*** ~, piquer une rogne.
berro [bèřo] *m.* Cresson.
berza [bèrθa] *f.* Chou *m.* (col).
besar [besàr] *tr.* 1 Embrasser: ~ ***en las mejillas, en la boca,*** embrasser sur les joues, sur la bouche. 2 ***Beso a usted la mano, los pies,*** je vous baise les mains, les pieds.
beso [bèso] *m.* Baiser. Loc. fig. fam. ***Comerse a besos a uno,*** couvrir, dévorer quelqu'un de baisers.
bestia [bèstja] *f.* Bête. Loc. ~ ***de albarda,*** âne; ~ ***de carga,*** bête, brute.
bestialidad [bestjaliðàð] *f.* Bestialité.
besugo [besùɣo] *m.* Pagel, rousseau.
besuquear [besukeàr] *tr.* Bécoter, biser.
betún [betùn] *m.* 1 Bitume. Loc. ***Negro como el*** ~, noir comme un pruneau. 2 Cirage (para el calzado). Loc. ***Dar*** ~ ***a un zapato,*** cirer une chaussure.
biberón [biβeròn] *m.* Biberon.
biblia [biβlia] *f.* Bible.
bíblico, -ca [biβliko, -ka] *adj.* Biblique.
bibliografía [biβljoɣrafia] *f.* Bibliographie.
biblioteca [biβljotèka] *f.* Bibliothèque.
bibliotecario, -ia [biβljotekàrjo, -ja] *s.* Bibliothécaire.
bicarbonato [bikarβonàto] *m.* Bicarbonate.
bíceps [biθeβs] *m.* Biceps.
bicho [bitʃo] *m.* 1 Bête *f.*, bestiole *f.* Loc. fig. ***Todo*** ~ ***viviente,*** tout le monde; ***mal*** ~, sale individu. 2 TAUROM. Taureau.
bici [biθi] *f.* dim. Bicyclette, vélo *m.*
bicicleta [biθiklèta] *f.* Bicyclette.
bicoca [bikòka] *f.* 1 FORT. Bicoque. 2 fig. fam. Bagatelle, babiole (fruslería). 3 Occasion (ganga).
bicolor [bikolòr] *adj.* Bicolore.
bicóncavo, -va [bikòŋkaβo, -βa] *adj.* Biconcave.
biconvexo, -xa [bikombeɣso, -ɣsa] *adj.* Biconvexe.
bidé [biðè] *m.* Bidet.
biela [bièla] *f.* 1 Bielle. 2 Manivelle (de bicicleta).
bien [bjèn] *m.* 1 Bien. Loc. ***Bienes raíces,*** biens-fonds. ■ 2 *adv.* Bien. Loc. ***Salir*** ~, bien réussir; ***tener a*** ~, vouloir, vouloir bien. ■ 3 *conj.* Soit: ~ ***por la mañana,*** ~ ***por la tarde,*** soit le matin, soit l'après-midi. 4 *loc. conj.* ***Ahora*** ~, or; ***más*** ~, plutôt; ***no*** ~, aussitôt que, à peine; ~ ***que, si*** ~, si bien que.
bienal [bjenàl] *adj.-f.* Biennal, ale.
bienaventurado, -da [bjenaβenturàðo, -ða] *adj.-s.* Bienheureux, euse. 2 fig. Candide.
bienestar [bjenestàr] *m.* Bien-être, aisance *f.*, confort.
bienhechor, -ra [bjenetʃòr, -ra] *adj.-s.* Bienfaiteur, trice.
bienintencionado, -da [bjenintenθjonàðo, -ða] *adj.* Bien intentionné, ée.
bienvenida [bjembeniða] *f.* Bienvenue: ***dar la*** ~, souhaiter la bienvenue.
bife [bife] *m.* amer. Bifteck.
biftec [biftèɣ] *m.* Bifteck.
bifurcación [bifurkaθjòn] *f.* Bifurcation.
bigamia [biɣàmja] *f.* Bigamie.
bigarrado, -da [biɣařàðo, -ða] *adj.* Bigarré, ée.
bigote [biɣòte] *m.* Moustache *f.* Loc. fam. ***De*** ~, terrible, formidable.
bigotudo, -da [biɣotùðo, -ða] *adj.* Moustachu, ue.
bikini [bikini] *m.* Bikini.
bilateral [bilateràl] *adj.* Bilatéral, ale.
biliar [biljàr] *adj.* Biliaire.
bilingüe [biliŋgwe] *adj.* Bilingue.
bilingüismo [biliŋɣwizmo] *m.* Bilinguisme.
bilis [bilis] *f.* Bile.
billar [biʎàr] *m.* Billard.

billete [biʎète] *m.* **1** Billet. **2** Billet (de banco, de tren, de lotería, etc.). Loc. ***No hay billetes,*** complet.
binario, -ia [binàrjo, -ja] *adj.* Binaire.
binóculo [binòkulo] *m.* Binocle.
binomio [binòmjo] *m.* Binôme.
biodegradable [bjoðegraðàβle] *adj.* Biodégradable.
biografía [bjoɣrafia] *f.* Biographie.
biología [bjoloxia] *f.* Biologie.
biológico, -ca [bjolòxiko, -ka] *adj.* Biologique.
biombo [bjòmbo] *m.* Paravent.
bioquímica [bjokimika] *f.* Biochimie.
bióxido [bjò(ɣ)siðo] *m.* QUÍM. Bioxyde.
biplano [biplàno] *m.* Biplan.
birlar [birlàr] *tr.* **1** Rebattre (en el juego de bolos). **2** fam. Souffler, barboter: ***le han birlado la bici,*** on lui a barboté son vélo.
birlibirloque (por arte de) [birliβirlòke] *loc. adv.* Comme par enchantement.
birrete [bir̄ète] *m.* **1** Toque *f.* (de magistrado, etc.). **2** Barrette *f.* (de eclesiásticos). **3** Bonnet (de catedrático).
birria [bir̄ja] *f.* fam. Horreur.
bis [bis] *adv.* Bis.
bisabuelo, -la [bisaβwèlo, -la] *s.* **1** Bisaïeul, eule, arrière-grand-père, arrièregrand-mère. ■ **2** *pl.* Arrière-grands-parents, bisaïeux.
bisagra [bisàɣra] *f.* Charnière (de puerta).
bisel [bisèl] *m.* Biseau.
bisemanal [bisemanàl] *adj.* Bihebdomadaire.
bisexual [bise(ɣ)swàl] *adj.* Bisexuel, elle.
bisiesto [bisjèsto] *adj.* Bissextile: ***año ~,*** année bissextile.
bisílabo, -ba [bisilaβo, -βa] *adj.* Dissyllabe.
bisonte [bisònte] *m.* Bison.
bisoño, -ña [bisòɲo, -ɲa] *adj.-s.* **1** Novice. ■ **2** *m.* MIL. Nouvelle recrue *f.,* bleu.
bisturí [bisturi] *m.* Bistouri.
bisutería [bisuteria] *f.* Bijouterie d'imitation.
bizantino, -na [biθantino, -na] *adj.-s.* Byzantin, ine.
bizarría [biθar̄ia] *f.* **1** Courage *m.,* bravoure (valor). **2** Générosité.
bizco, -ca [biθko, -ka] *adj.* **1** Bigle, louche. ■ **2** *s.* Loucheur, euse.
bizcocho [biθkòtʃo] *m.* **1** Biscuit. **2** ~ ***borracho,*** baba.
blanca [blàŋka] *f.* **1** Monnaie *f.* Loc. fig. ***No tener ~, estar sin ~,*** être sans le sou, à sec. **2** MÚS. Blanche.
blanco, -ca [blàŋko, -ka] *adj.* **1** Blanc, blanche: ***arma blanca,*** arme blanche. ■ **2** *s.* Blanc, blanche (de raza blanca). ■ **3** *m.* Blanc (color): ~ ***de cinc, de plata,*** blanc de zinc, d'argent. **4** fig. But, cible *f.* (fin, objeto). Loc. ***Dar en el ~,*** frapper au but, viser juste, faire mouche.
blancor [blaŋkòr] *m.,* **blancura** [blaŋkùra] *f.* Blancheur *f.*
blandengue [blandèŋge] *adj.* Mou, molle, faible.
blandir [blandir] *tr.* Brandir.
blando, -da [blàndo, -da] *adj.* **1** Mou, molle: ***un colchón ~,*** un matelas mou. **2** Mou, molle, faible (de carácter), lâche (cobarde).
blandura [blandùra] *f.* **1** Mollesse. **2** Douceur (en el trato).
blanquear [blaŋkeàr] *tr.* **1** Blanchir (poner blanco). **2** Badigeonner (con cal). ■ **3** *intr.* Blanchoyer (mostrar su blancura). ■ **4** Blanchir (volverse blanco). **5** Tirer sur le blanc.
blasfemar [blasfemàr] *intr.* Blasphémer.
blasfemia [blasfèmja] *f.* Blasphème *m.*
blasón [blasòn] *m.* **1** Blason. **2** fig. Honneur, titre de gloire.
bledo [blèðo] *m.* Blette *f.* Loc. fig. fam. ***me importa un ~,*** je m'en fiche, je m'en moque comme de l'an quarante.
blindar [blindàr] *tr.* Blinder.
bloque [blòke] *m.* Bloc.

bloqueo [blokėo] *m.* 1 MAR., MIL. Blocus. 2 COM. Blocage (de créditos, etc.).
blusa [blúsa] *f.* Corsage *m.*, chemisier *m.*, blouse: ***una ~ de seda,*** un chemisier en soie.
boa [bóa] *f.* 1 Boa *m.* (reptil). ■ 2 *m.* Boa (prenda).
bobina [boβina] *f.* Bobine.
bobo, -ba [bòβo, -βa] *adj.-s.* Sot, sotte, nigaud, aude, idiot, ote. Loc. ***Hacer el ~,*** faire l'idiot, le zouave.
boca [bóka] *f.* 1 Bouche. Loc. fig. ***no decir esta ~ es mía,*** ne pas ouvrir la bouche, ne pas desserrer les dents. 2 Gueule (de los carnívoros, de horno, cañón). Loc. ***Está oscuro como ~ de lobo,*** il fait noir comme dans un four. 3 Pince (de crustáceo). 4 *loc. adv.* ***A ~ de jarro,*** à bout portant (cerca), à brûle-pourpoint (bruscamente); ***~ abajo, arriba,*** à plat ventre, sur le dos (una persona).
bocacalle [bokakáʎe] *f.* Entrée d'une rue.
bocadillo [bokaðiʎo] *m.* 1 Sandwich. 2 ***Tomar un ~,*** casser la croûte.
bocado [bokáðo] *m.* 1 Bouchée *f.* (de comida). 2 Mors (del caballo). 3 Morsure *f.*, coup de dent (mordisco).
bocazas [bokáθas] *m.* fig. fam. Grande gueule *f.*
boceto [boθėto] *m.* Ébauche *f.*, esquisse *f.*
bochorno [botʃórno] *m.* 1 Vent chaud. 2 Chaleur *f.* lourde, temps lourd. 3 fig. Rougeur *f.*, honte *f.*
bocina [boθina] *f.* 1 MÚS. Corne, trompe. 2 Corne, avertisseur *m.*, klaxon *m.* (de coche).
bocio [bòθjo] *m.* Goitre.
boda [bóða] *f.* Noce (fiesta), mariage *m.* (ceremonia).
bodega [boðėγa] *f.* 1 Cave, chai *m.* cellier *m.* 2 Cale (de un barco).
bodeguero, -ra [boðeγėro, -ra] *s.* Maître, maîtresse d'un chai.
bodrio [bóðrjo] *m.* Ratatouille *f.*
BOE [bóe] *m.* (*abrev.* Boletín Oficial del Estado) Journal officiel espagnol.
bofe [bófe] *m.* Poumon, mou. Loc. fig. fam. ***Echar uno el ~, los bofes,*** se tuer au travail.
bofetada [bofetáða] *f.* 1 Gifle. 2 Soufflet *m.* (desaire).
bogar [boγár] *intr.* MAR. Ramer.
bohemio, -ia [boėmjo, -ja] *adj.-s.* 1 Bohémien, ienne. ■ 2 *s.* Tzigane. 3 fig. Bohême. ■ 4 *adj.* De bohême.
boicotear [boikoteár] *tr.* Boycotter.
boina [bóĭna] *f.* Béret *m.*
bol [ból] *m.* 1 Bol (taza grande). 2 ***~ arménico,*** bol d'Arménie.
bola [bóla] *f.* 1 Boule (cuerpo esférico). Loc. fig. ***¡Ruede la ~!,*** laissez faire!, vogue la galère! 2 Bille: ***rodamiento a, de bolas,*** roulement à billes. 4 Vole (naipes). 5 fig. Mensonge *m.*, bobard *m.* (embuste). 6 Cirage *m.* (betún).
bolado [boláðo] *m.* Sucre spongieux (azucarillo).
bolchevique [boltʃeβike] *s.* Bolcheviste.
bolero, -ra [bolėro, -ra] *adj.-s.* 1 Menteur, euse. ■ 2 *m.* Boléro (baile, chaquetilla).
boletín [boletin] *m.* 1 Bulletin (publicación). 2 ***~ oficial,*** journal officiel. 3 Billet.
bólido [bóliðo] *m.* Bolide.
bolígrafo [boliγrafo] *m.* Stylo à bille.
bolillo [boliʎo] *m.* Fuseau (para hacer encajes).
boliviano, -na [boliβjáno, -na] *adj.-s.* Bolivien, ienne.
bollo [bóʎo] *m.* 1 Brioche *f.* (redondo), petit pain au lait (alargado). Loc. ***No está el horno para bollos,*** ce n'est vraiment pas le moment. 2 Bouillon (pliegue). 3 Bosse *f.* (bulto).
boloñés, -esa [boloɲės, -ėsa] *adj.-s.* Bolonais, aise.

bolsa [bólsa] *f.* 1 Bourse (para el dinero). 2 Sac *m.*: ~ ***de papel, de plástico,*** sac en papier, en plastique. 3 MIN., MIL. Poche. 4 Poche, faux pli *m.*

bolsillo [bolsiʎo] *m.* 1 Poche *f.* (de un vestido). Loc. ***Libro de ~,*** livre de poche. 2 Bourse *f.*, porte-monnaie.

bomba [bómba] *f.* 1 Pompe (máquina): ~ ***aspirante, impelente,*** pompe aspirante, foulante. 2 Bombe (proyectil, artefacto explosivo). Loc. ~ ***de mano,*** grenade.

bombardear [bombarðeár] *tr.* Bombarder.

bombear [bombeár] *tr.* 1 Bombarder. 2 fam. Vanter, couvrir d'éloges.

bombero [bombéro] *m.* Pompier, sapeur-pompier.

bombilla [bombiʎa] *f.* 1 ELECT. Ampoule. 2 amer. Pipette (para beber mate).

bombín [bombín] *m.* fam. Chapeau melon.

bombo, -ba [bómbo, -ba] *adj.* 1 fam. Étourdi, ie, abasourdi, ie. ■ 2 *m.* MÚS. Grosse caisse *f.* 3 Sphère *f.* pour le tirage de la loterie.

bombón [bombón] *m.* Bonbon au chocolat.

bonachón, -ona [bonatʃón, -óna] *adj.* 1 Bonasse, débonnaire.

bonaerense [bonaerénse] *adj.-s.* De Buenos Aires.

bonanza [bonánθa] *f.* Bonace (calma).

bondad [bondáð] *f.* Bonté.

bondadoso, -sa [bondaðóso, -sa] *adj.* Bon, bonne.

bonete [bonéte] *m.* Bonnet (de eclesiásticos, colegiales, graduados), barrette *f.* (de eclesiásticos).

bonificar [bonifikár] *tr.* Bonifier, améliorer.

bonito, -ta [bonito, -ta] *adj.* 1 Joli, ie. ■ 2 *m.* Bonite *f.*, thon (pez).

bono [bóno] *m.* Bon: ~ ***del Tesoro, de caja,*** bon du Trésor, de caisse.

boom [bum] *m.* Boom.

boquear [bokeár] *intr.* 1 Ouvrir la bouche. 2 fig. Être mourant, ante. 3 Tirer à sa fin (cosa).

boquerón [bokerón] *m.* Anchois (pez).

boquete [bokéte] *m.* 1 Passage étroit. 2 Trou, brèche *f.*

boquilla [bokiʎa] *f.* 1 MÚS. Bec *m.*, embouchure (de un instrumento). 2 Fume-cigare *m. invar.*, fume-cigarette *m. invar.*

borboteo [borβotéo] *m.* Bouillonnement.

borceguí [borθeγí] *m.* Brodequin.

borda [bórða] *f.* MAR. Extrémité supérieure du bord d'un bateau, plat-bord *m.*, bord *m.*; ***lanzar por la ~,*** jeter pardessus bord.

bordado [borðáðo] *m.* Broderie *f.*

bordar [borðár] *tr.* Broder.

borde [bórðe] *m.* 1 Bord. 2 *loc. prep.* ***Al ~ de,*** au bord de; ***al ~ de llorar,*** sur le point de pleurer, au bord des larmes.

bordear [borðeár] *tr.-intr.* 1 Côtoyer, border. ■ 2 *tr.* fig. Friser (acercarse mucho). 3 Frôler (un peligro, etc.).

bordillo [borðiʎo] *m.* Bordure *f.*: ***el ~ de la acera,*** la bordure du trottoir.

bordo [bórðo] *m.* MAR. Bord: ***a ~,*** à bord.

bordón [borðón] *m.* 1 Bourdon (bastón). 2 MÚS., IMPR. Bourdon.

boreal [boreál] *adj.* Boréal, ale.

borgoñón, -ona [borγoɲón, -óna] *adj.-s.* Bourguignon, onne.

borla [bórla] *f.* 1 Houppe, gland *m.* (de pasamanería). 2 Pompon *m.* (de gorro, birrete).

borne [bórne] *m.* 1 Morne *f.* (de la lanza). 2 ELECT. Borne *f.*

borra [bóra] *f.* 1 Bourre (de lana, pelo). 2 fig. Remplissage *m.* (en un escrito).

borracho, -cha [borátʃo, -tʃa] *adj.* 1 Ivre. ■ 2 *s.* Ivrogne, ivrognesse.

borrador [boraðór] *m.* 1 Brouillon (escrito). 2 COM. Brouillard.

borraja [bořáxa] *f.* Bourrache (planta). Loc. ***Agua de borrajas,*** eau de boudin.
borrar [bořár] *tr.* **1** Effacer (hacer desaparecer). **2** Biffer, rayer (tachar).
borrasca [bořáska] *f.* Bourrasque, tempête.
borrego, -ga [bořéɣo, -ɣa] *s.* **1** Mouton, brebis d'un à deux ans. **2** fig. Benêt (necio). **3** fig. Mouton (dócil).
borrico [boříko] *m.* **1** Âne. **2** CARP. Baudet.
borrón [bořón] *m.* **1** Pâté (de tinta). **2** Tache *f.* (imperfección, deshonra).
borroso, -sa [bořóso, -sa] *adj.* Confus, use, illisible (escritura).
bosque [bóske] *m.* Bois, forêt *f.* ▲ En francés *bois* difiere de *forêt* en que el primero tiene menor extensión.
bosquejo [boskéxo] *m.* Ébauche *f.*, esquisse *f.*
bostezar [bosteθár] *intr.* Bâiller.
bota [bóta] *f.* **1** Gourde en cuir. **2** Tonneau *m.*, barrique (cuba). **3** Botte: ***botas de montar,*** bottes à l'écuyère. **4** Chaussure montante: ***~ de esquí,*** chaussure de ski.
botadura [botaðúra] *f.* Lancement *m.* (de un barco).
botánico, -ca [botániko, -ka] *adj.* **1** Botanique. ■ **2** *s.* Botaniste. ■ **3** *f.* Botanique.
botar [botár] *tr.* **1** Jeter, lancer, pousser dehors (una cosa), mettre à la porte, mettre dehors (a una persona). **2** Lancer (un barco). ■ **3** *intr.* Rebondir (hablando de una pelota). **4** Bondir, sauter.
botarate [botaráte] *m.* fam. Étourdi, écervelé.
bote [bóte] *m.* **1** Canot (barco). **2** Bocal, pot (vasija). **3** Coup (de lanza, de pica). **4** Bond (salto): ***dar botes,*** faire des bonds. **5** *loc. adv.* ***De ~ en ~,*** bondé, ée, plein, pleine à craquer.
botella [botéʎa] *f.* Bouteille.
botellín [boteʎín] *m.* Petite bouteille *f.*, canette *f.*
botica [botíka] *f.* Pharmacie (farmacia).
boticario, -ia [botikárjo, -ja] *s.* Pharmacien, ienne, apothicaire.
botijo [botíxo] *m.* Cruche *f.*, gargoulette *f.*
botín [botín] *m.* **1** Guêtre *f.* (polaina). **2** MIL. Butin.
botiquín [botikín] *m.* Boîte *f.* à pharmacie (armario), pharmacie *f.* portative.
botón [botón] *m.* **1** BOT. Bourgeon (yema). **2** BOT. Bouton (de flor). **3** Bouton (de vestido, de timbre, de florete, etc.).
botones [botónes] *m.* Chasseur, groom.
bóveda [bóβeða] *f.* **1** Voûte: ***~ de aljibe.*** **2** ***~ celeste,*** voûte céleste.
bovino, -na [boβíno, -na] *adj.-s.* **1** Bovin, ine. ■ **2** *m. pl.* Bovidés, bovins.
boxeador [bo(ɣ)seaðór] *m.* Boxeur.
boxeo [bo(ɣ)séo] *m.* Boxe *f.*
boya [bóǰa] *f.* Bouée.
boyante [boǰánte] *adj.* **1** MAR. Qui flotte à nouveau. **2** fig. Prospère, florissant, ante. **3** MAR. Lège.
boyerizo [boǰeríθo], **boyero** [boǰéro] *m.* Bouvier.
bozal [boθál] *adj.-s.* **1** Se disait du nègre nouvellement arrivé de son pays. **2** fig. Novice. **3** Sot, sotte, idiot, ote. ■ **4** *m.* Muselière *f.*
bozo [bóθo] *m.* Duvet.
bracear [braθeár] *intr.* **1** Mouvoir les bras. **2** Nager la brasse (nadar). **3** MAR. Brasser.
bracero [braθéro] *m.* **1** Manœuvre, journalier. **2** *loc. adv.* ***De ~,*** bras dessus, bras dessous.
braga [bráɣa] *f.* **1** Lange *m.*, couche (de niño). ■ **2** *pl.* Culotte *sing.*, slip *m. sing.* (de mujer).
bragadura [braɣaðúra] *f.* **1** Entrecuisse *m.* (de un animal). **2** Enfourchure (de un pantalón).
bragueta [braɣéta] *f.* Braguette.

brahmán [bramàn] *m.* Brahmane.
brahmín [bramìn] *m.* Brahmane.
bramante [bramànte] *m.* Ficelle *f.*
bramar [bramàr] *intr.* **1** Bramer (el ciervo), mugir (el toro). **2** fig. Rugir (de ira). **3** fig. Mugir (el viento, el mar).
branquia [bràŋkja] *f.* Branchie.
brasa [bràsa] *f.* Braise.
brasero [brasèro] *m.* Brasero.
brasil [brasìl] *m.* Bois du Brésil, Brésil.
brasileño, -ña [brasilèɲo, -ɲa] *adj.-s.* Brésilien, ienne.
bravata [braβàta] *f.* Bravade.
bravo, -va [bràβo, -βa] *adj.* **1** Brave, vaillant, ante. **2** Fanfaron, onne. **3** Grand, ande, magnifique. **4** Sauvage, indompté, ée (animal), de combat (toro). **5** Déchainé, ée (mar). **6** *interj.* ***¡Bravo!,*** bravo!
bravura [braβùra] *f.* **1** Bravoure. **2** Férocité (de los animales). **3** Combativité (de un toro de lidia).
braza [bràθa] *f.* **1** MAR. Brasse. **2** Brasse (modo de nadar): ***nadar a ~,*** nager la brasse.
brazalete [braθalète] *m.* **1** Bracelet (pulsera). **2** Brassard (brazal).
brazo [bràθo] *m.* Bras: ***iban cogidos del ~,*** ils allaient bras dessus, bras dessous; ***estar hecho un ~ de mar,*** être très chic, très élégant. *loc. adv.* ***A ~ partido,*** à tour de bras (con empeño); ***con los brazos abiertos,*** à bras ouverts.
brea [brèa] *f.* Goudron *m.*, brai *m.*
brebaje [breβàxe] *m.* Breuvage.
brecha [brètʃa] *f.* Brèche (abertura). Loc. ***Abrir ~,*** faire une brèche.
bregar [breɣàr] *intr.* **1** Lutter, se battre. **2** fig. Se démener, se donner du mal (ajetrearse).
brete [brète] *m.* **1** Fers *pl.* (de un reo). **2** fig. Difficulté *f.*, embarras: ***poner en un ~,*** mettre dans une situation difficile.
bretón, -ona [bretòn, -òna] *adj.-s.* Breton, onne.
breva [brèβa] *f.* Figue-fleur. Loc. fig. ***Más blando que una ~,*** soumis, ise, doux comme un agneau.
breve [brèβe] *adj.* **1** Bref, brève. *loc. adv.* ***En ~,*** sous peu. ■ **2** *m.* Bref (pontificio). ■ **3** *f.* MÚS. Brève.
brevedad [breβeðàð] *f.* Brièveté.
breviario [breβjàrjo] *m.* Bréviaire.
bribón, -ona [briβòn, -òna] *adj.-s.* Fripon, onne, coquin, ine.
bricolage, bricolaje [bricolàxe] *m.* Bricolage: ***sección ~,*** rayon bricolage.
bricolar [brikolar] *tr.* Bricoler.
brida [briða] *f.* **1** Bride. *loc. adv.* ***A toda ~,*** à bride abattue. **2** CIR. Bride.
brigada [briɣàða] *f.* **1** Brigade. ■ **2** *m.* MIL. Adjudant.
brillante [briʎànte] *adj.* Brillant, ante.
brillar [briʎàr] *intr.* Briller.
brincar [briŋkàr] *intr.* **1** Sauter, bondir, gambader. Loc. fig. ***~ de gozo,*** bondir de joie. **2** fig. Bondir.
brindar [brindàr] *intr.* **1** Boire à la santé de, porter un toast, boire: ***brindo por los recién casados,*** je bois à la santé des jeunes mariés. ■ **2** *intr.-tr.* Offrir: ***~ su ayuda,*** offrir son aide. ■ **3** *pr.* S'offrir, offrir, proposer: ***se brindó a acompañarme,*** il proposa de m'accompagner.
brindis [brìndis] *m.* Toast: ***echar un ~,*** porter un toast.
brioso, -sa [brjòso, -sa] *adj.* Vigoureux, euse, énergique, vaillant, ante.
brisa [brìsa] *f.* **1** Brise. **2** Marc *m.* de raisin.
brisca [brìska] *f.* Brisque (juego).
británico, -ca [britàniko, -ka] *adj.-s.* Britannique.
brocha [bròtʃa] *f.* **1** Blaireau *m.* (de afeitar). **2** Brosse, gros pinceau *m.* (pincel).
broche [bròtʃe] *m.* Broche *f.* (joya), agrafe *f.* (para sujetar).
broma [bròma] *f.* Plaisanterie, farce, blague: ***~ pesada,*** mauvaise plaisanterie.

bromista [bromista] *adj.-s.* Farceur, euse, blagueur, euse.
bromo [bròmo] *m.* BOT., QUÍM. Brome.
bronce [brònθe] *m.* Bronze.
bronceado, -da [bronθeàðo, -ða] *adj.* 1 Bronzé, ée. ■ 2 *m.* Bronzage.
bronceador, -ra [bronθeaðòr, -ra] 1 *adj.* Bronzant, e. ■ 2 *m.* Crème solaire *f.*
bronco, -ca [brònko, -ka] *adj.* 1 Rude, âpre. 2 Rauque (voz sonido). 3 Acariâtre, bourrue, ue (de genio).
bronquio [brònkjo] *m.* ANAT. Bronche *f.*
brotar [brotàr] *intr.* 1 Pousser, bourgeonner (hablando de las plantas). 2 Jaillir, sourdre (un líquido): ***el agua brotaba del manantial,*** l'eau jaillissait de la source. 3 fig. Apparaître, germer.
brote [bròte] *m.* BOT. Bourgeon, pousse *f.*
bruces (de) [(de)βrùθes] *loc. adv.* À plat ventre (caerse).
• **bruja** [brùxa] *f.* 1 Sorcière. Loc. fig. ***Creer en brujas,*** croire au Père Noël. 2 fig. Vieille sorcière (mujer fea).
brujería [bruxeria] *f.* Sorcellerie.
brújula [brùxula] *f.* Boussole.
bruma [brùma] *f.* Brume.
bruñido [bruɲiðo] *m.* Bruni, brunissage.
brusco, -ca [brùsko, -ka] *adj.* 1 Brusque. ■ 2 *m.* Fragon, petit houx.
brutal [brutàl] *adj.-s.* 1 Brutal, ale. 2 *fam.* Super (extraordinario).
bruto, -ta [brùto, -ta] *adj.-s.* 1 Sot, sotte, bête. ■ 2 *adj.* Brutal, ale: ***la fuerza bruta,*** la force brutale. 3 Brut, ute (sin labrar). *loc. adv.* ***En ~,*** brut, ute. 4 COM. Brut (peso, beneficio, etc.). ■ 5 *m.* Brute *f.*
bucal [bukàl] *adj.* Buccal, ale.
bucear [buθeàr] *intr.* 1 Plonger, travailler sous l'eau (el buzo). 2 Nager sous l'eau (nadar). 3 fig. Explorer.
buche [bùtʃe] *m.* 1 Jabot (de las aves). 2 fam. Estomac, panse *f.* 3 Gorgée *f.* (de líquido).
bucle [bùkle] *m.* Boucle *f.* (de cabello).
budismo [buðizmo] *m.* Bouddhisme.
buen [bwen] *adj.* Forme apocopée de ***bueno.***
buenaventura [bwenaβentùra] *f.* Bonne aventure.
bueno, -na [bwèno, -na] *adj.* 1 Bon, bonne: ***un hombre ~,*** un homme bon. Loc. ***Dar por ~,*** approuver, juger bon. 3 *loc. adv.* ***A buenas, por las buenas,*** de bon gré; ***de buenas a primeras,*** de but en blanc, de prime abord. 4 *interj.* Bon!, bien!; ***¡~ está!,*** bon!, ça va comme ça! ***¡muy buenas!,*** salut!
buey [bweĭ] *m.* Bœuf.
búfalo, -la [bùfalo, -la] *s.* Buffle, bufflonne.
bufanda [bufànda] *f.* Cache-nez *m. invar.*
bufar [bufàr] *intr.* 1 Souffler (el toro). 2 S'ébrouer (resoplar el caballo). 3 fig. Frémir de colère.
bufete [bufète] *m.* 1 Bureau (mesa). 2 Cabinet, étude *f.* (de abogado).
bufón, -ona [bufòn, -òna] *adj.-s.* Bouffon, onne.
buhardilla [bwarðiʎa] *f.* 1 Mansarde (desván). 2 Lucarne (ventana).
búho [bùo] *m.* Hibou.
buitre [bwitre] *m.* Vautour.
bujía [buxia] *f.* Bougie.
bula [bùla] *f.* 1 Bulle (del Papa). 2 fig. Exemption, privilège *m.*
bulbo [bùlβo] *m.* BOT., ANAT. Bulbe.
búlgaro, -ra [bùlɣaro, -ra] *adj.-s.* Bulgare.
bulla [bùʎa] *f.* Tapage *m.*, bruit *m.*
bullicio [buʎiθjo] *m.* 1 Mouvement (de una muchedumbre). 2 Tumulte, agitation *f.* (de una ciudad, etc.).
bullir [buʎir] *intr.* 1 Bouillir, bouillonner, s'agiter. 2 Grouiller (insectos). 3 Foisonner, abonder (cosas). 4 S'agiter, remuer. ■ 5 *tr.* Mou-

voir, remuer. ▲ CONJUG. comme *mullir.*
bulto [búlto] *m.* **1** Volume, grosseur *f.* (de una cosa). **2** Forme *f.* vague, silhouette *f.* Loc. fig. ***Escurrir el ~,*** s'esquiver, se dérober. *loc. adv.* ***A ~,*** en gros, approximativement, au jugé. **3** Bosse *f.*, enflure *f.* (hinchazón). **4** Paquet, colis (paquete).
buñuelo [buɲwélo] *m.* **1** Beignet. **2** fig. fam. Navet (cosa mal hecha).
BUP [bup] *m.* (*abrev.* Bachillerato Unificado Polivalente) Cycle d'enseignement entre la troisième et la première en Espagne.
buque [búke] *m.* **1** MAR. Navire, vaisseau, bateau (barco). **2** Coque *f.* (casco).
burbuja [burβúxa] *f.* Bulle (de aire).
burdo, -da [búrðo, -ða] *adj.* Grossier, ière.
burgalés, -esa [burɣalés, -ésa] *adj.-s.* De Burgos.
burgués, -esa [burɣés, -ésa] *adj.-s.* Bourgeois, oise.
burguesía [burɣesía] *f.* Bourgeoisie.
buril [buríl] *m.* Burin.
burla [búrla] *f.* **1** Moquerie, raillerie. Loc. ***Hacer ~,*** se moquer. **2** Plaisanterie (chanza). *loc. adv.* ***De burlas,*** pour rire.
burlar [burlár] *intr.* **1** Plaisanter, badiner. **2** *loc. adv.* ***Burla burlando,*** sans s'en douter, sans en avoir l'air. ■ **3** *tr.* Tromper: ~ ***a uno,*** tromper quelqu'un. ■ **4** *pr.* Se moquer.
burlete [burléte] *m.* Bourrelet (de puerta o ventana).
burocracia [burokráθja] *f.* Bureaucratie.
burócrata [burókrata] *s.* Bureaucrate.
burra [búr̄a] *f.* **1** Ânesse. ■ **2** *adj.-f.* Sotte, ignorante.
burro [búr̄o] *m.* Âne. Loc. fig. ***Apearse, caerse del ~,*** reconnaître son erreur.
bursátil [bursátil] *adj.* Boursier, ière.
busca [búska] *f.* Recherche, quête: ***a la ~, en ~ de,*** à la recherche de, en quête de.
buscar [buskár] *tr.* Chercher. Loc. fig. ***Buscársela a uno,*** provoquer quelqu'un.
búsqueda [búskeða] *f.* Recherche.
busto [músto] *m.* Buste.
butaca [butáka] *f.* Fauteuil *m.*; ~ ***de patio,*** fauteuil d'orchestre.
butano [butáno] *m.* Butane (gas): ***bombona de ~,*** bouteille de butane.
butifarra [butifár̄a] *f.* Saucisse, sorte de boudin *m.*
buzo [búθo] *m.* **1** Plongeur, scaphandrier. **2** Bleu (mono, traje de faena).
buzón [buθón] *m.* Boîte *f.* aux lettres: ***echar una carta al ~,*** mettre une lettre à la boîte.
buzoneo [buθonéo] *m.* Publipostage.

C

c [θe] *f.* C *m.*
cabal [kaβál] *adj.* **1** Juste, exact, acte, complet, ète, entier, ière. **2** fig. Accompli, ie, parfait, aite, loyal, ale.
cábala [káβala] *f.* Cabale.
cabalgada [kaβalɣáða] *f.* Chevauchée.
cabalgar [kaβalɣár] *intr.* **1** Chevaucher, aller à cheval. ■ **2** *tr.* Monter.
cabalgata [kaβalɣáta] *f.* Cavalcade.
caballa [kaβáʎa] *f.* Maquereau *m.*
caballar [kaβaʎár] *adj.* **1** Chevalin, ine. **2** ***Cría ~,*** élevage *m.* de chevaux.
caballería [kaβaʎería] *f.* **1** Monture, bête de selle. **2** MIL. Cavalerie. **3** Chevalerie: ~ ***andante,*** chevalerie errante.
caballeriza [kaβaʎeriθa] *f.* Écurie.
caballero, -ra [kaβaʎéro, -ra] *adj.* **1** Monté, ée à cheval: ~ ***en una***

mula, à cheval sur une mule. **2** *m.* Chevalier (noble, el que pertenece a una orden): ~ ***andante,*** chevalier errant. **3** Homme bien élevé, loyal, galant homme: ***portarse como un*** ~, agir noblement, se conduire en gentleman. **4** Monsieur (n'accompagnant pas le nom): ***señoras y caballeros,*** mesdames et messieurs. **5** Cavalier (soldado a caballo).

caballete [kaβaʎète] *m.* **1** Chevalet (de pintor, de tortura). **2** Tréteau (soporte). **3** Faîte (de un tejado). **4** Capuchon, abat-vent, mitre *f.* (de chimenea).

caballito [kaβaʎito] *m.* **1** Petit cheval. **2** ~ ***del diablo,*** libellule *f.* ■ **2** *pl.* Manège *sing.* de chevaux de bois.

caballo [kaβàʎo] *m.* **1** Cheval. Loc. ~ ***padre,*** étalon; ~ ***de vapor,*** cheval-vapeur. *loc. adv.* ***A*** ~, à cheval. **2** Cavalier (del ajedrez). **3** Dame *f.* du jeu de cartes espagnol (naipes).

cabalmente [kaβàlmente] *adv.* Justement, précisément.

cabaña [kaβàɲa] *f.* **1** Cabane. **2** Grand troupeau *m.* (rebaño). **3** Bétail *m.* (ganado). **4** Cheptel *m.*

cabaret, cabaré [kaβarèt, kaβarè] *m.* Cabaret.

cabecera [kaβeθèra] *f.* **1** Commencement *m.*, partie principale. **2** Haut bout *m.* (en la mesa). **3** Source (de un río). **4** Chevet *m.*, tête (de cama). **5** Tête (de un puente). **6** Chef-lieu *m.* (capital).

cabecilla [kaβeθiʎa] *m.* Chef de rebelles, meneur.

cabello [kaβèʎo] *m.* **1** Cheveu (pelo). Loc. fig. ***Poner los cabellos de punta,*** faire dresser les cheveux sur la tête. *loc. adv.* ***En cabellos,*** en cheveux, nu-tête. **2** Chevelure *f.*, cheveux *pl.*: ***tiene el*** ~ ***negro,*** elle a les cheveux noirs.

caber [kaβèr] *intr.* **1** Tenir: ***estos libros no caben en el armario,*** ces livres ne tiennent pas dans l'armoire. **2** Avoir, revenir, incomber: ***me cabe el honor de,*** j'ai l'honneur de. **3** Être possible, naturel, y avoir lieu de: ***cabe pensar que,*** il y a lieu de penser que; ***no cabe duda,*** il n'y a pas de doute. ▲ CONJUG. IRRÉG. INDIC. Prés.: ***quepo, cabes, cabe, cabemos, cabéis, caben.*** Imparf.: ***cabía,*** etc. Pas. simple: ***cupe, cupiste, cupo, cupimos, cupisteis, cupieron.*** Fut.: ***cabré,*** etc. COND.: ***cabría,*** etc. SUBJ.Prés.: ***quepa, quepas, quepa, quepamos, quepáis, quepan.*** Imparf.: ***cupiera, cupieras, cupiera, cupiéramos, cupierais, cupieran,*** ou ***cupiese, cupieses, cupiese, cupiésemos, cupieseis, cupiesen.*** Fut.: ***cupiere, cupieres, cupiere, cupiéremos, cupiereis, cupieren.*** IMPÉR.: ***cabe, quepa, quepamos, cabed, quepan.*** PART.PAS.: ***cabido.*** GÉR.: ***cabiendo.***

cabeza [kaβèθa] *f.* **1** Tête. Loc. ***Mala*** ~, mauvaise tête; ~ ***de ajos,*** tête d'ail; ~ ***de turco,*** bouc émissaire, tête de turc; ***conservar la*** ~, avoir toute sa tête; ***quebrarse, romperse la*** ~, se casser, se creuser la tête. **2** ~ ***de partido,*** chef-lieu *m.* d'arrondissement. ■ **3** *m.* Chef: ~ ***de familia,*** chef de famille.

cabezada [kaβeθàða] *f.* **1** Coup *m.* donné avec la tête. **2** Dodelinement *m.* de la tête (al dormir). **3** Salut *m.* de la tête (saludo). **4** Têtière (de la brida).

cabezota [kaβeθòta] *f.* **1** fam. Grosse tête. ■ **2** *adj.-s.* Cabochard, arde, têtu, ue.

cabida [kaβiða] *f.* Capacité, contenance.

cabina [kaβina] *f.* Cabine (de avión, telefónica, etc.).

cabizbajo, -ja [kaβiθβàxo, -xa] *adj.* Tête basse.

cable [kàβle] *m.* **1** Câble. **2** Câblogramme, câble. **3** MAR. Encablure *f.* (medida).

cabo [káβo] *m.* **1** Bout, extrémité *f.*, terme. Loc. fig.; ***llevar a ~,*** réaliser, mener à bien. *loc. adv.* ***Al ~,*** à la fin. **2** GEOG. Cap. **3** Bout (pedacito): ~ ***de vela,*** bout de chandelle. **4** MAR. Cordage. **5** MIL. Caporal. ■ **6** *pl.* Loc. ***Atar cabos,*** réunir des renseignements, faire des recoupements.

cabotaje [kaβotáxe] *m.* Cabotage.

cabra [káβra] *f.* **1** Chèvre. Loc. fig. ***La ~ siempre tira al monte,*** la caque sent toujours le hareng. **2** ~ ***montés,*** bouquetin *m.*

cabrear [kaβreár] *tr.* **1** fam. Taper sur le système. ■ **2** *pr.* pop. Se foutre en rogne.

cabreo [kaβrèo] *m.* fam. Colère *f.*, crise *f.*: ***tener un ~,*** être en rogne, piquer sa crise.

cabrío, -ía [kaβrio, -ia] *adj.* **1** Caprin, ine. ■ **2** *m.* Troupeau de chèvres.

cabritilla [kaβritiʎa] *f.* Chevreau (piel).

cabrito [kaβrito] *m.* Chevreau, cabri.

cabrón [kaβròn] *m.* **1** Bouc. **2** fam. Cocu (cornudo).

caca [káka] *f.* Caca *m.*

cacao [kakáo] *m.* **1** Cacaoyer, cacaotier (árbol). **2** Cacao.

cacarear [kakareár] *intr.* **1** Caqueter. ■ **2** *tr.* fig. Vanter, claironner.

cacería [kaθeria] *f.* Partie de chasse.

cacerola [kaθeròla] *f.* Casserole (con mango), faitout *m.* (con asas).

cachalote [katʃalòte] *m.* Cachalot.

cacharro [katʃár̄o] *m.* **1** Pot, vase (vasija). **2** Tesson (pedazo). **3** fam. Truc (chisme), clou (bicicleta, coche), guimbarde *f.* (coche), rafiot (barco).

cachear [katʃeár] *tr.* Fouiller (registrar).

cachete [katʃète] *m.* **1** Joue *f.* (carrillo). **2** Claque *f.* (bofetada), coup de poing (golpe).

cachiporra [katʃipòr̄a] *f.* Massue, matraque.

cachivache [katʃiβàtʃe] *m.* **1** Vase, ustensile. **2** Machin, truc (chisme).

cacho [kàtʃo] *m.* **1** Petit morceau: ***hacer cachos,*** casser en morceaux. **2** Gardon (pez).

cachondearse [katʃondeàrse] *pr.* **1** pop. Se payer la tête, se ficher de (burlarse). **2** Rigoler, se marrer (reírse).

cachorro, -rra [katʃòr̄o, -r̄a] *s.* Petit *m.* (de la chienne et de divers mammifères).

caciquismo [kaθikizmo] *m.* Influence *f.* d'un cacique, arbitraire.

caco [kàko] *m.* fig. Filou, voleur.

cacto [káɣto] *m.* Cactus.

cada [káða] *adj.* **1** Chaque. Loc. ~ ***cual,*** ~ ***uno,*** chacun. **2** Tous les, toutes les; ***cada cuatro días,*** tous les quatre jours; ~ ***vez que,*** toutes les fois que.

cadalso [kaðàlso] *m.* Échafaud.

cadáver [kaðáβer] *m.* **1** Cadavre. **2** Corps.

cadena [kaðèna] *f.* **1** Chaîne. **2** ***Trabajo en ~,*** travail à la chaîne. **3** DER. Travaux *m. pl.* forcés: ~ ***perpetua,*** détention perpetuelle.

cadencia [kaðènθja] *f.* Cadence.

cadera [kaðèra] *f.* Hanche.

cadete [kaðète] *m.* **1** MIL. Cadet. **2** amer. Apprenti.

caducar [kaðukàr] *intr.* **1** Devenir gâteux, euse (por la edad). **2** Se périmer, être périmé, ée (un billete, etc.). **3** Expirer (un plazo). **4** S'éteindre (un derecho).

caducidad [kaðuθiðað] *f.* Caducité.

caduco, -ca [kaðúko, -ka] *adj.* Caduc, uque.

caer [kaèr] *intr.* **1** Tomber: ~ ***de espaldas,*** tomber sur le dos, à la renverse. **2** Échoir, gagner: ***le cayó el premio,*** il a gagné le prix. **3** Se trouver, être situé, ée: ***esto cae lejos de aquí,*** cela se trouve loin d'ici. **4** Seoir, aller (sentar bien o mal): ***este peinado te cae bien,***

cette coiffure te va bien. **5** Loc. ***¡Ya caigo!***, je comprends!, j'y suis! ▲ CONJUG. IRRÉG. INDIC. Prés.: ***caigo, caes, cae***, etc. Imparf.: ***caía***, etc. Pas. simple: ***caí, caíste, cayó, caímos, caísteis, cayeron***. Fut.: ***caeré***, etc. COND.: ***caería***, etc. SUBJ. Prés.: ***caiga, caigas, caiga, caigamos, caigáis, caigan***. Imparf.: ***cayera, cayeras, cayera, cayéramos, cayerais, cayeran***, ou ***cayese, cayeses, cayese, cayésemos, cayeseis, cayesen***. Fut.: ***cayere, cayeres, cayere, cayéremos, cayereis, cayeren***. IMPÉR. ***cae, caiga, caigamos, caed, caigan***. PART. PAS.: ***caído***. GER.: ***cayendo***.

café [kafè] *m.* **1** Café: ~ ***con leche***, café au lait. **2** Caféier (cafeto).

cafeína [kafeìna] *f.* Caféine.

cafetera [kafetèra] *f.* Cafetière.

cafetería [kafeterìa] *f.* Café (lugar), snack-bar *m.*

cagada [kaɣaðа] *f.* fam. **1** Excrément *m.* **2** Connerie (equivocación).

cagar [kaɣàr] *intr.* **1** pop. Chier. ■ **2** *pr.* Chier. Loc. fig. pop. ***Cagarse de miedo***, avoir la trouille.

caída [kaìða] *f.* **1** Chute. **2** Partie tombante, retombée (de una cortina, etc.). **3** fig. Bon mot *m.* (ocurrencia). **4** Tombée. *loc. adv.* ***A la ~ de la tarde***, à la tombée de la nuit.

caído, -da [kaìðo, -ða] **1** *p. p.* de ***caer***. ■ **2** *adj.* Déchu, ue: ***ángel*** ~, ange déchu. **3** fig. Défaillant, ante, affaibli, ie. ■ **4** *m. pl.* Morts: ***monumento a los caídos***, monument aux morts.

caimán [kaĭmàn] *m.* Caïman.

caja [kàxa] *f.* **1** Boîte (pequeña), caisse (grande). Loc. ~ ***de cambios***, boîte de vitesses. **2** Caisse (dinero, establecimiento): ~ ***de ahorros***, caisse d'épargne. **3** Boîtier *m.* (de reloj). **4** IMPR. Casse: ~ ***alta***, haut de casse; ~ ***baja***, bas de casse. **5** Cercueil *m.*, bière (ataúd). **6** Cage (de escalera). **7** Caisse (de un violín, etc.).

cajera [kaxèra] *f.* Caissière.

cajetilla [kaxetìʎa] *f.* Paquet *m.* de tabac, de cigarettes.

cajón [kaxòn] *m.* **1** Grande caisse *f.* **2** Tiroir (de mueble). **3** ***Ser de ~***, être normal, de règle.

cal [kal] *f.* Chaux: ~ ***viva***, chaux vive; ~ ***muerta***, chaux éteinte.

cala [kàla] *f.* **1** Cale (de un barco). **2** Crique (ensenada). **3** MED. Sorte de suppositoire *m.* **4** CIR. Sonde.

calabacín [kalaβaθìn] *m.* Courgette *f.*

calabaza [kalabàθa] *f.* **1** Citrouille, courge, potiron *m.* **2** Calebasse (recipiente). Loc. ~ ***vinatera***, gourde. **3** fig. ***Dar calabazas***, recaler (en un examen), éconduire (a un pretendiente).

calabozo [kalaβòθo] *m.* Cachot (cárcel).

calado, -da [kalàðo, -ða] *adj.* **1** Percé, ée, ajouré, ée. ■ **2** *m.* Ajour, broderie *f.*, découpage à jour. **3** MAR. Calaison *f.*, tirant d'eau. ■ **4** MAR. Profondeur *f.* (profundidad).

calamar [kalamàr] *m.* Calmar, encornet.

calambre [kalàmbre] *m.* MED. Crampe *f.*

calamidad [kalamiðàð] *f.* Calamité.

calandria [kalàndrja] *f.* Calandre (máquina, pájaro).

calaña [kalàɲa] *f.* Caractère *m.*, espèce, acabit *m.*: ***dos individuos de la misma ~***, deux individus du même acabit.

calar [kalàr] *tr.* **1** Imbiber, pénétrer (tratándose de un líquido). **2** Percer, transpercer (atravesar). **3** Ajourer (telas, papel, etc.). **4** Mouiller (las redes). **5** Caler (las velas). **6** fig. Deviner, pénétrer (las intenciones, etc.). ■ **7** *intr.* Caler (un barco).

calavera [kalaβèra] *f.* **1** Tête de mort. ■ **2** *m.* fig. Écervelé. **3** Noceur (juerguista).

calcar [kalkàr] *tr.* **1** Calquer, décalquer. **2** Presser du pied.

calcáreo, -ea [kalkáreo, -ea] *adj.* Calcaire.
calce [kálθe] *m.* **1** Bandage (de una rueda). **2** Coin (cuña). **3** Cale *f.*
calceta [kalθéta] *f.* Bas *m.* Loc. ***Hacer ~,*** tricoter.
calcetín [kalθetín] *m.* Chaussette *f.*
calcinar [kalθinár] *tr.* Calciner.
calcio [kálθjo] *m.* Calcium.
calco [kálko] *m.* Calque.
calcomanía [kalkomanía] *f.* Décalcomanie.
calcular [kalkulár] *tr.* **1** Calculer. **2** fig. Calculer, estimer, penser.
cálculo [kálkulo] *m.* Calcul.
caldear [kaldeár] *tr.* Chauffer.
caldera [kaldéra] *f.* Chaudière. Loc. ***~ de jabón,*** fabrique de savon.
calderada [kalderáða] *f.* Chaudière, chaudronnée.
calderilla [kalderíʎa] *f.* Menue monnaie, petite monnaie.
caldero [kaldéro] *m.* Chaudron.
calderón [kalderón] *m.* **1** Grand chaudron. **2** MÚS. Point d'orgue. **3** IMPR. Pied de mouche.
caldo [káldo] *m.* **1** Bouillon. Loc. fig. ***Hacer a uno el ~ gordo,*** faire le jeu de quelqu'un. ■ **2** *pl.* Liquides alimentaires (vino, aceite, etc.).
caldoso, -sa [kaldóso, -sa] *adj.* Qui a beaucoup de jus.
calefacción [kalefaɣθjón] *f.* Chauffage *m.*; ***la ~ central,*** le chauffage central.
calendario [kalendárjo] *m.* Calendrier.
calentador, -ra [kalentaðór, -ra] *adj.* **1** Chauffant, ante. ■ **2** *m.* Bassinoire *f.* (de la cama). **3** Chauffe-bain *invar.* (de baño).
calentar [kalentár] *tr.* **1** Chauffer, faire chauffer. **2** fam. Battre, rosser. ■ **3** *pr.* Se chauffer. **4** fig. S'échauffer (excitarse, animarse). ▲ CONJUG. comme ***acertar.***
calentura [kalentúra] *f.* Fièvre: ***tener ~,*** avoir de la fièvre.
calesa [kalésa] *f.* Calèche.
calibre [kalíβre] *m.* **1** Calibre (diámetro). **2** fig. Importance *f.*
calidad [kaliðáð] *f.* **1** Qualité. **2** Nature, caractère *m.*
cálido, -da [káliðo, -ða] *adj.* **1** Chaud, chaude: ***clima ~,*** climat chaud. **2** fig. Chaleureux.
calidoscopio [kaliðoskópjo] *m.* Kaléidoscope.
caliente [kaljénte] *adj.* Chaud, chaude: ***mantener ~,*** tenir au chaud.
calificación [kalifikaθjón] *f.* **1** Qualification. **2** Mention (en un examen).
calificado, -da [kalifikáðo, -ða] *adj.* Qualifié, ée.
calificar [kalifikár] *tr.* **1** Qualifier. **2** Attribuer des mentions (en un examen, etc.).
calificativo, -va [kalifikatíβo, -βa] *adj.-m.* Qualificatif, ive.
caligrafía [kaligrafía] *f.* Calligraphie.
cáliz [káliθ] *m.* Calice.
caliza [kalíθa] *f.* Calcaire *m.* (roca).
callado, -da [kaʎáðo, -ða] *adj.* Silencieux, euse, réservé, ée, discret, ète.
callar [kaʎár] *intr.-pr.* **1** Se taire: ***Quien calla otorga,*** qui ne dit mot consent; ***hacer ~,*** faire taire. **2** *interj.* ***¡Calla!,*** vas donc!
calle [káʎe] *f.* Rue. Loc. fig. ***echar, poner en la ~,*** mettre à la porte.
callejero, -ra [kaʎexéro, -ra] *adj.* **1** De la rue: ***escena callejera,*** scène de la rue.
callejuela [kaʎexwéla] *f.* Ruelle.
callo [káʎo] *m.* **1** Durillon (en las manos, en los pies), cor (en los pies). **2** CIR. Cal. ■ **3** *pl.* COC. Tripes *f.* gras-double *sing.*
calma [kálma] *f.* **1** Calme *m.*: ***~ chicha,*** calme plat; ***mar en ~,*** mer calme. **2** Accalmie (en los dolores, negocios, etc.). **3** fig. Calme *m.*, sérénité.
calmar [kalmár] *tr.* **1** Calmer. ■ **2** *intr.-pr.* Se calmer, s'apaiser.

calmoso, -sa [kalmòso, -sa], **calmudo, -da** [kalmúðo, -ða] *adj.* Flegmatique, indolent, ente.
caló [kaló] *m.* Argot des gitans.
calor [kalòr] *m.* 1 Chaleur *f.* Loc. fig. *Dar* ~, animer, encourager. 2 Chaud: ***hacer*** ~, faire chaud; ***tener*** ~, avoir chaud.
caloría [kaloria] *f.* Calorie.
calumnia [kalùmnja] *f.* Calomnie.
calumniar [kalumnjàr] *tr.* Calomnier.
caluroso, -sa [kaluròso, -sa] *adj.* 1 Chaud, chaude (tiempo). 2 fig. Chaleureux, euse.
calva [kàlβa] *f.* 1 Partie dégarnie de cheveux (en la cabeza). 2 Partie d'un terrain dépourvue de végétation.
calvicie [kalβiθje] *f.* Calvitie.
calvo, -va [kàlβo, -βa] *adj.* 1 Chauve (cabeza). 2 Rapé, ée (tejido).
calzada [kalθàða] *f.* 1 Route pavée. 2 Chaussée (de una calle).
calzado, -da [kalθàðo, -ða] *adj.* 1 Chaussé, ée. 2 Pattu, ue (pájaro). 3 Balzan (caballo). ■ 4 *m.* Chaussure *f.*
calzador [kalθaðòr] *m.* Chaussepied.
calzar [kalθàr] *tr.* 1 Chausser (zapatos). 2 Porter (llevar puesto). 3 Caler (poner calces).
calzón [kalθòn] *m.* Culotte *f.* Loc. fig. ***Ponerse, llevar los calzones,*** porter la culotte.
calzoncillos [kalθonθiʎos] *m. pl.* Caleçon *sing.*
cama [kàma] *f.* 1 Lit *m.* Loc. ***Caer en*** ~, tomber malade. 2 Gîte *m.*, repaire *m.* (de animales). 3 Litière (en un establo). 4 COC. Couche.
camada [kamàða] *f.* 1 Portée (de una hembra). 2 fig. Bande (de ladrones).
camafeo [kamafèo] *m.* Camée.
camaleón [kamaleòn] *m.* Caméléon.
cámara [kàmara] *f.* 1 Salle (de una casa). 2 Chambre du roi. 3 Chambre (asamblea, cuerpo): ***las cámaras,*** les chambres, le corps législatif. 4 Chambre (cavidad): ~ ***obscura,*** chambre noire, obscure; 5 Caméra (cinematográfica), appareil *m.* (fotográfica).
camarada [kamaràða] *s.* Camarade.
camarero [kamarèro] *m.* 1 Garçon (de café, de restaurante). 2 Valet de chambre (en un hotel). 3 Camérier (del Papa).
camarilla [kamariʎa] *f.* Coterie influente.
camarín [kamarin] *m.* 1 Cabinet, boudoir. 2 TEAT. Loge *f.* (de actores). 3 Petite chapelle *f.* derrière un autel.
camarón [kamaròn] *m.* Crevette *f.* grise, salicoque *f.*
camarote [kamaròte] *m.* MAR. Cabine *f.*
camastro [kamàstro] *m.* 1 Grabat. 2 Lit de camp (en los campos de guardia).
cambalache [kambalàtʃe] *m.* fam. Troc.
cambiar [kambjàr] *tr.-intr.* 1 Changer. ■ 2 *tr.* Échanger (trocar): ***¿me puede ~ esta camisa blanca por otra azul?,*** pouvez-vous m'échanger cette chemise blanche contre une autre bleue? ▲ CONJUG. L'accent tonique porte sur le a du radical dans les formes suivantes: INDIC. Prés.: ***cambio, cambias, cambia, cambian.*** SUBJ. Prés.: ***cambie, cambies, cambie, cambien.*** IMPÉR.: ***cambia, cambie, cambien.***
cambio [kàmbjo] *m.* 1 Change: ***letra de*** ~, lettre de change. 2 Échange: ~ ***de impresiones,*** échange de vues. 3 Changement (modificación). 4 *loc. adv.* ***A las primeras de*** ~, de but en blanc; ***en*** ~, en revanche, par contre (al contrario), en échange (reciprocidad).
cambista [kambista] *m.* Changeur.
camelar [kamelàr] *tr.* fam. Baratiner, embobiner, faire du baratin.
camello [kamèʎo] *m.* Chameau.

camelo [kamèlo] *m.* 1 fam. Baratin, histoires. 2 Fumisterie *f.* (engaño). 3 ***Hablar en ~, soltar camelos,*** raconter des blagues.
camilla [kamiʎa] *f.* 1 Lit *m.* de repos. 2 Brancard *m.* (para enfermos). 3 Table sous laquelle on met un brasero, tandour *m.*
camillero [kamiʎèro] *m.* Brancardier.
caminar [kaminàr] *intr.* 1 Marcher, cheminer (andar), voyager (viajar). Loc. fig. ~ ***derecho,*** marcher droit. ■ 2 *tr.* Parcourir en marchant (una distancia).
camino [kamino] *m.* Chemin: ~ ***de hierro,*** chemin de fer.
camión [kamjòn] *m.* Camion.
camisa [kamisa] *f.* 1 Chemise. Loc. fig. ***Meterse en ~ de once varas,*** se mêler des affaires d'autrui. 2 Manchon *m.* (de mechero de gas). 3 ~ ***de fuerza,*** camisole de force.
camiseta [kamisèta] *f.* Gilet *m.* de corps, maillot *m.* de corps, tricot *m.* de corps (ropa interior).
camisón [kamisòn] *m.* Chemise *f.* de nuit.
camomila [kamomila] *f.* Camomille.
campal [kampàl] *adj.* ***Batalla ~,*** bataille rangée.
campamento [kampamènto] *m.* Campement.
campana [kampàna] *f.* 1 Cloche. Loc. ~ ***de buzo,*** cloche à plongeur; ***echar las campanas al vuelo,*** sonner à toute volée. 2 Hotte, manteau *m.* (de chimenea).
campanario [kampanàrjo] *m.* Clocher.
campanilla [kampaniʎa] *f.* Sonnette (para llamar a la puerta), clochette (campana pequeña). Loc. ***De campanillas,*** important, ante.
campante [kampànte] *adj.* Content, ente, satisfait, aite.
campaña [kampàɲa] *f.* 1 Campagne. 2 Campagne (militar, electoral, etc.).
campechano, -na [kampetʃàno, -na] *adj.* Franc, franche, gai, gaie, ouvert, erte, bon enfant *invar.*
campeón, -na [kampeòn, -na] *s.* Champion.
campeonato [kampeonàto] *m.* Championnat.
campesino, -na [kampesino, -na] *adj.* Paysan, anne, campagnard, arde.
camping [kàmpiŋ] *m.* Camping.
campo [kàmpo] *m.* 1 Champ. *loc. adv.* ***A ~ raso,*** à la belle étoile, à découvert; ***a ~ traviesa,*** à travers champs. 2 Campagne *f.* (extensión de terreno llano fuera de poblado). 3 MIL. Camp: ***levantar el ~,*** lever le camp.
Campsa [kàmpsa] *f.* (*abrev.* Compañía Arrendataria del Monopolio de Petróleos, SA) Compagnie pétrolière espagnole semi-publique.
can [kan] *m.* 1 Chien. 2 ARQ. Corbeau, modillon.
cana [kàna] *f.* Cheveu *m.* blanc. Loc. fig. ***Echar una ~ al aire,*** s'amuser, se divertir.
canadiense [kanaðjènse] *adj.-s.* Canadien, ienne.
canal [kanàl] *m.* 1 Canal. 2 Chenal (de un puerto). 3 ARQ. Gouttière *f.* (conducto), noue *f.* 4 ***Abrir en ~,*** ouvrir de haut en bas (un animal).
canalizar [kanaliθàr] *tr.* Canaliser.
canalla [kanàʎa] *f.* 1 Canaille (gente baja). ■ 2 *m.* Canaille *f.*, fripouille *f.* (hombre).
canapé [kanapè] *m.* Canapé.
canario, -ia [kanàrjo, -ja] *adj.-s.* 1 Canarien, ienne. ■ 2 *m.* Canari, serin (pájaro).
canasta [kanàsta] *f.* Panier *m.* (cesta), manne, corbeille (con dos asas).
canastilla [kanastiʎa] *f.* 1 Corbeille. 2 Layette, trousseau *m.* (ropa para recién nacido).
canasto [kanàsto] *m.* 1 Panier haut et étroit. 2 *interj.* ***¡Canastos!,*** sapristi!

cancelar [kanθelár] *tr.* Annuler (un contrato, etc.).
cáncer [kánθer] *m.* 1 Cancer: *ser* ~, être du Cancer. 2 Cancer: ~ *de mama,* cancer du sein.
canceroso, -sa [kanθeròso, -sa] *adj.* Cancéreux, euse.
cancha [kàntʃa] *f.* 1 Terrain *m.* destiné aux jeux de balle, aux combats de coqs, etc. 2 amer. Terrain *m.* (de fútbol, etc.).
canciller [kanθiʎèr] *m.* Chancelier.
canción [kanθjòn] *f.* Chanson.
candado [kandàðo] *m.* Cadenas.
candeal [kandeàl] *adj.* ***Trigo*** ~, froment; ***pan*** ~, pain de froment.
candela [kandèla] *f.* 1 Chandelle. 2 Feu *m.* (fuego).
candelabro [kandelàβro] *m.* Candélabre.
candente [kandènte] *adj.* Incandescent, ente.
candidatura [kandiðatùra] *f.* 1 Candidature. 2 Liste de candidats. 3 Bulletin *m.* de vote (papeleta).
cándido, -da [kàndiðo, -ða] *adj.* Candide, naïf, naïve.
candil [kandil] *m.* 1 Petite lampe *f.* à huile. 2 Corne *f.* (de sombrero). 3 Andouiller (de una cuerna).
candileja [kandilèxa] *f.* 1 Petite lampe. ■ 2 *pl.* TEAT. Rampe *sing.*
candor [kandòr] *m.* Candeur *f.*
canela [kanèla] *f.* 1 Cannelle. 2 fig. Chose exquise, délice *m.*
canelón [kanelòn] *m.* 1 Gouttière *f.* (canalón). 2 Glaçon (carámbano). 3 Torsade *f.* (pasamanería).
canesú [kanesù] *m.* 1 Canezou. 2 Empiècement (de un vestido).
cangrejo [kaŋgrèxo] *m.* 1 Crabe, écrevisse *f.*: ~ ***de mar,*** crabe; ~ ***de río,*** écrevisse. 2 MAR. Corne *f.*
canguelo [kaŋɣèlo] *m.* fam. Frousse *f.*
canguro [kaŋgùro] *m.* Kangourou.
canibalismo [kaniβalizmo] *m.* Cannibalisme.
canica [kanika] *f.* Bille.
canícula [kanikula] *f.* Canicule.
canilla [kaniʎa] *f.* 1 Cannelle, cannette (grifo). 2 Canette, cannette (en las máquinas de tejer). 3 Os *m.* long de la jambe ou du bras (hueso).
canino, -na [kanino, -na] *adj.* 1 Canin, ine. ■ 2 *m.* Canine *f.* (diente).
canje [kàŋxe] *m.* Échange (de prisioneros, notas diplomáticas, etc.).
cano, -na [kàno, -na] *adj.* 1 Blanc, blanche (pelo, etc.). 2 Chenu, ue, qui a les cheveux blancs (persona).
canoa [kanòa] *f.* Canoë *m.* (piragua), canot *m.* (de remo o con motor).
canon [kànon] *m.* 1 REL., LIT., MÚS., B. ART. Canon. ■ 2 *pl.* Droit *sing.* canon.
canónico, -ca [kanòniko, -ka] *adj.* 1 Canonique. 2 Canon (derecho). 3 ***Horas canónicas,*** heures canoniales.
canonizar [kanoniθàr] *tr.* Canoniser.
canoso, -sa [kanòso, -sa] *adj.* Chenu, ue, grisonnant, ante.
cansado, -da [kansàðo, -ða] *adj.* 1 Fatigué, ée, las, lasse. 2 Fatigant, ante (que cansa), ennuyeux, euse (que fastidia).
cansancio [kansànθjo] *m.* Fatigue *f.*
cansar [kansàr] *tr.* Fatiguer, lasser.
cantábrico, -ca [kantàβriko, -ka] *adj.* Cantabrique.
cantante [kantànte] *s.* Chanteur, euse.
cantaor, -ra [kantaòr, -ra] *s.* Chanteur, euse de flamenco.
cantar [kantàr] *intr.-tr.* 1 Chanter. ■ 2 *intr.* fig. fam. Avouer, chanter (confesar).
cantar [kantàr] *m.* Poème populaire pouvant être chanté, chanson *f.*: ~ ***de gesta,*** chanson de geste; ***El Cantar de los cantares,*** le Cantique des cantiques.
cántaro [kàntaro] *m.* Cruche *f.* Loc. fig. fam. ***Alma de*** ~, niais, cruche; ***llueve a cántaros,*** il pleut à verse.
cantata [kantàta] *f.* Cantate.

cante [kánte] *m.* Chant populaire andalou.
cantera [kantéra] *f.* **1** Carrière (de piedra). **2** fig. Pépinière.
cantidad [kantiðáð] *f.* **1** Quantité. **2** Somme (de dinero): ***recibí la ~ de cien pesetas,*** j'ai reçu la somme de cent pesetas.
cantimplora [kantimplóra] *f.* **1** Gourde, bidon *m.* (recipiente). **2** Siphon *m.*
cantina [kantína] *f.* **1** Cantine. **2** Buvette (en una estación).
canto [kánto] *m.* **1** MÚS., LIT. Chant: ***~ gregoriano, llano,*** chant grégorien, plain-chant. **2** Coin, angle. **3** Pierre *f.*, gros caillou: ***~ rodado,*** galet. **4** Tranche *f.* (de una moneda, de un libro). **5** Dos (de un cuchillo). **6** Épaisseur *f.* **7** *loc. adv.* ***De ~,*** de chant.
cantón [kantón] *m.* **1** Canton (división administrativa). **2** Coin (esquina). **3** MIL. Cantonnement.
cantor, -ra [kantór, -ra] *adj.-s.* Chanteur, euse.
canturrear [kanturreár] *intr.* fam. Chantonner, fredonner.
cánula [kánula] *f.* Canule.
canutero [kanutéro] *m.* Aiguiller.
caña [káɲa] *f.* **1** Chaume *m.*, tige (tallo). **2** Roseau *m.*, canne. Loc. ***~ de azúcar,*** canne à sucre; ***~ de Indias,*** rotang, rotin; ***~ de pescar,*** canne à pêche. **3** Tige (de la bota). **4** Barre (del timón). **5** Verre *m.* (vaso). **6** Fût *m.* (de fusil, de columna). ■ **7** *pl.* ant. Sorte de joute *sing.*
cañada [kaɲáða] *f.* **1** Vallon *m.* **2** Chemin *m.* pour les troupeaux, draille.
cáñamo [káɲamo] *m.* Chanvre.
cañería [kaɲería] *f.* Conduite (de agua, de gas).
cañón [kaɲón] *m.* **1** Canon (de un arma de fuego). **2** ARTILL. Canon. **3** Tuyau: ***~ de chimenea, del órgano,*** tuyau de cheminée, d'orgue.
cañonazo [kaɲonáθo] *m.* Coup de canon.
caoba [kaóβa] *f.* Acajou *m.*
caos [káos] *m.* Chaos.
capa [kápa] *f.* **1** Cape (prenda). *loc. adv.* ***So ~ de,*** sous couleur de, sous prétexte de; ***so ~,*** sous cape. **2** ***~ pluvial,*** chape d'église. **3** Robe (de un animal). **4** Couche (de pintura, de aire, de rocas, etc.). **5** MAR. ***Estar a la ~,*** être à la cape.
capacidad [kapaθiðáð] *f.* Capacité.
capacitar [kapaθitár] *tr.* **1** Rendre apte, rendre capable. **2** Autoriser, habiliter (habilitar). **3** Former.
capar [kapár] *tr.* Castrer, châtrer.
caparazón [kaparaθón] *m.* **1** Caparaçon. **2** Carapace *f.* (de insecto, crustáceo). **3** Carcasse *f.* (de ave).
capataz [kapatáθ] *m.* Contremaître.
capaz [kapáθ] *adj.* Capable (persona).
capazo [kapáθo] *m.* Grand cabas.
capcioso, -sa [kaβθjóso, -sa] *adj.* Captieux, euse.
capear [kapeár] *tr.* **1** TAUROM. Tromper (le taureau) avec la cape. **2** fig. Tromper par des subterfuges. ■ **3** *tr.-intr.* MAR. Se mettre à la cape, éviter la tempête.
capellán [kapeʎán] *m.* Chapelain, aumônier.
caperucita [kaperuθita] *f.* **1** Petit chaperon *m.* **2** ***~ Roja,*** le Petit Chaperon rouge.
capilar [kapilár] *adj.* Capillaire.
capilla [kapíʎa] *f.* **1** Chapelle. Loc. ***Estar en ~,*** se dit d'un condamné à mort qui attend dans une chapelle le moment de son exécution. **2** Capuchon *m.*, capuce (capucha). **3** Chapelle (músicos).
capirote [kapiróte] *m.* **1** Hennin (de mujer). **2** Chaperon (capucho). **3** Chaperon (cetrería).
capital [kapitál] *adj.* **1** Capital, ale. ■ **2** *m.* Capital: ***invertir capitales,*** investir des capitaux. ■ **3** *f.* Capitale (de un estado), chef-lieu *m.* (de provincia).
capitalismo [kapitalizmo] *m.* Capitalisme.

capitalizar [kapitaliθàr] *tr.* Capitaliser.
capitán [kapitàn] *m.* Capitaine.
capitanear [kapitaneàr] *tr.* Commander, conduire.
capitanía [kapitanìa] *f.* 1 Charge de capitaine. 2 ~ ***general,*** commandement d'une région militaire.
capitel [kapitèl] *m.* ARQ. Chapiteau: ***capiteles románicos,*** chapiteaux romans.
capitulación [kapitulaθjòn] *f.* 1 Capitulation. ■ 2 *pl.* Contrat *m. sing.* de mariage.
capitular [kapitulàr] *intr.* 1 Capituler.
capítulo [kapitulo] *m.* Chapitre. Loc. ~ ***de culpas,*** accusation faite à un fonctionnaire; ***llamar, traer a ~,*** chapitrer.
capón [kapòn] *m.* 1 Castrat. 2 Chapon (pollo).
capote [kapòte] *m.* 1 Capote *f.*, manteau. *loc. adv.* fam. ***Para mi ~,*** dans mon for intérieur, à mon avis. 2 TAUROM. Cape *f.* 3 Capot (en el juego): ***dar ~,*** faire capot.
capricho [kapritʃo] *m.* Caprice.
caprichoso, -sa [kapritʃòso, -sa] *adj.* 1 Capricieux, euse. 2 Qui est fait par caprice.
caprino, -na [kaprino, -na] *adj.* Caprin, ine.
cápsula [kàβsula] *f.* Capsule.
captación [kaβtaθjòn] *f.* 1 DER. Captation. 2 Captage *m.* (de aguas, ondas).
capturar [kaβturàr] *tr.* Capturer.
capucha [kapùtʃa] *f.* Capuche, capuchon *m.*
capuchino, -na [kaputʃino, -na] *adj.-s.* 1 Capucin, ine (religioso). ■ 2 *f.* Capucine (planta).
capullo [kapùʎo] *m.* 1 Cocon (de gusano de seda). 2 Bouton (de flor).
caqui [kàki] *m.* Kaki .
cara [kàra] *f.* 1 Visage *m.*, figure, face. Loc. ~ ***de Pascuas,*** visage réjoui; ***dar la ~,*** agir ouvertement, se déclarer responsable. *loc. adv.* ***A ~ descubierta,*** à visage découvert; ***~ a ~,*** face à face; ***de ~,*** en face; ***mirar las cosas de ~,*** regarder les choses en face. 2 Mine, air *m.*: ***poner mala ~,*** faire grise mine. 3 Façade (parte anterior). 4 GEOM., FORT. Face. 5 Face: ~ ***o cruz,*** pile ou face. 6 *adv.* Vers, face à: ~ ***al sol,*** face au soleil.
carabela [karaβèla] *f.* Caravelle.
carabinero [karaβinèro] *m.* 1 Douanier. 2 Carabinier.
caracol [karakòl] *m.* 1 Escargot, limaçon, colimaçon. 2 Limaçon (del oído). 3 EQUIT. Caracole *f.* 4 *interj.* ***¡Caracoles!,*** sapristi!
carácter [karàɣter] *m.* Caractère: ***buen, mal ~*** bon, mauvais caractère.
característico, -ca [karaɣteristiko, -ka] *adj.-f.* 1 Caractéristique. ■ 2 *f.* Actrice qui joue les rôles de femme âgée, duègne.
caracterizar [karaɣteriθàr] *tr.* Caractériser.
caradura [karaðùra] *m.-f.* fam. Personne culottée *f.* : ***es un ~,*** il est gonflé, culotté, impudent.
¡caramba! [karàmba] *interj.* Sapristi!, diable! (extrañeza), zut!, flûte! (disgusto).
carambola [karambòla] *f.* 1 Carambolage *m.* 2 *loc. adv.* fig. ***Por ~,*** indirectement, par ricochet.
caramelo [karamèlo] *m.* 1 Bonbon (golosina): ~ ***relleno, ácido,*** bonbon fourré, acidulé. 2 Caramel (azúcar fundido).
carátula [karàtula] *f.* Masque *m.* (careta).
caravana [karaβàna] *f.* 1 Caravane (de nómadas, etc.). 2 File: ***una ~ de coches,*** une file de voitures.
carbón [karβòn] *m.* 1 Charbon: ~ ***vegetal,*** charbon végétal; ~ ***de piedra,*** charbon de terre. ■ 2 *adj.* ***Papel ~,*** papier carbone.
carbonato [karβonàto] *m.* QUÍM. Carbonate.

carboncillo [karβonθiʎo] *m.* Fusain: ***dibujo al*** *~,* dessin au fusain.
carbonero, -ra [karβonèro, -ra] *adj.-m.* Charbonnier, ière.
carbónico, -ca [karβòniko, -ka]. *adj.* Carbonique.
carbonilla [karβoniʎa] *f.* **1** Poussier *m.* (polvo). **2** Escarbille (de una locomotora, etc.).
carbonizar [karβoniθàr] *tr.* Carboniser.
carbono [karβòno] *m.* QUÍM. Carbone.
carburador [karβuraðòr] *m.* Carburateur.
carburante [karβurànte] *adj.-m.* Carburant.
carcajada [karkaxàða] *f.* Éclat *m.* de rire: ***reír a carcajadas,*** rire aux éclats.
carcamal [karkamàl] *m.* fam. Vieux gâteux, vieux croulant.
cárcel [kàrθel] *f.* **1** Prison, geôle: ***meter en la*** *~,* mettre en prison. **2** CARP. Sergent *m.*, serre-joint *m.*
carcelero, -ra [karθelèro, -ra] *s.* Geôlier, ière.
carcoma [karkòma] *f.* **1** Vrillette, artison *m.* (insecto). **2** Vermoulure (polvo). **3** fig. Ver *m.* rongeur.
cardenal [karðenàl] *m.* **1** Cardinal. **2** Bleu (equimosis).
cardenalicio, -ia [karðenaliθjo, -ja] *adj.* Cardinalice.
cardíaco, -ca [karðiako, -ka] *adj.-s.* MED. Cardiaque.
cardinal [karðinàl] *adj.* Cardinal, ale: ***puntos cardinales,*** points cardinaux.
cardiología [karðjoloxia] *f.* Cardiologie.
cardiólogo, -ga [karðjòloγo, -γa] *s.* Cardiologue.
carecer [kareθèr] *intr.* Manquer (***de,*** de).
carencia [karènθja] *f.* **1** Manque *m.*, absence. **2** MED. Carence.
careo [karèo] *m.* Confrontation *f.*
carestía [karestia] *f.* **1** Disette (escasez). **2** Cherté (precio subido).
careta [karèta] *f.* Masque *m.* (de cartón, de colmenero, de esgrima): *~* ***antigás,*** masque à gaz.
carga [kàrγa] *f.* **1** Chargement *m.* (acción). **2** Chargement *m.*, charge (cosa transportada). Loc. ***Bestia de*** *~,* bête de somme. **3** fig. Charge (obligación, imposición, hipoteca, etc.). **4** Charge (eléctrica, de un arma de fuego, de una mina, etc.). **5** MIL. Charge (embestida). Loc. fig. ***Volver a la*** *~,* revenir à la charge.
cargador [karγaðòr] *m.* Chargeur.
cargar [karγàr] *tr.* **1** Charger: *~* ***un buque,*** charger un bateau. **2** fig. Aggraver, alourdir. **3** fig. Attribuer, imputer. **4** fam. Ennuyer, assommer, empoisonner (molestar). **5** COM. Débiter, porter au débit. **6** MAR. Carguer (velas). ■ **7** *intr.* Tomber, porter (hablando del acento). **8** *~* ***con,*** prendre sur soi, assumer.
cargo [kàrγo] *m.* **1** Chargement (acción). **2** Charge *f.*, poids. **3** fig. Obligation *f.*, charge *f.* Loc. *~* ***de conciencia,*** cas de conscience. **4** *loc. prép.* ***A*** *~* ***de,*** à la charge de. **5** COM. Doit, débit (de una cuenta). **6** Reproche, accusation *f.*: ***hacer cargos,*** faire des reproches. **7** DER. Charge *f.*, accusation *f.*: ***testigo de*** *~,* témoin à charge.
cariar [karjàr] *tr.* **1** Carier. ■ **2** *pr.* Se carier.
caricatura [karikatùra] *f.* Caricature.
caricaturizar [karikaturiθàr] *tr.* Caricaturer.
caricia [kariθja] *f.* Caresse.
caridad [kariðàð] *f.* **1** Charité: ***¡Por*** *~!,* de grâce!, par charité! **2** Aumône, charité (limosna).
caries [kàrjes] *f. invar.* Carie.
cariño [kariɲo] *m.* Affection *f.*, tendresse *f.*: ***tener*** *~* ***a,*** avoir de l'affection pour (una persona), être attaché, ée à (cosa).
cariñoso, -sa [kariɲòso, -sa] *adj.* Affectueux, euse, tendre.

carísimo, -ma [karisimo, -ma] *adj.* Très cher, chère.
caritativo, -va [karitatiβo, -βa] *adj.* Charitable.
cariz [kariθ] *m.* Aspect (de la atmósfera).
carlista [karlista] *adj.-s.* Carliste.
carmelita [karmelita] *adj.* 1 De l'ordre du Mont-Carmel. ■ 2 *m.* Carme. ■ 3 *f.* Carmélite.
carmesí [karmesi] *adj.-m.* Cramoisi, ie.
carmín [karmin] *m.* 1 Carmin. 2 ~ ***de labios,*** rouge à lèvres.
carnada [karnàða] *f.* 1 Appât *m.* de viande. 2 fig. Leurre *m.*
carnal [karnàl] *adj.* 1 Charnel, elle. 2 ***Primo*** ~, cousin germain. 3 ***Tío, sobrino*** ~, oncle, neveu au premier degré.
carnaval [karnaβàl] *m.* Carnaval.
carne [kàrne] *f.* 1 Chair. Loc. ~ ***viva,*** chair vive; ~ ***de gallina,*** chair de poule; ***en*** ~ ***viva,*** à vif. 2 Viande (alimento): ~ ***de vaca,*** viande de bœuf. 3 ~ ***de membrillo,*** pâte de coings.
carné [karnè] *m.* 1 Carnet (librillo). 2 Carte *f.*: ~ ***de identidad,*** carte d'identité.
carnero [karnèro] 1. Mouton Loc. fig. ***No hay tales carneros,*** c'est faux. 2 Charnier, ossuaire.
carnicería [karniθeria] *f.* 1 Boucherie. 2 Carnage m. (degollina).
carnicero, -ra [karniθèro, -ra] *s.* 1 Boucher, ère. ■ 2 *adj.-m.* Carnassier, ière.
carnívoro, -ra [karniβoro, -ra] *adj.-s.* Carnivore.
carnoso, -sa [karnòso, -sa] *adj.* Charnu, ue.
caro, -ra [kàro, -ra] *adj.* Cher, chère: ***el caviar es*** ~, le caviar est cher.
carpa [kàrpa] *f.* 1 Carpe (pez). 2 amer. Tente.
carpeta [karpèta] *f.* 1 Tapis *m.* de table. 2 Sous-main *m. invar.* (para escribir). 3 Carton *m.* (cartera grande). 4 Chemise (para guardar papeles).
carpintería [karpinteria] *f.* 1 Charpenterie (de carpintero de armar). 2 Menuiserie.
carpintero [karpintèro] *m.* Charpentier, menuisier.
carraspera [kar̄aspèra] *f.* Enrouement *m.*
carrera [kar̄èra] *f.* 1 Course (paso rápido, competición). *loc. adv.* ***A*** ~ ***abierta, a*** ~ ***tendida,*** à bride abattue. 2 Études *pl.*: ***hace la*** ~ ***de arquitecto,*** il fait ses études d'architecte. 3 fig. Voie, chemin *m.*, vie. 4 Cours *m.*, rue (calle). 5 Échelle (en las medias).
carreta [kar̄èta] *f.* Charrette.
carrete [kar̄ète] *m.* 1 Bobine *f.* 2. Moulinet (de una caña de pescar). 3 FOT. Rouleau.
carretear [kar̄eteàr] *tr.* Charrier, charroyer.
carretera [kar̄etèra] *f.* 1 Route. 2 ***Red de carreteras,*** réseau routier.
carretero [kar̄etèro] *adj.* 1 Carrossable (camino). ■ 2 *m.* Charretier (que conduce). 3 Charron (constructor).
carretilla [kar̄etiʎa] *f.* 1 Brouette. 2 Chariot *m.*: ~ ***elevadora,*** chariot élévateur, diable *m.*
carril [kar̄il] *m.* 1 Ornière *f.* 2 Rail (de vía férrea). 3 Voie *f.* (de carretera).
carro [kàr̄o] *m.* 1 Chariot, charrette *f.* Loc. ~ ***fuerte,*** binard, camion; fig. ***untar el*** ~, graisser la patte. 2 Char (de combate). 3 Charretée *f.* (contenido). 4 Chariot (de una máquina) *f.* ■ 5 *n. pr.* ASTR. ***Carro Mayor,*** Grande Ourse.
carrocería [kar̄oθeria] *f.* Carrosserie.
carroña [kar̄òɲa] *f.* Charogne.
carroza [kar̄òθa] *f.* 1 Carrosse. 2 Char *m.* (de carnaval). 3 ~ ***fúnebre,*** corbillard *m.*
carta [kàrta] *f.* 1 Lettre. Loc. ***Cartas credenciales,*** lettres de créance; ~ ***de crédito.*** 2 Charte (ley constitu-

cional o fundamental). 3 Carte (naipe). Loc. fig. ***Tomar cartas en un asunto,*** intervenir dans une affaire. 4 Carte (mapa): ~ ***de marear,*** carte marine.

cartel [kartèl] *m.* Affiche *f.* (anuncio): ***grandes carteles publicitarios,*** de grandes affiches publicitaires.

cartelera [kartelèra] *f.* Porte-affiches *m. invar.*

cartera [kartèra] *f.* 1 Portefeuille *m.* (de bolsillo). 2 Cartable *m.* (de colegial), serviette (para llevar libros, documentos, etc.). 3 Carton *m.* (para dibujos). 4 Patte (de un bolsillo).

carterista [karterista] *m.* Voleur à la tire, pickpocket.

cartero [kartèro] *m.* Facteur.

cartílago [kartilaɣo] *m.* Cartilage.

cartilla [kartiʎa] *f.* 1 Abécédaire *m.* (libro). Loc. fig. ***Cantarle a uno la ~,*** réprimander quelqu'un. 2 Livret *m.*: ~ ***militar, de ahorros,*** livret militaire, de caisse d'épargne.

cartografía [kartoɣrafia] *f.* Cartographie.

cartón [kartòn] *m.* Carton.

cartuchera [kartutʃèra] *f.* Cartouchière, giberne.

cartucho [kartùtʃo] *m.* 1 Cartouche *f.* (de arma). 2 Cornet (cucurucho). 3 Rouleau (de monedas).

cartuja [kartùxa] *f.* Chartreuse.

cartulina [kartulina] *f.* Bristol *m.*

casa [kàsa] *f.* 1 Maison. Loc. ~ ***de campo,*** maison de campagne; ~ ***de comidas,*** gargote; ~ ***de empeños, de préstamos,*** maison de prêts sur gages; ~ ***de huéspedes,*** pension de famille; ***la ~ de tócame Roque,*** la cour du roi Pétaud. 2 Case (del tablero de damas o ajedrez). 3 Quartier *m.* (del billar).

casaca [kasàka] *f.* Casaque, justaucorps *m.* habit. Loc. fig. ***Volver ~,*** tourner casaque, retourner sa veste.

casación [kasaθjòn] *f.* DER. Cassation.

casado, -da [kasàðo, -ða] *adj.-s.* Marié, ée.

casamentero, -ra [kasamentèro, -ra] *adj.-s.* Marieur, euse.

casamiento [kasamjènto] *m.* Mariage.

casar [kasàr] *intr.-pr.* 1 Se marier. Loc. fig. ***No casarse con nadie,*** garder sa liberté d'action, d'opinion. ■ 2 *tr.* Marier. 3 DER. Casser, annuler.

cascabel [kaskaβèl] *m.* Grelot. Loc. fig. ***poner el ~ al gato,*** attacher le grelot.

cascada [kaskàða] *f.* Cascade.

cascado, -da [kaskàðo, -ða] *adj.* 1 Fêlé, ée (vaso). 2 Vieux, vieille, usé, ée (persona).

cascadura [kaskaðùra] *f.* Fêlure, cassure.

cascanueces [kaskanwèθes] *m. invar.* Casse-noix.

cascar [kaskàr] *tr.* 1 Fêler. 2 Casser, briser. 3 fig. Ébranler (la salud). 4 Battre, frapper (pegar). ■ 5 *intr.* fam. Bavarder (charlar).

cáscara [kàskara] *f.* 1 Coque, coquille (de fruto seco). 2 Écorce, zeste *m.* (de naranja, limón). 3 *interj.* ***¡Cáscaras!,*** diable!

cascarrabias [kaskar̄àβjas] *s.* Grincheux, euse.

casco [kàsko] *m.* 1 Casque: ~ ***integral,*** casque intégral. 2 Forme *f.* (de sombrero). 3 Sabot (de las caballerías). 4 Coque *f.* (de un barco). 5 Fût (tonel). 6 Tesson (de una vasija rota). 7 Éclat (de obús, de vidrio, etc.). 8 Intérieur, centre (de una ciudad).

caserío [kaserio] *m.* 1 Ensemble de maisons. 2 Hameau (pueblo).

casero, -ra [kasèro, -ra] *adj.* 1 De ménage, maison: ***pan ~,*** pain de ménage. 2 Domestique. 3 Simple, familial, ale, sans solennité: ***fiesta casera,*** fête de famille. 4 *s.* Propriétaire, gérant, ante.

casete, cassette [kasète, kasèt] *f.* Audiocassette (audio), vidéocassette (vídeo).
casi [kàsi] *adv.* Presque: ~ ***increíble,*** presque incroyable.
casilla [kasiʎa] *f.* 1 Maisonnette (de un guardagujas, etc.). 2 Case (compartimiento, división). Loc. fig. ***Salir de sus casillas,*** sortir de ses gonds, s'emporter.
casillero [kasiʎèro] *m.* Casier (mueble).
casino [kasino] *m.* 1 Casino. 2 Cercle, club.
casita [kasita] *f.* Maisonnette.
caso [kàso] *m.* 1 Cas. Loc. ~ ***apretado,*** cas difficile; ***hacer al ~, ser del ~, venir al ~,*** venir à propos; ***hacer ~ omiso,*** laisser de côté, passer sous silence. 2 *loc. conj., adv.* ~ ***que, en ~ de que,*** au cas où, dans le cas où.
caspa [kàspa] *f.* Pellicules *pl.* (de la cabeza).
casquillo [kaskiʎo] *m.* 1 Frette *f.* (anillo). 2 Douille *f.* culot (de un cartucho, de una bombilla).
casta [kàsta] *f.* 1 Race. 2 Caste (en la India). 3 fig. Nature, espèce (de las cosas).
castaña [kastàɲa] *f.* 1 Châtaigne, marron *m.*: ~ ***confitada,*** marron glacé. 2 Dame-jeanne (botella). 3 Chignon *m.* (moño).
castaño, -ña [kastàɲo, -ɲa] *adj.-m.* Châtain, aine, marron *invar.*
castañuela [kastaɲwèla] *f.* Castagnette.
castellano, -na [kasteʎàno, -na] *adj.-s.* 1 Castillan, ane. ■ 2 *m.* Castillan, espagnol (lengua española).
castidad [kastiðàð] *f.* Chasteté.
castigar [kastiyàr] *tr.* 1 Punir, châtier. 2 fig. Châtier (el estilo). 3 Mortifier (el cuerpo).
castigo [kastiyo] *m.* Châtiment, punition *f.*: ~ ***ejemplar,*** châtiment exemplaire.
castillo [kastiʎo] *m.* Château, château fort.
castizo, -za [kastiθo, -θa] *adj.* 1 De bonne race. 2 Pur, pure, sans influence étrangère, châtié, ée (lenguaje). 3 Typique.
castrar [kastràr] *tr.* Châtrer, castrer.
castrense [kastrènse] *adj.* Militaire: ***capellán ~,*** aumônier militaire.
casualidad [kaswaliðàð] *f.* Hasard *m.*
casuístico, -ca [kaswistiko, -ka] *adj.-m.* Casuistique.
cata [kàta] *f.* Action de goûter, dégustation.
cataclismo [kataklizmo] *m.* Cataclysme.
catacumbas [katakùmbas] *f. pl.* Catacombes.
catador [kataðòr] *m.* Dégustateur.
catafalco [katafàlko] *m.* Catafalque.
catalán, -ana [katalàn, -àna] *adj.-s.* Catalan, ane.
catalejo [katalèxo] *m.* Longue-vue *f.*
catalítico, -ca [katalitiko, -ka] *adj.* Catalytique.
catalogar [kataloyàr] *tr.* Cataloguer.
catálogo [katàloyo] *m.* Catalogue.
cataplasma [kataplàzma] *f.* Cataplasme *m.*
¡cataplum! [kataplùm] *interj.* Patatras!
catapulta [katapùlta] *f.* Catapulte.
catar [katàr] *tr.* 1 Goûter, déguster. 2 ***Cátate ahí, cátate,*** voici, voilà.
catarata [kataràta] *f.* 1 Cataracte, chute (de agua). 2 Cataracte (del ojo).
catarro [katàr̄o] *m.* 1 Rhume. 2 MED. Catarrhe.
catastro [katàstro] *m.* Cadastre.
catástrofe [katàstrofe] *f.* Catastrophe.
cate [kàte] *m.* fam. Coup, taloche *f.*
catear [kateàr] *tr.* fam. Coller à un examen: ***le han cateado,*** il s'est fait coller.
catecismo [kateθizmo] *m.* Catéchisme.
cátedra [kàteðra] *f.* Chaire: ***la ~ de San Pedro,*** la chaire de Saint-Pierre.

catedral [kateðrál] *adj. f.* Cathédrale.
catedrático [kateðrátiko] *m.* Professeur agregé, d'Université, de lycée.
categoría [kateɣoría] *f.* 1 Catégorie. 2 Rang *m.*, classe (social): ***gente de ~***, des gens d'un rang élevé, de haut rang. 3 Classe (calidad).
categórico, -ca [kateɣóriko, -ka] *adj.* Catégorique.
catequesis [katekésis] *f.* Catéchèse.
cateto [katéto] *m.* GEOM. Cathète *f.*
cátodo [kátoðo] *m.* Cathode *f.*
catolicismo [katoliθizmo] *m.* Catholicisme.
católico, -ca [katóliko, -ka] *adj.-s.* Catholique.
catorce [katórθe] *adj.-m.* 1 Quatorze. 2 ***El siglo ~***, le quatorzième siècle.
catre [kátre] *m.* Lit léger et à une place: ***~ de tijera,*** lit de sangle.
cauce [káŭθe] *m.* Lit (de un río o arroyo).
caucho [káŭtʃo] *m.* Caoutchouc.
caución [kaŭθjón] *f.* Précaution.
caudal [kaŭðál] *adj.* 1 Caudal, ale. ■ 2 *m.* Débit (de un río, etc.). 3 Fortune *f.*, biens *pl.*, capital (dinero).
caudillo [kaŭðiʎo] *m.* 1 Chef. 2 Caudillo.
causa [káusa] *f.* Cause. *loc. prep.* ***A ~ de,*** à cause de.
causante [kaŭsánte] *adj.-s.* Auteur, qui est la cause.
causar [kaŭsár] *tr.* Causer, occasionner.
cáustico, -ca [káŭstiko, -ka] *adj.-m.* Caustique.
cautela [kaŭtéla] *f.* Prudence, précaution, cautèle.
cauteloso, -sa [kaŭtelóso, -sa] *adj.* 1 Prudent, ente, avisé, ée. 2 Rusé, ée (astuto).
cauterizar [kaŭteriθár] *tr.* Cautériser.
cautiverio [kaŭtiβérjo] *m.*, **cautividad** [kaŭtiβiðáð] *f.* Captivité *f.*
cautivo, -va [kaŭtiβo, -βa] *adj.-s.* Captif, ive.
cauto, -ta [káŭto, -ta] *adj.* Avisé, ée, prudent, ente.
cava [káβa] *f.* 1 Cave. 2 AGR. Façon que l'on donne avec la houe, avec la bêche.
cavar [kaβár] *tr.* 1 Creuser, bêcher. Loc. fig. ***~ su propia sepultura,*** creuser sa tombe. ■ 2 *intr.* Approfondir, pénétrer.
caverna [kaβérna] *f.* Caverne.
cavilar [kaβilár] *tr.* Réfléchir, se creuser la tête.
caza [káθa] *f.* 1 Chasse: ***dar ~ a,*** donner la chasse à. 2 Gibier *m.*: ***~ mayor,*** gros gibier; ***~ menor,*** petit gibier.
cazar [kaθár] *tr.* Chasser (los animales).
cazo [káθo] *m.* 1 Louche *f.*, cuiller *f.* à pot (cuchara). 2 Casserole *f.* (recipiente).
cazuela [kaθwéla] *f.* 1 Sorte de terrine peu profonde. 2 COC. Ragoût *m.* (guiso). 3 TEAT. Paradis *m.*, poulailler *m.*
CD [θeðé] *m.* (*abrev.* compact disc) CD.
CD-I [θeðei] (*abrev.* compact disc interactive) CD-I.
CD-ROM [θeðeřóm] *m.* (*abrev.* compact disc read-only memory) CD-ROM.
ce [θe] *f.* C *m.*, lettre *c.*
cebada [θeβáða] *f.* Orge *m.-f.*: ***~ perlada,*** orge perlé.
cebar [θeβár] *tr.* 1 Engraisser, gaver (animales). 2 Alimenter (un horno, etc.). 3 Amorcer (un arma, una bomba, un anzuelo, etc.). 4 fig. Nourrir (un sentimiento). ■ 5 *pr.* S'acharner: ***se cebó en su víctima,*** il s'acharna sur sa victime.
cebo [θéβo] *m.* 1 Nourriture *f.*, pâture *f.* (que se da a los animales). 2 Appât (en el anzuelo). 3 Amorce *f.* (en un arma, una bomba, etc.). 4 fig. Aliment (de un sentimiento o pasión).

cebolla [θeβòʎa] *f.* Oignon *m.* 2 ~ ***albarana,*** scille.
cebra [θèβra] *f.* Zèbre.
cecear [θeθeàr] *intr.* Zézayer, prononcer le *s* comme le *z.*
cedazo [θeðàθo] *m.* Tamis, blutoir.
ceder [θeðèr] *tr.-intr.* Céder.
cedro [θèðro] *m.* Cèdre.
cédula [θèðula] *f.* 1 Billet *m.* 2 Cédule (en que se reconoce una deuda). 3 ANT. ~ *personal,* carte d'identité.
CEE *f.* (*abrev.* Comunidad Económica Europea) CEE.
céfiro [θèfiro] *m.* 1 Zéphyr (viento). 2 Zéphir, zéphire (toile).
cegar [θeɣàr] *intr.* 1 Perdre la vue. ■ 2 *intr.-pr.* fig. S'aveugler, perdre momentanément la raison. ■ 3 *tr.* Aveugler. 4 fig. Boucher, obstruer (una puerta, etc.). ▲ CONJUG. comme ***acertar.***
ceja [θèxa] *f.* Sourcil *m.* Loc. fig. ***Quemarse las cejas,*** étudier beaucoup. 2 Crête (de una montaña). 3 Bord *m.* saillant, rebord *m.* 4 MÚS. Sillet *m.*
cejar [θexàr] *intr.* 1 Reculer (marcher en arrière). 2 fig. Céder, démordre, faiblir.
celador, -ra [θeladòr, -ra] *s.* Surveillant, ante.
celar [θelàr] *tr.* 1 Veiller à (la observancia de una ley, etc.). 2 Observer, surveiller (vigilar). 3 Celer, cacher (ocultar).
celda [θèlda] *f.* Cellule (de religioso, de detenido).
celebración [θeleβraθjòn] *f.* 1 Célébration. 2 Réalisation.
celebrar [θeleβràr] *tr.* 1 Célébrer. 2 Tenir (una reunión, una sesión).
célebre [θèleβre] *adj.* Célèbre.
celeste [θelèste] *adj.* Céleste.
celestial [θelestjàl] *adj.* Céleste. Loc. ***Es música ~,*** c'est du vent.
celibato [θeliβàto] *m.* Célibat.
celo [θèlo] *m.* 1 Zèle. 2 Rut (de los animales). ■ 3 *pl.* Jalousie *f. sing.* (de amor). Loc. ***Dar celos,*** rendre jaloux.
celosía [θelosìa] *f.* Jalousie (enrejado).
celta [θèlta] *adj.-m.* 1 Celtique. ■ 2 *s.* Celte.
célula [θèlula] *f.* 1 BIOL., FÍS. Cellule. 2 fig. Cellule (grupo).
celulitis [θelulìtis] *f.* Cellulite.
celuloide [θelulòïðe] *m.* Celluloïd.
celulosa [θelulòsa] *f.* Cellulose.
cementerio [θementèrjo] *m.* Cimetière.
cemento [θemènto] *m.* 1 Ciment. 2 ~ ***armado,*** ciment, béton armé. 3 METAL. Cément.
cena [θèna] *f.* 1 Dîner *m.,* souper *m.* 2 Cène (de Jesucristo).
cenáculo [θenàkulo] *m.* Cénacle.
cenagoso, -sa [θenaɣòso, -sa] *adj.* Bourbeux, euse.
cenar [θenàr] *intr.* 1 Dîner, souper. ■ 2 *tr.* Manger au dîner, dîner de.
cencerro [θenθèr̄o] *m.* Sonnaille *f.* Loc. fig. ***Más loco que un ~,*** fou à lier.
cenefa [θenèfa] *f.* 1 Liséré *m.,* bordure (lista). 2 Dessin d'ornementation en forme de bande.
cenicero [θeniθèro] *m.* Cendrier.
cenit [θènit] *m.* Zénith. Loc. fig. ***En el ~ de,*** au zénith de.
ceniza [θeniθa] *f.* Cendre: ***miércoles de ~,*** mercredi des Cendres.
censo [θènso] *m.* 1 Cens (de los censores romanos). 2 Charge *f.* (sobre una casa). 3 Recensement (de los habitantes, etc.).
censurar [θensuràr] *tr.* 1 Censurer. 2 Critiquer, blâmer.
centauro [θentàŭro] *m.* Centaure.
centavo, -va [θentàβo, -βa] *adj.-s.* 1 Centième. ■ 2 *m.* Centime. Loc. ***Estar sin un ~,*** ne pas avoir un sou.
centella [θentèʎa] *f.* Foudre, éclair *m.* Étincelle (chispa).

centelleo [θenteʎèo] *adj.* Scintillement.

centenar [θentenàr] *m.* **1** Centaine *f.* **2** *loc. adv.* ***A centenares,*** par centaines. **3** Centenaire (centenario).

centenario, -ia [θentenàrjo, -ja] *adj.-s.* Centenaire (que tiene cien años).

centeno, -na [θentèno, -na] *adj.* **1** Centième. ■ **2** *m.* Seigle (planta).

centígrado, -da [θentiγraðo, -ða] *adj.* Centigrade.

céntimo, -ma [θèntimo, -ma] *adj.* **1** Centième. ■ **2** *m.* Centime.

centinela [θentinèla] *m.-f.* Sentinelle *f.*: ~ ***de vista,*** garde à vue.

centolla [θentòʎa] *f.*, **centollo** [θentòʎo] *m.* Araignée *f.* de mer.

central [θentràl] *adj.* Central, ale.

centralismo [θentralizmo] *m.* Centralisme.

centrar [θentràr] *tr.* Centrer.

céntrico, -ca [θèntriko, -ka] *adj.* Central, ale (calle, etc.).

centrífugo, -ga [θentrifuγo, -γa] *adj.* Centrifuge.

centro [θèntro] *m.* **1** Centre. Loc. fig. ***Estar en su ~,*** être dans son élément. **2** Cercle, société. *f.*

centuplicar [θentuplikàr] *tr.* Centupler.

centuria [θentùrja] *f.* **1** Siècle *m.* (siglo). **2** Centurie (en la milicia romana).

centurión [θenturjòn] *m.* Centurion.

ceñido, -da [θeɲiðo, -ða] *adj.* **1** Ceint, ceinte. **2** Qui serre le corps, ajusté, ée, moulant, ante (vestido, etc.). **3** fig. Économe.

ceño [θèɲo] *m.* **1** Froncement de sourcils. **2** Aspect menaçant.

cepa [θèpa] *f.* **1** Cep *m.* (de la vid). **2** Souche (de árbol, de una familia). **3** ~ ***virgen,*** vigne vierge.

cepillar [θepiʎàr] *tr.* **1** Brosser (quitar el polvo). **2** CARP. Raboter.

cepillo [θepiʎo] *m.* **1** Brosse *f.* (para quitar el polvo). **2** CARP. Rabot. **3** Tronc (para las limosnas).

cepo [θèpo] *m.* **1** Branche *f.* d'arbre coupée. **2** Billot (para el yunque). **3** Cep, fer (de tortura).

cera [θèra] *f.* Cire. Loc. ***Amarillo como la ~,*** jaune comme un citron.

cerámico, -ca [θeràmiko, -ka] *adj.* Céramique.

cerca [θèrka] *adv.* **1** Près: ***muy ~,*** très près, tout près. **2** *loc. adv.* ***De ~,*** de près. **3** *loc. prep.* ~ ***de,*** près de (casi), environ (aproximadamente). ■ **4** *f.* Clôture (vallado, tapia, etc.).

cercado [θerkàðo] *m.* **1** Clos, enclos. **2** Clôture *f.* (cerca).

cercanía [θerkania] *f.* **1** Voisinage *m.*, proximité. ■ **2** *pl.* Environs *m.*

cercano, -na [θerkàno, -na] *adj.* Proche, voisin, ine *(a,* de).

cercenar [θerθenàr] *tr.* Rogner, retrancher.

cerco [θèrko] *m.* **1** Cercle, cerceau (aro). **2** Halo. **3** MIL. Siège, investissement.

cerda [θèrða] *f.* **1** Crin *m.* **2** Soie (de jabalí, de cerdo). Loc. ***Ganado de ~,*** porcs. **3** Truie (hembra del cerdo).

cerdo [θèrðo] *m.* Porc, cochon: ***carne de ~,*** viande de porc.

cereal [θereàl] *m.* Céréale *f.*

cerebral [θereβràl] *adj.* Cérébral, ale.

cerebro [θerèβro] *m.* Cerveau.

ceremonia [θeremònja] *f.* **1** Cérémonie. **2** Façons *pl.*, manières *pl.*

ceremonial [θeremonjàl] *adj.-m.* Cérémonial, ale.

cereza [θerèθa] *f.* **1** Cerise. **2** ~ ***gordal,*** bigarreau *m.* **3** ~ ***silvestre,*** merise.

cerezo [θerèθo] *m.* **1** Cerisier. **2** ~ ***silvestre,*** merisier.

cerilla [θeriʎa] *f.* **1** Allumette (fósforo). **2** Rat *m.* de cave (vela). **3** Cérumen.

cerner [θernèr] *tr.* **1** Bluter, tamiser. ■ **2** *intr.* AGR. Avoir les fleurs en période de fécondation. **3** Bruiner

(llover). ■ 4 *pr.* Se dandiner (al andar). ▲ CONJUG. comme ***entender.***
cero [θèro] *m.* Zéro. Loc. fig. ***Ser un ~ a la izquierda,*** être un zéro.
cerquita [θerkita] *adv.* Tout près.
cerrado, -da [θeɾ̄àðo, -ða] *adj.* 1 Fermé, ée, clos, close. Loc. ***A ojos cerrados,*** les yeux fermés. 2 Bouché, ée, couvert, erte (tiempo, cielo). 3 Incompréhensible, obscur, ure. 4 Épaisse, drue (barba).
cerradura [θeɾ̄aðùra] *f.* Serrure.
cerrajero [θeɾ̄axèro] *m.* Serrurier.
cerrar [θeɾ̄àr] *tr.* 1 Fermer. 2 Boucher, obstruer (un conducto, etc.). 3 Déclarer clos, close (suscripción, etc.). 4 Serrer (las filas). ■ 5 *intr.* Fermer (una puerta, etc.). 6 ***~ contra uno,*** tomber sur, attaquer quelqu'un. ■ 7 *pr.* Se fermer. Loc. ***~ en falso,*** se fermer mal (tratándose de una herida). ▲ CONJUG. comme ***acertar.***
cerrazón [θeɾ̄aθòn] *f.* Temps *m.* sombre.
cerro [θèɾ̄o] *m.* 1 Colline *f.*, butte *f.* 2 Cou (cuello del animal). 3 Échine *f.*, dos (lomo).
cerrojo [θeɾ̄òxo] *m.* Verrou: ***echar, correr el ~,*** mettre le verrou, verrouiller.
certamen [θertàmen] *m.* 1 Discussion *f.* littéraire. 2 Concours (para un premio literario, científico, artístico).
certeza, [θertèθa], **certidumbre** [θertiðùmbre] *f.* Certitude.
certificado, -da [θertifikàðo, -ða] *adj.* 1 Recommandé, ée: ***carta certificada,*** lettre recommandée. ■ 2 *m.* Certificat.
cerumen [θerùmen] *m.* Cérumen.
cervato [θerβàto] *m.* Faon.
cervecería [θerβeθeria] *f.* Brasserie.
cerveza [θerβèθa] *f.* Bière: ***~ de barril,*** bière à la pression.
cervical [θerβikàl] *adj.* Cervical, ale.
cerviz [θerβiθ] *f.* Nuque. Loc. fig. ***Bajar, doblar la ~,*** courber la tête.
cesante [θesànte] *adj.* 1 Qui quitte un emploi, une charge. ■ 2 *adj.-s.* Mis, mise à pied (funcionario).
cesar [θesàr] *intr.* 1 Cesser. 2 *loc. adv.* ***Sin ~,*** sans cesse.
cese [θèse] *m.* Cessation.
cesionista [θesjonista] *s.* Cédant, ante.
césped [θèspeð] *m.* Pelouse *f*, gazon.
cesta [θèsta] *f.* 1 Panier *m.* 2 Chistera *m.-f.*
cestería [θesteria] *f.* Vannerie.
cesura [θesùra] *f.* Césure (poesía).
ceta [θèta] *f.* 1 Lettre Z *m.* 2 Zêta *m.* (letra griega).
cetrería [θetreria] *f.* Fauconnerie.
cetro [θètro] *m.* Sceptre. Loc. ***Empuñar el ~,*** prendre le sceptre, monter sur le trône.
ch [tʃe] *f.* Ch. *m.*
chabacano, -na [tʃaβakàno, -na] *adj.* Vulgaire, grossier, ière.
chacal [tʃakàl] *m.* Chacal.
chacha [tʃàtʃa] *f.* fam. Bonne d'enfant.
cháchara [tʃàtʃara] *f.* 1 Babillage *m.* 2 Verbiage *m.*, bavardage *m.*
chacó [tʃakò] *m.* Shako.
chacota [tʃakòta] *f.* 1 Joie bruyante. 2 Blague, plaisanterie.
chacotear [tʃakoteàr] *intr.* Plaisanter.
chafallar [tʃafaʎàr] *tr.* fam. Gâcher, saboter, cochonner.
chafar [tʃafàr] *tr.* 1 Écraser, aplatir. 2 Froisser, chiffonner (la ropa).
chaflán [tʃaflàn] *m.* 1 Chanfrein. 2 Pan coupé (esquina).
chal [tʃal] *m.* Châle.
chalado, -da [tʃalàðo, -ða] *adj.* 1 pop. Maboul, le. 2 pop. Amoureux, euse.
chalaneo [tʃalanèo] *m.* Maquignonnage.
chaleco [tʃalèko] *m.* Gilet.
chalet [tʃalèt] *m.* Pavillon, villa *f.* (casa con jardín), chalet (de madera).
chalina [tʃalina] *f.* Lavallière.

chalupa [tʃalúpa] *f.* Chaloupe.
chamarilero, -ra [tʃamariléro, -ra] *s.* Brocanteur, euse.
chambelán [tʃambelán] *m.* Chambellan.
chambergo [tʃambérγo] *m.* ant. Chapeau à bord large et relevé.
champán [tʃampán] *m.* Champagne.
champiñón [tʃampiŋón] *m.* Champignon (de París).
champú [tʃampú] *m.* Shampooing.
chamuscar [tʃamuskár] *tr.* **1** Flamber, roussir. ■ **2** *pr.* Être roussi, ie, se roussir.
chanchullo [tʃantʃúʎo] *m.* Manigances *f. pl.*, tripotage.
chancleta [tʃaŋkléta] *f.* **1** Pantoufle (sans quartier), savate. **2** *loc. adv. En* ~, en savate.
chándal [tʃándal] *m.* Survêtement.
chantaje [tʃantáxe] *m.* Chantage.
chantajista [tʃantaxísta] *s.* Maître *m.* chanteur.
chanza [tʃánθa] *f.* Plaisanterie, mot *m.* pour rire.
chapa [tʃápa] *f.* **1** Feuille, plaque (de madera, metal, etc.). **2** fig. Bon sens *m.*, sérieux. *m.*: ***hombre de*** ~, homme sérieux. **3** Badge (insignia). ■ **4** *pl.* Sorte de jeu *m. sing.* de pile ou face.
chapado, -da [tʃapáðo, -ða] *adj.* **1** Plaqué, ée: ~ ***de oro,*** plaqué or. **2** fig. ~ ***a la antigua,*** vieux jeu.
chapalear [tʃapaleár] *intr.* Patauger, barboter.
chaparrón [tʃapaṝón] *m.* Averse *f.*
chapista [tʃapísta] *m.* Tôlier.
chapitel [tʃapitél] *m.* **1** ARQ. Flèche *f.* (de una torre, etc.). **2** ARQ. Chapiteau (de columna).
chapotear [tʃapoteár] *intr.* Barboter.
chapucear [tʃapuθeár] *tr.* Bâcler, bousiller.
chapucero, -ra [tʃapuθéro, -ra] *adj.* **1** Grossier, ière (trabajo). ■ **2** *adj.-s.* Bâcleur, euse (persona).
chapuza [tʃapúθa] *f.* **1** Bricole (obra de poca importancia). **2** Ouvrage *m.* grossier (obra mal hecha).
chaqué [tʃaké] *m.* Jaquette *f.*
chaqueta [tʃakéta] *f.* Veste, veston *m.*
chaquetear [tʃaketeár] *intr.* fig. Retourner sa veste, tourner casaque.
chaquetón [tʃaketón] *m.* Grande veste *f.*
charca [tʃárka] *f.* Mare.
charco [tʃárko] *m.* Flaque.
charla [tʃárla] *f.* **1** Bavardage *m.* **2** Causerie (conferencia).
charlar [tʃarlár] *intr.* Bavarder.
charlatán, -ana [tʃarlatán, -ána] *adj.-s.* **1** Bavard, arde. ■ **2** *m.* Charlatan (curandero).
charol [tʃaról] *m.* **1** Vernis (barniz). **2** Cuir verni (cuero).
charro, -rra [tʃáṝo, -ṝa] *adj.-s.* **1** Paysan, anne de Salamanque. ■ **2** *adj.* fig. Orné, ée avec mauvais goût.
chárter [tʃárter] *m.* Charter: ***vuelo*** ~, vol charter.
chascar [tʃaskár] *tr.* **1** Faire claquer (la lengua, el látigo, etc.). ■ **2** *intr.* Craquer (la madera, etc.).
chasco [tʃásko] *m.* **1** Moquerie *f.*, tour, niche *f.* (burla). **2** Désillusion *f.*, déception *f.*
chasis [tʃásis] *m.* Châssis.
chasquido [tʃaskíðo] *m.* **1** Claquement (del látigo). **2** Craquement.
chatarra [tʃatáṝa] *f.* **1** Scorie du fer. **2** Ferraille (hierro viejo).
chato, -ta [tʃáto, -ta] *adj.* **1** Camus, use, camard, arde (nariz). **2** Plat, plate, aplati, ie: ***barco*** ~, bateau plat.
chauvinismo [tʃoβinízmo] *m.* Chauvinisme.
chaval [tʃaβál] *m.* fam. Gars, jeune homme.
chavala [tʃaβála] *f.* fam. Jeune fille, fille, gamine.
checoslovaco, -ca [tʃekosloβáko, -ka], **checoeslovaco, ca** [tʃekoesloβáko, -ka] *adj.-s.* Tchécoslovaque.
chelín [tʃelín] *m.* Shilling (moneda).
cheque [tʃéque] *m.* Chèque: ~ ***cruzado,*** chèque barré.

chequeo [tʃekèo] *m.* 1 Bilan de santé, check-up. 2 Contrôle, fouille *f.*, vérification *f.*
chicha [tʃitʃa] *f.* Chicha (boisson de maïs).
chicharra [tʃitʃāra] *f.* Cigale.
chicharrón [tʃitʃarōn] *m.* 1 Rillons *pl.* 2 fig. Viande *f.* brûlée.
chichón [tʃitʃòn] *m.* Bosse *f.*
chicle [tʃikle] *m.* Chewing-gum.
chico, -ca [tʃiko, -ka] *adj.* 1 Petit, ite. ■ 2 *m.* Garçon. ■ 3 *f.* Jeune fille, fille: ***una chica bonita,*** une jolie fille.
chicoria [tʃikòrja] *f.* Chicorée.
chicuelo, -la [tʃikwèlo, -la] *adj.* 1 Très petit, ite. ■ 2 *s.* Gamin, ine.
chifla [tʃifla] *f.* 1 Sifflement *m.* 2 Huée. 3 Espèce de sifflet *m.* (pito).
chiflar [tʃiflàr] *tr.* 1 Huer, siffler (a un actor, etc.). 2 fam. Siffler (beber). ■ 3 *intr.* Siffler (silbar). ■ 4 *pr.* Devenir toqué, ée. 5 ***Chiflarse por,*** s'éprendre de, se toquer de (una persona), raffoler de (cosa).
chileno, -na [tʃilèno, -na] *adj.-s.* Chilien, ienne.
chillar [tʃiʎàr] *intr.* 1 Crier, pousser des cris aigus. 2 Glapir.
chillido [tʃiʎiðo] *m.* 1 Cri aigu, perçant. 2 Glapissement (de animal).
chimenea [tʃimenèa] *f.* Cheminée.
chimpancé [tʃimpanθè] *m.* Chimpanzé.
china [tʃina] *f.* Petit caillou *m.* Loc. fig. ***Poner chinas,*** mettre des bâtons dans les roues, susciter des difficultés; ***tocarle a uno la ~,*** être désigné par le sort.
chinche [tʃintʃe] *m.* Punaise *f.* (insecto, clavo).
chinchilla [tʃintʃiʎa] *f.* Chinchilla *m.*
chinchorrería [tʃintʃoreria] *f.* Impertinence, importunité.
chinela [tʃinèla] *f.* Mule (zapatilla).
chinesco, -ca [tʃinèsko, -ka] *adj.* 1 Chinois, oise. ■ 2 *m.* MÚS. Chapeau chinois.
chino, -na [tʃino, -na] *adj.-s.* 1 Chinois, oise. 2 Indien, ienne, métis, isse (en América).
chip [tʃip] *m.* INFORM. Puce.
chipirón [tʃipiròn] *m.* Calmar, encornet.
chipriota [tʃiprjòta] *adj.-s.* Chypriote.
chiquero [tʃikèro] *m.* 1 TAUROM. Toril. 2 Porcherie *f.*
chiquillada [tʃikiʎàða] *f.* Enfantillage *m.*
chiquillo, -lla [tʃikiʎo, -ʎa] *adj.-s.* Gosse, gamin, ine.
chiquito, -ta [tʃikito, -ta] *adj.-s.* 1 Petit, ite, très petit, ite. 2 Loc. ***No andarse con chiquitas,*** ne pas y aller de main morte.
chirigota [tʃiriɣòta] *f.* Plaisanterie, blague.
chirimbolo [tʃirimbòlo] *m.* fam. Machin, truc.
chirimía [tʃirimia] *f.* MÚS. Chalumeau *m.*
chirimoya [tʃirimòja] *f.* Anone.
chirlo [tʃirlo] *m.* Balafre *f.*, estafilade *f.*
chirriar [tʃirjàr] *intr.* 1 Grésiller (al freír). 2 Grincer (ruedas, etc.). 3 Piailler, crier (pájaros). ▲ CONJUG. comme ***cambiar.***
chirrido [tʃiriðo] *m.* 1 Grincement. 2 Stridulation *f.* (de los insectos). 3 Cri aigu (de los pájaros).
¡chis! [tʃis] *interj.* Chut!
chisme [tʃizme] *m.* 1 Cancan, potin. 2 Machin, chose *f.*, truc (cosa cuyo nombre no se recuerda).
chismorreo [tʃizmorèo] *m.* Bavardage, cancans *pl.*
chismoso, -sa [tʃizmòso, -sa] *adj.-s.* Cancanier, ière.
chispa [tʃispa] *f.* 1 Étincelle. Loc. fig. ***Echar chispas,*** être furieux, euse. 2 Gouttelette (de lluvia). 3 fig. Esprit *m.*, verve (ingenio). Loc. ***Tener ~,*** avoir de l'esprit (persona), être drôle (cosa).

chispazo [tʃispàθo] *m.* **1** Jaillissement d'une étincelle. **2** Brûlure *f.* (quemadura).
chispeante [tʃispeànte] *adj.* Étincelant, ante.
chisporrotear [tʃisporoteàr] *intr.* Crépiter, jeter des étincelles, grésiller.
chistar [tʃistàr] *intr.* **1** Parler, répliquer, ouvrir la bouche. **2** *loc. adv.* ***Sin ~,*** sans répliquer, sans mot dire.
chiste [tʃiste] *m.* **1** Bon mot, plaisanterie *f.* (dicho gracioso). **2** Histoire *f.* drôle, blague *f.* (cuento gracioso).
chistera [tʃistèra] *f.* **1** Petit panier *m.* de pêcheur. **2** fam. Tube *m.,* chapeau *m.* haut de forme (sombrero). **3** Chistera (para jugar a la pelota).
chivato, -ta [tʃiβàto, -ta] *s.* **1** Chevreau de six mois à un an. **2** fam. Mouchard, arde.
chivo [tʃiβo] *m.* Chevreau, cabri.
chocar [tʃokàr] *intr.* **1** Se heurter, se tamponner. **2** fig. Se battre (pelear), se disputer (reñir). **3** fig. Choquer, déplaire (extrañar).
chochear [tʃotʃeàr] *intr.* **1** Radoter (hablando de un anciano). **2** fig. Être pincé, ée.
chocho, -cha [tʃòtʃo, -tʃa] *adj.* **1** Gâteux, euse, gaga, radoteur, euse. **2** fig. ***Estar ~ por,*** raffoler de, être toqué de.
chocolate [tʃokolàte] *m.* Chocolat.
chocolatería [tʃokolateria] *f.* Chocolaterie.
chófer [tʃòfer] *m.* Chauffeur.
chopo [tʃòpo] *m.* **1** Peuplier noir. **2** fam. Flingot, flingue, pétoire *f.* (fusil).
choque [tʃòke] *m.* **1** Choc, heurt, collision *f.* **2** Tamponnement (de trenes).
chorizo [tʃoriθo] *m.* Saucisson au piment rouge, chorizo.
chorrear [tʃoreàr] *intr.* **1** Couler (un líquido). **2** Dégoutter, couler goutte à goutte, dégouliner (goteando). **3** Ruisseler.
chorreo [tʃorèo] *m.* Écoulement, ruissellement.
chorro [tʃòro] *m.* **1** Jet (de un líquido, de luz). Loc. fig. ***Soltar el ~,*** rire aux éclats. **2** *loc. adv.* ***A ~,*** à jet continu; ***a chorros,*** copieusement.
choteo [tʃotèo] *m.* fam. Moquerie *f.*, raillerie *f.* (zumba), rigolade *f.* (broma).
choza [tʃòθa] *f.* Cabane, hutte.
chubasco [tʃuβàsko] *m.* **1** Averse *f.* **2** fig. Contretemps passager.
chubasquero [tʃuβaskèro] *m.* Imperméable.
chuchería [tʃutʃeria] *f.* Babiole.
chucho, cha [tʃùtʃo, tʃa] *m.* fam. Chien, nne.
chufa [tʃùfa] *f.* Souchet *m.* comestible.
chulada [tʃulàða] *f.* **1** Grossièreté (grosería). **2** Propos *m.* désinvolte. **3** Bravade, aplomb *m.* (bravuconada).
chuleta [tʃulèta] *f.* COC. Côtelette (pequeña), côte (mayor).
chulo, -la [tʃùlo, -la] *adj.* **1** Effronté, ée, culotté, ée, désinvolte (descarado). ■ **2** *s.* Homme, femme du bas peuple de Madrid qui affecte des airs hardis et désinvoltes, type *m.*, môme *f.* ■ **3** *m.* Souteneur (rufián).
chupa [tʃùpa] *f.* Sorte de justaucorps *m.*
chupada [tʃupàða] *f.* **1** Sucement *m.* **2** Bouffée (de tabaco): ***dar una ~,*** tirer une bouffée.
chupete [tʃupète] *m.* **1** Tétine *f.* (del biberón). **2** Sucette *f.* (chupador).
churra [tʃùra] *f.* Gélinotte des bois.
churrería [tʃureria] *f.* Boutique où l'on vend des ***churros.***
churrete [tʃurète] *m.* Tache *f.* de graisse.
churrigueresco, -ca [tʃuriyerèsko, -ka] *adj.* ARQ. Churrigueresque.

churro [tʃúr̄o] *m.* Sorte de beignet allongé.
chuscada [tʃuskáða] *f.* Drôlerie, plaisanterie.
chusma [tʃúzma] *f.* 1 Chiourme. 2 Populace (muchedumbre).
chutar [tʃútar]. 1 *intr.* Shooter (fútbol). 2 *pr.* Se shooter (droga).
chuzo [tʃúθo] *m.* Epieu, pique *f.* courte. Loc. fig. ***Llover chuzos,*** pleuvoir à verse.
cianuro [θjanúro] *m.* QUÍM. Cyanure.
ciático, -ca [θjátiko, -ka] *adj.-f.* MED. Sciatique.
cicatear [θikateár] *tr.* fam. Lésiner.
cicatero, -ra [θikatéro, -ra] *adj.-s.* Lésineur, euse, chiche.
cicatriz [θikatriθ] *f.* Cicatrice.
cicatrizar [θikatriθár] *tr.* Cicatriser.
cicerone [θiθeróne] *m.* Cicerone.
cíclico, -ca [θíkliko, -ka] *adj.* Cyclique.
ciclismo [θiklízmo] *m.* Cyclisme.
ciclista [θiklísta] *m.-f.* Cycliste.
ciclo [θíklo] *m.* Cycle.
ciclón [θiklón] *m.* Cyclone.
cíclope [θíklope] *m.* Cyclope.
cicuta [θikúta] *f.* Ciguë.
ciego, -ga [θjéɣo, -ɣa] *adj.-s.* 1 Aveugle: ~ ***de nacimiento,*** aveugle de naissance. 2 *loc. adv.* ***A ciegas,*** à l'aveuglette. ■ 3 *m.* ANAT. Cæcum.
cielo [θjélo] *m.* 1 Ciel *(pl.* ciels o cieux): ***el reino de los cielos,*** le royaume des cieux. 2 ~ ***de la boca,*** palais. 3 ~ ***de la cama,*** ciel de lit. 4 ~ ***raso,*** plafond.
ciempiés [θjempjés] *m. invar.* Millepattes, scolopendre *f.*
cien [θjen] *adj.* Cent. Forme apocopée de ***ciento.***
ciénaga [θjénaɣa] *f.* Bourbier *m.*, marécage *m.*
ciencia [θjénθja] *f.* Science.
científico, -ca [θjentífiko, -ka] *adj.-s.* Scientifique.
ciento [θjénto] *adj.-m.* Cent.
cierre [θjér̄e] *m.* 1 Fermeture *f.* 2 ~ ***metálico,*** rideau métallique. 3 Clôture *f.* (de una sesión, congreso, bolsa, etc.).
cierto, -ta [θjérto, -ta] *adj.* 1 Certain, aine, sûr, sûre: ***estoy ~ de lo que afirmo,*** je suis certain de ce que j'affirme. 2 Vrai, vraie: ***eso no es ~,*** ce n'est pas vrai. ■ 3 *m.* ***Estar en lo ~,*** être dans le vrai; ***lo ~ es que,*** toujours est-il que.
ciervo [θjérβo] *m.* 1 Cerf. 2 ~ ***volante,*** cerf-volant (insecto).
CIF [θif] *m.* (*abrev.* código de identificación fiscal) Code d'identification fiscale.
cifra [θífra] *f.* 1 Chiffre *m.* 2 Abréviation. 3 Résumé *m.*
cifrar [θifrár] *tr.* 1 Chiffrer (escribir en cifra). 2 fig. Abréger, résumer.
cigala [θiɣála] *f.* Langoustine.
cigarrera [θiɣar̄éra] *f.* 1 Cigarière (que fabrica cigarros). 2 Porte-cigares *m. invar.* (estuche).
cigarrillo [θiɣar̄íʎo] *m.* Cigarette *f.*
cigarro [θiɣár̄o] *m.* 1 Cigare. 2 ~ ***puro,*** cigare.
cigüeña [θiɣwéɲa] *f.* 1 Cigogne (ave). 2 Manivelle.
cigüeñal [θiɣweɲál] *m.* 1 Manivelle *f.* 2 MEC. Vilebrequin.
cilicio [θilíθjo] *m.* Cilice.
cilindro [θilíndro] *m.* Cylindre.
cima [θíma] *f.* 1 Cime, sommet *m.* 2 Fin, terme *m.* (de una obra, etc.). 3 BOT. Cyme *m.* 4 *loc. adv.* ***Por ~,*** par-dessus (por encima), légèrement.
cimbreante [θimbreánte] *adj.* Flexible, souple.
cimentar [θimentár] *tr.* Jeter les fondations (de un edificio).
cimiento [θimjénto] *m.* 1 CONSTR. Fondations *f. pl.* 2 fig. Base *f.*, fondement.
cinc [θiŋk] *m.* Zinc (metal).
cincel [θinθél] *m.* Ciseau.
cincelado [θinθeláðo] *m.* Ciselure *f.*
cincha [θíntʃa] *f.* Sangle.

cinchar [θintʃár] *tr.* Sangler (la cincha).
cinco [θiŋko] *adj.-m.* Cinq. Loc. fig. ***Decir a uno cuántas son*** ~, dire à quelqu'un ses quatre vérités.
cincuenta [θiŋkwènta] *adj.-m.* **1** Cinquante. **2** Cinquantième (quincuagésimo).
cincuentavo, -va [θiŋkwentàβo, -βa] *adj.-s.* Cinquantième (parte).
cincuentena [θiŋkwentèna] *f.* Cinquantaine.
cine [θine] *m.* Cinéma.
cinematógrafo [θinematòɣrafo] *m.* Cinématographe.
cinerario, -ia [θineràrjo, -ja] *adj.* **1** Cinéraire. ■ **2** *f.* Cinéaire (planta).
cíngaro, -ra [θiŋgaro, -ra] *adj.-s.* Tzigane.
cínico, -ca [θiniko, -ka] *adj.-s.* Cynique.
cinismo [θinizmo] *m.* Cynisme.
cinta [θinta] *f.* **1** Ruban *m.* (de tela, etc.): ~ ***adhesiva,*** ruban adhésif. **2** Film *m.* (cinematográfica).
cinto [θinto] *m.* Ceinture *f.*
cintura [θintùra] *f.* Ceinture (del cuerpo, de un vestido).
cinturón [θinturòn] *m.* Ceinture *f.*: ~ ***de seguridad,*** ceinture de sécurité.
ciprés [θiprès] *m.* Cyprès.
circense [θirθènse] *adj.* Du cirque.
circo [θirko] *m.* Cirque.
circuito [θirkwito] *m.* **1** Circuit. **2** ELECT. ***Corto*** ~, court-circuit.
circular [θirkulàr] *adj.* **1** Circulaire. ■ **2** *f.* Circulaire (carta).
circular [θirkulàr] *intr.* Circuler.
círculo [θirkulo] *m.* **1** GEOM., GEOG., ASTR. Cercle. **2** Cercle (de personas, sociedad). ■ **3** *pl.* Milieux (medios).
circuncisión [θirkunθisjòn] *f.* Circoncision.
circundar [θirkundàr] *tr.* Entourer.
circunferencia [θirkuɱferènθja] *f.* Circonférence.
circunflejo [θirkuɱflèxo] *adj.* Circonflexe.
circunscribir [θirkunskriβir] *tr.* Circonscrire.
circunspección [θirkunspeɣθjòn] *f.* Circonspection.
circunspecto, -ta [θirkunspèɣto, -ta] *adj.* Circonspect, ecte.
circunstancia [θirkunstànθja] *f.* Circonstance.
circunstancial [θirkunstanθjàl] *adj.* Circonstanciel, elle.
circunvolución [θirkumboluθjòn] *f.* Circonvolution.
cirio [θirjo] *m.* Cierge.
cirrosis [θiřòsis] *f.* Cirrhose.
ciruela [θirwèla] *f.* **1** Prune. **2** ~ ***claudia,*** reine-claude; ~ ***pasa,*** pruneau *m.*
ciruelo [θirwèlo] *m.* Prunier.
cirugía [θiruxia] *f.* Chirurgie.
cirujano [θiruxàno] *m.* Chirurgien.
cisco [θisko] *m.* **1** Charbon végétal très menu. Loc. fig. ***Hacer*** ~, casser, réduire en morceaux. **2** fig. Tapage, grabuge.
cisma [θizma] *m.* Schisme.
cisne [θizne] *m.* Cygne.
cisterna [θistèrna] *f.* Citerne.
cita [θita] *f.* **1** Rendez-vous *m.*: ***darse*** ~, se donner rendez-vous. **2** Citation (nota).
citar [θitàr] *tr.* **1** Fixer un rendez-vous. **2** DER. Citer, convoquer. **3** Citer (un autor, etc.). **4** TAUROM. Provoquer (el toro).
cítara [θitara] *f.* MÚS. Cithare.
cítrico, -ca [θitriko, -ka] *adj.* **1** QUÍM. Citrique. ■ **2** *m. pl.* Agrumes.
ciudad [θjuðàð] *f.* **1** Ville. **2** Cité: ~ ***universitaria,*** cité universitaire.
ciudadano, -na [θiuðaðàno, -na] *adj.-s.* Citoyen, enne, citadin, ine.
civil [θiβil] *adj.* **1** Civil, ile. ■ **2** *m.* fam. Gendarme.
civilización [θiβiliθaθjòn] *f.* Civilisation.
civismo [θiβizmo] *m.* Civisme.
cizaña [θiθàɲa] *f.* **1** Ivraie. **2** fig. Zizanie: ***meter*** ~, semer la zizanie.

clamar [klamár] *intr.* 1 Parler d'une voix grave et solennelle. 2 Implorer: ~ ***al cielo,*** implorer le ciel. 3 *tr.* Clamer, crier: ~ ***venganza,*** crier vengeance.
clamoroso, -sa [klamoròso, -sa] *adj.* 1 Plaintif, ive (quejoso). 2 Bruyant, ante, retentissant, ante.
clan [klan] *m.* Clan.
clandestino, -na [klandestino, -na] *adj.* Clandestin, ine.
clara [klára] *f.* 1 Blanc *m.* (de huevo). 2 Clairière (de un tejido). 3 Éclaircie, embellie (del tiempo).
claraboya [klaraβóña] *f.* Lucarne, châssis *m.* vitré.
clarear [klareàr] *tr.* 1 Éclairer (una cosa). ■ 2 *intr.* Commencer à faire jour. 3 S'éclaircir (el tiempo).
claridad [klariðàð] *f.* 1 Clarté. 2 fig. Vérité.
clarinete [klarinète] *m.* 1 Clarinette *f.* 2 Clarinettiste (músico).
clarividente [klariβiðènte] *adj.* Clairvoyant, ante.
claro, -ra [kláro, -ra] *adj.* 1 Clair, aire: ***cielo ~,*** ciel clair; ***voz clara,*** voix claire. 2 Clairsemé, ée (ralo). 3 Franc, franche. 4 Illustre, fameux, euse. 5 *loc. adv.* ***A las claras,*** clairement; ***de ~ en ~,*** d'un bout à l'autre. ■ 6 *m.* Clair (de luna).
claroscuro [klaroskúro] *m.* Clair-obscur.
clase [klàse] *f.* 1 Classe: ***lucha de clases,*** lutte des classes. 2 Classe (aula). ■ 3 *pl.* MIL. Sous-officiers *m.*
clásico, -ca [klàsiko, -ka] *adj.-s.* Classique.
clasificar [klasifikàr] *tr.* 1 Classifier. 2 Classer.
claudicar [klaŭðikàr] *intr.* 1 Boiter, clocher. 2 fig. Manquer à ses devoirs, à ses principes, faillir.
claustro [kláŭstro] *m.* 1 Cloître. 2 Conseil des professeurs d'une université, d'un lycée.
claustrofobia [klaustrofòβia] *f.* Claustrophobie.
cláusula [kláŭsula] *f.* 1 Clause. 2 RET. Période.
clausura [klaŭsùra] *f.* 1 REL. Clôture. 2 Clôture (última sesión).
clausurar [klaŭsuràr] *tr.* Fermer (un establecimiento).
clavado, -da [klaβàðo, -ða] *adj.* 1 Cloué, ée. 2 fam. ***A las siete clavadas,*** à sept heures tapantes, pile. 3 fam. ***Es ~ a su padre,*** c'est son père tout craché.
clavar [klaβàr] *tr.* 1 Clouer. 2 Enfoncer (un clavo, etc.). 3 Fixer (la mirada).
clave [kláβe] *f.* 1 Clef, clé (en música; de un enigma, etc.). 2 ARQ. Clef, claveau *m.* ■ 3 *m.* Clavecin (clavicordio).
clavel [klaβèl] *m.* Œillet.
clavellina [klaβeʎína] *f.* Mignonnette, petit œillet. *m.*
clavícula [klaβikula] *f.* Clavicule.
clavija [klaβixa] *f.* Cheville (de madera o metal), goujon *m.*
clavo [kláβo] *m.* 1 Clou (de metal). 2 Clou (furúnculo). 3 Cor (en el pie). 4 Clou de girofle (especia).
clemencia [klemènθja] *f.* Clémence.
cleptomanía [kleβtomanía] *f.* Cleptomanie.
clerecía [klereθia] *f.* Clergé *m.*
clerical [klerikàl] *adj.-s.* Clérical, ale.
clero [klèro] *m.* Clergé.
cliente [kljènte] *s.* Client, ente.
clima [klima] *m.* Climat.
climatizar [klimatizàr] *tr.* Climatiser.
climatología [klimatoloxia] *f.* Climatologie.
clínico, -ca [kliniko, -ka] *adj.-f.* 1 Clinique. ■ 2 *m.* Clinicien.
clisé [klisè] *m.* IMPR., FOT. Cliché.
clítoris [klitoris] *m.* Clitoris.
cloaca [kloàka] *f.* 1 Cloaque *m.* 2 Égout *m.*
clon [klon] *m.* INFORM., BIOL. Clone.
cloquear [klokeàr] *intr.* Glousser.
clorhídrico, -ca [kloriðriko, -ka] *adj.* Chlorhydrique.
cloro [klòro] *m.* QUÍM. Chlore.

clorofila [klorofila] *f.* Chlorophylle.
cloroformo [kloroformo] *m.* QUÍM. Chloroforme.
cloruro [kloruro] *m.* Chlorure.
club [kluβ] *m.* Club.
clueca [klweka] *adj.-f.* Couveuse.
coacción [koaɣθjon] *f.* Contrainte.
coaccionar [koaɣθjonar] *tr.* Contraindre.
coadyuvar [koaðǰuβar] *tr.* Aider, contribuer, coopérer.
coágulo [koaɣulo] *m.* **1** Coagulum. **2** Caillot (de sangre).
coalición [koaliθjon] *f.* Coalition.
coartar [koartar] *tr.* Restreindre, limiter (la libertad, etc.).
cobarde [kobarðe] *adj.* **1** Lâche, poltron, onne, couard, arde. **2** Timide.
cobardía [koβarðia] *f.* Lâcheté, poltronnerie, couardise.
cobayo [koβaño] *m.* Cobaye, cochon d'Inde.
cobertizo [koβertiθo] *m.* **1** Auvent (saledizo). **2** Hangar (sitio cubierto).
cobertura [koβertura] *f.* **1** Couverture. **2** Couverture (garantía).
cobijar [koβixar] *tr.* **1** Couvrir. **2** Héberger, loger (albergar).
cobra [koβra] **1** Cobra m., naja *m.* **2** Courroie pour atteler les bœufs. **3** Ramassage *m.* (de la caza).
cobrador [koβraðor] *m.* **1** Garçon de recette. **2** Receveur (en un autobús, etc.).
cobrar [koβrar] *tr.* **1** Toucher, percevoir, encaisser, recouvrer (dinero). **2** Prendre: ***¿cuánto le ha cobrado el garagista?***, combien vous a pris le garagiste? **3** fam. Acquérir, prendre: ~ ***fama***, acquérir de la renommée; ~ ***ánimo***, prendre courage. **4** Tirer à soi (cuerda). ■ **5** *pr.* Se remettre.
cobre [koβre] *m.* Cuivre. Loc. fig. ***Batir el*** ~, travailler avec ardeur.
cobrizo, -za [koβriθo, -θa] *adj.* **1** Cuivré, ée. **2** Cuivreux, euse.
coca [koka] *f.* Coca *m.* (arbusto).
cocaína [kokaina] *f.* QUÍM. Cocaïne.
cocción [koɣθjon] *f.* **1** Cuisson. **2** Coction.
cocear [koθear] *intr.* Ruer.
coche [kotʃe] *m.* **1** Voiture *f.* Loc. ~ ***de punto***, voiture de place; ~ ***fúnebre***, corbillard. **2** Coche (diligencia). **3** Wagon (para viajeros): ~ ***cama***, wagon-lit.
cochera [kotʃera] *adj. f.* **1** ***Puerta*** ~, porte cochère. ■ **2** *f.* Remise, garage *m.*
cochero [kotʃero] *m.* Cocher.
cochinillo [kotʃiniʎo] *m.* Cochon de lait.
cochino, -na [kotʃino, -na] *adj.* **1** Malpropre, sale. ■ **2** *m.* Cochon, porc. ■ **3** *s.* fig. fam. Cochon, onne.
cocido [koθiðo] *m.* Pot-au-feu *invar.*
cocina [koθina] *f.* **1** Cuisine. **2** Cuisinière (aparato).
cocinar [koθinar] *tr.* **1** Cuire, apprêter (los manjares). ■ **2** *intr.* Cuisiner.
coco [koko] *m.* **1** Noix *f.* de coco (fruto). **2** Cocotier (árbol). **3** Coccus (bacteria). **4** Ver (en las frutas). **5** Croque-mitaine (bu). **6** Grimace *f.*
cocodrilo [kokoðrilo] *m.* Crocodile.
cóctel [koktel] *m.* Cocktail.
coda [koða] *f.* MÚS. Coda.
codazo [koðaθo] *m.* Coup de coude.
codear [koðear] *intr.* **1** Donner des coups de coude. ■ **2** *pr.* Coudoyer, fréquenter.
códice [koðiθe] *m.* Manuscrit ancien.
codicia [koðiθja] *f.* Cupidité (de dinero), convoitise.
codiciar [koðiθjar] *tr.* Convoiter.
codificador [koðifikaðor] *m.* Encodeur.
codificar [koðifikar] *tr.* Codifier.
código [koðiɣo] *m.* Code: ~ ***de la circulación***, code de la route.
codo [koðo] *m.* **1** Coude (del hombre, del caballo). Loc. fig. ***Empinar el*** ~, lever le coude. **2** Tuyau coudé. **3** Coudée *f.* (medida).

codorniz [koðorniθ] *f.* Caille.
coeficiente [koefiθjènte] *m.* Coefficient.
coercitivo, -va [koerθitiβo, -βa] *adj.* Coercitif, ive.
coetáneo, -ea [koetàneo, -ea] *adj.* Contemporain, aine.
coexistir [koeɣsistir] *intr.* Coexister.
cofia [kòfja] *f.* **1** Coiffe (de mujer). **2** ant. Filet *m.*, résille (para el pelo). **3** BOT. Coiffe.
cofradía [kofraðia] *f.* **1** Confrérie. **2** Association.
cofre [kòfre] *m.* Coffre.
cogedero [koxeðèro] *m.* Manche.
coger [koxèr] *tr.* **1** Cueillir, ramasser (frutas). **2** Prendre, saisir, attraper: ~ ***descuidado,*** prendre au dépourvu; ~ ***la palabra a uno,*** prendre quelqu'un au mot. **2** Atteindre, attraper, rattraper (alcanzar). **3** Trouver (hallar): ~ ***a uno de buen humor,*** trouver quelqu'un de bonne humeur. **4** Tenir, contenir. **5** Occuper (un espacio).
cogida [koxiða] *f.* **1** Récolte, cueillette (de frutas). **2** TAUROM. Prise d'un torero par le taureau, coup *m.* de corne.
cogido [koxiðo] *m.* Pli, fronce *f.*
cognoscitivo, -va [koɣnosθitiβo, -βa] *adj.* Cognitif, ive.
cogollo [koɣòʎo] *m.* **1** Cœur (de col, de lechuga, etc.). **2** Bourgeon, pousse *f.*
cogote [koɣòte] *m.* Nuque *f.*
cohechar [koetʃàr] *tr.* Suborner.
coheredero, -ra [koereðèro, -ra] *s.* Cohéritier, ière.
coherente [koerènte] *adj.* Cohérent, ente.
cohesión [koesjòn] *f.* Cohésion.
cohete [koète] *m.* **1** Fusée *f.* (de fuegos artificiales, espacial). **2** MIL. Roquette *f.*
cohibir [koïβir] *tr.* **1** Contraindre, gêner. **2** Intimider.
coincidencia [koïnθiðènθja] *f.* Coïncidence.
coincidir [koïnθiðir] *intr.* Coïncider.
coito [kòïto] *m.* Coït.
cojear [koxeàr] *intr.* Boiter, clocher.
cojín [koxin] *m.* Coussin (almohadón).
cojinete [koxinète] *m.* Coussinet.
cojo, -ja [kòxo, -xa] *adj.-s.* Boiteux, euse.
cojón [koxòn] *m.* fam. Couille *f.*, testicule.
col [kol] *f.* Chou *m.*
cola [kòla] *f.* **1** Queue (de un animal, de un cometa; hilera de personas; parte final). Loc. ***Hacer*** ~, faire la queue. **2** Traîne, queue (de un vestido). **3** BOT. Kola: ***nuez de*** ~, noix de kola. **4** Colle (pegamento).
colaboración [kolaβoraθjòn] *f.* Collaboration.
colaborador, -ra [kolaβoraðòr, -ra] *s.* Collaborateur, trice.
colaborar [kolaβoràr] *intr.* Collaborer.
colada [kolàða] *f.* Lessive, lessivage *m.*: ***hacer la*** ~, faire la lessive.
colado, -da [kolàðo, -ða] *adj.* **1** Coulis (viento). **2** ***Hierro*** ~, fonte *f.*
colador [kolaðòr] *m.* Passoire *f.*, filtre.
colapso [kolàβso] *m.* MED. Collapsus.
colar [kolàr] *tr.* **1** Conférer (un beneficio eclesiástico). **2** Passer, filtrer (un líquido). **3** Couler (la colada). **4** Passer, refiler (una moneda falsa). ■ **5** *pr.* Se faufiler, s'introduire, resquiller. **6** fam. Se tromper (equivocarse), faire une gaffe (meter la pata).
colcha [kòltʃa] *f.* Couvre-lit *m.*, courtepointe.
colchón [koltʃòn] *m.* **1** Matelas. **2** ~ ***de muelles, de tela metálica,*** sommier métallique.
colchoneta [koltʃonèta] *f.* Matelas pneumatique *m.*
colear [koleàr] *intr.* Remuer la queue.
colección [koleɣθjòn] *f.* Collection.
coleccionista [koleɣθjonista] *s.* Collectionneur, euse.

colecta [kolèγta] *f.* Collecte.
colectividad [koleγtiβiðàð] *f.* Collectivité.
colega [kolèγa] *m.* Collègue.
colegial [kolexjàl] *adj.* 1 Collégien, enne. 2 Collégial, ale.
colegio [kolèxjo] *m.* 1 Collège. 2 École *f.* privée.
cólera [kòlera] *f.* 1 Bile (bilis). 2 Colère, courroux *m.*: ***montar en*** ~, se mettre en colère. ■ 3 *m.* MED. Choléra.
colesterol [kolesteròl] *m.* Cholestérol.
coleta [kolèta] *f.* 1 Queue (peinado antiguo). 2 Tresse, natte (de un torero, un chino).
coletazo [koletàθo] *m.* Coup de queue.
coletilla [koletiʎa] *f.* Ajouté *m.*, ajout *m.*, addition (a un escrito, un discurso).
colgado, -da [kolγàðo, -ða] *adj.* 1 Pendu, ue, suspendu, ue, accroché, ée *(de,* à). 2 fig. Déçu, ue: ***dejar ~ a uno,*** décevoir quelqu'un.
colgador [kolγaðòr] *m.* IMPR. Étendoir.
colgajo [kolγàxo] *m.* 1 Lambeau. 2 Grappe *f.* de fruits suspendus.
colgar [kolγàr] *tr.* 1 Pendre, suspendre, accrocher: ***ha colgado el sombrero de un clavo,*** il a suspendu son chapeau à un clou. 2 Pendre (ahorcar). 3 Imputer, attribuer (achacar). ■ 4 *intr.* Pendre: ***una lámpara cuelga del techo,*** une lampe pend au plafond. ▲ CONJUG. comme ***contar.***
cólico [kòliko] *m.* Colique *f.*
coliflor [koliflòr] *f.* Chou-fleur *m.*
colilla [koliʎa] *f.* Mégot *m.*
colina [kolina] *f.* Colline.
colindante [kolindànte] *adj.* Limitrophe, contigu, uë.
colisión [kolisjòn] *f.* Collision, choc *m.*
collado [koʎàðo] *m.* 1 Coteau (monte). 2 Col (paso).
collar [koʎàr] *m.* 1 Collier. 2 Carcan (castigo).
colmado, -da [kolmàðo, -ða] *adj.* 1 Plein, pleine, comble. ■ 2 *m.* Épicerie *f.* (tienda).
colmar [kolmàr] *tr.* Combler, remplir.
colmena [kolmèna] *f.* Ruche.
colmenar [kolmenàr] *m.* Rucher.
colmillo [kolmiʎo] *m.* 1 Canine *f.* 2 Croc (del perro, del lobo). 3 Défense *f.* (del elefante, del jabalí).
colmo, -ma [kòlmo, -ma] *adj.* 1 Comble. ■ 2 *m.* Comble. Loc. fig. ***Es el ~,*** c'est le comble; ***para ~,*** par-dessus le marché.
colocación [kolokaθjòn] *f.* 1 Situation, position, emplacement *m.* (sitio). 2 Placement *m.* (de empleados). 3 Place, emploi *m.*, situation, poste *m.* (empleo).
colocar [kolokàr] *tr.* Placer (cosas o personas).
colombiano, -na [kolombjàno, -na] *adj.-s.* Colombien, ienne.
colon [kòlon] *m.* ANAT. Côlon.
colonia [kolònja] *f.* 1 Colonie. 2 Eau de Cologne.
colonial [kolonjàl] *adj.* Colonial, ale.
colonizar [koloniθàr] *tr.* Coloniser.
colono [kolòno] *m.* Colon.
coloquio [kolòkjo] *m.* Colloque.
color [kolòr] *m.* Couleur *f.* Loc. fig. ***De ~ de rosa,*** en rose; ***distinguir de colores,*** savoir juger.
colorado, -da [koloràðo, -ða] *adj.* 1 Coloré, ée. 2 Rouge (rojo).
colorear [koloreàr] *tr.* 1 Colorer. ■ 2 *intr.* Se colorer, rougir (algunos frutos).
colorete [kolorète] *m.* Rouge, fard.
colorido [koloriðo] *m.* 1 Coloris. 2 fig. Couleur *f.*, prétexte.
colosal [kolosàl] *adj.* Colossal, ale.
columna [kolùmna] *f.* Colonne.
columnata [kolumnàta] *f.* Colonnade.
columpiar [kolumpjàr] *tr.* 1 Balancer. ■ 2 *pr.* Se balancer.

columpio [kolúmpjo] *m.* Balançoire *f.*, escarpolette *f.*
colusión [kolusjón] *f.* DER. Collusion.
colza [kólθa] *f.* Colza *m.*
coma [kóma] *f.* 1 Virgule. 2 MÚS. Comma *m.* ■ 3 *m.* MED. Coma: ***entrar en ~***, entrer dans le coma.
comadre [komáðre] *f.* 1 Commère. 2 Accoucheuse (partera).
comadreja [komaðréxa] *f.* Belette.
comadrona [komaðróna] *f.* fam. Sage-femme, accoucheuse.
comandante [komandánte] *m.* Commandant.
comarca [komárka] *f.* Contrée, région.
comarcal [komarkál] *adj.* De la contrée, régional, ale.
comba [kómba] *f.* 1 Courbure, cambrure. 2 Corde: ***saltar a la ~***, sauter à la corde.
combate [kombáte] *m.* Combat.
combatiente [kombatjénte] *adj.-m.* Combattant, ante.
combatir [kombatír] *intr.-tr.* Combattre.
combinación [kombinaθjón] *f.* 1 Combinaison. 2 Cocktail *m.* (bebida).
combinar [kombinár] *tr.* Combiner.
combustible [kombustíβle] *adj.-m.* Combustible.
comedero, -ra [komeðéro, -ra] *adj.* 1 Mangeable. ■ 2 *m.* Auge *f.*, mangeoire *f.*
comedia [komédja] *f.* Comédie.
comedido, -da [komeðíðo, -ða] *adj.* 1 Discret, ète, modéré, ée. 2 Courtois, oise.
comedor, -ra [komeðór, -ra] *adj.* 1 Mangeur, euse. ■ 2 *m.* Salle *f.* à manger. 3 Restaurant économique, cantine *f.*
comendador [komendaðór] *m.* Commandeur.
comensal [komensál] *s.* Commensal, ale, convive.
comentar [komentár] *tr.* Commenter.
comentario [komentárjo] *m.* Commentaire.
comenzar [komenθár] *tr.-intr.* Commencer. ▲ CONJUG. comme ***acertar.***
comer [komér] *tr.-intr.* 1 Manger. Loc. ~ ***de carne,*** faire gras. ■ 2 *tr.* Prendre (en las damas, ajedrez). ■ 3 *intr.* Déjeuner (al mediodía), dîner (cenar). ▲ ***Comer*** dans les sens transitif s'emploie souvent sous la forme réfléchie: ***se lo ha comido todo,*** il a tout mangé.
comercial [komerθjál] *adj.* Commercial, ale.
comercialización [komerθjaliθaθjón] *f.* Commercialisation.
comercio [komérθjo] *m.* Commerce.
comestible [komestíβle] *adj.-m.* Comestible.
cometa [kométa] *m.* 1 ASTR. Comète *f.* ■ 2 *f.* Cerf-volant *m.* (juguete).
cometer [kometér] *tr.* Commettre (hacer).
cometido [kometíðo] *m.* Mission *f.*
comicios [komíθjos] *m. pl.* Comices.
cómico, -ca [kómiko, -ka] *adj.* 1 Comique. ■ 2 *s.* Comédien, ienne (actor, actriz).
comida [komíða] *f.* 1 Nourriture (alimento). 2 Déjeuner *m.* (almuerzo), dîner *m.* (cena).
comienzo [komjénθo] *m.* Commencement, début: ***en los comienzos de,*** au début de. Loc. ***Dar ~,*** commencer.
comilla [komíʎa] *f.* Guillemet *m.*
comino [komíno] *m.* Cumin. Loc. ***Esto no vale un ~,*** cela ne vaut rien.
comisaría [komisaría] *f.*, **comisariato** [komisarjáto] *m.* Commissariat *m.*
comisario [komisárjo] *m.* Commissaire.
comisión [komisjón] *f.* Commission.

comisionado, -da [komisjonàðo, -ða] *adj.-s.* 1 Commissionné, ée. 2 ~ ***de apremios,*** porteur de contraintes.
comité [komitè] *m.* Comité.
comitiva [komitiβa] *f.* Suite, cortège *m.*
como [kòmo] *adv.* 1 Comme: Loc. ***~quiera que,*** étant donné que. 2 Comment (interrogación, de qué manera, por qué motivo). 3 *conj.* Comme (causal, temporal). 4 Que: ***sabrás ~ hemos llegado bien,*** je t'informe que nous sommes bien arrivés. 5 *m.* Comment: ***el cómo y el porqué,*** le pourquoi et le comment.
cómoda [kòmoða] *f.* Commode (mueble).
comodidad [komoðiðàð] *f.* 1 Commodité. 2 Confort *m.*, aise.
cómodo, -da [kòmoðo, -ða] *adj.* 1 Commode (conveniente, fácil). 2 Confortable. 3 ***Estar ~,*** être à l'aise (a gusto).
compact [kòmpac] *m.* Compact, compact-disque.
compacto, -ta [kompàγto, -ta] *adj.* Compact, *acte.*
compadecer [kompaðeθèr] *tr.-pr.* 1 Compatir à, plaindre. ■ 2 *pr.* S'accorder, être compatible (hablando de cosas). ▲ CONJUG. comme ***agradecer.***
compadre [kompàðre] *m.* 1 Compère, parrain, par rapport au père. 2 Compère (amigo).
compaginar [kompaxinàr] *tr.* 1 IMPR. Mettre en pages. 2 Combiner, accorder, rendre compatible.
compañero, -ra [kompaɲèro, -ra] *s.* 1 Compagnon, compagne, camarade. 2 Partenaire (en el juego). 3 Pendant *m.*, chose *f.* qui va avec une autre (objeto).
compañía [kompaɲia] *f.* 1 Compagnie. Loc. ***Hacer ~,*** tenir compagnie. 2 Troupe (de actores).
comparar [komparàr] *tr.* Comparer.
comparecer [kompareθèr] *intr.* Comparaître. ▲ CONJUG. comme ***agradecer.***
compartir [kompartir] *tr.* 1 Répartir, diviser. 2 Partager (poseer, utilizar con otros).
compás [kompàs] *m.* 1 Compas. 2 MAR. Boussole *f.* 3 MÚS. Mesure *f.*: ***marcar, llevar el ~,*** battre la mesure.
compasión [kompasjòn] *f.* Compassion.
compatible [kompatiβle] *adj.* Compatible.
compatriota [kompatrjòta] *s.* Compatriote.
compendio [kompèndjo] *m.* 1 Abrégé, compendium, résumé. 2 *loc. adv.* ***En ~,*** sommairement, en résumé.
compenetrarse [kompenetràrse] *pr.* 1 Se pénétrer. 2 S'identifier.
compensar [kompensàr] *tr.* 1 Compenser. 2 Dédommager.
competencia [kompetènθja] *f.* 1 Compétence (aptitud). 2 Ressort *m.*, compétence (incumbencia). 3 Concurrence (rivalidad, en comercio).
competente [kompetènte] *adj.* 1 Compétent, ente. 2 Apte.
competición [kompetiθjòn] *f.* Compétition.
competir [kompetir] *intr.* 1 Concourir, être en concurrence. 2 Rivaliser. ■ 3 *pr.* Se faire concurrence. ▲ CONJUG. comme ***servir.***
compilar [kompilàr] *tr.* Compiler.
complacer [komplaθèr] *tr.* 1 Complaire, être agréable. ■ 2 *pr.* Se complaire, se plaire (*en*, à). ■ CONJUG. comme ***agradecer.***
complejo, -ja [komplèxo, -xa] *adj.* Complexe.
complementar [komplementàr] *tr.* Compléter, donner un complément à.
complemento [komplemènto] *m.* Complément.

completar [kompletàr] *tr.* Compléter.
complexión [komple(ɣ)sjòn] *f.* Complexion.
complicado, -da [komplikàðo, -ða] *adj.* Compliqué, ée.
complicar [komplikàr] *tr.* 1 Compliquer. 2 Mêler, impliquer.
cómplice [kòmpliθe] *s.* Complice.
complot [komplòt] *m.* Complot.
componente [komponènte] *adj.-m.* Composant, ante.
componer [komponèr] *tr.* 1 Composer. 2 Préparer (con ingredientes). 3 Réparer, raccommoder (arreglar, reparar). 4 Arranger (un asunto). 5 Orner, parer. ■ 6 *pr.* Composer (transigir). 7 Se parer, se vêtir, s'arranger (ataviarse). 8 ***Componérselas,*** s'arranger, s'ingénier, s'y prendre. ▲ CONJUG. comme ***poner.***
comportamiento [komportamjènto] *m.* Comportement, conduite *f.*
comportar [komportàr]. 1 *tr.* Supporter, tolérer. 2 *pr.* Se comporter, se conduire.
composición [komposiθjòn] *f.* Composition.
compositor, -ra [kompositòr, -ra] *s.* Compositeur, trice.
compost [kòmpost] *m.* AGR. Compost.
compostura [kompostùra] *f.* Réparation, raccommodage *m.* (remiendo).
compota [kompòta] *f.* Compote.
compra [kòmpra] *f.* 1 Achat *m.* 2 Emplette.
comprador, -ra [kompraðòr, -ra] *adj.-s.* Acheteur, euse.
comprender [komprendèr] *tr.* Comprendre: ***no comprendí lo que decía,*** je n'ai pas compris ce qu'il disait.
comprensivo, -va [komprensiβo, -βa] *adj.* Compréhensif, ive.
compresa [komprèsa] *f.* 1 Compresse. 2 Serviette hygiénique.
compresión [kompresjòn] *f.* Compression.
comprimido, -da [komprimiðo, -ða] *adj.-m.* Comprimé, ée.
comprobar [komproβàr] *tr.* 1 Constater (obtener la confirmación de algo). 2 Vérifier (averiguar). 3 Confirmer. ▲ CONJUG. comme ***contar.***
comprometer [kompromətèr] *tr.* 1 Compromettre (exponer a algún peligro o daño). 2 Engager (en una obligación).
compromiso [kompromiso] *m.* 1 Compromis (convenio). 2 Engagement, obligation *f.*: ***sin ~ por su parte,*** sans engagement de votre part. 3 Difficulté *f.*, embarras (apuro).
compuesto, -ta [kompwèsto, -ta] *adj.* 1 Composé, ée. 2 Orné, ée, paré, ée (ataviado). 3 Arrangé, ée, raccomodé, ée (arreglado). 4 ARQ. Composite. ■ 5 *m.* Composé. ■ 6 *f. pl.* BOT. Composacées.
compulsivo, -va [kompulsiβo, -βa] *adj.* Compulsif, ive.
cómputo [kòmputo] *m.* 1 Comput (eclesiástico). 2 Supputation *f.*
comulgante [komulɣànte] *s.* Communiant, ante.
comulgar [komulɣàr] *intr.* Communier.
común [komùn] *adj.* Commun, une: ***nombre ~,*** nom commun; ***lugares comunes,*** lieux communs.
comunal [komunàl] *adj.* 1 Commun, une (no privativo). 2 Communal, ale (del municipio).
comunicación [komunikaθjòn] *f.* Communication.
comunicar [komunikàr] *tr.* Communiquer (una cosa).
comunidad [komuniðàð] *f.* Communauté.
comunión [komunjòn] *f.* Communion.
comunismo [komunizmo] *m.* Communisme.

comunista [komunista] *adj.-s.* Communiste.

con [kon] *prep.* **1** Avec: ***viene ~ su amigo,*** il vient avec son ami. **2** De: ***saludó ~ la mano,*** il salua de la main. **3** Avec l'infinitif se traduit par un gérondif ou par «quoique», «bien que», «malgré»: ~ ***discutir no lograremos nada,*** en discutant, nous n'obtiendrons rien. **4** Exprime la réciprocité, la comparaison, certains rapports: ***esto no es nada comparado ~ lo que puedo hacer yo,*** cela n'est rien en comparaison de ce que je peux faire. **5** ***Para ~,*** envers, à l'égard de.

conato [konàto] *m.* **1** Effort, obstination *f.* (empeño). **2** Commencement: ~ ***de incendio,*** commencement d'incendie.

cóncavo, -va [kòŋkaβo, -βa] *adj.* **1** Concave. ■ **2** *m.* Concavité *f.*

concebir [konθeβir] *tr.* Concevoir. ▲ CONJUG. comme ***servir.***

conceder [konθeðèr] *tr.* Concéder, accorder (otorgar).

concejal [konθexàl] *m.* Conseiller municipal.

concejo [konθèxo] *m.* Conseil municipal.

concentración [konθentraθjòn] *f.* Concentration.

concentrar [konθentràr] *tr.* Concentrer.

concéntrico, -ca [konθèntriko, -ka] *adj.* Concentrique.

concepto [konθèβto] *m.* **1** FIL. Concept. **2** Pensée *f.*, idée *f.* **3** Opinion *f.*, jugement. Loc. ***Tener buen ~ de uno,*** avoir une bonne opinion de quelqu'un.

concerniente [konθernjènte] *adj.* Concernant, relatif, ive.

concertar [konθertàr] *tr.* **1** Concerter. **2** Arranger, ajuster (una cosa). **3** Accorder (voces, instrumentos de música). **4** Faire concorder (una cosa con otra). ■ **5** *intr.-pr.* Concorder (hablando de cosas). ■ **6** *intr.* GRAM. S'accorder. ▲ CONJUG. comme ***acertar.***

concertista [konθertista] *s.* Concertiste.

concesión [konθesjòn] *f.* Concession.

concesionario [konθesjonàrjo] *m.* Concessionnaire.

concha [kòntʃa] *f.* **1** Coquille, carapace (de tortuga, etc.). **2** Huître. **3** Écaille (carey). **4** TEAT. Trou *m.* du souffleur. **5** GEOG. Anse, petite baie.

conciencia [konθjènθja] *f.* **1** Conscience. **2** *loc. adv.* ***A ~,*** consciencieusement.

concierto [konθjèrto] *m.* **1** Bon ordre, bonne disposition *f.* des choses. **2** Concert, accord, union *f.* **3** MÚS. Concert (función).

conciliador, -ra [konθiljaðòr, -ra] *adj.-s.* Conciliateur, trice, conciliant, ante.

conciliar [konθiljàr] *tr.* **1** Concilier. ■ **2** *adj.* Conciliaire.

concilio [konθiljo] *m.* Concile.

conciudadano, -na [konθjuðaðàno, -na] *s.* Concitoyen, enne.

cónclave [kòŋklaβe] *m.* Conclave.

concluir [koŋklwir] *tr.* **1** Conclure, achever, terminer. **2** *intr.* Finir, se terminer. ▲ CONJUG. comme ***huir.***

conclusión [koŋklusjòn] *f.* Conclusion.

concomitancia [koŋkomitànθja] *f.* Concomitance.

concordante [koŋkorðànte] *adj.* Concordant, ante.

concordar [koŋkorðàr] *tr.* **1** Accorder (cosas, palabras). ■ **2** *intr.* Concorder. **3** GRAM. S'accorder. ▲ CONJUG. comme ***contar.***

concordato [koŋkorðàto] *m.* Concordat.

concordia [koŋkòrðja] *f.* **1** Concorde. **2** Arrangement *m.*, accord *m.* (ajuste). **3** *loc. adv.* ***De ~,*** d'un commun accord.

concretar [koŋkretàr] *tr.* **1** Préciser, résumer. **2** *pr.* Se borner (limitarse). **3** Se concrétiser, prendre corps.
concreto, -ta [koŋkrèto, -ta] *adj.* Concret, ète.
concubina [koŋkuβina] *f.* Concubine.
concubinato [koŋkuβinàto] *m.* Concubinage.
concurrencia [koŋkur̄ènθja] *f.* **1** Assistance, affluence, concours *m.* (de personas). **2** Concours *m.*, coïncidence (coincidencia). **3** Concours *m.*, aide (ayuda).
concurrir [koŋkur̄ir] *intr.* **1** Se rendre, aller (ir a un lugar), assister (asistir): ~ ***a un baile,*** fréquenter un bal. **2** Concourir, contribuer, coopérer (contribuir).
concursante [koŋkursànte] *m.-f.* Participant, e (en un concurso).
concurso [koŋkùrso] *m.* **1** Concours.
condado [kondàðo] *m.* **1** Comté (territorio). **2** Dignité *f.* de comte.
condal [kondàl] *adj.* **1** Comtal, ale. **2** *La Ciudad ~,* Barcelone.
conde [kònde] *m.* Comte.
condecoración [kondekoraθjòn] *f.* **1** Action de décorer (una persona). **2** Décoration (insignia).
condena [kondèna] *f.* **1** DER. Condamnation. **2** Peine.
condenado, -da [kondenàðo, -ða] *adj.-s.* **1** Condamné, ée. **2** Damné, ée (al infierno). **3** fig. Maudit, ite.
condenar [kondenàr] *tr.* **1** Condamner. ■ **2** *pr.* S'accuser. **3** Se damner (al infierno).
condensar [kondensàr] *tr.* Condenser.
condesa [kondèsa] *f.* Comtesse.
condescender [kondesθendèr] *intr.* Condescendre. ▲ CONJUG. comme ***entender.***
condición [kondiθjòn] *f.* **1** Condition. **2** Caractère *m.* (de una persona).
condicionar [kondiθjonàr] *tr.* **1** Conditionner. **2** Faire dépendre (supeditar): ~ ***a,*** faire dépendre de.
condimentar [kondimentàr] *tr.* Assaisonner.
condolerse [kondolèrse] *pr.* ~ ***de,*** compatir à, s'apitoyer sur. ▲ CONJUG. comme ***mover.***
condón [kondòn] *m.* fam. Capote *f.*, préservatif.
cóndor [kòndor] *m.* Condor.
conducción [konduγθjòn] *f.* **1** Conduite (acción). **2** Conduite (de agua, de gas, etc.). **3** FÍS. Conduction.
conducir [konduθir] *tr.* **1** Conduire (guiar, dirigir, llevar). **2** Porter, transporter (una carga). ▲ CONJUG. IRRÉG. INDIC. Prés.: ***conduzco, conduces, conduce, conducimos, conducís, conducen.*** Imparf.: ***conducía,*** etc. Pas. simple: ***conduje, condujiste, condujo, condujimos, condujisteis, condujeron.*** Fut.: ***conduciré,*** etc. COND.: ***conduciría,*** etc. SUBJ. Prés.: ***conduzca, conduzcas, conduzca, conduzcamos, conduzcáis, conduzcan.*** Imparf.: ***condujera,*** etc., ou ***condujese,*** etc. Fut.: ***condujere,*** etc. IMPÉR.: ***conduce, conduzca, conduzcamos, conducid, conduzcan.*** GÉR.: ***conduciendo.*** PART. PAS.: ***conducido.***
conducta [kondùγta] *f.* Conduite.
conducto [kondùγto] *m.* **1** Conduit. **2** fig. Canal, intermédiaire.
conductor, -ra [konduγtòr, -ra] *adj.-s.* Conducteur, trice.
conectar [koneγtàr] *tr.* Connecter.
conejo [konèxo] *m.* Lapin: ~ ***casero,*** lapin domestique; ~ ***de campo,*** lapin de garenne.
conexión [kone(γ)sjòn] *f.* Connexion.
confabulación [konfaβulaθjòn] *f.* Entente, ligue, complot *m.* (contra uno).
confeccionar [komfeγθjonàr] *tr.* Confectionner.

confederación [komfeðeraθjón] *f.* Confédération.
confederar [komfeðerár] *tr.* Confédérer.
conferencia [komferénθja] *f.* Conférence.
conferir [komferír] *tr.* Conférer (conceder, atribuir). ▲ CONJUG. comme ***hervir.***
confesar [komfesár] *tr.* **1** Confesser. **2** Avouer. ▲ CONJUG. comme ***acertar.***
confesión [komfesjón] *f.* **1** Confession (al confesor, creencia). **2** Aveu *m.* (de haber hecho o dicho algo).
confesor [komfesór] *m.* Confesseur.
confianza [komfjánθa] *f.* Confiance.
confiar [komfjár] *tr.* **1** Confier. ■ **2** *intr.* ~ ***en,*** avoir confiance en: ***confío en él,*** j'ai confiance en lui. ■ **3** *pr.* Se confier.
confidencial [komfiðenθjál] *adj.* Confidentiel, elle.
confidente [komfiðénte] *adj.* **1** Fidèle, sûr, sûre. ■ **2** *s.* Confident, ente. **3** Indicateur *m.*, mouchard *m.* (espía).
configurar [komfiɣurár] *tr.* Configurer.
confín [komfín] *adj.* **1** Limitrophe. ■ **2** *m. pl.* Confins: ***en los confines de,*** aux confins de.
confirmar [komfirmár] *tr.* **1** Confirmer. ■ **2** *pr.* Se confirmer.
confiscar [komfiskár] *tr.* Confisquer.
confite [komfíte] *m.* Dragée *f.* (bolita), sucrerie *f.* (golosina).
confitero, -ra [komfitéro, -ra] *s.* **1** Confiseur, euse. ■ **2** *m.* Confiturier.
confitura [komfitúra] *f.* Confiture.
conflicto [komflíɣto] *m.* Conflit.
confluencia [komflwénθja] *f.* **1** Confluence. **2** Confluent *m.* (de dos ríos). **3** Embranchement *m.* (de caminos). **4** MED. Confluence.
confluir [komflwír] *intr.* **1** Confluer. **2** Converger (dos o más caminos). **3** Affluer de différents endroits.
conformar [komformár] *tr.* **1** Conformer (ajustar). ■ **2** *intr.-pr.* Être du même avis, être d'accord.
conforme [komfórme] *adj.* **1** Conforme. **2** D'accord, du même avis.
conformidad [komformiðáð] *f.* **1** Conformité. **2** Accord *m.* (aprobación). **3** Résignation, patience.
confortable [komfortáβle] *adj.* Confortable.
confraternidad [komfraterniðáð] *f.* **1** Fraternité. **2** Amitié intime.
confrontación [komfrontaθjón] *f.* Confrontation.
confrontar [komfrontár] *tr.* Confronter.
confundir [komfundír] *tr.* Confondre.
confusión [komfusjón] *f.* Confusion.
confuso, -sa [komfúso, -sa] *adj.* Confus, use.
congelador [konxelaðór] *m.* Congélateur.
congelar [konxelár] *tr.* **1** Congeler. **2** COM. Bloquer, immobiliser.
congeniar [konxenjár] *intr.* Sympathiser, s'accorder.
congénito, -ta [konxénito, -ta] *adj.* Congénital, ale.
congestionar [konxestjonár] *tr.* Congestionner.
conglomerado, -da [konglomeráðo, -ða] *adj.* **1** Congloméré, ée. ■ **2** *m.* Conglomérat.
congoja [kongóxa] *f.* Angoisse.
congraciar [kongraθjár] *tr.-pr.* Gagner les bonnes grâces.
congratular [kongratulár] *tr.* **1** Congratuler. ■ **2** *pr.* Se congratuler.
congregación [kongreɣaθjón] *f.* Congrégation.
congregar [kongreɣár] *tr.* Assembler, réunir, rassembler.
congreso [kongréso] *m.* **1** Congrès. **2** ~ ***de los Diputados,*** Chambre des députés.
congrio [kóngrjo] *m.* Congre.

cónico, -ca [kòniko, -ka] *adj.-f.* GEOM. Conique.
conjetura [koŋxetùra] *f.* Conjecture.
conjugación [koŋxuγaθjòn] *f.* Conjugaison.
conjugar [koŋxuγàr] *tr.* Conjuguer.
conjuntivo, -va [koŋxuntiβo, -βa] *adj.* Conjonctif, ive.
conjunto, -ta [koŋxùnto, -ta] *adj.* 1 Conjoint, ointe. ■ 2 *m.* Ensemble. 3 *loc. adv.* ***En*** ~, dans l'ensemble.
conjura [koŋxùra] *f.* 1 Conjuration, conspiration. 2 Intrigue.
conjurar [koŋxuràr] *tr.-intr.* Conjurer.
conmemoración [kommemoraθjòn] *f.* Commémoration.
conmemorar [kommemoràr] *tr.* Commémorer.
conmensurable [kommensuràβle] *adj.* Commensurable.
conmigo [kommiγo] *pron. pers.* Avec moi.
conminar [komminàr] *tr.* 1 Menacer. 2 DER. Ordonner en menaçant, intimer.
conmoción [kommoθjòn] *f.* Commotion.
conmovedor, -ra [kommoβeðòr, -ra] *adj.* Émouvant, ante, touchant, ante.
conmover [kommoβèr] *tr.* 1 Émouvoir, toucher. 2 Ébranler. ▲ CONJUG. comme ***mover.***
conmutar [kommutàr] *tr.* Commuer.
connivencia [konniβènθja] *f.* Connivence.
cono [kòno] *m.* GEOM., BOT. Cône.
conocedor, -ra [konoθeðòr, -ra] *adj.-s.* Connaisseur, euse.
conocer [konoθèr] *tr.* 1 Connaître. 2 Voir, deviner, conjecturer. ■ 3 *intr.* Connaître (en un asunto). ▲ CONJUG. comme ***nacer.***
conocimiento [konoθimjènto] *m.* 1 Connaissance *f.* 2 COM. Connaissement.
conquista [koŋkista] *f.* Conquête.
conquistador, -ra [koŋkistaðòr, -ra] *adj.* Conquérant, ante.
conquistar [koŋkistàr] *tr.* Conquérir.
consabido, -da [konsaβiðo, -ða] *adj.* Dont on a déjà parlé, susdit, ite (nombrado antes).
consagración [konsaγraθjòn] *f.* 1 Consécration. 2 Sacre *m.* (ceremonia).
consagrar [konsaγràr] *tr.* 1 Consacrer. 2 Sacrer (a un rey, un obispo).
consanguíneo, -ea [konsaŋγineo, -ea] *adj.-s.* Consanguin, ine.
consciente [konsθjènte] *adj.* Conscient, ente.
consecuencia [konsekwènθja] *f.* Conséquence.
consecuente [konsekwènte] *adj.* Conséquent, ente.
conseguir [konseγir] *tr.* 1 Obtenir (obtener). 2 Atteindre (alcanzar). ▲ CONJUG. comme ***seguir.***
consejero, -ra [konsexèro, -ra] *s.* Conseiller, ère.
consejo [konsèxo] *m.* Conseil.
consenso [konsènso] *m.* Consentement, consensus.
consentido, -da [konsentiðo, -ða] *adj.* Gâté, ée (niño).
consentir [konsentir] *intr.-tr.* 1 Consentir. ■ 2 *tr.* Permettre, tolérer. 3 *pr.* Commencer à se fêler, à se briser, à se fendre. ▲ CONJUG. comme ***sentir.***
conserje [konsèrxe] *m.* Portier, concierge.
conserjería [konserxeria] *f.* Conciergerie.
conserva [konsèrβa] *f.* Conserve.
conservación [konserβaθjòn] *f.* Conservation.
conservador, -ra [konserβaðòr, -ra] *adj.* Conservateur, trice.
conservar [konserβàr] *tr.* Conserver.
conservatorio, -ia [konserβatòrjo, -ja] *adj.-m.* Conservatoire.
considerado, -da [konsiðeràðo, -ða] *adj.* 1 Considéré, ée. 2 Réfléchi, ie.

considerar [konsiðeràr] *tr.* Considérer.
consigna [konsiɣna] *f.* Consigne (instrucción, orden).
consignar [konsiɣnàr] *tr.* Consigner.
consigo [konsiɣo] *pron. pers.* Avec soi, avec lui: fig. ***no tenerlas todas ~,*** ne pas être tranquille, avoir peur.
consiguiente [konsiɣjènte] *adj.* Qui est la conséquence de, consécutif, ive.
consistente [konsistènte] *adj.* Consistant, ante.
consistir [konsistir] *intr.* Consister.
consola [konsòla] *f.* Console (mueble).
consolador, -ra [konsolaðòr, -ra] *adj.-s.* 1 Consolateur, trice. ■ 2 *adj.* Consolant, ante.
consolar [konsolàr] *tr.* Consoler ▲ CONJUG. comme ***contar.***
consolidar [konsoliðàr] *tr.* Consolider.
consonancia [konsonànθja] *f.* 1 MÉTR., MÚS. Consonance. 2 fig. Accord *m.*
consonante [konsonànte] *adj.* 1 Consonant, ante. 2 Qui est en conformité avec. ■ 3 *m.* Mot consonant, rime. *f.* ■ 4 *f.* GRAM. Consonne.
consorcio [konsòrθjo] *m.* 1 Consortium. 2 Union *f.*
consorte [konsòrte] *s.* 1 Conjoint, ointe (marido, mujer). ■ 2 *pl.* DER. Consorts.
conspirar [konspiràr] *intr.* Conspirer.
constancia [konstànθja] *f.* 1 Constance. 2 Preuve, certitude (certeza).
constar [konstàr] *intr.* 1 Être composé, ée de (componerse). 2 Être certain, aine, sûr, sûre. Loc. ***Me consta que,*** je suis certain, aine que, j'ai la certitude que.
constelación [konstelaθjòn] *f.* ASTR. Constellation.
consternar [konsternàr] *tr.* 1 Consterner. ■ 2 *pr.* Être consterné, ée.
constipado, -da [konstipàðo, -ða] *adj.* 1 Enrhumé, ée. ■ 2 *m.* Rhume.
constitución [konstituθjòn] *f.* Constitution.
constituir [konstitwir] *tr.* 1 Constituer. ■ 2 *pr.* Se constituer.
constituyente [konstituʝènte] *adj.-m.* Constituant, ante: ***Cortes constituyentes,*** Assemblée constituante.
constreñir [konstreɲir] *tr.* 1 Contraindre, forcer. 2 MED. Resserrer.
construcción [konstruɣθjòn] *f.* Construction.
construir [konstrwir] *tr.* Construire. ▲ CONJUG. comme ***huir.***
consuelo [konswèlo] *m.* 1 Consolation *f.* 2 Soulagement (alivio).
consuetudinario, -ia [konswetuðinàrjo, -ja] *adj.* Habituel, elle, coutumier, ière.
cónsul [kònsul] *m.* Consul.
consultar [konsultàr] *tr.* Consulter.
consultivo, -va [konsultiβo, -βa] *adj.* Consultatif, ive.
consultorio [konsultòrjo] *m.* Cabinet de consultation.
consumado, -da [konsumàðo, -ða] *adj.* Consommé, ée, parfait, aite.
consumar [konsumàr] *tr.* Consommer.
consumición [konsumiθjòn] *f.* Consommation (acción de consumir bebida).
consumidor, -ra [konsumiðòr, -ra] *adj.-s.* Consommateur, trice.
consumir [konsumir] *tr.* 1 Consumer (destruir, afligir). 2 Consommer (comestibles, electricidad, etc.).
contabilidad [kontaβiliðàð] *f.* Comptabilité.
contacto [kontàɣto] *m.* Contact.
contado, -da [kontàðo, -ða] *adj.* 1 Compté, ée. 2 Rare, peu nombreux, euse (escaso): ***en contadas ocasiones,*** en de rares occasions. 3 *loc. adv.* ***Al ~,*** au comptant,

comptant; ***de ~***, sur le champ; ***por de ~***, pour sûr.
contaduría [kontaðuria] *f.* **1** Charge, emploi *m.* de comptable. **2** TEAT. Bureau *m.* de location.
contagiar [kontaxjár] *tr.* **1** Contaminer. **2** fig. Communiquer, transmettre.
contagioso, -sa [kontaxjóso, -sa] *adj.* Contagieux, euse.
contaminación [kontaminaθjòn] *f.* Pollution, contamination.
contaminar [kontaminár] *tr.* Contaminer.
contar [kontár] *tr.* **1** Compter (numerar). **2** Raconter, conter (narrar). ■ **3** *intr.* Compter: ***saber ~***, savoir compter; ***~ con,*** compter sur. ▲ CONJUG. IRRÉG. INDIC. Prés.: ***cuento, cuentas, cuenta, contamos, contáis, cuentan.*** SUBJ. Prés.: ***cuente, cuentes, cuente, contemos, contéis, cuenten.*** IMPÉR.: ***cuenta, cuente, contemos, contad, cuenten.*** Les autres temps sont réguliers.
contemplar [kontemplár] *tr.* **1** Contempler. **2** Avoir des égards pour (complacer).
contemporáneo, -ea [kontemporáneo, -ea] *adj.-s.* Contemporain, aine.
contender [kontendér] *intr.* **1** Se battre, lutter. **2** fig. Disputer.
contenedor [konteneðòr] *m.* Container, conteneur.
contener [kontenér] *tr.* **1** Contenir. ■ **2** *pr.* Se contenir, se retenir. ▲ CONJUG. comme ***tener.***
contenido, -da [konteniðo, -ða] *adj.* **1** Contenu, ue. **2** Modéré, ée, prudent, ente. ■ **3** *m.* Contenu.
contento, -ta [kontènto, -ta] *adj.* **1** Content, ente. ■ **2** *m.* Contentement, joie *f.*
contestación [kontestaθjòn] *f.* **1** Réponse. **2** Contestation (disputa).
contestador [kontestaðòr] *m.*: ***~ automático,*** répondeur.
contestar [kontestár] *tr.* Répondre.
contexto [konte(ɣ)sto] *m.* Contexte.
contigo [kontiɣo] *pron. pers.* Avec toi.
contiguo, -ua [kontiɣwo, -wa] *adj.* Contigu, uë.
continente [kontinènte] *adj.* **1** Continent, ente. ■ **2** *m.* GEOG. Continent.
contingente [kontiŋxènte] *adj.* **1** Contingent, ente. ■ **2** *m.* Contingent.
continuar [kontinwár] *tr.-intr.* **1** Continuer: ***~ leyendo,*** continuer à lire. ■ **2** *intr.* Rester (permanecer): ***~ sentado,*** rester assis.
continuo, -ua [kontinwo, -wa] *adj.* **1** Continu, ue: ***corriente continua,*** courant continu. **2** Continuel, elle.
contorno [kontòrno] *m.* **1** Contour. **2** *loc. adv.* ***En ~,*** autour. ■ **3** *pl.* Alentours.
contorsión [kontorsjòn] *f.* Contorsion.
contra [kòntra] *prep.* **1** Contre (expresa oposición). ■ **2** *m.* Contre: ***el pro y el ~,*** le pour et le contre. ■ **3** *f.* Difficulté, inconvénient *m.,* opposition. Loc. ***Hacer, llevar la ~ a uno,*** contredire quelqu'un, s'opposer aux desseins de quelqu'un.
contraalmirante [kontraalmirànte] *m.* Contre-amiral.
contraataque [kontraatàke] *m.* MIL. Contre-attaque *f.*
contrabandista [kontraβandista] *s.* Contrebandier, ière.
contrabando [kontraβàndo] *m.* Contrebande *f.*
contracción [kontraɣθjòn] *f.* Contraction.
contracepción [kontraθepθjòn] *f.* Contraception.
contrachapado [kontratʃapàðo] *m.* Contre-plaqué.
contracto, -ta [kontràɣto, -ta] *adj.* Contracté, ée.
contractual [kontraɣtwàl] *adj.* Contractuel, elle.

contradecir [kontraðeθir] *tr.* Contredire.
contradicción [kontraðiγθjòn] *f.* Contradiction.
contradictor, -ra [kontraðiγtòr, -ra], **contradictorio, -ia** [kontraðiγtòrjo, -ja] *adj.* Contradictoire.
contraer [kontraèr] *tr.* Contracter (encoger). ▲ CONJUG. comme ***traer.***
contrafuerte [kontrafwèrte] *m.* Contrefort.
contrahecho, -cha [kontraètʃo, -tʃa] *adj.* Contrefait, aite.
contralto [kontràlto] *m.* MÚS. Contralto.
contraluz [kontralùθ] *m.* **1** Contre-jour. **2** *loc. adv.* ***A ~,*** à contre-jour.
contraorden [kontraòrðen] *f.* Contrordre *m.*
contrapelo(a) [(a)kontrapèlo] *loc. adv.* **1** À rebrousse-poil, à contre-poil. **2** fig. À contrecœur.
contrapesar [kontrapesàr] *tr.* Contrebalancer.
contrapeso [kontrapèso] *m.* Contrepoids.
contraponer [kontraponèr] *tr.* **1** Opposer. **2** Comparer. ■ **3** *pr.* S'opposer. ▲ CONJUG. comme ***poner.***
contraproducente [kontraproðuθènte] *adj.* Qui a un effet contraire à celui que l'on veut obtenir.
contraproyecto [kontraproɟèγto] *m.* Contre-projet.
contrapunto [kontrapùnto] *m.* Contrepoint.
contrariedad [kontrarjeðàð] *f.* Contrariété (disgusto).
contrario, -ia [kontràrjo, -ja] *adj.-m.* **1** Contraire, opposé, ée. **2** *loc. adv.* ***Al ~, por el ~, por lo ~,*** au contraire; ***de lo ~,*** autrement. ■ **3** *f.* Opposition. Loc. ***Llevar la contraria a uno,*** contredire quelqu'un, s'opposer aux desseins de quelqu'un.
contrarrestar [kontrar̄estàr] *tr.* Contrecarrer, résister.
contraseña [kontrasèɲa] *f.* **1** Contremarque. **2** MIL. Mot *m.* de passe.
contrastar [kontrastàr] *tr.* **1** S'opposer, résister. **2** Contrôler, poinçonner (oro, plata). **3** Étalonner (pesos, medidas). ■ **4** *intr.* Contraster.
contraste [kontràste] *m.* **1** Résistance *f.* **2** Contraste (oposición, diferencia).
contratar [kontratàr] *tr.* **1** Contracter. **2** Engager (actor, criado, etc.), embaucher (obreros). **3** Commercer.
contratiempo [kontratjèmpo] *m.* Contretemps.
contrato [kontràto] *m.* Contrat.
contravenir [kontraβenir] *tr.* Contrevenir. ▲ CONJUG. comme ***venir.***
contrayente [kontraɟènte] *adj.-s.* Contractant, ante (se dit spécialement de ceux qui se marient).
contribución [kontriβuθjòn] *f.* Contribution.
contribuir [kontriβwir] *intr.* **1** Contribuer. ■ **2** *tr.* Payer. ▲ CONJUG. comme ***huir.***
contribuyente [kontriβuɟènte] *adj.* Contribuant, ante.
contrincante [kontriŋkànte] *m.* Concurrent, compétiteur.
control [kontròl] *m.* Contrôle: ***torre de ~,*** tour de contrôle.
controversia [kontroβèrsja] *f.* Controverse.
controvertir [kontroβertir] *tr.-intr.* Controverser. ▲ CONJUG. comme ***hervir.***
contundente [kontundènte] *adj.* **1** Contondant, ante. **2** Convaincant, ante, concluant, ante (argumento).
conturbar [konturβàr] *tr.* Troubler, inquiéter.
contusión [kontusjòn] *f.* Contusion.
contuso, -sa [kontùso, -sa] *adj.* Contus, use.
convalecencia [kombaleθènθja] *f.* Convalescence.
convalecer [kombaleθèr] *intr.* Être, entrer en convalescence. ▲ CONJUG. comme ***agradecer.***

convalidar [kombaliðàr] *tr.* Valider.
convencer [kombenθèr] *tr.* Convaincre: ***estoy convencido de que,*** je suis convaincu que.
convencional [kombenθjonàl] *adj.-m.* Conventionnel, elle.
conveniencia [kombenjènθja] *f.* **1** Convenance. **2** Utilité, profit *m.*, commodité, opportunité.
convenir [kombenir] *intr.* **1** Être du même avis. **2** Convenir (decidir de acuerdo): ***hemos convenido en asociarnos,*** nous avons convenu de nous associer. ■ **3** *pr.* S'accorder, s'entendre. ▲ CONJUG. comme ***venir.***
convento [kombènto] *m.* Couvent.
convergente [komberxènte] *adj.* Convergent, ente.
conversación [kombersaθjòn] *f.* **1** Conversation (charla): ***trabar ~,*** engager la conversation. **2** Entretien *m.*
conversar [kombersàr] *intr.* Converser, causer, s'entretenir.
conversión [kombersjòn] *f.* Conversion.
convertir [kombertir] *tr.* Convertir. ▲ CONJUG. comme ***discernir.***
convexo, -xa [kombe(ɣ)so, -sa] *adj.* Convexe.
convicción [kombiɣθjòn] *f.* Conviction.
convicto, -ta [kombiɣto, -ta] *adj.* DER. Convaincu, ue.
convidar [kombiðàr] *tr.* Convier, inviter: ***me convidó a un vermut,*** il m'invita à prendre un vermouth.
convivencia [kombiβènθja] *f.* Cohabitation, vie en commun.
convocar [kombokàr] *tr.* Convoquer (a ciertas personas, una asamblea, etc.).
convocatoria [kombokatòrja] *f.* Convocation, lettre, avis *m.* de convocation.
convoy [kombòĭ] *m.* **1** Convoi. **2** Suite *f.*, cortège (séquito).
convulsión [kombulsjòn] *f.* Convulsion.
cónyuge [kòndzuxe] *s.* Conjoint, ointe.
coñac [koɲàk] *m.* Cognac.
cooperar [kooperàr] *intr.* Coopérer.
cooperativo, -va [kooperatiβo, -βa] *adj.* **1** Coopératif, ive. ■ **2** *f.* Coopérative.
coordenada [koorðenàða] *f.* GEOM. Coordonnée.
coordinación [koorðinaθjòn] *f.* Coordination.
copa [kòpa] *f.* **1** Coupe (para beber, trofeo). **2** Verre *m.* à pied (vaso). **3** Tête (de un árbol). **4** Forme (de un sombrero). ■ **5** *pl.* Une des couleurs des cartes espagnoles.
copete [kopète] *m.* **1** Toupet, houppe *f.* (de cabellos). **2** Sommet (de una montaña).
copia [kòpja] *f.* **1** Copie (imitación, reproducción). **2** Abondance (gran cantidad).
copiar [kopjàr] *tr.* Copier. ▲ CONJUG. comme ***cambiar.***
copla [kòpla] *f.* **1** Stance, strophe. **2** Couplet *m.* (de canción popular). ■ **3** *pl.* Vers *m.*, poésies.
copo [kòpo] *m.* **1** Quenouillée *f.* (de cáñamo, lana, etc.). **2** Flocon: ***~ de nieve, de avena,*** flocon de neige, d'avoine. **3** Poche *f.* (de una red).
coprocesador [koproθesaðòr] *m.* INFORM. Coprocesseur.
copropiedad [kopropjeðàð] *f.* Copropriété.
copudo, -da [kopúðo, -ða] *adj.* Touffu, ue (árbol).
cópula [kòpula] *f.* **1** Copulation. **2** Lien *m.* (entre dos cosas). **3** GRAM., LÓG. Copule.
coquetear [koketeàr] *intr.* **1** Faire la coquette. **2** Flirter.
coquetería [koketeria] *f.* Coquetterie.
coraje [koràxe] *m.* **1** Bravoure *f.*, courage (valor). **2** Colère *f.*, irritation *f.* (ira).
coral [koràl] *adj.-s.* **1** MÚS. Choral, ale. ■ **2** *m.* Corail: ***arrecifes de corales,*** récifs de coraux. Loc. fig.

Fino como un ~, fin comme l'ambre.
corán [korán] *m.* Coran.
corazón [koraθón] *m.* Cœur.
corazonada [koraθonáða] *f.* **1** Impulsion, mouvement *m.* intérieur. **2** Pressentiment *m.*
corbata [korβáta] *f.* Cravate.
corbeta [korβéta] *f.* Corvette (embarcación).
corchea [kortʃéa] *f.* MÚS. Croche.
corchete [kortʃéte] *m.* **1** Agrafe *f.* **2** Crochet (gancho). **3** IMPR. Crochet.
corcho [kórtʃo] *m.* **1** Liège. **2** Bouchon de liège (tapón). **3** Planche *f.*, flotteur, etc. de liège.
corcovado, -da [korkoβáðo, -ða] *adj.-s.* Bossu, ue.
cordel [korðél] *m.* **1** Corde *f.* mince, ficelle *f.* (cuerda delgada). **2** Cordeau (de albañil).
cordero [korðéro] *m.* Agneau.
cordial [korðjál] *adj.* **1** Cordial, ale. ■ **2** *m.* Cordial (bebida reconfortante).
cordillera [korðiʎéra] *f.* Cordillère, chaîne.
cordobés, -esa [korðoβés, -ésa] *adj.-s.* Cordouan, ane.
cordón [korðón] *m.* **1** Cordon (cuerda pequeña). **2** Cordelière *f.* (de algunos religiosos, de un vestido).
cordura [korðúra] *f.* Sagesse, bon sens *m.*
corear [koreár] *tr.* **1** Accompagner en chœur. **2** Faire chorus (asentir).
corifeo [korifèo] *m.* Coryphée.
corista [korísta] *s.* Choriste.
cornada [kornáða] *f.* Coup *m.* de corne.
cornamenta [kornaménta] *f.* Cornes *pl.*, encornure (de un animal).
córnea [kórnea] *f.* Cornée.
córneo, -ea [kórneo, -ea] *adj.* Corné, ée.
corneta [kornéta] *f.* **1** MÚS. Clairon *m.* (militar). **2** Cornet *m.*: ~ ***de llaves,*** cornet à pistons. Loc. ~ ***de monte,*** cor de chasse. **3** Cornette (bandera). ■ **4** *m.* Cornettiste. **5** Clairon (soldado).
cornisa [kornísa] *f.* ARQ., GEOG. Corniche.
cornudo, -da [kornúðo, -ða] *adj.* **1** Cornu, ue. ■ **2** *adj.-m.* fam. Cocu.
coro [kóro] *m.* **1** MÚS., TEAT. Chœur. Loc. fig. ***Hacer ~,*** faire chorus. **2** ARQ. Chœur (en una iglesia).
corolario [korolárjo] *m.* Corollaire.
corona [koróna] *f.* **1** Couronne. **2** Tonsure (de los eclesiásticos).
coronación [koronaθjón] *f.* Couronnement *m.*
coronar [koronár] *tr.* **1** Couronner. **2** Damer (una ficha en el juego de damas). ■ **3** *pr.* Se couronner.
coronel [koronél] *m.* Colonel.
coronilla [koroniʎa] *f.* **1** Petite couronne. **2** Sommet *m.* de la tête. Loc. fig.: ***estar hasta la ~,*** en avoir par-dessus la tête, en avoir ras le bol.
corpiño [korpíɲo] *m.* Corsage (sans manches).
corporación [korporaθjón] *f.* **1** Corporation. **2** Corps *m.* constitué.
corporal [korporál] *adj.* **1** Corporel, elle. ■ **2** *m.* LITURG. Corporal.
corporativo, -va [korporatíβo, -βa] *adj.* Corporatif, ive.
corpulento, -ta [korpulénto, -ta] *adj.* Corpulent, ente.
corral [kor̄ál] *m.* **1** Cour *f.* (patio para aves). **2** Parc, enclos (para el ganado).
correa [kor̄éa] *f.* **1** Courroie (tira de cuero). **2** Élasticité (flexibilidad). **3** fam. Patience, endurance.
correccional [kor̄eγθjonál] *adj.* **1** Correctionnel, elle. ■ **2** *m.* Établissement pénitentiaire.
correcto, -ta [kor̄éγto, -ta] *adj.* Correct, ecte.
corrector, -ra [kor̄ektór, -ra] *adj.-s* Correcteur, trice: ~ ***ortográfico,*** correcteur ortographique.

corredera [kor̄eðèra] *f.* **1** Coulisse (ranura). **2** Tiroir *m.* (de máquina de vapor). **3** MAR. Loch *m.* **4** Cancrelat *m.* (cucaracha).
corredor, -ra [kor̄eðòr, -ra] *adj.-s.* Coureur, euse.
corregir [kor̄eɣir] *tr.* Corriger. ▲ CONJUG. comme ***servir.***
correo [kor̄èo] *m.* **1** Courrier: ***despachar el ~,*** expédier le courrier. ■ **2** *pl.* Poste *f. sing.* (servicio), bureau *sing.* de poste, poste *f. sing.* (oficina).
correr [kor̄èr] *intr.* **1** Courir. **2** Couler (hablando de un líquido, un río). **3** Souffler (el viento). **4** Être dû, due (sueldo, intereses). **5** Circuler, avoir cours (una moneda). **6** Courir: ***corre la voz,*** le bruit court. ■ **7** *tr.* Courir, parcourir (recorrer). Loc. fig. ***Correrla,*** faire la noce. ■ **8** Faire courir (un caballo). **9** Pousser, déplacer (una cosa), tirer (una cortina, un cerrojo), tourner (una llave). **10** Confondre, faire honte (avergonzar). ■ **11** *pr.* Se déplacer vers un côté, se pousser (apretarse).
correspondencia [kor̄espondèn-θja] *f.* Correspondance.
corresponder [kor̄espondèr] *intr.* **1** Répondre, payer de retour (pagar con igualdad sentimientos, agasajos, etc.). **2** Appartenir, incomber (incumbir), être à (tocar). **3** Revenir (en un reparto, etc.).
corresponsal [kor̄esponsàl] *m.* Correspondant (comercial, de un periódico).
corretear [kor̄eteàr] *intr.* Courailler, courir de côté et d'autre.
corrida [kor̄iða] *f.* **1** Course (acción). **2** ~ ***de toros,*** course de taureaux, corrida. **3** *loc. adv.* ***De ~,*** couramment.
corrido, -da [kor̄iðo, -ða] *adj.* **1** Qui dépasse le poids, la mesure dont on parle, bon, bonne: ***un kilo ~,*** un bon kilo. **2** Honteux, euse, confus, use (avergonzado). **3** Cursive (escritura). **4** Expérimenté, ée, roué, ée. **5** Continu, ue (referido a un edificio).
corriente [kor̄jènte] *adj.* **1** Courant, ante: ***moneda ~,*** monnaie courante. **2** Actuel, elle (tiempo). ■ **3** *m.* Courant: ***el 12 del ~,*** le 12 courant. ■ **4** *f.* Courant *m.* (de agua, aire, etc.). ■ **5** *adv.* D'accord, soit, bon.
corrillo [kor̄iʎo] *m.* Groupe à part, petit cercle (de personas).
corro [kòr̄o] *m.* Cercle (de personas).
corroborar [kor̄oβoràr] *tr.* Corroborer.
corromper [kor̄ompèr] *tr.* Corrompre.
corrosión [kor̄osjòn] *f.* Corrosion.
corrupción [kor̄uβθjòn] *f.* Corruption.
corrupto, -ta [kor̄uβto, -ta] *adj.* Corrompu, ue.
corsario, -ia [korsàrjo, -ja] *adj.-s.* Corsaire.
corsé [korsè] *m.* Corset.
corta [kòrta] *f.* Coupe (de árboles).
cortado, -da [kortàðo, -ða] *adj.* **1** Coupé, ée. **2** Haché, ée (estilo).
cortante [kortànte] *adj.* **1** Coupant, ante, tranchant, ante. **2** Piquant, ante (aire, frío).
cortaplumas [kortaplùmas] *m. invar.* Canif.
cortar [kortàr] *tr.* **1** Couper. Loc. fig. ~ ***por lo sano,*** couper dans le vif. **2** fig. Trancher, résoudre. ■ **3** *intr.* Couper (estar bien afilado). ■ **4** *pr.* Se couper. **5** Se gercer (hablando de la piel). **6** Tourner (la leche, etc.). **7** fig. Se troubler, demeurer court.
cortaúñas [kortaùɲas] *invar.* Coupe-ongles.
corte [kòrte] *m.* **1** Tranchant (filo). **2** Coupure *f.,* incision *f.* **3** Coupe *f.* (acción, manera de cortar). **4** Tranche *f.* (de un libro). ■ **5** *f.* Cour (de un soberano). **6** ***Hacer la ~,*** faire la cour. ■ **7** *f. pl.* ant. HIST.

États *m.* généraux. **8** ***Las Cortes,*** les Cortès, les corps *m.* législatifs.
cortejar [kortexàr] *tr.* Courtiser, faire la cour à.
cortejo [kortèxo] *m.* **1** Cortège. **2** Cour *f.* (acción de cortejar).
cortés [kortès] *adj.* Courtois, oise, poli, ie.
cortesía [kortesia] *f.* Courtoisie, politesse.
corteza [kortèθa] *f.* **1** Écorce. **2** Croûte (del pan, del queso). **3** Couenne (del tocino). **4** ~ ***terrestre,*** écorce, croûte terrestre.
cortijo [kortixo] *m.* Domaine rural.
cortina [kortina] *f.* **1** Rideau *m.* **2** FORT. Courtine.
corto, -ta [kòrto, -ta] *adj.* **1** Court, courte (de poca extensión o duración). **2** fig. Timide, embarrassé, ée. **3** *loc. adv.* ***A la corta o a la larga,*** tôt ou tard.
cortometraje [kortometràxe] *m.* Court-métrage.
corveta [korβèta] *f.* EQUIT. Courbette.
corzo [kòrθo] *m.* Chevreuil, brocard.
cosa [kòsa] *f.* **1** Chose: ***no es ~ del otro jueves,*** cela n'a rien d'extraordinaire, de rare; ***no hay tal ~,*** c'est faux, ce n'est pas vrai. **2** *loc. adv.* ***A ~ hecha,*** exprès, à dessein; ***como quien no quiere la ~,*** sans en avoir l'air; ~ ***de,*** environ, à peu près. ■ **3** *pl.* Idées, extravagances (de una persona).
cosaco, -ca [kosàko, -ka] *adj.-s.* Cosaque.
coscorrón [koskoȓòn] *m.* Coup sur la tête.
cosecha [kosètʃa] *f.* Récolte. Loc. fig. ***De su ~,*** de son cru, de son invention.
cosechadora [kosetʃaðòra] *f.* Moissonneuse-lieuse.
cosechar [kosetʃàr] *intr.-tr.* Récolter.
cosechero, -ra [kosetʃèro, -ra] *s.* Propriétaire récoltant.
coseno [kosèno] *m.* MAT. Cosinus.
coser [kosèr] *tr.* Coudre. Loc. fig. ~ ***a puñaladas,*** larder de coups de couteau.
cosmético, -ca [kozmètiko, -ka] *adj.-m.* **1** Cosmétique. ■ **2** *f.* Cosmétique.
cósmico, -ca [kòzmiko, -ka] *adj.* Cosmique.
cosmopolita [kozmopolita] *adj.-s.* Cosmopolite.
cosmos [kòzmos] *m.* Cosmos, univers.
coso [kòso] *m.* **1** Arènes *f. pl.* (plaza de toros). **2** Rue *f.* principale (dans quelques villes).
cosquillas [koskiʎas] *f. pl.* Chatouillement *m. sing.* Loc. ***Hacer ~,*** chatouiller, faire des chatouilles.
costa [kòsta] *f.* **1** Côte (litoral). **2** Prix *m.* coût *m.*, frais *m.* **2** *loc. adv.:* ***A toda ~,*** à tout prix. ■ **3** *pl.* DER. Dépens (de un proceso).
costado [kostàðo] *m.* Côté (del cuerpo humano, línea de parentesco).
costal [kostàl] *adj.* **1** Costal, ale. ■ **2** *m.* Sac (para granos, etc.).
costar [kostàr] *intr.* **1** Coûter. **2** *loc. adv.* ***Cueste lo que cueste,*** coûte que coûte. ▲ CONJUG. comme ***contar.***
coste [kòste] *m.* Prix, coût.
costear [kosteàr] *tr.* **1** Payer le coût de, financer. **2** MAR. Côtoyer.
costero, -ra [kostèro, -ra] *adj.* Côtier, ière.
costilla [kostiʎa] *f.* Côte.
costo [kòsto] *m.* Coût.
costra [kòstra] *f.* Croûte.
costumbre [kostùmbre] *f.* **1** Coutume, habitude, usage. ■ **2** *pl.* Mœurs.
costura [kostùra] *f.* Couture.
costurero [kosturèro] *m.* Petite table *f.* à ouvrage (mesita), nécessaire de couture (neceser).
cotejo [kotèxo] *m.* Confrontation *f.*, comparaison *f.*
cotidiano, -na [kotiðjàno, -na] *adj.* Quotidien, ienne.

cotización [kotiθaθjòn] *f.* 1 Cotisation (acción). 2 Cotation, cote, cours *m.* (de los valores).
cotizar [kotiθàr] *tr.* COM. Coter.
coto [kòto] *m.* 1 Terrain clos, réservé. 2 fig. Borne *f.*, limite *f.* 3 ***Poner ~ a,*** mettre un terme à, un frein à. 4 Chabot (pez).
cotorra [kotòr̄a] *f.* 1 Perruche. 2 fig. Pie.
COU [kòw] *m.* (*abrev.* Curso de Orientación Universitaria) Études de préparation universitaire.
coxis [kò(ɣ)sis] *m.* Coccyx.
coyote [koǰòte] *m.* Coyote.
coyuntura [koǰuntùra] *f.* 1 ANAT. Jointure. 2 Conjoncture, occasion (oportunidad). 3 Conjoncture (económica).
coz [koθ] *f.* 1 Ruade: ***dar, tirar coces,*** lancer des ruades. 2 Recul *m.* (de un arma de fuego).
craneal [kraneàl], **craneano, -na** [kraneàno, -na] *adj.* Crânien, ienne.
cráneo [kràneo] *m.* Crâne.
craso, -sa [kràso, -sa] *adj.* Gras, grasse.
cráter [kràter] *m.* Cratère (de un volcán).
creación [kreaθjòn] *f.* Création.
creador, -ra [kreaðòr, -ra] *adj.-s.* Créateur, trice.
crear [kreàr] *tr.* Créer.
crecer [kreθèr] *intr.* 1 Croître, augmenter. 2 Grandir (aumentar de estatura). ■ 3 *pr.* Prendre plus d'autorité, d'audace, s'enhardir. ▲ CONJUG. comme ***agradecer.***
creces [krèθes] *f. pl.* Augmentation *sing.*, surplus *m. sing.*
crecido, -da [kreθiðo, -ða] *adj.* 1 Grand, ande, important, ante: ***un ~ número de,*** un grand nombre de. 2 Grand, ande (niño).
creciente [kreθjènte] *adj.* 1 Croissant, ante. 2 ***Luna ~,*** premier quartier. ■ 3 *m.* Croissant (de la luna). 4 Flux (del mar).
credencial [kreðenθjàl] *adj.* Qui accrédite, de créance: ***cartas credenciales,*** lettres de créance.
crédito [krèðito] *m.* Crédit: ***carta de ~,*** lettre de crédit.
credo [krèðo] *m.* Credo.
crédulo, -la [krèðulo, -la] *adj.* Crédule.
creer [kreèr] *tr.-intr.* 1 Croire: ***~ en Dios,*** croire en Dieu. ■ 2 *pr.* Se croire: ***se creía rico,*** il se croyait riche.
crema [krèma] *f.* 1 Crème. 2 Cirage *m.* (betún). ■ 3 *adj.* Crème (color).
cremallera [kremaʎèra] *f.* 1 MEC. Crémaillère. 2 Fermeture à glissière (cierre).
crematorio, -ria [krematòrjo, -rja]. 1 *adj.* Crématoire. ■ 2 *m.* Crématorium.
crepitar [krepitàr] *intr.* Crépiter.
crepúsculo [krepùskulo] *m.* Crépuscule.
crespo, -pa [krèspo, -pa] *adj.* Crépu, ue.
crespón [krespòn] *m.* Crêpe, crépon.
cresta [krèsta] *f.* 1 Crête (de gallo). 2 Huppe (copete).
cretino, -na [kretino, -na] *adj.-s.* Crétin, ine.
cretona [kretòna] *f.* Cretonne.
creyente [kreǰènte] *adj.-s.* Croyant, ante.
cría [kria] *f.* 1 Allaitement *m.* 2 Élevage *m.* (de animales). 3 Nourrisson *m.* (niño de pecho). 4 Petit *m.* (animal).
criada [krjàða] *f.* Domestique, servante, bonne: ***~ para todo,*** bonne à tout faire.
criadero [krjaðèro] *m.* 1 Pépinière *f.* 2 Élevage (de animales). 3 MIN. Gisement.
criar [krjàr] *tr.* 1 Produire. 2 Nourrir, allaiter: ***~ con biberón,*** nourrir au biberon. 3 Élever (un animal). 4 Élever, éduquer (un niño).
criatura [krjatùra] *f.* 1 Créature. 2 Nourrisson *m.* (niño de pecho).
crimen [krimen] *m.* Crime.

criminal [kriminàl] *adj.-s.* Criminel, elle.
crin [krin] *f.* 1 Crin *m.* 2 ~ ***vegetal,*** crin végétal. ■ 3 *pl.* Crinière *sing.*
crío [krio] *m.* 1 Nourrisson, bébé. 2 Petit, gosse (niño).
cripta [kriβta] *f.* Crypte.
crisis [krisis] *f.* Crise.
crismas [krizmàs] *m.* Carte de Noël *f.*, carte de voeux *f.*
crispar [krispàr] *tr.* Crisper. Loc. fam. ***Me crispa los nervios,*** ça me tape sur les nerfs.
cristal [kristàl] *m.* 1 Cristal: ***unos cristales de cuarzo,*** des cristaux de quartz. 2 Carreau, vitre *f.* (de ventana), glace *f.* (de escaparate, parabrisas, etc.).
cristalino, -na [kristalino, -na] *adj.-m.* Cristallin, ine.
cristalizar [kristaliθàr] *tr.-intr.* Cristalliser.
cristianismo [kristjanizmo] *m.* Christianisme.
cristiano, -na [kristjàno, -na] *adj.-s.* Chrétien, ienne.
criterio [kritèrjo] *m.* 1 Critère, critérium. 2 Jugement, discernement (juicio). 3 Opinion *f.*
crítica [kritika] *f.* Critique.
crítico, -ca [kritiko, -ka] *adj.* 1 Critique. ■ 2 *m.* Critique (persona).
croar [kroàr] *intr.* Coasser.
croissant [krosán] *m.* Croissant.
croissantería [krosanteria] *f.* Croissanterie.
cromático, -ca [kromàtiko, -ka] *adj.* FÍS., MÚS. Chromatique.
cromo [kròmo] *m.* 1 Chrome (metal). 2 Chromo (estampa).
crónica [krònika] *f.* Chronique.
cronista [kronista] *f.* Chroniqueur.
cronología [kronoloxia] *f.* Chronologie.
cronometrar [kronometràr] *tr.* Chronométrer.
cronómetro [kronòmetro] *m.* Chronomètre.
croqueta [krokèta] *f.* COC. Croquette.
croquis [kròkis] *m.* Croquis.
cruce [krùθe] *m.* 1 Croisement (de vías, acción de cruzar). 2 Interférence *f.* (de ondas). 3 Croisement (de razas).
crucero [kruθèro] *adj.* 1 Qui croise une voûte d'arête (arco). ■ 2 *m.* Portecroix. 3 ARQ. Croisée *f.* du transept.
crucial [kruθjàl] *adj.* Crucial, ale.
crucificar [kruθifikàr] *tr.* Crucifier.
crucifijo [kruθifixo] *m.* Crucifix.
crucigrama [kruθiɣràma] *m.* Mots croisés *m. pl.*
crudeza [kruðèθa] *f.* 1 Crudité. 2 Rigueur (del tiempo).
crudo, -da [krúðo, -ða] *adj.* 1 Cru, crue (no cocido). 2 Rigoureux, euse, rude (tiempo). 3 Écru, ue (seda).
cruel [krwèl] *adj.* Cruel, elle.
crueldad [krwelðàð] *f.* Cruauté.
crujía [kruxia] *f.* 1 Galerie, corridor *m.* 2 Salle d'hôpital à deux rangs de lits.
crujido [kruxiðo] *m.* 1 Craquement. 2 Crissement. 3 Frou-frou (de la seda).
crujir [kruxir] *intr.* Craquer, croquer.
cruz [kruθ] *f.* 1 Croix. Loc. ***Señal de la ~,*** signe de la croix; ***hacerse cruces,*** s'étonner. 2 Garrot *m.* (de un animal). 3 Pile (de una moneda).
cruzado, -da [kruθàðo, -ða] *adj.-m.* 1 Croisé, ée (alistado para una cruzada). ■ 2 *adj.* Croisé, ée (animal).
cruzar [kruθàr] *tr.* 1 Croiser: ~ ***los brazos,*** croiser les bras; ~ ***los dedos,*** croiser les doigts. 2 Traverser (atravesar).
CTNE [θeteneè] *f.* (*abrev.* Compañía Telefónica Nacional de España) Compagnie espagnole des télécommunications.
cuadernillo [kwaðerniʎo] *m.* 1 Petit cahier. 2 Cahier de cinq feuilles de papier.
cuaderno [kwaðèrno] *m.* 1 Cahier. 2 MAR. ~ ***de bitácora,*** livre de bord.

cuadra [kwáðra] *f.* 1 Écurie. 2 Dortoir *m.* (de hospital, etc.), chambrée (de cuartel).
cuadrado, -da [kwaðráðo, -ða] *adj.* 1 Carré, ée. ■ 2 *m.* GEOM., MAT. Carré. 3 Carrelet (regla). 4 IMPR. Cadrat.
cuadrante [kwaðrànte] *m.* 1 Quadrant. 2 Cadran solaire (reloj de Sol). 3 ASTR. Quart de cercle.
cuadrar [kwaðrár] *tr.* 1 Carrer. 2 Équarrir (la madera, etc.). ■ 3 *intr.* Cadrer, aller. 4 Plaire, convenir: ***esto no me cuadra,*** cela ne me plaît pas. ■ 5 *pr.* Se mettre au garde-à-vous (un soldado).
cuadricular [kwaðrikulár] *tr.* Quadriller.
cuadrilátero, -ra [kwaðrilàtero, -ra] *adj.-m.* 1 Quadrilatère. ■ 2 *m.* Ring (de boxeo).
cuadrilla [kwaðriʎa] *f.* 1 Équipe, troupe. 2 Bande (de ladrones). 3 Quadrille *m.* (baile).
cuadro, -dra [kwáðro, -ðra] *adj.* 1 Carré, ée. ■ 2 *m.* Parterre (de jardín). 3 Tableau (pintura, descripción, espectáculo). 4 Tableau (cronológico, artístico, de distribución, etc.). 5 TEAT. Tableau. 6 Cadre (de una bicicleta).
cuadrúpedo [kwáðrúpeðo] *adj.-m.* ZOOL. Quadrupède.
cuadruplicar [kwaðruplikàr] *tr.* Quadrupler.
cuajado, -da [kwaxàðo, -ða] *adj.* 1 Caillé, ée (leche). 2 Plein, pleine, rempli, ie (lleno).
cuajar [kwaxàr] *tr.* 1 Cailler (la leche), coaguler (la sangre). ■ 2 *intr.-pr.* Prendre (la nieve).
cuajo [kwàxo] *m.* 1 Présure *f.* (substancia). 2 Caillement. 3 Caillette *f.* (de los rumiantes). 4 *loc. adv.* ***Arrancar de ~,*** déraciner (árbol), fig. extirper.
cual [kwal] *pl.* **cuales** [kwàles] *adj.-pron.* 1 Comme, tel.: ~ ***el padre, tal el hijo,*** tel père, tel fils. 2 Quel, quelle, lequel, laquelle, etc.; ***¿cuál de los dos?,*** lequel des deux? ■ 3 *pron. rel.* Qui, lequel, laquelle, etc. (con el artículo definido): ***Juan, el ~ acaba de llegar,*** Jean, qui vient d'arriver. 4 ***Lo ~,*** ce qui, ce que. Loc ***Por lo ~,*** c'est pourquoi. ■ 5 Loc. ***Cada ~,*** chacun. ■ 6 *adv.* Comme, ainsi que: ***lo ha hecho ~ lo había prometido,*** il l'a fait comme il l'avait promis. ■ 7 Comment (exclamativo).
cualesquiera [kwaleskjèra] *adj.-pron. indef. pl.* de ***cualquiera.***
cualidad [kwaliðàð] *f.* Qualité.
cualquiera [kwalkjèra] *adj.-indef.* 1 N'importe quel, n'importe quelle, tout, toute (cualquier antepuesto a un substantivo:): ***a cualquier hora,*** à n'importe quelle heure. 2 Quelconque (después de un substantivo): ***un libro ~,*** un livre quelconque. ■ 3 *pron. indef.* N'importe qui, qui que ce soit, quiconque: ~ ***que haya viajado,*** quiconque a voyagé. ■ 4 *s.* ***Un ~,*** un homme quelconque; ***una ~,*** une femme de rien.
cuan [kwan] *adv.* Combien, que (delante de un adj. o de un adv.): ***imagínate cuán triste sería que,*** imagine combien il serait triste que.
cuando [kwàndo] *adv.* 1 Quand: ***¿de cuándo acá?,*** depuis quand? *loc. adv.* ~ ***más,*** tout au plus. ■ 2 *conj.* Quand, lorsque: ~ ***niño, Carlos ...,*** quand il était enfant, Charles... 3 ***Aun ~,*** même si, quand bien même. 4 Tantôt (sentido distributivo): ***siempre discutía, cuándo con unos, cuándo con otros,*** il discutait toujours, tantôt avec les uns, tantôt avec les autres.
cuantioso, -sa [kwantjòso, -sa] *adj.* Abondant, ante, considérable.
cuantitativo, -va [kwantitatiβo, -βa] *adj.* Quantitatif, ive.
cuanto [kwànto] *adv.* 1 Combien: ***¿cuánto vale esto?,*** combien ça vaut? 2 Combien, comme, que (hasta qué punto): ***tú sabes cuánto***

te quiero, tu sais combien je t'aime; ***¡cuánto me alegro de veros!,*** que je suis content de vous voir! **3** Combien de temps, tout le temps que, tant que: ***¿cuánto hace que se marchó?,*** depuis combien de temps est-il parti?, ***esto durará ~ quiera él,*** cela durera tout le temps qu'il voudra. **4** Con más, menos, etc., y en correlación con más, menos, etc.: ***~ más tiene, más quiere,*** plus il en a, plus il en veut. **5** Loc. ***~ a, en ~ a,*** quant à; ***~ antes,*** au plus tôt, le plus tôt possible; ***~ más, ~ y más,*** à plus forte raison; ***en ~,*** aussitôt que; ***por ~,*** parce que, puisque.

cuanto, cuanta [kwànto, kwànta] *adj.-pron.* **1** Autant de... que, les... que, ce que, ceux qui ou que (en correlación con tanto y todo): ***haz tanto bien ~ puedas,*** fais tout le bien que tu pourras: ***todas cuantas veces,*** toutes les fois que. ■ **2** *pron.* Tout ce qui ou que; autant que, tous ceux, toutes celles qui ou que: ***pregúntelo a cuantos lo vieron,*** demandez-le à tous ceux qui l'ont vu. ■ **3** *adj.-adv.* Combien (de), que de: ***¡cuánta gente!,*** que de monde. **4** ***Unos cuantos, unas cuantas,*** quelques.

cuarenta [kwarènta] *adj.* Quarante.

cuarentena [kwarentèna] *f.* Quarantaine.

cuaresma [kwarèzma] *f.* Carême *m.*

cuartear [kwarteàr] *tr.* **1** Diviser en quatre. **2** Dépecer (descuartizar). **3** Faire zigzaguer. ■ **4** *pr.* Se crevasser (un muro, un techo).

cuartel [kwartèl] *m.* **1** MIL., BLAS. Quartier. **2** Caserne *f.* (alojamiento de la tropa). **3** Quartier (gracia): ***dar ~,*** faire quartier. **4** Quart (cuarta parte). **5** Quartier (barrio).

cuarteto [kwartèto] *m.* **1** Quatrain (vers de plus de dix syllabes). **2** MÚS. Quatuor.

cuartilla [kwartiʎa] *f.* **1** Feuille, feuillet *m.* (de papel). **2** Paturon *m.* (del caballo).

cuarto, -ta [kwàrto, -ta] *adj.-s.* **1** Quatrième. ■ **2** *m.* Quart (cuarta parte): ***dentro de un ~ de hora,*** dans un quart d'heure. **3** Quartier (de luna). **4** Quartier (de un cuadrúpedo, de un vestido). **5** Train: ***~ delantero, trasero,*** train de devant, de derrière (de un animal). **6** Quartier (de descendencia). **7** Pièce *f.*, chambre *f.* (habitación): ***~ de dormir,*** chambre à coucher. **8** Appartement (piso). **9** ant. Monnaie *f.* de trois centimes. **10** ***En ~,*** in-quarto. ■ **11** *pl.* fam. Argent *sing.*, sous, pognon *sing.* (dinero). **12** Membres d'un animal bien bâti.

cuatro [kwàtro] *adj.-m.* Quatre.

cuatrocientos, -as [kwatroθjèntos, -as] *adj.* Quatre cents.

cuba [kùβa] *f.* **1** Tonneau *m.*, fût *m.* **2** Cuve (donde fermenta el mosto).

cuba-libre [kuβalibre] *m.* Rhum-coca.

cubano, -na [kuβàno, -na] *adj.-s.* Cubain, aine.

cubeta [kuβèta] *f.* **1** Tonnelet *m.* (cuba pequeña). **2** Baquet *m.*, cuveau *m.* **3** Cuvette (del barómetro, de laboratorio).

cúbico, -ca [kùβiko, -ka] *adj.* **1** Cubique. **2** Cube: ***metro ~,*** mètre cube.

cubierta [kuβjèrta] *f.* **1** Couverture. **2** Couverture (de un libro, tejado). **3** Pont *m.* (de un barco).

cubierto, -ta [kuβjèrto, -ta] *adj.* **1** Couvert, erte. ■ **2** *m.* Couvert (tenedor, cuchara y cuchillo).

cubilete [kuβilète] *m.* **1** Gobelet. **2** Cornet (para jugar a los dados).

cubismo [kuβizmo] *m.* Cubisme.

cubo [kùβo] *m.* **1** Seau (recipiente). **2** Douille *f.* (de bayoneta). **3** MAT., GEOM. Cube.

cubrecama [kuβrekáma] *m.* Couvre-lit.
cubrir [kuβrir] *tr.* Couvrir. ▲ CONJUG. PART. PAS. irrég.: ***cubierto.***
cucaracha [kukarátʃa] *f.* 1 Blatte, cafard. 2 *m.* Cancrelat *m.*
cuchara [kutʃára] *f.* Cuiller, cuillère.
cucharilla [kutʃariʎa] *f.* Petite cuiller, cuiller à café.
cucharón [kutʃarón] *m.* 1 Louche *f.* 2 ~ ***de cocina,*** cuiller *f.* à pot.
cuchichear [kutʃitʃeár] *intr.* Chuchoter.
cuchilla [kutʃiʎa] *f.* 1 Couperet *m.*, coutelas *m.* 2 Coutre *m.* (de arado). 3 Lame (de un arma blanca). 4 poét. Glaive *m.*, épée.
cuchillada [kutʃiʎáða] *f.* 1 Coup *m.* de couteau, d'épée. 2 Balafre, estafilade (herida).
cuchillo [kutʃiʎo] *m.* Couteau: Loc. fig. ***Pasar a ~,*** passer au fil de l'épée.
cuclillas (en) [kukliʎas] *loc. adv.* Accroupi, ie.
cuco, -ca [kúko, -ka] *adj.* 1 Mignon, onne, joli, ie. ■ 2 *adj.-s.* Malin, igne, rusé, ée (astuto). ■ 3 *m.* Coucou (pájaro).
cuello [kwéʎo] *m.* 1 Cou. 2 Col: ~ ***postizo,*** faux col.; ~ ***cisne,*** col roulé. 3 Goulot (de botella). 4 Col (parte estrecha).
cuenca [kwéŋka] *f.* Écuelle de bois.
cuenco [kwéŋko] *m.* 1 Terrine *f.*, jatte *f.* 2 Concavité *f.*
cuenta [kwénta] *f.* 1 Compte *m.* Loc. ~ ***de la vieja,*** compte fait sur les doigts; ***cuentas del Gran Capitán,*** comptes d'apothicaire; ***ajustar cuentas,*** régler les comptes. 2 Note, addition (en el restaurante, etc.). 3 COM. Compte *m.*: ~ ***corriente,*** compte. 4 Compte *m.*: ***dar ~ de,*** rendre compte. 5 Charge, obligation (incumbencia): ***esto corre por ~ mía,*** cela est à ma charge. 6 Otros sentidos: ***a buena ~,*** en acompte; ***tener en ~,*** tenir compte de, considérer. 7 Grain *m.* (de un rosario, un collar, etc.).
cuentagotas [kwentaγótas] *m. invar.* Compte-gouttes.
cuentista [kwentista] *adj.-s.* 1 Cancanier, ière (chismoso). 2 Conteur, euse.
cuento [kwénto] *m.* 1 Conte, historiette *f.*: ***eso no viene a ~,*** cela ne rime à rien. 2 Cancan, potin, histoire *f.* (chisme). Loc. ***Dejarse de cuentos,*** aller droit au but. 3 *loc. adv.* ***Sin ~,*** innombrable, sans nombre.
cuerda [kwérða] *f.* 1 Corde (de cáñamo, lino, etc., de un arco). 2 GEOM. MÚS. Corde. 3 Ressort *m.* (de reloj). Loc. ***Dar ~ al reloj,*** remonter la montre. 4 *loc. adv.* ***Por debajo de ~,*** en cachette, sous main. ■ 5 *pl.* ***Cuerdas vocales,*** cordes vocales.
cuerdo, -da [kwérðo, -ða] *adj.-s.* Sage, sensé, ée, prudent, ente.
cuerno [kwérno] *m.* 1 Corne *f.* (asta). Loc. ~ ***de la abundancia,*** corne d'abondance. 2 MÚS. Cor. 3 Corne *f.* (materia).
cuero [kwéro] *m.* Cuir: ~ ***cabelludo,*** cuir chevelu.
cuerpo [kwérpo] *m.* 1 Corps. Loc. ***Dar con el ~ en tierra,*** tomber par terre. 2 Cadavre, corps. 3 *loc. adv.* ***A ~, en ~,*** sans pardessus, en taille; ***a ~ de rey,*** comme un prince; ***en ~ y alma,*** corps et âme.
cuervo [kwérβo] *m.* 1 Corbeau. 2 ~ ***marino,*** cormoran.
cuesta [kwésta] *f.* 1 Côte, pente: ***en ~,*** en pente. 2 ***A cuestas,*** sur le dos; fig. sur les épaules.
cuestión [kwestjón] *f.* 1 Question: ~ ***batallona, candente,*** question brûlante. 2 Affaire: ***esta es la ~,*** voilà l'affaire.
cuestionario [kwestjonárjo] *m.* Questionnaire.
cueva [kwéβa] *f.* 1 Caverne, grotte. 2 Cave (sótano).

cuidado [kwiðàðo] *m.* 1 Soin: ***prodigar sus cuidados,*** prodiguer ses soins. 2 Souci, inquiétude *f.* Loc. ***Estar con ~,*** s'inquiéter, s'alarmer. 3 *interj.* Attention!, gare!: ***~con el perro!,*** attention au chien!
cuidar [kwiðàr] *tr.* 1 Soigner, avoir soin de. ■ 2 *tr.-intr.* Prendre soin, s'occuper de, veiller à. ■ 3 *pr.* Se soucier de (preocuparse).
culata [kulàta] *f.* 1 Croupe (de caballo). 2 Crosse (de fusil, de pistola). 3 Culasse (de cañón).
culebra [kulèβra] *f.* 1 Couleuvre. 2 Serpent *m.* 3 Serpentin *m.* (de alambique).
culebrón [kuleβròn] *m.* Série télévisée *f.*
culinario, -ia [kulinàrjo, -ja] *adj.* Culinaire.
culminante [kulminànte] *adj.* Culminant, ante.
culminar [kulminàr] *intr.* Culminer.
culo [kùlo] *m.* Cul.
culpa [kùlpa] *f.* Faute: ***es ~ mía,*** c'est ma faute.
culpable [kulpàβle] *adj.-s.* Coupable.
culpar [kulpàr] *intr.* 1 Accuser, rendre responsable. 2 DER. Inculper.
culterano, -na [kulteràno, -na] *adj.* Partisan du cultisme.
cultivo [kultiβo] *m.* Culture *f.*
culto, -ta [kùlto, -ta] *adj.* 1 Cultivé, ée. ■ 2 *m.* Culte.
cultura [kultùra] *f.* Culture.
cumbre [kùmbre] *f.* Sommet *m.*
cumpleaños [kumpleàɲos] *m. invar.* Anniversaire (del nacimiento).
cumplido, -da [kumpliðo, -ða] *adj.* 1 Complet, ète, accompli, ie (perfecto). 2 Révolu, ue: ***20 años cumplidos,*** 20 ans révolus. 3 Large, ample (holgado). 4 Poli, ie, attentionné, ée (cortés). ■ 5 *m.* Compliment (alabanza).
cumplimiento [kumplimjènto] *m.* 1 Exécution *f.,* accomplissement. 2 Compliment, politesse *f.* (cortesía). 3 *loc. adv.* ***De, por ~,*** de, par politesse.
cumplir [kumplir] *tr.* 1 Accomplir, remplir (un deber, una misión, etc.). 2 Exécuter (una orden). 3 S'acquitter (de una obligación). 4 Satisfaire (los deseos de uno). 5 Tenir (una promesa). 6 Avoir (edad); ***hoy cumple 10 años,*** il a aujourd'hui 10 ans ■ 7 *intr.* ***~ con,*** remplir ses devoirs envers; ***~ con sus compromisos,*** remplir ses engagements.
cúmulo [kùmulo] *m.* 1 Tas, accumulation *f.* 2 Cumulus (nube).
cuna [kùna] *f.* Berceau *m.*
cundir [kundir] *intr.* 1 S'étendre, se répandre, s'étaler (líquido). 2 fig. Se répandre (noticia).
cuneta [kunèta] *f.* Fossé *m.*
cuña [kùɲa] *f.* Coin *m.* (para hender).
cuñada [kuɲàða] *f.* Belle-sœur.
cuñado [kuɲàðo] *m.* Beau-frère.
cuño [kùɲo] *m.* 1 Coin (para las monedas, etc.). 2 Frappe *f.* (impresión), empreinte *f.,* marque *f.* (señal).
cuota [kwòta] *f.* Quote-part.
cupo [kùpo] *m.* Quote-part *f.* (de un impuesto).
cupón [kupòn] *m.* Coupon: ***~ de respuesta,*** coupon-réponse.
cúpula [kùpula] *f.* 1 ARQ. Coupole. 2 BOT. Cupule.
cura [kùra] *m.* 1 Prêtre, abbé, curé. 2 ***~ párroco,*** curé. ■ 3 *f.* Cure (tratamiento médico, curación). 4 Pansement *m.*: ***hacer una ~ provisional,*** faire un pansement provisoire.
curación [kuraθjòn] *f.* 1 Cure, traitement *m.* 2 Guérison (efecto de curarse).
curandero, -ra [kurandèro, -ra] *s.* Rebouteur, euse, guérisseur, euse.
curar [kuràr] *intr.* 1 Avoir soin de. ■ 2 *tr.* Guérir (remediar un mal). 3 Saurer, boucaner, saler (carne, pescado). 4 Apprêter (los cueros), sécher (la madera), blanchir (las

telas). **5** Panser, appliquer des remèdes à (una herida). **6** Soigner (tratar). ■ **7** *intr.-pr.* Guérir (sanar).
curativo, -va [kuratiβo, -βa] *adj.* Curatif, ive.
curdo, -da [kúrðo, -ða] *adj.-s.* Kurde.
curia [kúrja] *f.* **1** HIST. Curie. **2** Basoche, gens *m. pl.* de robe (justicia).
curiosidad [kurjosiðàð] *f.* **1** Curiosité. **2** Propreté (limpieza). **3** Soin *m.* (esmero).
curioso, -sa [kurjòso, -sa] *adj.-s.* **1** Curieux, euse: ~ ***por saber,*** curieux de savoir. ■ **2** *adj.* Propre, bien tenu, ue (limpio).
currículum vitae [kuṙikulumβite] *m.* Curriculum vitae.
curro [kúṙo] *m.* fam. Boulot.
cursar [kursàr] *tr.* **1** Fréquenter (un lugar). **2** Étudier (estudiar). **3** Donner suite, faire suivre son cours à (a un asunto).
cursi [kúrsi] *adj.* **1** Ridicule, prétentieux, euse, de mauvais goût. ■ **2** *s.* Snob.
cursillo [kursiʎo] *m.* Stage.
cursivo, -va [kursiβo, -βa] *adj.-s.* **1** Cursif, ive. ■ **2** *f.* IMPR. Italique *m.*
curso [kúrso] *m.* Cours.
curtido [kurtiðo] *m.* **1** Cuir tanné, corroyé. **2** Tannage (acción).
curtidor [kurtiðòr] *m.* Tanneur, corroyeur.
curtir [kurtir] *tr.* **1** Tanner, corroyer. **2** Hâler (la piel). **3** fig. Endurcir, aguerrir (a una persona).
curva [kúrβa] *f.* Courbe.
curvatura [kurβatúra] *f.* Courbure.
curvo, -va [kúrβo, -βa] *adj.* Courbe.
cúspide [kúspiðe] *f.* Sommet *m.*
custodia [kustóðja] *f.* **1** Garde, surveillance. **2** LITURG. Ostensoir *m.*
custodiar [kustoðjàr] *tr.* Garder, surveiller.
cutáneo, -ea [kutàneo, -ea] *adj.* Cutané, ée.
cutis [kútis] *m.* Peau *f.* (du visage).
cuyo, -ya [kùʝo, ʝa] *pron. rel.* **1** Dont le, dont la, etc. (exprimant toujours une idée de possession): ***mi hermano, cuya mujer está enferma,*** mon frère, dont la femme est malade. **2** De qui, duquel, de laquelle, etc. (después de una prep.): ***el amigo con ~ padre viajo,*** l'ami avec le père duquel je voyage.
cuzcuz [kuθkúθ] *m.* Couscous.

D

d [de] *f.* D. *m.*
dádiva [dàðiβa] *f.* Don *m.*, cadeau *m.*
dado, -da [dàðo, -ða] **1** *p.p.* de ***dar.*** **2** *loc. conj.* ~ ***que,*** ~ ***el caso que,*** étant donné que, si. ■ **3** *adj.* Supposé, ée. **4** Adonné, ée, enclin, ine. ■ **5** *m.* Dé (pieza cúbica para jugar): ~ ***falso,*** dé pipé.
dalia [dálja] *f.* Dahlia *m.*
daltonismo [daltonizmo] *m.* Daltonisme.
dama [dàma] *f.* **1** Dame (mujer noble). **2** Première actrice: ~ ***joven,*** jeune première. ■ **3** *pl.* Dames (juego).
damajuana [damaxwàna] *f.* Damejeanne.
damisela [damisèla] *f.* Demoiselle.
damnificado, -da [damnifikaðo, -ða] *adj.* Sinistré, ée.
damnificar [damnifikàr] *tr.* Endommager.
danés, -esa [danès, -èsa] *adj.-s.* Danois, oise.
danza [dànθa] *f.* Danse.
danzar [danθàr] *intr.-tr.* Danser.
dañar [daɲàr] *tr.* Endommager, abîmer, détériorer (estropear).
daño [dàɲo] *m.* **1** Dommage, préjudice: ***daños y perjuicios,*** dommages et intérêts. **2** Mal: ***hacer ~,*** faire du mal; ***hacerse ~,*** se faire mal.
dar [dar] *tr.* **1** Donner. Loc. ~ ***de comer,*** donner à manger. **2** Déclarer, tenir, considérer: ~ ***por hecho,*** considérer comme fait. **3** Faire (con algunos sustantivos): ~ ***un***

paseo, faire une promenade. **4** Sonner (las horas): ***el reloj da las seis*** o (impers.) ***dan las seis,*** six heures sonnent. **5** *intr.* Rencontrer, trouver: ~ ***con lo que se busca,*** trouver ce que l'on cherche. **6** Tomber, heurter: ~ ***en un error,*** tomber dans une erreur. **7** Frapper (golpear). **8** Sentidos diversos: ***me lo da el corazón,*** le cœur me le dit. **9** Se livrer, s'adonner (entregarse): ***darse a la bebida,*** s'adonner à la boisson. **10** Se tenir pour, se considérer comme, s'estimer, s'avouer: ***darse por satisfecho,*** s'estimer satisfait. **11** Sentidos diversos: ***darse a conocer,*** se faire connaître. ▲ CONJUG. IRRÉG. INDIC. Prés.: ***doy, das, da, damos, dais, dan.*** Imparf.: ***daba, dabas,*** etc. Pas. simple: ***di, diste,*** etc. Fut.: ***daré, darás,*** etc. COND.: ***daría, darías,*** etc. SUBJ. Prés.: ***dé, des, dé, demos, deis, den.*** Imparf.: ***diera, dieras,*** etc., ou ***diese, dieses,*** etc. Fut.: ***diere, dieres,*** etc. IMPÉR.: ***da, dé, demos, dad, den.*** PART. PAS.: ***dado.*** GÉR.: ***dando.***

dardo [dàrðo] *m.* Dard (arma).

dársena [dàrsena] *f.* Darse, bassin *f.*

data [dàta] *f.* **1** Date. **2** COM. Débit *m.*

dátil [dàtil] *m.* Datte *f.*

dativo, -va [datiβo, -βa] *adj.-m.* Datif, ive.

dato [dàto] *m.* Donnée *f.*, renseignement.

de [de] *f.* D *m.*, lettre d. ■ **2** *prep.* Sert à marquer des rapports de matière, d'instrument, de manière, d'état: ***cesta ~ mimbre,*** panier en osier, d'osier; ***máquina ~ coser,*** machine à coudre. **3** Sur: ~ ***diez veces una,*** une fois sur dix. **4** (ant.) ***De*** précède le nom d'épouse d'une femme mis après son nom de jeune fille: ***Doña María Ruiz ~ Ponce,*** Madame Marie Ponce, née Ruiz.

deambular [deambulàr] *intr.* Déambuler.

debajo [deβàxo] *adv.* **1** Dessous. **2** *loc. prep.* ~ ***de,*** sous, au-dessous de.

debate [deβàte] *m.* Débat.

debe [dèbe] *m.* **1** COM. Doit. **2** Débit (de una cuenta).

deber [deβèr] *m.* Devoir.

deber [deβèr] *tr.* Devoir. ▲ Dans le sens d'être probable, se construit avec la prép. *de*: ***debe de haber llegado,*** il doit être arrivé.

debido, -da [deβiðo, -ða] *adj.* **1** Dû, due, juste, raisonnable. **2** *loc. adv.* ***Como es ~,*** comme il faut.

débil [dèβil] *adj.-s.* **1** Faible. **2** Débile.

debilidad [deβiliðàð] *f.* **1** Faiblesse. **2** Débilité (duradera).

debilitar [deβilitàr] *tr.* **1** Affaiblir, débiliter. ■ **2** *pr.* S'affaiblir, faiblir.

debut [deβùt] *m.* Débuts *m. pl.* (de un artista).

década [dèkaða] *f.* Décade.

decadencia [dekaðènθja] *f.* Décadence.

decadente [dekaðènte] *adj.* Décadent, ente.

decaer [dekaèr] *intr.* **1** Déchoir. **2** S'affaiblir, décliner. ▲ CONJUG. comme ***caer.***

decágono [dekàγono] *m.* **1** Décagone. ■ **2** *adj.* Décagonal.

decaído, -da [dekaiðo, -ða] *adj.* **1** Affaibli, ie (debilitado), abattu, ue (abatido). **2** Déchu, ue (en decadencia).

decálogo [dekàloγo] *m.* Décalogue.

decano [dekàno] *m.* Doyen.

decantar [dekantàr] *tr.* **1** Décanter (un líquido). **2** Louer, vanter (alabar).

decapitar [dekapitàr] *tr.* Décapiter.

decena [deθèna] *f.* Dizaine.

decencia [deθènθja] *f.* Décence.

decente [deθènte] *adj.* **1** Décent, ente. **2** Convenable, satisfaisant, ante (satisfactorio).

decepcionar [deθeβθjonàr] *tr.* Décevoir, désappointer.

decidido, -da [deθiðiðo, -ða] *adj.* Décidé, ée, résolu, ue.
decidir [deθiðir] *tr.* 1 Décider: *decidió marcharse,* il décida de s'en aller. ■ 2 *pr.* Se décider.
décima [dėθima] *f.* 1 Dixième (parte). 2 LIT. Dizain *m.*
decimal [deθimàl] *adj.* Décimal, ale.
décimo, -ma [dėθimo, -ma] *adj.-s.* 1 Dixième. ■ 2 *m.* Dixième (de un billete de lotería).
decir [deθir] *tr.* 1 Dire. Loc. ~ *misa,* dire la messe; ~ *entre sí, para sí,* dire à part soi; ~ *que no,* dire non; *dicho y hecho,* aussitôt dit, aussitôt fait; *¡diga!, ¡dígame!,* allô! (teléfono); *el qué dirán,* le qu'en-dira-t-on; *es* ~, c'est-à-dire. 2 Aller, convenir (con los adverbios bien o mal). ■ 3 *pr.* Se dire. ▲ CONJUG. IRRÉG. INDIC. Prés.: *digo, dices, dice, decimos, decís, dicen.* Imparf.: *decía, decías,* etc. Pas. simple: *dije, dijiste, dijo, dijimos, dijisteis, dijeron.* Fut.: *diré, dirás,* etc. COND.: *diría, dirías,* etc. SUBJ. Prés.: *diga, digas, diga, digamos, digáis, digan.* Imparf.: *dijera, dijeras, dijera, dijéramos, dijerais, dijeran,* ou *dijese, dijeses,* etc. Fut.: *dijere, dijeres,* etc. IMPÉR.: *di, diga, digamos, decid, digan.* PART. PAS.: *dicho.* GÉR.: *diciendo.*
decisión [deθisjòn] *f.* Décision.
declamar [deklamàr] *intr.-tr.* Déclamer.
declarar [deklaràr] *tr.* 1 Déclarer. 2 Expliquer. ■ 3 *intr.* DER. Déposer. ■ 4 *pr.* Se déclarer.
declinar [deklinàr] *intr.-tr.* Décliner.
declive [dekliβe] *m.*, **declividad** [dekliβiðàð] *f.* Déclivité *f.*, pente *f.*
decodificador [dekoðifikaðòr] *m.* Décodeur.
decomisar [dekomisàr] *tr.* Saisir, confisquer.
decoración [dekoraθjòn] *f.* 1 Décoration, ornement *m.* 2 TEAT. Décor *m.*
decorar [dekoràr] *tr.* Décorer (adornar).
decorativo, -va [dekoratiβo, -βa] *adj.* Décoratif, ive.
decoro [dekòro] *m.* Décorum.
decrecer [dekreθèr] *intr.* Décroître. ▲ CONJUG. comme *agradecer.*
decrépito, -ta [dekrèpito, -ta] *adj.* Décrépit, ite.
decretar [dekretàr] *tr.* Décréter.
decreto [dekrèto] *m.* 1 Décret. 2 Arrêt, ordre (de un juez, etc.).
dedal [deðàl] *m.* Dé à coudre, dé.
dedicar [deðikàr] *tr.* 1 Consacrer, dédier (una iglesia, etc.). 2 Dédicacer (un libro, una foto).
dedicatoria [deðikatòrja] *f.* Dédicace (de un libro, de una foto).
dedillo [deðiʎo] *m.* Petit doigt. Loc. *Saber una cosa al* ~, savoir une chose sur le bout du doigt.
dedo [dèðo] *m.* 1 Doigt. Loc. ~ *anular,* annulaire; ~ *de en medio, del corazón,* doigt du milieu, majeur; ~ *gordo, pulgar,* pouce; ~ *índice,* index. 2 Loc. fig. *A dos dedos de,* à deux doigts de; *contar con los dedos,* compter sur les doigts.
deducción [deðuγθjòn] *f.* Déduction.
deducir [deðuθir] *tr.* Déduire. ▲ CONJUG. comme *conducir.*
defecar [defekàr] *tr.-intr.* Déféquer.
defecto [defèγto] *m.* Défaut.
defender [defendèr] *tr.* Défendre.
defensa [defènsa] *f.* Défense.
defensivo, -va [defensiβo, -βa] *adj.* Défensif, ive.
deficiencia [defiθjènθja] *f.* Déficience, défaut *m.*
deficiente [defiθjènte] *adj.* Déficient, ente: ~ *mental,* débile mental.
déficit [dèfiθit] *m.* Déficit.
definición [definiθjòn] *f.* Définition.
definir [definir] *tr.* Définir.
definitivo, -va [definitiβo, -βa] *adj.* Définitif, ive. *loc. adv. En definitiva,* en définitive.
deflagrar [deflaγràr] *intr.* Déflagrer, s'enflammer en explosant.

deformación [deformaθjòn] *f.* Déformation.
deformar [deformàr] *tr.* Déformer.
defraudar [defraŭðàr] *tr.* **1** Frauder (cometer un fraude). **2** Tromper, décevoir (las esperanzas): ***me ha defraudado la película,*** le film m'a déçu.
defunción [defunθjòn] *f.* Décès *m.*
degeneración [dexeneraθjòn] *f.* Dégénérescence, dégénération.
degenerar [dexeneràr] *intr.* Dégénérer.
deglutir [deɣlutir] *tr.-intr.* Déglutir.
degollar [deɣoʎàr] *tr.* **1** Égorger. **2** Décolleter, échancrer (escotar). ▲ CONJUG. comme ***contar.***
degradante [deɣraðànte] *adj.* Dégradant, ante.
degradar [deɣraðàr] *tr.* Dégrader.
degustación [deɣustaθjòn] *f.* Dégustation.
deidad [deĭðàð] *f.* **1** Divinité. **2** Déité.
dejado, -da [dexàðo, -ða] *adj.* **1** Négligent, ente, nonchalant, ante. **2** Abattu, ue (decaído).
dejar [dexàr] *tr.* **1** Laisser. Loc. ~ ***caer,*** laisser tomber (un objeto); fig. insinuer; ~ ***plantado,*** planter là; ~ ***seco a uno,*** tuer quelqu'un net; ~ ***que*** (con un subjuntivo), permettre, laisser; ***¿me deja que le pregunte algo?,*** vous me permettez de vous demander quelque chose? **2** Prêter (prestar). **3** Quitter (abandonar). **4** Cesser: ~ ***de hablar,*** cesser de parler. ■ **5** *pr.* Se laisser. Loc. ***Dejarse caer,*** se laisser tomber. **6** S'abandonner, se négliger, se laisser aller (descuidarse).
dejo [dèxo] *m.* **1** Accent, intonation *f.* **2** Arrière-goût (sabor). **3** Mollesse *f.*, lassitude *f.* (flojedad).
del [del] contraction de ***de*** et ***el.*** Du, de l': ~ ***lobo,*** du loup; ~ ***aire,*** de l'air.
delantal [delantàl] *m.* Tablier.
delante [delànte] *adv.* Devant. *loc. prép.* ~ ***de,*** devant; ***por*** ~ ***de,*** devant.
delantera [delantèra] *f.* **1** Avant *m.* (de un coche, etc.), devant *m.* (de un vestido, etc.). **2** Premier rang *m.* (en un teatro, etc.).
delantero, -ra [delantero, -ra]. **1** *adj.* qui est situé, -ée devant. **2** *m.* avant: ~ ***centro,*** avant centre.
delatar [delatàr] *tr.* Dénoncer.
delator, -ra [delatòr, -ra] *adj.-s.* Délateur, trice.
delegación [deleɣaθjòn] *f.* Délégation. **2** Antenne (servicio secundario).
delegado, -da [deleɣàðo, -ða] *adj.-s.* Délégué, ée.
deleitar [deleĭtàr] *tr.* Délecter, charmer.
deleite [delèĭte] *m.* Plaisir, délice.
deletrear [deletreàr] *tr.* Épeler.
delfín [delfin] *m.* Dauphin (cetáceo, príncipe).
delgado, -da [delɣàðo, -ða] *adj.* **1** Mince, grèle (de poco grosor). **2** Maigre (persona, terreno).
deliberación [deliβeraθjòn] *f.* Délibération.
deliberar [deliβeràr] *intr.* **1** Délibérer. ■ **2** *tr.* Décider.
delicadeza [delikaðèθa] *f.* Délicatesse.
delicado, -da [delikàðo, -ða] *adj.* Délicat, ate.
delicia [deliθja] *f.* Délice *m.*
delicioso, -sa [deliθjòso, -sa] *adj.* Délicieux, euse.
delimitar [delimitàr] *tr.* Délimiter.
delincuencia [deliŋkwènθja] *f.* Délinquance.
delincuente [deliŋkwènte] *adj.-s.* Délinquant, ante.
delineante [delineànte] *m.* Dessinateur industriel.
delinear [delineàr] *tr.* **1** Délinéer. **2** Dessiner (planos).
delirar [deliràr] *intr.* Délirer.
delirio [delirjo] *m.* Délire.

delito [delito] *m.* Délit: ***flagrante ~,*** flagrant délit.
delta [delta] *f.* 1 Delta *m.* (letra). ■ 2 *m.* GEOG. Delta.
demacrado, -da [demakráðo, -ða] *adj.* Émacié, ée, très maigre.
demagogia [demaɣòxja] *f.* Démagogie.
demanda [demanda] *f.* 1 Demande. 2 Quête (busca): ***ir en ~ de,*** aller en quête de.
demarcación [demarkaθjòn] *f.* 1 Démarcation. 2 Terrain *m.* délimité.
demás [demàs] *adj.-pron. indef.* 1 L'autre, les autres, le reste. Ordinairement précédé de l'article: ***la ~ gente,*** les autres gens; ***los ~,*** les autres; ***lo ~,*** le reste; ***y ~,*** et le reste, et cætera. 2 *loc. adv.* ***Por ~,*** à l'excès (en demasía), inutile (inútil); ***por lo ~,*** au reste, du reste.
demasiado, -da [demasjàðo, -ða] *adj.* 1 Trop de: ***~ dinero,*** trop d'argent. ■ 2 *adv.* Trop.
demente [demènte] *adj.-s.* Dément, ente.
democracia [demokràθja] *f.* Démocratie.
democrático, -ca [demokràtiko, -ka] *adj.* Démocratique.
demográfico, -ca [demoɣràfiko, -ka] *adj.* Démographique.
demoler [demolèr] *tr.* Démolir. ▲ CONJUG. comme ***mover.***
demolición [demoliθjòn] *f.* Démolition.
demoníaco, -ca [demoniako, -ka] *adj.-s.* Démoniaque.
demonio [demònjo] *m.* Démon, diable.
demora [demòra] *f.* Retard *m.*, délai *m.*
demorar [demoràr] *tr.* Retarder, différer.
demostración [demostraθjòn] *f.* Démonstration.
demostrar [demostràr] *tr.* 1 Démontrer. 2 Prouver (probar). ▲ CONJUG. comme ***contar.***
denegar [deneɣàr] *tr.* 1 Refuser: ***~ un proyecto,*** refuser un projet. 2 Nier. ▲ CONJUG. comme ***acertar.***
denigrante [deniɣrànte] *adj.* Dénigrant, ante.
denigrar [deniɣràr] *tr.* Dénigrer.
denodado, -da [denoðàðo, -ða] *adj.* Intrépide, courageux, euse.
denominado [denominàðo] *adj.* MAT. ***Número ~,*** nombre complexe.
denominar [denominàr] *tr.* Dénommer, nommer.
densidad [densiðàð] *f.* Densité.
denso, -sa [dènso, -sa] *adj.* Dense.
dentado, -da [dentàðo, -ða] *adj.* 1 Denté, ée (rueda, etc.). 2 Dentelé, ée.
dentadura [dentaðùra] *f.* Denture (de una persona, de un animal).
dental [dentàl] *adj.* 1 Dentaire. ■ 2 *adj.-f.* GRAM. Dental, ale.
dentellada [denteʎàða] *f.* Coup *m.* de dents.
dentición [dentiθjòn] *f.* Dentition.
dentífrico, -ca [dentifriko, -ka] *adj.-m.* Dentifrice.
dentista [dentista] *m.* Dentiste.
dentro [dèntro] *adv.* 1 Dedans, à l'intérieur: ***estar ~,*** être dedans. 2 ***~ de,*** dans: ***~ del cajón,*** dans le tiroir.
denuncia [denùnθja], **denunciación** [denunθjaθjòn] *f.* Dénonciation.
denunciar [denunθjàr] *tr.* Dénoncer.
deontología [deontoloxia] *f.* Déontologie.
deparar [deparàr] *tr.* Procurer, accorder (proporcionar), présenter, offrir (ofrecer).
departamento [departamènto] *m.* Département (de un territorio, una administración).
depender [dependèr] *intr.* Dépendre.
dependiente [dependjènte] *adj.* 1 Dépendant, ante. ■ 2 *m.* COM. Employé, commis, vendeur.

depilar [depilàr] *tr.* **1** Épiler, dépiler. ■ **2** *pr.* S'épiler.
deplorable [deploràβle] *adj.* Déplorable.
deponer [deponèr] *tr.* **1** Éloigner, écarter de soi (apartar de sí). **2** Poser (las armas). **3** Déposer (destituir). **4** Déposer (ante el juez). ■ **5** *intr.* Aller à la selle. ▲ CONJUG. comme ***poner***.
deportado, -da [deportàðo, -ða] *adj.-s.* Déporté, ée.
deporte [depòrte] *m.* Sport.
deportista [deportista] *s.* Sportif, ive.
deposición [deposiθjòn] *f.* **1** Déposition. **2** Selles *pl.* (excremento).
depositar [depositàr] *tr.* **1** Déposer (confiar a uno, colocar en un sitio): ~ ***valores en el banco,*** déposer ses valeurs à la Banque. **2** Placer (la confianza). **3** Déposer (un líquido).
depósito [depòsito] *m.* **1** Dépôt (acción, cosa depositada, lugar). **2** Entrepôt (almacén). **3** Réservoir (para líquidos).
depravado, -da [depraβàðo, -ða] *adj.-s.* Dépravé, ée.
depravar [depraβàr] *tr.* Dépraver.
depreciación [depreθjaθjòn] *f.* Dépréciation.
depredador, -ra [depreðaðòr, -ra] *adj.-s.* Déprédateur, trice.
depresión [depresjòn] *f.* Dépression.
depresivo, -va [depresiβo, -βa] *adj.* Dépressif, ive.
deprimir [deprimir] **1** *tr.* Déprimer. ■ **2** *pr.* Se déprimer.
depurar [depuràr] *tr.* Épurer, dépurer.
derecha [derètʃa] *f.* **1** Droite (mano, lado). **2** Droite (política). **3** *loc. adv.* ***A la ~,*** à droite.
derecho [derètʃo] *m.* **1** Endroit (de una tela, etc.). **2** Droit: ~ ***de gentes,*** droit des gens; ***¿con qué ~?,*** de quel droit? ■ **3** *adv.* Droit: ***andar ~,*** marcher droit.
derecho, -cha [derètʃo, -tʃa] *adj.* **1** Droit, droite: ***mano derecha,*** main droite. **2** Juste, raisonnable.
deriva [deriβa] *f.* Dérive.
derivar [deriβàr] *intr.-tr.* **1** Dériver. ■ **2** *pr.* Dériver, découler (resultar).
dermatología [dermatoloxia] *f.* Dermatologie.
dermatólogo, -ga [dermatòloɣo, -ɣa] *s.* Dermatologue.
dermis [dèrmis] *f.* ANAT. Derme *m.*
derogar [deroɣàr] *tr.* **1** Abolir, abroger (a una ley, etc.). **2** Déroger.
derramar [der̄amàr] *tr.* **1** Verser, répandre (un líquido, etc.). **2** Éparpiller, disperser.
derrame [der̄àme] *m.* **1** Perte *f.* (líquido perdido). **2** MED. Épanchement. **3** Épanchement, écoulement (derramamiento).
derrengar [der̄eŋgàr] *tr.* **1** Éreinter, casser les reins. **2** Tordre.
derretimiento [der̄etimjènto] *m.* **1** Fonte *f.,* fusion *f.* **2** fig. Grand amour.
derretir [der̄etir] *tr.* **1** Fondre (por medio del calor). ■ **2** *pr.* Fondre: ***el hielo se derrite con el calor,*** la glace fond à la chaleur. **3** fig. Brûler (d'amour). ▲ CONJUG. comme ***servir*** .
derribar [der̄iβàr] *tr.* Démolir, abattre (un edificio), renverser, terrasser (a una persona o animal), abattre (un avión).
derribo [der̄iβo] *m.* Démolition *f.* (de un edificio).
derrocar [der̄okàr] *tr.* **1** Précipiter (du haut d'un rocher). **2** Renverser (el poder).
derrochador, -ra [der̄otʃaðòr, -ra] *s.* Dissipateur, trice, gaspilleur, euse.
derroche [der̄òtʃe] *m.* **1** Dissipation *f.,* gaspillage. **2** Excès, dépense *f.* excessive.
derrota [der̄òta] *f.* **1** MIL. Déroute, défaite. **2** Chemin *m.* (camino). **3** MAR. Route.

derrotado, -da [dera̋otáðo, -ða] *adj.* Misérablement vêtu, ue, dépenaillé, ée (andrajoso).
derrotar [derotár] *tr.* MIL. 1 Mettre en déroute, vaincre. 2 Battre (en una competición).
derruir [derwir] *tr.* Démolir (un edificio).
derrumbamiento [derumbamjénto] *m.* Écroulement, éboulement.
derrumbar [derumbár] *tr.* 1 Précipiter. 2 Abattre (derribar). ■ 3 *pr.* S'écrouler.
desaborido, -da [desaβoriðo, -ða] *adj.* 1 Fade, insipide. 2 fig. Insignifiant, ante, terne, falot, ote (persona).
desabotonar [desaβotonár] *tr.* Déboutonner.
desabrido, -da [desabriðo, -ða] *adj.* 1 Fade, insipide. 2 Désagréable (tiempo). 3 fig. Revêche, acariâtre (persona).
desabrigado, -da [desaβriγàðo, -ða] *adj.* 1 Mal abrité, ée. 2 Qui n'est pas assez couvert. 3 fig. Délaissé, ée (desamparado).
desabrochar [desaβrotʃár] *tr.* Dégrafer (broches, corchetes), déboutonner (botones).
desacato [desakáto] *m.* Manque de respect, d'obéissance.
desacertado, -da [desaθertáðo, -ða] *adj.* Erroné, ée.
desaconsejar [desakonsexár] *tr.* Déconseiller.
desacorde [desakórðe] *adj.* Discordant, ante.
desacostumbrado, -da [desakostumbráðo, -ða] *adj.* Inhabituel, elle, inusité, ée.
desacreditar [desakreðitár] *tr.* 1 Discréditer, déconsidérer, décrier. ■ 2 *pr.* Se discréditer.
desacuerdo [desakwérðo] *m.* 1 Désaccord: ***estar en ~,*** être en désaccord. 2 Erreur *f.*
desafecto, -ta [desaféγto, -ta] *adj.* Opposé, ée, hostile.
desafiar [desafjár] *tr.* 1 Défier, braver. ■ 2 *pr.* Se défier.
desafinar [desafinár] *intr.* 1 MÚS. Chanter faux, jouer faux. ■ 2 *pr.* MÚS. Se désaccorder.
desafío [desafío] *m.* 1 Défi. 2 Duel.
desafortunado, -da [desafortunáðo, -ða] *adj.* Infortuné, ée.
desagradable [desaγraðáβle] *adj.* Désagréable.
desagradecer [desaγraðeθér] *tr.* Faire preuve d'ingratitude, manquer de reconnaissance. ▲ CONJUG. comme ***agradecer.***
desagradecido, -da [desaγraðeθiðo, -ða] *adj.* Ingrat, ate.
desagrado [desaγráðo] *m.* Déplaisir, mécontentement.
desagregar [desaγreγár] *tr.* Désagréger.
desaguar [desaγwár] *tr.* Vider (extraer el agua), dessécher (desecar).
desagüe [desáγwe] *m.* 1 Écoulement (del agua). 2 Déversoir (desaguadero).
desaguisado, -da [desaγisáðo, -ða] *adj.* 1 Illégal, ale. 2 Absurde.
desahogado, -da [desaoγáðo, -ða] *adj.* Débarrassé, ée, dégagé, ée (sitio).
desahogar [desaoγár] *tr.* Soulager, réconforter (consolar).
desahogo [desaóγo] *m.* 1 Soulagement, consolation *f.* 2 Délassement. 3 Épanchement, effusion *f.* (de sentimientos).
desahuciar [desaŭθjár] *tr.* 1 Enlever tout espoir. 2 Condamner (a un enfermo). 3 DER. Expulser (a un inquilino).
desairado, -da [desaĭráðo, -ða] *adj.* Disgracieux, euse, gauche.
desairar [desaĭrár] *tr.* Repousser, éconduire (a una persona).
desaire [desáĭre] *m.* Mépris, dédain.
desalar [desalár] *tr.* 1 Dessaler (quitar la sal). 2 Couper les ailes.
desalentar [desalentár] *tr.* Décourager. ▲ CONJUG. comme ***acertar.***

desaliento [desaljènto] *m.* Découragement, abattement.
desaliñar [desaliɲàr] *tr.* Chiffonner, froisser (ajar).
desalmado, -da [desalmàðo, -ða] *adj.-s.* **1** Cruel, elle, inhumain, aine. ■ **2** *s.* Scélérat, ate.
desalojar [desaloxàr] *tr.* **1** Déloger, chasser (expulsar). **2** Quitter, vider (un sitio).
desalquilado, -da [desalkilàðo, -ða] *adj.* Vide, à louer (local).
desamor [desamòr] *m.* **1** Manque d'affection. **2** Inimitié *f.*, haine *f.*
desamortización [desamortiθaθjòn] *f.* Désamortisement.
desamparado, -da [desamparàðo, -ða] *adj.* Abandonné, ée, délaissé, ée.
desandar [desandàr] *tr.* ~ ***camino,*** rebrousser chemin. ▲ CONJUG. comme ***andar.***
desangrar [desaŋgràr] *tr.* **1** Saigner. **2** Assécher (un estanque, etc.). **3** fig. Appauvrir, ruiner. ■ **4** *pr.* Saigner abondamment.
desanimar [desanimàr] *tr.* Décourager.
desánimo [desànimo] *m.* Découragement, abattement.
desapacible [desapaθiβle] *adj.* **1** Désagréable, rude. **2** ***Tiempo*** ~, temps maussade.
desaparecer [desapareθèr] *intr.* Disparaître.
desaparición [desapariθjòn] *f.* Disparition.
desapego [desapèɣo] *m.* Détachement, indifférence *f.*
desapercibido, -da [desaperθiβiðo, -ða] *adj.* Inaperçu, ue. Loc. ***Coger*** ~, prendre au dépourvu.
desaplicado, -da [desaplikàðo, -ða] *adj.* Inappliqué, ée.
desaprensión [desaprensjòn] *f.* Sans-gêne *m.*, manque *m.* de scrupules.
desaprobar [desaproβàr] *tr.* Désapprouver. ▲ CONJUG. comme ***contar.***
desaprovechado, -da [desaproβetʃàðo, -ða] *adj.-s.* **1** Inappliqué, ée. ■ **2** *adj.* Infructueux, euse, dont on n'a pas profité.
desaprovechar [desaproβetʃàr] *tr.* Mal employer, ne pas profiter de.
desarmar [desarmàr] *tr.* **1** Désarmer. **2** Démonter (un reloj, un motor, un mueble, etc.).
desarme [desàrme] *m.* **1** Désarmement (de un país, etc.). **2** Démontage.
desarraigo [desar̄àiɣo] *m.* Déracinement.
desarreglar [desar̄eɣlàr] *tr.* **1** Dérégler. **2** Mettre en désordre (desordenar). **3** Déranger (frustrar).
desarrollar [desar̄oʎàr] *tr.* **1** Dérouler (lo que está arrollado). **2** Développer (el cuerpo, una industria, una teoría, etc.).
desarropar [desar̄opàr] *tr.* Dévêtir, découvrir (una persona).
desarrugar [desar̄uɣàr] *tr.* Déplisser, défroisser (un tejido, etc.).
desarticular [desartikulàr] *tr.* Désarticuler.
desaseo [desasèo] *m.* Malpropreté *f.*, saleté *f.*
desasir [desasir] *tr.* **1** Lâcher (soltar), détacher (desprender). ■ **2** *pr.* Se détacher, se dégager (soltarse). ▲ CONJUG. comme ***asir.***
desasnar [desaznàr] *tr.* Déniaiser, dégrossir.
desasosiego [desasosjèɣo] *m.* Inquiétude *f.*
desastrado, -da [desastràðo, -ða] *adj.* Malheureux, euse, infortuné, ée.
desastre [desàstre] *m.* Désastre.
desastroso, -sa [desastròso, -sa] *adj.* Désastreux, euse.
desatar [desatàr] *tr.* **1** Détacher, défaire, dénouer (lo atado), délacer (zapatos). ■ **2** *pr.* fig. Perdre la timidité. **3** Parler sans retenue.
desatascar [desataskàr] *tr.* **1** Désembourber. **2** Désobstruer, dégorger (un conducto). **3** fig. Dépêtrer.

desatender [desatendèr] *tr.* **1** Ne pas prêter attention à. **2** Ne pas écouter (un consejo, una advertencia). **3** Manquer d'attentions à l'égard de (una persona). ▲ CONJUG. comme ***entender.***

desatento, -ta [desatènto, -ta] *adj.* **1** Inattentif, ive, distrait, aite. **2** Impoli, ie (descortés).

desatino [desatino] *m.* **1** Manque de bon sens. **2** Bêtise *f.*, sottise *f.* (despropósito). **3** Erreur *f.*

desatornillar [desatorniʎàr] *tr.* Dévisser.

desatracar [desatrakàr] *tr.* **1** Éloigner d'un quai, d'un autre bateau. ■ **2** *intr.* MAR. Gagner le large.

desautorizar [desaŭtoriθàr] *tr.* Retirer, enlever, l'autorité, le pouvoir, l'estime.

desavenencia [desaβenènθja] *f.* Discorde, brouille, désaccord *m.*

desavenido, -da [desaβeniðo, -ða] *adj.* Brouillé, ée, désuni, ie.

desavenir [desaβenir] *tr.* Brouiller, indisposer, désaccorder. ▲ CONJUG. comme ***venir.***

desayunar [desaǰunàr] *intr.-tr.-pr.* Prendre le petit déjeuner, déjeuner.

desayuno [desaǰùno] *m.* Petit déjeuner.

desazón [desaθòn] *f.* **1** Fadeur (falta de sabor). **2** Sécheresse (en las tierras). **3** fig. Contrariété (disgusto).

desazonar [desaθonàr] *tr.* **1** Affadir (un manjar). **2** Contrarier, chagriner, inquiéter.

desbancar [dezβaŋkàr] *tr.* **1** Débanquer (en el juego). **2** fig. Supplanter (a alguien).

desbandada [dezβandàða] *f.* Débandade, déroute.

desbarajuste [dezβaraxùste] *m.* Désordre, confusion *f.*

desbaratar [dezβaratàr] *tr.* **1** Détruire, défaire. **2** MIL. Mettre en déroute, défaire.

desbarrar [dezβar̄àr] *intr.* fig. Déraisonner, divaguer.

desbastar [dezβastàr] *tr.* **1** Dégrossir, ébaucher. **2** fig. Dégrossir, polir.

desbloqueo [dezβlokèo] *m.* Déblocage: ~ ***de créditos,*** déblocage de crédits.

desbocado, -da [dezβokàðo, -ða] *adj.* **1** Emballé, ée (caballo). **2** Egueulé, ée (vasija). **3** Émoussé, ée (instrumento). ■ **4** *adj.-s.* fig. Insolent, ente.

desbocar [dezβokàr] *tr.* **1** Égueuler. ■ **2** *pr.* S'emballer (un caballo).

desbordar [dezβorðàr] *intr.-pr.* Déborder.

desbravar [dezβraβàr] *tr.* Dompter, dresser (caballos).

desbrozo [dezβròθo] *m.* Débroussaillement, nettoyage.

descabalgar [deskaβalɣàr] *intr.* Descendre du cheval.

descabellado, -da [deskaβeʎàðo, -ða] *adj.* Absurde, saugrenu, ue.

descabellar [deskaβeʎàr] *tr.* **1** Dépeigner. **2** TAUROM. Tuer (le taureau) d'un coup d'épée à la nuque.

descabezar [deskaβeθàr] *tr.* **1** Décapiter. **2** Étêter (árbol). **3** Loc. fig. ~ ***el sueño,*** faire un petit somme.

descafeinado [deskafejnàðo] *m.* Décaféiné.

descalabrar [deskalaβràr] *tr.* **1** Blesser à la tête. **2** Blesser, maltraiter.

descalabro [deskalàβro] *m.* Contretemps, échec.

descalificar [deskalifikàr] *tr.* Disqualifier.

descalzar [deskalθàr] *tr.* **1** Déchausser. **2** Décaler (quitar los calzos).

descalzo, -za [deskàlθo, -θa] *adj.* **1** Nu-pieds. **2** Déchaussé, déchaux (religioso).

descamación [deskamaθjòn] *f.* Desquamation.

descaminar [deskaminàr] *tr.* Égarer, fourvoyer.

descampado, -da [deskampàðo, -ða] *adj.-m.* Découvert, erte (terreno).

descansado, -da [deskansàðo, -ða] *adj.* Reposé, ée.

descansar [deskansàr] *intr.* 1 Reposer, se reposer. ■ 2 *tr.* Reposer, appuyer (apoyar). 3 Aider, soulager du travail.

descansillo [deskansiʎo] *m.* Palier (de escalera).

descanso [deskànso] *m.* 1 Repos. 2 *Halte f.* (pausa). 3 Palier (de escalera).

descarado, -da [deskaràðo, -ða] *adj.* Effronté, ée, insolent, ente.

descarga [deskàrɣa] *f.* Décharge, déchargement *m.* (acción de descargar).

descargador [deskarɣaðòr] *m.* Déchargeur.

descargar [deskarɣàr] *tr.* 1 Décharger. 2 MAR. Débarder. ■ 3 *pr.* Se décharger: ***descargarse de una responsabilidad en alguien,*** se décharger d'une responsabilité sur quelqu'un.

descargo [deskàrɣo] *m.* 1 Déchargement. 2 Décharge *f.*, acquit.

descarnado, -da [deskarnàðo, -ða] *adj.* Décharné, ée.

descarnar [deskarnàr] *tr.* 1 Décharner (un hueso). 2 Déchausser (los dientes).

descaro [deskàro] *m.* Effronterie *f.*, insolence *f.*

descarriar [deskar̄jàr] *tr.* Égarer, dévoyer, fourvoyer.

descarrilar [deskar̄ilàr] *intr.* Dérailler.

descartar [deskartàr] *tr.* 1 Éloigner, écarter, rejeter. ■ 2 *pr.* Écarter, se défausser (en el juego).

descender [desθendèr] *intr.* Descendre. ▲ CONJUG. comme ***entender.***

descendiente [desθendjènte] *adj.* Descendant, ante.

descenso [desθènso] *m.* 1 Descente *f.* (acción). 2 Décadence *f.*, déchéance *f.* 3 Décrue *f.*, baisse *f.* (de las aguas).

descentralización [desθentraliθaθjòn] *f.* Décentralisation.

descentralizar [desθentraliθàr] *tr.* Décentraliser.

descifrar [desθifràr] *tr.* Déchiffrer.

desclavar [desklaβàr] *tr.* 1 Déclouer. 2 Désenchâsser (una piedra preciosa).

descocado, -da [deskokàðo, -ða] *adj.* Impudent, ente, effronté, ée.

descoco [deskòko] *m.* Impudence *f.*

descodificador [deskoðifikaðòr] *m.* Décodeur.

descolgar [deskolɣàr] *tr.* 1 Décrocher (un cuadro, el teléfono). 2 Faire descendre un objet en le retenant au moyen d'une corde. ■ 3 *pr.* Se laisser glisser (escurrirse), descendre (bajar). 4 Dire quelque chose d'inattendu. ▲ CONJUG. comme ***contar.***

descollar [deskoʎàr] *intr.* 1 Surpasser, dépasser en hauteur, dominer. 2 fig. Surpasser, se distinguer (entre otros). ▲ CONJUG. comme ***contar.***

descolorar [deskoloràr] *tr.* Décolorer.

descolorido, -da [deskoloriðo, -ða] *adj.* 1 Décoloré, ée. 2 Pâle.

descomedido, -da [deskomeðiðo, -ða] *adj.* 1 Excessif, ive. 2 Impoli, ie, insolent, ente.

descomponer [deskomponèr] *tr.* 1 Décomposer. 2 Déranger, désordonner (desordenar), détraquer, dérégler (estropear). ■ 3 *pr.* fig. Perdre son calme, sa retenue, s'emporter (irritarse). ▲ CONJUG. comme ***poner.***

descomposición [deskomposiθjòn] *f.* Décomposition.

descompostura [deskompostùra] *f.* 1 Dérangement *m.*, détraquement *m.* 2 Négligence (desaliño).

descomunal [deskomunàl] *adj.* Énorme, démesuré, ée, phénoménal, ale.

desconcertante [deskonθertànte] *adj.* Déconcertant, ante.

desconcertar [deskonθertàr] *tr.* 1 Déconcerter, dérouter (sorprender). 2 Déranger, détraquer. 3 Démettre, disloquer (huesos). ▲ CONJUG. comme *acertar.*

desconcierto [deskonθjèrto] *m.* 1 Dérangement, détraquement. 2 fig. Désordre, confusion *f.* 3 Diarrhée *f.*

desconectar [deskoneytàr] *tr.* 1 MEC. Débrayer. 2 ELECT. Débrancher, couper.

desconfiar [deskoɱfjàr] *intr.* Se méfier, n'avoir pas confiance, se défier: *desconfía de todos,* il se méfie de tout le monde, il n'a confiance en personne.

descongelar [deskoŋxelàr] *tr.* 1 Décongeler. 2 Dégivrer.

descongestionar [deskoŋxestjonàr] *tr.* Décongestionner.

desconocer [deskonoθèr] *tr.* 1 Méconnaître. 2 Ne pas connaître, ignorer. 3 fig. Ne pas reconnaître (una persona o cosa). 4 Ignorer, désavouer (negar uno ser suya alguna cosa). ▲ CONJUG. comme *agradecer.*

desconocido, -da [deskonoθiðo, -ða] *adj.-s.* 1 Inconnu, ue. ■ 2 *adj.* Méconnaissable (muy cambiado).

desconocimiento [deskonoθimjènto] *m.* 1 Ignorance *f.* 2 Ingratitude *f.*

desconsiderado, -da [deskonsiðeràðo, -ða] *adj.* 1 Qui manque d'égards, de respect. 2 Étourdi, ie.

desconsolado, -da [deskonsolàðo, -ða] *adj.* 1 Désolé, ée, affligé, ée, inconsolé, ée. 2 Inconsolable. 3 Triste.

descontar [deskontàr] *tr.* 1 Déduire, décompter. 2 COM. Escompter. ▲ CONJUG. comme *contar.*

descontento, -ta [deskontènto, -ta] *adj.* Mécontent, ente.

descorazonamiento [deskoraθonamjènto] *m.* Découragement.

descorchar [deskortʃàr] *tr.* Déboucher (una botella).

descorrer [deskor̄èr] *tr.* Tirer (un cerrojo, una cortina).

descortés, -esa [deskortès, -èsa] *adj.* Impoli, ie, grossier, ière.

descoser [deskosèr] *tr.* Découdre.

descosido, -da [deskosiðo, -ða] *adj.* 1 Décousu, ue. 2 Bavard, arde, indiscret, ète.

descoyuntar [deskoǐuntàr] *tr.* Déboîter, démettre, disloquer.

descrédito [deskrèðito] *m.* Discrédit.

descreído, -da [deskreiðo, -ða] *adj.-s.* Incrédule, incroyant, ante.

descremado, da [deskremàðo, ða] *adj.* Écrémé, ée.

describir [deskriβir] *tr.* Décrire. ▲ CONJUG. PART. PAS. irrég.: *descrito, ta.*

descripción [deskriβθjòn] *f.* Description.

descuartizar [deskwartiθàr] *tr.* 1 Écarteler (a una persona). 2 Dépecer, équarrir (animales).

descubierto, -ta [deskuβjèrto, -ta] *adj.* 1 Découvert, erte. 2 *loc. adv. Al* ~, à découvert. ■ 3 *m.* COM. Découvert.

descubridor, -ra [deskuβriðòr, -ra] *adj.-s.* Découvreur, euse, inventeur, trice.

descubrir [deskuβrir] *tr.* Découvrir.

descuento [deskwènto] *m.* 1 COM. Escompte. 2 Décompte (deducción).

descuidar [deskwiðàr] *tr.* 1 Décharger, libérer (de una obligación). Loc. *Descuide usted,* soyez tranquille, n'ayez crainte. ■ 2 *pr.* Négliger, oublier: *descuidarse de sus deberes,* négliger ses devoirs.

descuido [deskwiðo] *m.* 1 Négligence *f.* 2 Oubli, inattention.

desde [dèzðe] *prep.* 1 Depuis, de, dès: ~ *ahora,* dès maintenant. 2 *loc. adv.* ~ *luego,* bien entendu, évidemment.

desdecir [dezðeθir] *intr.* Ne pas cadrer, ne pas être en accord. ▲ CONJUG. comme *decir,* sauf au Fut.

de l'INDIC. et au COND. qui sont réguliers, et à la 2ème pers. du sing. de l'IMPÉR.: ***desdice.***

desdén [dezðèn] *m.* Dédain, mépris.

desdicha [dezðitʃa] *f.* **1** Malheur *m.* ■ **2** *loc. adv.* ***Por*** ~, par malheur, malheureusement.

desdichado, -da [dezðitʃàðo, -ða] *adj.-s.* Malheureux, euse.

desdoblar [dezðoβlàr] *tr.* **1** Déplier (extender). **2** Dédoubler (separar).

desear [deseàr] *tr.* Désirer, souhaiter: ***le deseo un feliz año nuevo,*** je vous souhaite une bonne année.

desecación [desekaθjòn] *f.* Dessiccation.

desechable [desetʃàβle] *adj.* Jetable.

desechar [desetʃàr] *tr.* **1** Exclure, rejeter. **2** Mettre au rebut (dejar por inútil).

desecho [desètʃo] *m.* **1** Rebut, reste. **2** fig. Mépris.

desembalar [desembalàr] *tr.* Déballer.

desembarazar [desembaraθàr] *tr.* Débarrasser, dégager.

desembarcadero [desembarkaðèro] *m.* Débarcadère.

desembarco [desembàrko] *m.* Débarquement.

desembarque [desembàrke] *m.* Débarquement.

desembocadura [desembokaðùra] *f.* **1** Sortie, débouché *m.* (de una calle). **2** Embouchure (de un río).

desembolso [desembòlso] *m.* **1** Déboursement. **2** Dépenses *f. pl.* (gastos).

desembozar [desemboθàr] *tr.* **1** Découvrir (la partie du visage cachée par le manteau, etc.). **2** fig. Découvrir.

desembragar [desembraɣàr] *tr.* Débrayer.

desembriagar [desembrjaɣàr] *tr.* Désenivrer, dégriser.

desembrollar [desembroʎàr] *tr.* Débrouiller.

desempacho [desempàtʃo] *m.* Désinvolture *f.,* hardiesse *f.*

desempañar [desempaɲàr] *tr.* **1** Nettoyer (una cosa empañada). **2** Démailloter (a un niño).

desempaquetar [desempaketàr] *tr.* Dépaqueter.

desempatar [desempatàr] *tr.* Départager (votos, en deportes).

desempeñar [desempeɲàr] *tr.* **1** Dégager (lo que estaba empeñado), libérer de dettes (desentrampar). **2** S'acquitter de (una obligación), remplir, exercer (un cargo, una función), jouer (un papel). ■ **3** *pr.* Se libérer de ses dettes, payer ses dettes.

desempleo [desemplèo] *m.* Chômage, sous-emploi: ***subsidio de*** ~, allocation chômage, indemnité de chômage.

desempolvar [desempolβàr] *tr.* Épousseter, dépoussiérer.

desencadenar [deseŋkaðenàr] *tr.* **1** Déchaîner. ■ **2** *pr.* fig. Se déchaîner.

desencajar [deseŋkaxàr] *tr.* **1** Déboîter. **2** Désassembler. ■ **3** *pr.* Se défaire, s'altérer (el semblante).

desencaminar [deseŋkaminàr] *tr.* Égarer, fourvoyer.

desencanto [deseŋkànto] *m.* Désenchantement.

desenchufar [desentʃufàr] *tr.* ELECT. Débrancher.

desencuadernar [deseŋkwaðernàr] *tr.* Dérelier, débrocher (un libro).

desenfadado, -da [desemfaðàðo, -ða] *adj.* Hardi, ie, désinvolte.

desenfado [desemfàðo] *m.* **1** Désinvolture *f.,* sans-gêne. **2** Insouciance *f.* (despreocupación).

desenfrenado, -da [desemfrenàðo, -ða] *adj.* Effréné, ée.

desenfrenar [desemfrenàr] *tr.* **1** Débrider. ■ **2** *pr.* S'abandonner sans frein aux passions, aux vices.

desenfreno [desemfrèno] *m.* Dérèglement, débordement.

desenganchar [deseŋgantʃàr] *tr.* **1** Décrocher, détacher. **2** Dételer (caballos).

desengañar [deseŋgaɲàr] *tr.* 1 Détromper. 2 Désabuser.
desengaño [deseŋgàɲo] *m.* Déception *f.*, désillusion *f.*, déconvenue *f.*
desengrasar [deseŋgrasàr] *tr.* Dégraisser.
desenhebrar [deseneβràr] *tr.* Désenfiler (una aguja).
desenlace [desenlàθe] *m.* Dénouement.
desenlazar [desenlaθàr] *tr.* 1 Délacer. 2 fig. Dénouer (una dificultad, un enredo, etc.).
desenmascarar [desemmaskaràr] *tr.* Démasquer.
desenredar [desenr̄eðàr] *tr.* 1 Débrouiller. ■ 2 *pr.* Se tirer d'affaire, se débrouiller.
desenroscar [desenr̄oskàr] *tr.* 1 Détortiller (desenrollar). 2 Dévisser (un tornillo).
desentenderse [desentendèrse] *pr.* Feindre d'ignorer.
desentendido, -da [desentendiðo, -ða] *adj.* ***Hacerse el*** ~, feindre d'ignorer, de ne pas comprendre, faire l'ignorant.
desenterrar [desenter̄àr] *tr.* 1 Déterrer. 2 fig. Tirer de l'oubli, exhumer. ▲ CONJUG. comme ***acertar.***
desentonar [desentonàr] *tr.* 1 Rabattre l'orgueil (de alguien). ■ 2 *intr.* Détonner. 3 Chanter faux. ■ 4 *pr.* fig. Élever la voix.
desentumecer [desentumeθèr] *tr.* Dégourdir (un miembro). ▲ CONJUG. comme ***agradecer.***
desenvoltura [desemboltùra] *f.* Désinvolture.
desenvolver [desembolβèr] *tr.* 1 Dérouler (desenrollar). 2 Développer (lo envuelto). ■ 3 *pr.* Se développer (desenrollarse). ▲ CONJUG. comme ***mover,*** sauf le PART. PAS.: ***desenvuelto, ta.***
desenvuelto, -ta [desembwèlto, -ta] *adj.* 1 Déroulé, ée. 2 fig. Dégagé, ée, désinvolte.
deseo [desèo] *m.* Désir, envie *f.*
deseoso, -sa [deseòso, -sa] *adj.* Désireux, euse.
desequilibrado, -da [desekiliβràðo, -ða] *adj.-s.* Déséquilibré, ée.
desequilibrio [desekilìβrjo] *m.* Déséquilibre.
desertar [desertàr] *intr.* Déserter.
desértico, -ca [desèrtiko, -ka] *adj.* Désertique.
desertor [desertòr] *m.* Déserteur.
desesperación [desesperaθjòn] *f.* Désespoir.
desesperado, -da [desesperàðo, -ða] *adj.-s.* Désespéré, ée.
desesperar [desesperàr] *tr.-intr.* 1 Désespérer. ■ 2 *pr.* Désespérer, être au désespoir, être désespéré, ée.
desestimar [desestimàr] *tr.* 1 Mésestimer, sous-estimer. 2 Refuser, rejeter (rechazar).
desfachatez [desfatʃatèθ] *f.* Effronterie, insolence, sans-gêne *m.*
desfalco [desfàlko] *m.* 1 Défalcation *f.* 2 Détournement (de fondos).
desfallecer [desfaʎeθèr] *tr.* 1 Affaiblir, abattre. ■ 2 *intr.* Défaillir. ▲ CONJUG. comme ***agradecer.***
desfasar [desfasàr] *tr.* Déphaser.
desfavorecer [desfaβoreθèr] *tr.* Défavoriser, désavantager. ▲ CONJUG. comme ***agradecer.***
desfigurar [desfiɣuràr] *tr.* 1 Défigurer. ■ 2 *pr.* S'altérer, changer.
desfiladero [desfilaðèro] *m.* Défilé.
desfile [desfìle] *m.* Défilé (de tropas).
desflorar [desfloràr] *tr.* 1 Faner, défleurir. 2 Effleurer (un asunto, etc.). 3 Déflorer (a una mujer).
desforestación [desforestaθjòn] *f.* Déboisement *m.*
desformar [desformàr] *tr.* Déformer.
desgajar [dezɣaxàr] *tr.* 1 Arracher (arrancar). 2 Détacher (separar).
desgana [dezɣàna] *f.* 1 Inappétence, dégoût *m.* 2 fig. Dégoût *m.*, répugnance.
desganar [dezɣanàr] *tr.* 1 Dégoûter. ■ 2 *pr.* Perdre l'appétit.

desgarbado, -da [dezɣarβàðo, -ða] *adj.* Dégingandé, ée.
desgarrado, -da [dezɣar̄àðo, -ða] *adj.* 1 Déchiré, ée. ■ 2 *adj.-s.* Dévergondé, ée.
desgarrar [dezɣar̄àr] *tr.* Déchirer.
desgarro [dezɣàr̄o] *m.* 1 Déchirement. 2 fig. Impudence *f.*, effronterie *f.*
desgastar [dezɣastàr] *tr.* User.
desgaste [dezɣàste] *m.* Usure *f.*, détérioration *f.*
desgobierno [dezɣoβjèrno] *m.* 1 Désordre, manque d'ordre. 2 Déboîtement.
desgracia [dezɣràθja] *f.* 1 Malheur *m.*, infortune. 2 Accident *m.* funeste. 3 Disgrâce (pérdida de favor): ***caer en ~***, tomber en disgrâce.
desgraciado, -da [dezɣraθjàðo, -ða] *adj.-s.* 1 Malheureux, euse. ■ 2 *adj.* Disgracieux, euse (falto de atractivo).
desgraciar [dezɣraθjàr] *tr.* 1 Déplaire, fâcher (disgustar). 2 Estropier (lisiar). 3 Abîmer, gâter (estropear). ■ 4 *pr.* Rater, échouer (malograrse).
desgranar [dezɣranàr] *tr.* Égrener, égrapper.
desgravación [dezɣraβaθjòn] *f.* Détaxe, exonération, dégrèvement *m.*
desgreñar [dezɣreɲàr] *tr.* Écheveler, ébouriffer.
desguazar [dezɣwaθàr] *tr.* 1 Dégrossir (un madero). 2 Dépecer (un barco).
deshabitado, -da [desaβitàðo, -ða] *adj.* Inhabité, ée.
deshacer [desaθèr] *tr.* 1 Défaire. 2 Détruire. 3 Faire fondre (disolver), délayer (desleír). ▲ CONJUG. comme ***hacer***.
desharrapado, -da [desar̄apàðo,-ða] *adj.-s.* Déguenillé, ée.
deshecho, -cha [desètʃo, -tʃa] *adj.* 1 Défait, aite. 2 Violent, ente, impétueux, euse (tempestad, etc.).
desheredar [desereðàr] *tr.* Déshériter.
deshidratar [desiðratàr] *tr.* Déshydrater.
deshielo [desɟèlo] *m.* Dégel.
deshilachar [desilatʃàr] *tr.* Effilocher.
deshinchar [desintʃàr] *tr.* Dégonfler (globo, etc.), désenfler (miembro, tumor).
deshojar [desoxàr] *tr.* Effeuiller.
deshollinador [desoʎinaðòr] *m.* Ramoneur (hombre).
deshonestidad [desonestiðàð] *f.* Déshonnêteté, impudicité.
deshonor [desonòr] *m.* 1 Déshonneur. 2 Affront.
deshonra [desònr̄a] *f.* Déshonneur *m.*
deshora [desòra] *f.* Heure indue, inopportune.
deshuesar [deswesàr; dezɣwesàr] *tr.* Désosser (un animal).
desidia [desiðja] *f.* Apathie, négligence.
desierto, -ta [desjèrto, -ta] *adj.* Désert, erte.
designar [desiɣnàr] *tr.* Désigner.
designio [desiɣnjo] *m.* Dessein.
desigual [desiɣwàl] *adj.* Inégal, ale.
desilusión [desilusjòn] *f.* Désillusion, déception.
desilusionar [desilusjonàr] *tr.* Désillusionner, décevoir.
desinfectante [desiɱfeɣtànte] *adj.-m.* Désinfectant, ante.
desinfectar [desiɱfeɣtàr] *tr.* Désinfecter.
desinflar [desiɱflàr] *tr.* Dégonfler.
desinformación [desiŋformaθjòn] *f.* Désinformation.
desintegrar [desinteɣràr] *tr.* Désintégrer.
desinterés [desinterès] *m.* Désintéressement.
desinteresado, -da [desinteresàðo, -ða] *adj.* Désintéressé, ée.
desistir [desistìr] *intr.* 1 Renoncer: ~ ***de***, renoncer à. 2 DER. Se désister.

deslavar [dezlaβàr] *tr.* 1 Laver à demi. 2 Délaver, affaiblir la couleur de.
desleal [dezleàl] *adj.* Déloyal, ale.
desleír [dezleír] *tr.* Délayer. ▲ CONJUG. comme *reír.*
desligar [dezliɣàr] *tr.* Délier.
deslindar [dezlindàr] *tr.* Délimiter.
desliz [dezliθ] *m.* 1 Glissade *f.*, glissement. 2 fig. Faute *f.*, faux pas.
deslizante [dezliθànte] *adj.* Glissant, ante.
deslizar [dezliθàr] *intr.* 1 Glisser. ■ 2 *pr.* Glisser. 3 Se glisser (escurrirse). 4 fig. Faire un faux pas.
deslomar [dezlomàr] *tr.* Éreinter.
deslucido, -da [dezluθiðo, -ða] *adj.* Terne, peu brillant, ante.
deslucir [dezluθir] *tr.* Ôter la grâce, l'éclat, l'attrait de (una cosa). ▲ CONJUG. comme *lucir.*
deslumbrante [dezlumbrànte] *adj.* Éblouissant, ante.
deslumbrar [dezlumbràr] *tr.* Éblouir.
deslustrar [dezlustràr] *tr.* 1 Ternir, dépolir (cristal). 2 Décatir, délustrer (tejidos).
desmadejar [dezmaðexàr] *tr.* Amollir, alanguir (una persona).
desmadre [dezmàðre] *m.* Débordement, pagaille *f.*
desmán [dezmàn] *m.* 1 Excès, désordre. 2 Abus. 3 Desman (mamífero).
desmantelado, -da [dezmantelàðo, -ða] *adj.* Dégarni, ie (local, casa).
desmantelar [dezmantelàr] *tr.* 1 FORT. Démanteler. 2 MAR. Désarmer, démâter.
desmañado, -da [dezmaɲàðo, -ða] *adj.* Maladroit, oite, gauche.
desmayado, -da [dezmaǰàðo, -ða] *adj.* 1 Évanoui, ie, défaillant, ante. 2 Pâle, délavé, ée (color).
desmayar [dezmaǰàr] *tr.* 1 Causer un évanouissement, faire défaillir. ■ 2 *intr.* Se décourager. ■ 3 *pr.* S'évanouir, perdre conaissance, défaillir.
desmedido, -da [dezmeðiðo, -ða] *adj.* Démesuré, ée.
desmedirse [dezmeðirse] *pr.* 1 Dépasser la mesure. 2 Se montrer insolent, ente.
desmedrar [dezmeðràr] *tr.* 1 Détériorer. ■ 2 *intr.* Déchoir, dépérir. ■ 3 *pr.* S'affaiblir, dépérir.
desmejorar [dezmexoràr] *tr.* 1 Détériorer (cosas), affaiblir (personas). ■ 2 *intr. pr.* Baisser, s'affaiblir, décliner (de salud). 3 Se détériorer.
desmelenar [dezmelenàr] *tr.* Écheveler.
desmembrar [dezmembràr] *tr.* Démembrer. ▲ CONJUG. comme ***acertar.***
desmemoriado, -da [dezmemorjàðo, -ða] *adj.-s.* Oublieux, euse.
desmentir [dezmentir] *tr.* Démentir. ▲ CONJUG. comme ***hervir.***
desmenuzar [dezmenuθàr] *tr.* 1 Émietter (pan). 2 Déchiqueter (hacer trizas).
desmerecer [dezmereθèr] *tr.* 1 Démériter. ■ 2 *intr.* Perdre de sa valeur. 3 Être inférieur, eure à. ▲ CONJUG. comme ***agradecer.***
desmesurado, -da [dezmesuràðo, -ða] *adj.* Démesuré, ée.
desmigar [dezmiɣàr] *tr.* Émietter (el pan).
desmilitarizar [dezmilitariθàr] *tr.* Démilitariser.
desmontar [dezmontàr] *tr.* 1 Démonter. 2 Déboiser (cortar árboles), défricher (roturar). 3 Déblayer, niveler (un terreno). ■ 4 *intr.* Descendre du cheval, mettre pied à terre.
desmonte [dezmònte] *m.* 1 Déboisement. 2 Déblayement, terrassement.
desmoralizar [dezmoraliθàr] *tr.* Démoraliser.
desmoronar [dezmoronàr] *tr.* 1 Ébouler. 2 fig. Miner, saper, ruiner lentement. ■ 3 *pr.* fig. S'écrouler (imperios, etc.).

desmovilizar [dezmoβiliθár] *tr.* Démobiliser.
desnacionalizar [deznaθjonaliθár] *tr.* Dénationaliser.
desnatar [deznatár] *tr.* Écrémer.
desnivel [dezniβél] *m.* **1** Dénivellation *f.*, dénivellement. **2** fig. Inégalité *f.*
desnucar [deznukár] *tr.* Casser le cou.
desnudar [deznuðár] *tr.* **1** Déshabiller, dévêtir. **2** Dépouiller, dénuder (despojar).
desnudo, -da [deznúðo, -ða] *adj.* **1** Nu, nue. **2** Dépourvu, ue, dénué, ée (desprovisto). ■ **3** *m.* B. ART. Nu.
desnutrición [deznutriθjón] *f.* Dénutrition.
desobedecer [desoβeðeθér] *tr.* Désobéir à. ▲ CONJUG. comme ***agradecer.***
desobediente [desoβeðjénte] *adj.* Désobéissant, ante.
desocupado, -da [desokupáðo, -ða] *adj.-s.* Désœuvré, ée, oisif, ive.
desocupar [desokupár] *tr.* **1** Débarrasser, laisser libre (un local, etc.). **2** Vider (vaciar).
desoír [desoír] *tr.* Ne pas écouter.
desolación [desolaθjón] *f.* Désolation.
desolar [desolár] *tr.* **1** Désoler, dévaster (asolar). ■ **2** *pr.* Se désoler. ▲ CONJUG. comme ***contar.***
desollar [desoʎár] *tr.* Écorcher. ▲ CONJUG. comme ***contar.***
desordenado, -da [desorðenáðo, -ða] *adj.* Désordonné, ée.
desordenar [desorðenár] *tr.* Mettre en désordre, déranger, désordonner.
desorganización [desorγaniθaθjón] *f.* Désorganisation.
desorganizar [desorγaniθár] *tr.* Désorganiser.
desorientar [desorjentár] *tr.* Désorienter.
desosar [desosár] *tr.* **1** Désosser (deshuesar). **2** Dénoyauter (frutas). ▲ CONJUG. INDIC. Prés.: ***deshueso, deshuesas, deshuesa, desosamos, desosáis, deshuesan.*** SUBJ. Prés.: ***deshuese, deshueses, deshuese, desosemos, desoséis, deshuesen.*** IMPÉR.: ***deshuesa, deshuese, desosemos, desosad, deshuesen.*** Les autres temps sont réguliers.
desovar [desoβár] *intr.* Frayer (las hembras de los peces).
despabilado, -da [despaβiláðo, -ða] *adj.* Éveillé, ée (despierto).
despabilar [despaβilár] *tr.* **1** Moucher (una vela). **2** Éveiller, dégourdir (avivar el ingenio).
despachar [despatʃár] *tr.* **1** Expédier (paquetes), envoyer (cartas). **2** Dépêcher, envoyer (a un mensajero). **3** Débiter (mercancías), vendre (vender), servir (atender). **4** Congédier, renvoyer (despedir). ■ **5** *intr.-pr.* Se dépêcher (darse prisa).
despacho [despátʃo] *m.* **1** Expédition *f.* **2** Vente *f.*, débit. **3** Débit (tienda). **4** Bureau (oficina). **5** Cabinet de travail. **6** Dépêche *f.* (comunicación).
despacio [despáθjo] *adv.* **1** Lentement. **2** *interj.* Doucement!
desparramar [desparamár] *tr.* Éparpiller (esparcir), répandre (verter).
despavorido, -da [despaβoríðo, -ða] *adj.* Effrayé, ée.
despechar [despetʃár] *tr.* Dépiter.
despecho [despétʃo] *m.* **1** Dépit. **2** *loc. prep.* *A ~ **de,*** en dépit de, malgré.
despectivo, -va [despeγtíβo, -βa] *adj.* **1** Méprisant, ante. **2** GRAM. Péjoratif, ive.
despedazar [despeðaθár] *tr.* **1** Dépecer, mettre en morceaux. **2** fig. Déchirer (el corazón).
despedida [despeðíða] *f.* Adieux *m. pl.*: ***visita de ~,*** visite d'adieux.
despedir [despeðír] *tr.* **1** Jeter, lancer: ***~ chispas,*** jeter des étincelles. **2** Rejeter. **3** Congédier, renvoyer, éconduire (a un empleado): ***~ a un criado,*** renvoyer un domestique.

4 Reconduire, accompagner. 5 Demander son congé, quitter son emploi (un empleado). 6 Se dire au revoir. ▲ CONJUG. comme ***servir.***
despegado, -da [despeɣáðo, -ða] *adj.* 1 Décollé, ée, détaché, ée. 2 fig. Revêche, insociable.
despegue [despéɣe] *m.* Décolage.
despeinar [despeĭnár] *tr.* Décoiffer, dépeigner, écheveler.
despejado, -da [despexáðo, -ða] *adj.* Qui a de l'aisance, désinvolte.
despejar [despexár] *tr.* 1 Débarrasser, dégager (un espacio). 2 MAT. Dégager (una incógnita). ■ 3 *pr.* S'éclaircir (el cielo).
despellejar [despeʎexár] *tr.* Écorcher, dépouiller.
despensa [despénsa] *f.* 1 Dépense, garde-manger *m.* (lugar). 2 MAR. Cambuse.
despeñadero [despeɲaðéro] *m.* 1 Précipice. 2 fig. Péril, danger.
despeñar [despeɲár] *tr.* Précipiter.
desperdiciar [desperðiθjár] *tr.* 1 Gaspiller, mal employer. 2 Ne pas profiter de.
desperdicio [desperðiθjo] *m.* 1 Gaspillage. 2 Déchet, reste.
desperezarse [despereθárse] *pr.* S'étirer.
desperfecto [desperféɣto] *m.* 1 Légère détérioration *f.*, dommage (daño). 2 Petit défaut.
despertador [despertaðór] *m.* Réveille-matin *invar.*
despertar [despertár] *tr.* 1 Réveiller, éveiller. ■ 2 *intr.-pr.* Se réveiller, s'éveiller: ***me desperté a las seis,*** je me suis réveillé à six heures. ▲ CONJUG. comme ***acertar.***
despiadado, -da [despjaðáðo, -ða] *adj.* Impitoyable, cruel, elle.
despido [despíðo] *m.* Renvoi, congé, licenciement.
despierto, -ta [despjérto, -ta] *adj.* 1 Éveillé, ée (que no duerme). 2 fig. Éveillé, ée, vif, vive, dégourdi, ie.
despilfarro [despilfáro] *m.* 1 Gaspillage (derroche). 2 Prodigalité *f.*
despistar [despistár] *tr.* 1 Dépister, faire perdre la piste. ■ 2 *pr.* fig. Perdre la tête.
desplante [desplánte] *m.* fig. 1 Insolence *f.* 2 Geste arrogant, effronté.
desplazar [desplaθár] *tr.* Déplacer.
desplegar [despleɣár] *tr.* 1 Déployer (banderas, las tropas). 2 Déplier (un papel, etc.). 3 Déferler (las velas). ▲ CONJUG. comme ***acertar.***
desplomar [desplomár] *tr.* 1 ARQ. Faire perdre l'aplomb. ■ 2 *pr.* S'écrouler, s'affaisser. 3 fig. S'écrouler (desaparecer).
despoblado [despoβláðo] *m.* Lieu désert, inhabité. Loc. ***En ~,*** en rase campagne.
despoblar [despoβlár] *tr.* Dépeupler, vider de sa population.
despojo [despóxo] *m.* 1 Dépouillement, spoliation *f.* (acción). 2 Butin, dépouilles *f. pl.* ■ 3 *pl.* Abats (de aves). 4 Reliefs (de una comida). 5 Dépouille *f. sing.* mortelle (cadáver).
desportillar [desportiʎár] *tr.* Ébrécher.
desposar [desposár] *tr.* 1 Marier. ■ 2 *pr.* Se fiancer (contraer esponsales), se marier (casarse).
desposeer [desposeér] *tr.* Déposséder.
despótico, -ca [despótiko, -ka] *adj.* Despotique.
despreciar [despreθjár] *tr.* Mépriser.
desprecio [despréθjo] *m.* 1 Mépris. 2 Refus offensant, affront (desaire).
desprender [desprendér] *tr.* 1 Détacher, décoller (separar). 2 Dégager (un olor, etc.). ■ 3 *pr.* Se dessaisir, se défaire (desapropiarse). 4 Se dégager, se déduire.
despreocupado, -da [despreokupáðo, -ða] *adj.* Libre de préjugés, de préoccupations, insouciant, ante.
desprestigio [desprestixjo] *m.* Perte *f.* de prestige, discrédit.

desprevenido, -da [despreβeniðo, -ða] *adj.* Dépourvu, ue, non préparé, ée. Loc. ***Coger ~,*** prendre au dépourvu.
desproporción [desproporθjòn] *f.* Disproportion.
despropósito [despropòsito] *m.* Absurdité *f.*, sottise *f.*
desproveer [desproβeèr] *tr.* Dépourvoir, démunir. ▲ CONJUG. PART. PAS. irrég.: ***desprovisto, ta.***
después [despwès] *adv.* Après. Loc. ***~ de,*** après: ***~ de las 10,*** après 10 heures; ***~ de mí,*** après moi; ***~ de comer,*** après avoir mangé.
despuntar [despuntàr] *tr.* **1** Épointer. ■ **2** *intr.* Bourgeonner, commencer à pousser (las plantas). **3** fig. Briller, se distinguer. **4** Poindre (el día).
desquiciar [deskiθjàr] *tr.* **1** Dégonder. **2** fig. Bouleverser, détraquer, ébranler.
desquitar [deskitàr] *tr.* **1** Dédommager, compenser. ■ **2** *pr.* Se rattraper. **3** Prendre sa revanche (vengarse).
desrizar [dezr̄iθàr] *tr.* Défriser.
destacado, -da [destakàðo, -ða] *adj.* Remarquable.
destacamento [destakamènto] *m.* MIL. Détachement.
destacar [destakàr] *tr.* **1** MIL., PINT. Détacher. ■ **2** *pr.* Se détacher, se distinguer (sobresalir).
destajo [destàxo] *m.* **1** Forfait: ***trabajar a ~,*** travailler à forfait. **2** Loc. fig. fam. ***Hablar a ~,*** parler trop.
destapar [destapàr] *tr.* **1** Déboucher (una botella, etc.). **2** Découvrir (lo tapado).
destartalado, -da [destartalàðo, -ða] *adj.* Délabré, ée (descompuesto), disproportionné, ée (desproporcionado).
destello [destèʎo] *m.* **1** Scintillement. **2** Étincelle *f.* (chispa). **3** Lueur *f.* (viso).
destemplar [destemplàr] *tr.* **1** Déranger l'ordre, l'harmonie (de una cosa). **2** Désaccorder (un instrumento). **3** METAL. Détremper (el acero). ■ **4** *pr.* Avoir un malaise, être indisposé, ée.
desteñir [desteɲir] *tr.* **1** Déteindre. ■ **2** *intr.-pr.* Déteindre: ***esa tela destiñe mucho,*** cette étoffe déteint beaucoup. ▲ CONJUG. comme ***reír.***
desterrar [destẽr̄àr] *tr.* Exiler, bannir. ▲ CONJUG. comme ***acertar.***
destetar [destetàr] *tr.* Sevrer.
destiempo (a) [(a)ðestjèmpo] *loc. adv.* À contretemps, inopportunément, hors de saison.
destierro [destjèr̄o] *m.* **1** Exil, bannissement. **2** Lieu écarté (lugar).
destilar [destilàr] *tr.* **1** Distiller. **2** Laisser tomber goutte à goutte, sécréter. ■ **3** *intr.* Dégoutter.
destilería [destileria] *f.* Distillerie.
destino [destino] *m.* **1** Destin. **2** Destinée *f.* (fatalidad). **3** Destination *f.* **4** Emploi, situation *f.*, place *f.* (empleo).
destituir [destitwir] *tr.* Destituer. ▲ CONJUG. comme ***huir.***
destornillador [destorniʎaðòr] *m.* Tournevis.
destornillar [destorniʎàr] *tr.* Dévisser.
destreza [destrèθa] *f.* **1** Dextérité. **2** Adresse, habileté.
destripar [destripàr] *tr.* **1** Étriper, éventrer. **2** Écrabouiller (despachurrar).
destronar [destronàr] *tr.* Détrôner.
destrozar [destroθàr] *tr.* **1** Mettre en pièces, déchiqueter (hacer trozos). **2** Détruire, abîmer (estropear). **3** MIL. Défaire, tailler en pièces.
destrozo [destròθo] *m.* **1** Destruction *f.* **2** Dégât, dommage (daño).
destructor, -ra [destruɣtòr, -ra] *adj.-s.* **1** Destructeur, trice. ■ **2** *m.* MAR. Destroyer.
destruir [destrwir] *tr.* Détruire. ▲ CONJUG. comme ***huir.***
desunión [desunjòn] *f.* Désunion.

desuso [desúso] *m.* 1 Manque d'usage. 2 Désuétude *f.*: *caer en* ~, tomber en désuétude.
desvalido, -da [dezβaliðo, -ða] *adj.-s.* Délaissé, ée.
desvalijar [dezβalixár] *tr.* Dévaliser.
desvalorizar [dezβaloriθár] *tr.* 1 Dévaloriser. 2 Dévaluer (la moneda).
desván [dezβán] *m.* Grenier.
desvanecer [dezβaneθér] *tr.* 1 Faire évanouir, dissiper. 2 Dégrader (un color). 3 fig. Dissiper (dudas, sospechas, etc.). ■ 4 *pr.* S'évaporer. 5 S'évanouir (desmayarse). 6 S'enorgueillir. ▲ CONJUG. comme ***agradecer.***
desvarío [dezβario] *m.* 1 Délire. 2 fig. Folie *f.*, absurdité *f.* 3 Caprice (capricho).
desvelado, -da [dezβeláðo, -ða] *adj.* Éveillé, ée, qui ne peut pas dormir.
desvelar [dezβelár] *tr.* 1 Ôter le sommeil, empêcher de dormir. ■ 2 *pr.* Perdre le sommeil. 3 fig. *Desvelarse por,* se donner du mal pour, s'évertuer à.
desventurado, -da [dezβenturáðo, -ða] *adj.* Malheureux, euse, infortuné, ée.
desvergonzado, -da [dezβeryonθáðo, -ða] *adj.-s.* Effronté, ée (descarado).
desvestir [dezβestir] *tr.* Dévêtir.
desviar [dezβjár] *tr.* Dévier (apartar de la dirección normal). ▲ CONJUG. L'accent tonique porte sur le *i* du radical dans les formes suivantes: INDIC. Prés.: ***desvío, desvías, desvía, desvían.*** SUBJ. Prés.: ***desvíe, desvíes, desvíe, desvíen.*** IMPÉR.: ***desvía, desvíe, desvíen.***
desvío [dezβio] *m.* Déviation *f.* (acción de desviar).
desvivirse [dezβiβirse] *pr.* Rêver de (desear), raffoler de (tener afición), se mettre en quatre (afanarse).
detall (al) [(al)detáʎ] *loc. adv.* COM. Au détail.
detallista [detaʎista] *m.* 1 Détaillant. 2 Personne *f.* minutieuse.
detective [deteγtiβe] *m.* Détective.
detector [deteγtór] *m.* Détecteur.
detener [detenér] *tr.* 1 Arrêter (parar, arrestar). 2 Arrêter: ~ ***su pensamiento,*** arrêter sa pensée. 3 Retenir, garder, conserver. ■ 4 *pr.* S'arrêter. 5 S'attarder (entretenerse). ▲ CONJUG. comme ***tener.***
detenido, -da [deteniðo, -ða] *adj.* 1 Arrêté, ée. 2 Minutieux, euse, approfondi, ie. ■ 3 *adj.-s.* Détenu, ue (preso).
detergente [deterxénte] *adj.-m.* Détergent, ente.
deterioro [deterjóro] *m.* Détérioration *f.*
determinación [determinaθjón] *f.* Détermination.
determinado, -da [determináðo, -ða] *adj.* 1 Déterminé, ée. 2 GRAM. ***Artículo*** ~, article défini.
determinar [determinár] *tr.* 1 Déterminer. 2 Fixer, signaler. 3 Décider. ■ 4 *pr.* Se décider, se déterminer.
detestable [detestáβle] *adj.* Détestable.
detonación [detonaθjón] *f.* Détonation.
detrás [detrás] *adj.* 1 Derrière. 2 ***Por*** ~, par derrière. 3 ~ ***de,*** derrière.
deuda [déŭða] *f.* 1 Dette. 2 REL. Offense.
deudo, -da [déŭðo, -ða] *s.* Parent, ente.
deudor, -ra [deŭðór, -ra] *adj.* Débiteur, trice.
devaluación [deβalwaθjón] *f.* Dévaluation.
devanar [deβanár] *tr.* Dévider.
devaneo [deβanéo] *m.* 1 Rêverie *f.*, divagation. *f.* 2 Distraction *f.* frivole, incartade *f.* 3 Amourette *f.*
devastar [deβastár] *tr.* Dévaster.
devengado, -da [deβeŋgáðo, -ða] *adj.* 1 Échu, ue (intereses). 2 Dû, due, gagné, ée (salario).
devoción [deβoθjón] *f.* Dévotion.
devolución [deβoluθjón] *f.* Restitution, renvoi *m.*

devolver [deβolβèr] *tr.* **1** Rendre, restituer: ~ ***bien por mal,*** rendre le bien pour le mal. **2** Renvoyer, retourner (una carta). **3** fig. Vomir, rendre. ▲ CONJUG. comme ***mover,*** sauf le PART. PAS.: ***devuelto, ta.***
devorador, -ra [deβoraðòr, -ra] *adj.* Devorant, ante.
devorar [devoràr] *tr.* Dévorer.
devoto, -ta [deβòto, -ta] *adj.-s.* Dévot, ote.
deyección [dejeγθjòn] *f.* Déjection.
día [dia] *m.* **1** Jour. Loc. ~ ***de año nuevo,*** jour de l'an; ~ ***de Corpus,*** Fête-Dieu; ***buenos días,*** bonjour; ***es de*** ~, il fait jour. **2** Journée *f.*: ***un hermoso*** ~, une belle journée. ■ **3** *pl.* Jours (vida). Loc. ***En los días de,*** du temps de. **4** Anniversaire, fête *f. sing.* (de una persona): ***dar los días a uno,*** souhaiter sa fête à quelqu'un.
diabetes [djaβètes] *f.* Diabète *m.*
diablo [djàβlo] *m.* **1** Diable, démon. Loc. fig. ***Pobre*** ~, pauvre diable. **2** fig. Diable. **3** *interj.* ***¡Diablo!, ¡qué diablos!,*** que diable!
diablura [djaβlùra] *f.* Diablerie, espièglerie.
diabólico, -ca [djaβòliko, -ka] *adj.* Diabolique.
diácono [djàkono] *m.* Diacre.
diáfano, -na [djàfano, -na] *adj.* Diaphane.
diafragma [djafràγma] *m.* Diaphragme.
diagnóstico, -ca [djaγnòstiko, -ka] *adj.* **1** Diagnostique. ■ **2** *m.* Diagnostic.
diagonal [djaγonàl] *adj.-f.* Diagonal, ale.
diagrama [djaγràma] *m.* Diagramme.
dialecto [djalèγto] *m.* Dialecte.
dialogar [djaloγàr] *intr.-tr.* Dialoguer.
diálogo [djàloγo] *m.* Dialogue.
diamante [djamànte] *m.* Diamant.
diámetro [djàmetro] *m.* Diamètre.
diana [djàna] *f.* **1** MIL. Diane. **2** Mouche (blanco): ***hacer*** ~, faire mouche.
diapositiva [djapositiβa] *f.* Diapositive.
diario, -ia [djàrjo, -ja] *adj.* **1** Quotidien, enne, journalier, ière. ■ **2** *m.* Journal (relación histórica).
diarrea [djar̄èa] *f.* Diarrhée.
dibujante [diβuxànte] *adj.-s.* Dessinateur, trice.
dibujo [diβùxo] *tr.* Dessin: ~ ***del natural,*** dessin d'après nature; ~ ***lineal,*** dessin linéaire.
dicción [diγθjòn] *f.* **1** Diction. **2** Mot *m.*, terme *m.* (palabra).
diccionario [diγθjonàrjo] *m.* Dictionnaire.
dicha [dit∫a] *f.* **1** Bonheur *m.* **2** *loc. adv.* ***A, por*** ~, heureusement, par bonheur.
dicho, dicha [dit∫o, dit∫a] **1** *p. p. de* ***decir.*** ■ **2** *adj.* Dit, dite. Loc. ~ ***y hecho,*** aussitôt dit, aussitôt fait; ***lo*** ~, ~, ce qui est dit, est dit. ■ **3** *m.* Propos, mot. Loc. ~ ***agudo,*** bon mot. **4** Dicton (refrán).
diciembre [diθjèmbre] *m.* Décembre.
dictado [diγtàðo] *m.* **1** Titre (título). **2** Dictée *f.*: ***escribir al*** ~, écrire sous la dictée. ■ **3** *pl.* fig. Préceptes.
dictadura [diγtaðùra] *f.* Dictature.
dictáfono [diktàfono] *m.* Dictaphone.
dictamen [diγtàmen] *m.* **1** Avis, opinion *f.* **2** Rapport (de una comisión, de peritos).
dictar [diγtàr] *tr.* **1** Dicter. **2** Prononcer (un fallo, etc.).
didáctico, -ca [diðàγtiko, -ka] *adj.-f.* Didactique.
diecinueve [djeθinwèβe] *adj.-m.* Dix-neuf.
dieciocho [djeθjòt∫o] *adj.-m.* Dix-huit.
dieciséis [djeθisèis] *adj.-m.* Seize.
diecisiete [djeθisjète] *adj.-m.* Dix-sept.

diente [djènte] *m.* 1 Dent *f.*: ~ ***de leche,*** dent de lait. Loc. ***Dar ~ con ~,*** claquer des dents. 2 ~ ***de ajo,*** gousse *f.* d'ail. 3 ~ ***de león,*** pissenlit, dent-de-lion.
diéresis [djèresis] *f.* 1 GRAM. Tréma *m.* 2 Diérèse.
diesel [djèsel] *m.* Diesel.
diestro, -tra [djèstro, -tra] *adj.* 1 Droit, droite. 2 Habile, adroit, oite. ■ 3 *m.* TAUROM. Matador.
dieta [djèta] *f.* 1 MED. Diète, régime *m.*: ~ ***láctea,*** régime lacté. ■ 2 *pl.* Indemnité *sing.* (de un diputado, de un funcionario en desplazamiento, etc.).
dietario [djetàrjo] *m.* Cahier de dépenses, agenda.
dietético, -ca [dietètiko, -ka] *adj.* 1 Diététique. 2 *f.* Diététique.
diez [djeθ] *adj.-m.* Dix.
difamar [difamàr] *tr.* Diffamer.
diferencia [diferènθja] *f.* 1 Différence. 2 Différend *m.* (controversia). 3 *loc. prep.* ***A ~ de,*** à la différence de.
diferenciar [diferenθjàr] *tr.* 1 Différencier. ■ 2 *intr.* Différer. ■ 3 *pr.* Différer, se différencier. 4 Se distinguer, se signaler.
diferir [diferir] *tr.* 1 Différer, retarder. ■ 2 *intr.* Différer (ser diferente): ***nuestras opiniones difieren,*** nos opinions diffèrent. ▲ CONJUG. comme ***hervir.***
difícil [difiθil] *adj.* Difficile: ~ ***de comprender,*** difficile à comprendre.
dificultad [difikultàð] *f.* Difficulté.
difteria [diftèrja] *f.* Diphtérie.
difuminar [difuminàr] *tr.* Estomper.
difundir [difundir] *tr.* 1 Diffuser. 2 fig. Divulguer, propager, répandre (noticia, etc.).
difunto, -ta [difùnto, -ta] *adj.-s.* 1 Défunt, unte. ■ 2 *adj.* Feu, feue; ***su ~ padre,*** feu son père.
difuso, -sa [difùso, -sa] *adj.* Diffus, use.
digerir [dixerir] *tr.* Digérer. ▲ CONJUG. comme ***hervir.***
digestión [dixestjòn] *f.* Digestion.
digital [dixitàl] *adj.* 1 Digital, ale. 2 INFORM. Numérique. ■ 3 *f.* Digitale (planta).
digitalización [dixitaliθaθjòn] *f.* Numérisation.
digitalizar [dixitaliθàr] *tr.* Numériser.
dígito [dixito] *adj.-s.* Se dit du nombre s'exprimant avec un seul chiffre.
dignarse [diγnàrse] *pr.* 1 Daigner. 2 ***Dígnese usted,*** ayez l'obligeance de.
dignidad [diγniðàð] *f.* Dignité.
digresión [diγresjòn] *f.* Digression.
dije [dixe] *m.* Breloque *f.*, bijou.
dilapidar [dilapiðàr] *tr.* Dilapider.
dilatación [dilataθjòn] *f.* Dilatation.
dilatado, -da [dilatàðo, -ða] *adj.* 1 Dilaté, ée. 2 Ample, vaste (extenso).
dilatar [dilatàr] *tr.* 1 Dilater. 2 Différer, retarder (diferir).
dilema [dilèma] *m.* Dilemme.
diligencia [dilixènθja] *f.* 1 Diligence (cuidado, prisa). 2 Diligence (coche). 3 Démarche (gestión): ***evacuar una ~,*** faire une démarche.
dilucidar [diluθiðàr] *tr.* Élucider.
diluir [dilwir] *tr.* Diluer. ▲ CONJUG. comme ***huir.***
diluviar [diluβjàr] *intr.* Pleuvoir à verse.
diluvio [dilùβjo] *m.* Déluge.
dimensión [dimensjòn] *f.* Dimension.
dimes y diretes [dimesiðirètes] Loc. Palabres *m.-f.-pl.*, discussions *f. pl.*, disputes *f. pl.*
diminutivo, -va [diminutiβo, -βa] *adj.-m.* Diminutif, ive.
diminuto, -ta [diminùto, -ta] *adj.* Très petit, e, minuscule.
dimisión [dimisjòn] *f.* Démission.
dimisionario, -ia [dimsjonàrjo, -ja] *adj.-s.* Démissionnaire.

dimitir [dimitir] *tr.-intr.* Démissionner, se démettre.
dinámico, -ca [dinámiko, -ka] *adj.-f.* Dynamique.
dinamismo [dinamizmo] *m.* Dynamisme.
dinamita [dinamita] *f.* Dynamite.
dínamo [dinamo] *f.* Dynamo.
dinastía [dinastia] *f.* Dynastie.
dinero [dinero] *m.* 1 Argent (moneda, riqueza): ~ ***contante,*** argent comptant. 2 Denier (denario).
dintel [dintèl] *m.* Linteau.
diócesi, [djòθesi], **diócesis** [djòθesis] *f.* Diocèse.
dioptría [djoβtria] *f.* ÓPT. Dioptrie.
dios [djos] *m.* Dieu: ***¡Dios mío!,*** mon Dieu!
diosa [djòsa] *f.* Déesse.
diploma [diplòma] *m.* Diplôme.
diplomático, -ca [diplomàtiko, -ka] *adj.* 1 Diplomatique. ■ 2 *m.* Diplomate.
diptongo [diβtòŋgo] *m.* Diphtongue *f.*
diputación [diputaθjòn] *f.* Députation.
diputado, -da [diputàðo, -ða] *s.* 1 Député. 2 ~ ***provincial,*** conseiller général.
dique [dike] *m.* 1 Digue *f.* 2 Bassin de radoub, dock: ~ ***flotante,*** dock flottant.
dirección [direγθjòn] *f.* 1 Direction: ***en ~ a,*** en direction de. 2 Directorat *m.,* direction (cargo de director). 3 Adresse (señas).
directo, -ta [dirèγto, -ta] *adj.* Direct, ecte.
director, -ra [dirèγtòr, -ra] *adj.-s.* 1 Directeur, trice. ■ 2 *m.* ~ ***de orquesta,*** chef d'orchestre.
directorio [direγtòrjo] *m.* Directoire.
dirigente [dirixènte] *adj.* Dirigeant, ante.
dirigible [dirixiβle] *adj.-m.* Dirigeable.
dirigir [dirixir] *tr.* 1 Diriger. 2 Adresser (la palabra, una carta).
discernir [disθernir] *tr.* Discerner. ▲ CONJUG. IRRÉG. INDIC. Prés.: ***discierno, disciernes, discierne, disciernen.*** SUBJ. Prés.: ***discierna, disciernas, discierna, disciernan.*** IMPÉR.: ***discierne, discierna, disciernen.*** Les autres formes sont régulières.
disciplina [disθiplina] *f.* Discipline.
disciplinar [disθiplinàr] *tr.* Discipliner.
discípulo, -la [disθipulo, -la] *s.* 1 Disciple. 2 Élève (en una escuela).
disco [disko] *m.* Disque.
disconformidad [diskoɱformiðàð] *f.* Dissentiment *m.,* désaccord *m.*
discontinuo, -ua [diskontinwo, -wa] *adj.* Discontinu, ue.
discordante [diskorðànte] *adj.* Discordant, ante.
discordar [diskorðàr] *intr.* Être en désaccord.
discordia [diskòrðja] *f.* Discorde.
discoteca [diskotèka] *f.* Discothèque.
discreción [diskreθjòn] *f.* Discrétion.
discrecional [diskreθjonàl] *adj.* Discrétionnaire (poder).
discrepancia [diskrepànθja] *f.* 1 Différence, disconvenance. 2 Divergence, dissentiment *m.* (en opiniones).
discrepar [diskrepàr] *intr.* Différer.
discreto, -ta [diskrèto, -ta] *adj.* Discret, ète (reservado).
disculpa [diskùlpa] *f.* Excuse.
disculpar [diskulpàr] *tr.* 1 Disculper. 2 Excuser (perdonar).
discurrir [diskur̄ir] *intr.* 1 Courir çà et là. 2 S'écouler (el tiempo). 3 *fig.* Discourir, penser, réfléchir (reflexionar). ■ 4 *tr.* Trouver, inventer (idear).
discurso [diskùrso] *m.* 1 Discours. 2 Raisonnement, faculté *f.* de penser. 3 Cours (del tiempo).
discusión [diskusjòn] *f.* Discussion.
discutir [diskutir] *tr.-intr.* Discuter.
disecar [disekàr] *tr.* 1 Disséquer. 2 Empailler (un animal).

diseminar [diseminàr] *tr.* Disséminer.
disentir [disentìr] *intr.* Différer. ▲ CONJUG. comme ***hervir.***
diseñar [diseɲàr] *tr.* Dessiner, esquisser.
diseño [disèɲo] *m.* Dessin, esquisse *f.*
disertación [disertaθjòn] *f.* Dissertation.
disfraz [disfràθ] *m.* Déguisement.
disfrutar [disfrutàr] *tr.* Jouir de, profiter de: ~ ***el fresco del atardecer,*** jouir de la fraîcheur du soir.
disfrute [disfrùte] *m.* Jouissance *f.*
disgregar [dizɣreɣàr] *tr.* Désagréger.
disgusto [dizɣùsto] *m.* **1** Déplaisir, ennui (fastidio), chagrin (pesadumbre), contrariété *f.* (contrariedad). **2** Brouille *f.*, différend (querella). **3** *loc. adv.* ***A*** ~, à contrecœur.
disidencia [disiðènθja] *f.* Dissidence.
disidente [disiðènte] *adj.-s.* Dissident, ente.
disimulado, -da [disimulàðo, -ða] *adj.-s.* Dissimulé, ée.
disimular [disimulàr] *tr.* **1** Dissimuler. **2** Excuser, pardonner.
disipado, -da [disipàðo, -ða] *adj.-s.* Dissipé, ée.
disipar [disipàr] *tr.* Dissiper.
dislocar [dizlokàr] *tr.* Disloquer.
disminuir [dizminwìr] *tr.-intr.* Diminuer. ▲ CONJUG. comme ***huir.***
disociar [disoθjàr] *tr.* Dissocier.
disolución [disoluθjòn] *f.* Dissolution.
disolver [disolβèr] *tr.* Dissoudre. ▲ CONJUG. comme ***mover,*** sauf au PART. PAS.: ***disuelto, ta.***
disonar [disonàr] *intr.* Dissoner. ▲ CONJUG. comme ***contar.***
dispar [dispàr] *adj.* Dissemblable.
disparador [disparaðòr] *m.* Celui qui fait partir le coup.
disparar [disparàr] *tr.* **1** Décharger (un arma). **2** Tirer (tiro). **3** Décocher (una flecha). ■ **4** *pr.* Partir (un arma de fuego). **5** S'emballer, s'emporter (un caballo).
disparatado, -da [disparatàðo, -ða] *adj.* Déraisonnable.
disparate [disparàte] *m.* Sottise *f.*, bêtise *f.* (dicho, hecho).
disparo [dispàro] *m.* Action *f.* de faire partir un coup de feu, un projectile.
dispensa [dispènsa] *f.* Dispense.
dispensar [dispensàr] *tr.* **1** Dispenser. **2** Pardonner, excuser (una falta leve): ***dispense usted,*** excusez-moi.
dispersar [dispersàr] *tr.* Disperser.
disperso, -sa [dispèrso, -sa] *adj.* Dispersé, ée, épars, arse.
displicencia [displiθènθja] *f.* Froideur (en el trato).
disponer [disponèr] *tr.-intr.* **1** Disposer. ■ **2** *tr.* Ordonner, prescrire. ▲ CONJUG. comme ***poner.***
disponible [disponiβle] *adj.* Disponible.
disposición [disposiθjòn] *f.* Disposition.
dispositivo [dispositiβo] *m.* Dispositif.
dispuesto, -ta [dispwèsto, -ta] *adj.* **1** Disposé, ée, prêt, te: ***¿está todo ~?,*** tout est prêt? **2** Prêt, te: ***estar ~ para,*** être prêt à. **3** Habile.
disputa [dispùta] *f.* Dispute.
disputar [disputàr] *intr.-tr.* Disputer.
disquete [diskète] *m.* INFORM. Disquette *f.*
distancia [distànθja] *f.* Distance.
distante [distànte] *adj.* Distant, ante.
distensión [distensjòn] *f.* Distension.
distinguido, -da [distiŋgiðo, -ða] *adj.* Distingué, ée.
distinguir [distiŋgìr] *tr.* Distinguer.
distintivo, -va [distintiβo, -βa] *adj.* Distinctif, ive.
distinto, -ta [distìnto, -ta] *adj.* Distinct, incte.

distraer [distraèr] *tr.* 1 Distraire. ■ 2 *pr.* Se distraire. ▲ CONJUG. comme ***traer.***
distraído, -da [distraiðo, -ða] *adj.-s.* Distrait, aite.
distribución [distriβuθjòn] *f.* Distribution.
distribuir [distriβwir] *tr.* Distribuer. ▲ CONJUG. comme ***huir.***
distrito [distrito] *m.* District, circonscription *f.*
disturbio [distùrβio] *m.* Trouble.
disuadir [diswaðir] *tr.* Dissuader.
disuelto, -ta [diswèlto, -ta] *adj.* Dissous, dissoute.
diurno, -na [djùrno, -na] *adj.* Diurne.
diva [diβa] *f.* 1 POÉT. Déesse. 2 Diva (cantante).
diván [diβàn] *m.* Divan.
diverso, -sa [diβèrso, -sa] *adj.* 1 Divers, erse. ■ 2 *pl.* Divers, erses, plusieurs.
divertido, -da [diβertiðo, -ða] *adj.* Drôle, amusant, ante, divertissant, ante.
divertir [diβertir] *tr.* 1 Détourner, dévier (apartar). 2 Divertir, amuser (entretener). ■ 3 *pr.* S'amuser, se divertir. ▲ CONJUG. comme ***hervir.***
dividir [diβiðir] *tr.* Diviser.
divinidad [diβiniðàð] *f.* Divinité.
divino, -na [diβino, -na] *adj.* Divin, ine.
divisa [diβisa] *f.* Devise: ***control de divisas,*** contrôle des changes.
divisar [diβisàr] *tr.* Distinguer, apercevoir, voir à distance.
división [diβisjòn] *f.* Division.
divisor [diβisòr] *adj.-m.* Diviseur: ***máximo común ~,*** plus grand commun diviseur.
divisorio, -ia [diβisòrjo, -ja] *adj.* Qui divise.
divorciar [diβorθjàr] *tr.* 1 Prononcer le divorce de. 2 *pr.* Divorcer.
divorcio [diβòrθjo] *m.* Divorce.
divulgar [diβulɣàr] *tr.* Divulguer.
DNI [deneì] *m.* (*abrev.* documento nacional de identidad) Carte espagnole d'identité *f.*
do [do] *m.* 1 MÚS. Do, ut. ■ 2 *adv.* poét. Où.
dobladillo [doβlaðiʎo] *m.* Ourlet.
doblar [doβlàr] *tr.* 1 Doubler (aumentar). 2 Plier (plegar): ***~ el mantel,*** plier la nappe. 3 Courber (torcer). 4 Tourner (una página, la esquina). ■ 5 *intr.* Sonner le glas (tocar a muerto). ■ 6 *pr.* Se courber (inclinarse). 7 fig. Plier, fléchir.
doble [dòβle] *adj.* 1 Double. Loc. ***~ de alto que,*** deux fois plus haut que. 2 Fort, forte, robuste (fornido). ■ 3 *m.* Glas (toque de campanas). 4 Report (en la Bolsa). ■ 5 *adv.* Double, doublement.
doblegar [doβleɣàr] *tr.* 1 Plier, ployer, fléchir, courber. 2 fig. Faire plier, soumettre (a alguien).
doblez [doβlèθ] *m.* 1 Pli. 2 Marque *f.* du pli. 3 fig. Duplicité *f.*
doce [dòθe] *adj.-m.* 1 Douze. 2 ***Las ~ del día,*** midi; ***las ~ de la noche,*** minuit.
docena [doθèna] *f.* Douzaine.
docente [doθènte] *adj.* Enseignant, e: ***el cuerpo ~,*** le corps enseignant.
dócil [dòθil] *adj.* 1 Docile. 2 Obéissant, ante.
docilidad [doθiliðàð] *f.* Docilité.
doctor [doɣtòr] *m.* 1 Docteur. 2 Médecin.
doctora [doɣtòra] *f.* Docteur *m.*
doctorado [doɣtoràðo] *m.* Doctorat.
doctrina [doɣtrina] *f.* 1 Doctrine. 2 Catéchisme *m.*
doctrinario, -ia [doɣtrinàrjo, -ja] *adj.-s.* Doctrinaire.
documentación [dokumentaθjòn] *f.* Documentation.
documental [dokumentàl] *adj.-m.* Documentaire.
documentar [dokumentàr] *tr.* Documenter.
documento [dokumènto] *m.* Document.

dodecaedro [doðekaèðro] *m.* GEOM. Dodécaèdre.
dodecágono, -na [doðekàγono, -na] *adj.* GEOM. Dodécagonal, ale.
dogma [dòγma] *m.* Dogme.
dólar [dòlar] *m.* Dollar.
dolencia [dolènθja] *f.* Maladie, indisposition, infirmité.
doler [dolèr] *intr.* **1** Faire mal, avoir mal: ***me duele la cabeza,*** j'ai mal à la tête. **2** Faire de la peine, regretter (moralmente): ***duele verle así,*** ça fait de la peine de le voir dans cet état. ■ **3** *pr.* Se plaindre (quejarse). **4** Regretter (arrepentirse): ***dolerse de sus pecados,*** regretter ses péchés. **5** Compatir à, déplorer: ***dolerse del mal ajeno,*** compatir au malheur d'autrui. ▲ CONJUG. comme ***mover.***
dolido, -da [doliðo, -ða] *adj.* Peiné, ée, chagriné, ée.
dolmen [dòlmen] *m.* Dolmen.
dolor [dolòr] *m.* **1** Douleur *f.*, mal (de una parte del cuerpo). Loc. ~ ***de costado,*** point de côté. **2** Regret, repentir (arrepentimiento).
dolorido, -da [doloriðo, -ða] *adj.* **1** Endolori, ie. **2** Peiné, ée, affligé, ée.
doloroso, -sa [doloròso, -sa] *adj.* Douloureux, euse.
domador, -ra [domaðòr, -ra] *s.* Dompteur, euse.
domar [domàr] *tr.* Dompter.
domesticar [domestikàr] *tr.* Apprivoiser, domestiquer.
doméstico, -ca [domèstiko, -ka] *adj.* **1** Domestique. ■ **2** *s.* Domestique (criado).
domiciliación [domiθiliaθjòn] *f.* Domiciliation.
domiciliar [domiθiljàr] *tr.* Domicilier.
domicilio [domiθiljo] *m.* Domicile.
dominación [dominaθjòn] *f.* Domination.
dominante [dominànte] *adj.-f.* Dominant, ante.
dominar [dominàr] *tr.-intr.* **1** Dominer. ■ **2** *tr.* Maîtriser (un incendio, una pasión).
domingo [domiŋgo] *m.* Dimanche: ~ ***de Resurrección,*** dimanche de Pâques.
dominguero, -ra [domiŋγèro, -ra] *adj.* Des dimanches.
dominio [dominjo] *m.* **1** DER. Propriéte *f.* **2** Domaine. **3** Possession *f.* (de un estado, un soberano).
dominó [dominò], **dómino** [dòmino] *m.* Domino.
don [don] *m.* **1** Don. **2** Monsieur, titre de courtoisie qui ne s'emploie que devant le prénom.
donación [donaθjòn] *f.* Donation.
donante [donànte] *s.* Donateur, trice (bienes): donneur, euse (sangre).
donar [donàr] *tr.* Donner, faire don de.
doncella [donθèʎa] *f.* **1** Jeune fille, demoiselle (joven), pucelle (virgen). **2** Femme de chambre (criada).
donde [dònde] *adv.* y *pron. rel.* **1** Où: ***la casa ~ está,*** la maison où il se trouve. **2** Que, où: ***allí es ~ quiero ir,*** c'est là que je veux aller. **3** *loc. adv.* ***¿Por dónde?,*** pourquoi? (por qué), par où? (por dónde); ~ ***no,*** autrement, sinon; ~ ***sea,*** n'importe où.
dondequiera [dondekjèra] *adv.* **1** N'importe où. **2** *loc. conj.* ~ ***que,*** où que.
doña [dòɲa] *f.* Madame, titre de courtoisie qui ne s'emploie que devant le prénom.
doping [dòpin] *m.* Doping, dopage.
dorado, -da [doràðo, -ða] *adj.* **1** Doré, ée. ■ **2** *m.* Doré, dorure *f.*
dorar [doràr] *tr.* **1** Dorer. **2** COC. Rissoler.
dormir [dormir] *intr.* **1** Dormir. Loc. ~ ***a pierna suelta,*** dormir à poings fermés. **2** Coucher, passer la nuit. ■ **3** *tr.* Endormir, faire dormir. ■ **4** *pr.* S'endormir. ▲ CONJUG. IRRÉG.

INDIC. Prés.: ***duermo, duermes, duerme, dormimos, dormís, duermen.*** Pas. simple: ***dormí, dormiste, durmió, dormimos, dormisteis, durmieron.*** SUBJ. Prés.: ***duerma, duermas, duerma, durmamos, durmáis, duerman.*** Imparf.: ***durmiera, durmieras,*** etc.; ou ***durmiese, durmieses,*** etc. Fut.: ***durmiere, durmieres,*** etc. IMPÉR.: ***duerme, duerma, durmamos, dormid, duerman.*** GÉR.: ***durmiendo.*** Les autres temps sont réguliers.

dormitorio [dormitòrjo] *m.* 1 Chambre *f.* à coucher. 2 Dortoir (común).

dorso [dòrso] *m.* Dos.

dos [dos] *adj.-s.* 1 Deux. 2 ***Son las ~,*** il est deux heures.

doscientos, -as [dosθjèntos, -as] *adj. pl.-m.* Deux cents.

dosel [dosèl] *m.* 1 Dais, baldaquin. 2 Ciel de lit (de cama).

dosificar [dosifikàr] *tr.* Doser.

dosis [dòsis] *f.* Dose.

dotación [dotaθjòn] *f.* 1 Action de doter. 2 Dotation. 3 Équipage *m.* (tripulación). 4 Personnel *m.* (de un taller, una oficina, etc.).

dotar [dotàr] *tr.* 1 Doter (a una mujer, una fundación). 2 fig. Douer, doter (de cualidades).

dote [dòte] *m.-f.* 1 Dot *f.* ■ 2 *f. pl.* Don *m. sing.* (aptitud).

Dr. (*abrev.* doctor) Dr.

Dra. (*abrev.* doctora) Dr.

dragar [draɣàr] *tr.* Draguer.

dragón [draɣòn] *m.* 1 Dragon. 2 Gueule-de-loup *f.* (planta).

drama [dràma] *m.* Drame.

dramático, -ca [dramàtiko, -ka] *adj.* 1 Dramatique. ■ 2 *f.* Dramatique, genre *m.* dramatique.

dramaturgo [dramatùrɣo] *m.* Dramaturge.

drenar [drenàr] *tr.* AGR., CIR. Drainer.

droga [dròɣa] *f.* Drogue.

drogadicto, -ta [drogaðiɣto, -ta] *m.-f.* Drogué, ée, toxicomane.

droguería [droɣerìa] *f.* Droguerie.

dubitativo, -va [duβitatiβo, -βa] *adj.* Dubitatif, ive.

ducha [dùtʃa] *f.* Douche.

duchar [dutʃàr] *tr.* Doucher.

ducho, -cha [dùtʃo, -tʃa] *adj.* Expert, erte, expérimenté, ée.

dúctil [dùɣtil] *adj.* Ductile.

duda [dùða] *f.* Doute *m.*

dudar [duðàr] *intr.* 1 Douter. ■ 2 *tr.* Mettre en doute.

dudoso, -sa [duðòso, -sa] *adj.* 1 Douteux, euse. 2 Indécis, ise.

duelo [dwèlo] *m.* 1 Duel. 2 Deuil (dolor, cortejo fúnebre). ■ 3 *pl.* Peines *f.*, difficultés *f.*

duende [dwènde] *m.* 1 Lutin, esprit follet. 2 Charme (encanto).

dueño, -ña [dwèɲo, -ɲa] *s.* 1 Maître, maîtresse. 2 Propriétaire. ■ 3 *f.* Duègne.

dulce [dùlθe] *adj.* 1 Doux, douce. ■ 2 *m.* Confiture *f.* 3 ***~ de almíbar,*** fruits au sirop.

dulcificar [dulθifikàr] *tr.* 1 Adoucir, dulcifier. 2 fig. Adoucir.

dulzor [dulθòr] *m.*, **dulzura** [dulθùra] *f.* Douceur *f.*

duna [dùna] *f.* Dune.

duodécimo, -ma [dwoðèθimo, -ma] *adj.-s.* Douzième.

dúplex [dùpleks] *m.* Duplex.

duplicado [duplikàðo] *adj.* 1 Bis (número). ■ 2 *m.* Double, duplicata *invar.*

duplicar [duplikàr] *tr.* Doubler (hacer doble).

duque [dùke] *m.* Duc.

duquesa [dukèsa] *f.* Duchesse.

durable [duràβle] *f.* Durable.

duración [duraθjòn] *f.* Durée.

durante [durànte] *prep.-adv.* Pendant, durant: ***~ el verano,*** pendant l'été.

durar [duràr] *intr.* Durer.

dureza [durèθa] *f.* 1 Dureté. 2 Durillon *m.* (callosidad).

durmiente [durmjènte] *s.* Dormant, ante (que duerme): ***la Bella ~ del Bosque,*** la Belle au Bois dormant.

duro, -ra [dúro, -ra] *adj.* **1** Dur, dure. **2** fig. Dur, dure (resistente, cruel, penoso). **3** *loc. adv.* ***A duras penas,*** à grand-peine, difficilement. ■ **4** *m.* Douro (monnaie de cinq pesetas).
duro [dúro] *adv.* Dur, durement.

E

e [e] *f.* **1** E *m.* ■ **2** *conj.* Et. ▲ S'emploie au lieu de *y* devant *i* ou *hi:* ***comercio e industria, madre e hija.***
¡ea! [éa] *interj.* **1** Allons! **2** Assez!
ebanista [eβanísta] *m.* Ébéniste.
ébano [ébano] *m.* **1** Ébénier (árbol). **2** Ébène *f.* (madera).
ebrio, -ia [éβrjo, -ja] *adj.* Ivre.
ebulición [eβuliθjón], **ebullición** [eβuʎiθjón] *f.* Ébullition.
echar [etʃár] *tr.* **1** Jeter. **2** Chasser (expulsar). **3** Congédier, renvoyer (despedir a uno), déposer, destituer (deponer a uno). **4** Exhaler (un olor). **5** Pousser (raíces, brotes, etc.), produire (flores, frutos, dicho de una planta). **6** Faire (dientes), pousser (pelo, plumas). **7** Mettre, tirer (el cerrojo), tourner (la llave para cerrar). **8** Jouer, donner (comedia, película). **9** Donner: ~ ***de comer,*** donner à manger, verser (un líquido). **10** Mettre (poner): ~ ***un cerrojo a una puerta,*** mettre un verrou à une porte. **11** Jouer, faire (una partida). **12** Faire (cálculos, cuentas, etc.). **13** Publier (un bando, etc.). **14** Prononcer (un discurso, un sermón). **15** Tirer (las cartas). **16** Otros sentidos: ~ ***abajo, por tierra,*** abattre, démolir; ~, ***echarse a correr, a llorar, a reír,*** se mettre à courir, à pleurer, à rire; ~ ***a perder,*** abîmer, gâter; ~ ***carnes,*** ~ ***barriga,*** prendre de l'embonpoint; ***echarla, echárselas de,*** faire le, se croire. **17** Prendre (un camino, una dirección): ~ ***por la izquierda,*** prendre à gauche. ■ **18** *pr.* Se jeter. **19** Se coucher, s'étendre (acostarse). **20** Couver (las aves).
eclesiástico, -ca [eklesjástiko, -ka] *adj.-m.* Ecclésiastique.
eclipsar [ekliβsár] *tr.* Éclipser.
eclipse [ekliβse] *m.* Éclipse *f.*
eco [éko] *m.* Écho.
ecografía [ekoɣrafía] *f.* Échographie.
ecología [ekoloxía] *f.* Écologie.
ecológico, -ca [ekolóxiko] *adj.* Écologique.
ecologista [ekoloxísta] *adj.-s.* Écologiste.
economato [ekonomáto] *m.* Économat.
economía [ekonomía] *f.* Économie.
económico, -ca [ekonómiko, -ka] *adj.* **1** Économique. **2** Économe (que gasta poco).
economista [ekonomísta] *adj.-s.* Économiste.
ecu, ECU [éku] *m.* (*abrev.* European currency unit) ECU.
ecuación [ekwaθjón] *f.* Équation.
ecuador [ekwaðór] *m.* Équateur.
ecuatoriano, -na [ekwatorjáno, -na] *adj.-s.* Équatorien, enne.
ecuestre [ekwéstre] *adj.* Équestre.
edad [eðáð] *f.* Âge *m.* Loc. ***Tierna*** ~, bas âge; ***mayor de*** ~, majeur, eure; ***menor de*** ~, mineur, eure; ~ ***media,*** moyen âge.
edición [eðiθjón] *f.* Édition.
edicto [eðíɣto] *m.* **1** Édit. **2** Avis au public.
edificación [eðifikaθjón] *f.* Édification.
edificar [eðifikár] *tr.* **1** Édifier, bâtir. **2** fig. Édifier.
edificio [eðifíθjo] *m.* Édifice, bâtiment.
editor, -ra [eðitór, -ra] *adj.-s.* Éditeur, trice.
editorial [eðitorjál] *adj.* De l'édition.
edredón [eðreðón] *m.* Édredon.
educación [eðukaθjón] *f.* Éducation.

educador, -ra [eðukaðòr, -ra] *adj.-s.* Éducateur, trice.
educar [eðukàr] *tr.* **1** Éduquer. **2** Élever, instruire. **3** Développer (el gusto).
EE UU *m. pl.* (*abrev.* Estados Unidos) E.-U.
efe [èfe] *f.* F *m.*, lettre f.
efectivo, -va [efeγtiβo, -βa] *adj.-s.* **1** Effectif, ive. ■ **2** *adj.* En titre (empleo, cargo). ■ **3** *m.* Argent comptant.
efecto [efèγto] *m.* Effet.
efectuar [efeγtwàr] *tr.* Effectuer.
efervescente [eferβesθènte] *adj.* Effervescent, ente.
eficacia [efikàθja] *f.* Efficacité.
eficiente [efiθjènte] *adj.* Efficient, ente.
efímero, -ra [efìmero, -ra] *adj.* Éphémère.
efusivo, -va [efusiβo, -βa] *adj.* Expansif, ive, communicatif, ive, cordial, ale.
EGB [exeβè] *f.* (*abrev.* Enseñanza General Básica) Cycle d'enseignement: école primaire et les trois premières années du secondaire.
egoísmo [eγoìzmo] *m.* Égoïsme.
egoísta [eγoìsta] *adj.-s.* Égoïste.
egregio, -gia [eγrèxjo, -ja] *adj.* Illustre, éminent, ente.
¡eh! [e] *interj.* Hé!, eh!; *¿eh?*, hein?
eje [èxe] *m.* **1** Axe. **2** Essieu (de una rueda). **3** MEC. Arbre.
ejecución [exekuθjòn] *f.* Exécution.
ejecutante [exekutànte] *adj.-s.* Exécutant, ante.
ejecutar [exekutàr] *tr.* Exécuter.
ejecutivo, -va [exekutiβo, -βa] *adj.* Exécutif, ive.
ejecutor, -ra [exekutòr, -ra] *adj.-s.* Exécuteur, trice.
ejemplar [exemplàr] *adj.* Exemplaire.
ejemplo [exèmplo] *m.* Exemple.
ejercer [exerθèr] *tr.* Exercer.
ejercicio [exerθiθjo] *m.* Exercice.
ejercitar [exerθitàr] *tr.* **1** Exercer (una profesión, un arte, etc.). ■ **2** *pr.* S'exercer, s'entrainer (*en*, à).
ejército [exèrθito] *m.* Armée *f.*
el [el] *art. def.* Le, l' (delante de vocal o h muda): ~ ***gato***, le chat. ▲ El art. *el* debe traducirse a menudo por el adj. posesivo: ***se quitó*** ~ ***sombrero***, il ôta son chapeau.
él [el] *pron. pers.* **1** Il. **2** Lui (enfáticamente o precedido de prep.): ***iré con*** ~, j'irai avec lui.
elaboración [elaβoraθjòn] *f.* Élaboration.
elaborar [elaβoràr] *tr.* Élaborer.
elástico, -ca [elàstiko, -ka] *adj.* **1** Élastique. ■ **2** *m.* Élastique (tejido, cinta).
ele [èle] *f.* L *m.*, lettre l.
elección [eleγθjòn] *f.* **1** Élection (votación). **2** Choix *m.*
elector, -ra [eleγtòr, -ra] *s.* Électeur, trice.
electoral [eleγtoràl] *adj.* Électoral, ale.
electricidad [eleγtriθiðàð] *f.* Électricité.
eléctrico, -ca [elèγtriko, -ka] *adj.* Électrique.
electrizar [eleγtriθàr] *tr.* Électriser.
electrocutar [eleγtrokutàr] *tr.* Électrocuter.
electrodomésticos [elektroðomèstikos] *m. pl.* Appareils électroménagers, électroménager *sing.*
electrón [eleγtròn] *m.* FÍS. Électron.
electrónico, -ca [eleγtròniko, -ka] *adj.-f.* Électronique.
elefante [elefànte] *m.* Éléphant.
elegancia [eleγànθja] *f.* Élégance.
elegante [eleγànte] *adj.-s.* Élegant, ante.
elegía [elexìa] *f.* LIT. Élégie.
elegible [elexiβle] *adj.* Éligible.
elegido, -da [elexiðo, -ða] *adj.-s.* Élu, ue.
elegir [elexìr] *tr.* Élire (por votación). ▲ CONJUG. comme ***servir.***
elemental [elementàl] *adj.* Élémentaire.

elemento [elemènto] *m.* Élément. Loc. ***Estar en su ~***, être dans son élément.
elenco [elèŋko] *m.* 1 Catalogue, index. 2 Troupe *f.* (de artistas).
elevación [eleβaθjòn] *f.* Élévation.
elevado, -da [eleβàðo, -ða] *adj.* Élevé, ée (alto, sublime).
elevar [eleβàr] *tr.* 1 Élever (alzar). 2 fig. Élever. ■ 3 *pr.* S'élever.
eliminar [eliminàr] *tr.* Éliminer.
elipse [eliβse] *f.* Ellipse.
elite [elite] *f.* Élite.
ella [èʎa], **ellas** [èʎas] *pron. pers.* 1 Elle, elles. 2 fam. ***Allí fue, será ~***, ça a, ça va mal tourné.
elle [èʎe] *f.* LL *m.*, lettre ll espagnole.
ello [èʎo] *pron. pers.* 1 Cela, ça. ▲ Ordinairement ***ello*** se rapporte à ce dont on a parlé: ***no hay dificultad en ~***, il n'y a pas de difficulté à cela. 2 ***De ~***, en: ***le hablaré de ~***, je lui en parlerai. 3 ***En ~***, y: ***pienso en ~***, j'y pense.
ellos [èʎos] *pron. pers.* Ils, eux.
elocuencia [elokwènθja] *f.* Éloquence.
elocuente [elokwènte] *adj.* Éloquent, ente.
elogio [elòxjo] *m.* Éloge.
elucubración [elukuβraθjòn] *f.* Élucubration.
eludir [eluðir] *tr.* Éluder.
emanación [emanaθjòn] *f.* Émanation.
emancipación [emanθipaθjòn] *f.* Émancipation.
embadurnar [embaðurnàr] *tr.* Enduire (untar), barbouiller (pintarrajear).
embajada [embaxàða] *f.* Ambassade.
embajador, -ra [embaxàðor, -ra] *s.* Ambassadeur, drice.
embalaje [embalàxe] *m.* Emballage.
embalsamar [embalsamàr] *tr.* Embaumer.
embalse [embàlse] *m.* 1 Action *f.* de retenir les eaux. 2 Réservoir, barrage (balsa artificial), retenue *f.* d'eau (agua).
embarazar [embaraθàr] *tr.* 1 Embarrasser. ■ 2 *pr.* S'embarrasser, s'empêtrer.
embarazo [embaràθo] *m.* 1 Embarras. 2 Grossesse *f.* (de la mujer).
embarcación [embarkaθjòn] *f.* Embarcation.
embarcar [embarkàr] *tr.* Embarquer.
embargo [embàrɣo] *m.* 1 ant. Obstacle. Loc. ***Sin ~***, cependant, néanmoins, non obstant. 2 Indigestion *f.* (empacho). 3 DER. Saisie *f.*, mainmise *f.*, séquestre. 4 MAR. Embargo.
embarque [embàrke] *m.* Embarquement (de cosas).
embarrar [embar̄àr] *tr.* Crotter, salir de boue: ***terreno embarrado***, terrain boueux.
embastar [embastàr] *tr.* 1 Piquer (un colchón). 2 Faufiler, bâtir (hilvanar).
embaucador, -ra [embaŭkaðòr, -ra] *adj.-s.* Enjôleur, euse, trompeur, euse.
embaucar [embaŭkàr] *tr.* Enjôler, séduire (seducir), embobiner, tromper (engañar).
embeber [embeβèr] *tr.* 1 Absorber, boire (absorber). 2 Imbiber (empapar). 3 Faire rentrer (una cosa dentro de otra). ■ 4 *pr.* fig. S'imprégner, se pénétrer de. 5 fig. S'absorber.
embelesar [embelesàr] *tr.* 1 Ravir, charmer. ■ 2 *pr.* Être ravi, ie, charmé, ée.
embellecer [embeʎeθèr] *tr.-intr.* 1 Embellir. ■ 2 *pr.* Embellir. ▲ CONJUG. comme ***agradecer***.
embestida [embestiða] *f.* Attaque impétueuse, assaut *m.*
embestir [embestir] *tr.* 1 Attaquer impétueusement. 2 fig. Se jeter sur. ■ 3 *intr.* Attaquer. ▲ CONJUG. comme *servir.*

emblema [emblèma] *m.* Emblème.
embobar [emboβár] *tr.* Ébahir.
embodegar [emboðeγár] *tr.* Encaver, mettre en cave.
embolia [embòlja] *f.* Embolie.
émbolo [èmbolo] *m.* MEC. Piston.
embolsar [embolsár] *tr.* **1** Empocher. ■ **2** *pr.* Empocher.
emborrachar [emborat∫ár] *tr.* **1** Enivrer. ■ **2** *pr.* S'enivrer, se soûler.
emboscada [emboskáða] *f.* Embuscade, guet-apens *m.*
embotado, -da [embotáðo, -ða] *adj.* Émoussé, ée.
embotellamiento [emboteʎamjènto] *m.* Embouteillage (de líquido, del tráfico).
embotellar [emboteʎár] *tr.* Embouteiller.
embozar [emboθár] *tr.* **1** Couvrir le bas du visage. **2** fig. Déguiser, cacher (sus intenciones, etc.). **3** Museler (poner un bozal).
embozo [embòθo] *m.* **1** Pan de la cape avec lequel on couvre son visage. **2** Rabat du drap de lit qui touche au visage (de la sábana). **3** fig. Déguisement, dissimulation *f.*
embrague [embràγe] *m.* Embrayage.
embravecer [embraβeθèr] *tr.* **1** Irriter, mettre en fureur. ■ **2** *pr.* S'irriter. ▲ CONJUG. comme ***agradecer.***
embriaguez [embrjaγèθ] *f.* Ivresse, enivrement *m.*
embrión [embrjòn] *m.* Embryon.
embrollo [embròʎo] *m.* **1** Embrouillement. **2** fig. Imbroglio. **3** Mensonge (embuste).
embromar [embromàr] *tr.* **1** Railler, taquiner. **2** Mystifier, tromper (engañar).
embrujar [embruxàr] *tr.* Ensorceler.
embrutecer [embruteθèr] *tr.* Abêtir, abrutir. ▲ CONJUG. comme ***agradecer.***
embuchado [embut∫áðo] *m.* Charcuterie *f.* faite de boyau rempli de viande, telle que saucisse *f.*, saucisson, andouille *f.*, boudin.
embudo [embúðo] *m.* **1** Entonnoir (utensilio). **2** fig. Tromperie *f.*
embuste [embúste] *m.* Mensonge.
embutido [embutiðo] *m.* **1** Marqueterie *f.* (taracea), incrustation *f.* **2** Charcuterie *f.* (embuchado).
eme [ème] *f.* M *m.*, lettre m.
emergencia [emerxènθja] *f.* Émergence.
emerger [emerxèr] *intr.* Émerger.
emigración [emiγraθjòn] *f.* Émigration.
emigrante [emiγrànte] *adj.-s.* **1** Émigrant, ante. ■ **2** *adj.* Migrateur.
emigrar [emiγrár] *intr.* Émigrer.
eminente [eminènte] *adj.* Éminent, ente.
emir [emir] *m.* Émir.
emisión [emisjòn] *f.* Émission.
emisor, -ra [emisòr, -ra] *adj.-s.* Émetteur, trice. ■ *f.* Station de radio.
emitir [emitir] *tr.* Émettre.
emoción [emoθjòn] *f.* Émotion.
emocionar [emoθjonár] *tr.* Émouvoir.
emotivo, -va [emotiβo, -βa] *adj.* Émotif, ive.
empachar [empat∫ár] *tr.* **2** Empêcher, embarrasser. **2** Causer une indigestion (indigestar).
empadronar [empaðronàr] *tr.* Recenser.
empalagar [empalaγár] *tr.* **1** Dégoûter, écœurer (un manjar dulce). **2** fig. Fatiguer, ennuyer.
empalizada [empaliθáða] *f.* Palissade.
empalmar [empalmàr] *tr.* **1** Abouter, raccorder, relier (unir). **2** fig. Joindre, unir, lier. ■ **3** *intr.* S'embrancher (carretera, etc.).
empalme [empàlme] *m.* Aboutage, raccordement, branchement.
empanadilla [empanaðiʎa] *f.* Rissole.
empanar [empanàr] *tr.* **1** Paner (con pan rallado). **2** AGR. Emblaver.

empantanar [empantanár] *tr.* 1 Inonder (un terreno). 2 Arrêter le cours de, paralyser (un asunto).
empapar [empapár] *tr.* 1 Imbiber, détremper. ■ 2 *pr.* fig. Se pénétrer: ***empaparse en una idea,*** se pénétrer d'une idée.
empapelar [empapelár] *tr.* 1 Envelopper dans du papier. 2 Tapisser (las paredes). 3 fig. fam. Faire un procès (a alguien).
empaquetar [empaketár] *tr.* 1 Empaqueter, emballer. 2 fig. Entasser (personas).
emparedado, -da [empareðáðo, -ða] *adj.* 1 Emmuré, ée. ■ 2 *m.* Sandwich.
emparejar [emparexár] *tr.* 1 Apparier. 2 Affleurer (poner al mismo nivel).
emparentar [emparentár] *intr.* S'apparenter. ▲ CONJUG. comme ***acertar.***
empastar [empastár] *tr.* 1 Empâter (cubrir de pasta). 2 Cartonner (un libro). 3 Plomber (un diente). 4 PINT. Empâter.
empatar [empatár] *intr.-pr.* 1 Être à égalité de points, de voix. 2 DEP. Faire match nul (dos equipos).
empedernido, -da [empeðerníðo, -ða] *adj.* 1 fig. Endurci, ie, invétéré, ée (incorregible). 2 Insensible.
empedrado, -da [empeðráðo, -ða] *adj.* 1 Pavé, ée. ■ 2 *m.* Pavage. 3 Pavé (parte empedrada).
empeine [empéine] *m.* 1 Bas-ventre. 2 Cou-de-pied. 3 Empeigne *f.* (del zapato). 4 MED. Espèce de dartre *f.*
empellón [empeʎón] *m.* Poussée *f.*, bousculade *f.*
empeñar [empeɲár] *tr.* 1 Engager, mettre en gage (dejar en prenda). 2 Engager, obliger à. ■ 3 *pr.* S'endetter (endeudarse). 4 S'obstiner: ***empeñarse en,*** s'obstiner à.
empeño [empéɲo] *m.* 1 Engagement. 2 Désir ardent. 3 Ardeur *f.*, obstination *f.*, acharnement (tesón). ■ 4 *pl.* Piston *sing.*
empeorar [empeorár] *tr.* Empirer, aggraver.
empequeñecer [empekeɲeθér] *tr.* 1 Rapetisser. ■ 2 *pr.* Se rapetisser. ▲ CONJUG. comme ***agradecer.***
emperador [emperaðór] *m.* Empereur.
emperatriz [emperatríθ] *f.* Impératrice.
emperrarse [emperrárse] *pr.* fam. S'entêter (*en,* à).
empezar [empeθár] *tr.* 1 Commencer. ■ 2 *intr.* Commencer. ▲ CONJUG. comme ***acertar.***
empinado, -da [empináðo, -ða] *adj.* 1 Raide, escarpé, ée. 2 Très haut, haute.
empinar [empinár] *tr.* 1 Lever, hausser. Loc. fig. ~ ***el codo,*** lever le coude. ■ 2 *pr.* Se dresser sur la pointe des pieds.
empírico, -ca [empíriko, -ka] *adj.-m.* Empirique.
empirismo [empirízmo] *m.* Empirisme.
emplazar [emplaθár] *tr.* 1 DER. Assigner (ante el juez). 2 Convoquer.
empleado, -da [empleáðo, -ða] *adj.-s.* Employé, ée.
emplear [emplear] *tr.* Employer: ***emplea diez obreros,*** il emploie dix ouvriers.
empleo [empléo] *m.* 1 Emploi. 2 Emploi, place *f.*, situation *f.* (colocación).
empobrecer [empoβreθér] *tr.* 1 Appauvrir. ■ 2 *intr.-pr.* S'appauvrir. ▲ CONJUG. comme ***agradecer.***
empollar [empoʎár] *tr.* 1 Couver (las aves). 2 fig. fam. Potasser, bûcher (estudiante).
empollón, -ona [empoʎón, -óna] *adj.* fam. Bûcheur, euse (estudiante).
empolvar [empolβár] *tr.* 1 Couvrir de poussière. 2 *pr.* Se poudrer (cara, etc.).

emporio [empòrjo] *m.* 1 Grand centre commercial, artistique, etc. 2 Haut lieu (cultural).
empotrar [empotràr] *tr.* 1 Sceller (en una pared, etc.). 2 Encastrer (un armario, etc.).
emprender [emprendèr] *tr.* Entreprendre.
empresa [emprèsa] *f.* 1 Entreprise. 2 Devise (en un escudo).
empresariado [empresarjàdo] *m.* Patronat.
empresario, -ia [empresàrjo, -ja] *s.* Entrepreneur, euse.
empujar [empuxàr] *tr.* Pousser.
empuje [empùxe] *m.* Poussée *f.*
empuñar [empuɲàr] *tr.* Empoigner.
emular [emulàr] *tr.* Rivaliser avec, imiter.
en [en] *prep.* 1 En, à, dans (expresa el lugar sin movimiento): ~ ***Francia,*** en France. 2 Sur (sobre): ~ ***la mesa,*** sur la table. 3 Dans (dentro): ~ ***el cajón,*** dans le tiroir. 4 À (expresa la finalidad de ciertas acciones): ***pienso*** ~ ***vosotros,*** je pense à vous. 5 À (seguida de un infinitivo): ***le conocí*** ~ ***el andar,*** je l'ai reconnu à sa façon de marcher. 6 En, à, dans (expresa el tiempo, la época): ~ ***la antigüedad,*** dans l'antiquité. 7 A veces no se traduce: ~ ***este año,*** cette année. 8 Dès que, aussitôt que (precediendo a un gerundio). 9 Otros empleos: ~ ***la librería,*** chez le libraire; ***no llegará*** ~ ***ocho días,*** il n'arrivera pas avant huit jours. 10 Se traduce generalmente por ***en*** para expresar el modo: ~ ***latín,*** en latin.
enagua [enàɣwa] *f.,* **enaguas** [enàɣwas] *f. pl.* Jupon *m. sing.*
enajenación [enaxenaθjòn] *f.,* **enajenamiento** [enaxenamjènto] *m.* Aliénation *f.*
enajenar [enaxenàr] *tr.* 1 Aliéner. 2 Ravir, extasier (embelesar).
enaltecer [enalteθèr] *tr.* Exalter, louer. ▲ CONJUG. comme ***agradecer.***
enamorado, -da [enamoràðo, -ða] *adj.* 1 Épris, ise. ■ 2 *s.* Amoureux, euse.
enamorar [enamoràr] *tr.* Rendre amoureux, euse.
enano, -na [enàno, -na] *adj.-s.* Nain, naine.
enarbolar [enarβolàr] *tr.* Arborer.
enardecer [enarðeθèr] *tr.* Exciter, animer, échauffer.
encabezar [eŋkaβeθàr] *tr.* 1 Recenser. 2 Être le premier (en una suscripción, una lista). 3 Mettre l'entête à (una carta, etc.), commencer (un escrito).
encabritarse [eŋkaβritàrse] *pr.* Se cabrer.
encadenar [eŋkaðenàr] *tr.* Enchaîner.
encajar [eŋkaxàr] *tr.* 1 Introduire, emboîter, ajuster (una cosa dentro de otra). 2 Placer (una palabra, un discurso, etc.). ■ 3 *intr.* Rentrer, s'emboîter (dentro de otra cosa). 4 fig. Venir à propos, aller, convenir (ser adecuado). ■ 5 *pr.* Se fourrer (en un sitio).
encaje [eŋkàxe] *m.* 1 Emboîtage, emboîtement (de una pieza en otra). 2 Dentelle *f.* (tejido). 3 COM. amer. Encaisse *f.*
encajonado, -da [eŋkaxonàðo, -ða] *adj.* Encaissé, ée (río, camino, etc.).
encajonar [eŋkaxonàr] *tr.* 1 Encaisser, mettre en caisse. ■ 2 *pr.* S'encaisser (río, etc.).
encalar [eŋkalàr] *tr.* Chauler.
encallar [eŋkaʎàr] *intr.* MAR. Échouer.
encallecer [eŋkaʎeθèr] *intr.* 1 Devenir calleux, euse (las manos). ■ 2 *pr.* fig. S'endurcir (en los vicios, etc.). ▲ CONJUG. comme ***agradecer.***
encalmarse [eŋkalmàrse] *pr.* Se calmer.

encamar [eŋkamár] *tr.* 1 Étendre sur le sol. ■ 2 *pr.* S'aliter. 3 Gîter (la caza). 4 Se coucher, verser (los trigos).
encaminar [eŋkaminár] *tr.* Acheminer.
encandilar [eŋkandilár] *tr.* 1 Éblouir. ■ 2 *pr.* S'allumer (los ojos). 3 Être excité, ée (una persona).
encanecer [eŋkaneθér] *intr.* Grisonner, blanchir (el cabello). ▲ CONJUG. comme ***agradecer.***
encantado, -da [eŋkantáðo, -ða] *adj.* Enchanté, ée.
encantador, -ra [eŋkantaðór, -ra] *adj.-s.* 1 Enchanteur, eresse. 2 Charmeur, euse.
encantar [eŋkantár] *tr.* 1 Enchanter. 2 fig. Charmer, ravir.
encanto [eŋkánto] *m.* 1 Enchantement. 2 Charme, attrait (atractivo).
encañonar [eŋkaɲonár] *tr.* 1 Canaliser. 2 Viser, ajuster (con un arma de fuego).
encapotar [eŋkapotár] *tr.* 1 Couvrir d'un manteau. ■ 2 *pr.* fig. Se renfrogner.
encapricharse [eŋkapritʃárse] *pr.* S'enticher, s'engouer, se toquer.
encarado, -da [eŋkaráðo, -ða] *adj.* ***Bien ~,*** qui a un beau visage, avenant, sympathique; ***mal ~,*** au visage antipathique.
encarar [eŋkarár] *intr.-pr.* 1 Regarder en face, dévisager (a alguien), affronter (una situación, etc.): ***se encaró con su interlocutor,*** il dévisagea son interlocuteur. ■ 2 *tr.* Braquer (un arma).
encarcelar [eŋkarθelár] *tr.* Incarcérer, emprisonner, écrouer.
encarecer [eŋkareθér] *tr.* Enchérir, rendre plus cher, chère (aumentar el precio). ▲ CONJUG. comme ***agradecer.***
encarecimiento [enkareθimjénto] *m.* Augmentation *f.*, hausse *f.* des prix.
encargado, -da [eŋkarɣáðo, -ða] *adj.-s.* Chargé, ée (persona): ***~ de negocios,*** chargé d'affaires.
encargar [eŋkarɣár] *tr.* Charger, commissionner.
encargo [eŋkárɣo] *m.* 1 Commission *f.* 2 COM. Commande.
encariñar [eŋkariɲár] *tr.* Inspirer de l'affection.
encarnado, -da [eŋkarnáðo, -ða] *adj.-m.* 1 Incarnat. 2 Rouge.
encarnar [eŋkarnár] *intr.* 1 S'incarner (el Verbo Divino). ■ 2 *tr.* Incarner (una idea, etc.). 3 Acharner (los perros), appâter (el anzuelo).
encarnizado, -da [eŋkarniθáðo, -ða] *adj.* Acharné, ée, sanglant, ante.
encarrilar [eŋkar̄ilár] *tr.* 1 Acheminer. 2 Remettre sur les rails.
encasillar [eŋkasiʎár] *tr.* Classer, mettre dans des cases.
encasquetar [eŋkasketár] *tr.* Enfoncer sur la tête (el sombrero, la gorra).
encasquillarse [eŋkaskiʎárse] *pr.* S'enrayer (un arma de fuego).
encausar [eŋkaŭsár] *tr.* Poursuivre en justice.
encauzar [eŋkaŭθár] *tr.* Diriger, canaliser (una corriente, una discusión, etc.).
encenagarse [enθenaɣárse] *pr.* 1 S'embourber, se couvrir de boue. 2 S'enfoncer (en el vicio).
encendedor [enθendeðór] *m.* Briquet (mechero), allume-gaz (de cocina).
encender [enθendér] *tr.* 1 Allumer. 2 Enflammer, irriter. 3 fig. Allumer (guerra). ■ 4 *pr.* Prendre feu. 5 Rougir (ruborizarse). ▲ CONJUG. comme ***entender.***
encendido, -da [enθendiðo, -ða] *adj.* 1 Rouge vif (color). 2 Rouge. 3 Ardent, ente. ■ 4 *m.* Allumage (de un motor).
encerado, -da [enθeráðo, -ða] *adj.* 1 Ciré, ée (untado de cera). ■ 2 *m.* Toile *f.* cirée (tela). 3 Cirage (de muebles, parquets).

encerar [enθerár] *tr.* Cirer.
encerrar [enθeřár] *tr.* 1 Enfermer. 2 fig. Renfermer. ▲ CONJUG. comme *acertar.*
encerrona [enθeřóna] *f.* 1 Réclusion volontaire. 2 fig. Embûche, piège *m.*
enceste [enθéste] *m.* Panier (baloncesto).
encharcar [entʃarkár] *tr.* 1 Inonder (un terreno). 2 Noyer (el estómago).
enchufe [entʃúfe] *m.* 1 Raccord (de dos tubos). 2 ELECT. Prise *f.* de courant. 3 fig. pop. Piston (influencia), planque *f.* (empleo).
encía [enθía] *f.* Gencive.
encíclica [eŋθíklika] *f.* Encyclique.
enciclopedia [enθiklopéðja] *f.* Encyclopédie.
encierro [enθjéřo] *m.* 1 Action *f.*, effet d'enfermer. 2 Retraite *f.*, réclusion *f.* (clausura). 5 TAUROM. Action d'enfermer les taureaux dans le toril.
encima [enθíma] *adv.* 1 Dessus: ***estar ~,*** être dessus. 2 *loc. prep.* ***~ de,*** sur: ***~ de la mesa,*** sur la table; ***por ~ de,*** au-dessus de (sobre), malgré (a pesar de). 3 En outre, en plus, par-dessus le marché (además): ***~ de que,*** en plus du fait que.
encina [enθína] *f.* Chêne *m.* vert, yeuse.
encinta [enθínta] *adj.* Enceinte.
enclavado, -da [eŋklaβáðo, -ða] *adj.* Enclavé, ée.
enclenque [eŋkléŋke] *adj.* Malingre, chétif, ive.
encoger [eŋkoxér] *tr.* 1 Retirer, replier, contracter (un miembro, etc.). 2 fig. Décourager. ■ 3 *intr.* Rétrécir, se rétrécir (un tejido). ■ 4 *pr.* fig. Se démonter, se troubler (apocarse).
encogido, -da [eŋkoxiðo, -ða] *adj.* fig. Timide, pusillanime.
encolar [eŋkolár] *tr.* 1 Coller. 2 Coller (el vino). 3 PINT. Encoller.
encolerizar [eŋkoleriθár] *tr.* Mettre en colère.
encomendar [eŋkomendár] *tr.* 1 Charger (encargar). 2 Confier (confiar). ■ 3 *pr.* Se mettre sous la protection de, se recommander à, s'en remettre à. ▲ CONJUG. comme *acertar.*
enconar [eŋkonár] *tr.* Enflammer, envenimer (una llaga).
encono [eŋkóno] *m.* Haine *f.*, animosité *f.*
encontrado, -da [eŋkontráðo, -ða] *adj.* Contraire, opposé, ée.
encontrar [eŋkontrár] *tr.* 1 Trouver (hallar): ***~ la solución,*** trouver la solution. 2 Trouver, rencontrer (sin buscar). ■ 3 *intr.* Se heurter. ■ 4 *pr.* Se trouver, se sentir (estar): ***encontrarse a gusto,*** se sentir à l'aise. ▲ CONJUG. comme ***contar.***
encopetado, -da [eŋkopetáðo, -ða] *adj.* 1 Présomptueux, euse. 2 De haute volée, huppé, ée.
encordar [eŋkorðár] *tr.* 1 MÚS. Garnir de cordes. 2 Corder. ▲ CONJUG. comme ***contar.***
encorvar [eŋkorβár] *tr.* 1 Courber. ■ 2 *pr.* Se voûter (una persona).
encrespar [eŋkrespár] *tr.* 1 Friser (el cabello, el pelo). 2 fig. Irriter, mettre en fureur. 3 Hérisser (erizar).
encrucijada [eŋkruθixáða] *f.* 1 Carrefour *m.* 2 fig. Embûche, guet-apens *m.*
encuadernación [eŋkwaðernaθjón] *f.* Reliure.
encuadernar [eŋkwaðernár] *tr.* 1 Relier (libros). 2 ***~ en rústica,*** brocher.
encuadrar [eŋkwaðrár] *tr.* 1 Encadrer. 2 fig. Incorporer (personas). ■ 3 *pr.* S'intégrer.
encubridor, -ra [eŋkuβriðór, -ra] *adj.* 1 Qui cache. ■ 2 *s.* DER. Receleur, euse.
encubrir [eŋkuβrír] *tr.* 1 Cacher, dissimuler. 2 Receler. ▲ CONJUG. PART. PAS.: ***encubierto, ta.***

encuentro [eŋkwèntro] *m.* 1 Rencontre *f.* 2 Opposition *f.*, contradiction.
encuesta [eŋkwèsta] *f.* Enquête.
encumbrado, -da [eŋkumbràðo, -ða] *adj.* 1 Élevé, ée, haut, haute. 2 Haut placé, ée.
encumbrar [eŋkumbràr] *tr.* 1 Élever. 2 fig. Exalter, glorifier.
ende (por) [(por)ènde] *loc. adv.* En conséquence.
endeble [endèβle] *adj.* Faible, chétif, ive (persona), faible (argumento, etc.).
endecasílabo, -ba [endekasilaβo, -βa] *adj.-m.* MÉTR. Hendécasyllabe.
endémico, -ca [endèmiko, -ka] *adj.* Endémique.
endemoniado, -da [endemonjàðo, -ða] *adj.-s.* 1 Possédé, ée, démoniaque. ■ 2 *adj.* fam. Méchant, ante (malo), satané, ée (maldito).
enderezar [endereθàr] *tr.* Redresser.
endeudarse [endeŭðàrse] *pr.* S'endetter.
endiablado, -da [endjaβlàðo, -ða] *adj.* 1 Horrible. 2 Endiablé, ée (travieso, etc.). 3 Diabolique.
endibia [endiβja] *f.* Endive.
endiosar [endjosàr] *tr.* 1 Diviniser. ■ 2 *pr.* Se gonfler d'orgueil.
endomingar [endomiŋgàr] *tr.* 1 Endimancher. ■ 2 *pr.* S'endimancher.
endosar [endosàr] *tr.* 1 COM. Endosser. 2 Faire endosser. 3 pop. Refiler.
endulzar [endulθàr] *tr.* 1 Adoucir, sucrer. 2 fig. Adoucir, mitiger.
endurecer [endureθèr] *tr.* 1 Durcir, endurcir. ■ 2 *pr.* fig. S'endurcir. ▲ CONJUG. comme *agradecer.*
ene [ène] *f.* N *m.*, lettre n.
enebro [enèβro] *m.* Genévrier.
enema [enèma] *m.* MED. Lavement.
enemigo, -ga [enemiɣo, -ɣa] *adj.-s.* Ennemi, ie.
enemistad [enemistàð] *f.* Inimitié.
enemistar [enemistàr] *tr.* Brouiller.
energía [enerxia] *f.* Énergie.
enérgico, -ca [enèrxiko, -ka] *adj.* Énergique.
enero [enèro] *m.* Janvier.
enervar [enerβàr] *tr.* Affaiblir, amollir.
enésimo, -ma [enèsimo, -ma] *adj.* Énième: ***por enésima vez,*** pour la énième fois.
enfadar [eɱfaðàr] *tr.* 1 Fâcher, mettre en colère (enojar). 2 Ennuyer (causar disgusto).
enfado [eɱfàðo] *m.* 1 Fâcherie *f.* 2 Ennui, contrariété *f.* 3 Colère *f.*
enfangar [eɱfaŋgàr] *tr.* 1 Crotter. ■ 2 *pr.* S'embourber.
énfasis [èɱfasis] *m.* Emphase *f.*
enfermedad [eɱfermeðàð] *f.* Maladie.
enfermero, -ra [eɱfermèro, -ra] *s.* Infirmier, ière.
enfermo, -ma [eɱfèrmo, -ma] *adj.-s.* Malade: ***ponerse ~,*** tomber malade.
enfilar [eɱfilàr] *tr.* 1 Enfiler (perlas, una calle, etc.). 2 Ranger en file.
enflaquecer [eɱflakeθèr] *tr.* 1 Amaigrir, faire maigrir. ■ 2 *intr.* fig. Faiblir (perder ánimo). ▲ CONJUG. comme ***agradecer.***
enfocar [eɱfokàr] *tr.* 1 ÓPT., FOT. Mettre au point. 2 fig. Envisager (un asunto).
enfrentar [eɱfrentàr] *tr.* 1 Mettre vis-à-vis, face à face. 2 Opposer (oponer). ■ 3 *pr.* Affronter, faire face.
enfrente [eɱfrènte] *adv.* En face.
enfriar [eɱfrjàr] *tr.* Refroidir (un líquido, el tiempo, una pasión).
enfundar [eɱfundàr] *tr.* 1 Mettre dans une gaine (meter en una funda). 2 Mettre dans une housse (muebles, etc.).
enfurecer [eɱfureθèr] *tr.* Mettre en fureur. ▲ CONJUG. comme ***agradecer.***
enfurruñarse [eɱfur̄uɲàrse] *pr.* fam. Se fâcher, bougonner.
engalanar [eŋgalanàr] *tr.* Parer, orner.

enganchar [eŋgantʃár] *tr.* 1 Accrocher (con un gancho). 2 MIL. Engager, enrôler (en el ejército). 3 TAUROM. Encorner.
enganche [eŋgántʃe] *m.* MIL. Enrôlement, recrutement.
engañador, -ra [eŋgaɲaðór, -ra] *adj.* Trompeur, euse.
engañar [eŋgaɲár] *tr.* Tromper, duper, leurrer.
engaño [eŋgáɲo] *m.* 1 Tromperie *f.* 2 Erreur *f.* 3 TAUROM. Leurre.
engañoso, -sa [eŋgaɲóso, -sa] *adj.* Trompeur, euse, illusoire.
engarce [eŋgárθe] *m.* Enfilage, sertissage (piedras, etc.).
engarzar [eŋgarθár] *tr.* Enfiler (perlas).
engatusar [eŋgatusár] *tr.* Cajoler, enjôler, embobiner.
engendro [eŋxéndro] *m.* Créature *f.* informe, avorton, monstre.
englobar [eŋgloβár] *tr.* Englober.
engolosinar [eŋgolosinár] *tr.* Affriander, affrioler, allécher.
engomar [eŋgomár] *tr.* Gommer, enduire de gomme (una tela, etc.).
engordar [eŋgorðár] *tr.* 1 Engraisser. ■ 2 *intr.* Grossir, engraisser (ponerse gordo).
engorroso, -sa [eŋgor̄óso, -sa] *adj.* Embarrassant, ante, ennuyeux, euse.
engranaje [eŋgranáxe] *m.* MEC. Engrenage.
engranar [eŋgranár] *intr.* Engrener.
engrandecer [eŋgrandeθér] *tr.* 1 Accroître, agrandir. 2 fig. Exalter, louer, grandir (ennoblecer). ▲ CONJUG. comme ***agradecer.***
engrasar [eŋgrasár] *tr.* Graisser.
engrase [eŋgráse] *m.* 1 Graissage. 2 Lubrifiant (materia).
engreír [eŋgreír] *tr.* Enorgueillir. ▲ CONJUG. comme ***reír.***
engrosar [eŋgrosár] *tr.* Grossir.
engrudo [eŋgrúðo] *m.* Empois, colle *f.* de pâte.
enguirnaldar [eŋgirnaldár] *tr.* Enguirlander.
engullir [eŋguʎír] *tr.* Engloutir, avaler.
enharinar [enarinár] *tr.* Enfariner.
enhebrar [eneβrár] *tr.* Enfiler (una aguja, perlas).
enhorabuena [enoraβwéna] *f.* 1 Félicitations *pl.* Loc. ***Dar la ~,*** féliciter; ***estar de ~,*** être au comble de la joie. ■ 2 *adv.* Heureusement. 3 Bon, à la bonne heure.
enigma [eniɣma] *m.* Énigme *f.*
enigmático, -ca [eniɣmátiko, -ka] *adj.* Énigmatique.
enjabonar [eŋxaβonár] *tr.* 1 Savonner. 2 fig. fam. Passer de la pommade à (adular).
enjambre [eŋxámbre] *m.* Essaim.
enjaular [eŋxaŭlár] *tr.* 1 Encager. 2 fig. Coffrer (meter en la cárcel).
enjoyar [eŋxoĭár] *tr.* 1 Parer, orner de bijoux. 2 fig. Orner, embellir.
enjuagar [eŋxwaɣár] *tr.* 1 Rincer. ■ 2 *pr.* Se rincer la bouche.
enjuague [eŋxwáɣe] *m.* 1 Rincage. 2 fam. Affaire *f.* louche, tripotage.
enjugar [eŋxuɣár] *tr.* 1 Sécher (quitar la humedad). 2 Essuyer, sécher (el sudor, las lágrimas).
enjuiciar [eŋxwiθjár] *tr.* 1 Juger, émettre un jugement sur (una cuestión). 2 Faire passer en jugement (a uno).
enjuto, -ta [eŋxúto, -ta] *adj.* 1 Sec, sèche. 2 Maigre, sec, sèche (flaco).
enlace [enláθe] *m.* 1 Liaison *f.*, enchaînement, connexion *f.* 2 Mariage, union *f.* (casamiento).
enlazar [enlaθár] *tr.* 1 Enlacer, lier. 2 Enchaîner, lier (ideas, etc.).
enlodar [enloðár], **enlodazar** [enloðaθár] *tr.* Crotter, couvrir de boue.
enloquecedor, -ra [enlokeθeðór, -ra] *adj.* Affolant, ante.
enloquecer [enlokeθér] *tr.* 1 Affoler (trastornar). 2 Rendre fou, folle. ▲ CONJUG. comme ***agradecer.***
enlosar [enlosár] *tr.* Daller.
enlucido, -da [enluθiðo, -ða] *adj.* 1 Blanchi, ie, crépi, ie (pared). ■ 2 *m.* Crépi.

enlutar [enlutàr] *tr.* 1 Endeuiller. 2 Mettre en deuil.
enmarañar [emmaraɲàr] *tr.* 1 Embrouiller, emmêler. 2 fig. Embrouiller.
enmascarado, -da [emmaskaràðo, -ða] *s.* Masque *m.*, personne *f.* masquée.
enmascarar [emmaskaràr] *tr.* Masquer.
enmendar [emmendàr] *tr.* 1 Corriger, amender. 2 Réparer (un daño). ▲ CONJUG. comme ***acertar.***
enmienda [emmjènda] *f.* 1 Correction, rectification. 2 DER. Amendement.
enmohecer [emmoeθèr] *tr.* 1 Moisir (con moho orgánico). ■ 2 *pr.* Moisir, rouiller. ▲ CONJUG. comme ***agradecer.***
enmudecer [emmuðeθèr] *tr.* 1 Faire taire. ■ 2 *intr.* Rester muet, ette, se taire. ▲ CONJUG. comme ***agradecer.***
ennegrecer [enneɣreθèr] *tr.* 1 Noircir. ■ 2 *pr.* fig. S'assombrir. ▲ CONJUG. comme ***agradecer.***
ennoblecer [ennoβleθèr] *tr.* 1 Anoblir (hacer noble). 2 fig. Ennoblir (dignificar). ▲ CONJUG. comme ***agradecer.***
enojar [enoxàr] *tr.* 1 Fâcher, irriter. ■ 2 *pr.* Se fâcher, se mettre en colère.
enojo [enòxo] *m.* 1 Colère *f.*, irritation *f.* (enfado). 2 Ennui, contrariété *f.* (molestia).
enorgullecer [enorɣuʎeθèr] *tr.* Enorgueillir. ▲ CONJUG. comme ***agradecer.***
enorme [enòrme] *adj.* Énorme.
enormidad [enormiðàð] *f.* Énormité.
enramada [enr̄amàða] *f.* 1 Feuillage *m.*, ramée (conjunto de ramas). 2 Ornement *m.* de branchages.
enranciar [enr̄anθjàr] *tr.* 1 Faire rancir. ■ 2 *pr.* Rancir.
enrarecer [enr̄areθèr] *tr.* Raréfier. ▲ CONJUG. comme ***agradecer.***
enredadera [enr̄eðaðèra] *adj.* 1 ***Planta ~***, plante grimpante. ■ 2 *f.* Liseron *m.*
enredar [enr̄eðàr] *tr.* 1 Prendre dans un filet. 2 Emmêler, embrouiller (enmarañar). 3 fig. Brouiller (meter discordia). ■ 4 *intr.* Faire des espiègleries.
enredo [enr̄èðo] *m.* 1 Emmêlement, embrouillement, enchevêtrement. 2 Mensonge (engaño). 3 Imbroglio, affaire *f.* compliquée (lío).
enrejado [enr̄exàðo] *m.* 1 Grille *f.* (verja). 2 Treillage, treillis.
enriquecer [enr̄ikeθèr] *tr.* 1 Enrichir. ■ 2 *intr.-pr.* S'enrichir. ▲ CONJUG. comme ***agradecer.***
enrojecer [enr̄oxeθèr] *tr.* 1 Rougir. ■ 2 *intr.-pr.* Rougir. ▲ CONJUG. comme ***agradecer.***
enrolar [enr̄olàr] *tr.* MAR. Enrôler.
enrollar [enr̄oʎàr] *tr.* Rouler, enrouler.
enronquecer [enr̄oŋkeθèr] *tr.* Enrouer. ▲ CONJUG. comme ***agradecer.***
enroscar [enroskàr] *tr.* 1 Enrouler, entortiller. 2 Visser (atornillar).
ensaimada [ensaimàða] *f.* Sorte de gâteau *m.* en forme de spirale.
ensalada [ensalàða] *f.* Salade.
ensaladera [ensalaðèra] *f.* Saladier *m.*
ensaladilla [ensalaðiʎa] *f.* Macédoine de légumes: ~ ***rusa,*** salade russe.
ensalmo [ensàlmo] *m.* 1 Manière *f.* superstitieuse de guérir. 2 *loc. adv.* ***Como por ~***, comme par enchantement.
ensalzar [ensalθàr] *m.* 1 Élever, honorer. 2 Exalter, louer (alabar).
ensamblar [ensamblàr] *tr.* Assembler.
ensanchar [ensantʃàr] *tr.* Élargir (hacer más ancha una cosa).
ensanche [ensàntʃe] *m.* 1 Élargissement (de una cosa). 2 Agrandissement (de una población). 3 Quartier neuf (barrio nuevo).

ensangrentar [ensaŋgrentàr] *tr.* 1 Ensanglanter. ■ 2 *pr.* Se couvrir de sang. ▲ CONJUG. comme ***acertar.***
ensartar [ensartàr] *tr.* 1 Enfiler (perlas, etc.). 2 fig. Débiter (tonterías, etc.).
ensayar [ensaĵàr] *tr.* 1 Essayer. 2 Répéter (una obra teatral, etc.).
ensayista [ensaĵista] *s.* Auteur d'essais litéraires.
ensayo [ensàĵo] *m.* 1 Essai. 2 TEAT., MÚS. Répétition *f.*
ensenada [ensenàða] *f.* GEOG. Anse.
enseña [ensèɲa] *f.* Enseigne.
enseñanza [enseɲànθa] *f.* Enseignement.
enseñar [enseɲàr] *tr.* 1 Apprendre: ***ella me enseñó a leer,*** elle m'a appris à lire. 2 Montrer (mostrar).
enseres [ensères] *m. pl.* Affaires *f.* (objetos, utensilios, etc.), mobilier *sing.* (muebles).
ensimismarse [ensimizmàrse] *pr.* S'abstraire, s'absorber.
ensombrecer [ensombreθèr] *tr.* Assombrir.
ensoñador, -ra [ensoɲaðòr, -ra] *adj.-s.* Rêveur, euse.
ensordecedor, -ra [ensorðeθeðòr, -ra] *adj.* Assourdissant, ante.
ensordecer [ensorðeθèr] *tr.* 1 Abassourdir, assourdir. ■ 2 *intr.* Devenir sourd, sourde. ▲ CONJUG. comme ***agradecer.***
ensortijar [ensortixàr] *tr.* Boucler, friser (cabellos, etc.).
ensuciar [ensuθjàr] *tr.* 1 Salir, souiller. ■ 2 *pr.* Se salir. 3 fig. Se corrompre.
entablar [entaβlàr] *tr.* 1 Planchéier. 2 Couvrir de planches. 3 Entamer, engager (una discusión, un pleito, etc.).
entallar [entaʎàr] *tr.* 1 Sculpter, graver, ciseler. 2 Gemmer (pinos). 3 Ajuster à la taille (un vestido).
entarimado [entarimàðo] *m.* Plancher, parquet.
ente [ènte] *m.* 1 Être. 2 fam. Individu.
entendedor, -ra [entendeðòr, -ra] *adj.-s.* Entendeur.
entender [entendèr] *tr.* 1 Comprendre: ***no entiendo lo que dices,*** je ne comprends pas ce que tu dis. Loc. ***Ya entiendo,*** je comprends, je vois. 2 Entendre: ***¿qué entiende usted por eso?,*** qu'entendez-vous par là? 3 Croire, penser (opinar). ■ 4 *intr.* S'y connaître, s'y entendre: ***poco entiende de mecánica,*** il ne s'y connaît pas beaucoup en mécanique. ▲ CONJUG. IRRÉG. INDIC. Prés.: entiendo, entiendes, entiende, entienden. SUBJ. Prés.: ***entienda, entiendas, entienda, entiendan.*** IMPÉR.: ***entiende, entienda, entiendan.*** Les autres formes sont régulières.
entendido, -da [entendiðo, -ða] *adj.* 1 Compétent, ente, connaisseur, euse. 2 ***No darse por ~,*** faire la sourde oreille, feindre de ne pas comprendre.
enterar [enteràr] *tr.* 1 Informer, apprendre, renseigner. ■ 2 *pr.* S'informer, se renseigner. 3 Apprendre (una noticia).
entereza [enterèθa] *f.* 1 Intégrité. 2 Énergie, force de caractère.
enterizo, -za [enteriθo, -θa] *adj.* 1 Entier, ière. 2 D'une seule pièce.
enternecer [enterneθèr] *tr.* Attendrir. ▲ CONJUG. comme ***agradecer.***
entero, -ra [entèro, -ra] *adj.* 1 Entier, ière. 2 fig. Ferme, résolu, ue, inébranlable (firme).
enterrar [enteřàr] *tr.* 1 Enterrer. ■ 2 *pr.* S'enterrer. ▲ CONJUG. comme ***acertar.***
entibiar [entiβjàr] *tr.* Attiédir, tiédir.
entidad [entiðàð] *f.* 1 FIL. Entité. 2 Collectivité, organisme *m.,* société, entreprise. 3 Importance.
entierro [entjèřo] *m.* Enterrement.
entoldar [entoldàr] *tr.* 1 Tendre un vélum au-dessus de (calle, patio). 2 Tendre (tapicerías, colgaduras en una iglesia, en una habitación, etc.).

entonación [entonaθjòn] *f.*, **entonamiento** [entonamjènto] *m.* Intonation *f.*
entonar [entonàr] *intr.* Chanter juste.
entonces [entònθes] *adv.* Alors.
entornar [entornàr] *tr.* Entrebâiller, entrouvrir (una puerta), fermer à demi (los ojos).
entorno [entòrno] *m.* Environnement: ***el ~ familiar,*** l'environnement familial.
entorpecer [entorpeθèr] *tr.* **1** Engourdir, alourdir. **2** fig. Gêner, embarrasser. ▲ CONJUG. comme ***agradecer.***
entrada [entràða] *f.* **1** Entrée. **2** Billet *m.*, place (billete). **3** Recette (dinero que se recauda).
entrambos, -as [entràmbos, -as] *adj. pl.* Les deux, tous les deux, toutes les deux.
entrampar [entrampàr] *tr.* **1** Prendre au piège (un animal). **2** Endetter.
entrante [entrànte] *adj.* **1** Entrant, ante (que entra). **2** ***Ángulo ~,*** angle rentrant. **3** Prochain, aine (mes, semana).
entraña [entràɲa] *f.* **1** Viscère *m.* ■ **2** *pl.* Entrailles.
entrañable [entraɲàβle] *adj.* Intime, profond, onde (sentimiento).
entrañar [entraɲàr] *tr.* **1** Contenir, renfermer. ■ **2** *pr.* S'unir intimement (con alguno).
entrar [entràr] *intr.* **1** Entrer. Loc. ***~ en años,*** prendre de l'âge. **2** Déboucher, se jeter (un río). ■ **3** *tr.* Entrer, rentrer (meter, introducir). **4** Aborder (a una persona): ***no hay por donde entrarle,*** il est inabordable. ■ **5** *pr.* Entrer, pénétrer.
entre [èntre] *prep.* **1** Entre: ***~ Madrid y Burgos,*** entre Madrid et Burgos. **2** Parmi: ***~ mis amigos,*** parmi mes amis. **3** Chez (en la colectividad): ***~ los musulmanes,*** chez les musulmans. **4** À (con varias personas): ***llevar una cosa ~ dos,*** porter une chose à deux. **5** *loc. adv.* ***~ mí, ~ sí,*** à part moi, à part lui; ***~ tanto,*** cependant, en attendant.
entreabierto, -ta [entreaβjèrto, -ta] *adj.* Entrouvert, erte.
entreacto [entreàγto] *m.* Entracte.
entrecejo [entreθèxo] *m.* Glabelle *f.* Loc. ***Fruncir el ~,*** froncer les sourcils.
entrecot, entrecote [entrekòt] *m.* Entrecôte *f.*
entrecruzar [entrekruθàr] *tr.* Entrecroiser.
entredicho [entreðitʃo] *m.* Interdit.
entrega [entrèγa] *f.* Livraison (mercancía), remise (carta, premio, etc.).
entregar [entreγàr] *tr.* **1** Remettre, livrer. ■ **2** *pr.* Se livrer (al enemigo, a una pasión). **3** S'avouer vaincu, ue.
entrelazar [entrelaθàr] *tr.* Entrelacer.
entremés [entremès] *m.* **1** Hors-d'œuvre. **2** TEAT. Intermède (pieza).
entremeter [entremetèr] *tr.* **1** Mélanger, mêler. ■ **2** *pr.* S'immiscer dans, se mêler de (entrometerse).
entremezclar [entremeθklàr] *tr.* Entremêler.
entrenar [entrenàr]. **1** *tr.* Entraîner. **2** *pr.* S'entraîner.
entrepaño [entrepàɲo] *m.* Trumeau (espacio de pared).
entrepiernas [entrepjèrnas] *f. pl.*, **entrepierna** [entrepjèrna] *f.* Entrejambe *m.*, entrecuisse *m.*
entrepuente [entrepwènte] *m.* MAR. Entrepont.
entresacar [entresakàr] *tr.* **1** Trier, choisir (escoger). **2** Couper (árboles, cabellos).
entresijo [entresixo] *m.* **1** ANAT. Mésentère. **2** fig. Mystère, secret.
entresuelo [entreswèlo] *m.* Entresol.
entretanto [entretànto] *adv.* Entretemps, pendant ce temps. *loc. adv.* ***En el ~,*** dans l'intervalle.

entretejer [entretexèr] *tr.* Entrelacer, entremêler.
entretener [entretenèr] *tr.* 1 Faire perdre son temps. 2 Amuser, distraire (divertir). 3 Retarder, faire traîner en longueur (dar largas). ■ 4 *pr.* S'attarder. ▲ CONJUG. comme *tener.*
entretenido, -da [entreteniðo, -ða] *adj.* Amusant, ante, divertissant, ante.
entretenimiento [entretenimjènto] *m.* 1 Amusement, distraction *f.* 2 Entretien (conservación).
entretiempo [entretjèmpo] *m.* Demi-saison *f.*
entrever [entreβèr] *tr.* Entrevoir ▲ CONJUG. comme *ver.*
entreverar [entreβeràr] *tr.* Entremêler.
entrevista [entreβista] *f.* 1 Entrevue, entretien *m.* 2 Interview (de periodista).
entrevistador, -ra [entreβistaðòr, -ra] *m.-f.* Interviewer, journaliste qui fait une interview.
entristecer [entristeθèr] *tr.* Attrister. ▲ CONJUG. comme *agradecer.*
entuerto [entwèrto] *m.* Tort, dommage.
entumecer [entumeθèr] *tr.* Engourdir. ▲ CONJUG. comme *agradecer.*
enturbiar [enturβjàr] *tr.* Troubler.
entusiasmar [entusjazmàr] *tr.* Enthousiasmer.
entusiasta [entusjàsta] *adj.-s.* Enthousiaste.
enumeración [enumeraθjòn] *f.* Énumération.
enumerar [enumeràr] *tr.* Énumérer.
enunciado [enunθjàðo] *m.* Énoncé.
envasado [emβasàðo] *m.* Mise *f.* en bouteille, en conserve, en sachet, en sac.
envasar [embasàr] *tr.* Mettre en bouteille (un líquido).
envase [embàse] *m.* 1 Mise *f.* en bouteille (de un líquido). 2 Récipient (recipiente), bouteille *f.* (botella), pot (bote), boîte *f.* (caja).
envejecer [embexeθèr] *tr.* 1 Vieillir. ■ 2 *intr.-pr.* Vieillir. ▲ CONJUG. comme *agradecer.*
envenenamiento [embenenamjènto] *m.* Empoisonnement.
envenenar [embenenàr] *tr.* 1 Empoisonner. 2 fig. Envenimer.
envergadura [emberγaðùra] *f.* Envergure.
enviar [embjàr] *tr.* Envoyer: ***le enviaré mañana un paquete por correo,*** je vous enverrai demain un colis par la poste.
enviciar [embiθjàr] *tr.* 1 Vicier, corrompre. ■ 2 *pr.* S'adonner exagérément à.
envidia [embiðja] *f.* 1 Envie: ***dar ~,*** faire envie. 2 Jalousie (celos). 3 Émulation.
envidioso, -sa [embiðjòso, -sa] *adj.-s.* Envieux, euse.
envilecer [embileθèr] *tr.* Avilir. ▲ CONJUG. comme *agradecer.*
envío [embio] *m.* Envoi.
envite [embite] *m.* 1 Renvoi, pari (en el juego). 2 Offre *f.* (ofrecimiento).
enviudar [embjuðàr] *intr.* Devenir veuf, veuve.
envoltorio [emboltòrjo] *m.* Baluchon, paquet.
envolver [embolβèr] *tr.* 1 Envelopper. 2 Emmailloter (un bebé). ■ 3 *pr.* S'envelopper. ▲ CONJUG. comme *mover* sauf le PART. PAS.: ***envuelto, ta.***
enyesar [endzesàr] *tr.* Plâtrer.
enzarzar [enθarθàr] *tr.* 1 Couvrir de ronces. 2 fig. Brouiller (sembrar discordia). ■ 3 *pr.* S'empêtrer (en asuntos difíciles). 4 Se disputer (reñirse).
eñe [èɲe] *f.* Nom de la lettre ñ.
épica [èpika] *f.* LIT. Poésie épique.
épico, -ca [èpiko, -ka] *adj.* 1 LIT. Épique. ■ 2 *m.* Auteur épique.
epidemia [epiðèmja] *f.* Épidémie.
epidermis [epiðèrmis] *f.* Épiderme *m.*
epígrafe [epiγrafe] *m.* Épigraphe *f.*
epigrama [epiγràma] *m.* Épigramme *f.*
epilepsia [epilèβsja] *f.* Épilepsie.

epílogo [epiloγo] *m.* Épilogue.
episcopado [episkopáðo] *m.* Épiscopat.
episcopal [episkopál] *adj.* Épiscopal, ale.
episódico, -ca [episóðiko, -ka] *adj.* Épisodique.
episodio [episóðjo] *m.* Épisode.
epístola [epistola] *f.* Épître.
epitafio [epitáfjo] *m.* Épitaphe *f.*
época [époka] *f.* Époque *f.*
epopeya [epopéǰa] *f.* Épopée.
equidad [ekiðáð] *f.* Équité.
equidistar [ekiðistár] *intr.* Être équidistant, ante.
equilátero, -ra [ekilátero, -ra] *adj.* GEOM. Équilatéral, ale.
equilibrio [ekiliβrjo] *m.* Équilibre.
equilibrista [ekiliβrista] *s.* Équilibriste.
equino, -na [ekino, -na] *adj.* Équin, ine.
equinoccio [ekinòγθjo] *m.* ASTR. Équinoxe.
equipaje [ekipáxe] *m.* Bagages *pl.*: ***viaja con poco ~,*** il voyage avec peu de bagages.
equipar [ekipár] *tr.* Équiper.
equipo [ekipo] *m.* **1** Équipement (de soldado, de esquiador, etc.). **2** Trousseau (de novia). **3** Équipe *f.* (de obreros, de jugadores, etc.).
equis [ékis] *f.* X *m.*, lettre x.
equitación [ekitaθjón] *f.* Équitation.
equitativo, -va [ekitatiβo, -βa] *adj.* Équitable.
equivalente [ekiβalénte] *adj.* Équivalent, ente.
equivaler [ekiβalér] *intr.* Équivaloir. ▲ CONJUG. comme ***valer.***
equivocado, -da [ekiβokáðo, -ða] *adj.* Erroné, ée (erróneo), mal choisi, ie (desacertado).
equivocar [ekiβokár] *tr.* **1** Confondre (tomar una cosa por otra). **2** Se tromper de. ■ **3** *pr.* Se tromper.
equívoco, -ca [ekiβoko, -ka]. **1** *adj.* Équivoque. **2** *m.* Équivoque *f.*
era [éra] *f.* **1** Ère: ~ ***cristiana,*** ère chrétienne. **2** Aire (para la trilla). **3** AGR. Carré *m.*
ere [ére] *f.* R *m.*, lettre r.
ergonómico [erγonómiko] *adj.* Ergonomique.
erguir [erγir] *tr.* **1** Lever, dresser: ~ ***la cabeza,*** lever la tête. ■ **2** *pr.* fig. S'enorgueillir, se rengorger. ▲ CONJUG. IRRÉG. INDIC. Prés.: ***irgo*** ou ***yergo, irgues*** ou ***yergues, irgue*** ou ***yergue, erguimos, erguís, irguen*** ou ***yerguen.*** Imparf.: ***erguía, erguías,*** etc. Pas. simple: ***erguí, erguiste, irguió, erguimos, erguisteis, irguieron.*** Fut.: ***erguiré, erguirás,*** etc. COND.: ***erguiría, erguirías,*** etc. SUBJ. Prés.: ***irga*** ou ***yerga, irgas*** ou ***yergas, irga*** ou ***yerga, irgamos*** ou ***yergamos, irgáis*** ou ***yergáis, irgan*** ou ***yergan.*** Imparf.: ***irguiera, irguieras,*** etc., ou ***irguiese, irguieses,*** etc. IMPÉR.: ***irgue*** ou ***yergue, irga*** ou ***yerga, irgamos*** ou ***yergamos, erguid, irgan*** ou ***yergan.*** PART. PAS.: ***erguido, da.*** GÉR.: ***irguiendo.***
erigir [erixir] *tr.* **1** Ériger. ■ **2** *pr.* S'ériger.
erizar [eriθár] *tr.* Hérisser.
ermitaño, -ña [ermitáɲo, -ɲa] *s.* **1** Personne qui a la garde d'un ermitage. ■ **2** *m.* Ermite.
erosión [erosjón] *f.* Érosion.
erótico, -ca [erótiko, -ka] *adj.* Érotique.
erotismo [erotizmo] *m.* Érotisme.
erradicar [er̄aðikár] *tr.* Déraciner.
errante [er̄ánte] *adj.* Errant, ante.
errar [er̄ár] *tr.* **1** Manquer, rater (el tiro, su vocación, etc.). ■ **2** *intr.* Errer. ■ **3** *intr.-pr.* Se tromper, faire erreur (equivocarse). ▲ CONJUG. comme ***acertar*** en chargeant dans les formes irrégulières le *i* en *y*: ***yerro, yerras,*** etc.
erre [ér̄e] *f.* Rr *m.*, nom du r double. Loc. ~ ***que*** ~, sans en démordre, obstinément.
error [er̄ór] *m.* Erreur *f.*

eructar [eruγtàr] *intr.* Éructer.
erudición [eruðiθjòn] *f.* Érudition.
erudito, -ta [eruðito, -ta] *adj.-s.* Érudit, ite.
erupción [eruβθjòn] *f.* Éruption.
esbelto, -ta [esβèlto, -ta] *adj.* Svelte.
esbozar [esβoθàr] *tr.* Ébaucher, esquisser.
esbozo [esβòθo] *m.* Ébauche *f.*, esquisse *f.*
escabechar [eskaβetʃàr] *tr.* **1** Mariner, conserver dans une marinade. **2** fig. Tuer (matar).
escabeche [eskaβètʃe] *m.* Marinade *f.*
escabel [eskaβèl] *m.* Tabouret, escabeau.
escabroso, -sa [eskaβròso, -sa] *adj.* **1** Scabreux, euse, accidenté, ée, raboteux, euse (terreno). **2** fig. Rude, difficile (carácter).
escabullirse [eskaβuʎìrse] *pr.* Glisser, échapper des mains. ▲ CONJUG. comme ***mullir.***
escafandra [eskafàndra] *f.*, **escafandro** [eskafàndro] *m.* Scaphandre *m.*
escala [eskàla] *f.* **1** Échelle. **2** MAR. Escale. MÚS. Gamme.
escalafón [eskalafòn] *m.* Tableau d'avancement.
escalar [eskalàr] *tr.* Escalader.
escaldar [eskaldàr] *tr.* **1** Échauder (con agua hirviendo). **2** Chauffer au rouge. ■ **3** *pr.* S'échauffer (la piel).
escalera [eskalèra] *f.* **1** Escalier *m.*: ~ ***de caracol,*** escalier en colimaçon. **2** Échelle: ~ ***de mano,*** échelle.
escalinata [eskalinàta] *f.* Perron *m.*
escalofrío [eskalofrìo] *m.* Frisson.
escalón [eskalòn] *m.* **1** Échelon (de escala). **2** Marche *f.*, degré (de escalera).
escalonar [eskalonàr] *tr.* **1** Échelonner, étaler (graduar). **2** Étager (a distintos niveles).
escama [eskàma] *f.* Écaille (de los peces, reptiles, etc.).
escamar [eskamàr] *tr.* **1** Écailler (quitar las escamas). **2** fig. Rendre méfiant, ante, paraître suspect, ecte. ■ **3** *pr.* Devenir méfiant, ante.
escamoso, -sa [eskamòso, -sa] *adj.* **1** Écailleux, euse. **2** Squameux, euse.
escamotear [eskamoteàr] *tr.* Escamoter.
escampar [eskampàr] *intr.* Cesser de pleuvoir.
escandalizar [eskandaliθàr] *tr.* **1** Scandaliser. ■ **2** *pr.* Se scandaliser, être scandalisé, ée.
escándalo [eskàndalo] *m.* **1** Scandale: ***armar un*** ~, faire du scandale. **2** Tapage (ruido), esclandre (alboroto).
escandinavo, -va [eskandinàβo, -βa] *adj.-s.* Scandinave.
escaño [eskàɲo] *m.* **1** Banc à dossier. **2** Siège de député.
escapada [eskapàða] *f.* Escapade.
escapar [eskapàr] *intr.-pr.* Échapper, s'échapper, se sauver: ~ ***de un peligro,*** échapper à un danger.
escaparate [eskaparàte] *m.* **1** Vitrine *f.* **2** Devanture *f.*, vitrine *f.*, étalage (de tienda).
escapatoria [eskapatòrja] *f.* Fuite, évasion, escapade.
escape [eskàpe] *m.* **1** Échappement (de un motor, reloj). **2** Fuite *f.* (de un gas, un líquido). **3** *loc. adv.* ***A*** ~, en vitesse, dare-dare.
escarabajo [eskaraβàxo] *m.* **1** Scarabée, bousier (coleóptero). ■ **2** *pl.* fig. Gribouillages, gribouillis.
escaramuza [eskaramùθa] *f.* Escarmouche.
escarbar [eskarβàr] *tr.* **1** Gratter, fouiller (la tierra). **2** Tisonner (la lumbre).
escarcha [eskàrtʃa] *f.* Gelée blanche, givre *m.*
escardar [eskarðàr] *tr.* Sarcler, échardonner.
escarlata [eskarlàta] *adj.-f.* Écarlate.
escarlatina [eskarlatìna] *f.* MED. Scarlatine.

escarmentar [eskarmentàr] *tr.* 1 Corriger avec rigueur. ■ 2 *intr.-pr.* Apprendre à ses dépens, profiter de la leçon. ▲ CONJUG. comme *acertar.*
escarmiento [eskarmjènto] *m.* 1 Châtiment exemplaire. 2 Leçon *f.*, expérience *f.* salutaire.
escarnio [eskàrnjo] *m.* Moquerie *f.*, dérision *f.*
escarola [eskaròla] *f.* Scarole.
escarpado, -da [eskarpàðo, -ða] *adj.* Escarpé, ée.
escasez [eskasèθ] *f.* 1 Mesquinerie, avarice (mezquindad). 2 Rareté, manque *m.*, disette, pénurie. 3 Gêne, pauvreté (apuros).
escaso, -sa [eskàso, -sa] *adj.* 1 Court, courte, limité, ée, insuffisant, ante. 2 À peine, juste: ***dos kilos escasos,*** à peine deux kilos. 3 Rare (poco frecuente, poco abundante). 4 Chiche, mesquin, ine (tacaño).
escatimar [eskatimàr] *tr.* 1 Lésiner sur. 2 Marchander.
escayola [eskaǰòla] *f.* 1 Plâtre *m.* (yeso). 2 Stuc *m.*
escena [esθèna] *f.* Scène.
escenario [esθenàrjo] *m.* TEAT. Scène *f.*
escenificación [esθenifikaθjòn] *f.* Mise en scène.
escenografía [esθenoɣrafìa] *f.* Scénographie.
escepticismo [esθeβtiθizmo] *m.* Scepticisme.
escéptico, -ca [esθèβtiko, -ka] *adj.-s.* Sceptique.
escisión [esθisjòn] *f.* Scission.
esclarecer [esklareθèr] *tr.* 1 Éclaircir (poner clara una cosa). 2 Éclairer, illuminer. 3 fig. Ennoblir, illustrer. ▲ CONJUG. comme ***agradecer.***
esclarecido, -da [esklareθìðo, -ða] *adj.* Noble, illustre.
esclavitud [esklaβitùð] *f.* Esclavage *m.*
esclavo, -va [esklàβo, -βa] *adj.-s.* 1 Esclave. ■ 2 *f.* Bracelet *m.* sans ornements.
escoba [eskòβa] *f.* 1 Balai *m.* 2 Genêt *m.* à balais (planta).
escobazo [eskoβàθo] *m.* Coup de balai.
escobilla [eskoβìʎa] *f.* 1 Brosse (cepillo). 2 Balayette. 3 Balai *m.* (de una dinamo).
escobillón [eskoβiʎòn] *m.* ARTILL. Écouvillon.
escocedura [eskoθeðùra] *f.* 1 Cuisson (dolor). 2 Rougeur (de la piel).
escocer [eskoθèr] *intr.* 1 Cuire, brûler. ■ 2 *pr.* S'échauffer (la piel). ▲ CONJUG. comme ***mover.***
escocés, -esa [eskoθès, -èsa] *adj.-s.* Écossais, aise.
escoger [eskoxèr] *tr.* 1 Choisir (elegir). 2 Trier (seleccionar). 3 *A ~,* au choix.
escolar [eskolàr] *adj.* Scolaire.
escolástico, -ca [eskolàstiko, -ka] *adj.-s.* 1 Scolastique. ■ 2 *f.* Scolastique.
escollera [eskoʎèra] *f.* Jetée, briselames *m.* *invar.*
escollo [eskòʎo] *m.* Écueil.
escolta [eskòlta] *f.* Escorte.
escoltar [eskoltàr] *tr.* Escorter.
escombros [eskòmbros] *m.* *pl.* Décombres, déblais.
esconder [eskondèr] *tr.* Cacher.
escondidas (a) [(a)eskondìðas] *loc. adv.* En cachette.
escondite [eskondìte] *m.* 1 Cache *f.*, cachette *f.* 2 Cache-cache (juego).
escopeta [eskopèta] *f.* 1 Fusil *m.* de chasse: *~ **de dos cañones,*** fusil à deux coups. 2 Escopette (arma antigua).
escoria [eskòrja] *f.* 1 Scorie. 2 fig. Lie, rebut *m.*
escorpión [eskorpjòn] *m.* Scorpion.
escotar [eskotàr] *tr.* 1 Échancrer. 2 Décolleter (cuello). 3 Payer son écot.
escote [eskòte] *m.* 1 Décolleté (de un vestido de mujer). 2 Écot (parte de un gasto).
escozor [eskoθòr] *m.* 1 Cuisson *f.*, brûlure *f.* 2 fig. Peine *f.*, regret.

escribanía [eskriβania] *f.* 1 DER. Greffe *m.* 2 Écritoire.
escribano [eskriβàno] *m.* 1 ant. Notaire. 2 DER. Secrétaire, greffier.
escribir [eskriβir] *tr.* Écrire. ▲ CONJUG. PART. PAS.: ***escrito, ta.***
escrito [eskrito] *m.* Écrit.
escritor, -ra [eskritòr, -ra] *s.* Écrivain. ▲ No tiene femenino.
escritura [eskritùra] *f.* 1 Écriture (acción, arte). 2 DER. Acte *m.*: ~ ***pública,*** acte notarié; ~ ***privada,*** acte sous seing privé.
escrúpulo [eskrùpulo] *m.* 1 Scrupule. 2 fig. Répugnance *f.*
escrutar [eskrutàr] *tr.* 1 Scruter. 2 Dépouiller le scrutin (en una elección).
escrutinio [eskrutinjo] *m.* 1 Examen. 2 Dépouillement du scrutin.
escuadra [eskwàðra] *f.* 1 Équerre. Loc. *A* ~, en équerre. 2 MIL. Escouade. 3 Équipe (de obreros, etc.). 4 MAR. Escadre.
escuadrar [eskwaðràr] *tr.* Équarrir, rendre carré, ée.
escuadrón [eskwaðròn] *m.* Escadron.
escucha [eskùtʃa] *f.* Écoute (acción de escuchar).
escuchar [eskutʃàr] *tr.* Écouter.
escudar [eskuðàr] *tr.* 1 Couvrir d'un bouclier. 2 fig. Défendre, protéger.
escudero [eskuðèro] *m.* 1 Écuyer (paje). 2 Écuyer (hidalgo).
escudo [eskùðo] *m.* 1 Bouclier. 2 Écu (arma, moneda). 3 fig. Défense *f.,* protection *f.*
escudriñar [eskuðriɲàr] *tr.* Fureter, fouiller du regard, scruter.
escuela [eskwèla] *f.* École.
escueto, -ta [eskwèto, -ta] *adj.* 1 Libre, dégagé, ée. 2 Dépouillé, ée, sobre.
esculpir [eskulpir] *tr.* 1 Sculpter. 2 Graver.
escultor, -ra [eskultòr, -ra] *s.* Sculpteur.
escultura [eskultùra] *f.* Sculpture.
escupir [eskupir] *intr.-tr.* Cracher.
escurreplatos [eskur̄eplàtos] *m.* Égouttoir à vaisselle.
escurridizo, -za [eskur̄iðiθo, -θa] *adj.* Glissant, ante.
escurrir [eskur̄ir] *tr.* 1 Épuiser les dernières gouttes de. ■ 2 *intr.-pr.* Dégoutter, s'égoutter. 3 Glisser (deslizar).
esdrújulo, -la [esðrùxulo, -la] *adj.* Qui a l'accent tonique sur l'antépénultième syllabe.
ese [èse] *f.* 1 S *m.,* lettre s. Loc. fig. ***Andar haciendo eses,*** marcher en zigzagant, zigzaguer. 2 MÚS. Ouïe (de un violín).
ese [èse], **esa** [èsa], **esos** [èsos], **esas** [èsas] *adj.* 1 Ce, cet, cette, ces. Cet delante de una vocal o h muda: ***ese avión,*** cet avion. 2 Ce, cet, cette, ces... -là: ***ese libro,*** ce livre-là. ■ 3 *pron. dem.* Celui-là, celle-là, ceux-là, celles-là. «Ésa», désigne la ville où se trouve le destinataire d'une lettre. 4 Loc. ***Ni por esas,*** en aucune manière. ▲ Ese, esa, etc., indiquent toujours la personne ou la chose qui est près de celui à qui l'on parle.
esencia [esènθja] *f.* 1 Essence. 2 ***Quinta*** ~, quintessence. 3 ***En, por*** ~, par essence.
esencial [esènθjàl] *adj.* Essentiel, elle.
esfera [esfèra] *f.* 1 Sphère. 2 Cadran *m.* (de un reloj).
esfinge [esfiŋxe] *f.* Sphinx *m.*
esforzar [esforθàr] *tr.* 1 Fortifier, encourager. ■ 2 *pr.* S'efforcer: ***esforzarse en, por,*** s'efforcer de. ▲ CONJUG. comme ***contar.***
esfuerzo [esfwèrθo] *m.* 1 Effort. 2 Courage (valor).
esgrima [esɣrima] *f.* Escrime.
esgrimir [esɣrimir] *tr.* Manier (un arma).
esguince [esɣinθe] *m.* Écart, esquive *f.* (ademán).
eslogan [eslòɣan] *m.* Slogan: ~ ***publicitario,*** slogan publicitaire.

esmaltar [esmaltàr] *tr.* 1 Émailler. 2 Orner, embellir.
esmalte [esmàlte] *m.* 1 Émail. 2 Smalt (color). 3 Vernis (para las uñas).
esmerado, -da [esmeràðo, -ða] *adj.* 1 Soigné, ée (trabajo). 2 Soigneux, euse (que se esmera).
esmeralda [esmeràlda] *f.* Émeraude.
esmeril [esmeril] *m.* Émeri.
esmero [esmèro] *m.* Soin.
esmoquin [esmòkin] *m.* Smoking.
esnob [eznòβ] *adj.-s.* Snob.
eso [èso] *pron.* Cela, ça, c' (delante de vocal): ~ ***es,*** ~ ***mismo,*** c'est cela, c'est ça.
ESO [èso] *f.* (*abrev.* Enseñanza Secundaria Obligatoria) Enseignement secondaire.
esoterismo [esoterizmo] *m.* Ésotérisme.
espacio [espàθjo] *m.* 1 Espace. 2 Place *f.*: ***ocupar*** ~, prendre de la place.
espacioso, -sa [espaθjòso, -sa] *adj.* 1 Spacieux, euse. 2 Lent, lente, flegmatique.
espada [espàða] *f.* 1 Épée. ■ 2 *m.* TAUROM. Matador. ■ 3 *f. pl.* Une des couleurs des cartes espagnoles.
espalda [espàlda] *f.* 1 Dos *m.* (del cuerpo humano, de un vestido). ■ 2 *pl.* Dos *m. sing.* Loc. ***Cargado de espaldas,*** voûté; ***dar de espaldas,*** tomber sur le dos; ***tirar de espaldas,*** renverser. 3 Derrière *m. sing.,* partie *sing.* postérieure (de una cosa).
espantable [espantàβle] *adj.* Effrayant, ante.
espantadizo, -za [espantaðiθo, -θa] *adj.* Ombrageux, euse.
espantajo [espantàxo] *m.* Épouvantail.
espantapájaros [espantapàxaros] *m. invar.* Épouvantail.
espantar [espantàr] *tr.* 1 Effrayer, épouvanter. 2 Chasser, éloigner.
espanto [espànto] *m.* Frayeur *f.,* épouvante *f.*
espantoso, -sa [espantòso, -sa] *adj.* Effrayant, ante, épouvantable.
español, -la [espaɲòl, -la] *adj.-s.* Espagnol, ole.
esparadrapo [esparaðràpo] *m.* Sparadrap.
esparcimiento [esparθimjènto] *m.* 1 Éparpillement. 2 Divulgation *f.*
esparcir [esparθir] *tr.* 1 Répandre, éparpiller. 2 fig. Divulguer, répandre (una noticia). 3 Distraire (el ánimo).
espárrago [espàr̄ayo] *m.* Asperge *f.* Loc. fam. ***¡Vete a freír espárragos!,*** va te faire fiche!, va te faire cuire un œuf!
espartano, -na [espartàno, -na] *adj.-s.* Spartiate.
esparto [espàrto] *m.* Sparte, alfa.
espasmo [espàzmo] *m.* Spasme.
espátula [espàtula] *f.* Spatule.
especia [espèθja] *f.* Épice.
especial [espeθjàl] *adj.* Spécial, ale.
especialidad [espeθjaliðàð] *f.* Spécialité.
especialista [espeθjalista] *adj.-s.* Spécialiste.
especie [espèθje] *f.* 1 Espèce. 2 Sorte, espèce (clase): ***una*** ~ ***de,*** une espèce de. 3 Bruit *m.,* nouvelle (noticia).
especificar [espeθifikàr] *tr.* Spécifier.
específico, -ca [espeθifiko, -ka] *adj.-s.* Spécifique.
espécimen [espèθimen] *m.* Spécimen.
espectáculo [espeytàkulo] *m.* Spectacle. Loc. ***Dar un*** ~, se donner en spectacle.
espectador, -ra [espeytaðòr, -ra] *s.* Spectateur, trice.
espectro [espèktro] *m.* Spectre.
especulación [espekulaθjòn] *f.* Spéculation.
especulador, -ra [espekulaðòr, -ra] *adj.-s.* Spéculateur, trice.

especular [espekulàr] *tr.-intr.* Spéculer.
espejismo [espexìzmo] *m.* Mirage.
espejo [espèxo] *m.* 1 Miroir, glace *f.*: ~ ***de cuerpo entero,*** grande glace; ~ ***ustorio,*** miroir ardent. 2 fig. Modèle, exemple (modelo), miroir (imagen).
espeleología [espeleoloxìa] *f.* Spéléologie.
espeluznante [espeluθnànte] *adj.* À faire dresser les cheveux sur la tête, épouvantable.
espera [espèra] *f.* 1 Attente: ***sala de*** ~, salle d'attente. 2 Calme *m.*, patience: ***tener*** ~, avoir du calme.
esperanto [esperànto] *m.* Espéranto.
esperanza [esperànθa] *f.* 1 Espérance (confianza, virtud). 2 Espoir *m.*
esperar [esperàr] *tr.* 1 Attendre (aguardar): ***te esperamos a cenar,*** nous t'attendons pour dîner. ■ 2 *tr.-intr.* Espérer: ***espero que no lloverá mañana,*** j'espère qu'il ne pleuvra pas demain.
esperma [espèrma] *f.* 1 Sperme *m.* 2 ~ ***de ballena,*** blanc *m.* de baleine.
esperpento [esperpènto] *m.* Personne, chose affreuse ou ridicule, horreur *f.*
espesar [espesàr] *tr.* Épaissir (un líquido).
espeso, -sa [espèso, -sa] *adj.* Épais, aisse.
espetar [espetàr] *tr.* 1 Embrocher. 2 fig. Débiter, placer (un discurso, etc.).
espía [espìa] *s.* Espion, onne.
espiar [espjàr] *tr.* 1 Épier (acechar). 2 Espionner (dicho de un espía).
espiga [espìɣa] *f.* 1 BOT. Épi *m.* 2 Soie (de la espada, de un cuchillo, etc.). 3 Cheville (clavo de madera).
espigado, -da [espiɣàðo, -ða] *adj.* 1 Glané, ée. 2 Monté, ée en graine (plantas). 3 fig. Grand, ande, élancé, ée (persona).
espigar [espiɣàr] *tr.* 1 Glaner. ■ 2 *pr.* Monter en graine.
espigón [espiɣòn] *m.* Jetée *f.*, épi (en un puerto, un río).
espina [espìna] *f.* 1 Épine: ~ ***dorsal,*** épine dorsale. 2 Arête (de pez). 3 Écharde (astilla). 4 fig. Épine (dificultad).
espinaca [espinàka] *f.* Épinard *m.*
espinal [espinàl] *adj.* 1 Spinal, ale. 2 ***Médula*** ~, mœlle épinière.
espinazo [espinàθo] *m.* Échine *f.*, épine *f.* dorsale.
espinilla [espinìʎa] *f.* 1 Petite épine. 2 Arête du tibia. 3 Point *m.* noir (en la piel).
espino [espìno] *m.* 1 Épine *f.*, aubépine *f.* 2 ~ ***albar, blanco,*** aubépine. 3 ~ ***artificial,*** fil de fer barbelé.
espinoso, -sa [espinòso, -sa] *adj.* Épineux, euse.
espionaje [espjonàxe] *m.* Espionnage.
espiración [espiraθjòn] *f.* Expiration (del aire).
espiral [espiràl] *adj.-f.* Spiral, ale.
espiritismo [espiritìzmo] *m.* Spiritisme.
espiritista [espiritìsta] *adj.-s.* Spirite.
espíritu [espìritu] *m.* 1 Esprit. Loc. ***Exhalar el*** ~, rendre l'esprit, l'âme, mourir. 2 Énergie *f.*, courage. Loc. ***Pobre de*** ~, timide, pusillanime.
espiritual [espiritwàl] *adj.* Spirituel, elle.
espiritualidad [espiritwaliðàð] *f.* Spiritualité.
espirituoso, -sa [espiritwòso, -sa] *adj.* Spiritueux, euse (bebida).
espléndido, -da [esplènðiðo, -ða] *adj.* 1 Splendide. 2 Large, généreux, euse.
esplendor [esplendòr] *m.* Splendeur *f.*
espolear [espoleàr] *tr.* Éperonner.
espoleta [espolèta] *f.* 1 Fusée (de proyectil). 2 Fourchette (de las aves).

espolón [espolòn] *m.* 1 Éperon (de un barco, de un puente). 2 Ergot, éperon (de gallo). 3 Digue *f.*, jetée *f.* (malecón).
espolvorear [espolβoreàr] *tr.* Poudrer, saupoudrer.
esponja [espòŋxa] *f.* 1 Éponge. 2 ~ *de platino,* mousse de platine.
esponjoso, -sa [espoŋxòso, -sa] *adj.* Spongieux, euse.
esponsales [esponsàles] *m. pl.* Fiançailles *f.*
espontáneo, -ea [espontàneo, -ea] *adj.* Spontané, ée.
esporádico, -ca [esporàdiko, -ka] *adj.* Sporadique.
esposar [esposàr] *tr.* Mettre les menottes.
esposas [espòsas] *f. pl.* Menottes (de los presos).
esposo, -sa [espòso, -sa] *s.* Époux, épouse.
esprint [esprin] *m.* Sprint.
espuela [espwèla] *f.* 1 Éperon *m.* (de jinete). 2 fig. Aiguillon *m.*
espulgar [espulɣàr] *tr.* Épucer, épouiller.
espuma [espùma] *f.* 1 Écume (del agua), mousse (del jabón, de la cerveza, etc.). 2 ~ *de mar,* écume de mer.
espumadera [espumaðèra] *f.* Écumoire.
espumar [espumàr] *tr.* 1 Écumer (quitar la espuma). ■ 2 *intr.* Écumer, mousser.
espumoso, -sa [espumòso, -sa] *adj.* 1 Écumeux, euse. 2 Mousseux, euse (vino, etc.).
esputo [espùto] *m.* Crachat.
esqueje [eskèxe] *m.* AGR. Bouture *f.*
esquela [eskèla] *f.* 1 Billet (carta breve). 2 Lettre de faire-part.
esqueleto [eskelèto] *m.* Squelette.
esquema [eskèma] *m.* 1 Schéma. 2 FIL. Schème.
esquemático, -ca [eskemàtiko, -ka] *adj.* Schématique.
esquí [eski] *m.* 1 Ski. 2 ~ *acuático,* ski nautique.
esquiador, -ra [eskjaðòr, -ra] *s.* Skieur, euse.
esquilar [eskilàr] *tr.* Tondre (los animales).
esquilmar [eskilmàr] *tr.* Récolter.
esquimal [eskimàl] *adj.-s.* Esquimau, aude.
esquina [eskina] *f.* Coin *m.*, angle *m.* (de una calle): *doblar la ~,* tourner au coin.
esquirla [eskirla] *f.* Esquille.
esquivar [eskiβàr] *tr.* 1 Esquiver. ■ 2 *pr.* S'esquiver.
esquivo, -va [eskiβo, -βa] *adj.* Farouche, dédaigneux, euse.
estabilidad [estaβiliðàð] *f.* Stabilité.
estabilizar [estaβiliθàr] *tr.* Stabiliser.
establecer [estaβleθèr] *tr.* Établir. ▲ CONJUG. comme *agradecer.*
establecimiento [estaβleθimjènto] *m.* Établissement.
establo [estàβlo] *m.* Étable *f.*
estaca [estàka] *f.* 1 Pieu *m.* (palo). 2 Bouture (de árbol). 3 Bâton *m.*, trique (garrote). 4 Long clou *m.*, cheville.
estacada [estakàða] *f.* Palissade.
estación [estaθjòn] *f.* 1 Saison (del año, época). 2 Gare (de ferrocarril), station (de metro). 3 Station (meteorológica, geodésica, etc.) 4 ~ *emisora,* station émettrice, poste émetteur.
estacionamiento [estaθjonamjènto] *m.* Stationnement.
estacionar [estaθjonàr] *tr.* 1 Garer (un coche). ■ 2 *pr.* Stationner (coche, persona).
estadio [estàðjo] *m.* Stade.
estadista [estaðista] *m.* Homme d'état.
estadístico, -ca [estaðistiko, -ka] *adj.-f.* 1 Statistique. ■ 2 *m.* Statisticien.
estado [estàðo] *m.* 1 État. Loc. ~ *llano,* tiers état; *tomar ~,* se marier (casarse), se faire prêtre, entrer en religion (profesar). 2 ant. Mesure *f.* de longueur.
estafa [estàfa] *f.* Escroquerie.

estafeta [estaféta] *f.* **1** Estafette. **2** Bureau *m.* de poste secondaire.
estallar [estaʎár] *intr.* **1** Éclater (una bomba, un incendio, un motín, la ira, etc.). **2** Exploser (una bomba, la ira).
estamento [estaménto] *m.* Classe *f.*, groupe, couche *f.*
estampa [estámpa] *f.* **1** Estampe (imagen impresa). **2** Image (pequeña). **3** Figure, apparence (de una persona, de un animal). **4** Imprimerie, impression: ***dar una obra a la ~***, faire imprimer un ouvrage. **5** Empreinte, marque (huella).
estampar [estampár] *tr.* Estamper.
estampido [estampiðo] *m.* Détonation *f.*
estancar [estaŋkár] *tr.* **1** Arrêter, étancher (un líquido). **2** Mettre en régie, monopoliser. ■ **3** *pr.* Stagner.
estancia [estánθja] *f.* **1** Séjour *m.* (en un lugar). **2** Pièce, chambre (habitación). **3** Stance, strophe.
estanco, -ca [estáŋko, -ka] *adj.* **1** Étanche. ■ **2** *m.* Régie *f.*, monopole de l'État. **3** Bureau de tabac (tienda).
estándar [estándar] *adj.-m.* Standard.
estandarte [estandárte] *m.* **1** Étendard. **2** Bannière *f.* (de cofradía).
estanque [estánke] *m.* Étang.
estanquero, -ra [estaŋkéro, -ra] *s.* Buraliste (que vende tabaco, etc.).
estante [estánte] *m.* Étagère *f.*
estantería [estantería] *f.* Étagères *f.pl.*, bibliothèque, rayonnage *m.*
estar [estár] *intr.* **1** Être, se trouver (en un lugar, situación, estado, estado de ánimo, período de tiempo): ***~ de más, de sobra,*** être de trop: ***¿cómo está usted?,*** comment allez-vous?, ***¿a cuántos estamos del mes?,*** quel jour du mois sommes-nous? **2** Vivre (vivir con alguien). **3** Seoir, aller (bien, mal): ***este sombrero le está bien,*** ce chapeau lui va bien. **4** ***~ para,*** être sur le point de (a punto de), être disposé, ée à, d'humeur à (dispuesto a). **5** ***~ por*** (con un infinitivo), être à. **6** ***~ por,*** (con un nombre), être pour, en faveur de, du côté de. **7** (con un gerundio), être en train de: ***estábamos comiendo,*** nous étions en train de manger. ■ **8** *pr.* Rester, demeurer, se tenir: ***estarse quieto,*** rester tranquille, se tenir coi. ▲ CONJUG. IRRÉG. INDIC. Prés.: ***estoy, estás, está, estamos, estáis, están.*** Imparf.: ***estaba, estabas,*** etc. Pas. simple: ***estuve, estuviste, estuvo, estuvimos, estuvisteis, estuvieron.*** Fut.: ***estará, estarás,*** etc. COND.: ***estaría, estarías,*** etc. SUBJ. Prés.: ***esté, estés, esté, estemos, estéis, estén.*** Imparf.: ***estuviera, estuvieras,*** etc., ou ***estuviese, estuvieses,*** etc. Fut.: ***estuviere, estuvieres,*** etc. IMPÉR.: ***está, esté, estemos, estad, estén.*** PART. PAS.: ***estado.*** GÉR.: ***estando.***
estatua [estátwa] *f.* Statue.
estatura [estatúra] *f.* **1** Stature. **2** Taille: ***por orden de ~,*** par rang de taille.
estatuto [estatúto] *m.* Statut.
este [éste] *m.* **1** Est, orient. **2** Vent d'est.
este [éste], **esta** [ésta], **estos** [éstos], **estas** [éstas] *adj.* **1** Ce, cet, cette, ces. Cet delante de vocal o h muda: ***~ hombre,*** cet homme. **2** Ce, cet, cette, ces... -ci: ***~ libro,*** ce livre-ci. Placé après le nom prend un sens péjoratif. ■ **3** *pron. dem.* Celui-ci, celle-ci, ceux-ci, celles-ci.
estela [estéla] *f.* **1** MAR. Sillage *m.* **2** Stèle (monumento).
estenografía [estenoɣrafía] *f.* Sténographie.
estepa [estépa] *f.* Steppe.
estera [estéra] *f.* Natte.
estercolero [esterkoléro] *m.* Fumier.
estéreo [estéreo] *m.* Stère.

estereofónico, -ca [estereofòniko, -ka] *adj.* Stéréophonique: ***equipo ~***, chaîne stéréo.
estereotipar [estereotipàr] *tr.* IMPR. Stéréotyper.
estéril [estèril] *adj.* Stérile.
esterilidad [esteriliðàð] *f.* Stérilité.
esterilla [esteriʎa] *f.* Petite natte de sparte.
esteticista [estetiθista] *f.* Esthéticienne.
estético, -ca [estètiko, -ka] *adj.* 1 Esthétique. ■ 2 *s.* Esthéticien, ienne.
estibar [estiβàr] *tr.* 1 Comprimer, tasser (apretar). 2 MAR. Arrimer.
estiércol [estjèrkol] *m.* Fumier.
estigma [estiˈma] *m.* Stigmate.
estilar [estilàr] *tr.* 1 Dresser (un documento) selon les règles. ■ 2 *pr.* Être à la mode, se porter: ***ya no se estilan los miriñaques,*** les crinolines ne se portent plus.
estilizar [estiliθàr] *tr.* Styliser.
estilo [estilo] *m.* 1 Style. 2 Manière *f.*, façon *f.* (modo). 3 Loc. ***Al ~ de,*** à la mode de; ***por el ~***, semblable, du même genre.
estilográfico, -ca [estilogràfiko, -ka] *adj.* 1 Stylographique. ■ 2 *f.* Stylographe *m.*, stylo *m.*
estimar [estimàr] *tr.* 1 Estimer. 2 ***~ en poco,*** faire peu de cas de.
estímulo [estimulo] *m.* 1 Stimulant (incentivo). 2 FISIOL. Stimulus.
estío [estio] *m.* Été.
estipular [estipulàr] *tr.* Stipuler.
estirado, -da [estiràðo, -ða] *adj.* 1 fig. Guindé, ée, compassé, ée. 2 Fier, fière, orgueilleux, euse.
estirar [estiràr] *tr.* 1 Étirer, allonger. 2 Repasser légèrement (planchar). ■ 3 *pr.* S'étirer.
estirpe [estirpe] *f.* Souche, lignée.
estival [estiβàl] *adj.* Estival, ale.
esto [èsto] *pron. dem.* 1 Ceci, cela, ça, c' (delante de vocal). 2 *loc. adv.* ***En ~***, sur ces entrefaites, à ce moment-là, sur ce.
estocada [estokàða] *f.* 1 Estocade. 2 ESGR. Botte.
estofado [estofàðo] *m.* Viande *f.* à l'étouffée.
estofar [estofàr] *tr.* 1 Broder en relief. 2 COC. Faire cuire à l'étouffée.
estoico, -ca [estòiko, -ka] *adj.* 1 Stoïque. ■ 2 *adj.-s.* FIL. Stoïcien, ienne.
estomacal [estomakàl] *adj.* Stomacal, ale (del estómago).
estómago [estòmaɣo] *m.* Estomac: ***tener dolor de ~***, avoir mal à l'estomac.
estopa [estòpa] *f.* Étoupe.
estoque [estòke] *m.* 1 Estoc (espada). 2 Canne-épée *f.* 3 Glaïeul (planta).
estorbar [estorβàr] *tr.* Empêcher, gêner, entraver.
estorbo [estòrβo] *m.* 1 Empêchement, gêne *f.* 2 Obstacle.
estornudar [estornuðàr] *intr.* Éternuer.
estornudo [estornùðo] *m.* Éternuement.
estrabismo [estraβizmo] *m.* Strabisme.
estrado [estràðo] *m.* 1 Estrade *f.* (tarima). 2 ant. Salon. ■ 3 *pl.* Salle *f.* *sing.* de tribunal.
estrafalario, -ia [estrafalàrjo, -ja] *adj.-s.* Bizarre, extravagant, ante, farfelu, ue.
estrago [estràɣo] *m.* Ravage.
estrangulación [estraŋgulaθjòn] *f.* Étranglement *m.*, strangulation.
estrangular [estraŋgulàr] *tr.* Étrangler.
estratega [estratèɣa] *m.* Stratège.
estrategia [estratèxia] *f.* Stratégie.
estratégico, -ca [estratèxiko, -ka] *adj.* Stratégique.
estratificar [estratifikàr] *tr.* Stratifier.
estrato [estràto] *m.* 1 Strate *f.* 2 Stratus (nube).
estratosfera [estratosfèra] *f.* Stratosphère.
estraza [estràθa] *f.* 1 Chiffon *m.* de toile grossière. 2 ***Papel de ~***, papier gris.

estrechamiento [estretʃamjènto] *m.* Rétrécissement.
estrechar [estretʃàr] *tr.* **1** Rétrécir, étrécir. **2** Étreindre (entre los brazos, etc.). **3** fig. Resserrer (una amistad, un lazo). **4** Presser, harceler (el enemigo). **5** Astreindre, contraindre. ■ **6** *pr.* Se serrer, se presser (apretarse).
estrecho, -cha [estrètʃo, -tʃa] *adj.* **1** Étroit, oite. **2** Avare. ■ **3** *m.* GEOG. Détroit.
estrechura [estretʃùra] *f.* **1** Passage *m.* étroit. **2** fig. Gêne, pénurie.
estrella [estrèʎa] *f.* Étoile. Loc. *~ fugaz,* étoile filante; ***nacer con ~,*** naître sous une bonne étoile.
estrellar [estreʎàr] *tr.* **1** Briser, écraser (contra un objeto, un obstáculo). **2** Étoiler. **3** COC. Faire sur le plat (huevos).
estremecer [estremeθèr] *tr.* **1** Faire trembler, ébranler. ■ **2** *pr.* Trembler, frémir, tressaillir. ▲ CONJUG. comme ***agradecer.***
estremecimiento [estremeθimjènto] *m.* Tremblement, ébranlement.
estrenar [estrenàr] *tr.* Étrenner (hacer uso por primera vez).
estreno [estrèno] *m.* **1** Étrenne *f.* (primer uso, primera venta). **2** TEAT. Première *f.*: ***película de ~,*** film en première exclusivité. **3** Début (en un empleo, etc.).
estreñido, -da [estreɲiðo, -ða] *adj.* **1** Constipé, ée. **2** fig. Avare, mesquin, ine.
estrépito [estrèpito] *m.* **1** Fracas. **2** fig. Éclat.
estrés [estrès] *m.* Stress.
estría [estria] *f.* Strie, cannelure.
estribar [estriβàr] *intr.* **1** Porter, poser, s'appuyer. **2** fig. Se fonder (*en,* sur).
estribillo [estriβiʎo] *m.* Refrain.
estribo [estriβo] *m.* **1** Étrier. Loc. ***Perder los estribos,*** vider les étriers; fig. perdre la tête. **2** Marchepied (de un coche). **3** ARQ., GEOG. Contrefort. **4** Butée *f.* (de un puente).
estribor [estriβòr] *m.* MAR. Tribord.
estricto, -ta [estriɣto, -ta] *adj.* Strict, icte.
estridencia [estriðènθja] *f.* Stridence.
estrofa [estròfa] *f.* Strophe.
estropajo [estropàxo] *m.* Lavette *f.* (de esparto), éponge *f.* métallique (metálico).
estropear [estropeàr] *tr.* **1** Abîmer. **2** Gâcher, gâter (un asunto), faire échouer (un proyecto). **3** Estropier (lisiar).
estructura [estruɣtùra] *f.* Structure.
estruendo [estrwèndo] *m.* Fracas, grand bruit.
estrujar [estruxàr] *tr.* **1** Presser (un limón, etc.). **2** Écraser (el pie). **3** Froisser, chiffonner (papel, etc.).
estuario [estwàrjo] *m.* Estuaire.
estucar [estukàr] *tr.* Enduire de stuc.
estuche [estùtʃe] *m.* **1** Étui (de las gafas, etc.). **2** Coffret, écrin (para joyas, etc.).
estudiante [estuðjànte] *s.* Étudiant, ante.
estudiar [estuðjàr] *tr.* **1** Étudier. **2** *~* ***para médico,*** faire sa médecine. ▲ CONJUG. comme ***cambiar.***
estudio [estùðjo] *m.* Étude *f.* Loc. ***En ~,*** à l'étude.
estufa [estùfa] *f.* **1** Étuve. **2** Poêle *m.* (para la calefacción). **3** Serre (invernadero para las plantas).
estupefaciente [estupefaθjènte] *adj.-s.* Stupéfiant, ante.
estupefacto, -ta [estupefàɣto, -ta] *adj.* Stupéfait, aite.
estupendo, -da [estupèndo, -da] *adj.* Admirable, épatant, ante, formidable.
estúpido, -da [estùpiðo, -ða] *adj.-s.* Stupide.
estupor [estupòr] *m.* Stupeur *f.*
etapa [etàpa] *f.* Étape.
etc. (*abrev.* etcétera) etc.
etcétera [etθètera] *loc. adv.* Et caetera (ou et cetera).
éter [èter] *m.* Éther.

etéreo, -ea [etèreo, -ea] *adj.* Éthéré, ée.
eternidad [eterniðàð] *f.* Éternité.
eterno, -na [etèrno, -na] *adj.* Éternel, elle.
ético, -ca [ètiko, -ka] *adj.-f.* 1 Éthique. ■ 2 *m.* Moraliste.
etimología [etimoloxia] *f.* Étymologie.
etiqueta [etikèta] *f.* Étiquette.
etnia [ètnja] *f.* Ethnie.
étnico, -ca [ètniko, -ka] *adj.* Ethnique.
etnografía [etnoɣrafia] *f.* Ethnographie.
etnología [etnoloxia] *f.* Ethnologie.
eucalipto [eŭkaliβto] *m.* Eucalyptus.
eucaristía [eŭkaristia] *f.* Eucharistie.
eufemismo [eŭfemizmo] *m.* RET. Euphémisme.
euforia [eŭfòrja] *f.* Euphorie.
eunuco [eŭnùko] *m.* Eunuque.
eurocheque [eurotʃèke] *m.* Eurochèque.
eurócrata [eŭrócrata] *s.* Eurocrate.
eurodiputado, -da [eŭroðiputàðo, -ða] *s.* Député *m.* européen.
europeísta [eŭropeista] *s.* Favorable à l'Europe, partisan de l'Europe.
europeo, -ea [eŭropèo, -èa] *adj.-s.* Européen, enne.
evacuar [eβakwàr] *tr.* 1 Évacuer. 2 Remplir (un requisito), régler (un asunto), faire (una visita).
evadir [eβaðir] *tr.* 1 Éviter, éluder, esquiver. ■ 2 *pr.* S'évader.
evaluar [eβalwàr] *tr.* Évaluer.
evangelio [eβaŋxèljo] *m.* Évangile.
evaporar [eβaporàr] *tr.* Évaporer.
evasión [eβasjòn] *f.* Évasion.
evasivo, -va [eβasiβo, -βa] *adj.* Évasif, ive.
evento [eβènto] *m.* Événement incertain.
eventual [eβentwàl] *adj.* Éventuel, elle.
evidencia [eβiðènθja] *f.* Évidence: ***poner en*** ~, mettre en évidence.
evidente [eβiðènte] *adj.* Évident, ente.
evitar [eβitàr] *tr.* Éviter.
evocación [eβokaθjòn] *f.* Évocation.
evocar [eβokàr] *tr.* Évoquer.
evolución [eβoluθjòn] *f.* Évolution.
exacerbar [e(ɣ)saθerβàr] *tr.* 1 Exacerber. 2 Exaspérer.
exactitud [e(ɣ)saɣtitùð] *f.* Exactitude.
exacto, -ta [e(ɣ)sàɣto, -ta] *adj.* Exact, acte.
exagerado, -da [e(ɣ)saxeràðo, -ða] *adj.* 1 Exagéré, ée. 2 Excessif, ive: ***precio*** ~, prix excessif.
exagerar [e(ɣ)saxeràr] *tr.-intr.* Exagérer.
exaltación [e(ɣ)saltaθjòn] *f.* 1 Exaltation. 2 Accession, élévation (al trono, etc.).
exaltar [e(ɣ)saltàr] *tr.* 1 Élever (a mayor dignidad). 2 Exalter (realzar el mérito). ■ 3 *pr.* S'exalter.
examen [e(ɣ)sàmen] *f.* Examen.
examinador, -ra [e(ɣ)saminaðòr, -ra] *s.* Examinateur, trice.
examinar [e(ɣ)saminàr] *tr.* Examiner.
exasperación [e(ɣ)saspera θjòn] *f.* Exaspération.
excavación [eskaβaθjòn] *f.* Excavation.
excavadora [eskaβaðòra] *f.* Bulldozer *m.*, pelleteuse.
excavar [eskaβàr] *tr.* Creuser.
excedente [esθeðènte] *adj.* 1 Excédentaire. 2 En disponibilité. 3 *m.* Excédent: ~ ***agrícola,*** excédent agricole.
exceder [esθeðèr] *tr.* 1 Excéder, dépasser. ■ 2 *pr.* Se surpasser (a sí mismo). 3 Dépasser les bornes (propasarse).
excelencia [esθelènθja] *f.* 1 Excellence. 2 *loc. adv.* ***Por*** ~, par excellence.
excelente [esθelènte] *adj.* Excellent, ente.
excelentísimo, -ma [esθelentisimo, -ma] *adj.* Excellentissime.

excepción [esθeβθjòn] *f.* 1 Exception. 2 *loc. prep.* ***A, con ~ de,*** à l'exception de.
excepcional [esθeβθjonàl] *adj.* Exceptionnel, elle.
excesivo, -va [esθesiβo, -βa] *adj.* Excessif, ive.
exceso [esθèso] *m.* Excès.
excitación [esθitaθjòn] *f.* Excitation.
excitar [esθitàr] *tr.* Exciter.
exclamación [esklamaθjòn] *f.* 1 Exclamation. 2 Point *m.* d'exclamation (signo).
exclamar [esklamàr] *intr.* S'exclamer, s'écrier.
excluir [esklwir] *tr.* Exclure. ▲ CONJUG. comme ***huir.***
exclusivo, -va [eskusiβo, -βa] *adj.* Exclusif, ive.
excomunión [eskomunjòn] *f.* Excommunication.
excoriar [eskorjàr] *tr.* Excorier.
excrecencia [eskreθènθja] *f.* Excroissance.
excremento [eskremènto] *m.* Excrément.
excretar [eskretàr] *intr.-tr.* FISIOL. Excréter.
excursión [eskursjòn] *f.* Excursion.
excursionista [eskursjonista] *s.* Excursionniste.
excusa [eskùsa] *f.* Excuse.
excusar [eskusàr] *tr.* 1 Excuser. 2 Refuser (rehusar). 3 Éviter (evitar). 4 Pouvoir se dispenser, ne pas avoir besoin de. ■ 5 *pr.* S'excuser.
execración [e(ɣ)sekraθjòn] *f.* Exécration.
exento, -ta [e(ɣ)sènto, -ta] *adj.* Exempt, empte, libre.
exequias [e(ɣ)sèkjas] *f. pl.* Obsèques.
exhalar [e(ɣ)salàr] *tr.* Exhaler.
exhausto, -ta [e(ɣ)sàŭsto, -ta] *adj.* Épuisé, ée.
exhibición [e(ɣ)siβiθjòn] *f.* 1 Exhibition. 2 Présentation (de modelos). 3 Exposition. 4 Projection (de una película).
exhibir [e(ɣ)siβir] *tr.* 1 Exhiber. ■ 2 *pr.* Se montrer en public.
exhortar [e(ɣ)sortàr] *tr.* Exhorter.
exhumar [e(ɣ)sumàr] *tr.* Exhumer.
exigencia [e(ɣ)sixènθja] *f.* Exigence.
exigir [e(ɣ)sixir] *tr.* Exiger.
exigüidad [e(ɣ)siɣwiðàð] *f.* Exiguïté.
exiguo, -ua [e(ɣ)siɣwo, -wa] *adj.* Exigu, uë.
exilio [e(ɣ)siljo] *m.* Exil.
eximir [e(ɣ)simir] *tr.* Exempter, dispenser.
existencia [e(ɣ)sistènθja] *f.* 1 Existence. ■ 2 *pl.* Stock *m. sing.*, stocks *m.*
existente [e(ɣ)sistènte] *adj.* Existant, ante.
existir [e(ɣ)sistir] *intr.* Exister.
éxito [è(ɣ)sito] *m.* Succès.
exitoso, -sa [eksitòso, -sa] *adj.* Qui a du succès.
éxodo [è(ɣ)soðo] *m.* Exode.
exorbitante [e(ɣ)sorβitànte] *adj.* Exorbitant, ante.
exótico, -ca [e(ɣ)sòtiko, -ka] *adj.* Exotique.
expansión [espansjòn] *f.* 1 Expansion. 2 fig. Expansion, épanchement *m.* 3 Distraction.
expatriarse [espatrjàrse] *pr.* S'expatrier.
expectación [espeɣtaθjòn] *f.* Expectative, attente, expectation.
expectativa [espeɣtatiβa] *f.* Expectative.
expectorar [espeɣtoràr] *tr.* Expectorer.
expedición [espeðiθjòn] *f.* 1 Expédition. 2 Promptitude, diligence.
expedicionario, -ia [espeðiθjonàrjo, -ja] *adj.-s.* Expéditionnaire.
expediente [espedjènte] *m.* 1 Dossier (conjunto de documentos). 2 Affaire *f.* (negocio). Loc. ***Instruir un ~,*** instruire une affaire. 3 Expédient (medio).
expedir [espeðir] *tr.* 1 Faire suivre son cours à (un negocio, una causa). 2 Délivrer (un documento, etc.). 3 Expédier, envoyer (una

carta, etc.). ▲ CONJUG. comme *servir.*

expendedor, -ra [espendeðòr, -ra] *s.* 1 Débitant, ante. 2 Buraliste (de tabaco).

expendeduría [espendeðuria] *f.* Bureau *m.*, débit *m.*: ~ *de tabacos,* bureau de tabac.

expender [espendèr] *tr.* Dépenser (gastar).

experiencia [esperjènθja] *f.* Expérience.

experimentar [esperimentàr] *tr.* 1 Éprouver, ressentir (notar). 2 Subir, souffrir (padecer). 3 Expérimenter (hacer experimentos científicos).

experimento [esperimènto] *m.* Expérience *f.*

experto, -ta [espèrto, -ta] *adj.-m.* Expert, erte.

expiar [espjàr] *tr.* Expier. ▲ CONJUG. comme *desviar.*

expiración [espiraθjòn] *f.* Expiration.

expirar [espiràr] *intr.* Expirer.

explanada [esplanàða] *f.* Explanade.

explicación [esplikaθjòn] *f.* Explication.

explicar [esplikàr] *tr.* 1 Expliquer. ■ 2 *pr.* S'expliquer.

explícito, -ta [espliθito, -ta] *adj.* Explicite.

explorador, -ra [esploraðòr, -ra] *adj.-s.* 1 Explorateur, trice. 2 Éclaireur, scout.

explosión [esplosjòn] *f.* Explosion.

explotación [esplotaθjòn] *f.* Exploitation.

explotar [esplotàr] *tr.* 1 Exploiter. ■ 2 *intr.* Exploser (bomba, etc.).

exponente [esponènte] *adj.-s.* 1 Exposant, ante. ■ 2 *m.* MAT. Exposant.

exponer [esponèr] *tr.* 1 Exposer. ■ 2 *pr.* S'exposer. ▲ CONJUG. comme *poner.*

exportación [esportaθjòn] *f.* Exportation.

exposición [esposiθjòn] *f.* 1 Exposition. 2 Exposé *m.* (narración). 3 FOT. *Tiempo de* ~, temps de pose.

expósito, -ta [espòsito, -ta] *adj.* 1 Trouvé, ée (niño). ■ 2 *s.* Enfant *m.* trouvé.

expositor, -ra [espositòr, -ra] *s.* Exposant, ante.

expresar [espresàr] *tr.* Exprimer. ▲ Ce verbe a deux participes passés: *expresado,* rég., et *expreso,* irrég.

expresión [espresjòn] *f.* 1 Expression. 2 *pl. Expresiones a,* mes amitiés à.

expresivo, -va [espresiβo, -βa] *adj.* Expressif, ive.

expreso, -sa [esprèso, -sa] *adj.* 1 Exprimé, ée (no tácito). 2 Exprès, esse. ■ 3 *m.* Exprès (mensajero). 4 Express (tren).

expropiar [espropjàr] *tr.* Exproprier.

expuesto, -ta [espwèsto, -ta] *adj.* 1 Exposé, ée. 2 Dangereux, euse (peligroso).

expulsar [espulsàr] *tr.* Expulser.

exquisito, -ta [eskisito, -ta] *adj.* Exquis, ise.

éxtasis [èstasis] *m.* Extase *f.*

extender [estendèr] *tr.* 1 Étendre. 2 Dresser, rédiger (un documento, etc.), libeller (un cheque). ■ 3 *pr.* S'étendre: *la ciudad se extendía al pie del monte,* la ville s'étendait au pied de la montagne. ▲ CONJUG. comme *entender.*

extensión [estensjòn] *f.* 1 Étendue. 2 Extension (acción).

extenso, -sa [estènso, -sa] *adj.* 1 Étendu, ue, vaste (amplio). 2 *loc. adv. Por* ~, in extenso.

exterior [esterjòr] *adj.-m.* Extérieur, eure.

exteriorizar [esterjoriθàr] *tr.* Extérioriser.

exterminar [esterminàr] *tr.* Exterminer.

externo, -na [estèrno, -na] *adj.-s.* Externe.

extinción [estinθjòn] *f.* Extinction.

extinguir [estiŋgir] *tr.* 1 Éteindre. ■ 2 *pr.* S'éteindre: ***el fuego se extinguió,*** le feu s'éteignit.
extinto, -ta [estinto, -ta] *adj.* 1 Éteint, einte. ■ 2 *s.* amer. Défunt, unte.
extirpación [estirpaθjòn] *f.* Extirpation.
extorsión [estorsjòn] *f.* 1 Extorsion. 2 Usurpation. 3 Dommage *m.* (daño), dérangement *m.* (molestia).
extra [èstra] *adj.* 1 Extra *invar.*, extraordinaire. 2 *loc. prep.* ~ ***de,*** outre, en sus de. ■ 3 *m.* Gratification *f.* (plus). 4 Figurant (comparsa).
extracción [estraγθjòn] *f.* 1 Extraction. 2 Tirage *m.* (lotería).
extracto [estràγto] *m.* Extrait (sustancia, resumen).
extradición [estraðiθjòn] *f.* Extradition.
extraer [estraèr] *tr.* Extraire. ▲ CONJUG. comme ***traer.***
extranjero, -ra [estraŋxèro, -ra] *adj.-s.* 1 Étranger, ère. ■ 2 *m.* Étranger: ***viaje por el ~,*** voyage à l'étranger.
extrañar [estraɲàr] *tr.* 1 Bannir, exiler (desterrar). 2 Surprendre, étonner, être étonné, ée. 3 Trouver étrange, n'être pas habitué, ée. ■ 4 *pr.* S'étonner (asombrarse). 5 S'exiler, s'expatrier.
extrañeza [estraɲèθa] *f.* Étrangeté.
extraño, -ña [estràɲo, -ɲa] *adj.* Étrange, bizarre, étonnant, ante.
extraordinario, -ia [estraorðinàrjo, -ja] *adj.* Extraordinaire.
extrarradio [estrar̄àðjo] *m.* Proche banlieue *f.*
extravagante [extraβaγànte] *adj.* Extravagant, ante.
extraviar [estraβjàr] *tr.* 1 Égarer, fourvoyer. 2 Égarer (una cosa). ■ 3 *pr.* S'égarer. 4 fig. Se fourvoyer, sortir du droit chemin (pervertirse). ▲ CONJUG. comme ***desviar.***
extremar [estremàr] *tr.* 1 Pousser à l'extrême. ■ 2 *pr.* Faire tout son possible, se surpasser.
extremidad [estremiðàð] *f.* 1 Extrémité. ■ 2 *pl.* Extrémités (manos y pies).
extremo, -ma [estrèmo, -ma] *adj.* 1 Extrême. ■ 2 *m.* Extrême: ***los extremos se tocan,*** les extrêmes se touchent. 3 Extrémité *f.*, bout (parte extrema). 4 Point. ■ 5 *pl.* Manifestations *f.* exagérées d'un sentiment.
extrínseco, -ca [estrinseko, -ka] *adj.* Extrinsèque.
exuberancia [e(γ)suβerànθja] *f.* Exubérance.
exudar [e(γ)suðàr] *intr.-tr.* Exsuder.
exultar [e(γ)sultàr] *intr.* Exulter.
eyaculación [eǰakulaθjòn] *f.* Éjaculation.

F

f [èfe] *f.* F *m.*
fa [fa] *m.* MÚS. Fa.
fábrica [fàβrika] *f.* 1 Fabrique. 2 Usine, manufacture: ~ ***de gas,*** usine à gaz.
fabricación [faβrikaθjòn] *f.* Fabrication.
fabricar [faβrikàr] *tr.* Fabriquer.
fábula [fàβula] *f.* Fable.
fabuloso, -sa [faβulòso, -sa] *adj.* Fabuleux, euse.
facción [faγθjòn] *f.* 1 Faction. ■ 2 *pl.* Traits *m.* (del rostro): ***facciones enérgicas,*** des traits énergiques.
faceta [faθèta] *f.* 1 Facette. 2 Aspect *m.* (de un asunto).
facha [fàtʃa] *f.* 1 Mine, aspect *m.*, allure. 2 fig. Personne laide ou ridicule.
fachada [fatʃàða] *f.* 1 Façade. 2 fig. Allure, prestance.
facial [faθjàl] *adj.* Facial, ale.
fácil [fàθil] *adj.* Facile: ~ ***de resolver,*** facile à résoudre.

facilidad [faθiliðáð] *f.* Facilité.
facilitar [faθilitár] *tr.* **1** Faciliter. **2** Procurer, fournir, donner (proporcionar).
factible [faɣtíβle] *adj.* Faisable.
factor [faɣtór] *m.* **1** Facteur (elemento). **2** MAT., BIOL., COM. Facteur.
factoría [faɣtoría] *f.* **1** COM. Charge du facteur. **2** Factorerie, comptoir *m.* (establecimiento).
factura [faɣtúra] *f.* Facture.
facturar [faɣturár] *tr.* **1** COM. Facturer. **2** Enregistrer (equipajes, etc.).
facultad [fakultáð] *f.* Faculté.
facultar [fakultár] *tr.* Autoriser.
facultativo, -va [fakultatíβo, -βa] *adj.* **1** Facultatif, ive. **2** Scientifique, technique. ■ **3** *m.* Médecin, chirurgien.
faena [faéna] *f.* **1** Travail *m.*, besogne: ***las faenas del campo,*** les travaux des champs. **2** TAUROM. Travail *m.* du torero.
fagot [faɣóð] *m.* MÚS. Basson.
faisán [faĭsán] *m.* Faisan.
faja [fáxa] *f.* **1** Bande (de terreno, de periódico). **2** Ceinture d'étoffe.
fajín [faxín] *m.* Écharpe *f.* (de general, etc.).
fajo [fáxo] *m.* Liasse *f.* (de billetes, etc.).
falacia [faláθja] *f.* Tromperie.
falange [faláŋxe] *f.* Phalange.
falaz [faláθ] *adj.* Fallacieux, euse.
falda [fálda] *f.* **1** Jupe: ~ ***recta, plisada,*** jupe droite, plissée. **2** Basque (parte de un vestido). **3** Giron *m.* (regazo). **4** Flanc *m.* (de una montaña). **5** Flanchet *m.* (de una res).
faldón [faldón] *m.* **1** Basque *f.* (de casaca, levita), pan (de camisa). **2** Quartier (silla de montar).
falible [falíβle] *adj.* Faillible.
fálico, -ca [fáliko, -ka] *adj.* Phallique.
falla [fáʎa] *f.* **1** Défaut. **2** Feu *m.* de joie (à Valence). **3** GEOL. Faille.
fallar [faʎár] *tr.* **1** DER. Juger, décider (en un litigio, etc.). **2** Couper (con un triunfo). ■ **3** *intr.* Manquer, échouer, faillir, rater: ***el negocio ha fallado,*** l'affaire a échoué.
fallecer [faʎeθér] *intr.* Mourir, décéder. ▲ CONJUG. comme ***agradecer.***
fallo, -lla [fáʎo, -ʎa] *adj.* **1** Qui manque d'une couleur (en los naipes). ■ **2** *m.* Sentence *f.*, jugement (de un juez), décision *f.* (de un árbitro).
falsear [falseár] *tr.* **1** Fausser, dénaturer. ■ **2** *intr.* Perdre de sa solidité, de sa résistance. **3** MÚS. Sonner faux (una cuerda).
falsedad [falseðáð] *f.* **1** Fausseté. **2** DER. Faux *m.*
falsificar [falsifikár] *tr.* Falsifier, contrefaire.
falso, -sa [fálso, -sa] *adj.* **1** Faux, fausse: ***moneda falsa,*** fausse monnaie. **2** Vicieux, euse (caballo). ■ **3** *m.* Renfort (en un vestido).
falta [fálta] *f.* **1** Manque *m.*, absence, défaut *m.* (privación, ausencia). Loc. ***Hacer ~,*** falloir, être nécessaire. **2** Faute (de ortografía, etc.). **3** Défaut *m.* (defecto). **4** *loc. prep.* ***Por ~ de,*** faute de, par manque de; ***a ~ de,*** faute de, à défaut de. **5** *loc. adv.* ***Sin ~,*** sans faute.
faltar [faltár] *intr.* **1** Manquer (sentido impersonal): ***faltan dos botones,*** il manque deux boutons. **2** Rester (quedar): ***sólo le faltaba convencer a sus padres,*** il ne lui restait plus qu'à convaincre ses parents. **3** S'en falloir: ***poco le faltó para caer,*** peu s'en est fallu qu'il ne tombe. **4** Manquer, faillir (no cumplir): ~ ***a un deber,*** manquer à un devoir. **5** Manquer de respect, insulter (ofender).
fama [fáma] *f.* Renommée, réputation. Loc. ***De ~,*** fameux, euse, renommé, ée; ***es ~ que,*** on dit que.
familia [familja] *f.* Famille.
familiar [familjár] *adj.* **1** Familial, ale, de famille (de la familia). **2** Familier, ière (sencillo). ■ **3** *m.* Membre de la famille.

familiarizar [familjariθar] *tr.* Familiariser.
famoso, -sa [famòso, -sa] *adj.* Fameux, euse, célèbre.
fanal [fanál] *m.* **1** MAR. Fanal. **2** Globe (campana de cristal).
fanatismo [fanatizmo] *m.* Fanatisme.
fanatizar [fanatiθàr] *tr.* Fanatiser.
fandango [fandàŋgo] *m.* **1** Fandango (baile). **2** fig. Tapage, bruit.
fanega [fanèɣa] *f.* **1** ant. Mesure pour grains. **2** ant. Mesure agraire.
fanfarronear [fanfar̄oneàr] *intr.* Fanfaronner.
fango [fàŋgo] *m.* Boue *f.*, fange *f.*
fantasear [fantaseàr] *intr.* Rêver, laisser courir son imagination.
fantasía [fantasia] *f.* **1** Fantaisie. **2** Imagination. **3** Présomption, vanité.
fantasma [fantàzma] *m.* **1** Fantôme *m.* **2** Fantasme *m.* (alucinación).
fantasmal [fantazmàl] *adj.* Fantomatique.
fantástico, -ca [fantàstiko, -ka] *adj.* Fantastique.
fantoche [fantòtʃe] *m.* **1** Pantin, fantoche. **2** Esbrouffeur (presumido).
faquir [fakir] *m.* Fakir.
faralá [faralà] *m.* Falbala (volante).
faramalla [faramàʎa] *f.* **1** Verbiage *m.* trompeur, boniment *m.* **2** Clinquant *m.*
farándula [faràndula] *f.* **1** Métier *m.* de comédien. **2** Troupe de cabotins. **3** Boniment *m.* (charla).
farandulear [faranduleàr] *intr.* Poser, se pavaner, crâner.
faraón [faraòn] *m.* Pharaon.
fardo [fàrdo] *m.* Ballot, paquet.
farfulla [farfùʎa] *f.* Bredouillage *m.*
farfullar [farfuʎàr] *tr.* **1** Bredouiller. **2** Bâcler (hacer de prisa y mal).
farináceo, -ea [farinàθeo, -ea] *adj.* Farineux, euse.
faringe [fariŋxe] *f.* Pharynx *m.*
farmacéutico, -ca [farmaθèeutiko, -ka] *adj. f.* **1** Pharmaceutique. ■ **2** *s.* Pharmacien, enne.
farmacia [farmàθja] *f.* Pharmacie.
fármaco [fármako] *m.* Médicament.
faro [fàro] *m.* Phare.
farol [faròl] *m.* **1** Lanterne *f.*, falot. **2** Réverbère (en las calles). Loc. *~ **de gas,*** bec de gaz. **3** Fanal (de barco). **4** Bluff (en los naipes).
farolear [faroleàr] *intr.* Se donner des airs, faire de l'esbroufe, crâner.
farolero, -ra [farolèro, -ra] *adj.-s.* **1** Fanfaron, onne, esbroufeur, euse. ■ **2** *m.* Lanternier (el que hace y vende faroles). **3** Allumeur de réverbères.
farra [fàr̄a] *f.* amer. Bombance.
farruco, -ca [far̄ùko, -ka] *adj.-s.* Galicien, ienne, Asturien, ienne, nouvellement arrivé, ée de son pays.
farsa [fàrsa] *f.* **1** Farce. **2** fig. Comédie.
farsante, -ta [farsànte, -ta] *s.* **1** TEAT. ant. Farceur. **2** fig. Comédien, ienne.
fascículo [fasθikulo] *m.* Fascicule.
fascinar [fasθinàr] *tr.* Fasciner, charmer.
fascismo [fasθizmo] *m.* Fascisme.
fase [fàse] *f.* Phase.
fastidiar [fastiðjàr] *tr.* **1** Dégoûter. **2** Ennuyer (aburrir), importuner, lasser (molestar), embêter, assommer (dar la lata). ▲ CONJUG. comme ***cambiar.***
fasto, -ta [fàsto, -ta] *adj.* Faste.
fastuoso, -sa [fastwòso, -sa] *adj.* Fastueux, euse.
fatal [fatàl] *adj.* Fatal, ale.
fatalidad [fataliðàð] *f.* Fatalité.
fatiga [fatiɣa] *f.* **1** Fatigue. **2** Gêne respiratoire, oppression; suffocation. ■ **3** *pl.* Peines, ennuis *m.*
fatigar [fatiɣàr] *tr.* Fatiguer.
fatuo, -ua [fàtwo, -wa] *adj.-s.* Fat, présomptueux, euse.
fauces [fàŭθes] *f. pl.* Arrière-bouche *sing.*, gosier *m. sing.*
fauna [fàŭna] *f.* Faune.
favor [faβòr] *m.* **1** Faveur *f.*, protection *f.*, bienveillance *f.* **2** Aide *f.*, service. **3** Grâce *f.* Loc. ***Hacer el ~,***

faire le plaisir. 4 *loc. prep.* ***A ~ de,*** en faveur de (en beneficio de), à la faveur de (merced a).
favorable [faβoráβle] *adj.* Favorable.
favorecer [faβoreθèr] *tr.* 1 Favoriser. 2 Aider, secourir. ▲ CONJUG. comme ***agradecer.***
favorito, -ta [faβorito, -ta] *adj.* 1 Favori, ite. ■ 2 *s.* Favori, ite (persona).
fax [faks] *m.* Télécopie *f.*
faz [faθ] *f.* Face.
fe [fe] *f.* 1 Foi. Loc. ***Buena, mala ~,*** bonne, mauvaise foi; ***dar ~,*** certifier, témoigner. 2 Certificat *m.,* acte *m.,* extrait *m.* (documento).
fealdad [fealdàð] *f.* Laideur.
febrero [feβrèro] *m.* Février.
fecha [fètʃa] *f.* 1 Date: ***poner la ~ en una carta,*** mettre la date sur une lettre; ***de ~ reciente,*** de fraîche date. 2 Moment *m.* actuel: ***hasta la ~,*** jusqu'à présent.
fechar [fetʃàr] *tr.* Dater.
fechoría [fetʃoria] *f.* Méfait *m.,* forfait *m.*
fecundar [fekundàr] *tr.* Féconder.
fecundo, -da [fekùndo, -da] *adj.* Fécond, onde.
federación [feðeraθjòn] *f.* Fédération.
federal [feðeràl] *adj.* 1 Fédéral, ale. ■ 2 *adj.-s.* Fédéraliste.
federar [feðeràr] *tr.* Fédérer.
federativo, -va [feðeratiβo, -βa] *adj.* Fédératif, ive.
fehaciente [feaθjènte] *adj.* DER. Qui fait foi.
felicidad [feliθiðàð] *f.* 1 Bonheur *m.,* félicité. 2 ***¡Felicidades!,*** meilleurs vœux! (de año nuevo, cumpleaños).
felicitar [feliθitàr] *tr.* Féliciter.
feligrés, -esa [feliγrès, -èsa] *s.* Paroissien, ienne (persona).
felino, -na [felino, -na] *adj.-s.* Félin, ine.
feliz [feliθ] *adj.* Heureux, euse.
felpa [fèlpa] *f.* 1 Peluche. 2 fig. fam. Raclée, rossée (paliza). 3 fig. fam. Savon *m.* (reprensión).
felpudo, -da [felpùðo, -ða] *adj.* 1 Pelucheux, euse. ■ 2 *m.* Paillasson (esterilla).
femenino, -na [femenino, -na] *adj.* 1 Féminin, ine. ■ 2 *m.* GRAM. Féminin.
feminidad [feminiðàð] *f.* Féminité.
feminismo [feminizmo] *m.* Féminisme.
fémur [fèmur] *m.* ANAT. Fémur.
fenicio, -ia [feniθjo, -ja] *adj.-s.* Phénicien, ienne.
fenomenal [fenomenàl] *adj.* Phénoménal, ale.
fenómeno [fenòmeno] *m.* Phénomène.
feo, fea [fèo, fèa] *adj.* 1 Laid, laide, vilain, aine. ■ 2 *m.* Affront: ***hacer un ~,*** faire un affront.
feraz [feràθ] *adj.* Fertile, fécond, onde.
féretro [fèretro] *m.* Bière *f.,* cercueil.
feria [fèrja] *f.* 1 Foire (mercado). 2 Fête foraine (festejo). 3 Repos *m.,* cessation du travail.
feriado, -da [ferjàðo, -ða] *adj.* Férié, ée.
feriante [ferjànte] *adj.-s.* Acheteur, euse dans une foire.
feriar [ferjàr] *tr.* 1 Acheter à la foire. ■ 2 *intr.* Chômer (suspender el trabajo). ▲ CONJUG. comme ***cambiar.***
fermento [fermènto] *m.* Ferment.
feroz [feròθ] *adj.* Féroce: ***animales feroces,*** bêtes féroces.
férreo, -ea [fèr̄eo, -ea] *adj.* 1 De fer: ***voluntad férrea,*** volonté de fer. 2 ***Vía férrea,*** voie ferrée.
ferretería [fer̄eteria] *f.* Quincaillerie, ferronnerie.
ferretero, -ra [fer̄etèro, -ra] *s.* Quincaillier, ière, feronnier, ière.
ferrocarril [fer̄okar̄il] *m.* Chemin de fer.
ferroviario, -ia [fer̄oβjàrjo, -ja] *adj.* 1 Ferroviaire. ■ 2 *m.* Cheminot.
fértil [fèrtil] *adj.* Fertile.

fertilidad [fertiliðáð] *f.* Fertilité.
fertilizante [fertiliθánte] **1** *adj.* Fertilisant, e. **2** *m.* Engrais.
fertilizar [fertiliθár] *tr.* Fertiliser.
ferviente [ferβjénte] *adj.* Fervent, ente.
fervor [ferβór] *m.* Ferveur *f.*: ***rezar con*** ~, prier avec ferveur.
fervoroso, -sa [ferβoróso, -sa] *adj.* Fervent, ente.
festejar [festexár] *tr.* **1** Faire fête à, fêter (a alguien). **2** Courtiser (a una mujer).
festival [festiβál] *m.* Festival.
festividad [festiβiðáð] *f.* Festivité.
festivo, -va [festíβo, -βa] *adj.* **1** De fête, férié, ée: ***día*** ~, jour férié. **2** Gai, gaie, joyeux, euse. **3** Amusant, ante, plaisant, ante.
festón [festón] *m.* Feston.
fetiche [fetítʃe] *m.* Fétiche.
fetichismo [fetitʃízmo] *m.* Fétichisme.
fétido, -da [fétiðo, -ða] *adj.* **1** Fétide. **2** ***Bomba fétida,*** bombe puante.
feto [féto] *m.* **1** Fœtus. **2** fam. Mocheté *f.*
feudal [feŭðál] *adj.* Féodal, ale: ***señores feudales,*** seigneurs féodaux.
feudalismo [feŭðalízmo] *m.* Féodalisme.
FF AA *fpl.* (*abrev.* Fuerzas Armadas) Forces armées.
fiado (al) [fjáðo] *adv.* À crédit: ***comprar al*** ~, acheter à crédit.
fiambre [fjámbre] *adj.* **1** Qui se mange froid (manjar). ■ **2** *m.* Plat froid.
fianza [fjánθa] *f.* Caution, cautionnement *m.*: ***dar*** ~, verser une caution.
fiar [fjár] *tr.* **1** Cautionner, garantir. **2** Vendre à crédit. ■ **3** *intr.* ~ ***en,*** avoir confiance en. ▲ CONJUG. comme ***desviar.***
fiasco [fjásko] *m.* Fiasco: ***hacer*** ~, faire fiasco.
fibra [fíβra] *f.* Fibre.
fibroso, -sa [fiβróso, -sa] *adj.* Fibreux, euse.
ficción [fiɣθjón] *f.* Fiction.
ficha [fítʃa] *f.* **1** Jeton *m.* (de teléfono). **2** Domino *m.* (pieza de este juego). **3** Fiche (cartulina). **4** ~ ***técnica,*** générique *m.* (cine).
fichar [fitʃár] **1** *tr.* Ficher, mettre sur fiche. **2** *intr.* Pointer.
fichero [fitʃéro] *m.* Fichier.
fidedigno, -na [fiðeðíɣno, -na] *adj.* Digne de foi.
fidelidad [fiðeliðáð] *f.* Fidélité: ***alta*** ~, haute fidélité.
fideo [fiðéo] *m.* Vermicelle.
fiduciario, -ia [fiðuθjárjo, -ja] *adj.-s.* DER. Fiduciaire.
fiebre [fjéβre] *f.* Fièvre: ***tener*** ~, avoir de la fièvre.
fiel [fjél] *adj.-m.* **1** Fidèle. ■ **2** *m.* Contrôleur, vérificateur (de ciertos servicios públicos): ~ ***contraste,*** contrôleur des poids et mesures.
fieltro [fjéltro] *m.* Feutre.
fiera [fjéra] *f.* **1** Fauve *m.*, bête féroce. **2** fig. Brute.
fiereza [fjeréθa] *f.* Cruauté, sauvagerie.
fiero, -ra [fjéro, -ra] *adj.* **1** Féroce (animal). **2** Cruel, elle, sauvage. **3** fig. Terrible, énorme. **4** Horrible. ■ **5** *m. pl.* Bravades *f.*
fiesta [fjésta] *f.* **1** Fête. Loc. ***hacer*** ~, chômer, se reposer; ***aguar la*** ~, troubler la fête. ■ **2** *pl.* Cajoleries.
figura [fiɣúra] *f.* **1** Figure. Loc. fig. ***Hacer figuras,*** faire des grimaces. **2** Allure, silhouette.
figurar [fiɣurár] *tr.-intr.* **1** Figurer. ■ **2** *tr.* Feindre (fingir). ■ **3** *pr.* Se figurer, s'imaginer, croire: ***¿qué se ha figurado usted?,*** qu'est-ce que vous croyiez?
figurativo, -va [fiɣuratíβo, -βa] *adj.* Figuratif, ive.
figurín [fiɣurín] *m.* **1** Gravure *f.* de modes. **2** Journal de mode. **3** fig. Gommeux, muguet (petimetre).
fijador, -ra [fixaðór, -ra] *adj.-s.* Qui fixe.

fijar [fixàr] *tr.* **1** Fixer. **2** ~ ***carteles,*** poser des affiches, afficher. ■ **3** *pr.* Remarquer, noter, observer (notar), faire attention: ***fíjate en lo que digo,*** fais attention à ce que je dis.
fila [fila] *f.* **1** File, rangée. **2** Rang *m.* (línea de soldados). **3** *loc. adv.* ***En*** ~, à la file.
filamento [filamènto] *m.* Filament.
filantropía [filantropìa] *f.* Philantropie.
filarmónico, -ca [filarmòniko, -ka] *adj.* Philharmonique.
filatelia [filatèlja] *f.* Philatélie.
filete [filète] *m.* **1** ARQ., MEC., IMPR. Filet. **2** Filet (de ternera, de pescado), escalope *f.*
filiación [filjaθjòn] *f.* **1** Filiation. **2** Signalement *m.* (señas personales).
filial [filjàl] *adj.-f.* Filial, ale.
filigrana [filiɣràna] *f.* Filigrane *m.*
filipino, -na [filipino, -na] *adj.-s.* Philippin, ine.
film [film] *m.* Film (película).
filmar [filmàr] *tr.* Filmer.
filo [filo] *m.* Fil, tranchant. Loc. ***Dar*** ~***, dar un*** ~, aiguiser.
filología [filoloxìa] *f.* Philologie.
filosofía [filosofìa] *f.* Philosophie.
filósofo, -fa [filòsofo, -fa] *s.* Philosophe.
filtrar [filtràr] *tr.-intr.* Filtrer.
filtro [filtro] *m.* **1** Filtre. **2** Philtre (bebedizo).
fin [fin] *m.-f.* **1** Fin *f.* (término, límite). ■ **2** *m.* Fin *f.*, but: ***¿con qué*** ~***?,*** dans quel but? Loc. ***Dar*** ~, finir, achever. **3** *loc. adv.* ***Al*** ~***, en*** ~***, por*** ~, enfin. **4** *loc. prep.-conj.* ***A*** ~ ***de,*** afin de; ***a*** ~ ***de que,*** afin que.
final [finàl] *adj.* **1** Final, ale. ■ **2** *m.* Fin *f.*, terme, bout. ■ **3** *f.* DEP. Finale.
finalidad [finaliðàð] *f.* **1** Finalité. **2** But *m.* (fin).
finalizar [finaliθàr] *tr.* Finir, achever.
financiación [finanθjaθjòn] *f.* Financement *m.*
financiero, -ra [finanθjèro, -ra] *adj.-m.* Financier, ière.
finca [fiŋka] *f.* **1** Propriété, terre. **2** ~ ***rústica,*** propriété rurale.
fineza [finèθa] *f.* Finesse (calidad).
fingido, -da [fiŋxiðo, -ða] *adj.* **1** Feint, feinte. **2** Faux, fausse, hypocrite (persona).
fingir [fiŋxir] *tr.* **1** Feindre. ■ **2** *pr.* Se faire passer pour. **3** Imaginer.
finito, -ta [finito, -ta] *adj.* Fini, ie.
fino, -na [fino, -na] *adj.* **1** Fin, fine. **2** Distingué, ée, courtois, oise, poli, ie (cortés).
firma [firma] *f.* **1** Signature. **2** Seing *m.*: ~ ***en blanco,*** blanc-seing. **3** Firme (razón social).
firmamento [firmamènto] *m.* Firmament.
firme [firme] *adj.* **1** Ferme. ■ **2** *m.* Macadam, empierrement (de una carretera). ■ **3** *adv.* Ferme, fermement. *loc. adv.* ***A pie*** ~, de pied ferme; ***de*** ~, ferme, avec énergie; ***comprar en*** ~, acheter ferme. **4** *interj.* MIL. ***¡Firmes!,*** garde-à-vous!, fixe!
fiscal [fiskàl] *adj.* **1** Fiscal, ale. **2** Appartenant au ministère public. ■ **3** *m.* Procureur (ministerio público). **4** Agent du fisc. **5** Contrôleur, inspecteur. **6** fig. fam. Curieux, indiscret, critiqueur.
fiscalizar [fiskaliθàr] *tr.* Vérifier, contrôler (asuntos públicos).
fisco [fisko] *m.* Fisc.
fisgón, -ona [fisɣòn, -òna] *adj.-s.* **1** Moqueur, euse. **2** Fouinard, arde, fouineur, euse (curioso).
física [fisika] *f.* Physique.
físico, -ca [fisiko, -ka] *adj.* **1** Physique. ■ **2** *s.* Physicien, ienne. ■ **3** *m.* Physique (aspecto de una persona).
fisiológico, -ca [fisjolòxiko, -ka] *adj.* Physiologique.
fisonomía [fisonomia] *f.* Physionomie.
fístula [fistula] *f.* MED. Fistule.
fisura [fisùra] *f.* Fissure.

fláccido, -da [fláγθiðo, -ða] *adj.* Flasque.
flaco, -ca [fláko, -ka] *adj.* **1** Maigre. **2** fig. Faible (débil). ■ **3** *m.* Point faible (debilidad). **4** Faible (afición predominante).
flagelación [flaxelaθjòn] *f.* Flagellation.
flagelo [flaxèlo] *m.* **1** Fouet (azote). **2** Fléau (calamidad). **3** ZOOL. Flagellum.
flamante [flamánte] *adj.* Flambant, ante, resplendissant, ante.
flamear [flameàr] *intr.* **1** Flamber, flamboyer. **2** Ondoyer (ondear).
flamenco, -ca [flaméŋko, -ka] *adj.-s.* **1** Flamand, ande. **2** fig. Crâne, désinvolte. **3** Flamenco: ***cante ~,*** chant flamenco. ■ **4** *m.* Flamant (ave).
flan [flan] *m.* **1** Flan, crème *f.* renversée (dulce). **2** Flan (de una moneda).
flaquear [flakeàr] *intr.* **1** Faiblir. **2** Chanceler, menacer ruine. **3** Céder.
flaqueza [flakèθa] *f.* **1** Maigreur. **2** Faiblesse (debilidad).
flatulencia [flatulènθja] *f.* MED. Flatulence.
flauta [fláεuta] *f.* MÚS. Flûte.
flautista [flaŭtista] *s.* Flûtiste.
flecha [flètʃa] *f.* **1** Flèche. **2** GEOM. Flèche.
flechar [flètʃàr] *tr.* **1** Blesser, tuer avec des flèches. **2** fig. Inspirer un amour soudain.
flechazo [flechazo] *m.* fig. Coup de foudre, coup de flèche.
fleco [flèko] *m.* Frange *f.*
fleje [flèxe] *m.* **1** Bande *f.* de fer pour faire des cerceaux, cercle de métal. **2** Lame *f.* d'acier (de muelle).
flema [flèma] *f.* **1** Flegme *m.* **2** Lenteur.
flequillo [flekiʎo] *m.* **1** Petite frange *f.* (adorno). **2** Frange *f.* (de cabello).
fletar [fletár] *tr.* Fréter, affréter (alquilar).
flete [flète] *m.* MAR. Fret.
flexible [fle(γ)siβle] *adj.* Flexible.
flexión [fle(γ)sjón] *f.* Flexion.
flirtear [flirteàr] *intr.* Flirter.
flojedad [floxeðáð] *f.* **1** Faiblesse, mollesse. **2** Paresse, nonchalance.
flojo, -ja [flóxo, -xa] *adj.* **1** Lâche (poco apretado), mou, molle (no bien relleno). **2** Faible (sin fuerza). ■ **3** *adj.-s.* fig. Paresseux, euse (perezoso), mou, molle, nonchalant, ante (lento).
flor [flor] *f.* **1** Fleur. Loc. ***~ de azahar,*** fleur d'oranger; fig. ***la ~ y nata,*** la fine fleur. **2** Pruine (polvillo que cubre ciertas frutas), fleur (del vino). **3** Compliment *m.*, propos *m.* galant: ***echar flores,*** adresser des propos galants. **4** Manie, habitude: ***dar en la ~ de,*** contracter la manie, l'habitude de.
floración [floraθjòn] *f.* Floraison.
floral [floràl] *adj.* **1** Floral, ale. **2** ***Juegos florales,*** jeux floraux.
florecer [floreθèr] *intr.* **1** Fleurir (las plantas). ■ **2** *pr.* Moisir. ▲ CONJUG. comme ***agradecer.***
floreciente [floreθjènte] *adj.* **1** Fleurissant, ante. **2** fig. Florissant, ante (próspero).
florero, -ra [florèro, -ra] *adj.-s.* **1** Diseur de bons mots, de mots flatteurs. ■ **2** *m.* Fleuriste. **3** Vase à fleurs.
florete [florète] *m.* Fleuret (arma).
floricultura [florikultùra] *f.* Floriculture.
florido, -da [floriðo, -ða] *adj.* **1** Fleuri, ie. **2** Choisi, ie, sélect *invar.* Loc. ***Lo más ~,*** la fleur, la crème. **3** fig. Fleuri, ie (lenguaje).
floristería [floristeria] *f.* Magasin de fleurs.
flota [flòta] *f.* MAR. Flotte.
flotador [flotaðòr] *m.* **1** Flotteur. **2** Bouée *f.* (para nadar).
flotar [flotàr] *intr.* Flotter.
fluctuar [fluγtwàr] *intr.* **1** Fluctuer. **2** fig. Hésiter, balancer (vacilar).
fluidez [flwiðèθ] *f.* Fluidité.

fluido, -da [flwiðo, -ða] *adj.-m.* 1 Fluide. ■ 2 *m.* Courant (eléctrico).
fluir [flwir] *intr.* S'écouler, couler. ▲ CONJUG. comme *huir.*
flujo [flúxo] *m.* Flux.
flúor [flúor] *m.* Fluor.
fluorescente [flworesθènte] *adj.* Fluorescent, ente: *tubo ~,* tube au néon, néon.
fluvial [fluβjál] *adj.* Fluvial, ale.
FM [efeème] *f.* (*abrev.* frecuencia modulada) FM.
fobia [fòβja] *f.* Phobie.
foca [fóka] *f.* Phoque *m.*
foco [fóko] *m.* 1 FÍS., GEOM. Foyer. 2 fig. Foyer (de civilización, etc.).
fofo, -fa [fófo, -fa] *adj.* Mou, molle, spongieux, euse, sans consistance.
fogata [foγáta] *f.* 1 Flambée. 2 MIN. Fougasse.
fogón [foγòn] *m.* 1 Fourneau (de cocina). 2 Foyer (de caldera). 3 Lumière *f.* (de un arma de fuego). 4 amer. Feu (fuego).
fogoso, -sa [foγóso, -sa] *adj.* Fougueux, euse.
folio [fóljo] *m.* Folio: ~ *vuelto,* folio verso; *en ~,* in-folio. Loc. fig. fam. *De a ~,* énorme.
folklore [folγlòre] *m.* Folklore.
follaje [foʎáxe] *m.* Feuillage.
folletín [foʎetin] *m.* Feuilleton.
folleto [foʎèto] *m.* Brochure *f.*
follón [foʎòn] *m.* fam. Histoire *f.*, pagaille *f.* : *estoy metido en un ~,* je me suis fourré dans une salle histoire. Loc.: *armar ~,* chahuter, faire du chahut, organiser la pagaille.
fomentar [fomentàr] *tr.* 1 Fomenter. 2 Encourager (las artes, el comercio, etc.).
fomento [fomènto] *m.* 1 Aide *f.*, encouragement. 2 *Ministerio de ~,* Ministère des Travaux publics.
fonda [fònda] *f.* 1 Pension, hôtel *m.*, auberge. 2 Buffet *m.* (en una estación).
fondear [fondeàr] *intr.* 1 Mouiller, jeter l'ancre. ■ 2 *tr.* MAR. Sonder.
fondeo [fondèo] *m.* MAR. Mouillage.
fondo [fòndo] *m.* 1 Fond. Loc. *Irse a ~,* couler; *dar ~,* mouiller, jeter l'ancre; *artículo de ~,* article de fond, éditorial. 2 Profondeur *f.* (hondura). ■ 3 *pl.* Fonds (caudal, dinero): *fondos públicos,* fonds publics.
fonético, -ca [fonètiko, -ka] *adj.-f.* Phonétique.
fontanela [fontanèla] *f.* Fontanelle.
fontanero [fontanèro] *m.* Plombier.
foráneo, -ea [foráneo, -ea] *adj.* Étranger, ère.
forastero, -ra [forastèro, -ra] *adj.-s.* Étranger, ère, qui n'est pas de la ville ou de la région.
forcejeo [forθexèo], **forcejo** [forθèxo] *m.* 1 Effort. 2 Lutte *f.*
forense [forènse] *adj.* 1 Qui concerne le palais, les tribunaux; *lenguaje ~,* termes de palais. 2 *Médico ~,* médecin légiste.
forestal [forestàl] *adj.* Forestier, ière.
forfait [forfè] *m.* Forfait.
forjar [forxàr] *tr.* 1 Forger. 2 fig. Imaginer, concevoir. ■ 3 *pr.* Se forger, se faire: *forjarse ilusiones,* se faire des illusions.
forma [fòrma] *f.* 1 Forme. 2 Format *m.* (formato). 3 Petite hostie: *la Sagrada Forma,* la Sainte hostie. 4 Manière, moyen *m.*, façon: *no hay ~ de,* il n'y a pas moyen de. 5 *loc. conj. De ~ que,* de sorte que.
formación [formaθjòn] *f.* Formation.
formal [formàl] *adj.* 1 Formel, elle. 2 Sérieux, euse (serio).
formalidad [formaliðàð] *f.* 1 Formalité. 2 Sérieux *m.*, gravité (seriedad). 3 Exactitude, ponctualité.
formar [formàr] *tr.* 1 Former. 2 MIL. Faire former, rassembler. ■ 3 *intr.* MIL. Former les rangs. ■ 4 *pr.* Se former.
formateado [formateàðo] *m.* INFORM. Formatage.
formidable [formiðáβle] *adj.* Formidable.

fórmula [fòrmula] *f.* Formule.
formulario, -ia [formulàrjo, -ja] *adj.* 1 Qui ne se fait que pour la forme. ■ 2 *m.* Formulaire.
foro [fòro] *m.* 1 Forum. 2 Tribunal. 3 DER. Palais, barreau. 4 TEAT. Fond de la scène.
forofo, -fa [foròfo, -fa] *s. fam.* Supporter, fan.
forraje [fofàxe] *m.* 1 Fourrage. 2 Action *f.* de fourrager.
forrajero, -ra [fofaxèro, -ra] *adj.* Qui sert de fourrage, fourragère (planta).
forrar [fofàr] *tr.* 1 Doubler (un traje). 2 Fourrer (con pieles). 3 Couvrir (un libro). 4 MAR. Border, doubler.
forro [fòro] *m.* 1 Doublure *f.* (de un traje). 2 Couverture *f.*, (de un libro). 3 MAR. Bordage, doublage.
fortalecer [fortaleθèr] *tr.* Fortifier. ▲ CONJUG. comme ***agradecer.***
fortaleza [fortalèθa] *f.* 1 Force, vigueur. 2 fig. Force d'âme, courage *m.* (entereza). 3 MIL. Forteresse.
fortificar [fortifikàr] *tr.* Fortifier.
fortuito, -ta [fortwito, -ta] *adj.* Fortuit, uite.
fortuna [fortùna] *f.* 1 Fortune, chance (suerte). 2 *loc. adv.* ***Por ~,*** par bonheur, heureusement.
forúnculo [forùŋkulo] *m.* Furoncle.
forzado, -da [forθàðo, -ða] *adj.* 1 Forcé, ée. ■ 2 *m.* Forçat, galérien.
forzar [forθàr] *tr.* Forcer (una puerta, etc.).
forzoso, -sa [forθòso, -sa] *adj.* Forcé, ée, inévitable.
forzudo, -da [forθùðo, -ða] *adj.* Très fort, forte.
fosa [fòsa] *f.* 1 Fosse, sépulture. 2 GEOG., ANAT. Fosse.
fosforera [fosforèra] *f.* Porte-allumettes *m. invar.*
fósforo [fòsforo] *m.* 1 Phosphore. 2 Allumette *f.* (cerilla).
fósil [fòsil] *adj.-m.* Fossile.
foso [fòso] *m.* 1 Fosse *f.* 2 TEAT. Dessous. 3 FORT. Fossé.
foto [fòto] *f.* Photo.
fotocomponer [fotokomponèr] *tr.* Photocomposer.
fotocomposición [fotokomposiθjòn] *f.* Photocomposition.
fotocopia [fotokòpja] *f.* Photocopie.
fotocopiadora [fotokopjaðòra] *f.* Photocopieuse.
fotogénico, -ca [fotoxèniko, -ka] *adj.* Photogénique.
fotografía [fotoγrafia] *f.* Photographie. Loc. ***Hacerse una ~,*** se faire photographier.
fotográfico, -ca [fotoγràfiko, -ka] *adj.* Photographique.
frac [fraγ] *m.* Frac, habit.
fracasar [frakasàr] *intr.* Échouer, rater.
fracaso [frakàso] *m.* Échec, insuccès.
fracción [fraγθjòn] *f.* Fraction.
fractura [fraγtùra] *f.* 1 Fracture (de un hueso). 2 Cassure. 3 Effraction (para robar).
fragancia [fraγànθja] *f.* Parfum *m.*, fragrance.
fragata [fraγàta] *f.* MAR. Frégate.
frágil [fràxil] *adj.* 1 Fragile. 2 fig. Faible.
fragmentar [fraγmentàr] *tr.* Fragmenter.
fragmento [fraγmènto] *m.* Fragment.
fragor [fraγòr] *m.* Fracas.
fraguar [fraγwàr] *tr.* Forger.
fraile [fràile] *m.* Moine, religieux.
frambuesa [frambwèsa] *f.* Framboise.
francés, -esa [franθès, -èsa] *adj.-s.* Français, *aise.*
franciscano, -na [franθiskàno, -na] *adj.-s.* Franciscain, aine.
franco, -ca [fràŋko, -ka] *adj.-s.* 1 Franc, franque (pueblo). 2 Franc, franque: ***lengua franca,*** langue franque. ■ 3 *adj.* Franc, franche (sincero). 4 Généreux, euse, libéral, ale. 5 Franc, franche (exento de impuestos): ***puerto ~,*** port franc. Loc. ~ ***de porte,*** franc de port, franco.
franela [franèla] *f.* Flanelle.

franja [fràŋxa] *f.* 1 Bande, galon *m.* (guarnición). 2 Bande. 3 FÍS. Frange.
franquear [fraŋkeàr] *tr.* 1 Exempter (de una contribución). 2 Affranchir (a un esclavo, una carta). 3 Accorder généreusement. ■ 4 *pr.* S'ouvrir: ***franquearse con uno,*** s'ouvrir à quelqu'un.
franqueo [fraŋkèo] *m.* Affranchissement.
franqueza [fraŋkèθa] *f.* Franchise, sincérité.
franquicia [fraŋkiθja] *f.* Franchise: ~ ***postal,*** franchise postale.
frasco [fràsko] *m.* 1 Flacon. 2 Poire *f.* à poudre (para la pólvora).
frase [fràse] *f.* Phrase. Loc. ~ ***hecha,*** expression toute faite.
fraterno, -na [fratèrno, -na] *adj.* Fraternel, elle.
fraude [fràŭðe] *m.* Fraude *f.*
fray [fraĭ] *m.* Frère (devant le nom d'un moine).
frecuencia [frekwènθja] *f.* Fréquence.
frecuentar [frekwentàr] *tr.* Fréquenter.
frecuente [frekwènte] *adj.* Fréquent, e.
fregadero [freγaðèro] *m.* Évier.
fregado [freγàðo] *m.* 1 Lavage (del pavimento, de los platos), récurage (de las cacerolas, etc.). 2 fig. Imbroglio, histoire *f.*, affaire *f.* louche.
fregar [freγàr] *tr.* 1 Frotter (con fuerza). 2 Laver (el pavimento, los platos), récurer (las cacerolas, etc.). ▲ CONJUG. comme ***acertar.***
fregona [fregona] *f.* 1 serpillière. 2 souillon, bonne à tout faire, plongeuse.
freidor, -ra [freĭðòr, -ra] *adj.* Friturier, ière.
freír [freir] *tr.* 1 Frire, faire frire. 2 fig. fam. Ennuyer, embêter, tanner (exasperar). ■ 3 *pr.* Frire. ▲ CONJUG. comme ***reír.*** PART. PAS. rég.: ***freído;*** irrég.: ***frito.***
frenar [frenàr] *tr.-intr.* Freiner.
frenético, -ca [frenètiko, -ka] *adj.* Frénétique.
freno [frèno] *m.* 1 Mors, frein (bocado). 2 MEC. Frein: ~ ***de mano,*** frein à main.
frente [frènte] *f.* 1 Front *m.* Loc. ***Hacer*** ~, faire face, faire front. ■ 2 *adv.* En face. 3 *loc. adv.* ~ ***a*** ~, face à face. 4 *loc. prep.* ~ ***a*** ~, en face de (enfrente de), face à (en presencia de). 5 *interj.* ***¡De*** ~***!,*** en avant!
fresa [frèsa] *f.* 1 Fraise (fruta). 2 Fraisier *m.* (planta). 3 MEC. Fraise.
fresar [fresàr] *tr.* MEC. Fraiser.
fresco, -ca [frèsko, -ka] *adj.* 1 Frais, fraîche. 2 Récent, ente. 3 fig. Serein, eine, imperturbable. 4 fam. Culotté, ée, effronté, ée (descarado). ■ 5 *s.* ***Ser un*** ~, être culotté. ■ 6 *m.* Frais: ***tomar el*** ~, prendre le frais. 7 PINT. Fresque *f.*: ***pintar al*** ~, peindre à fresque.
frescura [freskùra] *f.* 1 Fraîcheur. 2 fig. Toupet *m.*, culot *m.*, sans-gêne *m.* (descaro). 3 Impertinence.
fresno [frèsno] *m.* Frêne.
fresón [fresòn] *m.* Grosse fraise *f.*
freudismo [freŭdizmo] *m.* Freudisme.
friable [frjàβle] *adj.* Friable.
frialdad [frjàldàð] *f.* Froideur.
fricandó [frikandò] *m.* COC. Fricandeau.
fricción [friγθjòn] *f.* Friction.
friccionar [friγθjonàr] *tr.* Frictionner.
friega [frjèγa] *f.* MED. Friction.
frigidez [frixiðèθ] *f.* Frigidité.
frígido, -da [frixiðo, -ða] *adj.* Froid, e, frigide.
frigorífico, -ca [frigorifiko, -ka] *adj.* 1 Frigorifique. ■ 2 *m.* Frigorifique.
frío, fría [frio, fria] *adj.-m.* 1 Froid, froide. 2 *loc. adv.* ***En*** ~, à froid.
friolento, -ta [frjolènto, -ta] *adj.* Frileux, euse.
friolera [frjolèra] *f.* Bagatelle, vétille.
frisar [frisàr] *tr.* 1 Friser, ratiner (un tejido). ■ 2 *intr.* Friser (acercarse): ~ ***en los cuarenta años,*** friser la quarantaine.
friso [friso] *m.* ARQ. Frise *f.*

frito, -ta [frito, -ta] *adj.* 1 Frit, frite. 2 fig. Excédé, ée.
fritura [fritúra] *f.* Friture.
frivolidad [friβoliðað] *f.* Frivolité.
frondosidad [frondosiðað] *f.* Abondance de feuilles.
frondoso, -sa [frondóso, -sa] *adj.* Touffu, ue, feuillu, ue (árbol, bosque).
frontal [frontál] *adj.-m.* 1 ANAT. Frontal, ale. ■ 2 *m.* LITURG. Parement d'autel.
frontera [frontèra] *f.* Frontière.
fronterizo, -za [fronteriθo, -θa] *adj.* Frontière, frontalier, ière.
frontón [frontón] *m.* Fronton.
frotar [frotár] *tr.* Frotter.
frugal [fruγál] *adj.* Frugal, ale.
fruncir [frunθir] *tr.* Froncer: ~ ***el entrecejo,*** froncer les sourcils.
frustrado, -da [frustràðo, -ða] *adj.* Frustré, ée.
frustrar [frustrár] *tr.* 1 Frustrer: ***quedar frustrado,*** se sentir frustré. 2 Faire échouer, empêcher de se réaliser. ■ 3 *pr.* Échouer, ne pas se réaliser (un proyecto, etc.).
fruta [frúta] *f.* 1 Fruit *m.*, fruits *m. pl.*: ~ ***del tiempo,*** fruits de saison. ▲ Désigne les fruits comestibles. 2 fig. ~ ***de sartén,*** mets fait avec de la pâte à frire.
frutal [frutál] *adj.* Fruitier (árbol).
frutero, -ra [frutèro, -ra] *adj.-s.* 1 Fruitier, ière. ■ 2 *m.* Coupe *f.* à fruits.
fruto [frúto] *m.* Fruit.
fucsia [fúγsja] *f.* Fuchsia *m.*
fuego [fwèγo] *m.* 1 Feu. Loc. ~ ***de Santelmo,*** feu Saint-Elme: ~ ***fatuo,*** feu follet; ~ ***griego,*** feu grégeois: ***fuegos artificiales,*** feu d'artifice; ~ ***graneado,*** feu roulant. 2 *loc. adv.* ***A*** ~ ***lento,*** à petit feu. 3 *interj.* MIL. Feu! 4 Au feu! (incendio). 5 Loc.: ***entre dos fuegos,*** entre deux feux.
fuelle [fwèʎe] *m.* 1 Soufflet (para soplar). 2 Soufflet (de carruaje, máquina fotográfica, cartera, etc.). 3 Faux-pli, godet (de un vestido).
fuente [fwènte] *f.* 1 Fontaine. 2 Source (manantial). 3 Plat *m.* (plato grande).
fuera [fwèra] *adj.* 1 Hors, dehors. Loc. ~ ***de casa,*** au dehors, hors de la maison, absent, ente. 2 *loc. adv.* ***Por*** ~, du dehors, en apparence. 3 *loc. prep.* ~ ***de,*** en dehors de, hormis, hors, excepté, à part (excepto): ~ ***de eso,*** en dehors de cela, à part ça; ~ ***de sí,*** hors de soi.
fueraborda [fweraβórða] *m.* Horsbord.
fuero [fwèro] *m.* 1 Coutume *f.*, privilège. 2 Juridiction *f.*
fuerte [fwèrte] *adj.* 1 Fort, forte (persona, olor, etc.). ■ 2 *m.* Fort: ***la generosidad no es su*** ~, la générosité n'est pas son fort. ■ 3 *adv.* Fort, fortement (con fuerza), beaucoup (en abundancia).
fuerza [fwèrθa] *f.* 1 Force: ~ ***mayor,*** force majeure. 2 *loc. adv.* ***A la*** ~, ***por*** ~, de force, par force.
fuga [fúγa] *f.* 1 Fuite, évasion. 2 Fuite (de un fluido). 3 Fougue (ardor).
fugaz [fuγáθ] *adj.* Fugace.
fugitivo, -va [fuxitiβo, -βa] *adj.-s.* Fugitif, ive, fuyard, arde.
fulano, -na [fuláno, -na]. 1 *m.-f* Un tel, une telle: ***don*** ~ ***de tal,*** monsieur un tel. 2 Amant, maîtresse: ***es su fulana,*** c'est sa maîtresse. 3 *f.* Putain, prostituée.
fulgor [fulγór] *m.* Éclat, lueur *f.*
fulgurante [fulγurànte] *adj.* Fulgurant, ante.
fulminante [fulminànte] *adj.* 1 Fulminant, ante. 2 Foudroyant, ante (enfermedad). ■ 3 *m.* Amorce *f.*
fulminar [fulminár] *tr.* 1 Lancer (rayos). 2 Foudroyer (a alguien). 3 fig. Lancer (bombas, balas). 4 Fulminer (excomuniones, etc.).

fumador, -ra [fumàðor, -ra] *adj.-s.* Fumeur, euse.
fumar [fumàr] *intr.* Fumer (humear).
fumigar [fumiɣàr] *tr.* Enfumer.
función [funθjòn] *f.* **1** Fonction. **2** Cérémonie religieuse, fête. **3** Représentation théâtrale, spectacle *m.*
funcional [funθjonàl] *adj.* Fonctionnel, elle.
funcionar [funθjonàr] *intr.* Fonctionner.
funcionario [funθjonàrjo] *m.* Fonctionnaire.
funda [fùnda] *f.* **1** Housse (de un sillón, etc.), étui *m.* (gafas), gaine (pistola). **2** Taie (de almohada). **3** Fourreau *m.* (de paraguas).
fundación [fundaθjòn] *f.* Fondation.
fundador, -ra [fundaðòr, -ra] *adj.-s.* Fondateur, trice.
fundamental [fundamentàl] *adj.* Fondamental, ale.
fundamento [fundamènto] *m.* **1** Fondation *f.* (de un edificio). **2** fig. Fondement. **3** Sérieux, jugement.
fundar [fundàr] *tr.* **1** Fonder. ■ **2** *pr.* Se fonder, s'appuyer (*en,* sur).
fundir [fundìr] *tr.* **1** Fondre (derretir). ■ **2** *tr.* Fondre. **3** fig. Se fondre, s'unir (intereses, etc.).
fúnebre [fùneβre] *adj.* Funèbre.
funeral [funeràl] *adj.* **1** Funéraire. ■ **2** *m. sing. pl.* Obsèques *f. pl.* **3** Funérailles *f. pl.*
funerario, -ia [funeràrjo, -ja] *adj.* Funéraire.
funesto, -ta [funèsto, -ta] *adj.* Funeste.
funicular [funikulàr] *adj.-m.* Funiculaire.
furgón [furɣòn] *m.* Fourgon.
furgoneta [furɣonèta] *f.* Camionnette, fourgonnette.
furia [fùrja] *f.* **1** Furie. **2** Hâte, ardeur. **3** ***Hecho una*** **~,** furieux, fou de rage.
furioso, -sa [furjòso, -sa] *adj.* Furieux, euse.
furor [furòr] *m.* **1** Fureur *f.* **2** Loc. *adv.* fig. ***Con*** **~,** à la folie, énormément.
furtivo, -va [furtiβo, -βa] *adj.* Furtif, ive.
fusible [fusiβle] *adj.-m.* Fusible.
fusil [fusìl] *m.* Fusil (de guerra): ~ ***ametrallador,*** fusil-mitrailleur.
fusilar [fusilàr] *tr.* **1** Fusiller. **2** fam. Plagier.
fusión [fusjòn] *f.* **1** Fusion. **2** Fonte (de la nieve). **3** fig. Fusion, fusionnement *m.*
fusionar [fusjonàr] *tr.-pr.* Fusionner.
fusta [fùsta] *f.* Long fouet *m.*, cravache.
fuste [fùste] *m.* **1** Bois (madera). **2** Bois, hampe *f.* (de lanza). **3** Arçon (de la silla de montar).
fustigar [fustiɣàr] *tr.* Fustiger.
fútbol [fùðβol] *m.* Football.
futbolín [futβolìn] *m.* Baby-foot.
futbolista [futβolìsta] *m.* Joueur de foot, footballeur.
futurismo [futurìzmo] *m.* Futurisme.
futuro, -ra [futùro, -ra] *adj.-m.* **1** Futur, ure. **2** GRAM. ~ ***imperfecto,*** futur simple; ~ ***perfecto,*** futur antérieur.

G

g [xe] *f.* G *m.*
gabán [gaβàn] *m.* Pardessus.
gabardina [gaβarðìna] *f.* Gabardine.
gabinete [gaβinète] *m.* **1** Cabinet (habitación, colección científica, etc.). **2** Boudoir (de una señora).
gacela [gaθèla] *f.* Gazelle.
gaceta [gaθèta] *f.* **1** Gazette. **2** ant. Journal *m.* officiel (en España).
gacetilla [gaθetìʎa] *f.* Nouvelle brève (en un periódico).
gachí [gatʃì] *f.* pop. Fille, gonzesse, pépée.
gacho, -cha [gàtʃo, -tʃa] *adj.* **1** Incliné, ée, penché, ée (hacia abajo): ***orejas gachas,*** oreilles basses. **2**

Bas encorné (buey). **3** ***A gachas,*** à quatre pattes.
gaditano, -na [gaðitáno, -na] *adj.-s.* Gaditain, aine.
gafa [gáfa] *f.* **1** Crampon *m.* (grapa). ■ **2** *pl.* Lunettes.
gaita [gáĭta] *f.* **1** MÚS. Sorte de chalumeau. **2** ~ ***gallega,*** musette, biniou *m.*
gajes [gáxes] *m. pl.* Gages, émoluments, salaire *sing.*
gajo [gáxo] *m.* **1** Branche *f.* (de árbol). **2** Grappillon (de uvas). **3** Quartier (de naranja, etc.). **4** Dent *f.* (de horca, etc.).
gala [gála] *f.* **1** Habit *m.* de fête. Loc. ***Vestir de*** ~, être en grande tenue. **2** Le meilleur, le plus exquis. Loc. fig. ***Hacer ~ de, tener a*** ~, se faire gloire de.
galaico, -ca [galáĭko, -ka] *adj.* Galicien, ienne, de Galice.
galán [galán] *adj.* **1** Beau, élégant. ■ **2** *m.* Homme de belle prestance. **3** Galant, amoureux. **4** TEAT. Premier acteur: ~ ***joven,*** jeune premier.
galante [galánte] *adj.* **1** Galant, ante (empressé auprès des dames). **2** ***Mujer*** ~, femme galante.
galantear [galanteár] *tr.* Courtiser, faire la cour à.
galardón [galarðón] *m.* Récompense *f.*, prix.
galardonar [galarðonár] *tr.* Récompenser.
galaxia [galá(ɣ)sja] *f.* Galaxie.
galera [galéra] *f.* **1** MAR. Galère. **2** Guimbarde (carro). **3** CARP. Riflard *m.* **4** IMPR. Galée. **5** Squille, mante de mer (crustáceo). ■ **6** *pl.* Galères (condena).
galería [galeria] *f.* Galerie.
galgo [gálɣo] *m.* Lévrier.
galicano, -na [galikáno, -na] *adj.* Gallican, ane.
galicismo [galiθizmo] *m.* Gallicisme.
gallardía [gaʎarðia] *f.* **1** Grâce, désinvolture. **2** Bravoure (valor).
gallardo, -da [gaʎárðo, -ða] *adj.* **1** Gracieux, euse, désinvolte. **2** Brave, courageux, euse (valeroso). **3** fig. Grand, grande, magnifique.
gallego, -ga [gaʎéɣo, -ɣa] *adj.-s.* Gallicien, ienne.
galleta [gaʎéta] *f.* **1** Biscuit *m.* **2** MAR. Biscuit *m.*, galette. **3** fam. Claque, gifle.
gallina [gaʎina] *f.* **1** Poule. Loc. ***Acostarse con las gallinas,*** se coucher avec les poules. **2** ~ ***sorda,*** bécasse; ~ ***de Guinea,*** pintade. **3** ~ ***ciega,*** colin-maillard (juego). ■ **4** *s.* Poltron, onne, lâche, poule mouillée.
gallináceo, -ea [gaʎináθeo, -ea] *adj.* **1** Gallinacé, ée. ■ **2** *f. pl.* Gallinacées.
gallinero [gaʎinéro] *m.* **1** Poulailler. **2** fig. Pétaudière *f.* **3** TEAT. Poulailler.
gallito [gaʎito] *m.* **1** Cochet. **2** fig. Celui qui est le premier quelque part: ***el ~ del lugar,*** le coq du village.
gallo [gáʎo] *m.* **1** Coq: ~ ***silvestre,*** coq de bruyère. **2** ***Levantar, alzar el*** ~, lever la crête, hausser le ton. **3** fig. Couac, canard (nota falsa): ***soltar un*** ~, faire un couac.
galo, -la [gálo, -la] *adj.-s.* Gaulois, oise.
galón [galón] *m.* **1** Galon. **2** Gallon (medida).
galopar [galopár] *intr.* Galoper.
galope [galópe] *m.* **1** Galop. **2** *loc. adv.* fig. ***A*** ~, au galop, à toute allure; ***a ~ tendido,*** au triple galop.
galvánico, -ca [galβániko, -ka] *adj.* Galvanique.
galvanizar [galβaniθár] *tr.* Galvaniser.
gama [gáma] *f.* **1** Gamme. **2** Daine (hembra del gamo).
gamba [gámba] *f.* Crevette rose, gamba.
gamma [gámma] *f.* Gamma *m.* (letra griega).
gamo [gámo] *m.* Daim.

gamuza [gamúθa] *f.* 1 Chamois *m.*, isard *m.* 2 Peau de chamois (piel).
gana [gàna] *f.* 1 Envie, désir *m.*: ***tener ~, ganas de dormir,*** avoir envie de dormir. 2 Appétit *m.*: ***abrir las ganas,*** ouvrir l'appétit. 3 Loc. fam. ***Darle a uno la ~ de,*** avoir envie de. 4 *loc. adv.* ***De buena ~,*** de bon gré, volontiers; ***de mala ~,*** de mauvais gré, à contre-cœur.
ganadería [ganaðeria] *f.* 1 Bétail *m.* (ganado). 2 Bestiaux *m. pl.*, troupeau *m.*
ganadero, -ra [ganaðèro, -ra] *adj.* Qui concerne le troupeau, l'élevage.
ganado [ganàðo] *m.* 1 Bétail, bestiaux *pl.*, bêtes *f. pl.*: ~ ***mayor,*** gros bétail; ~ ***menor,*** menu bétail. 2 ~ ***cabrío,*** les chèvres.
ganador, -ra [ganaðòr, -ra] *adj.* Gagnant, ante.
ganancia [ganànθja] *f.* Gain *m.* (acción de ganar, lo que se gana), profit *m.*, bénéfice *m.* (provecho).
ganar [ganàr] *tr.* 1 Gagner. ▲ Dans certains sens, ce verbe peut être réfléchi: ***ganarse la vida,*** gagner sa vie. 2 Battre (en el juego). 3 Surpasser, l'emporter sur (aventajar).
ganchillo [gantʃiʎo] *m.* Crochet (aguja, labor).
gancho [gàntʃo] *m.* 1 Crochet (garfio, puñetazo). 2 fig. Racoleur (persona). 3 Ergot, moignon (de rama).
gandul, -la [ganðùl, -la] *adj.-s.* Fainéant, ante.
ganga [gàŋga] *f.* 1 Aubaine, occasion, bonne affaire. 2 MINER. Gangue.
ganglio [gàŋgljo] *m.* Ganglion.
gangoso, -sa [gaŋgòso, -sa] *adj.* 1 Nasillard, arde. ■ 2 *adj.-s.* Nasilleur, euse.
gangrena [gaŋgrèna] *f.* Gangrène.
gángster [gàŋgster] *m.* Gangster.
gansada [gansàða] *f.* Bêtise, niaiserie.
ganso, -sa [gànso, -sa] *s.* 1 Jars *m.*, oie *f.* ■ 2 *adj.-s.* fig. Lourdaud, aude, bête, idiot, ote.
ganzúa [ganθùa] *f.* 1 Rossignol *m.*, crochet *m.* (garfio). 2 fig. Filou *m.* (ladrón).
gañir [gaɲir] *intr.* Glapir. ▲ CONJUG. comme ***tañer.***
garabatear [garaβateàr] *intr.-tr.* Griffonner (garrapatear).
garabato [garaβàto] *m.* 1 Allonge *f.* (de carnicero), crochet (gancho). 2 Griffonnage (escritura mal hecha).
garaje [garàxe] *m.* Garage.
garante [garànte] *adj.* Garant, ante.
garantía [garantia] *f.* Garantie.
garantizar [garantiθàr] *tr.* Garantir, se porter garant de.
garapiñar [garapiɲàr] *tr.* 1 Faire solidifier en grumeaux. 2 Praliner: ***almendra garapiñada,*** praline.
garbanzo [garβànθo] *m.* Pois chiche.
garbo [gàrβo] *m.* 1 Grâce *f.*, aisance *f.*, désinvolture *f.* 2 Élégance *f.* 3 Générosité *f.*, désintéressement.
garboso, -sa [garβòso, -sa] *adj.* Alluré, ée.
garfio [garfio] *m.* Crochet, croc.
gargajo [garɣàxo] *m.* Crachat, graillon.
garganta [garɣànta] *f.* 1 Gorge (parte anterior del cuello). 2 Cou-de-pied *m.* (del pie). 3 Gorge (de columna, etc.).
gargantilla [garɣantiʎa] *f.* 1 Petit collier *m.* de femme. 2 Grain *m.* de collier.
gárgaras [gàrɣaras] *f. pl.* 1 Gargarismes *m.*: ***hacer ~,*** se gargariser. 2 fam. ***Enviar a hacer ~,*** envoyer promener.
garita [garita] *f.* 1 MIL. Guérite. 2 Loge (de portero).
garito [garito] *m.* Tripot.
garlito [garlito] *m.* Verveux, nasse *f.*
garnacha [garnàtʃa] *f.* 1 Grenache *m.* (uva, vino). 2 Robe (de magistrado). 3 Gens *m. pl.* de robe.

garra [gára] *f.* 1 Griffe (de león, etc.), serre (de las aves de rapiña). 2 fig. Main (mano).
garrafa [garáfa] *f.* Carafe.
garrafal [garafál] *adj.* Gros, grosse, énorme, monumental, ale: ***una mentira*** ~, un gros mensonge.
garrafón [garafón] *m.* 1 Grande carafe *f.* 2 Tourie *f.*, dame-jeanne *f.*
garrapata [garapáta] *f.* Tique.
garrido, -da [gariðo, -ða] *adj.* Beau, belle.
garroba [garóβa] *f.* Caroube.
garrocha [garótʃa] *f.* TAUROM. Pique.
garrote [garóte] *m.* 1 Bâton, trique *f.*, gourdin (palo). 2 Lien serré. 3 Garrot *f.* (suplicio).
garza [gárθa] *f.* Héron *m.*
gas [gas] *m.* Gaz: ~ ***ciudad,*** gaz de ville; ***gases raros,*** gaz rares.
gasa [gása] *f.* 1 Gaze. 2 Crêpe *m.* (de luto).
gaseosa [gaseósa] *f.* Limonade.
gaseoso, -sa [gaseóso, -sa] *adj.* Gazeux, euse.
gasificar [gasifikár] *tr.* Gazéifier.
gasóleo [gasóleo] *m.* Gas-oil, gazole.
gasolina [gasolína] *f.* Essence.
gasolinera [gasolinéra] *f.* 1 Canot *m.* automobile (lancha). 2 Poste *m.* d'essence.
gastado, -da [gastáðo, -ða] *adj.* Usé, ée.
gastador, -ra [gastaðór, -ra] *adj.* 1 Gaspilleur, euse, dépensier, ière. ■ 2 *m.* MIL. Sapeur.
gastar [gastár] *tr.* 1 Dépenser (dinero, las fuerzas, etc.). 2 Consommer, user (consumir). 3 Porter, avoir (habitualmente): ~ ***barba,*** porter la barbe; ~ ***coche,*** avoir une voiture. Loc. ~ ***poca saliva,*** parler peu; ***ya sé cómo las gasta,*** je sais bien comment il agit. 4 Faire (broma, etc.).
gasto [gásto] *m.* 1 Dépense *f.* 2 Frais *pl.*: ***gastos de viaje,*** frais de déplacement. 3 FÍS. Débit (de agua, gas, etc.).
gástrico, -ca [gástriko, -ka] *adj.* Gastrique.
gastronomía [gastronomía] *f.* Gastronomie.
gata [gáta] *f.* Chatte (hembra del gato).
gatas (a) [(a)gátas] *loc. adv.* À quatre pattes.
gatear [gateár] *intr.* 1 Grimper (como un gato). 2 Marcher à quatre pattes (andar a gatas). ■ 3 *tr.* fam. Voler (robar).
gatillo [gatiʎo] *m.* 1 Détente *f.* (de un arma de fuego). 2 Davier (de dentista).
gato [gáto] *m.* 1 Chat: ~ ***montés,*** chat sauvage. Loc. fig. ***Cuatro gatos,*** quatre pelés et un tondu; ***hay*** ~ ***encerrado,*** il y a anguille sous roche. 2 Cric, vérin (para levantar pesos).
gaucho, -cha [gáŭtʃo, -tʃa] *adj.-m.* Gaucho.
gaveta [gaβéta] *f.* Tiroir *m.*
gavilán [gaβilán] *m.* 1 Épervier (ave). 2 Quillon (de una espada). 3 Fleur *f.* du chardon.
gavilla [gaβiʎa] *f.* 1 Gerbe (de cereales), fagot *m.* (de sarmientos). 2 fig. Bande (de gente despreciable).
gaviota [gaβjóta] *f.* Mouette.
gazapera [gaθapéra] *f.* 1 Garenne. 2 fig. Réunion de fripouilles. 3 Dispute, rixe.
gazapo [gaθápo] *m.* Lapereau.
gazpacho [gaθpátʃo] *m.* Soupe *f.* froide au pain, au tomate, à l'huile, au vinagre et à l'ail.
ge [xe] *f.* G *m.*, lettre g.
geiser [xéĭser] *m.* Geyser.
gel [xel] *m.* QUÍM. Gel.
gelatina [xelatína] *f.* 1 Gélatine. 2 COC. Gelée.
gélido, -da [xéliðo, -ða] *adj.* poét. Glacé, ée, gelé, ée.
gema [xéma] *f.* 1 Gemme. 2 ***Sal*** ~, sel gemme.

gemelo, -la [xemèlo, -la] *adj.-s.* **1** Jumeau, jumelle. ■ **2** *m. pl.* ÓPT. Jumelles *f.* **3** Boutons de manchettes (de camisa).
gemido [xemiðo] *m.* Gémissement.
gemir [xemir] *intr.* Gémir. ▲ CONJUG. comme ***servir.***
gendarme [xendàrme] *m.* Gendarme.
genealogía [xenealoxìa] *f.* Généalogie.
generación [xeneraθjòn] *f.* Génération.
generador, -ra [xeneraðòr, -ra] *adj.-s.* Générateur, trice.
general [xeneràl] *adj.* **1** Général, ale. ■ **2** *m.* Général.
generalidad [xeneraliðàð] *f.* Généralité.
generalizar [xeneraliθàr] *tr.* Généraliser.
género [xènero] *m.* **1** Genre. **2** Tissu (tela). Loc. ~ ***de punto,*** tricot. **3** COM. Marchandise *f.*, article (mercancía). **4** GRAM., LIT. Genre.
generosidad [xenerosiðàð] *f.* Générosité.
generoso, -sa [xeneròso, -sa] *adj.* Généreux, euse.
génesis [xènesis] *f.* Genèse (origen).
genial [xenjàl] *adj.* Génial, ale.
genio [xènjo] *m.* **1** Génie. **2** Caractère: ***mal ~,*** mauvais caractère. **3** ***Corto de ~,*** timide.
genocidio [xenoθiðjo] *m.* Génocide.
genovés, -esa [xenoβès, -èsa] *adj.-s.* Génois, oise.
gente [xènte] *f.* **1** Gens *m. pl.*: ***la ~ se atropella en el metro,*** les gens se bousculent dans le métro. **2** Monde *m.* (personas): ***había mucha ~,*** il y avait beaucoup de monde. ■ **3** *pl.* Gentils: ***el Apóstol de las gentes,*** l'Apôtre des gentils.
gentil [xentìl] *adj.-s.* **1** Gentil, idolâtre. ■ **2** *adj.* Gentil, ille, beau, belle, gracieux, euse. **3** Grand, grande, considérable.
gentilhombre [xentilòmbre] *m.* Gentilhomme.
gentilidad [xentiliðàð] *f.* Gentilité.
gentío [xentìo] *m.* Foule *f.*
gentuza [xentùθa] *f.* desp. Populace, canaille.
genuino, -na [xenwìno, -na] *adj.* Naturel, elle, véritable, authentique.
geografía [xeoɣrafìa] *f.* Géographie.
geógrafo, -fa [xeòɣrafo, -fa] *s.* Géographe.
geología [xeoloxìa] *f.* Géologie.
geólogo, -ga [xeòloɣo, -ɣa] *s.* Géologue.
geometría [xeometrìa] *f.* Géométrie.
geopolítica [xeopolìtika] *f.* Géopolitique.
geranio [xerànjo] *m.* Géranium.
gerencia [xerènθja] *f.* Gérance.
gerente [xerènte] *m.* Gérant.
germánico, -ca [xermàniko, -ka] *adj.-s.* Germanique.
germen [xèrmen] *m.* Germe.
germinación [xerminaθjòn] *f.* Germination.
germinar [xerminàr] *intr.* Germer.
gerundense [xerundènse] *adj.-s.* De Gérone.
gerundio [xerùndjo] *m.* Gérondif.
gesta [xèsta] *f.* Geste: ***cantar de ~,*** chanson de geste.
gestación [xestaθjòn] *f.* Gestation.
gesticular [xestikulàr] *intr.* Grimacer, s'exprimer par des grimaces.
gestión [xestjòn] *f.* **1** Démarche (diligencia). **2** Gestion (administración).
gesto [xèsto] *m.* **1** Expression *f.* du visage, mine *f.*, air. **2** Grimace *f.* (mueca).
gestor, -ra [xestòr, -ra] *adj.-s.* Celui, celle qui participe à la direction ou à l'administration d'une entreprise, gérant, ante, gestionnaire.
gestoría [xestorìa] *f.* Cabinet d'affaires *m.*
giboso, -sa [xiβòso, -sa] *adj.-s.* Bossu, ue.
gigante [xiɣànte] *adj.* **1** Géant, ante, gigantesque. ■ **2** *m.* Géant.
gigantesco, -ca [xiɣantèsko, -ka] *adj.* Gigantesque.

gimnasia [ximnásja] *f.* Gymnastique.
gimnasio [ximnásjo] *m.* Gymnase.
gimnasta [ximnásta] *s.* Gymnaste.
gimotear [ximoteár] *intr.* Gémir fréquemment, pleurnicher.
gincana [xinkána] *m.* Gymkhana.
ginebra [xinéβra] *f.* Gin *m.*, genièvre *m.* (licor).
ginebrino, -na [xineβrino, -na] *adj.-s.* Genevois, oise.
ginecología [xinekoloxia] *f.* MED. Gynécologie.
ginecólogo, -ga [xinekóloɣo, -ɣa] *m.-f.* Gynécologue.
giralda [xirálda] *f.* Girouette à forme d'homme ou d'animal.
girar [xirár] *intr.* 1 Tourner. 2 fig. ~ ***alrededor de,*** tourner autour de, porter sur (una conversación, etc.). ■ 3 *intr.-tr.* COM. Tirer: ~ ***a cargo de,*** tirer sur.
girasol [xirasól] *m.* 1 Hélianthe, tournesol, soleil. 2 MINER. ***Ópalo ~,*** girasol.
giro [xiro] *m.* 1 Tour (movimiento circular). 2 Tournure *f.* (de la conversación, de un negocio, etc.). 3 Tournure *f.* (frase). 4 COM. Traite *f.*, mandat: ***hacer un ~ contra,*** tirer une traite sur; ~ ***postal,*** mandat-poste.
gitanada [xitanáða] *f.* 1 Action propre aux gitans. 2 fig. Vilain tour *m.* 3 fig. Flatterie, flagornerie (zalamería).
gitanillo, -lla [xitaniʎo, -ʎa] *s.* Petit gitan, petite gitane.
gitano, -na [xitáno, -na] *adj.-s.* 1 Gitan, ane. 2 Bohémien, enne.
glacial [glaθjál] *adj.* Glacial, ale: ***vientos glaciales,*** des vents glacials.
glaciar [glaθjár] *m.* GEOG. Glacier.
gladiador [glaðjaðór] *m.* Gladiateur.
glándula [glándula] *f.* Glande.
glasear [glaseár] *tr.* Glacer.
glaucoma [glaŭkóma] *m.* MED. Glaucome.
gleba [gléβa] *f.* Glèbe.
glicerina [gliθerina] *f.* Glycérine.
glicina [gliθina] *f.* Glycine.
global [gloβál] *adj.* Global, ale.
globo [glóβo] *m.* 1 Globe (cuerpo esférico). 2 Globe (de lámpara). 3 Ballon (aerostato, juguete): ~ ***sonda,*** ballon-sonde.
globular [gloβulár] *adj.* Globuleux, euse.
glóbulo [glóβulo] *m.* Globule.
gloria [glórja] *f.* 1 Gloire. Loc. ***Hacer ~ de,*** se faire gloire de. 2 Ciel *m.*, paradis *m.* Loc. fig. ***Estar en la ~,*** être aux anges. 3 *m.* LITURG. Gloria.
gloriarse [glorjárse] *pr.* Se glorifier. ▲ CONJUG. comme ***cambiar.***
glorieta [glorjéta] *f.* 1 Gloriette, tonnelle. 2 Rond-point *m.* (encrucijada).
glorioso, -sa [glorjóso, -sa] *adj.* Glorieux, euse.
glosa [glósa] *f.* 1 Glose (de un texto). 2 Sorte de composition poétique.
glosar [glosár] *tr.* Gloser sur.
glotis [glótis] *f.* ANAT. Glotte.
glotón, -ona [glotón, -óna] *adj.-s.* Glouton, onne.
glotonería [glotoneria] *f.* Gloutonnerie.
glucosa [glukósa] *f.* Glucose *m.*
gluten [glúten] *m.* Gluten.
glúteo, -ea [glúteo, -ea] *adj.* ANAT. Fessier, ière.
gnomo [nómo] *m.* Gnome.
gobernación [goβernaθjón] *f.* 1 Gouvernement *m.* 2 ***Ministerio de la ~,*** ministère de l'Intérieur.
gobernador, -ra [goβernaðór, -ra] *adj.-s.* 1 Qui gouverne. ■ 2 *m.* Gouverneur. 3 ~ ***civil,*** préfet d'un département.
gobernar [goβernár] *tr.* Gouverner (dirigir, regir). ▲ CONJUG. comme ***acertar.***
gobierno [goβjérno] *m.* 1 Gouvernement. Loc. ~ ***civil,*** préfecture *f.* d'un département. 2 Gouverne *f.*: ***se lo digo para su ~,*** je vous le dis pour votre gouverne.
goce [góθe] *m.* Jouissance *f.*

godo, -da [góðo, -ða] *adj.-s.* Goth.
gol [gol] *m.* DEP. Goal, but: ***marcar goles,*** marquer des buts.
goleta [golèta] *f.* MAR. Goélette.
golf [golf] *m.* Golf (deporte).
golfo [gòlfo] *m.* **1** GEOG. Golfe. **2** Gamin, polisson (pilluelo), voyou (gamberro).
golletazo [goʎetàθo] *m.* TAUROM. Estocade *f.* au cou du taureau.
golondrina [golondrina] *f.* Hirondelle: ~ ***de mar,*** hirondelle de mer.
golosina [golosina] *f.* Gourmandise, friandise.
goloso, -sa [golòso, -sa] *adj.-s.* Gourmand, ande.
golpe [gólpe] *m.* **1** Coup. Loc. ~ ***de gracia,*** coup de grâce; ~ ***de Estado,*** coup d'État. **2** Multitude *f.*, foule. **3** Trait d'esprit, saillie *f.* **4** Admiration *f.*, surprise *f.* Loc. ***Dar el*** ~, surprendre, épater.
golpear [golpeàr] *tr.* Frapper, battre.
golpista [golpista] *m.* Putschiste.
goma [gòma] *f.* **1** BOT. Gomme. **2** Caoutchouc *m.* **3** Élastique *m.* (cinta). **4** ~ ***de borrar,*** gomme. **5** ~ ***de pegar,*** colle.
gomoso, -sa [gomòso, -sa] *adj.-m.* Gommeux, euse.
góndola [gòndola] *f.* Gondole.
gong [goŋ] *m.* Gong.
gordo, -da [gòrðo, -ða] *adj.* **1** Gros, grosse (corpulento, voluminoso). Loc. ***El premio*** ~, le gros lot. **2** Gras, grasse (con grasa). **3** Épais, aisse. **4** fig. Important, ante, grave: ***algo*** ~ ***ha ocurrido,*** il est arrivé quelque chose de grave. ■ **5** *m.* Gros lot (en la lotería).
gordura [gorðúra] *f.* **1** Graisse (del cuerpo). **2** Embonpoint *m.* (en las personas).
gorgojo [gorɣòxo] *m.* **1** Charançon. **2** fig. fam. Nain.
gorgoteo [gorɣotèo] *m.* Gargouillement.
gorila [gorila] *m.* Gorille.
gorjear [gorxeàr] *intr.* **1** Gazouiller (los pájaros, los niños). **2** MÚS. Faire des roulades.
gorra [gòr̄a] *f.* **1** Casquette. **2** *loc. adv.* ***De*** ~, gratis, à l'œil.
gorrión [gor̄jòn] *m.* Moineau.
gorrista [gor̄ista] *m.* Parasite.
gorro [gòr̄o] *m.* **1** Bonnet: ~ ***frigio,*** bonnet phrygien; ~ ***de dormir,*** bonnet de nuit. **2** ~ ***de cuartel,*** calot, bonnet de police.
gota [gòta] *f.* Goutte (de líquido).
gotear [goteàr] *intr.* Dégoutter, tomber goutte à goutte.
gotera [gotèra] *f.* Gouttes *pl.* qui tombent à travers le toit, fente par où elles passent.
gótico, -ca [gòtiko, -ka] *adj.* **1** Gothique. **2** fig. ***Niño*** ~, freluquet, bêcheur. ■ **3** *m.* ARQ. Gothique.
gozar [goθàr] *tr.-intr.* Jouir de: ***goza de buena salud,*** il jouit d'une bonne santé.
gozne [gòθne] *m.* Gond.
gozo [gòθo] *m.* Joie *f.*, plaisir, allégresse *f.*
gozoso, -sa [goθòso, -sa] *adj.* Joyeux, euse.
grabación [graβaθjòn] *f.* **1** Enregistrement *m.* **2** INFORM. Saisie.
grabado [graβàðo] *m.* Gravure *f.*: ~ ***en cobre,*** gravure sur cuivre.
grabar [graβàr] *tr.* **1** Graver. **2** Enregistrer (discos, cintas magnetofónicas).
gracia [gràθja] *f.* **1** Grâce. Loc. ***Estar en*** ~ ***cerca de,*** être en grâce auprès de; ***caer en*** ~ ***a uno,*** plaire à quelqu'un; ***hacer*** ~ ***de,*** faire grâce de. **2** Attrait *m.*, charme *m.* (de una persona). **3** Mot *m.* d'esprit, plaisanterie: ***reírle las gracias a uno,*** rire des plaisanteries de quelqu'un. **4** ***Tener*** ~, être drôle, amusant, ante. **5** *pl.* Merci *m.* (agradecimiento). Loc. ***Dar las gracias,*** remercier.
gracioso, -sa [graθjòso, -sa] *adj.* **1** Gracieux, euse. **2** Amusant, ante, plaisant, ante, drôle (agudo, chis-

toso). ■ 3 *s.* Acteur, actrice qui joue les rôles comiques.
grada [gráða] *f.* 1 Degré *m.* marche (peldaño). 2 Gradin *m.* (en un estadio, anfiteatro). 3 Estrade (de un altar). 4 MAR. Cale, chantier *m.* 5 AGR. Herse.
grado [gráðo] *m.* 1 Degré. 2 Grade (título). 3 Année *f.* (de un curso escolar). 4 Gré: ***de buen ~,*** de bon gré; ***mal de su ~,*** contre son gré; ***de ~ o por fuerza,*** de gré ou de force.
graduado, -da [graðwáðo, -ða] *adj.* 1 Gradué, ée. 2 Diplômé, ée.
graduar [graðwár] *tr.* 1 Graduer. 2 Estimer, juger, tenir pour: ***~ de, por bueno,*** juger bon. ■ 3 *pr.* Recevoir un titre universitaire, être reçu, ue.
gráfico, -ca [gráfiko, -ka] *adj.* 1 Graphique. 2 Photographique: ***reportaje ~,*** reportage photo. ■ 3 *f.* Graphique *m.*
gragea [graxéa] *f.* Dragée.
gramática [gramátika] *f.* 1 Grammaire. 2 fig. ***~ parda,*** astuce, savoir-faire *m.,* débrouillardise.
gramo [grámo] *m.* Gramme.
gran [gran] *adj.* Forme apocopée de ***grande*** qui ne s'emploie que devant un substantif au singulier: ***un ~ pintor,*** un grand peintre.
granada [granáða] *f.* Grenade (fruto, proyectil).
granadino, -na [granaðino, -na] *adj.-s.* 1 Grenadin, ine (de Granada). 2 Du grenadier (árbol), de la grenade (fruto).
granado, -da [granáðo, -ða] *adj.* Notable, remarquable.
granate [granáte] *adj.-m.* Grenat.
grande [gránde] *adj.* 1 Grand, grande: ***habitación ~,*** grande chambre. 2 Gros, grosse. ■ 3 *m.* Grand: ***~ de España,*** grand d'Espagne. 4 *loc. adv.* ***En ~,*** en grand; fig. avec luxe; ***vivir en, a lo ~*** vivre sur un grand pied.
grandeza [grandéθa] *f.* 1 Grandeur. 2 Grandesse (dignidad).
grandote, -ta [grandóte, -ta] *adj.* fam. Trop grand, grande.
granel (a) [(a)granél] *loc. adv.* 1 En quantité, en abondance. 2 COM. En vrac, au détail.
granero [granéro] *m.* Grenier.
granito [granito] *m.* MINER. Granit.
granizada [graniθáða] *f.* 1 Chute de grêle. 2 fig. Grêle (gran cantidad).
granizado [graniθáðo] *m.* Boisson avec de la glasse pilée *f.*
granizo [graniθo] *m.* 1 Grêle *f.* 2 Grêlon (grano de hielo). 3 ***Caer como ~,*** tomber dru.
granja [gráŋxa] *f.* Ferme, exploitation agricole.
granjear [graŋxeár] *tr.* Acquérir (dinero) en trafiquant.
granjero, -ra [graŋxéro, -ra] *s.* Fermier, ière, exploitant agricole.
grano [gráno] *m.* 1 Grain (de los cereales, de uva, café), graine *f.* (semilla). 2 Grain (de la piedra, de la piel, etc.). Loc. fig. ***Ir al ~,*** aller au fait. 3 MED. Bouton.
granuja [granúxa] *f.* 1 Raisin *m.* égrappé. 2 Pépin *m.* ■ 3 *m.* fam. Gamin (pilluelo).
granular [granulár] *tr.* Granuler.
granza [gránθa] *f.* Garance.
grapa [grápa] *f.* 1 Crampon *m.* 2 Agrafe (para el papel). 3 MED. Agrafe.
grapadora [grapaðóra] *f.* Agrafeuse.
grasa [grása] *f.* 1 Graisse. 2 Crasse (suciedad).
graso, -sa [gráso, -sa] *adj.* Gras, grasse.
gratificación [gratifikaθjón] *f.* 1 Gratification (retribución). 2 Récompense.
gratis [grátis] *adv.* Gratis.
gratitud [gratitúð] *f.* Gratitude.
grato, -ta [gráto, -ta] *adj.* 1 Agréable. ■ 2 *adj.-f.* Honorée (carta): ***su grata del 6,*** votre honorée du 6 courant.

grava [gràβa] *f.* **1** Gravier *m.* (guijarros). **2** Cailloutis *m.*
grave [gràβe] *adj.* Grave.
gravedad [graβeðàð] *f.* Gravité.
grávido, -da [gràβiðo, -ða] *adj.* **1** Chargé, ée, plein, e. **2** Gravide (hembra).
gravitar [graβitàr] *intr.* **1** FÍS. Graviter. **2** fig. Peser, reposer (*sobre*, sur).
graznar [graθnàr] *intr.* **1** Croasser (el cuervo). **2** Cacarder (el ganso).
greca [grèka] *f.* Grecque (adorno).
greda [grèða] *f.* Terre à foulon, glaise.
gregario, -ia [greγàrjo, -ja] *adj.* Grégaire.
gregoriano, -na [greγorjàno, -na] *adj.* Grégorien, ienne.
gremio [grèmjo] *m.* Corporation *f.*, corps de métier.
gres [gres] *m.* Grès.
gresca [grèska] *f.* **1** Tapage *m.* **2** Querelle, dispute (riña).
grey [greĭ] *f.* **1** Troupeau *m.* (rebaño). **2** Congrégation des fidèles, ouailles *pl.* (fieles).
griego, -ga [grjèγo, -γa] *adj.-s.* **1** Grec, grecque. ■ **2** *adj.* ***Fuego ~***, feu grégeois.
grieta [grjèta] *f.* **1** Crevasse (en el suelo, etc.), lézarde (en una pared). **2** Gerçure, crevasse (en la piel).
grifo, -fa [grifo, -fa] *adj.* **1** Crépu, ue, ébouriffé, ée. **2** Aldin, ine (letra). ■ **3** *m.* Robinet (llave). **4** Griffon (animal fabuloso).
grillo [griʎo] *m.* **1** Grillon, cricri. **2** *~ cebollero,* courtilière *f.* **3** Germe (brote). ■ **4** *pl.* Fers (de un preso).
grima [grima] *f.* Dégoût *m.*, horreur, irritation.
gringo, -ga [griŋgo, -ga] *adj.-s.* **1** desp. Étranger, ère. ▲ En Amérique, américain du Nord. ■ **2** *m.* Hébreu (lenguaje).
gripe [gripe] *f.* MED. Grippe.
gris [gris] *adj.-m.* **1** Gris, grise (color): ***tonos grises,*** des tons gris. ■ **2** *m.* Petit gris (animal). **3** Vent froid.
gritar [gritàr] *intr.* **1** Crier. ■ **2** *tr.-intr.* Huer, siffler, conspuer (a uno).
grito [grito] *m.* Cri. Loc. ***Dar gritos,*** pousser des cris, crier.
grosella [grosèʎa] *f.* Groseille.
grosero, -ra [grosèro, -ra] *adj.* Grossier, ière.
grosor [grosòr] *m.* Épaisseur *f.*
grotesco, -ca [grotèsko, -ka] *adj.* Grotesque.
grúa [grùa] *f.* Grue (máquina).
grueso, -sa [grwèso, -sa] *adj.* **1** Gros, grosse (abultado, gordo): ***un árbol ~***, un gros arbre. **2** Épais, aisse (espeso). ■ **3** *m.* Épaisseur *f.*, grosseur *f.* **4** Gros: ***el ~ del ejército,*** le gros de l'armée. **5** Plein (de una letra).
grumete [grumète] *m.* MAR. Mousse.
grumo [grùmo] *m.* Grumeau (de leche).
gruñir [gruɲir] *intr.* Grogner.
grupo [grùpo] *m.* Groupe.
gruta [grùta] *f.* Grotte.
guadaña [gwaðàɲa] *f.* AGR. Faux.
guadañar [gwaðaɲàr] *tr.* Faucher.
guagua [gwàγwa] *f.* **1** Bagatelle (cosa baladí). **2** Autobus *m.* **3** Bébé *m.* **4** *loc. adv.* ***De ~***, gratis.
gualdo, -da [gwàldo, -da] *adj.* Jaune.
guanche [gwàntʃe] *s.* Indigène des îles Canaries.
guano [gwàno] *m.* Guano.
guantada [gwantàða] *f.*, **guantazo** [gwantàθo] *m.* Soufflet *m.*, giffle *f.*, claque *f.*
guante [gwànte] *m.* Gant. Loc. ***Arrojar, recoger el ~***, jeter, relever le gant.
guaperas [gwapèras] *m.* fam. Beau gosse, joli cœur.
guapeza [gwapèθa] *f.* **1** Hardiesse (ánimo). **2** Fanfaronnade, vantardise.
guapo, -pa [gwàpo, -pa] *adj.* fam. **1** Beau, belle. **2** fam. Bien mis, mise, élégant, ante. ■ **3** *m.* Querelleur, bagarreur, dur (pendenciero).

guarda [gwàrda] *s.* **1** Garde, gardien, enne, surveillant, ante (jardín, etc.). Loc. ~ ***rural,*** garde champêtre. ■ **2** *f.* Garde, surveillance. **3** Observance (de una ley). **4** Tutelle. **5** Garde (de un libro, una cerradura, una espada). **6** Bouterolle (de una llave).

guardabarrera [gwarðaβar̄èra] *s.* Garde-barrière.

guardabarros [gwarðaβàr̄os] *m. invar.* Garde-boue.

guardabosque [gwarðaβóske] *m.* Garde forestier.

guardacostas [gwarðakóstas] *m. invar.* Garde-côte.

guardaespaldas [gwarðaespàlðas] *invar.* Garde du corps *m.*

guardamonte [gwarðamònte] *m.* Pontet, sous-garde *f.* (del fusil).

guardar [gwarðàr] *tr.* Garder: ~ ***bajo llave,*** garder sous clé.

guardarropa [gwarðar̄òpa] *m.* **1** Vestiaire. **2** Garde-robe *f.* (armario). **3** TEAT. Costumier.

guardia [gwàrðja] *f.* **1** Garde (defensa, custodia). **2** ESGR. Garde. **3** MIL. Garde (cuerpo de tropa): ~ ***civil,*** gendarmerie espagnole. ■ **4** *m.* Garde. **5** Agent de police, agent (del tráfico).

guardián, -ana [gwarðjàn, -àna] *s.* Gardien, ienne.

guarecer [gwareθèr] *tr.* Abriter, protéger, mettre à couvert. ▲ CONJUG. comme ***agradecer.***

guarismo [gwarizmo] *m.* **1** MAT. Chiffre. **2** Nombre (número).

guarnecer [gwarneθèr] *tr.* Garnir (proveer, adornar).

guarnición [gwarniθjòn] *f.* **1** Garniture (adorno). **2** Chaton *m.*, sertissure (en una joya). **3** Garde (de la espada). **4** MIL. Garnison: ***estar de*** ~, être en garnison. ■ **5** *pl.* Harnais *m.* (arreos).

guarro, -rra [gwàr̄o, -r̄a] *s.* **1** Cochon *m.*, truie *f.* **2** fig. Cochon, onne.

guasa [gwàsa] *f.* fam. **1** Plaisanterie, raillerie, blague. **2** ***Estar de*** ~, plaisanter, blaguer; ***en*** ~, pour rire.

gubernamental [guβernamentàl] *adj.* Gouvernemental, ale.

gubernativo, -va [goβernatiβo, -βa] *adj.* **1** Du gouvernement, gouvernemental, ale. **2** Administratif, ive.

guerra [gèr̄a] *f.* Guerre: ~ ***a muerte,*** guerre à outrance, sans quartier.

guerrero, -ra [ger̄èro, -ra] *adj.-s.* Guerrier, ière.

guerrilla [ger̄iʎa] *f.* Guérilla.

guerrillero [ger̄iʎèro] *m.* Guérillero, partisan, membre d'un commando.

gueto [gèto] *m.* Ghetto.

guía [gia] *s.* **1** Guide (persona). ■ **2** *m.* MIL. Guide. ■ **3** *f.* Guide *m.* (libro). **4** Indicateur *m.* (de ferrocarriles), annuaire *m.* (de teléfonos). **5** MEC. Guide *m.*, glissière. **6** COM. Passavant *m.* (permiso). **7** MIN. Guidon *m.* **8** Pointe (del bigote) (riendas).

guiar [gjàr] *tr.* Guider.

guijarro [gixàr̄o] *m.* Caillou, galet.

guijo [gixo] *m.* Cailloutis.

guillotina [giʎotina] *f.* **1** Guillotine. **2** IMPR. Massicot *m.*

guinda [ginda] *f.* Guigne (fruto).

guindilla [gindiʎa] *f.* **1** Piment *m.* piquant. **2** pop. Flic *m.* (guardia).

guiñar [giɲàr] *tr.* Cligner: ~ ***el ojo,*** cligner de l'œil.

guiño [giɲo] *m.* Clignement d'œil.

guión [gjòn] *m.* **1** Croix *f.* qui précède une communauté. **2** Plan (de un discurso, etc.). **3** Scénario (de una película). **4** GRAM. Tiret (raya horizontal), trait d'union (en las palabras compuestas).

guionista [gjonista] *s.* Scénariste.

guirnalda [girnàlda] *f.* Guirlande.

guisado [gisàðo] *m.* Ragoût.

guisante [gisànte] *m.* **1** Pois: ~ ***de olor,*** pois de senteur. **2** Petit pois (legumbre).

guisar [gisàr] *intr.* **1** Cuisiner, faire la cuisine. ■ **2** *tr.* Cuisiner, accommoder (los alimentos). **3** fig. Arranger, préparer (una cosa).
guiso [giso] *m.* Plat, mets.
guisote [gisòte] *m.* Ratatouille *f.*
guita [gita] *f.* **1** Ficelle. **2** fam. Fric *m.*, pognon *m.*
guitarra [gitàr̄a] *f.* MÚS. Guitare.
guitarrero [gitar̄èro] *m.* Luthier.
guitarrista [gitar̄ista] *s.* Guitariste.
gula [gùla] *f.* Gourmandise.
gusanillo [gusaniʎo] *m.* Petit ver. Loc. fam. ***Matar el*** ~, tuer le ver.
gusano [gusàno] *m.* Ver: ~ ***de luz,*** ver luisant; ~ ***de seda,*** ver à soie.
gustar [gustàr] *tr.* **1** Goûter, déguster, savourer. ■ **2** *intr.* Plaire, aimer: ***esto me gusta,*** cela me plaît, j'aime cela. **3** ~ ***de,*** aimer à, se plaire a.
gustativo, -va [gustatiβo, -βa] *adj.* Gustatif, ive.
gustillo [gustiʎo] *m.* Arrière-goût, petit goût.
gusto [gùsto] *m.* **1** Goût: ***un*** ~ ***amargo,*** un goût amer. **2** Plaisir: ***dar*** ~, faire plaisir.
gustoso, -sa [gustòso, -sa] *adj.* **1** Savoureux, euse. **2** Agréable, plaisant, ante. **3** Content, ente. **4** ***Lo haré muy*** ~, je le ferai avec grand plaisir, très volontiers.
gutural [gutural] *adj.* Guttural, ale: ***sonidos guturales,*** des sons gutturaux.

H

h [àtʃe] *f.* H *m.*
haba [àβa] *f.* **1** Fève. Loc. ***Son habas contadas,*** c'est une chose certaine. **2** ~ ***panosa,*** féverole.
habanero, -ra [aβanèro, -ra] *adj.-s.* **1** Havannais, aise. ■ **2** *f.* Habanera (ritmo).
habano, -na [aβàno, -na] *adj.* **1** Havanais, aise. **2** Havane (color). ■ **3** *m.* Havane (cigarro puro).
haber [aβèr] *v. auxil.* **1** Avoir. **2** (con *de*). *Devoir (idée d'obligation):* ***he de salir,*** je dois sortir. ■ **3** *impers.* Y avoir (cierto tiempo): ***cinco años ha,*** il y a cinq ans. **4** (con *que*) Falloir. Dans ce sens la 3.ª personne du présent de l'indicatif prend la forme ***hay: hay mucha gente aquí,*** il y a beaucoup de monde ici. ■ **5** *tr.* Capturer, parvenir à avoir, arrêter (apresar): ***los ladrones no han sido habidos,*** les voleurs n'ont pas été capturés. ■ **6** *pr.* Otros sentidos: ***habérselas con uno,*** avoir affaire à quelqu'un; ***allá se las haya,*** qu'il s'arrange, qu'il se débrouille.
▲ CONJUG. IRRÉG. INDIC. Prés.: ***he, has, ha*** ou ***hay, hemos*** ou ***habemos, habéis, han.*** Imparf.: ***había, habías,*** etc. Pas. simple: ***hube, hubiste, hubo, hubimos, hubisteis, hubieron.*** Fut.: ***habré, habrás, habrá, habremos, habréis, habrán.*** COND.: ***habría, habrías, habría, habríamos, habríais, habrían.*** SUBJ. Prés.: ***haya, hayas, haya, hayamos, hayáis, hayan.*** Imparf.: ***hubiera, hubieras, hubiera, hubiéramos, hubierais, hubieran*** ou ***hubiese, hubieses,*** etc. Fut.: ***hubiere, hubieres,*** etc. IMPÉR.: ***he, haya, hayamos, habed, hayan.*** PART. PAS.: ***habido, da.*** GÉR.: ***habiendo.***
haber [aβèr] *m.* **1** Avoir (caudal). **8** COM. Avoir. ■ **2** *pl.* Appointements, émoluments.
hábil [àβil] *adj.* **1** Habile, adroit, oite. **2** DER. Habile, apte: ~ ***para,*** apte à. **3** ***Días hábiles,*** jours ouvrables.
habilidad [aβiliðàð] *f.* **1** Habileté, adresse (destreza). **2** DER. Habilité.
habilitar [aβilitàr] *tr.* DER. Habiliter.
habitación [aβitaθjòn] *f.* **1** Habitation. **2** Chambre (cuarto de dormir).
habitante [aβitànte] *m.* Habitant.

habitar [aβitàr] *tr.* Habiter.
hábitat [áβitat] *m.* Habitat.
hábito [áβito] *m.* **1** Habitude *f.* (costumbre). **2** Habit (de religioso).
habitual [aβitwàl] *adj.* Habituel, elle.
habla [áβla] *f.* **1** Parole (facultad, acción de hablar): ***perder el*** ~, perdre la parole. **2** Langue, parler *m.* (lenguaje). **3** *loc. adv.* ***Al*** ~, en communication, en pourparlers.
hablar [aβlàr] *intr.* **1** Parler. Loc. fig. ~ ***alto, claro, fuerte,*** parler haut, ne pas mâcher ses mots. **2** Causer, converser. ■ **3** *tr.* Parler (un idioma). ■ **4** *pr.* Se parler (tratarse).
hacendado, -da [aθendàðo, -ða] *s.* Propriétaire foncier.
hacendoso, -sa [aθendòso, -sa] *adj.* Laborieux, euse; actif, ive.
hacer [aθèr] *tr.* **1** Faire: ***haré este trabajo mañana,*** je ferai ce travail demain. Loc. ~ ***alguna,*** en faire une bonne; ~ ***burla de,*** se moquer de; ~ ***pedazos,*** mettre en morceaux; ~ ***presente,*** faire remarquer, rappeler. **2** Supposer, croire: ***yo te hacía en Madrid,*** je te croyais à Madrid. ■ **3** *intr.* Faire: ***has hecho bien en,*** tu as bien fait de. **4** Importer, faire (importar): ***no le hace,*** cela importe peu, cela ne fait rien. ■ **5** *pr.* Se faire: ***hacerse fraile,*** se faire moine. **6** Faire le, la, jouer à: ***hacerse el indiferente,*** faire l'indifférent. **7** ***Hacerse a un lado,*** s'écarter, se ranger de côté. ■ **8** *impers.* Faire: ***hace frío,*** il fait froid. **9** Y avoir: ***hace mucho tiempo,*** il y a longtemps. ▲ CONJUG. IRRÉG. INDIC. Prés.: ***hago, haces, hace, hacemos, hacéis, hacen.*** Imparf.: ***hacía, hacías,*** etc. Pas. simple: ***hice, hiciste, hizo, hicimos, hicisteis, hicieron.*** Fut.: ***haré, harás, hará, haremos, haréis, harán.*** COND.: ***haría, harías, haría, haríamos, haríais, harían.*** SUBJ. Prés.: ***haga, hagas, haga, hagamos, hagáis, hagan.*** Imparf.: ***hiciera, hicieras, hiciera, hiciéramos, hicierais, hicieran,*** ou ***hiciese, hicieses,*** etc. Fut.: ***hiciere, hicieres,*** etc. IMPÉR.: ***haz, haga, hagamos, haced, hagan.*** PART. PAS.: ***hecho, cha.*** GÉR.: ***haciendo.***
hacha [àtʃa] *f.* **1** Hache. **2** Torche, flambeau *m.* (antorcha).
hache [àtʃe] *f.* H *m.*, lettre h.
hachís [atʃis] *m.* Haschisch.
hacienda [aθjènda] *f.* **1** Propriété rurale, domaine *m.* rural. **2** Fortune, biens *m. pl.* **3** Finances.
hada [àða] *f.* Fée.
¡hala! [àla] *interj.* Allons!, allez!
halagador, -ra [alaɣaðòr, -ra] *adj.* Flatteur, euse.
halago [alàɣo] *m.* Flatterie *f.*
halagüeño, -ña [alaɣwèɲo, -ɲa] *adj.* Flatteur, euse, séduisant, ante.
halcón [alkòn] *m.* Faucon.
¡hale! [àle] *interj.* Allez!, vite!
hálito [àlito] *m.* **1** Souffle, haleine *f.* (aliento). **2** Vapeur *f.*
hallar [aʎàr] *tr.* **1** Trouver. ■ **2** *pr.* Se trouver, être: ***hallarse en París,*** être à Paris. **3** Rencontrer: ***hallarse con un obstáculo,*** rencontrer un obstacle.
hallazgo [aʎàθɣo] *m.* Trouvaille *f.*
halógeno, -na [alòxeno, -na] *adj.-s.* Halogène.
halterofilia [alterofilja] *f.* Haltérophilie.
hambre [àmbre] *f.* **1** Faim: ***tengo mucha*** ~, j'ai très faim. **2** Famine, disette (escasez de alimentos).
hambriento, -ta [ambrjènto, -ta] *adj.* Affamé, ée.
hamburguesa [amburɣèsa] *f.* Hamburger *m.*
hampa [àmpa] *f.* Pègre, gueuserie.
hándicap [xàndikap] *m.* Handicap.
hangar [aŋgàr] *m.* Hangar.
haragán, -ana [araɣàn, -àna] *adj.-s.* Fainéant, ante.
harapiento, -ta [arapjènto, -ta] *adj.* Déguenillé, ée.
hardware [xàrwar] *m.* INFORM. Hardware.

harén [arèn], **harem** [arèn] *m.* Harem.
harina [arina] *f.* Farine.
harpillera [arpiʎèra] *f.* Serpillière.
hartar [artàr] *tr.* **1** Rassassier. **2** fig. Lasser, fatiguer (fastidiar). **3** Accabler, couvrir: ~ ***de injurias,*** couvrir d'injures. ■ **4** *pr.* Se gaver. **5** fig. Se lasser.
harto, -ta [àrto, -ta] *adj.* **1** Rassasié, ée. **2** Las, lasse, fatigué, ée. Loc. ***Estar ~ de,*** en avoir assez de. ■ **3** adv. Assez (bastante), trop (demasiado).
hasta [àsta] *prep.* **1** Jusqu'à, à: ~ ***el final,*** jusqu'à la fin. Loc. ~ ***luego,*** à tout à l'heure; ~ ***ahora,*** à tout de suite. ■ **2** *conj.* Même (también, incluso): ~ ***él lo dice,*** même lui le dit.
hastío [astio] *m.* **1** Dégoût. **2** Ennui.
hatajo [atàxo] *m.* Petit troupeau.
hato [àto] *m.* **1** Baluchon. Loc. ***Liar el ~,*** faire sa malle, plier bagage. **2** Troupeau (rebaño). **3** Tas (cúmulo).
haya [àʝa] *f.* Hêtre *m.*
haz [aθ] *m.* **1** Faisceau (de rayos luminosos), gerbe *f.*, botte *f.* (de hierba), fagot (de leña). **2** Endroit *m.* (de una tela, etc.).
haza [àθa] *f.* Pièce de terre.
hazaña [aθàɲa] *f.* Exploit *m.*, prouesse.
hazmerreír [aθmer̄eir] *m.* Jouet, risée *f.*
he [e] Particule qui se combine avec ***aquí, allí*** et avec quelques pronoms personnels: ~ ***aquí,*** voici; ~ ***allí,*** voilà; ***heme aquí,*** me voici; ***helo aquí,*** le voici.
hebilla [eβiʎa] *f.* Boucle.
hebra [èβra] *f.* **1** Aiguillée, brin *m.* (de hilo). **2** Fil *m.*, filament *m.*, fibre. **3** Filandre (de la carne). **4** poét. Cheveu *m.*
hebreo, -ea [eβrèo, -ea] *adj.-s.* **1** Hébreu. ■ **2** *adj.* Hébraïque.
hechicero, -ra [etʃiθèro, -ra] *adj.-s.* **1** Ensorceleur, euse, sorcier, ière. ■ **2** *adj.* Charmant, ante, séduisant, ante.
hechizo [etʃiθo] *m.* **1** Sortilège. **2** fig. Charme, attrait.
hecho, -cha [ètʃo, -tʃa] **1** *p. p.* de ***hacer.*** ■ **2** *adj.* Fait, faite. **3** ***Estar ~, ...,*** être semblable à...; ***estaba ~ una fiera,*** on aurait dit une bête féroce. ■ **4** *m.* Fait: ~ ***de armas,*** fait d'armes. **5** *loc. adv.* ***De ~ y de derecho,*** en fait et en droit.
hechura [etʃùra] *f.* **1** Action de faire, façon. **2** Œuvre (obra). **3** Créature, protégé *m.* (persona).
hectárea [eɣtàrea] *f.* Hectare *m.*
hectolitro [eɣtolitro] *m.* Hectolitre.
hediondo, -da [eðjòndo, -da] *adj.* **1** Puant, ante, fétide. **2** fig. Sale, répugnant, ante.
hedonismo [eðonizmo] *m.* Hédonisme.
hegemonía [exemonia] *f.* Hégémonie.
helada [elàða] *f.* **1** Gelée. **2** ~ ***blanca,*** gelée blanche, givre *m.*
heladería [elaðeria] *f.* Glacier *m.* (fábrica y establecimiento).
helado, -da [elàðo, -ða] *adj.* **1** Gelé, ée, glacé, ée. **2** fig. Saisi, ie d'étonnement, de frayeur. ■ **3** *m.* Glace *f.*: ***un ~ de fresa,*** une glace à la fraise.
helar [elàr] *tr.* **1** Geler, glacer (el agua), figer (aceite). ■ **2** *impers.* Geler. ▲ CONJUG. comme ***acertar.***
helecho [elètʃo] *m.* Fougère *f.*
helénico, -ca [elèniko, -ka] *adj.* Hellénique.
heleno, -na [elèno, -na] *adj.-s.* Hellène.
hélice [èliθe] *f.* **1** Hélice. **2** ANAT. Hélix *m.*
helicóptero [elikòβtero] *m.* Hélicoptère.
helio [èljo] *m.* QUÍM. Hélium.
heliotropo [eljotròpo] *m.* Héliotrope.
helvético, -ca [elβètiko, -ka] *adj.* Helvétique.

hematíe [ematie] *m.* FISIOL. Hématie *f.*
hematoma [ematòma] *m.* Hématome.
hembra [èmbra] *f.* **1** Femelle. **2** fam. Femme, fille. **3** Porte (de corchete).
hemiciclo [emiθiklo] *m.* Hémicycle.
hemisferio [emisfèrjo] *m.* Hémisphère.
hemofilia [emofilja] *f.* MED. Hémophilie.
hemorragia [emor̄àxja] *f.* Hémorragie.
hemorroides [emorròiðes] *f. pl.* Hémorroïdes.
henchidura [entʃiðùra] *f.*, **henchimiento** [entʃimjènto] *m.* Remplissage *m.*, bourrage *m.*
henchir [entʃir] *tr.* **1** Remplir, bourrer. **2** Gonfler (inflar). **3** Gonfler (de orgullo). **4** *pr.* Se bourrer. ▲ CONJUG. comme ***servir.***
hender [endèr] *tr.* Fendre. ▲ CONJUG. comme ***entender.***
hendidura [endiðùra] *f.* Fente, crevasse.
henil [enil] *m.* Fenil.
heno [èno] *m.* Foin.
hepático, -ca [epàtiko, -ka] *adj.* **1** Hépatique. ■ **2** *f. pl.* BOT. Hépatiques.
hepatitis [epatitis] *f.* MED. Hépatite.
heptaedro [eβtaèðro] *m.* Heptaèdre.
heptagonal [eβtaγonàl] *adj.* Heptagonal, ale.
heráldico, -ca [eràldiko, -ka] *adj.-f.* Héraldique.
heraldo [eràldo] *m.* Héraut.
herbáceo, -ea [erβàθeo, -ea] *adj.* Herbacé, ée.
herbaje [erβàxe] *m.* Herbage (hierba).
herbario, -ia [erβàrjo, -ja] *adj.* **1** Relatif, ive aux herbes. ■ **2** *m.* Herbier (colección). **3** ZOOL. Panse *f.* (de los rumiantes).
herbívoro, -ra [erβiβoro, -ra] *adj.-m.* Herbivore.
herbolario [erβolàrjo] *m.* Herboriste.
heredar [ereðàr] *tr.* Hériter.
heredero, -ra [ereðèro, -ra] *adj.-s.* Héritier, ière: ~ ***forzoso,*** héritier réservataire.
hereje [erèxe] *s.* Hérétique.
herencia [erènθja] *f.* **1** Hérédité (derecho). **2** Héritage *m.* (lo que se hereda).
herida [eriða] *f.* Blessure.
herido, -da [eriðo, -ða] *adj.-s.* Blessé, ée: ***mal*** ~, grièvement blessé.
herir [erir] *tr.* **1** Blesser. **2** Frapper (golpear). **3** Frapper (el sol). **4** fig. Toucher (el corazón, etc.), blesser (el amor propio, etc.). ▲ CONJUG. comme ***hervir.***
hermafrodita [ermafroðita] *adj.-m.* Hermaphrodite.
hermana [ermàna] *f.* Sœur.
hermanastro, -tra [ermanàstro, -tra] *s.* Demi-frère *m.*, demi-sœur *f.*
hermandad [ermandàð] *f.* Fraternité.
hermano, -na [ermàno, -na] *s.* Frère, sœur: ~ ***carnal,*** frère germain; ***medio*** ~, demi-frère; ~ ***político,*** beau-frère.
hermético, -ca [ermètiko, -ka] *adj.* Hermétique.
hermoso, -sa [ermòso, -sa] *adj.* Beau, bel, belle. ▲ *Bel* en lugar de *beau* delante de una vocal o h muda: ***un*** ~ ***edificio,*** un bel édifice.
hermosura [ermosùra] *f.* Beauté.
hernia [èrnja] *f.* Hernie.
héroe [èroe] *m.* Héros.
heroico, -ca [eròiko, -ka] *adj.* Héroïque.
heroína [eroina] *f.* Héroïne.
herpe [èrpe] *m.* MED. Herpès.
herrador [er̄aðòr] *m.* Maréchal-ferrant.
herradura [er̄aðùra] *f.* Fer *m.* à cheval.
herramienta [er̄amjènta] *f.* **1** Outil *m.* **2** fig. fam. Cornes *pl.* (de animales).

herrar [eřár] *tr.* **1** Ferrer. **2** Marquer au fer rouge (ganado, etc.). ▲ CONJUG. comme ***acertar.***
herrería [eřeria] *f.* **1** Forge (taller). **2** Métier *m.* du forgeron.
herrero [eřèro] *m.* Forgeron.
herrumbre [eřùmbre] *f.* **1** Rouille. **2** Goût *m.* de fer.
hervidero [erβiðèro] *m.* **1** Bouillonnement (de un líquido). **2** Source *f.* bouillonnante (manantial).
hervir [erβir] *intr.* **1** Bouillir: ***el agua hierve,*** l'eau bout. **2** fig. Bouillonner. **3** S'agiter (el mar). ▲ CONJUG. IRRÉG. INDIC. Prés.: ***hiervo, hierves, hierve, hervimos, hervís, hierven.*** Imparf.: ***hervía, hervías,*** etc. Pas. simple: ***herví, herviste, hirvió, hervimos, hervisteis, hirvieron.*** Fut.: ***herviré, hervirás,*** etc. SUBJ. Prés.: ***hierva, hiervas, hierva, hirvamos, hirváis, hiervan.*** Imparf.: ***hirviera, hirvieras, hirviera, hirviéramos, hirvierais, hirvieran*** ou ***hirviese, hirvieses,*** etc. Fut.: ***hirviere, hirvieres,*** etc. IMPÉR.: ***hierve, hierva, hirvamos, hervid, hiervan.*** PART. PAS.: ***hervido, da*** GÉR.: ***hirviendo.***
hervor [erβòr] *m.* **1** Bouillonnement, ébullition *f.* **2** fig. Fougue *f.*, vivacité *f.* (de la juventud).
heterogéneo, -ea [eteroxèneo, -ea] *adj.* Hétérogène.
hexaedro [e(ɣ)saèðro] *m.* Hexaèdre.
hexágono, -na [e(ɣ)sàɣono, -na] *adj.-m.* Hexagone.
hez [eθ] *f.* Lie.
hiato [ʝ(dz)àto] *m.* Hiatus.
híbrido, -da [iβriðo, -ða] *adj.-m.* Hybride.
hidalgo, -ga [iðàlɣo, -ɣa] *adj.* **1** Noble, généreux, euse. ■ **2** *m.* Gentilhomme, hidalgo. ■ **3** *f.* Femme noble.
hidalguía [iðalɣia] *f.* **1** Noblesse. **2** Générosité.
hidratante [iðratànte] *adj.* Hydratant, ante.
hidratar [iðratàr] *tr.* Hydrater.
hidráulico, -ca [iðràŭliko, -ka] *adj.-f.* Hydraulique.
hidroavión [iðroaβjòn] *m.* Hydravion.
hidrocarburo [iðrokarβùro] *m.* Hydrocarbure.
hidroeléctrico, -ca [iðroelèɣtriko, -ka] *adj.* Hydroélectrique.
hidrófilo, -la [iðròfilo, -la] *adj.* Hydrophile.
hidrógeno [iðròxeno] *m.* Hydrogène.
hidrografía [iðroɣrafia] *f.* Hydrographie.
hiedra [ʝ(dz)èðra] *f.* Lierre *m.*
hiel [ʝ(dz)èl] *f.* Fiel *m.*
hielo [ʝ(dz)èlo] *m.* Glace *f.* Loc. ***Romper el ~,*** rompre la glace.
hiena [ʝ(dz)èna] *f.* Hyène.
hierático, -ca [ʝ(dz)jeràtiko, -ka] *adj.* Hiératique.
hierba [ʝ(dz)èrβa] *f.* **1** Herbe. **2** *~ cana,* séneçon *m.* Loc. ***Y otras hierbas,*** et j'en passe.
hierbabuena [ʝ(dz)erβaβwèna] *f.* Menthe.
hierro [ʝ(dz)èřo] *m.* **1** Fer. Loc. ***~ colado,*** fonte *f.* ■ **2** *pl.* Fers (para aprisionar).
higa [iɣa] *f.* Signe *m.* de mépris.
hígado [iɣaðo] *m.* **1** Foie. ■ **2** *pl.* fig. Courage *sing.*, hardiesse *f. sing.*, cran *sing.* (ánimo).
higiene [ixjène] *f.* Hygiène.
higiénico, -ca [ixjèniko, -ka] *adj.* Hygiénique.
higo [iɣo] *m.* Figue *f.* (fruto): ***~ chumbo,*** figue de Barbarie.
higuera [iɣèra] *f.* Figuier *m.*: ***~ chumba,*** figuier de Barbarie.
hijastro, -tra [ixàstro, -tra] *s.* Beau-fils, belle-fille, fils, fille du conjoint épousé en secondes noces.
hijo, hija [ixo, ixa] *s.* **1** Fils, fille, enfant: ***el ~, la hija del rey,*** le fils, la fille du roi; ***matrimonio sin hijos,*** ménage sans enfants. Loc. ***~ político, hija política,*** beau-fils, belle fille. **2** ***El ~ de Dios,*** le Fils de Dieu.

hilacha [ilàtʃa] *f.*, **hilacho** [ilàtʃo] *m.* Effilochure *f.*, effilure *f.*
hilado [ilàðo] *m.* **1** Filage. **2** Filé (hilo).
hilador, -ra [ilaðòr, -ra] *s.* Fileur, euse.
hilar [ilàr] *tr.* Filer (reducir a hilo, hacer hilo).
hilera [ilèra] *f.* **1** File, rangée. **2** Filière (para metales). **3** Filière (de araña).
hilo [ilo] *m.* **1** Fil: ~ ***de coser,*** fil à coudre. Loc. ***Estar pendiente de un*** ~, ne tenir qu'à un fil. **2** Tissu de lin, de chanvre. **3** *loc. adv.* ***A*** ~, sans interruption; ***al*** ~, de droit fil, suivant la direction du fil.
hilván [ilβàn] *m.* Faufilure *f.* (costura), faufil (hilo).
himno [imno] *m.* Hymne.
hincapié [iŋkapjè] *m.* **1** Effort que l'on fait en appuyant le pied. **2** fig. ***Hacer*** ~ ***en,*** insister sur.
hincar [iŋkàr] *tr.* **1** Ficher, enfoncer, planter. **2** Loc. ~ ***el diente,*** mordre. ■ **3** *pr.* ***Hincarse de rodillas,*** se mettre à genoux.
hincha [intʃa] *f.* **1** fam. Haine, inimitié. ■ **2** *s.* DEP. fam. Supporter, fana, fan.
hinchado, -da [intʃàðo, -ða] *adj.* **1** Boursouflé, ée, enflé, ée (estilo, etc.). **2** Gonflé, ée d'orgueil, fier, fière (presumido).
hinchar [intʃàr] *tr.* Gonfler, enfler.
hinchazón [intʃaθòn] *f.* Enflure, gonflement *m.*, boursouflure.
hiniesta [injèsta] *f.* Genêt *m.*
hinojo [inòxo] *m.* **1** Fenouil. **2** Genou. *loc. adv.* ***De hinojos,*** à genoux.
hipérbola [ipèrβola] *f.* GEOM. Hyperbole.
hipermercado [ipermerkàðo] *m.* Hypermarché, grande surface.
hipertensión [ipertensjòn] *f.* Hypertension.
hipertexto [ipertèkʃto] *m.* INFORM. Hypertexte.
hípico, -ca [ipiko, -ka] *adj.* Hippique.
hipnotismo [iβnotizmo] *m.* Hypnotisme.
hipnotizar [iβnotiθàr] *tr.* Hypnotiser.
hipo [ipo] *m.* **1** Hoquet: ***tener*** ~, avoir le hoquet. **2** fig. Désir ardent. **3** fig. Animosité *f.*
hipocondríaco, -ca [ipokondriako, -ka] *adj.-s.* Hypocondriaque.
hipocresía [ipokresia] *f.* Hypocrisie.
hipócrita [ipòkrita] *adj.-s.* Hypocrite.
hipódromo [ipòðromo] *m.* Hippodrome.
hipopótamo [ipopòtamo] *m.* Hippopotame.
hipoteca [ipotèka] *f.* Hypothèque.
hipotecario, -ia [ipotekàrjo, -ja] *adj.* Hypothécaire.
hipotenusa [ipotenùsa] *f.* Hypoténuse.
hipótesis [ipòtesis] *f.* Hypothèse.
hirsuto, -ta [irsùto, -ta] *adj.* Hirsute.
hirviente [irβjènte] *adj.* Bouillant, ante.
hisopo [isòpo] *m.* **1** LITURG. Goupillon, aspersoir. **2** Hysope *f.* (planta).
hispánico, -ca [ispàniko, -ka] *adj.* Hispanique.
hispano, -na [ispàno, -na] *adj.-s.* Espagnol, ole.
hispanoamericano, -na [ispanoamerikàno, -na] *adj.-s.* Hispano-américain, aine.
histeria [istèrja] *f.* Hystérie.
historia [istòrja] *f.* Histoire. Loc. fig. ***Dejarse de historias,*** aller au fait; ***picar en*** ~, devenir grave.
historiador, -ra [istorjaðòr, -ra] *s.* Historien, ienne.
historial [istorjàl] *adj.* **1** Historique. ■ **2** *m.* Historique (reseña). **3** Curriculum vitæ (profesional).
histórico, -ca [istòriko, -ka] *adj.* Historique.
historieta [istorjèta] *f.* Historiette.
hito, -ta [ito, -ta] *adj.* **1** Ferme, fixe. **2** Proche, contigu, uë. ■ **3** *m.* Borne *f.* (mojón). **4** fig. But. Loc.

Dar en el ~, deviner, mettre dans le mille.
hocico [oθiko] *m.* **1** Museau, mufle (de animal), groin (del cerdo). **2** pop. Gueule *f.*, figure *f.* Loc. fam. *Dar de hocicos,* se casser la gueule.
hockey [xòkej] *m.* Hockey.
hogar [oɣàr] *m.* **1** Foyer, âtre. **2** fig. Foyer (domicilio, familia).
hoguera [oɣèra] *f.* **1** Bûcher *m.* **2** Feu *m.* de joie.
hoja [òxa] *f.* **1** Feuille (de un vegetal, de papel, etc.): ~ *seca,* feuille morte. **2** Feuillet *m.*, page (de un libro, etc.). **3** Battant *m.* (de puerta), panneau *m.* (de biombo), volet *m.* (de tríptico). **4** Lame (de cuchillo, espada, etc.): ~ *de afeitar,* lame de rasoir. **5** Paille (de un metal).
hojalata [oxalàta] *f.* Fer-blanc *m.*
hojaldre [oxàldre] *m.* Feuilleté, pâte *f.* feuilletée.
hojear [oxeàr] *tr.* Feuilleter (un libro).
¡hola! [òla] *interj.* **1** Hola! **2** Tiens! (denota extrañeza). **3** Bonjour!, bonsoir!, salut!
holandés, -sa [olandès, -sa] *adj.-s.* Hollandais, aise.
holding [xòldin] *m.* Holding.
holgar [olɣàr] *intr.* **1** Se reposer. **2** Être oisif, ive, inactif, ive. **3** Être inutile, superflu: *huelga decir eso,* il est inutile de dire cela. **4** Se divertir, s'amuser. ▲ CONJUG. comme *contar.*
holgazán, -ana [olɣaθàn, -àna] *adj.-s.* Fainéant, ante, paresseux, euse.
holgura [olɣùra] *f.* **1** Largeur, ampleur. **2** Aisance: *vivir con ~,* vivre dans l'aisance. **3** MEC. Jeu *m.*
hollín [oʎin] *m.* Suie *f.*
holocausto [olokàŭsto] *m.* Holocauste.
hombre [òmbre] *m.* **1** Homme. Loc. ~ *de mundo,* homme du monde; *hacer ~ a uno,* pousser quelqu'un, aider quelqu'un à prospérer. **2** fam. Mari (marido). **3** *interj.* Voyons! (incredulidad, ironía), tiens! (sorpresa), mon vieux (cariño).
hombrera [ombrèra] *f.* Épaulette (de un vestido).
hombría [ombria] *f.* ~ *de bien,* honnêteté, probité.
hombro [òmbro] *m.* **1** Épaule *f.* Loc. fig. *Arrimar el ~,* travailler dur (trabajar), donner un coup d'épaule, de main (ayudar). **2** *loc. adv. A hombros,* sur les épaules; *al ~,* sur l'épaule.
hombruno, -na [ombrùno, -na] *adj.* Hommasse.
homenaje [omenàxe] *m.* Hommage.
homeopatía [omeopatia] *f.* Homéopathie.
homicida [omiθiða] *adj.-s.* Homicide.
homicidio [omiθiðjo] *m.* Homicide (acción).
homilía [omilia] *f.* Homélie.
homogéneo, -ea [omoxèneo, -ea] *adj.* Homogène.
homologar [omoloɣàr] *tr.* Homologuer.
homólogo, -ga [omòloɣo, -ɣa] *adj.* Homologue.
homosexual [omosekʃwàl] *adj.-s.* Homosexuel, elle.
homosexualidad [omosekʃwaliðàð] *f.* Homosexualité.
honda [ònda] *f.* Fronde.
hondo, -da [òndo, -da] *adj.* **1** Profond, onde. **2** Bas, basse (terreno). **3** *m.* Fond.
hondonada [ondonàða] *f.* Terrain *m.* bas et encaissé, dépression, cuvette.
hondura [ondùra] *f.* Profondeur.
honestidad [onestiðàð] *f.* Honnêteté, décence, modeste, pudeur.
honesto, -ta [onèsto, -ta] *adj.* Honnête.
hongo [òŋgo] *m.* **1** Champignon. **2** *Sombrero ~,* chapeau melon.
honor [onòr] *m.* Honneur.
honorable [onoràβle] *adj.* Honorable.

honorario, -a [onorárjo, -a] *adj.* 1 Honoraire: ***profesor ~***, professeur honoraire. ■ 2 *m.* Honoraire: ***los honorarios de un médico,*** les honoraires d'un médecin.

honorífico, -ca [onorífiko, -ka] *adj.* Honorifique.

honra [ónr̄a] *f.* 1 Honneur *m.* Loc. ***Tener a mucha ~***, s'honorer de, être très flatté, ée de. ■ 2 *pl.* Honneurs *m.* funèbres.

honrado, -da [onr̄áðo, -ða] *adj.* 1 Honnête. 2 Honoré, ée.

honrar [onr̄ár] *tr.* 1 Honorer. ■ 2 *pr.* ***Honrarse con,*** s'honorer de.

hora [óra] *f.* 1 Heure: ***dar la ~***, sonner l'heure; ***~ oficial,*** heure légale; Loc. ***Dar ~***, fixer un rendez-vous; ***pedir ~*** demander un rendez-vous. 2 *loc. adv.* ***A la ~***, sur l'heure, à l'instant.

horadar [oraðár] *tr.* Forer, perforer.

horario, -ia [orárjo, -ja] *adj.* 1 Horaire. ■ 2 *m.* Petite aiguille *f.*, aiguille *f.* des heures (de reloj). 3 Horaire (ferrocarriles, etc.), emploi du temps.

horca [órka] *f.* 1 Potence, gibet *m.* Loc. fig. ***Señor de ~ y cuchillo,*** seigneur haut justicier. 2 AGR. Fourche. ■ 3 *n. pr.* ***Horcas Caudinas,*** Fourches Caudines.

horcadura [orkaðúra] *f.* Enfourchure (de un árbol).

horcajadas (a) [orkaxáðas] *loc. adv.* À califourchon.

horchata [ortʃáta] *f.* Orgeat *m.*

horda [órða] *f.* Horde.

horizontal [oriθontál] *adj.* Horizontal, ale.

horizonte [oriθónte] *m.* Horizon: ***en el ~***, à l'horizon.

horma [órma] *f.* 1 Forme (para los zapatos, los sombreros). Loc. fig. ***Hallar la ~ de su zapato,*** trouver chaussure à son pied. 2 Embauchoir *m.* (para que los zapatos conserven su forma).

hormiga [ormíɣa] *f.* Fourmi. Loc. fig. ***Ser una ~***, être économe et très laborieux.

hormigón [ormiɣón] *m.* Béton: ***~ armado,*** béton armé.

hormiguero [ormiɣéro] *m.* 1 Fourmilière. ■ 2 *adj.* ***Oso ~***, fourmilier.

hormona [ormóna] *f.* MED. Hormone.

hornillo [orniʎo] *m.* Fourneau: ***~ de gas,*** fourneau à gaz.

horno [órno] *m.* 1 Four. 2 ***Alto ~***, haut fourneau. 3 Four, fournaise *f.* (lugar donde hace mucho calor).

horóscopo [oróskopo] *m.* Horoscope.

horquilla [orkiʎa] *f.* 1 Fourche. 2 Fourche (de bicicleta). 3 Épingle à cheveux.

horrible [or̄iβle] *adj.* Horrible.

horripilante [or̄ipilánte] *adj.* Horripilant, ante.

horror [or̄ór] *m.* Horreur *f.*; ***dar ~***, faire horreur; ***¡qué ~!***, quelle horreur!

horrorizar [or̄oriθár] *tr.* 1 Horrifier, faire horreur. ■ 2 *pr.* Frémir d'horreur.

horroroso, -sa [or̄oróso, -sa] *adj.* 1 Horrible, affreux, euse.

hortaliza [ortalíθa] *f.* Légume *m.*, plante potagère.

hortelano, -na [ortelano, -na] *s.* 1 Jardinier, ière, maraîcher, ère. ■ 2 *m.* Ortolan (pájaro).

hortensia [orténsja] *f.* Hortensia *m.*

hortera [ortéra] *adj.-s.* Ringard, e.

horticultura [ortikultúra] *f.* Horticulture.

hosco, -ca [ósko, -ka] *adj.* 1 Brun, brune, basané, ée (color). 2 Renfrogné, ée, bourru, ue (ceñudo).

hospedaje [ospeðáxe], **hospedamiento** [ospeðamjénto] *m.* 1 Logement. 2 Prix de la pension.

hospedar [ospeðár] *tr.* 1 Loger, héberger. ■ 2 *pr.* Se loger, être hébergé, ée.

hospital [ospitál] *m.* Hôpital.

hospitalario, -ia [ospitalàrjo, -ja] *adj.* Hospitaler, ière.
hospitalizar [ospitaliθàr] *tr.* Hospitaliser.
hostia [òstja] *f.* Hostie.
hostil [ostil] *adj.* Hostile.
hostilidad [ostiliðàð] *f.* Hostilité.
hotel [otèl] *m.* 1 Hôtel. 2 Villa *f.*, pavillon (casa aislada).
hotelero, -ra [otelèro, -ra] *adj.-s.* Hôtelier, ière: ***industria hotelera,*** industrie hôtelière.
hoy [oĭ] *adv.* Aujourd'hui. *loc. adv.* ***De ~ a mañana,*** d'un moment à l'autre; ***por ~,*** actuellement, pour le moment; ***~ día, ~ en día,*** de nos jours, aujourd'hui.
hoyo [òɟo] *m.* 1 Trou. 2 Fosse *f.*, sépulture *f.*
hoyuelo [oɟwèlo] *m.* 1 Petit trou. 2 Fossette *f.* (en la barbilla, la mejilla).
hoz [oθ] *f.* 1 AGR. Faucille. 2 GEOG. Gorge.
hucha [útʃa] *f.* 1 Tirelire. 2 fig. Bas *m.* de laine (ahorros). 3 Huche (arca).
hueco, -ca [(g)wèko, -ka] *adj.* 1 Creux, euse, vide. 2 Mœlleux, euse, spongieux, ieuse. 3 fig. Vaniteux, euse, présomptueux, euse.
huelga [(g)wèlɣa] *f.* 1 Grève: ***declararse en ~,*** se mettre en grève. 2 Récréation, amusement *m.*
huella [(g)wèʎa] *f.* 1 Trace, empreinte: ***~ dactilar,*** empreinte digitale. 2 Foulée (del pie de un animal).
huérfano, -na [(g)wèrfano, -na] *adj.-s.* Orphelin, ine.
huerta [(g)wèrta] *f.* 1 Verger *m.* (de árboles frutales). 2 Jardin *m.* potager (de hortalizas).
huerto [(g)wèrto] *m.* 1 Jardin potager. 2 Verger (de árboles frutales).
hueso [(g)wèso] *m.* 1 Os. Loc. fig. ***No dejar ~ sano a uno,*** flanquer une raclée. 2 Noyau (de una fruta).
huésped, -da [(g)wèspeð, -ða] *s.* Hôte, hôtesse.
huevo [(g)wèβo] *m.* 1 Œuf: ***~ huero,*** Œuf clair; ***~ al plato,*** œuf sur le plat; ***~ estrellado,*** œuf sur le plat, au miroir; ***~ pasado por agua,*** œuf à la coque. 2 GEOM. Ove.
huida [wiða] *f.* 1 Fuite (acción). 2 Écart *m.*, dérobade (del caballo).
huir [wir] *intr.* Fuir, s'enfuir, prendre la fuite. ▲ CONJUG IRRÉG. INDIC. Prés.: ***huyo, huyes, huye, huimos, huís, huyen.*** Pas. simple: ***huí, huiste, huyó, huimos, huisteis, huyeron.*** SUBJ. Prés.: ***huya, huyas, huya, huyamos, huyáis, huyan.*** Imparf.: ***huyera, huyeras,*** etc. ou ***huyese, huyeses,*** etc. Fut.: ***huyere, huyeres,*** etc. IMPÉR.: ***huye, huya, huyamos, huid, huyan.*** GÉR.: ***huyendo.*** Les autres temps sont réguliers.
hule [ùle] *m.* Toile *f.* cirée.
hulla [ùʎa] *f.* Houille.
humanidad [umaniðàð] *f.* 1 Humanité. 2 Embonpoint *m.* (corpulencia). ■ 3 *pl.* Humanités.
humanitario, -a [umanitàrjo, -a] *adj.* Humanitaire.
humano, -na [umàno, -na] *adj.* Humain, aine.
humear [umeàr] *intr.* Fumer.
humedad [umeðàð] *f.* Humidité.
húmedo, -da [ùmeðo, -ða] *adj.* Humide.
humildad [umildàð] *f.* Humilité.
humilde [umilde] *adj.-s.* Humble.
humillación [umiʎaθjòn] *f.* Humiliation.
humillar [umiʎàr] *tr.* 1 Humilier, abaisser. 2 Baisser: ***~ la cabeza,*** baisser la tête.
humo [ùmo] *m.* 1 Fumée *f.* *loc. adv.* ***A ~ de pajas,*** légèrement, sans réflexion. ■ 2 *m. pl.* fig. Vanité *f. sing.*, orgueil *sing.*: ***bajar los humos a uno,*** rabattre l'orgueil de quelqu'un.
humor [umòr] *m.* 1 FISIOL. Humeur. 2 Humeur *f.* (disposición del ánimo): ***estar de buen, de mal ~,*** être de bonne, de mauvaise humeur.

humorado, -da [umoráðo, -ða] *adj.* ***Bien, mal*** ~, de bonne, de mauvaise humeur.
humorismo [umorízmo] *m.* Humour.
humorista [umorista] *s.* Humoriste.
humorístico, -ca [umoristiko, -ka] *adj.* Humoristique.
hundido, -da [undiðo, -ða] *adj.* 1 Enfoncé, ée. 2 Clave (mejilla, ojo).
hundimiento [undimjènto] *m.* 1 Enfoncement. 2 Affaissement (suelo), écroulement (edificio).
hundir [undir] *tr.* 1 Enfoncer. 2 Couler (un barco). 3 fig. Détruire, ruiner. ■ 4 *pr.* Couler, sombrer (un barco). 5 S'aiffaisser (suelo), s'écrouler (edificio).
húngaro, -ra [úŋgaro, -ra] *adj.-s.* Hongrois, oise.
huracán [urakàn] *m.* Ouragan.
huraño, -ña [uráɲo, -ɲa] *adj.* 1 Hargneux, euse. 2 Sauvage, insociable.
hurón, -ona [uròn, -òna] *adj.-s.* Huron, onne (indio).
¡hurra! [ūra] *interj.* Hourra!
hurtadillas (a) [(a)ŭrtaðiʎas] *loc. adv.* À la dérobée, en cachette.
hurtar [urtàr] *tr.* 1 Voler, dérober. 2 ~ ***el cuerpo,*** se dérober, esquiver un coup. ■ 3 *pr.* Se dérober, se cacher.
hurto [ùrto] *m.* Vol, larcin.
husmear [uzmeàr] *tr.* 1 Chercher en flairant. 2 Chercher à savoir, fouiner, fureter (indagar). ■ 3 *intr.* Sentir mauvais (la carne).
huso [úso] *m.* 1 Fuseau. Loc. ***Más derecho que un*** ~, droit comme un i. 2 Arbre (de un torno).
¡huy! [wi] *interj.* Aïe! (dolor), oh! (asombro), brrr! (frío).

I

i [i] *f.* I *m.*
IAE [ïaè] *m.* (*abrev.* Impuesto sobre Actividades Económicas) Impôt des travailleurs autonomes en Espagne.
ibérico, -ca [iβèriko, -ka] *adj.* Ibérique.
iceberg [iθeβèrɣ] *m.* Iceberg.
iconoclasta [ikonoklàsta] *adj.-s.* Iconoclaste.
ictericia [iɣteriθja] *f.* MÉD. Ictère *m.*, jaunisse.
ida [iða] *f.* 1 Aller *m.* (acción de ir): ~ ***y vuelta,*** aller et retour. 2 ***Idas y venidas,*** allées et venues.
idea [iðèa] *f.* 1 Idée. 2 Intention, idée (propósito): ***llevar*** ~ ***de,*** avoir l'intention de.
ideal [iðeàl] *adj.* 1 Idéal, ale. ■ 2 *m.* Idéal: ***ideales políticos,*** idéaux politiques.
idealismo [iðealizmo] *m.* Idéalisme.
idealista [iðealista] *adj.-s.* Idéaliste.
idear [iðeàr] *tr.* Concevoir, inventer, imaginer.
ídem [iðen] *adv.* Idem.
idéntico, -ca [iðèntiko, -ka] *adj.* Identique.
identidad [iðentiðàð] *f.* Identité.
identificar [iðentifikàr] *tr.* Identifier.
ideología [iðeoloxia] *f.* 1 Idéologie. 2 Idées *pl.*, doctrine (de un autor, etc.).
idilio [iðiljo] *m.* Idylle *f.*
idioma [iðjòma] *m.* Langue *f.*, idiome.
idiomático, -ca [iðjomàtiko, -ka] *adj.* Idiomatique.
idiosincrasia [iðjosiŋkràsia] *f.* Idiosyncrasie.
idiota [iðjòta] *adj.-s.* Idiot, ote.
idolatrar [iðolatràr] *tr.-intr.* Idolâtrer.
ídolo [iðolo] *m.* Idole *f.*
idóneo, -ea [iðòneo, -ea] *adj.* Approprié, ée, indiqué, ée, idoine.
idus [iðus] *m. pl.* Ides *f.*
iglesia [iɣlèsja] *f.* Église.
ígneo, -ea [iɣneo, -ea] *adj.* Igné, ée.
ignición [iɣniθjòn] *f.* Ignition.
ignominia [iɣnominja] *f.* Ignominie.

ignorancia [iɣnoránθja] *f.* Ignorance.
ignorante [iɣnorànte] *adj.-s.* Ignorant, ante.
ignorar [iɣnorár] *tr.* Ignorer.
igual [iɣwál] *adj.-s.* 1 Égal, ale: ***dos números iguales,*** deux nombres égaux. 2 Semblance (semejante). 3 *loc. conj.* ***Al ~ que, ~ que,*** comme.
iguala [iɣwála] *f.* 1 Égalisation. 2 Convention, arrangement *m.* (ajuste).
igualación [iɣwalaθjòn] *f.* 1 Égalisation. 2 Convention, accord *m.* (convenio).
igualar [iɣwalár] *tr.* Égaliser.
igualdad [iɣwaldàð] *f.* Égalité.
igualitario, -ia [iɣwalitárjo, -ja] *adj.* Égalitaire.
iguana [iɣwàna] *f.* Iguane *m.*
ijada [ixáða] *f.* ANAT. Flanc *m.*
ijar [ixár] *m.* ANAT. Flanc.
ilación [ilaθjòn] *f.* Déduction, inférence.
ilegal [ileɣál] *adj.* Illégal, ale.
ilegítimo, -ma [ilexítimo, -ma] *adj.* Illégitime.
ileso, -sa [ilèso, -sa] *adj.* Sain et sauf, saine et sauve, indemne.
ilícito, -ta [ilíθito, -ta] *adj.* Illicite.
ilimitado, -da [ilimitàðo, -ða] *adj.* Illimité, ée.
ilógico, -ca [ilòxiko, -ka] *adj.* Illogique.
iluminación [iluminaθjòn] *f.* 1 Illumination. 2 Éclairage *m.* (alumbrado). 3 Enluminure (pintura).
iluminar [iluminár] *tr.* 1 Illuminer, éclairer. 2 Enluminer (estampas, libros).
ilusión [ilusjòn] *f.* Illusion.
ilusionar [ilusjonár] *tr.* 1 Illusionner. 2 Faire rêver. ■ 3 *pr.* S'illusionner, se faire des illusions. 4 Se réjouir d'avance.
iluso, -sa [ilùso, -sa] *adj.-s.* 1 Trompé, ée. 2 Rêveur, euse (soñador).
ilustración [ilustraθjòn] *f.* 1 Illustration. 2 Savoir *m.*, connaissances *pl.* 3 Magazine *m.* illustré (publicación).
ilustrado, -da [ilustràðo, -ða] *adj.* Instruit, ite, cultivé, ée.
ilustrar [ilustrár] *tr.* 1 Illustrer. 2 Éclairer, instruire.
ilustre [ilùstre] *adj.* Illustre.
imagen [imáxen] *f.* 1 Image. 2 Statue (religiosa).
imaginación [imaxinaθjòn] *f.* Imagination.
imaginar [imaxinár] *tr.* 1 Imaginer. ■ 2 *pr.* S'imaginer, croire.
imaginario, -ia [imaxinárjo, -ja] *adj.* Imaginaire.
imán [imán] *m.* 1 Aimant. 2 Imam (musulmán).
imbécil [imbèθil] *adj.-s.* Imbécile.
imbricado, -da [imbrikàðo, -ða] *adj.* Imbriqué, ée.
imbuir [imbwír] *tr.* 1 Inculquer, inspirer. ■ 2 *pr.* S'imprégner. ▲ CONJUG. comme ***huir.***
imitación [imitaθjòn] *f.* Imitation.
imitar [imitár] *tr.* Imiter, copier.
impaciencia [impaθjènθja] *f.* Impatience.
impaciente [impaθjènte] *adj.-s.* Impatient, ente.
impacto [impáɣto] *m.* Impact.
impar [impár] *adj.* Impair, aire.
imparcial [imparθjàl] *adj.* Impartial, ale.
impartir [impartír] *tr.* Distribuer, donner, accorder, communiquer: ***~ su bendición,*** donner sa bénédiction.
impecable [impekáβle] *adj.* Impeccable.
impedido, -da [impeðíðo, -ða] *adj.* 1 Perclus, use, infirme. ■ 2 *s.* Impotent, infirme.
impedimento [impeðimènto] *m.* Empêchement, obstacle.
impedir [impeðír] *tr.* Empêcher. ▲ CONJUG. comme ***servir.***
impenetrable [impenetráβle] *adj.* Impénétrable.
impenitencia [impenitènθja] *f.* Impénitence.
impensado, -da [impensàðo, -ða] *adj.* Inopiné, ée, imprévu, ue.

imperar [imperàr] *intr.* 1 Dominer, commander. 2 Régner (una moda, ideas, etc.).
imperativo, -va [imperatiβo, -βa] *adj.* 1 Impératif, ive. 2 GRAM. *adj.-m.* Impératif.
imperdible [imperðiβle] *adj.* 1 Imperdable. ■ 2 *m.* Épingle *f.* de nourrice.
imperdonable [imperðonàβle] *adj.* Impardonnable.
imperfecto, -ta [imperfèγto, -ta] *adj.* 1 Imparfait, aite. 2 GRAM. ***Pretérito ~,*** imparfait; ***futuro ~,*** futur simple.
imperial [imperjàl] *adj.* 1 Impérial, ale. ■ 2 *f.* Impériale (de un carruaje).
imperialismo [imperjalizmo] *m.* Impérialisme.
impericia [imperiθja] *f.* Incompétence.
imperio [impèrjo] *m.* Empire.
impermeable [impermeàβle] *adj.-m.* Imperméable.
impersonal [impersonàl] *adj.* Impersonnel, elle.
impertinente [impertinènte] *adj.* Impertinent, ente.
impetrar [impetràr] *tr.* Solliciter avec insistance.
ímpetu [impetu] *m.* Élan, impétuosité *f.*
implacable [implakàble] *adj.* Implacable.
implantar [implantàr] *tr.* Implanter.
implicar [implikàr] *tr.* Impliquer.
implorar [imploràr] *tr.* Implorer.
imponente [imponènte] *adj.-s.* 1 Imposant, ante. 2 Déposant, ante (que impone dinero).
imponer [imponèr] *tr.* 1 Imposer (silencio, una obligación, una condición, el respeto, etc.). 2 IMPR., LITURG. Imposer. 3 Déposer (dinero). ■ 4 *pr.* S'imposer. 5 Se mettre au courant. ▲ CONJUG. comme ***poner.***
impopular [impopulàr] *adj.* Impopulaire.
importación [importaθjòn] *f.* Importation.
importancia [importànθja] *f.* Importance. Loc. ***Darse uno ~,*** faire l'important; ***de ~,*** important, ante.
importante [importànte] *adj.* Important, ante.
importar [importàr] *tr.* 1 Importer (introducir en un país). 2 Valoir, coûter (valer), monter à, s'élever à (sumar): ***la factura importa cien pesetas,*** la facture s'élève à cent pesetas. ■ 3 *intr.* Importer, avoir de l'importance.
importe [impòrte] *m.* Montant.
importuno, -na [importùno, -na] *adj.* 1 Importun, une (molesto). 2 Inopportun, une.
imposibilidad [imposiβiliðàð] *f.* Impossibilité.
imposibilitar [imposiβilitàr] *tr.* Rendre impossible, empêcher.
imposible [imposiβle] *adj.-m.* 1 Impossible: ***hacer lo ~,*** faire l'impossible. ■ 2 *adj.* Insupportable, impossible (inaguantable).
impostor, -ra [impostòr, -ra] *adj.-s.* Imposteur.
impotencia [impotènθja] *f.* Impuissance.
impotente [impotènte] *adj.* Impuissant, ante.
impreciso, -sa [impreθiso, -sa] *adj.* Imprécis, ise.
impregnar [impreγnàr] *tr.* Imprégner.
imprenta [imprènta] *f.* Imprimerie.
imprescindible [impresθindiβle] *adj.* Indispensable.
impresión [impresjòn] *f.* Impression.
impresionar [impresjonàr] *tr.* 1 Impressionner. ■ 2 *pr.* Être impressionné, ée.
impresionismo [impresjonizmo] *m.* Impressionnisme.
impreso, -sa [imprèso, -sa] *adj.* 1 Imprimé, ée. ■ 2 *m.* Imprimé.
impresor [impresòr] *m.* Imprimeur.

impresora [impresóra] *f.* INFORM. Imprimante.
imprevisible [impreβisiβle] *adj.* Imprévisible.
imprevisto, -ta [impreβisto, -ta] *adj.* 1 Imprévu, ue. ■ 2 *m. pl.* Dépenses *f.* imprévues.
imprimir [imprimír] *tr.* Imprimer. ▲ CONJUG. PART. PAS.: ***impreso, sa.***
improbable [improβáβle] *adj.* Improbable.
improcedente [improθeðénte] *adj.* 1 Inadéquat, ate, inopportun, une. 2 Non conforme au droit.
improductivo, -va [improðuγtiβo, -βa] *adj.* Improductif, ive.
impropiedad [impropjeðáð] *f.* Impropriété.
impropio, -ia [imprópjo, -ja] *adj.* Impropre.
improvisación [improβisaθjón] *f.* Improvisation, impromptu *m.*
improvisar [improβisár] *tr.* Improviser.
imprudente [impruðénte] *adj.-s.* Imprudent, ente.
impúdico, -ca [impúðiko, -ka] *adj.* Impudique.
impudor [impuðór] *m.* Impudeur *f.*
impuesto [impwésto] *m.* Impôt.
impugnar [impuγnár] *tr.* 1 Attaquer (combatir). 2 Contester, réfuter (refutar).
impulsar [impulsár] *tr.* 1 Pousser. 2 fig. Pousser, inciter.
impulsión [impulsjón] *f.* Impulsion.
impulsivo, -va [impulsiβo, -βa] *adj.-s.* Impulsif, ive.
impune [impúne] *adj.* Impuni, ie.
impunidad [impuniðáð] *f.* Impunité.
impureza [impuréθa] *f.* Impureté.
impurificar [impurifikár] *tr.* Rendre impur, ure.
impuro, -ra [impúro, -ra] *adj.* Impur, ure.
imputable [imputáβle] *adj.* Imputable.
imputar [imputár] *tr.* Imputer.
inaccesible [inaγθesiβle] *adj.* Inaccesible.
inactivo, -va [inaγtiβo, -βa] *adj.* Inactif, ive.
inadaptado, -da [inaðaβtáðo, -ða] *adj.-s.* Inadapté, ée.
inadvertencia [inaðβerténθja] *f.* Inadvertance: ***por ~,*** par inadvertance.
inadvertido, -da [inaðβertiðo, -ða] *adj.* 1 Distrait, aite, imprudent, ente. 2 Inaperçu, ue (no advertido): ***pasar ~,*** passer inaperçu.
inagotable [inaγotáβle] *adj.* Inépuisable, intarissable.
inaguantable [inaγwantáβle] *adj.* Insupportable, intolérable.
inalienable [inaljenáβle] *adj.* Inaliénable.
inalterable [inalteráβle] *adj.* Inaltérable.
inamovible [inamoβiβle] *adj.* Inamovible.
inanición [inaniθjón] *f.* Inanition.
inanimado, -da [inanimáðo, -ða] *adj.* Inanimé, ée.
inapelable [inapeláβle] *adj.* Sans appel.
inapetencia [inapeténθja] *f.* Inappétence.
inaudito, -ta [inaŭðito, -ta] *adj.* Inouï, ie.
inauguración [inaŭγuraθjón] *f.* 1 Inauguration. 2 Vernissage *m.* (de una exposición de pintura).
inca [iŋka] *m.* Inca.
incaico, -ca [iŋkáĭko, -ka] *adj.* Inca.
incalificable [iŋkalifikáβle] *adj.* Inqualifiable.
incandescencia [iŋkandesθénθja] *f.* Incandescence.
incansable [iŋkansáβle] *adj.* Infatigable, inlassable.
incapacitar [iŋkapaθitár] *tr.* 1 Rendre incapable. 2 Déclarer inapte, incapable (inhabilitar).
incapaz [iŋkapáθ] *adj.-s.* Incapable: ~ ***para,*** incapable de.
incautación [iŋkaŭtaθjón] *f.* Saisie, réquisition.

incauto, -ta [iŋkàŭto, ta] *adj.* 1 Imprudent, ente. 2 Naïf, ive, crédule.
incendio [inθèndjo] *m.* Incendie.
incentivo [inθentiβo] *m.* 1 Aiguillon, stimulant, attrait. 2 Prime *f.*
incertidumbre [inθertiðúmbre] *f.* Incertitude.
incesante [inθesànte] *adj.* Incessant, ante.
incidencia [inθiðènθja] *f.* 1 GEOM. Incidence. 2 Incident *m.* (en el curso de un asunto).
incidente [inθiðènte] *adj.* 1 Incident, ente. ■ 2 *m.* Incident.
incidir [inθiðir] *intr.* 1 Tomber dans. 2 GEOM. Tomber. 3 CIR. Faire une incision.
incienso [inθjènso] *m.* Encens.
incinerar [inθinerár] *tr.* Incinérer.
incipiente [inθipjènte] *adj.* Qui commence.
incisión [inθisjòn] *f.* Incision.
inciso, -sa [inθiso, -sa] *adj.* Coupé, ée, hâché, ée (estilo).
incitar [inθitár] *tr.* Inciter.
incivil [inθiβil] *adj.* Incivil, ile, impoli, ie.
inclemencia [iŋklemènθja] *f.* 1 Inclémence. 2 *loc. adv.* ***A la*** *~,* à découvert.
inclinación [iŋklinaθjòn] *f.* 1 Inclinaison (estado de lo inclinado). 2 Inclination.
inclinar [iŋklinàr] *tr.* 1 Incliner (bajar, doblar, predisponer). 2 Écarter d'une direction. ■ 3 *pr.* S'incliner. 4 Incliner, tendre (propender).
incluir [iŋklwir] *tr.* 1 Inclure. 2 Comprendre (llevar en sí): ***vino incluido,*** vin compris. ▲ CONJUG. comme ***huir.***
incluso, -sa [iŋklúso, -sa] *adj.* 1 Inclus, use. ■ 2 *adv.* Y compris, même, inclusivement. ■ 3 *prep.* Même, y compris (hasta): ***habla muchos idiomas, ~ el chino,*** il parle de nombreuses langues, même le chinois.
incógnito, -ta [iŋkóɣnito, -ta] *adj.* 1 Inconnue, ue. ■ 2 *m.* Incognito. 3 *loc. adv.* ***De*** *~,* incognito.
incoherencia [iŋkoerènθja] *f.* Incohérence.
incoloro, -ra [iŋkolòro, -ra] *adj.* Incolore.
incombustible [iŋkombustiβle] *adj.* Incombustible.
incomodar [iŋkomoðàr] *tr.* 1 Incommoder, gêner. 2 Fâcher (enfadar).
incomodidad [iŋkomoðiðàð] *f.* 1 Incommodité. 2 Gêne (molestia).
incomparable [iŋkomparàβle] *adj.* Incomparable.
incompatible [iŋkompatiβle] *adj.* Incompatible.
incompetencia [iŋkompetènθja] *f.* Incompétence.
incompetente [iŋkompetènte] *adj.* Incompétent, ente.
incompleto, -ta [iŋkomplèto, -ta] *adj.* Incomplet, ète.
incomprensible [iŋkomprensiβle] *adj.* Incompréhensible.
incomunicación [iŋkomunikaθjòn] *f.* Manque *m.* de communication.
incomunicar [iŋkomunikár] *tr.* 1 Priver de communication. 2 Mettre au secret (a un preso). ■ 3 *pr.* S'isoler.
inconcebible [iŋkonθeβiβle] *adj.* Inconcevable.
inconcluso, -sa [iŋkoŋklúso, -sa] *adj.* Inachevé, ée.
inconexo, -xa [iŋkonè(ɣ)so, -sa] *adj.* Qui manque de connexion, de rapport.
inconfesable [iŋkoɱfesáβle] *adj.* Inavouable.
incongruencia [iŋkoŋgrwènθja] *f.* Incongruité.
inconmovible [iŋkommoβiβle] *adj.* 1 Inébranlable. 2 Inflexible (persona).
inconsciente [iŋkonsθjènte] *adj.-s.* Inconscient, ente.
inconsecuencia [iŋkonsekwènθja] *f.* Inconséquence.
inconsiderado, -da [iŋkonsiðeràðo, -ða] *adj.* Inconsideré, ée.

inconsistente [iŋkonsistènte] *adj.* Inconsistant, ante.
inconsolable [iŋkonsolàβle] *adj.* Inconsolable.
inconstancia [iŋkonstànθja] *f.* Inconstance.
incontable [iŋkontàβle] *dj.* 1 Innombrable. 2 Irracontable (que no se puede referir).
incontinencia [iŋkontinènθja] *f.* Incontinence.
inconveniencia [iŋkombenjènθja] *f.* 1 Inconvénient *m.* 2 Inconvenance (grosería).
inconveniente [iŋkombenjènte] *adj.* 1 Qui ne convient pas. 2 Inconvenant, ante (incorrecto). ■ 3 *m.* Inconvénient (desventaja), empêchement (estorbo).
incorporar [iŋkorporàr] *tr.* 1 Incorporer. 2 Asseoir, soulever (levantar). ■ 3 *pr.* Se redresser, s'asseoir (el que está echado).
incorrecto, -ta [iŋkor̄èγto, -ta] *adj.* Incorrect, ecte.
incorregible [iŋkor̄exiβle] *adj.* Incorrigible.
incredulidad [inkreðuliðàð] *f.* 1 Incrédulité. 2 Incroyance (falta de fe).
increíble [iŋkreiβle] *adj.* Incroyable.
incremento [iŋkremènto] *m.* 1 Accroissement, augmentation *f.* (aumento): ~ ***del desempleo,*** augmentation du chômage. 2 Développement.
incruento, -ta [iŋkrwènto, -ta] *adj.* Non sanglant, ante.
incrustar [iŋkrustàr] *tr.* Incruster.
inculcar [iŋkulkàr] *tr.* Inculquer.
inculpar [iŋkulpàr] *tr.* Inculper.
inculto, -ta [iŋkùlto, -ta] *adj.* Inculte.
incumbencia [iŋkumbènθja] *f.* Charge, obligation, ressort *m.*: ***eso no es de mi*** ~, cela n'est pas de mon ressort.
incumbir [iŋkumbìr] *intr.* Incomber.
incumplir [iŋkumplìr] *tr.* Manquer à, faillir à, enfreindre.
incurable [iŋkuràβle] *adj.-s.* Incurable.
incurrir [iŋkur̄ìr] *intr.* 1 Encourir: ~ ***en menosprecio,*** encourir le mépris. 2 Tomber (en un error, etc.). ▲ CONJUG. PART. PAS. rég.: ***incurrido, da,*** irrég.: ***incurso, sa.***
incursión [inkursjòn] *f.* Incursion.
indagar [indaγàr] *tr.* Rechercher, s'enquérir de, enquêter sur.
indebido, -da [indeβiðo, -ða] *adj.* Indu, ue, illicite.
indecente [indeθènte] *adj.* 1 Indécent, ente. 2 Très mauvais, aise, infect, ecte, infâme (asqueroso).
indeciso, -sa [indeθiso, -sa] *adj.* Indécis, ise.
indecoroso, -sa [indekoròso, -sa] *adj.* Indécent, ente, malséant, ante.
indefendible [indefendiβle] *adj.* Indéfendable.
indefenso, -sa [indefènso, -sa] *adj.* Sans défense.
indefinido, -da [indefiniðo, -ða] *adj.* Indéfini, ie.
indemnizar [indemniθàr] *tr.* Indemniser.
independencia [independènθja] *f.* Indépendance.
independiente [independjènte] *adj.* Indépendant, ante.
indescifrable [indesθifràβle] *adj.* Indéchiffrable.
indeseable [indeseàβle] *adj.-s.* Indésirable.
indestructible [indestruγtiβle] *adj.* Indestructible.
indiano, -na [indjàno, -na] *adj.-s.* Espagnol, ole qui revient riche d'Amérique.
indicación [indikaθjòn] *f.* Indication.
indicar [indikàr] *tr.* Indiquer, signaler.
indicativo, -va [indikatiβo, -βa] *adj.* 1 Indicatif, ive. ■ 2 *m.* Indicatif.
índice [indiθe] *adj.-m.* 1 Index (dedo). ■ 2 *m.* Index (lista, aguja). 3 Gnomon. 4 MAT., FÍS. Índice.

indicio [indiθjo] *m.* Indice, signe.
índico, -ca [inðiko, -ka] *adj.* Indien, ienne: *Océano* ~, océan Indien.
indiferencia [indiferènθja] *f.* Indifférence.
indígena [indixena] *adj.-s.* Indigène.
indigente [indixènte] *adj.-s.* Indigent, ente.
indigestión [indixestjòn] *f.* Indigestion.
indignación [indiγnaθjòn] *f.* Indignation.
indignar [indiγnàr] *tr.* **1** Indigner. ■ **2** *pr.* S'indigner.
indigno, -na [indiγno, -na] *adj.* Indigne.
indio, -ia [indjo, -ja] *adj.-s.* Indien, ienne.
indirecto, -ta [indirèγto, -ta] *adj.* Indirect, ecte.
indisciplina [indisθiplina] *f.* Indiscipline.
indiscreto, -ta [indiskrèto, -ta] *adj.-s.* Indiscret, ète.
indispensable [indispensàβle] *adj.* Indispensable.
indisponer [indisponèr] *tr.* **1** Indisposer. ■ **2** *pr.* Se fâcher (malquistarse). ▲ CONJUG. comme ***poner***.
indistinto, -ta [indistinto, -ta] *adj.* Indistinct, incte.
individual [indiβiðwàl] *adj.* Individuel, elle.
individuo, -ua [indiβiðwo, -wa] *adj.* **1** Individuel, elle. **2** Indivisible. ■ **3** *m.* Individu.
indivisión [indiβisjòn] *f.* Indivision.
indo, -da [indo, -da] *adj.-s.* Hindou, oue.
indocumentado, -da [indokumentàðo, -ða] *adj.* Dépourvu, ue de pièces d'identité.
indoeuropeo, -ea [indoeŭropèo, -ea] *adj.-s.* Indo-européen, enne.
índole [indole] *f.* **1** Nature, caractère *m.*, naturel *m.* (de una persona). **2** Nature, caractère *m.* (de una cosa). **3** Genre *m.* (género).
indolente [indolènte] *adj.* Indolent, ente.
indoloro, -ra [indolòro, -ra] *adj.* Indolore.
indomable [indomàβle] *dj.* Indomptable.
indómito, -ta [indòmito, -ta] *adj.* **1** Indompté, ée. **2** Indomptable.
inducción [induγθjòn] *f.* Induction.
inducir [induθir] *tr.* **1** Induire: ~ ***en error***, induire en erreur. **2** Pousser, conduire. ▲ CONJUG. comme ***conducir***.
indudable [induðàβle] *adj.* Indubitable.
indulgencia [indulxènθja] *f.* Indulgence.
indulto [indùlto] *m.* **1** Indult (del Papa). **2** Grâce *f.*, remise *f.* de peine (gracia).
indumentaria [indumentàrja] *f.* **1** Histoire du costume. **2** Habillement *m.*, vêtement *m.*, costume *m.* (vestido).
industria [indùstrja] *f.* **1** Industrie. **2** *loc. adv.* ***De*** ~, exprès, à dessein.
industrial [industrjàl] *adj.* **1** Industriel, elle. ■ **2** *m.* Industriel.
industrializar [industrjaliθàr] *tr.* Industrialiser.
industrioso, -sa [industrjòso, -sa] *adj.* Industrieux, euse.
inédito, -ta [inèdito, -ta] *adj.* Inédit, ite.
inefable [inefàβle] *adj.* Ineffable.
ineficaz [inefikàθ] *adj.* Inefficace.
ineludible [ineluðiβle] *adj.* Inéluctable, inévitable.
INEM [inèm] *m.* (*abrev.* Instituto Nacional de Empleo) Institut espagnol pour l'emploi.
inenarrable [inenar̄àβle] *adj.* Inénarrable.
inepto, -ta [inèβto, -ta] *adj.* **1** Inepte, incapable. ■ **2** *s.* Incapable.
inequívoco, -ca [inekiβoko, -ka] *adj.* Indubitable, non équivoque.
inercia [inèrθja] *f.* Inertie.
inerme [inèrme] *adj.* Désarmé, ée.
inerte [inèrte] *adj.* Inerte.
inervar [inerβàr] *tr.* Innerver.
inestable [inestàβle] *adj.* Instable.

inevitable [ineβitáβle] *adj.* Inévitable.
inexacto, -ta [ine(ɣ)sáɣto, -ta] *adj.* Inexact, acte.
inexistente [ine(ɣ)sisténte] *adj.* Inexistant, ante.
inexorable [ine(ɣ)soráβle] *adj.* Inexorable.
inexperto, -ta [inespérto, -ta] *adj.* Inexpérimenté, ée.
inexplicable [inesplikáβle] *adj.* Inexplicable.
inexpresivo, -va [inespresiβo, -βa] *adj.* Inexpressif, ive.
inextenso, -sa [inesténso, -sa] *adj.* Inétendu, ue.
inextinguible [inestiŋgíβle] *adj.* Inextinguible.
infalible [iɱfalíβle] *adj.* Infaillible.
infamante [iɱfamánte] *adj.* Infamant, ante.
infamar [iɱfamár] *tr.* Déshonorer, diffamer.
infame [imfáme] *adj.-s.* Infâme.
infamia [iɱfámja] *f.* Infamie.
infancia [iɱfánθja] *f.* Enfance: ***amigo de la ~,*** ami d'enfance.
infanta [iɱfánta] *f.* Infante.
infante [iɱfánte] *m.* **1** Garçon en bas âge. **2** Infant (hijo del rey). **3** MIL. Fantassin.
infantería [iɱfantería] *f.* Infanterie.
infanticidio [iɱfantiθíðjo] *m.* Infanticide (crimen).
infantil [iɱfantíl] *adj.* **1** Infantile. **2** Enfantin, ine, puéril, ile, d'enfant (inocente).
infarto [iɱfárto] *m.* Infarctus, engorgement.
infausto, -ta [iɱfáŭsto, -ta] *adj.* Malheureux, euse.
infección [iɱfeɣθjón] *f.* Infection.
infectar [iɱfeɣtár] *tr.* Infecter.
infecundo, -da [iɱfekúndo, -da] *adj.* Infécond, onde.
infeliz [iɱfelíθ] *adj.-s.* **1** Malheureux, euse, infortuné, ée. **2** fam. Bonasse.
inferencia [iɱferénθja] *f.* Inférence.
inferior [iɱferjór] *adj.-s.* Inférieur, eure.
inferir [iɱferír] *tr.* **1** Inférer, induire, conclure. **2** Faire, causer (una ofensa, una herida, etc.). ▲ CONJUG. comme ***hervir.***
infernal [iɱfernál] *adj.* Infernal, ale.
infestar [iɱfestár] *tr.* Infester (causar daños, invadir): ***los tiburones infestan la costa,*** les requins infestent la côte.
infidelidad [iɱfiðeliðáð] *f.* Infidélité.
infiel [iɱfjél] *adj.-s.* Infidèle.
infierno [iɱfjérno] *m.* **1** Enfer. ■ **2** *pl.* MIT. Enfers.
infiltrar [iɱfiltrár] *tr.* **1** Faire s'infiltrer. **2** Insinuer, inspirer. ■ **3** *pr.* S'infiltrer.
infinitivo [iɱfinitíβo] *adj.* **1** Infinitif, ive. ■ **2** *m.* Infinitif.
infinito, -ta [iɱfiníto, -ta] *adj.* **1** Infini, ie. ■ **2** *pl.* Un nombre infini de: ***infinitas veces,*** un nombre infini de fois. ■ **3** *adv.* Infiniment, extrêmement.
inflación [iɱflaθjón] *f.* **1** Enflure, gonflement. **2** *m.* Inflation (economía política).
inflamación [iɱflamaθjón] *f.* **1** Inflammation. **2** Exaltation (de las pasiones).
inflamar [iɱflamár] *tr.* Enflammer.
inflar [iɱflár] *tr.* **1** Enfler, gonfler. **2** fig. Enfler, exagérer, grossir (exagerar). ■ **3** *pr.* Se gonfler d'orgueil.
inflexible [iɱfle(ɣ)síβle] *adj.* Inflexible.
influencia [iɱflwénθja] *f.* Influence.
influir [iɱflwír] *intr.* **1** Influer: ~ ***en,*** influer sur. **2** Influencer (ejercer una fuerza moral). ▲ CONJUG. comme ***huir.***
información [iɱformaθjón] *f.* **1** Information. **2** Enquête (de la policía).
informal [iɱformál] *adj.-s.* **1** Peu sérieux, euse, fantaisiste. ■ **2** *adj.* Sans formalité.

informar [iɱformár] *tr.* **1** Informer, renseigner (dar noticia). ■ **2** *intr.* Faire un rapport (dar un informe), se prononcer (dictaminar).
informático, -ca [iɱformátiko, -ka] *adj.-s.* **1** Informatique. **2** Informaticien, enne. **3** *f.* Informatique (ciencia).
informatizar [informatizar] *tr.* Informatiser.
informe [iɱfórme] *adj.* **1** Informe. ■ **2** *m.* Information *f.*, renseignement. **3** Rapport (de una comisión, etc.). ■ **4** *pl.* Références *f.* (sobre una persona).
infortunado, -da [iɱfortunáðo, -ða] *adj.* Infortuné, ée.
infracción [iɱfraɣθjón] *f.* Infraction.
infraestructura [infraestruktúra] *f.* Infrastructure.
infranqueable [iɱfraŋkeáβle] *adj.* Infranchissable.
infringir [iɱfriŋxir] *tr.* Enfreindre.
infundado, -da [iɱfundáðo, -ða] *adj.* Sans fondement, non fondé, ée.
infundio [iɱfúndjo] *m.* Bobard, mensonge.
infundir [iɱfundir] *tr.* Inspirer, communiquer, infuser: ~ ***respeto,*** inspirer le respect.
infusión [iɱfusjón] *f.* Infusion.
ingeniería [iŋxenjería] *f.* Génie *m.*, ingénierie.
ingeniero [iŋxenjéro] *m.* Ingénieur: ~ ***de caminos, canales y puertos,*** ingénieur des ponts et chaussées.
ingenio [iŋxénjo] *m.* **1** Esprit (agudeza), ingéniosité *f.*, habileté *f.* (habilidad). **2** Homme de talent. **3** Engin (máquina). **4** Plantation *f.* de canne à sucre.
ingenioso, -sa [iŋxenjóso, -sa] *adj.* Ingénieux, euse.
ingenuo, -ua [iŋxénwo, -wa] *adj.-s.* Ingénu, ue.
ingle [iŋgle] *f.* ANAT. Aine.
inglés, -esa [iŋglés, -ésa] *adj.-s.* Anglais, aise.
ingrato, -ta [iŋgráto, -ta] *adj.-s.* Ingrat, ate.
ingrediente [iŋgreðjénte] *m.* Ingrédient.
ingresar [iŋgresár] *intr.* **1** Entrer (en una escuela, hospital, etc.). ■ **2** *tr.* Verser, déposer (dinero en un banco, etc.).
ingreso [iŋgréso] *m.* **1** Entrée *f.* (entrada). ■ **2** *pl.* Appointements, émoluments, revenus (de una persona), revenus (del Estado).
inhábil [ináβil] *adj.* Inhabile.
inhabilitar [inaβilitár] *tr.* Déclarer inhabile, incapable.
inhabitado, -da [inaβitáðo, -ða] *adj.* Inhabité, ée.
inhalar [inalár] *tr.* Inhaler.
inherente [inerénte] *adj.* Inhérent, ente.
inhibición [iniβiθjón] *f.* Inhibition.
inhibir [iniβir] *tr.* **1** Inhiber. **2** DER. Dessaisir (a un juez). ■ **3** *pr.* Se dessaisir (de un asunto). **4** S'abstenir d'intervenir (en un asunto).
inhumación [inumaθjón] *adj.* Inhumain, aine.
iniciación [iniθjaθjón] *f.* Initiation.
inicial [iniθjál] *adj.* **1** Initial, ale. ■ **2** *f.* Initiale.
inicialización [iniθjaliθaθión] *f.* Initialisation.
inicializar [iniθjaliθár] *tr.* Initialiser.
iniciar [iniθjár] *tr.* **1** Initier: ***me inició en la pintura,*** il m'a initié à la peinture. **2** Commencer, entamer (comenzar).
iniciativa [iniθjatiβa] *f.* Initiative.
inimaginable [inimaxináβle] *adj.* Inimaginable.
inimitable [inimitáβle] *adj.* Inimitable.
injerencia [iŋxerénθja] *f.* Ingérence.
injerir [iŋxerir] *tr.* **1** Introduire (introducir). **2** Ingérer (tragar). **3** AGR. Greffer. ■ **4** *pr.* S'ingérer, s'immiscer (*en*, dans). ▲ CONJUG. comme ***hervir.***
injerto, -ta [iŋxérto, -ta] *adj.* **1** Enté, ée, greffé, ée. ■ **2** *m.* BOT. Greffe *f.*, greffon. **3** Plante *f.* greffée. **4** CIR. Greffe *f.*

injuria [iŋxúrja] *f.* Injure, outrage *m.*
injusticia [iŋxustiθja] *f.* Injustice.
injusto, -ta [iŋxústo, -ta] *adj.* Injuste.
inmaculado, -da [immakuláðo, -ða] *adj.* 1 Immaculé, ée. ■ 2 *n. pr. f.* ***La Inmaculada, la Inmaculada Concepción,*** l'Immaculée Conception.
inmaterial [immaterjál] *adj.* Immatériel, elle.
inmediato, -ta [immeðjáto, -ta] *adj.* 1 Immédiat, ate. 2 Contigu, uë, voisin, ine.
inmejorable [immexoráβle] *adj.* Excellent, ente, parfait, aite.
inmenso, -sa [imménso, -sa] *adj.* Immense.
inmersión [immersjón] *f.* Immersion.
inmigración [immiɣraθjón] *f.* Immigration.
inmigrante [immiɣránte] *adj.-s.* Immigrant, ante.
inminente [imminénte] *adj.* Imminent, ente.
inmiscuir [immiskwír] *tr.* 1 Immiscer. ■ 2 *pr.* S'immiscer.
inmobiliario, -ia [immoβiljárjo, -ja] *adj.* 1 Immobilier, ière. ■ 2 *f.* Société immobilière.
inmoralidad [immoraliðáð] *f.* Immoralité.
inmortal [immortál] *adj.* Immortel, elle.
inmortalizar [immortaliθár] *tr.* Immortaliser.
inmóvil [immóβil] *adj.* Immobile.
inmovilizar [immoβiliθár] *tr.* Immobiliser.
inmueble [immwéβle] *adj.-m.* Immeuble.
inmundicia [immundíθja] *f.* Immondice.
inmundo, -da [immúndo, -da] *adj.* Immonde.
inmunidad [immuniðáð] *f.* Immunité.
inmunizar [immuniθár] *tr.* Immuniser.
inmutable [immutáβle] *adj.* Immuable.
inmutar [immutár] *tr.* 1 Altérer, changer. ■ 2 *pr.* Se troubler, s'émouvoir.
innato, -ta [innáto, -ta] *adj.* Inné, ée.
innecesario, -ia [inneθesárjo, -ja] *adj.* Inutile, non nécessaire, superflu, ue.
innegable [inneɣáβle] *adj.* Indéniable.
innovación [innoβaθjón] *f.* Innovation.
innovar [innóβar] *tr.* Innover.
innumerable [innumeráβle], **innúmero, ra** [innúmero, -ra] *adj.* Innombrable.
inocencia [inoθénθja] *f.* Innocence.
inocentada [inoθentáða] *f.* 1 fam. Niaiserie, naïveté (acción, palabra). 2 Attrape (engaño).
inocente [inoθénte] *adj.-s.* Innocent.
inocuidad [inokwiðáð] *f.* Innocuité.
inocuo, -ua [inókwo, -wa] *adj.* Inoffensif, ive.
inofensivo, -va [inofensíβo, -βa] *adj.* Inoffensif, ive.
inolvidable [inolβiðáβle] *adj.* Inoubliable.
inoportuno, -na [inoportúno, -na] *adj.* Inopportun, une.
inorgánico, -ca [inorɣániko, -ka] *adj.* Inorganique.
inquietar [iŋkjetár] *tr.* Inquiéter.
inquieto, -ta [iŋkjéto, -ta] *adj.* 1 Inquiet, ète. 2 Remuant, ante (agitado).
inquietud [iŋkjetúð] *f.* Inquiétude.
inquilino, -na [iŋkilíno, -na] *adj.-s.* Locataire.
inquirir [iŋkirír] *tr.* S'enquérir de, se renseigneur sur. ▲ CONJUG. comme ***adquirir.***
inquisición [iŋkisiθjón] *f.* 1 Recherche, enquête. 2 Inquisition (tribunal eclesiástico).
inquisidor, -ra [iŋkisiðór, -ra] *adj.-s.* Inquisiteur, trice.
insaciable [insaθjáβle] *adj.* Insatiable.

insalivar [insaliβàr] *tr.* Imprégner de salive (alimentos).
insalubre [insalùβre] *adj.* Insalubre.
Insalud [insalùð] *m.* (*abrev.* Instituto Nacional de la Salud) Organisme officiel espagnol de la santé.
insano, -na [insàno, -na] *adj.* **1** Malsain, aine. **2** Fou, folle, dément, ente.
inscribir [inskriβir] *tr.* **1** Inscrire. ■ **2** *pr.* S'inscrire (en una lista). ▲ CONJUG. PART. PAS. irrég.: ***inscrito, ta*** ou ***inscripto, ta.***
inscrito, -ta [inskrito, -ta], **inscripto, -ta** [inskriβto, -ta] *adj.* Inscrit, ite.
insecticida [inseɣtiθiða] *adj.-m.* Insecticide.
insecto [insèɣto] *m.* Insecte.
inseguro, -ra [inseɣùro, -ra] *adj.* Qui n'est pas sûr, sûre.
insensato, -ta [insensàto, -ta] *adj.-s.* Insensé, ée.
insensible [insensiβle] *adj.* Insensible.
inseparable [inseparàβle] *adj.-s.* Inséparable.
insertar [insertàr] *tr.* Insérer.
inservible [inserβiβle] *adj.* Hors d'état de servir, inutilisable.
insigne [insiɣne] *adj.* Insigne.
insignia [insiɣnia] *f.* **1** Insigne *m.* **2** Bannière (de una cofradía). **3** MAR. Pavillon *m.* (de almirante, etc.).
insignificante [insiɣnifikànte] *adj.* Insignifiant, ante.
insinuar [insinwàr] *tr.* **1** Insinuer. **2** Suggérer. ■ **3** *pr.* S'insinuer.
insípido, -da [insipiðo, -ða] *adj.* Insipide.
insistencia [insistènθja] *f.* Insistance.
insistir [insistir] *intr.* Insister.
insociable [insoθjàβle] *adj.* Insociable.
insolentar [insolentàr] *tr.* **1** Rendre insolent, ente. ■ **2** *pr.* Se montrer insolent.
insolente [insolènte] *adj.-s.* Insolent, ente.
insólito, -ta [insòlito, -ta] *adj.* Insolite.
insoluble [insolùβle] *adj.* Insoluble.
insolvencia [insolβènθja] *f.* Insolvabilité.
insolvente [insolβènte] *adj.* Insolvable.
insomnio [insòmnjo] *m.* Insomnie *f.*
insoportable [insoportàβle] *adj.* Insupportable.
inspección [inspeɣθjòn] *f.* Inspection.
inspeccionar [inspeɣθjonàr] *tr.* Inspecter.
inspector, -ra [inspeɣtòr, -ra] *adj.-s.* Inspecteur, trice.
inspiración [inspiraθjòn] *f.* Inspiration.
inspirar [inspiràr] *tr.* **1** Inspirer. ■ **2** *pr.* S'inspirer: ***inspirarse en,*** s'inspirer de.
instalación [instalaθjòn] *f.* Installation.
instalar [instalàr] *tr.* Installer.
instancia [instànθja] *f.* **1** Instance. **2** Pétition, demande (escrito).
instantáneo, -a [instantàneo, -a] *adj.* Instantané, ée.
instante [instànte] *m.* Instant.
instar [instàr] *tr.* **1** Prier avec instance, instamment: ~ ***a uno para que,*** prier instamment quelqu'un de. ■ **2** *intr.* Insister, presser (urgir).
instaurar [instaŭràr] *tr.* Instaurer.
instilar [instilàr] *tr.* Instiller.
instintivo, -va [instintiβo, -βa] *adj.* Instinctif, ive.
instinto [instinto] *m.* Instinct.
institución [instituθjòn] *f.* Institution.
instituir [institwir] *tr.* Instituer. ▲ CONJUG. comme ***huir.***
instituto [institùto] *m.* **1** Institut. **2** Lycée: ~ ***de enseñanza media,*** lycée.
institutriz [institutriθ] *f.* Institutrice, préceptrice. ▲ N'a pas le sens de maîtresse d'école.

instructivo, -va [instruγtiβo, -βa] *adj.* Instructif, ive.
instruir [instrwir] *tr.* Instruire. ▲ CONJUG. comme ***huir***.
instrumental [instrumentál] *adj.* 1 Instrumental, ale. 2 DER. Instrumentaire. ■3 *m.* CIR. MÚS. Ensemble des instruments, instruments *pl.*
instrumento [instrumènto] *m.* Instrument.
insubordinación [insuβorðinaθjòn] *f.* Insubordination.
insubordinado, -da [insuβorðináðo, -ða] *adj.* 1 Insubordonné, ée. ■ 2 *s.* Insurgé, ée.
insuficiencia [insufiθjènθja] *f.* Insuffisance.
insuficiente [insufiθjènte] *adj.* Insuffisant, ante.
insular [insulár] *adj.-s.* Insulaire.
insulso, -sa [insúlso, -sa] *adj.* Insipide, fade.
insultante [insultánte] *adj.* Insultant, ante.
insultar [insultár] *tr.* Insulter.
insulto [insúlto] *m.* Insulte *f.*
insuperable [insuperáβle] *adj.* 1 Insurmontable (dificultad, etc.). 2 Insurpassable, incomparable.
insurrección [insureγθjòn] *f.* Insurrection.
insurrecto, -ta [insurèγto, -ta] *adj.-s.* Insurgé, ée, rebelle.
insustituible [insustitwiβle] *adj.* Irremplaçable.
intachable [intatʃáβle] *adj.* Irréprochable.
intacto, -ta [intáγto, -ta] *adj.* Intact, acte.
intangible [intaŋxiβle] *adj.* Intangible.
integración [inteγraθjòn] *f.* Intégration.
integrar [inteγrár] *tr.* 1 Compléter (dar integridad a una cosa). 2 Composer, constituer (un todo). 3 Réintegrer.
integridad [inteγriðáð] *f.* 1 Intégrité. 2 Intégralité.
íntegro, -gra [inteγro, -γra] *adj.* 1 Intégral, ale (completo). 2 Intègre (probo).
intelectual [inteleγtwál] *adj.-s.* Intellectuel, elle.
inteligencia [intelixènθja] *f.* Intelligence.
inteligente [intelixènte] *adj.* Intelligent, ente.
intemperie [intempèrje] *f.* Intempérie.
intención [intenθjòn] *f.* 1 Intention. Loc. ***Primera ~***, premier mouvement. 2 fig. Malignité, mauvais instinct *m.* de certains animaux: ***toro de ~***, taureau vicieux.
intencionado, -da [intenθjonáðo, -ða] *adj.* Intentionné, ée.
intendencia [intendènθja] *f.* Intendance.
intendente [intendènte] *m.* Intendant.
intensidad [intensiðáð] *f.* Intensité.
intensificar [intensifikár] *tr.* Intensifier.
intensivo, -va [intensiβo, -βa] *adj.* Intensif, ive.
intenso, -sa [intènso, -sa] *adj.* Intense.
intentar [intentár] *tr.* Tenter, tâcher, essayer de.
intento [intènto] *m.* 1 Dessein, projet. 2 *loc. adv.* ***De ~***, exprès, à dessein. 3 Tentative *f.*
intentona [intentóna] *f.* Tentative téméraire.
intercalar [interkalár] *tr.* Intercalar.
intercambio [interkámbjo] *m.* Échange (cambio mutuo).
interceder [interθeðèr] *intr.* Intercéder.
interceptar [interθeβtár] *tr.* Intercepter.
intercesión [interθesjòn] *f.* Intercession.
intercostal [interkostál] *adj.* Intercostal, ale.
interés [interès] *m.* 1 Intérêt. Loc. ***Sentir ~ por,*** s'intéresser à. ■ 2 *pl.* Biens, fortune *f. sing.*

interesado, -da [interesàðo, -ða] *adj.-s.* Intéressé, ée.
interesante [interesànte] *adj.* Intéressant, ante.
interesar [interesàr] *tr.* 1 Intéresser. ■ 2 *pr.* S'intéresser: ***interesarse por,*** s'intéresser à.
interfaz, interface [interfàθ, interfèis] *m.-f.* Interface *f.*
interferencia [interferènθja] *f.* Interférence.
interino, -na [interino, -na] *adj.-s.* 1 Intérimaire. ■ 2 *adj.* Par intérim (persona), provisoire (cosa).
interior [interjòr] *adj.-m.* Intérieur, eure.
interiorismo [interjorizmo] *m.* Décoration d'intérieur *f.*, architecture d'intérieur.
interjección [interxeγθjòn] *f.* Interjection.
interlocutor, -ra [interlokutòr, -ra] *s.* Interlocuteur, trice.
intermediario, -ia [intermeðjàrjo, -ja] *adj.-s.* Intermédiaire.
intermedio, -ia [intermèðjo, -ja] *adj.* 1 Intermédiaire. ■ 2 *m.* Intervalle (de tiempo). 3 Entracte (entreacto).
interminable [interminàβle] *adj.* Interminable.
intermitente [intermitènte] *adj.* 1 Intermittent, ente. ■ 2 *m.* Clignotant (luz).
internacional [internaθjonàl] *adj.-s.* International, ale.
internado, -da [internàðo, -ða] *adj.-s.* 1 Interné, ée. ■ 2 *m.* Internat.
internar [internàr] *tr.* 1 Interner. 2 Hospitaliser (a un enfermo). ■ 3 *pr.* Pénétrer, s'enfoncer.
interno, -na [intèrno, -na] *adj.* 1 Interne, intérieur, eure. 2 ***Fuero ~,*** for intérieur. 3 Interne (alumno médico).
interpelación [interpelaθjòn] *f.* Interpellation.
interpelar [interpelàr] *tr.* Interpeller.
interponer [interponèr] *tr.* 1 Interposer. 2 DER. Intenter, interjeter (un recurso). ▲ CONJUG. comme ***poner.***
interposición [interposiθjòn] *f.* Interposition.
interpretación [interpretaθjòn] *f.* Interprétation.
interpretar [interpretàr] *tr.* Interpréter.
intérprete [intèrprete] *s.* Interprète.
interrogación [inter̄oγaθjòn] *f.* Interrogation.
interrogante [inter̄oγànte] *adj.-s.* 1 Interrogateur, trice. ■ 2 *m.* Point d'interrogation (signo, incógnita).
interrogar [inter̄oγàr] *tr.* Interroger.
interrumpir [inter̄umpir] *tr.* Interrompre.
interrupción [inter̄uβθjòn] *f.* Interruption.
interruptor [inter̄uptòr] *m.* Interrupteur.
intervalo [interβàlo] *m.* Intervalle. Loc. ***A intervalos,*** par intervalles.
intervención [interβenθjòn] *f.* 1 Intervention. 2 Vérification, contrôle *m.* (cargo del interventor).
intervenir [interβenir] *intr.* 1 Participer, prendre part (tomar parte): ***~ en un debate,*** participer à un débat. ■ 2 *tr.* Contrôler (cuentas, una administración, etc.). 4 CIR. Opérer. ▲ CONJUG. comme ***venir.***
interventor, -ra [interβentòr, -ra] *adj.-s.* 1 Qui intervient. 2 Contrôleur (de las cuentas, etc.).
interview, interviú [interβjù] *m.* Interview *f.*
intestino, -na [intestino, -na] *adj.* Intestin, ine.
intimar [intimàr] *tr.* 1 Intimer (una orden), sommer, notifier (a alguien). ■ 2 *intr.-pr.* Devenir intime, faire amitié.
intimidad [intimiðàð] *f.* Intimité.
íntimo, -ma [intimo, -ma] *adj.* Intime.
intolerancia [intoleránθja] *f.* Intolérance.

intoxicar [into(γ)sikár] *tr.* Intoxiquer.
intranquilidad [intraŋkiliðáð] *f.* Inquiétude.
intranquilizar [intraŋkiliθár] *tr.* Inquiéter.
intranquilo, -la [intraŋkilo, -la] *adj.* Inquiet, ète, anxieux, euse.
intransferible [intransferíβle] *adj.* Incessible.
intransitable [intransitáβle] *adj.* Impraticable (camino).
intratable [intratáβle] *adj.* Intraitable.
intrépido, -da [intrépiðo, -ða] *adj.* Intrépide.
intriga [intríγa] *f.* Intrigue.
intrigante [intriγánte] *adj.-s.* Intrigant, ante.
intrigar [intriγár] *intr.-tr.* Intriguer.
intrincado, -da [intriŋkáðo, -ða] *adj.* Embrouillé, ée, compliqué, ée.
introducción [introðuγθjón] *f.* Introduction.
introducir [introðuθír] *tr.* Introduire. ▲ CONJUG. comme ***conducir.***
introductor, -ra [introðuγtór, -ra] *adj.-s.* Introducteur, trice.
intromisión [intromisjón] *f.* Immixtion, ingérence.
intrusión [intrusjón] *f.* Intrusion.
intruso, -sa [intrúso, -sa] *adj.-s.* Intrus, use.
intuición [intwiθjón] *f.* Intuition.
intuir [intwír] *tr.* Percevoir, connaître par intuition, pressentir. ▲ CONJUG. comme ***huir.***
inundación [inundaθjón] *f.* Inondation.
inundar [inundár] *tr.* Inonder.
inusitado, -da [inusitáðo, -ða] *adj.* Inusité, ée.
inútil [inútil] *adj.-s.* Inutile.
inutilizar [inutiliθár] *tr.* Mettre hors d'état, rendre inutilisable (una máquina, etc.).
invadir [imbaðír] *tr.* Envahir.
invalidar [imbaliðár] *tr.* Invalider.
inválido, -da [imbáliðo, -ða] *adj.-s.* Invalide.
invariable [imbarjáβle] *adj.* Invariable.
invasión [imbasjón] *f.* Invasion.
invasor, -ra [imbasór, -ra] *adj.-s.* Envahisseur, euse.
invencible [imbenθíβle] *adj.* Invincible.
invención [imbenθjón] *f.* Invention.
inventar [imbentár] *tr.* Inventer.
inventario [imbentárjo] *m.* Inventaire.
invento [imbénto] *m.* Invention *f.*
inventor, -ra [imbentór, -ra] *adj.-s.* Inventeur, trice.
invernadero [imbernaðéro] *m.* **1** Séjour d'hiver. **2** AGR. Pâturage d'hiver.
invernal [imbernál] *adj.* Hivernal, ale.
invernar [imbernár] *intr.* Hiverner. ▲ CONJUG. comme ***acertar.***
inversión [imbersjón] *f.* **1** Inversion.
invertir [imbertír] *tr.* **1** Invertir, inverser. **2** Renverser (volcar). **3** Intervertir (alterar el orden). **4** Investir, placer (dinero). **5** Employer, passer (tiempo). ▲ CONJUG. comme ***hervir.***
investigación [imbestiγaθjón] *f.* Investigation, enquête (policíaca, etc.).
invierno [imbjérno] *m.* Hiver.
invisible [imbisíβle] *adj.* Invisible.
invitación [imbitaθjón] *f.* Invitation.
invitado, -da [imbitáðo, -ða] *adj.-s.* Invité, ée.
invitar [imbitár] *tr.* Inviter.
invocar [imbokár] *tr.* Invoquer.
inyección [indzeγθjón] *f.* **1** Injection. **2** MED. Piqûre.
ir [ir] *intr.* **1** Aller (moverse, llevar): ***voy a Madrid,*** je vais à Madrid. Loc. ~ ***tras de uno,*** courir après quelqu'un, poursuivre quelqu'un; ***¿quién va?,*** qui va là?: ***¡vaya!, ¡vamos!,*** allons! **2** Importer, intéresser, y aller de: ***me va mucho en ello,*** cela m'importe beaucoup; ***le va la cabeza en ello,*** il y va de sa tête. **3** Être, être en (vestido): ***ir bien***

puesto, être bien mis; ***ir de levita,*** être en redingote. **4** ~ ***por,*** aller chercher: ~ ***por agua,*** aller chercher de l'eau. **5** Con el gerundio (avec le gérondif, indique que l'action se réalise progressivement): ~ ***corriendo,*** courir; ***vaya usted trabajando,*** continuez à travailler. **6** Otros sentidos: ~ ***a lo más urgente,*** aller au plus pressé; ***mucho va del uno al otro,*** ils sont bien différents l'un de l'autre. **7** *pr.* S'en aller, partir: ***no te vayas,*** ne t'en va pas. **8** Fuir (un recipiente): ***el tonel se va,*** le tonneau fuit. **9** Glisser: ***se le fue el pie,*** son pied glissa. **10** Otros sentidos: ***allá se va,*** cela revient au même. ▲ CONJUG. IRRÉG. INDIC. Prés.: ***voy, vas, va, vamos, vais, van.*** Imparf.: ***iba, ibas,*** etc. Pas. simple: ***fui, fuiste, fue, fuimos, fuisteis, fueron.*** Fut.: ***iré, irás,*** etc. COND.: ***iría, irías,*** etc. SUBJ. Prés.: ***vaya, vayas, vaya, vayamos, vayáis, vayan.*** Imparf.: ***fuera, fueras, fuera, fuéramos, fuerais, fueran*** ou ***fuese, fueses,*** etc. Fut.: ***fuere, fueres, fuere, fuéremos, fuereis, fueren.*** IMPÉR.: ***ve, vaya, vayamos, id, vayan.*** PART. PAS.: ***ido, da.*** GÉR.: ***yendo.***

ira [ira] *f.* **1** Colère. **2** *interj.* ***¡~de Dios!,*** tonnerre!

irascible [irasθiβle] *adj.* Irascible.

iris [iris] *m.* Iris. **2** Arc-en-ciel (arco iris).

irlandés, -sa [irlandès, -ésa] *adj.-s.* Irlandais, aise.

ironía [ironia] *f.* Ironie.

IRPF [jeřepèfe] *m.* (*abrev.* Impuesto sobre la Renta de las Personas Físicas) Impôt sur le revenu en Espagne.

irracional [iřaθjonàl] *adj.* **1** Irraisonnable (que carece de razón). **2** Irrationnel, elle (opuesto a la razón). ■ **3** *m.* Animal.

irradiar [iřaðjàr] *tr.* Irradier.

irreal [iřeàl] *adj.* Irréel, elle.

irrealizable [iřealiθàβle] *adj.* Irréalisable.

irrebatible [iřeβatiβle] *adj.* Irréfutable.

irreducible [iřeðuθiβle], **irreductible** [iřeðuγtiβle] *adj.* Irréductible.

irreflexión [iřefle(γ)sjòn] *f.* Irréflexion.

irreflexivo, -va [iřefle(γ)siβo, -βa] *adj.* Irréfléchi, ie.

irregular [iřeγulàr] *adj.* Irrégulier, ière.

irregularidad [iřeγulariðàð] *f.* Irrégularité.

irremediable [iřemeðjàβle] *adj.* Irrémédiable.

irreparable [iřeparàβle] *adj.* Irréparable.

irreprochable [iřeprotʃàβle] *adj.* Irréprochable.

irresistible [iřesistiβle] *adj.* Irrésistible.

irresolución [iřesoluθjòn] *f.* Irrésolution.

irrespetuoso, -sa [iřespetwòso, -sa] *adj.* Irrespectueux, euse.

irrespirable [iřespiràβle] *adj.* Irrespirable.

irresponsable [iřesponsàβle] *adj.-s.* Irresponsable.

irreverencia [iřeβerènθja] *f.* Irrévérence.

irrevocable [iřeβokàβle] *adj.* Irrévocable.

irrigación [iřiγaθjòn] *f.* Irrigation.

irritación [iřitaθjòn] *f.* Irritation.

irritar [iřitàr] *tr.* Irriter.

irrompible [iřompiβle] *adj.* Incassable.

irrumpir [iřumpir] *intr.* Faire irruption.

isla [izla] *f.* **1** Île. **2** Pâté *m.* de maisons, îlot *m.* (de casas).

islam [izlàm] *m.* Islam.

islamismo [izlamizmo] *m.* Islamisme.

isleño, -ña [izlèɲo, -ɲa] *adj.-s.* Insulaire.

islote [izlòte] *m.* GEOG. Îlot.

isobara [isoβàra] *f.* METEOR. Isobare.

isócrono, -na [isókrono, -na] *adj.* FÍS. Isochrone, isochronique.
isósceles [isósθeles] *adj.* GEOM. Isocèle.
israelita [izr̄aelita] *adj.-s.* Israélite.
istmo [istmo] *m.* Isthme.
italiano, -na [italjáno, -na] *adj.-s.* Italien, ienne.
itálico, -ca [itáliko, -ka] *adj.-s.* Italique.
itinerario, -ia [itinerárjo, -ja] *adj.-m.* Itinéraire.
ITV [iteúβe] *f.* (*abrev.* Inspección Técnica de Vehículos) Contrôle technique des véhicules en Espagne.
IVA [iβa] *m.* (*abrev.* Impuesto sobre el Valor Añadido) TVA *f.*
izar [iθár] *tr.* Hisser.
izquierdo, -da [iθkjérðo, -ða] *adj.* **1** Gauche (lado). **2** Panard, arde (caballo). ■ **3** *s.* Gaucher, ère (zurdo).

J

j [xóta] *f.* J *m.*
jabalí [xaβali] *m.* Sanglier.
jabalina [xaβalina] *f.* **1** Laie. **2** Javeline (arma). **3** Javelot *m.* (deportes).
jabón [xaβón] *m.* **1** Savon.
jabonado [xaβonáðo] *m.* Savonnage.
jabonar [xaβonár] *tr.* Savonner.
jaboncillo [xaβonθiʎo] *m.* Savonnette *f.*
jabonería [xaβoneria] *f.* Savonnerie.
jabonero, -ra [xaβonéro, -ra] *adj.* **1** Blanc jaunâtre (toro, etc.). ■ **2** *m.* Savonnier (fabricante). ■ **3** *f.* Boîte à savon.
jabonoso, -sa [xaβonóso, -sa] *adj.* Savonneux, euse.
jaca [xáka] *f.* Bidet *m.*, petit cheval *m.*
jácara [xákara] *f.* **1** Sorte de poème *m.* plaisant. **2** Chanson et danse populaires. **3** fam. Ennui *m.*, embêtement *m.* (molestia).
jácena [xáθena] *f.* CONSTR. Poutre maîtresse.
jacinto [xaθinto] *m.* Jacinthe *f.*, hyacinthe *f.*
jaco [xáko] *m.* Rosse *f.* (caballo).
jacobino, -na [xakoβino, -na] *adj.-s.* Jacobin, ine.
jactancia [xaɣtánθja] *f.* Jactance, vantardise.
jactarse [xaɣtárse] *pr.* Se vanter.
jade [xáðe] *m.* Jade.
jadear [xaðeár] *intr.* Haleter.
jadeo [xaðéo] *m.* Halètement.
jaez [xaéθ] *m.* **1** Harnachement, harnais. **2** fig. Nature *f.*, acabit, espèce *f.*
jaguar [xaɣwár] *m.* Jaguar.
jalea [xaléa] *f.* Gelée (de frutas).
jaleo [xaléo] *m.* **1** Cris *pl.* (acción de jalear). **2** Danse *f.* et chant andalou. **3** fam. Chahut, chambard, boucan, tapage (ruido), histoire *f.* (enredo).
jalonar [xalonár] *tr.* Jalonner.
jamás [xamás] *adv.* **1** Jamais. **2** *loc. adv.* ***Nunca ~, ~ por ~***, jamais de la vie; ***siempre ~***, à jamais.
jamba [xámba] *f.* Jambage *m.* (de puerta, ventana).
jamelgo [xamélɣo] *m.* Rosse *f.* (caballo malo).
jamón [xamón] *m.* Jambon: ***~ en dulce,*** jambon cuit.
japonés, -esa [xaponés, -ésa] *adj.-s.* Japonais, aise.
jaque [xáke] *m.* **1** Échec (del ajedrez): ***~ mate,*** échec et mat. **2** Fier-à-bras, fanfaron (valentón).
jaqueca [xakéka] *f.* Migraine.
jarabe [xaráβe] *m.* Sirop.
jarana [xarána] *f.* fam. Tapage *m.* (ruido).
jaranear [xaraneár] *intr.* Faire la foire.
jarcia [xárθja] *f.* MAR. Cordages *m. pl.*, agrès *m. pl.*
jardín [xarðin] *m.* **1** Jardin d'agrément. **2** Jardinage (en una esmeralda).

jardinera [xarðinèra] *f.* **1** Jardinière fleuriste. **2** Jardinière (mueble, carruaje). **3** Tramway *m.* ouvert pour l'été.
jardinería [xarðineria] *f.* Jardinage *m.*
jardinero [xarðinèro] *m.* Jardinier.
jarra [xàr̄a] *f.* **1** Jarre. **2** *loc. adv.* ***De, en jarras,*** les poings sur les hanches. **3** Pot *m.* (jarro).
jarro [xàr̄o] *m.* **1** Pot (à une anse), broc (grande), pichet (pequeño para bebidas). **2** *loc. adv.* ***A jarros,*** à verse; ***a boca de ~,*** à brûle-pourpoint.
jarrón [xar̄òn] *m.* Vase d'ornement.
jaspear [xaspeàr] *tr.* Jasper, marbrer.
jaula [xàŭla] *f.* Cage (para animales).
jauría [xaŭria] *f.* Meute.
jazmín [xaθmin] *m.* Jasmin.
jazz [ʒaθ] *m.* Jazz.
jefatura [xefatùra] *f.* **1** Dignité, charge de chef. **2** Direction.
jefe [xèfe] *m.* **1** Chef: ***~ de negociado,*** chef de bureau. **2** Patron.
jeque [xèke] *m.* Cheik.
jerarca [xeràrka] *m.* Supérieur, dignitaire.
jerarquía [xerarkia] *f.* **1** Hiérarchie. **2** Dignitaire *m.* (persona).
jerezano, -na [xereθàno, -na] *adj.-s.* De Xérès.
jerga [xèrɣa] *f.* **1** Étoffe grossière. **2** Jargon *m,* argot *m.* (lenguaje).
jeringa [xeriŋga] *f.* Seringue.
jeringuilla [xeriŋgiʎa] *f.* **1** Petite seringue. **2** Seringa *m.* (arbusto).
jeroglífico, -ca [xeroɣlifiko, -ka] *adj.* **1** Hiéroglyphique. ■ **2** *m.* Hiéroglyphe. **3** Rébus (acertijo).
jersey [xersèĭ] *m.* Pull-over, chandail.
jesuita [xeswita] *adj.-s.* Jésuite.
jeta [xèta] *f.* Bouche saillante.
jibia [xiβja] *f.* Seiche.
jibión [xiβjòn] *m.* Os de seiche.
jícara [xikara] *f.* Tasse (de chocolate).
jilguero [xilɣèro] *m.* Chardonneret.
jineta [xinèta] *f.* **1** Genette (mamífero). **2** Lance courte. **3** *loc. adv.* ***A la ~,*** à la genette.
jinete [xinète] *m.* Cavalier.
jipijapa [xipixàpa] *f.* **1** Paille qui sert à fabriquer les panamas. ■ **2** *m.* Panama (sombrero).
jirafa [xiràfa] *f.* Girafe.
jirón [xiròn] *m.* **1** Lambeau. **2** BLAS. Giron.
jocoso, -sa [xokòso, -sa] *adj.* Drôle, amusant, ante, plaisant, ante.
jofaina [xofaĭna] *f.* Cuvette.
jolgorio [xolɣòrio] *m.* **1** Réjouissance *f.* liesse *f.* **2** fam. Bringue *f.*
jornada [xornàða] *f.* **1** Journée (de viaje, de trabajo). Loc. ***Trabajar media ~,*** travailler à mi-temps. **2** Voyage *m.* **3** TEAT. Journée, acte *m.*
jornal [xornàl] *m.* **1** Journée *f.,* salaire journalier. *loc. adv.* ***A ~,*** à la journée.
jornalero, -ra [xornalèro, -ra] *s.* Journalier, ière (obrero).
joroba [xoròβa] *f.* **1** Bosse (corcova). **2** fig. fam. Corvée (fastidio).
jota [xòta] *f.* **1** J *m.,* lettre *j.* **2** Jota (baile). **3** Iota *m.,* rien *m.* (cosa mínima).
joven [xòβen] *adj.* **1** Jeune. ■ **2** *m.* Jeune homme. ■ **3** *f.* Jeune fille. ■ **4** *pl.* ***Los jóvenes,*** les jeunes, les jeunes gens.
jovial [xoβjàl] *adj.* Jovial, ale.
jovialidad [xoβjaliðàð] *f.* Jovialité.
joya [xòʝa] *f.* Bijou *m.,* joyau *m.*
joyería [xoʝeria] *f.* Bijouterie, joaillerie.
joyero, -ra [xoʝèro, -ra] *s.* **1** Bijoutier, ière, joaillier, ière. ■ **2** *m.* Coffret à bijoux.
juanete [xwanète] *m.* ANAT. Pommette *f.* très grosse.
jubilación [xuβilaθjòn] *f.* **1** Mise à la retraite (de un funcionario). **2** Retraite (pensión).
jubilar [xuβilàr] *adj.* Jubilaire.
jubilar [xuβilàr] *tr.* **1** Mettre à la retraite (a un funcionario). ■ **2** *intr.* Se réjouir, jubiler.

júbilo [xúβilo] *m.* Jubilation *f.*, grande joie *f.*
judicial [xuðiθjál] *adj.* Judiciaire.
judío, -ía [xuðío, -ía] *adj.-s.* Juif, juive.
juego [xwéγo] *m.* **1** Jeu. Loc. *~ de ingenio,* jeu d'esprit. **2** Service: *un ~ de café,* un service à café. **3** Train (de un coche). **4** *Hacer ~,* faire pendant, aller ensemble.
juerga [xwérγa] *f.* fam. Noce, bombe, ribouldingue, foire, bringue.
jueves [xwéβes] *m.* Jeudi.
juez [xwéθ] *m.* Juge.
jugador, -ra [xuγaðór, -ra] *adj.-s.* Joueur, euse.
jugar [xuγár] *intr.* **1** Jouer: *~ fuerte,* jouer gros jeu. **2** *~ con,* badiner avec, se jouer de: *conmigo no se juega,* on ne se joue pas de moi. ■ **3** *tr.* Jouer (una carta, partida, etc.): *~ el todo por el todo,* jouer le tout par le tout. ▲ CONJUG. IRRÉG. INDIC. Prés.: *juego, juegas, juega, jugamos, jugáis, juegan.* SUBJ. Prés.: *juegue, juegues, juegue, juguemos, juguéis, jueguen.* IMPÉR.: *juega, juegue, juguemos, jugad, jueguen.* Les autres temps sont réguliers.
juglar [xuγlár] *m.* Jongleur (de la edad media).
juglaría [xuγlaría], **juglería** [xuγlería] *f.* ant. Art *m.* des jongleurs.
jugo [xúγo] *m.* **1** Jus (de frutas). **2** Suc (secreción). **3** fig. Substance *f.*, suc.
jugoso, -sa [xuγóso, -sa] *adj.* Juteux, euse.
juguete [juγéte] *m.* **1** Jouet. **2** Plaisanterie *f.*, moquerie *f.* **3** TEAT. Petite pièce *f.* **4** fig. Jouet.
juicio [xwiθjo] *m.* **1** Jugement. Loc. *~ final, universal,* jugement dernier; *a mi ~,* à mon avis. **2** Raison *f.*, sagesse *f.* Loc. *Falto de ~,* écervelé, fou, toqué.
juicioso, -sa [xwiθjóso, -sa] *adj.* Judicieux, euse, sage.
julio [xúljo] *m.* **1** Juillet: *el 14 de ~,* le 14 juillet. **2** ELECT. Joule.
juncal [xuŋkál] *adj.* **1** Relatif, ive au jonc. **2** fig. Élancé, ée, gracieux, euse. ■ **3** *m.* Jonchaie *f.*
junco [xúŋko] *m.* **1** Jonc. **2** MAR. Jonque *f.*
jungla [xúŋgla] *f.* Jungle.
junio [xúnjo] *m.* Juin.
junquillo [xuŋkiʎo] *m.* **1** Jonquille *f.* (planta). **2** ARQ. Baguette (moldura). **3** Rotang, rotin (junco de Indias).
junta [xúnta] *f.* **1** Réunion, séance (sesión). **2** Assemblée. **3** Conseil *m.*, comité *m.*
juntar [xuntár] *tr.* **1** Joindre, unir. **2** Amasser (acopiar). **3** Réunir, assembler.
junto, -ta [xúnto, -ta] *adj.* **1** Uni, ie, réuni, ie (unido). **2** *loc. adv. En ~,* en tout; *por ~,* en gros; *todo ~,* à la fois.
jura [xúra] *f.* Serment *m.* de fidélité.
jurado, -da [xuráðo, -ða] *adj.* **1** Juré, ée. ■ **2** *m.* Jury. **3** Juré, membre d'un jury.
juramento [xuraménto] *m.* **1** Serment. **2** Juron (voto).
jurar [xurár] *tr.* **1** Jurer: *¡se lo juro!,* je vous le jure! **2** Prêter serment.
jurídico, -ca [xuríðiko, -ka] *adj.* Juridique.
jurisconsulto [xuriskonsúlto] *m.* Jurisconsulte.
jurisdicción [xurisðikθjón] *f.* Juridiction.
jurisprudencia [xurispruðénθja] *f.* Jurisprudence.
jurista [xurísta] *m.* Juriste.
juro [xúro] *m.* Droit perpétuel de propriété.
justa [xústa] *f.* Joute.
justar [xustár] *intr.* Jouter.
justicia [xustiθja] *f.* Justice.
justiciero, -ra [xustiθjéro, -ra] *adj.-m.* Justicier, ière.
justificante [xustifikánte] *adj.* **1** Justifiant, ante. ■ **2** *m.* Document qui prouve, qui justifie.
justificar [xustifikár] *tr.* Justifier.

justo, -ta [xústo, -ta] *adj.* 1 Juste. ■ 2 *m.* Juste. ■ 3 *adv.* Juste: ***llegar ~,*** arriver juste.
juvenil [xuβenil] *adj.* Juvénile.
juventud [xuβentúð] *f.* Jeunesse.
juzgado [xuθɣáðo] *m.* Tribunal: ***~ municipal,*** tribunal du juge de paix.
juzgar [xuθɣár] *tr.* Juger. Loc. ***A ~ por,*** à en juger par.

K

k [ka] *f.* K *m.*
ka [ka] *f.* K *m.,* lettre k.
káiser [kaǐser] *m.* Kaiser.
kan [kan] *m.* Kan.
kantismo [kantizmo] *m.* Kantisme.
kermese [kermèse] *f.* Kermesse.
kilo [kilo] *m.* Kilo.
kilogramo [kiloɣrámo] *m.* Kilogramme.
kilolitro [kilolitro] *m.* Kilolitre.
kilómetro [kilòmetro] *m.* Kilomètre.
kilovatio [kiloβátjo] *m.* Kilowatt.
kimono [kimòno] *m.* Kimono.
kiosco [kjòsko] *m.* Kiosque.
kurdo, -da [kúrðo, -ða] *adj.-s.* Kurde.

L

l [èle] *f.* L *m.*
la [la] *art. f.* 1 La. 2 Celle: ***~ que,*** celle que, celle qui. ▲ El artículo *la* debe traducirse a menudo por el adjetivo posesivo. ■ 3 *pron. pers.* La: ***~ veo,*** je la vois. ■ 4 *m.* MÚS. La.
laberinto [laβerinto] *m.* Labyrinthe.
labia [láβja] *f.* fam. Bagout *m.* Loc.: ***tener mucha ~,*** avoir beaucoup de bagout, être beau parleur.
labial [laβjál] *adj.* Labial, ale.
labio [láβjo] *m.* Lèvre *f.* Loc. ***~ leporino,*** bec-de-lièvre; ***no descoser los labios,*** ne pas desserrer les dents.
labor [laβòr] *f.* 1 Travail *m.* (acción). 2 Œuvre, ouvrage *m.* (resultado). 3 Travail *m.*: ***labores domésticas,*** travaux domestiques. 4 Ornement *m.* (adorno). 5 AGR. Labour *m.,* façon.
laborable [laβoráβle] *adj.* 1 Labourable. 2 ***Día ~,*** jour ouvrable.
laboratorio [laβoratòrjo] *m.* Laboratoire.
laborioso, -sa [laβorjòso, -sa] *adj.* Laborieux, euse.
labrador, -ra [laβraðòr, -ra] *s.* 1 Paysan, anne, cultivateur, trice. 2 Propriétaire cultivateur. 3 Laboureur (que labra).
labranza [laβránθa] *f.* 1 Labourage *m.* (de los campos). 2 Propriété rurale.
labrar [laβrár] *tr.* 1 Travailler, tailler (la madera, la piedra), ouvrager, ouvrer (minuciosamente). 2 AGR. Cultiver. 3 AGR. Labourer (arar). 4 Bâtir, édifier. 5 fig. Faire, causer, travailler à: ***~ la felicidad de,*** faire le bonheur de.
labriego, -ga [laβrjèɣo, -ɣa] *s.* Paysan, anne.
laca [láka] *f.* Laque.
lacayo [lakáǰo] *m.* Laquais.
lacerado, -da [laθeràðo, -ða] *adj.* 1 Lacéré, ée. 2 Malheureux, euse (infeliz).
lacerar [laθerár] *tr.* Lacérer (lesionar), blesser, meurtrir (herir).
lacero [laθèro] *m.* Homme adroit à manier le lasso.
lacio, -ia [láθjo, -ja] *adj.* 1 Flétri, ie, fané, ée (marchito). 2 Mou, molle (sin vigor). 3 Plat, plate (cabello).
lacónico, -ca [lakòniko, -ka] *adj.* Laconique.
lacrar [lakrár] *tr.* 1 Cacheter (avec de la cire). 2 Contaminer (contagiar). 3 fig. Nuire.
lacre [lákre] *m.* Cire *f.* à cacheter.
lacrimal [lakrimál] *adj.* Lacrymal, ale.
lacrimoso, -sa [lakrimòso, -sa] *adj.* Larmoyant, ante.

lactancia [laɣtánθja] *f.* Allaitement *m.*
lactar [laɣtár] *tr.* 1 Allaiter (amamantar). 2 Téter (niño).
lácteo, -ea [láɣteo, -ea] *adj.* Lacté, ée.
lacustre [lakústre] *adj.* Lacustre.
ladear [laðeár] *tr.* 1 Pencher, incliner, faire pencher (inclinar), tordre (torcer). ■ 2 *intr.-pr.* Pencher, s'incliner. 3 S'écarter.
ladera [laðéra] *f.* Pente, versant *m.* (de una montaña).
lado [láðo] *m.* 1 Côté. Loc. fig. ***dejar a un ~,*** laisser de côté; ***hacerse a un ~,*** s'écarter, se mettre de côté; ***ir ~ a ~,*** marcher côte à côte. 2 fig. Faveur *f.*, protection *f.* 3 *loc. adv.* ***Al ~,*** à côté, tout près; ***de uno y otro ~,*** des deux côtés.
ladrar [laðrár] *intr.* 1 Aboyer, japper. 2 fig. fam. Crier, menacer.
ladrido [laðriðo] *m.* Aboi, aboiement.
ladrillo [laðriʎo] *m.* 1 Brique *f.* 2 Plaque *f.* (de chocolate).
ladrón, -ona [laðrón, -óna] *s.* 1 Voleur, euse. 2 ***El buen ~,*** le bon larron. 3 *interj.* ***¡Ladrones!,*** au voleur!
ladronzuelo [laðronθwélo] *m.* Petit voleur.
lagar [laɣár] *m.* Pressoir (lugar).
lagartija [laɣartíxa] *f.* Petit lézard *m.* gris.
lagarto [laɣárto] *m.* 1 Lézard. 2 fig. Fin renard.
lago [láɣo] *m.* Lac.
lágrima [láɣrima] *f.* Larme. Loc. ***Llorar a ~ viva,*** pleurer à chaudes larmes.
lagrimal [laɣrimál] *adj.* 1 Lacrymal, ale. ■ 2 *m.* ANAT. Larmier.
lagrimear [laɣrimeár] *intr.* Larmoyer.
laguna [laɣúna] *f.* 1 Petit lac *m.* 2 Lagon *m.* (de un atolón). 3 Lagune (marítima). 4 fig. Lacune (fallo).
laico, -ca [láiko, -ka] *adj.-s.* Laïc, laïque.
lama [láma] *f.* 1 Vase, limon *m.* (cieno). 2 Ulve (alga). 3 Lamé *m.* (tejido). ■ 4 *m.* Lama (sacerdote).
lamentable [lamentáβle] *adj.* Lamentable, regrettable.
lamentar [lamentár] *tr.* 1 Déplorer: ~ ***la muerte de alguien,*** déplorer la mort de quelqu'un. 2 Regretter: ***lamento molestarle,*** je regrette de vous déranger. ■ 3 *pr.* Se lamenter.
lamento [laménto] *m.* Lamentation *f.*
lamer [lamér] *tr.* Lécher.
lámina [lámina] *f.* 1 Lame (de metal). 2 Planche (plancha grabada). 3 Estampe, planche, gravure (grabado).
laminado, -da [lamináðo, -ða] *adj.* 1 Laminé, ée. ■ 2 *m.* Laminage.
laminar [laminár] *tr.* Laminer.
lámpara [lámpara] *f.* 1 Lampe. 2 Tache d'huile (mancha).
lamparilla [lampariʎa] *f.* Petite lampe, veilleuse.
lampiño, -ña [lampiɲo, -ɲa] *adj.* 1 Glabre. 2 Imberbe (que no tiene barba).
lamprea [lampréa] *f.* Lamproie.
lana [lána] *f.* Laine.
lanar [lanár] *adj.* À laine: ***ganado ~,*** bêtes à laine.
lance [lánθe] *m.* 1 Jet, lancement (acción). 2 Coup (en el juego). 3 Situation *f.* critique, circonstance *f.*, incident, péripétie *f.* Loc. ~ ***de fortuna,*** coup de hasard. 4 Affaire *f.*: ~ ***de honor,*** affaire d'honneur, duel. 5 TAUROM. Jeu de cape.
lancero [lanθéro] *m.* 1 MIL. Lancier. ■ 2 *pl.* Lanciers, quadrille *sing.* des lanciers (baile).
lancha [lántʃa] *f.* 1 Canot *m.*, chaloupe. Loc. ~ ***cañonera,*** canonnière; ~ ***motora, rápida,*** vedette. 2 Pierre plate, lisse et mince.
lanchero [lantʃéro] *m.* Batelier, patron d'un canot, d'une chaloupe.
lanería [lanería] *f.* Lainerie (tienda).
lanero, -ra [lanéro, -ra] *adj.* 1 Lainier, ière. ■ 2 *m.* Lainier.

langosta [laŋgósta] *f.* 1 Langouste (crustáceo). 2 Sauterelle, criquet *m.* (insecto).
langostino [laŋgostino] *m.* Gros bouquet, grosse crevette *f.*
languidecer [laŋgiðeθėr] *intr.* Languir. ▲ CONJUG. comme ***agradecer.***
languidez [laŋgiðėθ] *f.* Langueur.
lánguido, -da [láŋgiðo, -ða] *adj.* Langoureux, euse, languissant, ante: ***voz lánguida,*** voix langoureuse.
lanoso, -sa [lanòso, -sa] *adj.* 1 Laineux, euse. 2 Duveteux, euse.
lanza [lánθa] *f.* 1 Lance (arma). Loc. fig. ***Quebrar lanzas,*** se disputer, se quereller. 2 Lance, lancier *m.* (soldado). 3 Timon *m.*, flèche (de un coche).
lanzada [lanθàða] *f.* Coup *m.* de lance.
lanzadera [lanθaðèra] *f.* Navette.
lanzador, -ra [lanθaðòr, -ra] *s.* Lanceur, euse.
lanzamiento [lanθamjènto] *m.* Lancement (flecha, cohete, etc.).
lanzar [lanθàr] *tr.* 1 Lancer (flecha, cohete, disco, etc.), jeter (arrojar). ■ 2 *pr.* S'élancer, se jeter.
lanzatorpedos [lanθatorpèðos] *m. invar.* Lance-torpilles.
lapa [làpa] *f.* 1 Fleur (en la superficie del vino, etc.). 2 Patelle (molusco).
lapicero [lapiθèro] *m.* 1 Porte-crayon, porte-mine. 2 Crayon (lápiz).
lápida [làpiða] *f.* 1 Plaque commémorative. 2 Pierre qui porte une inscription. 3 ~ ***sepulcral,*** pierre tombale.
lapidar [lapiðàr] *tr.* Lapider.
lapidario, -ia [lapiðàrjo, -ja] *adj.-m.* Lapidaire.
lápiz [làpiθ] *m.* 1 Crayon: ***una caja de lápices,*** une boîte de crayons.
lapón, -ona [lapòn, -òna] *adj.-s.* Lapon, onne.
lapso [làβso] *m.* 1 Laps. 2 Lapsus (equivocación).
lar [lar] *m.* 1 Lare. 2 Foyer (hogar).
larga [làrγa] *f.* 1 La plus longue queue du billard. 2 Délai *m.*, retard *m.*
largo, -ga [làrγo, -γa] *adj.* 1 Long, longue: ~ ***y ancho,*** long et large. 2 fig. Généreux, euse, libéral, ale, large. 3 Copieux, euse, abondant, ante. ■ 4 *adv.* Longuement. 5 Loc. *A lo* ~, en long (longitudinalmente), le long: ***a lo ~ del río,*** le long du fleuve; ***a la larga,*** à la longue (al final); ~ ***y tendido,*** longuement, abondamment; fam. ***un rato ~,*** beaucoup. ■ 6 *m.* Long, longueur *f.*: ***dos metros de ~,*** deux mètres de long. Loc. ***Pasar de ~,*** passer outre. 7 MÚS. Largo. 8 *interj.* ***¡Largo!, ¡~ de aquí!,*** du vent!, ouste!, allez-vous-en!
largura [larγúra] *f.* Longueur (dimensión).
laringe [lariŋxe] *f.* ANAT. Larynx *m.*
larva [làrβa] *f.* Larve.
las [las] *art. f. pl.* 1 Les. 2 Celles: ~ ***que,*** celles que, celles qui. ■ 3 *pron. pers. f. pl.* Les: ~ ***veo,*** je les vois; en: ~ ***hay muy malas,*** il en est qui sont bien mauvaises.
lascivo, -va [lasθiβo, -βa] *adj.* Lascif, ive.
láser [làser] *m.* laser.
lasitud [lasitùð] *f.* Lassitude, fatigue.
lástima [làstima] *f.* 1 Pitié, compassion. Loc. ***Dar ~,*** faire pitié, de la peine: ***tener ~ de,*** plaindre. 2 Dommage *m.*, chose regrettable: ***¡qué ~!,*** quel dommage!; ***es una ~,*** c'est dommage.
lastimar [lastimàr] *tr.* 1 Blesser, faire mal. 2 fig. Blesser, offenser.
lastrar [lastràr] *tr.* Lester.
lastre [làstre] *m.* Lest.
lata [làta] *f.* 1 Latte (de madera). 2 Ferblanc *m.* (hojalata). 3 Boîte en fer-blanc (envase): ~ ***de sardinas,*** boîte de sardines. 4 fig. Chose ennuyeuse, embêtement *m.* (fastidio). Loc. fam. ***Dar la ~,*** assommer, raser, faire suer.
latente [latènte] *adj.* Latent, ente.

lateral [laterál] *adj.* Latéral, ale.
latido [latiðo] *m.* 1 Battement (del corazón). Loc. ***Corazón que da latidos,*** cœur qui bat. 2 Glapissement (ladrido).
látigo [látiγo] *m.* Fouet, cravache *f.*
latín [latín] *m.* 1 Latin (lengua). 2 Mot latin employé en espagnol.
latino, -na [latino, -na] *adj.* 1 Latin, ine: ***vela latina,*** voile latine. ■ 2 *s.* Latin, ine (persona).
latir [latir] *intr.* 1 Glapir (el perro). 2 Battre (el corazón).
latitud [latitúð] *f.* 1 Largeur (anchura). 2 Étendue (extensión). 3 fig. Latitude. 4 GEOG. Latitude.
latoso, -sa [latóso, -sa] *adj.* 1 Assommant, ante, rasoir. ■ 2 *s.* Raseur, euse.
laúd [laúð] *m.* 1 Luth. 2 MAR. Sorte de felouque *f.*
láudano [láŭðano] *m.* Laudanum.
laurear [laŭreár] *tr.* 1 Couronner de lauriers. 2 fig. Récompenser d'un prix.
laurel [laŭrél] *m.* Laurier: ~ ***común,*** laurier, laurier-sauce.
lava [láβa] *f.* 1 Lave. 2 Lavage *m.* (de los metales).
lavabo [laβáβo] *m.* 1 Lavabo. 2 Toilettes *f. pl.* (retrete).
lavado [laβáðo] *m.* 1 Lavage. 2 PINT. Lavis.
lavadora [laβaðóra] *f.* Lave-linge.
lavandera [laβandéra] *f.* Lavandière, blanchisseure.
lavandería [laβandería] *f.* Blanchisserie, laverie automatique.
lavaplatos [laβaplátos] *m.* 1 Plongeur, laveur de vaisselle. 2 Machine à laver la vaisselle *f.*, lave-vaisselle.
lavar [laβár] *tr.* 1 Laver. 2 fig. ~ ***una ofensa,*** laver une injure. ■ 3 *pr.* Se laver.
lavativa [laβatíβa] *f.* MED. 1 Lavement *m.* 2 Seringue à lavements.
lavavajillas [laβaβaxíʎas] *m. invar.* Machine à laver la vaisselle *f.*, lave-vaisselle.
laxante [la(γ)sánte] *adj.* Laxatif, ive.
laxitud [la(γ)sitúð] *f.* Laxité.
laxo, -xa [la(γ)so, -sa] *adj.* 1 Lâche, flasque. 2 fig. Relâché, ée (la moral).
lazada [laθáða] *f.* 1 Nœud *m.* (nudo). 2 Cravate (de adorno). 3 Rosette (de cinta).
lazarillo [laθaríʎo] *m.* Guide d'un aveugle.
lazo [láθo] *m.* 1 Nœud (nudo). 2 Cravate *f.* (de adorno). 3 Lasso (para cazar o sujetar animales). 4 Lacs, lacet, collet (para cazar). 5 fig. Piège, embûche *f.* (trampa). 6 Lien (vínculo). 7 ARQ. Entrelacs.
le [le] *pron. pers.* 1 Le (en acusativo). ▲ Il peut être remplacé par *lo:* ***le veo*** ou ***lo veo,*** je le vois. Avec *usted,* vous: ***como le guste,*** comme il vous plaira. 2 Lui (en dativo): ***le doy la carta,*** je lui donne la lettre.
leal [leál] *adj.* Loyal, ale: ***unos súbditos leales,*** des sujets loyaux.
lealtad [lealtáð] *f.* Loyauté.
lección [leγθjón] *f.* Leçon: ***dar la*** ~, réciter la leçon.
lechal [letʃál] *adj.* 1 Qui tète encore (animal). 2 BOT. Laiteux, euse.
leche [létʃe] *f.* Lait *m.*: ~ ***cuajada,*** lait caillé; ~ ***de almendras,*** lait d'amandes.
lechería [letʃería] *f.* Laiterie, crèmerie.
lechero, -ra [letʃéro, -ra] *adj.* 1 Laitier, ière: ***vaca lechera,*** vache laitière. ■ 2 *s.* Laitier, ière.
lecho [létʃo] *m.* 1 Lit. 2 GEOL. Couche *f.*, lit, strate *f.*
lechón [letʃón] *m.* 1 Cochon de lait. 2 Cochon, porc.
lechuga [letʃúγa] *f.* 1 Laitue. Loc. fig. fam. ***Ser más fresco que una*** ~, avoir du culot. 2 Godron *m.* (pliegue).
lechuza [letʃúθa] *f.* Chouette.
lectivo, -va [leγtíβo, -βa] *adj.* Scolaire, de classe.
lector, -ra [leγtór, -ra] *s.* Lecteur, trice.

lectura [leɣtúra] *f.* Lecture.

leer [leèr] *tr.* Lire: ***leí en su cara lo que pensaba,*** j'ai lu sur son visage ce qu'il pensait.

legado [leɣáðo] *m.* 1 Legs (herencia). 2 Légat (enviado).

legajo [leɣàxo] *m.* Liasse *f.* de papiers, dossier.

legal [leɣál] *adj.* Légal, ale.

legaña [leɣàɲa] *f.* Chassie.

legar [leɣàr] *tr.* 1 Léguer. 2 Envoyer, déléguer comme légat (a alguien).

legendario, -ia [lexendàrjo, -ia] *adj.* Légendaire.

legible [lexiβle] *adj.* Lisible.

legión [lexjòn] *f.* Légion.

legislación [lexislaθjòn] *f.* Législation.

legislar [lexislàr] *intr.* Légiférer.

legislativo, -va [lexizlatiβo, -βa] *adj.* Législatif, ive.

legítima [lexitima] *f.* DER. Réserve, réserve légale.

legitimar [lexitimàr] *tr.* Légitimer.

legítimo, -ma [lexitimo, -ma] *adj.* 1 Légitime. 2 Véritable, authentique: ***oro ~,*** or véritable.

lego, -ga [lèɣo, -ɣa] *adj.-s.* 1 Laïque. ■ 2 *adj.* Lai, laie. 3 Ignorant, ante.

legua [lèɣwa] *f.* Lieue (medida).

legumbre [leɣúmbre] *f.* Légume *m.*

leído, -da [leiðo, -ða] *adj.* 1 Instruit, uite, érudit, ite. ■ 2 *f.* Lecture.

lejanía [lexania] *f.* Lointain: *m.*: ***en la ~,*** dans le lointain.

lejano, -na [lexàno, -na] *adj.* Lointain, aine, éloigné, ée.

lejía [lexia] *f.* 1 Lessive (agua alcalina), eau de Javel (solución preparada industrialmente). 2 fig. fam. Savon *m.*

lejos [lèxos] *adv.* 1 Loin. 2 *loc. adv.* ***A lo ~,*** au loin; ***de ~,*** de loin. 3 *loc. prep.* ***~ de,*** loin de.

lema [lèma] *m.* 1 Devise *f.* (en los emblemas). 2 Thème, sujet. 3 MAT. Lemme.

lencería [lenθeria] *f.* Lingerie.

lencero, -ra [lenθèro, -ra] *s.* Linger, ère.

lengua [lèŋgwa] *f.* 1 ANAT. Langue. Loc. ***Mala ~, ~ viperina,*** langue de vipère; ***tirar de la ~ a uno,*** pousser quelqu'un à dire ce qu'il ne veut ou ne devrait pas dire, tirer les vers du nez à quelqu'un. 2 Langue (idioma). 3 Battant *m.* de cloche (badajo). 4 ***~ de buey,*** buglosse; ***~ de ciervo,*** scolopendre.

lenguado [leŋgwáðo] *m.* Sole *f.* (pez).

lenguaje [leŋgwàxe] *m.* Langage.

lengüeta [leŋgwèta] *f.* Languette.

lente [lènte] *m.-f.* 1 ÓPT. Lentille *f.*, verre *m.* (de gafas). ■ 2 *pl.* Lorgnon *m. sing.* (quevedos), lunettes *f.* (gafas).

lenteja [lentèxa] *f.* Lentille.

lentejuela [lentexwèla] *f.* Paillette.

lentilla [lentíʎa] *f.* Lentille (de contacto).

lentitud [lentitúð] *f.* Lenteur.

lento, -ta [lènto, -ta] *adj.* 1 Lent, lente. 2 *loc. adv.* ***A fuego ~,*** à petit feu.

leña [lèɲa] *f.* 1 Bois *m.* à brûler. Loc. fig. ***Echar ~ al fuego,*** jeter de l'huile sur le feu. 2 fig. Rossée, raclée (paliza).

león [leòn] *m.* 1 Lion. 2 fig. Lion (hombre valiente).

leonés, -esa [leonès, -èsa] *adj.* De Léon.

leonino, -na [leonino, -na] *adj.* Léonin, ine.

leopardo [leopárðo] *m.* Léopard.

leotardos [leotàrðos] *m.* Collants (medias).

leporino, -na [leporino, -na] *adj.* 1 Du lièvre. 2 ***Labio ~,*** bec-delièvre.

lepra [lèpra] *f.* 1 Lèpre. 2 VET. Ladrerie.

lerdo, -da [lèrðo, -ða] *adj.* Lourd, lourde, maladroit, oite.

les [les] *pron. pers.* 1 Leur (dativo): ***~ doy un libro,*** je leur donne un livre. 2 Avec ***ustedes,*** vous.

lesbiana [lesβjàna] *adj.* Lesbienne.

lesión [lesjòn] *f.* 1 MED., DER. Lésion. 2 Blessure (herida).

lesionar [lesjonàr] *tr.* **1** Léser. **2** Blesser (herir).
letanía [letania] *f.* **1** Litanie. **2** fig. Litanie.
letra [lètra] *f.* **1** Lettre: ~ ***mayúscula, minúscula,*** lettre majuscule, minuscule. **2** COM. Lettre de change. **3** IMPR. Caractère *m.*: ~ ***de molde,*** caractère. **4** ***A la ~, al pie de la ~,*** au pied de la lettre. ■ **5** *pl.* Lettres (literatura, etc.): ***las buenas letras,*** les belles lettres.
letrado, -da [letráðo, -ða] *adj.-s.* **1** Lettré, ée. ■ **2** *m.* Avocat, jurisconsulte.
letrero [letrèro] *m.* **1** Écriteau, panonceau. **2** Enseigne *f.* (de las tiendas, cines): ~ ***de neón,*** enseigne au néon.
leva [lèβa] *f.* **1** Départ *m.* (de un barco). **2** Levée (de soldados). **3** MEC. Came.
levadura [leβaðùra] *f.* Levain *m.*, levure: ~ ***de cerveza,*** levure de bière.
levantar [leβantàr] *tr.* **1** Lever, hausser (mover hacia arriba). **2** Élever, exalter. **3** Lever, relever (poner de pie, derecho). **4** Élever, hausser (la voz, el tono). **5** Plier (una tienda de campaña). **6** Défaire (la cama). **7** Ôter, enlever (quitar). **8** MIL. Lever (tropas). **9** Imputer faussement (una cosa). **10** Otros sentidos: ~ ***polvo,*** faire de la poussière. ■ **11** *pr.* Se lever (el viento). **12** Se lever (ponerse de pie, dejar la cama): ***el enfermo se levanta,*** le malade se lève. **13** Se soulever.
levante [leβànte] *m.* **1** Levant. ■ **2** *n. pr. m.* Région *f.* de Valence et de Murcie.
levar [leβàr] *tr.* **1** MAR. Lever (el ancla). ■ **2** *pr.* Mettre à la voile.
léxico [lè(γ)siko] *m.* Lexique.
ley [leĭ] *f.* **1** Loi: ~ ***de bases,*** loi cadre; ~ ***de Dios,*** loi de Dieu. Loc. fig. ***La ~ del embudo,*** application arbitraire de la loi. **2** Titre *m.*, aloi *m.* (de un metal). Loc. ***De ~,*** véritable (oro, plata); ***de buena ~,*** de bon aloi. **3** *loc. adv.* ***Con todas las de la ~,*** dans les règles. ■ **4** *pl.* Droit *m. sing.*
leyenda [leĵènda] *f.* Légende.
lezna [lèθna] *f.* Alène.
lía [lia] *f.* **1** Lie. **2** Tresse de sparte.
liar [ljàr] *tr.* **1** Lier (atar). **2** Enrouler (envolver). **3** Rouler (un cigarrillo). **4** fam. ***Liarlas,*** décamper (huir), casser sa pipe (morir). ▲ CONJUG. comme ***desviar.***
libanés, -esa [liβanès, -èsa] *adj.-s.* Libanais, aise.
liberación [liβeraθjòn] *f.* Libération, délivrance.
liberal [liβeràl] *adj.-s.* Libéral, ale.
liberalismo [liβeralizmo] *m.* Libéralisme.
liberar [liβeràr] *tr.* Libérer, délivrer.
libertad [liβertàð] *f.* Liberté.
libertador, -ra [liβertaðòr, -ra] *s.* Libérateur, trice.
libertinaje [liβertinàxe] *m.* Libertinage.
libidinoso, -sa [liβiðinòso, -sa] *adj.* Libidineux, euse.
libra [liβra] *f.* **1** Livre (peso, moneda). **2** ASTR. Balance.
librador, -ra [liβraðòr, -ra] *adj.* **1** Libérateur, trice. **2** COM. Tireur (de una letra de cambio).
librar [liβràr] *tr.* **1** Délivrer (de un peligro, una preocupación, etc.): ***líbranos del mal,*** délivre-nous du mal. **2** Délivrer (un documento). **3** COM. Tirer (una letra de cambio).
libre [liβre] *adj.* Libre.
librecambio [liβrekàmbjo] *m.* Libre-échange.
librería [liβreria] *f.* **1** Librairie. **2** ~ ***de lance,*** bouquinerie. **3** Bibliothèque (mueble).
librero, -ra [liβrèro, -ra] *s.* Libraire.
libreta [liβrèta] *f.* **1** Cahier *m.* (cuaderno). **2** Livret *m.*, carnet *m.* **3** Pain *m.* d'une livre (pan).
libreto [liβrèto] *m.* Livret, libretto.

libro [liβro] *m.* 1 Livre. Loc. ~ ***diario,*** livre journal, journal; ~ ***mayor,*** grand-livre. 2 Feuillet (de los rumiantes).
licencia [liθènθja] *f.* 1 Licence, permission: ***con su*** ~, avec votre permission. 2 Congé *m.*: ~ ***absoluta,*** congé définitif, libération (de los soldados).
licenciado, -da [liθenθjàðo, -ða] *adj.* 1 Licencié, ée, liberé, ée. ■ 2 *s.* Licencié, ée (en una facultad). ■ 3 *m.* Soldat libéré.
licenciar [liθenθjàr] *tr.* 1 Donner une licence, une permission. 2 Licencier, congédier (despedir). 3 Libérer (a un soldado). ■ 4 *pr.* Passer sa licence. ▲ CONJUG. comme ***cambiar.***
liceo [liθèo] *m.* 1 Nom de certaines sociétés littéraires, etc. 2 Lycée (no se utiliza en España).
licitar [liθitàr] *tr.* Offrir un prix dans une vente aux enchères, dans une adjudication, enchérir.
lícito, -ta [liθito, -ta] *adj.* Licite.
licor [likòr] *m.* Liqueur *f.*
licuar [likwàr] *tr.* 1 Liquéfier. 2 MÉTAL. Faire subir la liquation.
líder [liðer] *s.* Leader, chef.
lidia [liðja] *f.* Combat *m.*
lidiar [liðjàr] *intr.* 1 Batailler, lutter. ■ 2 *tr.* TAUROM. Combattre (el toro). ▲ CONJUG. comme ***cambiar.***
liebre [ljèβre] *f.* 1 Lièvre *m.* Loc. fig. ***Coger una*** ~, ramasser une pelle. 2 fig. Poltron *m.*
lienzo [ljènθo] *m.* 1 Toile *f.* 2 PINT. Toile *f.* 3 Pan de mur (de pared).
liga [liɣa] *f.* Jarretière, jarretelle (para medias, etc.).
ligar [liɣàr] *tr.* 1 Lier, attacher (atar), unir, joindre (unir). 2 Allier (metales). ■ 3 *intr.* Réunir en main des cartes convenables (en el juego). 4 fam. Draguer, flirter, sympathiser. ■ 5 *pr.* S'allier, se liguer (para algún fin).
ligero, -ra [lixèro, -ra] *adj.* 1 Léger, ère. Loc. fig. ~ ***de cascos,*** écervelé, étourdi. 2 *loc. adv.* ***A la ligera,*** à la légère.
lija [lixa] *f.* 1 Roussette, chien de mer *m.* 2 Peau de roussette.
lijadora [lixaðòra] *f.* Ponceuse.
lila [lila] *f.* 1 Lilas *m.* (arbusto). 2 Lilas *m.* (color). 3 fig. Sot, sotte.
lima [lima] *f.* 1 Lime (herramienta). 2 Lime, limette (fruta). 3 Limettier *m.* (limero). 4 fig. Correction.
limar [limàr] *tr.* Limer.
limbo [limbo] *m.* 1 Limbe. 2 Limbes *pl.* (de las almas).
limeño, -ña [limèɲo, -ɲa] *adj.-s.* De Lima.
limitación [limitaθjòn] *f.* Limitation.
limitado, -da [limitàðo, -ða] *adj.* 1 Limité, ée. 2 Borné, ée (poco inteligente).
limitar [limitàr] *tr.* 1 Limiter. ■ 2 *pr.* Se limiter, se borner.
límite [limite] *m.* Limite *f.*
limítrofe [limitrofe] *adj.* Limitrophe.
limón [limòn] *m.* 1 Citron. 2 Citronnier (árbol). 3 Limon (de un carruaje).
limonada [limonàða] *f.* Citronnade.
limonero [limonèro] *m.* Citronnier.
limosna [limòsna] *f.* Aumône: ***pedir*** ~, demander l'aumône.
limpia [limpja] *f.* 1 Nettoiement *m.*, nettoyage *m.* 2 Curage *m.* (de un pozo, letrina). ■ 3 *m.* fam. Cireur.
limpiador, -ra [limpjaðòr, -ra] *adj.-s.* Nettoyeur, euse.
limpiar [limpjàr] *tr.* 1 Nettoyer. 2 Curer (un pozo, etc.). 3 Émonder (un árbol). 4 fig. fam. Voler, faucher (robar). ▲ CONJUG. comme ***cambiar.***
limpio, -ia [limpjo, -ja] *adj.* 1 Propre, net, nette. 2 Pur, pure: ***corazón*** ~, cœur pur. 3 ***Juego*** ~, franc jeu. ■ 4 *adv.* Proprement, honnêtement. Loc. ***Jugar*** ~, jouer franc jeu. 5 *loc. adv.* ***En*** ~, net (deducidos los gas-

tos o desperdicios), en substance, en définitive.
linaje [linàxe] *m.* 1 Lignage, lignée *f.* 2 *El ~ humano,* le genre humain.
lince [linθe] *m.* 1 Lynx. 2 fig. Malin. ■ 3 *adj. Ojos linces,* yeux de lynx.
linchar [lintʃàr] *tr.* Lyncher.
lindante [lindànte] *adj.* Contigu, guë, attenant, ante, avoisinant, ante.
lindar [lindàr] *intr.* Être contigu, guë, être attenant, ante, avoisiner: *~ con,* être contigu à.
linde [linde] *f.* 1 Borne, limite. 2 Orée, lisière (de un bosque).
lindo, -da [lindo, -ða] *adj.* 1 Joli, ie, gentil, ille. 2 Parfait, aite, exquis, ise. ■ 3 *m.* Petit-maître. 4 *loc. adv. De lo ~,* joliment beaucoup.
línea [linea] *f.* 1 Ligne. Loc. fig. *Leer entre líneas,* lire entre lignes. 2 *loc. adv. En toda la ~,* sur toute la ligne, complètement.
linfa [limfa] *f.* 1 FISIOL. Lymphe. 2 poét. Eau.
lingote [liŋgòte] *m.* Lingot.
lino [lino] *m.* Lin.
linotipista [linotipista] *s.* Linotypiste.
lintel [lintèl] *m.* Linteau.
linterna [lintèrna] *f.* 1 Lanterne: *~ sorda,* lanterne sourde. 2 Lampe de poche (con pila). 3 ARQ. Lanterne. 4 MAR. Phare *m.*
lío [lio] *m.* 1 Paquet, baluchon. 2 fig. Imbroglio, embrouillement (embrollo), histoire *f.*: *armar un ~,* faire toute une histoire.
lionés, -esa [ljonès, -èsa] *adj.-s.* Lyonnais, aise.
liquidación [likiðaθjòn] *f.* 1 Liquéfaction. 2 COM. Liquidation. 3 COM. Soldes *m. pl.* (rebajas).
liquidar [likiðàr] *tr.* 1 Liquéfier. 2 COM. Liquider. 3 fig. Liquider.
líquido, -da [likiðo, -ða] *adj.-m.* Liquide.
lira [lira] *f.* 1 MÚS., ASTR. Lyre. 2 Lire (moneda italiana).
lírico, -ca [liriko, -ka] *adj.* 1 Lyrique. ■ 2 *s.* Lyrique (poeta). ■ 3 *f.* Poésie lyrique.
lirio [lirjo] *m.* 1 Iris. 2 *~ blanco,* lis; *~ de los valles,* muguet. 3 *~ de agua,* variété d'arum.
lis [lis] *f.* BLAS. Lis *m.*
lisiado, -da [lisjàðo, -ða] *adj.-s.* Estropié, ée.
liso, -sa [liso, -sa] *adj.* 1 Lisse, uni, ie (sin asperezas), plat, plate (llano). 2 Uni, ie: *tela lisa,* étoffe unie.
lista [lista] *f.* 1 Raie, rayure (línea). 2 Liste (enumeración).
listo, -ta [listo, -ta] *adj.* 1 Intelligent, ente, dégourdi, ie (sagaz). 2 Prêt, prête (dispuesto): *todo está ~,* tout est prêt.
litera [litèra] *f.* 1 Litière (vehículo). 2 Couchette (en un barco, un tren).
literal [literàl] *adj.* Littéral, ale.
literario, -ia [literàrjo, -ja] *adj.* Littéraire.
literatura [literatùra] *f.* Littérature.
litigar [litiɣàr] *tr.* 1 Plaider. ■ 2 *intr.* fig. Disputer.
litigio [litixjo] *m.* Litige.
litografía [litoɣrafia] *f.* Lithographie.
litoral [litoràl] *adj.* 1 Littoral, ale. ■ 2 *m.* Littoral.
litro [litro] *m.* Litre.
liturgia [litùrxja] *f.* Liturgie.
liviano, -na [liβjàno, -na] *adj.* 1 Léger, ère (de poco peso, de poca importancia). 2 fig. Inconstant, ante, léger, ère, volage.
lizo [liθo] *m.* Lice *f.* Lisse *f.* (de un telar).
ll [èʎe] *f.* Double l *m.*
llaga [ʎàɣa] *f.* 1 Plaie. 2 CONSTR. Joint *m.* (entre dos ladrillos).
llama [ʎàma] *f.* 1 Flamme (del fuego, de la pasión). 2 Lama *m.* (mamífero).
llamada [ʎamàða] *f.* 1 Appel *m.*: *~ telefónica,* appel téléphonique. 2 MIL. Rappel *m.*: *tocar ~,* battre le rappel. 3 Renvoi *m.* (en un libro). 4 Rappel *m.* (al orden).

llamar [ʎamàr] *tr.* **1** Appeler (con la voz, la mano, convocar): ~ ***a filas,*** appeler sous les drapeaux. **2** Appeler, nommer (nombrar). **3** Attirer: ~ ***la atención,*** attirer l'attention. ■ **4** *intr.* Frapper (a una puerta), sonner (con timbre). ■ **5** *pr.* Se nommer, s'appeler: ***¿cómo te llamas?,*** comment t'appelles-tu?

llamativo, -va [ʎamatiβo, -βa] *adj.* Criard, arde, voyant, ante (que llama la atención).

llaneza [ʎanèθa] *f.* **1** Simplicité (sencillez). **2** Franchise. **3** Familiarité.

llano, -na [ʎàno, -na] *adj.* **1** Plat, plate: ***plato*** ~, assiette plate. **2** fig. Simple, naturel, elle. **3** Facile. **4** GRAM. Qui a l'accent tonique sur la pénultième syllabe, paroxyton. **5** *loc. adv.* ***A la llana,*** sans façon, sans cérémonie.

llanto [ʎànto] *m.* Pleurs *pl.*, larmes *f. pl.*: ***al borde del*** ~, au bord des larmes.

llanura [ʎanùra] *f.* GEOG. Plaine.

llave [ʎàβe] *f.* **1** Clé, clef: ***cerrar con*** ~, fermer à clef. Loc. ~ ***maestra,*** passepartout *m.* **2** Robinet *m.* (grifo). **3** IMPR. Accolade (corchete).

llavero, -ra [ʎaβèro, -ra] *s.* **1** Personne qui garde les clés. ■ **2** *m.* Porte-clés.

llegada [ʎeɣàða] *f.* **1** Arrivée. **2** Approche, venue.

llegar [ʎeɣàr] *intr.* **1** Arriver. **2** Atteindre, monter à (una cantidad). **3** Aller (hasta decir, hacer, etc.). **4** Atteindre: ~ ***al techo con la mano,*** atteindre le plafond avec la main. Loc. ~ ***a las manos,*** en venir aux mains. **5** Parvenir à (con esfuerzo o dificultad).. ■ **6** *tr.* Approcher (una cosa a otra): ~ ***una silla a la mesa,*** approcher une chaise de la table. ■ **7** *pr.* Se rapprocher, s'approcher de. **8** Aller, se rendre (ir).

llenar [ʎenàr] *tr.* **1** Remplir. **2** fig. Remplir: ~ ***un cargo,*** remplir dignement une place. **3** Combler. **4** Plaire, satisfaire. ■ **5** *pr.* Se remplir.

lleno, -na [ʎèno, -na] *adj.* Plein, pleine.

llevar [ʎeβàr] *tr.* **1** Porter. **2** Emmener: ***la llevó al cine,*** il l'emmena au cinéma. **3** Supporter, tolérer: ~ ***con paciencia,*** supporter avec patience. **4** Amener, conduire (inducir). **5** Avoir passé, être depuis (cierto tiempo): ***lleva dos horas leyendo,*** il lit depuis deux heures. **6** Tenir (cuidar): ~ ***los libros,*** tenir les livres. **7** MAT. Retenir (una cifra): ***escribo seis y llevo dos,*** je pose six et je retiens deux. ■ **8** *pr.* Remporter (un premio), obtenir (conseguir). **9** Emporter (quitar, apartar). **10** ***Llevarse bien, llevarse mal,*** bien, mal s'entendre.

llorar [ʎoràr] *intr.-tr.* Pleurer.

lloroso, -sa [ʎoròso, -sa] *adj.* Éploré, ée, en larmes, larmoyant, ante.

llovedizo, -za [ʎoβeðiθo, -θa] *adj.* De pluie: ***agua llovediza,*** eau de pluie.

llover [ʎoβèr] *impers.* Pleuvoir: ***llueve a cántaros,*** il pleut à verse; ***ha llovido mucho,*** il a beaucoup plu. ▲ CONJUG. comme ***mover.***

lluvia [ʎùβja] *f.* Pluie.

lluvioso, -sa [ʎuβjòso, -sa] *adj.* Pluvieux, euse.

lo [lo] *art. neutro.* **1** Le, l', ce qui est: ~ ***bueno,*** le bon, ce qui est bon; ~ ***mío,*** ce qui est à moi; ce (delante de un pronombre relativo): ~ ***que yo quiero,*** ce que je veux; ~ ***que ocurrió,*** ce qui est arrivé. ■ **2** *pron. pers. m.* y *neutro.* Le: ~ ***veo,*** je le vois; ~ ***haré,*** je le ferai; ***hay que hacerlo,*** il faut le faire.

loa [lòa] *f.* Louange.

loable [loàβle] *adj.* Louable.

loar [loàr] *tr.* Louer, vanter.

lobato [loβàto] *m.* Louveteau.

lobo [lòβo] *m.* **1** Loup. **2** ~ ***cerval,*** loup-cervier; ~ ***marino,*** loup de mer, phoque.

lóbrego, -ga [lóβreγo, -γa] *adj.* 1 Sombre, ténébreux, euse. 2 fig. Triste, mélancolique.
lóbulo [lóβulo] *m.* Lobe.
local [lokál] *adj.* Local, ale.
localidad [lokaliðáð] *f.* 1 Localité. 2 Place (en un espectáculo).
localizar [lokaliθár] *tr.* Localiser.
loción [loθjón] *f.* Lotion.
loco, -ca [lóko, -ka] *adj.* 1 Fou, fol (delante de un masculino que empieza por una vocal), folle: ~ ***de atar,*** ~ ***de remate,*** fou à lier. ■ 2 *s.* Fou, folle: ***casa de locos,*** asile de fous.
locomoción [lokomoθjón] *f.* Locomotion.
locomotora [locomotora] *f.* Locomotive.
locomotriz [lokomotriθ] *adj.-f.* Locomotrice.
locución [lokuθjón] *f.* Locution.
locura [lokúra] *f.* Folie.
locutor, -ra [lokutór, -ra] *s.* Speaker, speakerine.
lodo [lóðo] *m.* Boue *f.*
logia [lóxja] *f.* 1 ARQ. Loge. 2 Loge (de francmasones).
lógico, -ca [lóxiko, -ka] *adj.* 1 Logique. ■ 2 *s.* Logicien, ienne.
logística [loxistika] *f.* Logistique.
lograr [loγrár] *tr.* 1 Obtenir. 2 Atteindre (su propósito). 3 Réussir à, parvenir à (con infinitivo): ***he logrado encontrarle,*** j'ai réussi, je suis parvenu à le rencontrer. 4 ~ ***sus fines,*** arriver à ses fins.
logro [lóγro] *m.* Obtention *f.* (acción de lograr).
LOGSE [lókse] *f.* (*abrev.* Ley Orgánica de Ordenación General del Sistema Educativo) Réforme de l'enseignement secondaire en Espagne.
loma [lóma] *f.* Coteau *m.*, hauteur.
lombarda [lombárða] *f.* 1 Bombarde. 2 Chou *m.* rouge (col).
lombriz [lombriθ] *f.* 1 Ver *m.* de terre, lombric *m.* 2 Ver *m.* (intestinal).
lomo [lómo] *m.* 1 Lombes *f. pl.*, reins *pl.* (del hombre). 2 Dos (de un animal, un libro, un cuchillo). 3 Échine *f.* (de cerdo). 4 Aloyau (de vaca).
lona [lóna] *f.* Toile à voile, toile.
longevidad [loŋxeβiðáð] *f.* Longévité.
longitud [loŋxitúð] *f.* 1 Longueur. 2 ASTR., GEOG. Longitude.
lonja [lóŋxa] *f.* 1 Tranche (de carne). 2 Bourse de commerce. 3 Porche *m.*, parvis *m.* (atrio).
loquero, -ra [lokéro, -ra] *s.* Gardien, ienne d'un asile de fous.
lord [lorð] *m.* Lord.
loro [lóro] *m.* Perroquet.
los [los] *art. m. pl.-pron. pers.* 1 Les. 2 ~ ***de,*** ceux de; ~ ***que,*** ceux qui, ceux que. 3 ~ ***hay,*** il y en a.
losa [lósa] *f.* 1 Dalle. 2 fig. Sépulcre *m.* 3 ~ ***sepulcral,*** pierre tombale.
losar [losár] *tr.* Daller.
lote [lóte] *m.* Lot.
lotería [loteria] *f.* 1 Loterie. 2 Loto *m.* (juego casero).
loza [lóθa] *f.* Faïence (barro fino).
lozanía [loθania] *f.* 1 Vigueur, fraîcheur. 2 Exubérance (de la vegetación).
lubina [luβina] *f.* Bar *m.*, loup *m.* de mer (pez).
lubricación [luβrikaθjón] *f.* Lubrification.
lubricante [luβrikánte] *adj.* 1 Lubrifiant, ante. ■ 2 *m.* Lubrifiant.
lubricar [luβrikár] *tr.* Lubrifier.
lucerna [luθérna] *f.* 1 Lucarne (lumbrera). 2 Ver *m.* luisant (luciérnaga).
lucero [luθéro] *m.* 1 Étoile *f.* brillante. 2 Vénus *f.* (planeta).
lucha [lútʃa] *f.* Lutte.
luchar [lutʃár] *intr.* Lutter.
lúcido, -da [lúθiðo, -ða] *adj.* 1 Lucide (persona). 2 poét. Brillant, ante.
lucido, -da [luθiðo, -ða] *adj.* Brillant, ante, splendide.

luciérnaga [luθjèrnaɣa] *f.* Ver *m.* luisant.
lucir [luθir] *intr.* 1 Briller, resplendir. 2 fig. Se distinguer, briller. 3 Profiter (cundir), faire de l'effet. ■ 4 *tr.* Montrer (cualidades), arborer (exhibir). ■ 5 *pr.* Exceller, agir d'une manière brillante, briller: ~ ***en un examen,*** briller dans un examen. ▲ CONJUG. IRRÉG. INDIC. Prés.: ***luzco.*** SUBJ. Prés.: ***luzca, luzcas, luzca, luzcamos, luzcáis, luzcan.*** IMPÉR.: ***luzcas, luzcamos, luzcan.*** Les autres formes sont régulières.
lucro [lúkro] *m.* Lucre, profit.
luctuoso, -sa [luɣtwóso, -sa] *adj.* Triste.
luego [lwèɣo] *adv.* 1 Aussitôt, tout de suite. 2 Bientôt, tout à l'heure. Loc. ***Hasta ~,*** à bientôt, au revoir. 3 Après, ensuite (después). 4 *loc. adv.* ***Desde ~,*** bien entendu, évidemment. ■ 5 *conj.* Donc: ***pienso, ~ existo,*** je pense, donc je suis.
lugar [luɣàr] *m.* 1 Lieu, endroit (paraje), place *f.* (sitio): ***personarse en el ~ del accidente,*** se rendre sur les lieux, à l'endroit de l'accident. 2 *loc. adv.* ***En primer ~,*** en premier lieu, d'abord. 3 *loc. prep.* ***En ~ de,*** au lieu de. ■ 4 *pl.* ***Lugares comunes,*** lieux communs.
lugareño, -ña [luɣarèɲo, -ɲa] *adj.-s.* Villageois, oise, campagnard, arde.
lugarteniente [luɣartenjènte] *m.* Lieutenant.
lúgubre [lúɣuβre] *adj.* Lugubre.
lujo [lúxo] *m.* Luxe.
lujuria [luxúrja] *f.* Luxure.
lumbago [lumbàɣo] *m.* MED. Lumbago.
lumbar [lumbàr] *adj.* Lombaire.
lumbre [lùmbre] *f.* 1 Lumière (luz). 2 Feu *m.* (fuego): ***al amor de la ~,*** au coin du feu. 3 fig. Éclat *m.,* clarté. 4 Jour *m.* (de una puerta, ventana). 5 Pince (de la herradura).
lumbrera [lumbrèra] *f.* Lumière (cuerpo luminoso, persona muy sabia).
luminar [luminàr] *m.* Luminaire (astro).
luminoso, -sa [luminóso, -sa] *adj.* Lumineux, euse.
luna [lúna] *f.* 1 Lune: ~ ***llena,*** pleine lune; ~ ***nueva,*** nouvelle lune; ***claro de ~,*** clair de lune; ~ ***de miel,*** lune de miel. 2 Glace (de un espejo, un escaparate, etc.): ***armario de ~,*** armoire à glace. 3 *loc. adv.* fig. ***A la ~ de Valencia,*** déçu, ue.
lunes [lùnes] *m.* Lundi.
lupa [lúpa] *f.* Loupe.
lúpulo [lúpulo] *m.* Houblon.
lusitano, -na [lusitàno, -na], **luso, -sa** [lúso, -sa] *adj.-s.* Lusitanien, ienne, portugais, aise.
lustrado [lustràðo] *m.* Lustrage.
lustrar [lustràr] *tr.* 1 Purifier par des sacrifices. 2 Cirer (zapatos). 3 Lustrer, catir (las telas).
lustro [lùstro] *m.* Lustre (cinco años).
lustroso, -sa [lustróso, -sa] *adj.* Lustré, ée, brillant, ante.
luterano, -na [luteràno, -na] *adj.* Luthérien, ienne.
luto [lúto] *m.* 1 Deuil. Loc. ***Estar de ~,*** être en deuil; ***medio ~,*** demi-deuil. ■ 2 *pl.* Tentures *f.* de deuil.
luxación [lu(ɣ)saθjòn] *f.* Luxation.
luxemburgués, -esa [lu(ɣ)semburɣès, -èsa] *adj.-s.* Luxembourgeois, oise.
luz [luθ] *f.* 1 Lumière. Loc. ***Efecto de ~,*** effet de lumière; ***dar la ~,*** allumer. 2 Jour *m.* (claridad). Loc. ***dar a ~,*** enfanter, mettre au monde, accoucher de (parir): ***dio a ~ una niña,*** elle a accouché d'une fille, elle a mis au monde une fille. 3 Lampe (lámpara). 4 *loc. adv.* ***A primera ~,*** à l'aube; ***a todas luces,*** de toute évidence; ***entre dos luces,*** entre chien et loup; fig. à moitié ivre (borracho).

M

m [ème] *f.* M *m.*
maca [máka] *f.* 1 Meurtrissure (en una fruta). 2 Tache, défaut *m.*
macabro, -bra [makáβro, -βra] *adj.* Macabre.
macaco, -ca [makáko, -ka] *s.* Macaque.
macana [makána] *f.* 1 Matraque, massue (porra). 2 Blague, plaisanterie (broma).
macarrón [makaṙón] *m.* Macaron.
macarrones [makaṙónes] *m. pl.* Macaronis.
macarse [makárse] *pr.* Se gâter (las frutas).
maceración [maθeraθjón] *f.* Macération.
macerar [maθerár] *tr.* 1 Macérer, faire macérer. ■ 2 *pr.* Se macérer, se mortifier.
macero [maθéro] *m.* Massier (ujier).
maceta [maθéta] *f.* 1 Marteau *m.* court (herramienta). 2 Pot *m.* à fleurs (tiesto), pot *m.* de fleurs (con una planta).
machaca [matʃáka] *f.* 1 Pilon *m.* (para machacar). ■ 2 *s.* fig. Raseur, euse (persona pesada).
machacar [matʃakár] *tr.* 1 Piler, broyer. ■ 2 *intr.* fig. Rabâcher, insister, ressasser.
machacón, -ona [matʃakón, -óna] *adj.* 1 Insistant, ante, ennuyeux, euse. ■ 2 *s.* Rabâcheur, euse.
machete [matʃéte] *m.* 1 Machette *f.*, sabre d'abattis. 2 Coutelas.
machihembrar [matʃjembrár] *tr.* CARP. Assembler à tenon et mortaise ou à rainure et languette.
macho [mátʃo] *adj.-m.* 1 Mâle. Loc. ~ ***cabrío,*** bouc. ■ 2 *m.* Mulet. 3 Crochet (de corchete). 4 Marteau (de herrero). 5 Enclume *f.* carrée (yunque). 6 ARQ. Pilier, jambage. 7 MEC. ~ ***de aterrajar,*** taraud.
machucar [matʃukár] *tr.* Meurtrir (frutas), froisser (arrugar), bosseler (abollar).
macillo [maθiʎo] *m.* 1 Petit maillet. 2 Marteau (de piano).
macizo, -za [maθiθo, -θa] *adj.* 1 Massif, ive. 2 Solide. ■ 3 *m.* Massif (de montañas, de plantas). 4 ARQ. Trumeau.
macular [makulár] *tr.* Maculer.
madeja [maðéxa] *f.* 1 Écheveau *m.* 2 ~ ***de pelo,*** touffe de cheveux.
madera [maðéra] *f.* 1 Bois *m.* (materia): ~ ***de carpintería,*** bois de charpente. 2 fig. fam. Nature, qualités *pl.*, dispositions *pl.*, étoffe: ***tener ~ de,*** avoir l'étoffe de.
maderero [maðeréro] *m.* 1 Marchand de bois. 2 Flotteur (conductor de armadía).
madero [maðéro] *m.* Madrier.
madrastra [maðrástra] *f.* Marâtre.
madre [máðre] *f.* 1 Mère. Loc. ~ ***de leche,*** nourrice; ~ ***política,*** belle-mère. 2 Mère (religiosa). 3 fig. Mère (origen, causa, etc.): ***la ~ patria,*** la mère patrie. 4 Lit *m.* (de un río): ***salir de ~,*** déborder, sortir de son lit.
madreperla [maðrepérla] *f.* Huître perlière.
madreselva [maðresélβa] *f.* Chèvrefeuille *m.*
madriguera [maðriɣéra] *f.* 1 Terrier *m.* (de un animal). 2 fig. Repaire *m.* (de malhechores).
madrileño, -ña [maðriléɲo, -ɲa] *adj.-s.* Madrilène.
madrina [maðrina] *f.* 1 Marraine. 2 Jument qui guide un train de bêtes (yegua).
madrugada [maðruɣáða] *f.* 1 Aube, point *m.* du jour. 2 Action de se lever de bon matin.
madrugar [maðruɣár] *intr.* 1 Se lever de bon matin. 2 fig. Se dépêcher, gagner du temps, prendre les devants.
madurar [maðurár] *tr.-intr.* Mûrir.
madurez [maðuréθ] *f.* Maturité.

maduro, -ra [maðúro, -ra] *adj.* Mûr, mûre.
maestra [maèstra] *f.* 1 Maîtresse, institutrice (que enseña). 2 Femme d'un instituteur.
maestría [maestria] *f.* Maîtrise.
maestro, -tra [maèstro, -tra] *adj.* 1 Maître, maîtresse, principal, ale. Loc. ***Obra maestra,*** chef-d'œuvre *m.* 2 *m.* Maître, instituteur (que enseña). 3 Maître (en un oficio, arte, etc.). 4 Maître, maestro (compositor). 5 Maître: ~ ***de ceremonias,*** maître des cérémonies.
magia [máxja] *f.* Magie.
mágico, -ca [máxiko, -ka] *adj.* 1 Magique. ■ 2 *m.* Magicien. ■ 3 *f.* Magicienne.
magisterio [maxistérjo] *m.* 1 Enseignement, magistère. 2 Profession *f.* d'instituteur. 3 Corps des instituteurs.
magistral [maxistrál] *adj.* Magistral, ale.
magistratura [maxistratúra] *f.* Magistrature.
magnesio [maɣnésjo] *m.* Magnésium.
magnético, -ca [maɣnétiko, -ka] *adj.* Magnétique.
magnetizar [maɣnetiθár] *tr.* Magnétiser.
magnetófono [maɣnetófono] *m.* Magnétophone.
magnitud [maɣnitúð] *f.* 1 Grandeur (de las cosas). 2 ASTR. Magnitude.
magno, -na [máɣno, -na] *adj.* Grand, grande: ***Alejandro el ~,*** Alexandre le Grand.
magnolia [maɣnólja] *f.* 1 Magnolia *m.*, magnolier *m.* (árbol). 2 Magnolia *m.* (flor).
mago, -ga [máɣo, -ɣa] *s.* 1 Magicien, ienne. ■ 2 *adj.-m.* Mage: ***los Reyes Magos,*** les Rois mages.
magro, -gra [máɣro, -ɣra] *adj.* 1 Maigre. ■ 2 *m.* Maigre (del cerdo).
magullar [maɣuʎár] *tr.* Meurtrir.
mahometano, -na [maometáno, -na] *adj.-s.* Mahométan, ane.
mahón [maón] *m.* Nakin (tela).
mahonesa [maonésa] *f.* Mayonnaise (salsa).
maíz [maiθ] *m.* Maïs.
majadero, -ra [maxaðéro, -ra] *adj.-s.* 1 Sot, sotte, imbécile. ■ 2 *m.* Pilon (maza).
majestad [maxestáð] *f.* 1 Majesté. 2 ***Su Divina ~,*** Dieu, Notre-Seigneur.
majestuoso, -sa [maxestwóso, -sa] *adj.* Majestueux, euse.
majo, -ja [máxo, -xa] *adj.* 1 Pimpant, ante (elegante), joli, ie (bonito), mignon, onne (mono). 2 *fam.* sympa.
mal [mal] *adj.* 1 Forme apocopée de ***malo*** qui ne s'emploie que devant le substantif masculin: ~ ***día,*** mauvais jour. ■ 2 *m.* Mal. Loc. ***Llevar a ~ una cosa,*** prendre mal une chose, s'offenser d'une chose. 3 Mal, maladie *f.* Loc. ~ ***caduco,*** mal caduc, épilepsie. ■ 4 *adv.* Mal. Loc. ***Salir ~,*** ne pas réussir. 5 *loc. adv.* ***De ~ en peor.*** 6 Mauvais: ***oler ~,*** sentir mauvais. 7 *interj.* ***¡~ haya!,*** maudit soit!
mala [mála] *f.* Malle (correo).
malabarista [malaβarista] *s.* Jongleur, euse.
málaga [málaɣa] *m.* Malaga (vino).
malagueño, -ña [malaɣéɲo, -ɲa] *adj.-s.* 1 De Málaga. ■ 2 *f.* Air *m.* populaire andalou.
malaria [malárja] *f.* Malaria.
malaventurado, -da [malaβenturáðo, -ða] *adj.* Malheureux, euse.
malayo, -ya [maláјo, -ја] *adj.-s.* Malais, aise.
malbaratar [malβaratár] *tr.* 1 Vendre à vil prix. 2 Dissiper, gaspiller.
malcriar [malkrjár] *tr.* Mal élever (educar mal a los hijos), gâter (mimar).
maldad [maldáð] *f.* Méchanceté, malveillance.

maldecir [maldeθir] *tr.* 1 Maudire: ***Dios maldijo a Caín,*** Dieu a maudit Caïn. ■ 2 *intr.* Médire: ***maldice de todos,*** il médit de tout le monde. ▲ CONJUG. comme ***decir,*** sauf au Fut. de l'Indicatif: ***maldeciré,*** etc. et au Conditionnel: ***maldeciría,*** etc. PART. PAS. rég.: ***maldecido;*** irrég.: ***maldito.***

maldición [maldiθjón] *f.* Malédiction.

maldito, -ta [maldíto, -ta] *adj.-s.* 1 Maudit, ite. ■ 2 *adj.* Maudit, ite, sacré, ée, satané, ée: ***un ~ embustero,*** un satané menteur. ■ 3 *f.* fam. ***La maldita,*** la langue.

maleable [maleáβle] *adj.* Malléable.

maleante [maleánte] *adj.* 1 Qui corrompt, qui gâte. 2 Méchant, ante, pervers, erse.

maléfico, -ca [maléfiko, -ka] *adj.* 1 Maléfique. 2 Malfaisant, ante (dañino).

malestar [malestár] *m.* Malaise.

maleta [maléta] *f.* 1 Valise. ■ 2 *m.* fam. Mazette *f.* empoté (torpe).

maletero [maletéro] *m.* 1 Malletier. 2 Porteur (mozo de estación).

maleza [maléθa] *f.* Broussailles *pl.*

malgastar [malɣastár] *tr.* Gaspiller, dissiper.

malhablado, -da [malaβláðo, -ða] *adj.-s.* Mal embouché, ée, grossier, ière.

malhechor, -ra [maletʃór, -ra] *adj.-s.* Malfaiteur, trice.

malherir [malerír] *tr.* Blesser grièvement. ▲ CONJUG. comme ***hervir.***

malhumorado, -da [malumoráðo, -ða] *adj.* Qui est de mauvaise humeur.

malicia [maliθja] *f.* 1 Malignité, malice, méchanceté (maldad). 2 Astuce, sagacité.

malicioso, -sa [maliθjóso, -sa] *adj.-s.* Malicieux, euse, soupçonneux, euse.

maligno, -na [maliɣno, -na] *adj.-s.* Malin, igne, méchant, ante.

malintencionado, -da [malintenθjonáðo, -ða] *adj.-s.* Malintentionné, ée.

malla [máʎa] *f.* 1 Maille (de una red, una cota, un tejido). 2 amer. Maillot *m.*

mallorquín, -ina [maʎorkín, -ina] *adj.-s.* Majorquin, ine.

malo, -la [málo, -la] *adj.* 1 Mauvais, aise (no bueno): ***comida mala,*** mauvaise nourriture. 2 Méchant, ante (propenso al mal). 3 Malade, indisposé, ée (enfermo). 4 Difficile: ***~ de entender,*** difficile à comprendre. ■ 5 *m.* ***El ~,*** le diable, le malin. 6 loc. adv. ***Por las malas,*** de force, par la violence.

malograr [maloɣrár] *tr.* 1 Perdre, ne pas profiter de (el tiempo, la ocasión, etc.). ■ 2 *pr.* Échouer (fracasar). 3 Avorter, ne pas réussir, ne pas arriver à son plein développement.

maloliente [maloljénte] *adj.* Malodorant, ante.

malparar [malparár] *tr.* Mettre en mauvais état, mal en point, maltraiter.

malsano, -na [malsáno, -na] *adj.* Malsain, aine.

malta [málta] *m.* Malt.

maltés, -esa [maltés, -ésa] *adj.-s.* Maltais, aise.

maltratar [maltratár] *tr.* Maltraiter, rudoyer, malmener (a una persona).

maltrecho, -cha [maltrétʃo, -tʃa] *adj.* En mauvais état, maltraité, ée.

maluco, -ca [malúko, -ka], **malucho, -cha** [malútʃo, -tʃa] *adj.* fam. Un peu malade, mal fichu, ue, patraque.

malva [málβa] *f.* 1 Mauve. Loc. ***~ loca, ~ real, ~ rósea,*** rose trémière. ■ 2 *adj.-m.* Mauve (color).

malvado, -da [malβáðo, -ða] *adj.-s.* Méchant, ante, pervers, erse.

malvarrosa [malβarósa] *f.* Rose trémière.

malvender [malβendèr] *tr.* Mévendre.
malversación [malβersaθjòn] *f.* Malversation.
mama [màma] *f.* **1** Mamelle (teta). **2** Sein *m.* (pecho). **3** fam. Maman (madre).
mamá [mamà] *f.* Maman.
mamar [mamàr] *tr.* Téter.
mamarracho [mamar̄àtʃo] *m.* **1** fam. Croûte *f.*, navet (cuadro malo), navet (película mala, etc.). **2** Fantoche, polichinelle (persona).
mamífero, -ra [mamifero, -ra] *adj.-m.* Mammifère.
mamotreto [mamotrèto] *m.* Calepin.
mampara [mampàra] *f.* **1** Paravent *m.* (biombo). **2** Contre-porte.
mampostería [mamposteria] *f.* Maçonnerie.
mamut [mamùt] *m.* Mammouth.
manada [manàðа] *f.* Troupeau *m.* (de animales domésticos), bande (de lobos, etc., de personas).
manantial [manantjàl] *m.* Source *f.*
manar [manàr] *intr.* Jaillir, sourdre: ***el agua manaba de las rocas,*** l'eau jaillissait des rochers.
manaza [manàθa] *f.* **1** Grosse main. **2** ***Ser un manazas,*** être un brise-tout.
manceba [manθèβa] *f.* Concubine.
mancebo [manθèβo] *m.* Jeune homme.
mancha [màntʃa] *f.* **1** Tache. **2** fig. Souillure. **3** Tavelure (en una fruta).
manchego, -ga [mantʃèγo, -γa] *adj.-s.* Manchègue.
mancillar [manθiʎàr] *tr.* Tacher, souiller, déshonorer.
manco, -ca [màŋko, -ka] *adj.-s.* **1** Manchot, ote. **2** fig. Incomplet, ète.
mancomunar [maŋkomunàr] *tr.* **1** Unir, associer, grouper. ■ **2** *pr.* S'unir, s'associer.
mancomunidad [maŋkomuniðàð] *f.* **1** Association, union. **2** Fédération. **3** Copropriété.
mandado [mandàðo] *m.* Commandement, précepte.
mandamiento [mandamjènto] *m.* **1** Ordre. **2** REL. Commandement (de Dios, de la Iglesia). **3** DER. Ordre, mandat.
mandar [mandàr] *tr.* **1** Ordonner, enjoindre (ordenar): ***te mando que te calles,*** je t'ordonne de te taire. **2** Commander (ejercer autoridad). **3** Léguer (por estamento). **4** Envoyer (enviar). Loc. ~ ***por,*** envoyer chercher.
mandarín [mandarin] *m.* Mandarin.
mandarina [mandarina] *f.* Mandarine.
mandatario [mandatàrjo] *m.* Mandataire.
mandato [mandàto] *m.* **1** Ordre. **2** Mandat, procuration *f.* **3** Mandat (de un diputado, soberanía ejercida por un país).
mandíbula [mandiβula] *f.* Mandibule.
mandil [mandil] *m.* Tablier (delantal).
mando [màndo] *m.* Commandement: ***el alto*** ~, le haut commandement.
mandrágora [mandràγora] *f.* Mandragore.
mandril [mandril] *m.* **1** Mandril (mono). **2** MEC. Mandrin.
manecilla [maneθiʎa] *f.* **1** Petite main, menotte. **2** Aiguille (de reloj).
manejar [manexàr] *tr.* **1** Manier. ■ **2** *pr.* Se conduire, se débrouiller (arreglárselas).
manejo [manèxo] *m.* **1** Maniement. **2** Manigance *f.*, agissement (intriga).
manera [manèra] *f.* **1** Manière, façon. **2** *loc. adv.* ***Sobre ~, en gran ~,*** beaucoup, extrêmement. ■ **3** *pl.* Manières (modales).
manes [mànes] *m. pl.* Mânes.

manga [máŋga] *f.* **1** Manche (de vestido). Loc. fig. ***Hacer mangas y capirotes,*** faire à son caprice. **2** Tuyau *m.* (de riego). **3** Fusée (de un eje de carruaje). **4** Filet *m.* (de caza). **5** Manche (de pesca). **6** Chausse (para filtrar). **7** Trombe (de agua).
manganeso [maŋganéso] *m.* QUÍM. Manganèse.
mango [máŋgo] *m.* **1** Manche (de un instrumento). **2** Queue *f.* (de una sartén, etc.). **3** Manguier (árbol).
manguera [maŋgéra] *f.* **1** Tuyau *m.* (de regar). **2** MAR. Manche.
manguito [maŋgito] *m.* **1** Manchon (de piel). **2** Manchette *f.* (manga postiza). **3** MEC. Manchon.
manía [mania] *f.* Manie.
maniatar [manjatár] *tr.* Lier les mains.
maniático, -ca [manjátiko, -ka] *adj.-s.* Maniaque.
manicomio [manikómjo] *m.* Asile d'aliénés.
manicuro, -ra [manikúro, -ra] *s.* Manucure.
manido, -da [maniðo, -ða] *adj.* Faisandé, ée.
manifestación [manifestaθjón] *f.* Manifestation.
manifestar [manifestár] *tr.* Manifester. ▲ CONJUG. comme ***acertar.***
manifiesto, -ta [manifjésto, -ta] *adj.-m.* Manifeste.
maniobrar [manjoβrár] *intr.* Manœuvrer.
manipulación [manipulaθjón] *f.* Manipulation.
manipular [manipulár] *tr.* Manipuler: ~ ***frascos, con frascos,*** manipuler des flacons.
maniqueo, -ea [manikéo, -ea] *adj.-s.* Manichéen, enne.
maniquí [maniki] *m.* Mannequin.
manjar [manxár] *m.* **1** Mets. **2** fig. Nourriture *f.* (espiritual).
mano [máno] *f.* **1** Main (del hombre, de un cuadrúmano). Loc. fig. ***Alzar la ~ a uno,*** lever la main sur quelqu'un; ***dar de ~,*** laisser de côté, suspendre (el trabajo); ***dejar de la ~,*** abandonner; ***pedir la ~,*** demander en mariage. **2** Autorité, ascendant *m.*, influence: ***tener ~ con uno,*** avoir de l'ascendant sur quelqu'un. **3** Patte de devant (de un cuadrúpedo). **4** Pilon *m.* (de mortero). **5** Couche (de pintura). **6** Partie (partida en el juego), manche (jugada parcial). **7** Main (juego de naipes): ***ser ~,*** avoir la main. **8** *loc. adv.* ***A ~,*** à la main (sin máquina), sous la main, à portée de la main (cerca); ***de primera ~,*** de première main; ***de segunda ~,*** de seconde main, d'occasion; ***a ~ derecha,*** à droite; ***a ~ izquierda,*** à gauche.
manojo [manóxo] *m.* Botte *f.* (hacecilla), poignée *f.* (puñado).
manolo [manólo, -la] *s.* Personne du bas peuple à Madrid.
manopla [manópla] *f.* **1** Gantelet *m.* (de armadura). **2** Moufle (guante).
manosear [manoseár] *tr.* Tripoter, manier.
manotear [manoteár] *tr.* **1** Frapper de la main, taper. ■ **2** *intr.* Gesticuler.
mansalva (a) [mansálβa] *loc. adv.* Sans danger, sans risque.
mansión [mansjón] *f.* Séjour *m.* Loc. ***Hacer ~,*** séjourner, demeurer.
manso, -sa [mánso, -sa] *adj.* **1** Calme, doux, douce (persona). **2** Doux, douce, docile, apprivoisé, ée (animal).
manta [mánta] *f.* **1** Couverture (de cama, de viaje, para las caballerías). **2** *loc. adv.* ***A ~ de Dios,*** à tire-larigot.
manteca [mantéka] *f.* **1** Graisse (de los animales, de algunos frutos). **2** ***~ de cerdo,*** saindoux *m.* **3** Beurre *m.* (mantequilla).
mantecada [mantekáða] *f.* Beurrée.
mantecado, -da [mantekáðo, -ða] *m.* Glace *f.* à la crème.
mantel [mantél] *m.* Nappe *f.* (de la mesa, del altar).

mantener [mantenér] *tr.* 1 Maintenir (conservar, sostener). 2 fig. Maintenir, soutenir (una opinión, etc.). 3 Nourrir (alimentar), entretenir (una familia). ■ 4 *pr.* Se maintenir: ***se mantiene en equilibrio,*** il se maintient en équilibre. 5 Se nourrir, s'alimenter. ▲ CONJUG. comme ***tener.***
mantenimiento [mantenimjénto] *m.* Maintenance *f.*
mantequilla [mantekiʎa] *f.* Beurre *m.*
mantilla [mantiʎa] *f.* 1 Mantille (de mujer). 2 Lange *m.* (de niño). 3 IMPR. Blanchet *m.*
manto [mánto] *m.* 1 Manteau (capa de ceremonia), mante *f.* (de mujer): ~ ***real,*** manteau royal. 2 Manteau (de chimenea, de un molusco).
mantón [mantón] *m.* Châle: ~ ***de Manila,*** grand châle de soie à dessins brodés.
manual [manwál] *adj.* 1 Manuel, elle. 2 Facile à manier. ■ 3 *m.* Manuel.
manuela [manwéla] *f.* Fiacre *m.* ouvert.
manufactura [manufaɣtúra] *f.* 1 Produit *m.* manufacturé. 2 Manufacture (fábrica).
manufacturar [manufaɣturár] *tr.* Manufacturer.
manuscrito, -ta [manuskrito, -ta] *adj.-m.* Manuscrit, ite.
manutención [manutenθjón] *f.* Entretien *m.*, conservation.
manzana [manθána] *f.* 1 Pomme (fruto, adorno). 2 Pâté *m.* de maisons (grupo de casas).
manzanilla [manθaniʎa] *f.* 1 Camomille (planta, infusión). 2 Manzanilla *m.* (vino).
manzano [manθáno] *m.* Pommier.
maña [máɲa] *f.* 1 Habileté, adresse. Loc. ***Darse ~ para,*** s'ingénier à. 2 Ruse, astuce. 3 Vice *m.*, mauvaise habitude.
mañana [maɲána] *f.* 1 Matin *m.*: ***las nueve de la ~,*** neuf heures du matin. 2 Matinée: ***una hermosa ~,*** une belle matinée. ■ 3 *adv.* Demain: ***hasta ~,*** à demain.
maño, -ña [máɲo, -ɲa] *s.* fam. Aragonais, aise.
mañoso, -sa [maɲóso, -sa] *adj.* Adroit, oite, habile.
mapamundi [mapamúndi] *m.* Mappemonde *f.*
maqueta [makéta] *f.* Maquette.
maquiavélico, -ca [makjaβéliko, -ka] *adj.* Machiavélique.
maquillar [makiʎár] *tr.* 1 Maquiller. ■ 2 *pr.* Se maquiller.
máquina [mákina] *f.* 1 Machine: ~ ***de coser,*** machine à coudre. 2 Locomotive. 3 ~ ***de afeitar,*** rasoir *m.*
maquinal [makinál] *adj.* Machinal, ale.
maquinaria [makinárja] *f.* Machinerie.
maquinista [makinísta] *m.* 1 Mécanicien (de un tren). 2 Machiniste.
mar [mar] *m.-f.* 1 Mer *f.* Loc. ***Alta ~,*** haute mer, pleine mer. 2 fig. ***Un ~ de,*** beaucoup de. Loc. fam. ***La ~ de,*** énormément de, des tas de: ***la ~ de trabajo,*** énormément de travail.
marabú [maraβú] *m.* Marabout.
maraña [maráɲa] *f.* 1 Broussaille. 2 fig. Embrouillement *m.*, enchevêtrement *m.*, affaire embrouillée.
marasmo [marázmo] *m.* Marasme.
maravilla [maraβiʎa] *f.* 1 Merveille. 2 *loc. adv.* ***A las mil maravillas, de ~,*** à merveille. 3 Étonnement *m.* (asombro).
maravilloso, -sa [maraβiʎóso, -sa] *adj.* Merveilleux, euse.
marca [márka] *f.* 1 Marque (señal, huella). Loc.: ***de ~,*** griffé, ée. ***~ registrada,*** marque déposée. 2 Marquage *m.* (acción de marcar). 3 Marche (provincia). 4 Toise (para medir). 5 DEP. Record *m.*: ***batir la ~,*** battre le record.

marcador [markaðòr] *m.* PHYS. Marqueur.
marcar [markàr] *tr.* Marquer (poner una marca).
marcha [màrtʃa] *f.* 1 Marche (acción de marchar). 2 fig. Marche (de un asunto, negocio, etc.). 3 Vitesse, marche (de un vehículo): ***cambio de marchas,*** changement de vitesse. 4 Départ *m.* (acción de marcharse).
marchar [martʃàr] *intr.* 1 MIL. Marcher. ■ 2 *intr.-pr.* S'en aller, partir: ***me marcho,*** je m'en vais.
marchitar [martʃitàr] *intr.* 1 Faner, flétrir. ■ 2 *pr.* Se faner, se flétrir, s'étioler.
marcial [marθjàl] *adj.* Martial, ale.
marciano, -na [marθjàno, -na] *adj.-s.* Martien, ienne.
marco [màrko] *m.* 1 Cadre (de un cuadro), encadrement (de una puerta o ventana). 2 Mark (moneda alemana). 3 Étalon (patrón).
marea [marèa] *f.* Marée: ~ ***creciente,*** marée montante.
marear [mareàr] *tr.* 1 Gouverner, conduire (un barco). ■ 2 *tr.-intr.* fig. Ennuyer, fatiguer, assommer, casser les pieds (molestar), faire tourner la tête (aturdir). ■ 3 *pr.* Avoir le mal de mer (en un barco).
marejada [marexàða] *f.* 1 Houle. 2 fig. Effervescence, agitation.
mareo [marèo] *m.* 1 Mal de mer (en un barco). 2 Mal au cœur (náusea).
marfil [marfil] *m.* Ivoire.
margarina [maryarina] *f.* Margarine.
margarita [maryarita] *f.* 1 Marguerite (planta). 2 Perle.
margen [màrxen] *m.-f.* 1 Marge *f.* Loc. fig. ***Al*** ~, en marge; ***dar*** ~, donner l'occasion. 2 Apostille *f.* 3 Rive *f.*, bord *m.* (de un río), lisière *f.* (de un bosque).
marginado, -da [marxinàðo, -ða] *s.* Marginal, e.
marginar [marxinàr] *tr.* 1 Marger. 2 Marginer (apostillar).
marica [marika] *m.* fig. fam. Tapette *f.*, pédale (homosexual).
marido [mariðo] *m.* Mari.
marimba [marimba] *f.* 1 Tambour *m.* d'Afrique. 2 Sorte de xylophone *m.*
marimorena [marimorèna] *f.* fam. Dispute, bagarre.
marina [marina] *f.* 1 Marine. 2 Région du bord de la mer.
marinera [marinèra] *f.* 1 Vareuse de marin. 2 Marinière (blusa).
marinero, -ra [[marinèro, -ra]] *adj.* 1 Marinier, ière. 2 Marin (barco). ■ 3 *m.* Matelot, marin (hombre).
marino, -na [[marino, -na]] *adj.-m.* Marin, ine.
mariposa [maripòsa] *f.* 1 Papillon *m.* (insecto). 2 Veilleuse (lamparilla, luz).
mariposear [mariposeàr] *intr.* Papillonner.
mariquita [marikita] *f.* 1 Coccinelle, bête à bon Dieu. ■ 2 *m.* Homme efféminé.
mariscal [mariskàl] *m.* 1 MIL. Maréchal. 2 Vétérinaire.
marisco [marisko] *m.* 1 Coquillage. ■ 2 *pl.* Fruits de mer.
marisma [marizma] *f.* Marais *m.* (au bord de la mer).
marista [marista] *adj.-s.* Mariste.
marital [maritàl] *adj.* Marital, ale.
marítimo, -ma [maritimo, -ma] *adj.* Maritime.
marmita [marmita] *f.* Marmite.
mármol [màrmol] *m.* Marbre.
marmota [marmòta] *f.* Marmotte.
marqués [markès] *m.* Marquis.
marquesa [markèsa] *f.* Marquise.
marranada [mar̄anàða] *f.* 1 Cochonnerie. 2 Tour *m.* de cochon (acción vil).
marrano [mar̄àno] *m.* 1 Porc. 2 fig. Cochon, saligaud.
marrón [mar̄òn] *adj.-m.* 1 Marron (color). ■ 2 *m.* Palet (para jugar). 3 fam. Problème, fig. bébé.

marroquí [maȓoki] *adj.-s.* 1 Marocain, aine. ■ 2 *m.* Maroquin (cuero).
marroquinería [maȓokineria] *f.* Maroquinerie.
marsellés, -esa [marseʎès, -ésa] *adj.-s.* Marsellais, aise.
marta [màrta] *f.* Martre: ~ ***cebellina,*** martre zibeline.
martes [màrtes] *m.* Mardi: ~ ***de Carnaval,*** mardi gras.
martillar [martiʎàr] *tr.* Marteler.
martillo [martiʎo] *m.* 1 Marteau (herramienta): ~ ***pilón,*** marteau-pilon. 2 ANAT. Marteau (del oído). 3 ***Pez*** ~, marteau.
mártir [màrtir] *s.* Martyr, tyre.
martirio [martirjo] *m.* Martyre.
marzo [màrθo] *m.* Mars.
mas [mas] *conj.* Mais.
más [mas] *adv.* 1 Plus: ~ ***de uno,*** plus d'un. 2 Davantage: ***vosotros tenéis*** ~, vous en avez davantage. 3 Plus de (delante de un sustantivo): ~ ***trabajo,*** plus de travail. 4 Le plus, la plus, les plus (con artículo): ***el avión*** ~ ***rápido,*** l'avion le plus rapide. 5 *loc. adv.* ***A lo*** ~, tout au plus: ***a*** ~, en plus, en outre; ***a*** ~ ***y mejor,*** beaucoup, tant et plus; ~ ***bien,*** plutôt. 6 *loc. adj.* ***De poco*** ~ ***o menos,*** de peu de valeur, de peu d'importance. ■ 7 *m.* Plus: ***el*** ~ ***y el menos,*** le plus et le moins.
masa [màsa] *f.* 1 Masse (volumen, conjunto). 2 FÍS. Masse. 3 *loc. adv.* ***En*** ~, en masse.
masaje [masàxe] *m.* Massage: ***dar masajes,*** faire des massages.
máscara [màskara] *f.* Masque *m.* (para taparse el rostro o protegerse): ~ ***antigás,*** masque à gaz.
mascota [maskòta] *f.* Mascotte.
masculino, -na [maskulino, -na] *adj.* 1 Masculin, ine. 2 BOT. Mâle. ■ 3 *m.* GRAM. Masculin.
masón, -ona [masòn, -òna] *s.* Franc-maçon, onne.
masonería [masoneria] *f.* Franc-maçonnerie.
masoquismo [masokizmo] *m.* Masochisme.
masticar [mastikàr] *tr.* Mastiquer, mâcher.
mástil [màstil] *m.* 1 Mât. 2 Tuyau *m.* (de pluma). 3 MÚS. Manche (de la guitarra, etc.).
mastín [mastin] *m.* Mâtin.
mastoides [mastòïðes] *adj.-m.* Mastoïde.
mata [màta] *f.* 1 Arbrisseau *m.* 2 Pied *m.* (de una planta), touffe (de hierba). 3 fig. ~ ***de pelo,*** chevelure épaisse. 4 METAL. Matte.
matadero [mataðèro] *m.* Abattoir. Loc. fig. ***Llevar al*** ~, conduire à l'abattoir.
matador, -ra [mataðòr, -ra] *adj.-s.* 1 Tueur, euse. ■ 2 *m.* TAUROM. Matador.
matamoscas [matamòskas] *m. invar.* Tue-mouche.
matanza [matànθa] *f.* 1 Tuerie, massacre *m.* 2 Abattage *m.* (de los animales).
matar [matàr] *tr.* 1 Tuer. Loc. fig. ***Estar a*** ~, se haïr, être à couteaux tirés; ***mátalas callando,*** faux jeton, sournois. 2 Éteindre (el fuego, la cal). 3 Adoucir (las aristas, los colores). 4 Ternir (el brillo de un metal). 5 Monter (naipes). ■ 6 *pr.* Se tuer.
matasellos [matasèʎos] *m.* Oblitérateur (instrumento), cachet, tampon (marca).
mate [màte] *adj.* Mat, mate.
matemáticas [matemàtikas] *f. pl.* Mathématiques.
matemático, -ca [matemàtiko, -ka] *adj.* 1 Mathématique. ■ 2 *s.* Mathématicien, ienne. ■ 3 *f.* Mathématique.
materia [matèrja] *f.* 1 Matière: ***primera*** ~, matière première. Loc. ***Entrar en*** ~, entrer en matière. 2 MED. Pus *m.*
material [materjàl] *adj.* Matériel, elle.
materialismo [materjalizmo] *m.* Matérialisme.

maternal [maternál] *adj.* Maternel, elle.
maternidad [materniðáð] *f.* Maternité.
materno, -na [matérno, -na] *adj.* Maternel, elle.
matinal [matinál] *adj.* Matinal, ale.
matiz [matiθ] *m.* Nuance *f.*
matizar [matiθár] *tr.* Nuancer.
matorral [mator̄ál] *m.* Buisson, hallier.
matraca [matráka] *f.* Crécelle. Loc. fig. fam. ***Dar ~,*** se payer la tête (burlar), importuner, assommer.
matrero, -ra [matréro, -ra] *adj.* Rusé, ée, futé, ée.
matricular [matrikulár] *tr.* **1** Immatriculer (un vehículo). **2** Inscrire (en la Universidad, etc.).
matrimonio [matrimónjo] *m.* **1** Mariage (unión, sacramento). **2** Ménage (marido y mujer).
matriz [matriθ] *f.* **1** ANAT. Matrice. **2** Matrice (molde). **3** Souche (de un libro talonario). ■ **4** *adj.* Mère: ***casa ~,*** maison mère.
matrona [matróna] *f.* **1** Matrone. **2** Sage-femme (partera).
matutino, -na [matutino, -na] *adj.* Matinal, ale: ***nieblas matutinas,*** brouillards matinaux.
maullar [maŭʎár] *intr.* Miauler.
mausoleo [maŭsoléo] *m.* Mausolée.
máxima [má(ɣ)sima] *f.* Maxime.
máximo, -ma [má(ɣ)simo, -ma] *adj.* **1** Le plus grand, la plus grande. ■ **2** *adj.-m.* Maximum.
mayo [mároo] *m.* Mai: ***el 2 de ~,*** le 2 mai.
mayólica [maǰólika] *f.* Maïolique, majolique.
mayonesa [maǰonésa] *f.* Mayonnaise.
mayor [maǰór] *adj.* **1** Plus grand, plus grande. **2** Majeur, eure. Loc. ***~ de edad,*** majeur. **3** MIL. ***Estado ~,*** état major. ■ **4** *m.* MIL. Major, commandant. **5** Chef (en algunas oficinas). ■ **6** *f.* LÓG. Majeure. ■ **7** *m. pl.* Aïeux (antepasados).
mayordomo [maǰorðómo] *m.* Majordome, intendant.
mayoría [maǰoría] *f.* Majorité.
mayorista [maǰorísta] *m.* Grossiste.
mayúsculo, -la [maǰúskulo, -la] *adj.* **1** Très grand, grande. ■ **2** *adj.-f.* Majuscule (letra).
maza [máθa] *f.* **1** Masse (arma, insignia, del taco del billar). **2** Maillet (martillo).
mazapán [maθapán] *m.* Massepain.
mazmorra [maθmór̄a] *f.* Basse-fosse, oubliette.
mazo [máθo] *m.* **1** Maillet. **2** Paquet (manojo).
me [me] *pron. pers.* **1** Me, m' (delante de vocal): ***~ escribió ayer,*** il m'a écrit hier. **2** Moi (con el imperativo): ***dame,*** donne-moi.
meandro [meándro] *m.* Méandre.
mear [meár] *intr.* pop. Pisser.
¡mecachis! [mekátʃis] *interj.* Sapristi!
mecánica [mekánika] *f.* **1** Mécanique. **2** Mécanisme *m.*
mecánico, -ca [mekániko, -ka] *adj.* **1** Mécanique. **2** *m.* Mécanicien.
mecanismo [mekanízmo] *m.* Mécanisme.
mecanografía [mekanoɣrafía] *f.* Dactylographie.
mecenas [meθénas] *m.* Mécène.
mecer [meθér] *tr.* **1** Remuer (un líquido). **2** Bercer (a un niño), balancer (la cuna, etc.). ■ **3** *pr.* Se balancer.
mecha [métʃa] *f.* Mèche (de lámpara, para pegar fuego). Loc. fig. ***Aguantar ~,*** tenir bon.
mechar [metʃár] *tr.* Larder, entrelarder (la carne).
mechero [metʃéro] *m.* **1** Bec (de lámpara). **2** Briquet (encendedor).
medalla [meðáʎa] *f.* Médaille.
médano [méðano] *m.* **1** Dune *f.* **2** Banc de sable.
media [méðja] *f.* Bas *m.*
mediación [meðjaθjón] *f.* Médiation.

mediado, -da [meðjáðo, -ða] *adj.* **1** À moitié rempli, ie, plein, pleine: ***una botella mediada,*** une bouteille à moitié pleine. **2** *loc. adv.* ***A mediados del mes, del año,*** etc., vers le milieu du mois, de l'année, etc.

mediador, -ra [meðjaðór, -ra] *adj.-s.* Médiateur, trice.

mediano, -na [meðjáno, -na] *adj.* Moyen, enne, médiocre.

medianoche [meðjanótʃe] *f.* Minuit *m.*

mediante [meðjánte] **1** *ger.* de ***mediar.*** **2** *loc. adv.* ***Dios ~,*** Dieu aidant.

mediar [meðjár] *intr.* **1** Arriver à la moitié, être à sa moitié. **2** Intervenir, intercéder (en favor de uno). **3** Être, se trouver au milieu de (una cosa en medio de otras). **4** Arriver, survenir (ocurrir).

medias (a) [(a)méðjas] *loc. adv.* **1** À moitié, à demi. **2** De moitié.

mediatizar [meðjatiθár] *tr.* Médiatiser.

mediato, -ta [meðjáto, -ta] *adj.* Médiat, ate.

médica [méðika] *f.* Femme médecin.

medicamento [meðikaménto] *m.* Médicament.

medicina [meðiθína] *f.* **1** Médecine. **2** Médicament *m.*

médico, -ca [méðiko, -ka] *adj.* **1** Médical, ale. **2** Médique (de Media). ■ **3** *m.* Médecin: ***~ de cabecera,*** médecin traitant.

medida [meðíða] *f.* **1** Mesure. **2** *loc. conj.* ***A ~ que,*** au fur et à mesure que, à mesure que.

medieval [meðjeβál] *adj.* Médiéval, ale.

medio, -ia [méðjo, -ja] *adj.* **1** Demi, ie: ***media hora,*** une demi-heure. ▲ Es invariable delante del substantivo, variable después de él. **2** Moyen, enne: ***término ~,*** moyen terme. **3** ***A~, media,*** à mi: ***a ~ camino,*** à mi-chemin. ■ **4** *m.* Milieu: ***un justo ~,*** un juste milieu. Loc. ***En ~ de,*** au milieu de, entre; ***quitar a uno de en ~,*** écarter quelqu'un, se débarrasser de quelqu'un. **5** DEP. Milieu (de terrain). **6** Moyen (para conseguir algo). *loc. prep.* ***Por ~ de,*** au moyen, par le moyen de. **7** Milieu (ambiente): ***~ ambiente,*** environnement. ■ **8** *pl.* Moyens, ressources *f.* ■ **9** *adv.* À moitié, à demi, en partie: ***~ podrido,*** à moitié pourri.

mediocre [meðjókre] *adj.* Médiocre.

mediodía [meðjoðía] *m.* Midi.

medir [meðír] *tr.* Mesurer. ▲ CONJUG. comme ***servir.***

meditación [meðitaθjón] *f.* Méditation.

meditar [meðitár] *tr.-intr.* Méditer, penser.

mediterráneo, -ea [meðiteřáneo, -ea] *adj.* **1** Méditerranéen, enne. ■ **2** *adj.-m.* ***El mar ~,*** la mer Méditerranée.

medrar [meðrár] *intr.* **1** Croître, grandir (los animales, las plantas). **2** fig. Prospérer, améliorer sa fortune.

médula [méðula], **medula** [meðúla] *f.* Moelle: ***~ espinal,*** moelle épinière.

megabyte [meγabájt] *m.* INFORM. Mégaoctet.

megáfono [meγáfono] *m.* Mégaphone.

megalítico, -ca [meγalítiko, -ka] *adj.* Mégalithique.

mejicano, -na [mexikáno, -na] *adj.-s.* Mexicain, aine.

mejilla [mexíʎa] *f.* Joue.

mejillón [mexiʎón] *m.* Moule *f.*

mejor [mexór] *adj.* **1** Meilleur, eure. ■ **2** *adv.* Mieux. **3** *loc. adv.* ***A lo ~,*** peut-être; ***a cual ~,*** à qui mieux mieux.

mejora [mexóra] *f.* **1** Amélioration. **2** Progrès *m.* **3** Augmentation.

mejoramiento [mexoramjénto] *m.* **1** Amélioration *f.* **2** Avancement (ascenso).

mejorar [mexorár] *tr.* **1** Améliorer. **2** DER. Avantager (a un heredero). ■ **3** *intr.-pr.* Aller mieux (un enfermo): ***el enfermo está muy mejorado,*** le malade va beaucoup mieux. **4** Se mettre au beau, s'améliorer (el tiempo).

melancolía [melaŋkolía] *f.* Mélancolie.

melaza [meláθa] *f.* Mélasse.

melcocha [melkòtʃa] *f.* **1** Miel *m.* cuit. **2** Pâte faite avec du miel cuit.

melena [melèna] *f.* **1** Crinière (del león). **2** Cheveux *m. pl.* longs (cabellos).

melenudo, -da [melenúðo, -ða] *adj.* Chevelu, ue.

melificar [melifikár] *intr.* Faire le miel.

melindre [melìndre] *m.* **1** Sorte de beignet au miel. **2** fig. Simagrée *f.*, minauderie *f.*

melisa [melìsa] *f.* Mélisse.

mella [mèʎa] *f.* **1** Brèche (en el filo de un arma, de una dentadura, etc.). **2** fig. Dommage *m.*, atteinte (menoscabo). Loc. ***Hacer ~,*** faire impression, porter atteinte.

mellizo, -za [meʎìθo, -θa] *adj.-s.* Jumeau, jumelle (persona).

melocotón [melokotòn] *m.* **1** Pêche *f.* (fruta). **2** Pêcher (árbol).

melodía [melodía] *f.* Mélodie.

melodrama [meloðràma] *m.* Mélodrame.

melón [melòn] *m.* Melon.

meloso, -sa [melòso, -sa] *adj.* **1** Mielleux, euse. **2** fig. Doucereux, euse.

membrana [membràna] *f.* Membrane.

membrete [membrète] *m.* En-tête (en un escrito, un papel).

membrillo [membrìʎo] *m.* **1** Cognassier (árbol). **2** Coing (fruto). **3** Pâte *f.* de coings. **4** ***Carne de ~,*** pâte de coings.

memo, -ma [mèmo, -ma] *adj.* Simple, niais, aise.

memorable [memoráβle], **memorando, da** [memorándo, -da] *adj.* Mémorable.

memorándum [memorándum] *m.* Mémorandum.

memoria [memòrja] *f.* **1** Mémoire (facultad), mémoire, souvenir *m.* (recuerdo). Loc. ***Hacer ~ de una cosa,*** se rappeler; se souvenir d'une chose. ■ **2** *pl.* Mémoires *m.* (relación escrita). **3** Compliments *m.*, souvenirs *m.*: ***dé usted memorias a,*** rappelez-moi au souvenir de.

memorial [memorjál] *m.* Exposé pour demander une grâce.

menaje [menáxe] *m.* **1** Mobilier (muebles). **2** Ménage (ajuar). **3** Matériel pédagogique.

mención [menθjòn] *f.* Mention: ***~ honorífica,*** mention honorable.

mendigar [mendiγár] *tr.* Mendier.

mendigo, -ga [mendiγo, -γa] *s.* Mendiant, ante.

mendrugo [mendrúγo] *m.* Morceau de pain dur, croûton.

menear [meneàr] *tr.* Remuer, secouer.

menester [menestèr] *m.* **1** Besoin, nécessité *f.* Loc. ***Haber ~ una cosa,*** avoir besoin d'une chose. **2** Exercice, occupation *f.* ■ **3** *pl.* Besoins naturels.

menestral [menestrál] *s.* Artisan, ouvrier, ière.

menguado, -da [meŋgwáðo, -ða] *adj.* **1** Lâche, poltron, onne. **2** Niais, aise, imbécile. **3** Mesquin, ine. ■ **4** *m.* Diminution *f.* (al hacer media).

menguante [meŋgwànte] *adj.* Décroissant, ante.

menor [menòr] *adj.* **1** Plus petit, plus petite. **2** Moindre (en cantidad, importancia). **3** Plus jeune. **4** Mineur, eure. Loc. ***~ de edad,*** mineur. ■ **5** *adj.-s.* Mineur, eure (persona). ■ **6** *m.* Frère mineur. ■ **7** *f.* LÓG. Mineure.

menorquín, -ina [menorkin, -ina] *adj.-s.* Minorquin, ine.
menos [mènos] *adv.* 1 Moins: ~ ***frío,*** moins froid; moins de (delante de un substantivo): ~ ***ruido,*** moins de bruit. Loc. ***Echar de ~,*** regretter (añorar), remarquer l'absence de. 2 Excepté, sauf (salvo). 3 *loc. adv.* ***Al ~, a lo ~, por lo ~,*** au moins, du moins. ■ 4 *m.* Moins: ***el más y el ~,*** le plus et le moins. ■ 5 MAT. Moins (signo de la sustracción).
menoscabo [menoskàβo] *m.* 1 Diminution *f.* (mengua), détérioration *f.* (daño). 2 *loc. prep.* ***En ~ de,*** au détriment de.
menospreciar [menospreθjàr] *tr.* 1 Mépriser (desdeñar). 2 Sous-estimer. ▲ CONJUG. comme ***cambiar.***
mensaje [mensàxe] *m.* Message.
mensajería [mensaxerìa] *f.* Messagerie.
mensajero, -ra [mensaxèro, -ra] *s.* 1 Messager, ère. ■ 2 *adj.* ***Paloma mensajera,*** pigeon voyageur.
menstruar [menstrwàr] *intr.* Avoir ses règles.
mensual [menswàl] *adj.* Mensuel, elle.
mensualidad [menswaliðàð] *f.* Mensualité.
menta [mènta] *f.* Menthe.
mental [mentàl] *adj.* Mental, ale.
mentalidad [mentaliðàð] *f.* Mentalité.
mente [mènte] *f.* 1 Esprit *m.* 2 Intention (propósito). Loc. ***Tener en la ~,*** avoir en vue de (proyectar).
mentir [mentìr] *intr.* Mentir. ▲ CONJUG. comme ***servir.***
mentira [mentìra] *f.* Mensonge *m.* Loc. ***Parece ~,*** c'est incroyable.
mentiroso, -sa [mentiròso, -sa] *adj.-s.* Menteur, euse.
mentón [mentòn] *m.* Menton.
menudear [menuðeàr] *tr.* Faire fréquemment, répéter, multiplier.
menudencia [menuðènθja] *f.* 1 Petitesse (pequeñez). 2 Bagatelle, bricole (cosa de poca importancia).
menudo, -da [menùðo, -ða] *adj.* 1 Petit, ite, menu, ue (pequeño), menu, ue (delgado). ■ 2 *m. pl.* Menue monnaie *f. sing.* (monedas).3 Abats (de una res). 4 Abattis (de un ave).
meñique [meɲìke] *adj.* Très petit, ite: ***dedo ~,*** petit doigt.
mequetrefe [meketrèfe] *m.* fam. Freluquet, demi-portion *f.*
mercader [merkaðèr] *m.* Marchand.
mercadería [merkaðerìa] *f.* Marchandise.
mercado [merkàðo] *m.* Marché.
mercancía [merkanθìa] *f.* Marchandise.
mercante [merkànte] *adj.* Marchand, ande: ***marina ~,*** marine marchande.
mercantil [merkantìl] *adj.* Mercantile.
merced [merθèð] *f.* 1 Faveur, grâce. 2 Merci, volonté, arbitre *m.* Loc. ***Estar a la ~ de,*** être à la merci de.
mercería [merθerìa] *f.* Mercerie.
merecer [mereθèr] *tr.-intr.* Mériter. ▲ CONJUG. comme ***agradecer.***
merecido [mereθìðo] *m.* Dû. Loc. ***Ha llevado su ~,*** il a été puni comme il l'avait mérité, il a eu ce qu'il méritait.
merendar [merendàr] *intr.* 1 Goûter. ■ 2 *tr.* Manger (una cosa) au goûter. ▲ CONJUG. comme ***acertar.***
merendero [merendèro] *m.* Guinguette *f.*
meridiano, -na [meriðjàno, -na] *adj.* 1 Méridien, ienne. 2 fig. Très clair, aire, très lumineux, euse. ■ 3 *m.* ASTR., GEOG. Méridien. 4 Méridienne *f.* (de un punto). 5 GEOM. Méridienne *f.*
meridional [meriðjonàl] *adj.-m.* Méridional, ale.

merienda [merjènda] *f.* 1 Goûter *m.* 2 ~ ***de negros,*** charivari *m.*, confusion.
mérito [mèrito] *m.* 1 Mérite. Loc. ***De ~,*** remarquable, de valeur: ***hacer méritos,*** faire ce qu'il faut pour obtenir, pour mériter. 2 ***Hacer ~ de,*** faire mention de.
meritorio, -ia [meritòrjo, -ja] *adj.* Méritoire.
merluza [merlùθa] *f.* 1 ZOOL. Merluche. 2 COC. Colin *m.* 3 fig. fam. Cuite (borracherra).
mermar [mermàr] *intr.-pr.* 1 Diminuer, se réduire. ■ 2 *tr.* Diminuer, réduire.
mermelada [mermelàða] *f.* Marmelade, confiture.
mero, -ra [mèro, -ra] *adj.* 1 Pur, pure, simple, seul, seule: ***el ~ hecho,*** le simple fait. ■ 2 *m.* Mérou (pez).
mes [mes] *m.* Mois: ***doce meses,*** douze mois.
mesa [mèsa] *f.* 1 Table. Loc. ***~ redonda,*** table ronde; ***poner la ~,*** mettre le couvert; ***quitar la ~,*** desservir. 2 Bureau *m.* (de una asamblea). 3 GEOG. Plateau *m.*
mesada [mesàða] *f.* Mensualité, mois *m.*
meseta [mesèta] *f.* 1 Palier *m.* (de una escalera). 2 GEOG. Plateau *m.*
mesilla [mesiʎa] *f.* Petite table.
mesocarpio [mesokàrpjo] *m.* BOT. Mésocarpe.
mesón [mesòn] *m.* Auberge *f.*, hôtellerie *f.*
mesonero, -ra [mesonèro, -ra] *adj.* De l'auberge, de l'hôtellerie.
mestizar [mestiθàr] *tr.* Métisser.
mestizo, -za [mestiθo, -θa] *adj.-s.* Métis, isse.
mesura [mesùra] *f.* 1 Mesure, modération. 2 Gravité. 3 Politesse (cortesía).
meta [mèta] *f.* 1 Borne (en un circo romano). 2 DEP. Ligne d'arrivée (en una carrera); buts *m. pl.* (portería, en fútbol). 3 fig. But *m.*, fin, objectif *m.*
metafísico, -ca [metafisiko, -ka] *adj.* 1 Métaphysique. ■ 2 *s.* Métaphysicien, ienne.
metáfora [metàfora] *f.* RET. Métaphore.
metal [metàl] *m.* 1 Métal. Loc. fig. ***El vil ~,*** le vil métal. 2 fig. Timbre (de la voz).
metálico, -ca [metàliko, -ka] *adj.* 1 Métallique. ■ 2 *m.* Espèces *f. pl.* (dinero): ***pagar en ~,*** payer en espèces.
metalurgia [metalùrgia] *f.* Métallurgie.
metamorfosis [metamorfòsis] *f.* Métamorphose.
metatarso [metatàrso] *m.* ANAT. Métatarse.
metedor, -ra [meteðòr, -ra] *s.* 1 Metteur, euse. 2 Contrebandier, ière.
meteórico, -ca [meteòriko, -ka] *adj.* Météorique.
meteorito [meteorito] *m.* ASTR. Météorite *f.*
meteorología [meteoroloxia] *f.* Météorologie.
meteorológico, -ca [meteorolòxiko, -ka] *adj.* Météorologique.
meter [metèr] *tr.* 1 Mettre (introducir): ***metió su collar en el joyero,*** elle mit son collier dans l'écrin. 2 Faire, causer (causar): ***~ chismes,*** faire des cancans; ***~ miedo,*** faire peur; ***~ ruido,*** faire du bruit. 3 Resserrer (letras, renglones). ■ 4 *pr.* Entrer: ***se metieron en un café,*** ils entrèrent dans un café. 5 S'introduire, s'engager, se fourrer (introducirse): ***se metió por una calle desierta,*** il s'engagea dans une rue déserte. 6 Se faire (con nombres de oficio o estado): ***meterse fraile,*** se faire moine. 7 ***Meterse a*** (con el infinitivo), se mettre à; (con un substantivo), vouloir faire le. 8 ***Meterse con uno,*** attaquer (atacar), critiquer (censurar) quelqu'un.
metido, -da [metiðo, -ða] *adj.* 1 Abondant, ante. Loc. ***~ en carnes,*** bien en chair. ■ 2 *m.* Coup de

poing dans la poitrine (puñetazo). 3 Semonce *f.*, réprimande *f.* (reprensión).
metódico, -ca [metóðiko, -ka] *adj.* Méthodique.
método [mètoðo] *m.* Méthode *f.*
metralla [metràʎa] *f.* Mitraille.
métrico, -ca [mètriko, -ka] *adj.-f.* Métrique.
metro [mètro] *m.* 1 Mètre: ~ ***lineal,*** mètre courant. 2 Métro (ferrocarril).
metrópoli [metròpoli] *f.* Métropole.
mezcla [mèθkla] *f.* Mélange *m.*
mezclar [meθklàr] *tr.* Mélanger, mêler.
mezquino, -na [meθkino, -na] *adj.* 1 Mesquin, ine. 2 Pauvre, misérable.
mezquita [meθkita] *f.* Mosquée.
mi [mi] *m.* MÚS. Mi.
mi [mi] *pl.* **mis** [mis] *adj. pos.* Mon, ma, mes: ~ ***padre y*** ~ ***madre,*** mon père et ma mère; ***mis padres,*** mes parents.
mí [mi] *pron. pers.* Moi (précédé de prép.): ***¡a*** ~***!,*** à moi!; ***para*** ~, pour moi.
miasma [mjàzma] *m.* Miasme.
miau [mjaεu] *m.* Miaou.
mica [mika] *f.* Mica *m.*
micción [miγθjòn] *f.* Miction.
mico [miko] *m.* 1 Singe (à longue queue). 2 fig. fam. ***Dar, hacer*** ~, poser un lapin; manquer à un engagement.
microbicida [mikroβiθiða] *adj.-m.* Microbicide.
microbio [mikròβjo] *m.* Microbe.
microcasete [mikrokasète] *m.-f.* Microcassette *f.*
microcosmo [mikrokòzmo] *m.* Microcosme.
microfilm [mikrofilm] *m.* Microfilm.
micrófono [mikròfono] *m.* Microphone.
micrómetro [mikròmetro] *m.* Micromètre.
microondas [mikrooǹdas] *m. invar.*: ***horno*** ~, four à micro-ondes.
microprocesador [mikroproθesaðòr] *m.* INFORM. Microprocesseur.
microscopio [mikroskòpjo] *m.* Microscope.
miedo [mjèðo] *m.* Peur *f.* Loc. ~ ***cerval,*** peur bleue: ***dar*** ~, faire peur; ***tener*** ~ ***a,*** avoir peur de.
miel [mjèl] *f.* Miel *m.*
miembro [mjèmbro] *m.* Membre.
mientes [mjèntes] *f. pl.* ant. Pensée *sing.*, esprit *m. sing.* Loc. ***Caer en las*** ~***, en*** ~, imaginer, venir à l'esprit.
mientras [mjèntras] *adv.* 1 Cependant, pendant ce temps, en attendant. 2 *loc. conj.*: ~ ***que,*** pendant que. 3 ~ ***más..., menos...,*** plus..., moins...: ~ ***más mira, menos ve,*** plus il regarde, moins il voit.
miércoles [mjèrkoles] *m.* Mercredi: ~ ***de ceniza,*** mercredi des cendres.
mies [mjes] *f.* 1 Moisson. ■ 2 *pl.* Semis *m.* (sembrados).
miga [miγa] *f.* 1 Miette. 2 Mie (del pan). 3 fig. Substance, importance: ***esto tiene mucha*** ~, cela est plein de substance, est important.
migaja [miγàxa] *f.* Miette.
migración [miγraθjòn] *f.* Migration.
mijo [mixo] *m.* Millet.
mil [mil] *adj.* 1 Mille, mil. ■ 2 *m.* Mille. ■ 3 *pl.* Milliers. 4 *loc. adv.* ***A las*** ~ ***y quinientas,*** très tard, à une heure impossible; ***a miles,*** par milliers.
milagro [milàγro] *m.* Miracle.
milenario, -ia [milenàrjo, -ja] *adj.-m.* Milénaire.
milicia [miliθja] *f.* 1 Milice. 2 Service *m.* militaire.
miliciano, -na [miliθjàno, -na] *adj.* 1 De la milice. ■ 2 *s.* Milicien, ienne.
miligramo [miliγràmo] *m.* Milligramme.
mililitro [mililitro] *m.* Millilitre.
milímetro [milimetro] *m.* Millimètre.
militante [militànte] *adj.-s.* Militant, ante.
militar [militàr] *intr.* Militer.

militar [militàr] *adj.-m.* Militaire.
militarizar [militariθàr] *tr.* Militariser.
milla [miʎa] *f.* Mille *m.* (medida).
millar [miʎàr] *m.* Millier.
millón [miʎòn] *m.* Million.
millonario, -ia [miʎonàrjo, -ja] *adj.-s.* Millionnaire.
milord [milòrð] *m.* Milord.
mimar [mimàr] *tr.* **1** Cajoler, choyer. **2** Gâter (a una persona). **3** TEAT. Mimer.
mimbre [mimbre] *s.* **1** Osier *m.* **2** Baguette *f.* d'osier.
mímico, -ca [mimiko, -ka] *adj.-f.* Mimique.
mimo [mimo] *m.* **1** TEAT. Mime. **2** Caresse *f.* (caricia). **3** Gâterie *f.* (con los niños), indulgence *f.*
mimosa [mimòsa] *f.* Mimosa *m.*
mimoso, -sa [mimòso, -sa] *adj.* **1** Caressant, ante, calin, ine. **2** Délicat, ate (delicado), minaudier, ière (melindroso).
mina [mina] *f.* **1** Mine. **2** fig. Mine, grande abondance. **3** FORT. Sape.
mineral [mineràl] *adj.-m.* **1** Minéral, ale. ■ **2** *m.* Minerai.
mineralizar [mineraliθàr] *tr.* Minéraliser.
minero, -ra [minèro, -ra] *adj.* **1** Minier, ière. ■ **2** *m.* Mineur (obrero).
miniatura [minjatùra] *f.* Miniature.
minimizar [minimiθàr] *tr.* Minimiser.
mínimo, -ma [minimo, -ma] *adj.* **1** Minime. **2** ***El ~ esfuerzo,*** le moindre effort. ■ **3** *adj.-s.* Minime (religioso). ■ **4** *m.* Minimum. **5** MÚS. Blanche (nota).
ministerio [ministèrjo] *m.* Ministère: ***~ de Asuntos Exteriores,*** ministère des Affaires étrangères.
ministro [ministro] *m.* Ministre.
minoría [minoria] *f.* **1** Minorité. **2** ***~ de edad,*** minorité.
minucia [minùθja] *f.* Minutie.
minucioso, -sa [minuθjòso, -sa] *adj.* Minutieux, euse.
minúsculo, -la [minùskulo, -la] *adj.-f.* Minuscule.
minuta [minùta] *f.* **1** Minute (borrador). **2** Note (des honoraires d'un avocat, etc.). **3** Liste, catalogue *m.* **4** Menu *m.* (de una comida).
minuto [minùto] *m.* Minute *f.* (parte de una hora, de un círculo).
mío [mio], **mía** [mia] *pron. pos.* **1** Mien, mienne (con el artículo): ***este libro es el ~,*** ce livre est le mien. ■ **2** *adj. pos.* À moi: ***este libro es ~,*** ce livre est à moi. **3** Mon, ma (en los vocativos): ***¡madre mía!,*** ma mère!, mon Dieu!
miope [mjòpe] *adj.-s.* Myope.
mira [mira] *f.* **1** Mire. **2** fig. Visée, dessein *m.,* intention (intención), but *m.* (objetivo). **3** ***Estar a la ~ de,*** guetter.
mirada [miràða] *f.* **1** Regard *m.* (acción, modo de mirar). **2** Coup *m.* d'œil (ojeada).
mirar [miràr] *tr.* **1** Regarder. Loc. ***~ con buenos ojos,*** regarder d'un bon œil. **2** Observer, considérer, envisager. Loc. ***Mirándolo bien,*** en y regardant bien, tout bien considéré. **3** Veiller à (cuidar), viser (tener por objeto). **4** ***~ por,*** prendre soin de, veiller sur, s'occuper de.
mirilla [miriʎa] *f.* Judas *m.* (en una puerta).
mirlo [mirlo] *m.* Merle: ***~ blanco,*** merle blanc.
mirón, -ona [miròn, -òna] *adj.-s.* Curieux, euse, badaud, aude.
misa [misa] *f.* Messe: ***~ cantada, mayor,*** grand-messe; ***~ rezada,*** messe basse; ***de difuntos,*** messe des morts.
misal [misàl] *m.* Missel.
misántropo [misàntropo] *m.* Misanthrope.
miserable [miseràβle] *adj.-s.* **1** Misérable. **2** Avare, mesquin, ine (avariento).

miserere [miserère] *m.* 1 Miséréré. 2 MED. Colique *f.* de miséréré.
miseria [misèrja] *f.* 1 Misère. 2 Mesquinerie, avarice (avaricia).
misericordia [miserikòrðja] *f.* Miséricorde.
misión [misjòn] *f.* Mission.
misionero, -ra [misjonèro, -ra] *adj.-m.* Missionnaire.
misiva [misiβa] *f.* Missive.
mismo, -ma [mizmo, -ma] *adj.* 1 Même (se enlaza con el pronombre personal mediante un guión): *él ~*, lui-même. *Loc. Lo ~*, la même chose. 2 *loc. adv. Ahora ~*, tout de suite.
misterio [mistèrjo] *m.* Mystère.
misterioso, -sa [misterjòso, -sa] *adj.* Mystérieux, euse.
místico, -ca [mistiko, -ka] *adj.-s.* Mystique.
mistral [mistràl] *m.* Mistral.
mitad [mitàð] *f.* 1 Moitié: *reducir a la ~*, réduire de moitié. 2 Milieu *m.* (centro).
mítico, -ca [mitiko, -ka] *adj.* Mythique.
mitigar [mitiɣàr] *tr.* Mitiger.
mitin [mitin] *m.* Meeting.
mito [mito] *m.* Mythe.
mitología [mitoloxia] *f.* Mythologie.
mitra [mitra] *f.* Mitre.
mitrado, -da [mitràðo, -ða] *adj.* Mitré, ée.
mixto [misto, -ta] *adj.* 1 Mixte. ■ 2 *m.* Allumette *f.* (fósforo).
mobiliario, -ia [moβiljàrjo, -ja] *adj.-m.* Mobilier, ière.
moblaje [moβlàxe] *m.* Mobilier.
moca [mòka] *m.* Moka (café).
mocedad [moθeðàð] *f.* Jeunesse.
mochila [motʃila] *f.* Havresac *m.* (de soldado), sac *m.* à dos (de excursionista).
mocho, -cha [mòtʃo, -tʃa] *adj.* Écorné, ée (toro), étêté, ée (árbol), épointé, ée.
moción [moθjòn] *f.* 1 Motion (proposición). 2 Mouvement *m.* (movimiento).
moco [mòko] *m.* 1 Morve *f.* 2 Mucus, mucosité *f.* 3 Bout du lumignon (de una vela). 4 Caroncule *f.* (de pavo). 5 *~ de pavo*, crête-de-coq *f.* (planta).
moda [mòða] *f.* 1 Mode: *estar de ~, ser de ~*, être à la mode. 2 *Pasado de ~*, démodé.
modal [moðàl] *adj.* Modal, ale.
modalidad [moðaliðàð] *f.* Modalité.
modelar [moðelàr] *tr.* Modeler.
modelo [moðèlo] *adj.-m.* 1 Modèle. ■ 2 *f.* Mannequin *m.* (maniquí).
moderado, -da [moðeràðo, -ða] *adj.-s.* Modéré, ée.
moderador, -ra [moðeraðòr, -ra] *adj.-s.* Modérateur, trice.
moderar [moðeràr] *tr.* 1 Modérer. ■ 2 *pr.* Se modérer.
modernizar [moðerniθàr] *tr.* Moderniser.
moderno, -na [moðèrno, -na] *adj.-m.* Moderne.
modestia [moðèstja] *f.* Modestie.
modesto, -ta [moðèsto, -ta] *adj.* Modeste.
módico, -ca [mòðiko, -ka] *adj.* Modique, modéré, ée.
modificación [moðifikaθjòn] *f.* Modification.
modificar [moðifikàr] *tr.* Modifier.
modista [moðista] *m.* Couturier.
modo [mòðo] *m.* 1 Manière *f.*, façon *f.* (de obrar, de ver, etc.): *~ de ser*, manière d'être. 2 MÚS., GRAM. Mode. 3 GRAM. *~ adverbial, prepositivo*, locution *f.* adverbiale, prépositive. 4 *loc. prep. A ~ de*, en guise de, en manière de.
modorra [moðòr̄a] *f.* Torpeur, sommeil *m.* pesant.
modular [moðulàr] *intr.-tr.* Moduler.
módulo [mòðulo] *m.* Module.
mofa [mòfa] *f.* Moquerie, raillerie outrageante.
mofar [mofàr] *intr.* 1 Se moquer, bafouer. ■ 2 *pr.* Se moquer de.
moflete [moflète] *m.* Grosse joue *f.*
mogol, -la [moɣòl, -la] *adj.-s.* Mongol, ole.

mogollón (de) [moɣoʎòn] *loc. adv.* Gratuitement, à l'œil, aux dépens d'autrui.

mohín [moin] *m.* Grimace *f.*, moue *f.*

moho [mòo] *m.* **1** Moisi, moisissure *f.* **2** Rouille *f.* (de un metal).

mojar [moxàr] *tr.* Mouiller, tremper.

mojigato, -ta [moxiɣàto, -ta] *adj.-s.* **1** Hypocrite. **2** Bigot, ote (beato).

mojón [moxòn] *m.* Borne *f.* (hito).

molar [molàr] *adj.* **1** Meulier, ière. **2** ANAT. Molaire. ■ **3** *m.* Molaire *f.* (diente).

molde [mòlde] *m.* **1** Moule. Loc. fig. ***Venir de ~, como de ~,*** venir à propos, tomber à pic. **2** IMPR. Forme *f.*

moldear [moldeàr] *tr.* Mouler.

moldura [moldùra] *f.* Moulure.

mole [mòle] *f.* Masse.

molécula [molèkula] *f.* Molécule.

moledor, -ra [moleðòr, -ra] *adj.-s.* **1** Qui moud, broyeur, euse. **2** fam. Raseur, euse (persona).

moler [molèr] *tr.* **1** Moudre, broyer. **2** fig. Éreinter, fatiguer (cansar). **3** fig. Importuner. **4** fig. ***~ a palos,*** rouer de coups. ▲ CONJUG. comme ***mover.***

molestar [molestàr] *tr.* **1** Gêner, déranger. **2** Embêter, ennuyer (fastidiar): ***me molesta tener que pedirle este favor,*** cela m'ennuie de devoir lui demander cette faveur; offenser (ofender). ■ **3** *pr.* Se déranger, se gêner, se donner de la peine: ***no se moleste usted,*** ne vous dérangez pas. **4** S'offenser, se vexer.

molesto, -ta [molèsto, -ta] *adj.* **1** Gênant, ante (embarazoso), embêtant, ante, ennuyeux, euse (fastidioso). **2** Gêné, ée, mal à l'aise (incómodo), fâché, ée (resentido).

molido, -da [moliðo, -ða] *adj.* **1** Moulu, ue. **2** fig. Éreinté, ée, moulu, ue, vanné, ée (cansado): ***estoy ~,*** je suis moulu.

molinero, -ra [molinèro, -ra] *adj.* **1** Du moulin, de la meunerie. ■ **2** *s.* Meunier, ière.

molinillo [moliniʎo] *m.* **1** Moulin: ***~ de café, de pimienta,*** moulin à café, à poivre. **2** Moulinet.

molino [molino] *m.* Moulin: ***~ de agua,*** moulin à l'eau; ***~ de viento,*** moulin à vent.

mollera [moʎèra] *f.* **1** Sommet *m.* de la tête. **2** fig. Jugeote, cervelle. Loc. fam. ***Cerrado de ~,*** bouché.

molusco [molùsko] *m.* Mollusque.

momentáneo, -ea [momentàneo, -ea] *adj.* Momentané, ée.

momento [momènto] *m.* **1** Moment, instant. **2** MEC. Moment. **3** *loc. adv.* ***A cada ~,*** à tout moment.

momia [mòmja] *f.* Momie.

momificar [momifikàr] *tr.* Momifier.

momio, -ia [mòmjo, -ja] *adj.* Maigre (sans graisse).

mona [mòna] *f.* **1** Guenon (hembra del mono). **2** Magot (mono). **3** fig. fam. Cuite (borrachera). Loc. ***Dormir la ~,*** cuver son vin. **4** Jeu *m.* de cartes.

monacal [monakàl] *adj.* Monacal, ale.

monaguillo [monaɣiʎo] *m.* Enfant de chœur.

monarca [monàrka] *m.* Monarque.

monarquía [monarkia] *f.* Monarchie.

monárquico, -ca [monàrkiko, -ka] *adj.* **1** Monarchique. ■ **2** *adj.-s.* Monarchiste.

monasterio [monastèrjo] *m.* Monastère.

monda [mònda] *f.* **1** Émondage *m.* (de los árboles). **2** Épluchage *m.* (de frutas o verduras).

mondadientes [mondaðjèntes] *m. invar.* Cure-dent.

mondar [mondàr] *tr.* **1** Nettoyer (limpiar). **2** Émonder (árboles). **3** Nettoyer, curer (un río, un canal). **4** Éplucher, peler (frutas, verduras), écosser (guisantes).

moneda [monèða] *f.* 1 Monnaie. Loc. ~ ***imaginaria,*** monnaie de compte. 2 Pièce de monnaie (pieza).
monedero [moneðèro] *m.* 1 Monnayeur: ~ ***falso,*** faux-monnayeur. 2 Porte-monnaie *invar.*
monería [moneria] *f.* Action, geste *m.* gracieux d'un enfant.
monetario, -ia [monetàrjo, -ja] *adj.* 1 Monétaire. ■ 2 *m.* Collection *f.* de monnaies.
mongol, -la [moŋgòl, -la] *adj.-s.* Mongol, ole.
monigote [moniɣòte] *m.* Pantin (muñeco), bonhomme (dibujo).
monitor [monitòr] *m.* 1 Moniteur. 2 MAR. Monitor.
monja [mòŋxa] *f.* Religieuse, bonne sœur (fam.) nonne.
monje [mòŋxe] *m.* Moine.
mono, -na [mòno, -na] *adj.* 1 Joli, ie, mignon, onne. ■ 2 *m.* Singe (animal). 3 Salopette *f.,* bleu, combinaison *f.* (traje). 4 ***Estar de monos,*** être fâché, ée, brouillé.
monocotiledóneas [monokotileðòneas] *f. pl.* BOT. Monocotylédones.
monóculo [monòkulo] *m.* Monocle.
monofásico, -ca [monofàsiko, -ka] *adj.* FÍS. Monophasé, ée.
monogamia [monoɣàmja] *f.* Monogamie.
monografía [monoɣrafia] *f.* Monographie.
monolito [monolito] *m.* Monolithe.
monólogo [monòloɣo] *m.* Monologue.
monomanía [monomania] *f.* Monomanie.
monomio [monòmjo] *m.* MAT. Monôme.
monopolio [monopòljo] *m.* Monopole.
monopolizar [monopoliθàr] *tr.* Monopoliser.
monosabio [monosàβjo] *m.* TAUROM. Valet, aide.
monosílabo, -ba [monosilaβo, -βa] *adj. m.* Monosyllabe.
monótono, -na [monòtono, -na] *adj.* Monotone.
monseñor [monseɲòr] *m.* Monseigneur.
monstruo [mònstrwo] *m.* Monstre.
monstruoso, -sa [monstrwòso, -sa] *adj.* Monstrueux, euse.
monta [mònta] *f.* Montant *m.,* total *m.* (suma).
montacargas [montakàrɣas] *m. invar.* Monte-charge.
montaje [montàxe] *m.* Montage (de una máquina, de un filme).
montaña [montàɲa] *f.* Montagne.
montañoso, -sa [montaɲòso, -sa] *adj.* Montagneux, euse.
montar [montàr] *intr.* 1 Monter (encima de una cosa, sobre un vehículo, un animal): ~ ***en bicicleta,*** monter à bicyclette. 2 Monter (cabalgar). 3 fig. Avoir de l'importance, être important, ante. Loc. ***Tanto monta,*** c'est la même chose. 4 ~ ***en cólera,*** se mettre en colère. ■ 5 *tr.* Monter (un negocio, etc.).
monte [mònte] *m.* 1 Mont: ***el Monte Blanco,*** le Mont Blanc. 2 Montagne *f.* (montaña). 3 Bois (bosque): ~ ***alto,*** bois de haute futaie. 4 Jeu de cartes. 5 ~ ***de piedad,*** mont-de-piété.
montepío [montepio] *m.* Caisse *f.* de secours.
montés [montès] *adj.* Sauvage: ***gato*** ~, chat sauvage.
montículo [montikulo] *m.* Monticule.
montón [montòn] *m.* Tas, monceau, amas.
montura [montùra] *f.* 1 Monture. 2 Harnachement *m.* du cheval de selle (arreos).
monumental [monumentàl] *adj.* Monumental, ale.
monumento [monumènto] *m.* Monument.
monzón [monθòn] *m.-f.* Mousson *f.*

moño [mòɲo] *m.* **1** Chignon. **2** Nœud de rubans. **3** Houppe *f.*, huppe *f.* (de pájaro). ■ **4** *pl.* Colifichets.
moquear [mokeàr] *intr.* Avoir le nez qui coule.
moqueta [mokèta] *f.* Moquette.
mora [mòra] *f.* **1** Mauresque (mujer). **2** Mûre (fruto).
morada [moràða] *f.* **1** Demeure. **2** Séjour *m.* (estancia).
morado, -da [moràðo, -ða] *adj.* Violet, ette.
morador, -ra [moraðòr, -ra] *s.* Habitant, ante.
moral [moràl] *adj.* **1** Moral, ale. ■ **2** *f.* Morale. **3** Moral *m.*: ***levantar la ~,*** relever le moral. ■ **4** *m.* Mûrier noir (árbol).
moraleja [moralèxa] *f.* Morale, moralité (de una fábula, etc.).
moralidad [moraliðàð] *f.* Moralité.
moralizar [moraliθàr] *tr.-intr.* Moraliser.
moratorio, -ia [moratòrjo, -ja] *adj.* **1** Moratoire. ■ **2** *f.* Moratoire *m.*, moratorium *m.*
mórbido, -da [mòrβiðo, -ða] *adj.* Morbide.
morbosidad [morβosiðàð] *f.* Morbidité.
morboso, -sa [morβòso, -sa] *adj.* Morbide.
morcilla [morθiʎa] *f.* **1** Boudin *m.* (embutido). **2** TEAT. Tradition (mots qu'un acteur ajoute à son rôle).
mordaza [morðàθa] *f.* Baîllon *m.*
mordedura [morðeðùra] *f.* Morsure.
morder [morðèr] *tr.* Mordre: ***un perro le ha mordido la mano,*** un chien lui a mordu la main. ▲ CONJUG. comme ***mover.***
mordisco [morðisko] *m.* Coup de dent, morsure *f.*
morena [morèna] *f.* **1** Murène (pez). **2** Pain *m.* bis (pan). **3** GEOL. Moraine.
moreno, -na [morèno, -na] *adj.* Brun, brune.
moretón [moretòn] *m.* Bleu (esquimosis).
morfina [morfina] *f.* Morphine.
morfología [morfoloxia] *f.* Morphologie.
moribundo, -da [moriβundo, -da] *adj.-s.* Moribond, onde.
morir [morir] *intr.* **1** Mourir: ***murió en la guerra,*** il est mort à la guerre. ■ **2** *pr.* Mourir. Loc. fig. ***Morirse de risa,*** mourir de rire. **3** *interj.* ***¡Muera!,*** à mort! ▲ CONJUG. comme ***dormir.*** PART. PAS. irrég.: ***muerto.***
morisco, -ca [morisko, -ka] *adj.* **1** Mauresque, moresque. ■ **2** *adj.-s.* Morisque, maure espagnol converti.
morisqueta [moriskèta] *f.* Tromperie (engaño), ruse (ardid).
mormón, -ona [mormòn, -òna] *s.* REL. Mormon, one.
moro, -ra [mòro, -ra] *adj.-s.* Maure, more, mauresque, moresque. Loc. fig. ***Hay moros en la costa,*** il faut prendre garde.
moroso, -sa [moròso, -sa] *adj.* **1** Lent, lente, nonchalant, ante. **2** Retardataire, en retard (deudor).
morrillo [mor̄iʎo] *m.* **1** Gras du cou (de los bueyes, etc.). **2** fam. Grosse nuque *f.*
morriña [mor̄iɲa] *f.* fig. Tristesse, cafard *m.* (tristeza), mal *m.* du pays (nostalgia).
morro [mòr̄o] *m.* **1** Extrémité *f.* arrondie (de un objeto). **2** Mufle (hocico de un animal). **3** Grosses lèvres *f. pl.*, lippe *f.* (de persona). Loc. fig. ***Estar de morros,*** être fâché, ée, brouillé, ée, faire la tête. **4** Capot (de coche).
morrongo, -ga [mor̄òŋgo, ga] *s.* fam. Chat, chatte.
morrudo, -da [mor̄ùðo, -ða] *adj.* **1** À gros museau, à gros mufle. **2** Lippu, ue.
mortaja [mortàxa] *f.* **1** Linceul *m.*, suaire *m.* **2** CARP. Mortaise.

mortal [mortál] *adj.-s.* 1 Mortel, elle. ■ 2 *adj.* fig. Certain, aine, concluant, ante: ***signos mortales,*** signes certains.
mortalidad [mortaliðàð] *f.* Mortalité.
mortero [mortèro] *m.* Mortier (almirez, pieza de artillería, bonete).
mortífero, -ra [mortifero, -ra] *adj.* Mortifère.
mortificación [mortifikaθjòn] *f.* Mortification.
mortuorio, -ia [mortwórjo, -ja] *adj.* Mortuaire.
moruno, -na [morúno, -na] *adj.* Mauresque, moresque.
mosaico [mosàĭko] *m.* Mosaïque *f.*
mosca [mòska] *f.* 1 Mouche. Loc. fig. ~ ***muerta,*** sainte nitouche. 2 fam. Fric *m.*, galette (dinero): ***aflojar, soltar la ~,*** abouler le fric.
moscada [moskàða] *adj.* ***Nuez ~,*** noix muscade.
moscardón [moskarðòn] *m.* 1 Œstre. 2 Frelon (abejón).
moscatel [moskatèl] *adj.-m.* Muscat.
moscovita [moskoβita] *adj.-s.* Moscovite.
mosqueado, -da [moskeàðo, -ða] *adj.* Moucheté, ée, tacheté, ée.
mosquear [moskeàr] *tr.* Chasser les mouches.
mosquetero [mosketèro] *m.* Mousquetaire.
mosquita [moskita] *f.* Petite mouche. Loc. fig. ~ ***muerta,*** sainte nitouche.
mosquitero [moskitèro] *m.*, **mosquitera** [moskitèra] *f.* Moustiquaire *f.*
mosquito [moskito] *m.* Moustique.
mostacilla [mostaθiʎa] *f.* Cendrée, menuise, plomb *m.* de chasse.
mostaza [mostàθa] *f.* Moutarde.
mosto [mósto] *m.* Moût de vin.
mostrador, -ra [mostraðòr, -ra] *adj.-s.* 1 Qui montre. ■ 2 *m.* Comptoir (en una tienda). 3 Cadran (de reloj).
mostrar [mostràr] *tr.* 1 Montrer, faire voir. 2 Montrer (manifestar). ▲ CONJUG. comme ***contar.***
mota [mòta] *f.* 1 Nœud *m.* (en el paño). 2 Brin *m.* de fil, duvet, etc., qui s'attache à un habit (de hilo, etc.), petite tache (mancha). 3 fig. Léger défaut *m.*
motín [motin] *m.* 1 Mutinerie *f.* (de tropas). 2 Émeute *f.*
motivo [motiβo] *m.* 1 Motif. 2 *loc. prep.* ***Con ~ de,*** à l'occasion de.
motocicleta [motoθiklèta] *f.* Motocyclette.
motor, -ra [motòr, -ra] *adj.* Moteur, trice.
movedizo, -za [moβeðiθo, -θa] *adj.* Mouvant, ante: ***arenas movedizas,*** sables mouvants.
mover [moβèr] *tr.* 1 Mouvoir (accionar), remuer (menear), déplacer (desplazar). 2 Susciter, faire: ~ ***alboroto,*** faire du tapage. 3 ~ ***a,*** pousser à (incitar), exciter, inspirer (un sentimiento, etc.): ~ ***a compasión,*** exciter la compassion. ▲ CONJUG. IRRÉG. INDIC. Prés.: ***muevo, mueves, mueve, mueven.*** SUBJ. Prés.: ***mueva, muevas, mueva, muevan.*** IMPÉR.: ***mueve, mueva, muevan.*** Les autres formes sont régulières.
móvil [mòβil] *adj.-m.* Mobile.
movimiento [moβimjènto] *m.* Mouvement.
mozo, -za [mòθo, -θa] *adj.* 1 Jeune (persona). ■ 2 *s.* Jeune homme, jeune fille: ***un buen ~,*** un beau garçon. 3 Célibataire (soltero). ■ 4 *m.* Garçon (camarero), domestique (criado). Loc. ~ ***de café,*** garçon de café; ~ ***de cordel, de cuerda,*** porteur, portefaix. 5 Bagagiste (en estaciones y aeropuertos).
muchacho, -cha [mutʃàtʃo, -tʃa] *s.* 1 Garçon (niño), fillette, petite fille (niña); jeune homme, jeune fille (joven). ■ 2 *f.* Bonne, domestique (criada).

muchedumbre [mutʃeðúmbre] *f.* Foule, multitude.

mucho [mútʃo] *adv.* **1** Beaucoup, bien: ***come*** ~, il mange beaucoup. **2** *loc. adv.* ***Ni con*** ~, tant s'en faut; ***ni*** ~ ***menos,*** pas le moins du monde, encore moins. **3** ~ ***será que,*** il serait étonnant que.

mucho, -cha [mútʃo, -tʃa] *adj.-pron.* Beaucoup de: ~ ***viento,*** beaucoup de vent. Loc. ~ ***tiempo,*** longtemps.

mucosidad [mukosiðáð] *f.* Mucosité.

muda [múða] *f.* **1** Changement *m.*, déménagement *m.* (mudanza). **2** Mue (de la pluma, de la voz, etc.). **3** Linge *m.* de rechange (ropa): ***tráigame una*** ~ ***limpia,*** apportez-moi du linge propre.

mudar [muðár] *tr.* Changer. ▲ Parfois on l'emploie au refléchi: ~ ***casa, mudarse de casa,*** changer de domicile.

mudéjar [muðéxar] *adj.-s.* Mudéjar.

mudo, -da [múðo, -ða] *adj.-s.* Muet, ette.

mueble [mwéβle] *adj.* **1** Meuble (bien). ■ **2** *m.* Meuble.

mueca [mwéka] *f.* Grimace, moue.

muela [mwéla] *f.* **1** Meule (para moler). **2** Dent (diente): ~ ***cordal, del juicio,*** dent de sagesse. **3** Molaire (diente molar).

muelle [mwéʎe] *adj.* **1** Mou, molle, doux, douce (suave), mœlleux, euse (mullido). **2** fig. Voluptueux, euse. ■ **3** *m.* Quai (de un puerto, una estación).

muerte [mwérte] *f.* **1** Mort. Loc. ***Herido de*** ~, blessé à mort. **2** *loc. adv.* ***Hasta la*** ~, pour toujours. **3** Meurtre *m.*, homicide *m.*

muerto, -ta [mwérto, -ta] *adj.-s.* Mort, morte. Loc. ***Cal muerta,*** chaux éteinte; ***echar el*** ~ ***a uno,*** mettre sur le dos de quelqu'un.

muesca [mwéska] *f.* Mortaise, entaille.

muestra [mwéstra] *f.* **1** Enseigne (de una tienda). **2** Échantillon *m.* (de una mercancía, etc.). **3** Modèle (modelo). **4** Marque, signe (señal), preuve, témoignage *m.* (prueba): ~ ***de cariño,*** témoignage d'affection. **5** Cadran *m.* (de reloj).

muestrario [mwestrárjo] *m.* Échantillonnage.

mugido [muxiðo] *m.* Mugissement, beuglement.

mugir [muxír] *intr.* Mugir, beugler.

mugre [múɣre] *f.* Crasse, saleté.

mujer [muxér] *f.* Femme.

mujeriego, -ga [muxerjéɣo, -ɣa] *adj.* **1** De la femme. **2** *loc. adv.* ***A mujeriegas,*** en amazone. ■ **3** *m.* Coureur de jupon.

mujerzuela [muxerθwéla] *f.* Femme de rien, bonne femme.

mula [múla] *f.* Mule.

muladar [mulaðár] *m.* Tas de fumier (estiércol), dépotoir (de basuras).

mulato, -ta [muláto, -ta] *adj.-m.* Mulâtre.

muleta [muléta] *f.* **1** Béquille (para andar). **2** fig. Soutien *m.*, appui *m.* **3** TAUROM. Morceau d'étoffe écarlate dont les toreros se servent pour exciter le taureau, «muleta».

muletilla [muletíʎa] *f.* Petite béquille.

muletón [muletón] *m.* Molleton.

mullir [muʎír] *tr.* **1** Ameublir (la tierra). **2** Assouplir, battre (un colchón, la lana, etc.). ▲ CONJUG. IRRÉG. INDIC. Pas. simple: ***mulló, mulleron.*** SUBJ. Imparf.: ***mullera, mulleras, mullera, mulléramos, mullerais, mulleran,*** ou ***mullese, mulleses,*** etc. Fut.: ***mullere, mulleres, mullere, mulléremos, mullereis, mulleren.*** GÉR.: ***mullendo.*** Les autres formes sont régulières.

multar [multár] *tr.* Condamner à une amende.

multimillonario, -a [multimiʎonárjo, -a] *adj.-s.* Milliardaire.

múltiple [múltiple] *adj.* Multiple.

multiplicar [multiplikár] *tr.* **1** Multiplier. ■ **2** *pr.* Se multiplier.
multitud [multitúð] *f.* Multitude, foule.
mundano, -na [mundáno, -na] *adj.* Mondain, aine.
mundial [mundjál] *adj.* Mondial, ale.
mundo [múndo] *m.* **1** Monde. Loc. ***El antiguo,*** l'Ancien monde; ***tener ~,*** avoir de l'expérience, connaître le monde. **2** Globe terrestre. **3** Malle *f.* (baúl).
munición [muniθjón] *f.* Munition.
municipal [muniθipál] *adj.* Municipal, ale.
municipio [muniθipjo] *m.* **1** Commune *f.* (conjunto de vecinos). **2** Municipalité *f.* (ayuntamiento).
munificencia [munifiθénθja] *f.* Munificence.
muñeca [muɲéka] *f.* **1** ANAT. Poignet *m.* **2** Poupée (juguete). **3** fig. Jeune fille frivole, poupée. **4** Tampon *m.* (de barnizador). **5** Nouet *m.* (para poner algo en infusión).
muñeco [muɲéko] *m.* Poupée *f.* (juguete).
muñeira [muɲéĭra] *f.* Danse de Galice.
mural [murál] *adj.* Mural, ale.
muralla [muráʎa] *f.* Muraille, rempart *m.*
murciélago [murθjélaɣo] *m.* Chauve-souris *f.*
murga [múrɣa] *f.* Bande de musiciens ambulants.
murmullo [murmúʎo] *m.* Murmure.
murmuración [murmuraθjón] *f.* Médisance.
murmurar [murmurár] *intr.* **1** Murmurer. **2** fig. Médire: ***~ de alguien,*** médire de quelqu'un.
muro [múro] *m.* Mur, muraille *f.*
mus [mus] *m.* Jeu de cartes.
musa [músa] *f.* Muse.
musaraña [musaráɲa] *f.* **1** Musaraigne. **2** Bestiole (sabandija). ■ **3** *pl.* Sorte de mouches volantes. Loc. fig. ***Mirar a las musarañas,*** bayer aux corneilles.
muscular [muskulár] *adj.* Musculaire.
músculo [múskulo] *m.* Muscle.
muselina [muselína] *f.* Mousseline.
museo [muséo] *m.* Musée, muséum.
musgo [músɣo] *m.* Mousse *f.*
música [músika] *f.* **1** Musique. **2** fig. ***~ celestial,*** vaines paroles. Loc. ***Irse con la ~ a otra parte,*** prendre ses cliques et ses claques.
musical [musikál] *adj.* Musical, ale.
músico, -ca [músiko, -ka] *adj.* **1** Musical, ale. ■ **2** *s.* Musicien, ienne.
musitar [musitár] *intr.* Marmonner.
muslo [múzlo] *m.* Cuisse *f.*
mustio, -ia [mústjo, -ja] *adj.* **1** Fané, ée, flétri, ie (plantas). **2** Triste, mélancolique.
musulmán, -ana [musulmán, -ána] *adj.-s.* Musulman, ane.
mutilado, -da [mutiláðo, -ða] *adj.-s.* Mutilé, ée.
mutilar [mutilár] *tr.* Mutiler.
mutis [mútis] *m.* Sortie (acción). Loc. ***Hacer ~,*** sortir de scène, s'en aller; fig. se taire (callarse).
mutual [mutwál] *adj.-f.* Mutuel, elle.
mutuo, -ua [mútwo, -wa] *adj.* Mutuel, elle.
muy [mwi] *adv.* **1** Très bien: ***~ bonito,*** très joli; ***~ a menudo,*** très, bien souvent. **2** Fort (más culto). **3** ***Muy señor mío,*** Monsieur, cher monsieur (en las cartas).
muzárabe [muθáraβe] *adj.* Mozarabe.

N

n [éne] *f.* N *m.*
nabo [náβo] *m.* **1** Navet. **2** Noyau (de escalera).
nácar [nákar] *m.* Nacre *f.*
nacarado, -da [nakaráðo, -ða] *adj.* Nacré, ée, nacarat *invar.*

nacer [naθèr] *intr.* **1** Naître: ***nació en Burgos,*** il est né à Burgos. **2** Se lever (un astro, el día). ▲ CONJUG. IRRÉG. INDIC. Prés.: ***nazco.*** SUBJ. Prés.: ***nazca, nazcas, nazca, nazcamos, nazcan.*** IMPÉR.: ***nazca, nazcamos, nazcan.*** Les autres formes sont régulières.

nacido, -da [naθiðo, -ða] *adj.* Né, ée. Loc. ***Bien ~,*** bien né.

nacimiento [naθimjènto] *m.* **1** Naissance *f.* **2** Source *f.* (de un río). **3** Crèche *f.* (Belén).

nación [naθjòn] *f.* Nation.

nacional [naθjonàl] *adj.* National, ale.

nacionalidad [naθjonaliðàð] *f.* Nationalité.

nacionalizar [naθjonaliθàr] *tr.* Nationaliser.

nada [nàða] *pron. indef.* **1** Rien: ***no quiero ~, ~ quiero,*** je ne veux rien. **2** *loc. conj.* ***~ más que,*** rien que; ***~ menos que,*** rien moins que. ■ **3** *adv.* Pas du tout. *loc. adv.* ***~ más,*** pas plus, seulement, plus rien; ***~ menos,*** pas moins. **4** Peu, peu de temps: ***en ~ estuvo que,*** peu s'en fallut que. ■ **5** *f.* Rien *m.*, néant *m.* (el no ser): ***sacar de la ~,*** tirer du néant.

nadador, -ra [naðaðòr, -ra] *s.* Nageur, euse.

nadar [naðàr] *intr.* Nager.

nadie [nàðje] *pron.* **1** Personne, nul: ***~ lo sabe,*** personne ne le sait. ■ **2** *m.* Personne *f.* insignifiante, nullité *f.* Loc. ***Un don ~,*** un rien du tout.

naftalina [naftalina] *f.* Naphtaline.

naipe [nàĭpe] *m.* **1** Carte *f.* (à jouer). **2** Jeu de cartes (baraja).

nalga [nàlɣa] *f.* Fesse.

nana [nàna] *f.* **1** Berceuse (canción). **2** fam. Grand-mère.

naranja [naràŋxa] *f.* **1** Orange: ***~ agria,*** bigarade, orange amère. **2** ***Media ~,*** coupole, dôme (cúpula); fig. moitié (esposa).

naranjada [naraŋxàða] *f.* Orangeade.

naranjero, -ra [naraŋxèro, -ra] *adj.* Qui a rapport à l'orange.

naranjo [naràŋxo] *m.* Oranger.

narcótico, -ca [narkòtiko, -ka] *adj.-m.* Narcotique.

narcotráfico [narkotráfiko] *m.* Trafic de drogue.

narices [nariθes] *f. pl.* **1** v. ***nariz.*** **2** *interj.* Des clous! (para rehusar).

nariz [nariθ] *f.* **1** Nez *m.* Loc. ***~ aguileña,*** nez aquilin. **2** Naseau *m.* (de los animales). **3** Nez *m.*, odorat *m.* (olfato). **4** Tuyau *m.* (del alambique). **5** Mentonnet *m.* (del picaporte). ■ **6** *pl.* Nez *m. sing.* Loc. ***Dejar a uno con un palmo de narices,*** décevoir quelqu'un.

narración [nar̄aθjòn] *f.* Narration, récit *m.*

narrador, -ra [nar̄aðòr, -ra] *s.* Narrateur, trice.

narrativa [nar̄atiβa] *f.* Narration, récit *m.*

nasal [nasàl] *adj.* Nasal, ale.

nata [nàta] *f.* **1** Crème (de la leche). ■ **2** *pl.* Crème *sing.* (natillas).

natación [nataθjòn] *f.* Natation.

natal [natàl] *adj.* Natal, ale.

natalidad [nataliðàð] *f.* Natalité.

natillas [natiʎas] *f. pl.* Crème *sing.* (aux œufs).

nativo, -va [natiβo, -βa] *adj.-s.* Natif, ive.

natural [naturàl] *adj.* **1** Naturel, elle. **2** Nature, naturel, elle (sencillo). **3** Natif, ive, originaire (de un país). ■ **4** *m.* Nature *f.*, caractère. **5** *loc. adv.* ***Del ~,*** d'après nature (pintar, esculpir): ***al ~,*** au naturel. ■ **6** *m. pl.* Naturels (de un país).

naturaleza [naturalèθa] *f.* **1** Nature. **2** Nationalité (nacionalidad).

naturalidad [naturaliðàð] *f.* **1** Naturel *m.* (sencillez). **2** Nationalité.

naufragar [naŭfraɣàr] *intr.* Naufrager, faire naufrage.

naufragio [naŭfràxjo] *m.* Naufrage.

náusea [nàŭsea] *f.* Nausée.

náutica [nàŭtika] *f.* Art *m.* nautique.

náutico, -ca [náŭtiko, -ka] *adj.* Nautique.
navaja [naβáxa] *f.* 1 Couteau *m.* pliant. 2 ~ *de afeitar,* rasoir *m.* 3 Couteau (molusco).
naval [naβál] *adj.* Naval, ale: *combates navales,* combats navals.
navarro, -rra [naβáro, -ra] *adj.-s.* Navarrais, aise.
nave [náβe] *f.* 1 Navire *m.,* vaisseau *m.* nef (barco). 2 ARQ. Nef.
navegación [naβeγaθjón] *f.* Navigation.
navegar [naβeγár] *intr.* Naviguer.
navideño, -ña [naβiðéɲo, -ɲa] *adj.* De Noël.
navío [naβío] *m.* Navire, vaisseau: *montar un ~,* commander un vaisseau.
nazareno, -na [naθaréno, -na] *adj.-s.* 1 Nazaréen, enne. 2 Pénitent en tunique violette.
neblina [neβlína] *f.* Brouillard *m.*
nebulosa [neβulósa] *f.* Nébuleuse.
necedad [neθeðáð] *f.* Sottise.
necesario, -ia [neθesárjo, -ja] *adj.* Nécessaire: *hacer ~,* rendre nécessaire.
neceser [neθesér] *m.* Nécessaire (à ouvrage, etc.): ~ *de tocador,* nécessaire de toilette.
necesidad [neθesiðáð] *f.* 1 Nécessité: *hacer de la ~ virtud,* faire de la nécessité vertu. 2 Besoin *m.: tener ~ de,* avoir besoin de. ■ 3 *pl.* Nécessités, besoins *m.* naturels.
necesitado, -da [neθesitáðo, -ða] *adj.-s.* Nécessiteux, euse.
necesitar [neθesitár] *tr.* 1 Nécessiter. 2 Avoir besoin de, falloir: *necesitamos una silla,* il nous faut une chaise.
necio, -ia [néθjo, -θja] *adj.-s.* Sot, sotte, ignorant, ante.
necrología [nekroloxía] *f.* Nécrologie.
necrópolis [nekrópolis] *f.* Nécropole.
néctar [néγtar] *m.* Nectar.
nefasto, -ta [nefásto, -ta] *adj.* Néfaste.
negación [neγaθjón] *f.* Négation.
negar [neγár] *tr.* 1 Nier (la existencia o la verdad de algo). 2 Renier (decir que no se conoce). 3 Désavouer (no reconocer como propio). 4 Refuser (rehusar), dénier (no otorgar). 5 Prohiber, interdire. ■ 6 *pr.* Se refuser, refuser: *se niega a ayudarme,* il se refuse à m'aider. ▲ CONJUG. comme *acertar.*
negativo, -va [neγatíβo, -βa] *adj.* 1 Négatif, ive. ■ 2 *m.* FOT. Négatif.
negligencia [neγlixénθja] *f.* Négligence.
negociante [neγoθjánte] *m.* Négociant.
negociar [neγoθjár] *intr.-tr.* Négocier. ▲ CONJUG. comme *cambiar.*
negocio [neγóθjo] *m.* 1 Négoce (comercio). 2 Affaire *f.: buen, mal ~,* bonne, mauvaise affaire.
negrito, -ta [neγríto, -ta] *s.* Négrillon, onne.
negro, -gra [néγro, -γra] *adj.* 1 Noir, noire: *alma negra,* âme noire. 2 fig. Sombre, triste. Loc. *Verse ~ para salir de apuro,* être en grande difficulté pour se tirer d'affaire. ■ 3 *m.* Noir (color): ~ *animal,* noir animal. ■ 4 *s.* Noir, noire, nègre, négresse (persona). ■ 5 MÚS. Noire.
negrura [neγrúra] *f.* Noirceur.
nemoroso, -sa [nemoróso, -sa] *adj.* poét. Des bois, relatif, ive aux bois.
nene, -na [néne, -na] *s.* 1 fam. Bébé. 2 fam. Mon petit, ma petite (apelativo cariñoso).
neófito, -ta [neófito, -ta] *s.* Néophyte.
neolatino, -na [neolatíno, -na] *adj.* Néolatin, ine.
neolítico, -ca [neolítiko, -ka] *adj.-m.* Néolithique.
neologismo [neoloxízmo] *m.* Néologisme.

neón [neòn] *m.* Néon: ***letrero de ~,*** enseigne au néon.
neoyorquino, -na [neoǰorkino, -na] *adj.-s.* New-yorkais, aise.
nepotismo [nepotizmo] *m.* Népotisme.
nereida [nereĭða] *f.* MIT. Néréide.
nervadura [nerβaðura] *f.* 1 ARQ. Nervure, nerf *m.* 2 BOT. Nervation.
nervio [nèrβjo] *m.* 1 Nerf. Loc. ***~ de buey,*** nerf de bœuf. 2 BOT., ARQ. Nervure *f.*
nerviosidad [nerβjosiðàð] *f.* 1 Nervosité. 2 Énervement *m.* (irritación, impaciencia).
nervioso, -sa [nerβjòso, -sa] *adj.* 1 Nerveux, euse. 2 Énervé, ée (irritado). Loc. ***Poner ~,*** énerver.
neto, -ta [nèto, -ta] *adj.* 1 Net, nette (limpio, puro). 2 Net, nette (beneficio, peso, etc.) ■ 3 *m.* ARQ. Piédestal.
neumático, -ca [neŭmàtiko, -ka] *adj.* Pneumatique.
neuralgia [neŭràlxja] *f.* Névralgie.
neurastenia [neŭrastènja] *f.* Neurasthénie.
neurólogo [neŭròloγo] *m.* Neurologue.
neurona [neŭròna] *f.* ANAT. Neurone *m.*
neurópteros [neŭròβteros] *m. pl.* Névroptères.
neurosis [neŭròsis] *f.* MED. Névrose.
neurótico, -ca [neŭròtiko, -ka] *adj.* 1 Névrotique. 2 *adj.-s.* Névrosé, ée (persona).
neutral [neŭtràl] *adj.* Neutre.
neutralidad [neŭtraliðað] *f.* Neutralité.
neutralizar [neŭtraliθàr] *tr.* Neutraliser.
neutro, -tra [nèŭtro, -tra] *adj.* Neutre.
nevada [neβàða] *f.* Chute de neige.
nevado, -da [neβàðo, -ða] *adj.* Neigeux, euse, couvert, erte de neige, enneigé, ée.
nevar [neβàr] *impers.* Neiger. ▲ CONJUG. comme ***acertar.***
nevera [neβèra] *f.* 1 Glacière. 2 ***~ eléctrica,*** réfrigérateur *m.*
nevisca [neβiska] *f.* Chute légère de neige.
nexo [nè(γ)so] *m.* Nœud, lien, trait d'union.
ni [ni] *conj.* Ni.
nicho [nitʃo] *m.* Niche *f.* (dans un mur).
nicotina [nikotina] *f.* Nicotine.
nidal [niðàl] *m.* 1 Pondoir. 2 Nichet (huevo).
nido [niðo] *m.* 1 Nid. 2 fig. Repaire.
niebla [njèβla] *f.* 1 Brouillard *m.,* brume. 2 AGR. Nielle (enfermedad).
nieto, -ta [njèto, -ta] *s.* 1 Petit-fils, petite-fille. ■ 2 *pl.* Petits-enfants.
nieve [njèβe] *f.* Neige.
NIF [nif] *m.* (*abrev.* número de identificación fiscal) Numéro d'identification fiscale.
nilón [nilòn] *m.* Nylon.
nimbo [nimbo] *m.* Nimbe.
nimiedad [nimjeðàð] *f.* Minutie méticuleuse.
ninfa [niɱfa] *f.* Nymphe.
ningún [niŋgùn], **ninguno, -na** [niŋgùno, -na] *adj.* 1 Aucun, une, nul, nulle. ▲ Devant un nom masculin on emploie ***ningún: ~ hombre,*** aucun homme. ■ 2 Personne, nul, nulle (nadie): ***no ha venido ninguno,*** personne n'est venu.
niña [niɲa] *f.* 1 Petite fille, fillette. 2 Pupille, prunelle (del ojo).
niñera [niɲèra] *f.* Bonne d'enfant.
niñez [niɲèθ] *f.* Enfance.
niño, -ña [niɲo, -ɲa] *adj.-s.* 1 Enfant (que se halla en la niñez, sin experiencia), jeune (que tiene pocos años): ***los niños,*** les enfants. Loc. ***~ de teta,*** nourrisson. 2 *loc. adv.* ***De ~,*** dès l'enfance. ■ 3 *m.* Garçon, garçonnet. Loc. ***Niño Jesús,*** Enfant Jésus. ■ 4 *f.* Petite fille, fillette.
níquel [nikel] *m.* Nickel.
níspero [nispero] *m.* 1 Néflier. 2 Nèfle *f.* (fruto).

nitidez [nitiðèθ] *f.* Netteté, limpidité.
nítido, -da [nitiðo, -ða] *adj.* Net, nette, limpide.
nitrato [nitràto] *m.* QUÍM. Nitrate.
nitrógeno [nitròxeno] *m.* Azote, nitrogène.
nivel [niβèl] *m.* Niveau: *paso a ~,* passage à niveau.
nivelación [niβelaθjòn] *f.* Nivellement *m.*
nivelar [niβelàr] *tr.* Niveler.
nivoso, -sa [niβòso, -sa] *adj.* **1** Neigeux, euse, de neige. ■ **2** *m.* Nivôse.
no [no] *adv.* Non (en respuestas); ne... pas, ne... point, ne pas (delante de un verbo); ne (con otra negación); pas (en frases sin verbo): *~, señor,* non, monsieur; *~ duerme,* il ne dort pas. Loc. *~ bien,* aussitôt que; *~ menos,* pas moins; *~ ya,* non seulement (solamente).
nobiliario, -ia [noβiljàrjo, -ja] *adj.-m.* Nobiliaire.
noble [nòβle] *adj.-s.* Noble.
nobleza [noβlèza] *f.* Noblesse.
noche [nòtʃe] *f.* **1** Nuit. Loc. *~ toledana,* nuit blanche; *buenas noches,* bonne nuit (saludo al irse a acostar). **2** Soir *m.* (principio de la noche); *las diez de la ~,* dix heures du soir. Loc. *Buenas noches,* bonsoir (saludo). **3** *loc. adv. De ~,* de nuit, la nuit; *de la ~ a la mañana,* du jour au lendemain.
nochebuena [notʃeβwèna] *f.* Nuit de Noël.
noción [noθjòn] *f.* Notion.
nocivo, -va [noθiβo, -βa] *adj.* Nocif, ive, nuisible (perjudicial).
noctámbulo, -la [noɣtàmbulo, -la] *adj.-s.* Noctambule.
nocturno, -na [noɣtùrno, -na] *adj.* Nocturne.
nodriza [noðriθa] *f.* Nourrice.
nogal [noɣàl] *m.* Noyer (árbol).
nómada [nòmaða] *adj.-s.* Nomade.
nombrado, -da [nombràðo, -ða] *adj.* Fameux, euse, renommé, ée (célebre).
nombrar [nombràr] *tr.* Nommer.
nombre [nòmbre] *m.* **1** Nom. Loc. *Llamar las cosas por su ~,* appeler les choses par leur nom. **2** Nom, renom, réputation *f.*: *hacerse un ~,* se faire un nom. **3** Surnom. Loc. *Mal ~,* sobriquet.
nomenclatura [nomeŋklatùra] *f.* Nomenclature.
nomeolvides [nomeolβiðes] *f.* Myosotis *m.*, ne-m'oubliez pas *m. invar.*
nómina [nòmina] *f.* **1** Liste de noms. **2** État *m.* du personnel (en una oficina, etc.). **3** Feuille de paye.
nominar [nominàr] *tr.* Nominer.
non [non] *adj.* **1** Impair, aire. ■ **2** *m.* Nombre impair: *pares o nones,* pair ou impair.
nordeste [norðèste] *m.* Nord-est.
nórdico, -ca [nòrðiko, -ka] *adj.-m.* Nordique.
noria [nòrja] *f.* Noria.
norma [nòrma] *f.* **1** Norme, règle de conduite. **2** Règle, équerre.
normal [normàl] *adj.* Normal, ale.
normalidad [normaliðàð] *f.* État *m.* normal.
noroeste [noroèste] *m.* Nord-ouest.
norte [nòrte] *m.* Nord.
norteamericano, -na [norteamerikàno, -na] *adj.-s.* Nord-américain, aine, américain, caine du Nord.
norteño, -ña [nortèɲo, -ɲa] *adj.* Du Nord d'un pays.
nos [nos] *pron. pers.* Nous (complemento sin preposición): *~ habla,* il nous parle.
nosotros, -tras [nosòtros, -tras] *pron. pers.* Nous.
nostalgia [nostàlxja] *f.* Nostalgie.
nota [nòta] *f.* **1** Note. **2** MÚS. Note. **3** Mention (en un examen). **4** Réputation. Loc. *De ~,* de marque (persona); *de mala ~,* mal famé, ée. **5** Remarque (observation).

notable [notáβle] *adj.* 1 Notable, remarquable. ■ 2 *m.* Bien (en exámenes). ■ 3 *pl.* Notables (persona).

notaría [notaria] *f.* 1 Notariat *m.* (empleo). 2 Étude de notaire (oficina).

notario [notárjo] *m.* Notaire.

noticia [notiθja] *f.* 1 Nouvelle (comunicación). Loc. ~ ***bomba,*** nouvelle sensationnelle. 2 Notice. 3 Connaissance.

noticiero [notiθjèro] *m.* Reporter, journaliste.

notificar [notifikàr] *tr.* Notifier, signifier, faire savoir.

notorio, -ia [notòrjo, -ja] *adj.* Notoire.

novato, -ta [noβáto, -ta] *adj.-s.* Novice, nouveau, elle.

novecientos, -tas [noβeθjèntos, -tas] *adj.-m.* Neuf-cents.

novedad [noβeðàð] *f.* 1 Nouveauté. 2 Du nouveau *m.*, changement *m.* (cambio): ***hay*** ~, il y a du nouveau. Loc. ***Sin*** ~, rien de nouveau, sans changement, rien à signaler (no ha ocurrido nada). 3 Étonnement *m.*, surprise: ***causar*** ~, étonner. 4 Nouvelle récente (noticia).

novel [noβèl] *adj.* Novice, débutant.

novela [noβèla] *f.* 1 Roman *m.* 2 ~ ***corta,*** nouvelle.

novelista [noβelista] *s.* Romancier, ière.

noveno, -na [noβèno, -na] *adj.-s.* Neuvième.

noventa [noβènta] *adj.-m.* Quatre vingt-dix.

novia [nòβja] *f.* 1 Fiancée (prometida). 2 Jeune mariée (recién casada).

noviazgo [noβjàθγo] *m.* Fiançailles *f. pl.*

novicio, -ia [noβiθio, -ia] *adj.-s.* Novice.

noviembre [noβjèmbre] *m.* Novembre.

novillada [noβiʎàða] *f.* TAUROM. Course de taurillons.

novillo [noβiʎo] *m.* 1 Taurillon. ■ 2 *pl.* ***Hacer novillos,*** faire l'école buissonnière.

novio [nòβjo] *m.* Fiancé (prometido).

nube [núβe] *f.* 1 Nuage *m.* Loc. fig. ~ ***de verano,*** brouille, chagrin passager; ***estar en las nubes,*** être dans les nuages. 2 Nuée (multitud). 3 Taie (en el ojo). 4 Sorte de châle *m.* en mailles.

nublado, -da [nuβlàðo, -ða] *adj.* 1 Nuageux, euse, couvert, erte (cielo). ■ 2 *m.* Nuée *f.*, nuage. 3 fig. Trouble, situation *f.* menaçante.

nuca [núka] *f.* Nuque.

nuclear [nukleàr], **nucleario, -ia** [nukleàrjo, -ja] *adj.* Nucléaire.

núcleo [núkleo] *m.* 1 Noyau. 2 BIOL. Nucléus.

nudo [núðo] *m.* Nœud (lazo).

nuera [nwèra] *f.* Bru, belle-fille.

nuestro, -tra [nwèstro, -tra], **nuestros, -tras** [nwèstros, -tras] *adj. pos.* 1 Notre, nos; à nous: ~ ***padre,*** notre père. ■ 2 *pron. pos.* Nôtre, nôtres.

nueva [nwèβa] *f.* Nouvelle. Loc. ***Coger de nuevas,*** surprendre, étonner.

nuevo, -va [nwèβo, -βa] *adj.* 1 Neuf, neuve (recién hecho o fabricado, no o poco gastado), nouveau, nouvel, nouvelle (reciente): ***un vestido*** ~, un habit neuf. 2 *loc. adv.* ***De*** ~, de nouveau, à nouveau.

nuez [nweθ] *f.* 1 Noix: ***nueces,*** des noix. 2 ANAT. Pomme d'Adam.

nulo, -la [núlo, -la] *adj.* Nul, nulle.

numeración [numeraθjòn] *f.* 1 Numération. 2 Numérotage *m.* (acción).

numerar [numeràr] *tr.* 1 Dénombrer, nombrer. 2 Numéroter (poner un número).

numérico, -ca [numèriko, -ka] *adj.* Numérique.

número [número] *m.* 1 Nombre (cantidad). 2 Numéro (en una serie). 3 MAT. Chiffre: ***números arábigos,*** chiffres arabes.
numeroso, -sa [numeróso, -sa] *adj.* Nombreux, euse.
numismático, -ca [numizmátiko, -ka] *adj.* 1 Numismatique. ■ 2 *m.* Numismate.
nunca [núŋka] *adv.* Jamais: ***no la he visto ~,*** je ne l'ai jamais vue.
nunciatura [nunθjatúra] *f.* Nonciature.
nuncio [núnθjo] *m.* 1 Nonce. 2 Envoyé, messager. 3 Signe, présage (señal).
nupcial [nuβθjál] *adj.* Nuptial, ale.
nupcias [núβθjas] *f. pl.* Noces. Loc. ***Hijos de primeras, de segundas ~,*** enfants du premier, du second lit.
nutria [nútrja] *f.* Loutre.
nutrición [nutriθjón] *f.* Nutrition.
nutrido, -da [nutriðo, -ða] *adj.* Nourri, ie.
nutrir [nutrír] *tr.* 1 Nourrir. 2 fig. Nourrir. ■ 3 *pr.* Se nourrir.
nutritivo, -va [nutritíβo, -βa] *adj.* Nutritif, ive, nourrissant, ante.

Ñ

ñ [éɲe] *f.* Ñ *m.* Dix-septième lettre de l'alphabet espagnol. Elle a le son du *gn* français dans *espagnol.*
ñandú [ɲandú] *m.* Nandou.
ñoñería [ɲoɲería], **ñoñez** [ɲoɲéθ] *f.* Niaiserie.
ñoño, -ña [ɲóɲo, -ɲa] *adj.* 1 Niais, niaise, geignard, arde, gnangnan (quejumbroso). 2 Insipide, fade, mièvre (soso), banal, ale.
ñoqui [ɲóki] *m.* Gnocchi.
ñu [ɲu] *m.* Gnou.

O

o [o] *f.* O *m.*
oasis [oásis] *m.* Oasis *f.*
obcecar [oβθekár] *tr.* 1 Aveugler. ■ 2 *pr.* Être aveuglé, ée.
obedecer [oβeðeθér] *tr.* 1 Obéir à. ■ 2 *intr.* Obéir. ▲ CONJUG. comme ***agradecer.***
obediencia [oβeðjénθja] *f.* Obéissance.
obediente [oβeðjénte] *adj.* Obéissant, ante.
obesidad [oβesiðáð] *f.* Obésité.
obeso, -sa [oβéso, -sa] *adj.* Obèse.
óbice [óβiθe] *m.* Obstacle, empêchement.
obispado [oβispáðo] *m.* Évêché.
obispillo [oβispíʎo] *m.* 1 Sorte de boudin. 2 Croupion, sot-l'y-laisse (de las aves).
obispo [oβíspo] *m.* Évêque.
objeción [oβxeθjón] *f.* Objection.
objetivo, -va [oβxetíβo, -βa] *adj.-m.* Objectif, ive.
objeto [oβxéto] *m.* 1 Objet. 2 *loc. adv.* ***Con ~ de,*** afin de, pour, en vue de.
oblea [oβléa] *f.* Pain *m.* à cacheter.
oblicuo, -ua [oβlíkwo, -wa] *adj.* Oblique.
obligación [oβliɣaθjón] *f.* Obligation.
obligar [oβliɣár] *tr.* 1 Obliger, astreindre. ■ 2 *pr.* S'obliger, s'engager.
obligatorio, -ia [oβliɣatórjo, -ja] *adj.* Obligatoire.
obra [óβra] *f.* 1 Œuvre (labor). 2 Œuvre (producción artística, etc.). 3 Ouvrage *m.* (libro), pièce (de teatro). 4 Œuvre (en sentido moral). 5 CONSTR. Chantier *m.* (edificio en construcción), construction (edificio). ■ 6 *loc. adv.* ***Por ~ de,*** par l'action de. 7 *pl.* Travaux *m.*: ***obras públicas,*** travaux publics.

obrar [oβrár] *intr.* 1 Agir. 2 Se trouver, être: ***el expediente obra en poder del juez,*** le dossier se trouve entre les mains du juge. 3 Aller à la selle (exonerar el vientre). 4 *tr.* Bâtir, construire.
obrero, -ra [oβrèro, -ra] *adj.-s.* 1 Ouvrier, ière. ■ 2 *m.* Fabricien, fabricier (de una parroquia).
obscurecer [oskureθèr] *tr.* 1 Obscurcir, assombrir. ■ 2 *intr.* Commencer à faire nuit. ■ 3 *pr.* S'obscurcir, s'assombrir. ▲ CONJUG. comme ***agradecer.***
obscuridad [oskuriðàð] *f.* Obscurité.
obscuro, -ra [oskùro, -ra] *adj.* 1 Obscur, ure. 2 Sombre, foncé, ée (color). 3 *loc. adv.* ***A obscuras,*** dans l'obscurité; fig. dans l'ignorance.
obsequiar [oβsejàr] *tr.* 1 Combler de prévenances (agasajar). 2 Courtiser (a una mujer).
obsequio [oβsèkjo] *m.* 1 Cadeau (regalo). 2 Prévenance *f.*, attention *f.* (afabilidad).
observación [oβserβaθjòn] *f.* Observation.
observar [oβserβàr] *tr.* Observer.
observatorio [oβserβatòrjo] *m.* Observatoire.
obsesión [oβsesjòn] *f.* Obsession.
obstáculo [oβstákulo] *m.* Obstacle.
obstante (no) [oβstànte] *adv.* Cependant, néanmoins, nonobstant (sin embargo).
obstinación [oβstinaθjòn] *f.* Obstination.
obstruir [oβstrwir] *tr.* 1 Obstruer. 2 fig. Entraver, contrarier. ▲ CONJUG. comme ***huir.***
obtener [oβtenèr] *tr.* Obtenir: ***ha obtenido un premio muy bueno,*** il a obtenu un très bon prix. ▲ CONJUG. comme ***tener.***
obturación [oβturaθjòn] *f.* Obturation.
obturar [oβturàr] *tr.* Obturer.
obtuso, -sa [oβtùso, -sa] *adj.* Obtus, use.
obvio, -ia [òββjo, -ja] *adj.* Évident, ente.
oc (lengua de) [òk] *f.* Langue d'oc.
oca [òka] *f.* 1 Oie (ave). 2 ***Juego de la ~,*** jeu de l'oie.
ocasión [okasjòn] *f.* Occasion: ***de ~,*** d'occasion.
ocasionar [okasjonàr] *tr.* Occasionner, causer.
ocaso [okàso] *m.* 1 Coucher (de un astro). 2 Ouest, couchant (punto cardinal). 3 fig. Décadence *f.*, crépuscule.
occidental [oɣθiðentàl] *adj.* Occidental, ale.
occidente [oɣθiðènte] *m.* Occident.
océano [oθèano] *m.* Océan.
ochenta [otʃènta] *adj.-m.* Quatre-vingt(s).
ocho [òtʃo] *adj.-m.* Huit: ***son las ~,*** il est huit heures.
ochocientos, -tas [otʃoθjèntos, -tas] *adj.* Huit cents.
ocio [òθjo] *m.* Désœuvrement, inaction *f.*
ocioso, -sa [oθjòso, -sa] *adj.-s.* 1 Oisif, ive. ■ 2 *adj.* Inutile, oiseux, euse (palabras, etc.).
oclusión [oklusjòn] *f.* Occlusion.
ocre [òkre] *adj.-m.* Ocre.
octagonal [oɣtaɣonàl] *adj.* GEOM. Octogonal, ale.
octava [oɣtàβa] *f.* 1 Octave. 2 LIT. Huitain *m.*
octavilla [oɣtaβiʎa] *f.* 1 Huitain *m.* de vers octosyllabes. 2 Huitième *m.* d'une feuille de papier.
octavo, -va [oɣtàβo, -βa] *adj.-s.* 1 Huitième. 2 *loc. adv.* ***En ~,*** in octavo.
octeto [oktèto] *m.* INFORM. 1 Octet. 2 MÚS. Octuor.
octubre [oɣtùβre] *m.* Octobre.
ocular [okulàr] *adj.-m.* Oculaire.
oculista [okulista] *s.* Oculiste.
ocultar [okultàr] *tr.* 1 Cacher, dissimuler. ■ 2 *pr.* Se cacher.
ocultismo [okultizmo] *m.* Occultisme.

oculto, -ta [okúlto, -ta] *m.* 1 Caché, ée (escondido). 2 Occulte (secreto).
ocupación [okupaθjón] *f.* Occupation.
ocupar [okupár] *tr.* 1 Occuper. ■ 2 *pr.* S'occuper.
ocurrencia [okur̄énθja] *f.* 1 Occasion, circonstance. 2 Saillie, trait *m.* d'esprit (dicho agudo). 3 Idée.
ocurrir [okur̄ír] *intr.* 1 Arriver, se passer, se produire: ***¿qué ocurre?,*** que se passe-t-il? ■ 2 *pr.* Venir à l'idée, venir à l'esprit: ***se le ocurrió escribir al propio director,*** il lui est venu à l'idée d'écrire au directeur lui-même.
odiar [oðjár] *tr.* Haïr, détester.
odio [óðjo] *m.* Haine *f.*
odisea [oðiséa] *f.* Odyssée.
oeste [oéste] *m.* Ouest.
ofender [ofendér] *tr.* 1 Offenser. ■ 2 *pr.* S'offenser.
ofensa [ofénsa] *f.* Offense.
ofensivo, -va [ofensíβo, -βa] *adj.* 1 Offensif, ive (arma, etc.). 2 Offensant, ante (injurioso). ■ 3 *f.* Offensive.
ofensor, -ra [ofensór, -ra] *adj.-s.* Offenseur, euse.
oferta [oférta] *f.* 1 Offre. 2 Promesse.
oficial [ofiθjál] *adj.* 1 Officiel, elle. ■ 2 *m.* Compagnon, ouvrier: ~ ***de sastre,*** ouvrier tailleur. 3 Employé de bureau (oficinista). 4 MIL. Officier.
oficialidad [ofiθjaliðáð] *f.* 1 MIL. Cadres *m. pl.*, officiers *m. pl.* 2 Caractère *m.* officiel (de una cosa).
oficiar [ofiθjár] *intr.* 1 Officier. 2 ~ *de,* agir en qualité de. ■ 3 *tr.* LITURG. Célébrer: ~ ***una misa,*** célébrer une messe.
oficina [ofiθína] *f.* 1 Bureau *m.* (despacho). 2 Officine (de farmacia).
oficio [ofíθjo] *m.* 1 Métier, profession *f.*: ***no hay*** ~ ***malo,*** il n'est point de sot métier. 2 Office (función, papel). 3 Office: ***buenos oficios,*** bons offices. 4 ***El Santo Oficio,*** Le Saint-Office. 5 Office (antecocina).
oficioso, -sa [ofiθjóso, -sa] *adj.* Officieux, euse (no oficial).
ofimática [ofimátika] *f.* INFORM. Bureautique.
ofrecer [ofreθér] *tr.* 1 Offrir. 2 fig. Offrir, présenter: ~ ***sus respetos,*** présenter ses hommages. ■ 3 *pr.* Venir à l'esprit. ▲ CONJUG. comme ***agradecer.***
ofrecimiento [ofreθimjénto] *m.* Offre *f.*
oftalmólogo, -ga [oftalmóloɣo, -ɣa] *s.* Oftalmologiste, oftalmologue.
ofuscar [ofuskár] *tr.* Offusquer, aveugler, éblouir (turbar la vista).
ogro [óɣro] *m.* Ogre.
¡oh! [o] *interj.* Oh!
oídas (de) [oiðas] *loc. adv.* Par ouï-dire.
oído [oíðo] *m.* 1 Ouïe *f.*, oreille *f.* (sentido), oreille *f.* (órgano). Loc. ***Duro de*** ~, dur d'oreille. 2 Lumière *f.* (de arma). 3 *loc. adv.* ***Al*** ~, à l'oreille; ***de*** ~, d'oreille.
oír [oír] *tr.* Entendre (percibir los sonidos), écouter (escuchar, atender). ▲ CONJUG. IRRÉG. INDIC. Prés.: ***oigo, oyes, oye, oímos, oís, oyen.*** Imparf.: ***oía, oías,*** etc. Pas. simple: ***oí, oíste, oyó, oímos, oísteis, oyeron.*** Fut.: ***oiré, oirás,*** etc. COND.: ***oiría, oirías,*** etc. SUBJ. Prés.: ***oiga, oigas, oiga, oigamos, oigáis, oigan.*** Imparf.: ***oyera, oyeras,*** etc. ou ***oyese, oyeses,*** etc. Fut.: ***oyere, oyeres,*** etc. IMPÉR.: ***oye, oiga, oigamos, oíd, oigan.*** PART. PAS.: ***oído.*** GÉR.: ***oyendo.***
OIT [ojté] *f.* (*abrev.* Organización Internacional del Trabajo) OIT.
ojal [oxál] *m.* 1 Boutonnière *f.* 2 Trou (agujero).
¡ojalá! [oxalá] *interj.* Plaise à Dieu.
ojear [oxeár] *tr.* 1 Regarder, examiner. 2 Rabattre (la caza).
ojera [oxéra] *f.* Cerne *m.* (de los ojos).

ojival [oxiβál] *adj.* Ogival, ale.
ojo [óxo] *m.* 1 Œil. Loc. ***Ojos saltones,*** yeux à fleur de tête; ***llenar el ~,*** plaire: ***¡mucho ~!,*** gare!, attention! ■ 2 Œil chas (de una aguja). 3 Trou (de la cerradura). 4 Anneau (de llave). 5 Arche *f.* (de un puente). 6 ***~ de gallo, de pollo,*** œil-de-perdrix (callo).
okupa [okúpa] *m.* fam. Squatter.
ola [óla] *f.* 1 Vague, lame. 2 fig. Vague (de calor, etc.).
¡ole! [óle] *interj.* Bravo!
oleada [oleáða] *f.* 1 Grande vague. 2 Paquet *m.* de mer.
oleaginoso, -sa [oleaxinóso, -sa] *adj.* Oléagineux, euse.
oleaje [oleáxe] *m.* Houle *f.*
óleo [óleo] *m.* Huile *f.*: ***pintura al ~,*** peinture à l'huile; ***los santos óleos,*** les saintes huiles.
oleoducto [oleoðúkto] *m.* Oléoduc, pipe-line.
oler [olér] *tr.* 1 Sentir. 2 fig. Flairer. ■ 3 *intr.* Sentir: ***~ a rosa,*** sentir la rose. ■ 4 *pr.* Pressentir. ▲ CONJUG. comme ***mover,*** il prend un *h* devant la diphtongue *ue.*
olfato [olfáto] *m.* Odorat, flair.
oliente [oljénte] *adj.* Qui sent: ***bien ~,*** qui sent bon; ***mal ~,*** qui sent mauvais.
oligarquía [oliɣarkía] *f.* Oligarchie.
olimpíada [olimpíaða] *f.* Olympiade.
olímpico, -ca [olímpiko, -ka] *adj.* 1 Olympien, ienne (del Olimpo). 2 Olympiques: ***juegos olímpicos,*** jeux olympiques.
oliva [olíβa] *f.* Olive.
olivar [oliβár] *m.* Olivaie *f.*, oliveraie *f.*
olivo [olíβo] *m.* Olivier.
olla [óʎa] *f.* 1 Marmite, pot *m.* (vasija). 2 ***~ a presión,*** autocuiseur *m.* 3 Pot-au-feu *m. invar.* (guiso). 4 ***~ podrida,*** potpourri *m.*
olmo [ólmo] *m.* Orme.
olor [olór] *m.* Odeur.
oloroso, -sa [oloróso, -sa] *adj.* Odorant, ante.
olvidadizo, -za [olβiðaðíθo, -θa] *adj.* Oublieux, euse.
olvidado, -da [olβiðáðo, -ða] *adj.* 1 Oublié, ée. 2 Oublieux, euse (olvidadizo).
olvidar [olβiðár] *tr.* Oublier.
olvido [olβíðo] *m.* Oubli.
ombligo [omblíɣo] *m.* Nombril, ombilic.
omiso, -sa [omíso, -sa] *adj.* Omis, ise. Loc. ***Hacer caso ~ de,*** ne pas faire cas de, faire peu cas de.
omitir [omitír] *tr.* Omettre. ▲ PART. PAS. rég.: ***omitido, da;*** irrég.: ***omiso, sa.***
omnipotencia [omnipoténθja] *f.* Omnipotence.
omóplato [omóplato], **omoplato** [omoplàto] *m.* Omoplate *f.*
OMS [oms] *f.* (*abrev.* Organización Mundial de la Salud) OMS.
once [ónθe] *adj.-m.* Onze.
onda [ónda] *f.* 1 Onde. Loc. ***~ corta, larga,*** ondes courtes, grandes ondes. 2 Ondulation (del pelo).
ondeante [ondeánte] *adj.* Ondoyant, ante, ondulant, ante.
ondear [ondeár] *intr.* Ondoyer, onduler.
ondulación [ondulaθjón] *f.* Ondulation.
ondulante [ondulánte] *adj.* Ondulant, ante.
oneroso, -sa [oneróso, -sa] *adj.* Onéreux, euse.
onomástico, -ca [nomástiko, -ka] *adj.* 1 Onomastique. ■ 2 *f.* Fête (de una persona).
onomatopeya [onomatopéʝa] *f.* Onomatopée.
ONU [ónu] *f.* (*abrev.* Organización de las Naciones Unidas) ONU.
onza [ónθa] *f.* 1 Once (peso). 2 Once (mamífero). 3 ***~ de oro,*** monnaie d'or espagnole.
opaco, -ca [opáko, -ka] *adj.* Opaque.
opalino, -na [opalíno, -na] *adj.* Opalin, ine.

ópalo [ópalo] *m.* Opale *f.*
opción [oβθjón] *f.* Option, choix *m.*
ópera [ópera] *f.* **1** Opéra *m.* **2** ~ ***cómica,*** opéra-comique.
operación [operaθjón] *f.* Opération.
operar [operár] *tr.* **1** Opérer. ■ **2** *pr.* CIR. Se faire opérer.
operario, -ia [operárjo, -ja] *s.* Ouvrier, ière.
opinar [opinár] *intr.* Penser, être d'avis.
opinión [opinjón] *f.* Opinion.
opio [ópjo] *m.* Opium.
oponer [oponér] *tr.* **1** Opposer. ■ **2** *pr.* S'opposer. ▲ CONJUG. comme ***poner.***
oportunidad [oportuniðáð] *f.* Opportunité (calidad de oportuno).
oportunismo [oportunizmo] *m.* Opportunisme.
oportuno, -na [oportúno, -na] *adj.* Opportun, une.
oposición [oposiθjón] *f.* **1** Opposition. **2** Concours *m.*: ***oposiciones a un cargo,*** concours en vue d'obtenir un poste.
opresión [opresjón] *f.* Oppression.
oprimir [oprimír] *tr.* **1** Presser, appuyer sur: ~ ***el botón,*** presser le bouton. **2** Serrer (dicho de un vestido). **3** Oppresser (ahogar). **4** fig. Opprimer (tiranizar). ▲ PART. PAS. rég.: ***oprimido;*** irrég.: ***opreso.***
optar [oβtár] *tr.* Opter, choisir: ***optó por callarse,*** il choisit de se taire.
óptico, -ca [óβtiko, -ka] *adj.-f.* **1** Optique. ■ **2** *m.* Opticien.
optimismo [oβtimizmo] *m.* Optimisme.
opulento, -ta [opulénto, -ta] *adj.* Opulent, ente.
ora [óra] *conj.* Tantôt: ~ ***llora,*** ~ ***ríe,*** tantôt il pleure, tantôt il rit.
oración [oraθjón] *f.* **1** Prière, oraison (rezo). **2** GRAM. Proposition. **3** ***Las partes de la*** ~, les parties du discours.
orador, -ra [oraðór, -ra] *s.* Orateur, trice.
oral [orál] *adj.* Oral, ale.
orar [orár] *intr.-tr.* Prier: ~ ***a Dios,*** prier Dieu.
oratoria [oratórja] *f.* Art *m.* oratoire.
orbe [órβe] *m.* **1** Orbe (círculo), sphère *f.* (esfera), globe. **2** Monde, univers.
órbita [órβita] *f.* ANAT., ASTR. Orbite. Loc. ASTR. ***En*** ~, sur orbite.
órdago (de) [órðaγo] *loc. adv.* fam. Du tonnerre, épatant, ante (muy bueno), terrible.
orden [órðen] *m.-f.* Ordre *m.* ■ Dans les sens de commandement et d'ordre militaire ou religieux ce mot est toujours employé au féminin.
ordenada [orðenáða] *f.* GEOM. Ordonnée.
ordenador [orðenaðór] *m.* INFORM. Ordinateur.
ordenamiento [orðenamjénto] *m.* **1** Mise *f.* en ordre. **2** Ordonnance *f.* (ley).
ordenanza [orðenánθa] *f.* **1** Ordonnance, règlement *m.* ■ **2** *m.* MIL. Ordonnance (soldado). **3** Garçon de bureau (en las oficinas).
ordenar [orðenár] *tr.* **1** Ordonner. **2** Mettre en ordre (poner en orden).
ordeñar [orðeɲár] *tr.* Traire.
ordinario, -ia [orðinárjo, -ja] *adj.* **1** Ordinaire. **2** Vulgaire, grossier, ière (grosero). ■ **3** *m.* Ordinaire. **4** Commissionnaire (recadero).
orear [oreár] *intr.* **1** Aérer. ■ **2** *pr.* Prendre l'air.
orégano [oréγano] *m.* Origan.
oreja [oréxa] *f.* Oreille. Loc. fig. ***Apearse por las orejas,*** vider les arçons; ***calentar las orejas,*** frotter les oreilles.
orfandad [orfandáð] *f.* **1** État d'orphelin *m.* **2** Pension accordée à un orphelin.
orfebre [orféβre] *m.* Orfèvre.
orgánico, -ca [orγániko, -ka] *adj.* Organique.
organigrama [orγaniγráma] *m.* Organigramme.

organillo [orɣaniʎo] *m.* Orgue de Barbarie.
organismo [orɣanizmo] *m.* Organisme.
organización [orɣaniθaθjòn] *f.* Organisation.
organizar [orɣaniθàr] *tr.* Organiser.
órgano [òrɣano] *m.* 1 MÚS. Orgue. 2 Organe.
orgía [orxia] *f.* Orgie.
orgullo [orɣúʎo] *m.* Orgueil.
orgulloso, -sa [orɣuʎóso, -sa] *adj.* 1 Orgueilleux, euse. 2 Fier, fière.
orientación [orjentaθjòn] *f.* Orientation.
oriental [orjentàl] *adj.-s.* Oriental, ale.
orientar [orjentàr] *tr.* 1 Orienter. ■ 2 *pr.* S'orienter.
oriente [orjènte] *m.* Orient.
orificio [orifiθjo] *m.* Orifice.
oriflama [oriflàma] *f.* Oriflamme.
origen [orixen] *m.* Origine *f.*
original [orixinàl] *adj.* 1 Originel, elle (relativo al origen): ***pecado ~,*** péché originel. ■ 2 *adj.-s.* Original, ale (persona). ■ 3 IMPR. Copie *f.*
originar [orixinàr] *tr.* Causer, donner naissance à.
orilla [oriʎa] *f.* 1 Bord *m.,* rivage *m.* (del mar). 2 Bord *m.* (de un tejido, una mesa, etc.).
orillo [oriʎo] *m.* Lisière *f.* d'une étoffe.
orina [orina] *f.* Urine.
orinal [orinàl] *m.* Pot de chambre.
orinar [orinàr] *intr.-pr.-tr.* Uriner.
oriundo, -da [orjùndo, -da] *adj.* Originaire.
ornamentación [ornamentaθjòn] *f.* Ornementation.
ornamentar [ornamentàr] *tr.* Ornementer, orner.
oro [òro] *m.* 1 Or. Loc. ~ ***de ley,*** or au titre, or véritable. ■ 2 *pl.* Une des couleurs du jeu de cartes espagnol.
orografía [oroɣrafia] *f.* Orographie.
oropel [oropèl] *m.* 1 Oripeau. 2 fig. Clinquant.
oropéndola [oropèndola] *f.* Loriot *m.*
orquesta [orkèsta] *f.* Orchestre *m.*
orquídea [orkiðea] *f.* Orchidée.
ortiga [ortiɣa] *f.* Ortie.
ortodoxo, -xa [ortoðo(ɣ)so, -sa] *adj.-s.* Orthodoxe.
ortografía [ortoɣrafia] *f.* Orthographe.
ortográfico, -ca [ortoɣràfiko, -ka] *adj.* Orthographique.
ortopedia [ortopèðja] *f.* Orthopédie.
ortopédico, -ca [ortopèðiko, -ka] *adj.* 1 Orthopédique. ■ 2 *s.* Orthopédiste.
oruga [orùɣa] *f.* 1 Chenille. 2 Roquette (hierba). 3 MEC. Chenille.
orujo [orùxo] *m.* Marc de raisin, d'olive.
orza [òrθa] *f.* 1 Pot *m.* de terre vernie. 2 MAR. Dérive (pieza triangular).
orzuelo [orθwèlo] *m.* Orgelet, compère-loriot (en un párpado).
os [os] *pron. pers.* Vous: ~ ***veo,*** je vous vois.
osa [òsa] *f.* Ourse.
osadía [osaðia] *f.* Audace, hardiesse.
osamenta [osamènta] *f.* Squelette *m.,* ossature.
osar [osàr] *intr.* Oser.
oscilación [osθilaθjòn] *f.* Oscillation.
oscilar [osθilàr] *intr.* 1 Osciller. 2 Vaciller (una llama).
ósculo [òskulo] *m.* Baiser.
óseo, -ea [òseo, -ea] *adj.* Osseux, euse.
ósmosis [òzmosis], **osmosis** [ozmòsis] *f.* Osmose.
oso [òso] *m.* 1 Ours. 2 ~ ***hormiguero,*** fourmilier, tamandua.
ostentación [ostentaθjòn] *f.* Ostentation. Loc. ***Hacer ~ de,*** faire ostentation de, étalage de, étaler.
ostentoso, -sa [ostentòso, -sa] *adj.* Magnifique, somptueux, euse.
ostra [òstra] *f.* Huître. Loc. fam. ***Aburrirse como una ~,*** s'ennuyer mortellement.

ostracismo [ostraθizmo] *m.* Ostracisme.
ostricultura [ostrikultúra] *f.* Ostréiculture.
ostrogodo, -da [ostroγóðo, -ða] *adj.-s.* Ostrogoth, othe.
otomano, -na [otománo, -na] *adj.-s.* **1** Ottoman, ane. ■ **2** *f.* Ottomane (sofá).
otoñal [otoɲál] *adj.* Automnal, ale.
otoño [otóɲo] *m.* Automne.
otorgamiento [otorγamjénto] *m.* **1** Octroi, concession *f.* **2** DER. Passation *f.*
otorgar [otorγár] *tr.* **1** Accorder, octroyer. **2** DER. Passer (un acta) par devant notaire. **3** Conférer (poderes).
otro, -tra [ótro, -tra] *adj.-pron. indef.* Autre: ~ ***libro,*** un autre livre; ***quiero ~ pastel,*** je veux un autre gâteau.
ovación [oβaθjón] *f.* Ovation.
oval [oβál], **ovalado, -da** [oβaláðo, -ða] *adj.* Ovale.
ovalar [oβalár] *tr.* Ovaliser.
óvalo [óβalo] *m.* Ovale.
ovario [oβárjo] *m.* Ovaire.
oveja [oβéxa] *f.* Brebis (hembra del carnero), mouton *m.* (carnero).
ovejuno, -na [oβexúno, -na] *adj.* De brebis.
oviducto [oβiðúγto] *m.* Oviducte.
ovillar [oβiʎár] *intr.* Mettre en pelote.
ovillo [oβíʎo] *m.* Pelote *f.,* peloton. Loc. fig. ***Hacerse un ~,*** se pelotonner, se ramasser, se mettre en boule.
ovíparo, -ra [oβíparo, -ra] *adj.* Ovipare.
ovoide [oβóiðe], **ovoideo, ea** [oβoiðéo, -ea] *adj.* Ovoïdal, ale.
óvolo [óβolo] *m.* ARQ. Ove.
óvulo [óβulo] *m.* Ovule.
oxear [o(γ)seár] *tr.* Chasser (gallinas).
oxidación [o(γ)siðaθjón] *f.* Oxydation.
oxidar [o(γ)siðár] *tr.* **1** Oxyder. ■ **2** *pr.* S'oxyder.
óxido [ó(γ)siðo] *m.* Oxyde.
oxigenar [o(γ)sixenár] *tr.* Oxygéner.
oxígeno [o(γ)síxeno] *m.* Oxygène.
oyente [oǰénte] *s.* Auditeur, trice.
ozono [oθóno] *m.* Ozone.

P

p [pe] *f.* P *m.*
pabellón [paβeʎón] *m.* **1** Pavillon. **2** Faisceau (de fusiles).
paciencia [paθjénθja] *f.* Patience: ***acabársele a uno la ~,*** être à bout de patience; ***perder la ~,*** perdre patience.
paciente [paθjénte] *adj.-s.* Patient, ente.
pacificación [paθifikaθjón] *f.* Pacification.
pacificar [paθifikár] *tr.* Pacifier.
pacífico, -ca [paθífiko, -ka] *adj.* **1** Pacifique. ■ **2** *n. pr. m.* ***Océano ~,*** Océan Pacifique.
pacifista [paθifísta] *adj.-s.* Pacifiste.
pacotilla [pakotíʎa] *f.* Pacotille: ***de ~,*** de pacotille.
pactar [paγtár] *intr.* **1** Pactiser. ■ **2** *tr.* Convenir (de una cosa).
pacto [páγto] *m.* Pacte, accord; convention *f.*
padecer [paðeθér] *tr.-intr.* Souffrir, souffrir de: ~ ***una enfermedad grave, sed,*** souffrir d'une maladie grave, de la soif. ▲ CONJUG. comme ***agradecer.***
padrastro [paðrástro] *m.* **1** Beau-père, nouveau mari d'une mère remariée. **2** Envie *f.* (en las uñas).
padre [páðre] *m.* **1** Père. **2** ~ ***Santo,*** Saint-Père. **3** ~ ***nuestro,*** Notre Père, Pater. ■ **4** *pl.* Parents (el padre y la madre).
padrenuestro [paðrenwéstro] *m.* Notre Père, Pater.
padrino [paðríno] *m.* **1** Parrain. **2** Témoin (en un desafío, una boda).

padrón [paðròn] *m.* 1 Liste *f.* des habitants (de una localidad). 2 Modèle (dechado).
paella [paèʎa] *f.* Paella, riz *m.* à la valencienne.
¡paf! [paf] *interj.* Paf!
paga [pàɣa] *f.* Paye, paie (sueldo): ~ ***extraordinaria,*** double paye.
pagable [paɣàβle], **pagadero, -ra** [paɣaðèro, -ra] *adj.* Payable.
paganismo [paɣanizmo] *m.* Paganisme.
pagano, -na [paɣàno, -na] *adj.-s.* 1 Païen, ïenne. ■ 2 *m.* fam. Celui qui paie les frais, lampiste.
pagar [paɣàr] *tr.* 1 Payer. Loc. ~ ***con su vida,*** payer de sa vie. ■ 2 *pr.* S'infatuer, être fier, fière de: ***estar pagado de sí mismo,*** être infatué de soi-même.
pagaré [paɣarè] *m.* COM. Billet à ordre.
página [pàxina] *f.* Page.
pago [pàɣo] *m.* 1 Paiement: ~ ***al contado, a plazos,*** paiement comptant à tempérament. 2 Propriété *f.* rurale, domaine (heredad). 3 fig. Récompense *f.*
país [pais] *m.* Pays.
paisaje [paĭsàxe] *m.* Paysage.
paisano, -na [paĭsàno, -na] *adj.-s.* 1 Pays, payse, compatriote. ■ 2 *m.* Civil (persona): ***vestido de*** ~, habillé en civil.
paja [pàxa] *f.* Paille (del trigo, etc.).
pajar [paxàr] *m.* Pailler.
pájara [pàxara] *f.* 1 Oiseau *m.* 2 Cocotte (de papel). 3 Cerf-volant *m.* (cometa).
pajarero, -ra [paxarèro, -ra] *adj.* 1 Gai, gaie, joyeux, euse, enjoué, ée (persona). 2 Criard, arde (color), bigarré, ée (tela, etc.).
pajarita [paxarita] *f.* 1 Cocotte (de papel). 2 ~ ***de las nieves,*** bergeronnette.
pájaro [pàxaro] *m.* 1 Oiseau. Loc. ~ ***bobo,*** guillemot. 2 fig. ***Matar dos pájaros de un tiro,*** faire d'une pierre deux coups. 3 ZOOL. Passereau.
pajarraco [paxar̄àko] *m.* desp. Vilain oiseau.
paje [pàxe] *m.* 1 Page (persona). 2 MAR. Mousse.
pala [pàla] *f.* 1 Pelle. 2 Fer *m.* (de la azada, etc.). 3 Pale (de remo, de una hélice). 4 Empeigne (del calzado). 5 Battoir *m.* (de lavandera). 6 Raquette (para jugar).
palabra [palàβra] *f.* 1 Mot *m.*, terme *m.* (vocablo). Loc. ***La última*** ~, le dernier mot. 2 Parole (habla). Loc. ~ ***de matrimonio,*** promesse de mariage.
palabreo [palaβrèo] *m.*, **palabrería** [palaβreria] *f.* Papotage *m.*, bavardage *m.*
palabrota [palaβròta] *f.* Gros mot *m.*
palaciego, -ga [palaθjèɣo, -ɣa] *adj.* Du palais.
palacio [palàθjo] *m.* 1 Palais (real, de justicia, etc.). 2 Château.
palada [palàða] *f.* 1 Pelletée. 2 Coup *m.* d'aviron sur l'eau.
paladar [palaðàr] *m.* 1 ANAT. Palais. 2 fig. Goût (gusto). 3 Goût, saveur *f.* (sabor).
paladear [palaðeàr] *tr.* Savourer.
paladín [palaðin] *m.* Paladin.
palanca [palàŋka] *f.* 1 Levier *m.* 2 FORT. Palanque.
palangana [palaŋgàna] *f.* Cuvette.
palanqueta [palaŋkèta] *f.* Pince-monseigneur.
palco [pàlko] *m.* 1 TEAT. Loge *f.* Loc. ~ ***de platea,*** baignoire *f.*; ~ ***de proscenio,*** avant-scène *f.* 2 Tribune *f.* (tabladillo).
palenque [palèŋke] *m.* 1 Pallissade *f.* 2 Champ clos, arène *f.* (recinto).
paleolítico, -ca [paleolitiko, -ka] *adj.* Paléolithique.
paleontología [paleontoloxia] *f.* Paléontologie.
palestra [palèstra] *f.* 1 Palestre. 2 fig. Lutte. Loc. ***Salir a la*** ~, entrer en lice.

paleta [palèta] *f.* 1 Petite pelle. 2 Palette (de pintor). 3 Pale (de hélice, ventilador). 4 Truelle (de albañil).
paletada [paletàða] *f.* Truellée, pelletée.
paletilla [paletiʎa] *f.* 1 ANAT. Omoplate. 2 Appendice *m.* xiphoïde (del esternón).
paleto, -ta [palèto, -ta] *adj.-s.* fig. Rustre, paysan, anne, péquenaud, aude. Loc. ***Ser un ~,*** être bien de son pays.
paliar [paljàr] *tr.* Pallier. ▲ CONJUG. comme ***cambiar.***
palidecer [paliðeθèr] *intr.* Pâlir. ▲ CONJUG. comme ***agradecer.***
pálido, -da [pàliðo, -ða] *adj.* Pâle.
palillero [paliʎèro] *m.* 1 Étui à curedents. 2 Porte-plume.
palillo [paliʎo] *m.* 1 Affiquet (de hacer media). 2 Fuseau (de encajera). 3 Curedents *invar.* (mondadientes). 4 Baguette *f.* (de tambor). 5 Ébauchoir (de escultor). ■ 6 *pl.* Quilles *f.* (del billar). 7 Castagnettes *f.* (castañuelas).
paliza [paliθa] *f.* Raclée, rossée.
palma [pàlma] *f.* 1 Palme. Loc. fig. ***Llevarse la ~,*** remporter la palme. 2 Palmier *m.* (árbol), dattier *m.* (datilera). 3 Paume (de la mano). 4 Sole (del casco de las caballerías). ■ 5 *pl.* Applaudissements *m.* Loc. ***Batir palmas,*** applaudir, battre des mains.
palmada [palmàða] *f.* Tape (golpe).
palmar [palmàr] *adj.* 1 De palme. 2 Palmaire. ■ 3 *m.* Palmeraie *f.* (sitio poblado de palmas).
palmera [palmèra] *f.* Palmier *m.*, dattier *m.* (datilera).
palmesano, -na [palmesàno, -na] *adj.-s.* De Palma de Majorque.
palmo [pàlmo] *m.* 1 Empan. 2 *loc. adv.* ~ ***a*** ~, pied à pied.
palmoteo [palmotèo] *m.* Battement de mains, applaudissement.
palo [pàlo] *m.* 1 Bâton. 2 Bois (madera): ~ ***campeche,*** bois de Campêche; ~ ***brasil,*** bois du Brésil. 3 BLAS. Pal. 4 Gibet (suplicio). 5 Queue *f.* (de una letra). 6 Couleur *f.* (de la baraja). 7 Quille *f.* (para jugar al billar).
paloma [palòma] *f.* Pigeon *m.*, colombe: ~ ***mensajera,*** pigeon voyageur.
palomar [palomàr] *m.* 1 Pigeonnier, colombier. ■ 2 *adj.* ***Hilo ~,*** sorte de ficelle *f.*
palomo [palòmo] *m.* Pigeon mâle.
palote [palòte] *m.* Baguette *f.* courte.
palpable [palpàβle] *adj.* Palpable.
palpar [palpàr] *tr.* 1 Palper. 2 Tâtonner (andar a tientas). 3 fig. Comprendre clairement.
palpitación [palpitaθjòn] *f.* Palpitation.
palpitar [palpitàr] *intr.* Palpiter.
paludismo [paluðizmo] *m.* MED. Paludisme.
palustre [palùstre] *adj.* 1 Palustre. ■ 2 *m.* Truelle *f.* (de albañil).
pampa [pàmpa] *f.* Pampa.
pampero, -ra [pampèro, -ra] *adj.* 1 Pampéen, enne. ■ 2 *m.* Pampero, vent de la pampa.
pamplina [pamplìna] *f.* 1 Mouron *m.* 2 fam. Niaiserie, baliverne, sornette.
pan [pan] *m.* 1 Pain. Loc. fig. ***Al ~, ~ y al vino, vino,*** il faut appeler un chat un chat. 2 Feuille *f.*: ~ ***de oro, de plata,*** feuille d'or, d'argent battu. 3 Blé (trigo): ***tierra de ~ llevar,*** terre à blé.
panacea [panaθèa] *f.* Panacée.
panadería [panaðerìa] *f.* Boulangerie.
panadero, -ra [panaðèro, -ra] *s.* Boulanger, ère.
pancarta [paŋkàrta] *f.* Pancarte.
pancista [panθìsta] *adj.-s.* Opportuniste.
páncreas [pàŋkreas] *m.* ANAT. Pancréas.
pandear [pandeàr] *intr.* Se bomber (pared, etc.), s'incurver.

pandeo [pandèo] *m.* Bombement (pared, etc.), gauchissement, courbure *f.*
pandereta [panderèta] *f.* Tambour *m.* de basque.
pandero [pandèro] *m.* **1** Tambour de basque. **2** Cerf-volant (juguete).
pandilla [pandiʎa] *f.* **1** Bande (grupo de personas). **2** Ligue, coterie (camarilla).
panecillo [paneθiʎo] *m.* Petit pain.
panel [panèl] *m.* Panneau (de puerta, etc.).
panetela [panetèla] *f.* **1** Sorte de panade (sopa). **2** Panatela *m.* (cigarro).
pánfilo, -la [pàmfilo, -la] *adj.-s.* Flemmard, arde, mou, molle (flojo), endormi, ie (tardo en comprender).
pánico, -ca [pàniko, -ka] *adj.* **1** Panique. ■ **2** *m.* Panique *f.*
panificar [panifikàr] *tr.* Panifier.
panoplia [panòplja] *f.* Panoplie.
panorama [panoràma] *m.* Panorama.
pantalla [pantàʎa] *f.* **1** Abat-jour *m. invar.* (de lámpara). **2** Écran *m.* (de cine, televisión). **3** Écran *m.*, garde-feu *m. invar.* (de chimenea).
pantalón [pantalòn] *m.* **1** Pantalon. Loc. ~ ***corto,*** culotte courte. **2** Culotte *f.* (de mujer).
pantano [pantàno] *m.* **1** Marais. **2** Réservoir (de una presa).
panteísmo [panteizmo] *m.* Panthéisme.
panteón [panteòn] *m.* **1** Panthéon. **2** Caveau de famille (sepultura).
pantera [pantèra] *f.* Panthère.
pantomima [pantomima] *f.* Pantomime.
pantorrilla [pantor̄iʎa] *f.* Mollet *m.*
pantufla [pantùfla] *f.* Pantoufle.
panza [pànθa] *f.* Panse.
pañal [paɲàl] *m.* **1** Lange. **2** Pan (de camisa). ■ **3** *pl.* Couches *f.*, maillot *sing.* (del niño).
paño [pàɲo] *m.* **1** Drap (de lana). **2** Étoffe *f.*, tissu (tela). **3** Torchon (trapo). Loc. ~ ***de manos,*** essuie-mains. **4** Tenture *f.* (colgadura). **5** MAR. Voilure *f.* **6** Taie *f.* (en el ojo). **7** Tache *f.*, envie *f.* (en la piel). **8** Pan de mur (de pared). **9** TEAT. ***Hablar al ~,*** parler à la cantonnade. ■ **10** *pl.* Vêtements: ***paños menores,*** sous-vêtements.
pañoleta [paɲolèta] *f.* Fichu *m.*
pañuelo [paɲwèlo] *m.* Mouchoir: ~ ***de bolsillo,*** mouchoir de poche.
papa [pàpa] *m.* **1** Pape (Sumo Pontífice). **2** fam. Papa.
papá [papà] *m.* Papa.
papada [papàða] *f.* **1** Double menton *m.* **2** Fanon *m.* (de los bueyes).
papagayo [papaɣàjo] *m.* Perroquet.
papal [papàl] *adj.* Papal, ale.
papanatas [papanàtas] *m. invar.* Niais, crédule, jobard.
papel [papèl] *m.* **1** Papier: ~ ***de fumar,*** papier à cigarettes; ~ ***secante,*** papier buvard; ~ ***sellado,*** papier timbré. **2** TEAT. Rôle. **3** fig. Rôle: ***desempeñar un ~,*** jouer un rôle. Loc. ***Hacer buen ~,*** faire bonne figure. ■ **4** *pl.* Papiers (documentos, periódicos, etc.).
papelera [papelèra] *f.* Corbeille à papiers (cesto).
papelería [papeleria] *f.* **1** Paperasserie. **2** Papeterie (comercio).
papelero, -ra [papelèro, -ra] *adj.* **1** Poseur, euse (farolero). ■ **2** *m.* Papetier.
papeleta [papelèta] *f.* **1** Billet *m.* (de rifa, etc.), bulletin *m.* (para votar). **2** Reconnaissance (del monte de piedad).
papera [papèra] *f.* **1** Goitre *m.* (bocio). ■ **2** *pl.* Oreillons *m.* (enfermedad).
papila [papila] *f.* ANAT. Papille.
papilla [papiʎa] *f.* **1** Bouillie (para niños). **2** fig. ***Hacer ~ a,*** réduire en bouillie.
papiro [papiro] *m.* Papyrus.

papirote [papiròte] *m.* 1 Chiquenaude *f.* 2 Nigaud (tonto).
paquete [pakète] *m.* 1 Paquet. 2 MAR. Paquebot.
par [par] *adj.* 1 Pair, paire: ***número ~***, nombre pair. 2 Pareil, eille; ***sin ~***, sans pareil. ■ 3 *m.* Paire *f.*: ***un ~ de guantes***, une paire de gants. 4 Couple: ~ ***de fuerzas***, couple de forces. 5 ARQ. Arbalétrier. 6 *loc. adv.* ***A ~, al ~, a la ~***, en même temps.
para [pàra] *prep.* 1 Pour: ***salir ~ París***, partir pour Paris; ***una carta ~ ti***, une lettre pour toi. 2 Sur le point de: ***estar ~ salir***, être sur le point de partir. 3 À (idea de finalidad, destino): ***no servir ~ nada***, ne servir à rien. ■ 4 *conj.* Pour, afin de, que. 5 *loc. conj.* ~ ***que***, pour que.
parabrisas [paraβrisas] *m. invar.* Pare-brise.
paracaídas [parakaiðas] *m. invar.* Parachute.
parachoques [paratʃòkes] *m. invar.* Parechocs.
parada [paràða] *f.* 1 Arrêt *m.* (acción de parar, lugar donde se para). 2 Station (de taxis). 3 ESGR., MIL. Parade.
parado, -da [paràðo, -ða] 1 *p. p. de parar.* ■ 2 *adj.* Gauche, timide, lent, lente. 3 Désœuvré, ée, sans occupation (desocupado), au chômage (sin trabajo). ■ 3 *s.* Chômeur, euse.
paradójico, -ca [paraðòxiko, -ka] *adj.* Paradoxal, ale.
parador [paraðòr] *m.* Auberge *f.* (mesón), hostellerie *f.*, «parador», hôtel de luxe géré par l'État.
parafina [parafina] *f.* Paraffine.
parafrasear [parafraseàr] *tr.* Paraphraser.
paraguas [paràɣwas] *m. invar.* Parapluie.
paraguayo, -ya [paraɣwàʝo, -ʝa] *adj.-s.* Paraguayen, enne.
paraíso [paraiso] *m.* Paradis: ~ ***terrenal***, paradis terrestre.
paraje [paràxe] *m.* Endroit, parage.
paralelo, -la [paralèlo, -la] *adj.* 1 Parallèle. ■ 2 *m.* Parallèle (círculo geográfico, comparación).
parálisis [paràlisis] *f.* Paralysie.
paralítico, -ca [paralitiko, -ka] *adj.-s.* Paralytique.
paralizar [paraliθàr] *tr.* Paralyser.
paramento [paramènto] *m.* Ornement.
páramo [pàramo] *m.* Lande *f.*
paraninfo [paranimfo] *m.* Grand amphithéâtre (en las universidades).
parar [paràr] *intr.* 1 S'arrêter (detenerse un vehículo, mecanismo, etc.). 2 Arrêter, cesser (cesar): ***no para de llover***, il ne cesse pas de pleuvoir. Loc. ***Sin ~***, sans arrêt. 3 Arriver à un terme, avoir une fin: ***ir a ~***, aller échouer. 4 Venir, tomber (en poder de alguien). 5 Descendre (en un hotel, etc.), loger (alojarse). ■ 6 *tr.* Arrêter (el movimiento o acción de). 7 Parer (un golpe). ■ 8 *pr.* S'arrêter.
pararrayo [parar̄àʎo] *m.*, **pararrayos** [parar̄àʎos] *m. invar.* Paratonnerre.
parásito, -ta [paràsito, -ta] *adj.-s.* Parasite.
parasol [parasòl] *m.* Parasol.
parcela [parθèla] *f.* Parcelle.
parcelar [parθelàr] *tr.* Parcelliser.
parche [pàrtʃe] *m.* 1 Emplâtre. 2 Peau *f.* (del tambor). 3 Rustine *f.* (en un neumático).
parcial [parθjàl] *adj.* 1 Partiel, elle (no completo). 2 Partial, ale (no justo): ***juicios parciales***, jugements partiaux. ■ 3 *adj.-s.* Partisan (partidario).
parco, -ca [pàrko, -ka] *adj.* Sobre.
pardo, -da [pàrðo, -ða] *adj.* Brun, brune: ***oso ~***, ours brun.

parecer [pareθèr] *m.* 1 Avis, opinion *f.*: *a mi ~,* à mon avis. 2 Apparence *f.*, air, aspect (aspecto). ▲ CONJUG. comme *agradecer.*
parecer [pareθèr] *intr.* 1 Paraître, se montrer (dejarse ver). 2 Apparaître (aparecer). 3 Paraître, sembler, avoir l'air de: *me parece,* il me semble. ■ 4 *impers. Parece (ser) que,* il semble que, on dirait que. ■ 5 *pr.* Ressembler: *se parece mucho a su padre,* il ressemble beaucoup à son père. ▲ CONJUG. comme *agradecer.*
parecido, -da [pareθiðo, -ða] *adj.* Ressemblant, ante.
pared [parèð] *f.* Mur *m.*
pareja [parèxa] *f.* 1 Couple *m.* (de personas, de animales). 2 Couple *m.* (consortes). 3 Cavalier, cavalière, partenaire (en los bailes). 4 Pendant *m.* (objeto que completa el par). ■ 5 *pl. Correr parejas,* aller de pair.
parejo, -ja [parèxo, -xa] *adj.* Pareil, eille, semblable (semejante).
parentela [parentèla] *f.* Parenté, parentelle.
paréntesis [parèntesis] *m. invar.* Parenthèse *f.* Loc. *Entre ~,* entre parenthèses.
pariente, -ta [parjènte, -ta] *adj.-s.* 1 Parent, ente. ■ 2 *s.* pop. Mari *m.*, bourgeoise *f.*
parir [parir] *intr.* 1 Accoucher, enfanter. 2 Mettre bas (los animales).
parisiense [parisjènse], **parisino, -na** [parisino, -na] *adj.-s.* Parisien, ienne.
paritario, -ia [paritàrjo, -ja] *adj.* Paritaire.
parlamentar [parlamentàr] *intr.* Parlementer.
parlamentario, -ia [parlamentàrjo, -ja] *adj.-s.* Parlementaire.
parlamento [parlamènto] *m.* 1 Parlement. 2 Discours. 3 TEAT. Tirade *f.*
parlante [parlànte] *adj.* Parlant, ante.
parlería [parleria] *f.* Verbiage *m.*
parlero, -ra [parlèro, -ra] *adj.* 1 Bavard, arde. 2 Cancanier, ière (chismoso).
paro [pàro] *m.* 1 Arrêt (del trabajo, del movimiento). 2 Mésange *f.* (pájaro): *~ carbonero,* mésange, charbonnière.
parodia [paròðja] *f.* Parodie.
parpadear [parpaðeàr] *intr.* Ciller, clignoter.
párpado [pàrpaðo] *m.* Paupière *f.*
parque [pàrke] *m.* 1 Parc. 2 MIL. Parc.
parquedad [parkeðàð] *f.* Parcimonie.
parquímetro [parkimetro] *m.* Parcmètre.
parra [pàr̄a] *f.* Treille (vid).
párrafo [pàr̄afo] *m.* Paragraphe. Loc. fig. *Echar un ~,* tailler une bavette.
parral [par̄àl] *m.* Treille *f.*
parranda [par̄ànda] *f.* Fête, noce, bombance: *andar de ~,* faire la noce.
parricidio [par̄iθiðjo] *m.* Parricide (crimen).
parrilla [par̄iʎa] *f.* Gril *m.* (para asar).
párroco [pàr̄oko] *m.* Curé.
parroquia [par̄òkja] *f.* 1 Paroisse. 2 Clientèle (de una tienda, etc.).
parsimonia [parsimònja] *f.* 1 Parcimonie. 2 Circonspection.
parte [pàrte] *f.* 1 Partie. 2 DER., MÚS. Partie. 3 Partie (beligerante). 4 Part: *tomar ~ en,* prendre part à; *echar a mala ~,* prendre en mauvaise part. 5 Côté *m.* (lado), endroit *m.* (sitio). 6 Côté *m.*, parti *m.* (en una contienda). ■ 7 TEAT. Rôle *m.* (papel). 8 *m.* Dépêche *f.*, télégramme. 9 Communiqué; rapport (informe), bulletin: *~ meteorológico, facultativo, de nieve,* bulletin météorologique, de santé, d'enneigement.
participación [partiθipaθjòn] *f.* 1 Participation: *~ en,* participation à. 2 Lettre de faire-part, faire-part *m.*: *~ de boda,* fairepart de mariage.

participar [partiθipàr] *intr.* Participer: ~ *en,* participer à.
participio [partiθipjo] *m.* Participe: ~ *activo,* participe présent.
partícula [partikula] *f.* Particule.
particular [partikulàr] *adj.* **1** Particulier, ière. **2** Personnel, elle, privé, ée. ■ **3** *m.* Sujet, matière *f.* (asunto).
particularidad [partikulariðàð] *f.* Particularité.
partida [partiða] *f.* **1** Départ *m.* **2** Acte *f.* (de nacimiento, etc.), extrait *m.* (copia). **3** COM. Partie: ~ *doble,* partie double. **4** Article *m.* (en una cuenta). **5** Partie (en el juego). **6** Partie (de caza, etc.). **7** Bande, faction, troupe (cuadrilla). **8** Lot *m.,* quantité (de una mercancía). **9** Tour *m.*: *mala* ~, mauvais tour.
partidario, -ia [partiðàrjo, -ja] *adj.-s.* Partisan, ane.
partido, -da [partiðo, -ða] *adj.* **1** Divisé, ée. ■ **2** *m.* Parti: *espíritu de* ~, esprit de parti; *sacar* ~ *de,* tirer parti de. **3** Partie *f.* (en deportes), match (de fútbol, etc.). **4** Avantage (en el juego). **5** Parti (hablando de un casamiento). **6** ~ *judicial,* arrondissement.
partir [partir] *tr.* **1** Diviser (dividir). **2** Fendre (hender), casser (romper), couper (cortar). **3** Partager (repartir).
parto, -ta [pàrto, -ta] *adj.-s.* Parthe.
parto [pàrto] *m.* Accouchement (de una mujer).
pasa [pàsa] *f.* Raisin *m.* sec.
pasada [pasàða] *f.* Passage *m.* (acción).
pasado, -da [pasàðo, -ða] *adj.* **1** Passé, ée. **2** Trop mûr, e. ■ **3** *m.* Passé.
pasador, -ra [pasaðòr, -ra] *adj.-s.* **1** Passeur, euse. ■ **2** *m.* Broche *f.,* agrafe *f.* **3** Brochette *f.* (para las condecoraciones).
pasaje [pasàxe] *m.* **1** Passage. **2** amer. Billet.
pasajero, -ra [pasaèro, -ra] *adj.* Passant, ante (concurrido).
pasaporte [pasapòrte] *m.* Passeport.
pasar [pasàr] *intr.* **1** Passer. Loc. ~ *por,* passer pour: *yo no paso por esto,* je ne tolère pas ça; *ir pasando,* vivoter. **2** Se passer, arriver, se produire (acontecer): *¿qué pasa?,* que se passe-t-il? **3** ~ *de,* dépasser (un límite, etc.). **4** Dépasser (aventajar). **5** Avaler (tragar). **6** fig. Endurer (sufrir), avoir: ~ *frío, hambre,* avoir froid, faim. ■ **7** *pr.* Passer: *pasarse al enemigo,* passer à l'ennemi. **8** *Pasarse de,* être trop.
pasatiempo [pasatjèmpo] *m.* Passe-temps.
pascua [pakwa] *f.* **1** Pâque (fiesta judía). **2** Pâques. Loc. ~ *florida, de Resurrección,* Pâques. **3** ~ *de Pentecostés,* Pentecôte. **4** ~ *de Navidad,* Noël.
pase [pàse] *m.* **1** Permis, laissez-passer. **2** Passe *f.* (de magnetizador, en fútbol, etc.). **3** ESGR. Feinte *f.* **4** TAUROM. Passe *f.*
pasear [paseàr] *tr.* **1** Promener. ■ **2** *intr.-pr.* Se promener.
paseo [pasèo] *m.* Promenade *f.* Loc. fig. *Mandar a* ~, envoyer promener.
pasillo [pasiʎo] *m.* **1** Couloir, corridor. **2** TEAT. Petite saynète.
pasión [pasjòn] *f.* Passion.
pasivo, -va [pasiβo, -βa] *adj.* **1** Passif, ive. ■ **2** *m.* COM. Passif.
pasmar [pazmàr] *tr.* **1** Refroidir brusquement. **2** Geler (hablando de las plantas). ■ **3** *intr.* fig. Étonner, stupéfier (asombrar).
pasmoso, -sa [pazmòso, -sa] *adj.* Étonnant, ante, stupéfiant, ante.
paso [pàso] *m.* **1** Pas: ~ *ligero,* pas de gymnastique: ~ *de rosca,* pas de vis; ~ *de Calais,* Pas-de-Calais. Loc. *Dar un* ~, faire un pas. **2** Démarche *f.,* allure *f.* (manera de andar). **3** Passage (acción, lugar por donde se pasa, derecho de pasar).

Loc. ~ ***a nivel,*** passage à niveau. **4** Scène *f.* de la Passion; statues *f. pl.* figurant une scène de la Passion dans les processions de la Semaine Sainte. **5** TEAT. Petite pièce *f.* dramatique. **6** *loc. adv.* ***A cada ~,*** à chaque instant.

pasota [pasòta] *adj.-s.* fam. Je-m'en-foutiste.

pasotismo [pasotizmo] *m.* Je-m'en-foutisme.

pasta [pàsta] *f.* **1** Pâte: ***pastas para sopa,*** pâtes alimentaires. **2** Reliure (de un libro): ***media ~,*** demi-reliure. ■ **3** *pl.* Petits gâteaux *m.*, petits fours *m.* (dulces).

pastar [pastàr] *tr.* **1** Paître, mener au pâturage. ■ **2** *intr.* Pâturer.

pastel [pastèl] *m.* **1** Gâteau. **2** Pâté (de carne). **3** fig. Arrangement secret. Loc. ***Descubrir el ~,*** découvrir le pot aux roses. **4** PINT. Pastel.

pastelería [pasteleria] *f.* Pâtisserie.

pastelero, -ra [pastelèro, -ra] *s.* Pâtissier, ière.

pastizal [pastiθàl] *m.* Pâturage pour les chevaux.

pasto [pàsto] *m.* **1** Pâturage (acción, sitio). **2** Pâture *f.* (alimento). **3** ***De ~,*** ordinaire (vino, etc.).

pastor, -ra [pastòr, -ra] *s.* **1** Berger, ère. ■ **2** *m.* Pâtre (de ganado). **3** Pasteur (sacerdote).

pastorear [pastoreàr] *tr.* Paître, mener paître (el ganado).

pastoril [pastoril] *adj.* Pastoral, ale.

pastoso, -sa [pastòso, -sa] *adj.* **1** Pâteux, euse. **2** Au timbre mœlleux (voz).

pata [pàta] *f.* **1** Patte, pied *m.* (pierna, pie de un animal). Loc. fig. ***~ de gallo,*** patte d'oie (arrugas), sottise (despropósito); ***meter la ~,*** faire un impair, faire une gaffe. **2** Cane (hembra del pato). **3** Patte (de un vestido). **4** Pied *m.* (de un mueble). **5** *loc. adv.* ***A la ~ coja,*** à clochepied.

patada [patàða] *f.* Coup *m.* de pied.

patalear [pataleàr] *intr.* Trépigner.

patata [patàta] *f.* Pomme de terre.

patatús [patatùs] *m.* fam. Évanouissement.

patear [pateàr] *tr.* **1** Fouler aux pieds (pisotear), maltraiter. **2** Siffler (en el teatro). ■ **3** *intr.* Piétiner, trépigner.

patentar [patentàr] *tr.* Patenter, breveter.

patente [patènte] *adj.* **1** Patent, ente, évident, ente. ■ **2** *f.* Patente. **3** Brevet *m.* (de invención).

paternal [paternàl] *adj.* Paternel, elle.

paternidad [paterniðàð] *f.* Paternité.

patético, -ca [patètiko, -ka] *adj.* Pathétique.

patíbulo [patiβulo] *m.* Échafaud, gibet.

paticojo, -ja [patikòxo, -xa] *adj.-s.* Boiteux, euse.

patilla [patiʎa] *f.* **1** Favori *m.* (barba). **2** Certaine position de la main sur la guitare. **3** Branche (de gafas).

patín [patin] *m.* **1** Patin (para patinar): ***~ de cuchilla, de ruedas,*** patin à glace, à roulettes. **2** MEC. Patin. **3** Sorte de pétrel (ave).

patinaje [patinàxe] *m.* Patinage.

patinar [patinàr] *intr.* **1** Patiner. **2** Déraper (un vehículo). ■ **3** *tr.* Patiner (dar pátina)..

patio [pàtjo] *m.* **1** Cour *f.* (espacio cerrado). **2** Patio (en las casas españolas, etc.). **3** TEAT. Parterre.

patitieso, -sa [patitjèso, -sa] *adj.* fam. Qui a les jambes engourdies, raides.

patizambo, -ba [patiθàmbo, -ba] *adj.* Cagneux, euse.

pato [pàto] *m.* Canard. Loc. fig. ***Pagar el ~,*** payer pour les autres.

patología [patoloxia] *f.* Pathologie.

patoso, -sa [patòso, -sa] *adj.* Pataud, aude, lourdaud, aude.

patraña [patràɲa] *f.* Bourde, mensonge *m.*

patria [pàtrja] *f.* Patrie.

patriarca [patrjàrka] *m.* Patriarche.

patrimonio [patrimònjo] *m.* 1 Patrimoine. 2 fig. Apanage, lot.
patrio, -ia [pàtrjo, -ja] *adj.* De la patrie.
patriota [patrjòta] *s.* Patriote.
patriótico, -ca [patrjòtiko, -ka] *adj.* Patriotique.
patriotismo [patrjotizmo] *m.* Patriotisme.
patrocinar [patroθinàr] *tr.* Patronner, protéger, appuyer (a alguien).
patrón, -ona [patròn, -òna] *s.* 1 Patron, onne. 2 Hôte, hôtesse (en una casa de huéspedes). ■ 3 *m.* Patron (modelo).
patronal [patronàl]. 1 *adj.* Patronal, ale. 2 *f.* Le patronat *m.* (empresariado).
patronato [patronàto] *m.* Patronage (asociación benéfica).
patrono, -na [patròno, -na] *s.* Patron, onne.
patrulla [patrúʎa] *f.* Patrouille.
paulatino, -na [paŭlatino, -na] *adj.* Lent, ente.
pausa [pàŭsa] *f.* 1 Pause. 2 Lenteur (lentitud). 3 MÚS. Pause.
pausado, -da [paŭsàðo, -ða] *adj.* Lent, lente.
pauta [pàu̯ta] *f.* 1 Règle (regla). 2 Lignes *pl.* d'un papier réglé (rayas). 3 fig. Règle, norme, modèle *m.*
pava [pàβa] *f.* Dinde.
pavada [paβàða] *f.* 1 Troupeau *m.* de dindons. 2 fig. fam. Fadaise, niaiserie.
pavero, -ra [paβèro, -ra] *s.* fig. Poseur, euse, hâbleur, euse.
pavés [paβès] *m.* Pavois.
pavesa [paβèsa] *f.* Flammèche, brandon *m.*
pavimentar [paβimentàr] *tr.* Paver (con adoquines), carreler, daller (con losas).
pavimento [paβimènto] *m.* Pavage, pavement, pavé (de adoquines).
pavo [pàβo] *m.* Dindon.
pavonearse [paβoneàrse] *pr.* Se pavaner.
pavor [paβòr] *m.* Frayeur *f.*
pavoroso, -sa [paβoròso, -sa] *adj.* Effrayant, ante.
payaso [paǰàso] *m.* Clown, paillasse.
payés, -esa [paǰès, -èsa] *s.* Paysan, anne de la Catalogne.
paz [paθ] *f.* Paix. Loc. ***Dejar en ~,*** laisser tranquille; ***estar, quedar en ~,*** être en paix, être quitte (descargado de deuda).
PC [peθè] *m.* INFORM. (*abrev.* personal computer) PC.
pe [pe] *f.* 1 P *m.*, lettre p. 2 *loc. adv.* ***De ~ a pa,*** de A jusqu'à Z.
peaje [peàxe] *m.* Péage: ***autopista de ~,*** autoroute à péage.
peatón [peatòn] *m.* Piéton: ***paso de peatones,*** passage pour piétons.
peatonal [peatonàl] *adj.* Piétonnier, ère.
peca [pèka] *f.* Tache de rousseur.
pecado [pekàðo] *m.* Péché.
pecador, -ra [pekaðòr, -ra] *adj.-s.* Pécheur, eresse.
pecaminoso, -sa [pekaminòso, -sa] *adj.* Qui tient du péché, coupable.
pecar [pekàr] *intr.* Pécher.
peccata minuta [pekàta minùta] Loc. *f.* Faute légère.
pecera [peθèra] *f.* Aquarium *m.*
pechera [petʃèra] *f.* 1 Plastron *m.* (de camisa), devant *m.* (de una prenda de vestir). 2 Jabot *m.* (chorrera).
pechero, -ra [petʃèro, -ra] *adj.-s.* Roturier, ière.
pecho [pètʃo] *m.* 1 Poitrine *f.* 2 fig. Cœur (corazón), courage (valor). Loc. ***Abrir su ~,*** ouvrir son cœur; ***tomar a ~,*** prendre à cœur. 3 Gorge *f.*, poitrine *f.* (de una mujer). 4 Sein, mamelle *f.*: ***dar el ~ a un niño,*** donner le sein à un enfant. 5 *loc. adv.* ***A ~ descubierto,*** à découvert, loyalement, à cœur ouvert.
pechuga [petʃúɣa] *f.* Blanc *m.* de volaille.
pecoso, -sa [pekòso, -sa] *adj.* Qui a des taches de rousseur.

pectoral [peɣtoràl] *adj.-m.* 1 Pectoral, ale. ■ 2 *m.* LITURG. Croix *f.* pectorale.
pecuario, -ia [pekwàrjo, -ja] *adj.* Relatif, ive au bétail de l'élevage.
peculiar [pekuljàr] *adj.* Particulier, ère, propre.
pedagogía [peðaɣoxia] *f.* Pédagogie.
pedal [peðàl] *m.* Pédale *f.*
pedante [peðànte] *adj.-s.* Pédant, ante.
pedantería [peðanteria] *f.* Pédanterie.
pedazo [peðàθo] *m.* Morceau. Loc. *Hacer pedazos,* mettre en morceaux.
pedestal [peðestàl] *m.* Piédestal, socle.
pedido [peðiðo] *m.* 1 COM. Commande *f.* 2 Demande *f.*
pedir [peðir] *tr.* 1 Demander. 2 *loc. adv. A ~ de boca,* à souhait. ▲ CONJUG. comme ***servir.***
pedo [pèðo] *m.* Pet.
pedrada [peðràða] *f.* Coup *m.* de pierre.
pedrea [peðrèa] *f.* 1 Combat *m.* à coups de pierre. 2 fam. Série de petits lots, lots *m. pl.* de consolation (lotería).
pedregal [peðreɣàl] *m.* Terrain pierreux.
pedrera [peðrèra] *f.* Carrière.
pedrería [peðreria] *f.* Pierreries *pl.*
pedrisco [peðrisko] *m.* Grêle *f.*
pega [pèɣa] *f.* 1 Collage *m.* (acción de pegar). 2 Enduit *m.* de poix. 3 Colle (pregunta difícil), difficulté. 4 Pie: *~ **reborda,*** pie-grièche.
pegadizo, -za [peɣaðiθo, -θa] *adj.* 1 Collant, ante. 2 Contagieux, euse.
pegar [peɣàr] *tr.* 1 Coller (con cola, etc.), appliquer (arrimar), fixer, coudre: *~ **un botón,*** coudre un bouton. 2 Communiquer, passer (contagiar). 3 *~ **fuego,*** mettre le feu. 4 Battre, frapper (golpear). 5 Donner (un golpe), faire (un salto), pousser (un grito). ■ 6 *intr.* Venir à propos (venir a propósito), aller (armonizar, corresponder o no). ■ 7 fig. fam. ***Pegársela a uno,*** rouler, tromper quelqu'un.
pego [pèɣo] *m.* Tricherie *f.*
pegote [peɣòte] *m.* 1 Emplâtre. 2 fig. Pique-assiette (gorrón).
peinado [peĭnàðo] *m.* Coiffure *f.*
peinador, -ra [peĭnaðòr, -ra] *adj.-s.* 1 Coiffeur, euse. ■ 2 *m.* Peignoir (prenda).
peinar [peĭnàr] *tr.* Peigner, coiffer (el cabello).
peine [pèĭne] *m.* Peigne.
peladilla [pelaðiʎa] *f.* 1 Dragée (almendra). 2 Petit caillou *m.* (guijarro).
pelado, -da [pelàðo, -ða] *adj.* 1 Pelé, ée (piel, terreno). 2 Tondu, ue (cabeza). 3 Plumé, ée (ave). 4 fig. fam. Sans le sou, fauché, ée (sin dinero).
pelaje [pelàxe] *m.* Pelage, livrée *f.*, robe *f.* (de un animal).
pelar [pelàr] *tr.* 1 Tondre (pelo), peler (fruta, etc.), plumer (aves). 2 fig. Dépouiller, plumer (a alguien).
peldaño [peldàɲo] *m.* Marche *f.*, degré (de escalera), échelon (de escalera de mano).
pelea [pelèa] *f.* 1 Combat *m.*, lutte. 2 Dispute.
pelear [peleàr] *intr.* 1 Se battre, combatre, lutter. ■ 2 *pr.* Se battre. 3 Se disputer (reñir), se brouiller (enemistarse).
pelele [pelèle] *m.* 1 Bonhomme, mannequin. 2 Pantin (persona). 3 Barboteuse *f.* (traje para niños).
peletería [peleteria] *f.* Pelleterie.
peletero, -ra [peletèro, -ra] *adj.-s.* 1 Pelletier, ière. ■ 2 *m.* Fourreur.
pelicano, -na [pelikàno, -na] *adj.* Chenu, ue.
película [pelikula] *f.* 1 Pellicule. 2 CIN. Film *m.*
peligrar [peliɣràr] *intr.* Être en danger.
peligro [peliɣro] *m.* Danger, péril: ***en ~ de muerte,*** en danger de mort.

eligroso, -sa [peliɣròso, -sa] *adj.* Dangereux, euse, périlleux, euse (arriesgado).

elirrojo, -ja [pelir̄òxo,-xa] *adj.* Roux, rousse.

ellejo [peʎèxo] *m.* 1 Peau. 2 Outre *f.* (odre).

ellizco [peʎiθko] *m.* 1 Pincement (acción): ***dar un** ~,* pincer. 2 Pinçon (huella). 3 Pincée *f.* (porción pequeña).

elo [pèlo] *m.* 1 Poil. Loc. fig. ***De ~ en pecho,*** brave, courageux, euse (persona). 2 Cheveu (cabello), cheveux *pl.*, chevelure *f.* (cabellos, cabellera): ***tiene el ~ rizado,*** il a les cheveux frisés. Loc. fig. ***Tomarle el ~ a uno,*** se payer la tête de quelqu'un. 3 *loc. adv.* ***Al ~,*** à propos; ***en ~,*** à poil.

pelota [pelòta] *f.* 1 Balle. 2 Ballon *m.* (de fútbol). 3 Pelote basque. 4 *loc. adv.* fam. ***En ~,*** tout nu, toute nue, à poil.

pelotón [pelotòn] *m.* 1 Peloton (de personas, de soldados). 2 Grosse balle *f.*

peluca [pelùka] *f.* 1 Perruque. 2 fig. Réprimande, savon *m.*

peludo, -da [pelùðo, -ða] *adj.* Poilu, ue, velu, ue.

peluquería [pelukerìa] *f.* Salon *m.* de coiffure.

peluquero, -ra [pelukèro, -ra] *s.* Coiffeur, euse.

pelusa [pelùsa] *f.* 1 BOT. Duvet *m.* 2 Peluche (de las telas).

pelvis [pèlβis] *f.* 1 ANAT. Pelvis *m.*, bassin *m.* 2 Bassinet *m.* (del riñón).

pena [pèna] *f.* 1 Peine. 2 *loc. adv.* ***A duras penas,*** à grand-peine; ***a penas,*** à peine.

penado, -da [penàðo, -ða] *s.* Condamné, ée.

penal [penàl] *adj.* 1 Pénal, ale. ■ 2 *m.* Pénitencier (presidio).

penar [penàr] *tr.* Punir.

penca [pèŋka] *f.* 1 BOT. Feuille, côte charnue. 2 Fouet *m.* (del verdugo).

pendenciero, -ra [pendenθjèro, -ra] *adj.* Querelleur, euse.

pender [pendèr] *intr.* 1 Pendre: ~ ***de,*** pendre à. 2 Dépendre.

pendiente [pendjènte] *adj.* 1 Pendant, ante. ■ 2 *m.* Pendant d'oreille. ■ 3 *f.* Pente (declive).

péndulo, -la [pèndulo, -la] *adj.* 1 Pendant, ante. ■ 2 *m.* MEC. Pendule.

pene [pène] *m.* ANAT. Pénis.

penetrante [penetrànte] *adj.* Pénétrant, ante.

penetrar [penetràr] *tr.-intr.* 1 Pénétrer. ■ 2 *pr.* Se pénétrer.

península [penìnsula] *f.* Presqu'île, péninsule: ~ ***ibérica,*** péninsule ibérique.

peninsular [peninsulàr] *adj.* Péninsulaire.

penitencia [penitènθja] *f.* Pénitence.

penitenciaría [penitenθjarìa] *f.* 1 Pénitencerie. 2 Pénitencier *m.* (cárcel).

penitente [penitènte] *adj.-s.* Pénitent, ente.

penoso, -sa [penòso, -sa] *adj.* Pénible.

pensado, -da [pensàðo, -ða] *adj.* 1 Pensé, ée. ■ 2 *adj.-s.* ***Mal ~,*** qui a mauvais esprit.

pensamiento [pensajmènto] *m.* Pensée *f.*

pensar [pensàr] *tr.-intr.* Penser. ▲ CONJUG. comme ***acertar.***

pensativo, -va [pensatìβo, -βa] *adj.* Pensif, ive, songeur, euse.

pensión [pensjòn] *f.* 1 Pension. 2 Bourse (beca). 3 Pension de famille (casa de huéspedes).

pensionista [pensjonìsta] *s.* Pensionnaire.

pentagrama [pentaɣràma] *m.* MÚS. Portée *f.*

penúltimo, -ma [penùltimo, -ma] *adj.* Avant-dernier, ière, pénultième.

penumbra [penùmbra] *f.* Pénombre.

peña [pèɲa] *f.* 1 Rocher *m.*, roc *m.* 2 Réunion d'amis, cercle *m.*
peñasco [peɲásko] *m.* Rocher.
peñón [peɲón] *m.* Rocher.
peón [peón] *m.* 1 Manœuvre (obrero). 2 Ouvrier agricole. 3 Pion (de damas, ajedrez). 4 TAUROM. Peón.
peonía [peonía] *f.* Pivoine.
peor [peór] *adj.* 1 Pire. ■ 2 *adv.* Pis: ***tanto ~***, tant pis.
pepinillo [pepiniʎo] *m.* Cornichon.
pepino [pepino] *m.* Concombre.
pepita [pepita] *f.* 1 Pépie (enfermedad de las gallinas). 2 Pépin *m.* (de fruta). 3 Pépite (de oro).
pequeño, -ña [pekèɲo, -ɲa] *adj.-s.* Petit, ite.
pequeñuelo, -la [pekeɲwèlo, -la] *adj.* 1 Tout petit, toute petite, petiot, ote. ■ 2 *s.* Petit enfant.
pera [pèra] *f.* 1 Poire. Loc. fig. ***Pedir peras al olmo,*** demander l'impossible. 2 Impériale, barbiche (barba).
percance [perkànθe] *m.* Contretemps.
percatarse [perkatàrse] *pr.* S'apercevoir, se rendre compte.
percepción [perθeβθjòn] *f.* Perception.
percha [pèrtʃa] *f.* 1 Perche. 2 MAR. Espar *m.* 3 Portemanteau *m.*: ***ha colgado el sombrero en la ~***, il a accroché son chapeau au portemanteau.
percibir [perθiβir] *tr.* Percevoir: ***percibo tus intenciones,*** je perçois tes intentions.
percibo [perθiβo] *m.* Perception *f.*
percusión [perkusjòn] *f.* Percussion.
percutir [perkutir] *tr.* Percuter.
perdedor, -ra [perðeðòr, -ra] *adj.-s.* Perdant, ante.
perder [perðèr] *tr.* 1 Perdre. Loc. ***Echar a ~***, abîmer, gâter, corrompre; ***~ el tren, la ocasión,*** manquer, rater le train, l'occasion. ■ 2 *intr.* Déteindre (tratándose de una tela). ▲ CONJUG. comme ***entender.***
pérdida [pèrðiða] *f.* Perte.
perdido, -da [perðiðo, -ða] *adj.* 1 Perdu, ue. Loc. fig. ***~ por,*** follement épris de, fou de. ■ 2 *m.* Vaurien. 3 IMPR. Passe *f.*
perdigar [perðiɣàr] *tr.* COC. Faire revenir (ave, carne).
perdiz [perðiθ] *f.* Perdrix.
perdón [perðòn] *m.* Pardon. Loc. fam. ***Con ~ de usted,*** avec votre permission.
perdonar [perðonàr] *tr.* 1 Pardonner. 2 Faire grâce de: ***no ~ ni un detalle,*** ne pas faire grâce du moindre détail.
perdurable [perðuràβle] *adj.* Perpétuel, elle, éternel, elle.
perdurar [perðuràr] *intr.* Durer longtemps.
perecer [pereθèr] *intr.* 1 Périr. ■ 2 *pr.* ***Perecerse por,*** mourir d'envie de, désirer avec ardeur. ▲ CONJUG. comme ***agradecer.***
peregrinación [pereɣrinaθjòn] *f.*, **peregrinaje** [pereɣrinàxe] *m.* 1 Pèlerinage *m.* (a un santuario): ***~ a Tierra Santa,*** pèlerinage en Terre Sainte.
peregrinar [pereɣrinàr] *intr.* 1 Aller en pèlerinage. 2 Pérégriner, voyager.
peregrino, -na [pereɣrino, -na] *adj.-s.* Pèlerin, ine.
perejil [perexil] *m.* 1 Persil. 2 fam. Colifichet.
pereza [perèθa] *f.* Paresse.
perfección [perfeɣθjòn] *f.* Perfection.
perfeccionar [perfeɣθjonàr] *tr.* Perfectionner.
perfecto, -ta [perfèɣto, -ta] *adj.* Parfait, aite.
perfil [perfil] *m.* 1 Profil. 2 Délié (de una letra).
perfilar [perfilàr] *tr.* 1 Profiler. 2 fig. Parfaire, parachever, fignoler (afinar).
perforación [perforaθjòn] *f.* Perforation.

perforar [perforár] *tr.* 1 Perforer (papel, etc.). 2 Forer (pozo).
perfumador [perfumaðòr] *m.* Brûle-parfum *invar.*
perfumar [perfumàr] *tr.* Parfumer.
perfume [perfùme] *m.* Parfum.
perfumería [perfumeria] *f.* Parfumerie.
pergamino [peryamino] *m.* 1 Parchemin. ■ 2 *pl.* Titres de noblesse, parchemins.
pericia [periθja] *f.* Habileté, compétence.
perico [periko] *m.* Perruche *f.*
periferia [periferja] *f.* Périphérie.
perilla [periʎa] *f.* 1 Impériale, barbiche. 2 Pommeau *m.* (de una silla de montar). 3 Ornement *m.* en forme de poire. 4 *loc. adv.* fam. ***De ~***, à propos, à pic.
perímetro [perimetro] *m.* Périmètre.
perinola [perinòla] *f.* Toton *m.*
periódico, -ca [perjòðiko, -ka] *adj.* 1 Périodique. ■ 2 *m.* Journal (publicación).
periodismo [perjoðizmo] *m.* Journalisme.
periodista [perjoðista] *s.* Journaliste.
período [perioðo] *m.* Période *f.*
peripecia [peripèθja] *f.* Péripétie.
periplo [periplo] *m.* Périple.
periquete (en un) [perikète] *loc. adv.* En un clin d'œil, à l'instant.
periquito [perikito] *m.* Perruche *f.*
peritación [peritaθjòn] *f.* Expertise.
perito, -ta [perito, -ta] *adj.* 1 Expert, erte, compétent, ente, habile. ■ 2 *m.* Expert.
peritoneo [peritonèo] *m.* ANAT. Péritoine.
perjudicar [perxuðikàr] *tr.* Nuire à, porter préjudice à.
perjuicio [perxwiθjo] *m.* Préjudice, dommage.
perjurio [perxùrjo] *m.* Parjure (acción).
perjuro, -ra [perxùro, -ra] *adj.-s.* Parjure (persona).
perla [pèrla] *f.* Perle.
perlado, -da [perlàðo, -ða] *adj.* Perlé, ée.
permanecer [permaneθèr] *intr.* Rester, demeurer, séjourner (en un lugar). ▲ CONJUG. comme ***agradecer.***
permanencia [permanènθja] *f.* 1 Permanence (duración constante). 2 Séjour *m.* (estancia en algún lugar).
permanente [permanènte] *adj.* Permanent, ente.
permeable [permeàβle] *adj.* Perméable.
permiso [permiso] *m.* 1 Permission *f.*, autorisation *f.*: ***pedir ~ para,*** demander la permission de. 2 Permis (escrito). 3 MIL. Permission *f.*
permitir [permitir] *tr.* Permettre.
permutar [permutàr] *tr.* 1 Permuter (empleos). 2 Troquer.
pernera [pernèra] *f.* Jambe (de un pantalón).
pernicioso, -sa [perniθjòso, -sa] *adj.* Pernicieux, euse.
pernil [pernil] *m.* 1 Cuisse *f.* (de un animal). 2 Jambon (de cerdo).
pernoctar [pernoytàr] *intr.* Passer la nuit.
pero [pèro] *conj.* 1 Mais. ■ 2 *m.* Défaut: ***no tiene un ~,*** cela est sans défauts.
pero [pèro] *m.* 1 Variété de pommier. 2 Variété de pomme *f.* allongée (fruto).
perol [peròl] *m.* Sorte de chaudron.
perorata [peroràta] *f.* Harangue, discours *m.* ennuyeux, long laïus *m.*
perpendicular [perpendikulàr] *adj.-f.* Perpendiculaire.
perpetua [perpètwa] *f.* Immortelle.
perpetuidad [perpetwiðàð] *f.* Perpétuité.
perpetuo, -ua [perpètwo, -wa] *adj.* Perpétuel, elle.
perplejidad [perplexiðàð] *f.* Perplexité.
perra [pèr̄a] *f.* 1 Chienne. 2 ant. ***~ chica, ~ gorda,*** pièce d'un sou, de deux sous.

perrada [peřáða] *f.* Ensemble *m.* de chiens.
perrera [peřéra] *f.* **1** Chenil *m.*, niche (casilla). **2** Fourgon *m.* à chiens.
perro [péřo] *m.* **1** Chien. Loc. fig. ***ser ~ viejo,*** être un vieux renard. **2** ***~ chico, ~ grande,*** pièce *f.* d'un sou, de deux sous. **3** ***~ caliente,*** hot dog.
persa [pérsa] *adj.-s.* **1** Perse (de la Persia antigua). **2** Persan, ane.
persecución [persekuθjón] *f.* **1** Poursuite: ***en ~ de,*** à la poursuite de. **2** Persécution (tormentos).
perseguir [perseγír] *tr.* **1** Poursuivre (seguir, importunar, pretender). **2** Persécuter (a las personas). ▲ CONJUG. comme ***servir.***
perseverancia [perseβeránθja] *f.* Persévérance.
perseverar [perseβerár] *intr.* Persévérer.
persiana [persjána] *f.* Persienne (rígida), jalousie, store *m.* (enrollable).
persignar [persiγnár] *tr.* **1** Faire le signe de croix. ■ **2** *pr.* Se signer.
persistente [persisténte] *adj.* Persistant, ante.
persistir [persistír] *intr.* Persister (durar, mantenerse): ***~ en,*** persister dans, à: ***persiste en negar,*** il persiste à nier.
persona [persóna] *f.* **1** Personne. **2** *loc. adv.* ***En ~,*** en personne.
personaje [personáxe] *m.* Personnage.
personal [personál] *adj.-m.* Personnel, elle.
personalidad [personaliðáð] *f.* Personnalité.
personarse [personárse] *pr.* **1** Se présenter en personne. **2** DER. Comparaître.
perspicaz [perspikáθ] *adj.* Perspicace.
persuadir [perswaðír] *tr.* **1** Persuader. ■ **2** *pr.* Se persuader.
persuasión [perswasjón] *f.* Persuasion.
pertenecer [perteneθér] *intr.* Appartenir. ▲ CONJUG. comme ***agradecer.***
pertenencia [pertenénθja] *f.* **1** Appartenance (dependencia). **2** Propriété, possession.
pértiga [pértiγa] *f.* Perche (vara larga): ***salto de ~,*** saut à la perche.
pertinente [pertinénte] *adj.* Pertinent, ente.
pertrechar [pertretʃár] *tr.* Munir, pourvoir.
perturbación [perturβaθjón] *f.* **1** Perturbation. **2** Trouble *m.* (mental).
perturbar [perturβár] *tr.* Perturber, troubler.
peruano, -na [perwáno, -na] *adj.-s.* Péruvien, ienne.
pervertir [perβertír] *tr.* Pervertir. ▲ CONJUG. comme ***hervir.***
pesa [pésa] *f.* **1** Poids *m.* (de balanza, de reloj). ■ **2** *pl.* Haltères *m.* (de gimnasia).
pesadez [pesaðéθ] *f.* **1** Pesanteur, poids *m.* **2** Lourdeur (de estómago).
pesadilla [pesaðiʎa] *f.* Cauchemar *m.*
pesado, -da [pesáðo, -ða] *adj.* **1** Lourd, lourde, pesant, ante. **2** fig. Ennuyeux, euse, assommant, ante (molesto, aburrido), pénible (penoso).
pesadumbre [pesaðúmbre] *f.* Peine, chagrin *m.*
pésame [pésame] *m.* Condoléances *f. pl.*
pesar [pesár] *intr.-tr.* **1** Peser. ■ **2** *intr.* fig. Regretter: ***me pesa haberlo hecho,*** je regrette de l'avoir fait. **3** *loc. adv.* ***Pese a,*** malgré.
pesar [pesár] *m.* **1** Peine *f.*, chagrin. **2** Regret (sentimiento, arrepentimiento). **3** *loc. prep.* ***A ~ de,*** malgré; ***a ~ de todo,*** malgré tout; ***a ~ suyo,*** malgré lui. **4** *loc. conj.* ***A ~ de que,*** bien que.
pesca [péska] [illegible] che: ***~ con caña,*** pêche à la ligne.

pescadería [peskaðeria] *f.* Poissonnerie.
pescado [peskáðo] *m.* Poisson.
pescador, -ra [peskaðòr, -ra] *adj.-s.* **1** Pêcheur, euse. ■ **2** *f.* Sorte de vareuse.
pescar [peskàr] *tr.* **1** Pêcher. **2** fig. Attraper (coger): ~ ***un catarro,*** attraper un rhume.
pesebre [pesèβre] *m.* **1** Mangeoire *f.*, râtelier. **2** Crèche *f.* (de Navidad).
peseta [pesèta] *f.* Peseta.
pesimismo [pesimizmo] *m.* Pessimisme.
pésimo, -ma [pèsimo, -ma] *adj.* Très mauvais, aise.
peso [pèso] *m.* **1** Poids. **2** Balance (balanza). **3** fig. Poids. **4** Peso (moneda).
pespunte [pespùnte] *m.* Point arrière, point de piqûre.
pespuntear [pespunteàr] *tr.* Piquer.
pesquisa [peskisa] *f.* Recherche, enquête.
pestaña [pestàɲa] *f.* **1** ANAT., ZOOL. Cil *m.* **2** fig. Bord *m.* (borde), lisière (de una tela).
pestañear [pestaɲeàr] *intr.* Ciller, cligner des yeux.
peste [pèste] *f.* **1** Peste. **2** Mauvaise odeur, puanteur (hedor). ■ **3** *pl.* Imprécations.
pestilencia [pestilènθja] *f.* Pestilence.
pestillo [pestiʎo] *m.* **1** Targette *f.* **2** Pêne (de la cerradura).
petaca [petàka] *f.* Blague à tabac.
pétalo [pètalo] *m.* BOT. Pétale.
petardo [petàrðo] *m.* **1** Pétard. **2** fig. fam. Escroquerie *f.* (estafa).
peteneras [petenèras] *f. pl.* Chant *m. sing.* andalou.
petición [petiθjòn] *f.* Demande. Loc. ***Previa ~ de hora,*** sur rendez-vous.
petitorio, -ia [petitòrjo, -ja] *adj.* **1** Pétitoire. ■ **2** *m.* Réclamation *f.*
peto [pèto] *m.* **1** Plastron (de armadura o vestido). **2** Bavette *f.* (de delantal, etc.).
petrificar [petrifikàr] *tr.* Pétrifier.
petróleo [petròleo] *m.* Pétrole.
petrolero, -ra [petrolèro, -ra] *adj.* **1** Pétrolier, ière. ■ **2** *m.* Pétrolier (barco).
petulante [petulànte] *adj.* Présomptueux, euse, outrecuidant, ante, fier, fière.
peyorativo, -va [peɟoratiβo, -βa] *adj.* Péjoratif, ive.
pez [peθ] *m.* **1** Poisson: ***peces de colores,*** poissons rouges. ■ **2** *f.* Poix. **3** ~ ***griega,*** colophane.
pezón [peθòn] *m.* **1** Queue *f.* (de hojas, frutos, etc.). **2** Mamelon (de la mama).
pezuña [peθùɲa] *f.* Sabot *m.*, pied *m.* fourchu des ruminants.
pi [pi] *f.* Pi *m.* (letra griega).
piadoso, -sa [pjaðòso, -sa] *adj.* Pieux, euse.
pianista [pjanista] *s.* Pianiste.
piano [pjàno], **pianoforte** [pjanofòrte] *m.* **1** Piano. **2** ~ ***de manubrio,*** orgue de Barbarie.
piar [pjàr] *intr.* Piailler, pépier, piauler.
piara [pjàra] *f.* Troupeau *m.* de cochons.
PIB [pib] *m.* (*abrev.* Producto Interior Bruto) PIB.
pica [pika] *f.* Pique.
picada [pikàða] *f.* **1** Coup *m.* de bec. **2** Piqûre (picadura).
picador [pikaðòr] *m.* **1** TAUROM. Picador. **2** Dresseur de chevaux. **3** COC. Hachoir.
picadura [pikaðùra] *f.* **1** Piqûre. **2** Trou *m.* (en una tela, un diente).
picante [pikànte] *adj.* Piquant, ante.
picapleitos [pikaplèĭtos] *m.* **1** Chicaneur, plaideur. **2** desp. Avocaillon (abogado).
picaporte [pikapòrte] *m.* **1** Loquet. **2** Heurtoir, marteau (aldaba). **3** Bec-de-cane (manubrio).

picar [pikár] *tr.* 1 Piquer. 2 Mordre (peces): ~ *el anzuelo,* mordre à l'hameçon. 3 COC. Hacher. ■ 4 *intr.* Brûler, taper (el sol). 5 Sentidos diversos: ~ *en todo,* connaître un peu de tout; ~ *en historia,* devenir intéressant; ~ *alto,* viser haut. ■ 6 *pr.* Se piquer (dicho del vino). 7 Se gâter (dientes, frutas). 8 Se miter (una tela). 9 S'agiter (el mar).

picardía [pikarðia] *f.* Friponnerie, coquinerie (bellaquería).

picaresco, -ca [pikarésko, -ka] *adj.* 1 Picaresque. 2 Rusé, ée, malin, igne.

picazón [pikaθón] *f.* Démangeaison, picotement *m.*

pichón [pitʃón] *m.* 1 Pigeonneau. 2 *Tiro de ~,* tir au pigeon.

pico [píko] *m.* 1 Bec (de un ave, una vasija, etc.). 2 fig. Bec (boca): *cerrar el ~,* fermer son bec (callarse). 3 Pointe *f.* (parte puntiaguda): *cuello en ~,* col en pointe. 4 Sommet, pic, piton (cima). 5 Pic (herramienta). 6 Pic (pájaro). Loc. fam. *Andar a picos pardos, irse a, de picos pardos,* bambocher, faire la noce.

picotear [pikoteár] *tr.* 1 Becqueter. 2 Picorer. ■ 3 *intr.* Bavarder. ■ 4 *pr.* Se chamailler.

pictórico, -ca [piɣtóriko, -ka] *adj.* Pictural, ale.

pie [pje] *m.* 1 Pied. Loc. *De ~, en ~,* debout; fig. *levantarse con el ~ izquierdo,* se lever du pied gauche. 2 Occasion *f.,* motif: *dar ~,* donner l'occasion. 3 Bas: *al ~ de la escalera,* au bas de l'escalier. 4 ~ *de altar,* casuel. 5 MÉTR. Pied: ~ *forzado,* rime forcée. 6 ~ *de león,* pied-de-lion (planta).

piedad [pjeðáð] *f.* 1 Pitié (compasión): *ten ~ de mí,* aie pitié de moi: *por ~,* par pitié. 2 Piété (devoción).

piedra [pjéðra] *f.* 1 Pierre: ~ *fina, preciosa,* pierre précieuse. 2 MED. Calcul *m.*

piel [pjél] *f.* 1 Peau: ~ *de zapa,* peau de chagrin. 2 Fourrure: *abrigo de pieles,* manteau de fourrure.

pienso [pjénso] *m.* Aliment, nourriture *f.* sèche que l'on donne à un cheval, etc.

pienso (ni por) [pjénso] *loc. adv.* En aucune façon.

pierna [pjérna] *f.* 1 Jambe. 2 Loc. fig. *Estirar las piernas,* se dégourdir les jambes. 3 Cuisse (de aves), gigot *m.* (de carnero). 4 Branche (de compás).

pieza [pjéθa] *f.* 1 Pièce. Loc. *Dejar de una ~,* laisser baba; *quedarse hecho una ~,* rester stupéfait, aite. 2 Pièce (moneda).

pigmento [piɣménto] *m.* Pigment.

pijama [pixáma] *m.* Pyjama.

pila [píla] *f.* 1 Pile, tas *m.* (montón). 2 Bassin *m.* (de fuente), auge (de abrevadero). 3 ~ *de agua bendita,* bénitier *m.* 4 Fonts *m. pl.* baptismaux (para bautizar).

pilar [pilár] *m.* 1 Pilier. 2 Vasque *f.* (de fuente).

píldora [píldora] *f.* Pilule.

pillada [piʎáða] *f.* Friponnerie.

pillaje [piʎáxe] *m.* Pillage.

pillar [piʎár] *tr.* 1 Piller. 2 fig. Attraper, choper (coger).

pillo, -lla [píʎo, -ʎa] *adj.-m.* Frippon, onne, coquin, ine, canaille (tunante), garnement *m.*

pilluelo, -la [piʎwélo, -la] *s.* Gamin, ine (niño), galopin *m.,* chenapan *m.*

pilón [pilón] *m.* 1 Vasque *f.* (de fuente), auge *f.* (de abrevadero). 2 Poids (de la balance romaine).

pilongo, -ga [pilóŋgo, -ga] *adj.* Maigre, sec, sèche.

pilotaje [pilotáxe] *m.* Pilotage.

pilotar [pilotár] *tr.* Piloter.

piloto [pilóto] *m.* Pilote: ~ *de pruebas,* pilote d'essai.

piltrafa [piltráfa] *f.* 1 Déchet *m.* de viande. 2 fig. ~ *humana,* loque.

pimentón [pimentòn] *m.* **1** Piment rouge moulu. **2** Poivron (fruto).
pimienta [pimjènta] *f.* Poivre *m.*
pimiento [pimjènto] *m.* **1** Piment (planta). **2** Poivron, piment (fruto).
pimpollo [pimpòʎo] *m.* **1** Pousse *f.*, rejeton. **2** Jeune arbre. **3** Bouton de rose (de rosa). **4** fig. Bel enfant, beau garçon, belle fille.
pinacoteca [pinakotèka] *f.* Pinacothèque.
pinar [pinàr] *m.* Pinède *f.*
pincel [pinθèl] *m.* Pinceau.
pincelada [pinθelàða] *f.* Coup *m.* de pinceau, touche.
pinchar [pintʃàr] *tr.* **1** Piquer. ■ **2** *pr.* Se piquer (con una punta). ■ **3** *rec.* Se taquiner.
pinchazo [pintʃàθo] *m.* **1** Piqûre *f.* (hecha con una punta). **2** Crevaison *f.* (de un neumático).
pinche [pintʃe] *m.* Marmiton.
pincho [pintʃo] *m.* Pointe *f.*
pingüe [piŋgwe] *adj.* **1** Graisseux, euse, gras, grasse. **2** fig. Abondant, ante, productif, ive, gros, grosse: ***pingües beneficios,*** de gros bénéfices.
pingüino [piŋgwino] *m.* Pingouin.
pinito [pinito] *m.* Premier pas: ***hacer pinitos,*** faire ses premiers pas.
pino [pino] *m.* Pin.
pintada [pintàða] *f.* **1** Graffiti *mpl.* **2** Tag *m.* (inscripción en un muro). **3** Pintade (ave).
pintado, -da [pintàðo, -ða] *adj.* **1** Peint, peinte. Loc. fig. ***Estar, venir como ~,*** aller à merveille, tomber à pic. **2** Tacheté, ée (de diversos colores).
pintar [pintàr] *tr.* **1** Peindre: ***~ de azul,*** peindre en bleu. **2** Dépeindre, décrire (describir). ■ **3** *intr.* Avoir de l'importance, être important, ante. ■ **4** *pr.* Se farder, se maquiller (el rostro). **5** ***Pintarse solo para,*** être sans pareil pour.
pintor, -ra [pintòr, -ra] *s.* **1** Peintre *m.* (hombre o mujer), femme peintre *f.* (mujer). **2** ***~ de brocha gorda,*** peintre en bâtiment.
pintoresco, -ca [pintorèsko, -ka] *adj.* Pittoresque.
pintura [pintùra] *f.* Peinture: ***~ al óleo, al temple,*** peinture à l'huile, à la détrempe.
pinza [pinθa] *f.* **1** Pince (de crustáceo, etc.). ■ **2** *pl.* Pince *sing.* (instrumento).
pinzón [pinθòn] *m.* Pinson.
piña [piɲa] *f.* **1** Pomme de pin. **2** ***~ de América,*** ananas *m.* **3** fig. Foule, masse.
piñón [piɲòn] *m.* **1** Pignon. **2** MEC. Pignon.
pío [pio] *m.* Pépiement, piaulement. Loc. fig. ***No decir ni ~,*** ne pas souffler mot, ne pas piper.
pío, -ía [pio, -ia] *adj.* **1** Pie: ***obra pía,*** œuvre pie. **2** Pieux, euse (piadoso).
piojo [pjòxo] *m.* Pou.
pipa [pipa] *f.* **1** Pipe: ***fumar en ~,*** fumer la pipe. **2** Fût *m.*, tonneau *m.* (tonel). **3** Pépin *m.* (semilla), graine (de girasol).
pipí [pipi] *m.* Pipi.
pique [pike] *m.* Brouille *f.*, brouillerie *f.*
piquete [pikète] *m.* **1** Piquet (jalón). **2** MIL. Piquet. Loc. ***~ de ejecución,*** peloton d'exécution. **3** Piqûre *f.* (herida).
piragua [piràɣwa] *f.* **1** Pirogue. **2** DEP. Canoë *m.*, kayac *m.*
pirámide [piràmiðe] *f.* Pyramide.
pirata [piràta] *m.* Pirate.
piratear [pirateàr] *tr.* Pirater.
piratería [pirateria] *f.* Piraterie, flibuste.
pirenaico, -ca [pirenàiko, -ka] *adj.* Pyrénéen, enne.
piropo [piròpo] *m.* Galanterie *f.*, compliment.
pirueta [pirwèta] *f.* Pirouette.
pisa [pisa] *f.* Foulage *m.* (de la uva, del paño, etc.).

pisada [pisàða] *f.* **1** Pas *m.*: *el ruido de sus pisadas,* le bruit de ses pas. **2** Trace (huella). **3** Foulée (de un animal).
pisapapeles [pisapapèles] *m. invar.* Presse-papiers.
pisar [pisàr] *tr.* **1** Marcher sur: ~ *una alfombra,* marcher sur un tapis. **2** Fouler (los paños, la uva, etc.). **3** Presser (las cuerdas de un instrumento). **4** Appuyer sur (un pedal).
piscicultura [pisθikultùra] *f.* Pisciculture.
piscina [pisθìna] *f.* Piscine.
piso [pìso] *m.* **1** Étage (de una casa). **2** Appartement (vivienda): ~ *piloto,* appartement témoin. **3** Sol (suelo), plancher (de madera).
pisotear [pisoteàr] *tr.* **1** Piétiner. **2** Fouler aux pieds.
pista [pìsta] *f.* Piste.
pistacho [pistàtʃo] *m.* Pistache *f.*
pistola [pistòla] *f.* **1** Pistolet *m.* (arma). **2** Pistolet *m.* (para pintar), aérographe.
pistolero [pistolèro] *m.* Bandit.
pistón [pistòn] *m.* **1** Piston. **2** Amorce *f.* (de la cápsula).
pitada [pitàða] *f.* **1** Coup *m.* de sifflet. **2** fam. Impair *m.*, incongruité.
pitar [pitàr] *intr.* Siffler.
pitillera [pitiʎèra] *f.* Porte-cigarettes *m. invar.*
pitillo [pitiʎo] *m.* Cigarette *f.*
pito [pìto] *m.* **1** Sifflet. **2** Loc. fam. *No se me da un* ~, je m'en moque; *esto no vale un* ~, cela ne vaut pas tripette.
pitón [pitòn] *m.* Python (serpiente).
pitorreo [pitor̄èo] *m.* Moquerie *f.*
pitorro [pitòr̄o] *m.* Bec (de vasija).
pizarra [piθàr̄a] *f.* **1** Ardoise. **2** Tableau *m.* noir (encerado).
pizca [pìθka] *f.* Brin *m.*, soupçon *m.*, miette, bribe: *ni* ~ *de,* pas une miette de.
pizpireta [piθpirèta] *adj. f.* Vive, qui a l'esprit prompt (mujer).
placa [plàka] *f.* Plaque: ~ *giratoria,* plaque tournante.
pláceme [plàθeme] *m.* Félicitation *f.*, compliment.
placentero, -ra [plaθentèro, -ra] *adj.* Agréable, plaisant, ante.
placer [plaθèr] *m.* Plaisir (goce, diversión).
placer [plaθèr] *tr.* Plaire. ▲ CONJUG. IRRÉG. INDIC. Prés.: *plazco, places, place, placemos, placéis, placen.* Imparf.: *placía, placías,* etc. Pas. simple: *plací, placiste, plació* ou *plugo, placimos, placisteis, placieron* ou *pluguieron.* Fut.: *placeré, placerás,* etc. COND.: *placería, placerías,* etc. SUBJ. Prés.: *plazca, plazcas, plazca,* ou *plegue* ou *plega, plazcamos, plazcáis, plazcan.* Imparf.: *placiera, placieras, placiera* ou *pluguiera, pláciéramos, placierais, placieran* ou *placiese, placieses,* etc. Fut.: *placiere, placieres, placiere* ou *pluguiere, placiéramos, placiereis, placieren.* IMPÉR.: *place, plazca, plazcamos, placed, plazcan.* PART. PAS.: *placido.* GÉR.: *placiendo.*
plácido, -da [plàθiðo, -ða] *adj.* Placide.
plaga [plàɣa] *f.* Plaie, fléau *m.*: *las siete plagas de Egipto,* les sept plaies d'Égypte.
plan [plaŋ] *m.* **1** Plan (proyecto, programa, plano). **2** Projet (intención).
plana [plàna] *f.* Page (página). Loc. *A toda* ~, sur toute la page.
plancha [plàntʃa] *f.* **1** Plaque, feuille (de metal). **2** Fer *m.* à repasser (utensilio para planchar). **3** Planche (natación). **4** IMPR. Planche.
planchar [plantʃàr] *tr.* Repasser.
planeta [planèta] *m.* Planète *f.*
planicie [planìθje] *f.* Plaine.
planisferio [planisfèrjo] *m.* GEOG. Planisphère.
plano, -na [plàno, -na] *adj.* **1** Plat, plate. **2** GEOM. Plan, plane.

planta [plànta] *f.* **1** BOT. Plante. **2** Plan *m.* (plano). **3** Plante (del pie). **4** Étage *m.*: ***en la ~ cuarta,*** au quatrième étage.
plantar [plantàr] *adj.* Plantaire.
plantar [plantàr] *tr.* **1** Planter. **2** Flanquer (un golpe, etc.). **3** Mettre (en un lugar): ~ ***en la calle,*** mettre à la porte. ■ **4** *pr.* Se planter (ponerse, pararse). **5** Se buter (resistirse en no hacer algo). **6** Se rendre (trasladarse), arriver, débarquer (llegar).
plantear [planteàr] *tr.* **1** Former le plan de, projeter. **2** Poser (un problema).
plantilla [plantiʎa] *f.* **1** Semelle (del calzado). **2** Patron *m.* (para cortar, etc.).
plantón [plantòn] *m.* **1** AGR. Plant. **2** Planton (persona). Loc. ***Dar un ~,*** poser un lapin.
plasmar [plasmàr] *tr.* **1** Créer, former. ■ **2** *pr.* Prendre forme, se concrétiser.
plástico, -ca [plàstiko, -ka] *adj.* **1** Plastique. ■ **2** *m.* Plastique, matière *f.* plastique. **3** Plastic (explosivo).
plata [plàta] *f.* **1** Argent *m.* **2** Argenterie (vajilla de plata, etc.).
plataforma [platafòrma] *f.* Plateforme.
plátano [plàtano] *m.* **1** Platane. **2** Bananier (árbol frutal). **3** Banane *f.* (fruto).
platea [platèa] *f.* TEAT. Parterre *m.*
plateado, -da [plateàðo, -ða] *adj.* **1** Argenté, ée. ■ **2** *m.* Argenture *f.*
platería [plateria] *f.* Orfèvrerie.
platero [platèro] *m.* Orfèvre.
plática [plàtika] *f.* Conversation.
platillo [platiʎo] *m.* **1** Soucoupe *f.* Loc. ~ ***volante,*** soucoupe volante. **2** Plateau (de balanza). ■ **3** *pl.* MÚS. Cymbales *f.*
platina [platina] *f.* **1** Platine (de microscopio, etc.). **2** IMPR. Marbre *m.*
platino [platino] *m.* Platine.
plato [plàto] *m.* **1** Assiette *f.* (vasija): ~ ***sopero,*** assiette creuse. **2** Plat (manjar). **3** Plateau (de tocadiscos).
plató [platò] *m.* Plateau de cinéma.
plausible [plaŭsiβle] *adj.* Plausible.
playa [plàǰa] *f.* Plage.
playero, -ra [plaǰèro, -ra] *adj.* **1** De plage: ***sandalias playeras,*** sandales de plage. ■ **2** *f.* Air *m.* populaire andalou.
plaza [plàθa] *f.* **1** Place (lugar público): ~ ***mayor,*** grand-place. **2** ~ ***de toros,*** arènes *pl.* **3** Marché *m.* (mercado). **4** Place (sitio, empleo).
plazo [plàθo] *m.* **1** Délai. **2** Terme. **3** Echéance *f.* (vencimiento).
plebe [plèβe] *f.* Plèbe.
plebiscito [pleβisθito] *m.* Plébiscite.
plegado [pleɣàðo] *m.* **1** Pliage. **2** Pliure (encuadernación). **3** Plissage (acción de hacer tablas).
plegar [pleɣàr] *tr.* **1** Plier (doblar). **2** Plisser (hacer tablas). ■ **3** *pr.* fig. Plier, se soumettre. ▲ CONJUG. comme ***acertar.***
plegaria [pleɣàrja] *f.* Prière.
pleitear [pleĭteàr] *tr.* DER. Plaider.
pleito [plèĭto] *m.* **1** DER. Procès, litige. **2** Dispute *f.* **3** ~ ***homenaje,*** hommage.
plenario, -ia [plenàrjo, -ja] *adj.* **1** Plénier, ière. ■ **2** *m.* DER. Partie *f.* du procès qui suit l'instruction.
plenipotenciario, -ia [plenipotenθjàrjo, -ja] *adj.-s.* Plénipotentiaire.
plenitud [plenitùð] *f.* Plénitude.
pleno, -na [plèno, -na] *adj.* **1** Plein, pleine: ***con ~ derecho,*** de plein droit. ■ **2** *m.* Séance *f.* plénière.
pléyade [plèǰaðe] *f.* LIT. Pléiade.
pliego [pljèɣo] *m.* **1** Feuille *f.* de papier (hoja). **2** Pli (carta). **3** ~ ***de condiciones,*** cahier des charges.
pliegue [pljèɣe] *m.* Pli.
plomada [plomàða] *f.* **1** Fil *m.* à plomb. **2** Plombée (de una red de pescar).
plomero [plomèro] *m.* Plombier.
plomizo, -za [plomiθo, -θa] *adj.* Plombé, ée.

plomo [plòmo] *m.* 1 Plomb. 2 *loc. adv. A* ~, à plomb.
pluma [plúma] *f.* 1 Plume. Loc. ~ ***estilográfica,*** stylographe *m.*, stylo *m.* 2 *loc. adv.* ***Al correr de la ~, a vuela ~,*** au courant de la plume.
plumaje [plumàxe] *m.* 1 Plumage. 2 Plumet (penacho).
plumero [plumèro] *m.* 1 Plumeau. 2 Plumet (adorno). 3 Plumier (cajita).
plumón [plumòn] *m.* 1 Duvet (de las aves). 2 Édredon (de la cama).
plural [plurál] *adj.* 1 Pluriel, elle. ■ 2 *m.* Pluriel; ***poner en ~,*** mettre au pluriel.
pluriempleo [plurjemplèo] *m.* Cumul d'emplois.
plus [plus] *m.* 1 MIL. Supplément de solde. 2 Gratification *f.*, prime *f.* 3 Supplément.
pluvial [pluβjál] *adj.* 1 Pluvial, ale. 2 ECLES. ***Capa ~,*** chape.
población [poβlaθjòn] *f.* 1 Peuplement *m.* (acción de poblar). 2 Population (habitantes). 3 Localité (lugar), ville (ciudad).
poblado [poβlàðo] *m.* Localité *f.*, agglomération *f.* (población).
poblador, -ra [poβlaðòr, -ra] *adj.-s.* 1 Habitant, ante. 2 Colonisateur, trice.
poblar [poβlár] *tr.* Peupler. ▲ CONJUG. comme ***contar.***
pobre [pòβre] *adj.* 1 Pauvre. ■ 2 *s.* Pauvre, pauvresse.
pobreza [poβrèθa] *f.* Pauvreté.
pocillo [poθiʎo] *m.* Tasse *f.* à chocolat.
poco, -ca [pòko, -ka] *adj.* 1 Peu de: ***~ dinero,*** peu d'argent. Loc. ***De ~ más o menos,*** de peu de valeur. ■ 2 *pron.* Peu (pequeña cantidad): ***un ~ de,*** un peu de. Loc. ***Tener en ~,*** ne pas estimer, mépriser. ■ 3 *adv.* Peu. Loc. ***~ a ~,*** peu à peu, petit à petit; ***~ más o menos,*** à peu près.
poda [pòða] *f.* AGR. Émondage *m.*, élagage *m.*, taille.
podadera [poðaðèra] *f.* Serpe (hoz), sécateur *m.* (tijeras).
podar [poðár] *tr.* AGR. Élaguer, émonder, tailler.
poder [poðèr] *tr.* 1 Pouvoir: ***no ~ más,*** n'en pouvoir plus. ■ 2 *intr.* ***No ~ con,*** ne pouvoir supporter (aguantar), venir à bout de (someter). ■ 3 *impers.* Se pouvoir, être possible: ***puede que venga,*** il se peut qu'il vienne. ▲ CONJUG. IRRÉG. INDIC. Prés.: ***puedo, puedes, puede, podemos, podéis, pueden.*** Imparf.: ***podía, podías,*** etc. Pas. simple: ***pude, pudiste, pudo, pudimos, pudisteis, pudieron.*** Fut.: ***podré, podrás,*** etc. COND.: ***podría, podrías,*** etc. SUBJ. Prés.: ***pueda, puedas, pueda, podamos, podáis, puedan.*** Imparf.: ***pudiera, pudieras, pudiera, pudiéramos, pudierais, pudieran*** ou ***pudiese, pudieses,*** etc. Fut.: ***pudiere, pudieres, pudiere, pudiéremos, pudiereis, pudieren.*** IMPÉR.: ***puede, pueda, podamos, poded, puedan.*** PART. PAS.: ***podido.*** GER.: ***pudiendo.***
poder [poðèr] *m.* 1 Pouvoir. 2 Puissance *f.* (fuerza, poderío, capacidad).
poderoso, -sa [poðeròso, -sa] *adj.-s.* Puissant, ante.
podio [pòdjo] *m.* Podium.
podredumbre [poðreðúmbre] *f.* 1 Pourriture. 2 Pus *m.* (humor).
poema [poèma] *m.* Poème.
poesía [poesia] *f.* Poésie.
poeta [poèta] *m.* Poète.
póker [pòker] *m.* Poker.
polaco, -ca [polàko, -ka] *adj.-s.* Polonais, aise.
polea [polèa] *f.* Poulie.
polémico, -ca [polèmiko, -ka] *adj.-f.* Polémique.
polen [pòlen] *m.* BOT. Pollen.
polichinela [politʃinèla] *m.* Polichinelle.
policía [poliθia] *f.* 1 Police. 2 Politesse (cortesía). 3 Propreté (aseo). ■ 4 *m.* Policier, agent de police.

policromo, -ma [polikròmo, -ma] *adj.* Polychrome.
polifonía [polifonia] *f.* Polyphonie.
poligamia [poliɣàmja] *f.* Polygamie.
poligloto, -ta [poliɣlòto, -ta] *adj.-s.* Polyglotte.
polígono [poliɣono] *m.* Polygone.
polilla [poliʎa] *f.* Mite.
polinomio [polinòmjo] *m.* MAT. Polynôme.
polípero [polipero] *m.* Polypier.
pólipo [pòlipo] *m.* MED. Polype.
polisílabo, -ba [polisilaβo, -βa] *adj.-m.* Polysillabe.
politécnico, -ca [politèɣniko, -ka] *adj.* Polytechnique.
politeísmo [politeizmo] *m.* REL. Polythéisme.
política [politika] *f.* Politique.
político, -ca [politiko, -ka] *adj.* **1** Politique. **2** Poli, ie, courtois, oise. **3** Marque la parenté par mariage: ***padre ~, hijo ~*** beau-père, beau-fils.
póliza [pòliθa] *f.* **1** Police (de seguros). **2** Vignette, timbre *m.* (del impuesto).
polizón [poliθòn] *m.* Passager clandestin.
pollera [poʎèra] *f.* Mue (para los pollos).
pollino [poʎino] *m.* **1** Ânon. **2** Âne, baudet. **3** fig. Âne, imbécile.
pollito, -ta [poʎito, -ta] *s.* **1** fam. Garçon, jeune fille. ■ **2** *m.* Poussin (polluelo).
pollo [pòʎo] *m.* **1** Poulet (cría de gallina), petit (de cualquier ave). **2** fam. Jeune homme.
polo [pòlo] *m.* **1** Pôle: ~ ***norte, sur,*** pôle nord, sud. **2** Polo (juego, camisa).
poltrón, -ona [poltròn, -òna] *adj.* **1** Paresseux, euse. ■ **2** *f.* Bergère (sillón).
polvareda [polβarèða] *f.* **1** Nuage *m.* de poussière. **2** fig. Agitation des esprits.
polvera [polβèra] *f.* Poudrier *m.*
polvo [pòlβo] *m.* **1** Poussière *f.*: ***levantar ~,*** faire de la poussière. **2** Poudre *f.* (sustancia pulverizada): ***oro en ~,*** poudre d'or. **3** Prise *f.* (de tabaco). ■ **4** *pl.* Poudre *f. sing.* (afeite).
pólvora [pòlβora] *f.* Poudre (explosivo). Loc. fig. ~ ***en salvas,*** tirer sa poudre aux moineaux.
polvoriento, -ta [polβorjènto, -ta] *adj.* **1** Poussiéreux, euse. **2** Poudreux, euse.
polvorín [polβorin] *m.* **1** Pulvérin. **2** Poire *f.* à poudre (frasquito).
pómez [pòmeθ] *adj.* ***Piedra ~,*** pierre ponce.
pomo [pòmo] *m.* **1** Petit flacon (frasco). **2** Pommeau (de espada).
pompa [pòmpa] *f.* **1** Pompe, apparat *m.* **2** Bulle: ~ ***de jabón,*** bulle de savon.
ponderar [ponderàr] *tr.* **1** Peser, examiner. **2** Pondérer (equilibrar).
ponencia [ponènθja] *f.* **1** Rapport *m.* (informe). **2** Charge de rapporteur.
ponente [ponènte] *adj.-s.* DER. Rapporteur.
poner [ponèr] *tr.* **1** Mettre, placer, poser (colocar): ~ ***una coma,*** mettre une virgule. **2** Rendre (con ciertos adjetivos): ~ ***triste, furioso,*** etc., rendre triste, furieux, euse, etc. **3** Ouvrir (una tienda, etc.). **4** ~ ***como nuevo,*** remettre à neuf; fig. maltraiter (a uno). ■ **5** *pr.* Se mettre, se placer: ***se puso de rodillas, il se mit à genoux.*** **6** Devenir: ***ponerse furioso,*** devenir furieux. **7** Mettre (vestido, zapatos, etc.): ***se puso el sombrero,*** il mit son chapeau. **8** Se coucher (un astro). ▲ CONJUG. IRRÉG. INDIC. Prés.: ***pongo, pones, pone, ponemos, ponéis, ponen.*** Imparf.: ***ponía, ponías, ponía,*** etc. Pas simple: ***puse, pusiste, puso, pusimos, pusisteis, pusieron.*** Fut.: ***pondré, pondrás,*** etc. COND.: ***pondría, pondrías,*** etc. SUB. Prés.: ***ponga, pongas, ponga, pongamos, pongáis, pongan.*** Imparf.:

pusiera, pusieras, pusiera, pusiéramos, pusierais, pusieran, ou ***pusiese, pusieses,*** etc. Fut.: ***pusiere, pusieres,*** etc. IMPÉR.: ***pon, ponga, pongamos, poned, pongan.*** PART. PAS.: ***puesto, ta.*** GER.: ***poniendo.***

poniente [ponjènte] *m.* **1** Ponant, couchant. **2** Vent d'ouest.

pontificado [pontifikàðo] *m.* Pontificat.

pontífice [pontifiθe] *m.* Pontife: ***sumo ~,*** souverain Pontife.

ponzoña [ponθòɲa] *f.* Poison *m.*, venin *m.*

popular [populàr] *adj.* Populaire.

popularizar [populariθàr] *tr.* Populariser.

por [por] *prep.* **1** Par (indica agente, causa, medio, modo, parte): ***~ ignorancia,*** par ignorance. **2** Pour (a causa de, en consideración a, a favor de): ***castigado ~ su pereza,*** puni pour sa paresse. **3** Pour, comme: ***dejar ~ muerto,*** laisser pour mort. **4** Pour, afin de (con infinitivo): ***~ no cansarle,*** pour ne pas le fatiguer; (seguido de infinitivo, con el sentido de sin): ***estar ~ hacer,*** être à faire. **5** Otros sentidos: ***ir ~ pan,*** aller chercher du pain; ***~ esto,*** c'est pourquoi. **6** *loc. adv.* ***~ ahora,*** pour le moment; ***~ la mañana, ~ la noche,*** le matin, le soir ou la nuit; ***~ Navidad,*** à la Noël; ***~ abril,*** en avril. **7** *loc. conj.* ***~ qué,*** pourquoi.

porcelana [porθelàna] *f.* Porcelaine.

porcentaje [porθentàxe] *m.* Pourcentage.

porcino, -na [porθino, -na] *adj.-s.* **1** Porcin, ine. ■ **2** *m.* Porcelet.

porción [porθjòn] *f.* **1** Portion. **2** Part (parte).

pordiosero, -ra [porðjosèro, -ra] *s.* Mendiant, ante.

porfiado, -da [porfjàðo, -ða] *adj.* Obstiné, ée.

porfiar [porfjàr] *intr.* **1** S'entêter, s'obstiner. **2** Se disputer. ▲ CONJUG. comme ***desviar.***

pormenor [pormenòr] *m.* **1** Détail. **2** Tenants et aboutissants *pl.* (de un proceso).

pornografía [pornoɣrafìa] *f.* Pornographie.

poroso, -sa [poròso, -sa] *adj.* Poreux, euse.

porque [pòrke] *conj.* Parce que.

porqué [porkè] *m.* Pourquoi *invar.* (causa, motivo).

porquería [porkerìa] *f.* Cochonnerie, saleté.

porra [pòr̄a] *f.* **1** Massue. **2** Matraque (de caucho). **3** *interj.* fam. Zut! Loc. fam. ***Mandar a la ~,*** envoyer balader.

porrazo [por̄àθo] *m.* **1** Coup de massue, etc. **2** Coup.

porrillo (a) [por̄iʎo] *loc. adv.* À foison.

porro [pòr̄o] *m.* Joint (cigarrillo de marihuana, etc.).

porrón, -ona [por̄òn, -òna] *adj.* **1** Lourdaud, aude. ■ **2** *m.* Cruche *f.* à bec pour boire à la régalade.

porta [pòrta] *f.* MAR. Sabord *m.*

portaaviones [portaaβjònes] *m. invar.* Porte-avions.

portada [portàða] *f.* **1** Frontispice *m.* **2** IMPR. Page de titre (de un libro), couverture (de una revista). **3** Portail *m.* (de un edificio).

portador, -ra [portaðòr, -ra] *adj.-s.* Porteur, euse.

portaequipajes [portaekipàxes] *m. invar.* Porte-bagages.

portal [portàl] *m.* **1** Entrée *f.*, vestibule. **2** Portique. **3** Porte *f.* (de una ciudad).

portarse [portàrse] *pr.* **1** Se comporter, se conduire: ***se ha portado bien conmigo,*** il s'est bien conduit avec moi. **2** Agir honorablement.

portátil [portàtil] *adj.* Portatif, ive.

portavoz [portaβòθ] *m.* **1** Porte-voix. **2** Porte-parole *invar.* (persona).

portazo [portàθo] *m.* Claquement de porte: ***dar un ~,*** claquer la porte.

porte [pòrte] *m.* Port, maintien, allure *f.* (de una persona).
portería [porteria] *f.* 1 Loge de concierge, conciergerie (habitación). 2 DEP. But *m.* (fútbol).
portero, -ra [portèro, -ra] *s.* 1 Concierge, portier, ière. ■ 2 *m.* Huissier. 3 DEP. Gardien de but (fútbol).
portezuela [porteθwèla] *f.* 1 Portillon *m.* 2 Portière (de coche).
pórtico [pòrtiko] *m.* Portique.
portón [portòn] *m.* Grande porte *f.*
portorriqueño, -ña [portoȓikèɲo, -ɲa] *adj.-s.* De Porto-Rico.
portuario, -ia [portwàrjo, -ja] *adj.* Portuaire.
portugués, -esa [portuɣès, -èsa] *adj.-s.* Portugais, aise.
porvenir [porβenir] *m.* Avenir.
pos (en) [pos] *loc. adv.* Derrière, à la suite. Loc. ***Ir en ~ de,*** courir après.
posada [posàða] *f.* 1 Auberge (mesón). 2 Demeure, logis *m.* (casa). 3 Hébergement *m.*
posar [posàr] *intr.* 1 Poser (ante un pintor, un fotógrafo). 2 Loger (alojarse). ■ 3 *intr.-pr.* Se poser (los pájaros).
posdata [posðàta] *f.* Post-scriptum *m. invar.*
poseer [poseèr] *tr.* Posséder.
posesión [posesjòn] *f.* 1 Possession. 2 Propriété (finca).
posibilidad [posiβiliðàð] *f.* 1 Possibilité. ■ 2 *pl.* Moyens *m.*
posible [posiβle] *adj.* 1 Possible. Loc. ***Hacer lo ~ por,*** faire son possible pour. ■ 2 *m. pl.* Moyens (medios).
posición [posiθjòn] *f.* 1 Position. 2 Position, situation (social).
positivo, -va [positiβo, -βa] *adj.* 1 Positif, ive. ■ 2 *f.* FOT. Positif *m.*
posponer [posponèr] *tr.* Placer, faire passer après (a una persona, una cosa). ▲ CONJUG. comme ***poner.***
posta [pòsta] *f.* 1 Poste, relais *m.* (de caballos). 2 Chevrotine (bala). 3 *loc. adv.* ***Por la ~,*** rapidement; ***a ~,*** à dessein, exprès.
postal [postàl] *adj.* 1 Postal, ale: ***tarjeta ~,*** carte postale. ■ 2 *f.* Carte postale.
poste [pòste] *m.* Poteau.
postergar [posterɣàr] *tr.* 1 Ajourner (aplazar). 2 Laisser en arrière. 3 Ajourner l'avancement (de alguien).
posteridad [posteriðàð] *f.* Postérité.
posterior [posterjòr] *adj.* Postérieur, eure.
postigo [postiɣo] *m.* 1 Volet (de ventana). 2 Porte *f.* dérobée (puerta falsa).
postizo, -za [postiθo, -θa] *adj.* 1 Postiche. 2 Faux, fausse: ***cuello ~,*** faux col.
postración [postraθjòn] *f.* 1 Prostration (abatimiento). 2 Prosternation.
postrar [postràr] *tr.* 1 Abattre (derribar, debilitar). ■ 2 *pr.* Se prosterner (hincarse de rodillas).
postre [pòstre] *m.* 1 Dessert. ■ 2 *adj.* Dernier, ière. 3 *loc. adv.* ***A la ~,*** à la fin.
postulado [postulàðo] *m.* Postulat.
postular [postulàr] *tr.* 1 Postuler. 2 Quêter (hacer una colecta).
postura [postùra] *f.* 1 Posture, position. 2 Enchère (en una subasta). 3 Mise, enjeu *m.* (en el juego). 4 Ponte (de los huevos). 5 fig. Attitude.
potable [potàβle] *adj.* Potable.
potaje [potàxe] *m.* 1 Potage. 2 Légumes *pl.* secs.
pote [pòte] *m.* 1 Pot (vasija). 2 Marmite *f.* (para cocer viandas).
potencia [potènθja] *f.* 1 Puissance. 2 *loc. adv.* ***En ~,*** en puissance.
potencial [potenθjàl] *adj.-m.* 1 Potentiel, elle. ■ 2 *m.* GRAM. Conditionnel.
potentado [potentàðo] *m.* Potentat.
potente [potènte] *adj.* Puissant, ante.
poterna [potèrna] *f.* FORT. Poterne.
potestad [potestàð] *f.* Puissance, pouvoir *m.*: ***patria ~,*** puissance paternelle.

potingue [potiŋge] *m.* fam. Potion *m.*, breuvage.
potranca [potràŋka] *f.* Jeune jument, pouliche.
potro [pòtro] *m.* **1** Poulain (animal). **2** Chevalet (de tormento). **3** VET. Travail (aparato).
pozo [pòθo] *m.* Puits.
práctica [pràɣtika] *f.* **1** Pratique. **2** Méthode. ■ **3** *pl.* Travaux *m.* pratiques (ejercicios). **4** Stage *m. sing.* (período).
practicante [praɣtikànte] *adj.* Pratiquant, ante (en religión).
practicar [praɣtikàr] *tr.* **1** Pratiquer. **2** Pratiquer, faire: ~ ***la natación,*** faire de la natation. ■ **3** *intr.* Faire un stage.
práctico, -ca [pràɣtiko, -ka] *adj.* **1** Pratique. **2** Expérimenté, ée, exercé, ée.
pradera [praðèra] *f.* Prairie.
prado [pràðo] *m.* Pré.
pragmático, -ca [praɣmàtiko, -ka] *adj.-f.* Pragmatique.
preámbulo [preàmbulo] *m.* Préambule.
precario, -ia [prekàrjo, -ja] *adj.* Précaire.
precaución [prekaŭθjòn] *f.* Précaution.
precavido, -da [prekaβiðo, -ða] *adj.* Prévoyant, ante, précautionneux, euse.
precedente [preθeðènte] *adj.-m.* Précédent, ente.
precepto [preθèβto] *m.* Précepte.
preceptor, -ra [preθeβtòr, -ra] *s.* Précepteur, trice.
preciar [preθjàr] *tr.* **1** Apprécier. ■ **2** *pr.* Se vanter de, se piquer de. ▲ CONJUG. comme ***cambiar.***
precintar [preθintàr] *tr.* **1** Mettre des renforts aux angles (de cajas, maletas). **2** Sceller, cacheter, plomber, mettre des bandes de sûreté à (un paquete, etc.).
precio [prèθjo] *m.* **1** Prix: ~ ***de coste,*** prix de revient. **2** *loc. prep.* ***Al ~ de,*** au prix de.
preciosidad [preθjosiðàð] *f.* Qualité de ce qui est précieux.
precioso, -sa [preθjòso, -sa] *adj.* **1** Précieux, euse (de mucho valor). **2** Très joli, ie, ravissant, ante (bonito).
precipicio [preθipiθjo] *m.* Précipice.
precipitación [preθipitaθjòn] *f.* Précipitation.
precipitar [preθipitàr] *tr.* Précipiter.
precisar [preθisàr] *tr.* **1** Préciser (fijar). **2** Forcer, obliger (obligar). ■ **3** *impers.* Falloir.
preciso, -sa [preθiso, -sa] *adj.* **1** Précis, ise. **2** Nécessaire. Loc. ***Ser ~,*** être nécessaire, falloir; ***es ~ que vengáis,*** il faut que vous veniez.
precocidad [prekoθiðàð] *f.* Précocité.
preconcebir [prekonθeβir] *tr.* Préconcevoir: ***idea preconcebida,*** idée préconçue.
preconizar [prekoniθàr] *tr.* Préconiser.
precoz [prekòθ] *adj.* Précoce.
precursor, -ra [prekursòr, -ra] *adj.* **1** Précurseur, avant-coureur, annonciateur, trice. ■ **2** *m.* Précurseur.
predecesor, -ra [preðeθesòr, -ra] *s.* **1** Prédécesseur *m.* **2** Ancêtre.
predecir [preðeθir] *tr.* Prédire. ▲ CONJUG. comme ***decir.***
predestinar [preðestinàr] *tr.* Prédestiner.
predicador, -ra [preðikaðòr, -ra] *adj.-s.* **1** Prêcheur, euse. ■ **2** *m.* Prédicateur.
predicar [preðikàr] *tr.* Prêcher.
predicción [preðiɣθjòn] *f.* Prédiction.
predilecto, -ta [preðilèɣto, -ta] *adj.* Préféré, ée, bien-aimé, ée.
predisponer [preðisponèr] *tr.* Prédisposer. ▲ CONJUG. comme ***poner.***
predominio [preðominjo] *m.* Prédominance *f.*
preestablecido, -da [preestaβleθiðo, -ða] *adj.* Préétabli, ie.
prefacio [prefàθjo] *m.* Préface *f.*
prefecto [prefèɣto] *m.* Préfet.

prefectura [prefeɣtúra] *f.* Préfecture.
preferencia [preferènθja] *f.* 1 Préférence. 2 Priorité. 3 ~ *de paso,* priorité.
preferible [preferiβle] *adj.* Préférable.
preferir [preferír] *tr.* Préférer. ▲ CONJUG. comme *hervir.*
prefijo, -ja [prefixxo, -xa] *adj.-m.* Préfixe.
pregón [preɣòn] *m.* 1 Proclamation *f.*, annonce *f.* (noticia). 2 Cri (de vendedor).
pregonar [preɣonár] *tr.* 1 Publier à haute voix, annoncer publiquement. 2 Crier (un vendedor).
pregunta [preɣúnta] *f.* Demande, question: *hacer preguntas,* poser des questions.
preguntar [preɣuntár] *tr.* 1 Demander. 2 Questionner, interroger.
prehistoria [preïstòrja] *f.* Préhistoire.
prejuicio [prexwiθjo] *m.* Préjugé, parti pris.
prejuzgar [prexuθɣár] *tr.* Préjuger.
prelado [prelàðo] *m.* Prélat.
preliminar [preliminár] *adj.-m.* Préliminaire.
preludiar [preluðjár] *intr.* 1 Préluder. ■ 2 *tr.* fig. Préluder à (anunciar).
prematuro, -ra [prematùro, -ra] *adj.* Prématuré, ée.
premeditación [premeðitaθjòn] *f.* Préméditation.
premeditar [premeðitàr] *tr.* Préméditer.
premiar [premjàr] *tr.* Récompenser, accorder un prix à. ▲ CONJUG. comme *cambiar.*
premio [prèmjo] *m.* 1 Prix, récompense *f.* 2 Lot (de lotería): ~ *gordo,* gros lot. 3 COM. Prime *f.*
premisa [premisa] *f.* LÓG. Prémisse.
premura [premùra] *f.* 1 Urgence. 2 ~ *de tiempo,* hâte.
prenda [prènda] *f.* 1 Gage *m.* (garantía). 2 Gage (de amistad). 3 Vêtement *m.* (ropa): ~ *interior,* sous-vêtement. 4 Personne, chose très aimée. ■ 5 *pl.* Qualités (de una persona).
prendado, -da [prendàðo, -ða] *adj.* Épris, ise.
prender [prendèr] *tr.* 1 Prendre, arrêter (a una persona), faire prisonnier (aprisionar). 2 Accrocher, retenir (hablando de cosas). ■ 3 *intr.* Prendre (el fuego, una vacuna, etc.): *el injerto ha prendido,* la greffe a pris.
prensa [prènsa] *f.* 1 Presse (máquina, publicaciones, diarios). Loc. *Dar a la ~,* faire imprimer. 2 *loc. adv. En ~,* sous presse: *meter en ~,* mettre sous presse.
prensar [prensàr] *tr.* 1 Presser (en una prensa). 2 Pressurer (uva, etc.).
preñado, -da [preɲàðo, -ða] *adj.* 1 Plein, pleine, chargé, ée (cargado). ■ 2 *adj.-f.* Enceinte, grosse (mujer), pleine (animales).
preocupación [preokupaθjòn] *f.* 1 Préoccupation. 2 Souci *m.* (inquietud).
preocupar [preokupár] *tr.* Préoccuper.
preparación [preparaθjòn] *f.* Préparation.
preparado [preparàðo] *m.* Préparation *f.*
preparar [preparár] *tr.* 1 Préparer. ■ 2 *pr.* Se préparer.
preparativos [preparatiβos] *m. pl.* Préparatifs.
preponderar [preponderàr] *intr.* Être prépondérant, ante, prédominer.
preposición [preposiθjòn] *f.* Préposition.
presa [prèsa] *f.* 1 Prise (acción, cosa apresada). 2 Proie (de un animal): *ave de ~,* oiseau de proie. 3 Barrage *m.* (a través de un río). 4 Bief *m.* (de un molino), canal *m.* 5 Croc *m.* (colmillo). 6 Serre (de ave).
presagiar [presaxjàr] *tr.* Présager. ▲ CONJUG. comme *cambiar.*
presbítero [presβitero] *m.* Prêtre.

prescindir [presθindir] *intr.* 1 Se passer de. 2 Faire abstraction de: ***prescindiendo de...,*** abstraction faite de...
prescribir [preskriβir] *tr.* Prescrire (ordenar): ***el médico ha prescrito un reposo absoluto,*** le médecin a prescrit un repos absolu. ▲ CONJUG. PART. PAS.: ***prescrito, ta.***
presencia [presènθja] *f.* 1 Présence. 2 ~ ***de ánimo,*** présence d'esprit. 3 Prestance, tournure, aspect *m.*
presenciar [presenθjàr] *tr.* Être présent, ente à, assister à (asistir): ~ ***una corrida,*** assister à une corrida.
presentación [presentaθjòn] *f.* Présentation.
presentador, -ra [presentaðòr, -ra] *s.* Présentateur, trice.
presentar [presentàr] *tr.* 1 Présenter. 2 Déposer (una queja, etc.).
presente [presènte] *adj.-m.* Présent, ente.
presentir [presentir] *tr.* Pressentir. ▲ CONJUG. comme ***hervir.***
preservar [preserβàr] *tr.* Préserver.
preservativo [preserβatiβo] *m.* Préservatif.
presidencia [presiðènθja] *f.* Présidence.
presidente [presiðènte] *m.* Président.
presidio [presiðjo] *m.* 1 Bagne. 2 MIL. Place *f.* forte (establecimiento penitenciario), garnison *f.* 3 Travaux *pl.* forcés.
presidir [presiðir] *tr.* Présider.
presilla [presiʎa] *f.* 1 Bride. 2 Ganse (cordoncillo).
presión [presjòn] *f.* Pression.
preso, -sa [prèso, -sa] 1 *p. p.* de ***prender.*** ■ 2 *adj.* Pris, prise. ■ 3 *adj.-s.* Prisonnier, ière, détenu, ue.
prestado, -da [prestàðo, -ða] *adj.* Prêté, ée. Loc. ***Pedir ~, tomar ~,*** emprunter.
prestamista [prestamista] *s.* Prêteur, euse.
préstamo [prèstamo] *m.* 1 Prêt (acción, cosa prestada). 2 Emprunt.
prestancia [prestànθja] *f.* Excellence, qualité supérieure.
prestar [prestàr] *tr.* Prêter.
prestidigitación [prestiðixitaθjòn] *f.* Prestidigitation.
prestigio [prestixjo] *m.* Prestige.
presumido, -da [presumiðo, -ða] *adj.* 1 Prétentieux, euse, présomptueux, euse. 2 Coquet, ette.
presumir [presumir] *tr.* 1 Présumer. ■ 2 *intr.* Se pavaner, faire l'important, ante, se donner des grands airs, se rengorger. 3 Se vanter, se croire: ***presume de guapa,*** elle se croit belle.
presuponer [presuponèr] *tr.* 1 Présupposer. 2 Établir le budget de.
presupuesto, -ta [presupwèsto, -ta] *adj.* 1 Présupposé, ée. ■ 2 *m.* Budget. 3 Devis (de una obra). 4 Supposition *f.*
pretender [pretendèr] *tr.* 1 Solliciter, briguer. 2 Prétendre, essayer de (esforzarse).
pretendiente [pretendjènte] *adj.-s.* Prétendant, ante.
pretensión [pretensjòn] *f.* Prétention.
pretérito, -ta [pretèrito, -ta] *adj.-m.* 1 Passé, ée. ■ 2 *m.* GRAM. Passé: ~ ***imperfecto,*** imparfait; ~ ***indefinido,*** passé simple, prétérit; ~ ***perfecto,*** passé composé; ~ ***pluscuamperfecto,*** plus-que-parfait.
pretexto [pretèsto] *m.* Prétexte: ***con el ~ de que,*** sous prétexte que.
prevalecer [preβaleθèr] *intr.* Prévaloir. ▲ CONJUG. comme ***agradecer.***
prevaler [preβalèr] *intr.* 1 Prévaloir. ■ 2 *pr.* Se prévaloir.
prevención [preβenθjòn] *f.* 1 Prévention, préjugé *m.* (idea preconcebida). 2 Disposition, précaution. 3 Poste *m.* de police.
prevenir [preβenir] *tr.* 1 Prévenir (avisar, precaver, predisponer). 2 Préparer, disposer. ■ 3 *pr.* Se préparer (prepararse). ▲ CONJUG. comme ***venir.***

prever [preβèr] *tr.* Prévoir. ▲ CONJUG. comme *ver.*
previo, -ia [prèβjo, -ja] *adj.* 1 Préalable. 2 Après: *previa entrega de,* après remise de.
previsión [preβisjòn] *f.* Prévision.
previsto, -ta [preβisto, -ta] *adj.* Prévu, ue.
prima [prima] *f.* 1 Cousine: ~ *hermana, carnal,* cousine germaine. 2 Prime (premio, etc.). 3 Prime (hora).
primacía [primaθia] *f.* Primauté.
primario, -ia [primàrjo, -ja] *adj.-m.* Primaire.
primavera [primaβèra] *f.* 1 Printemps *m.* (estación). 2 Primevère (planta).
primer [primèr] *adj.* Forme apocopée de *primero.* Elle ne s'emploie que devant le substantif: ~ *piso,* premier étage.
primero [primèro] *adv.* 1 Premièrement, d'abord. 2 Plutôt (más bien).
primero, -ra [primèro, -ra] *adj.-s.* 1 Premier, ière. ■ 2 *m.* Premier étage.
primicias [primiθjas] *f. pl.* 1 Prémices. 2 fig. Primeur *sing.*
primitivo, -va [primitiβo, -βa] *adj.-s.* Primitif, ive.
primo, -ma [primo, -ma] *adj.* 1 Premier, ière: *número* ~, nombre premier. ■ 2 *s.* Cousin, ine: ~ *hermano, carnal,* cousin germain. 3 fig. fam. Poire *f.*, naïf. ■ 4 *adv.* Primo.
primor [primòr] *m.* Délicatesse *f.*, perfection.
primordial [primorðjàl] *adj.* Primordial, ale.
princesa [prinθèsa] *f.* Princesse.
principado [prinθipàðo] *m.* 1 Principat. 2 Principauté *f.* (territorio).
principal [prinθipàl] *adj.* 1 Principal, ale. ■ 2 *adj.-m.* Premier: *piso* ~, premier étage.
príncipe [prinθipe] *m.* 1 Prince. ■ 2 *adj.* Príncipe (edición).
principiar [prinθipjàr] *tr.-intr.* Commencer. ▲ CONJUG. comme *cambiar.*
principio [prinθipjo] *m.* 1 Commencement, début. 2 Principe (fundamento, máxima).
priorato [prjoràto] *m.* 1 Prieuré. 2 Priorat (cargo).
priori (a) [prjòri] *loc. adv.* À priori.
prioridad [prjoriðàð] *f.* Priorité.
prisa [prisa] *f.* 1 Hâte. Loc. *Darse* ~, se hâter, se dépêcher; *tener* ~, être pressé, ée, avoir hâte: *tengo* ~ *por salir,* je suis pressé de, j'ai hâte de partir; *correr* ~, presser, être pressant. 2 *loc. adv. A* ~, *de* ~, vite.
prisión [prisjòn] *f.* 1 Prison. 2 Arrestation (acción de prender), détention, emprisonnement *m.* (pena). ■ 3 *pl.* Fers *m.* (grillos).
prisionero, -ra [prisjonèro, -ra] *s.* Prisonnier, ière.
prisma [prizma] *m.* Prisme.
prismático, -ca [prizmàtiko, -ka] *adj.* 1 Prismatique. ■ 2 *m. pl.* Jumelles *f.*
privación [priβaθjòn] *f.* Privation.
privado, -da [priβàðo, -ða] *adj.* 1 Privé, ée. ■ 2 *m.* Favori (de un príncipe).
privar [priβàr] *tr.* 1 Priver. 2 Interdire (prohibir). ■ 3 *intr.* Être en faveur (con uno). 4 Être en vogue, être à la mode, régner.
privativo, -va [priβatiβo, -βa] *adj.* 1 Privatif, ive. 2 ~ *a,* particulier à, propre à, l'apanage de.
privilegio [priβilèxjo] *m.* Privilège.
pro [pro] *m.* 1 Profit. Loc. *Hombre de* ~, homme de bien. 2 *loc. prep. En* ~ *de,* en faveur de.
proa [pròa] *f.* MAR. Proue.
probabilidad [proβaβiliðàð] *f.* Probabilité.
probable [proβàβle] *adj.* 1 Probable (verosímil). 2 Prouvable (que se puede probar).

probador, -ra [proβaðòr, -ra] *adj.* 1 Qui prouve. ■ 2 *s.* Essayeur, euse. ■ 3 *m.* Cabine *f.* d'essayage, salon d'essayage.
probar [proβàr] *tr.* 1 Prouver (justificar). 2 Éprouver, essayer, mettre à l'épreuve (experimentar). 3 Goûter (un manjar o un líquido). 4 Essayer (un vestido, un coche, etc.). 5 ~ ***a,*** essayer de. ▲ CONJUG. comme ***contar.***
problema [proβlèma] *m.* Problème.
procedencia [proθeðènθja] *f.* Origine, provenance.
procedente [proθeðènte] *adj.* Provenant, en provenance (de un lugar): ***barco ~ de Génova,*** bateau en provenance de Gênes.
proceder [proθeðèr] *m.* Procédé, conduite *f.*
proceder [proθeðèr] *intr.* 1 Procéder (originarse), provenir, venir: ***este vino procede de España,*** ce vin provient d'Espagne. 2 Être convenable, opportun, convenir (ser conveniente).
procedimiento [proθeðimjènto] *m.* 1 Procédé, méthode *f.* 2 DER. Procédure *f.*
prócer [pròθer] *adj.* 1 Grand, ande, éminent, ente. ■ 2 *m.* Personnage illustre.
procesador [proθesaðàr] *m.* Processeur.
procesar [proθesàr] *tr.* 1 DER. Instruire un procès. 2 Inculper (a una persona).
procesión [proθesjòn] *f.* Procession.
proceso [proθèso] *m.* 1 DER. Procès. 2 Processus (desarrollo de una cosa).
proclama [proklàma] *f.* Proclamation.
proclamación [proklamaθjòn] *f.* Proclamation.
proclamar [proklamàr] *tr.* Proclamer.
procónsul [prokònsul] *m.* Proconsul.
procrear [prokreàr] *tr.* Procréer.
procurador [prokuraðòr] *m.* 1 Procureur. 2 Procureur (de una comunidad). 3 Avoué (abogado).
procurar [prokuràr] *tr.* 1 Tâcher de, s'efforcer de (tratar de). 2 ~ ***que,*** tâcher que, faire en sorte que: ***procuraba que nadie le viera,*** il faisait en sorte que personne ne le voit. 3 Procurer (proporcionar).
prodigioso, -sa [proðixjòso, -sa] *adj.* Prodigieux, euse.
producción [proðuɣθjòn] *f.* Production.
producir [proðuθir] *tr.* 1 Produire. 2 *pr.* Se produire. ▲ CONJUG. comme ***conducir.***
producto [proðùɣto] *m.* Produit.
productor, -ra [proðuɣtòr, -ra] *adj.-s.* Producteur, trice.
proeza [proèθa] *f.* Prouesse.
profanar [profanàr] *tr.* Profaner.
profano, -na [profàno, -na] *adj.-s.* Profane.
profecía [profeθìa] *f.* Prophétie.
profesar [profesàr] *tr.* 1 Professer. ■ 2 *intr.* Prononcer ses vœux.
profesión [profesjòn] *f.* Profession.
profesional [profesjonàl] *adj.-s.* Professionnel, elle.
profesor, -ra [profesòr, -ra] *s.* Professeur (sin femenino en francés): ***es profesora de inglés,*** elle est professeur d'anglais.
profeta [profèta] *m.* Prophète.
profetizar [profetiθàr] *tr.* Prophétiser.
profiláctico, -ca [profilàɣtiko, -ka] *adj.* 1 Prophylactique. ■ 2 *f.* Prophylaxie.
prófugo, -ga [pròfuɣo, -ɣa] *adj.-s.* 1 Fugitif, ive. ■ 2 *m.* MIL. Réfractaire, insoumis.
profundidad [profundiðàð] *f.* Profondeur.
profundo, -da [profùndo, -da] *adj.* 1 Profond, onde. ■ 2 *m.* Profondeur *f.*
profusión [profusjòn] *f.* Profusion.
programa [proɣràma] *m.* 1 Programme. 2 INFORM. Logiciel.

programación [proɣramaθjón] *f.* Programmation.
programador [programaðór] *m.* INFORM. Programmeur.
progresar [proɣresár] *intr.* Progresser.
progresivo, -va [proɣresíβo, -βa] *adj.* Progressif, ive.
progreso [proɣréso] *m.* Progrès.
prohibir [proĩβír] *tr.* Défendre, interdire, prohiber: ***se prohíbe el paso,*** passage interdit.
prohombre [proómbre] *m.* Homme important, grand homme, notable.
prójimo [próximo] *m.* 1 Prochain, autrui. 2 DESP. Individu.
prole [próle] *f.* Enfants *m. pl.*, progéniture.
proletariado [proletarjáðo] *m.* Prolétariat.
proletario, -ia [proletárjo, -ja] *adj.* 1 Prolétarien, ienne. ■ 2 *adj.-m.* Prolétaire.
prolífico, -ca [prolífiko, -ka] *adj.* Prolifique.
prolijidad [prolixiðáð] *f.* Prolixité.
prolijo, -ja [prolíxo, -xa] *adj.* 1 Prolixe. 2 Minutieux, euse.
prólogo [próloɣo] *m.* Préface *f.*, prologue.
prolongación [proloŋgaθjón] *f.*, **prolongamiento** [proloŋgamjénto] *m.* 1 Prolongation *f.* 2 Prolongement *m.*
prolongar [proloŋgár] *tr.* Prolonger.
promedio [proméðjo] *m.* 1 Milieu (punto medio). 2 Moyenne *f.* (término medio).
promesa [promésa] *f.* Promesse.
prometer [prometér] *tr.-intr.* 1 Promettre. ■ 2 *pr.* Se fiancer (desposarse).
prominente [prominénte] *adj.* Proéminent, ente.
promiscuidad [promiskwiðáð] *f.* Promiscuité.
promoción [promoθjón] *f.* Promotion.
promotor, -ra [promotór, -ra], **promovedor, -ra** [promoβeðór, -ra] *adj.-s.* Promoteur, trice.
promover [promoβér] *tr.* 1 Promouvoir (elevar). 2 Occasionner, causer. ▲ CONJUG. comme ***mover.***
promulgar [promulɣár] *tr.* Promulguer.
pronombre [pronómbre] *m.* Pronom.
pronosticar [pronostikár] *tr.* Pronostiquer.
pronóstico [pronóstiko] *m.* Pronostic.
pronto, -ta [prónto, -ta] *adj.* 1 Prompt, prompte, rapide. 2 Prêt, prête (dispuesto, listo). ■ 3 *m.* Impulsion *f.*, mouvement d'humeur. ■ 4 *adv.* Vite (prestamente), tôt (temprano), bientôt (luego): ~ ***está dicho,*** c'est vite dit. 5 *loc. adv.* ***Al*** ~, à première vue, de prime abord; ***de*** ~, soudain; ***por de*** ~, ***por el*** ~, pour le moment.
pronunciar [pronunθjár] *tr.* 1 Prononcer. ■ 2 *pr.* Se prononcer. 3 Se soulever (sublevarse). ▲ CONJUG. comme ***cambiar.***
propaganda [propaɣánda] *f.* Propagande.
propenso, -sa [propénso, -sa] *adj.* Enclin, ine, porté, ée (*a*, à).
propiciar [propiθjár] *tr.* 1 Rendre propice. 2 Apaiser (aplacar). ▲ CONJUG. comme ***cambiar.***
propicio, -ia [propíθjo, -ja] *adj.* Propice, favorable.
propiedad [propjeðáð] 1 *f.* Propriété. 2 fig. Ressemblance (semejanza).
propietario, -ia [propjetárjo, -ja] *adj.-s.* Propriétaire.
propina [propína] *f.* Pourboire *m.*
propio, -ia [própjo, -ja] *adj.* 1 Propre: ***nombre*** ~, nom propre. 2 ~ ***para,*** propre à, approprié à. 3 Lui-même, elle-même, etc. (mismo): ***el*** ~ ***alcalde,*** le maire lui-même. 4 ***Lo*** ~, la même chose. 5 *loc. adv.* ***Al*** ~ ***tiempo,*** en même temps.

proponer [proponèr] *tr.* **1** Proposer. ■ **2** *pr.* Se proposer. ▲ CONJUG. comme ***poner.***
proporción [proporθjòn] *f.* **1** Proportion. **2** Occasion (oportunidad).
proporcionar [proporθjonàr] *tr.* **1** Proportionner. **2** Procurer, fournir (suministrar). ■ **3** *pr.* Se procurer (una cosa).
proposición [proposiθjòn] *f.* Proposition.
propósito [propòsito] *m.* **1** Dessein, intention *f.* (intención), but (objeto). **2** *loc. adv.* ***A ~,*** à propos. **3** *loc. prep.* ***A ~ de,*** à propos de.
propuesta [propwèsta] *f.* Proposition: ***a ~ de,*** sur la proposition de.
propulsor [propulsòr] *m.* Propulseur.
prórroga [pròr̄oɣa] *f.* **1** Prorogation. **2** Prolongation (de un permiso, un partido, etc.).
prosa [pròsa] *f.* Prose.
proscribir [proskriβìr] *tr.* Proscrire. ▲ PART. PAS. IRRÉG.: ***proscrito*** ou ***proscripto.***
proscripto, -ta [proskriβto, -ta], **proscrito, ta** [proskrito, -ta] *s.* Proscrit, ite.
prosecución [prosekuθjòn] *f.*, **proseguimiento** [proseɣimjènto] *m.* Poursuite *f.*, continuation *f.*
proseguir [proseɣìr] *tr.* **1** Poursuivre, continuer. ■ **2** *intr.* Continuer. ▲ CONJUG. comme ***servir.***
proselitismo [proselitizmo] *m.* Prosélytisme.
prosista [prosista] *s.* Prosateur: ***un, una ~,*** un prosateur.
prospecto [prospèɣto] *m.* Prospectus.
prosperar [prosperàr] *intr.* Prospérer.
prosperidad [prosperiðàð] *f.* Prospérité.
prostituir [prostitwìr] *tr.* Prostituer. ▲ CONJUG. comme ***huir.***
prostituta [prostitùta] *f.* Prostituée.
protagonista [protaɣonista] *s.* **1** Protagoniste. **2** Héros, héroïne.
protección [proteɣθjòn] *f.* Protection.
proteccionismo [proteɣθjonizmo] *m.* Protectionnisme.
protector, -ra [proteɣtòr, -ra] *adj.-s.* Protecteur, trice.
protectorado [proteɣtoràðo] *m.* Protectorat.
proteger [protexèr] *tr.* Protéger.
proteína [proteina] *f.* QUÍM. Protéine.
prótesis [pròtesis] *f.* CIR. Prothèse.
protesta [protèsta], **protestación** [protestaθjòn] *f.* Protestation.
protestante [protestànte] *adj.-s.* **1** REL. Protestant, ante. **2** Protestataire.
protestar [protestàr] *tr.-intr.* Protester.
protesto [protèsto] *m.* COM. Protêt.
protocolo [protokòlo] *m.* **1** Protocole. **2** Minutier (de un notario).
prototipo [prototipo] *m.* Prototype.
provecho [proβètʃo] *m.* **1** Profit: ***sacar ~,*** tirer profit, profiter. **2** ***De ~,*** utile; ***hombre de ~,*** homme de bien.
provechoso, -sa [proβetʃòso, -sa] *adj.* Profitable.
proveedor, -ra [proβeeðòr, -ra] *s.* Fournisseur, euse, pourvoyeur, euse.
proveer [proβeèr] *tr.* **1** Pourvoir, fournir, munir. **2** DER. Prononcer (una resolución). ▲ PART. PAS. IRRÉG.: ***provisto, ta.***
provenir [proβenìr] *intr.* Provenir. ▲ CONJUG. comme ***venir.***
provenzal [proβenθàl] *a.*[illegible] Provençal, ale.
proverbio [proβèrβjo] *m.* Proverbe.
providencia [proβiðènθja] *f.* **1** Providence. **2** Mesure, disposition: ***tomar providencias,*** prendre des mesures.
provincia [proβinθja] *f.* **1** Province. **2** Département *m.* (división territorial de la Francia actual).

provinciano, -na [proβinθjáno, -na] *adj.-s.* Provincial, ale.
provisión [proβisjón] *f.* Provision.
provisional [proβisjonál] *adj.* Provisoire.
provocar [proβokár] *tr.* Provoquer.
provocativo, -va [proβokatiβo, -βa] *adj.* Provocant, ante.
proximidad [pro(γ)simiðáð] *f.* 1 Proximité. ■ 2 *pl.* Alentours (cercanías).
próximo, -ma [próγ)simo, -ma] *adj.* 1 Proche (cercano): ***hotel ~ a la estación,*** hôtel proche de la gare. 2 Prochain, aine: ***la semana próxima,*** la semaine prochaine.
proyectar [proĵeγtár] *tr.* 1 Projeter. 2 fig. Projeter, envisager (pensar).
proyectil [proĵeγtil] *m.* Projectile.
proyecto [proĵéγto] *m.* Projet.
prudencia [pruðénθja] *f.* Prudence.
prudente [pruðénte] *adj.* Prudent, ente, sage.
prueba [prwéβa] *f.* 1 Épreuve. 2 Preuve (lo que prueba): ***dar pruebas de,*** faire preuve. 3 Essayage *m.* (de un vestido). 4 Essai *m.* (ensayo): ***a ~,*** à l'essai. 5 fig. Preuve, marque, témoignage *m.* (testimonio).
prurito [prurito] *m.* MED. Prurit.
psicología [sikoloxia] *f.* Psychologie.
psicólogo, -ga [sikóloγo, -γa] *s.* Psychologue.
psicosis [sikósis] *f.* Psychose.
psiquiatría [sikjatria] *f.* Psychiatrie.
psíquico, -ca [sikiko, -ka] *adj.* Psychique.
púa [púa] *f.* 1 Pointe, piquant *m.* 2 Dent (de un peine). 3 Piquant *m.* (de erizo). 4 MÚS. Médiator *m.*
¡puaj! [pwáx] *interj.* Berk!
pubertad [puβertáð] *f.* Puberté.
pubis [púβis] *m.* ANAT. Pubis.
publicación [puβlikaθjón] *f.* Publication.
publicar [puβlikár] *tr.* Publier.
publicidad [puβliθiðáð] *f.* Publicité.
público, -ca [púβliko, -ka] *adj.* 1 Public, ique. ■ 2 *m.* Public. Loc. ***Dar al ~,*** publier. 3 Monde (gente).
puchero [putʃéro] *m.* 1 Pot-au-feu, marmite *f.* (vasija). 2 Pot-au-feu (manjar). 3 fig. Croûte *f.* (alimento diario).
pudiente [puðjénte] *adj.-s.* Puissant, ante, riche.
pudor [puðór] *m.* Pudeur *f.*
pudrir [puðrir] *tr.* 1 Pourrir, putréfier. ■ 2 *pr.* Pourrir, se putréfier. ■ 3 *intr.* Être morr morte, être enterré, ée. ▲ CONJUG. IRRÉG. INFINITIVO: ***pudrir*** ou ***podrir.*** PART. PAS.: ***podrido.*** Les autres temps sont réguliers.
pueblerino, -na [pweβlerino, -na] *adj.* Villageois, oise.
pueblo [pwéβlo] *m.* 1 Village (población pequeña). 2 Peuple (conjunto de personas).
puente [pwénte] *m.* Pont *m.* Loc. ***~ levadizo,*** pont-levis.
puerco, -ca [pwérko, -ka] *adj.* 1 Sale, cochon, onne. ■ 2 *m.* Cochon, porc. 3 ***~ espín,*** porc-épic. ■ 4 *f.* Truie.
puerro [pwéro] *m.* Poireau.
puerta [pwérta] *f.* 1 Porte. 2 Loc. fig. ***Dar con la ~ en las narices,*** fermer la porte au nez.
puerto [pwérto] *m.* Port (de mar o río, refugio).
pues [pwes] *conj.* 1 Car (porque), puisque (puesto que). 2 Donc (sentido continuativo): ***decíamos ~,*** nous disions donc. 3 Or (ahora bien). 4 Eh bien!
puesta [pwésta] *f.* Coucher *m.* (de un astro): ***la ~ de sol,*** le coucher du soleil.
puesto, -ta [pwésto, -ta] 1 *p. p.* de ***poner.*** ■ 2 *adj.* Mis, mise: ***bien ~,*** bien mis, bien habillé. ■ 3 *m.* Endroit, lieu. 4 Poste, situation *f.* (empleo). 5 Étalage, étal (en un mercado, en la calle), kiosque.
¡puf! [puf] *interj.* Pouah!

pugna [púγna] *f.* 1 Lutte. 2 Opposition (entre personas o cosas).
pujante [puxánte] *adj.* 1 Puissant, ante, fort, forte. 2 Riche.
pujar [puxár] *tr.* 1 Enchérir, surenchérir (en una subasta). ■ 2 *intr.* Éprouver des difficultés pour s'exprimer.
pulcritud [pulkritúð] *f.* 1 Propreté. 2 Soin *m.* (esmero).
pulga [púlγa] *f.* Puce.
pulgada [pulγáða] *f.* Pouce *m.* (medida).
pulgar [pulγár] *adj.-m.* Pouce (dedo).
pulido, -da [puliðo, -ða] *adj.* 1 Poli, ie. 2 Beau, belle, élégant, ante, soigné, ée.
pulir [pulír] *tr.* 1 Polir. 2 fig. Dégrossir (a una persona). ■ 3 *pr.* Se polir.
pulmón [pulmón] *m.* Poumon.
pulmonía [pulmonía] *f.* Pneumonie.
pulpa [púlpa] *f.* Pulpe.
púlpito [púlpito] *m.* Chaire *f.* (en una iglesia): ***en el ~,*** en chaire.
pulpo [púlpo] *m.* Poulpe, pieuvre *f.*
pulsación [pulsaθjón] *f.* Pulsation.
pulsador [pulsaðór] *m.* Poussoir, bouton.
pulsar [pulsár] *tr.* 1 Tâter le pouls (tomar el pulso). 2 MÚS. Pincer, jouer de.
pulsera [pulséra] *f.* Bracelet *m.*
pulso [púlso] *m.* 1 Pouls: ***tomar el ~,*** tâter le pouls. 2 Force *f.*, sûreté *f.* du poignet. 3 Prudence *f.* 4 Bras de fer (competición).
pulverizador [pulβeriθaðór] *m.* Pulvérisateur.
pum [pun] *interj.* Boum!
puma [púma] *m.* Puma, couguar.
punta [púnta] *f.* Pointe (extremo agudo), bout *m.* (extremo): ***la ~ del dedo,*** le bout du doigt. Loc. ***Estar de ~,*** Être brouillé, fâché.
puntada [puntáða] *f.* Point *m.*
puntal [puntál] *m.* Étançon.
puntapié [puntapjé] *m.* Coup de pied.
puntear [punteár] *tr.* 1 Pointiller. 2 MÚS. Pincer (la guitarra, etc.).
puntera [puntéra] *f.* 1 Bout *m.* (de calzado, media). 2 fam. Coup *m.* de pied.
puntería [puntería] *f.* ARTILL. Pointage *m.*, visée, tir *m.*: ***afinar la ~,*** rectifier le tir.
puntiagudo, -da [puntjaγúðo, -ða] *adj.* Pointu, ue.
puntilla [puntiʎa] *f.* 1 Dentelle étroite, engrêlure. 2 Poignard *m.* pour achever les animaux (puñal).
punto [púnto] *m.* 1 Point. Loc. ***~ y aparte,*** point à la ligne; ***géneros de ~,*** tricot, bonneterie; ***estar a ~ de,*** être sur le point de. 2 Maille *f.* rompue (en una media): ***coger los puntos a,*** remmailler. 3 Guidon, mire *f.* (de un arma de fuego). 4 Petite quantité *f.* 5 Station *f.* de voitures: ***coche de ~,*** voiture de place. 6 Point d'honneur. 7 Ponte *f.* (en el juego). 8 ARQ. ***Arco de medio ~,*** arc de plein cintre; ***arco de ~ entero,*** arc en ogive. 9 *loc. adv.* ***A ~,*** à point; ***al ~,*** sur le champ, tout de suite.
puntual [puntwál] *adj.* Ponctuel, elle.
puntuar [puntwár] *tr.* Ponctuer.
punzante [punθánte] *adj.* 1 Piquant, ante. 2 fig. Lancinant, ante (dolor). 3 Poignant, ante (aflictivo).
punzar [punθár] *tr.* Piquer (herir).
puñado [puɲáðo] *m.* Poignée *f.* (porción).
puñalada [puɲaláða] *f.* Coup *m.* de poignard.
puño [púɲo] *m.* 1 Poing. Loc. ***Apretar los puños,*** travailler avec ardeur. 2 Poignet (de vestido). 3 Manchette *f.* (de camisa). 4 Poignée *f.* (de un arma, bastón, utensilio).
pupa [púpa] *f.* 1 Bouton *m.* (pústula). 2 fam. Bobo *m.* (dolor, herida).
pupila [pupíla] *f.* 1 Pupille (huérfana). 2 Pupille, prunelle (del ojo).
pupilo, -la [pupílo, -la] *s.* Pensionnaire (de una casa de huéspedes).
pupitre [pupítre] *m.* Pupitre.

puré [purè] *m.* Purée *f.*
pureza [purèθa] *f.* Pureté.
purgar [purɣàr] *tr.* 1 Purger. 2 Expier (un delito, etc.). ■ 3 *pr.* Se purger.
purgatorio [purɣatòrjo] *m.* Purgatoire.
purificación [purifikaθjòn] *f.* Purification.
purificar [purifikàr] *tr.* Purifier, épurer.
puritano, -na [puritàno, -na] *adj.-s.* Puritain, aine.
puro, -ra [pùro, -ra] *adj.* 1 Pur, pure. ■ 2 *m.* Cigare. 3 *loc. adv.* ***A ~,*** à force de; ***de ~,*** tant: ***de ~ viejo,*** tant il est vieux.
púrpura [pùrpura] *f.* 1 Pourpre *m.* (molusco, color). 2 Pourpre (tinte, tela).
purpurado [purpuràðo] *m.* Cardinal.
purpurina [purpurìna] *f.* Purpurine.
purulento, -ta [purulènto, -ta] *adj.* Purulent, ente.
pus [pus] *m.* Pus.
pusilánime [pusilànime] *adj.* Pusillanime.
pústula [pùstula] *f.* Pustule.
puta [pùta] *f.* pop. Putain: ***de ~ madre,*** d'enfer.
putada [putàða] *f.* pop. Vacherie.
putrefacción [putrefaɣθjòn] *f.* Putréfaction.
putrefacto, -ta [putrefàɣto, -ta] *adj.* Pourri, ie, putréfié, ée.
pútrido, -da [pùtriðo, -ða] *adj.* Putride.
puya [pùʝa] *f.* Fer *m.,* pointe (de aguijón, etc.).
puyazo [puʝàθo] *m.* Coup de pique.
PVP [pewβepè] *m.* (*abrev.* precio de venta al público) Prix T.T.C.

Q

q [ku] *f.* Q *m.*
que [ke] *pron.* 1 Qui (sujeto): ***la mujer ~ canta,*** la femme qui chante. 2 Que (compl. directo): ***el libro ~ leo,*** le livre que je lis. 3 Que, quel, quelle, quels, quelles (en la interrogación directa o indirecta): ***¿qué quiere usted?,*** que voulez-vous? 4 Quoi: ***no sé qué hacer,*** je ne sais pas quoi faire. 5 ***A ~,*** à quoi, auquel, à laquelle, auxquels, auxquelles. 6 ***En ~,*** où: ***la casa en ~ vives,*** la maison où tu demeures. 7 Que, quel, quelle (exclamativo): ***¡qué pena!,*** quel dommage! ***Qué de,*** que de, combien de.
que [ke] *conj.* 1 Que: ***dile ~ venga,*** dis-lui qu'il vienne, dis-lui de venir (con verbos de orden o de ruego). ▲ *Que* admet la prép. ***de: me alegro de ~ hayas venido,*** je suis content que tu sois venu. 2 Car: ***date prisa ~ es tarde,*** dépêche-toi, car il est tard.
quebrada [keβràða] *f.* GEOG. Gorge, ravin *m.*
quebradizo, -za [keβraðiθo, -θa] *adj.* 1 Cassant, ante, fragile. 2 fig. Fragile.
quebrado, -da [keβràðo, -ða] *adj.* 1 Brisé, ée (línea, voz), affaibli, ie. 2 Accidenté, ée (terreno). ■ 3 *adj.-s.* COM. Failli, ie. 4 MED. Hernieux, euse. ■ 5 *m.* MAT. Fraction *f.,* nombre fractionnaire.
quebradura [keβraðùra] *f.* 1 Brisure. 2 MED. Hernie.
quebrantamiento [keβrantamjènto] *m.* 1 Brisement. 2 Concassage. 3 fig. Transgression *f.,* infraction *f.,* violation *f.*
quebrantar [keβrantàr] *tr.* 1 Briser, casser, rompre. 2 Concasser, broyer (machacar). 3 fig. Transgresser, enfreindre, violer (la ley, etc.), 4 Affaiblir, abattre (la salud), abattre (la moral, etc.), briser (la resistencia, etc.).
quebrar [keβràr] *tr.* 1 Casser, briser, rompre. 2 Plier, courber (doblar). 3 Adoucir, tempérer (la fuerza, el rigor). ■ 4 *intr.* COM. Faire faillite. ■ 5 *pr.* Se briser, se rompre, se casser. ▲ CONJUG. comme ***acertar.***

quedar [keðàr] *intr.* 1 Rester: ~ *en casa,* rester chez soi: *queda mucho por hacer,* il reste beaucoup à faire. 2 Rester, devenir (resultar): ~ *ciego,* devenir aveugle. 3 (con *en)* Convenir, décider: *¿en qué quedamos?,* que décidons-nous? ■ 4 *pr.* Rester: *quedarse en cama,* rester au lit. 5 Devenir: *se quedó sordo,* il devint sourd. 6 (con la prep. *con*) Prendre (tomar), garder (guardar). Loc. fig. *Quedarse con uno,* avoir quelqu'un (engañar).

quehacer [keaθèr] *m.* Travail, affaire *f.*, occupation *f.*: *tener muchos quehaceres,* avoir beaucoup de travail, d'occupations.

queja [kèxa] *f.* Plainte.

quejido [kexiðo] *m.* Plainte *f.*, gémissement.

quemado, -da [kemàðo, -ða] *adj.* Brûlé, ée.

quemar [kemàr] *tr.* 1 Brûler. 2 fig. Vendre au rabais (malbaratar). 3 fig. Irriter, exaspérer. ■ 4 *intr.* Brûler (estar muy caliente). ■ 5 *pr.* Brûler: *el asado se quema,* le rôti brûle.

querella [kerèʎa] *f.* DER. Plainte.

querer [kerèr] *tr.* 1 Vouloir: *Dios lo quiera,* Dieu le veuille. 2 *loc. adv.* *Do quiera, donde quiera,* n'importe où: *cuando quiera,* n'importe quand; *sin* ~, sans le vouloir. 3 *loc. conj.* *como quiera que,* comme, puisque; *como quiera que sea,* quoi qu'il en soit. ▲ CONJUG. IRRÉG. INDIC. Prés.: *quiero, quieres, quiere, queremos, queréis, quieren.* Imparf.: *quería, querías,* etc. Pas. simple: *quise, quisiste, quiso, quisimos, quisisteis, quisieron.* Fut.: *querré, querrás,* etc. COND.: *querría, querrías,* etc. SUBJ. Prés.: *quiera, quieras, quiera, queramos, queráis, quieran.* Imparf.: *quisiera, quisieras, quisiera, quisiéramos, quisierais, quisieran* ou *quisiese, quisieses,* etc. Fut.: *quisiere, quisieres,* etc. IMPÉR.: *quiere, quiera, queramos, quered, quieran.* PART. P.: *querido.* GÉR.: *queriendo.*

querer [kerèr] *m.* Amour, affection *f.*

querido, -da [keriðo, -ða] *adj.* 1 Voulu, ue. 2 Aimé, ée. 3 Cher, ère: ~ *amigo,* cher ami.

quesera [kesèra] *f.* Fromagerie (donde se fabrican los quesos).

quesería [keseria] *f.* Fromagerie.

queso [kèso] *m.* Fromage: ~ *de bola,* fromage de Hollande.

quicio [kiθjo] *m.* Penture *f.* Loc. fig. *Sacar de* ~ *a uno,* faire sortir quelqu'un de ses gonds.

quiebra [kjèβra] *f.* 1 Brisure. 2 Crevasse (grieta). 3 COM. Faillite.

quien [kjen], **quienes** [kjènes] *pron. rel.* 1 Qui (hablando de persona): *el hombre con* ~ *hablo,* l'homme à qui je parle. 2 (con prep.) Que, dont: *mi padre, a* ~ *respeto,* mon père, que je respecte. 4 *interr.* o *exclamat.* (con acento). Qui: *¿quién ha venido?,* qui est venu?

quienquiera [kjenkjèra], **quienquier** [kjeŋkjèr] *pron. indef.* 1 Quiconque. 2 ~ *que sea,* qui que ce soit.

quieto, -ta [kjèto, -ta] *adj.* 1 Calme, tranquille: *no puede estarse* ~, il ne peut pas rester tranquille. 2 Immobile.

quijotada [kixotàða] *f.* Action propre d'un Don Quichotte.

quilo [kilo] *m.* 1 FISIOL. Chyle. 2 Kilo.

quilogramo [kiloγràmo] *m.* Kilogramme.

quilolitro [kilolitro] *m.* Kilolitre.

quilómetro [kilòmetro] *m.* Kilomètre.

quimera [kimèra] *f.* 1 Chimère. 2 Dispute, querelle: *buscar* ~, chercher querelle.

química [kimika] *f.* Chimie.

químico, -ca [kimiko, -ka] *adj.* 1 Chimique. ■ 2 *s.* Chimiste.

quimono [kimòno] *m.* Kimono.

quince [kinθe] *adj.-m.* 1 Quinze. 2 Quinzième: *el siglo* ~, le quinzième siècle.

quincena [kinθèna] *f.* Quinzaine.
quincenal [kinθenàl] *adj.* **1** Bimensuel, elle. **2** Qui dure quinze jours.
quiniela [kinjèla] *f.* Sorte de pari *m.* mutuel (pelota vasca y fútbol).
quinientos, -as [kinjèntos, -as] *adj.* **1** Cinq cents. **2** Cinq cent (seguido de otra cifra).
quinquenal [kiŋkenàl] *adj.* Quinquenal, ale.
quinta [kinta] *f.* **1** Maison de campagne. **2** MIL. Classe. **3** MÚS. Quinte. ■ **4** *pl.* MIL. Tirage *m. sing.* au sort, conscription *sing.*
quintaesencia [kintaesènθja] *f.* Quintessence.
quintal [kintàl] *m.* Quintal.
quintar [kintàr] *tr.* **1** Tirer au sort un sur cinq. **2** MIL. Tirer au sort.
quinteto [kintèto] *m.* **1** MÚS. Quintette. **2** MÉTR. Quintette. **3** MÉTR. Strophe *f.* de cinq vers.
quinto, -ta [kinto, -ta] *adj.-s.* **1** Cinquième. ■ **2** *adj.* Cinq: ***Felipe ~,*** Philippe Cinq. ■ **3** *m.* Recrue, *f.*, conscrit, bleu.
quíntuplo, -pla [kintuplo, -pla] *adj.-m.* Quintuple.
quiñón [kiɲòn] *m.* Lopin de terre.
quiosco [kjòsko] *m.* Kiosque.
quiquiriquí [kikiriki] *m.* Cocorico.
quirófano [kiròfano] *m.* CIR. Salle *f.* d'opérations.
quiromancia [kiromànθja] *f.* Chiromancie.
quirúrgico, -ca [kirùrxiko, -ka] *adj.* Chirurgical, ale.
quisquilloso, -sa [kiskiʎòso, -sa] *adj.* Pointilleux, euse, susceptible.
quiste [kiste] *m.* MED. Kyste.
quitamanchas [kitamàntʃas] *m.* Détachant.
quitanieves [kitanjèβes] *m.* : ***máquina ~,*** chasse-neige.
quitar [kitàr] *tr.* **1** Enlever, ôter. **2** Prendre, dérober (hurtar). **3** Empêcher (impedir, obstar). **4** Libérer (librar de). **5** MAT. Ôter (restar). **6** ***~ la vida,*** tuer. ■ **7** *pr.* Enlever, ôter (vestidos, etc.): ***quitarse la gorra,*** ôter sa casquette. **8** fig. Renoncer à, abandonner, se débarrasser de (apartarse).
quitasol [kitasòl] *m.* Parasol.
quite [kite] *m.* **1** Action *f.* d'empêcher. **2** ESGR. Parade *f.* **3** TAUROM. Jeu d'un torero consistant à écarter le taureau qui menace un autre torero.
quizás [kiθàs], **quizá** [kiθà] *adv.* Peut-être: ***~ cenará con nosotros,*** peut-être dinera-t-il avec nous.
quórum [kwòrum] *m.* Quorum.

R

r [èr̄e] *f.* R *m.*
rabadilla [r̄aβaðiʎa] *f.* Croupion *m.*
rabanera [r̄aβanèra] *f.* **1** Marchande de radis. **2** fig. Poissarde.
rábano [r̄àβano] *m.* Radis. Loc. fig. ***Tomar el ~ por las hojas,*** interpréter tout de travers.
rabia [r̄àβja] *f.* **1** MED., VET. Rage. **2** fig. Rage, colère. Loc. fig. ***Dar ~,*** faire rager.
rabiar [r̄aβjàr] *intr.* **1** Avoir la rage. **2** fig. Enrager, rager. **3** *~* ***por,*** avoir une envie folle de. **4** *loc. adv.* ***A ~,*** à tout rompre. ▲ CONJUG. comme ***cambiar.***
rabieta [r̄aβjèta] *f.* Accès *m.* de colère, rogne, rage d'enfant.
rabillo [r̄aβiʎo] *m.* **1** Queue *f.* (de hoja, flor, fruto). **2** Coin (del ojo).
rabino [r̄aβino] *m.* Rabbin.
rabioso, -sa [r̄aβjòso, -sa] *adj.* **1** Enragé, ée: ***perro ~,*** chien enragé. **2** fig. Violent, ente, furieux, euse.
rabo [r̄àβo] *m.* **1** Queue *f.* (de un cuadrúpedo). Loc. fig. ***Salir con el ~ entre las piernas,*** s'en retourner la queue entre les jambes. **2** Coin (del ojo).
rabón, -ona [r̄aβòn, -òna] *adj.* À queue courte, sans queue (animal).

racha [r̄átʃa] *f.* 1 Rafale. 2 fig. Série. 3 fig. fam. Brève période de chance: ***buena ~, mala ~***, veine, déveine.
racimo [r̄aθimo] *m.* Grappe *f.*: ***~ de uvas***, grappe de raisin.
raciocinio [raθjoθinjo] *m.* Raisonnement.
ración [r̄aθjòn] *f.* Ration. Loc. ***A media ~***, insuffisamment.
racional [r̄aθjonál] *adj.* 1 Raisonnable (dotado de razón). 2 Rationnel, elle (lógico). ■ 3 *m.* Être doué de raison.
radar [r̄aðár] *m.* Radar.
radiación [r̄aðjaθjòn] *f.* FÍS. Radiation.
radiactivo, -va [r̄aðjaɣtiβo, -βa] *adj.* Radio-actif, ive.
radiador [raðjaðòr] *m.* Radiateur.
radial [r̄aðjál] *adj.* Radial, ale.
radiante [r̄aðjánte] *adj.* 1 Radiant, ante. 2 Rayonnant, ante. 3 fig. Radieux, euse, rayonnant, ante: ***~ de alegría***, rayonnant de joie.
radiar [r̄aðjár] *intr.-tr.* 1 Irradier. ■ 2 *tr.* RAD. Radiodiffuser, retransmettre. ▲ CONJUG. comme ***desviar***.
radical [r̄aðikál] *adj.-m.* Radical, ale.
radicar [r̄aðikár] *intr.* 1 Être situé, ée, se trouver. 2 fig. ***~ en***, résider dans.
radio [r̄áðjo] *m.* 1 GEOM. Rayon. 2 Rayon (extensión): ***~ de acción***, rayon d'action. 3 Rayon (de una rueda). 4 ANAT. Radius. 5 QUÍM. Radium. ■ 6 *f.* Radio.
radiodifusión [r̄aðjoðifusjòn] *f.* Radiodiffusion.
radiofonía [r̄aðjofonia] *f.* Radiophonie.
radiografía [r̄aðjoγrafia] *f.* Radiographie.
radiólogo, -ga [r̄aðjòloγo] *s.* Radiologue, radiologiste.
radiomensajería [r̄adjomensaxeria] *f.* Radiomessagerie.
radioyente [r̄aðjoǰènte] *s.* Auditeur, trice.
raer [r̄aèr] *tr.* Racler, râper. ▲ CONJUG. comme ***caer***.
ráfaga [r̄áfaγa] *f.* 1 Rafale. 2 Jet *m.* (de luz).
rafia [r̄áfja] *f.* Raphia *m.*
raído, -da [r̄aiðo, -ða] *adj.* Râpé, ée, usé, ée (vestido).
raigambre [r̄aiγàmbre] *f.* Racines *pl.* (de una planta, antecedentes).
raíz [r̄aiθ] *f.* 1 Racine. Loc. ***Echar raíces***, s'enraciner; ***cortar de ~***, extirper, couper dans sa racine. ■ 2 *loc. adv.* ***A ~ de***, tout de suite après, immédiatement après.
raja [r̄áxa] *f.* 1 Fente (hendidura), crevasse, fissure. 2 Tranche (de melón, salchichón, etc.).
rajá [r̄axà] *m.* Rajah.
rajar [r̄axàr] *tr.* Fendre (hender).
rajatabla (a) [r̄axatàβla] *loc. adv.* Rigoureusement, avec rigueur.
rallador [r̄aʎaðòr] *m.* COC. Râpe *f.*
rallar [r̄aʎàr] *tr.* COC. Râper.
ralo, -la [r̄álo, -la] *adj.* Clairsemé, ée (árboles, pelo), peu fourni, ie (barba).
RAM [r̄am] *f.* (*abrév.* random access memory) RAM.
rama [r̄áma] *f.* 1 Branche. 2 IMPR. Ramette. 3 *loc. adv.* ***En ~***, brut.
ramaje [r̄amáxe] *m.* Branchage, ramure *f.*, ramée *f.*
rambla [r̄ámbla] *f.* 1 Ravin *m.* 2 Avenue, cours *m.* (en algunas ciudades).
ramificación [r̄amifikaθjòn] *f.* Ramification.
ramificarse [r̄amifikàrse] *pr.* Se ramifier.
ramillete [r̄amiʎète] *m.* 1 Bouquet (de flores, etc.). 2 Pièce *f.* montée (pastel).
ramilletera [r̄amiʎetèra] *f.* Bouquetière.
ramo [r̄ámo] *m.* 1 BOT. Rameau. 2 Bouquet, gerbe *f.* (de flores), botte *f.* (manojo). 3 Branche *f.* (de una ciencia, actividad, etc.), section *f.*

rampa [r̄ámpa] *f.* **1** Crampe (calambre). **2** Rampe (plano inclinado).

rana [r̄ána] *f.* **1** Grenouille: ~ ***de San Antonio,*** rainette. **2** Tonneau *m.* (juego).

rancho [r̄ántʃo] *m.* **1** Ordinaire, gamelle, *f.*, soupe *f.* (de los soldados, presos, etc.). **2** Campement. **3** Ranch (en Norteamérica).

rancio, -ia [r̄ánθjo, -ja] *adj.* **1** Rance. **2** Vieux (vino). **3** fig. Vieux, vieille, ancien, ienne (abolengo, estirpe).

ranúnculo [r̄anúŋkulo] *m.* Renoncule *f.*

ranura [r̄anúra] *f.* **1** Rainure. **2** Fente (hendidura).

rapacidad [r̄apaθiðáð] *f.* Rapacité.

rapadura [r̄apaðúra], **rapamiento** [r̄apamjénto] *m.* Rasage (de la barba), tonte *f.* (del pelo).

rapapolvo [r̄apapólβo] *m.* fam. Savon: ***echar un*** ~, passer un savon.

rapar [r̄apár] *tr.* Raser (afeitar), tondre (el pelo).

rapaz [r̄apáθ] *adj.* **1** Rapace. ■ **2** *m.* Gamin, mioche (muchacho).

rapaza [r̄apáθa] *f.* Gamine.

rapazuelo, -la [r̄apaθwélo, -la] *s.* Petit gamin, petite gamine.

rape [r̄ápe] *m.* **1** Baudroie *f.* (pez). **2** Rasage. **3** *loc. adv.* ***Al*** ~, ras: ***cortar al*** ~, couper ras.

rapé [r̄apé] *m.* Tabac à priser.

rapidez [r̄apiðéθ] *f.* Rapidité.

rápido, -da [r̄ápiðo, -ða] *adj.-m.* Rapide.

rapiña [r̄apiɲa] *f.* **1** Rapine, pillage *m.* **2** ***Ave de*** ~, oiseau de proie.

rapsodia [r̄aβsóðja] *f.* Rapsodie, rhapsodie.

raptar [r̄aβtár] *tr.* Enlever (una persona), kidnapper (para obtener rescate).

rapto [r̄áβto] *m.* Rapt, enlèvement.

raqueta [r̄akéta] *f.* Raquette.

raquídeo, -ea [r̄akiðeo, -ea] *adj.* ANAT. Rachidien, ienne.

raquitismo [r̄akitizmo] *m.* Rachitisme.

rareza [r̄aréθa] *f.* Rareté.

raro, -ra [r̄áro, -ra] *adj.* **1** Rare. **2** Bizarre, étrange (extraño). **3** *loc. adv.* ***Raras veces,*** rarement.

ras [r̄as] *m.* **1** Egalité *f.* de surface, de niveau. **2** ***A*** ~ ***de,*** au ras de, à ras de.

rasante [r̄asánte] *adj.* Rasant, ante (tiro), en rase-mottes (vuelo).

rasar [r̄asár] *tr.* Remplir à ras.

rascacielos [r̄askaθjélos] *m.* Gratte-ciel.

rascar [r̄askár] *tr.* Gratter (la piel, etc.), racler (raspar), égratigner (arañar).

rasero [r̄aséro] *m.* Racloire *f.* Loc. fig. ***Medir por el mismo*** ~, traiter de la même façon, sans la moindre différence, mettre sur le même pied.

rasgado, -da [r̄azγáðo, -ða] *adj.* **1** Déchiré, ée. **2** Fendu, ue (boca, ojo).

rasgar [r̄azγár] *tr.* Déchirer (papel, etc.).

rasgo [r̄ázγo] *m.* Trait.

rasguñar [r̄azγuɲár] *tr.* Égratigner.

rasguño [r̄azγúɲo] *m.* **1** Égratignure *f.* **2** Esquisse *f.* (boceto).

raso, -sa [r̄áso, -sa] *adj.* **1** Ras, rase, plat, plate. Loc. ***Campo*** ~, rase campagne. **2** Simple: ***soldado*** ~, simple soldat. **3** Bas, basse (vuelo). **4** Serein, eine, dégagé, ée, limpide (cielo). ■ **5** *m.* Satin (tela).

raspado [r̄aspáðo] *m.* CIR. Curetage.

raspador [r̄aspaðór] *m.* **1** Grattoir (para raspar lo escrito). **2** CIR. Curette *f.*

raspadura [r̄aspaðúra] *f.* Grattage *m.* (de un objeto, un escrito), râpage *m.*

raspar [r̄aspár] *tr.* **1** Gratter, racler, râper. **2** Racler le gosier (un vino, etc.).

rastra [r̄ástra] *f.* **1** AGR. Herse. **2** Râteau *m.* (rastrillo). **3** Chose qui traîne. **4** Chapelet *m.* (de fruta seca). **5** Trace (huella). **6** *loc. adv.* ***A la*** ~, ***a rastras,*** à la traîne; fig. à contrecœur.

rastrear [r̄astreàr] *tr.* 1 Suivre la trace. 2 fig. Chercher à s'informer sur, sonder. 3 Traîner sur le fond de l'eau.
rastrillar [r̄astriʎàr] *tr.* AGR. Râteler, ratisser (las calles de un jardín).
rastrillo [r̄astriʎo] *m.* Râteau.
rastro [r̄àstro] *m.* 1 Trace *f.*, vestige. 2 Râteau (rastrillo). 3 Abattoir (matadero). ■ 4 *n. pr. m.* ***El Rastro,*** le marché aux puces à Madrid.
rastrojar [r̄astroxàr] *tr.* AGR. Chaumer.
rastrojo [r̄astròxo] *m.* Chaume (parte del tallo, campo).
rasurar [r̄asuràr] *tr.* Raser (la barba).
rata [r̄àta] *f.* 1 Rat *m.* Loc. ~ ***de alcantarilla,*** rat d'égout, surmulot. 2 Femelle du rat, rate (hembra). ■ 3 *m.* Filou, voleur.
ratero, -ra [r̄atèro, -ra] *s.* Filou, voleur, euse, pickpocket (carterista).
ratificación [r̄atifikaθjòn] *f.* Ratification.
ratificar [r̄atifikàr] *tr.* Ratifier.
rato [r̄àto] *m.* 1 Moment, instant (espacio de tiempo). Loc. ***Pasar el*** ~, passer le temps, s'amuser. 2 *loc. adv.* ***A ratos,*** par moments.
ratón [r̄atòn] *m.* 1 Souris *f.* 2 ~ ***de campo, campesino,*** mulot.
ratonera [r̄atonèra] *f.* Souricière, ratière.
raya [r̄àǰa] *f.* 1 Raie, ligne. 2 Rayure (en el cañón de un arma). 3 fig. Limite, frontière, borne. Loc. fig. ***pasar de (la)*** ~, dépasser les bornes. 4 Raie (pez). 5 ***Tres en*** ~, marelle (juego).
rayado [r̄aǰàðo] *m.* Rayure.
rayar [r̄aǰàr] *tr.* 1 Rayer. 2 Régler (un papel). 3 Souligner (subrayar). ■ 4 *intr.* Confiner, toucher (*con,* à). 5 fig. Friser: ***esto raya en la locura,*** cela frise la folie. 6 *loc. adv.* ***Al*** ~ ***el alba,*** à l'aube.
rayo [r̄àǰo] *m.* 1 Rayon (de luz, etc.): ***rayos X,*** rayons X. 2 Rayon (de una rueda). 3 Foudre *f.* (meteoro).
rayuela [r̄aǰwèla] *f.* 1 Petite raie. 2 Palet *m.*, marelle (juego).
raza [r̄àθa] *f.* Race. Loc. ***De*** ~, de race.
razón [r̄aθòn] *f.* 1 Raison. Loc. ***tener*** ~, avoir raison; ***no tener*** ~, avoir tort. 2 *loc. adv.* ***Sin*** ~, à tort; ***con*** ~ ***o sin ella,*** à tort ou à raison. 3 *loc. prep.* ***A*** ~ ***de,*** à raison de.
razonable [r̄aθonàβle] *adj.* Raisonnable.
razonar [r̄aθonàr] *intr.* 1 Raisonner. ■ 2 *tr.* Justifier.
re [r̄e] *m.* MÚS. Ré.
reacción [r̄eaγθjòn] *f.* Réaction.
reacio, -ia [r̄eaθjo, -ja] *adj.* Rétif, ive, indocile, réticent, ente.
real [r̄eàl] *adj.* 1 Réel, elle. 2 Royal, ale (del rey). ■ 3 *m.* MIL. Quartier général, camp. 4 Champ de foire, foirail (de la feria). 5 Réal (moneda).
realce [r̄eàlθe] *m.* 1 B. ART. Relief, rehaut: ***bordado de*** ~, broderie en relief. 2 Éclat, lustre (brillo).
realeza [r̄ealèθa] *f.* Royauté.
realidad [r̄ealiðàð] *f.* Réalité. *loc. adv.* ***En*** ~, en réalité.
realismo [r̄ealizmo] *m.* Réalisme.
realista [r̄ealista] *adj.-s.* 1 Réaliste. 2 Royaliste (monárquico).
realización [r̄ealiθaθjòn] *f.* Réalisation.
realizar [r̄ealiθàr] *tr.* Réaliser.
reanimar [r̄eanimàr] *tr.* Ranimer.
reanudar [r̄eanuðàr] *tr.* 1 Renouer (el trato). 2 Reprendre: ***reanudó la faena,*** il reprit son travail. ■ 3 *pr.* Reprendre.
reapertura [r̄eapertùra] *f.* 1 Réouverture. 2 Rentrée (de clases, tribunales, etc.).
rebaja [r̄eβàxa] *f.* Rabais *m.*: ***vender con*** ~, vendre au rabais.
rebajar [r̄eβaxàr] *tr.* 1 Rabaisser, abaisser. 2 PINT. Affaiblir, dégrader. 3 COM. Rabattre (un precio), solder (un producto), faire une réduction de. 4 ARQ. Surbaisser. ■ 5

pr. S'abaisser, se rabaisser. **6** MIL. Être dispensé (de algún servicio).
rebalsar [r̄eβalsàr] *tr.* Retenir (las aguas corrientes).
rebanada [r̄eβanàða] *f.* Tranche (de pan, etc.).
rebaño [r̄eβàɲo] *m.* Troupeau.
rebasar [r̄eβasàr] *tr.* Dépasser.
rebatir [r̄eβatìr] *tr.* **1** Repousser (un ataque, etc.). **2** Réfuter (un argumento).
rebelarse [r̄eβelàrse] *pr.* Se rebeller.
rebelde [r̄eβèlde] *adj.-s.* **1** Rebelle. **2** DER. Défaillant, contumace.
rebeldía [r̄eβeldìa] *f.* **1** Rébellion, révolte. **2** DER. Défaut *m.*, contumace. **3** *loc. adv.* ***En ~***, par défaut, par contumace.
rebelión [r̄eβeljòn] *f.* Rébellion, révolte.
reblandecer [r̄eβlandeθèr] *tr.* Ramollir, attendrir. ▲ CONJUG. comme ***agradecer.***
reborde [r̄eβòrðe] *m.* Rebord.
rebotar [r̄eβotàr] *intr.* Rebondir (pelota, etc.), ricocher (bala, piedra).
rebote [r̄eβòte] *m.* **1** Rebond, rebondissement (de una pelota), ricochet (de una piedra). **2** *loc. adv.* ***De ~***, par ricochet.
rebozar [r̄eβoθàr] *tr.* **1** Cacher son visage sous le manteau. **2** COC. Paner, enrober. ■ **3** *pr.* Se couvrir le visage.
rebrotar [r̄eβrotàr] *intr.* BOT. Repousser.
rebullir [r̄eβuʎìr] *intr.-pr.* Bouger, s'agiter. ▲ CONJUG. comme ***mullir.***
rebuscar [r̄eβuskàr] *tr.* **1** Rechercher. **2** Grappiller (uvas), glaner (cereales).
rebuznar [r̄eβuθnàr] *intr.* Braire.
recado [r̄ekàðo] *m.* **1** Message: ***tengo un ~ para usted,*** j'ai un message pour vous. **2** Commission *f.*: ***hacer, dar un ~,*** faire une commission. **3** Commission *f.*, course *f.*: ***hacer recados,*** faire des courses.
recaer [r̄ekaèr] *intr.* **1** Retomber (en vicios, errores, etc.). **2** Rechuter (un enfermo). ▲ CONJUG. comme ***caer.***
recaída [r̄ekaìða] *f.* Rechute.
recalcar [r̄ekalkàr] *tr.* Presser, tasser.
recalentar [r̄ekalentàr] *tr.* Réchauffer (calentar de nuevo). ▲ CONJUG. comme ***acertar.***
recámara [r̄ekàmara] *f.* **1** Garde-robe. **2** Chambre (de un arma de fuego). **3** fig. Réserve. **4** amer. Chambre à coucher.
recambio [r̄ekàmbjo] *m.* Rechange *f.*: ***de ~***, de rechange.
recapacitar [r̄ekapaθitàr] *tr.* Repasser dans son esprit, réfléchir.
recapitular [r̄ekapitulàr] *tr.* Récapituler.
recargar [r̄ekarɣàr] *tr.* **1** Recharcher (cargar de nuevo). **2** Surcharger (cargar demasiado, adornar con exceso).
recargo [r̄ekàrɣo] *m.* Surcharge *f.*
recato [r̄ekàto] *m.* **1** Pudeur *f.*, honnêteté *f.* **2** Circonspection *f.*, réserve *f.*
recaudación [r̄ekaŭðaθjòn] *f.* **1** Recouvrement *m.*, perception (impuestos, tasas). **2** Recette (cantidad).
recaudar [r̄ekaŭðàr] *tr.* Recouvrer, percevoir (impuestos, etc.).
recelar [r̄eθelàr] *tr.-pr.* **1** Craindre (temer). **2** Soupçonner (sospechar).
recelo [r̄eθèlo] *m.* Crainte *f.* (temor).
recepción [r̄eθeβθjòn] *f.* Réception.
receptor, -ra [r̄eθeβtòr, -ra] *adj.-s.* **1** Récepteur, trice. ■ **2** *m.* Récepteur (aparato).
receta [r̄eθèta] *f.* **1** MED. Ordonnance: ***venta con ~ médica,*** vente sur ordonnance. **2** Recette (fórmula): ***~ de cocina,*** recette de cuisine.
recetar [r̄eθetàr] *tr.* MED. Ordonner, prescrire.
rechazar [r̄etʃaθàr] *tr.* **1** Repousser (repeler). **2** Rejeter (rehusar).

rechazo [r̄etʃáθo] *m.* 1 Contrecoup, ricochet. 2 Recul (de un arma de fuego). 3 *loc. adv.* ***De ~,*** par ricochet; fig. par contrecoup.
rechiflar [r̄etʃiflár] *tr.* 1 Huer. ■ 2 *pr.* Railler, persifler.
rechupete (de) [r̄etʃupète] Loc. fam. Exquis, ise, délicieux, euse.
recibimiento [r̄eθiβimjènto] *m.* 1 Réception *f.*, accueil (acogida). 2 Antichambre *f.* (antesala). 3 Vestibule.
recibir [r̄eθiβir] *tr.-intr.* Recevoir: ***recibí tu carta,*** j'ai reçu ta lettre.
recibo [r̄eθiβo] *m.* 1 Réception *f.* Loc. ***Acusar ~ de,*** accuser réception de. 2 COM. Reçu, quittance *f.* (escrito).
reciclaje [r̄eθiklàxe], **reciclado** [r̄eθiklàðo] *m.* Recyclage.
reciclar [reθiklàr] *tr.* Recycler.
recién [r̄eθjèn] *adv.* Récemment, nouvellement: ~ ***pintado,*** nouvellement peint. Loc. ~ ***nacido,*** nouveau-né; ~ ***casados,*** nouveaux, jeunes mariés. ▲ S'emploie toujours avec des participes passés.
reciente [r̄eθjènte] *adj.* Récent, ente.
recinto [r̄eθinto] *m.* Enceinte *f.*
recio, -ia [r̄èθjo, -ja] *adj.* 1 Fort, forte, robuste. 2 Gros, grosse, épais, aisse. 3 Âpre, dur, dure. ■ 4 *adv.* Fortement, vigoureusement. 5 ***Hablar ~,*** parler haut.
recipiente [r̄eθipjènte] *m.* Récipient.
recíproco, -ca [r̄eθiproko, -ka] *adj.* Réciproque.
recitar [r̄eθitàr] *tr.* Réciter.
reclamación [r̄eklamaθjòn] *f.* Réclamation.
reclamar [r̄eklamàr] *tr.-intr.* 1 Réclamer. ■ 2 *tr.* Appeler (las aves).
reclamo [r̄eklàmo] *m.* 1 Appeau. 2 Appelant (ave amaestrada).
recluir [r̄eklwir] *tr.* Reclure, enfermer. ▲ CONJUG. comme ***huir.***
recluta [r̄eklùta] *f.* 1 MIL. Recrutement *m.* ■ 2 *m.* Recrue *f.*, conscrit (soldado).
recobrar [r̄ekoβràr] *tr.* 1 Recouvrer (la salud), récupérer. 2 Reprendre (fuerzas, ánimo). ■ 3 *pr.* Se dédommager. 4 Revenir à soi (volver en sí).
recodo [r̄ekòðo] *m.* Coude, détour (de un río, etc.), tournant (vuelta).
recoger [r̄ekoxèr] *tr.* 1 Reprendre (coger de nuevo). 2 Recueillir (reunir, juntar, dar asilo). 3 Ramasser (algo en el suelo): ***recogió del suelo su pañuelo,*** il ramassa son mouchoir. 4 Récolter (cosechar). 5 Relever, noter (una noticia). ■ 6 *pr.* Se recueillir (abstraerse).
recogida [r̄ekoxiða] *f.* 1 Saisie (de una publicación). 2 Récolte (cosecha). 3 Ramassage *m.* (de basuras, etc.).
recogimiento [r̄ekoximjènto] *m.* Recueillement.
recolección [r̄ekoleɣθjòn] *f.* 1 AGR. Récolte. 2 Recette, perception.
recolectar [r̄ekoleɣtàr] *tr.* Récolter.
recomendación [r̄ekomendaθjòn] *f.* Recommandation.
recomendar [r̄ekomendàr] *tr.* Recommander. ▲ CONJUG. comme ***acertar.***
recompensa [r̄ekompènsa] *f.* Récompense.
recomponer [r̄ekomponèr] *tr.* Recomposer. ▲ CONJUG. comme ***poner.***
reconcentrar [r̄ekonθentràr] *tr.* 1 Concentrer. 2 fig. Concentrer (su ira, etc.). ■ 3 *pr.* Se concentrer.
reconciliar [r̄ekonθiljàr] *tr.* 1 Réconcilier. ■ 2 *pr.* Se réconcilier.
reconocer [r̄ekonoθèr] *tr.* 1 Reconnaître. 2 MED. Examiner (a un enfermo). 3 Fouiller (registrar). ▲ CONJUG. comme ***agradecer.***
reconocimiento [r̄ekonoθimjènto] *m.* 1 Reconnaissance *f.* 2 Vérification *f.*
reconquistar [r̄ekoŋkistàr] *tr.* Reconquérir.
reconstituir [r̄ekonstitwir] *tr.* Reconstituer. ▲ CONJUG. comme ***huir.***

reconstruir [r̄ekonstrwir] *tr.* Reconstruire. ▲ CONJUG. comme ***huir.***
reconvenir [r̄ekombenir] *tr.* Reprocher, faire des reproches. ▲ CONJUG. comme ***venir.***
recopilación [r̄ekopilaθjòn] *f.* **1** Compilation. **2** Résumé *m.* (compendio).
récord [r̄èkord] *m.* Record.
recordar [r̄ekorðàr] *tr.* Se rappeler, se souvenir. Loc. ***Si mal no recuerdo,*** si je me souviens bien, si j'ai bonne mémoire. ▲ CONJUG. comme ***contar.***
recorrer [r̄ekor̄èr] *tr.* **1** Parcourir (un espacio, un escrito). **2** IMPR. Remanier.
recorrido [r̄ekor̄iðo] *m.* **1** Parcours, trajet. **2** Réprimande *f.*
recortar [r̄ekortàr] *tr.* **1** Découper. **2** Rogner (quitar los bordes o puntas).
recorte [r̄ekòrte] *m.* **1** Découpage (acción). **2** Découpure.
recostar [r̄ekostàr] *tr.* **1** Appuyer (la parte superior del cuerpo). **2** Incliner. ▲ CONJUG. comme ***contar.***
recrear [r̄ekreàr] *tr.* **1** Récréer. **2** Récréer (crear de nuevo). ■ **3** *pr.* Se distraire, se récréer.
recreo [r̄ekrèo] *m.* Récréation *f.*
recriminar [r̄ekriminàr] *tr.* **1** Récriminer. ■ **2** *pr.* S'accuser (recíprocamente).
recrudecer [r̄ekruðeθèr] *intr.-pr.* Redoubler, s'intensifier: ***se recrudecen las luchas,*** les combats redoublent de violence.
rectángulo, -la [r̄eɣtàŋgulo, -la] *adj.-m.* Rectangle.
rectificar [r̄eɣtifikàr] *tr.* Rectifier.
rectitud [r̄eɣtitùð] *f.* **1** Rectitude. **2** fig. Droiture, rectitude.
recto, -ta [r̄èɣto, -ta] *adj.* **1** Droit, droite: ***línea recta,*** ligne droite. **2** GEOM., ASTR. Droit, droite. **3** GRAM. Propre (sentido). **4** Folio recto, recto. ■ **5** *m.* ANAT. Rectum.
rector, -ra [r̄eɣtòr, -ra] *adj.* Recteur, trice.
rectorado [r̄eɣtoràðo] *m.* Rectorat.
rectoría [r̄eɣtoria] *f.* Rectorat *m.*
recuento [r̄ekwènto] *m.* **1** Comptage, action *f.* de recompter. **2** Dénombrement (enumeración).
recuerdo [r̄ekwèrðo] *m.* Souvenir.
recuperar [r̄ekuperàr] *tr.* **1** Récupérer. ■ **2** *pr.* Se remettre.
recurso [r̄ekùrso] *m.* **1** DER. Recours, pourvoi: ~ ***de casación,*** pourvoi de cassation. **2** Recours. *loc. adv.* ***En último*** ~, en dernier recours. **3** Ressource *f.* (medio). ■ **4** *pl.* Ressources *f.* (bienes).
red [r̄eð] *f.* **1** Filet *m.* (para pescar, cazar). **2** Réseau *m.* (de vías de comunicación, teléfono, etc.). **3** ELECT. Secteur *m.*
redacción [r̄eðaɣθjòn] *f.* Rédaction.
redactar [r̄eðaɣtàr] *tr.* Rédiger.
redactor, -ra [r̄eðaɣtòr, -ra] *s.* Rédacteur, trice.
redada [r̄eðàða] *f.* **1** Coup *m.* de filet. **2** Rafle (de la policía).
redecilla [r̄eðeθiʎa] *f.* **1** Petit filet *m.* **2** Résille (para el pelo).
rededor [r̄eðeðòr] *m.* **1** Entour. **2** *loc. adv.* ***Al, en*** ~, autour.
redención [r̄eðenθjòn] *f.* **1** Rédemption. **2** Rachat *m.* (rescate).
redentor, -ra [r̄eðentòr, -ra] *adj.-s.* Rédempteur, trice.
rédito [r̄èðito] *m.* Intérêt (de un capital).
redoblar [r̄eðoβlàr] *tr.* **1** Redoubler (reiterar, aumentar): ~ ***su actividad,*** redoubler d'activité. **2** River (un clavo).
redoble [r̄eðòβle] *m.* **1** Redoublement. **2** Roulement (de tambor).
redonda [r̄eðònda] *f.* **1** Contrée. **2** MÚS. Ronde. **3** *loc. adv.* ***A la*** ~, à la ronde.
redondear [r̄eðondeàr] *tr.* Arrondir.
redondel [r̄eðondèl] *m.* **1** Rond. **2** TAUROM. Arène *f.*
redondez [r̄eðondèθ] *f.* **1** Rondeur. **2** ***La ~ de la Tierra,*** la surface de la Terre.

redondo, -da [r̄eðòndo, -da] *adj.* 1 Rond, onde (circular, esférico). 2 fig. Clair, claire, catégorique. 3 Ronde (letra). 4 Loc. *Caerse ~,* tomber raide, mort. ■ 5 *m.* Rond (cosa redonda).

reducido, -da [r̄eðuθiðo, -ða] *adj.* Réduit, ite, petit, ite (pequeño), étroit, oite (estrecho).

reducir [r̄eðuθir] *tr.* Réduire. ▲ CONJUG. comme *conducir.*

reducto [r̄eðúγto] *m.* FORT. Redoute *f.*, réduit.

redundar [r̄eðundàr] *intr.* 1 Déborder, surabonder. 2 Tourner: *~ en beneficio, en perjuicio de,* tourner à l'avantage, au désavantage de.

reelegir [r̄eelexir] *tr.* Réélire. ▲ CONJUG. comme *servir.*

reembarcar [r̄eembarkàr] *tr.* Rembarquer.

reembolso [r̄eembòlso] *m.* Remboursement.

reemplazar [r̄eemplaθàr] *tr.* Remplacer.

reemplazo [r̄eempláθo] *m.* 1 Remplacement. 2 MIL. Classe *f.* (quinta).

reenganchar [r̄eeŋγantʃàr] *tr.* MIL. Rengager.

reestreno [r̄eestrèno] *m.* Reprise *f.* (cine, teatro, etc.).

reexportar [r̄eesportàr] *tr.* Réexporter.

refectorio [r̄efeγtòrjo] *m.* Réfectoire.

referencia [r̄eferènθja] *f.* 1 Récit *m.*, compte-rendu *m.* 2 Référence. Loc. *Con ~ a,* en ce qui concerne. 3 Renvoi *m.* (remisión en un texto). ■ 4 *pl.* Références.

referéndum [r̄eferèndum] *m.* Référendum.

referente [r̄eferènte] *adj.* Relatif, ive, se rapportant à. Loc. *~ a...,* en ce qui concerne...

referir [r̄eferir] *tr.* 1 Rapporter, raconter. 2 Rapporter (una cosa a otra). ■ 3 *pr.* Parler de, faire allusion à (aludir). 4 S'en rapporter, se référer (remitirse). 5 Avoir rapport à (relacionarse). ▲ CONJUG. comme *hervir.*

refilón (de) [r̄efilòn] *loc. adv.* 1 De biais. 2 fig. En passant (de paso).

refinamiento [r̄efinamjènto] *m.* Raffinement.

refinar [r̄efinàr] *tr.* Raffiner.

reflector, -ra [r̄efleγtòr, -ra] *adj.* 1 Réfléchissant, ante. ■ 2 *m.* Réflecteur.

reflejar [r̄eflèar] *tr.* 1 FÍS. Réfléchir. 2 fig. Refléter.

reflejo, -ja [r̄eflèxo, -xa] *adj.* 1 Réflexe. ■ 2 *m.* Reflet (luz reflejada, imagen). 3 FISIOL. Réflexe.

reflexión [r̄efle(γ)sjòn] *f.* Réflexion.

reflexionar [r̄efle(γ)sjonàr] *intr.-tr.* Réfléchir.

reforma [r̄efòrma] *f.* 1 Réforme. 2 Transformation.

reformatorio, -ia [r̄eformatòrjo, -ja] *adj.* 1 Qui réforme. ■ 2 *m.* Maison *f.* de correction.

reforzar [r̄eforθàr] *tr.* 1 Renforcer. 2 Fortifier. ▲ CONJUG. comme *contar.*

refractario, -ia [r̄efraγtàrjo, -ja] *adj.* Réfractaire.

refrán [r̄efràn] *m.* Proverbe, adage.

refregar [r̄efreγàr] *tr.* 1 Frotter. 2 fig. Jeter au nez, à la figure. ▲ CONJUG. comme *acertar.*

refreír [r̄efreir] *tr.* Frire de nouveau. ▲ CONJUG. comme *reír.*

refrendar [r̄efrendàr] *tr.* Contresigner.

refrescante [r̄efreskànte] *adj.* Rafraîchissant, ante.

refrescar [r̄efreskàr] *tr.* 1 Rafraîchir. ■ 2 *intr.-pr.* Se rafraîchir, fraîchir (el tiempo, etc.).

refresco [r̄efrèsko] *m.* Rafraîchissement.

refriega [r̄efrjèγa] *f.* Combat, *m.*, engagement, *m.*, rencontre.

refrigerador [r̄efrixeraðòr] *adj.-m.* Réfrigérateur, trice.

refrigerar [r̄efrixeràr] *tr.* Réfrigérer.

efrito, -ta [r̄efrito, -ta] **1** *p. p.* de ***refreír.*** ■ **2** *m.* Réchauffé, nouvelle mouture *f.*, resucée *f.* (obra literaria, etc.).
efuerzo [r̄efwèrθo] *m.* Renfort.
efugiado, -da [r̄efuxjàðo, -ða] *s.* Réfugié, ée.
efugio [r̄efùxjo] *m.* Refuge, abri.
efundir [r̄efundir] *tr.* Refondre.
efunfuñar [r̄efuɱfuɲàr] *intr.* Grommeler, ronchonner, bougonner, marmonner.
refutación [r̄efutaθjòn] *f.* Réfutation.
regadera [r̄eɣaðèra] *f.* Arrosoir *m.* Loc. fam. ***Está como una ~,*** il est cinglé.
regadío, -ía [r̄eɣaðio, -ia] *adj.* **1** Irrigable, arrosable. ■ **2** *m.* Terrain irrigable.
regalado, -da [r̄eɣalàðo, -ða] *adj.* Donné, ée en cadeau.
regalar [r̄eɣalàr] *tr.* **1** Donner en cadeau, faire cadeau de, offrir: ***le ha regalado una sortija,*** il lui a offert une bague. **2** Flatter (halagar). **3** Régaler *(deleitar).* ■ **4** *pr.* Se régaler *(con,* de).
regaliz [r̄eɣaliθ] *m.* Réglisse *f.*
regalo [r̄eɣàlo] *m.* Cadeau, présent: ***ofrecer un ~,*** offrir un cadeau.
regañadientes (a) [r̄eɣaɲaðjèntes] *loc. adv.* À contrecœur, en rechignant.
regañar [r̄eɣaɲàr] *intr.* **1** Montrer les dents (un perro). **2** Se disputer (reñir).
regar [r̄eɣàr] *tr.* Arroser.
regata [r̄eɣàta] *f.* MAR. Régate.
regate [r̄eɣàte] *m.* Écart, esquive *f.*, feinte *f.* (del cuerpo).
regatear [r̄eɣateàr] *tr.* **1** Marchander. ■ **2** *intr.* DEP. Dribbler (con el balón).
regazo [r̄eɣàθo] *m.* Giron.
regencia [r̄exènθja] *f.* Régence.
regeneración [r̄exeneraθjòn] *f.* Régénération.
regentar [r̄exentàr] *tr.* Diriger, gérer.
regente [r̄exènte] *s.* Régent, ente.
regidor [r̄exiðòr] *m.* Conseiller municipal.
régimen [r̄èximen] *m.* Régime.
regimiento [r̄eximjènto] *m.* Régiment.
región [r̄exjòn] *f.* Région.
regional [r̄exjonàl] *adj.* Régional, ale.
regir [r̄exir] *tr.* **1** Régir. ■ **2** *intr.* Être en vigueur: ***la ley que rige,*** la loi qui est en vigueur. **3** Bien fonctionner (un organismo, etc.). **4** MAR. Obéir au gouvernail. ▲ CONJUG. comme ***servir.***
registrar [r̄existràr] *tr.* **1** Fouiller (a un ladrón, un bosque, etc.), perquisitionner (en los domicilios). **2** Enregistrer (anotar, inscribir).
registro [r̄existro] *m.* **1** Fouille *f.* (en la aduana), perquisition *f.* (de un domicilio). **2** Enregistrement (inscripción en registro, oficina). **3** Registre (libro). **4** Signet (señal en un libro). **5** ~ ***civil,*** registre de l'état civil.
regla [r̄èɣla] *f.* Règle: ***en ~,*** en règle.
reglamento [r̄eɣlamènto] *m.* Règlement, ordonnance *f.*
regocijado, -da [r̄eɣoθixàðo, -ða] *adj.* Réjoui, ie, amusé, ée, joyeux, euse.
regocijar [r̄eɣoθixàr] *tr.* Réjouir, amuser.
regocijo [r̄eɣoθixo] *m.* Réjouissance *f.*, joie *f.*
regresar [r̄eɣresàr] *intr.* Revenir, rentrer, retourner.
regreso [r̄eɣrèso] *m.* Retour.
regular [r̄eɣulàr] *adj.* **1** Régulier, ière. **2** Moyen, enne, médiocre, ni bien ni mal (mediano).
regular [r̄eɣulàr] *tr.* **1** Régler (poner en orden). **2** MEC. Régler.
regularizar [r̄eɣulariθàr] *tr.* Régulariser.
rehabilitar [r̄eaβilitàr] *tr.* Réhabiliter.

rehacer [r̄eaθèr] *tr.* 1 Refaire. ■ 2 *pr.* Se refaire. 3 fig. Se reprendre, se ressaisir (serenarse). ▲ CONJUG. comme ***hacer.***
rehén [r̄eèn] *m.* Otage.
rehogar [r̄eoɣàr] *tr.* 1 COC. Cuire à l'étuvée (cocer). 2 Faire revenir (freír).
rehuir [r̄ewir] *tr.* 1 Éviter, fuir: ***rehúye mi compañía,*** il fuit ma compagnie. 2 Esquiver. 3 Refuser. ▲ CONJUG. comme ***huir.***
reimprimir [r̄eĭmprimir] *tr.* Réimprimer.
reina [r̄eĭna] *f.* Reine.
reinado [r̄eĭnàðo] *m.* Règne.
reinar [r̄eĭnàr] *intr.* Régner.
reincorporar [r̄eĭŋkorporàr] *tr.* 1 Réincorporer. ■ 2 *pr.* Rejoindre: ***reincorporarse a su puesto,*** rejoindre son poste. 3 MIL. Rejoindre son corps.
reino [r̄eĭno] *m.* 1 Royaume. 2 Règne (animal, vegetal).
reintegrar [r̄eĭnteɣràr] *tr.* 1 Réintégrer, rendre, restituer. ■ 2 *pr.* Recouvrer (lo que se había perdido).
reír [r̄eir] *intr.* 1 Rire. ■ 2 *tr.* Rire de. ■ 3 *pr.* Rire: ***reírse a carcajadas,*** rire aux éclats. ▲ CONJUG. IRRÉG. INDIC. Prés.: ***río, ríes, ríe, reímos, reís, ríen.*** Imparf.: ***reía, reías,*** etc. Pas. simple: ***reí, reíste, rió, reímos, reísteis, rieron.*** Fut.: ***reiré, reirás,*** etc. COND.: ***reiría, reirías,*** etc. SUBJ. Prés.: ***ría, rías, ría, riamos, riáis, rían.*** Imparf.: ***riera, rieras, riera, riéramos, rierais, rieran,*** ou ***riese,*** etc. Fut.: ***riere, rieres,*** etc. IMPÉR.: ***ríe, ría, riamos, reíd, rían.*** PART. P.: ***reído.*** GÉR.: ***riendo.***
reivindicación [r̄eĭβindikaθjòn] *f.* Revendication.
reivindicar [r̄eĭβindikàr] *tr.* Revendiquer.
reja [r̄èxa] *f.* 1 Grille. 2 ~ ***del arado,*** soc *m.*
rejilla [r̄exiʎa] *f.* 1 Grillage *m.* (de ventana, etc.). 2 Guichet *m.* (abertura pequeña). 3 Cannage *m.* (de silla).
rejoneador [r̄exoneaðòr] *m.* TAUROM. Cavalier qui combat les taureaux armé d'une pique courte.
rejuvenecer [r̄exuβeneθèr] *tr.-intr.-pr.* Rajeunir. ▲ CONJUG. comme ***agradecer.***
relación [r̄elaθjòn] *f.* 1 Relation, rapport *m.* (entre personas o cosas). 2 Récit *m.,* relation (relato). 3 Liste (lista). 4 DER. Rapport.
relacionar [r̄elaθjonàr] *tr.* 1 Rapporter, faire le récit de. 2 Mettre en rapport (a varias personas). ■ 3 *pr.* Avoir un rapport, se rattacher, se rapporter.
relajar [r̄elaxàr] *tr.* Relâcher (hacer menos tenso, menos riguroso).
relámpago [r̄elàmpaɣo] *m.* Éclair.
relatar [r̄elatàr] *tr.* Raconter, relater.
relativo, -va [r̄elatiβo, -βa] *adj.* Relatif, ive.
relato [r̄elàto] *m.* Récit.
relevar [r̄eleβàr] *tr.* 1 Dispenser, exempter (de una obligación, etc.). 2 Relever (revocar). 3 Relayer (sustituir a una persona).
relieve [r̄eljèβe] *m.* Relief: ***alto*** ~, haut-relief.
religión [r̄elixjòn] *f.* Religion.
religioso, -sa [r̄elixjòso, -sa] *adj.-s.* Religieux, euse.
relinchar [r̄elintʃàr] *intr.* Hennir.
reliquia [r̄elikja] *f.* 1 Relique. 2 fig. Vestige *m.* 3 Séquelle (de una enfermedad).
rellenar [r̄eʎenàr] *tr.* Remplir.
relleno, -na [r̄eʎèno, -na] *adj.* 1 Très plein, pleine. 2 COC. Farci, ie: ***aceitunas rellenas,*** olives farcies.
reloj [r̄elòx] *m.* 1 Horloge *f.,* pendule *f.,* montre *f.:* ~ ***de torre,*** horloge. 2 ~ ***de sol,*** cadran solaire; ~ ***de arena,*** sablier. 3 Loc.: ~ ***en mano,*** montre en main.
relojero, -ra [r̄eloxèro, -ra] *s.* Horloger, ère.

reluciente [r̄eluθjènte] *adj.* Reluisant, ante, brillant, ante.
relucir [r̄eluθir] *intr.* **1** Briller (despedir luz). **2** Reluire (reflejar luz). ▲ CONJUG. comme ***lucir.***
remachar [r̄ematʃàr] *tr.* River (un clavo, roblón).
remanso [r̄emànso] *m.* **1** Eau *f.* dormante. **2** fig. Refuge.
remar [r̄emàr] *intr.* Ramer.
remarcar [r̄emarkàr] *tr.* Marquer de nouveau.
rematar [r̄ematàr] *tr.* **1** Achever, terminer. **2** Adjuger (en una subasta).
remate [r̄emàte] *m.* **1** Fin *f.*, achèvement, bout, extrémité *f.* (extremidad). **2** ARQ. Couronnement (de un edificio). **3** Adjudication *f.* (en una subasta). **4** *loc. adv.* ***De*** ~, complètement, absolument: ***loco de*** ~, fou à lier.
remediar [r̄emeðjàr] *tr.* **1** Remédier à, porter remède à. **2** Réparer. **3** Éviter, empêcher.
remedio [r̄emèðjo] *m.* **1** Remède. **2** Recours, remède. Loc. ***No hay*** ~, on n'y peut rien, il n'y a pas moyen de faire autrement.
remendar [r̄emendàr] *tr.* Rapiécer, raccommoder. ▲ CONJUG. comme ***acertar.***
remendón, -ona [r̄emendòn, -òna] *adj.-s.* **1** Ravaudeur, euse. **2** ***Zapatero*** ~, savetier.
remero, -ra [r̄emèro, -ra] *s.* Rameur, euse.
remesa [r̄emèsa] *f.* Envoi *m.*, expédition.
remiendo [r̄emjèndo] *m.* Pièce *f.* (trozo de tela, etc.).
remisión [r̄emisjòn] *f.* **1** Renvoi *m.* (a un tribunal, etc., en un texto). **2** Ajournement *m.* **3** Envoi *m.* (acción).
remitente [r̄emitènte] *adj.-s.* **1** Expéditeur, trice. ■ **2** *adj.* MED. Rémittent, ente.
remitir [r̄emitir] *tr.* **1** Envoyer, expédier. **2** Renvoyer (en un texto). **3** Remettre (aplazar, perdonar). ■ **4** *intr.* Se calmer, perdre de son intensité, faiblir.
remo [r̄èmo] *m.* **1** Rame *f.*, aviron. **2** Canotage (deporte). **3** Galères.
remojar [r̄emoxàr] *tr.* Tremper, mouiller.
remojo [r̄emòxo] *m.* Trempage. Loc. ***Poner en*** ~, mettre à tremper.
remolacha [r̄emolàtʃa] *f.* Betterave: ~ ***azucarera,*** betterave à sucre.
remolcador, -ra [r̄emolkaðòr, -ra] *adj.-m.* Remorqueur, euse.
remolino [r̄emolino] *m.* Remous (agua), tourbillon (agua, aire, etc.).
remolque [r̄emòlke] *m.* **1** Remorquage (acción). **2** Remorque *f.* **3** *loc. adv.* ***A*** ~, à la remorque, à la traine.
remontar [r̄emontàr] *tr.* **1** Élever (por el aire). **2** Ressemeler, remonter (calzado). **3** MIL. Remonter. ■ **4** *pr.* S'élever (subir). **5** Remonter: ***remontarse al siglo diez,*** remonter au dixième siècle.
remordimiento [r̄emorðimjènto] *m.* Remords.
remoto, -ta [r̄emòto, -ta] *adj.* **1** Éloigné, ée, lontain, aine. **2** Reculé, ée (tiempo).
remover [r̄emoβèr] *tr.* Déplacer (trasladar), remuer (revolver). ▲ CONJUG. comme ***mover.***
remunerar [r̄emuneràr] *tr.* Rémunérer.
renacer [r̄enaθèr] *intr.* Renaître. ▲ CONJUG. comme ***agradecer.***
renacimiento [r̄enaθimjènto] *m.* Renaissance *f.*
renal [r̄enàl] *adj.* Rénal, ale.
rencilla [r̄enθiʎa] *f.* Querelle, discorde.
rencor [r̄eŋkòr] *m.* Rancune *f.*, rancœur *f.*
rendido, -da [r̄endiðo, -ða] *adj.* **1** Soumis, ise. **2** Empressé, ée, galant, ante. **3** Épuisé, ée, fourbu, ue, à plat (cansado).

rendimiento [r̄endimjènto] *m.* 1 Fatigue *f.*, épuisement (cansancio). 2 Soumission *f.* 3 Déférence *f.* obséquieuse.

rendir [r̄endir] *tr.* 1 Vaincre, forcer à se rendre. 2 Soumettre (al dominio de). 3 Rendre: ~ ***una plaza, homenaje, cuentas,*** rendre une place, hommage, des comptes. 4 ~ ***gracias,*** rendre grâces: ~ ***culto a,*** rendre un culte à. ■ 5 *pr.* Se rendre, se soumettre: ***la ciudad se rindió sin condiciones,*** la ville s'est rendue sans conditions. ▲ CONJUG. comme ***servir.***

renegar [r̄eneγàr] *tr.* 1 Nier avec insistance. ■ 2 *intr.* Renier, abjurer: ~ ***de su fe,*** renier sa foi. 3 Blasphémer.

renglón [r̄eŋglòn] *m.* Ligne *f.* (de escritura, de un impreso).

reno [r̄èno] *m.* Renne.

renombre [r̄enòmbre] *m.* 1 Renommée *f.*, renom. 2 ***De*** ~, de renom.

renovar [r̄enoβàr] *tr.* 1 Rénover (dar nueva forma). 2 Renouveler (reemplazar, reiterar). ▲ CONJUG. comme ***contar.***

renta [r̄ènta] *f.* 1 Rente: ~ ***en bienes raíces,*** rente foncière. 2 Revenu *m.*: ~ ***per cápita,*** revenu per habitant. 3 Fermage *m.* (de un arrendatario).

renuncia [r̄enùnθja] *f.* 1 Renonciation, renoncement *m.* 2 Démission.

renunciar [r̄enunθjàr] *tr.* 1 Renoncer à: ~ ***a un derecho,*** renoncer à un droit. 2 Abandonner, renoncer: ~ ***a un proyecto,*** abandonner un projet. ▲ CONJUG. comme ***cambiar.***

reñir [r̄eɲir] *intr.* 1 Se disputer, se quereller. 2 Se fâcher, se brouiller (dejar de ser amigos, etc.). ■ 3 *tr.* Réprimander, gronder (reprender). ▲ CONJUG. comme ***reír.***

reo [r̄èo] *m.-f.* Accusé, ée.

reojo (de) [r̄eòxo] *loc. adv.* De travers (con enfado), du coin de l'œil.

reorganizar [r̄eorγaniθàr] *tr.* Réorganiser.

reparable [r̄eparàβle] *adj.* 1 Réparable. 2 Remarquable.

reparación [r̄eparaθjòn] *f.* Réparation.

reparar [r̄eparàr] *tr.* 1 Reparer. ■ 2 *tr.-intr.* Remarquer, observer (notar).

reparo [r̄epàro] *m.* 1 Réparation *f.* 2 Objection *f.*: ***poner reparos,*** faire des objections. 3 Observation *f.*, remarque *f.* (advertencia). 4 Difficulté *f.*, gêne *f.*

repartidor, -ra [r̄epartiðòr, -ra] *s.* Livreur, euse, distributeur, trice.

repartir [r̄epartir] *tr.* 1 Répartir, partager. 2 Distribuer.

reparto [r̄epàrto] *m.* 1 Répartition *f.* 2 Distribution *f.* (del correo, etc.).

repasar [r̄epasàr] *tr.-intr.* 1 Repasser (volver a pasar). ■ 2 *tr.* Repasser, réviser (la lección). 3 Revoir (volver a mirar, a examinar). 4 Jeter un coup d'œil sur (un escrito).

repaso [r̄epàso] *m.* Révision *f.* (de una lección, etc.).

repatriar [r̄epatrjàr] *tr.* 1 Rapatrier. ■ 2 *pr.* Être rapatrié, ée. ▲ CONJUG. comme ***desviar.***

repeler [r̄epelèr] *tr.* 1 Repousser (rechazar). 2 fig. Dégoûter (repugnar).

repente [r̄epènte] *m.* 1 Mouvement brusque. ■ 2 *loc. adv.* ***De*** ~, soudain, tout à coup.

repercusión [r̄eperkusjòn] *f.* Répercussion.

repercutir [r̄eperkutir] *tr.* 1 Répercuter. ■ 2 *intr.-pr.* Se répercuter, retentir.

repertorio [r̄epertòrjo] *m.* Répertoire.

repetir [r̄epetir] *tr.* Répéter (volver a hacer, a decir). ▲ CONJUG. comme ***servir.***

repicar [r̄epikàr] *tr.* 1 Hacher menu. 2 Faire carillonner, sonner (las campanas).

repique [r̄epike] *m.* Carillonnement (de las campanas).
repiqueteo [r̄epiketèo] *m.* Son vif et répété de cloches, de castagnettes, etc.
repisa [r̄episa] *f.* ARQ. Console.
replegar [r̄epleɣàr] *tr.* Replier. ▲ CONJUG. comme *acertar.*
repleto, -ta [r̄eplèto, -ta] *adj.* 1 Plein, pleine, rempli, ie: *bar ~ de gente,* bar plein de monde. 2 Qui a trop mangé, repu, ue.
réplica [r̄èplika] *f.* Réplique.
replicar [r̄eplikàr] *tr.* Répliquer.
repliegue [r̄epljèɣe] *m.* Repli.
repoblar [r̄epoβlàr] *tr.* Repeupler. ▲ CONJUG. comme *contar.*
repollo [r̄epòʎo] *m.* Chou pommé.
reponer [r̄eponèr] *tr.* 1 Replacer, remettre. 2 Réintégrer (en un empleo). 3 Rétablir, remettre (salud). 4 Répliquer, répondre (replicar). ■ 5 *pr.* Se remettre, se rétablir (recobrar la salud). ▲ CONJUG. comme *poner.*
reportaje [r̄eportàxe] *m.* Reportage: *~ fotográfico,* photo-reportage.
reportero, -ra [r̄eportèro, -ra] *s.* Reporter.
reposacabezas [r̄eposacaβèθas] *m.* Appui-tête (coche).
reposado, -da [r̄eposàðo, -ða] *adj.* Calme, tranquille.
reposar [r̄eposàr] *intr.-pr.* 1 Reposer, se reposer. 2 Déposer (los líquidos).
repostería [r̄eposteria] *f.* Pâtisserie.
repostero [r̄epostèro] *m.* Pâtissier.
represa [r̄eprèsa] *f.* Barrage *m.*
represalia [r̄epresàlja] *f.* Représaille.
representación [r̄epresentaθjòn] *f.* Représentation.
representante [r̄epresentànte] *s.* Représentant, ante.
representar [r̄epresentàr] *tr.* 1 Représenter. 2 Paraître, faire (apparentar): *no representa la edad que tiene,* il ne fait pas son âge. 3 TEAT. Jouer, représenter. ■ 4 *pr.* Se représenter.
representativo, -va [r̄epresentatiβo, -βa] *adj.* Représentatif, ive.
represión [r̄epresjòn] *f.* 1 Répression. 2 Refoulement *m.* (de una pasión, etc.).
reprimir [r̄eprimir] *tr.* 1 Réprimer. 2 Refouler (una pasión, etc.).
reprobar [r̄eproβàr] *tr.* Réprouver. ▲ CONJUG. comme *contar.*
reprocesar [r̄eproθesàr] *tr.* Retraiter.
reproche [r̄epròtʃe] *m.* Reproche.
reproducir [r̄eproðuθir] *tr.* Reproduire. ▲ CONJUG. comme *conducir.*
reptil [r̄eβtil] *m.* Reptile.
república [r̄epùβlika] *f.* République.
republicano, -na [r̄epuβlikàno,-na] *adj.-s.* Républicain, aine.
repudiar [r̄epuðjàr] *tr.* Répudier. ▲ CONJUG. comme *cambiar.*
repuesto [r̄epwèsto] *m.* 1 Provisions *f. pl.* de réserve. 2 *loc. adv.* ***De ~,*** en réserve, de rechange (de recambio).
repugnante [r̄epuɣnànte] *adj.* Répugnant, ante.
repugnar [r̄epuɣnàr] *intr.* Répugner.
repujar [r̄epuxàr] *tr.* Repousser.
repulsa [r̄epùlsa] *f.* 1 Refus *m.,* rejet *m.* 2 Répulsion. 3 Désapprobation, réprobation (condena), protestation.
repulsivo, -va [r̄epulsiβo, -βa] *adj.* Répulsif, ive.
repuntar [r̄epuntàr] *intr.* Commencer à monter, à descendre (la marea).
reputación [r̄eputaθjòn] *f.* Réputation.
requerimiento [r̄ekerimjènto] *m.* 1 DER. Sommation *f.* 2 Requête *f.*
requerir [r̄ekerir] *tr.* Requérir, demander: *eso requiere mucho tacto,* cela demande beaucoup de doigté. ▲ CONJUG. comme *hervir.*
requesón [r̄ekesòn] *m.* 1 Caillé. 2 Fromage blanc (queso).
requetebién [r̄eketeβjèn] *adv.* fam. Très bien.
réquiem [r̄èkjen] *m.* Requiem.

requisar [r̄ekisár] *tr.* Réquisitionner.
requisito [r̄ekisito] *m.* Condition *f.* requise, formalité *f.* nécessaire.
res [res] *m.* Tête *f.* de bétail, bête *f.*: ~ ***vacuna,*** bête à cornes.
resabio [r̄esáβjo] *m.* **1** Vice, mauvaise habitude *f.* **2** Arrière-goût (sabor).
resaca [r̄esáka] *f.* Ressac *m.*
resaltar [r̄esaltár] *intr.* **1** Saillir, être en saillie (balcón, etc.). **2** fig. Ressortir (sobresalir). **3** Rebondir (rebotar).
resbalar [r̄esβalár] *intr.-tr.* **1** Glisser. **2** fig. Faire un faux pas.
resbalón [r̄esβalón] *m.* **1** Glissade *f.* **2** fig. Faux pas.
rescatar [r̄eskatár] *tr.* **1** Racheter (mediante dinero, etc.). **2** Délivrer (libertar). **3** Sauver (de peligro).
rescate [r̄eskáte] *m.* **1** Rachat. **2** Délivrance *f.* **3** Sauvetage (de personas en peligro). **4** Rançon *f.* (dinero).
rescindir [r̄esθindír] *tr.* Résilier, rescinder: ~ ***un contrato,*** résilier un contrat.
reseco, -ca [r̄eséko, -ka] *adj.* Desséché, ée, trop sec, trop sèche.
resentimiento [r̄esentimjénto] *m.* Ressentiment.
resentirse [r̄esentírse] *pr.* **1** Se ressentir. **2** Commencer à se détériorer (cosa). **3** Se fâcher (con alguien). ▲ CONJUG. comme ***hervir.***
reseña [r̄eséɲa] *f.* **1** Description. **2** Compte rendu *m.* (de una obra).
reserva [r̄esérβa] *f.* **1** Réserve. **2** MIL. Réserve. **3** Réservation (de un asiento, una habitación, etc.). **4** *loc. adv.* ***Sin*** ~, franchement; ***de*** ~, en réserve.
reservar [r̄eserβár] *tr.* **1** Réserver. **2** Retenir (billetes, localidades, habitación de hotel, etc.). **3** Taire, cacher (ocultar).
resfriado [r̄esfriáðo] *m.* Rhume: ***coger un*** ~, attraper un rhume.
resfriar [r̄esfriár] *tr.-intr.* **1** Refroidir. ■ **2** *pr.* S'enrhumer (acatarrarse). ▲ CONJUG. comme ***desviar.***
resguardo [r̄esɣwárðo] *m.* **1** Abri, protection *f.*, défense *f.* **2** Garantie *f.* **3** Récépissé, reçu (recibo). **4** Poste de l'octroi.
residencia [r̄esiðénθja] *f.* Résidence.
residente [r̄esiðénte] *adj.-s.* **1** Résidant, ante. **2** ***Ministro*** ~, résident.
residuo [r̄esíðwo] *m.* Résidu.
resignación [r̄esiɣnaθjón] *f.* Résignation.
resignar [r̄esiɣnár] *tr.* **1** Résigner. ■ **2** *pr.* Se résigner.
resistencia [r̄esisténθja] *f.* Résistance.
resistir [r̄esistír] *intr.* **1** Résister. ■ **2** *tr.* Résister à. **3** Endurer, supporter (aguantar). ■ **4** *pr.* Se débattre (forcejear).
resollar [r̄esoʎár] *intr.* Respirer, souffler. ▲ CONJUG. comme ***contar.***
resolución [r̄esoluθjón] *f.* **1** Résolution. **2** Décision (de una autoridad).
resolver [r̄esolβér] *tr.* **1** Résoudre. **2** Résoudre de, décider de: ***resolví marcharme,*** je résolus de m'en aller. ▲ CONJUG. comme ***mover.*** PART. PAS.: ***resuelto.***
resonancia [r̄esonánθja] *f.* **1** Résonance. **2** fig. Retentissement *m.* (de un hecho).
resonante [r̄esonánte] *adj.* **1** Résonant, ante. **2** fig. Retentissant, ante.
resonar [r̄esonár] *intr.* Résonner. ▲ CONJUG. comme ***contar.***
resorte [r̄esórte] *m.* Ressort.
respaldar [r̄espaldár] *tr.* **1** Écrire au dos. **2** fig. Protéger. **3** fig. Garantir. ■ **4** *pr.* S'adosser.
respaldo [r̄espáldo] *m.* **1** Dossier (de un asiento). **2** Dos (de un escrito).
respectivo, -va [r̄espeɣtíβo, -βa] *adj.* Respectif, ive.
respecto [r̄espéɣto] *m.* **1** Rapport (relación). **2** *loc. prep.* ~ ***a, de, con*** ~ ***a, de,*** par rapport à (con relación

a), à l'égard de, au sujet de, quant à; ***a este*** ~, à cet égard.
respetable [r̄espetáβle] *adj.* Respectable.
respetar [r̄espetár] *tr.* Respecter.
respeto [r̄espéto] *m.* Respect.
respirar [r̄espirár] *intr.-tr.* Respirer: ~ ***alegría,*** respirer la joie.
respiro [r̄espíro] *m.* 1 Respiration *f.* 2 fig. Relâche *f.*
resplandecer [r̄esplandeθér] *intr.* Resplendir. ▲ CONJUG. comme ***agradecer.***
resplandor [r̄esplandór] *m.* Éclat.
responder [r̄espondér] *tr.-intr.* Répondre.
responsabilidad [r̄esponsaβiliðáð] *f.* Responsabilité.
responsable [r̄esponsáβle] *adj.* Responsable.
respuesta [r̄espwésta] *f.* Réponse.
resquebrajar [r̄eskeβraxár] *tr.* 1 Fendre, fêler, fendiller. 2 Craqueler (barniz, pintura).
resta [r̄ésta] *f.* 1 MAT. Reste *m.* (residuo). 2 MAT. Soustraction.
restablecer [r̄estaβleθér] *tr.* 1 Rétablir. ■ 2 *pr.* Se rétablir (recobrar la salud). ▲ CONJUG. comme ***agradecer.***
restante [r̄estánte] *adj.* 1 Restant, ante. ■ 2 *m.* Reste.
restar [r̄estár] *tr.* 1 MAT. Soustraire. 2 Enlever, ôter (quitar). ■ 3 *intr.* Rester (quedar).
restauración [r̄estaŭraθjón] *f.* Restauration.
restaurador, -ra [r̄estaŭraðór, -ra] *adj.-s.* Restaurateur, trice.
restaurante [r̄estaŭránte] *m.* Restaurant.
restaurar [r̄estaŭrár] *tr.* Restaurer.
restituir [r̄estitwír] *tr.* Restituer. ▲ CONJUG. comme ***huir.***
resto [r̄ésto] *m.* Reste.
restregar [r̄estreɣár] *tr.* Frotter vigoureusement.
restriñir [r̄estriɲír] *tr.* Resserrer.
resucitar [r̄esuθitár] *tr.-intr.* Ressusciter.
resuelto, -ta [r̄eswélto, -ta] *adj.* Résolu, ue, décidé, ée.
resulta [r̄esúlta] *f.* 1 Suite, résultat *m.* 2 *loc. adv.* ***De resultas,*** par suite.
resultado [r̄esultáðo] *m.* Résultat.
resultar [r̄esultár] *intr.* 1 Résulter. 2 Être (ser): ***el día resultó caluroso,*** la journée fut chaude. 3 Tourner à (en provecho, daño, etc.).
resumen [r̄esúmen] *m.* 1 Résumé, abrégé. 2 *loc. adv.* ***En*** ~, en résumé.
resumir [r̄esumír] *tr.* 1 Résumer. ■ 2 *pr.* Se résumer.
resurgir [r̄esurxír] *intr.* Réapparaître, resurgir.
resurrección [r̄esur̄eɣθjón] *f.* Résurrection.
retablo [r̄etáβlo] *m.* Retable.
retador, -ra [r̄etaðór, -ra] *adj.-m.* Provocateur, trice.
retal [r̄etál] *m.* 1 Coupon (de tela). 2 Retaille *f.* (trozo sobrante).
retar [r̄etár] *tr.* Provoquer, défier.
retardar [r̄etarðár] *tr.* 1 Retarder. 2 Ralentir (hacer más lento).
retardo [r̄etárðo] *m.* Retard.
retazo [r̄etáθo] *m.* 1 Morceau, coupon (de tela). 2 fig. Fragment (de un discurso, etc.).
retener [r̄etenér] *tr.* Retenir. ▲ CONJUG. comme ***tener.***
reticencia [r̄etiθénθja] *f.* Réticence.
reticente [r̄etiθénte] *adj.* Réticent, ente.
retina [r̄etína] *f.* ANAT. Rétine.
retirada [r̄etiráða] *f.* 1 Retraite (acción de retirarse). 2 Retrait *m.* (de un proyecto de ley, etc.). 3 MIL. Retraite.
retirar [r̄etirár] *tr.* 1 Retirer. 2 Mettre à la retraite (jubilar). 3 IMPR. Mettre en retiration. ■ 4 *pr.* Se retirer. Loc. ***¡No se retire!,*** ne quittez pas! (en el teléfono).
retiro [r̄etíro] *m.* Retraite *f.*
reto [r̄éto] *m.* Défi, provocation *f.*
retocar [r̄etokár] *tr.* Retoucher.
retoño [r̄etóɲo] *m.* Pousse *f.*, rejeton.
retoque [r̄etóke] *m.* Retouche *f.*

retorcer [r̄etorθèr] *tr.* **1** Retordre. **2** *pr.* Se tordre (de dolor, etc.). ▲ CONJUG. comme ***mover.***

retórico, -ca [r̄etòriko, -ka] *adj.* **1** De la rhétorique. ■ **2** *s.* Rhétoricien, ienne.

retornar [r̄etornàr] *tr.* **1** Retourner, rendre. ■ **2** *intr.* Retourner, revenir.

retorno [r̄etòrno] *m.* **1** Retour (acción de retornar, recompensa). **2** Échange.

retozar [r̄etoθàr] *intr.* Bondir, sauter, gambader (saltar, brincar).

retractar [r̄etraɣtàr] *tr.* **1** Rétracter. ■ **2** *pr.* Se rétracter, se dédire.

retraer [r̄etraèr] *tr.* **1** Détourner (de un intento). **2** Rétracter (las uñas, etc.). **3** DER. Retraire. ■ **4** *pr.* Se retirer (del mundo, de la vida política). ▲ CONJUG. comme ***traer.***

retraído, -da [r̄etraiðo, -ða] *adj.* **1** Retiré, ée. **2** fig. Renfermé, ée, timide.

retranca [r̄etràŋka] *f.* Avaloire (del arnés).

retrasar [r̄etrasàr] *tr.* **1** Retarder. ■ **2** *intr.-pr.* Retarder (un reloj). ■ **3** *pr.* Être en retard.

retraso [r̄etràso] *m.* Retard.

retratar [r̄etratàr] *tr.* **1** Faire le portrait de, portraiturer. **2** Photographier.

retratista [r̄etratista] *s.* Portraitiste.

retrato [r̄etràto] *m.* Portrait.

retrete [r̄etrète] *m.* Cabinets *pl.*, toilettes *f. pl.*

retribuir [r̄etriβwir] *tr.* Rétribuer. ▲ CONJUG. comme ***huir.***

retroceder [r̄etroθeðèr] *intr.* **1** Reculer. **2** Rétrograder.

retroceso [r̄etroθèso] *m.* **1** Recul. **2** MED. Recrudescence *f.* (de una enfermedad). **3** Rétro (billar).

retrógrado, -da [r̄etròɣraðo, -ða] *adj.-s.* Rétrograde.

retrospectivo, -va [r̄etrospeɣtiβo, -βa] *adj.* Rétrospectif, ive.

retrovisor [r̄etroβisòr] *m.* Rétroviseur.

retumbante [r̄etumbànte] *adj.* Retentissant, ante.

retumbar [r̄etumbàr] *intr.* Retentir, faire un grand bruit.

reuma [r̄èŭma] *m.-f.* Rhumatisme *m.*

reumático, -ca [r̄eŭmàtiko, -ka] *adj.* **1** Rhumatismal, ale. ■ **2** *adj.-s.* Rhumatisant, ante.

reunión [r̄eŭnjòn] *f.* Réunion.

reunir [r̄eŭnir] *tr.* Réunir, rassembler.

reválida [r̄eβàliða] *f.* Examen *m.* de fin d'études.

revalidar [r̄eβaliðàr] *tr.* **1** Confirmer. ■ **2** *pr.* Passer l'examen de fin d'études.

revelación [r̄eβelaθjòn] *f.* Révélation.

revelador, -ra [r̄eβelaðòr, -ra] *adj.-m.* Révélateur, trice.

revelar [r̄eβelàr] *tr.* **1** Révéler. **2** FOT. Développer. ■ **3** *pr.* Se révéler.

reventar [r̄eβentàr] *intr.* **1** Crever, éclater. **2** Se briser (las olas). **3** fig. Éclater (la cólera, etc.). **4** fig. Mourir d'envie: ~ ***por,*** mourir d'envie de; ~ ***de risa,*** mourir de rire. ■ **5** *tr.* Crever, faire éclater (un globo, etc.). ■ **6** *pr.* Crever, éclater (globo, neumático, etc.). ▲ CONJUG. comme ***acertar.***

rever [r̄eβèr] *tr.* **1** Revoir. **2** DER. Réviser. ▲ CONJUG. comme ***ver.***

reverberar [r̄eβerβeràr] *intr.* Réverbérer.

reverdecer [r̄eβerðeθèr] *intr.-tr.* Reverdir. ▲ CONJUG. comme ***agradecer.***

reverencia [r̄eβerènθja] *f.* Révérence.

reverenciar [r̄eβerenθjàr] *tr.* Révérer. ▲ CONJUG. comme ***cambiar.***

reverendo, -da [r̄eβerèndo, -da] *adj.* **1** Respectable. ■ **2** *adj.-s.* Révérend, ende.

reversible [r̄eβersiβle] *adj.* Réversible.

reverso [r̄eβèrso] *m.* Revers, envers.

revés [r̄eβès] *m.* 1 Envers, revers. 2 Mornifle *f.* (bofetada). 3 fig. Revers, disgrâce *f.*, infortune *f.* 4 *loc. adv.* ***Al*** ~, à l'envers, en sens contraire, de travers.

revestir [r̄eβestir] *tr.* Revêtir. ▲ CONJUG. comme ***servir.***

revisar [r̄eβisàr] *tr.* 1 Réviser (un trabajo, un motor, un coche, etc.). 2 Revoir (volver a ver). 3 Contrôler.

revisión [r̄eβisjòn] *f.* Révision.

revista [r̄eβista] *f.* Revue.

revistero, -ra [r̄eβistèro,-ra] *s.* 1 Chroniqueur *m.*, journaliste chargé des comptes rendus. ■ 2 *m.* Porte-revues (mueble).

revivir [r̄eβiβir] *intr.* Revivre.

revocar [r̄eβokàr] *tr.* 1 Révoquer, annuler. 2 CONSTR. Ravaler, recrépir.

revolcar [r̄eβolkàr] *tr.* 1 Renverser, terrasser. ■ 2 *pr.* Se vautrer, se rouler. ▲ CONJUG. comme ***contar.***

revoltijo [r̄eβoltixo], **revoltillo** [r̄eβoltiʎo] *m.* 1 Mélange, fatras, méli-mélo, brouillammini. 2 COC. Œufs *pl.* brouillés.

revolución [r̄eβoluθjòn] *f.* Révolution.

revolucionario [r̄eβoluθjonàrjo, -ja] *adj.-s.* Révolutionnaire.

revolver [r̄eβolβèr] *tr.* 1 Agiter, remuer. 2 Fouiller dans (buscando). 3 Mettre sens dessus dessous, bouleverser (poner en desorden). 4 fig. Brouiller, alarmer, exciter. ■ 5 *pr.* Bouger, remuer (moverse). ▲ CONJUG. comme ***mover.*** PART. PAS. irrég.: ***revuelto.***

revólver [r̄eβòlβer] *m.* Revolver.

revoque [r̄eβòke] *m.* 1 Recrépissage, ravalement (acción). 2 Crépi (cal y arena).

revuelta [r̄eβwèlta] *f.* Révolte, sédition.

revuelto, -ta [r̄eβwèlto,-ta] *adj.* 1 Docile à la bride (caballo). 2 Turbulent, ente. 3 Embrouillé, ée.

rey [r̄èi̯] *m.* Roi.

rezagado, -da [r̄eθaɣàðo, -ða] *adj.-s.* 1 Qui reste en arrière, retardataire. ■ 2 *m.* Traînard (soldado).

rezagar [r̄eθaɣàr] *tr.* 1 Laisser en arrière. 2 Retarder, différer.

rezar [r̄eθàr] *tr.* 1 Réciter (una oración). 2 Dire (una misa). ■ 3 *intr.* Prier: ~ ***por los difuntos,*** prier pour les défunts.

rezo [r̄èθo] *m.* 1 Prière *f.* (acción de rezar). 2 Prière *f.* ou office de chaque jour.

rezongar [r̄eθoŋgàr] *intr.* Rouspéter, ronchonner.

ría [r̄ia] *f.* Estuaire *m.*, ria.

riada [r̄jàða] *f.* Crue (crecida), inondation.

ribera [r̄iβèra] *f.* Rive, rivage *m.*

ribereño, -ña [r̄iβerèɲo, -ɲa] *adj.-s.* Riverain, aine.

ribete [r̄iβète] *m.* Liséré, passepoil, bordure *f.*

rico, -ca [r̄iko, -ka] *adj.* 1 Riche. 2 Délicieux, euse: ***unos caramelos muy ricos,*** des bonbons délicieux. 3 Mignon, onne (expresión de cariño).

ridiculizar [r̄iðikuliθàr] *tr.* Ridiculiser.

ridículo, -la [r̄iðikulo, -la] *adj.-m.* Ridicule. Loc. ***Poner en*** ~, tourner en ridicule.

riego [r̄jèɣo] *m.* 1 Arrosage. 2 Irrigation *f.*

riel [r̄jèl] *m.* 1 Petit lingot. 2 Rail (de tren).

rienda [r̄jènda] *f.* Guide, rêne, bride. Loc. fig. ***A ~ suelta,*** à bride abattue: ***dar ~ suelta,*** lâcher la bride.

riesgo [r̄jèsɣo] *m.* Risque.

rifa [r̄ifa] *f.* Tombola, loterie.

rifle [r̄ifle] *m.* Rifle.

rígido, -da [r̄ixiðo, -ða] *adj.* Rigide.

rigor [r̄iɣòr] *m.* Rigueur *f.* Loc. ***Ser el ~ de las desdichas,*** jouer de malheur.

riguroso, -sa [r̄iɣuròso, -sa] *adj.* Rigoureux, euse.

rima [r̄ima] *f.* 1 Rime. 2 Pile, tas *m.* (rimero).

rincón [r̄iŋkòn] *m.* **1** Coin, encoignure *f.* **2** Coin (sitio pequeño y apartado), recoin (lugar apartado).
ring [r̄iŋg] *m.* angl. Ring.
rinoceronte [r̄inoθeronte] *m.* Rhinocéros.
riña [r̄iɲa] *f.* **1** Querelle, rixe, bagarre (lucha). **2** Dispute.
riñón [r̄iɲòn] *m.* **1** Rein. **2** COC. Rognon: ***riñones de cerdo,*** des rognons de porc.
río [r̄io] *m.* Fleuve (que desemboca en el mar), rivière *f.* (que desemboca en otros). Loc. ~ ***arriba,*** en amont.
riqueza [r̄ikèθa] *f.* Richesse.
risa [r̄isa] *f.* Rire *m.* Loc. ~ ***de conejo,*** rire jaune.
risco [r̄isko] *m.* Rocher, roc pelé.
risotada [r̄isotàða] *f.* Éclat *m.* de rire.
ristra [r̄istra] *f.* **1** Chapelet *m.*: ***una ~ de ajos, de cebollas,*** un chapelet d'ails, d'oignons. **2** fig. File, ribambelle.
risueño, -ña [r̄iswèɲo, -ɲa] *adj.* Souriant, ante, riant, ante.
rítmico, -ca [r̄iðmiko, -ka] *adj.* Rythmique.
ritmo [r̄iðmo] *m.* Rhytme.
rito [r̄ito] *m.* Rite.
ritual [r̄itwàl] *adj.-m.* Rituel, elle.
rival [r̄iβàl] *adj.-s.* Rival, ale.
rizado, -da [r̄iθàðo, -ða] *adj.* Frisé, ée.
rizar [r̄iθàr] *tr.* **1** Friser (el pelo). **2** Plisser (papel, telas). ■ **3** *pr.* Se friser (el pelo).
rizo [r̄iθo] *m.* Boucle *f.* (de cabellos).
robar [r̄oβàr] *tr.* **1** Voler, dérober. **2** fig. Gagner, conquérir (el afecto, etc.). **3** Enlever (raptar). **4** Prendre, piocher dans le talon (naipes, dominó).
robo [r̄òβo] *m.* **1** Vol. **2** Rapt, enlèvement (rapto). **3** Rentrée *f.* (en algunos juegos).
robot [r̄oβòt] *m.* Robot.
robusto, -ta [r̄oβùsto, -ta] *adj.* Robuste.
roca [r̄òka] *f.* **1** Roche. **2** Rocher *m.*, roc *m.* (peñasco).
roce [r̄òθe] *m.* **1** Frottement (de dos cuerpos). **2** Frôlement (ligero).
rociar [r̄oθjàr] *tr.* Asperger, arroser. ▲ CONJUG. comme ***desviar.***
rocío [r̄oθio] *m.* Rosée *f.*
rococó [r̄okokò] *adj.-m.* Rococo.
rocoso, -sa [r̄okòso, -sa] *adj.* Rocheux, euse.
rodado, -da [r̄oðàðo, -ða] *adj.* **1** Tisonné, ée (caballo). **2** ***Tránsito ~,*** circulation routière, trafic routier.
rodaja [r̄oðàxa] *f.* Rondelle, tranche (de salchichón, limón, etc.).
rodaje [r̄oðàxe] *m.* **1** Rouage. **2** Tournage (de una película). **3** Rodage (de un automóvil, etc.).
rodar [r̄oðàr] *intr.* **1** Rouler (dando vueltas). **2** Rouler (sobre ruedas). **3** Rouler, dégringoler (caer). ■ **4** *tr.* ~ ***una película,*** tourner un film. ▲ CONJUG. comme ***contar.***
rodear [r̄oðeàr] *intr.* **1** Faire le tour. **2** Faire un détour. **3** *tr.* Entourer (cercar). **4** Contourner. **5** Faire tourner.
rodeo [r̄oðèo] *m.* Détour, crochet: ***dar un ~,*** faire un détour.
rodilla [r̄oðiʎa] *f.* Genou *m. loc. adv.* ***De rodillas,*** à genoux.
rodillera [r̄oðiʎèra] *f.* Genouillère.
rodillo [r̄oðiʎo] *m.* Rouleau.
roedor, -ra [r̄oeðòr, -ra] *adj.* **1** Rongeur, euse. ■ **2** *m. pl.* ZOOL. Rongeurs.
roer [r̄oèr] *tr.* Ronger, grignoter. ▲ CONJUG. IRRÉG.: La 1.e personne de l'INDIC. Prés. peut être: ***roo, roigo*** ou ***royo;*** le SUBJ. Prés.: ***roa, roiga, roya; roas, roigas, royas,*** etc.; et la 3.e personne de l'IMPÉR.: ***roa, roiga, roya.***
rogar [r̄oγàr] *tr.* Prier: ***le ruego que se calle,*** je vous prie de vous taire. ▲ CONJUG. comme ***contar.***
rojo, -ja [r̄òxo, -xa] *adj.* **1** Rouge. **2** Roux, rousse (pelo, etc.).
rol [r̄òl] *m.* **1** Rôle, liste *f.*, catalogue. **2** MAR. Rôle.

roldana [r̄oldàna] *f.* MEC. Réa *m.,* rouet *m.*
rollizo, -za [r̄oʎìθo, -θa] *adj.* Rond, ronde, cylindrique.
rollo [r̄òʎo] *m.* Rouleau (de papel, tela, etc.).
ROM [r̄om] *f.* (*abrev.* read-only memory) ROM.
romance [r̄omànθe] *adj.-m.* **1** Roman, ane (lengua). ■ **2** *m.* Langue *f.* espagnole, espagnol. **3** Poème espagnol formé par une suite indéfinie de vers octosyllabes, qui a la même assonance dans tous les vers pairs.
románico, -ca [r̄omàniko, -ka] *adj.* Roman, e.
romano, -na [r̄omàno, -na] *adj.-s.* Romain, aine.
romanticismo [r̄omantiθìzmo] *m.* Romantisme.
rombo [r̄òmbo] *m.* GEOM. Losange, rhombe.
romería [r̄omerìa] *f.* **1** Pèlerinage *m.* **2** Fête populaire autour d'un sanctuaire.
romero, -ra [r̄omèro, -ra] *s.* **1** Pèlerin, ine. ■ **2** *m.* Romarin (planta).
rompecabezas [r̄ompekaβèθas] *m. invar.* **1** Casse-tête (arma, acertijo). **2** Puzzle (juego).
rompeolas [r̄ompeòlas] *m. invar.* Brise-lames.
romper [r̄ompèr] *tr.* **1** Casser, briser, rompre: ~ ***un cristal,*** casser un carreau. **2** Déchirer (papel, tela). **3** Fendre (el aire, las aguas). **4** fig. Rompre: ~ ***el silencio,*** rompre le silence. ■ **5** *intr.* S'épanouir (las flores). **6** Rompre: ***estos novios han roto,*** ces fiancés ont rompu. ▲ CONJUG. PART. PAS. rég.: ***rompido*** (inusité); irrég.: ***roto*** (employé dans tous les cas).
rompiente [r̄ompjènte] *m.* Brisant.
ron [r̄on] *m.* Rhum.
roncar [r̄oŋkàr] *intr.* **1** Ronfler (cuando se duerme). **2** Mugir (el mar, el viento).
roncha [r̄ònt∫a] *f.* **1** Grosseur, cloque. **2** Ecchymose.
ronco, -ca [r̄òŋko, -ka] *adj.* **1** Rauque. **2** Enroué, ée (que padece ronquera).
ronda [r̄ònda] *f.* **1** Ronde (inspección, patrulla). **2** Tournée (del cartero). **3** Groupe *m.* de jeunes gens donnant des sérénades. **4** Tournée (convidada).
rondar [r̄ondàr] *intr.* **1** Faire une ronde (de vigilancia). **2** Courir les rues pendant la nuit. **3** Donner des sérénades.
rondeña [r̄ondèɲa] *f.* Air *m.* populaire andalou.
rondó [r̄ondò] *m.* MÚS. Rondeau.
rondón (de) [r̄ondòn] *loc. adv.* Tout de go, sans crier gare.
ronquera [r̄oŋkèra] *f.* Enrouement *m.*
ronronear [r̄onr̄oneàr] *intr.* Ronronner.
roñoso, -sa [r̄oɲòso, -sa] *adj.* **1** Galeux, euse (animal). **2** Crasseux, euse (sucio).
ropa [r̄òpa] *f.* **1** Vêtements *m. pl.* (prendas de vestir). **2** Linge *m.:* ~ ***de casa,*** linge de maison. Loc. ~ ***blanca,*** linge *m.* **3** *loc. adv.* ***A quema*** ~, à brûle-pourpoint.
ropaje [r̄opàxe] *m.* **1** Vêtements *pl.* **2** Habit de cérémonie. **3** B. ART. Draperie *f.*
ropero [r̄opèro] *m.* Armoire *f.* (armario).
roqueño, -ña [r̄okèɲo, -ɲa] *adj.* **1** Rocheux, euse. **2** Dur, dure, comme le roc.
rosa [r̄òsa] *f.* **1** Rose: ~ ***de pitiminí,*** rose pompon. **2** ~ ***de los vientos, náutica,*** rose des vents. ■ **3** *adj.-m.* Rose (color).
rosado, -da [r̄osàðo, -ða] *adj.* **1** Rose (color de rosa). **2** Rosat *invar.:* ***miel rosada,*** miel rosat.
rosal [r̄osàl] *m.* Rosier.
rosaleda [r̄osalèða] *f.* Roseraie.

rosario [r̄osàrjo] *m.* **1** Chapelet: ***rezar el ~,*** dire son chapelet. **2** Rosaire (de quince decenas). **3** fig. Chapelet, suite *f.*
rosca [r̄òska] *f.* **1** Vis: ***paso de ~,*** pas de vis. **2** Filet *m.* (de un tornillo, de una tuerca). Loc. ***Pasarse de ~,*** foirer (tornillo); fig. dépasser les bornes. **3** Couronne (pan).
rosco [r̄òsko], **roscón** [r̄oskòn] *m.* **1** Couronne *f.* (pan). **2** Brioche *f.* en forme de couronne (bollo).
rosquilla [r̄oskiʎa] *f.* Gimblette.
rostro [r̄òstro] *m.* Visage, figure *f.*
rota [r̄òta] *f.* **1** Route (de un barco). **2** Déroute, défaite. **3** Rote (tribunal).
rotación [r̄otaθjòn] *f.* Rotation.
rotatorio, -ia [r̄otatòrjo, -ja] *adj.* Rotatoire.
roto, -ta [r̄òto, -ta] **1** *p. p.* de ***romper.*** ■ **2** *adj.* Rompu, ue, brisé, ée. **3** Débauché, ée. ■ **4** *adj.-s.* Déguenillé, ée (andrajoso).
rotulador [r̄otulaðòr] *m.* Crayon feutre, feutre, marqueur (grueso).
rotular [r̄otulàr] *tr.* Étiqueter.
rótulo [r̄òtulo] *m.* **1** Enseigne *f.* (de tienda), écriteau (letrero), panonceau (placa metálica). **2** Étiquette *f.* **3** Titre.
rotundo, -da [r̄otùndo, -da] *adj.* **1** Rond, ronde. **2** Complet, ète, catégorique: ***un no ~,*** un non catégorique. **3** Sonore (lenguaje).
rotura [r̄otùra] *f.* **1** Rupture (tubería, etc.). **2** Déchirure (desgarrón), cassure (fractura). **3** Bris *m.* (cristal, parabrisas).
rozadura [r̄oθaðùra] *f.* **1** Frottement *m.*, frôlement *m.* **2** Éraflure (raspadura).
rozar [r̄oθàr] *tr.* **1** AGR. Essarter. **2** Frôler, effleurer (tocar ligeramente). **3** Érafler (raspar ligeramente). ■ **4** *intr.* Frotter (una cosa con otra). ■ **5** *pr.* S'écorcher légèrement, s'érafler.
RTVE [ēretewβeè] *f.* (*abrev.* Radiotelevisión Española) Organisme officiel de radiodiffusion et de télévision en Espagne.
rubí [r̄uβì] *m.* Rubis.
rubia [r̄ùβja] *f.* **1** Garance (planta). **2** fam. Peseta.
rubio, -ia [r̄ùβjo, -ja] *adj.-s.* **1** Blond, blonde. ■ **2** *m.* Grondin (pez). ■ **3** *pl.* Centre du garrot d'un taureau.
rublo [r̄ùβlo] *m.* Rouble.
rubor [r̄uβòr] *m.* Rougeur *f.*
rúbrica [r̄ùβrika] *f.* **1** Marque rouge. **2** Parafe *m.*, paraphe *m.* (de una firma).
rubricar [r̄uβrikàr] *tr.* Parafer, parapher (un escrito).
rudeza [r̄uðèθa] *f.* **1** Rudesse. **2** Grossièreté. **3** Lourdeur d'esprit.
rudimentario, -ia [r̄uðimentàrjo, -ja] *adj.* Rudimentaire.
rudo, -da [r̄ùðo, -ða] *adj.* **1** Rude. **2** Grossier, ière. **3** Lourdaud, aude (torpe).
rueda [r̄wèða] *f.* **1** Roue: ~ ***delantera, trasera,*** roue avant, arrière. **2** Tranche ronde, rouelle (tajada), darne (de pescado). **3** Meule (de molino). **4** ~ ***de prensa,*** conférence de presse.
ruedo [r̄wèðo] *m.* **1** Bord, bordure *f.* **2** Cercle, circonférence *f.* **3** Paillasson, natte *f.* (esterilla). **4** TAUROM. Arène *f.*
ruego [r̄wèγo] *m.* Prière *f.*
rufián [r̄ufjàn] *m.* **1** Rufian, souteneur. **2** fig. Canaille *f.*
rugby [r̄ùγbi] *m.* Rugby.
rugir [r̄uxir] *intr.* Rugir: ***el león rugía,*** le lion rugissait.
rugoso, -sa [r̄uγòso, -sa] *adj.* Rugueux, euse.
ruido [r̄wiðo] *m.* Bruit.
ruin [r̄win] *adj.* **1** Vil, vile, bas, basse. **2** Mesquin, ine, avare, ladre.
ruina [r̄wina] *f.* Ruine.
ruinoso, -sa [r̄winòso, -sa] *adj.* **1** Délabré, ée, qui menace ruine (edificio). **2** Ruineux, euse (que arruina).

ruiseñor [r̄wiseɲòr] *m.* Rossignol.
ruleta [r̄uléta] *f.* Roulette (juego).
rumbo [r̄úmbo] *m.* **1** MAR. Route *f.*, cap. **2** MAR. Rhumb (de la rosa náutica). **3** fig. Voie *f.*, direction. **4** fig. Pompe *f.*, apparat.
rumiante [r̄umjánte] *adj.-m.* Ruminant, ante.
rumor [r̄umòr] *m.* Rumeur *f.*, bruit: ***corre un*** ~, un bruit court.
rupestre [r̄upéstre] *adj.* Rupestre.
rupia [r̄úpja] *f.* Roupie (moneda).
ruptura [r̄uβtúra] *f.* Rupture.
rural [r̄uràl] *adj.* Rural, ale: ***los medios rurales,*** les milieux ruraux.
ruso, -sa [r̄úso, -sa] *adj.-s.* **1** Russe. ■ **2** *m.* Russe, langue *f.* russe.
rústico, -ca [r̄ústiko, -ka] *adj.* **1** Rustique. ■ **2** *adj.-m.* Rustre, rustaud, aude (tosco). **3** Campagnard, arde. **4** *loc. adv.* ***En rústica,*** broché, ée (libro).
ruta [r̄úta] *f.* **1** Route, chemin *m.* **2** Itinéraire *m.*
rutina [r̄utína] *f.* Routine.

S

s [ése] *f.* S *m.*
SA [eseá] *f.* (*abrev.* sociedad anónima) SA.
sábado [sáβaðo] *m.* Samedi.
sabana [saβána] *f.* Savane.
sábana [sáβana] *f.* **1** Drap *m.*, drap *m.* de lit. **2** Nappe d'autel (del altar).
sabañón [saβaɲòn] *m.* Engelure *f.*
sabedor, -ra [saβeðòr, -ra] Informé, ée.
saber [saβèr] *tr.* **1** Savoir: ***sé que ha llegado,*** je sais qu'il est arrivé. Loc. *A* ~, à savoir. **2** *intr.* Savoir. **3** ~ ***a,*** avoir le goût de: ***esto sabe a café,*** cela a un goût de café. ▲ CONJUG. IRRÉG. INDIC. Prés.: ***sé, sabes, sabe, sabemos, sabéis, saben.*** Imparf.: ***sabía, sabías,*** etc. Pas simple: ***supe, supiste, supo, supimos, supisteis, supieron.*** Fut.: ***sabré, sabrás,*** etc. COND.: ***sabría, sabrías,*** etc. SUBJ. Prés.: ***sepa, sepas, sepa, sepamos, sepáis, sepan.*** Imparf.: ***supiera, supieras, supiera, supiéramos, supierais, supieran,*** ou ***supiese, supieses,*** etc. Fut.: ***supiere, supieres,*** etc. IMPÉR.: ***sabe, sepa, sepamos, sabed, sepan.*** PART. PAS.: ***sabido.*** GÉR.: ***sabiendo.***
saber [saβèr] *m.* Savoir, acquis.
sabido, -da [saβiðo, -ða] *adj.* **1** Su, ue, connu, ue: ***es ~ que,*** il est bien connu que. **2** Instruit, ite.
sabiduría [saβiðuría] *f.* **1** Savoir *m.* (ciencia). **2** Sagesse, prudence (prudencia).
sabio, -ia [sáβjo, -ja] *adj.-s.* Savant, ante.
sable [sáβle] *m.* **1** Sabre. **2** BLAS. Sable.
sabor [saβòr] *m.* Saveur *f.*, goût.
saborear [saβoreàr] *tr.* Savourer.
sabotaje [saβotáxe] *m.* Sabotage.
sabroso, -sa [saβròso, -sa] *adj.* Savoureux, euse.
saca [sàka] *f.* **1** Extraction (acción de sacar). **2** COM. Exportation (de mercancías). **3** Gros sac *m.* (costal).
sacacorchos [sakakòrtʃos] *m. invar.* Tirebouchon.
sacamanchas [sakamàntʃas] *m. invar.* Détachant.
sacamuelas [sakamwèlas] *m. invar.* Arracheur de dents, charlatan.
sacar [sakàr] *tr.* **1** Tirer (de un lugar, de un estado): ~ ***la lengua,*** tirer la langue. **2** Extraire, tirer: ~ ***el jugo,*** extraire le jus. **3** Sortir (de dentro). **4** Arracher (una muela), enlever, ôter (una mancha). **5** Tirer, retirer (dinero). **6** Prendre (un billete, una foto). **7** Se faire délivrer (un pasaporte, etc.). **8** Gagner (un premio). **9** Avancer (parte del cuerpo). **10** Déduire, conclure (deducir), tirer (una consecuencia). **11** Résoudre (un problema). **12** Lancer, créer (una moda), sortir (un nuevo mo-

delo). 13 DEP. Servir (tenis), botter (fútbol).
sacarino, -na [sakarino, -na] *adj.* 1 Sacharin, ine. ■ 2 *f.* Saccharine.
sacerdocio [saθerðòθjo] *m.* Sacerdoce.
sacerdote [saθerðòte] *m.* Prêtre.
saciar [saθjàr] *tr.* Assouvir, rassasier. ▲ CONJUG. comme ***cambiar.***
saco [sàko] *m.* 1 Sac (receptáculo, su contenido): ~ ***de mano,*** sac de voyage. 2 Grand manteau, grande veste *f.* 3 Sac, pillage.
sacramental [sakramentàl] *adj.* 1 Sacramentel, elle. ■ 2 *m. pl.* Sacramentaux.
sacramento [sakramènto] *m.* Sacrement.
sacrificar [sakrifikàr] *tr.* 1 Sacrifier. 2 Tuer, abattre (las reses).
sacrificio [sakrifiθjo] *m.* Sacrifice.
sacrilegio [sakrilèxjo] *m.* Sacrilège.
sacristán [sakristàn] *m.* Sacristain.
sacristía [sakristia] *f.* Sacristie.
sacro, -cra [sàkro, -kra] *adj.* 1 Sacré, ée. ■ 2 *m.* ANAT. Sacrum.
sacrosanto, -ta [sakrosànto, -ta] *adj.* Sacrosaint, ainte.
sacudida [sakuðiða] *f.* Secousse.
sacudir [sakuðir] *tr.* 1 Secouer. 2 Battre (dando golpes), épousseter (quitar el polvo). 3 Battre (pegar). ■ 4 *pr.* Se débarrasser de.
sádico, -ca [sàðiko, -ka] *adj.* Sadique.
saeta [saèta] *f.* 1 Flèche (arma). 2 Aiguille (de reloj, de brújula). 3 Air *m.* andalou que l'on chante au passage de la procession de la semaine sainte.
sáfico, -ca [sàfiko, -ka] *adj.* Saphique.
sagacidad [saγaθiðàð] *f.* Sagacité.
sagaz [saγàθ] *adj.* Sagace.
sagitario [saxitàrjo] *m.* ASTR. Sagittaire.
sagrado, -da [saγràðo, -ða] *adj.* 1 Sacré, ée: ~ ***Corazón,*** Sacré-Cœur. ■ 2 *m.* Asile, refuge.
sagrario [saγràrjo] *m.* Tabernacle (del altar).
sahumar [saŭmàr] *tr.* Parfumer (avec une fumée aromatique).
sahumerio [saŭmèrjo] *m.* 1 Fumigation *f.* (acción). 2 Fumée *f.* que produit une substance aromatique. 3 Substance *f.* aromatique.
sainete [saĭnète] *m.* TEAT. Saynète *f.*
saíno [saino] *m.* Pécari.
sajón, -ona [saxòn, -òna] *adj.-s.* Saxon, onne.
sal [sal] *f.* 1 Sel 2 *m.* fig. Grâce (garbo). 3 Esprit *m.*, sel *m.*, piquant *m.* (al hablar).
sala [sàla] *f.* 1 Salle: ~ ***de espera,*** salle d'attente. 2 DER. Chambre (de un tribunal).
saladar [salaðàr] *m.* Marais salant.
salado, -da [salàðo, -ða] *adj.* 1 Salé, ée. 2 Fig. Spirituel, elle, piquant, ante, drôle, amusant, ante.
salar [salàr] *tr.* Saler.
salario [salàrjo] *m.* Salaire.
salchicha [saltʃitʃa] *f.* Saucisse.
salchichería [saltʃitʃeria] *f.* Charcuterie.
salchichón [saltʃitʃòn] *m.* Saucisson.
saldar [saldàr] *tr.* Solder (una cuenta, una mercancía).
saldo [sàldo] *m.* COM. Solde.
salero [salèro] *m.* 1 Salière *f.* (en la mesa). 2 fig. Grâce *f.*, charme, esprit.
saleroso, -sa [saleròso, -sa] *adj.* Gracieux, euse, charmant, ante, spirituel, elle.
salesiano, -na [salesjàno, -na] *adj.-m.* Salésien, ienne.
salida [saliða] *f.* 1 Sortie (acción, parte por donde se sale). 2 Départ *m.* (de un tren, un barco, etc.): ***tomar la ~,*** prendre le départ. 3 Lever *m.* (de un astro).
saliente [saljènte] *adj.* 1 Saillant, ante. 2 MIL. ***Guardia ~,*** garde descendante.
salina [salina] *f.* Saline.

salir [salir] *intr.* **1** Sortir. Loc. ~ ***al encuentro,*** aller à la rencontre. **2** Partir (marcharse). **3** Se lever (un astro). **4** Pousser (plantas, pelo, dientes), jaillir (brotar). **5** Se révéler, apparaître, se montrer (manifestarse), paraître (en un libro, una película). **6** Paraître (un periódico, un libro): ***esta revista sale el lunes,*** cette revue paraît le lundi. **7** ~ ***bien, mal,*** réussir, échouer. **8** Revenir, coûter: ~ ***caro,*** coûter, cher. **9** Aboutir (ir a parar). **10** Saillir (sobresalir). ▲ CONJUG. IRRÉG. INDIC. Prés.: ***salgo, sales, sale, salimos, salís, salen.*** Imparf.: ***salía, salías,*** etc. Pas. simple: ***salí, saliste,*** etc. Fut.: ***saldré, saldrás, saldrá, saldremos, saldréis, saldrán.*** COND.: ***saldría, saldrías,*** etc. SUBJ. Prés.: ***salga, salgas, salga, salgamos, salgáis, salgan.*** Imparf.: ***saliera, salieras,*** etc., ou ***saliese, salieses,*** etc. Fut.: ***saliere, salieres,*** etc. IMPÉR.: ***sal, salga, salgamos, salid, salgan.*** PART. PAS.: ***salido.*** GÉR.: ***saliendo.***

salitre [salitre] *m.* Salpêtre, nitre.

saliva [saliβa] *f.* Salive.

salivar [saliβàr] *intr.* **1** Saliver. **2** amer. Cracher (escupir).

salmón [salmòn] *m.* Saumon.

salmuera [salmwèra] *f.* Saumure.

salón [salòn] *m.* **1** Salon. **2** Salle *f.*: ~ ***de actos,*** salle des fêtes.

salpicadura [salpikaðùra] *f.* Éclaboussement *m.* (acción).

salpicar [salpikàr] *tr.* **1** Éclabousser. **2** Asperger (rociar).

salpicón [salpikòn] *m.* Viande *f.* froide en salade (fiambre).

salpimentar [salpimentàr] *tr.* Assaisonner de sel et de poivre. ▲ CONJUG. comme ***acertar.***

salpullido [salpuʎìðo] *m.* MED. Légère éruption *f.* cutanée.

salsa [sàlsa] *f.* Sauce: ~ ***de tomate,*** sauce tomate.

saltador, -ra [saltaðòr, -ra] *s.* **1** Sauteur, euse. ■ **2** *m.* Corde *f.* à sauter (comba).

saltamontes [saltamòntes] *m.* Sauterelle *f.*, criquet.

saltar [saltàr] *intr.* **1** Sauter. **2** Bondir (brincar). **3** Jaillir (un líquido). **4** Rebondir, bondir (una pelota). ■ **5** *tr.* Sauter (un obstáculo). **6** Sauter (omitir). ■ **7** *pr.* Sauter: ***me salté dos páginas,*** j'ai sauté deux pages.

saltarín, -ina [saltarìn, -ina] *s.* Danseur, euse.

saltear [salteàr] *tr.* Détrousser, voler à main armée.

saltimbanqui [saltimbàŋki] *m.* Saltimbanque.

salto [sàlto] *m.* **1** Saut: ~ ***mortal,*** saut périlleux; ~ ***de altura,*** saut en hauteur. **2** Bond, saut: ***dar un*** ~, faire un bond. **3** Précipice. **4** Chute *f.* d'eau (de agua). **5** *loc. adv.* ***A saltos,*** en sautant, par bonds.

salubre [salùβre] *adj.* Salubre.

salud [salùð] *f.* Santé (del cuerpo, del espíritu): ***beber a la ~ de,*** boire à la santé de.

saludable [saluðàβle] *adj.* **1** Salutaire. **2** Sain, saine (sano).

saludar [saluðàr] *tr.* Saluer.

saludo [salùðo] *m.* Salut, salutation *f.*

salva [sàlβa] *f.* **1** Salut *m.*, salutation. **2** MIL. Salve.

salvación [salβaθjòn] *f.* Salut *m.*

salvador, -ra [salβaðòr, -ra] *adj.-s.* Sauveur, salvatrice.

salvaguardar [salβaɣwarðàr] *tr.* Sauvegarder.

salvaje [salβàxe] *adj.-s.* **1** Sauvage. **2** Brutal, ale.

salvamento [salβamènto], **salvamiento** [salβamjènto] *m.* Sauvetage.

salvar [salβàr] *tr.* **1** Sauver. **2** Franchir (un obstáculo, recorrer una distancia). **3** Éviter (una dificultad). **4** Exclure (exceptuar). **5** INFORM. Sauvegarder.

salvavidas [salβaβiðas] *m. invar.* 1 Bouée *f.* de sauvetage. ■ 2 *adj. Bote* ~, canot de sauvetage.
salvedad [salβeðàð] *f.* Réserve, restriction.
salvia [sálβja] *f.* Sauge.
salvo, -va [sálβo, -βa] *adj.* 1 Sauf, sauve: *sano y* ~, sain et sauf. ■ 2 *adv.* Sauf, hormis.
sambenito [sambenito] *m.* 1 Sanbenito, casaque *f.* dont on revêtait les condamnés de l'Inquisition. 2 fig. Note *f.* de discrédit.
san [san] *adj.-m.* Forme apocopée de *santo* que l'an met devant le nom: *san Juan,* saint Jean.
sanar [sanàr] *tr.-intr.* Guérir.
sanatorio [sanatòrjo] *m.* 1 Sanatorium. 2 Clinique *f.* 3 Hôpital.
sanción [sanθjòn] *f.* Sanction.
sancionar [sanθjonàr] *tr.* Sanctionner.
sandalia [sandàlja] *f.* Sandale.
sandía [sandia] *f.* Pastèque, melon *m.* d'eau.
sandwich [sàmbitʃ] *m.* Sandwich.
sanear [saneàr] *tr.* 1 Assainir. 2 DER. Indemniser, garantir.
sangrar [saŋgràr] *tr.* 1 Saigner. 2 Résiner, gemmer (un pino). ■ 3 *intr.* Saigner, perdre son sang. ■ 4 *pr.* Se faire saigner.
sangre [sàŋgre] *f.* 1 Sang *m.*: ~ *fría,* sang-froid; *caballo de pura* ~, cheval pur-sang.
sangría [saŋgria] *f.* 1 Saignée. 2 IMPR. Alinéa *m.* 3 Sangria, boisson rafraîchissante faite avec du vin, du sucre, des fruits macérés.
sangriento, -ta [saŋgrjènto, -ta] *adj.* Sanglant, ante.
sanguinario, -ia [saŋginàrjo, -ja] *adj.* Sanguinaire.
sanguíneo, -ea [saŋgineo, -ea] *adj.* Sanguin, ine.
sanidad [saniðàð] *f.* 1 Santé (salud). 2 Salubrité, hygiène.
sanitario, -ia [sanitàrjo, -ja] *adj.-m.* Sanitaire.
sano, -na [sàno, -na] *adj.* Sain, saine: ~ *y salvo,* sain et sauf.
santiaguista [santjaγista] *adj.* De l'ordre de Saint-Jacques.
santiamén (en un) [santjamèn] *loc. adv.* En un clin d'œil, en moins de rien.
santidad [santiðàð] *f.* Sainteté.
santificar [santifikàr] *tr.* Sanctifier.
santiguar [santiγwàr] *tr.* 1 Faire le signe de la croix sur. ■ 2 *pr.* Se signer.
santísimo, -ma [santisimo, -ma] *adj.* 1 Très saint, très sainte. ■ 2 *n. pr. m.* Le Saint Sacrement.
santo, -ta [sànto, -ta] *adj.-s.* 1 Saint, sainte. Loc. *El Padre Santo,* le Saint-Père. ■ 2 *m.* Statue d'un saint. 3 Fête *f.* (de una persona): *hoy es mi* ~, c'est aujourd'hui ma fête. 4 MIL. ~ *y seña,* mot de passe.
santón [santòn] *m.* Santon.
santoral [santoràl] *m.* 1 Liste *f.* des saints. 2 Vie *f.* des saints.
santuario [santwàrjo] *m.* Sanctuaire.
saña [sàɲa] *f.* Acharnement *m.* (empeño), fureur, rage (furia).
sapiencia [sapjènθja] *f.* Sagesse, savoir *m.*
sapo [sàpo] *m.* Crapaud.
saque [sàke] *m.* 1 DEP. Service (juego de la pelota, tenis), dégagement (fútbol). 2 ~ *de esquina,* corner.
saquear [sakeàr] *tr.* Saccager, piller.
saqueo [sakèo] *m.* Sac, pillage.
sarampión [sarampjòn] *m.* Rougeole *f.*
sarcasmo [sarkàzmo] *m.* Sarcasme.
sarcófago [sarkòfaγo] *m.* Sarcophage.
sardana [sarðàna] *f.* Sardane, danse catalane.
sardina [sarðina] *f.* Sardine.
sardinero, -ra [sarðinèro, -ra] *adj.* 1 Relatif, ive aux sardines. ■ 2 *s.* Sardinier, ière.
sardónice [sarðoniθe] *f.* MINER. Sardoine.
sardónico, -ca [sarðòniko, -ka] *adj.* Sardonique.

sarga [sàrɣa] *f.* Serge.
sargento [sarxènto] *m.* MIL. Sergent.
sarmiento [sarmjènto] *m.* Sarment.
sarna [sàrna] *f.* Gale.
sarpullido [sarpuʎiðo] *m.* Légère éruption *f.* cutanée.
sarro [sàr̄o] *m.* **1** Tartre (de los dientes, de una caldera). **2** Dépôt (en una vasija).
sarta [sàrta] *f.* **1** Chapelet *m.*, collier *m.* (de objetos). **2** fig. Kyrielle, ribambelle.
sartén [sartèn] *f.* Poêle (à frire).
sastre [sàstre] *m.* Tailleur.
sastrería [sastreria] *f.* Métier *m.*, boutique du tailleur.
satánico, -ca [satàniko, -ka] *adj.* Satanique.
satélite [satèlite] *adj.-m.* **1** Satellite. ■ **2** *m.* ~ ***artificial,*** satellite artificiel.
satén [satèn] *m.* Satin.
satinar [satinàr] *tr.* Satiner.
sátira [sàtira] *f.* Satire.
satirizar [satiriθàr] *intr.-tr.* Satiriser.
satisfacer [satisfaθèr] *tr.* Satisfaire. ▲ CONJUG. comme ***hacer.*** IMPÉR. 2.e personne: ***satisfaz*** ou ***satisface.***
satisfecho, -cha [satisfètʃo, -tʃa] *adj.* Satisfait, aite, content, ente: ~ ***de sí,*** content de soi, de sa personne.
saturar [saturàr] *tr.* Saturer.
saturnino, -na [saturnino, -na] *adj.* **1** Triste, taciturne. **2** MED. Saturnin, ine.
sauce [sàŭθe] *m.* Saule: ~ ***llorón,*** saule pleureur.
savia [sàβja] *f.* Sève.
saxófono [sa(ɣ)sòfono] *m.* Saxophone.
sazón [saθòn] *m.* **1** Maturité *f. loc. adv.* ***En*** ~, mûr, mûre. **2** Occasion *f.*, moment *loc. adv.* ***A la*** ~, alors, à ce moment-là. **3** Saveur *f.*, assaisonement (de un manjar).
sazonar [saθonàr] *tr.* **1** Assaisonner. **2** Mûrir, faire mûrir. **3** fig. Mettre au point. ■ **4** *pr.* Mûrir, arriver à maturité.
se [se] *pron.* **1** Se: ~ ***levanta,*** il se lève; ***se sienta,*** il s'asseoit. **2** Lui, leur (delante de lo, la, los, las): ~ ***lo diré,*** je le lui, leur dirai. **3** On: ~ ***dice,*** on dit.
sebáceo, -ea [seβàθeo, -ea] *adj.* Sébacé, ée.
sebo [sèβo] *m.* Suif, graisse *f.*
secador, -ra [sekaðòr, -ra] *adj.-s.* Sécheur, euse.
secante [sekànte] *adj.-m.* **1** Siccatif, ive (pintura). **2** Buvard (papel). ■ **3** *adj.-f.* GEOM. Sécant, ante.
secar [sekàr] *tr.* Sécher: ~ ***la ropa,*** sécher le linge. **2** Dessécher. **3** Assécher (terreno). **4** Tarir (fuente, pozo).
sección [seɣθjòn] *f.* Section.
secesión [seθesjòn] *f.* Sécession.
seco, -ca [sèko, -ka] *adj.* **1** Sec, sèche. **2** *loc. adv.* ***En*** ~, à sec; net: ***pararse en*** ~, s'arrêter net, pile; ***a secas,*** tout court.
secreción [sekreθjòn] *f.* Sécrétion.
secretaría [sekretaria] *f.* **1** Secrétariat *m.* **2** Secrétairerie (en el Vaticano).
secretariado [sekretarjàðo] *m.* Secrétariat.
secretario, -ia [sekretàrjo, -ja] *s.* Secrétaire (persona).
secreto, -ta [sekrèto, -ta] *adj.-m.* Secret, ète: ~ ***a voces,*** secret de polichinelle.
secta [sèɣta] *f.* Secte.
sector [seɣtòr] *m.* Secteur.
secuela [sekwèla] *f.* **1** Suite, conséquence. **2** MED. Séquelle.
secuestrar [sekwestràr] *tr.* **1** Séquestrer. **2** Enlever, kidnapper (raptar).
secuestro [sekwèstro] *m.* **1** Séquestre. **2** Détournement (de un avión).
secular [sekulàr] *adj.* **1** Séculaire. ■ **2** *adj.-s.* Séculier, ière.
secundar [sekundàr] *tr.* Seconder.
secundario, -ia [sekundàrjo, -ja] *adj.* Secondaire.
sed [seð] *f.* Soif.

seda [sèða] *f.* Soie.
sedal [seðàl] *m.* **1** Ligne *f.* (para la pesca). **2** CIR. Séton.
sedante [seðànte] *adj.-m.* Sédatif, ive.
sede [sède] *f.* Siège *m.* (episcopal, de un organismo): ***la Santa ~***, le Saint-Siège.
sediento, -ta [seðjènto, -ta] *adj.* Altéré, ée, assoiffé, ée.
sedimento [seðimènto] *m.* Sédiment.
sedoso, -sa [seðòso, -sa] *adj.* Soyeux, euse.
seducir [seðuθir] *tr.* Séduire. ▲ CONJUG. comme ***conducir.***
seductor, -ra [seðuɣtòr, -ra] *adj.* **1** Séduisant, ante. ■ **2** *adj.-s.* Séducteur, trice.
sefardí [sefarði], **sefardita** [sefarðita] *adj.-s.* Séfarade.
segar [seɣàr] *tr.* Faucher, moissonner. ▲ CONJUG. comme ***acertar.***
segmento [seɣmènto] *m.* Segment.
segregar [seɣreɣàr] *tr.* **1** Séparer. **2** FISIOL. Sécréter.
seguida [seɣiða] *f.* **1** Suite, série. **2** *loc. adv.* ***De ~***, de suite; ***en ~***, tout de suite (pronto), aussitôt après, immédiatement (acto continuo).
seguidilla [seɣiðiʎa] *f.* MÚS. Séguedille.
seguido, -da [seɣiðo, -ða] *adj.* **1** Suivi, ie. **2** Continu, ue, ininterrompu, ue. **3** En ligne droite.
seguidor, -ra [seɣiðòr, -ra] *adj.* **1** Qui suit. ■ **2** *m.* Disciple, adepte.
seguir [seɣir] *tr.* **1** Suivre. **2** Poursuivre, continuer (proseguir). ■ **3** *intr.* Continuer à: ***~ leyendo,*** continuer à lire. ■ **4** *pr.* S'ensuivre (inferirse). ▲ CONJUG. comme ***servir.***
según [seɣùn] *prep.* **1** Selon, d'après, suivant: ***~ el,*** d'après, selon lui. ■ **2** *adv.* Comme, ainsi que (como).
segundero [seɣundèro] *m.* Trotteuse *f.* (de reloj).
segundo, -da [seɣùndo, -da] *adj.* **1** Second, onde, deuxième. ■ **2** *m.* Second (en jerarquía). **3** Seconde *f.* (division del minuto).
seguridad [seɣuriðàð] *f.* **1** Sûreté, sécurité. **2** Assurance (certidumbre). **3** Garantie.
seguro, -ra [seɣùro, -ra] *adj.* **1** Sûr, sure. *loc. adv.* ***A buen ~, de ~,*** sûrement, certainement, pour sûr, à coup sûr. **2** Ferme, solide, fixe. ■ **3** *m.* Sécurité *f.*, abri. *loc. adv.* ***En ~***, en sécurité. **4** Saufconduit. **5** COM. Assurance *f.*: ***~ de incendios,*** assurance contre l'incendie. **6** Cran de sûreté (de un arma de fuego).
seis [sèis] *adj.-m.* Six: ***son las ~***, il est six heures.
seiscientos [seisθjèntos] *adj.-m.* Six cents.
selección [seleɣθjòn] *f.* **1** Sélection. Loc. ***~ natural,*** sélection naturelle. **2** Choix *m.*
seleccionar [seleɣθjonàr] *tr.* Sélectionner.
sellar [seʎàr] *tr.* **1** Sceller. **2** Cacheter (una carta), timbrer. **3** Poinçonner (el oro, etc.).
sello [sèʎo] *m.* **1** Sceau (disco de cera o plomo), cachet (para estampar). **2** Timbre (de papel). **3** Cachet (marca). **4** Timbre-poste, timbre (de correos).
selva [sèlβa] *f.* Forêt.
semáforo [semàforo] *m.* **1** Sémaphore. **2** Feux *pl.* de signalisation (en las calles): ***un ~ en rojo,*** un feu rouge.
semana [semàna] *f.* Semaine: ***la ~ pasada,*** la semaine dernière.
semanal [semanàl] *adj.* Hebdomadaire.
semanario, -ia [semanàrjo, -ja] *adj.-m.* Hebdomadaire.
semblante [semblànte] *m.* **1** Figure *f.*, visage, mine *f.*: ***tener buen ~***, avoir bonne mine. **2** fig. Aspect.
sembrador, -ra [sembraðòr, -ra] *s.* **1** Semeur, euse. ■ **2** *f.* AGR. Semoir *m.*

sembrar [sembrár] *tr.* 1 AGR. Semer, ensemencer. 2 fig. Semer. 3 Joncher (de cosas esparcidas). ▲ CONJUG. comme ***acertar***.
semejante [semexánte] *adj.* 1 Semblable, pareil, eille. ■ 2 *s.* Semblable.
semejanza [semexánθa] *f.* Ressemblance.
semen [sémen] *m.* 1 Sperme. 2 BOT. Semence *f.*
semental [sementál] *adj.* Relatif, ive aux semailles.
semestre [seméstre] *m.* Semestre.
semicírculo [semiθírkulo] *m.* Demi-cercle.
semidiós [semiðjós] *m.* Demi-dieu.
semilla [semíʎa] *f.* 1 Graine, semence. 2 fig. Semence.
semillero [semiʎéro] *m.* Pepinière *f.*
seminario [seminárjo] *m.* Séminaire.
seminarista [seminarísta] *m.* Séminariste.
semita [semíta] *adj.-s.* Sémite.
sémola [sémola] *f.* Semoule.
sen [sen] *m.* 1 Séné. 2 Sen (moneda).
senado [senáðo] *m.* Sénat.
senador [senaðór] *m.* Sénateur.
sencillez [senθiʎéθ] *f.* Simplicité.
sencillo, -lla [senθíʎo, -ʎa] *adj.* Simple.
senda [sénda] *f.*, **sendero** [sendéro] *m.* Sentier *m.* sente *f.*
senectud [seneɣtúð] *f.* Vieillesse.
senil [seníl] *adj.* Sénile.
seno [séno] *m.* ANAT. Sein (pecho).
sensación [sensaθjón] *f.* Sensation: ***causar, producir*** ~, faire sensation.
sensacional [sensaθjonál] *adj.* Sensationnel, elle.
sensatez [sensatéθ] *f.* Bon sens *m.*, sagesse.
sensato, -ta [sensáto, -ta] *adj.* Sensé, ée.
sensibilidad [sensiβiliðáð] *f.* Sensibilité.
sensible [sensíβle] *adj.* Sensible.
sensitivo, -va [sensitíβo, -βa] *adj.* 1 Sensitif, ive. ■ 2 *f.* Sensitive (planta).
sensorial [sensorjál] *adj.* Sensoriel, elle.
sensual [senswál] *adj.* Sensuel, elle.
sensualidad [senswaliðáð] *f.* Sensualité.
sentado, -da [sentáðo, -ða] *adj.* Assis.
sentar [sentár] *tr.* 1 Asseoir. 2 fig. Établir. ■ 3 *intr.* ~ ***bien, mal,*** faire du bien, du mal (a la salud), aller bien, mal, seoir, ne pas seoir (vestido, peinado, etc.): ***este vestido le sienta bien,*** cette robe lui va bien. ■ 4 *pr.* S'asseoir: ***siéntese,*** asseyez-vous. ▲ CONJUG. comme ***acertar***.
sentencia [senténθja] *f.* 1 Sentence. 2 DER. Jugement *m.*, arrêt *m.*
sentido [sentíðo] *adj.* 1 Senti, ie. 2 Sincère. 3 Susceptible. ■ 4 *m.* Sens Loc. ~ ***común,*** sens commun.
sentimiento [sentimjénto] *m.* 1 Sentiment. 2 Regret (pesar).
sentir [sentír] *tr.* 1 Sentir (experimentar una sensación). 2 Entendre (oír). 3 Éprouver, ressentir, avoir (experimentar): ~ ***miedo,*** avoir peur. 4 Juger (opinar). 5 Regretter (lamentar): ***lo siento mucho,*** je le regrette beaucoup. 6 *loc. adv.* ***Sin*** ~, sans que l'on s'en rende compte. ▲ CONJUG. comme ***hervir***.
sentir [sentír] *m.* Sentiment.
seña [séɲa] *f.* 1 Signe *m.* ■ 2 *pl.* Adresse *sing.* (dirección).
señal [seɲál] *f.* 1 Signe *m.* (marca, indicio). 2 Signe *m.* (prodigio). 3 Preuve, témoignage *m.* (prueba). 4 Trace, marque (huella, cicatriz). 5 ~ ***de la cruz,*** signe de croix.
señalado, -da [seɲaláðo, -ða] *adj.* 1 Marqué, ée. 2 Remarquable (insigne). 3 Fixé, ée (día, etc.).
señalar [seɲalár] *tr.* 1 Montrer, indiquer: ~ ***con el dedo,*** montrer du doigt. 2 Signaler, annoncer.

señor, -ra [seɲòr, -ra] *adj.-s.* 1 Maître, esse (dueño). ■ 2 *adj.* Noble, distingué, ée. ■ 3 *m.* Seigneur (feudal, Dios): ***el Señor,*** le Seigneur: ***Nuestro ~,*** Notre-Seigneur.
señora [seɲòra] *f.* 1 Dame (persona). 2 Madame: ***buenos días ~,*** bonjour, madame. 3 Maîtresse (ama).
señoría [seɲoria] *f.* 1 Seigneurie. 2 *Su ~,* votre Seigneurie.
señorío [seɲorio] *m.* 1 Seigneurie *f.* (dignidad, territorio). 2 Pouvoir, autorité *f.* 3 Majesté *f.*, gravité *f.*
señorita [seɲorita] *f.* 1 Demoiselle, jeune fille. 2 Mademoiselle (tratamiento de cortesía).
señorito [seɲorito] *m.* 1 Fils du maître de la maison. 2 Monsieur (amo, de los criados).
separación [separaθjòn] *f.* Séparation.
separar [separàr] *tr.* 1 Séparer. 2 Écarter (apartar). 3 Destituer. ■ 4 *pr.* Se séparer. 5 S'écarter.
sepelio [sepèljo] *m.* Enterrement, inhumation *f.*
sepia [sèpja] *f.* 1 Seiche (molusco). 2 Sépia (color).
septentrional [seβtentrjonàl] *adj.* Septentrional, ale.
séptico, -ca [sèβtiko, -ka] *adj.* Septique.
septiembre [seβtjèmbre] *m.* Septembre.
séptimo, -ma [sèβtimo, -ma] *adj.-m.* 1 Septième. ■ 2 *f.* MÚS. Septième.
septuagésimo, -ma [seβtwaxèsimo, -ma] *adj.* Soixante-dixième.
sepulcral [sepulkràl] *adj.* Sépulcral, ale.
sepulcro [sepùlkro] *m.* Sépulcre, tombeau.
sepultar [sepultàr] *tr.* Enterrer, ensevelir.
sepultura [sepultùra] *f.* Sépulture.
sequía [sekia] *f.* Sécheresse.
séquito [sèkito] *m.* 1 Suite *f.* 2 Cortège.

ser [ser] *intr.* 1 Être: ***esto es mío,*** ceci est à moi. ▲ Comme copule il sert à attribuer des qualités considérées comme permanentes, à la différence de *estar* qui sert à attribuer des qualités considérées comme transitoires: ***ser médico,*** être médecin; ***estar enfermo,*** être malade. 2 Arriver, se produire (suceder), avoir lieu (tener lugar), venir: ***¿cómo fue esto?,*** comment cela est-il arrivé? 3 ~ ***para,*** être fait pour (persona), servir a, être fait pour (cosa): ***no soy para eso,*** je ne suis pas fait pour cela. 4 Otros empleos: ***a no ~,*** si ce n'est; ***a no ~ que,*** à moins que; ***¡cómo ha de ~!,*** qu'y pouvons-nous!; ***eso es,*** c'est cela, c'est ça. ▲ CONJUG. IRRÉG. INDIC. Prés.: ***soy, eres, es, somos, sois, son.*** Imparf.: ***era, eras, era, éramos, erais, eran.*** Pas. simple: ***fui, fuiste, fue, fuimos, fuisteis, fueron.*** Fut.: ***seré, serás,*** etc. COND.: ***sería, serías,*** etc. SUBJ. Prés.: ***sea, seas, sea, seamos, seáis, sean.*** Imparf.: ***fuera, fueras, fuera, fuéramos, fuerais, fueran,*** ou ***fuese, fueses,*** etc. Fut.: ***fuere, fueres,*** etc. IMPÉR.: ***sé, sea, seamos, sed, sean.*** PART. PAS.: ***sido.*** GÉR.: ***siendo.***
ser [ser] *m.* Être (ente).
sera [sèra] *f.* Couffe, couffin *m.*
serenar [serenàr] *tr.* 1 Calmer, apaiser, tranquiliser. 2 Rasséréner, calmer (a uno). ■ 3 *pr.* Se calmer.
sereno, -na [serèno, -na] *adj.* 1 Serein, eine (cielo, tiempo). 2 fig. Serein, eine, posible, calme. ■ 3 *m.* Veilleur de nuit.
serie [sèrje] *f.* Série.
seriedad [serjeðàð] *f.* Sérieux *m.*, gravité.
serio, -ia [sèrjo, -ja] *adj.* Sérieux, euse. Loc. ***Tomar en ~,*** prendre au sérieux.
sermón [sermòn] *m.* 1 Sermon. 2 Semonce *f.* (reprensión).
serpiente [serpjènte] *f.* Serpent *m.*: ***~ de cascabel,*** serpent à sonnette.

serranía [seřania] *f.* Terrain *m.* montagneux.
serrar [seřár] *tr.* Scier. ▲ CONJUG. comme ***acertar.***
serrucho [seřútʃo] *m.* Scie *f.* à main, égoïne *f.*
servicio [serβiθjo] *m.* Service.
servidor, -ra [serβiðòr, -ra] *s.* Serviteur, servante, domestique. Loc. ***Servidor, servidora de usted,*** à votre service.
servidumbre [serβiðúmbre] *f.* Servitude, servage *m.*
servilleta [serβiʎèta] *f.* Serviette (de table).
servir [serβir] *tr.-intr.* **1** Servir: ~ ***para,*** servir à: ***¿de qué sirve...?,*** à quoi sert...? ■ **2** *tr.* Desservir (una parroquia). ■ **3** *pr.* Se servir. **4** Vouloir, daigner: ***sírvase entrar,*** veuillez entrer. ▲ CONJUG. IRRÉG. INDIC. Prés.: ***sirvo, sirves, sirve, sirven.*** Pas simple: ***sirvió, sirvieron.*** SUBJ. Prés.: ***sirva, sirvas, sirva, sirvamos, sirváis, sirvan.*** Imparf.: ***sirviera, sirvieras, sirviera, sirviéramos, sirvierais, sirvieran*** ou ***sirviese, sirvieses,*** etc. IMPÉR.: ***sirve, sirva, sirvamos, sirvan.*** GÉR.: ***sirviendo.*** Les autres formes sont régulières.
sesenta [sesènta] *adj.-m.* Soixante.
seseo [sesèo] *m.* Défaut qui consiste à prononcer le *c* et le *z* comme un *s.*
sesera [sesèra] *f.* **1** fam. Boîte crânienne. **2** fig. fam. Cervelle.
sesión [sesjòn] *f.* **1** Séance. **2** Session (de un concilio).
seso [sèso] *m.* **1** Cerveau, cervelle *f.* Loc. fig. ***Devanarse los sesos,*** se creuser la tête. **2** fig. Jugement *m.,* bon sens *m.*
seta [sèta] *f.* Champignon *m.*
setecientos, -as [seteθjèntos, -as] *adj.* Sept cents.
setenta [setènta] *adj.-m.* Soixante-dix.
setiembre [setjèmbre] *m.* Septembre.
seto [sèto] *m.* Haie *f.:* ~ ***vivo,*** haie vive.
seudónimo [seŭðònimo] *adj.-m.* Pseudonyme.
severidad [seβeriðàð] *f.* Sévérité.
severo, -ra [seβèro, -ra] *adj.* Sévère.
sevillano, -na [seβiʎàno, -na] *adj.-s.* Sévillan, ane.
sexagenario, -ia [se(γ)saxenàrjo, -ja] *adj.-s.* Sexagénaire.
sexagésimo, -ma [se(γ)saxèsimo, -ma] *adj.-s.* Soixantième.
sexo [sè(γ)so] *m.* Sexe.
sexta [sè(γ)sta] *f.* **1** Sexte. **2** MÚS., ESGR. Sixte.
sexto, -ta [sè(γ)sto, -ta] *adj.-s.* Sixième.
sexual [se(γ)swàl] *adj.* Sexuel, elle.
si [si] *m.* **1** MÚS. Si. ■ **2** *conj.* Si (s' delante de *il, ils*): ***si yo fuera mucho más joven,*** si j'étais beaucoup plus jeune.
sí [si] *pron. pers.* **1** Soi: ***volver en sí,*** revenir à soi. *loc. adv.* ***De por*** ~, en soi; ***de*** ~, en soi; ***para*** ~, à part soi; ***sobre*** ~, sur ses gardes. ■ **2** *adv.* Oui: ***ni*** ~ ***ni no,*** ni oui ni non.
siamés, -esa [sjamès, -èsa] *adj.-s.* Siamois, oise.
sibarita [siβarita] *adj.-s.* Sybarite.
sicario [sikàrjo] *m.* Sicaire.
siciliano, -na [siθiljàno, -na] *adj.-s.* Sicilien, ienne.
sicómoro [sikòmoro] *m.* Sycomore.
sida, SIDA [siða] *m.* (*abrev.* Síndrome de Inmunodeficiencia Adquirida) Sida, SIDA.
sideral [siðeràl], **sidéreo, -ea** [siðèreo, -ea] *adj.* Sidéral, ale.
siderurgia [siðerùrgia] *f.* Sidérurgie.
sidra [siðra] *f.* Cidre *m.*
siembra [sjèmbra] *f.* Semailles *pl.*
siempre [sjèmpre] *adv.* Toujours.
sien [sjèn] *f.* Tempe.
sierra [sjèřa] *f.* **1** Scie (herramienta, pez). **2** Chaîne de montagnes.
siervo, -va [sjèrβo, -βa] *s.* **1** Serf, serve. **2** Serviteur, servante (de Dios).
siesta [sjèsta] *f.* Sieste: ***dormir, echar la*** ~, faire la sieste.

siete [sjète] *adj.-m.* 1 Sept. ■ 2 *m.* Déchirure *f.*, acroc (en una tela).
sifón [sifòn] *m.* Siphon.
sigilo [sixilo] *m.* 1 Sceau. 2 Secret: ~ *sacramental,* secret de la confession.
sigiloso, -sa [sixilòso, -sa] *adj.* Réservé, ée, discret, ète.
siglo [siɣlo] *m.* Siècle: *en el ~ veinte,* au vingtième siècle.
significación [siɣnifikaθjòn] *f.* 1 Signification. 2 Importance.
significado, -da [siɣnifikàðo, -ða] *adj.* 1 Important, ante. ■ 2 *m.* Signification *f.*, sens.
significar [siɣnifikàr] *tr.* Signifier.
signo [siɣno] *m.* Signe.
siguiente [siɣjènte] *adj.-s.* Suivant, ante.
sílaba [silaβa] *f.* Syllabe.
silábico, -ca [silàβiko, -ka] *adj.* Syllabique.
silba [silβa] *f.* Sifflets *m. pl.*
silbar [silβàr] *intr.-tr.* Siffler.
silbato [silβàto] *m.* Sifflet.
silbido [silβiðo] *m.* Sifflement, coup de sifflet.
silencio [silènθjo] *m.* Silence. Loc. *Pasar en ~,* passer sous silence.
silencioso, -sa [silenθjòso, -sa] *adj.* Silencieux, euse.
sílex [siles] *m.* Silex.
silicato [silikàto] *m.* Silicate.
silla [siʎa] *f.* 1 *f.* Chaise: ~ *de manos,* chaise à porteurs. 2 Siège *m.* (sede, dignidad). 3 Selle (de jinete). Loc. ~ *de montar,* selle.
sillería [siʎeria] *f.* Construction en pierre de taille.
sillón [siʎòn] *m.* Fauteuil.
silogismo [siloxizmo] *m.* LÓG. Syllogisme.
silueta [silwèta] *f.* Silhouette.
silva [silβa] *f.* 1 Silves *pl.* 2 Sorte de composition poétique.
silvestre [silβèstre] *adj.* Silvestre.
simbólico, -ca [simbòliko, -ka] *adj.* Symbolique.
símbolo [simbolo] *m.* Symbole.
simetría [simetria] *f.* Symétrie.
simiente [simjènte] *f.* Semence, graine.
similar [similàr] *adj.* Similaire.
similitud [similitùð] *f.* Similitude, similarité.
simio [simjo] *m.* Singe.
simpatía [simpatia] *f.* Sympathie.
simpático, -ca [simpàtiko, -ka] *adj.-m.* Sympathique.
simpatizar [simpatiθàr] *intr.* Sympathiser.
simple [simple] *adj.* 1 Simple. ■ 2 *adj.-s.* fig. Naïf, ive, crédule, niais, aise.
simplicidad [simpliθiðàð] *f.* Simplicité.
simplificar [simplifikàr] *tr.* Simplifier.
simulación [simulaθjòn] *f.* Simulation.
simulacro [simulàkro] *m.* Simulacre.
simular [simulàr] *tr.* Simuler.
simultaneidad [simultaneiðàð] *f.* Simultaneité.
simultáneo, -ea [simultàneo, -ea] *adj.* Simultané, ée.
sin [sin] *prep.* Sans.
sinagoga [sinaɣòɣa] *f.* Synagogue.
sincerar [sinθeràr] *tr.* 1 Disculper, justifier. ■ 2 *pr.* Se justifier.
sinceridad [sinθeriðàð] *f.* Sincérité.
sincero, -ra [sinθèro, -ra] *adj.* Sincère.
síncopa [siŋkopa] *f.* GRAM., MÚS. Syncope.
sincronizar [siŋkroniθàr] *tr.* Synchroniser.
sindical [sindikàl] *adj.* Syndical, ale.
sindicalismo [sindikalizmo] *m.* Syndicalisme.
sindicar [sindikàr] *tr.* Syndiquer.
sindicato [sindikàto] *m.* Syndicat.
síndico [sindiko] *m.* Syndic.
sinfín [siɱfin] *m.* Infinité *f.*, grand nombre.
sinfonía [siɱfonia] *f.* Symphonie.
sinfónico, -ca [siɱfòniko, -ka] *adj.* Symphonique.
singular [siŋgulàr] *adj.-m.* Singulier, ière.

singularizar [siŋgulariθàr] *tr.* Singulariser.
siniestra [sinjèstra] *f.* Main gauche.
siniestro, -tra [sinjèstro, -tra] *adj.* **1** Gauche. **2** Sinistre (funesto).
sino [sinò] *conj.* **1** Mais: ***no lo he dicho yo ~ él,*** ce n'est pas moi qui l'ai dit mais lui. **2** Sinon. **3** Precedido de una negación, se traduce por seul, seulement, sauf, ne... que: ***nadie lo sabe ~ él,*** personne ne le sait sauf lui, lui seul le sait.
sinónimo, -ma [sinònimo, -ma] *adj.-m.* Synonyme.
sinopsis [sinòβsis] *f.* Synopsis.
sinovial [sinoβjàl] *adj.* Synovial, ale.
sinrazón [sinr̄aθòn] *f.* Tort *m.*, injustice.
sinsabor [sinsaβòr] *m.* **1** Insipidité *f.* **2** Chagrin (pesar), désagrément (disgusto).
sintaxis [sintà(ɣ)sis] *f.* Syntaxe.
síntesis [sìntesis] *f.* Synthèse.
sintético, -ca [sintètiko, -ka] *adj.* Synthétique.
sintetizar [sintetiθàr] *tr.* Synthétiser.
síntoma [sìntoma] *m.* Symptôme.
sintonía [sintonìa] *f.* **1** FÍS. Syntonie. **2** RAD. Indicatif *m.*
sintonizar [sintoniθàr] *tr.* Syntoniser.
sinuoso, -sa [sinwòso, -sa] *adj.* **1** Sinueux, euse. **2** fig. Tortueux, euse.
sinusitis [sinusìtis] *f.* MED. Sinusite.
sinvergüenza [simberɣwènθa] *adj.-s.* **1** Dévergondé, ée, fripon, onne. ■ **2** *s.* Crapule *f.*, personne sans scrupule.
siquiera [sikjèra] *adv.* **1** Au moins, ne serait-ce que. **2** *loc. adv.* ***Ni ~,*** pas même. ■ **3** *conj.* Même si, encore que: ***hazme este favor, ~ sea el último,*** rends-moi ce service même si c'est le dernier.
sirena [sirèna] *f.* Sirène.
sirviente, -ta [sirβjènte, -ta] *adj.* **1** Serviteur, servante, domestique. ■ **2** *m.* MIL. Servant.
sisa [sìsa] *f.* **1** Menus profits *m. pl.* **2** Emmanchure (de la manga).
sisar [sisàr] *tr.* **1** Soutirer, carotter, rabioter. **2** Échancrer (un vestido).
sísmico, -ca [sìsmiko, -ka] *adj.* Sismique.
sistema [sistèma] *m.* Système.
sitiado, -da [sitjàðo, -ða] *adj.-s.* Assiégé, ée.
sitiar [sitjàr] *tr.* Assiéger.
sitio [sìtjo] *m.* **1** Endroit, place *f.* Loc. ***Dejar en el ~,*** tuer net. **2** *loc. adv.* ***En algún ~,*** quelque part; ***en cualquier ~,*** n'importe où. **3** MIL. Siège: ***estado de ~,*** état de siège.
situación [sitwaθjòn] *f.* Situation.
situar [sitwàr] *tr.* Situer, placer.
SL [eseèle] *f.* (*abrev.* sociedad limitada) SARL.
smoking [smòkin] *m.* Smoking.
so [so] *prep.* Sous: ***~ color,*** sous couleur.
sobaco [soβàko] *m.* Aiselle *f.*
sobar [soβàr] *tr.* **1** Masser, pétrir. **2** Tripoter, peloter (manosear).
soberanía [soβeranìa] *f.* Souveraineté.
soberano, -na [soβeràno, -na] *adj.-s.* Souverain, aine.
soberbia [soβèrβja] *f.* **1** Superbe, orgueil *m.* **2** Emportement *m.*, colère (ira).
sobornar [soβornàr] *tr.* Suborner.
soborno [soβòrno] *m.* Subornation *f.*
sobra [sòβra] *f.* **1** Excès *m.*, abondance. **2** *loc. adv.* ***De ~,*** largement, plus qu'il n'en faut, de trop. ■ **3** *pl.* Reliefs *m.* (de una comida), restes *m.* (de una cosa), déchets *m.* (deshechos).
sobrado, -da [soβràðo, -ða] *adj.* De trop, en trop.
sobrante [soβrànte] *adj.* **1** Restant, en trop. ■ **2** *m.* Reste, restant.
sobrasada [soβrasàða] *f.* Saucisse de Majorque.
sobre [sòβre] *prep.* **1** Sur (encima): ***~ la mesa,*** sur la table. **2** Au-dessus de. **3** Sur, au sujet de (acerca de). **4** Sur (en prenda de). **5** Sur (repetición): ***desgracia ~ desgracia,*** malheur sur malheur. **6** En plus

de, outre: ~ ***esto,*** en plus de ceci. ■ 7 *m.* Enveloppe *f.* (de una carta).

sobrecama [soβrekáma] *f.* Courtepointe.

sobrecarga [soβrekárɣa] *f.* Surcharge.

sobrecargo [soβrekárɣo] *m.* MAR. Subrécargue.

sobrecoger [soβrekoxér] *tr.* **1** Surprendre, saisir. ■ **2** *pr.* Être surpris, ise, saisi, ie.

sobredosis [soβreðósis] *f.* Surdose, angl. overdose.

sobrehumano, -na [soβreŭmáno, -na] *adj.* Surhumain, aine.

sobrellevar [soβreʎeβár] *tr.* Endurer, supporter.

sobremanera [soβremanéra] *adv.* Beaucoup, extrêmement, excessivement.

sobremesa [soβremésa] *f.* **1** Tapis *m.* de table. **2** Temps *m.* que l'on passe à table après le repas. Loc. *De ~*, après le repas.

sobrenatural [soβrenaturál] *adj.* Surnaturel, elle.

sobrenombre [soβrenómbre] *m.* Surnom.

sobrepasar [soβrepasár] *tr.* Surpasser, excéder.

sobreponer [soβreponér] *tr.* **1** Superposer. ■ **2** *pr.* Se dominer. **3** Surmonter (adversidades, etc.): ***se sobrepuso al asco...,*** il surmonta le dégoût... ▲ CONJUG. comme ***poner.***

sobreprecio [soβrepréθjo] *m.* Augmentation *f.* de prix.

sobrepuesto, -ta [soβrepwésto, -ta] *adj.* Superposé, ée.

sobrepujar [soβrepuxár] *tr.* Surpasser, dépasser.

sobresaliente [soβresaljénte] *adj.* **1** Qui dépasse. **2** Remarquable (notable). ■ **3** *m.* Mention *f.* très bien (en los exámenes). **4** TAUROM. Matador de réserve. ■ **5** *s.* TEAT. Doublure *f.*

sobresalir [soβresalír] *intr.* **1** Surpasser, dépasser. **2** Faire saillie (resaltar). **3** fig. Se distinguer, exceller.

sobresaltar [soβresaltár] *tr.* **1** Attaquer soudain. **2** Effrayer, faire sursauter (asustar).

sobresalto [soβresálto] *m.* Émotion *f.*, frayeur *f.* soudaine, soubresaut.

sobrescrito [soβreskríto] *m.* Suscription *f.*, adresse *f.*

sobreseimiento [soβreseĭmjénto] *m.* DER. Sursis, non-lieu.

sobretodo [soβretóðo] *m.* Pardessus, surtout.

sobrevivir [soβreβiβír] *intr.* Survivre.

sobrino, -na [soβríno, -na] *s.* Neveu, nièce.

sobrio, -ia [sóβrjo, -ja] *adj.* Sobre.

socarrón, -ona [sokar̄ón, -óna] *adj.-s.* **1** Sournois, oise (disimulado). **2** Narquois, oise (burlón).

socavar [sokaβár] *tr.* **1** Creuser dessous. **2** fig. Miner, saper.

sociable [soθjáβle] *adj.* Sociable.

social [soθjál] *adj.* Social, ale.

socialismo [soθjalízmo] *m.* Socialisme.

sociedad [soθjeðáð] *f.* Société.

socio, -ia [sóθjo, -ja] *s.* **1** COM. Associé, ée. Loc. ~ ***capitalista,*** associé. **2** Sociétaire, membre (de una asociación, club).

sociología [soθjoloxía] *f.* Sociologie.

socorrido, -da [sokor̄íðo, -ða] *adj.* **1** Secourable. **2** Usé, ée, banal, ale, passepartout (trillado).

socorro [sokór̄o] *m.* **1** Secours, aide *f.* **2** *interj.* Au secours!

soda [sóða] *f.* **1** Soda *m.* (bebida). **2** QUÍM. Soude.

sódico, -ca [sóðiko, -ka] *adj.* Sodique.

sodio [sóðjo] *m.* QUÍM. Sodium.

sofá [sofá] *m.* Sofá, canapé.

sofisma [sofízma] *m.* Sophisme.

sofisticar [sofistikár] *tr.* Sophistiquer.

soflamar [soflamár] *tr.* **1** Enjôler. **2** fig. Faire rougir (avergonzar). ■ **3** *pr.* Brûler.

sofocación [sofokaθjón] *f.* **1** Suffocation. **2** Étouffement *m.*
sofocar [sofokár] *tr.* **1** Suffoquer, étouffer. **2** Importuner. **3** Faire rougir (avergonzar). ■ **4** *pr.* Rougir (ruborizarse).
sofoco [sofóko] *m.* **1** Suffocation *f.*, étouffement. **2** Rougeur *f.* (rubor). **3** Gros ennui, contrariété *f.* (disgusto).
sofreír [sofreír] *tr.* COC. Faire revenir, frire légèrement. ▲ CONJUG. comme ***reír.***
soga [sóγa] *f.* Corde.
soja [sóxa] *f.* Soja *m.*
sojuzgar [soxuθγár] *tr.* Subjuguer, asservir.
sol [sol] *m.* **1** Soleil. Loc. ***No dejar ni a ~ ni a sombra,*** harceler, être toujours sur le dos de. **2** Monnaie *f.* du Pérou. **3** fam. Amour.
sol [sol] *m.* MÚS. Sol.
solador [solaðór] *m.* Paveur, carreleur, dalleur.
solana [solána] *f.* **1** Endroit *m.*, exposé au soleil. **2** Véranda, galerie.
solapa [solápa] *f.* **1** Revers *m.* (de vestido). **2** Revers *m.* (de la sobrecubierta de un libro). **3** fig. Prétexte *m.*
solar [solár] *tr.* **1** Paver, carreler, daller. **2** Ressemeler (calzado).
solar [solár] **1** *adj.* Solaire. ■ **2** *adj.-m.* *Casa ~,* manoir *m.* ■ **3** *m.* Terrain vague, terrain à bâtir (por edificar).
solaz [soláθ] *m.* Distraction *f.*, délassement.
soldada [soldáða] *f.* **1** Salaire *m.* **2** Solde (de un soldado).
soldado [soldáðo] *m.* Soldat.
soldador [soldaðór] *m.* **1** Soudeur. **2** Fer à souder (instrumento).
soldadura [soldaðúra] *f.* Soudure.
soldar [soldár] *tr.* Souder. ▲ CONJUG. comme ***contar.***
solear [soleár] *tr.* Exposer au soleil.
soledad [soleðáð] *f.* Solitude.
solemne [solémne] *adj.* Solennel, elle.
solemnidad [solemniðáð] *f.* Solennité.
soler [solér] *intr.* **1** Avoir coutume de: ***suele venir temprano,*** il a l'habitude de venir de bonne heure. **2** Être fréquent. ▲ CONJUG. comme ***mover.***
solera [soléra] *f.* **1** Poutre, solive (viga). **2** Meule gisante (del molino). **3** Lie (del vino).
soleta [soléta] *f.* Semelle (de una media).
solfa [sólfa] *f.* **1** Solfège *m.* **2** fam. Raclée (paliza).
solfear [solfeár] *tr.* Solfier.
solfeo [solféo] *m.* Solfège.
solicitar [soliθitár] *tr.* Solliciter, demander.
solicitud [soliθitúð] *f.* **1** Sollicitude. **2** Demande, requête, pétition (documento).
solidaridad [soliðariðáð] *f.* Solidarité.
solidario, -ia [soliðárjo, -ja] *adj.* Solidaire.
solidez [soliðéθ] *f.* Solidité.
solidificar [soliðifikár] *tr.* Solidifier.
sólido, -da [sóliðo, -ða] *adj.-m.* Solide.
solista [solísta] *s.* Soliste.
solitario, -ia [solitárjo, -ja] *adj.* **1** Solitaire. ■ **2** *m.* Solitaire.
sollozar [soʎoθár] *intr.* Sangloter.
sollozo [soʎóθo] *m.* Sanglot.
solo, -la [sólo, -la] *adj.* **1** Seul, seule. ■ **2** *m.* Jeu de cartes. **3** MÚS. Solo.
sólo [sólo] *adv.* Seulement: ***No ~... sino también,*** non seulement... mais encore.
solomillo [solomíʎo], **solomo** [solómo] *m.* Entrecôte *f.*
soltar [soltár] *tr.* **1** Détacher, défaire (lo que estaba atado). **2** Lâcher (lo que se tiene cogido). ■ **3** fig. Se dégourdir, se débrouiller, devenir plus habile (adquirir desenvoltura). **4** Commencer: ***soltarse a hablar,*** commencer à parler. ▲ CONJUG. comme ***contar.***

soltero, -ra [soltèro, -ra] *adj.-s.* 1 Célibataire. 2 ***Apellido de soltera,*** nom de jeune fille.
soltura [soltùra] *f.* Aisance, facilité.
soluble [solùβle] *adj.* Soluble.
solución [soluθjòn] *f.* Solution. Loc. *~ de continuidad,* solution de continuité.
solvencia [solβènθja] *f.* Solvabilité.
solventar [solβentàr] *tr.* 1 Régler, résoudre (un asunto). 2 Payer (una deuda).
solvente [solβènte] *adj.* Solvable.
somanta [somànta] *f.* Raclée, rossée.
sombra [sòmbra] *f.* 1 Ombre: ***dar ~,*** donner de l'ombre. 2 fig. Ombre: ***ni ~ de,*** pas l'ombre de. 3 Chance (suerte). 4 ***Tener buena ~,*** avoir de la chance (suerte).
sombrear [sombreàr] *tr.* 1 Ombrager. 2 PINT. Ombrer.
sombrerazo [sombreràθo] *m.* Coup de chapeau.
sombrerera [sombrerèra] *f.* 1 Chapelière (mujer). 2 Modiste (la que hace sombreros). 3 Carton *m.* à chapeaux (caja).
sombrerería [sombrereria] *f.* Chapellerie.
sombrero [sombrèro] *m.* Chapeau: *~ **cordobés,*** chapeau à larges bords; *~ **de copa alta,*** chapeau haut de forme; *~ **de tres picos,*** tricorne.
sombrilla [sombriʎa] *f.* Ombrelle.
sombrío, -ía [sombrio, -ia] *adj.* 1 Sombre, ombragé, ée. 2 fig. Sombre (melancólico).
someter [sometèr] *tr.* Soumettre.
somnífero,-ra [somnifero,-ra] *adj.-m.* Somnifère.
somnolencia [somnolènθja] *f.* Somnolence.
son [son] *m.* 1 Son (agréable à l'oreille). 2 Manière *f.,* façon *f.* (modo). Loc. ***En ~ de burla,*** en manière de moquerie, sur un ton de moquerie.
sonado, -da [sonàðo, -ða] *adj.* 1 Fameux, euse. 2 Qui fait du bruit, qui fait sensation (divulgado).
sonámbulo, -la [sonàmbulo, -la] *adj.-s.* Somnambule.
sonante [sonànte] *adj.* Sonnant, ante.
sonar [sonàr] *intr.* 1 Sonner (producir un sonido): *~ **a hueco,*** sonner creux. 2 Sonner (reloj). 3 Être cité, ée, être mentionné, ée. ■ 4 *pr.* Se moucher. 5 ***Se suena que,*** le bruit court que. ▲ CONJUG. comme ***contar.***
sonata [sonàta] *f.* MÚS. Sonate.
sondar [sondàr], **sondear** [sondeàr] *tr.* Sonder.
sondeo [sondèo] *m.* Sondage.
soneto [sonèto] *m.* Sonnet.
sonido [soniðo] *m.* Son.
sonoro, -ra [sonòro, -ra] *adj.* Sonore.
sonreír [sonřeir] *intr.-pr.* Sourire. ▲ CONJUG. comme ***reír.***
sonrisa [sonřisa] *f.* Sourire *m.*
sonrojar [sonřoxàr] *tr.* 1 Faire rougir (de vergüenza). ■ 2 *pr.* Rougir.
sonsacar [sonsakàr] *tr.* 1 Soutirer. 2 Tirer les vers du nez à (procurar que uno hable).
soñador, -ra [soɲaðòr, -ra] *s.* Rêveur, euse.
soñar [soɲàr] *tr.-intr.* Rêver, songer: ***soñé con ella esta noche,*** j'ai rêvé à elle cette nuit. ▲ CONJUG. comme ***contar.***
soñolencia [soɲolènθja] *f.* Somnolence.
soñoliento, -ta [soɲoljènto, -ta] *adj.* Somnolent, ente.
sopa [sòpa] *f.* Soupe: *~ **de leche,*** soupe au lait. Loc. fig. ***Hecho una ~,*** trempé comme une soupe.
sopapo [sopàpo] *m.* 1 Tape *f.* sous le menton. 2 fam. Gifle *f.* (bofetada).
sopera [sopèra] *f.* Soupière.
sopetón [sopetòn] *m.* 1 Forte tape *f.* 2 *loc. adv.* ***De ~,*** à l'improviste.

soplar [soplàr] *intr.* 1 Souffler: ***el viento sopla,*** le vent souffle. ■ 2 *tr.* Rapporter, moucharder (delatar).
soplete [soplète] *m.* Chalumeau.
soplido [sopliðo] *m.* Souffle, soufflement.
soplo [sòplo] *m.* Souffle.
sopor [sopòr] *m.* Assoupissement.
soportable [soportàβle] *adj.* Supportable.
soportar [soportàr] *tr.* Supporter.
soporte [sopòrte] *m.* Support.
soprano [sopràno] *s.* MÚS. Soprano.
sor [sor] *f.* Sœur (devant un nom de religieuse).
sorber [sorβèr] *tr.* 1 Avaler en aspirant, boire, humer. 2 fig. Absorber.
sorbete [sorβète] *m.* Sorbet.
sorbo [sòrβo] *m.* 1 Gorgée *f.* 2 fig. Petite quantité *f.* 3 *loc. adv.* ***A sorbos,*** à petites gorgées.
sordera [sorðèra] *f.* Surdité.
sórdido, -da [sòrðiðo, -ða] *adj.* Sordide.
sordo, -da [sòrðo, -ða] *adj.-s.* Sourd, sourde.
sordomudo, -da [sorðomùðo, -ða] *adj.-s.* Sourd-muet, sourde-muette.
sorprender [sorprendèr] *tr.* 1 Surprendre: ***sorprendimos al ladrón,*** nous avons surpris le voleur. ■ 2 *pr.* S'étonner.
sorpresa [sorprèsa] *f.* Surprise.
sortear [sorteàr] *tr.* 1 Tirer au sort. 2 Éviter, éluder (dificultades, etc.).
sorteo [sortèo] *m.* Tirage au sort.
sortija [sortixa] *f.* 1 Bague, anneau *m.* 2 Boucle (de pelo). 3 Furet *m.* (juego).
sosegar [soseγàr] *tr.* 1 Calmer, apaiser. ■ 2 *intr.* Reposer. ■ 3 *pr.* S'apaiser, se calmer. ▲ CONJUG. comme ***acertar.***
sosiego [sosjèγo] *m.* Calme, tranquillité *f.*
soslayar [soslaǰàr] *intr.* Mettre de biais.
soso, -sa [sòso, -sa] *adj.* Fade, insipide.
sospecha [sospètʃa] *f.* Soupçon *m.*
sospechar [sospetʃàr] *tr.-intr.* 1 Soupçonner (conjeturar). 2 Se douter de: ***lo sospechaba,*** je m'en doutais. ■ 3 *intr.* Soupçonner, suspecter: ~ ***de uno,*** soupçonner quelqu'un.
sospechoso, -sa [sospetʃòso, -sa] *adj.-s.* Suspect, ecte (que inspira sospechas).
sostén [sostèn] *m.* 1 Soutien. 2 Soutien-gorge (prenda).
sostener [sostenèr] *tr.* Soutenir.
sostenido, -da [sosteniðo, -ða] *adj.-m.* MÚS. Dièse.
sota [sòta] *f.* Valet *m.* (au jeu de cartes).
sotana [sotàna] *f.* Soutane.
sótano [sòtano] *m.* Sous-sol, cave *f.*
soviético, -ca [soβjètiko, -ka] *adj.-s.* Soviétique.
Sr. (*abrev.* señor) M.
Sra. (*abrev.* señora) Mme.
Sres. (*abrev.* señores) MM.
Srta. (*abrev.* señorita) Melle.
stock [estòk] *m.* angl. Stock (existencias).
su [su] *pl.* **sus** [sus] *adj. pos.* 1 Son, sa, ses (un solo poseedor). 2 Leur, leurs (varios poseedores). 3 Votre, vos (de usted, de ustedes): ~ ***sobrino de usted,*** votre neveu.
suave [swàβe] *adj.* Doux, douce, suave.
suavidad [swaβiðàð] *f.* Douceur, suavité.
suavizante [swaβiθànte] *m.* Assouplissant.
suavizar [swaβiθàr] *tr.* Adoucir.
subalterno, -na [suβaltèrno, -na] *adj.-s.* Subalterne.
subarriendo [suβar̄jèndo] *m.* Sous-location *f.*
subasta [suβàsta] *f.* Vente aux enchères.
subconsciente [suβkonsθjènte] *adj.-m.* Subconscient, ente.
subdesarrollo [suβðesar̄òʎo] *m.* Sous-développement.

subdirector, -ra [suβðireɣtór, -ra] *s.* Sous-directeur, trice.
súbdito, -ta [súβðito, -ta] *s.* **1** Sujet, ette. **2** Ressortissant, ante (natural de un país).
subdividir [suβðiβiðir] *tr.* Subdiviser.
subgobernador [suβɣoβernaðór] *m.* Sousgouverneur.
subida [suβiða] *f.* **1** Montée (en globo, etc.), ascension (de un monte). **2** Montée, côte (cuesta). **3** Hausse (de los precios). **4** Crue (de las aguas). **5** TEAT. Lever *m.* (del telón).
subido, -da [suβiðo, -ða] *adj.* **1** Fort, forte (olor). **2** Vif, vive (color). **3** Élevé, ée (precio).
subir [suβir] *intr.* **1** Monter: ~ ***a caballo,*** monter à cheval. ■ **2** *tr.* Monter, gravir: ~ ***una cuesta,*** monter une côte. **3** Monter (llevar a un sitio más elevado). **4** Augmenter (precio). **5** Hausser (el tono).
súbito [súβito] *adj.* **1** Subit, ite, soudain, aine. ■ **2** *adv.* Subitement, soudain.
subjetivo, -va [suβxetiβo, -βa] *adj.* Subjectif, ive.
sublevación [suβleβaθjón] *f.* Soulèvement *m.*, révolte.
sublevar [suβleβár] *tr.* **1** Soulever, révolter. ■ **2** *pr.* Se soulever.
sublime [suβlime] *adj.* Sublime.
submarino, -na [suβmarino, -na] *adj.-m.* Sous-marin, ine.
submúltiplo, -pla [suβmúltiplo, -pla] *adj.-m.* MAT. Sous-multiple.
subnormal [suβnor̄mál] *adj.-s.* desp. Débile.
suboficial [suβofiθjál] *m.* Sous-officier.
subordinación [suβorðinaθjón] *f.* Subordination.
subordinado, -da [suβorðinaðo, -ða] *adj.-s.* Subordonné, ée.
subrayar [suβraǰár] *tr.* Souligner.
subsanar [suβsanár] *tr.* Réparer (un daño, un olvido), corriger (una falta).
subscribir [suskriβir] *tr.* **1** Souscrire. ■ **2** *pr.* Souscrire à. **3** S'abonner (a un periódico). ▲ PART. PAS.: ***subscrito.***
subscriptor, -ra [suskriβtór, -ra], **subscritor, -ra** [suskritór, -ra] *s.* **1** Souscripteur, trice. **2** Abonné, ée (de un periódico).
subsidio [suβsiðjo] *m.* **1** Subside. **2** Allocation *f.* (de paro, etc.).
subsiguiente [suβsiɣjénte] *adj.* Subséquent, ente.
subsistencia [suβsisténθja] *f.* Subsistance.
subsistir [suβsistir] *intr.* Subsister.
substancia [sustánθja] *f.* Substance.
substanciar [sustanθjár] *tr.* Abréger.
substancioso, -sa [sustanθjóso, -sa] *adj.* Substantiel, elle.
substantivo, -va [sustantiβo, -βa] *adj.-m.* Substantif, ive.
substitución [sustituθjón] *f.* **1** Substitution. **2** Remplacement *m.*
substituir [sustitwir] *tr.* **1** Substituer. **2** Remplacer. ▲ CONJUG. comme ***huir.***
substracción [sustraɣθjón] *f.* **1** Soustraction. **2** Vol *m.* (robo).
substraer [sustraér] *tr.* **1** Soustraire. **2** Voler, dérober, soustraire (robar). ■ **3** *pr.* Se soustraire. ▲ CONJUG. comme ***traer.***
subsuelo [suβswélo] *m.* Sous-sol.
subteniente [suβtenjénte] *m.* Sous-lieutenant.
subterráneo, -ea [suβter̄áneo, -ea] *adj.-m.* Souterrain, aine.
subtítulo [suβtitulo] *m.* Sous-titre.
suburbano, -na [suβurβáno, -na] *adj.* Suburbain, aine.
suburbio [suβúrβjo] *m.* Faubourg.
subvención [su(β)βenθjón] *f.* Subvention.
subversión [su(β)βersjón] *f.* Subversion.
subyugar [suβǰuɣár] *tr.* Subjuguer.
succión [su(ɣ)θjón] *f.* Succion.
sucedáneo, -ea [suθeðáneo, -ea] *adj.-m.* Succédané, ée.

suceder [suθeðèr] *intr.* 1 Succéder. 2 Arriver, se produire (ocurrir): *lo que sucedió ayer,* ce qui est arrivé hier.
sucesión [suθesjòn] *f.* Succession.
sucesivo, -va [suθesiβo, -βa] *adj.* 1 Successif, ive. 2 *loc. adv. En lo* ~, à l'avenir.
suceso [suθèso] *m.* Événement, fait.
sucesor, -ra [suθesòr, -ra] *s.* Successeur.
sucio, -ia [súθjo, -ja] *adj.* Sale.
sucursal [sukursàl] *f.* Succursale.
sudadera [suðaðèra] *f.* Sweat shirt (prenda).
sudafricano, -na [suðafrikàno, -na] *adj.-s.* Sud-africain, aine.
sudamericano, -na [suðamerikàno, -na] *adj.-s.* Américain, aine du Sud, sud-américain, aine.
sudar [suðàr] *intr.-tr.* 1 Suer, transpirer. ■ 2 *tr.* Mouiller de sueur.
sudeste [suðèste] *m.* Sud-est.
sudoeste [suðoèste] *m.* Sud-ouest.
sudor [sudòr] *m.* Sueur *f.*: *con el* ~ *de su frente,* à la sueur de son front.
sueco, -ca [swèko, -ka] *adj.-s.* Suédois, oise.
suegra [swèγra] *f.* Belle-mère (mère du conjoint).
suegro [swèγro] *m.* Beau-père (père du conjoint).
suela [swèla] *f.* Semelle (del calzado).
sueldo [swèldo] *m.* 1 Salaire (paga mensual), appointements *pl.* (de un empleado), traitement (de un funcionario), gages *pl.* (de un criado). 2 Sou (ant. moneda).
suelo [swèlo] *m.* 1 Sol (tierra, terreno). 2 Fond (de una vasija).
suelto, -ta [swèlto, -ta] *adj.* 1 Léger, ère, rapide. 2 Libre. 3 Dépareillé, ée (que no hace juego). ■ 4 *adj.-m. Suelto, dinero* ~, (petite) monnaie *f.* ■ 5 *m.* Entrefilet (de periódico).
sueño [swèɲo] *m.* 1 Sommeil: *caerse de* ~, tomber de sommeil. 2 Rêve, songe.
suero [swèro] *m.* 1 Petit-lait. 2 MED. Sérum.
suerte [swèrte] *f.* 1 Sort *m.* Loc. *Echar a suertes,* tirer au sort. 2 Sorte: *toda* ~ *de,* toutes sortes de. 3 Chance: *tener* ~, avoir de la chance. 4 TAUROM. Chacune des phases d'une course de taureaux.
suficiencia [sufiθjènθja] *f.* Capacité, aptitude.
suficiente [sufiθjènte] *adj.* Suffisant, ante (bastante).
sufijo, -ja [sufixo, -xa] *adj.-m.* Suffixe.
sufragar [sufraγàr] *tr.* 1 Aider (ayudar). 2 Payer (costear). ■ 3 *intr.* amer. Voter.
sufragio [sufràxjo] *m.* 1 Suffrage. 2 Prière *f.*, œuvre *f.* pour les âmes du Purgatoire. 3 *pl.* LITURG. Suffrages.
sufrido, -da [sufriðo, -ða] *adj.* 1 Endurant, ante, patient, ente. 2 Résistant, ante, peu salissant, ante (color).
sufrir [sufrir] *tr.* 1 Souffrir (padecer). 2 Subir (experimentar), supporter (aguantar), éprouver (un desengaño, etc.). 3 Souffrir, tolérer (consentir). 4 Passer, subir: ~ *un examen,* passer un examen.
sugerir [suxerir] *tr.* Suggérer. ▲ CONJUG. comme *hervir.*
sugestión [suxestjòn] *f.* Suggestion.
suicida [swiθiða] *s.* Suicidé, ée.
suicidio [swiθiðjo] *m.* Suicide.
suizo, -za [swiθo, -θa] *adj.-s.* Suisse.
sujetador [suxetaðòr] *m.* Soutien-gorge (prenda).
sujetar [suxetàr] *tr.* 1 Assujettir (someter). 2 Tenir (mantener asido), retenir (contener).
sujeto, -ta [suxèto, -ta] *adj.* 1 Assujetti, ie. 2 Sujet, ette (propenso), exposé, ée (expuesto). ■ 3 *m.* Sujet, individu (persona). 4 FIL., LÓG., GRAM. Sujet.
sultán [sultàn] *m.* Sultan.
sultana [sultàna] *f.* Sultane.

suma [súma] *f.* 1 Somme (cantidad de dinero, agregado de cosas, recopilación). 2 MAT. Somme. 3 *loc. adv. En ~,* en somme.
sumando [sumándo] *m.* MAT. Terme d'une addition.
sumar [sumár] *tr.* 1 MAT. Additionner. 2 Se monter à, totaliser. ■ 3 *pr.* Se joindre.
sumariar [sumarjár] *tr.* DER. Instruire un procès.
sumario, -ia [sumárjo, -ja] *adj.* 1 Sommaire. ■ 2 *m.* Sommaire, résumé. 3 DER. Instruction *f.* (de una causa).
sumergible [sumerxíβle] *adj.-m.* Submersible.
sumergir [sumerxír] *tr.* 1 Submerger. ■ 2 *pr.* Plonger. 3 fig. Se plonger (*en,* dans).
suministrador, -ra [suministraðór, -ra] *s.* Prestataire.
suministrar [suministrár] *tr.* Fournir, pourvoir.
suministro [suminístro] *m.* Fourniture *f.*
sumisión [sumisjón] *f.* Soumission.
sumo, -ma [súmo, -ma] *adj.* 1 Suprême, souverain: ***el Sumo Pontífice,*** le Souverain Pontife. 2 Très grand, très grande, extrême: ***actuar con suma prudencia,*** agir avec une extrême prudence. 3 *loc. adv. A lo ~,* tout au plus.
suntuario, -ia [suntwárjo, -ja] *adj.* Somptuaire.
suntuoso, -sa [suntwóso, -sa] *adj.* Somptueux, euse.
supeditar [supeðitár] *tr.* 1 Assujettir (sujetar). 2 fig. Soumettre, subordonner. ■ 3 *pr.* Se soumettre.
superable [superráβle] *adj.* Surmontable.
superar [superár] *tr.* 1 Surpasser. 2 Surmonter (un obstáculo, una dificultad, etc.). ■ 3 *pr.* Se surpasser.
superávit [superáβit] *m.* COM. Excédent.
superficial [superfiθjál] *adj.* Superficiel, elle.
superficie [superfíθje] *f.* 1 Surface, superficie. 2 GEOM. Surface.
superfino, -na [superfíno, -na] *adj.* Surfin, ine.
superfluo, -ua [supérflwo, -wa] *adj.* Superflu, ue.
superior [superjór] *adj.* Supérieur, eure.
superioridad [superjoriðáð] *f.* 1 Supériorité. 2 *La ~,* les autorités.
superlativo, -va [superlatíβo, -βa] *adj.-m.* Superlatif, ive.
supermercado [supermerkáðo] *m.* Supermarché.
superponer [superponér] *tr.* Superposer. ▲ CONJUG. comme ***poner.***
superstición [superstiθjón] *f.* Superstition.
supersticioso, -sa [superstiθjóso, -sa] *adj.* Superstitieux, euse.
superviviente [superβiβjénte] *adj.-s.* Survivant, ante.
supino, -na [supíno, -na] *adj.* Couché, ée sur le dos.
suplantar [suplantár] *tr.* Supplanter.
suplemento [supleménto] *m.* Supplément.
suplente [suplénte] *adj.-s.* Suppléant, ante, remplaçant, ante.
súplica [súplika] *f.* Supplique.
suplicar [suplikár] *tr.* 1 Supplier. 2 Prier (rogar). 3 Solliciter, demander (pedir).
suplicio [suplíθjo] *m.* Supplice.
suponer [suponér] *tr.* Supposer.
suposición [suposiθjón] *f.* Supposition.
supositorio [supositórjo] *m.* Suppositoire.
supremacía [supremaθía] *f.* Suprématie.
supremo, -ma [suprémo, -ma] *adj.* Suprême.
suprimir [suprimír] *tr.* Supprimer.
supuesto, -ta [supwésto, -ta] 1 *p. p. de **suponer*** ■ 2 *adj.* Supposé, ée. 3 Prétendu, ue, soi-disant *invar.* ■ 4 *m.* Supposition *f.,* hypothèse.
surco [súrko] *m.* 1 Sillon (en la tierra, de disco). 2 Ride *f.* (arruga).

urgir [surxir] *intr.* 1 Surgir. 2 Sourdre, jaillir (agua). 3 MAR. Ancrer, mouiller.
urtido, -da [surtiðo, -ða] *adj.* 1 COM. Assorti, ie (variado). 2 COM. Approvisionné, ée, achalandé, ée, fourni, ie (*de,* en).
urtidor, -ra [surtiðòr, -ra] *adj.-s.* Fournisseur, euse.
urtir [surtir] *tr.* 1 Pourvoir, fournir. 2 COM. Assortir.
uscitar [susθitàr] *tr.* Susciter.
usodicho, -cha [susoðitʃo, -tʃa] *adj.* Susdit, ite.
uspender [suspendèr] *tr.* 1 Suspendre. 2 Refuser, recaler (en un examen).
uspensión [suspensjòn] *f.* 1 Suspension. 2 ECLES. Suspense.
uspensivo, -va [suspensiβo, -βa] *adj.* Suspensif, ive.
uspenso, -sa [suspènso, -sa] *adj.* 1 Suspendu, ue. 2 Étonné, ée, perplexe. ■ 3 *m.* Note *f.* éliminatoire (nota): ajournement (en exámenes).
uspirar [suspiràr] *intr.* Soupirer: ~ *por,* soupirer après.
uspiro [suspiro] *m.* Soupir: *dar un* ~, pousser un soupir.
ustentar [sustentàr] *tr.* 1 Soutenir (sostener). 2 Sustenter, nourrir (mantener). 3 Soutenir (una tesis, opinión, etc.).
ustento [sustènto] *m.* 1 Sustentation *f.,* nourriture *f.* 2 Soutien (apoyo).
usto [sústo] *m.* Peur *f.*: *dar un* ~, faire peur.
usurrar [susur̄àr] *intr.* Parler bas, chuchoter.
usurro [susùr̄o] *m.* Murmure, chuchotement.
utileza [sutilèθa] *f.* Subtilité.
utura [sutúra] *f.* Suture.
uyo [sùjo], **suya** [sùja], **suyos** [sùjos], **suyas** [sùjas] *pron. pos.* 1 *El* ~, *la* ~, le sien, la sienne; le leur, la leur; le vôtre, la vôtre (de usted, de ustedes). ■ 2 *adj. pos.* À lui, à elle; à eux, à elles; à vous (de usted, de ustedes), un de ses; un de leurs; un de vos. 3 À lui, à elle, etc.: ***estas muñecas son suyas,*** ces poupées sont à lui. ■ 4 *m. pl.* ***Los suyos,*** les siens (parientes).

T

t [te] *f.* T *m.*
taba [tàβa] *f.* 1 Astragale *m.* (hueso). ■ 2 *pl.* Osselets (juego).
tabacalero, -ra [taβakalèro, -ra] *adj.* Du tabac.
tabaco [taβàko] *m.* 1 Tabac. 2 Cigare (puro).
tábano [tàβano] *m.* Taon.
tabaquera [taβakèra] *f.* 1 Tabatière. 2 Fourneau *m.* (de pipa).
tabaquismo [taβakizmo] *m.* Tabagisme.
taberna [taβèrna] *f.* Cabaret *m.* (antiguamente), bistrot *m.,* café *m.*
tabernario, -ia [taβernàrjo, -ja] *adj.* 1 De cabaret. 2 Grossier, ière.
tabernero, -ra [taβernèro, -ra] *s.* Cabaretier, ière, patron, onne d'un café.
tabique [taβike] *m.* Cloison *f.*
tabla [tàβla] *f.* 1 Planche (de madera), plaque (de mármol, etc.): ~ ***de planchar,*** planche à repasser. Loc. fig. ***Hacer*** ~ ***rasa,*** faire table rase. 2 MAT. Table: ~ ***pitagórica,*** table de Pythagore. 3 Étal *m.* (de carnicero). 4 PINT. Panneau *m.* ■ 5 *pl.* Partie *sing.* nulle. 6 TEAT. Planches.
tablado [taβlàðo] *m.* 1 Plancher, parquet. 2 TEAT. Tréteaux *pl.* (de saltimbanquis), planches *f. pl.* (escenario). 3 Estrade *f.* (tarima). 4 Échafaud (patíbulo).
tablero [taβlèro] *m.* 1 Échiquier (de ajedrez). 2 Damier (de damas). 3 Tableau noir (encerado). 4 ~ ***contador,*** abaque, boulier.

tableta [taβlèta] *f.* 1 FARM. Tablette, comprimé *m.* 2 Tablette (de chocolate). ■ 3 *pl.* Tablettes (para escribir).
tablón [taβlòn] *m.* 1 Grosse planche *f.* 2 Tableau, panneau (de anuncios).
tabú [taβú] *m.* Tabou.
taburete [taβurète] *m.* Tabouret.
tacaño, -ña [takàɲo, -ɲa] *adj.* 1 Pingre, chiche, avare. ■ 2 *s.* Pingre, avare.
tacha [tàtʃa] *f.* Défaut *m.*, tache.
tachar [tatʃàr] *tr.* 1 Accuser (culpar). 2 Biffer, raturer (borrar).
tachuela [tatʃwèla] *f.* Broquette (clavo).
tacita [taθita] *f.* Petite tasse.
taco [tàko] *m.* 1 CARP. Taquet (trozo de madera). 2 Bourre *f.* (de arma de fuego). 3 Queue *f.* (de billar). 4 Bloc (de calendario). 5 Canonnière *f.* (juguete). 6 fam. Juron, gros mot (palabrota). 7 Imbroglio. 8 pop. Balai (año).
tacón [takòn] *m.* Talon (de chaussure).
taconear [takoneàr] *intr.* Frapper du talon en marchant, en dansant.
táctica [tàɣtika] *f.* Tactique.
táctico, -ca [tàɣtiko, -ka] *adj.* Tactique.
tacto [tàɣto] *m.* 1 Tact. 2 Toucher (acción). 3 fig. Tact, doigté.
tafetán [tafetàn] *m.* Taffetas.
tajada [taxàða] *f.* 1 Tranche (de jamón, queso, etc.). Loc. fig. ***Sacar ~,*** faire son affaire. 2 fam. Cuite (borrachera).
tajado, -da [taxàðo, -ða] *adj.* Taillé, ée à pic.
tajante [taxànte] *adj.* Tranchant, ante, cassant, ante: ***tono ~,*** ton cassant.
tajar [taxàr] *tr.* Couper, trancher.
tajo [tàxo] *m.* 1 Coupure *f.* 2 ESGR. Fendant. 3 Escarpement taillé à pic. 4 Billot (de cocina, del verdugo).

tal [tal] *adj.* 1 Tel, telle: ***~ actitud es inadmisible,*** une telle attitude es[t] inadmissible. 2 Pareil, eille (semejante); cet, cette (este, esta). Loc. ***No hay ~ cosa,*** cela n'est pa[s] vrai. ■ 3 *pron. indef.* Tel, telle. ■ 4 *pron. dem.* Ceci, cela, cette chose là, une pareille chose: ***no haría yo ~,*** je ne ferais pas une pareille chose. ■ 5 *adv.* Ainsi, de telle sorte, en tel état; ***~ como,*** tel que ***~ cual,*** tel quel. 6 *loc. conj.* ***Con ~ que,*** à condition que, pourvu que
tala [tàla] *f.* 1 Abattage *m.* (de árboles). 2 Bâtonnet *m.* (juego).
talabartero [talaβartèro] *m.* Bourrelier, sellier.
taladro [talàðro] *m.* Perceuse *f.* (máquina), foret, tarière *f.* (instrumento).
tálamo [tàlamo] *m.* Lit nuptial.
talante [talànte] *m.* 1 Humeur *f.*: ***de buen, mal ~,*** de bonne, mauvaise humeur. 2 Volonté *f.*, gré (gusto): ***de buen ~,*** de bon gré. 3 Air (semblante).
talar [talàr] *tr.* 1 Couper, abattre (árboles). 2 MIL. Détruire, ravager.
talco [tàlko] *m.* Talc.
talento [talènto] *m.* Talent.
talión [taljòn] *m.* Talion.
talismán [talizmàn] *m.* Talisman.
talla [tàʎa] *f.* 1 Sculpture (escultura). 2 Taille (estatura). 3 Toise (instrumento para medir).
tallar [taʎàr] *tr.* 1 Tailler (piedras preciosas), sculpter (madera). 2 Toiser (medir la estatura). 3 Tailler (en el juego).
tallarines [taʎarines] *m. pl.* Nouilles *f.*
talle [tàʎe] *m.* 1 Taille *f.* (cintura de una persona): ***~ esbelto,*** taille fine. 2 Ceinture *f.* (de un vestido).
taller [taʎèr] *m.* Atelier.
tallo [tàʎo] *m.* Tige *f.*
talón [talòn] *m.* 1 Talon (del pie, de una media). 2 COM. Chèque. 3 Volant (de un talonario). 4 Étalon (monetario).

talonario, -ia [talonàrjo, -ja] *adj.* 1 À souche: ***libro ~,*** registre à souche. ■ 2 *m.* Carnet, registre à souche.
tamaño, -ña [tamàɲo, -ɲa] *adj.* 1 Aussi grand, grande, aussi petit, ite. ■ 2 *m.* Grandeur *f.*, taille *f.*, volume.
tambalear [tambaleàr] *intr.-pr.* Chanceler, vaciller, tituber (al andar).
también [tambjèn] *adv.* Aussi.
tambor [tambòr] *m.* 1 MÚS. Tambour. 2 *loc. adv.* ***A ~ batiente,*** tambour battant.
tamboril [tamboril] *m.* Tambourin.
tamborilear [tamborileàr] *intr.* Tambouriner.
tamiz [tamiθ] *m.* Tamis.
tamizar [tamiθàr] *tr.* Tamiser.
tampoco [tampòko] *adv.* Non plus.
tan [tan] *adv.* Forme apocopée de ***tanto.*** Aussi, si (delante de un adj. o un adv.): ***soy ~ fuerte como usted,*** je suis aussi fort que vous.
tanda [tànda] *f.* 1 Tour *m.* (turno). 2 Groupe *m.*, équipe (de personas).
tangente [taŋxènte] *adj.-f.* Tangent, ente.
tango [tàŋgo] *m.* Tango.
tanque [tàŋke] *m.* 1 Tank. 2 Citerne *f.* 3 Réservoir (depósito).
tantear [tanteàr] *tr.* 1 Mesurer (medir). 2 fig. Examiner (una cosa), tâter, sonder (a una persona).
tanteo [tantèo] *m.* 1 Examen, sondage, essai, tâtonnement. 2 DEP. Score, nombre de points. 3 DER. Retrait.
tanto, -ta [tànto, -ta] *adj.* 1 Tant de: ***~ dinero,*** tant d'argent. ■ 2 *adv.* Tant, autant: ***no grite usted ~,*** ne criez pas tant. 3 Si longtemps: ***hace ya ~,*** il y a si longtemps. 4 *loc. adv.* ***~ mejor,*** tant mieux. ■ 5 *m.* Tant (tal cantidad): ***un ~ por ciento,*** un tant pour cent. 6 Jeton, fiche *f.* (ficha). 7 Point (en el juego), but (en fútbol). ■ 8 *pl.* Quantité que l'on ignore ou que l'on ne précise pas: ***a tantos de julio,*** à telle date du mois de juillet.
tañer [taɲèr] *tr.* 1 Jouer de (un instrumento). 2 Sonner (las campanas). ▲ CONJUG. IRRÉG. INDIC. Pas. simple: ***tañí, tañiste, tañó, tañimos, tañisteis, tañeron.*** SUBJ. Imparf.: ***tañera, tañeras, tañera, tañéramos, tañerais, tañeran*** ou ***tañese, tañeses,*** etc. Fut.: ***tañere, tañeres,*** etc. GÉR.: ***tañendo.***
tapa [tàpa] *f.* 1 Couvercle *m.* 2 Couverture (de un libro). 3 Amuse-gueule *m.* (que se sirve en los bares con vino o aperitivo).
tapadera [tapaðèra] *f.* Couvercle *m.*
tapar [tapàr] *tr.* 1 Boucher, fermer (un agujero, cavidad, botella, etc.). 2 Couvrir (para abrigar, proteger). 3 fig. Cacher (una falta, etc.). ■ 4 *pr.* Se couvrir.
tapete [tapète] *m.* Tapis de table.
tapia [tàpja] *f.* Mur *m.* en pisé.
tapiar [tapjàr] *tr.* Murer (una puerta, etc.). ▲ CONJUG. comme ***cambiar.***
tapicería [tapiθeria] *f.* 1 Tapisserie (arte, obra). 2 Magasin *m.* du tapissier.
tapir [tapir] *m.* Tapir.
tapiz [tapiθ] *m.* Tapisserie *f.*
tapizar [tapiθàr] *tr.* Tapisser.
tapón [tapòn] *m.* 1 Bouchon (de botellas). 2 Bonde *f.* (de toneles).
taponar [taponàr] *tr.* Boucher.
tapujo [tapùxo] *m.* fam. Dissimulation *f.*, cachotterie *f.*
taquigrafía [takiɣrafia] *f.* Sténographie.
taquígrafo, -fa [takiɣrafo, -fa] *s.* Sténographe.
taquilla [takiʎa] *f.* Guichet *m.* (de una estación, un teatro, etc.).
taquillero, -ra [takiʎèro, -ra] *s.* Employé, ée d'un guichet.
tara [tàra] *f.* COM. Tare.
tarambana [tarambàna] *adj.-s.* Écervelé, ée, étourdi, ie.
tarántula [taràntula] *f.* Tarantule.
tararear [tarareàr] *tr.* Fredonner.
tardanza [tarðànθa] *f.* Retard *m.*

tardar [tarðár] *intr.* 1 Tarder: ***sin ~,*** sans tarder. 2 Mettre du temps à, être long, tarder à: ***tarda en contestar,*** il met du temps à répondre.
tarde [tárðe] *f.* 1 Après-midi (después de mediodía), soir *m.* (atardecer): ***buenas tardes,*** bonjour, bonsoir. ■ 2 *adv.* Tard. 3 *loc. adv.* ***De ~ en ~,*** de loin en loin.
tardío, -ía [tarðio, -ia] *adj.* Tardif, ive.
tarea [tarèa] *f.* Tâche, travail *m.*
tarifa [tarifa] *f.* Tarif *m.*
tarima [tarima] *f.* Estrade.
tarjeta [tarxèta] *f.* 1 Carte: ***~ de visita,*** carte de visite; ***~ postal,*** carte postale. 2 INFORM. ***~ inteligente,*** carte à puce.
tarro [táro] *m.* Pot.
tarta [tárta] *f.* Tarte, tourte.
tartamudear [tartamuðeàr] *intr.* Bégayer.
tartamudeo [tartamuðèo] *m.* Bégaiement (acción).
tartamudo, -da [tartamúðo, -ða] *adj.-s.* Bègue.
tártaro, -ra [tártaro, -ra] *adj.-s.* 1 Tartare (de Tartaria). ■ 2 *m.* Tartre.
tartera [tartèra] *f.* Tourtière.
tarugo [tarúɣo] *m.* 1 Taquet, tasseau, cale *f.* (de madera). 2 Pavé de bois (para pavimentar).
tasa [tása] *f.* 1 Taxe (precio). 2 Taux *m.*: ***~ de mortalidad,*** taux de mortalité. 3 Mesure, limite, règle.
tasación [tasaθjòn] *f.* Taxation.
tasador, -ra [tasaðór, -ra] *adj.-m.* 1 Taxateur, priseur. ■ 2 *m.* Commissaire-priseur.
tasar [tasàr] *tr.* 1 Taxer (fijar el precio). 2 Évaluer (valorar). 3 Mesurer, doser, limiter.
tasca [táska] *f.* Bistrot *m.* (taberna).
tatarabuelo, -la [tataraβwèlo, -la] *s.* Trisaïeul, eule.
tatuaje [tatwáxe] *m.* Tatouage.
taurino, -na [taŭrino, -na] *adj.* Taurin, ine.
tauromaquia [taŭromákja] *f.* Tauromachie.
taxi [tá(ɣ)si] *m.* Taxi.
taxímetro [ta(ɣ)simetro] *m.* Taximètre.
taxista [taxista] *s.* Chauffeur de taxi *m.*
taza [táθa] *f.* 1 Tasse. 2 Vasque (de fuente). 3 Cuvette (del retrete).
tazón [taθòn] *m.* Bol.
te [te] *pron. pers.* Te, t': ***~ digo,*** je te dis; ***~ llamo,*** je t'appelle.
te [te] *f.* 1 Té *m.*, lettre *t.* 2 Té (regla).
té [te] *m.* Thé.
teatral [teatràl] *adj.* Théâtral, ale.
teatro [teàtro] *m.* Théâtre.
techado, -da [tetʃáðo, -ða] *adj.* 1 Couvert, erte, qui a un toit. ■ 2 *m.* Toit.
techar [tetʃár] *tr.* Couvrir (una casa).
techo [tètʃo] *m.* 1 Plafond (interior). 2 Toit (tejado). 3 fig. Toit.
tecla [tékla] *f.* Touche (de piano, etc.).
teclado [teklàðo] *m.* Clavier.
teclear [tekleàr] *intr.* 1 Frapper les touches d'un clavier. 2 Tambouriner (con los dedos). 3 Taper à la machine (escribir a máquina), fam. pianoter (ordenador).
técnica [tèɣnika] *f.* Technique.
técnico, -ca [tèɣniko, -ka] *adj.* 1 Technique. ■ 2 *s.* Technicien, ienne.
tecnología [teɣnoloxia] *f.* Technologie.
tedéum [teðèŭm] *m.* Te Deum.
tedio [tèðjo] *m.* Ennui, dégoût.
teja [tèxa] *f.* 1 Tuile. 2 *loc. adv.* ***A ~ vana,*** sans rien que la toiture dessus.
tejado [texáðo] *m.* Toiture *f.*, toit.
tejedor, -ra [texeðòr, -ra] *adj.* 1 Qui tisse. ■ 2 *s.* Tisseur, euse, tisserand, ande.
tejemaneje [texemanèxe] *m.* 1 fam. Activité *f.*, agitation *f.* 2 Adresse *f.* (destreza). 3 Manigances *f. pl.* (manejos).
tejer [texèr] *tr.* 1 Tisser. 2 Tresser, entrelacer.

tejido, -da [texiðo, -ða] *adj.* 1 Tissé, ée. ■ 2 *m.* Tissu. 3 Texture *f.* 4 Tissu (biología).

tejo [tèxo] *m.* 1 Palet (para jugar). 2 Bouchon (juego). 3 If (árbol).

tela [tèla] *f.* 1 Tissu *m.*, étoffe (tejido), toile. Loc. ~ ***de araña,*** toile d'araignée. 2 Membrane: ***las telas del corazón,*** les membranes du cœur. 3 Pellicule, peau (en la superficie de un líquido). 4 Taie (en el ojo). 5 PINT. Toile. 6 ~ ***de cebolla,*** pelure d'oignon.

telar [telàr] *m.* 1 Métier à tisser. 2 TEAT. Cintre.

telaraña [telaràɲa] *f.* Toile d'araignée.

telecabina [telekaβina] *f.* Télécabine.

telecompra [telekòmpra] *f.* Téléachat *m.*

teleférico, -ca [telefèriko, -ka] *adj.-m.* Téléphérique.

telefilm [telefilm] *m.* Téléfilm.

telefonear [telefoneàr] *intr.-tr.* Téléphoner.

telefonista [telefonista] *s.* Téléphoniste.

teléfono [telèfono] *m.* Téléphone: ***llamar por*** ~, téléphoner, appeler au téléphone.

telegrafía [teleγrafia] *f.* Télégraphie.

telegrafiar [teleγrafiàr] *tr.* Télégraphier. ▲ CONJUG. comme ***desviar.***

telégrafo [telèγrafo] *m.* Télégraphe.

telegrama [teleγràma] *m.* Télégramme.

telenovela [telenoβèla] *f.* Téléfilm *m.*

telepatía [telepatia] *f.* Télépathie.

telescópico, -ca [teleskòpiko, -ka] *adj.* Télescopique.

telescopio [teleskòpjo] *m.* Télescope.

telesilla [telesiʎa] *m.* Télésiège.

telesquí [teleski] *m.* Téléski.

televidente [teleβiðènte] *s.* Téléspectateur, trice.

televisado, -da [teleβisàðo, -ða] *adj.* Télévisé, ée.

televisar [teleβisàr] *tr.* Téléviser.

televisión [teleβisjòn] *f.* Télévision.

televisor [teleβisòr] *m.* Poste de télévision, téléviseur.

telilla [teliʎa] *f.* 1 Petite toile. 2 Pellicule.

telón [telòn] *m.* TEAT. Rideau.

telúrico, -ca [telùriko, -ka] *adj.* Tellurien, ienne, tellurique.

tema [tèma] *m.* 1 Thème, sujet. 2 Thème (traducción). 3 Manie *f.*, marotte *f.*, idée *f.* fixe: ***cada loco con su*** ~, chacun a sa marotte.

temblar [temblàr] *intr.* 1 Trembler. 2 Tembloter(ligeramente). ▲ CONJUG. comme ***acertar.***

tembleque [temblèque] *adj.* Tremblant, ante.

temblor [temblòr] *m.* Tremblement.

tembloroso, -sa [tembloròso, -sa] *adj.* Tremblant, ante.

temer [temèr] *tr.* Craindre, redouter, avoir peur de.

temeroso, -sa [temeròso, -sa] *adj.* Effrayant, ante (que causa temor).

temor [temòr] *m.* Crainte *f.*, peur *f.*

témpano [tèmpano] *m.* 1 Glaçon (de hielo). 2 MÚS. Cymbale *f.*

temperamento [temperamènto] *m.* Tempérament.

temperatura [temperatùra] *f.* Température.

tempestad [tempestàð] *f.* Tempête (en tierra o en mar), orage *m.* (tormenta).

templado, -da [templàðo, -ða] *adj.* 1 Modéré, ée, tempérant, ante (en sus apetitos). 2 Tempéré, ée (clima). 3 Tiède (agua). 4 fam. Calme, courageux, euse.

templanza [templànθa] *f.* Tempérance.

templar [templàr] *tr.* 1 Tempérer. 2 Tiédir (un líquido). 3 Tremper (un metal, etc.). 4 fig. Calmer, apaiser. 5 MÚS. Accorder (un instrumento).

temple [tèmple] *m.* 1 Température *f.* 2 Trempe *f.* (de un metal). 3 Humeur *f.* (estado de ánimo). 4 Vaillance *f.*, trempe *f.* (valentía).

templo [tèmplo] *m.* 1 Temple. 2 Église *f.*
temporada [temporáða] *f.* 1 Saison (de baño, teatral, etc.). 2 Époque, période.
temporal [temporàl] *adj.* 1 Temporel, elle. 2 Temporaire (no permanente). ■ 3 *adj.-m.* Temporal (hueso). ■ 4 *m.* Tempête *f.* 5 Mauvais temps.
temprano, -na [tempràno, -na] *adj.* 1 Hâtif, ive, précoce, prématuré, ée. 2 ***Frutas, hortalizas tempranas,*** primeurs *f.* ■ 3 *adv.* De bonne heure, tôt.
tenacidad [tenaθiðàð] *f.* Ténacité.
tenaz [tenàθ] *adj.* Tenace.
tenaza [tenàθa] *f.* 1 Tenaille. 2 Pincettes *pl.* (para la lumbre). 3 Pince (de crustáceo).
tendel [tendèl] *m.* Cordeau (de albañil).
tendencia [tendènθja] *f.* Tendance.
tender [tendèr] *tr.* 1 Étendre, tendre (la ropa). ■ 2 *intr.* Tendre: ***la situación tiende a mejorar,*** la situation tend à s'améliorer. ■ 3 *pr.* S'étendre, se coucher. 4 Étaler son jeu. ▲ CONJUG. comme ***entender.***
tenderete [tenderète] *m.* Étalage, éventaire.
tendido, -da [tendiðo, -ða] *adj.* 1 Étendu, ue, tendu, ue. 2 TAUROM. Gradin d'une arène.
tendón [tendòn] *m.* Tendon.
tenedor [teneðòr] *m.* 1 Fourchette *f.* (utensilio de mesa). 2 Possesseur. 3 Porteur (de una letra de cambio). 4 ~ ***de libros,*** teneur de livres, comptable.
tener [tenèr] *tr.* 1 Avoir (poseer, experimentar, etc.): ***tengo frío,*** j'ai froid. 2 Tenir (asir, mantener asido). 3 Tenir (en un sitio o estado). 4 ~ ***que,*** ~ ***de*** (seguido de un infinitivo), avoir à, être obligé de, falloir: ***tengo que irme,*** je dois m'en aller, il faut que je m'en aille. Loc. ~ ***interés en una cosa,*** tenir à quelque chose; ~ ***a bien,*** daigner, vouloir bien; ~ ***en menos a uno,*** mépriser quelqu'un. ■ 5 *pr.* Se tenir: ***tenerse de pie,*** se tenir debout. ▲ CONJUG. IRRÉG. INDIC. Prés.: ***tengo, tienes, tiene, tenemos, tenéis, tienen.*** Imparf.: ***tenía, tenías,*** etc. Pas. simple: ***tuve, tuviste, tuvo, tuvimos, tuvisteis, tuvieron.*** Fut.: ***tendré, tendrás,*** etc. COND.: ***tendría, tendrías,*** etc. SUBJ. Prés.: ***tenga, tengas, tenga, tengamos, tengáis, tengan.*** Imparf.: ***tuviera, tuvieras, tuviera, tuviéramos, tuvierais, tuvieran*** ou ***tuviese, tuvieses,*** etc. Fut.: ***tuviere, tuvieres,*** etc. IMPÉR.: ***ten, tenga, tengamos, tened, tengan.*** PART. PAS.: ***tenido.*** GÉR.: ***teniendo.***
teniente [tenjènte] *m.* 1 Lieutenant: ~ ***coronel,*** lieutenant colonel. 2 Adjoint: ~ ***de alcalde,*** adjoint au maire, maire adjoint.
tenis [tènis] *m.* Tennis.
tensión [tensjòn] *f.* Tension.
tenso, -sa [tènso, -sa] *adj.* Tendu, ue.
tentación [tentaθjòn] *f.* Tentation.
tentar [tentàr] *tr.* 1 Tâter. 2 Tenter (insistir, inducir). 3 Tenter (intentar). ▲ CONJUG. comme ***acertar.***
tentativa [tentatiβa] *f.* Tentative.
tenue [tènwe] *adj.* 1 Ténu, ue, fin, fine. 2 Faible (luz).
teñido, -da [teɲiðo, -ða] *adj.* 1 Teint, teinte: ~ ***de azul,*** teint en bleu. ■ 2 *m.* Teinture *f.* (acción), teinte *f.* (tinte).
teñir [teɲir] *tr.* Teindre: ~ ***de negro,*** teindre en noir. ▲ CONJUG. comme ***reír.***
teología [teoloxia] *f.* Théologie.
teólogo [teòloɣo] *m.* Théologien.
teorema [teorèma] *m.* Théorème.
teoría [teoria] *f.* Théorie: ***en*** ~, en théorie.
teórico, -ca [teòriko, -ka] *adj.* 1 Théorique. ■ 2 *s.* Théoricien, ienne.
terapéutico, -ca [terapèŭtiko, -ka] *adj.-f.* Thérapeutique.

tercer [terθèr] *adj.* Forme apocopée de *tercero* qui ne s'emploie que devant un substantif m. sing.: ~ *piso,* troisième étage.
tercera [terθèra] *f.* 1 Tierce (en el juego). 2 MÚS. Tierce.
tercermundista [tercermundista] *adj.-s.* Tiersmondiste.
tercero, -ra [terθèro, -ra] *adj.* 1 Troisième. 2 *Tercera persona,* tierce pesonne. 3 *m.* Tiers, tierce personne *f.*
terceto [terθèto] *m.* 1 Tercet. 2 MÚS. Trío.
tercia [tèrθja] *f.* 1 Ancienne mesure de longueur. 2 Tiers *m.* (tercera parte).
terciar [terθjàr] *tr.* 1 Mettre en travers (una cosa), porter en bandoulière. 2 MIL. Porter (el fusil). ■ 3 *intr.* Intervenir, s'entremettre (en un debate, etc.).
tercio, -ia [tèrθjo, -ja] *adj.* 1 Troisième. ■ 2 *m.* Tiers (tercera parte). 3 Ancien régiment d'infanterie. 4 Légion *f.* étrangère.
terciopelo [terθjopèlo] *m.* Velours.
terco, -ca [tèrko, -ka] *adj.* Têtu, ue, obstiné, ée.
termas [tèrmas] *f. pl.* Thermes *m.*
térmico, -ca [tèrmiko, -ka] *adj.* Thermique.
terminación [terminaθjòn] *f.* Terminaison.
terminal [terminàl] *adj.* 1 Terminal, ale. ■ 2 *f.* Terminal *m.*, aérogare. ■ 3 *m.* INFORM. Terminal.
terminar [terminàr] *tr.* 1 Terminer, finir, achever. ■ 2 *intr.-pr.* Se terminer, finir.
término [tèrmino] *m.* 1 Terme: ~ *medio,* moyen terme. 2 Limite *f.* (de un territorio). 3 Terminus (de una línea de transportes). 4 Plan (plano). *loc. adv. En primer ~,* au premier plan; fig. d'abord. 5 *En último ~,* en fin de compte, finalement.
termita [termita] *f.* Termite.
termómetro [termòmetro] *m.* Thermomètre.
termostato [termostàto] *m.* Thermostat.
terna [tèrna] *f.* 1 Liste de trois candidats à une charge. 2 Terme *m.* (de dados).
ternario, -ia [ternàrjo, -ja] *adj.* Ternaire.
ternera [ternèra] *f.* 1 Génisse (animal). 2 Veau *m.* (carne).
ternero [ternèro] *m.* Veau (animal).
terneza [ternèθa] *f.* Tendresse.
terno [tèrno] *m.* 1 Ensemble de trois choses. 2 Complet (traje de hombre). 3 Terne (lotería). 4 Juron (reniego).
ternura [ternùra] *f.* 1 Tendresse. 2 Tendreté (del pan, de la carne).
terquedad [terkeðàð] *f.* Obstination, entêtement *m.*
terrado [teřàðo] *m.* Terrasse *f.*
terraplén [teřaplèn] *m.* Terre-plein, remblai.
terráqueo, -ea [teřàkeo, -ea] *adj.* Terrestre: *globo ~,* globe terrestre.
terraza [teřàθa] *f.* Terrasse.
terremoto [teřemòto] *m.* Tremblement de terre.
terreno, -na [teřèno, -na] *adj.* 1 Terrestre. ■ 2 *m.* Terrain.
terrestre [teřèstre] *adj.* Terrestre.
terrible [teřiβle] *adj.* Terrible.
territorio [teřitòrjo] *m.* Territoire.
terrón [teřòn] *m.* 1 Motte *f.* (de tierra). 2 Morceau: ~ *de azúcar,* morceau de sucre.
terror [teřòr] *m.* Terreur *f.*
terrorismo [teřorizmo] *m.* Terrorisme.
terruño [teřùɲo] *m.* 1 Terroir (comarca). 2 Pays natal (país natal).
terso, -sa [tèrso, -sa] *adj.* 1 Poli, ie, lisse, luisant, ante. 2 Lisse (piel, cara).
tersura [tersùra] *f.* Poli *m.*, lustre *m.*
tertulia [tertùlja] *f.* Réunion (pour s'amuser, pour converser).
tesar [tesàr] *tr.* MAR. Raidir, tendre.
tesis [tèsis] *f.* Thèse.

tesitura [tesitùra] *f.* MÚS. Tessiture.
tesón [tesòn] *m.* Fermeté *f.*, inflexibilité *f.*
tesorería [tesoreria] *f.* Trésorerie.
tesorero, -ra [tesorèro, -ra] *s.* Trésorier, ière.
tesoro [tesòro] *m.* Trésor.
test [test] *m.* Test (prueba): ***someter a un ~***, tester.
testaferro [testafèr̄o] *m.* Homme de paille, prête-nom.
testamentario, -ia [testamentàrjo, -ja] *adj.* **1** Testamentaire. ■ **2** *s.* Exécuteur, trice testamentaire.
testamento [testamènto] *m.* Testament.
testar [testàr] *intr.* Tester.
testarudez [testaruðèθ] *f.* Entêtement *m.*, obstination.
testarudo, -da [testarùðo, -ða] *adj.-s.* Têtu, ue, obstiné, ée.
testifical [testifikàl] *adj.* Testimonial, ale.
testificar [testifikàr] *tr.* **1** Attester, témoigner. ■ **2** *intr.* Témoigner.
testigo [testiɣo] *m.* Témoin: ***~ de cargo,*** témoin à charge.
testimonial [testimonjàl] *adj.* Testimonial, ale.
testimoniar [testimonjàr] *tr.* Témoigner. ▲ CONJUG. comme ***cambiar.***
testimonio [testimònjo] *m.* Témoignage.
teta [tèta] *f.* **1** Mamelle: ***niño de ~,*** enfant à la mamelle. **2** Tétin *m.*, mamelon *m.* (pezón).
tétano [tètano], **tétanos** [tètanos] *m.* MED. Tétanos.
tetera [tetèra] *f.* Théière.
tetilla [tetiʎa] *f.* **1** Mamelle (de los mamíferos machos). **2** Tétine (de biberón).
tétrico, -ca [tètriko, -ka] *adj.* Sombre, triste.
textil [testil] *adj.-m.* Textile.
texto [tèsto] *m.* Texte.
textual [testwàl] *adj.* Textuel, elle.
tez [teθ] *f.* Teint *m.* (del rostro).
ti [ti] *pron. pers.* Toi (précédé d'une préposition).
tía [tia] *f.* **1** Tante. Loc. fig. ***No hay tu ~,*** il n'y a rien à faire, ce n'est pas possible. **2** Mère (mujer del pueblo): ***la ~ Juana,*** la mère Jeanne. **3** fam. Bonne femme (mujer cualquiera).
tiara [tjàra] *f.* Tiare.
tibio, -ia [tiβjo, -ja] *adj.* Tiède.
tiburón [tiβuròn] *m.* Requin.
tiemblo [tjèmblo] *m.* Tremble.
tiempo [tjèmpo] *m.* **1** Temps: ***tener ~ para,*** avoir le temps de. **2** *loc. adv.* ***A ~,*** à temps; ***a un ~, al mismo ~,*** en même temps.
tienda [tjènda] *f.* **1** Tente: ***~ de campaña,*** tente. **2** Boutique, magasin *m.*: ***~ de modas,*** boutique de modes.
tienta [tjènta] *f.* Essai *m.* par lequel on évalue la bravoure des taurillons.
tiento [tjènto] *m.* **1** Toucher. **2** Bâton d'aveugle (de ciego). **3** Sûreté *f.* de la main. **4** fig. Tact, prudence *f.*
tierno, -na [tjèrno, -na] *adj.* Tendre.
tierra [tjèr̄a] *f.* **1** Terre: ***~ de pan llevar,*** terre à blé; ***~ Santa,*** Terre Sainte. **2** Patrie, pays *m.*
tieso, -sa [tjèso, -sa] *adj.* Raide, rigide.
tiesto [tjèsto] *m.* **1** Tesson (pedazo de vasija). **2** Pot à fleurs (maceta).
tigre [tiɣre] *m.* Tigre.
tijera [tixèra] *f.*, **tijeras** [tixèras] *f. pl.* **1** Ciseaux *m.* **2** ***Cama de ~,*** lit de sangle.
tijereta [tixerèta] *f.* **1** Vrille (de la viña). **2** Forticule *m.* (insecto).
tila [tila] *f.* Tilleul *m.*
tildar [tildàr] *tr.* **1** Mettre un tilde. **2** Biffer (borrar). **3** fig. Taxer (acusar).
tilo [tilo] *m.* Tilleul (árbol).
timador, -ra [timaðòr, -ra] *s.* Escroc.
timar [timàr] *tr.* **1** Escroquer. **2** fam. Rouler (engañar). ■ **3** *pr.* Se faire de l'œil.
timbal [timbàl] *m.* MÚS., COC. Timbale *f.*

timbrado, -da [timbráðo, -ða] *adj. Papel ~,* papier timbré.
timbrar [timbrár] *tr.* Timbrer.
timbre [tímbre] *m.* 1 Timbre (sello). 2 Sonnette *f.*: *tocar el ~,* sonner. 3 Timbre (sonido).
timidez [timiðéθ] *f.* Timidité.
tímido, -da [tímiðo, -ða] *adj.* Timide.
timo [tímo] *m.* 1 ANAT. Thymus. 2 Escroquerie *f.* (acción de timar).
timón [timón] *m.* 1 Timon. 2 Gouvernail (de barco, avión).
tímpano [tímpano] *m.* 1 ANAT., ARQ., IMPR. Tympan. 2 MÚS. Tympanon.
tinaja [tináxa] *f.* Jarre.
tinglado [tiŋgláðo] *m.* Hangar.
tinieblas [tinjéβlas] *f. pl.* Ténèbres.
tino [tíno] *m.* Adresse.
tinta [tínta] *f.* Encre: *~ china,* encre de Chine.
tinte [tínte] *m.* Teinture *f.* (acción, color).
tintero [tintéro] *m.* Encrier.
tinto, -ta [tínto, -ta] *adj.* 1 Teint, teinte: *~ en sangre,* teint de sang. 2 Rouge: *vino ~,* vin rouge. 3 Noir (uva).
tintorería [tintorería] *f.* Teinturerie.
tintura [tintúra] *f.* Teinture.
tío [tío] *m.* 1 Oncle: *~ abuelo,* grand-oncle. 2 fam. Père (hombre de cierta edad): *el ~ Lucas,* le père Lucas.
tiovivo [tjoβíβo] *m.* Manège, chevaux *pl.* de bois.
típico, -ca [típiko, -ka] *adj.* Typique.
tipo [típo] *m.* 1 Type. 2 Allure *f.*, air, aspect (de una persona). 3 Genre. 4 Taux (de descuento, etc.). 5 fam. Type (persona): *un ~ raro,* un drôle de type.
tíquet [tíket] *m.* 1 Ticket: *~ restaurante,* ticket-restaurant. 2 Billet (en espectáculos).
tira [tíra] *f.* Bande (de tela, papel, etc.).
tirada [tiráða] *f.* 1 Tir *m.*, jet *m.* (acción de tirar). 2 Tirade (de versos, etc.). 3 IMPR. Tirage *m.* 4 Trotte (distancia).
tirado, -da [tiráðo, -ða] *adj.* Qui abonde, qui se vend très bon marché (barato).
tirador, -ra [tiraðór, -ra] *s.* Tireur, euse (persona).
tiranía [tiranía] *f.* Tyrannie.
tirano, -na [tiráno, -na] *s.* Tyran.
tirante [tiránte] *adj.* 1 Raide, tendu, ue. ■ 2 *m.* ARQ. Chaîne *f.*, entretoise *f.*, tirant, entrait. 3 Trait (de arreos). ■ 4 *pl.* Bretelles *f.* (del pantalón).
tirantez [tirantéθ] *f.* Raideur, tension.
tirar [tirár] *tr.* 1 Jeter (echar): *~ al suelo,* jeter par terre; lancer (arrojar). 2 Tirer (un tiro, una flecha, etc.). 3 Renverser, abattre (derribar). 4 Dissiper, gaspiller (malgastar), vendre pour rien. 5 Tirer (estirar), tréfiler (estirar un metal). ■ 6 *intr.* Tirer (hacia sí o tras de sí, ejercer una tracción): *~ de una cuerda,* tirer sur une corde. 7 Avoir une tendance, chercher à devenir, à être (propender). 8 *~ a,* tirer sur; *~ a azul,* tirer sur le bleu. 9 Vivre, se maintenir péniblement; tant bien que mal, tenir le coup; *el enfermo va tirando,* le malade va comme ci, comme ça. 10 *pr.* Se jeter, s'élancer.
tirilla [tiríʎa] *f.* Bandelette.
tirita [tiríta] *f.* Pansement adhésif *m.*
tiritar [tiritár] *intr.* Grelotter.
tiro [tíro] *m.* 1 Tir (acción de tirar con arma de fuego): *~ al blanco,* tir à la cible. 2 Coup de feu (disparo). 3 Portée *f.* (alcance de un arma). *loc. adv. A ~ de,* à portée de. 4 Attelage (de caballería). 5 Trait (de arreos): *caballo de ~,* cheval de trait. 6 Tirage (de una chimenea). 7 Longueur *f.* (longitud de una pieza de tejido).

tirón [tirón] *m.* 1 Tiraillement. 2 *loc. adv.* ***De un*** ~, d'un seul coup, tout d'une traite, d'affilée.
tiroteo [tirotéo] *m.* Fusillade *f.*
tisana [tisána] *f.* Tisane.
tísico, -ca [tísiko, -ka] *adj.-s.* Phtisique.
tisis [tísis] *f.* MED. Phtisie.
titán [titán] *m.* Titan.
títere [títere] *m.* Marionnette *f.*, pantin.
titilar [titilár] *intr.* 1 Trembloter, frémir (temblar). 2 Scintiller (un cuerpo luminoso).
titiritero, -ra [titiritèro, -ra] *s.* Montreur, euse de marionnettes, bateleur, euse.
titubear [tituβeár] *intr.* Tituber.
titular [titulár] *adj.-s.* 1 Titulaire. ■ 2 *f.* IMPR. Lettre capitale.
título [título] *m.* 1 Titre (de un libro, nobiliario). 2 Diplôme: ~ ***de bachiller,*** diplôme de bachelier.
tiza [tíθa] *f.* Craie.
tiznar [tiθnár] *tr.* Tacher de noir.
toalla [toáʎa] *f.* Serviette de toilette.
toallero [toaʎéro] *m.* Porte-serviettes *invar.*
tobillo [toβíʎo] *m.* Cheville *f.*
toca [tóka] *f.* 1 Coiffe. 2 Béguin *m.* (de religiosa). 3 Toque (de mujer).
tocado, -da [tokáðo, -ða] *adj.* 1 Coiffé, ée (*con,* de). 2 fam. Toqué, ée, maboul, oule. ■ 3 *m.* Coiffure *f.* (de mujer).
tocador, -ra [tokaðór, -ra] *adj.-s.* 1 MÚS. Joueur, euse. ■ 2 *m.* Toilette *f.*, coiffeuse *f.* (mueble).
tocar [tokár] *tr.* 1 Toucher (palpar, tropezar, etc.). 2 Jouer de (un instrumento): ~ ***el piano,*** jouer du piano. ■ 3 *intr.* Toucher (estar contiguo): ~ ***a su fin,*** toucher à sa fin. 4 Incomber, appartenir. Loc. ***Por lo que toca a,*** en ce qui concerne. 5 Revenir, échoir (por suerte, etc.); gagner: ***le tocó el gordo,*** il a gagné le gros lot. ■ 6 *impers.* Être le tour de: ***a usted le toca,*** c'est votre tour.
tocayo, -ya [tokájo, -ja] *s.* Homonyme.
tocinería [toθinería] *f.* Charcuterie.
tocino [toθíno] *m.* Lard (del cerdo).
todavía [toðaβía] *adv.* Encore: ~ ***no ha llegado,*** il n'est pas encore arrivé.
todo, da [tóðo, -ða], **todos, -as** [tóðos, -as] *adj.-pron.* 1 Tout, toute, tous, toutes: ***todos nosotros,*** nous tous. 2 *loc. adv.* ***A*** ~ ***esto,*** cependant, sur ces entrefaites.
todo [tóðo] *pron.* 1 Tout. 2 *loc. adv.* ***Ante*** ~, d'abord, avant tout. ■ 3 *m.* Tout: ***jugarse el*** ~ ***por el*** ~, jouer le tout pour le tout.
todopoderoso, -sa [toðopoðeróso, -sa] *adj.* Tout-puissant, toute-puissante.
toga [tóγa] *f.* Toge, robe.
toldo [tólðo] *m.* 1 Vélum (en una calle). 2 Bâche *f.* (de un camión). 3 Banne *f.* (de un café, una tienda).
toledano, -na [toleðáno, -na] *adj.-s.* De Tolède, tolédan, ane.
tolerante [toleránte] *adj.* Tolérant, ante.
tolerar [tolerár] *tr.* Tolèrer.
toma [tóma] *f.* Prise (acción): ~ ***de posesión,*** prise de possession.
tomadura [tomaðúra] *f.* Prise (acción).
tomar [tomár] *tr.* 1 Prendre. Loc. ~ ***a bien,*** prendre du bon côté: ~ ***a pecho,*** prendre à cœur. ■ 2 *intr.* Prendre: ***al llegar a la vuelta hay que*** ~ ***a la izquierda,*** en arrivant au tournant il faut prendre à gauche. 3 *interj.* ***¡Toma!,*** tiens!
tomate [tomáte] *m.* Tomate *f.*
tómbola [tómbola] *f.* Tombola.
tomillo [tomíʎo] *m.* Thym.
tomo [tómo] *m.* Tome.
ton [ton] *m.* ***Sin*** ~ ***ni son,*** sans rime ni raison.
tonada [tonáða] *f.* Air *m.*, chanson.
tonadilla [tonaðíʎa] *f.* Chansonnette.
tonalidad [tonaliðáð] *f.* Tonalité.
tonel [tonél] *m.* Tonneau, fût.
tonelada [toneláða] *f.* Tonne (peso).

tónico, -ca [tóniko, -ka] *adj.* **1** Tonique. ■ **2** *m.* MED. Tonique, fortifiant.

tono [tóno] *m.* Ton.

tontear [tonteár] *intr.* **1** Faire, dire des sottises. **2** fam. Flirter.

tontería [tontería] *f.* Sottise, bêtise.

tonto, -ta [tónto, -ta] *adj.-s.* Sot, sotte, idiot, ote.

topacio [topáθjo] *m.* Topaze. *f.*

topar [topár] *tr.* **1** Heurter. ■ **2** *tr.-intr.* Trouver (una cosa), rencontrer (a alguien): ~ ***a, con un amigo,*** rencontrer un ami. ■ **3** *intr.* Se heurter, heurter: ~ ***con un poste,*** se heurter contre un poteau, heurter un poteau.

tope [tópe] *m.* **1** MEC. Butoir. **2** Tampon (de vagón, locomotora).

topetón [topetón] *m.* Choc, heurt.

tópico, -ca [tópiko, -ka] *adj.-m.* **1** MED. Topique. ■ **2** *m.* Lieu commun.

topo [tópo] *m.* Taupe *f.*

toque [tóke] *m.* **1** Touche *f.*, attouchement (acción de tocar). **2** Sonnerie *f.* (de trompeta, corneta, campañas), batterie *f.* (de tambor).

tórax [tóras] *m.* Thorax.

torcaz [torkáθ] *adj.* Ramier: ***paloma*** ~, pigeon ramier.

torcedura [torθeðúra] *f.* **1** Torsion, tordage *m.* **2** MED. Entorse.

torcer [torθér] *tr.* **1** Tordre. **2** Courber, incliner, mettre de travers. **3** Détourner, dévier (dar dirección distinta). **4** fig. Détourner, fausser (el sentido de las palabras, etc.). **5** Faire plier, faire céder (a uno). ■ **6** *intr.* Tourner (cambiar de dirección): ~ ***a la izquierda,*** tourner à gauche. ■ **7** *pr.* Se tordre: ***me torcí un pie,*** je me suis tordu un pied. ▲ CONJUG. comme ***mover.***

torcida [torθíða] *f.* Mèche (d'une bougie, etc.).

torcido, -da [torθíðo, -ða] *adj.* **1** Tordu, ue. **2** fig. Qui n'agit pas avec droiture, retors, orse. ■ **3** *m.* Gros fil de soie torse.

tordo, -da [tórðo, -ða] *adj.-s.* **1** Tourdille (caballo). ■ **2** *m.* Grive *f.* (ave).

torear [toreár] *intr.-tr.* TAUROM. Combattre les taureaux, toréer.

toreo [toréo] *m.* Tauromachie *f.*

torero [toréro] *m.* Torero, toréador.

torete [toréte] *m.* Taurillon.

tormenta [torménta] *f.* Orage *m.*, tourmente (en la tierra), tempête (en el mar).

tormento [torménto] *m.* **1** Tourment. **2** Question *f.*, torture *f.* (suplicio).

torna [tórna] *f.* **1** Restitution, renvoi *m.* **2** Retour *m.* (vuelta).

tornado [tornáðo] *m.* Tornade *f.*

tornar [tornár] *tr.* **1** Retourner, rendre, restituer. **2** Rendre (mudar). ■ **3** *intr.* Revenir (regresar). **4** ~ ***a*** (con infinitivo), recommencer à. ■ **5** *pr.* Devenir.

tornasol [tornasól] *m.* **1** Tournesol. **2** Reflets *pl.* (visos).

torneo [tornéo] *m.* **1** Tournoi. **2** VET. Tournis.

tornero [tornéro] *m.* Tourneur.

tornillo [torníʎo] *m.* Vis *f.*

torno [tórno] *m.* **1** Tour (máquina). **2** Treuil (para elevar pesos). **3** Tour (en los conventos). **4** Rouet (para hilar). **5** Étau (de carpintero o cerrajero). **6** Roulette *f.* (de dentista). ■ **7** *loc. adv.* ***En*** ~, autour.

toro [tóro] *m.* **1** Taureau. **2** ARQ., GEOM. Tore. ■ **3** *pl.* Course *f. sing.* de taureaux.

torpe [tórpe] *adj.* Lourd, lourde, lent, lente.

torpedero [torpeðéro] *adj.-m.* Torpilleur (barco).

torpedo [torpéðo] *m.* **1** Torpille *f.* (pez, proyectil). **2** Torpédo *f.* (coche).

torpeza [torpéθa] *f.* **1** Lourdeur, lenteur. **2** Maladresse, gaucherie.

torre [tóře] *f.* **1** Tour (construcción, pieza del juego de ajedrez). **2** Maison de campagne (casa de campo).

torrefacto, -ta [tořefáyto, -ta] *adj.* Torréfié, ée.

torrencial [toȓenθjál] *adj.* Torrentiel, elle.
torreón [toȓeón] *m.* Grande tour *f.*
tórrido, -da [tóȓiðo, -ða] *adj.* Torride.
torsión [torsjón] *f.* Torsion.
torso [tórso] *m.* Torse.
tortícolis [tortíkolis] *f.* MED. Torticolis.
tortilla [tortíʎa] *f.* Omelette: ~ ***francesa,*** omelette nature.
tortuga [tortúɣa] *f.* Tortue.
tortuoso, -sa [tortwóso, -sa] *adj.* Tortueux, euse.
torturar [torturár] *tr.* Torturer.
torzal [torθál] *m.* Cordonnet de soie.
tos [tos] *f.* **1** Toux. **2** MED. ~ ***ferina,*** coqueluche.
tosco, -ca [tósko, -ka] *adj.* **1** Grossier, ière. **2** Rustre, inculte, grossier, ière (persona).
toser [tosér] *intr.* Tousser.
tostada [tostáða] *f.* Toast *m.* (pan).
tostado, -da [tostáðo, -ða] *adj.* **1** Grillé, ée. **2** Hâlé, ée, bruni, ie (la tez).
tostadura [tostaðúra] *f.* Grillage *m.*, torréfaction (del café).
tostar [tostár] *tr.* **1** Griller, torréfier. **2** Hâler, bronzer (la piel). ▲ CONJUG. comme ***contar.***
tostón [tostón] *m.* **1** Chose *f.* trop grillée. **2** Rôtie *f.* trempée d'huile. **3** fam. Chose *f.* ennuyeuse, rasante, truc rasoir.
total [totál] *adj.-m.* **1** Total, ale. ■ **2** *adv.* En résumé, bref.
totalidad [totaliðáð] *f.* Totalité.
tóxico, -ca [tó(ɣ)siko, -ka] *adj.-m.* Toxique.
toximaníaco, -ca [tokʃimaniako, -ka] *adj.* Toxicomane.
tozudo, -da [toθúðo, -ða] *adj.* Têtu, ue, entêté, ée.
traba [tráβa] *f.* Lien *m.*, attache.
trabajador, ra [traβaxaðór, -ra] *adj.-s.* Travailleur, euse.
trabajar [traβaxár] *intr.-tr.* Travailler.
trabajo [traβáxo] *m.* **1** Travail. Loc. ***Tomarse el ~ de,*** se donner la peine de. ■ **2** *m. pl.* Misères *f.*, peines *f.*, difficultés *f.* (penalidades).
trabalenguas [traβaléŋgwas] *m.* Mot, phrase *f.* difficile à prononcer.
trabar [traβár] *tr.* **1** Entraver (un animal). **2** Joindre, lier (cosas). **3** Lier (una salsa), épaissir (líquido, masa). **4** fig. Engager, entamer (una batalla, una conversación), lier, nouer (amistad, etc.). ■ **5** *pr.* ***Trabarse de palabras,*** se disputer.
tractor [traɣtór] *m.* Tracteur.
tradición [traðiθjón] *f.* Tradition.
tradicional [traðiθjonál] *adj.* Traditionnel, elle.
traducir [traðuθír] *tr.* Traduire. ▲ CONJUG. comme ***conducir.***
traductor, -ra [traðuɣtór, -ra] *adj.-s.* Traducteur, trice.
traer [traér] *tr.* **1** Apporter, amener (al lugar en donde se habla). **2** Porter (llevar puesto). **3** Amener, entraîner, causer (acarrear). **4** Attirer (atraer hacia sí). **5** Sentidos diversos: ~ ***a la memoria,*** rappeler; ~ ***consigo,*** entraîner; ~ ***inquieto,*** causer de l'inquiétude, inquiéter. ▲ CONJUG. IRRÉG. INDIC. Prés.: ***traigo, traes, trae, traemos, traéis, traen.*** Imparf.: ***traía, traías,*** etc. Pas. simple: ***traje, trajiste, trajo, trajimos, trajisteis, trajeron.*** Fut.: ***traeré, traerás,*** etc. COND.: ***traería, traerías,*** etc. SUBJ. Prés.: ***traiga, traigas, traiga, traigamos, traigáis, traigan.*** Imparf.: ***trajera, trajeras, trajera, trajéramos, trajerais, trajeran,*** ou ***trajese, trajeses,*** etc. Fut.: ***trajere, trajeres,*** etc. IMPÉR.: ***trae, traiga, traigamos, traed, traigan.*** PART. PAS.: ***traído.*** GÉR.: ***trayendo.***
traficante [trafikánte] *m.* Trafiquant.
traficar [trafikár] *intr.* Trafiquer.
tráfico [tráfiko] *m.* **1** Trafic. **2** Circulation *f.*, trafic (de vehículos).

tragabolas [traγaβòlas] *m.* Passe-boules *invar.*
tragaluz [traγalùθ] *m.* 1 Lucarne *f.*, œil-de-bœuf. 2 Soupirail (de un sótano).
tragaperras [traγapèr̄as] *m.* Distributeur automatique, machine *f.* à sous.
tragar [traγàr] *tr.* 1 Avaler (los alimentos). ■ 2 *tr.-pr.* fig. Avaler (creer). 3 Engloutir (engullir), absorber. 4 fig. ***No ~ a uno,*** ne pouvoir souffrir quelqu'un.
tragedia [traxèðja] *f.* Tragédie.
trágico, -ca [tràxiko, -ka] *adj.-m.* 1 Tragique. ■ 2 *s.* Tragédien, ienne (actor, actriz). 3 Tragique (autor).
tragicomedia [traxikomèðja] *f.* Tragicomédie.
trago [tràγo] *m.* Gorgée *f.*, coup: ***echar un ~,*** boire un coup.
traición [traĭθjòn] *f.* 1 Trahison (delito). 2 Traîtrise (alevosía).
traicionar [traĭθjonàr] *tr.* Trahir.
traidor, -ra [traĭðòr, -ra] *adj.-m.* Traître, esse.
traje [tràxe] *m.* Costume, vêtement, habit.
trajín [traxin] *m.* 1 Transport (de mercancías). 2 Remue-ménage, agitation *f.* (ajetreo).
trajinar [traxinàr] *tr.* 1 Transporter, voiturer. 2 S'agiter, aller et venir, s'activer.
trama [tràma] *f.* Trame.
tramar [tramàr] *tr.* Tramer.
tramitar [tramitàr] *tr.* 1 Faire suivre son cours à (un asunto). 2 S'occuper de.
trámite [tràmite] *m.* 1 Formalité *f.* (requisito). 2 Démarche *f.* (diligencia).
tramo [tràmo] *m.* 1 ARQ. Travée *f.* 2 Volée *f.* (de escalera). 3 Tronçon (de canal, de camino). 4 Section *f.* (de terreno).
tramontana [tramontàna] *f.* 1 Tramontane. 2 fig. Vanité.
trampa [tràmpa] *f.* 1 Trappe, piège *m.*, traquenard *m.* (artificio de caza). 2 Trappe (puerta). 3 Dette (deuda). 4 Tricherie (en el juego). 5 Expédient *m.*: ***vivir de la ~,*** vivre d'expédients.
trampear [trampeàr] *intr.* Vivre d'expédients.
trampolín [trampolin] *m.* Tremplin.
tramposo, -sa [trampòso, -sa] *adj.-s.* Menteur, euse.
trance [trànθe] *m.* 1 Moment critique. 2 Transe *f.* (fenómeno psíquico).
tranco [tràŋko] *m.* Grand pas, enjambée *f.*
tranquilidad [traŋkiliðàð] *f.* Tranquillité.
tranquilizar [traŋkiliθàr] *tr.* Tranquilliser, rassurer.
tranquilo, -la [traŋkilo, -la] *adj.* 1 Tranquille. ■ 2 *m.* Père tranquille.
transatlántico, -ca [tra(n)saðlàntiko, -ka] *adj.-m.* Transatlantique.
transbordar [tra(n)zβorðàr] *tr.* 1 Transborder. ■ 2 *intr.-pr.* Passer d'un train dans un autre, changer.
transbordo [tra(n)zβòrðo] *m.* Transbordement, changement.
transcender [tra(n)sθendèr] *intr.* 1 FIL. Être transcendant, ante. 2 Transpirer (empezar a ser conocido). ▲ CONJUG. comme ***entender.***
transcribir [transkriβir] *tr.* Transcrire. ▲ PART. PAS.: ***transcripto, transcrito.***
transcripción [transkriβθjòn] *f.* Transcription.
transcurrir [tra(n)skur̄ir] *intr.* S'écouler.
transcurso [tra(n)skùrso] *m.* Cours (del tiempo): ***en el ~ del almuerzo,*** au cours du déjeuner.
transeúnte [transeùnte] *adj.-s.* Passant, ante (persona).
transferir [tra(n)sferir] *tr.* Transférer. ▲ CONJUG. comme ***hervir.***
transformación [tra(n)sformaθjòn] *f.* Transformation.

transformar [tra(n)sformár] *tr.* Transformer (*en,* en).
transfusión [tra(n)sfusjón] *f.* Transfusion.
transgredir [tra(n)zγreðir] *tr.* Transgresser. ▲ CONJUG. comme ***abolir.***
transición [transiθjón] *f.* Transition.
transigir [transixir] *intr.* Transiger.
transitable [transitáβle] *adj.* Practicable (camino).
transitivo, -va [transitiβo,-βa] *adj.-m.* Transitif, ive.
tránsito [tránsito] *m.* **1** Passage, circulation *f.* **2** COM. Transit. **3** Passage: *de ~,* de passage.
transitorio, -ia [transitórjo, -ja] *adj.* Transitoire.
transmisión [tra(n)smisjón] *f.* Transmission.
transmisor, -ra [tra(n)zmisór, -ra] *adj.-m.* Transmetteur.
transmitir [tra(n)zmitir] *tr.* Transmettre: ***insecto que transmite una enfermedad,*** insecte qui transmet une maladie.
transparencia [tra(n)sparénθja] *f.* Transparence.
transparente [tra(n)sparénte] *adj.* **1** Transparent, ente. ■ **2** *m.* Transparent.
transpiración [tra(n)spiraθjón] *f.* Transpiration.
transpirar [tra(n)spirár] *intr.* Transpirer.
transplantado, -da, trasplantado, -da [trasplantáðo, -ða] *s.* Greffé, -ée.
transplante, trasplante [trasplánte] *m.* Greffe *f.*
transponer [tra(n)sponér] *tr.* **1** Transposer (una cosa). **2** Disparaître au-delà de. ■ **3** *pr.* S'assoupir. ▲ CONJUG. comme ***poner.***
transportar [tra(n)sportár] *tr.* **1** Transporter. **2** MÚS. Transposer.
transporte [tra(n)spórte] *m.* **1** Transport: ***transportes colectivos,*** transports en commun. **2** MÚS. Transposition *f.*
transposición [tra(n)sposiθjón] *f.* Transposition.
transvasar [tra(n)zβasár] *tr.* Transvaser.
transversal [trazβersál] *adj.* Transversal, ale.
transverso, -sa [tranzβérso, -sa] *adj.* Transverse.
tranvía [trambia] *m.* Tramway.
trapacear [trapaθeár] *intr.* **1** Finasser, ruser. **2** Frauder.
trápala [trápala] *f.* **1** Vacarme *m.,* tapage *m.* (de gente). **2** Bruit *m.* du trot ou du galop d'un cheval.
trapatiesta [trapatjésta] *f.* Dispute, bagarre (riña), tapage *m.,* raffut *m.* (ruido).
trapecio [trapéθjo] *m.* Trapèze.
trapero, -ra [trapéro, -ra] *s.* Chiffonnier, ière.
trapezoide [trapeθóĭðe] *m.* Trapézoïde.
trapiche [trapitʃe] *m.* Moulin à huile, à canne à sucre.
trapillo [trapiʎo] *m.* Chiffon.
trapo [trápo] *m.* **1** Chiffon. Loc. ***Poner a alguien como un ~,*** traiter quelqu'un de tous les noms. **2** MAR. Toile *f.,* voilure *f.* Loc. ***A todo ~,*** à pleines voiles.
tráquea [trákea] *f.* ANAT. Trachée.
traqueal [trakeál] *adj.* Trachéal, ale.
traquetear [traketeár] *intr.* **1** Faire du bruit. ■ **2** *tr.* Secouer, agiter (sacudir), cahoter (un vehículo).
traqueteo [traketéo] *m.* **1** Pétarade *f.* (de cohetes). **2** Cahotement, secousse *f.*
tras [tras] *prep.* **1** Après (aplicado al espacio y al tiempo): ***uno ~ otro,*** l'un après l'autre. **2** Derrière (detrás). **3** Outre que, non seulement, non content de (además): ***~ ser caro, es de inferior calidad,*** non seulement c'est cher mais c'est de mauvaise qualité.
trascolar [traskolár] *tr.* Filtrer. ▲ CONJUG. comme ***contar.***

trasegar [traseɣàr] *tr.* 1 Remuer, changer de place. 2 Transvaser (líquidos). ▲ CONJUG. comme *acertar.*

trasero, -ra [trasèro, -ra] *adj.* 1 Arrière, postérieur, eure. ■ 2 *m.* Derrière (de un animal, de una persona). ■ 3 *f.* Arrière *m.* (de un vehículo), derrière *m.* (de una casa, etc.).

trasgo [tràzɣo] *m.* 1 Lutin (duende). 2 Enfant espiègle.

trashumante [trasumànte] *adj.* Transhumant, ante.

trashumar [trasumàr] *intr.* Transhumer.

trasiego [trasjèɣo] *m.* 1 Remue-ménage. 2 Transvasement (de líquidos), soutirage (para eliminar las heces).

trasladar [trazlaðàr] *tr.* 1 Changer de place, déplacer. 2 Transférer, transporter. 3 Ajourner (una reunión, función, etc.). 4 Transcrire, copier. 5 Reporter (a otra página, columna).

traslado [trazlàðo] *m.* 1 Transport transfert. 2 Copie *f.*, double (copia).

traslucirse [trazluθirse] *pr.* 1 Être translucide. 2 fig. Percer, se laisser deviner, se déduire. ▲ CONJUG. comme *lucir.*

trasluz [trazlùθ] *m.* Lumière *f.* qui traverse un corps translucide. *loc. adv.* ***Al*** ~, par transparence.

trasnochado, -da [traznotʃàðo, -ða] *adj.* 1 Gâté, ée, de la veille. 2 Pâle, blême (persona). 3 fig. Usé, ée, périmé, ée.

trasnochar [traznotʃàr] *intr.* Passer la nuit sans dormir, se coucher tard.

traspapelar [traspapelàr] *tr.* Égarer.

traspasar [traspasàr] *tr.* 1 Traverser, passer (de una parte a otra). 2 Transpercer, percer (con una cosa punzante). 3 Transférer, céder (un negocio, etc.).

traspaso [traspàso] *m.* 1 Traversée *f.*, passage. 2 Cession *f.* (de un local comercial), reprise *f.*, pas-de-porte (precio).

traspié [traspjè] *m.* Faux-pas: ***dar un*** ~, faire un faux-pas.

traspuntín [traspuntìn] *m.* Strapontin.

trasquilar [traskilàr] *tr.* 1 Mal couper les cheveux. 2 Tondre (un animal).

trastada [trastàða] *f.* Mauvais tour *m.*

traste [tràste] *m.* 1 MÚS. Touchette *f.* (de guitarra, etc.). 2 Loc. ***Dar al*** ~ ***con una cosa,*** détruire, anéantir, mettre à mal une chose.

trastear [trasteàr] *tr.* 1 Poser les touchettes (a una guitarra, etc.). 2 Pincer (una guitarra, etc.). 3 TAUROM. Faire des passes (à un taureau).

trastera [trastèra] *f.*, **trastero** [trastèro] *m.* Pièce *f.* de débarras, débarras *m.*

trastienda [trastjènda] *f.* 1 Arrière-boutique. 2 fig. Prudence, ruse, savoir-faire *m.*

trasto [tràsto] *m.* 1 desp. Meuble. 2 Cochonnerie *f.*, saleté *f.* (cosa inútil). 3 Propre à rien (persona).

trastornar [trastornàr] *tr.* Bouleverser.

trastorno [trastòrno] *m.* 1 Bouleversement. 2 Trouble, désordre.

trasudar [trasuðàr] *intr.* Suer légèrement.

trata [tràta] *f.* Traite: ~ ***de negros, de blancas,*** traite des noirs, des blanches.

tratable [tratàβle] *adj.* Traitable.

tratado [tratàðo] *m.* Traité.

tratamiento [tratamjènto] *m.* 1 Traitement: INFORM. ~ ***de textos,*** traitement de textes. 2 Titre.

tratar [tratàr] *tr.-intr.* 1 Fréquenter (tener trato): ***a, con uno,*** fréquenter quelqu'un. 2 Traiter (bien o mal). 3 Traiter (un asunto, una enfermedad). ■ 4 *intr.* ~ ***de,*** essayer de, tâcher de (intentar): ***trataré de***

convencerle, j'essaierai de le convaincre. ■ 5 *impers.* ***Se trata de,*** il s'agit de.
trato [tráto] *m.* 1 Fréquentation *f.*, relations *f. pl.*, rapports *pl.* 2 Traitement (manera de tratar a alguien). 3 Marché (convenio): ~ ***hecho,*** marché conclus. 4 ~ ***de cuerda,*** estrapade *f.*
traumatismo [traŭmatizmo] *m.* Traumatisme.
través [traβès] *m.* 1 Travers (inclinación). 2 *loc. adv.* ***Al ~, de ~,*** en travers.
travesía [traβesía] *f.* 1 Chemin *m.* de traverse (camino). 2 Rue traversière (calle). 3 Traversée (viaje).
travestido, -da [traβestiðo, -ða]. 1 *adj.* Travesti, -ie. 2 *m.* Travesti.
travesura [traβesúra] *f.* 1 Espièglerie, polissonnerie. 2 Vivacité d'esprit.
traviesa [traβjèsa] *f.* 1 Traverse (ferrocarril). 2 *loc. adv.* ***A campo ~,*** à travers champs.
travieso, -sa [traβjèso, -sa] *adj.* Mis, mise en travers.
trayecto [traǰèγto] *m.* Trajet, parcours.
trazado [traθàðo] *m.* 1 Tracé (de un camino, etc.). 2 Plan (traza). 3 Traçage (acción).
trazo [tràθo] *m.* 1 Tracé, dessin. 2 Ligne *f.*, trait.
trébol [trèβol] *m.* Trèfle.
trece [trèθe] *adj.-m.* Treize. Loc. fam. ***Mantenerse en sus ~,*** ne pas céder.
trecho [trètʃo] *m.* 1 Espace, distance *f.* 2 *loc. adv.* ***A trechos,*** par intervalles.
tregua [trèγwa] *f.* Trève.
treinta [treĭnta] *adj.-m.* 1 Trente: ~ ***y una,*** trente et un (juego). 2 Trentième.
treintena [treĭntèna] *f.* 1 Trentaine. 2 Trentième (parte).
tremendo, -da [tremèndo, -da] *adj.* Terrible, formidable.
tren [tren] *m.* 1 Train: ~ ***correo,*** train-poste. 2 Train: ~ ***de laminación,*** train de laminoir. 3 ~ ***de vida,*** train de vie.
trencilla [trenθiʎa] *f.* Galon *m.* étroit.
trenza [trènθa] *f.* 1 Tresse. 2 Natte, tresse (de pelo).
trenzar [trenθàr] *tr.* 1 Tresser, natter. ■ 2 *intr.* Faire des entrechats (en la danza).
trepado, -da [trepàðo, -ða] *adj.* Vigoureux, euse (animal).
trepador, -ra [trepaðòr, -ra] *adj.* BOT. Grimpant, ante.
trepar [trepàr] *intr.* Grimper.
tres [tres] *adj.-s.* 1 Trois: ***son las ~,*** il est trois heures. 2 ~ ***en raya,*** marelle *f.*
trescientos, -as [tresθjèntos, -as] *adj.-m.* Trois cents.
tresillo [tresiʎo] *m.* 1 Hombre (juego). 2 Ensemble d'un canapé et deux fauteuils.
treta [trèta] *f.* Ruse, artifice *m.*
tría [tria] *f.* Triage *m.*, tri *m.*
tríada [triaða] *f.* Triade.
triangular [trjaŋgulàr] *adj.* Triangulaire.
triangular [trjaŋgulàr] *tr.* Trianguler.
triángulo, -la [trjàŋgulo, -la] *adj.* 1 Triangulaire. ■ 2 *m.* Triangle.
tribu [triβu] *f.* Tribu.
tribuna [triβùna] *f.* Tribune.
tribunal [triβunàl] *m.* 1 Tribunal. 2 Jury (en un examen).
tribuno [triβùno] *m.* Tribun.
tributar [triβutàr] *tr.* 1 Payer un tribut, un impôt. 2 fig. Rendre (homenaje), témoigner (respeto, etc.).
tributo [triβùto] *m.* 1 Tribut. 2 Impôt.
tricolor [trikolòr] *adj.* Tricolore.
triedro [trjèðro] *adj.* GEOM. Trièdre.
trienal [trjenàl] *adj.* Triennal, ale.
trienio [trjènjo] *m.* Triennat.
trifulca [trifùlka] *f.* Dispute, querelle.
trigal [triγàl] *m.* Champ de blé.

trigésimo, -ma [trixėsimo, -ma] *adj.-s.* Trentième.
trigo [triɣo] *m.* 1 Blé. 2 ~ *candeal,* froment. 3 ~ *sarraceno,* blé noir, sarrasin.
trigonometría [triɣonometria] *f.* Trigonométrie.
trilla [triʎa] *f.* 1 AGR. Battage *m.*, dépiquage *m.* 2 Rouget *m.* (pez).
trillado, -da [triʎàðo, -ða] *adj.* Rebattu, e, fam. bateau: *camino* ~, chemin battu.
trillar [triʎàr] *tr.* AGR. Battre, dépiquer.
trilogía [triloxia] *f.* Trilogie.
trimestre [trimėstre] *m.* Trimestre.
trinar [trinàr] *intr.* 1 MÚS. Triller, faire des trilles. 2 fig. Enrager.
trinca [triŋka] *f.* Trío *m.* (de cosas).
trincar [triŋkàr] *tr.* 1 Casser, déchiqueter. 2 Assujettir fortement (atar).
trinchar [trintʃàr] *tr.* COC. Découper.
trinchera [trintʃėra] *f.* 1 Tranchée. 2 Trench-coat *m.* (impermeable).
trineo [trinėo] *m.* Traîneau.
trinidad [triniðàð] *f.* Trinité.
trinquete [triŋkėte] *m.* 1 MAR. Misaine *f.* (vela), mât de misaine (palo). 2 MEC. Cliquet, encliquetage.
trío [trio] *m.* MÚS. Trio.
tripa [tripa] *f.* 1 Tripe, boyau *m.* Loc. fig. *Hacer de tripas corazón,* faire contre mauvaise fortune bon cœur. 2 fam. Ventre *m.*: *dolor de tripas,* mal au ventre.
triple [triple] *adj.-m.* Triple.
triplicar [triplikàr] *tr.* Tripler.
trípode [tripoðe] *m.* Trépied.
triptongo [triβtòŋgo] *m.* GRAM. Triphtongue *f.*
tripulación [tripulaθjòn] *f.* MAR., AVIAC. Équipage *m.*
tripulante [tripulànte] *m.* MAR., AVIAC. Membre d'un équipage.
tripular [tripulàr] *tr.* 1 MAR., AVIAC. Équiper (d'hommes). 2 Faire partie de l'équipage. 3 Piloter (conducir).
triquinosis [trikinòsis] *f.* MED. Trichinose.
tris [tris] *m.* fig. Un rien: *estuvo en un* ~, peu s'en est fallu, il s'en est fallu d'un rien.
triscar [triskàr] *intr.* 1 Faire du bruit avec les pieds. 2 S'ébattre (retozar).
triste [triste] *adj.* 1 Triste. 2 Misérable (insignificante).
tristeza [tristėθa] *f.* Tristesse.
triturar [trituràr] *tr.* Triturer, broyer, concasser.
triunfador, -ra [triuɱfaðòr, -ra] *adj.-s.* Triomphateur, trice.
triunfar [trjuɱfàr] *intr.* 1 Triompher. 2 Couper avec un atout (en naipes).
triunvirato [trjumbiràto] *m.* Triumvirat.
trivial [triβjàl] *adj.* Banal, ale, insignifiant, ante.
triza [triθa] *f.* Petit morceau *m.*, miette: *hacer trizas,* mettre en morceaux, réduire en miettes.
trocear [troθeàr] *tr.* Couper en morceaux.
trocha [tròtʃa] *f.* Sentier *m.*
trofeo [trofėo] *m.* Trophée.
troglodita [troɣloðita] *adj.-s.* Troglodyte.
trolebús [troleβùs] *m.* Trolleybus.
tromba [tròmba] *f.* Trombe.
trompa [tròmpe] *f.* Trompe. 2 MÚS. Cor *m.*: ~ *de caza,* cor de chasse.
trompada [trompàða] *f.*, **trompazo** [trompàθo] *m.* 1 Coup *m.* de poing (puñetazo).
trompeta [trompėta] *f.* 1 MÚS. Trompette. ■ 2 *m.* Trompettiste (músico).
trompetazo [trompetàθo] *m.* Coup de trompete.
trompo [tròmpo] *m.* 1 Toupie *f.* 2 Troque (molusco).
tronar [tronàr] *impers.-intr.* 1 Tonner. ■ 2 *pr.* Se ruiner (arruinarse). ■ 3 *intr.* ~ *con uno,* se brouiller avec quelqu'un. ▲ CONJUG. comme *contar.*

tronchar [trontʃàr] *tr.* 1 Casser, briser. ■ 2 *pr.* fam. ***Troncharse de risa,*** se tordre de rire, se marrer.
tronco [tròŋko] *m.* 1 Tronc. Loc. fig. ***Estar hecho un ~,*** dormir comme une souche; être paralysé. 2 Souche *f.* (de una familia). 3 Paire *f.* (de caballos).
tronera [tronèra] *f.* 1 FORT. Meurtrière. 2 Blouse (de billard).
trono [tròno] *m.* Trône.
tropa [tròpa] *f.* 1 MIL. Troupe. 2 Troupe (de gente).
tropel [tropèl] *m.* 1 Cohue *f.* *(de gente).* 2 Hâte *f.* (prisa), confusion *f.*, pêle-mêle (de cosas). 3 *loc. adv.* ***En ~,*** en foule, à la hâte.
tropezar [tropeθàr] *intr.* 1 Buter, trébucher, achopper: ***~ con, en una piedra,*** buter contre une pierre; broncher (el caballo). 2 Se heurter: ***~ con una dificultad,*** se heurter à une difficulté. 3 Se brouiller avec, s'opposer à (reñir). ▲ CONJUG. comme ***acertar.***
tropical [tropikàl] *adj. Tropical, ale.*
trópico [tròpiko] *m.* 1 Tropique. ■ 2 *adj.* ***Año ~,*** année tropique.
tropiezo [tropjèθo] *m* 1 Faux pas: ***dar un ~,*** faire un faux pas. 2 *fig.* Faux pas (falta).
trotar [trotàr] *intr.* Trotter.
trote [tròte] *m.* 1 Trot. *loc. adv.* ***A ~, al ~,*** au trot. 2 fig. Occupation *f.* fatigante (faena), histoire *f.* (enredo).
trovador, -ra [troβaðòr, -ra] *s.* 1 Poète, poétesse. ■ 2 *m.* Troubadour.
trozo [tròθo] *m.* Morceau.
trucaje [trukaxe] *m.* CIN. Trucage, truquage.
trucha [trùtʃa] *f.* Truite.
truco [trùko] *m.* 1 Truc (artificio). 2 Trucage (cinematográfico). ■ 3 *pl.* Truc *sing.* (juego de billar).
truculencia [trukulènθja] *f.* Truculence.
trueno [trwèno] *m.* 1 Tonnerre, coup de tonnerre (ruido). 2 Détonation *f.* (de un arma o cohete). 3 *fig.* Hurluberlu.
trueque [trwèke] *m.* Troc, échange.
trufa [trùfa] *f.* 1 Truffe. 2 *fig.* Mensonge *m.*
truhán, ana [trwàn, -àna] *adj.-s.* 1 Truand, ande, fripon, onne. 2 ant. Bouffon, onne.
truncar [truŋkàr] *tr.* 1 Tronquer. 2 fig. Briser (esperanzas, etc.).
tu [tu], **tus** [tus] *adj. pos.* Ton, ta, tes.
tú [tu] *pron. pers.* 1 Tu (forma átona): ***~ eres,*** tu es. 2 Toi (forma tónica y con *prep.*): ***¡~ te callas!,*** toi, tu te tais! 3 ***Tratar de ~,*** tutoyer.
tubérculo [tuβèrkulo] *m.* Tubercule.
tuberculosis [tuβerkulòsis] *f.* Tuberculose.
tubería [tuβerìa] *f.* 1 Tuyauterie (conjunto de tubos). 2 Conduite (tubo).
tubo [tùβo] *m.* 1 Tube, tuyau. 2 Verre (de lámpara). 3 ANAT. Tube.
tubular [tuβulàr] *adj.* Tubulaire.
tucán [tukàn] *m.* Toucan.
tuerca [twèrka] *f.* Écrou *m.*
tuerto, -ta [twèrto, -ta] *adj.-s.* 1 Borgne. ■ 2 *m.* Tort, outrage (agravio). ■ 3 *adj.* Tordu, ue (torcido).
tueste [twèste] *m.* Grillage, torréfaction *f.*
tuétano [twètano] *m.* Moelle *f.*
tufo [tùfo] *m.* 1 Émanation *f.* 2 Odeur *f.* forte et désagréable. 3 Mèche *f.* de cheveux pendant devant l'oreille.
tul [tul] *m.* Tulle.
tulipán [tulipàn] *m.* Tulipe *f.*
tullido, -da [tuʎiðo, ða] *adj.-s.* Perclus, use, impotent, ente (persona).
tumba [tùmba] *f.* Tombe, tombeau *m.*
tumbar [tumbàr] *tr.* Renverser, faire tomber, jeter à terre.
tumbo [tùmbo] *m.* Cahot: ***dar tumbos,*** cahoter.
tumor [tumòr] *m.* Tumeur *f.*
tumulto [tumùlto] *m.* Tumulte.

tuna [túna] *f.* 1 Vagabondage *m.*: *correr la ~*, vagabonder. 2 Figuier *m.* de Barbarie (árbol).
tunante [tunánte] *adj.-s.* 1 Vagabond, onde. 2 Coquin, ine, fripon, onne.
tunda [túnda] *f.* Raclée, volée (zurra).
tunecino, -na [tuneθino, -na] *adj.-s.* Tunisien, ienne.
túnel [túnel] *m.* Tunnel.
túnica [túnika] *f.* Tunique.
tuntún (al, al buen) [tuntún] *loc. adv.* Au petit bonheur.
tupido, -da [tupiðo, ða] *adj.* Épais, aisse, serré, ée, dru, drue.
tupir [tupir] *tr.* Comprimer, serrer, reserrer.
turbación [turβaθjón] *f.* Trouble *m.*
turbante [turβánte] *m.* Turban.
turbar [turβár] *tr.* 1 Troubler. 2 Décontenancer (desconcertar).
turbina [turβina] *f.* Turbine.
turbio, -ia [túrβjo, -ja] *adj.* 1 Trouble. 2 Louche, suspect, ecte (sospechoso).
turbión [turβjón] *m.* Averse *f.* avec vent, grosse ondée *f.*
turbulencia [turβulénθja] *f.* Turbulence.
turbulento, -ta [turβulénto, -ta] *adj.* Turbulent, ente.
turco, -ca [túrko, -ka] *adj.-s.* 1 Turc, turque. ■ 2 *f.* fig. Cuite (borrachera).
turismo [turizmo] *m.* 1 Tourisme. 2 Voiture *f.* particulière (coche).
turista [turista] *s.* Touriste.
turnar [turnár] *intr.* 1 Alterner, se succéder à tour de rôle. ■ 2 *pr.* Se relayer.
turno [túrno] *m.* Tour (momento): ***me va a llegar el ~***, ça va être mon tour.
turquesa [turkésa] *f.* Turquoise.
turrón [tur̄ón] *m.* Touron.
tute [túte] *m.* Sorte de mariage (juego de cartas).
tutear [tuteár] *tr.* Tutoyer.
tutela [tutéla] *f.* Tutelle.
tuteo [tutéo] *m.* Tutoiement.
tutor, -ra [tutór, -ra] *s.* DER. Tuteur, trice.
tuyo [túĵo,] **tuya** *pron. pos.* 1 Tien, tienne: ***este libro es el ~***, ce livre est le tien. ■ 2 *adj. pos.* À toi: ***este libro es ~***, ce livre est à toi: ***un amigo ~***, un ami à toi, un de tes amis.

U

u [u] *f.* U *m.* ■ *conj.* Ou (devant un mot qui commence par *o* ou *ho*).
ubicación [uβikaθjón] *f.* Situation, position.
ubicar [uβikár] *intr.-pr.* Être situé, ée, se trouver.
ubre [úβre] *f.* 1 Mamelle. 2 Pis *m.* (de vaca).
Ud., vd. (*abrev.* usted) Vous (*sing.*).
Uds., vds. (*abrev.* ustedes) Vous (*pl.*).
UE [we] *f.* (*abrev.* Unión Europea) UE.
¡uf! [uf] *interj.* Ouf!
ufanarse [ufanárse] *pr.* Se vanter, s'enorgueillir.
ufano, -na [ufáno, -na] *adj.* 1 Fier, ière. 2 Orgueilleux, euse.
ujier [uxjér] *m.* *Huissier.*
úlcera [úlθera] *f.* Ulcère *m.*
ulcerar [ulθerár] *tr.* MED. Ulcérer.
ultimar [ultimár] *tr.* Achever, terminer, parachever.
ultimátum [ultimtun] *m.* Ultimatum.
último, -ma [último, -ma] *adj.-s.* Dernier, ière. 2 *loc. adv.* ***Por ~***, enfin, en dernier lieu, finalement.
ultra [últra] *s.* Ultra (extremista).
ultraderecha [ultraðerètʃa] *f.* Extrême droite.
ultraizquierda [ultrajθkjèrđa] *f.* Extrême gauche.
ultrajar [ultraxár] *tr.* Outrager.
ultraligero [ultralixèro] *m.* ULM.
ultramar [ultramár] *m.* Outre-mer.

ultramarino, -na [ultramarino, -na] *adj.* 1 D'outre-mer. ■ 2 *m. pl.* ***Tienda de ultramarinos,*** épicerie.
ultranza (a) [ultranθa] *loc. adv.* À outrance.
ultratumba [ultratumba] *f.* Outre-tombe.
ultraviolado, -da [ultraβjolaðo, -ða], **ultravioleta** [ultraβjoleta] *adj.* Ultra-violet, ette.
umbilical [umbilikal] *adj.* Ombilical, ale.
umbral [umbral] *m.* 1 Seuil. 2 *fig.* Seuil; ***en los umbrales de,*** au seuil de.
un [un], **una** [una] *art. indef.* Un, une. ▲ *Un* est la forme apocopée de ***uno*** devant un nom masculin, de ***una*** devant un nom féminin commençant par *a* ou *ha* accentué: ~ ***alma,*** une âme.
unánime [unanime] *adj.* Unanime.
undécimo, -ma [undeθimo, -ma] *adj.-s. Onzième.*
UNED [uneð] *f.* (*abrev.* Universidad Nacional de Educación a Distancia) Université nationale espagnole d'enseignement à distance.
Unesco [unesko] *f.* (*abrev.* United Nations Educational, Scientific and Cultural Organization) Unesco.
ungüento [uŋgwento] *m.* Onguent.
Unicef [uniθef] *f.* (*abrev.* United Nations Children's Emergency Fund) Unicef.
único, -ca [uniko, -ka] *adj.* 1 Unique. 2 *Seul, seule.* ■ 3 *m.* ***Lo*** ~, la seule chose.
unicornio [unikornj] *m.* Unicorne.
unidad [uniðað] *f.* Unité.
unido, -da [uniðo, -ða] *adj.* Uni, ie.
unificar *tr.* Unifier.
uniformar [uniformar] *tr.* 1 Uniformiser. 2 Pourvoir d'un uniforme.
uniforme [uniforme] *adj.* 1 Uniforme. ■ 2 *m.* Uniforme. 3 Tenue *f.*: ~ ***de gala,*** grande tenue.
unión [unjon] *f.* Union.
unir [unir] *tr.* 1 Unir. 2 Joindre (juntar). 3 Lier, relier (enlazar). ■ 4 *pr.* S'unir.
unitario, -ia [unitarjo, -ja] *adj.-s.* Unitaire.
universal [uniβersal] *adj.* Universel, elle.
universidad [uniβersiðað] *f.* Université.
universitario, -ia [uniβersitarjo, -ja] *adj.-m.* Universitaire.
universo [uniβerso] *m.* Univers.
uno [uno], **una** [una] *adj. num.-indef.* 1 Un, une. ▲ Devant un nom masculin on emploie *un.* ■ 2 *adj.* Un, une (único, que no está dividido, idéntico): ***Dios es*** ~, Dieu est un. ■ 3 *adj. indef. pl.* Des, quelques (algunos), environ (aproximadamente): ***unos zapatos,*** des souliers. ■ 4 *pron. indef.* Quelqu'un: ~ ***lo ha dicho,*** quelqu'un l'a dit; l'un, l'une: ~ ***de ellos,*** l'un d'eux. 5 On (significa el que habla): ~, ***una pensaría,*** on penserait. 6 *loc. adv.* ~ ***a*** ~, ***de*** ~ ***en*** ~, ~ ***por*** ~, un à un; ~ ***a otro,*** l'un l'autre; ~ ***con otro,*** l'un dans l'autre. ■ 7 *f.* ***La una,*** une heure.
untar [untar] *tr.* Graisser (con una materia grasa).
untura [untura] *f.* MED. Friction, badigeonnage *m.*
uña [uɲa] *f.* 1 Ongle *m.* Loc. fig. ***Ser*** ~ ***y carne,*** être comme les deux doigts de la main. 2 Griffe (del gato, etc.). 3 Bec *m.* (de una ancla).
uñero [uɲero] *m.* MED. Panaris.
¡upa! [upa] *interj.* Hop!
uranio [uranjo] *m.* QUÍM. Uranium.
urbanidad [urβaniðað] *f.* Politesse, courtoisie, urbanité.
urbanización [urbaniθaθjon] *f.* Lotissement *m.*
urbanizar [urβaniθar] *tr.* 1 Urbaniser. 2 Civiliser, rendre sociable (a uno).
urbano, -na [urβano, -na] *adj.* 1 Urbain, aine. 2 Courtois, oise, poli, ie (cortés). ■ 3 *m.* Agent de police.

urbe [úrβe] *f.* Ville, métropole.
urdir [urðir] *tr.* Ourdir.
uretra [urètra] *f.* ANAT. Urètre.
urgencia [urxènθja] *f.* Urgence: ***con ~,*** d'urgence.
urgente [urxènte] *adj.* Urgent, ente.
urgir [urxir] *intr.* Être urgent, presser: ***urge que vengas,*** il est urgent que tu viennes.
urinario, -ia [urinàrjo, -ja] *adj.* **1** Urinaire. ■ **2** *m.* Urinoir.
urna [úrna] *f.* Urne.
urología [uroloxía] *f.* Urologie.
urraca [uřàka] *f.* Pie.
urticaria [urtikàrja] *f.* Urticaire.
usado, -da [usàðo, -ða] *adj.* **1** Usagé, ée (que ha servido), usé, ée, vieux, vieille (gastado). **2** Usité, ée (en uso).
usanza [usànθa] *f.* Usage *m.,* mode.
usar [usàr] *tr.* **1** Utiliser, faire usage de, employer (utilizar), porter (llevar). ■ **2** *intr.* ~ ***de,*** user de, faire usage de.
uso [úso] *m.* **1** Usage, us, coutume *f.* (costumbre). **2** Usage.
usted [ustèð], **ustedes** [ustèðes] *pron. pers.* Vous (de tratamiento): ***~ es, ustedes son,*** vous êtes.
usual [uswàl] *adj.* Usuel, elle.
usuario, -ria [uswàrjo, -rja] *m.-f.* **1** Usager *m.* **2** INFORM. Utilisateur, trice.
usufructo [usufrúyto] *m.* DER. Usufruit.
usurero, -ra [usurèro, -ra] *s.* Usurier, ière.
usurpar [usurpàr] *tr.* Usurper.
utensilio [utensiljo] *m.* Ustensile.
útil [útil] *adj.* **1** Utile. ■ **2** *m.* Outil (herramienta), ustensile (utensilio).
utilidad [utiliðàð] *f.* Utilité.
utilitario, -ia [utilitàrjo, -ja] *adj.* **1** Utilitaire. ■ **2** *m.* Utilitaire.
utilización [utiliθaθjòn] *f.* Utilisation.
utilizar [utiliθàr] *tr.* Utiliser.
utopía [utopía] *f.* Utopie.
uva [úβa] *f.* **1** Raisin *m.* **2** Grain *m.* de raisin (grano). **3** Grappe de raisins (racimo).
uvate [uβàte] *m.* Raisiné.
úvea [úβea] *f.* ANAT. Uvée.
UVI [úβi] *f.* (*abrev.* unidad de vigilancia intensiva) Unité de soins intensifs.
úvula [úβula] *f.* Uvule.
uvular [uβulàr] *adj.* Uvulaire.

V

v [úβe] *f.* V *m.*
vaca [bàka] *f.* **1** Vache. **2** Bœuf *m.* (carne). **3** ~ ***de San Antón,*** coccinelle.
vacaciones [bakaθjònes] *f. pl.* **1** Vacances. **2** Vacations (de un tribunal).
vacante [bakànte] *adj.* **1** Vacant, ante. ■ **2** *f.* Vacance, emploi *m.* vacant.
vaciador [baθjaðòr] *m.* **1** Videur (instrumento). **2** Mouleur (operario).
vaciar [baθjàr] *tr.* **1** Vider. **2** Évider (dejar hueco). **3** Mouler (una estatua, etc.), couler (metales). **4** Affûter, aiguiser (un instrumento cortante). ▲ CONJUG. comme ***desviar.***
vacilación [baθilaθjòn] *f.* Vacillation.
vacilante [baθilànte] *adj.* Vacillant, ante.
vacilar [baθilàr] *intr.* **1** Vaciller. **2** fig. Hésiter: ~ ***en aceptar,*** hésiter à accepter.
vacío, -ía [baθío, -ía] *adj.* **1** Vide. **2** fig. Vain, vaine, présomptueux, euse (vanidoso), creux, creuse (insustancial). ■ **3** *m.* Vide (espacio vacío, falta de una persona o cosa). **4** Creux (cavidad). **5** ANAT. Flanc.
vacuna [bakùna] *f.* Vaccin *m.*
vacunar [bakunàr] *tr.* Vacciner.

vacuno, -na [bakúno, -na] *adj.* Bovin, ine.
vado [báðo] *m.* 1 Bateau: ~ *permanente,* sortie de garage. 2 Gué (de un río).
vagabundear [baγaβundeàr] *intr.* Vagabonder.
vagabundo, -da [baγaβúndo, -da], **vagamundo, -da** [baγamúndo,-da] *adj.-s.* Vagabond, onde.
vagancia [baγánθja] *f.* Oisiveté, fainéantise.
vagar [baγàr] *intr.* 1 Errer, vaguer, traîner, flâner. 2 Être oisif, ive, inoccupé, ée.
vagina [baxina] *f.* Vagin *m.*
vago, -ga [báγo, -γa] *adj.* 1 Vague. ■ 2 *adj.-s.* Oisif, ive, fainéant, ante, vagabond, onde.
vagón [baγòn] *m.* Wagon.
vaho [báo] *m.* Vapeur *f.,* buée *f.*
vaina [báĭna] *f.* 1 Fourreau *m.,* gaine. 2 BOT. Gousse, cosse (de los guisantes), gaine (del tallo).
vainilla [baĭniʎa] *f.* 1 Vanille. 2 Vanillier *m.* (planta).
vaivén [baĭβèn] *m.* Va-et-vient *invar.*
vajilla [baxiʎa] *f.* Vaisselle.
vale [bále] *m.* Bon.
valenciano, -na [balenθjáno, -na] *adj.-s.* Valencien, ienne.
valentía [balentía] *f.* 1 Vaillance, bravoure. 2 Action héroïque.
valer [balèr] *intr.* 1 Valoir (tener cierto valor, precio, equivaler). Loc. *Hacer ~,* faire valoir; *vale más,* il vaut mieux. 2 Avoir de la valeur, du mérite, valoir. 3 Servir, être utile: *no ~ para nada,* ne servir à rien. 4 Être valable (ser valedero). ■ 5 *tr.* Protéger. 6 Valoir (redituar, proporcionar): *su franqueza le ha valido muchos disgustos,* sa franchise lui a valu bien des ennuis. ■ 7 *pr. Valerse de,* se servir de, s'aider de, utiliser (usar), avoir recours à (recurrir a). ▲ CONJUG. IRRÉG. INDIC. Prés.: *valgo, vales, vale, valemos, valéis, valen.* Pas. simple: *valí, valiste,* etc. Fut.: *valdréis, valdrán,* COND.: *valdría, valdrías* etc. SUBJ. Prés.: *valga, valgas, valga, valgamos, valgáis, valgan.* Imparf.: *valiera, valieras,* etc. ou *valiese, valieses,* etc. Fut.: *valiere, valieres,* etc. IMPÉR.: *val* ou *vale, valga, valgamos, valed, valgan.* PART. PAS.: *valido.* GÉR.: *valiendo.*
validación [baliðaθjòn] *f.* Validation.
validar [baliðàr] *tr.* Valider.
validez [baliðèθ] *f.* Validité.
válido, -da [báliðo, -ða] *adj.* Valide, valable (documento, firma, etc.).
valiente [baljènte] *adj.-s.* 1 Vaillant, ante, courageux, euse, brave. 2 Bravache (valentón). ■ 3 *adj.* Vigoureux, euse, robuste.
valioso, -sa [baljòso, -sa] *adj.* Précieux, euse, d'une grande valeur.
valla [báʎa] *f.* 1 Clôture, palissade. 2 *fig.* Obstacle *m.* 2 DEP. Haie.
valle [báʎe] *m.* Vallée *f.*
vallisoletano, -na [baʎisoletáno, -na] *adj.-s.* De Valladolid.
valor [balòr] *m.* 1 Valeur *f.* 2 Courage (arrojo). 3 Audace *f.* (descaro).
valorar [balorár] *tr.* Estimer, évaluer: *~ en un millón de pesetas,* évaluer à un million de pesetas.
valorizar [baloriθàr] *tr.* Valoriser.
vals [bals] *m.* Valse *f.*
válvula [bálβula] *f.* 1 MEC. Valve, clapet *m.* (de bomba), soupape (de máquina de vapor, de motor): *~ de seguridad,* soupape de sûreté. 2 ANAT. Valvule.
vampiro [bampiro] *m.* Vampire.
vanguardia [bangwárðja] *f.* Avant-garde.
vanidad [baniðàð] *f.* Vanité.
vanidoso, -sa [baniðòso, -sa] *adj.-s.* Vaniteux, euse.
vano, -na [báno, -na] *adj.* 1 Vain, vaine. 2 Vide (vacío), creux, creuse (hueco).
vapor [bapòr] *m.* FÍS. Vapeur *f.*: *máquina de ~,* machine à vapeur.

vaporizador [baporiθaðòr] *m.* Vaporisateur.
vaporizar [baporiθàr] *tr.* Vaporiser.
vaporoso, -sa [baporòso, -sa] *adj.* Vaporeux, euse.
vaquería [bakeria] *f.* Vacherie, étable à vaches.
vaquero, -ra [bakèro, -ra] *adj.* **1** Des vachers. ■ **2** *s.* Vacher, ère.
vara [bàra] *f.* **1** Baguette, verge (ramo delgado), gaule (palo largo). **2** Limon *m.*, brancard *m.* (de carro). **3** Bâton *m.* (de mando). **4** TAUROM. Pique (pica), coup *m.* de pique. **5** Mesure de longueur. **6** ~ *de José,* tubéreuse.
varadero [baraðèro] *m.* MAR. Échouage.
varar [baràr] *tr.* **1** Mettre à sec (un barco). ■ **2** *intr.* MAR. Échouer.
varear [bareàr] *tr.* **1** Gauler (frutos). **2** Battre avec une verge (golpear).
vareta [barèta] *f.* Baguette.
variable [barjàβle] *adj.-f.* **1** Variable. ■ **2** *adj.* Changeant, ante.
variación [barjaθjòn] *f.* Variation.
variante [barjànte] *f.* Variante.
variar [barjàr] *tr.* Varier. ▲ CONJUG. comme ***cambiar.***
várice [bàriθe], **varice** [bariθe] *f.* MED. Varice.
varicela [bariθèla] *f.* MED. Varicelle.
variedad [barjeðàð] *f.* Variété.
varilla [bariʎa] *f.* **1** Baguette. **2** Tringle (para una cortina).
vario, -ia [bàrjo, -ja] *adj.* Divers, erse, différent, ente.
varita [barita] *f.* Baguette: ~ ***de virtudes,*** baguette magique.
varón [baròn] *m.* **1** Homme. **2** Garçon (chico).
vasco, -ca [bàsko, -ka], **vascongado, -da** [baskongàðo, -ða] *adj.-s.* Basque.
vascuence [baskwènθe] *adj.-m.* Basque (lengua).
vaselina [baselina] *f.* Vaseline.
vasija [basixa] *f.* Pot *m.* (recipiente).
vaso [bàso] *m.* **1** Verre (para beber). **2** Vase (recipiente). **3** ANAT., BOT. Vaisseau.
vaticano, -na [batikàno, -na] *adj.* **1** Du Vatican, vaticane. ■ **2** *n. pr. m.* Vatican.
vaticinar [batiθinàr] *tr.* Vaticiner.
vaya [bàɟa] *f.* Raillerie, taquinerie: *dar* ~, railler, taquiner.
ve [be] *f.* V *m.*, lettre *v.*
vecindad [beθindàt] *f.* Voisinage *m.*
vecindario [beθindàrjo] *m.* Ensemble des habitants d'une ville, population *f.* (de una ciudad).
vecino, -na [beθino, -na] *adj.-s.* **1** Voisin, ine. ■ **2** *s.* Habitant, ante (de una ciudad, un barrio).
veda [bèða] *f.* Défense, prohibition.
vedado [beðàðo] *m.* **1** Chasse *f.* gardée. **2** ~ ***de caza,*** réserve *f.* de chasse.
vegetación [bexetaθjòn] *f.* Végétation.
vegetal [bexetàl] *adj.-m.* Végétal, ale.
vegetar [bexetàr] *intr.* Végéter.
vegetariano, -na [bexetarjàno, -na] *adj.-s.* Végétarien, ienne.
vehemente [beemènte] *adj.* Véhément, ente.
vehículo [beikulo] *m.* Véhicule.
veinte [beĭnte] *adj.-m.* **1** Vingt. **2** ***El siglo*** ~, le vingtième siècle.
veintena [beĭntèna] *f.* Vingtaine.
veintidós [beĭntiðòs], **veintitrés** [beĭntitrès], **veinticuatro** [beĭntikwàtro], etc. *adj.-m.* Vingt-deux, vingt-trois, vingt-quatre, etc.
veintiuno, -na [beĭntjùno, -na] *adj.-m.* Vingt et un.
vejar [bexàr] *tr.* Vexer.
vejatorio, -ia [bexatòrjo, -ja] *adj.* Vexatoire.
vejez [bexèθ] *f.* Vieillesse.
vejiga [bexiɣa] *f.* **1** ANAT. Vessie. **2** Ampoule (en la piel).
vela [bèla] *f.* **1** Veille (acción de velar). *loc. adv.* ***En*** ~, sans dormir. **2** Bougie, chandelle (para alumbrar). **3** MAR. Voile: ***barco de*** ~, bateau à voile.

velada [veláða] *f.* Veillée, soirée.
velador, -ra [belaðòr, -ra] *adj.-s.* 1 Veilleur, euse, surveillant, ante. ■ 2 *m.* Guéridon (mesita).
velar [belàr] *intr.* 1 Veiller (estar sin dormir). 2 Veiller (cuidar): ~ ***por,*** veiller à, sur. ■ 3 *tr.* Veiller: ~ ***a un enfermo, a un muerto,*** veiller un malade, un mort. 4 Voiler (cubrir con un velo).
velar [belàr] *adj.-f.* Vélaire.
velatorio [belatòrjo] *m.* Veillée *f.* funèbre.
veleidad [beleĭðàð] *f.* Velléité.
velero, -ra [belèro, -ra] *adj.* 1 MAR. À voiles (barco). ■ 2 *m.* MAR. Voilier. 3 Chandelier (persona que hace velas).
veleta [belèta] *f.* Girouette.
vello [bèʎo] *m.* 1 Duvet. 2 BOT. Duvet.
velloso, -sa [beʎòso, -sa] *adj.* Duveteux, euse.
velludo, -da [beʎùðo, -ða] *adj.* 1 Velu, ue. ■ 2 *m.* Velours. 3 Peluche *f.* (felpa).
velo [bèlo] *m.* 1 Voile. Loc. ***Correr un tupido ~ sobre,*** jeter un voile sur: ***tomar el ~,*** prendre le voile. 2 Voilette *f.* (de sombrero, que cubre el rostro). 3 ~ ***del paladar,*** voile du palais.
velocidad [beloθiðàð] *f.* Vitesse.
velocista [beloθista] *s.* Sprinter, sprinteuse.
veloz [belòθ] *adj.* Rapide, véloce.
vena [bèna] *f.* 1 Veine. Loc. fig. ~ ***de loco,*** grain de folie. 2 Nervure, côte (de una hoja). 3 fig. Disposition favorable.
venado [benàðo] *m.* Cerf.
venal [benàl] *adj.* Vénal, ale.
vencer [benθèr] *tr.* 1 Vaincre. ■ 2 *intr.* Échoir, expirer (un plazo, deuda, etc.).
vencimiento [benθimjènto] *m.* 1 Victoire *f.* (victoria). 2 Défaite *f.* (derrota). 3 Échéance *f.*, expiration *f.* (de un plazo, una deuda, etc.).
venda [bènda] *f.* Bande.
vendaje [bendàxe] *m.* Bandage.
vendedor, -ra [bendeðòr, -ra] *adj.-s* Vendeur, euse.
vender [bendèr] *tr.* Vendre: ***ha vendido su coche a, en tal precio,*** il a vendu sa voiture tel prix, à tel prix
vendimia [bendimja] *f.* Vendange.
vendimiar [bendimjàr] *tr.* Vendanger. ▲ CONJUG. comme ***cambiar.***
veneciano, -na [beneθjàno, -na] *adj.-s.* Vénitien, ienne.
veneno [benèno] *m.* Poison (vegetal, químico), venin (de los animales).
venenoso, -sa [benenòso, -sa] *adj.* 1 Vénéneux, euse (planta), venimeux, euse (animal). 2 fig. Venimeux, euse.
venerar [beneràr] *tr.* Vénérer.
venganza [beŋgànθa] *f.* Vengeance.
vengar [beŋgàr] *tr.* Venger.
venidero, -ra [beniðèro, -ra] *adj.* Futur, ure, à venir.
venir [benir] *intr.* 1 Venir. Loc. ~ ***a menos,*** déchoir; ~ ***bien,*** aller bien (vestido, etc.)., convenir, arranger (convenir): ~ ***de perillas, de perlas, de primera,*** tomber à pic; ~ ***en conocimiento de,*** apprendre, être informé de. 2 *loc. adv.* ***En lo por ~,*** à l'avenir. ■ 3 *pr.* Venir. 4 ***Venirse abajo,*** s'écrouler. ▲ CONJUG. IRRÉG. INDIC. Prés.: ***vengo, vienes, viene, venimos, venís, vienen.*** Imparf.: ***venía, venías,*** etc. Pas. simple: ***vine, viniste, vino, vinimos, vinisteis, vinieron.*** Fut.: ***vendré, vendrás, vendrá, vendremos, vendréis, vendrán.*** COND.: ***vendría, vendrías,*** etc. SUBJ. Prés.: ***venga, vengas, venga, vengamos, vengáis, vengan.*** Imparf.: ***viniera, vinieras, viniera, viniéramos, vinierais, vinieran*** ou ***viniese, vinieses,*** etc. Fut.: ***viniere, vinieres,*** etc. IMPÉR.: ***ven, venga, vengamos, venid, vengan.*** PART. PAS.: ***venido, -da*** GÉR.: ***viniendo.***
venoso, -sa [benòso, -sa] *adj.* ANAT. Veineux, euse.

venta [bènta] *f.* 1 Vente (acción de vender): *estar a la ~, en ~,* être en vente. 2 Auberge (en la carretera).
ventaja [bentàxa] *f.* Avantage *m.*
ventajoso, -sa [bentaxòso, -sa] *adj.* Avantageux, euse.
ventana [bentàna] *f.* Fenêtre.
ventanal [bentanàl] *m.* Grande fenêtre *f.*
ventanilla [bentaniʎa] *f.* Fenêtre (de tren), glace (de coche), hublot *m.* (de barco, avión).
ventarrón [bentaròn] *m.* Vent fort.
ventilación [bentilaθjòn] *f.* Ventilation, aération.
ventilador [bentilaðòr] *m.* Ventilateur.
ventilar [bentilàr] *tr.* Ventiler.
ventisca [bentiska] *f.* Tempête de vent et de neige.
ventosa [bentòsa] *f.* Ventouse.
ventoso, -sa [bentòso, -sa] *adj.* 1 Venteux, euse, venté, ée. ■ 2 *m.* Ventôse.
ventura [bentùra] *f.* 1 Bonheur *m.* 2 Hasard *m.* (casualidad), chance (suerte). 3 Risque *m.* 4 *Buena ~,* bonne aventure.
venturado, -da [benturàðo, -ða] *adj.* Heureux, euse.
ver [ber] *tr.* 1 Voir. Loc. *~ claro,* y voir clair; *a más ~, hasta más ~,* au revoir; *¡a ~!,* voyons! ■ 2 *intr.* *~ de,* tâcher de, essayer de. ■ 3 *pr.* Se voir. Loc. *Verse negro,* ne savoir comment faire. ▲ CONJUG. IRRÉG. INDIC. Prés.: *veo, ves, ve, vemos, veis, ven.* Imparf.: *veía, veías, veía, veíamos, veíais, veían.* Pas. simple: *vi, viste,* etc. Fut.: *veré, verás,* etc. COND.: *vería, verías,* etc. SUBJ. Prés.: *vea, veas, vea, veamos, veáis, vean.* Imparf.: *viera, vieras, viera, viéramos, vierais, vieran* ou *viese, vieses,* etc. Fut.: *viere, vieres,* etc. IMPÉR.: *ve, vea, veamos, ved, vean.* PART. PAS.: *visto, -ta.* GÉR.: *viendo.*
ver [ber] *m.* 1 Vue *f.* (sentido). 2 Avis, opinion *f.* *loc. adv.* *A mi modo de ~,* à mon avis.
veracidad [beraθiðàð] *f.* Véracité.
veranear [beraneàr] *intr.* Passer ses vacances d'été.
veraneo [beranèo] *m.* Villégiature *f.*
veranillo [beraniʎo] *m.* *~ de San Martín,* été de la Saint-Martin.
verano [beràno] *m.* Été.
veras [bèras] *loc. adv.* *De ~,* vraiment, pour de bon (realmente), sérieusement (en serio), sincèrement (sinceramente).
veraz [beràθ] *adj.* Véridique.
verbal [berβàl] *adj.* Verbal, ale.
verbena [berβèna] *f.* 1 Verveine (planta). 2 Fête populaire de nuit qui a lieu la veille de certains jours.
verbo [bèrβo] *m.* Verbe.
verdad [berðàð] *f.* 1 Vérité. Loc. *La pura ~,* la pure vérité. 2 *loc. adv.* *A decir ~,* à vrai dire.
verdadero, -ra [berðaðèro, -ra] *adj.* 1 Véritable. 2 Vrai, vraie, réel, réelle. 3 Sincère.
verde [bèrðe] *adj.* 1 Vert, verte. 2 fig. Libre, grivois, oise, leste. ■ 3 *m.* Vert (color verde). 4 Feuillage.
verdecer [berðeθèr] *intr.* Verdir, reverdir. ▲ CONJUG. comme *agradecer.*
verdor [berðòr] *m.* 1 Vert (color verde). 2 Verdeur *f.*, verdure *f.* (de las plantas).
verdoso, -sa [berðòso, -sa] *adj.* Verdâtre.
verdugo [berðùγo] *m.* 1 Bourreau, tortionnaire. 2 Fouet, verge *f.* (azote). 3 Trace *f.* d'un coup de fouet. 4 BOT. Rejeton.
verdulera [berðulèra] *f.* 1 Marchande de légumes. 2 fig. Poissarde (mujer grosera).
verdulería [berðuleria] *f.* Boutique de légumes.
verdura [berðùra] *f.* 1 Verdure. 2 Légumes *m. pl.* verts (hortaliza).
veredicto [bereðiγto] *m.* Verdict.
vergel [berxèl] *m.* Verger.

vergonzoso, -sa [beryonθòso, -sa] *adj.* 1 Honteux, euse. ■ 2 *s.* Timide (persona).
vergüenza [berywènθa] *f.* 1 Honte: *dar* ~, faire honte. 2 Dignité, sentiment *m.* de l'honneur, vergogne: *perder la* ~, perdre toute retenue. 3 Exposition publique d'un condamné.
verídico, -ca [beriðiko, -ka] *adj.* Véridique.
verificar [berifikàr] *tr.* 1 Vérifier. 2 Effectuer. ■ 3 *pr.* Avoir lieu (efectuarse). 4 Se vérifier (salir cierto).
verja [bèrxa] *f.* Grille.
vermut [bermùt] *m.* Vermout, vermouth (licor).
verosímil [berosìmil] *adj.* Vraisemblable.
verruga [beȓùya] *f.* Verrue.
verrugoso, -sa [beȓuyòso, -sa] *adj.* Verruqueux, euse.
versal [bersàl] *adj.-f.* IMPR. Capitale (letra).
versalita [bersalìta] *adj.-f.* IMPR. Petite capitale.
versar [bersàr] *intr.* 1 Tourner autour. 2 ~ ***sobre,*** traiter de, rouler sur (un tema, etc.).
versificación [bersifikaθjòn] *f.* Versification.
versificar [bersifikàr] *intr.-tr.* Versifier.
versión [bersjòn] *f.* Version.
verso [bèrso] *m.* 1 Vers: ~ ***suelto,*** vers blanc. ■ 2 *adj.* ***Folio*** ~, verso.
vértebra [bèrteβra] *f.* Vertèbre.
vertebral [berteβràl] *adj.* Vertébral, ale.
vertedero [berteðèro] *m.* 1 Décharge *f.* 2 fam. Dépotoir: ~ ***de basuras,*** vide-ordures.
verter [bertèr] *tr.* 1 Verser (de un recipiente). 2 Répandre, renverser (derramar). 3 fig. Émettre (conceptos, etc.). 4 Traduire (traducir): ~ ***al español,*** traduire en espagnol. ▲ CONJUG. comme ***entender.***
vertical [bertikàl] *adj.-f.* 1 Vertical, ale. ■ 2 *m.* ASTR. Vertical.
vértice [bèrtiθe] *m.* Sommet.
vertiente [bertjènte] *m.-f.* 1 GEOG Versant *m.* 2 Pente *f.* (de un tejado).
vértigo [bèrtiyo] *m.* Vertige: ***producir, tener*** ~, donner, avoir le vertige.
vesícula [besìkula] *f.* Vésicule.
vespertino, -na [bespertìno, -na] *adj.* Vespéral, ale.
vestíbulo [bestìβulo] *m.* Vestibule.
vestido, -da [bestìðo, -ða] *adj.* Vêtu, ue, habillé, ée. ■ 2 *m.* Vêtement (prenda de vestir). 3 Costume.
vestir [bestìr] *tr.* 1 Habiller, vêtir. 2 Couvrir, recouvrir (cubrir). 3 fig Orner, parer. ■ 4 *intr.* S'habiller (bien, mal). 5 Être habillé, ée, être: ~ ***de negro,*** être habillé de noir, être en noir. ▲ CONJUG. comme ***servir.***
vestuario [bestwàrjo] *m.* 1 Garde-robe *f.* (de una persona). 2 Vestiaire (lugar). 3 TEAT. Costumes *pl* (conjunto de trajes).
veta [bèta] *f.* Veine, filon *m.*
veterano, -na [beteràno, -na] *adj.-s* 1 Vieux, vieille. ■ 2 *s.* Vétéran.
veterinaria [beterinàrja] *f.* Médecine vétérinaire.
veterinario, -a [beterinàrjo, -a] *adj.-s* Vétérinaire.
veto [bèto] *m.* Veto.
vez [beθ] *f.* 1 Fois: ***una*** ~ ***al año,*** une fois par an. 2 Tour *m.* (turno): ***a tu*** ~, à ton tour. 3 *loc. adv.* ***A la*** ~, à la fois; ***de una*** ~ ***para siempre,*** une fois pour toutes; ***tal*** ~, peut-être. 4 *loc. prep.* ***En*** ~ ***de,*** au lieu de, à la place de.
vía [bia] *f.* Voie. Loc. ~ ***férrea,*** voie ferrée; ~ ***muerta,*** voie de garage.
viable [bjàβle] *adj.* Viable.
via crucis [biakrùθis] *m.* Chemin de croix.
viajante [bjaxànte] *adj.-s.* 1 Qui voyage, voyageur, euse. ■ 2 *m.* Voyageur de commerce, commis voyageur.

viajar [bjaxár] *intr.* Voyager.
viaje [bjáxe] *m.* Voyage: ***ir de ~***, partir en voyage.
vialidad [bjaliðáð] *f.* Voirie.
vianda [bjánða] *f.* Aliment *m.*, nourriture (del hombre).
víbora [bíβora] *f.* Vipère.
vibración [biβraθjón] *f.* Vibration.
vibrar [biβrár] *intr.* Vibrer.
vicaría [bikaria] *f.* Vicarie, vicariat *m.*
vicario [bikárjo] *m.* Vicaire.
vice [biθe] *prefijo.* ***Vice-almirante,*** vice-amiral; ***vicecónsul,*** vice-consul.
viceversa [biθeβérsa] *adv.* Vice versa.
vicio [biθjo] *m.* 1 Vice. 2 Mauvaise habitude *f.* *Loc.* ***De ~***, sans raison. 3 Gâterie *f.* (mimo). 4 Gauchissement (torcedura).
vicioso, -sa [biθjóso, -sa] *adj.* Vicieux, euse.
víctima [bíγtima] *f.* Victime.
victorioso, -sa [biγtorjóso, -sa] *adj.* Victorieux, euse.
vicuña [bikúɲa] *f.* Vigogne.
vid [bið] *f.* Vigne.
vida [biða] *f.* 1 Vie. Loc. ***Darse buena ~, la gran ~***, menor joyeuse vie; ***~ y milagros,*** faits et gestes. 2 *loc. adv.* ***De por ~, para toda la ~***, pour la vie, à vie; ***en la ~, en mi ~, en tu ~***, etc., de la vie, de ma vie, de ta vie, etc.; ***en ~***, de son vivant.
vidente [biðénte] *adj.-s.* Voyant, ante.
vídeo [bíðeo] *m.* Vidéo *f.*
videocámara [biðeokámara] *f.* Caméscope.
videocasete [biðeokasete] *s.* 1 Magnétoscope *m.* (aparato). ■ 2 *m.* Cassette vidéo *f.*
videoclip [biðeoklip] *m.* Vidéo-clip.
videoclub [biðeoklúb] *m.* Vidéoclub.
videodisco [biðeoðisko] *m.* Vidéodisque.
videojuego [biðeoxwéγo] *m.* Jeu vidéo.
videotexto [biðeotékʃto], **videotex** [biðeotékʃ] *m.* INFORM. Vidéotex.
vidriería [biðrjeria] *f.* Vitrerie, verrerie.
vidrio [biðrjo] *m.* Verre (substancia, objeto).
vidrioso, -sa [biðrjóso, -sa] *adj.* Vitreux, euse.
viejo, -ja [bjéxo, -xa] *adj.* Vieux, vieil (delante de vocal o *h* muda), vieille: ***un hombre ~***, un vieil homme.
viento [bjénto] *m.* 1 Vent. Loc. ***~ de proa,*** vent debout. 2 Hauban (cuerda).
vientre [bjéntre] *m.* Ventre.
viernes [bjérnes] *m.* Vendredi.
viga [biγa] *f.* Poutre: ***~ maestra,*** maîtresse poutre, solive.
vigencia [bixénθja] *f.* Vigueur.
vigente [bixénte] *adj.* En vigueur: ***la ley ~***, la loi en vigueur.
vigía [bixia] *f.* 1 Tour de guet. 2 Guet *m.* (acción de vigilar). 3 MAR. Écueil *m.*, vigie. ■ 4 *m.* Vigie *f.* (marino).
vigilante [bixilánte] *adj.* 1 Vigilant, ante. ■ 2 *m.* Surveillant, veilleur: ***~ nocturno,*** veilleur de nuit.
vigilar [bixilár] *intr.* 1 Veiller: ***~ por,*** veiller à. ■ 2 *tr.* Surveiller.
vigilia [bixilja] *f.* 1 Veille. 2 REL. Vigile. 3 Abstinence.
vigor [biγór] *m.* Vigueur *f.*
vigorizar [biγoriθár] *tr.* Fortifier.
vigoroso, -sa [biγoróso, -sa] *adj.* Vigoureux, euse.
vil [bil] *adj.* Vil, vile.
vileza [biléθa] *f.* 1 Bassesse. 2 Vilenie.
villa [biʎa] *f.* 1 Bourg *m.*, petite ville, ville (ciudad). 2 Municipalité, mairie. 3 Villa (casa).
villancejo [biʎanθéxo], **villancete** [biʎanθéte], **villancico** [biʎanθiko] *m.* Noël, chant de Noël.
villanía [biʎania] *f.* 1 Roture. 2 Vilenie, bassesse (acción ruin).
villano, -na [biʎáno, -na] *adj.-s.* Vilain, aine, roturier, ière.

vilo (en) [bilo] *loc. adv.* **1** En l'air, au-dessus du sol. **2** fig. Dans l'incertitude, en haleine, en suspens.
vinagre [binàɣre] *m.* Vinaigre.
vinagrera [binaɣrèra] *f.* **1** Vinaigrier *m.* (vasija). ■ **2** *pl.* Huilier *m. sing.*
vinagreta [binaɣrèta] *f.* Vinaigrette (salsa).
vinatería [binateria] *f.* Commerce *m.* de vins.
vincular [biŋkulàr] *tr.* **1** Unir, lier, attacher. **2** DER. Rendre inaliénable. **3** Perpétuer.
vínculo [biŋkulo] *m.* **1** Lien: ~ ***de parentesco,*** lien de parenté. **2** DER. Inaliénabilité *f.*
vinícola [binikola] *adj.* Vinicole.
vino [bino] *m.* Vin: ~ ***aloque, clarete,*** vin rosé; ~ ***añejo,*** vin vieux.
viña [biɲa] *f.* Vigne. Loc. fig. ***Ser una*** ~, être une mine (de beneficios).
viñedo [biɲèðo] *m.* Vignoble.
viola [bjòla] *f.* **1** MÚS. Viole. **2** Violette.
violáceo, -ea [bjolàθeo, -ea] *adj.-f.* Violacé, ée.
violación [bjolaθjòn] *f.* Violation (de las leyes), viol *m.* (de una mujer).
violar [bjolàr] *tr.* Violer.
violencia [bjolènθja] *f.* Violence.
violentar [bjolentàr] *tr.* **1** Violenter. ■ **2** *pr.* Se forcer, se faire violence: ***no te violentes,*** ne te force pas.
violento, -ta [bjolènto, -ta] *adj.* Violent, ente.
violeta [bjolèta] *f.* Violette.
violetera [bjoletèra] *f.* Marchande de violettes.
violín [bjolin] *m.* MÚS. Violon.
violinista [bjolinista] *s.* Violoniste.
violoncelo [bjolonθèlo], **violonchelo** [bjolontʃèlo] *m.* MÚS. Violoncelle.
viraje [biràxe] *m.* Virage.
virar [biràr] *intr.* **1** Virer (un barco, un coche, etc.). ■ **2** *tr.* MAR. Virer (cabrestante). **3** FOT. Virer.
virgen [birxen] *adj.-s.* **1** Vierge. ■ **2** *n. pr. f.* ***La*** ~, la Sainte Vierge.
virginidad [birxiniðàð] *f.* Virginité.
viril [biril] *adj.* **1** Viril, ile. ■ **2** *m.* LITURG. Custode *f.*
virilidad [biriliðàð] *f.* Virilité.
virreinato [bir̄eĭnàto], **virreino** [bir̄eĭno] *m.* Vice-royauté *f.*
virrey [bir̄èĭ] *m.* Vice-roi.
virtual [birtwàl] *adj.* Virtuel, elle.
virtud [birtùð] *f.* Vertu. *loc. prep.* ***En*** ~ ***de,*** en vertu de.
virtuoso, -sa [birtwòso, -sa] *adj.* **1** Vertueux, euse. ■ **2** *m.* MÚS. Virtuose.
viruela [birwèla] *f.* Variole, petite vérole.
virus [birus] *m.* Virus.
viruta [birùta] *f.* Copeau *m.*
visado [bisàðo] *m.* Visa (de pasaporte).
viscoso, -sa [biskòso, -sa] *adj.* Visqueux, euse.
visible [bisiβle] *adj.* Visible.
visillo [bisiʎo] *m.* Rideau, brise-bise.
visión [bisjòn] *f.* Vision.
visita [bisita] *f.* Visite: ~ ***de cumplido, de pésame,*** visite de politesse, de condoléances.
visitante [bisitànte] *adj.-s.* Visiteur, euse.
visitar [bisitàr] *tr.* Visiter (un país, museo, etc.).
vislumbrar [bislumbràr] *tr.* **1** Entrevoir. **2** fig. Entrevoir, deviner.
viso [biso] *m.* Reflet, moirure *f.*, moire *f.*, chatoiement.
visón [bisòn] *m.* Vison.
víspera [bispera] *f.* **1** Veille (día precedente): ***estar en vísperas de,*** être à la veille de. ■ **2** *pl.* REL. Vêpres.
vista [bista] *f.* **1** Vue (sentido, acción de ver, órgano de la visión). Loc. ***Ser corto de*** ~, avoir la vue courte, basse; ***hasta la*** ~, au revoir. **2** Vue (panorama, cuadro, foto de un lugar). **3** Coup *m.* d'œil (vistazo), regard *m.* (mirada). **4** Perspicacité. **5** Intention, dessein *m.*, vue. **6** Aspect *m.*, apparence. **7** *loc. adv.* ***A primera*** ~, à première vue, de prime abord; ***a simple*** ~, à vue d'œil. **8** *loc. prep.* ***En*** ~ ***de,*** étant

donné, en raison de, vu, en régard à.
sto, -ta [bisto, -ta] **1** *p. p.* de *ver.* ■ **2** *adj.* Vu, vue. Loc. ***Ni ~ ni oído,*** ni vu ni connu; ***por lo ~,*** apparemment. **3** ~ ***bueno,*** lu et approuvé, visa.
stoso, -sa [bistóso, -sa] *adj.* Voyant, ante.
sual [biswál] *adj.* Visuel, elle.
tal [bitál] *adj.* Vital, ale.
talicio, -ia [bitaliθjo, -ja] *adj.* **1** Viager, ère. **2** À vie (cargo): ***senador ~,*** sénateur à vie.
talidad [bitaliðáð] *f.* Vitalité.
tícola [bitikola] *adj.* **1** Viticole. ■ **2** *m.* Viticulteur.
ticultor, -ra [bitikultór, -ra] *s.* Viticulteur.
ticultura [bitikultúra] *f.* Viticulture.
torear [bitoreár] *tr.* Acclamer.
treo, -ea [bitreo, -ea] *adj.* Vitreux, euse (parecido al vidrio), vitré, ée.
trina [bitrina] *f.* Vitrine (armario).
uda [biŭða] *f.* Veuve.
udez [bjuðéθ] *f.* Viduité, veuvage *m.*
udo, -da [biŭðo, -ða] *adj.-s.* Veuf, veuve.
iva! [bißa] *interj.* Vive!, vivat!
vaz [bißáθ] *adj.* **1** Vivace (que dura). **2** Vigoureux, euse. **3** Perspicace.
vero [bißéro] *m.* **1** AGR. Pépinière *f.* **2** Vivier (para peces).
veza [bißéθa] *f.* Vivacité.
vido, -da [bißiðo, -ða] *adj.* Vécu, ue (relato, etc.).
vidor, -ra [bißiðór, -ra] *adj.-s.* **1** Vivant, ante. **2** Laborieux, euse.
vienda [bißjénda] *f.* **1** Logement *m.*: ***el problema de la ~,*** le problème du logement. **2** Habitation, logement *m.*, logis *m.*, demeure (morada): ***una ~ espaciosa,*** un logement spacieux.
viente [bißjénte] *adj.-s.* Vivant, ante.
vir [bißir] *intr.* Vivre: ***aún vive,*** il vit encore. **2** *interj.* ***¿Quién vive?,*** qui vive?

vivir [bißir] *m.* Vie *f.* (manera de vivir): ***persona de mal ~,*** personne de mauvaise vie.
vivo, -va [bißo, -ßa] *adj.-s.* **1** Vivant, ante. ■ **2** *adj.* Vif, vive: ***agua viva,*** eau vive. ■ **3** *m.* DER. Vif: ***entre vivos,*** entre vifs. **4** Vif (lo más sensible): ***dar, herir en lo ~,*** toucher, piquer au vif. **5** Arête *f.* (borde). **6** Liséré (cordoncillo).
vizcaíno, -na [biθkaino, -na] *adj.-s.* Biscaïen, enne.
vizconde [biθkónde] *m.* Vicomte.
vocablo [bokáßlo] *m.* Mot, vocable.
vocabulario [bokaßulárjo] *m.* Vocabulaire.
vocación [bokaθjón] *f.* Vocation.
vocal [bokál] *adj.* **1** Vocal, ale. ■ **2** *f.* GRAM. Voyelle. ■ **3** *s.* Membre d'un bureau, d'un conseil.
vocalizar [bokaliθár] *intr.* MÚS. Vocaliser.
vocear [boθeár] *intr.* **1** Crier. ■ **2** *tr.* Crier (pregonar): ~ ***diarios,*** crier des journaux.
vocería [boθeria] *f.*, **vocerío** [boθerio] *m.* Cris *m. pl.*, tapage *m.*
vociferar [boθiferár] *tr.-intr.* Vociférer.
vodka [bóðka] *f.* Vodka.
volada [boláða] *f.* Volée, vol *m.* court.
volador, -ra [bolaðór, -ra] *adj.* Volant, ante (que vuela): ***pez ~,*** poisson volant.
voladura [bolaðúra] *f.* Action de sauter, de faire sauter (por un explosivo), destruction provoquée par un explosif.
volante [bolánte] *adj.* **1** Volant, ante. ■ **2** *m.* Volant (juego, guarnición de un vestido). **3** MEC. Volante. **4** Feuille *f.* écrite, volet (hoja de papel).
volar [bolár] *intr.* **1** Voler (por el aire). **2** S'envoler (elevarse en el aire). ▲ CONJUG. comme ***contar.***

volátil [bolàtil] *adj.* **1** Qui vole, qui peut voler. **2** fig. Inconstant, ante, changeant, ante. **3** QUÍM. Volatil, ile.
volatilizar [bolatiliθàr] *tr.* Volatiliser.
volcán [bolkàn] *m.* Volcan.
volcánico, -ca [bolkàniko, -ka] *adj.* Volcanique.
volcar [bolkàr] *tr.* **1** Renverser (un recipiente). **2** fig. Faire changer d'avis. **3** fig. Agacer, irriter. ■ **4** *intr.* Verser, capoter (un vehículo). ▲ CONJUG. comme ***contar.***
voleo [bolèo] *m.* DEP. Volée *f.*
voltaje [boltàxe] *m.* Voltage.
voltear [bolteàr] *tr.* **1** Faire tourner, faire voltiger (dar vueltas). **2** Renverser, culbuter (derribar). ■ **3** *intr.* Faire des tours en l'air, des culbutes.
voltereta [bolterèta] *f.* Culbute, cabriole, pirouette.
voltio [bòltjo] *m.* Volt.
voluble [bolùβle] *adj.* **1** Versatile. **2** BOT. Volubile.
volumen [bolùmen] *m.* Volume.
voluminoso, -sa [boluminòso, -sa] *adj.* Volumineux, euse.
voluntad [boluntàð] *f.* **1** Volonté: ***última ~,*** dernières volontés. **2** Amour *m.*, affection.
voluntario, -ia [boluntàrjo, -ja] *adj.-s.* Volontaire.
voluntarioso, -sa [boluntarjòso, -sa] *adj.* Volontaire, obstiné, ée.
voluptuoso, -sa [boluβtwòso, -sa] *adj.-s.* Voluptueux, euse.
volver [bolβèr] *tr.* **1** Tourner (dar vuelta): ***~ la espalda, la página,*** tourner le dos, la page. **2** Rendre (devolver, restituir): ***~ el cambio,*** rendre la monnaie. **3** Rendre (hacer): ***~ loco,*** rendre fou. ■ **4** *intr.* Revenir, rentrer (regresar), retourner, revenir (ir de nuevo): ***volveré mañana,*** je reviendrai demain. **5** Tourner (torcer): ***~ a la derecha,*** tourner à droite. **6** Revenir: ***volvamos a nuestra historia,*** revenons à notre histoire. **7** Otros sentidos: ***~ a ser,*** redevenir; ***~ en s***[í], revenir à soi. ■ **8** *pr.* Deven[ir] (cambiar de estado): ***volverse loc***[o], devenir fou. ▲ CONJUG. comm[e] ***mover.*** PART. PAS.: ***vuelto, -ta.***
vomitar [bomitàr] *tr.* Vomir.
vómito [bòmito] *m.* Vomissement.
voracidad [boraθiðàð] *f.* Voracité.
vos [bos] *pron. pers.* Vous.
vosotros, -as [bosòtros, -as] *pro[n.] pers.* Vous.
votación [botaθjòn] *f.* Vote *m.*, vo[]tation (acción de votar), scrutin *m*[.]: ***~ secreta,*** vote, scrutin secret.
votante [botànte] *adj.-s.* Votant, ant[e].
votar [botàr] *intr.-tr.* Voter: ***~ a u[n] candidato,*** voter pour un cand[i]dat.
voto [bòto] *m.* **1** Vote. Loc. ***Tener*** ~ avoir le droit de vote. **2** Voix *f.* (su[]fragio). **3** Vœu (promesa).
voz [boθ] *f.* **1** Voix. Loc. ***Llevar la*** ~ ***cantante,*** être celui qui dirig[e], commander; ***corre la ~,*** le bru[it] court. **2** Cri *m.* (grito). Loc. ***Dar vo[]ces,*** pousser des cris, crier. **3** Mo[t] *m.* (vocablo).
vuelco [bwèlko] *m.* Renversemen[t], retournement, culbute *f.* (caída[)], capotage (de un coche): ***dar un ~*** se retourner, capoter, chavirer.
vuelo [bwèlo] *m.* **1** Vol. Loc. ***Alzar e[l] ~,*** prendre son vol. *loc. adv.* ***A ~ al ~,*** au vol. **2** fig. Envolée *f.* (de[l] espíritu, etc.). **3** Ampleur *f.* (de un falda, etc.). **4** ARQ. Saillie *f.*
vuelta [bwèlta] *f.* **1** Tour *m.* (movi[]miento circular, paseo): ***media ~*** demi-tour. **2** Tournant *m.*, détou[r] *m.* (recodo). **3** Tour *m.* (de un[a] cosa alrededor de otra). **4** Retou[r] *m.* (regreso): ***de ~,*** de retour; ***ida [y] ~,*** aller et retour. **5** Retour *m.*, ren[]voi *m.* Loc. ***A ~ de correo,*** par re[]tour du courrier. **6** Monnaie (di[]nero que se devuelve). **7** Envers *m* (de una tela). **8** fig. Changemen[t] *m.* (cambio), vicissitude. **9** Re[]tourne (naipes). **10** Otros *sentidos*

dar vueltas a una cosa, retourner une chose dans son esprit.
uestro, tra, tros, tras [bwèstro, tra, tros, tras] **1** *adj. pos.* Votre, vos. ■ **2** *pron. pos.* Vôtre, votres.
ulcanizar [bulkaniθàr] *tr.* Vulcaniser.
ulgar [bulɣàr] *adj.* **1** Vulgaire. **2** Banal, ale (común).
ulgarizar [bulɣariθàr] *tr.* Vulgariser.
ulgo [búlɣo] *m.* Le peuple, le commun des hommes, le vulgaire.
ulnerable [bulneràβle] *adj.* Vulnérable.
ulnerar [bulnerár] *tr.* **1** Nuire, porter atteinte à. **2** Enfreindre, violer (ley, etc.).

W

v [úβe dòβle] *f.* W *m.* Lettre qui ne s'emploie que dans certains mots étrangers et leurs dérivés espagnols.
vat [bat] *m.* Watt (vatio).
vater [bàter] *m.* Water-closet.
vater-polo [bàter-pòlo] *m.* Water-polo.
VC [uβeθè] *m.* (*abrev.* water closet) WC.
vhisky [(g)wiski] *m.* Whisky.
vhist [wist] *m.* Whist.

X

: [èkis] *f.* X *m.*
enofobia [senofòβja] *f.* Xénophobie.
enófobo, -ba [senòfoβo, -βa] *adj.-s.* Xénophobe.
ifoideo, -ea [siforðèo, -ea] *adj.* Xiphoïdien, ienne.
ifoides [sifòrðes] *adj.-m.* ANAT. Xiphoïde.

Y

y [igrjèɣa] *f.* Y *m.* L'y espagnol, semi-consonne, est voyelle quand il termine une syllabe et dans la conjonction *y*.
y [i] *conj.* Et.
ya [ʝ(dz)a] *adv.* **1** Déjà: ~ ***ha llegado,*** il est déjà arrivé. **2** Maintenant (ahora). **3** Enfin (por fin), voici, voilà: ~ ***hemos llegado,*** nous voici arrivés. ▲ S'emploie souvent pour confirmer, pour renforcer l'idée exprimée par le verbe: ***ya*** peut alors se traduire par ***bien*** ou ne se traduit pas: ~ ***lo ves,*** tu le vois bien; ~ ***vengo,*** j'arrive. ■ **4** *conj.* Tantôt... tantôt, soit... soit: ~ ***llora,*** ~ ***ríe,*** tantôt il pleure, tantôt il rit. **5** *loc. conj.* ~ ***que,*** puisque.
yacente [ʝ(dz)aθènte] *adj.* Gisant, ante.
yacer [ʝ(dz)aθèr] *intr.* Gésir: ***aquí yace,*** ci-gît. ▲ CONJUG. IRRÉG. INDIC. Prés.: ***yazco, yazgo*** ou ***yago, yaces, yace, yacemos, yacéis, yacen.*** SUBJ. Prés.: ***yazca, yazga*** ou ***yaga, yazgas, yazgas*** ou ***yagas, yazca, yazca*** ou ***yaga, yazcamos, yazgamos*** ou ***yagamos, yazcáis, yazgáis*** ou ***yagáis, yazcan, yazgan*** ou ***yagan.*** IMPÉR.: ***yace*** ou ***yaz, yazca, yazga*** ou ***yaga, yazcamos, yazgamos*** ou ***yagamos, yaced, yazcan, yazgan*** ou ***yagan.*** Les autres temps sont réguliers.
yacimiento [ʝ(dz)aθimjènto] *m.* Gisement.
yanki [ʝ(dz)àŋki] *adj.-s.* Yankee.
yate [ʝ(dz)àte] *m.* Yacht.
yegua [ʝ(dz)èɣwa] *f.* Jument.
yema [ʝ(dz)èma] *f.* **1** BOT. Bourgeon *m.* **2** Jaune *m.* d'œuf (del huevo). **3** Confiserie au jaune d'œuf (dulce). **4** Bout *m.* (del dedo). **5** Le meilleur *m.*
yen [ʝ(dz)en] *m.* Yen.
yerno [ʝ(dz)èrno] *m.* Gendre.

yesca [ɟ(dz)éska] *f.* Amadou *m.*
yesería [ɟ(dz)esería] *f.* Plâtrière, plâtrerie (fábrica de yeso).
yesero [ɟ(dz)esèro] *m.* Plâtrier.
yeso [ɟ(dz)èso] *m.* **1** MINER. Gypse, pierre *f.* à plâtre. **2** Plâtre (polvo, escultura).
yeyuno [ɟ(dz)eɟúno] *m.* ANAT. Jéjunum.
yo [ɟ(dz)o] *pron. pers.* **1** Je (forma átona): ~ ***soy,*** je suis. **2** Moi (forma tónica): ***tú y*** ~, toi et moi.
yodo [ɟ(dz)òðo] *m.* Iode.
yoduro [ɟ(dz)oðúro] *m.* Iodure.
yoga [ɟ(dz)òγa] *m.* Yoga.
yogurt [ɟ(dz)òγurt] *m.* Yoghourt, yaourt.
yuca [ɟ(dz)úka] *f.* Yucca *m.*
yugo [ɟ(dz)úγo] *m.* **1** Joug. **2** Sommier (de una campana). **3** Poêle (velo).
yugular [ɟ(dz)uγulár] *tr.* Juguler.
yunque [ɟ(dz)úŋke] *m.* Enclume *f.*
yunta [ɟ(dz)únta] *f.* Paire de bœufs, de mules, etc.
yute [ɟ(dz)úte] *m.* Jute.
yuxtaponer [ɟ(dz)ustaponèr] *tr.* Juxtaposer. ▲ CONJUG. comme ***poner.***
yuxtaposición [ɟ(dz)ustaposiθjòn] *f.* Juxtaposition.

Z

z [θèta] *f.* Z *m.*
zafar [θafàr] *tr.* **1** Orner, garnir. **2** MAR. Dégager. ■ **3** *pr.* Se sauver (escaparse). **4** S'esquiver, se dérober (eludir).
zafarrancho [θafar̄ántʃo] *m.* **1** MAR. Branle-bas: ~ ***de combate,*** branlebas de combat. **2** Dispute *f.* bagarre *f.* (riña).
zafiro [θafiro] *m.* Saphir.
zafra [θàfra] *f.* **1** Récolte de la canne à sucre (cosecha). **2** Bidon *m.* à huile.
zaga [θàγa] *f.* **1** Arrière *m.*, derrièr *m.* (parte posterior). **2** Charge su l'arrière d'une voiture.
zagal [θaγàl] *m.* **1** Garçon, gars. Jeune berger (pastor).
zaguán [θaγwàn] *m.* Entrée *f.*, vestibule.
zahorí [θaorí] *m.* **1** Sourcier (de agua subterránea). **2** Devin.
zaíno, -na [θaino, -na] *adj.* **1** Traître **2** Châtain foncé (caballo).
zalamería [θalamería] *f.* Cajolerie.
zalamero, -ra [θalamèro, -ra] *adj.*-Cajoleur, euse.
zamarra [θamár̄a] *f.* Peau de mouton.
zamarrear [θamar̄eár] *tr.* **1** Secoue (sacudir). **2** fig. Malmener, houspiller.
zambo, -ba [θàmbo, -ba] *adj.-s.* Cagneux, euse. ■ **2** *m.* Papio (mono).
zambomba [θambómba] *f.* **1** MÚS Instrument *m.* rustique à membra na frottée, de forme cylindrique. *interj.* Sapristi!
zambra [θàmbra] *f.* Fête mauresque ou gitane.
zambullida [θambuʎiða], **zambullidura** [θambuʎiðùra] *f.*, **zambullimiento**[θambuʎimjènto]*m.*Plongeon *m.*
zambullir [θambuʎír] *tr.* Plonger.
zampar [θampàr] *tr.* **1** Fourrer. Avaler, engloutir (comer). ■ **3** *pr* Se fourrer, entrer soudainement.
zampatortas [θampatòrtas] *s.* Glouton, onne, goinfre.
zampoña [θampòɲa] *f.* **1** MÚS. Chalumeau *m.* **2** Flûte de Pan.
zanahoria [θanaòrja] *f.* Carotte.
zancada [θaŋkàða] *f.* Enjambée grand pas *m.*
zancadilla [θaŋkaðiʎa] *f.* Croc-en-jambe *m.*, croche-pied *m.*: ***echar poner la*** ~, faire un croc-en-jambe.
zanco [θàŋko] *m.* Échasse *f.*

ncudo, -da [θaŋkúðo, -ða] *adj.* 1 À longues jambes. ■ 2 *f. pl.* Échassiers *m.* (aves).
ngano [θáŋgano] *m.* 1 Faux bourdon (insecto). 2 fig. Fainéant.
nguango, -ga [θaŋgwángo, -ga] *adj.-s.* Fainéant, ante, flemmard, arde.
nja [θáŋxa] *f.* Tranchée, fossé *m.*
njar [θaŋxár] *tr.* 1 Creuser des fossés dans. 2 fig. Trancher (una dificultad), régler (un problema), aplanir (un obstáculo).
pateado [θapateáðo] *m.* Zapateado, danse espagnole au rythme vif marqué par de rapides coups de talon sur le sol.
patear [θapateár] *tr.* 1 Frapper du pied. 2 fig. Malmener. ■ 3 *intr.* Accompagner un air musical en frappant le sol du pied et en battant des mains. 4 MAR. Claquer (las velas).
patería [θapatería] *f.* 1 Cordonnerie. 2 Boutique de chaussures.
patero, -ra [θapatéro, -ra] *s.* Cordonnier, ière.
patilla [θapatíʎa] *f.* 1 Pantoufle, chausson *m.* 2 Chausson *m.* (de baile).
pato [θapáto] *m.* Chaussure *f.*, soulier.
ape! [θápe] *interj.* Ouste!, mot pour chasser les chats.
pping [θápiŋ] *m.* Zapping: ***hacer ~,*** zapper.
ar [θar] *m.* Tsar.
arabanda [θarabánda] *f.* 1 Sarabande. 2 fig. Tintamarre *m.*
aranda [θaránda] *f.* Crible.
arandear [θarandeár] 1 Se démener (ajetrearse). 2 Se dandiner, se trémousser (contonearse).
arco, -ca [θárko, -ka] *adj.* Bleu clair: ***ojos zarcos,*** yeux bleu clair.
arina [θarína] *f.* Tsarine.
arpa [θárpa] *f.* 1 MAR. Action de lever l'ancre. 2 Patte armée de griffes (del león, etc.).
zarpada [θarpáða] *f.* Coup *m.* de griffe.
zarpar [θarpár] *intr.* MAR. Lever l'ancre, partir.
zarpazo [θarpáθo] *m.* Coup de griffe.
zarrapastroso, -sa [θar̄apastróso, -sa] *adj.-s.* Malpropre, déguenillé, ée.
zarzal [θarθál] *m.* Roncier, roncière *f.*
zarzamora [θarθamóra] *f.* 1 Mûre sauvage. 2 Ronce (zarza).
zarzo [θárθo] *m.* Claie *f.* de roseaux.
zarzuela [θarθwéla] *f.* Zarzuela, pièce du théâtre lyrique espagnol où la déclamation alterne avec le chant.
¡zas! [θas] *interj.* Vlan!
zenit [θénit] *m.* Zénith.
zepelín [θepelín] *m.* Zeppelin.
zigzag [θiγθáγ] *m.* 1 Zigzag. 2 Lacet (de una carretera).
zigzaguear [θiγθaγeár] *intr.* Zigzaguer.
zinc [θiŋk] *m.* Zinc (metal).
¡zis!, ¡zas! [θis, θas] onomat. Pif!, paf!
zócalo [θókalo] *m.* 1 ARQ. Soubassement (de un edificio). 2 Socle (del pedestal). 3 Plinthe *f.* (friso).
zodiacal [θoðjakál] *adj.* Zodiacal, ale.
zodíaco [θoðíako] *m.* Zodiaque.
zona [θóna] *f.* 1 Zone. Loc. ***~ verde,*** espace vert. 2 MED. Zona *m.*
zonzo, -za [θónθo, -θa] *adj.* amer. Bête (tonto).
zoo [θó] *m.* Zoo.
zoología [θooloxía] *f.* Zoologie.
zoológico, -ca [θoolóxiko, -ka] *adj.* Zoologique.
zopo, -pa [θópo, -pa] *adj.* 1 Contrefait, aite. 2 Qui a les mains ou les pieds contrefaits. 3 ***~ de un pie,*** pied-bot.
zorra [θór̄a] *f.* 1 Renard *m.* (macho), renarde (hembra). 2 fig. Personne rusée, fin renard *m.* (persona astuta). 3 fig. fam. Prostituée, grue. 4 Cuite (borrachera).

zorrero, -ra [θoȓèro, -ra] *adj.-s.* **1** *Perro* ~, fox. ■ **2** *adj.* Rusé, ée, astucieux, euse.
zorro [θòȓo] *m.* **1** Renard mâle. **2** fig. Fin renard (hombre). ■ **3** *pl.* Époussette *f. sing.* (para sacudir el polvo).
zorzal [θorθàl] *m.* Litorne *f.*
zozobra [θoθòβra] *f.* MAR. Action de sombrer, naufrage *m.*
zozobrar [θoθoβràr] *intr.* **1** MAR. Être en danger, chavirer (volcarse). **2** MAR. Couler, sombrer (irse a pique).
zueco [θwèko] *m.* **1** Sabot (de madera). **2** Galoche *f.* (cuero y madera).
zulú [θulú] *adj.-s.* **1** Zoulou. **2** fig. Sauvage.
zumba [θùmba] *f.* **1** Grande sonnaille. **2** fig. Raillerie, taquinerie.
zumbar [θumbàr] *intr.* **1** Bourdonner (un insecto, etc.), ronfler, vrombir (un motor). Loc. fam. ***Ir zumbando,*** filer, aller à toute vitesse. **2** Bourdonner, corner, tinter: ***me zumban los oídos,*** mes oreilles bourdonnent. ■ **3** *pr.* moquer de.
zumbido [θumbìðo] *m.* Bourdo nement (insectos, etc.), ronf ment, vrombissement (motor).
zumo [θùmo] *m.* **1** Jus: ~ ***de nara ja,*** jus d'orange. **2** Suc (de ciert plantas).
zuncho [θùntʃo] *m.* Frette *f.*
zurcido [θurθìðo] *m.* **1** Reprisag raccommodage (acción de zurci **2** Reprise *f.* (costura).
zurcir [θurθir] *tr.* **1** Repriser, racc moder, ravauder. **2** fig. Unir.
zurdo, -da [θùrðo, -ða] *adj.* **1** Ga che: ***mano zurda,*** main gauch ■ **2** *adj.-s.* Gaucher, ère.
zurra [θùȓa] *f.* **1** Corroyage *m.* (las pieles). **2** fam. Raclée (paliza
zurrador [θuȓaðòr] *m.* Corroyeur.
zurrar [θuȓàr] *tr.* **1** Corroyer (las pi les). **2** fig. Battre, rosser (dar gc pes).
zurrón [θuȓòn] *m.* **1** Gibecière *f.*, p netière *f.* (de pastor), sac de cuir. Écorce *f.* de certains fruits.

GUIDE DE CONVERSATION

QUESTIONS DE BASE

Est-ce que ?

est-ce qu'il y a un marché aux puces ?
¿ hay un rastrillo ?

est-ce que la piscine est couverte ou en plein air ?
¿ es piscina cubierta o descubierta ?

est-ce qu'il y a des restaurants bon marché par ici ?
¿ hay algún restaurante barato por aquí ?

est-ce que c'est loin ?
¿ queda lejos ?

c'est vieux ?
¿ es antiguo ?

c'est indien ou chinois ?
¿ es indio o chino ?

est-ce que ça en vaut la peine ?
¿ merece la pena ?

est-ce que c'est payant ?
¿ hay que pagar ?

est-ce qu'on peut y aller à pied ?
¿ se puede ir andando ?

Combien ?

combien coûte un billet d'entrée ?
¿ cuánto cuesta una entrada ?

combien est-ce que ça fait ?
¿ cuánto es ?

combien est-ce que je vous dois ?
¿ cuánto le debo ?

combien y en a-t-il dans un paquet ?
¿ cuántos vienen en un paquete ?

À quelle distance ? / Combien de temps ?

c'est à quelle distance ?
¿ a qué distancia está ?

combien de temps le bus met-il pour Atocha ?
¿ cuánto tiempo tarda el autobús hacía Atocha ?

combien de temps est-ce que ça dure ?
¿ cuánto tiempo dura ?

combien de temps est-ce que ça prend à pied ?
¿ cuánto tiempo se tarda andando ?

combien de temps faut-il attendre ?
¿ cuánto tiempo hay que esperar ?

combien de temps encore est-ce que ça va prendre ?
¿ cuánto tiempo va a haber que esperar todavía ?

Comprendre

más o menos media hora
environ une demi-heure

Comment ?

comment est-ce qu'on y va ?
¿ cómo se va ?

comment est-ce qu'on fait pour aller à Madrid ?
¿ cómo se va a Madrid ?

comment est-ce qu'on fait pour avoir des billets ?
¿ cómo se sacan las entradas ?

comment est-ce que ça marche ?
¿ cómo funciona ?

Comprendre

basta con llamar
il suffit d'appeler

Lequel ?

lequel me conseillez-vous ?
¿ cuál me aconseja ?

lequel est le moins cher ?
¿ cuál es el más barato ?

Où ?

est-ce que vous savez où est la poste ?
¿ sabe dónde está Correos ?

où est-ce qu'on trouve des timbres ?
¿ dónde puedo encontrar sellos ?

savez-vous où il y a des toilettes publiques ?
¿ sabe dónde están los servicios ?

savez-vous où je peux me faire faire des photos d'identité ?
¿ sabe dónde puedo hacerme fotos de carnet ?

connaissez-vous un endroit où on vend des disques d'occasion ?
¿ conoce algún sitio dónde vendan discos de segunda mano ?

Comprendre

por aqui
par ici

por este lado
de ce côté-ci

junto a la iglesia
à côté de l'église

en lo alto de la colina
en haut de la colline

le voy a enseñar con el mapa
je vais vous montrer sur la carte

en cualquier gran almacén
dans n'importe quel grand magasin

Quand

quand est-ce que ça commence ?
¿ cuándo empieza ?

à quelle heure est-ce qu'il y a un bus pour Burgos ?
¿ a qué hora sale un autobús para Burgos ?

à quelle heure est le dernier bus pour revenir ?
¿ a qué hora sale el último autobús de vuelta ?

à quelle heure est-ce que les banques ouvrent ?
¿ a qué hora abren los bancos ?

à quelle heure est-ce que vous fermez ?
¿ a qué hora cierran ?

quelle est la meilleure heure pour y aller ?
¿ cuál es la mejor hora para ir ?

Comprendre

a las cinco
à cinq heures

dentro de una hora
dans une heure

(a) cada hora
toutes les heures

hace cinco minutos
il y a cinq minutes

Quoi ?

c'est quoi ce truc ?
¿ qué es eso ?

ça sert à quoi ?
¿ para qué sirve ?

qu'est-ce qu'il y a dedans ?
¿ qué hay dentro ?

Comprendre

es como un té
c'est une sorte de thé

FORMULES DE BASE POUR...

Accepter

d'accord
vale / bueno / de acuerdo

avec plaisir
con mucho gusto

quelle bonne idée!
¡qué buena idea!

Se débarrasser de quelqu'un

je ne comprends pas
no le entiendo

je n'ai pas le temps
no tengo tiempo

j'attends un ami
estoy esperando a un amigo

laissez-moi tranquille, je vous prie
déjeme en paz, por favor

Demander quelque chose

je voudrais une livre de tomates
quería medio kilo de tomates

est-ce que vous avez des allumettes ?
¿ tiene cerillas ?

est-ce que je peux avoir une télécarte ?
¿ me podría dar una tarjeta telefónica ?

est-ce que je peux avoir un verre d'eau, s'il vous plaît ?
¿ me puede dar un vaso de agua, por favor ?

est-ce que je peux avoir la moitié ?
¿ me da la mitad ?

je n'ai pas besoin de la boîte
no necesito la caja

je voudrais voir Mme Lopez
quisiera ver a la señora López

Comprendre

¿ puedo ayudarle ?
est-ce que je peux vous aider ?

¿ qué desea ?
que désirez-vous ?

lo siento, no tenemos
je suis désolé, nous n'en avons pas

un momento, por favor
un instant, s'il vous plaît

Demander à quelqu'un de faire quelque chose

pouvez-vous m'aider ? je n'arrive pas à l'ouvrir
¿ me puede ayudar ? no consigo abrirlo

pourriez-vous faire moins de bruit ?
¿ podría hacer menos ruido ?

pourriez-vous garder mon sac ?
¿ podría cuidar mi bolsa ?

pourriez-vous m'appeler un taxi ?
¿ me podría llamar a un taxi ?

Demander la permission de faire quelque chose

vous permettez ?
¿ me permite ?

puis-je entrer ?
¿ puedo entrar ?

ça vous dérange si j'ouvre la fenêtre ?
¿ le molesta si abro la ventana ?

est-ce que je peux goûter ?
¿ puedo probarlo ?

est-ce que je peux utiliser votre téléphone ?
¿ puedo utilizar su teléfono ?

est-ce que je peux fumer ?
¿ se puede fumar ?

Comprendre

¡por supuesto!
bien sûr!

¡venga!
allez-y!

está prohibido
c'est interdit

Demander son chemin

comment va-t-on à Tolède ?
¿ cómo se va a Toledo ?

savez-vous où est l'hôtel Miramar ?
¿ sabe dónde está el hotel Miramar ?

je cherche le Musée des Beaux-Arts
estoy buscando el museo de Bellas Artes

de quel côté est la plage ?
¿ hacía dónde está la playa ?

pouvez-vous me montrer sur la carte ?
¿ me puede indicar en el mapa ?

Comprendre

en frente, en la esquina
en face, au coin de la rue

venga conmigo, se lo voy a enseñar
venez avec moi, je vais vous montrer

por aquí derecho
tout droit par ici

después del semáforo a la izquierda
à gauche après le feu rouge

allí, detrás de la colina
là-bas, derrière la colline

súbase en el autobús n°6 y bájese en Colón
prenez le bus n° 6 et descendez à Colomb

Donner son avis

c'est vraiment bien
está muy bien / es guay [familier]

c'est très intéressant
es muy interesante

c'était très bon
estaba muy bueno

Être poli

s'il vous plaît
por favor

merci beaucoup
muchas gracias

c'était très gentil de votre part
(ha sido) muy amable

non merci
no, gracias

pas de quoi
no hay de qué

bonjour
buenos días

au revoir
hasta la vista

enchanté
encantado

comment allez-vous ?
¿ qué tal está ?

à tout à l'heure
hasta luego

à bientôt
hasta pronto

Comprendre

¿ quiere sentarse ?
voulez-vous vous asseoir ?

¿ desea beber algo ?
voulez-vous boire quelque chose ?

sírvase
servez-vous

S'excuser

je suis désolé
lo siento

excusez-moi
perdone

excusez-moi de vous déranger
disculpen la molestia

Comprendre

no se preocupe, no es nada
ne vous en faites pas, ça n'est rien

Se plaindre

excusez-moi mais mon café est froid
disculpe, pero el café está frío

j'ai l'impression que la lumière ne fonctionne pas
me da la impresión de que la luz no funciona

Présenter qn / Se présenter

c'est la fille de mon mari
es la hija de mi marido

nous ne sommes pas mariés
no estamos casados

mon amie est française, moi je suis belge
mi amiga es francesa, yo soy belga

je suis en vacances
estoy de vacaciones

je travaille chez Hachette
trabajo en Hachette

j'ai trente ans
tengo treinta años

Prévenir

faites attention, s'il vous plaît, c'est fragile
tenga cuidado, por favor, es frágil

Comprendre

no vaya, es peligroso
n'y allez pas, c'est dangereux

en su lugar, no iría
à votre place, je n'irais pas

Refuser

non merci
no gracias

c'est trop cher
es demasiado caro

je vais réfléchir
me lo voy a pensar

THÈMES ET SITUATIONS

Achats

est-ce que vous avez des enveloppes ?
¿ tiene sobres ?

combien est-ce que ça coûte ?
¿ cuánto cuesta ?

est-ce que vous avez plus grand ?
¿ lo hay más grande ?

je chausse du 40
uso el cuarenta

est-ce que vous avez une autre couleur ?
¿ tiene otro color ?

est-ce que vous avez le même en bleu ?
¿ tiene el mismo en azul ?

c'est pour ma mère, elle est plus petite que moi
es para mi madre, es más baja que yo

je voudrais voir le chapeau de la vitrine
quisiera ver el sombrero del escaparate

est-ce que je peux l'essayer ?
¿ puedo probármelo ?

c'est trop petit
es demasiado pequeño

pouvez-vous me faire un prix ?
¿ me puede hacer un descuentillo ?

pouvez-vous l'expédier en France ?
¿ puede mandarlo a Francia ?

combien est-ce que ça coûterait ?
¿ cuánto me costaría ?

est-ce que vous pouvez me le mettre de côté jusqu'à demain ?
¿ me lo puede apartar hasta mañana ?

Comprendre

¿ le puedo ayudar ?
puis-je vous aider ?

¿ busca algo ?
vous cherchez quelque chose ?

¿ cuál es su talla ?
quelle est votre taille ?

recibiremos la semana que viene
nous en aurons la semaine prochaine

lo siento, estamos cerrando
désolé, nous fermons

Agence de voyages

je voudrais confirmer mon retour sur le vol AF123
quisiera confirmar la vuelta en el vuelo AF123

quelle est la meilleure façon d'aller à Grenade ?
¿ cuál es la mejor forma para ir a Granada ?

Comprendre

¿ cuántas personas ?
combien de personnes ?

¿ qué día ?
quel jour ?

¿ sólo ida o ida y vuelta ?
aller simple ou aller-retour ?

Argent / Banque

acceptez-vous les cartes de crédit ?
¿ aceptan tarjetas de crédito ?

est-ce que je peux payer en euro ?
¿ puedo pagar con euro ?

je crois qu'il y a une erreur
creo que hay un error

est-ce que vous pouvez me faire la monnaie de 20 euros ?
¿ me puede cambiar un billete de 20 euros ?

j'ai besoin de pièces de 2 euros
necesito monedas de 2 euros

je voudrais changer seulement la moitié de mes 50 euros
sólo quisiera cambiar la mitad de los 50 euros

comment fait-on pour recevoir de l'argent de France ?
¿ qué hay que hacer para recibir dinero de Francia ?

Comprendre

a partir de cinco euros
à partir de cinq euros

Bus

où va ce bus ?
¿ hacía dónde va este autobús ?

où est-ce que je peux prendre le bus pour Barajas ?
¿ dónde puedo cojer el autobús que va a Barajas ?

est-ce que vous allez à Barcelone ?
¿ va usted a Barcelona ?

quel numéro faut-il prendre pour aller à la gare ?
¿ que autobús hay que cojer para ir a la estación ?

où dois-je descendre ?
¿ dónde me tengo que bajar ?

pouvez-vous me prévenir quand on y sera ?
¿ puede avisarme cuando llegemos ?

où est-ce que s'arrête le bus pour revenir ?
¿ dónde para el autobús de vuelta ?

Comprendre

después del semáforo
après le feu rouge

Coiffeur

est-ce que vous pouvez me couper les cheveux ?
¿ me puede cortar el pelo ?

pas trop court
no muy corto

Comprendre

¿ le lavo el pelo ?
désirez-vous un shampooing ?

Ennuis

je suis perdu
me he perdido

je crois que j'ai oublié mes lunettes ici hier
me parece que ayer me dejé aquí las gafas

je n'arrive pas à retrouver mon hôtel
no consigo volver a encontrar el hotel

Frontière

Comprendre

¿ cuánto tiempo piensa quedarse ?
combien de temps comptez-vous rester ?

¿ cuál es el motivo de su viaje ?
quel est la raison de votre voyage ?

Hébergement

où est-ce qu'on peut dormir ?
¿ dónde se puede dormir ?

y a-t-il une auberge de jeunesse ?
¿ hay un albergue juvenil ?

connaissez-vous un hôtel bon marché ?
¿ conoce un hotel barato ?

peut-on loger chez l'habitant ?
¿ sabe si hay algún particular que alquila un cuarto ?

est-ce qu'on peut dormir sur la plage ?
¿ se puede dormir en la playa ?

Comprendre

queda por lo menos a veinte minutos andando
c'est à au moins vingt minutes à pied

Hôtel

avez-vous une chambre libre pour ce soir ?
¿ tiene algún cuarto libre para esta noche ?

je voudrais une chambre pour deux à partir de vendredi 12, pour trois jours
quisiera un cuarto para dos a partir del viernes 12, durante tres días

j'aimerais avoir une chambre avec salle de bains
me gustaría tener una habitación con baño

le service est-il compris ?
¿ está incluido el servicio ?

est-ce que vous avez une chambre moins bruyante ?
¿ tiene un cuarto más tranquilo ?

à quelle heure servez-vous le petit déjeuner ?
¿ a qué hora sirven el desayuno ?

auriez-vous quelques cintres, s'il vous plaît ?
¿ tiene algunas perchas, por favor ?

pouvez-vous me réveiller à sept heures et demie ?
¿ me puede despertar a las siete y media ?

avez-vous vu mon mari ?
¿ ha visto a mi marido ?

Comprendre

está completo
nous sommes complet

sólo nos queda un cuarto con cama doble
il ne nous reste qu'une chambre avec un grand lit

¿ cuánto tiempo piensa quedarse ?
combien de jours souhaitez-vous rester ?

podemos cambiarle de cuarto mañana
nous pouvons vous changer de chambre demain

Langue

est-ce que vous parlez français ?
¿ habla francés ?

pourriez-vous parler plus lentement ?
¿ podría hablar más despacio ?

pourriez-vous répéter ?
¿ podría repetir ?

pourriez-vous l'écrire ?
¿ podría escribirlo ?

pourriez-vous me montrer le mot dans le dictionnaire ?
¿ me puede buscar esa palabra en el diccionario ?

je ne comprends pas
no lo entiendo

comprenez-vous ce que je veux dire ?
¿ entiende lo que quiero decir ?

ça veut dire quoi, ça ?
¿ qué quiere decir eso ?

comment ça s'appelle en espagnol ?
¿ cómo se dice en español ?

Comprendre

¿ me puede deletrear su apellido ?
pouvez-vous vous épeler votre nom ?

Locations

est-ce que vous savez où je peux louer un vélo ?
¿ sabe dónde puedo alquilar una bici ?

c'est combien par jour ?
¿ cuánto cuesta el día ?

est-ce qu'il faut payer pour l'assurance ?
¿ hay que pagar seguro ?

avant quelle heure dois-je le rapporter ?
¿ hasta qué hora puedo devolverlo ?

Comprendre

hay una fianza de cuarenta y cinco euros
il y a une caution de quarante-cinq euros

¿ puedo ver su carné de conducir ?
puis-je voir votre permis de conduire ?

Médecin

je ne me sens pas très bien
no me encuentro muy bien

j'ai mal là
me duele aquí

j'ai mal à l'estomac
me duele el estómago

j'ai vomi toute la nuit
he estado vomitando toda la noche

je suis allergique à la pénicilline
soy alérgico a la penicilina

Comprendre

¿ en qué puedo servirle ?
que puis-je pour vous ?

¿ cuántos años tiene ?
quel âge avez-vous ?

¿ hace mucho tiempo que lo tiene ?
vous avez ça depuis longtemps ?

tres veces al día, antes de las comidas
trois fois par jour, avant les repas

¿ toma medicinas ?
est-ce que vous prenez des médicaments ?

¿ es alérgico a algo ?
avez-vous des allergies ?

Météo

vous croyez qu'il va faire froid ?
¿ cree que va a hacer frío ?

dois-je prendre un parapluie ?
¿ cojo un paraguas ?

Comprendre

hace fresco por la noche
les soirées sont fraîches

Pharmacie

est-ce que vous avez quelque chose pour les piqûres de moustiques

¿ tiene algo contra las picaduras de mosquitos ?

pourriez-vous jeter un coup d'œil à mon genou ?

¿ me podría mirar la rodilla ?

Comprendre

tiene mal aspecto, debería ver a un médico

ce n'est pas joli à regarder, vous devriez voir un médecin

Police

on m'a volé mon portefeuille

me han robado la cartera

j'ai perdu mon passeport

he perdido mi pasaporte

pouvez-vous appeler le consulat de France ?

¿ puede llamar al consulado de Francia ?

Comprendre

¿ cuándo ocurrió ?

ça s'est passé quand ?

¿ tiene testigos ?

avez-vous des témoins ?

Poste

je voudrais un timbre pour la France, par avion

quisiera un sello para Francia, por avión

est-ce que vous avez des jolis timbres ?
¿ tiene sellos originales ?

est-ce que cette lettre est suffisamment affranchie ?
¿ tiene suficiente franqueo esta carta ?

j'aimerais envoyer cette lettre en recommandé
quisiera mandar esta carta certificada

puis-je envoyer un fax d'ici ?
¿ puedo mandar un fax desde aquí ?

est-ce que vous vendez des télécartes ?
¿ venden tarjetas telefónicas ?

Quantités

j'en voudrais un peu moins
quisiera un poco menos

la moitié de ça
la mitad de eso

un peu plus
un poco más

ça suffira
es bastante / suficiente

Rencontres

est-ce que vous êtes du coin ?
¿ es usted de por aquí ?

est-ce que je peux vous offrir un verre ?
¿ puedo invitarle a un trago ?

vous avez un numéro de téléphone ?
¿ me da su número de teléfono ?

je vais vous laisser mes coordonnées
le voy a dejar mi dirección

vous vous appelez comment ?
¿ cómo se llama usted ?

êtes-vous Gémeaux ?
¿ es usted Géminis ?

Comprendre

con mucho gusto
avec plaisir

¿ de dónde es usted ?
d'où êtes-vous ?

¿ es la primera vez que viene a España ?
c'est la première fois que vous venez en Espagne ?

Réparations

où est-ce que je peux faire réparer mon ordinateur ?
¿ dónde puedo llevar a arreglar el ordenador ?

savez-vous où il y a un cordonnier ?
¿ sabe dónde hay un zapatero ?

est-ce que vous pouvez me réparer mes lunettes ? la vis manque
¿ me puede arreglar las gafas ? falta un tornillo

combien de temps est-ce que ça va prendre ?
¿ cuánto tiempo le llevará ?

Comprendre

hay que contar diez días
il faut compter dix jours

Restaurant

avez-vous une table pour deux ?
¿ tiene una mesa para dos ?

est-ce que je peux prendre seulement une soupe ?
¿ puedo tomar sólo sopa ?

c'est quoi les tapas ?
¿ qué son las tapas ?

est-ce que c'est très épicé ?
¿ pica mucho ?

est-ce qu'il y a de la viande dedans ?
¿ hay carne dentro ?

est-ce que c'est assez pour deux personnes ?
¿ hay suficiente para dos personas ?

je voudrais la même chose que la dame là-bas
quisiera lo mismo que aquella señora

est-ce que vous avez une spécialité ?
¿ cuál es la especialidad de la casa ?

puis-je avoir une carafe d'eau et un peu de pain ?
¿ me da una jarra de agua y un poco de pan, por favor ?

est-ce que je peux avoir l'addition ?
me trae la cuenta, por favor

est-ce que le service est compris dans l'addition ?
¿ está el servicio incluido en la cuenta ?

Comprendre

¿ ha reservado ?
vous avez réservé ?

¿ qué le doy de beber ?
qu'est-ce que je vous sers à boire ?

¿ cómo quiere la carne ?
comment voulez-vous votre viande ? [type de cuisson]

¿ qué prefiere con su filete, verdura o patatas fritas ?
vous voulez des légumes ou des frites avec votre steak ?

Spectacles

qu'est-ce que vous jouez ce soir ?
¿ qué ponen esta noche ?

je voudrais réserver deux places pour la corrida, demain
quisiera reservar dos entradas para la corrida de mañana

y a-t-il des réductions pour les étudiants ?
¿ hay alguna reducción para estudiantes ?

est-ce que le film a déjà commencé ?
¿ a empezado la película ?

Taxi

combien ça ferait, jusqu'au centre-ville ?
¿ qué me puede costar ir al centro ?

pouvez-vous me conduire à cette adresse ?
¿ me puede llevar a esta dirección ?

Comprendre

más o menos seis euros
six euros, à peu près

Téléphone

est-ce que vous avez l'annuaire de Madrid ?
¿ tiene la guía de teléfonos de Madrid ?

comment fait-on pour téléphoner au Canada ?
¿ qué hay que hacer para llamar a Canadá ?

je voudrais parler à Mme Quevedo
quisiera hablar con la señora Quevedo

je voudrais le poste 5124
¿ me pone con el 5124 ?

Melle Costa à l'appareil, pouvez-vous demander à M. Vida de me rappeler ?
hola, soy la señorita Costa, ¿ le puede decir al señor Vida que me llame ?

Comprendre

un momento
ne quittez pas

¿ puede volver a llamar después de las tres ?
pouvez-vous rappeler après 3 heures ?

¿ le puede volver a llamar ?
peut-il vous rappeler ?

¿ le puedo pedir su número de teléfono ?
puis-je vous demander votre numéro de téléphone ?

o está. ¿ quiere dejar un recado ?
'le n'est pas là, voulez-vous laisser un message ?

quién habla ?
'est de la part de qui ?

por quién pregunta ?
ui demandez-vous ?

o responden
n'y a pas de réponse

stá comunicando
ı ligne est occupée

ebe de haberse equivocado
ous devez faire erreur

ourisme

omment s'appelle cette église ?
cómo se llama esta iglesia ?

e quand date-t-elle ?
de qué época es ?

'est quoi, le bâtiment blanc qu'on voit là-bas ?
qué es aquel edificio blanco de allí ?

st-ce qu'on peut monter jusqu'en haut ?
, se puede subir hasta arriba ?

omprendre

stá cerrado obras
'est fermé pour travaux

Train

combien coûte un aller simple pour Bilbao ?
¿ cuánto cuesta un billete de ida para Bilbao ?

et un aller-retour ?
¿ y un ida y vuelta ?

est-ce qu'il faut réserver ?
¿ hay que reservarlo ?

à quelle heure est-ce qu'on arrive ?
¿ a qué hora llegaremos ?

pouvez-vous me donner un horaire des trains pour Cuenca ?
¿ me puede dar un horario de trenes para Cuenca ?

Urgences

c'est urgent
tiene prisa

pouvez-vous appeler un médecin ?
¿ puede llamar a un médico ?

où est l'hôpital le plus proche ?
¿ dónde está el hospital más cercano ?

au secours!
¡socorro!

Comprendre

hay que llamar a la policía
il faut appeler la police

Voiture

est-ce qu'on a le droit de stationner ici ?
¿ se puede aparcar aquí ?

où se trouve le garage le plus proche ?
¿ dónde está el taller más cercano ?

l'essuie-glace ne marche pas
el limpiaparabrisas no funciona

ma voiture est en panne
mi coche tiene una avería

elle est là-bas, sur la route
está allí, en la carretera

Comprendre

tengo que encargar la pieza
il faut que je commande la pièce

tardará por lo menos tres días
ça va prendre au moins trois jours

Imprimé en Espagne par

LIBERDUPLEX

Dépôt légal n° 45942-04/04
Collection 57 - Édition 03
28/0544/8

Vietnam
HACHETTE